SÆCULUM XII

HONORII AUGUSTODUNENSIS

OPERA OMNIA

EX CODICIBUS MSS. ET EDITIS NUNC PRIMUM IN UNUM COLLECTA

ACCEDUNT

RAINALDI REMENSIS, ADALBERTI MOGUNTINI, OLDEGARII TARRACONENSIS
ARCHIEPISCOPORUM, GERARDI ENGOLISMENSIS, STEPHANI DE BALGIACO
AUGUSTODUNENSIS, EPISCOPORUM; ODONIS ABBATIS SANCTI
REMIGII, GAUFRIDI GROSSI, MONACHI TIRONIENSIS

OPUSCULA, EPISTOLÆ, DIPLOMATA

ACCURANTE J.-P. MIGNE
BIBLIOTHECÆ CLERI UNIVERSÆ
SIVE
CURSUUM COMPLETORUM IN SINGULOS SCIENTIÆ ECCLESIASTICÆ RAMOS EDITORE

TOMUS UNICUS

VENIT 8 FRANCIS GALLICIS

EXCUDEBATUR ET VENIT APUD J.-P. MIGNE EDITOREM
IN VIA DICTA *D'AMBOISE*, PROPE PORTAM LUTETIÆ PARISIORUM VULGO *D'ENFER* NOMINATAM
SEU PETIT-MONTROUGE

1854

ELENCHUS

AUCTORUM ET OPERUM QUI IN HOC TOMO CLXXII CONTINENTUR.

HONORIUS AUGUSTODUNENSIS.

Operum pars prima. — Didascalica et historica.

	Col.	
De philosophia mundi.		41
De solis affectibus.		102
De imagine mundi.		119
Summa totius de omnimoda historia.		187
De scriptoribus ecclesiasticis.		197

Operum pars secunda. — Exegetica.

Hexaemeron.	253
De decem plagis Ægypti spiritualiter.	265
Expositio psalmorum selectorum.	269

(*Honorii Expositionis in Psalterium ineditæ Excerpta satis ampla evulgavit D. Bernardus Pezius Anecdot. tom. V, quibus Gerhohi Commentariorum defectus supplevit. Vide Patrologiæ tom. CXCIII.*)

Quæstiones et responsiones in Proverbia et Ecclesiasten.	311
Expositio in Cantica canticorum.	347
Sigillum B. Mariæ.	495

Operum pars tertia. — Liturgica.

Gemma animæ.	541
Sacramentarium.	737
Speculum Ecclesiæ.	807

Operum pars quarta. — Dogmatica et ascetica.

Elucidarium.	1109
Liber duodecim quæstionum.	1177
Libellus octo quæstionum.	1185
Inevitabile sive Dialogus de libero arbitrio.	1192
Scala cœli major.	1229
Scala cœli minor.	1239
De animæ exsilio et patria.	1242
De vita claustrali.	1247
Eucharistion.	1249
Summa gloria de Apostolico et Augusto.	1257

STEPHANUS DE BALGIACO AUGUSTODUNENSIS EPISCOPUS.

De sacramento altaris.	1271
Chartæ.	1307

GERARDUS ENGOLISMENSIS EPISCOPUS.

Epistolæ et diplomata.	1319

ODO ABBAS S. REMIGII REMENSIS.

Epistolæ.	1331

ADALBERTUS MOGUNTINUS ARCHIEPISCOPUS.

Epistolæ.	1337

RAINALDUS II REMENSIS ARCHIEPISCOPUS.

Epistolæ et diplomata.	1341

OLDEGARIUS TARRACONENSIS EPISCOPUS.

Epistolæ.	1359

GAUFRIDUS GROSSUS MONACHUS TIRONIENSIS.

Vita S. Bernardi de Tironio.	1363

Ex typis MIGNE, au Petit-Montrouge.

PATROLOGIÆ
CURSUS COMPLETUS
SIVE
BIBLIOTHECA UNIVERSALIS, INTEGRA, UNIFORMIS, COMMODA, OECONOMICA,

OMNIUM SS. PATRUM, DOCTORUM SCRIPTORUMQUE ECCLESIASTICORUM
QUI
AB ÆVO APOSTOLICO AD INNOCENTII III TEMPORA
FLORUERUNT;

RECUSIO CHRONOLOGICA
OMNIUM QUÆ EXSTITERE MONUMENTORUM CATHOLICÆ TRADITIONIS PER DUODECIM PRIORA
ECCLESIÆ SÆCULA,

JUXTA EDITIONES ACCURATISSIMAS, INTER SE CUMQUE NONNULLIS CODICIBUS MANUSCRIPTIS COLLATAS,
PERQUAM DILIGENTER CASTIGATA;
DISSERTATIONIBUS, COMMENTARIIS LECTIONIBUSQUE VARIANTIBUS CONTINENTER ILLUSTRATA;
OMNIBUS OPERIBUS POST AMPLISSIMAS EDITIONES QUÆ TRIBUS NOVISSIMIS SÆCULIS DEBENTUR ABSOLUTAS
DETECTIS, AUCTA;
INDICIBUS PARTICULARIBUS ANALYTICIS, SINGULOS SIVE TOMOS, SIVE AUCTORES ALICUJUS MOMENTI
SUBSEQUENTIBUS, DONATA;
CAPITULIS INTRA IPSUM TEXTUM RITE DISPOSITIS, NECNON ET TITULIS SINGULARUM PAGINARUM MARGINEM SUPERIOREM
DISTINGUENTIBUS SUBJECTAMQUE MATERIAM SIGNIFICANTIBUS, ADORNATA;
OPERIBUS CUM DUBIIS TUM APOCRYPHIS, ALIQUA VERO AUCTORITATE IN ORDINE AD TRADITIONEM
ECCLESIASTICAM POLLENTIBUS, AMPLIFICATA;
DUOBUS INDICIBUS GENERALIBUS LOCUPLETATA : ALTERO SCILICET RERUM, QUO CONSULTO, QUIDQUID
UNUSQUISQUE PATRUM IN QUODLIBET THEMA SCRIPSERIT UNO INTUITU CONSPICIATUR; ALTERO
SCRIPTURÆ SACRÆ, EX QUO LECTORI COMPERIRE SIT OBVIUM QUINAM PATRES
ET IN QUIBUS OPERUM SUORUM LOCIS SINGULOS SINGULORUM LIBRORUM
SCRIPTURÆ TEXTUS COMMENTATI SINT.
EDITIO ACCURATISSIMA, CÆTERISQUE OMNIBUS FACILE ANTEPONENDA, SI PERPENDANTUR : CHARACTERUM NITIDITAS,
CHARTÆ QUALITAS, INTEGRITAS TEXTUS, PERFECTIO CORRECTIONIS, OPERUM RECUSORUM TUM VARIETAS
TUM NUMERUS, FORMA VOLUMINUM PERQUAM COMMODA SIBIQUE IN TOTO OPERIS DECURSU CONSTANTER
SIMILIS, PRETII EXIGUITAS, PRÆSERTIMQUE ISTA COLLECTIO, UNA, METHODICA ET CHRONOLOGICA,
SEXCENTORUM FRAGMENTORUM OPUSCULORUMQUE HACTENUS HIC ILLIC SPARSORUM,
PRIMUM AUTEM IN NOSTRA BIBLIOTHECA, EX OPERIBUS AD OMNES ÆTATES,
LOCOS, LINGUAS FORMASQUE PERTINENTIBUS, COADUNATORUM.

SERIES SECUNDA,
IN QUA PRODEUNT PATRES, DOCTORES SCRIPTORESQUE ECCLESIÆ LATINÆ
A GREGORIO MAGNO AD INNOCENTIUM III.

ACCURANTE J.-P. MIGNE,
BIBLIOTHECÆ CLERI UNIVERSÆ,
SIVE
CURSUUM COMPLETORUM IN SINGULOS SCIENTIÆ ECCLESIASTICÆ RAMOS EDITORE.

PATROLOGIA BINA EDITIONE TYPIS MANDATA EST, ALIA NEMPE LATINA, ALIA GRÆCO-LATINA. —
VENEUNT MILLE FRANCIS DUCENTA VOLUMINA EDITIONIS LATINÆ; OCTINGENTIS ET
MILLE TRECENTA GRÆCO-LATINÆ. — MERE LATINA UNIVERSOS AUCTORES TUM OCCIDENTALES, TUM
ORIENTALES EQUIDEM AMPLECTITUR; HI AUTEM, IN EA, SOLA VERSIONE LATINA DONANTUR.

PATROLOGIÆ TOMUS CLXXII.

HONORIUS AUGUSTODUNENSIS. RAINALDUS REM., ADALBERTUS MOGUNT., OLDEGARIUS
TARRAC., ARCHIEPISCOPI. GERARDUS ENGOLISM., STEPH. DE BALGIACO AUGUSTODUN.,
EPISCOPI. ODO ABBAS S. REMIGII. GAUFRIDUS GROSSUS MON. TIRON.

EXCUDEBATUR ET VENIT APUD J.-P. MIGNE EDITOREM,
IN VIA DICTA *D'AMBOISE*, PROPE PORTAM LUTETIÆ PARISIORUM VULGO *D'ENFER* NOMINATAM,
SEU PETIT-MONTROUGE.

1854

ANNO DOMINI MCXXXVI

HONORIUS AUGUSTODUNENSIS

PROLEGOMENA

DE VITA ET SCRIPTIS HONORII
NOTITIÆ HISTORICO-LITTERARIÆ

I.

(D. Rogerus WILMANS, Procem. ad Honorii *Summæ totius* et *Imaginis mundi* fragmenta tomo X *Scriptorum Germaniæ* clarissimi Pertzii edita)

Singularis sane Honorio Augustodunensi presbytero evenit sors, quippe cui multorum librorum auctori inter eruditos sui ævi scriptores insignem locum obtinenti (1), recentiori tempore et nomen et patriam adimere conati sint viri docti. Et nomen quidem immerito ademerunt. Nam quæ V. cl. F. Car. Lebret *in Annalibus nostris* (2) hac de re disseruit, verum nostri scriptoris nomen esse Luitoldi, omnino stare non possunt. Inspecto enim loco libri Mantissa Chronici Lunælacensis (3), quo hæc Lebretii conjectura innititur, facile intelligimus, Luitoldi nomen non auctoris, sed codicis *Lunælacensis* descriptoris fuisse (4). — Multo vero majoris momenti sunt quæ Lebeuf (5) de Honorii patria disputavit. Ex indole enim libri tertii operis De imagine mundi, ex quo nos etiam pauca ad res Germanicas spectantia dabimus, elicere vult, scriptorem natione Germanum fuisse, minime vero ex Burgundiæ oppido Augustoduno oriundum esse potuisse (6). At hoc unum opinioni viri docti atque de medii ævi antiquitatibus optime meriti obstare videtur, quod Honorius in fine libri supradicti De luminaribus Ecclesiæ *Augustodunensem* se appellat (7).

De Honorii *vita* nihil certi (8), de *ætate* pauca constant. Ipsum sub initium sæculi XII floruisse, ex ejusdem *operibus* conjicere licet. Secundo enim libro De Imagine mundi, de ratione inveniendi anni Domini disserens, aperte innuit se post annum 1112 et ante a. 1157 scripsisse (9). Quocum loco si confers finem libri De luminaribus Ecclesiæ supra datum, ubi profitetur se ipsum imperante Heinrico V floruisse, non dubitabis quin ea opera quæ hic ipse recenset et inter hæc etiam Summam et librum De imagine mundi jam inter annos 1122 et 1125 absolverit, sed postea continuationibus auctum utrumque librum sæpius ediderit.

Libri vero De imagine mundi prima editio, quæ desinit decimo octavo anno Heinrici V, i. e. anno 1125,

(1) Catalogum librorum, quorum argumenta plerumque ad rem nostram nihil faciunt, exhibet Honorius ipse in fine operis sui *De luminaribus Ecclesiæ sive de scriptoribus ecclesiasticis* (Bib. maxima Patr. Lugd., XX, p. 1058). Omnes pene librorum inscriptiones, auctoris nomine omisso, occurrunt in *catalogo librorum quos fr. Heinricus huic* (Gotwicensi) *ecclesiæ contulit*, quem sæc. XII, exaratum juris fecit publici Pez (*Nov. Thes. An.* II, p. VIII). Cf. præterea Trithemium (ed. Fabr., p. 90) et Magn. Bibl. Patr. Par. (a. 1654) IX, 1155.

2) Archiv V, 528.
(3) Monaci 1749, 4°.
(4) L. c., p. 392 inter libros monasterii Lunælacensis recensetur : *Honorius Christianus ad solitarium de imagine mundi. Cujus liber primus globum totius mundi, secundus de mundi temporibus, tertius de regnis mundi ab Adam usque ad regem Romanorum Philippum Friderici fratrem (filium) describit, per manus Luitoldi prof. Monseensis.* Membr., 4°, sæc. XII. Hæc aperte produnt eumdem esse atque Vindobonensem, quem Pertz inspexit (*Arch.* II, 537; X, 497). Constat præterea, omnes bibliothecæ Lu-

nælacensis manuscriptos libros post abolitum monasterium Vindobonam allatos fuisse.

(5) *Recueil de divers écrits.* Paris, 1758. I, 254.
(6) Nam nullorum nisi Germaniæ regum atque urbium apud Honorium occurrit mentio. Quæ de pallio Augustodunensis episcopi affert Lebeuf p. 266, num recte se habeant, videant alii.

(7) Bibl. Max. Pat. Lugd. XX, p. 1038 hoc modo de se ipso loquitur : *Honorius Augustodunensis Ecclesiæ presbyter et scholasticus non spernenda opuscula edidit etc., etc. Hunc libellum de luminaribus Ecclesiæ post Hieronymum et Gennadium. Sub quinto Henrico floruit. Quis post hunc scripturus sit, posteritas videbit.*

(8) Commentarios in Cantica abbati Simoni, in librum David ejusdem antecessori Cononi dedicavit Honorius; cf. *Archiv.* X, 613. De his autem abbatibus hucusque nihil amplius constituere licuit.

(9) II, c. 93 (B. M. P. L., t. XX). Hunc locum ex Wattenbachii conjectura ita emendatum damus : *Ad inveniendum annum Domini*, etc. (Vide *Imaginis mundi* lib. III, cap. 93.)

usque ad hunc diem nemini nota, a Pertzio reperta et in usus nostros conversa est. Exstat in codice Cotton. bibl., Cleopatra B. IV, memb., sæc. xii.

Alterum vero Honorii opus historicum, quod Summam totius de omnimoda historia *in catalogo librorum a se editorum ipse vocat* (10), *innotuerat jam pridem Arnoldo Wion* (11), *sed usque ad hunc diem lucem nondum vidit, ita ut Pezius ipse* (12) *an adhuc reperiri posset, dubitaret*. Exstat in duobus codicibus Vindobonensibus, quorum

1) prior, Bibl. Cæs. 382, Hist. prof. 81, olim 48, membr., fol. scriptus, Arnoldo Wion teste, ex Lazii bris in bibliothecam Cæsaream transiit, nunc mancus, quippe cui ultimus quaternio desit, in quo historia rerum inde a Constantio IV gestarum continebatur.

2) alter vero, 3415, H. pr. 451, chart., f., sæc. xv, a. 1540 ab episcopo Joanne Faber collegio ad sanctum Nicolaum legatus, optimæ notæ, a Wattenbachio nostro inde ab anno 726 transcriptus editioni nostræ fundamentum præbuit. Qui cum anno duodecimo Lotharii imperatoris (1155-1156) desinat, apertum est hunc nobis secundæ aut tertiæ editionis textum exhibere (13).

Quo consilio ductus sit ut hoc compendium conscribat, ipse in præfatione indicat Honorius : Sunt namque, inquit, plurimi qui velut justæ suæ ignorantiæ causas obtendunt, dum sibi congeriem librorum abesse ostendunt. His pie consulens de tota scriptura hoc collegi compendium, in quo ad patriam vitæ properantibus, sufficiens judicavi stipendium. Sed si in fontes inquiris, quibus in opere concinnando usus sit, res eo perduci non potest, ut nullum relinquatur dubium. Nam revera Einhardi Annales Fuldenses (14) et Sigebertum (15) non uno loco in partes vocavit ; præterea Honorium etiam Chronicon Wirziburgense (SS. VI, 17, 32) in usus suos convertisse fidem faciunt multa ejusdem Chronici loca (16) ad verbum et tunc a nostro mutuata, quando chronographus Wirziburgensis ex suo aliquid addit (17) aut suo Marte procedit (18). Similis intercedit ratio inter Honorium et Annalistam Wirziburgensem (SS. II, 528 sq.); huic aperte annos 1067-1087 debet. — His autem exceptis nonnulla restant quorum originem aut omnino non licuit detegere aut tantum suspicari fas erat. Hujusmodi sunt quæ Honorius de constructis urbibus Brema, Babenberc, Spira, et de conversis populis ethnicis narrat, et quæ iisdem fere verbis in Chronico Salisburgensi (SS. IX) inveniuntur. Quæ cum in hoc Chronico certis ascripta sint annis, nemo non videt, ea ex Honorio fluere non potuisse. Statuamus ergo oportet utrumque et Honorium et chronographum Salisburgensem ex fonte nunc abscondito hausisse. Et hunc fontem librum esse illum ex Hermanno Augiensi decerptum atque notitiis quibusdam aliunde desumptis a quodam Sangallensi monacho auctum, tum vero Gotwici transcriptum (19), nonnulla sunt quæ probare videntur. Pertzius enim, qui codicem hunc inspexit, auctor est eumdem quoque a Salisburgensi monacho in usus suos conversum esse. Huc accedit alterum non minoris vis argumentum. Nam Pertzio itidem teste (20), libro illi Gotwicensi notitia inest a. 774 de Campidona. Hæc autem tam in Chronico Salisburgensi quam in Chronico Wirziburgensi et in Hermanno ipso desideratur, at in nostro reperitur.

Hanc Summam denuo in epitomen redegit Honorius cum in libro tertio Imaginis mundi de dispositione orbis adumbratam historiam rerum ab Adam ad sua usque tempora gestarum dare sibi proposuisset. Hujus libri quinque saltem editiones ab Honorio ipso in lucem emissas exstitisse demonstrant codices manuscripti Monacenses, quos V. cl. Foringer, regiæ bibliothecæ Monacensis custos, diligentissime contulit, et quorum varias lectiones nobiscum benevole communicavit. Inter quas editiones

Prima editio anni 1123, ab Honorio ipso laudata, exstat in uno codice Londinensi (vide supra) ; hunc signavimus 1 A.

Secunda anno 1152 sive 1153 conscripta exstat in codd. Kaisersheimensi (Bibl. Monac. 74) qui nostræ editionis fundamentum est, Alderbacensi (ib. 81), sæc. xii exaratis, et Londinensi (Arundel. n. 270) (21), et Fuldensi sæculi xii exeuntis (22), desinunt in octavo Lotharii anno. Horum ambos priores omnino inter se convenientes signavimus 1, Londinensem 1 B ; Fuldensem denique 1 C.

Tertia anni 1139, secundo Conradi III anno, indictione ii exarata, reperitur in codicibus
Latin. Monac. 536, sæc. xii (sign. 2.),
Emmeram. DLXXIII, sæc. xiii (sign. 5.),
Schefelariensi post Ottonis Frising. Chronicon, membr. cod. Monac. 1003. sæc. xii (sign. 4.)
Emmeram. FLXXVII, chart., sæc. xv (sign. 4*.),

Quarta post annum 1139 et ante a. 1152 conscripta, exstat in codd.
Tegernseensi 368, chart., sæc. xiv (sign. 5.),
Emmeram. CLII, chart., sæc. xv (sign. 6.),
Colmariensi, membr., 8vo, sæc. xiii, quem Pertzius contulit (sign. 6a.),
Mellicensi D. 25, fol., membr., sæc. xii, a Pertzio collato (sign. 6b.),
Zwetlensi 172, a Wattenbachio descripto, membr., sæc. xii (sign. 6c.), et in editione Basileensi Heroldi a. 1544 (sign. 11.).

Quinta, quæ post annum 1152 in lucem prodiit, exstat in codicibus,
Emmeram. G. CXV, sæc. xii (sign. 7.),
Inderstorf. 393, sæc. xii vel xiii (sign. 8),

(10) In catalogo librorum Gotwicensium supra laudato idem liber occurrit hoc titulo : *Summa totius in quo Chronica ab initio mundi usque ad nostra tempora*. Eumdem Trithemius (ed. Fabr. p. 90) *Summam historiam* nominat.

(11) Conferatur ejusdem *Lignum Vitæ*, II, c. 69 (vol. I, p. 426) : *Summam historiarum sive chronicorum, magnum opus; quod olim apud Lazium, sed nunc est in bibliotheca imperatoris Viennæ* ms.

(12) N. Th., II, p. vi.

(13) Res tamen gestas ad annum 1133 tantum perducit.

(14) a. 807, 822, 824, 825.

(15) A. 825, 874, 877.

(16) Ann. 726-800, 824, 844, 877, 888-1067.

(17) Exempli gratia SS. VI, p. 26, lin. 44, 45, 63; p. 28, lin. 47; p. 30, lin. 51, 59.

(18) L. c., p. 31, inde a lin. 23.
(19) Cf. Pertz SS. V, 75.
(20) l. c., p. 74.
(21) cf. SS. VII, A. 2.
(22) Olim Weingartensi sig. G. 11. Eadem manus quæ omnia hujus præstantissimi codicis opera (Chronographum Weingartensem, Honorium Augustodunensem atque Fulgentii fabulas) conscripsit, brevissimam adjecit continuationem ad mortem Heinrici VI usque prolatam, quam infra dabimus. Huic vero manus fere æqualis, atramento pallidiori usa, subjunxit alteram explicitiorem continuationem, quæ res gestas inde a morte Heinrici VI usque ad annum 1208 amplectitur. Hanc Gerardus Hess ex hoc ipso nostro codice juris fecit publici. Mon. Guelf., p. 71. *Quo descendente—usque ad vag. 76 regno potitus est.*

Polling. 56. saec xii ve. xiii (sign. 9),
Oberaltac. 211, saec. xv (sign. 9ᴬ.),
aeneque in editionibus principe (sign. 10) (23) atque Spirensi anni 1583 (sign. 12.).

Honorius haud diu post annum 1152 obiisse videtur, quod facile conjicias de scriptore, qui jam inter annos 1122 et 1125 se floruisse et majorem partem librorum suorum edidisse disertis verbis affirmat.

Laudatur Honorius ab uno quod sciam medii ævi scriptore, Engelhusio (24), qui ejusdem Imagine mundi continuatione aucta usus esse videtur. Summa vero sæpius exscribitur a monachis Admuntensibus sæc. xiii et xv, qui ex hoc libro notulas nonnullas Chronico Ottonis Frisingensis in margine additas hauserunt (25).

Summam inde ab a. 726 integram, ex Imagine mundi partem aliquam primi libri ad Germaniam spectantem et finem tertii libri dabimus ; his vero subjungemus Imaginis mundi continuationes, quas libri manuscripti Monacenses exhibent, additis iis quas Pertzius ex codice 1 B. et Wattenbachius ex codicibus 6ᶜ, Vindobonensi et Admuntensi descripsit.

ROGERUS WILMAN

II.

(Histoire littéraire de la France par des religieux bénédictins, tom. XII, pag. 165.)

§ I. — Histoire de la vie d'Honoré.

e titre de cet article (26) énonce presque tout ce que nous savons de certain sur la personne d'Honoré. Si l'on en croit Arnoul Wion (27), la dénomination de Solitaire qu'il porte doit s'expliquer par celle de Moine, d'où cet écrivain conclut qu'il était bénédictin. C'est une conjecture que rien n'oblige d'admettre ni de rejeter. Il n'en est pas de même des récits d'autres historiens modernes (28), dont les uns placent Honoré sur la chaire épiscopale d'Autun, les autres racontent que, cette chaire lui ayant été offerte, il la refusa pour suivre le roi Louis le Jeune à la croisade. Ces anecdotes, visiblement enfantées par l'imagination, ne méritent pas que la critique se mette en frais pour les réfuter. L'opinion singulière de M. le Beuf sur la patrie d'Honoré, sans être plus vraie, demande un peu plus de considération. Ce savant, dans une de ses dissertations (29), entreprend d'enlever cet écrivain non-seulement à l'Église d'Autun, mais à la France, pour faire honneur de sa naissance à l'Allemagne. Voici les raisons dont il étaye ce paradoxe historique. D'abord il soutient que le surnom d'Augustodunensis, par lequel on distingue celui qui nous occupe, des autres de même nom, a fait illusion en deux manières : 1° dit-il, personne avant Trithème ne l'a qualifié de la sorte. Cependant il convient que cette dénomination se trouve à la fin d'un ouvrage d'Honoré même. C'est son traité Des auteurs ecclésiastiques, dont le dernier article porte : Honorius Augustodunensis Ecclesiæ presbyter non spernenda opuscula edidit. Mais cet endroit n'embarrasse point le dissertateur, parce qu'il le regarde manifestement comme ajouté par une main étrangère. La preuve de cette assertion, qu'il se contente de mettre en avant, n'aurait pas été de trop. Supposons néanmoins l'addition réelle : du moins faut-il convenir qu'elle précède de beaucoup l'âge de Trithème, puisque tous les manuscrits sur lesquels ont été faites les différentes éditions de ce traité, la renfermaient. Il y a plus; Honoré porte ce même surnom dans plusieurs manuscrits à la tête des productions de sa plume. Nous indiquerons spécialement celui de la bibliothèque du Roi, coté n° 999, dont l'écriture appartient au xiiiᵉ siècle. On y trouve son traité De la perle de l'âme avec ce titre qui est du même temps : Honorii Augustodunensis Gemma animæ. 2° M. le Beuf prétend qu'en admettant la dénomination contestée, elle ne doit point s'entendre de la ville d'Autun, mais ou d'Augt près de Bâle, ou d'Ausbourg, capitale de la Souabe. Il n'a point, à la vérité, rencontré de monument où le terme Augustodunensis fût employé pour désigner un citoyen de cette dernière ville; mais il a trouvé qu'au viiiᵉ siècle un évêque d'Augt s'était dit : Episcopus Ecclesiæ Augustodunensis; découverte qui le fait pencher à placer Honoré dans cette ville préférablement aux deux autres. Malheureusement il y a ici un petit inconvénient que ce critique n'a point aperçu : c'est que longtemps avant le xiiᵉ siècle la ville d'Augt était détruite, et son évêché réuni à celui de Bâle; sur quoi nous renvoyons à l'Alsatia illustrata du savant Schoëpflin (30).

M. le Beuf accumule ensuite des textes d'Honoré, par lesquels celui-ci annonce, suivant ce critique, son origine allemande. Nous répondons que cela ne prouve autre chose, sinon que les livres d'où ces textes sont extraits furent composés en Allemagne. Effectivement, l'affectation avec laquelle Honoré parle des particularités de ce pays-là donne tout lieu de croire qu'il l'habita durant quelque temps; mais il faut convenir aussi, pour accorder toutes choses, que ce ne fut qu'après avoir quitté l'Église et la scholastique d'Autun pour prendre le parti de la retraite. Le choix d'une terre étrangère, de la part d'un homme qui veut se dévouer à la vie solitaire, n'a rien qui doive nous étonner. Les exemples de transmigrations causées par un semblable motif sont trop communs. Que si l'on nous demande en quel temps arriva ce changement de patrie, nous croyons devoir le mettre sous l'empire de Henri V, environ l'an 1120. A l'égard du lieu qu'Honoré choisit pour son domicile en Allemagne, on ne peut autrement le déterminer qu'en disant, d'après lui-même, qu'il était situé dans les terres du duc d'Autriche. Nous n'avons pas plus de lumières sur la date de sa mort. Il vivait encore sous le pontificat d'Innocent II. C'est tout ce qu'il nous est permis d'assurer.

§ II. — Ses ouvrages imprimés.

Honoré d'Autun a été l'un des plus féconds écrivains de son siècle. Quoique le denombrement qu'on voit de ses écrits à la fin de son traité Des auteurs ecclésiastiques soit considérable, il n'est cependant rien moins que complet. On en a découvert beaucoup d'autres postérieurs en date à celui-ci, dont une partie est entre les mains du public, l'autre a été détaillée par D. Bernard Pez avec l'exactitude connue de ce

(23) Simili exemplari usus est monachus Hamersl(e)bensis cujus excerpta (Guelferb. August. 76, 50, chart. sæc. xvi) Waitzius inspexit.
(24) Apud Leibn. SS. R. Brunsv. II, 1110.
(25) Cod. Admuntensis 164, fol., membr., sæc. xv. Notulæ hæ reperiuntur ad calcem V, 51, 55; VI, 27; VII, 15.
(26) Honoré, prêtre et scolastique de l'église d'Autun, ensuite solitaire.
(27) Lignum vitæ, l. ii, p. 69.
(28) Vigner, Bibl. hist., ad an. 1120; Munier, Rech. sur Autun, p. 41; Saulnier, Autun chrétien, p. 96.
(29) Dissert., t. I, p. 254 et seq.
(30) Pag. 677

critique (31). Obligés de rendre compte de toute cette littérature, nous commencerons par les productions qu'Honoré lui-même s'attribue; bien entendu néanmoins qu'il ne sera fait mention ici que de celles qui ont vu le jour; le surplus réservé pour le paragraphe suivant.

1° Un traité qui a pour titre *Elucidarium* (32). Les critiques ont été longtemps divisés touchant son véritable auteur. Fondés sur l'autorité de quelques manuscrits, les uns l'ont donné à saint Anselme, sous le nom duquel il fut imprimé l'an 1560, à Paris, chez Morelet, en un volume in-8°, par les soins de Claude d'Espence, réimprimé à Liége dans le même format en 1586, et ensuite inséré dans toutes les éditions du saint docteur, parmi ses ouvrages sincères, à l'exception de la dernière, où il se trouve relégué dans l'Appendice. Les autres, par une conjecture beaucoup moins vraisemblable, l'ont mis sur le compte de saint Augustin. Plusieurs en ont fait honneur à Abailard, quelques-uns à Guibert de Nogent; et il s'en est enfin trouvé qui l'ont donné à Guillaume de Coventry, carme du xive siècle. D. Rivet (33) sur saint Anselme a fort bien démontré la fausseté de toutes ces attributions. Mais le doute qu'il élève touchant l'identité de l'*Elucidarium* que nous avons, et de celui d'Honoré, disparaît en consultant la notice que notre auteur donne du sien dans la liste citée de ses écrits. Car il dit l'avoir partagé en trois livres, dont le premier concerne Jésus-Christ, le second, l'Eglise, le troisième, la vie future. Or telle est précisément la division de celui qui est entre les mains du public. Il est vrai qu'on aperçoit quelque légère différence de principes entre cet écrit et les autres qui sont sortis de la plume d'Honoré. Mais on doit observer que c'est ici le coup d'essai d'un écolier, lequel pressé par ses condisciples admirateurs de ses progrès, se hasarda de mettre par écrit le résultat de ce qu'il avait appris. *Sæpe rogato a condiscipulis*, est-il dit dans la préface, *quasdam quæstiunculas enodare, importunitati illorum non fuit facultas negando obviare*. L'ouvrage effectivement annonce une main novice, mais capable de bien exécuter dans la suite. Toute la théologie y est traitée succinctement par demandes et par réponses. Il y a des erreurs, mais non pas autant que lui en compte Nicolas Aimeric, dominicain du xive siècle, dans l'écrit qu'il lui opposa sous le titre d'*Elucidarium Elucidarii*. Malgré ces taches on a fait un grand accueil durant plusieurs siècles à ces prémices du travail d'Honoré. L'*Elucidarium* a été traduit deux fois en français, et une fois en allemand. Aucune de ces traductions n'a encore été livrée à l'impression. Des deux françaises, l'une en prose, œuvre de Geofroi de Waterford, dominicain hibernois du xiiie siècle, fait partie des manuscrits de M. Baluze transférés à la bibliothèque du Roi; l'autre en vers se trouve parmi les manuscrits du roi d'Angleterre (34). Nous ne pouvons marquer l'âge de celle-ci ni son auteur, parce que le catalogue qui nous la fait connaître n'en dit rien. A l'égard de la traduction allemande, D. Pez assure qu'elle porte la date de l'an 1514.

2° L'écrit intitulé *Sigillum Mariæ*, qu'il faut joindre à une *Explication du Cantique des cantiques*, dont il est comme la suite. L'auteur applique dans le premier à Jésus-Christ et à la sainte Vierge ce que le texte sacré, qu'il commente dans l'autre, dit de l'amour de l'Epoux et de l'Epouse. Le cas singulier que Martin Delrio, jésuite, faisait de ces deux opuscules, l'a porté à insérer une bien grande partie du second et quelque chose du premier dans son Commentaire sur le même livre, imprimé à Paris l'an 1604. Dans l'avertissement il dit qu'Honoré d'Autun a dévoilé d'une manière courte, savante, ingénieuse, les quatre sens du Cantique des cantiques; que son ouvrage très-peu le mérite néanmoins de l'être beaucoup; et qu'en ayant trouvé deux exemplaires manuscrits, il en a tiré tout ce qui lui a paru de plus remarquable pour l'édification du public. Il donne ensuite le précis de cette production qu'on peut vérifier sur l'édition qui en a été faite in-8° à Cologne, l'an 1540, et sur celles qui se rencontrent dans les grandes Bibliothèques des Pères.

3° Un Dialogue entre le maître et le disciple, intitulé l'*Inévitable* (35). L'objet qu'Honoré s'y propose est d'expliquer le mystère de la prédestination, et de le concilier avec le libre arbitre. Cet ouvrage serait excellent sans deux ou trois endroits qui exhalent une odeur de semipélagianisme. On a voulu néanmoins accuser notre auteur d'avoir donné dans l'excès opposé. Il est vrai que l'ouvrage présente des contrariétés grossières dans l'édition donnée par George Cassander à Bâle en 1528, et répétée à Cologne chez Sylvius en 1552; ce qui fait dire au P. Duchesne, jésuite, que tous les textes ne partent pas de la même plume, ou que l'auteur n'avait pas le sens commun (36). L'alternative est certaine; mais il faut ajouter que Jean Conen, prémontré de Tongres, plus fidèle, plus sensé que Cassander, et guidé par de meilleurs manuscrits, fit disparaître ces contrariétés dans une nouvelle édition qu'il donna de l'*Inévitable* à Anvers, en 1620 et 1624, édition qui depuis a passé dans les trois grandes Bibliothèques des Pères.

4° Le *Miroir de l'Eglise*, qui est un recueil de sermons sur divers sujets. Jean Dietemberg le rendit public à Cologne en un volume in-8°, l'an 1551, avec les sermons de saint Césaire d'Arles, qu'il nomme par méprise *Féliciaire*. Oléarius (37), qui ne connaissait point cette édition, annonce comme la première et l'unique celle qui fut faite en 1544 à Bâle.

5° La *Perle de l'âme, Gemma animæ*. C'est une somme liturgique divisée en quatre livres. Le premier traite de la messe, de ses cérémonies et de ses prières; de l'église, de ses parties et de ses ornements; des ministres de l'autel et de leurs habits. Le second a pour objet les heures canoniales du jour et de la nuit. Le troisième roule sur les principales fêtes de l'année. Le quatrième explique la manière d'accorder l'office divin de toute l'année avec les jours et les temps divers dans lesquels on le célèbre. M. Dupin (38) porte un jugement très-sain de cette production, en disant qu'elle est pleine de raisons et d'explications mystiques qui n'ont d'autre fondement que l'imagination de l'auteur. Cependant on y remarque, dans ce qu'elle a de littéral, des vestiges précieux de la liturgie et des autres usages ecclésiastiques du xiie siècle. On y voit, par exemple, que, lorsque l'évêque marchait à l'autel, il était accompagné de deux prêtres, et précédé de sept diacres, de sept sous-diacres, et d'un pareil nombre d'acolythes portant chacun un chandelier (l. 1, c. 4); qu'après avoir fait sa confession il donnait le baiser aux deux prêtres (c. 7); que le premier diacre et le premier sous-diacre baisaient l'autel avec lui lorsqu'il y était monté (c. 5); que les hosties

---

(31) *Anecd.*, t. II; *Dissert. isag.*, p. v-vii. — Dissertationem Pezii habes infra.
(32) *Ansel. op. nov. ed.*, p. 457-488.
(33) *Hist. lit.*, t. IX, p. 445.
(34) *Bibl. Reg. Angl.*, p. 292, n° 11.
(35) *Hist. du prédest.*
(36) En 1528 l'*Inévitable* fut publié à la suite du traité *Du libre arbitre* de Fauste de Riez, et en 1552 à la suite de quelques opuscules de saint Prosper et d'Hilaire, disciple de saint Augustin; l'une et l'autre édition in-8°, ainsi que celle de Conen. On trouve encore cet ouvrage réimprimé dans le recueil des OEuvres de Cassandre, p. 625-639.
(37) *Script.* t. I, lit. H.
(38) xiie siècle, p. 518.

étaient faites en forme d'un denier, *in modum denarii* (39), et n'en excédaient pas la grandeur (c. 55); que l'image du Sauveur y était empreinte avec les lettres de son nom, de même que l'image et le nom du prince sur la monnaie; que les chantres avaient des bonnets sur la tête et des bâtons à la main (c. 228); que deux d'entre eux présentaient à l'autel l'un le pain sur un linge, et l'autre le vin; que la fonction de l'archidiacre était de verser le vin dans le calice (c. 38); que le bâton épiscopal était de bois et la courbure d'ivoire avec une pomme dorée ou de cristal qui joignait les deux parties ensemble (c. 219); que la crosse des abbés différait de celle des évêques par la partie recourbée qui était noire (c. 238); que les prêtres, après avoir oint d'huile la tête du baptisé, la couvraient d'une mitre qu'il gardait huit jours (l. III, c. 111, 113). Parlant des cérémonies de Pâques, Honoré dit qu'à Rome ce jour-là, quand le pape entre à l'église, on allume au dessus de sa tête des étoupes dont les étincelles sont reçues par les ministres, ou tombent à terre : cérémonie, ajoute-t-il, instituée pour l'avertir que tout se réduit en cendres, et que lui-même doit y retourner. Son exactitude, en parlant de l'eucharistie, lui mérite un rang distingué parmi les témoins de la tradition sur le dogme de la présence réelle. A l'occasion de ce mystère il dit (l. 1, c. 105) que « comme le monde a été fait de rien par la parole de Dieu, de même par la parole de Jésus-Christ, nature de ces choses (le pain et le vin offerts dans le sacrifice) est véritablement changée au corps et au sang de Notre-Seigneur. » Et plus bas (c. 106) : « On use du nom de mystère, dit-il, quand on voit une chose et qu'on en entend une autre : ainsi l'on voit les espèces du pain et du vin, mais on croit que c'est le corps et le sang de Jésus-Christ. » Si Thomas Valdensis eût fait attention à ces paroles, il eût été plus équitable envers notre auteur; et loin de le mettre, comme il a fait (40), au nombre des sectateurs de Bérenger, il l'eût compté parmi ses adversaires les plus déclarés. Cet ouvrage est une des productions de notre auteur dont on a le plus multiplié les éditions. La première parut à Leipsig in-4°, l'an 1514. La seconde, donnée à Cologne en 1549, fait partie d'un volume in-folio dans lequel sont compris les traités d'Amalaire et de Walafrid Strabon *Sur les rites ecclésiastiques*, avec la Liturgie de saint Basile et la Vie de saint Boniface, archevêque de Mayence : le tout recueilli par les soins de Jean Cochlée. La troisième, faite en 1568, dans la même ville, contient en un volume in-folio plusieurs autres traités de divers auteurs sur le même sujet. La quatrième est sortie des presses de Venise en 1572, avec quelques autres écrits analogues, rassemblés dans un volume in-8° sous le titre commun de *Miroir de l'Église*. La cinquième, faite à Rome en 1590, et la sixième à Paris en 1610, ne sont que des répétitions de la troisième. Enfin l'ouvrage a été réimprimé dans les trois grandes Bibliothèques des Pères.

6° Le *Sacramentaire*, ou traité des causes et de la signification mystique des rites. Il n'y a de cet ouvrage qu'une seule édition, dont le public est redevable aux soins de D. Bernard Pez. Le sujet est le même que celui des quatre livres précédents, traité dans le même goût, mais d'une manière plus abrégée, et avec un peu plus d'ordre et de méthode.

7° *L'Hexameron*, ou traité de l'ouvrage de six jours. Honoré l'adresse à ses écoliers, pour l'usage et à la demande desquels il dit l'avoir composé. Il conseille à ceux qui en seront satisfaits de le mettre à la tête de son *Elucidarium*. On n'en voit pas trop la raison. Ce livre n'est qu'une explication mystique et très-alambiquée du premier chapitre de la Genèse. L'auteur compte 4184 ans depuis la création du monde jusqu'à l'Incarnation. Il ne donne que 12 ans à la sainte Vierge lorsqu'elle enfanta le Sauveur, qu'il prétend avoir souffert à l'âge de 34 ans. Ce sont les seuls traits remarquables de ce commentaire que D. Pez a pareillement tiré de l'obscurité. Cet éditeur prétend que la préface et le dernier chapitre ne sont pas d'Honoré. La preuve qu'il en donne est que l'un et l'autre morceau manquent dans l'exemplaire de Molk qui date de 500 ans.

8° *L'Eucharistion*; c'est ainsi qu'il faut lire d'après tous les manuscrits, et non pas *Eucharisticon*, comme il est annoncé dans toutes les éditions du traité d'Honoré *des écrivains ecclésiastiques*. L'ouvrage, partagé en 12 chapitres, renferme une exposition très-fidèle de la croyance de l'Église sur le sacrement de l'eucharistie. Cependant, au rapport de D. Pez, une main du XVe siècle avait mis en marge du manuscrit de Molk, d'où il l'a tiré, la note suivante : « Il paraît qu'on ne doit pas lire ce livre en public, à cause de certains points dans lesquels il semble que l'auteur s'est ou méprise, ou du moins expliqué de manière à ne pouvoir être entendu sans une grande application. » Mais le savant éditeur remarque fort bien que cette note est d'un scolastique ignorant qui voulait juger des locutions des anciens d'après les petites questions qui s'agitaient de son temps. Il prouve ensuite qu'Honoré s'est énoncé très-correctement sur le dogme de la présence réelle et de la transsubstantiation.

9° La *Connaissance de la vie*, ou *Traité de Dieu et de la vie éternelle*. Ce livre, auquel l'auteur a donné la forme d'entretien d'un maître avec ses disciples, ou suivant le manuscrit de Molk, du solitaire avec ses auditeurs, porte le nom de saint Augustin dans un manuscrit de la bibliothèque du Roi (41). C'est sur un exemplaire semblable que les Grecs, ayant connu cet ouvrage, en traduisirent un fragment considérable en leur langue avec ce titre que nous rendons en français : *Sentiments de saint Augustin sur la Trinité, tirés de son traité de la Connaissance de la vraie vie, dans lequel, sous la forme d'un dialogue, les frères interrogent et le maître répond*. Ce fragment, qui comprend le chapitre 11e et les suivants jusqu'au 18e, à la réserve du 15e qu'on a supprimé, se trouve dans un recueil des Pères Latins traduits en grec, imprimé à Bâle l'an 1578 par les soins de Leunclavius. Mais les derniers éditeurs de saint Augustin ont très-bien prouvé qu'on ne peut méconnaître Honoré dans ce traité qu'ils ont inséré tout au long parmi les œuvres supposées du saint docteur. Dans la préface notre auteur fait entendre qu'il était en butte aux traits de l'envie, et qu'il ne les recevait pas avec indifférence. Il exhorte ses adversaires à déposer le venin qui les consume, à prendre des sentiments charitables, et à le suivre pacifiquement dans la vaste forêt des Écritures où il est prêt à entrer, non pour y porter de nouvelles matières, comme ils l'en accusent, mais pour y cueillir le fruit de vie. Ensuite il expose son dessein qui est de traiter des principales vérités de la philosophie chrétienne

---

(39) Cet usage de faire les pains à consacrer d'une telle petitesse s'était introduit dès le siècle précédent; et Bertinolde, prêtre de Constance, qui écrivait en ce temps-là, se plaignait, dans son *Exposition de l'Ordre Romain*, de ce qu'on avait réduit le pain que l'on offrait à une forme si petite et si

(a) Georg. Cassund., Liturg., ed. Colon., c. 21, p. 66-77.

mince, qu'il n'avait presque plus l'apparence de pain. Il appelait ces offrandes par dérision *minutias nummulariarum oblatarum* (a).

(40) Tom. II, c. 90.

(41) S. August. op. t. VI, append. p 169-185

Entrant en matière il prouve que notre intelligence grossière et accoutumée à juger de tout par les sens ne peut, sans le secours de la foi, connaître ce qui concerne Dieu et les esprits créés. Il partage ceux-ci en deux espèces, l'ange et l'âme humaine. Il montre ce qu'ils ont de commun et ce qui les différencie. Quant à l'Être souverain, dit-il, étant incompréhensible de sa nature, nous ne pouvons déterminer précisément ce qu'il est. Essayons néanmoins, ajoute-t-il, puisque la substance intellectuelle veut en quelque façon que ce soit le connaître, de le définir au moins imparfaitement et d'une manière énigmatique. Après en avoir donné la définition usitée dans les écoles, il s'applique à prouver qu'il existe. De là il passe aux moyens par lesquels on peut parvenir à le voir et à le contempler dans sa gloire. Ses disciples, satisfaits de ce qu'il leur a dit là-dessus, lui demandent qu'après leur avoir démontré l'unité de l'essence divine, il leur apprenne comment il y a dans cette même essence trinité de personnes. C'est la matière de leur entretien depuis le dixième chapitre jusqu'au dix-neuvième. Honoré répond à toutes leurs questions suivant les principes de saint Augustin et de saint Anselme, dont il emploie souvent les paroles sans les nommer. Les chapitres suivants, au nombre de vingt-huit, roulent sur la miséricorde de Dieu, sa justice, sa sagesse, son immensité, son immutabilité, la profondeur de ses jugements dans la distribution inégale de ses dons, sur l'origine du mal, sur la misère de l'homme, la cause de cette misère et les moyens de la réparer, sur la nécessité et les caractères de la foi, sur l'état des âmes dégagées des corps, sur la manière dont les saints entendent nos prières, sur la résurrection des morts, sur le bonheur de la vie éternelle. Tel est le sommaire de ce traité où l'on remarque une saine et lumineuse métaphysique puisée dans l'Écriture et dans la tradition. C'est de tous les ouvrages d'Honoré celui qui nous paraît le plus châtié, tant pour le choix et la justesse des pensées que pour la méthode et l'élocution.

10° L'*Image du monde* en trois livres. Cette production est précédée de deux lettres, l'une d'un nommé Chrétien, qui qualifie l'auteur homme doué des sept dons du Saint-Esprit; l'autre d'Honoré en réponse à celle de Chrétien. La dernière phrase de celle-ci, commençant par ces mots, *ad instructionem*, se trouve employée dans quelques manuscrits pour le commencement du premier livre, au lieu que dans tous les imprimés ce livre débute par *Mundus dicitur*. Cette différence a fait prendre à D. Rivet (42) en lui persuadant que l'*Image du monde* d'Honoré n'était pas le même ouvrage que celui qui a vu le jour sous ce titre. C'est une de ces méprises qui, dans une entreprise de longue haleine et pleine de discussions épineuses, échappent à l'esprit le plus attentif. Nous allons rendre un compte très-succinct de ces trois livres. Le premier est un abrégé de cosmographie tel qu'on pouvait le donner dans un siècle où la géographie et l'astronomie étaient encore au berceau. L'auteur compare le monde à un œuf, et ne reconnaît que trois parties de la terre qui soient habitables. Le second traite du temps et de ses divisions, c'est-à-dire des heures, des jours, des mois, des années, des olympiades, des différents cycles, des réguliers, des concurrents, des épactes, du terme pascal, des fêtes mobiles, de l'embolisme ou intercalation. Le troisième est une petite chronologie universelle qui finit dans les premières éditions à l'empereur Lothaire II, et dans les suivantes à Frédéric Barberousse. Peut-être dans l'autographe finissait-elle à l'empereur Henri V; ce qui est d'autant plus vraisemblable, que cet ouvrage est antérieur à celui *Des écrivains ecclésiastiques*, dans lequel Honoré, parlant de lui-même, dit qu'il florissait sous l'empire de ce prince.

On compte jusqu'à sept éditions de l'*Image du monde* (43). La première, sans marque de lieu ni d'année, concourt avec les commencements de l'imprimerie. La seconde fut donnée à Nuremberg, l'an 1491, par Gaspar Hocfeder. Illyricus procura la troisième à Bâle, en 1497, in-4°, avec attribution de l'ouvrage à saint Anselme. La quatrième, où le nom d'Honoré se rencontre pour la première fois (44), fut encore donnée à Bâle l'an 1544 avec celle de six autres écrits du même auteur, par les soins de Jean Herold, chez les héritiers de Cratander, en un volume in-8°. La cinquième, du même format, date de Spire, l'an 1583, chez Bernard Albin. La sixième fait partie du XII° tome de la Bibliothèque des Pères, imprimée à Cologne. On voit la septième dans le XX° volume du même Recueil publié à Lyon.

On a fait aussi l'honneur à ce livre de le traduire en italien sous ce titre: *Il libro de Imagine mundi composito da Honorio filosofo solitario, per loquale se potra intendere molte gentilissime e digne cose*. Cette traduction existe manuscrite à la bibliothèque du Roi (45).

11° Le traité *Du pape et de l'empereur*, intitulé *Summa de Apostolico et Augusto*. Le dessein de l'auteur est d'établir deux choses, la prééminence du sacerdoce sur l'empire, et l'incapacité des princes séculiers pour conférer les dignités ecclésiastiques. Sur le premier chef D. Pez, éditeur de ce livre, remarque fort judicieusement que si Honoré s'était renfermé dans de justes bornes, en se contentant de préférer un genre à un autre, il aurait, de son temps comme du nôtre, rencontré peu de contradicteurs. Car le point essentiel de la dispute ne consistait pas à savoir lequel des deux genres devait l'emporter sur l'autre, mais à déterminer les conséquences qui résultaient de la prééminence accordée assez universellement au premier. C'est sur ces conséquences que l'on disputait, les uns les exagérant sans mesure, les autres les resserrant avec la même indiscrétion. Honoré, décidé pour ceux-là, va jusqu'à soutenir que c'est au pape à élire l'empereur avec le consentement des princes, de même qu'à le sacrer et à le couronner. Sur le second chef il fait ce raisonnement, qui n'est pas le plus de son texte: Je demande si les dignités ecclésiastiques sont spirituelles ou séculières. Tout homme sensé me répondra sans doute qu'elles sont de la seconde espèce. Je demande encore de quelle nature est la puissance royale. On ne manquera pas de me dire qu'elle est séculière. Donc, répliquerai-je, il n'appartient pas à cette puissance de conférer une dignité spirituelle. Il recherche ensuite l'origine de l'usage contraire, et croit la trouver dans un prétendu privilège accordé par le pape Léon III à l'empereur Charlemagne pour instituer en son nom, et comme son vicaire, des évêchés dans les Gaules et en Allemagne. Mais dès que l'Église a vu, dit-il, que des hommes sans mœurs et sans respect pour elle s'ingéraient, après avoir envahi l'empire sans le consentement du pape, de vendre à prix d'argent les évêchés et les autres dignités ecclésiastiques; alors frappée de l'abus et de la profanation qu'ils faisaient des choses sacrées, elle a sagement retiré ses droits des mains des étrangers, pour les dispenser elle-même suivant les lois de la convenance et de l'équité.

12° L'*Échelle du ciel*, ouvrage mystique divisé en deux parties qui n'ont pas grand rapport, savoir: la grande et la petite échelle. Avant D. Pez, qui en a procuré l'édition, il passait pour constant, sur la foi d'Ant. Hierat, que l'*Échelle du ciel* était la même chose que le traité *Des affections du soleil*, dont nous parlerons plus bas. Mais aujourd'hui qu'on a ces deux écrits, on voit qu'ils diffèrent entre eux autant que la morale, objet du premier, diffère de la physique sur quoi roule le second.

(42) *Hist. lit.* t. IX, p. 451.
(43) Fabric. l. VIII, p. 818.
(44) Bibl. S. Illidii Clarom.
(45) Bibl. ms. Reg. n. 7259.

13° *L'Explication du Psautier*. Ce commentaire, ainsi que celui du Cantique des cantiques, et le traité de *l'Image du monde*, est dédié à l'abbé Conon, le même vraisemblablement qui passa de l'abbaye de Sibourg à l'archevêché de Ratisbonne en 1126. Dans la préface Honoré dit qu'il a pris pour texte le Psautier gallican et non le romain, parce que le premier est en usage dans les Églises du pays où il se trouve. Or, ajoute-t-il, le Psautier gallican est celui qui a été traduit sur les Septante, au-lieu que le romain est fait d'après Symmaque ou je ne sais quel autre interprète. Il explique ensuite ce que c'est que le Psautier, et pourquoi il est ainsi nommé. Puis il traite de la matière, de l'objet, de l'économie et de l'auteur du Psautier. Cette préface, où il y a quelques bonnes choses, parmi bien des inutilités et des faussetés, a été mise au jour par D. Pez avec un petit nombre des psaumes commentés par Honoré, savoir : les psaumes I, V, L, LI, C, CI et CL. L'éditeur avertit qu'il y a des exemplaires complets de cet ouvrage, non-seulement parmi les manuscrits de l'abbaye de Molk, mais encore en d'autres bibliothèques d'Allemagne, qu'il indique. Il ajoute qu'on trouve à la fin de ces manuscrits un commentaire du même auteur sur les cantiques qui se chantent à Laudes et à Vêpres, et sur le Symbole des apôtres.

14° Le catalogue ou traité des *Écrivains ecclésiastiques*, intitulé *De luminaribus Ecclesiæ*. Des quatre livres dont il est composé, le premier est tiré de saint Jérôme, le second de Gennade, dont l'auteur adopte le jugement sur Cassien et saint Prosper, en donnant gain de cause au premier dans les disputes qu'ils eurent sur la grâce. Le troisième n'est qu'un abrégé de saint Isidore. Le quatrième, emprunté pour la plus grande partie de Bède et d'autres bibliographes, ne contient que dix-sept auteurs, dont Rupert est le pénultième, et Honoré lui-même le dernier. Il y est dit de l'un et de l'autre qu'ils fleurissaient sous le règne de l'empereur Henri V ; ce qui montre que cet ouvrage fut composé du vivant de Rupert, mort sous Lothaire II. On a déjà remarqué que M. le Bœuf regarde l'article d'Honoré comme une addition faite par une main étrangère. Avant lui Fabricius avait eu la même idée, sur ce qu'on y fait cet éloge de notre auteur à l'occasion de son Commentaire du Cantique des cantiques : *Miro modo Cantica canticorum exposuit, ita ut prius exposita non videantur*. Mais ne pourrait-on pas répondre qu'Honoré, faisant la fonction d'historien, parlait de son ouvrage comme le public en parlait alors ? Ce qui est certain, c'est que cet article se rencontre dans toutes les éditions, dans tous les manuscrits qui existent, et qu'on le voyait dans un des plus anciens sur lequel a été copié celui de Molk, qui est du xv° siècle.

Outre les trois grandes Bibliothèques des Pères où ce Catalogue a trouvé place, nous en avons quatre autres éditions, dont la première fait partie des sept écrits de notre auteur, imprimés, comme on l'a dit, à Bâle en 1544. La seconde parut à Cologne in-8°, l'an 1580, chez Materne, parmi les ouvrages analogues de saint Jérôme, de Gennade, de saint Isidore, de Sigebert et de Henri de Gand, par les soins de Suffredus Petri. La troisième a été donnée par Aubert le Mire dans son Recueil des mêmes bibliographes, publié l'an 1639 à Anvers en un volume in-folio ; édition renouvelée par M. Fabricius, l'an 1718, à Hambourg avec des notes qui jettent une grande lumière sur le texte.

Tels sont les ouvrages imprimés de notre auteur énoncés dans le Catalogue ou Traité dont nous venons de rendre compte.

Parmi ceux qui n'y sont point nommés, et dont le public est en possession, le plus considérable est le traité *De la philosophie du monde*, partagé en quatre livres. On le voit à la tête des sept écrits d'Honoré publiés à Bâle en 1544. Il a passé depuis dans les grandes Bibliothèques des Pères de Cologne et de Lyon. Notre auteur parle dans le premier livre de Dieu, de l'âme du monde, des anges et de l'âme humaine. Après avoir prouvé l'existence de Dieu par la nécessité d'admettre une Providence, il recherche la raison pourquoi le Père est appelé la puissance, le Fils la sagesse, et le Saint-Esprit la volonté ; pourquoi la création est attribuée au Père, l'incarnation au Fils, et la rémission des péchés au Saint-Esprit. Sur l'âme du monde il propose divers sentiments, et renvoie, pour connaître le sien, à ses gloses sur Platon, que nous n'avons plus (46). Il distingue deux sortes d'anges, les bons et les mauvais. Il fait trois classes de ceux-là, dont la première habite selon lui le firmament pour régler le cours des étoiles ; la seconde réside dans le ciel des planètes ; la troisième est répandue sur la terre pour prendre soin des hommes. Il ne dit presque rien de l'âme humaine, parce qu'il doit en traiter à fond, dit-il, dans le dernier livre. De là il passe aux principes de la physique, et finit par des raisonnements sur la manière dont s'est exécutée la création.

L'objet du second livre est la disposition du ciel.

Le troisième concerne l'eau, l'air, le feu, les cinq zones, les pluies et les autres météores.

Dans le quatrième il s'agit de la terre et de ses habitants. Mais ce qui occupe principalement Honoré, c'est l'homme, dont il donne une description anatomique assez ample, et néanmoins fort superficielle. Ce qu'il dit sur l'âme ne répond pas à ce qu'il avait promis.

Dans les préfaces mises en tête de chacun de ces livres, il invective avec chaleur contre ses envieux, qu'il se flatte de confondre par ses succès. Cet ouvrage n'était guère propre à leur fermer la bouche.

Le second écrit est un abrégé d'astronomie usuelle, intitulé : *De solis affectibus*. Il est le quatrième des sept livres de l'édition de Bâle dont on a déjà parlé. Le manuscrit sur lequel il a été publié dans ce recueil, ainsi que dans les grandes Bibliothèques des Pères, était fort défectueux ; ou, ceux qui l'ont fait imprimer, de mauvais lecteurs : car on y trouve des fautes grossières de calcul, et d'autres qui forment des contre-sens.

Le troisième est le livre *Des hérésies*, dans lequel Honoré parcourt sommairement les anciennes hérésies ou sectes, tant des juifs, que des païens et des chrétiens. Il en compte huit parmi les juifs, neuf parmi les païens et soixante-sept parmi les chrétiens jusqu'aux agnoètes, où il finit. Cet opuscule, inséré dans les grandes Bibliothèques des Pères, fut imprimé pour la première fois à Helmstat, l'an 1612, avec le Catalogue des hérétiques de Constantin Hermenopule, en un volume in-4°.

Le quatrième, imprimé pareillement dans la grande Bibliothèque des Pères de Lyon, est une liste chronologique des papes, qui se termine à Innocent II. Elle est suivie, dans un manuscrit de la bibliothèque du Roi, d'une pareille liste des empereurs d'Occident, et l'une et l'autre ne sont qu'une suite du quatrième livre *De la philosophie du monde*, qui les précède immédiatement dans le même manuscrit. Les dernières paroles de ce livre le prouvent manifestement : *Non arbitror infructuosum*, portent-elles, *seriem temporum huic operi inserere, quo lector cuncta transacti mundi tempora queat uno intuitu agnoscere*.

Le cinquième contient des questions et des réponses sur les Proverbes et l'Ecclésiaste. Nous remarquerons, d'après Cornelius à Lapide (47), que ces deux espèces de commentaires sont tirés mot à mot de ceux

---

(46) Honorii fragmenta in Platonem edidit nuper D. Cousin in appendice ad Abailardi librum *Sic et non*. EDIT.

(47) *Comment. in Ecclesiasten.*, p. 6.

de Salonius, écrivain du v⁵ siècle; à cette différence près que notre auteur a transposé un endroit de cet interprète, et en a retranché ou changé un autre en partie. Car ce que dit Salonius des trois noms de Salomon à la tête de l'Ecclésiaste, Honoré l'emploie pour la préface de ses explications des Proverbes, et à la fin de ces mêmes explications il abrège ou supprime ce que l'autre avait mis dans les siennes. Ce plagiat n'est point honorable à la mémoire de notre auteur, supposé qu'il ait voulu faire passer le travail de Salonius pour le sien. Quoi qu'il en soit, ces *questions et réponses*, après avoir été publiées l'an 1554 à Cologne sous le nom d'Honoré d'Autun avec d'autres écrits dans un volume in-8°, ont été insérées depuis dans les Bibliothèques des Pères de Cologne et de Lyon.

Les ouvrages suivants ont été tirés de l'obscurité par D. Pez.

1° Un livre intitulé, *Summa duodecim quæstionum*. Voici quelle en fut l'occasion. Deux hommes, dit Honoré, l'un chanoine et l'autre moine, s'étant rencontrés en voyage, se demandèrent réciproquement ce qu'ils étaient et d'où ils venaient. J'appartiens à saint Pierre, dit le chanoine; et moi, dit le moine, à saint Michel. Le premier soutient que son patron est le plus digne, comme prince de l'Eglise et portier du ciel, L'autre prétend au contraire que c'est le sien, étant non-seulement ange, mais prévôt de la cour céleste. La dispute s'étant beaucoup échauffée sans qu'il y eût rien de conclu, quelques personnes, dit notre auteur, m'ont demandé sur cela mon sentiment. J'ai d'abord répondu de vive voix; mais ensuite, à leur prière, j'ai mis ma réponse par écrit. Honoré, pour résoudre une question aussi futile, entreprend d'établir douze points métaphysiques, à la fin desquels on est à peu près aussi avancé qu'auparavant. Cet ouvrage est dédié à un nommé Thomas, *tout rayonnant de l'éclat de la sagesse*, suivant l'expression de l'auteur.

2° Un *Dialogue entre le maître et le disciple* sur huit questions théologiques, que celui-ci propose et que l'autre résout; les deux plus importantes sont : 1° Jésus-Christ se serait-il incarné si l'homme n'eût pas péché? Le maître répond affirmativement, sur ce que le principal motif de l'Incarnation n'a pas été, selon lui, la réparation du péché, mais la déification de la nature humaine. 2° Quelle est la destinée des enfants morts sans baptême? La réprobation et le feu éternel, répond le maître.

3° Un traité *De l'exil et de la patrie de l'âme*. Ce Thomas, à qui l'auteur avait dédié sa *Somme des douze questions*, est encore le Mécène qu'il célèbre à la tête de ce livre. Mais il avait crû en dignité dans l'intervalle de ces deux écrits, puisqu'Honoré, dans celui-ci, lui fait honneur non-seulement de tous les dons de la sagesse, mais aussi de la grâce apostolique; ce qui semble dire qu'il avait été promu à l'épiscopat. La matière dont notre auteur l'entretient ici, concerne les sciences humaines et divines. Il dit que notre exil consiste dans l'ignorance, et notre patrie dans la possession de la vraie sagesse qu'il entreprend de développer. Il n'y a rien là qui mérite d'être remarqué.

4° Un traité *Du libre arbitre*, adressé à un abbé nommé Gothescalc. Le dessein est le même que celui de l'*Inévitable*, mais exécuté avec plus de brièveté. Il n'y a que six chapitres d'Honoré; le reste consiste en passages de plusieurs Pères.

5° Un petit discours *Sur la vie du cloître*, qui contient une mysticité peu assortie à la portée du commun des lecteurs.

§ III. — *Ses écrits non imprimés ou perdus.*

Ce sera D. Bernard Pez, comme nous en avons averti ci-devant, qui nous servira de guide dans le dénombrement des écrits non-imprimés ou perdus de notre auteur.

1° Un traité *De l'incontinence des prêtres*. Il était compris dans la liste des livres dont un moine, nommé Henri, avait fait présent à l'abbaye de Gotwic, au xii° siècle. Mais il ne se rencontre plus aujourd'hui parmi les manuscrits de cette maison, et on ne peut dire où il existe.

2° Un grand ouvrage intitulé *Summa totius de omnimoda historia*. Il est compris dans la donation du moine Henri, et annoncé sous le nom d'Honoré. D. Pez dit avoir vu et parcouru, dans la bibliothèque de Gotwic, une chronique anonyme qui porte ce titre, et dans laquelle on rencontre des choses importantes pour l'histoire d'Allemagne. Mais ce qui lui fait douter que ce soit la même que celle d'Honoré, c'est qu'elle ne va que jusqu'en 1058, et que l'auteur y nomme Adalbert, marquis d'Autriche, son seigneur. Il semble aisé néanmoins de répondre à ce doute. D'abord, le manuscrit étant du xii° siècle, comme D. Pez en convient, n'est-il pas naturel de le confondre avec celui qui venait du moine Henri? Que cette chronique finisse au milieu du xi° siècle, cela ne prouve absolument rien contre Honoré, puisqu'on peut dire ou que le manuscrit est mutilé, ou que l'auteur n'a pas eu le loisir de conduire son travail plus loin. A l'égard de ce que celui-ci témoigne, qu'il vivait sous la domination du marquis d'Autriche, nous avons reconnu ci-devant qu'Honoré, voulant se livrer à la retraite, avait transporté son domicile de France en Allemagne. Nous pourrions ajouter quelque chose de plus positif, si nous avions vu l'exemplaire de la Chronique d'Honoré, qui, au rapport d'Arnoul Wion, avait passé des mains de Lazius dans la bibliothèque de l'empereur au xvi° siècle, dont il est vrai, Bellarmin s'est mépris en nommant une édition de cette chronique faite à Bâle en 1544. L'ouvrage est encore dans les ténèbres (48).

3° Des Extraits de saint Augustin, sur la nature et les propriétés de l'âme, disposés en forme de dialogue. D. Pez ne les a découverts, dans l'abbaye de Molk, qu'après avoir publié son second tome d'*Anecdotes*, où il a renfermé les ouvrages d'Honoré. Il témoigne son regret de cette omission, et promet de la réparer par la suite; mais il n'a pas tenu parole.

4° Un livre de *Questions théologiques*, où il est traité des limbes, de l'enfer, du ciel, etc., tiré pareillement de saint Augustin et d'autres Pères. D. Pez avait aussi dessein de le mettre au jour, et en est demeuré là.

5° La *Clef de la physique, Clavis physicæ*. « Il y en a, dit notre guide, qui prennent cet ouvrage d'Honoré pour ses livres *De la philosophie du monde*. Mais, ajoute-t-il, le manuscrit du monastère de Zuetlen nous apprend le contraire. Car il y est disertement énoncé que la *Clef de la physique* était un abrégé des cinq livres d'un certain Chrysostomius. Cet ouvrage n'a donc point encore paru; mais nous espérons le donner un jour au public. » C'est encore une promesse qui n'a point eu d'exécution.

6° Un recueil intitulé *Pabulum vitæ*. Il est énoncé dans la donation de Henri; mais l'exemplaire de Gotwic est perdu, et l'on n'en connaît point d'autre.

7° Un autre recueil de sermons qui a pour titre : *Refectio mentium de festis Domini et sanctorum*. Il faisait également partie des livres de Henri, et existait encore du temps de Trithème; mais on ne sait aujourd'hui ce qu'il est devenu.

---

(48) Prodiit nuper *Summa totius*, sed non integra, in *Monumentis Germaniæ* clarissimi Pertzii.   Vide infra. EDIT.

8° *Historia solemnis.* Thierri d'Engelhusen nomme cet ouvrage dans la liste des auteurs dont il dit s'être servi pour la composition de sa *Chronique des chroniques.* Mais est-il différent ou non du *Summa totius* dont on a parlé ci-devant? C'est ce que nous ne pouvons décider.

9° Des *Homélies sur les Evangiles que saint Grégoire n'a point expliqués.* C'est encore un ouvrage dont on ne peut garantir l'existence.

10° Un opuscule très-court sur les dix plaies de l'Egypte. On en conserve un exemplaire, écrit au xiv° siècle, dans la Chartreuse de Gemnic, en Allemagne.

11° Notre auteur avait fait, comme nous l'avons déjà remarqué d'après lui, des gloses sur Platon : ouvrage perdu ou profondément enseveli (49).

12° Un volume de *Lettres* qui n'est connu que sur le témoignage de Trithème.

13° Un écrit intitulé : *Suum quid de virtutibus et vitiis.* D. Pez, parlant de cette production, dit : *Hoc quid monstri sit, nondum assecuti sumus. Quidquid id demum operis fuerit, certe inter Honorii opuscula in donatione Henrici monachi hoc modo exprimitur.*

14° Doublet (50) attribue encore à notre auteur un commentaire sur la *Hiérarchie de saint Denys l'Aréopagite*; mais l'on ne sait où cet historien a puisé cette anecdote, et l'on ne connaît ni bibliographe qui lui donne un pareil ouvrage, ni bibliothèque où il se trouve.

Il est inutile de réfuter l'erreur où est tombé Polycarpe Leyser (51), en mettant sur le compte de notre auteur certains vers élégiaques rapportés par D. Mabillon dans le premier tome de ses *Analectes*, sous le nom d'Honoré Scholastique. La note de l'éditeur, qui met au vi° siècle la mort de Jourdain, évêque de Ravenne, à qui ces vers sont adressés, suffit pour montrer que Leyser a confondu deux écrivains de même nom.

§ IV. — *Son génie, son érudition, sa doctrine, sa manière d'écrire.*

Quoique la postérité n'ait pas tiré de grands secours des écrits d'Honoré, ce serait néanmoins une injustice de dire qu'ils ont été inutiles à son siècle. On n'y voit, à la vérité, comme dans ceux de presque tous ses contemporains, aucune nouvelle découverte, nulle trace de ce génie inventif qui sait perfectionner et agrandir les connaissances qu'il a reçues; mais ils peuvent être regardés comme un dépôt de la tradition sur plusieurs genres de savoir. Notre auteur, en effet, possédait et a transmis presque tout ce qu'on savait alors de mathématiques, de cosmographie, de géométrie et de métaphysique. Il se distinguait même dans cette dernière partie, comme le fait voir son traité *De la connaissance de Dieu et de la vie éternelle*; ouvrage réellement digne des deux grands noms qu'il porte dans quelques manuscrits. Sans être un théologien profond, il n'était rien moins que novice en théologie, malgré certaines erreurs ou méprises que l'on aperçoit dans quelques-uns de ses écrits. Son *Elucidaire*, qui a donné le plus de prise à la censure, aurait trouvé grâce auprès des critiques, s'ils eussent fait attention que c'était le fruit de ses premières études théologiques. Son traité de l'*Inévitable* marque plus de maturité. C'est dommage, comme on l'a dit, qu'on y aperçoive deux ou trois taches qui le déparent et l'empêchent d'aller de pair avec les meilleurs écrits du temps sur le même sujet. Le don que notre auteur avait reçu pour l'interprétation des livres saints se manifeste dans son *Commentaire du Cantique des cantiques.* S'il n'a pas été aussi heureux sur les Psaumes, peu d'interprètes d'alors y ont mieux réussi. Les idées mystagogiques, qui avaient prévalu dans le xii° siècle, ne permettaient guère de saisir le véritable esprit d'un texte dont la lettre sert de base à tous les autres sens. Ces mêmes idées l'ont jeté dans l'illusion et lui ont fait avancer beaucoup d'absurdités sur les rites ecclésiastiques. C'est ainsi que les bons esprits se gâtent en se laissant entraîner par les préjugés et le mauvais goût que les esprits faux ont établis.

A l'égard de sa manière d'écrire, elle nous paraît défectueuse par plus d'un endroit. Dans presque tous ses écrits, les diverses pièces qui les composent ne sont ni distribuées avec méthode, ni rapprochées avec intelligence. C'est un auteur qui enfante, pour l'ordinaire, à mesure qu'il conçoit, sans trop se soucier de ce qui précède et de ce qui doit suivre. De là vient cette négligence qu'on remarque aussi dans son style. Il eût pu se corriger de ses défauts, s'il eût travaillé ses écrits avec plus de loisir et de réflexion, comme réellement il s'en est garanti dans quelques-unes.

III.

(D. Bernardus Pez, *Thesaurus Anecdot. noviss.*, Dissertatio isagogica in tom. II, pag. iv.)

Honorius, Augustodunensis Ecclesiæ in Burgundia presbyter et scholasticus ab anno circiter 1090, usque ad annum 1120, non modica scribendi laude floruit. Eum ante vitæ finem monachum induisse vero simillimum reddunt plurimi, iique Honorii temporibus proximi, manu exarati codices, qui nomen *Solitarii* disertissime præferunt. Idem autem esse nomen solitarii et monachi constat ex Grimlaici presbyteri *Regula solitariorum*, cujus caput primum his verbis incipit : *Primum igitur indagare oportet cur monachus vel cur solitarius vocatur, et sic demum auxiliante divina clementia, ad cætera exponenda rite transeamus. Monachus enim Græca etymologia vocatur, eo quod sit singularis. Monas enim Græce, Latine singularitas dicitur. Ergo solitarius interpretatur vocabulum monachi. Idcirco enim sive dicatur monachus sive solitarius, unum atque idem est,* etc.; quæ eo fine prolixius excerpsimus, ut palam omnibus esset ratio propter quam Honorius monachis Benedictinis accensendus nobis visus fuerit. Arnoldus Wion in *Ligno vitæ*, lib. II, cap. 69, ex Nicolao Aurifico et Melchiore Hittorpio Honorium non solum *monachum* sed etiam *abbatem* vocat; addit tamen ab iis haud explicari quo in loco eo munere Honorius functus fuerit. Ast nobis eum *monachum* dixisse satis fuerit, cum abbatialis nominis nullum in tot veteribus, quos inspeximus, codicibus vestigium, aut veterum ea de re testimonium ullibi exstet. Catalogum Operum ab Honorio editorum passim apud eos reperire est qui de scriptoribus ecclesiasticis tractarunt. Iis porro omnibus ipse Honorius prævivit, qui accurata suorum opusculorum recensione librum quartum *De luminaribus* seu *Scriptoribus Ecclesiæ* conclusit. Cæterum Honorium alia plura post mox laudatos libros *De Luminaribus Ecclesiæ* scripsisse,

---

(49) Vide notam 46.
(50) *Hist. de l'abb. de Saint-Denys*, p. 128.
(51) *Hist. poet. medii ævi*, verbo *Honorius*

dubitare non sinunt codices Gemnicenses, ex quibus non pauca hactenus inedita, et Honorii nomine insignita nunc primum in lucem proferimus, benevolentia ven. PP. Leopoldi Wydemanni et Sebastiani Tregeri, chartusianorum Gemnicensium, quos alibi commendavimus. Quia vero in bibliothecarum perlustratione quædam non speranda nobis occurrerunt, e quibus etiam editi, Honorii libri lumen accipiant, ejus opuscula non tantum hic a nobis evulgata, sed etiam typis alias jam excusa, ordine ab ipso Honorio servato, paulo accuratius juvat recensere, prætermissis tamen iis quæ vulgo nota jam sunt. Itaque scripsit :

1. *Elucidarium in tribus libellis* : primum de Christo, secundum de Ecclesia, tertium de futura vita distinxit. Exstat ms. in bibliotheca Claustroneoburgensi in membraneo codice in fol. sæculi xii, ubi incipit *Elucidarium, ut dicitur, Anshelmi. M. Sæpius rogatus* etc., ut in editis. In codice membraneo Gemnicensi annorum quadringentorum hæc præmittuntur : *Gregorius : Superfluum est quærere de auctore, cum Spiritus sanctus credatur*. Ejusdem operis translatio Germanica habetur in duobus codicibus mss. bibliothecæ Mellic. quorum prior sæculi xv est, alter anno 1414 explicit, nec versionis dialectus antiquior est.

2. *Libellum de Sancta Maria, qui Sigillum sanctæ Mariæ intitulatur*. Exstat passim in Bibliothecis Patrum editus.

3. *Unum de libero arbitrio, qui Inevitabile dicitur*. In codice Mellicensi membraneo, fol., signato lit. b, num. 64, exstat *excerpta libelli, qui vocatur Inevitabile, editi a Solitario, genere et nomine incognito*. Codex is quingentorum annorum est.

4. *Unum libellum Sermonum, qui Speculum Ecclesiæ nuncupatur*. Hoc Ecclesiæ Speculum Basileæ an. 1544 typis excusum esse ex Daumio monet Olearius in Biblioth. Script. Eccl., tom. I, litt. H. Sed et nos tam in bibliotheca Gottwicensi quam in B. Mariæ V. Scotensi hujus Speculi excusum exemplum in 8, *Coloniæ, in ædibus Quenteliani*s anno 1531, atque adeo tredecim annis editione Basileensi antiquius vidimus. In Coloniensi hac editione *Speculo* Honorii adjunguntur etiam *Admonitio et sermones Feliciarii episcopi Arelatensis*; quo tamen nomine in Catalogo archiepiscoporum Arelatensium apud Dionysium San-Marthanum in Galliæ Christ. tom. I nullus legitur.

5. *De incontinentia sacerdotum, qui Offendiculum appellatur*. Hunc librum nullibi hactenus reperimus. Gottwici habetur codex membr., in folio, sexcentorum annorum in quo exstat recensio librorum, quos frater Heinricus huic contulit Ecclesiæ. Hic non pauca Honorii opuscula recensentur, inter quæ etiam sunt *Elucidarium bene correctum et Offendiculum de incontinentia sacerdotum*. Sed hodie hi codices Gottwici desiderantur, uti et plerique omnes libri ea Heinrici donatione comprehensi.

6. *Summam totius de omnimoda historia*. Hoc opus in mox laudata Heinrici donatione ita recensetur : *Sacramentarium de mysteriis : Summa totius, in quo Cronica ab initio mundi usque ad nostra tempora*. Evolvimus quidem in bibliotheca Gottwicensi ejusmodi chronicon ab orbe condito in codice membraneo, fol., manu sæculi circiter duodecimi exarato, in quo multa præclara ad res Germanicas pertinentia insunt. Verum quia id opus non nisi usque ad annum 1058 pertingit, et auctor Adalbertum Austriæ marchionem *suum* vocat, a *Summa totius* Honorii diversum esse credimus. Arnoldus Wion lib. II Ligni Vitæ, cap. 69, auctor est, *hoc magnum opus olim apud Lazium fuisse, sed nunc* (circa annum 1595) *esse in bibliotheca imperatoris Viennæ*; ms. Quod si verum est, fallit Got. Olearius, qui loc. cit. opus Honorii *De omnimoda historia* cum pluribus aliis *dubio procul interiisse* scribit. Imo Possevinus in Appar., pag. 767, id Basileæ 1544 editum fuisse affirmat. Sed hic auctor in Honorio tot errores committit, ut nullam fidem mereatur.

7. *Gemmam animæ de divinis officiis*. Opus hoc sæpius sub prelum missum fuit. Joannes Mabillonius in Itinere Italico, num. 27, *leve quidem esse, sed tamen haud reticendum sibi existimavit, quod liber de ritibus ecclesiasticis, qui Gemma animæ inscribitur, auctore Honorio Augustodunensi, nomen Honorii Solitarii præferat in Ambrosiano codice annorum quingentorum*.

8. *Sacramentarium de sacramentis*. Quem libellum, ut ipse Honorius in Prologo scribit, collegit *ex sanctorum scriptis, ut, quibus deest librorum copia, per hoc compendium illorum sublevetur inopia*. Vult autem ibidem Honorius, ut *hujus* operis *nomen Sacramentarium scribatur, eo quod per illum omne sacramentum divini officii ignaris aperiatur*. Prodit id nunc primum ex codice Gemnicensi sæculi xiv, opera et studio eruditi P. Leopoldi Wydemanni.. Aliud ejusdem operis exemplum ms. olim etiam Gottwici exstitisse probat donatio Heinrici, in qua Honorii *Gemma animæ de divinis sacramentis, Sacramentarium de Mysteriis*, etc., memorantur. Sed is codex periit.

9. *Neocosmum de primis sex diebus*. Hoc opus in mox memorata Heinrici donatione præter alia Honorii opuscula recensetur, cum codex nunc Gottwici inter deperdita numeretur. In monasterio Benedictoburano duo adhuc manu exarata exempla exstant : unum in cod. membr., 4°, annorum quingentorum, ubi *Honorii Augustodunensis Hexameron* inscribitur : alterum in cod. membr., fol., annorum sexcentorum, in quo *Neocosmi* titulum præfert. Habetur et in codice memb. in fol., B. 64, bibliothecæ Mellicensis, hoc titulo : *Opusculum cujusdam solitarii de operibus quæ fecit Deus in primis sex diebus* : qui codex Mellicensis quingentorum annorum est. Nos id ex codice Gemnicensis Carthusiæ annorum quadringentorum damus, adjuti a sæpius laudato et laudando P. Leopoldo Wydemanno. Cæterum præfatiuncula illa, quæ in nostra editione capiti 1 præfixa est, cum a codd. Benedictoburanis et Mellicensi absit, non videtur genuina nec ab ipso Honorio profecta. Eam tamen a dicto loco abesse noluimus, propterea quod codex Gemnicensis eamdem haberet. Istud judicium nostrum est de capite hujus opusculi ultimo, quod pariter in codice Mellicensi desideratur. Igitur genuinum ejus initium censemus esse caput 1 : Quia *multi multa de primis sex diebus*, etc., finem autem in capite 5 his verbis comprehendi : *per quem adhuc omnis corporea creatura in meliorem statum transformatur*, tametsi in codice Mellicensi finis opusculi paulo ante ita imponatur : *in istis autem temporalibus omnia temporalia et corporalia realiter per species et formas fecit*. Postremo mirari lubet cur Honorius in Catalogo suarum lucubrationum hoc opusculum *Neocosmum de primis sex diebus* inscribat, cum capite 1, quo genuinam Honorii præfationem contineri monuimus, ipse optare videatur ut *elucidario huic suo in capite præfigatur Hexameron*. Sed de inscriptione libri, auctori arbitraria, non a lmodum quærenium est, dum de re ac opere modo constet.

10. *Eucharistion de corpore Domini*. Editiones librorum Honorii *De luminaribus Ecclesiæ* male *Eucharisticon* habent. *Eucharistion* enim, non *Eucharisticon* legendum esse docent omnes, quos vidimus, codices, in quibus exstat hic liber *De corpore Domini*, nominatim Sanct-Crucensis in 4°, membr., quin-

gentorum annorum; Donatio Heinrici monachi Gottwicensis, saepius jam citata; Dorotneanus, signatus num. 54, quadringentorum annorum, et denique Mellicensis, ex quo librum primi publicamus, in fol., chart., L. 52, quem Wolfgangus de Emerstorf ad fidem *vetustorum exemplarium* exaravit, ut ipse in fine his verbis notavit : *volumen istud conscripsit frater Wolfgangus Frischman de Emersterff, coenobita monasterii Mellicensis, apicibus, quidem simplicibus, nec bene comptis, de exemplaribus tamen vetustis. Cujus pro Dei amore meminisse digneris, optime lector, quisquis ex eo profeceris.* Opus qusq e ipsum fine suscepit in crastino Margarethae virginis, anno Domini millesimo quadringentesimo quinquagesimo primo. Porro in hoc codice incipit Eucharistion, quod interpretatur bona gratia. Denique *Eucharistion*, non *Eucharisticon* diserte habet opus Honorii *de Luminaribus Ecclesiae*, in eodem Wolfgangi manu exarato volumine. Quaedam saeculi xv manus in laudato Mellicensi codice ad librum Honorii *De corpore Domini* adnotavit, *hunc tractatum in publico non videri legendum propter quaedam puncta in eo contenta, in quibus auctor videtur errare, vel saltem magna indigere discretionis consideratione*, quae sine dubio hominis scholastici, et veterum dicta ad subtiles temporis sui quaestiunculas exigentis animadversio est. Nihil enim exstat apud Honorium quod a vulgari veterum doctorum doctrina aut oratione dissideat. Vel solum caput 5 demonstrabit quam Catholice de sacramento eucharistiae, quod *transsubstantiatione* fit, senserit. *Christus*, inquit, *Verbum Patris exstitit, per quod omnia condidit. Idem Verbum naturam panis et vini in substantiam suae carnis et sanguinis, sicut aquam in vinum, convertit, et non aliud quam suum substantivum de Virgine genitum corpus suis edendum tribuit, et idem in crastino pro vita mundi in ara crucis Deo Patri obtulit. Idem etiam et non aliud Ecclesia hodie per manus sacerdotum conficit, quod Maria genuit. Idem nihilominus et non aliud, quamvis ex alio pane confectum, populus fidelium hodie accipit, quod et Christus manibus suis tradidit. Et licet singuli sacerdotes singulas hostias offerant, non tamen singularia corpora, sed omnes unum, quamvis diverso tempore, conficiunt. Et licet oblatas in plurima frusta dividant, non tamen partes, sed singuli totum accipiunt. Alioquin si Christus semel divisus a populo comederetur, non esset quod denuo esurienti daretur, aut tot essent Christi corpora, quot sacerdotum sacrificia. Nunc autem unum Christi corpus ab omni populo, et ab unoquoque totum comeditur : et tamen totum integrum in dextera Patris permanere verissime creditur. Quodque humana ratio non potest probare, catholica fides neminem sinit dubitare.* Qui autem non credit, hujus corporis non particeps erit, quia deterior infideli exstitit. Et capite 8, ubi quaerit cur eucharistia sacramentum dicatur, vel utrum *veritas an figura credatur*, sic planissime respondet : *In Christo duae substantiae praedicantur, visibilis humanitas, et invisibilis divinitas. Sic in hoc sacramento duo considerantur. Et quia species et gustus panis et vini cernitur foris, intus autem corpus et sanguis Christi intelligitur, ideo sacramentum dicitur. Omne sacramentum aliud foris ostendit, aliud intus intelligendum innuit : sicut et litterae, in quibus figurae exterius et characteres videntur, sed potestas et significationes interius intelliguntur. Unde licet in veritate caro et sanguis Christi credatur, tamen non incongrue sacramentum vel figura nominatur*, etc., quibus nihil magis catholice scribi potuit.

11. *Cognitionem vitae de Deo et aeterna vita*. Habetur in codice Mellicensi, 8, p. 40, manu saeculi xii, sub nomine *beati Augustini*, quod tamen ipsum recentiori manu depictum est. Notat vero ibidem alia saeculi xv manus, *videri esse Honorii ex stylo et ex suo in De luminaribus Ecclesiae*. In alio codice Mellic., membr., fol., B. 64 quingentorum annorum, hoc opusculum ita inscribitur : *Cognitio vitae a solitario quodam dialogice edita*, ubi iterum alia, sed saeculo xiv vix recentior manus in margine advertit, hoc opus *Honorio ascribi*. Nec id in posteriore isthoc codice observatione indignum, quod in dialogo non *magister discipulis aut fratribus*, sed *solitarius auditoribus* loquatur, quod monstrorum Benedictinorum Patrum, qui hoc opusculum, S. Augustino aliquandiu suppositum, in recenti hujus editione tomo VI, primi Honorio Augustodunensi vindicarunt, sententiam egregie confirmat.

12. *Imaginem mundi de dispositione orbis*. Hujus operis tres antiquas editiones vidimus : prima est Norimbergensis in fol. per Casparum Hochfeder anno 1491 adornata, in qua auctor *Honorius inclusus vocatur* : altera est Basileensis in 4°, anno 1497 per Mag. Joannem Amerbach emissa, in qua non Honorio, sed sancto Anselmo id tribuitur, cujus opuscula utraque editio praecipue spectat et exhibet. Tertia demum editio est in folio minori, in qua nec locus nec tempus, quo aut ubi procurata sit, additur. Ejus exemplum possidet bibliotheca Mellicensis in codice partim ms., partim typis commisso, signato lit. E, num. 55. Etsi autem haec editio per quam rudibus typis curata sit, ea tamen longe sincerior et emendatior est quam illa quam post Andream Schottum S. I. et Antonium Hieratum, theologi Colonienses suae Patrum Bibliothecae inseruerunt : ut adeo facile crediderimus, hanc ex veteribus a nobis memoratis editionibus esse antiquissimam. Inscriptio trium librorum Honorii in hac editione sic habet : *Christianus ad Solitarium quemdam de imagine mundi. Honorio : Septiformi Spiritu*, etc. Tum sequitur *Prologus de imagine mundi. Honorius : Sapientiae alumno* etc. Opus hoc in pluribus Austriae bibliothecis ms., servatur.

13. *Summam gloriam de Apostolico et Augusto*. In hoc libro agit Honorius de praecellentia sacerdotii prae regno, qua de re magnum saeculo undecimo et duodecimo certamen exstitit, aliis contendentibus regnum nulla ratione sacerdotio subjacere, aliis contrariam sententiam magnis clamoribus tuentibus. In illos non uno loco acerbius invehitur Honorius, utpote a quibus sacerdotio regnum exaequari non posse affirmet, nisi aut *adulatores principum, aut ignari rerum, aut denique stupidi homines audire velint*. Jam illos, inquit cap. 8, *familiariter quaeramus, quorum causa hanc lucubratiunculam susceperamus, qui ob pecuniae amorem, ob laudis favorem, et pro adipiscendae ab ipsis principibus dignitatis al. cujus honore praedicant indoctis ipsi maxime indocti, ubique in manu regum omnes dignitates pendere. Qui aut haec dicunt, aut laici, aut monachi aut clerici sunt? Si laici sunt, tunc ut insipientes sunt irridendi, vel potius ut ignari a sapientibus corrigendi. Si autem monachi sunt, tunc desipiunt, qui aut veritatem ignorantes errant, aut scienter errorem ob avaritiam sapientes, vorum se scire dissimulant. Si autem clerici sunt, vesani capitis sunt, qui ecclesiastico ordini jus ob ipso Domino collatum adimunt, illudque laicali potestati conferunt, imo se ipsos propria libertate spoliant, ac servili laicorum dispositioni cum Cain subjugant. Igitur horum omnium stolidae assertiones a sensatis sunt confutandae, imo ab omnibus ratione utentibus reprobandae, cum regnum sacerdotio, populus clero jure subjaceat, et sicut sol lunae, spiritus animae, contemplativa vita activae, sic sacerdotium regno praemineat*. Haec Honorius, qui si intra justos comparationis limites se continuisset, contentusque fuisset genus generi praetulisse, nec suis nec nostris temporibus, qui ab eo vehementer dissentiret, reperisset. Nempe non tam de praecellentia horum duorum generum, sed de necessariis consecutionibus, quae ex alterius praecellentia effluebant, disputatio et controversia fervebat. Itaque dum illas alii coarctarent, ampliarent alii, Honorius noster cum posterioribus faciens eo cap. 4, progressus est, ut existimaret, *imperatorem Romanum debere*

ab apostolico eligi consensu principum, et acclamatione plebis in caput populi constitui, a papa consecrari et coronari. Sed hic forte, scribit Honorius, contentiosi sermone et scientia imperiti erumpent, et imperatorem non ab Apostolico, sed a principibus eligendum affirmabunt. *Quos ego interrogo, utrum rex a subditis, an prælatis sit constituendus? A prælatis, inquiunt. A quibus? A ducibus et comitibus. Sed duces et comites episcopis, ut puta, dominis suis subditi sunt, quia ab eis beneficia et Ecclesiarum prædia habent : ergo rex a Christi sacerdotibus, qui veri Ecclesiæ principes sunt, est constituendus : consensus tamen laicorum requirendus. Igitur quia sacerdotium jure regnum constituet, jure regnum sacerdotio subjacebit.* Quæ ratiunculæ et consecutiones, quatenus ad electionem imperatorum et regum pertinent, quantum inter se cohærerant, ab aliis doctissimis viris jam dudum demonstratum est. Cæterum hunc Honorii librum, quem Antonius Hierat in Bibliotheca Patrum Coloniensi cum ejusdem Honorii serie *Romanorum pontificum* perperam confundit, e ms. codice Gemnicensi trecentorum annorum extulit P. Leopoldus Wydemannus, cui et sequens Honorii opusculum debemus. *Summa Gloria* exstat et in bibliotheca canoniæ Tirnsteinensis in codice chart. 4, manu sæculi xv, et in codicibus Mellicensibus membraneis E. 85, et L. 24, quorum ille quadringentorum, hic trecentorum annorum est.

14. *Scalam cœli de gradibus visionum.* Etiam hunc libellum eumdem esse atque Honorii opus *De solis affectionibus*, male opinatus est Antonius Hierat seu Andreas Schottus, quorum editionem adoptarunt curatores Bibliothecæ Patrum Coloniensis, qua utimur. Neque enim *Scala cœli* argumenti philosophici, ut *liber de solis affectionibus*, sed theologici seu ascetici est, quam Honorius eorum gratia struxit, *qui ad spiritualia, ut ipse in prologo ait, scandere nituntur, sed ordinem graduum ignorantes, per abrupta se præcipitant, et dum non gradatim scandendo, sed per præceps inconsulte ruendo, nec hujus nec illius retinaculum rectitudinis, quo gressum firment, inveniunt, pondere penduli, visu pressi cassum iter linquunt, atque in profundæ fabulæ opiniones et tenebras ignorantiæ errabundi resiliunt. Quorum animi inopia pie permotus, navem eis de exsilio ad patriam opinis opibus instruxi, et scalam congruis gradibus ordinabiliter disparatam de cœno ad cœlum erexi. Quam si rite scandere contendunt, regem gloriæ in decore suo videbunt. Unde si videtur, libellus* Scala cœli *vocetur.* Porro istud opusculum ven. Leopoldo, qui ex mox citato suæ Carthusiæ codice, lectu sane quam difficili eruit, acceptum referendum esse, lectorem jam monuimus. Idem in donatione Heinrici monachi Gottwicensis his verbis recensetur : *Neocosmus de sex primis diebus. Scala cœli de tribus cœlis. Gemma animæ,* etc. Sed horum nihil amplius in bibliotheca Gottwicensi restat.

15. *De Anima et de Deo quædam ex* S. Augustino *excerpta, et sub dialogo exarata.* Hic Dialogus in codice Mellicensi membraneo, lit. P. 40 signato, et circa duodecimum sæculum collecto superest, id quod nos non nisi post excusum secundum tomum deprehendisse serio dolemus. Ast illi suus locus in sequentibus voluminibus erit, in quibus etiam *liber amplus theologicarum Quæstionum* de limbo Patrum, inferno, cœlo, etc., indidem depromptus comparebit, quem tum ob similitudinem styli, tum ob opinionum consensionem ejusdem Honorii esse non dubitamus. Interim ordinem et initium *Dialogi de anima et de Deo* cape. Primo plusculæ veterum sententiæ de natura animæ ponuntur, ex Cassiodoro, ut scriba in margine notat, aliisque decerptæ. Incipit prior : *Anima hominis proprie dicitur, non etiam pecudum, quia illorum vita in sanguine noscitur constituta,* etc. Tum sequitur Honorii præfatiuncula : *Quæ de opere beati Augustini decerpsi, studiosis, quibus libri desunt, stylo tradere curavi.* Demum dialogum orditur D. in hunc modum : *Sæpius mihi de anima cogitanti, et unde vel quid vel qualis, vel quanta sit, penitus ignoranti, rogo, ut, quæ Deo inspirante de his sentis, pandas sciscitanti.* Respondet M. *Ad hoc negotium non ero imparatus, quia frequenti meditatione in hoc sum occupatus,* etc. Quæ omnia lectori perspectiora in ipsa editione reddentur.

16. *Expositionem totius Psalterii cum canticis miro modo.* Ita enim hunc locum interpungendum esse docet ms. cod. Mellic. L. 52, non : *Expositionem totius Psalterii cum canticis. Miro modo Cantica canticorum exposuit,* etc., ut habet novissima editio Fabriciana. Exstat hæc amplissima Honorii Expositio in duobus Monseensis seu Lunælacensis bibliothecæ voluminibus chartaceis in fol., in quibus opus *Honorii solitarii, viri religiosi* explicit anno 1438, et in codice membraneo Claustroneoburgensi, manu sæculi decimi tertii conscripto, in quo Incipit prologus *Honorii solitarii viri religiosi. Christiano Patri,* etc. Et in tribus membraneis voluminibus in fol. eadem ætate perscriptis, bibliothecæ Mellicensis, quorum primum lit. h. 54, alterum J. 45, ultimum J. 14, signatum est. Specimen quoddam hujus Honoriani Commentarii ex codice Gemnicensi quadringentorum annorum habes, id est : Præfationem, Expositionem psalmi I, L, LI, C, CI, et CL ; quæ si viris doctis non displicuerint, fortassis non deerit qui ad integri operis editionem se accingat. Cætera quæ in Mellicensibus codicibus observatu digna sunt, adnotantur ibidem.

17. *Cantica canticorum, ita ut præexposita* (52) *non videantur.* Expositio Cantici canticorum dudum typis exscripta est, sed sine prologo, quem tandem ex codice Signiacensi cl. P. Edmundus Martene in Thesauri novi Anecdotorum tomo I, col. 563 publicavit. Porro ex eo fides codicum Mellicensium, in quibus Honorius Expositionem Psalmorum *Chunoni abbati* dicat et inscribit, comprobatur, mutuoque ab his quem illud C. in prologo Cantici canticorum notet, innuitur. Ast cujus monasterii abbas ille Chuno fuerit, adhuc incognitum manet. Prologus in Cantica a Martenæo editus etiam exstat in codice ms. canoniæ Durotheanæ, chartaceo, in fol., trecentorum annorum, Zwetlensi, et Axpacensi.

18. *Evangelia quæ B. Gregorius non exposuit.* Hoc opus in nulla hactenus bibliotheca vidimus.

19. *Clavem physicæ de naturis rerum.* Sunt qui putent hoc Honorii opus idem omnino esse ac ejusdem editos libros IV *de mundi philosophia.* Sed codex monasterii Zwetlensis aliud nos docet, in quo isthæc notantur : *Iste liber dicitur excerptus ab Honorio solitario de quinque libris cujusdam Chrisotomii.* Tum : Incipit prologus in Clavem physicæ. *Cum multos mente intuear,* etc. Codex est quingentorum annorum, signatus num. 261. Itaque *Clavis physicæ* Honorii adhuc inedita est, sed a nobis tandem in sequentibus tomis in lucem vindicanda (55). Quod jam factum esset, nisi eruditorum virorum opinatio nobis impedimento fuisset. Vide Bibliothecæ SS. PP. Coloniensis tom. XII, part. I, pag. 929.

20. *Refectionem mentium de festis Domini et sanctorum.* Latet adhuc opus. Exstitit olim in monasterio Gottwicensi, ut constat ex donatione Heinrici monachi, ubi inter alia Honorii opuscula *Refectio mentium, in quo sermones ad fratres in capitulo,* collocatur. Trithemius De script. eccles., c. 357, male hoc opusculum vocat *Refectionem mensium,* nisi forte is merus error typographicus sit, quem tamen recentiores editiones retinuerunt.

21. *Pabulum vitæ de præcipuis festis.* Id nullibi adhuc nobis occurrit. In donatione Heinrici una cum aliis

---

(52) Edit., ita ut prius expos.
(53) Promissis non stetit.

Honorii libris monasterio Gottwicensi confertur *Pabulum vitæ, in quo sermones in festis diebus.* Sed Gottwicense exemplum deperiit.

22. *Libellum de luminaribus Ecclesiæ.* Is simplici plus vice typis excusus est, tametsi correctior et castigatior editio ab omnibus merito flagitetur. Egregius est codex Mellicensis L. 52, in folio, a Wolfgango de Emerstorf de *veteri exemplari*, ut ait, descriptus. Alius ejusdem Mellicensis monasterii codex est in 4, K. 24, ejusdem ætatis, puta sæculi decimi quinti.

Atque hæc sint ad catalogum operum quem ipse Honorius concinnavit, animadversa. Quia vero, ut supra scripsimus, post opus *De luminaribusEcclesiæ* is alia plura opuscula in lucem edidit, eorum etiam elenchum, quatenus quidem licet, attexemus.

23. *De X plagis Ægypti spiritualiter.* Opusculum hoc perbreve sub Honorii nomine habetur in membraneo codice Gemnicensi, quem sæculo decimo quarto pereleganter exaratum esse V. P. Leopoldus testatur.

24. *Scala cœli minor.* Desideratur nomen Honorii in codice chartaceo Gemnicensi in folio annorum trecentorum. Nec opusculum Honorio tribuit P. Leopoldus nisi conjectando. Nobis id nihil aliud quam sermo quidam videtur.

25. *Liber duodecim quæstionum.* Præcipua harum quæstionum est : *Num sanctus archangelus Michael beato Petro apostolo, an Petrus Michaeli præcedat?* Honorius primas defert beato Petro c. 6, ubi hæc ejus verba legas : *Igitur quantum ordo seraphin præcellit dignitate ordinem archangelorum, tantum præcellit Petrus princeps apostolorum Michaelem unum de ordine archangelorum. Hinc est quod Roma caput mundi Petro apostolo, non Michaeli archangelo primatum regiminis obtulit, et universa Ecclesia per orbem non solum in privatis locis, sed etiam in præcipuis urbibus episcopalem sedem Petro contulit.* Ita Honorius. Opusculum in publicum emergit ex ms. cod. Gemnicensi quadringentorum annorum.

26. *Quæstiones VIII de angelo et de homine.* Erutæ sunt ex laudato ejusdem Carthusiæ ms. codice. Porro hæ quæstiones non sunt de nihilo, sed earum quædam res apud gravissimos auctores hodieque controversas attingunt, cujusmodi illa est : *Cur Deus quosdam innocentes, videlicet infantes, quos unda baptismatis non regeneravit, in miseria relinquat?* Quod Honorius ait non *plus a nobis posse investigari, quam illud possit indagari : cur angelos non fecerit archangelos, vel illos non fecerit thronos, vel feminas non fecerit viros, vel bestias non fecerit aves, vel cur pavoni tantum decorem pennarum præ cæteris avibus dederit, et multa his similia. Omnia enim, quæcunque voluit, fecit et facit.* Hæc Honorius prudenter sane ac sobrie.

27. *De animæ exsilio et patria*, alias *De artibus.* Libellum hunc idem nobis codex Gemnicensis bibliothecæ suggessit, curante P. Leopoldo, cujus benevolentia et studio etiam gratam sequentia omnia consecuti sumus. Eum Honorius cuidam *Thomæ* dicavit, cui *librum* quoque *XII Quæstionum*, numero 25 relatum, inscripsit. Argumentum totum asceticum est, quod vel solis inspectis capitum, in quæ id divisimus, summariis complecteris.

28. *De libero arbitrio.* Libellus hic ab altero Honorii opusculo *De libero arbitrio, quod inevitabile dicitur,* penitus diversus est, tametsi doctrina utrisque contenta fere eadem sit. Eum Honorius nuncupat Godschalco cuidam, *fide et opere sudanti in sancto proposito, verbo et exemplo gregi Christi præposito*, quæ innuere videntur, Godschalcum abbatis munere alicubi functum fuisse. Opusculum in codice Gemnicensi quadringentorum annorum auctoritates Patrum Ambrosii, Augustini, Fulgentii, etc., excipiunt, ex quibus, ni fallimur, manifestum est Honorium in doctrina de libero arbitrio nihil aliud sentire aut tradere voluisse, nisi quod a majoribus traditum accepisset.

29. *De vita claustrali.* Opusculum sub Honorii nomine una cum aliis certissimis ejusdem lucubrationibus comparet in codice Gemnicensi, in 8°, quem ven. Bertholomæus, Carthusianus Gemnicensis, et anno 1459 prior Carthusiæ Eysbacensis, exaravit.

30. *De philosophia mundi lib. IV.* Exstant in Bibliothecis Patrum.

31. *De solis affectibus seu affectionibus lib. I.* Hunc male confundi cum *Scala cœli de gradibus visionum*, ex iis constat quæ ad numerum seu potius opusculum 14 adnotavimus.

32. *Series Romanorum pontificum.* Exstat in Patrum Bibliothecis.

33. *De hæresibus lib. I.* Ibidem habetur. Manuscriptus multoque emendatior exstat in codice Mellic. Wolfgangi de Emerstorf, notato lit. L, 52, *ex veteribus exemplaribus exscripto*.

34. *Quæstiones et ad easdem responsiones in duos Salomonis libros, Proverbia et Ecclesiasten.* Vide in Bibliothecis Patrum.

35. *De Anima lib. I.* Ita Trithemius De script. eccles., cap. 357. Sed vitioso codice deceptum virum magnum fuisse, non dubitemus. Est itaque Honorii *liber de anima* nullo modo distinctus ab ejusdem *libello de anima et de Deo ex S. Augustino*, quem more *dialogi* exaratum in bibliotheca Mellicensi asservari super num. 15 diximus.

36. *Dialogus de opusculis Augustini lib. I.* Ita iterum Trithemius, quem falsum esse paulo ante dicta demonstrant. Nempe ex uno eodemque Honorii opere tria procudit Trithemius.

37. *Epistolarum ad diversos lib. I*, secundum eumdem Trithemium. At de iis nos adhuc nihil videmus.

38. *Suum quid virtutis de virtutibus et vitiis.* Hoc quid monstri sit, nondum assecuti sumus. Quidquid id tamen operis fuerit, certe inter Honorii, ni fallimur, opuscula in donatione Heinrici monachi hoc modo exprimitur. Quæ *donatio* quoniam in illustratione Honorii lucubrationum insigni nobis usui fuit, aliaque continet quæ veterum opusculis lucem afferre possunt, eam integram hoc loco exhibere non gravabimur.

Isti sunt libri quos Frater Heinricus huic (Gottwicensi) contulit Ecclesiæ. Psalterium insigniter expositum. Cantica canticorum mirabiliter exposita. Matthæus glosatus. Apocalypsis exposita. Item Cantica canticorum cum glosis. Clavis physicæ, scilicet liber de Perifision excerptus. Speculum Ecclesiæ, in quo sermones dulcissimi ad populum. Refectio mentium (54)*, in quo sermones ad fratres in capitulo. Pabulum vitæ, in quo sermones in festis diebus. Elucidarium bene correctum. Offendiculum de incontinentia sacerdotum. Eucharistion de corpore Domini. Neocosmus de sex primis diebus. Scala cœli de tribus cœlis. Gemma animæ de divinis sacramentis. Sacramentarium de mysteriis. Summa totius, in quo chronica ab initio mundi usque ad nostra tempora. Imago mundi in quo totus mundus describitur. Summa gloria de Apostolico et Augusto. Suum quid virtutis de virtutibus et vitiis. Sigillum sanctæ Mariæ, in quo Cantica ad personam sanctæ Mariæ exponuntur. Cognitio vitæ. Inevitabile, in quo de libero arbitrio et prædestinatione et gratia Dei disputatur. Anshelmus De libero arbitrio. Eucherius De Hebraicis nominibus. Isidorus breviter*

(54) Videtur cod. habere, *mœrentium*.

super totam Bibliothecam. Item sententiæ Isidori de utroque Testamento. Thimens Platonis. Bucolica Virgilii. Theodolus. Musica Odonis. Serenus De medicina arte, in quo excerpta Bedæ de Gallieno et Ipocrate. Abacus Gerlandi. Priscianus abbreviatus. Abbo De regulis. Focas De arte grammatica. Item libellus De penultimis. Libellus versuum. Rhetorica Alerani. Excerpta de Martiano. Priscianus constructionum, in quo et exemplar metrorum. Liber orationum. Liber De luminaribus Ecclesiæ, id est de scriptoribus ecclesiasticis. Liber, in quo sanctæ cantilenæ. Excerpta de libris S. Augustini de Deo et anima. Quæstiones diversæ. Glosæ diversæ. Computus Dionysii Græce, in quo abacus et mappa mundi. Martyrologium, in quo diversæ paginæ computi. Rodale, in quo septem liberales artes depictæ. Item rodale, in quo Trojanum bellum depictum. Item Rodale, in quo varia pictura. Item Quaternio devictus. Hucusque Donatio Heinrici in membraneo codice Gottwicensi in folio, manu sæculi duodecimi.

IV.

FABRICIUS, *Biblioth. med. et inf. lat.*, t. III, p. 277.

Honorius, Gallus, Augustodunensis, in Burgundia presbyter et scholasticus, circa annum 1130, *Solitarii* etiam nomine venit in veteri codice *Gemmæ animæ* Ambrosiano, quem inspexit Mabillonius, pag. 14 Itineris Italici, et in Gothano commentariorum in Cantica, de quo D. Salomon Ernestus Cyprianus in Catalogo mss. Gothanorum, pag. 101, nec non, teste Bernhardo Pezio, in codice Zvetlensi *Clavis Physicæ* de naturis rerum, et alio Mellicensi utroque 500 annorum libro, cui titulum *Inevitabile* Honoriusl imposuit. Quid quod *inclusi* venit nomine in editione Norimbergensi *Imaginis mundi* an. 1491? Effigies ejus veteri codice librorum IV *De philosophia mundi*, præmissa Diario theologico Germanico *Unschuldige Nachrichten von Alten und Neuen Theologischen Sachen*, an 1718. Catalogum scriptorum suorum sive ipse texuit, sive, quod magis credo, amicus ejus subjecit libro quarto *De luminiribus Ecclesiæ*, capite ultimo, quem cum observationibus meis subjiciam, collatis etiam iis quæ laudatus Pezius in dissertatione isagogica ad tomum secundum Anecdotorum erudite observavit.

1. *Elucidarium* in tribus libellis, primum *de Christo*, secundum *de Ecclesia*, tertium *de futura vita* distinxit. Prodiit Promtuarium hoc sive Elucidarium sub Anselmi nomine Parisiis 1500, 8°, atque inter Anselmi Cantuariensis Opera. Alii *Guibertum* (55) Novigentinum, alii Guilelmum Coventriensem Carmelitam; alii Augustinum ipsum voluere auctorem. Huic Elucidario an. 1395 *Elucidarium Elucidarii* opposuit Nicolaus Eymericus. Vide Jacobum Quetif tomo I, pag. 711 seq. Versionem Germanicam Elucidarii an 1414 scriptam vidit Pezius in bibliotheca Mellicensi.

2. Libellus *De sancta Maria*, qui *Sigillum S. Mariæ* intitulatur, expositio allegorica in Cantica canticorum, in Bibliothecis Patrum Colon. tom. XII, et Lugd. tom. XX, pag. 1217, ex editione Colon. 1540, 8°.

— *De prædestinatione et libero arbitrio*, qui *Inevitabile* dicitur. Dialogum hunc edidit Georgius Cassander, Colon. 1552, 8°, unde recusus in Cassandri operibus pag. 625-659, atque inde ex Joannis Conen, in Cassandri manes injurii editione Antwerp. 1620-1624, 8°, in Bibliothecis Patrum, Paris. tomo IX, Coloniensi tomo XII, et in supplemento an. 1622, et Lugdunensi tomo XX, pag. 1428.

4. Libellus *Sermonum*, qui *Speculum Ecclesiæ* nuncupatur. Prodiit edente Joanne Dietenbergio Coloniæ 1531, 8°, cum *Feliciarii* (ita vitiose expressum pro *Cæsarii*) sermonibus.

5. *De incontinentia sacerdotum*, qui *Offendiculum* appellatur. Non exstat.

6. *Summa totius, de omnimoda historia*. Videri possum diversum ab hoc esse, pro eodem habitum a Possevino breve *De ætatibus mundi Chronicon*, ab orbe condito ad auctoris tempora, quod libri quinti locum occupat inter septem Honorii libros, editos Basileæ 1544, 8° et cum libro *De temporibus* (infra num. XII) tertius liber est in *Imagine mundi*, edita Spiræ 1583, 8°. Idem videntur quos in bibliotheca Cæsarea exstare testatur Lambecius, II, pag. 3 et 70. Honorii *De mundo et temporum et rerum ad Conradum III*, sive annum Christi 1157, *successione libri III*. Certe nondum hactenus in lucem prolata est, quæ ab Arnoldo Wion tomo I Ligni Vitæ, pag. 426, inter Honorii scripta memoratur *Summa Historiarum, sive Chronicorum, magnum opus; erat olim apud Lazium, sed nunc est in bibliotheca imperatoris, Viennæ mss.* Hæc est Chronica solemnis laudata Theodorico Engelhusio, desinens in Lucio III sive in anno 1181.

7. *Gemma animæ, de divinis officiis*, de officio Missæ, de ministris Ecclesiæ, de horis canonicis et totius anni solemnitatibus et cerimoniis. Lips. 1514, 4°, recusum in Speculo antiquæ devotionis, Colon. 1549, fol., vulgato per Joannem Cochleum cum Amalario, Walafrido Strabone, Liturgia Basilii ex veteri versione, Expositione Missæ, et scriptore Vitæ S. Bonifacii martyris et catalogo episcoporum atque archiepiscoporum sedis Moguntinæ. Deinde inter ejusdem argumenti scriptores Colon. 1568, Rom. 1590, Paris. 1610, fol., et in *Speculo missæ* Venet. atque in Bibliothecis Patrum Colon. tom. XII, Lugd. tom. XX. Citatur a Theodorico Engelhusio.

8. *Sacramentarium, de sacramentis*, sive de causis et significatu mystico rituum divini in Ecclesia officii, quod Honorius profitetur *se collegisse ex sanctorum scriptis, ut quibus deest librorum copia, per hoc compendium illorum sublevetur inopia*. Primus edidit vir celeber. Bernardus Pez tom. II. Anecdot., p. 249-545.

9. *Neocosmus de primis sex diebus*. Hoc est *Hexameron* quod ab eodem Pezio vulgatum habemus tom. II Anecdotorum, pag. 71-88.

10. *Eucharisticon de corpore et sanguine Domini*, sive *Eucharistion*, quod interpretatur *bona gratia*: idem laudatus Pezius edidit tom. II Anecdot., pag. 349-362.

11. *Cognitio vitæ de Deo et æterna vita*. Exstat in appendice Operum S. Augustini, edit. Benedictin., tom. VI, edit. Amst., p. 649. Sub Augustini nomine de S. Trinitate ex libro Περὶ τῆς γνώσεως ἀληθοῦς ζωῆς occurrit ex hoc libro fragmentum Græce cum Latina versione editum Basil. 1678, 8°, a Joanne Leunclavio post Legationem Manuelis Comneni ad Armenios, p. 584-599.

12. *Imago mundi de dispositione orbis*. Prodiit in duos divisa libros (1 de globo totius mundi, et 2 de

---

85 Diarium eruditorum Italiæ tom. XX p. 39.

temporibus, mathesis sive institutio). Primus inter libros septem Basil. 1544. 8°, sed jam ante cum libro secundo de temporum differentia et tertio de rerum successione usque ad annum Christi 1157 prodiit sub nascentis typographiæ initia sine loco et anno (56) in fol. et Norimb. 1491, fol., Basil. 1497, 4°, et Spiræ 1583, 8°, et sub Anselmi nomine Basil. 1497, 4°, et in Bibliothecis Patrum Colon. tom. XII, et Lugd. tom. XX, pag. 964.

13. *Summa gloria et Apostolico et Augusto*, sive de præcellentia sacerdotii præ regno, in Bernardi Pezii tom. II Anecdot., p. 179-198.

14. *Scala cœli de gradibus visionum*. Scala major, Dialogus de ordine cognoscendi Deum in creaturis per gradum triplicem, corporalem, spiritualem et intellectualem. In Bernh. Pezii Anecdotis, t. II, p. 157-170; et Scala minor de gradibus sive virtutibus charitatis, id pag. 175-176.

15. *De anima et de Deo quædam de Augustino excerpta*, sub dialogo exarata. Hoc in codice Mellicensi serius repertum, deinceps publicaturum se laudatus Pezius recepit, qui notat ex uno hocce scripto duo fecisse Trithemium cap. 357, unum *de anima*, et alterum, *dialogum ex opusculis Augustini*.

16. *Expositio totius Psalterii cum Canticis, miro modo* (57), ad Cunonem abbatem. Ex hac præfationem cum expositione psalmi x, Li, Li, c, c, cl, edidit Pezius tom. II Anecdot., p. 97-154, ubi notat Honorium finito Psalterio exposuisse etiam Cantica quæ *in laudibus* quotidie dicuntur, uti et Cantica : *Benedictus, Magnificat*. Nunc dimittis, *Orationem Dominicam* et *Symbolum apostolorum*. In præfatione Honorius ait *Psalterium se Gallicum, non Romanum* explanaturum : *quia in nostris Ecclesiis psallimus. Est autem Gallicum Psalterium, quod a LXX Interpretibus* (58) *est translatum : Romanum autem quod a Symmacho vel nescio a quo alio est interpretatum*.

17. *Cantica canticorum exposuit ita ut prius exposita non videantur*. Commentarium hunc primus edidit Andreas Schottus in Bibliotheca Patrum, Colon. 1618, recusum in aliis editionibus, ut Lugd. tom. XX, p. 1155-1217. Prologus brevis vulgatus ab Edmundo Martene tom. I Anecdotorum, p. 363 seq.

18. *Evangelia quæ B. Gregorius non exposuit*. Nusquam exstat.

19. *Clavis physicæ de naturis rerum*, excerptus de quinque libris cujusdam Chrysostomii. Incipit : *Cum multos mente intuear*. Opus hoc diversum a quatuor libris *De mundi philosophia*, editurum se pollicitus est clarissimus Pezius.

20. *Refectio mentium* (59) *de festis Domini et sanctorum*. Non exstat.

21. *Pabulum Vitæ, de præcipuis festis*. Non exstat.

22. *Liber de luminaribus Ecclesiæ*, in quatuor libellos distributus, quorum primum ex Hieronymo, ex Gennadio secundum, tertium ex Isidoro contraxit Honorius, quartum vel ipse addidit, vel ex Beda aliisque collegit. Hic sextus est inter libros septem, editos Basil. 1544, 8°. Deinde cum Hieronymo, Gennadio, Isidoro, Sigeberto et Henrico Gandavensi, curante Suffrido Petri Col. 1580, 8°, et in Auberti Miræi Bibliotheca Ecclesiastica, Antw. 1639, quam cum auctario recudendam dedi Hamb. 1718, fol. Denique in Bibliothecis Patrum.

Præter hæc Honorio ipsi, vel ejus amico memorata, referre deinceps juvat et hæc edita quidem :

De philosophia mundi libros IV, qui locum tertii occupant in septem libris Honorii editis Basil. 1544, 8°, recusi etiam in Bibliothecis Patrum.

De solis affectibus, inter eosdem septem liber quartus pag. 277, Basil. 1544, 8°, in Patrum Bibliothecis.

De hæresibus librum in eadem Basileensi sylloge septimum, et in Bibliothecis Patrum, et Helmstadii 1611, 4°, cum Harmenopuli, Græci scriptoris Catalogo hæresium et Fidei professione, Latine.

De decem plagis Ægypti, spiritualiter. Edidit Bernardus Pez tom. II Anecdotorum, pag. 91-94.

Librum XII Quæstionum ad Thomam. Ibid., p. 201-212, ubi inter alia capite 6, pag. 208, legas hæc verba : *Quantum ordo seraphim præcellit dignitate ordinem archangelorum, tantum præcellit Petrus, princeps apostolorum, unum de ordine archangelorum*.

Librum VIII Quæstionum de angelo et homine. Ibid., pag. 215-224.

Libellum de animæ exsilio et patria, alio titulo *De artibus*, quas sub decem civitatum describit imagine, grammatica, rhetorica, dialectica, arithmetica, musica, geometria, astronomia, physica, mechanica, œconomica. Ibid., pag. 227-254.

Libellum de libero arbitrio, ad Gotschalcum (longe diversum ab altero ejusdem argumenti de quo supra num. 5). Ibid., p. 237-246. Afferuntur loca ex Ambrosio, Anselmo, Augustino, Fulgentio, Gregorio Magno, Joanne Chrysostomo, Isidoro et Petro (Damiani).

Quæstiones et ad easdem Responsiones in duos Salomonis libros, Proverbia et Ecclesiasten. Colon. 1540, 8°, atque in Patrum Bibliothecis.

Seriem Romanorum pontificum, quorum amplius xxx martyrio sunt coronati. Occurrit in iisdem Bibliothecis Patrum, ut t. XX Lugd., pag. 1026-1027.

Nusquam exstant *liber epistolarum ad diversos*, cujus meminit Trithemius : neque *Suum quid virtutis, de virtutibus et vitiis*, quod apud Pezium nominatur inter libros Honorii quos frater Henricus olim Gotwicensi contulit Ecclesiæ, sed temporum injuriæ abstulerunt.

Videtur nescio quod opus quoddam suum notare Honorius ante prologum in *Gemmam animæ* ita scribens (tom. XX Bibliothecæ Patrum Lugd., pag. 1046) : *Postquam Christo favente, pelagus Scripturæ prospero cursu in summa totius transcurri, atque naufragosam cymbam per syrtes et piratas multo sudore evectam vix ad optatum littus appuli, rursus Eabitatores Sion me in fluctus cogitationum intruditis*, etc.

Ad *Glossulas* suas super *Platonem* remittit lectorem lib. I *De philosophia mundi*, cap. 15. Id. p. 999.

Honorius Augustodunensis. Libellus *De gemma animæ* inscriptus exstat apud me in ms. codice veteri membranaceo, multisque variantibus lectionibus ab editis discrepat, quare non inanem operam daturum credo illum, qui ad veteres mss. codices recensitum opusculum istud recuderet. Atque in primis animadvertisse juvat in codice illo ms. inscribi opusculum illud non quidem ut in editis *Gemma animæ*, sed *Gemma Ecclesiæ*. Tum in ipso priori operis capite additamenta quædam occurrunt non spernenda ; etenim post illud verbum *prodesse*, additur in nostro : *quatenus memoriam tui omnium orationibus jugiter liceat interesse*, etc. MANSI.

---

(56) Vide indicem librorum sæculo xv impressorum, quos possidet V. C. Christianus Gottlieb Schwartzius Norimb. 1727, 8°, p. 68 seq.

(57) Hæc non videtur ipse de se Honorius, sed alius quidam scripsisse ex ejus amicis.

(58) A *LXX Interpretibus* intellige ac si esset *ex LXX Interpretibus*. Sic mox *a Symmacho*, pro *ex Symmacho* versum Latine.

(59) Vitiose *mensium* excusum apud Trithemium cap. 357.

V.

(Bibliotheca Veterum Patrum, ed. Lugdun., t. XXI, p. 963.)

Antonius HIERAT *pio lectori salutem.*

Damus en, Lector, uno fasce publici boni gratia colligata Honorii Augustodunensis, quæ quidem ad nos exstant, Omnia, recensita nunc demum a P. Schotto Soc. Jesu, amico nostro singulari, etsi membranis antiquis calamo exaratis hic destitueretur. Sed quid Basileæ primum typis Cratandri ex parte ea in lucem protulit, is quatuor se nactum codices perantiquos *Imaginis mundi*, eosque invicem commisisse profitetur. Altera vero editio, quadragesimo post anno secuta, ejus sæculi anno octogesimo quarto post millesimum quingentesimum, Spiræ Nemetum Bernadi Albini typis, ea longe et emendatior fuit et locupletior uno libro. Hoc opus video etiam a Joan. Trithemio abbate Spanheimensi Hugoni Victorino attribui; non nemo Anselmo Cantuariensi ascribit : forte quod eadem tractantes titulum suæ Cosmographiæ tribuerint eumdem. Adhæc *Inclusi*, alii *Solitarii* dant cognomentum; plerique *presbyteri*, ut eumdem esse equidem opiner. Tertio denique pedatu accessit nostræ editioni ejusdem Honorii *Gemma animæ*, seu *De divinis officiis*, rituque sacrificii missæ libri quatuor, in quibus et de *horis* agitur *canonicis* : quos libros auctor Honorius libro *De luminaribus Ecclesiæ*, seu *ecclesiasticorum Scriptorum* extremo, suas enumerans vigilias, pro suis agnoscit; et principium de more Trithemius, ut legitimum, commemorat. Exiit hoc opus Lipsiæ quondam anno ejus sæculi quarto decimo post millesimum quingentesimum ; et nuper Lutetiæ vulgatum in Liturgicis nihilo emendatius, cum tertia Veterum Patrum Bibliothecæ editione. Nos universa σποράδην edita conjunximus, ut vides, et paulo quam antea meliora fecimus. imo et locupletoria. Accessere etenim *in Proverbia et Ecclesiasten Comment.* et *in Cantica canticorum*.

HONORII AUGUSTODUNENSIS
OPERUM PARS PRIMA
DIDASCALICA ET HISTORICA.

DE PHILOSOPHIA MUNDI
LIBRI QUATUOR.

(Bibliotheca vet. Patrum, Lugdun. edit., tom. XXI, pag. 995.)

INCIPIUNT CAPITULA.

LIBER PRIMUS.

CAP. I. *Quid sit philosophia.*
CAP. II, III. *Quæ sunt et non videntur, et quæ videntur.*
CAP. IV. *Quid sit perfecte aliquid cognoscere.*
CAP. V. *Quibus rationibus probetur Deum esse.*
CAP. VI, VII. *Quare Pater dicatur potentia, Filius Sapientia.*
CAP. VIII. *De genitura Filii.*
CAP. IX. *Quare Spiritus sanctus voluntas dicatur.*
CAP. X. *Cur a Patre et Filio procedat.*
CAP. XI. *De coæternitate ipsorum.*
CAP. XII. *Quare uni personæ quædam attribuantur, cum sine alia nihil operetur.*
CAP. XIII. *Cur Filio incarnatio attribuatur ?*
CAP. XIV. *Cur Spiritui sancto peccatorum remissio ?*
CAP. XV. *De anima mundi, quæ ?*
CAP. XVI. *Quid sit cœleste animal et æthereum ?*

A CAP. XVII. *Quid aereum.*
CAP. XVIII. *Quid humectum.*
CAP. XIX. *Utrum corpora sint vel spiritus angeli ?*
CAP. XX. *De dæmonibus.*
CAP. XXI. *De elementis multa.*
CAP. XXII. *De creatione piscium et avium.*
CAP. XXIII. *De creatione cæterorum animalium et hominis, et quo tempore facta mundi creatio sit*

LIBER SECUNDUS.

CAP. I. *Quid sit æther, et ornatus illius.*
CAP. II. *Quod aquæ congelatæ super æthera non sint,*
CAP. III. *Quid illud : Divisit aquas quæ sub firmamento sunt.*
CAP. IV. *Quod super æthera nihil videatur.*
CAP. V. *Quot modis auctoritas loquatur de superioribus.*

CAP. VI. *De firmamento et stellis.*
CAP. VII. *De infixis stellis, utrum moveantur.*
CAP. VIII. *Quot circuli dicantur esse in firmamento.*
CAP. IX. *Qui sint visibiles.*
CAP. X. *Ubi incipiat Galaxias.*
CAP. XI. *De zodiaco, et unde dicatur.*
CAP. XII. *De dispositione signorum.*
CAP. XIII. *De invisibilibus circulis.*
CAP. XIV. *De duobus coluris.*
CAP. XV. *De horizonte et meridionali circulo.*
CAP. XVI. *De motu firmamenti et de polis.*
CAP. XVII. *De Saturno; et quare aliqua stella dicatur frigida, et quot modis nomina qualitatum rebus attribuantur.*
CAP. XVIII. *De Jove.*
CAP. XIX. *De Marte.*
CAP. XX. *De Venere.*
CAP. XXI. *Eadem stella Lucifer et Hesperus quomodo eadem.*
CAP. XXII. *De Mercurio.*
CAP. XXIII. *De statu et retrogradatione prœdictarum stellarum, et solem esse sub Mercurio et Venere, et de circulis ipsorum.*
CAP. XXIV. *Quando circuli Veneris et Mercurii liberius appareant.*
CAP. XXV. *Utrum planetœ moveantur cum firmamento vel contra.*
CAP. XXVI. *Quare sol oblique moveatur, et de hieme et vere.*
CAP. XXVII. *Unde altius moventur infirmi in vere et in autumno, et de quatuor anni temporibus.*
CAP. XXVIII. *Quid sit naturalis et usualis dies.*
CAP. XXIX. *Unde inœqualitates et œqualitates dierum.*
CAP. XXX. *Unde eclipsis sit, et quod singulis mensibus non contingat.*
CAP. XXXI. *Quare luna non habeat splendorem et calorem, et de novilunio et plenilunio.*
CAP. XXXII. *De eclipsi lunœ, et quare singulis mensibus non contingat, et de figuris umbrarum.*

LIBER TERTIUS.

DE METEOROLOGICIS.

CAP. I. *De aere.*
CAP. II. *Qualiter quinque zonœ sint in aere.*
CAP. III. *Quœ diversitates ex aere in terra sint.*
CAP. IV. *Unde sint pluviœ.*
CAP. V. *Quare solis radii et calor ad terram tendant.*
CAP. VI. *Quare sol calefacit terram, et non ignis superior.*
CAP. VII. *Quod ante finem mundi guttœ sanguinis cadent, vel quare dicatur sanguineum pluere.*
CAP. VIII. *Unde grando et nix.*
CAP. IX. *Quare nives nunquam contingant œstate, cum in ea contingat grando.*
CAP. X. *De tonitruis et fulminibus.*
CAP. XI. *Quare in sola œstate contingant fulmina.*
CAP. XII. *De eo quod stellœ videntur aliquando cadere.*
CAP. XIII. *Quod cometa non sit stella.*
CAP. XIV. *De refluxionibus Oceani.*
CAP. XV. *De ortu ventorum.*

CAP. XVI. *Unde quœdam aqua dulcis, quœdam salsa.*
CAP. XVII. *Quod aqua colata et attenuata fontes dulces gignat.*
CAP. XVIII. *Unde putei habeant humores.*
CAP. XIX. *Unde aqua putei et fontis in œstate sit frigida, in hieme calida.*
CAP. XX. *Unde exustio, vel diluvium.*
CAP. XXI. *Unde sit quod in lunatione modo crescunt humores, modo decrescunt.*

LIBER QUARTUS.

CAP. I. *De terra et mundo.*
CAP. II. *De diversis qualitatibus.*
CAP. III. *De habitatoribus ejus.*
CAP. IV. *De terminis Asiœ, Africœ et Europœ.*
CAP. V. *Unde in quibusdam montibus perpetuœ sint nives.*
CAP. VI. *Quas qualitates ontrahat terra ex diversis ventis.*
CAP. VII. *De insertis arboribus.*
CAP. VIII. *Quid sit sperma.*
CAP. IX. *Quare in pueritia coitus non contingat.*
CAP. X. *De matrice.*
CAP. XI. *Quœ sit causa sterilitatis.*
CAP. XII. *Si aliqua nolens possit concipere.*
CAP. XIII. *De superfluitatibus.*
CAP. XIV. *Quare homo cum natus est non graditur.*
CAP. XV. *De formatione hominis in utero.*
CAP. XVI. *Unde puer pascatur in utero.*
CAP. XVII. *De nativitate et quare nati in septimo mense vivant.*
CAP. XVIII. *De infantia et sensu.*
CAP. XIX. *De digestionibus et lapide urinœ.*
CAP. XX. *Quod homo naturaliter sit calidus et humidus, et unde longus et parvus, aracilis et arossus.*
CAP. XXI. *De somno.*
CAP. XXII. *Unde somnia, et de animali et spiritali virtute.*
CAP. XXIII. *De capite.*
CAP. XXIV. *De cerebro.*
CAP. XXV. *De oculis.*
CAP. XXVI. *Qualiter visus fiat.*
CAP. XXVII. *De contuitione, et intuitione.*
CAP. XXVIII. *De auditu.*
CAP. XXIX. *Quid sit anima.*
CAP. XXX. *Quœ actiones sint animœ et corporis.*
CAP. XXXI. *Quomodo motus corporis contingant.*
CAP. XXXII. *Qualiter anima sit in homine.*
CAP. XXXIII. *De tempore conjunctionis illius cum corpore.*
CAP. XXXIV. *De virtutibus, seu potentiis animœ.*
CAP. XXXV. *Quare non discernat et intelligat infans.*
CAP. XXXVI. *De juventute et senectute.*
CAP. XXXVII. *Qualiter potissimum magister sit quœrendus.*
CAP. XXXVIII. *Qualem esse discipulum oporteat.*
CAP. XXXIX. *Qualis complexio doctrinœ sit conveniens.*
CAP. XL. *Quœ œtas, et quis dicendi terminus : quis et vitœ.*
CAP. XLI. *Quis sit ordo in discendo adhibendus.*

LIBER PRIMUS.

PRÆFATIO.

Quoniam, ut ait Tullius in prologo Rhetoricorum, « eloquentia sine sapientia nocet; sapientia vero sine eloquentia, etsi parum, tamen aliquid cum elo-

quentia autem maxime prodest, » errant qui, postposita proficiente et non nocenti, adhærent nocenti et non proficienti. Id namque agere est *Mercurii et Philologiœ coniugium* (60), tanta cura virtutis et

(60) Apud Marcianum Capellam.

Apollinis quæsitum, omnium conventu deorum approbatum, solvere. Id etiam est gladium semper acuere, sed nunquam in prælio percutere. Multos tamen nomen magistri sibi usurpantes, non solum hoc agere, sed etiam aliis sic esse agendum jurantes cognoscimus; nihil quippe de philosophia scientes, aliquid se nescire confiteri erubescentes, suæ imperitiæ solatium quærentes, ea quæ nesciunt, nullius utilitatis minus cautis prædicant. Sed, quia, ut ait Terentius : *Non est mirum si meretrix impudenter agit* (61), impudentia illorum postposita, de philosophia aliquid dicere proposuimus, ut diligentibus ipsam pro posse nostro proficiamus; non diligentes vero ad diligentiam excitemus. Incipientes igitur a « prima causa rerum Deo, » usque ad hominem continuabimus tractatum, de ipso homine multa dicentes, illud autem principium dictionis ponentes, ut si aliquid in hoc opere imperfectum videatur, humanæ imperfectioni deputetur; nec ideo, quod in eo utile erit, vituperetur. Neque enim propter unum male dictum, bona vituperanda, sicut nec propter bene dictum, mala laudanda. Quandoque enim vigilat Thersites et dormit Ulysses.

Atque operi longo fas est obrepere somnum (62). De philosophia igitur tractare incipientes quid sit philosophia dicamus.

CAP. I. — *Quid sit philosophia.*

Philosophia est eorum quæ sunt et non videntur et eorum quæ sunt et videntur vera comprehensio.

CAP. II. — *Quæ sunt et non videntur.*

Sunt et non videntur incorporalia : Sensus enim extra subjectam materiam nihil potest.

CAP. III. — *Quæ sunt et esse videntur.*

Sunt, et esse videntur corporalia, seu divinum, seu caducum habeant corpus. Corpora namque subjacent spiritui. Cum igitur in cognitione utrorumque sit philosophia, de utrisque disseramus, inchoantes ab eis quæ sunt, et non videntur. Sunt autem hæc: Creator anima mundi dæmones, animæ hominum.

CAP. IV. — *Quid sit perfecte aliquid cognoscere.*

Sed quoniam Creator omnibus prior est, omnia enim ab ipso habent existere, et ipse a nullo; ab ipso incipiamus. Sed quia dicunt sancti in hac vita non posse Deum perfecte cognoscere, quid sit *perfecte aliquid cognoscere*, ostendamus, ut cognoscatur quia Creator in hac vita perfecte cognosci non possit. Undecim sunt quæ inquiruntur circa unamquamque rem : *An sit, quid sit, quantum sit, ad quid sit, quale sit, quid agat, quid in ipsum agatur, ubi sit, qualiter in locum situm sit, quando sit, quid habeat.* Perfecte ergo aliquid cognoscere, est ista undecim de illo scire. Sed, quamvis sciamus Deum esse, quid sit perfecte non comprehendimus. Quantitas vero ejusdem, qui omnia implet, angustias nostri pectoris excedit. Relationi illius explicandæ, humana sapientia deficit. Qualitates illius non comprehendimus; actionibus ejus enarrandis infinitæ linguæ non sufficiunt. Quid in ipsum agatur, non potentia agentis, sed permissio est volentis. Ubi sit, supra omnia, infra omnia totus et integer? Qualiter in loco sit, qui localis non est. De tempore vero illius, qui ante omne tempus est. Quid habet, qui omnia palmo continet, nullus perfecte explicare potest. Nec ergo illum omnino ignoramus, quem esse scimus : nec perfecte cognoscimus, de quo prædicta ignoramus.

CAP. V. — *Quibus rationibus probetur quod Deus sit.*

Et quoniam diximus in hac vita sciri Deum esse, rationes quibus etiam incredulis hoc possit probari, aperiamus : scilicet per mundi creationem, et quotidianam dispositionem. Cum enim mundus ex contrariis sit elementis calidis et frigidis, humidis et siccis; vel natura operante, vel casu, vel aliquo artifice, in compositione mundi illa conjuncta sunt, sed proprium est naturæ semper contrarium fugere, et simile appetere : non ergo natura contraria elementa conjunxit. Casu vero conjuncta non sunt : si enim casus mundum operatus esset, quare domum vel aliquid tale, quod levius est non faceret? Iterum si casus mundum operatus fuisset, aliquæ causæ præcessissent mundum, quarum concursus operaretur illum. Est enim casus, inopinatus rei eventus, ex causis confluentibus. Cum ergo nihil præcessit mundum præter Creatorem, casu non est factus mundus, igitur aliquo artifice. Artifex vero ille homo non fuit. Ante enim mundus est factus quam homo; nec angelus quidem, cum angeli cum mundo creati sint. Deus igitur est qui mundum fecit.

Per quotidianam vero dispositionem, idem sic probatur. Ea quæ disponuntur, sapienter disponuntur. Ergo aliqua sapientia : nihil enim sine sapientia, sapienter disponitur. Sapientia autem illa, vel divina, vel angelica, vel humana. Humana vero non est, quæ res facit vivere et loqui. Nam, si humana sapientia formam hominis, vel alterius animalis operatur, motum illi et vitam conferre non potest. Angelica vero sapientia, quomodo angelos ipsos disponeret? Divina igitur sapientia est, quæ hoc fecit. Sed omnis sapientia alicujus sapientia est? Est ergo, cujus est illa sapientia, nec idem est angelus nec homo : Deus ergo. Sic per quotidianam disputationem pervenitur ad divinam sapientiam, per sapientiam ad divinam substantiam. Unde divina sapientia dicitur signaculum, et imago Divinitatis. In hac Divinitate omnium conditrice, et omnia gubernante, dixerunt philosophi inesse potentiam operandi, sapientiam, voluntatem. Si enim potuit et nescivit, quomodo tam pulchra fecit? Si iterum fecit et noluit, vel ignorans, vel coactus fecit. Sed quid ignoraret, qui etiam novit cogitationes hominum? quis cogeret illum qui omnia potest? Est ergo in Divinitate, *potentia, sapientia, voluntas* : quas sancti tres personas vocant, vocabula illis a vulgari,

(61) *Mirum vero impudenter mulier si facit!*
(TERENT. And. IV, IV, 16.)

(62) *Verum opere in longo fas est obrepere somnum.*
(HORAT. De arte poetica, vers. 364.)

propter affinitatem quamdam transferentes, vocantes potentiam divinam *Patrem*, sapientiam *Filium*, voluntatem *Spiritum sanctum*.

CAP. VI. — *Quare potentia dicatur Pater.*

Potentia dicitur Pater, quia omnia creat, et paterno affectu disponit.

CAP. VII. — *Quare sapientia Filius.*

Sapientia vero dicitur Filius a Patre ante sæcula genitus, et tamen illi coæternus: quia ut filius temporaliter est a patre, ita sapientia æternaliter et substantialiter est a potentia.

CAP. VIII. *De genitura Filii.*

Et quoniam diximus Filium genitum a Patre, et tamen illi coæternum esse, de illa genitura aliquid dicamus: illud ante orantes, ne si inveniatur illud: *Generationem ejus quis enarrabit?* (*Isa.* LIII, 8) putetur nobis officere. Illud enim dictum est, non quia impossibile est, sed quia difficile est. Pater ergo genuit Filium, id est, divina potentia genuit sapientiam, quando providit qualiter crearet res, et creatas disponeret, et quia ante sæcula hic providit, ante sæcula sapientiam, id est, Filium genuit: et hic ex se, non ex alio, quia neque alicujus doctrina, neque usus experientia, sed propria natura hoc scire habuit, ex quo ante fuit, si fas est dicere, de æterno, ex quo hoc scivit, non fuit quin ista sciret. Sic ergo æternus est, quia sapientia æterna est. Sic igitur Pater genuit Filium coæternum, sibi consubstantialem.

CAP. IX. — *Quare voluntas Spiritus sanctus.*

Voluntas vero divina dicitur Spiritus sanctus. Est autem proprie spiritus halitus. Sed quia in spiritu et anhelitus, sæpe voluntas hominis perpenditur, aliter enim spirat lætus, aliter iratus, divinitatem translative vocaverunt *spiritum*, sed ἀντονομαστικῶς *sanctum*.

CAP. X. — *Quare a Patre et Filio procedat.*

Spiritus iste a Patre et Filio procedit, quia voluntas divina et bonitas inde, quod ita potens, et sapiens Deus effectu ostenditur: nihil enim est Spiritum sanctum a Patre et Filio procedere, aliud, quam divinam voluntatem ex potentia et sapientia usque ad creationem et gubernationem rerum extendere.

CAP. XI. *De coæternitate ipsorum.*

Hæc bonitas et voluntas, Patri coæterna est et Filio. Non enim fuit potens et sapiens, ita quod non esset bonus et creare volens: quia idem est Deo et esse, et bonum esse, et ante tempora voluit, quod fecit. Nulla enim est in eo mutabilitas, coæterna est ergo prædictis voluntas divina et bonitas. Sed hæc personarum Trinitas, est essentiæ unitas. Una enim est substantia, *potentia* divina, et *sapientia*, et *bonitas*.

CAP. XII. — *Quare quædam uni de personis attribuantur, cum sine alia nihil operetur.*

Quæ quamvis in omnibus cooperetur, nunquam enim divina potentia aliquid agit sine sapientia et voluntate, nec sapientia sine potentia et voluntate, nec voluntas sine potentia et sapientia, tamen quædam opera referuntur potentiæ, et sic Patri; quædam sapientiæ, et inde Filio; quædam voluntati, et ideo Spiritui sancto. Attribuitur potentiæ, id est Patri, Filii missio; quam tamen operata est sapientia et voluntas.

CAP. XIII. — *Quare Filio attribuitur incarnatio.*

Attribuitur sapientiæ, id est Filio incarnatio; quam tamen operata est potentia et voluntas, et merito sapientiæ ascribitur. Cum enim tam potens esset, quod de potestate diaboli humanum genus sola voluntate eripere posset, maluit tamen divinitatem conjungere humanitati, ut qui Deum et hominem reconciliaret, in se, quod hominis est et Dei haberet. Si enim Deus tantum esset, nunquam diabolus in eum manus injiceret. Quippe quomodo servus in Filium potentis Domini cognitum, manum injiceret? Unde scriptum est: *Si cognovissent, nunquam Filium Dei crucifixissent* (*I Cor.* II, 8). Si iterum tamen homo esset, quomodo captivus homo captivum liberaret? *Omnes enim peccaverunt, et egent gratia Dei* (*Rom.* III, 23). Redemptor igitur noster Deus fuit et homo, et adhuc est, ut ex divinitate salvare posset, et ex humanitate diabolum lateret, ut cum præter jus et fas diabolus innocentem invaderet, potestatem sibi commissam juste amitteret.

CAP. XIV. — *Quare Spiritui sancto peccatorum remissio tributa.*

Voluntati vero et bonitati divinæ remissio peccatorum attribuitur, quia ex voluntate et bonitate condonat, quod ex potentia et sapientia quam cito factum est, punire posset. Sed, quia dum loquimur de Divinitate, angustias nostræ scientiæ transgressi sumus, tacentes interim de ea, ad reliqua transeamus, illud orantes; ne si aliquid, quod scriptum non sit alibi, hic inveniatur, hæresis judicetur: non enim quia scriptum non est, heresis est, sed si contra fidem est. In particula superiori, de his quæ sunt et non videntur primum posuimus Creatorem Deum, animam mundi. Finito igitur tractatu de Creatore, de anima mundi aliquid dicamus.

CAP. XV. — *De anima mundi.*

Anima mundi, secundum quosdam Spiritus sanctus est: divina enim bonitate et voluntate, quæ Spiritus sanctus est, ut prædiximus, omnia vivunt quæ in mundo vivunt. Alii dicunt *Animam mundi* esse naturalem vigorem, rebus a Deo insitum, quo quædam vivunt tantum, quædam vivunt et sentiunt, et discernunt. Non est aliquid quod vivat et sentiat et discernat, in quo ille naturalis vigor non sit. Tertii dicunt, *Animam mundi* esse quamdam incorpoream substantiam, quæ tota est in singulis corporibus quamvis propter quorumdam tarditatem corporum, non idem in omnibus exercet vel operatur: quod volens significare Virgil. ait:

Seminibus quantum non noxia corpora tardant.
(*Æn. l.* VI, v. 731).

In homine ergo est illa propria anima. Si aliquis concludat: Ergo in homine sunt duæ animæ: dicimus, non; quia non dicimus animam mundi esse animam, sicut non dicimus caput mundi esse caput. Hanc dicit Plato ex dividua et individua substantia esse excogitatam, et ex eadem natura et diversa. Cujus expositionem si quis quaerat, in *Glossulis* nostris super Platonem inveniet.

Tertium genus de eis quae sunt et non videntur, diximus daemones esse : de quibus tractare incipientes, dicamus quot illorum sunt ordines, et quare vocati sunt daemones.

Cap. XVI. — *Quid sit coeleste animal et aethereum.*

Tres igitur daemonum ordines voluit Plato esse, a superiori usque ad imum, nihil sine rationali creatura esse affirmans. Dicit enim in firmamento esse quoddam rationale animal, quod ita definit : *Animal rationale, immortale, coeleste, impatibile;* stellas videlicet in firmamento, de quibus in suo loco dicemus : sunt enim de eis quae sunt et videntur. Deinde dixit in aethere esse quoddam genus invisibilis animalis, id est a firmamento usque ad lunam, primum in ordine daemonum, quod ita definitur : *Animal rationale, immortale, impatibile, aethereum.* Cujus est officium soli divinae contemplationi vacare, et de ejus contemplatione vivere.

Cap. XVII. — *Quid aerium.*

In inferiori vero loco, scilicet circa superiorem partem aeris, vel vicinae lunae, dicit aliud esse genus, cujus haec est definitio : *Animal aerium, rationale, immortale, patibile, diligentiam hominibus impertiens.* Cujus est secundum idem officium deferre preces hominum Deo, et voluntates Dei hominibus, vel per somnia, vel signa, vel intimam aspirationem vel vocalem admonitionem dicitur patibile; quia, cum diligat bonos congaudet illorum prosperitati, compatitur adversitati.

Cap. XVIII. — *Quid humectum.*

Tertius ordo est, in hac humecta parte aeris, quod ita definitur : *Animal humectum, rationale, immortale, patibile.* Cujus est officium humanitati invidere, ex invidia insidiari : quia unde descendit per superbiam, homo per humilitatem ascendit, et est ita luxuriosum, quod alioquin commiscet se mulieribus, et aliquando generat. Unde *incubi* dicuntur daemones, qui sic concumbunt. Qui differunt ab aliis daemonibus, in hoc quod duo primi ordines dicuntur καλοδαίμονες, id est bonum scientes : καλός enim est *bonum*, δαίμων *sciens*. Isti vero dicuntur κακοδαίμονες, id est *malum scientes*, κακός enim *malum* est. Ne abhorreas nominis communitatem, quod illi et isti dicuntur daemones, quasi scientes : cum illi et isti angeli dicantur, unde malus angelus et bonus. Inferiorem partem mundi, id est terram habitat *animal rationale, mortale*, id est homo, de quo in suo loco dicemus (lib. IV).

Cap. XIX. — *Utrum corpora sint vel spiritus.*

De praedictis daemonibus quaeritur utrum corpora habeant, cum animalia sint, et omne animal dicatur corpus, an sint spiritus, ut ait propheta : *Qui facit angelos suos spiritus* (Psal. CIII, 4). Inde dicunt quidam quod corpora sint, sed ita subtilia quod sensu percipi non possint. Unde respectu nostrorum, quae spissa sunt et grossa, dicuntur spiritus : quemadmodum aer quamvis corpus sit, propter subtilitatem vocatur *spiritus* : et hic affirmante autoritate beati Gregorii qui in Moralibus loquens de angelis ait : *Comparatione quidem nostrorum corporum angeli dicuntur spiritus, sed comparatione illius summi et incircumscripti spiritus, corpora sunt dicenda.* Hoc iterum probat autoritas beati Augustini, qui in Enchiridio quodam tale ponit capitulum : *Qualia corpora angeli habeant* (Epist. 115, ad *Nebridium*). Alii dicunt illos non esse corpora sed spiritus, sed quia ubique non sunt, et de loco ad locum moventur comparatione summi Spiritus, qui ubique totus et integer est, a beato Gregorio corpora dicti sunt; nec inde sequitur quod sint corpora ; sicut est illud : *Sapientia hujus mundi, stultitia est apud Deum* (I Cor. I, 20) : non quia Deus sapientiam hujus mundi stultitiam reputet, sed quia ad comparationem Dei sapientiae, stultitia est : nec inde ideo sequitur quod sit stultitia. De illo capitulo beati Augustini *qualia corpora habeant angeli* (In *Enchiridio*), dicunt beatum Augustinum ibi loqui de corporibus quae assumunt, quando hominibus apparent, utrum vera sint corpora an non : nec tamen dicit ea esse corpora. Nos vero plus illorum sententiae accedimus, qui dicunt esse spiritus.

Cap. XX. — *De daemonibus.*

Nec videatur esse alicui inconveniens, quod Plato dicit duo esse genera calodaemonum, cum etiam Scriptura dicat novem esse ordines angelorum. Plato enim divisit ea secundum loca : sed divina pagina secundum officia. In duobus ergo illis generibus continentur novem ordines angelorum et e converso. Post tractatum *De Creatore et anima mundi et de daemonibus*, restat tractare de *Anima hominis*. Sed quia de homine locuturi sumus, usque ad illum locum de ejus anima loqui differamus, ut sit unus et continuus tractatus *De homine et ejus anima*.

Hactenus de illis quae sunt, et non videntur nostra disseruit oratio, nunc ad ea quae sunt et videntur, stylus convertatur; sed antequam initium dicendi faciamus, petimus ut si loquentes de visibilibus, probabile et non necessarium dicamus, vel necessarium et non probabile, non inde vituperemur : ut philosophi enim, necessarium, etsi non probabile, ponimus : ut physici vero, probabile, etsi non necessarium, adjungimus. Sed illud videatur, si aliqui inter modernos probabilius inde tractaverunt. Tractaturi igitur de his quae sunt et videntur, quia corpora sunt, et omnia corpora ex elementis constant, ab elementis sumatur exordium, et ostendamus quid sit elementum, et cur quatuor sint elementa, nec pauciora, quod fuit chaos elementorum, et qualiter solutum.

Cap. XXI. — *De elementis.*

Elementum ergo, ut ait Constantinus in Παντεχνῇ, est simpla et minima pars alicujus corporis : simpla ad qualitatem, minima ad quantitatem : cujus expositio talis est : Elementum est pars simpla, cujus non sunt contrariæ qualitates. Sed quia hic totum videntur habere ossa, et similia, ut removeat illa, addit minima, id est quæ ita est pars alicujus, quod nihili est pars illarum ejusdem. Unde litteræ per simile dicuntur elementa, quia ita sunt partes syllabæ, quod nihil pars illarum est. Voluit autem iste Constantinus ex elementis quatuor constare humores, ex humoribus spissatis, partes tam ὁμοιομερῆ, id est consimiles, ut est caro et ossa, quam organicas, id est officiales, ut manus, pedes et similia. Ex utrisque vero partibus, humanum corpus constare. Ergo secundum cum, nullum ex his quatuor quæ videntur, et a quibusdam elementa reputata sunt elementum est, neque terra, nec aqua, nec aer, nec ignis; nullum quippe eorum est simplum qualitate, minimum quantitate. Etenim in terra aliquid est calidi, aliquid frigidi, aliquid sicci, aliquid humidi; quod quia patens est lippis et tonsoribus probationem illius prætermittamus : neque enim aperte vera, neque aperte falsa, probanda sunt, sed de quibus aliqua dubitatio est. Non est terra simpla qualitate, minima quantitate : nec ergo elementum. Similiter de aqua, et igne et aere potest probari. Elementum ergo est simplæ et minimæ particulæ, quibus hic quatuor constant quæ videmus, quæ elementa, non quod videntur, sed ratione divisionis intelliguntur. Dividitur enim, ut figuraliter dicatur, humanum corpus in organica, scilicet in manus, et cætera. Organica vero in ὁμοιομερείας, id est consimilia : videlicet in particulas carnis et ossis, et cætera, ὁμοιομέρειαι autem in humores melancholiæ, et humores in elementa, id est simplas et minimas particulas. Cujus dictionis pars actu sola ratione et conditione fieri potest. Corpus enim humanum, in membra, in omiomeira, actus dividere potest : sed omiomeira in humores, humores in elementa, solus intellectus dividit. Quia, ut ait Boetius in commentario super Porphyrium : *Vis est intellectus animi, conjuncta disjungere, et disjuncta conjungere.* Sed quæret aliquis ubi sunt elementa ? nos vero dicimus, in compositione humani corporis et aliorum : sicut littera est in compositione syllabæ, etsi non per se. Sed sunt quidam, qui ut rustici, nesciunt aliquid esse nisi sensu possint illud comprehendere : Quia *animalis homo non percipit quæ spiritus sunt* (*I Cor.* II, 4) : cum sapienti plus sint inquirenda insensibilia, quam sensibilia. Cum ergo illæ simplæ et minimæ particulæ elementa sint, quæ est frigida et sicca, terra est : quæ frigida et humida, aqua est : quæ calida et humida, aer : quæ calida et sicca, ignis. Cum igitur hæc quatuor quæ videntur, ex illis composita sint, in quo particulæ frigidæ et siccæ dominantur, illius elementi dicitur terra, in quo frigidæ et humidæ aqua, in quo calidæ et humidæ aer, in quo calidæ et siccæ ignis. Si ergo illis velimus imponere digna nomina, particulas prædictas dicamus elementa, ista quatuor quæ videntur elementata. Sunt quidam qui neque Constantini scripta, neque alterius physic unquam legerunt, ex superbia ab aliquo discere indignantes, et ex arrogantia quæ nesciunt confingentes, ne nihil dicere videantur, dicunt elementa esse proprietates vel qualitates istorum quæ videntur, scilicet siccitatem, frigiditatem, humorem, calorem. Clamant eadem ore Platonis (in *Timæo*) vocantis elementa materias, cum nullæ qualitates materia alicujus esse possint : Est etenim *Materia*, quod accepta forma transit in aliud. Reclamant iterum ore Joannicii, qui in Ἐι sagogis suis ait : *Aliud esse elementa, aliud commistiones eorum, quo sunt calidæ et siccæ, et sic de aliis.* Iterum reclamant ore Macrobii qui dicit (lib. I *Somnii Scip.*, c. 6) : *Cum in singulis elementis essent diversæ qualites, talem dedit unicuique, ut in eo cui inhærent et cognatam et similem reperiret, ut aqua cum terra frigiditatem, aer cum aqua humiditatem, ignis cum aere calorem.* Unde et elementa dixit non esse qualitates, sed qualitates esse in elementis. Si ergo quod alicui inest, diversum est ab eo cui inest, non sunt qualitates elementa. Sunt alii qui dicunt quæ videntur esse elementa, comprobantes hoc auctoritate Juvenalis, qui de gulosis loquens ait :

Interea gustus elementa per omnia quærunt;
(*Sat.* XI, *v.* 14.)

scilicet in terra venationes, in aqua pisces, in aere aves, et quia ista sententia vera est, nec auctoritati Constantini contraria, qualiter cum ista stare non possit, exponamus. Constantinus ergo ut physicus de naturis corporum tractans, simplices illorum et minimas particulas, elementa, quasi prima principia vocavit. Philosophi vero de creatione mundi agentes, non de naturis singulorum corporum, ista quatuor quæ videntur, elementa mundi dixerunt : quia ex istis constat, et ista primo creata sunt, vel creantur, ut in sequentibus ostenditur. Nulla ergo inter hos contrarietas. Sed dicit contra : Nullum istorum elementum est, quia nullum horum est, quod ex quatuor istis elementis factum non sit, quod probant sic : In terra aliquid de aqua est, quia humiditatis aliquid videmus exire. In eadem est aliquid aeris, quod probat fumus inde evaporans, et aliquid caloris, quod tactu percipimus. Similiter de aliis probatur : hoc idem probant auctoritate Platonis (in *Timæo*) qui ait : *Cum hic transeat in aquam, et aqua in terram, quare magis dicatur terra quam aqua?* (In *Timæo*.) Nos dicimus contra, in unoquoque illorum, aliquid de aliis esse, nec tamen in ea esse facta, quia non substantialiter, sed accidentaliter inest. Cum ergo terra porosa sit, et aquis circumdata sit, aliquid humoris subintrat eam, et aliquid aeris. Cum vero in medio mundi sit, et ignis ab ea æqualiter ex omni parte distet, quid mirum si aliquid inde caloris recipiat? Sed, quia brevitatem in hoc opere sectamur, quid in aliis et aliis sit, et qualiter accidat eis, ingeniis aliorum inquirere dimittamus : etenim principium a magistro, sed perfectio debet esse ab ingenio : quod iterum dicunt

Platonem quæsisse, cur magis dicatur terra quam aqua cum sic dissolvatur? sic intelligimus illum non loqui de elemento ibi, sed de parte elementi, quæ sic dissolvitur; nunquam enim totum elementum dissolvitur. Dicit ergo, quod solvitur, non terram sed terreum, id est partem terræ, sed quod remanet retinens proprietatem terræ, dicunt terram et elementum : sed de hoc, Deo annuente, satis dicemus. Sunt ergo elementa corporum prædictæ particulæ, ut ait Constantinus. Sed elementa mundi quæ videntur : de quibus hujusmodi tractatus habendus videtur, quare unumquodque factum sit, quare quatuor, nec pauciora. Sed quia infirmior est illorum sententia quæ auctoritate sapientis innititur, quid inde Plato senserit ostendamus : *Divini,* inquit, *generis vel decoris est ratio, ut talem mundum creare disponeret, quippe, qui visum pateretur et tactum* : ac si diceret : Cum Deus sola bonitate, non indigentia, mundum creare disponeret, quippe qui perfecte bonus est, talem voluit illum fieri, qui et videretur et tangeretur : ut homo etiam oculis rerum creationem, et gubernatione divinam potentiam, et sapientiam et bonitatem percipiens, et potentiam timeret, et sapientiam veneraretur: bonitatem imitaretur. Deinde subjungit : *Constabat autem nihil posse videri sine ignis beneficio, neque tangi sine solido, neque solidum esse sine terra, quomodo visus sine igne esse non possit, nec tangibile sine terra, loquentes de sensibus corporis, ostendemus.* Postea addit : *Idcirco jecit Deus quasi fundamentum ignem et terram, sed, quoniam in eis sunt contrarietates, quippe terra est corpulenta, obtusa, immobilis : ignis subtilis, mobilis, acutus.* Vidit Deus sine medio ea non *posse conjungi, et ideo inter ea medium creavit.* Et quoniam de conjunctione illorum fecimus mentionem, dicamus quid sit commistio, quid conjunctio contrariorum. *Commistio* ergo contrariorum est quando ex duobus ita fit unum, quod neutrum remanet, id quod ante fuerat : ut si calidissimum frigidissimo misceatur, fit tepidum, neque calidissimo, neque frigidissimo remanente. *Conjunctio* ergo contrariorum est, quando ex duobus ita fit unum, quod utrumque remanet, id quod antea fuerat, quod in contrariis habentibus agentes qualitates, sine medio esse non possunt. Sunt autem agentes qualitates, *calor, frigiditas,* de qua re loquentes de homine dicemus (*Lib.* IV). Si enim unus alteri opponatur repugnant, dissolvit unum aliud : oportet ergo ut subsistant, medium esse : quod si tale fuerit quod plus habeat se ad unum quam ad aliud, paulatim transit in aliud ad quod plus se habet, et fit illa conjunctio, ut si inter calidissimum et frigidissimum aliquid ponatur, plus habens se ad calidum, peribit frigidum, et dissolvetur illa conjunctio. Sed, si tale fuerit medium, quod æqualiter habeat se ad duo extrema, non plus transiens in materiam unius quam alterius, conjunctionem illius observabit. Volens ergo prædicta duo elementa non commisceri, sed jungere, ut utrumque, id quod est, remaneret, medium inter illa duo creavit, non unum tantum, sed duo, scilicet aquam et aerem. Si enim solam aquam inter ea posuisset, cum plus ad terram quam ad ignem se habeat (habet enim cum terra conjunctionem, secundum corpulentiam et obtusitatem : cum igne mobilitatem), conjunctio illa non duraret. Similiter si solum aera, habet enim commune cum igne subtilitatem et mobilitatem, cum terra obtusitatem. Sed, dicet aliquis, et si unum istorum non sufficeret, potuit Deus facere quod sufficeret; sed dicimus nos non ponere terminum in divina potentia, sed dicimus de his quæ sunt, nullum posse sufficere, nec juxta naturam rerum posse aliquid esse, quod sufficeret. Sed, quia jam ostendimus quare unum ex istis non sufficeret, quare aliquid esse non posset, aperimus. Cum igitur inter aliqua duo, sunt duæ contrariæ qualitates, quia binarius in duo æqua potest dividi, potest esse aliquid, quod proprietatem uniuscujusque retinens, in medio sufficiat; ubi, cum terra et aer duas contrarias habeant qualitates (est etenim terra frigida et sicca; aer calidus et humidus) aqua habens omnem cum terra frigiditatem, cum aere humiditatem, inter illa sola aqua frigida et humida sufficit. Sin autem aliquorum contrarietas in tribus sit qualitatibus, sicut nec ternarius in duo æqua dividi potest, nullum medium, quod ad ea se æqualiter habeat potest inveniri; oportet enim, quod de uno unam accipiat, de alio duas; sic enim, nec aliter integre potest dividi ternarius. Qualitas vero per medium non dividitur, non potest ergo esse medium, nisi participans unà et duabus. Iterum dicet : etsi secundum hanc συζυγίαν qualitatum unum medium esse potest, scilicet illam quæ fit duabus qualitatibus, illud habere potuerunt. Si enim inter ignem et aquam, quæ contrarias habent qualitates est aer, qui participat : una unius : alia alterius, quare inter ignem et terram, quæ in suzugia duarum qualitatum, non habent omnino eas contrarias, unum medium, nisi utriusque unum acciperet, esse non potuit ? Est etenim ignis calidus, terra frigida et sicca. Nos vero dicimus. Nec secundum hanc medium fuisse necessarium, cum in aliquo conveniant, scilicet in siccitate, nec esse potuit. Si neque aliquid tale medium esset, quod ab utroque aliquid acciperet, vel ab igne acciperet calorem, a terra siccitatem, et sic idem esset quod terra : vel ab igne calorem, a terra frigiditatem, præter hoc ut opinor, nihil potest confingi; sed impossibile est aliquid esse calidum et frigidum. Cum enim sint elementa quatuor, et quatuor illorum qualitates, inde fiunt sex complexiones, quarum quatuor sunt possibiles, duæ impossibiles. Sunt autem quatuor possibiles, *calidum et siccum, calidum et humidum, frigidum et humidum, frigidum et siccum.* Duæ vero impossibiles sunt, *calidum et frigidum, humidum et siccum.* Duo ergo elementa Creator in medio posuit, quia unum prædictis rationibus in medio sufficere non potuit. Elementorum talis est dispositio, quod inferiorem locum obtinet terra, deinde aqua, postea aer, superior est ignis. Si enim aliquid inferius esset, quia natura gravis ad illud tenderet: gravia enim naturaliter tendunt deorsum. Si vero aliquid supra ignem esset, ex levitate ad illud tenderet, et dissolvi ab aliis quæreret. Juxta terram posita est aqua, quia, cum naturaliter gravis sit aqua, etsi non quantum terra, secundum locum obtinere debuit. Deinde aer qui gravior est igne, et levior est aqua, merito inter utrumque ponitur.

Et quoniam quid sit elementum docuimus, et quot sint, et quare plura non sint, et causam ordinationis significavimus, de chao, id est elementorum confusione, quæ fuit in principio dicamus, communem sententiam proponentes, deinde probantes, ad ultimum probationem nostram confirmantes.

Dicunt omnes fere elementa in prima creatione certa loca non obtinuisse, sed in unam massam mista fuisse, et ob hoc modo simul ascendere, modo simul descendere (Ovid., l. 1 *Metam.*, et Hesiod.): subjungunt et rationem quare, ut Creator, videlicet ostenderet: nisi sua potentia et sapientia et bonitate res ordinaret, quanta rerum confusio foret. Deinde auctoritate Platonis hic probant, qui in Timæo ait: *Deum ex inordinata jactatione, elementa redegisse in ordinem*. Nos vero dicimus falsam esse sententiam quam ponunt, probantes non convenientem rationem quam inducunt, nec bene esse intellectam auctoritatem quam prætendunt. Prius ergo probemus sententiam esse falsam, postea rationem inconvenientem, deinde auctoritatem non bene intellectam. Dic ergo quisquis affirmas, elementa tunc erant corpora, an non? si corpora non erant, erant spiritus, vel proprietates spiritus aut corporis erant; si neque spiritus neque proprietas aliqua spiritus, materia esse potest: nec igitur elementa. Corpora igitur et loca obtinent: omne enim corpus in aliquo loco est; si in loco erant, vel ibi sunt, vel alibi, sed extra elementa nullus locus est. Erant ergo elementa ubi nunc sunt, etiam si essent sic disposita ut nunc sunt, in his quatuor locis erant: aliquando ergo elementa obtinebant inferiorem locum, aliquando superiorem locum, duo media loca. Si ergo ut affirmas, similiter descendant inferius, cum aliqui descendant, sed non est locus quo descendat: similiter si ascenderunt superius, cum aliquis ascenderet, sed non est locus quo ascenderet; nec ergo simul ascendebant, nec simul descendebant: falsa ergo est illorum sententia. Inconveniens est ratio, quam inducunt, scilicet Deum ad hoc fecisse, ut ostenderet quanta rerum confusio foret, nisi bonitas ejus ordinaret. Cui ostenderet? angelo: sed angelus ex natura et gratia divinam voluntatem innotescit homini; sed nondum erat homo, ut homini ostenderet facta eorum; nisi usque ad hominem servarentur: sed ante hominis creationem ordinata sunt. Inconveniens hæc esset ratio, auctoritas vero Platonis non bene intellecta est ab eis: cum enim dicit Plato: *Deum inordinata jactatione elementa reduxisse in ordinem*: non ideo dicit, quod unquam inordinate jactarentur. Quis enim locus esset inordinationi, a Deo cuncta disponente? sed, si qua essent, nisi sic ut non sint, ordinata a Deo essent. Cum enim terræ naturæ naturale sit deorsum tendere, ignisque sursum, nisi inferiorem locum terra obtineret, et ignis superiorem, hæc quæreret semper inferiorem, hic superiorem: et sic esset inordinata jactatio. Hanc redegit Creator in ordinem, conferendo terræ locum inferiorem, igni superiorem, ut hic non habeat quo descendat, nec hæc quo ascendat. Ex inordinata igitur jactatione, quæ non fuit, sed esse potuit, Deus elementa redegit in ordinem: veluti si monitu alicujus amici nostri, aliquid quod contingeret, nisi ipse esset, effugiamus: dicimus, iste liberavit nos ab hoc malo, non quia hoc malum primum fuisset, et postea nos inde liberasset, sed quia iste nobis nisi esset, accideret. Fuerunt in prima creatione ubi nunc sunt: et enim terra cooperta erat aquis, aqua vero spissior, aer item spissior et obscurior quam modo sit; quippe, cum neque sol, neque luna, neque aliæ stellæ essent quibus illuminarentur. Ignis spissior quam modo sit, id vero quod terra aquis cooperta, nec aliquo lumine illustrata, nec ædificiis distincta, nec suis animalibus repleta: nec aliquo gramine ornata: quod aqua et aer, et spissi, et obscuri erant: quod in superioribus stellæ non apparebant, vocaverunt χάος, id est confusionem elementorum. Unde Moyses: *Terra*, inquit, *inanis et vacua, et terra erat super faciem abyssi* (Gen. 1, 11), hæc dissolvit. Cum aqua usque ad maximam partem aeris elevata est, aer vero spissus, et ignis similiter in ea spissitudine aliquid terræ et aquæ sub se inerat, quæ ex calore ignis similiter et siccitate coagulata, et durata, corpora stellarum visibilia et lucida creavit. Quod vero in compositione stellarum, de inferioribus et superioribus elementis aliquid sit, ratione tali potest probari; quod visibilia sint, et splendida et mobilia: quod enim visibilia sunt ex visibili sunt, ex visibili et invisibili habent, sed ab invisibili nihil potest esse visibile, ut Lucretius dicit (Lib. II, *De rer. nat.*)

Ex insensibilibus me credas sensile gigni.

Macrobius: *Omnis qualitas geminata crescit, nunquam contrarium operatur*. Beatus Paulus ad Hebræos: *Fide intelligimus aptata esse sæcula verbo Dei, ut ex invisibilibus visibilia fierent* (Hebr. 11, 111). Non ergo ex igne et aere habent quod visibilia sunt; quod autem visibilia sunt, ex visibili, id est a terra, et aqua simul: Quod splendida sunt et mobilia, ex obscuro et immobili: non habent ergo ex splendido et mobili, scilicet, ex aere et igne. Facta sunt igitur ex quatuor elementis, sed de inferioribus dominatur in eis aqua: de superioribus ignis: ex hoc affectu potest probari, quod calorem terræ conferunt, ad nutrimentum sui, humorem attrahunt: similia namque similibus congaudent. Hic subjiciet aliquis: Cum in aere sit humor superior quam esset in igne, et calor, etsi non tantus, quare in aere corpora stellarum facta non sunt? Nos vero dicimus: Quod quamvis aer sit calidus, est tamen et humidus; non potuit ergo non desiccando spissare, et sic lucidum et visibile creare; veluti si aqua spissa supponatur igni, spissatur sæpe et vertitur in lapideam substantiam : si autem supponatur alicui calido et humido, sicut aquæ bullienti, ita quod ab illo solo recipiat calorem, non spissatur. Vel secundum Constantinum : cum sint ista quatuor, et in unoquoque duæ qualitates, unam habent singularem ex se, aliam ex alio. Ignis ex se calidus est, siccus ex terra; aer humidus ex se, calidus ex igne; aqua humida ex aere, sed frigida ex se; terra vero est sicca, sed ex aqua est frigida. Quod vero in unoquoque est, ex se, plus in eo prævalet, quam quod ex alio est. Cum vero in aere humiditas sit ex se, calor ex alio quam ex igne : ergo prævaluit in eo humiditas, nec poterat desiccando corpora stellarum creare. Iterum quod majus est, fuit voluntas Creatoris, stellas in aere esse : cum enim vicinus sit terræ, si in eo stellæ essent, ex vicinitate terram incenderent, nec aliquid in ea vivere posset.

CAP. XXII. — *De creatione piscium et avium.*

Corporibus stellarum creatis, quia igneæ sunt naturæ, cœperunt movere se, et ex motu aeris subditum calefacere : sed mediante aere aqua calefacta est. Ex aqua calefacta, diversa genera animalium creata sunt : quorum quæ plus habuerunt superiorum elementorum, aves sunt. Unde aves modo sunt in aere, ex levitate superiorum : modo descendunt in terram, ex gravitate inferiorum. Aliæ vero quæ plus aquæ habuerunt, pisces sunt. In hoc solo elemento, nec in alio vivere possunt. Sic ergo pisces et aves facti sunt. Unde scriptum est (*In hymn. Ambros. Fer.* v, *ad Vesp.*):

Magnæ Deus potentiæ,
Qui ex aquis ortum genus,
Partim remittis gurgiti,
Partim levas in aera.

CAP. XXIII. — *De creatione cæterorum animalium et hominis, et quo tempore mundi creatio facta sit.*

Istis sic creatis ex effectu superiorum, ubi tenuior fuit aqua, ex calore et creatione prædictorum desiccata tantum, et apparuerunt in ea quasi quædam maculæ, in quibus habitant homines, et alia animalia. Sed cum terra ex superposita aqua esset lutosa, ex calore bulliens, creavit ex se diversa genera animalium : et si in aliqua plus abundaverit ignis, cholerica nata sunt animalia ut leo; si terra, melancholica, ut bos et asinus; si vero aqua, phlegmatici, ut porci. Ex quadam parte vero, æqua elementa æqualiter conveniunt, humanum corpus factum est. Et hoc est, quod divina pagina dicit : *Deum fecisse hominem de limo terræ* (Gen. II, VII). Non enim credendum est, animam quasi spiritus, et levis, et munda, ex luto factam esse : sed a Deo homini collatam. Unde ait Scriptura, *Formavit Deus hominem ex limo terræ, et inspiravit in faciem ejus spiraculum vitæ* (Gen. II, VII). Unde, cum diversa animalia melancholica creata sunt, et infinita phlegmatica et cholerica, unus solus homo creatus est, quia ut ait Boetius in Arithmetica : *Omnis æqualitas pauca est et finita, inæqualitas numerosa et multiplex.* Sed quemadmodum quod est primum æqualitati, etsi minus, tamen aliquantum temperatum, et ex vicino limo, corpus mulieris esse creatum verisimile est, et ideo nec penitus inde quod homo est, nec penitus diversa ab homine, nec ita temperata ut homo, quia calidissima frigidior est frigidissimo viro ; et hoc est, quod divina pagina dicit : *Deum fecisse mulierem ex latere Adæ* (Gen. II, XXI). Non enim ad litteram credendus est, constasse primum hominem. Sed dicet aliquis : eadem ratione plures homines et feminas esse creatos, et adhuc posse? Nos dicimus, verum esse, si divina voluntas esset, quia ut aliquid sit natura operante, necesse est divinam præcedere voluntatem. Item dicet hoc esse divinæ potestati derogare, sic esse hominem factum dicere; quibus respondemus e contrario, id ei conferre, quia ei attribuimus, et talem rebus naturam dedisse, et sic per naturam operantem, corpus humanum creasse. Nam in quo divinæ Scripturæ contrarii sumus, si quod in illa dictum est esse factum, qualiter factum sit explicemus? Si enim Julius sapiens mihi dicat, aliquid factum esse, et non explicet qualiter, et alter dicat hoc idem et exponat, qualis in hoc contrarietas? Sed quoniam ipsi nesciunt vires naturæ, ut ignorantiæ suæ omnes socios habeant, nolunt eos aliquid inquirere, sed ut rusticos nos credere, nec rationem quærere, ut jam impleatur propheticum : *Erit sacerdos sicut populus* (Isa. XXIV, 2; Osee IV, 9). Nos autem dicimus, in omnibus rationes esse quærendam, si autem alicui deficiat, quod divina pagina affirmat, sancto Spiritui et fidei est mandandum. Unde ait Moyses : *Si agnus non potest comedi, non statim igne comburatur, sed prius convocet vicinum qui conjunctus est domui suæ, et si nec ita sufficiant ad esum agni, tunc demum igni comburatur* (Exod. XII, 4) : quia cum de divinitate aliquid quærimus, si ad illud comprehendendum non sufficimus, vicinum domui nostræ convocemus, id est manentem in eadem fide catholica inquiramus. Si autem neque nos, neque ille ad id comprehendendum sufficiamus, tunc igne fidei comburamus. Sed isti vicinos multos habentes domui suæ conjunctos, ex superbia nolunt aliquem convocare : maluntque nescire, quam ab alio quærere : et si inquirentem aliquem sciant, illum esse hæreticum clamant, plus de suo caputio præsumentes, quam sapientiæ suæ confidentes. Sed quæso, ne habitui credas, jam enim impletum est quod ait satyricus :

Fronti nulla fides. Quis enim non vicus abundat,
Tristibus obscœnis?

(JUV., *sat.* II, v. 8.)

Et iterum :

Rarus sermo illis, et magna libido tacendi.

(*Ibid.*, v. 14.)

Et quoniam de prima creatione fecimus mentionem, quam diversis rationibus dicunt esse factam, doceamus : qui in quo tempore, et quibus rationibus hoc dicant. Hebræi igitur et Latini dicunt in vere principium mundi fuisse. Unde Virgilius loquens de diebus veris ait :

*Non alios prima crescentis origine mundi
Illuxisse dies, aliumve habuisse tenorem
Crediderim.*
(VIRG., II, *Georg.*, v. 338.)

Deinde subjungit :

*..... Ver illud erat, ver magnus agebat
Orbis.....*

Horum ratio talis est : Quidquid oritur proportionum ex qualitate creari : sed nullum tempus præter hoc temperatum est. In vere ergo, non in alio tempore anni, creatio rerum facta est. Ægyptii vero dicunt, in Julio factam esse creationem : quos secutus Macrobius dicit in natali die mundi, Cancrum gestasse lunam; Leonem solem (*Macrob.*, *lib.* I, in Somnium Scip., 21). Quorum hæc est ratio : in prima creatione tantum fuisse humorem, quod terra erat cooperta aquis, tantusque humor sine maximo calore non potuit temperari. Ergo in tempore anni, in quo est maximus calor, id est in æstate, facta mundi creatio est.

LIBER SECUNDUS.

PRÆFATIO.

In superiori particula de eis quæ sunt et non videntur, et de elementis quæ quidam visibilia docuerunt, pro parvitate nostri ingenii summatim perstrinximus ; nunc vero de unoquoque et ornatu ejusdem dicere satagamus. Sed, quamvis multos ornatum verborum quærere, vaucos veritatem scire cognoscamus, nihil de multitudine, sed de paucorum probitate gloriantes, soli veritati insudabimus : maluimus enim promittere nudam veritatem, quam palliatam falsitatem. Si quis tamen est cui ariditas nostri sermonis displiceat, si nostri animi occupationes cognoverit, non tantum ornatum sermonis non quæsierit, sed de illo quod agimus stupebit. Quis enim ullus reliquus locus potest esse ornatui cum oporteat quid et qualiter legamus excogitare, demum legendo exponere, in disputationibus contra falsa declamare, de aliorum inventis judicare, contra invidorum detractiones linguam acuere, ut jam in nobis impletum sit illud de filiis Israel, qui reædificantes templum, in una [manu gladium, in alia lapidem habebant (II Esdr. IV, 17). Sed hæc hactenus. Nunc de singulis elementorum et ornatu uniuscujusque dicere incipiamus, a superiori, id est ab igne, incipiendo.

CAP. I. — *Quid sit æther et ornatus illius.*

Ignis igitur est spatium a luna sursum, quod idem æther dicitur. Ortus vero illius est, quidquid super lunam videtur, scilicet, stellæ tam infixæ, quam erraticæ.

CAP. II. — *Quod aquæ congelatæ super æthera non sint.*

Sed forte quæret aliquis utrum aquæ congelatæ sint ibi, super quas sunt aliæ aquæ. Dicunt enim quidam super æthera esse aquas congelatas, quæ in modum pellis extensæ, occurrunt oculis nostris, super quas aquæ sunt confirmatæ, hac autoritate divinæ paginæ, quæ ait : *Posuit firmamentum in medio aquarum* et iterum : *Divisit aquas, quæ sunt sub firmamento, ab his quæ sunt super firmamentum* (Gen. 1). Sed, quoniam istud contra rationem est, quare sic esse non possit ostendamus, et qualiter divina Scriptura in supradictis intelligenda sit. Si ibi sunt aquæ congelatæ, ergo aliquid ponderosum et grave? sed primus locus ponderosorum et gravium est, terra. Si iterum ibi sunt aquæ congelatæ, vel igni conjunctæ, vel non? si igni conjunctæ sunt, cum ignis calidus et siccus sit, aqua congelata et frigida, et humida, contrarium sine medio suo contrario conjunctum est : nunquam ergo ibi concordia, sed contrariorum repugnantia? Amplius : Si aqua congelata conjuncta est igni vel dissolvetur ab igne, vel exstinguit ignem : cum ergo ignis et firmamentum remanent, ubi sunt aquæ congelatæ, conjunctæ igni, si conjunctæ non sunt, aliquid inter eas et ignem est? Sed quid? elementum, sed nullum superius igne factum est ex elementis, visibile ergo. Unde igitur non videtur. Restat ibi non esse aquas congelatas.

CAP. III. — *Quomodo intelligendum sit, « Divisit aquas quæ sunt sub firmamento. »*

Sed scio quid dicent : Nos nescimus qualiter hoc sit, scimus Deum posse facere. Miseri ! Quid miserius quam dicere istud, est? quia Deus illud facere potest, nec videre sic esse, nec rationem habere quare sic sit, nec utilitatem ostendere ad quam hoc sit. Non enim quidquid potest Deus facere, hoc facit. Ut autem verbis rustici utar, potest Deus facere de trunco vitulum : fecitne unquam? Vel igitur ostendant rationem, vel utilitatem ad quam hoc sit, vel sic esse indicare desinant. Si ergo aquæ ibi congelatæ non sunt, nec super eas aliæ. Cum autem divina pagina dicat : *Divisit aquas, quæ sunt sub firmamento, ab his quæ sunt supra firmamentum* (Gen. I, 7), aera firmamentum vocavit, quia firmat et temperat terrena. Super hanc aquam sunt, vaporaliter in nubibus suspensæ, ut in sequentibus ostendetur, quæ divisæ sunt ab his quæ sunt sub aere. Similiter exponatur : *Posuit firmamentum in medio aquarum*, quamvis hoc plus allegorice, quam ad litteram dictum credimus.

CAP. IV. — *Quod super æthera nihil videatur.*

Iterum dicent : Quid est ergo quid ibi videmus spissum et aquei coloris : ignis non est. Si enim aer ex nimia sua subtilitate non potest videri, multo minus ignis qui subtilior est. Deinde talis, igneus color non est? Ad quod dicimus : Nihil ibi videri, sed visum ibi deficere, et ex defectu visus quoddam spissum ibi confingere. Cum enim radius ille interior qui operatur visum ad superiora dirigatur, nec est ibi obstaculum quo repercutiatur; deficit, et deficiendo spissatur. Sed quia transit per oculum in quo est aqueus humor, et crystalleidos, ut de compositione oculi loquentes ostendemus, cum deficit, nec alius color ibi occurrit, talem, id est aqueum sibi confingit. Hic subjicient : Si nihil ibi videtur, quomodo dictum est : *Coelum tegit omnia?* Stellas esse in firmamento, in eodem esse duodecim circulos, in uno, quorum sunt duodecim signa (*Infra,* c. 5 et 6), dicimusne defectum esse nostri visus? Huic ergo, quia auctoritas videtur, ex parte illius ista respondeamus.

CAP. V. — *Quot modis auctoritas loquatur de superioribus.*

Tribus igitur modis auctoritas loquitur de superioribus : *fabulose, astrologice, astronomice*. *Fabulose* loquitur Nemrod, Hyginus, Aratus, taurum illum esse translatum et in signum mutatum dicentes, et sic de aliis. Quod genus tractandi, maxime est necessarium. Eo enim scimus de uuoquoque signo, in qua parte coeli sit situm. *Astrologice* vero tractare, est dicere ea quæ videntur in superioribus, sive ita sint vel non. Multa ibi nempe videntur esse, quæ non sunt ibi quia fallitur visus, ut tractat Marcianus Hyspaicus [*fort.* Hispanus, *an* Capella?] *Astronomice* vero tractare, est ea quæ sunt de illis dicere, sive ita videatur, vel non : qualiter inde tractant Julius Firmicus, Ptolomæus. Cum ergo dictum est, *coelum tegit omnia* : astrologicum est, quia sic videtur, vel æther dicitur *coelum,* quia diversis stellis coelatum est.

CAP. VI. — *De firmamento et stellis.*

Dicitur firmamentum, quia suo calore et effectu stellarum firmat et temperat subdita. *Coelum igitur tegit omnia,* quia sub æthere vel in æthere omnia continentur. In æthere dicuntur stellæ infixæ ut gemma in auro, sed quia in eodem existentes, semper in eadem parte ejusdem videntur. Aliæ dicuntur *erraticæ,* quia modo in hac, modo in illa parte coeli videntur. Et quoniam de infixis fecimus mentionem, quæramus utrum moveantur, vel omnino careant motu, et si moventur, qualiter moveantur.

CAP. VII. — *De infixis stellis, utrum moveantur.*

Sunt qui eas non moveri asserunt, sed a firmamento, ut in eo infixas, ad ortum et occasum referri. Alii dicunt eas etiam proprio motu moveri, quia igneæ sunt naturæ, nec aliquid in æthere vel in aere sine motu possit sustineri, sed semper in eodem loco et circum se moveri. Tertii dicunt, easdem de loco ad locum moveri, nullum tamen eorum motuum ab oculis nostris sentiri : quia tantum spatii in peragratione suorum circulorum consumunt, quod vita humana, quæ brevis est, et ad breve punctum tam tardæ accessionis comprehendendum non sufficit. Quamvis huic sententiæ, quod de loco ad locum moveantur, consentimus : aliam tamen rationem prætendimus, quare motus earum non sentiatur, quæ talis est : Omnis motus discernitur, vel per immobile, vel minus mobile. Cum enim aliquid movetur, si aliquid mobile, vel minus mobile vide-

mus, cum illud præteriri vel appropinquari videmus, motum sentimus. Si autem aliquid moveatur extra ipsum, neque aliquid vel immobile, vel minus mobile videamus : motus non sentitur, quod potest probari per navim in mari currentem. Motus ergo stellarum, vel per immobile, vel minus mobile superpositum sentitur, nunquam vero per suppositum, ut per signa motum planetarum discernimus, quia modo sub hoc signo, modo sub alio videntur. Supra dictas vero stellas nihil est visibile, nec est ideo quod motu illarum discriminari possit. Moventur ergo, sed infixæ dicuntur, quia motus earum prædicta ratione non sentitur.

CAP. VIII. — *Quot circuli dicantur esse in firmamento.*

In eodem firmamento philosophi dixerunt duodecim esse circulos, quorum duo sunt visibiles, alii invisibiles. De visibilibus disceremus.

CAP. IX. — *Qui sint visibiles.*

Duo igitur sunt visibiles, γαλαξίας, id est, lacteus circulus, γάλαξ enim est lac, ἀγὸς, circulus, et *zodiacus* circulus.

CAP. X. — *Ubi incipiat galaxias.*

Incipit galaxias juxta septentrionem, ex parte Orientis, et aliquando per cancrum et capricornum, revertitur ad principium. Dicitur autem sic propter notabilem sui claritatem. Si quis vero, unde in illa sit parte ille notabilis splendor, scire desiderat, Macrobium legat (Lib. I, *in Somnium*).

CAP. XI. — *De zodiaco et unde dicatur.*

Zodiacus vero a capricorno per arietem ad cancrum ascendit, de cancro vero per libram ad capricornum descendit. Descendere vero et ascendere, juxta situm nostrum intellige. Hic in duodecim æquales partes, per fluxum aquæ, ut refert Macrobius, divisus est, quarum unaquæque dicitur signum, quia eis signamus, in qua parte coeli sol sit et alii planetæ, et qua exierint, et ad quam debeant pertransire. Sed, quoniam illa nominibus animalium titulata sunt, ut *aries, taurus,* et cætera, circulus, quem continent, zodiacus dicitur; ζώον enim est animal. Si quis autem causas nominum quærat, Helpericum legat.

CAP. XII. — *De dispositione signorum.*

Signorum vero talis est dispositio : quod propinquus nobis est *cancer,* scilicet in confinio nostræ zonæ habitabilis et torridæ : deinde *leo* obliquando descendit, post *virgo,* deinde *libra* existens in medio torridæ zonæ, ultra quam est *scorpio ;* deinde *sagittarius,* postea est *capricornus* a nobis remotissimus. Deinde oblique ascendendo est *aquarius,* post *pisces,* deinde *aries,* in medio torridæ zonæ *libræ,* oppositus supra est *taurus, gemini* postea, deinde *cancer* Quod signum cujus mensis sit, et quare, loquendo de sole docebimus.

CAP. XIII. — *De invisibilibus circulis.*

Novem alii circuli invisibiles sunt, quorum sunt quinque paralleli, unus quorum æquinoctialis dicitur, hic est, qui per medium torridæ zonæ vadens, per arietem et libram dividit cœlum in duo hemispheria. Qui ideo dicitur *æquinoctialis*, quia quando sol ad ipsum pervenit, æquat dies noctibus; de quo in sequentibus dicemus. Alter de parallelis dicitur, conjunctio nostræ habitabilis et torridæ. Tertius conjunctio ejusdem et frigidæ. Quartus ex altera parte conjunctio torridæ et alterius habitabilis. Quintus ejusdem conjunctio et alterius frigidæ, ut in posteriori apparet figura. Sed, quia auctoritas clamat in cœlo esse zonas, utrum in æthere vel in aere sint, tractantes de aere dicemus. Illi quinque circuli dicuntur *paralleli*, id est æque distantes, quia a medio, id est æquinoctiali æqualiter distant. Tantum enim distat hæc conjunctio nostræ habitabilis et torridæ quantum et alterius. Similiter et conjunctio nostræ habitabilis et frigidæ et alterius.

Cap. XIV. — *De duobus coluris.*

Post hos sunt duo *coluri*, quorum principium in medio septentrionis est, sed alterum descendit per cancrum et ascendit per capricornum, rediens ad idem principium. Alter vadit per orientem et arietem, revertitur per occidentem ad suum principium, et ita in summo septentrionis se intersecant, et cœlum in quatuor quadrantes dividunt. Dicuntur autem *coluri* quasi colon uri, id est membrum bovis sylvestris, dicti sic propter imperfectionem, non quia imperfecti sint, sed quia pars illa alterius poli quam intersecant, nunquam videtur.

Cap. XV. — *De horizonte et meridionali circulo.*

Duo qui ad prædictum numerum supersunt, meridianus et horizon. Meridianus dicitur linea designans illam partem cœli, in qua sol existens, æqualiter distat ab ortu et occasu, Horizon vero in quo videtur cœlum cum terra jungi, dictus horizon quasi terminans. Isti duo ultimum scribuntur in sphæra, quia pro diversitate circumspicientium vel habitantium variantur.

Cap. XVI. — *De motu firmamenti et de polis.*

Motus vero ætheris, vel ignis, qui prædictis rationibus cœlum et firmamentum dicitur, talis est: cum ignis naturaliter semper sit in motu, nec supra ipsum sit quo ascendat ubi ostendimus, nec descendere potuit, quia hoc contra naturam ejus est, et omnia inferiora loca ab inferioribus elementis occupata erant. Item inutile fuit illum descendere, descendendo terram nempe incenderet, nec in ea aliquid vivere posset; ergo in quo possit et habet motum, et movetur in circuitu, et est in circuitu, non occupando diversa loca, se movere, sed partes aliter atque aliter sitas in eodem loco habere: sic vero in circuitu se vertendo ab ortu per occasum, refert secum stellas, tam erraticas quam infixas. Quamvis tamen circa terram volvatur non recto modo, sed oblique circa nostram habitabilem volvitur, quod per solos polos videri potest. Est autem polus stella immobilis, una in hoc capite, alia in alio. Axis vero est linea intelligibilis de polo ad polum, per medium terræ directa, circa quam volvitur firmamentum. Si ergo recto modo volveretur firmamentum, unus de polis recto modo esset super terram, et alter sub terra, vel in lateribus terræ. Cum vero unus sit inter medium cœli elatus ex nostra parte, similiter alter ex alia. Linea quæ dicitur *axis*, obliqua est, et circa ipsam oblique volvitur firmamentum. Et quoniam falsam sententiam quorumdam de firmamento satis improbavimus, nostram vero ponentes probavimus, et de stellis infixis in eo, et de circulis, et motu ejusdem non tacuimus. De planetis dicere incipiamus; ergo a summo planetarum sumamus exordium.

Cap. XVII. — *De Saturno, et quare aliqua stella dicatur frigida, et quot modis nomina qualitatum rebus attribuantur.*

Summus itaque planetarum Saturnus dicitur, in peragratione zodiaci, triginta annos consumens. Unde in fabulis senex dicitur. Hæc stella frigida et nociva dicitur esse. De frigiditate ergo primum, deinde de nocivitate disseramus. Stellam istam esse frigidam et siccam, antiqui astrologi probaverunt cum scirent solem existentem in cancro, terras adurere videbant in aliquo anno minus solito. Scientes autem ex natura solis hoc non contingere, quæsierunt quis planeta in eodem signo esset cum sole reperientesque Saturnum dixerunt ex eo causam frigiditatis esse. Sed dicet aliquis: Cum omne corpus stellarum igneæ sit naturæ quod probat motus et splendor, unde una stella dicitur frigida, alia calida; neque enim probamus ex ratione illa quia dicunt quidam ex vicinitate aquarum congelatarum Saturnum esse frigidum, sicut et luna est ex vicinitate terræ et aquæ. Probavimus enim aquas congelatas, in superioribus esse non posse (*Supr*. lib. XI, cap. 2). Sunt qui inde dicunt plures esse qualitates ignis, quæ in quibusdam corporibus sunt conjunctæ, in quibusdam divisæ. Quemadmodum ergo est quoddam igneum et calidum, et non splendidum, ita est quoddam splendidum, nec calidum. Dicunt enim quod ignea non sint calida, nisi quæ conjuncta sint alicui spissæ et humidæ naturæ, quam in sui substantiam commutent. Unde, si alicui igneo desit vicinitas spissi humoris, deficit in eo calor. Hoc autem probant per solem, quia in convallibus montium, ubi est aer spissior magnum exercet calorem, in superioribus propter aeris subtilitatem non exercet. Hujus rei sunt indicium perpetuæ nives existentes. Sed de hoc loquentes de situ terræ satis dicemus. Volunt etiam isti super lunam nullum esse sensum caloris, præ nimia ætheris subtilitate. Nos vero dicimus nomina qualitatum tribus modis rebus attribui; vel propter effectum, unde vinum dicitur calidum, quia efficit calorem, etsi frigidum sentiatur: vel propter sensum, ut cum aquam bullientem dicimus calidam, etsi naturaliter sit frigida; vel propter signum, ut cum dicimus sanum bene dormire, sine difficultate spirare. Cum enim aliqua stella dicitur frigida, effectui deputatur. Quamvis ergo in se sit calida, si efficiat frigus dicitur frigida. Inde, uia Saturnus junctus soli minuit calorem, propter effectum dicitur frigidus, etsi in se sit calidus. Sed quæret forsan aliquis : Si corpora stellarum ignea sunt, unde contingit quod quædam efficiunt frigus? Omnes enim in omnibus posse inveniri rationem, sed in quibusdam recurrendum ad creationem : quamvis possumus hanc rationem inde reddere, quod diversa ignea, ex propinquitate et remotione, magis et minus calefaciunt. Unde Saturnus quia remotior a nobis est, non calefacit terram; sol vero quia propinquius terræ est, magis incendit eam; vel dicamus quod quamvis aliqua stella calida sit, sunt in ea aliæ qualitates nobis ignotæ, a quibus calor non potest descendere. Sed quia in medio proposuimus quæstionem : *Non omnia possumus omnes*, sit ingenii cujusque inquirere, quid pro solvenda hac quæstione possit invenire. Hæc eadem stella ex frigiditate dicitur nociva, et maxime quando est retrograda : unde in fabulis dicitur falcem deferre. Deferens enim falcem plus nocet recedendo, quam accedendo.

CAP. XVIII. — *De Jove.*

Post Saturnum est *Jupiter*, in peragratione zodiaci duodecim annos consumens. Hæc stella benevola est, quippe ita temperata in suis qualitatibus, quod per conjunctionem ejus cum sole probatum est. Sed quando media est inter Saturnum et Martem, si existat in superiore abside sui circuli, vel in inferiori, temperatur eorum nocivitas ejus benevolentia. Inde est quod in fabulis dicitur : Jupiter patrem Saturnum a regno expulisse, quia Saturno vicinior factus, naturalem nocivitatem ei aufert. Dicitur etiam adulterando diversos genuisse, quia conjungendo se prædictis, in terrenis diversa efficit.

CAP. XIX. — *De Marte.*

Tertius est *Mars* stella, scilicet calida et sicca, et inde nociva, in biennio peragrans zodiacum; sed positus inter Jovem et Venerem, quæ sunt stellæ benevolæ, vicinitate minuit suam nocivitatem, et illorum benevolentiam. In præliis dicitur dominari, quia calorem confert et siccitatem, ex quibus est animositas. Calidi enim et sicci animosi sunt.

CAP. XX. — *De Venere.*

Quartus scilicet platonicos [secundum platonicos] *Venus* calida et humida stella, unde est benivola, in anno fere zodiacum circuiens. Dicitur adulterata cum Marte, quia existens in superiori circuli sui abside, facta vicina Marti est minus benivola. Dea luxuriæ dicitur esse, quia confert calorem et humorem, et in calidis et humidis viget luxuria. Ut enim propter Venerem brevius dicamus, quod prolixius loquentes de homine exponemus : calidi et sicci multum appetunt ex calore luxuriam, sed ex siccitate non sustinent effectum, et si faciunt maxime eis nocet. Frigidi et humidi e contrario male appetunt, sed sustinent : sed frigidi et sicci nec appetunt, nec habent effectum, maxime corpori eorum prodest effectus eorum.

CAP. XXI. — *Quomodo eadem stella dicatur Lucifer et Hesperus.*

Lucifer quando ante solem videtur, Hesperus quando post eum in vespere videtur. Unde est quæstio : An in eodem tempore anni possit esse Lucifer et Hesperus? Dicunt quidam hoc esse non posse. Cum enim sit paris velocitatis cum sole, et fere in eodem spatio cursum suum perficiens, quomodo in una et eadem nocte, in vespere sequeretur solem et in mane præcederet. In uno ergo anni tempore præcedit solem, et tunc est *Lucifer* : in alio subsequitur, et tunc est *Hesperus*. Alii dicunt in uno eodemque tempore anni, illam ante ortum solis videri, et post occasum ejusdem non tamen præcedere et subsequi, hoc namque impossibile est. Dicunt enim stellam illam altiorem esse sole, unde diutius videtur in vespere, etiamsi non subsequatur solem, citius in mane etiamsi illum non antecedat. Dicitur *Lucifer et Hesperus*, in eodem tempore anni, non quia præcedat et subsequatur, sed quia ante et post ex sui altitudine videtur. Tertii dicunt Venerem et Mercurium esse fere ejusdem coloris et quantitatis, semperque solem comitari; cum ergo sic comitantur illum, quod una præcedit, alia subsequitur : præcedens in vespere, propter splendorem solis non videtur, sed subsequens post occasum ejus apparet. Contra autem est in mane, præcedens nempe videtur, sequens vero splendore diei occultatur. Sed, quia unius sunt coloris, et quantitatis, una et eadem stella reputatæ sunt.

CAP. XXII. — *De Mercurio.*

Quintus est *Mercurius*, fere in anno cursum suum similiter peragens, cum quo Venus legitur adulterata esse : quia quando est in inferiore abside sui circuli qualitatibus illius se miscet.

CAP. XXIII. — *De statu et retrogradatione prædictarum stellarum, et quod verum sit solem esse sub Mercurio et Venere, et de circulis ipsorum.*

Sextus est *sol*. Sed ante de statu et retrogradatione stellarum prædictarum doceamus, deinde cur Chaldæi, et eorum sequaces dixerint, solem esse in medio planetarum, super Venerem et Mercurium. Ægyptii quos secutus est Plato, eumdem Sextum dixerunt, et superpositum Mercurio et Veneri. Dicunt quidam, quod est quædam pars in circulo uniuscujusque, ad quam unaquæque pervenerit. Sol facit eam stare vel retro ire, sed non dicunt quare. Nos dicimus eas nunquam videri stare, quia, cum sint igneæ naturæ, est quod semper sint in motu, videntur tamen aliquando stare, ex ἄρσει et θέσει, id est elevatione et depressione. Constat enim inter omnes astrologos unumquemque de Planetis aliquando plus solito removeri a terra, et tunc elevatur, aliquando plus descendere versus terras, quod *deprimi* dicimus. Cum ergo elevantur vel deprimuntur, si recto modo hoc fit, sub eadem parte signi videntur, et stare creduntur. Sin autem retro obliquent, ire retro videntur. Hujus ergo elevationis vel depressionis causa est sol. Cum enim sit fons totius caloris, aliquando plus desiccat superiora et inferiora. Unde desiccata corpora stellarum plus solito levia ascendunt. Si item ad nutrimentum sui plus solito humores attrahat, gravia descendunt. A Quod ergo dicuntur *stare*, astrologum est, quia sic videtur. Deinde dicendum est, cur Chaldæi dicant solem esse quartum, Ægyptii et Plato sextum. Verum est solem esse sub Mercurio et Venere, juxta lunam. Cum enim luna frigida et humida sit, necesse fuit ut ei sol, qui est calidus et siccus, vicinus esset, quatenus ex calore solis, frigiditas lunæ, et ex siccitate humiditas temperaretur, ne cum vicina esset terræ, eam distemperatam redderet. Item, cum luna †proprio lumine careat, ut ostendimus, et a sole accipiat, ratio est ut fonti sui luminis sit supposita, sine medio. Sed quamvis hoc ita esse verum sit, Chaldæis tamen aliter visum est, ex hoc quod dicemus; sol et Mercurius et Venus, ita conjuncti sunt, quod fere in eodem spatio temporis, scilicet in anno, plus minusve, cursus suos perficiant. Fere ergo sunt æquales eorum circuli, sed juxta quantitatem circulorum planetæ brevius vel prolixius tempus in peragratione zodiaci consumunt. Cum ergo fere æquales sint, unus ab alio totus non potest contineri. Intersecant ergo sese, ita quod circulus Veneris, inferiori parte sui circuli intersecat, superiores partes circulorum Mercurii et solis plus comprehendit de Mercuriali, quam de solari. Circulus vero Mercurii superiori parte sui intersecat Venerium, scilicet inferiori solarem. Circulus vero solaris superiori sui parte intersecat Mercurialem et Venerium, plus Mercurialem, minus Venerium. Sed, quia facilius illabitur animo, oculis subjecta descriptio intersecationem illam ostendamus.

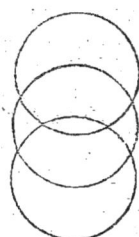

Cap. XXIV. — *Quando circuli Veneris et Mercurii liberius appareant.*

Cum circulus solis, ab inferioribus partibus ambiatur, juste inferior illis dicitur. Solem tantum non obscurat subjecta, quantum supposita. Reputatus est ergo sol illis superior, sed jam tractatum ad solem, et ad alios planetas transferamus. Sed quoniam cæteri planetæ, quemadmodum et sol moventur, de motu solis loquamur, ut similia de aliis intelligantur.

Cap. XXV. — *Utrum planetæ moveantur cum firmamento vel contra.*

Generalis ergo sententia omnium philosophorum est, firmamentum ab ortu ad occasum volvi, solem vero et alios planetas contrario motu; ab occasu ad ortum moveri, quod ostenditur oculis per signorum dispositionem.

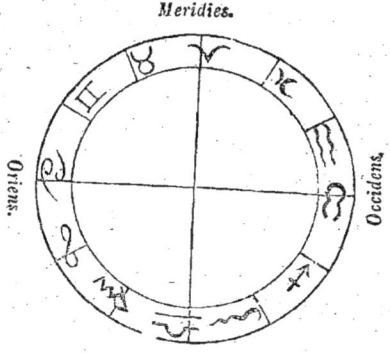

Cum enim aries sic sit positus, quod quando in medio cœli, inter illum et orientem, taurus est; deinde gemini, post cancer; inter eumdem et occidentem sunt pisces, post aquarius, deinde capricornus, ut in hac figura apparet. Si ergo sol versus occidentem tenderet, de ariete in signum versus occidentem positum transiret, scilicet in pisces, deinde in cæteros. Cum ergo signa versus orientem posita, de ariete transeant, scilicet in taurum, deinde in cætera sine dubietate contra firmamentum moverentur. Subnectunt etiam rationem, quare necesse fuit sic esse. Cum firmamentum ab ortu in occasum volvatur, si planetæ similiter moverentur, esset tantus impetus, quod in terra nihil stare vel vivere posset. Ut ergo radii motui obviarent, et impetum illius temperarent, in contrarietatem motus illius retorta sunt. Sed, quamvis contra firmamentum deferantur, firmamentum tamen defert eas secum ad occasum et inde ad ortum. Ut si aliquis existens in navi, contra quem currat navis, se moveat, tamen navis quocunque vadit secum defert, non ideo a contrario motu quiescentem. Ergo quod paulatim vadunt ad orientem, naturalis cursus est, quod ad occasum et ortum, ex alterius impetu. Helpericus dicit hoc esse non posse; cum enim sol non sit de stellis infixis in firmamento, qualiter ab ipso refertur. Si enim aliquis extra navim est, quomodo ab ipsa defertur? De eo vero, quod sol vadit ad signa versus orientem posita, dicit sic videri, non vero sic esse. Cum enim, ait, firmamentum et sol, naturali motu ab ortu ad occasum tendant, ita quod est sub prima parte Arietis, quia firmamentum aliquando velocius sole transit, cum in vicesima parte unius signi est : ergo vere sol venit ad ortum, non illa pars signi quæ ante videbatur, supra solem videtur, sed posterior; et ita per singulos dies transeundo, videtur quod ad signa posteriora, cum tamen non vadat, quod potest quilibet probare per lunam. Cum enim certum sit lunam ad septentrionem, non currere, si nubes ipsam præcurrant, quando transeunt lunam, videturque quod ad posteriora currat. Sed, cum priori sententiæ doctissimus omnium philosophorum consentit, et verum est, illi concordamus. Contraque hoc, ille dixit, solem a firmamento non posse referri cum in eo non sit, etsi possunt dicere, quod est infirmum secundum nostram sententiam, quam dicimus firmum [forte, firmamentum], vocari æthera, tamen dicimus, et si non sit in firmamento, tamen posse referri ab eo. Ut enim in eodem exemplo de navi persistamus, si aliquid leve juxta navim sit impetu illius refertur, ut si in ea non sit. Ergo cum sol levis et igneæ sit naturæ, a firmamento, etsi in eo non sit, potest referri.

CAP. XXVI. — *Quare sol oblique moveatur, et de hieme et vere.*

Movetur ergo sol et alii planetæ ab occidente in orientem, non recto modo, sed obliquo modo, scilicet, descendendo, ascendendo ad orientalia secundum prædictam signorum dispositionem. Sed, dicet aliquis : Quæ necessitas fuit, quod sol obliquo, non recto modo movetur? Respondetur : Magna quomodo ostendemus. Sed prædoceamus, quas diversitates oblique meando operetur, a remotiori, id est a capricorno incipientes. Cum ergo sol intrat capricornum, quod contingit in medio Decembris, unius mensis intrat signum, et in medio Januarii exit, eique attribuitur in quo illud intrat, quia tunc remotissimus a nostra habitabili, illa frigore constringitur. Terra enim et aqua naturaliter frigidæ sunt, nisi a sole calefiant. Item, cum non sit quo arescat, aer spissatur in nubes, quæ dissolvuntur in pluvias. Inde fit quædam varietas anni, quæ vocatur hiems. Est enim hiems humida et frigida, extenditurque donec sol transeat aquarium et pisces, quorum primum intrat in medio Januarii, et secundos in medio Februarii. Constat ergo hiems tribus mensibus, et hoc est unum de quatuor anni temporibus. « In hoc ex frigore constringuntur pori superficiei terræ, nec potest calor evaporare, qui remanens intus, nutrit radices herbarum et arborum, vicemque matris prægnantis obtinet. » Incrementum autem non confert : quia nec calor, nec humor, ex quibus omne incrementum est, potest ascendere, propter constrictionis frigus. Sed unde gelu, unde nives, unde grandines, unde pluviæ, unde tonitrua, unde fulmina contingant, in tractatu *de aere* dicemus. Huic tempori consimilia sunt, aqua, phlegma, ætas decrepita : hæc etenim frigida et humida sunt. In eodem se melius habent cholerici, pejus phlegmatici, melius juvenes, pejus decrepiti. Pessima est infirmitas quæ ex phlegmate, quotidiana febris ; minus mala quæ ex cholera ut tertiana ; utile est in eodem augmentare cibum. Pori enim humani corporis, ex frigiditate constringuntur, unde calor intus permanens, plus consumit. Contra igitur interiorem defectionem, oportunum est infundere exteriorem refectionem. Inde quod apud antiquos Deus hiemis, pinguis venter pingebatur, et ab immunditia paludis *Spurius* vocabatur. In eodem bonum est uti calidis et siccis.

Cum vero sol ascendendo usque ad arietem pervenit, quem in medio Martii intrat, nec minus remotus, nec minus propinquus est, utpote in medio torridæ zonæ positus. Unde aer nostræ habitabili nec minus calidus, nec minus frigidus, nec minus siccus, nec minus humidus, sed inter quatuor qualitates temperatus. Ex hac temperie pori terræ aperiuntur, evaporatque fumus humidus, qui per radices arborum et herbarum scandens, confert eis augmentum, et vegetationem (*Macrob.*). Unde quidam mensis hujus temporis dicitur Aprilis, quia tunc terra aperitur in flores. Estque hujus temporis proprium inconstans esse, scilicet modo pluviosum ex vicinitate hiemis, modo siccum ex vicinitate æstatis, modo eadem ratione calidum, modo frigidum. Inde est quod in Martio sæpe infirmantur homines, quia corpora humana aperta sunt ex calore, et statim corrumpuntur ex subito frigore. Sed, si aliquis se in hoc tempore conservet, tardius in eo, quam in alio tempore infirmitatem incurret.

CAP. XXVII. — *Unde altius moventur infirmi in vere, et in autumno; et de quatuor anni temporibus.*

Hic subjicit aliquis : Unde ergo est, quod si aliquis intret aliquam infirmitatem, non tam sæpe moritur in hieme quam in vere. Cum infirmitates oriantur ex malo humore per membra se diffundente, ex frigiditate hiemis constringuntur humores, nec possunt defluere.

Ex calore autem veris, itidem dissolvuntur, quibus decurrentibus per membra, succumbit homo et moritur. Hæc temperies ab ariete incipiens extenditur, dum sol est in tauro et geminis. Primum medio Aprilis, secundum medio Maii intrat. Huic tempori consimiles sunt aer, sanguis, pueritia quia calidi et humidi sunt. In eo se melius habent melancholici, pejus sanguinei, melius senes, pejus pueri. Pessima infirmitas est quæ venit ex sanguine, minus mala quæ ex melancholia, ut quartana. In eodem est conveniens, uti frigidis et siccis.

Cum autem usque ad cancrum ascendit, ex propinquitate sua terram incendit et desiccat. Unde est æstas calida et sicca, quæ incipiens medio Junio, quando sol intrat cancrum, extenditur donec in leone quem intrat medio Julio, et donec est in virgine quam intrat medio Augusto, hujus temporis est et herbarum et arborum radices exsiccare. Consimile est igni, choleræ, et juventuti ; hæc enim calida et sicca sunt, in eo se melius habent phlegmatici, pejus cholerici, melius decrepiti, pejus juvenes. Pessima est infirmitas quæ venit ex cholera, minus mala quæ ex phlegmate est. In eodem est utile uti frigidis et humidis. Augmentandus est potus, et minuendus est cibus. Cum enim ex calore aperti sunt pori corporis, evaporat calor naturalis, ex quo non ita bene digeritur cibus, sed quia potus cito transit in sanguinem, augmentandus est. Hic oritur quæstio. Cum istæ diversitates in prædictis temporibus ex propinquitate et remotione solis habeant contingere, sol vero existens in leone, tantum distat a nostra habitabili, quantum existens in geminis, in virgine quantum in tauro, in libra quantum in ariete quare in illis tribus operetur calorem et humorem, in his duobus calorem et siccitatem? Cui respondendum est : Quod existens in tribus vernalibus, ex hoc quod propinquus est operatur calorem, ex vicinitate hiemis præcedentis operatur humorem. Cum vero sol est in leone, et virgine ex propinquitate operatur calorem. Sed, quoniam ex calore veris et æstatis, jam humor desiccatus est, non est quo temperetur calor, nec unde sit humiditas. Inde est autem tempus calidum.

Cum vero est in libra, quia jam omnino desiccatus est humor et exstinctus est calor, oritur autumnus, frigidus et siccus, in quo fructus habentes intus humores, ut racemi et cætera colliguntur ex gemina siccitate æstatis, et autumni maturi. Incipit autem autumnus in medio Septembris, sole intrante libram, durans dum sol est in Scorpione et Sagittario, quorum primum intrat medio Octobri, secundo medio Novembri. Assimilatur huic tempori terra, melancholia, senectus, quia frigidæ et siccæ sunt. In eo melius se habent sanguinei, pejus melancholici, melius pueri, pejus senes. Pessima est infirmitas quæ nascitur ex melancholia, minus mala quæ ex sanguine. Ut enim generaliter dicamus in omni tempore anni, pessima est infirmitas, quæ fit ex humore simili temperati: qualitatibus enim temporis augmentatur materia morbi, minus mala quæ fit ex humore tempori contrario. Minuitur namque qualitate temporis materia morbi. In eodem utile est uti calidis et humidis. Inæquale est hoc tempus, ex vicinitate præcedentis æstatis, et subsequentis hiemis, ex quo succis fructuum habentium, indiscretim homines periclitantur. Hic oritur quæstio similis præcedenti. Cum sol existens in scorpione, tantum distet a nobis, quantum in piscibus, in sagittario, quantum in aquario, quare alias operetur in illis qualitates, alias in istis? Hujus solutio facilis est : in præcedentibus nempe, id est in scorpione et sagittario, quia æstate desiccatus est humor, jamque sol medium torridæ zonæ transivit, est frigus et siccitas. In istis aliis, quia similiter est sol remotus, est frigiditas : sed quia jamdudum defecit calor, qui aera desiccat : paulisper spissatur aer in nubes, et fit tempus humidum. Quamvis, ut prædiximus, hiems sit frigida et humida, in principio tamen magis est frigida, minus humida, in fine magis humida, minus frigida, in medio æqualiter. Ver autem in principio magis humidum, minus calidum, in fine magis calidum, minus humidum, in medio æqualiter. Æstas vero in principio magis calida, minus sicca, in fine magis sicca, minus calida, in medio æqualiter. Autumnus in principio magis siccus, minus frigidus, in fine magis frigidus, minus siccus, in medio æqualiter. Notandum vero est quamvis istæ sint quatuor temporum proprietates, ex accidente tamen variantur, ut si cum hiemalibus signis sit aliquis calidus planeta, ut Mars est, propter naturam calida et sicca. Similiter, si in æstate sit aliquis frigidus et humidus, plus solito est

Septen- Frigida Zona. *trio.*

humida et sicca. Ideo prudenti physico semper providendum est, quæ signa sol obtineat, et quis planeta cum eo sit in eodem signo, ut scias qualis futura sit æstas, et alia tempora, ut contra futuram qualitatem præsto sit medicamen.

Cum igitur sol has diversitates operetur, oblique ascendendo et descendendo, videamus quid mali sequeretur, si semper recto modo volveretur : et de hoc nullus dubitat, quod si semper ita propinquus nobis moveretur, ut in æstate, semper æstum haberemus.

Nec aliquid crescere posset. Similiter, si semper remotus esset, ut in hieme, semper rigor frigoris esset, nec extra fructus et herbæ nascerentur. Sed dicet aliquis : Si ita se moveret, ver esset in ariete, quod æqualiter distaret, quod æqualiter nobis semper temperiem faceret veris, nec aliquid mali inde proveniret. Nos dicimus contra, pessimum inde provenire malum. Nunquam enim terra intus conciperet, quod agit in hieme, neque fructus si aliqui nascerentur, ad maturitatem tenderent, sine quibus numerus animantium vivere non posset. Et quoniam de naturali motu solis diximus, de his quæ agit relatus a firmamento dicamus. Cum igitur sol naturali motu, ab occidente in orientem, contra firmamentum nitatur, quotidie a firmamento, dum refertur ad occasum, existensque super terram agit splendorem, qui dies dicitur. Sub terra vero eodem existente, in superiori parte est obscuritas, quæ nox vocatur. Attendendumque est, quod dies alius naturalis, alius usualis sit. De naturali ergo prius, deinde de usuali disseramus.

Cap. XXVIII. — *Quid sit naturalis et usualis dies, et de divisionibus eorum*

Naturalis vero dies, viginti quatuor horarum spatium continet, scilicet, usualem diem et noctem. Unde dicimus triginta dies esse in mense, cum in eo sint dies et noctes. Hunc in quatuor physici diviserunt, a nona parte noctis, usque ad tertiam diei usualis, calidum et humidum esse dicentes, a tertia diei usualis usque nonam calidum et siccum, a nona ejusdem usque ad tertiam noctis, frigidum et humidum. Inde contingit, quod quædam infirmitates in diversis partibus ejusdem, pejus et melius secundum prædictam rationem de temporibus habeant. Usualis vero dies est spatium, quo sol ab ortu ad occasum refertur. Hunc ut naturalem, quatuor modis diviserunt. Prima enim parte illius, sol rubet, deinde splendet, postea calet, ad ultimum descendit et tepet. Inde est quod in fabulis quatuor equi Phœbo attribuuntur, nomina prædictis rationibus convenientia obtinentes. Primus nempe dicitur exactus, id est, rubeus, secundus lacteus, id est, splendens, tertius lampas, id est, ardens, quartus Philogeus, id est, amans terram. In istis usualibus tertio in anno contingunt diversitates, aliquando namque sunt æquales noctibus, aliquando prolixiores, aliquando breviores.

Cap. XXIX. — *Unde æqualitates et inæqualitates dierum.*

Harum diversitatum hæc causa est. Cum sol in hiemalibus signis est, tumor terræ, qui est in medio torridæ zonæ, inter nos et illum positus, aufert nobis, ne illum cito videamus et causa est, quare ab oculis nostris auferatur, inde brevius est splendor ejus apud nos super terram : et sic dies umbra prolixa, et ideo nox. Sed quando est in cancro, et in aliis æstivalibus signis, quia citra tumorem terræ nascitur, cito in mane videtur, et tarde ab oculis aufertur, inde prolixius est splendor super terram, et brevius umbra. Eodem vero in ariete vel in libra existente, quia æqualiter distat a nobis, æqualiter super terram, et sub terra est, inde est æqualis splendor, et æqualis obscuritas.

Cap. XXX. — *Unde eclipsis solis sit, et quod singulis mensibus non contingat.*

Enumeratis affectibus solis, tam ex naturali, quam ex accidentali motu, de eclipsi ejus dicamus, unde, et quo tempore contingat solem esse

Eclipsis Solis.

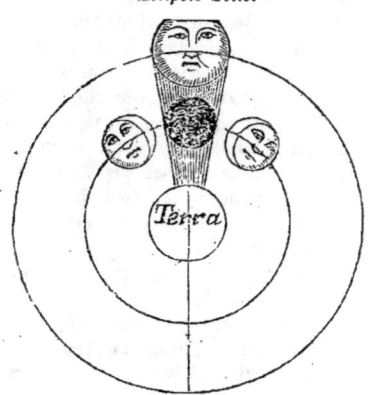

in medio zodiaci, qui locus eclipticus dicitur. Luna vero sub eodem sic posita est, quod, si linea dirigeretur, iret per medium solaris et lunæ et terreni corporis sic. Tunc luna facit radios suos elidi, nec ad terram obtectu lunaris corporis possit descendere. Inde est quod nunquam nisi in triginta luna contingat, quia alio die, non est recto modo supposita soli. Non tamen omni tricesima luna hoc contingit. Sed quotiescunque contingit, in ea contingit. Si enim in tricesima die luna, ita opposita soli, quod sit aliquantum versus cancrum, alterum versus capricornum, non potest luna Solis visum et descensum radiorum nobis auferre. Sed, quia de sole pro posse nostro disseruimus, deinde de luna disseramus.

Cap. XXXI. — *Quare luna non habeat splendorem et calorem : et de novilunio et plenilunio.*

Luna igitur ex propinquitate aquæ et terræ spissius habet corpus, quam cæteræ stellæ, unde non habet proprium splendorem et calorem, sed a sole accenditur. Si enim proprium haberet calorem, cum vicina sit terræ, per singulos menses, æstum caloris, frigus hiemis in terram ageret, tanquam continuis inæqualitatibus, nihil vivere posset. Caruit ergo splendore et calore, a sole tamen superposito illustratur, non tamen semper æqualiter, sed modo post novissimum, modo plenilunium, modo interlunium hoc ita fieri. Dicunt quidam, quod non est supposita soli, in eodem signo, præ nimio splendore eam obscurari, nec posse apparere. Sed quando elongatur à Sole in parte incipit splendor apparere. Unde cum plus removetur a sole, major in ea splendor apparet. Cum enim primum appareat ex parte solis, falsa videtur eorum sententia. Nobis videtur quod omne luminosum supposito aliquo obscuro, in opposita sui parte facit umbram, in parte sui splendorem. Cum igitur luna quæ, ut prædiximus, naturaliter est obscura, soli supposita in parte sui, id est, supra solem ponit splendorem, in opposita parte, id est versus terram facit umbram, unde a nobis luna non videtur. Sed, quando elongatur a sole, incipit splendor ad modum gracilis cornu apparere, diciturque μονοειδής. Quantoque plus elongatur plus splendens descendit, ita quod in septimo die *dichotomos* dicitur, id est *divisa per medium*. Et est notandum quod quando splendor descendit umbra ascendit, et e converso : post septimum vero diem usque ad decimum tertium est ἀμφίκυρτος, id est minus plena, et major dimidia, decima quarta vero pie quia per diametrum remota est a sole. Quod potest probari ex hoc quod sole occidente ipsa oritur, jam tota umbra ascendit, et descendit totus splendor, estque πανσέληνος, id est *plenilunium*. Postea vero incipit appropinquare soli, et umbra descendere, splendorque ascendere. Unde deficit ex nostra parte splendor et fit primum

Cum ergo corpus solis et terræ æquaiia non sint, quippe cum sit sol octies major quam terra, umbram terræ κυλίνδρος esse non potest. Calathus vero est figura ab acuto in altum rediens. Unde et καλαθοειδης dicitur hujus figuræ umbra, hoc fit, quando luminosum corpus minus est obscuro, ad hunc modum. Sed figura umbræ terræ calathoides esse non potest, quia sol, ut probat Macrobius, major est terra. Conoides vero umbra dicitur, quia ex lato in acumen tendit, quæ fit si luminosum corpus majus sit obscuro; ut monstratur in subjecta descriptione.

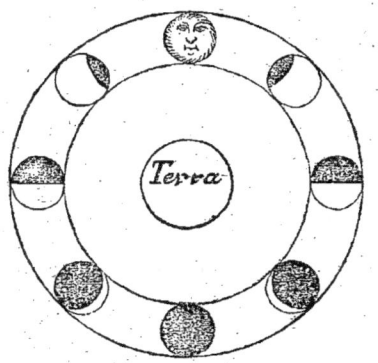

descendendo ἀμφίκυρτος, aeinde διχότομος, post ea μονοειδής. Hæc omnia erunt apertiora ante oculos præcedente figura posita.

CAP. XXXII. — *De eclipsi lunæ et quare singulis mensibus non contingat, et de figuris umbrarum.*

Eclipsis vero lunæ est ratio, sole et luna in prædicta ecliptica linea sic dispositis, quod sol est in inferiori hemispherio, luna in superiori, terra vero in medio: sic quod si linea descenderet a medio lunaris corporis, transiret per medium terreni et solaris. Tunc tumor terræ altius interpositus, dirigit umbram, scilicet, usque ad ipsam lineam, unde et radii solis, non possunt eam accendere: patiturque eclipsim, donec movendo se, tumorem transierit, et splendor in ea apparere incipiat. Inde est quod nunquam deficit nisi in quinta decima luna, quia tunc est soli opposita, non tamen in omni quinta decima luna hoc contingit. Sed quotiescunque hoc contingit ex figura umbræ terræ. De figuris umbrarum quæ ex aliquo rotundo corpore opposito splendori ejusdem fiunt prædoceamus. Omnis talis corporis umbra vel est cylindroides, vel conoides. Sed cylindrus est figura longa et rotunda, æqualiter crescens, neque lineas in summum attingens. Inde dicitur cylindroides umbra quæ talis figuræ est. Quæ fit quoties luminosum corpus et obscurum eiusdem quantitatis, ad hunc est modum.

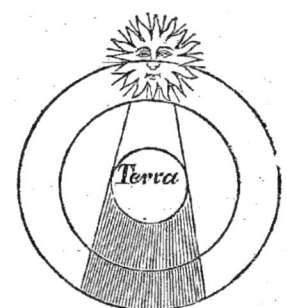

Ergo quia solare corpus majus est terra, umbra illius conoides est : cum Sol et luna, ut prædiximus, conus umbræ terræ recto modo ad lunam tendit eamque inficit, nec radios a sole accipit donec conum umbræ transierit. Si autem in quinta decima luna non sit sic disposita, sed alterum sit aliquantulum versus septentrionem, alterum versus austrum, conus umbræ non recto modo ad lunam dirigitur, nec eam inficit, sed juxta illam, ad hunc modum.

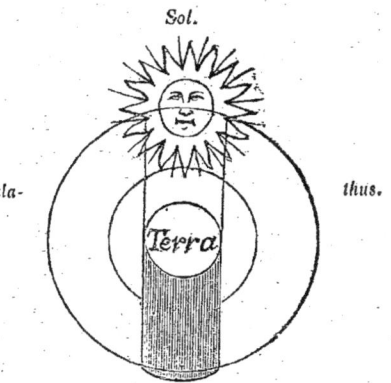

Calathus.

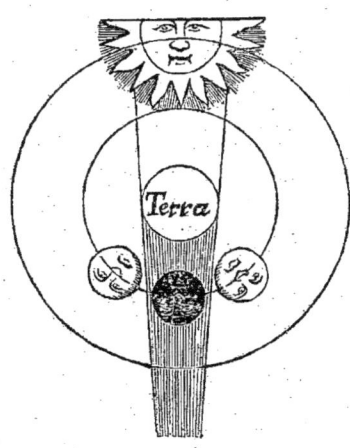

Eclipsis lunæ.

Viso unde eclipsis lunæ contingat, et quare non in singulis mensibus, de umbra quæ semper in medio ejus videtur, quid nobis inde videatur, dicamus.

Cum luna frigida et humida sit, quamvis a sole illuminetur, aliqua parte sui retinet, quæ aliquid obscuritatis naturaliter inibi semper apparet.

LIBER TERTIUS.

PRÆFATIO.

Etsi studiis docendi occupati, parum spatii ad scribendum habeamus, quoniam inde multos vestes philosophiæ abscindentes, et cum panniculis arreptis totam sibi eam cessisse credentes, abisse dignoscimus, voce ipsius clamantis excitati, ne nuda remaneat, particulas abscissas stylo nostræ parvitatis consuimus : non ignari morsibus invidiæ nos subjacere : nobisque hodie est periculum noscere et habere. Sed quoniam, ut ait quidam :

Justius invidia nihil est, quæ protinus ipsum
Auctorem rodit, excrucians animum ;

Et Horat. (*Ep.* I, II, 57)

Invidus alterius rebus macrescit opimis.
Invidia Siculi non invenere tyranni
Majus tormentum.

De tormento illorum certi, etsi de multis morsibus venenatorum non dubitantes, quasi Catonum per æstum Libyæ feritatem sectantes, rationibus diversis pusillorum muniti, ad sequentia transeamus.

Cap. I. — *De aere.*

Et quoniam de æthere et ornatu ejusdem, quæ nobis visa sunt, nostro proposito congrue docuimus, de aere illi conjuncto, et subdito, doceamus, quæ, et unde in illo contingant, ostendentes. Aer igitur est a luna usque ad terram, qui quanto terræ propinquior, tanto humidior et spissior ; quanto remotior, siccior et splendidior. Hic cum sit suppositus soli, ex eo calorem et humorem accipit. Sed quoniam sol terminos torridæ zonæ nunquam excedit, illam partem aeris ex vicinitate accendit, et remotam expertem sui caloris relinquit.

Cap. II. — *Qualiter quinque zonæ sint in aere.*

Sunt ergo in aere quinque diversitates, ab antiquis zonæ dictæ sunt, non, ut quidam æstimant, super lunam. Illic nempe omnia immutabilia sunt, quia illic nulla est contrarietas. Cum enim ibi æther, qui ignis dicitur, corporaque stellarum ignea, unde in aliqua parte erit frigus? Sed scio istos ex verbis philosophorum errasse, qui quinque zonas esse in cœlo pronuntiant. Contra hoc geminam habemus defensionem. Prima est, quod aer sæpe vocatur cœlum, unde aves cœli dicuntur. Secunda est, quod quinque partibus aeris, quinque partes ætheris superpositæ sunt, vocaturque pars ætheris nomine partis aeris sic suppositi : diciturque pars superposita frigidæ, frigida : quamvis in ea nullum sit frigus. Pars superposita torridæ, torrida : non quod in ætliere aliquis sit fervor caloris.

Cap. III. — *Quæ diversitates ex aere in terra sint.*

Est ignis superior ita subtilis, quod accendere aliquid non potest, donec humido se misceat, et spisso. Istæ eædem diversitates ex aere superposito in terra sunt. Qualitas quippe aeris, terram subjectam inficit. Sunt igitur quinque zonæ in aere, quinque in terra. De aere ergo superposito nostræ habitabili, disseramus, ostendentes quid in eo et unde sit, et a diversitate pluviæ, quia est omni temperiei communis, incipiamus.

Cap. IV. — *Unde sint pluviæ.*

Pluviarum ergo diversæ sunt causæ. Aliquando namque fumus spissus, et humidus evaporat : qui cum ascendit, minutissimæ guttæ se involvunt, quæ grossiores et graviores factæ, cadunt, fitque pluvia. Aliquando vero aer ex frigiditate terræ et aquæ spissatur, transitque in aqueam substantiam, quæ ex calore solis, ut glacies ab igne desiccata, cadit per minutissimas particulas. Aliquando ad nutrimentum sui coloris solem attrahere humorem contingit, et quod in illo liquidius est, in igneam transit substantiam. Quod vero gravius deorsum cadit, ubi post acutissimum calorem videmus contingere pluviæ inundationem. Habet autem quæstionem.

Cap. V. — *Quare solis radii et calor ad terram tendant.*

Cum proprium sit ignis, tendere sursum, unde est quod radii solis et calor ad terram tendunt? Ad quod dicimus, quia sol igneæ naturæ sit, non quia ex solo igne constet, sed quia in eo dominatur. Prædocuimus enim corpora stellarum ex quatuor elementis esse facta, dominante tamen igne : cum sol ex quatuor elementis constet, quamvis igne dominante, qui in eo ex terra et aqua est, ad simile, id est ad terram et aquam tendit. Sed quia a caloris fonte procedit, secum aliquid caloris defert, quo terra et aqua calefiunt, et quoniam natura est caloris ascendere, calor qui prædicto modo descendit, revertendo secum aliquid humoris elevat, quod ebulliendo in sui substantiam transmittat.

Cap. VI. — *Quare sol calefacit terram, et ignis superior non.*

Si ergo proprie possimus loqui, dicamus quod sol sursum humorem elevat, non attrahat. Ideoque fons caloris dicitur, quia sic subdita calefacit : ignis vero superior non. Cum enim sit elementum non ex elementis factum, nihil est in eo quod ad inferiora descendat. Inde vero est quod pars aeris et terræ, soli subdita est fervida. Remota autem frigida, etsi sit ætheri subjecta. Sed dicet aliquis. Nonne ignis ubicunque est, calidus est? Cui dicimus, Non, nisi humido et spisso junctus. Quamvis ergo super lunam sit ignis, non ibi fervor est, deficit enim humida et spissa materia qua accendatur ignis, neque frigus, neque obscuritas, sed unus et continuus splendor, neque aliqua mutabilitas. Sed dicet ad hoc quod Aristoteles ait : *Impossibile est ignem non calere.* Respondemus ibi locutum fuisse Aristotelem de inferiori igne, qui semper alicui spissæ materiæ mistus, nunquam calere desinit. Dicimus ignem calere, non actualiter, sed naturaliter. Quarta causa est pluviarum, ventus elevans humorem, de stagnis, et fluviis, et lacubus. Inde est quod ranunculi et pisces, a multis visi sunt de aere cadere. Cum enim, ut diximus, aqua vento sustollitur, contingit quod ranunculos et pisces secum elevat, quibus ex naturali grandine descendentibus, stupent ignorantes. Nullum ergo tempus anni immune est a pluvia. In omni namque vel fumus humidus evaporat, aer ex frigiditate spissatur, vel humor calore, vel vento elevatur.

CAP. VII. — *Quod ante finem mundi guttæ sanguinis cadent, vel quare sanguis dicatur pluere.*

Hæc pluvia quandoque plus solito spissata, ex nimio calore incensa, fit ad modum sanguinis, rubea et spissa. Quod videntes, rerum causam ignorantes, philosophorum, dicunt sanguinem pluere. Inde veri simile est dictum esse quod ante finem hujus mundi guttæ sanguinis cadent, et cum debeat ex ustione finiri, ut testatur Scriptura, quæ dicit psalmo quadragesimo nono : *Deus noster manifeste veniet, Deus noster et non silebit. Ignis in conspectu ejus exardescet* (Psal. XLIX, 3). Et alias : *Qui venturus est judicare vivos et mortuos, et sæculum per ignem.* Aquæ ex calore in nubibus expansæ, ex fervore spissabuntur, et incensæ, rubeæque factæ, ad similitudinem sanguinis cadent. Est quando in pluvioso tempore arcus discolor in nubibus apparet, unde existant, et unde in eo tot appareant colores, dicamus.

Cum, ut supra diximus, calor solis humorem elevet, vel fumus humidus evaporet, aquæ in nube ut in vitreo vase, et ubi est tenuior et calidior, rubeum ostendit colorem, ubi spissior, purpureum vel nigrum. Inde est, quod arcus ille nunquam ut in opposita parte solis relucet. Aer enim ex splendore solis ita irradiatur, quod diversi in eo colores apparent.

CAP. VIII. — *Unde grando et nix.*

Visis ergo causis pluviarum, et arcus cœlestis, de grandinibus disseramus. Cum igitur prædicto modo humor elevetur, contingit sæpe in superioribus ventum frigidum et siccum fieri, qui guttas aquæ ex frigiditate congelans, transmutat eas in lapideam substantiam : et quia guttæ rotundæ sunt, quod potest probari per rotunda foramina, quæ agunt in lapide, assiduitate cadendi, grando rotunda descendit. Unde carmen :

Gutta cavat lapidem non vi sed sæpe cadendo.

Nives vero sunt supradictæ guttæ, antequam grossæ sint, spissatæque congelantur.

CAP. IX. — *Quare nives nunquam contingant in æstate, cum in ea contingat grando.*

Hic subjicient : Cum in æstate sæpe grando contingat, quare in eadem, juxta inferiora montium nunquam nives contingant? Contra hoc dicimus : In æstate humorem ex calore alicujus elevari, elevandoque guttas involvi, quæ grossiores factæ, frigoreque congelatæ, grandinem gignunt. In hieme vero, quia frigus circa terram est, guttas aquæ, antequam grossæ sint, ex frigiditate temporis constringi, et in nivem transmutari, constat. In æstate vero, quia frigus circa terram non est, donec in altum elevatæ, grossæ et spissæ fiunt, non congelantur. Nunquam ergo in æstate nives, etsi in ea sunt grandines. De tonitruis et fulminibus, unde et qualiter contingant, disseramus.

CAP. X. — *De tonitruis et fulminibus.*

Fumo igitur, ut prædiximus, ad superiora tendente, cum ad summum aeris pervenit, et præponderationem humoris, movetur aeris summitas. Cujus particulæ ad modum undarum aquæ sibi occurrentes, fragorem faciunt. Ex motu vero aer calefactus, transit in igneam substantiam, fitque coruscatio : quæ quamvis cum fragore flat, citius tamen ad nos pervenit, quia visus velocior est auditu. Cum ergo, sicut prædiximus, sparsim ex fumo humido spissati generantur, impetus qui ascendit sursum, est fragor sine fulmine. Sin autem impetus ille deorsum tendat, tamen tantus non fit, quod usque ad obstaculum perveniat, nondum est fulmen. Cum vero ad obstaculum pervenit, obstantia findit.

Sed quia proprium est motus aeris, tendere sursum, nulla materia exire vetante, revertitur, *sparsosque recolligit ignes.* Si vero in hac inferiore parte aeris, multus sit humor, aer existens, in illo impetu igniri non potest, fitque fulmen findens, non urens. Si autem ibi non sit humor, ex motu et siccitate ignescit, fitque fulmen urens. Est autem fulmen pars aeris, collisione aliqua usque ad obstaculum perveniens, cum impetu. Tonitruum vero, est partium aeris sibi occurrentium sonus. Coruscatio autem pars est aeris ex impetu ignita et splendens. Non est igitur fulmen lapidea substantia, ut quidam asserunt. Si enim lapidea esset substantia, non huc et illuc discurreret, nec sursum reverteretur, et cum aliquam feriret carnem, et ossa comminueret. Ideo fulmen sæpius alta sternit, citius alta, et ab oblique descendit, citius alta repetit. Sed quia quorumdam est sententia, quoddam fulmen esse lapideam substantiam, ne ex ignorantia vel invidia videamur eam vituperasse, vel tacuisse, breviter illud declaremus sive exponamus.

Aiunt isti, quod cum fumus humidus ad superna ascendit (proprium namque est fumi humidi ad superna elevari, ut sæpius a nobis expositum est), elevatur cum eo aliquid terrenæ substantiæ, quæ ex calore solis in lapideam spissatur substantiam, et continetur in concavitate nubis, donec impetu aliquo nubes dividit, unde lapis ille impulsus altum aliquid percutit.

CAP. XI. — *Quare in sola œstate contingant fulmina.*

Hic subjiciet aliquis : Cum in omni tempore anni fumus humidus, ut prædiximus, ascendat, quare in omni non contingunt fulmina et tonitrua? Cui dicimus : Cum ab fumo humido ascendente habent esse, non fiunt tamen inde donec ad summum pervenerint aeris, quod per simile maris potest probari. Cum enim mare, ex fumo ascendente, in fundo commovetur, ex spissitudine, non potest huc vel illuc impelli. Sed cum usque ad summum commotio illa pervenerit, illuc et illuc undæ impelluntur, fitque tempestas. Quod vero tempestas a fundo incipiat, per hoc potest probari, quod phocas undas agitantes ante tempestatem videmus. Unde Plinius ait : *Nautæ sunt dormitoriæ, quæ in fundo maris dormiunt*. Fumo tamen, ut prædiximus, fundum maris commovente, excitati ad summum ascendunt. Quod videntes nautæ, experimento certi, etsi de physica incerti, tempestatem futuram prædicunt, quippe jam incipit tempestas in fundo. Simile vero est in aere. Dum enim inferiores partes aeris obtinet fumus, ex spissitudine non potest huc vel illuc impellere aera. Sed cum ad summum pervenit, huc et illuc ex labilitate eum impellit, fiuntque tonitrua et fulmina. In hieme vero, etsi aer spissus sit, non est tamen tantus calor, quod spissus fumus usque ad summum possit erigi, non etiam in aere. Remanens ergo in inferiori parte aeris, ventos et pluvias gignit. In æstate, cujus est maximus fervor quo elevatur, fitque partium aeris diversa incursio : unde contingunt fulmina et tonitrua. In autumno, qui est frigidus et siccus, neque est humor qui elevetur, neque calor quo elevetur.

CAP. XII. — *De eo quod stellæ videntur aliquando cadere.*

In eodem aere videtur nulla stella cadere, cadente aliqua. Cum igneæ sint naturæ, et proprius stellarum locus sit æther, nunquam ad terram descendunt. Item cum maximæ sint, etsi ex remotione parvæ videantur, si aliqua caderet, totam terram vel maximam partem ejusdem occuparet. Non ergo cadunt, sed cadere videntur. Sæpe etenim in superioribus partibus aeris, est ventus et commotio, etsi non sit in inferioribus, ex ea commotione aer ignitus et splendens, per aera discurrit. Qui cum extra aliquam stellam splendere incipit, suo splendore visum illius stellæ nobis aufert, videturque quod stella ceciderit. Sed dicet aliquis : Unde est ergo quod stellam illam non videmus? Huic dicimus : Stellam illam videri posse, sed eam esse, nesciri. Cum enim, ut prædiximus, aer ignitus discurrat, aer spissior, et modo tardior subsequitur, qui inter nos et stellam illam positus, visum ejusdem nobis aufert. Sed antequam transeat, et stella appareat, firmamentum, quod ad occasum volvitur, stellam illam ad ulteriora secum detulit. Cumque apparet, quia in alio loco, quam antea esset, videtur, alia stella putatur.

CAP. XIII. — *Quod cometa non sit stella.*

De cometa vero quæ in mutatione imperii apparet, hoc sentimus quod stella non est; quia neque de infixis, neque aliquis planeta. Quod de infixis non est, ex hoc apparet, quod motus illius sentitur. Planeta vero non est, cum extra zodiacum sæpe videatur, nec motum planetarum sequatur. Si item stella esset, esset in aliquo hemisphærio. Cum igitur stellæ ejusdem hemisphærii apparent, unde ista, quæ major videtur, non apparet? Non est ergo stella, sed ignis, juxta voluntatem Creatoris, ad aliquid designandum, accensus.

CAP. XIV. — *De refluxionibus Oceani.*

Quoniam de aere, et eo quod in eo contingit, pro affectata brevitate transcurrimus, de aqua et situ ejusdem dicere incipiamus. Sapientia ergo divina, sine calore et humore, nihil posse vivere præsciens, terram vero et aquam esse frigidas, ut in ea vivere aliquid posset, totius caloris fontem, id est solem, ut æqualiter hinc et illinc terram calefaceret, super medium terræ posuit. Sed quia a solo calore nihil vivere posset, in medio ejusdem fontis caloris fontem humoris supposuit, ex quibus hinc et illinc terra temperaretur. Est ergo fons humoris in medio torridæ zonæ, in medio æquinoctialis circuli, terram circumdans, qui ideo esse a pluribus non creditur, quia per nimium fervorem, ad ipsum non pervenitur. A physicis tamen prædicta necessitate esse creditur, verumque mare vel Oceanus appellatur. Hoc vero mare cum usque ad Occidentem venerit, duas refluxiones ibi facit, quarum una ad austrum, alia ad septentrionem vergit, latera terræ sequentes. Similiter in oriente duas facit refluxiones, ad prædicta latera se vergentes. Cum occidentalis vero refluxio, et illa orientalis, ad prædicta latera se vergentes, sibimet occurrunt, ex repercussione ingurgitatur retro mare; fitque famosa accessio et recessio maris, quæ fluctus [vel, æstus maris pro fluxu] maris dicitur. Similiter aliæ duæ in capite sibi occurrentes. Sunt alii qui dicunt fluctus maris montes subditos mari causam esse. Cum item usque ad ipsos mare pervenit, retro cadit, et ingurgitatur, impleturque retro alveus, sed ante expletur. Si ante vero expletur, retro item revertitur, et expletur retro, sed impletur ante prædicta occidentalis refluxio, ad septentrionem vergens. Cum juxta latera terræ tangens Africam, ad finem ejus pervenerit, inter Calpem et Atlantem, usque juxta Hierusalem, Mediterraneum vocatur, diversa a diversis regionibus nomina accipiens. Qualiter vero ascendat et descendat si quis scire desiderat, et quæ nomina, ex quibus regionibus sumpta, mappam mundi consulat. Sed quia facilius illabitur animo subjecta descriptio, id quod diximus oculis subjiciamus : in posita (*col. seq.*) sphærula occidentalis refluxio ad septentrionem vergens, ex Atlante monte adjacente, Atlanticum mare vocatur, infra quam est Anglia, et vicinæ insulæ. Ex Orientali refluxione ad Septentrionem vergente nascitur Indicum mare. Similiter ex aliis refluxionibus ad austrum se vergentibus credendum est, maria nasci diversa. Sed hoc nostra attestatione describi non debet, quia propter torridam zonam interjectam situs illarum nobis incognitus perseverat.

CAP. XV. — *De ortu ventorum.*

Et quia nostra sententia est, ex illis refluxibus ventos nasci, de ortu eorum disseramus tam cardinalium quam collateralium, cum igitur, ut prædiximus, in Occidente ex illo fonte, totius humoris, duæ refluxiones una ad austrum, alia ad septentrionem dividuntur, in illa separatione movetur aer. Sed si tantus fuerit impulsus, quod usque ad nos pervenerit, generat ventum qui Zephyrus vocatur. Duæ vero orientales, sua divisione generant ventum, qui Eurus nominatur. Cum vero orientalis et occidentalis ad septentrionem vergentes, in medios sibi occurrunt, movetur aer, fitque ventus septentrionalis, qui dicitur Boreas: qui idcirco frigidus, quia in frigida zona nascitur. Siccus vero, quia nubes de hoc angulo terræ ad medium fugat, estque pluviosus, juxta fines torridæ zonæ. Cum vero transit torridam zonam, calefit, etsi nobis sit frigidus, ibi tamen est calidus. Similiter cum duæ vergentes ad austrum, in medio sibi occurrunt, generatur auster qui, etsi ultra torridam zonam siccus et frigidus sit, ut apud nos Boreas, quippe cum in frigida zona oriatur, quia tamen transit per torridam zonam, calefactus est, et ad nos pervenit calidus, fugandoque ante se nubes, usque ad angulum terræ in quo habitamus, generat nobis pluvias, estque ex accidente nobis calidus et humidus, etsi in sua origine frigidus et siccus. Viso unde cardinales venti oriantur, etiam unde sint quatuor collaterales videamus. Si in duabus refluxionibus ad septentrionem vergentibus, Boreamque prædicto modo generantibus contingat, quod orientalis ex aliquo accidente sit velocior, ultra medium septentrionem et occidentem occurrit, nasciturque ventus collateralis, inter Boream et Zephyrum. Si vero occidentalis, ultra medium septentrionalis orientali occurrat, fit ventus collateralis inter Boream et Eurum. Similiter si aliæ duæ refluxiones ultra medium, modo hic modo illic, sibi occurrant, duo collaterales ventos generant: unum inter Eurum, alterum inter Austrum, et Zephyrum. Sed quia oculis subji-

ciendo figuram, minuemus laborem, unam similem præcedenti faciamus, in qua non in medio sibi refluxiones occurrant. In prima ut ex illa cardinales, ex hac collaterales intelligamus.

Sed quia in una figura, non plus quam duos possumus ostendere, per simile istarum, de aliis intelligatur. Quæritur autem : Si ex prædictis causis contingant venti cum quotidie refluxiones dividantur, sibique occurrant, quod testantur quotidiani fluctus, quare quotidie venti non contingant. Cui dicimus : quod, et si quotidie contingant, non impetum faciunt, qui usque ad nos perveniat. Sæpe vero contingit, quod non putamus ventum esse, cum in aliis regionibus, vel in superioribus aeris partibus transit, non tamen a nobis sentitur. Sunt qui dicunt cavernas terræ causas esse ventorum. Cum enim eas subintrant, partes aeris ex labilitate, una intrante, et alia exire volente, fit conflictus, quo aer commotus, generat ventum. Inde est quod Æolia, quia cavernosa est, regio ventorum dicitur. Alii dicunt fumum humidum ascendentem, et præponderatione sua aera movere, ventumque rigare. Nos vero primum, et secundum, et tertium, causam ventorum esse docuimus.

CAP. XVI. — *Unde quædam aqua dulcis, quædam salsa.*

Unde aqua salsa sit doceamus. Naturalis sapor aquæ insipidus est, unde naturaliter est insipidum phlegma, ex accidente tamen fit salsa. Cujus ratio talis est : Cum mare, ut diximus, torridæ zonæ sit suppositum, ex calore spissatur, fitque salsum. Certum nempe est per ebullitionem aquam transire in salem. Sed dicet aliquis : Cum ex principio hoc salso, omnes aquæ nascantur, et ad idem revertantur (teste Salomone, qui dicit : *Ad loca unde exeunt aquæ, revertuntur* (*Eccle.* 1). Neque enim credendum est, aquas annihilari, sed circulariter reverti) unde est quod quædam aquæ sunt dulces, quædam salsæ?

CAP. XVII. — *Quod aqua colata et attenuata fontes dulces gignat.*

Cujus hæc solutio : cum terra cavernosa sit, aqua ex labilitate sua subintrat, quæ per cataractas transiens, colatur et attenuatur, salsumque amittit saporem, quæ ad terræ superficiem erumpens, fontes et diversos rivulos dulcis saporis inde gignit.

CAP. XVIII. — *Unde putei habeant humores*

Sed de puteis, unde habeant humores, dissensio est. Si enim a cataractis fontes principium haberent, implerentur et decurrerent? Contra quod dicimus : etsi a cataractis principium habeant, non implentur tamen. Contingit autem cataractam non ibi finiri, sed hinc et illinc esse. Unde ultra transit aqua putei, et non ebullit sursum. Ubi enim fons finita est cataracta. Inde aqua propter spissitudinem terræ, non valens ultra defluere, cogitur sursum ebullire. Sunt alii qui dicunt non esse ex cataractis principium putei, sed ex sudoribus terræ. Cum enim terra aliquid humoris contineat, si perforata sit, descendunt guttæ aquæ ad modum sudoris hominis, et inde est aqua putei. Nobis videtur ex utroque causam esse. Quod enim ex cataractis sint, per hoc probatur, quod juxta flumina statim reperitur aqua putei, et quod contingit sæpe uni puteo, post alterum facto, aquam de primo auferri. Quod vero ex sudore terræ sint, probatur per hoc, quod in siccis et aridis locis, aqua putei reperitur.

CAP. XIX. — *Unde aqua putei et fontis in æstate sit frigida, in hieme calida.*

Quod aqua putei et fontis in hieme sit calida, sic contingit : Cum hiems naturaliter sit frigida, et frigiditate pori terræ constringuntur, nec potest calor evaporare, qui remanens, intus terram calefacit, et aquam. In æstate vero poris, superficiei terræ ex calore apertis, fumus evaporat, minuiturque calor : inde ab intus erumpens, exit frigida. Est ergo aqua putei in æstate frigidissima : aqua vero fontis, quia propinquior calido aeri, minus frigida, minus adhuc aqua fluviorum, minus pluviarum. Sic ergo dulcis aqua colando per cataractas terræ fit. Sed aquæ illæ, ex quarum humoribus fontes exeunt, per superficiem terræ, non per cataractas, spissæ sunt et salsæ, mariaque vocantur.

CAP. XX. — *Unde exustio vel diluvium.*

Et quoniam communis philosophorum sententia, terrena modo diluvio, modo exustione finiri, unde utrumque contingat videamus. Cum sit aqua, ut prædiximus, fonti caloris supposita, contingit humorem paulisper crescere, caloremque superare, donec ad id pervenerit, quod nullis littoribus detentus, per terras se diffundens, terrena submergit.

Qui cum ex calore solis, et ex siccitate terræ desiccatus sit, contingit calorem paulisper crescere, humoremque superare, donec ad id creverit quod per terram diffusus, eas adurat. Sunt qui dicunt, ex communi planetarum elevatione, vel depressione eorum contingere. Si enim omnes planetæ simul elevantur plus solito a terra remoti minus de humore sibi assumunt, Unde humor crescens per terram se diffundit, fitque diluvium. Sed si unus, vel duo, vel tres eleventur, sine aliis, non tamen excrescit. Quod enim crescit ex illorum elevatione, desiccatur ex aliorum propinquitate. Sic vero ex vicinitate omnes adurunt terras, fitque exustio, quia quod istæ ex propinquitate majus faciunt, aliæ remotæ minus faciunt. Et attendendum quod diluvium aliud commune, aliud vero particulare. Commune vero continuum esse non potest, particulare vero potest. Sicque alternatim pereunt mortalia. Unde quia in tempore Noe per diluvium mundi fuit destructio (*Gen.* I), per exustionem mundus finietur.

CAP. XXI. — *Unde sit quod in lunatione modo crescunt humores, modo decrescunt.*

Sed quia in fine hujus voluminis de habitu maris est tractatum, unde in primis septem diebus lunationis fluctus illius decrescant, in aliis septem crescant, videamus. Cum igitur interlunium est, quod totus splendor solis, qui eam accendit, aera subditum non potest tenuare, neque humorem desiccare. Est enim tunc plenus fluctus. Sed cum splendor incipiens descendere, accenditur luna et desiccat aera, minuitque humorem. Quantoque plus descendit splendor, desiccatur humor, usque ad septimum diem. Septima vero die, quia tota medietate accensa est, mediante aere, calefacit humorem. Qui ebulliens sursum elevatur, et sic usque ad decimum quartum diem crescit fluctus; sed quia in tertia hebdomada calor elevans in ea minuitur, fluctus maris immoratur. In quarta vero, quia splendore accendente calor deficit, spissatur aer, humorque crescit, et inde fluctuat usque ad noviluvium.

LIBER QUARTUS.

PRÆFATIO.

Superiorum voluminum series, a prima causa rerum orta, usque ad terram defluxit, pruritum aurium non continens, sed utilitati legentium deserviens, atque ideo animis stultorum non sedens. Jam enim illud impletum est : *Erit cum sanam doctrinam non sustinebunt, sed ad sua desideria coacervabunt sibi magistros, prurientes auribus* (*II Tim.* IV, 3). Quæ igitur studii reliqua libertas sperari possit, cum magistros discipulorum palpones, discipulos magistrorum judices, legemque loquendi et tacendi imponentes cognoscamus ? In paucis enim magistri, frontem, si adulantis vocem et vultum percipient; etsi sit aliquis qui magistri severitatem sequatur, ut insanus a meretricibus magister scholarum fugatur, crudelisque vocatur et inhumanus; ut jam verbis Umbricii possit uti,

... *atque ideo nulli comes exeo tanquam
Mancus, et exstinctæ corpus non utile dextræ.*
(JUVEN.., *Sat.* III, 47.)

Unde ergo deberent diligi, fugantur magistri, secundum illud Ovidii :

Per quas nos petitis, sæpe fugatis opes.

Sed quoniam probi est animum ad pejora non flectere, sed melioribus conformare, remoto animo a pejoribus, conformatoque melioribus, ad caetera transeamus. Et quia de aliis elementis, et ornatu, et eorum sectantes compendia diximus, de terra et ornatu ejus dicere incipiamus.

CAP. I. — *De terra et mundo.*

Est ergo terra elementum in medio mundi situm, atque ideo infimum. Mundus nempe ad similitudinem ovi est dispositus. Namque terra est in medio, ut vitellus in ovo. Circa hanc est aqua, ut circa vitellum albumen. Circa aquam est aer, ut panniculus continens albumen. Extra vero concludens omnia, est ignis ad modum testae ovi.

CAP. II. — *De diversis qualitatibus terrae.*

Haec terra sic in medio mundi posita, et inde omnia recipiens pondera, etsi naturaliter sit frigida et sicca, in diversis tamen partibus suis, ex accidente diversas continet qualitates. Pars enim illius torridae zonae, parti acris subjecta, ex fervore solis, torrida est et inhabitabilis. Sed duo ejusdem capita, frigidis partibus aeris subdita, frigida sunt et inhabitabilia. Pars vero temperatae parti aeris subjecta, temperata est et habitabilis. Sed quia duae partes illius, ut praediximus, intemperatae sunt, duae infra sunt temperatae, et habitationis patientes. Una extra torridam zonam, altera ultra : sed quamvis habitabiles, unam tamen ab omnibus inhabitari tantum credimus, nec totam. Sed quia philosophi de habitationibus utriusque, non quia ibi sunt, sed quia ibi esse possunt, loquuntur de illis, quos nos non credimus esse propter intellectum lectionis philosophicae, aliquid inde dicamus.

CAP. III. — *De habitatoribus ejus.*

Pars igitur zonae habitabilis, in qua sumus, in duo dividitur. Cum enim temperies aeris ex omni parte sit terrae, quaedam pars temperata est, et habitabilis. Sed quoniam refluxiones Oceani latera terrae juxta qualitatem horizontis cingit, in duo illam dividunt. Cujus superiorem partem habitamus : Antipodes vero nostri inferiorem. Nullus tamen nostrum ad illos, neque illorum ad nos pervenire potest. Ex parte enim septentrionis, frigus et refluxiones transitum prohibent. Ex parte vero orientis et occidentis, sol et refluxiones. Similiter alta habitabilis in duo dividitur : Superius, quorum ἄντιοι nostri obtinent, et inferius ἀντίποδοι illorum. Sunt ergo in duabus habitabilibus quatuor habitatores, alii cum aliis in quibusdam temporibus conveniunt, in quibusdam differunt. Nos ergo et nostri antipodes simul habemus aestatem, et hiemem, et alia anni tempora. Sed quando habemus diem, illi noctem, e converso. Si enim ex propinquitate sibi est aestas, et ex remotione hiems, ex mediocri distantia ver et autumnus, signa vero nobis et illis aequaliter distant, quippe terram servantia, et suum naturalem locum obeuntia, in quocunque signo sit sol, aequaliter erit nobis et illis, et idem efficiet. Merito igitur habemus similes diversitates, non tamen simul diem et noctem. Cum enim ex splendore sit dies, ex umbra terrae fit nox. Umbra vero semper est in parte opposita splendori solis, cum in superiori parte terrae est splendor diei, in inferiori est umbra noctis, et o converso. Nulla est ergo hora, in qua in aliqua parte non sit dies, et in aliqua non sit nox. Sed quaeritur : Si nos, et illi, simul habeamus aestatem et hiemem. Sed quando nos diem, illi noctem. In aestate vero nobis sunt longissimi dies, breves autem noctes; habebunt ergo ipsi in aestate sua dies breves, et noctes longas, quod non est naturale aestatis? Contra hoc dicimus : etsi quando nos diem, illi noctem, tamen in quodam tempore dies nobis et illis est communis, sed alteri in vespere, alteri in mane. Cum enim sol est nobis in ortu, adhuc est illis in occasu, habemusque mane, illi vespere, ut circa horam primam nondum sit eis nox. Similiter in occasu, ex quo sol incipit descendere, incipit illis apparere, et tunc est illis mane, nobis vespere. Inde est ergo, quod habemus nos et illi dies aequales et noctes, etsi non simul. Similiter hiems. Qualiter hoc sit, ingeniis legentium discutiendum permittamus. Nos vero et ἄντιοι similem habemus diem et noctem, sed quando nos aestatem, illi hiemem, et e converso. Cum enim in eodem hemisphaerio simul nos et illi habemus splendorem, et simul umbram : sed quia quando nobis est sol propinquus, illis est remotus : quando habemus aestatem, illi hiemem. Sed hic oritur quaestio, similis priori, ad quam si quis prioribus instructus accesserit, illius solutionem facile inveniet. Nos vero, et antipodes ἀντίων, neque simul aestatem, neque simul hiemem, neque diem, neque noctem habemus, ἀντίοικοι vero et sui antipodes sic se habent, ut nos et nostri antecci, et nostri antipodes, ut nos et sui; antipodes nostri et sui ut nos et antecci. Et quoniam de habitationibus tribus et earum habitatoribus satis docuimus, de nostra dicere incipiamus. Nostra igitur habitatio ab oriente in occidentem, a meridie ad septentrionem extenditur, quae quamvis temperata dicatur, non aequaliter tamen in omnibus suis partibus temperata est. Pars enim torridae zonae propinquior, ut est Libya, Aethiopia, calida est et sicca; vicina frigidae, frigida est, et humida. Occidentalis, frigida et sicca. Orientalis calida et humida. Aequaliter vero distans, aequaliter est temperata.

CAP. IV. — *De terminis Asiae, Africae et Europae.*

Hujus item tres partes sunt principales, *Asia*, *Africa* et *Europa*, et incipit Asia ab oriente, et extenditur lateraliter a septentrione, usque ad torridam zonam, terminaturque *Tanai* et *Nilo*, mediam partem habitabilis continens. Europa vero et Africa duas alias obtinent. Sunt vero termini Africae : *Nilus*, ex parte orientis : a meridie torrida zona, a septentrione Mediterraneum mare, ab occidente refluxio Mediterranei. Termini vero Europae sunt ab Oriente Tanais, ad Mediterraneum mare, ab occidente refluxio, a septentrione frigida zona, hoc modo :

CAP. V. — *Unde in quibusdam montibus perpetuæ sint nives.*

In hac item sunt montes, in quorum summitatibus sunt perpetuæ nives, cum in convallibus maximus sit calor. Sed quæritur, cum calor sit ex sole, et ex superioribus : montes vero sint propinquiores soli, quam suæ convalles, quare in superioribus illorum sint nives et in convallibus non? Contra hoc dicimus, quod et in superioribus breviter tetigimus : quod quamvis ex sole sit calor, qui idem est calidæ naturæ, donec tamen humido, quod in sui naturam transmutet, se commisceat, nihil calefacere potest; unde in prædictis montibus, quia aer subtilis est ex nimia remotione a terra, a sole non potest accendi, sed ex sua levitate impulsus, huc et illuc, frigidus efficitur. In convallibus vero, quia aer est spissus, et inde fere immobilis cito incenditur et calefit, quod per hoc simile potest probari. Quia si aer est immobilis, accenditur, et est calidus, sed si ventus veniat, qui illum moveat, frigus sentitur. Hic oritur quæstio alia : si aer in superioribus prædictorum montium ita est subtilis, unde ergo spissatur in nubes et nives? Nos vero dicimus quod ille aer non spissatur, sed fumus humidus qui ex convallibus ascendit, ex frigiditate superiorum in nubes et nives, constringitur.

CAP. VI. — *Quas qualitates contrahat terra ex diversis ventis.*

Hæc eadem habitabilis, diversis ventis exposita, diversas contrahit qualitates. Si enim aliqua pars ejusdem montibus oppositis orienti, septentrioni clausa sit, et occidenti, exposita vero meridiei est calida et sicca, et hieme habitationi bona, in æstate pessima. Si vero ex contrario, in hieme mala, in æstate bona. Pars vero orienti exposita, aliis itidem clausa est, et calida et humida, et veri bona, e contrario frigida et sicca. In autumno mala, sed in vere bona. Idem vero de partibus terræ diximus, probari potest per fenestras domus : austrinæ namque in æstate sunt malæ, in hieme bonæ. Septentrionales econtrario. Inde erat quod antiqui triclinia australia et borealia faciebant, ut in australi hieme, in boreali æstate discumberent (*Vitruv. id. test.*).

CAP. VII. — *De insertis arboribus.*

Et quoniam de hoc elemento, et de partibus ejus satis disseruimus, de terræ fructibus et arboribus consequens est ut dicamus. Sed quia Macer et Dioscorides omne illud aperte docent, de illis taceamus.

A Unam solam ejus quæstionem cum ejus solutione ponentes, quæ talis est : Cum alterius sit naturæ truncus, alterius surculus, quæ fit causa crescendi? Causa crescendi est fumus qui venit de terra per radices et truncum, et dum descendit, perforans radices, aliquid terræ et aquæ substantiæ trahens, causamque vivendi, augmentandi, fructusque ferendi conferens. Hoc per truncum ascendit, truncusque quod suæ naturæ est conveniens, continet, naturalique calore illud digerens, in medullam, et truncum, et corticem transmutat. Quod vero ad surculum ascendit, surculus similiter, quod sibi convenit, in sui naturam dirigit. Cum nobis hac quæstione et solutione prædictorum auctorum, satis superque dictum videatur : restat ut de terreno animali aliquid loquamur. Quod cum omne sit mortale, quoddam tamen rationale, sed quia irrationabilia infinita sunt, lectioni philosophorum multum pertinentia, de naturis illorum, et unde quædam ruminent, quædam non, dicere postponamus, ut de rationali et mortali, id est de *homine*, quod dignius est, disseramus, quod quia ex duobus, scilicet, ex anima et corpore constat, prius de humano corpore, quod nostræ cognitioni occurrit, deinde de animæ virtutibus doceamus. Sed quoniam de compositione primi hominis tam masculi quam feminæ, qualiter et quomodo ex limo homo factus sit, in primo volumine docuimus, de quotidiana hominis creatione, formatione, nativitate, ætatibus, membris, de officiis et utilitatibus membrorum dicamus.

CAP. VIII. — *Quid sit sperma.*

Cum igitur ex spermate conceptio hominis fiat, de ipso aliquid dicamus. Sperma ergo est utile [*fort.* virile] semen, ex puta substantia omnium membrorum compositum. Quod vero ex substantia omnium membrorum illud sit compositum, ex hoc apparet quod omnia membra inde creantur, naturaliterque est, ut similia consimilibus nascantur. Aliud item ad hoc est argumentum, quod si pater in aliquo membro aliquam incurabilem infirmitatem habeat, filius in eodem membro eamdem obtinebit.

CAP. IX. — *Quare in pueritia coitus non contingat.*

A quarto decimo anno tempus coitus incipit. Sed quæritur : cum calore et humore sperma causam contrahat, pueritia vero calida et humida sit, quare in ea coitus non contingat? Cui dicimus, quod in illa ætate stricti sunt meatus, huic ad hoc deservientes, deinde sperma exire non potest. In aliis vero aperti sunt, et apte coitui. In senectute vero et senio propter frigiditatem coitus vix contingit. Post comestionem ante somnum molestum hoc opus, minuitur enim naturalis calor qui cibum debet digerere. Post somnum vero quia cibus digestus est et versus in sanguinem, tempus illius est. Quæ vero complexio huic operi conveniat, in secunda particula quæratur.

CAP. X. — *De matrice.*

Matrix vero est ista seminis susceptrix, intus villosa ut melius semen suscipiat, septem obtinens cellulas, humana figura ut moneta impressas. Inde est, quod septem, nec unquam plures mulier una lecto potest parere. Et quia ex matrice causa sterilitatis contingit aliquando, aliquid inde dicamus.

CAP. XI. — *Quæ sit causa sterilitatis.*

Causa igitur sterilitatis est nimia siccitas, nimia humiditas, nimius calor, nimium frigus. Cum enim sperma ex temperato, id est, sanguine constet, ut inde aliquid fiat simile, requirit. Aliquando nimia pinguedo est causa quare nihil concipiatur; ex ea enim os folliculi obstruitur, ne semen intrare possit. Unde Virgil. in *Georgic.* (lib. III, 136) dicit : Equas in tempore coitus macie esse extenuandas. Deinde subjungit physicam :

Ne pinguior usus sulcos oblimet inertes (63).

Iterum frequentia coitus hujus rei causa est : delinitur enim matrix intus ad modum marmoris uncti et nihil potest retinere. Si vero in muliere nulla sit causa sterilitatis, veniatque sperma geniturae conveniens in matricem, clauditur statim ita ut, ait Hippocrates, quod nec acus possit immergi, factaque conceptio est. Ideoque conveniens geniturae diximus, quia si nimis sit calidum vel siccum, non est aptum geniturae.

CAP. XII. — *Si aliqua nolens potest concipere.*

Sed quaeritur si solum virile semen sine muliebri spermate geniturae sufficiat? Dicunt quidam illud solum sufficere; cujus haec est probatio : Quod saepe aliquis homo cum aliqua nolente, eaque flente, concubuit, et aliquando gignit, ubi nullum semen mulieris esse potest : non est enim sine voluptate seminis emissio. Nos dicimus etiam muliebre semen esse in conceptione, quia per infirmitatem quam puer contrahit in simili membro, a matre potest probari. Quod vero dicit, aliqua nolente, puerum concipi, dicimus quia, etsi in principio displicet, in fine tamen ex fragilitate carnis concupiscentialis placet. Sed quia in conceptione menstruum solet cessare, unde contingat, et quare tunc cesset, edisseramus.

CAP. XIII. — *De superfluitatibus.*

Cum mulier omnis naturaliter frigida sit, calidissima quippe frigidissimo viro frigidior est, cibum non potest bene digerere remanetque superfluitas quae per singulos menses purgatur, menstruumque vocatur. Conceptione vero facta geminatur calor ex fetu, unde melius cibus digeritur, nec tantae superfluitates oriuntur ut prius. Item quia ex sanguine matricis nutritur fetus, non indiget purgatione.

CAP. XIV. — *Quare homo cum natus est non graditur.*

Inde est quod caetera animalia, ex quo nata sunt, gradiuntur; homo non graditur, quia ex sanguine menstruato homo in utero nutritur. Sed unde mulieres post conceptionem ferventiores sunt libidine, bruta vero animalia omnino ab ea cessant? Inde cum mulieres frigidiores sint viris, luxuriosae magis sunt illis. Unde post coitum leprosi mulier non laedatur; accedens vero vir, leprosus efficiatur dicere postponamus, ne corda religiosorum, si forte hoc opus nostrum in manibus acceperint, diu loquendo de tali re offendamus.

CAP. XV. — *De formatione hominis in utero.*

Spermate igitur in matrice locato, oreque ejusdem clauso, si in dextra parte remaneat, quia hepar est in dextra parte matrici vicinum, meliore et calido sanguine nutritur fetus, masculus efficitur. Si autem in sinistra parte, quae a fonte caloris, id est ab hepate est remota, femina erit. Si vero non bene in dexteram, sed aliquantulum versus sinistram, plus tamen versus dextram, vir effeminatus. Si in sinistra, ita quod aliquantulum versus dextram, mulier virilis. Cum vero in una praedictarum quatuor partium semen locatum est, incipit virtus digestiva operari, quae calefaciendo calore matris illud spissat. Sed ex siccitate folliculum intra se conceptum continentem creat, ne aliquae superfluitates se illi miscentes, illum corrumpant, hic folliculus cum puero crescit, et oritur. Septima die conceptus, ut refert Macrobius (lib. I *In somnium Scip.*, c. 6), guttae sanguinis in superficie folliculi incipiunt apparere. Tertia septimana ad ipsum conceptionis humorem se demergunt; quarta in quadam liquida soliditate, velut inter carnem et sanguinem coagulatur; quinta vero si puer in septimo mense nasci debeat, sin autem in nono, septima incipit virtus formativa, cujus est officium humanam figuram conferre. Hanc sequitur virtus assimilativa, cujus est officium quod frigidum et siccum est commutare in frigidum et siccum, ut sunt ossa; quod frigidum et humidum, in phlegmata, ut est pulmo; quod calidum et siccum, in cholerica, ut est cor; quod calidum et humidum, in sanguinea, ut hepar. Deinde sequitur virtus concavativa. Hujus est officium manus concavare, nares perforare, et caetera. Formatis vero membris, assimilatis et cavatis, incipit fumus humidus per venas et arterias discurrere, motum vitamque conferre. Hic motus septuagesimo die a conceptu incipit, si puer in septimo mense nasci debeat; sin autem in octavo, decimo nono. Sed quia omnia quae temporaliter vivunt, cibo aliquo indigent, sequitur virtus pascitiva, quae usque ad mortem extenditur.

CAP. XVI. — *Unde puer pascatur in utero.*

Sed quaeritur qualiter, et quomodo puer in utero pascatur. Dicimus quod quibusdam nervis, qui in umbilico sunt, matrici conjuguntur, per quos puro sanguine ab hepate matris descendente, nutritur puer et crescit. Unde quia digestum recipit, non indiget egestione superfluitatis.

CAP. XVII. — *De nativitate, et quare nati in septimo mense vivant.*

Has praedictas virtutes sequitur nativitas, cujus duo sunt termini. Septimus mensis et nonus. Habet autem quaestionem. Quaeritur cur, si ante septimum mensem nascatur vivere puer non potest, et

---

(63) Aliter in Virgil.

..... *nimio ne luxu ootusior usus*
Sit aenitali arvo et sulcos oblimet inertes.

cur in septimo natus, vivat, in octavo non. Dicunt enim physici : quia ante septimum mensem, non est tantus motus in puero, quod si nascatur, vivere possit. In septimo vero est motus sufficiens vitæ, unde puer movens se, debiles nervos, quibus matrici jungitur si habeat frangens illos, nascitur vitæ idoneus. In octavo mense, motu septimi debilitatus, vivere non potest, donec refectus in illo, et in parte noni iterum incipit moveri, rumpensque nervos, idoneus vitæ nascitur : et quia in calido et humido nutritus est nascens, et ad dissimile prodiens contrarietatem sentit, vocemque æmulationis [*Leg.* ejulationis, *ut prob. seq.*] emittit, et ideo prima vox hominis est vox doloris.

CAP. XVIII. — *De infantia, et sensu.*

A nativitate vero usque ad annum quintum est infantia, quia in quadam parte illius fari non potest, in altera vero si loquitur, imperfecte loquitur. In hac ætate sensum habere potest, rationem tamen et intellectum non. De sensu igitur aliquid dicamus. De ratione vero et intelligentia, quare in tali ætate haberi non possint, quia sunt de virtutibus animæ, loquendo de anima, satis inde dicemus. Et quia ex animali virtute, quoniam præcedit naturalis et spiritualis sensus, habet principium, de istis virtutibus, a naturali quæ prior est, inchoando delibemus. Cum igitur homo constet ex quatuor elementis, ex calore et humiditate, contingit humidum fumum nasci et calidum, qui diffusus per membra movens illa, digestionem trinam operatur, virtusque naturalis vocatur. Et quia de tribus digestionibus facta est mentio, inquiramus quid sit, et ubi sit, et qualiter fiat.

CAP. XIX. — *De digestionibus et lapide urinæ.*

Digestio igitur est alicujus rei per ebullitionem facta mutatio. Prima vero digestio fit in stomacho, secunda in hepate, tertia in omnibus membris : quare de prima primum dicamus. Cum humanum corpus incremento indigeat in quadam ætate, in omni vero restauratione (quippe interiori et exteriori calore et frigore devastantibus), necesse fuit cibum et potum, ex quibus esset mutatio et incrementum subintrare. Sed si cibus est grossus, necesse fuit ut, priusquam intraret stomachum, tenuis et desiccatus redderetur. Ad hoc ergo dentes parati sunt (nati ex phlegmate, per gingivas descendente, et ex spissato frigore, et durato), ut cibum conterant. Lingua ad modum manus molendinarii illum vertat, et sub dentes reducat, quæ ad hoc spongiosa est, ut cibi succum recipiens, saporem discernat. Fit ergo in ore quædam primæ digestionis præparatio, cibus vero cum potu sic præparatus, per ὑσσόφαγον, id est in stomachum per portam, cujus introitus amplius est, descendit ibique decoquitur, et in speciem *typsanæ* transmutatur, et est hæc prima digestio. De stomacho vero, utrum sit calidæ naturæ, est quæstio. Aiunt quidam quod calidæ naturæ sit; aliter enim cibus non posset decoqui : cum ergo cibum decoquat, et transmutet, calidus

est. Nos vero dicimus stomachum frigidum esse naturaliter, calidum accidentaliter. Est etiam nervosæ naturæ ut, quando homo plus solito comederet, extenderetur; quando minus, contraheretur. Iterum necesse fuit, quod esset nervosæ naturæ, ne, cum aliquid durum nec commasticum reciperet, læderetur; cum igitur omne nervosum frigidæ sit naturæ, ergo et stomachus. Sed ut melius cibum retineat, donec decoquat, intus est villosus. Quamvis tamen naturaliter sit frigidus, ex accidente calefit. Superpositus est enim hepati, ita scilicet quod fere totus ab eo includitur. Ex dextra vero ejus parte est fel, ex sinistra est cor, quæ calida sunt et sicca : inde calidus est stomachus, ut igni superpositus cacabus. Si proprie volumus loqui, in stomacho dicimus cibum coqui. Cibus igitur est in modum typsanæ mutatus, per ὑσσόφαγον, foramen, quod porta dicitur, exiens intrat duodenum intestinum, sic dictum quia quantitatem duodecim digitorum, quales sunt digiti ejusdem in unoquoque obtinet. Relicto vero eo quod ejus nutrituræ est conveniens, transit in aliud quod jejunum dicitur, quia nihil inde retinet. Huic jejuno venæ quædam ab hepate venientes se conjungunt, per quas quod liquidius est transit in infima hepatis, meseraicæ, quia succum mutant sic dictæ. Quod vero frigidum feculentum est, in longationem et in secessum descendit; et hæc est primæ digestionis superfluitas. Illud vero liquidum quod in infima hepatis transit, calore ejusdem digeritur. Quodque in ea calidum et siccum est, transit in choleram, per quasdam venas, ad cistam fellis transmittitur ; et hoc est choleræ sedes, inde quædam pars ad confortandum in stomachum transit, quod frigidum et siccum in melancholiam transit, et ad splenem, sedem melancholiæ, transit. Sed quædam pars ad stomachum descendit : inde ad retentivam confortandam. Quod vero frigidum et humidum in plegma mutatur, et ad pulmonem sedem phlegmatis transit, quadam parte propter expulsivam vim in stomachum transmissa. Quod si calidum et humidum, in sanguinem versum, remanet in hepate, quod est sedes sanguinis. In hepate ergo quatuor gignuntur humores, proprias sedes habentes, cholera, phlegma, melancholia, id est nigra cholera. Sanguis hepar, phlegma pulmonem, quamvis quidam dicunt phlegma propriam sedem non habere, sed cum sanguine, ut melius possit per membra discurrere, remanere. Et hæc est secunda digestio. Quod ibi superfluum est, per λίριν, vel ὕλην, vel quilim venam quæ spleni adjacet, et ad renes descendit. Quod ibi liquidum est, ad sui nutrimentum retinentes, reliquum per uricides poros ad vesicam transmittit. Quod per virilem virgam exiens, urina dicitur, et hæc est superfluitas secundæ digestionis. Sed quia pueri habent poros uricides strictos, quod ibi spissum est remanens, in lapideam transit substantiam. In aliis vero ætatibus, quia pori aperti sunt, non generatur ibi lapis, sed circa renes; ergo pueris nascitur lapis in collo vesicæ, senibus circa renes. Sanguine vero in hepate prædicto modo generato, ad omnia transit membra per venas, quorum calore digestus, in eorum similitudinem transit. Superfluitas vero per sudores exit. Alia vero pars ad hepar revertitur, ibi decocta descendens, exit cum urina, sedimenque vocatur. Sed si in fundo sit urinæ, dicitur ὑπόστασις, id est natura subsistens, sive substantia; si in medio ἐναίμενον, sive ἐνίημι, id est ad inferna in alvum fundens: si in summo, nephile, nephi, id est purificatio. Sed quid significet in diversis locis existens, quid quando est continuum, quando divulsum, quod ex substantia et calore, dicere non est nostrum. Si quis vero hoc scire desiderat, Theophilum *De urinis* legat.

Cap. XX. — *Quod homo naturaliter sit calidus et humidus, et unde longus et parvus, gracilis et grossus*

Hujus item naturalis virtutis est augmentum conferre, quod contingit ex humore et calore. Quod enim aliquid ascendit, est caloris; quod vero spissatur, humoris. Sed dicetur : si ex calido et humido incrementum, unde cholerici et melancholici, quorum alteri frigidi et sicci, alteri calidi et sicci sunt, crescunt? Nullum vero esse hominem dicimus, qui calidus non sit, et humidus; sed tamen quidam plus, quidam minus. Verbi gratia, homo naturaliter calidus et humidus, et inter quatuor qualitates temperatus, sed quia corrumpitur natura, contingit illas in aliquo intendi et remitti. Si vero in aliquo intendatur calor, et remittatur humiditas, dicitur cholericus, id est calidus et siccus, non est sine humiditate tamen. Sin vero in aliquo intensus sit humor, calor vero remissus, dicitur phlegmaticus. Sin autem intensa sit siccitas, remissus calor, melancholicus. Sin vero æqualiter insunt, dicitur sanguineus. Sunt ergo omnes homines naturaliter calidi et humidi, sed propter qualitates intensas et remissas, recipiunt nomen intensionis, et nomen contrarii, id est remissi. In omni igitur complexione homo potest crescere, plus tamen in alia, et minus in alia ; in quadam in longum, in quadam in latum. Cholerici namque longi et graciles, longi ex calore, et graciles ex siccitate. Sanguinei vero propter calorem longi, pingues propter humiditatem. Phlegmatici vero propter frigiditatem parvi, propter humiditatem grossi. Melancholici autem propter siccitatem graciles, propter frigiditatem breves. Istæ naturales proprietates sæpe variantur ex accidente ; nam cholerici et melancholici vel ex otio, vel comestione sunt pingues ; sanguinei et phlegmatici ex abstinentia, vel labore graciles. Quod vero sanguinei et phlegmatici et cæteri, pariter sunt parvi, ex parvitate matricis vel spermatis contingit. Hæc naturalis virtus habet quædam principalia membra, quædam deservientia, et adjuvantia, quædam alterum, quædam neutrum. Sed quia hoc a Johannicio in *Isagogis* satis dictum est, illo postposito ad somnum, qui ad naturalem virtutem pertinet, transeamus.

Cap. XXI. — *De somno.*

Somnus ergo est quies animalium virtutum cum intensione naturalium. Contingit autem, fumo humido ad superiora ascendente, implentur nervi quibus animalis virtus solet descendere. Desinit ergo videre animal, et audire, etc., donec naturali calore illo desiccato, animalis spiritus incipiat ascendere, et ad aliquem sensum animalem excitare.

Cap. XXII. — *Unde somnia, et de animali et spirituali virtute.*

Somnium vero ex reliquiis cogitationum, ex cibo et potu, et ex temperie, et ex complexione, ex qualitate jacendi, habet existere, et hoc nihil significat. Alia ex ministratione angelorum, alia ex mundi causa, alia ex virtute et libertate animæ, quorum omnium probationes in promptu habemus. Sed uoniam nostro proposito hoc multum non attinet, et ad finem voluminis tendimus, illo prætermisso ad spiritualem virtutem transeamus. Prædictus ergo fumus per diversa foramina transeundo subtiliatus ad cor perveniens, ad attrahendum aera illud dilatat, ut interior calor temperetur : ad expellendas vero superfluitates idem constringit, et tunc dicitur spiritalis virtus, cui arteriæ deserviunt. Sed ad animalem virtutem veniamus. Prædictus vero fumus per nervos ascendens colando, ita subtilis efficitur : qui, perveniens ad cerebrum, spiritus dicitur; descendensque per diversa instrumenta, diversas operatur animales virtutes, ut ostendemus : quæ quia e cerebro producunt, de ipso ante dicamus, deinde qualiter sensus inde prodeant, et quoniam in capite continentur, ab illo exordiamur.

Cap. XXIII. — *De capite.*

Caput est quædam substantia sphærica, quasi duobus digitis, ante et retro expressa. Rotunda vero, ut melius in eo cerebrum moveretur ; et ne superfluitates in angulis, si ibi essent, remanentes, illud corrumperent. Ante et retro propter nervos inde procedentes, quorum priores sensus operantur, posteriores vero motum corporis voluntarium. In ejus exteriori parte, est craneum, cujus pelliculæ adhærent capilli ex fumo ascendente, et per poros exeunte, nati. Fumus etenim exiens siccus, ex frigiditate aeris constringitur, et in corpulentam substantiam vertitur : alio vero fumo exeunte, impellitur sursum, quod induratum est, et sic crescunt capilli ; sed quia naturale est ponderosum descendere, curvanter descendunt. Unde quia et nulli ætati desunt superfluitates, neque alicui deest incrementum capillorum. Similiter est de unguibus, qui ex superfluitatibus cordis per summitates digitorum exeuntibus, ex frigiditate duratis, fiunt. Cæteri vero pili barbæ, et pectoris, cuidam ætati desunt. Barbæ vero femineo sexui desunt. Cum enim barba ex calore habet existere in homine, propter geminum calorem cordis et testiculorum, potest esse ; in muliere vero propter frigiditatem esse non potest, nisi sit aliqua præter naturam calida. Eadem ratione nec est barba in spadonibus. In pueritia vero esse non potest, propter strictionem pororum; et quoniam fumo ascendente fiunt capilli, juxta qualitates complexionis uniuscujusque contrahunt colores. De quibus in physica satis dicitur; ad caetera transeamus.

Cap. XXIV. — *De cerebro.*

Sub craneo duae pelliculae sunt, miningae dictae, quarum exterior, durior est; *duraque mater* dicitur: propinquior vero cerebro, ne laedat ipsum, tenuior, diciturque *pia mater*. Sub istis est cerebrum, cujus talis e Constantino datur definitio: *Cerebrum est alba et liquida substantia, sine sanguine*. Quaeritur an frigidum sit, an calidum? Dicimus quia naturaliter sit frigidum, ne continuo motu desiccetur. Sed in capite sunt tres cellulae, in prora, in puppi in posteriori parte. Prima vero cellula est calida et sicca et dicitur *phantastica*, id est visualis vel imaginativa, quia in ea vis videndi est et intelligendi, sed ideo calida et sicca est, ut formas rerum et colores attrahat. Media vero dicitur λογιστικόν, id est rationalis: quia in ea est vis discernendi. Quod enim phantastica trahit, ad hanc transit, ibique anima discernit. Est calida et humida, ut melius discernendo, proprietatibus rerum se conformet. Tertia vero, *memorialis* dicitur, quia in ea est vis retinendi aliquid in memoria. Quod enim in logistica cella discretum est, transit ad memorialem, per quoddam foramen, quod claudit quidam panniculus, donec aperiatur quando aliquid tradere volumus, vel ad memoriam reducere. Ista est frigida et sicca, ut melius retineat. Frigidi enim et sicci est constringere. Sed dicet aliquis: Quomodo hoc in quoquam potuit probari? Dicimus per vulnera illis partibus accepta. Cum enim esset aliquis bonae intelligentiae, rationis et memoriae, videtur physicis quod accepto vulnere, in aliqua illarum cellarum, vim illius amittat, vires aliarum retinens. Unde Solinus in Polystor (cf. Plin. lib. vii) narrat, de quodam qui accepto vulnere in occipitio, ad tantam devenit ignorantiam, quod nescivit se habuisse nomen. Ergo merito antiqui dicebant, *in capite esse sedem sapientiae*. In capite enim habent sedem quae faciunt sapientem, *intellectus*, scilicet, *ratio* et *memoria*. Ab hoc cerebro prodeunt nervi ad oculos, per quos animalis spiritus exiens, visum operatur, ut ostendemus. Sed prius de substantia oculorum aliquid dicamus.

Cap. XXV. — *De oculis.*

Oculus ergo est quaedam orbiculata substantia et clara, sed in superficie aliquantulum plana, ex tribus humoribus, et septem tunicis constans. Orbiculata est, ut huc et illuc verti possit: in superficie plana, ut melius formas rerum et colores in se possit recipere, lucens et coruscans ex humoribus, ut a visuali spiritu possit penetrari. Ex tunicis, ut superfluitates expellantur, ne illum laedant. Sed si quis nomen humorum, et tunicarum, et dispositiones scire desiderat, Panthenium legat. Duos vero oculos natura instituit, ut si unus laederetur, alter remaneret. Deinde de visu dicamus.

Cap. XXVI. — *Qualiter visus fiat.*

Cum igitur naturalis spiritus per nervos a cerebro prodeuntes ad oculos usque pervenerit, exiens, si aliquem splendorem, vel solis, vel alterius reperit, usque ad obstaculum dirigitur: quia offerens se, per ipsum se diffundit, formisque et illius coloribus informatus, per oculos, et per phantasticam cellam transit, visusque efficitur. Inde est, quod visu figuras rerum et colores discernimus. Stoici tamen dicunt visualem spiritum usque ad obstaculum non pervenire, sed oculum figuras rerum et colores in se recipere, ad quem perveniens ille radius, similiterque informatus, visum operatur. Sunt alii qui dicunt, illum, formis et coloribus ad obstaculum pervenire, neque oculo informari, ad quem radius pervenies, informatusque revertens, visum operatur. Nobis vero placet illa sententia, quia visualis spiritus usque ad rem perveniat. Cujus rei haec est probatio: quia ex visu alicujus lippientis saepe contrahimus eamdem infirmitatem; et unde hoc, nisi quod a visuali spiritu ad corruptionem oculorum perveniens corrumpitur, revertensque oculum corrumpit. Hujus ejusdem rei facilis probatio est, quia sic contingit: Cum homines sint contrariae complexionis, alii etenim sunt calidi, alii frigidi, alii humidi, alii sicci, visualis spiritus ab aliquo exiens, qualitates illius secum trahens, diffusus per faciem alterius contrariae qualitatis, illum corrumpit. Contraria namque contrariis laeduntur: inde est quod vetulae lingentes faciem, exspuentes, illud curant. Quod enim ibi est nocivum, exspuunt. Ut igitur visus fiat, tria sunt necessaria: *Interior radius, exterior splendor, obstaculum rei*. His enim concurrentibus, est visus, aliquo vero istorum deficiente, deficiunt.

Cap. XXVII. — *De contuitione, et intuitione, et detuitione.*

Visus autem species sunt tres: contuitio, intuitio, detuitio. Et est *contuitio*, quando aliquid videmus, nullo in eo occurrente simulacro, sed ostendenter qualiter visus fieret, de ea satis diximus. *Intuitio* est quando aliquid videmus, in cujus superficie aliquod occurrit simulacrum. *Detuitio* vero est, quando non superficie, sed in fundo apparet, ut in aqua, diciturque *detuitio*, quasi deorsum tuitio. Restat ergo de tuitione dicere: quorum quia eadem est ratio, etiam de detuitione disputemus, ut quod de ea constituamus, de intuitione intelligamus. Cum ergo visualis spiritus ad aliquid videndum dirigitur, ex labilitate huc et illuc impellitur, informatusque formis circumstantium, si ad aliquid obscurum pervenerit, ex sui subtilitate videri non potest. Sin autem ad aliquid radiosum, ex splendore illius apparet. Aristoteles vero dixit nullum apparere sibi ibi simulacrum, sed hominem se et posteriora videre, hoc modo: cum praedictus spiritus aliquid radiosum ostendit, radius illius elisus repercutitur, reversusad faciem videntis et posteriora illa percipit: sed quia mediante speculo hoc contingit, videtur hoc in speculo apparere. Sunt qui dicunt aera inter hominem et speculum diversis formis et coloribus insignitum. Unde si aliquid opponatur, splendidum apparet. Sin autem e contrario, non.

Cap. XXVIII. — *De auditu.*

Auditus autem sic contingit: cum aer naturalibus instrumentis percussus, foramina vocis acceperit, exiens primam partem aeris quam reperit, simili informat forma, et alia aliam donec ad aures perveniat, ad modum tympani, siccas et concavas, quibus resonantibus, excitatur ille spiritus animalis, descendensque ad aures, per quosdam nervos, informat se simili forma, sicque formatus ad logisticam cellulam revertens auditum operatur. Similiter alii sensus fiunt, eodem spiritu animali ad illorum instrumenta per nervos a cerebro descendente. Et quoniam de perceptis ab illis indicat anima, de anima et ejus virtutibus tempus est disserere.

Cap. XXIX. — *Quid sit anima.*

Anima est spiritus quidam conjunctus corpori, idoneam rationem discernendi et intelligendi conferens. Quod ex anima sit discernere, et intelligere sic probatur: quod crescente cura corporis, minuuntur illæ virtutes, decrescente illa, et crescente cura animæ et illæ crescent. Si enim ex natura corporis essent, crescente cura corporis, crescerent. Augmentata namque causa, augmentatur effectus. Iterum cum omnis creatura corporea vel spiritus sit, conveniens fuit ut homo ex spiritu et corpore constaret, ut cum utroque aliquam affinitatem haberet. Hoc ergo cum corporibus vita carentibus commune existere, cum herbis et arboribus vivere, cum brutis animalibus sentire, cum spiritibus discernere. Inde est quod in divina pagina homo dicitur omnis creatura.

Cap. XXX. — *Quæ actiones sint animæ et corporis.*

Cum ergo ex anima et corpore homo sit, dominante anima, quippe in qua est similis Creatori, inconveniens esset si corpus suas actiones haberet, anima vero non. Sed dicet aliquis: quomodo discernam, quæ actiones in homine debeant judicari animæ, et quæ corporis sint? Dicimus: omnes illæ actiones quæ communes sunt homini cum bruto animali, vel cum corporibus vita carentibus, etsi animas illas in homine operetur, nec debent dici animæ, sed corporis. Quæ vero inveniuntur in homine, et in nullo alio corpore esse possunt, animæ sunt; discernere, et intelligere animæ est, sentire vero et similia corporis.

Cap. XXXI. — *Quomodo motus corporis contingant.*

Sed dicet aliquis: si animæ actiones non sunt, nec debent dici, vel virtutes vel vitia animæ, et quare illa damnantur vel remittantur? Nos vero dicimus: etsi illius non sint actiones, esse possunt ejus vitia. Cum enim ad hoc sit anima homini data, ut illicitos motus corporis corrigat, ignorantia illius vel negligentia contingunt. Sicut ergo, si discipulus vel servus negligentia doctoris vel domini, peccet, magister vel dominus, extra culpam non est, sic nec anima illis contingentibus. Non ergo extra culpam est, etsi illius non sint actiones.

Cap. XXXII. — *Qualiter anima sit in homine.*

Cum igitur homo ex anima et corpore constet, quæritur an sit supposita, an concreta, an commista, an conjuncta? Uno quippe istorum modorum insunt omnia, quæ sunt in alicujus compositione. Apposita non est quia tunc extra corpus anima esset nec æqualiter illud moveret. Omne enim appositum extra illud est, cui est appositum, et majores vires habent in proximo, ut alicui ignis appositus. Concreta non est. Concretum est quod ex substantia transit in alterius substantiam, ut aqua per ebullitionem in salem. Cum ergo anima non transeat in corporis substantiam, sed semper spiritus, concreta illi non est. Nullum etenim commistorum, esse suum retinet: non sunt ergo commista corpus et anima. Conjuncta ergo sunt, sed ita quia tota in omnibus partibus est corporis, esse suum retinens, tota et integra, hic subjiciens: Si in omnibus partibus tota est, abscissa una parte corporis, anima tota abscissa est a corpore? Nos vero dicimus: animam non esse in aliqua parte corporis, nisi dum anima est conjuncta corpori idoneo vitæ. Separata ergo corporis parte, remanet anima in aliis partibus, in quibus anima ante tota erat. Iterum quæritur, an anima sit ex eadem parte et corpus, an ex alia? Nos dicimus: nullam illius esse certam, propter Creatorem solum, qui in omnibus dat esse. Unde Plato, omnium philosophorum doctissimus, dicit: Deum creatorem, stellis creatis a se, spiritibus causam formandi hominem injecisse, ipsam vero animam fecisse, et illis tradidisse, quia ministerio spirituum, et effectu stellarum, corpora humana existunt et crescunt, sua voluntate creatoris anima existit.

Cap. XXXIII. — *De tempore conjunctionis illius cum corpore.*

Item quæritur an humana anima, ante existat quam corpus, et quando illi conjungitur. Dicimus illam ante non subsistere, quod probari potest hac ratione et auctoritate: si enim ante esset, vel in miseria vel in beatitudine esset, nullo præcedente merito. Auctore hoc Augustino probatur, qui dicit: Deum quotidie creare novas animas. Tempus vero illius cum corpore, a nullo diffinitur; nobis autem videtur post operationem informativæ et concavativæ virtutis. Tunc enim naturalis virtus per membra discurrere incipit, sine qua vita non potest esse nec anima in corpore.

Cap. XXXIV. — *De virtutibus.*

Hujus animæ diversæ sunt potentiæ, scilicet: *Intelligentia, ratio, memoria;* et est *Intelligentia* vis animæ, qua percipit homo incorporalia, cum certa ratione quare ita sit. *Ratio* est vis animæ, qua percipit homo quid sit, in quo res conveniant cum aliis, in quo differant. *Memoria* vero est vis, qua firme retinet homo ante cognita.

Cap. XXXV. — *Quare non discernat et intelligat infans.*

Sed quæritur cum istæ proprietates sint animæ, quare infans, in quo est et anima, nec discernat, nec intelligat, etc. Ad hoc dicimus quia anima hominis a Creatore habens principium, ex quo est perfecta quidem in genere suo. Unde est quod ex quo est anima quod nescit, æque ab homine sciri possunt, nisi gravitas carnis esset, quod per primum hominem (qui ante corruptionem humanitatis, ex quo fuit habuit scientiam humanam perfectam) probari potest. Si vero corrupta humanitate, ex quo conjungitur, corrumpitur, nec proprietates suas potest exercere, donec usus experientia, et alicujus doctrina exsecrata (*fort. exercita*), incipit discernere, veluti si aliquis subtili acie oculorum, tenebroso carceri detrudatur, videre non potest, nisi consuescat tenebris, vel lumen accendatur. Unde Virgilius :

..... *Quantum non noxia corpora tardant?*
(*Æneid.* lib. VI, 731.)

In prima vero ætate, nec præcessit usus, nec experientia, nec est tempus doctrinæ conveniens. Cum enim illa ætas sit calida, et humida, statim cibum digerit et appetit, unde frequenti influxione indiget, et effluxione spississusque fumus generatur, qui ascendens, cerebrum, in quo vis est discernendi et intelligendi, turbat.

Cap. XXXVI. — *De juventute, et senectute, et sexio.*

Hanc ætatem sequitur *juventus*, quæ est calida et sicca. Desiccatus est enim ille naturalis humor, quem contrahit homo ex matris utero; unde non tam spissus nascitur fumus, neque ita cerebrum turbatur, estque ætas conveniens ad discernendum, etc. Et maxime si lampas diligentis doctrinæ accendatur. Sequitur *senectus*, frigida et sicca. Extinctus est enim naturalis calor, unde in hac ætate viget memoria : sed vires corporis deficiunt. Ex frigiditate enim et siccitate, cujus est constringere, est memoria. Ex calore vero cujus est impetum facere, vires corporis. Hanc sequitur senium, frigidum phlegma; unde in illa deficit memoria, fiuntque homines pueriles. Est enim a phlegmate vis expulsiva. Hanc sequitur animæ et corporis dissolutio. Non enim exstincto naturali calore, diu potest homo vivere. Et quia de homine satis docuimus, cujus est docere et doceri dicamus, quales ut doceant, quærendi sint, et quales ut doceantur, qualis complexio doctrinæ conveniens, in qua ætate sit incipienda, et quando finienda, quis ordo discernendi.

Cap. XXXVII. — *Qualis quærendus sit magister.*

Talis igitur quærendus est, qui doceat; qui neque causa laudis, nec spe temporalis emolumenti, sed solo amore sapientiæ doceat. Si enim propriam diligit laudem, nunquam discipulum ad sui perfectionem venire desiderat. Subtrahit ergo doctrinam, ne in eo quod plus diligit æquetur vel superetur. Si etiam spe commodi temporalis inductus, doceat, non curabit quid dicat. dum nummum extor-queat. Sæpe vero plus placent nugæ quam utilia. Sed si amore scientiæ ad docendum accesserit, nec propter invidiam doctrinam subtrahet; nec ut aliquid extorqueat, veritatem cognitam fugiet, nec si deficiet multitudo sociorum, desinet, sed ad instructionem sui et aliorum, vigil et diligens erit.

Cap. XXXVIII. — *Qualis discipulus.*

Ut doceatur vero talis eligendus est qui non sit doctrinæ obstrepens, nec superbus, ne videatur aliquid esse, cum nihil sit ; qui magistrum ut patrem diligat, vel etiam plus quam patrem. A quo enim majora et digniora accipimus, magis diligere denemus. A patre autem rudes esse accipimus, a magistro autem esse sapientes , quod majus est dignius est. Plus ergo diligendi sunt boni doctores quam parentes. Nec tantum justum, ut plus diligantur doctores, sed utile ut sententiæ illius nobis placeant, et verba in eo quem diligimus; quia quem non diligimus, sæpe etiam nobis verba displicent, illaque fugimus, dum studemus non imitari illos, quos non diligimus.

Cap. XXXIX. — *Qualis complexio conveniens sit doctrinæ.*

Quamvis vero sanguinea complexio sit habilis ad doctrinam, in omni tamen aliquis perfectus potest esse, cum labore, quia labor omnia vincit.

Cap. XL. — *Quæ ætas et quis terminus discendi.*[1]

Principio vero doctrinæ, adolescentia est conveniens, quia, ut ait Plato , ætas hominis similis est ceræ, quæ si nimis mollis sit, figuram non recipit, nec retinet; similiter si sit dura. Ergo nec nimis tenera ætas, nec nimis dura conveniens est doctrinæ. Terminus vero doctrinæ est mors; unde quidam sapiens (Theoph. ap. Cic.;| *Tusc.* IV), cum ab eo quæreretur ita : Ubi est terminus discendi? respondit : *Ubi et vitæ*. Quidam vero philosophus cum nonagenarius moreretur, inquisitus a quodam discipulo suo, ac de morte doleret, ait : *Sic*. Quo interrogante, quare? *Quia nunc cœpi discere* (Val. Max. lib. VIII, c. 7, *de Solone*).

Cap. XLI. — *Quis sit ordo discendi.*

Ordo vero discendi talis est ut, quia per eloquentiam omnis sit doctrina , prius instruatur in eloquentia. Cujus sunt tres partes, recte scribere, et recte pronuntiare scripta, quod confert *grammatica;* probare quod probandum est, quod docet *dialectica;* ornare verba et sententias, quod tradit *rhetorica*. Initiandi ergo sumus in grammatica, deinde in dialectica, postea in rhetorica ; quibus instructi , et ut armis muniti, ad studium *philosophiæ* debemus accedere. Cujus hic ordo est, ut prius in *quadrivio*, id est in ipsa prius *arithmetica*, secundus in *musica*, tertius in *geometria*, quartus in *astronomia*. Deinde in divina pagina. Quippe cum per cognitionem creaturæ ad cognitionem Creatoris perveniamus. Quoniam in omni doctrina grammatica præcedit, de ea dicere proposuimus, quoniam, etsi Priscianus satis dicat, tamen obscuras dat definitiones, nec exponit causas, nec inventiones diversarum partium et diversorum accentuum in unaquaque praetermittit. Antiqui vero glossatores satis bene litteram continuaverunt, et vere plerumque, et bene regulas exceperunt; sed in expositione accentuum erraverunt. Quod ergo ab istis minus dictum est, dicere proposuimus, quod obscure exponere ut ex nostro opere aliquot causas inventionis praedictarum quaerat, et definitionum Prisciani expositiones. Ex antiquis vero glossis continuationem, et expositionem litterae ejusdem, et expositiones regularum, et fere et plerumque petat. Sed quoniam de propositis supra, id est de eis quae sunt et non videntur, sectantes compendia diximus, ut animus lectoris alacrior ad caetera discenda accedat, hic quartae partis longitudinem terminemus.

DE SOLIS AFFECTIBUS

SEU

AFFECTIONIBUS

LIBER.

INCIPIUNT CAPITULA.

Cap. I. *De hemisphaerio.*
Cap. II. *De ortu et occasu solis.*
Cap. III. *De horis artificialibus.*
Cap. IV. *Altitudo solis et climatis.*
Cap. V. *De terra et magnitudine solis.*
Cap. VI. *De aquae tumore.*
Cap. VII. *De solis vicinitate.*
Cap. VIII. *Quod nihil ante solem occidat, quod cum sole oritur.*
Cap. IX. *Quomodo fiat eclipsis lunae et solis.*
Cap. X. *De lunae saltu.*
Cap. XI. *De oriente et aliis.*
Cap. XII. *De meridie.*
Cap. XIII. *De cancro et capricorno.*
Cap. XIV. *De horizonte.*
Cap. XV. *De aequinoctio.*
Cap. XVI. *De die et nocte.*
Cap. XVII. *De parallelis lineis.*
Cap. XVIII. *Horologiorum diversitas.*
Cap. XIX. *Ad inveniendum intervallum in horologio.*
Cap. XX. *Quod sol medius numero dicatur.*
Cap. XXI. *De stellarum lumine.*
Cap. XXII. *De distinctis sphaeris.*
Cap. XXIII. *Terra unde frigida.*
Cap. XXIV. *De linea zodiaci.*
Cap. XXV. *Zodiacus quo ducatur.*
Cap. XXVI. *Planetae quo vadant.*
Cap. XXVII. *De aequinoctiali linea.*
Cap. XXVIII. *De solstitio in cancrum.*
Cap. XXIX. *Unde visus recidat.*
Cap. XXX. *De signis duodecim obscurantibus solem.*
Cap. XXXI. *Quod planetae non semper aeque celeres.*
Cap. XXXII. *De sole ascendente, et quid efficiat.*
Cap. XXXIII. *In ariete sol multiplicat dies.*
Cap. XXXIV. *De linea tendente per centrum.*
Cap. XXXV. *An sol diutius sub terra sit, quam super in aequinoctio.*
Cap. XXXVI. *De Lucifero et Hespero.*
Cap. XXXVII. *Quod horologium in prima et ultima hora non habeat partes.*
Cap. XXXVIII. *Quod sol ducentesima sexta decima pars circuli sui dicatur.*
Cap. XXXIX. *De plano et alto.*
Cap. XL. *De gradibus et climatis.*
Cap. XLI. *De sole hiemale.*
Cap. XLII. *Aequales possent esse ortus, occasus non item.*
Cap. XLIII. *Quod non sint aequales meridies et occasus.*
Cap. XLIV. *Quod sol sit administrator aethereae lucis.*
Cap. XLV. *De corpore solari.*
Cap. XLVI. *De mediis perustae.*
Cap. XLVII. *Quid statio matutina et vespertina.*
Cap. XLVIII. *Unde stellaria creata sint.*

Cap. I. — *De hemisphaerio.*

Hemisphaerium nullus videt, quia si visus super terram dirigitur, et recta linea in firmamentum, tunc non videt dimidium coelum. Respondemus licet plana sit terra, tamen linea secus terram protensa, etsi sit directa, non tamen est inclinata, sed tumor est, et ubi terra deest, visus adhuc per eamdem lineam descendit usque in coelum, cum nunquam visus possit esse tortuosus; ideoque si plana esset terra, sicut aliqui putant, videret polum utrumque, ita modo cum sit rotunda.

Cap. II. — *De ortu et occasu solis.*

Quare sol in aestate videtur oriri, et occidere in septentrione, meridie autem esse in austro, sic collige: Cujuscunque vertici immineret polus, ei sol ambiret terram, quasi circa pedes. Recedenti tamen versus austrum, tantum quod aestivi tropici retro aliquid absconduntur, nihilominus tamen in angulo versus septentrionem videmus, quasi acumina ejus paralleli, qui aequaliter undique distat a polo. Ergo et sol in illo existens, non potest hinc et hinc pole esse vicinior. Si enim per lineam quae videtur, deberet sol ab oriente ad ortum pervenire, tunc in meridie polo esset vicinior, quod esse non potest. Hinc enim quæstio, quæ sequitur, soluta est : quomodo in ortu solis diametros investigetur, cum videatur oriri per rectam lineam, et umbra orientis solis illic videatur [esse] debere eadem qua etiam insidentis horisonti. Sed notandum est quod oblique oritur, quasi per arcum.

CAP. III. — *De horis artificialibus.*

Omni die præter æquinoctium, sunt artificiales horæ, et semper viginti quatuor æquales inter se, sic, ut totum spatium dividas inter se æqualiter in duodecim partes æquales, sive breve sit, sive longum. Naturales autem tantum in æquinoctio.

CAP. IV. — *Altitudo solis et climatis.*

Est autem altitudo alia climatis, alia solis. Altitudo solis quotidie deprehenditur, id est, quantum sol quotidie ascendat in meridie. Porro altitudo climatis vocatur illud quod est a capite cujusque hominis usque ad solem in meridie in æquinoctio. Bene autem dicitur altitudo climatis, nam cum in climate cujusque id quod ei sit altissimum, quod est super caput ejus, in nostro climate quadraginta septem gradus in meridie, in æquinoctio sunt usque ad solem; ergo tam altum est. Clima nostrum, quod si adderentur soli sexaginta octo gradus, perveniret super verticem nostrum; ideoque in meridie in æquinoctio sol ab horizonte ascendit, sexaginta duo gradus, adde sexaginta octo, et erunt nonaginta usque ad verticem nostrum.

CAP. V. — *De terra et magnitudine solis.*

Cum philosophi terram centrum esse asserunt, verum dicunt; sicut enim punctum in circulo nullam habet proportionem usitatam, sic nec terra ad superiora. Ideoque cum dicit Macrobius, quod terra sit punctum ad circulum solis, sol autem octies major terra, patet quomodo se habeat terra ad circulum solis; sed tamen quia non est usitata, ideo dicitur centrum illius circuli, utpote multo mitior in comparatione in eum quam sol.

CAP. VI. — *De aquæ tumore.*

Quæritur de aqua, si tumorem habeat, quod videtur esse non posse, cum liquida, et descendit usque ad planitiem, sed videndum est quod hoc non est: quippe ejus natura est semper in tumorem descendere, ut videtur in gutta, et ubicunque est aqua, pone oculum in uno littore, jam præ tumore medio aliud littus non videbis.

CAP. VII. — *De solis vicinitate*

Quanto sol est vicinior, tanto facit longiores dies, verum est, sed radiis est vicinior quam nolim, verum est; ergo facit longiores dies quam nobis? falsum est. Sic determina: longiorem diem facit ejus vicinitas Rhodiis quam prius habuerunt, sed non longiorem respectu aliorum, sed respectu sui.

CAP. VIII. — *Quod nihil ante solem occidat, quod cum sole oritur.*

Item ad hoc quod dicimus plusquam hemisphærium in ortu directorum signorum. Opponitur: sol oritur cum aliqua parte, sed nulla pars, quæ oritur cum sole, occidit ante solem. Dicimus autem hemisphærium in vespera, super nos, et non plus. Ergo non oritur nisi hemisphærium. Ad hoc dicimus, quia partes quæ oriuntur cum gradu solis, et jam quæ post eum emergunt, quædam, inquam, illarum partium ante solis occasum, in inferius hemisphærium convolvuntur.

CAP. IX. — *Quomodo fiat eclipsis*

Quare vel totus sol inest eclipsi? Ad hoc dicimus, quod vel visum judicabit : fit autem, ut aiunt, eclipsis sic : etsi nullus homo esset in mundo, tamen necesse est ut luna tamen inferior sit sole, cum fuerit in centro solis, ita quando sit in centro terræ, id est in æquinoctiali circulo, id est in Ariete vel Libra, tunc sua oppositione facit tenebras toti mundo. Aliter autem mihi videtur, sic enim fieri eclipsin non credo posse, quippe cum in hoc septentrionali luce [for. loco vel limite] simus positi, et luna soli subsit nobis inspicientibus, ad austrum non oboritur luna, nec aliquid impedit, ergo non fit ibi eclipsis. Sic factis tenebris, in eclipsi videntur stellæ in die. Nec etiam potest fieri in illo latere zodiaci, sed tantum in hoc, quia dum luna evagatur ad finem latitudinis zodiaci, tunc tantum nostris visibus opponitur. Est autem major luna, quam terra : quia si tota terra esset ignis unus, et aliquis esset, ubi modo est luna, non tanta appareret ei terra inde, quanta nobis videtur luna hinc, id est a terra. Sed opponitur : luna ubicunque sit, potest in omni loco facere eclipsin toti terræ, quia ita magna est, quod totam terram tegit? Ad hoc respondemus: Quia magna res et lata aliqua, prope aufert alicui totum visum, sed remota minus. Videtur mihi : si sol patiatur eclipsim, quod oporteat eum in ecliptica linea pati, licet luna non. Si luna autem patiatur, oporteat eum esse in eclipsi, licet solem non, et hanc secundum nostram rationem, non secundum publicam.

CAP. X. — *De lunæ saltu.*

Saltus lunæ nihil aliud est quam detractio unius diei a decemnovennali circulo; quia quod debet contrahi in singulis lunationibus, illud reservatur. Et quia plus in singulis computatur, ergo in una aufertur, unde videre potest per contrarium. In anno bissextili sunt trecenti sexaginta sex dies, hoc non habet de sui solius augmento, cum omnes anni sint æquales, sed quod prius dimissum erat, per singulos annos, hoc in quarto corrigitur, eodem modo ultimus annus embolismatis minus habet uno die aliis annis embolismatibus ; quod non est illius anni damnum solius, sed quod in singulis lunationibus prius nimis computatum est, hic corrigitur. Ergo cum dicit auctor, lunam accendi post viginti novem dies, et hora duodecima nondum completa, bene dicit, ut de his minutis dies unus colligatur De oriente in occidentem notantur oriuntur.

CAP. XI. — *De oriente et aliis.*

Ratio videtur, ut qui habent eumdem orientem, habeant et eumdem occidentem, et qui habent eumdem meridiem, habeant et orientem, sed utrumque falsum est, quod habet modo liquebit. Constituamus primo climate virum unum, vel in quarto unum, vel in septimo, in linea directa a septentrione in austrum, tunc ei qui septentrionalis est, prius sol orietur, ut pote longiores dies habeant. Item constituamus a latere australis viri, contra orientem virum, tantum ut cum eo solem videat oriri, qui est septentrionalis, ecce eumdem habent orientem, sed non eumdem occidentem.

Cap. XII. — *De meridie.*

Eadem quoque positione hominum videbis eos qui habent meridiem unum, non eumdem habere orientem. Constituti enim in linea a septentrione in austrum, duo priores quos dixi, cum sol ad lineam illam venerit, meridies erit utrique, sed tamen unum orientem non habuerunt. Quippe septentrionalior prius videt solem oriri, utpote productiores dies habiturus.

Cap. XIII. — *De cancro et capricorno.*

Dicitur cancer nobis esse vicinior quam capricornus, quod quidam non esse asserere conantur, sic: terra est centrum, sed ad quamcunque partem circuli a centro ducatur linea, æqualis erit; ergo quæ a terra ducitur ad capricornum similis est ei, quæ ducitur ad cancrum. Tota terra centrum est, superior non quælibet ejus pars.

Cap. XIV. — *De horizonte.*

Horizon alius terræ, alius cœli. Sed brevis et longus homo differentes habet horizontes, quod et Macrobius innuit, cum dicit: *Ultra centum octoginta stadia inde extenditur humanus aspectus, quia infra potest mutari.* Horizon autem cœli, neque pro longitudine hominis variatur, nec pro qualibet mutatione loci, quia si quis staret in altissima turri, et aliquis in uno ejusdem cum astrolabio eodem tempore, quo per foramen unius, eodemque tempore, et per foramen alterius transiret radius solis, ita horizon terræ mutatur qualibet progressione, non horizon cœli.

Cap. XV. — *De æquinoctio.*

Affirmant quidam æquinoctium habere illos, supra quorum capita est parallelus æstivus; sic omnis circulus in modum coluri ductus, super caput alicujus videtur ab eo dimidius, verum est; ergo super cujus caput ducitur, æstivus tropicus, tantum videt ejus medietatem, et ita æquinoctium est in illo. Hoc ita esse quidam vere affirmant, sed non est ita, quia propter nostram positionem quodammodo in finibus videtur elevari, et in medio versus Austrum deflecti, et conjungitur ei circulo qui ducitur recte super caput alicujus, ab oriente in occidentem. Sed dicit: super caput cujus aliqua pars sit ejus circuli; quod totus super eum volvatur, quod probare potest: verte globum pro placito tuo, et tene aliquid supra parallelum, et verte, semper circulus opponetur ei qui supra se est. Item aliud quod obest, scilicet quando plus videt de parallelo; sed dicunt talem esse illius loci naturam, quod hic plus operatur una sexagena quam ibi tres, propter solis vicinitatem.

Cap. XVI. — *De die et nocte.*

Dies est sol lucens super terram, vel aer illuminatus, sed in æquinoctio ante solis ortum, et post solis occasum, aer est illuminatus, ergo nox non est æqualis diei. Sed notandum est, quod in talibus locutionibus per causam non attenditur natura rei expressæ: gnomonicæ enim arti studentes, ab umbra orientis, usque ad umbram insidentis horizonti, tantum diem numerant, et verum est, dum dies est, quando aer illuminatus est: sed aer et in lumine est antequam sit dies, per distinctionem horarum incipiat computari. Item cum de naturali die agitur, viginti quatuor horarum, scilicet diem vocamus, ab ortu ad ortum, quod est conversio firmamenti: sed si quis dicat, quod interea sol gradum unum transierit, et ita in die naturali plusquam firmamentum convertitur, verum est, sed non notatur: quia in tam magno quasi nihil est hic. Itaque propter gradum illum quotidianum fit in anno, ut plures sint cœli conversiones, quam dies, id est, trecenti sexaginta quinque dies, et trecentæ sexaginta sex conversiones. Verbi gratia, hodie sol oritur cum primo gradu arietis, cras in secundo, et ita in uno die convertitur totum firmamentum et gradus unus. In secunda die tantumdem. Ita in duobus diebus convertitur firmamentum bis, et duo gradus.

Cap. XVII. — *De parallelis.*

Forsitan quærat aliquis, et dignum quæstione videtur, cum ille qui cum esset in medio perustæ, videret omnes parallelos in dimidia parte, et inde recederet commutatio loci, mutaret etiam ei parallelos, scilicet ut de quibusdam plus assumeret, de aliis tantumdem amitteret. Quod si est tunc etiam illius æquinoctialis, aut plus assumit, aut aliquid perdidit, quodsi fit, tunc non potest in eo fieri æquinoctium. Sed notandum quod fere omnes paralleli mutantur, præter æquinoctialem. Hoc enim natura facit medietatis.

Cap. XVIII. — *Horologiorum diversitas.*

Horologiorum varietates scire non est inutile. In concavo enim stante, in terra, in modum pedis, ut mihi videtur: pro varietate dierum, erit et variatio ortuum; sed et umbra, ut reor, in illo per superius labrum vagatur. Impendente vero super terram, non potest, ut æstimo, deprehendi, nisi verus meridies, sed et umbra inferius pervagatur.

Cap. XIX. — *Ad inveniendum intervallum in horologio.*

Tertium decimum intervallum in horologio ad mensuras rerum distinctum, sic invenito: gnomonem in octo partire, et ipsas partes in Horologio æqua mensura divide. Ad unum igitur mensura erit octuplus gnomo, ad duas quadruplus, ad tres duplus, super partiens tertias, ad quatuor duplus, etc. Ad octo partes æquales. Deinde umbra vincit gnomonem, ergo adjecta ad umbram una mensura, umbra ad gnomonem erit sesqui octava, duabus erit sesqui quarta, tribus erit super partiens octavas, et ita in infinitum. Eodem modo si quodlibet intervallum in duo æqualia divisum erit, gnomon est, sed sescuplus ad primum, etc.

Cap. XX. — *Quod sol medius numero dicatur.*

Cum sol dicatur medius numero, non spatio, videtur quod jure deberet medius spatio; unde Ovidius dicit de Phaetonte :

Utque ferant æquos et cœlum, et terra calores,
Inferius terras : medio tutissimus ibis.
  Metam. l. xı, 134.

Sed cum sit vicinior terræ, non fert æquum calorem superis et inferis. Respondeo : natura caloris est, ascendere, et omni licet sit remotior a superis, tamen recompensatur per naturam ascensus, ut hic operetur vicinitas, illic natura ascensionis.

Cap. XXI. — *De stellarum lumine.*

Si a sole lumen accipiunt omnes stellæ, et eamdem lucem, tam in die quam in nocte non amittunt, cur in die sicut in nocte non videntur, vel non in nocte sicut in die obscurantur? Respondeo : claritas diurna impedit; in nocte autem videntur, per obscurum aera existentes in lucido.

Cap. XXII. — *De distinctis sphæris.*

Sphæras esse distinctas, et distinctum esse eclypsim, taliter ut sit interstitium sphæræ unius ab alia, nihil est : quomodo enim planetæ traherentur a sphæra firmamenti quæ est ultima? Ergo totus ille æther unum continuum, et naturali motu, scilicet, circulari movetur, et trahit secum planetas; cum enim moveri necesse sit, sed nec sursum, nec in aliam lineam possit, in circulum rapitur.

Cap. XXIII. — *Terra unde frigida.*

Licet auctoritatis verba sint, temperari temperatam vicino calore et frigore, hinc inde tamen sic est accipiendum, ut totam nostram frigidam naturaliter esse sciatis, sed a frigida zona, quia multum recessit sol, ideo multum permittit suæ naturæ, et quæ multum habet frigoris, videtur temperare calorem, cum potius calor imminuat intemperata naturalem frigus terræ, minus autem frigida. Sol autem octo sexagenas collustrans perustæ, cum in tropico æstivo fuerit, calorem facit his, qui sunt sub hiemali tropico, etsi non adeo vehementem ut prius, ergo videtur ut per totidem sexagenas versus septentrionem æquum calorem sit fusurus; quod si est fjam frigida, non est aliqua. Solutio : aer ille perustæ solaris corporis præsentia ita incenditur, ut cito calefiat diei præsentia; sed posito sole in capricorno, cum per tredecim sexagenas distet a frigida, ita solaris absentia corporis permittit aerem naturalem terreno frigore consolidare et frigere, ut licet ad eum vicinius quandoque accedat : tamen minus ei dominetur, quam illi remotiori, quoniam præsens accendit, vicinitas enim non tantum confert, quantum diuturnitas et frequentia accensionis, ut de sole videmus in leone remotior, quam in cancro viciniori, plus calido.

Cap. XXIV. — *De linea zodiaci.*

Zodiaci lineam utpote obliquam, aiunt longiorem, quam æquinoctialem, quod non est; quia quæcunque linea quocunque modo ducatur, tantum ut transeat centrum, æqualis est aliis. Quod autem ista videtur obliqua, hoc evenit ex parallelorum diversa sectione : tam recta enim in sui natura est ecliptica linea, sicut æquinoctialis.

Cap. XXV. — *Zodiacus quo ducatur.*

Quoniam zodiacus oblique ducitur per perustam, quæritur si sol singulas partes perustæ accingat, cum zodiacus nunquam exeat? Solutio : perustam terræ haud dubio peragrat, non perustam cœli. Quod si quis conetur ostendere sic : Sol est longe sub firmamento, et rapitur ab eo contra omnes partes perustæ cœli, falsum est. Cum enim ipsa quoque perusta cœli rapta trahat solem, non potest contra ejus partes rapi. Verum autem hoc esset, sed si raptato sole, staret, perusta cœli itidem.

Cap. XXVI. — *Planetæ quo vadunt.*

Utrique sententiæ, sive contra firmamentum vadunt planetæ, seu cum firmamento, potest opponi. Contra firmamentum non vadunt, quia nulla res dum rapitur ab alia, potest suo motu præcedere eos sua celeritate, non præcederet eos obliqua, sed directa linea. Et sic sol, aliqua extra zodiacum esset. Quia omnes stellæ sunt igneæ naturæ, ideo ne cesse est ut moveantur, ignis enim semper in motu est.

Cap. XXVII. — *De æquinoctiali linea.*

Hi qui essent in perusta, semper haberent æquinoctium, nec sic dico, quod tantum dies sit æqualis suæ nocti, sed dies diebus, et nox noctibus : quia etsi æquinoctialis linea sit major aliis, tamen dies in ea non fit longior : celerius enim ibi rapitur. Item si in cancro altior esset raptus, quam sub libra, tamen nec citius, vel tardius in utramque lineam convolveretur.

Cap. XXVIII. — *De solstitio in cancrum.*

Si in primo gradu cancri sit solstitium, ille nullum habet similem. Altrinsecus autem æquipollent sibi viginti novem gradus cancri, et viginti novem geminorum, et ita respondent sibi primus geminorum et primus leonis, et sic per cætera ; nec tamen hæc signa sibi sunt opposita invicem. sed a solstitiali loco æqualiter distantia.

Cap. XXIX. — *Unde visus recidat.*

Proprium est et naturale ut de levigata superficie, visus recidat in conspicientem, certum quod est, sed opponitur de baculo; tango umbram alicujus in aqua, nec tamen eum. Solutio : imo in illo loco ubi videor tangere imaginem, ibi impeditur visus, ne cadat in altum. Visum a levigato relabi, in aliqua sic argumentum astrue : facies posita in luce videtur, visu relabente a speculo. Item averte faciem a luce, ut sint tenebræ in faciem, etiamsi speculum sit in luce, tamen non inspicies faciem tuam, quia dum visus relabitur in tenebris faciei, non videt faciem, tenebris impedientibus. Ideo et Plato tractat de natura speculorum ad probandam sententiam suam de visu; quia dicit, quod ignis exeat per oculos, quia apparet in speculis.

Cap. XXX. — *De signis duodecim obscurantibus solem.*

Duodecim signa obscurare solem sic astrue : pone aliquod in mundi umbilico, in superiori hemisphærio, unum hominem oppositum illi, similiter in umbilico inferioris hemisphærii, deinde solis medio corpore super horizontem exorto, claritate sua statim sex signa superiora impedit, similique modo in inferiori sua sex, ita duodecim. Ad quod dicendum sic : quod fieri, ut et illi, et huic homini auferat, nec tamen eo minus sex videntur. Sol enim semper totam sphæram cœli illuminat, utpote in quo est lumen omnium, corporis vero terræ medietatem etiam illuminat tunc, quæ in umbra sunt posita, quia per umbram vident, sex signa vident; et ita aliquis habet partem hemisphærii nostri super suum horizontem. Et ego quia per illuminatum aerem nullum signum video? Ille alter ejusdem hemisphærii signa videt, sed per umbram : aliud est enim per claritatem videre post umbram, aliud per umbram ad claritatem.

Cap. XXXI. — *Quod planetæ non semper sint æque celeres.*

Cum planetæ dicantur æque celeres, hoc esse non potest. Quippe si contra firmamentum vadunt, hi qui sunt superiores plus impediuntur, quam inferiores, et ita æquale spatium non potest conficere eodem tempore superior et inferior. Ideo si dicas : Æque celeres sunt ad motum, ubi una tantum laboret, quantum alia, si non æque permoveatur : si enim rapitur, dum contra firmamentum movetur, necesse est vel impediatur; nec enim in ulla duci posset, et non retardari.

Cap. XXXII. — *De sole ascendente, et quid efficiat.*

Notandum est, cum sol versus cœlum elevetur, ut in geminis duos dies supra triginta ponat, descendendo recompensat, ita ut opposita signa dividat inter se, quidquid fuit supra triginta. Nam cum unumquodque signum divisum sit in triginta partes, et sol in uno quoque ponere dicatur secundum æqualem divisionem triginta dies, quidquid in geminis plus ponit quam triginta, hoc datur sagittario, et erunt unde duobus sexaginta dies, sicut et cæteris oppositis signis. Item notandum, quod æquinoctialis circulus dividit æqualiter zodiacum, sed non in duo æqua, absides planetarum. Ergo solaris absis minus est a libra ad arietem, quam ab ariete ad libram. Ideoque plures dies ponit in hemisphærio dextro, quam sinistro.

Cap. XXXIII. — *In ariete sol multiplicat dies.*

Item ab ariete in tribus signis duos dies plus ponit quam in reliquis tribus. Nam minutis sedecim horis in cancro, æquipollet cancer tauro in numero dierum et horarum et, ita duo illi dies in geminis supersunt. Æquipollent autem gradus, proximus ante solstitium, et proximus post solstitium, in æquali remotione, si non sol in illis, quippe ab ariete usque ad cancrum sunt nonaginta quatuor dies, a cancro ad libram quatuordecim. Ergo dici non potest, quod solita descendat, sicut ascendit, quia tunc tot dies poneret hic, quot ibi. Item dici non potest, quod ante æquinoctium duos ibi dies prætermittamus : quia tunc oporteret, quod æquinoctialis circulus declinaret ad solem; sed hoc est dicendum : Sol ascendens, præ nimio ascensu parum spatii transit de gradu, descendens autem plus spatii de gradu transit, ita scilicet ut capita hujus sphæræ longius a se distent, quam illius, quam facit ascendens, et ita dies proximus post solstitium non omnino similis est illi, qui fit ante solstitium, sed tamen parum deest, quod tunc in omnes gradus divideretur illud spatium, quod sol consummavit per dies duos ascendens. Quod autem in dextro hemisphærio plures dies ponit, non nocet ad æquinoctium, quia in paucitate vel pluritate dierum non est vis, sed in medietate. Potest autem in confinio geminorum et cancri, esse et altitudo versus vel erga cœlum, et altitudo vicinitatis nobis. Attamen altitudo versus cœlum geminis ascribitur, quia ibi finitur altitudo versus nos cancro datur, quia ibi incipit descendens.

Cap. XXXIV. — *De linea tendente per centrum.*

Oppositionibus et quæstionibus faciendis, illud præmittas, et scias visum admitti in plano ut terra, et ubi non adhæret terræ, secundum hoc quod ab oculo descendit, adhuc usque decidat in firmamentum, quod est causa quare hemisphærium videatur. Item sciendum, lineam tendi per centrum terræ, de polo ad polum, eodemque modo ab oriente in occidentem per centrum terræ in firmamentum. Porro sit unus in medio perustæ, et alter in inferiori hemisphærio oppositus illi, visus illorum non incidet, lineis sic ductis per centrum terræ, in modum crucis, nisi in fine linearum, id est ubi incidit firmamentum. Sol igitur cum venerit ad lineam ductam per centrum terræ, nequaquam adhuc videtur : cum autem venerit ad lineam visus, tunc primum oritur, ergo longius spatium est per quod non videtur, quam per quod videtur. Ergo his, qui sunt in perusta, non potest esse æquinoctium. Adhuc et aliud inconveniens, quod gradus prius oritur quam planeta. Harum oppositionum talis est enodatio : duos horizontes esse, in plano unum, alterum in alto, nullus unquam dubitavit philosophorum. Dimersio ejus quæ habetur in plano, per Macrobium innotuit, ejus qui sit in alto dimersio, comprehensioni non subjacet. Sciendum autem est hemisphærium terræ videri non posse, tumore terræ interveniente, hemisphærium vero firmamenti visu in altum directo videtur. De lineis vero quæ se in centro terræ secant, et per terram de polo ad polum, de ortu ad occasum protendi intelliguntur, hoc habeto, quod locum, ubi exire intelliguntur, non vides nec quidquam de ipsa linea, nisi tantum ubi capita earum gradibus junguntur, in ipso firmamento, ut præsens figura docet. Sed dices : Ergò priùs videtur gradus solis, quam ipse sol? Ad hoc ita respondemus : Non negamus, nec est inconveniens sane intelligenti, si pars ipsius gradus prius videatur quam sol: nam magnitudo gradus magnitudinem solis infinita et incomprehensibili quantitate vincit, etsi affixus esset ipsi gradui, sæpe hoc continget.

Sed non concedo, ubi totus prius emergatur, eodem modo intelligas in occidente partem gradus adhuc apparere, quamvis sole visui jam subtracto. Quare diem naturalem dices, non de ortu solis ad ortum, sed de ortu gradus ad ortum ejusdem,

Cap. XXXV. — *An sol diutius sub terra sit, quam super in æquinoctio.*

Quod autem solem dicunt diutius esse sub terra, quam supra in æquinoctio, falsum est. Sunt enim in hoc decepti, quod non putant solem esse super terram, nisi occurrat visui eorum : sed non ita est. Nam dum supereminet lineæ supradictæ, scilicet, quæ transit super terram, in nostro hemisphærio incipit tunc esse, quamvis non videamus eum, nec ad locum, ubi visus dirigitur, pervenerit, quod probari potest per hanc comparationem hoc modo : si aliquis esset in inferiori hemisphærio oppositus illi, quod proposuimus in superiori, non magis videret solem quam superior, quia eorum visus non conveniunt in regione solis, sed in ipso gradu firmamenti, a quo multum distant. Et quanto plus stella quælibet a firmamento descendit, tanto majus spatium est inter utrumque, superioris solis et inferioris.

Cap. XXXVI. — *De lucifero et hespero.*

Necessaria igitur ratione probatur, si Venus sit supra solem, quod sit eadem die lucifer et hesperus simul. Nec aliquid inconveniens inde incurrimus, quam hoc quod duos luciferos et duos hesperos habemus. Aliquando namque in una die habemus vel vicinius ad terram, scilicet cum uterque supra solem vagatur, et duos luciferos et unum hesperum, cum unus fuerit supra solem, et alter ante : quandoque duos hesperos et unum luciferum, cum unus fuerit supra solem, et alter retro. Si firmamento longius a terra accessisset, non videremus hemisphærium. Si solem videremus in linea orientali, tunc plus videremus, quam hemisphærium, quia oporteret ut per solem dirigeretur visus in cœlum, infra quam modo, ubi jungitur lineæ orientali in cœlo. Cum sol venit ad lineam orientalem, non statim videtur, sic etiam ante occidit quantum ad visum conveniat sub lineam occidentalem; secundum quod igitur dicemus habere æquinoctium? Per solem dici non potest, quia per longius tempus non videtur quam videatur? Respondeo : secundum solem dicitur æquinoctium, quia dum adhuc quasi insideret lineæ orientali, pervenit ad ortum ejus canthus, et nec per aquam, nec per horologium posse deprehendi, per majus spatium latere quam videri; quoniam cum sol sit major terra, tam magnum in tam parvo non subito facit notabilem differentiam, regio vero gradus videtur ante solis ortum, stellæ vero ejus hebetantur. Venus autem licet raro, tamen quandoque est super solem, prius venit ad lineam visus quam solare corpus, etsi Venus sit minor sole, tamen non tantum, quantum terra. Porro de hoc investigando sagacius non erit inutile.

Cap. XXXVII. — *Quod horologium in prima et ultima hora non habeat partes.*

In horologio prima hora et ultima non habent partes quia neque primæ initium, sed finis tantum attenditur, nec finis ultimæ sed initium. Sed quomodo novies in hora sol volvitur, cum aliquid pertinet primam ad horam? De hoc quod sol vadit de linea orientali, inquam, quæ oritur, sed oriens non videtur? vel quomodo sibi respondere possunt, circulus cœlestis et astrolabii, vel horologii, gnomonem habentes, cum sol in linea prædicta non videtur oriri? Respondetur : Tantæ est magnitudinis sol, quod in parvo nullam facit diversitatem, insidente enim alhidada lineæ orientali, penetrat radius utrumque foramen : sol enim magnus est, et a terra remotus. Et ideo licet ipse canthus ejus in linea orientali non videatur, tamen non obest instrumentis, quia rationes datæ sunt secundum quod deprehenduntur res in instrumento, et ideo etiam secundum solem bene dicitur æquinoctium : quia in instrumento per tantum tempus mediatatem circuli percurrit, per quantum tempus non videtur. Et ita ratio, quod aliud habere videtur quam res, sed nos sequamur actum, sicut est deprehensum.

Cap. XXXVIII. — *Quod sol ducentesima sexta decima pars circuli sui dicatur.*

Cum sol dicitur ducentesima sexta decima pars circuli sui, videtur non esse verum, quia si totidem soles ponerentur ab oriente ad occidentem et inferius, non impleret totum circulum? Respondetur : alius est ille circulus, cujus ipse est ducentesima decima sexta pars, et visus noster fallitur : quia non potest habere in illo circulo, in quo sol volvitur in æthere; sed in ipsum firmamentum cadit; sol autem non est pars circuli firmamenti, sed sui in quo rapitur, qui est terræ vicinus.

Cap. XXXIX. — *De plano et alto.*

An fiat in alto per æquam remotionem mutatio quæ fit in plano? Respondetur : si quis in altissima terra staret, et alter in imo ejus, fieret eis diversitas quæ in plano mutatio meridiei vel umbræ, quia aliud est solis ortui occurrere per visum, aliud cum quis elevato soli in altum opponitur : tantus enim est sol quod non facile aliquis centrum ejus evadat, et ita cum quis habet meridiem, alius longe inde remotus, etiam habet meridiem, nec mirum cum elevati solis in altum, utrisque sit idem centrum.

Cap. XL. — *De gradibus et climatis.*

Deprehenso uno gradu in terra per umbram omnes trecentos quadraginta constat investigandos. Item et climata per umbræ variationem inveniuntur.

Igitur videtur gradus unus clima unum continere, sed habitabilis nostra quandoque habet sexagenas, unaquæque habet septem gradus, ideo non quælibet mutatio umbræ facit clima, sed in unoquoque climate notabilis variatio umbræ in principio, et in medio, et in fine. Quare ergo septimo climate potius quam quadragesimo, duodecim esse dicuntur, de hoc quærendum est. Planetæ omnes dicuntur esse ejusdem celeritatis, quod esse non videtur, quia quanto sunt altiores, tanto magis impediuntur firmamento? Respondetur : vere magis impediuntur superiores, quam inferiores et tamen æqua est omnium celeritas, quia quanto superiores, tanto leviores; quanto leviores, tanto celeriores. Sed firmamentum plus impedit superiores nec mirum, quia naturaliter sunt celeriores, et sic attemperantur inferioribus.

Cap. XLI. — *De sole hiemali.*

Quando sol habet nostrum parallelum, ab hiemali distat octo sexagenas, a septentrionali quinque. Igitur qui sunt in frigida, debent plus habere caloris, quam aliqui qui sunt in perusta ? Solutio : nulla pars perustæ, super quam sol in anno bis non eat. Ad has autem partes semel tantum venit, non igitur vicinitas sed assiduitas calorem facit.

Cap. XLII. — *Æquales possunt esse ortus, occasus non item.*

Non omnes qui possunt habere eumdem ortum, eumdem habere possunt occasum. Proba : illi qui sunt in climate Rhodiorum habent longissimum diem sedecim horarum. Si aliquis modo iret de Syene tam longe versus orientem, ut duabus horis prius oriretur sibi sol quam illi qui esset in Syene, ille haberet orientem solem cum illis qui sunt in climate Rhodiorum, sed non haberet occasum cum eis.

Cap. XLIII. — *Quod non sint æquales meridies et occasus.*

Non omnes qui habent eamdem meridiem, eumdem habent occasum. Proba : dicimus qui sunt sub linea quæ protenditur de polo ad polum, eamdem habent meridiem, sed non eumdem occasum : quia quando sol habet cancrum, tunc Rhodiis citius occidit, quam nobis, et tardius oritur quam nobis.

Cap. XLIV. — *Quod sol sit administrator æthereæ lucis.*

Quæritur cum sol administrator sit totius æthereæ lucis, quare non in medio positus sit? Respondetur : sol superior et inferior a luce et calore illustrare debet, sed cum natura sit totius caloris semper ascendere, et nunquam descendere, necesse erat ut vicinior inferioribus, quam superioribus esset.

Cap. XLV. — *De corpore solari.*

Quando solare corpus dimidium super horizontem nostrum venit, sex signa in nostro obscurat hemisphærio, et similiter in inferiori sex, igitur duodecim? Solutio : verum est, et tamen non nisi sex obscurat quia illi qui sunt in Occidente, vident sex, et hæc est causa quare videant, quod umbra adhuc ante oculos eorum est.

Cap. XLVI. — *De mediis perustæ.*

Quæritur de illis qui sunt in medio perustæ, si semper habeant æquinoctium? Respondetur : habent, quia semper dimidios parallelos vident. Item quæritur : quando sol æquinoctialem habet parallelum, si tunc longior sit dies et nox quam tunc, quando habet tropicus? Respondetur : non, quia non citius volvitur parvissimus circulus in sphæra quam et longissimus. De æquinoctio poteris hoc modo probare : quod si in medio perustæ esset positus, omnes parallelos ex dimidia parte videret, quorum unusquisque totus infra viginti quatuor horas evolvitur, dimidius infra duodecim, quamcunque illorum servat sol oriendo et occidendo, in quanto spatio illi evolvitur, in tanto et Sol. Ἀνώμαλοι sunt illi planetæ, qui non vadunt in sequenti anno ut in priori, quod maxime Mars facit. *Anomale* enim sonat, *sine regula*.

Cap. XLVII. — *De ortu matutino et vespertino*

Notandum quod alius ortus matutinus, alius vespertinus. Matutinus, ubi aliqua stella orientem solem præcedit, post mediam noctem. Vespertinus ubi post occasum solis aliqua stella apparuit. Est autem præterea ortus alius mundanus, alius heliacus, alius achronicus. Mundanus cum de inferiori hemisphærio quælibet stella in superius Hemispherium emerserit. Heliacus cum recedente sole ab aliqua stella, permittit eam videri. Achronicus est cum sole occidente vagarum quælibet per diametrum soli apposita exierit. Ἀχρόνικος etenim est, *intempestivus*, sive *sine tempore*. Occasus alius mundanus, alius heliacus. Mundanus cum de superiori hemisphærio in inferiori quælibet stella descendens. Heliacus est cum accedente sole ad aliquam stellam videri eam non posse, efficit.

Cap. XLVIII. — *Quid statio matutina et vespertina.*

Est statio alia matutina, alia vespertina. Matutina, cum ante ortum sol est in statione in legitimo termino. Vespertina est cum occidente sole apparet aliqua in statione. Ipsorum quoque planetarum alii sunt hypolitici, id est, transitorii, alii stationarii, alii retrogradi, alii anomali. Hypolitici sive transitorii sunt, qui e priori signo tendunt ad posteriors, cumque hoc omnes faciant, præcipue tamen sol et luna. Ita enim hi duo de prioribus ad posteriora tendunt, quod nunquam obsistunt, nunquam retrogradantur. Si solem aliquis opponat subsistere, quod in geminis tardius movetur, quam in sagittario, dicite ipse nunquam subsistit. Nam ubique æqualiter celer est, sed quia majus spatium ibi complere habet, dicitur ibi subsistere, quod patet in extremitate.

Cap. XLIX. — *Unde stellaria creata sint.*

Quod vero stellaria ex aquis materialiter facta sunt isto argumento probari potest. Nam cum duo superiora elementa, ignem et aera ex sua natura, ita absque omni spissitudine esse manifestum est, ut nihil horum ex sua natura nisi ex accidente, visui pervium sit. Nam cum hoc, quod quidam rudes dicunt se coelum videre, quando aer purus est, cum aliquid videre se fingunt, conspicere illud falsissimum est. Nam ubi visus deficit, ibi error; sensus dat imaginationem videndi, quod non videt. Sicuti aliquis clausis oculis videtur sibi tenebras videre. Nam quamvis visus ex luce oculorum sumit exordium, nihil tamen valet, nisi ex obstaculo alicujus spissitudinis repercutiatur. Si vero aer iste inferior, qui est inter nos et parietem, vel materiam, vel aliquid tale, non potest visui ad sentiendum obstare, multo minus qui superior et purior est, unde proprie aer coelum dicitur, eo quod a visibus nostris celetur. Unde constat quod omne corpus visibile alicujus densationis est quod ex spissitudine aquae vel terrae contingit. Nam nubes ex vapore aquarum densatae visibiles apparent; etiam flammae quae in nubiloso aere, vel in aliqua materia quae comburitur, fiunt ex vaporibus,

DE IMAGINE MUNDI

LIBRI TRES.

(*Bibliotheca veterum Patrum* edit. Lugdun., tom. XX, pag. 964.)

INCIPIUNT CAPITULA.

LIBER PRIMUS.

Cap. I. *Quid sit mundus.*
Cap. II. *Quot modis mundus formetur.*
Cap. III. *De quatuor elementis.*
Cap. IV. *De septem nominibus terrae.*
Cap. V. *De forma terrae.*
Cap. VI. *De quinque zonis.*
Cap. VII. *De habitabili zona.*
Cap. VIII. *Unde dicatur Asia, et quae sit prima ejus regio.*
Cap. IX. *De paradiso.*
Cap. X. *De quatuor fluminibus.*
Cap. XI. *De India.*
Cap. XII. *De monstris.*
Cap. XIII. *De bestiis.*
Cap. XIV. *De Parthia.*
Cap. XV. *De Mesopotamia.*
Cap. XVI. *De Syria.*
Cap. XVII. *De Palestina.*
Cap. XVIII. *De Ægypto.*
Cap. XIX. *De Caucaso et Orientis regionibus.*
Cap. XX. *De minore Asia.*
Cap. XXI. *De regionibus Asiae.*
Cap. XXII. *De Europa.*
Cap. XXIII. *De Scythia.*
Cap. XXIV. *De superiore Germania.*
Cap. XXV. *De inferiore Germania.*
Cap. XXVI. *De Thracia.*
Cap. XXVII. *De Graecia, unde sit dicta, et in qua parte sita sit.*
Cap. XXVIII. *De Italia.*
Cap. XXIX. *De Gallia.*
Cap. XXX. *De Hispania.*
Cap. XXXI. *De Britannia.*
Cap. XXXII. *De Africa.*
Cap. XXXIII. *De Æthiopia.*
Cap. XXXIV. *De insulis et novo, ut dicitur, orbe.*
Cap. XXXV. *De Sicilia.*
Cap. XXXVI. *De Sardinia.*
Cap. XXXVII. *Quid sit Infernus.*
Cap. XXXVIII. *De aqua, quae est secundum elementum.*
Cap. XXXIX. *De Oceano.*
Cap. XL. *De aestu maris.*
Cap. XLI. *De voragine.*
Cap. XLII. *De terrae motu.*
Cap. XLIII. *De hiatu.*
Cap. XLIV. *De frigore.*
Cap. XLV. *De aquis dulcibus et salsis.*
Cap. XLVI. *De mari rubro.*
Cap. XLVII. *De natura aquarum gemina, et quare fontes in hieme sint calidi, in aestate frigidi.*
Cap. XLVIII. *De aqua calida vel putida.*
Cap. XLIX. *De aqua veneno infecta, seu de mortiferis aquis.*
Cap. L. *De mortuo mari, et natura bituminis.*
Cap. LI. *De piscibus et avibus, seu aquarum animalibus.*
Cap. LII. *Quando tempestas in mari, seu de signis in mari prognosticis.*
Cap. LIII. *De aere, ubi daemones sint.*
Cap. LIV. *De ventis.*
Cap. LV. *De cardinalibus ventis.*
Cap. LVI. *De nubibus.*
Cap. LVII. *De tonitruo et fulminibus.*
Cap. LVIII. *De iride.*
Cap. LIX. *De pluvia.*
Cap. LX. *Quid grando sit.*
Cap. LXI. *Quid sit nix.*
Cap. LXII. *Quid ros et pruina.*
Cap. LXIII. *De nebula.*
Cap. LXIV. *De fumo.*
Cap. LXV. *De igniculis.*
Cap. LXVI. *De pestilentia.*
Cap. LXVII. *De igni.*
Cap. LXVIII. *De septem planetis.*
Cap. LXIX. *De luna.*
Cap. LXX. *Secundus planeta, Mercurius.*
Cap. LXXI. *Tertius planeta, Venus.*
Cap. LXXII. *Quartus planeta, Sol.*
Cap. LXXIII. *De signis solis prognosticis.*
Cap. LXXIV. *Quintus planeta, Mars.*
Cap. LXXV. *Sextus planeta, Jupiter.*
Cap. LXXVI. *Septimus planeta, Saturnus.*

DE IMAGINE MUNDI LIBRI TRES. — LIB. I.

CAP. LXXVII. De absidibus planetarum.
CAP. LXXVIII. De coloribus planetarum.
CAP. LXXIX. De via planetarum.
CAP. LXXX. De sono planetarum.
CAP. LXXXI. De coelesti musica.
CAP. LXXXII. De homine microcosmo.
CAP. LXXXIII. De mensura sive planetarum distantia.
CAP. LXXXIV. De coelo.
CAP. LXXXV. De climatibus
CAP. LXXXVI. De plagis.
CAP. LXXXVII. De firmamento.
CAP. LXXXVIII. De axe.
CAP. LXXXIX. De stellis.
CAP. XC. De sideribus.
CAP. XCI. De zodiaco.
CAP. XCII. De Ariete.
CAP. XCIII. De Tauro.
CAP. XCIV. De Geminis.
CAP. XCV. De Cancro.
CAP. XCVI. De Leone.
CAP. XCVII. De Virgine.
CAP. XCVIII. De Libra.
CAP. XCIX. De Scorpio.
CAP. C. De Sagittario.
CAP. CI. De Capricornio.
CAP. CII. De Aquario.
CAP. CIII. De Piscibus.
CAP. CIV. Hyades.
CAP. CV. Pleiades
CAP. CVI. Arctos.
CAP. CVII. Bootes.
CAP. CVIII. Arcturus.
CAP. CIX. Phyton.
CAP. CX. Corona.
CAP. CXI. Hercules.
CAP. CXII. Lyra.
CAP. CXIII. Cygnus.
CAP. CXIV. Cepheus.
CAP. CXV. Perseus.
CAP. CXVI. Deltoton.
CAP. CXVII. Serpentarius.
CAP. CXVIII. Pegasus.
CAP. CXIX. Delphinus.
CAP. CXX. Aquila.
CAP. CXXI. Sagitta
CAP. CXXII. Hydra.
CAP. CXXIII. Crater.
CAP. CXXIV. Corvus.
CAP. CXXV. Orion.
CAP. CXXVI. Procyon.
CAP. CXXVII. Canicula.
CAP. CXXVIII. Lepus.
CAP. CXXIX. Eridanus.
CAP. CXXX. Cetus.
CAP. CXXXI. Centaurus.
CAP. CXXXII. Ara.
CAP. CXXXIII. Argo.
CAP. CXXXIV. Pistrix.
CAP. CXXXV. Canopus.
CAP. CXXXVI. Lactea zona.
CAP. CXXXVII. De cometa.
CAP. CXXXVIII. Aqueum coelum.
CAP. CXXXIX. Spirituale coelum.
CAP. CXL. Coelum coelorum.

LIBER SECUNDUS.

CAP. I. De avo.
CAP. II. De temporibus aeternis.
CAP. III. De temporibus mundi.
CAP. IV. De atomis.
CAP. V. De ostentis.
CAP. VI. De momentis.
CAP. VII. De partibus.
CAP. VIII. De minutis.
CAP. IX. De punctis.
CAP. X. De horis.

A CAP. XI. De quadrante.
CAP. XII. De die.
CAP. XIII. De diebus longis et brevibus.
CAP. XIV. De signis Zodiaci et parallelis Solis
CAP. XV. De primo circulo.
CAP. XVI. De secundo circulo.
CAP. XVII. De tertio circulo.
CAP. XVIII. De quarto circulo.
CAP. XIX. De quinto circulo.
CAP. XX. De sexto circulo.
CAP. XXI. De septimo circulo.
CAP. XXII. De octavo circulo.
CAP. XXIII. De quatuor circulis solis.
CAP. XXIV. De varia dierum umbra.
CAP. XXV. De horizonte.
CAP. XXVI. De dierum divisione.
CAP. XXVII. De initio et fine dierum.
CAP. XXVIII. De nominibus dierum.
CAP. XXIX. De nocte.
B CAP. XXX. De umbra.
CAP. XXXI. De eclipsi.
CAP. XXXII. De septem noctis temporibus
CAP. XXXIII. De hebdomada.
CAP. XXXIV. De mensibus.
CAP. XXXV. De mensium nominibus.
CAP. XXXVI. De mensibus Romanorum.
CAP. XXXVII. De Januario.
CAP. XXXVIII. Februario.
CAP. XXXIX. Martio
CAP. XL. Aprili.
CAP. XLI. Maio.
CAP. XLII. Junio.
CAP. XLIII. Julio.
CAP. XLIV. Augusto.
CAP. XLV. Septembri.
CAP. XLVI. Octobri.
CAP. XLVII. Novembri.
CAP. XLVIII. Decembri.
C CAP. XLIX. De Kalendis.
CAP. L. De Nonis.
CAP. LI. De Idibus.
CAP. LII. De vicissitudine anni.
CAP. LIII. De vere.
CAP. LIV. De aetate.
CAP. LV. De autumno.
CAP. LVI. De hieme.
CAP. LVII. De inaequalitate temporis.
CAP. LVIII. De elementis.
CAP. LIX. De homine microcosmo.
CAP. LX. De Anno.
CAP. LXI. De anno lunari.
CAP. LXII. De solari anno.
CAP. LXIII. De bissextili.
CAP. LXIV. De Mercurii anno
CAP. LXV. Annus Veneris.
CAP. LXVI. Martis.
CAP. LXVII. Jovis.
D CAP. LXVIII. Saturni.
CAP. LXIX. Annus magnus
CAP. LXX. De anno civili.
CAP. LXXI. De bissexto.
CAP. LXXII. De olympiadibus
CAP. LXXIII. De lustris.
CAP. LXXIV. De indictionibus.
CAP. LXXV. De aetate hominis et mundi.
CAP. LXXVI. De saeculo.
CAP. LXXVII. De decemnovennali cyclo.
CAP. LXXVIII. De ogdoade.
CAP. LXXIX. De cyclo solari.
CAP. LXXX. De numero articulorum.
CAP. LXXXI. De magno anno.
CAP. LXXXII. De cyclis.
CAP. LXXXIII. De cycli auctoribus.
CAP. LXXXIV. De aequinoctio et solstitio.
CAP. LXXXV. De saltu lunae.
CAP. LXXXVI. De minutis.
CAP. LXXXVII. Feriae regulares.

Cap. LXXXVIII. *De concurrentibus.*
Cap. LXXXIX. *De regularibus et epactis.*
Cap. XC. *Quot horis luna luceat.*
Cap. XCI. *Luna quot partibus a sole distet.*
Cap. XCII. *In quo signo luna sit.*
Cap. XCIII. *De annis Domini.*
Cap. XCIV. *De indictione invenienda.*
Cap. XCV. *De epactis inveniendis.*
Cap. XCVI. *Solaris annus ut inveniatur.*
Cap. XCVII. *Concurrentes azomodo inveniantur.*
Cap. XCVIII. *De inveniendo bissexto.*
Cap. XCIX. *De inveniendo cyclo lunæ.*
Cap. C. *De annis et cyclis.*
Cap. CI. *De clavibus terminorum inveniantur.*
Cap. CII. *De termino Paschali.*
Cap. CIII. *De termino Septuagesimæ.*
Cap. CIV. *De Quadragesimali.*
Cap. CV. *De Rogationibus.*
Cap. CVI. *De Pentecoste.*
Cap. CVII. *De Adventu.*
Cap. CVIII. *De embolismo.*
Cap. CIX. *De diebus Ægyptiacis.*

LIBER TERTIUS
SEU CHRONOLOGIA.

De Adam Abel et Cain.

Prima ætas.
Secunda ætas.
Regnum Assyriorum.
Ægyptiorum
Arcadum.
Tertia ætas.
Tempora Judicum.

A *Primum bellum civile.*
Regnum Idumæorum.
Amazonum.
Trojanorum.
Thebanorum.
Cretensium.
Mycænorum.
Italorum, sub Moyse.
Quarta ætas mundi.
Regnum Hierusalem vel Juda.
Regnum Israel.
Macedonum sub Ozia.
Albanorum.
Albanorum sub Samsone.
Romanorum.
Quinta ætas.
Regnum Babyloniorum.
Persarum.
Alexaudriæ.
B *Syriæ.*
Consules et Dictatores Romæ, sub Cambyse.
De sacerdotibus.
Sexta ætas mundi.
De Augustis et Cæsaribus Rom. usque ad Fredericum I. Christianorum persecutio.
Secunda persecutio.
Tertia persecutio.
Quarta persecutio.
Quinta persecutio.
Sexta persecutio.
Septima persecutio.
Octava persecutio.
Nona persecutio.
Decima persecutio.

EPISTOLA CHRISTIANI AD HONORIUM SOLITARIUM DE IMAGINE MUNDI.

Septiformi Spiritu in trina fide illustrato, ac septenis ripis trifariæ philosophiæ mundato, CHRISTIANUS, *post septimanam hujus vitæ septem beatitudinibus laureari et in octava Trinitatem in unitate contemplari.*

Quia ignorans cum ignorantibus, ignorantiæ tenebris involvor, idcirco mæstam lugubremque vitam, ut cæcus ducere videor. Quare quia te immensa sapientiæ luce circumfusum cognosco, cum multis aliis deposco, quatenus aliquam scintillulam tuæ flammivomæ scientiæ, cum tibi non minuatur, nobis impertias : expositionem orbis quasi in tabella nobis describas. Miserum enim videtur res propter nos factas quotidie spectare, et cum jumentis insipientibus quid sint, penitus ignorare.

EPISTOLA HONORII AD CHRISTIANUM, DE EODEM.

Sapientiæ alumno abdita diligenter scrutanti, in scientia profundo, utique hominis salute nunc vigere, et post in Sion Dominum, in quo omnes thesauri sapientiæ et scientiæ sunt absconditi oculo ad oculum videre.

Cum jugiter lectioni studiosus incumbas, ac totius Scripturæ medullam sitibundus exsugas, poscis a me amicissime, ut, quemadmodum vulgo dicitur, *Quod ovis a capra petierit lanam*, totius orbis tibi depingam formulam, in qua sic oculum corporis valeas reficere, sicut visum cordis soles in machina universitatis depascere. Quod negotium sudore plenum ipse melius nosti, quam sit laboriosum, quamque periculosum. Laboriosum quidem mihi in aliis occupato; periculosum autem propter invidos, qui cuncta quæ nequeunt imitari, non cessant calumniari, et quæ assequi non possunt venenoso dente, ut *setiger* hircus lacerare non omittunt, et ea quæ publice arguunt, furtive intente legunt, atque de labore nostro sibi scientiam usurpant: quem, ut sues margaritas, pedibus proculcant. Etenim vero cum non solum laborem meum, sed et meipsum tibi debeam (præsertim cum me non mihi soli, sed toti mundo genitum intelligam) omittens invidos tabescentes, non me, sed seipsos livido corde corrodentes, ardua aggredior molimina. Quia improbus labor, imo charitas vincit omnia, ad instructionem itaque multorum, quibus deest copia librorum, hic libellus edatur, nomenque ei *Imago mundi* indatur, eo quod dispositio totius orbis in eo, quasi in speculo conspiciatur : in quo etiam nostræ amicitiæ pignus posteris relinquatur. Hic nihil autem in eo pono, nisi quod majorum commendat traditio

LIBER PRIMUS.

Cap. I. — *De forma mundi.* — *Etymologia mundi. Figura mundi qualis.*

Mundus dicitur quasi undique motus, est enim in perpetuo motu. Hujus figura est in modum pilæ rotunda. Sed instar ovi elementis distincta. Ovum quippe exterius testa undique ambitur, testæ albumen, albumini vitellum, vitello gutta pinguedinis includitur. Sic mundus undique cœlo, ut testa, circumdatur, cœlo vero purus æther ut album, ætheri turbidus aer, ut vitellum, aeri terra, ut pinguedinis gutta includitur.

Cap. II. — *De creatione mundi.* — *Quinque modi creationis mundi.*

Creatio mundi quinque modis scribitur : uno quo ante tempora sæcularia immensitas mundi in mente divina concipitur, quæ conceptio archetypus mundus dicitur, ut scribitur : *Quod est factum in ipso vita erat (Joan. 1).* Secundo cum ad exemplar archetypi, hic sensibilis mundus in materia creatur. Sicut legitur : *Qui manet in æternum creavit omnia insimul.* Tertio, cum per species, et formas sex diebus hic mundus formatur, sicut scribitur : *Sex diebus fecit Dominus opera sua bona valde (Gen. 1).* Quarto cum unum ab alio, utpote homo ab homine, pecus a pecude, arbor ab arbore, unumquodque de semine sui generis nascitur, sicut dicitur : *Pater meus usque modo operatur.* Quinto cum adhuc mundus innovabitur, sicut scribitur : *Ecce nova facio omnia (Apoc. xxi).*

Cap. III. — *De quatuor elementis.* — *Elementa unde dicantur. Quot sint elementa; quomodo invicem misceantur. Situs elementorum.*

Elementa dicuntur, quasi *hyle*, ligamenta, ϋλη autem est materia, ex quibus constant omnia, scilicet, ignis, aer, aqua, terra. Quæ in modum circuli in se revolvuntur, dum ignis in aerem, aer in aquam, aqua in terram convertitur, rursus terra in aquam, aqua in aerem, aer in ignem commutatur. Hæc singula propriis qualitatibus, quasi quibusdam brachiis se invicem tenent, et discordem sui naturam concordi fœdere vicissim commiscent. Nam terra arida et frigida frigidæ aquæ connectitur; aqua frigida et humida humido aeri astringitur; aer humidus et calidus calido igni associatur; ignis calidus et aridus aridæ terræ copulatur. Ex his terra ut puta gravissima imum, ignis ut puta levissimus, supremum obtinet locum, alia duo medium, quasi quoddam soliditatis vinculum. Quorum aqua gravior, terræ proximum, aer levior igni primum possidet locum. Deputantur vero terræ, gradientia, ut homo et bestiæ; aquæ natantia, ut pisces; aeri volantia ut aves; igni radiantia, ut sol et stellæ.

Cap. IV. — *De septem nominibus Terræ.* — *Terra, tellus, humus, arida, sicca, solum, ops.*

Imum elementum septem nominibus denotatur, quia *terra, tellus, humus, arida, sicca, solum* et *ops*, nuncupatur. *Terra* a terendo dicitur, et totum elementum intelligitur. *Tellus* quasi tollens fructus, quæ est frugibus apta, vel vinetis fructiferisque arboribus consita. *Humus* ab humore, quæ est palustris et inarabilis. *Arida* inaquosa, quæ semper fervore solis aret, ut Lybia. *Sicca*, quæ aliquando compluta cito exsiccatur, ut Judæa. *Solum* a soliditate, ut sunt montana. *Ops*, ab opibus, ubi divitiæ, scilicet aurum et gemmæ abundant, ut in India.

Cap. V. — *De forma terræ.* — *Terram esse rotundam. Circuitus terræ. Terra mundi centrum. Terra nullis fulcris sustentatur. Oceanus ambit terram. Venæ aquarum et fontium.*

Terræ forma est rotunda, unde et orbis est dicta. Si enim quis in aere positus eam desuper inspiceret, tota enormitas montium, et concavitas vallium minus in ea appareret; quam digitus alicujus si pilam prægrandem in manu teneret. Circuitus autem terræ, centum et octoginta millibus stadiorum mensuratur, quod duodecies mille milliaria, et quinquaginta duo computatur. Hæc centrum in medio mundo, ut punctus in medio circuli æqualiter collocatur, et nullis fulcris, sed divina potentia sustentatur, ut legitur : *Non timetis me, ait Dominus, qui suspendi terram in nihilo, fundata enim est super stabilitatem suam (Psal. ciii),* sicut aliud elementum, occupans suæ qualitatis metam. Hæc in circuitu Oceano, ut limbo cingitur, ut scribitur, *Abyssus sicut vestimentum amictus ejus (ibid.).* Interius meatibus aquarum, ut corpus venis sanguinum penetratur, quibus ariditas ipsius ubique irrigatur. Unde ubicunque terra infoditur, aqua reperitur.

Cap. VI. — *De quinque zonis.* — *Circuli sive zonæ inhabitabiles. Zonæ tres. Habitabiles duæ. Ostenditur exemplo quomodo mediæ duæ zonæ tantum sunt habitabiles. Quinque circuli.*

Quinque autem zonis, id est circulis terra distinguitur. Quorum duo extremi sunt inhabitabiles algore; medius inhabitabilis calore, a quo sol nunquam recedit, ad illos nunquam accedit. Medii duo habitabiles, hinc ardore, inde rigore temperati. Verbi gratia, si ignis in hieme sub dio accenditur, quinque lineas efficit, unam in medio fervidam, duas circum gelidas, duas inter has temperatas. Qui si ut sol circumiret, nimirum quinque circulos redderet. Ex his circulis, primus septentrionalis, secundus solstitialis, tertius æquinoctialis, quartus brumalis, quintus australis nominatur; sed solus solstitialis a nobis inhabitari dinoscitur.

Cap. VII. — *De tribus partibus orbis habitabilis.* — *Partes terræ habitabiles tres.*

Habitabilis zona, quæ a nobis incolitur in tres partes Mediterraneo mari dirimitur. Quarum una

Asia, altera Europa, tertia Africa dicitur. Asia a septentrione per orientem, usque ad meridiem; Europa ab occidente usque ad septentrionem; Africa a meridie usque ad occidentem extenditur.

CAP. VIII. — *De Asia.* — *Paradisus.*

Asia, a regina ejusdem nominis appellata. Hujus prima regio in oriente e paradiso; locus videlicet omni amœnitate conspicuus, inadibilis hominibus, qui igneo muro usque ad cœlum est cinctus.

CAP. IX. — *De Paradiso.* — *Fons paradisi.*

In hoc lignum vitæ, videlicet arbor de cujus fructu qui comederit, semper in uno statu immortalis permanebit. In hoc etiam fons oritur, qui in quatuor flumina dividitur. Quæ quidem flumina infra paradisum terra conduntur; sed in aliis longe regionibus funduntur.

CAP. X. — *De quatuor fluminibus.* — *Physon sive Ganges, Geo sive Nilus, Tigris, Euphrates.*

Nam Physon, qui et Ganges in India de monte Orcobares nascitur, et contra orientem fluens Oceano excipitur. Geon, qui et Nilus juxta montem Athlantem surgens, mox a terra absorbetur, per quam occulto meatu currens, in littore Rubri maris denuo funditur, Æthiopiam circumiens per Ægyptum labitur, in septem ostia divisus, magnum mare juxta Alexandriam ingreditur. Tigris autem et Euphrates in Armenia de monte Barchoatro funduntur, et contra meridiem vergentes Mediterraneo mari junguntur. Post paradisum sunt multa loca deserta et invia, ob diversa serpentum et ferarum genera.

CAP. XI. — *De India.* — *India unde dicta. Mons Caucasus. Indiæ termini. Indicus Oceanus. Insula duas æstates, et duas hiemes uno anno habens, omnique tempore virens. Mons Caspius. Mare Caspium. Goy, Magog, Garmani, Orestæ, Coatræ, Pygmæi. Piper album. Macrobii, Agroctæ, Bragmani. Qui parentes mactant. Qui pisces crudos comedunt.*

Deinde est India ab Indo flumine dicta. Qui ad Septentrionem de monte Caucaso nascitur, et ad meridiem cursum suum dirigens, a Rubro mari excipitur. Hoc India ab occidente clauditur, et ab hoc Indicus oceanus dicitur. In quo etiam est sita Taprobanes insula, decem civitatibus inclyta. Hæc duas æstates et duas hiemes uno anno habet, et omni tempore viret. In hoc etiam Chrisa et Argare insulæ, auro et argento fecundæ et semper floridæ. Ibi sunt et montes aurei, qui propter dracones et gryphes non possunt adiri. In India est mons Caspius, a quo Caspium mare vocatur. Inter quem et mare Gog et Magog ferocissimæ gentes, a magno Alexandro inclusæ feruntur. Quæ humanis carnibus vel crudis bestiis vescuntur. India habet quadraginta quatuor regiones, populosque multos, Garmanos, Orestas, Coatras, quorum sylvæ tangunt æthera. In montanis Pygmæos duorum cubitorum homines, quibus bellum est contra grues, qui tertio anno pariunt, octavo senescunt. Apud hos crescit piper colore quidem albo: sed cum ipsi serpentes, qui ibi abundant, flamma fugantur, nigrum colorem trahit de incendio. Item Macrobios duodecim cubitorum longos, qui bellant contra gryphes, qui corpora leonum, alas et ungulas præferunt aquilarum. Item Agroctas et Bragmanos, qui se ultro in ignem mittunt amore alterius vitæ. Sunt alii qui parentes jam senio confectos mactant, et eorum carnes ad epulandum parant, isque impius judicatur, qui hoc facere abnegat. Sunt alii qui pisces ita crudos edunt, et salsum mare bibunt.

CAP. XII. — *De monstris.* — *Semel tantummodo parientes. Arimaspi, Cyclopes, Scinopodæ. Acephali. Solo odore pomi viventes.*

Sunt ibi quædam monstra, quorum quædam hominibus, quædam bestiis ascribuntur: ut sunt ii qui aversas habent plantas, et octonos simul sedecim in pedibus digitos, et alii, qui habent canina capita, et ungues aduncos, quibus est vestis pellis pecudum, et vox latratus canum. Ibi etiam quædam matres semel pariunt, canosque partus edunt, qui in senectute nigrescunt, et longa nostræ ætatis tempora excedunt. Sunt aliæ, quæ quinquennes pariunt : sed partus octavum annum non excedunt. Ibi sunt et monoculi, et Arimaspi, et Cyclopes. Sunt et Scinopodæ, qui uno tantum fulti pede auram cursu vincunt, et in terram positi umbram sibi planta pedis erecta faciunt. Sunt alii absque capite, quibus sunt oculi in humeris, pro naso et ore duo foramina in pectore, setas habent ut bestiæ. Sunt alii juxta fontem Gangis fluvii, qui solo odore cujusdam pomi vivunt, qui si longius eunt, pomum secum ferunt: moriuntur enim si pravum odorem trahunt.

CAP. XIII. — *De Bestiis.* — *Ceucocroca, Eale. Tauri indomiti, Manticorha. Boves tricornes. Monoceros. Testudines grandes. Magnes. Adamas.*

Sunt ibi serpentes tam vasti, ut cervos devorent, et ipsum etiam Oceanum transnatent. Ibi est bestia Ceucocroca, cujus corpus asini, clunes cervi, pectus et crura leonis, pedes equi, ingens cornu bisulcum, vastus oris hiatus usque ad aures. In loco dentium os solidum, vox pene hominis. Ibi est alia bestia Eale, cujus corpus equi, maxilla Apri, cauda elephantis, cubitalia cornua habens, quorum unum post tergum reflectit, cum alio pugnat. Illo obtuso, aliud ad certamen vibrat. Nigro colore horret. In aqua et in terra æqualiter valet. Ibi sunt fulvi tauri, versis setis horridi, grande caput, oris rictus ab aure ad aurem patet. Hi etiam cornua vicissim ad pugnam producunt, vel deponunt. Omne missile duro tergo respuunt. Qui si fuerint capti nulla possunt arte domari. Ibi quoque Manticora bestia, facie homo, triplex in dentibus ordo, corpore leo, cauda scorpio, oculis glauca, colore sanguinea, vox sibilus serpentum, fugiens discrimina volat, velocior cursu quam avis volatu, humanas carnes habens in usu. Ibi sunt etiam boves tricornes, pedes equinos habentes. Ibi quoque monoceros, cujus corpus equi, caput cervi, pedes elephantis, cauda suis;

Uno cornu, in medio fronte armatum quatuor pedum longo, splendenti et mire acuto. Hæc bestia nimis ferox, diros habet mugitus. Omne quod obstat, cornu transverberat. Captum potest perimi, non potest domari.

In Gauge quoque sunt anguillæ trecentorum pedum longæ. Ibi etiam quidam vermes, qui instar cancri bina habent brachia, sex cubitorum longa, quibus elephantes corripiunt et undis immergunt.

Indicum quoque mare gignit testudines, de quarum testis capacia hospitia sibi faciunt homines.

India quoque magnetem lapidem gignit, qui ferrum rapit. Adamantem etiam, qui non nisi hircino sanguine frangi potest.

CAP. XIV. — *De Parthia.* — *Parthia unde dicta Aracusia. Assyria, Media, Persida. Persepolis. Magicæ artis origo. Pyrrhites. Synelites.*

Ab Indo flumine usque ad Tigrim, est Parthia triginta tribus regionibus distincta. Dicitur autem Parthia a Parthis, venientibus e Scythia. Est in ea regio Aracusia, ab oppido Aracusa dicta. Est etiam in ea Assyria, ab Assur, filio Sem, qui eam primus incoluit nominata. Est in ea quoque Media, a Medo rege dicta, qui civitatem construens Médiam nominavit, de qua et regio nomen mutavit. In ea etiam Persida, a Perseo rege dicta, qui civitatem Persepolim ædificavit, de qua et regio nomen accepit. In hac primum orta est ars magica. Persida lapidem pyrrhitem mittit, qui manum prementis urit, et synelitem, cujus candor cum luna crescit, et deficit.

CAP. XV. — *De Mesopotamia.* — *Ninive, Babylonia, Babylon. Chaldæa ubi astronomia primum inventa. Arabia. Saba. Mons Sina. |Madian.*

A Tigri flumine usque ad Euphratem est Mesopotamia, a duobus fluviis Græce ita dicta, quod in medio duorum fluminum sit constituta. In hac est civitas Ninive, itinere trium dierum, a Nino rege constructa et nominata. In hac etiam regio Babylonia, a civitate Babylone nominata. Hanc Nemrod gigas fundavit; sed Semiramis regina reparavit. Cujus muri latitudo est quinquaginta cubitorum, altitudo ducentorum cubitorum, ambitus civitatis quadringentorum octoginta stadiorum, centum portis æreis firmata, fluvio Euphrate per medium ejus currente irrigua. Hujus arx Babel, quatuor millia passuum alta scribitur.

In ea quoque est Chaldæa, in qua primum inventa est astronomia. In ea et Arabia, quæ etiam Saba dicitur, a Saba filio Chus. In hac thus colligitur; in hac est mons Sina, qui et Oreb, in quo lex a Moyse scribitur accepta; juxta quem urbs Madian fuit, in qua Jethro sacerdos præfuit. In ea sunt gentes multæ, Moabitæ, Ammonitæ, Idumæi, Sarraceni Madianitæ, et aliæ multæ.

CAP. XVI. — *De Syria.* — *Damascus. Reblata. Comagenæ provincia. Phœnicia. Tyrus. Sortyx. Sidon. Libanus mons. Fons Jordanis. Palæstina. Ascalon, Jerusalem, Chananæa.*

Ab Euphrate usque ad mare mediterraneum est Syria, a quodam Syro rege dicta, in qua est Damascus, a Damasco Abraæ liberto constructa et dicta, olim Reblata vocata. Est in ea Comagena provincia. Est et Phœnicia, a Phœnice ave, quæ sola in hac terra invenitur, sive a Phœnice rege, filio Agenoris, dicta. In hac sunt Tyrus quæ et Sortyx, et Sidon civitates sitæ. In hac etiam mons est Libanus, ad cujus radicem oritur Jordanis fluvius. Est in ea quoque Palæstina, a civitate Palæstin, quæ nunc Ascalon vocatur, dicta. Est in ea Judæa, a Juda filio Jacob, de cujus tribu reges erant, nuncupata. In hac etiam Chananæa a Chanaan filio Cham dicta. In hac est Jerusalem, quam Sem filius Noe construens, Salem nominavit. Sed Jebus, et filius Chanaan inhabitavit, unde Jebus et Salem dedit ei nomen rex David Jerusalem, quasi Jebusalem. Quam Salomon filius ejus auro et gemmis decoravit, Jeroselyniam quasi Jerusalemoniam appellavit. Quam a Babyloniis subversam, Zorobabel reædificavit; sed Romanus exercitus postea funditus delevit. Hanc postmodum Ælius Adrianus imperator reparavit, Æliamque nominavit.

CAP. XVII. — *De Palæstina.* — *Samaria, Sebastia, Sichisma, Galilæa, Nazareth. Pentapolis, Sodoma, Gomorrha. Mare Mortuum. Sarraceni. Agareni. Ismaelitæ. Nabathæi.*

Est et in Palæstina regio Samaria, a civitate Samaria dicta, quæ nunc Sebastia est nuncupata, olim Sichima, a Sichem vocata. In hac est quoque Galilæa, in qua est Nazareth civitas, juxta montem Thabor sita. In hac est et Pentapolis regio, a quinque civitatibus dicta. In qua olim fuit Sodoma, et Gomorrha. In hac est mare Mortuum, a quo fluenta Jordanis absorbentur. In hac etiam Sarraceni, a Sara dicti, qui et Agareni, ab Agar. Item Ismaelitæ ab Ismael nuncupati. In hac et Nabathæi, a Nabaioth filio Ismael dicti, quorum gentes sunt duodecim.

CAP. XVIII. — *De Ægypto.* — *Euxia postea Ægyptus dicta. Thebaida. Thebæ. Monachi. Babel. Ægypt. Alexandria.*

Hæ superius dictæ regiones, ab oriente incipientes, recta linea ad Mediterraneum mare extenduntur. Quibus usque ad Austrum Ægyptus connectitur, in qua viginti quatuor gentes esse feruntur. Hæc in oriente a Rubro mari surgit, terminum suum versus occidentem in Libya figit. Hæc prius et Bona copia, Euxia dicta, postea ab Ægypto rege, fratre Danai, Ægyptus est vocata. Hæc fluvio Nilo undique cincta, in modum Deltæ litteræ est formata, centum millibus villarum inclyta. Hanc nubes non obscurant, pluviæ non irrigant, sed Nilus inundans eam fecundat. In hac est provincia Thebaida, a civitate Thebe cognominata, quam Cadmus Agenoris filius in Ægyptum veniens ædificavit, Thebas secundum illam quam in Bœotia construxit, nominans: in hac Mauritius principabatur, et ab hac Thebæi dicuntur. Huic maxima adjacet solitudo, in qua olim conversabatur monachorum multitudo. Cambyses rex Ægyptum superans, civitatem condidit, cui nomen Babylon indidit, quæ nunc caput illius regni existit. In hac et victor Alexander civitatem ædificavit, quam ex suo nomine Alexandriam nuncupavit.

CAP. XIX. — *De Caucaso et regionibus Orientis.* — *Amazones, Massagetæ, Colchi, Sarmatæ, Seres. Bactra, Hircania, Hirnia. Scythia. Hyperborei montes. Albania, Armenia. Arath mons. Iberia, Cappadocia.*

Suprascriptis regionibus, usque ad Aquilonem annectuntur hæ regiones. Mons Caucasus a Caspio mari orientis attollitur, et per Aquilonem vergens pene usque ad Europam porrigitur. Hunc inhabitabant Amazones feminæ videlicet ut viri præliantes. His cohabitant Massagetæ, et Colchi, et Sarmatæ. Seres est oppidum Orientis, quo Serica regio, et vestis, et gens est dicta. Post hanc est Bactra, a Bactro amne vocata. Huic conjungitur Hyrcania, ab Hyrcana sylva nominata, in qua sunt aves quarum pennæ splendent per noctes. Huic jungitur Scythia et Hirnia, quarum gentes sunt quadraginta quatuor. Ibi sunt Hyperborei montes. Hanc sequitur Albania, a candore populi dicta, eo quod albo crine ibi nascantur. Cui connectitur Armenia, in qua est mons Arath, super quem arca Noe post diluvium requievit, cujus usque hodie ligna ibi videntur. Huic copulatur Iberia. Illi vero Cappadocia, a civitate ejusdem nominis dicta, in hac equæ a vento concipiunt, sed fœtus non amplius triennio vivunt.

CAP. XX. — *De Asia Minore.* — *Ephesus. Corpus Joan. Evang. Ephesi quiescit. Nicæa civitas. Bithynia. Nicomedia.*

Asia minor post hanc constituitur, quæ pene undique mari cingitur. In hac est Ephesus civitas, ab Amazonibus constructa, in qua requiescit corpus Joannis Evangelistæ; in hac etiam civitas Nicæa, in qua magna synodus est facta. Prima provincia Asiæ Minoris est Bithynia, prius Berica, post Migdonia, mox a Bithyno rege Bithynia appellata. In qua est civitas ejusdem nominis. In hac est etiam civitas Nicomedia, a Nicomede rege constructa et dicta.

CAP. XXI. — *De regionibus Asiæ.* — *Smyrna, Galatia. Phrygia. Troja, Lycaonia. Caria, Hirnus fl., Lydia, Thiatira, Isauria, Cilicia, Amana mons, qui et Taurus. Tharsus. Lycia, Pisidia, Pamphylia, Euxinus pontus.*

Bithynia quoque dicitur Major Phrygia, in qua est civitas Smyrna, a Theseo rege constructa. Huic jungitur Galatia, a Gallis dicta, quos Bithynus rex in auxilium evocavit et post victoriam eis terram divisit. Hanc sequitur Phrygia, a filia Europæ Phrygia sic nominata. Hæc et Dardania a Dardano, Jovis filio dicta. Et in ea civitas ejusdem nominis, ab eodem constructa. In hac est etiam civitas Troja, a Troo rege constructa et nominata. Hæc quoque Ilium ab Ilo rege est dicta; hujus mœnia dicuntur Pergama. Huic adjacent Lycaonia, et Caria, ubi fluit Hirnus fluvius, aureis arenis famosus. Inde est Lydia a Lydo rege, fratre Tyrrheni appellata. In hac etiam Thyatira. Deinde est Isauria, ab aura qua undique perflatur, dicta. Post hanc est Cilicia, a civitate ejusdem nominis nuncupata, quam Cilix, filius Agenoris, construxit, et ab illa regio nomen accepit. In hac est mons Amana, qui et Taurus. In hac et Tharsus civitas, a Perseo constructa, Pauli apostoli inhabitatione gloriosa. Deinde est Lycia et Pisidia et Pamphylia. Euxinus Pontus regio multarum gentium, a qua et Ponticum mare appellatur. In quo Ovidius, et postea Clemens exsilio relegantur.

Post decursam Asiam, transeamus ad Europam.

CAP. XXII. — *De Europa.* — *Ryphæi montes, Tanais fl., Mæotides paludes, Theodosia.*

Europa ab Europe rege, et ab Europa filia Agenoris est nominata. In qua imprimis versus septentrionem sunt Ryphæi montes, et Tanais fluvius, a Tanao rege dictus, et Mæotides paludes, Magno mari juxta Theodosiam urbem, sejungentes.

CAP. XXIII. — *De Scythia.*

A Thanai fluvio est Scythia inferior, quæ versus meridiem usque ad Danubium porrigitur. In hac sunt istæ provinciæ, Alania, Dacia, Gothia.

CAP. XXIV. — *De Germania superiore.* — *Germania unde dicta. Limites et fines Germaniæ superioris. Suevia, Rethia, Bavaria, Ratispona. Francia Orientalis. Thuringia.*

A Danubio usque ad Alpes est Germania superior, quæ a germinando populos dicitur. Versus occasum Rheno, versus aquilonem Albia fluvio terminatur. In hac est regio Suevia, a monte Suevo dicta. Hæc et Alemania, a Lemano lacu appellata. Hæc et Rethia dicta. In hac Danubius nascitur, et sexaginta præcipuis fluviis augetur, et in septem ostia ut Nilus divisus Ponticum mare ingreditur. Est in ea Noricus, quæ et Bavaria, in qua est civitas Ratispona. Tum et Orientalis Francia, cui conjungitur Thuringia quam sequitur Saxonia.

CAP. XXV. — *De Germania inferiore.* — *Dania, i. e. Norvegia. Messias. Pannonia inferior. Bulgaria.*

Ab Albia fluvio est Germania inferior, quæ versus Aquilonem Oceano excipitur. In hac est Dania et Norwegia. A Danubio, imo circa Danubium versus orientem, usque ad mare Mediterraneum est Messias, a Messium proventu dicta, deinde Pannonia inferior et Bulgaria.

CAP. XXVI. — *De Thracia.*

Inde Thracia, a Tras filio Japheth dicta. Hæc habet Hebrum fluvium, et civitatem Hebron ibi constructam et dictam.

CAP. XXVII. — *De Græcia.* — *Cethim, Illyricus, Dalmatia, Epirus, Fons in Epiro. Chaonia, Molosia, Elladia, Attica. Athenæ. Beotia. Thebani et Thebæi differunt. Aonia, Peloponesus, Thessalia, Macedonia, Æmathia. Olympus mons. Thessalonica, Achaia, Arcadia, Arbastus lapis. Pannonia superior. Mons Peninus. Histria.*

A Mediterraneo mari est Græcia, a Græco rege dicta, terra Cethim olim vocata, et versus austrum Magno mari terminatur. Quæ etiam Illyricus nominata, et in ea provincia Dalmatia a Dalmi civitate vocata. Est et Epirus a filio Achillis Pyrrho sic dicta. In Epiro est fons in quo faces accensæ extinguuntur, et iterum exstinctæ, accenduntur. Est et Chaonia, a civitate ejusdem nominis appellata, quam Helenus frater Hectoris ædificavit, et ob amorem fratris sui Chaonis Chaoniam appellavit. Hæc et Molosia a civitate Molosia dicta, quam Molossus filius Pyrrhi, construxit, et a nomine suo Molosiam vocavit. Est ibi et Elladia, ab Ellade rege, filio Deucalionis et Pyrrhæ dicta. Ipsa est et Attica, ab Atti rege. Ipsa est vera Græcia. In hac est civitas Athenæ a Cecrope rege constructa. Ibi est et Beotia a bove dicta, quia Cadmus filius Agenoris illo veniens, bovem reperit quem diis immolans Thebas construxit. Provinciam Beotiam nuncupavit, de hac dicuntur Thebani, de alia Thebæi. Eadem provincia dicitur Aonia, a fonte Aon Musis consecrato. Ibi est et Peloponesus, a Pelope rege, et civitate ejusdem nominis dicta. Ibi et Thessalia, a rege Thessalo dicta. Ibi et Macedonia, a Macedone rege appellata. Hæc et Æmathia, ab Æmatho rege vocata; in hac est mons Olympus, qui excedit nubes. In hac est et Thessalonica, a Thessalo rege filio Græci constructa. Ibi est Achaia, ab Achæo rege et civitate ejusdem nominis, dicta. Ibi et Arcadia, quæ et Sicyonia a Sicyone rege nuncupata. Arcadia, Arbaston lapidem mittit, qui semel accensus exstingui non potest. Deinde est Pannonia superior usque ad Peninum montem. Ad aquilonem ejus Histria, ab Histrio amne, qui et Danubius, nominata.

CAP. XXVIII. — *De Italia.* — *Variæ Italiæ appellationes. Roma. Civitatum formæ secundum feras. Roma formam leonis habet. Brundusium formam cervi. Carthago bovis. Troja equi. Thuscia, Campania, Apulia, Imbria. Hetruria, Longobardia. Padus et Eridanus. Venetia. Gallia unde sic dicta. Rheni fons.*

Italia olim magna Græcia est dicta, postea a Saturno, est Saturnia appellata. Mox Latium, eo quod Saturnus pulsus a Jove ibi latuit, dicta. Deinde Ausonia ab Ausone rege. Tandem ab Italo rege Siculorum Italia vocata. Hæc ab Alpibus surgit, et in Magno mari terminum figit. In hac est urbs Roma, a Romulo constructa, et sic dicta. Antiqui civitates secundum præcipuas feras, ob significationem formabant. Unde Roma formam leonis habet, qui cæteris bestiis quasi rex præest. Hujus caput est urbs a Romulo constructa: lateritia vero ædificia utrobique disposita: unde et Lateranis dicitur. Brundusium autem formam cervi, Carthago bovis, Troja equi figuram habuit. Est in Italia Tuscia provincia, a thure, et sacrificiis dicta. Est et Campania, a Capua civitate dicta, et a Capi rege constructa. Ibi est et Apulia. Est et Imbria, inde dicta, quod imbribus tempore diluvii superfuit. Est et Etruria ab Etrusco rege dicta. Est et Longobardia a longis barbis vocata. Padus, qui et Eridanus Italiæ fluvius ab Appenninis montibus oritur, ac mari immergitur. Venetia a Beneco rege, prius Benetia dicta, deinde Venetia. Gallia a candore populi dicitur, *gala* enim Græce lac dicitur. Rhenus ab Alpibus nascitur, et contra aquilonem vergens, sinu Oceani excipitur.

CAP. XXIX. — *De Gallia.* — *Gallia Belgica. Francia. Francus rex. Gallia Lugdunensis, Comaga, Togata. Gallia Narbonensis. Aquitania.*

A flumine Rheno est Gallia Belgica, a civitate Belgis dicta. Hæc a monte Jovis surgit, et versus aquilonem Britannicum oceanum incidit. Hæc et Francia a Franco rege est dicta, qui de Troja cum Ænea veniens, Trojam juxta Rhenum condidit, terram Franciam cognominavit. Hanc versus occidentem excipit Lugdunensis Gallia, quæ et Comaga, ob longas comas est dicta, et Togata a longis vestibus: quæ versus austrum habet Narbonensem Galliam a civitate Narbona dictam, versus occidentem Aquitaniam ab aquis dictam Rodano et Ligere.

CAP. XXX. — *De Hispania.* — *Hiberus fl. Sex Hispaniæ provinciæ.*

Inde est Hispania ab Hispano rege dicta, prius Iberia, ab Ibero flumine, et Hesperia, ab Hespero rege nominata. Hæc versus occasum Oceano terminatur. Sunt in ea sex provinciæ: Tarracona, Carthago, Lusitania, Galatia, Betica, Tinguitania a præcipuis civitatibus dictæ.

CAP. XXXI. *De Britannia.* — *Britannia, Anglia, Hibernia. Tanatos terra serpentes perimens. Isole, Orcades, Scotia, Chile. Mare congelatum.*

Contra Hispaniam versus occasum sunt in Oceano hæ insulæ: Britannia, Anglia, Hibernia, Tanatos, cujus terra, quovis gentium portata, serpentes perimit. Isole in qua fit solstitium. Orcades triginta tres. Scotia, Chile cujus arbores nunquam folia deponunt, et in qua sex mensibus, videlicet æstivis, est continuus dies, sex hibernis continua nox. Ultra hanc versus aquilonem, est mare congelatum, et frigus perpetuum. Europam perambulavimus. Ad Africam transmigremus.

CAP. XXXII. — *De Africa.* — *Libya. Paratonium civitas. Montes Catabachmonii. Aræ Philenorum. Cyrenaica, Cyrene. Pentapolis. Tripolis. Bisace. Heusis, Carthago. Carthaginis descriptio. Getulia. Numidia. Hypone. Mauritania. Stiffia. Cæsaria. Tingitania.*

Africa ab Apher uno ex posteris Abrahæ est dicta. Hæc in oriente Indii fluminis surgit, et per meridiem vergens in occidentem tendit. Hujus prima provincia est Libya, a regina ejusdem nominis dicta. Hæc a Paratonio civitate et montibus Carabachmoniis initium sumit, et in aris Philenorum finitur. De hac Libycum mare dicitur. Inde est Cyrenaica a civitate Cyrene nominata; sed a regina ejusdem nominis constructa, et dicta. Hæc et Pentapolis a quinque civitatibus est dicta. Scilicet Berenice, Arsinoe, Ptolemaide, Apollinea, Cyrene, a propriis conditoribus ita dictæ. Inde Tripolis a tribus civitatibus dicta, quæ sunt Occasa, Berete et Leptis magna. Post hanc Bisace, a duabus urbibus dicta, id est Adromeus et Bizantinum. Deinde est Heusis, in qua est magna Carthago a Didone, quæ et Elisa, constructa, et Carthada, a Cartha oppido nominata. Sed a Romanis deleta et denuo reædificata Carthago est appellata. Hujus muri latitudo fuit septem et decem cubitorum. Post hanc est Getulia. Inde Numidia, in qua regnavit Jugurtha. In hac est civitas

Hippone, in qua fuit Augustinus episcopus. Inde est Mauritania, a nigredine dicta. In hac est provincia Stiffensis a Stiffi oppido. Alia Caesariensis, a civitate Caesaria dicta. Tertia Tingitania a civitate Tingi nuncupata.

CAP. XXXIII. — *De Æthiopia. — Saba. Garamantes. Fons apud Garamantes. Troglodita. Gades. Gaditanum mare. Atlanticum mare. Astrologia ubi descripta.*

Versus meridiem vero est Æthiopia, ab Ethan dicta, una in Oriente, in qua est Saba urbs, de qua fuit illa regina quae ad Salomonem venit, altera in occidente. Inter quas sunt Garamantes, a Garama civitate dicti. Apud quos est fons tam frigidus diebus, ut non bibatur; tam fervidus noctibus, ut non tangatur. Quibus versus orientem cohabitant Troglodytae, qui celeri cursu feras capiunt. Intra Æthiopiam sunt maxima loca deserta, ob solis ardorem, et [diversi generis serpentia hominibus incognita. Deinde est maximus Oceanus, qui solis calore dicitur fervere ut cacabus. In extremis finibus Africae versus occidentem est urbs Gades, a Phœnicibus constructa, de qua Gaditanum mare dicitur. In ipso vero Oceano est mons Atlas altissimus, unde Atlanticum mare appellatur. Atlas autem erat rex Africae, frater Promethei, a quo mons nomen accepit, quia in eo residens, Astrologiam descripsit, unde et cœlum sustinere dicitur. Peragratis Africae finibus, ad insulas maris accedamus.

CAP. XXXIV. — *De insulis, et novo, ut dicunt, orbe. — Cyprus, Paphus, Creta. Mare Adriaticum. Abydos. Hellespontus. Coos. Cyclades. Rodus. Æreus, Colossus septuaginta cubitorum altus. Tenedus. Carpathos. Carpatium mare. Citherea. Delos. Coturnices ubi primum visae. Icaria, Naxos, Melos, Paros. Parium marmor. Lapis Sardius. Cidon, Samos. Fictilia vasa ubi reperta.*

Insulae sunt dictae, quasi in salo sitae. In Mediterraneo mari est Cyprus insula contra Syriam, a Cypro civitate dicta. Haec et paphus, à civitate ejusdem nominis. Creta a Creto rege dicitur, haec et Centapolis, a centum urbibus nuncupata. Haec sita est contra Lybicum mare, quod et Adriaticum, ab Adria civitate dicitur. Abydos est insula in Hellesponto, in Europa. Hellespontus ab Helle civitate dicitur. Coos insula Atricae. Cyclades dicuntur, quod in rotundo sint positae. Cyclus enim dicitur orbis. Sunt autem quinquaginta quatuor contra Asiam positae. Harum prima Rhodus a civitate ejusdem nominis dicta ad orientem est posita. In hac fuit olim Æreus colossus septuaginta cubitorum altus. Tenedus ad septentrionem ejus posita, a civitate Tene, et ejus constructore ejusdem nominis dicta. Carpathos ad meridiem ipsius contra Ægyptum posita. Unde et Carpatium mare, et Carpatiae naves. Cythaerea ad occasum est sita, a Cithero monte dicta. Haec et Porphyris dicitur. Delos in medio Cycladum sita, a civitate ejusdem nominis dicta. Haec tempore diluvii sub Ogygio facto primum apparuit, unde et Delos nomen accepit, quia delos *manifestum* sonat. Haec et Ortyga ab Ortygometis, id est coturnicibus, quae primum ibi visae sunt. Icaria insula a puero Cretensi naufrago est dicta, a qua Icarium mare dicitur. Naxon insula Dionysii, qui et Bacchus. Melos, quae est Storia, rotunda insula. Paron a civitate ejusdem nominis dicta, a Paro Jasonis nepote constructa. Haec gignit marmor candidissimum, quod Parium dicitur, et Sardium lapidem. Cidon est insula : in hac mastix nascitur. Samos insula a Samo civitate dicta, in Ægaeo est mari sita. De hac fuit Sibylla, et Pythagoras. In hac fictilia vasa sunt reperta.

CAP. XXXV. — *De Sicilia. — Trinacria dicta a tribus montibus. Ætna mons. Scylla. Charybdis Comœdia ubi inventa. Vulcaniae. Stœchades.*

Sicilia a Siculo rege dicitur. Italia dicta. Prius Sycania, a Sycano rege cognominata, contra Italiam sita. Haec et Trinacria, a tribus montibus dicitur. In hac est mons Æthna cujus sulfurea exaestuant incendia. In hujus freto est Scylla et Charybdis. In hac erant olim cyclopes. In hac inventa est comœdia. Eoliae insulae ab Eolo rege dicta juxta Siciliam positae. Hae et Vulcaniae, quia incendio sunt plenae. Sunt vero novem Staechades insulae contra Massiliam sitae.

CAP. XXXVI. — *De Sardinia. — Fontes calidi caecitatem furibus inferentes. Corsica, Cyrene, Ebosus, Colubria. Insulae Baleares. Fundae ubi inventae. Gorgodes insulae. Hesperides. Aurea poma. Mare concretum. Meroe, Syene. Perdita insula.*

Sardinia a Sardino rege, Herculis filio, dicta, contra Numidiam est sita. In hac nec serpentes, nec lupi gignuntur. In ea est solifuga animal ut aranea, morsu homines perimens. In ea est et herba similis apiastro, quae comedentibus rictus contrahit, et quasi ridentes interimit. In hac sunt fontes calidi, infirmis medelam, furibus inferentes caecitatem. Corsica, a Corsa muliere dicta, contra Liguriam sita : quae primitus taurum suum quaesitura illuc venit, et referens loci fertilitatem, a Liguribus inhabitari cœpit. Haec et Cyrene a Cyrino Herculis filio est dicta, quia ab eo est inhabitata. Ebosus insula contra Hispaniam. Hanc fugiunt serpentes. Ibi est et Colubria plena serpentibus. Ibi et Baleares insulae. In his inventae sunt fundae. Gorgodes insulae in Oceano juxta Atlantem. In his olim habitaverunt Gorgones. Juxta has Hesperides, ab Hesperia civitate dictae. In his oves albis velleribus abundabant, quae ad purpuram optime valebant. Unde dicitur fabulose aurea mala habuisse. Miclon enim dicitur *ovis* Graece. Inter has fuit illa magna, quae Platone scribente cum populo est submersa, quae Africam et Europam sua magnitudine vicit, ubi nunc est Concretum mare. Meroe insula est in Nilo flumine, in capite Æthiopiae, in qua absumitur umbra in aestate. In hac est lignum ebenum, juxta quam est civitas Syene, in qua est puteus a philosophis factus, sexaginta cubitorum altus : in cujus fundum splendet sol recto radio, in mense Junio. Est quaedam Oceani insula dicta Perdita, amœnitate et fertilitate omnium rerum prae cunctis terris longe praestantissima, hominibus ignota. Quæ aliquando casu inventa, postea quæsita non est inventa, et ideo diciturPerdita. Ad hanc fertur Brandanus venisse.

CAP. XXXVII. — *De inferno. Insulas circumivimus, nunc inferna etiam petamus. De nominibus inferni. — Acheron, Styx, Phlegeton.*

Infernus ideo dicitur iufernus, quia inferius est positus. Sicut enim terra est in medio aere : ita est infernus in medio terræ. Unde et novissima terra dicitur. Est autem locus, igne et sulphure horridus, inferius dilatatus, superius coangustatus. Hic *lacus* vel *terra mortis* dicitur, quia animæ illuc descendentes veraciter moriuntur. Hic et *stagnum ignis* dicitur, quia ut lapis mari, ita animæ illi immerguntur. Hic *terra tenebrosa* vocatur, quia fumo et fœtoris nebula obscuratur. Hic terra oblivionis nuncupatur, quia sicut ipsi obliti sunt Dei, ita eorum obliviscitur Deus misereri. Hic dicitur Tartarus ab horrore, et tremore, quia ibi *est fletus et stridor dentium* (*Matth.* VIII). Hic et gehenna, id est, *terra ignis* nominatur. Ge enim *terra* dicitur, cujus ignis noster ignis umbra esse dicitur. Hujus profunditas et recessus dicitur Erebus, draconibus et igneis vermibus plenus. Hic patens os dicitur, et barathrum, quasi atra vorago. Hujus loca fetorem exhalantia dicuntur Acheronta, id est spiracula immundos spiritus emittentia. Hic est Styx quod Græce sonat *tristitia*. Dicitur et Phlegeton, qui est fluvius infernalis, ob vicinitatem ignis, et sulphuris, fetore et ardore horribilis. Sunt et alia multa loca, sive in insulis pœnalia, aut frigore et vento sæve horrentia, aut igne et sulphure jugiter ferventia. Ignea inferni loca inspeximus, ad refrigerium aquarum confugiamus.

CAP. XXXVIII. — *De Aqua.*

Aqua, quæ secundum elementum ponitur, ab æqualitate dicitur, unde et æquor, quod sit plana. Hæc in mari colligitur, in flumina diffunditur, in fontes dividitur, per amnes connectitur, per terras dissipatur, per aera attenuatur. Totam terram cingit, omnes regiones, et provincias dividit. Hujus immensa profunditas dicitur abyssus, quasi abest fundus, habet tamen fundum, quamvis nimis profundum

CAP. XXXIX. — *De Oceano.*

Oceanus dicitur, quasi ocior annis, vel quasi zonarum limbus. Quinque enim zonas mundi in modum limbi ambit.

CAP. XL. — *De æstu maris.*

Æstus Oceani, id est, accessus et recessus lunam sequitur, cujus aspiratione retro trahitur, ejus impulsu refunditur. Quotidie autem bis affluere et remeare videtur. Cum luna crescente crescit, cum decrescente decrescit ; cum luna est in æquinoctio, majores Oceani fluctus surgunt, ob vicinitatem lunæ ; cum in solstitio, minores, ob longinquitatem ejus. Per decem et novem annos ad principia motus, et paria incrementa, ut luna revertitur.

CAP. XLI. — *De voragine.* — *Quomodo fiat vorago.*

Ampotis quoque, id est, vorago, in Oceano in exortu lunæ majori æstu fluctus involvit et revomit. Hæc autem vorago, quæ totas aquas et naves absorbet et revomit, hinc fit : est in terra abyssus profundissima, de qua scribitur : *Rupti sunt omnes fontes abyssi magnæ* (*Gen.* VII). Et juxta hanc sunt cavernosa loca, et speluncæ late patentes. In his venti de spiramine aquarum concipiuntur, qui et spiritus procellarum dicuntur. Et hi suo spiramine aquas maris, per patentes terrarum cavernas, in abyssos abstrahunt et ea exundantes iterum magno impetu repellunt.

CAP. XLII. — *De terræmotu.* — *Quomodo fiant terræmotus.*

De his ventis fit et terræ motus. Nam venti concavis locis inclusi dum erumpere gestiunt, terram horribili fremore concutiunt, eamque tremere faciunt.

CAP. XLIII. — *De Hiatu.* — *Causa hiatuum terræ Tremor terræ quid, hiatus quid? Cur Sicilia flammas evomat, et arenas, ac lapides egerat. Scyllæorum canum latratus unde.*

Hinc etiam fit terræ hiatus, dum loca cava, et continuis aquis frigida, ventis conclusa rumpuntur, et introrsus cadentia in hiatum aperiuntur, de quibus et multæ civitates devoratæ leguntur. Hoc est autem in terra tremor, quod in nube tonitruum. Hoc hiatus, quod ibi fulmen. Fiunt autem cum terræ motu inundationes maris, eodem scilicet spiritu infusi, vel residentis sinu recepti. Inde tellus Siciliæ, quia cavernosa, et sulphure et bitumine strata, ventis pene tota et ignibus patet. Spiritu introrsus cum igne concertante, multis sæpe locis fumum, vel vapores, vel flammas eructat, vel etiam vento acrius incumbente arenarum lapidumve moles egerit. Inde montis Æthnæ ad exemplum gehennæ ignium tam diutinum durat incendium, quod insularum Æolidum dicitur undis nutriri, dum aquarum concursus spiritum in imum profundum secum rapiens, tandiu suffocat, donec venis terræ diffusus fomenta ignis accendat. Huic Scyllæi canes latrare finguntur, dum procul navigantes undarum fremore terrentur, quas sorbente voragine collidit æstus.

Simili de causa in aliis etiam terris incendium surgit, et gehennam præostendit.

CAP. XLIV. — *De frigore.* — *Cur extremæ Oceani partes perpetuo frigore horreant.*

Sicut calor de igni, ita frigus de aqua nascitur, unde extremæ partes Oceani rigido gelu, et perpetuo frigore horrent, quia calore solis carent. Pars autem Oceani, quæ medium orbem dividit ideo calore jugiter fervet, quia solem continuo supra se habet.

CAP. XLV. — *De Aquis dulcibus et salsis*

Oceanus fluviorum occursu non augetur, quia fluenta dulcia partim salsis vadis consumuntur, vel ventis, vel vapore solis abripiuntur; partim per occultos meatus in suos amnes revertuntur. Idcirco perdurat salsus, tot fluminibus, ac pluviis irrigatus, quia exhausto a sole dulci tenuique liquore, quem facilius ignea vis trahit, omnis asperior, crassiorque linquitur. Ideo summa maris unda est dulcior, profunda amarior; lunæ vero alimentum est in aulcibus aquis, solis vero in amaris.

CAP. — XLVI. — *De Mari Rubro.* — *Mare unde dicium.*

Mare Rubrum de Oceano exit, sed roseum colorem de terra trahit, quæ tota sanguineo colore rubet, ac vicina littora inficit. Mare dicitur, quod sit amarum. Hoc per venas terræ occulto meatu discurrit, amaritudinem in terra deponit, dulce in fontibus erumpit. In seipsum tandem refluit, ut scribitur: Ad locum unde exeunt flumina revertuntur, ut iterum fluant. Omnia flumina intrant mare.

CAP. XLVII. — *De gemina aquæ natura.* — *Cur mare non redundet. Cur fontes in æstate frigidi, in hieme vero calidi.*

Dicitur tamen, quod aqua natura sit duplex, scilicet salsa et dulcis. Salsa maris est gravior, dulcis fontium et fluminum est levior. Et cum legatur quod Dominus fontem in paradiso produxit, et in quatuor flumina dividens totam terram in quatuor partibus mundi rigare præcepit, dicitur quod eruptio fontium omnium, vel fluviorum dulcis aquæ de illo fonte, vel fluviis decurrat, et in matricem abyssum ejusdem fontis refluat. Quæ licet universa mare influat, amaris tamen aquis non commiscetur. Sed ut puta levis super graves aquas labitur, et in occultum suum cursum revertitur. Hinc est quod mare non redundat, cum omnia flumina in illud intrent. Sic et suprema maris unda non est adeo amara quam ea quæ in imo est posita.

Quod fontes sunt in hieme calidi, in æstate autem frigidi hæc causa est: in æstate calor aeris repellit frigus in terram, et inde fit aqua frigida; in hieme vero frigus aeris pellit calorem in terram, et inde fit aqua calida.

CAP. XLVIII. — *De Aqua calida.*

Et cum omnis aqua sit dulcis, aut salsa, videndum unde quædam erumpat calida, vel putida. Sunt quidam specus subterranei naturaliter sulphure pleni. In his cum ventus concipitur, ejus afflatu sulphur accenditur, quod incendium etiam cructant quædam loca ut fit in Sicilia. Cum ergo aqua per hæc ignea loca currit, calorem et putorem inde trahit, et si prope hunc locum erumpit, flammivoma ebullit. Si autem longius recesserit, vix tepescit, deinde penitus frigescit.

CAP. XLIX. — *De mortiferis aquis.*

Sunt alia loca serpentibus plena, qui viciniam veneno inficiunt, quæ dum de terra exsurgit, bibentes interimit, ut fons Styx facit.

CAP. L. — *De mari Mortuo.* — *Bituminis natura.*

Quod aqua maris Mortui a ventis non movetur, et in se nihil vivere patitur, fit ex fontibus bituminis, quibus ædificata est Babel turris. Bituminis autem natura resistit aquæ, et non dividitur, nisi menstruo sanguine.

CAP. LI. — *De animalibus aquarum.* — *Cur aves in aere volent. Amphibiæ.*

Pisces et Aves in aquis ideo commorantur, quia de his facta leguntur. Quod autem aves in aere volant, et in terra habitant, ideo fit quia aer est humidus ut aqua, et terra est aquæ permista. Quod vero quædam animalia de terra creata, in aquis possunt morari, ut sunt crocodili et hippopotami, hoc ideo fit quod aqua est valde terræ permista.

CAP. LII. — *De signis in mari prognosticis.*

Cum in nocturna navigatione scintillat ad remos, tempestas erit. Et dum Delphini undis sæpius exsiliunt, quo illi feruntur inde ventus exsurget et inde nubes undis excussæ cœlum aperiunt.

De profundis aquarum emergamus, et scriptoria penna in aera suspendamur.

CAP. LIII. — *De aere.* — *Dæmones in aere commorantur.*

Aer est omne quod inani simile, a terra usque ad lunam conspicitur, de quo vitalis spiritus hauritur. Et quia est humidus, ideo in eo volant aves : ut in aqua natant pisces. In hoc commorantur dæmones, cum tormento diem judicii præstolantes. Ex quo sibi corpora sumunt dum hominibus apparent.

CAP. LIV. — *De ventis.* — *Ventus quid?*

De hoc procreantur venti. Ventus enim est aer commotus, et agitatus. Et nihil aliud quam aeris fluctus qui in duodecim dividitur; et quisque proprium vocabulum sortitur, de quibus quatuor sunt cardinales illorum collaterales.

CAP. LV. — *De cardinalibus ventis.* — *Septentrio, subsolanus, auster. Quare australes venti majores creant tempestates. Aura, Altanus.*

Primus cardinalis septentrio, qui et Aparctias, faciens frigora, et nubes. Hujus dexter Circius, qui et Thracius, faciens nives et grandinem. Ejus sinister Aquilo, qui et Boreas, constringens nubes.

Secundus cardinalis subsolanus, qui et Apeliotes, temperatus. Cujus dexter Vulturnus, qui et Calcias, cuncta desiccans. Ejus sinister Eurus, nubes generans.

Tertius cardinalis Auster, qui et Notus, humorem, calorem, atque fulmina gignens. Hujus dexter Euroauster, calidus. Hujus sinister Euronotus, temperatus. Australes venti faciunt majores tempestates, quia ex humili flant in mari.

Quartus cardinalis Zephyrus, qui et Favonius hiemem resolvens, floresque producens. Hujus dexter Africus, qui et Lybs, tempestatem, tonitrua generans et fulmina. Ejus sinister Corus, qui et Argestes in oriente nubila, in India faciens serena.

Extra hos sunt duo venti, Aura, et Altanus. Aura in terra, Altanus in pelago.

CAP. LVI. — *De Nubibus.* — *Nubes quomodo nascantur. Nubes unde dictæ.*

Venti suo spiramine aquas in aera trahunt, quæ conglobatæ in nubes densantur. Dicuntur autem nubes quasi nimborum naves. Quibus dum venti inclusi erumpere nituntur magno murmure concre-

Cap. LVII. — De tonitruo et fulminibus.

Strepitus ergo nubium et ventorum est tonitruus. Ignis inde excussus est fulgur; qui ignis ideo quaecunque tongit penetrat, quia est subtilior nostro igne, et magna ventorum vi impellitur. Ab Aquilone fulgur, et ab Euro tonitruus tempestatem, et ab Austro flatus aestumque portendit.

Cap. LVIII. — De Iride. — Iris quomodo fiat.

Arcus in aere quadricolor ex sole et nubibus formatur dum radius solis cavae nubi immissus repulsa acie in solem refringitur. Sicut dum sol in vas aqua plenum fulget, splendor in tecto redditur. De coelo igneum, de aqua purpureum, de aere hyacinthinum, de terra colorem gramineum trahit.

Cap. LIX. — De pluvia. — Quomodo fiat pluvia. Pluvia, nymbus.

Imber ex nubibus descendit; dum enim guttulae in majores guttas coeunt, aeris amplius natura non ferente, non vento impellente, non sole dissolvente, ad terras dilabuntur.

Lenta autem, et jugis defluxio pluvia; repentina, et praeceps nymbus in nubibus vocatur. Quae, licet de amaris aquis maris sit hausta, de solis igne in aere decocta dulcescit, ut marina aqua humo infusa dulcem saporem sumit.

Cap. LX. — De grandine. — Grandinis generatio.

Stillae pluviae ventis et frigore congelatae in aere coagulantur, et in lapillos grandinis mutantur.

Cap. LXI. — De nive. — Nix quomodo fiat.

Nix aquae vapore nondum densato in guttas, sed gelu praeripiente, formatur, quae in alto mari non cadit.

Cap. LXII. — De rore. — Unde ros veniat. Pruina.

Ros de aere venit, quando aquis gravatus rigore noctis et lunae splendore distillat. Si vehementius est frigus noctis, ros in pruinam albescit.

Cap. LXIII. — De nebula. — Unde nebula fiat.

Nebula fit, dum humidae exhalationes vaporaliter in aera trahuntur, vel radiis solis ad terram repelluntur.

Cap. LXIV. — De fumo. — Qualis lignorum resolutio fiat in igne. Fumus cur amarus.

Fumus etiam ascendit de aqua. Omne namque corpus constat ex quatuor elementis. Lignum autem est corpus, quod igni injectum, ignis materies, quae ei inest, ardet. Terrae vero materies uritur in cinerem. Aeris et aquae materies per fumum evanescit in aerem.

Ideo autem est amarus, quia natura aquae est salsa, sive quia terrae permista.

Cap. LXV. — De igniculis.

Quod in nocte videntur stellae cadere, non sunt stellae, sed igniculi, a flatu ventorum ab aethere in aerem tracti, et mox in madido aere exstincti.

Cap. LXVI. — De pestilentia. — Unde nascatur pestilentia aeris et ubi. Ignis unde dicatur.

Pestilentia nascitur aere siccitate, vel calore, vel tempestate corrupto, qui spirando vel edendo perceptus, luem, mortemque generat. Hoc totum quod dixi infra lunam fit in aere, superius vero semper serenum existit.

Cap. LXVII. — De igne. — Angelorum corpora ignea sunt.

Ignis quartum elementum scribitur, quasi non gignis dicitur. A luna usque ad firmamentum extenditur. Is tantum est aere subtilior, quantum aer aqua tenuior, aqua terra rarior. Hic et aether, quasi purus aer dicitur, et perpetuo splendore laetatur. De hoc angeli corpora sumunt, cum ad homines missi veniunt.

Cap. LXVIII. — De planetis. — Unde planetae dicantur. Motus planetarum anomalus.

In hoc septem stellae singulis circulis contra mundum feruntur, et ob vagum cursum planetae, id est, erraticae nominantur. Hae immensa celeritate firmamenti, ab oriente in occidentem rapiuntur; tandem naturali cursu contra mundum ire comprobantur, sicut musca si in rota molendini circumferretur, ipsa tamen proprio motu contra revolutionem ejus ire videretur. Hae nec inferius nec superius propter obliquitatem significi vagantes, radiis autem solis praepeditae, anomalae, vel retrogradae, vel stationariae fiunt.

Cap. LXIX. — De luna. — Luna cur proprium lumen non habeat. Nubecula in luna unde. Proprius lunae motus. Signa prognostica tempestatum in luna.

Luna est primus planetarum, et minima stellarum. Sed ideo major caeteris videtur quia proxima terrae in primo circulo fertur. Hujus corpus est globosum, natura igneum, sed aqua permistum, unde et proprium lumen non habet. Sed in modum speculi a sole illuminatur. Et ideo luna, quasi lucina, id est, a luce nata, nominatur. Quod autem quasi nubecula in ea videtur, ex aquae natura creditur. Dicitur enim, si aqua permista non esset, terram ut sol illustraret. Imo ob vicinitatem maximo ardore vastaret. Globus namque ejus multo terra est amplior. Licet ob altitudinem circuli sui vix videatur modii fundo major. Luna ea parte lucet qua soli est opposita. Ea autem parte est obscura qua a sole aversa est, a sole vero longius remota licet tota sit, tamen crescit, nec minuitur, sed objectu terrae, lumine quod a sole accipit viduatur. Haec licet quotidie violentia firmamenti ab oriente in occidentem feratur, tamen contra mundum nitens, omnia zodiaci signa, viginti septem diebus pervagatur. Circulum autem suum decem et novem annis perambulare affirmatur. Luna quarta, si rubeat quasi aurum, ventos ostendet; si in summo corniculo maculis nigrescit, pluviam mensis exordium. Si in medio, plenilunium serenum.

Cap. LXX. — De Mercurio. — Motus ejus.

Secundus planeta est Mercurius, qui et Stilbon, forma globosus, natura igneus; lunam magnitudin vincens, lumen a sole accipiens, signiferum trecentis triginta novem diebus percurrens.

CAP. LXXI. — *De Venere.* — *Motus ejus.*

Tertius planeta est Venus, Auroræ et Zephali filius, qui et hesperus, lucifer et vesper, rotundus, igneus, contra mundum nitens, ut Mercurius signiferum percurrit trecentis quadraginta octo diebus.

CAP. LXXII. — *De sole.* — *Sol unde dictus. Magnitudo solis. Motus solis. Cur æstate dies longiores, hieme breviores.*

Quartus planeta sol, vel Phœbus, inde dictus, quod solus luceat cæteris stellis obscuratis, vel quod sit super omnia lucens. Forma sphæricus, natura igneus, magnitudine octies terram vincens, omnibus stellis lumen præbens. Hic ab oriente in occidentem impetu firmamenti fertur, sed contra mundum nitens, per totum zodiacum, trecentis sexaginta quinque diebus graditur. Circulum autem suum viginti octo annis perambulare creditur. Hujus præsentia diem, absentia vero ejus efficit noctem. Sicut enim tota die supra terram, sic tota nocte lucet sub terra. Aquilonarem partem cœli peragrans facit nobis longos dies et æstatem, australem vero percurrens, inducit nobis breves et hiemem.

CAP. LXXIII. — *De signis solis prognosticis.*

Sol in ortu suo maculosus, vel sub nube latens pluvialem diem præsagit; si palleat, tempestuosum; si concavus videtur, ita ut medio fulgens radios ad austrum et ad aquilonem emittat, tempestatem humidam et ventuosam; si pallidus in nigras nubes occidat, aquilonem ventum.

CAP. LXXIV. — *De Marte.* — *Motus ejus.*

Quintus planeta est Mars, qui et Pyrois, globosus, igne fervidus. Percurrit signiferum duobus annis.

CAP. LXXV. — *De Jove.*

Sextus planeta est Jupiter, rotundus, temperatus, zodiacum peragrans duodecim annis.

CAP. LXXVI. — *De Saturno.* — *Motus ejus.*

Septimus planeta est Saturnus, qui et Phaeton, filius Solis. In cujus exortu post triginta annos, qui imaginem de ære suderit, loqui verum hominem probabit. Sphæricus, gelidus; contra mundum vero superiorem gradiens, signiferum triginta annis percurrens. Omnes autem post quingentos, et triginta duos annos circulos suos peragunt, et eosdem ut prius repetunt.

CAP. LXXVII. — *De Absidibus planetarum.*

A terræ centro absides [ἀψίδες], id est circuli planetarum, altissimæ sunt, Saturno in scorpione, Jovi in virgine, Marti in leone, soli in geminis, Veneri in sagittario, Mercurio in capricorno, lunæ in ariete, mediis omnium partibus, et contrario ad terræ centrum humillime, atque proxime.

CAP. LXXVIII. — *De coloribus planetarum.*

Suus cuique color est: Saturno candidus, Jovi clarus, Marti igneus, Lucifero candens, Vespero refulgens, Mercurio radians, lunæ blandus, soli ardens. Mutant autem colores a propinquis circulis; a nam frigidior in pallorem, ardentior in ruborem, ventuosus in horrorem a terra in obscuritatem.

CAP. LXXIX. — *De via planetarum.*

Signifer, id est circulus duodecim signorum dividitur in duodecim partes perlatum, sub his feruntur septem planetæ. Sol sub mediis tantum duobus; luna per totam latitudinem; Venus excedens eum binis partibus; Mercurius sub octo partibus, duabus in medio, quatuor supra, duabus infra; Mars sub quatuor medius, Jovis sub media, et super eam duabus; Saturnus sub duabus mediis ut sol.

CAP. LXXX. — *De sono planetarum.* — *Cur sonus planetarum a nobis non exaudiatur. Musica.*

Hi septem orbes cum dulcisona harmonia volvuntur, ac suavissimi concentus eorum circuitione efficiuntur. Qui sonus ideo ad nostras aures non pervenit, quia ultra aerem fit, et ejus magnitudo nostrum angustum auditum excedit. Nullus enim sonus a nobis percipitur, nisi qui in hoc aere efficitur. A terra autem usque ad firmamentum cœlestis musica mensuratur, ad cujus exemplum nostra inventa affirmatur.

CAP. LXXXI. — *De cœlesti musica.* — *Proportiones planetarum. Cur philosophi novem Musas finxerint.*

In terra namque si in luna A, in Mercurio B, in Venere C, in sole D, in Marte E, in Jove F, in Saturno G ponitur, profecto mensura musicæ invenitur, unde a terra usque ad firmamentum septem toni reperiuntur. A terra usque ad lunam est tonus, a luna usque ad Mercurium, semitonium; a Mercurio usque ad Venerem, semitonium; inde usque ad solem, tria semitonia. A sole ad Martem tonus, inde ad Jovem, semitonium; inde ad Saturnum semitonium; inde ad signiferum tria semitonia. Quæ simul juncta septem tonos efficiunt. Tonus autem habet quindecim millia sexcenta viginti quinque milliaria. Semitonium vero septem millia et octingenta duodecim milliaria, et semiss. Unde et Philosophi novem Musas finxerunt, quia a terra, usque ad cœlum consonantias novem deprehendunt, quas homini naturaliter insitas invenerunt.

CAP. LXXXII. — *De homine microkosmo.*

Sicut enim hic mundus septem tonis, et nostra musica septem vocibus distinguitur, sic compago nostri corporis septem modis conjungitur, dum corpus quatuor elementis, anima tribus viribus copulatur, quæ Musica arte naturaliter reconciliatur. Unde et homo μικρόκοσμος, id est minor mundus dicitur, dum sic consono numero cœlesti musicæ par cognoscitur.

CAP. LXXXIII. — *De mensura, sive planetarum distantia.*

A terra autem usque ad lunam sunt duodecim millia et sexcenta stadiorum, quod sunt quindecim millia sexcenta et viginti quinque milliaria. A luna ad Mercurium septem millia octingenta duodecim milliaria et semiss. Inde ad Venerem tantum. Inde ad solem viginti millia tria quadringinta septem et triginta et semiss. milliar. A sole ad Martem quindecim millia sexcenta et triginta mil. Ad Jovem septem millia octingenta duodecim mil. et semiss. Inde ad Saturnum tantum. Inde ad firmamentum viginti tria millia quadringenta trigenta septem et semisse mil.

Sunt itaque a terra usque ad cœlum milliaria centum millia, et novem millia, et trecenta septuaginta quinque milliaria.

Ignem per globos planetarum transcendimus; nunc cœlestia penetremus.

CAP. LXXXIV. — *De cœlo.* — *Cœlum unde dictum. Prognostica tempestatum e cœli specie.*

Cœlum dicitur, quasi *casa ilios* [κάσας ἡλίου], id est domus solis; quasi vas cœlatum, quia est stellis insignitum. Est autem cœlum subtilis igneæque naturæ, rotundum, et a centro terræ æquis spatiis undique collatum. Unde et convexum mediumque undique cernitur, et inenarrabili celeritate quotidie circumagitur.

Cœlum si vespere rubet, serenum diem.
Si mane, tempestuosum significat.
Duæ sunt januæ cœli, oriens, qua sol exit; occidens qua sol intrat.

CAP. LXXXV. — *De climatibus.*

Climata, id est plagæ cœli sunt quatuor :
orientalis ab ortu ;
solstitialis ad brumalem ;
australis inde ad occasum brumalem ;
occidentalis ex hinc usque ad solstitialem,
septentrionalis ab occasu solstitialis ad ortum ejusdem.

CAP. LXXXVI. — *De plagis.* — *Adæ nomen e quatuor plagis mundi compositum est* ADAM.

Oriens ab ortu solis,
occidens ab occasu ejus vocatur;
meridies quasi medidies dicitur.
Septentrio autem a septem stellis appellatur. Trion dicitur bos, quasi teriou; inde septentriones, quasi septem teriones, id est boves. Hæ plagæ Græce ἀνατολή, δύσις, ἄρκτος, μεσημβρία dicuntur, de quibus nomen Adam, qui est minor mundus, componitur.

CAP. LXXXVII. — *De firmamento.*

Superius cœlum dicitur firmamentum, eo quod sit inter medias aquas firmamentum. Hoc et forma sphæricum, natura aqueum, stellis undiqueversum ornatum. Est autem ex aquis instar glaciei in modum chrystalli solidatum ; unde et firmamentum dicitur.

CAP. LXXXVIII. — *De axe.*

In hoc sunt duo poli a poliendo dicti : unus borealis, quia nobis semper videtur; alter australis, qui nunquam a nobis cernitur, quia in divexo orbis positi terræ tumore impedimur. In his cœlum ut rota in axe volvitur.

CAP. LXXXIX. — *De stellis.* — *Cur stellæ in die non appareant. Stellæ unde sic dictæ. Differunt stella, sidus et astrum.*

Cœlum est undique stellatum ; sed ideo in die non apparent, quia fulgore solis victæ latent, sicut sol nube tectus non lucet. Stella quasi stans luna. Stant enim stellæ firmamento infixæ, et non cadunt eo mira celeritate currente. Una autem dicitur stella, multæ simul astrum vel sidus.

CAP. XC. — *De sideribus.* — *Sidus unde dicatur.*

Sidera dicuntur a considerando, eo quod navigantes, vel itinerantes ea considerent.

Sunt autem stellæ omnes rotundæ et igneæ : quarum dispositio soli Deo est cognita, qui stellas numerat, quarum nomina, signa, potestates, cursus, loca, tempora, solus novit. Sapientes vero mundi nomina animalium, vel hominum eis imposuerunt, ut ab hominibus dignosci possint.

CAP. XCI. — *De zodiaco.* — *Unde sit dictus.*

In medio firmamenti sunt duodecim signa per transversum disposita, æqualiter per circuitum distincta. Horum dispositio dicitur Græce zodiacus, latine signifer, eo quod fert signa quæ animalium habent nomina. Ζῶον enim dicitur animal.

CAP. XCII. — *De ariete.* — *Quare aries vro signo ponatur.*

Primum signum zodiaci est aries, exstans ex pluribus stellis, secundum fabulam is qui aureo vellere Phryxum et Hellen trans mare ad Colchos vexit, quare inter sidera translatus est. Pro signo autem ponitur, quia sicut aries, tota æstate in latere dextro ac tota hieme in sinistro cubat. Sic sol sub illo signo gradiens dextram cœli partem perambulat.

CAP. XCIII. — *De tauro.*

Secundum signum est taurus, ob id quod Jupiter in raptu Europæ in taurum est versus, et inter sidera translatus. Ob significationem autem quod sol sub illo signo positus radios suos, ut cornua fortius exerit, et terram arabilem reddit.

CAP. XCIV. — *De geminis.*

Tertium sunt gemini, scilicet Castor et Pollux, filii Jovis, a Troja reversi inter sidera translati. Pro signo autem ponuntur, quia sol sub hoc signo duobus diebus amplius, quam sub aliis moratur.

CAP. XCV. — *De cancro.*

Quartum est cancer, qui maximus Herculem percussit dum hydram Nereis [*f.* Lernæam] occidit, et ideo sidera promeruit. Significat autem, quod sicut cancer retrocedit, sic sol ad illud veniens cursum suum retroflectit.

CAP. XCVI. — *De leone.*

Quintum est leo, qui maximus ab Hercule occisus inter sidera est translatus. Designat autem quod sicut leo in anteriori parte calidæ naturæ, in posteriori est frigidæ. Ita sol in illo signo Augustum mensem prius facit calidum, ad postremum frigidum.

CAP. XCVII. — *De virgine.*

Sextum est virgo, scilicet Erigone, filia Icari sacerdotis, inter astra rapta. Ob signum autem ponitur, quia sicut virgo non parit, sic September, illius signi mensis, nil gignit.

CAP. XCVIII. — *De libra.*

Septimum autem est libra, quam tenet virgo, scilicet Blance vel Justitia, Astræi regis filia, ob æquitatem Justitia dicta, et inter sidera translata. Merita hominum pensat, et in libra Jovi repraesentat. Haec pro superiori virgine ponitur. Signat autem quod soli aequinoctium faciat, cum sub illo signo ambulat.

Cap. XCIX. — *De scorpio.*

Octavum est scorpius, qui maximus Orionem percussit dum bestias terrae occidit, et ob terrae gratiam astra meruit. Pro signo autem grandinum ponitur, quia illo mense, nempe Novembri, in quibusdam terris crebrius fiunt.

Cap. C. — *De sagittario.*

Nonum sagittarius est, qui et arcitenens, scilicet Aleon Cretensis, qui scorpionem, qui filium suum rapuit, sagittavit, nec filium tetigit, et ideo sidera meruit. Designat autem crebros fulminum ictus, qui in Decembri contingunt in aliquibus locis. Quod inferiora membra desunt, significat quod tum sol infera petit.

Cap. CI. *De capricorno.*

Decimum est capricornus, Jovem parvulum a patre projectum, capra clam aluit; quam ipse postea inter sidera transtulit. Est autem significatio, quod sicut caper altum petit, ita illo tempore sol ad alta coeli conscendit. Quod extrema pars ejus desinit in piscem, designat finem illius mensis esse pluvialem.

Cap. CII. — *De aquario.*

Undecimum est aquarius scilicet Ganymedes, Troili regis filius, Jovis amasius ab ipso inter astra locatus, et pincerna deorum factus. Significat autem quod solutis nivibus undosum est illud tempus.

Cap. CIII. — *De piscibus.*

Duodecimum sunt pisces. Cum dii Typhaeum gigantem fugerent in Aegyptum, Venus et Cupido filius ejus versi in pisces latuerunt in aquis. Cumque homines diu pisces devitarent ne forte deos devorarent, illi duo translati sunt in sidera. Designat vero illud tempus esse pluviale.

Cap. CIV. — *Hyades.*

Hyades dicuntur pluviales. *Hya* enim Graece est pluvia, unde latine dicuntur suculae, a Suco. Sunt autem septem stellae in fronte tauri.

Cap. CV. — *Pleiades.*

Pleiades dicuntur, quasi plures. *Ption* enim est plus. Sunt autem septem stellae in genu tauri. Fuerunt autem filiae Atlantis regis et Plaiae. A patre ergo Atlantides, a matre Pleiades, quasi plaiades; ab insula Hesperides. Hae et Vergiliae dicuntur, quia verno tempore oriuntur. Ex his una fuit Maia, mater Mercurii.

Cap. CVI. — *Arctos.*

A dextris zodiaci, versus aquilonem sunt haec signa: juxta axem Arcton, scilicet plaustrum, quod sidus et Septentrio et Helicae nominatur. Cujus stellae sole majores traduntur. Fuit autem Calisto, Lycaonis regis filia, a Jove oppressa, sed a Junone in ursam versa. A Jove vero rapta iterum inter astra

Cap. CVII. — *Bootes.*

Sequitur sidus bootes, id est custos plaustri, quod et arctophylax. Erat autem Calisto filius, a Jove inter sidera positus.

Cap. CVIII. — *Arcturus.*

Deinde est arcturus, scilicet plaustrum, quod et Cynosura dicitur. Haec etiam a Jove oppressa, a Junone in ursam versa, a Jove inter astra est translata.

Cap. CIX. — *Python.*

Inter duo plaustra est serpens Python, quem maximum, Apollo post diluvium Latonae a Junone immissum, occidit, et ob insignem virtutem inter astra transtulit.

Cap. CX. — *Corona.*

Juxta est corona, a Vulcano facta, a Baccho vero Adrianae Minois et Pasiphaae filiae data, et inter astra locata.

Cap. CXI. — *Hercules.*

Inde Hercules sidus. Cum gigantes contra deos pugnarent, diis in unam partem coeli venientibus, coelum ruere voluit. Sed Hercules hoc cum Atlante sustinuit, ideo coelum promeruit.

Ap. CXII. — *Lyra.*

Huic juxta est lyra a Mercurio inventa.

Cap. CXIII. — *Cygnus.*

Prope hanc cygnus, Jupiter ob amorem Laedae reginae in cygnum est conversus, et inter astra raptus.

Cap. CXIV. — *Cepheus.*

Huic conjungitur Cepheus rex, et Cassiopaea uxor ejus.

Cap. CXV. — *Perseus.*

Cui associatur Perseus, filius Jovis, et Danaes, habens juxta se sidus Andromadae uxoris suae, filiae Cephei regis.

Cap. CXVI. — *Deltoton.*

Quibus admiscetur deltoton, quod et triangulum, videlicet forma Aegypti, quia servavit deos a facie Typhaei.

Cap. CXVII. — *Serpentarius.*

Juxta quod locatur serpentarius, scilicet Erichthonius qui et auriga, qui primus quadrigam junxit, eo quod serpentinos pedes habuit. Unde et Graece *Ophyucus* dicitur, ὄφις enim est *serpens*.

Cap. CXVIII. — *Pegasus.*

Huic juxta ponitur Pegasus, scilicet equus alatus et cornutus, igneum halitum et ferreos pedes habens, a sanguine Gorgonis creatus.

Cap. CXIX. — *Delphinus.*

Cui jungitur Delphinus, qui Neptuno Amphitritem in conjugium adduxit, et ideo sidera promeruit.

Cap. CXX. — *Aquila.*

Deinde est aquila; Jupiter in aquilam versus Ganimedem rapuit, quem inter sidera transtulit.

Cap. CXXI. — *Sagitta.*

Huic subest sagitta, ab Hercule Phylocteti data, per quam expugnata est Troja.

A sinistris vero zodiaci versus austrum sunt hæc signa.

Cap. CXXII. — *Hydra.*

Hydra, quæ habuit quinquaginta capita, ab Hercule occisa et ob insigne inter sidera translata.

Cap. CXXIII. — *Crater.*

Super hanc crater, in quo Tagaton, id est summus Deus pastam miscuit, de qua animas fecit, de qua adhuc animæ Letheum poculum bibunt, cum corpora intereunt.

Cap. CXXIV. — *Corvus.*

Super hanc est corvus ab Apolline dilectus et inter astra raptus.

Cap. CXXV. — *Orion.*

Inde est Orion, qui ab urina natus, inter sidera est translatus. Hujus stellæ si fulgent, serenum erit; si obscurentur, tempestas.

Cap. CXXVI. — *Procyon.*

Juxta hunc Procyon Anicani, quod et Anticanis dicitur, qui canis Orionis fertur, et ob insigne interitum inter sidera locatus.

Cap. CXXVII. — *Canicula.*

Huic connectitur canicula, quæ et Syrius dicitur et ab hac dies caniculares nominantur. Fuit autem canis Erygones filiæ Icari sacerdotis, quæ dolens patrem necatum, laqueo se suspendit dum eum canis ducatu invenit. Ambo autem sunt inter sidera rapti.

Cap. CXXVIII. — *Lepus.*

Deinde est lepus, qui a Ganymede agitatus, a Jove inter astra est translatus.

Cap. CXXIX. — *Eridanus.*

Sequitur Eridanus fluvius, qui et Padus. Erat autem Phaeton, Phæbi filius, qui currum regere patris inscius, mundum incendit et ideo fulmine Jovis in hoc flumine interiit. Qui in Eridanum mutatus, inter sidera est translatus.

Cap. CXXX. — *Cetus.*

Cui associatur cetus, quem Perseus occidit dum Andromedam devorare voluit, quem Jupiter ob insigne filii, inter astra locavit.

Cap. CXXXI. — *Centaurus.*

Juxta hunc est centaurus, scilicet magister Achillis, et ob nimiam virtutem in cœlo locatus.

Cap. CXXXII. — *Ara.*

Sacrarium etiam, id est altare in quo dii juraverunt, cum Saturnus et Jupiter inter se pugnaverunt.

Cap. CXXXIII. — *Argo.*

Inde est Argo, videlicet prima navis, apud Argos civitatem a Typheo facta, et in cœlum rapta.

Cap. CXXXIV. — *Pistrix.*

Ad extremum est pistrix sive chimæra, quæ bestia capite leo, media capra, draco fuit cauda, a Bellerophonte occisa, et inter sidera translata.

Cap. CXXXV. — *Canopus.*

Est et canopus sidus Ægypti præclarum, quod a nobis minime videtur, sicut nec a Trogloditis, juxta Ægyptum Septentrio.

Ex his signis semper dimidia pars super terram, dimidia est sub terra, et pars cœli, quæ super terram apparet hemisphærium vocatur, id est, dimidium cœlum.

Cap. CXXXVI. — *Lactea zona.* — *Cur candida sit.*

Lactea autem zona ideo candida est, quia omnes stellæ fundunt in eam sua lumina.

Cap. CXXXVII. — *De cometa*

Cometæ sunt stellæ flammis crinitæ, in lactea zona versus aquilonem apparentes, regni mutationem, aut pestilentiam, aut bella, vel ventos, æstus, vel siccitatem portendentes. Cernuntur autem septem diebus, si diutius, octoginta.

Sidera fabulosis involuta, imo polluta perlustravimus. Altius scandentes astra matutina, solemque solis inspiciamus.

Cap. CXXXVIII. — *Aqueum cœlum.*

Super firmamentum sunt aquæ instar nebulæ suspensæ, quæ cœlum in circuitu ambire dicuntur, unde et aqueum cœlum dicitur.

Cap. CXXXIX. — *Spirituale cœlum.*

Super quod est spirituale cœlum, hominibus incognitum, ubi est habitatio angelorum per novem ordines dispositorum. In hoc est paradisus paradisorum, in quo recipiuntur animæ sanctorum, hoc est in cœlum quod in principio legitur cum terra creatum.

Cap. CXL. — *Cœlum cœlorum.*

Huic longe supereminere dicitur cœlum cœlorum in quo habitat rex angelorum.

LIBER SECUNDUS.

Priori libello globum totius mundi oculis corporis repræsentavimus, sequenti jam tempus in quo volvitur, oculis anteponamus.

Cap. I. — *De ævo.* — *Ævum quid sit.*

Ævum est ante mundum, cum mundo, post mundum. Hoc ad solum Deum pertinet, qui non fuit, nec erit sed semper est.

Cap. II. — *De Temporibus æternis.* — *Angelos ante mundum cœpisse.*

Tempora æterna sub ævo sunt, et hæc ad archetypum mundum, et angelos pertinent, qui ante mundum esse cœperunt, et cum mundo sunt et post mundum erunt.

Cap. III. — *De temporibus mundi.* — *Similitudo de fine temporis. Tempus unde dicatur et quid sit. Partes temporis.*

Tempus autem mundi est umbra ævi. Hoc cum mundo cœpit, et cum mundo desinet. Veluti si funis ab oriente in occidentem extenderetur, qui quotidie plicando collectus, tandem totus absumatur. Per hoc extenduntur sæcula, sub hoc currunt universa in hoc mundo posita. Hoc uniuscuiusque vita mensuratur. Hoc series dierum, et annorum terminatur.

Tempus autem a temperamento dicitur, et nihil aliud est, quam vicissitudo rerum.

Hocque in atomos, ostenta, momenta, partes, minuta, punctos, horas, quadrantes, dies, hebdomadas, menses, vicissitudines, annos, cyclos, ætates, sæcula, dividitur.

CAP. IV. — *De atomis.*

Atomus dicitur insecabile. Est enim minus quam illud quod volat in sole. Est autem minimum temporis spatium, sicut motio palpebræ oculi, quæ et ictus oculi dicitur, et est trecentesima septuagesima sexta pars ostenti.

CAP. V. — *De ostentis.*

Ostentum est, quod aliquid ostendit aspicientibus. Est autem sexagesima pars unius horæ, habens in se trecentos septuaginta sex atomos.

CAP. VI. — *De momentis.*

Momentum est motus siderum, unde et dicitur. Est autem quadragesima pars horæ, continens ostentum et dimidium.

CAP. VII. — *De partibus.*

Partes a partitione zodiaci dicuntur, qui in trecenos dies per singulos menses partitur. Est autem decimaquinta pars horæ, continens in se duo momenta et duas partes momenti.

CAP. VIII. — *De minutis.*

Minutum est minus intervallum in horologio. Est autem decima pars, aliquando quinta horæ, habens duo minuta, et dimidium horæ.

CAP. XIX. — *De punctis.*

Punctus autem est parvus transcensus puncti in horologio. Est autem quarta pars in sole.

CAP. X. — *De horis.*

Hora est terminus cujusque rei. Est autem hora, quandiu stans aqua, a jactu lapidis movetur, et est duodecima pars diei, constans ex quatuor punctis, minutis decem, partibus quindecim, momentis quadraginta, ostentis sexaginta, atomis viginti duobus mil. quingentis et sexaginta. Et dicitur ab horologio, id est certus limes in horologiis temporis.

CAP. XI. — *De quadrante.*

Quadrans est quarta pars diei habens tres horas, naturalis autem diei horas sex.

CAP. XII. — *De die.* — *Unde dictus dies. Alia diei definitio.*

Dies autem est septima pars hebdomadæ vulgaris, continens duodecim horas. Naturalis autem viginti quatuor. Dicitur autem dies a discernendo, eo quod lucem a tenebris discernat. Est autem dies aer sole illustratus; cum enim sol est super terram, est hic dies: cum sub terra est ibi dies.

CAP. XIII. — *De longis et brevioribus diebus.*

Sol cum aquilonarem partem cœli circuit, nobis in devexo terræ positis, citius surgit et tardius occidit, et ideo longiores dies facit. Cum vero australem perambulat, nobis tardius surgere et citius occidere videtur, quia tumor mediæ terræ quæ rotunda est

A visui nostro objicitur, et tunc quidem nobis dies breviores: illi autem parti longissimos facit.

CAP. XIV. — *De zodiaci signis, et parallelis solis.*

Zodiacus namque ex duodecim signis constans, ab aquilone in austrum porrectus, flexuoso lapsu cœlum cingit, sub quo sol incurrens mundum in octo parallelos, id est circulos, dividit, quibus singulis diversum diem facit. Longitudo autem zodiaci in trecentas sexaginta partes secatur, latitudo ejus in duodecim partitur. Partium autem sectio nihil aliud est, quam solis unius diei progressio. Unum ergo quodque signum per duas horas oritur, per duas occidit, et in unoquoque sol triginta diebus immoratur. Qui dum flexuoso draconis meatu sub signis obliqui zodiaci currit, mundum in octo circulos distinguit.

B

CAP. XV. — *De primo circulo.*

Primus circulus ab India versus austrum per mare Rubrum et Africam ad columnas Herculis pervenit. Hercules enim orbem pertransiens, ibi columnas fixit ubi finem mundi esse putavit. In hoc ergo circulo æquinoctiali die medio gnomon, id est radius horologii septem pedum umbram, quatuor pedum longam reddit, dies longissimus quatuordecim horas æquinoctiales habet.

CAP. XVI. — *De secundo circulo.*

Secundus ab occasu Indiæ per Medos vadit et Persas, Arabiam, Syriam, Cyprum, Cretam, Lilybæum montem Siciliæ, et septentrionalia Africæ pertingit, umbilicus æquinoctio triginta quinque pedum, umbram viginti tantum pedum reddit. Dies maxima est horarum quatuordecim, et quinta parte unius horæ.

C

CAP. XVII. — *De tertio circulo.*

Tertius oritur ab Indis Imavo proximus, et per Caspias portas, Taurum, Pamphyliam, Rhodum, Cycladas, Syracusas, Catinam et Gades tendit. Gnomones cunctæ umbram trigintaocto unciarum faciunt. Longissimus dies horarum quatuordecim, et dimidia ac trigesima unius horæ.

CAP. XVIII. — *De quarto circulo.*

Quartus ab altero latere Imavi per Ephesum mare, Cycladum, septentrionalia Siciliæ, Narbonensis Galliæ exortiva, Africæ matutina, tendit ad occasum.

D Gnomon triginta quinque pedum, facit umbram viginti pedum. Longissimus dies habet quatuordecim horas, et tertias duas unius horæ.

CAP. XIX. — *De quinto circulo.*

Quinto circulo ab introitu Caspii maris continentur Bactria, Armenia, Macedonia, Tharentum, Thuscum mare, Baleares, Hispania, Media. Gnomon septem pedum umbram sex pedum reddit. Maximus dies horarum quindecim.

CAP. XX. — *De sexto circulo.*

Sextus amplectens Caspias gentes, Caucasum, Samothraciam, Illyricos, Campaniam, Etruriam, Massiliam, Hispaniam, Taraconensem, Mediam, et inde per Lusitaniam vadit. Gnomon pedum novem umbram octo pedum facit. Longissimus dies horarum quindecim et nona parte horæ.

CAP. XXI. — *De septimo circulo.*

Septimus ab altera ora Caspii maris incipit, et per Thraciam versus Venetiam, Cremonam, Ravennam Transalpinam, Galliam, Pyreneum, Celtiberiam vadit. Gnomon triginta quinque pedum, umbra triginta sex. Amplissima dies horarum quindecim, et quintarum partium horæ trium.

CAP. XXII. — *De octavo circulo.*

Octavus a Tanai per Mœoticum lacum et Sarmatas, Dacos, partemque Germaniæ Galliæ ingreditur. Gnomon, ut supra. Longissimus dies horarum sedecim.

CAP. XXIII. — *De quatuor solis circulis*

Extra hos facit sol quatuor circulos. Duos in austro et duos in aquilone. Unum in austro per insulam Meroen, et Ptolemaidam, Rubri maris urbem, ubi longissimus dies est horarum duodecim, dimidia hora amplior. Alterum per Syenem Ægypti, qui est horarum tredecim. Unum in aquilone per hyperboreos montes, et Britanniam, horarum septemdecim. Alterum Scythicum a Riphæis jugis in Thylen, in quo sex mensibus est dies, sex aliis nox.

CAP. XXIV. — *De varia umbra dierum.* — *Puteus in Syene. Fiscii populi.*

Adhuc in aliis terrarum locis variat sol umbram. Nam umbilici qui gnomon dicitur umbra, in Ægypto, æquinoctiali die, meridie paulo plus, quam dimidiam gnomonis mensuram efficit. In Roma, nona pars gnomonis deest umbræ. In Ancona, superest quinta tricesima. In Venetia, iisdem horis umbra gnomoni par fit. In Syene, solstitiali die medio nulla fit umbra, ibique puteus a philosophis ad hoc ipsum factus totus interius illuminatur. In meridie sunt populi, Fiscii dicti, qui umbram ex utroque latere mittunt. In India super flumen Hypanim, in solstitiali die umbra absumitur. Apud Troglodytas, quadraginta quinque diebus ante solstitium, et totidem postea umbra penitus absumitur. Et his nonaginta diebus umbra in meridiem jacitur. In Meroe, insula Nili, bis in anno absumitur umbra, cum sol est in duodecima parte tauri, et in decima quarta parte leonis. In India sunt loca Ascia dicta, ubi non sunt umbræ, et septentrio ibi non videtur.

CAP. XXV. — *De horizonte.*

Horizon et quantum aspectus cujusque in circuitu circumscribit, et cœlum undique terræ imminere putatur. Quod in lato mari melius dignosci potest, ubi nullum obstaculum se præfert. Extenditur autem horizon in spatium longitudinis trecentorum et novem stadiorum. Centum enim et octoginta stadia non excedit acies contra videntis. Sed visus cum ad hoc spatium venit, deficiens in rotunditatem recurvatur. Hic numerus geminatus in ante et retro horizontem efficit.

CAP. XXVI. — *De dierum divisione.* — *Mane unde dictum. Meridies unde dicta. Supremum unde dictum.*

Dies vulgaris habet tres divisiones, mane, meridiem, supremum. Mane ab ortu solis usque ad quartam horam dictum a mane, quod est bonum, nihil enim melius luce; vel a Manibus, id est diis infernalibus, qui diem tota nocte inclusum mane emittunt. Meridies a media die; et dicitur quasi mera et pura dies. Supremum ab hora nona, usque ad solis occasum. et dicitur inde : quod supprimat solis cursum.

CAP. XXVII. — *De initio et fine dierum.*

Hebræi, Chaldæi et Persæ, diem a mane inchoantes in mane finiunt; Ægyptii ab occasu, usque ad occasum; Romani a medio noctis, usque in medium; Umbri et Athenienses a meridie usque ad meridiem; christiani a vespera usque in vesperam.

CAP. XXVIII. — *De nominibus dierum.* — *Cur ordo planetarum in denominatione dierum septimanæ non servetur. Christiani quomodo dies nominent.*

Sic autem Hebræi nominant dies : Una Sabbati, vel Sabbatorum, vel prima Sabbati; secunda Sabbati; tertia Sabbati; quarta Sabbati; quinta Sabbati; sexta Sabbati; Sabbatum.

Pagani vero sic : Dies Solis, dies Lunæ, dies Martis, dies Mercurii, dies Jovis, dies Veneris, dies Saturni. Sed cum hæc nomina a planetis habeant, videndum cur non eumdem ordinem servent. Sed hæc causa est : dies naturalis dividitur in viginti quatuor horas, ex quibus si unicuique planetæ per circuitum ter una hora tribuitur, expensis omnibus, cui planetæ prima iterum obvenit, huic et nomen diei ascribitur. Christiani autem sic dies nominant : Dominica dies, secunda feria, tertia feria, quarta feria, quinta feria, sexta feria, Sabbatum.

CAP. XXIX. — *De nocte.*

Nox dicitur a nocendo, eo quod noceat oculis. Est autem nox, solis absentia, terræ umbra. Fit autem umbra a corpore et luce. Dum enim lux solis est sub terra, corpus terræ umbram superius parit, quæ usque ad lunam pertingit.

CAP. XXX. — *De umbra.*

Dicitur autem umbra, quasi ob radium, scilicet solis, ubi lux par est corpori, ibi par est et umbra; ubi lux major corpore, ibi umbra deficit; ubi lux corpore exilior, ibi umbra in infinitum crescit. Cum sol australem cœli plagam perlustrat, nobis noctem prolongat. Cum vero aquilonarem, eam nobis breviat.

CAP. XXXI. — *De eclypsi.* — *Quomodo fiat.*

Cum luna umbram noctis incidit, a luce deficit, et hic defectus eclypsis dicitur. Sol vero objectu lunæ eclypsin patitur, dum videlicet luna sub sole in eadem linea graditur.

CAP. XXXII. — *De septem temporibus noctis.*

Habet autem nox septem tempora. Videlicet, crepusculum, vesperum, conticinium, intempestum, gallicinium, matutinum, diluculum.

1° *Crepusculum* est dubia lux. Creperum enim dicitur dubium. Est autem inter tenebras et lucem.

2° *Vesperum*, a stella quæ vesperus nominatur.

3° *Conticinium*, cum omnia conticescunt, id est silent.

4° *Intempestum*, media nox, cum non est tempus operandi.
5° *Gallicinium*, cum galli cantant.
6° *Matutinum*, cum mane aurora adventat.

CAP. XXXIII. — *De Hebdomada.*

Hebdomada quarta pars lunaris mensis dicitur, Græce vero a septenario numero : ἑπτά enim dicitur septem. Latine autem dicitur septimana, quasi septem manes, id est dies.

Hæc habet septem species.

Prima est hebdomada divina, in qua Deus sex diebus cuncta condidit et in septimo requievit.

Secunda est in qua hic mundus volvitur, in qua nos exemplo Dei sex diebus operamur.

Tertia est septem hebdomadæ insimul, priusquam Pentecoste celebratur. In qua lex Judæis, Spiritus sanctus Christianis datur.

Quarta est septem mensium, per quos tres festivitates Tabernaculorum servabantur.

Quinta est septem annorum, per quos annus remissionis agebatur, in quo populus ab opere cessare jubebatur.

Sexta est septies septem annorum, post quos Jubilæus annus feriabatur.

Septima est septuagies septies annorum, post quos Christus nasci a Daniele, imo ab angelo promittebatur.

CAP. XXXIV. — *De mensibus. Mensis lunaris solaris mensis.*

Mensis est duodecima pars anni. Dicitur autem a mensura, vel a Mene, quod est luna.

Lunaris autem mensis viginti novem diebus, duodecim horis impletur.

Solaris vero triginta diebus, ac decem semis horis. Lunaris mensis est a nova luna usque ad novam. Luna autem pervolat zodiacum viginti novem diebus, et duodecim horis ; bis duodecim sunt viginti quatuor, quod est integer dies. Hic quia non potest dividi, uni mensi ascribitur. Inde est, quod unus mensis habet tricesimam, alter vicesimam nonam lunam.

Solaris mensis est unius signi progressio. Sol in unoquoque signo moratur triginta diebus et dimidio, quia dimidius in duobus signis efficit integrum diem. Hic quia non potest in duos partiri, uni ascribitur mensi, et ideo habet unus mensis triginta unum diem, alter triginta.

CAP. XXXV. — *De nominibus mensium.*

Hebræi, auctore Moyse, sic menses nominant, incipientes ab Aprili, in quo Pascha celebrant:

Nisan.	*Aprilis.*
Liar.	*Maius.*
Sinan.	*Junius.*
Thamus.	*Julius.*
Ab.	*Augustus.*
Elul.	*September.*
Thirsi.	*October.*
Marhesvan.	*November.*
Casleu.	*December.*
Tebet.	*Januarius.*
Sebat.	*Februarius.*
Adar.	*Martius.*

Ægyptii vero, auctore Abraham, menses a Septembri computant. Sicque eos vocant :

Θώθ.	*September.*
Φαωφί.	*October.*
Ἀθύρ.	*November.*
Χοιάκ.	*December.*
Τυβί.	*Januarius.*
Μεχειρ.	*Februarius.*
Φαμενώθ.	*Martius.*
Φαρμουθί.	*Aprilis.*
Παχών.	*Maius.*
Παυνί.	*Junius.*
Επιφί.	*Julius.*
Μεσορή.	*Augustus.*

Græci autem, Phoroneo auctore, a Decembri menses inchoant, quos sic appellant :

Ἀπιλλαῖος.	*December.*
Αὐδυναῖος.	*Januarius.*
Περίτιος.	*Februarius.*
Δύστρος.	*Martius.*
Ξανθικός.	*Aprilis.*
Ἀρτεμίσιος.	*Maius.*
Δεύσιος et Δαίσιος.	*Junius.*
Πάνεμος.	*Julius.*
Λώοος.	*Augustus.*
Γορπιαῖος.	*September.*
Ὑπερβερίταιος.	*October.*
Δῖος.	*November.*

CAP. XXXVI. — *De mensibus Romanorum.*

Romulus Romanis decem menses ordinavit, quorum primum Martium a Marte, qui in hoc mense in Phrygia natus est, nominavit, cujus se illium falso prædicavit.

Decimum vero Decembrem appellavit.

Numa vero Pompilius duos, Januarium videlicet et Februarium adjecit.

Sunt autem menses Romanorum, ab idolis, a regibus, a numeris dicti.

CAP. XXXVII. — *De Januario.*

Primus Januarius dicitur, ab idolo Jano, deo principii, eo quod hic mensis est principium anni. Dicitur et a Janua, eo quod per eum intret annus.

CAP. XXXVIII. — *De Februario.*

Secundus Februarius, a Februo, id est ab idolo Plutone deo infernali, cui hoc mense sacrificabant, dum civitatem in ejus honorem luminibus lustrabant. Dicitur a febre, id est frigore, quia frigidum est illud tempus.

CAP. XXXIX. — *De Martio.*

Tertius Martius a Marte idolo deo belli, patre Romuli, auctoris Romanæ gentis ; cui Marti milites hoc mense sacrificabant. Dicitur etiam a maribus, eo quod cuncta animantia hunc mares desiderent.

CAP. XL. — *De Aprili.*

Quartus Aprilis, ab Aphrodisi vel Afrili, id est Venere idolo dea amoris, cui consecratus erat hic mensis. Dicitur etiam quasi aperilis, eo quod aperiat terram in flores.

CAP. XLI. — *De Maio.*

Quintus Maius a Maia et Jove, quasi a majestate, sive a Maia matre Mercurii, cui mercatores hoc mense sacrificabant. Dicitur et a majoribus scilicet principibus Romanorum, qui hoc mense Jovi immolabant.

CAP. XLII. — *De Junio.*

Sextus Junius a Junone dea regni dictus, cui erat consecratus. Dicitur et a junioribus, qui armis Romam defendebant, et regni fastigium e Junone affectabant.

CAP. XLIII. — *De Julio. Unde dictus Quintilis.*

Septimus Julius, a Julio Cæsare, qui in hoc mense imperator creatus est, et in hoc in deum est relatus. Hic prius Quintilis dicebatur, eo quod quintus esset a Martio, qui primus erat institutus a Romulo.

CAP. XLIV. — *De Augusto. Unde dictus Sextilis.*

Octavus Augustus, ab Augusto Cæsare, qui in hoc mense victor exstitit, et Romanum imperium adauxit. Ideoque divinitatem promeruit. Hic prius Sextilis est dictus, eo quod a primo Martio esset sextus.

CAP. XLV. — *De Septembri.*

Nonus September, quasi septimus imber.

CAP. XLVI. — *De Octobri.*

Decimus October, quasi octavus imber.

CAP. XLVII. — *De Novembri.*

Undecimus November, quasi nonus imber.

CAP. XLVIII. — *De Decembri.*

Duodecimus December, quasi decimus imber. Sunt enim hi menses pluviales, et ideo a numero, et imbribus nomen habent.

CAP. XLIX. — *De Kalendis.*

Kalendæ, a verbo καλέω, quod est *convoco*, dicuntur. Pontifex namque novam lunam regi nuntiare debuit, post cujus sacrificium Kalo quinquies, vel sexies clamavit, per hocque signum populum in curiam, ob hoc Calabriam dictam, ad sacrificium vocavit. Et ab hoc verbo καλέω primam diem mensis Kalendas vocare placuit.

CAP. L. — *De Nonis.*

Inde per novem dies vulgus de rure vocatus in urbem convenit, et ibi feriarum servandarum scita a rege, vel pontifice, accepit, et inde Nonæ dicuntur. Dicuntur et a nundinis, et mercimoniis quæ vel in urbem deferebant, vel ibidem emebant.

CAP. LI. — *De Idibus.*

Idus dicuntur dies qui menses dividunt, ab iduare, quod est *dividere* : Dicuntur etiam ab idæa, quod est *species*, quia luna plenam sui speciem in medio mense monstrat.

Hebræi, et Ægyptii et Græci nec Kalendas, nec Nonas, nec Idus observant, sed tantum dies a nova luna, ad novam computant.

CAP. LII. — *De vicissitudinibus anni.*

Vicissitudo in quatuor anni tempora dividitur, et unumquodque tribus mensibus distinguitur. Dicta autem vicissitudo, quia vices mutat in anno; videlicet in ver, æstatem, autumnum, et hiemem.

CAP. LIII. — *De vere.*

Ver est quarta pars anni, constans tribus mensibus; dicitur a vernando, quia tunc prata virent, sylvæ frondent. Hoc est humidum et calidum, et in hoc fit æquinoctium.

CAP. LIV. — *De æstate.*

Æstas est quarta pars anni, constans tribus mensibus, et dicitur ab æstu, id est calore. Hæc est calida et sicca. Hæc et messis vocatur et in hac solstitium celebratur.

CAP. LV. — *De autumno.*

Autumnus est quarta pars anni tribus mensibus constans. Et dicitur ab Autumno, id est colligo, scilicet fructus terræ. Hic est siccus et frigidus. Hic etiam vindemia nominatur, et in hoc æquinoctium libræ æquatur.

CAP. LVI. — *De hieme.*

Hiems est quarta pars anni; tribus mensibus perficitur, et a rigore dicitur. Est enim frigida et humida, et in hac agitur solstitialis dies.

CAP. LVII. — *De inæqualitate temporis.*

Hæc autem vicissitudo in nostris tantum partibus agitur. In India vero, ubi sunt alii ortus siderum, sunt binæ in anno æstates, binæ messes. In medio hiems placida. In Ægypto quoque natura hiemis media hieme campus herbis, floribus, sylvæ frondibus vestitur, quandoque arbor pomis oneratur.

CAP. LVIII. — *De elementis.*

Quatuor quoque elementa qualitatibus quatuor temporum connectuntur. Terra namque sicca et frigida autumno; aqua frigida et humida hiemi; aer humidus et calidus veri; ignis calidus et siccus æstati colligatur.

CAP. LIX. — *De homine microcosmo.*

Iisdem qualitatibus est humanum corpus temperatum, unde et microcosmus, id est minor mundus appellatur. *Sanguis* namque qui vere crescit, est humidus et calidus, et hic viget in infantibus. *Cholera rubea* crescens in æstate; est calida et sicca, et hæc abundat in juvenibus. *Melancholia* a cholera nigra crescens autumno in provectioribus. *Phlegmata,* quæ hieme dominantur in senibus.

In quibus sanguis pollet sunt hilares, misericordes, ridentes, loquaces.

In quibus cholera rubea sunt macilenti, voraces, veloces, audaces, iracundi, agiles.

In quibus nigra cholera stabiles, graves, compositi moribus, et dolosi sunt.

In quibus phlegmata tardi, somnolenti, obliviosi sunt.

CAP. LX. — *De anno.*

Annus dicitur ab innovando, eo quod cuncta transeuntia innovat.

Dicitur et annus, quasi annulus, eo quod in se revolvitur, ut circulus.

Annus autem multis modis accipitur.

Cap. LXI. — *De anno lunari.*

Lunaris annus quinquevarie dicitur.

Primus lunaris annus est, cum luna omnia signa zodiaci pervolat, qui viginti septem diebus et octo horis constat.

Secundus, duobus diebus et quatuor horis prolixior, postquam luna a sole reaccenditur, qui proprie mensis nominatur.

Tertius qui dicitur communis, qui duodecim hujusmodi mensibus, in trecentis quinquaginta quatuor diebus expletur.

Quartus embolismus, id est superaugmentum, qui tredecim mensibus in trecentis, octoginta quatuor diebus conficitur. Qui uterque ab Hebræis a Paschali mense incipit, ibique finitur. A Romanis autem a Januarii luna inchoatur, ibique terminatur.

Quintus est lunaris, sive decemnovennalis, cum luna post novemdecim annos ad easdem revertitur ætates.

Cap. LXII. — *De solari anno.*

Solaris annus est, cum sol omnia zodiaci signa perlustrat, qui trecentis sexaginta quinque diebus et sex horis constat.

Cap. LXIII. — *De bissextili.*

Bissextilis annus est, dum quarto anno bissextus inseritur, et uno die longior priori cognoscitur. Est et alius solaris annus, cum sol post viginti octo annos circulum concurrentium complet.

Cap. LXIV. — *De Mercurii anno.*

Mercurius, trecentis triginta novem diebus circulum suum complet.

Cap. LXV. — *Veneris annus.*

Veneris annus trecentis quadraginta octo diebus perficitur.

Cap. LXVI. — *Martis annus.*

Martis annus duobus solaribus constat.

Cap. LXVII. — *Jovis.*

Jovis annus duodecim annis exstat.

Cap LXVIII. — *Saturni.*

Saturni annus triginta annis completur.

Cap. LXIX. — *Annus magnus.*

Magnus annus quingentis triginta duobus annis revolvitur.

Extra hos sunt duo legales anni. Unus qui dicitur annus remissionis, habens curricula septem annorum, alter Jubilæus quinquaginta annorum.

Cap. LXX. — *De anno civili. — Cur Plato tot millia annorum ponat.*

Annum civilem, id est solarem Hebræi verno ab æquinoctio, Græci a solstitio, Ægyptii ab autumno, Romani a bruma incipiunt. Apud Indos unus mensis; apud Ægyptios vero olim erat annus quatuor mensium; apud Acarnanas, sex mensium; apud Lavinios tredecim mensium; apud quosdam, unumquodque tempus anni, scilicet ver et alia pro anno computatur. Unde et Plato ponit novem millia annorum, Tullius vero quindecim millia annorum.

Cap. LXXI. — *De bissexto. — Cur in Februario intercalaris dies ponatur.*

Annus solaris, ut in horoscopo horologii est inve- A stigatum, trecentis sexaginta quinque diebus, et quadrante conficitur. Quadrans autem est quarta pars diei, scilicet sex horæ. In quatuor autem annis quatuor quadrantes viginti quatuor horas conficiunt, quod est integer dies. Hi ergo dies in quarto anno sexto Kalend. Martii intercalatus et bissextus nominantur. Hunc Julius Cæsar interposuit, et totius computi errorem per hunc correxit. Hunc Ægyptii et Græci in fine anni supponunt, Romani autem in Februario, eo quod cæteris brevior est, inserunt. Quia olim ibi integer mensis intercalabatur; ideo vero non ante sextum Kalend. Martii, quia sept. kalend. Martii magno tripudio civitatem lustrabant, et nihil eis incipere ante transactam festivitatem licebat.

Cyclus Bissextilis quatuor impletur annis.

Cyclus indictionalis ab Octobri incipiens quindecim annis.

Cyclus decennovennalis, a Paschali luna, inchoans novendecim annis.

Cyclus solaris a Martio inchoans, viginti septem annis.

Cyclus magnus, quingentis, triginta duobus annis perficitur.

Cap. LXXII. — *De olympiadibus.*

Olympias sunt quatuor anni. Apud Elidem civitatem Græciæ est institutum, post quatuor annos ad Olympium montem convenire, et ibi palæstrales ludos agere, et inde dicuntur olympiades.

Cap. LXXIII. — *De lustris.*

Lustrum sunt quinque anni. Romanis enim ab omnibus gentibus solvebatur tributum. Quinque annis æs, quinque argentum, quinque aurum. Et semper per quinquennium Romam veniebant, et urbem lustrabant, et inde unumquodque quinquennium lustrum dicitur.

Cap. LXXIV. — *De Indictionibus.*

Omnes autem simul indictiones, ab indicendo dicuntur, quia semper post quindecim annos ad primum censum, id est æs revertebatur.

Cap. LXXV. — *De ætate. — Hominis ætates sex. Sex ætates mundi.*

Ætas vel generatio, est vita uniuscujusque hominis, vel centum anni. Est etiam ætas cum nullus superfuerit, qui nunc vivit. Sunt quoque sex ætates hominis. Prima, *infantia* ad septem annos;

secunda *pueritia*, ad quatuordecim annos;

tertia *adolescentia*, ad viginti, et unum annum,

quarta *juventus*, ad quinquagesimum annum;

quinta *senectus*, ad septuagesimum annum;

sexta *decrepita*, ad centum annos, vel usque ad mortem.

Sunt nihilominus sex ætates mundi.

Prima ab Adam ad Noe;

secunda a Noe ad Abraham;

tertia ab Abraham ad David;

quarta a David ad transmigrationem Babylonis;

quinta inde ad Christum;

sexta usque in finem mundi.

Cap. LXXVI. — *De Sæculo.*

Sæculum sunt mille anni ; dicitur autem sæculum quod se sequitur, in sæculum sæculi.

Sæculum, tempus Græce.

Sæculum temporis legis.

Sæcula sæculorum.

Sæcula, tempora Christianorum.

Sæcula Judæorum et paganorum.

Est et sæculum sæculi, regnum cœlorum, quod sequitur istud sæculum, sicut scribitur : *Beati qui habitant in domo tua, Domine, in sæculum sæculi* (*Psal.* LXXXIII, 5).

Cap. LXXVII. — *De decennovennali cyclo.*

Decennovennalis cyclus dicitur, quasi novendecim annorum circulus. Per tot enim annos peragit luna cursum suum, nitens contra firmamentum.

Dividitur autem in duo,

In duodecim communes, et in septem embolismales annos.

Communes dicuntur, cum duo æquales, scilicet duodecim mensium lunarium a Pascha ad aliud Pascha concurrunt.

Embolismus, qui supercrescens dicitur, est is qui a Pascha ad aliud Pascha, tredecim menses, id est tredecim novas lunas habet. Hoc totum ideo fit quod Pascha ante æquinoctium et ante decimam quartam lunam Aprilis, qui apud Hebræos primus dicitur, agi non licet.

Cap. LXXVIII. — *De ogdoade.*

Dividitur adhuc in duo : in octoadem, et endecadem. Octoas sunt octo anni, endecas undecim. Duo enim communes semper præcedunt embolismum. In octavo autem loco præcedit unus communis embolismum, et hic numerus octoas appellatur. Deinde iterum semper duos communes præcedit tertius embolismus. In undecimo vero loco unus tantum præcedit embolismum. Et hic numerus endecas vocatur.

Cap. LXXIX. — *De cyclo solari.*

Solaris autem cyclus viginti octo annis peragitur, propter septem bissextos. Oportet enim ut bissextus singulos dies septimanæ tangat, et sic per eosdem recurrat. Septies autem quatuor faciunt viginti octo ; bissextus enim in quarto tantum anno interponitur.

Cap. LXXX. — *De numero articulorum.*

Lunarem cursum sic in articulis adjunctis unguibus computabis. A radice pollicis lævæ manus incipe et per singulos articulos, et ungues numera, et in fine minimi digiti novemdecim annos habebis.

Solarem sic autem in articulis utriusque manus absque unguibus computabis. A minimo digito lævæ manus inchoa, et per transversum in quatuor digitis numera. In quarto semper bissextum nota, In altera manu similiter, et habebis annos viginti quatuor. Deinde in utroque pollice binos annos, qui, prioribus juncti, perdunt viginti octo annos.

Geminus est autem solaris cursus. Unus quo quotidie ab oriente in occidentem firmamentum sequitur, alter quo contra firmamentum nitens viginti octo annis graditur.

Cap. LXXXI. — *De magno anno.*

His cyclis duobus conficitur magnus annus. Nam vicies, et octies novendecim vel decies, et novies viginti octo, sunt quingenti. Triginta vero anni post quos omnes planetæ, et omnes stellæ ad primum punctum unde digressi sunt recurrunt, et per easdem lineas, ut prius redeunt. Luna namque quodlibet zodiaci signum duobus diebus, et sex horis, ac besse unius horæ lustrat. Omnia signa viginti septem diebus, et octo horis pervolat.

Cap. LXXXII. — *De cyclis.*

Mercurius quoque signum viginti octo diebus, et sex horis ; totum zodiacum vero trecentis triginta novem diebus pernicat.

Venus vero quodlibet signum viginti novem diebus et quinque horis. Totum signiferum trecentis quadraginta octo diebus circumit.

Sol triginta diebus ac decem horis, et semisse singula signa lustrat. Omnem zodiaci ambitum trecentis sexaginta quinque diebus et sex horis transvolat.

Mars quodque signum sexaginta diebus et viginti una horis, omnia signa duobus annis perlabitur.

Jovis stella singulis signis annum unum immoratur. Omnia vero duodecim annis pervagatur.

Saturnus in unoquoque signo duos annos et centum octoginta dies, et quindecim horas, id est, dimidium annum immoratur ; totum autem signiferum circulum triginta annis, propter nimiam altitudinem contra cœlum, sicut alii currens, perlabitur.

Cap. LXXXIII. — *De auctoribus cycli.*

Cyclum Eusebius Cæsariensis primus composuit, postea Theophilus, Alexandriæ episcopus, rogatu Leonis papæ lucidius exposuit ; deinde Dionysius abbas, Romæ, ut hodie habetur, scripto protulit.

Cap. LXXXIV. — *De æquinoxio et solstitio.*

Æquinoxia, et solstitia faciunt quatuor zodiaci signa, in modum crucis æquali spatio locata. Nam signum arietis, in quo sol est collocatus, in oriente est positum, quod facit vernale æquinoctium. Libra in qua luna est condita, est in occidente, huic opposita, et facit autumnale æquinoctium. Cancer autem versus Aquilonem tenet cœlum, ubi est altissimum, et facit æstivale solstitium ; Capricornus vero versus Austrum premit cœlum, ubi est humillimum, et facit hiemale solstitium.

Æquinoctium dicitur ab æquo et nocte : Græce vero *isemeria*, ab æquo et die, quasi æquidies.

Vernale æquinoctium non octavo, sed duodecimo Kalend. Aprilis habendum lex et Evangelium clamant, et horologii inspectio manifeste probat. Secundum legem enim non licuit Pascha ante æquinoctium celebrare. Qui autem Evangelium diligenter legerit, Dominum non octavo sed decimo Kalend. April. passum videbit. Si ergo octavo Kalend. April.

est æquinoctium, tunc Dominus contra legem Pascha ante æquinoctium celebravit, qui non solvere legem, sed implere venit. Sed et Judæi contra patrium morem gesserunt, qui Pascha in inconvenienti termino egerunt. Verumtamen cum horum neutrum fuerit, transacto duodecimo Kalend. April. æquinoctio, Dominus solito more Pascha cum Judæis undecimo Kalend. Aprilis celebravit Paschali die, quod erat decimo Kalend., suo sanguine nos redemit. Octavo Kalend. resurrexit.

Autumnale quoque æquinoctium non octavo, sed duodecimo Kalend. Octobr. habendum demonstrat horologium.

Solstitium ideo dicitur, quod sol stet, scilicet quod altius cœlum scandere non valeat, sed retro gradum flectat.

Æstivale solstitium, non octavo, sed duodecimo Kalend. Julii horoscopus horologii clamat habendum, quod noctem brevissimam, diem facit longissimum, cum sol scandit cancri signum.

Hiemale quoque solstitium non octavo, sed duodecimo Kalend. Decembris habendum eadem ratione probatur. Cum sol in capricorno positus brevissimum diem, longissimam noctem facere non ignoratur.

CAP. LXXXV. — *De saltu lunæ.*

Luna a sole recedens post viginti novem dies et horas duodecim cum iterum consequitur : sed hora duodecima nondum peracta, a sole reaccenditur. Restant enim ex hora per singulos menses quatuor momenta, et unica unius momenti, et unus atomus. Hæc per singulos annos augmentata, post novendecim annos integrum diem perficiunt. Qui dies numero lunæ subtrahitur, dum prima pro triginta computatur. Isque saltus lunæ nominatur. Ideo autem in decimo nono anno, et in Julio mense fit lunæ saltus quia et hoc fecit mater astronomiæ, Ægyptus.

CAP. LXXXVI. — *De minutis.*

Quia hic sæpius minutiæ ponuntur, quæ forsitan a plerisque minus sciuntur, sciendum quod uncia est duodecima pars cujusque rei in duo divisæ : bissæ duæ partes alicujus rei in tria partitæ tertia sublata. Quælibet autem pars illarum dicitur triens rei in quatuor partes divisæ. Quarta pars dicitur, quadrans; reliquæ tres, dodrans.

CAP. LXXXVII. — *De regularibus feriarum.*

Regulares feriarum et concurrentes, a Martio sumunt initium, a quo olim Romani habuerunt anni principium. A Romanis enim sunt inventæ. Regulares inde dicuntur, quod calculatores regant. Concurrentes vero inde, quod regularibus concurrant. Regulares habent tale exordium. Solaris annus trecentis sexaginta quinque diebus peragitur. Sol autem per singula duodecim signa triginta diebus immoratur. Duodecies igitur triginta vel tricies duodecim, sunt trecenta sexaginta. Remanent itaque quinque. Hi sunt regulares Martii. In cæteris mensibus sic oriuntur. Præcedentis mensis dies cum regularibus in septem partes æquas partire, quod remanet se-

A quenti mensi, pro regularibus. Verbi gratia : Martius habet triginta unum et quinque regulares, quod sunt septies quinque, et remanet unus. Hic erit regularis Aprilis. Sic in cæteris. Aliter, quota feria primo anno fuit in Kalendis mensium, tot erunt regulares mensium. Verbi gratia : in Kalendis Martiis sunt quinque : quinque ergo sunt regulares Kalend. April., una feria et unus regularis. Sic in cæteris.

CAP. LXXXVIII. — *De concurrentibus.*

Concurrentes autem habent hoc exordium. Solaris annus habet hebdomadas quinquaginta et duas et unum diem. Hic unus erit primo anno solaris cycli concurrens, quia concurrit regulariter ad inveniendam feriam primam in Kalendis mensium. Singulis annis adde unum, usque ad septimum. Quarto anno bissextus, pro concurrentibus accipitur. Illo uno anno unus concurrens transilitur, bissextili anno utere in Januario, et Februario bissexto pro concurrente. In reliquis mensibus concurrente.

Primus annus in creatione mundi fuit sine concurrentibus. Quarta feria fuit in nono Kalend. Aprilis, vel sexta Kalend. Mart. Tot erunt concurrentes illo anno

Concurrentes junge regularibus, si infra septimam fuerit, talis erit feria in Kalendis cujusque mensis. Si septimam excesserit, Septem sublatis, quod remanet erit feria. Hi enim regulares atque concurrentes Septenarium numerum non excedunt.

CAP. LXXXIX. — *De regularibus et epactis.*

Regulares et epactæ a Septembri sumunt initium, quem Ægyptii ponunt anni principium. Ab ipsis enim sunt inventi. Hi regulares simile habent exordium, ut superiores ; et ideo September habet quinque.

In reliquis mensibus sic inveniuntur: præcedentis mensis dies cum regulari sume; si trigesimam lunam habet, viginti quinque tolle, quod remanet tribue sequenti pro regulari.

Aliter. — Quarta luna in primo anno in Kalend. fuit. Undecim sublatis, quot remanent, tot erunt regulares lunæ : Verbi gratia : in Kalend. Septemb. luna erit decima sexta, undecim tolle et remanet quinque : quinque erit regularis. Sic in cæteris

Epactæ autem sic oriuntur : annus solaris habet dies trecentos sexaginta quinque, lunaris vero trecentos, quinquaginta quatuor : qui numerus ab alio superatur undecim diebus. Hi undecim epactæ, id est adjectiones nominantur, quia singulis annis regularibus mensium ad inveniendam lunam adjiciuntur. Singulis ergo annis adjice undecim. Si infra triginta fuerit numerus, ipsæ erunt epactæ præsentis anni. Si ultra, tolle triginta, quot remanent, tota erit luna. Nono decimo anno scilicet octodecim epactæ. His undecim dies saltus lunæ addantur, et erunt triginta epactæ primo anno. Primus ergo annus decennovennalis habet triginta epactas. Sed ideo dicitur, quod nullas habeat via in singulis mensibus triginta rejiciuntur, et luna solis regularibus invenitur. Quota luna fuerit in undecima Kalend. Aprilis, tales erunt epactæ illius.

CAP. XC. — *Quot horis luna luceat.*

Luna prima lucet quatuor punctis, secunda octo, tertia duodecim, et sic usque ad plenilunium quotidie quatuor puncta adjiciuntur. In decrescendo similiter quotidie auferuntur. In plenilunio tota nocte lucet, cum est trigesima, nihil.

In lunari computo, quinque puncta faciunt unam horam. De unaquaque die ergo quatuor punctis acceptis, et quinque unicuique horæ distributis, quot horis luna in nocte luceat citius videbis.

Notandum quod ligna in decrescente luna, vel post Julium, et Augustum mensem præcisa, a vermibus et carie manebunt illæsa.

CAP. XCI. — *Quot partibus luna a sole distet.*

Ætatem quamcunque lunæ per quatuor multiplica, huncque numerum ter ducito, et quot in summa reperies, tot partibus zodiaci lunam a sole noveris, et solem post totidem dies ad eumdem locum venturum.

CAP. XCII. — *In quo signo luna sit.*

Sol cuilibet signo triginta diebus immoratur. Vide ergo in quo signo sit, et quot dies adhuc in eo moraturus erit, tot ex prædicta summa eidem signo tribue. Reliquis qui de eadem summa superfuerint, sequentibus signis, per triginta disperties, et cui signo triginta defuerit, in eo lunam esse noveris.

CAP. XCIII. — *De annis Domini.*

Ad inveniendum Domini annum, ordines indictionum ab Incarnatione ejus, qui sunt septuaginta, per quindecim multiplica, addens duodecim, quia tres indictiones annum Nativitatis Christi præcesserant, et fiunt mille viginti (64). His adde indictionem præsentis anni et habebis annum Domini.

CAP. XCIV. — *De indictione invenienda.*

Ad indictionem inveniendam, transactos annos Domini, cum tribus indictionibus, qui ejus nativitatem præcesserant, per quindecim partire, quot remanserint, tota est indictio. Si nihil remanserit, quinta decima erit.

CAP. XCV. — *De epactis inveniendis.*

Ad inveniendas epactas, annos Domini per novemdecim divide, quod remanserit per undecim multiplica. Si infra triginta fuerit, epacta illius anni erit. Si ultra triginta sublatis, quot remanent, pro epactis habebis. Quando natus est Dominus undecim epactæ erant.

CAP. XCVI. — *Solaris annus quomodo inveniatur.*

Ad inveniendum solarem annum, annis Domini novem adde, quia tot anni solaris cycli ejus nativitatem præcesserant. Hanc summam per viginti octo divide, quot remanent, totus est. Si nihil remanet, vicesimus octavus est.

CAP. XCVII. — *Concurrentes quomodo inveniantur.*

Ad inveniendos concurrentes annos Domini sume, et propter numerum bissexti quartam partem totius numeri eis adjice. Quatuor regulares adde, quia tot concurrentes Christi nativitatem præcesserant. Hunc totum numerum divide per septem, et quot supersunt, illius anni concurrentes erunt. Si nihil, septem existunt.

CAP. XCVIII. — *De inveniendo bissexto.*

Ad inveniendum bissextum. Annos Domini per quatuor divide. Quot remanserint, totus annus a bissexto est. Si nihil remanserit, bissextus erit.

Similiter solarem cyclum sublato uno, per quatuor divide, qui remanet annus a bissexto est.

CAP. XCIX. — *De inveniendo cyclo lunæ.*

Ad inveniendum lunæ cyclum, de annis Domini duobus sublatis, qui, eo nato, de eodem cyclo restabant, septemdecim enim præcesserant, cæteros per novemdecim divide. Qui superfuerit, anni lunaris cyclus erit. Si nihil remanserit, decimus nonus erit. Hic est proprie Romanorum, sicut decemnovennalis Hebræorum. Et sicut per istum Pascha, ita per illum lunaris ascensio cognoscitur.

Ad inveniendum decemnovennalis cycli annum, Annis Domini semper unum adjice, quia ejus secundo anno natus est Dominus, ac per novendecim divide. Qui remanserit instans annus erit; si nihil remanserit, decennovennalis erit.

CAP. C. — *De annis et cyclis.*

Annos ab initio mundi muta in decimum quintum Kalend. Aprilis, quia ibi est primus dies sæculi, an. Domini muta in octavum Kalend. Januar.; cyclum lunarem in Kalend. Januar.; cyclum solarem ibidem. Cyclum decennovennalem in nova luna Aprilis; concurrentes in Kalend. Martii; epactas in Kalend. Septem., indictiones in Octobris Kalend.

CAP. CI. — *De clavibus terminorum inveniendis.*

Ad claves terminorum inveniendas, sume annos deceonvennnalis cycli, et septem dies hebdomadæ, simul juncti fiunt viginti sex, et hæc est prima clavis. Secundo vero anno junge decennovennalem cum prima clave, fiuntque quadraginta quinque. Tolle triginta, remanent quindecim, et hæc est secunda clavis. Sic fac per singulos annos usque ad decimum nonum annum. In anno decimo nono, junge octodecim propter saltum lunæ, et sic inve-

---

(64) Nota quo anno Dominicæ Incarnationis auctor hunc libellum scripserit. — Hunc locum sic restituendum monet D. Rogerus Wilmans (Proœm. ad Honorium, *Monum. Germ. hist.* X, 125, nota 9) : *Ad inveniendum annum Domini ordines indictionum ab Incarnatione ejus, qui sunt* LXXIV (a) *per* XV (b) *multiplica, addens* XII, *quia tres indictiones annum nativitatis Christi præcesserunt, et fiunt* 1122 (c). *Nam* $74 \times 15 = 1110 + 12 = 1122$.

(a) LX editio princeps; LXX *Bibl. Patr.* et cod. Admuntensis sæculi XII.

(b) V editio princeps.
(c) 1120 editio princeps et *Bibl. Patr.*

nies primam. Hic autem memor esto, ubi cum numerus supradictus quadraginta excesserit tricesimum, rursus remanens est clavis.

CAP. CII. — *De termino paschali.*

Terminus paschalis est decima quarta luna Aprilis, et pascha Hebræorum. Ergo post vernale æquinoctium ubicunque decima quarta luna occurrerit, ibi absque dubio terminus paschalis erit, et in sequenti Dominica nostrum pascha constabit. Si terminus in Dominico die obvenerit, in sequenti Dominica Pascha celebrandum erit, hunc terminum per versus Nonarum Aprilis, et ferias facillime reperire poteris.

Aliter. — Termini a duodecimo Kalend. April. usque ad tertium decimum Kalend. Maii sunt requirendi. Quos et sic invenire poteris. Terminum præcedentis anni pone in primo articulo pollicis lævæ manus, et per singulos articulos unguesque digitorum ejusdem manus, dies terminorum computa. Qui terminus ad primum articulum occurrerit, terminus erit.

Aliter. — A termino cujusque anni inchoa, et retro usque ad duodecimam litteram calcula, et habebis terminum sequentis anni, si communis est annus. Si autem embolismalis est in anno, computa usque ad vicesimam litteram, et habebis terminum. Verbi gratia, a termino primi anni, qui est Non. April., retro numera, et in duodecima littera, quæ est octava Kalend. April. terminum secundi anni habebis, qui est communis. Ab hac usque in vigesimam litteram, in quam incidit, Idus Aprilis computa, et terminum tertii anni, qui est embolismalis, habebis.

Aliter. — A radice pollicis inchoa, et per singulos articulos trium digitorum retro calcula, et in quarto digito habebis terminum. Verbi gratia : primo anno die Nonarum April., secundo Non., tertio Non., quarto Non. Primo Kalend. April., secundo Kalend., tertio Kalend., quarto Kalend., quinto Kalend., sexto Kalend., septimo Kalend., octavo Kalend. occurrit terminus.

Regulares ejusdem termini sic invenies : Kalend. April. pro prima feria pones, et sic usque ad terminum ejusdem anni dies numera. Quota feria erit terminus, tot erunt regulares. Verbi gratia : Kalend. April. da Dominicam, et Non. April. obvenient quinque feriæ. Quinque ergo erit regularis. Sic in cæteris. Porro si terminus est ante feriam, retro calcula. Si post Kalend. in antiphona computa retro hoc modo : Dominica, Sabbatum, feria sexta, et sic per ordinem. In antiphona autem hoc modo : Dominica, feria secunda, et tertia ; et sic per ordinem.

CAP. CIII. — *De termino septuagesimæ.*

Post septimum Idus Januarii, ubicunque decima luna occurrerit, terminus septuagesimæ erit. Quem sic reperies : quot diebus terminus paschalis a Kalendis Aprilis, sive retro, sive in ante abest, tot diebus septuagesimæ terminus a quinto Kalend. Febr. vel in ante, vel retro erit.

CAP. CIV. — *De quadragesimali.*

Post octavum Idus Martii, ubi luna secunda obvenerit, terminus Quadragesimæ erit, quem a duodecimo Kalend. Mart. ; ad iustar Paschalis distare invenies. Bissextili anno septuagesimæ a quarto Kalend. Febru., Quadrages. ab undecimo Kalend. Martii require.

Septuages. quidem omni bissextili anno.

Quadrages. vero tantum, cum terminus ante bissextilem evenerit.

CAP. CV. — *De Rogationibus.*

Terminus Rogationum est vicesima luna Maii. Hunc require a Nonis Maii, ut supra.

CAP. CVI. — *De Pentecoste.*

Terminus Pentecostes est quarta luna Iunii. Hunc vero a decima tertia Kalend. require per omnia, ut supra. Ad inveniendam feriam, terminorum concurrentes præsentis anni regularibus junge ; si infra septimum fuerit numerus, talis erit feria, si ultra, sublatis septem quod remanserit, feria.

CAP. CVII. — *De Adventu.*

A quinto Kalend. Decemb. usque ad tertium. Non ejusdem, ubicunque Dominica occurrerit, Adventus Domini erit.

CAP. CVIII. — *De embolismo.*

Primus embolismus quarto Non. Decemb. Luna prima in secundo anno decemnovennalis cycli ; secundus quarto Non. Septemb. in quinto anno tertius secundo Non. Martii in octavo anno.

Eodem anno primo Kalend. Maii erit luna vicesima septima, et in Kalend. Julii viginti novem epactis intervenientibus, nisi sit bissextus.

Quartus embolismus, quarto Non. Jan. in undecimo anno.

Eodem anno erit luna vicesima octava, in Kalen. Mart. epactis intervenientibus, nisi sit bissextus.

Quintus erit quarto Non. Novemb. in decimo tertio anno.

Sextus erit quarto Non. Aug. in decimo sexto anno.

Septimus erit tertio Non. Martii in decimo nono anno.

Eodem anno luna erit vicesima octava in Kalen. Maii et in Kalend. August. contra epactas, lunæ saltu facto in Julio. Quod si tertio Non. Martii embolismi lunatio negligitur, in decimo nono anno terminus Paschalis decimo quinto Kalend. Maii illo anno non erit.

CAP. CIX. — *De diebus Ægyptiacis.*

Dies Ægyptiaci ideo dicuntur, quia ab Ægyptiis sunt inventi. Et quia Ægyptus dicitur *tenebræ*, ipsi tenebrosi inde nominantur, eo quod incautos ad tenebras mortis perducere affirmantur.

LIBER TERTIUS.

EXHORTATIO.

Per descriptum volubile tempus, sic volvitur volubilis mundus. Sed nos temporis volubilitatem jam postponamus, et ad stabilitatem ævi mentes intendamus.

Non arbitror infructuosum seriem temporum huic operi inserere, quo lector cuncta transacti mundi tempora queat cum fructu agnoscere.

Sathael primus archangelus, signaculum similitudinis Dei, conditus plenus sapientia, et perfectus decore in deliciis cœlestis paradisi, non plenam horam mansit, atque ob superbiam, cum universis sibi consentaneis æternum exsilium incidit.

Adam primus homo ad imaginem Dei in Hebron formatus, in paradiso cum Eva septem horis commoratus, ob mandati transgressionem, hujus mundi exsilium subiit. In quo triginta filios et totidem filias, absque Abel et Cain genuit.

Ipse vero post nongentos et triginta annos in Jerusalem obiit. In loco Calvariæ sepultus aliquandiu requievit. Deinde in Hebron translatus in terram, de qua sumptus est, rediit.

Abel filius Adæ triginta annorum a fratre Cain apud Damascum occiditur.

Seth frater Abelis vixit nongentos et duodecim annos.

Malaleel vixit octingentos nonaginta quinque annos.

Jareth vixit nongentos sexaginta duos annos.

Enoch vixit trecentos sexaginta quinque annos, et translatus est in paradisum.

Hic litteras reperit, et quosdam libros conscripsit.

Hujus tempore mortuus est Adam.

Mathusala vixit annos nongentos sexaginta novem.

Lamech vixit annos septingentos septuaginta septem.

Gigantes orti sunt, quorum statura erat quindecim, vel triginta cubitorum.

Regnum Cain.

Cain primus condidit civitatem Enoch, in qua pse primus regnavit.

Post hunc Enoch filius ejus successit.

Huic successit Gaidat filius illius.

At illi Mævia filia ejus.

Huic Mathusael filius ipsius.

Illi vero successit Lamech.

Hic in diluvio periit. Hic et Cain occidit.

Jobel filius Lamech reperit usum tabernaculorum. Cujus frater Jobal invenit musicam.

Illorum frater Tubal invenit artem fabrilem ferri et æris.

Soror eorum Noema reperit artem variæ texturæ.

Decimus ab Adam Noe vixit nongentos quinquaginta annos. Hujus tempore exstitit diluvium.

Hujus etiam tempore primitus visa est iris, et pluvia. Et hominibus usus carnium concessus.

PRIMA ÆTAS.

Hæc prima ætas continet annos juxta Hebraicam veritatem mille sexcentos quadraginta duos.

Juxta septuaginta Interpretes, bis mille ducentos sexaginta duos.

Generationes decem.

SECUNDA ÆTAS.

Sem filius Noe ipse est idem qui et Melchisedec, vixit sexcentos et duos annos. Hujus tempore divisum est genus humanum in tria : in liberos, milites, servos. Liberi de Sem, milites de Japhet, servi de Cham.

Arphaxad, filius Sem, vixit trecentos triginta octo annos ; secundum septuaginta Interpretes, quingentos, sexaginta quinque.

Cainan vixit quadringentos triginta octo annos.

Salem vixit quadringentos triginta tres annos ; hic condidit Salem.

Ab hoc Samaritæ et Indi.

Heber, a quo Hebræi, vixit quadringentos sexaginta quatuor annos.

Hujus tempore Babel construitur.

Phaleg vixit ducentos triginta novem annos. Hujus tempore divisæ sunt linguæ in septuaginta duas.

Hujus etiam tempore idololatria exorta est.

Reu vixit ducentos triginta novem annos. Hujus tempore regnum Scytharum et Ægyptiorum exortum est.

Seruch vixit ducentos triginta annos. Hujus tempore regnum Assyriorum et Sicyoniorum nascitur.

Nachor vixit annos centum quadragenos et octo.

Thare vixit ducentos quinque annos.

Babylonia conditur.

Hæc secunda ætas continet annos a diluvio usque ad Abraham, juxta Hebraicam veritatem, ducentos nonaginta duos, generationes decem. Juxta septuaginta interpretes nongentos quinquaginta quinque, vel adjecto Cainan, quem Septuaginta et Lucas ponunt, mille septuaginta duos, generationes undecim. Ab Adam usque ad Ninum sunt anni ter mille centum octoginta quatuor, qui ab omnibus historicis vel omissi, vel ignorati sunt.

Sub Seruch secunda ætate apud Babel primus regnavit Nemroth, gigas triginta cubitorum, cui successit filius ejus Assur, a quo Assyrii.

Regnum Assyriorum.

Hujus filius Belus regnavit annos sexaginta quinque.

Belo primum sacrificia sunt facta.

Hujus filius Ninus regnavit annos quinquaginta duos.

Hic condidit Niniven.

Hujus tempore inventa est magica ars a Zoroastre rege Bactrianorum, quem idem Ninus bello victum occidit, qui et Syrophanem primum idololatram Ægyptium subjecit.

Tempore Nini natus est Abraham.

Sub Abraham post Ninum regnavit Semiramis, uxor ejus quadraginta duos annos.

Hæc condidit magnam Babyloniam et subjugavit Indiam et Æthiopiam.

Huic successit filius ipsius Ninias.

Niniati sub Isaac successit Arrius, qui et Erioch.

Huic successit Xerxes.

Post hunc regnavit Beloch.

Deinde Armamitres.

Post hunc Baal, qui et Balæus.

Deinde Mamitos.

Exin Saporas.

Post hunc Agatides.

Sub Caleb, Amyntas.

Post hunc Lamperes.

Post illum Ofineus.

Dein Eutropis.

Exin sub Azaria, qui et Ozias, Sardanapalus.

Sub quo defecit regnum Assyriorum, quod stetit annis mille centum sexaginta quatuor.

Post divisionem linguarum sub Reu, surrexit regnum Scytharum sexaginta annis antequam Assyriorum, ubi primus regnavit Tanaus, a quo flumen Tanais dicitur.

Regnum Ægyptiorum sub regibus.

In Ægypto primus regum Pharao, a quo Pharos civitas, et posteri reges dicti.

Hinc Zoes.

Ab hoc decimus septimus Amasis, sub quo venit Joseph in Ægyptum.

Post hunc regnavit Hebron.

Deinde Amenopolis.

Exin Mespres. Sub quo moritur Joseph.

Inde regnavit Nuffar.

Post hunc Muthusis.

Deinde Thyomosis.

Item Amenophis, Horus et Hencres, Achoris. Item Cencres, qui submersus in mari Rubro.

Regnum Arcadum.

Apud Sicyonios, id est Arcades, primus regnavit sub Seruch :

Ægialeus, qui et Ægelasus.

Huic successit Archas, a quo Archadia.

Inde Tantalus.

Post hunc sub Abraham Europs, qui Europam subjugavit, unde et Europa dicitur ; cujus tempore Efron, qui et Enac gigas Ebron condidit, post quam octavo anno condita est Tanais in Ægypto, a Tanao sub Isaac.

Inde exorti Europei.

Europi successit Telsion.

Deinde Tiriacus, cui facta sunt sacrificia.

Post hunc Leucappus.

Inde Mesappus, qui et Zephysus.

Post hunc Eratho.

Inde Ptolomæus.

Exin Orthopolis.

Post hunc, sub Moyse, Marathos.

Deinde Corax.

Deinde Hercules.

Exin Menalion.

Post hunc Parthenopens.

Post illum Plineus.

Deinde Phallax.

Exin Dodanus.

Deinde Polyphidus.

Post hunc Pelasgus.

Post hunc Zeuxippus, quem occidit Alethes rex Corinthiorum.

Et tunc consumptum est regnum Sicyoniorum, quod stetit annis nongentis.

Deinde sacerdotes populum rexerunt.

TERTIA ÆTAS.

Abraham duodecimus a Noe.

Abraham vixit centum septuaginta annos.

Huic primo repromissus est Christus, et huic primitus data est circumcisio. Hic invenit Hebræas litteras. Hic etiam docuit Chaldæos astronomiam, Ægyptios geometriam.

Hujus tempore quinque civitates, Sodoma et Gomorrha cum aliis submersæ sunt.

Isaac vixit centum viginti annos.

Hujus tempore ortum est regnum Argivorum.

Jacob vixit annos centum quadraginta septem.

Hujus tempore fuit diluvium novem mensium in Achaia, sub Ogygio rege Thebanorum, in quo Cerambus volasse fertur.

Hoc tempore claruit Minerva in Africa.

Tempore Jacob mortuus est Sem, qui Melchisedec.

Sexcentesimo secundo anno Memphis in Ægypto conditur.

Joseph vixit centum et decem annos.

Hoc tempore fuit fames septem annis.

Caath filius Levi, fratris Joseph vixit centum triginta tres annos.

Amram filius ejus vixit centum triginta septem annos.

Horum tempore oppressi filii Israel in Ægypto. Et Cecrops Athenas condidit.

Moyses filius hujus vixit centum viginti annos.

Hujus tempore percussa est Ægyptus decem plagis.

Hic eduxit filios Israel de Ægypto, et hic primus legem populo conscripsit.

Hujus tempore exstitit diluvium sub Deucalione in Thessalia.

Tempore etiam Moysis Lacedæmon urbs condita a Cecrope, et templum Delphicum.

Tempora judicum.

Josue, qui et Jesus, vixit annos centum et decem.

Hujus tempore exsiccatus est Jordanis populo Dei, et sol stetit spatio duorum dierum.

Caleb successit Josue, qui in morte Josue erat centum annorum.

Hujus tempore fictæ sunt fabulæ.

Hoc tempore claruit Orpheus in musica in Lesbo.

Hoc tempore etiam fuit Saturnus et Jupiter, sicut Solinus et Varro scribunt.

Prima sibylla Persica claruit.

Othoniel filius Caleb judicavit populum quadraginta annis.

Hujus tempore condidit Cathcrinus Thebas. Aioth judicavit Israel octoginta annos.

Primum bellum civile.

Hujus tempore fuit bellum inter populum Israel et Benjamin, propter uxorem Levitæ apud Gabaam constupratam, et a Israel quidem occisa sunt quadraginta millia, de Benjamin triginta quinque et centum viri.

Troja construitur.

Amphion musicus claruit.

Sangar Judaicum populum regit annos decem. Hoc tempore ortum est regnum Laurentium.

Barach cum Debora judicat Israel quadraginta annos

Hujus tempore fuit secunda sibylla Libyca.

Picus rex in Italia.

Gedeon judicat Israel quadraginta annos. Hujus tempore erat Hercules.

Orpheus musicus claret.

Abimelech filius Gedeonis regnat super filios Israel tribus annis.

Hoc tempore exstitit Theseus.

Thola judicat Israel annos viginti tres. Hujus tempore fuit tertia sibylla Delphica.

Priamus in Troja.

Jair judicat Israel duos et viginti annos.

Hoc tempore fuit bellum Thebanum.

Carmentis nympha.

Jephte judicat Israel sex annos.

Hujus tempore erant Amazones et Theseus

Abessan judicat Israel septem annos.

Hoc tempore Booz sumpsit Ruth.

Hoc etiam tempore claruit sibylla quarta, Erythræa vel Babylonica.

Achialon judicat Israel decem annos.

Hujus tempore obsessa est Troja.

Labdon judicat Israel octo annos.

Hujus tempore capta est Troja.

Ex parte Græcorum occisa sunt octingenta septuaginta septem millia.

Ex parte Trojanorum sexcenta octoginta sex millia.

Æneas in Italia pugnavit cum Turno.

Samson non videns judicavit viginti annos. Hoc tempore regnum Albanorum ortum est.

Ascanius Albaniam condidit.

Eli sacerdos judicat Israel quadraginta annos.

Hoc tempore claruit quinta sibylla Cumæa, ad quam venit Æneas.

Samuel judicat Israel duodecim annos. Hujus tempore Orestes et Pilades fuerunt; Lacedæmonum regnum tunc oritur.

Saul primus rex Hebræorum regnat viginti annos, sive, ut Actus apostolorum testantur, quadraginta.

Hujus tempore occidit David Goliam gigantem.

Hæc tertia mundi ætas continet generationes ab Abraham usque ad David juxta utramque auctoritatem, quatuordecim, annos vero nongentos quadraginta.

A diluvio usque ad David sunt bis mille centum septemdecim anni(65).

Ab initio mundi usque ad David bis mille centum viginti quatuor(65).

Regnum Idumæorum.

Tertia ætate primus rex Idumæorum erat Balaac filius Beor.

Post quem regnavit Jobab, qui et Job.

Deinde Husan.

Exin alii quinque reges.

Deinde duces.

Job autem erat quintus ab Abraham.

Abraham genuit Isaac.

Isaac genuit Esau, qui et Edom, a quo Idumæi Esau genuit Zara.

Is genuit Job sub Moyse.

Cujus Balaac filius Sefer erat rex Moab et Madiam conduxit ariolum Balaam, qui et Eliu in libro Job legitur.

Job octoginta novem annorum tentatus est. Post plagam, rex factus, vixit centum quadraginta annis.

Regnum Argivorum.

Apud Argos primus sub Isaac regnavit Inachus quinquaginta annos.

Cujus filia Io a Græcia navigans in Æthiopiam, veniens in Ægyptum, ibi litteras reperit, docuit leges. Juste imperavit, unde Isis dea dicta. Ejus maritus Osiris sub Jacob.

Phoroneus successit Inacho.

Huic Apis, qui et Epaphus, qui postea in Ægypto regnans Serapis dictus est.

Post hunc regnavit Argus sub Joseph, a quo civitas Argos, et a quo Argivi.

Deinde Honoreus, qui primus boves ad aratrum junxit.

Huic successit Eriasus.

Illi Phorbalus sub Moyse.

Illi Tophas.

Huic Jasius, frater Dardani.

Illi Stelenus.

Huic Danaus, sub Adar, qui habuit quinquaginta filias. Frater ejus Ægystus totidem filios, qui omnes præter unum a filiabus sunt interfecti.

---

(65) Ex horum numerorum collatione sequeretur diluvium septem tantum annis ab orbe condito distare, quod quam absurdum sit, nemo non videt. Hos igitur correximus ex opere præstantissimo cui titulus *Art de vérifier les dates*; ita ut eorum prior fiat mille ducenti sexaginta tres anni, posterior autem bis mille nongenti novemdecim. EDIT.

Ab hoc Ægysto Ægyptus est dicta.
Post Danaum regnavit Abas.
Huic successit filius Acrisius.
Illi Euristeus.
Illi Euchippus.
At illi Adrassus (sub Jepthe) per quem Thescus Argos destruxit, et sic regnum Argivorum defecit.
Tertia quoque ætate sub Moyse Prometheus, rex Caucasi, primus docuit philosophiam in Oriente. Atlas frater ejus rex Africæ docuit astrologiam. Hesperus, eorum frater regnavit in Italia, et Hesperiam vocavit.

Regnum Atheniensium.

Sub Moyse Cecrops, qui primus ibi regnavit. Athenas condidit, Ægyptum subjugavit, cum Pharao submersus est in mari Rubro.
Post hunc regnavit Menander.
Deinde, sub Caleb, Amphitryon, pater Herculis.
Exin, sub Othoniele, Erictonius, inventor currus.
Post hunc Pandion, pater Prognes et Philomenæ.
Deinde Ægeus.
Exin Theseus.
Post hunc Demophoon.
Post illum Mnesteus.
Dein Melanto.
Exin Codrus, sub Samuele, qui se pro populo hostibus tradidit.
Post hunc magistratus populo præfuit.

Regnum Amazonum.

Hac ætate Amazones in Asia regnaverunt.
Inprimis Marpesia et Lampeto, quæ Ephesum condiderunt.
Deinde Synope.
Exin (sub Thola) Antiopa, et Hippolite.
Post hanc Oretria.
Post illam Pentesilea.
Hanc occidit Pyrrhus apud Trojam.

Regnum Trojanorum sub Otthoniel.

Hac etiam ætate Dardanus in Phrygia regnavit.
Huic sucessit filius Erictonius sub Aioth.
Huic filius Trous, a quo Troja.
Ipsi filius, Ilus : a quo Ilium.
Ei vero filius Laomedon.
Illi filius successit (sub Jepthe) Priamus pater Hectoris et Paridis.
Tunc Græci destruxerunt regnum Phrygiorum, quod stetit octingentos duos annos.

Regnum Thebanorum.

Thebas Cadmus condidit, qui primus ibi regnavit, et Græcas litteras reperit.
Huic successit Pentheus.
Illi (sub Gedeone) Laus.
Huic OEdypus.
Illi Etheocles, et Polynices.
Illi [*l.* illis] Creon.
Post hunc [sub Jephte] Thescus, qui Thebas destruxit.
In Creta sub Josue regnavit Saturnus.
Post hunc Jupiter.
Deinde (sub Aiot) Minos

Exin Idomenus, qui cum aliis Trojam obsedit, sub Aiot.
Liber in India, sub Barach.
Perseus regnavit in Persida qui occidit Liberum.

Regnum Mycænorum.

Apud Mycenas regnavit Tantalus.
Dein filius ejus Pelops.
Exin filius hujus Atreus.
Post hunc, sub Jephte, filii Agamemnon et Menelaus.
Post hos Orestes, filius Agamemnonis.

Regnum Italorum sub Moyse. In Italia regnarunt :

Primus Hesperus, a quo Hesperia.
Enotrius filius Lycaonis, sub Caleb.
Dardanus.
Italus, a quo Italia.
Sabinus, a quo Sabini.
Janus Saturnus, a quo Saturnia.
Latius Picus, qui auguria reperit.
Faunus.
Evander, cujus mater Carmentis Latinas litteras reperit, sub Samsone.
Latinus, unde Latini dicti.
Post hunc deficit regnum Laurentium.

[QUARTA ÆTAS.]

Regnum Jerusalem vel Juda.

Quarta ætate decimus quartus ab Abraham rex David regnavit in Jerusalem quadraginta annos.
Hoc tempore claruit Homerus, et Carthago condita. Nathan et Gad prophetæ.
Salomon, filius David, regnat quadraginta annos.
Hic fecit primum templum in Jerusalem.
Roboam, filius Salomonis, regnat annos septemdecim.
Hujus tempore regnum Israel oritur.
Smyrna conditur ab Amazonibus.
Abia regnat tres annos.
Samus conditur.
Asa regnat annos quadraginta unum.
Josaphat regnat annos viginti quinque.
Elias propheta claret.
Hoc tempore non pluit tribus annis.
Hic primus mortuum suscitavit.
Joram regnavit annos octo.
Eliseus propheta claret.
Elias translatus.
Azarias regnavit unum annum.
Athalia mater ejus regnat annos septem.
Joas filius Azariæ regnat annos quadraginta.
Zacharias Joiadæ filius lapidatur.
Amazias regnat annos viginti novem.
Ozias regnat annos quinquaginta duos.
Isaias, Oseas, Joel, Amos, Abdias, Jonas, Michæas prophetæ clarent.
Hujus tempore sibylla sexta claret.
Regnum Assyriorum in Medos transfertur, quod stetit per annos trecentos quinquaginta quinque.
Regnum Macedonum oritur.
Joatham regnat annos sedecim.

Hujus tempore olympias instituitur a Græcis, apud Ælidem civitatem.
Achaz regnat annos sedecim.
Roma conditur.
Regnum Romanum oritur.
Israel transfertur.
Ezechias regnat annos viginti octo.
Romulus senatum constituit, et annum.
Manasses regnat annos quinquaginta quinque.
Numa duo menses adjicit. A servis occiditur.
Amon regnat duos annos.
Arion citharista claret.
Josias regnat annos triginta unum; a rege Ægypti occiditur.
Hujus tempore Ninive destruitur a rege Cyaxare, quæ stetit a Nino annis mille quadringentis et septuaginta.
Sibylla Samia claret, et Jeremias propheta.
Joachaz filius Josiæ regnat menses tres.
Eliachim filius Josiæ regnat annos undecim.
Jechonias, qui et Joachim, filius Joachim, regnat menses tres.
Sedecias filius Josiæ, regnat annos undecim. Hoc tempore destructa est Jerosolyma a Babyloniis. Post hunc defecit regnum Juda quod jam stetit per annos quingentos quadraginta novem.
Hæc quarta mundi ætas a David usque ad transmigrationem Babylonicam continet juxta Hebræorum veritatem annos quadringentos septuaginta quinque juxta septuaginta Translatores duodecim, amplius generationes quatuordecim. Ab initio mundi quater mille sexcenti decem.

Regnum Israel.

Hac ætate regnavit in Israel Jeroboam annos viginti duos.
Hunc vicit Abia rex, et obiit.
Nabath filius ejus regnat annos duos.
Hunc occidit Baasa.
Baasa regnavit viginti duos annos. Morbo interiit.
Sela filius ejus regnat duos annos.
Hunc occidit Zamri servus ejus.
Zamri regnavit septem dies.
Hunc occidit Amri, princeps militiæ.
Amri regnavit duodecim annos in Samaria. Hic morbo periit.
Achab filius ejus regnavit annos duos. Hic cecidit per cancellos, et obiit.
Joram frater Ochoziæ regnavit annos duodecim.
Hunc occidit Jehu servus Achab.
Jehu regnavit annos viginti octo. Morbo interiit.
Joachaz filius ejus regnavit annos septemdecim. Morbo periit.
Joas filius ejus regnavit annos similiter septemdecim.
Jeroboam filius istius regnavit annos quadraginta unum.
Zacharias filius hujus regnavit menses sex. Hunc occidit Sellum.
Sellum regnavit mensem unum.

Hunc occidit Manahen.
Manahen regnavit annos decem. Morbo obiit.
Phaceia filius ejus regnavit annos duos.
Hunc occidit Phaceia dux ejus.
Phaceia regnavit annos viginti.
Hunc occidit Osee.
Osee regnavit annos novem.
Hunc Salmanasser rex cum omni populo transtulit in Assyrios, et sic defecit regnum Israel, quod stetit per annos trecentos quinquaginta.
In hac captivitate fuit Tobias.

Regnum Macedonum sub Ozia.

In Macedonia regnavit primum Karanus annos viginti octo.
Cui successit Perdiccas.
Huic Alexander.
Deinde Archelaus filius Perdiccæ.
Illi Amyntas.
Huic Philippus.
Illi (sub Dario) Alexander Magnus.
Huic Philippus frater Alexandri.
Illi Cassander.
Stetitque regnum Græcorum per annos septingentos usque ad tempora Ptolomæi Philometoris, et tunc defecit.

Regnum Albanorum sub Samsone.

Apud Albam regnavit Æneas annos tres.
Hic Lavinium condidit, et fulmine periit, sub Eli.
Ascanius, qui et Julius, filius Æneæ, a quo gens Julia.
Sylvius Posthumus frater Ascanii regnavit annos triginta novem. Ab hoc omnes reges Albæ Sylvii dicti sunt.
Æneas Sylvius regnavit annos triginta unum, sub David.
Latinus Sylvius regnavit annos quinquaginta.
Alba filius regnavit annos triginta novem. Ab hoc Albani reges.
Ægyptus, vel Epyrus, vel Atis Sylvius, regnavit annos viginti quatuor, sub Aza.
Capys Sylvius regnavit viginti octo annos. Hic Capuam condidit.
Carpentus Sylvius regnavit annos tredecim.
Tiberinus Sylvius regnavit annos novem.
Ab hoc Tiberis fluvius dicitur, quia in eo est exstinctus, qui antea Albula est dictus.
Agrippa Sylvius regnavit annos quadraginta.
Aremulus Sylvius regnavit annos novemdecim. Hic fulmine interiit.
Aventinus Sylvius regnavit annos triginta septem. Ab hoc Aventinus mons dicitur.
Procas Sylvius regnavit annos viginti tres, sub Ozia.
Amulius Sylvius regnavit annos quadraginta tres.
Hujus frater erat Numitor; ejus filia Rhea, Rhemum et Romulum genuit, qui occiso Amulio Numitorem in regnum statuit. Sub quo defecit regnum Albanorum, quod jam stetit per annos quadringentos quinquaginta.

Regnum Romanorum.

Romulus condidit Romam, et primus regnavit annos triginta septem.

Hic fulmine interiit.

Numa Pompilius regnavit annos quadraginta unum.

Hic invenit necromantiam, et primus sacra instituit. Morbo periit.

Tullus Hostilius regnavit annos triginta duos. Hic etiam fulmine interiit sub Josia.

Ancus Martius viginti tres annos regnat. Hic Ostiam condidit. Morbo periit.

Tarquinius Priscus regnavit annos triginta septem. Hic circum et ludos Romæ instituit. Hunc filius Anci occidit.

Servilius Tullus regnavit annos triginta quatuor. Hic a Tarquinio occiditur, sub Cyro.

Tarquinius Superbus regnavit annos viginti quinque. Hic regno expellitur, et consules creantur ; fueruntque reges per annos ducentos quadraginta tres.

QUINTA ÆTAS.

Regnum Babyloniorum.

Quinta ætate apud Babyloniam regnavit Nabuchodonosor quadraginta quatuor annos.

Sybilla octava Cumana claruit.

Ezechiel propheta claret.

Filius ejus Evilmerodach regnavit annos octodecim.

Daniel, et tres pueri clarent.

Egesar, hujus filius, regnavit annos quadraginta. Septem sapientes clarent.

Labosordach regnat menses novem.

Abacuc propheta claret.

Baltazar regnavit annos septemdecim. Hunc Cyrus occidit, et Babyloniam destruxit.

Regnum Persarum.

Cyrus Persarum primus regnat cum Dario annos viginti quinque.

Hic laxavit captivitatem.

Hunc regina Amazonum occidit.

Sibylla nona claret.

Cambyses, qui et Nabuchodonosor, filius Cyri, regnavit annos octo.

Hujus tempore fuit Judith.

Hic condidit Babyloniam in Ægypto.

Smerdes magus regnavit menses septem.

Pythagoras philosophus claret.

Darius regnavit annos triginta sex.

Aggæus, Zacharias et Malachias clarent.

Xerxes filius ejus regnavit annos viginti

Sibylla decima Phrygia claret.

Artabanus regnavit mensibus septem. Herodotus claret.

Artaxerxes regnavit annos quadraginta.

Hippocrates medicus claret, et Esdras.

Xerxes filius ejus regnat duos menses.

Socrates claret.

Sogdianus regnat octo menses.

Democritus claret.

Darius filius Artaxerxis regnavit annos novemdecim.

Plato claret.

Artaxerxes Assuerus, filius Darii, regnavit anno quadraginta.

Esther claret.

Sibylla undecima Tiburtina claret.

Artaxerxes, qui et Ochus, regnavit annos viginti sex.

Aristoteles claret.

Arses, qui et Xerxes, regnavit annos quatuor.

Zeno stoicus claret.

Darius ultimus Persarum regnavit annos sex.

Hunc occidit Alexander. Sub hoc regnum Persarum defecit, quod stetit per annos ducentos triginta octo.

Regnum Alexandriæ.

Alexander Magnus Alexandriam condidit. Hic veneno interiit, et duodecim annos regnavit. Hic Tyrum destruxit.

Ptolomæus, qui et Sother, vel Lagides, filius Lagi, regnavit in Alexandria quadraginta annos. Morbo obiit, et ab hoc Ptolomæi vel Lagidæ dicti sunt reges cæteri.

Ptolomeus Philadelphus alterius filius regnavit annos triginta octo. Morbo obiit.

Septuaginta interpretes clarent.

Hic Philadelphiam condidit.

Ptolomeus Evergetes frater Philadelphi regnavit annos viginti sex ; similiter obiit. Sub hoc filius Syrach claruit.

Ptolomæus Philopator frater Evergetis regnavit annos septemdecim. Morbo periit.

Ptolomæus Epiphanes regnavit annos viginti quatuor. Morbo periit.

Philometor regnavit annos triginta quinque.

Ptolomæus Evergetes, frater superioris, regnavit annos viginti novem. Simili modo obiit.

Ptolomæus Phiscon, qui et Sother, regnavit annos septemdecim. Hic pulsus est regno, quia filium fratris occidit.

Ptolomæus Alexander frater Sotheri regnavit annos decem ; et hic regno pellitur, quia matrem occidit.

Ptolomæus Phiscon, qui et supra, regnat secundo, annos octo. Morbo periit.

Ptolomæus Dionysius regnat annos triginta ; hic sororem Cleopatram habuit.

Hic Pompeium occidit. Ipse naufragio periit.

Cleopatra, soror et uxor Ptolomæi, regnat annos viginti duos. Hæc a serpente interiit, et sic regnum Ptolomaidum et Lagidum defecit, quod per annos ducentos nonaginta quinque stetit.

Regnum Syriæ.

In Syria regnavit Seleucus post Alexandrum Magnum. Hic condidit Seleuciam.

Hunc Ptolomæus Lagides occidit, sub Philadelpho.

Antiochus, qui et Sother filius ejus regnat post eum. Hic condidit Antiochiam. Morbo obiit.

Antiochus Theos, filius alterius, post hunc regnavit. Similiter obiit.

Seleucus Callinicus cum fratre Antiocho filio superioris post illum regnavit.

Hunc Ptolomæus Evergetes occidit.

Antiochus Magnus cum fratre Seleuco Ceraunio filio Seleuci deinde regnavit.

Hic filiam habuit, et fulmine ambo interierunt.

Seleucus Eupator filius Antiochi magni post patrem regnavit. Hic veneno occiditur a duobus sub Philometore.

Antiochus Illustris Romæ obses.

Epiphanes frater Seleuci post hunc regnat. Sub hoc Machabæorum bella.

Hic magno tormento doloris obiit.

Antiochus Eupator, filius Antiochi, post patrem regnat. Hunc occidit Demetrius filius Seleuci.

Demetrius, filius Seleuci, deinde regnavit. Hunc occidit Alexander filius Antiochi.

Alexander Nobilis, filius Antiochi, post hunc regnavit. Hunc Ptolomæus Philometor occidit.

Demetrius, filius Demetrii, post illum regnavit. Hunc occidit Mithridates rex.

Antiochus filius Alexandri, post hunc regnavit. Hunc occidit Tryphon.

Alexander filius Antiochi, post illum regnavit. Hunc occidit Diodotus dux.

Antiochus primus filius Demetrii, post hunc regnat. Hic in Parthia occiditur.

Antiochus Spondius filius Antiochi, post illum regnavit. Hic de regno aufugit.

Demetrius Mario frater Antiochi, post hunc regnavit. Hunc Alexander rex Judæorum occidit, sub Pompeio.

Antiochus, qui et Dionysius, frater Demetrii regis, regnat. Hunc rex Arabum occidit.

Post hunc defecit regnum Syriæ, quod stetit per annos ducentos septuaginta.

DE CONSULIBUS ET DICTATORIBUS ROMÆ.

Romani post reges habuerunt consules, quorum præcipuos hic adnotabimus.

Anno Urbis conditæ 244. Primi consules Brutus et Tarquinius. Hi cum Porsenna rege bellum gerunt.

Anno Urbis cond. 248. Valerius et Posthumius Coss. Sabinos et Auruncos vicerunt.

Anno Urbis 251. Dictator et imperator creatur Laertius.

Hic præfuit consulibus.

Coss. Posthumius et Comminius.

Anno Urbis 253. Posthumius dictator. Coss. Brutus et Venusius. Hi cum Tarquinio Superbo pugnaverunt.

Anno Urbis 258. Valerius dictator. Coss. Appius et Servilius. Hi cum Volscis et equitibus pugnaverunt.

Anno Urbis 262. Cincinnatus ab aratro sumptus dictator efficitur.

Coss. Minutius et Sempronius. Hi Urbem ab hostibus liberant.

Anno Urbis 265. Cassius et Proculus consules.

Seditio gravis contra [l. inter] senatores et plebem.

Anno Urbis 271. Fabius et Manilius coss. Hi cum Veientibus pugnaverunt.

Anno Urbis 283. Æmilius et Quintius coss. Hi lustrum instituerunt.

Anno Urbis 292. Volumius et Publicola coss. Hi cum exsulibus et servis ingens bellum habuerunt.

Anno Urbis 302. Decemviri proconsules creantur.

Anno Urbis 312. Tribuni militum procoss. creantur.

Anno Urbis 316. Iterum dictator creatur Mamertus, et coss. Gorgonius et Sergius.

Hi maximum bellum gesserunt cum Phaliscis et Fidenis.

Anno Urbis 322. Aurelius dictator, Julius et Mentz coss. Hi cum Volscis, et equitibus ingens bellum habuerunt.

Anno Urbis 327. Æmilius dictator, et quatuor tribuni proconsules constituti. Ab his Veientes septies victi; sub Alexandro.

Anno Urbis 336. Cornelius dictator. Fabius, et Cossus coss. Hi cum Volscis et equit. pugnaverunt.

Anno Urbis 348. Camillus ab agro dictator; tribuni proconsules. Hi Etruscos vicerunt sub Ptolomæo.

Anno Urbis 362. Tres Fabii tribuni militum proconsules creati. Hi cum Gallis pugnaverunt. Sed Romani victi sunt.

Anno Urbis 398. Sulpicius dictator. Popilius et Manlius coss. Hi Gallos vicerunt.

Anno Urbis 409. Valerius et Cornelius coss. Hi Samnitas gravi bello vicerunt.

Anno Urbis 412. Torquatus et Decius coss. Hi cum Alexandro rege Epiri pugnaverunt et occiderunt.

Anno Urbis 467. Fabricius et Curtius coss. (sub Philadelpho). Hi cum Pyrrho rege Epiri pugnaverunt, et occiderunt.

Anno Urbis conditæ 475. Genutius consul Aphros et Tarentinos vicit.

Anno 477. Sempronius consul Picentinos vicit.

Anno 483. Claudius et Fabius coss. Hi Siculos, et Pœnos vicerunt: sub Philadelpho.

Cornelius et Duillius coss. cum Annibale seniore Carthaginensium imperatore pugnaverunt, et occiderunt.

Regulus et Manlius coss. cum Amilcare Pœnorum imperatore pugnaverunt et occiderunt.

Paulus et Fulvius cum Carthaginensibus navali prælio pugnaverunt et vicerunt.

Metellus et Furius coss. cum Asdrubale imperatore Carthaginensium pugnaverunt et occiderunt.

Attilius et Manlius coss. Ab Annibale filio Amilcaris imperatore victi sunt.

Scipio et Sempronius ab eodem victi sunt.

Æmilius et Varro coss. cum omni exercitu ab eodem occisi sunt.

Scipio, qui postea Africanus, Magonem ducem fratrem Annibalis vicit et cepit.

Levinus alter consul Hannonem ducem Afrorum cepit.

Scævola consul.

Gracchus prætor occiditur.

Marcellus consul Annibalem prælio vicit. Caro Censorinus consul Hispaniam vicit.

Fabius consul Carthalonem ducem Annibalis cum omni exercitu delevit.

Drusus et Flaminius coss. Adsrubalem fratrem Annibalis cum omni exercitu occidit.

Lælius consul Syphacem regem vicit.

Alter Scipio consul, Annibalem et omnem populum Carthaginis vicit, et Terentium adduxit.

Licinius et Cassius coss. Macedones maximo prælio vicerunt.

Censorinus et Manlius coss. cum Scipione deleverunt Carthaginem, omni populo occiso, quæ stetit septingentos annos.

Metellus et Marius coss. Jugurtham regem variis præliis vicerunt.

Manilius et Scipio coss. Cimbros et Teutones maximo prælio vicerunt sub Tuiscone.

Sylla consul Mithridatem regem multis præliis vicit.

Cinna consul senatum occidit, et ipse occiditur.

Tullius et Antonius coss. Catilinam cum suis deleverunt.

Pompeius dictator et consul in Oriente cum viginti duobus regibus pugnavit, et vicit.

Crassus dictator et consul Parthiam vicit, et ibi occiditur, sub Dionysio.

Julius Cæsar dictator et consul Galliam vicit, Pompeium consulem cum omni populo Orientis devicit. Hic primus monarcha quinque annos regnavit.

Hic bissextum imo cyclum magnum composuit.

Hic a senatu occiditur.

Ab hoc Cæsares sunt dicti.

Lepidus Dictator, consul, Africam et Siciliam devicit.

Antonius dictator et consul Ægyptum devicit et Judæam.

Octavianus dictator et consul, qui postea Augustus, Antonium cum Cleopatra maximo prælio vicit, et totum orbem pacificavit.

Post hunc consules desierunt, qui per quadringentos septuaginta et quatuor annos fuerunt. Hisque Augusti vel Cæsares successerunt.

DE SACERDOTIBUS.

Hi sacerdotes præfuerunt populo Dei, sub lege usque ad Christum, numero quadraginta septem.

Aaron, Eleazar, Phinees, Abisue, Bocci, Ozi, Zaraias, Marioth, Amarias, Achitob, Sadoch, Achimaas, Azarias, Joanna, Azachias, Amarias, Achitob, Sadoch, Mosolla, Helchias, Azarias, Zaraias; in transmigratione Babylonica, Josedech. Post reversionem Joannes, Joachim, Eliasib, Joaida, Jonathas, sub Alexandro Magno, Jaddus, Onias, Simeon, Eleazarus, Manasses, Onias, Simon, Jason, Menelaus, Lysimachus, Judas Machabæus, Jonatha, Simon Joannis filius, Simon, Aristobulus, Alexander, Hyrcanus, Aristobulus sub Herode, Antigonus. Hic ab Antonio Romano consule occiditur; Herodes Idumæus rex constituitur; qui regnavit triginta sex annos.

Sicque defecerunt sacerdotes ex stirpe Aaron, qui præfuerunt ab Aaron usque ad Christum, annos mille sexcentos et septem.

Quinta ætas, a captivitate Babylonica usque ad Christum, continet generationes quatuordecim, annos quingentos octoginta septem.

Ab exordio mundi usque ad Christum, secundum Hebraicam veritatem, sunt anni 4763. Secundum septuaginta Interpretes 5228.

SEXTA ÆTAS.

DE AUGUSTIS ET CÆSARIBUS ROMANIS USQUE AD FEDERICUM I.

Sexta ætate regnavit Augustus Cæsar quinquaginta sex annos, et sex menses.

Hujus tempore Christus nascitur.

Hic veneno interiit.

Joannes Baptista clarus, et Virgilius, et Horatius, et Ovidius poetæ.

Colonia ab Agrippa rege conditur.

Augusta a Druso rege privigno Augusti conditur.

Tiberius privignus Augusti regnat triginta tres annos; veneno periit.

Hoc tempore Joannes decollatur.

Christus crucifigitur.

Caius Calligula regnat tres annos, et decem menses. A suis occiditur.

Matthæus Evangelium scripsit.

Philo claret.

Claudius regnat tredecim annos, menses octo. Marcus Evangelium scripsit. Et hic veneno periit.

Prima Christianorum persecutio.

Nero regnavit annos tredecim, menses novem; seipsum occidit.

Lucas Evangelium scripsit.

Jacobus apostolus a Judæis lapidatur.

Petrus crucifigitur.

Paulus decollatur.

Lucanus et Josephus clari.

Galba et Piso regnant septem menses. Hos occidit Ottho.

Ottho tres menses. Hic seipsum occidit.

Vitellius octo menses. Hunc occidit Vespasianus.

Vespasianus novem annos, profluvio ventris mortuus est.

Hierusalem a Romanis destruitur, quæ stetit annos 1089.

Secunda persecutio.

Titus duos annos, menses duos. Morbo obiit.

Domitianus frater Titi quindecim annos, menses quinque. Statius claruit.

Hic a suis confossus est.
Nerva unum annum, menses quatuor. Morbo interiit.
Joannes Evangelium scripsit.
Tertia persecutio.
Trajanus novemdecim annos, menses sex et dimidium. Ventris profluvio interiit.
Joannes apostolus obiit.
Helius Adrianus viginti unum annos. Morbo obiit. Hic Hierusalem reædificavit et Eliam nominavit.
Aquila interpres claret.
Quarta persecutio.
Antoninus Pius, cum filiis Aurelio et Lucio viginti duos annos, menses tres.
Marcus Antoninus Verus cum fratre Lucio Aurelio Commodo annos novemdecim, mensem unum.
Sub his principibus Agapitus puer quindecennis, martyrio coronatur.
Lucius Antoninus Commodus filius Antonini, annos tredecim.
Theodotion interpres claret.
Helius Pertinax, menses sex. Hic a milite Juliano in palatio occiditur.
Theophylus Cyclum paschalem scripsit.
Quinta persecutio.
Julianus regnat annos septem. A servo occiditur.
Severus Pertinax septemdecim annos; hunc Albinus imperator occidit.
Narcissus episcopus claret.
Antonius Caracalla septem annos; ab hostibus occisus.
Quinta editio invenitur.
Macrinus unum annum; a militibus occisus.
Sexta editio invenitur.
Aurelius Alexander tredecim annos, a milite occisus.
Origenes claruit.
Sexta persecutio.
Maximianus tres annos. Hic a Pupieno occisus, qui et ipse regnum usurpans occiditur.
Gordianus septem annos, a suis occisus.
Philippus cum Philippo filio septem annos. Hic Christianus per Origenem efficitur. Ambos Decius occidit.
Septima persecutio.
Decius unum annum, menses octo a diabolo occiditur.
Antonius claret.
Gallus cum Volusiano filio, duos annos, menses quatuor. Ab Æmilio occiditur.
Æmilius tres menses regnans, occiditur.
Octava persecutio.
Valerianus cum filio Gallieno quindecim annos. Alter a Parthis capitur et obcæcatur, alter a militibus occiditur.
Sub hoc principe, videlicet Gallieno, sex tyranni regnaverunt.
Primus Genus apud Mirsam occiditur.

Secundus Posthumius decem annos in Gallia regnat; occiditur.
Tertius Æmilianus Maguntiæ occiditur.
Quartus Marius ibidem interficitur.
Quintus Victorinus a Gallis creatur, et occiditur.
Sextus Tetricus a militibus occiditur.
Nona persecutio.
Claudius unum annum, menses novem. Morbo obiit.
Quintilius frater ejus septemdecim dies regnat et occiditur.
Aurellanus annos quinque, menses sex, a suis occiditur.
Tacitus menses sex. Hic apud Pontum occiditur.
Florianus regnat duos menses et dimidium, et in Tarso occiditur.
Probus annos sex, menses quatuor. Hic a militibus occiditur.
Ipse tres tyrannos occidit, Saturninum, Proculum, Bonosum.
Carus cum filiis Carino et Numiano, regnat duos annos. Carus fulmine interiit. Carinus a sociis occiditur.
Decima persecutio.
Diocletianus cum Herculio Maximiniano viginti annos. Alter regno pellitur; alter occiditur.
Constantius cum Galerio Maximino sedecim annos. In Anglia moritur, seipsum interimens.
Carausius septem annos regnat. Ab Allecto occiditur.
Allectus tres menses regnat. Hunc præfectus suus occidit.
Achileus imperator in Ægypto occiditur.
Maximius Severus annos quatuor. Apud Tharsum dolo periit.
Constantinus Constantii filius ex concubina Helena triginta annos, menses decem. Hic a Sylvestro baptizatur, et ad hoc Nicæna synodus congregatur.
Constantinopolis conditur.
Maxentius et Licinius annos decem; ambo a Constantino occiduntur.
Crispus Constantinus Constantii filius, et Licinius Licinii filius, Cæsares, a Constantino occiduntur.
Dalmatius imperator a militibus occiditur. Constantius cum fratribus Constantino et Constante viginti quatuor annos, menses quinque et dimidium. Constantius morbo periit. Constantinus a fratre est occisus, Constans in Hispania occiditur.
Sub Constantio fuerunt hi septem tyranni.
1º Magnentius, qui seipsum occidit.
2º Decentius frater ejus, qui laqueo vitam finivit.
3º Gallus, quem ipse Constantius occidit.
4º Silvanus, quem etiam occidit.
5º Veterion, qui imperium deposuit.
6º Nepotianus, quem Magnentii duces occiderunt.
7º Julianus, qui postea fit Augustus. Is annos duos, menses octo.

Hic idololatra efficitur, et a Mercurio martyre occiditur.
Jovinianus menses octo; morbo obiit.
Athanasius claruit.
Valentinianus cum Valente annnos undecim. Valentinianus fluxu sanguinis interiit.
Procopius tyrannus occiditur.
Valens cum Gratiano et Valentiniano fratris filiis annos quatuor.
Firmius tyrannus occiditur.
Martinus, Ambrosius et Hieronymus clarent.
Gratianus cum Valentiniano fratre annos sex; Gratianus igne crematur.
Valentinianus a Gothis occiditur, vel, ut alii volunt, Gratianus a Maximo tyranno interficitur, Valentianus regno pellitur.
Theodosius, et Valentinianus, qui supra, annos undecim. Laqueo suspenditur.
Maximus et Victor, filius ejus, imperatores occiduntur.
Eugenius tyrannus occiditur.
Arcadius filius Theodosii annos tredecim, obiit.
Chrysostomus, Augustinus clarent.
Honorius frater Arcadii cum Theodosio filio fratris, annos quindecim, obiit.
Alaricus rex Romam devastat, quæ stetit annos 1064.

Sub Honorio fuerunt septem tyranni.

1° Eucherius, quem Honorius occidit.
2° Constantinus. Hunc Constantius comes occidit.
3° Constans, filius Constantis, quem Gerontius comes occidit.
4° Maximinus, hic exsilium subiit.
5° Jovinianus, qui mox occiditur.
6° Attalus, huic manus ab Honorio abscinditur.
7° Heraclianus, hic a militibus occiditur.

Theodosius, filius Arcadii, qui minor, viginti sex annos.
Augustinus tunc obiit.
Gildo tyrannus occiditur.
Valentinianus filius Constantii comitis, annos duodecim.
Attila rex Hunnorum.
Martianus et Valentinianus annos septem, occiduntur ab Attila.
Angli Britanniam invadunt.
Leo Major, annos septemdecim, obiit.
Victorius cyclum paschalem scripsit.
Zenon annos septemdecim, obiit.
Theodoricus rex Gothorum.

Anastasius annos viginti octo hæreticus fulmine periit.
Fulgentius episcopus claruit.
Justinus Senior annos octo. Obiit.
Benedictus abbas, Boetius clarent.
Justinianus nepos Justiniani annos triginta octo.
Dionysius abbas cyclum Paschalem scripsit.
Justinus minor annos undecim obiit.
Totila rex occiditur.
Tiberius Constantinus annos octo; obiit.
Longobardi Italiam invadunt.
Mauricius annos viginti unum; occid.
Gregorius PP. claret.
Phocas tyrannus annos octo occiditur. Anglia convertitur.
Heraclius annos viginti sex, hydropisi moritur.
Crux exaltatur.
Constantinus filius Heraclii, menses sex, veneno periit.
Heraclonas annos duo; naso truncatur.
Isidorus episcopus claruit.
Constantinus filius superioris, annos viginti octo; occiditur.
Constantinus filius illius, annos viginti septem, obiit.
Synodus sexta Constantinopolitana.
Justinianus filius Constantini, annos decem; naso et lingua truncatur.
Hic regno pellitur.
Leontius annos tres. Hunc occidit Justinianus.
Cudbertus episcopus claret.
Tiberius annos septem. Hunc Justinus in custodia perdidit.
Beda claruit in Anglia.
Justinianus secundo cum Tiberio filio annos sex; hic a philosophis occiditur. Alter decollatur.
Pipinus rex Francorum.
Philippicus annum unum menses sex.
Hic ab Anastasio excæcatur.
Anastasius annos sex.
Hic a Theodosio captus presbyter ordinatur.
Theodosius annum unum. Hic Catholicus, obiit.
Leo annos octo, hæreticus.
Constantinus filius Leonis annos triginta quinque, hæreticus.
Leo filius Constantini annos quinque.
Constantinus filius Leonis cum matre.
(66) Karolus [1] magnus [2,3] annos [4] 47 [5].
Brema construitur [6].
Dania [7] convertitur a Willibrordo [8] episcopo [9].

VARIÆ LECTIONES.

[1] Carolus 8. 11. 12. [2] add. Pippini 1 A. 1 B. Pippini filius 6 c. 8. 9. 10. 12. filius Pippini 9 a. 11. [3] imperatorum nominibus adjiciunt ubique verbum regnavit codices Kaisersh. 1 C. 9. 10. 11. [4] annis 2. 3. 4ᵃ. 6. 9 ᵃ. 11. ann. 1 C. 4. 6 ᶜ. [5] quadraginta sex 1 A. 12. [6] constituitur 8. 9. [7] Dacia 1 B. [8] willechado 1 B. willabado 1. willibaldo 2. 5. 6 ᵇ. 11. willihardo 4. wiliwordo 4*. williwoldo 5. biliboldo 6. willihado 6 ᶜ. 7. 8. willihaldo 9 ᵃ. willibrodo 9. 10. Williado 12. [9] Dania — episcopo desunt 1 A.

NOTÆ.

(66) Quæ sequuntur exstant in *Monumentis Germaniæ* Georgii Heinrici Pertzii. Vide quæ de his fragmentis in procemio monuit D. Rogerus Wilmans, supra, pag. 11.

Lodewicus [10] magnus [11] filius ejus [12] annos [13] A 27 [14], [15].

Ansgarius [16] episcopus Suevos [17] convertit [18].

Lotharius [19] filius Ludewici [20] annos [21] 17 [22].

Rabanus episcopus claruit.

Lodewicus filius Lotharii cum fratribus Lothario, Karolo [23] et Pipino [24] annos 36.

Karolus [25] filius Lodewici cum fratribus [26] Karlemanno [27] et Ludewico annos 11.

Arnoldus [28] filius Karlemanni [29] annos 12.

Lodewicus [30] filius Arnoldi [31] 12 [32] annos [33].

Cunradus [34] filius Cunradi [35] principis 7 annos [36].

Heinricus [37] comes regnavit annos 18 [38].

Oudalricus [39] episcopus claruit.

Otto [40] magnus Henrici filius [41] annos 38 [42].

Parthenopolis [43] construitur.

Otto [44] filius ejus [45] annos 9 [46].

Otto filius superioris annos 18.

Notger [47] abbas claruit.

Heribertus archiepiscopus Coloniensis claret [48].

Heinricus [49] dux Bawariæ [50] annos 23, menses [51] 5 [52].

Babenberg [53] construitur.

Ruzi [54], Polani [55], Ungari [56] facti sunt christiani [57].

Cuonradus annos 15.

Spira [58] conditur [59].

Heinricus pius filius Cuonradi [60] annos 17.

Heinricus filius ejus [61] regnavit annos 49 [62].

Roudolfus [63], Hermannus, Cuonradus [64] tyranni [65] exstiterunt [66].

Heinricus filius superioris regnavit annos 18 [67].

Lotharius regnavit annos 12 [68], ebdomadibus 12, diebus 12.

Cuonradus 15 annos [69].

CONTINUATIO I [70]

B Fridericus imperator in expeditione Ierosolimitana submersus occubuit. Heinricus filius ejus successit, qui Apuliam, multis primatibus ejusdem terre captivatis et diversis penis afflictis, sibi subjugavit. Tandem cum post multas victorias fortuna arridente culmen honorum tocius orbis amplecteretur, ad perturbationem multorum, prohdolor, occubuit.

VARIÆ LECTIONES.

[10] Ludewicus 1 A. 1 C. semper 1. 4. 6 b. 8. Ludwicus 2. 3. 7. Leudewicus 4*. Ludwicus 5. 6. 6 c. 9 a. Luodeuui cus 9. Lodwicus 10. Ludouicus 11. 12. [11] deest 1 — 6. 6 b—12. [12] Karoli 4*. [13] annis 6. 6 b. 11. [14] XVII. 2. 3. 4. XXVIII. 8. [15] hæc ita 1 C : Ludewicus magnus qui et pius filius Karoli regnavit ann. XXVII. [16] Anscharius 1 B. Ansgarius 1 — 3. Ansgardus 1 C. 5 — 7. 9—12. Angarius 4. Angaurius 8. Ansgartus cod. Kaisersheim. [17] Swevos 1 C. Sucdos 2. 3. 5. 6 b. 6 c. 7. 9 a. 12. Suetes 4. Snedos 6. Svedo corr. Sveuos 8. Suuedos 11. [18] 9 et 10 ita continuant : ,, Ludeuuicus (Lodwicus 9.) filius ejus regnavit annos XXVI. Rabanus episcopus claruit. Ludeuuicus (Lodwicus 9.) filius ejus regn. ann. IV. [19] Lotarius 6. add. episcopus (!) 6. [20] ejus 3. [21] annis 4. 11. [22] Ansgarius annos 17 desunt 1 A. XVII. 6 c. [23] et Karolo 4. Karulo 5. 6. 8. Carolo 11. 12. [24] pippino 6. c. 7. 11. pipinno 8. [25] Karulus 5. Carolus 7. 8. 10—12. [26] fratribus deest 4. [27] Krolomanno 1. Karlomanno 1 C. 2. 4. 4*. 7. 9. 9 a. 10. Kartholomanno 3. Karulomanno 5. Karolomanno 6. 6 b. 6 c. 8. Carolomanno 11. Caralomanno 12. [28] Arnolfus 1 C. 6 c. 8. 9. 10. [29] Karlmanni 1. 6 b. Carlomanni 1 C. 2. 4. 4*. 7. 9. 10. Karlholomanni 3. Kalmanni 5. Karolomanni 6. 6 c. 8. Carolomanni 11. 12. [30] Ludewicus 1. 6 b. Lvduuicus 2. Ludiwicus 3. Ludwicus 5. 6. Lvdowicus 8. Luodeuuicus 9. Lodwicus 10. Ludouicus 11. Lod. f. A. XII. a. desunt 12 [31] Arnolfi 6 c. 8. 9. 10. [32] XI, 8. annos XXII. 4. [33] Lodewicus — 12 annos desunt 1 A. [34] Chvonradus 1. Conradus 1 C. et ita deinceps; Conradus 4*. 10. 12. Chunradus 5. 6. 11. Counradus 4. 6 b. 6 c. Chuonradus 7. Chovnradus 8. Cuonradus 9. [35] Chvnradi 1. 2. 3. 6. Chuonradi 7. Covnradi 4. 6 b. 6 c. 8. [36] ann. XII. 4. [37] Henricus 1. 5. 11. 12. Hainricus 6. [38] XVI. 1 C. [39] Udelr. 1 B. Odalricus 1 C. Uodalricus 1. 9. Vdalricus 4* — 6. 9—12. [40] Ottho 3. Otto magnus et Hainricus filius ejus a. XXXVIII. 6. a. [41] filius Heinrici 1 C. [42] XXXIX. 1 C. [43] Parthonopolis 9. 10. Parthelis construitur. partheno claruit 9 a. [44] Ottho 4*. Otho 11. [45] deest 4. 4*. [46] VIII. 1 B. 3. 6. 6. 9 a. 11. [47] Noetker 1 B. Nodger 1—3. 5. 11. Notgerus 1 C. Nother 4. Nodher 9 a. Notus 4*. Nodacker 6. Nodker 1 A. 6 b. 6 c. 7. Noribertus corr. Nother 6 a. 8. Nothgerus 9. 10. Rodicker 12. [48] Heribertus — claret ex 1 A. recepi. [49] Henrici 11. Hainricus 5. 6. Hainrichus 12. [50] Babarie 4*. Bajoariæ 4. Bauarie 6. Bauwarie 6. Bauuarie 6 b. Bauuarice 7. Bauariæ 11. 12. Bawariæ 6 c. [51] mensibus 4*. [52] sex 11. [53] Babenberc 1. 6 a. Ravinspec 1 C. Babinberc 1 A. 2. 3. Babinburc 1 Babenberch 4. Babenberckh 4*. Bamberc 5. 6. Rabimberc 6 b. Babinberch 7. Babenberhc 8. Babenbergh 9. 10. Babingerg 11. Babenbergh 12. [54] Pluci 1 A. Rvzy 5. Rubi 12. Ruzzi 1 C. 6. add. et 8. 9. 10. [55] Poloni 5. Poloni 6. 9 a. 12. add. et 1. 2. 3. 5. 6-11. [56] Ungarii 2. 3. 5. 6 b. 6 c. 9. vngary 5. 7. 10. [57] Ruzi — christiani desunt 1 A. [58] Sphira 6 c. [59] constituitur 9. 10. add. Gotehardus episcopus clar. 9. Gothardus episcopus claruit 10. [60] Conradi 1 C. [61] ejus deest. 4. [62] XLVIII. 9. 10. [63] Rvdolfvs 1. 4. Rodolfus 1 C. Ruodolfus 7. [64] Conradus 4. [65] tiranni 4. 7. [66] obierunt 1 A. occiditur 4. 7; deest 1 B. 6 a. 6 b. Rudolfus occiditur. Hermannus occiditur. Chunradus tyrannus 5. 6. Chounradus tyrannus. Rudolfus Hermannus tyranni occiduntur 8. Rudolfus occiditur. Hermannus occiditur. Cunradus obiit. tyranni 6 c. 9. 10. Anno episcopus claruit addunt. 9. 10. Rudolfus occiditur. Hermannus occiditur. Conradus. Tyranni 12. Rudolfus et Hermannus reges occiduntur. Chunradus rex obiit 9 a. 11. [67] XVII. 1 A. 1-12. annos deest 4. Hic quinto anno regni sui accepit Matilda. filiam Henrici regis Anglie in conjugium anno ab incarnatione Domini 1110. Explicunt chronica ab Adam usque ad Henricum imperatorem add. 1 A. Iste potens fuit et terre motus factus est 1. Robertus abbas Tuciensis claruit 4. [68] annos VIII. 1. 1 B. 1 C. 6 a. 6 c. Counradus tirannizabat. Isdem dehinc secundum agit annum indictione secunda. Reliquum sextæ ætatis soli deo patet. addunt 2. 3 et verbo tirannizabat omisso 4*. Lotharius ann. XII. III menses, dies XII. Conradus dehinc secundum agit annum indictione secunda. Reliquum sexte etatis deo soli patet 4. Lotharius r. a. XII. Hic Kuzerium coartavit 8. [69] desunt 5. 6 a. 6 b. Conradus Suevus annis 7. Imperator Fridericus regnavit annis 40 et interiit in aqua que dicitur Salef. Henricus imperator filius Friderici regnavit annis 5 addit 1 B. alia manus s. XII. ex. vel XIII ineuntis. Conradus rex 6 c. Chunradus successit XIV ann. Quis post hunc regnum adepturus sit posteritas videbit. Fridericus filius Friderici Sweuorum ducis regnavit r̄g̃ 9 a. annos XIV. 10 et 11. [70] 6 c. alia manu addita.

post cujus mortem seditiones plurimæ ubique terrarum sunt ortæ.

CONTINUATIO II [71].

Counradus regnavit annis 15. Fridericus regnavit annis 38. Hujus temporibus Saladinus Hierosolimam occupavit.

Anno 1187 Heinricus filius ejus regnavit annis 7. Huic Scilia et Apulia subjectæ sunt.

CONTINUATIO III [72].

Fridericus 38. Heinricus filius ejus 8. Philippus rex frater ejus 11. Hic Babenberch a Ottone palatino fraudulenter occiditur.

CONTINUATIO IV [73].

Post hunc eligitur Fridericus [74]. Cui filius ejus Heinricus imperator successit, qui in Apulia 3 Kal. Sept. obiit. Phylippus rex ab Ottone palatino occiditur. Otto imperator regnum obtinuit, quod per principes tocius terre in brevi amisit, et Fridericus rex Apuliæ eligitur. Quis [75] vero post hunc regnum adepturus sit, posteritas videbit.

CONTINUATIO V [76].

Fridericus imperator regnavit annis 33. Muros cum turibus Mediolanensium deposuit. Post hec expedicionem Ierosolimitanam aggreditur, transiens Ungariam subegit Greciam, et soldanum Yconie et gentes multas paganorum vicit igne et gladio. In vigilia Barnabe apostoli in fluvio Saleph, cum corpus vellet refrigerare balneo, diem clausit extremum. Heinricus filius Friderici imperatoris regnavit annis 10. Apulliam, Calabriam, Siciliam subjecit imperio. Hujus tempore pacem et judicium christianitas habuit. Auxilio vero et consilio suo principes Allemannie amore crucifixi Turum obsident, et dum ipsi obsiderent, ipse Ade debitum in Apullia exolvit.

Fridericus II. quinti Heinrici imperatoris filius, rex Sicilie, anno Domini 1221 contra Ottonem electus regnavit annis 33. Hic fuit depositus per Innocencium IV papam. De Parma veniens Apulliam, veneno extinctus in Fungia sepultus. Quis autem post hunc regnum adepturus sit posteritas videbit.

CONTINUATIO VI [77].

Chunradus in regem eligitur.

Anno ab incarn. Dom. 1146 Chunradus et Ludvius reges Iherosolimam pergunt.

1152. Cunradus obiit et Fridericus ei succedit.

1156. Fridericus rex ordinatur. 1158. Mediolanum potenter subegit, 1162 funditus delevit.

Hic Venetiam venit papa Alexander et synodum habuit et persecutio pacificata est.

EXPLICIT LIBER HONORII INCLUSI DE IMAGINE MUNDI [78].

A. 1189. Fridericus imperator amictus signaculo crucis ad expugnandos crucis inimicos Iherusalem profectus est. Sed et antequam attingeret fines Iherosolimitanæ terre, finem dedit vite [79]. Obiit autem 1190; cui Henricus rex filius ejus successit et imperialis dignitatis gubernacula anno 1191 Rome ordinatus suscepit.

1197 obiit Henricus imperator.

Anno [80] Dom. [1347].... obiit imperator Ludwicus. Eodem anno factus est terre motus magnus ante conversionem sancti Pauli.

CONTINUATIO VII [81].

Counradus. Fridericus. Heinricus. Philippus. Otto. Fridericus. Heinricus. Cuonradus frater ejus. Cuonradus filius ejus regnavit annis duobus. Ruodolfus comes regnavit annis 18. Adolfus comes regnavit annis 6, menses duos. Albertus dux Austriæ, filius Ruodulfi regis, regnavit annis 10. Heinricus comes de Luzelburk regnavit annis 6. Post hunc Ludewicus de Bawaria regnavit annis 25. Adhuc illo vivente cepit regnare Karolus rex Bohemiæ qui hodie imperat.

SUMMA TOTIUS DE OMNIMODA HISTORIA

AB ANNO 726.

(PERTZ, *Monum. Germ. hist. Script.* t. X, p. 128.)

In vinea Domini stans conspexi plurimos pio opere velut examen apum fervere, quam plures vero adhuc pigro otio torpere. Illis quidem congratulabar æternam Hierusalem vivis actibus ædificando, se ipsos vivos lapides per virtutes adaptare; istis vero compatiebar denario per desidiam privando, ab hujus præclari ædificii se mœniis abalienare. Sed cum cognovissem instrumenta eis deesse, sollicitus fui co-

VARIÆ LECTIONES.

[71] *exstat* 1 C. [72] *ex cod. Lun. in* 4° 81, *jam Vindob.* 818 *a Wattenbachio descripta.* [73] *ex cod. Admunt.* 400. *in qu. s. XII. Etiam hanc Wattenbachio debemus.* [74] Quis *vero post hunc erasa. Quæ sequuntur alia manu sunt addita.* [75] Quis—videbit *addidit tertia manus.* [76] *codici* 8. *manu juniore medio s. XIII. adnumeranda et quidem prioris hujus codicis possessoris Nicolai Staglini, ut ex nota autographa in fine paginæ legenda patet, addita.* FORINGER. [77] *codici* 1. *eadem manu qua exaratus est addita.* [78] *quæ sequuntur alia quidem sed coæva manu exarata sunt.* [79] *ad marg.* in flumine Saleph submersus est inter duos montes Corium et Cornitem. [80] *manu sæc. XIV. addita.* [81] *codici Kaisersh. recentioribus sæculi XIII et XIV. manibus adjecta sunt.*

rum indigentiæ prodesse. Ne itaque propositum amittant denarium, singulis contuli quod libet ad opus necessarium. Sunt namque plurimi qui velut justas suæ ignorantiæ causas obtendunt, dum sibi congeriem librorum abesse ostendunt. His pie consulens de tota scriptura hoc collegi compendium, in quo ad patriam vitæ properantibus sufficiens judicavi stipendium. Et ideo hoc Summam totius placuit vocitari, cum in eo series totius scripturæ videatur summatim notari.

Tota sacræ auctoritatis scriptura unus liber dicitur, etc.

A. D. 726 [82] [*Chr. Wirzib.* SS. VII, 26]. Karolus Pipini filius (filius [83] Anchise filii Arnolfi episcopi Metensis) principatum majorum domus 27 annis tenuit. Hic contra Sarracenos pugnavit, Fresiam vastavit, Wasconiam invasit. Gregorius III, papa claves sepulcri sancti Petri et vincula ejusdem cum magnis muneribus ad Karolum misit, ut a partibus imperatoris Constantini qui Leoni successit recederet; sed Karolus legatos cum honore suscepit, munera eis contulit, atque cum suis nunciis Romam remisit. Deinde contra Sarracenos in Gothia pugnat, Saxoniam intrat, et moritur. Gregorio III, succedit Zacharias papa.

A. D. 742 [84]. Pippinus filius Karoli cum fratre Karlmanno major domus annis 11. Karlmannus Austriam, Alemanniam atque Turingam sortitur. Pippinus Burgundiam, Neaustriam atque Provinciam. Karlmannus Wasconiam et Alamanniam vastat, cum Saxonibus pacem facit. Deinde Romam pergens a Zacharia papa clericus factus est, monasterium sancti Silvestri in monte Soracte construxit, in quo se monachum fecit; postea ad monasterium sancti Benedicti profectus est. Isdem temporibus Radagaysus rex Longobardorum similiter fecit. Zacharias papa caput Georgii martyris in capsa reconditum reperit, in pitacio litteris Grecis exarato, et in Romanam urbem transtulit. Hic etiam dialogum beati Gregorii in Grecum transtulit. Legatione Burchardi episcopi et Folradi abbatis Zacharias papa jussit Pippinum regem constitui.

A. D. 743 [85]. Pippinus auctoritate Stephani papæ qui Zachariæ successit rex Francorum est appellatus, et a Bonifacio Mogontino archiepiscopo oleo unctus et in civitate Swessona in solium regni elevatus, regnavitque annis 16. Hildericus rex tonso capite in monasterium missus est. Pippinus Longobardiam hostiliter petit. Saxoniam bello premit, Wasconiam invadit. Othmarus abbas in insulam Rheni relegatur. Eclipsis solis facta est. Caput Johannis baptistæ invenitur. Corpus sancti Nazarii ad Laurissam affertur. Pippinus rex moritur.

A. D. 768 [86]. Karolus Magnus filius Pippini cum fratre Karlomanno annis 3, postea solus 44. Karolus Saxoniam petit. Longobardos cum Italia subjecit, et cum triumpho Romam venit. Deinde in Italia Routgaysum occidit, Hispaniam cepit, Saxoniam sepius rebellantem armis compescuit. Item Romam venit, et filius ejus Pippinus ab Adriano papa baptizatur. Fames et mortalitas Franciam vastat. Episcopium Bremense a Karolo rege construitur [87], et Willibadus primus episcopus constituitur. [*Chr. Wirzib.*] Saxones rebelles magna plaga occidit et christianos fecit. Eclipsis solis facta est. Karolus Romam pergit, et cruces in vestibus ejus apparent. Deinde Sclavos et Hunos bello vicit. Gerolt dux et signifer in bello occiditur. Tempore magni Karoli Constantinus imperator a Grecis excecatur; similiter papa Leo a Romanis non tamen penitus excecatur, lingua amputatur. Qui ad Karolum in Saxoniam venit, auxilium petit. Cujus causa Karolus Romam cum exercitu profectus est papam restituit, criminatores ejus occidit seu in exilium misit. Papa vero divinitus visum recepit [cf. *Chr. Bernoldi*]. Karolus augustus Romanorum acclamatur, et in die natalis Domini a Leone papa coronatur, cum quo Greci pacem fecerunt. [Einh. *Ann. Fuld.* 807.] Aaron rex Persarum Karolo tentorium bissinum et pallia serica pretiosa et balsamum et elephantem, nec non et horologium ex auricalco arte mechanica mire compositum, in quo 12 horarum cursus ad clepsidram vertebatur, cum totidem æreis pillulis quæ completa hora decidebant, et casu suo cimbalum sibi subjectum tinnire faciebant, additis 12 equitibus qui per 12 fenestras completis horis exibant, et impulsu egressionis suæ totidem fenestras quæ prius erant aperte claudebant. Classis 200 navium de Nordmannis et Danis venit, Fresiam et omnes adjacentes insulas vastavit, tribus præliis Fresones vicit, vectigal centum libras argenti eis imposuit. Terræ motus factus est, et mortalitas subsecuta est. Eclypsis solis facta est, et Karolus moritur.

A. D. 814 [88]. Ludewicus Karoli filius annis 27. Hic a Stephano papa qui Leoni successit imperator factus est. Stephano mortuo Pascalis papa efficitur. [*Chron. Wirzib.*] Berhhardus rex rebellat Ludewico qui mox interiit. Nix magna diu permansit. Wethi monachus in Augia mirabilem visionem vidit. Tempore Ludewici filii Karoli in Turinga cespis 50 pedum longus, 14 pedum latus [89], 6 pedum altus [90], de terra sine manibus præcisus et sublatus est, et spatio 25 pedum in alio loco projectus est. Item in Saxonia quidam locus in modum aggeris intumuit,

---

VARIÆ LECTIONES.

[82] Beda moritur, *in marg.*   [83] *superscripta.*   [84] Fulde construitur. Burchardus episcopus claruit. Audogarius abbas Campidone. *In marg.*   [85] Bonifacius passus. *In marg.*   [86] Corpora Gordiani et Epimachi in Alamanniam feruntur. *in marg.*   [87] constituitur *cod.* Adm.   [88] Ansgarius episcopus convertit Danos et Suedos. Eclipsis solis in Geminis facta est a. i. 1518, et statim post in principio anni 1519 clementissimus cæsar Maximilianus obiit *in marg.* manu sæculi XVI.   [89] altus *cod.* Adm.   [90] ped. alt. desunt *cod.* Adm.

et spatio unius legwige [61] sub una nocte instar valli se subrexit [62]. Eclipsis solis facta est, et Ludewicus moritur.

A. D. 831. Lotharius filius Ludewici annis 17. Hic a Paschali papa coronatur. Hujus tempore [EINP. *l. c.* 824, 825. SIGEBERTUS a. 825] subita tempestate facta ingens fragmen glaciei cum grandine de coelo cecidit, cujus longitudo 15 pedum, latitudo 7, crassitudo 2 pedum fuit. Eodem tempore quaedam puella duodennis post acceptam in pascha communionem ab omni cibo et potu triennio abstinuit; post haec sicut alii homines vivere coepit. Abbas Sancti Dyonisii ossa sancti Sebastiani martyris de Roma ad Suessonam civitatem adduxit, et in basilica sancti Medardi posuit. Quae cum adhuc inhumata jacerent, tanta signa et prodigia ibi claruerunt, ut a nullo mortalium numerus miraculorum comprehendi vel varietas valeat enarrari. Lotharius imperator judicio episcoporum arma deposuit, quia uxorem reliquit, et ad agendam poenitentiam inclusus est; postea absolutus, apud Ingilheim moritur, et Mettis sepelitur.

A. D. 841. Ludewicus filius Lotharii cum fratribus Lothario Karolo et Pippino annis 36. [*Ann. Wirzib.* SS. II, 258 sq.] Bellum inter fratres de partitione regni excanduit, et ingens praelium fit, et tanta caedes ex utraque parte, ut numquam praesens aetas tantam stragem in gente Francorum factam ante meminerit. Deinde regnum inter se dispertiunt, et Ludewicus Germaniam, Karolus Galliam, Lotharius Italiam optinuit. Tempore hujus Lotharii Nordmanni et Dani usque Parisius navigio venientes, regnum Karoli vastant, in Fresia tribus praeliis confligunt et vincunt. Pippinus rex Aquitaniae comprehensus a suis Karolo regi cum regno traditur, effectusque clericus in monasterium extruditur. Homo quidam fulmine tactus totus est consumptus, et vestis illaesa remansit. Lotharius monachus efficitur in Prumensi monasterio, in quo et moritur, pro quo Lotharius filius ejus imperator efficitur. Lotharius dimisit legitimam uxorem, et duxit alteram consentiente Theogaudo Treverensi et Gunthario Coloniensi archiepiscopis. Pro qua re a papa Nicolao deponuntur, rex autem ad synodum vocatur. Qui veniens et judicium cum corpore Domini cum 70 principibus pro imposito crimine faciens, subita morte cum omnibus interiit. Tempore Ludewici fratris Lotharii quadam nocte nubes ascendit ab aquilone, altera ab oriente et meridie venit, quae ignea spicula in invicem miserunt; deinde coeuntes quasi exercitus in praelio se confuderunt. Hoc tempore mulier panes albos venales in festo sancti Laurentii coxit, et atramento nigriores de fornace protulit [SIGEBERT. 874.] Quodam tempore instante messe vermes quidam in Germaniam quasi locustae, 4 pennis volantes et 6 pedes habentes ab oriente venerunt, et universam superficiem terrae instar nivis operuerunt, cuncta quae in pratis erant devastantes. Erant autem ore lato et extenso intestino, duosque habebant dentes lapide duriores, quibus duras arborum cortices corrodere valebant. Longitudo et grossitudo quasi pollex viri, tantaeque erant multitudinis ut una hora diei centum jugera frugum prope urbem Mogontinam consumerent. Quando autem volabant, ita totum aerem per unius miliarii spacium velabant, ut splendor solis in terra positis vix appareret. Quarum nonnullae in diversis locis occisae, spicas integras cum granis et aristis in se habuisse repertae sunt. Quibusdam vero ad occidentem profectis, supervenerunt aliae, et per duos menses paene cottidie suo volatu horribile cernentibus praebuere spectaculum. Tunc et in Italia tribus diebus et tribus noctibus sanguis de caelo pluisse narratur. Terrae motus factus est, et cometa visa est. Lotharius rex frater Ludewici imperatoris obiit, et Karolus rex Galliarum regnum ejus invasit. Mox bellum in Triburia inter Ludewicum imperatorem et Karolum committitur. Ludewicus rex Germaniae moritur, et Mediolani sepelitur. Post quem Karolus rex Galliae augustus coronatur, sed a Karlomanno impugnatur.

A. D. 877. [*Chr. Wirzib.*] Karolus filius Ludewici cum fratribus Karlomanno et Ludewico annis 11. Karlmannus et Ludewicus moriuntur, et Karolus dimisit regnum. Karolo mortuo, Karlomannus invadit Romanum imperium. Boum pestilentia magna contigit. [SIGEBERT. 877.] Dum vero canes cadavera laniando comederent, quadam die universi in unum locum congregati inde discesserunt, ita ut nullus corum neque vivus neque mortuus inveniri potuisset.

A. D. 888. [*Chr. Wirzib.*] Arnoldus filius Karlmanni annis 12. Karolus imperator obiit. Arnoldus exercitum Nordmannorum prorsus delevit, Italiam et Burgundiam suo regno subjecit, Romam veniens imperator efficitur. Magna fames homines se invicem comedere persuasit. Ungarii Italiam vastant, et Arnolt moritur.

A. D. 900. Ludewicus Arnoldi filius admodum puer annis 12. Ungari Bavariam ingrediuntur et plus mille ex eis occiduntur. Karinthiam invadunt; commissa pugna occiduntur plurimi utrimque, sed amarius Ungarii. Deinde Saxoniam et Turingam vastant. Bellum Francorum cum Ungariis. Ludewicus rex moritur.

A. D. 912. [93] Counradus filius Chounradi illius quem Adalbertus Babenbergensis interfecit, in regnum elevatus regnavit annis 7. Ungarii ab Alamannis et Bawariis juxta flumen Ine occiduntur. Cometae videntur. Ungarii Alamanniam depopulantur ferro et igne, et Alsatiam invadunt. Counradus rex moritur.

A. D. 919. Heinricus comes rex effectus regnavit annis 18. Ungarii totam Franciam, Galliam, Alsa-

VARIAE LECTIONES.

[61] leuge *cod. Admunt.* [62] subvexit *cod. Adm.* [93] Heriger episcopus claruit. *in marg.*

tiam atque Alamanniam gladio et igne devastant, quos Heinricus in Suirbia interfecit. Buchardus dux occiditur. Herimanno Alamannia committitur, et Heinricus moritur.

A. D. 937. Otto Magnus Heinrici filius annis 38. Ungarii Franciam, Alamanniam, Galliam usque oceanum et Burgundiam devastantes, per Italiam redierunt. Monasteria sancti Galli et sancti Bonifacii cremantur. Hyemps valida et mortalitas animalium facta est. Ungarii cum Bawariis pugnant et vincuntur. Otto Italiam sibi subjecit, Berngerum regem expulit. Ignitus lapis quasi massa candentis ferri ab occidente volvens venit, et draco visus est. Ungarii Noricam, Franciam Italiamque petunt, et totam Bawariam devastant; juxta Augustam Alamanniæ urbem ab Ottone rege pugna victi immensa cæde necantur. Cruces in vestibus apparent. Otto Romam veniens imperator efficitur. Hic in Saxonia Parthenopolim civitatem condidit. Signum in sole, deinde eclipsis solis facta est. Signum quoddam ignei coloris in cœlo apparuit, et Otto moritur. Sanctus Oudalricus obiit anno episcopatus sui 50.

A. D. 975. Otto II. Ottonis Magni filius annis 9. Hic apud Calabriam occiso a Grecis exercitu de navi exiliens, natando aufugit. Deinde Romæ moritur et sepelitur.

A. D. 984. Otto III, Ottonis II filius admodum puer annis 18. Fames magna fuit. Wenzlas dux passus est. Adalbertus episcopus de Braga civitate a Prucis martyrio coronatur. Nodker monachus clarus habetur. Otto moritur, et Aquisgrani sepelitur.

A. D. 1002, Heinricus dux Bawariæ rex effectus, regnavit annis 23 menses 5. Hic Italiam, Boemiam et Bolizaum ducem cum omni gente Sclavorum subjugavit. Hunc Benedictus papa coronavit. Babenberc condidit, cujus ecclesiam Benedictus papa dedicavit. Ruzi, Polani et Ungarii [94] facti sunt christiani. Fames magna exorta est, et terræ motus extitit. Heinricus moritur et Babenberc sepelitur.

A. D. 1025. Counradus fere 15 annis regnavit. Contra hunc magna dissensio in regno efficitur, sed ipse Heinricum filium suum regem fecit, ipse vero Romam pergens imperator efficitur. Cum exercitu Pannoniam petit, sed rex Stephanus cum eo pacem fecit. Roudolfus rex Burgundiæ moriens diadema suum Counrado imperatori misit. Counradus orientalem Franciam contra Ottonem petit: deinde Burgundiam vastat, Slaviam premit, eique Sclavi qui Liutici dicuntur, facti sunt tributarii. Pilgrimus Coloniensis episcopus obiit, cui Heriman successit. Chounigunt regina et Herimmannus dux obiit. Stephanus rex Ungariorum cum omni gente sua ad fidem Christi convertitur. Eclypsis solis facta est, et Counradus moritur, ac Sphiræ sepelitur, quam ipse condidit.

A. D. 1040. Heinricus rex pius Counradi filius [95] annis 17. Hic Boemiam ingressus igne prædaque cuncta devastat, rebellem ducem jure jurando sibi subjugat. Deinde Ungariam cum exercitu ingreditur, Ovonem tyrannum victum fugat, Petrum regem ab Ungariis expulsum in regnum restituit, subjugatoque sibi regno Ungariorum cum summo honore revertitur. Agnetem Willehelmi Pictaviensis principis filiam sibi in conjugio copulat. Pacem maximam in toto regno firmat. Pestis pecudum magna, hiems dura. Heinricus Italiam ingressus pacifice a Romanis suscipitur, papas tres non digne constitutos synodaliter deposuit, Swidgerum Babenbergensem episcopum papam constituit, Clementem nominavit; a quo ipse imperator et augustus consecratur, et per Apuliam multasque provincias felici victoria exercitum ducens, magno honore revertitur, et corpus sancti Wicdonis de Italia ad Sphiram attulit. Petrus rex Ungariorum a quodam tyranno captus et excæcatus est, isque regnavit pro eo. Swidgerus papa obiit, cui Poppo successit; post hunc Bruno qui et Leo Tolanensium antistes papa ordinatur. Synodus Magontiæ congregatur, cui præfuit Bruno apostolicus et Heinricus imperator. Bartho archiepiscopus obiit, et Herimannus contractus. Leoni papa Gebehardus qui et Victor succedit. Fames multas provincias afflixit, egestas et penuria undique prævaluit, et Heinricus vitam finivit.

A. D. 1067. Heinricus filius Heinrici imperatoris admodum puer cœpit regnare, regnavitque annis 49. Cujus mater Agnes suscepit ducatum Bawariæ. Victor papa moritur, et Fridericus qui et Stephanus constituitur; post hunc Alexander ordinatur. [*Annal Wirzib.*] Cometa videtur, et Anglia Nordmannis subicitur. Otho dux Bawariæ rebellat regi. Mox et principes conjurant contra eum. Saxones Hartesburc destruunt, sepulchrum filii Heinrici violant, ossaque ejus dispergunt. Alexander papa obiit, cui Hildibrandus qui et Gregorius succedit. Bellum juxta Unstruht committitur. Roudolfus dux in regem eligitur. Wirsiburc obsidetur. Bellum juxta Strowi, et aliud juxta Fladecheim committitur. Aliud bellum juxta Elstret fuit, in quo Roudolfus rex occisus est. Heinricus Romam obsedit, Wichertum papam constituit. Herimannus rex elevatur, et bellum inter Swevos et Bawarios juxta Hostetin geritur. Roma capta, et pestilentia magna est facta. Herimannus rex orientalem Franciam hostiliter ingreditur. Heinricus de Italia reversus Augustam obsidet, capit, deinde Saxoniam vastat. Bellum juxta Bleichfelt geritur. Herimannus rex occiditur. Aliud bellum fuit juxta Glicho oppidum inter Heinricum regem et Egchebertum marchionem. Eclypsis solis facta est. Counradus filius Heinrici rex constituitur, et patri rebellat. Pestilentia maxima facta est. Gregorio papa defuncto, ordinatur summus pontifex Otto Ostiensis episcopus qui et Urbanus. Hoc tempore globi ignei in cœlo emicuerunt, rursumque alia in cœli parte se condiderunt. Mox de occidentis partibus

VARIÆ LECTIONES.

[94] Luzi etiam et Polani *cod Admunt.* [95] *deest in cod.*

Hyspaniæ et Galliæ populi et nationes, tribus et linguæ, omnis sexus et ætas egressi orientem petierunt, sepulchrum Domini Iherosolimis multo sanguine visitaverunt. Urbanus papa moritur, et Paschalis constituitur. Heinricus filius Heinrici rex eligitur, et patri rebellans patrem capit, regalia ei tollit. Cometa diu visa est. Heinricus junior Coloniam obsidet: interim pater ejus moritur, et Sphiræ sepelitur [96].

A. D. 1106. Heinricus filius Heinrici annis 25 [cf. *Ann. Saxo* 1107]. Hic dum in Goslariensi oppido conventum [97] habuisset [98], et jura regni prout voluit disposuisset, subito [99] nimia tempestas et horribilis fulgurum et coruscationum et tonitruorum [100] exorta regem et omnem populum perterruit. Moxque capulus mucronis regis tactus ut cera liquescens evanuit et pictura clipei ejus deleta est. Deinde rex Flandriam cum valida manu intrat, ferro et igne cuncta vastat, Roupertum comitem cum omni populo subjugat. Post hæc Pannoniam cum exercitu aggreditur, sed nihil dignum memoriæ ibi geritur. Poloniam quoque cum multitudine ingreditur, qua præda et incendio vastata revertitur. Deinde cum omni copia Italiam ingreditur, oppida, castella, municipia ferro ignique depopulatur, Romæ a Pascali papa augustus consecratur, sed ipse papam comprehendit, clerum et populum terrore dispergit. Despoliata Urbe revertitur, in sacerdotes Domini et principes crudeliter grassatur. Ob hoc principes contra eum jurant, et a regno armis propellunt. Bellum juxta Welfesholz contra eum geritur, in quo victus patria pellitur. Terræ motus factus est, et plura moenia corruerunt, Paschalis papa moritur, et Gelasius ejus loco constituitur. Quem Heinricus a Roma expulit, et Gregorium qui et Burdinus papam constituit. Defuncto Gelasio Calistus subrogatur, a quo Heinricus cum suo papa excommunicatur. Burdinus a Calisto capitur, monasterio cui nomen est Cavea intruditur. Post hæc Heinricus ecclesiæ concessit, ut jure ecclesiastico episcopos et abbates electione cleri et populi constituat, electus a rege regalia accipiat, et ipse rex a Kalisto papa a banno absolvitur, et ecclesiæ pax redditur. Kalistus defungitur, Honorius subrogatur. Deinde facta est fames, quam secuta est tempestas horribilis multis diebus tonitruorum et fulgurum et grandinis, et eclypsis solis per unam horam. Heinricus moritur, et Sphiræ sepelitur. Lotharius dux Saxonum in regnum eligitur.

A. D. 1125. Lotharius dux Saxoniæ regnat ann. 11. Huic rebellat Fridericus dux Swevorum, filius sororis Heinrici imperatoris. Tres soles visi sunt in cælo hora nona. Nortbertus episcopus in prædicatione et religione clarus habetur. Lotharius cum exercitu Poemiam aggreditur, sed victus et multis de suis occisis regreditur, Counradus frater ducis Friderici a Swevis rex elevatur. Sphira a Lothario contra Fridericum obsidetur, nec optinetur. [cf. Anselm. Gemb. 1128.] Eo tempore visum est cælum ardere prima hora noctis. Deinde media nocte iterum incendium visum est in cælo. Iterum atque iterum idem a pluribus visum est. Quadam nocte nimius splendor ut ignis visus est a multis de cælo cecidisse; fertur etiam grando magna ut ova anserum in aliquibus locis pluisse, inter quam et glacies prægrandis cecidit. Quædam villæ contra flatum venti ex toto conflagratæ sunt, et multa incendia extiterunt, inter quæ Trajectum exustum est, et Pardirbergensis ecclesia et multa sanctorum monasteria. [cf. Anselm. 1131.] Lotharius denuo Sphiram obsidet et victor optinet. Pestilentia sequitur et hominum et animalium, Honorius papa moritur, et duo papæ ordinantur, scilicet Anacletus qui et Leo, quem Roma suscepit, et Innocentius quem ecclesia recepit. Item prima hora noctis cælum visum est quasi sanguine perfusum in aquilonari parte. Innocentius papa venit in Gallias in civitatem Leodium, cui Lotharius rex occurrit cum omnibus episcopis Germaniæ, qui Innocentium papam eligunt, Anacletum respuunt, expeditionem in Italiam conjurant, ut Romam papam perducant. Interim Lotharius cum exercitu Daniam adit, regem Danorum Nicolaum filiumque ejus Magnum in deditionem cum obsidibus accepit, et victor rediit. Deinde collecto exercitu Italiam petit, Romam cum papa Innocentio coronandus pergit. In itinere insidias ei dicitur Friderici ducis incurrit, unde offensus Augustam civitatem incendit, plures de civibus occidit, plurimos de suis amisit, in Italia vero maximam partem suorum amisit. Post multos labores Romam ingreditur, honorifice a senatu et populo Romano suscipitur, ab Innocentio papa augustus cum regina coronatur, cum pace regreditur (*an.* 1133). Eclipsis solis facta est 4 Nonas Augusti media die per unam fere horam, qualis per mille annos non est visa. Denique totum cælum obscuratum est instar noctis, et stellæ toto pæne cælo visæ sunt. Tandem sol egressus de tenebris in modum stellæ apparuit, deinde in modum novæ lunæ, ad extremum propriam formam induit [cf. *Cont. Mariani Scoti* SS. V, 562].

VARIÆ LECTIONES.

[96] Anshelmus episcopus in Anglia claret. *in marg.*   [97] principum *add. cod. Admunt.*   [98] haberet *c. Adm.*   [99] et jura — subito *desunt cod. Adm.*   [100] et cor. et ton. *desunt cod. Adm.*

DE LUMINARIBUS ECCLESIÆ
SIVE
DE SCRIPTORIBUS ECCLESIASTICIS
LIBELLI QUATUOR.

(FABRIC., *Bibliotheca ecclesiastica*, Hamburgi 1718, fol., pag. 73.)

LIBELLUS I EX HIERONYMO SUBLECTUS.

Rogo te, lector (si tamen præ dono invidiæ audias), ne hujus opusculi laborem vilipendas. Ego quippe vigilavi ut tu dormias, ego laboravi ut tu quiescas. Tuus solummodo labor erit, ut perlegendo intelligentia replearis, et præditus, clarus ab omnibus habearis. Si autem (quod magis timeo) tabido corde et nebulosa facie his flosculis ornate contextis lividum dentem imprimis, ac rosigerum sertum, candidulis liliis connexum, venenata lingua carpis, invidia quidem te ut proximum servum caligini ignorantiæ involvet, me autem benevolentia per lumen scientiæ ad gloriam et honorem perducet. In hoc libello omnes ecclesiasticos scriptores a tempore Christi usque ad nostra tempora nominatim expressi, quos ex Hieronymo, Gennadio, Isidoro, Beda et aliis cognoscere potui.

CAP. I. Simon Petrus, filius Joannis, provinciæ Galilææ, vico Bethsaida, frater Andreæ apostoli, et princeps apostolorum, scripsit duas epistolas, quæ canonicæ nominantur. Evangelium quoque Marci ejus esse dicitur. Libri autem, de quibus unus Actorum ejus inscribitur, alius Evangelii, tertius Prædicationis, quartus Apocalypseos, quintus Judicii, inter apocryphas scripturas repudiantur. Hic post episcopatum Antiochensis Ecclesiæ, ad expugnandum Simonem Magum Romam pergit, ibique viginti annis cathedram episcopalem tenuit, usque ad quartum decimum annum Neronis, a quo et crucifixus est, Romæque sepultus (Hieron., *De viris illustribus*, c. 1).

CAP. II. Jacobus, frater Domini, cognomento Justus, Joseph, ut quidam existimant, ex alia uxore, ut alii, Mariæ sororis matris Domini filius, scripsit unam de septem canonicis Epistolam. Hic post passionem Domini ab apostolis Hierosolymorum ordinatus episcopus, triginta annis rexit Ecclesiam, et juxta templum Domini, ubi præcipitatus fuerat, sepelitur (Hieron. c. 2).

CAP. III. Matthæus, qui et Levi, ex publicano apostolus, primus in Judæa Evangelium Christi Hebræis litteris composuit (Hieron. c. 3).

CAP. IV. Judas, frater Jacobi, unam de septem canonicis reliquit Epistolam (Hieron. c. 4).

CAP. V. Paulus apostolus, qui antea Saulus, extra numerum duodecim apostolorum, de tribu Benjamin, et oppido Judææ Gischali, scripsit decem Epistolas ad Ecclesias : ad Romanos unam, ad Corinthios duas, ad Galatas unam, ad Ephesios unam, ad Philippenses unam, ad Colossenses unam, ad Thessalonicenses duas, ad Hebræos unam : præterea ad discipulos suos quatuor, Timotheo duas, Tito unam, Philemoni unam, ad Laodicenses unam, quæ quidem legitur, sed ab omnibus exploditur. Hic quarto decimo Neronis anno, eodem die quo Petrus, Romæ pro Christo capite truncatur, et in via Ostiensi sepelitur tricesimo septimo anno post passionem Domini (Hieron. c. 5).

CAP. VI. Barnabas, Cyprius, qui et Joseph, levites cum Paulo gentium apostolus ordinatus, unam ad ædificationem Ecclesiæ Epistolam composuit, quæ inter apocryphas scripturas legitur. (Hieron. c. 6).

CAP. VII. Lucas, medicus Antiochensis, sectator Pauli apostoli, scripsit Evangelium et Actus apostolorum Romæ. Hic octuagesimo et quarto anno in Bithynia moritur, et postmodum Constantinopolim transfertur (Hieron. c. 7).

CAP. VIII. Marcus, discipulus et interpres Petri, Romanis scripsit Evangelium. Hic passus est octavo Neronis anno, et Alexandriæ sepultus (Hieron. c. 8).

CAP. IX. Joannes apostolus, filius Zebedæi, et frater Jacobi, scripsit Asiæ episcopis Evangelium, et Apocalypsim, et tres canonicas Epistolas. Hic sexagesimo octavo anno post passionem Domini sub Trajano moritur, et apud Ephesum sepelitur (Hieron. c. 9).

CAP. X. Hermas, cujus apostolus Paulus ad Romanos meminit, scripsit librum qui apellatur Pastor (Hieron. c. 10).

CAP. XI. Philo Judæus, natione Alexandrinus, de genere sacerdotum, scripsit librum unum de Vita nostrorum sub Marco degentium. Hujus exstant præclara et innumerabilia opera : In quinque libros Moysi; De confusione linguarum, liber unus; De natura et inventione, liber unus; De his quæ sensu precamur et testamur, liber unus; De eruditione, liber unus ; De hærede divinarum rerum , liber unus; De divisione æqualium et contrariorum, liber unus; De tribus virtutibus, liber unus; Quare quorumdam in Scripturis mutata sint nomina, liber unus; De pactis, libri duo; De vita sapientis, liber unus; De tribus virtutibus, liber unus; Quod somnia mittantur a Deo, libri quinque; Quæstionum et solutionum in Exodum libri quinque; De tabernaculo et Decalogo, libri quatuor; De victimis et repromissionibus; De maledictis; De providentia; De Judæis; De conversatione vitæ Alexandri; Quod proprium rationem habeant muta animalia; Quod omnis insipiens servus sit; De apostolicis viris, quem inscripsit De contemplativa vita; De agricultura duos; De ebrietate duos. Hic conscripsit secundum librum Machabæorum (67-69).

Cap. XII. Lucius Annæus Seneca, Cordubensis, Photini Stoici discipulus, et patruus Lucani poetæ. Scripsit quasdam epistolas ad Paulum apostolum, et Apostolus quasdam rescripsit (Hieron. c. 12).

Cap. XIII. Josephus, Mathathiæ filius, ex Hierosolymis sacerdos, a Vespasiano captus, scripsit Romæ septem libros Judaicæ captivitatis, et alios viginti quatuor Antiquitatum libros, ab exordio mundi usque ad quartum decimum annum Domitiani Cæsaris, et duos conflictus adversus Appionem, grammaticum Alexandrinum, et unum qui inscribitur De potentia, in quo digesta sunt Machabæorum martyria (Hieron. c. 13).

Cap. XIV. Justus Tiberiensis, de provincia Galilææ, scripsit Historiam Judaicarum rerum, et quosdam commentariolos de Scripturis (Hieron. c. 14).

Cap. XV. Clemens, cujus Apostolus ad Philippenses meminit, quartus post Petrum apostolum Romæ episcopus (siquidem secundus Linus, tertius Anacletus fuit), scripsit Epistolam ad Corinthiorum Ecclesiam, valde utilem, et Itinerarium Petri, et Disputationem Petri et Appionis, et multa alia quæ inter apocrypha numerantur. (Hieron. c. 15).

Cap. XVI. Dionysius areopagita, philosophus, a Paulo apostolo conversus, Athenis episcopus ordinatus, scripsit librum De hierarchia, et multa alia (70).

Cap. XVII. Ignatius, Antiochenæ Ecclesiæ post Petrum apostolum tertius episcopus, scripsit Ecclesiæ Ephesiorum epistolam, alteram ad Magnesianos, tertiam ad Trallenses, quartam ad Romanos, deinde ad Philadelphios et Smyrnæos. Hic passus est sub Trajano (Hieron. c. 16).

Cap. XVIII. Polycarpus, Joannis apostoli discipulus, ab eo Smyrnæ episcopus ordinatus, scripsit ad Philippenses valde utilem epistolam, et quædam de die Paschæ. H°c sub Commodo pro Christo igni traditur (Hieron. c. 17).

Cap. XIX. Papias, Joannis auditor, Hierapolitanus in Asia episcopus, quinque scripsit volumina, quæ prænotavit : Explanatio sermonum Domini (Hieron. c. 18).

Cap. XX. Quadratus, apostolorum discipulus, Athenarum episcopus, scripsit librum pro Christiana religione valde utilem, apostolica doctrina dignum (Hieron. c. 19).

Cap. XXI. Aristides, Atheniensis philosophus eloquentissimus, scripsit volumen, nostri dogmatis rationem continens (Hieron. c. 20).

Cap. XXII. Agrippa, cognomento Castor, vir valde doctus, adversus viginti quatuor volumina Basilidis hæretici, quæ in Evangelium confecerat, fortissime disseruit (Hieron. c. 21).

Cap. XXIII. Egesippus, vicinus apostolicorum temporum, omnem a passione Domini usque ad suam ætatem ecclesiasticorum actuum texens historiam, quinque libros composuit (Hieron. c. 22).

Cap. XXIV. Justinus, philosophus, de Neapoli urbe Palæstinæ, patre Prisco Bacchio, scripsit libros quatuor pro religione Christi contra gentes, et unum de monarchia Dei, et unum quem prænotavit Psalten, et unum de anima, et dialogum contra Judæos, et insignia volumina contra Marcionem, et librum contra omnes hæreses. Ad ultimum pro Christo sanguinem fudit (Hieron. c. 23).

Cap. XXV. Melito, Asianus, Sardensis episcopus, librum pro Christiano dogmate composuit. Scripsit etiam de Pascha duos libros; De vita prophetarum librum unum; De senibus unum; De corpore et anima unum; De baptismate unum; De veritate unum; De generatione Christi unum; De prophetia sua unum; De hospitalitate unum; et alium librum qui Clavis inscribitur; De diabolo unum; De Apocalypsi Joannis unum; eclogarum libros sex (Hieron. c. 24).

Cap. XXVI. Theophilus, sextus Antiochenæ Ecclesiæ episcopus, contra Marcionem librum composuit, et ad Auctolycum tria volumina, et contra hæresim Hermogenis librum unum, et alios tractatus (Hieron. c. 25).

(67-69) Vide Hieron. c. 11, et Bellarminum in Catalogo, ubi agit de Philone et de auctore librorum Machabæorum.

(70) De S. Dionysio Areopagita sic legitur in veteri Romano Martyrologio, ab Heriberto Rosweido typis Plantinianis 1613, edito : v *Nonas* (5) *Octobris, Athenis, Dionysii Areopagitæ sub Adriano diversis* tormentis passi, ut Aristides testis est in opere quod de Christiana religione composuit. Hoc opus apud Athenienses inter antiquorum memorias clarissimum tenetur. De sancto Dionysio Parisiensi episcopo sic legitur in eodem Martyrologio : vii *Idus* (9) *Octobris, Parisiis, Dionysii episcopi, cum sociis suis, a Fescennino gladio animadversi.* Vetus itaque Romanum Martyrologium duos Dionysios constituit; unum Areopagitam, S. Pauli apostoli discipulum; alterum Parisiensem episcopum, jussu Fescennini gladio percussum Decio et Gratio consulibus (hoc est, Christi 250 anno), ut Gregorius Turonensis lib. i Hist. Francorum narrat. Hæc visum fuit verbo indicare; reliqua cujusque judicio relinquo.

Cap. XXVII. Apollinaris, Asiæ Hieropolitanus episcopus, insigne volumen pro fide Christianorum edidit, et quinque libros adversus gentes, et tres de veritate, et duos adversus Cataphrygas (Hieron. c. 26).

Cap. XXVIII. Dionysius, Corinthiorum Ecclesiæ episcopus, multas epistolas ad Ecclesias scripsit : in quibus est una ad Laodicenses (71), alia ad Athenienses, tertia ad Nicomedienses, quarta ad Cretenses, quinta ad Ponti Ecclesias, sexta ad Ignosianos (72), septima ad Romanos, octava ad Chrysophoram, sanctam feminam. Sub Marco Antonino claruit (Hieron. c. 27).

Cap. XXIX. Pinytus, Cretensis, Cnossiæ urbis episcopus, scripsit ad Dionysium episcopum valde elegantem epistolam (Hieron. c. 28).

Cap. XXX. Tatianus hæresiarcha infinita scripsit volumina. Hic Justini philosophi discipulus fuit; in rhetorica quam maxime floruit; novam hæresim condidit (73).

Cap. XXXI. Philippus, Cretensis, Gortinæ urbis episcopus, præclarum adversus Marcionem edidit librum (Hieron. c. 30).

Cap. XXXII. Musanus, non ignobilis scriptor, confecit librum adversus quosdam, qui ad hæresim Tatianam declinaverunt (Hieron. c. 31).

Cap. XXXIII. Modestus adversus Marcionem fecit librum, et alia quædam (Hieron. c. 32).

Cap. XXXIV. Bardesanus, in Mesopotamia clarus, infinita adversus pene omnes hæreticos scripsit volumina. Hic nimis eloquens fuit, et novam hæresim condidit (Hieron. c. 33).

Cap. XXXV. Victor, tertius decimus Romanæ urbis episcopus, de Pascha, et alia quædam scripsit volumina (Hieron. c. 34).

Cap. XXXVI. Irenæus, Lugdunensis Galliæ episcopus, scripsit adversus hæreses libros quinque, contra gentes volumen breve, De disciplina aliud, et ad Martianum fratrem de apostolica prædicatione, librum variorum tractatuum, ad Blastum de schismate, ad Florinum de monarchia, de ogdoade egregium documentum; et quædam ad Victorem papam de Pascha (Hieron. c. 35).

Cap. XXXVII. Pantænus, Stoicæ sectæ discipulus, tam in sanctis Scripturis quam in sæculari litteratura eruditus, Alexandriæ multos commentarios in sanctam Scripturam fecit. Hic ad Indiam missus, ubi Bartholomæus docuit, ubi Evangelium Matthæi reperit, quod et secum detulit (Hieron. c. 36).

Cap. XXXVIII. Rhodon, genere Asianus, a Tatiano in Scripturis Romæ eruditus, edidit plurima, præcipuumque adversus Marcionem opus; sed et in Hexaemeron elegantes tractatus composuit, et adversus Cataphrygas insigne volumen. Sub Commodo floruit (Hieron. c. 37).

Cap. XXXIX. Clemens, Alexandrinæ Ecclesiæ presbyter, Pantæni auditor, post eum ecclesiasticam scholam tenens, scripsit insignia volumina, plena eruditionis et eloquentiæ, tam de Scripturis divinis, quam de sæcularis litteraturæ instrumento. E quibus sunt illa Stromatum et Informationum libri octo, De pædagogis unus, De Pascha unus, De jejunio unus, De disceptatione unus, et alius qui inscribitur : Quisnam ille dives sit qui salvetur; De obtrectatione liber unus; De canonibus ecclesiasticis unus. Hujus discipulus fuit Origenes (Hieron. c. 38).

Cap. XL. Miltiades scripsit præcipuum volumen adversus Montanum et Priscam et Maximillam, et alios libros adversus gentes et Judæos (Hieron. c. 39).

Cap. XLI. Apollonius, vir disertissimus, scripsit adversus Montanum et Priscam et Maximillam insigne et magnum volumen. Contra hunc scripsit Tertullianus. Hic claruit sub Severo (Hieron. c. 40).

Cap. XLII. Serapion, Antiochiæ episcopus, scripsit epistolam ad Caricum et Ponticum de hæresi Montani. Ad Domnionem quoque librum composuit, et unum De evangelio, et alias breves epistolas (Hieron. c. 41).

Cap. XLIII. Apollonius, Romanæ urbis senator, insigne volumen pro fide nostra composuit. Hic sententia senatus pro Christo capite truncatur (Hieron. c. 42).

Cap. XLIV. Theophilus, Cæsareæ Palæstinæ, quæ olim Turris Stratonis vocabatur, episcopus, de Pascha synodicam et valde utilem composuit epistolam (Hieron. c. 43).

Cap. XLV. Bacchylus, Corinthiorum episcopus, elegantem librum de Pascha composuit (Hieron. c. 44).

Cap. XLVI. Polycrates, Ephesiorum episcopus, scripsit synodicam epistolam ad Victorem Romanum episcopum (Hieron. c. 45).

Cap. XLVII. Heraclius in Apostolum commentarios composuit (Hieron. c. 46).

Cap. XLVIII. Maximinus famosam quæstionem insigni volumine ventilavit : Unde malum, et quod materia a Deo facta sit (Hieron. c. 47).

Cap. XLIX. Candidus in Hexaemeron pulcherrimos tractatus edidit (Hieron. c. 48).

Cap. L. Appion similiter in Hexaemeron tractatus fecit (Hieron. c. 49).

Cap. LI. Sextus sub Severo scripsit librum De resurrectione (Hieron. c. 50).

Cap. LII. Brabianus quædam opuscula ad Christianum dogma pertinentia edidit (Hieron. c. 51).

---

(71) Lege *Lacedæmonios*.
(72) Lege *Cnossianos*.
(73) Harmonia IV Evangeliorum quæ tomo VII Bibliothecæ veterum Patrum exstat, non est Tatiani sed Ammonii Alexandrini, de quo Hieronymus cap. 55 in Catalogo agit. In eodem tomo exstat liber *Diatesseron Evangeliorum* cujus auctor fuit hic Tatianus Syrus, Encratitarum princeps. Vide Hieron c. 29 et 55.

Cap. LIII. Judas plenissime disputavit de septuaginta hebdomadibus apud Danielem, et Chronica usque ad Severum perduxit (Hieron. c. 52).

Cap. LIV. Tertullianus, presbyter provinciæ Africanæ, civitatis Carthaginiensis, patre centurione proconsulari, acris et vehementis ingenii, multa scripsit volumina. Specialiter autem adversus Ecclesiam texuit volumina: De pudicitia, De persecutione, De jejuniis, De monogamia, De ecstasi libros quinque, et sextum adversus Apollonium, et multa alia, quæ non exstant, volumina (Hieron. c. 53).

Cap. LV. Origenes, qui et Adamantius, Leoinde patre, matre......, Alexandriæ, a Demetrio ejusdem urbis episcopo in locum Clementis presbyteri confirmatus, tantum in Scripturis habuit studii, ut Hebræam linguam contra ætatis gentisque suæ naturam edisceret; et exceptis septuaginta Interpretibus alias quoque editiones in unum congregaret, Aquilæ scilicet Pontici proselyti, et Theodotionis Ebionæi et Symmachi ejusdem dogmatis. In Evangelium quoque κατὰ Matthæum scripsit commentarios. Præterea quintam, et sextam, et septimam editionem cum cæteris comparavit. Dialecticam quoque et geometriam, et arithmeticam et astronomiam, musicam et grammaticam, et rhetoricam, omniumque philosophorum sectas ita didicit, ut studiosos quoque sæcularium litterarum sectatores haberet, concursusque ad eum mirifice fierent. Sex millia librorum scripsit. Sub Severo floruit (Hieron. c. 54).

Cap. LVI. Ammonius, vir disertus et valde eruditus, in philosophia clarus, Alexandriæ inter multa ingenii sui præclara monumenta etiam de consonantia Moysi et Jesu elegans opus composuit, et evangelicos canones excogitavit, quos postea secutus est Eusebius Cæsariensis (Hieron. c. 55).

Cap. LVII. Ambrosius, primum Marcionites, deinde ab Origene correctus, Ecclesiæ Alexandrinæ diaconus, multas epistolas ad Origenem scripsit. Ad hunc Origenes infinita dictavit volumina (Hieron. c 56).

Cap. LVIII. Tripho, Origenis auditor, in Scripturis eruditissimus, multa fecit opuscula, præcipue librum quem composuit De vacca rufa, in Deuteronomio; De divisione columbæ et turturis ab Abraham (Hieron. c. 57).

Cap. LIX. Minutius Felix, Romæ insignis causidicus, scripsit altercationis Dialogum, Christiani et hæretici disputantis, et librum De fato contra mathematicos (Hieron. c. 52).

Cap. LX. Gaius adversus Proculum, Montani sectatorem, valde insignem habuit disputationem (Hieron. c. 59).

Cap. LXI. Beryllus, Arabiæ Bostrenus episcopus, in quamdam hæresim lapsus, ab Origene correctus, scripsit varia opuscula, et maxime epistolas. Exstat et Dialogus Origenis et Berylli (Hieron. c. 60).

Cap. LXII. Hippolytus, cujusdam urbis episcopus, scripsit de Pascha et temporibus, et nonnullos in Scripturas commentarios; in Hexaemeron; in Exodum; in Cantica canticorum; in Genesim; in Zachariam; de Psalmis; in Isaiam; in Danielem; in Apocalypsim; in Proverbia; in Ecclesiasten; de Saul et Pythonissa; De Antichristo; De resurrectione; contra Marcionem; De Pascha; adversum omnes hæreses narrationem; De laude Salvatoris (Hieron. c. 61).

Cap. LXIII. Alexander, Cappadociæ episcopus, scripsit epistolam ad Antiochenses, aliam ad Origenem, aliam ad Demetrium, et alias ad diversos epistolas. Hic sub Decio martyrio coronatur (Hieron. c. 62).

Cap. LXIV. Julius Africanus scripsit quinque de temporibus volumina. Hic sub Aurelio imperatore suscepit legationem pro instauratione urbis Emaus, quæ postea Nicopolis est appellata (Hieron. cap. 63).

Cap. LXV. Geminus, Antiochenæ Ecclesiæ presbyter, quædam ingenii sui monumenta composuit (Hieron. c. 64).

Cap. LXVI. Theodorus, qui postea Gregorius appellatus est, Neocæsareæ Ponti episcopus, Origenis auditor, scripsit Metaphrasin in Ecclesiasten, brevem quidem, sed valde utilem, et alias de fide epistolas (Hieron. c. 65).

Cap. LXVII. Cornelius, Romanæ urbis episcopus, scripsit epistolam ad Fabium Antiochenæ Ecclesiæ episcopum, de synodo Romana et Italica, aliam de Novatiano, et de his qui lapsi sunt: tertiam de gestis synodi, quartam ad eumdem Novatum et Fabium, valde prolixam (Hieron. c. 66).

Cap. LXVIII. Cæcilius Cyprianus, Africus, Carthaginensis episcopus, multa composuit opera quæ sole sunt clariora. Passus est sub Valentiniano, quo Cornelius Romæ (Hieron. c. 67).

Cap. LXIX. Pontius, diaconus Cypriani, egregium volumen Vitæ et passionis Cypriani reliquit (Hieron. c. 68).

Cap. LXX. Dionysius, Alexandrinæ urbis episcopus, Origenis insignissimus auditor, scripsit quatuor libros ad Dionysium Romanæ urbis episcopum, et ad Laodicenses De pœnitentia; item Canonem de pœnitentia; ad Origenem De martyrio; ad Armenios De pœnitentia et de ordine delictorum; De natura et Timotheum, et De tentationibus ad Euphanorem, ad Basilidem quoque multas epistolas (Hieron. c. 69).

Cap. LXXI. Novatianus, Romanæ urbis presbyter, adversus Cornelium cathedram sacerdotalem invadens, lapsos recipere nolens, scripsit De Pascha, de Sabbato, De oratione, De cibis Judaicis; De Attalo, multaque alia, et De Trinitate grande volumen, quod plurimi Cypriani existimant (Hieron. c. 70).

Cap. LXXII. Malchion, disertissimus Antiochenæ Ecclesiæ presbyter, dialogum adversus Paulum Samosatenum disputavit (Hieron. c. 71).

Cap. LXXIII. Archelaus, episcopus Mesopotamiæ, librum adversum Manichæum composuit (Hieron. c. 72).

Cap. LXXIV. Anatolius Alexandrinus Laodiceæ

Syriæ episcopus, volumen de Pascha composuit; decem libros de arithmetica, geometria, astronomia, grammatica, rhetorica, dialectica (Hieron. c. 73).

CAP. LXXV. Victorinus, Pictaviensis episcopus, scripsit commentarios in Genesim, in Exodum, in Leviticum, in Isaiam, in Ezechielem, in Habacuc, in Ecclesiasten, in Cantica canticorum, in Apocalypsim Joannis, et adversum omnes hæreses, et multa alia; ad extremum martyrio coronatur (Hieron. c. 74).

CAP. LXXVI. Pamphilus presbyter, Eusebii Cæsariensis episcopi necessarius, tanto bibliothecæ divinæ amore flagravit, ut maximam partem Origenis voluminum sua manu conscripserit, et in duodecim prophetas viginti quinque quæstionum Origenis volumina. Sub Maximo passus est martyrio pro Christo (Hieron. c. 75).

CAP. LXXVII. Pierius, Alexandrinæ Ecclesiæ presbyter, scripsit longissimum tractatum in Osee prophetam, et alios diversos tractatus, tanta sermonis elegantia, ut junior Origenes vocaretur (Hieron. c. 76).

CAP. LXXVIII. Lucianus, vir disertissimus, Antiochenæ Ecclesiæ presbyter, postmodum Nicomediæ episcopus, magno Scripturarum studio laborans, scripsit librum De fide, et epistolas ad nonnullos. Passus est sub Maximino, et Helenopoli sepultus (Hieron. c. 77, ubi non vocatur episcopus).

CAP. LXXIX. Phileas, de urbe Ægypti quæ vocatur Thmuis, nobili genere, magnis opibus, elegantissimum librum de martyrum laude composuit. Hic pro Christo capite truncatur (Hieron. c. 78).

CAP. LXXX. Arnobius rhetor scripsit adversus gentes duo volumina (Hieron. c. 79).

CAP. LXXXI. Firmianus, qui et Lactantius, Arnobii discipulus, scripsit in scholis Africæ Itinerarium hexametris versibus: et alium librum qui inscribitur Grammaticus, et alium pulcherrimum De ira Dei, et Institutionum divinarum adversus gentes libros septem; ad Asclepiadem duos; ad Demetrium, auditorem suum, epistolarum libros septem; De persecutione unum: ad Probum epistolarum libros quatuor: ad Severum epistolarum libros duos; ad Demetriadem De opificio Dei, vel formatione hominis librum unum. Hic magister Cæsaris Crispi, filii Constantini, fuit (Hieron. c. 80).

CAP. LXXXII. Eusebius, Cæsareæ Palæstinæ episcopus, in Scripturis divinis studiosissimus, et bibliothecæ divinæ cum Pamphilo Martyre diligentissimus investigator, edidit infinita volumina, de quibus hæc sunt: Evangelicæ expositionis libri viginti; evangelicarum Quæstionum libri quindecim; Theophaniæ libri quinque; ecclesiasticæ Historiæ libri decem; omnimoda Historia, et ejus breviarium; De Evangeliorum dissonantia, et in Isaiam libri decem, et contra Porphyrium, qui eodem tempore scribebat in Sicilia (ut quidam putant), libri triginta: Topicorum liber unus: pro Origene libri sex: De vita Pamphili martyris tres; De martyribus, et alia opuscula, et in centum quinquaginta Psalmos eruditissimi commentarii, et alia multa. Floruit maxime sub Constantino, et ob amicitiam Pamphili martyris, cognomentum ab eo Eusebius Pamphili sortitus est (Hieron. c. 81).

CAP. LXXXIII. Reticius, Augustodunensis episcopus, scripsit commentarios in Cantica canticorum, et aliud grande volumen adversus Novatianum (Hieron. c. 82).

CAP. LXXXIV. Methodius, Olympi Lyciæ, et postea Tyri episcopus, nitidi compositique sermonis adversus Porphyrium confecit libros, et Symposion decem virginum; De resurrectione opus egregium; contra Origenem, et adversus eumdem de Pythonissa; De animæ exitu; in Genesim; in Cantica canticorum commentarios, et multa alia. Sub Decio et Valeriano martyrio coronatus est (Hier. c. 83).

CAP. LXXXV. Juvencus, nobilissimi generis Hispanus presbyter, quatuor Evangelia hexametris versibus quatuor libris composuit, et nonnulla eodem metro ad sacramentorum ordinem pertinentia Floruit sub Constantino (Hieron. c. 84).

CAP. LXXXVI. Eustathius, genere Pamphylius, primum Berœæ Syriæ, deinde Antiochiæ episcopus, multa composuit adversus Arianorum dogmata, et De anima volumina, et adversus Origenem; et infinitas epistolas (Hieron. c. 85).

CAP. LXXXVII. Marcellus, Ancyranus episcopus, sub Constantino et Constantio multa diversarum expositionum scripsit volumina, et maxime adversum Arianos (Hieron. c. 86).

CAP. LXXXVIII. Athanasius, Alexandrinæ urbis episcopus, sub Constante scripsit duos libros adversum gentes; contra Valentem et Ursacium librum unum; De virginitate librum unum; De persecutionibus Arianorum plurimos; De Psalmorum titulis; Historiam Antonii monachi, et multa alia (Hieron. c. 87).

CAP. LXXXIX. Antonius monachus (cujus Vitam Athanasius insigni volumine prosecutus est) misit septem epistolas ad diversa monasteria, apostolici sensus et sermonis (Hieron. c. 88).

CAP. XC. Basilius, Ancyranus, episcopus arcis Mechææ, sub Constantio scripsit contra Marcellum, et De virginitate librum, et nonnulla alia (Hieron. c. 89).

CAP. XCI. Theodorus, Heracliæ Thraciarum episcopus, elegantis apertique sermonis edidit sub Constantio commentarios in Matthæum, in Joannem, in Apostolum (Hieron. c. 90).

CAP. XCII. Eusebius, Emisenus episcopus, elegantis et rhetorici ingenii, innumerabiles confecit libros; e quibus præcipui sunt, adversus Judæos et gentes, ad Novatianos, in Epistolam ad Galatas libri decem, in Evangelia homiliæ plurimæ, sed breves. Floruit sub Constantio (Hier. c. 91).

CAP. XCIII. Triphyllius, Cypri Ledrensis (74) sive λευτεῶντος, episcopus eloquentissimus, sub Constantio scripsit commentarios in Cantica canticorum et multa alia (Hier. c. 92).

CAP. XCIV. Donatus, a quo Donatiani per Africam, sub Constantio multa scripsit opuscula, ad suam hæresim pertinentia, et de Spiritu sancto librum, Ariano dogmati congruentem (Hier. c. 93).

CAP. XCV. Asterius, Arianæ factionis philosophus, sub Constantio scripsit in Epistolam ad Romanos : in Evangelia; in Psalmos commentarios et alia multa (Hier. c. 94).

CAP. XCVI. Lucifer, Calaritanus episcopus, contra Constantium imperatorem scripsit libros (Hier. c. 95).

CAP. XCVII. Eusebius, natione Sardus, ex lectore urbis Romæ Vercellensis episcopus, ob confessionem fidei a Constantio principe Scythopolim, inde in Cappadociam relegatus, sub Juliano imperatore reversus, edidit in Psalmos commentarios Eusebii Cæsariensis (Hier. c. 96).

CAP. XCVIII. Fortunatius (75), natione Afer, Aquileiensis episcopus, sub Constantino scripsit commentarios in Evangelia, titulis ordinatis (Hier. c. 97).

CAP. XCIX. Achatius (76), Cæsariensis Palæstinæ episcopus, elaboravit in Ecclesiasten octodecim volumina, ad dogma populorum sex. Præterea multos diversosque tractatus composuit. In tantum autem sub Constantio imp. claruit, ut in locum Liberii episcopi Felicem Arianum episcopum constituerit (Hier. c. 98).

CAP. C. Serapion Themuseos (77) episcopus, qui ob elegantiam ingenii cognomen Scholastici accepit, charus Antonii monachi, edidit adversus Manichæum egregium librum ; De Psalmorum titulis unum ; et ad diversos utiles epistolas. Sub Constantio claruit (Hier. c. 99).

CAP. CI. Hilarius, Pictaviensis episcopus, factione Saturnini Arelatensis episcopi, de synodo Biterrensi in Phrygiam relegatus, sub Valentiniano confecit duodecim libros adversus Arianos, et alium librum De synodis, quem ad Galliarum episcopos scripsit : in Psalmos commentarios, in primum videlicet et secundum, et a quinquagesimo primo usque ad sexagesimum secundum, et a centesimo octavo usque ad extremum. In quo opere imitatus Origenem, nonnulla etiam de suo addidit. Scripsit duos libros ad Constantium, et unum adversus Valentem et Ursacium, historiam Ariminensis et Seleuciensis synodi continentem : et ad præfectum Sallustium, sive contra Dioscorum, et librum Hymnorum, et alium Mysteriorum, et commentarium in Matthæum , et tractatus in Job, et elegantem librum contra Auxentium, et nonnullas ad diversos episto-

las, et librum in Cantica canticorum (Hieron. c. 100).

CAP. CII. Victorinus, natione Afer, Romæ sub Constantio rhetoricam docens, scripsit adversus Arianum libros more dialectico valde obscuros, qui inde ab eruditis non intelliguntur ; et commentarios in Apostolum (Hieron. c. 101, Gennad. c. 60).

CAP. CIII. Titus , Bostrenus episcopus, sub Juliano fortes adversus Manichæos scripsit libros et nonnulla alia volumina (Hieron. c. 102).

CAP. CIV. Damasus, Romæ urbis episcopus, sub Theodosio, multa et brevia volumina heroico metro edidit (Hieron. c. 103).

CAP. CV. Apollinaris, Laodicenus Syriæ episcopus, patre presbytero, sub Theodosio innumerabilia in sanctas Scripturas composuit, et contra Porphyrium triginta libros (Hieron. c. 104).

CAP. CVI. Gregorius, Bæticus, Eliberi episcopus, diversos tractatus composuit et De fide elegantem librum (Hieron. c. 105, Gennad c. 16).

CAP. CVII. Pacianus, in Pyrenæis jugis Barcinonæ episcopus, tam vita quam sermone clarus, scripsit varia opuscula contra Novatianos, sub Theodosio (Hieron. c. 106).

CAP. CVIII. Photinus, Marcelli discipulus, Sirmii episcopus ordinatus, in hæresim Hebionis lapsus, plura scripsit volumina , in quibus vel præcipui sunt contra gentes; et ad Valentinianum liber (Hieron. c. 107).

CAP. CIX. Phœbadius, Agenni Galliarum episcopus, edidit contra Arianos librum, et alia multa (Hieron. c. 108)

CAP. CX. Didymus Alexandrinus, captus a parva ætate oculis, et ob hoc quoque clementorum penitus ignarus, tantum miraculum sui omnibus præbuit, ut dialecticam et geometriam, quæ vel maxime visu indiget, usque ad perfectum didicerit. Hic plurima opera nobiliaque conscripsit; commentarios in Psalmos ; commentarios in Evangelium Matthæi et Joannis ; De dogmatibus , et contra Arianos libros duos; De Spiritu sancto librum unum, in Isaiam tomos octodecim; in Osee libros tres; in Zachariam quinque, et commentarios in Job et multa alia. (Hieron. c. 109).

CAP. CXI. Optatus, Afer, Milevitanus episcopus, sub Valente scripsit libros sex, adversum Donatianæ partis calumniam (Hieron. c. 110).

CAP. CXII. Aquillius Severus, Hispanus, sub Valentiniano composuit volumen , quasi Hodœporicum, totius vitæ suæ statum continens, tam prosa quam versibus, quod vocavit Catastrophen (Hieron. c. 111).

CAP. CXIII. Cyrillus, Hierosolymæ episcopus, sæpe pulsus ab Ecclesia et receptus, sub Theodosio scripsit quædam volumina (Hieron. c. 112).

CAP. CXIV. Euzoius episcopus varios et multipli-

---

(74) Λεδριῶν in Cypro.
(75) Fortunatianus.

(76) Arcadius.
(77) Thmueos.

ces tractatus composuit (Hieron. c. 113).

CAP. CXV. Epiphanius, Cypri Salaminæ episcopus, scripsit adversus omnes hæreses libros, et multa alia (Hieron. c. 114).

CAP. CXVI. Ephræm, Edessenæ Ecclesiæ diaconus, multa composuit opuscula, et de Spiritu sancto (Hieron. c. 115).

CAP. CXVII. Basilius, Cæsareæ Cappadociæ, quæ prius Mazaca vocabatur episcopus, egregios contra Eunomium elaboravit libros, et De sancto Spiritu volumen, et in Hexaemeron homilias novem, et varios tractatus. Claruit sub Gratiano (Hieron. c. 116).

CAP. CXVIII. Gregorius Nazianzenus, vir eloquentissimus, ad triginta millia versuum, omnia opera sua composuit. E quibus illa sunt : De morte fratris Cæsarii ; laudes Machabæorum ; laudes Cypriani ; laudes Athanasii ; laudes Maximi philosophi, et postea episcopi, et librum hexametro versu Virginitatis et Nuptiarum, contra se disserentium ; adversus Eunomium libri duo ; De Spiritu sancto liber unus ; contra Julianum imperatorem liber unus. Sub Theodosio floruit (Hieron. c. 117).

CAP. CXIX. Lucius, Alexandrinus episcopus, Arianæ partis, composuit solemnes epistolas de Pascha, et non paucos variarum expositionum libellos (Hieron. c. 118).

CAP. CXX. Diodorus, Tarsensis episcopus, commentarios in Apostolum fecit, et multa alia (vide Hieron. c. 119, et Suidam in Lexico).

CAP. CXXI. Eunomius, Arianæ partis Cyzicenus episcopus, multa contra Ecclesiam scripsit. Responderunt ei Apollinaris, Didymus, Basilius Cæsariensis, et Gregorius Nazianzenus, et Nyssænus (Hieron. c. 120).

CAP. CXXII. Priscillianus, Abilæ episcopus, qui factione Idacii et Ithacii Treveris a Maximo cæsus est, edidit multa opuscula (Hieron. c. 121).

CAP. CXXIII. Latronianus, provinciæ Hispaniæ, vir valde eruditus, et in metrico opere veteribus comparandus, cæsus et ipse Treveris cum Priscil-

(78) S. Joannes, Constantinopolitanæ urbis episcopus, ob auream sermonis præstantiam Chrysostomus, hoc est aureum os, appellatus, patria Antiochenus, et Antiochenæ quondam Ecclesiæ presbyter, nobilibus parentibus ortus, in eloquentiæ studiis Libanii sophistæ, in philosophia Andragathii, et in sacris Scripturis Diodori episcopi Tarsensis auditor, Basilio Magno et Gregorio Nazianzeno arctissima familiaritate conjunctus, edidit in sacras litteras plurima tam commentariorum quam homiliarum volumina ; Græco-Latine Parisiis tomis IX et Latine Antwerpiæ 1619, tomis VI edita. Ejus Vitam fusissime scripsit Palladius, ejusdem discipulus, et Helenopolitanæ Ecclesiæ episcopus, in dialogo quem cum Theodoro Ecclesiæ Romanæ diacono instituit. Eamdem vero Cassiodorus ex Socratis, Theodoreti et Sozomeni Tripartita historia contexuit. Georgius quoque, patriarcha Alexandrinus, tum ex superiore Palladii dialogo, tum ex aliorum scriptis amplissime omnia complexus est, quæ de Chrysostomi vita desiderari possunt. Huc spectat etiam imp. Leonis, cognomento Pacifici,

A liano, diversis metris edidit multa opera (Hieron. c. 122).

CAP. CXXIV. Tiberianus, Bæticus, scripsit Apologeticum tumenti compositoque sermone (Hieron. c. 123).

CAP. CXXV. Ambrosius, Mediolanensis episcopus, scripsit Hexaemeron, et librum De officiis, et unum De sacramentis, et multa alia egregia (Hieron. c. 124).

CAP. CXXVI. Evagrius, Antiochiæ episcopus, acris et ferventis ingenii, diversarum expositionum tractatus edidit, et Vitam B. Antonii de Græco in Latinum transtulit (Hieron. c. 125).

CAP. CXXVII. Ambrosius Alexandrinus, auditor Didymi, adversus Apollinarem volumen multorum versuum de dogmatibus scripsit, et commentarios in Job (Hieron. c. 126).

CAP. CXXVIII. Maximus philosophus, natus Alexandriæ, Constantinopoli episcopus ordinatus et pulsus, insignem De fide adversum Arianos scripsit librum, quem Gratiano imperatori edidit (Hieron. c. 127).

CAP. CXXIX. Gregorius, Nyssenus episcopus, frater Basilii Cæsariensis, Hieronymo et Gregorio Nazianzeno legit libros contra Eunomium ; qui et alia multa scripsit (Hieron. c. 128).

CAP. CXXX. Joannes (78), Antiochenæ Ecclesiæ presbyter, Eusebii Emeseni, Diodorique [al. Theodorique] sectator, multa composuit opuscula (Hieron. c. 129).

CAP. CXXXI. Gelasius, Cæsareæ Palæstinæ episcopus, post Eunomium (78) episcopum, accurati limatique sermonis scripsit quædam capitula (Hieron. c. 130).

CAP. CXXXII. Theotimus, Scythiæ Tomorum episcopus, in morem dialogorum et veteris eloquentiæ breves commaticosque tractatus edidit (Hieron. c. 131).

CAP. CXXXIII. Dexter, Paciani filius, clarus apud sæculum, et Christi fidei deditus, texuit omnimodam historiam (Hieron. c. 132).

CAP. CXXXIV. Amphilochius, Iconii episcopus,

de eodem Chrysostomo oratio. Suidas, vel quisquis fuit qui Suidæ Lexicon post illum auxit, etsi breviter, eleganti tamen quæ sunt in Chrysostomo præcipua, perstrinxit. Quod si quis tamen plura velit, Metaphrastem, item Nicephorum in Historiæ ecclesiasticæ libris XI, XII, XIII, XIV, et Baronium in Annalibus consulat. Obiit autem exsul Comanis ad Pontum Euxinum VIII Kal. Octob., anno quadragentesimo septimo. Vixit annos quinquaginta duos, menses octo ; sedit vero annos novem, menses sex, dies viginti. Itaque natus est anno trecentesimo quinquagesimo quinto, circa Martium mensem, ut Sozomenus l. I, c. 26, prodidit. Cæterum in suis De sacerdotio libris Chrysostomus non Basilium Magnum, ut Sixtus Senensis putavit, sed Seleuciensem introducit loquentem, ut Andreas Schottus ex suo ms. Suidæ adnotavit. Cicero Aristotelem *dicendi flumen aureum* appellavit ; simile elogium Græcia Chrysostomo attribuit.

(78) Euzoium.

edidit librum de Spiritu sancto (Hieron. c. 135).

Cap. CXXXV. Sophronius, vir apprime eruditus, laudes Bethlehem adhuc puer, et de subversione Serapis insignem librum composuit, et opera Hieronymi in Græcum transtulit (Hieron. c. 134).

Cap. CXXXVI. Hieronymus natus patre Eusebio, oppido Stridonis in Pannoniæ confiniis, scripsit sub Theodosio Vitam Pauli monachi; epistolarum ad diversos librum unum; ad Heliodorum exhortatoriam; altercationem Luciferiani et orthodoxi; Chronicon omnimodæ historiæ; in Hieremiam et Ezechielem homilias Origenis viginti sex vertit; De Seraphin, De Osanna; De frugi et luxurioso filio; De tribus quæstionibus veteris legis homilias tres, in Cantica canticorum duas; adversus Helvidium unam epistolam de sancta Maria; ad Eustochium A de virginitate servanda unam; ad Marcellam epistolarum librum unum; consolatoriam de morte filiæ, ad Paulam, unam; in Epistolam Pauli ad Galatas commentariorum libros quatuor; item in Epistolam ad Ephesios libros tres, in Epistolam ad Titum librum unum; in Epistolam ad Philemonem librum unum; in Ecclesiasten commentarios; Quæstionum Hebraicarum in Genesim librum unum; de locis librum unum; de Spiritu sancto librum unum; in Lucam homilias triginta octo; in Psalmos, a decimo usque ad sextum decimum, tractatus septem; de captivo monacho; Vitam beati Hilarionis, Vitam Paulæ. Novum Testamentum de Græco, Vetus de Hebræo in Latinum transtulit; duodecim prophetas exposuit, infinitas epistolas et alia innumerabilia composuit (Hieron. c. 135).

LIBELLUS II EX GENNADIO SUBLECTUS.

Cap. I. Jacobus, cognomento *Sapiens*, Nisibenæ nobilis Persarum civitatis episcopus, sub Maximiano confessor, scripsit viginti sex libros; item De fide contra omnes hæreses, De charitate generali, De jejunio, De oratione, De dilectione erga proximum speciali, De resurrectione, De vita post mortem, De humilitate, De patientia, De pœnitentia, De satisfactione, De virginitate, De sensu animæ, De circumcisione, De azymo benedicto in Isaia, De Christo quod Filius Dei sit et consubstantialis Patri; De castitate adversus gentes, De constructione tabernaculi, De gentium conversatione, De regno Persarum, De persecutione Christianorum. Scripsit et Chronica. Sub Constantio moritur (Gennad. c. 1).

Cap. II. Julius, urbis Romæ episcopus, scripsit ad Dionysium quemdam de Incarnatione Domini epistolam unam (Gennad. c. 2).

Cap. III. Paulonas presbyter, discipulus beati Ephræm, homo valde acris ingenii, et in divinis doctus Scripturis, ab Ecclesia se separans, scripsit multa fidei contraria (Gennad. c. 3).

Cap. IV. Vitellius, Afer, Donatianorum schisma defendens, scripsit adversum gentes, et adversum nos, velut traditores, in persecutione, divinarum Scripturarum; et ad regulam ecclesiasticam pertinentia multa disseruit. Sub Constante claruit. (Gennad. c. 4).

Cap. V. — Macrobius presbyter, et ipse Donatista, postea in urbe Roma occulte episcopus, scripsit ad confessores et ad virgines librum unum, moralis quidem, sed valde necessariæ doctrinæ (Gennad. c. 5).

Cap. VI. Heliodorus presbyter scripsit librum De naturis rerum exordialium (Gennad. c. 6).

Cap. VII. Pachomius monachus, fundator cœnobiorum Ægypti, scripsit Regulam utrique generi monachorum aptam, quam angelo dictante perceperat. Scripsit et ad collegas præpositurae suæ episuolas, in quibus alphabetum mysticis tectum mysteriis, vel humanæ consuetudinis excedentem intelligentiam clausit, solis, credo, eorum genere vel meritis manifestatum. Scripsit et de Pascha (Gennad. c. 7).

Cap. VIII. Theodorus presbyter, successor Pachomii, scripsit ad alia monasteria epistolas, sanctarum Scripturarum sermone digestas (Gennad. c. 8).

Cap. IX. Oriesiesis monachus, amborum supradictorum collega, vir in Scripturis ad perfectum instructus, composuit librum divino conditum sale, totiusque monasticæ disciplinæ instrumentis constructum; in quo totum pene Vetus et Novum Testamentum compendiose est compositum (Gennad. c. 9).

Cap. X. Macarius ille Ægyptius, signis et virtutibus clarus, unam tantum ad juniores suæ professionis scripsit epistolam (Gennad. c. 10).

Cap. XI. Evagrius monachus, supradicti Macarii familiaris discipulus, divina et humana litteratura insignis, scripsit multa necessaria monachis, scilicet Vitas Patrum, et adversum octo principalium vitiorum suggestiones, octo ex sacrarum Scripturarum testimoniis libros. Composuit et cœnobitis ac synoditis doctrinam aptam vitæ communi: et ad virgines Deo sacratas libellum unum, competentem religioni et sexui. Edidit et paucas sententiolas valde obscuras, et, ut ipse ait, solis monachorum cordibus cognoscibiles (Gennad. c. 11).

Cap. XII. Theodorus, Antiochenæ Ecclesiæ presbyter, vir scientia cautus, et lingua disertus, scripsit, adversus Apollinaristas et Eunomianos, De Incarnatione Domini libros quindecim, ad quindecim millia versuum continentes (Gennad. c. 12).

Cap. XIII. Prudentius, vir sæculari litteratura eruditus, composuit Dittochœum de toto Veteri Testamento, personis excerptis. Commentatus est autem et in morem Græcorum Hexaemeron de

mundi fabrica. Composuit et libellos, quos Græce unum et longum volumen; et homiliam de cæco nato. Sub Arcadio moritur (Gennad. c. 20).
prætitulavit, Ἀποθέωσις, Ψυχομαχία, Ἁμαρτιγένεια, id est, De divinitate, De compugnantia animi, De origine peccatorum. Fecit et in laudem martyrum librum unum, et alterum adversus Symmachum (Gennad. c. 13)

CAP. XIV. Audentius, episcopus Hispanus, scripsit adversum Manichæos, et Sabellianos, et Arianos, maxime contra Photinianos (Gennad. c. 14).

CAP. XV. Commodianus quidam scripsit librum adversus paganos (Gennad. c. 15).

CAP. XVI. Faustinus presbyter scripsit, ad personam Flaccillæ reginæ, adversum Arianos et Macedonianos libros septem, et unum Valentiniano et Theodosio imperatoribus (Gennad. c. 16).

CAP. XVII. Ruffinus, Aquileiensis Ecclesiæ presbyter, non minima pars doctorum Ecclesiæ, in transferendo de Græco in Latinum elegans habens ingenium, maximam partem Græcorum bibliothecæ Latinis exhibuit : Basilii videlicet Cæsariensis episcopi, Gregorii Nazianzeni eloquentissimi hominis, Clementis Romani Recognitionum libros, Eusebii Cæsariensis Palæstinæ historiæ novem libros, quibus duos addidit; Sixti philosophi sententias, [Pamphili] adversus mathematicos. Origenis autem non omnia, quia et Hieronymus aliquanta transtulit. Symbolum sic exposuit, ut in ejus expositione alii nec exposuisse credantur. Disseruit et Benedictionem Jacob super patriarchas, triplici modo, id est historico, morali et mystico sensu. Scripsit et epistolas ad timorem Dei hortatorias multas. Suo obtrectatori duobus voluminibus respondit (Gennad. c. 17).

CAP. XVIII. Tichonius, natione Afer, in divinis litteris eruditus, in sæcularibus non ignarus, in ecclesiasticis negotiis studiosus, scripsit De bello intestino libros tres, et Expositiones diversarum causarum. Composuit et regulas octo ad investigandum intelligentiam Scripturarum, quas in uno volumine conclusit. Exposuit et Apocalypsim Joannis ex integro, nihil in ea carnale, sed totum [intelligens spiritale. Sub Theodosio floruit (Gennad. c. 18).

CAP. XIX. Severus presbyter, cognomento Sulpitius, Aquitanicæ provinciæ, vir genere et litteris nobilis, scripsit Vitam Martini Turonensis episcopi, et Paulini Nolensis (79); et sorori suæ epistolas multas hortatorias ad amorem Dei et contemptum mundi. Scripsit et ad Paulinum duas, et ad alios alias. Sub Arcadio claruit (Gennad. c. 19).

CAP. XX. Antiochus scripsit adversus avaritiam

CAP. XXI. Severianus Gavellensis (80) ecclesiæ Episcopus, in divinis Scripturis eruditus, et in homiliis mirabilis declamator, frequenter a Joanne episcopo, et imperatore Arcadio, ad faciendum sermonem Constantinopolim vocatus, scripsit expositionem in Epistolam ad Galatas, De baptismo et Epiphaniæ solemnitate libellum gratissimum (Gennad. c. 21).

CAP. XXII. Niceas, Romacianæ civitatis episcopus, composuit simplici et nitido sermone sex competentes ad baptismum instructionis libellos. Ex quibus primus est de competentibus baptismi; secundus de gentilitatis erroribus; tertius de fide unicæ majestatis; quartus adversus genealogiam (81), quintus de symbolo; sextus de agni Paschalis victima. Condidit et ad lapsam virginem libellum, pene omnibus labentibus emendationis incentivum (Gennad. c. 22).

CAP. XXIII. Olympius, natione Hispanus, episcopus, scripsit librum Fidei adversus eos qui naturam, et non arbitrium in culpam vocant (Gennad. c. 23).

CAP. XXIV. Bachiarius, vir Christianæ philosophiæ nitidus et expeditus, edidit grata opuscula De fide (Gennad. c. 24).

CAP. XXV. Sabbatius, Gallicanæ Ecclesiæ episcopus, rogatus a quadam casta et Deo dicata virgine, Secunda nomine, composuit librum De fide adversus Marcionem, et Valentinum ejus auctorem, et adversus Eunomium, et ejus magistrum Aetium (Gennad. c. 25).

CAP. XXVI. Isaac scripsit De tribus personis sanctæ Trinitatis et Incarnatione Domini librum obscurissimæ disputationis et involuti sermonis (Gennad. c. 26).

CAP. XXVII. Ursinus monachus scripsit adversus eos qui hæreticos rebaptizandos decernunt (Gennad. c. 27).

CAP. XXVIII. Macarius alius monachus scripsit in urbe Roma adversum mathematicos librum (Gennad. c. 28).

CAP. XXIX. Heliodorus alius, Antiochiæ presbyter, edidit de virginitate egregium et sanctis Scripturis instructum volumen (Gennad. c. 29).

CAP. XXX. Joannes (82), Hierosolymorum episcopus, scripsit adversus obtrectatores studii sui librum; dicens se Origenis ingenium, non fidem secutum (Gennad. c. 30).

---

(79) Labitur hic Honorius (ut et alibi) dum scribit, vitam S. Paulini episcopi Nolani a Severo Sulpitio litteris consignatam fuisse. Vide 19, 48, Gennadii.
(80) Gabalensis.
(81) Genethliologiam.
(82) Joannes Nepos Silvanus, Hierosolymorum episcopus XLIV, cum annos triginta sedisset, vivere desiit anno Christi quadringentesimo decimo sexto. In cujus locum subrogatus est Praylius, cujus exstant litteræ ad pontificem Romanum anno sequenti datæ. Sic ex Theodoreti libro v, cap. 37,

Baronius in Annalibus. Sed Idatius in Chronico dicit Joannem Hierosolymitanum episcopum usque ad annum Christi 418 vel 419 superfuisse. Joannes Wastelius Alostanus, doctor theologus Duacensis ex ordine Carmelitano; ad prelum paratos habet libros tres Vindiciarum pro Joanne Hierosolymitano : in quibus opera varia, Joanni Chrysostomo, Origeni aliisque falso ascripta, conatur Joanni Hierosolymitano asserere. Libro primo inquirit de auctore operis seu commentarii imperfecti in Matthæum, et concludit pro Joanne Hierosolymitano. Eidem ascri-

Cap. XXXI. Paulus episcopus scripsit de pœnitentia libellum (Gennad. c. 51).

Cap. XXXII. Helvidius, Auxentii discipulus, Symmachi imitator, scripsit de S. Maria librum erroris plenum. Cui Hieronymus respondit libello doctrina pleno (Gennad. c. 32).

Cap. XXXIII. Theophilus, Alexandrinæ civitatis episcopus, scripsit adversus Origenem grande volumen, et aliud adversus Anthropomorphitas hæreticos, qui Deum humana figura et membris constare credunt, et Paschalem Cyclum, et tres libros De fide edidit (Gennad. c. 33).

Cap. XXXIV. Eusebius scripsit De crucis Domini mysterio et apostolorum constantia (Gennad. c. 34).

Cap. XXXV. Vigilantius presbyter, natione Gallus, Hispaniæ Barcilonensis parochiæ ecclesiam tenens, scripsit quædam hæresi plena: cui Hieronymus respondit (Gennad. c. 55).

Cap. XXXVI. Simplicianus, episcopus Mediolanensis, multis epistolis hortatus est Augustinum, adhuc presbyterum, agitare ingenium, ut novus quidam Ambrosius, Origenis compulsor operis, videretur (Gennad. c. 36).

Cap. XXXVII. Vigilius episcopus scripsit, ad Simplicianum, in laudem martyrum libros quinque (Gennad. c. 37).

Cap. XXXVIII. Augustinus, Afer, Hipponensis oppidi episcopus, vir eruditione divina et humana orbi clarus, fide integer, et vita purus, scripsit tanta quanta nec inveniri possunt; quindecim libros De Trinitate; vigintiduos De civitate Dei; et alia innumerabilia (Gennad. c. 58).

Cap. XXXIX. Orosius presbyter (85), [Hispanus genere, vir eloquens et historiarum cognitor, scripsit septem libros, in quibus descripsit historiam ab origine mundi usque ad sua tempora. Hunc misit Augustinus ad Hieronymum, pro discenda ratione animæ. Sub Honorio claruit (Gennad. c. 59).

Cap. XL. Maximus, Taurinensis Ecclesiæ episcopus, vir in divinis Scripturis satis intentus, composuit in laudem apostolorum tractatus, et in Joannis Baptistæ; et generalem omnium martyrum homiliam. Sed et de capitulis Evangeliorum et Actuum apostolorum multa sapienter exposuit. Fecit et duos de conversatione S. Eusebii Vercellensis episcopi et confessoris tractatus. De S. Stephano; De baptismi gratia librum edidit; De avaritia; De hospitalitate; De defectu lunæ; De eleemosynis; De passione Domini; De jejunio servorum Dei generali; De jejunio speciali Quadragesimæ; De Kalendis Januariis; Homilias de Nativitate Domini; De Epiphania; De Pascha; De Pentecoste multas; et alia plurima. Sub Theodosio claruit (Gennad. c. 40).

Cap. XLI. Petronius, Bononiensis ecclesiæ episcopus, vir sanctæ vitæ, et monachorum studiis ab adolescentia exercitatus, scripsit Vitas Patrum Ægypti monachorum. Floruit sub Theodosio. (Gennad. c. 41).

Cap. XLII. Pelagius hæresiarches scripsit tres libros de fide Trinitatis, et pro actuali vita librum, pro hæresis suæ faventia. Cui respondit Augustinus (Gennad. c. 42).

Cap. XLIII. Innocentius, urbis Romæ episcopus, scripsit decretum Occidentalium et Orientalium Ecclesiarum adversus Pelagianos, quod postea successor ejus papa Zosimus latius promulgavit (Gennad. c. 43).

Cap. XLIV. Cœlestius scripsit ad parentes suos de monasterio epistolas, in modum libellorum, tres morales (Gennad. c. 44).

Cap. XLV. Julianus, episcopus Capuanus, vir acris ingenii, in divinis Scripturis doctus, Græca et Latina lingua scholasticus, in hæresim Pelagii lapsus, scripsit adversus Augustinum libros quatuor, et iterum libros septem. Est et liber altercationis amborum, partes suas defendentium (Gennad. c. 45).

Cap. XLVI. Lucianus presbyter, vir sanctus, scripsit revelationem S. Stephani Græco sermone. Hanc Avitus presbyter, Hispanus genere, in Latinum transtulit sermonem (Gennad. c. 46).

Cap. XLVII. Paulinus, Nolæ Campaniæ episcopus, composuit brevia, sed multa, et ad Celsum quemdam, epitaphii vice, consolatorium libellum super morte Christiani et baptizati infantis; et ad Severum plures epistolas, et ad Theodosium imperatorem Panægyricum super victoria tyrannorum. Fecit et Sacramentarium et Hymnarium; ad sororem quoque epistolas multas de contemptu mundi, et de diversis causis diversos tractatus; et librum de pœnitentia, et unum De laude martyrum. Sub Honorio claruit (Gennad. c. 48).

Cap. XLVIII. Eutropius presbyter scripsit ad duas sorores, ancillas Christi, duas epistolas, in modum librorum consolatorias, eleganti et aperto sermone (Gennad. c. 49).

Cap. XLIX. Evagrius alter scripsit altercationem Simonis Judæi, et Theophili Christiani, quæ pene omnibus nota est (Gennad. c. 50).

Cap. L. Vigilius diaconus composuit, ex traditione Patrum, monachorum Regulam, breviato et

bit varias Homilias, itemque commentariorum in Marcum et Lucam excerpta ac fragmenta, titulo Chrysostomi edita. In secundo libro tueri conatur librum Joannis Hierosolymitani nomine editum, De institutione primorum monachorum in lege veteri exortorum, ac in nova perseverantium, ad Caprasium monachum. Libro tertio pugnat pro S. Augustino, eumdem Joannem Hierosolymitanum laudante. Quæ quidem omnia, ut et alia eo spectantia, ubi prodierint eruditiorum judicio discutienda relinquimus.

(85). A Paulo Orosio scriptum fuisse Apologeticum contra Pelagium, ad Gennad. c. 59 memoratum, vulgo creditur. Sed Petrus Wastelius, lib. III Vindiciarum pro Joanne episcopo XLIV Hierosolymitano, contendit illum Apologeticum scriptum esse ab aliquo impostore, Pelagii et Nestorii erroribus favente; licet verbis vel alio paululum sensu Pelagium damnare videatur. Examen hujus rei criticis ecclesiasticis committimus.

aperto sermone, totius monasticæ professionis in se tenentem disciplinam (Gennad. c. 51).

CAP. LI. Atticus (84.), Constantinopolitanus episcopus scripsit ad reginas, Arcadii imp. filias, De fide et virginitate librum valde egregium (Gennad. c. 52).

CAP. LII. Nestor hæresiarches, Antiochenæ Ecclesiæ presbyter, insignis in dicendo declamator, composuit infinitos tractatus diversarum ὑποθέσεων. Postea Constantinopolitanæ Ecclesiæ episcopus, scripsit librum De Incarnatione Domini, hæresi plenum (Gennad. c. 53.)

CAP. LIII. Cœlestinus, urbis Romæ episcopus, scripsit adversus Nestorium volumen. Sixtus, successor Cœlestini, scripsit etiam adversus Nestorium (Gennad. c. 54).

CAP. LIV. Theodorus, Ancyranus Galatiæ episcopus, scripsit adversus Nestorium librum dialectica arte compositum (Gennad c. 55).

CAP. LV. Fastidius, Britannorum episcopus, scripsit ad Fatalem quemdam De vita Christiana librum unum, et alium De viduitate servanda, sana et Deo digna doctrina (Gennad. c. 56).

CAP. LVI. Cyrillus, Alexandrinæ Ecclesiæ episcopus, edidit variarum ὑποθέσεων tractatus. Homilias etiam composuit plurimas, et libros De Synagogæ defectu; De fide adversum hæreticos, et librum specialiter adversus Nestorium (Gennad. c. 57).

CAP. LVII. Timotheus episcopus composuit librum De nativitate Domini secundum carnem, quam credidit in Epiphania factam (Gennad. c. 58).

CAP. LVIII. Leporius, adhuc monachus, postea presbyter, secutus dogma Pelagianum, sed per Augustinum correctus, scripsit librum emendationis suæ (Gennad. c. 59).

CAP. LIX. Victorinus, rhetor Massiliensis, edidit libros in Genesim (Gennad. c. 60).

CAP. LX. Cassianus, natione Afer, Constantinopoli a Joanne Magno episcopo diaconus ordinatus, apud Massiliam presbyter condidit duo monasteria, id est virorum et mulierum, quæ usque hodie exstant. Scripsit, experientia magistrante, litterato sermone, et, ut apertius dicam, sensu verba inveniens, et actione linguam movens, res omnium monachorum necessarias professioni, id est, De habitu monachi, et De canonico orationum modo atque Psalmorum, qui in monasteriis Ægypti die noctuque tenentur, libros tres; Instructionum librum unum; De origine et qualitate ac remediis principalium vitiorum libros octo; singulos quidem de singulis A vitiis expediens. Digessit etiam Collationes cum patribus Ægypti habitas, hoc est, de destinatione monachi ac fine; de discretione; de tribus ad serviendum Deo vocationibus; de pugna carnis adversus spiritum, et spiritus adversus carnem; de natura omnium vitiorum; de nece sanctorum; de mobilitate animæ; de octo principalibus vitiis; de qualitate orationis; de perfectis; de castitate; de protectione Dei; de scientia spirituali; de divinis charismatibus; de amicitia; de definiendo vel non definiendo; de tribus antiquis generibus monachorum, et quarto nuper exorto; de fide cœnobitæ et eremitæ; de satisfactione pœnitentiæ; de remissione Quinquagesimæ; de nocturnis illusionibus; de eo quod dicit Apostolus, « Non enim quod volo, facio bonum; » de mortificatione. Ad extremum rogatus a Leone archidiacono, postea urbis Romæ episcopo, scripsit adversus Nestorium, De Incarnatione Domini libros septem, et in his scribendi apud Massiliam et vivendi finem fecit, sub Theodosio (Gennad. c. 61).

CAP. LXI. Philippus, presbyter, auditor Hieronymi, edidit librum in Job, et plures epistolas (Gennad. c. 62).

CAP. LXII. Eucherius, Lugdunensis Ecclesiæ presbyter, disseruit Salonio et Verano episcopis obscura quæque sanctarum capitula Scripturarum. Sed et scripta Cassiani, longo sermone distenta, breviter coarctavit. Sub Valentiniano floruit (Gennad. c. 63).

CAP. LXIII. Vincentius, natione Gallus, apud monasterium Lirinensis insulæ presbyter, vir in Scripturis sanctis doctus, scripsit validissimam disputationem, quam, absconso nomine suo, attitulavit Peregrini adversum hæreticos. Sub Theodosio claruit (Gennad. c. 64).

CAP. LXIV. Syagrius, scripsit de fide adversus hæreticos (Gennad. c. 65).

CAP. LXV. Isaac, presbyter Antiochenæ Ecclesiæ, scripsit multa adversum Nestorianos et Eutychianos. Ruinam etiam Antiochiæ longo carmine planxit, eo auditores imbuens sono, quo Ephræm diaconus Nicomediæ lapsum. Sub Leone moritur (Gennad. c. 66).

CAP. LXVI. Salvianus, Massiliensis Ecclesiæ presbyter, humana et divina litteratura instructus, et (ut absque invidia loquar) episcoporum magister, scripsit scholastico et aperto sermone multa; id est, De virginitate bono ad Marcellum presbyterum libros tres, adversus avaritiam libros quatuor, De præ-

---

(84). De Attico Cp. episcopo. Arsacii successore, ita Suidas in suo Lexico: *Atticus, episcopus Constantinopolitanus post Arsacium, qui post Chrysostomum rerum ecclesiasticarum procurationem habuit, genere quidem fuit Sebastia, urbe Armeniæ; ab adolescentulo vero in philosophia eruditus fuit a monacho Macedonicæ sectæ. Qui autem tunc Sebastæ in philosophia excellebant, ex Eustathii schola prodierant, quem episcopum et ducem hujus loci monachorum cognovimus. Atticus, postquam liberaliter fuit institutus, cautus et prudens evasit. Laborabat in antiquorum scriptorum lectione, in ipsis volutandis pernoctans. Postea vero scriptione longum valere jussa, ad vitæ genus oratoriis exercitationibus addictum se contulit. Ex his Suidæ verbis videtur ætas ipsius Suidæ (a) colligi posse: dicit enim se cognovisse Eustathium Sebastæ episcopum, Attici magistrum: qui Atticus sub annum Christi 425 vivere desiit, et Sisinium in cathedra Cp successorem habuit.*

(a) Imo scriptoris cujus verba Suidas adducit.

senti judicio libros quinque, ad Salonium episcopum librum unum, in Genesim Hexaemeron unum, Homilias episcopis factas multas, et Sacramentorum plures (Gennad. c. 67).

CAP. LXVII. Paulinus, composuit tractatus De initio Quadragesimæ, De die Dominico Paschæ, De obedientia, De pœnitentia, De neophytis (Gennad. c. 68).

CAP. LXVIII. Hilarius, Arelatensis episcopus, in sanctis Scripturis doctus, absque personarum acceptione, omnibus castigatum opus prædicationis ingessit. Sub Valentiniano floruit (Gennad. c. 69).

CAP. LXIX. Leo, urbis Romæ episcopus, scripsit ad Flavianum Constantinopolis Ecclesiæ episcopum, adversum Eutychen presbyterum, epistolam. Sub Leone claruit (Gennad. c. 70).

CAP. LXX. Mochimus, Mesopotamius presbyter apud Antiochiam, scripsit adversum Eutychen egregium libellum (Gennad. c. 71).

CAP. LXXI. Timotheus, Alexandriæ episcopus, scripsit ad Leonem imp. librum valde suasorium (Gennad. c. 72).

CAP. LXXII. Asclepius Afer, in Bajensi [al. Vagiensi] territorio episcopus, scripsit adversus Arianos (Gennad. c. 73).

CAP. LXXIII. Petrus, Edessenæ Ecclesiæ presbyter, declamator insignis, scripsit variarum causarum tractatus : et in morem sancti Ephræm diaconi psalmos metro composuit (Gennad. c. 74).

CAP. LXXIV. Petrus (85), natione Pannonius, presbyter, scripsit duos libros de virginitate et contemptu mundi.

CAP. LXXV. Pastor episcopus composuit libellum in modum Symboli parvum (Gennad. c. 76).

CAP. LXXVI. Victor, Cartennæ Mauritaniæ civitatis episcopus, scripsit adversum Arianos librum unum, De pœnitentia unum, ad Basilium quemdam super morte filii consolatorium librum. Homilias etiam multas composuit (Gennad. c. 77).

CAP. LXXVII. Buconius, Castellani Mauritaniæ oppidi episcopus, scripsit adversum Ecclesiæ inimicos, Judæos et Arianos et alios hæreticos. Composuit etiam Sacramentorum egregium volumen (Gennad. c. 78).

CAP. LXXVIII. Musæus, Massiliensis Ecclesiæ presbyter, in divinis Scripturis doctus, excerpsit de sanctis Scripturis lectiones, totius anni festivis diebus aptas, responsoria et Psalmorum capitula, temporibus et lectionibus congruentia, et Sacramentorum egregium volumen, et homilias quasdam (Gennad. c. 79).

CAP. LXXIX. Vincentius presbyter, natione Gallus, in divinis Scripturis exercitatus, fecit commentarium in Psalmos (Gennad. c. 80).

CAP. LXXX. Syrus (86), genere Alexandrinus, arte medicus, ex philosopho monachus, vir dicendi

(85) Gennadio c. 75 *Paulus*.
(86) Gennad. c. 81 *Cyrus*.

peritus, scripsit adversus Nestorium eleganter et fortiter.

CAP. LXXXI. Samuel, Edessenæ Ecclesiæ presbyter, multa adversus Ecclesiæ inimicos hæreticos composuit (Gennad. c. 82).

CAP. LXXXII. Claudianus, Viennensis Ecclesiæ presbyter, vir ad loquendum artifex, et ad disputandum subtilis, composuit tres quasi De statu vel substantia animæ libros (Gennad. c. 83).

CAP. LXXXIII. Prosper, episcopus Aquitanicæ regionis, sermone scholasticus, et assertionibus nervosus, multa composuit : Chronica a conditione primi hominis usque ad captam urbem Romam a Generico, Vandalorum rege. Fecit et librum adversum opuscula Cassiani quæ Ecclesia Dei probat salutaria, ille infamat nociva. Et revera Cassiani et Prosperi de gratia Dei, de libero arbitrio, sententiæ sibi contrariæ inveniuntur. Epistolæ quoque Leonis papæ De Incarnatione Christi adversus Eutychen ab ipso dictatæ sunt (Gennad. c. 84).

CAP. LXXXIV. Faustus, ex abbate Lirinensis monasterii, apud Regium Galliæ episcopus factus, vir in divinis Scripturis satis intentus, composuit librum De Spiritu sancto, et egregium opus De gratia Dei, qua salvamur, et alia (Gennad. c. 85).

CAP. LXXXV. Cæsarius, Arelatensis urbis episcopus, vir sanctitate et virtutibus celebris, scripsit egregia et grata, et monachis valde necessaria opuscula : De gratia quoque et libero arbitrio. Floruit sub Anastasio (Gennad. c. 86).

CAP. LXXXVI. Servus Dei episcopus scripsit adversus eos qui dicunt Christum in hac vita degentem non vidisse carneis suis oculis Patrem, sed post resurrectionem ex mortuis et ascensionem in cœlos, cum translatus est in gloriam Patris, hoc dantis ei in remunerationem martyrii, ostendens ex Scripturis Dominum Jesum semper carneis oculis et Patrem et Spiritum sanctum vidisse (Gennad. c. 87).

CAP. LXXXVII. Victorius, natione Aquitanicus, calculator studiosissimus, composuit paschalem cursum, post quatuor priores computistas, id est Hippolytum, Eusebium, Theophilum et Prosperum (Gennad. c. 88).

CAP. LXXXVIII. Theodoretus, Cyri civitatis episcopus, a Cyro rege Persarum conditæ, scripsit De Incarnatione Domini, adversum Eutychen presbyterum, et Dioscorum Alexandriæ episcopum, qui humanam carnem in Christo fuisse negant. Scripsit et decem libros ecclesiasticæ Historiæ. Sub Leone floruit (Gennad. c. 89).

CAP. LXXXIX. Gennadius, Constantinopolitanus episcopus, vir lingua nitidus, et ingenio acer, Danielem ex integro commentatus est; homilias etiam multas scripsit (Gennad. c. 90).

CAP. XC. Theodorus (87), presbyter in Cœlesyria, composuit librum adversus hæreticos De con-

(87) Gennad. c. 91 *Theodulus*.

sonantia Veteris et Novi Testamenti. Claruit sub Zenone.

CAP. XCI. Sidonius, Arvernorum episcopus, scripsit varia et grata opuscula ad diversos, diverso metro vel prosa, et epistolarum insigne volumen. Sub Zenone claruit (Gennad. c. 92).

CAP. XCII. Joannes, Antiochenæ parochiæ ex grammatico presbyter, scripsit quædam adversus hæreticos, De Dei et hominis persona (Gennad. c. 93).

CAP. XCIII. Gelasius, urbis Romæ episcopus, scripsit adversus Eutychen et Nestorem grande volumen ac præclarum, et tractatus diversarum scripturarum et Sacramentorum, elimato sermone et adversus Petrum et Acacium epistolas. Fecit et hymnos in similitudinem Ambrosii. Sub Anastasio claruit. (Gennad. c. 94).

CAP. XCIV. Honoratus, Constantinæ Africæ civitatis episcopus, scripsit ad Arcadium quemdam epistolam exhortatoriam (Gennad. c. 95).

CAP. XCV. Cerealis episcopus, natione Afer, edidit libellum De catholica fide (Gennad. c. 96).

CAP. XCVI. Eusebius (88), Carthaginis Africæ civitatis episcopus, et confessor publicus, scripsit expositionem fidei et altercationes quas cum præsulibus Arianorum habuit.

CAP. XCVII. Gennadius, Massiliæ præsbyter, scripsit adversus omnes hæreses libros octo, adversus Nestorem libros sex; et adversus Eutychen libros undecim; adversus Pelagium libros tres : tractatus De mille annis, in Apocalypsin et epistolam de fide (Gennad. c. 100).

LIBELLUS III EX ISIDORO SUBLECTUS.

CAP. I. Osius, Cordubensis civitatis episcopus scripsit ad sororem suam de laude virginitatis epistolam, pulchro ac diserto comptam eloquio. In Sardicensi etiam concilio quamplurimas ipse edidit sententias. Hic in senectute a Constantio perterritus, Arianæ impietati consensit. Qui cum contra Gregorium Eliberitanum episcopum, residens fastu quasi regalis imperii, sententiam conaretur exprimere, os vertit, distorquens pariter et cervicem, ac de sessu in terram eliditur, atque illico exspiravit (Isidor. c. 1).

CAP. II. Idatius, Hispaniarum episcopus, cognomento et eloquio Clarus, scripsit adversus Priscilliani dogma, et maleficiorum ejus artes, librum. Hic cum Ursacio episcopo, ob necem ejusdem Ursacii, cujus accusatores exstiterant, Ecclesiæ communione privatus, exsilio condemnatur (Isidor. c. 2)

CAP. III. Siricius, Romanæ urbis episcopus, scripsit decretalia opuscula (Isidor. c. 3).

CAP. IV. Paulinus presbyter edidit libellum De benedictionibus Patriarcharum, triplici intelligentia. Hic scripsit Vitam Ambrosii, petente Augustino (Isidor. c. 4).

CAP. V. Proba, uxor Adelphi proconsulis, composuit centonem de Christo, Virgilianis coaptatum versibus; qui inter apocryphas scripturas computatur (Isidor. c. 5).

CAP. VI. Joannes Constantinopolitanæ sedis episcopus, cognomento Chrysostomus, scripsit multa et præclara opuscula, et diversos tractatus. Cujus quam plurima eloquentiæ fluenta de Græco in Latinum sermonem translata sunt. Hic Theophili Alexandrini episcopi discordia oppressus, ab Arcadio imp. innocenter damnatus, atque ab episcopatu ejectus, Ponto in exsilium retrusus moritur (Isidor. c. 6).

CAP. VII. Sedulius presbyter edidit tres libros heroico metro compositos : quorum primus signa et virtutes Veteris Testamenti potentissime resonat; reliqui vero gestorum Christi sacramenta vel miracula intonant (Isidor. c. 7).

CAP. VIII. Possidonius (89), Africæ provinciæ episcopus stylo prosecutus est Vitam S. Augustini; in qua plusquam quadringentos libros ejus enumerat.

CAP. IX. Primasius, Africanus episcopus, composuit sermone scholastico De hæresibus libros tres, directos ad Fortunatum episcopum (Isidor. c. 9).

CAP. X. Proterius, Alexandrinæ Ecclesiæ antistes, scripsit epistolas ad Leonem Romanæ sedis antistitem, de festivitate Paschali (Isidor. c. 10).

CAP. XI. Paschasinus, Siciliensis episcopus, edidit unam Paschalem epistolam, ad Leonem supradictum papam (Isidor. c. 11).

CAP. XII. Joannes Scotus vel *Chrysostomus*, in Scripturis insigniter eruditus, scripsit eleganti stylo librum Περὶ φύσεων, id est De natura omnium rerum.

CAP. XIII. Theodulus, natione Italus, scripsit unam eclogam de Veteri Testamento et fabulis gentilium contextam, in qua veritatem fidei astruxit, perfidiæ falsitatem dextruxit.

CAP. XIV. Julianus, cognomento *Pomerius*, natione Maurus, in Gallia presbyter ordinatus, scripsit octo libros De animæ natura, in dialogi morem : quorum primus continet, quid sit anima, vel qualiter credatur ad imaginem Dei facta. In secundo loquitur, utrum anima corporea sit, an incorporea. In tertio disserit, unde primo homini sit anima facta. In quarto, utrum nova anima sine peccato fiat, ac peccatum primi hominis, ex illo propagata originaliter trahat. In quinto describit, quæ sit facultas animæ. In sexto loquitur, unde sit ea discordia, qua carni spiritus, vel caro spiritui adversatur. In septi-

(88) Gennad. c. 97 *Eugenius.*

(89) Isidoro c. 8 *Possidius.*

mo autem scribit de differentia vitarum ac mortium, vel resurrectione carnis et animæ, sive de morte carnis, ac de ejus resurrectione. In octavo loquitur de his quæ in fine mundi futura sunt : vel de quæstionibus quæ solent de resurrectione proponi, sive de finibus bonorum atque malorum. Condidit etiam unum libellum De virginibus instituendis, alios quoque tres prognosticos De futuræ vitæ contemplatione, vel actuali conversatione : necnon etiam De vitiis atque virtutibus (Isidor. c. 12).

Cap. XV. Eugippius abbas composuit Vitam sancti Severini monachi, et Regulam monachis (Isidor. c. 13).

Cap. XVI. Fulgentius Afer, Ecclesiæ Ruspensis episcopus, in confessione fidei clarus, in Scripturis copiosissime eruditus, loquendo quoque dulcis, in docendo ac disserendo subtilis, scripsit multa, ex quibus hæc sunt : De gratia Dei et libero arbitrio ; libri responsionum septem contra hæreticos ; et unus liber De sancta Trinitate ; et liber Regulæ veræ fidei ; et alius De sacramento Incarnationis Christi ; et duo libri De veritate prædestinationis ; liber De quæstionibus ; liber altercationis, plurimi tractatus et sermones. Sub Anastasio claruit (Isidor. c. 14).

(90) Honorati.
(91) Magnus Aurelius Cassiodorus Senator omnibus nominibus dictus est Variarum auctor, vir scriptis et honoribus clarissimus, quem *Cassiodorum* inolito, si dicere licet, errore appellamus. Audiendi quippe non sunt, qui Senatorem κατ' ἐξοχήν dictum putant, quasi proprium ejus nomen fuerit *Cassiodorus*. Nam verum ac proprium ejus nomen fuit *Senator*; quod ipse suis omnibus epistolis præfixit lib. xi et xii Variarum, et quod unum suis ipse Fastis indidit anno 515, cum de suo consulatu ageret. Sed invaluit error, ex ea, quam dixi, opinione natus, quasi *Senator* epithetum esset, non nomen, ut *Cassiodorus* tanquam proprio nomine vocitetur, cum id cognomen revera fuerit a patris nomine ductum. Patri enim Senatoris nomen fuit Cassiodorus; a quo filius *Cassiodorus Senator* est nuncupatus, et omnibus nominibus, ut dixi, *Magnus Aurelius Cassiodorus Senator.*

Noster itaque Senator patrem habuit *Cassiodorum;* cui patriciatus, post præfecturam prætorii, a Theoderico Gothorum rege est delatus, et de quo, ejusque avo ac patre multa lib. 1, epist. 3 et 4, ipse auctor Variarum narrat, et ad quem etiam scripta est epistola vicesima octava libri tertii. Senatori siquidem filio, de quo Honorius hoc capite agit, præfecturam ac deinde patriciatum detulit non Theodericus, sed Athalaricus rex, ejus nepos, ut ex lib. ix, epist. 24 et 25, liquet : in quibus recto nomine *Senator* nuncupatur ; *Cumulavimus*, inquit, *P. C. beneficiis nostris copiosum virtutibus, divitem moribus, plenum magnis honoribus Senatorem.*

Scripsit autem libros xii Variarum epistolarum ; item librum De anima maxime pium ; De institutione divinarum Scripturarum seu lectionum libros duos ; De schematibus et tropis sacræ Scripturæ, ex Beda (a); De orthographia, De septem disciplinis; De amicitia ; De computo paschali : Chronicon breve, ab initio mundi usque ad tempora Theoderici Ostrogothorum in Italia regis, hoc est, usque ad annum Christi quingentesimum decimum nonum. Scripsit item libros xii Historiæ Gothorum, ut ipse in prologo epistolarum suarum asserit : cujus Historiæ com-

Cap. XVII. Eucherius episcopus, elegans sententiis, ornatus in verbis, edidit unum opusculum De laude eremi, dulci sermone dictatum (Isidor. c. 15).

Cap. XVIII. Hilarius, Arelatensis episcopus, scripsit Vitam prædecessoris sui Honorii (90) episcopi, suavi ac præclaro eloquio (Isidor. c. 16).

Cap. XIX. Aprigius, Pacensis Ecclesiæ Hispaniarum episcopus, diserta lingua et scientia eruditus, exposuit Apocalypsim Joannis apostoli, subtili sensu atque illustri sermone, melius plane quam veteres ecclesiastici viri exposuerunt. Scripsit et nonnulla alia (Isidor. c. 17).

Cap. XX. Justinianus imperator, quosdam libros De Incarnatione Domini edidit, quos etiam per diversas provincias misit. Condidit et rescriptum contra Illyricianam synodum (Isidor. c. 18).

Cap. XXI. Cassiodorus (91), ex senatoribus Ravennæ præfectus, arte philosophus, professione monachus, transtulit de Græco Tripartitam Historiam; exposuit magnifice Psalterium, et multa alia scripsit.

Cap. XXII. Boetius, (92) patricius vel consul, scripsit librum De sancta Trinitate, et alium De conpendium concinnavit Jordanus sive Jornandes Ravennæ episcopus, qui anno quingentesimo tricesimo vixit. Quæ quidem omnia cum mss. codicibus collata, notisque illustrata Guilielmus Fornerius, jureconsultus Aurelianensis, 1600 Lutetiæ edenda curavit.

Scripsit insuper Commentarios in Psalmos ex Augustino fere desumptos, et Basileæ an. 1491 typis editos : item in Cantica, cum Aponio, Friburgi 1558 excusos. Tripartitam denique Historiam, ex tribus Græcis auctoribus, Socrate, Theodoreto et Sozomeno, per Epiphanium Scolasticum in Latinam linguam versis, confecit. Chronicon ejus primus edidit Joannes Cochlæus, et Thomæ Moro inscripsit. Divinarum litterarum Institutionem Jacobus Pamelius a Plantino edendam curavit. Omnibus denique honoribus in republica Romana et Theoderici regis aula perfunctus Cassiodorus, demum sæculo valere jusso, monachum induit, Vivariense prope Rhegium in Calabrio cœnobium condidit, eique ut abbas præfuit, ac scholam sacrarum litterarum ibidem instituit, et sub annum Christi quingentesimum sexagesimum senex decessit.

(92) Anicius Manlius Severinus Boetius, philosophus et orator, sapientia, eloquentia, pietate, martyrio illustris, ab Ennodio, Cassiodoro, Procopio, aliisque eximie laudatus, anno Christi quingentesimo decimo consul ordinarius sine collega fuit. A Theoderico Ostrogothorum in Italia rege, una cum Symmacho socero suo, anno quingentesimo vicesimo sexto, interfici jussus, Ticini gloriose occubuit. Errat autem Onuphrius Panvinius, qui ipsum anno quingentesimo vicesimo secundo iterum consulem, cum Symmacho socero, fuisse censet. Nam anno isto Boetii duo filii, Symmachus et Boetius, consules ordinarii fuerunt : quorum uni nomen a socero, filii avo : alteri suum imposuit. De horum copulato consulatu lib ii De consolatione ipse Boetius sic scribit : *Cum duos pariter consules liberos tuos domo provehi, sub frequentia Patrum, sub plebis alacritate vidisti. Et quid dicam liberos consules, quorum jam ut in id ætatis pueris vel paterni, vel aviti specimen elucet ingenii ?*

Scio aliter visum Jul. Martiano Rotæ, scriptori

(a) Beda post Cassiodorum vixit.

solatione; et Quadrivium de Græco transtulit, id est, arithmeticam, musicam, geometriam, astronomiam; dialecticam vero explanavit. A Theoderico Gothorum rege Mediolani interficitur.

CAP. XXIII. Facundus, Hermianensis Ecclesiæ episcopus, duodecim libros De professione catholicæ Ecclesiæ edidit (Isidor. c. 19).

CAP. XXIV. Justinianus, Valentinæ Ecclesiæ episcopus, ex quatuor fratribus et episcopis, eadem matre progenitis unus, scripsit librum Responsionum ad quemdam Rusticum, de interrogatis quæstionibus : quarum prima responsio est de Spiritu sancto; secunda contra Bonosianos, qui Christum Filium adoptivum et non proprium dicunt; tertia de baptismo Christi, quod iterare non licet; quarta de distinctione baptismi Joannis et Christi; quinta, quod Filius sicut Pater invisibilis sit (Isidor. c. 20).

CAP. XXV. Justus, Urgelitanæ Ecclesiæ episcopus, et frater prædicti Justiniani, edidit libellum expositionis in Cantica canticorum. Hujus quoque fratres Nebridius et Elpidius quædam scripserunt (Isidor. c. 21).

CAP. XXVI. Martinus, Dumiensis monasterii sanctissimus pontifex, ex Orientis partibus navigans, in Galliam venit, ibique conversis ab Ariana impietate Suevis, a Theodomiro rege factus est Bracarensis in Gallæcia episcopus. Scripsit multa, quorum meminit Isidorus cap. 22, ac plura ex iis quæ in octoginta illustres sui sæculi viros scripserat.

Vitæ Boetii, qui filios ejus consules facit Patricium et Hypatium, qui anno Christi quingentesimo consulatum una gesserunt. Verum hæc profecto nimia est hallucinatio. Præterquam enim quod meminisse oportebat, Græcos et Orientales illos consules fuisse, et ad Boetii familiam nihil pertinere, evincere poterant quæ modo citata sunt verba Boetii: Ex quibus liquet, hosce ejus filios consulares ætate pueros fuisse, cum exsilii sui Consolationem scriberet. Quod sane dici non poterat, si ante viginti, eoque plures annos, consules fuissent.

Cæterum alii Boetium scribunt, alii Boethium; quod quidem, ut Græcæ vocis origo spectetur, rectius erat. Sed usus obtinuit ut Boetium potius dicamus. Scripsit autem, præter Philosophica, librum De S. Trinitate, ad Symmachum, socerum suum; librum De unitate Trinitatis; librum De duabus Christi naturis, adversus Eutychen; librum De fide; libros quinque De consolatione Philosophiæ, seu exsilii sui, quos, post Rudolphum Agricolam et Joannem Murmellium, Joannes Bernartius commentario illustravit, et Plantiniani 1607 ediderunt. Opera ejus junctim Veneti 1491 et Basilienses 1546 typis evulgarunt.

Ut autem Boetius versu et prosa valuit, sic et Græcam simul Latinamque eruditionem complexus fuit. Quod omnia ejus opera, itemque Ennodius lib. VIII Epist. et Cassiodorus lib. I Variarum, epist. 45, testantur. Ejusdem dies natalis anniversario ritu a Ticinensibus 23 Octobris celebratur; conditusque est ibidem in æde S. Petri in Cœlo Aureo (ubi et S. Augustinus quiescit) sub Phil. Ferrarius in Catalogo sanctorum Italiæ narrat. Sunt qui notarunt, veterem Romanorum eloquentiam una cum Boetio desiisse. Ejus Vitam, post Martianum Rotam, Franciscus Moncada, Aitonæ marchio, Græce Latineque doctissimus (quem 1635 præpropere sibi ereptum Belgæ luxerunt), Hispano sermone conscripsit; quam utinam quis in lucem proferat.

Quod ad Symmachum, Boetii socerum, attinet, exstat ad ipsum lib. VII, Ennodii epistola numero vicesima quinta. Eumdem Boetius hoc ornat elogio lib. II De consolatione: Viget incolumis, illud pretiosissimum generis humani decus, Symmachus socer, vir totus ex sapientia virtutibusque factus. Ennodius originariam Symmachorum familiæ eloquentiam, nobilitatemque fuisse prædicat. Nec frustra : quia docti fere omnes fuerunt, et summis dignitatibus illustres. Atque hoc quidem loco non abs re facturus videor, si Symmachos, qui Boetii ætate, et superiore sæculo vixerunt, suis singulos notis distinxero; ducto exordio a parte Symmachi oratoris. Is fuit.

I. L. Aurelius Avianus Symmachus, præfectus Urbi anno 364 cujus meritorum series, et eloquentiæ testimonium in statuæ inscriptione continetur, quam illi duplicem, Romæ scilicet ac Constantinopoli principes poni jusserunt. Virum doctum Marcellinus lib. XXVII appellat. Sed ejus restat unica epistola

II. Q. Aurelius Symmachus L. F. orator. Hujus sunt Epistolarum libri novem, ac decimus Relationum, quas in præfectura Urbana scripsit. In quibus et famosa relatio de ara Victoriæ legitur, cui S. Ambrosius et Prudentius responderunt. Proconsul porro Africæ anno 370, Præfectus Urbi anno 384, Consul denique ordinarius, cum Tatiano, anno 391 fuit. Uxor illi Rusticiana Orfiti filia; mater, Acyndini consulis, quem avunculum propterea vocat, soror germana. Is est, qui apud Macrobium disputat in Saturnalibus : cui Griphum mittit Ausonius; de quo loquitur S. Augustinus, cum a Symmacho P. V. Mediolanum ad rhetoricam professionem missum se lib. V, Confess., cap. 13, scribit. De quo item Prosper lib. III De promiss., cap. 58; Sidonius epist. 1, et alüs locis; Socrates lib. V, cap. 14, et Cassiodorus lib. XI, agunt.

III. Q. Flavianus Memmius Symmachus, unicus oratoris filius, a quo et patris epistolæ, post ejus mortem, digestæ et editæ. Proconsul itidem Africæ anno 415, præfectus Urbi anno 420 fuit. Hujus sunt Relationes, quæ de Eulalii adversus papam contentione ad Honorium Aug. scriptæ, a Baronio Annalibus sunt insertæ. Quæstor etiam candidatus, et prætor ineunte ætate fuerat. Nam utriusque filii sui honoris crebro in epistolis Symmachus, et sumptuum ejus præturæ meminit Olympiodorus Thebanus, apud Photium, Symmachos inter Romanæ urbis ditissimos numerans.

IV. Q. Aurelius Symmachus (sic enim appellatur novella 4 Valentiniani), consul ordinarius cum Aetio III consule anno 446 fuit; avus, ut opinor, Gallæ viduæ in epistola Fulgentii, qua Gallam Symmachi patricii filiam sic affatur : Et licet avo, patre, socero, marito consulibus pridem fueris inter sæculares illustris.

V. Q. Aurelius Memmius Symmachus, patricius, Boetii socer (qui aliquot ei opuscula sua inscribit) anno 485 consul ordinarius, sine collega sub Odoacre fuit. A Theodorico rege judex in causa Basilii et Prætextati, qui magicarum artium accusabantur, inter alios delectus, epist. 22, lib. II, apud Cassiodorum. Apud quem et aliæ sunt Theodorici ejusdem ad Symmachum epistolæ. De eodem Hormisda pontifex epist. 28 et 66. Cæterum ab eodem Theoderico, impiis delatorum criminationibus incitato, crudeliter una cum Boetio genero, cæsus est, ut Procopius lib. I De bello Gothico narrat. Hujus filiæ duæ memorantur, Rusticiana uxor Boetii, et Galla; de qua, præter Fulgentium, Gregorius Magnus l. IV Dialog., c. 14, agit. Filium nullum reliquit. Nam qui sequitur.

VI. Symmachus, collega Boetii in consulatu anni quingentesimi vicesimi secundi, non hujus Symmachi patricii filius, sed nepos fuit, ex filia Rusticiana et Severino Boetio prognatus. Sic fere Sirmondus in suis ad Ennodium notis.

tate ad fidem catholicam Suevorum populis, regulam fidei et sanæ religionis constituit, ecclesias informavit, monasteria condidit, copiosaque præcepta piæ institutionis composuit. Librum quoqueDe differentiis quatuor virtutum, prudentia, fortitudine, justitia et temperantia,scripsit; et aliud volumen epistolarum, plenum cultura omnium virtutum(Isidor. c.22);

CAP. XXVII. Avitus episcopus, scientia sanctarum litterarum doctus, edidit quinque libellos heroico metro compositos : quorum primus est de origine mundi; secundus de originali peccato; tertius de sententia Dei; quartus de diluvio mundi; quintus de transitu maris Rubri. Scripsit et ad Fulcinam sororem De laude virginitatis librum unum pulcherrimo carmine compositum, et eleganti epigrammate coaptatum (Isidor. c. 23).

CAP. XXVIII. Dracontius composuit heroicis versibus hexaemeron creationis mundi (Isidor. c. 24).

CAP. XXIX. Victor, Tununensis Africæ Ecclesiæ episcopus, scripsit a principio mundi usque ad Justini tempora nobilem Historiam (Isidor. c. 25).

CAP. XXX. Benedictus (93) abbas monasterii Casini, scripsit Regulam monachorum, per totum mundum promulgatam; qui [liber] omnium justorum spiritu plenus scribitur.

CAP. XXXI. Joannes, Constantinopolis episcopus, natione Cappadox, edidit ad Alexandrum episcopum librum De sacramento baptismatis (Isidor. c. 26).

CAP. XXXII. Gregorius, Romanæ urbis episcopus, organum sancti Spiritus, incomparabilis omnibus suis prædecessoribus, multa præ sole præclara, ac præ obrizo auro pretiosa, scripsit ad supradictum Joannem: Pastoralem curam; ad Leandrum episcopum librum Job triginta et quinque voluminibus largo eloquentiæ fonte explicuit; Dialogum de miraculis sanctorum, ad Petrum archidiaconum. Quadraginta oracula Evangeliorum, imo totum textum quatuor Evangeliorum sermocinando, populo exposuisse dicitur et viginti homilias in Ezechielem, et infinitas epistolas, quarum collectio Registrum dicitur. Floruit sub Mauritio (Isidor. c. 27).

CAP. XXXIII. Gregorius (94), episcopus Turonensis scripsit librum Historiæ.

CAP. XXXIV. Leander, ex monacho Hispalensis Ecclesiæ, provinciæ Bæticæ, episcopus, vir suavis eloquio, ingenio præstans, vita atque doctrina clarus, composuit duos libros adversum hæreticorum dogma; et unum ad Florentinam sororem de institutione virginum; et unum contra Arianos; et unum de contemptu mundi; et multas epistolas ad Gregorium papam, et ad alios coepiscopos : et orationes in toto Psalterio, et in sacrificii laudibus multa dulcisone composuit. Floruit sub Phoca (Isidor. c. 28).

CAP. XXXV. Licinianus Carthaginis Spartariæ episcopus, in Scripturis doctus, scripsit epistolam De sacramento baptismatis, et alias multas de diversis causis. Claruit sub Mauritio (Isidor. c. 29).

CAP. XXXVI. Severus, Malacitanæ sedis antistes, libellum adversus Vincentium episcopum Arianum, et unum De virginitate, qui dicitur Annulus. Sub Mauritio floruit (Isidor. c. 30).

CAP. XXXVII. Joannes, Gerundensis ecclesiæ episcopus, natione Gothus, scripsit Regulam monachis et omnibus Deum timentibus necessariam (Isidor. c. 51).

CAP. XXXVIII. Eutropius, Valentinæ Ecclesiæ episcopus, scripsit epistolam De unctione chrismatis, et aliam De distinctione monachorum (Isidor. c. 52).

CAP. XXXIX. Maximus, Cæsaraugustanæ civitatis episcopus, multa composuit versu prosaque, et quamdam historiam Gothorum (Isidor. c. 53).

CAP. XL. Isidorus, Hispalensis episcopus, innumera scripsit opuscula, ex quibus hæc sunt : libri Etymologiarum viginti duo, liber Glossarum, liber Sententiarum, Synonyma, liber De differentia. Totum Vetus Testamentum dupliciter exposuit, historice et allegorice, et multa alia. Floruit sub Heraclio.

LIBELLUS IV DE VARIIS COLLECTUS.

CAP. I. Beda (95), monachus et presbyter Anglicæ provinciæ, scripsit infinita, ex quibus sunt hæc : In Genesim libri quatuor; De tabernaculo et vasis ejus ac vestibus sacerdotum libri quatuor; De ædificatione templi libri duo; in librum Regum liber unus, Quæstionum triginta; in Proverbia Salomonis libri tres; in Cantica canticorum libri septem; in Esaiam et Danielem et duodecim Prophetas et in partem rum libros duos, De miraculis S. Juliani librum unum, et De miraculis S. Martini libros quatuor. Scripsit insuper libros decem Historiæ Francorum, quos anno ordinationis suæ vicesimo primo, Christi quingentesimo nonagesimo quarto absolvit. Atque eos quidem, post editiones varias, Andreas Quercetanus ope quinque codicum mss. diligenter emendavit, et tomo I Scriptorum Historiæ Francorum anno 1636 Lutetiæ Parisiorum publicavit. Subjunxit eodem in tomo Fredegarii Scholastici Chronicon, quod ille, jubente Childebrando comite, Pipini Francorum regis patruo, scripsit, et a fine Historiæ Gregorii Turonensis usque ad Pipini ipsius consecrationem perduxit; quodque hactenus nomine Appendicis ad eumdem Gregorium fuit vulgatum. Apud eumdem Quercetanum reperies Marii Aventicensis episcopi Chronicon.

(95) S. Beda, origine Anglo-Saxo 734 obiit, ut

---

(93) Benedictus, natione Italus, patria Nursinus, monachorum in Occidente antesignanus ac princeps, cœnobii Casinensis conditor, ibidem anno salutis quingentesimo tricesimo nono in Domino obdormivit. Ejus res gestas S. Gregorius I papa fuse prosequitur lib. II Dialogorum. Quem Gregorii librum Ingolstadienses Græco-Latinum annis superioribus publicarunt. De variis Regulis et Constitutionibus asceticis fuse disserui in Codice nostro Regularum, Antuerpiæ anno 1638 edito.

(94) Georgius Florentius Gregorius S. Euphronio Turonensi episcopo defuncto in cathedra successit, anno duodecimo Sigeberti Austrasiæ regis, anno centesimo septuagesimo tertio a transitu seu obitu S. Martini, hoc anno Christi quingentesimo septuagesimo tertio : ut ex eodem Gregorio lib. 1, c. 4, miraculorum S. Martini datur colligi. Scripsit De gloria martyrum librum unum, De gloria confesso-

Hieremiæ, in Esdram et Neemiam libri tres; in librum Tobiæ libri duo, in Canticum Abacuc liber unus; item in libros Regum et Paralipomenon, in Job, in Pantateuchum Moysi, et Josue, et in Parabolas, in Ecclesiasten, in Cantica canticorum, in Esaiam, in Esdram capitula multa, in Evangelium Marci libri quatuor, in Lucam sex, in homilias Evangelii libri duo, in Apostolum multa capitula, in Actus Apostolorum libri duo, in Epistolas canonicas libri septem, in Apocalypsim tres; in capitula de toto novo Testamento; epistolarum liber ad diversos, de sex ætatibus unus, de mansionibus filiorum Israel libri novem, de Isaia unus, de ratione bissextili, de æquinoctio novem, de historiis Sanctorum. Librum vitæ et passionis S. Felicis confessoris de metro in prosam transtulit; vitam et passionem sancti Anastasii de Græco in Latinum correxit; Vitam sancti Cutberti monachi et episcopi metro et prosa composuit; Historiam Anglorum quinque libris edidit; Martyrologium de natalitiis sanctorum; librum Hymnorum diverso metro sive rhythmo, librum Epigrammatum elegiaco metro, De natura rerum, et De temporibus singulos libros, item alium De temporibus majorem, librum De orthographia alphabeti, librum De metrica arte, De schematibus et tropis, hoc est, de figuris et modis locutionum sacræ Scripturæ. Sub Leone floruit, Romæ moritur et sepelitur.

CAP. II. Alcuinus (95 *), natione Anglus, Eboraicæ civitatis diaconus, officio scholasticus, dignitate abbas, magister Caroli imperatoris, scripsit breviter omnes liberales artes ad prædictum imperatorem, et multa alia præclara.

CAP. III. Amalarius (96) Metensis episcopus, sub Ludovico, scripsit libros quatuor de divinis sacramentis.

CAP. IV. Rabanus (97), ex monasterii Fuldensis abbate Moguntinensis episcopus, scripsit mirabilem librum De mysterio sanctæ crucis, et totum Vetus et Novum Testamentum exposuit. Sub Ludovico claruit.

CAP. V. Paterius (98) quidam redegit in librum testimonia Scripturarum, quæ beatus Gregorius introducendo exposuit.

CAP. VI. Smaragdus (99), abbas monasterii Sancti Michaelis, Lectiones et Evangelia in divinis officiis legenda per circulum anni exposuit, et librum monasticæ professionis congruum composuit, quem Diadema monachorum vocavit, et Grammaticam majorem, Donatum exponendo, explicuit.

CAP. VII. Haymo (100), quidam Homilias in Evangelia solemnia fecit. Hic et librum de voluptate mundi composuit.

CAP. VIII. Henricus quidam Homilias in Evangelia fecit.

historiæ ejus Anglicæ continuator et Matthæus Westmonasteriensis tradunt. Opera ejus omnia, quæ inveniri potuerunt, tomis octo Colonienses 1612 ediderunt : sed utinam Britannus aliquis in iis recensendis ad fidem mss. codicum præstet operam! In tomis istis sunt non pauca Bedæ falso ascripta : de quibus Bellarminum in Catalogo, et Possevinum in Apparatu sacro, et Baronium in Annalibus consule. Vitam certe S. Vedasti non Beda, sed Alcuinus; S. Patricii Probus, S. Columbani Jonas monachus. S. Arnulfi Metensis Paulus diaconus, scripserunt. Commentaria in Epistolas S. Pauli, non Bedæ, sed Petro Tripolitano abbati, a Cassiano laudato, Baronius in gestis anni 562 attribuit, sed pro Beda pugnat Bellarminus libro citato. Vixit autem et obiit Beda in suo ad fluvium Tinam monasterio, in diœcesi Dunelmensi.

(95 *) Flaccus Alcuinus, patria Britannus, Bedæ discipulus, a Carolo Magno in Galliam evocatus, et abbas monasterii S. Martini apud Turones creatus, anno octingentesimo quarto vivere desiit. Opera ejus omnia, quæ reperiri potuerunt, Andreas Quercetanus 1617 Lutetiæ evulganda curavit, prælixa ejusdem vita, quam per annos digessit.

(96) Amalarius, Metensis Ecclesiæ diaconus, Ludovici Pii jussu, libros quatuor De divinis officiis contexuit. Quos quidem libros Amalario Fortunato, Treverensi episcopo, hactenus falso typographi attribuerunt. Amalarius porro Metensis, ut dixi, diaconus (quem Honorius hoc capite episcopum Metensem non recte appellat) Amalario Treverensi episcopo ætate suppar, vir fuit longe eruditissimus. Ab isto Amalario Metensi (facta e palatio Aquisgranensi librorum copia) Forma institutionis canonicorum et sanctimonialium canonice viventium, ex diversis veterum Patrum ac doctorum sententiis concinnata, conciliique Aquisgranensis judicio et auctoritate, anno Christi octingentesimo decimo sexto, comprobata fuit : quod ex Ademari Chronico Engolismensi Sirmondus observavit. Dictam porro Formam institutionis canonicæ notis a me illustratam, Antverpiæ 1638 cum codice Regularum et Constitutionum clericalium, edendam curavi. Quod ad Amalarium Fortunatum, episcopum Treverensem, attinet; is a Carolo Magno Constantinopolim ad imp. Michaelem Balbum, cum Petro abbate Nonantulæ, diœcesis Mutinensis, missus fuit. Successorem in cathedra habuit Hettum, cujus epistolam ad Frotarium Tullensem episcopum citat Sirmondus in notis ad tom. II Conciliorum Galliæ.

(97) Rabanus Maurus, Fuldensis in Hassia vel orientali Francia abbas, non Bedæ, sed Alcuini auditor, anno octingentesimo quadragesimo septimo in locum Otgarii archiepiscopus Moguntinus est ordinatus, obiitque anno octingentesimo quinquagesimo sexto : ut Pithæani Annales et Lambertus Schafnaburgius testantur. Opera ejus omnia quæ a Jacobo Pamelio, et Georgio Colvenerio reperiri potuerunt, tribus tomis 1627 Coloniæ sunt edita.

(98) Paterius, Gregorii I papæ discipulus, S. R. E. secundicerius (cujus Beda in Commentario ad Cantica meminit), collegit ex ejusdem S. Gregorii operibus tres libros Explanationum in varios utriusque Testamenti libros Romæ 1553 in folio excusos. Claruit anno Christi sexcentesimo. Ita Molanus in sua ms. Bibliotheca sacra.

(99) Smaragdus, abbas monasterii S. Michaelis in Saxonia, ordinis Benedictini, scripsit inter alia Diadema monachorum, Antverpiæ anno 1540 typis editum; Commentarium in Regulam S. Benedicti, Coloniæ 1575; Collectiones in Epistolas et Evangelia totius anni, Argentorati 1536 in fol. excusas. Claruit anno noningentesimo octogesimo.

(100) Haymo, monachus Fuldensis, Rabani Mauri discipulus, demum Halberstadensis tertius in Saxonia episcopus, scripsit in Apocalypsim libros septem; De amore cœlestis patriæ libros sex; Epitomen historiæ sacræ, Commentaria in XII Prophetas, Cantica, Psalmos et Epistolas omnes S. Pauli; item Homilias in Evangelia : ex quibus nonnulla Coloniæ, alia Antverpiæ, Parisiis, et alibi sunt excusa. Baronius censet illum obiisse anno octingentesimo quinquagesimo tertio : alii ad annum octingentesimum tricesimum quartum referunt ejus decessum.

CAP. IX. Notgerus (101), abbas monasterii Sancti Galli, Sequentias et tropicos versus et multa alia composuit. Sub Othone floruit.

CAP. X. Paschasius (102) librum De corpore Domini composuit.

CAP. XI. Petrus (103), cognomento *Damiani*, ex monacho et eremita episcopus, scripsit librum contra illos qui Simoniacos reordinare censuerunt, et multa alia. Sub Henrico Pio floruit.

CAP. XII. Hermannus (104) monachus, cognomento *Contractus*, quædam scripsit et dulcisonum cantum composuit. Sub eodem Henrico floruit.

CAP. XIII. Bernoldus (105), Constantiensis Ecclesiæ presbyter, Romanum Ordinem sub quarto Henrico composuit.

CAP. XIV. Lantfrancus (106), Cantuariensis ex abbate episcopus, scripsit librum de corpore Domini contra Berengarium hæreticum. Sub eodem Henrico floruit.

CAP. XV. Anselmus (107), ejusdem Lantfranci discipulus, ex abbate ejusdem Cantuariensis Ecclesiæ, Angliæ provinciæ, episcopus, multa memoranda conscripsit; ex quibus hæc sunt: Liber qui dicitur Cur Deus homo; Monologii liber, scilicet de sancta Trinitate, unus De Incarnatione Verbi, unus De processione sancti Spiritus, unus De lapsu diaboli, unus De libero arbitrio, De gratia Dei, De prædestinatione, et multa alia Deo digna.

CAP. XVI. Rupertus (108), Tuitiensis monasterii abbas, a Spiritu sancto per visionem illuminatus, totam pene Scripturam egregio stylo exposuit. Sub quinto Henrico floruit.

CAP. XVII. Honorius (109), Augustodunensis Ecclesiæ presbyter et scholasticus, non spernenda opuscula edidit : Elucidarium in tribus libellis; primum

(101) Notgerus, abbas cœnobii S. Galli apud Helvetios, habetur inventor Sequentiarum, ut vocant, quas Nicolaus papa in Missis decantari permisit. Alii hanc inventionem Notgero Leodicensi episcopo (qui anno millesimo septimo vivere desiit) ascribunt. Nonnulli suspicantur unum eumdemque Notgerum primo in Helvetiis abbatem S. Galli, et postea episcopum Leodici fuisse : quod tamen non probatur rerum Leodicensium scriptoribus.

(102) Paschasius Ratbertus, Corbeiensis in Picardia, regni Galliæ provincia, abbas, temporibus Ludovici Pii imp. floruit, et primus serio ac copiose De veritate corporis et sanguinis Domini in Eucharistia contra Bertramum presbyterum scripsit. Opera ejus, post Nicolaum Mameramum et Joannem Ulimmerium, Jacobus Sirmondus ad fidem mss. codicum recensuit, et junctim edenda Lutetiæ curavit.

(103) Petrus Damiani (sic a fratris sui Damiani nomine vocatus), S. R. E. cardinalis et episcopus Ostiensis, primum monachus fuit in eremo Fontis Avellani : exinde varia monasteria condidit in Camerinensi, Perusina, Faventina, Ariminensi, aliisque diœcesibus; ac demum Faventiæ, in monasterio sui instituti, anno 1080 in Domino obdormivit. Res illius gestas scripserunt Joannes monachus, ejus discipulus, Joannes Antonius Flaminius, Augustinus Fortunius monachus Camaldulensis, et Hieronymus Rubeus in Historia Ravennate. Opera ejusdem omnia Constantinus Caetanus in tres tomos redegit, et Romæ annis superioribus publicavit.

(104) Hermannus Contractus, ex Veringensium in Suevia comitum stirpe oriundus, in Augia Majore monachus, scripsit Chronicon a Christo nato usque ad annum millesimum quinquagesimum quartum, quo et obiit. Christianus Urstisius vulgatæ Hermanni editioni aliam locupletiorem adjunxerat, e regione respondentem : sed Henricus Canisius, tomo I Lectionis antiquæ, tertiam editionem, aliis longe auctiorem atque emendatiorem, ex manuscripto codice Augustani monasterii SS. Afræ et Udalrici, 1601 publicavit. Ut autem diversitatis hujus causam inquiramus, sunt qui censent, Hermanno in conscribendo Chronico id evenisse, quod olim et hodie multis scriptoribus qui fetum lambendo formare, variare et subinde augere solent. Sunt qui varietatem istam descriptoribus attribuunt : quorum alius nonnulla adjecerit, resecuerit alius, pro suo quisque captu. Id enim antiquitus plerumque factum fuisse observo in illis libris quos monachi in suum privatum aut publicum usum describebant.

(105) Bernoldus, alias *Bernaldus* et *Bertoldus*, Constantiensis presbyter, idem, nisi fallor, qui *Chronicon* ab anno millesimo quinquagesimo quarto (ubi Hermannus Contractus desinit) usque ad annum millesimum deduxit; quique varia opuscula pro Gregorio VII, papa contra schismaticos scripsit; partim a Gretsero in Apologia pro eodem pontifice, partim a Sebastiano Tengnagelio 1612 Ingolstadii edita.

(106) Lantfrancus, patria Papiensis, ex abbate Cadomensi episcopus Cantuariensis, Romano concilio contra Berengarium habito interfuit, et contra eumdem scripsit librum De Eucharistiæ sacramento : quem, a Joanne Ulimmerio ad fidem mss. codicum castigatum, Lovanienses et alii excuderunt. Statuta ab eodem monachis in Anglia Benedictinis præscripta Clemens Reynerus Duaci edenda curavit.

(107) S. Anselmus, Seduni apud Rhætos natus, Lantfranci Cantuariensis episcopi discipulus, ex abbate Beccensi episcopus Cantuariensis, anno millesimo centesimo nono ad vitam meliorem transiit. Opera ejus junctim 1573 tribus tomis Colonienses, et post auctiora Lugdunenses publicarunt : de quibus vide judicium Bellarmini in Catalogo. Ejusdem libros tres Epistolarum seorsim Joannes Picardus Lutetiæ edidit. Exstant et aliæ ejusdem epistolæ plurimæ in Bibliotheca Joannis Cottoni in Anglia, et alibi. Vitam ejus scripsit Eadmerus seu Edmerus (corrupte *Edinerus*), monachus Cantuariensis; qui et res in Anglia potissimum gestas ab anno 1066 usque ad milesimum centesimum vicesimum secundum litteris consignavit. Alius ab isto fuit Anselmus Laudunensis scholasticus.

(108) Rupertus Tuitiensis abbas (quod est monasterium Benedictinorum ad Rhenum, in ripa Germanica, ex opposito Coloniæ Agrippinæ situm), anno millesimo centesimo tricesimo quinto, IV Nonas Martias decessit. Scripsit multa, tribus tomis Coloniæ 1577 et antea Antverpiæ et Lovanii excusa. Suorum operum ipse catalogum recenset in epistola ad Cunonem episcopum Ratisponensem, cui libros suos De divinis officiis dedicat. Errat autem, cum scribit, non converti panem in corpus Christi, dum conficitur Eucharistia, sed assumi a Verbo divino, quemadmodum assumpta est humanitas. Hunc errorem Bellarminus in Catalogo, et lib. III De sacramento Eucharistiæ cap. 11 et 15, itemque alii passim refutant.

(109) Ex variis Honorii Augustodunensis operibus exstant Commentaria in libros Salomonis, Coloniæ 1540; Dialogus de prædestinatione et libero arbitrio 1552, et alia ejusdem opuscula 1531 ibidem excusa; Gemma animæ; De officio Missæ ejusque cæremoniis, Lipsiæ 1514; De imagine mundi libri tres, Spiræ 1583 et alia alibi edita. Opus ejus De

de Christo, secundum de Ecclesia, tertium de futura vita distinxit. Libellum De sancta Maria, qui Sigillum sanctæ Mariæ intitulatur : unum De libero arbitrio, qui Inevitabile dicitur : unum libellum Sermonum, qui Speculum Ecclesiæ nuncupatur : De incontinentia sacerdotum, qui Offendiculum appellatur; Summam totius, de omnimoda historia; Gemmam animæ de divinis officiis Sacramentarium de sacramentis, Neocosmum de primis sex diebus, Eucharistion de corpore Domini; Cognitionem vitæ de Deo et æterna vita; Imaginem mundi de dispositione orbis; Summam gloriam de Apostolico et Augusto; Scalam cœli, De gradibus visionum, De anima et de Deo quædam de Augustino excerpta, sub dialogo exarata; Expositionem totius Psalterii cum Canticis miro modo; Cantica canticorum exposuit, ita ut prius exposita non videantur. Evangelia, quæ beatus Gregorius non exposuit; Clavem physicæ de naturis rerum; Refectionem mentium; De festis Domini et sanctorum. Pabulum vitæ, de præcipuis festis; hunc libellum De Luminaribus Ecclesiæ. Sub quinto Henrico floruit. Quis post hunc scripturus sit, posteritas videbit.

Luminaribus Ecclesiæ sive De scriptoribus ecclesiasticis, quod nunc dedimus, visum fuit in libellos quatuor partiri : eo quod tres priores ex Hieronymo, Gennadio et Isidoro fere sint decerpti, adeoque velut epitomen contineant. Huic tamen suo operi Honorius non paucos scriptores, qui apud tres istos veteres nomenclatores desiderantur, partim intexuit, partim subtexuit. Subinde etiam in hac ipsa anacephalæ si aliqua admiscuit, quæ multum lucis afferunt. Vixit autem Augustoduni in Burgundia, Henrico V imperante, sub annum salutis millesimum centesimum vicesimum.

INDEX SCRIPTORUM ECCLESIASTICORUM.

Quos Honorius Hieronymo, Gennadio et Isidoro adjecit.

Alcuinus, lib. IV, c. 2.
Amalarius Metensis, lib. IV, c. 3.
Anselmus Cantuariensis, lib. IV, c. 15.
Beda, lib. IV, c. 1.
Benedictus abbas Casinensis, lib. III, c. 50.
Bernoldus Constantiensis, lib. IV, c. 5.
Boetius, lib. III, c. 22.
Cassiodorus, lib. III, c. 21.
Dionysius Areopagita, lib. I, c. 16.
Gregorius Turonensis, lib. III, c. 55.
Haymo Halberstadensis, lib. IV, c. 7.
Henricus Homiliarius, lib. IV, c. 8

Hermannus Contractus, lib. IV, c. 12.
Honorius Augustodunensis, lib. IV, c. 17.
Joannes Scotus, lib. III, c. 12.
Lanfrancus Cantuariensis, lib. IV, c. 9.
Notgerus abbas, lib. IV, c. 12.
Paschasius Ratbertus, lib. IV, c. 10.
Paterius Secundicerius S. R. E., lib. IV, c. 5
Petrus Damiani, lib. IV, c. 11.
Rabanus Maurus, lib. IV, c. 4.
Rupertus Tuitiensis, lib. IV, c. 16.
Smaragdus abbas, lib. IV, c. 6.
Theodulus Italus, lib. III, c. 13.

LIBER DE HÆRESIBUS.

(Bibl. Patr. XX, 1038.)

PRÆFATIO.

Cum eos summatim notavimus, qui claro lumine Catholicæ doctrinæ Ecclesiam illustraverunt, restat ut etiam illos strictum notemus, qui eam quasi tetro fumo hæretici dogmatis obfuscaverunt. Hæresis igitur dicitur *electio*. Inde hæreticus dicitur *elector*, quia quisque hanc sectam quam sequitur eligit. Fit autem hæreticus errore et contentione, dum quis errorem suum contentiose defendit, et sapientum dicta vel scripta contemnit. Is quippe Ecclesiæ contradicit, et ab ejus fide alienus existit. Non est autem hæreticus judicandus qui Scripturam aliter quam est intelligit, si modo sese correxerit, cum a doctore audierit.

DE HÆRETICIS JUDÆORUM.

Apud Judæos fuerunt hæ octo hæreses.

Pharisæi erant clerici Judæorum, et dicuntur divisi. Horum hæresis erat quod traditiones suas præferebant mandatis Dei.

Sadducæi erant monachi Judæorum, et dicuntur justi. Horum hæresis erat, quod resurrectionem corporum negabant, animam cum corpore interire prædicabant. Legem Moysi receperunt, scripta prophetarum respuerunt.

Esseni quidam Judæorum hæretici, dicentes hunc esse Christum, qui docuit illos omnem abstinentiam.

Marbonæi alii hæretici, qui dicunt ipsum esse Christum, qui docuit illos in omni re sabbatizare.

Genistæ hæretici de semine Abrahæ se gloriantes. In Babylone quippe alii Judæi paganis mulieribus, alii Israelitis misti, reversi in Jerusalem, ab omni populo se diviserunt, et hoc nomen jactantiæ sibi sumpserunt.

Meristæ hæretici quosdam prophetas recipiunt, quosdam non recipiunt.

Samaritæ hæretici solam legem custodiunt, prophetas respuunt.

Emerobaptistæ hæretici quotidie vestimenta et corpora sua lavant.

DE HÆRETICIS PAGANORUM.

Philosophi erant patriarchæ hæreticorum, inter quos plures fuerunt hæreses.

Platonici a Platone dicti, qui Deum animas, angelos vero corpora creasse, et post multa sæcula animas in diversa corpora redire, et omnia in pristinum statum reverti, dixerunt.

Stoici a loco dicti. *Stoa* quippe porticus erat Athenis, in qua sapientium et fortium facta erant. In hac Zeno philosophus discipulos suos instituit. Hi omne peccatum uniforme dicunt; tam grave esse triticum quam aurum furari. Beatitudinem in sola anima constare, animam cum corpore interire affirmabant.

Academici, a villa Platonis Academia dicti. Hi omnia incerta opinantur. Hujus sectæ repertor fuit Arciselaus, et sectator ejus Democritus, qui dixit ita veritatem in occulto latere, ut aquam in alto puteo sine fundo.

Peripatetici a deambulatione dicti, quia auctor eorum Aristoteles deambulando disputabat. Hi dicunt animam ex parte æternam, ex parte mortalem : fortuito casu agi ferunt.

Cynici ab immunditia dicti. Hi ut canes in vicis et in plateis cum uxoribus coibant, dicentes conjugium esse justum, et ideo honestum, jure in publico agendum.

Epicurœi ab Epicuro philosopho dicti. Hi summum bonum in voluptate corporis constituunt, animam nihil aliud quam corpus esse dicunt : mundum non a Deo regi, sed ex atomis, unde productum dicunt.

Gymnosophistæ, nudi in desertis in die philosophantur, pudenda tantum contegunt. Hi se in ignem projiciunt, amore alterius vitæ.

Quidam philosophi dixerunt hunc mundum esse Deum, ut Dionysius; quidam mentem dixerunt Deum, ut Thales Milesius; quidam animum in hominibus manentem, et lucidum, ut Pythagoras; quidam sine tempore incommutabilem, ut Plato; quidam solutam mentem, ut Cicero I Tusculana; quidam spiritum et mentem, ut Maro, Æneid. libro sexto, vers. 726, 727.

Item alii philosophi, ut Platonici mundum affirmant incorporalem; Stoici corporalem; Epicurus ex atomis; Pythagoras ex numeris; Heraclitus ex igne. *In Ecclesia Christiana fuerunt hi hæretici.*

Simoniaci a Simone Mago dicti, qui pecunia tentavit donum Spiritus sancti, ab apostolis comparare. Hi dicunt creaturam non a Deo, sed a quadam superna virtute creatam. Omnes qui emunt spiritualia, sunt Simoniaci, cum Simone mago damnandi : qui autem vendunt, sunt *Iezitæ*, cum Iezi, servo Elisei reprobandi, qui salutem vendidit, quam Eliseus gratis dedit, et ideo lepra Naaman ei adhæsit.

Menandriani a Menandro discipulo Simonis dicti. Hi mundum non a Deo, sed ab angelis factum asserunt. Hi Christum passum negant. Hi conjugia communia habent.

Nicolaitæ a Nicolao diacono, Stephani socio dicti, qui uxores suas communes fecerunt.

Gnostici ab excellentia scientiæ dicti. Hi animam naturam Dei esse dicunt : bonum Deum et malum fingunt.

Carpocratiani a Carpocrate quodam dicti. Hi Christum hominem tantum de utroque sexu natum dicunt.

Cirinthiani a Cirintho quodam dicti. Hi circumcisionem observabant, mille annos in voluptate carnis post resurrectionem futuros prædicabant.

Nazaræi a Nazareth vico dicti. Hi Christum filium Dei confitentur, omnia tamen veteris legis custodiunt.

Ophis dicitur *coluber*. Inde *Ophitæ* hæretici quia colunt serpentem, eo quod in paradiso induxerit virtutis cognitionem.

Valentiniani a quodam Valentino dicti. Hi sæcula quædam in originem Dei creatoris inducunt, Christum nihil corporis de Virgine assumpsisse, sed per eam quasi aquam per fistulam transisse.

Apellitæ ab Apelle quodam dicti. Hi Christum non Deum in veritate, sed hominem in phantasia apparuisse dicunt.

Aconthiani a principibus dicti. Hi omnia opera Dei, opera angelorum dicunt.

Adamiani dicti, quia Adæ imitantur nuditatem. Nudi enim orant et nudi coeunt.

Caiani dicti, quia Cain oderant.

Sethiani e Seth filio Adam dicti, qui dicunt eumdem esse Christum.

LIBER DE HÆRESIBUS.

Melchisediani dicti, quia Melchisedech non Dei sacerdotem, sed Dei virtutem prædicant.

Angelici, dicti, quia angelos colunt.

Apostolici dicti, qui nihil proprium possidentes, non recipiunt eos qui aliquid in hoc mundo utuntur.

Cerdoniani a Cerdone quodam dicti. Hi duo principia contraria asserunt.

Marcionistæ a Marcione quodam dicti. Hi alterum bonum, alterum justum Deum asserunt, tanquam duo principia Creatoris dicunt.

Artotyritæ ab oblatione dicti. Hi panem et caseum offerunt, dicentes a primis hominibus oblationem a fructibus terræ, et ovium celebratam.

Aquarii dicti, quod aquam solam offerunt in calice Sacramenti.

Severiani a Severo exorti. Hi vinum non bibunt, Vetus Testamentum et resurrectionem non recipiunt.

Tatiani a quodam Tatiano dicti, qui et Creathitæ. Hi carnes abominantur.

Alogii, tanquam sine verbo dicti. Hi Deum verbum non credunt, Joannis Evangelia, et Apocalypsim non recipiunt.

Cataphrygæ a Phrygia provincia dicti, unde Montanus. Hi spiritum sanctum, non in apostolos, sed in se traditum asserunt.

Catari a munditia dicti. Hi pœnitentibus veniam peccatorum negant, viduas, si nupserint, tanquam adulteras damnant, mundiores se cæteris prædicant.

Pauliani a Paulo Samosateno episcopo exorti. Hi dicunt non semper Christum fuisse, sed a Maria initium sumpsisse.

Hermogeniani ab Hermogene quodam vocati. Hi materiam mundi Deo æqualem faciunt.

Manichæi a Manes quodam Persa dicti. Hi duas naturas et substantias, id est bonam et malam, introducunt, animas ex Deo, quasi ex aliquo fonte manare asserunt: Vetus Testamentum respuunt, Novum ex parte recipiunt.

Anomiani sine lege viventes.

Anthropomorphitæ ab homine dicti. *Anthropos* enim *homo* dicitur. Hi Deum humana membra et humanam formam habere autumant, cum Deus sit spiritus et incorporeus.

Heraclitæ ab Heraclio quodam exorti. Hi monachos tantum recipiunt, conjugia respuunt, parvulos regnum cœlorum habere non credunt.

Novatiani a Novato urbis Rom. presbytero dicti. Hi lapsos ad pœnitentiam non recipiunt, et baptizatos rebaptizabant.

Montani a montibus dicti. Hi tempore persecutionis in montibus latuerunt, et se a corpore Ecclesiæ diviserunt.

Ebionitæ ab Ebione sive a paupertate [an a πενια?] vocati. Hi Christum perfectum tantum et justum virum putant. Hi semijudæi sunt, Evangelium tenent, et legem carnaliter servant.

Fotiniani a Fotino Smyrnæ episcopo dicti. Hi Christum a Maria per Joseph nuptiali coitu conceptum prædicant.

Aeriani ab Aerio quodam dicti. Hi offerre sacrificium pro defunctis spernunt.

Idem *Actiani* ab Aetio nominati.

Eunomiani ab Eunomio quodam dialectico Aetii discipulo dicti. Hi asserunt Patri Filium similem, et Filio Spiritum sanctum dissimilem; dicunt etiam nullum imputari peccatum in fide manentium.

Origenistæ ab Origene dicti. Hi dicunt quod non possit Filius videre Patrem, neque Spiritus sanctus. Dicunt etiam animas in mundi principio peccasse, et pro diversitate peccatorum e cœlis lapsas, corpora diversa in terris intrasse quasi vincula: et hac causa mundum factum fuisse.

Noetiani a Noeto quodam dicti. Hi dicunt Christum eumdem esse et Patrem et Spiritum sanctum. Trinitatem in officiorum nominibus, non in personis accipiunt; unde et *Patripassiani* vocantur, quia Patrem passum dicunt.

Sabelliani a Sabellio discipulo Noeti dicti. Hi unam personam Patris et Filii et Spiritus sancti astruunt.

Ariani ab Ario Alexandrino presbytero exorti. Hi diversas substantias in Trinitate faciunt.

Macedoniani a Macedonio Constantinopolitano episcopo dicti. Hi negant Spiritum sanctum Deum esse.

Apollinaristæ ab Apollinare vocati. Hi dicunt Christum corpus tantum sine anima suscepisse, et deitatem pro anima habuisse.

Antidicomoritæ contradicunt virginitati Mariæ, dicentes eam post natum Christum viro commistam.

Metangositæ [fort., *Metangiotæ*], a vase dicti. Angios enim vas dicitur. Hi substantiam humanæ carnis a diabolo conditam dicunt.

Coliciani a Colico quodam nuncupati. Hi dicunt Deum non facere mala, contra illud: *Ego Dominus creans mala*.

Floriani a Florino quodam dicti. Hi dicunt Deum creasse mala, contra illud: *Fecit Dominus omnia bona*.

Donatistæ a Donato quodam Afro vocati. Hi asserunt Filium Patre minorem, et Spiritum sanctum Filio majorem, et rebaptizabant Catholicos.

Bonosiaci a Bonoso quodam episcopo exorti. Hi Christum filium Dei adoptivum, non proprium asserunt

Circuncelliones, id est agrestes, iidem *Coropitæ*, superiorum hæresim sectantes. Hi amore martyrii semetipsos interimunt, ut martyres nominentur.

Priscillianistæ a Priscilliano episcopo vocati. Hic in Hispania ex hæresi Gnosticorum et Manichæorum permistum dogma composuit.

Luciferiani a Lucifero Smyrnæ [*Calaris*] episcopo exorti. Hi in hæresim lapsos, et postea ad catholicam Ecclesiam reversos recipere nolunt.

Jovinianistæ a Joviniano quodam monacho dicti. Hi asserunt nullam distantiam esse inter nuptias et virgines; inter abstinentes et epulantes.

Elvidiani ab Elvidio quodam presbytero nominati. Hi dicunt Mariam alios filios post natum Christum de Joseph peperisse.

Paterniani a Paterno quodam exorti. Hi inferiores corporis partes a diabolo dicunt factas.

Arabici ab Arabia provincia dicti. Hi animam cum corpore mori, et utrumque in novissimo resurgere asserunt.

Tertullianistæ a Tertulliano Africæ provinciæ Carthaginensis civitatis presbytero dicti. Hi animam non immortalem, sed corpoream prædicant; animas peccatorum post mortem in dæmones converti affirmant.

Tesserescædecaditæ a quatuordecim dicti: *Tessera* enim *quatuor*, *deca* dicitur *decem*. Hi pascha quartadecima luna cum Judæis celebrabant.

Nyctiges a somno vel a nocte vocati. Hi vigilias noctis respuunt, dicentes noctem ad requiem datam.

Pelagiani a Pelagio quodam monacho exorti. Hi liberum arbitrium gratiæ Dei anteponunt, dicentes, sufficere voluntatem ad implenda divina jussa.

Nestoriani a Nestorio Constantinopolitano episcopo nuncupati. Hi sanctam Mariam non Dei sed hominis tantum genitricem prædicant; aliam personam carnis, aliam deitatis facientes, nec unum Christum in verbo et carne, sed alium Filium Dei, alium filium hominis, affirmant.

Eutychiani ab Eutychete Constantinopolitano abbate ita nominati. Hi negant in Christo duas naturas esse, sed solam divinam in eo post assumptam carnem, scilicet carnem in deitatem versam prædicant.

Acephali sine capite dicti; *a* quippe *sine*, *cephale* dicitur *caput*. Hi sine auctore sunt, et duas substantias in Christo negant, unam naturam in ejus personam prædicant.

Theodosiani et Gaianitæ a Theodosiano et Gaiano episcopis Alexandriæ exorti. Hi ex duabus unam in Christo naturam asserunt.

Gnoitæ ab ignorantia dicti. Hi dicunt quod Christi divinitas ignoret futura de die novissimo.

Tritheitæ a tribus dicti. Hi sicut tres personas in Trinitate ita asserunt tres esse deos.

Sunt et aliæ hæreses, et sine nominibus: ex quibus aliæ triformem putant esse Deum, aliæ Christi divinitatem passibilem dicunt, aliæ Christi nativitati de Patre initium dant, aliæ unam operationem et unam voluntatem in Christo deitatis et humanitatis prædicant, aliæ liberationem hominum apud inferos Christi descensione negant, aliæ Dei imaginem habere non æstimant.

Item aliæ de mundi statu dissentiunt, aliæ innumerabiles mundos opinantur, aliæ aquam Deo coæternam faciunt, aliæ nudis pedibus ambulant, aliæ cum hominibus non manducant, aliæ de corpore Christi dubitant, quas omnis catholica Ecclesia damnat.

CATALOGUS ROMANORUM PONTIFICUM.

(*Biblioth. Patr. Lugdun.*, XX, 1026.)

Petrus Galilæus sedit annis viginti quinque, menses duos, dies tres. Cœpit Christi anno quadragesimo quarto.

Linus Etruscus annis duodecim menses tres, dies duodecim.

Cletus annis duodecim, mensem unum, dies undecim. Negant alii papam fuisse.

Clemens Romanus annis novem, menses duos, dies decem. S. Petri fuit discipulus. Pauli auditor. Hinc protonotarii cœperunt.

Anacletus Græcus Atheniensis annis novem, menses duos, dies decem.

Evaristus Bethlemius Syrus, annis novem, menses decem, dies duos.

Alexander Romanus annos duodecim (aliis septem) menses septem, dies duos.

Sixtus Romanus annis decem, menses duos, diem unum.

Telesphorus annis decem, menses tres.

Hyginus Atheniensis annos quatuor, menses quatuor, dies quatuor.

Pius annos novemdecim menses sex, dies viginti unum.

Anicetus Syrus annos undecim, al. novem, menses quatuor, dies sex.

Soter annos novem, menses sex, dies viginti unum.

Eleutherius annos quindecim, menses tres, dies duos.

Victor annos undecim, menses duos, dies duos.

Zephyrinus Romanus annos novem, aliis viginti, menses sex, dies decem.

Calixtus annos sex, menses duos, dies decem.

Urbanus Romanus annos quatuor, menses tres, dies duodecim.

Pontianus Romanus annos novem, menses quinque, dies quinque.

Antheros Græcus annos undecim, mensem unum, dies duodecim.
Fabianus Romanus annos tredecim, menses undecim, dies undecim.
Cornelius Romanus annos duos, menses duos, dies tres.
Lucius Romanus annos tres, menses tres, dies tres.
Stephanus Roman. annos septem, menses sex.
Sixtus II Atheniensis annum unum, mensem unum, dies decem.
Dionysius annos sex, menses duos, dies quatuor.
Felix Romanus annos quatuor, menses quatuor, dies quindecim.
Eutychianus annum unum, mensem unum, diem unum.
Gaius Salonensis annos undecim, menses quatuor, dies duodecim.
Marcellinus Romanus annos quatuor, menses quatuor, dies sedecim.
Marcellus Romanus annos quinque, menses septem, dies viginti unum.
Eusebius Græcus annos sex, mensem unum, dies tres.
Melchiades Afer annos quatuor.
Sylvester Romanus annos viginti tres, menses decem, dies decem.
Marcus Romanus annos duos, menses octo, dies viginti.
Julius Roman. annos duodecim, menses duos dies septem.
Liberius Roman. annos sex, menses tres, dies quatuor.
Felix annum unum, menses septem, dies undecim.
Damasus Hispanus annos octodecim, menses sex, dies decem.
Syricius Roman. annos quindecim.
Anastasius Romanus annos quindecim.
Innocentius Albanus annos quindecim, menses undecim, dies viginti unum.
Sozimus Cappadox annos tres, menses tres, dies undecim.
Bonifacius Romanus annos sex, menses octo, dies septem.
Cœlestinus Roman. annos quatuor, menses decem, dies quatuordecim.
Sixtus III Roman. annos septem, diem octodecim.
Leo Magnus Roman. annos viginti unum, mensem unum, dies tredecim.
Hilarius Sardus annos sex, menses tres, dies decem.
Simplicius Tiburtinus annos quindecim, mensem unum, dies septem.
Felix II Roman. annos octo, menses undecim, dies septemdecim.

Gelasius Afer annos quatuor, menses octo, dies octodecim.
Anastasius II Romanus annum unum, menses undecim, dies viginti duo.
Symmachus Sardus annos quindecim, menses septem, dies viginti sex.
Hormisda Campanus annos octo, dies octodecim.
Joannes Etruscus annos duos, menses octo, dies quindecim.
Felix III Beneventanus annos septem, menses quinque, dies quindecim.
Bonifacius II Romanus annos duos, dies viginti sex.
Joannes II Romanus annos duos, dies quinque.
Agapitus menses undecim, dies novemdecim.
Silverius Prusinas annum unum, menses quinque, dies undecim.
Vigilius Romanus annos septemdecim, menses sex.
Pelagius Romanus annos duodecim, menses decem, dies viginti octo.
Joannes III Romanus annos duodecim, menses undecim, dies viginti sex.
Benedictus Romanus annos quatuor, mensem unum, dies viginti octo.
Pelagius II Romanus annos decem, menses duos, dies decem.
S. Gregorius Magnus Romanus annos tredecim, menses sex, dies decem. Cœpit an. Christi 590.
Sabinianus Tuscus annum unum, menses quinque, dies novem.
Bonifacius III Romanus annos quinque, menses decem.
Bonifacius IV Marsus
Deusdedit Roman.
Bonifacius V Neapolitanus.
Honorius Campanus annos duodecim, menses decem, dies septemdecim.
Severinus Roman. menses duos, dies quatuor.
Joannes IV Dalmata annum unum, menses novem, dies novemdecim.
Theodorus Hierosolymita annos sex, menses decem, dies octodecim.
S. Martinus Tudertinus, Etruscus, annos sex, mensem unum, dies viginti sex.
Vitalianus Signinus, Latinus, annos quatuordecim, menses sex.
Adeodatus Roman. annos quatuor, menses quinque, dies quinque.
Domnus, alias Domnio, Romanus annum unum, menses quinque, dies decem.
Agatho Siculus, monachus, annos duo, menses sex, dies octo.
S. Leo junior seu secundus, Siculus, menses decem, dies septemdecim.
Benedictus II Romanus menses decem, dies quindecim.

Joannes V Antiochenus, Syrus annum unum, dies novem.
Conon Thrax menses undecim.
Sergius Syrus Panormitanus annos tredecim, menses octo, dies viginti quatuor.
Joannes VI Græcus annos sex, menses quinque, dies septemdecim.
Joannes VII Græcus annos duos, menses sex, dies quindecim.
Sisinius Syrus dies triginta.
Constantinus Syrus, annos septem, dies quindecim.
Gregorius II Romanus annos sedecim, menses novem, dies undecim.
Gregorius III Syrus annis decem, menses octo dies viginti quinque.
Zacharias Græcus monachus annos decem, menses quatuor, dies quatuordecim.
Stephanus II Romanus et Stephanus III annos quinque, dies viginti octo.
Paulus Romanus, annum unum.
Stephanus IV, Siculus monachus, annos quatuor.
Adrianus Romanus annos viginti quinque, menses decem, dies quatuordecim.
Leo III Romanus annos viginti, menses quinque, dies sedecim.
Stephanus V Romanus menses septem.
Paschalis Romanus annos septem, dies septemdecim.
Eugenius II seu junior annos quatuor, menses septem, dies viginti duos.
Valantinus Romanus dies quadraginta.
Gregorius IV Romanus septemdecim annos.
Sergius junior Romanus tres annos.
Leo IV Romanus annos octo, menses tres, dies sex.
Benedictus III Romanus annos duos, menses sex, dies sex.
Nicolaus Romanus annos novem, menses sex, dies triginta.
Adrianus junior, seu secundus annos quinque.
Joannes VIII annos decem, dies duos.
Martinus II vel Marinus Phaliscus, annum unum, menses quinque.
Adrianus III Romanus annum unum, menses quatuor.
Stephanus VI Romanus annos quinque.
Formosus Portuensis, annos quinque, menses sex.

Bonifacius VI Romanus dies quindecim.
Stephanus VII Romanus annis quinque, menses tres.
Romanus Phaliscus menses quatuor.
Theodorus II Romanus dies viginti.
Joannes IX Tiburtinus monachus annos duos.
Benedictus III Romanus annum unum, menses quinque.
Leo V dies sexaginta septem.
Christophorus Romanus menses quatuor.
Sergius III annos septem, menses tres, dies sedecim.
Anastasius III annos duos.
Lando Sabinus menses sex, dies triginta quinque.
Joannes X Ravennas annos quatuordecim, menses duos, dies tres.
Leo VI menses septem.
Stephanus VIII annos duos, mensem unum, dies duodecim.
Joannes XI annos quatuor.
Leo VII Romanus annos tres, menses sex, dies decem.
Stephanus IX Romanus annos quatuor, menses tres, dies quindecim.
Marinus junior, aliis III Romanus annos tres, menses sex, dies duodecim.
Agapitus junior Romanus annos decem, menses septem, dies decem.
Joannes XII annos novem, menses tres.
Leo VIII annum unum.
Joannes XIII annos sex, menses decem.
Benedictus V Romanus dies sexaginta.
Bonifacius VII Romanus anno uno.
Benedictus VI, ex comitibus Tusculanis annos decem, menses octo, dies viginti novem.
Joannes XIV Papiensis annum unum.
Petrus Joannes XV et XVI annum unum.
Gregorius V Saxo, Germanus sedit annos tres.
Silvester II qui et Gerbertus, Floriacensis monachus.

Joannes, Joannes, Sergius, Benedictus, Joannes XVII, Nicolaus, Gregorius VI, Leo IX, Victor II, Stephanus X, Alexander II, Gregorius VII, Urbanus II, Paschalis II, Gelasius II, Calixtus II, Honorius II, Innocentius II, qui fuit pontifex ordine 165, Christi anno 1130.

COMMENTARIUS IN TIMÆUM PLATONIS

AUCTORE, UT VIDETUR

HONORIO AUGUSTODUNENSI.

(Victor Cousin, *Ouvrages inédits d'Abailard*, append., p. 646.)

On sait que le Timée de Platon était connu par le Commentaire de Chalcidius, au moins dès le viiie et le ixe siècle, puisqu'on le trouve dans des manuscrits qui remontent à cette époque. On sait aussi que les doctrines qui y sont exposées étaient devenues, au xiie siècle, un sujet d'étude et de controverse. L'influence des théories platoniciennes est visible dans Bernard de Chartres. Cependant c'est une question incertaine si ce dernier connaissait Platon autrement que par Macrobe. Abailard ne cite jamais que Macrobe, et il n'y a qu'un seul auteur du xiie siècle que l'on sache positivement avoir commenté Platon : cet auteur est Honoré d'Autun. Non-seulement dans le premier livre de l'*Imago mundi* (cc. 81 et 83), il s'occupe de l'explication des fameux nombres du Timée ; mais dans le premier livre de sa *Philosophia mundi*, (l. i, c. 15), après avoir rapporté plusieurs opinions qui avaient cours de son temps sur l'âme du monde, il renvoie, pour l'explication de la doctrine platonicienne sur ce point, à des gloses qu'il aurait écrites sur Platon : *Hanc dicit Plato ex dividua et individua substantia esse excogitatam et ex eadem natura et diversa: cujus expositionem si quis quærat, in glosulis nostris super Platonem inveniet.* Il serait donc possible que le commentaire contenu dans le manuscrit de Saint-Germain, 1195, fût celui d'Honoré. En effet, l'auteur (f° 60 v°, c. 1) nous apprend qu'il avait composé sur la physique un livre qu'il appelle *nostra Philosophia*, où il avait démontré qu'il ne peut y avoir de corps situés dans une région supérieure à celle du feu. *Nullum ergo naturali aspiratione superius debet esse igne. Quod enim dicunt aquas congelatas esse ibi, ita absurdum quod illud dediguamur refellere. In nostra Philosophia satis idem diximus.* Or nous retrouvons cette idée en plusieurs endroits de la *Philosophia mundi* (l. iii, c. 5, 6, etc.). Enfin, les auteurs dont il est fait mention dans le commentaire que nous avons sous les yeux, sont précisément les mêmes que cite ordinairement Honoré d'Autun dans ses écrits sur la physique : ce sont Boèce, Macrobe et Constantin l'Africain. Voici quelques extraits du Commentaire sur le Timée :

« Incipientibus Thimæum Platonis inquirendum est quæ compositionis illius causa fuerit, et unde in eo
« agatur, et qualiter, etc., et cui parti philosophiæ supponatur, et titulus. Causa vero compositionis hujus
« operis talis fuit : cum inter omnes recte philosophantes justitiam in conservatione reipublicæ principa-
« tum obtinere certum sit, circa illius inquisitionem maxima fuit eorum intentio. Quorum Trasymachus
« orator sic ipsam definivit : Justitia est quæ plurimum prodest ei [supplevimus *ei*] qui plurimum potest,
« illud attendens quod propter conservationem justitiæ ad illum qui plurimum potest gubernandæ rei-
« publicæ transferuntur. Cujus definitione relata in scholis, |Socrates ait : Non ; imo justitia est quæ
« plurimum prodest ei qui minimum potest. Qui enim plurimum potest, se et sua sine omni justitia con-
« servat ; sed qui minimum, minime. Et quia tam perfectam de ea dederat sententiam, rogaverunt eum
« sui discipuli ut de illa tractatum componeret. Quorum satisfaciens voluntati, de parte ipsius justitiæ, id
« est de positiva justitia tractavit. Justitia enim alia positiva, alia naturalis. Et est positiva quæ ab ho-
« minibus inventa, ut suspensio latronis, naturalis vero quæ non est ab homine inventa, ut parentum
« dilectio, et similia. Sed quoniam positiva justitia circa instituta reipublicæ maxime apparet, in tractatu de
« ea ad rempublicam se transtulit, ut circa eam justitiam ostenderet. Sed quia in nulla republica perfectam
« potuit invenire justitiam quam in exemplum prætenderet, novam secundum veterem Atheniensium con-
« finxit. Deinde Plato, ejusdem discipulus, cum decem volumina de republica composuisset, volens per-
« ficere quod magister suus prætermiserat, de naturali justitia hoc opus composuit. Sed quoniam illa circa
« creationem mundi maxime apparet, ad illam se transfert. Unde possumus dicere quod materia hujus li-
« bri est naturalis justitia vel creatio mundi. De ea enim propter naturalem justitiam agit. Agit hoc modo
« de tali materia : ostendendo efficientem, formalem, finalem, materialem causam mundi, deinde cau-
« sam excogitationis animæ, et modum et conjunctionem ejus cum corpore, et potentias in co exercet ;
« postea creationem cœlestis animalis, aerii, aquatilis, reptilis. Deinde agit de ætatibus hominis, de offi-
« cio et utilitate membrorum ejusdem, ad ultimum de primordiali materia. Hac utilitate agit de tali mate-
« ria, tali modo, ut, visa potentia divina et sapientia et bonitate in creatione rerum, timeamus tam po-
« tentem, veneremur tam sapientem, diligamus tam benignum. Non uni tantum parti philosophiæ suppo-
« nitur, sed de pluribus aliquid in eo continetur. Quod ut melius intelligatur, partes philosophiæ divisione
« prodamus. Philosophia igitur eorum quæ sunt et non videntur, et eorum quæ sunt et videntur vera
« comprehensio. Hujus duæ sunt species : practica et theorica. Practicæ vero sunt tres : ethica de instru-
« ctione morum, ethos enim mos, ethonomica (sic) dispensatura, ethonomus enim est dispensator ; po-
« litica, civilis, polis enim est civitas ; hæc docet qualiter respublica tractetur. Theoricæ similiter sunt
« species tres : theologia, mathematica, physica ; et est theologia de divinis ; theos enim est Deus, logos
« est ratio. Mathematica quadrivium continet, dicta mathematica, id est doctrinalis. Mathesis cum aspi-
« ratione est doctrina, sine ea est vanitas ; et dicitur doctrinalis antonomastice, quia scilicet perfectior sit
« doctrina in quadrivio quam in cæteris artibus. In aliis enim sola voce fit doctrina ; in ista ut et voce

« et oculis ; ut enim dicitur ab ore regula, ostenditur sub oculis in figura. Mathematicæ sunt quatuor
« species : arithmetica, musica, geometria, astronomia. Physica vero de naturis et complexionibus corpo-
« rum est , *physis* enim est natura. Musicæ sunt species tres : instrumentalis, mundana, humana. Instru-
« mentalis tres : melica, metrica, rithmica. Melicæ tres : diatonica, enarmonica, cromatica. De omnibus
« igitur artibus in hoc opere aliquid continetur; de practica in recapitulatione positivæ justitiæ; de theo-
« logia, ubi de efficiente, formali et finali causa mundi et de anima mundi loquitur ; ubi vero de numeris
« et proportionibus, de mathematica ; ubi vero de quatuor elementis et creatione animalium, et de pri-
« mordiali materia, physicæ. Titulus talis est : « Incipit Thimæus Platonis, dictus a quodam discipulo
« suo. » Mos enim Platoni fuit intitulare volumina a nominibus discipulorum ; ut conferret honorem di-
« scipulo, ut et vitaret arrogantiam, et ut subtraheret æmulis occasionem reprehendendi. Vel Thimæus
« dictus est quasi flos : thimio (sic) enim est floreo ; quia in eo est flos philosophiæ. Isocrates, etc. Thi-
« mæus Platonis diu difficilis habitus est; non quia tam perfectus auctor aliquid obscure dixisset, sed quia
« lectores ignorabant artes quarum ex necessitate facit mentionem. Cum enim de creatione mundi ageret,
« de diversis artibus mentionem facere oportuit, juxta unjuscujusque proprietates probationes inducendo.
« Est igitur ignoratus a Latinis usque ad tempus Osii papæ, qui cum sciret in eo multa utilia nec fidei
« contraria contineri, rogavit Chalcidium archidiaconum suum, in utraque lingua peritum, ut de Græco in
« Latinum illud transferret. Cujus auctoritati obediens primas partes illius transtulit. Sed quia ignorabat
« utrum placeret an non, misit ad illum ut de illis judicaret, ut, si placerent, cum majori audacia cætera
« aggrederetur. Et quoniam difficiles erant ad intelligendum, super illas commentum fecit, et cum parte
« translata et commento has litteras misit, quarum continentia hæc est. In principio excusat se de igno-
« rantia, postea captat ejus benevolentiam; deinde ostendit quare totum illum non transtulit, et quare
« super partem translatam commentum fecit.

« Descensus ad litteram talis est. Difficilis res erat transferre librum Platonis de Græco in Latinum ;
« sed virtus tua et amicitia fecit eam mihi facilem. Sed ad hoc quidem aliquis posset dicere : Potestne vir-
« tus hoc facere? Probat quidem... auctoritate Isocratis, sic dicens : Isocrates : Isocrates ille rhetor de-
« quo in rhetorica legitur, *in Exhortationibus suis*, id est in eo libro sic vocato, *laudans virtutem*, virtus
« est habitus animi modo naturæ rationi consentaneus, *dixit* « *penes eam* (virtutem) *consistere causam to-*
« *tius prosperitatis :* » ex virtute enim omnis prosperitas, quia, ut probat Boethius, omnia quæ contingunt
« bonis bona sunt; quæ vero malis mala sunt; et omnium bonorum, id est temporalium et æternorum. (Sic.)
« Et cum hæc diceret, addidit eam (virtutem) solam esse quæ redigeret ad possibilem facilitatem ; id est
« facere faciles res impossibiles, non natura sed usu. Et ne putaret aliquis eum mentitum esse subjungit
« præclare, id est aperte et vere : *Quid enim*. Probat quod virtuti res difficilis facilis est, removendo a vir-
« tute ea quæ generant difficultatem. Hæc sunt invita incœptio, impatientia laboris, et hoc est quod dicit :
« *quid enim generosam magnanimitatem*, id est virtutem, et est periphrasis, *aggredi*, id est incipere, ac si
« diceret nihil honestum. *Vel quid cœptum*, id est incœptum, *fatiget*, nihil scilicet. Antequam enim inci-
« piat, providet an ad perficiendum sufficiat. *Ut temperet se a labore*. Sed quia quod caret alterna requie
« durabile non est, subjungit : *tanquam victa difficultatibus*. Interpolare enim labores naturæ est necessi-
« tas, sed vinci fragilitas. *Eadem est*. Probato quod virtus faciat rem difficilem facilem, hoc idem *de ami-*
« *citia*, quæ quædam virtus est dicens : *eadem est vis amicitiæ* quæ virtutis est. Est amicitia voluntas
« bonorum erga aliquem causa illius ipsius qui diligitur, cum ejus pari voluntate. Exponit qualiter sit ea-
« dem vis, et est *par extricatio*, id est expositio, *rerum pene impossibilium*, id est difficilium. Tricæ sunt
« maculæ retis : inde intricare dicitur involvere, extricare evolvere. *Cum alter*. Subjungit qualiter amici-
« tia rem difficilem faciat facilem, scilicet cum *alter ex amicis*, inter duos enim ad minus est amicitia vel
« ipsa. Religiose imperare est debita et honesta imperare et possibilia : *adminiculentur*, id est subveniant
« effectui complaciti operis, id est efficientiam operis utrique placiti. *Alter voto parendi*, id est ex voto
« et voluntate obediendo. Ex voto obedire est sine spe remunerationis, sine coactione timoris, sine con-
« junctione sanguinis obedire. *Conceperas*, etc. Huc usque excusavit se de arrogantia, modo captat benevo-
« lentiam Osii ejusdem, per hoc quod utilem rem prævideat. *Conceperas animo*, id est prævideras ; sed
« antequam ostendat quidem, ne videretur mala conceptio, commendat Osium sic : *Florente omnibus stu-*
« *diis humanitatis*. Studium est vehemens applicatio animi ad aliquid agendum cum magna voluntate. Sed
« studia alia sunt humanitatis, ut practicæ, alia divinitatis, ut theoricæ. Sed cum iste in omnibus floreret,
« maxime in studiis humanitatis, quia humanus homo erat. Vel studia humana dicuntur omnia quæ ab
« homine sciri possunt, in quibus omnibus iste florebat. Sed quia studium sine ingenio non sufficit, se-
« cundum illud Horatii :

Ego nec studium sine divite vena,

« nec rude quid possit video ingenium, addit et ingenium. Ingenium est naturalis vis ad aliquid cito in-
« telligendum ; unde dicitur ingenium quasi intus genitum. Sed quia ingeniorum alia sunt summa, alia
« minima, alia media, ad cumulum laudis addit *excellenti*. Deinde, commendato eo, ostendit quod conce-
« perat dignam spem *operis proventu*, id est operis Platonis de Græco in Latinum proventuri. Sed ne vide-
« retur superflua hæc translatio, addit *intentuti*; nullus enim adhuc transtulerat. *Et quanquam*. Alio modo
« captat ejusdem benevolentiam, scilicet removendo ab ea arrogantiam. Continuo, hoc quod mihi injun-
« xisti melius quam ego posses facere. *Et quanquam hoc ipse*, id est hanc translationem posses facere
« facilius, quia doctor, commodius, quia majoris auctoritatis, tamen *ei potius malueris injungere*, id est
« mihi, *quem judicares alterum te*, id est quem ut te diligebas. Et tractum est a Tullio qui in libro amicitiæ
« dicit : *Amicus meus est alter ego*. Sed, ne videretur injunxisse vel propter ignorantiam, vel propter indigna-
« tionem, ait : *credo propter admirabilem verecundiam*. Est enim quædam verecundia bona, quædam mala.
« Mala est quando in bono frigidi malum quod fecimus confiteri vel dimittere erubescimus ; bona est
« qua malum perpetrare erubescimus, et scientiæ vel virtuti quæ in nobis sunt nos impares judicamus.
« *Possemue*. Ad hoc quidem aliquis posset dicere : etsi iste imperasset, tamen ex arrogantia incœpisti
« cum te posses excusare; probat quod non posset, et hoc est : *Oro te*, o aliquis, vel, o Osi. *Excusare mu-*
« *nus*, id est hoc officium, *injunctum mihi a te, quamvis res*, id est translatio operis illius *esset ardua, ego*
« *de quo ita senseras* (sic cod., edit. *censeres*), quem te alterum judicabas, ac si diceret : non. *Et qui*
« *nunquam :* probat quod non posset, argumento a minori, quia nec in aliqua parva re voluntati illius un-
« quam contradixerat, nedum in ista ; et hoc est : et ego contradicerem *huic tanto ;* ad quantitatem, quia
« multa magna vilia sunt, subjungit : *et tam honesto desiderio qui nunquam....* id est officium ad te per-
« tinens; officium id est congruus actus, quem juxta mores et instituta civitatis, vel ex lege vel ex natura

« oportet nos adimplere. *Nec etiam in solemnibus*, id est communibus; *Solon* (sic) enim est commune ;
« inde solemnia quasi festa communia dicuntur. *Usitatis*, id est quotidianis, in quibus amicus amico quasi
« in nugis contradicit sæpe, sed in seriis nunquam. *In quo*. Diceret aliquis : et si ita non posses excusare,
« diceres te ignorare. Responsio : nolui quia putaretur callida simulatio scientiæ. Quidam enim sic negan-
« tes callide simulant, et hoc est : *in quo*, id est in qua petitione declinatio, id est evitatio hujus *speciosi*
« *muneris excusatione ignorationis*, id est excusando per ignorantiam, scilicet dicendo me ignorare *futura*
« *esset*, id est reputari posset callida simulatio scientiæ. *Itaque*, etc. Non erat conveniens excusatio; *pa-*
« *rui*, et maxime quia sciebam te, Deo volente, hoc imperare, et hoc est : *certus id munus*, id est hujus
« translationis officium, *non injungi mihi a te* sine divino instinctu, id est divina voluntate. Propterea,
« quia non erat causa excusationis, et quia non imperabas sine divino instinctu, *aggressus primas partes*
« *Thimæi Platonis* alacriori mente de inceptione, spe confirmatorie de perfectione, non solum transtuli, sed
« etiam partis ejusdem translatæ, commentarium feci. Ut ait Priscianus super exercitationibus puerorum :
« comminisci est plura studio vel doctrina in mente habita in unum colligere. Unde commentum possit
« dici plurium studio vel doctrina in mente habitorum in unum collectio ; et quia secundum hanc defini-
« tionem commentum possit dici quislibet liber, tamen non hodie vocamus commentum nisi alterius libri
« expositorium, quod differt a glosa. Commentum enim solum sententiam exsequens, de continuatione vel
« expositione litteræ nihil agit. Glosa vero omnia illa exsequitur : unde dicitur glosa quasi lingua. Ita enim
« aperte debet exponere ac si lingua doctoris videretur docere. *Putans*, etc. Hucusque excusavit se de
« arrogantia, redditque benevolum illum laudando; deinde docilem, quod transtulit Thimæum Platonis
« ostendendo. Modo ostendit quare super eas partes commentarium fecerit, scilicet quia per se ad intelli-
« gendum erant difficiles, et ita reddit attentum, dicens : feci commentarium et superflue, scilicet *pu-*
« *tans*, etc. Est exemplum vel res recondita liber Platonis in Græco, simulacrum vero ejusdem in Latino.
« Sed simulacrum est obscurius ipso exemplo, quia obscurior est cujuslibet libri translatio quam ejusdem
« in prima lingua compositio. *Causa vero*, etc. Quare librum divisit et non totum simul transtulit, ostendit :
« *est operis prolixitas*, et utrum placeret an non dubietas, et hoc est causa, » etc.

On pourrait croire, d'après ce début, que notre commentaire ne sera qu'une paraphrase du commentaire de Chalcidius. Mais il n'en est pas ainsi. Chalcidius ne s'est proposé que de donner l'interprétation
des passages du Timée qui supposent la connaissance des sciences, telles que l'arithmétique, la géométrie, la musique, etc. Ici, au contraire, nous avons un commentaire régulier qui suit le texte pas à pas
et sans rien omettre.

« *Unus, duo, tres*. Plato tractaturus de naturali justitia, recapitulat ea quæ dixerat de positiva justitia,
« ut sit unus et continuus justitiæ tractatus, quod facit tali modo, introducendo quatuor personas, Socra-
« tem, Thimæum, Hermocratem, Critiam, sub tali figmento. Cum esset id moris Atheniensium ut in festa
« die Palladis in domum alicujus philosophi convenirent, ut ab eodem in aliquo instruerentur, confingit
« Thimæum, Hermocratem et Critiam quartumque, cujus nomen hic reticet, die festo Palladis in domum
« Socratis convenisse, et ab eodem in positiva justitia instructos esse, finitoque tractatu, quæsitoque ab
« eis mutuo, id est tractatu de justitia, promissoque, in crastinum venit. Sed quartum de sociis non inveniens
« sic incœpit narrare, *unus, duo, tres*. Sed quæritur cur Plato, quem constat nihil sine causa fecisse, cur
« librum suum a numeris incœpit ; et si a numeris fuerit incipiendus, quare ab istis numeris potius (sup-
« plevimus *potius*) quam ab aliis, et quare tres numeros, nec plures posuit, et quare per cardinalia no-
« mina, non ordinalia illos vocavit. Primo igitur, ut Pythagoricus, sciens maximam perfectionem in nu-
« meris esse, quippe cum nulla scilicet creatura sine numero possit existere, numerus tamen sine quoli-
« bet potest existere, ut perfectionem sui operis ostenderet, a perfectis scilicet numeris incœpit. Ab istis
« vero numeris idcirco quia sunt partes perfecti numeri, id est senarii. Perfectus est numerus cujus
« partes aggregatæ reddent æqualem summam. Pars autem senarii secunda sunt tres, tertia duo, sexta
« unum, quæ aggregata talem summam reddunt, id est sex. Propter ergo perfectionem, a partibus per-
« fecti incœpit. Amplius inter hos numeros inveniuntur proportiones quæ musicas reddunt consonantias.
« Inter duo enim et unum est dupla proportio · ex hac nascitur diapason ; inter tres et unum sesquiquarta,
« ex qua diapente ; inter quatuor et tres sesquitertia, ex qua diatessaron. Quia igitur de creatione rerum, quæ
« concorditer, et proportionaliter facta est, tractare disposuerat, recte a numeris obtinentibus propor-
« tiones incœpit. Tres vero tantum numeros ponit , quia de tribus simplici modo, secundum auctoritatem
« Boetii, agit ; de divinis intellectualiter, de mathematicis doctrinaliter, de physicis naturaliter. Tractare
« de divinis intellectualiter est, remota omni opinione, quidquid dicatur de divinis certa ratione subjecta
« confirmare. De mathematicis doctrinaliter agere, est de eis quæ pertinent ad quadrivium sic tractare,
« ut quod regula dicitur sub oculis in figura ostendatur, ut in quadrivio agitur. De physicis vero natura-
« liter agere est de naturis corporum, subjecta physica ratione, tractare. Per cardinalia nomina illos vocat,
« non ordinalia, ne uni alium præferre videretur. Et hæc sunt verba Socratis in crastinum venientis, nec
« omnes socios invenientis : *unus, duo, tres*, o Thimæe, requiro quartum de numero vestro. Quartus ille
« Plato fuit, qui quasi ab opere se subtraxit dum non sibi, sed Thimæo, propter prædictas rationes, illud
« attribuit. *Qui* hesterni, » etc.

L'auteur continue de commenter longuement le préambule du Timée. Il est inutile de le suivre dans
ses développements sur le déluge de Deucalion, fondés sur une mauvaise physique, et absolument dépour-
vus d'intérêt. Ses explications sur l'origine d'Athènes et la fable d'Ericthonius n'ont pas plus de valeur.

Le commentaire sur le discours même de Timée commence aux deux tiers de la première colonne dudit
feuillet 56 verso. En voici le début :

« Est igitur Thimæus de naturali justitia tractatus ad creationem mundi circa quam maxime apparet se
« transferre. Ut eum perpetuitati...... quatuor illius causas, scilicet efficientem, formalem, finalem, mate-
« rialem ostendit, ut ex talibus causis quoddam perpetuum posse creari manifestet. Est efficiens causa di-
« vina essentia, formalis divina sapientia, finalis divina bonitas, materialis quatuor elementa. Quæ, ut me-
« lius intelligantur, bimembrem proponit divisionem, in cujus altero membro efficiens, formalis, finalis
« causa mundi continetur, in altero materialis et effectus. Quæ divisio talis est, quidquid est vel est carens
« generatione et semper est, vel habet generationem, nec semper est. Hæc ut melius intelligamus, dica-
« mus quid sit generatio, quid sit habere generationem, quid carere generatione, quid semper esse, nec

« semper esse. Generatio igitur, ut ait Boethius, in quinto super categorias, est ingressus in substantiam,
« id est principium existentiæ; carere vero generatione est carere principio existentiæ. Semper esse est
« sine præterito et futuro existere; non semper esse est per temporales successiones transire. Caret ergo
« generatione et semper est, quod nunquam incœpit esse nec aliquid præteritum nec futurum habet. Hoc
« convenit divinæ essentiæ : ea enim nec habuit principium existentiæ, nec vices temporis. Hæc est effi-
« ciens causa mundi, ipsa enim est omnium creatrix. Hoc idem convenit divinæ sapientiæ. Si enim Deus
« caret principio, nec potuit sine sapientia esse; idem est enim illi et esse, et sapientem esse. Ergo et ejus
« sapientia caret principio. Semper vero est quia illi nihil præteritum, nihil futurum est, sed omnia præ-
« sentia. Hæc formalis causa a creatione mundi dicitur, quia juxta eam mundum formavit. Ut enim fa-
« bricator, volens aliquid fabricare, prius illud in mente disponit, postea quæsita materia, juxta mentem
« suam operatur, sic creator, antequam aliquid crearet, illud in mente habuit, deinde opere illud adimplevit.
« Hæc eadem a Platone dicitur archetypus mundus : mundus, quia omnia continet quæ in mundo sunt;
« archetypus, id est principalis forma. *Archos* (sic) enim est princeps, *typos* (sic) forma vel figura. Idem con-
« venit divinæ bonitati, ea enim caret principio et semper est præsens. Illa est finalis causa mundi, quia
« sola bonitate, ut in sequentibus apparebit, omnia creavit. Ita sub hoc membro, efficiens, formalis, finalis
« causa mundi continetur; sub alio vero materialis et effectus, et duo elementa; et quidquid ex eis est prin-
« cipium, habet essentiæ et per successiones temporales variantur, » etc

Nous ne croyons pas nécessaire de pousser plus loin ces extraits. Nous ne donnerons plus qu'un passage qui présente un intérêt particulier, puisqu'il y est question des idées. Il s'agit de cette phrase de Platon : « *Sensilem mundum in quo omnia genera* et quasi quidam fontes continentur animalium
« intelligibilium. « Et hic periphrasis archetypi mundi, id est divinæ sapientiæ in qua continentur intelligibi-
« lia animalia. Mos fuit Platonis divinam cognitionem de aliqua re nomine ipsius rei vocare, sed etiam
« differentiam adjungere intelligibilem. Unde divinam cognitionem de homine vocat intelligibilem homi-
« nem, de lapide, intelligibilem vocat lapidem, quæ eadem vocat ideas, id est formas. Ita enim ut cogno-
« vit res formavit. In divina igitur mente, quæ est archetypus mundus, genera intelligibilium animalium
« continentur, id est cognitiones de diversis generibus animalium. *Et quasi quidam fontes.* Ut enim rivus
« est a fonte, sic omnia ab eis sunt quæ sunt in divina mente, si quidem vere in eo continentur. »

Le commentaire ne s'étend pas dans notre manuscrit au delà du feuillet 60 verso, à la fin duquel il est tout à coup interrompu. Ainsi, nous ne possédons de l'ouvrage d'Honoré d'Autun, qu'un fragment qui comprend à peine la moitié de la première partie du Timée. En voici les dernières lignes :

« *Nec vero manus fuerunt ei necessariæ cum nihil*, etc., nec pedes, quia nullus motus ad quem pedes sint
« necessarii ei convenit. Quod ut sit facilius, dicamus quod motus alius localis, alius non. Et est localis
« motus cum tota res modo in uno loco, modo in alio invenitur. Sed localis motus species sunt septem :
« ante, retro, sursum, deorsum, dextrorsum, sinistrorsum, in circuitu. Ad hoc pedes sunt necessarii. Sed
« nullus istorum potest mundo convenire, extra quem nullus locus est. Motus non localis, qui et rationalis
« dicitur, alius spiritualis, alius corporalis est ; qui rationalis motus, corporalis motus in eodem loco est,
« id est habere partes aliter, simul in eo loco qui firmamento convenit, quia pars illius modo est in Oriente,
« modo in occidente. Spiritualis vero motus animæ est : moventur enim ad intelligendum, etc. Ita ratio-
« nalis motus convenit animæ et firmamento, spiritualis animæ, et hoc est ; nec pedes duxit ei necessarios,
« quoniam a nullo modo motus localis ei competebat ut expositum est, *sed rationalis*, id est in eodem
« loco, qui dicitur rationalis.

HONORII AUGUSTODUNENSIS
OPERUM PARS SECUNDA
EXEGETICA.

HEXAEMERON.

(Ex codice ms. inclytæ Carthusiæ Gemnicensis in Austria eruit venerabilis D. P. Leopoldus Wydemann ejusdem loci presbyter et bibliothecarius, edidit R. P. Bernardus Pezius *Thesauri Anecdot. novissimi* tom. II, parte I, pag. 69.)

PRÆFATIO.

Quadraginta et sex annis ædificatum est templum hoc. Maria duodecim annorum fuit, cum Christum genuit : Christus autem triginta et quatuor annorum in passione solutus occubuit. Duodecim autem et triginta et quatuor, quadraginta sex fiunt, quibus annis templum corporis Christi ædificabatur, quod a Judæis solvebatur. In nomine quoque Adæ quadraginta et sex inveniuntur : nam apud Græcos A unum significat, D quatuor, A iterum unum quod sex fiunt : M vero quadraginta significat. Quadraginta ergo et sex annis templum ædificatur, dum Christus ab Adam generatur.

CAPUT PRIMUM.
De neocosmo.

Quia multi multa de primis sex diebus disseruerunt, et diversa sentientes, obscuriora simplicibus reddiderunt; postulat cœtus vester litteris promendum, quid potissimum de his sit sentiendum. Majorum itaque sequens auctoritatem, pando vobis hujus textus obscuritatem. Cui vero hoc placeat, elucidario nostro in capite præfigat *Hexaemeron*.

primis quæritur, cur Moyses de lapsu hominis scripserit, casum vero angeli reticuerit? sed sciendum est, auctores librorum præcipue concordiam in scriptis suis attendere, quo possit intentio cum materia uniformiter concurrere. Intentio quippe Moysis est restaurationem humani generis per Christum figuraliter narrare, quam intentionem omnimode satagit suæ materiæ adaptare. Cum *in principio*, id est in Christo, omnia asserit creata, et postmodum cuncta in eo astruit reparata. In toto quoque textu suæ narrationis nihil aliud ponitur, nisi quod Christo vel Ecclesiæ figuraliter congruit. Unde etiam narrationem suam usque ad liberationem populi de Pharaone et principium Jesu perducit : Qui populum in terram repromissionis introducit, significans videlicet verum Jesum, qui populum credentium de diabolo eripuit : cui Pater principatum super cœlestia et terrestria tribuit, et in novissimo tempore Ecclesiam in terram viventium introducturus erit. Igitur, quia Dei Filius, per quem omnia, hominem misericorditer de interitu redemit; angelum vero in reatu juste deseruit, Moyses redempti lapsum describit; deserti autem casum silentio premit.

Materia autem sua est hic sensibilis mundus, in quem homo post lapsum est pulsus ; et adventus Dei unigeniti in hunc mundum, mundi fabricatoris et humani generis liberatoris : quem variis et mysticis sententiis præsignat, et ipsis rebus præfigurat ; dum populum de Ægypto per paschalem agnum liberat, et ad amissam patriam revocat; atque universum Ecclesiæ statum per mirabile tabernaculum prænotat : cunctaque ejus sacramenta per legalia sacrificia prænuntiat. Unde et Novum Testamentum sic Veteri continuatur; ut quidquid Vetus proponit, Novum solvere videatur. Ob quam rem etiam utrumque a principio incipitur, cum illud, *in principio creavit Deus cœlum et terram*, istud, *in principio erat Verbum*, inchoatur. Joannis quippe Evangelium in canone primum ponitur. Et notandum, quod Moyses propheta Filium principium, et in eo omnia creata commemorat : Joannes autem apostolus Patrem principium, et Filium in eo semper, ei coæqualem mansisse, et omnia per ipsum facta prædicat. Quia nimirum unam utriusque substantiam concorditer nobis denuntiant. Dicitur itaque (*Gen.* I) : *In principio creavit Deus cœlum et terram*, hoc est, Deus Pater creavit in Filio simul cœlestia, et terrestria, visibilia et invisibilia. *Et Spiritus Domini ferebatur super aquas*, vel aquas fovebat, id est cuncta de aquis procreanda animabat. Et nota Trinitatem, Deo Patri ascribitur mundi creatio, Filio rerum dispositio, Spiritui sancto omnium vivificatio, vel ornatio. Simpliciter autem sic ad litteram exponitur : *In principio creavit Deus cœlum et terram*, hoc est, in momento fecit Deus omnia corporalia et incorporalia. Cœli etenim appellatione, incorporea, ut sunt angeli, intelliguntur, et cuncta spiritualia quæ a nobis non conspiciuntur. Terræ autem vocabulo corporea, ut hoc cœlum et terra, innuuntur, et cuncta quæ a nobis cernuntur. Aliter : *In principio*, id est in primis, fecit Deus cœlum et terram, deinde cætera. *Terra autem erat inanis*, scilicet a fructibus, *et vacua*, videlicet ab animalibus. Hoc ideo de cœlo non scribitur, quia superius cœlum, quod cœlum cœli dicitur, mox creatum plenum suis laudatoribus, id est angelis reperitur. Ipsi enim astra matutina exstiterunt, quæ in creatione mundi Deum laudaverunt; et pro mirabili opere Dei, quod subito ex nihilo processisse viderunt, omnes filii Dei magna voce jubilaverunt. Astra vero vespertina ad laudem Conditoris processerunt, dum homines electi postmodum creati sunt : qui in morte, ut sidera, occubuerunt, et ad hoc in exortu æterni diei ad congaudendum per resurrectionem effulgebunt.

Et tenebræ erant super faciem abyssi, hoc est, terra erat abysso immersa, id est profunditate aquarum operta : quæ aqua erat tenebrosa, quia adhuc nulla luce illustrata. Nulla autem creatura erat, quæ tenebræ appellaretur, cum tenebræ nihil aliud, quam absentia lucis comprobentur. Sed hæc tetra rerum imago chaos vel informis materia cognominatur. Porro forma elementorum tunc temporis erat talis : Terra ipsis, quibus nunc, terminis erat circumscripta, sed tota aquis operta : et ejus species talis, qualis adhuc sub profundo maris. Porro ignis in lapidibus et ferro latebat ; aer vero et terræ et aquæ mistus inhærebat. Aqua autem universam superficiem terræ contegebat, et totum spatium usque ad cœlum replebat ; seque aquis superioribus, quæ adhuc super cœlos sunt conjungebat. Non autem crassitudine uti nunc spissabatur sed in modum nebulæ tenuis diffundebatur

CAPUT II.

Et dixit Deus : Fiat lux. Cum de Deo, *dixit*, scribitur, nostro more dicitur, et efficacia jubentis exprimitur. Dei autem dicere nihil est aliud, quam per verbum suum omnia condere. Per hoc verbum hanc corporalem lucem de elemento ignis protulit, et eam huic mundo intulit. Quæ lux tunc talem claritatem, qualem nunc ante solis exortum, exhibuit : et tenues tunc aquas, ut nunc aerem, illustravit. Per duodecim autem horas super terram, ut nunc sol mansit : per duodecim vero, inferiora orbis illuminavit.

Et vidit Deus lucem, quod esset bona. Hoc est, rationali creaturæ intelligere dedit : quam bona sint cuncta, quæ per lucem cernit. *Et divisit lucem ac tenebras :* scilicet ut lux duodecim horas super terram, et duodecim sub terra splendesceret : tenebræ quoque a luce fugatæ duodecim horas sub terra totidemque super terram delitescerent. Zona quoque, quæ, in medio orbe, igne candet, per eum æquinoctio gaudet.

Appellavitque lucem diem, et tenebras noctem : id est appellare fecit. Sicut nos dicimus, domum fecit cum quis facere jusserit. *Factumque est vespere et mane, dies unus.* Vespere est finis diei; mane autem finis noctis : quæ duo juncta, viginti quatuor horæ fiunt, et unum diem conficiunt. Ideo autem non primus, sed unus dies dicitur, quia idem semper repetitur ; ut scribitur : *Ordinatione tua perseverat dies* (*Psal.* cxviii, 91). Illo primo triduo nox prorsus tenebrosa manebat ; quia eam nec luna, nec sidera illuminabant. Notandum autem, quod dies a luce inchoatur et in luce terminatur : quia omnia opera Dei a Christo, qui est lux vera, inchoantur, et in eodem cuncta consummantur.

Dixitque Deus : Fiat firmamentum in medio aquarum. Hoc est : firmamentum, quod in medio aquarum locatur, atque cœlum appellatur, de ipsis aquis in modum crystalli induratum affirmatur : quod ideo apud Josephum crystallinum cœlum nominatur. Aquæ autem, quæ super hoc cœlum remanserunt, formam prioris aquæ in raritate retinuerunt. Quæ autem inferius spatium occupaverunt, in densitatem, quam hodie habent, collectæ sunt. Unde sequitur : *Congregentur aquæ, quæ sub cœlo sunt, in locum unum, et appareat arida.* Jussu quippe Dei aquæ, quæ prius instar nebulæ raræ diffundebantur, in unum locum spissando subito colligebantur. Qui locus oceanus appellatur, et terra prius limosa arescens, apta germinibus reddebatur. Postquam autem media spatia inter cœlum et terram vacua apparuerunt, ignis et aer, quæ prius sub aquis pressa in terris latuerunt, congrua sibi loca libere occupaverunt. Et ignis quidem altiora, aer vero inferiora mundi naturaliter repleverunt, et tunc luce nuper creata clarius cuncta illustrari meruerunt. Sciendum autem quod omnes fontes vel flumina de oceano fluunt, et in eumdem etiam refluunt. Amaritudinem vero naturalem in terra deponunt, per quam occultis meatibus currunt. Similiter autem aqua a tractu spiraminis ventorum in nubes tollitur, et iterum ad terram per pluviam deponitur. Flumina autem, quæ hodie regiones dirimunt, maxima ex parte in diluvio eruperunt. Quæritur, cum flumina omnia mare intrent, cur mare non redundet ? Sed traditur, quod sol naturali attractu totum in die ebibat, quod tota nocte de dulcibus aquis mari influit, iterumque per pluvias ad terras descendit.

Et vocavit Deus aridam terram, congregationesque aquarum appellavit maria : hoc est, sic appellari fecit, sicut jam dictum est.

Et vidit Deus, quod esset bonum : hoc est, menti rationalis creaturæ indidit, quam bona sunt cuncta, quæ Deus condidit. Et ait : *Germinet terra herbam viridem et lignum pomiferum*. Mox ut aqua a terris recessit, confestim terra jussu Dei cunctas species herbarum et arborum, insuper et fructus earum jam maturos protulit. Notandum autem, quod hoc verno tempore contigit : et ideo eodem tempore hoc idem annus observare consuevit.

Dixit autem Deus : Fiant luminaria magna in firmamento cœli : hoc est, infra firmamentum cœli. Sol quippe in medio mundo locatus, luna autem in hoc aere constituta ; planetæ quoque suis circulis affixi traduntur : sidera solummodo firmamento impressa feruntur. Notandum autem, quod cuncta ternis, et ternis diebus in creatione absolvuntur; quia videlicet omnia per Trinitatem perficiuntur. Tribus enim diebus elementa, et tribus quæ infra ea sunt, sunt perfecta. In principio namque cœlum et terra, ad materiam ex nihilo creantur, ignis et aer in terra aquis operiebantur. Deinde prima die lux ab igne serenatur, secunda cœlum ex aqua instar crystalli solidatur; tertia terra fundatur et aqua ab ea segregatur, ipsaque terra floribus et nemoribus condecoratur. Quarta cœlum et aer superior sole, luna et stellis ex igne productis, illustratur. Quinta aer inferior, avibus, aqua piscibus fecundatur. Sexta terra animalibus ex ipsa procreatis onustatur. Primi autem tres dies, qui ante solis exortum transierunt, æquinoctiali lege, id est æquali diei ac noctis spatio, præterierunt. Sed et quartus, qui lampas solis et lunæ protulit, æquinoctio insignis fuit. Quæritur quid de luce nuper creata actum sit, quæ post jubar solis effulsit? Fertur quod, sicut raritas aquarum in spissitudinem oceani prius est redacta, ita tenuitas lucis in corpolentiam solis sit compacta, et in globos lunæ ac stellarum sit densata, ejusque clara gloria his præclaris gemmis sit amplius adornata.

CAPUT III.

Et fecit duo luminaria magna : majus ut præesset diei, et minus ut præesset nocti. Magna luminaria ideo dicuntur, quia nobis magna videntur. Cæterum luna minima stellarum fertur; septentrionales autem stellæ majores sole scribuntur. Quæritur quidnam obscuri in corpore lunæ conspiciatur? Sed dicitur lunæ globus ex igne et aqua esse formatus. Quia si totus esset igneus, terra ejus vicinitate exusta torreretur; nunc autem ejus calor aquæ elemento temperatur, et inde obscurum illud in ea videatur. Hinceque fit, quod luna propria luce careat, nec, nisi a sole illustrata, resplendeat, et ab ea etiam ros nocturnus perfluat, et super terram luceat. Aliquando quidem super terram lucent; aliquando oppositis nubibus non lucent; semper autem illa loca splendore replent, quo fixa manent.

Et sint in signa et tempora : In signa sunt, quia pascha nobis certo tempore celebrandum, aliquando quoque tempestatem vel serenitatem, aliquando etiam aliquid futuri ostendunt. In signa sunt quoque navigantibus et in arenosis regionibus iter agentibus. In tempora vero sunt æquinoctia; et solstitia certa dimensione veris, æstatis, autumni, et hiemis proferunt. In dies sunt, quia nunc longiores, nunc breviores suo ortu vel occasu efficiunt. In annos sunt, quia luna suum annum communem trecentis quinquaginta quatuor diebus peragit; sol vero trecentis sexaginta quinque diebus suum annum percurrit; stella Martis duobus annis, Jovis duodecim, Saturni triginta annis suum cursum perficit.

Dixitque Deus: Producant aquæ reptilia et volatilia. Hic Scriptura aperit, cur Spiritus Dei aquas foverit; quia nimirum primum de hoc elemento voluit animantia producere, et cuncta hujus admistione fecundare. Genera erga piscium et reptilium in aquis natare permisit, volucrum vero in aere volare jussit. Aeris etenim natura nihil aliud, quam aqua esse fertur, et hæc cunctis animantibus vitalem flatum dare perhibetur. Atque idcirco tempestates in aere, uti in mari, procreari traditur. Aqua quippe in nubes condensatur, et iterum ventis in pluviam dissipatur. Ex ipsarum quoque nubium collisione tonitrua concrepant, et ex ignis excussione fulgura coruscant. Ex procellis autem venti procreantur, ipsorumque in imbres, in grandinem formantur, ex frigoris vero inclementia pluvia in nivem commutatur. Hæc autem turbulentia in aere tantum versatur. Cæterum spatia inter cœlum et aerem perpetua luce et tranquillitate plena creduntur. Aer quoque iste nocte tantum obscuratur, quæ ab umbra terræ generatur. Superior vero æther jugi die lætatur. Quod autem in nocte stellæ videntur cadere, stellæ non sunt, sed igniculi ab æthere flatu ventorum in aera tracti.

Dixitque Deus : Producat terra jumenta et reptilia, et bestias terræ. Notandum, quod de aquis duo genera producuntur, scilicet natantia et volantia : de terra autem tria formantur videlicet gradientia, reptantia, serpentia.

Igitur omnibus creatis ad usum hominis necessariis, ipse etiam de terra educitur, qui cæteris omnibus ut dominus præficitur. Qui etiam ad imaginem et similitudinem Dei creatus memoratur, ut cœleste animal intelligatur : dum ratione et intellectu a cæteris animantibus sequestratur. Et quia ei Dominus quandoque couniri disposuit, ei participium cum omni creatura tribuit : Scilicet discernere cum angelis, sentire cum animantibus, crescere cum herbis et arboribus, esse cum lapidibus. Corpus ejus de quatuor elementis compegit, animam scientia replevit, et omni corporali creaturæ præfecit. Traditur etiam, quod quasi triginta annorum fuerit, quando creatus sit, atque sapientiam Salomonis, Samsonis fortitudinem, Absalonis pulchritudinem habuerit.

Dixitque Deus : Ecce dedi vobis potestatem super universa. Ante peccatum homo omnia subjecta habuit; post peccatum vero ipse omnibus subjacuit. Ante reatum hominis terra nil noxium, nullam herbam venenatam, nullam arborem sterilem protulit : quæ postmodum in pœnam hominis venenum herbis intulit, fructus arboribus abstulit. Aves quoque non raptu alitum vivebant, nec feræ bestiolas ad esum lacerabant, sed omnia communiter de herbis terræ alimenta sumebant. Unde sequitur.

Et erunt tam vobis, quam illis in escam. Postea vero non solum aves avibus, vel feræ bestiis insidias ponunt; sed etiam ipsi homini domestica animalia violenter rapiunt. *Et vidit Deus cuncta, quæ fecit, et erant valde bona.* Cuncta, quæ fecit Deus per se considerata, sunt bona singula, in universitate autem numerata sunt valde bona :

quia licet unum alteri contrarium videatur, unumquodque tamen necessarium comprobatur. Hinc quæritur, cum diabolus inter bonas Dei creaturas sit creatus, qualiter dicatur bonus, cum ultra quam dici potest, sit malus? Similiter quæritur de serpentibus vel aliis animantibus, quæ sunt nociva et ideo putantur esse mala. Sed sciendum est, quod diabolus a Deo quidem bonus sit creatus, a se ipso autem in malum commutatus. Qui tamen aliquo modo dicitur bonus, quia in Dei republica comprobatur necessarius; dum adversarios Dei juste punit, velut tortor crudelissimus. Serpentes vero vel cætera animalia his similia comprobantur bona; quod justa ab hominibus exigant supplicia, vel ad diversas medicinas sunt utilia.

Et requievit Deus die septimo, et sanctificavit illum (Gen. II). Septimum diem Deus Pater antiquo populo celebrandum instituit : octavum vero, qui et primus est, Deus Filius novo populo observabilem fecit. Uterque autem maximo sacramento gravidus existit. Sicut enim septimo die Deus opera hujus mundi consummasse scribitur, ita hic mundus per septem millia annorum extendi dicitur. Et sicut septima die Deus ab opere suo requievisse legitur, ita justorum corpora in sepulcris, animæ vero illorum in gaudio post laborem requiescere creduntur. Per diem etiam septimum dies judicii designatur, in qua omne opus Ecclesiæ consummabitur, eique requies æterna recompensabitur. Per diem vero Dominicam, quæ et prima et octava notatur, æternitas præfiguratur : quando finito labore post septem millia annorum octavum secundum inchoatur; in quo una dies melior super millia speratur, quæ per solum Filium omnibus credentibus datur. Ergo per requiem septimi diei requies animarum in septem donis Spiritus sancti innuitur, per requiem octavi diei requies æterna in octo beatitudinibus exprimitur.

Sex quoque dies primi designant sex ætates mundi. Prima die lux creatur, et prima ætate homo in paradiso ad perfruendam æternam lucem collocatur. Hæc dies vespera clauditur, quando humanum genus in diluvio mergitur. Secunda die firmamentum intra aquas solidatur, et secunda ætate humanum genus in Arca ab undis conservatur. Hæc dies vespera finitur, dum Pentapolis cum omnibus incolis suis incendio consumitur. Tertia die terra ab aquis separatur, et tertia ætate fidelis populus ab infidelibus segregatur : dum Abraham et sua posteritas circumcisione, deinde filii Israel lege a gentibus sequestrantur. Hæc dies vespera terminatur, dum idem populus a gentibus undique vastatur. Quarta dies sole et luna illustratur, et quarta ætas regno David et templo Salomonis decoratur. Hæc dies vespera concluditur, dum destructo templo populus in Babylonem captivus ducitur. Quinta die aves de aquis producuntur, pisces inibi relinquuntur; et quinta ætate multi de captivitate relaxantur, plurimi in ea retentantur. Hæc dies per vesperam desiit, dum Judæa gentili regi subdi promeruit. Sexta die homo de munda terra formatur, et sexta ætate Christus de Virgine generatur. Ea etiam die Deus animalia fecit, et sexta ætate fideles, animalia sua, ad pascua vitæ vocavit, quæ pastu corporis sui refecit. Hæc dies per vesperam complebitur, cum hic mundus igne extremo delebitur. Septima die requievit Deus ab omnibus operibus suis, et septima ætate requiescet in Sanctis omnibus pro sex dierum operibus, cum Deus erit omnia in omnibus. Hæc dies vespera non terminatur, quia illa requies nullo fine coangustatur.

CAPUT IV.

Quid vero beatus Augustinus sentiat de his diebus, quam brevissime studiosis dicemus. Suas autem sententias nostro stylo permutamus, quo lectori fastidium tollamus. Si enim ipsius verba posuero, nec pagina capit prolixitatem disputantis; nec infirmus intellectus gravitatem argumentantis. *In principio creavit Deus cœlum et terram.* Hoc est, in Filio suo, scilicet in Sapientia sua, Deus Pater creavit omnia simul spiritualia et corporalia; sicut scriptum est : *Qui manet in æternum, creavit omnia simul* (Eccli. XVIII, 1). Et iterum : *Omnia per ipsum facta sunt, et sine ipso factum est nihil, quod factum est; in ipso vita erat* (Joan. I, 3, 4). Hoc est dicere : Omne quod postmodum factum est, materialiter ac formabiliter, semper in verbo Dei fuit causaliter ac prædestinaliter. Unde scriptum est, qui fecit quæ futura sunt. Cœli autem ac terræ nomine universaliter omnis creatura comprehenditur. Non est autem æstimandum aliud insensibile a Deo ante angelos creatum : omne enim sensibile dignius insensibili prædicatur. Angelica itaque natura, quæ est intellectualis, in primis conditur, ubi Deus in principio cœlum creasse legitur. Sicut de primo angelo scribitur : *Ipse est principium viarum Dei* (Job XL, 14). Quæ idcirco cœlum appellatur, quia Deus in ea habitat, et divina secreta in ea celantur : et hæc cœlum cœli dicitur.

Terra autem erat inanis et vacua : Hoc est corporalis creatura adhuc informata, sed in verbo Dei causaliter posita. *Et tenebræ erant super faciem abyssi :* Hoc est, cuncta ab aquis creanda non erant ad hoc per formas discreta. *Et Spiritus Domini ferebatur super aquas :* Hoc est Spiritus Domini cuncta in formas discrevit, quæ de aquis vel per aquæ commistionem fieri disposuit. Sciendum vero quod Deus non prius materiam, deinde formam fecit; sed simul omnia formata protulit, sicut cantus cum voce simul procedit. Porro quod hoc vel hoc, illa vel illa die fecisse legitur, hoc nostro more dicitur : a quibus minime intelligitur, quod omnia simul fecisse scribitur. Nullum autem hominum scire posse puto, quantum inter creationem angelorum et hujus mundi tempus defluxerit, nisi cui Deus revelaverit; præsertim cum adhuc tempus non fuerit, sed cum isto mundo cœperit, et nihil aliud tempus sit nisi diei ac noctis, vel anni, ut puta veris, æstatis, autumni, hiemis vicissitudo ; vel rerum de præterito in præsens, de præsenti in futurum transmutatio. Omnia enim quæ Deus creavit in æternum permanere creduntur, licet alia in alia permutentur. Et cum hic mundus vix ante sex millia annorum formatus sit, frivolum videtur, quod angelica natura cum eo esse cœperit. Igitur angeli diu ante hunc corporeum mundum in beata et æterna vita traduntur; unde etiam in creatione hujus Deum magna voce laudasse scribuntur. Ad Job namque Deus creator dicit, cum ponerem fundamenta terræ et cardines orbis, laudaverunt me astra matutina et jubilaverunt omnes filii Dei.

Et dixit Deus : Fiat lux, et appellavit lucem diem. Quæritur utrum Deus aliquam spiritualem vel corporalem lucem fecerit, cujus visione angeli fruerentur : vel aliquam diem formaverit, cujus præsentia delectarentur? Sed hoc ab intellectu excluditur, cum intelligibile melius insensibili counjatur. Ergo ipse Deus lux intelligitur, qui lux vera scribitur : de cujus visione ita angelica natura illuminatur, ut hic corporeus dies a sole illustratur. Dicitur itaque : *Dixit Deus : Fiat lux :* Hoc est per verbum suum Deus lucem suæ sapientiæ angelicæ naturæ infudit, et dein adhuc omnibus creandis scientiam dedit. *Et facta est lux.* Vera quippe lux et æterna Dei sapientia lucidam sapientiam, scilicet rationalem intellectum condidit, quem angelicis spiritibus indidit; quo creaturam a creatura discernere possint; sicut scriptum est : prior omnium creata est sapientia. Deus itaque dixit, *fiat lux*, cum angelos luce sapientiæ illustravit. Ipsa est enim candor lucis æternæ. Facta est autem lux, cum cognoverunt Deum omnia in sapientia jam fecisse, quæ adhuc futura erant : In quo omnes causas et rationes rerum jam conspiciebant. *Et vidit Deus quod esset bonum :* scilicet quod Creatorem a creatura discernebant, et creaturam despicientes, Creatorem laudantes, diligebant. *Et divisit lucem a tenebris :* Hoc est formatam et intelligibilem creaturam ab informata discrevit, dum ei adhuc creandæ scientiam dedit.

Appellavitque lucem diem, et tenebras noctem. Hic quæritur utrum ante hunc mundum dies vel nox fuerint quæ hoc vocabulo appellata sint, et quæ sibi per vices successerint. Sed cum ante hunc sensibilem mundum tempus non fuisse comprobetur, diem autem et noctem tempus esse non dubitetur : non hic temporalis, sed æternus dies intelligi necessario monetur. Angelica quippe natura est æterna dies, quam fecit Dominus, in qua nos lætabimur et exsultabimus, quando post resurrectionem æquales angelis erimus, et Deum facie ad faciem, sicuti est, videbimus. Lucem itaque Deus diem appellavit, dum ipse vera lux habitans lucem inaccessibilem et sempiterna dies angelos luce sapientiæ splendentes claritate sua æternus Sol ut hic corporeus sol hunc diem illustravit. Tenebras quoque noctem appellavit, quia corpoream creaturam adhuc in informi materia latentem maxima distantia spirituali separavit. Omnis namque corporea creatura, si spirituali comparatur, jure tenebræ appellatur.

Factumque est vespere et mane dies unus. Notandum quod non primus dies, sed unus dicatur, quia angelica natura, quæ dies vocatur, sic ab æterna die, Deo inchoatur, quod nullo fine terminatur. Et hæc est illa, unus dies melior in atriis Dei super millia, quia profecto particula angelicæ vitæ melior comprobatur, quam multa millia annorum, quæ hic in afflictione peraguntur. Quæritur, cum corporea lux non esse in cœlo dicatur, cujusmodi splendor angelis lucere credatur? et utrum illa patria obscura sit et angeli in tenebris latere arbitrandi sint? Sed sciendum est, quod innumerabilia angelorum sunt, qui singuli hunc solem septuplo sua claritate vincunt, et ineffabilem splendorem ab æterno recipiunt. Nam civitas illa non eget sole, neque luna, sed Deus omnipotens lumen ejus est, cujus pulchritudinem sol et luna mirantur, et in quem angeli desiderare prospicere prædicantur. Si autem hic mundus tot solibus illuminaretur, quot diebus annus volvitur, qua gloria putas perornaretur? et revera si ita esset, tota illa lux illi supernæ luci collata tenebræ essent. Ergo nulla alia lux vel dies ibi creditur, quam claritas Dei et splendor angelorum atque sanctorum, qui ineffabiliter vincunt omnem fulgorem visibilium.

Quæritur etiam quid sit regnum cœlorum, vel quod præmium ibi tribuatur spiritibus beatorum? si ibi amœna loca aut splendida mœnia æstimanda sint, vel vestes pretiosæ, aut variæ deliciæ ibi præsentandæ sint? Sed cum regnum cœlorum non aliud quam pax et gaudium legatur, nulla locorum vel ædificiorum amœnitas aut pretiosissimarum rerum corporalium vel incorporalium consuetudo esse comprobatur; sed sola visio omnipotentis Dei declaratur, in cujus contemplatione beati æterna pace et pleno gaudio et omni abundantia omnium bonorum perpetualiter perfruuntur, et perfruendo semper insatiabiliter sine fine saturabuntur. Unde et vespere et mane hic nominatur, nox autem in his sex diebus non memoratur. Quasi enim in vespera, sic illa æterna dies inclinat, cum angelica natura creaturam per se considerat. Quasi vero in mane exsurgit, cum in laudem creatoris pro mirabili creatione erumpit. Quasi autem dies clarescit, cum hanc in verbo Dei per ipsam veritatem æternaliter subsistere conspicit; nox vero non interseritur, quia illorum scientia nulla ignorantia obtegitur. Sacra Scriptura se conformat hominum intellectibus, ut mater infantium moribus aut veluti cera reversis sigillorum impressionibus. Materno namque incessu cum tardis ambulat, cum capacibus ad alta volat, altitudine superbos irridet, profunditate attentos terret, veritate magnos pascit, affabilitate parvulos nutrit.

Hæc ergo una die Deum cuncta insimul creasse sapientibus narrat, hæc tardioribus sex diebus Deum opera sua explevisse commemorat : a capacibus quippe vix intelligitur, quod Deus una die, imo uno ictu oculi, omnia insimul creasse legitur. A tardioribus autem facile capitur, ut pomum fractum a parvulis manitur, quod sex diebus omnis factura absoluta traditur. Ergo per unam diem, in qua cuncta creata indicat, lucidam angelicæ substantiæ naturam insinuat, quam æternus sol justitiæ suo splendore irradiat. In qua die ipse cuncta condidit, dum angelis in verbo suo cuncta adhuc creanda prænoscere tribuit. Per sex autem dies, quibus Dominum opera sua perfecisse dicit, perfectionem tantam facturæ Dei innuit, quantam per senarium numerum exprimit. Qui in numeris ideo perfectissimus memoratur, eo quod suis partibus per omnia complicatur. In unitatem quippe et binarium et ternarium solvitur, et ab eisdem in integrum restituitur. Unum enim et duo et tria sex faciunt. Quam regulam peritissimus philosophorum Plato non ignoravit, qui ob perfectionem ejusdem numeri librum suum sic, unus, duo, tres inchoavit. Per unitatem itaque ipse fons et principium omnium rerum Deus intelligitur, qui vere solus unus esse dicitur, a quo binarius nascitur, dum spiritualis creatura ab eo producitur, a quo item ternarius gignitur, dum corporeus mundus conditur. Qui numerus replicatur, dum omnia ex Patre per Filium in Spiritu sancto subsistere intelligibili naturæ manifestatur. Senarius ergo numerus consummatur, dum triplex factura, scilicet spiritualis, sensibilis, insensibilis, a triplici factore, Patre videlicet, et Filio et Spiritu sancto contineri consideratur. Unde etiam septima die Deus ab operibus requievisse describitur, quia post perfectionem Deus a creatura sua in se requiescere, et ipse in eo solummodo requiem habere cognoscitur.

CAPUT V.

Dixit quoque Deus : Fiat firmamentum in medio aquarum, et dividat aquas ab aquis. Et factum est ita; et fecit Deus firmamentum, et vocavit illud cœlum. Quod totum sic iteratur : *Dixit Deus : Fiat firmamentum*, id est in verbo suo æternaliter constituit fiendum. *Et factum est ita :* scilicet in cognitione angelica, qui videlicet conspiciebant jam in verbo Dei subsistere, quod adhuc futurum erat in re. *Et fecit Deus firmamentum*, postea videlicet in ea forma, qua hodie cernitur. *Et vocavit illud cœlum :* id est ab hominibus sic appellari docuit. *Et factum est vespere;* cum angelica societas, quæ lux vel dies appellatur, creaturam firmamenti in propria natura consideravit; et *factum est mane*, cum Creatorem inde laudavit. Et sic factus est dies secundus, cum ab æterno die Dei de luce sapientiæ angelici illustrantur spiritus : qui ab eo dies vel lux denominantur; et adhuc condenda, eis per ipsum revelantur. *Dixit vero Deus : Congregentur aquæ, quæ sub cœlo sunt, in locum unum; et appareat arida. Factumque est ita. Congregataque est aqua in locum unum, et vocavit Deus aridam terram.* Hoc eodem modo, ut superius, interpretatur. *Dixit Deus, congregentur aquæ*, id est in verbo suo ab æterno eas congregandas præfixit. *Factumque est ita*, scilicet natura angelica ita fiendum in verbo Dei cognovit. *Et congregata est aqua, quæ apparuit arida; postea videlicet in ea forma, qua nunc utraque creatura producit germina vel animalia. Et factum est vespere*, cum creatura aquæ et terræ per se ab angelis, qui dies nuncupantur, consideratur : *Et factum est mane*, cum Creator inde laudatur. Fitque dies tertius cum ipsa intelligibilis natura a Trinitate illustratur; et ei singula condenda præmonstrantur. Sic quoque de cæteris diebus sentiendum. Notandum autem, quod septimæ diei *mane*, et non *vespere*, ascribitur; et in hac die Deus requievisse dicitur : quia nimirum omnis creatura mane per exordium ab æterno die Deo habuit; sed nullum vespere alicujus finis habebit, et per septiformem Spiritum in factore suo æternaliter requiescet. Sacra Scriptura Deum omnia insimul creasse affirmat, et ecce, eum sex diebus opera sua consummasse denuntiat. Omnia eum simul creasse in veritate accipitur. Sex autem dierum distributio nihil aliud intelligitur, quam quædam discretio, vel quidam rerum ordo contexitur; cum quæque creatura ab alia vel a Creatore, in intellectu angelicæ rationis discernitur : unde et vespere et mane interseritur. *Vespere*, cum creatura in sui natura ab angelis conspicitur; *mane*, cum Creator inde laudibus extollitur. Dies autem ideo nominantur, cum ab ipsis cuncta in Verbo Dei contemplantur.

Primo itaque lux in ordine ponitur, quæ dies etiam nuncupatur, et angelica substantia declaratur; quæque a luce æternæ sapientiæ illustratur. Secundo firmamentum locatur, a quo hic corporeus mundus inchoatur. Tertio species maris et terræ, in qua non realiter, sed potentialiter herbarum et lignorum natura formatur. Quarto sol et luna cum sideribus in igneo elemento, potentialiter quidem, locantur. Quinto de humido aere volatilia, de aqua vero natatilia, iterum potentialiter educuntur. Sexto de terra animalia, cum homine nihilominus potentialiter, proferuntur. Qui ordo, quia ab angelica natura, quæ dies dicitur, in verbo Dei per senarium numerum discernitur; recte idem dies sexies repetitus describitur. Quem eumdem septimum Dominus benedicit, et in eo requiescit : quia angelicam naturam Dominus septiformi Spiritu replens sanctificat, atque eam in se requiescere præstat. Hæc cuncta sic intelligenda, sequens Scriptura manifestat

Hic est, inquit, *liber generationis cœli et terræ in die; quando fecit Deus cœlum et terram, et omne virgultum agri, antequam oriretur in terra.* Hoc utique de illa una et æterna die dicitur, in qua omnia insimul Deus creasse scribitur. Ergo sicut homo ad similitudinem Dei conditur; ita etiam isti temporales dies, ad similitudinem illorum sex, vel potius septem, in verbo Dei æternaliter manentium, creati dicuntur; et omnia etiam in hoc, in mundo, formata ad similitudinem formarum in Deo consistentium, creata non absurde dicuntur.

Abhinc jam series corporeæ creaturæ texitur, ubi fons erumpens de terra, totam terram irrigasse et

Deus hominem formasse, et paradisum plantasse asseritur; et animantia et ligna de terra produxisse legitur.

Qua autem die hebdomadæ, vel quo ordine, utrumne una die vel pluribus, cuncta in species formaverit, ignoratur. Sed prius facta mundi machina cum luminaribus, deinde in primis hominem in hoc mundo, ut puta, dominum mundi; et ejus habitationem, scilicet paradisum, fecisse; deinde ad ejus subjectionem, animantia volucrum, piscium et bestiarum, et eorum victum, videlicet herbas et arbores, produxisse putatur. Quæ cuncta mox creata, ad hominem ducta leguntur : post quæ et mulier formata, et cuncta ei subjecta referuntur. Utrum vero homo diutius in paradiso manserit, dubitatur; licet multo tempore inibi habitasse a pluribus astruatur. Igitur in his æternis sex diebus Deus cuncta causaliter creavit, et ab omni opere in septimo requievit. In istis autem temporalibus omnia temporalia et corporalia realiter per species et formas fecit; legem crescendi, permanendi, alia ex se gignendi dedit. Et hæc cuncta Filius cum Patre usque modo operatur: per quem adhuc omnis corporea creatura in meliorem statum transformatur.

CAPUT VI.
De Incarnatione Christi.

Ingressa Sapientia Dei, octavo Kalendas Aprilis, in uterum B. virginis Mariæ, anno ab origine mundi quater millesimo centesimo octogesimo quarto, octavi magni paschalis cycli quingentesimo tertio decimo, Octaviani Augusti quadragesimo secundo, cycli solaris octavo, cycli decennovenalis octavo decimo, cycli lunaris quinto decimo, indictione secunda, concurrentibus... Epactis septenis, feria sexta, luna decima, anno etiam ætatis ejusdem virginis duodecimo. In quo utero corpus suum per novem menses et sex dies, id est, per quadragies sexies senos, hoc est per ducentos septuaginta sex dies ædificavit. Hoc enim tempus computatur ab octavo Kalendas Aprilis quando conceptus est, usque ad octavam Kalendas Januarii, quando natus fuit Christus. Natus est ergo vii Kal. Januarii, indictione tertia, dominica vel infra, nocte. A qua nativitate, die octava circumciditur, et die quadragesimo in templo præsentatur. In quo templo duodennis adolescens, sapientes interrogans invenitur; et anno vicesimo octavo (110), et tertia Christi die tricesimi anni a Joanne baptizatur, et tricesimo tertio anno et dimidia octava Kal. Aprilis, qua die conceptus fuerat, a Judæis comprehenditur: quorum lingua primum, hora tertia crucifigitur, et sexta per milites in cruce sustollitur. In qua cruce per tres horas, id est sextam, septimam et octavam, fuit, atque hora nona exspiravit. A qua hora usque ad diluculum resurrectionis sunt quadraginta horæ, ipsa quoque hora nona connumerata. His enim horis corpus Christi exanime jacuit, quod positum est in sepulcro vesperi; in quo per triginta sex horas requievit. Resurgens autem diluculo, prima Sabbati per quadraginta dies in terris conversatus est, ubi voluit, et quomodo voluit. Quadragesimo vero die, videntibus apostolis suis, cœlos ingressus est, atque in dextera sui Patris resedit. Unde die ab ascensione decima Spiritum sanctum super apostolos misit. Qua die factus est homo primus, eadem die conceptus est homo secundus. Sexta enim die et homo vetus factus est in paradiso, et homo novus conceptus in utero Virginis. Et qua hora terrenus homo invasit pomum, humanum genus interempturus ; eadem hora toleravit crucem et mortis amaritudinem cœlestis homo, universum mundum redempturus. Ergo, ut videtur, eadem die et homo obediens cum latrone in paradisum revertitur : et homo inobediens cum muliere, suæ damnationis exsilium intrare compellitur.

(110) *Mendum.*

DE DECEM PLAGIS ÆGYPTI
SPIRITUALITER.

(Ex codice ms. inclytæ Carthusiæ Gemnicensis in Austria communicavit venerabilis P. Leopoldus Wydemann, ejusdem asceterii bibliothecarius. Edidit D. Bernardus Pezius *Thesauri Anecdot.* t. II, parte 1, pag. 89.)

Prima plaga Ægypti erat aqua in sanguinem versa, in qua infantes Hebræorum necaverunt, et pisces ejus mortui sunt. Secunda ranæ de rivis et paludibus eductæ, replentes superficiem illius terræ. Tertia cyniphes, id est hircinæ muscæ, ignitis aculeis hominibus et jumentis permolestæ, de pulvere terræ productæ. Quarta cynomyia, id est canina musca vel potius cœnomyia, id est omne genus muscarum, terram et aerem replentium. Cœnos quippe *commune* dicitur, unde et cœnobium *communis vita* appellatur. Quinta plaga erat pestilentia animalium. Sexta : vesicæ, pustulæ, ulcera de cinere fornacis facta. Septima : tonitrua, fulgura et grandines omnia cædentes. Octava locustæ et bruchi, qui reliquias grandinis in herbis et arboribus vastaverunt. Nona : tenebræ palpabiles per triduum, in quibus horribiles imagines quasi somniantibus apparebant, quæ eos deterrebant : ubi autem filii Israel erant, lux erat, et hæ plagæ eos non tangebant. Decima plaga erat : quod primogenita Ægypti, id est : Omnes hæredes sint occisi, et dii eorum contriti.

Hæ autem plagæ teste Cornelio et Orosio quinque annis contigerunt, scilicet singulis annis duæ : post unamquamque enim plagam spatium pœnitentiæ dabatur, sed rege indurato iterum plaga inferebatur. Sed quia, Apostolo scribente, hæc omnia in figura contigebant illis ; et eodem asserente, lex spiritualis est, videndum quidnam spiritualiter significent.

Pharao, quod dicitur *denudans* vel *dissipans*, est diabolus, qui hominem gloria immortalitatis denudavit, et eum in variis erroribus dissipavit. Hujus regnum est Ægyptus, quod sonat *tenebræ* vel *tribulatio*, et sunt ignorantia, infidelitate et peccatis tenebrosi, tribulantes eos qui sunt bonis operibus dediti. Porro Pharao non est nomen hominis, sed dignitatis, sicut apud nos reges, Augusti appellantur, cum propriis nominibus censeantur : ille autem Pharao qui in mari submersus est, Ceucris dictus est. Plagæ Ægyptiorum sunt percussiones peccatorum.

Aqua Ægypti est sapientia hujus mundi ; pisces in fluctibus vagi sunt philosophi in mundanis curiosi. Hæc aqua in sanguinem vertitur, et pisces ejus moriuntur, dum sæcularis sapientia in peccatis animas obligat, et suos sectatores mortificat ; sanguis enim peccata significat, ut scribitur : *Libera me de sanguinibus (Psal.* L.), id est peccatis. Infantes Hebræorum ab Ægyptiis in aqua necati sunt, id est simplices in fide ab erroneis gentilium libris seducti.

Ranæ autem, quæ in paludibus coaxant, sunt poetæ, qui in cœno luxuriæ sordida facta priorum clamant. Hac plaga Ægyptus percutitur, dum horum doctrina cor mundanorum subvertitur.

Cyniphes vero pungentes ignitis stimulis sunt inquieti, qui feruntur variis desideriis : qui cyniphes de pulvere terræ procreati sunt, quia inquieti terrenis desideriis tantum dediti sunt. Hircis maxime inhærent, quia hi præcipue fetori libidinis insident. Hac tertia plaga hi percutiuntur, qui Spiritum sanctum non habent, qui in Trinitate tertia Persona scribitur.

Cynomyia autem musca canina hæretici sunt, qui more canum contra catholicos indiscrete latrant ; et instar muscarum importunis disputationibus repulsi advolant. Multigenæ muscæ, multimodæ sunt hæreses, quæ multis modis catholicos inquietant, et dum sanis sententiis abiguntur, iterum eos impugnant.

Pestilentia vero *animalium* est reproba vita carnalium, qui dum bestialiter vivunt, carnali vita putrescentes quasi peste intereunt.

Vesicæ autem scaturientes et pustulæ bullientes, et ulcerum incendia de favilla fornacis formata, sunt invidi, iracundi, odio pleni ; qui ira et odio feriunt, et per homicidia animarum ulcera contrahunt.

Tonitrua vero sunt minæ potentum, fulgura terrores persecutorum, grandines rapinæ prædonum ; quæ singula Ægyptios percutiunt, dum mundanos adversitatibus affligunt.

Locustæ autem et *bruchi*, qui virentia florum corrodunt, sunt bilingues et detractores ; qui malis colloquiis bonos mores bona incipientium corrumpunt.

Tenebræ vero palpabiles sunt infideles, qui multos a luce veritatis seducunt ad tenebras erroris : in his tenebris horribiles imagines apparent, qui eos deterrent ; quia quædam monstruosa de futuris suppliciis imaginantur, de quibus merito talia credentes terreantur. Porro lux ibi lucet, ubi filii Israel sunt ; quia filiis lucis gaudia æternæ claritatis patescunt.

Primogenita autem Ægypti, quod hæredes sunt, amatores sunt mundi : qui quasi Ægyptum hæreditant, dum solum hunc mundum amant. Sed primogenita Ægypti percutiuntur, dum amatores mundi ab hac vita per mortem tolluntur, et æternis suppliciis traduntur. Dii quoque eorum damnatur, dum prælati eorum cum ipsis æternis pœnis deputantur. Hoc etiam in nobis intelligitur. Spiritus et animæ parentes nostri sunt, *filii* sunt virtutes : inter quas *primogenitus* est fides, quæ regni Christi erit hæres ; quem angelus percutiens occidit, dum hæresis per diabolum inventa fidem in anima exstinguit, ne hæres regni Patris esse possit.

Harum decem plagarum medicina sunt decem præcepta in duabus lapideis tabulis scripta. In una tabula erant tria quæ pertinent ad dilectionem Dei ; in altera septem, quæ pertinent ad dilectionem proximi.

Primum præceptum est : *Unum Deum adora*, quod pertinet ad Patrem.

Secundum : *Non assumes nomen Dei tui in vanum*, id est non perjurabis, quod pertinet ad Filium.

Tertium : *Sanctifica diem Sabbati*, id est : Unum diem in hebdomada ab operibus corporis requiesce, et Deo vaca, quod pertinet ad Spiritum sanctum.

Quartum : *Honora patrem et matrem*.

Quintum : *Non occides*, subaudi : nec manu, nec lingua, nec corde.

Sextum : *Non mœchaberis :* subaudi : nec facto, nec consilio, nec voluntate.

Septimum : *Non furtum facies*.

Octavum : *Non falsum testimonium dices*.

Nonum : *Non concupisces rem proximi tui*.

Decimum : *Non desideres uxorem alterius nec omnia quæ illius sunt*.

Hæc ideo denario numero continentur, quia ipse est limes omnium numerorum : et ideo pro mercede dabitur in vinea, id est in lege Domini laborantibus, quæ est finis operum nostrorum. Quem denarium ternarius et septenarius complectitur ; quia ternario fides Trinitatis, septenario vero operatio innuitur : quæ utraque in gemina dilectione per septem dona Spiritus sancti in his septem diebus complentur. Tabulæ autem lapideæ legis designant dura corda, quæ noluerunt dilectionem recipere.

Lex vero ideo in igne datur, quia prævaricatores legis igni traduntur: facies autem legislatoris splendida apparuit, quia observatores legis ut sol fulgebunt. Amen.

SELECTORUM PSALMORUM EXPOSITIO

Ex inedito ejusdem amplissimo Commentario in Psalmos excerpta.

(Ex codice ms. inclytæ Carthusiæ Gemnicensis in Austria publici juris fecit venerabilis D. P. Leopoldus Wydemann, ibidem bibliothecarius. Edidit D. B. Pezius *Thesauri Anecdot.* tom. II, parte I, pag. 95.)

AUCTORIS DEDICATIO.

(111) Christiano Patri verbo et exemplo relucenti ut speculum, commisso gregem ad pascua vitæ per arctum callem ducenti Honorius devotus Christo servientium servus, devotæ orationis affectus, quatenus cum apparuit Princeps pastorum, super omnia bona Domini constituatur in tabernaculis justorum.

Studium tuum, venerande Pater, flagrans in Scripturis ardenter, ad opus quod jubes aggredi accendit animum meum vehementer, et cymbam ingenioli mei impellit in pelagus intransnavigabile, sed tamen flatu Spiritus sancti ac remis orationum tuarum aliquando transmeabile. Valido siquidem impulsu charitatis urges me subire præclarum onus fraternæ utilitatis, redundantiam videlicet supernæ dulcedinis in Psalmis clausam stylo reserare; ac squalenti vase dulcem Spiritus sancti potum sitientibus justitiam propinare: quatenus hi qui psalmos jugiter ruminant, eximiam superni nectaris suavitatem interiori palato sapiant; ne forte eis cœlestia verba, ut insipida aqua de ore profluant, aut ut fistulæ in organis inanem sonum emittant. Cujus ardui operis dum penso magnitudinem, perhorresco: dum vero in eo perpendo gratiæ plenitudinem, de injuncto munere hilaresco; confidens me omnium orationibus sublevari, qui meo potuerint labore in scripturis adjuvari. Hoc igitur opus nomini tuæ dignitatis dedicetur, ac per te utilitati fidelium publicetur.

Psalterium Gallicum autem, non Romanum, explanabimus, quia in nostris Ecclesiis illud psallimus. Est autem Gallicum Psalterium, quod a septuaginta Interpretibus est translatum: Romanum autem quod a Symmacho, vel nescio a quo alio est interpretatum. Sunt enim sex translationes ab Ecclesia receptæ, videlicet septuaginta, Theodotionis, Symmachi, Aquilæ, et quinta editio cujus auctor ignoratur, et S. Hieronymi. Nos autem septuaginta Interpretum translationem tractabimus, et ubi opus fuerit, de aliis assumemus.

Quid sit et unde dicatur Psalterium?

Multa sunt indoctis de Psalterio dicenda; sed pauca doctis summatim stylo perstringenda. Psalterium est musicum instrumentum, decem chordis distentum, triangulum, in modum deltæ formatum, et dicitur Hebraice nabla, et Latine organum, inferius latum, superius concavum: quod inferius percussum, superius reddit sonum. Ab hoc instrumento hic liber Psalterium cognominatur, et hymni in hoc instrumento decantati, psalmi denominantur. Quod autem apud nos sunt rhythmi scilicet cantus certo syllabarum numero compositi, fidibus citharæ apti: hoc sunt apud Hebræos psalmi metro vario compositi, chordis Psalterii apti. Significat autem modulatio cantus contemplationem, ipsi vero psalmi bonam actionem. Ideo autem mysteria hujus libri sunt per involucra et ænigmata tecta, ne vilescerent omnibus aperta.

Quod ad logicam pertineat.

Philosophia est amor sapientiæ; philo quippe amor, sophia dicitur *sapientia*: hæc dividitur in tres partes, in physicam, ethicam et logicam; id est in naturalem, moralem, rationalem. Physis namque natura, ethys mos, loys ratio dicitur. Ad physicam pertinet Genesis, quæ de naturis loquitur: Epistolæ Pauli ad ethicam pertinent, quæ de moribus tractant: Psalterium ad logicam, quæ et theorica dicitur, eo quod de ratione divinæ scientiæ memorat.

Traditur autem quod Psalterium in quinque diebus a David sit editum; et in quinque libris distentum, per quinque millia annorum, per quinque vulnera Christi redemptum.

De titulo, intentione, materia, et auctore.

Titulus libri hujus est liber hymnorum: hymnus est laus Dei metrice composita. Omnes quippe supra primam quinquagenam Psalterii. « Beatus vir, Patri verbo et exemplo, » etc.

(111) Rubrica codicis Mellicensis, sæculo XIII, ab Ottone de Veldsperg, priore Mellicensi exarati, est hæc: *Incipit Liber Honorii ad Chunonem abbatem*

psalmi in Hebræa lingua certo metro decurrunt : sed hoc translatores propter simplices minime servare curarunt. Titulus autem dicitur a Titane, id est a sole : quia sicut sol oriens mundum illuminat, ita titulus sequens totum opus illustrat. Intitulatur etiam liber Soliloquiorum de Christo, quia absque persona loquitur de toto Christo, scilicet de capite et corpore.

Intentio totius libri est nos hortari per imitationem Christo conformari : ut per ipsum redeamus ad summam gloriam, qua per Adam perdita venimus in summam miseriam.

Materia est Christus et Ecclesia, theoricæ, id est divinæ scientiæ supponitur : utilitas, scire vitia cavere, bona agere; finalis causa, adeptio vitæ æternæ.

David rex et propheta omnes psalmos Spiritu sancto afflatus de Christo et Ecclesia composuit, titulos quasi quasdam claves apposuit : quia sicut janua clave aperitur, ita titulo intellectus psalmi reseratur. Quod quidam psalmi sub nomine *Asaph*, *Idithun*, *Ethan* vel aliorum intitulentur, non ideo fit, quia ipsi eos ediderunt, sed ut interpretatio nominum illorum denotetur. Quod autem quidam nominibus *Aggæi* et *Zachariæ* inscripti sunt, qui longe post David fuerunt; declarant manifestam sancti Spiritus inspirationem, cui omnia futura sunt præsentia.

Qui et nomen Josiæ regis longe ante prædixit, et futura Christi mysteria, ut postea contigerunt, in psalmis descripsit. Porro trecenti viri fuerunt ordinati ad modulandum hoc opus ante arcam Domini, quibus quatuor præcentores præerant, Asaph, Idithun, Ethan et Heman; unde et quidam psalmi eis attitulantur.

De ordinatione psalmorum.

Psalmi non ordinatim, sed sparsim sunt a David conscripti. Post incensam autem a Chaldæis legem Esdras propheta novas litteras invenit, legem renovavit; psalmos in unum volumen redegit, ordinem ob certas causas dedit, titulos quasi claves ad reseranda occulta mysteria affixit. Traditur namque, quod David in primis *Benedictus Dominus Deus meus* ediderit; sed Esdras propter mysterium *Beatus vir* primum, deinde cæteros in ordine sequentes posuerit.

De forma sive figura psalterii.

Psalterium, quod Christum et Ecclesiam concinit, forma sua corpus Christi exprimit. Dum enim inferius percutitur, superius resonat : et corpus Christi dum ligno crucis suspenditur, divinitas per miracula resonat. Delta, ad cujus formam Psalterium fit, quarta littera in ordine alphabeti notatur, et corpus Christi quatuor elementis compaginatur : sive Ecclesia, quæ est corpus ejus, quatuor Evangeliis ædificatur.

Exprimit etiam Psalterium formam hominis, qui constat ex superiori et inferiori, corpore videlicet et anima, qui debet inferius percutere, id est corpus suum jejuniis et orationibus affligere, ut sic superius possit dulce melos Deo reddere; juxta illud : Carnem macerant, Spiritum roborant. Quod fit in triangulo Psalterio, hoc est, in confessione Trinitatis : et in decem chordis, id est in decem præceptis legis. Chorda exsiccatur, torquetur, extenditur : ita debet homo a carnalibus concupiscentiis exsiccari, virtutibus torqueri, charitate extendi, quia nulla operatio valet sine charitate; ut illud : *Si distribuero omnes facultates meas*, etc.

Decem chordæ, quæ in Psalterio extenduntur, sunt decem præcepta legis, quæ per Christum traduntur. Decem in quinque et quinque resolvuntur et quinque sensus in corpore Christi geminati reperiuntur : per quos decem chordæ dulciter resonant, dum decem præcepta operibus repræsentant. Unde licet Psalterium pro uno volumine computetur, tamen in quinque incisionibus quasi quinque libris distinguetur. Qui geminantur, cum de Christi divinitate et humanitate, vel de Christo et Ecclesia, vel de activis et contemplativis intelligantur.

De numero psalmorum.

In Psalterio centum et quinquaginta psalmi scribuntur : quia sicut olim diluvio centum quinquaginta diebus mundi scelus diluitur, sic crimen pœnitentis Ecclesiæ centum quinquaginta psalmis undis lacrymarum abluitur. Unde quinquagesimus psalmus pro pœnitentia, centesimus pro judicio, centesimus quinquagesimus pro laude ponitur : quia nimirum qui hic pœnitet, judicium evadet, et ad perennem laudem per Christum perveniet.

De mysterio psalmorum.

Hic liber scribit de capite et corpore et singulis membris, id est de Christo, et Ecclesia, et singulis electis. Unde aliquando caput Christi, id est divinitas; aliquando caput Ecclesiæ, id est humanitas; aliquando corpus Christi, id est tota Ecclesia; aliquando Ecclesia hic in terris peregrinans; aliquando Ecclesia cum Christo in cœlis regnans; aliquando sanum membrum, id est justus; aliquando membrum ægrotans, id est peccator loquitur : et inde est, quod personæ in psalmis ita varientur.

Spiritus sanctus de capite loquitur, uti ibi : *Beatus vir*, id est Christus, *qui non abiit* (*Psal.* 1), etc. Caput de seipso loquitur, ut ibi : *Ego autem constitutus sum rex ab eo* (*Psal.* II), etc. Spiritus sanctus loquitur de corpore, ut ibi : *Astitit regina a dextris tuis* (*Psal.* XLIV), etc. Corpus de seipso, ut ibi : *Dico ego opera mea regi* (*ibid.*), etc. Membrum sanum loquitur ut ibi : *Custodi animam meam, quoniam sanctus sum* (*Psal.* LXXXV), etc. Membrum ægrotum ut ibi : *Miserere mei, Domine, quoniam infirmus sum* (*Psal.* VI).

Unde psalmi a fidelibus decantati tam vivis quam defunctis prosunt, sicut escæ solo ore sumptæ omnibus membris proficiunt : quia per verba Spiritus sancti tam defuncti quam vivi in libro vitæ scribentur qui in corpore Christi per unitatem fidei recensentur. Sicut enim infantes in baptismate fidem suam per patrinos pronuntiant, sic indocti vel defuncti per ora psalmos canentium Deo supplicant. Anima quoque in suppliciis posita, quasi dolens membrum per os Ecclesiæ clamat : *De profundis clamavi (Psal.* cxxix), etc.

Hic liber est clavis cœli et janua paradisi : per hunc etenim cœlum referatur, per hunc ad æternam vitam intratur. Ideo ab hoc sumunt omnes initium discendi, qui per libros sunt docendi. Hic liber inchoatur a beatitudine et finitur in laudis jubilatione, quia per Christum, qui est beatus vir, datur beatitudo, ubi est perpetua laus et dulcis jubilationis multitudo. Hic liber translative Psalterium, proprie David, specialiter et propter excellentiam Propheta nominatur. Unde aliquando legitur, sicut in Psalterio; aliquando sicut in David, aliquando sicut in Propheta scribitur : quod totum de isto libro dicitur.

Scriptura Veteris Testamenti Spiritu sancto auctore scribitur, et in tria, id est in historiam, in prophetiam, in hagiographiam dividitur. Historia est, quæ præterita narrat ; prophetia, quæ futura nuntiat ; hagiographia, quæ æternæ vitæ gaudia jubilat. Hic liber in hagiographia locum possidet, quia laudibus æternæ patriæ plenius refulget.

Nota.

Sacra Scriptura quinque modis intelligitur; aliquando ad solam historiam, cum præterita narrat, ut ibi : *Formavit Deus hominem de limo et posuit eum in paradisum (Gen.* II). Aliquando ad historiam et allegoriam, ut ibi : Jacob duxit uxores Liam et Rachel; quod ita in re fuit, sed activam et contemplativam vitam Christo jungendam prænotavit. Aliquando ad solam prophetiam, cum futura prænuntiat, ut ibi : *Ecce Virgo concipiet et pariet filium (Isa.* VII). Aliquando ad solam litteram, cum aliquid mandat, ut ibi : *Non occides, non mœchaberis (Deut.* V). Aliquando ad solam allegoriam, ut in Canticis canticorum. Hi omnes modi in hoc libro inveniuntur. Historia, ut : *Initio, tu Domine, terram fundasti (Hebr.* I). Historia et allegoria, ut : *Percussit petram et fluxerunt aquæ (Psal.* LXXVII); quod et in Christo et in eremo contigit. Prophetia ; ut : *Benedictus qui venturus est in nomine Domini (Psal.* CXVII). Sola littera, ut : *Declina a malo et fac bonum (Psal.* XXXVI). Sola allegoria, ut : *De torrente in via bibet (Psal.* CIX).

Hic liber ad formam mundi ordinatus cognoscitur, qui in tria tempora dividitur : quorum unum ante legem, aliud sub lege, tertium sub gratia computatur. Sic hic liber in ter quinquaginta psalmos partitur, in quibus universitas sanctorum invenitur. Primi quinquaginta psalmi quippe omnes justos præferunt, qui ante legem ab Abel usque ad Moysen fuerunt ; qui per pœnitentiam ad jubilæum, id est ad quinquagesimum remissionis annum, Christum videlicet, annum Domini placabilem pervenerunt. Secundi quinquaginta psalmi omnes justos depromunt, qui sub lege a Moyse usque ad Christum exstiterunt, qui per misericordiam et judicium Christum promeruerunt. Tertii quinquaginta psalmi omnes sanctos cantant, qui sub gratia tempore Christi usque ad finem mundi consurgent : qui per charitatem, quæ in *beati immaculati* describitur ; et per ascensiones virtutum, quæ in quindecim gradibus reperiuntur, ad laudes æternæ jubilationis perducuntur.

Psalterium non exteriori, sed interiori homini loquitur : sanctus enim Spiritus in eo loquitur, non carni, sed spiritui, et idcirco totum spiritualiter intelligitur. Unde sicut olim manna habuit omne delectamentum et omnem saporem suavitatis ; sic carmen hujus libri habet omne spirituale delectamentum, et est convertibile ad omnem sensum cujuslibet intentionis.

Cum in choro psallitur, tunc sunt verba Ecclesiæ Deum laudantis ; cum a justo canitur, tunc sunt verba gratias agentis ; cum a peccatore recitatur, tunc sunt verba veniam deprecantis ; cum pro defunctis decantatur, tunc sunt verba animæ de supplicio ad Deum clamantis : et quocunque se intentio canentis converterit, mox se sensus hujus scripturæ affectui canentis conformabit. Cum maledicente maledicit, cum benedicente benedicit. Maledicit membra diaboli, ut ibi : *Maledicti qui declinant a mandatis tuis (Psal.* CXVIII) ; benedicit membra Christi, ut ibi : *Benedicti vos a Domino (Psal.* CXIII).

His utiliter prælibatis expediti ad ipsum textum veniamus. Sequitur :

PRIMUS PSALMUS DE INCARNATIONE CHRISTI.

VERS. 1. — *Beatus vir qui non abiit in consilio impiorum.* Primus psalmus non habet titulum, quia proprie est de Christo qui nullum habet initium. Hic etiam titulus omnium psalmorum scribitur, quia omnes per eum aperiuntur, dum omnes de Christo intelliguntur. Hic quoque monas, id est unitas nominatur, quia hunc describit, qui proprie unitas adoratur. Et sicut omnes numeri ab unitate procedunt, sic omnes psalmi ab hoc numerandi initium sumunt. Hic nihilominus caput libri nuncupatur, quia de capite Ecclesiæ Christo scriptus commemoratur ; sicut ab ipso Domino dicitur : *In capite libri scriptum est de me, ut facerem voluntatem tuam (Psal.* XXXIX). Psalmus hic habet duas partes : unam *Beatus vir*, in qua Christi incarnatio et corpus ejus Ecclesia notatur ; alteram *non sic impii*, in qua corpus diaboli demonstratur.

Materia hujus psalmi est Christus cum corpore suo, id est, cum Ecclesia fidelium : et corpus diaboli, id est multitudo iniquorum ; et ultimum judicium, et regnum justorum et supplicium malorum. Intentio ejus a malis revocare, et ad bona invitare, et ostendere genus humanum per Adam in miseriam lapsum, per Christum ad gloriam reparatum. Auctor est Spiritus sanctus, scriptor David rex et propheta.

Verba psalmi hujus sumpta sunt de prima ætate mundi ab Adam usque ad tempus diluvii. Quædam, quæ ante incœptionem psalmi subintelliguntur, de Adam sumuntur. *Beatus vir* de Abel, sed, *in lege Domini* de Henoch : *et erit tanquam lignum*, de ligno vitæ in paradiso ; *non sic impii*, de gigantibus ; *ideo non resurgunt impii in judicio*, de diluvio : *Quoniam novit Dominus viam justorum*, de his qui in arca fuerunt ; *et iter impiorum peribit*, de his qui in diluvio perierunt, sumptum videtur. Significat autem Christum cum universis electis per ultimum judicium ad beatitudinem transiturum, et diabolum cum reprobis æternum supplicium subiturum. Hic psalmus tripliciter intelligitur, de Christo, de Ecclesia, de unoquoque electo. De Christo igitur in primis videamus, et ab ipso qui est principium tractandi, exordium sumamus. Adam terrenus et vetus homo infelix fuit, qui de justitia ad injustitiam, de beatitudine in miseriam, de paradiso in exsilium, de vita in mortem abiit ; *in consilio impiorum*, id est dæmonum malum sibi consiliantium. Et *in via peccatorum* stetit, quia in errore stabilis permansit : *et in cathedra pestilentiæ sedit*, dum malitiam posteros pravo exemplo docuit. Hinc tres mortes exprimuntur, quibus omnes posteri Adæ involvuntur : quæ ex consensu, ex actu, ex consuetudine oriuntur. Diabolo namque persuadente homo consensit, dum vetitum a Deo concupivit. Et quia a statu rectitudinis abiit, dum Deo similis esse voluit, beatitudinem amisit et mortem animæ subiit : Et hoc *in consilio impiorum*, dæmonum, quorum consilium est justitiam deserere, et a Deo apostatare ; et hæc est mors prima.

Et in via peccatorum stetit, dum concupiscentiam actu perficiens interdictum pomum comedit. Via peccatorum est transgressio mandatorum ; et quia hanc viam est homo ingressus, ideo est etiam morte carnis depressus ; hæc est mors secunda.

Et in cathedra pestilentiæ sedit, dum ex prava consuetudine malum exemplum aliis præbuit. Cathedra enim pestilentiæ est doctrina malitiæ ; per hanc prolata est in hominem mors tertia, quæ est justa damnatio. Tali modo primus homo abiit et cum suis sequacibus periit.

Christus autem secundus Adam, cœlestis et novus homo est. *Beatus vir*, qui homini beatitudinem contulit : dum semper Deus existens vir fieri voluit. *Qui non abiit in consilio impiorum* dum a justitia non declinavit in tentatione dæmonum prava sibi consulentium. *Et in via peccatorum non stetit*, quia peccatum non fecit ; *et in cathedra pestilentiæ non sedit*, quia nec verbo nec exemplo ullum malum docuit.

Diabolus tribus modis tentandi eum appetiit, quibus et primum hominem devicit ac tribus mortibus victor subegit. Galam quippe Christo suasit, dum lapides mutari in panem voluit inanem gloriam suasit, dum saltum de templo dare monuit ; avaritiam vel superbiam suasit, dum omnia regna mundi præbuit. Sed quia Christus victor exstitit, dum ad concupiscentiam *non abiit*, nec in vana gloria *stetit*, nec in avaritia *sedit :* ideo humanum genus a tribus mortibus, cogitationis, locutionis et operis redemit.

Sedere est regnantium vel docentium ; pestilentia est libido dominandi, quæ ita omnes titillat, ut nec monachos intactos relinquat. *In cathedra pestilentiæ sedet*, qui prælaturam dominandi appetitu tenet. Cujus ambitionis ne cui daret exemplum, renuit Christus, homo Dominicus, a turbis in deserto oblatum sibi regnum. Supra dicta, quidem Christus non fecit, sed quid ?

VERS. 2. — *In lege Domini voluntas ejus.* Lex Domini est mala devitare et bona facere, quod est justitia et dilectio ; justitia quippe est malum devitare, dilectio bonum facere. *In lege Domini*, quod est justitia, voluntas Christi fuit, dum justitiam indeclinabiliter tenens, Patri obediens usque ad mortem exstitit. *In lege Domini*, quod est dilectio, nihilominus voluntas ejus fuit, dum suos in finem diligens pro eis animam posuit. Unde et sequitur :

Et in lege ejus meditabitur die ac nocte. Hoc est, in prosperitate et adversitate. In die meditatus est legem justitiæ, quando turbis eum regem constituere volentibus fugit ; in nocte vero meditatus est legem dilectionis, quando Judæis eum comprehendere volentibus sive quærentibus ad passionem sponte occurrit. Sed et secundum tempus hoc in die, istud autem in nocte contigit.

VERS. 3. — *Et ideo erit tanquam lignum quod plantatum est secus decursus aquarum.* Hoc est : ipse erit comparabilis ligno vitæ in paradiso plantato, de quo dicitur : *Vincenti dabo edere de ligno vitæ quod est in paradiso (Apoc.* II). Paradisus dicitur hortus deliciarum, et significat Ecclesiam, in qua sunt deliciæ Scripturarum ; locus voluptatis est, paterna majestas, æterna beatorum voluptas, fons inde fluens est Christus de pectore Patris manans ; fluenta quæ paradisum irrigant, sunt dona Spiritus sancti quæ Ecclesiam fecundant. Lignum vitæ est sapientia, animarum vita ; hoc lignum, scilicet Christus, est *secus decursus aquarum plantatum :* hoc est, secundum descensum Spiritus sancti in utero virginali incarnatum, cujus dona ubique ut fluenta decurrunt. Hoc *in tempore fructum dedit*, dum post ascensionem in tempore a Patre destinato, Spiritum sanctum apostolis misit. Vel, *decursus aquarum* est lapsus populorum, juxta quem decursum, non in cursu, arbor illa plantata fuit : dum Christus in similitudine carnis peccati, non in carne peccatrice, apparuit. Hæc arbor *fructum suum in tempore suo dedit*, dum corpus suum in edulium fidelibus dedit. De hoc tempore scribitur : *Ubi venit plenitudo temporis, misit Deus Filium suum (Galat.* IV). Aliter : *Decursus aquarum* est mortalitas hominum, juxta quem hoc *lignum plantatum* fuit, dum Christus mortalis exstitit. Qui ad fluxum mortis decurrens ait: *Si in viridi ligno*, id est in fructifero hoc faciet; *in arido*, id est in sterili, *quid fiet?* hoc *lignum in tempore fructum dedit*, dum reparationem humani generis in passione protulit. *Suum fructum* ideo dicit quia nullus alius, quantumlibet sanctus eum dare potuit. Vel, lignum vitæ est crux ferens Christum, fructum vitæ. Vel ideo Christus comparatur arbori, quia sicut arbor umbra protegit, fructu reficit: ita Christus in hac vita suos ab æstu vitiorum umbra suæ dilectionis protegit, et eosdem in futura dulcedine suæ contemplationis refocillabit. Hoc significatur per lignum vitæ in paradiso juxta decursus aquarum de loco voluptatis salientis plantatum: de cujus fructu qui comederit non morietur in æternum.

Arbor crucis est lignum vitæ in paradiso, id est in Ecclesia, plantatum secus decursus aquarum, id est juxta fluenta Scripturarum: quia passio crucis impleta est juxta præconia prophetarum. Hujus arboris fructus est Christus in ea pendens: de cujus corpore qui comederit, non morietur in æternum. De quo ligno subditur quod *fructum suum dabit in tempore suo*. Arbor crucis fructum in suo tempore dedit, dum in tempore passionis, sustinuit Christum pro salute humanæ redemptionis. Christus quoque fructum suum in tempore suo dedit, dum in die resurrectionis, fidelibus attulit gaudium æternæ exsultationis; fructum in tempore suo dedit dum in die ascensionis hominibus cœlum contulit. Crux in tempore suo fructum dabit, cum in judicio apparens Christum pro humano genere passum demonstrabit. Christus fructum suum in tempore suo dabit, cum post judicium Ecclesiam sanguine suo acquisitam Deo ac Patri reddet et se, ut est Patri coæqualis, ei manifestabit. De hoc ligno adhuc sequitur:

Et folium ejus non defluet. Folium arboris est doctrina de cruce passionis Christi; sicut enim foliis fructus operitur, sic verbo doctrinæ opus vestitur. Sicut ergo folium palmæ imo ligni vitæ non defluet, ita promissio doctrinæ Christi pro operibus fixa permanet. Unde aperte subditur:

Et omnia quæcunque faciet, prosperabuntur. Sicuti ea quæ facta sunt per Adam in arbore prævaricationis, cesserunt homini in adversitatem: ita cuncta quæ facta sunt per Christum in arbore passionis, provenerunt homini in prosperitatem. Sed et doctrina et signa et omne quod vel in passione vel resurrectione vel ascensione fecit, totum in prosperum humanæ salutis cessit. Et quæ in judicio adhuc faciet, prosperabuntur, dum hostes ejus per eum juste damnabuntur, justi digne coronabuntur. Hunc talem virum Spiritus sanctus exempli gratia humano generi proposuit, quasi dicat: Hunc bonum virum, qui non abiit, non stetit, non sedit in malo, vos imitamini, qui per primum hominem de summa gloria ad infimam pervenistis miseriam: ut in ista vita obumbret vos ab æstu vitiorum, et in futuro ad amissam reducat gloriam.

Hucusque de capite; nunc videamus de corpore quod est Ecclesia.

Multitudo fidelium ab initio mundi usque in finem cor unum et animam unam habere scribitur; et ideo propter unitatem fidei et unitatem dilectionis unus vir dicitur. Hic est *beatus* qui fide et operatione est beatitudini aptus: hic est *vir* dictus, quia viribus virtutum contra vitia est robustus. Hic *beatus vir non abiit in consilio impiorum*, dum fidelis populus ante Christi adventum, a cultura Dei non declinavit ad idolatriam terrore tyrannorum vel doctrina philosophorum. Beatus etiam vir non abiit in consilio impiorum, dum post Christi adventum Christianus populus a catholica fide non declinavit ad perfidiam terrore persecutorum vel persuasione hæreticorum. *Et in via peccatorum non stetit*; quia in errore non diu permansit sed cito per eam transiit. *Et in cathedra pestilentiæ non sedit*, quia idolatriam vel hæresim non docuit.

Hic tres virtutes, fides, spes et charitas notantur, per quas populus credentium repatriare conatur. Quia enim Deum verum et unum credidit, ideo ad idololatriam vel hæresim non abiit: et quia futura bona speravit, ideo in errore non stetit; in via enim peccatorum stare, est in errore perdurare. Et quia legem Dei dilexit, ideo in doctrina malitiæ non sedit. *Sed in lege Domini voluntas ejus*, subaudis, complendi.

Lex Domini est a Moyse veteri populo conscripta; lex etiam Domini sunt Evangelia novo populo credita. Populi fidelis ante Christi adventum voluntas in lege Domini fuit, dum mandata legis implere studuit: populi Christiani voluntas in lege Domini fuit, dum præcepta Evangelii implere studuit. *Et in lege ejus meditabitur die ac nocte*, hoc est, omni tempore versabitur in dilectione. In die meditatur legem Dei, quando in pace diligit amicos in Deo: in nocte hanc meditatur cum in persecutione diligit inimicos propter Deum.

Et ideo *erit tanquam lignum quod plantatum est secus decursus aquarum*. Arbor mittit radicem deorsum et stipitem sursum, de quo rami prodeunt, ex quibus folia exeunt: sub his fructus dependent, in quibus semina latent. Huic arbori dilectio comparatur, per quam multitudo fidelium ad alta scandere conatur. Radix quæ terræ infigitur, est dilectio qua proximus in terra diligitur. Stips ad alta surgens est dilectio Deum diligens. Rami arboris sunt variæ virtutes charitatis, folia sunt bona verba; flores bona voluntas, fructus bona opera, semen sana doctrina. Hoc *lignum plantatum est secus decursus aquarum*, quia arbor charitatis fundatur super fluenta Scripturarum.

Aqua tria facit: sordes abluit, sitim exstinguit, imaginem reddit; sic fons sapientiæ fluens de loco voluptatis, id est Christus de pectore Patris per charitatem sordes peccatorum diluit, sitim ignorantiæ exstinguit, imaginem Dei animæ reddit. Hæc arbor fructum suum in tempore suo dabit, quia charitas aliquando contemplationi vacat, aliquando actioni insudat. Hujus arboris folium non defluet, quia nullum verbum a bono prolatum sine mercede remanet.

Et omnia, quæcunque faciet, prosperabuntur; quia, sive prospera, sive adversa, omnia sanctis in prosperitatem commutantur, quibus omnia, vel bona vel mala, in bonum cooperantur.

Nota ordinem : Inprimis docemur a malo declinare; deinde bonum facere, ad extremum de fructu ligni vitæ edere. Quem ordinem Ecclesia in baptizandis servat : quos primum docet diabolo et operibus ejus et pompis renuntiare, deinde in Patrem et Filium et Spiritum sanctum credere; post hæc de corpore Christi edere.

Hæc de corpore sunt dicta, nunc pauca de membris sunt dicenda.

Applicatio psalmi primi ad quemcunque fidelem.

Quisquis fidelis est membrum Ecclesiæ, corporis Christi; qui a capite Christo beabitur, si in integritate corporis, id est in unitate Ecclesiæ commoralitur. *Beatus* dicitur bene auctus, vel bene aptus; id est gloria auctus, vel beatitudine aptus. Est autem beatus, cui nihil deest quod velit, nec aliquid velit quod nocet. *Vir* dicitur a viribus, qui contra vitia est fortis et non mollis.

Quilibet ergo fidelis in fide et operatione stabilis, est *beatus vir, qui non abiit in conspectu impiorum,* id est in nulla perfidia a Deo apostatavit consilio dæmonum vel hominum impiorum.

Hic potest syllogismus formari : est autem syllogismus argumentatio dubiæ rei faciens fidem. Syllogismi latent in sacra Scriptura, ut piscis in profunda aqua : et sicut de aqua piscis in usum hominis extrahitur, ita syllogismus de Scriptura ad utilitatem elicitur; qui tribus membris, propositione, assumptione, conclusione, hoc modo componitur. Beatus vir cujus voluntas in lege Domini est ; nullus cujus voluntas in lege Domini est, abiit in consilio impiorum, nullus igitur beatus vir abiit in consilio impiorum. Hic categoricus syllogismus vocatur : hoc modo per totum hunc librum categoricos syllogismos vocabis.

Et in via peccatorum non stetit, id est in nullo vitio, quod est via ducens ad mortem, permansit, licet in ea aliquandiu humano errore ambulaverit. Sic namque solemus dicere : Tot annos in illa civitate steti, id est mansi : *Lata enim et spatiosa est via, quæ ducit ad mortem (Matth.* VII). *Et in cathedra pestilentiæ non sedit.* Cathedra est sedes doctorum, pestilentia vero contagio animalium : cathedra pestilentiæ est doctrina malitiæ; vel cathedra pestilentiæ est hæresis, quæ uti contagio per greges ovium, ita late pervagata est mentes fidelium. In Hebræo scribitur, *in cathedra derisorum vel delusorum,* et intelligitur Pharisæorum vel hæreticorum, Dominum vel Ecclesiam deridentium. In cathedra ergo pestilentiæ non sedit, qui malum usque in finem pravo exemplo non docuit.

Impius est qui in Deum vel in parentes peccat, peccator qui in seipsum, pestilens qui proximos vastat. Tres lapsus animæ hic notantur, cogitatio, locutio, actio. *Beatus vir non abiit in concilio impiorum,* dum cogitationi a dæmonibus immissæ per voluntatem non consentit; *in via peccatorum non graditur,* dum malum non loquitur ; *in cathedra pestilentiæ non sedet,* dum malum operando, non docet. Hæc per tres mortuos figurantur qui a Domino resuscitantur : per puellam in domo resuscitatam, per adolescentem extra portam resuscitatum, per Lazarum de monumento excitatum. Puella in domo mortua est anima in cogitatione per delectationem mortua; adolescens extra portam elatus est animus in consensu operis defunctus ; senex in sepulcro fetidus est homo in prava consuetudine tumulatus. Sequitur :

Sed in lege Domini voluntas ejus, a malo declinando, et *in lege ejus meditabitur die ac nocte,* bonum faciendo. Lex a ligando dicitur, eo quod homo in mandatis Dei loris obedientiæ ligetur. *Et erit tanquam lignum quod plantatum est decursus aquarum ;* hoc est, hic talis ut palma in fide florebit, ut oliva in operatione fructificabit. Quæ arbor secus decursus aquarum plantatur, hoc est, ipsa arbor fructifera fonte salientis in vitam æternam irrigatur : quæque *fructum in tempore suo dabit,* hoc est, in tempore tribulationis fructum patientiæ reportabit. Tempus malorum est hic desideria carnis implere ; tempus bonorum est hic de malis mundi lugere. Mali in tempore suo spinas et tribulos peccatorum proferunt; boni in tempore suo flores virtutum et fructus bonorum operum emittunt. In tempore autem tribulationis mali, ut arida ligna, in igne ardebunt ; boni autem, ut sol, in regno Dei fulgebunt. *Et folium ejus non defluet,* hoc est, in angustia positus ut Job nec malum verbum proferet. Et ideo *omnia quæcunque faciet, prosperabuntur,* quia omnis adversitas et tristitia in gaudium ejus convertetur

Post descripta membra Christi sequuntur impii, qui sunt membra diaboli.

Applicatio partis alterius psalmi ad impios.

Boni sunt a malo declinantes, et bonum facientes. (VERS. 4.) *Non sic impii,* subaudit, sunt in voluntate, non sic in actione. Sed quales? *tanquam pulvis,* in malitia aridi, nullo charitatis humore madidi, *quem projicit ventus a facie terræ.* Ventus est tentatio, pulvis moribus leves, facies terræ caro Christi : qui formam terræ induit dum in carne nobis similis apparuit. Sicut ergo ventus turbinis pulverem a terra tollit, et in circuitu volvit ; sic ventus tentationis instabiles a fide Christi elevat, et in gyro carnalium desideriorum rotat, et a terra viventium dissipat.

Aliter : *Non sic impii,* quemadmodum illi, qui imitando beatum virum ad similitudinem ligni vitæ proficient, ita ut videndo beatitudinem et æternitatem ejus ipsi beati et æterni sint juxta illud : *Secundum dies ligni erunt dies populi mei (Isa.* LXV).

Sed infructuosi, ut aridum lignum, igni apti erunt quos ventus aquilo, id est diabolus, projicit per cupiditates a facie terræ, id est a stabilitate Ecclesiæ, ut sint pulvis et cibus serpentis.

VERS. 5. — *Ideo non resurgunt impii in judicio neque peccatores in consilio justorum.* Impii sunt in Deum et in parentes peccantes, peccatores vero in malis perseverantes. Vel impii sunt pagani et Judæi, peccatores hæretici et falsi Christiani. Duo sunt judicia : unum hic confessionis, alterum extremæ examinationis. In hoc judicio est sacerdos judex, homo reus accusator, conscientia testis, pœnitentia judicis sententia : porro consilium justorum est conversio peccatorum. Impii ergo in hoc judicio non resurgunt, quia profundum suum casum in flagitiis nesciunt. Et ideo crimina sua confiteri et pœnitere refugiunt. *Neque peccatores in consilio justorum* subaudis, resurgunt, quia de malitia ad bonitatem converti nolunt. Vel *in conspectu justorum non resurgunt*, id est in concordia eorum esse renuunt, quos et oderunt. In ultimo autem judicio omnes tam reprobi quam electi in carne resurgunt, et omnes rationem pro propriis factis reddituri ante tribunal Christi stabunt. Sed impii in judicio non resurgent, id est ut justos ibi judicent sicut hic fecerunt : sed ut a justis judicentur, et pro factis suis juste damnentur. Neque peccatores ibi resurgent in consilio, id est in congregatione justorum; quia hic noluerunt resurgere ad justitiam in consilio justorum, et ideo non erunt ibi participes beatitudinis eorum.

De quatuor ordinibus.

Quatuor ordines erunt in judicio; duo electorum, duo reproborum. Unus electorum ordo sunt perfecti, qui in judicium non perveniunt, sed judices cum Domino erunt; alter electorum, sunt qui ab auditione mala non timebunt, sed per dulcem vocem judicis vocati, *Venite, benedicti* (*Matth.* xxv), gaudium Domini sui intrabunt; tertius reproborum infidelium, quia jam judicati, etiam damnati sunt ; et quia hi sine lege peccaverunt, sine lege peribunt ; quartus ordo reproborum fidelium, qui Deum verbis professi sunt, factis autem negaverunt : et quia in legem Dei peccaverunt, per legem judicabuntur, cum eis terribiliter a Judice dicetur : *Discedite a me, maledicti* (*ibid.*), etc.

Hoc totum ideo fit, quoniam (VERS. 6) *novit Dominus vitam justorum*, id est approbat vitam illorum et laudans remunerat facta eorum, quando ibunt cum eo in vitam æternam. Viam autem malorum non cognoscit, id est vitam illorum improbabit : et ideo *iter impiorum peribit*, id est affectiones malorum, in quibus ut in viis discurrebant, tunc disperibunt, cum in æternum supplicium cum diabolo introibunt.

Conclusio.

Hic psalmus a primordio mundi incipiens, in fine sæculi clauditur : quia mundus in Christo, qui est principium et finis, inchoans in eo etiam finitur.

Ideo autem hic psalmus in nocte Dominica canitur, quia in ea Christus resurrexit, de quo ipse scribitur : etiam in hac die Ecclesia (corpus Christi) resurretura erit, cui hic psalmus congruit. Ideo et in festo cujuslibet sancti psallitur, quia quisque fidelis membrum Ecclesiæ censetur, cujus compago in descriptione hujus psalmi tenetur.

PROLOGUS IN PSALMUM QUINQUAGESIMUM.

Hic psalmus quartus de pœnitentialibus scribitur : quia per quatuor virtutes, prudentiam, fortitudinem, justitiam, temperantiam homo perfectus efficitur. Septem autem pœnitentiales psalmi ideo ponuntur, quia per septem dona Spiritus sancti, peccata remittuntur. Primus spiritui timoris, secundus spiritui pietatis, tertius spiritui scientiæ, hic quartus spiritui fortitudinis ascribitur ; quæ una de quatuor principalibus virtutibus ponitur. In hoc psalmo præcipue humilitas et oratio notantur, per quas maxime peccata relaxantur.

In quinquagesimo loco ponitur, quotus numerus dierum Pentecosten scribitur : et significat lætitiam, quam pœnitens assequitur per veniam. Hoc expressum est per annum quinquagesimum, qui dictus est jubilæus, id est jubilatione plenus : in quo recepit populus amissam hæreditatem, et venditus rediit ad perditam libertatem. Sic per pœnitentiam amissa hæreditas paradisi recipitur, et ad pristinam libertatem reditur. Homo enim concupiscentia victus sub peccato venundatur; cum omnis qui facit peccatum, servus peccati efficiatur. In quinquagesimo numero denarius quinquies multiplicatur ; quia post quinque sæculi ætates Christus salus hominum et vitæ denarius generatur : per quem Spiritus sanctus, qui est remissio peccatorum, datur.

De titulo, historia et figura.

Titulus hujus psalmi est : (VERS. 1, 2) *In finem Psalmus David, cum venit ad eum Nathan propheta, quando intravit ad Bethsabee.* Nota est historia. Urias unus de ducibus David pulchram uxorem habuit, quam rex se balneantem conspiciens concupivit, adduci præcepit, cum ea concubuit. Interim vir ejus in obsidione cujusdam civitatis cum exercitu consedit, sed Davidis consilio occisus interiit. Hoc facto, misit Dominus Nathan prophetam ad David, qui ei paradigma de ove et hospite proposuit : per quod ei culpam perpetratam objecit. David vero commissum scelus agnoscens, et comminationem Domini terribilem expavescens, pœnitentiam ex corde egit, et hunc psalmum pro satisfactione composuit, et pristinam gratiam a Domino promeruit.

Hic ergo psalmus ascribitur David regi et prophetæ, qui erat respiciens *in finem*, id est in Christum : per quem vidit sibi remittendum peccatum ; dum venit ad eum Nathan propheta, quando intravit ad Bethsabee. Hoc est quando eum Nathan propheta increpavit pro adulterio commisso Bethsabee et homicidio Uriæ.

Nathan, qui David de pœnitentia monuit, dicitur *dedit* et significat ordinem doctorum, qui populo fidelium consilium de pœnitentia dat. Qui paradigma de ovibus proposuit, quia bonus pastor animam pro ovibus posuit. Porro ad litteram homo qui multas oves habuit, David fuit, qui multas uxores habuit : pauper qui unam habuit, Urias fuit, qui unam tantum uxorem habuit.

Hospes, cui pauperis ovis occiditur, est illicitus amor, qui de copulatione uxoris reficitur. Et nota quod luxuria apud David hospes fuit, apud Salomonem vero regnum tenuit.

Lapsus sanctorum ideo scribuntur, ut potentia medici in salutem desperati ægroti commendetur, et lapsi exemplo illorum ad spem veniæ animentur. Sed stulti formam peccandi de sanctis sumunt, formam pœnitendi refugiunt.

Cum Davidi sicut aliis hominibus peccatum sit a Deo imputatum, et etiam districte in eo sit vindicatum, quæritur cur in figura ponatur? Sed sciendum est quod Deus de toto humano genere Israeliticum populum in figuram elegerit, qui populus Christiani populi umbra fuit. Nam quidquid vel inscius fecit, futurum aliquando præ notuit. Specialiter tamen Spiritus sanctus quod de illis vel de cunctis retro populis per prophetas scribi voluit, figura futuri fuit. Unde scribitur : *Omnia in figura contingebant illis* (*I Cor.* x). David itaque Christi figuram, Bethsabee Ecclesiæ, Urias diaboli imaginem gessit. Et sicut illa, dum in fonte Cedron lavaretur exuta vestibus suis, Davidi placuit, et ad regios meruit venire complexus, maritus quoque ejus principali jussione est trucidatus : ita et Ecclesia, id est congregatio fidelium, per lavationem sacri baptismatis mundata a sordibus peccatorum, Christo Domino noscitur esse sociata, et diabolus apostolis impugnantibus est annihilatus. Hoc et ipsa nomina innuunt. David namque *desiderabilis*, Bethsabee *puteus testamenti*, Urias dicitur *gloria Dei mei*, et designat diabolum, qui sibi gloriam Dei sui usurpavit, dicens : *Similis ero Altissimo* (*Isa.* xiv). Dicitur etiam *Lux mea Deus*, significans illum qui transfigurat se in angelum lucis.

Sicut Bethsabee non est passa concubitum prioris mariti, postquam copulata est David ; ita Ecclesia non est conjuncta diabolo, postquam venit ad Christum desiderabilem, qui fuit exspectatio gentium. Hæc puteus testamenti fuit, quia abyssus veteris legis in ea latuit. Urias consilio David occubuit, et diabolus Christi consilio gentilitatem amisit. Nec mireris, per adulterum figurari Christum, per adulteram denotari Ecclesiam, et per castum designari diabolum : quia nihil confert turpitudini, si litteris designetur aureis ; nihil derogat honestati, si litteris denotetur atramentareis.

De materia, intentione ac utilitate hujus psalmi.

Materia hujus psalmi est oratio pœnitentis David : intentio est nos exemplo David informare ad pœnitentiam et orationem. Magna utilitas in hac oratione fidelibus confertur ; ut justus de justitia sua non confidat, cum justissimum David cecidisse videat : et peccator non desperet dum tantum peccatorem veniam consecutum audiet. Verba sumpta sunt de pœnitentia ipsius David, et cuique fideli congruunt, qui post lapsum ad Dominum cum satisfactione et oratione recurrunt.

Quoniam si voluisses, de historia trahitur, ubi Deus sacrificium Cain respuit, quia justitiam non obtulit. Vel de historia accipitur, ubi Dominus sacrificium Saul despexit, qui obedientiam conferre neglexit. Designat autem, quod Deus hujus oblationem spernit, qui charitatem et humilitatem offerre contemnit. *Benigne fac*, de futura tunc historia trahitur, ubi Jerusalem a Babyloniis destruitur, sed iterum a Zorobabel et Jesu sacerdote construitur et acceptum sacrificium Deo offertur : vel, de historia, ubi Jerusalem a Romanis est destructa, sed ab Adriano imperatore denuo reædificata : in qua Christiani nunc acceptabilia Deo offerunt sacrificia. Significat autem quod Sion, id est Ecclesia, hic a paganis et hæreticis destruatur, sed per Jesum summum Sacerdotem et Regem Christum in cœlestem Jerusalem vivis ex lapidibus reædificatur.

De divisione hujus psalmi.

In quinque membra hic psalmus dividitur, quia pro reatu quinque sensuum pœnitentia agitur. Primum est : *Miserere mei, Deus*, in quo pœnitentis satisfactio. Secundum est : *Asperges me hyssopo*, in quo misericordiæ confidentia. Tertium : *Averte faciem tuam*, in quo Trinitatis veneratio. Quartum : *Docebo iniquos*, in quo pœnitentis futura prædicatio. Quintum : *Benigne fac*, in quo pœnitentiæ acceptio notatur.

In priori psalmo terribile judicium describitur, et blanda regis admonitio subjicitur. Unde peccatori cum dixit Jesus : *Quare tu enarras justitias meas* (*Psal.* xlix)? perterritus ad judicem cum sacrificio pœnitentiæ currit dicens :

Explicatio psalmi.

Vers. 3. — *Miserere mei, Deus, secundum magnam misericordiam tuam*. Misericordia Dei tanta est, ut de cœlo mundi Creatorem deposuerit, terreno corpore induerit, Patri æqualem æternitate, nobis coæquaverit mortalitate : formam servi Domino mundi imposuerit ; ut ipse panis vivus esuriret, fons vitæ sitiret, virtus infirmaretur, omnipotens vita moreretur. Magna misericordia fuit propter nos creari Creatorem, servire Dominatorem, vendi Redemptorem, humiliari exaltatorem, occidi vivificatorem. Secundum modum hujus magnæ misericordiæ miserere mei : Christus est fons misericordiæ in quo lotus est David, Petrus, Zachæus, Paulus, Maria, latro et alii innumerabiles, de quo sequitur :

Et secundum multitudinem miserationum tuarum dele iniquitatem meam. Major est multitudo Dei miserationum quam multitudo omnium peccatorum. Quia multiplex est tua misericordia, et magna mea miseria, ad modum tuæ multæ miserationis dele magnitudinem meæ iniquitatis. Similitudo trahitur a cera, cui impressa est deformis imago, qua deleta reformatur cera ad exprimendam pulchram imaginem : ille namque solus in libro vitæ scribetur, cujus omnis iniquitas deletur.

Vers. 4. — *Amplius lava me ab iniquitate mea.* Prius lavasti me de fonte baptismatis, jam amplius lava me de fonte lacrymarum. *Et a peccato meo munda me.* Lavasti me in baptismo ab originali, munda me nunc a peccato actuali.

Vers. 5. — *Quoniam iniquitatem meam ego cognosco.* Ideo tu ignosce, quia ego lacrymis punior, ideo tu misericorditer parce. *Et peccatum meum contra me est semper :* hoc est, quasi imago horribilis stat contra me, quam semper apertis et clausis oculis aspicio, et orando et plorando annihilare cupio. Superius dicitur : *Arguam te et statuam peccata contra faciem tuam* (Psal. xlix) : hoc pœnitens præoccupat, et ponit peccatum suum contra se semper illud aspiciens et illud deflens. Est autem vera pœnitentia et commissa deflere, et deflenda non committere.

Ideo te oro quia (Vers. 6) *tibi soli peccavi et malum coram te feci :* qui solus es sine peccato, et qui solus es bonus. Nota : Ipsum misericordiæ parentem, scilicet Christum alloquitur; omnes homines vinculis peccatorum constricti tenentur, tu solus es verax et justus. *Ut justificeris in sermonibus tuis,* cum dicas : *Quis ex vobis arguet me de peccato ?* (Joan. viii.) et propheta de te, peccatum non fecit; et : Princeps mundi veniet ad te, et nihil de suo inveniet (Joan. xiv). *Et vincas* justitia omnes homines, *cum judicaris* ab injustis dicentibus : Reus est mortis (Matth. xxvi); et : Si hic non esset malefactor non tibi tradidissemus eum (Joan. xviii).

Aliter : *Tibi soli,* qui es regum Rex, *peccavi et malum coram te feci,* qui omnia inspicis, qui de mea stirpe te nasciturum promisisti. Sed nunc omnis populus dicit : De David non nascetur Christus, qui tale peccatum commisit, et ideo fit irritum promissum tuum in opinione hominum. Ideo dimitte peccatum meum, *ut justificeris in sermonibus tuis,* implendo promissum tuum, ne fallax sed verax appareas, *et vincas cum judicaris* a mundanis, non debere te reddere ea propter multa peccata mea : et manifesta, non ex meritis meis, sed sola justitia tua sermones de promissione mihi facta fore complendos. Tu solus justus es in te, alii per te.

Vers. 7. — *Ecce enim in iniquitatibus conceptus sum.* Id est in originali peccato quia omnes in Adam peccaverunt. *Et in peccatis concepit me mater mea.* Non erat David de adulterio natus, sed de Jesse justo viro et conjuge ipsius ; nec est peccatum commistio conjugii, sed quia mortalis de parentibus propagatur, merito in peccatis concipi memoratur.

Mors enim est pœna peccati, quæ a parentibus quasi hæreditas possidetur, sed per concupiscentiam carnis ministratur. Christus autem qui sine concupiscentia est conceptus, sine peccato est generatus ; mortalis autem non natura, sed voluntate fuit, ideo vincens omnia.

Vers. 8. — *Ecce enim veritatem dilexisti.* Id est confessionem : ecce apparet quia tu prior dilexisti veritatem in me facere, id est cognitionem peccati et pœnitentiam, quia tu prius me voluisti. *Incerta et occulta sapientiæ tuæ manifestasti mihi ;* id est revelasti mihi mysteria Filii tui, quæ multis quidem revelasti, sed mihi certa monstrasti, primo ut agnoscerem te habere Filium ; deinde ut ipsum noscerem ex semine meo venturum, ita ut passionem ejus et resurrectionem quasi visam prænuntiarem. Ideo :

Vers. 9. — *Asperges me hyssopo et mundabor.* Id est mundabis me per sanguinem Filii Dei. Historia tangitur : fasciculo hyssopi aspergebatur sanguis super leprosum et mundus fiebat. Sanguis iste significavit sanguinem Filii Dei, quo leprosi corpore et anima sunt mundati. Hyssopus herba parva et reprimens tumorem pulmonis, significat humilitatem Christi qui se obtulit Deo : hyssopus dicitur radice petram penetrare, quæ petra est Christus. *Lavabis me et super nivem dealbabor;* id est purificabis me per lavationem baptismi et ero albus super nivem. Anima habet candorem suum sicut corpus suum : et inter omnes visibiles creaturas nihil albius est nive, super quam in corpore est candor animæ. Et postquam hoc feceris.

Vers. 10. — *Auditui meo dabis gaudium et lætitiam.* Superius dixisti : *Audi populus meus et loquar* (Psal. xlix), ecce audio obedienter quid præcipias, nec contradico, et huic auditui meo dabis gaudium et lætitiam. Gaudium pertinet ad peccati absolutionem, lætitia ad perennis vitæ perceptionem. Auditui gaudium et lætitiam dabit quando dicet : *Venite, benedicti Patris mei, percipite regnum* (Matth. xxv), etc., audita hac voce *exsultabunt ossa humiliata,* scilicet animi firmamenta in pœnitentia debilitata. Per ossa etiam intelligitur ratio et liberum arbitrium, in peccatis inclinata : hæc exsultabunt, cum restitues vim rationis et facultatem liberi arbitrii. Dum enim homo peccatis delectatur, ratio excæcatur, liberum arbitrium debilitatur. Ut auditui meo des gaudium et lætitiam,

Vers. 11. — *Averte faciem tuam a peccatis meis.* Deum peccata nostra aspicere vel recordari est velle punire ; faciem a peccatis avertere vel oblivisci, est nolle punire. Cæterum Deus semper aspicit omnium hominum actus vel cogitationes, nec unquam obliviscitur, cui omnia præterita et futura sunt præsentia. *Et omnes iniquitates meas dele;* originales et actuales dele, hoc est dimitte, quia crimen nostrum admissum in quibusdam quasi tabulis scribitur, dum divina notitia continetur. Et non tantum peccata dimitte, sed etiam.

Vers. 12. — *Cor mundum crea in me, Deus.* Qui

hoc potes facere, purga animam ab ignorantiæ caligine, ut te possim pure intueri et intelligere. Creare positum est hic pro restaurare. Crea cor mundum, hoc est da mundum intellectum : cor ideo pro intelligentia ponitur, quia in hoc fons cogitationum esse dicitur. *De corde*, inquit Dominus, *exeunt cogitationes* (*Matth.* xv) ; unde et cor conoydes est, quæ ignis habet imaginem ; ut merito tali positione sit plasmatum, unde nobis potest venire consilium. Traditur etiam a physicis cor in primis in homine formari. *Et Spiritum rectum innova in visceribus meis* : iterato da sapientiam, id est intellectui meo Filium tuum, ut bene possim operari : quia ipse est linea omnis rectæ operationis. Non Spiritus, sed homo innovatur dum a vetustate peccati reformatur.

VERS. 13. — *Ne projicias me a facie tua*. A facie Dei projicitur, qui curari contemnitur. Ita innova, ut amplius non projicias a conformitate ejus, quæ est facies tua, per quam cognosceris, et non permittas ulterius excedere lineam tuam. *Et Spiritum sanctum ne auferas a me*, scilicet spiritum prophetiæ vel dilectionis.

VERS. 14. — *Redde mihi lætitiam salutaris tui.* Hoc est, me fac habere lætitiam de salvatione Filii tui. Gratiam Spiritus sancti se amisisse cognoscit, quia Spiritus sanctus peccantes fugit, et non habitat in corpore subdito peccatis. *Et spiritu principali confirma me*, ne iterum peccem, nec animi mutabilitate a te discedam. Hic Trinitas expresse ponitur : in spiritu principali Pater, in spiritu recto Filius, in spiritu sancto ipse Spiritus sanctus accipitur. Non tamen ideo spiritus principalis dicitur, quod ipse sit prior tempore vel major, sed quia ab eo et Filius et spiritus sanctus non ipse ab illis dicitur. Si hoc feceris, mihique illa quæ petii dederis.

VERS. 15. — *Docebo iniquos vias tuas.* Hoc est, alios peccatores verbo et exemplo misericordiam et justitiam tuam instruam, et per me *impii ad te convertentur* ab errore.

VERS. 16. — *Libera me de sanguinibus Deus, Deus salutis meæ.* Sanguis singulari numero pars corporis, vel ipse homo vel progenies accipitur. Pars, ut ibi : *Sanguis de latere Domini exivit* (*Joan.* xix); homo, ut ibi : *Caro et sanguis non revelavit tibi* (*Matth.* xvi); progenies, ut : alto sanguine, hoc est, nobili stirpe natus est. Sanguines vero plurali numero peccata vel mortes intelliguntur. Deus salutis est Christus per quem salus datur credentibus. O Deus omnium, qui es Deus salutis meæ, libera me de mortibus. Ideo ponit sanguines pro mortibus, quia per effusionem sanguinis fit mors. Multas mortes habuit : unam, qua seipsum peccando occidit ; alteram, qua Bethsabee in anima ; tertiam qua Uriam dolo interfecit. *Et exsultabit lingua mea justitiam tuam*, hoc est, si hoc feceris, tunc exsultanter proferet aliis lingua mea justitiam tuam, qua peccata remittis et in bonis operibus promoves. Superius dicitur : *Quare tu enarras justitias meas et assumis testamentum meum per os tuum* (*Psal.* xlix);

A nunc a culpa absolutus iustitiam Dei exsultans narrat. Unde subditur :

VERS. 17. — *Domine, labia mea aperies*, quæ reatus occluserat : idonea et munda facies ad proferendum justitiam tuam ; et tunc *os meum annuntiabit laudem tuam*, id est præconia justitiæ tuæ. Peccantes non audent loqui ne redarguantur, et peccata eis improperentur : his labia ad loquendum aperiuntur, dum a peccatis resipiscentes justificantur, et tunc Spiritu Dei animati gloriam humanam despiciunt, laudes et improperia hominum æque contemnunt, peccantes libere, uti Paulus, redarguunt. Horum ora laudem Dei annuntiant, cum peccata sua coram hominibus pronuntiant, ut de sua salvatione exemplum conversionis sumant. Laudem Dei sacrificio, non sacrificium animalium offero :

VERS. 18. — *Quoniam si voluisses sacrificium dedissem*. Sed intelligo te sacrificium de peccatoribus nolle, quia dixisti superius : *Non accipiam de domo tua vitulos neque de gregibus tuis hircos* (*Psal.* xlix). Utique *holocaustis non delectaberis*, scilicet de animalibus oblatis. Sed quia talia in figura offerebantur, quæ nunc pro peccatis recipere recusas : scio quale sacrificium accipias.

VERS. 19. — *Sacrificium Deo spiritus contribulatus.* Id est pro peccatis contristatus, erit delectabile sacrificium ; *cor contritum*, id est pœnitentia afflictum, *et humiliatum*, hoc est, pia confessione devotum, *Deus non despicies* sicut sacrificia legis. Tale sacrificium prævideo tibi fieri a Sion, et ideo :

VERS. 20. — *Benigne fac, Domine, in bona voluntate tua Sion, ut ædificentur muri Jerusalem.* Per Sion denotatur cognitio Dei, per Jerusalem charitas. Una est civitas Jerusalem composita ex angelis et hominibus : cujus pars destructa erat in Adam, pro qua orat; *benigne fac*, id est largiter fac dando fidem et omnem bonam vitam his, qui sunt futuri Sion, et hoc *in bona voluntate tua*, id est ex gratia tua; *ut ædificentur muri Jerusalem* per electos homines, qui destructi sunt in apostatis angelis. Vel benigne fac Sion, id est primitivæ Ecclesiæ de Judæis ; et ædificentur muri Jerusalem, id est per eam constitue Ecclesiam de gentibus ; vel ædificentur muri Jerusalem de Judæis et gentibus fide et dilectione, quibus benigne fac dando perseverantiam et remunerationem. Sion, quod dicitur *speculatio* est præsens Ecclesia ; Jerusalem quod sonat *visio pacis*, est Ecclesia regnans in cœlis, quæ construitur vivis de lapidibus. Benigne ergo fac Sion, id est præsenti Ecclesiæ dando peccantibus veniam et confessionem : ut per eos ædificentur muri Jerusalem, id est per tales lapides numerus electorum in Jerusalem cœlesti redintegretur. Muri Jerusalem sunt angeli et homines.

VERS. 21. — *Tunc acceptum sacrificium justitiæ.* Hoc est tunc maxime erit tibi acceptabile sacrificium spiritus contribulati et cordis contriti. Tunc accipies *oblationes et holocausta*, scilicet fideles se totos tibi offerentes, et res suas pauperibus distribuentes. Vel *sacrificium justitiæ* est corpus Dominicum, pro nobis ut agnus, immolatum; oblationes sunt confessores vel quique fideles se Christo per fidem et operationem offerentes: holocausta sunt martyres per ignem passionis, vel quolibet cruciatu corporis absumpti. *Tunc impii super altare tuum vitulos*, scilicet Ecclesiæ sacerdotes. Altare Dei est Christus; vituli sunt Christiani, in fide novelli, in baptismate renovati: et sicut vituli ungulam findentes, ita inter bonum et malum discernentes; et sunt ruminantes, id est præcepta verba Dei in memoriam revocantes; et sunt cornibus armati, id est fortibus sanctorum exemplis roborati. Hi vituli super altare ponuntur, cum per sacerdotes Ecclesiæ Deo per Christum offeruntur, ac sic muri Jerusalem per hos reficiuntur.

Aliter: Modo in præsenti acceptas sacrificium pro iniquitate spiritum contribulatum, in futuro sacrificium justitiæ laudis solius, ubi in domo tua habitantes in sæcula sæculorum laudabunt te. Hoc est enim sacrificium justitiæ. Tunc justi erunt oblatio et holocaustum, quando eos totos divinus ignis absumet: et animæ sapientia, corpora immortalitate induentur, et mors in victoria absorbebitur. Vituli erunt omnes electi a vinculis legis et miseriæ soluti, et nova ætate juvenes positi super altare Christum, in quo sine fine requiescent.

Conclusio.

Hic psalmus ideo a pœnitentibus frequentatur; ut per virtutem hujus, sicut David, in muros cœlestis Jerusalem ædificentur. Et nota quod pœnitens primitus sua commissa deplorat, deinde aliis misericordiam Dei prædicat, postremo pro errantibus exorat. Ideo autem in quadragesima ad laudes canitur, quia per pœnitentiam ad æternam laudem pervenitur. Et ideo privatis diebus ad laudes cantatur, quia qui tenebras peccatorum evadunt, ad lucem veram et æternam lætitiam perveniunt. Idcirco ad horas sæpe iteratur, ut quisque fidelis vivus lapis, ut David, cœlesti ædificio imponatur.

PROLOGUS IN QUINQUAGINTALE SECUNDUM.

Legitur, quod David propheta cum senuisset, quatuor millia juvenum ex Israel elegerit, qui psalmos organis, citharis, nablis, tympanis, cymbalis, tubis et propria voce magna jucunditate personarent, quos ipse Domini inspiratione protulit. Quæ suavis cantus adunatio tribus partibus divisa constabat: rationalis quæ ad humanam vocem; irrationalis, quæ ad musica instrumenta; communis, quæ ad utrasque partes pertinebat. Cantores namque simul cum organis concinebant. Illa suavis et jucunda musica Ecclesiam catholicam tali actu prædicebat, quæ ex diversis linguis varioque concentu in una fide concordiam, Domino præstante, traditura erat; quæque de tribus partibus mundi, Asia, Africa, Europa, collecta Christo eisdem psalmis laudes consonat.

Psalmi sunt in duodecim partes distincti: in prima parte Christi carnalis vita; in secunda deitatis natura; in tertia impiorum adversus eum conspiratio; in quarta Ecclesiæ adversus eos admonitio; in quinta Christi in persecutione oratio; in sexta pœnitentium deprecatio; in septima Christi secundum assumptam humanitatem ad Patrem supplicatio; in octava parabolicæ et tropologicæ allusiones ad Christum pertinentes; in nona multiplicia præconia, modo ad humanitatem, modo ad divinitatem pertinentia; in decima graduales; in undecima opera Trinitatis, in duodecima laudes cum alleluia scribuntur.

PROLOGUS IN QUINQUAGESIMUM PRIMUM PSALMUM.

Quinque jam conscriptæ decades, præferunt quinque mundi ætates, in quibus Ecclesiæ corpus in suis membris digestum, per laborem quinque sensuum in muros cœlestis Jerusalem est congestum. Nam ante Christi adventum fideles se sub quinque libris Moysis ad cœleste ædificium præparabant; nunc sub gratia quinque prudentes virgines, quæ sunt omnes Ecclesiæ fideles, se sub eisdem libris, spiritaliter intellectis, ad eamdem structuram præparant.

Jam sextam decadem Spiritus sanctus a corpore iniquorum incipit, quod in sexta mundi ætate Christum et Ecclesiam persequi cœpit. Et sicut primum quinquagintale a Christo, qui est caput corporis salvandorum, inchoat, qui beatus vir æterna beatitudine suos remunerat; sic istud quinquagintale ab Antichristo, qui est caput corporis damnandorum, incipit, qui filius perditionis ad æternam perditionem omnes sibi consentaneos pertrahit.

Hic psalmus in quinquagesimo primo loco calculum ponit, qui numerus a ternario surgens, et per septenarium scandens, ad denarium pervenit. Ter enim septem et ter decem sunt quinquaginta unum; qui numerus signat quod hi, qui in tribus partibus mundi persecutionem pro fide Trinitatis patiuntur, per septiformem Spiritum ad denarium æternæ vitæ perducuntur.

Hujus psalmi titulus est (VERS. 1, 2): *In finem intellectus David cum venisset Doeg Idumæus et annuntiavit Sauli et dixit ei: Venit David in domum Abimelech.* Nota est historia. Saul voluit David occidere, qui fugit, et venit ad Abimelech sacerdotem et accepit ab eo panem sanctum, et gladium Goliæ. Quod videns Doeg custos mulorum Saul nuntiavit Sauli. Unde Saul iratus occidit omnes sacerdotes Domini. Per hoc significatur persecutio Antichristi in Ecclesia Dei. Doeg *motus*, Idumæus dicitur *terrenus*, et denotatur Antichristus, qui movebit totam terram ad sui cultum. Per Saul significatur mors; per David vita Christi; per Abimelech Ecclesia; gladius regni potentiam, panes propositionis designant sacerdotii gloriam. Per David Christus rex, per Abimelech exprimitur sacerdos. Iste intellectus est David prophetæ extendentis se in finem mundi denotans ea in hoc psalmo, quæ fient in ultimis temporibus; quando veniet Antichristus in mundum, et invocabit mortem ad puniendum Abimelech, id est incipiet interficere in Ecclesia omnes justos, ideo quia suscipient fidem Christi et erunt domus ejus.

Aliter : Saul dicitur *petitio*, et signat mortem, quam Deus non fecit, sed homo peccando eam appetit; unde in titulo quarti decimi psalmi scribitur, *in die qua liberavit eum Dominus de manu omnium inimicorum ejus et de manu Saulis;* quia novissima inimica destruetur mors. David dicitur quod *desiderabilis* est vita, quam omnes beati desiderant. Abimelech, quod interpretatur *regnum Patris mei*, est Ecclesia, regnum coeleste, quod gemit inter cives regni terreni peregrinum. Doeg Idumæus, quod dicitur *motus terrenus*, est populus Babylonicus in motu terrenorum semper *migrans* et nunquam quietus. Qui est custos mulorum, id est sterilium, qui in bonis sunt steriles, onera peccatorum portantes.

Christus rex vitæ venit in Ecclesiam, quæ est regnum Patris sui. Sed Saul, id est diabolus, rex mortis, et Doeg, id est mundi amatores, qui sunt regnum Babyloniæ, persequuntur et Christum et Ecclesiam. Et quia hoc maxime erit Antichristi temporibus, ideo ascribitur ei hic psalmus.

Materia hujus psalmi est invectio Spiritus sancti in Antichristum, quod sine causa persequatur Ecclesiam. Intentio est, nos cautos facere de persecutione Antichristi ipsam persecutionem prædicendo et damnationem ejus, et ostendendo fidem et constantiam justorum, qui tunc erunt. Verba sumpta sunt de historia, ubi Doeg gloriabatur in David regis expulsione, et in Abimelech sacerdotis occisione; et signatur quod Judaicus populus gloriabatur quia Christum regem et sacerdotem occidit, sicut et Antichristus gloriabitur, quod regnum et sacerdotium de Ecclesia exterminabit. In quatuor hic psalmus dividitur : prima divisio est : *Quid gloriaris*, in qua Spiritus sancti in Antichristum invectio ; secunda : *Propterea Deus*, in qua Antichristi destructio; tertia : *Videbunt justi*, in qua ipsius damnatio; quarta : *Ego autem*, in qua fidelium ascribitur laudatio. Psalmus per diapsalma dividitur, quia populus fidelium ab infidelibus per Spiritum sanctum discernitur. Sequens vox est Spiritus sancti, qui in persona fidelis populi in Antichristum invehitur, cujus crudelis persecutio hic ostenditur.

Expositio psalmi LI.

VERS. 3. — *Quid gloriaris in malitia, qui potens es in iniquitate?* Malitia est non solum mala facere, sed et docere, et alios ad malum constringere. In hac malitia Antichristus gloriatur, dum totus mundus a cultura veri Dei ad ipsius venerationem inclinatur. Hic *potens est in iniquitate*, quia immensis divitiis et miris signis omnem iniquitatem valet potenter perficere. O fili perditionis, *quid gloriaris in malitia*, quæ erit tibi tanta ruina? *potens iniquitate* videris, sed potenter tormenta patieris.

VERS. 4. — *Tota die*, hoc est omni tempore, *injustitiam cogitavit lingua tua*, id est mens tua meditata est injustitiam : quomodo lingua tua possit loqui, quam opere perficeres malitiam : *Sicut novacula acuta fecisti dolum.* Novacula erat rasorium. Antichristus erit novacula diaboli; quia, ut acuta novacula pilos carnis abradit, ita ipse bona exteriora a justis per dolum abstrahit. Et, sicut novacula rasis pilis faciem renovat, sic ipse Christianos a peccatis per dolum purgatos in sanctitate innovat. Et sicut aliquando rasorium carnem sauciando lædit, sic ipse quosdam tormentis sauciat, quosdam miraculis decipiens in anima lædit. *Acutum fecisti dolum*, dum bene docere te simulas, ut in errorem inducas.

VERS. 5. — *Dilexisti malitiam super benignitatem.* Ratio te docet benignitatem, sed tu magis diligis malitiam; quia bonos punis, malos super eos erigis; et non solum malum facis, sed et alios a bono abstrahis. Nam, *dilexisti*, inquit, *iniquitatem magis quam loqui æquitatem* : dum justos propter justitiam damnabis, et iniquos exaltabis. Sed malitia et iniquitas demergent te in barathrum; benignitas et æquitas elevabunt justos in cœlum.

VERS. 6. — *Dilexisti omnia verba præcipitationis lingua dolosa* : hoc est, dilexisti loqui omnia dolosa verba, quæ ducunt ad præcipitium. Lingua dolosa est fallaciæ ministra aliud in corde gestantium, aliud ore promentium. Descripta Antichristi nequitia sequitur ejus perditio.

Et quia bonum respuis, malum diligis :

VERS. 7. — *Propterea Deus destruet te in finem.* Christus, qui verus est Deus, destruet te, et potentiam tuam illustrabit adventus sui, et hoc *in finem*, id est in sempiternum. Et quoniam *evellet te de tua sublimitate*, hoc est occidet te; *et emigrabit te de tabernaculo* corporis vel hujus mundi ad perpetuam pœnam : *et radicem tuam*, subaudis, evellet *de terra viventium*. Radix ejus est humanæ gloriæ cupiditas, quam in potentia regni figit, qui de terra viventium evellitur quia ei in ea regnare non conceditur. Traditur ad litteram : dum multi Christianorum a facie Antichristi in Ægyptum fugerint, et ipse eos persequi disposuerit, tabernaculum in monte Oliveti figat, in quo cum Spiritus Domini, quem quidam Michaelem intelligunt, occidat, ac de hoc tabernaculo ad infernum migrabit, ubi Dominus in cœlum ascendit.

VERS. 8. — *Hanc ejus damnationem videbunt justi et timebunt Deum*; vel, quidam se ei consensisse, quidam propter ejus signa dubitasse timebunt. Alii *super eum ridebunt*, qui se ejus sævitiam evasisse gaudebunt. Ejus factum irrisione dignum reputabunt *et dicent* :

VERS. 9. — *Ecce homo qui non posuit Deum adjutorem suum* : hoc est, ecce apparet quod homo fuit, qui se Deum fecit et verum Deum adjutorem habere contempsit. Hoc in Simone Mago præcessit, qui se Deum finxit, sed cadens fallax apparuit. De Dei auxilio non confidit *sed speravit in multitudine divitiarum suarum*; id est, non in Deo spem suam posuit, sed in multis divitiis, in auro et argento, in facundia et scientia, per quæ putavit se salvari. Et *prævaluit in vanitate sua*, id est, putabit se prævalere et dominari omnibus malis et bonis, in vanitate, qua se Deum docebit. Maxima quippe est vanitas, quod despecto Deo se ut Deum coli præcipit. In hac his prævaluit, quibus se Deum esse persuasit : ipse interibit quia arbor sterilis fuit.

VERS. 10. — *Ego autem*, Christianus populus, quem ipse est persecutus, sum *sicut oliva fructifera;* ideo salvabor in sæcula. Oleum dicitur misericordia, fructus olivæ sunt opera misericordiæ. Gentilis populus ut oleaster est insertus bonæ olivæ, id est primitivæ Ecclesiæ, unctus oleo sancto in baptismate, cui coaluit fide et operatione. *In domo Dei*, id est in catholica Ecclesia, ideo *speravi in misericordia Dei; et in sæculum sæculi*, hoc est, hic et in futuro, non in divitiis, ut Antichristus persecutor meus.

VERS. 11. — *Confitebor tibi in sæculum* sæculi *quia fecisti*. Id est laudabo te corde, ore, opere quandiu vivam, quia me talem fecisti, et de Antichristo justum judicium fecisti; *et exspectabo nomen tuum*, hoc est Christum Filium tuum, ad judicium venturum et mihi pro labore præmium vitæ redditurum; *quoniam bonum est conspectu sanctorum tuorum*, quia tunc sancti summum bonum percipiunt, quando Christum in gloria Patris conspiciunt. Aliter: Non properabo consequi nomen tuum quod est Deus, uti fecit Antichristus, sed exspectabo bene vivendo accipere nomen tuum : ut sim Filii tui cohæres, ipse existens Filius, sic quoque consequenter et Deus. Quoniam hoc bonum esse conspiciunt sancti, qui in hoc summo bono erunt per ævum.

Hoc totum potest referri ad corpus diaboli, quod sunt omnes iniqui, qui sunt membra Antichristi. Doeg Idumæus est Judaicus populus pro terrenis commotus; Saul mors vel diabolus; David est Christus; domus Abimelech Jerusalem in Judæa, regno Patris Christi. David in domum Abimelech venit, quando Christus in templum Hierosolymis, domum Patris sui venit. Doeg hoc Sauli nuntiavit quando Judaicus populus Christum morti tradidit. *Qui gloriatus est in malitia*, qua prophetas et justos occidit; *Potens in iniquitate* fuit, qua ipsum Dominum neci dedit. *Tota die*, hoc est omni tempore, *injustitiam* contra Christum et apostolos *cogitavit* : quos ut *acuta novacula dolo* de terra Judæorum abrasit. *Verba præcipitationis dilexit*, quando eis Christum prædicare interdixit : quibus se de regno in mortem, ut diabolus de cœlo, Adam de paradiso præcipitavit. *Propterea Deus destruxit* eum de lege, *evulsit* eum de civitate, *emigravit* eum de terra sua inter gentes *et radicem*, id est, germen ejus *de terra viventium*, hoc est de Ecclesia.

Totum etiam corpus diaboli, quod nunc *in malitia gloriatur*, et potenter justos opprimit, *Deus in finem destruet* : dum in fine mundi omnes impios perdet; de consortio justorum illud *evellet*, quando illud ventilans, paleas a tritico tollet. *De tabernaculo*, id est de Ecclesia, quæ nunc est tabernaculum Dei, ipsum *emigrabit* quando in stagnum ignis et sulphuris præcipitabit. *Radicem ejus de terra viventium* evellet, cum semen impiorum de regno cœlorum penitus eradicabit, et in terram mortis projiciet. Servus enim Doeg non manebit in domo in æternum; filius autem fidelis populus manet in æternum.

Videbunt justi terribile Dei judicium super impium populum *et timebunt*, sed hoc timore purgabuntur. *Et super eum ridebunt*, id est de justo Dei judicio gaudebunt, quod impiorum persecutionem et præsentem damnationem evaserunt : *et dicent : Ecce homo*, qui Antichristus, cum toto corpore suo in supplicium corruit; *qui non posuit Deum adjutorem suum*, sed in multis divitiis spem suam posuit, quas omnes amisit. *Ego autem ero in domo Dei* in cœlesti Jerusalem florens in gaudio *sicut oliva*, qui non in divitiis, sed *speravi in ejus misericordia :* et laudabo nomen ejus in sæculum, quia conspicio summum bonum in æternum.

PROLOGUS IN PSALMUM CENTESIMUM.

Quinquagesimus psalmus canit *pœnitentiam*, hic vero centesimus *misericordiam;* quia præmium vitæ in judicio reportabunt, qui fructum pœnitentiæ centesimum in patientia attulerunt. Et apte hic psalmus post præcedentem ponitur, in quo gratiarum actio Ecclesiæ pro conversione Judæorum scribitur; quia mox fidem Judæorum judicium ultimum sequitur Ideo in centesimo loco computatur quia ovis centesima in judicio per misericordiam pii pastoris super no gregi consociatur.

De titulo, materia, intentione ac divisione psalmi. Titulus psalmi est : *Psalmus ipsi David*, hoc est. ista laus bonæ operationis attribuitur ipsi Christo, victori judici, aspectu delectabili. Materia sunt Ecclesiæ merita in judicio remuneranda. Intentio est, nos hortari bonum facere et a malo declinare u possimus misericordiam in judicio reportare. Verba sumpta sunt de regimine David, qui regnum Israel bene rexit, malos odio habuit, bonos dilexit; et si gnificat regimen Christi, qui Ecclesiam bene regit malos odit, bonos diligit. Duas habet sectiones, quia actio Ecclesiæ habet duas divisiones, scilicet mala devitare, bona agere. Una pars est *misericordiam et judicium*, in qua septem notantur declinanda, altera, *oculi mei*, in qua sex meditantur facienda Vox est Ecclesiæ.

Expositio psalmi C.

VERS. 1. — *Misericordiam et judicium cantabo tibi, Domine :* misericordia est de præsenti, judicium de futuro canitur. O Domine Trinitas, cum jucunditate annuntiabo aliis misericordiam tibi ascribendam, quam exhibes hic pœnitentibus, et judicium, quod ostendis in futuro in duritia cordis permanentibus : nam istis gaudia, illis das supplicia.

VERS. 2. — *Psallam et intelligam in via immaculata :* hoc est, quia judex es justus, operabor bonum abstinens a malis. Cantare pertinet ad contemplationem, psallere ad actionem. *Via immaculata* est innocentia : innocentia vera est, quæ nec sibi nec alteri nocet; quoniam *qui diligit iniquitatem, odit animam suam (Psal.* x); et nemo prius nisi in se quam in alterum peccat. In hac psallam bene operando *et intelligam quando venies ad me :* id est quando remunerabis me. Aliter psallam et innocens ero, et intelligam te præmia pro innocentia hac redditurum. O sponse, quando venies ad me, ut me sponsam tuam de Babylone educas, et in Jerusalem civitatem tuam introducas? Nunc viam immaculatam exponit. *Perambulabam in innocentia cordis mei :* hoc est, non solum abstinui a prava actione, sed etiam a mala cordis cogitatione; et hoc *in medio domus meæ,* id est communi omnium habitantium in domo Ecclesiæ.

De septem vitiis declinandis.

Hinc merita sua enumerat, pro quibus cœlestia sperat : et primitus septem ponit cunctis devitanda; deinde sex omnibus agenda. Declinanda sunt hæc : Injustæ rei imitatio, legis prævaricatio, murmuratio, malignitas, detractio, superbia, cupiditas. Hoc est quod dicit :

VERS. 3. — *Non proponebam ante oculos meos rem injustam,* id est, non proposui ante oculos meos cordis malum facere, nec facientes imitari, facientibus consentire. *Facientes prævaricationes odivi,* et parentes, et cognatos, et amicos legem tuam prævaricantes odio habui, non tamen homines, sed hominum errores.

VERS. 4. — *Non adhæsit mihi cor pravum,* id est mala voluntas murmurantis, vel pravum consilium alicujus non invenit me sibi consentaneum. Murmuratores, et pravo consilio malum machinantes non fuerunt mei consortes. *Declinantem a me malignum non cognoscebam,* hoc est, dissentientem a proposito meo ita devitabam, quasi non agnoscerem ; vel, hæreticum a me pravo dogmate declinantem, et maligne agentem, ita abhorrebam ut ignotum.

VERS. 5. — *Detrahentem secreto proximo suo hunc persequebar,* id est qui in occulto fratri derogavit, et discordiam seminavit, hunc ut hostem impugnabam. Pejus peccat detrahens quam fornicans : hic enim se solum occidit, ille autem se et proximum. Mali non solum devitandi sunt ut confundantur, sed etiam persequendi ut corrigantur. In Hebræo habetur : Hunc interficiebam, quia detractores gladio propriæ linguæ occiduntur. *Superbo oculo et insatiabili corde cum hoc non edebam :* hoc est, cum superbis et cupidis non comedi. Omnis superbus vel cupidus est invidus; quia dum solus vult potens vel dives videri alienis bonis cruciatur, et alienis malis delectatur. Cum talibus convivium invidiæ non inii ; imo tales in tantum exsecrabar, quod eos in prandio meo non patiebar. Unde et Scriptura præcipit, *nec cum hujusmodi cibum sumere (I Cor.* v). In oculis maxime superbia notatur; qui superbi qui se aliis digniores arbitrantur, alios vel aspicere dedignantur. Cupiditas autem cordi assignatur, quia cor

A Deo vacuum caducis rebus non satiatur. Hæc duo vitia præ aliis sunt notabilia quia omnibus sunt pejora : *initium enim omnis peccati superbia (Eccli.* x) et *radix omnium malorum cupiditas (I Tim.* vi). Per illam angelus de cœlo cecidit; per istam homo de paradiso corruit. Ex his duobus, quasi ex fontibus diaboli omnia mala profluunt, et miseros ad tartara trahunt. Hæc omnia quæ dicta sunt, non solum sunt devitanda, sed etiam odienda et persequenda.

De virtutibus sex agendis.

VERS. 6. — Sequuntur sex facienda, scilicet fidelitas, castitas, humilitas, prædicatio, sancta conversatio, malorum impugnatio; de his subditur : *Oculi mei ad fideles terræ ut sedeant mecum.* Hoc est, intentio mea non erat ad nobiles et divites sæculi, ut eos populo tuo præponerem, sed ad fideles Ecclesiæ, ut eos prælatos et rectores constituerem, qui mecum in judicio sederent et populum tuum juste judicarent: *Ambulans in via immaculata hic mihi ministrabat,* id est non impudicos, sed castos et innocentes ministros altaris ordinabam.

VERS. 7. — *Non habitabit in medio domus meæ, qui facit superbiam :* hoc est, publice peccantes, et hoc superbe defendentes non commanebant publice mecum in communione, quia excludebam eos a sacramentis et a domo ecclesiæ; humiles autem et obedientes erant mei concives. *Qui loquitur iniqua, non direxit in conspectu oculorum meorum,* id est adulator, iniquis verbis placere cupiens, non direxit se in beneplacito meo ; vel, vaniloqui non placuerunt oculis meis, ut essent nuntii mei sed prædicatores et bona persuadentes.

VERS. 8. — *In matutino interficiebam omnes peccatores terræ,* id est in bona operatione, quæ est quoddam mane æterni diei, omnia peccata terrenitatis meæ occidi. Et meo exemplo omnes peccantes, et terrena tantum appetentes annihilavi. *Ut disperderem de civitate Domini omnes operantes iniquitatem :* Hoc est verbis et factis iniquos impugnavi, ut eos de iniquitate ad æquitatem converterem, aut de Ecclesia penitus segregarem.

Applicatio ad Christum.

Hæc etiam judici Christo congruunt : *Oculi mei ad fideles terræ ut sedeant mecum,* hoc est, populos et alios fideles de terra elegi, ut sedeant mecum judices in judicio. *Ambulans in via immaculata hic mihi ministrabat :* id est immaculati ministri mei illic erunt, ubi ego ero. Qui immunditia se maculant, Christo non ministrant; et qui ea, quæ sua sunt, quærunt, Christo non serviunt, et ideo cum Christo non erunt. *Non habitabit in medio domus meæ qui facit superbiam.* Nullus qui facit mala opera, quæ de superbia descendunt, habitabit in domo mea, cœlesti Jerusalem. *Qui loquitur iniqua, non direxit in conspectu oculorum meorum :* hoc est, non solum male operantes, sed etiam male loquentes, in conspectu meo non erunt, id est faciem meam non videbunt. *In matutino interficiebam omnes peccatores terræ.* Præsens vita est quasi nox ; æterna vita quasi dies, cujus mane est dies judicii. In hoc matutino interficiet Dominus gladio oris sui *omnes peccatores terræ*, scilicet terrena appetentes, dicens : *Discedite a me, omnes operarii iniquitatis (Luc.* xiii). *Ut disperderem de civitate Domini omnes operantes iniquitatem*. Tunc hædos ab agnis, zizania a tritico, paleas a granis separabit, et de civitate cœlestis Jerusalem et de societate sanctorum, cum diabolo et angelis ejus in æternum ignem præcipitabit.

PROLOGUS IN QUINQUAGINTALE TERTIUM.

Quatuor sunt genera prophetiæ : fit enim aliquando per acta, aliquando per dicta ; aliquando per revelationem, aliquando per occultam sancti Spiritus revelationem. Per acta fit prophetia, ut transitus Hebræorum per mare Rubrum ad terram repromissionis, quæ prædixit nostrum transitum de tenebris ignorantiæ per baptismum ad cœlestem Jerusalem. Per dicta fit, quando angeli verbis insinuant futura prophetis. Per revelationem fit, quando per quasdam imagines in ecstasi positis futura præsignantur, sicut Danieli, Ezechieli. Per occultam inspirationem fit, ut David cui Spiritus sanctus intus futura de Christo ostendit. Aliquando fit prophetia de præterito, ut illud : In principio creavit Deus cœlum et terram *(Gen.* i)*. Aliquando de præsenti, ut illud :* Unde hoc mihi, ut veniat mater Domini mei ad me *(Luc.* i)*. Aliquando autem de futuro, ut illud : ecce Dominus veniet ad judicium, et omnes sancti ejus cum eo.*

Primum Quinquagintale de Christo et ejus corpore sumpsit exordium ; secundum de Antichristo et ejus corpore habuit initium : istud tertium de miseria totius humani generis et de ædificatione Sion inchoatur, et in laude internæ gloriæ consummatur.

Prologus in psalmum CI.

Jam in decem Decadibus operarii vineæ Domini expressi sunt, qui Decalogo legis pro denario vitæ laboraverunt. Nunc undecimam decadem Spiritus sanctus ingreditur, in qua prævaricatores legis Dei quam maxime notantur; qui aut vineam Domini intrare noluerunt, ut Judæi et ethnici ; aut intrantes otiosi in ea fuerunt, ut ficti Christiani ; aut ingressi cum scandalo exierunt, ut hæretici.

Hic psalmus est unus de septem pœnitentialibus, in quibus notatur remissio septiformis Spiritus. Hic ideo quintus ponitur, quia Christi passio in eo describitur : per cujus quinque vulnera homo a peccatis redimitur. Primus psalmus pœnitentialium spiritui timoris; secundus, spiritui pietatis; tertius, spiritui scientiæ; quartus, spiritui fortitudinis ; hic quintus spiritui consilii ascribitur ; quia per Angelum magni consilii Christum, humanum genus a morte liberatur, quod in hoc psalmo narratur. Hic apte post illum psalmum ponitur, in quo judicium describitur : quia per pœnitentiam evadet homo judicii sententiam. Hic pœnitentibus bene congruit, quia cinerem tanquam panem edendum, et potum cum fletu miscendum edicit. Hic psalmus est centesimus primus; quod sunt decies decem et unum : et signi-ficat quod decem præcepta legis implentibus repromittatur vitæ denarius, qui est unus Deus.

De titulo, materia, intentione et divisione psalmi.

Vers. 1. — Titulus psalmi est : *Oratio pauperis, cum anxiatus fuerit, et coram Domino precem suam effuderit*, hoc est : ista oratio est Domini Jesu, qui, cum esset dives in gloria Patris, pauper factus est pro nobis mortalis et passibilis. Oratio habita tunc, quando anxius fuit, id est, quando de perditione humani generis doluit; et effudit precem suam coram Domino in monte Oliveti ; quando tristatus usque ad mortem *factus in agonia prolixius* oravit, et sudor ejus, ut sanguis, in terram manavit (*Luc.* xxii).

Materia psalmi est humani generis miseria, Christi pro eo oratio vel passio. Intentio est ostendere, hominem per solam Christi gratiam salvari; et nos ad orationem et pœnitentiam hortari. Verba sumpta sunt de Adam ; cujus os carni adhæsit dum costam ejus in feminam Deus ædificavit, et carnem pro ea replevit, et significat quod virtus Dei, scilicet Verbum, caro factum carni adhæserit, dum Ecclesiam de corpore suo ædificavit.

Hic psalmus in tria dividitur, quia in eo tria genera hominum sub genere trium avium notatur. Prima pars est : *Domine, exaudi*, in qua oratio pœnitentis ponetur. Secunda : *Percussus sum sicut fenum*, in qua miseria humani generis deflebitur. Tertia : *Tu autem, Domine*, in qua hominis reparatio per Christum exponetur, vox est humani generis in Christo ; miseria totius humani generis hic deploratur, ut judex ad misericordiam flectatur ; et ædificatio cœlestis Sion de vivis lapidibus decantatur; Christus cum sit unus ex hominibus, loquitur pro omnibus hominibus. Ipse judex, ipse advocatus ; ipse mediator, ipse mundi reconciliator.

Expositio psalmi CI.

Vers. 2. — Humanum genus per Christum in monte Oliveti anxium oravit, per Christum in cruce clamavit : O *Domine* Pater, *exaudi orationem meam*, quam pro humano genere ego homo fundo, quia in miseria anxiatur : *et clamor meus ad te veniat*, ut de miseria eripiatur. Oratio est petitio, sed cum parva intentione ; clamor vero cum magna cordis intentione : unde Moysi dicitur : *Quid clamas ad me* (*Exod.* xiv), cum nihil dixisse legatur. Christus in monte pro hominibus oravit, in cruce pro eis clamavit.

Vers. 3. — *Non avertas faciem tuam a me*, Filio tuo orante, sicut avertisti eam ab Adam peccante. Facies Dei est cognitio ejus; homo in paradiso quodammodo faciem Dei vidit, quia plurimum ejus notitiæ habuit. Quo peccante, Deus faciem ab eo avertit, quia ei cognitionem sui subtraxit : unde nunc orat, ut hanc in se credentibus reddat. *In quacunque die tribulor, inclina ad me aurem tuam :* hoc humanum genus in Christo orat; ex quo homo a paradiso cecidit, omnibus diebus in tribulatione fuit : unde oportet ut omnibus diebus Deum pro tribulatione invocet, ut aurem misericordiæ ad eum inclinet. Similitudo est a medico ad infirmum se inclinante, qui non valet vocem exaltare. Deus autem homini inclinavit, dum Christus in cruce *usque ad mortem se humiliavit* (Philipp. II). *In quacunque die invocavero te, velociter exaudi me* : Christus in die passionis Patrem pro salute hominum invocavit; qui velociter eum exaudivit, dum homines per eum reparavit. *Exaudi me.*

VERS. 4. — *Quia defecerunt sicut fumus dies mei* : hæc vox est humani generis in Christo. Dies hominis in paradiso æterni fuerunt, in hoc mundo instabiles, ut fumus, facti sunt : quia sicut fumus in altum surgens evanescit, sic tempus hominis a pueritia in juventutem, inde in senectutem excrescens, inde in mortem vergens deficit. *Et ossa mea sicut cremium aruerunt.* Ossa animæ sunt rationalitas et liberum arbitrium, quæ post peccatum ita in homine debilitata sunt, sicut cremium amittens vires extracto suco in frixorio. Unde alia lectio sive translatio habet, *sicut in frixorio confrixa sunt.* Rationalitas aruit, quia perspicacitatem, quam prius habebat, amisit. Liberum arbitrium aruit, quia eam facilitatem non habet, quam prius habuit. Ad litteram etiam ossa exsiccata medulla arent in sepulcro, sicut cremium exstrusa pinguedine aret in frixorio. Hoc ideo quia

VERS. 5. — *Percussus sum ut fenum, et aruit cor meum. Omnis caro fenum* (Isa. XL), unde sumpsit Christus corpus humanum, et ideo ut fenum est percussus, id est ut alius homo doloribus. Sicut fenum ad tempus viret, sed falce sectum mox aret, sic homo modico tempore floret, percussus infirmitate languet, sectus morte, cor arescet quia Spiritum et intelligentiam amittet. Cur hoc continget? *Quia oblitus sum comedere panem meum.* Panis animæ est mandatum vitæ. Panem dedit Deus homini ad manducandum, dum ei præceptum vitæ posuit ad observandum. Dum enim dixit : *Hoc observate, ne moriamini* (Levit. VIII), erat æquipollens quasi diceret : Hunc panem comedite, ut vivatis. Hunc suum panem oblitus est homo comedere, dum non fuit sollicitus præceptum Domini observare. Oblitus præceptum, tetigit vetitum; oblitus manducare panem, bibit venenum; unde percussum est cor ejus, et aruit sicut fenum. Hoc fenum Christus induit, in panem convertit, hominem percussum a serpente, et arefactum morte, refecit.

VERS. 6. — *A voce gemitus mei adhæsit os meum carni meæ.* Vox gemitus hominis, erat vox diaboli, qui dixit : *Comedite, et eritis sicut dii* (Gen. III). Et quia hanc vocem audivit, gemitus doloris et mortis incidit. Os dicitur fortitudo virilis, caro infirmitas mulieris. *A voce gemitus os carni adhæsit*, dum persuasu diaboli vir mulieri consensit. De osse quippe Adæ facta est Eva, et caro reposita est pro ea. Hoc os carni adhæsit, dum de paradiso ejectus feminæ per concupiscentiam se commiscuit. Si enim in paradiso permansissent, sine concupiscentia et sine dolore et sorde filios procreassent. Sed quia vocem diaboli audierunt, per concupiscentiam bestiali more coeunt, in dolore et gemitu pariunt, natos, ut bestiæ catulos, lacte nutriunt, dolore et gemitu in terram moriendo redeunt.

Hæc etiam vox Christi est, *A voce gemitus mei adhæsit os meum carni meæ.* Os Christi fuit deitas, quæ carni adhæsit, dum Verbum carnem induit propter vocem gemitus humani generis in miseria ad Deum clamantis. Os etiam carni adhæsit, cum Christus Ecclesiæ se conjunxit.

VERS. 7. — *Similis factus sum pelicano solitudinis.* Pelicanus est avis Ægyptia grandis ut ciconia, naturale macie semper confecta, cujus sunt duo genera. Unum semper in stagnis moratur, et piscibus vescitur, quod latine onocrotalus dicitur. Alterum semper in solitudine ; et esca ejus sunt venenata animalia, id est, serpentes crocodili et lacertæ. Hæc avis fertur natos suos occidere et eos per triduum lugere ; tertia die seipsam vulnerat et aspersione sui sanguinis pullos vivificat. Dicitur autem *pelicanus solitudinis*, ad differentiam illius qui moratur in stagnis. Huic avi Christus similis est factus, quia solus de virgine est natus ; qui, quasi venenata animalia comedit, dum peccatores in corpus suum trajecit : quasi natos occisos aspersione sanguinis resuscitavit, dum homines in peccatis mortuos effusione proprii cruoris vivificavit.

Factus sum sicut nycticorax in domicilio. Nycte dicitur nox , corax corvus; nycticorax dicitur nocticorvus : quem quidam bufonem, quidam noctuam nominant, qui tantum tenebras amat. Huic avi Christus similis factus est, scilicet passionibus ut peccator denigratus, amans tenebras, id est peccatores, non ut tenebræ remaneant, sed ut lux, id est justi fiant. Domicilium est ubi destructa domo parietes tantum remanent : unde in Hebræo habetur in parietinis in quibus habitat nocticorvus. Domicilium erat populus Judæorum destructus interius a turba dæmonum. In hoc domicilio Christus sicut nycticorax est factus, quia in cordibus Judæorum ut peccator est reputatus. Nycticorax per noctem tantum volitat, et Christus per mortem peccatores tantum liberat. Vel, *factus sum sicut nycticorax in domicilio*, quando dormivi conturbatus in sepulcro.

VERS. 8. — Inde : *Vigilavi*, quia a morte surrexi; *et factus sum sicut passer solitarius in tecto.* Passer se ab aliis avibus separat, et in tecto domus, vel altis et firmis locis habitat. Domus est mundus, tectum est cœlum. Christus *factus est sicut passer solitarius in tecto*, quia solus Deus homo habitat in cœlo. In Hebræo est *sicut avis solitaria.* Christus fuit pelicanus solitudinis, solus natus de Virgine, solus vivens sine crimine; nycticorax in domicilio, mortuus in sepulcro; passer solitarius in tecto, solus Deus homo in cœlo. Per tria genera avium designantur etiam tria genera hominum. Pelicanus solitudinis est populus credens de gentibus; gentilitas erat quasi solitudo, quia a nullo sancto inhabitata. Nycticorax est populus conversus de Judæis, qui erant domicilium dæmonum. Passer est populus qui de

Christianis ad contemplativam vitam conversus ad tectum cœli mente convolat: in quo, a mundi actibus separatus, solitarius habitat.

VERS. 9. — *Priusquam* sanguinem, ut pelicanus pro filiis, *effunderem, tota die exprobrabant mihi inimici mei*, id est toto tempore vitæ meæ improperabant mihi Judæi, dicentes me fabri filium, dæmoniacum, amicum publicanorum. Vel, tota die passionis mihi inimici exprobrabant, dum colaphis et sputis tota die illudebant et in cruce insultabant. *Et qui prius laudabant me* dicentes : *Scimus quia verax es* (*Matth.* xxii ; *Marc.* xii); *Adversum me jurabant* quando collecto concilio ad mortem me damnabant. Et hoc ideo

VERS. 10. — *Quia cinerem tanquam panem manducabam*, hoc est, peccatores sicut justos mihi incorporabam : *Et potum meum cum fletu miscebam*, id est : bonos cum his pro quibus flendum erat, miscebam, et peccatores sicut justos bibebam. Ideo exprobrantes dixerunt : *Hic peccatores recipit, et manducat cum illis* (*Luc.* xxii). Similitudo trahitur ab his locis, ubi forte vinum cum aqua temperatur. Per cinerem accipiuntur peccatores in cinere et cilicio pœnitentes : peccanti quippe homini dictum est : *Cinis es, et in pulverem ibis* (*Gen.* iii). Panis sunt justitiam esurientes, poculum vitam sitientes, fletus commissa deflentes. Cinerem Christus tanquam panem manducavit, dum pœnitentes esurientibus justitiam associavit. Potum cum fletu temperavit, dum peccata deflentes sitientibus vitam commiscuit. Aliter : Potus intus trahitur, fletus foras egreditur : poculum suum Christus in passione sua cum fletu miscuit, dum gentes quasi dulcem potum in se traxit, et Judæos quasi fletum foris egessit. Ad litteram etiam potum cum fletu temperavit, quando impii acetum felle mistum ei sitienti offerebant.

VERS. 11. — Hoc evenit *a facie iræ et indignationis tuæ*, id est a præsentia vindictæ tuæ et gravis pœnæ, quam passus sum causa Adæ. Passibilitas enim et mortalitas, quæ sunt pœnæ peccati, vocantur ira et indignatio Dei. Hæc ira Dei manet super illum qui non credit in Christum : per quem auferetur ira Dei, et immortalitas dabitur regni. De ira tua multas pœnas passus sum in lacu miseriæ, *quia elevans allisisti me*, id est : per liberum arbitrium elevasti; per justitiæ judicium allisisti. Hæc iterum vox est humani generis in Christo. Deus quippe hominem ratione et intellectu super omnia animantia elevavit; sed quia in honore positus non intellexit, in miseriam eum allisit. Sicut enim nullum horum habet honorem, sic nullum habet hanc miseriam. Solus namque homo post multas hujus vitæ miserias truditur post mortem in ultrices pœnas. Ideo superiora etiam pœnitenti congruunt, cujus ossa sicut cremium aruerunt : quia propter reatum oblitus est comedere panem suum, et a voce gemitus os carni suæ adhæret. Scilicet ut propter jejunia et fletum pro carne ossa videantur, et ideo præ nimia macie similis factus est pelicano : et propter nigras et sordidas vestes, nigredinem peccatorum significantes, similis nocticorvo, propter solitariam vagationem similis passeri. Cui tota die inimici, id est impœnitentes, vel dæmones exprobrant quod cinerem tanquam panem manducat, et potum cum fletu misceat. Quia iram Dei et indignationem timet, qui cum elevavit, dum ad imaginem suam creavit; sed propter culpam allisit, dum eum omnibus pœnis submisit. Sequitur vox Christi : propter hunc, Pater mi, elevasti me in cruce, et allisisti me in morte.

VERS. 12. — *Dies mei sicut umbra declinaverunt*, id est facti sunt transitorii et instabiles ut umbra. Hæc vox propria Christi est de se et suis se sequentibus ; superius fuit vox de se et suis posteris : Dies mei sicut fumus defecerunt, et percussus sum sicut fenum, et aruit cor meum. Dies similes sunt umbræ vel fumo, quia vixi brevi tempore : *et Ego*, quem tu Deus vitæ assumpsisti, *sicut fenum arui*, quia passionibus consumptus in morte propter hominem emarcui, quem ut fenum morte arescere dolui.

VERS. 13. — *Tu autem, Domine, in æternum permanes*, id est dies tui semper sunt permanentes, ad quos potens es nos deducere. *Et sic erit memoriale tuum in generationem et generationem*, hoc est, misericordia tua, qua memor es illorum, erit in hac vita et in alia, scilicet Sion et in gentibus ; vel : Memoriale tuum erit in generatione Judæorum et in generatione gentium.

VERS. 14. — *Tu exsurgens misereberis Sion* : quasi Deus jacuit, cum populus Sion idola coluit ; tunc quasi surrexit, cum eis Filium suum verum Deum misit : tunc misertus est Sion, quando primitivam Ecclesiam de Judaico populo elegit, fidem et virtutes ei tribuit. In me exsurges, et misereberis Sion; *quia tempus miserendi ejus, quia venit tempus* gratiæ, in quo ejus miserearis. De hoc tempore scriptum est : *Ubi venit plenitudo temporis, misit Deus Filium suum* (*Galat.* iv), ad quid? ut Sion, id est eos qui sub lege erant, redimeret.

VERS. 15. — Sion ædificabitur habitabilis civitas; *quoniam placuerunt servis tuis lapides ejus*, id est apostolis servis tuis ædificatoribus Sion placuerunt prophetæ, lapides vivi, in ea constructi, quos intellexerunt hanc ædificationem prædixisse. Per hos lapides promissa est prædicatio, de hac processit Evangelii instructio, per hujus præconium agnitus est Christus lapis angularis. *Et ideo terræ ejus miserebuntur*, scilicet ædificatores, qui de terra fecerunt cœlum. De ipsa terra venit unus paries, tot millia credentium et pretia rerum suarum ad pedes apostolorum ponentium. Sequitur alius paries veniens de gentibus.

VERS. 16. — *Et timebunt gentes nomen tuum, Domine*, qui es lapis angularis, in te duos parietes e diverso venientes conjungens. Gentes timebunt, id est venerabuntur nomen tuum, quod est Dominus. Vel : Verebuntur me Filium tuum qui sum nomen tuum. *Et omnes reges terræ* timebunt *gloriam tuam*, id est omnes principes venerabuntur te gloriosum et sicut parietes in lapidem angularem convenient.

VERS. 17. — *Quia ædificavit Dominus Sion in virtutibus.* Eia, vivi lapides, cernite; in structuram, non in ruinam, ædificatur Sion; ædificatur arca, cavete diluvium. Ædificata autem Sion *videbitur in gloria sua* qui prius visus est in infirmitate sua. Alia translatio habet, *in majestate sua,* id est, in divinitatis potentia. Et ex qua causa hanc domum ædificavit?

VERS. 18. — Quia *respexit in orationem humilium:* patriarchæ et prophetæ et antiqui patres humiles Deum rogaverunt, ut domum in paradiso ædificatam et per diabolum destructam in mundo reædificaret, et collapsam civitatem in cœlo per ipsum repararet. *Respexit* ergo Deus *in orationem humilium,* dum in mundum Filium suum misit, qui in unam Ecclesiam compegit populum fidelium. *Et non sprevit precem eorum,* quia implevit desiderium ipsorum, promittens hominibus æqualitatem angelorum.

VERS. 19. — *Scribantur hæc in generatione altera;* scilicet beneficia, oratio, passio, remissio, ædificatio, exauditio habeantur in memoria in altera generatione; quæ deperdita facta est altera, hæc generatio in domum Dei ædificata semper præ oculis habeat ista. *Et populus qui creabitur laudabit Dominum,* hoc est, populus Christianus, in peccatis mortuus, in virtutibus novus creatus, de idololatria in alium ritum alteratus, de prædictis beneficiis laudabit Dominum.

VERS. 20. — *Quia prospexit de excelso sancto suo;* id est per me sanctum corpore, excelsum deitate, prospexit miseriam hominum. *Dominus de cœlo in terram aspexit,* id est per me cœlum in terrenos miserando aspexit.

VERS. 21. — *Ut audiret gemitus compeditorum,* id est ut gementes solveret a vinculis peccatorum; *ut solveret* a peccatis *filios interemptorum,* id est gentes imitatores occisorum, Adæ scilicet et Evæ, qui fuerunt interemptores totius humani generis. Compediti gementes erant Judæi, filii interemptorum pagani. In Hebræo scribitur *filios mortis,* ut solveret filios diaboli a peccatis.

VERS. 22. — *Ut annuntient in Sion nomen Domini,* id est in Ecclesia, *et laudem ejus* tandem *in cœlesti Jerusalem.*

VERS. 23. — *In conveniendo populos in unum, et reges,* id est ad hoc nomen Domini in Sion annuntiant, ut populi et reges in unum fidei conveniant, *ut serviant Domino*

VERS. 24. — *Respondit ei in via virtutis suæ,* hoc est, populorum et regum conventus in Sion respondet Domino Patri in via virtutis suæ, scilicet imitatione filii sui, qui est via virtutis suæ: qui verbum virtus Dei per Jesum Christum intravit ad homines et per hanc viam reduxit devios ad vitam. Aliter: Jerusalem vel laus ejus scilicet Ecclesia de toto orbe terrarum vocata respondit Christo in via virtutis suæ; quia sicut Christus, etiam ipsa in virtutibus ambulavit. Hujus vox hic sequitur: *Paucitatem dierum meorum nuntia mihi;* hoc est: Ecclesia in via

A virtutis posita respondit, dicens: Insinua mihi, quando finiantur pauci dies isti, fiat consummatio sæculi, et veniant anni æterni. Et dicitur ei, *prædicabitur Evangelium* in *omnibus gentibus, et tunc veniet finis (Matth.* XXIV). Ad litteram etiam respondit Dominus Jerusalem in via virtutis, cum ad passionem accederet, et cum palmis populus eum susciperet; cum cantum populi in ea audiret, respondit eis et paucitatem dierum suorum enumeravit ei, dicens: *Veniet dies cum inimici tui circumdabunt te, et ad terram prosternent te, et filios tuos, qui in te sunt, et non relinquent in te lapidem super lapidem (Luc.* XIX).

Hæc quæ sequuntur usque in finem psalmi sunt verba generationis alteræ et populi novi creati, a compedibus soluti, qui in Sion convenit, et laudem de æternitate canit.

VERS. 25. — *Ne revoces me in dimidio dierum meorum,* id est ne subtrahas me ab annis tuis, qui sum positus *in dimidio dierum meorum.* Duæ partes simul collatæ utraque est unum dimidium, licet una major, altera sit minor: sicuti, si unus dies conferretur centum annis, æterni anni sunt unum dimidium, dies hujus vitæ alterum sunt dimidium: in uno dimidio, id est in temporali est homo, in altero, id est in æterno est Deus. Ideo sequitur, *in generationem et generationem anni tui,* hoc est de præsenti usque in futuram. Aliter: De meo dimidio temporali, id est de paucitate dierum meorum tendentem in tuum dimidium ne revoces me, deserendo relabentem in errorem, sed trahe juvando nitentem in æternitatem. Aliter: Peracta dimidia via mea ne revoces me de mundo inemendatum et imperfectum; sed permitte me totum tempus vivere quod constituisti: sicut Ezechiæ fecisti; ut de præterito emendatus, et in bonis actibus perfectus, occurram in virum perfectum in annos tuos, qui sunt æterni.

VERS. 26. — *Initio tu, Domine, terram fundasti et opera manuum tuarum sunt cœli:* hoc tractum est de nova creatura mundi, ubi scriptum est: *In principio fecit Deus cœlum et terram (Gen.* 1). Principium est Christus in quo cœlum et terram et omnia fecit Deus; ut scribitur: *Omnia per ipsum facta sunt (Joan.* 1). Et sicut ibi fuit principium mundi, ita et hic initium fuit novæ creaturæ, id est Ecclesiæ. In hoc *initio tu,* Deus Pater, *terram fundasti,* quando Ecclesiam in Christo locasti. *Et opera manuum tuarum sunt cœli,* id est apostoli per operationem Spiritus sancti formati.

VERS. 27. — *Ipsi peribunt;* quia secundum corpus morientur; visibiles etiam cœli peribunt, quia *cœlum et terra transibunt (Matth.* XXIV; *Marc.* XIII; *Luc.* XXI). *Tu autem permanes* semper in uno statu. Cum hic dicatur: Cœli peribunt, quæritur quomodo illa Scriptura dicat: *Terra in æternum stat? (Eccle.* 1.) Et iterum: Omnis creatura Dei manet in æternum? Sciendum quod forma rerum peribit, ipsa substantia in æternum manebit. *Et omnes sicut vestimentum veterascent:* cœli sunt quasi vestimen tum mundi, qui senescunt, et vetustate deficiunt in hac forma qua nunc sunt.

VERS. 28. — *Et sicut opertorium mutabis eos et mutabuntur.* Cœlum est terræ opertorium, quod revolvitur ut tabernaculum, peracto autem judicio cœli in aliam formam mutabuntur, quia Dominus tunc novum cœlum et novam terram faciet, et luna gloriam solis, et sol lumen septem dierum habebit. Sanctorum corpora sunt animæ vestimenta: omnes ergo sancti sicut vestimentum veterascent, id est corpora omnium deficient prius senectute, tandem resolutione, comparatione similes vestimento quod eo usque atteritur, donec ad nihilum redigatur. Corpora quoque sunt animæ opertorium, in quibus opertæ non videntur. Postea *mutabis eos* ab ista resolutione *sicut opertorium*, utpote quod prius animæ fuerunt, corpora in gloriam solis, animas in æqualitatem angelorum; cœli, id est sancti ita mutabuntur.

Tu autem idem ipse es qui fuisti, quando mundum ex nihilo fecisti, et non senuisti, et es primus ante omnia, et novissimus post omnia, quia semper novus. *Et anni tui non deficient,* id est æternitas tua semper permanet, immutabilis es, et invariabilis, quia æternus; et quos fecisti de terra cœlos, hos facies æternos.

VERS. 29. — *Filii servorum tuorum habitabunt,* id est Christiani apostolorum filii, quos per Evangelium genuerunt, habebunt illos tuos annos non deficientes, habitantes in regno perpetuo, ubi gaudium est æternum, et nunqnam finienda securitas. *Et semen eorum in sæculum dirigetur,* id est alii Christiani, ex iis geniti, in æternitatem dirigentur. Aliter: Anni tui æterni sunt et in illis annis *filii servorum tuorum habitabunt,* id est servi tui per filios, id est per bona opera illos annos habebunt, *et semen eorum in sæculum dirigetur,* id est fletus quos præmittent, in gaudio metent.

En quid Filius Dei orando profecit, dum humanum genus ad æternitatem perduxit!

PROLOGUS IN PSALMUM CL.

Materia hujus psalmi novissimi sunt nuptiæ Agni. Postquam enim rex judicium cum populo suo habuerit, sponsam suam de Babylonia ad se venientem cum omni frequentia angelorum et sanctorum in novam Jerusalem introducet: in quo comitatu tubæ personant, in nuptiis organa concrepant. De hoc hic psalmus tractat. Intentio est, nos incitare ad illud festum properare. Verba respiciunt ad supradictos prophetas, qui ad festivitatem in reædificato templo Jerusalem celebrandam, populum de captivitate reversum monuerunt. Quod et monet nos de captivitate diaboli et vitiorum reversos renovata vita Deum laudare, ut possimus soluta ultima captivitate illud festum in nova Jerusalem cum sanctis celebrare. Titulus est, Alleluia, *id est* laudate Dominum, *qui et venistis ad Sponsi convivium. Hic psalmus est centesimus quinquagesimus, per centum perfecti, per quinquaginta jubilæi exsultatio exprimitur. Designat hic numerus,* quod perfecti in sanctitate eruxt in æterna jubilatione. *Psalmus hic est uniformis, quia unanimitas linguarum et laudis semper erit in sanctis.* Vox est Spiritus sancti.

Expositio psalmi CL.

VERS. 1. — *O vos electi, qui accensis lampadibus sponso et sponsæ occurristis, laudate Dominum in sanctis ejus:* hoc est, laudate eum in illa consideratione qua vos sanctificavit, et sanctis angelis coæquavit. *Laudate eum in firmamento virtutis ejus:* firmamentum virtutis est confirmatio sanctorum post resurrectionem; quando sancti ita in virtute firmabuntur, quod ulterius peccare nolunt, sicut angeli firmati cadere noluerunt. Inde *laudate Dominum,* quod ab eo ita in virtute firmati jam estis, quod sicut angeli amplius peccare non cupitis.

VERS. 2. — *Laudate eum in virtutibus ejus,* hoc est, laudate eum pro diversis virtutibus vobis ab eo collatis, pro quibus jam ad cœlestia venistis. Alia translatio habet: *Laudate eum in potentatibus ejus,* hoc est: laudate eum pro hoc quod vos fecit potentatus, cum virtutibus et potestatibus angelicis, omnibus inimicis sub pedibus vestris positis. *Laudate eum secundum multitudinem magnitudinis ejus,* id est laudate eum respectu multitudinis magnitudinis ejus, qua vos in cœlestibus magnificavit, et qua multa millia millium pro multis opibus gloria et honore coronavit.

Laudate eum in sono tubæ: per tubam victoria accipitur, quia finito bello et fugatis hostibus solent victores tuba canere. Laudate ergo eum pro victoria qua diabolum vicistis, et subactis hostibus animæ et corporis victores supernam arcem intravistis. Sonus tubæ est etiam excellentissima charitas laudis, quam personabunt cum angelis. Per tubam quoque accipitur prædicatio. Unde in Apoclypsi dicuntur angeli septem tuba cecinisse. (*Apoc.* VIII); quod significat sanctos omni tempore in mundo prædicasse. Vel per tubam innuitur regalis susceptio, nde legitur quod angeli tuba canant, dum adventum æterni Regis annuntiant. *Laudate Dominum* qui fuistis, *in sono tubæ,* hoc est in prædicatione; quia Dominum in mundo prædicastis, et adventum summi Regis prænuntiastis. *Laudate eum in psalterio et cithara.* Psalterium quod de superioribus sonat, animam; cithara, quod de inferioribus sonat, signat corpus; laudate Dominum inde, quod vos in anima et corpore glorificavit. Per psalterium etiam contemplativa vita, per citharam exprimitur activa. Laudate Dominum, quod in contemplativa et activa vita vixistis, pro quibus æterna præmia recepistis. Vel per psalterium cœlestia, per citharam intelliguntur terrestria: hoc est in consideratione superioris et inferioris creaturæ laudate Deum.

VERS. 4. — *Laudate eum in tympano et choro.* Tympanum fit ex corio exsiccato et firmato, quod significat carnem immutatam, ab omni corruptione firmatam. Inde laudate Deum, quod carnem vestram, prius fragilem, tanta firmitate immutavit, quod ultra nulli corruptioni subjacebit. Chorus est concors concentus canentium, et intelligitur societas angelorum et hominum concordi jubilo Deum laudantium : inde laudate Dominum, quoniam hunc chorum intrastis, et his cantoribus associati estis. *Laudate eum in chordis et organo.* Chordæ sunt intestina animalium exsiccata et attenuata, dulciter resonantia ; et designant internas cogitationes justorum, vigiliis et jejuniis exsiccatas, et sancta meditatione attenuatas, dulcissimum melos puræ conscientiæ resonantes. Organum quod habet diversas fistulas concordi modulatione consonantes, significat diversos sanctorum actus concordi dilectione non dissonantes. *Laudate Dominum in chordis*, id est pro sanctis cogitationibus quæ, ut chordæ, dulciter resonant. *Laudate Dominum in organo*, id est pro bonis actibus quæ, ut organa suaviter concrepant.

Vers. 5. — *Laudate eum in cymbalis benesonantibus.* Cymbala splendent et sonant postquam in igne fusa fuerint. Quæ significant corpora sanctorum, quæ, postquam ignem tribulationis transierunt, uti sol fulgebunt, et æternam Dei laudem sonabunt. In his cymbalis, id est, in his glorificatis corporibus sanctorum laudate Dominum, *et in cymbalis jubilationis*, id est in animabus justificatis. Jubilatio enim est ineffabilis laus Dei, qua non nisi anima profertur. Et quid plus dicam?

Vers. 6. — *Omnis spiritus laudet Dominum.* Hoc est : Omnes angeli qui estis spiritus, et omnes homines spirituales facti, laudate Dominum ; quoniam vobis fecit tale convivium. Vel : *Omnis spiritus* sit vobis materia laudandi Deum : spiritus angelorum, quos charitate firmavit; spiritus hominum, quos in gloria angelis coæquavit; spiritus dæmonum quos sanctis subjugavit ; spiritus malorum, quos pœnis juste mancipavit. Hoc quoque tempore spiritus animantium sit materia laudandi Dominum, quibus tot diversa corpora, volucrum, piscium ac bestiarum vivificavit.

Notandum quod musica fit tribus modis, voce, flatu, pulsu. Voce per fauces et arterias canentis hominis; flatu per tibias; pulsu per citharas. Quæ tria genera in istis nuptiis resonant; vox in choro, flatus in tuba, pulsus in cithara : quæ mentem, spiritum, corpus significant, quæ Trinitatem semper laudibus concelebrant.

Porro per diversa musicæ instrumenta expressi sunt diversi ordines laudantium Deum in Ecclesia. *Sancti*, sunt sacerdotes caste viventes, qui corpus et sanguinem Christi sacrificant. *Virtus Dei* sunt per quos virtutes operatur, ut Martinus, Benedictus. *Potentatus* ejus sunt, per quos dæmones et vitia premit, ut prælati. *Multitudo* ejus sunt fideles, ut subditi. *Tubæ* sunt prædicatores; *psalterium* spiritualia operantes, ut monachi; *cithara* se castigantes, ut eremitæ et inclusi. *Tympanum* in vitiis mortificati, ut martyres; *chorus* in communi vita concorditer viventes, ut regulares canonici. *Chordæ* jejuniis macerati, ut pœnitentes; *organum* prædicatione et operatione consonantes, ut confessores. *Cymbala* de misericordia et dilectione persultantes, ut cæteri fideles. His musicis vasis laudat omnis spiritus, id est omnis spiritualis, Dominum : hujusmodi instrumenta resonabunt in nuptiis Agni æternum Alleluia. Ideo istos tres psalmos ad laudes quotidie frequentamus, quatenus in nova Jerusalem laudes cum angelis cantare valeamus.

Epilogus psalterii.

Ut cunctis legentibus consulamus, summam totius operis brevi epilogo concludamus. Deus est Pater Christi, corpus Christi est Ecclesia; nutritor Ecclesiæ Spiritus sanctus, cujus nutrimentum est sacra Scriptura, per quam in suis membris crescit in virum perfectum, donec occurrat in sponsi sui thalamum. Porro psalterium est quasi cellarium, de quo diversa fercula et multimoda pocula proferuntur ad sponsæ convivium.

In prima itaque decade, infantia Ecclesiæ quasi lacte nutritur, dum a via peccatorum prohibetur, et in lege Domini meditari edocetur : pro qua obedientia ei beatitudo per Adam amissa, per Christum restitui promittitur. Qui beatus Vir a Patre rex institutus, nostri causa in morte dormivit et exsurrexit, filios hominum ab infernis extractos in pace in idipsum constituit, in qua in æternum exsultabunt, qui in gemitu laborarunt. Quique in altum regressus Judex gloria et honore coronatus regnabit in æternum in templo sancto suo.

In secunda decade, eloquia Domini in igne Spiritus sancti examinata, pueritiam Ecclesiæ ad veritatem informant, quæ oculos cordis ejus illuminat; ut sciat Dominum esse in justa generatione; et in tabernaculum ejus ingredientes sine macula, adimpleri cum vultu Domini lætitia, et bonis satiari, cum apparuerit gloria ejus; et ut Dominum diligat, qui inclinavit cœlos et descendit, a delicto maximo emundans adjutor et redemptor miseris exstitit. Cujus sacrificii Dominus memor fuit, quando coronam de lapide pretioso super caput ejus posuit.

In tertia decade, Christi exemplo adolescentia Ecclesiæ instruitur patientia quia factus est opprobrium hominum, cujus regnum dominabitur gentium. Qui in loco pascuæ, ubi nihil deerit, illum collocabit, qui innocens manibus et mundo corde fuerit. Et anima ejus in bonis demorabitur, qui lavare inter innocentes manus non dedignabitur. Hic bona Domini in terra viventium videbit, cum caro ejus in resurrectione reflorebit : quando Dominus populo suo in pace benedicet, cum planctum in gaudium convertet in magna multitudine dulcedinis suæ, quam perfecit timentibus se.

In quarta decade, juventus Ecclesiæ in chamo et freno ad pœnitentiam constringitur, ut anima ejus a morte eruatur; quia mors peccatorum pessima; quos Angelus Domini persequens coarctabit in tartara. Et qui operantur iniquitatem, a Deo expulsi sunt, et injusti disperibunt. Afflictos autem et humiliatos eruet ab omnibus iniquitatibus, et immittet

Dominus in os ejus canticum novum, in die mala liberans eum, et beatum faciet in terra viventium.

In quinta decade, juventus Ecclesiæ flagellis erudita, et constantia contra adversa superata, ad Deum fontem vitæ desiderat, qui ejus juventutem lætificat. Propter quem tota die mortificatur, uti ovis occisionis : quatenus in lætitia et exsultatione adducatur in templum regis, ubi vacet et videat Deum. Quo principes populorum congregati sunt in civitate Domini virtutum. Quando justi in matutino, malorum dominabuntur : cum ipsis salutare Dei ostendetur; quando muri Jerusalem in angelis lapsi per homines reædificentur.

In sexta decade, virilis ætas Ecclesiæ jam solido pane cibatur, dum ad pugnam contra vitia fortitudine informatur. Unde mox fervens ad bona studia fit ut oliva fructifera, et fit intelligens aut requirens Deum, qui eam contra mala adjuvat. Cui voluntarie sacrificat, pennas sumens ut columba ad requiem volat, ut Deo in lumine viventium placeat, qui animam suam de medio catulorum leonum eripiet, quando molas leonum Dominus confringet. Et ideo fortitudinem Dei mane cantabit, cum eam de tribulatione in civitatem munitam deducens, hæreditatem timentium nomen suum dabit.

In septima decade, virilis ætas solido cibo refecta, ad contemptum mundi admonetur; unde filii ejus rapinas nolunt concupiscere, nec divitiis affluentibus cor apponere, sed Deum volunt in vita sua benedicere. Annuntiant opera Dei, in bonis domus ejus cupiunt repleri; transeunt per ignem et aquam in refrigerium. Petunt ut Dominus illuminet super eos vultum suum, quatenus cum justis epulentur in conspectu Dei : cum fiet mirabilis in sanctis suis, quando salvam faciet Sion, in qua habitabunt qui nomen ejus diligunt. Cum exsultent et lætentur in Deo omnes qui quærunt et diligunt eum : quando os eorum replebitur laude; ut hymnum dicant Deo tota æternitate.

In octava decade, matura ætas Ecclesiæ potu scientiæ inebriatur, ut serviat Filio Regis, qui facit mirabilia magna solus; cui soli bonum est adhærere. Qui operatus est salutem in medio terræ. Qui, cornua peccatorum confringens, exaltabit cornua justorum in pace : in qua factus est locus ejus. Qui populum suum in manu Moysis et Aaron deduxit : quos pane angelorum pavit. Qui ultus est sanguinem suorum, reddens septuplum vicinis eorum. Qui vineam de electis suis plantavit, quos ex adipe frumenti cibavit, et de petra melle saturavit. etc.

In nona decade, eadem matura ætas Ecclesiæ poculo sapientiæ lætificatur, cum homines dii et filii excelsi a Deo vocantur, a quibus ipse solus Altissimus in omni terra prædicatur, ad quem perveniendum beati ascensiones in corde suo disponunt de valle lacrymarum, ut inhabitet gloria in terra eorum, quorum animas de inferno inferiori eruit, in civitate gloriosa, in qua est habitatio omnium lætantium, constituit; in qua ille homo, qui fuit inter mortuos liber vulneratus dormiens, in sepulcro, positus in lacu inferiori, et magnus et terribilis super omnes, qui in circuitu ejus sunt, ubi repleti mane misericordia Dei exsultabunt et delectabuntur omnibus diebus, quos de tribulatione eripuit, glorificavit, longitudine dierum replevit, salutare suum facie ad faciem ostendit.

In decima decade, senior ætas Ecclesiæ inebriata doctrinam aliis eructat, quæ in senecta uberi, ut palma floret in virtutibus, ut cedrus Libani multiplicatur in operibus, quæ est sedes Dei parata contra mare et flumina, scientia erudita, et de lege Dei docta. Ideo populum pascuæ ejus et oves manus ejus invitat, ut in psalmis ei jubilent, canticum novum ei cantent, quia de manu peccatoris eos liberavit, justitiam suam gentibus revelavit, quia est magnus super omnes populos, qui servientes sibi in lætitia ducet in exsultationem et in judicio disperdet de civitate sua omnes operantes iniquitatem.

In undecima decade, eadem ætas Ecclesiæ ad orationem instigatur, ut semen ejus in sæculum dirigatur, ut juventus ejus sicut aquila renovetur, et per emissum Spiritum Dei recreetur, faciem Domini semper quærat, judicium et justitiam in omni tempore faciat, misericordias Domini intelligat, paratum cor ad præcepta ejus habeat, et laudare eum in medio multorum ; qui est principium a Patre genitus, in splendoribus sanctorum missus, redemptio populorum per Novum Testamentum.

In duodecima decade, senectus Ecclesiæ timore sanctorum eruditur, quem gloriæ et divitiæ in memoria æterna sequuntur, quam olim sterilem Dominus fecit habitare in domo ejus matrem filiorum lætantem, cujus filios benedixit pusillos cum majoribus, quæ placebit Domino in regione vivorum, cui sacrificabit hostiam laudis in medio Jerusalem, in qua omnes gentes et omnes populi laudant Deum ; qui per portas justitiæ ingressi ambulant immaculati in via legis Domini, ut de incolatu mundi et habitantibus Cedar perveniant ad montes, ubi auxilio Dei ab omni malo custodiantur.

In tertia decima decade, eadem Ecclesiæ ætas de strepitu sæculi ascendere per gradus virtutum ad pacem Jerusalem docetur, quæ per tribus et per sedes ut civitas ædificatur, in qua servi et ancillæ oculos ad Dominum habitantem in cœlis levant, ut ejus adjutorio aquam intolerabilem pertranseant, venientes ad eos qui habitant in Jerusalem, ubi est pax super Israel, repleti gaudio et exsultatione, ubi post mortis somnum datur hæreditas Domini electis filiis merces fructus ventris Mariæ ; ubi bona Jerusalem videbunt omnibus diebus vitæ æternæ, et benedictio Domini super eos erit, quos ex omnibus iniquitatibus redemit, quibus retributio in anima ipse Deus erit.

In quarta decima decade, decrepita ætas Ecclesiæ ad mansuetudinem permulcetur, quam sibi elegit in habitationem et requiem, in qua fratres in unum habitantes, Deum in noctibus benedicunt, qui habitat in Jerusalem, cujus misericordia in æternum, cui reversi de Babylone cantant hymnum de canticis Sion in conspectu angelorum, dies firmati in via æterna, ubi recti habitabunt cum vultu Dei, sacrificium vespertinum facti.

In quinta decima decade, eadem ætas Ecclesiæ ad perseverantiam confessionis persuadetur, quam justi exspectant, donec eis Dominus retribuat, cum animam de tribulatione educet, quæ post bellum canticum novum ei canet, quem laudabilem nimis sancti benedicent, cum judicium injuriam patientibus faciet, cum Jerusalem ædificans consummabit, cujus filios benedicens adipe frumenti satiabit; in qua nova Jerusalem erit hymnus omnibus sanctis, cum lætabuntur in cubilibus suis, cum peracto judicio Rex sponsus reginam sponsam in novam Jerusalem introducet, et angeli tubis ut regi personabunt, omnes sancti organis et cymbalis ut Sponso in æternum jubilabunt. Quia portum diu optatum prospero cursu attigimus, tempus est ut deposito velo gubernatori nostro omnium bonorum largitori gratias agamus.

Explicit.

Finito Psalterio idem Honorius exposuit etiam Cantica, quæ in laudibus singulis diebus dicuntur, uti et Cantica: Benedictus, Magnificat, Nunc dimittis, Orationem Dominicam, et Symbolum apostolorum. *Quod universum opus his demum verbis concludit:* Opus quod de Psalterio vel Canticis instituimus, auxilio Dei ad unguem perduximus, rogo autem omnes filios Ecclesiæ qui hoc opus lecturi sunt, ut mecum Christo pro hoc labore gratias agant; et pro meis excessibus preces pio Indultori fundant. Et noverint in hoc opere nihil esse meum præter solum laborem, sententias autem esse sanctorum.

QUÆSTIONES ET AD EASDEM RESPONSIONES
IN DUOS SALOMONIS LIBROS
PROVERBIA ET ECCLESIASTEN.

(*Bibliotheca Vet. Patr.* edit. Lugdun., XX, 1140.)

PRÆFATIO.

Quot nominibus vocatus est Salomon? Tribus, sicut sacræ Scripturæ manifestissime docent, id est Salomon, Idida, et Ecclesiastes. Quare his tribus nominibus nominatus est? Salomon, id est *pacificus*, dictus est ab eo quod in regno ejus pax fuit. Idida vocatus est, id est *dilectus Domini*, quia dilexit eum Dominus. Ecclesiastes qua lingua dicitur? Græca, nam Hebraice celeth [coheleth, *sive* coeleth] dicitur. Celeth autem et Ecclesiastes quid sonat in Latino sermone? Ille quippe Ecclesiastes dicitur, qui cœtum Ecclesiæ congregat. Unde recte in Latino sermone Ecclesiastes dicitur *concionator*, quia concionatur, id est loquitur ad populum, et sermo ejus non ad unum specialiter, sed generaliter dirigitur ad omnes. Concionator ergo recte in sancta Ecclesia dici potest prædicator. Quot libros edidit Salomon? Tres tantum, juxta numerum vocabulorum suorum, hoc est Proverbia, Ecclesiasten, Cantica canticorum.

Quid ait Salomon in Proverbiis? aut quid docet in Ecclesiaste, vel in Cantico canticorum? In Proverbiis docet parvulum, et per varias sententias instruit, quasi filium. In Ecclesiaste vero jam perfectæ ætatis virum imbuit, ut intelligat quia in hujus mundi rebus nihil sit perpetuum, nihil gloriosum aut magnum, sed omnia brevia, et caduca et vana sint quæ cernimus. In Cantico canticorum, jam virum consummatum, atque in omnibus et variis exornatum virtutibus sponsi Domini nostri Jesu jungit amplexibus. Specialiter autem quem significat iste Salomon, Idida, et Ecclesiastes? Dominum nostrum Jesum Christum, qui est noster Salomon, id est pacificans omnia per sanguinem suum, fecit utraque unum (*Ephes.* II, 14): hoc est de duobus populis unam construxit Ecclesiam. Unde Apostolus: *Christus,* inquit, *pax nostra, qui fecit utraque unum* (*ibid.*). Ipse est Idida, hoc est dilectus Patris Filius, de quo ipse Pater ad discipulos suos ait: *Hic est Filius meus dilectus, in quo mihi bene complacui* (*Matth.* XVII, 5). Ipse est nimirum et Ecclesiastes, id est concionator noster, qui congregavit cœtum, id est Ecclesiam sanctam de universo orbe terrarum, ad quam loquitur, dicens: *Discite a me quia mitis sum et humilis corde* (*Matth.* xi, 29). Hic est filius David, ad quem cæci clamabant in Evangelio, dicentes: *Miserere nostri, fili David* (*Matth.* ix, 27). Hic est etiam rex noster Jerusalem non terrestris, sed illius cœlestis, quæ est mater omnium nostrum.

IN PROVERBIA.

CAPUT PRIMUM.

Quid est quod Salomon dicit (*vers.* 17): *Frustra jacitur rete ante oculos pennatorum?* Nunquid non solent aves sæpe retibus capi? Solent utique. Qui sunt ergo isti pennati?

Sancti et electi Dei, qui habent pennas fidei, spei et charitatis, cæterarumque virtutum. Habent et spiritales oculos, quibus et insidias antiqui hostis præcavent, et peccata prævident. *Frustra* ergo, id est in vanum, *jacitur rete ante oculos pennatorum*, id est laqueus insidiarum diaboli objicitur sanctis et electis viris, quia facile in terra superare possunt insidias diaboli qui suam conversationem habent in cœlis.

Quæ est sapientia de qua dicit Salomon (*vers.* 20): *Sapientia foris prædicat, in plateis dat vocem suam?*

Christus Jesus, qui est Dei virtus et Dei sapientia, sicut dicit Apostolus (*I Cor.* i, 24). Hæc ergo sapientia quomodo foris prædicavit? Intus prædicavit, hoc est, in secreto, antequam pateretur, quia paucis, et solis discipulis, mysteria suæ divinitatis ostendit; post resurrectionem vero suam foris prædicavit, quia misso desuper Spiritu sancto, aperte se per apostolos, quod Dei Filius esset, mundo prædicavit. Quomodo in plateis dedit vocem suam? Quia qui ante in secreto et in occulto et in uno populo Judæorum prædicaverat, postea in latitudine plebium et turbis gentium, manifeste prædicavit per apostolos, juxta hoc quod eis præcepit, dicens: *Quæ dico vobis in tenebris*, id est in occulto, *dicite in lumine*, id est in manifesto; *et quod in aure audistis*, id est in secreto, *prædicate super tecta* (*Matth.* x, 27), id est aperte et coram hominibus.

Quomodo intelligendum est quod ait (*vers.* 21): *In foribus portarum urbis profert verba sua?*

Per urbem sanctam designatur Ecclesia, coadunata de utroque populo, Judæorum videlicet et gentium. Fores portarum urbis hujus, sancti doctores fuerunt, qui verbum Evangelii prædicando, credentes in eam introduxerunt. Sapientia ergo in foribus portarum prædicavit verbum suum, quando Christus in apostolis suis loquebatur.

CAPUT II.

Quid est quod ait (*vers.* 2): *Inclina cor tuum ad cognoscendam prudentiam?* Quomodo potest homo inclinare cor?

Ille inclinat cor suum ad cognoscendam prudentiam, qui humiliat se, et emendat animam suam a peccatis, ut dignus fiat ad percipienda mysteria divinitatis.

CAPUT III.

Quid est (*vers.* 5): *Ne innitaris sapientiæ tuæ?* Quis enim innititur sapientiæ suæ?

Ille qui sua sapientia, aut suis viribus confidit se posse implere divina mandata.

Ecce iterum dicit (*vers.* 7): *Ne sis sapiens apud temetipsum.* Quis enim sapiens apud semetipsum?

Ille certe qui se præ cæteris extollit, quasi doctior, et jactat de his quæ ex dictis Patrum recte cognoscere et intelligere potuit.

Quæ est vera sapientia?

Dominum timere, et recedere a malo.

Unde scis quod hæc sit vera sapientia hominis?

Quia in libro Job scriptum est: *Ecce timor Domini, ipse est sapientia; et recedere a malo, intelligentia* (*Job* xxviii, 28).

Quis est homo ille de quo Salomon ait (*vers.* 13): *Beatus homo qui invenit sapientiam?*

Qui doctrinam veritatis, id est Evangelii, aure corporis simul et cordis percipit, et in Scripturis sacris Domini voluntatem studet cognoscere.

Quando (*ibid.*) *affluit prudentia?*

Quando cum magno amore et sui cordis delectatione audit præcepta divina, et opere studet implere.

Quid est quod ait (*vers.* 17): *Viæ ejus viæ pulchræ, et omnes semitæ illius pacificæ?* Quæ sunt istæ semitæ, aut quæ sunt hæ viæ ipsius?

Viæ sapientiæ sunt actiones Domini, quas gessit in carne, sive doctrinæ ipsius quæ continentur in libris Evangeliorum; quæ viæ pulchræ sunt, quia divinæ. Semitæ sapientiæ sunt mandata et præcepta Domini; quæ semitæ recte dicuntur pacificæ, quia omnia præcepta Domini ad pacem æternam perducunt.

De qua lege, aut de quo consilio dicit Salomon, cum ait (*vers.* 21): *Custodi legem meam atque consilium meum?*

De lege et consilio sapientiæ Domini nostri Jesu Christi, quæ est lex sapientiæ, quæ dicit: *Si vis ingredi ad vitam, serva mandata*: id est *Non occides, Non mœchaberis, Non furtum facies* (*Matth.* xix, 17), etc.

Quid est quod ait (*vers.* 32): *Abominatio Domini est omnis illusor?* Quis est illusor?

Qui verba Dei, quæ cognoscit, implere contemnit. Illusor est hæreticus, qui verba Dei perverse intelligendo et docendo corrumpit. Et ille est illusor, qui magna Dei promissa quasi parva despicit, et pœnam æternæ damnationis quasi tolerabilem spernit. Iterum : Illusor est, qui suos proximos simplices et pauperes insultando contemnit. Omnes hos tales abominatur Dominus, *et cum simplicibus est sermocinatio ejus* (vers. 52), quia illos gratia cœlestis sapientiæ illuminat, qui in se nihil duplicitatis habent.

CAPUT IV.

Quare Salomon dicit (vers. 5) : *Et ego filius fui patris mei tenellus, et unigenitus coram matre mea?* Quomodo fuit unigenitus coram matre sua, cum præcessit eum uterinus frater, sicut Scriptura libri Regum testatur?

Verum quia præcessit eum frater, sed ille mox ut natus est, quasi nunquam fuisset, sine nomine de hac vita discessit, propterea istum *unigenitum* appellat.

CAPUT V.

Quid est quod dicit (vers. 9) : *Ne des alienis honorem tuum, et annos tuos crudeli?* De quo honore dicit, aut quos vocat alienos?

De quo? *Factus est homo ad imaginem Dei* (Gen. I, 27). Alienos vocat dæmones, et est sensus : Ne honorem tuum (quod ad imaginem Dei creatus es) male vivendo, subdas immundis spiritibus.

Quem appellat crudelem, aut de quibus annis dicitur?

Annos vocat spatia vitæ; crudelem, diabolum. Et est sensus : Spatia vitæ quæ tibi dedit Deus, male vivendo ne tradas diabolo.

De qua cisterna dicit Salomon, aut de quo puteo fluenta, cum dicit (vers. 15) : *Bibe aquam de cisterna tua et fluenta putei?*

Cisternam vocat catholicam, id est Veteris ac Novi Testamenti doctrinam; puteum vero, profunditatem et altitudinem ejusdem catholicæ doctrinæ; aquam, scientiam; fluenta, copiam et abundantiam scientiæ, varios sacræ Scripturæ appellat intellectus. Docet enim verbis his cavere a doctrina hæreticorum, et attendere lectionibus sacrarum Scripturarum. Et est sensus : *Bibe aquam de cisterna tua*, serva et opere imple doctrinam quam aliis prædicas, et fluenta putei, id est abundantia sermonis tui seu scientiæ, affluenter redundet in te in operibus bonis.

Quare dicit Salomon : *Deriventur fontes tui foras, et in plateis aquas tuas divide* (vers. 16); cum statim subjungat : *Habeto eas solus, nec sint alieni participes tui?* (Vers. 17.) Si fontes nostros foras derivamus, et in plateis aquas dividimus, quomodo soli eas habere possumus?

Quamvis in verbis videatur contrarietas, tamen non est, quia hæ sententiæ non possunt nisi spiritaliter intelligi. Fontes ergo nostros derivamus, cum aliis vim prædicationis infundimus; cum verba sacræ Scripturæ annuntiamus. In plateis aquas dividimus, cum populis prædicamus. Platea namque dicta est a latitudine, est enim Græcus sermo. In plateis ergo aquas dividimus, quando in multitudine auditorum verba scientiæ dilatamus, et juxta uniuscujusque qualitatem divina eloquia dissipamus. Si in plateis aquas dividere debemus, quomodo ergo eas soli habere debemus, quas in plateis dividimus? Quando aliis verba divina prædicamus, et tamen soli aquas habemus, quia de ipsa prædicatione humanas laudes non quærimus.

CAPUT VII.

Quid est quod Salomon dicit de lege sua (vers. 3) : *Liga eam in digitis tuis, scribe illam in tabulis cordis tui?* Quis enim legem in digitis ligare potest? aut si fecerit, quæ erit utilitas?

In digitis, hoc est in actibus. Legem in digitis ligat quicunque eam bonis operibus implet et ornat; in tabulis cordis, hoc est in latitudine cogitationis. Scribit ergo legem in tabulis cordis sui, qui eam cum gaudio suscipit, et memoriæ commendat.

CAPUT VIII.

Quid est quod Sapientia dicit (vers. 30) : *Delectabar per singulos dies ludens coram eo* (id est coram Patre omnipotente) *omni tempore, ludens in orbe terrarum?* Nunquid Sapientia, id est Dei Filius pueriliter ludebat coram Patre?

Absit! Sed quid est quod dicit, ludens? id est gaudens Ludebat enim per singulos dies, id est gaudebat se unum esse, hoc est unius substantiæ cum Patre a principio ex diebus æternitatis.

Quomodo ludebat omni tempore in orbe terrarum?

Quia cum tempore orbis et creaturæ esse cœpissent, ipse Filius gaudebat, quia quod erat semper in Patre manebat.

CAPUT IX.

Quid est quod ait (vers. 1) : *Sapientia ædificavit sibi domum?*

Quia in domo ædificavit sibi sapientiam. Sapientia, id est Dei Filius Dominus Jesus Christus, ædificavit sibi domum, quia ipse creavit hominem in utero Virginis, quem in unitatem suæ personæ assumpsit.

Quomodo (ibid.) *excidit columnas septem?*

Septem columnas excidit, quia per septiformem gratiam Spiritus sancti erexit Ecclesias per orbem terrarum, quæ sicut columnæ sustentando continent memoriam nominis ejus, id est mysterium ejus incarnationis. Potest et aliter intelligi : Sapientiæ domus, Ecclesia Christi est; columnæ autem domus hujus, sancti doctores. Quæ columnæ bene septem esse dicuntur, quia sancti doctores repleti sunt septiformi gratia sancti Spiritus. Quomodo ergo excidit sapientia has columnas? Excidit columnas, quia mentes prædicatorum ab amore præsentis sæculi separavit et erexit eos ad portandam ejusdem Ecclesiæ fabricam.

De quibus ancillis dicit Salomon (vers. 3) : *Misit ancillas suas ut vocarent ad arcem, et ad mœnia civitatis?*

Ancillas vocat, sanctos apostolos. Quare vocat eos ancillas? propter insipientiam, infirmitatem et paupertatem, quia idiotas, infirmos, et pauperes et despectos elegit apostolos, quos ad prædicandum misit in mundum, ut fideles populos vocarent ad arcem æternæ beatitudinis, et ad mœnia Jerusalem cœlestis.

CAPUT X.

Quis est (vers. 1) *filius sapiens qui lætificat patrem?* aut quis est *filius stultus qui mæstitia est matris suæ?*

Ille qui accepta fidei ac baptismatis mysteria bene servat, et opere implet, filius sapiens est; iste procul dubio lætificat Deum Patrem. Qui vero accepta fidei ac baptismatis mysteria, malis operibus vel hæretica pravitate corrumpit, filius stultus est; hic nimirum mœstitia est matris suæ, sanctæ videlicet Ecclesiæ, quia contristat eam.

Quid est quod dicit Salomon (vers. 10) : *Stultus labiis verberabitur?* quomodo potest homo stultus labiis verberari?

Verberatio in hoc loco damnationem significat. Stultus ergo labiis verberabitur, quia propter verba iniqua et mala quæ locutus est, condemnabitur. Unde et alibi dicitur (*Prov.* XVIII, 21) : *Mors et vita in manibus linguæ*, quoniam unusquisque aut ex verbis suis justificabitur, aut ex verbis suis condemnabitur (*Matth.* XII, 37). Cur lingua dicitur habere manus, cum manus habere non possit? Metaphorice dictum est, hoc est secundum translationem, quemadmodum venti dicuntur habere pennas. Manus etenim linguæ ipsa verba sunt, quibus aut bene loquendo meretur vitam, aut male loquendo meretur mortem. Aliter. Per manus sæpe in Scripturis sacris opera designantur, ut illud : *Labores manuum tuarum quia manducabis* (*Psal.* CXXVII, 2). In manibus linguæ dicit, hoc est in operibus. Opera etenim linguæ sunt colloquia bona vel mala, ex quibus mors nascitur, aut vita.

Quis est iste piger de quo dicit Salomon (vers. 26) : *Sicut acetum dentibus, et fumus oculis, sic piger his qui miserunt illum?*

Piger est male vivens Catholicus, qui non laborat neque operatur, ut ad æternam beatitudinem pervenire mereatur. Per acetum et fumum, hæreticorum designatur perfidia; per oculos et dentes, prædicatores sanctæ Ecclesiæ. Qui bene oculi dicuntur, quia recta itinera prævident; pulchre etiam dentes, quoniam spiritalia alimenta fidelibus ministrare solent. Ergo sicut acetum dentibus, et fumus oculis, id est sicut perfidia hæreticorum contraria est bonis doctoribus, quia contristat eos, et molestiam gignit et lacrymas; sic piger, id est malus Catholicus gravis est eisdem bonis doctoribus, qui miserunt eum, hoc est, qui jusserunt ut fidem suam operibus impleret. Ideo gravis est, quia fidem pravis operibus destruit.

CAPUT XI.

Quid est quod ait (vers. 21) : *Manus in manu, non erit innocens malus?* Quomodo malus homo manus in manu, et ideo non erit innocens?

Qui manum jungit ad manum, nihil operatur. Mali ergo quandiu manus in manu fuerint, non erit innocens, quia si ad tempus subtrahit manus ab opere malo, tamen, quandiu malus, innocentiam cordis habere non potest. Unde, jam dictum : *Abominabile est Domino cor pravum* (*Prov.* XI, 20).

Quomodo intelligendum est quod ait (vers. 22) *Circulus aureus in naribus suis, mulier pulchra et fatua.*

Hoc est, si circulum aureum in naribus porci infixeris, ille dum pergit terram vertere ac fodere naso, immergit circulum aureum in volutabrum luti, et tunc perdit circulus aureus decorem quem habuit. Similiter ergo mulier fatua, si habet pulchritudinem vultus, vel si accipiat ornamenta inaurium, monilium simul et vestimentorum, sordidat pulchritudinem vultus, et amittit decorem, si se cœno libidinis coinquinare diligit, et adulteriis corrumpit.

Spiritualiter autem quomodo intelligenda est hæc sententia? Quicunque sacras Scripturas intente meditatur, et jugiter perscrutatur divina eloquia, accipit ornamentum scientiæ; quod si male vivendo corrumpit, et destruit quod intelligit, circulum aureum habet in naribus, sed more suis terram fodiendo coinquinat et luto immergit, quia ornatum per quem notitiam Scripturarum accepit, immunda actione sordidavit. Talis anima, pulchra mulier et fatua est; pulchra quidem per scientiam; sed dedita carnalibus delectationibus, fatua est per actionem.

Quid est quod ait (vers. 25) : *Anima quæ benedicit, impinguabitur : et quæ [qui] inebriat, ipsa [ipse] quoque inebriabitur?*

Plures namque sunt qui inebriant alios, sed ipsi non inebriantur; non dicit hoc de corporali ebrietate, sed de spiritali : Anima ergo quæ benedicit, impinguabitur, quia quicunque exterius prædicando benedicit, spiritalem pinguedinem accipit, id est spiritali gratia augetur et crescit. Similiter qui sacro eloquio mentes subditorum studet inebriare, inebriabitur et ipse, quia sancti Spiritus gratia repletur.

Quare non dixit, homo, sed, anima quæ benedicit, impinguabitur?

In Scripturis divinis sæpius poni solet pars pro toto, id est anima pro toto homine. Totum vero ponitur etiam pro parte, ut illud : *Tulerunt Dominum meum* (*Joan.* XX, 13). Dominum dixit, pro corpore Domini.

Quis est ille de quo dicit (vers. 26) : *Qui abscondit frumenta, maledicetur in populis?* Nunquid propterea maledicendus est aliquis, quod non omnibus frumenta sua manifestat?

Frumenta, sanctæ prædicationis sunt verba. Ergo quicunque abscondit hic frumenta, id est sanctæ prædicationis verba apud se retinet, et non vult aliis annuntiare divina eloquia, iste maledicitur in populis, quia pro culpa silentii condemnabitur, quia multis prodesse potuit, sed quia noluit, ideo pro multorum pœna juste punietur.

Qui sunt illi qui vendunt frumenta, de quibus mox subditur (ibid.): *Benedictio autem super caput vendentium?*

Illi vendunt frumenta, qui verba vitæ et sanctæ prædicationis suis annuntiant. Quod pretium accipiunt ab eis? pretium fidei et sanctæ confessionis. Quomodo veniet benedictio super caput eorum? Quia singulis eorum dicturus est Dominus : *Euge, serve bone et fidelis, intra in gaudium* (Matth. xxv, 26).

Quid est quod ait (vers. 29) : *Qui conturbat domum suam, possidebit ventos?* quomodo potest aliquis possidere ventos?

Domum in hoc loco mentem appellat, id est qua unusquisque veluti in domo habitat per cogitationes, ventos, immundos spiritus vocat. Qui ergo domum, id est mentem, malis et noxiis cogitationibus perturbare non timet, iste nimirum possidebit ventos, quia per malas cogitationes viam facit dæmonibus, ut ingrediantur et inhabitent in ipso.

CAPUT XII.

Quomodo (vers. 4) : *Mulier diligens est corona viro suo; et putredo in ossibus ejus, quæ confusione res dignas gerit?*

Mulier bona et casta, honorem præbet viro suo in omnibus, et quia diligit eum, et bene regit cum et domum ejus, corona est illi, quia ejus virtutibus addit gratiam, unde coronetur a Domino. Adultera vero mulier quamvis videatur speciosa, putredo tamen in ossibus ejus est, quia intus fetore luxuriæ membra sua coinquinat.

Quomodo intelligendum est quod dicit (vers. 9). *Melior est pauper et sufficiens sibi, quam gloriosus indigens pane?*

Vere melior est idiota et simplex qui operatur bona quæ novit, unde vitam æternam meretur habere in cœlis, quam gloriosus, id est clarus doctrina et eruditione Scripturarum, vel opertus doctoris officio, qui indiget pane dilectionis, quia nec Deum diligit, nec proximum : vel certe ideo pane indiget, quia non operatur quod intelligit aut docet.

Quis (vers. 23) *homo versutus qui celat scientiam?*

Versutus, in hoc loco in bona significatione ponitur, id est sapiens et prudens. Vir ergo versutus, id est sapiens et prudens, aliquando de industria celat scientiam, duabus scilicet de causis : una, quia infirmis auditoribus non potest loqui quasi spiritalibus, sed quasi carnalibus, id est magna Scripturarum sanctarum mysteria quæ novit, non audet illis manifestare, ne forte scandalizentur; altera, quia non vult sanctum dare canibus, neque mittere margaritas ante porcos (Matth. vii, 6).

CAPUT XIII.

Quid est quod ait (vers. 4) : *Vult piger et non vult?* Si ergo vult, quomodo non vult?

Per pigrum ille designatur qui se non vult exercere in bonis operibus. Vult ergo piger regnare, et non vult laborare pro Deo; vult pervenire ad beatitudinem, et non vult Christi præcepta implere, ut beatitudinem mereatur obtinere. De hoc enim Jacobus dicit : *Vir duplex animo, inconstans est in omnibus viis suis* (Jac. i, 8).

Quis est nuntius impii de quo dicit (vers. 17) *Nuntius impii cadet in malum?*

Nuntius impii, id est angelus diaboli, Arius fuit et Sabellius, cæterique hæretici; vel etiam susurrones, angeli utique Satanæ, isti nimirum cecidere in malum, id est in æternæ gehennæ tormentum.

Quis ergo est legatus fidelis de quo sequitur (ibid.): *Legatus autem fidelis, sanitas?*

Legatus fidelis est unusquisque catholicus prædicator et doctor, qui sibi suisque auditoribus sanitatem et salutem acquirit æternam.

CAPUT XIV.

Quare dicit (vers. 19) : *Jacebunt mali ante bonos, et impii ante portas justorum,* cum in hac vita magis soleant boni jacere ante malos, et justi ante portas impiorum?

In novissimo judicio coronatis justis, mali et impii condemnabuntur, qui eos in præsenti vita affligebant, et idcirco dicit : Jacebunt mali ante bonos, et impii ante portas justorum. Attamen quod dicit, non ad vicinitatem locorum pertinet, quoniam boni et mali non sibi erunt tunc vicini, sed pertinet ad visionem bonorum, quoniam boni semper videbunt tormenta malorum, ut Deo liberatori suo majores sine fine referant grates.

CAPUT XVI.

Quid est quod ait (vers. 11) : *Pondus et statera judicia sunt Domini?*

Quia, sicut ipse voluit, unicuique mensuram et gratiam dedit fidei (Rom. xii, 3).

Quos appellat (ibid.) : *Lapides sæculi* [al. sæculi]?

Justos et fortes in fide. Omnes ergo lapides sæculi, id est sancti et electi Dei, opera sunt Domini, quia nemo sua virtute, nemo suo merito electus est a Domino, ut cœlesti ædificationi aptus esset, sed sola misericordia ipsius.

CAPUT XVII.

Quid est quod dicit (vers. 6) : *Corona senum filii filiorum, et gloria filiorum patres eorum?* Si mali sunt filii filiorum, quomodo gloria sunt patrum suorum? et si patres mali fuerint, quomodo sunt gloria filiorum?

Senes in hoc loco patriarchas appellat et prophetas, quorum filii sunt apostoli, et filii filiorum, successores apostolorum, videlicet sancti prædicatores, omnes isti corona senum sunt, id est patriarcharum et prophetarum, quia digna laude celebrant, per quorum exempla et vaticinia ad cognationem gratiæ pervenerunt. Quomodo patres sunt gloria filiorum, magna quippe gloria est prædicatoribus Novi Testamenti, quia filii veterum, id est patriarcharum esse meruerunt.

Quid est quod dicit (vers 14) : *Qui dimittit aquam,*

caput est jurgiorum? Nunquid ille qui clausam aquam decurrere dimittit, jurgia concitat? aut nunquid non magis vinum quam aqua jurgia concitare solet?

Figurative hoc dictum est, nam per aquam designata est lingua levis et fluxa et immoderata, quæ instabilis est sicut aqua. Qui ergo dimittit aquam, hoc est immoderate relaxat linguam suam, caput est jurgiorum, quia qui linguam suam non refrenat, lites et jurgia concitat, et concordiam dissipat.

CAPUT XVIII.

Quid est quod ait (vers. 16): *Donum hominis dilatat viam ejus, et ante principes spatium ei facit?* quod est donum hoc quod dilatat viam hominis, et facit ei spatium ante principes?

Donum hoc, donum est charitatis, sive aliarum virtutum, quas a Domino fideles accipiunt. Hoc videlicet donum dilatat viam ejus, id est actionem, quia unusquisque fidelis quanto amplius gratia Spiritus sancti intus repletur, tanto magis viam suam foris dilatat, id est bonorum operum gressum multiplicat, quæ quotidie in sanctis desideriis et bonis operibus crescit et augetur. Hoc donum quomodo facit homini spatium ante principes? quia inter magnos Ecclesiæ rectores, in futuro tribuit ei culmen honoris, et gloriam æternæ beatitudinis

CAPUT XIX.

Quare dicit (vers. 24): *Abscondit piger manum sub ascella, nec ad os suum applicabit eam?* Quis est enim tam piger, qui comedendo vel bibendo ad os suum manum non applicet?

Qui abscondit manum suam sub ascella, non vult utique ad aliquod opus vel ad laborem extendere illam. Ergo per pigrum designatur unusquisque segnis et desidiosus prædicator, qui non vult opere implere quod docet. Manum quippe ad os porrigit, qui studet opere implere.

CAPUT XX.

Quis est ille piger, de quo dicit (vers. 4): *Propter frigus piger arare noluit, mendicabit ergo æstate, et non dabitur ei?* Quid? si piger tempore frigoris arare noluerit, nunquid, æstatis tempore, qui sibi aliquid tribuat invenire non poterit?

Sæpe etenim pigri, et frigoris et æstatis tempore inveniunt qui sibi tribuant eleemosynam fideles. Sed piger in hoc loco illum significat qui propter desidiam et hujus mundi adversitatem, quæ per frigus designantur, in Dei servitio negligit laborare : idcirco in die judicii mendicabit, quia non habebit opera bona, pro quibus æternam mereatur accipere beatitudinem; quoniam, quæcunque *seminaverit homo, hæc et metet (Gal.* vi, 8). Cur ergo dies judicii æstati, et regnum Dei comparatur? Quia tunc omnia nostræ tristitiæ nubila transibunt, et vitæ illius dies, æterni solis claritate fulgebunt.

Quid est quod ait (vers. 10): *Pondus et pondus, mensura et mensura, utrumque est abominabile apud Deum?*

Pondus et pondus, mensura et mensura, dicit, diversum pondus, et diversam mensuram. Quantum ergo ad litteram, quicunque in domo sua varium habet pondus variamque mensuram, propter hoc utique habet, ut taliter libret et metiatur sibi, atque aliter proximo, quod est abominabile Domino. Unde in lege Moysi Dominus præcipiens dicit : *Sit tibi æquus modius, justusque sextarius (Lev.* xix, 56). Spiritualiter autem quomodo intelligi debet? Ille in domo sua diversum habet pondus et diversam mensuram, qui semper in suis actibus quærit unde ipse laudetur, et in aliorum actibus perscrutatur unde illi vituperentur, iste quoque talis abominabilis est Domino, quia nimirum quantum sibi placere desiderat, tantum displicet Deo, qui omnia secreta rimatur cordium.

Quomodo intelligendum est quod ait (vers. 14) : *Malum est, dicit omnis emptor. Et cum recesserint, tunc gloriabitur?*

Secundum litteram, solet emptor vituperare quod emere desiderat, et dicit : Malum est, malum est. Verumtamen si bene emerit, cum recesserit, gloriabitur. Spiritualiter autem quomodo intelligitur? Ille veraciter est emptor, qui sibi æterna præmia in cœlis comparare desiderat. Ipse nimirum mere studet terrenis cœlestia, caducis mansura, temporalibus æterna. Talis ergo emptor quidquid patitur in præsenti, malum esse dicit, quia esse intelligit. Attamen quia adversa omnia patienter sustinet pro Deo, cum recesserit de mundo, tunc gloriabitur, quia perveniet ad beatitudinem.

Item quomodo intelligendum quod paulo post dicit (vers. 21) : *Hæreditas, ad quam festinatur in principio, in novissimo benedictione carebit?*

Hæreditas hæc, acquisitio avaritiæ potest intelligi. Ergo quicunque per avaritiæ nequitiam in hac vita divitias multiplicare desiderat, necesse est ut in futuro æternæ hæreditatis benedictionem amittat. Aliter : Quicunque pro humana laude bona opera quærere desiderant, in principio quasi ad hæreditatem festinant. Ideo in novissimo benedictione carebunt, quia nullam remunerationem percipiunt a Deo; de talibus scriptum est : *Amen dico vobis, receperunt mercedem suam (Matth.* vi, 2).

Quid est quod ait (vers. 25) : *Ruina hominis est devotare sanctos, et post vota retractare?*

Devotare sanctos, id est voto se obligare. Impii autem devotabunt sanctos, quia voto se obligant ut persequantur sanctos, et occidant eos quemadmodum septuaginta [*quadraginta amplius*] viri, sicut in Actibus apostolorum legitur, *devoverunt se non manducare nec bibere, donec occiderent Paulum (Act.* xxiii, 21), et pagani sæpe, ut legimus, diis devoverunt sanguinem christianorum. Quid est post vota retractare? Post vota promissa retractare est sanctos persequi, et detrahere, et quasi vile mancipium contemnere. Quomodo ergo ruina est hominis devotare sanctos, et post vota retractare? Si enim peccatum est cum aliquis sanctos Dei persequitur, aut offendit, aut lædit, et idcirco ruina est illi, quia, persequendo sanctos, æternæ damnationis sibi parat interitum.

CAPUT XXI.

Quomodo intelligendum est quod ait (vers. 1) : *Sicut divisiones aquarum, ita cor regis* (tantum) *esse in manu Dei*, et non omnium hominum, cum alibi scriptum sit : *In manu ejus sunt omnes fines terræ ?* (*Psal.* xciv, 4.) Si omnes fines terræ in manu ejus sunt, hoc est in potestate Dei, an non et corda omnium hominum in manu ejus sunt?

Regem in hoc loco non illum solum debemus intelligere qui rex est solo nomine, et temporaliter aliis imperat, sed unumquemque virum sanctum, fidelem atque religiosum Christianum, cujus milites sunt sacræ virtutes, et ipse vitia in se vincere novit. Sicut ergo Dominus multifariis divisionibus aquarum, late fines terrarum et aeris implet, ita cor regis quocunque voluerit, convertit, quoniam sicut divisiones gratiarum angelis et hominibus, juxta voluntatem suam, tribuit, ita corda regum, id est sanctorum, variis doctrinis replet, et diversis ornat virtutibus.

Quis est (vers. 16) : *Vir qui erraverit a via doctrinæ, et in cœtu gigantum commorabitur?*

Gigantes appellat immundos spiritus, id est dæmones, de quibus et beatus Job dicit : *Ecce gigantes gemunt sub aquis; et qui habitant cum eis* (*Job* xxvi, 5), id est dæmones, et omnes quos ipsi decipiunt, et qui sibi consenserunt, sub pœnis torquentur. Quare dæmones appellantur gigantes? Quia dæmones superbi et elati sunt, et male fortes, sicut olim fuerunt gigantes. In cœtu ergo istorum gigantum, id est dæmonum, commorabuntur omnes qui erraverint a via doctrinæ, id est a via veritatis, quia simul cum dæmonibus torquentur.

Quæ est civitas fortium? vel quis est sapiens de quo dicit (vers. 22) : *Civitatem fortium ascendit sapiens, et destruxit robur fiduciæ ejus?*

Civitatem appellat mundum; fortes, dæmones. Mundus iste quondam civitas fortium erat, quia, idolorum cultui deditus, dæmonibus serviebat, et fiduciam vitæ in cultu eorum habebat, qui non sunt dii, sed opera manuum hominum. Quis est iste sapiens qui hanc civitatem ascendit? Ille filius Virginis Dominus Jesus Christus, Dei virtus et Dei sapientia, qui tunc hanc civitatem ascendit, quando natus in carne, visibilis mundo apparuit. Ipse nimirum destruxit robur fiduciæ ejus, quia subvertit et abstulit de mundo cultum deorum, in quibus confidebant gentiles.

CAPUT XXII.

Quid est quod ait (*Vers.* 14): *Fovea profunda est os alienæ ?* Quæ est aliena, cujus os magna fovea ?

Os alienæ dicit os meretricis. Qui ergo verba meretricis libenter audit, et oscula ejus libenter suscipit, quasi januam pulsat profundæ foveæ, id est inferni. Ergo, nisi se cito ab ejus colloquio vel osculo subtrahat, deserente se Deo, illico mergetur in profundum mortis; et hoc est quod addidit (*ibid.*) ; *Cui iratus est Dominus, incidet in illam.*

Quid est quod ait (vers. 17) : *Appone cor ad doctrinam meam.* Et paulo post subjungit : (vers. 20) *Ecce descripsi eam tripliciter, in cogitationibus et scientia ut ostenderem tibi firmitatem et eloquia veritatis ?* Quomodo descripsit tripliciter doctrinam et scientiam? aut quid est cor apponere ad doctrinam?

Cor apponere est intelligere doctrinam sanctam et justam. Tripliciter vero descripsit suam doctrinam, quia unicuique præcepit ut eam studeat implere cogitatione, locutione, et opere.

De quibus terminis dicit (vers. 27) : *Ne transgrediaris terminos antiquos, quos posuerunt patres tui ?*

Terminos antiquos dicit terminos veritatis et fidei, quos habuerunt ab initio catholici doctores. Hoc ergo præcipit, ut sacræ fidei veritatem et evangelicæ doctrinæ nemo aliter suscipiat, quam a sanctis Patribus est tradita, sive hoc præcipit, ut eloquia sacrarum Scripturarum nemo aliter interpretetur, nisi juxta uniuscujusque scribentis vel docentis sancti Spiritus veritatem et intentionem.

CAPUT XXIII.

Quæ sunt opes illæ de quibus dicit (vers. 5). *Ne erigas oculos tuos ad opes quas habere non potes, quia facient sibi pennas quasi aquilæ et volabunt in cœlum ?* Quæ opes, id est divitiæ sive copiæ, pennas sibi facere possunt?

Opes istæ arcana sunt divinitatis, et secreta cœlestium mysteriorum; et est sensus : Ne erigas oculos mentis tuæ ad perscrutanda divinitatis arcana et mysteriorum cœlestium secreta, quæ penetrare non potes, nec intelligere vales, quoniam solis aquilis patent, id est supernis tantum manifesta sunt civibus.

CAPUT XXIV.

Quid est quod dicit (vers. 16) : *Septies enim cadet justus et resurget ?* Si justus est, quomodo peccare dicitur?

Loquitur hic Salomon de levibus et quotidianis peccatis, sine quibus nullus justorum in hac vita potuit esse vel potest, quia videlicet in hac præsenti vita nullus sit [adeo] justus, ut aut coactus, aut volens, aut frequenter singulis diebus non peccet per ignorantiam, per oblivionem, per cogitationem, per sermonem, per necessitatem, per carnis fragilitatem; et tamen quia justus est, adjutus divina gratia, resurgat per pœnitentiam, per jejunium, per orationem, per eleemosynam. Quare septies cadere dicitur, et non minus aut amplius? Septenarius etenim numerus poni solet pro universitate seu generaliter, ut illud : *Septies in die laudem dixi tibi* (*Psal.* cxviii, 164) : hoc est, omni tempore, et iterum : *Benedicam Dominum in omni tempore* (*Psal.* xxxiii, 1). Septies etiam significat aliquando sæpe vel frequenter. Quod aptissime potest intelligi hoc modo : Septies cadit justus, hoc est, sæpe, et sæpe resurgit; aut certe omni tempore cadit et resurgit; gratia scilicet divina, secundum quod supradictum est.

Quomodo intelligendum est quod ait Salomon (vers. 27) : *Præpara foris opus tuum, et diligenter exerce agrum tuum, ut postea ædifices domum tuam?* Quod est hoc opus quod foris præparare debemus?

Opus vocat bonam actionem, ideo addidit, tuum, hoc est, utile tibi et necessarium. Opus ergo nostrum foris prædicamus, cum actionem nostram bene componimus exterius, et ut Deo placeat ordinamus. Quomodo agrum nostrum diligenter exercemus. Si a spinis vitiorum corpus nostrum purgamus. Post agri exercitium, domum nostram quomodo ædificamus? Si primo exterius actus nostros bene componimus, tunc domum nobis ædificamus, cum puritatem vitæ et munditiam, etiam in cogitatione servamus, et habitaculum nostræ mentis piis cogitationibus exornamus.

CAPUT XXV.

Quis est Dominus, aut qui sunt reges de quibus dicit (vers. 2): *Gloria Domini, celare verbum; et gloria regum, investigare sermonem?*

Dominus iste, Dei Filius intelligendus est, Dominus videlicet Jesus Christus, cujus gloria fuit celare verbum, id est se esse Filium ; quia, cum in carne apparuit, magis se hominis quam Dei Filium confiteri voluit, ut diabolus eum non agnosceret, et ita passione sua genus humanum redimeret, quoniam si diabolus eum agnovisset Dei Filium esse, nequaquam omnino crucifixisset. Gloria quippe Domini fuit celare verbum, id est in forma hominis, divinitatis suæ occultare potentiam, ut dum infirmitatem carnis ostenderet, diabolus eam ad passionem tradere festinaret, quatenus per ignorantiam passionis perveniret ad gloriam resurrectionis. Qui sunt ergo reges, quorum gloria est investigare sermonem? Reges isti, sancti fuerunt apostoli, qui diligenter Domini sermonem investigare studebant, quo se Deum fore significabat; nam ubi se non aperte Deum esse monstrabat, sed mystice intelligi ejus sermonem, summa perscrutabantur diligentia, quale est illud : *Ego et Pater unum sumus (Joan.* x, 30). Nam cum celaret Verbi divinitatem, et ostenderet carnis infirmitatem, interrogavit hos reges, dicens: *Quem dicunt homines esse Filium hominis?* (*Matth.* xvi, 13.) Cui regum eximius, videlicet beatus Petrus apostolus, investigans sermonem illius, quem antea sæpius audivit, continuo respondit: *Tu es Christus Filius Dei vivi* (*ibid.*, 16).

Quid est quod mox sequitur : *Cœlum sursum, et terra deorsum, et cor regum inscrutabile?* Qui sunt isti reges, quorum cor inscrutabile dicitur ?

Reges vocat prophetas et apostolos, qui, revelante spiritu, arcana divinitatis cognoscere meruerunt. Per cor regum, designatur scientia apostolorum et prophetarum. Quomodo intelligendum est quod ait: Cœlum sursum, et terra deorsum, et cor regum inscrutabile. Sicut altitudo cœli et profunditas terræ comprehendi non potest ab hominibus, ita nostræ fragilitatis capacitas non valet comprehendere neque penetrare altitudinem scientiæ et intellectus prophetarum et apostolorum.

CAPUT XXVI.

Quomodo sibi concordant, aut quomodo sibi convenire possunt ea quæ dicit (*vers. 4*): *Ne respondeas stulto juxta stultitiam suam, ne efficiaris ei similis;* et (vers. 5) ; *Responde stulto juxta stultitiam suam, ne sibi sapiens esse videatur.*

Istæ nimirum sententiæ valde sibi videntur esse contrariæ. Vere sibi bene concordant, si eas diligenter consideremus. Per hoc enim quod ait : Ne respondeas stulto juxta stultitiam suam, nos admonet, ut, quia stultus sapientiam non recipit, nos ejus non imitemur mores, sed potius contemnamus et despiciamus; et quoties loquimur, non turpiter, non furiose, non superbe, sed honeste, patienter atque humiliter, hoc est sapienter loquamur, ne illi similes efficiamur. Per hoc vero quod sequitur : Responde stulto juxta stultitiam suam, nos admonemur ut sapienter increpemus, et redarguamus eum, et manifeste demonstremus quanta sit stultitia, ne, si forte non agnoscat stultitiam suam, se putet esse sapientem.

Quis est ille susurro, de quo dicit (*vers.* 22) : *Verba susurronis quasi simplicia, et ipsa perveniunt ad interiora ventris?*

Susurronem, vocat incentorem litis, et bilinguem, qui laudem laude verborum simulat, et ideo quasi simplicia videntur verba ipsius, sed perveniunt ad interiora ventris, quia susurro semper quærit audire unde jurgia possit seminare, quibus stomachus indignetur, et omnia interiora perturbentur.

CAPUT XXVII.

Quis est ille amor absconditus, de quo dicit (*vers.* 5): *Melior est correptio manifesta quam amor absconditus?*

Quia multo melius est aliquem corripere manifeste increpando, quam studio simulationis peccandi, occulte diligere.

Quid est quod ait (*vers.* 7) : *Anima saturata calcabit favum, anima esuriens et amarum pro dulci sumet?* quomodo anima saturata calcat favum?

Juxta litteram, anima saturata calcat favum, quia quicunque cibis repletus est, dulcem contemnit et despicit escam; qui vero esurit, licet in cibis aliquam amaritudinem sumat, parvipendit. Spiritualiter autem intelligitur : Anima saturata, anima divitum, qui in præsenti vita habent consolationem suam, quoniam rerum temporalium copiis abundant, unde in Evangelio Dominus ait: *Væ vobis qui saturati estis, quia esurietis* (*Luc.* vi, 26). Anima ergo divitum calcat favum, quia pro terrenis bonis spernit dulcedinem regni cœlestis. Anima vero esuriens, et amarum pro dulci sumet, quoniam qui esurit et sitit justitiam omnem amaritudinem pro dulcedine sumet, quia patienter sustinet omnem vitæ præsentis adversitatem pro amore æternæ beatitudinis vel dulcedinis.

Quid loquitur Salomon cum dicit (*vers. 23*): *Diligenter agnosce vultum pecoris tui, tuosque greges considera?* Nunquid lanigeros docet considerare greges?

Non. Loquitur enim pastori Ecclesiæ, et est sensus : Diligenter attende illis quibus præpositus es, et agnosce animos et actus singulorum ; et si aliquam in eis vitiorum sorditatem inveneris, citius castigare et emendare stude.

Quid est quod dicit Salomon (*vers. 25*): *Aperta sunt prata, et apparuerunt herbæ virentes, et collecta sunt fena de montibus?* quis enim hoc quod dicit, ignorat?

Vere nullus, si hæc verba juxta litteram accipimus. Quomodo ergo intelligenda sunt? Verumtamen spiritualiter. Quid ergo prata significant? Per prata, cœlestia designantur mysteria, quæ ideo prata dicuntur, quia pascua sunt fidelium ; hæc enim prata, hoc est divina mysteria, diu clausa fuerunt sub signis ac figuris legalibus. Quomodo et quando aperta sunt hæc prata? Aperta quippe sunt prata, quia per gratiam Domini Salvatoris revelata sunt cœlestia sacramenta, quando *aperuit discipulis suis sensum, ut intelligerent Scripturas* (*Luc.* XXIV, 45). Tunc etiam apparuerunt herbæ virentes, hoc est, novæ sententiæ evangelicæ veritatis et gratiæ. Quid significant fena collecta de montibus? Per montes designantur sancti Patres Veteris Testamenti doctores ; per fena, scripta ipsorum. Collecta sunt ergo fena de montibus. Per montes designantur sancti Patres, quia scripta sanctorum veterum Patrum collecta sunt ad pabulum et ad refectionem ovium Dominicarum, id est animarum fidelium.

CAPUT XXIX.

Quid est quod ait (*vers. 13*) : *Pauper et creditor obviaverunt sibi; utriusque est illuminator Deus?* quis est iste pauper et creditor qui sibi obviaverunt?

Pauper est humilis verbi Dei auditor, creditor autem est qui pauperi, id est humili auditori, pecuniam verbi Dei prædicando commisit. Quando pauper et creditor obviant sibi? Quando in unam eamdemque auditor et prædicator simul divinæ pietatis gratiam conveniunt, unde sequitur, utriusque illuminator est Deus quia sine gratia divinæ pietatis nec ille potuit prædicare, nec ille credere.

Quid est quod ait (*vers. 18*) : *Cum defecerit prophetia, dissipabitur populus?* quæ est prophetia hæc, qua deficiente, populus dissipabitur?

Prophetia est sacerdotalis eruditio atque doctrina. Ergo cum defecerit doctrina et eruditio sacerdotum, populus dissipabitur, quia cum decst admonitio et increpatio sacerdotum, suæ voluntati et arbitrio populus relinquitur, et continuo variis peccatis atque vitiis corrumpitur.

CAPUT XXX.

Quomodo ignitus clypeus omnis sermo est Dei, sicut dicit Salomon (*vers. 5*) : *Omnis sermo Dei ignitus clypeus est omnibus sperantibus in se?*

Omnis sermo divinæ auctoritatis idcirco ignitus clypeus dicitur, quia corda electorum, qui spem suam in Deo ponunt, et igne charitatis illuminat, et sordes vitiorum, quas in eis reperit, consumit et purgat, et ab insidiis hostium cunctisque adversitatibus illum defendit.

Quæ est sanguisuga, cujus duas esse dicit filias? sic enim dicit (*vers. 15*) : *Sanguisugæ duæ sunt filiæ, dicentes : Affer, affer, et nunquam satiantur.*

Sanguisuga diabolus est, qui semper sanguinem sitit, hoc est ad peccata homines trahere cupit, et sitim peccandi incessanter accendit. Quæ sunt illæ sanguisugæ duæ, dicentes: Affer, affer, et nunquam saturantur? Luxuria et avaritia ; nam quanto magis quisque luxuriatur, tanto amplius delectatur Similiter quanto quisque sibi divitias cumulat, tanto magis semper augmentare desiderat.

Quare posuit Salomon exemplum stellionis, cum dicit (*vers. 28*) : *Stellio manibus nititur et moratur in ædibus regis?*

Ut pigros et ingenio tardos ad discendum et bene operandum provocaret. Quod genus animalis est stellio? est genus lacerti valde pigri, sed colore vario, unde et nomen accepit stellio, quia quasi stellæ guttis distinctus est et variatus. Quid vero significat? Illos significat qui tardi sunt ingenio, et tamen quotidiano studio et diligentia Regis æterni aulam conscendunt, hoc est quamvis cum magno labore, ad notitiam sanctarum Scripturarum perveniunt, et penetrare valent secreta cœlestium mysteriorum. De talibus scriptum est in Evangelio : *Qui habet, dabitur ei, et abundabit* (*Matth.* XIII, 12) : Quoniam qui habet studium legendi, dabitur ei facultas intelligendi.

Quæ sunt ista tria de quibus dicit Salomon (*vers. 29, 30, 31*) : *Tria sunt quæ bene gradiuntur, et quartum quod feliciter incedit : Leo fortissimus bestiarum, qui ad nullius pavet occursum, gallus succinctus lumbos, et aries ; nec est rex qui resistat ei?* Ista sunt quæ bene gradiuntur? Quem significat ille leo?

Illum de quo scriptum est : *Vicit leo de tribu Juda* (*Apoc.* V, 5), Dominum videlicet Jesum Christum, qui fortissimus bestiarum dicitur, quia quod infirmum est Dei, fortius est hominibus. Quid est illud infirmum Dei? Infirmum Dei fuit carnem nostræ mortalitatis assumere. Sed hoc fortius est hominibus, quia ipse homo qui natus est ex Virgine, perfectus exstitit Deus. Quare iste leo ad nullius pavet occursum? quia *peccatum non fecit, nec inventus est dolus in ore ipsius* (*I Petr.* II, 22), unde ipse dicit: *Ecce venit princeps mundi hujus, et in me non habet quidquam* (*Joan.* XIV, 30). Quid significat gallus succinctus lumbos? Sanctos prædicatores. Quare prædicatores galli dicuntur? quia in præsentis vitæ temporibus tenebras, id est peccata, delere suadent et docent, et veram lucem prædicando annuntiant, gloriam videlicet æternæ beatitudinis. Quare isti galli succincti lumbos dicuntur? Quia isti prædicatores in membris suis luxuriam, avaritiam, libidinem restringunt. Quid significat aries, cui non est rex qui resistat? Per arietem sancti designantur confessores et sacerdotes, qui velut arietes gregem præcedunt, quia populum fidelem per exempla sua gradientem ducunt. Isti nimirum arietes si spiritualiter et recte vivunt, nullus est rex qui eis resistat, quia nullus est tam sævus persecutor, qui valeat eorum intentionem impedire, quia etsi eis mala ingeruntur, omnia patienter sustinent pro Christo.

Quid est illud quartum (*vers.* 29, 32 :) *Quod incedit feliciter.*—*Est qui stultus apparuit, postquam erectus est in sublime?* Quis est ille?

Antichristus, qui elevabitur in sublime, hoc est in altum, quia cum fuerit homo nequissimus, dedignabitur se Dei Filium nominare, sed mentietur se esse Deum. Elevatus est in sublime, quomodo stultus apparebit? quia in ipsa elevatione et superbia sua divino gladio subito perculsus interibit. Quare de illis superioribus dicit : Tria sunt quæ bene gradiuntur; de isto vero : Quartum quod incedit feliciter? Quare non dixit de isto similiter, incedit bene, sed, feliciter, ait? Quia omne quod incedit feliciter, semper non bene incedit; neque omne quod incedit bene, semper feliciter. Quæ sunt ergo quæ incedunt bene aut feliciter? Illa bene incedunt, quæ ambulant sancte et juste. Illa incedunt feliciter, quæ in hac vita habent prosperitatem. Leo et gallus et aries hæc gradiuntur, sed non feliciter, quia et Christus Dei Patris adimplevit voluntatem in omnibus, sed multa adversa, etiam et mortem tandem sustinuit. Similiter sancti prædicatores et confessores divinam student adimplere voluntatem, sed multas in hac vita sustinent persecutiones. Antichristus vero non bene incedit, quia contra voluntatem Dei omnia superbus faciet : sed incedit feliciter, quia, quamvis ad breve tempus, in magna erit gloria et prosperitate.

CAPUT XXXI.

Quis fuit rex Lamuel, de quo dicit (*vers.* 1) : *Verba Lamuelis regis, visio qua erudivit eum mater sua?*

Lamuel Hebræa lingua dicitur; Latine, *in quo Deus.* Ipse nimirum est Salomon rex Israel, in quo Deus fuit, quia nisi Deus in eo mansisset, tot et tanta divina mysteria nec intelligere nec scribere posset. Quæ fuit mater ejus quæ erudivit eum et docuit visionem? Secundum litteram potest intelligi carnalis ejus mater, Bethsabee videlicet regina, quæ prudenter illum docuit. Sed mater in hoc loco nihil melius intelligitur, quam spiritualis et divina gratia, quæ illum in corde invisibiliter erudivit, et docuit intellectum sapientiæ, quam ille foris hominibus prædicavit et scripsit.

Quæ est mulier illa fortis, de qua dicit (*vers.* 10) : *Mulierem fortem quis inveniet, procul et de ultimis finibus pretium ejus?*

Mulier fortis appellatur Ecclesia catholica, quæ ideo mulier dicitur, quia generat spirituales filios ex aqua et Spiritu sancto. Fortis ideo vocatur, quia cuncta adversa sæculi et prospera propter fidem et amorem sui Conditoris ac Redemptoris contemnit ac despicit. Quare dixit Salomon, mulierem quis inveniet? quia per Spiritum sanctum cognovit quod nullus patriarcharum aut prophetarum, aut omnino aliquis electorum sufficeret ad redemptionem humani generis, nisi *solus Mediator Dei et hominum, homo Christus Jesus* (*I Tim.* ii, 5). Ideoque ait, mulierem fortem quis inveniet? quia per Spiritum sanctum subauditur nullus. Quare mox addidit, Procul et de ultimis finibus pretium ejus? Ut ostenderet quia non suo tempore, sed longe post eum, nec similis illi, venturus erat Christus, id est purus homo peccati sordibus; sed in fine sæculorum descensurus erat Dei Filius de cœlis, qui natus ex Virgine, perfectus esset Deus et homo. Et hoc est quod ait, Procul, id est longe post. Significat autem tempus quod fuit a diebus Salomonis usque ad partum virginis. De ultimis vero finibus dicit, quia *a summo cœlo egressio ejus* (*Psal.* xviii, 6). Quod pretium dedit Dominus pro hac muliere? Semetipsum, sicut dicit Apostolus : *Qui dilexit nos, et tradidit semetipsum pro nobis oblationem et hostiam in odorem suavitatis* (*Ephes.* v, 2).

Mulier fortis quomodo facta est quasi navis institoris? sic enim dicit Salomon (*vers.* 14) : *Facta est quasi navis institoris, de longe portans panem suum.*

Institor dicitur negotiator, propterea quia semper instat ut acquirat et multiplicet merces et sua lucra. Navis ergo institoris, onusta diversis mercimoniis quæ in sua patria magis abundant, per loca pergit ad loca peregrina, ut illic venditis omnibus quæ attulit, chariora domum reportet. Sic ergo mulier fortis, id est sancta Ecclesia, semper ornari desiderat virtutum divitiis, et abundari bonis operibus, navigans per mare hujus sæculi, ut per illud sua virtute mercetur, id est acquirat majora divinæ gratiæ dona. Quis est ille navis institor? Dominus Jesus Christus, qui dedit pretium sanguinis sui, et redemit Ecclesiam. Sancta ergo Ecclesia ad exemplum institoris, id est Domini ac Redemptoris sui, semper multiplicare sibi laborat virtutum atque bonorum operum lucra, ut per ea mereatur acquirere majora, id est æternæ beatitudinis præmia. Et hoc est quod ait, de longe portans panem suum, quia in omnibus bonis quæ temporaliter agit, solam tantum vivi panis saturitatem desiderat, quia æternam solummodo retributionem exspectat.

Quid est quod ait (*vers.* 22) : *Stragulatam vestem fecit sibi, byssus et purpura indumentum ejus?* Quæ est stragulata vestis?

Quæ variata textura firmissima fieri solet. Quid ergo significatur per stragulatam vestem? Fortia opera sanctæ Ecclesiæ, et diversa virtutum ornamenta, de quibus Propheta dicit : *Astitit regina a dextris tuis in vestitu deaurato, circumdata varietate* (*Psal.* xliv, 10). Byssus et purpura quomodo indumentum est mulieris, id est sanctæ Ecclesiæ? Byssus, genus lini candidissimi est, unde pulchre per byssum designatur corporis castitas, et sanctæ conversationis puritas. Per purpuram vero sanguinis effusio designatur. Fortis ergo mulier, id est sancta Ecclesia, induit se bysso, cum servat corporis castitatem, et nitorem sanctæ conversationis rutilat. Induit se purpura, quando in ea sancti martyres pro Christi nomine sanguinem fundunt.

Si byssus et purpura indumentum est sanctæ Ecclesiæ, cur ergo dicit in sequentibus (vers. 25): *Fortitudo et decor indumentum ejus, et ridebit in die novissimo?*

Nulla est contrarietas, quia fortitudo et decor indumentum est sanctæ Ecclesiæ, quia propter fidem Christi et justitiam, patienter sustinet malorum hominum improbitatem et persecutionem. Est et decor indumentum ejus, quia operatur justitiam, et se gratia virtutum adornat.

Quare autem dicit, ridebit in die novissimo, cum Dominus dicat in Evangelio: *Væ vobis qui ridetis, quia lugebitis et flebitis?* (Luc. vi, 25.)

In Scripturis sacris risus solet gaudium significare. Unde Dominus ait? *Beati qui nunc fletis, quia ridebitis* (Luc. vi, 21), id est gaudebitis. Beatus quoque Job dicit: *Os autem veracium replebitur risu*, id est gaudio [aliter in Vulg. *Donec impleatur risu os tuum*] (Job. viii, 21) Mulier ergo fortis, id est sancta Ecclesia ridebit in die novissimo, id est gaudebit in retributione cœlestis regni.

Qui sunt filii mulieris, qui eam (vers. 28) *beatissimam prædicaverunt?* aut quis est (ibid.) *vir ejus qui eam laudavit?*

Filii hujus mulieris, id est sanctæ Ecclesiæ, sunt omnes electi. Vir ejus, Dominus Jesus Christus. Surgent enim filii Ecclesiæ, videlicet omnes electi de terræ pulvere in novissimo die judicii, et immortalitatis gloria decorati, matrem suam beatissimam prædicabunt, id est laudabunt sanctam Ecclesiam quæ illos genuit ex aqua et Spiritu sancto. Surget et vir ejus et laudabit eam, Dominus Jesus Christus, cum in die judicii manifestus apparuerit in potentia divinitatis et laudabit eam dicens in judicio: *Venite, benedicti Patris mei*, etc. *Esurivi enim, et dedistis mihi manducare* (Matth. xxv, 34), etc.

Cur ergo Salomon posuit præteritum, dicens (vers. 28): *Surrexerunt?* debuit enim dicere: Surgent.

Quod Salomon futurum noverat, certissimum tenebat, et ideo more prophetico posuit præteritum pro futuro.

De quibus dicit quod sequitur (vers. 29): *Multæ filiæ congregaverunt divitias, tu supergressa es universas?*

Multas filias, appellat Ecclesias hæreticorum, et turbas malorum Catholicorum, quæ dicuntur Christi filiæ vel Ecclesiæ. Quare dicuntur Christi filiæ vel Ecclesiæ? Propter fidem sacramenti et adoptionem filiorum, quam in baptismate perceperunt. Istæ filiæ quas divitias congregaverunt? Orationes, jejunia, eleemosynas, et castimoniam carnis, linguæ refrenationem, Scripturarum meditationem, et cæteras bonorum operum divitias. Quæ veræ divitiæ sunt, si spirituali intentione fiant, videlicet propter regni cœlestis remunerationem aliter nihil prosunt agentibus. Unde filiæ illæ, Ecclesiæ videlicet hæreticorum, aut turbæ malorum Catholicorum, frustra congregaverunt divitias, quia vel in fide erraverunt, vel certe hujusmodi bona propter vanam gloriam fecerunt.

IN ECCLESIASTEN.

CAPUT PRIMUM.

Quid est quod ait Ecclesiastes (vers. 2): *Vanitas vanitatum, et omnia vanitas*, cum in libro Genesis scriptum sit: *Vidit Deus cuncta quæ fecerat, et erant valde bona?* (Gen. 1, 31.) Si cuncta, quæ fecit Deus, valde sunt bona, quomodo omnia vanitas? et non solum vanitas, sed etiam vanitas vanitatum?

Cœlum et terra, maria et omnia quæ in hoc circulo continentur, per se quidem bona sunt, quando a bono Deo creata sunt; sed comparata Deo, utique pro nihilo habentur et habenda sunt, quia semper Deus permanebit id quod est, illa vero omnia pertransibunt. Nam, *quæ videntur, temporalia sunt, et transitoria; quæ autem non videntur, æterna* (II Cor. iv, 18).

Quare bis replicavit sententiam suam dicens: *Vanitas vanitatum*, dixit Ecclesiastes, *et omnia vanitas?*

Ad exaggerandam magnitudinem vanitatum, iteravit sententiam suam, ut per hoc demonstraret, quia omnis gloria mundi sicut flos feni marcescet, et sicut fumus pertransiet.

De qua generatione dicit (vers. 4): *Generatio præterit, et generatio advenit?*

De generatione Judæorum et gentium dicit, recedit enim prima generatio Judæorum, quoniam periit propter infidelitatem, et succedit ei generatio de gentibus congregata, videlicet sancta Ecclesia fidelium, quæ per fidem Christi salvatur. Potest et sic intelligi, generatio venit, et generatio vadit, hoc est, aliis morientibus, alii nascuntur; et quos prius videras, jam non vides, et incipis videre eos qui ante non fuerunt.

Quare dicit Salomon (ibid.): *Terra in æternum stat*, cum Dominus dicat in Evangelio: *Cœlum et terra transibunt?* (Luc. xxi, 33.)

Vere juxta sententiam Dei transibunt per meliorationem, sed non per abolitionem, quia in igne judicii purgata meliorabuntur, quoniam renovabuntur, sed penitus non destruentur. Tantum quippe ardebit cœlum desursum, et terra deorsum, quantum malitia hominum et dæmonum simul coinquinari potuit. Ergo juxta sententiam Salomonis, terra in æternum stabit, quoniam nunquam destruetur, sed meliorabitur et renovabitur.

Quid significare voluit Salomon, cum ait (*vers.* 5) : *Oritur sol et occidit, et ad locum suum revertitur, et ibi renascens gyrat per meridiem, et flectitur ad aquilonem?* Quis enim nescit quia oritur sol et occidit, et per incognitas nobis vias regreditur ad locum suum unde est ortus, ut iterum oriatur?

Hoc ideo Salomon dixit, ut ostenderet quia sol ipse qui hominibus in luce diei datus est, sua mutabilitate, id est ortu suo et occasu, quotidie hujus sæculi demonstrat interitum. Per has namque temporum mutationes, et per ortum siderum et occasum docet Salomon, quia humana ætas quotidie non cessat interire atque deficere. Sol iste qui quotidie oritur et occidit, quid in hoc loco spiritualiter significat? Illum verum solem Dominum Jesum Christum, qui est sol justitiæ, designat, de quo propheta dicit : *Vobis, qui timetis Dominum, orietur sol justitiæ* (*Malac.* II, 2). Iste sol justitiæ quotidie oritur timentibus se, hoc est fidelibus suis, videlicet sanctis et piis hominibus. Occidit etiam meridie pseudoprophetis, hoc est hæreticis et malis Catholicis, quia propter peccata sua lumen gratiæ suæ amittunt. Occidit etiam infidelibus, quia luce fidei non merentur illustrari.

Quid est quod ait (*vers.* 7) : *Omnia flumina intrant in mare et mare non redundat; ad locum unde exeunt, flumina revertuntur, ut iterum fluant?* Quis enim novit quod ad locum suum revertantur, ut iterum fluant?

Novit Ecclesiastes ille, videlicet Salomon, per gratiam sancti Spiritus, sed iste noster ecclesiastes Dominus Jesus Christus, qui est ipsarum conditor aquarum per potentiam divinitatis, quia æqualis est Deo Patri, plenissime novit, quia flumina quæ mare intrant, in abyssum defluunt, et per occultas venas ad capita fontium revertuntur, et de matrice abysso iterum ebullire incipiunt. Spiritualiter autem quid significant hæc flumina? Per hæc flumina sancti designantur prædicatores, qui dum virtutibus emicant, doctrinis coruscant, vere flumina fluunt, quoniam aridam terram carnalium cordium sancta sua prædicatione simul et operatione irrigant, ut ferant bonorum operum fructus. Quomodo ergo revertuntur hæc flumina ad locum unde exeunt, ut iterum fluant? Quia sancti prædicatores in omni doctrina et opere quæ faciunt, ad laudem sui Creatoris recurrunt, ut Domino auctori suo laudes et gratias referant, per quem ut talia facerent, et omne bonum quod sunt, acceperunt. Semper enim ad fontem veri luminis revertuntur, ne forte arescant et siccentur, ut ex eo aquam sapientiæ et gratiam virtutum accipiant, ut iterum fluant, hoc est, semetipsos bonis operibus repleant, et aliorum corda fluentis doctrinæ spiritualiter infundant. Omnes etiam fideles viri sancti flumina sunt; et hæc flumina ad locum unde exeunt revertuntur, quoniam per sancta desideria ad amorem sui Conditoris redeunt, et de omnibus bonis laudes et gratias illi referunt, a quo ea perceperunt.

Quid est quod Salomon dicit (*vers.* 18) : quia *in multa sapientia multa sit indignatio; et qui addit scientiam, addit et dolorem?* Quomodo multa est indignatio in multa sapientia?

Ideo in multa sapientia multa est indignatio, et qui addit scientiam, addit et dolorem, quia quanto quisque majorem sapientiam percipit, tanto amplius sibi indignatur et dolet vitiis et peccatis subjacere, et non habere virtutes. Nam, quanto quisque plus in sapientia profecerit, tanto magis sibi irascitur de malis operibus quæ gessit, et contristatur et dolet sub peccatis suis, et ideo qui addit scientiam, addit et dolorem, quantoque amplius cœlestia et terrena cognoscit, tanto magis dolendo et flendo laborat, ut errorum laqueos evadere possit, et liberari valeat de hujus sæculi miseria.

CAPUT II.

Quare dicit (*vers.* 2) : *Risum reputavi errorem, et gaudio dixi : Quid frustra deciperis?* cum naturale sit homini ridere, et Dominus in Evangelio dicat : *Gaudete et exsultate, quia merces vestra multa est in cœlis?* (*Matth.* V, 12.)

Non reprehendit Salomon risum naturalem, id est modestum et honestum. Unde alibi dicit : *Vir sapiens vix tacite ridebit* (*Eccli.* XXI, 23); sed risum dissolutum atque immoderatum et perstrepentem, vocat errorem. Talis namque risus vocatur cachinnus. Similiter non spirituale, sed temporale gaudium vocat deceptionem. Illi vero qui præterita mala sua non plorant, neque intelligunt ruinam peccatorum suorum, cachinnant et gaudent in bonis temporalibus, quia vana et brevia putant esse perpetua bona, et idcirco suavitate vitæ præsentis decepti, quotidie hujus sæculi errore vexantur.

Quare dicit Salomon (*vers.* 14) : *Oculi sapientis in capite ejus; stultus autem in tenebris ambulat?* Nunquid oculi stulti non sunt in capite ejus?

Oculi in hoc loco, non sunt corporales, sed spiritales intelligendi, oculi videlicet mentis, id est sensus et intentiones animi. Per caput vero designatur Christus, unde Apostolus dicit: *Caput viri Christus* (*I Cor.* II, 3). Oculi viri sapientis in capite, quia vir sapiens omnem intentionem suam ad Christum dirigit, et in Christo collocat, et oculos suæ mentis semper ad cœlestia imitanda sublevat. Stultus vero in tenebris ambulat, quia stultitiæ simul et peccatorum suorum tenebris obcæcatur, et amore hujus mundi a cœlestibus abjicitur. Odit enim cœlestia, et diligit terrena; despicit quæ sunt æterna, et amat temporalia, et ideo non potest oculos suos ad cœlum levare, sicut vir sapiens, quia non cogitat ea quæ Dei sunt, sed quæ hujus sæculi.

(*Vers.* 13.) Quid distat inter virum *sapientem* et *stultum?* Hoc distat, quia iste sapientiæ claritate illustratur et exornatur; ille vero stultitiæ suæ errore obtenebratur et deturpatur. Tantum quippe distat inter sapientem et stultum, quantum inter diem et noctem, lucem et tenebras, quomodo distat tandem inter sapientem et stultum, cum *unus sit interitus utriusque? (Vers.* 16.) Sic enim (*ibid.*) *moritur doctus ut indoctus*, sapiens ut insipiens. Quamvis enim unus sit occasus et similis mors sapientis et stulti, et sæpe magis in hac vita affligatur sapiens quam stultus, tamen non erit similis memoria in futuro, nec æqualem percipient coronam vel remunerationem, quoniam in die judicii ad regni cœlestis elevabitur sapiens gloriam ; stultus vero demergetur in æternæ damnationis tormenta. Quis est ille sapiens, qui tantum distat a stulto quantum lux a tenebris? Nunquid ille qui philosophicæ tantum disciplinæ pollet affluentia, vel liberalium artium splendet eloquentia; non est utique, quoniam *sæcularis prudentia inimica est Deo* (Rom. VIII, 7), et carnalis sapientia quamvis eloquentiæ floribus adornetur, nullum tamen in se spiritualem, nullum perpetuæ beatitudinis fructum continet. Sed ille veraciter est sapiens qui Deum diligit, et qui ejus mandata custodit, et quantum possibile est humanæ fragilitati, ejus voluntatem in omnibus studet implere, de quo dicitur (*vers.* 26) : *Bono homini dedit Deus sapientiam in conspectu suo, et scientiam et lætitiam.*

Quare dicit Salomon (*ibid.*) : *Peccatori autem dedit afflictionem et curam superfluam* ? Si enim Deus peccatori homini dedit sollicitudinem et curam superfluam habere, quid ergo ipse peccat, si se curis superfluis atque sollicitudine rerum temporalium affligit ?

Causa superfluæ curæ atque malæ sollicitudinis non est in Deo, sed in illo qui ante sponte peccavit, quia peccatis suis exigentibus promeruit, ut haberet curam superfluam et sollicitudinem, et ideo quod ait : Peccatori autem dedit curam superfluam et sollicitudinem, intelligendum est, suis meritis exigentibus, dari permisit, videlicet, quia peccator fuit.

CAPUT III.

Quid vult demonstrare Salomon per hoc quod ait (*vers.* 1) : *Omnia tempus habent* ? Quod si omnia tempus habent, ergo etiam divinitatis substantia tempus habet?

Absit! Illa quippe ineffabilis et æterna divinæ majestatis essentia, quæ omnia creavit ex nihilo, non clauditur loco, non coangustatur tempore, nullo spatio terminatur. Et idcirco Salomon ut ostenderet de quibus diceret hoc, statim subjunxit, dicens (*ibid.*) : *Et suis spatiis transeunt universa sub cœlo.* Vult demonstrare enim quia contraria sibi sunt omnia quæ in mundo sunt, et nihil perpetuum ex his omnibus quæ sub cœlo sunt, et infra tempus continentur.

De qua plantatione aut evulsione loquitur Salomon, cum dicit (*vers.* 2) : *Tempus plantandi, et tempus evellendi quod plantatum est* ? Nunquid de plantatione aut evulsione arborum aut herbarum dicitur?

Non. Hoc dicit de nativitate et morte hominum. Nam, quod superius dicit, tempus nascendi, hoc est, quod sequitur, tempus plantandi, hoc enim plantandi, quod nascendi ; et quod superius dicit, *tempus moriendi* (*ibid.*), hoc est, quod sequitur, *tempus evellendi quod plantatum est* (*ibid.*). Nam evellendi hoc est, quod et moriendi. Soli quippe Deo notus est ortus et occasus hominum, id est tempus nascendi et tempus moriendi, et tempus plantandi et tempus evellendi, quoniam ipse instituit et tempus in quo unusquisque nasceretur et plantaretur ad vitam, et tempus in quo moreretur, et de hac vita evelleretur, hoc est, per sententiam mortis eradicaretur.

Quid est quod item dicit (*vers.* 3) : *Tempus occidendi, et tempus sanandi* ? Nulli quippe dubium est quin tempus sanandi a Deo concedatur. Sed nunquid Deus instituit tempus occidendi alios? aut eum quem semel occiderit, homo poterit unquam sanare ?

Non utique. Sed illi soli est tempus occidendi, et tempus sanandi, qui per Moysen loquitur, dicens : *Ego occidam et vivere faciam, percutiam, et ego sanabo* (*Deut.* XXXII, 39). Ipse nimirum statuit et tempus in quo peccatores occidantur, et sanentur infirmi, hoc est peccatis languidi. Tunc enim occidit, quando vel corporis infirmitate, vel aliqua hujus mundi adversitate peccatores affligit, ut corrigantur et moriantur peccatis, et vivant Deo. Sæpe namque Deus ideo flagellat sceleratos, ut eos occidat et sanet, id est ut desinant esse quod sunt, et incipiant esse quod non sunt. Est ergo et tempus sanandi, cum Deus omnipotens eos quos occidit, id est adversitatibus misericorditer affligit, et per occultam aspirationem compungit, et ad pœnitentiam provocat.

De qua destructione et ædificatione loquitur, cum dicit (*vers.* 3) : *Tempus destruendi, et tempus ædificandi* ? Nunquid de ædificatione aut destructione domorum loquitur? Quid enim prodesset, si hoc diceret? Quis en'm nescit, quoniam alii destruant, et alii ædificent domos?

Non hic loquitur Salomon de domorum destructione, sed malorum et bonorum ædificatione, quoniam necesse est prius mala destruere, et sic bona postea ædificare, juxta illud Psalmistæ : *Declina a malo, et fac bonum* (*Psal.* XXXVI, 27). Hoc ergo dicit, quia tempus est destruendi mala, et tempus est ædificandi bona, quoniam in præsenti vita concessum nobis est a Deo, ut destruamus mala, et ædificemus bona, hoc est, prius in nobis per pœnitentiam deleamus peccata, postea per sancta desideria, virtutum construamus ædificia.

Quare dicit Salomon (*vers.* 4) : *Tempus flendi et tempus ridendi; tempus plangendi, et tempus saltandi* ? Quis enim ignorat quia alio tempore flemus, alio autem ridemus? aut quid fuit dicere, tempus plangendi, et tempus saltandi? Nunquid forsitan ostendere voluit, quod oporteat nos saltationum exercere ludibria?

Absit! Nihil enim oportet nos scurriliter agere. Sed tempus flendi est vita præsens, tempus autem ridendi est vita futura. Qui ergo in præsenti vita quotidianis fletibus et lacrymis purgare peccata sua studuerit, in vita futura ridebit, id est gaudebit. Similiter tempus plangendi est vita præsens, tempus saltandi vita beata. In motu namque saltationis homo suæ mentis gaudium et exsultationem animi demonstrat. Qui ergo in præsenti vita plangendo studet abolere peccata, in futura vita saltabit, hoc est, lætabitur et exsultabit in gloria æternæ felicitatis.

Quid est quod dicit (vers. 5): *Tempus spargendi lapides, et tempus colligendi?* Quid enim prodest lapides spargere? aut quid prodest colligere, nisi fortasse velit aliquis ædificare domum?

Non hac de causa loquitur Salomon, sed de gentium dispersione et collectione. Nam per lapides gentiles designantur. Unde beatus Joannes Baptista: *Potens est*, inquit, *Deus de lapidibus istis suscitare filios Abrahæ* (*Matth.* III, 9; *Luc.* III, 8). Tempus enim spargendi lapides, fuit ante adventum Domini, quia gentiles non permanserunt in unitate fidei, sed recedentes a Deo, dispersi sunt, quia varios deos adorabant, et diversa loca [*f.* idola] colebant. Tempus autem colligendi lapides, fuit post adventum Domini, quia sicut ait Apostolus: *Ubi venit plenitudo temporis, misit Deus filium suum factum ex muliere, factum sub lege* (*Gal.* IV, 4). Tunc quippe cœpit colligere lapides, quia peracto passionis mysterio, direxit apostolos in universum orbem terrarum, dicens: *Ite docete omnes gentes, baptizantes eos in nomine Patris et Filii et Spiritus sancti* (*Matth.* XXVIII, 19). Deinde celebrato XL die, Ascensionis ejus mysterio in cœlos, mox, ubi ab apostolis fama nominis ejus diffusa est, longe lateque per mundum lapides, id est gentiles qui erant dispersi per variam idolorum culturam, collecti sunt, quia respuentes et abominantes idola, in unitate fidei quieverunt.

Quare iterum dicit (vers. 8): *Tempus dilectionis et tempus odii*, cum Joannes in Epistola sua dicat: *Qui odit fratrem suum, homicida est?* (*I Joan.* III, 15.)

Tunc quidem est tempus dilectionis, quando post Deum diligere debemus patrem et matrem et uxorem, et filios ac cæteros propinquos. Odii vero tempus est, quia pro Christi confessione contemnere simul et odisse debemus patrem et matrem, omnesque propinquos, si nobis in via Dei fuerint contrarii, sicut sancti martyres sæpe fecisse leguntur.

Quid est quod rursum dicit (vers. 8): *Tempus belli, et tempus pacis?* Quomodo tempus belli est, cum Dominus in Evangelio dicat: *Esto consentiens adversario tuo cito dum es cum eo in via?* (*Matth.* V, 25); et item: *Si quis te percusserit in dexteram maxillam, præbe illi et alteram; et qui voluerit auferre tunicam tuam, dimitte illi et pallium?* (*Matth.* V, 39; *Luc.* VI, 29).

Vere semper nobis est tempus belli et pugnæ, quandiu in præsenti sæculo sumus, quoniam semper necesse est nobis pugnare adversus insidias antiqui hostis, hoc est malignorum spirituum debellare potestates. Pacis vero tempus erit, cum de præsenti sæculo migraverimus, quoniam, si bene pugnaverimus in hoc sæculo, in futuro coronabimur, et in cœlesti Hierusalem æterna pace securi requiescemus.

Quare dicit (vers. 12): *Cuncta fecit Deus bona in tempore suo*, cum superius dixerit omnia esse vanitatem? (*Eccle.* I, 2.) Si omnia vana, quomodo ergo bona sunt?

Omnia vana, quia transitoria, sunt; verumtamen bona sunt cuncta, quia a bono Deo creata sunt, et bona quidem sunt, tamen non semper, sed in tempore suo. Nam bonum est vigilare, bonum est dormire, attamen vigilare semper, semper dormire, non utique est bonum.

Quare dubitando loquitur Salomon, dicens (vers. 21): *Quis novit, si spiritus filiorum Adam ascendat sursum, et spiritus jumentorum descendat deorsum?* quis enim ignorat, quia spiritus jumentorum descendat, id est cunctorum peccatorum brutorumque animalium simul cum corpore dissolvatur, sed mox ubi egreditur de corpore, aut deducatur ad gloriam aut dimergatur ad pœnam?

Paulo superius ostendit Salomon, quia quantum ad corporis vilitatem, nihil distat inter jumentum et hominem, quia sicut moritur homo, sic et jumentum, et sicut jumentum redigitur in pulverem, similiter et homo, sed ut ostenderet quod secundum animæ dignitatem multum distat homo a jumento et pecore, subjunxit idcirco, dicens: Quis novit si spiritus filiorum Adam ascendat sursum, et spiritus jumentorum descendat deorsum? Ostendit enim quia hæc sola differentia inter homines et bestias sit, quoniam spiritus hominis ascendit in cœlum, et spiritus jumentorum seu pecoris descendit in terram, quia moritur et simul cum carne dissolvitur. Cum ergo dicit Salomon, Quis novit, quasi nemo sit qui hoc cognoscere possit: ideo ait, Quis novit, ut difficultatem aut raritatem significaret, sicut est illud, *Generationem ejus quis enarrabit?* (*Isa.* LIII, 3) hoc est, nullus aut perrarus. Nam quod impossibile est, nullatenus fieri potest. Illud vero quod est difficile, fieri potest, quamvis cum magno labore. Spiritualiter autem quid significant illi filii, aut illa jumenta? Filii Adam, significant sanctos aut electos viros, qui merito appellantur homines, quia rationabiliter ac sancte et spiritualiter vivunt; per jumenta vero designantur carnales, qui propterea jumenta vocantur, quoniam bestialiter et carnaliter vivunt, sicut jumenta et pecora. Hinc enim dicit propheta David: *Homines et jumenta salvabis, Domine* (*Psal.* XXXV, 7). Solet enim fieri, ut illi qui videntur homines justi, peccent et avertantur a justitia sua, et faciant iniquitatem; econtrario illi, qui sunt mali et impii, convertantur ab iniquitate sua, et faciant æquitatem et justitiam. Ideo dicit Salomon : Quis novit, si spiritus filiorum Adam ascendat sursum, et spiritus jumentorum descendat deorsum? quia tam incertus est hujus vitæ status, ut et peccator qui jumentum vocatur, per pœnitentiam conversus exsurgat et ascendat in cœlum, et justus a justitia sua conversus, ruat in peccatum, et demergatur ad inferos.

CAPUT IV.

Quid est quod ait (vers. 5) : *Stultus complicat manus suas, et comedit carnes suas?* Quis est enim tam stultus, qui carnes suas comedat?

Stultus iste, piger ille debet intelligi, de quo in Proverbiis dicit : *Abscondit piger manum sub ascella* (*Prov.* xix, 24). Iste stultus et piger complicat manus suas et comedit carnes suas, quia magis eligit in otio et torpore vivere et habere pugillum farris, quam laborando acquirere unde pascatur. Comedit carnes suas, dictum est per hyperbolen. Quid est, per hyperbolen? Hyperbole Græce dicitur, quando aliquid profertur incredibile. Quomodo ergo dictum est hyperbolice, comedit carnes suas? quia incredibile est ut aliquis comedat carnes suas, sed ad exaggerandam pigritiam hujus stulti, ait, comedit carnes suas, ut ostenderet quia magis desiderat stultus, ut caro ejus tabescat inedia, et miseria famis deficiat, quam ut manuum suarum laboribus sustentetur.

Quis est ille unus de quo dicit Salomon (vers. 8) : *Unus est, et secundum non habet, non filium, non fratrem, aut aliquem propinquum; et tamen non cessat laborare*, hoc est, divitias congregare, nec tantas congregat, et ideo maxima vanitas, qui congregavit divitias, et ignorat cui congreget eas, vel cui eas relinquat? Spiritualiter autem quem significat ille unus, qui non habet secundum?

Dominum nostrum Jesum Christum, qui naturaliter solus est Dei filius, et solus descendit Deus de cœlis ad redimendum genus humanum. Quomodo non habet filium aut fratrem, cum in sacro baptismate omnes Christiani filii Dei efficiantur, et fratres Domini nostri Jesu Christi? Iste solus proprius et natura filius, cæteri vero omnes sunt adoptivi; et ideo fratres ejus non natura, sed gratia. Quomodo ergo iste unus laborare non cessat? quia peccata nostra patienter sustinet, et misericorditer ad pœnitentiam exspectat, et pro nobis quotidie apud Deum Patrem interpellat. Quomodo non satiantur oculi ejus divitiis? quia nostram semper desiderat salutem.

Quis est ille funiculus triplex, de quo dicit Salomon (vers. 11) : *Funiculus triplex difficile rumpitur?*

Hoc est, unitas Patris et Filii et Spiritus sancti, quia in divinitate tres personæ, sed una est natura. Cur ergo ait, difficile rumpitur? Illud enim, quod difficile est, fieri potest, quamvis cum magno labore. Nunquid ergo funiculus iste rumpi potest? Vere nunquam, quia individua est sanctæ Trinitatis natura, sed difficile, in hoc loco pro impossibili accipiendum est, quia fieri non potest ut Trinitatis natura scindatur.

Quis est ille (vers. 13), *puer pauper et sapiens, qui melior est rege sene et stulto?*

Dominus noster Jesus Christus, qui puer dictus est propter innocentiam et simplicitatem, quia peccatum non fecit, nec inventus est dolus in ore ejus. Iste puer cum esset dives factus est pauper pro nostra salute. Iste veraciter est sapiens, quia *in ipso habitat omnis plenitudo divinitatis corporaliter* (*Coloss.* ii, 9). Quis est ille rex senex et stultus? Diabolus, qui pene ab ipso mundi exordio regnavit in genere humano, et ideo senex vocatur, et vere stultus est rex, quia quanto plures decipit, tanto sibi pœnam accumulat. In regno quippe hujus regis senis et stulti, id est diaboli, natus est puer optimus, Dominus videlicet Jesus Christus, qui factus est *Rex regum, et Dominus dominantium* (*Apoc.* xvii, 14, et xix, 16).

Quid est quod ait (vers. 17) *Custodi pedem tuum ingrediens domum Dei?* Nunquid offensione lapidum monet custodiri pedem, quando ingredimur domum Dei, id est ecclesiam Dei?

Quamvis semper honeste et cum timore ac silentio debeamus ingredi domum Dei, tamen non pedem corporis docet custodiendum, sed pedem animæ, id est ingressum corporis, ut in conspectu Dei mundas preces effundamus. Et est sensus : Quando ingrederis domum Dei, videlicet ecclesiam, custodi pedem tuum, id est, ingressum mentis tuæ, ne offendas in cogitationibus malis, ut oratio tua pura dirigatur ad Deum.

CAPUT V

Quid est quod ait (vers. 5) : *Ne dederis os tuum ut peccare facias carnem tuam?*

Quando loquitur vanitates et verba libidinosa, quibus caro incitetur ad peccandum, hoc est, noli dicere : Non pecco, sed quod habitat in me peccatum, id est, fragilitas carnis meæ, qui si hoc dicis, Deum provocas ad iram, quasi ipse sit auctor malitiæ tuæ atque peccati.

CAPUT VI.

Quid est quod ait (vers. 7) : *Omnis labor hominis in ore ejus, sed anima illius non implebitur?* Quomodo fieri potest, ut omnia quæ homo laborat, sint in ore ejus?

Vir ecclesiasticus sapiens omnem laborem habet in ore suo, quia omnia quæ in Scripturis discit, quotidie meditatur, prædicat, et docet; et anima illius non implebitur, quia non sufficit sibi quod didicit, sed magis ac magis semper discere cupit et studet.

Quid est quod ait (vers. 9) : *Melius est videre quod cupias, quam desiderare quod nescias?* Quomodo cupit, aut quomodo desiderat quod nescit?

Ille qui oculo mentis discernit inter bonum et malum, videt quod cupiat bonum, et quod repudiet malum. Qui autem sequitur voluntates cordis sui et concupiscentias, sæpe desiderat quod nescit, quia vult comprehendere quod non potest.

De quo dicit Salomon (*vers*. 10) : *Qui futurus est, jam vocatum est nomen ejus, et scitur quod homo sit?*

De Domino nostro Jesu Christo, cujus nomen ante vocatum est in Scripturis sacris, quam ipse carnem de Virgine sumpserit, et cognitum est prophetis et sanctis Dei, quod verus homo erat venturus.

Si hoc de Domino nostro Jesu Christo dictum est, quid est quod sequitur (*vers*. 10) : *Et non possit contra fortiorem se in judicio contendere;* quis est ille fortior, contra quem Dominus noster Jesus Christus contendere non potest in judicio.

Dominus Pater, qui fortior est, quia Filius secundum humanitatem minor est Patre.

CAPUT VII.

Quid est quod ait (*vers*. 4) : *Melior est ira risu,* cum risus sit naturalis res?

Ira non semper est vitium, sed aliquando etiam virtus est, quando irascimur nobismetipsis vel aliis peccantibus. Hæc ergo ira melior est risu, quia risus dissolvit mentem, et lætitia corrumpit hominis animum. Hæc ira corrigit et emendat peccantem.

Quid est quod dicit (vers 8) : *Calumnia conturbat sapientem, et perdit robur cordis ejus?* Qui enim vere sapiens est, nulla turbatur calumnia, nec dejicitur adversitate.

Sapiens in hoc loco non ille intelligendus est qui perfectus et consummatus est in sapientia, sed qui jam cœpit habere sapientiam, et tamen non est perfectus. Talem sapientiam calumnia hominum sive adversitas aliqua facile conturbat, et perdit vigorem ac fortitudinem animæ illius quia, cum patienter non sustinet adversa, vexatur impatientia.

Quid est quod Salomon ait (*vers*. 11) : *Ne dicas in corde tuo : Quid putas causæ est, quod meliora fuerunt tempora priora quam nunc sunt?* Ideo malum est hoc dicere, sicut ipse ait (*ibid*.) : *Stulta est talis interrogatio.* Quare stulta? Quia unus Deus conditor omnium temporum sive dierum. Nunquid non fuerunt tempora bona et mala?

Vere fuerunt, sed virtutes faciunt nobis tempora bona; vitia et peccata, faciunt mala. Et idcirco nos semper ita bene vivere debemus, ut dies præsentes meliores nobis sint, quam præteriti.

Quid est quod ait Salomon (*vers*. 17) : *Noli esse justus multum, aut sapere plusquam necesse est :* Quid enim mali est, si multum est homo justus? aut quis potest plus sapere quam necesse est?

Ille multum et nimis justus est, cujus justitia sæva et crudelis est, et alios excitat ad querelam et murmurationem. Verbi gratia : Qui videt fratrem suum peccare, et magis vult eum condemnare atque punire, quam per pœnitentiam corrigere et emen- dare, ille utique multum et nimis est justus. Quomodo sapit homo plus quam necesse est? Quando superbe sapit, unde monet Apostolus : *Noli alta sapere, sed time* (*Rom*. xi, 20 ; *et* xii, 16). Ille plus etiam sapit quam necesse est, qui vult intelligere ea quæ non potest comprehendere neque penetrare.

Quare dicit Salomon (*vers*. 19) : *Qui timet Deum nihil negligit :* cum apostolus Jacobus dicat : *In multis offendimus omnes?* (*Jac*. iii, 2.) Nunquid Jacobus aut cæteri apostoli non timebant Deum, qui se in multis offendere confitebantur?

Timebant utique, et in multis offendebant, quia non est super terram qui faciat bonum et non peccet. Quomodo igitur verum est quod dicit, qui timet Deum, nihil negligit? Qui enim sanctum et castum timorem habet, nihil negligit, quia nec prosperis elevatur, nec adversis dejicitur, quia quidquid illi accidit, non eum contristat. Quis est ille qui sanctum et castum Dei timorem habet? Qui Deum in nullo vult offendere, et quantum ipse adjuvare dignatur ejus voluntatem, ipsius mandata in omnibus vult et studet adimplere.

Quid est quod dicit (*vers*. 20) : *Sapientia confortabit sapientem super decem principes civitatis?* Quæ est hæc sapientia? et qui sunt isti principes?

Sapientia in hoc loco Dominum nostrum Jesum Christum significat, qui est virtus et sapientia Dei Patris. Decem principes civitatis, id est Hierusalem cœlestis, sunt principes Ecclesiæ, quia ipsam quotidie regunt. Cur ergo decem dicuntur? Quia decem fuerunt ordines angelorum, sed unus decidit per superbiam, et idcirco boni angeli semper ad hoc laborant, ut de hominibus eorum numerus adimpleatur, et veniant ad perfectum numerum, id est ad denarium. Quomodo ergo sapientia? confortat sapientem super decem civitatis principes? Quia majus auxilium est sapientiæ, id est Domini nostri Jesu Christi, quam sit angelorum.

Quid est quod dicit Salomon (*vers*. 20) : *Virum de mille reperi unum, mulierem ex omnibus non inveni?* Nunquid non multæ mulieres sanctæ fuerunt, virgines simul et viduæ, quæ pudicitia et castitate ac bonis operibus Deo placuerunt ex quibus plurimæ illarum martyrio coronatæ sunt?

Vere fuerunt, et usque nunc sunt plurimæ virgines simul et viduæ, Deo acceptæ. Sed hoc dicit Salomon quia suo tempore de viris multis vix potuit aliquem invenire bonum. De mulieribus vero nullam invenit, quia omnes ad luxuriam traxerunt se. Potest hæc sententia spiritualiter intelligi? Vere potest, nam per virum designatur bonus animi cogitatus, per mulierem vero carnalis et dissoluta cogitatio. De mille ergo viris vix unus invenitur cogitatus purus et mundus qui perversa cogitatione non turbetur et polluatur extrinsecus. De mulieribus vero nulla invenitur quæ placeat Deo, quia carnalis et perversa cogitatio non est accepta Deo.

CAPUT VIII.

Quid est quod ait (vers. 5) : *Qui custodit præceptum Dei, non experietur quidquam mali?* Quomodo nihil mali experietur, cum sancti viri qui præcepta Dei custodierunt, multa mala perpessi sunt in hoc sæculo?

Verum quia qui præcepta Dei custodit, id est omne quod præcepit et jussit Deus, non experietur quidquam mali in futuro, hoc est nullum patietur, nullum sustinebit malum in die judicii. Quamvis enim aliqua mala patiatur in hac vita, levia sunt et transitoria. In futura namque vita nihil mali patietur, quia perveniet ad æternæ beatitudinis præmium et gloriam.

CAPUT IX.

Quid est quod ait (vers. 4) : *Melior est canis vivus leone mortuo?* Quid per canem vivum aut leonem mortuum vult Salomon intelligi?

Canis vivus gentilitatem significat, leo mortuus, populum Judæorum a Deo derelictum. Melior est ergo canis iste vivus apud Deum, quam leo mortuus, quia nos qui de gentibus credimus, viventes per fidem, cognoscimus Deum Patrem et Filium et Spiritum sanctum. Judæi vero mortui per infidelitatem, nihil sciunt. Aliter : canis est peccator, qui se peccatis mortuum confitetur, et per pœnitentiam resurgens, incipit per justitiam vivere. Leo mortuus est justus qui in sua justitia confidit, et de suis meritis gloriatur, et idcirco in superbia elatus, mortuus est apud Deum. Melior est ergo peccator humilis et per pœnitentiam correctus, quam justus superbus : quia iste abominabilis, ille est Deo acceptus.

Quid est quod ait (vers. 8) : *Omni tempore sint vestimenta tua candida, et oleum de capite tuo non deficiat?* Nunquid potest aliquis candida semper habere vestimenta? et si forsitan ita est dives, ut semper vestimenta possit habere candida, quia omnino difficile est, quomodo fieri potest, ut de capite ejus nunquam deficiat oleum? Quis unquam ferre potest, ut semper oleo caput peruncium habeat?

Hæc sententia non historialiter, sed spiritualiter debet intelligi. Nam per *vestimenta* virtutes designantur, quibus anima vestitur et ornatur. Per *oleum* vero designatur opus misericordiæ, id est eleemosyna, vel certe spiritualis lætitia, et est sensus, *Omni tempore sint vestimenta tua candida*, hoc est, quæcunque egeris bona, sint munda et pura, ut possint Deo accepta esse, et nunquam deficias in bonis operibus, et semper habere studeas lætitiam spiritualem.

CAPUT X.

Quæ sunt muscæ de quibus Salomon dicit (vers. 1) : *Muscæ morientes exterminant suavitatem unguenti?*

Quantum ad litteram, si muscæ moriantur in unguento pretioso, exterminant suavitatem illius, verumtamen Salomon *spirituales muscas* vult intelligi in hoc loco. Quæ sunt ergo spirituales muscæ?

A Dæmones, vitia, et peccata, hæc enim omnia exterminant suavitatem unguenti, id est gratiam Spiritus sancti.

Quid est quod ait (vers. 21) : *Cor sapientis in dextera ejus, et cor stulti in sinistra illius?* Quis enim habet cor suum carnale in dextra vel in sinistra manu?

Vere nullus, et ideo spiritualiter hæc sententia est intelligenda. Quomodo? Per *cor* designatur intentio sive cogitatio, per *dexteram* opus bonum, per *sinistram* opus malum. *Cor* ergo *sapientis in dextera ejus*, quia cogitatio et intentio viri sapientis ad hoc tendit, et ad hoc laborat, ut semper bona operetur, quatenus in die judicii ad dexteram Domini, id est in sorte justorum stare mereatur, et cum ipsis in æterna beatitudine gloriari. *Cor autem stulti in sinistra illius*, quia et mala quæ cogitat, malis operibus accumulat, pro quibus in die judicii a sinistris, id est in sorte reproborum ponetur, et cum ipsis in æternum punietur.

Quis est ille spiritus de quo dicit (vers. 4) : *Si spiritus potestatem habentis ascenderit super te, locum tuum ne dimiseris?* Quis est ille qui potestatem habet, cujus spiritus si ascenderit super nos, locum nostrum dimittere non debemus?

Diabolus princeps hujus mundi : spiritus ejus, est maligna suggestio. Spiritus diaboli quomodo ascendit super nos? quia persuadendo facit ut mala cogitemus. Si ergo suggerente diabolo mala suggestio ascenderit in cor nostrum, non ei locum debemus dare, sed contra ipsam fortiter pugnare debemus, ne forte opere compleamus malam cogitationem. Potest et sic intelligi : Si habes vitæ humilitatem, munditiam, castitatem, patientiam, charitatem, et diabolus tibi suggerit superbiam, libidinem, immunditiam, odium, ne dimiseris locum tuum, hoc est, humilitatem, ne efficiaris superbus, sic et de cæteris est intelligendum.

Quid est quod dicit Salomon (vers. 16) : *Væ tibi, terra, cujus rex puer est et cujus principes mane comedunt!* Nunquid non beata fuit terra Israel, quæ juvenem habuit regem, David scilicet, qui viginti annorum fuit quando suscepit regnum? Nunquid non bonus Josias fuit rex, qui regnare cœpit in adolescentia?

Vere bonus rex fuit David et Josias, sed vere væ terræ cujus rex juvenis, hoc est in quo parva et infirma est et carnalis sapientia et prudentia. Qui juvenilia desideria sequitur, odit justitiam, veritatem et judicium. Quomodo principes mane comedunt? quando luxuriose vivunt principes, mane comedunt, et idcirco væ terræ cujus principes mane comedunt, quia magis amant voluptatem hujus sæculi et carnis delectationem, quam populi salutem, ideoque luxuriose vivendo perveniunt ad judicium.

Quomodo (vers. 17) : *Beata est terra, cujus rex nobilis est, et cujus principes comedunt in tempore suo?*

Si rex est nobilis, decorus sapientia, splendidus justitia, ornatus bonis moribus et actibus, vere beata est terra cui præest, qui regit eam in judicio et æquitate, et exaltat justitiam. Qui sunt illi principes qui in tempore suo comedunt? Illi qui non luxuriantur, qui non amant hujus sæculi voluptatem, qui non vivunt in crapula et ebrietate, sed cibos quærunt tantum ad corporis sustentationem. Ideoque beata terra quæ tales habet principes, quia cum justitiam et æquitatem diligunt, non pervertunt justitiam.

CAPUT XI.

Quid est quod ait (vers. 2): *Da partes septem, necnon et octo?* Quæ sunt istæ partes septem et octo?

Per septenarium numerum designatur Vetus Testamentum, propter Sabbatum, qui est septimus dies sanctificatus in lege. Per octonarium vero numerum designatur Novum Testamentum, propter diem Dominicum, qui est octavus dies, Domini resurrectione sacratus. Quomodo ergo intelligendum est quod ait: Da partes septem, necnon et octo; hoc modo, id est, utrumque Testamentum Vetus scilicet et Novum, pari veneratione suscipere, et præcepta ejus diligenter implere.

Quid est quod ait (vers. 3): *Si ceciderit lignum ad austrum, aut ad aquilonem, in quocunque loco ceciderit, ibi erit?* Nunquid lignum quod cadit contra aquilonem aut meridiem, ibi erit? Nonne sæpe movetur in alias mundi partes?

Nulli hoc dubium est. Sed hæc sententia spiritualiter debet intelligi. Per lignum homo designatur quoniam unusquisque quasi lignum est in silva generis humani. Per aquilonem, qui est frigidus ventus, designatur inferni supplicium, et est sensus: Ubicunque homo sibi locum et futuram sedem præparaverit, ibi erit cum mortuus fuerit, hoc est, si bene vivendo sibi locum præparaverit ad austrum, cum ceciderit, id est cum mortuus fuerit, in requie paradisi et gloria regni cœlestis permanebit in æternum; sin male vivendo sibi locum ad boream præparaverit, inferni pœnas in sæcula sæculorum habebit.

Quid est quod ait (vers. 4): *Qui observat ventum ut non seminet, et qui considerat nubes ut nunquam metat?* Quis est enim tam stultus, qui semper observet ventum ut non seminet, et consideret nubes ut nunquam metat?

Hæc sententia spiritualiter est intelligenda. Nam per ventum et nubes sæpe tempestates generari solent. Per ventum designatur diabolus, per nubes præsentis sæculi adversitates. Quicunque timet diaboli persecutionem, aut mundi adversitates, non seminat, id est verbum Dei non prædicat, non operatur bona quæ possit: nunquam etiam metet, quia, etsi aliqua bona inchoat, ad perfectionem ea non perducit. Quid ergo agendum est? Sine consideratione nubium et timore ventorum, in mediis tempestatum seminare debemus, id est in omnibus adversitatibus verbum Dei prædicare, et bona quæ valemus, nos agere semper oportet.

Quid est quod ait Salomon (vers. 6): *Mane semina semen tuum, et vespere ne cesset manus tua?* Quis enim semper mane et vespere seminare potest, maxime cum glaciali tempore nullus audeat seminare?

Semen in hoc loco non est intelligendum frumenti, vel alterius cujuslibet generis, sed semen boni operis, ex quo nascitur fructus justitiæ, et merces æternæ retributionis. Quid ergo docet cum dicit: Mane semina semen tuum, et vespere ne cesset manus tua? ut nullo tempore, nulla ætate a bonis operibus cessemus, et nostram matutinam scilicet justitiam vesper inveniat, et vespertinam misericordiam iterum sol ortus accumulet. In adolescentia pariter et senectute virtutum copia nos semper Deo commendet. *Mane semina semen tuum, et vespere ne cesset manus tua*, hoc est, in bonis operibus semper te exerce.

CAPUT XII.

Quid est quod ait (vers. 5): *Florebit amygdalus, impinguabitur locusta, et dissipabitur capparis?* Quid enim hoc profuit dicere, cum nullus ignoret quia amygdalus florere solet, impinguari locusta, et dissipari capparis?

Hæc sententia spiritualiter est intelligenda, et magnum in se continet mysterium, nam per amygdalum designatur Dominus noster Jesus Christus, quia sicut nux amygdali constat ex cortice, osse et nucleo, quoniam per os amygdali designatur divinitas; per locustam, populus gentilis; per capparim, populus Judaicus. Quomodo intelligenda est hæc sententia? Florebit amygdalus, id est nascetur Christus, et coruscabit miraculis. Impinguabitur locusta, id est credet gentilis populus, et replebitur bonis spiritualibus. Dissipabitur capparis, hoc est peribit Judaicus populus propter infidelitatem.

Quare verba sapientium stimulis et clavis assimilantur? sic enim dicit Salomon (vers. 11): *Verba sapientium sicut stimuli, et quasi clavi in altum defixi?*

Aptissime verba sapientium, stimulis et clavis comparantur, quia peccatorum culpas nesciunt palpare, sed pungere. Qui enim sunt veraciter sapientes, eorum procul dubio verba clavi sunt et stimuli, qui peccatores non blaudimentis fovent, sed aspera increpatione redarguunt, et secretas eorum conscientias quasi pungendo, ad lamenta et ad laborem excitant ut corrigantur.

Quid est quod ait (ibid.): *Quæ per magistrorum consilium data sunt a pastore uno?* Qui sunt illi magistri, per quorum consilium data sunt verba sapientium? aut quis est ille unus pastor a quo data sunt?

Magistri sunt sancti prophetæ et apostoli. Pastor unus est Deus, a quo data sunt omnia verba sapientium, quia ipse docuit magistros, id est prophetas et apostolos, et instruxit eorum consilium, quoniam ipse dedit verba in corde et ore ipsorum.

Quid est quod Ecclesiastes in fine libri sui dicit

(vers. 13): *Deum time, et mandata ejus custodi. Hoc est omnis homo?* Quomodo fieri potest, ut hoc tantum sit omnis homo, id est Deum timere, et mandata ejus observare? Multo quippe major est pars eorum hominum, qui nec timent, nec mandata ejus observant, quam sit illorum qui timent et custodiant.

Vere major pars est malorum quam bonorum, quia sicut Dominus dicit: *Multi sunt vocati, pauci vero electi* (*Matth.* xx, 16), et incomparabiliter major est infidelium multitudo, quam fidelium. Quid ergo vult in hoc loco Salomon demonstrare? Hoc namque demonstrat in his verbis, quia non est homo qui Deum non timet, et mandata ejus non custodit. Quare non est homo? Quia non servat modum rationemque suæ naturæ. Quæ est ratio et modus naturæ humanæ? Rationabiliter vivere, quia inter omnia animalia solus homo creatus est rationale animal, quoniam inter cuncta veræ animantia solus accepit homo a Deo rationem et intellectum, ut agnosceret suum creatorem, et diligeret eum ac timeret,

et ore simul et corde laudaret. Quid est Deum timere? Voluntatem ejus implere, et bona quæ facienda sunt, facere. Sic ergo qui Deum non timet, et mandata ejus non custodit, non est homo. Quid ergo est? Bestia. Quomodo bestia vocatur? Si est crudelis suis domesticis, vel subjectis, aut vicinis, leo est, non homo. Si autem raptor est, tigris est aut lupus. Si vero est adulter, aut fornicator, aut immundus, canis aut porcus; aut si est stultus, asino comparatur. Fraudulentus itaque et simulator, congrue vulpeculæ assimilatur. Sic et de cæteris intelligendum est. Quis est veraciter homo? Ille solus est homo, qui Deum timet, et mandata ejus custodit.

PERORATIO.

Hæc de Parabolis Salomonis nos humiliter descripsimus, ne in figurativis phantasiis nihil aliud credentes, quam quod secundum visibilium formationem scriptum invenimus; sed eruditi potius a figurativis ad eorum quæ vera sunt cognitionem ascendamus.

EXPOSITIO IN CANTICA CANTICORUM.

(*Biblioth. vet. Patr.*, XX, 1153.)

INCIPIT EPISTOLA HONORII DOCTORIS EXIMII SUPER CANTICA CANTICORUM.

Donum sapientiæ cum Salomone poscenti HONORIUS, a vero Pacifico postulata consequi.

Quia prædecessoris tuo beatæ memoriæ venerando abbati C[oxoxi] librum David utcunque explanavi, poscis a me, imo jubendo exigis successor ejus, librum Salomonis tibi explanari, justum asserens ut qui patri patris opus magno sudore elaboratum obtuli, tibi quasi filio filii opus stylo elucidatum debeam offerre. Feci itaque quod jussisti, et librum Salomonis qui intitulatur Cantica canticorum multorum ore celebratum, paucorum intellectui reseratum, plano stylo reseravi; ac opus desidiosis obscurum, omnibus studiosis Spiritu sancto illustrante elucidavi, nihil mihi præter solum laborem ascribens, sententias vero auctoribus [*al.* auctoritati sanctorum] relinquens.

INCIPIT PROLOGUS IN LIBRUM SALOMONIS QUI DICITUR CANTICA CANTICORUM.

In principiis librorum tria requiruntur, scilicet, auctor, materia, intentio. Auctor, ut noveris nomen scriptoris, utrum ethnicus, an fidelis, utrum Catholicus an hæreticus fuerit. Materia, ut scias utrum de bellis an de nuptiis vel de quibus rebus tractat. Intentio, ut cognoscas utrum rem de qua tractat suadeat vel dissuadeat, vel liber lectus quid utilitatis conferat.

Auctor libri hujus est Spiritus sanctus, loquens per vas sapientiæ, Salomonem hujus libri scriptorem qui fuit rex sapientissimus et propheta præcipuus. Ideo non legitur lectio libri Salomonis, sed lectio libri Sapientiæ. Qui Salomon tria volumina heroico metro edidit, quæ et in tres partes philosophiæ, scilicet ethicam, physicam, logicam distribuit. Parabolas namque ethicæ attribuit, in quibus bonos mores docuit, ut ibi? « *Audi, fili mi, disciplinam patris tui, et ne dimittas legem matris tuæ* (Prov. I, 8.) » *Ecclesiasten autem physicæ assignavit, in quo naturas rerum disseruit, ut ibi* : « *Omnia flumina intrant in mare, ad locum unde fluunt revertuntur aquæ ut iterum fluant* (Eccle. I, 7). » *Cantica canticorum logicæ contulit, in quibus rationalem animam per dilectionem Deo conjungi voluit, vel docuit, ut ibi* : « *Fortis est ut mors dilectio. Aquæ multæ non potuerunt exstinguere charitatem* (Cant. VIII, 6, 7). » *Auctor est æquivocum. Æquivocum autem dicitur quod unum est in litteratura, sed diversum in significatione, ut leo. Est enim leo cœleste sidus in cœlo, et leo terrestris bestia in terra, est etiam leo aquatilis piscis in aqua. Est quoque leo, nomen hominis, apostolici scilicet vel imperatoris; est et leo pictura vel sculptura, sic et auctor est æquivocum. Est autem auctor civitatis, id est fundator ut Romulus Romæ; est et auctor sceleris, id est princeps vel signifer, ut Judas Christi mortis; est quoque auctor libri, id est compositor, ut David Psalterii, Plato Thymæi. Est etiam auctor commune nomen, ab augendo dictum.*

Materia libri est sponsus et sponsa, id est Christus et Ecclesia, ut in Evangelio legitur : « *Qui habet sponsam sponsus est* (Joan. III, 29). » *Et item :* « *Decem virgines exierunt obviam sponso et sponsæ* (Matth. XXV, 1). » *Christus namque per simile dicitur sponsus, quia sicut sponsus sponsæ carnaliter conjungitur, et unum cum ea efficitur, ita Christus per assumptam carnem Ecclesiæ associatur, et ipsa per comestionem corporis ejus ei incorporatur. Unde et corpus ejus scribitur, cujus caput ipse legitur, membraque ejus omnes electi, per fidem et dilectionem ei connexi, materia ejus sunt.*

Hic liber agit de nuptiis quæ fiunt quatuor modis, scilicet historice, allegorice, tropologice, anagogice. Juxta historiam fiunt nuptiæ duobus modis, aut carnis commistione, aut sola desponsatione. Sola desponsatione, ut Mariæ et Joseph. Carnis commistione, ut Salomonis et filiæ Pharaonis, quam sibi jure copulavit matrimonii, cujus domum auro gemmisque decoratam ædificavit. Juxta allegoriam quoque fiunt nuptiæ duobus modis. Uno, quo verbum Dei carnem sibi conjunxit, id est quo Deus humanam naturam sumpsit, quam in dextera Patris exaltatam in solio gloriæ collocavit : Alio quo Christus Deus homo universam Ecclesiam, id est totam fidelium multitudinem per commistionem corporis sui sibi sociavit. Quam et suo sanguine subarravit, et lavacro baptismatis lavit, et variis Spiritus sancti charismatibus dotavit.

Juxta tropologiam etiam fiunt nuptiæ duobus modis : Uno, quo anima Christo per dilectionem copulatur; alio, quo anima quod est inferior vis interioris hominis spiritui, quo est superior vir ejus per consensum divinæ legis conjungitur, de quo conjugio spiritalis proles, id est bonum opus gignitur.

Juxta anagogen nihilominus fiunt nuptiæ duobus modis : Uno, quo Christus resurgens a morte novus homo cœlos ascendit, et multitudinem angelorum sibi sociavit; alio, quo adhuc post resurrectionem totam Ecclesiam in visione deitatis suæ gloriæ copulavit. Tres nuptiæ leguntur in Evangelio : Primæ ibi : « *Simile est regnum cœlorum homini regi, qui fecit nuptias filio suo* (Matth. XXII, 2). » *Secundæ ibi :* « *Vos similes hominibus exspectantibus dominum suum, quando revertatur a nuptiis* (Luc. XII, 36). » *Tertiæ ibi :* « *Et quæ paratæ erant intraverunt cum eo ad nuptias* (Matth. XXV, 10). » *Primæ nuptiæ erant, quando Rex cœli Filio suo, Christo humanam naturam copulavit, ubi thalamus virgineus uterus fuit, de quo,* « *ut sponsus de thalamo processit* (Psal. XVIII, 6). » *Ad has nuptias omnes ante legem patriarchas, omnes sub lege prophetas invitavit. Secundæ nuptiæ fuerunt, quando Christus novus homo ad cœlos ascendit, et multitudinem angelorum sibi conjunxit. Ad has nuptias omnes gentes per apostolos convocavit. Tertiæ nuptiæ post judicium erunt, quando per angelos Ecclesiam in cælestem Hierusalem transferet, et in thalamo gloriæ ipsa deitatis visione sibi conjunget. Ad has nuptias per prælatos Ecclesiæ multos volentes trahit, multos nolentes intrare compellit. De his nuptiis materia hujus libri contexitur, ideo et epithalamium, id est nuptiale carmen dicitur.*

Intentio ejus est Ecclesiam vel qualibet animam Christi sponsam sponso Christo per dilectionem conjungere. Quæ dilectio in duo dividitur, scilicet, in dilectionem Dei et proximi. Dilectio proximi est biformis, videlicet : « *Quod tibi non vis fieri, alii ne feceris* (Tob. IV, 16) ; » *et :* « *Quod vultis ut faciant vobis homines, facite eis similiter* (Matth. VII, 12). » *Dilectio Dei uniformis est, scilicet, ut præcepta ejus servemus, ut scribitur :* « *Si quis diligit me, sermonem meum servabit* (Joan. XIV, 23). »

Titulus enim hujus libri est : Cantica canticorum, id est laus laudum. Sicut enim in lege quædam dicuntur sancta, quædam vero sancta sanctorum, his sacratiora; ita Cantica canticorum dicuntur, quia omnibus canticis præferuntur. Quædam namque sunt cantica victoriæ, ut : « *Cantemus Domino* (Exod. XV, 1), » *quædam gratiarum actionis, ut :* « *Exsultavit cor meum in Domino* (I Reg. II, 1). » *Sed ista cantica nuptias Christi et Ecclesiæ canunt, ideo omnia cantica præcellunt. Hoc autem distat inter canticum et carmen, quod certa lege metri carmen scanditur, canticum vero modulando canitur. Est autem canticum jucunditas mentis de æternis, et intelligitur bona vita, per quam acquiritur jucunditas æternæ exsultationis.*

Et sciendum quod hæc verba : « *Osculetur me* (Cant. I, 1), » *non sunt canticum, sed de cantico agunt, quia bonam vitam justorum, quæ in dilectione constat, canunt. Canticum quippe est vita justorum. Canticum canticorum est vita perfectorum. Liber est æquivocum. Est enim Liber, Bacchus Deus vini; et est liber homo ingenuus ; est quoque liber interior cortex, qui de arbore trahitur ; in quo antiqui solebant scribere ; unde et librarii dicebantur. Est enim liber in quo legitur. Hic liber est unus de septem agiographiæ. Sacra igitur Scriptura est bipartita. Dividitur enim in Vetus et Novum Testamentum. Veteris Testamenti scriptores fuerunt prophetæ; Novi autem Testamenti scriptores apostoli exstiterunt; utriusque vero auctor est Spiritus sanctus. Veteris, ut legitur aut scribitur :* « *Audiam quid loquatur in me Dominus Deus* (Psal. LXXXIV, 9). » *Novi, ut legitur :* « *Non enim vos estis qui loquimini, sed Spiritus Patris vestri qui loquitur in vobis* (Matth. X, 20). » *Vetus Testamentum partitur in tria; in historiam, prophetiam, agiographiam. Historia est quæ narrat præterita, ut Genesis. Prophetia est quæ prædicit futura, ut Isaias. Agiographia est quæ tractat æterna, ut David. Sunt autem agiographiæ septem libri, qui coaptantur septem donis Spiritus sancti, scilicet Job, David, Parabolæ, Ecclesiastes, Cantica, liber Sapientiæ, Ecclesiasticus. Ex quibus Job ascribitur spiritui sapientiæ, David spiritui intellectus, Parabolæ spiritui consilii, Ecclesiastes spiritui fortitudinis, Cantica spiritui scientiæ, liber Sapientiæ spiritui pietatis, liber Jesu filii Sirach spiritui timoris. Hæ* sunt septem columnæ, quibus suffulta est magna domus Sapientiæ.

Et notandum quod Cantica spiritui sapientiæ assignantur, quia scientia totius Scripturæ Canticis includitur.

Præterea notandum quod Cantica in quinto loco agiographiæ calculum ponunt, quia nimirum quinque gradus amoris sunt, videlicet visus et alloquium, contactus et oscula, factum. In primis namque puella placita visu eligitur, deinde electam amans alloquitur, tertio blando contactu amplectitur, quarto osculatur, quinto res facto peragitur. Sic Deus primitivam Ecclesiam in patriarchis visu prædestinavit et elegit, dum Abrahæ dixit : « In semine tuo benedicentur omnes gentes (Gen. XXII, 18). »

In Moyse et prophetis hanc allocutus est, dicens : « Si feceris quæ præcipio tibi, dabo tibi terram fluentem lac et mel (Exod. XXIII, 22). » Hanc præsentia assumptæ carnis tetigit dicens : « Venite ad me, omnes qui laboratis et onerati estis et ego reficiam vos (Matth. XI, 28). » Huic osculum præbuit, dum victor mortis resurgens pacem amissam ei reddidit, dicens : « Pax vobis (Joan. XX, 19). » Adhuc factum restat, quod tunc erit quando peracto judicio in gaudium Domini sui etiam introducet, dicens : « Venite, benedicti Patris mei, percipite regnum ab origine mundi vobis paratum (Matth. XXV, 34).

Omnis liber sacræ Scripturæ habet proprias divisiones et proprias numeri significationes, verbi gratia, Psalterium dividitur in tria, et præfert tria sæculi tempora, videlicet, ante legem, sub lege, sub gratia, quibus omnes justi contra vitia et peccata pugnaverunt, quorum victorias psalmi canunt. Qui psalmi in quindecim decadas dividuntur, quæ veluti totidem gradus cuidam scalæ, ad cœlum erectæ, inseruntur, per quam victores de valle lacrymarum scandant ad regna cœlorum.

Hic autem liber in quatuor partes dividitur, quia Ecclesia sponsa Christi quam canit, de quatuor plagis mundi, per quatuor Evangelia in thalamum sponsi colligitur, ipso dicente : « Venient et recumbent ab occidente et oriente, a meridie et aquilone, cum Abraham, Isaac et Jacob, in regno cœlorum (Matth. VIII, 11). »

Ab oriente est sponsa adducta, quando multitudo electorum ante legem in fidem patriarcharum est electa, qui crediderunt hoc promissum : « In semine tuo benedicentur omnes gentes (Gen. XXII, 18), » id est in Christo. A meridie est sponsa adducta, quando turba populorum sub lege in fidem prophetarum est collecta, qui crediderunt hoc futurum : « Ecce virgo concipiet et pariet filium, et vocabitur nomen ejus Emmanuel, id est nobiscum Deus (Isa. VII, 14), » quod fuit Deus homo Christus. Ab occidente sponsa est adducta, quando multitudo gentium sub gratia per apostolos ad fidem Christi est attracta. Ab aquilone sponsa adducitur, quando sub Antichristo turba infidelium ad fidem convertitur. Aliter per orientem puerilis ætas, per meridiem juvenilis ætas, per occidentem senilis, per aquilonem decrepita accipitur : de

A quibus multitudo magna quotidie per fidem et dilectionem in amplexum sponsi colligitur.

Quæ divisio in ipso libro per quatuor personas dividitur, quibus unaquæque pars assignatur, scilicet, per filiam Pharaonis, per filiam regis Babylonis, per Sunamitem, per mandragoram. Quarum duæ existunt in re, duæ in significatione. Nam filia Pharaonis realiter est Salomoni in conjugio conjuncta et copulata. Et regina austri, quæ filia regis Babylonis figuraliter dicitur, realiter in templum Domini venit auro et argento et gemmis adornata. Sunamitis autem et mandragora, hoc est, puella sine capite, pro sola significatione ponuntur. Filia Pharaonis in curru ab oriente est adducta. Regina austri in camelis a meridie est adducta. Sunamitis ab occidente in quadriga Aminadab est adducta. Mandragora ab aquilone de agris est collecta, et in manibus advecta. Filia Pharaonis gens Hebræa fuit, quæ sub imperio Pharaonis nata crevit ; hanc Salomon sibi sociavit, quando Dominus vineam de Ægypto transtulit et in Judæa plantavit ; hæc in curru sponso adducitur, quia in lege ad cultum veri Dei perducitur, sed ipsa currum Dei deseruit, et currus Pharaonis ascendit, dum plebs Hebræa, lege Dei derelicta, jussu principum suorum idololatriam arripuit. Reges namque et sacerdotes Israel currus Pharaonis fuerunt, dum Ægyptiacam idololatriam per aureos vitulos in Bethel populo Dei induxerunt. Siquidem Pharao dicitur denudans vel dissipans, et est diabolus qui eos cultu divino denudavit, et variis erroribus dissipavit. Porro hæc sponsa ab oriente venit, quia primo in mundo cultum Dei suscepit, ipsaque solem justitiæ secundum carnem, protulit. Filia regis Babylonis, id est diaboli, est gentilitas. Babylon etenim dicitur confusio, et est hic mundus in quo multis peccatis confusum est genus humanum. Hujus rex est diabolus, qui imperat omnibus in peccatis confusis. Cujus filia est gentilitas in confusione idololatriæ nata. Sed hæc facta regina austri, venit ad Salomonem, quia Spiritu sancto, quem auster significat, illustrata venit in cœlis regnatura ad verum pacificum Christum. Qui eam in templum Domini adduxit, quare Christus eam templum Dei vivi fecit.

Hæc aurum et gemmas in ornatum templi attulit, quia sapientia et ornamento virtutum domum Dei, id est seipsam ornavit. Venit autem vecta in camelis, quia docta a philosophis, quæ ad utiles artes docendas ut cameli ad onera portanda habiles, sed peccatis distorti erant et difformes. Hæc quasi de meridie ad sponsum venit, quia de fervore mundanæ gloriæ ad Christi cultum se contulit. Sunamitis autem de occidente venit in quadriga Aminadab. Suna enim est civitas de qua illa Sunamitis fuit, cujus filium Eliseus a morte suscitavit, quia prius servum cum baculo misit, sed mortuum suscitare non potuit. Venit Eliseus et assimilatus est mortuo, et surrexit continuo. Hic mortuus significat genus humanum. Servus qui baculum super mortuum posuit, Moyses fuit, qui legis baculum super mortuos in peccatis posuit, quæ eos magis oppressit, non resuscitavit. Eliseus, qui dicitur « Dei mei salus » est Christus, nobis a Deo datus salus, hic in similitudine hominum mortalis factus, mortuum suscitavit humanum genus. Porro Sunamitis dicitur « captiva » et est Synagoga adhuc in perfidia a diabolo captivata. Hæc ab occidente sponso adducitur, quia in fine mundi ad fidem Christi convertetur. Et hoc in quadriga Aminadab. Aminadab erat sacerdos in cujus quadriga arca in Jerusalem est reducta, olim ab allophylis capta. Arca de Judæa ad gentes venit, quando Christus de Synagoga ad Ecclesiam se contulit. Arca de Jerusalem reducetur, quando sub Elia et Enoch Christus ad Judæam jam conversam revertetur. Aminadab, qui dicitur « populus meus spontaneus, » Christus est; quæ spontanea morte populo oblatus est.

Hujus quadriga est Evangelium, quo invectus est per mundum. Rotæ hujus quadrigæ sunt quatuor evangelistæ. Equi autem sunt apostoli, qui hanc quadrigam traxerunt, dum Evangelium Christi per mundum prædicaverunt. Unde scribitur : « Ascendes super equos tuos, et quadrigæ tuæ salvatio (Habac. III, 8). » Super hanc quadrigam Sunamitis sponso adducitur, quando Synagoga per Evangelium in Christi consortium recipitur. Mandragora vero, hoc est puella sine capite, venit ab aquilone. Mandragora est herba formam hominis habens, sed capite carens. Et multitudo infidelium intelligitur post Antichristum, cui mandragoræ caput est amputatum, dum Antichristus occiditur, qui caput omnium malorum scribitur : quæ tunc ad verum caput recurrit ab aquilone, id est de infidelitate, et subditur ei in sanctitate. Hæc de agro colligitur, quia de toto mundo hæc turba congregatur. In manibus apportabitur, quia per opera visa Ecclesiæ associabitur. In his quatuor speciebus materia hujus libri versatur. Series autem totius contextionis libri hujusmodi.

INCIPIT ALIUS PROLOGUS HONORII DOCTORIS EXIMII SUPER CANTICA CANTICORUM.

Imperator supernæ reipublicæ volens habere hæredem, genuit sibi Filium coæqualem; hunc « constituit hæredem universorum, per quem fecit et sæcula (Hebr. I, 2). » Qui ut filios posset habere regni cohæredes, desponsavit ei Pater reginam et concubinam, id est angelicam et humanam naturam. Interea quidam princeps tyrannidem arripuit, et similis Altissimo esse voluit. Cujus tyrannidi regina consensit, imperatorem deserens, tyranno adhæsit, a quo polluta adulterio privata est regni solio, et cum eodem tyranno æterno damnata exsilio. Cui mox concubina est in dignitate prælata, regnique coronæ attitulata.

Quæ corona tunc ideo est dilata, quia nondum erat perfecte ornata. Summus autem ornatus humanæ naturæ est obedientia divini mandati. Regis ergo filius electam ad regni coronam in paradiso, quasi in cubiculo, ornandam collocavit, materiam ornatus præceptum dedit, mandans ut se obedientia ornaret, spondens quod ornatam in aulam et consortium regni reciperet. Hoc æmula ejus ridens et invidens, tacta dolore cordis intrinsecus inferiorem sibi in dignitate præferri, se gloria et honore privari, incautam callide decepit, ornatum obedientiæ non sibi prodesse, sed magis obesse, retulit, ornatum, heu! a decepta acceptum, dum eam sibi magis quam Deo obedire persuasit!

Unde sponsus offensus, quod a se datum ornatum abjecisset, imo æmulæ suæ a se repudiatæ dedisset, de cubiculo paradisi eam expulit, gratiam suam tam diu interdixit donec amissum ornatum ab æmula reciperet, et sic gratiam sponsi et coronam regni speraret. Hoc autem debuit fieri vitiis et concupiscentiis resistendo, et mandatis Dei usque ad mortem obediendo. Hunc obedientiæ ornatum tunc humana natura recepit, quando Christus obediens Patri usque ad mortem fuit, hoc est obedientiam Deo debitam tam fortiter homo factus tenuit, quod nec morte superatus eam deseruit. Hunc ornatum sic receptum tam firmiter sponsa postea retinuit, quod nec mille mortibus ab ea eripi potuit.

A paradiso igitur expulsa, pro recipiendo ornatu in mundo errabat, quia adhuc nec legem nec doctorem habebat. Hanc gigantes, quasi latrones, ab æmula ejus immissi, magis in devium deduxerunt, et multis vitiorum sordibus polluerunt. Cujus miseriis sponsus condolens hostes ejus diluvio delevit. Ipsam vero Noe quasi pædagogo custodiendam tradidit. Qui Noe eam arcæ quasi scholis erudiendam inclusit, in qua inter munda et immunda animalia pauco numero delituit. Ibi est docta quod Noe figuram futuri Christi, arca vero typum futuræ Ecclesiæ præferret, animalia munda essent licite conjugio utentes, immunda animalia illicite se polluentes. Diluvium autem significaret baptismum, qui esset perditio peccatorum, salvatio justorum. Corvus de arca egressus et non reversus, essent hæretici futuri, de Ecclesia egredientes, amplius non reversuri. Columba vero cum oliva reversa gratia S. Spiritus Ecclesiæ immissa, vel simplices lapsi ad pœnitentiam conversi.

Deinde instinctu æmulæ ejus hostes turrim ædificant, de qua eam publice impugnant, et ab amore sponsi ad amplexum adulteri, scilicet a cultura Dei ad cultum idoli inclinant; sed et laboranti sponsus affuit, linguas hostium dividens confudit, eamque sub custodia Abrahæ amici sui in Sara commisit, qui eam de Mesopotamia duxit in terram repromissionis, in qua audire meruit : « In semine tuo benedicentur omnes gentes (Gen. XXII, 18). » Et iterum : « Possidebit semen tuum portas inimicorum suorum (ibid., 17), » ibique genuit Isaac hæredem mundi. Ibi dicit quod Abraham, quod sonat « pater multarum gentium, » Christum futurum Patrem omnium gentium credentium præfiguraret. Et Sara, quod dicitur « princeps, » Ecclesiam exprimeret, quæ principatum æmulæ suæ in cœlo obtineret, et quod semen Abrahæ Christus sponsus suus foret, in quo omnes gentes benedicendæ essent. Portæ autem inimicorum essent loca lapsorum angelorum, in quibus ipsa locanda esset. Et Isaac, quod dicitur « gaudium » significaret æternum gaudium, quod in hæreditate perciperet. Mesopotamia vero quod sonat « inter flumina, » fluxæ divitiæ sæ culi, et labentes mundi honores essent, de quibus Christus Ecclesiam eduxit, et in terram repromissionis, id est, in paradisum introduxit. Unde et procurator Abrahæ eamdem in Rebecca de Mesopotamia Isaac adduxit, qui eam in conjugium sumpsit, et duos filios genuit; unum qui a patre benedicitur, alterum qui reprobatur. Cui Rebeccæ etiam a Domino dicitur : « Duæ gentes in utero tuo sunt, et duo populi de utero tuo dividentur, populusque populum superabit, et major serviet minori (Gen. xxv, 23). »

Qui procurator figuram doctorum prætulit, quæ Rebeccam, quod « patientiam » sonat, id est Ecclesiam multa pro Christo passuram de Mesopotamia, id est, de fluxis rebus sæculi eductam, ad Isaac, quod « gaudium » dicitur, id est ad Christum verum gaudium perduxit. Duo filii sunt duo ordines Ecclesiæ, scilicet clericalis, qui ad divina officia benedicitur, et laicalis, qui ab hoc officio arcetur. Duo populi sunt spirituales et carnales in Ecclesia. Ex quibus carnalis major numero, servit spirituali minori numero. Deinde in Lia et Rachel Jacob commendatur, quarum una fecunda, altera diu sterilis fuit; demum illum genuit qui Ægyptum a periculo famis salvavit, unde et Salvator mundi dictus est. Jacob qui dicitur « luctator, » vel « videns Deum, » est Christus, qui cum diabolo pro sponsa luctamen iniit et vicit, et semper Deum Patrem videt. Duæ sorores sunt duæ vitæ in Ecclesia, activa scilicet et contemplativa. Activa fecunda in carnalibus, contemplativa sterilis in spiritualibus, cui tamen filius erit, qui mundum a fame verbi Dei salvabit, verus Salvator mundi. Post hæc famen passa Ægyptum ingreditur, a Pharaone servituti subjicitur, cui clamanti Moyses doctor ac ductor in auxilium mittitur, qui sanguine agni eam de Ægypto redemit, cum spoliis Ægypti per mare Rubrum eduxit, hostes insequentes submersit; in deserto divina lege imbuit, tabernaculum de spoliis Ægypti facit, pane cæli et aqua de petra producta reficit. Quam Jesus Nave suscipiens, in terram repromissionis introducit, devictis hostibus terram eorum in possessionem ei distribuit. Per hæc est docta, qua famem verbi Dei patiens obscuræ Pharisæorum doctrinæ esset involvenda, et sic a diabolo multis erroribus subjicienda, donec verus doctor Christus adveniret, qui eam sanguine suo, quasi agni immaculati, de errore et potestate diaboli redimeret. Qui veniens baptismate eam abluit, peccata quasi hostes in mari obruit, Evangelica doctrina erudivit, corpore et sanguine suo refecit, sæcularem sapientiam quasi spolia Ægypti in arma justitiæ convertit, dum per hanc contra hæreses pugnare eam docuit. Quam adhuc verus Jesus, id est Salvator, in terram repromissionis, id est in paradisum introducet, et hostibus ejus, scilicet dæmonibus et persecutoribus damnatis, mansiones regni cælestis cuique pro meritis distribuet.

Pro hac quoque sponsa Samson Gazæ includitur, ab hostibus obsidetur, sed fractis foribus et perterritis hostibus victor egreditur, et montis cacumine excipitur. Samson quod dicitur « sol, » est Christus sol justitiæ, qui pro sponsa Ecclesia sepulcro vel inferno includitur, a custodibus obsidetur, sed portas inferni constringens dæmones perterruit, de sepulcro surgens milites fugavit, cæli cacumen victor penetravit. Hanc nihilominus David in solatio deambulans vidit nudam, Uriæ conjunctam doluit, quo occiso eam sibi copulavit, de qua vas sapientiæ genuit David, quod dicitur « desiderabilis, » est Christus totus desiderabilis, qui in solario cæli in Patris gloria manens, gentilitatem virtutibus et stola immortalitatis denudatam vidit, et diabolo sociatam doluit. Urias dicitur etiam « lux Dei mei, » et significat diabolum, qui se transfigurat in angelum lucis, huncque in idololatria ense prædicationis occidit, Ecclesiam sibi socians; filios ex ea sapientiæ amatores genuit. Qui David omnia mysteria sponsi et sponsæ Christi, scilicet et Ecclesiæ in Psalterio decachordo præcinuit. Et Christus sensum Ecclesiæ aperuit ut intelligeret omnia, quæ in lege et prophetis et Psalmis de eo scripta sunt. Post David hanc Salomon in filia Pharaonis sibi copulavit, hanc in regina austri in templo Domini suscipiens multis muneribus dotavit. Quod templum ipse de tribus materiis, scilicet de sectis lapidibus, de lignis cedrinis, de puro auro ædificavit. Hancque in Parabolis ethicam, in Ecclesiaste physicam, in Canticis theologicam docuit. Salomon, quod sonat « pacificus » est Christus pax vera, omnia in cælis et in terris pacificans (Col. I, 20), qui primitivam Ecclesiam de Ægypto venientem, quasi filiam Pharaonis sibi in fide copulavit. Ecclesiam de gentibus venientem, quasi reginam austri suscipiens suæ fidei associavit, quam variis charismatibus dotavit. Hanc quoque in templo cæli recipiet, quod de tribus materiis, videlicet de tribus ordinibus sanctorum, id est conjugatis, continentibus et virginibus construet. Conjugati quippe in Ecclesia sunt quasi lapides secti, qui sunt in sex operibus misericordiæ perfecti. Continentes sunt ut ligna cedrina, quorum opera sunt imputribilia. Virgines autem ut aurum purum sunt, quæ pura castitate et vera charitate fulgescunt. Huic multa in parabolis locutus est ut scribitur « Loquebatur Jesus turbis in parabolis (Matth. XIII, 34). » Multa de naturis ei disseruit, theologicam per omnia protulit cum cælestia docuit. Deinde sponsa in Babylonem captivatur, sed a rege Cyro cognomento Christo a captivitate laxatur, et a Jesu sacerdote ad Jerusalem revocatur. Per hoc docetur quod Ecclesia in membris suis in multas hæreses et varia vitia captiva ducitur, in quibus coram Deo et angelis confunditur, sed pœnitens a Christo Jesu vero sacerdote soluta, ad Jerusalem, id est Ecclesiam, vel ad cælestem Jerusalem revertitur. Pro hac Machabæi usque ad mortem certaverunt et martyres pro Ecclesia sanguinem fuderunt. Post tot et tanta mala, post tot et tantos labores, post tot et tantas miserias, ipse sponsus sponsam suam, in periculis constitutam, visitavit, amissum ornatum obedientiæ sua receptam reddidit, baptismate a sordibus abluit, doctrinis, signis, et exemplis vestivit. Vitulum saginatum, hoc est seipsum, ad convivium ejus occidi permisit, sanguine suo eam ornavit, signo crucis consignavit. Paranymphis, id est apostolis eam commendavit, ipse parare nuptias in coelum abiit. Porro paranymphi susceptam signis et doctrinis usque ad ipsam mortem decoraverunt, martyres eorum successores sanguine suo eam illustraverunt, doctores multis scripturis eam ornaverunt. Perfecte autem ornatam frequentia angelorum hanc sponso in coelestem aulam coronandam adducet, quam in solio gloriæ collocatam cohæredem regni sui faciet.

Et hoc magnopere notandum, quam multis malis eam tyrannus et æmula ejus sæpe tentaverunt, quot modis, quot dolis, quot insidiis, quot artibus eam ab amore sponsi avertere conati sunt et non valuerunt. Et ut pauca de pluribus replicem, in primis ejus signiferum Abel invidiose straverunt, per gigantes multa nefaria ei intulerunt, patriarchas vero variis modis afflixerunt. Joseph alumnum ejus per fratres venditum, carceri mendaciter incluserunt, ipsam in Ægypto peregrinantem variis cruciatibus per Pharaonem et ejus populum afflixerunt, et filios ejus crudeliter necaverunt.

De Ægypto egredientem consiliis et armis impiorum impugnaverunt, in terram promissionis positam sub judicibus et regibus multis bellis vexaverunt. Prophetas ejus diversis pœnis occiderunt, Machabæos crudeliter laceraverunt, sub apostolis et eorum successoribus omnia membra Ecclesiæ exquisitis et inauditis pœnis per Judæos et gentiles discerpserunt, mille mortibus necaverunt, demum per hæreticos falso dogmate, per falsos Christianos simulatione ubique vexaverunt. Et in his omnibus ei non prævaluerunt.

Adhuc sub Antichristo eorum omnibus modis tentationum instabunt, ut eam ab amore sponsi avertant, ut promissam coronam perdant et minime prævalebunt, quia ipsa æternam gloriam pro patientia, ipsi vero æternum supplicium pro invidia subibunt.

Hanc adhuc parvulam ante legem patriarchæ figuris de Christo erudierunt, sub lege prophetæ Scripturis ad honestatem informaverunt. Hanc nubilem sub gratia apostoli signis, doctrinis et exemplis ornaverunt. Hanc adhuc chorus angelorum in lætitia et exsultatione adducet in templum Regis, quam Rex gloriæ gloria et honore coronabit, in thalamo gaudiis copulabit, quando ei seipsum ut est Patri coæqualis manifestabit.

Hujus sex ætatum incrementum per diversa sæculi tempora distinguitur. Nam infantia ejus fuit ab Adam usque ad Noe, ejus pueritia a Noe usque ad Abraham, ejus adolescentia ab Abraham usque ad David, ejus juventus a David usque ad captivitatem Babyloniæ, ejus senectus a captivitate Babyloniæ usque ad Christum, ejus decrepita a Christo usque ad finem mundi. De his actibus, de his ætatibus, de his temporibus, talis sponsæ contexitur liber hujus Scripturæ.

Nec hoc prætereundum quod filia Pharaonis habet in comitatu patriarchas, et prophetas, et omnes justos ab Abel usque ad latronem. Filia autem regis Babylonis habet in comitatu apostolos, martyres, confessores, virgines et omnes electos a centurione qui dixit in Evangelio : « Vere Filius Dei erat iste (Matth. XXVII, 54), » usque ad Eliam et Enoch. Sunamitis vero habet in comitatu omnes qui sub prædicatione Eliæ et Enoch, et sub persecutione Antichristi pro Christo sanguinem fuderint, vel in fide Christi obierint. Mandragora autem habet in comitatu omnes qui post mortem Antichristi per totum orbem ad pœnitentiam conversi fuerint. His taliter prælibatis ad ipsam litteram accedamus, cujus accessus talis est:

TRACTATUS PRIMUS.

Filius regis Jerusalem desponsavit sibi filiam regis Babylonis per quatuor nuntios. Quibus illa respondit. Quis est Dominus vester? at illi : Dominus noster est Rex regum et Dominus dominantium, Rex gloriæ et princeps pacis. Et illa : Est pulcher? At illi : Ejus pulchritudinem sol et luna mirantur, quia est speciosus forma præ filiis hominum (Psal. XLIV, 3), et totus desiderabilis, in quem angeli desiderant prospicere (I Petr. I, 12). Et illa : Est potens ? Et illi: Potestas ejus a mari usque ad mare (Zach. IX, 10). Et illa, est dives? Et illi : Gloriæ et divitiæ in domo ejus, et torrente voluptatis potabit eos (Psal. III, 5 ; xxxv, 39). Et illa : honoratur muneribus? At illi : Reges Tharsis et insulæ munera offerent, reges Arabum et Sabadona adducent (Psal. LXXI, 10). Et illa : Quæ est ejus servitus. Et illi : Omnes gentes serviunt ei (ibid., 11). Et illa : Quæ est laus ejus ? Et illi : Omnes gentes magnificant eum (ibid., 17).

His auditis, respondit, ipse Dominus vester, veniat et osculetur me osculo oris sui (Cant. I, 1), et loquatur mihi, quæ sibi placeant, et faciam voluntatem ejus. Rex cœlestis Jerusalem est Deus, cujus filius est Christus, rex Babylonis hujus mundi est diabolus, ut scribitur : Princeps hujus mundi judicatus est (Joan. XVI, 11). Hujus filia fuit humana natura, imitatione peccati facta.

Quatuor quippe modis dicitur pater in Scripturis, duobus generatione, et duobus imitatione. Generatione dicitur Adam pater hujus generis, et Abraham pater Isaac ; imitatione dicitur Deus Pater justorum, ut ibi : Estote perfecti ut sitis filii Patris vestri qui in cœlis est (Matth. V, 48). Et iterum : Unus est Pater vester qui in cœlis est (Matth. XXIII, 19). Item imitatione dicitur diabolus pater malorum, ut ibi : Vos ex patre diabolo estis (Joan. VIII, 41). Hunc imitando in malo humana natura facta est filia ejus. Hanc Filius Dei desponsavit, dum patriarchis innotuit, quia humanam naturam in se assumere disposuit. Internuntios misit dum prophetas hoc humano generi nuntiare voluit ; qui quasi prænuntii facti sunt dum gloriam regni ejus et potentiam et alia insignia in mundo præconati sunt. Sed duobus

modis sponsa Christi accipitur, scilicet humana caro est Christus, filia Pharaonis Ecclesia, quae internuntiis, id est prophetis respondit dicens : Qui jam dudum per vestrum os me osculatus est consolando et pacem promittendo, ipse tandem osculetur me osculo oris sui, id est toties promissus per prophetas, tandem aliquando incarnetur et praesentia sua me osculetur, et proprio ore pacem olim amissam mihi redditam loquatur. Osculum dicitur quasi oris poculum. Per osculum quippe pax, per os Verbum Patris, id est Filius intelligitur. Deus quasi alieno ore osculatus est sponsam, quando olim *multifarie multisque modis* locutus est *patribus in prophetis* (*Hebr.* 1, 1). Quasi proprio ore osculatus est eam, quando *novissime diebus istis locutus est in Filio* (*ibid.*, 2) dicens : *Pax vobis* (*Joan.*, xx, 19). Quod est dicere pacem et gratiam, quam in paradiso per diabolum amisistis, per Filium meum vobis jam redditam noveritis. Primus etiam homo propter inobedientiam de paradiso expulsus perdidit pacem et gratiam Dei humano generi, Primitiva igitur Ecclesia, scilicet Abel et alii justi usque ad Abraham, deinde patriarchae usque ad Moysen, ab hoc prophetae usque ad Joannem Baptistam, praevidentes in spiritu hanc pacem per Christum reddi, optant eum citius incarnari. Siquidem mox eo nato angeli nuntiaverunt pacem redditam dicentes : *Pax hominibus bonae voluntatis* (*Luc.* ii, 14). Dicit ergo sponsa : Osculetur me osculo oris sui. Ac si aperte dicat : Sponsus meus qui me de paradiso propter amissum ornatum offensus expulit, et gratiam suam mihi interdixit, ipse mihi nunc per assumptam carnem jungatur, et per ipsum mihi ornatus, et osculum pacis reddatur. In osculo etenim caro carni jungitur, et spiritus spiritui sociatur, ita Christus per carnem est Ecclesiae conjunctus, et Ecclesia ejus divinitati per spiritum sociata. Per tactum quoque carnis amor proximi, per tactum autem spiritus dilectio Dei exprimitur, per quae Christus Ecclesiae conjungitur. Aliter humana natura sponsa designata, pro angelica natura desiderans deificari dicit : Osculetur me osculo oris sui. Quasi dicat : Dei Filius sponsus mihi promissus veniat, et me humanam naturam osculando sibi conjungat, et viam salutis proprio ore doceat. Prae nimio desiderio ad absentem loquitur, quem praesentem et se osculantem alloquitur dicens : *Meliora sunt ubera tua vino.* Hoc est documenta tua quae sunt ut lac, nutrimenta puerorum suaviora sunt aliis doctrinis, quae non fovent, sed occidunt simplices, enecant pueros.
quam accepit, et Ecclesia quam sibi incorporavit. Humana quippe natura ei nupsit, dum carnem in deitatem assumpsit. Ecclesia ei adhuc nubet, dum eam in societatem regni recipiet. Haec in duo quasi in duas personas dividitur, scilicet in Synagogam et gentilitatem. Ad istam prophetae fuerunt internuntii. Ad illam vero apostoli sunt missi. Sed de his duabus una sponsa, videlicet catholica Ecclesia, Christo per internuntios est adducta, quae ei per humanam naturam est nupta. Haec igitur sponsa adventum sponsi desiderans dicit.

CAPUT PRIMUM.

VERS. 1. — *Osculetur me osculo oris sui.* Ac si dicat internuntiis. Qui toties me per vos salutavit, qui tot secreta per vos mihi mandavit, ipse veniat et suo osculo me salutet, et proprio ore voluntatem suam mihi aperiat.

Sacra Scriptura quatuor modis intelligitur, scilicet historice, allegorice, tropologice, anagogice. Quod per mensam propositionum panum in tabernaculo exprimitur, quae quatuor pedibus fulcitur. Tabernaculum est Ecclesia, in qua Christo militatur. Mensa est sacra Scriptura, in qua est propositio panum, id est refectio animarum. Quatuor pedes sunt quatuor intellectus, videlicet historia, cum res sicut gesta est narratur. Allegoria, cum de Christo et Ecclesia res exponitur. Tropologia ad animam et spiritum refertur. Anagoge, cum de superna vita intelligitur.

Ezechiel in visione Dei, qua universum Ecclesiae statum futurum praevidit, inter caetera rotam in medio rotae vidit (*Ezech.* 1). Quae quatuor facies habuit, *et spiritus vitae erat in rotis* (*ibid.*, 20). Haec rota est Scriptura sacra. Rota in rota est nova lex in veteri latens. Quatuor facies sunt quatuor intellectus, scilicet historicus, allegoricus, tropologicus, anagogicus. Spiritus vitae est in rotis, quia doctrina vitae aeternae latet in Scripturis. In historia res, prout est gesta notatur. In allegoria vero interpretatio nominum consideratur. In tropologia comparatio rerum gestarum investigatur. In anagoge vero similitudo rerum pensatur. Verbi gratia. Historia est quod Salomon dicitur pacificus, et fecit templum in Jerusalem septem annis. Allegoria est quod Salomon dicitur pacificus et est Christus. Jerusalem visio pacis et est Ecclesia, quam Christus fecit sibi templum ex septem donis Spiritus sancti. Tropologia autem est quod sicut Salomon ex lignis et lapidibus templum construxit, ita quisque fidelis in anima sua templum Deo ex bonis operibus et exemplis sanctorum facit. Anagoge vero est quod sicut Salomon ex pretiosis lapidibus templum in Jerusalem fecit, ita Christus in coelesti Jerusalem ex vivis lapidibus, id est ex omnibus electis, templum instituet. Est ergo historia haec. Filia Pharaonis Salomoni conjungenda respondit internuntiis ejus amore devicta : Nolo per vos nuntios ulterius salutari, ipse Salomon osculetur me osculo oris sui. Allegoria vero est, Salomon

Tropologia autem haec est. Fidelis anima sponsa Christi cogitans ubi fuerit, ubi erit, ubi sit, ubi non sit, scilicet quod in originali et actuali peccato fuerit, quod in tremendo judicio Dei erit, quod in vanitatibus saeculi sit, quod in aeterna beatitudine non sit gemens et tremens dicit : Osculetur me osculo oris sui. Ac si dicat : Ille qui in mea carne in dextera Patris sedet, meus advocatus, justus Judex me de peccatis dolentem, de judicio suo trementem, visitando osculetur, et pace signo amicitiæ quam proprio ore pœnitentibus promisit, me osculetur.

Anagogice vero sic : Ecclesia hic peregrinans et ad illam patriam suspirans dicit : Osculetur me osculo oris sui. Quasi dicat : Ille qui mihi quotidie in Scripturis loquitur et gaudia æterna repromittit, ipse aliquando principaliter in judicio appareat, et pacis gaudia proprio ore tribuat dicendo : *Venite, benedicti Patris mei, percipite regnum quod vobis paratum est ab origine mundi* (*Matth.* xxv, 54).

Ad absentem loquitur ut major affectus exprimatur. Scriptura hujus libri dicitur drama, quod est amatoria cantilena, quæ ab amantibus canitur absque personis ; unde et illud canticum dicitur dramaticum, ubi diversæ personæ introducuntur, nec tamen nominantur. Sicut in hoc libro a diversis personis absque nomine laudes canuntur. Cantus sponsæ præcessit.

Sequitur cantus sponsi.

Vers. 1, 2. — *Quia meliora sunt ubera tua vino, fragrantia unguentis optimis.* Hoc historice sic intelligitur : Salomon filiam Pharaonis ad se venientem osculo suscipiens dixit : Tu desiderasti meum osculum, et ego osculor te, fruens uberibus tuis : quia meliora sunt ubera tua vino, fragrantia unguentis optimis. Quod est dicere : Magis volo uberibus tuis perfrui, quam vino inebriari vel optimis unguentis deliciari.

Allegorice autem sic exponitur : Christus in carne adveniens, dicit sponsæ : Tu petivisti a me osculari, et ego præsentia mea osculor te, hoc est dulcedine mea tangam te et pacem amissam reddam tibi, fide et dilectione jungar tibi, et paries mihi filios, regni Patris cohæredes, quos uberibus tuis lactabis, quia meliora sunt ubera tua vino, fragrantia unguentis optimis. Hic liber spiritalis est, et spiritualiter spiritibus in corpore positis per similitudines corporeas loquitur. Tota Ecclesia est quasi unum corpus, cujus *caput est Christus* (*Ephes.* v, 23), *caput* autem *Christi Deus* (*I Cor.* xi, 3); membra autem hujus corporis sunt diversi in ecclesia ordines, ut puta oculi sunt doctores ut apostoli, aures obedientes ut monachi, nares discreti ut magistri, os bona loquentes ut presbyteri, manus alios defendentes ut milites, pedes alios pascendo portantes ut rustici, dicente Apostolo : *Ipse dedit quosdam apostolos, quosdam prophetas, alios pastores, alios doctores in ædificationem corporis Christi* (*Ephes.* iv, 12), id est Ecclesiæ hujus ubera sunt duo Testamenta, de quibus rudes animæ lac doctrinæ sumunt, sicut parvuli lac de uberibus matrum sugunt.

Vinum autem quod inflat bibentes et inebriat, est sæcularis sapientia, quæ se sumentes dementat et inflat ut dialectica. *Scientia* quippe *sæcularis inflat, charitas vero ædificat* (*I Cor.* viii), id est spiritualis scientia. Dicit ergo : meliora sunt ubera tua vino, id est doctrina de duobus Testamentis tuis, videlicet operibus, prolata, qua filios tuos in fide parvulos lactas et nutris, melior est. Hoc est : Magis mihi placet quam doctrina pharisæorum, quamvis unum Deum docentium. Quod dicit meliora probat etiam illa esse bona, quia utilia. Liberales quippe artes sunt utiles, quia sunt instrumenta sacræ Scripturæ, ut mallei fabro et arma contra hæreticos. Sed tamen meliora sunt sacræ Scripturæ testimonia, per auctoritatem prolata, fragrantia unguentis optimis, id est redolentia Spiritus sancti donis : bonum unguentum ad litteram est, quod de agrestibus herbis confectum exteriora vulnera sanat ; melius unguentum quod de melioribus speciebus confectum intercutaneum morbum curat ; optimum unguentum quod de pretiosis speciebus ut de nardo compositum internos dolores fugat, vel corpus a putredine servat, ut illud Mariæ in Evangelio, quod super caput Christi fudit.

Ad spiritualem autem sensum bonum unguentum est oleum infirmorum, quo infirmi in Ecclesia unguntur ; melius unguentum oleum sanctum, quo reges et sacerdotes unguntur ; optimum unguentum chrisma, quo Christiani in regnum et sacerdotium Christi unguntur.

Tropologice vero bonum unguentum est lex naturalis : *Quod tibi non vis fieri alteri ne feceris*, per quam placuit Abel, Enoch et alii ; melius unguentum lex scripta, ut : *Non occides* (*Exod.* xx, 13), etc. ; optimum unguentum sub gratia, ut : *Nolo mortem peccatoris, sed ut convertatur et vivat* (*Ezech.* xxxiii, 11).

Allegorice autem bonum unguentum est remissio peccatorum in baptismate per Spiritum sanctum ; melius unguentum bona vita post baptismum per gratiam Spiritus sancti, ut sobrie, pie et juste vivamus ; optimum unguentum septem dona Spiritus sancti, scilicet spiritus sapientiæ et intellectus, consilii et fortitudinis, spiritus scientiæ et pietatis et timoris Domini. Lacte talis doctrinæ fragrant ubera matris Ecclesiæ.

Anagogice sic de anima accipitur : Animæ judicium timenti, et pacem a judice petenti, dicit Sponsus, qui et judex : Quia pœnitendo osculum pacis a me poscis, ego osculabor te, peccata remittendo, et pacem beatæ vitæ tribuendo, quia meliora sunt ubera tua vino, fragrantia unguentis optimis. Duo homines leguntur, exterior et interior. Exterior constat in tribus, scilicet in corpore, vita, et in sensu exteriori. Interior quoque similiter constat in tribus, videlicet in sensu interiori, in ratione et intellectu. Corpus constat ex quatuor elementis, id est ex terra, aqua, aere, et igne, et hoc habemus commune cum lapidibus. Vita est vis animæ quæ vivificat corpus, et hanc habemus communem cum herbis et arboribus. Sensus est vis animæ quæ corpus sensificat, et hoc habemus commune cum bestiis et omnibus animantibus. Qui sensus est quinquepartitus, scilicet visus, auditus, odoratus, gustus et tactus. Visu quippe colores, auditu sonos, odoratu odores, gustu sapores, tactu dura et mollia discernimus. Sensus interior est vis animæ, quo præterita, præsentia, futura imaginamur. Ratio est vis animæ, qua imaginum genera et species discernimus. Intellectus est vis animæ, quo incorporea, ut est dilectio et sapientia, intelligimus. In his tribus consistit interior homo, in quo nihil commune cum bestiis habemus. In hoc imago Dei exprimitur, et huic Spiritus sanctus in Scripturis loquitur. Hoc autem differt inter imaginem et similitudinem, quod imago est in essentia naturæ, similitudo vero in imitatione boni vel mali; imaginem Dei natura aliter habemus, similitudinem peccando perdidimus. Sicut ergo exterior homo habet sua membra sibi congrua, ita interior homo habet sua membra sibi convenientia. Ejus itaque verba sunt sapientia et scientia, quibus sic indoctos satiat, ut mater uberibus filios lactat. Vinum autem quod mentem subvertit est cura exterior, qua fratribus ministrare et ecclesias Dei honorare et exornare sollicita sit. Sed meliora sunt ubera ejus vino, quia magis placet Deo doctrina qua indoctos ad virtutes informat, quam cura qua ecclesias casuras exornat. Hæc ubera optimis unguentis fragrant, quia sapientia et scientia quæ indoctos lactant, donis Spiritus sancti exuberant.

Anagogice autem sic exponitur. Ecclesiæ ad supernam patriam suspiranti dicit Christus, Pater futuri sæculi: Quia vultum præsentiæ meæ tantopere desideras, et osculum veræ pacis a me in tantum postulas, ego te osculabor, id est æternam pacem tibi cum angelis dabo, et meipsum tibi veram pacem manifestabo, quia meliora sunt ubera tua vino. Duo Ecclesiæ ubera sunt duo charitatis præcepta, quibus filios suos in activa vita et contemplativa informat, ne malum pro malo alicui, sed bonum reddant. Vinum autem est legalis austeritas, quæ præcipit oculum pro oculo, et dentem pro dente reddi, et qui occiderit occidi. Sed ubera Ecclesiæ meliora sunt vino, quia clementia charitatis magis Deo placet, quam severitas legalis. Hæc ubera sunt fragrantia unguentis optimis, quia præcepta charitatis redolent plena sancti Spiritus donis.

VERS. 2:— *Oleum effusum nomen tuum, ideo adolescentulæ dilexerunt te.* Sponsus a Patre missus ad sponsam venit unctus, ut et sponsam ungat.

Juxta historiam intelligitur quod filia Pharaonis, Salomonem osculans, senserit odorem olei ex unctione regali, et dixerit: Oleum effusum nomen tuum. Hoc est: Sicut caput tuum ex oleo unctionis effuso redolet, ita fama regalis nominis tui vel pacis ubique refulget. Ideo juvenculæ diligunt te. Quod si in re ita non fuit, quod tamen ita esse potuit, utique in significatione fuit.

Juxta allegoriam vero: postquam sponsus per osculum suum ubera sponsæ ad alendos filios unguento replevit, hoc est, postquam Christus per incarnationem suam dona Spiritus sancti ad docendos filios effudit, illa exsultans dixit: Oleum effusum nomen tuum. Oleum, dum in vase latet, non redolet, effusum vero redolet; sic Christus, dum in sinu Patris latuit, quasi nullum dedit odorem; dum vero effusus in carne apparuit, nomen ejus, id est cognitio, toti mundo innotuit. Nomen ejus est Christus, quod est unctus,

quod olim in synagoga latuit, ubi soli reges et sacerdotes oleo ungebantur, et tantum in Judæa notus erat Deus. Hoc nunc in Ecclesia est effusum super omne genus hominum, qui oleo et chrismate in regnum et sacerdotium Christi unguntur. Unde et a Christo Christiani dicuntur, et hoc nomen nunc a solis ortu usque ad occasum est laudabile.

Nomen quoque ejus est Jesus, quod est Salvator. Hoc nomen in Joseph, qui salvator mundi dictus est, latuit, qui Ægyptum a fame salvavit. Hoc in Jesu Nave duce populi Dei latuit, qui populum redemptum in terram repromissionis introduxit; hoc etiam in Jesu sacerdote latuit, qui populum a captivitate in Jerusalem reduxit; sed hoc nomen effusum est, dum omnibus gentibus patuit, quod ipse verus Salvator fuit, qui mundum a periculo famis verbi Dei salvavit, et qui redemptum populum in terram repromissionis, id est in paradisum introducet, et verus rex et sacerdos populum a captivitate diaboli ad cœlestem Jerusalem reducet.

Nomen Jesu in universa terra prædicatur, quia per hoc omnis oleo baptismatis signatur, et nomen Moysi olim celebre vix nunc ab aliquo auditur, quia lex occidens jam aboletur. Dicit ergo: Oleum effusum nomen tuum. Quasi dicat: Sicut oleum effusum bene redolet, sic fama nominis Christi incarnati ubique refulget.

Item oleum habet sex insignia. Oleum enim dicitur misericordiæ, et oleum est signum pacis, et oleum fovet infirmos, et sanat vulnera, et lumen lucernis ministrat, et omnibus liquoribus supereminet. Hoc Christum designat, qui est nostra misericordia, et pax nostra, qui nos infirmos prædicando fovit, vulnera peccatorum per sua vulnera curavit, signis et miraculis lumen præbuit, omnibus sanctis supereminet.

Dum sponsa sponsi osculis fruitur, adolescentularum chorus ingreditur, a quibus hymnus canitur, quia dum Ecclesia Christum suscepit, turba fidelium ubique accurrit, quæ laudes susceptori suo canit. Unde subditur: Ideo adolescentulæ dilexerunt te, id est animæ fidelium fide et dilectione obsequuntur tibi.

Juxta tropologiam autem fidelis anima nomen suum ut oleum effundit, dum famam bonæ actionis quasi bonum odorem proximis per exemplum diffundit. Hoc oleum in vase latet, dum nullum bonum opus coram proximis lucet.

His præcipitur: *Luceat lux vestra coram hominibus, ut videant opera vestra bona et glorificent Patrem vestrum qui in cœlis est (Matth.* v, 16) Hanc animam adolescentulæ diligunt, quia fideles animæ in bono eam imitantur.

Juxta Anagogen vero Ecclesiæ ad cœlestia ambulantis nomen ut oleum effunditur, quando pro odore et luce bonorum operum in cœlum sicut Christus recipitur, et eam sancti et angeli diligunt, quia in æternum cum ea de oleo exsultationis, id est Christo et Spiritu sancto exsultabunt. Hoc nomen nunc quasi in vase ut oleum latet, quandiu ipsa in hoc mundo peregrina manet. Adhuc subjungitur vox sponsæ.

Vers. 3. — *Trahe me post te.* Hic subintelligitur, quod Salomon postquam filiam Pharaonis osculo excepit, in domum quam sibi ædificaverat ascenderit, ipsaque eum comitari voluerit, ita dixerit : Trahe me post te. Subjiciunt adolescentulæ, scilicet puellæ ejus: *Curremus in odore unguentorum tuorum.* Hoc est, nos post te curremus quo odorem unguentorum tuorum senserimus. More illius terræ loquitur, ubi nobiles feminæ solent sibi unguenta adhibere, quorum odoramine magis possint maritis placere, ut de Esther et Judith legitur.

Allegorice autem : Postquam Christus nomen Christianitatis super omne genus humanum fudit, et odore olei Spiritus sancti adolescentulas, id est fideles animas ad amorem sui attraxit, per duram viam reversus est in cœlum, parare sponsæ æternæ dulcedinis convivium. Quem illa per eamdem viam sequi volens, nec valens, clamat : Trahe me post te. Quod est dicere : Da vires posse tua vestigia per hanc viam sequi per quam ad gloriam præcessisti. Via Domini est, prospera mundi non appetere, et aspera patienter pro eo pati. Per hanc viam ipse ingressus est ad gloriam. Cum enim Judæi vellent eum regem constituere, fugit ; cum vellent eum crucifigere, ultro se obtulit. Per hanc se sequentibus ire præcipit dicens : *Si quis vult post me venire, abneget semetipsum et tollat crucem suam et sequatur me (Matth.* xvi, 24), id est imitetur me. Per hanc viam nemo graditur, nisi trahatur, sicut scriptum est: *Nemo venit ad me, nisi Pater traxerit illum (Joan.* vi, 44). Deus nos ad se duobus modis trahit et duobus modis impellit. Trahit nos ; promissionibus dulcedinis supernæ patriæ; impellit nos minis ignis gehennæ.

Trahit nos quoque diversis donis ; impellit nos variis flagellis. Sic Moyses traxit populum promittendo regum divitias, Pharaonem impulit verberibus. Quosdam trahit Deus nolentes, cum eos gratia sua prævenit inspirando ut bonum velint. Volentes subsequitur juvando, ut bonum possint. Ergo gratia est cum prævenimur ut velimus, libertas si sponte sequimur, captivitas si sequi abnuimus, fragilitas si sequentes relabimur, meritum si sequendo non deficimus, et hoc non nobis, sed gratiæ ascribimus, præmium æternum, gaudium universæ Ecclesiæ per mundum universum, quæ unam Ecclesiam catholicam constituunt.

Adolescentulæ sunt quasi novellæ, quia per baptisma et gratiam Spiritus sancti renovatæ. Dicit ergo Ecclesia sponso, id est Christo : Trahe me post te. Per gratiam imitandum dicunt adolescentulæ, id est Ecclesiæ ejus filiæ, *Curremus* et nos fide et dilectione, *n odore unguentorum tuorum,* id est in consideratione miraculorum tuorum vel in fama operum tuorum, vel in fide æternorum bonorum.

Tropologice fidelis anima, bonum volens, et per se non valens, clamat Christo : Trahe me post te.

Hoc est, da gratiam ut post tua vestigia ad te, qui es via, veritas et vita, veniam. Nullus enim homo ad pœnitentiam convertitur, nisi per gratiam trahatur.

Anagogice Ecclesia peregrinans, superna appetens, et per se assequi non valens, clamat : Trahe me post te. De hoc mundo ad cœlestem gloriam, ut te in illa facie ad faciem videam, quia nullus per se ad illam pervenire poterit, nisi gratia et dextera Dei illum traxerit.

Vers. 3. — *Curremus in odore unguentorum tuorum.* Ecclesia, in fide et opere perfecta, dicitur sponsa digna coronari et in thalamo gloriæ collocari. Imperfecti autem adhuc in fide dicuntur adolescentulæ. Hi omnes dicunt sponsæ, scilicet perfectis in Ecclesia : Curremus in odore unguentorum tuorum. Hoc est, præcede nos, viam Domini faciendo et docendo, et nos sequemur odorem unguentorum tuorum, id est imitabimur exempla operum tuorum ; unguenta quippe Ecclesiæ, ut superius diximus, sunt varia dona Spiritus sancti, odor unguentorum fama bonorum operum. Per hoc quod dicit curremus, innuit nobis festinandum ad vitam dum tempus habemus, ut scribitur: *Currite dum lucem habetis, ne tenebræ vos comprehendant (Joan.* xii, 35). Sponsa sponsi lateri juncta ingreditur, post eam famulæ ingrediuntur, quia perfectis exemplis præcedunt, alii imitando sequuntur. Quod ad tropologiam sic refertur : Cum viderint lapsi aliquem perfecte conversum, dicunt : Curremus in odore unguentorum tuorum hoc est, nos imitabimur tuum exemplum.

Anagogice autem sic : Quique ferventes amore cœlestis patriæ dicunt Ecclesiæ, ad superna festinanti : nos curremus post te, de virtute in virtutem in odorem spiritualium gaudiorum.

Vers. 3. — *Introduxit me rex in cellaria sua.* Sponsa in penetralia sponsi ingressa revertitur ad juvenculas, et nuntiat eis ut currant, ut et ipsæ introducantur. Tradunt Hebræi quod Salomon hunc librum in honorem filiæ Pharaonis fecerit, cui et incomparabilem domum fecerit, in quam, secundum historiam, eam postquam introduxit, thesaurum suum ei ostendit, et de cellariis varia pocula obtulit. Cellarium enim quasi celans vinum dicitur, cui adolescentulæ cantant ab eo potatæ : *Exsultabimus et lætabimur in te.* Hoc est, congaudemus honori tuo, memores uberum tuorum super vinum, id est, in memoria habentes regis dictum : Meliora sunt ubera tua vino, hoc est, mihi placent magis quam vinum. Et quia regi places, *recti deligunt te,* id est omnes boni congaudent tibi, mali invident.

Secundum allegoriam autem Ecclesia a Christo per gratiam in sacram Scripturam tracta dicit : Introduxit me rex in cellaria sua. Cellaria, in quibus varii potus servantur, sunt libri sacræ Scripturæ, de quibus variæ sententiæ sitientibus justitiam propinantur. Cum enim lectio de Joseph legitur, quasi poculum contra adulterium porrigitur ; cum vero Judith Scriptura recitatur, quasi castitatis propinatur. In hæc cellaria Christus sponsam introduxit, quando sensum ei aperuit, ut intelligeret Scripturas. Christus autem proprie rex dicitur secundum carnem, qua humano generi a Patre præficitur, ut scriptum est : *Ego autem constitutus sum rex ab eo* (*Psal.* II, 6). Et item ad Pilatum : *Tu dicis : Quia rex sum ego* (*Joan.* XVIII, 37). Item : *Data est mihi omnis potestas in cœlo et in terra* (*Matth.* XXVIII, 18). Et iterum : *Ipse est qui constitutus est a Deo judex vivorum et mortuorum* (*Act.* X, 42). Hic solus potest introducere in Scripturam, qui solus potuit septem signacula libri solvere, quæ erant ejus incarnatio, nativitas, passio, inferni spoliatio, resurrectio, ascensio, futurum judicium.

Adolescentulæ dicunt sponsæ : nos potando fecisti exsultare et lætari, ideo exsultabimus et lætabimur in te. Exsultabimus in corpore, scilicet operando ea quæ per corpus fiunt, vigiliis, jejuniis, eleemosynis. Et lætabimur in mente, videlicet operantes quæ spiritualia sunt, legendo, orando, prædicando, et hoc in te; hæc opera non valent, nisi in catholica Ecclesia, *memores uberum tuorum*, hoc est in memoria habentes memoriam utriusque legis, quæ sunt ubera tua, quam inde suximus, ut Domino in sanctitate et justitia serviamus, et hoc super vinum, id est sæcularem sapientiam, quæ docet nos laudem hominum quærere, et terrenas divitias congregare. Ideo recti diligunt te, quia qui de Christo recta sapiunt, doctrinam tuam diligunt.

Secundum moralitatem sensum cum quis de sæculari vita ad spiritualem conversationem venerit, exsultans dicit : Introduxit me rex in cellaria sua. Claustra quippe sunt quasi quædam cellaria, in quibus sunt multimodæ consolationis pocula. Dum enim conversis sanctorum vitæ leguntur, quasi quædam pocula justitiam sitientibus proferuntur, quibus claustrales dicunt : Exsultabimus et lætabimur in te, hoc est corpore et anima gratulamur de tua conversione, memores uberum tuorum, id est sapientiæ et scientiæ studium, id est super sæcularem curam. Et ideo recti diligunt te, id est quique pœnitentes imitantur te.

Secundum altiorem vero sensum : Ecclesia, jam in cœlo recepta, congratulando dicit : Introduxit me rex in cellaria sua. Hoc est in omnimodæ gloriæ gaudia, ubi qui esuriunt et sitiunt justitiam saturabuntur, et inebriabuntur ab ubertate domus Dei, a torrente voluptatis suæ potabit eos. Cui sancti in gloria congaudentes canunt : Exsultabimus et lætabimur in te, hoc est, per omnia congratulabimur gloriæ tuæ, memores uberum tuorum, geminæ scilicet dilectionis, qua filios imbuisti, *super vinum*, hoc est, super legalem observantiam, de qua eos prohibuisti : Ideo recti, id est sancti angeli, diligunt te.

VERS. 4. — *Nigra sum, sed formosa, filiæ Jerusalem*. Hic ad litteram datur intelligi quod nobiles feminæ in Jerusalem ad reginam cum muneribus venerunt, et ea fusca visa despexerunt. Quibus ipsa dixit : O filiæ Jerusalem, si ego sum nigra, tamen sum formosa : *Nigra sicut tabernacula Cedar, formosa ut pellis Salomonis*. Nolite hoc considerare, quod fusca sim, quia in itinere decoloravit me sol, et etiam timor me denigravit, *quia filii matris meæ pugnaverunt adversum me*, hoc est, fratres mei pugnaverunt ante oculos meos contra hostes, et interim posuerunt me custodem in vineis, ubi a sole fuscata sum; vineam meam præ timore non custodivi, hoc est a sole me non custodivi. Hoc utrum in re ita fuerit non multum curatur, cum mystica res hic intelligatur.

Ad spiritalem quippe intelligentiam Ecclesia, in cellaria sacræ Scripturæ per Christum introducta, quod ibi bibit hoc aliis prædicando eructavit, unde mox persecutionem infidelium incurrit. Quam videntes in fide imperfecti, bonis proscribi, exsiliari, diversis pœnis cruciari, quasi a Deo derelictam despexerunt, et *vitam ejus insaniam, finem vero sine honore* æstimaverunt (*Sap.* V, 4). Hoc ipsa docet se talia pro Christo pati, et per hæc se in interiori homine ad gloriam ornari, dicens : Nigra sum, sed formosa, filiæ Jerusalem, sicut tabernacula Cedar, sicut pellis Salomonis. Jerusalem, quod sonat *visio pacis*, superna patria intelligitur, in qua æterna pax Christi videbitur. Hujus filiæ sunt fideles animæ in cœlesti Jerusalem regnaturæ. Formosa dicitur quasi forma osa, id est propter formam odiosa. Formum quippe est ferrum in igne candens unde dicuntur formosi, scilicet rubeo rosæ, et lilii lacteo colore splendidi. Ideo dicitur Ecclesia formosa, quia in igne tribulationis excocta martyribus rubescit, virginibus albescit. Cedar fuit filius Ismael, filii Abrahæ, tanto odio a suis concivibus habitus, ut nullo loco esset securus, sed semper tabernacula mutaret, quæ sole et tempestate nimis nigra essent. Sed et ipsa gens Cedar usque hodie dicitur habere nigra tabernacula, nigris videlicet coriis exterius cooperta, interius albis linteis extenta. Cedar quod dicitur tenebræ vel nigredo, significat peccatores nigros in peccatis ad æternas tenebras tendentes. Horum nigra tabernacula malas actiones significant, in quibus quasi in tabernaculis nunquam securi omnibus odiosi habitant. Salomon quandiu templum fecit, arcam Domini pellibus rubricatis exterius cooperuit, sole et tempestate denigratis, sed auro et gemmis interius ornatis. Salomon, qui dicitur pacificus, est Christus, cujus pellis, id est caro, erat proprio sanguine rubricata, sputis, flagellis, cruce denigrata; interius auro et gemmis, id est sapientia et signis ornata ; hac pelle arca tegebatur, quia carne Christi deitas velabatur. Hæc pellis significat Ecclesiam, quæ exterius est sanguine passionis rubricata, adversitatibus mundi denigrata; interius gemmis virtutum ornata. Dicit ergo perfecta Ecclesia ad imperfectos : Ego quidem sum nigra, quia huic mundo propter passiones quas sustineo despecta, sicut tabernacula Cedar, hoc est quasi sim de furibus et latronibus nigris in peccatis, sed tamen formosa sum sicut pellis Salomonis, quia exemplo Christi ornata sum virtutibus. Ecclesia siquidem olim a contribulibus suis tanto odio est habita, ut nullus ei locus manendi tutus esset, sed semper de civitate in civitatem fugiens migraret, unde multi scandalizati sunt, qui Christianos miserabiliores omnibus hominibus reputaverunt. Quibus dixit : *Nolite me considerare, quod fusca sim, quia decoloravit me sol.* Quod est dicere? Nolite attendere pœnam, propter quam mundo despecta sum, sed considerate causam, propter quam pœnam sustineo, quia non pro furto vel aliquo crimine, sed pro Christo hæc patior, qui est sol justitiæ. Qui sol decoloravit me, id est cujus ardoris amor me mundo obscuravit. Per solem aliquando Christus, aliquando persecutio accipitur; Christus propter splendorem, persecutio propter fervorem. Cum sol justitiæ me illuminavit, tunc sol persecutionis me offuscavit, quia *filii matris meæ pugnaverunt contra me.*

Nota quod filia Pharaonis hoc loquitur, scilicet Ecclesia de Ægypto adducta, sub apostolis ad Christum collecta, cujus mater erat Synagoga, ejusque filii Judæi, qui Ecclesiam multis modis impugnaverunt. Nam Christum occiderunt, Stephanum lapidaverunt, utrumque Jacobum interfecerunt, alios flagellaverunt, alios persecuti sunt. *Ipsi posuerunt me custodem in vineis,* quia ejectam de finibus suis præfecerunt me omnibus Ecclesiis. Præfecerunt dico, quia causa præficiendi exstiterunt. *Vineam meam non custodivi.* Hoc est, primitivam Ecclesiam in Judæa non licuit mihi custodire. Ecclesia per simile dicitur vinea, quia sicut vinea foris est arida, sic Ecclesia in exterioribus est arida, intus florida. In qua Christus est vitis vera, apostoli palmites, potum vitæ ferentes, operarii omnes electi.

Ad moralem vero sensum, cum fidelis anima in sancta conversatione despecto cultu et humili habitu utitur, a carnalibus amicis et cognatis despicitur, quibus dicitur : Vos amici mei, qui vultis esse filiæ Jerusalem, id est, Ecclesiæ, vobis nigra, id est, despecta pro contemptu appareo, et reputatis me sicut tabernacula Cedar, id est sicut hypocritas, *qui veniunt ad vos in vestimentis ovium, intrinsecus autem sunt lupi rapaces (Matth. vii, 15),* qui sunt habitacula tenebrarum, scilicet dæmonum ; sed sum formosa in oculis Domini, sicut pellis Salomonis, videlicet instar carnis Christi exterius vigiliis et jejuniis macerata, interius decorata virtutibus. Sicut enim pellis est mortui animalis, sic ego sum mortificata vitiis, et ideo sum habitaculum Christi veri pacifici. Idcirco, vos carnales, nolite me considerare quod fusca sim in vili habitu, sed attendite quod hæc causa veri solis Christi subivi. Qui cum esset dives, propter me pauper factus est, ut me divitem faceret ; qui me decoloravit, dum me de sæcularis ornatus colore ad hunc habitum permutavit. Nec mirum quod vobis appareo nigra, id est despecta, quia non Judæi nec pagani, sed ipsi Christiani filii matris meæ, scilicet Ecclesiæ, pugnaverunt contra me, mihi detrahendo quietem vitæ spiritalis invidendo, ad sæcularia negotia retrahendo. Et cum aliter non possent, posuerunt me custodem in vineis, id est, lucri gratia præfecerunt sæcularibus, et sic vineam meam non custodivi, id est, spiritalem vitam obtentu dilectionis proximi neglexi.

Vitæ quippe singulorum hominum vineæ a simili dicuntur. Quia sicut vinea circumsepta est maceria, sic corpore circumdata est anima. Et sicut in vinea sunt palmites fructum ferentes, sic sunt in anima cogitationes opera proferentes. In his vineis sæculares spiritualem virum custodem ponunt, dum eum lucri causa ad officium prælaturæ eligunt. Sed ipse vineam suam non custodit, dum spiritalem vitam negligit, et curam sæcularis negotii suscipit.

Altior intellectus talis est : Ecclesia ad supernam patriam anhelans, et secum alios prædicando trahere festinans, dicit : Vos amatores mundi, filiæ Jerusalem nomine, non re, ego nigra vobis videor in activa vita, scilicet in sæcularibus; ut tabernacula Cedar, id est, similis peccatoribus, sed formosa sum in contemplativa vita, scilicet in spiritualibus, ut pellis Salomonis, ornata in virtutibus. Nolite ergo considerare quod fusca sim in sæcularibus, quia intus sum fulgens, illuminata ab æterno sole in spiritualibus. Et merito fusca sum, quia filii matris meæ pugnaverunt contra me, scilicet hæretici et falsi Christiani, filii Ecclesiæ in fide, non opere, impugnaverunt me falsis dogmatibus et pravis moribus : ipsi me posuerunt custodem in vineis, hoc est, propter illos suscepi curam in sæcularibus, et vineam meam non custodivi, quia propter illos contemplationem cœlestium intermisi.

Vers. 6. — *Indica mihi, quem diligit anima mea, ubi pascas, ubi cubes in meridie.*

Quantum ad litteram loquitur more feminæ potentis, virum suum in venatione quærentis, et ne custodiam militis incidat timentis; sed cum verba ad pastorem dirigat, quid allegorice intelligi velit manifestat. Ecclesia in persecutione nigra, id est despecta, in vineis custos posita, videns acinos cum uvis, id est malos cum bonis in vineis mistos, nec ipso prelo passionis posse eos discerni, poscit signum discretionis ab ipso pastore, qui segregat oves ab hædis, dicens : Indica mihi, quem diligit anima mea, ubi pascas, ubi cubes in meridie. Christus pastor dicitur a simili, quia pascit gregem fidelium in pascuis sacræ Scripturæ, et ovem perditam reducit ad virentia prata paradisi. Fideles autem ideo dicuntur oves quia sunt simplices et innocentes. Meridies, cum est solis fervor, tempus est persecutionis. Tunc Christus cubat in cordibus credentium fidem et dilectionem usque in finem tenentium, et pascit per sapientiam ora se confitentium, declinans æstum vitiosum se negantium. Vagari autem est errare. Porro greges sodalium sunt conventus hæreticorum, ex quibus multi passi sunt, sed martyres esse non potuerunt, quia charitatem non habuerunt, sine qua non prodest nec ipsa passio, dicente Apostolo : *Si tradidero corpus meum ut ardeam, charitatem autem non habeam, nihil mihi prodest (I Cor, XIII, 3).* Ecclesia ergo inter persecutores et hæreticos, inter veros et falsos martyres posita dicit : Indica mihi quem diligit, etc., quasi dicat: Dic, o Christe, quem præ anima, id est præ vita, diligo, pro quo omnes passiones sustineo ; da signum cognoscendi locum tuæ mansionis in tempore persecutionis, ne, dum quæro te venerari in choro martyrum, inscia in cœtu hæreticorum pro te adorem diabolum. Sicut enim Ecclesia credentium est templum Dei vivi, ita Ecclesia malignantium est templum diaboli. Et sicut Christus in templo fidelium adoratur, ita diabolus in templo errantium colitur. Si quis sane hæreticum aut divitem, adulterum vel raptorem lucri causa honorat, plane diabolum in eo, cujus templum est, adorat. Sodales dicuntur quasi simul edales, qui nobiscum sacramenta Christi percipiunt, Scripturas legunt, nobiscum orant, Christum prædicant, et tamen de ovibus Christi non sunt, quia non quæ Jesu Christi, sed quæ sua tantum sunt quærunt, id est lucrum et laudem hominum, et secundum præceptum et exemplum pastoris, fratres non diligunt. Signum ergo dignoscendi tales est hoc : *In hoc cognoscent omnes quia mei discipuli estis, si dilectionem habueritis ad invicem (Joan. XIII, 35).* Igitur in his est locus Christi mansionis, in quibus est insigne dilectionis.

Tropologice autem fidelis anima inter veros et falsos fratres constituta, dicit : Indica mihi, quem diligit anima mea, ubi pascas, ubi cubes in meridie. Meridies, cum sol fervet calore, est tentatio quæ carnem libidine, vel animam accendit iræ ardore. Locus autem umbrosus est animus castus. Et sicut pastor æstum in meridie in opacum locum declinat ; sic Christus in æstu tentationis in castis cubat, quos et sua theoria vel divina contemplatione pascit; sed plerique casti corpore non mente, timore coacti, non amore Christi, hi habent peccandi voluntatem sed perficiendi non habent facultatem. In talibus non habet Christus mansionem, quia *spiritus disciplinæ effugiet fictum (Sap. I, 5).* Sodales autem sunt falsi fratres, qui cum veris Christi sacramenta sumunt, sanctitatem habitu præferunt, sed in vestimentis ovium lupi rapaces sunt, quia veros fratres non diligunt. Horum signum est hoc : *A fructibus eorum cognoscetis eos (Matth. VII, 20),* sicut arbores cum florent, omnes pares apparent, et sæpe acerbæ in fructu sunt pulchriores in floribus, et non nisi solo fructu discernuntur ; ita falsi fratres cum veris filiis Dei jejunant, vigilant, cantant, communicant, sed solo fraterno odio discernuntur per quod templum diaboli cognoscuntur. De talibus anxia dicit fidelis anima : Indica mihi, quem diligit anima mea. Animam Christo loqui, est totis votis notitiam Christi quærere. Christum autem animæ loqui, est secreta veritatis ei aperire. Quod per tertiam personam quæ diligit dicit, magnum desiderium absentis exprimit. Anima pro vita ponitur, ut illud : *Qui odit animam suam,* id est, vitam suam, *custodit*

eam (Joan. XII, 25). Dicit ergo : Indica mihi, quem diligit anima mea, ubi pascas, ubi cubes in meridie, quasi dicat : O Christe, vera vita, quem diligo præ anima, id est, præ vita, indica mihi interna inspiratione, in quibus requiescas in æstu tentationis, et quos pascas pastu tuæ dilectionis, ne vagari incipiam post greges sodalium tuorum, hoc est, ne, dum quæro te in veris fratribus honorare, vaga mente diabolum convincar in falsis fratribus adorare. In quibus enim charitas, quæ Deus est, non habitat, in his falsitas, quæ diabolus est, regnat.

Anagogice autem Ecclesia, præsentia fastidiens et futura appetens, dicit : Indica mihi, quem, etc. Meridies dicitur quasi medidies, id est media dies vel mera, id est pura dies, quando sol in centro cœli clarus lucet, et significat splendorem æternæ claritatis, in qua sol justitiæ Christus in Patre et Spiritu sancto medius fulget. Greges autem sodalium sunt ordines angelorum, qui sunt sodales, quia æterni convivii simul edales. Dicit ergo Ecclesia Christo : Indica mihi, quem diligit anima mea, etc., quasi dicat : O sol justitiæ, qui me decolorasti, quando me de amore sæculi ad amorem tui permutasti, notifica mihi gloriam qua in claritate deitatis Patri et Spiritui sancti æqualis fulges, et angelos tua visione pascis, ne vagari incipiam post gregem sodalium tuorum, hoc est, ne dubia mente in agminibus angelorum te similem nobis locatum cogitem.

VERS. 7. — *Si ignoras te, o pulchra, inter mulieres.* Ad litteram videtur ostendere locum amico quærenti se in meridie, dicens : Si ignoras locum in quo habitem, sequere vestigia gregum, et invenies me in tabernaculis pastorum. Allegorice autem sponsæ interroganti de loco in quo sponsus maneat, ipsum locum habitationis suæ demonstrat dicens : O pulchra, subauditur in fide, inter mulieres, id est inter hæreses, tu es locus meus, et in te est locus requiei meæ, et extra te nullus mihi locus est manendi. Quod si ignoras te esse locum meæ mansionis, egredere de hac ignorantia, et abi post vestigia gregum, hoc est, imitare exempla Judæorum, qui unum tantum locum in Jerusalem habuerunt, ubi Deo sacrificaverunt, in quo tabernaculum vel templum fuit, quod locus arcæ Domini fuit, et ibi pasce hædos tuos, id est doce carnaliter sapientes *juxta tabernacula pastorum,* id est secundum scripta prophetarum. Pulchra dicitur quasi carens pulvere, et intelligitur Ecclesia perfectorum, pulvere peccatorum carentium. Mulier dicitur quasi mollier, et intelligitur multitudo hæreticorum vel imperfectorum, qui molles sunt, id est proni ad peccandum. Greges dicuntur Judæi, qui baculo legis congregantur ad cultum Dei.

Hædi sunt carnales petulantia lascivi, ad sinistram judicis constituendi. Pastores sunt prophetæ, quorum tabernacula sunt eorum scripta. Sicut enim in tabernaculis habitant militantes, sic in Scripturis se exercent contra vitia pugnantes. Hoc et alio modo potest intelligi, si in perfectis ignoras te esse dubitando meum locum, *egredere* de hac dubitatione, *et abi* non passibus corporis, sed affectibus cordis, *post vestigia gregum*, id est post fidem præcedentium populorum; *et pasce hœdos tuos*, id est instrue carnales, juxta tabernacula pastorum, hoc est, secundum doctrinam apostolorum. Aliter : Si ignoras te sanguine meo redemptam, et in te mihi sedem positam, egredere de consortio meo, et abi post vestigia gregum, id est sequere exempla errantium, *et pasce hœdos tuos*, hoc est, doce carnales, juxta tabernacula pastorum, id est secundum doctrinam hæreticorum.

Tropologice vero animæ locum Christi quærenti dicit sponsus : O pulchra in conversatione inter mulieres, id est falsos fratres, in te est locus habitationis meæ, in qua posita est sedes dilectionis, ut scriptum est. : *Anima justi sedes est sapientiæ*. Et si in contemplativa vita, ignoras te esse meum locum, egredere ad activam, et abi, operando post vestigia gregum, id est post facta in congregationibus degentium, et pasce hædos tuos juxta, etc., hoc est, doce carnales cogitatus tuos secundum vitam pœnitentium, in quorum vita et operatione et doctrina posui mihi locum.

Anagogice autem Ecclesiæ desideranti cœlestia dicit Christus : O pulchra in dilectione, æternæ pulchritudinis inter mulieres, id est inter Ecclesiæ spiritales mihi filios paturientes, si in hac vita ignoras te qualis futura sis in illa gloria, egredere de corpore, et abi post vestigia gregum, id est imitare exempla martyrum, et pasce hædos tuos, id est refice populos sacramentis in festivitatibus juxta tabernacula pastorum, id est instar corporum apostolorum vel illorum successorum, qui erant pastores populorum, quorum corpora dicuntur tabernacula, dicente Apostolo : *Velox est depositio tabernaculi mei* (*II Petr.* I, 4), id est solutio corporis mei. Si corpore exuta cum corporibus illorum requiescis, spiritu etiam cum spiritibus illorum in cœlo regnabis.

Vers. 8. — *Equitatui meo in curribus Pharaonis assimilavi te, amica mea.* Littera videtur sonare quasi Salomon dixerit filiæ Pharaonis : Non es digna ut post greges erres, quæ cum exitu in regali curru Pharaonis adducta es. Porro historia hic tangitur, qua populus Dei in Ægypto afflictus per sanguinem agni liberatur, per mare Rubrum eductus cœlesti pastu in terram repromissionis introducitur, quem Pharao cum curribus et equitibus insecutus, fluctibus maris est obrutus.

Hujus allegoria talis est : Ægyptus dicitur tribulatio, et hic mundus est tribulatione plenus. Ægyptus etiam dicitur tenebræ, et significat infernum tenebris horridum. Populus in Ægypto afflictus est ; Christianus populus in hoc mundo oppressus. Moyses, qui populum per sanguinem agni liberavit de Ægypto, est Christus verus Agnus, qui populum proprio sanguine de tribulatione mundi et de tenebris inferni redemit. Mare Rubrum est baptismus martyrio Christi rubricatus, terra repromissionis est beatitudo regni cœlestis. Pharao, quod sonat *elidens*, est diabolus, qui elisit genus humanum in peccatis. Hic fluctibus maris obruetur cum curribus et equitibus, quando in stagnum ignis et sulphuris præcipitabitur, cum hæreticis et persecutoribus. Dicit ergo sponsus consolans sponsam : O amica mea, id est secretalis mea, cui nota feci omnia quæ audivi a Patre meo, quia a persecutoribus et hæreticis talia passa es, qualia olim populus meus in Ægypto, et non es secuta greges hæreticorum, sed fugisti in tabernacula pastorum : ideo assimilavi te equitatui meo in curribus Pharaonis. Hoc est, similem te reputavi exercitui meo in Ægypto afflicto existenti, in curribus Pharaonis, id est quando Pharao persequebatur eum in curribus. Et sicut eum tunc liberavi, ita te liberabo de gregibus hæreticorum et persecutoribus, qui sunt currus Pharaonis, id est diaboli, et cum pastoribus, qui sunt currus mei, introducam te in terram viventium.

Tropologice autem amica mea sponsa est in curribus Pharaonis, quando fidelis anima constituta est in falsis fratribus, qui sunt currus diaboli. Hanc equitatui suo assimilabit, quia eam prædicatoribus Evangelii associabit. Hi sunt ejus equites, quia ejus militiam pugnant. Ipsi etiam equi, quia currum Evangelii per mundum trahunt. De his scribitur : *Ascendens super equos tuos, et quadrigæ tuæ salvatio.* (*Habac.* III, 8).

Anagogice vero Ecclesia de Ægypto hujus mundi fugiens, et ad veram patriam tendens, est in curribus Pharaonis, quamdiu permista est hic cum malis, hæc exercitui Christi assimilabitur, quando angelicis agminibus associabitur.

Vers. 9, 10. — *Pulchræ sunt genæ tuæ sicut turturis, collum tuum sicut monilia. Murenulas aureas faciemus tibi, vermiculatas argento.* Quantum ad historiam, more loquitur amantis, amicam laudantis, ac munera ei promittentis. Quem enim in meridie quæsivit, in tabernaculis pastorum invenit, et hanc laudem ac promissa ab eo audivit. Quantum vero ad allegoriam, Ecclesia in persecutione, videns tam hæreticos quam Catholicos quasi pro Christo pati, metuens dubio errore decipi, quæsivit sponsum in grege sodalium, id est hæreticorum, et non invenit ; quæsivit eum in tabernaculis pastorum, id est Catholicorum, et ibi invenit. Qui eam laudibus excepit, et munera repromisit, dicens : Pulchræ sunt genæ tuæ sicut turturis, etc. Cum membra corporis in Scripturis ponuntur, officia eorum tantum in significatione notantur ; cum vero aures introducuntur, colores vel naturæ earum assignantur. Tota Ecclesia est unum corpus, cujus caput est Christus, membra ejus ordines electorum.

In genis notatur verecundia. Genæ igitur Ecclesiæ est ille ordo justorum, qui verecundatur clam coram Deo, palam coram hominibus peccare, sicut monachi et eremitæ. Hæ genæ pulchræ sunt, quia se peccasse vel peccare erubescunt. Turtur est aerei coloris, et pro cantu gemit. Turtur felle caret, sed in uno compare gaudet. Hæc avis gerit figuram Christi, qui aereum colorem habuit, dum cœlestem vitam docuit. Pro cantu gemit, quando suspiciens in cœlum gemit, quia humanum genus surdum et mutum a laudibus Dei reperit. Felle caruit, quia fraudem non habuit. Uno compare, id est societate unius catholicæ Ecclesiæ, gaudet. Genæ ergo sponsæ sunt sicut genæ turturis, quia ille ordo in Ecclesia peccare verecundantium est imitator Christi, id est imitator apostolorum, qui aereum habent colorem, quia conversatio eorum in cœlis est. Pro gaudio mundi gemunt gemitibus inenarrabilibus. Felle malitiæ carent, uno compare Christo gaudent. Collum tuum sicut monilia. Collum jungit caput et corpus, et trajicit escam a capite acceptam in corpus. Collum Ecclesiæ est ordo prælatorum, qui verbo et exemplo, corpus Ecclesiæ jungit Christo capiti, atque escam sacræ Scripturæ a capite Christo acceptam trajicit prædicando in corpus Ecclesiæ. Monile quod ornat et munit pectus, est signum virginis desponsatæ, ne adulter mittat manum in sinum alienæ. Collum igitur Ecclesiæ est sicut monile, quia ordo prælatorum bene vivendo ornat, et recte prædicando munit pectus virginis Ecclesiæ Christo desponsatæ, ne adulter hæreticus manum pravi dogmatis immittat in sinum fidei catholicæ. Et notandum quod hi duo ordines præ cæteris ponuntur, quia hi duo magis necessarii in Ecclesia noscuntur; alter indoctis prædicando, alter pro eis orando. Dicit ergo sponsus : O amica, in tabernaculis Cedar nigra, in tabernaculis pastorum pulchra, pulchræ sunt genæ tuæ, et collum tuum sicut monile, quod sunt equites mei pastores tui, quia sunt ut turtur, vita simplices, ut monile, Scripturis te ornantes, quibus poteris a gregibus hæreticorum muniri, a quibus timebas corrumpi, et ut tali ornatu muniaris, ego et Pater et Spiritus sanctus, vel ego et opifices mei ornatores tui, murenulas aureas faciemus tibi, scilicet sacras Scripturas sapientia splendidas, vermiculatas argento, hoc est variegatas eloquentia. Deus qui olim dixit : *Faciamus hominem* (*Gen.* i, 26), ipse nunc dicit homini : Faciemus murenulas tibi, id est ad honorem tui. Sacra quippe Scriptura est a sancta Trinitate facta, a sanctis viris scripta, et hæc est honor animæ servata.

Murena est piscis, in foramine suo existens, circulatus et conglobatus, non comedens, sed sugendo humorem et succum extrahens, ad cujus similitudinem fiunt murenulæ, id est inaures, quæ sunt ornatus mulierum, et intelliguntur sacræ Scripturæ, quæ docent obedientiam, quæ est ornatus animarum. Hæ Scripturæ dulciter exhortando simplices et humiles ut murena sugunt, humorem peccati extrahunt. Aurum, quod omnia metalla præcellit, significat sapientiam, quæ omnia transcendit. Murenulæ sunt aureæ, quia sacræ Scripturæ sapientia sunt splendidæ, in igne Spiritus sancti ut aurum examinatæ. Argentum quod nitet et sonat, exprimit eloquentiam, quæ tropis et figuris nitet, et rhetoricis coloribus dulciter sonat. Scripturæ autem sunt argento vermiculatæ, id est eloquentia distinctæ, et sententiis variatæ.

Vermiculare etenim est variare, in modum vermis flexuosi contorquere, his monilibus est sponsa ornata a sponsi opificibus. Tropologia, sicut exterior homo habet sua membra, ita interior habet sua. Genæ igitur animæ sunt verecundia, qua verecundatur se non facienda fecisse, vel facienda neglexisse. Animæ collum est intellectus, qui animam et spiritum jungit, ut caput et corpus. Duæ quippe vires sunt animæ, superior quæ vocatur spiritus, qua spiritalia tractamus; inferior quæ nominatur anima, qua corporalia disponimus, hæc duo intellectus quasi collum corpus et caput conjungit, dum spiritum et animam unam substantiam esse intelligit. Escam a capite acceptam in corpus trajicit, dum spiritalia quæ intelligit, in ventrem memoriæ recondit. Hujus monile est interior sensus, variis sententiis et pretiosis lapidibus insignitus, inauris ejus est obedientia, auro sapientiæ et argento scientiæ decorata. Juxta anagogen vero Ecclesia ad supernam patriam suspirans, morem turturis gerit, qui se in hoc mundo peregrinari gemit, rem unam a Domino petit, *ut inhabitet in domo Domini omnibus diebus vitæ suæ* (*Psal.* XXII, 6). Ornatus hujus monilis est inauris, id est Christus splendens in gloria Patris. Alia translatio sic habet : *Similitudines auri fabrefaciemus tibi, cum distinctionibus argenti, quoad usque rex in accubitu suo est.* Quod est dicere : Aurum, id est faciem meam in præsenti vita non poteris videre, sed similitudinem cœlestis claritatis per illuminationem Scripturarum videbis per speculum in ænigmate, donec omnibus appareat, quæ nunc latet in divinitate.

Vers. 11. — *Cum esset rex in accubitu suo, nardus mea dedit odorem suum.* Ad litteram datur intelligi, quod amica dilectum quæsitum in tabernaculis pastorum cubantem invenit, et ipse eam monilibus ex auro et gemmis factis ornaverit, ipsa vero ei unguenta ex nardo, myrrha et botris confecta obtulerit.

Allegorice vero primitiva Ecclesia ante Christi adventum in multis filiis suis Deum in libris gentilium quæsivit, et sic in gregibus sodalium erravit. Sed hunc in tabernaculis pastorum cubantem, hoc est in libris prophetarum jacentem invenit, qui ei monilia auro et gemmis insignita dedit, quia ei legalia præcepta promissionibus plena commisit, ipsaque ei pretiosa unguenta dedit, dum se salvandam per ejus incarnationem, passionem et resurrectionem obtulit. Et hoc interim, cum esset rex in accubitu suo, hoc est dum rex gloriæ Christus latuit in sinu Patris. Accubare quippe est in secreto residere. Per nardum Christi incarnatio, per myrrham ejus passio, per botrum ejus resurrectio notatur. Siquidem species arborum vel herbarum in Scripturis pro significatione ponuntur. Nardus namque est arbor aromatica parva, spinosa, et odorifera, de qua optima fiunt unguenta, uti illud Mariæ in Evangelio factum erat de nardo. Nardus ergo ponitur pro humilitate et unctione qua sanantur infirmi. Christus fuit nardus, arbor unguentaria, quando factus est humani generis medicina. Parvus, id est humilis, quia cum esset in forma Dei, humiliavit semetipsum ad formam servi. Spinosus, quia de peccatoribus natus. Odoriferus, quia virtutibus refertus, qui factus est unguentum nostræ sanitatis, quando virtus ejus divinitatis sanavit omnem languorem et omnem infirmitatem. Dicitur ergo : Cum esset rex in accubitu suo, Christus scilicet rex gloriæ cum esset in humana carne, nardus mea, videlicet virtus ejus, facta mea medicina, dedit odorem suum, hoc est notitiam suam per populos sparsit, quando cæcos illuminavit, mortuos suscitavit, et omnes ægros curavit. Vel cum esset rex in accubitu suo, scilicet Christus post ascensionem in gloria Patris, nardus mea, id est operatio mea dedit odorem suum, videlicet odoriferum obsequium. Tunc quasi diu quæsitum dilectum sponsa invenit in tabernaculis pastorum, id est in doctrina apostolorum, qui ei dedit monilia, hoc est varia Spiritus sancti charismata, et ipsa obtulit unguenta, scilicet fidei suæ salvationis opera. Aliter : Cum esset rex in accubitu suo, scilicet in sinu Patris, vel in utero virginis, nardus mea, id est humilitas mea dedit odorem bonorum operum. Per nardum etiam humilitas Ecclesiæ intelligitur, per quam aliis sanitas boni exempli oritur. Vel vox hic accipitur Ecclesiæ, in inferno redemptionem præstolantis et dicentis : cum esset rex in accubitu suo, id est Christus in cruce, nardus mea dedit odorem suum, hoc est humilitas sensit salutem, quia fasciculus myrrhæ dilectus meus mihi, hoc est amaram mortem Christus pro me subiit, qua me de morte redemit. Myrrha namque est arbor Arabiæ altitudinis quinque cubitorum, similis spinæ quam acanthum vocant, cujus gutta viridis et amara, unde et nomen accepit myrrha. Gutta ejus sponte manans est pretiosior, corticis vulnere vilior quæ medendis infirmitatibus salubris est, et mortuorum corporibus, ne a vermibus et putredine consumantur condiendis utilis. Myrrha significat amaram mortem Christi, qui nostris infirmitatibus medelam contulit, et putredinem peccatorum a nobis depulit. Unde et in cruce myrrhatum vinum accepit, et Joseph corpus ejus myrrha condivit. Per fasciculum intelligitur congeries passionum, Christus factus est myrrhæ fasciculus, quando de cruce ablatus myrrha et aloe est perlinitus. Dicit ergo sponsa : *Fasciculus myrrhæ dilectus meus mihi*, quasi dicat : Dilectus meus quem ego diligo præ omnibus, qui mihi fuit nardus in incarnatione, factus est mihi myrrha in passione, amaram mortem pro me sustinens, amara mundi pro se pati me edocens, et ideo

VERS. 12. — *Inter ubera mea commorabitur.* Hoc est a Patribus utriusque Testamenti, qui sunt ubera mea, prædicabitur. Vel mors dilecti mei, quam pro salute mea subiit, semper in memoria mea erit, et qui mihi fuit myrrha in morte, factus est mihi botrus, id est lætitia in resurrectione, unde sequitur·

VERS. 13.—*Botrus cypri dilectus meus mihi in vineis Engaddi.* Cyprus insula præ omnibus terris miræ magnitudinis botros gignere fertur, vel cyprus est arbor Ægyptia similis salici, habens flores miri odoris et botros. Botrus pro lætitia ponitur; cyprus vero dicitur conversio vel floritio, et significat resurrectionem Christi, in qua caro ejus mortua refloruit, quæ conversis æternam lætitiam contulit. Hujus cypri fuit Christus in prelo crucis pressus, de quo fuit illud vinum quod dat conversis plenum gaudium. Hic est botrus, quem duo in vecte ad filios Israel portaverunt, scilicet Christus in cruce pendens. Quem propheticus et apostolicus ordo populis Deum visuris prædicaverunt. Qui ergo fuit fasciculus myrrhæ in amaritudine passionis, ipse exstitit botrus cypri in dulcedine resurrectionis. Myrrha enim tristificat, vinum lætificat. Dicit ergo sponsa : Botrus cypri dilectus meus mihi, quasi dicat : Ille qui ut botrus in vecte pro me pendebat in cruce, factus est mihi potus lætitiæ, et ideo est dilectus meus, quia diligo eum præ omnibus. Et hoc in vineis Engaddi, id est in omnibus Ecclesiis. Engaddi quippe est fons juxta Jerusalem, in quo sacerdotes lavabant hædos quos immolabant, et ideo dicitur fons hædi, designatur fons baptismatis, in quo hædi, id est peccatores, lavantur a vitiis. Vineæ autem sunt Ecclesiæ in fonte baptismatis lotæ, aliis proferentes vinum vitæ. Aliter Engaddi est locus in quo arbores balsami crescunt, quæ in modum vinearum excoluntur, quas ideo vineas appellat. De balsamo autem et oleo chrisma conficitur, quo Christiani consecrantur. Botrus ergo cypri est in vineis Engaddi, quia Christus potus lætitiæ est in Ecclesiis unctis sacro chrismate, qui fuit nardus nascendo, myrrha moriendo, botrus resurgendo.

Moraliter autem rex in accubitu suo est, quando Christus in anima justi requiescit. Anima quippe justi est sedes sapientiæ. Hujus animæ nardus dat odorem, dum humilitas ejus spargit bonorum operum opinionem. Huic fit dilectus fasciculus myrrhæ, quando omnia amara passionis Christi in animo colligit, et pro eo amara pati a proximis disponit. Inter ubera ejus commoratur, quia in corde ejus, quod est inter ubera, per dilectionem versatur. Botrus cypri, quod conversio sonat, fit ei in vineis Engaddi, dum gaudet de conversis baptizatis, et pœnitentiam agentibus.

Anagogice autem, dum rex in accubitu suo est, nardus sponsæ odorem spargit, quia dum Christus in gloria Patris latet, Ecclesia famam bonæ operationis ubique diffundit. Dilectum ut fasciculum myrrhæ inter ubera colligit, dum ejus amore ei omnia amara videntur, quæ mundus colit vel diligit. Botrum cypri in vineis Engaddi, qui est locus balsami, considerat, dum Christum potum vitæ in sanctis chrismate unctis in cœlo videre desiderat.

VERS. 14. — *Ecce tu pulchra es, amica mea, ecce tu pulchra, oculi tui columbarum.* Quantum ad historiam, rex reginam monilibus ornatam collaudat; quantum vero ad allegoriam, Christus Ecclesiam, Spiritus sancti donis decoratam, laudibus concelebrat. Per hoc quod pluraliter dicit, columbarum, vel bis pulchra duæ Ecclesiæ designantur. Una ante Christi adventum sub prophetis, altera post Christi adventum sub apostolis, una tamen amica, quia utraque in una fide Christo conjuncta. Quod enim illa credit factum, illa credit futurum. Neminem moveat quod duas vel plures Ecclesias dicimus, cum una catholica prædicetur. Sed licet sit una, tamen pro diversis statibus, pro diversis temporibus, pro diversis locis, plures non injuste dicuntur, sicut multæ terræ, cum sit una, scribuntur. Ecclesia autem ideo columbæ comparatur, quia septem donis Spiritus sancti illustratur; sicut columba septem naturis decoratur. Columba quippe in petra nidificat, alienos pullos nutrit, pura grana eligit, felle caret, rostro non lædit, juxta fluenta habitat, gregatim volat. Sic Ecclesia in petra, id est in Christo, fide et opere nidificat. Alienos a regno Dei verbo et exemplo nutrit. Puras sententias de libris gentilium vel hæreticorum eligit. Malitia invidiæ caret. Neminem detrahendo lædit. Juxta fluenta Scripturarum habitat, ut raptus accipitrum, id est dæmonum evadat. Multos secum trahere ad gaudia laborat. Unius colombæ, id est Ecclesiæ, ante adventum Christi prophetæ fuerunt, qui ei æternum lumen Christum præviderunt, unde et videntes dicebantur ; alterius colombæ, scilicet Ecclesiæ post Christi adventum, de eodem populo oculi apostoli exstiterunt, qui eam ad verum lumen Christum perduxerunt. Dicit ergo sponsus: O amica mea, cui omnia secreta mea nota feci, quia te nardo carnis meæ sanavi, myrrha mortis meæ redemi, botro resurrectionis meæ inebriavi, ecce in præsentia mea tu es pulchra in fide, ecce coram hominibus tu pulchra es in operatione, quia oculi tui, id est provisores tui sunt simplices ut oculi columbarum, scilicet ut prophetæ et apostoli, doctores Ecclesiarum. Oculi enim ducunt hominem, ne in lapidem offendat, ita doctores ducunt Ecclesiam ad vitam, ne in legem Dei in lapide scriptam offendat.

Tropologice autem anima Christi amica est, pulchra lota ab originali peccato, ipsa pulchra ab actuali crimine. Cujus oculi sunt ratio, qua vera a falsis discernit, et intentio qua faciem Dei prævidet. Hi oculi sunt columbarum, si bona quæ facit, bona intentione facit; oculi autem corvorum sunt, si bona quæ facit, mala intentione peragit, scilicet si lucri vel laudis gratia prædicat, vel eleemosynas tribuit.

Anagogice vero Ecclesia peregrinans est pulchra in dilectione Dei in contemplativa vita, ipsa pulchra in dilectione proximi in activa vita, et ideo amica Dei suspirans ad secreta cœlestia, cujus oculi episcopi et alii doctores ad vitam eam ducentes, qui sunt oculi columbarum, scilicet Christi et Spiritus sancti ab eis illuminati. Christi quippe columbæ, quæ septem naturas habet, assimilatur, qui septiformi Spiritu plenus prædicatur, unde et columba pro eo est in sacrificio oblata. Columba etiam figuram Spiritus sancti gerit, qui septem donis substantialiter subsistit, unde et in columba super Christum apparuit, et columba ramum olivæ in arcam retulit. Ad horum visionem ducunt eam illi oculi, ut in lumine videat lumen, scilicet in Patre Filium, et in utroque Spiritum sanctum.

Vers. 15, 16. — *Ecce tu pulcher es, dilecte mi, et decorus, lectulus noster floridus, tigna domorum nostrorum cedrina, laquearia nostra cypressina.* Juxta historiam, amica dilectum in venatu occupatum in meridie quæsivit et invenit, a quo monilibus ornata et laudata, cum eo ad regalem aulam remeat, in lecto cum dilecto quiescens, sponsum et lectum, et domum laudat. Juxta allegoriam vero Ecclesia Christum in capiendis animabus occupatum, in meridie persecutionis per diversa tormenta quæsivit, per patientiam invenit, a quo virtutibus ornatur, pro perseverantia laudatur. Qui eum quasi de agro in palatium revocat, dum eam de persecutione in pacem reductam, in lecto quietis et securitatis collocat, pro qua pacis quiete laudes lætabunda cantat dicens : O mi præ omnibus dilecte, ego quæ fui per me deformis et fœda, per te ornata facta sum pulchra, quia tu naturaliter es pulcher in virtutibus divinitatis, es decorus in sanctitate humanitatis, faciens pulchros in fide, et decoros in operatione. Christus quippe secundum divinitatem est ipsa pulchritudo, a quo pulchra sunt omnia quæ pulchra sunt, cujus pulchritudinem sol et luna mirantur, et in quem desiderant angeli prospicere. Secundum humanitatem vero est ipse speciosus præ filiis hominum, quia naturaliter sic semper fuit, ut in monte apparuit, quando ut sol resplenduit. Sed quia mortalis visus claritatem vultus ejus videre non potuit, sub larva latuit, ut scribitur : *Ecce videmus eum non habentem speciem neque decorem* (Isa. LIII, 2). Sic facies Moysi ex colloquio Dei tam pulchra fuit, quod populus Israel intendere in eum non potuit, et ideo velamen ante se habuit. Unde scribitur quod facies Moysi cornuta esset, quia radios, quasi sol, de se emittebat. Lectulus noster floridus. Secundum diversos status Ecclesiæ variatur de eo sermo divinus. Tempus persecutionis vocavit meridiem, in quo solis ardor fervet. Tempus vero pacis nominat lectulum, in quo est quies securitatis; sic ergo persecutio dicta est meridies, in qua Ecclesia æstuabat. Sic pax Ecclesiæ dicitur lectulus, in quo contemplatione sponsi sui secura quiescit. Per diminutivum autem ideo lectulus dicitur, quia brevis est pax qua Ecclesia fruitur. Qui lectulus est floridus, quia in pacis tempore populus fidelium est bonis actibus intentus, qui in persecutione a bono studio fuit quasi aridus. Vel lectulus est homo Dominicus, in quo Deus sponsus cum sponsa sua humana natura requievit. *Deus* quippe *erat in Christo, mundum reconcilians sibi* (II Cor. v, 19), ideo autem lectulus noster dicitur, quia Ecclesia per carnem Christi est Deo conjuncta. Qui lectus est floridus, quia æterna juventute immortalis, qui prius quasi aridus mortalis fuerat. Et quia tu pulcher es, a pulchro patre genitus, et lectulus noster pulcher, a casta matre procreatus, idcirco et domus nostræ pulchræ, ab opificibus nostris de cedris et cypressis ædificatæ; nam tigna domorum nostrarum cedrina, laquearia nostra cypressina. Tigna sunt superiora domus tabulata, id est tecta, laquearia vero inferiora tabulata, picturæ aptata. Cedrus est lignum imputribile bene redolens, cujus resina est præstantior cæteris, quia languida membra curat, vermes ulcerum necat, odore serpentes et muscas fugat. Cypressus est lignum virtute cedro proximum, trabibus templorum aptum, impenetrabili soliditate, nunquam oneri cedit, præcisum nunquam putrescit. Domus Dei est Ecclesia, in qua Christus habitat, ut paterfamilias in domo. Multæ domus sunt multæ Ecclesiæ pro diverso statu terrarum, ut Romana, Jerosolymitana, Constantinopolitana, vel cæteræ Ecclesiæ. Tigna harum domorum, quæ imbrem et tempestates repellunt, sunt episcopi et alii prælati Ecclesiarum, qui scriptis et doctrinis domum Dei, scilicet Ecclesiam, ab hæreticis defendunt. Quæ tigna sunt cedrina, quia eorum opera sunt imputribilia, et per famam bene redolentia. Doctrina eorum, ut resina, peccata curat, vitia vel dæmones fugat. Laquearia vero picturæ harum domorum sunt subditi in Ecclesia, scilicet continentes vel conjugati, eleemosynis et bonis operibus ornati. Qui sunt cypressini et templo Dei aptati, non redeuntes, ut canis, ad vomitum peccati.

Tropologice. Fidelis anima est lectulus, in qua Christus per dilectionem habitat. Qui lectulus floret, dum anima se orando et legendo exercet. Lectulus etiam animæ est bona conscientia, in qua, ut in lecto, secura quiescit anima. Qui lectus floret, dum aliis bonæ vitæ exemplum præbet. Ipsa est etiam domus Dei, in qua Christus habitat ut sponsus in thalamo. Cujus tigna sunt principales virtutes, scilicet prudentia, fortitudo, justitia, temperantia. Laquearia sunt obedientiæ exempla, quæ cedro vel cypresso comparantur, quia sicut hæ arbores in ramis, sic in bonis operibus multiplicantur. Vel domus animæ est corpus, tigna ejus sunt quinque sensus, laquearia ejus corporis membra, quæ, sunt cedrina et cypressina, dum militant ad nutum spiritus.

Anagogice autem Christi et Ecclesiæ lectulus est contemplativa vita, in qua requiescit a sæculi tumultibus, qui lectulus floret, dum multitudo fidelium se in artibus et in Scripturis exercet. Domus cedrinis et cypressinis lignis ab opificibus ædificatæ, sunt claustra a sanctis Patribus, regulis et honestis institutionibus constructæ.

Tigna cedrina sunt præpositi et abbates sanctimonia redolentes, qui verbo et exemplo alios muniunt, et vermes criminum macerando exstinguunt. Laquearia autem cypressina sunt monachi et omnes religiosi, quorum sanctitatis exempla templum Dei ornant, et aliorum onera orando portant. Et sicut cypressus præcisa non revirescit, unde ante feretrum mortuorum solebat portari, ita ipsi nunquam sæcularia repetunt, quibus renuntiaverunt, et semper quasi præsentem mortem aspiciunt, et in habitaculum Dei coædificari votis et moribus appetunt.

CAPUT II.

Vers. 1. — *Ego flos campi, et lilium convallium. Sicut lilium inter spinas, sic amica mea inter filias.* Ad litteram datur intelligi quod lectus dilecti floribus septus fuerit, quorum odore et pulchritudine ipsa delectata sit, quando dixit: Lectulus floridus, et ipse blandiens ei dixerit ista.

Allegorice autem Ecclesia perfectorum, quæ est lectus Christi, floribus cingitur, dum imperfectis in fide tantum floridis stipatur. In flore namque non est fructus, sed speratur fructus. Ita imperfecti fidem habent non opera, quorum flos est Christus, scilicet per fidem illorum ornatus, qui dicit: Ego flos campi, quod est dicere: Quod lectulus noster floridus in fidelibus, hoc est ex me, quia ego sum flos campi, id est ornatus populi Christiani. Flos dicitur a fluere, quia cito fluit.

Campus est terra inarata et pascualis, sponte proferens flores. Campus est tota Ecclesia in fide incorrupta, in qua sunt pascua vitæ, quæ profert varios flores, id est diversos justorum ordines, scilicet rosas martyrum, lilia virginum, violas confessorum, et alios flores continentium, et legitime conjugatorum. Hujus campi flos, id est decor, est Christus omnium fidelium ornatus. Flos campi proprie est flos parvulus, nimis rubicundus, et est Christus humilis factus proprio sanguine rubricatus. Campus, id est terra inarata, est virgo inviolata, cujus flos est Christus, quia de Virgine natus. Ipse est lilium convallium, quia honor humilium parentum suorum. In lilio quinque considerantur, quia est candidum, habens aureum colorem prominentem, et est odoriferum, et pandulum, et semper incurvum. Sic Christus est candidus in humanitate, aureus in divinitate, odoriferus in prædicatione, pandulus in suscipiendo pœnitentes, incurvus in condescendendo peccatoribus, et sublevando eos. Ipse est lilium convallium, id est ornamentum fidelium. Sicut enim convalles sunt inter duos montes, ita fideles sunt inter duas leges, vel inter duos populos, scilicet Judæos et gentiles. Sicut lilium inter spinas, sic amica mea inter filias, quasi dicat: Sicut ego sum lilium convallium, scilicet ornatus humilium, sic eris tu, amica mea, lilium spinarum, id est decus gentium. Et sicut ego fui lilium inter spinas, videlicet inter Judæos me pungentes et lacerantes, sic eris tu Ecclesia amica mea inter gentes filias Babylonis, id est confusionis, quæ te multis spinis cruciatuum pungent, et multis pœnis lacerabunt. In spina tria notantur; cito floret, cito arescit, aculeis pungit. Ita mali cito divitiis florent, in virtutibus cito arescunt, ideo igni apti sunt; malis moribus bonos pungunt.

Aliter, sicut lilium inter spinas, id est sicut lilium

est ornatus spinarum, sic eris tu decus filiarum, quas in florido lecto quiescens generalis. Vel ornamentum eris fide et dogmate inter hæreses, quæ volunt esse tuæ filiæ, cum sint spinæ et filiæ Babylonis, scilicet confusionis.

Moraliter autem Christus est flos campi, honor et odor lectuli sui, scilicet fidelis animæ, in fide integræ, quam facit in sancto studio florere, quæ est lilium convallium, id est decor humilium animarum; quæ sunt convalles, quia inter superbos et divites sunt pauperie depressæ, quasi inter montes sitæ. Et sicut Christus lilium fuit inter spinas, scilicet inter Pharisæos et hypocritas, ita fidelis anima est inter filias Babylonis, scilicet falsos fratres hypocritas.

Juxta anagogen : Campus, scilicet terra inarata, est ordo virginum in Ecclesia, cujus flos est Christus, quia ejus delicatito, corona et præmium. Convallis vero est ordo conjugatorum inter virgines et continentes, quasi inter duos montes sitorum, quorum Christus est lilium, scilicet candor et gaudium. Et sicut lilium est inter spinas decore et odore, sic Ecclesia perfectorum est inter filias Jerusalem, id est, inter perfectos decore vitæ et odore doctrinæ. Perfecti dicuntur qui omnia mundi reliquerunt, dicente Domino. *Si vis perfectus esse, vade et vende omnia quæ habes, et da pauperibus* (*Matth*. XIX, 21). Imperfecti dicuntur, qui adhuc mundo utuntur, de quibus adhuc scribitur : *Imperfectum meum viderunt oculi tui, et in libro tuo omnes scribentur* (*Psal*. CXXXVIII, 16).

Notandum quod lilium tactum amittit odorem, sic virginitas tacta amittit bonam opinionem.

VERS. 3. — *Sicut malus inter ligna silvarum, sic dilectus meus inter filios. Sub umbra illius quem desiderabam, sedi, et fructus ejus dulcis gutturi meo.*

Ad litteram : regina de lecto surgens spatiatum ergo, sub umbram venit arboris, ac de fructu illius comedit, ibique hæc locuta est.

Allegorice autem Ecclesia sole persecutionis fuscata est, in meridie ardore tentationis æstuata, a carnificibus ut lilium a spinis lacerata, demum pondere pressurarum fatigata, umbram arboris vitæ quærebat, lectum quietis desiderabat, in qua umbra requiescens canit : Sicut malus inter ligna silvarum, sic dilectus meus inter filios. Sub umbra illius quem desiderabam sedi. Malus est æquivocum. Est enim malus non bonus, et est malus arbor pomorum. Est etiam malus navis, scilicet arbor veli. Sed de homine dicimus hic malus, de arbore hæc malus, de pomo vero hoc malum. Malus habet tria in se, scilicet umbram refrigerantem, fructum reficientem, odorem delectantem. Hæc malus est Christus, qui genus humanum obumbravit, dum brachia sua in ramis crucis expandit, et in se credentes corpore suo refecit, suavitate dulcedinis suæ replevit. Silva vero est Synagoga, ligna silvæ Judæi ad nihil nisi ignibus apti. Dilectus inter filios, subaudis diaboli, est Christus inter gentiles, et idololatras, et peccatores, obumbrans eos et reficiens. Aliter, malus est Christus; ligna apostoli, de quibus constructa est domus, scilicet Ecclesia; silva Ecclesia constans de diversis arboribus, id est electis et sanctis. Dilectus inter filios Dei, Christus inter prophetas et apostolos, et martyres, qui sunt filii Dei et cohæredes Christi. *Quotquot enim receperunt eum, dedit eis potestatem filios Dei fieri* (*Joan*. I, 12). Sub umbra illius quem desiderabam, sedi. Similitudo est ab illo qui onus in æstu portat, et in umbram arboris festinat. Genus humanum, quod per esum ligni scientiæ boni et mali paradisum perdiderat, grave onus peccatorum in æstum vitiorum portabat, quod se deorsum in præcipitium tormentorum trahebat, et ideo ad arborem vitæ festinabat, refrigerium animarum quærebat. Umbra enim ponitur pro refrigerio. Fit autem umbra ex luce et corpore, et est itinerantium refrigerium ab æstu, et protectio a tempestate. Arbor vitæ est sancta crux, fructus Christus, umbra, protectio vel refrigerium humani generis, constans ex luce divinitatis et corpore humanitatis. De qua umbra scribitur : *Virtus Altissimi obumbrabit tibi* (*Luc*. I, 35). Sub hac umbra, quam diu desiderabat, Ecclesia sedit, dum in fide crucis Christi quievit. Hanc umbram per Moysen desirabat dicens : *Obsecro, Domine, mitte quem missurus es* (*Exod*. IV, 13). Et per David : *Domine, inclina cœlos tuos et descende* (*Psal*. CLXIII, 5). Et per Isaiam : *Utinam disrumperes cœlos et descenderes!* (*Isa*. LXIV, 1.)

Sicut ergo malus, omnia ligna silvarum umbra, fructu, odore præcellit; sic Christus omnes sanctos umbra protectionis, fructu doctrinæ, odore vitæ antecellit. Et sicut hæc arbor itinerantes in æstu umbra, fructu, et odore sibi attrahit; sic Christus sua suavitate genus humanum, per æstum tentationum iter agens, sibi attrahit, quod suo corpore vel doctrina reficit, dicens : *Venite ad me omnes qui laboratis et onerati estis, et ego reficiam vos* (*Matth*. XI, 28).

De cujus fructu Ecclesia refecta jubilat dicens : *Fructus ejus dulcis gutturi meo*. Fructus hujus arboris est Evangelica doctrina. Guttur vero Ecclesiæ est ordo magistrorum in Ecclesia. Gutturis quippe officium est cibos recipere, et vocem emittere, ita magistri in Ecclesia cibum spiritalis doctrinæ legendo recipiunt, et vocem aliis docendo emittunt. Fructus ergo arboris vitæ est dulcis gutturi Ecclesiæ, dum magistri Ecclesiæ spiritalem doctrinam dulciter pro se hauriunt, et eam aliis suaviter effundunt.

Tropologice autem, dilectus est inter filios, sicut malus inter ligna silvarum, quando Christus per dilectionem est inter claustrales filios Ecclesiæ, obumbrans eos a vitiis et corpore suo vel doctrina eos reficiens. Sub umbra illius fidelis anima sedet, dum æstum sæcularis vitæ declinans, in requie spiritualis vitæ refrigerari desiderat; cujus fructus dulcis est gutturi illius, dum vel claustralis religio ei placet, vel corpus Domini in palato cordis ei sapit; per quod se salvatam intelligit.

Anagogice vero Ecclesia in cœlis regnans, Christum angelis imperantem considerans, dicit: Sicut malus inter ligna silvarum, sic dilectus meus inter filios, quasi dicat: Sicut Christus Patris et meus dilectus fuit in mundo suavis præ omnibus sanctis, sic est in cœlis suavitas inter omnes angelos Filius Dei. Sub umbra illius quem desiderabam, sedi, hoc est, requiem animarum, quam semper desiderabam, per cum inveni. Et fructus ejus dulcis gutturi meo, hoc est, gaudium per crucem exquisitum fert dulcedinem vitæ meæ, de qua dulcedine jubilat dicens :

VERS. 4-7. — *Introduxit me rex in cellam vinariam, ordinavit in me charitatem.*

Ad litteram regina quæ sub arbore comedit, in cellario bibit, et hoc foris puellis exsultans retulit, dicens: Introduxit me rex in cellam vinariam, ubi debriata et amore regis accenso in languorem incidit, et ideo comitibus dicit: *Fulcite me floribus, stipate me malis, quia amore langueo.* Quibus verbis datur intelligi quod virgas et flores de loco in quo consederant tulerunt, quibus se languentem, ut baculis sustentari ne cadat petit. Quam jamjamque casuram rex amplectitur et consolatur, et ut lætetur dicit: *Læva ejus sub capite meo, et dextera ipsius amplexabitur me.* Rex vero in lectum eam reclinat, et comites adjurat dicens: *Adjuro vos filiæ Jerusalem, ne suscitetis, neque evigilare faciatis dilectam, quousque ipsa velit.*

Allegorice autem : Ecclesia, quæ de fructu ligni vitæ, hoc est de cruce corpus Christi comedit, in cella sacræ Scripturæ pocula sapientiæ bibit. Unde et læta canit : Introduxit me rex in cellam vinariam. Superius dixit : *Introduxit me rex in cellaria sua* (Cant. I, 3); hic autem dicit: Introduxit me rex in cellam vinariam. Sed ibi locuta est humana natura, sponsa Verbi; hic autem loquitur Ecclesia de gentibus, sponsa Christi ; humanam quippe naturam Dei Verbum sibi per osculum conjunxit, dum humanam carnem assumpsit, ut scribitur: *Verbum caro factum est (Joan.* I, 14). Hanc oleo sui nominis in reginam unxit, dum assumptum hominem Deum esse et angelis imperare voluit. Hanc post se traxit, dum victor mortis cœlos ascendens carnem nostram secum tulit, unde lætabunda canit : Introduxit me rex in cellaria sua, scilicet rex gloriæ introduxit me per humanam naturam in cœlestia gaudia. Hic autem Ecclesia , per crucem redempta, et per apostolos in secreta Dei introducta, dicit: Introduxit me rex in cellam vinariam, videlicet Christus, Rex regum, quem omnes reges adorant, introduxit per fidem in primitivam Ecclesiam, quæ est cella vinaria, quia in ea diversa sunt sapientiæ pocula, et varia Spiritus sancti charismata.

Est autem primitiva Ecclesia, quæ sub Christo et apostolis de Judæis est conversa, quando *multitudinis credentium erat cor unum et anima una, et omnia habebant communia (Act.* IV, 32). Ad quam introducta est Ecclesia de gentibus, quando Cornelius et sui, et Samaritani gentiles per baptismum et Spiritus sancti donum adjuncti sunt fidelibus. In hac ordinavit charitatem, quando in charitate unanimes in diversos distribuit ordines, quosdam faciens apostolos, quosdam prophetas, alios evangelistas, alios pastores, alios doctores. Aliter, cella vinaria est sacra Scriptura. In hanc Christus Ecclesiam introduxit, dum ei spiritualem intelligentiam dedit, ut scribitur : *Aperuit illis sensum ut intelligerent Scripturas (Luc.* XXIV, 45). Charitatem in ea ordinavit, dum per Scripturas tres gradus ordinavit charitatis, ut in primis Deum præ omnibus, deinde ut proximum, ut seipsum, ad ultimum etiam inimicum propter Deum diligat. Ordines quoque in charitate facimus, dum post Deum parentes nostros, deinde conjuges et filios, deinde fratres et cognatos, deinde domesticos et concives, ad extremum inimicos, scilicet Judæos et paganos diligimus. Hæc sponsa egressa narrat juvenculis se præstolantibus, scilicet Ecclesia perfecta aliis Ecclesiis filiabus suis, quibus dicit : Fulcite me floribus, stipate me malis. Per flores accipiuntur pueri, et simplices in fide florentes, per malos, id est arbores, intelliguntur juvenes in operatione fructificantes, quasi perfecta Ecclesia dicat imperfectis : Quandoquidem ego vino Scripturæ sum inebriata, et charitas per diversos gradus in me est ordinata, vos fulcite me floribus, hoc est, prædicatione vestra supponite mihi pueros in fide floridos, et stipate me malis, id est exemplis vestris multiplicate in me juvenes in bonis fructiferos, ut quod bibi eis propinem, et ordinem in eis charitatem. Similitudo est a domo jam senio collapsa, quæ fulcris sustentatur ne cadat. Et est Ecclesia in senibus honestis destituta, quæ pueris fide floridis quodammodo fulcitur ne corruat.

Alia similitudo est a stipitibus, qui noviter pullulantes matrem, id est arborem, cingunt ; vel a militibus, qui Dominum suum armis stipant, ne hostilis impetus in eum fiat. Sic fideles matrem Ecclesiam, quasi in medio stantem, bonis actibus stipant, dum alii eleemosynis, alii lectionibus, alii orationibus insudant, et armis Scripturarum eam circumdant, ne hostis diabolus vel hæreticus impetum in eam faciat. Vos Ecclesiæ, filiæ meæ, fulcite me floribus, id est bonis filiis, ne deficiam, sed in vestris operibus interim requiescam, quia amore langueo, dilecti mei, quem adhuc videre non valeo, et amore supernæ patriæ, quam adhuc non habeo. Et propter hoc læva ejus sub capite meo, et dextera illius amplexabitur me. Per lævam præsentis vitæ gloriam, per dexteram vero perennis vitæ gloriam seu beatitudinem designat, ut scribitur : *Longitudo dierum in dextra ejus, et in sinistra illius divitiæ et gloria (Prov.* III, 16). Caput Ecclesiæ est Christus. Dicit ergo, læva ejus sub capite meo, hoc est, gloriam præsentis vitæ sub capite meo, scilicet Christo, amore pono, quem præ omnibus divitiis diligo. Et dextera illius amplexabitur me, hoc est, æterna beatitudo recipiet me. Vel ordo justorum, qui a dextris Christi erit, diligit me. Aliter, læva ejus sub capite meo, id est vetus lex, quia carnalia instituta despicio, et dextera illius, id est Evangelium Christi, amplexabitur me, ad obediendum sibi, vel læva ejus, id est activa vita, est sub capite meo, id est Christo, in qua ei servio, et dextera illius, id est contemplativa vita, amplexabitur me, in qua ei requiescens placeo. Et ne me aliquis de hac quiete inquietet, interdicit sponsus dicens : Adjuro vos filiæ Jerusalem, per capreas cervosque camporum, ne suscitetis neque evigilare faciatis dilectam, quoadusque ipsa velit.

Per capreas, quæ alta petunt, et a longe venatorem prospiciunt, prophetæ designantur, qui, in altam contemplationem sublevati, Christum et Ecclesiæ mysteria a longe prospexerunt. Per cervos, qui spineta transiliunt et venenum vincunt, apostoli designantur, qui, spinas peccatorum transilientes, spinas pœnarum passi, malitiam mundi vicerunt.

Campi sunt duæ Ecclesiæ, una ante adventum Christi sub prophetis; altera post adventum sub apostolis. In quibus campis varii flores sunt, omnes fideles. Vel campi sunt duo Testamenta, in quibus sunt flores, scilicet pulchræ sententiæ. In uno campo capreæ, scilicet prophetæ cucurrerunt, dum veteri populo Christum futurum prænuntiaverunt. In alio campo apostoli quasi cervi cucurrerunt, dum Christiano populo Christum innotuerunt. Filiæ Jerusalem sunt omnes Ecclesiæ catholicæ; Ecclesiæ Jerusalem dictæ, æternam pacem in cœlis visuræ. Jerusalem quippe dicitur *visio pacis*, quibus a sponso dicitur : O vos Ecclesiæ, filiæ cœlestis Jerusalem, ego Deus vester adjuro vos, hoc est, sacramento incarnationis meæ et vestri baptismatis constringo vos, præcipiens vobis, per capreas cervosque camporum, id est prophetas et apostolos doctores populorum, ne vi vel præmio suscitetis dilectam, vel inquietetis eam dormientem a strepitu mundi amore mei, neque evigilare faciatis a somno contemplationis, cogendo ad sæcularia negotia, quoadusque ipsa velit, hoc est, donec ipsa sua sponte onus regiminis compatiendo proximis subire velit. Sunt plerique potentes, qui spirituales viros ad regimen lucri causa cogunt, ut nimirum de eis beneficia habeant. Hi utique dilectam a somno quietis excitant, et hoc Christus per prophetas et apostolos interdicit ne fiat. Cum autem ipsi spirituales expedire viderint ut fratribus præsint, a quiete sua sponte surgunt. Et pondus regiminis, licet inviti, suscipiunt, et proximis oppressis subveniunt.

Moraliter autem sponsus a sponsa in cellam vinariam introducitur, dum quis Christo trahente claustrum ingreditur, in quo vinum quod lætificat cor hominis bibit, cum de Scripturis promissa lætitiæ haurit. In hoc charitas ordinatur, dum in primis Deus, deinde prælatus, deinde priores, deinde alii fratres pro meritis ab eo amantur. Hunc flores fulciunt, et mali, id est arbores, vel mala, id est fructus (utrumque enim legi potest) stipant, cum eum pueri et juvenes in sanctis studiis circumdant. Hic amore languet, cum non omnes fratres Christum amare videt. Læva, hoc est, præsens vita est sub capite, id est sub mente ejus, et dextera, hoc est æterna vita, eum amplexatur, quia hanc solam sectatur. Caput quippe animæ mens est, quia sicut caput omnia membra regit, ita mens cogitationes disponit : Aliter, læva sunt virtutes in hac vita necessariæ, dextera vero incorruptibilitas in futura danda. Læva est sub capite, dum virtutes sunt sub mente, et dextera eum amplexabitur, dum in futuro incorruptibilitas ei dabitur. Et quia hic talis capreæ cervoque comparatur, ne quis eum ab hac quiete inquietet a Christo interminatur. Caprea habet quatuor naturas, alta petit, bonas herbas a malis eligit, ruminat, vulnera sua per dictamnum curat. Sic spiritualis homo ad alta virtutum conscendit, bonas sententias a malis secernit, prædicando iuminat spiritualem cibum, quem legendo comedit, vulnera peccatorum per medicamentum pœnitentiæ curat.

Cervus quoque habet quatuor naturas. Cum insulas longe petunt, gregatim mare transnatant, et unusquisque caput alterius super clunes portat, cum canibus insequuntur, spineta transiliunt ; senescentes serpentem de caverna naribus trahunt ac comedunt. Ad fontem potando currunt. Cornua et pilos renovandi causa deponunt. Sic justi, cum ad patriam paradisi per mare sæculi properant, unusquisque onus alterius portat, cum eos mali persequuntur. Temporalia bona quæ, ut spineta, sunt impedimenta eis vitæ relinquunt. Serpentem de caverna naribus extrahunt, quia diabolum vel peccatum de corde fratrum afflatu exhortationis auferunt. Post sumptum venenum ad fontem currunt, quia commissa peccata fonte lacrymarum diluunt. Cornua et pilos deponunt, quia divitias, quæ sunt superflua, rejiciunt, et in virtutibus renovati juvenescunt.

Juxta anagogen vero, id est altiorem sensum, Ecclesia in cœlis jam recepta dicit : Introduxit me rex in cellam vinariam, scilicet Christus rex gloriæ introduxit me in supernam patriam, ubi sitientes justitiam *inebriabuntur ab ubertate domus Domini, et torrente voluptatis suæ potabit eos* (Psal. xxxv, 5).

Et notandum quod ubi introductio ponitur, ibi Christus rex dicitur, quia Ecclesia quam introducit, est ejus regnum, super quam ipse rex regnabit. In hac charitatem ordinabit, quia virgines in charitate viventes in suas mansiones, viduas in suas, conjugatas in suas ordinabit. Hanc flores cingunt, mali stipant, dum electi in fide et operatione inventi eam in gloria circumdant. Languet amore, quia satiando non satiatur dilecti sui visione. Læva sponsi est sub ejus capite, id est Ecclesia in hac vita relicta est sub ejus custodia, et dextera ejus eam amplexabitur, quia multitudo angelorum de ejus societate lætatur ; ibi filiæ Jerusalem, hoc est omnes fideles animæ, et capreæ, scilicet prophetæ, vel alii sancti, qui ad alta cœlorum per virtutes conscenderunt, et cervi, videlicet apostoli, vel alii electi, qui spineta peccatorum transilierunt, ejus gloriæ congaudent.

VERS. 8-10. — *Vox dilecti mei: Surge, propera, amica mea.* Historia. Sponsa dormiente, et nemine hanc excitare præsumente, ipse sponsus hanc excitat, et præcipit ut surgens puellas suas ad opera dirigat; quæ ad vocem sponsi surgit, et comites ad excolendas vineas, et capiendas vulpeculas mittit.

Allegoria. Quasi sponsa dormit, quando Ecclesia, post ascensionem Domini sub apostolis collecta, duodecim annis absque prædicatione Jerosolymis mansit. Hanc sponsus excitavit, puellas in opus mittere monuit, quando Christus Petro, per discum de cœlo missum, in quo omnia animalia erant, omnibus gentibus prædicandum monuit (*Act.* x, 19). Sponsa vero comites ad vineas excolendas, et vulpes capiendas misit, quando Ecclesia apostolos, et eorum discipulos ad convertendas gentes, et Judaicas vel propheticas hæreses obstruendas misit.

Et nota quod misit puellas, sicut alias scribitur, quia sapientia misit ancillas invitare populos ad mensam, quia nimirum Christus Dei sapientia misit rusticanos et despectos homines invitare populos ad æternæ vitæ convivium. Sponsa, a sponso excitata, alloquitur adolescentulas; hæc vox quam audivi: Surge, propera amica mea, est vox dilecti mei. Igitur est surgendum, et ei ad opus quod me vocat obediendum. Dixit enim: *Ite, docete omnes gentes* (*Matth.* xxviii, 19). Et alibi: *Segregate mihi Paulum et Barnabam in opus ad quod assumpsi eos* (*Act.* xiii, 2), scilicet prædicare gentibus.

Item ubi Macedo apparuit Paulo dicens; *Transiens in Macedoniam, adjuva nos* (*Act.* xvi, 9). Quando enim amica pastoris dormivit, oves per devia errabant, sed bonus Pastor dilectam fecit evigilare, et dispersum gregem ad viam per se collectum congregare, ut esset unus pastor, et unum ovile.

Et nota quod superius adolescentulas adjurabat ne sponsam excitarent, quam ipse nunc excitat, quia videlicet omnia tempora tempus habent, et oportet spirituales tempore pacis in contemplatione quiescere, tempore vero persecutionis vel hæresis contra hostes Dei prædicando, dictando pugnare. Dicunt adolescentulæ: Num eum vidisti cujus vocem audisti? Et illa: Ecce impræsentiarum video, quia iste, olim promissus, *Veniet saliens in montibus, transiliens colles*. Similitudo est a cervis, qui in montibus saliendo currunt. Unde sequitur:

VERS. 9. — *Similis est dilectus meus capreæ hinnuloque cervorum.* Montes qui super plana terræ ad alta consurgunt, sunt prophetæ, qui communem vitam hominum altitudine virtutum transcendunt. Colles autem sunt Pharisæi, qui scientia legis eminebant in populo Dei. Sponsus ergo venit saliens in montibus, quia Christus per quosdam saltus venit in mundum, ut prædictum est in prophetis. De cœlo quippe saltum dedit in uterum virginis, de utero in præsepium, de præsepio in crucem, de cruce in sepulcrum, de sepulcro in cœlum. Colles transilivit, quando superbos Pharisæos præteriit, et humiles apostolos elegit.

Aliter. In montibus saliens venit, quia saltus suos per mentes, id est per virtuosos viros prædicari voluit. Colles transilivit, dum adhuc imperfectus in prædicatione cessare voluit. Oportet enim ut prius discant et faciant, et postea doceant, ut de Domino scriptum est: *Quia cœpit Jesus facere et docere* (*Act.* i, 1). Aliter: Qui salit nunc sursum nunc deorsum est, ita Christus in divinitate sursum, in humanitate fuit deorsum. Sol oriens in primis apparet in montibus, deinde in collibus. Montes fuerunt apostoli. In his saliebat Christus, cum per nomen ejus suscitarent mortuos, et alia miracula et signa facerent. Per colles transilivit, cum sequaces apostolorum etiam signa facerent; hic similis est capreæ, quia in similitudine carnis peccati apparuit, dum de peccatoribus natus fuit. Sicut enim per oves justi, ita per capreas peccatores designantur. Vel ideo similis capreæ dicitur, quia sicut caprea velociter currit, et bonas herbas a noxiis eligit, sic Christus velociter obedientiam Patris explevit, bonos a malis in judicio segregabit. Similis est etiam hinnulo cervorum, in varietate virtutum et miraculorum. Est enim hinnulus varii coloris; hic fervente sole umbrosum locum quærit, in quo ab æstu requiescat, sic Christus in castis mentibus requiescit ab æstu vitiorum. Per cervos, qui velociter currunt et saliunt, prophetæ et patriarchæ sunt figurati, qui velociter in mandatis Domini sine querela cucurrerunt, et de virtute in virtutem salierunt.

Hinnulus cervorum est Christus filius patriarcharum et prophetarum. Hinnulus dicitur ab innuo; abscondit se enim a venatoribus cum mater ei innuit. Christus similis est hinnulo cervorum, quia filius patriarcharum ut Joseph est venditus, ut Isaac a Patre est immolatus. Et sicut hinnulus velocius cervis currit, sic Christus qui peccatum non fecit, omnes sanctos agilitate præcurrit. His ergo animalibus, quæ saltibus gaudent, Christus comparatur; quia prædictis saltibus currens super omnes justos exaltatur. Dicunt adolescentulæ: Ubi nunc est ille; dicit sponsa: *En ipse post parietem, respiciens per fenestras, prospiciens per cancellos.* Similitudo est ab illo qui, cubiculum amicæ intrare non valens, per fenestram ei loquitur. Paries est murus, qui domum a domo separat, et significat originale peccatum vel mortalitatem, quæ de peccato venit, quod nos a Deo separat. Quem murum cœpit Adam ædificare, et omnis posteritas ejus laborat eum consummare. Hunc Judæi multis peccatis ædificaverunt, et ideo Christum lapidem angularem, pretiosum, electum, qui eos a peccatis prohibuit, reprobaverunt, in quem non credentes offenderunt et corruerunt. Sed hic lapis in montem magnum crevit, super quem Sion civitas Regis magni ædificari cœpit, quæ omnes in se credentes, in se cives recipit, quæ dicit: *In Deo meo transgrediar murum* (*Psal.* xvii, 30), quia nullum fecit peccatum. Post hunc murum Christus stetit, ut eum impelleret, quia mortalis est factus, ut originale peccatum destrueret.

Qui stat, laborat, et Christus in destructione hujus muri in tantum laboravit, quod etiam sanguinem sudavit. Fenestræ, quæ lumen in domum mittunt, sunt apostoli, qui lumen cognitionis Dei in Ecclesiam domum Dei fuderunt. Cancelli, id est parva foramina in pariete, per quæ sol radios suos vibrat, sunt prophetæ, per quos sol justitiæ radios suæ notitiæ mundo immittebat. Cancelli etiam sunt artus in anteriori parte domus. Unde dicuntur cancellarii, videlicet prolocutores regis, qui de cancellis edicta regis populo dicunt. Quod iterum erant prophetæ, qui in anteriori parte domus, scilicet in Synagoga, quæ erat umbra domus Ecclesiæ, mandata Dei populo nuntiabant.

Cancelli quoque sunt loca in choro, in quibus psallentes sunt ordinati, et muniunt omnes qui sunt in diversis gradibus constituti. Sponsus ergo per fenestram sponsam respexit, dum Christus per apostolos lumen cognitionis suæ Ecclesiæ infudit. Per cancellos hanc respexit, dum per prophetas vel reliquos doctores ei radios suæ notitiæ immisit. Per fenestram prospiciens partim videtur, partim non videtur, sic Christus in carne manens partim visus est Deus in miraculis, partim non est visus in infirmitate passionis, et, quia post parietem stetit, sponsæ conjungi non potuit, et ideo per fenestram oscula et verba dedit, quia quandiu mortalitas interposita [est], Ecclesiæ conjungi perfecte non potuit, tamen oscula doctrinæ per fenestram corporis præbuit. Destructo pariete sponsæ copulatur, quia ablata mortalitate Ecclesiæ, ut est, manifestabitur, quæ dicit : Dilectus meus, quem diligo præ omnibus, qui saliendo ad me venit, et stans murum impegit, ipse, per fenestras et cancellos respiciens, me excitat, et loquitur mihi dicens : Surge, propera, amica mea, hoc est, qui secundum Scripturas in mundum venit, et mortem nostram destruxit, ipse mihi per prophetas et apostolos præcipit ut hoc aliis prædicem, dicens : O primitiva Ecclesia, quæ diu cessasti a prædicatione, surge a quiete tua, id est præpara te ad laborem, ad prædicandum gentibus, propera, quia tempus breve est. Et, si hoc feceris, eris amica mea, faciens mihi amicos per fidem, qui sunt inimici per infidelitatem. Et eris columba mea, septiformi Spiritu illustrata; ut columba septem naturis decorata, faciens simplices. Et eris formosa mea, deformes in vitiis faciens formosos in virtutibus, et cum illis comitata ad me venies, ad remunerandum te.

Notandum quod hæc verba et sequentia sunt sponsæ repræsentantis verba sponsi. Opportunum habes tempus prædicandi. Jam enim (vers 11) *hiems*, id est infidelitas, *transiit; imber*, id est persecutio, *abiit et recessit*. Hiems, quæ gelu terram constringit ne fructificet, est infidelitas, quæ corda hominum frigore malitiæ constringit, ne fructum fidei afferant. Hæc hiems usque ad Christum duravit, sed ipso sole justitiæ oriente hiems transiit, et ver calore fidei sancti Spiritus terram solvit, et virtutum flores produxit. Imber est pluvia in impetu veniens, et cito recedens; sic persecutio cum impetu venit, sed Christo in suis vincente cito abiit. Porro apostolis prædicantibus et eorum successoribus non abiit, sed maxime persecutio crevit. Sed ideo præterito modo dicit *abiit*, quia ut imber cito recessit. Aliud est abire, aliud est recedere. Ille abit qui vult reverti, ille recedit qui non vult reverti. Sub regibus gentium persecutio aliquando abiit, et iterum rediit. Tempore vero Constantini non reversura recessit. Oportuit autem persecutionem excitari, ut probati possent coronari. Imber quoque significat tempestatem bellorum. Ante Christi adventum maxima tempestas bellorum in toto orbe desæviit, ut nulli liceret de terra sua in aliam migrare, quin haberetur pro exploratore ; sed postquam Christus vera pax advenit, imber bellorum recessit.

Vers. 12-14. — *Et tunc flores apparuerunt in terra nostra*, scilicet homines in fide florentes apparuerunt in Judæa, olim a tyranno diabolo possessa, sed a me pro victoria crucis recepta, et ideo in nostra terra nunc *tempus putationis advenit*, ut sterilia sarmenta præcidantur, quatenus flores uberius erumpant, qui fructum abundantem proferant, scilicet ut vitia amputentur, et virtutes plantentur. *Vox quoque turturis*, id est prædicatio Christi, *audita est in terra nostra*, scilicet in Judæa, nunc per fidem nostram, vel vox prædicatorum, qui suo cantu abscessum hiemis, et veris adventum nuntiant, qui pro cantu suo humilem gemitum reddunt, qui pudicitiæ amatores sunt, qui conversationem hominum fugiunt, et semper in vagis montium vel in verticibus morantur, dum in mundo solo corpore positi, conversationem habent in cœlis, incolatus su` et patriæ sibi promissæ memores. Vel vox pœnitentium peccata sua gementium audita est, *ficus* etiam *protulit grossos suos*, videlicet Synagoga, ut ficus folia, id est ubera, non habens opera, et ideo a Domino maledicta abjecit carnales sensus legis. Grossi quippe sunt immaturi fructus ficus, qui levi tactu concussi cadunt.

Ut enim vox turturis Christi in terra sonuit, ficus Synagoga concussa grossos, id est acerbos sensus legis, abjecit, et dulces ficus, id est apostolos protulit, qui dulcem cibum allegorice credentibus ministrarent. Et quia ficus Synagoga apostolos protulit, ideo *vineæ florentes odorem dederunt*, scilicet Ecclesiæ de Judæis conversæ in fide florentes, famam bonæ operationis dederunt. Flos vitis expressus conficit poculi genus, quod saluti et voluptati est ad comedendum. Flos vitis est fides Christi ; poculum inde confectum est Evangelium sanctum, quod confert æternam salutem et vitæ voluptatem.

Nota quod sponsa, quæ ad colendum vineam mittitur, tribus nominibus appellatur, scilicet, amica, columba, formosa, quia nimirum cultura vineæ, quod est prædicatio, his solis committitur, in quibus recta fides, et pura dilectio, et simplex operatio invenitur, quatenus faciendo quæ docent, sint Dei amici non lucri causa operantes, sint columbini, in dilectione sint formosi. Hæc septem a Spiritu sancto proponuntur, quia vinea Christi, per septem dona Spiritus sancti septem modis excolitur, dum per prædicationem hiems infidelitatis solvitur, et imber bellorum sedatur, et flores initia bonorum producuntur, sarmenta vitiorum amputantur, vox turturis, id est simplicis prædicationis, in culta terra, scilicet, in corde jam credulo libenter auditur. Ficus profert fructum, scilicet, quisque fidelis bonum opus, et sic vineæ excultæ, scilicet Ecclesiæ in fide floridæ dant odorem virtutum

Jam mittitur filia Pharaonis pro filia Babylonis, et cum ea regis legati mittuntur pro regina austri, cui a sponso dicitur: *Surge, amica mea,* superius dixit, surge; et iterum repetit, surge, quia duobus modis surgimus: cum aut ad operandum, aut ad docendum mentem erigimus. Dicitur ergo, surge, id est ad bene operandum, et ad exemplum præbendum mente erigere. Iterum dicitur, surge, id est ad docendum alios mente erigere.

Surgere enim est sursum se erigere. Ille surgit qui facit et docet bonum quod didicit, o amica mea, cui nota feci omnia patris secreta, surge, et adduc filiam regis Babylonis mihi, ut ipsa fiat amica mea. Tu olim habitans cum habitantibus Cedar fusca, nunc per mea dona speciosa, doce eam esse in virtutibus speciosam, nunc in vitiis fœdam, et cum illa charitate ornata, *veni* ad nuptias, tu *columba mea,* per me septem donis Spiritus sancti repleta, doce eam simplicitatem, ut septiformem spiritum percipiat, nidificans *in foraminibus petræ, et in cavernis maceriæ,* hoc est, spem salutis ponens in vulneribus Christi, et in promissis sacræ Scripturæ.

Petra quippe est Christus, super quam petram ædificatur Ecclesia domus Domini. De hac petra fluxit aqua, quæ filios Israel satiavit, quia de Christi latere sanguis et aqua manabat, quæ hanc columbam redemit et lavit. Hujus petræ foramina sunt Christi vulnera, quæ sunt columbæ, id est Ecclesiæ ab accipitribus, id est a dæmonibus munimina. Maceria est Christi latus, caverna lateris est vulnus, quod lancea militis fecit. In quo hæc columba nidum posuit spei. Vel maceria est murus circa vineas absque cæmento factus. Et intelligitur Scriptura, quæ cingit Ecclesias, absque hæresi compacta. Sicut enim cæmentum est ligamen lapidis, ita hæresis ligamen est animarum.

Cavernæ hujus maceriæ sunt profundæ Scripturæ sententiæ, in quibus se a vitiis abscondunt hæ columbæ.

Et notandum quod tribus nominibus attollit quos ad prædicationem mittit, quia ordo doctorum debet secreta Domini, ut amicus scire quæ doceat; et munditia speciosus, ut vita ejus auditoribus splendeat, et septem prædictis virtutibus ut columba septem naturis fulgeat. Cui dicitur.

Vers. 14. — *Ostende mihi faciem tuam.* Per faciem homo cognoscitur, facies ergo Ecclesiæ est bona operatio, per quam cognoscitur; hanc faciem ostendit, dum quod occulte operatur in publico alios operari docet. Domino facies ostenditur, dum causa Dei bonum opus ad exemplum proximis profertur : *Sonet vox tua in auribus meis,* scilicet quod in die desponsationis tuæ in baptismate mihi te servare promisisti , hoc alios servare doce : *vox enim tua dulcis,* subaudis erit auditoribus. si ita vivis ut doces, *et facies tua decora,* id est operatio tua erit mihi placita. Decorus dicitur quasi decor oris. Decorum quippe est dicere et facere , unde delectatur Deus. Adhuc repræsentat sponsa verba dilecti. Superiora dixit ad sponsam, nunc convertit se ad adolescentulas, dicens.

Vers. 15. — *Capite nobis vulpeculas parvulas quæ demoliuntur vineam, nam vinea nostra floruit.* Quasi dicat, vinea nostra floruit, quam amica mea magno labore excoluit, sed ecce vulpes irrumpunt, et fructum ejus capiunt, quas vos adolescentulæ capite et de vinea expellite. Vulpes se in foveis abdunt, et nunquam recto itinere incedunt. Vulpes etiam cum esurit, aperto ore se mortuam fingit, et ita aves decipit et devorat.

Per has notantur hæretici, qui in occultis disputant, nunquam rectum iter fidei servant, catholicos et humiles se simulant, ut simplices decipiant. Hos prædicatores capiunt, cum eos ratione et auctoritate vincunt et redarguunt. Hi ideo parvuli dicuntur, quia se humiles fingunt. Vel ideo parvuli dicuntur, quia ut parvuli a magnis, ita ipsi a catholicis superati deficiunt. Vineas autem demoliuntur, id est suffodiunt, dum Ecclesias per hæreses et schismata scindunt. Sed una vinea, scilicet Ecclesia catholica, in recta fide floret, fructum operationis ubique profert. Quæ lætabunda dicit :

Vers. 16, 17. — *Dilectus meus mihi, et ego illi, qui pascitur inter lilia.* Dilectus meus mihi hæc locutus est, et ego illi, subaudis obediam, qui pascitur inter lilia, hoc est delectatur in operibus eorum qui sunt candidi in virtutibus, qui sunt decus aliorum, ut lilium spinarum. Et tandiu in his pascitur, et tandiu obediam illi alios docendo, *donec aspiret dies,* id est donec scientia æternæ claritatis adveniat, ubi omnes verum lumen videant, *et donec inclinentur umbræ,* id est donec ignorantia præsentis vitæ pertranseat.

Dies est præsentia solis, nox vero est umbra terræ. Cum sol surgit, dies cum suavi spiramine venit, tunc umbra terræ, quod est nox sub terram inclinata evanescit. Ita cum sol justitiæ Christus illuxerit, et dies æternitatis cum refrigerio justorum aspiraverit, ignorantia et persecutio hujus vitæ et umbra evanescet.

Similitudo est ab illo qui, nimio æstu fatigatus, vento et dulci aura recreatur. Sic Ecclesia, æstu tribulationum fatigata , Christo adveniente recreatur. Filia Pharaonis pro filia Babylonis missa spon sum orat, ut ejus auxilio illam adducat, dicens : *O mi dilecte, revertere*, ad filiam Babylonis per gratiam, a qua recessisti per idololatriam, *similis esto*, in ea *capreæ* quæ alta petit, et salubres herbas a noxiis elegit, ut salvandos a massa perditionis secernas, et eos alta cœlorum petere facias. Aut similis esto in ea hinnulo cervorum, qui velociter currit et umbrosum locum quærit, ut facias eam velociter ad fidem, et ad baptismum currere, et de æstu vitiorum opaca virtutum quærere, tu existens super prædicatores, dando eis *verbum tuum loqui cum fiducia* (*Act.* IV, 31), qui sunt per contemplationem montes in domo Dei, quod est Ecclesia, sicut hæc animalia propter pascua habitant super montes Bethel.

Bethel dicitur *domus consurgens*, vel *domus vigiliarum*, vel *domus Dei*. Et est Ecclesia quæ ad cœlestia consurgit, in qua sunt vigiliæ laudis contra dæmones et vitia, in qua habitat Deus per fidem. Hujus montes sunt doctores alti in virtutibus, super quos est Christus, capreæ, et hinnulus cervorum, cum per eos bonos a malis eligit, et eos per exempla sanctorum currere facit. Capreæ et hinnuli in montibus Bethel habitant, quando quique fideles per doctrinam sanctorum ad alta cœlorum festinant.

Tropologice dilectus sponsam a somno excitat, cum Christus interna inspiratione spiritualem virum a claustrali quiete ad regimen Ecclesiæ vocat. Hic in montibus saltat, cum eum de virtute in virtutem per exempla Patrum ducit. Ipse erit similis capreæ hinnuloque cervorum cum bonas sententias eligit, alta virtutum ad bravium vitæ exemplo sanctorum petit, stans parietem impellit, cum consilium malignantium sapienter subvertit. Per cancellos et fenestras respicit, dum apostolicas et propheticas Scripturas diligenter intendit.

Dilectus ei per cancellos et fenestras loquitur ut surgat, cum Christus per prophetas et apostolos eum docet, ut proximos ad bene vivendum moneat. Ipse vero surgit, dum ei ad omnia obedit. Properat cum opportune importune prædicat, et sic amicus Dei fit, cum alios amicos Dei facit; columba est, cum simpliciter vivit; formosus, cum alios ad bona informat; venit, cum jussa Dei implet; hinc hiems transit, cum aspera conversatio commissæ plebis in malitia indurata calore divini amoris soluta, in ver sanctæ conversationis transibit; imber recedit, cum tentatio persequentium se cessabit. Cum enim pravos a pravitate prohibet, mox persecutionem ab eis sustinet, quia *omnes qui volunt pie vivere in Christo Jesu, persecutionem patientur* (*II Tim.* III, 12). Imbre abeunte flores apparebunt, quia cessante persecutione malorum, initia bonorum erumpunt. Ipse sarmenta amputat, dum rebelles de Ecclesia segregat. Vox turturis in terra auditur, cum pœnitentes ad Ecclesiam per lamenta convertuntur. Ficus profert grossos, dum bona arbor, scilicet bonus homo profert bonum opus. Vineæ florentes dant odorem, quando Ecclesiæ vel claustra sub eo emittunt bonorum operum opinionem. Ipse surgit, cum hæreticis resistit.

Amicus Dei efficitur, cum inimicos Dei persequitur. Speciosus est, cum errantes ad speciem Dei reducit. Venit, cum negligentes ad nuptias Agni venire facit. Columba est, quæ alienos pullos nutrit, cum filios perditionis, filios gehennæ, filios iræ, facit filios regni et filios Dei, In foraminibus petræ nidificat, cum eos in vulneribus Christi confidere imperat. In caverna maceriæ habitat, cum in doctrina sacræ Scripturæ eos sperare clamitat. Faciem suam Deo ostendit, dum per bonum quod agit, Dei retributionem intendit. Quem enim conscientia accusat, abscondit faciem, et loqui verecundatur. Ille faciem ostendit, qui opere complet quod verbo docet. Vox ejus in auribus Dei sonat, quando vivit et prædicat. Vulpeculas capit, dum falsos fratres ad regulam justitiæ corrigit, aut incorrigibiles de cœtu fratrum repellit, ne vineas suffodiant, id est ne congregationes justorum simulatione subvertant. Dilectus placet illi, in promissis, et ipse placet illi, in obediendo ejus præceptis. Pascitur inter lilia, quia reficitur sanctorum vita in virtutibus candida. Donec aspiret dies, hoc est, donec lux veritatis omnibus appareat, et umbra transeat; sicut enim umbra fuit Synagoga, et quidquid ille populus egit, umbra fuit illius rei quam nunc agimus, ita sacramenta Ecclesiæ et festivitates sunt umbra futuræ gloriæ. Sic etiam omnia mala præsentis vitæ sunt umbræ malorum futuræ vitæ. Cum ergo lux æternæ gloriæ illuxerit, tunc umbra sacramentorum evanescit, et tribulatio præsens recedit. Dilectus ad hunc revertitur, cum expulsis hypocritis numerus perfectorum augetur. Huic erit dilectus caprea, cum per eum bonos a malis secernit. Hinnulus erit, cum quoslibet ad conversionem currere facit. Et hoc super montes Bethel, id est hoc facit per prælatos domus Dei.

Anagogice, dilectus sponsam a somno excitat, cum Christus peregrinantem Ecclesiam ad cœlestia vocat. Hunc videt in montibus et in collibus salientem, quando cernit cum super ordines angelorum et sanctorum in dextera Patris regnantem. Similem capreæ videt et hinnulo cervorum, quia de patriarchis natum conspiciet Judicem vivorum et mortuorum. Post parietem nostrum stat respiciens per fenestras et cancellos, quia carnem sumptam ex nobis mortalem, monstrabit ei in gloria Patris immortalem, ut per prophetas et apostolos promisleat. Ipsa surgit, quia vocanti occurrit ad gaudia; properat, ubi amica secreta cœlestia videt; ubi erit columba septiformi spiritu plena; formosa, quia sine macula. Ibi hiems totius adversitatis transit, imber, id est torpor et sævitia præsentis vitæ abscedit, quia, cum de corpore educitur ad contemplandum Deum, in substantia sua ducitur.

Non jam verborum guttæ sunt necessariæ, ut pluvia prædicationis debeat infundi, quia quod hic minus audire potuit, amplius videbit; nec tentatio necessaria, qua aliquis debeat probari. Tunc flores apparent in terra, quia quando de æternæ beatitudinis vita quædam suavitatis primordia prægustare anima cœperit, quasi jam in floribus odoratur a num ignis mittentur (*Matth.* xiii, 41). Postea semper vinea florebit, quia Ecclesia cum Christo in æternum gaudebit. Dilectus illi conjungitur, et ipsa illi, qui pascitur inter lilia, quia regnat inter agmina sanctorum, in virtutibus candida. Vel nunc inter lilia pascitur, quia in provectibus sanctorum usque in finem sæculi reficitur. Donec aspiret dies et inclinentur umbræ.

exiens, quod postquam egressa fuerit, in fructu uberius habebit. Tunc tempus putationis advenit, quia, omni vitio amputato, morte et pœna carebit. Mox ab ea, vox turturis Christi, in terra viventium audietur : *Intra in gaudium Domini tui* (*Matth.* xxv, 23). Et ficus profert grossos suos, cum laboris sui recipiet fructus, æternæ vitæ præmium. Vineæ florentes dant odorem suum, quia Ecclesiæ, quæ hic in virtutibus floruerunt, ibi odorem suavitatis emittentes, æternam præbent voluptatem. His amicis sociabitur amica in gloria, speciosa in amplexu Spiritus sancti, columba, in foramine petræ, id est in secretis Christi, et in caverna maceriæ, hoc est, in cubilibus civitatis supernæ. Ibi ostendit ei Christus faciem suam, quando in majestate sua videbit cum *facie ad faciem* (*I Cor.* xiii, 12). Vox ejus sonabit in auribus ejus, quando audiet eum dicentem : *Venite, benedicti Patris mei, percipite regnum* (*Matth.* xxv, 34). Quæ vox est dulcis, et facies decora, in quam *desiderant angeli prospicere* (*I Petr.* i, 12). Vulpeculæ capiuntur, quæ vineas demoliuntur, quia per angelos *omnia scandala colligentur et in cami-*

Silvestria animalia, unde similitudo est, pascuntur per totam noctem; superveniente aurora quærunt sibi tuta loca, ita Christus, dum constat mundus, qui est nox, per illam noctem pascitur, de sanctorum virtutibus, cum aspirat dies æternitatis, et ortus fuerit sol justitiæ Christus, postea non laborabit in fidelibus, sed *Deus erit omnia in omnibus* (*I Cor.* xv, 28). Tunc de judicio reversus, similis erit capreæ, quæ bonas herbas eligit, et alta petit, quia bonis ad se electis, in alta gloria Patris regnabit. Et erit similis hinnulo, qui in umbroso loco requiescit, quia in refrigerio sanctorum ipse refrigerium eorum requiescet; super montes Bethel, videlicet super omnes ordines angelorum cœlestis Jerusalem, quæ est domus Dei.

SECUNDUS TRACTATUS.

Præcedens tractatus erat de filia Pharaonis, sequens erit de filia Babylonis. Jam legati Regis pro regina austri missi veniunt, sponsam in camelis cum magno comitatu adducunt; quam filia Pharaonis de vinea cum suis comitibus egressa, cum magno tripudio excepit, cum magno comitum plausu in templum regis duxit. Hancque rex regali munificentia dotatam, ad convivium præparatum introduxit, scilicet apostoli, pro Ecclesia gentium missi, hanc signis et prædicationibus ad fidem Christi convertunt. Quam multitudo fidelium, de Judæa gratias agendo sibi associavit. In templum Domini, id est in primitivam Ecclesiam verbo et exemplo deduxit; hancque Rex gloriæ, Christus, multis donis sapientiæ et scientiæ ditatam, ad convivium corporis sui, vel sacræ Scripturæ vocavit. Legitur namque quod Paulus et Barnabas, et alii ad gentes ad prædicandum missi, ad Jerusalem reversi, fratribus retulerunt, quanta Deus per eos in gentibus fecerit, et quanta aviditate gentes fidem receperint, et quomodo Ecclesia in Judæa constituta de eorum conversione exsultaverit (*Act.* xxi, 19). Filia ergo Babylonis olim in idololatria misera, scilicet gentilitas filia confusionis, nunc austri regina, quia ad verum Regem Christum conversa loquitur filiæ Pharaonis, videlicet Ecclesiæ de Judæis, narrans ei miserias, quas passa est a priori vita dicens.

CAPUT III.

Vers. 1. — *In lectulo meo per noctem quæsivi quem diligit anima mea.* Similitudo est ab illa quæ in nocte amicum anxia quærit, de non invento dolet, et tandiu quærens circuit, donec inveniat et læta ei adhæreat. Lectulus est infidelitas, in qua requie-

vit secura gentilitas. Nox vero intelligitur sæcularis prophetia, perplexis sententiis obscura. Dicit ergo : In lectulo meo per noctes quæsivi quem diligit anima mea, quasi dicat : Ego plenitudo gentium in infidelitate mea quasi in lecto ægra posita, per noctem, scilicet obscuros libros philosophorum quæsivi legendo, et interrogando notitiam ejus, quem nunc cognitum vere diligit anima mea, hoc est, præ vita mea diligo eum, qui prior dilexit me, et nunc per fidem assumpsit me; quæsivi illum multoties in Scripturis gentilium, et non inveni æqualem Patri natum de virgine pro humano genere. Multi quippe gentilium multum inquisierunt viam salutis, per quam venirent ad summum bonum, ubi esset vera beatitudo, et non invenerunt, quia in Christum qui est via, veritas et vita, non crediderunt, et cum apud illos veritatem non invenirem, dixi.

Vers. 2, 3. — *Surgam, et circuibo civitatem; per vicos et plateas quæram quem diligit anima mea.* Surgam de lecto infidelitatis, et circuibo, id est perscrutabor Ecclesiam, civitatem Dei, et cives illius interrogabo, et per vicos, id est per exempla martyrum, et per plateas, id est per doctrinas confessorum, quæram quem diligit anima mea, id est naturalis ratio. Civitas dicitur quasi civium unitas, et intelligitur Ecclesia. In qua habitantes debent habere in dilectione cor unum et animam unam. Vicus est stricta via, et designantur hi qui per arctam viam pergunt ad gaudia. Arcta via est jejunare, vigilare, corpus castigare, a mulieribus abstinere, inimicos diligere.

Platea est lata via, et notantur hi qui per latam et spaciosam viam tendunt ad cœlestia, ut licite conjugati, et negotiis sæcularibus pro necessitate occupati, et tamen eleemosynis intenti.

Dubium dogma philosophorum deseram, et ad certam Christianorum doctrinam me convertam. Et ab his qui sunt in contemplativa vita, et ab his qui sunt in activa vita discam quid potissimum ei placeat, quem præ omnibus diligit anima mea, id est naturalis ratio. Nam diu quæsivi illum, prius in scholis sæcularium, et non inveni apud illos certam viam veritatis. Tandem me ita diligenter verum investigantem, et beatam vitam desiderantem invenerunt me vigiles, scilicet prædicatores apostoli ad docendum parati, sicut Cornelium Petrus, Eunuchum Philippus, Dionysium Paulus, *qui verbo et exemplo sollicite custodiunt civitatem*, videlicet Ecclesiam, ne hostes dæmones, vel hæretici clanculo irrumpant, et aliquem de civibus incautum in anima perimant. Quos interrogavi dicens.

Num quem diligit anima mea vidistis? Quasi dicat legatis regis pro se missis : Apud philosophos cives meos quæsivi, et non inveni; vos autem Salvatorem mundi annuntiatis mihi, quem cum hominibus conversatum vidistis. Num etiam oculis cordis gloriam majestatis ejus vidistis? Dicunt ipsi paululum. Nam vidimus eum cæcos illuminantem, mortuos suscitantem, et in monte gloria deitatis ut sol radiantem. *Ego autem dum pertransissem eos*, hoc est, cum per doctrinam eorum de terrenis mente transissem ad cœlestia, *inveni* in æqualitate Patris sponsum meum, Verbum per quod facta sunt omnia, *quem diligit anima mea*, quia ipse dilectio et vita est. *Tenui eum*, inventum in fide, *nec dimittam* eum operatione, pro aliqua tribulatione, *donec introducam illum*, mea prædicatione *in domum matris meæ*, id est in nationem gentium, *et in cubiculum genitricis meæ*, hoc est in patriam gentilium, ut omnes credant in illum. Vel mater est Synagoga, quæ Ecclesiam gentium per fidem genuit, cujus domus est Judæa, in qua in fine mundi sub Antichristo colligetur Synagoga. In hujus matris domum introducit Ecclesia per fidem dilectum, ut omnis Israel salvus fiat. *Convertentur* enim *ad vesperam*, hoc est in fine mundi, *et famem verbi Dei patientur ut canes* (Psal. LVIII, 7), *et circuibunt civitatem*, id est Ecclesiam, ut audiant a Christianis verbum salutis. Genitrix est nutrix, et intelligitur lex, quæ suo lacte nutrit filios Ecclesiæ, cujus cubiculum est Jerusalem vel corda fidelium. In cubiculum genitricis dilectus ducitur, quando Christus per legem in Jerusalem prædicatur, et in corde verus Deus creditur. Postquam rex reginam Austri in domum filiæ Pharaonis ad convivium introduxit, eam etiam in cubiculo ejus, ut puta de itinere lassam requiescere fecit, et ne quis hanc inquietet, interdicit dicens.

VERS. 5. — *Adjuro vos, filiæ Jerusalem, per capreas cervosque camporum, ne suscitetis, neque evigilare faciatis dilectam, donec ipsa velit*. Hoc ita intelligitur de Ecclesia gentium, ut prius de Ecclesia Judæorum. Ecclesiam quippe de gentibus per apostolos adductam, Christus, Rex gloriæ in domum filiæ Pharaonis, id est in fidem primitivæ Ecclesiæ introduxit, et in cubiculo ejus, scilicet in contemplativa vita a tumultu sæculi requiescere docuit, et ne quis hanc lucri causa ad sæculare negotium ab hac quiete inquietet, per prophetica et apostolica scripta prohibet. Ecce bonus pastor erroneum gregem ad ovile suum adduxit, et sub uno pastore unum ovile fecit. Ideo autem versiculus, Adjuro vos, filiæ Jerusalem, in cantico amoris repetitur, ut non minorem se Dominus Ecclesiæ de gentibus quam de Judæis collectam curam habere; sed æqualem pro utriusque pace sollicitudinem gerere designet. Non enim minus hæc regina austri capitur amore sponsi, quam prima amica de Judæis.

Ecclesia dormit cum quiete contemplationi vacat, tunc vero evigilat, cum aliis verbo et exemplo vitam æternam prædicat, ut lux ejus coram hominibus luceat, ut videntes opera ejus glorificent Patrem in cœlis (*Matth.* v, 16). Anima vero fidelis dormit, cum se a carnalibus desideriis alienat. Tunc autem evigilat, cum bonis operibus ad visionem Conditoris properat. Ecclesia autem peregrinans dormit, cum mortuo corpore in sepulcris quiescit, ut scribitur; *Cum dederit dilectis suis somnum, ecce hæreditas Domini* (Psal. CXXVI, 2). Tunc vero *evigilat*, cum in die judicii resurget, et regnum sibi ab initio paratum percipiet juxta moralem sensum, lectulus est carnalis voluptas, in qua requiescit, qui in deliciis sæculi vivit. Nox vero est mors, dicente Domino: *Venit nox, cum nemo potest operari* (*Joan.* IX, 4). In lecto ergo per noctem Deum quærit, qui carnaliter vivens, imminente morte, inducias vitæ a Domino petit. Sed quod quærit non invenit, quia non ideo inducias petit, ut Domino pro peccatis suis satisfaciat, sed ut diutius consuetis deliciis affluat. Huic necesse est de lecto carnalis vitæ surgat, civitatem, id est sacram Scripturam tota intentione circumeat per vicos et plateas, id est, per spirituales et sæculares salutem animæ quærat. Quam ideo non invenit, quia prioris vitæ maculas pœnitendo non diluit. Sed hunc vigiles inveniunt, qui civitatem custodiunt, quia docti viri qui scripturis invigilant, hunc ad pœnitentiam et satisfactionem informant.

Hoc de salute animæ interrogat, et cum eos pertransierit, id est cum per doctrinam eorum veram pœnitentiam egerit, salutem quam quærebat invenit. Hanc ergo inventam oportet ut teneat bona operatione, nec dimittat ulla tentatione, *donec* Christum dilectum introducat in domum *matris* suæ, id est, in animam quæ est domus gratiæ, quæ genuit eum Deo, *et in cubiculum genitricis* suæ, id est, in cor, quod est cubiculum sapientiæ, nutricis suæ. Aliter lectulus est secretum spiritualis vitæ, nox vero perturbatio mundi; in hoc lecto cum fidelis anima in sancta conversatione vivens, et perturbationem a fratribus suis patiens, illum solum legendo et orando quærit quem diligit, in quo pacem et requiem habere possit. Sed quem quærit hic non invenit, quia, quandiu in mundo vivit peregrinatur a Domino (*II Cor.* v, 6), qui est pax et requies et beatitudo. Surgit ergo et circuit civitatem, quia se tota virtute erigit ad perscrutandam sacram Scripturam ; per vicos et plateas dilectum quærit, quia vitas spiritualium et sæcularium in contemplativa vita et activa viventium percurrit. Si quid imitandum inveniat, per quod dilecto placens ad illum pertingat; sed hic non invenit, quia, quandiu ejus visione non fruitur, non quiescit.

Hanc vigiles civitatis inveniunt, quia expositores sacræ Scripturæ in doctrina pervigiles talem animam quærunt, quam suo dogmate ad Christum perducant. Hos interrogans paululum pertransit, et dilectam invenit, quia scripta eorum perlegens cito Deum vero intuitu invenit quem quæsivit. Per eos transit, quia in ipsis videt formam ejus quem quærit, et tamen transit, quia Deum qui ultra est incipit imitari et intueri; hunc tenet dilectione, nec dimittit, ulla perturbatione; donec exemplis introducat illum in claustrum, domum congregationis matris suæ, quæ illum per exhortationem genuit, et in cubiculum genitricis suæ, id est, intellectum sacræ Scripturæ, quæ eum nutrivit lacte scientiæ; ut et alii eum intelligant Deum.

Juxta altiorem vero intellectum, lectulus est corpus in quo anima quasi ægra recubat, nox vero hic mundus tenebris ignorantiæ obsitus. Ecclesia his peregrinans in lecto dilectum per noctem quærit, dum in corpore, quod aggravat animam posita, et tenebris ignorantiæ obsita, æternum lumen Christum videre appetit. Quem dum invenit surgit, civitatem circuit, per vicos et plateas, quem diligit, quærit. Quia cuncta terrena ejus amore spernit, ad cœlestia scrutanda se erigit; ordines angelorum et sanctorum mente lustrat, si forte per eos veram lucem aspiciat. Hanc custodes civitatis inveniunt, quia *angeli, qui semper vident faciem Patris* (*Matth.* xviii, 10), ei occurrunt et per contemplationem dilecti gloriam ostendunt; hos cum paululum pertransit, dilectum invenit, quia, cum choros angelorum mente transcenderit, [Christum in dextera Patris regnantem videbit. Hunc tenet contemplando, nec dimittet ultra terrena sectando, donec ipse introducat eam in cœlestem Jerusalem, quæ est mater nostra et domus angelicæ multitudinis, et in cubiculum genitricis suæ, id est, in paradisum exsultationis, qui est cubiculum Ecclesiæ nutricis suæ.

De paradiso voluptatis expulsus est homo peccans cum suis sequacibus. In paradisum exsultationis receptus est latro pœnitens cum suis sequacibus. Regina austri a quiete evigilans, ab ipso rege excitata, de cubiculo procedit gemmis ornata, quam filiæ Jerusalem cum cantu (*vers.* 6) : *Quæ est ista*, excipiunt, et ad lectum Salomonis honorifice deducunt, ibi fortissimi ex Israel armati occurrunt, et eam (*vers.* 9) in ferculum Salomonis, id est in domum convivii cum magno apparatu introducunt

scilicet Ecclesia gentium ab apostolis, in speculativa vita informata, et a Christo multis donis Spiritus sancti decorata, a secreto intimæ contemplationis sponsi instinctu ad publicum bonæ operationis, et prædicationis processit, dum exempla patientiæ per multa tormenta diversis temporibus proximis præbuit, cujus immutationem ac patientiæ pro Christo virtutem fideles de Judæis admirantes, magnis laudibus extollunt, et Christum de Synagoga expulsum, in ea ut in lecto requievisse canunt.

Est profecto Ecclesia lectus Christi, quia in ejus fide et dilectione ut aliquis in lecto fessus, requiescit. Est et domus convivii, quia Christus ejus operibus reficitur, vel esuriens in pauperibus cibatur. Sed et vitulus saginatus prodigo filio in ea occiditur (*Luc.* xv, 27), dum gentilis populus corpore et sanguine Christi reficitur, et esurientes et sitientes justitiam variis Scripturæ ferculis saturantur. Igitur filia Pharaonis, hoc est Ecclesia de Judæis, admiratur quod ei filia Babylonis, id est Ecclesia de gentibus, per omnia comparatur, et congaudendo exclamat :

Vers. 6. — *Quæ est ista quæ ascendit per desertum.* Similitudo est a populo, per Moysen de Ægypto per mare Rubrum educto, qui per desertum difficili via ad patriam ascendit. Cui Amalec in via pugnam intulit, quem Josue, qui et Jesus, vicit, qui victorem populum manna refectum in terram promissionis introduxit. Sic Ecclesia gentium, de Ægypto hujus mundi per Christum de potestate Pharaonis, id est diaboli liberata, per baptismum sanguine Christi rubricata, est educta. Quæ per desertum mundi dura via ad patriam cœli ascendit, quia per multas tribulationes oportet eam introire in regnum cœlorum. Cui Amalec, id est diabolus, pugnam in via æquitatis infert, per persecutores, per hæreticos, et per falsos Christianos. Sed hæc omnia per verum Jesum suum ducem vincit, qui eam corpore et sanguine suo pascit, et in terram viventium, scilicet, paradisum introducit, dicit ergo : Quæ est ista quæ ascendit per desertum *sicut virgula fumi, ex aromatibus myrrhæ et thuris et universi pulveris pigmentarii?* Hoc admirando dicit, non interrogando Synagoga erat Dei terra, aratro legis culta, prophetis et aliis justis fecunda. Gentilitas vero erat desertum nulla virtutum fruge fecunda, a nullo propheta vel angelo ad cultum Dei instituta. Virgula est timor puerorum correctio vitiorum, per virgam intelligitur timor Domini, per quam Ecclesia ad sapientiam ascendit, ut scribitur : *Initium sapientiæ timor Domini* (*Psal.* cx, 10). Fumus est sanctum desiderium, igne amoris divini procreatum, aromata sunt confectio specierum, et notatur multitudo virtutum. Myrrha est mortificatio martyrum, thus sacrificium confessorum, universus pulvis pigmenti, devotio omnium fidelium Christi, pigmentarius enim est medicus, qui pigmenta, id est diversa medicamina, conficit, et intelligitur Christus, qui Scripturam ad varios vitiorum morbos medicamen fecit.

Hic sex gradus ascensionis ad perfectionem scribuntur, vel sex ordines electorum in Ecclesia exprimuntur. De virga quippe timoris, ascendit ad fumum compunctionis, inde ad aromata virtutum, deinde ad myrrham mortificationis, inde ad thus confessionis, ut hostia viva fiat Deo, demum ad universum pulverem pigmentarii, hoc est ad imitanda universa exempla sectatorum Christi. Vel per virgam, quæ recta est, recti corde accipiuntur; per fumum pœnitentes, per aromata claustrales, per myrrham martyres, per thus confessores, per universum pulverem pigmentarii conjugati et alii fideles. Dicitur itaque quæ est ista quæ ascendit per desertum, quasi dicat: ista olim desperata, a Deo deserta, nunc ad fidem conversa, quam gloriosa est, et quanta laude et admiratione digna, quæ ascendit per gradus virtutum, per desertum mundi, ad alta cœlorum, sicut virgula fumi, virgula quæ de terra ad cœlum se erigit, et fumus qui ima deserens alta petit, fumi dico ex aromatibus, id est, ex odore myrrhæ et thuris, et universi pulveris pigmentarii, hoc est, ex omnibus speciebus medicinalibus. Fumus ex igne natus, in alta conscendens, paulatim se subtrahit humanis aspectibus; sic Ecclesia igne sancti Spiritus in amorem Dei accensa, transcendere non desinit, donec a terrenis subtracta ad invisibilia cœli rapiatur. Fumus eodem tempore partim oritur, partim in sublimioribus disparet; sic Ecclesia in quibusdam suis membris gignitur nova, in quibusdam in sublimibus superius colligitur ad cœlestia.

Per myrrham mortificatio carnis, per thus suavitas orationis, per pulverem omnia genera virtutum accipiuntur, per quæ Ecclesia in singulis ordinibus electorum ascendit ad summa populorum.

Tropologice. Sponsa per desertum ascendit, quando anima a voluptatibus carnis ad alta virtutum ascendit, per desertum, id est per claustralis vitæ secretum, ubi erit ab illecebris mundi separata, et cœlestibus præceptis dedita; sicut virga et fumus, terrena deserens et cœlestia petens, aromata virtutum colligens, et more aromatum odorem bonæ famæ de se emittens, myrrham mortificationis, et thus orationis redolens, et pulverem omnium virtutum per exemplum fratribus præbens.

Anagogice autem sponsa per desertum ascendit, quando Ecclesia hic peregrinans per mundum ad cœlum scandit, sicut virgula fumi, hoc est, sicut illi qui fuerunt ut virga recti, et per fumum, id est, per turbatum cor peccata sua lacrymantes, et qui ut aromata odorem virtutum dabant, et qui se pro Christo mortificabant, et qui se incensum Deo per sanctam vitam offerebant, et qui aliis bona exempla dabant. Filiabus Jerusalem admirantibus et interrogantibus, quæ per desertum ascenderit dicit eis: Ad lectum Salomonis. Fidelibus de Judæa repentinam gratiam Dei in Ecclesia gentium mirantibus, quod per ipsa tormenta scandebat ad cœlestia dicit: Ne miremini me per ardua ascendentem, sed potius imitamini me, Christi vestigia per difficilia sequentem; quia ad lectum Salomonis, id est ad æternam beatitudinem festino, qui est lectus Christi veri pacifici, in quo requiescunt cum eo omnes sancti, et ut hic fiam ejus lectus per fidem, ut in me requiescat per gratiam, ut ibi in ejus lecto requiescam. Quem lectum ostendam vobis, ut et vos ad eum ascendatis, et in eo requiescatis.

VERS. 7, 8. — *En lectulum Salomonis sexaginta fortes ambiunt ex fortissimis Israel, omnes tenentes gladios, et ad bella doctissimi.* Quasi dicat: Ego Ecclesia sum lectulus Christi veri pacifici, in quo sancti, in ejus amplexu delectantur, tumultibus vitiorum sopitis. Et me sexaginta fortes cum gladiis ambiunt, hoc est, omnes perfecti in lege, et Evangelio, me scriptis suis ab hæreticis muniunt, et ideo venite, et in me securi requiescite. Diminutivum ideo lectulus ponitur, quia hic brevis est requies sanctorum. Ad litteram ita intelligitur, quod Salomon ditissimus regum, lectum auro et gemmis ornatum habuerit, qui frequentium militum excubiis custoditus sit.

Ad allegoriam autem Salomon, quod sonat pacificus, est Christus verus pacificus, qui omnia pacificavit in cœlis et in terris; cujus lectus est Ecclesia, in qua ipse per fidem requiescit, pulsus de Synagoga. Qui lectus est auro et gemmis ornatus, id est, sapientia et virtutibus decoratus; hunc sexaginta fortes cum armis ambiunt, quia omnes perfecti Ecclesiam scriptis et exemplis muniunt. Sciendum quod numeri pro magno mysterio in sacra Scriptura ponuntur, omnis namque numerus est perfectus, aut imperfectus; perfectus numerus designat perfectos in Ecclesia, imperfectus autem significat imperfectos in ea: est autem perfectus numerus, qui completur in suis partibus; imperfectus autem qui partibus suis ad summam non pervenit, aut eam excedit. Senarius numerus est perfectus, quia constat suis partibus. Sunt autem suæ partes, unitas, binarius, ternarius; nam sexies unum, vel bis tria, vel ter duo fiunt sex. Non ita fit in octonorio numero, cujus partes sunt unitas binarius, quaternarius; octies enim unum, vel bis quatuor, vel quater duo sunt octo. Quæ partes collectæ non faciunt octo, sed septem; nam unum, duo, quatuor, faciunt septem.

Duodenarius autem numerus summam suam excedit, cujus partes sunt unitas, binarius, ternarius, quaternarius, senarius. Duodecies enim unum, vel bis sex, vel ter quatuor, vel quater tria, vel sexies duo sunt duodecim. Quæ partes in unum collectæ, scilicet unum, duo, tria, quatuor, sex faciunt sedecim. Omnes autem numeri continentur in quatuor versibus; primus dicitur simplex, scilicet unum, duo, tria, usque ad decem, in quo versu solus senarius est perfectus, alii omnes imperfecti. Secundus versus dicitur multiplex, scilicet decem, viginti, triginta, et ita usque ad centum. In quo solus sexagenarius invenitur perfectus, cujus partes sunt decem, viginti, triginta. Nam decem pro unitate, viginti pro binario, triginta pro ternario ponuntur. Siquidem sexies decem, vel bis triginta, vel ter viginti fiunt sexaginta, quod nullus alius numerus infra centum facit. Tertius versus est etiam multiplex, scilicet centum ducenti trecenti et ita usque ad mille. In quo sexcentenarius solus est perfectus; nam sexies centum vel bis trecenti, vel ter ducenti fiunt sexcenti. Ibi quippe centum pro unitate, ducenti pro binario, trecenti pro ternario ponuntur. Quartus versus est a mille usque ad mille millia, vel millies mille millia; qui sequuntur dicuntur myriades, ubi semper qui possidet sextum locum est perfectus, scilicet sex millia, vel sexaginta millia, vel sexcenta millia. Sexagenarius igitur numerus constat ex senario et denario; nam sexies decem, vel decies sex fiunt sexaginta, per denarium intelligitur vetus lex propter Decalogum, ubi scribitur: *non occides, non mœchaberis* (*Exod.* xx), etc., per senarium autem nova lex propter sex opera misericordiæ: *Esurivi et dedistis mihi manducare* (*Matth.* xxv), etc. Per sexaginta ergo accipiuntur omnes perfecti sub Veteri et Novo Testamento, ut prophetæ, et apostoli, armis spiritalibus instructi, contra vitia fortes, ad bona opera stabiles. Hi lectum Salomonis ambiunt, quia Ecclesiam lectum Christi oratione, prædicatione, exemplo, et scripto muniunt. Ipsi ex fortissimis Israel sunt, quia ex Christiano populo Deum visuro electi sunt. Israel namque est nomen benedictionis, et sonat *vir videns Deum*, et significat populum fidelium, qui visurus est Deum. Ex his sunt isti electi fortissimi, in virtutibus insuperabiles, et alios ad bonum confortantes, omnes in promptu tenentes fide, et opere, gladios prædicationis Novi et Veteris Testamenti, et ad bella spiritualia doctissimi, scientes mille artes dæmonum, et naturas vitiorum; non enim pugnant contra homines, sed contra spiritales nequitias, scriptis autem contra hæreses.

Vers. 8. — *Uniuscujusque ensis super femur suum, propter timores nocturnos.* Hoc est, cujusque opus est ut prædicatio ejus; quia opere et ense pugnat, prædicatione ut femore gignit, timens ne, dum ejus vita despicitur, sermo prædicationis contemnatur. Verbum prædicationis per simile dicitur gladius vel ensis, quia sicut gladius animam a corpore separat, sic verbum Dei animam a vitiis vel malos a bonis separat. Per femur notatur generatio. Duo femora sunt duæ leges, per quas doctores gignunt filios spiritales; timores nocturni sunt insidiæ diaboli, quæ ducunt incautos ad æternas tenebras inferni. Ut ergo ensis nostri corpus secans super femur ponitur, ita verbum Dei, resecans vitia, super prædicatione uniuscujusque de Veteri et Novo Testamento prolata dominatur, ut cogitationes ab anima et mala opera a corpore amputet, et filios Ecclesiæ hæredes regni Dei pariat, et timores nocturnos, scilicet insidias diaboli, et versutias hæreticorum Ecclesiæ hostium repellat.

Notandum quod Deus in senario numero omnia opera sua perfecit, qui constat ex ternario et binario et unitate; per ternarium, trinitas; per binarium, dilectio Dei et proximi, per unitatem vero exprimitur unitas Ecclesiæ, in qua omnes perfecti sunt custodes lecti Christi.

Tropologice lectulus Salomonis est spiritualis conversatio vel anima justi, in qua requiescit Deus ut scribitur: *Super quem requiescam, nisi super humilem et quietum et trementem verba mea?* (*Isa.* xlii, 2). Hunc lectum sexaginta ex Israel, hoc est omnes spirituales Deum mente contemplantes, verbo et exemplo ambiunt, gladios discretionis tenentes, falsos fratres a veris resecantes, ad bella vitiorum virtutibus docti, quia uniuscujusque ensis super femur suum, id est severitas vitæ cuique carnalitati dominatur, dum carnem macerant, corpus in servitutem redigunt, propter timores nocturnos, scilicet propter insidias diabolicæ fraudis, quibus improvidos pertrahunt ad noctem æternæ damnationis.

Juxta Anagogen vero lectulus Salomonis est æterna beatitudo, in qua requiescit Ecclesia, quæ jam migravit de hujus mundi exsilio. Hanc sexaginta fortes ex Israel ambiunt, quia omnes Veteris et Novi Testamenti sancti Deum videntes eam circumdant, tenentes gladios, id est, præmia ei monstrantes, quæ jam receperunt, pro hoc quod in vita gladio verbi salutis contra vitia pugnaverunt, quando ad bella spiritualia docti, id est, exercitati erant; uniuscujusque ensis super femur suum, quia cujusque merces apparebit, quam pro hoc recepit, quod ense discretionis libidinem carnis resecavit, propter timores nocturnos, id est ne esset socius cum dæmonibus in nocte æternæ mortis. Regina, domum convivii ingressa, multis comitata filiabus Jerusalem admirantibus, ascensum ejus ad lectum Salomonis, hortatur ut secum intrent ad convivium, laudans decorem domus, dicens :

Vers. 9, 10. — *Ferculum fecit sibi rex Salomon de lignis Libani, columnas ejus fecit argenteas, reclinatorium aureum, ascensum purpureum, media charitate constravit propter filias Jerusalem. Et ideo mecum intrate, et in tam celebri domo, celebre convivium frequentate.* Scilicet Ecclesia gentium lectus Christi et domus convivii facta, omnes de Judæis vel gentibus invitat, ut per fidem veniant in se, per dilectionem requiescant, epulas æternæ dulcedinis per operationem ineant. Ferculum est æquivocum: ferculum est refectorium, est et lectus, et est mensa, et discus, et cibus, a ferendo dictum. Traditur quod cœnaculum grande, stratum, in quo Christus cum apostolis recubuit, quando corpus suum eis tribuit (*Marc.* xiv, 15), in eodem loco fuerit, ubi olim Salomon hoc ferculum fecit, in quod reginam introduxit.

Sciendum vero quod, juxta litteram, rex Salomon, multis deliciis affluens, tale consistorium vel refectorium fecit, ut hic scribitur, in quo lectum, et mensam auro et gemmis ornatam, habuit. Est autem consistorium domus judicii, refectorium domus convivii,

Sed, juxta allegoriam, Christus fecit domum judicii, in qua judicat bonos ad gloriam, malos ad pœnam. Fecit etiam et domum convivii, in qua reficit corpore et Evangelio suo, omnes in se credentes, dicens : *Venite ad me*, fide et dilectione, *omnes qui laboratis* in tribulationibus mundi, *et onerati estis* peccatis, vel pressuris, *et ego reficiam vos* æterna refectione (*Matth.* XI, 28).

In qua domo lectum et mensam, id est claustralem requiem, et sacram Scripturam posuit, ut videlicet in laboribus sæculi fessi, in lecto requiescant et famem verbi Dei patientes de mensa cibum percipiant. Salomon namque, quod sonat *pacificus*, est Christus, qui inimicitias inter Deum et hominem solvens, et omnia in cœlis et in terris pacificans, qui est Rex gloriæ, regens singulos ordines Ecclesiæ. Hic fecit sibi ferculum, id est domum convivii de lignis Libani, scilicet Ecclesiam de omnibus electis ad honorem sui.

Libanus quippe est mons in terra repromissionis, ad cujus radices oritur Jordanis, cujus ligna sunt cedri, pulchritudine et proceritate super omnes arbores, et imputribiles, odoriferæ et a vermibus illæsæ. Cum in sacra Scriptura ponuntur nomina montium, vel urbium, vel locorum, tunc, aut nominum interpretatio, vel situs locorum, vel rerum ibi gestarum, significatio notatur; et licet tota illa pars Scripturæ quæ agiographa nominatur, plena sit similitudinibus, tamen præcipue iste liber per similitudines est contextus. Christus per similitudinem dicitur mons, quia duo notantur in monte, scilicet firmitas et altitudo, ita Christus firmus est in potentia, et altus in virtute. Hic mons secundum Danielem totum mundum implevit, quia Christi prædicatio totum orbem replevit.

In hunc montem, secundum Isaiam, omnes gentes ascendunt, quia in Christum omnes gentes credunt. Super hunc montem, secundum David, civitas Dei ædificatur (*Psal.* XLVII, 5), quia super firmam fidem Christi, et ardua præcepta ejus Ecclesia fundatur. Libanus dicitur *candidatio*, et Christus est candidus, quia de casta Virgine sine labe peccati natus. De quo monte oritur Jordanis, quia de Christo ortus est baptismus. Hujus Libani ligna sunt omnes electi, fide pulchri, spe proceri, charitate odoriferi, de quibus facta est Ecclesia domus convivii. Columnæ, quæ hanc domum sustentant argenteæ, sunt apostoli, et eorum successores episcopi; prædicatione recti, eloquentia et vita mundi, qui verbo et exemplo sustentant domum Domini. In hac est reclinatorium aureum, communis vita claustralium, in qua se Christus inclinat ad pausandum, et ipsi a labore mundi requiescunt ad Deum contemplandum. Quod est aureum, quia sapientia purum, charitate fulgidum. In hac ascensus purpureus est martyrum chorus, proprio sanguine purpuratus. Purpura ex sanguine piscis conficitur; piscis est Christus, qui in humano genere latuit ut piscis in undis, sed captus est hamo nostræ mortalitatis. Cujus sanguine tincta

est purpura, scilicet Ecclesia, quæ sequens Christi vestigia proprio sanguine est purpurata. Per hunc ascensum ad Christum scandunt, qui exemplo martyrum sanguinem suum fundunt pro Christo. Media strata sunt charitate : Quantum ad litteram pavimentum inter duos parietes medium erat marmoreis et vitreis crustis mirifice stratum, omnibus historiis ad dilectionem pertinentibus distinctum. Variæ quippe imaginum formæ erant operi illi impressæ. Significat autem in domo Domini turbam fidelium agriculturæ insudantium, qui imagines dilectionis sibi impressas ostendunt, dum proximis in necessitate rebus suis subveniunt. Hunc ornatum fecit Salomon, propter filias Jerusalem, quia Christus ecclesiam, domum suam, disposuit, ut quidam in ea sint columnæ, quidam reclinatorium, quidam ascensus, quidam per opera charitatis fiant filiæ Jerusalem æternæ pacis.

Tropologice autem sic intelligitur : Ferculum fecit sibi rex Salomon de lignis Libani, hoc est lectum cedrinum, columnas, id est spondas lecti fecit argenteas, reclinatorium, ubi caput reclinatur, fecit aureum, ascensum, scilicet scabellum, fecit purpureum, media stravit charitate, scilicet lectisternia erant intexta rebus charitatem exprimentibus. Lectus de lignis Libani factus est sancta anima, de exemplis sanctorum requies Christi facta, cujus columnæ sunt quatuor principales virtutes, scilicet prudentia, fortitudo, justitia, temperantia. Quæ sunt argenteæ, scilicet splendidæ, quia faciunt animas splendidas, quas sustentant; hujus reclinatorium est aureum, scilicet bona conscientia, in quam reclinat se sapientia, ut aurum pura, et in camino tribulationis excocta. Hujus ascensus est cœlestium appetitus, quia quodammodo ascendit, dum terrena contemnit, cœlestia appetit; qui est purpureus. Quia qui per ardua virtutum gressus molitur, mox a malis persecutionem patitur, et sine sanguinis effusione martyr efficitur. Media sunt strata charitate, quia inter reclinatorium aureum et ascensum purpureum, mediæ sunt vigiliæ, eleemosynæ, jejunia quæ charitate condita erunt accepta, sine charitate non proderunt, facta hujusmodi lectus factus est, propter filias Jerusalem, hoc est, ut fideles animæ filiæ Ecclesiæ in eo requiescant, et sponsus Christus in eis.

Anagogice vero sic exprimitur : Ferculum fecit sibi rex Salomon de lignis Libani, id est mensam cedrinam, columnas, id est pedes mensæ fecit argenteas, reclinatorium aureum, in quo antiqui solebant post prandium caput reclinare, ascensum graduum purpureum media charitate constravit, id est mensale formis charitatem repræsentantibus variavit. Mensa est sacra Scriptura, in qua diversa sunt deliciarum fercula. Ferculum est etiam discus a ferendo dictus, quod iterum est sacra Scriptura ferens vitæ fercula. Hæc mensa facta est de lignis Libani, quia sacra Scriptura facta est de prophetis et apostolis Judaici populi in cultu unius Dei dealbati, et postea in baptismate Christi candidati. Utrumque enim sonat Libanus, scilicet *dealbatio* vel *candidatio.* Quæ ligna sunt imputribilia, quia facta eorum sunt coram Deo durabilia. Hujus mensæ columnæ, scilicet, pedes sunt quattuor intellectus, id est, historia, allegoria, tropologia, anagoge. Quæ columnæ sunt argenteæ, quia Scripturæ sunt eloquentia splendidæ, hujus reclinatorium aureum est corpus Dominicum sine labe peccati purum.

In igne passionis excoctum, claritate immortalitatis fulgidum, in quod se Deus reclinavit, dum humanum genus visitavit. Hujus ascensus est purpureus, id est, sacra crux sanguine piscis Christi purpuratus, per quam Christus ad gloriam Patris ascendit, et per quam Ecclesia peregrinans eum sequens ad gaudia scandit. Media strata sunt charitate, quia omnia opera Christi ab incarnatione usque ad passionem vel ascensionem plena sunt charitate. Vel mensa sacræ Scripturæ plena est poculis charitatis. Quæ charitas in medio, id est, in communi est posita, ut omnes per eam fiant filiæ Jerusalem cœlestis, et in lecto æternæ quietis, et in reclinatorio aureo, scilicet in splendore æternæ claritatis quiescant, et mensam æterni convivii adeunt ac nuptias Agni cum angelis peragunt.

Postquam regina adornata advenit, rex coronatus ad convivium procedit, et per plateas civitatis præco conclamat filias Sion ad videndum coronatum regem Salomonem in diademate, et invitans dicit.

Vers. 11.—*Egredimini, filiæ Sion, et videte regem Salomonem in diademate quo coronavit eum mater sua, in die desponsationis illius, et in die lætitiæ cordis ejus.* Vox est prædicatorum præconum Christi filias Sion, id est omnes Ecclesias, per mundum invitantium ad visionem coronati Christi. Sion est mons in Jerusalem, super quem est arx in Jerusalem, quæ dicitur turris David, et dicitur *specula*, Jerusalem dicitur *visio pacis.* Sion ergo figurat præsentem Ecclesiam, quæ *per speculum in ænigmate* (I Cor. xiii, 12), adhuc speculatur futuram gloriam. Jerusalem autem designat Ecclesiam regnantem in cœlis, quæ jam fruitur visione pacis æternæ, filiæ vero Sion sunt omnes Ecclesiæ per orbem diffusæ, filiæ universalis Ecclesiæ. His dicitur a prædicatoribus, scilicet æterni Regis præconibus, Egredimini de Babylonia filiæ Sion et videte regem Jerusalem coronatum. Quasi domi in Babylone resident, qui in confusione infidelitatis latet. Quasi de Babylone egreditur, qui de infidelitate ad fidem Christi convertitur.

Filiæ Sion ad videndum regem Salomonem in diademate egrediuntur, dum Ecclesiæ per orbem de priori vita per fidem egressæ Christum, Regem gloriæ, verum pacificum, in spinea corona admirantes contemplantur: quæ coronavit eum mater sua Synagoga in die Parasceves, quæ fuit dies desponsationis illius, quo eam desponsavit sanguine suo, et in die lætitiæ cordis ejus, hoc est in die Paschæ, quo lætata est, quod eum quasi malefactorem cum latronibus crucifixit. Solemnis namque dies erat Paschæ Judæorum, quando crucifixerunt Christum, ideo alia Translatio habet: *In die solemnitatis et lætitiæ.* Vel in diademate vident regem, quando mente vident Christum in humana carne, quia circumdedit eum mater sua Maria in die desponsationis illius, id est, in die incarnationis, quo humanam naturam sibi sponsam fecit, et in die lætitiæ cordis ejus, scilicet in die resurrectionis, quo assumpta humana natura jam immortalis facta in æternam lætitiam est translata; vel Virgo mater multum de immortalitate filii est lætata.

Ad litteram etiam filiæ Sion sunt egressæ videre Christum in spinea corona, quando multitudo populi et mulierum plangentium ad crucem eum sequebantur, quibus dixit: *Filiæ Jerusalem, nolite flere super me, sed super vos* (Luc. xxiii, 28), etc.

Juxta moralem sensum filiæ Sion ad videndum regem coronatum egrediuntur, cum animæ fidelium de ignorantia ad scientiam, vel de mala conscientia ad confessionem, vel de mala conversatione ad bonam conversationem convertuntur, ut corde visam Christi patientiam sequantur, quam illa die habuit quo ei Judæa mater sua spineam coronam imposuit, et mente contemplentur illam gloriam quam ei Pater dedit in die solemnitatis et lætitiæ, id est, in die resurrectionis, quo eum *gloria et honore coronavit, et super omnia opera* sua constituit (*Psal.* viii, 67).

Juxta altiorem sensum filiæ Sion egrediuntur ut regem coronatum videant, quando animæ de corporibus egressæ cœli palatium ingrediuntur, ut regem gloriæ in decore suo videant, quo eum mater sua cœlestis Jerusalem coronavit, quando Deum hominem, victorem diaboli, a Deo coronatum, cum triumpho excepit, in die solemnitatis et lætitiæ, scilicet in die ascensionis, quo æternam lætitiam Ecclesiæ contulit. Præcone per urbem clamante et populum ad convivium invitante, filiæ Sion de domibus catervatim evolant, regem coronatum ac reginam gemmis ornatam videre properant. Quam rex amplexus per singula membra laudat, laudatam multis muneribus donat, scilicet apostolica tuba per orbem intonante et populos nationum ad æternas epulas invitante, omnes gentes de domibus idololatriæ proruerunt ad videndam æterni Regis, Christi, et Ecclesiæ gloriam festinaverunt. Christus Ecclesiam ad se venientem dulci amplexu excepit, multa charismata ei contulit; hanc per singula membra laudat, dum opera fidei in singulis ordinibus Ecclesiæ comprobat. Tota quippe Ecclesia est unum corpus, cujus *caput est Christus, caput Christi Deus* (*I Cor.* xi, 3), cujus corporis membra sunt diversi ordines electorum, qui in septem hic distinguuntur, quia septiformi Spiritu disponuntur. Cui dicit:

CAPUT IV.

Vers. 1.—*Quam pulchra es, amica mea, quam pulchra es et decora!* Quasi dicat, o Ecclesia, prius inimica cum esses in Babylonia, nunc amica ad me conversa, jam sciens secreta mea, quam pulchra es in ornatu virtutum, valde pulchra interius in fide, pulchra exterius in opere, et decora, id est valde chara in prædicatione, quia facis quæ doces, exemplo ostendis quæ mones. *Oculi tui columbarum*, cum membra corporis in Scriptura ponuntur, tunc notantur eorum officia; cum aves vel animalia ponuntur, eorum tunc notantur naturæ vel colores. Oculorum officium est de capite lucere, et corpori ducatum præbere. Columbæ vero simplices sunt, et alias aves non lædunt. Oculi ergo Ecclesiæ sunt episcopi, et alii prælati, provisores ejus, a capite Christo lucentes, qui coram hominibus verbo et opere lucent, et Ecclesiam, corpus Christi, exemplis et scripturis ad vitam ducunt. Hi oculi sunt ut oculi columbarum, id est, ut apti duces Ecclesiarum, qui columbæ sunt, quia septem virtutes habent, ut columba septem naturas.

Vel ipsi oculi tui columbæ sunt, quia simplices sunt, et neminem lædere quærunt. *Absque eo quod intrinsecus latet*, scilicet absque charitate, quæ in solis oculis meis apparet; in verbo et exemplo pulchra es quo exterius appares hominibus, sed pulchrior es coram me, quo lates interius in charitate et in virtutibus. Vel tu pulchra es prædicatione, in prælatis oculis tuis, absque hypocrisi, et hæresi, quæ intrinsecus latent, in hypocritis et hæreticis. *Capilli tui sicut greges caprarum*. Capilli caput ornant et muniunt, capræ vero ad alta ascendunt. Capilli Ecclesiæ sunt populares, qui eam fide ornant, ut agricolæ, vel armis muniunt, ut milites; greges caprarum sunt multitudines fidelium, quæ sub apostolis de virtute in virtutem ascenderunt ad martyrium.

Ad horum exemplum, ut capilli innumerabiles de laicis in Ecclesia martyres effecti sunt. Qui ascenderunt, de monte Galaad, quod dicitur *acervus testimonii*, et intelligitur martyrum exercitus Christi, qui testimonium perhibent Christo, dum sanguinem pro eo fuderunt, et ipse Christus est mons Galaad de quo ascenderunt, quia suo exemplo præcessit, quem patiendo secuti sunt, qui testimonium perhibebit eis, quando confitebitur eos coram Patre, qui hic confessi sunt eum coram hominibus (*Matth.* x 52).

Historia talis est : Jacob a patre benedictus, apud Laban in Mesopotamiam est peregrinatus, ubi duas uxores accepit, duodecim filios genuit, ad patrem rediit. Quem Laban persecutus comprehendit, fœdus cum eo iniit; pro ligno hujus fœderis acervum lapidum congregaverunt, quem Galaad; id est, acervum testimonii nominaverunt, ut neuter illorum hunc ad nocendum alteri transiret. Jacob est Christus, Laban diabolus. Jacob a patre benedictus in Mesopotamiam mittitur, et Christus a Patre benedictus in mundum mittitur, qui apud Laban principem hujus mundi peregrinatur. Jacob accepit duas uxores et genuit duodecim apostolos, ille ad patrem revertitur et Laban cum persequitur, et Christus ad Patrem in cœlum revertitur, et diabolus eum in membris suis persequitur. Acervus lapidum est multitudo martyrum, qui congregantur ad Christum. Hunc acervum non licet Laban ut transeat, quia diabolo non licet ut quemquam de credentibus in Christum noceat.

Vers. 2, 3. — *Dentes tui sicut greges detonsarum*, subaudis ovium. Dentes mordent, et cibum comminuunt, et in corpus mittunt : Oves autem alios lacte alunt, et lana vestiunt. Dentes igitur Ecclesiæ sunt expositores sacræ Scripturæ ut confessores, qui hæreticos mordaces remordent, et duram litteram Scripturæ exponendo conterunt, et in memoriam Ecclesiæ quasi ventrem trajiciunt. Hi sunt sicut greges detonsarum ovium, hoc est, similes sunt illis qui sub apostolis omnia reliquerunt, et ut oves detonsæ nudi et innocentes communiter vixerunt. Hi lacte doctrinæ proximos alunt, et rebus suis, ut lana pauperes vestiunt, et sicut oves mortuæ carnibus pascunt, pellibus vestiunt ita isti carne mortui, Scripturis suis Ecclesiam pascunt, exemplis vestiunt. Quæ oves ascenderunt de lavacro hoc est de virtute in virtutem ascendunt, ut in baptismate loti promiserunt. Omnes illæ oves sunt gemellis fetibus, quia omnes illi contemptores mundi sunt pleni gemina dilectione, et quos Christo docendo pariunt gemina dilectione doctos reddunt. *Et sterilis non est inter eas*, oves subaudis, sed ejicitur quia nullus apud religiosos vacat a bona operatione, et inutilis ab eis secluditur : *Sicut vitta coccinea labia tua :* Labia secreta cordis aperiunt, vitta autem capillos stringit ne defluant. Labia Ecclesiæ sunt magistri, qui docendo, aliis aperiunt, quæ dentes scilicet expositores exposuerunt. Hi sunt sicut vitta coccinea, hoc est sicut illi qui in primitiva Ecclesia passionem Christi docuerunt, et errantes a peccatis prohibuerunt. Coccinum quippe est rubri coloris, et præfert precium sanguinis Christi, quo redempta est Ecclesia, quod isti proximis referunt, et eos ab illicitis verbo et exemplo, ut vitta stringunt : *Et eloquium tuum dulce*. Dulce est eloquium doctrinæ cum quis opere implet quod verbo docet, quia cujus vita despicitur, hujus etiam sermo contemnitur.

Vers. 3. — *Sicut fragmen mali punici, ita genæ tuæ*. In genis est verecundia; mala autem punica sunt rubea, punica est terra Africa, a pomis, id est phœnicibus illic advenientibus dicta, ubi crescunt mala granata, scilicet pomæ granis plena nimis rubicunda, et significat passionem Christi, vel martyrium in Ecclesia. Genæ Ecclesiæ sunt, verecundantes peccare, ut sunt monachi et eremitæ. Hi sunt sicut fragmen mali punici, hoc est sicut illi qui sub apostolis Christi exemplo passi sunt, et casti fuerunt. Sicut enim fragmen mali punici exterius rubet, interius albet. Ita isti exterius rubent passione, interius albent castitate, et pleni sunt granis, id est bonis exemplis, absque eo quod intrinsecus latet, scilicet absque charitate quæ in corde latet, vel absque fomite peccati quod in membris latet.

Vers. 4.— *Sicut turris David collum tuum.* Cum propria nomina in Scripturis ponuntur, tunc aut interpretatio nominis, aut officium personæ, aut rei ab ea gestæ significatio notatur. Si quidem in Melchisedech hæc tria considerantur, scilicet interpretatio nominis, qui est *rex justitiæ;* et officium regale et sacerdotale ; et sacrificium panis et vini ab eo oblatum. Qui præfiguravit Christum, qui est rex justitiæ et verus sacerdos, qui obtulit in sacrificio corporis sui panem et vinum. Similiter in David tria considerantur, videlicet interpretatio nominis, qui est *desiderabilis* vel *manu fortis;* et officium, qui fuit rex et propheta, et res ab eo gesta, quod pugnans Goliad superavit. Qui similiter Christum significavit, qui est rex gloriæ, et in illa gloria est desiderabilis, *in quem angeli desiderant prospicere* (*I Petr.* 1, 12), et est verus propheta, quia omnia futura prædixit ; et est manu fortis, quia fortem diabolum in cruce vicit. Collum jungit corpus et caput ; turris autem munit cives ab hostibus. Collum ergo Ecclesiæ sunt in Scripturis sapientes, Ecclesiam verbo et exemplo jungentes Christo. Sicut turris David inexpugnabilis, hoc est sicut primitiva Ecclesia a Christo vero David, scilicet desiderabili et manu forti, ut turris fundata contra persecutores et hæreses, donis Spiritus sancti munita, ita isti munimine Scripturarum a Christo sunt firmati, ad defendenda fidei ædificia, ad repellenda hostium tela, ut muniant cives Jerusalem quod sunt simplices, a civibus Babylonis quod sunt hæretici, Judæi, Pagani, falsi Christiani. *Quæ turris ædificata est cum propugnaculis,* hoc est illa Ecclesia munita est inexpugnabilibus Scripturæ sententiis, quibus se defendat ab inimicis. Vel apostoli fuerunt ejus propugnacula, quia armis patientiæ contra infideles pugnaverunt pro Ecclesia.

Mille clypei pendent ex ea. Quia innumeræ rationum defensiones collatæ sunt illi Ecclesiæ, quibus se ab adversariis defendat, et ibi pendet *omnis armatura fortium,* quia ad exemplum proposita sunt ei omnia opera illorum, qui fortiter vitia vicerunt, ut Joseph luxuriam, Moyses avaritiam, sic isti qui sunt collum Ecclesiæ et turris David, quia Ecclesiam Christo jungunt, et cives ab hostibus muniunt, habent propugnacula authenticos libros, habent mille clypeos innumeras Scripturarum et rationum defensiones, habent omnem armaturam fortium, scilicet omnes passiones martyrum scriptas, et vitas sanctorum sibi propositas. Aliter turris David est sacra Scriptura, ad munimen Ecclesiæ sponsæ suæ contra hostes a vero rege Christo constructa, hæc est ædificata cum propugnaculis, id est cum authenticis libris, in quibus prophetæ et apostoli ejus propugnatores præ ea pugnant et eam defendunt. In hac turri pendent mille clypei, quod sunt omnes doctrinæ justorum, et veteris et novi testamenti, et omnis armatura fortium, quod sunt exempla omnium sanctorum, qui alios contra vitia fortes faciunt. Millenarius numerus multiplicatur per denarium et centenarium. Decies enim centum sive centies decem, sunt mille, et denarius decies repetitus efficit centenarium, et item centenarius decies repetitus efficit millenarium. Per denarium intelligitur præmium in vinea Christi, id est in Ecclesia sub Decalogo legis laborantibus promissum ; per centenarium vero, multiplicitas virtutum, quæ toties per Decalogum repetitur. Per millenarium autem plenitudo gaudiorum, quæ dabitur victoribus pro justitia certantibus seu pugnantibus.

Mille ergo clypei sunt universæ doctrinæ justorum, qui sub Decalogo vixerunt legis, in multiplicitate virtutum pro plenitudine gaudiorum ; his armis Ecclesiam muniunt, qui collum ejus existunt.

Vers. 5, 6.—*Duo ubera tua sicut duo hinnuli capreæ gemelli.* Ubera administrant lac parvulis, hinnuli autem velociter currunt ut sint in excelsis. Ubera Ecclesiæ sunt docti in utraque lege, qui parvulis in Christo infundunt lac doctrinæ mulsum de utraque lege. Duo hinnuli sunt activi et contemplativi, id est sæculares et spirituales in fide Christi adhuc parvuli, qui velociter currunt ad lac doctrinæ utriusque legis, vel geminæ dilectionis et conscendunt de valle lacrymarum, ut habitent in altis cœlorum.

Hi sunt sicut duo hinnuli capreæ gemelli, hoc est similes sunt duobus populis sub primitiva Ecclesia ad fidem de Judæis et gentibus conversis. Quæ Ecclesia fuit caprea, quia sicut caprea alta petit, ita ipsa de lege ad gratiam conscendit. Et ejus hinnuli sunt gemelli, quia sicut gemelli eodem lacte nutriuntur, ita Judæi ad gentiles conversi, eadem doctrina Christi et iisdem sacramentis.

Qui hinnuli pascuntur in liliis, id est fideles in utraque vita deliciantur in virtutibus illorum, qui fuerunt utilia candidi in castitate, et odoriferi in sanctitate, donec aspiret dies, hoc est donec veniat plena Dei cognitio, *et inclinentur umbræ,* id est transeat ignorantia. Quandiu hic in mundo sunt, lac utriusque legis de uberibus matris Ecclesiæ sugunt in liliis, id est in floribus Scripturarum, et exemplis sanctorum pascuntur. Postquam illa dies æternæ claritatis advenerit, et sol justitiæ Christus illuxerit, nec docendi, nec discendi ultra tempus erit, sed consummatis omnibus hujus vitæ tenebris omnes ut sol fulgebunt, quia Deum sicuti est in æqualitate Patris videbunt.

Nota septem membra sponsæ a sponso laudata, id est septem ordines electorum in Ecclesia. Qui sunt oculi, qui occulta perspiciunt ; capilli, qui a vitiis plani foramen acus, id est portam cœli transcunt ; dentes, qui improbos corrigunt ; labia qui secreta Scripturæ aperiunt ; genæ, qui de peccatis propriis vel alienis erubescunt ; collum, qui vitalem flatum, vel cibos doctrinæ prædicando æterna gaudia administrant ; duo ubera, docti in utraque lege de duobus populis. Juxta moralem sensum sponsus membra sponsæ collaudat, cum Christus singula opera fidelis animæ comprobat; habet quippe et ipsa sua membra, sibi congrua, quibus peragit sua officia quæ est amica quia facit Christi præcepta. Quæ bis dicitur pulchra, quia ab originali et actuali labe est purgata, cujus oculi sunt ratio et intentio, quarum acumen spirituales sensus Scripturæ cernit, et sequenda intendit, qui oculi sunt columbarum, si simpliciter implet quæ facienda videt. Hujus capilli sunt subtiles cogitationes de capite ejus, id est mente procedentes, qui ut greges caprarum ad Galaad ascendunt, cum ad imitandos martyres intendunt. Dentes ejus sunt juges meditationes quibus duros sensus Scripturæ conterit, et in ventre memoriæ trajicit, qui sunt ut oves detonsæ, quia a superfluis cogitationibus sunt nudæ, labia ejus sunt confessio, qua ore confitendo ad salutem, aperit, quod corde ad justitiam credit. Quæ labia sunt vitta coccinea dum confitetur sanguinem Christi esse pretium redemptionis suæ, et per hanc cohibet capillos, id est cogitationes suas a peccatis. Hujus genæ sunt verecundia, qua erubescit peccare, vel peccasse. Quæ sunt ut fragmen mali punici, quia exterius rubent charitate, interius albescunt castitate; collum ejus est intellectus, qui jungit spiritum et animam, dum utrumque intelligit unam esse substantiam. Quod collum est, ut turris David cum propugnaculis et mille clypeis, quia intellectus sapientis animæ munitus est mille Scripturarum sententiis. Ubera ejus sunt sapientia et scientia, quibus præbet indoctis lac doctrinæ, quæ sunt ut *hinnuli capreæ*, quia parvulos in Christo, id est humiles Ecclesiæ lacte doctrinæ nutriunt et ad alta virtutum provehunt.

Juxta Anagogen altius intelligitur de Ecclesia peregrinante. Et ne aliquem moveat quod synagogam et Ecclesiam dicimus: differentiam ponamus earum, et prius de synagoga et Ecclesia. Synagoga est multitudo fidelium sub lege. Ecclesia est multiplicitas credentium sub gratia. Synagoga dicitur congregatio, quod pertinet ad irrationabilia vel lapides, quia Judæi baculo legis congregabantur ut duri ad cultum Dei. Ecclesia autem dicitur convocatio, quod pertinet ad homines, quia Christiani verbo prædicationis convocati sunt ad fidem Christi. Primitiva Ecclesia dicitur numerositas justorum ab Abel usque ad Christum, proprie autem primitiva Ecclesia est universitas fidelium, per Christum et apostolos de Judæis et gentibus primo tempore collecta. Ecclesia gentium est multitudo credentium per apostolos et eorum successores, de omnibus gentibus ad fidem Christi perducta. Universalis Ecclesia est omnis Christianitas per mundum diffusa. Ecclesia imperfectorum est populus in activa vita degens, quæ hoc mundo utitur tanquam non utatur, et dilectionem proximi servat dum eis necessaria subministrat. Ecclesia perfectorum est clerus in contemplativa vita consistens, qui mundum transgressus dilectionem Dei legendo et orando implere nititur. Ecclesia peregrinans est multitudo in utraque vita cœlestia suspirans.

Ecclesia in cœlis regnans est turba animarum quæ præsentia Christi sui sponsi jam fruitur. Ecclesia igitur peregrinans sua habet membra, sicut et primitiva. Ecclesia habuit sua. Ecclesiæ ante legem oculi fuerunt patriarchæ, qui ei Christum præfiguraverunt. Ecclesiæ autem sub lege oculi fuerunt prophetæ, qui ei Christum præviderunt scriptis. Ecclesiæ sub gratia oculi fuerunt apostoli, qui eam signis et miraculis ad Christum perduxerunt. Ecclesiæ peregrinantis oculi sunt episcopi et alii prælati, qui eam prædicationibus et exemplis ad vitam æternam perducunt, quæ amica Christi dicitur, quia ad cœlestia secreta vocatur. Cui bis dicitur quod pulchra sit, quia in activa et contemplativa vita, fide et opere est speciosa. Hujus capilli sunt pueri vel laici, dentes spontanei pauperes, labia clerici, genæ monachi, collum eremitæ, ubera magistri. Ipsa est columba, quia septem donis Spiritus sancti est plena; ipsa capra, quia petit alta; ipsa ovis, quia innocens; ipsa vitta, quia religione districta; ipsa malogranatum, quia granis bonorum operum plena; ipsa turris David, quia ab hæreticis inexpugnabilis; ipsa caprea, quia eligit a malis bona. Per has virtutes in suis membris regnat jam in cœlis. Ecclesiam peregrinantem præfiguravit tabernaculum Moysi in itinere deportatum. Ecclesiam regnantem præfiguravit Salomonis templum, in patria ædificatum: in tabernaculo erant sancta, in quibus populus immolabat, erant et sancta sanctorum in quibus sacerdotes offerebant; per sancta accipitur activa vita, in qua sæculares militant; per sancta sanctorum contemplativa vita, in qua spirituales laborant. Sed et cuncta præsentis Ecclesiæ mysteria, in eodem tabernaculo sunt expressa. Tabernaculum de loco ad locum mutabatur, et a populo ad patriam tendente portabatur. Sic Ecclesia de inferiori, ad meliorem statum mutatur, donec peracto itinere hujus vitæ in patriam paradisi transferatur. Templum autem in patria a Salomone septem est annis ædificatum de tribus materiis, scilicet de sectis lapidibus de mari sublatis, de lignis cedrinis, et de auro purissimo, quia Ecclesia templum Dei in superna patria, a Christo vero pacifico per septem dona Spiritus sancti in habitaculum Deo coædificatur, de tribus ordinibus electorum, scilicet de conjugatis in salo sæculi tribulationibus quadratis, de continentibus in virtutibus odoriferis, de doctoribus in adversitate ut aurum examinatis et sapientia fulgidis. In hoc templum translatum est tabernaculum, quia præsens Ecclesia transfertur in illius jam regnantis consortium, ideo et regina austri de Æthiopia venit in illud templum, quia hæc Ecclesia de tenebris mundi intrabit in cœlum.

Postquam rex cum regina convivium iniit, inde surgens ad montem myrrhæ, id est ad Libanum abiit. In Libano quippe arbores crescunt, de quibus myrrha et thus colliguntur, quem regina cum filiabus Sion ad videndum regem egressis est subsecuta, et ab eo hac laude est excepta.

Vers. 7, 8. — *Tota pulchra es, amica mea, et macula non est in te.* Sciendum est ad litteram quod rex ditissimus Salomon turrim in Libano regio sumptu fecerat, in qua habitare in æstate solitus erat, propter temperiem aeris, quæ ibi erat propter fluenta Jordanis. Sed et hoc magnopere notandum quod in hoc Cantico amoris solummodo verba amantium repræsentatur, facta autem subintelliguntur; quia nimirum adhuc cantantes in choreis non facta, sed verba amantium repræsentant in cantilenis.

Allegoria talis est, postquam Ecclesia gentium in consortium Christi est recepta, et a convivio corporis ejus est refecta, mox partim in montem myrrhæ crevit, partim in collem thuris surrexit, quia protinus ut Christum regem suum pro se passum cognovit, exercitus martyrum contra tyrannos bellum suscepit, et turba confessorum pugnam contra hæreticos iniit.

Myrrha corpora mortuorum condiebantur, thus vero in sacrificium Deo ponebatur. Mons ergo myrrhæ est multitudo martyrum, qui in altam virtutem patientiæ instar montis creverunt, dum variis tormentis pro Christo mortificati sunt. Collis vero thuris est numerositas confessorum, qui sanctitate in populo, ut collis eminebant, et se in odorem suavitatis Deo offerebant. Ad hunc montem et ad hunc collem vadit Christus, dicens : Vadam ad montem myrrhæ, et ad collem thuris. Quasi dicat Ecclesiæ ad se venienti : Agmen militum meorum, scilicet martyrum, video in certamine pro me laborare. Vadam ergo, et feram auxilium prælianibus patientiam dando, et coronam gloriæ vincentibus præparabo. Veniam et ad aciem confessorum, ut pugnantibus succurram sapientiam subministrando, et victores gloria et honore coronabo. In hoc monte et in hoc colle Christus per fidem stetit; et cunctos cuneos sui exercitus, id est omnes ordines Ecclesiæ per totum mundum pro justitia certantes oculis misericordiæ vidit, et Ecclesiam laudavit, id est talia opera comprobavit, dicens : Tota pulchra es, amica mea. Quod est dicere : O Ecclesia, amica mea, sciens Patris secreta, tu pulchra es in oculis, in capillis, in dentibus, in cæteris membris tuis, in patientia, in constantia, in sapientia. Ergo tu pulchra es et macula criminis non est in te, ut aliquis in pugna, tormentis, vel vitiis victus deficiat, sed armis justitiæ pugnans victor existat. Ergo in omnibus membris tuis post pugnam veni ad me, et coronabo te, *Veni de Libano, sponsa mea, veni de Libano, veni, coronaberis de capite Amana, de vertice Sanir et Hermon.* Hoc est, coronam ex gemmis de his montibus sumptis imponam tibi. Libanus mons est Phœnicis et dicitur *candidatio*, vel *dealbatio*. Per Libanum accipitur hic Judaicus populus, altus in regno, et candidus divino cultu. Per Libanum etiam intelligitur gentilis populus, qui erat altus in imperio, dealbatus mundana gloria, dicitur ergo, veni de Libano, sponsa mea, veni de Libano, quasi dicat : O sponsa mea, pariendo mihi spiritales filios, veni per fidem cum magno comitatu de Libano, id est de Judaico populo divino cultu candido, veni cum magna multitudine de Libano, id est de gentili populo imperio, et gloria mundana dealbato, veni ad me etiam cum turba lapsorum ad pœnitentiam conversorum, et cum his et pro his omnibus, coronaberis.

Nota quod sponsam de Libano ad coronam vocat, ad quem eum secuta fuerat, quia Christus hunc coronabit, qui eum ad alta virtutum secutus fuerit. Et unde coronatur sponsa : De capite Amana et vertice Sanir et Hermon. Amana est mons Ciliciæ, qui et Taurus, Sanir et Hermon montes Judææ, in quibus leones et pardi habitant. Montes sunt, reges et principes, qui in superbiam extolluntur, in quibus dæmones habitant; qui sunt leones, quia crudeles, pardi, quia variis artibus maligni. De his coronatur sponsa, cum prædicatione sua dæmones expulerit, et principes ad Christum converterit.

Amana dicitur *inquietus*, vel *turbulentus* vel *Deus vigiliarum*, Sanir vero *fetor* vel *nocturna avis*, *Hermon anathematizatio*. Caput Amana est diabolus, caput eorum, qui sunt Amana, id est inquieti, turbulenti, mordaces, in malitia vigiles. Ipse est etiam vertex eorum qui sunt Sanir, hoc est, fetentes luxuria, et in nocte ignorantiæ ut aves instabiles. Et ipse est vertex eorum, qui sunt ut Hermon, id est anathematizati, hoc est excommunicati propria iniquitate. De his montibus gemmæ ad coronam sponsæ eliguntur, dum per eam tales ad pœnitentiam convertuntur. Contra has acies ipsa dimicat, et vincit, dum eas ad bonum convertit. Coronatur etiam *de cubilibus leonum, de montibus pardorum.* Leo significat aliquando Christum, aliquando diabolum, aliquando superbum principem. Leo Christum significat ut ibi : *Ecce vicit leo de tribu Juda*, propter fortitudinem, quia vicit diabolum, et quia leo tertia die catulum suscitat : sic et Pater tertia die Christum. Leo significat diabolum, ut ibi : *Adversarius vester diabolus, tanquam leo rugiens, circuit, quærens quem devoret (I Petr.* v, 8), et hoc propter sævitiam. Leo etiam significat principem, ut ibi : *Liberatus sum ex ore leonis (II Tim.* iv, 17), hoc est, de potestate Neronis, et hoc propter excellentiam. Leo namque est rex bestiarum, et bestiæ in Scripturis ponuntur pro naturis earum. In hoc loco leones significant dæmones. Horum cubilia sunt profani et immundi. Pardi vero sunt hæretici in dogmate erroris varii, quorum montes sunt hæresiarchæ, scilicet episcopi et magistri eorum, superbi et eloquentia tumidi. In talibus dæmones ut bestiæ in antris habitant. Contra tales pugnant membra Ecclesiæ, et pro his victis et conversis coronatur Ecclesia. Aliter, Amana dicitur *excelsus*, et pater notatur, qui super omnia exaltatur. Sanir dicitur *densa lucerna*, et Christus intelligitur, qui est lucerna Ecclesiæ ad vitam. Hermon autem dicitur *consecratio*, et Spiritus sanctus accipitur, per quem Ecclesia in baptismate consecratur. Caput Amana, vel vertex Sanir, et Hermon est Deus Pater, de capite ergo Amana, vel vertice Sanir, et Hermon Ecclesia coronabitur, quando a Deo Patre pro fide Filii, et consecratione Spiritus sancti in gloria exaltabitur. Nunc rex milites instigat ad pugnam, ut accipiant vitæ coronam, *nemo enim coronabitur, nisi qui legitime certaverit* (II Tim. II, 5). Legitime certare est usque ad noctem, id est usque ad mortem pugnare, hoc est vitiis et peccatis resistere. Hos coronari, est æterna gloria sublevari. Dicit ergo :

Vers. 9. — *Vulnerasti cor meum, soror mea sponsa.* Quasi dicat : O Ecclesia, soror mea, id est cohæres regni et sponsa mea, pariens mihi filios cohæredes cœli, non sit tibi onerosum causa mei, subire certaminis laborem ; quia ego prius causa tui subivi pugnæ sudorem, in qua vulneratus sum usque ad mortem. Per cor amor intelligitur, qui in corde esse dicitur, et continens pro contento ponitur ; et est similitudo, ab illo qui nimirum aliquam amat, et ejus cor amore vulneratur. Ita Christus amore Ecclesiæ vulneratus est in cruce. Prius vulnerasti cor meum, quando causa amoris tui flagellatus sum, ut te facerem mihi sororem, scilicet regni cohæredem, iterum vulnerasti cor meum, quando amore tui in cruce pendens vulneratus sum, ut te sponsam mihi facerem gloriæ participem, et hoc *in uno oculorum tuorum et in uno crine colli tui*. Similitudo est ab illo, qui capitur pulchritudine oculorum, vel crinium puellæ. Sicut Holofernes Judith. Oculi Ecclesiæ sunt prælati ejus, qui eam ducunt ad cœlestia. Crines sunt ejus subditi, collum ejus sunt perfecti, quos ornant tales capilli. Unum oculorum vel crinium, est unitas fidei, quam habent prælati et subditi. Pro hac unitate placuisti mihi, et amavi te, et per hæc vulnera suscepi, et pro hac debes tu pugnare, ut possis coronari. Hoc totum dicitur sponsæ ad regnum designatæ, ut accipiat coronam æmulæ, id est gloriam angelicæ naturæ. Hæc dicitur amica, quia sponsus ei aperuit Scripturæ secreta ; hæc soror, quia fecit eam sibi cohæredem : hæc sponsa, quia parit ei filios regni. Tropologice mons myrrhæ est contemplativa vita ; collis vero thuris activa vita ; contemplativi myrrha sunt, quia *carnem suam cum vitiis et concupiscentiis* mortificaverunt (Gal. v, 24). Activi vero thus sunt, quia bonis actibus Deo odorem suavitatis offerunt. Ad hos Christus vadit, dum eis in tribulationibus et tentationibus subvenit. In his fidelis anima tota est pulchra, quando in omnibus mandatis et justificationibus Domini est sine querela, vel quando Deum ex tota diligit virtute, et proximum sicut seipsum. In hac non est macula quando caret hæresi et culpa. Hæc venit fide, venit et operatione, venit prædicatione, venit etiam ad Christum cogitatione, vel locutione, venit opere ; venit nihilominus in juventute, venit in senectute, venit in decrepita ætate, venit quoque ad fidem in baptismate, venit ad requiem in termino vitæ, venit ad gloriam in resurrectione. Et hoc de Libano, id est de candore virtutum, et sic fit sponsa Christi in amore ei conjuncta. Aliter tres sunt abrenuntiationes. Una cum quis abrenuntiat diabolo. Secunda cum abrenuntiat sæculo. Tertia cum abrenuntiat semetipsum et sequitur Christum. Anima ergo de Libano ad Christum venit, cum pompis diaboli in baptismate renuntiat ; venit de Libano cum deliciis mundi renuntiat ; venit tertio cum voluntatibus propriis renuntiat, et obedientiæ majorum se per omnia mancipat. Hæc coronabitur, pro hoc quod fugit de monte Amana, hoc est, de his qui sunt inquieti et turbulenti, et quod fugit de monte Sanir et Hermon, id est de his qui sunt in peccatis fetentes, et in bono instabiles, et a bonis excommunicati, et pro hoc coronabitur, quod nunc est Spiritus sancti templum, cujus cor prius erat cubile leonum, id est dæmonum, vel quod segregat se ab immundis, qui sunt cubilia dæmonum, et de montibus pardorum, de superbis falsorum fratrum. Hæc cor Christi vulnerat, dum ei pœnitenti per indulgentiam compatitur ; cor ejus vulnerat dum ei desideranti per gratiam condescendit. Et hoc in uno oculorum, id est in una intentione, quando *unam rem tantum petit a Domino, ut inhabitet in domo Domini omnibus diebus vitæ suæ* (Psal. xxvi, 4), hoc est omni tempore Christi, qui est vita sua. *Et in uno crine colli sui*, id est in una cogitatione intellectus, qua intelligit esse unum Deum summum bonum. Anagogice mons, quem rex adiit est cœlum, quod Christus rex gloriæ subiit, quod est mons myrrhæ et collis thuris, id est habitatio martyrum et confessorum ibi conspicitur, amica tota pulchra, hoc est Ecclesia régnans in omnibus ordinibus suis gloriosa. Et macula non est in ea, quia illa aula non recipit ullam peccati maculam, et quia angeli sunt sine peccato ; oportet et eos sine macula esse peccati, qui eis sunt coæquandi. Hæc venit de Libano, id est de candore mundanæ gloriæ in principibus, venit etiam de Libano, id est de albedine virtutum in spiritalibus, venit de Libano in baptizatis fidelibus. Hæc de capite trium montium coronabitur, quia deitate trium personarum glorificabitur, quod innuunt vocabula montium, Amana quippe sonat *excelsus*, per quod Pater intelligitur, Samur, *lucerna*, per quod Filius accipitur, Hermon *consecratio*, per quod Spiritus sanctus innuitur.

Et neminem moveat quod diversæ sunt interpretationes montium Hebræorum, quia interpretationes nominum mutantur, secundum Scripturæ diversum sensum. Aliquando namque in bono, aliquando accipiuntur in malo. In bono accipiuntur quando ad Jerusalem, id est ad multitudinem fidelium referuntur ; in malo vero quando ad Babylonem, id est ad infideles referuntur. In illa gloria videbit regina regem gloriæ dilectum suum majestate coronatum, quem hic vidit suo amore in cruce vulneratum. Ibi erit unum oculorum et crinium, id est unitas prælatorum et subditorum omnium illa visione fruentium, quorum erit gaudium Deus pacis, et concordiæ dulcedo omnium. Regina de Libano ad coronandum vocata, cum maximo comitatu venit. In quo comitatu, quadraginta ex fortissimis Israel ad bella doctissimos tenentes gladios, et filias Sion habuit, cum quibus pugnam contra Amana et Sanir et Hermon pro corona inivit, et victrix regem adiit, quam ipse hic laude excepit.

Vers. 10-15. — *Quam pulchræ sunt mammæ tuæ, soror mea, sponsa*, usque *surge, aquilo*. In qua multiplici laude fortia facta ejus in bello gesta replicat, quod videlicet pugnaturos mammis armavit, uberibus ad certamen informavit, in prælio saucios unguentis curavit, pavidos labiis confortavit, lassos in pugna melle et lacte pavit, vestitos in pugnam remisit, victores in horto diversis herbis et fonte refecit, in paradisum ad diversa genera pomorum introduxit. Deinde in laude decem legiones describit, quas contra acies hostium in pugnam direxit. Per hæc omnia multiplicitas Ecclesiæ gentium notatur, quæ de Libano, id est de candore mundanæ gloriæ cum magno comitatu credentium ad Christum venit. In quo comitatu reges, et principes profanos, et omnis generis et professionis, et conditionis socios habuit, cum quibus spiritale bellum contra dæmones animarum hostes iniit, et coronam vitæ a Rege gloriæ promeruit. De qua pugna unus de ducibus ejus dixit : *Non est nobis colluctatio adversus carnem et sanguinem, sed adversus principes et potestates* (*Ephes.* vi, 12). Quod est dicere : non est nobis pugna contra homines, sed contra dæmones. Item alius fortis præliator dicit : *Militia est vita hominis super terram* (*Job* vii, 1), *cunctis diebus quibus nunc milito, exspecto donec veniat immutatio mea* (*Job* xiv, 14). Fideles quippe militant in castris regis sui contra cives Babyloniæ pro corona quod est immutatio, quando justi ut sol fulgebunt, et æquales angelis erunt. Nota artificialem ordinem. Prius coronæ mentionem fecit, deinde pugnam subintulit, cum pugna præcedat et corona quæ est præmium pugnæ sequatur, quia nimirum corona pugnantibus promittitur, vincentibus dabitur. Et hoc notandum quod in hac laude historia deficit, sicut aliquando allegoria, vel tropologia, vel anagoge non per omnia currit. In primis sex instrumenta spiritalis pugnæ laudantur, scilicet mammæ, ubera, unguenta, labia, lingua, vestimenta, per quæ sex ætates pugnantium notantur. Siquidem per mammas infantes, per ubera pueri, per unguenta adolescentes, per labia juvenes, per cor sub lingua senes, per vestimenta decrepiti figurantur : Qui sex operibus misericordiæ in hac pugna laborant, ut coronam senarii, quod est plenum gaudium, percipiant. Deinde tria refugia pugnantium ponuntur, scilicet hortus, fons, paradisus, quia in hoc bello peccatis vulnerati in horto catholicæ Ecclesiæ herbis pœnitentiæ et confessionis curantur; fonte lacrymarum lavantur; in paradiso Scripturarum reficiuntur. Et sic in hortum deliciarum ad fontem vitæ Christum transferuntur. Post hæc decem legiones pugnantium per decem genera arborum paradisi, scilicet per cyprum et nardum et reliquas notantur, quia qui armis præceptorum in hac pugna desudant, ad denarium præmiorum perducuntur. Ad ultimum fons et puteus in laude ponuntur, quod Evangelium et lex intelliguntur. Quia Christus bellatores suos fluentis legis et Evangelii reficit, et laureatos ad refrigerium perducit. Dicit ergo rex nutrici reginæ: Quam pulchræ sunt mammæ tuæ, soror mea sponsa : *Meliora sunt ubera tua vino*. Mammæ sunt puellarum lac non habentium, sed habiles ad lac habendum. Ubera vero sunt mulierum lac habentium, et ab ubertate dicuntur. Mammæ Ecclesiæ sunt infantes in scholis discentes, et alii in fide rudes adhuc lac doctrinæ sugentes, et nondum aliis docendo proferentes, sed ad proferendum habiles. Hæ mammæ valde pulchræ sunt ; quia multum Deo placent, qui sunt in discendis virtutibus, quæ sunt arma contra vitia studiosi ; quibus quandoque sunt contra hostes Dei pugnaturi. Ubera vero Ecclesiæ sunt magistri, in utraque lege docti, qui lac doctrinæ pueris docendis infundunt, et os ad spiritale bellum instruunt. Vinum quod inebriat et dementat est sæcularis philosophia, quæ mentes hominum inflat et in jactantiam elevat. Ubera autem Ecclesiæ sunt meliora vino, quia doctrina magistrorum de utraque lege perlata est utilior, quia in gemina dilectione ædificatur ; quam philosophica doctrina quæ mentes inflat. Notandum quod toties repetit soror et sponsa. Per hoc datur fiducia Ecclesiæ quod sit cohæres Christi, ut soror fratris, et consors regni ut sponsa regis. *Et odor vestimentorum tuorum super omnia aromata*, unguenta Ecclesiæ sunt virtutes spiritalium, qui quasi unguentis vulnera peccatorum curant, dum eos ad virtutes informant. Aromata sunt quædam odoramenta ex multis speciebus ad condienda mortuorum corpora confecta, sed sunt superstitiosa quibus quam maxime Judæi utebantur, per quæ carnales observantiæ superstitiose notantur. Odor unguentorum est fama virtutum spiritalium ex charitate orientium, vel opinio operum quæ fiunt per Spiritum sanctum. Hic odor est super omnia aromata, hoc est, magis Deo placet, quam omnia legis sacrificia, quæ fuerunt horum figura. Hæc ideo in Cantico amoris introducuntur, quia pagani contendebant cum Christianis de philosophia; Judæi de legali observantia ; Christiani confidebant in sola divina gratia. Philosophi affirmabant salutem hominum constare in studio sapientiæ : Judæi certabant eam constare in religione legalis observantiæ : Christiani certabant eam constare in fide divinæ gratiæ. Hanc sententiam sponsus judex approbat, illorum contentionem reprobat, dicens : Meliora sunt ubera tua vino, hoc est, melius est studium in sacra Scriptura, qua gratia quæritur, quam in philosophia, quia arbitrium sine gratia salutem non operatur. Et odor unguentorum tuorum super omnia aromata, id est, magis placent mihi doctrinæ et virtutes spiritalium, quam omnes traditiones Pharisæorum carnalium.

VERS. 11. — *Favus distillans labia tua, sponsa.* Labia Ecclesiæ sunt illi, qui aliis doctrinam narrant, quam ipsi de uberibus matris Ecclesiæ suxerant. Hæc labia ut favus distillant, dum dulcem doctrinam quam a magistris hauserant auditoribus dulciter instillant. Favus est mel in cera. Mel autem in cera est spiritalis intelligentia latens in littera. Sed favus distillat, dum dulcis allegoria de littera manat. Aliter. In favo mel latet, cera videtur; sic fragilis caro videtur, in qua sapientia ut mel in cera absconditur. *Mel et lac sub lingua tua*, lingua est interpres cordis, quia quod cor cogitat hoc lingua profert. Cor Ecclesiæ sunt sapientes, qui per spiritum sapientiæ divinos sensus concipiunt, et eos scribunt. Lingua vero ejus sunt, qui ea interpretando proferunt, quæ illi, ut cor, conceperunt. Mel est dulcis doctrina allegoriæ, quæ doctis congruit: Lac vero est simplex doctrina historiæ, quæ parvulis, id est, indoctis convenit. Mel et lac sub lingua Ecclesiæ esse dicitur, cum utraque doctrina allegorica et historica corde concepta, tanta verborum dulcedine profertur, quanta dulcedo in melle et lacte sentitur. *Et odor vestimentorum tuorum si ut odor thuris*, vestimento nuda fetidas tegitur. Vestimenta Ecclesiæ sunt bona opera, quibus tegitur turpitudo præcedentium delictorum. Odor ergo vestimentorum est exemplum bonorum operum, quibus contra vitia pugnaturi, quasi lorica vestiuntur, qua possint, *omnia tela nequissimi ignea exstinguere* (*Ephes.* VI, 16). Qui odor est sicut thuris, quia sic placet Deo studium bonæ actionis, sicut incensum orationis. Odor enim thuris designat incensum orationis, ut scribitur: *Dirigatur oratio mea sicut incensum in conspectu tuo* (*Psal.* CXL, 2).

VERS. 12. — *Hortus conclusus, soror mea, sponsa, hortus conclusus.* In his qui sunt mammæ, id est, imperfecti, es hortus conclusus et soror: in his qui sunt ubera, id est, perfecti, es hortus conclusus et soror sponsa. Iterum in his qui sunt odor unguentorum tuorum, id est, contemplativi, es hortus conclusus; in his qui sunt odor vestimentorum, id est, activi, es hortus conclusus. Item in his qui sunt labia, es hortus conclusus: in his qui sunt lingua, es hortus conclusus. In horto crescunt herbæ medicinales, et diversi flores. Hortus est Ecclesia in qua multæ sanctorum virtutes sunt, diversæ herbarum species, diversis vulneribus peccatorum medicinales. In hoc horto sunt varii flores, diversi electorum ordines, martyres, ut rosæ, confessores, ut violæ, virgines, ut lilia, alii fideles, ut alii flores. Hujus horti hortulanus est Christus, qui et sponsus, qui eum plantat gratia, irrigat doctrina. Hic hortus est conclusus in contemplativis, scilicet præsidio angelorum contra dæmones munitus. Hic etiam conclusus in activis, quia munimine doctorum contra hæreticos est circumseptus. In quo horto herbæ et flores sunt quique fideles, fide et opere florentes. Similitudo est ab horto paradisi, qui dicitur undique igneo muro esse conclusus, et custodia angelorum munitus, ut homines inde prohibeat ignis, angeli dæmones ex eo arceant. Ita Ecclesia hortus Dei est, divino præsidio et igneo muro circumdata, et angelica custodia munita, ut nec dæmones nec mali homines ei ad nocendum prævaleant. Hoc ideo dicitur, ut in spiritali pugna eorum impetus non timeatur, cum eam tanta præsidia muniant. In hoc horto est fons qui eum irrigat, scilicet sacra Scriptura, cujus fluentis Ecclesia irrigatur. Hic fons est signatus, quia sacræ Scripturæ intelligentia est cum littera signata, sicut sub sigillo scriptura, ne indignis pateat quid secreti sponsa habeat. In hoc horto etiam est fons baptisma, in quo lavantur criminum vulnera, qui est signatus, scilicet sancta cruce vel verbo Dei consecratus, ethnicis sigillatus, catechumenis reseratus. Aliter, Fons sordes abluit, sitim exstinguit, imaginem reddit. Qui fons est Christus, qui est fons vitæ, de quo fluunt flumina aquæ vivæ, scilicet dona Spiritus sancti, quibus irrigat hortum Ecclesiæ ut proferat spiramina florum vitæ. Hic sordes peccatorum abluit, sitim sitientium justitiam, satietate suæ visionis exstinguit, imaginem Dei amissam animabus reddit. Hic erat signatus, quia carne quasi sigillo erat velatus. Nunc est signatus, quia in gloria patris a nobis celatus. Hic etiam fons David patens scribitur, quia misericordia Christi omnibus pœnitentibus patet, ut lacrymis se abluant, sicut David vulnera sui reatus in eo lavabat. Sed et ipsa Ecclesia est fons, quia spiritali gratia et sapientia redundans, de qua manant plena fluenta doctrinæ, quibus plantaria horti sui irrigat, ut plurimas emissiones proferant. *Emissiones* sunt virgulæ de arboribus vel herbis pullulantes. De quibus subditur.

VERS. 13, 14. — *Emissiones tuæ paradisus malorum punicorum cum pomorum fructibus.* Hortus Ecclesiæ irrigatus a fonte Scripturæ tot virgulta emisit, quod inde paradisus succrevit. Hortus est locus ubi herbæ vel olera crescunt, paradisus ubi arbores crescunt. Paradisus voluptatis ad litteram est locus in orientis partibus, omnibus corporalibus deliciis plenus, in quo primi parentes fuerunt, de quo propter culpam inobedientiæ exclusi sunt. In hoc est fons de quo paradisus irrigatur, qui et in quatuor flumina dividitur. In hoc est etiam lignum vitæ, id est talis arbor si homo inde comedisset nunquam corporaliter mori posset. Unde post culpam scribitur: *Videte ne forte sumat de ligno vitæ et vivat in æternum* (*Gen.* III, 22). Ibi erat quoque lignum scientiæ boni et mali, de quo si comederent, bonum et malum scirent. Ante comestionem fructus hujus arboris Adam novit bonum et malum, bonum per experientiam, malum tantum per scientiam; sicut medicus novit dolorem vulneris per scientiam, non per experientiam; post peccatum autem novit malum, id est famem, sitim et alia incommoda per experientiam, bonum tantum per scientiam; quod non erat in arboris natura, sed in hominis inobedientia. Qui sunt provinciales circa paradisum, dicunt sibi de paradiso immitti flores, et fructus per flumina quæ inde exeunt, unde ille populus vivit. Allegorice Ecclesia est paradisus, omnibus spiritualibus deliciis plenus. Paradisus etenim dicitur hortus deliciarum, et in Ecclesia sunt omnimodæ deliciæ Scripturarum, diversarum artium, multarum virtutum. In quo paradiso est fons, id est baptismus vel Christus, per cujus fluenta, quod sunt spiritualia charismata, irrigatur talis paradisus. Quatuor hujus fontis flumina sunt quatuor Evangelia. Lignum vitæ est sancta crux, cujus fructus est Christi corpus, de quo qui digne comederit, non morietur in anima in æternum. Ligna fructifera sunt sancti; fructus lignorum sanctorum opera; lignum scientiæ boni et mali est liberum arbitrium. In hoc spirituali paradiso crescunt diversa genera arborum, id est diversi ordines electorum. Ibi crescunt mali punici, scilicet arbores Africanæ quæ proferunt mala punica, vel rubea, quæ dicuntur malogranata, id est granis plena, quæ sunt martyres rubei sanguine, operibus, ut granis, pleni. Has arbores ille hortus fonte irrigatus emisit, dum sancta Ecclesia, baptismate perfusa, martyres protulit, cum pomorum fructibus, scilicet cum bonorum operum exemplis. Ibi crescit et cyprus, quæ est arbor aromatica in Ægypto habens semen simile coriandro, ut habuit manna album, sublucidum et odorum, quod oleo coquitur, et inde succus exprimitur, qui cyprus dicitur, unde regium unguentum conficitur, ita dictum quod regius morbus eo curatur. Cyprus arbor aromatica, abundans in Ægypto, est spiritualium conversatio, quæ primitus florebat in Ægypto, sive in tenebris hujus mundi quod Ægyptus sonat. Hujus semen simile est mannæ, quod habuit omne delectamentum, et omnem saporem suavitatis; quia vita justorum habet omne spirituale delectamentum, et omnem saporem sanctitatis. Semen est album, lucidum, odorum; quia eorum conversatio est alba in castitate, lucida in operatione, odora in charitate. Succus ejus cum oleo coquitur, et in regium unguentum vertitur, quia illorum vita flammis tentationum ut aurum probatur, quia regius morbus, id est lepra animæ ut unguento curatur. Hoc unguentum Maria Domino in domo Simonis leprosi obtulit, quia Ecclesia suo exemplo hæreticos a lepra animæ, scilicet de hæresi curans Domino offert. Ibi crescit et nardus, quæ est arbor aromatica, id est aromatibus apta, sed parva, bene redolens, et calens, unde optimum unguentum conficitur, quod sunt humiles et innocentes, qui se coram proximis parvos, id est despectos faciunt, et odore atque ardore charitatis saucios in peccatis ungunt. Ibi crescit et *crocus*, flos rubicundus, id est aurei coloris, quod sunt sapientes, divina sapientia fulgentes. Ibi crescit et *fistula*, brevis arbuscula aromatum, quæ casia, robusti et purpurei corticis, quæ ad curandas viscerum molestias valet, quæ pro sui brevitate a quibusdam inter herbas odoriferas reputatur, quod sunt patientes pro Christo et pro fratribus animas ponere parati. Ibi crescit et *cinnamomum* arbor brevis, sed odorifera, et dulcis, cinerei coloris ad medicamentum usum fistulæ duplo præstans, quod sunt pœnitentes, qui se infirmos reputant, et in cinere pœnitentiam agentes, dulcem odorem Ecclesiæ præstant. Cinnamomi arbor habet tres cortices: superior dicitur fistula, medius cinnamomum, tertius amomum. Medius est dulcior cæteris; hi autem ab aliquo divisi ex nimio fervore solvuntur ab arbore quod sunt monachi, qui se solvunt a mundo amore Christi. Hæ arbores crescunt in illo paradiso, *cum universis lignis Libani*, id est cedris et aliis odoriferis lignis, quod sunt universi fideles, quorum fides et operatio imputribilis et odorifera est. Ibi crescit et *myrrha et aloe cum omnibus primis unguentis*. Myrrha est arbor cujus succus est stacte, a vermibus et putredine carnem conservans, quod sunt eremitæ vel casti, se in vitiis mortificantes, et carnem suam a putredine libidinis conservantes. Aloe est etiam arbor suavissimi odoris, adeo ut adoleatur altaribus vice thymiamatis; habet vero succum amarissimum resistentem putredini, quod sunt continentes per amaritudinem vitæ lascivioris carnis reprimentes. Prima unguenta sunt pretiosiora, quæ de primis floribus pretiosarum specierum fiunt, ut illud Mariæ in Evangelio spicatum pretiosum, quod sunt prælati et alii primis charismatibus Spiritus sancti, scilicet primis credentium donis pleni, qui cum verbo et exemplo flagrant, quasi ulcera languidarum animarum curant. Notandum quod hæ species arborum vel herbarum introducuntur, de quibus unguenta conficiuntur, quia per has notantur ordines electorum, quasi cohortes in castris regis militantium, quorum vulnera per unguenta curantur. Ideo et sponsam horto et fonti et paradiso comparat, quasi ei aperte dicat, Ne timeas pugnare contra acies Amana, quia tales bellatores in comitatu habes, de quorum constantia et armis secura hostes superabis, et victrix a me coronaberis. Et tu vulneratos in bello herbis tuis curabis, quia tu es hortus medicinalium herbarum; et lassos fluentis tuis refocillabis, quia tu es fons spiritualium aquarum; et victores pomis tuis saturabis, quia tu es paradisus, id est hortus pomorum, spiritualium ferculorum. Sciendum vero ad litteram quod Salomon in Libano talem hortum muro conclusit, in quo has species herbarum vel arborum plantatas habuit; in quo et fons Jordanis erupit de quo et subditur.

VERS. 15. — *Fons hortorum, puteus aquarum viventium quæ fluunt impetu de Libano*. Hortorum ideo dicitur, quia superius duos hortos posuit. Aquæ viventes sunt, quæ fluunt: Aqua enim quæ stat quasi mortua est, quasi vivit quæ currit. Notandum quod dicit, quæ fluunt impetu de Libano, quia fluenta Jordanis cum magno impetu fluunt de

Libano. Duo fontes sunt Jor et Dan, ubi illi duo confluunt, Jordanem fluvium faciunt. Ideo hic abundantia aquarum introducitur, ut redundantia præmiorum demonstretur, quæ victoribus dabitur, qui ad fontem vitæ Christum et ad puteum aquarum viventium, id est, Spiritum sanctum, puteum spiritualium donorum, perducuntur. Siquidem decem genera arborum paradisi posuit, per quæ decem ordines electorum spiritualis paradisi expressit, qui sub decem præceptis contra vitia pugnant, ut præmium denarii, scilicet coronam gloriæ, percipiant. Talis est fructus horti; fons autem ejus, id est, irrigatio ejus, est fons hortorum et puteus aquarum viventium, quæ fluunt impetu de Libano. Fons est ubi flumen funditur : puteus ubi aqua in profundo latet. Fons ergo hortorum est Evangelium, irrigatio Ecclesiarum in activa et contemplativa vita degentium. Illic fons de Libano erupit, in hortum Jerusalem cucurrit, de monte Sion fluxit, omnes hortos orbis irrigavit, quia evangelica doctrina de Christo erupit, in hortum Jerusalem, id est in primitivam Ecclesiam, cucurrit, de monte Sion per apostolos in gentes fluxit, et omnes Ecclesias irrigavit. Puteus autem aquarum est profunda lex divinorum sensuum, qui latent in legis littera, ut in profundo puteo aqua. Quæ aquæ sunt viventes, quia eos vivere faciunt, qui eas spiritualiter intelligunt. Ilæ aquæ fluunt cum impetu de Libano, quia veniunt cum abundantia de Judaico populo: Libanus enim dicitur *dealbatio*, et intelligitur Judaicus populus, divino cultu dealbatus. De hoc Libano fluenta legis et prophetarum fluxerunt, et per apostolos cum impetu in Ecclesia gentium manaverunt, qui Scripturas abunde spiritualiter exposuerunt. Aliter Libanus dicitur *candidatio*, et intelligitur Christus de casta Virgine natus. De hoc Libano aquæ cum impetu fluxerunt, quando dona Spiritus sancti, tanquam Spiritus torrens in credentes inundaverunt, et eos scientia omnium linguarum repleverunt. De his quoque ipse dixit : *Qui credit in me, flumina de ventre ejus fluent aquæ vivæ* (Joan. VII, 58), id est, charismata Spiritus sancti, quæ faciunt credentes cum Deo vivere. Hoc totum hic introducitur, ut sciat sponsa quod ita ejus bellatores replentur doctrina Christi et donis Spiritus sancti, et ita remunerabuntur, sicut apostoli, bellatores Christi repleti sunt doctrina Christi, et donis Spiritus sancti, remunerati sunt præmio vitæ. Fons etiam significat eos qui capaces sunt verbi Dei, puteus vero eos qui vix intelligunt mysteria. Cisterna est collectio aquarum pluvialium, quod sunt dogmata hæreticorum. Tropologice fidelis anima est sponsa Christi, per amorem ei conjuncta, et pariens spirituales filios, id est, bona opera. Hæc est etiam ejus *soror*, quia ejus regni cohæres. *Qui enim patiuntur persecutionem propter justitiam, ipsorum est regnum cœlorum* (Matth. v, 12). Anima habet sua membra sibi congrua. Hujus mammæ sunt studia discendi e legendi, quibus haurit lac quo postmodum parvulos, id est indoctos nutriat; ubera ejus sunt sapientia et scientia, de quibus lac doctrinæ indoctis ministrat. Ejus unguenta sunt bonæ exhortationes, quibus vulnera animarum curat, magis quam vinum sæcularis prudentiæ. Labia ejus sunt confessio, qua ore confitetur, quod corde credit, vel peccata in confessione aperit. Lingua ejus est interpretatio cogitationis cum bonum consilium cordis ore vel scripto loquitur. Vestimenta ejus sunt virtutes, quibus ita decoratur ut corpus vestibus, unde scribitur : *Induit me Dominus vestimento salutis et indumento lætitiæ* (Isa. LXI, 10). Anima etiam est hortus, quia similis horto, scilicet bonis sententiis ut hortus herbis, plena virtutibus ut hortus floribus. Qui hortus est conclusus, id est, bonis operibus circumseptus a dæmonibus. Ipsa etiam est fons, quia de ea fluit cœlestis doctrina, quæ irrigat alios hortos, scilicet fideles animas; qui fons signaculo sanctæ fidei est signatus. Anima sancta nihilominus est paradisus, plena spiritualibus deliciis; hujus paradisi fons est charitas, quæ irrigat hunc paradisum, ut proferat pretiosum fructum. Quatuor flumina paradisi sunt quatuor principales virtutes, scilicet, prudentia, fortitudo, justitia, temperantia. Lignum vitæ sapientia; fructus ejus, immortalitas; ligna fructifera, utiles disciplinæ; fructus lignorum mores piorum; lignum scientiæ boni et mali, observatio mandati. Unguentaria signa, scilicet nardus, et crocus, et alia, sunt virtutes, castitas, bonitas, humilitas, et alia infirmantium animarum unguenta. Fons et puteus in ea est evangelica et legalis doctrina, sive scientia. Anagogice paradisus exsultationis, est habitatio sanctorum in cœlis, plena omnibus deliciis. In hunc paradisum raptus est Paulus, et in hunc introduxit latronem Dominus. In hoc paradiso fons qui fluit de loco voluptatis, est Christus, fons vitæ fluens de corde Patris, de quo manat vita omnium. Lignum vitæ est Dei sapientia, vel Spiritus sanctus, vitam æternam inspirans omnibus. Fons et puteus aquarum viventium, est plenitudo omnium gaudiorum. In cæteris hujus capituli deficit anagoge. Sunt ergo quatuor paradisi, scilicet paradisus voluptatis, terrestris; paradisus exsultationis, cœlestis; paradisus religionis, Ecclesiarum; paradisus virtutis, animarum. Postquam Amana in bello cum suis victus succubuit, ecce aquilo alius hostis grave bellum reginæ intulit, sed victus in hortum fugit, ibique ut latro in insidiis latuit. In quo dum regina victorem exercitum reficeret, rex advenit et hostem latentem reperiens de horto confusum expulit, atque austrum cultorem horti invitavit, dicens.

VERS. 16. — *Surge, aquilo, et veni auster, perfla hortum meum*. Scilicet postquam cessavit persecutio tyrannorum et coronata est patientia sanctorum, protinus surrexit in Ecclesia vesania hæreticorum, quæ atrocius Ecclesiæ bellum intulit quam prius a paganis pertulit. Perniciosior enim est hostis, qui intra mœnia positus cives impugnat, quam qui extra exclusus muros oppugnat. Dum ergo post sudorem persecutionis milites Christi in horto Ecclesiae fruerentur quiete pacis, ecce tortuosus draco a martyribus victus de antro malitiae caput extulit, virus perfidiae per agmina Christi fudit, et, ut latro, de insidiis improvisus prosilivit, atque incautos milites telis erroris usquequaque prostravit, siquidem inauditam haeresim per malignos homines mentibus fidelium infudit, qua totum hortum [Ecclesiae quasi quadam lepra vitiavit. Sed Rex gloriae Christus suis auxilium praebuit, dum universam haeresim per sapientes destruxit, et de horto suo flagellis anathematis expulit. Expulso autem Aquilone, Auster intravit, quia ejecta haeresi de Ecclesia, auster, scilicet Spiritus sanctus hortum perflavit, dum veram fidem doctoribus inspiravit. Et mox fluxerunt horti aromata, dum sancti Patres protulerunt verae fidei dogmata. Rex ergo adveniens, dicit: O aquilo, hostis maligne, de latebris tuis surge, et de horto meo discede; tu autem auster, cultor horti, veni, perfla hortum meum, ut *fluant aromata illius*, quae sufficiant victoribus. Aromata sunt odoramina, scilicet fructus arborum praedictarum, nardi, cinnamomi, et aliarum Libani. Ideo dicit fluant, quia aromata de arboribus ardore spiritus fluunt, ut resina de cedro vel abiete. Aquilo est ventus durus et frigidus, qui transtringit ac flores necat. Auster vero ventus calidus et blandus, qui terram solvit et flores producit. Aquilo est diabolus, qui duram persecutionem Ecclesiae intulit, et ut strictam terram fideles de fructu bonorum operum prohibuit, et in fide florentes per varia tormenta necavit. Hic in horto, ut latro, in insidiis latuit, dum victus in persecutione virus occultum, ut draco, haereticae pravitatis in fideles evomuit. Auster autem est Spiritus sanctus, qui sua gratia hortum perflavit, dum rectam fidem Ecclesiae inspiravit, et terram, id est corda subversa de gelu perfidiae solvit, et flores fidei produxit, quo flante horti aromata fluxerunt, quia mox fidei documenta per scripta Patrum redundaverunt. Ecclesia vocatur hortus per simile, quia sicut in horto sunt lilia, rosae et alii flores, et herbae salubres, et item cardui, urticae et aliae herbae nocivae et inutiles, sic sunt in Ecclesia martyres, confessores, virgines et alii fideles. Sunt etiam haeretici, schismatici, et falsi fratres. In his latet aquilo; in illis flat auster, et de ipsis fluunt aromata virtutum. Aliter per aquilonem mundi aspera, per austrum intelliguntur prospera. His dicitur permittendo non jubendo, ut ad tentandum surgant, hortum perflent, ut aromata fluant, hoc est, tribulationes fidelibus inferant, ut exemplo patientiae eorum et constantiae bene fragrantia, ut Job, ad multos perfluant. Saepius prospera quam adversa animum tentant, quia adversa animum ab illecebris carnis abstrahunt, prospera vero ad lasciviam alliciunt. Tropologice hortus est claustrum, flores et herbae salubres, fratres in fide et dilectione unanimes; urticae et herbae inutiles, sunt hypocritae et falsi fratres. Aquilo in horto ad tentandum surgit, dum diabolus per falsos fratres concordiam fratrum perturbat; sed auster veniens hortum perflat, dum Spiritus sanctus conventum fratrum in patientia et concordia corroborat. Aromata fluunt, dum virtutes prius occultae, tentationibus probatae, ad notitiam proximorum prodeunt. Anagogice vero aquilo in horto surget, cum Antichristus adhuc Ecclesiam impugnabit, sed auster hortum perflabit, cum gratia Spiritus sancti, fidelibus constantiam fidei contra eum inspiraverit; tunc aromata horti fluent, quia pro fide Christi martyria redundabunt. Aliter aquilo surget, ut de horto discedat, cum occiso Antichristo persecutio de Ecclesia recedat. Auster vero hortum perflabit, cum multitudo lapsorum ad poenitentiam per inspirationem sancti Spiritus redibit. Tunc fluent horti aromata, quia exempla patientiae et constantiae sanctorum sub Antichristo in Ecclesia redundabunt. Aliter aquilo de horto recedet, cum diabolus de Ecclesia ultimo judicio damnatus discedet. Auster hortum perflabit, cum Christus veniens consolatione Spiritus sancti Ecclesiam recreabit. Tunc horti aromata fluent, quando justi aeterna praemia pro meritis recipient. Aquilone recedente, et austro in hortum veniente, regina aromata colligit, quibus victores reficit, et regem foris stantem ad epulas victorum invitat, dicens:

CAPUT V.

VERS. 1, 2. — *Veniat dilectus meus in hortum suum, ut comedat fructum pomorum suorum.* Scilicet persecutione per Christum annihilata et haeresi ubique damnata, Ecclesia jam in pace et concordia fidei degens, et multa tentamenta sustinens, scripta Patrum quasi aromata collegit, exemplo illorum virtutum spiritualium quasi convivium instituit, cui Christum interesse optat, ut opus suum acceptabile flat dicens: Qui se promisit mecum usque ad consummationem saeculi mansurum, ipse nunc per gratiam veniat in me hortum suum, ut qui me inter persecutores et haereticos illaesam custodivit, nunc in pace degentem a tentationibus adversitatum, et prosperitatum inconcussam custodiat, ac de me tales emissiones producat, quarum pomorum fructus ipse comedat, hoc est, tam spirituales velit de me pullulare, quos sibi ut suavem cibum velit incorporare. Poma etenim horti sunt in Ecclesia electi. Fructus pomorum, sunt opera bonorum. Fructus pomorum suorum dilectus comedet, cum Christus electos per bona opera sibi incorporabit, ut sint unum cum Deo sicut cibus in corpus comedentis vertitur. Aliter Ecclesia dolens Synagogam a fide Christi tandiu separari, orat eam sibi associari, dicens: Dilectus meus, qui de me horto suo aquilonem diabolum per fidem expulit, et austrum Spiritum sanctum per gratiam introduxit, et aromata charismatum in me multiplicavit; ipse etiam per gratiam veniat in Judaeam hortum suum, ut comedat fructus pomorum suorum, id est, ut per fidem incorporet sibi multitudinem convertendorum. Moraliter. Dilectus in hortum venit, et fructum pomorum suorum comedit, cum Christus dona sua in cœtu spiritualium multiplicavit, et se operibus eorum ut suavi cibo refecit. Juxta altiorem sensum, dilectus horti fructum comedit, cum Christus electos 'de hoc mundo in gloriam suam assumpserit. Rex ad convivium reginæ ingressus, dicit :

Veni in hortum meum, soror mea, sponsa ; messui myrrham meam cum aromatibus meis. Comedi favum cum melle meo, bibi vinum meum cum lacte meo.
Per myrrham martyres ; per aromata confessores accipiuntur. Favus est mel in cera, et significat animas in corpore : mel autem extra ceram animas extra corpora. Per favum exprimuntur hi qui cum Domino corporaliter surrexerunt, et cum eo corporaliter ascenderunt. Per mel autem animæ sanctorum, de inferno per Christum liberatorum. Per vinum notantur hi, qui in primitiva Ecclesia alios doctrinis inebriaverunt ; per lac, hi qui lacte doctrinæ nutriti sunt. Sex ordines electorum posuit quos ad gloriam perfectorum perduxit. Senarius quippe numerus qui perfectus est, perfectionem innuit, quasi dicat : O Ecclesia soror mea in hæreditate, sponsa mea in spirituali generatione ; ego jam veni per incarnationem, in hortum meum Judæam, et jam messui myrrham cum aromatibus quia collegi ad me messem martyrum in cœlum cum confessoribus fide et opere bene olentibus. Comedi favum cum melle, quia quos corporaliter suscitavi, jam in gloriam sumpsi cum animabus quas de inferno liberavi. Bibi vinum cum lacte, quia doctores cum auditoribus jam angelis in cœlis associavi dicens : O vos angeli *amici comedite,* et vos archangeli, *charissimi, bibite et inebriamini,* quod est dicere : Illos quos de terris cum triumpho adduxi, ut suavem cibum vobis associando incorporate, et ut dulcem potum in gaudium vestrum introducite. Et sicut epulantes variis ferculis et potibus gaudent satiari, ita gaudete istos vestro consortio annumerari. Hoc totum ideo replicat, quasi Ecclesiæ gentium dicat : Sicut illos de primitiva Ecclesia mea incarnatione, passione, resurrectione, et ascensione jam glorificavi ; ita adhuc convertendos de Judæis glorificabo. Similiter et de te ortos, et in fide perfectos angelis in gloria associabo. Aliter : O soror et sponsa, tu oras ut veniam in te hortum meum, ferendo tibi contra mundi tentamenta auxilium ; ego autem veni in hortum tempore persecutionis, ferens auxilium martyribus : quos jam coronavi pro cruciatibus. Veni etiam in auxilium confessoribus, contra hæreticos certantibus, quos jam glorificavi in cœlestibus ; ita te contra tentamenta mundi certantem juvabo, et vincentem coronabo. Jam in horto meo messui myrrham meam, id est martyres, in Ecclesia amara pro me passos, ad me in gloriam collegi cum aromatibus *meis,* hoc est cum omnibus qui fama bonorum operum sunt insignes, ut confessores. Notandum quod dicit *meis ;* quia et hæretici habent suos martyres et suos confessores ; qui non Christi, sed myrrha sunt diaboli. Tu invitas me ad convivium, jam comedi favum cum melle meo, jam bibi vinum meum cum lacte meo. Favus sunt hi qui in Scripturis dulcedinem spiritualis intelligentiæ quærunt, et aliis dilucidant. Mel sunt hi qui epulas divini verbi sibi apposita libenter gustant, et his insatiabiliter vesci desiderant. Vinum sunt fortes cœlestium doctores, alios sapientia inebriantes. Lac sunt infirmi adhuc auditores, qui lacte doctrinæ nutriuntur ad bonos mores. Hos omnes ut dulcem cibum mihi incorporavi, et ut suavem potum in me transfudi, quia omnes in gloriam assumpsi. Nunc alloquitur rex victores in horto epulantes, hoc est, omnes in Ecclesia de vitiis triumphantes :

Comedite, amici, bibite et inebriamini, charissimi.
Quod est dicere : Vos Ecclesiæ bellatores, mei amici, qui facitis quæ ego præcepi meo exemplo, comedite favum cum melle, id est tales viros vobis associate, qui dulci doctrina vos esurientes justitiam reficiant ; et meo exemplo bibite vinum cum lacte, hoc est, tales doctores vobis coadunate, qui vos sitientes justitiam vino sapientiæ inebrient, et lacte doctrinæ nutriant. A talibus sapientia inebriamini, et repleti charitate eritis mihi charissimi, et eritis mihi cibus et potus ut ipsi, et vos mihi ut illos incorporabo, et mecum in gloria collocabo. Moraliter. Sponsus myrrham in horto metit, cum Christus de cœtu spiritualium mortificantes membra sua, et crucifigentes vitiis et concupiscentiis falce mortis præcidit, et in cellaria beatitudinis perducit. Aromata metit, cum redolentes in virtutibus ad vitam colligit. Favum cum melle comedit, cum dulces in moribus et operibus assumit. Vinum cum lacte bibit, cum sapientes cum simplicibus ad gloriam eligit. Juxta anagogen Christus myrrham et aromata de horto metit, cum electos quosdam in Ecclesia tribulationibus amaricatos, quosdam virtutibus bene olentes in hortum beatitudinis colligit. Favum cum melle comedit, cum doctores dulcedinis in dulcedine æternæ quietis collocabit. Vinum cum lacte bibit, cum subditos potum doctrinæ haurientes, de torrente voluptatis suæ inebriabit, dicens angelis : Comedite, amici, bibite et inebriamini, charissimi, hoc est, ita gaudete de societate istorum, sicut epulantes lætantur de diversi cibi et potus satietate. Solet quæri a quibusdam utrum homo esset conditus, si angelus non fuisset lapsus. Putant enim lapsum angelorum causam fuisse creationis hominum ; sed hi falluntur. Ratione quippe docente, et sacra auctoritate consentiente, si tota numerositas angelorum in cœlo perstitisset, tamen multitudo hominum in terra creata esset. Et sicut angelus in universitate habet suum locum, ita homo in universitate habet suum. Si quidem tota Scriptura clamat hunc mundum propter hominem factum ; quod si homo non esset creatus, consequenter et hic mundus non esset conditus. Quod absurdissimum est. Quem errorem Spiritus sanctus prævidens, et per Scripturam præcavens quod ante creationem angeli

vel hominis creatus sit pronuntiat, clamans : *in principio creavit Deus coelum et terram* (*Gen.* 1, 1) : coelum autem et terra est mundus. Ad quid fecit coelum? ut esset habitatio angelorum. Ad quid terram? ut esset habitatio hominum. Domino autem attestante angelus et homo simul facti sunt, dicens ad Job: *Ecce Behemoth quem feci tecum* (*Job* XL,10), quod est dicere : Quando feci angelum, feci et hominem. Sacra autem Scriptura omnia simul facta clamat dicens ; *Qui manet in æternum creavit omnia simul* (*Eccli.* XVIII). Igitur homo non propter angelum, sed propter seipsum factus est : mundus autem propter ipsum factus est. Et lapsus angelorum est, quia Deus creator homo factus est, consequenter et homo Deus factus est.

Item quæritur utrum Filius Dei esset incarnatus, si homo non fuisset lapsus. Putant enim casum hominis causam fuisse Christi incarnationis ; sed hi non falluntur. Ratio enim manifeste clamat, et sacræ Scripturæ auctoritas consonat, quod, quia homo in paradiso peccavit, propterea Deus hominem assumpserit. Ab æterno quippe erat apud Deum prædestinatum quod homo deificaretur. Sicut enim Deus est immutabilis, ita et prædestinatio ejus est immutabilis. Et si Deus non incarnaretur, homo non deificaretur. Et sic prædestinatio Dei immutaretur, quod erat impossibile. Igitur oportuit Deum incarnari, ut posset homo deificari. Huic rationi videtur auctoritas astipulari. Siquidem antequam Adam peccaret, Deus per Adam prædixit Christum de carne Adam incarnandum, et Ecclesiam ei conjungendam, ita dicens : *Erunt duo in carne una* (*Gen.* II, 24), hoc Apostolus ita exponit dicens : *Sacramentum hoc magnum est, ego autem dico in Christo et in Ecclesia* (*Ephes.* V, 52). Ecce ante peccatum hominis prædicta est incarnatio Dei, quia ergo homo peccavit, propterea Christus immortalis factus est mortalis. Qui si in statu immortalitatis nasceretur, nunquam moreretur, et homo sine interpositione mortis ejus deificaretur. Quod fieri non potuit. Quia ergo Christus in illo statu natus est quo mori posset, ideo mori voluit ; quia vero ad vitam resurrexit, mortem homini abstulit, et vitam amissam reddidit. Et sicut in illo statu mortis omnes moriuntur, sic in isto statu vitæ omnes in Christo vivificabuntur, et secundum immutabilem prædestinationem Dei deificabuntur. Unde dicit apostolus: *Elegit nos in Christo ante mundi constitutionem* (*I Petr.* I, 20) ; quasi dicat : antequam mundus esset, statuit Deus Filium suum incarnari, et nos homines in ipso deificari. Huncdum fugit apostata angelus in coelo in Patris claritate regnantem, invenit eum in matris terræ gremio latentem, sese quandoque judicantem.

Adhuc quæritur: Si homo in paradiso perstitisset, utrum mali ex eo nascerentur. Sed ratio docet quia si homo non peccasset, justus et immortalis esset, et omnes qui in illo statu nascerentur justi et immortales essent. Soli ergo isti nascerentur. Postquam autem homo peccavit, injustus et mortales fuit, et omnes qui in illo statu nati sunt. Injusti et mortales propter Christum solum fuerunt... Est autem Christus Deus et homo. Ex omnibus ergo injustis quidam per Christum justificantur, ut in ipso deificentur. Cur autem reliqui non deificentur vel non justificentur, nonne ille qui eligit quos vult, et abjicit quos vult? Huc usque plenitudo gentium intravit. Ab hinc usque ad ingressum Synagogæ notatur tempus pacis Ecclesiæ. Finito itaque convivio victorum, regina ivit dormitum, dicens cubiculi excubitoribus : Si rex me quærat, dicite : *Quia ego dormio et cor meum vigilat*, ut cum excipiat. Quasi magnum convivium Ecclesia cum victoribus habuit quando magnum consilium cum multis confessoribus in Nicæa civitate habuit. In qua varia fercula, erant diversa capitula Scripturarum. Quo finito ivit dormitum, quia ibi damnata omni hæresi persecutio cessavit, quies pacis rediit, et Ecclesia curis sæculi se subtraxit, divina officia instituit, divinæ contemplationi vacavit; quæ nunc dicit imperfectis adhuc terrenis inhiantibus : Meo exemplo frena postponite, coelestia quærite. Sicut ego dormio, id est a negotiis et curis sæculi quiesco, et cor meum in meditatione Scripturarum, et contemplatione æternæ vitæ vigilat, ut mansura bona percipiat. Regina dormiente, dissensio inter milites est exorta, non ab hostibus, sed ab otio nata. Qua increscente rex reginam excitat, monet ut surgat, tumultum militum compescat, sed Ecclesia in contemplatione quiescente, multa vitia inter fideles exorta sunt, videlicet novæ hæreses, discordiæ, sectæ, schismata, et alia plura. Unde Christus per Scripturam eam monuit, ut quietem contemplationis intermitteret, tumultum vitiorum exhortando et corrigendo sedaret. Et notandum quod primo corona sponsæ proponitur pro certamine, contra Amana, id est pro sævitia persecutorum; deinde pro labore contra aquilonem, id est pro vexatione hæreticorum. Tunc tertio præmium promittitur ei pro vigilantia contra guttas noctium, id est pro exhortatione et correctione lapsorum. Igitur sponsa repræsentat verba sponsi se excitantis, dicens :

VERS. 25. — *Vox dilecti mei pulsantis* ad ostium cubiculi mei fuit hæc : *Aperi mihi, soror mea, amica mea, columba mea, immaculata mea*, ut intrem ad te, quia *caput meum plenum est rore, et cincinni mei pleni guttis noctium*, tota nocte stans sub dio et audiens tumultum militum. Cui ego respondi : *Exspoliavi me tunica mea, quomodo induar illa*, ut surgam et aperiam tibi? *Lavi pedes meos, quomodo inquinabo illos, ambulans quo præcipis?* Hæc verba demonstrant Christi sollicitudinem erga negligentes et errantes, ut spirituales corrigantur, et Ecclesia ad fervorem contemplationis, ad tædium vero sæcularis administrationis excitetur. Christi Patris et Ecclesiæ dilecti vox, in Scripturis ad ostium cordis spiritualium pulsantis, id est monentis, hæc est : O Ecclesia, soror mea, quia per me cohæres regni; amica mea, quia per me coelestium arcanorum conscia ;

columba mea, quia per me Spiritu sancto repleta; immaculata mea, quia per me a peccatis emundata; aperi mihi exhortando ostium cordis eorum, qui illud pessulo malorum operum clauserunt, et guttæ noctium, id est membra dæmonum facti sunt; et eris soror mea, si exhæredes per malitiam feceris cohæredes meos per gratiam; et eris amica mea, si inimicos ob perfidiam feceris amicos per fidei constantiam; et eris columba, si duplices corde, feceris simplices; et eris immaculata, si maculatos vitiis feceris immaculatos virtutibus, quia caput meum plenum est rore, id est fides divinitatis meæ repleta est errore. Et cincinni mei pleni sunt guttis noctium, id est fideles mei repleti sunt peccatis dæmonum, quia caput Christi Deus est, per caput intelligitur fides divinitatis; per ros, qui in nocte cadit, et solis ardore recedit, accipitur error infidelitatis, qui de nocte ignorantiæ venit, sed luce veritatis recedit. Cincinni, id est capilli, sunt fideles, per fidem capiti Christo adhærentes. Guttæ noctium sunt lapsi de fidelibus, ut guttæ de capillis in sententias hæreticorum: vel in peccatis dæmonum, qui sunt noctes ad æternas tenebras ducentes. Caput ergo et ros noctis intelliguntur in fide divinitatis errantes; per cincinnos et guttas noctis dæmonibus in peccatis consentientes. Horum cordis ostium aperi mihi docendo, ut intrem per gratiam, et habitem in cordibus eorum per fidem, et mansionem mihi in mentibus istorum faciam per bonam operationem. Vox Ecclesiæ Christo respondentis, et quasi curam sæcularium recusantis, et ideo regimen fugientis: Exspoliavi me tunica mea. Id est exui me sæculari sollicitudine, quomodo induar illa? id est quomodo iterum reassumam illam. Hoc non dicit quasi inobediendo, sed sæcularem honorem fugiendo. Qui enim in sæcularibus præficitur, in spiritualibus dejicitur, quia sicut corpus tunica induitur, sic mens sæcularium cura implicatur. Quam exutam nolunt spirituales reinduere, sed in spiritualibus soli Deo vacare. Vocati vero a Deo suam voluntatem postponunt, et onus regiminis causa proximorum inviti subeunt. Unde gementes dicunt: Lavi pedes meos, quomodo inquinabo illos? Pedes animæ sunt affectiones, quibus ad quæque desideria transfertur, sicut corpus pedibus graditur; quæ sunt concupiscentia, timor, gaudium, dolor. Concupiscit enim terrena, timet ne minime adipiscatur cupita, gaudet de adeptis, dolet de amissis. Hos pedes lavit, dum terrenas affectiones lacrymis pœnitentiæ abluit. Hos iterum inquinare timet, quia qui in sæculari regimine positus est, vix aut nullatenus sordes peccatorum evitare valet; sed cum sponsa tardat aperire sponso pulsanti, jam non voce, sed manu tangit eam: de quo tactu tremefacta surgit, ut ei aperiat: quia cum Ecclesia in spiritualibus viris curam proximorum suscipere refugit, Christus ei opus obedientiæ suæ anteponit, de quo perterrita facit pro proximis quod Christus fecit pro inimicis, unde subditur:

Vers. 4, 5. — *Dilectus meus misit manum suam per foramen, et venter meus contremuit ad tactum ejus.* Similitudo est ab illo, qui ad ostium cubiculi amicæ pulsat, et cum ei non aperuerit, per fenestram manu tangit eam, et illa surgens aperit ei. Manus dilecti est operatio obedientiæ Christi. Per manum quippe opus, quod per manum fit exprimitur. Foramen cubiculi dilectæ, est auris corporis, quod est cubiculum animæ. Manum ergo suam dilectus per foramen misit, quando per aurem corporis in memoriam animæ misit opus suæ obedientiæ: quando de gloria cœlestis regni egressus, laborem hujus exsilii subiit, et inimicis suis pœnitentiam et remissionem peccatorum, et regnum cœlorum prædicavit, quatenus ejus exemplo laborem mundi subiret, ut proximus in periculo animæ positis subveniret. Sed venter Ecclesiæ ad tactum Christi intremuit, quia dum quisque spiritualis fragilitatem suam consideravit, de facto Christi pertimuit, ne ad injunctum officium exemplo Christi minus idoneus esset, inobediens autem factus a Christo periret. Per ventrem autem qui est molle membrum, fragiles in Ecclesia intelliguntur, ex quibus tamen spirituales filii gignuntur. Tacta manu sponsi tremefacta, *surrexi ut aperirem dilecto meo.* Ejus exemplo sum tacta de inobedientia mea. Tremefacta, surrexi de loco ubi dormivi, quia quietem contemplationis intermisi, ut aperirem dilecto meo, corda in malitia indurata, et a bonitate clausa. Notandum quod dilecto voce pulsanti non aperit, manu autem tangenti mox aperit, quia ostium cordis magis exemplo operis, quam voce prædicationis reseratur, ut Christus per fidem introducatur. Suscepto autem regimine cum spiritualis vir cœperit bona coram proximis operari, et eos ad bene operandum hortari, mox incipient ei mali adversari, aliquando ab eo correpti etiam mortem minari, unde subditur:

Vers. 5, 6. — *Manus meæ distillaverunt myrrham et digiti mei pleni myrrha probatissima.* Per manus operatio, per myrrham persecutio, per digitos studia, per myrrham probatissimam summa tribulatio innuitur. Myrrha probatissima est optima myrrha, quæ alibi dicitur myrrha electa, et intelligitur mors Christi. Regina ergo quæ flante austro aromata collegit, myrrham manibus tulit, unde nunc dicit: Manus meæ distillaverunt myrrham, hoc est, opera mea, quæ exempla mortificationis fuerunt, persecutionis amaritudinem mihi moverunt. Digiti mei pleni myrrha probatissima, id est studia mea, quæ erant imitantia patientiam Christi, moverunt mihi tribulationem mortis, instar mortis Christi, quæ ab his passus est, quos docuit viam salutis. Notandum quod tres crucifixi sunt, Christus, latro confitens, latro blasphemans. Qui innocenter mala vel mortem patitur, cum Christo crucifigitur. Qui nocens, sed peccata confitens, cum latrone confitente salvatur; qui nocens, et non confitens patitur, cum latrone blasphemante damnatur. Ego ad tactum sponsi surrexi, ut aperirem ei, et per myrrham stiltantem, id est per amaritudinem anundantem, quam exemplo Christi passa sum, *pessulum ostii mei aperui dilecto meo*. Ecclesia est civitas, vel domus, vel templum Dei, cujus ostium est fides, per quam intratur ad patremfamilias Christum. Pessulum ostii est infidelitas vel duritia cordis, qua ostium fidei obstruitur, ne Christus in domum animæ ingrediatur. Sed pessulum ostii aperitur dum infidelitas per rationem destruitur, vel duritia cordis sermone blando emollitur. Et sic pulsans sponsus in cubiculum cordis recipitur. Unde scribitur : *Ego sto ad ostium, et pulso, si quis aperuerit mihi, intrabo ad eum, et cœnabo cum illo, et ille mecum* (Apoc. III, 20). Ad ostium stat Christus, et pulsat, dum cor malitia clausum, superna gratia visitat, sed hoc ostium aperit qui oblatam gratiam per pœnitentiam recipit. Christus intrabit, et cum eo cœnabit, dum animam pœnitentis sapientia repleverit, et consolatione Scripturarum satiaverit. Ubi autem pulsanti non aperitur, declinat et transit ad eum, qui ei januam cordis reserat : Unde apte subditur : *At ille declinaverat atque transierat*. Ab illis namque declinat qui ei cor pessulo duritiæ obstruunt : ad illos vero transit, qui ei pœnitendo aperiunt. Similitudo est ab illo qui diu ad ostium amicæ pulsans non intromittitur, et indignans regreditur. Declinat etiam dilectus, et transit, dum divinitas ejus mentis cogitationem excedit. Sed quia ubi sermo divinus recipitur, ibi protinus cor in malitia induratum ad pœnitentiam emollitur recte subjungitur :

Vers. 6. — *Anima mea liquefacta est ut dilectus locutus est*, dicens : Aperi mihi soror mea. Sponsa ostium aperiens et dilectum non inveniens, venit ad chorum filiarum Jerusalem, quæ secum venerant, et querula voce refert eis, quod pulsanti dilecto non aperuerit, quod postea quæsitum non invenerit, quod vero vocatus non responderit, quod custodes civitatis eam plagaverint, vulneraverint, theristrum ejus tulerint; atque anxia rogat, ut si cum invenerint, quæ passa sit pro ejus amore ei nuntient. Similitudo est ab illa amica amante, quæ amicum anxia in nocte quærit, vigiles incauta incurrit, vestes perdit, plagas accipit, et hæc postea dolens consodalibus refert. Per sponsam in hoc loco intelligitur Ecclesia pœnitentium, dilectum in culpa amissum pœnitendo et confitendo quærentium, et gemebunda voce filiabus Jerusalem, id est spiritualibus et religiosis in confessione ita dicentium : Anima mea, quæ aquilone flante in malitia indurata est, flante austro, liquefacta est, ut dilectus ista locutus est : Aperi mihi soror mea, quam sanguine meo feci cohæredem mihi. Hac voce anima mea compuncta ad exprimendam imaginem sponsi, ut cera est liquefacta. Porro spiritus, id est superior vis animæ hic loquitur : *Quæsivi* cogitando divitias patientiæ suæ, qua me peccantem obstinatum, se provocantem tam diu sustinuit, *et non inveni* immensam misericordiam quæ peccantibus parcit. *Vocavi* clamore cordis, volens scire occulta judicia ejus, quare malos diu sustineat, bonos puniat, aliquando malos per pœnitentiam eligat, bonos per culpam abjiciat, pares in culpa unum convertat, alium relinquat : *et non respondit mihi*, id est per Scripturas non indicavit mihi, ut non in meis operibus, sed in sua misericordia fiduciam habeam. Ipse me quæsivit, dum choros angelorum in cœlis reliquit, et me ut ovem errantem in mundo quæsivit. Vocavit quando dixit : *Convertimini ad me, filii revertentes, et ego reficiam vos* (Jer. III, 14). Hanc vocem contempsi. Ideo clamantem me in tribulatione non exaudit Dominus. Me ita quærentem et vocantem invenerunt custodes, qui circueunt civitatem, scilicet prælati Ecclesiæ, verbo et exemplo, custodes legis Dei, qui circueunt civitatem, id est Scripturis muniunt Ecclesiam, invenerunt me peccatis et abominationibus plenam; *percusserunt me* timore judicii et peccatorum : *et vulneraverunt me* compunctione et pœnitentia : *tulerunt pallium meum*, scilicet multitudinem peccatorum, qua circumdata eram per injunctam pœnitentiam, *custodes murorum*, id est doctores librorum, quibus cingitur ut muro Ecclesia civitas Dei. Vel pallium, id est velamen ignorantiæ abstulerunt, dum mihi occulta Dei judicia exposuerunt. Custodibus ergo civitatis, vel custodibus murorum, qui me talem invenerunt, et me taliter tractaverunt, cum magno gemitu dixi :

Vers. 8. — *Adjuro vos, filiæ Hierusalem, si inveneritis dilectum meum, nuntietis ei quia amore langueo*. Quasi dicat : Vos spirituales animæ cœlestis Hierusalem, filiæ per fidei sacramentum, vos constringo, si inveneritis in Scripturis dilectum meum, id est si legendo intellexeritis opera dilecti mei (ille quippe alium invenit, qui ejus mores vitamque cognoscit), ut nuntietis ei per me, hoc est, me doceatis gratias agendo, et aliis prædicando nuntiare. Ille etenim nuntiat, qui alium nuntiare docet. Quia amore langueo, id est causa amoris ejus circa terrena langueo, et sola cœlestia desidero. Et quæ sunt opera dilecti, scilicet quod Altissimus odio habet peccatores, et misertus est pœnitentibus : et quod *universæ viæ Domini sunt misericordia et veritas* (Psal. XXIV, 10). Misericordia super pœnitentes, veritas super peccantes. Hoc nuntiabitis per me, quod est diligendus, quia misericorditer parcit his qui ei pœnitendo ostium cordis aperiunt, et juste punit hos qui ei januam cordis male vivendo obstruunt. Nota quod sex articulos dolentis animæ ponit, quia in sex ætatibus vel sex diebus, sex opera misericordiæ facit, quibus ad senarii perfectionem pervenit, scilicet, quod anima ad vocem Domini in compunctione liquescit ; quod eum conversatione anxia quærit ; quod eum lamentis invocat, quod ejus desiderio tota die, id est omni tempore adversis flagellatur, doloribus vulneratur, rebus necessariis despoliatur. Ideo autem hoc lamentum in cantico amoris ponitur, quia anima fidelis Christi sponsa per pœnitentiam ei conjungitur : *Et gaudium erit in cœlis angelis super uno peccatore pœnitentiam agente* (Luc. XV, 10). Hoc lamentum plus tropologiæ, quam allegoriæ ascribitur, quia in hoc Ecclesia pœnitentes ad bonos mores hortatur. Et ideo hic allegoria deficit. Juxta anagogen autem Ecclesia peregrinans dormit, et cor ejus vigilat, quando ad terrena et caduca insensibilis fit, et ad sola cœlestia anhelat. Huic vox dilecti pulsat, quando eam per molestiam corporis vel vicinæ mortis ad supernam patriam vocat. Cui mox aperit, quia ejus vocationem gratanter accipit. Nam ut soror in hæreditatem Domini introducitur, ut amica in secretis cœlestibus admittitur, ut columba a Spiritu sancto illustratur, ut immaculata in thalamo sponsi collocatur. Tunica se spoliat, quando corpus deponit: pedes lavat, quando vel exiguum pulverem cogitationum per ultimam pœnitentiam abluit. Dilectus manum mittit, quando eam dolore mortis tangit. Sed venter ad tactum ejus tremuit, quia de minimis peccatis, quæ per fragilitatem carnis commisit, judicis sententiam meruit. Surgit tamen ut ei aperiat, quia visionem ejus quæ sursum est optat. Manus ejus myrrham stillant, quia opera quibus hic pro Christo est mortificata repræsentat, ut pro his æterna præmia recipiat. In sequentibus anagoge deficit. Sponsæ dilectum absentem anxie quærenti, et filias Hierusalem de eo sciscitanti, respondit chorus filiarum Hierusalem:

Vers. 9. — *Qualis est dilectus tuus ex dilecto, o pulcherrima mulierum? Qualis est dilectus tuus ex dilecto, quia sic adjurasti nos?* Filiæ Hierusalem sunt Ecclesiæ, quæ superius dictæ sunt filiæ Sion, quæ egressæ ad videndum regem coronatum, cum regina bellum contra Amana inierunt, et ab ea in hortis refectæ sunt; et intelliguntur Ecclesiæ de Judæa, in qua est Hierusalem vel Sion, ad fidem Christi conversæ, quæ cum Ecclesia gentium spirituale bellum contra diabolum inierunt, et epulis spiritalibus, scilicet Scripturis vel corpore Christi refectæ sunt. Interdum in hoc libro filiæ Sion sunt Ecclesiæ de Judæis conversæ; filiæ vero Hierusalem, Ecclesiæ de gentibus vocatæ. Quia sicut ad litteram minor est Sion in mœniis et numero inhabitantium. Hierusalem autem major et ædificiis et numero civium, sic Ecclesiæ de Judæis paucioris numeri sunt fidelium, Ecclesiæ autem de gentibus amplioris numeri sunt credentium. In hoc loco filiæ Hierusalem sunt Ecclesiæ vel animæ imperfectorum, de matre Ecclesia, quæ est perfectorum, secreta Christi discere volentium. Et notandum quod in hoc Cantico dramatis, fit mutatio personarum, sicut in comœdiis gentilium. Prius quippe introducta est vox Ecclesiæ pœnitentium; et ecce introducitur vox Ecclesiæ imperfectorum discere volentium, et mox subsequitur vox Ecclesiæ perfectorum alios docentium, et hoc totum fit propter unitatem catholicæ Ecclesiæ, quæ in omnibus membris suis est una sponsa Christi, quæ in duabus naturis est una persona. Et propter hanc unionem aliquando dicit: *Pater major me est* (Joan. xiv, 28). Aliquando vero: *Ego et Pater unum sumus* (Joan. x, 30). Dicunt ergo filiæ Jerusalem ad matrem Ecclesiam, id est imperfecti ad spirituales: Qualis est dilectus tuus ex dilecto, o pulcherrima mulierum. Hoc est dicere: O Ecclesia mater credentium, pulcherrima mulierum, id est fide et opere, et prædicatione integerrima omnium, spiritales partus edentium, doce nos quam magnus sit in divinitate dilectus tuus Christus natus ex dilecto Deo Patre. Et doce nos, qualis sit dilectus tuus ex dilecto, hoc est, quam gloriosus sit per miracula in humanitate conceptus, ex Spiritu sancto natus de Virgine Maria matre, quia sic adjurasti nos, vel sic fidei sacramenta docuisti nos, ut Christum credamus ex Deo Patre Deum natum, et hominem ex matre factum. Qui Dominicus homo dicitur ex Spiritu sancto conceptus, quia nullis præcedentibus meritis, sed solo dono Dei in deitatem est assumptus. Respondit Ecclesia spiritualium, docens mysteria Christi filias Jerusalem, id est Ecclesias vel animas imperfectorum, scilicet sæcularium. Quam doctrinam quasi in decem membra corporis distinguit, quia tota sacræ Scripturæ doctrina in Decalogo legis existit. Ideo autem hæc mystica doctrina huic capitulo inseritur, quoniam de pace Ecclesiæ scribitur; quia profunda sapientiæ in pace sunt discenda, in persecutione facienda. Et hoc notandum quod istud capitulum ab historia et ab anagoge deficit. Allegoria vero et tropologia splendescit, quia id solum Christum et sua membra respicit.

Vers. 10-16. — *Dilectus meus candidus et rubicundus, electus ex millibus.* Per candorem splendor sanctitatis, per ruborem vero notatur ardor passionis. Dilectus Ecclesiæ est Christus, quem præ vita et præ omnibus terrenis dilexit, dum in persecutione honores, dignitates, amicitias mundi ejus amore contempsit, et ipsam mortem per varios cruciatus corporis subiit. Hic per humanitatem est candidus, quia de Virgine natus, et a labe peccati mundus. Et ipse rubicundus martyrio, quia peccatores lavit sanguine suo, a Deo Patre electus ex millibus apostolis et sanctorum ægminibus, ut per eum reconciliaretur mundus. Per millenarium notatur perfectio. Christus electus ex millibus, scilicet ex omnibus perfectis ad redimendum genus humanum, quod nullus alius facere potuit. Et notandum quod prætermissis omnibus virtutibus cæteris, per duo tantum dilectus laudatur, videlicet per munditiam vitæ et martyrium; quia per hæc fideles ad castitatem et patientiam informantur, per quæ maxime salvantur, ut scribitur: *Sine sanctimonia nemo videbit Deum* (Hebr. xii, 14). Et iterum: *In patientia vestra possidebitis animas vestras* (Luc. xxi, 19). Secundum divinitatem autem *caput ejus aurum optimum.* Caput Christi est divinitas, quia sicut caput continet corpus, sic Divinitas continet humanitatem. Hoc caput est aurum optimum, id est purissimum, quia sicut aurum omnia metalla præcellit fulgore et dignitate, ita Divinitas omnia præcellit honore et majestate. Et hoc aurum est optimum, quia Divinitas est summum bonum, ex qua omne bonum ut de fonte profluit, sicut vigor omnium sensuum a capite descendit. *Comæ ejus sicut elatæ palmarum*, hoc est, angelicæ virtutes specialiter Deo, ut comæ capiti, inhærentes, sunt semper pulchritudinem ejus intendentes. Vel comæ ejus sunt divinæ dispensationes, quia sunt ut elatæ palmarum rectæ; *sed nigræ quasi corvus*, quia stultis despicabiles. *Oculi sicut columbæ super rivulos aquarum*, hoc est, dona Spiritus Sancti quæ ipse dat, amatores suos non in cœno, more porcorum, volvi permittunt, sed in similitudinem aquarum claros et perspicuos reddunt, nil tenebrosum habentes. Unde et rivulis et mundis aquis non stagnis turbulentis comparantur, quia Deum vident, et divinorum charismatum luce replentur: quæ charismata quia sola gratia dantur, subditur: *Quæ lacte sunt lotæ*, quia sicut mater sola dilectione naturali lac filiis ministrat, sic Deus sola gratia dona charismatum filiis donat: *Quæ resident juxta fluenta plenissima*, quia quanto de Deo clarius vident, tanto magis ad altiora cognoscenda intendunt. *Genæ illius sicut areolæ aromatum*, hoc est, modestia et pietas, quæ in Christo singulariter refulsit, dulcedine doctrinarum delectabat præsentes, attrahebat absentes; sicut areolæ aromatum delectant odoris et aspectus gratia aspicientes. Quæ areolæ sunt consitæ a pigmentariis, id est medicis, scilicet apostolis et prophetis animarum medicis, qui concordi voce non solum Christi sermones, sed et more sacris paginis, quasi areolis, descripsere. *Labia ejus distillant myrrham primam* hoc est, verba doctrinæ ejus, quæ claritatem regni cœlestis promittunt gravia patientibus, myrrham primam, id est contemptum mundi et voluptatum prædicant. *Manus ejus tornatiles*, hoc est opera ejus sunt polita et perfecta ut tornatura. Quæ enim verbo docuit, opere complevit, ut de doctrina ejus mirantes operibus confirmaret. Et hæ manus sunt *aureæ*, quia virtutes quas in homine gessit, divinitatis gloria perfecit, quæ nos ad spem et amorem cœlestium excitant. *Plenæ hyacinthis*. Hyacinthus est herba purpurei floris, febres expellens suavitate odoris; quod est passio Christi, quæ expellit morbum infidelitatis. Manus ejus plenæ erant hyacinthis, quia in cruce perforatæ clavis, quasi purpureo sunt colore respersæ rubore sanguinis. *Venter ejus eburneus*, hoc est, fragilitas humanitatis est nitens candore castitatis, et ab omni peccato immunis. Et hic venter est *distinctus saphiris*, quod est lapis sereno cœlo similis, sublimitatem cœlestium significans; quia partim humana fragilitas esurie, tentatione, fatigatione, morte; partim divina celsitudo miraculis, resurrectione et ascensione intelligitur. *Crura illius columnæ marmoreæ*, hoc est, itinera incarnationis ejus sunt recta et firma, quia quidquid per eum gestum est, ante tempora a Deo dispositum est. *Quæ columnæ fundatæ sunt super bases aureas*, id est prophetas, sapientia lucentes, quia talis in carne apparuit, qualis ab illis prædictus in divina dispositione fuit, *species ejus ut Libani*, hoc est, pulchritudo ejus est decor omnium sanctorum, sicut Libanus est decor omnium montium. *Electus ut cedri*, hoc est, sicut cedri sunt præ omnibus lignis, ita Christus est egregius præ omnibus sanctis. Quomodo enim Libanus altitudine et amplitudine est insignis, ita Christus inter omnes qui de terra orti sunt, antecellit. Et sicut ille mons nobilium est ferax arborum, ita ille omnes sanctos in se radicatos extollit et conservat. Et sicut cedrus pulchritudine, fortitudine, sublimitate, odore omne decus silvarum antecedit, sic dilectus, speciosus forma præ filiis hominum; quia ipse non accepit ad mensuram, sed totum Deum, et nos omnes de plenitudine ejus accepimus. *Guttur illius suavissimum*, hoc est, internus sapor et dulcedo verborum ejus, quam pauci gustant, est suavissima; qui autem gustant, amplius esuriunt. Guttur etiam est occulta dispositio bonitatis ejus, qua factum est, ut foras nobis loqueretur. *Et totus desiderabilis*, id est Deus et homo, quia non solum secundum divinitatem, sed etiam secundum humanitatem ab ipso initio conceptionis, usque ad triumphum passionis, resurrectionis, et ascensionis est in omnibus desiderabilis.

VERS. 16. — *Talis est dilectus meus, et ipse est amicus meus, filiæ Hierusalem.* Quasi dicat: O Ecclesiæ, vel fideles animæ, filiæ Hierusalem, si vultis diligere Christum, et ab eo diligi, necesse est ut talem eum, qualem dixi, intelligatis. Hæc allegoria specialiter Christo convenit; tropologia autem quæ sequitur, magis membris ejus convenit. Christus est caput Ecclesiæ, quia sicut a capite omnia membra reguntur, sic omnes electi a Christo reguntur. Quod caput est aurum optimum, id est obrizum, quia sicut illo auro alia metalla deaurata auri fulgorem induunt, sic omnes a Christi nomine Christiani dicti, in regno ejus ut sol fulgebunt. Comæ ejus elatæ palmarum. Palma dicitur victoria, est autem palma arbor inferius angusta, superius lata, et significat vitam justorum, qui per arctam et angustam viam, id est per jejunia et vigilias, et alia corporis aspera ad latitudinem charitatis ambulant, ut ad victoriam certaminis perveniant. Elatæ palmarum sunt idem, quod spatulæ, id est ranii productiores, semper a l excelsa tendentes, qui virorem nunquam amittunt, quandiu in palma sunt, præcisi vero mox arescunt. Comæ igitur illius sunt fideles ad cœlestia per victoriam virtutum tendentes, qui virorem fidei nunquam amittunt, quandiu per arctam viam ad vitam pergunt; ab hac deviantes, mox a vita arescunt. Aliqui dicunt elatas palmarum esse speciem arboris aromaticæ, quam Latini abietem vel spatam vocant. Nam Græce abies *elates* dicitur, et significat sanctos ad superna tendentes. Et hæ comæ sunt nigræ quasi corvus, id est justi despecti sunt in mundo, sicut fuit Christus. Corvus significat peccatores. Christus dicitur corvus, quia inter peccatores est reputatus a dicentibus: *Nos scimus quia hic homo peccator est* (Joan. IX, 24). Et iterum: *Si hic non esset malefactor, non tibi tradidissemus eum* (Joan. XVIII, 30). Comæ nigræ sunt, ut hic corvus, quia fideles ita despecti sunt ab impiis ut a Judæis Christus, quilus dictum est : Hi malefici sunt et seductores. Corvus etiam pullos sibi dissimiles non pascit, et Christus Christianos sibi dissimiles abjicit. Oculi ejus sicut columbæ super rivulos aquarum. Hoc sunt sapientes cum corde intuentes, et per quos alii eum intuentur; hi sunt ut columbæ simplices, innixi super Scripturas, divino Spiritu fluentes. Quæ columbæ lacte sunt lotæ, id est dulci doctrina a terrenis mundatæ, et resident juxta fluenta plenissima, id est morantur juxta dona Spiritus sancti abundantissima. Rivi sunt Scripturæ Veteris Testamenti : fluenta plenissima, copiosa, et exuberans Evangelii doctrina. Solent columbæ juxta fluenta residere, ut volatum avium in aqua per umbram videant, et sic ungues vitent; sic sancti in Scripturis fraudes dæmonum percipiunt, et ex deceptione quam attendunt, quasi ex umbra hostem agnoscunt, et fugiunt. Quæ fluenta plenissima dicuntur, quia de quibuscunque consilium in Scripturis quæritur, per illam ad plenum invenitur. Genæ illius sicut areolæ aromatum. Hoc sunt prælati pudibundi, quos pudet turpia audire, nedum facere; hi habent in se germina multarum virtutum : quæ areolæ *consitæ* sunt *a pigmentariis*, hoc est paginæ virtutum scriptæ sunt ab Apostolis vel quibuslibet præcedentibus patribus. Labia ejus lilia distillantia myrrham primam. Myrrha prima est optima, et intelligitur mors Christi, quæ est optima, quia totius mundi redemptio. Labia Christi sunt aperientes voluntatem ejus, qui sunt ut lilia candidi in virtutibus; qui lilia sunt distillantia myrrham primam, id est ipsi sunt docentes verbo et exemplo amaritudinem mortis Christi. Manus ejus tornatiles aureæ, hoc est, bona operantes, sunt irreprehensibiles coram hominibus, ut aurum lucentes : quæ manus sunt plenæ hyacinthis, quia sola spe et desiderio cœlestium sunt laborantes. Hyacinthus quippe est lapis aerii coloris, vel viridis, et cum aura mutatur, et sunt sancti in virtutibus virentes, et cœlestia appetentes, et mores pro temporibus mutantes. Venter ejus eburneus distinctus saphiris. Venter Christi sunt habentes uxores, tanquam non habentes, fidem castitatis conjugibus servantes. Elephas namque, cujus os est ebur, castum est animal et adeo frigidæ naturæ, ut super os ejus, id est super ebur posito gracili lineo panno, et super pannum posita pruna exstinguatur illæso panno. Et os continuum claudit corpus ejus, unde dicitur invulnerabile. Significat autem sanctos et castos a telis diaboli invulnerabiles. Sapphirus est lapis speciem sereni cœli habens. Venter ergo Christi est distinctus sapphiris, quando conjugati sunt contenti cœlestibus disciplinis. Crura illius columnæ marmoreæ. Hoc sunt illi, qui rebus suis religiosos sustentant. Qui ut columnæ marmoreæ sunt recti in scientia, et infrangibiles a vitiis; quæ fundatæ sunt super bases aureas, id est super fidem patriarcharum et apostolorum per opera castitatis lucentem. Species ejus ut Libani. Quod sunt virgines, munditia vitæ albæ, castitate candidæ, ut cedri operibus odoriferæ. Guttur illius suavissimum, hoc est, emittentes verba doctrinæ sunt suavissimi. Et est totus desiderabilis, scilicet in se et in omnibus membris suis amabilis talis est, ut dixi, dilectus meus, in se et in membris suis ; et iste est amicus meus, quia hunc solum amo, et amor ab eo, et vos amate cum, o filiæ Hierusalem, id est Ecclesiæ pacem in cœlis visuræ.

Notandum quod, sicut decem ordines electorum per decem membra corporis, id est per caput, et comas, et cætera describuntur, ita virtutes eorum per decem res, id est per aurum, palmas et cæteras exprimuntur, quæ denario vitæ remunerabuntur. Qui et anagogæ assignatur. Primus ordo est prælatorum qui per caput notatur, cujus opera ut aurum fulgent, quia sapientia et charitate splendent. Quod aurum est optimum, quia charitas et sapientia omnibus virtutibus supereminent. Secundus ordo est subditorum, id est obedientium, qui per comas exprimuntur; cujus actio palmæ vel corvo assimilatur, quia studio bonæ actionis ut palma viret : tribulatione, ut corvus sordet. Tertius ordo est doctorum qui per oculos figuratur, cujus opera columbis vel rivis comparantur, quia simpliciter vivunt et doctrina fluunt. Quartus est religiosorum, qui per genas demonstratur, cujus actus sunt ut aromata, quia redolent vita et fama. Quintus ordo est magistrorum, qui per labia designatur, qui liliis vel myrrhæ adæquatur, quia præminent cordis munditia, et carnis mortificatione. Sextus ordo est militum Ecclesiam armis defendentium, qui per manus ostenditur, cujus opera auro et hyacintho assignantur, quia tempore pacis puritate, tempore belli discretione decoratur. Septimus ordo est conjugatorum, qui per ventrem intelligitur, qui ebori vel sapphiro similis scribitur, quia pudore et cœlesti desiderio insignitur. Octavus ordo est agricolarum, qui per crura notatur, qui columnis vel mari comparatur, quia rectitudine et stabilitate hominum fulcitur. Nonus ordo est virginum, qui per speciem, id est pulchritudinem exprimitur, qui Libano vel cedro adæquatur, quia et candore castitatis, et odore actionis adornatur. Decimus ordo est continentium, vel orantium, qui per guttur exprimitur, qui suavitati assimilatur, quia munda vita, et sancta oratio suavitas Deo comprobatur. Et neminem moveat, quod idem sensus Scripturæ nunc illis nunc aliis ascribitur, quia per hoc maxime unitas Ecclesiæ commendatur; cum nunc de prælatis ad subditos, nunc de subditis ad prælatos, transfertur. Propterea notandum quod superius in laude Ecclesiæ, in persecutione militanti, septem ordines electorum per septem membra corporis scribuntur. Huic vero Ecclesiæ in pace degenti, decem ordines præscripti assignantur; quia et illa septem donis Spiritus sancti armata pugnavit contra persecutores, et ista decem præceptis legis armata, contra vitia pro denario vitæ dimicat. Postquam sponsa filiabus Hierusalem, qualitatem dilecti exposuit, chorus filiarum Hierusalem respondit :

Vers. 17. — *Quo abiit dilectus tuus, o pulcherrima mulierum.* Similitudo est a consodalibus, qui sollicite dilectum cum amica quærunt. Filiæ Hierusalem, sunt Ecclesiæ vel animæ imperfectorum; Hierusalem vero Ecclesia perfectorum. Ecclesiæ dictæ sunt mulieres, quia pariunt filios spirituales. Pulchra est, quæ caret labe hæresis; pulchrior, quæ floret studio bonæ actionis; pulcherrima, quæ fulget instantia prædicationis. Dicunt ergo imperfecti ad perfectos, carnales ad spirituales, activi ad contemplativos, subditi ad prælatos, indocti ad doctos : Quo abiit dilectus tuus, o pulcherrima mulierum. O Ecclesia spiritualium, fide et opere, quam maxime Deo placens inter Ecclesias, spirituales partus edentes, doce nos quomodo quæras quasi absentem, quem prædicas ubique præsentem; et si est præsens, qualiter sit videndus; et si absens, qualiter sit inveniendus; *et quæremus eum tecum* fide et devotione. Aliud est abire, aliud declinare : ille abit, qui in longinquum vadit ; ille declinat, qui æstum devitans, in proximum locum, in umbram secedit. Christus corporaliter abiit, cum videntibus discipulis cœlos ascendit; spiritualiter vero declinavit, cum de Synagoga in Ecclesiam per gratiam venit. Hic videndus est credendo, quærendus orando, inveniendus bene vivendo, cum scriptum sit : *Cœlum et terram ego impleo* (Jer. xxiii, xxiv). Quæritur, quomodo Deus dicatur abire vel adire. Sciendum est quod tres motus sunt : unus localis et temporalis, qui proprie est corporis, quod de loco ad locum per tempus movetur; alter est temporalis, et non localis, qui proprie est spiritus, qui per tempus, non per locum movetur, cogitando præterita vel futura; tertius est nec localis, nec temporalis, sed æternus, qui proprie est Dei, cum movetur volendo ad id faciendum, quod æternaliter statuit fiendum. Dicitur ergo Deus abire, cum indignis gratiam subtrahit; dicitur adire, cum gratiam suam largitur his quos dignos gratia sua fecerit. Et ibi non fit mutatio loci vel temporis. Item quæritur cum Deus ubique sit totus, quomodo dicatur esse totus alicubi; quod enim est totum alicubi, illius pars nulla est alibi : omne quippe quod loco continetur, tribus dimensionibus, scilicet longitudine, latitudine, altitudine per spatium distenditur, et sex circumstantiis videlicet supra et infra, dextra et sinistra, ante et retro circumscribitur. Sed omnis dimensio et circumscriptio longe a Deo removetur, qui spiritus esse scribitur. Sciendum vero quod tribus modis esse dicitur. Omne quippe quod est, aut est in loco localiter, vel in loco illocaliter, vel extra locum illocaliter. In loco localiter est corpus, quod locum sua mole occupat, et aliud eodem tempore ibi esse non sinit, ubi illud est; verbi gratia, vinum in utre totum spatium interius occupat, et acetum non potest infundi, nisi vinum effundatur. In loco autem illocaliter est anima in corpore, quæ nullum locum ibi occupat; sed illud illocaliter vivificat, et sensificat, et non est opus ut recedat, dans locum cibo vel potui ut introeat. Extra locum vero illocaliter est Deus, in seipso simpliciter omnia loca continens æqualiter, et omnia tempora circumcludens præsentialiter. Igitur ubique est totus, quia est substantia, et ratio, et causa, locus, spatium, et terminus omnium. Respondet sponsa filiabus Hierusalem, scilicet ordo in Ecclesia docentium ordini discentium :

CAPUT VI.

Vers. 1, 2. — *Dilectus meus,* de Synagoga *descendit* per gratiam *in me* Ecclesiam, *hortum suum,* quæ fluentis Evangelii irrigata profero germina virtutum, *et venit ad areolam aromatis,* id est, ad cœtum spiritualium, ubi est collectio bonorum operum, *ut pascatur in hortis,* hoc est, delectetur de bonis operibus in Ecclesiis, fide et opere fructiferis, vel in claustris floribus virtutum odoriferis, *et lilia colligat,* id est opera castorum in unitatem fidei congreget, et in virtutibus candidis angelis associet. In me ergo horto suo non extra est quærendus, et præcipue in areolis aromatum, et in hortis, id est in claustris, in conventu spiritalium, quia *ego dilecto meo,* subaudis præparo locum in me manendi humilitate et castitate, *et dilectus meus præparat mihi apud se locum receptionis, qui pascitur inter lilia,* id est delectatur intra sancta desideria castarum mentium, ibi est inveniendus. Ecclesia est hortus Christi a simili, quia sicut hortus profert varios germinum flores, ita Ecclesia profert diversos virtutum sectatores. In hunc hortum dilectus descendit, cum Christus in Ecclesia fidelibus per misericordiam condescendit, aut dona Spiritus sancti largiendo, aut peccata remittendo, aut petita tribuendo. Areola est terra in horto æquis lateribus hinc inde composita, solerti fossatorio creberrime reversata, superfluis graminibus expurgata. Et intelligitur claustralis vita confessione et pœnitentia a vitiis purgata, regularibus disciplinis semini verbi Dei et virtutibus adaptata, in qua crescunt virtutum aromata, quorum odore delectatur Christus. Est etiam areola fidelis anima pœnitentia purgata, studio religionis planata; de qua redolent bonorum operum aromata, quibus pascitur sponsus. Sponsa cum filiabus Hierusalem dilectum diu quæsitum, in horto aromata et lilia colligentem reperit, quia Ecclesia Christum cum magno desiderio in Scripturis quæsitum, in conventu spiritalium studia castorum approbantem invenit, quam ipse hac laude excepit:

Vers. 3. — *Pulchra es, amica mea, suavis et decora, sicut Hierusalem, terribilis ut castrorum acies ordinata.* Acies est æquivocum. Acies oculorum est pupilla oculi; acies armorum est acumen gladii; acies castrorum est agmen militum. Hoc est : O amica mea, cupiens scire secreta mea, tu pulchra es voluntate et desiderio, quo me quæris, et suavis voce, qua alios ad quærendum mutuis collocutionibus excitas, et decora, quia bonorum operum exempla præbes, sicut Hierusalem, id est primitiva Ecclesia existens sub apostolis in Hierusalem, vel sicut Ecclesia fecit, quæ nunc est in cœlesti Hierusalem. Terribilis dæmonibus et hæreticis, vel falsis fratribus conversatione et disputatione, ut castrorum acies ordinata, contra hostes armorum instructione. Ecclesia est distincta tribus ordinibus, quod sunt doctores, continentes, conjugati, qui per Noe, Daniel et Job sunt præsignati. Ex quibus Noe arcam rexit in undis, Daniel continens fuit in aula regis, Job curam rexit conjugis. Qui etiam in Evangelio notantur, ubi duo in agro, quod sunt doctores, duo in lecto, quod sunt continentes, duo in molendino, quod sunt conjugati scribuntur. In his singulis sunt acies virtutum, armis instructæ, in castris Domini, scilicet in Ecclesiis, vel in claustris, contra agmina vitiorum ordinant, dum doctores hæreticos, vel dæmones disputando impugnant, continentes sobrie viventes, contra impudicos dimicant; conjugati fide conjugali, et eleemosynis, tela luxuriæ devitant; quæ acies sic instructæ sunt terribiles, quia vitæ justorum videntur male viventibus horribiles. Graves sunt etiam eis ad vivendum, et horrent consilia eorum ad audiendum. Similitudo est a militibus, qui semper sunt in castris parati ad resistendum hostibus. Castra Romanorum terribilia erant, quia totum mundum premebant, sed suavia non erant, quia veram pacem non habebant. In Ecclesia autem nec terror suavitatem, nec suavitas aufert terrorem, quæ in terra cœlestem vitam agit, et barbaros diversarum nationum animos ad suum ritum, ut trahat, satagit. Per hoc quod dicit sponsus, pulchra es, amica mea, notatur quod regina, regio ornatu ad regem venerit; per hoc quod dicit, terribilis ut castrorum acies ordinata, intelligitur quod armata multitudine comitata advenerit. Quippe quæ cum Amana et aquilone pugnam iniit, adhuc contra guttas noctium pugnatura arma non deposuit. Designatur autem, quod Ecclesia, quæ persecutores patientia devicit, hæreses sapientia superavit, ornatum virtutum in pace induit, sed tamen armis spiritualibus jugiter invigilat, quibus falsis fratribus resistat. Cum autem sponsa inventi dilecti pulchritudinem insatiabiliter intueretur, et claritate decoris ejus stupefacta miraretur, dicit ei sponsus :

Vers. 4. — *Averte oculos tuos a me, quia ipsi me avolare fecerunt.* Quasi dicat : Noli me in tantum in turba intueri, quia in aulam ibo, et ibi aspectum meum totum tibi fruendum præbebo ; scilicet cum Ecclesia tota intentione dilectum in Scripturis quærit, et cum pariter in creaturis invenit, ejus miram sapientiam in generibus et speciebus rerum stupefacta miratur, et hanc perfecte magno desiderio cognoscere conatur, sed ei dicitur : Averte oculos tuos a me, hoc est, intelligentiam et intentionem oculos cordis, averte a mea divinitate, quia ipsi me avolare fecerunt, hoc est, ipsi oculi cordis tui vident in quantum omnem humanum et angelicum intellectum excedam. Quasi dicat : Sufficiat tibi quod me

experte vides in Scriptura, et in visibili creatura. Et ne quæras me ex toto in hac vita videre, quod non poteris præ tua fragilitate, nec quæras hoc consequi in via, quod tibi dabitur in patria. Postea me totum videbis, cum ad me in aula perveneris. Similitudo est ab aquila, quæ in alto vix videtur, sed altius volans non videtur ; ita Deus cum aliquantulum in contemplatione cernitur, subito ex oculis cordis eripitur, et omnem intellectum longe transcendere perpenditur. Oculos cordis in Deum figit, qui Trinitatem in personis, et unitatem atque æqualitatem in essentia deitatis perfecte cognoscere quærit ; sed ipse ab oculis cernentis evolat, dum sibi incomprehensibile cernit quod videre desiderat. Oculos ergo ab eo avertit, et ad creaturam hos flectit, dum hunc in operibus creatis contemplari satagit, quem in essentia sua videre non potuit. Non solum oculos tuos non averte a me, sed etiam capillos a me cohibe.

Capilli sunt subtiles cogitationes, quæ ascendunt multiplices, sicut grex caprarum ascendit ad rupes, et hoc de Galaad, id est de Christo, qui est acervus testimonii vel fortitudo martyrum. Cogitant enim de Christo, quomodo de massa peccatrice absque peccato potuerit concipi, quomodo absque viro de sola Virgine nasci, quomodo impassibilis pati, et immortalis potuerit mori. Et inde ascendunt cogitationes ad deitatem, cum cogitant quomodo Christus sit imago Dei invisibilis, Patri æqualis, quomodo sit Dei sapientia, et Dei virtus, et quomodo omnia per ipsum facta sunt, quomodo omnia verba virtutis suæ contineat, has cogitationes quasi capillos constringe, et altiora te ne quæsieris, quia hoc ad plenum cognoscere non poteris.

Vers. 5. — *Dentes* etiam tuos a me absconde, qui sunt sicut *greges ovium, qui ascendunt de lavacro.* Dentes sunt acuti sensus, qui cibos Scripturæ exponendo comminuunt. Greges ovium, de lavacro ascendentes, sunt fideles de baptismo venientes, qui alios lacte doctrinæ reficiunt, vel bonis exemplis vestiunt. Tonsæ vero oves sunt illi, qui omnia pro Christo reliquerunt. Quasi dentes exierunt, qui in exponendis Scripturis sensus acuunt, volentes scire qualiter in gloria positi sint, qui baptizati innocenter hic, ut oves vixerint, vel omnia pro Christo reliquerint. Dentes vero abscondunt, dum sensus ab hac cogitatione retrahunt, et hæc in hac vita ineffabilia esse perpendunt.

Vers. 6. — *Genas* quoque tuas averte a me, quæ sunt *sicut cortex mali punici.* Genæ malis punicis comparatæ, sunt sententiæ de martyribus rubedine plenæ, quæ diligenter investigant, qualiter se martyres in illa vita habeant. Has genas avertunt, dum omnes sententiæ de talibus succumbunt, quia homini in hac vita incognoscibilia sunt hæc omnia ; ad illos dicta sunt, qui nimio desiderio statum beatæ vitæ inquirunt sed immensitate illius pressi a conatu suo deficiunt.

Sed hæc anagogice dicta, allegorice etiam sunt dicenda. Anagogice respicit ad universam Ecclesiam; allegorice vero pertinet ad ordines Ecclesiæ. Per capillos ergo, et dentes, et genas, designantur tres ordines in Ecclesia, velut tres acies contra hostes ordinatæ. Per capras vero et oves, et mala punica, exprimuntur virtutes eorum. Rex itaque laudavit reginam, laudavit et agmina ejus, quia Christus approbat virtutes Ecclesiæ, et approbat opera membrorum ejus, dicens (*Vers.* 4) : *Capilli tui sicut grex caprarum, qui ascenderunt de Galaad*. Capilli Ecclesiæ sunt conjugati, qui ei per fidem adhærent ut capilli capiti : qui sicut grex caprarum de Galaad ascendunt dum per opera misericordiæ ad Christum tendunt. Galaad quippe dicitur *acervus testimonii*, et significat Christum, in quem testes ejus vel martyres coacervantur. De hoc monte capræ apparent, dum fideles Christi exemplo aspera mundi subeunt, per quæ ut capræ ad alta cœlorum scandunt. Dentes tui sicut greges ovium quæ ascenderunt de lavacro: dentes Ecclesiæ sunt doctores, qui cibum sacræ Scripturæ conterunt, et in corpus Ecclesiæ mittunt. Hi sunt sicut greges ovium, quia innocenter vivunt, et proximos lacte doctrinæ nutriunt, et eos bonis exemplis vestiunt. Quæ oves ascenderunt de lavacro, ut tondeantur; ita isti de baptismate loti, a peccatis ascendunt ad virtutes, et relinquunt terrena, ut nudi Christum sequantur. Et hæ omnes oves sunt *gemellis fetibus*, quia doctores pleni sunt operibus geminæ charitatis. *Et sterilis non est* in eis ovibus, quia nullus est in doctoribus vacuus in bonis operibus. Sicut cortex mali punici genæ tuæ. Genæ Ecclesiæ sunt continentes, peccare erubescentes; quæ sicut cortex mali punici, nimium rubicundi : quia non solum de propriis, sed etiam casti erubescunt de peccatis alienis. Ita appares exterius coram hominibus absque oculis tuis, id est absque charitate, quæ latet coram me interius. Postquam rex acies armatas laudavit, in laudem reginæ prorupit, dicens :

VERS. 7, 8, 9. — *Sexaginta sunt reginæ, et octoginta concubinæ, et adolescentularum non est numerus, una est columba mea, perfecta mea, una est matri suæ, electa genitrici suæ*. Salomon rex sapientissimus et ditissimus erat amator mulierum ferventissimus; hic habuit trecentas reginas, et trecentas concubinas, inter quas reginas, ut creditur, erant sexaginta nobiliores, et aliis digniores, quas ad comparationem aliarum, solas vocat reginas quas et hic mysterii gratia introducit. Et iterum inter concubinas octoginta aliis digniores genere et gratia, quas solas hic significationis gratia ponit. Porro inter reginas erat una aliis præstantior, et generositate et dignitate, quæ regina reginarum dicebatur, quæ filia Pharaonis non incongrue fuisse putatur, quam hic etiam ad litteram laudare creditur : hanc coronatam procedentem reginæ, et concubinæ, et filiæ laudaverunt, dicentes : *Quæ est ista quæ progreditur quasi aurora consurgens, pulchra ut luna, electa ut sol, terribilis ut castrorum acies ordinata*.

Per hoc intelligitur eum multitudine armatorum processisse; leguntur enim cum aureis scutis, regem et reginam semper præcessisse; et superius scribuntur sexaginta fortes armati lectum Salomonis custodisse.

His omissis allegoria ad medium deducat. David, qui semper fuit in bellis, expressit figuram Christi, hic pro Ecclesia pugnantis. Salomon vero, qui semper fuit in quiete pacis, gessit figuram Christi in cœlis regnantis, qui templum fecit, in quo reginam austri recepit, quia Christus domum in cœlis præparat, in qua Ecclesiam recipiat. Salomon, quod sonat *Pacificus*, est Christus, Pater futuri sæculi, Princeps pacis, et ejus pacis non erit finis. Salomon erat amator mulierum multarum, et Christus est amator multarum animarum : hic habet sexaginta reginas, et octoginta concubinas, hoc est, omnes animas perfectorum in contemplativa vita, et omnes animas imperfectorum in activa vita. Iii quippe duo numeri pro mysterio ponuntur in hoc Cantico, quorum unus est perfectus, alius imperfectus, et significant perfectos et imperfectos in Ecclesia. Sexagenarius etenim perfectus est, quia constat suis partibus, ut superius dictum est, et significat perfectos. Octogenarius vero est imperfectus, quia non completur suis partibus, et ideo significat imperfectos. Sexagenarius quoque per senarium et denarium multiplicatur, quia sexies decem, aut decies sex, fiunt sexaginta. Qui numerus significat omnes qui perfecti sunt in sex operibus Evangelii, et in decem præceptis legis; horum animæ dicuntur reginæ, quia sponsum Christum pro cœlestibus diligunt, et æterni regni cohæredes esse. Octogenarius autem numerus per octonarium et denarium multiplicatur, quia octies decem, vel decies octo, fiunt octoginta; qui numerus designat carnales, Decalogum legis propter sæculares dignitates, et divitias sæculi observantes; qui in quatuor plagis mundi, et in quatuor elementis continentur.

Et ideo horum animæ dicuntur concubinæ, quia sponsum non pro regno diligunt, sed ei pro temporalibus serviunt. Adolescentulæ sunt animæ per totum mundum in Christo renatæ; adhuc in fide rudes, et lactis doctrinæ egentes; harum non est numerus apud homines ut reginarum et concubinarum, quia soli Deo cognitus est numerus electorum in superna felicitate locandus; vel ideo adolescentularum non est numerus, quia in numero reginarum et concubinarum non computantur quæ sacramentis sponsi non renovantur. Easdem autem vocat adolescentulas, quas superius filias Sion vel Hierusalem nominavit, quæ cum regina nunc ad regem venerunt, et cum rege laudibus eam exceperunt. De qua subditur. Una est columba mea, perfecta mea. Quod est dicere : Diversi quidem sunt ordines electorum, ex quibus quædam reginæ, quædam dicuntur concubinæ, quædam adolescentulæ; sed licet tot sint reginæ in spiritualibus, tot concubinæ in carnalibus, tot adolescentulæ in parvulis; tamen ex his omnibus est una catholica Ecclesia, quæ est reginarum regina : columba mea, quia septem donis Spiritus sancti per me plena, perfecta mea quia per me omnibus virtutibus, omnibus charismatibus in omnibus ordinibus suis repleta : et ideo est una, subaudis hæres, matris suæ, cœlestis Hierusalem, et una electa genitrici suæ gratiæ, quæ de mundo eam elegit, et supernis civibus sociavit. *Viderunt eam filiæ, et beatissimam prædicaverunt.* Quæ superius dictæ sunt adolescentulæ, quia in Christo renatæ, nunc dicuntur filiæ, quia hæredes erunt matris Ecclesiæ. Hæ reginam viderunt, quia Ecclesiam in cunctis ordinibus, donis Christi repletam, et virtutibus ornatam respexerunt; et ideo beatissimam prædicaverunt, quia post tot gratiarum munera ad æternam beatitudinem eam vocari audierunt. Beata erat Ecclesia, quæ de idololatria ad fidem Christi est vocata; beatior, quando variis donis Spiritus sancti est dilata; beatissima erit, quando in summa beatitudine angelis associata Deum videbit. *Reginæ* etiam et *concubinæ*, hoc est spirituales et carnales, mirando et prædicando magnalia Dei, *laudaverunt eam*, dicentes :

VERS. 9. — *Quæ est ista quæ progreditur quasi aurora consurgens :* Id est, quam gloriosa est ista, tot virtutibus, tot donis glorificata, quæ ex omnibus mundi partibus, fide, et opere, et prædicatione, ad Christum progreditur quasi aurora consurgens sub apostolis. Sicut enim aurora surgens, tenebras noctis depellit, solem mundo inducit, sic Ecclesia nascens, tenebras ignorantiæ repulit, et solem mundo dictis et exemplis induxit. *Pulchra ut luna* sub persecutoribus; quia a vero sole illustrata, noctem sæculi Evangelica luce perfudit; *electa ut sol*, in pace sub religiosis, quia imaginem veri Soli in se repræsentat, ambulans in omni justitia, et sanctitate et veritate. Et in his omnibus *terribilis ut castrorum acies ordinata*, quia in omnibus ordinibus suis, et in omnibus temporibus erat præmunita spiritualibus armis, ut nulla adversitate posset cohiberi, quin in se præmonstraret pulchritudinem lunæ in nocte laboriosæ actionis, et solis imaginem in spe retributionis. Aliter Ecclesia erat aurora ante legem, luna sub lege, sol sub Evangelio, acies castrorum sub antichristo. Hæc erat aurora in prophetis, luna in sæculi dignitatibus, sol in sapientibus. Similiter est ipsa aurora in conjugatis, luna in continentibus, sol in doctoribus, acies ordinata in omnibus. Sic est nihilominus aurora in pueris, luna in juvenibus, sol in senibus, acies castrorum in singulis contra dæmones et falsos fratres.

Quæritur cur toties in hoc Cantico amantium introducantur castra pugnantium. Hoc ideo fit, quia sicut milites peracta militia sponsas ducunt, ita fideles animæ post militiam hujus vitæ sponsi sui Christi amplexus adeunt. Et humana natura de paradiso expulsa toto tempore hujus vitæ pugnando laborat, ut ornatum suum recipiat, quo coronam regni promissam percipiat. Post sudorem quippe certaminis, dabitur corona laudis. Et hoc summopere notandum, quod duodecies a sponso vel a sponsa est pugnatum. Sexies ante Christi adventum, et iterum sexies post Christi adventum. Primum bellum fuit in aula inter tyrannum et imperatorem, et inter utriusque principes et potestates; quando tyrannus imperium invasit, et similis Altissimo esse voluit. In hoc bello regina, scilicet angelica natura, tyranno diabolo consensit, et cum illo æternum exsilium subiit. Nam victus a rege Deo cum omnibus suis de aula cœli cecidit, et carceris inferni supplicium subiit. Secundum bellum fuit sub gigantibus inter filios Dei et filias hominum, id est inter posteros Abel et progeniem Cain, quod cœptum est ab Abel et Cain et terminatum est in diluvio: In hoc bello signifer sponsæ Abel cecidit, sed tamen victor coronam promeruit. Tertium bellum fuit sub ædificatoribus turris, inter liberos et servos, quod cœpit a Sem et Cham, et finitum est in divisione linguarum. Quartum bellum fuit sub patriarchis, inter circumcisos, quod cœpit ab Abraham et Pharaone, et terminum habuit in subversione exercitus Pharaonis in mari Rubro. In hoc bello persecutus est Ismael Isaac, Laban Jacob, fratres Joseph, Ægyptii Israel. Quintum bellum fuit sub data lege, inter Dei cultores et gentiles, quod cœptum est a Josue et Amalec, et finitum est sub pacifico regno Salomonis. Sextum bellum sub regibus et prophetis, inter Judæos et Israelitas, vel inter Babylonios et Judæos; quod cœpit a Roboam et Jeroboam, et terminatum est sub Augusto tempore pacis. In hoc bello omnes duces primitivæ Ecclesiæ, scilicet Prophetæ ceciderunt, et tamen palmas victoriæ receperunt.

Sub gratia vero primum bellum fuit inter sponsum et adulterum, videlicet inter Christum et diabolum quod cœptum ab Herode, et pueris, et finitum est in destructione idololatriæ, et vocatione gentium. In hoc bello sponsus cum adultero duellum iniit, quando eum in die belli, id est, in Parasceve cuspide crucis transfixit, moxque duces exercitus sui misit, qui civitates injuste a tyranno possessas, cum populo reciperent, quia Apostolos per orbem misit, qui vicos, castella, civitates, a diabolo per idololatriam obsessas, ad fidem veri Regis, Christi, revocarent. Secundum bellum fuit sub persecutoribus, inter Christianos et paganos, quod cœpit a Petro et Nerone, vel Simone Mago, et finem habuit sub Constantino. In hoc bello signifer reginæ Stephanus cecidit, omnesque duces ejus, scilicet apostoli corruerunt, nec non omnis exercitus martyrum succubuit, et coronam vitæ promeruit. Tertium bellum fuit sub confessoribus, inter hæreticos et catholicos, quod cœpit ab Ario et Alexandro episcopo, et finitum est in Constantinopolitano concilio. In hoc bello Athanasius, Hieronymus, Augustinus, et alii quamplures clari fuerunt, qui milites Christi præclaris armis instruxerunt.

Quartum bellum nunc geritur sub religiosis, inter veros et falsos fratres, quod quidem cœpit a Juda et

Petro, sed maxime invaluit, quando claustralis religio institui cœpit; finietur autem sub Antichristo, vel potius in fine mun

Quintum bellum erit sub Antichristo, quod incipiet a prædicatione Eliæ et Enoch, et finietur in morte Antichristi. In hoc bello corruent duces reginæ, Elias et Enoch, et omnis exercitus martyrum, et ipse dux et caput malorum Antichristus. Tunc Sunamitis reginæ Austri confœderabitur, et Mandragora eis associabitur

Sextum bellum erit inter regem gloriæ, et regem superbiæ, inter angelos et homines. In hoc bello rex Christus cum universo exercitu angelorum adveniens, hanc Babyloniam civitatem diaboli comburet; ipsum hostem cum omnibus suis in stagnum ignis et sulphuris præcipitabit, et sponsam suam gloria et honore peracto bello coronabit, et in thalamo gloriæ collocabit, sibique copulabit, quia scipsum ei talem, qualis est, patri æqualis, manifestabit.

TRACTATUS TERTIUS.

Expositio præcedens retulit reginam Austri tria bella [pro corona gessisse. Unam contra Amana, aliud contra aquilonem, tertium contra guttas noctium, ac victricem ad regem coronandum venisse; et in comitatu sexaginta reginas, et octoginta concubinas, et innumerabiles adolescentulas habuisse, hancque a rege favorabiliter susceptam fuisse. Quæ de castris acies ordinatas produxit; insignia belli auroram, lunam et Solem protulit; ipsa cum universo comitatu suo triumphatura processit. Porro vexillum auroræ sanguineo colore aciem martyrum præcessit, quæ contra agmen persecutorum certamen iniit, quorum dux Amana fuit. Vexillum autem lunæ candido splendore aciem confessorum præibat, quæ contra agmen hæreticorum se armaverat, quorum princeps aquilo fuit. Vexillum vero solis igneo fulgore aciem sapientium antecessit, quæ arma contra agmen falsorum fratrum, qui guttæ noctium sunt, sumpsit.

Sequens autem expositio refert novam sponsam de occidente advenisse, et hanc regem magnifice suscepisse. Regina namque austri cum suis triumphante, et cum rege tripudiante, ecce paranymphi, Elias et Enoch, Sunamitem in quadriga Aminadab, cum multis millibus adducunt; quam reginæ et concubinæ nec non adolescentulæ cum ipsa omnium regina maximo plausu excipiunt, et in hortum nucum, cum magno jubilo, regi deducunt, de cujus adventu rex hilaratur, et hoc carmen ei modulatur.

Vers. 10, 11. — *Descendi in hortum nucum, ut viderem poma convallium*. Postquam enim in fine mundi plenitudo gentium ad fidem Christi intraverit, tunc etiam Synagoga per prædicationem Eliæ et Enoch fidem Christi suscipiet, quam ipse hac laude excipiet. Descendi in hortum nucum, hoc est, formam servi assumpsi, et veni in mundum, ut viderem poma convallium, id est ut remunerarem opera humilium. Quasi dicat Synagogæ ad fidem venienti: Merito venis ad me, qui ego veni prior ad te, quando de cœlis descendi in Judæam quæ erat hortus nucum, id est habitatio fidelium, quod exterius patiuntur amaritudinem tribulationis, interius habent dulcedinem per spem remunerationis. In nuce tria notantur, cortex exterior, qui est amarus, testa interior, quæ est dura, et enuclear quod est dulce. Cortex sunt hi, quibus amara sunt vitia; testa, qui frangunt corpus vigiliis et jejuniis; enuclear vero, spiritales viri. Ideo autem descendi in hortum nucum, id est, in Judæam, ut viderem poma convallium, id est, opera populi in Jerusalem habitantis, quæ convallis dicitur, quia inter regna gentium quasi inter montes erat posita. *Et inspicerem si floruisset vinea*, hoc est, si in fide florentes proferret Synagoga, quæ vinea Domini est dicta; quam ipse de Ægypto transtulit, et in Judæa plantavit. Et viderem *si germinassent mala punica*, hoc est, si aliqui per fidem optarent proprio cruore perfundi. Et si ista ibi non invenirem, eos talia facere docerem; sed ipsi me repulerunt, insuper contumeliis affectum occiderunt.

Ad quæ verba Synagoga turbata respondit: *Nescivi*, subaudis ista; ideo feci talia. Quando vidi te inter homines ut hominem conversantem; nescivi te Deum fuisse: quando vidi te inter latrones pendentem, nescivi te Salvatorem; quia si te Dominum gloriæ scivissem, nunquam te crucifixissem. Sed tu excæcasti me, ut salutem humani generis per me operareris, et ideo nescivi quid feci: quia *anima mea conturbavit me propter quadrigas Aminadab*, hoc est, animalitas mea fecit me diffidere propter Evangelicam doctrinam, quæ me a circumcisione a Deo data, et a legalibus cæremoniis prohibuit; et baptisma atque alia nova instituta docuit. Tria sunt in homine, caro, animalitas, spiritus. Caro est pondus et aggravatio; animalitas libitum carnis secundum quod vivimus, et nihil veri sapimus; spiritus est qui justificat; Azoti contra filios Israel pugnaverunt, quibus devictis arcam Dei rapuerunt. Quapropter divina ultione percussi in posteriora; a diis consultis responsum acceperunt, quod ab illa infirmitate non possent liberari, nisi arcam remitterent, quæ tunc imposita quadrigis reducta est in domum Aminadab sacerdotis. Quadriga Christi est Evangelium; quatuor rotæ, sunt quatuor evangelistæ, qui circa finem mundi per totum mundum current. Arca est Christi humanitas; manna in arca est Christi divinitas.

Arca est ducta in Allophylos, et Christus ductus est ad gentes per apostolos. Arca est reducta in quadrigis in Judæam, et Christus in fine mundi reducetur per Evangelia in Synagogam. De domo Aminadab reducta est per David in Jerusalem. Aminadab dicitur *spontaneus populi mei*, et est Christus sponte oblatus pro peccatis populi, cujus domus fuit Jerusalem, de qua eum pater transtulit in cœlestem Jerusalem. Quadriga hujus Aminadab, ut dictum est, sunt quatuor Evangelia, propter quæ conturbata est synagogæ anima, quia animalis sensus ejus multum cœpit perturbari, quando per mundum audivit Evangelium Christi prædicari; sed in hac quadriga tunc vehit, quando per evangelicam doctrinam ad fidem Christi perducetur. Nova ergo sponsa præsentiam regis ferre non valuit, quem post multa probra morte turpissima condemnavit; et ideo a facie ejus cœpit abire, sed chorus reginarum et filiarum Jerusalem revocat eum, dicens:

Vers. 12. — *Revertere, revertere, Sunamitis, revertere, revertere, ut intueamur te.* Scilicet Synagoga, postquam Christum regem occidit, sub ejus dominio esse erubuit; sed vox prædicatorum revocat eam, dicens: *Revertere, revertere Sunamitis.* Sunam est civitas, in qua Elisæus mortuum suscitavit, et significat mundum, in quo Christus suscitavit genus humanum. Sunam autem dicitur captivitas; inde dicitur Sunamitis captiva, et intelligitur Synagoga a diabolo in perfidia captiva. Dicitur etiam Sunamitis coccinea sanguine Christi redempta. Huic dicitur a prædicatoribus Evangelii quater revertere, scilicet a quatuor plagis mundi; ab errore perfidiæ ad fidem Christi convertere, vel revertere ad Redemptorem tuum te vocantem, te suscipere volentem, in eum credendo; revertere ad eum, illum diligendo; revertere ad eum ejus præcepta operando; revertere ad eum, promissam vitam ab eo sperando; ut intueamur te, id est, ut imitemur te. Vel revertere per quatuor Evangelia, revertere per quatuor virtutes, ut conversationem tuam intuentes laudemus Dominum; Judæi namque in fine mundi conversi, tantæ conversationis erunt, quod Ecclesia admirabitur, et ejus exemplo utetur; convertentur enim per Eliam et Enoch ad vesperam mundi, et famem patientur verbi Dei ut canes, et circuibunt Ecclesiam civitatem Dei, audire a Christianis verbum Domini, et vivent iisdem institutis ut olim Ecclesia sub apostolis. Ad hanc vocationis vocem Sunamitis ad regem est regressa, et ab eo in gratiam est recepta; quæ mox instituit in laudem ejus choros canentium, et castra contra hostes pugnantium. Conversa namque Synagoga protinus in omni loco Christum laudabit, ubique contra vitia pugnabit. Unde rex dicit ad reginam Sunamitem intuentem ejus ornatum et mirantem:

CAPUT VII.

Vers. 1. — *Quid videtis in Sunamite nisi choros castrorum?* Choros castrorum dixit propter choros cantorum. Chori castrorum sunt agmina militantium, pro victoria cantantium, et intelliguntur turmæ credentium, contra vitia pugnantium, et pro victoria exsultantium. Est autem chorus æquivocum: Chorus est mensura triginta modiorum, de qua in Evangelio dicitur *centum choros tritici* (*Luc*, xvi, 7). Chorus etiam est ventus. Chorus quod est musicum instrumentum. Chorus nihilominus est locus psallentium. Chorus item est multitudo canentium. Quasi dicat: O Ecclesia, nil aliud videbis in Synagoga ad me conversa, nisi choros mihi laudem canentium, et castra pro veritate pugnantium. Erit enim tunc tale tempus, quale non fuit ab initio mundi, scilicet persecutionis, tribulationis, et erroris. Surgent quippe tunc pseudoprophetæ, et facient tanta signa et prodigia, ut in errorem quique etiam doctissimi ducantur. Insuper dux et caput omnium malorum antichristus, homo peccati, filius perditionis, qui extollitur super omne quod dicitur Deus, aut quod colitur, ostendet se in omnibus signis, et prodigiis mendacibus, id est, ad nullam utilitatem valentibus, tanquam sit Deus, quibus electos tentabit, et non consentientes omnibus pœnis cruciabit. Denique ut Daniel et Apocalypsis testantur, cum decem regibus Ecclesiam impugnabit, contra quem hæc Sunamitis bellum suscipiens, decem ordines justorum, quasi decem legiones in castris ordinabit, quibus spiritualibus armis instructis, bellum cum eo inibit: quos ordines rex enumerat, dum decem membra Sunamitis laudat, quia opera se laudantium, et pro justitia pugnantium approbat, dicens:

Quam pulchri sunt gressus tui in calceamentis, filia principis, subaudis David, cujus filia erat Synagoga. Princeps Ecclesiæ est Christus, cujus filia est Sunamitis, per fidem et regenerationem; hujus gressus sunt bonæ affectiones, quibus graditur de virtute in virtutem qui sunt pulchri bona operatione, et hoc in calceamentis, id est in Apostolorum exemplis.

Calceamenta quippe fiunt de pellibus mortuorum animalium, et sunt exempla justorum in Christo mortuorum. Ecclesia est corpus Christi, cujus membra sunt ordines justorum. Similitudines vero rerum virtutes eorum. Per gressus ergo, scilicet per pedes conversæ synagogæ, notatur primus ordo justorum; in eo sunt agricultores, qui quasi pedes corpus portant, dum rebus necessariis Ecclesiam sustentant. Hi calceamentis incedunt, dum secundum exempla justorum vivunt, et hi in prima acie antichristo resistunt, dum eo contempto, vitam cum rebus pro Christo amittunt.

Secundus ordo, justorum, in eo sunt conjugati, qui per juncturam femorum designantur, unde subditur: *Junctura femorum tuorum sicut monilia, quæ fabricata sunt manu artificis.* Femur femoris est virorum, femen feminis est mulierum. Per juncturam feminum fecunditas prolis accipitur, per monilia, ornatus et munimen; per manum artificis, excellentia operis. Dignius enim opus ipsius artificis, quam discipuli discentis. Junctura feminum synagogæ sunt sicut monilia, quia conjugati in ea per femora conjuncti; ipsi et filii, quos generant, Ecclesiam fide et operatione ornant, ut manus artificis fecit, id est, ut operatio Christi docuit. Vel junctura femorum est concordia duorum populorum, scilicet Judaici et gentilis in una fide Christi, quos sacramenta Christiana conjungunt, et filios spiritales gignunt. Quæ junctura est sicut monilia, quia concordia illorum ita convenit, sicut duorum Testamentorum congruit; quod utrumque istam conjunctionem prædixit. Quæ monilia *fabricata sunt manu artificis*, quia ut duo Testamenta, quæ Ecclesiam exemplis sanctorum, ut monilia, ornant, et sententiis contra hæreticos muniunt, composita sunt a Deo Patre omnium artifice, per Filium, qui est manus ejus, per quem fecit omnia; in quo opere ignis erat Spiritus sanctus. Ita junctura, id est, corda illorum ornat Synagogam, et munit contra sævitiam Antichristi. Quæ junctura facta est manu artificis, id est conjunctio illorum populorum ordinata est consilio Christi, qui solus novit, cur usque ad illud tempus Judæos excitaverit. Tertius ordo sunt delicati et molles, qui umbilicum notant, de quibus subditur:

Vers. 2. — *Umbilicus tuus crater tornatilis, nunquam indigens poculis.* Umbilicus est molle membrum, et est media pars hominis, qui habet supra sex partes; quæ sunt, caput, oculi, nasus, os, collum, pectus, septimus est umbilicus. Inferius habet sex; quæ sunt, pes, tibia, crux, coxa, femur, venter; septimus est umbilicus, qui significat illos, qui per septem opera misericordiæ aspirant ad septenarium requiei, quæ dabitur per septem dona Spiritus sancti. Hi sunt ut crater tornatilis, nunquam indigens poculis, id est semper plenus poculis, qui sunt charitate tornati, exercitio virtutum plantati, poculis doctrinæ semper pleni, unde sitientes justitiam possint abunde inebriari. Hoc ideo dicitur, ut si molles, id est imperfecti, in Synagoga tales erunt, quales perfecti in ea credendi sunt?

Quartus ordo sunt uxorati, vel hi qui utuntur hoc mundo, tanquam non utantur, qui per ventrem demonstrantur, de quibus protinus subinfertur. *Venter tuus sicut acervus tritici vallatus liliis.* Per ventrem spiritualis generatio, per acervum tritici, eleemosynarum largitio exprimitur? triticum pro omni frumento posuit, scilicet speciem pro genere. Venter Synagogæ est sicut acervus tritici, quia quæ in ea possessores mundi habent, spirituales partus per eleemosynarum largitionem edunt, et dum bona opera cumulant, quasi triticum in unum cumulant sive coacervant, qui acervus est, vallatus liliis, id est munitus virtutibus. Valli dicuntur sudes, quibus acervus vallatus stat ne cadat. Acervus ergo tritici liliis vallatur, dum largitio eleemosynarum candore virtutum circumdatur, quæ facile vento humanæ laudis dissipatur, nisi aliis virtutibus fulciatur.

Nota quod superius posuit poculum, hic vero triticum, quia illi sitientes justitiam inebriant, isti esurientes justitiam satiant, dum triticum verbi Dei aliis dispensant. Sed hi bene faciunt, qui utrumque, scilicet cibum et potum, indigentibus corporaliter impertiunt. Et notandum, quod acervus in imo est latior, in summo angustior, quia multi sunt, qui eleemosynas tribuunt, pauci qui possessiones relinquunt. Quintus ordo est doctorum, qui per ubera notantur, de quibus dicitur:

Vers. 3. — *Duo ubera tua, sicut duo hinnuli gemelli capreæ,* quasi dicat, hi qui lactati sunt lacte uberum tuorum, vel qui instructi sunt doctrina utriusque legis doctorum, sunt sicut duo populi, ex Judæis et gentibus, sub apostolis conversi, qui fuerunt hinnuli, quia ad studia religionis ascendentes. Gemelli, quia in gemina dilectione ferventes, filii capreæ bonas herbas a noxiis eligentes, id est Ecclesiæ malos a bonis discernentes. Caprea a canibus insecuta, de rupe se præcipitat, et præmittit cornua, ne corpus lædatur, ita Synagoga conversa, a persecutoribus insecuta, terrena contemnit, corpus ad supplicium dabit, ne anima lædatur.

Hujus filii per ubera ejus lactati erunt hinnuli, scilicet in Christo renati, in fide et charitate gemelli, æstum vitiorum fugientes, et ad martyrium pro Christo currentes. Sextus ordo est religiosorum, qui per collum exprimuntur, de quibus subditur:

Vers. 4. — *Collum tuum sicut turris eburnea,* hi sunt spirituales, qui Sunamitem Christo verbis et exemplis conjungunt, et quia ut collum, caput et corpus conjungunt, sunt sicut turris eburnea, id est sicut elephas, inexpugnabiles in virtutibus. Solent elephantes turres portare, de quibus pugnatur, ut in libro Machabæorum legitur; ita spirituales viri sacram Scripturam, quasi firmam turrim portant, ex qua contra hostes regni Dei pugnant. Sed et per ebur castitas illorum intelligitur, sicut illud animal castæ naturæ esse perhibetur.

Septimus ordo illorum est, qui prælati dicuntur, qui per oculos notificantur, de quo hic sequitur: *Oculi tui sicut piscinæ in Hesebon, quæ sunt in porta filiorum multitudinis.* Hesebon est civitas, unam tantum habens portam, in qua est fons unus, qui efficit multas piscinas, in quibus egredientes urbem abluunt se, et quæ abluenda sunt eis, et nemo potest ingredi civitatem, nisi per eas. Hesebon dicitur *cingulum mœroris,* et intelligitur Ecclesia, quæ ad se venientes cingit mœrore pœnitentiæ; qui etiam non possunt intrare per eam, nisi per portam fidei, et per fontem baptismatis, qui licet multa loca repleat, tamen unus baptismus est. Oculi Synagogæ sunt sicut piscinæ in Hesebon, id est provisores ejus, presbyteri sunt sicut prælati Ecclesiæ, qui sunt pleni fluentis doctrinæ, et qui infideles prædicando ducunt per portam fidei, et per fontem baptismatis in Ecclesiam, in qua est mœror pœnitentiæ, et potant eos aqua sapientiæ. Quæ piscinæ *sunt in porta filiorum multitudinis,* id est in introitu Synagogæ ad Christum, quæ est filia multitudinis gentium, quia multiplicitas gentium generabit Synagogam per Evangelium quasi filiam, et piscinae sacrae intelligentia perfundet eam.

Octavus ordo est discretorum, qui per nasum innuitur, de quo hic scribitur : *Nasus tuus sicut turris Libani, quæ respicit contra Damascum.* Rex sapientissimus Salomon fecit in Libano delectationis gratia turrim altissimam, de qua prospiceret contra Damascum, quæ est metropolis Syriæ, cujus habitatores impugnabant hanc turrim. Ibi etiam, ut fertur, est Abel occisus, et ideo dicitur *sanguinem habens* vel *sitiens*, quia ibi in primis terra aperuit os suum, et bibit humanum sanguinem. Libanus dicitur *candidatio*, et significat Christum, qui in se credentes facit candidos, in baptismate, sive in virtutibus. Turris, in hoc monte posita, est Ecclesia, doctoribus et Scripturis munita : hæc contra Damascum, id est contra diabolum, humanum sanguinem sitientem respicit, ut ejus insidias prævideat, et suos cives per cautelam muniat. Nasus Synagogae est sicut turris Libani, id est discreti, in ea sunt sicut sapientes in Ecclesia Christi, qui sicut nasus odores et fetores discernit, ita veros a falsis Christianis secernunt, et qui sunt firmi et muniti contra insidias diaboli, et vigilanti cordis intuitu contra Damascum, id est contra diabolum respiciunt, ut hostes ab eo immissos, id est vitia, declinent. Nonus ordo est summorum pontificum, qui per caput figuratur, de quo subditur :

VERS. 5. — *Caput tuum ut Carmelus.* Carmelus est mons, in quo habitavit Eliseus, in quo vidit igneos currus, et equites, scilicet angelicum exercitum, sibi in adjutorium missum; et dicitur *scientia circumcisionis*, vel *sitiens circumcisionem*, et significat altam contemplativam vitam in Ecclesia, in qua habitat verus Eliseus Christus, quod dicitur *Domini salus;* in qua sunt angelici exercitus, ut ferant ei auxilium contra hostes suos, et quæ habet scientiam spiritualis circumcisionis, ut circumcidat se a vitiis, et sitit circumcisionem peccatorum; respuens circumcisionem Judæorum. Caput ergo Synagogae est, ut Carmelus, id est pontifices ejus sunt, ut pontifices Ecclesiæ, qui habent scientiam circumcisionis, ut vitia resecent, non carnem ut Judæi detruncent.

Decimus ordo est principum eum defendentium, qui per comas capitis notantur; de quibus mox sequitur. *Comæ capitis tui sicut purpuræ regis, juncta canalibus.* Populi Tyri et Sidonis lanam, unde debent facere purpuram, id est regiam vestem, ligant in canalibus, et superfundunt sanguinem conchyliorum, et intingunt eam. Conchyleæ quippe maris, ferro circumcisæ lacrymas purpurei cruoris emittunt, quibus collectis tinctura purpurei coloris efficitur, unde lana intingitur, ut indumentum regis efficiatur.

Comæ caput ornant et muniunt, purpura autem est indumentum regum. Comæ in hoc loco significant principes in Ecclesia, qui sacerdotium quasi caput ornant, et muniunt justitia ut armis.

Purpura, quæ fit de sanguine piscis, est passio Christi ut piscis in igne crucis assi, in salo sæculi hamo nostræ mortis capti. Canalis est affluentia Spiritus sancti, vel cor vel conscientia. Comæ ergo capitis Synagogæ, id est, principes ejus sacerdotio adhærentes, sunt sicut principes Ecclesiæ; qui eam ornant et muniunt. Qui sunt sicut purpura regis; quia exemplo passionis Christi fervorem proprium pro Christo fundunt, ut vestis Christi regis fiant, quæ purpura est juncta canalibus, quia passio Christi fixa est in illorum cordibus per affluentiam sancti Spiritus : vel juncta est canalibus, hoc est, posita juxta dona sancti Spiritus.

Ideo sponsus singula membra sponsæ laudat, quia Christus singulos ordines conversæ Synagogæ in fide et opere ad remunerandum approbat.

Et notandum, quod laus sponsi a capite cœpit, et usque ad crura descendit; laus vero sponsæ a pedibus cœpit, et usque ad comas capitis ascendit; quia Christus deorsum ad terras descendit; Ecclesia vero a terris ad cœlum ascensura erit.

Sed et hoc notandum; quod ibi superiora et digniora membra laudantur; hic vero inferiora et debiliora, quia quique perfecti per Christi exempla ad alta virtutum consurgunt; infirmi vero et imperfecti per doctrinam Ecclesiæ in bonis proficiunt.

Præterea notandum quod sicut Ecclesia decem ordines justorum, quasi totidem acies contra Amana, id est diabolum principem persecutorum producit : ita Synagoga decem ordines justorum, quasi totidem acies contra Antichristum, principem malorum, producet; quia utraque armis Decalogi pugnat pro denario præmii.

Per denarium quippe notantur decem status Ecclesiæ, quorum quinque erant ante adventum Christi, quinque post ejus adventum.

Primus status fuit sub data non scripta lege in paradiso, quæ dixit, non comedas ne moriaris, quam si servasset, nunquam legi mortis succubuisset; sed prævaricatrix hujus legis facta est mortalis.

Secundus status ejus erat sub naturali lege, quæ dixit : *Quod tibi non vis fieri, alteri ne feceris,* hic status erit ab Adam usque ad Abraham; in quo statu una lingua, et uno divino cultu utebatur.

Tertius erat sub circumcisione, ab Abraham usque ad Moysen, in quo statu orta est diversitas linguarum, et cultura idolorum, et sub hoc erudiebatur ad religionem figuris patriarcharum.

Quartus erat sub scripta lege, a Moyse usque ad David vel Salomonem; sub quo statu tabernaculo, et mysticis sacrificiis ad futura instituebatur.

Quintus erat sub scriptis prophetarum, a David usque ad Joannem Baptistam; in quo lex et prophetæ cessabant; sub quo statu prophetica doctrina ad meliora informabatur.

Sextus erat sub Evangelio, sub quo ab ipso sponso Christo et paranymphis apostolorum, ad nuptias Agni invitabatur, et per donum Spiritus sancti, scientia omnium linguarum fruebatur.

Septimus erat sub martyribus, sub quo a persecutoribus impugnabatur; et pro patientia quotidie coronabatur.

Octavus erat sub confessoribus, sub quo ab hæreticis et schismaticis multimodis vexabatur, sed scriptis sapientium ad rectam fidem imbuebatur.

Nonus nunc est sub religiosis, sub quo a falsis fratribus et hypocritis deterius molestatur, quam a publicis hostibus, paganis vel Judæis; sed multitudine claustralium quam maxime adornatur.

Decimus erit sub Antichristo, sub quo exterius cruciatu corporis, interius fallacia signorum tentabitur, sub quo etiam statu Sunamitis et Mandragora ad reginam austri conveniunt, et simul advenientem sponsum excipiunt.

Hæc de Synagoga quasi historice dicta sunt: nunc de Ecclesia sunt allegorice dicenda : cui dicit sponsus :

Descendi in hortum nucum. Quasi dicat, quod tu es pulchra ut luna, electa ut sol, non est ex te, sed ex me, quia ego Sol justitiæ, qui illustro diem æternum angelorum, descendi ad te lunam, et illuminavi te, ut tu illumineris noctem, id est, ignorantiam infidelium, ut essent lux in Domino, et posui in te castra, et ordinavi contra vitia, et feci te hortum nucum, id est custodiam acies fidelium, in quem hortum descendi per gratiam, quando deserui vineam meam, scilicet Judæam, propter perfidiam.

In nuce tria considerantur, scilicet amurca amara, testa dura, et nucleus dulcis.

Per hæc notantur tres ordines in Ecclesia : Per amurcam conjugati in tribulationibus mundi amaricati; per testam continentes contra vitia duri; per nucleum virgines in virtutibus dulces.

Nota quod Ecclesia invenit sponsum in horto aromatum, colligentem lilia. Synagoga invenit eum in horto nucum colligentem mala punica; quia in pace Ecclesiæ colligit ad regnum suum castos in bonis studiis redolentes. In persecutione colligit martyres proprio sanguine rubentes. Et quare in hortum descendit, ut videret poma convallium, id est ut convalles scilicet humiles faceret bona opera proferre; et hos alios ad exemplum faceret videre. Quod enim aliis demonstramus, hoc ipsi diligenter aspicimus, et videndo probamus.

Convallis est locus inter duos montes positus, et intelliguntur humiles positi inter duas leges. Et ideo descendit, ut videret si floruissent vineæ, hoc est, ut Ecclesiæ, quæ sunt vineæ vitis Christi, in fide faceret florere, et hoc ad exemplum alios faceret inspicere, et ut videret, si germinassent mala punica, id est ut faceret martyres fieri, et alios faceret eorum patientiam videre et imitari.

Aliter Synagoga conversa erit hortus nucum, id est custodia conversorum, qui erunt foris amari in tribulationibus, intus dulces in virtutibus; in quem hortum Christus descendit per gratiam, ut poma convallium, et vineas florentes, et mala punica videret, id est, ut opera humilium, et fidem fidelium, et patientiam martyrum remuneraret.

Cætera quæ sequuntur, sic de Synagoga intelligenda sunt, ut supra exposita sunt. De Ecclesia autem cœpta allegoria est prosequenda, quæ dicit :

Nescivi, anima mea conturbavit me. Quasi dicat, nescivi verum Deum, et ideo secuta sum alienum; quem, postquam cognovi, anima mea conturbavit me, propter quadrigas Aminadab, hoc est, animalis vita mea conturbat me, propter quatuor Evangelia Christi, spontanee pro me crucifixi; in quibus Christus dicit : Nisi pœnitentiam egeritis, peribitis, et in ignem æternum ibitis. Porro apostoli vel eorum discipuli, qui hanc quadrigam per mundum traxerunt, dixerunt mihi :

Revertere, revertere, Sunamitis, revertere, revertere, ut intueamur te. Sunamitis quod dicitur captiva, fuit gentilitas a tyranno captivata in idololatria, hæc reversa est ab errore infidelitatis, ad verum regem Christum per fidem, reversa est de sordibus idololatriæ per baptismum, reversa est de mala vita, per pœnitentiam, reversa est de ritu gentili per bona opera. Hanc intuitæ sunt filiæ Sion, id est Ecclesiæ de Judæis conversæ, in studio sanctæ conversationis fervere, et imitatæ sunt eam.

Primitiva igitur Ecclesia audiens, quod rex Ecclesiam gentium auroræ comparaverit in conjugatis, lunæ in continentibus, soli in doctoribus, castris in martyribus, intuetur ejus pulchritudinem, et miratur ejus subitam immutationem ; quam rex alloquitur, dicens : *Quid videbitis in Sunamite, nisi choros castrorum?* Quasi dicat : o primitiva Ecclesia in Sunamite, id est, in gentilitate prius captiva, a tyranno nunc per me libera facta ; olim non vidisti nisi discordiam bellorum, sed amplius non videbis nisi choros castrorum, choros Deum canentium ; castra contra dæmones et vitia pugnantium.

Quos choros et castra mox laudando enumerat, quia eorum opera ad remunerandum approbat.

Quam pulchri sunt gressus tui in calceamentis, filia principis! Quod est dicere : o Ecclesia prius filia principis mundi, id est diaboli, nunc filia principis pacis, id est Christi, valde pulchri sunt coram me in fide, et coram hominibus in opere, hi qui te portant ad bona studia suis exhortationibus quasi quibusdam gressibus, et hoc *in calceamentis*, id est, in sanctorum exemplis ; per quorum vestigia gradiuntur, et te sequi hortantur.

Junctura etiam femorum tuorum sicut monilia, quæ fabricata sunt manu artificis. Hoc est illi, qui conjungunt duas leges, quæ sunt tua femora per spiritalem intelligentiam, ut spiritales partus edant, ut monile te sua doctrina ornant, quæ intelligentia facta est per Christum, qui est manus Patris omnium artificis, quando aperuit illis sensum, ut intelligerent Scripturas.

Necnon *umbilicus tuus crater tornatilis, nunquam indigens poculis.* Hoc est illi, qui in te adhuc fragiles et infirmi sunt, quasi torno bonæ operationis planati, et ut crater plenus poculis propinant proximis pocula charitatis.

Venter quoque tuus sicut acervus tritici vallatus liliis. Hoc est illi, qui spirituales filios generant, eleemosynis nunc seminant, quæ postea acervos tritici, id est mercedes operum metant, quæ vallata sunt liliis, id est, stipata virtutibus. Christus quippe est triticum, de cujus pane quotidie reficimur, cujus est acervus multitudo fidelium.

Duo etiam ubera tua, sicut duo hinnuli gemelli capreæ. Hoc est illi, qui sugunt duo Testamenta, quæ sunt tua ubera, sunt ita in divino cultu studiosi sicut duo olim populi, Judaicus et Israeliticus, qui erant gemelli, scilicet pares in lege Dei, filii capreæ, videlicet Synagogæ. Ubera posuit pro his qui sugunt ubera, efficiens pro effectu. Vel duo ubera sunt duo præcepta charitatis; duo vero hinnuli, activi et contemplativi, qui sunt in dilectione gemelli filii capreæ, scilicet Ecclesiæ.

Collum vero tuum sicut turris eburnea. Hoc est illi, qui verbo et exemplo jungunt te corpus multi capiti, sunt firmi in virtutibus, ut turris, et ut elephas, cujus os est ebur, casti in moribus.

Oculi tui sicut piscinæ in Hesebon. Hoc est illi, qui prævident tibi futura bona, et ducunt te doctrina sua ad ista, sunt pleni aquis sapientiæ, sicut piscinæ in Hesebon, id est sicut prophetæ et apostoli, qui docuerunt mœrorem pœnitentiæ, pro gaudio futuræ gloriæ; quæ piscinæ, id est apostolicæ vel propheticæ doctrinæ *sunt in porta filiæ multitudinis,* hoc est, in fide Ecclesiæ multitudinis fidelium, quæ ideo filia dicitur, quia regni hæres creditur.

Nasus quoque tuus sicut turris Libani, quæ respicit contra Damascum. Hoc est illi, qui sunt in te discreti, qui vitia a virtutibus discernunt, in hoc sunt fortes ut turris, et hoc Libani, id est in Christo firmati; ad quos timidi confugiunt, quia ipsi contra Damascum respiciunt, id est diabolum, humanum sanguinem sitientem, ejus insidias vigilanter præveniunt.

Caput etiam tuum sicut Carmelus. Hoc est, prælati tui qui te regunt in spiritualibus, ut caput membra regit, qui in vertice Christi capitis tui tibi præsunt, sunt in virtutibus alti, et circumcidunt te a vitiis et peccatis, circumcisione spirituali.

Comæ tui capitis sicut purpura regis juncta canalibus. Hoc est, principes tui adhærentes fide et devotione capiti Christo, vel sacerdotio, sunt purpurati sanguine passionis, sicut caro Christi, æterni Regis. Quæ purpura est juncta canalibus, scilicet passio Christi, est fixa in illorum cordibus, vel juncta canalibus, scilicet passio Christi juncta donis Spiritus sancti. In his omnibus es pulchra et laudabilis, quia cunctis populis imitabilis.

Tropologice autem hortus nucum est quodlibet claustrum, vel locus spiritualium, qui sunt, ut nuces, exterius amari in afflictione carnis, interius dulces in virtutibus. In hunc hortum descendit Christus, dum eis varia Spiritus sancti dona tribuit, sive charismata: alii sapientiam, alii scientiam, alii castitatem, alii humilitatem, ibi videt poma convallium, dum remunerat opera humilium; vel per alios ea videt, dum ea imitantur quæ præcipit, dicens: *Luceat lux vestra coram hominibus, ut videant opera vestra bona, et glorificent Patrem vestrum qui in cœlis est* (Matth. v, 16). Ibi etiam videt vineas florentes, id est cellas diversis disciplinis artium ferventes, quarum studia probat, et aliis ad imitandum demonstrat. Ibi quoque videt mala punica, id est patientes exemplo martyrum se mortificantes. Quos inspicit, dum aliis in exemplum proponit. Suum enim videre, est probare, vel aliis demonstrare, vel remunerare.

In hoc horto quemque conversum de sæculo anima sua conturbat, dum eum animalis vita transacta conturbat; et hoc propter *quadrigas Aminadab*, id est propter comminationem Evangeliorum Dei, quæ dicunt: *Ibunt impii in ignem æternum.*

Currus quoque Christi est anima justi, quam videns conversus conturbatur, dum de sua carnali conversatione confunditur, cui vel Evangelium vel justus dicit:

Revertere, revertere, Sunamitis, revertere, revertere, ut intueamur te. Sunamitis, quod dicitur captiva, est anima in peccatis et vitiis a diabolo capta. Hæc ab illa captivitate quatuor modis ad Christum revertitur, scilicet per pœnitentiam, per confessionem, per bonam operationem, et per bonam exhortationem.

Oportet enim ut peccator in primis peccata pœnitendo defleat, deinde ad sacerdotes confitendo confugiat, deinde satisfaciat bene operando, postremo alios ad conversationem pertrahat exhortando. Vel quatuor modis anima redit, dum quatuor principales virtutes arripit.

Talem alii ad imitandum intuentur, dum quisque sæcularis relicto sæculo claustrum mundo moriturus ingreditur.

Hujus subitam conversionem, dum quisque sæcularis miratur, ei per spirituales dicitur: *Quid videbis in Sunamite nisi choros castrorum?* hoc est, in anima prius captiva in vitiis, sed nunc ad virtutes conversa, non videbis amplius nisi laudes Dei, et pugnam contra insidias diaboli.

Conversi quippe semper Deum pro sua salvatione laudant et jugiter contra vitia pugnant; sed et in claustris sunt veri chori castrorum, quia in choris Deo jubilant, et in claustris quasi in castris contra dæmones militant, et quia anima habet sua membra sibi congrua, singula laudantur per propria officia.

Quam pulchri sunt gressus tui in calceamentis, filia principis! Anima quæ erat filia principis diaboli, quando erat ab eo captiva, nunc per conversationem facta est filia principis Christi.

Hujus gressus sunt quatuor affectus, scilicet concupiscentia, timor, gaudium, dolor, qui eam portant ad opera, sicut pedes corpus portant ad loca. Hi pulchri sunt in calceamentis, dum secundum exempla Patrum, virtutes vel vitam æternam concupiscit, peccatum vel gehennam timet, gaudet de bonis, dolet de malis.

Vel gressus animæ sunt cogitationes, per quas graditur ad lectiones.

Junctura femorum tuorum sicut monilia. Femora animæ sunt timor, et amor, per quæ gignit bonum opus, quod est spirituale, quæ erit regni hæres. Per timorem quippe, declinat a malo; per amorem, facit bonum, horum junctura est fides, quia credit supplicium quod timet, et credit gaudium quod amat: hæc junctura est, sicut monilia, quia sicut monile pectus ornat et munit, ita fides animam ornat et munit, hæc manu artificis est facta, quia fides per Christum est data.

Umbilicus tuus crater tornatilis, nunquam indigens poculis. Umbilicus animæ est temperantia, quia sicut umbilicus medius est inter superiora et inferiora membra, ita est temperantia inter virtutes et vitia media.

Quæ est sicut crater tornatilis plena poculis, quia est circumspectione rotunda, et sapientia fecunda. Et sicut potus sitim temperat, et cor lætificat, sic temperantia ardorem vitiorum restringit, et immoderatum fervorem reprimit virtutum fecunditate.

Venter tuus sicut acervus tritici vallatus liliis. Venter animæ est memoria, in qua recondit cibos sacræ Scripturæ. Qui similis est acervo tritici, quia sicut in acervo grana cumulantur, ita in memoria multæ sententiæ et imaginationes coacervantur. Quæ liliis vallantur, quia mundis cogitationibus stipantur.

Duo ubera tua sicut duo hinnuli gemelli capreæ. Duo ubera animæ sunt sapientia et scientia, quibus lactat insipientes et inscios. Quæ sunt sicut hinnuli capreæ, qui semper alta petunt dum rudes a se nutritos ad alta virtutum scandere imbuunt. Quæ duo gemelli sunt, dum in gemina dilectione cœlestia petunt. Hinnuli capreæ dixit, ad distinctionem hinnuli cervorum, qui velociter currunt; iste vero alta petit.

Collum tuum sicut turris eburnea. Collum animæ est intellectus, qui animam et spiritum jungit, sicut collum jungit caput et corpus. Hoc collum est sicut turris eburnea, quia turris ejus est ab hæresibus inexpugnabilis.

Oculi tui sicut piscinæ in Hesebon. Oculi animæ sunt intentio et ratio, quibus videt virtutes et vitia. Quæ sunt ut piscinæ in Hesebon, scilicet aquis cogitationum plenæ, semper cingulo mœroris, quod Hesebon sonat, circumdatæ.

Semper enim mœret anima, dum intendit inferni supplicia, et cœlestis regni gaudia. Et hæ *piscinæ sunt in porta filiæ multitudinis,* id est, hæ cogitationes semper sunt in meditatione mortis positæ. Quæ est in porta multitudinis, quia omnes homines exeunt per eam.

Nasus tuus sicut turris Libani, quæ respicit contra Damascum. Nasus animæ est discretio inter virtutes et vitia. Et hic est ut turris Libani, quia non potest falli ulla hypocrisi per virtutem Christi. Et hæc respicit contra Damascum, quia semper est provida contra diabolum, ut ejus fetorem effugiat, et Christi odorem teneat.

Caput tuum sicut Carmelus. Caput animæ est mens, quia sicut membra corporis per caput reguntur, ita per mentem cogitationes animæ disponuntur. Quæ est sicut Carmelus, quod sonat sciens circumcisionem, quia scit se circumcidere a superfluis cogitationibus.

Comæ capitis tui sicut purpura regis juncta canalibus. Comæ capitis animæ sunt cogitationes, quæ sunt sicut purpura regis, quia semper meditantur, qualis fuit passio Christi æterni Regis. Et hæc purpura juncta est canalibus, quia passio Christi fixa est in animarum conscientiis.

Juxta anagogen, hortus fuit Virgo perpetua, in quem Christus descendit, dum in ea hominem induit. In hoc horto arida virga floruit, quæ mitem Christum protulit.

In nuce sunt tria, scilicet amurca, testa et nucleus; ita in Christo sunt tria, videlicet caro, ossa et anima. Interstitium quod nucem dividit in modum crucis, est sancta crux, quæ animam Christi a corpore divisit.

Nux etiam est sacra Scriptura, cujus cortex vel testa est littera; nucleus vero spiritualis intelligentia. In cæteris anagoge deficit.

Ad synagogam redeamus, quam ad Christum reversam prædicamus.

Postquam rex singula membra Sunamitis laudavit, quia singulorum ordinum opera ad remunerandum approbavit, ipsam speciali laude effert, dicens:

Quam pulchra es, et quam decora, charissima in deliciis. Quasi dicat, quia pro magnis deliciis reputas pulchritudinem membrorum tuorum, id est virtutes ordinum justorum tuorum; in his deliciis es valde pulchra exterius in operibus, et decor interius in virtutibus. Et ideo mihi charissima.

Statura tua assimilata est palmæ, et ubera tua botris. Statura Ecclesiæ est perseverantia certaminis, quæ statura in Abel crescere cœpit, et ad ultimum electum perseverabit.

Sive statura in apostolis crescere cœpit, et in conversione Synagogæ consummabitur.

Palma est inferius aspera, superius pulchra, et dicitur victoria, et intelligitur Christi vita, quæ hic in terris fuit in asperitate passionis, et post victoriam crucis fuit in pulchritudine cœlorum.

Statura ergo sponsæ assimilatur palmæ, quia perseverantia patientiæ Ecclesiæ assimilatur Christi tolerantiæ. Quæ Ecclesia hic fuit aspera in pressuris, sed victoria potita de vitiis pulchra fulget in cœlis. Palma etiam conservat folia, et Ecclesia variante statu sæculi eadem tenet fidei mysteria.

Ubera Ecclesiæ sunt duo Testamenta, de quibus sugunt prædicatores lac mysticæ intelligentiæ. Qui prædicatores dicuntur ubera, quia rudibus præbent lac doctrinæ. Qui assimilati sunt botris, quia sicut botri pleni sunt vino ; ita ipsi pleni sunt scientia. Et sicut botri pressi inebriant ; sic ipsi, in mundo pressi, lac doctrinæ propinant.

Notandum autem, quod utraque lex tria in se continet, scilicet præcepta, exempla, promissa. Præcepta veteris legis sunt : *Non occides, Non mœchaberis* (*Exod.* xx, 13, 14), etc. Exempla sunt, quod David Saul inimicum in spelunca non occidit, cum bene potuit ; et Joseph adulterium non fecit, cum eum domina blando amplexu constrinxit. Promissa vero sunt : Si hoc feceritis, dabo vobis lac et mel. Præcepta autem novæ legis sunt : *Diligite inimicos vestros, et orate pro persequentibus vos* (*Matth.* v, 44). Exempla, quod Christus oravit pro suis crucifixoribus, et Stephanus pro suis lapidatoribus. Promissa vero : *Quod oculus non vidit, nec auris audivit, nec in cor hominis ascendit, quæ præparavit Deus diligentibus se* (*I Cor.* ii, 9).

Et notandum quod utraque lex in igne data est ; qui habet duas naturas, ardoris et splendoris ; quia utraque prævaricatores legis incendit, observatores illuminat. Ideo et utriusque legis latoris facies ut sol resplenduit, quia uterque viam ad claritatem æternæ lucis docuit. Sic namque splendida fuit facies Moysi, ut non possent filii Israel intendere in faciem vultus ejus, propter claritatem vultus ipsius. Christi vero latoris novæ legis facies sicut sol in monte resplenduit, quando cum eo Elias et Moyses lator veteris legis apparuit, cujus etiam promissa sunt, quod justi sicut sol in regno Patris fulgebunt. Sequitur :

Dixi ascendam in palmam, ut apprehendam fructus ejus. Quasi dicat Sunamitis, quod *statura perseverantiæ tuæ assimilata est palmæ*, scilicet victoriæ meæ, hoc ideo est, quia ego ascendi in palmam, et traxi te post me ad victoriam, videlicet quando exaltatus sum in cruce, omnia traxi ad me, in quibus et te.

Dixi enim, id est firmiter apud Patrem ante sæcula disposui, quia ascendam in palmam, hoc est, in crucem in qua vincam tyrannum, et tunc apprehendam fructus ejus, scilicet omnes salvandos, quorum pars sunt ultimi Judæi, et victo tyranno fugitivos ad me traham. Similitudo est ab illo qui in arborem scandit, et pendentia poma attrahit ; sic Christus in arborem crucis ascendit, et electos in multis erroribus dispersos ad se collegit. Fructus palmæ crucis sunt resurrectio, ascensio, adventus Spiritus sancti, et salus mundi. Quos fructus Christus apprehendit, quando humanum genus in Adam mortuum, in seipso ad vitam resuscitavit, et hominibus scientiam omnium linguarum per Spiritum sanctum dedit et omnes per baptismum suæ mortis salvavit. Ideo autem conversæ Synagogæ palmam crucis in memoriam reducit, ut memoret se per crucem redemptam, et diligat Redemptorem. Et per hanc palmam, *erunt ubera tua sicut botrus vineæ, et odores tui sicut malorum*. Botrum vineæ, qui est dulcis,

posuit ad distinctionem botri sylvæ, qui est amarus. Ubera Sunamitis sunt prædicatores, qui lac doctrinæ præbent rudibus. Vinea est Ecclesia : botrus est Christus in prælo crucis pressus, de quo fluxit vitæ potus. Sic premuntur doctores Synagogæ in Antichristi persecutionibus, et fluunt de eis pocula vitæ fidelibus. Odores vero Sunamitis sunt fama et opinio bonæ operationis et prædicationis, qui sunt sicut odores malorum, scilicet arborum, id est sicut prædicationes apostolorum. Apostoli quippe fuerunt sicut mali, in quibus est odor et fructus, qui odorem bonæ vitæ sparserunt, et dulci fructu doctrinæ alios refecerunt.

Et nota quod prædicatores Synagogæ Christo assimilantur in pressuris passionum ; prædicationes vero eorum prædicationibus apostolorum, quia tantæ perfectionis erunt, quod nullis tormentis a Christo flecti nequeunt. Et per hanc palmam erit *guttur tuum sicut vinum optimum*. Guttur Sunamitis sunt proferentes verbum doctrinæ. Hi sunt sicut vinum optimum, quia sic suavi doctrina inebriant sitientes justitiam ; sicut optimum vinum non inflat, sed restringit sitis injuriam.

Notandum sane quod Ecclesia in Evangelio quinque virginibus comparatur, quæ quinque libris ad amorem sponsi eruditur, et in hoc Cantico amoris quinquies pulchritudo membrorum ejus laudatur. Et quasi quinque Ecclesiæ hic describuntur, scilicet primitiva Ecclesia, et Ecclesia gentium, Ecclesia perfectorum in persecutione desudans, et imperfectorum in pace militans, Ecclesia Synagogæ ad fidem conversæ, quia in quinario numero fides et operatio notatur. In trinario fides Trinitatis ; in binario operatio geminæ dilectionis.

Prima laus est primitivæ Ecclesiæ, scribitur : *Ecce tu pulchra es, amica mea* (*Cant.* i, 44). In qua tria membra scilicet genæ, collum, et oculi laudantur, et tres ordines justorum in ea, videlicet apostoli, mundi contemptores, pœnitentes figurantur.

Per oculos quippe apostoli ejus duces expressi sunt qui eadem de tenebris ignorantiæ ad laudem veritatis perduxerunt.

Per collum religiosi notati sunt, qui contempto mundo, communem vitam duxerunt, qui spiritualem cibum doctrinæ de capite Christo acceperunt, et in corpus Ecclesiæ vivendo et docendo trajecerunt.

Per genas pœnitentes denuntiati sunt, qui se peccasse erubuerunt, hæc laus ternario ideo continetur, quia Trinitas huic Ecclesiæ primitus notificatur.

Secunda laus est Ecclesiæ gentium, ubi scribitur : *Quam pulchra es, amica mea !* (*Cant.* iv, 1.) In qua septem membra laudantur, quia septem rebus mysticis comparatur, et in membris ordines Ecclesiæ, in rebus virtutes eorum intelliguntur ; qui ordines per septiformem Spiritum distribuuntur dum alii spiritu sapientiæ, alii spiritu intelligentiæ, alii spiritu consilii, alii spiritu fortitudinis, alii spiritu scientiæ, alii spiritu pietatis, alii spiritu timoris Domini pleni referuntur. Et per septenarium æterna requies accipitur quæ post septem dies sæculi omnibus justis dabitur. Tertia laus est Ecclesiæ in persecutione sudantis, ubi scribitur : *Quam pulchræ sunt mammæ tuæ, soror mea! (Cant.* IV, 10.) Quam laudem senarius dedicat, qui perfectionem designat, quia qui in sex ætatibus sex opera misericordiæ peragunt, perfectum gaudium possidebunt.

Quarta laus est Ecclesiæ in pace degentis, ubi scribitur : *Pulchra es, amica mea (Cant.* VI, 3). In qua tria membra laudantur, et tres ordines electorum, scilicet conjugati, viduæ, virgines, insinuantur, qui fide Trinitatis decorantur.

Quinta laus est Synagogæ ad fidem conversæ, ubi scribitur : *Quam pulchra es et decora (Cant.* VII, 6). Quam laudem senarius possidet, quia hæc Ecclesia perfectione fulget, et hanc laudem præcedit laus decem membrorum, significans totidem ordines electorum, qui per legis Decalogum percepturi sunt vitæ denarium.

Notandum autem quod laudem primitivæ Ecclesiæ, et laudem Synagogæ præcedit laus membrorum, laus vero Ecclesiæ gentium et aliarum præcedit, et sequitur laus membrorum, quia multi ordines justorum primitivam Ecclesiam et Synagogam conversam præcesserunt, qui utramque factis, et scriptis et dictis vix converterunt.

Ecclesia vero gentium ad primam vocationem apostolorum ad Christum venit, et sibi ordines instituit, ideo laus ejus præcedit.

Juxta tropologiam deliciæ fidelis animæ sunt sacræ Scripturæ. In his deliciis est anima pulchra, quæ hæresi caret; et recta fide fulget; in his est decora, si bona operatione splendet, et sic est charissima Christo. Hujus statura est perfectio virtutum, quæ a primis fidei rudimentis cœpit, et perficiendo crescit in virum perfectum, id est in perfectionem virtutum. Hæc statura palmæ assimilatur, quæ in inferiori angustatur, in superiori dilatatur, quia studium virtutum in primis est per actionem angustum, postea per contemplationem latum. Animæ ubera sunt sapientia et scientia, quibus indoctos quasi parvulos lactat, quæ assimilata sunt botris, quia plena sunt doctrinis. Vel, ubera animæ sunt duo præcepta charitatis, de quibus lac doctrinæ utriusque legis præbet : quæ botris comparantur propter mundi pressuram et doctrinæ abundantiam. Anima in palmam ascendit, quæ se per victoriam crucis salvatam credit, fructus palmæ apprehendit, quando digne corpus Christi comedit quod in arbore crucis pependit. Vel fructus ejus apprehendit, dum præmium vitæ per crucem propositum perceperit. Post fidem crucis erunt ubera animæ sicut botrus vineæ, non silvæ ; quia prædicationes ejus dulcedine plenæ. Significatio namque rerum mutatur secundum diversitatem sensuum. In hoc quippe loco ubera animæ sunt ejus doctrinæ, vino prædicationis plenæ, ut botri vineæ. Ejus odores sunt sicut malorum, id est opinio virtutum ejus sunt sicut sanctorum ; vel orationes ejus sunt sicut odor incensorum

Guttur tuum est vox laudis vel confessionis ejus, quod est sicut vinum optimum, quod non inflat inebriando, sed lætificat cor recreando.

Juxta anagogen autem, deliciæ Ecclesiæ cum Christo regnantis sunt gaudia paradisi exsultantis. In his deliciis est ipsa pulchra et decora, quia in his fulget ut sol et luna, et angelis et Christo est charissima ; cujus statura est æqualitas angelorum, quæ palmæ est assimilata ; quia in terris fuit angustata, in cœlestibus est dilatata. Ejus ubera sunt comparata botris, quia apostoli et alii doctores sunt pleni poculis æternæ dulcedinis. Hæc in palmam ascendit, quia per victoriam crucis ad lignum vitæ pervenit : de quo scriptum est : *Vincenti dabo edere de ligno vitæ, quod est in paradiso Dei mei (Apoc.* II, 7). Fructus ejus jam apprehendit, de quo qui comederit non morietur in æternum.

Ubera ejus sunt sicut botrus vineæ, quia gaudia, quibus pro pressuris mundi inebriatur, sunt sicut gaudia Christi in cruce pressi. Ipse est enim botrus vineæ, potus Ecclesiæ, fons vitæ. Ab ipso inebriabitur quando ei dicetur : *Intra in gaudium Domini tui (Matth.* XXV, 21). Tunc erunt odores ejus ut malorum, id est deliciæ ejus erunt ut angelorum. Et guttur ejus erit sicut vinum optimum, id est laus ejus erit sicut laus epulantium. Dum sponsus guttur Sunamitis laudavit, id est dum Christus proferentes verbum prædicationis in Synagoga vino optimo comparavit, ipsa verbum per quod salus mundo datur de ore loquentis rapuit, dicens :

Dignum dilecto meo ad potandum, labiisque et dentibus illius ruminandum. Quasi dicat : Mea pura prædicatio per te, ideo vino optimo collata ; quia prædicatores non inflat, sed auditores ædificat, est digna dilecto meo ad potandum, hoc est dignos facit quos ipse potet, quos in corpus suum Ecclesiam quasi suave vinum fundat. Et digna est labiis et dentibus illius ruminanda, id est doctoribus illius memoriæ commendanda. Dentes Christi sunt Scripturæ expositores ; labia ejus sunt exposita proferentes Hi optimum vinum ruminant, dum suavem doctrinam in ventrem memoriæ recondunt, et iterum ad docendum retrahunt, sicut pecus dum ruminat escam jam comestam, de ventre in os retrahit et mandit ; et iterum in ventrem recondit.

Et nota quod sponsus vinum potat, et labia dentesque ruminant ; quia doctores cum magno labore Scripturas exponunt, et auditores vix convertunt ; ipse vero facili nutu inspirationis prædestinatos convertit, et quasi potum sine difficultate in corpus Ecclesiæ fundit. Sponsa post raptum verbum ab ore sponsi guttur aperit, et verbum salutis quasi optimum vinum eructat, et gentibus adhuc incredulis propinat, dicens : Vos gentes incredulæ, convertimini ad Christum, et recipiet vos sicut me recepit. Quia *ego dilecto meo* conversa sum, *et ad me conversio ejus facta est.* Quasi dicat : Ego Sunamitis a diabolo diu captiva, ego Synagoga a Christo diu aversa, ad eum sum jam conversa : et ipse conversus est ad me per gratiam, qui diu aversus est a me propter perfidiam.

Potest et hoc de Ecclesia gentium intelligi, quæ dicit ad adolescentulas : Ego dilecto meo, et ad me conversio ejus, quasi dicat : Ego prius exsul a Deo, ab omni errore ad eum sum conversa, ut civis et domestica ; et ipse prius iratus humano generi ad me est conversus, natura nostræ mortalitatis indutus. Et vos ergo de mala conversatione convertimini ad primam, et convertet se ad vos per indulgentiam.

Tropologice fidelis anima ad dilectum convertitur, cum de mala vita ad pœnitentiam, vel de sæculari vita ad spiritualem convertitur ; et dilectus ad eam convertitur, cum ei gratiam suam largitur, quam prius ei subtraxit, cum ob culpam se ab ea avertit. Anagogice autem Ecclesia ad superna suspirans, ad dilectum se convertit, cum de mundo ad cœlum migrat; et ipse se ad eam convertit, cum eam in societatem angelorum recipit. Huc usque Synagoga intravit ; jam Mandragora in sequentibus intrabit.

TRACTATUS QUARTUS.

Postquam totus comitatus Sunamitis in aulam regis est receptus, et regalibus nuptiis admissus ; ecce ab aquilone nova sponsa cum magno apparatu, scilicet Mandragora sine capite sponso adducitur ; cui ab eo aureum caput imponitur diademate redimitum, in nuptiis recipitur. Sunamitis quippe de regia urbe regressa, invenit Mandragoram regalem puellam sine capite in agro jacentem : cui nimium compassa, et ad regem regressa, obnixe supplicat ut secum eat, miseræ subveniat. Rex ergo, cum Sunamite in agrum veniens et miseram miserabiliter nudam inveniens, elevat, vestit, aureum caput imponit ad nuptias introducit. Mandragora est herba formam humani corporis habens sine capite, et intelligitur multitudo infidelium ; quæ tunc erit, cujus caput Antichristus erit, qui est caput omnium malorum. Sed caput Mandragoræ amputabitur, quando Antichristus occidetur. Post cujus occisionem videns Synagoga conversionem infidelium sine capite Antichristo, et etiam carere capite Christo, optat eam sibi in fide Christi associari, et capite Christo sublimari, dicit ergo sponso :

Vers. 11, 12. — *Veni, dilecte mi, egrediamur in agrum, commoremur in villis.* Quod est dicere : O dilecte mi, quem præ omnibus diligo, qui ad me per gratiam venisti, et per præsentiam donorum visitasti , veni etiam nunc per gratiam ad multitudinem infidelium, et visita eam per pœnitentiam charismatum, et prædicatores. Egrediamur in agrum mundi, et spargamus per populos semen verbi Dei ; te aspirando, ego prædicando, et operando, et docendo. Diu commoremur in villis, id est in paganorum conventiculis ; *mane surgamus ad vineas,* hoc est mature faciamus Ecclesias. Ager est Christianus populus, aratro Evangelii cultus ; villæ vero sunt pagani in infidelitate et vitiis inculti. Dilectus quasi in occulto sedet, dum Christus perversos per manifesta flagella ad conversionem non admonet, vel infideles per prædicatores ad fidem non vocat. Qui ad publicum in agrum egreditur, dum pravos manifeste flagellat ut se corrigant, vel infideles per doctores ad fidem convocat. Ecclesia vero quasi in occulto latet, dum contemplationi vacat, et proximis errantibus non prædicat ; de occulto in agrum egreditur, dum ad publicam prædicationem accingitur. Post mortem ergo Antichristi sponsus et sponsa in agrum conveniunt, quando Christus et Ecclesia per prælatos consilium ineunt, qua Christianos propter timorem Antichristi ad perfidiam prolapsos ad pœnitentiam revocent, vel adhuc incredulos per prædicatores ad fidem convertant. In villis commorantur, dum paganorum conventibus maxime prædicando immorantur.

Similitudo est ab illis qui in agrum spatiatum vadunt, in villas ad spectaculum conveniunt. Nox fuit tempus persecutionis Antichristi ; mane vero tempus pacis post mortem Antichristi. Mane ergo sponsus et sponsa ad vineas surgunt, qui quasi in nocte dormierunt, dum se post necem Antichristi ad faciendas Ecclesias erigunt, vel sub eo destructas erigunt, et renovant, vel dispersas congregant, quas sub eo destrui viderunt, sed quasi dormientes non restiterunt. Sequitur :

Vers. 12, 13. — *Videamus si floruit vinea, si flores fructus parturiunt, si floruerunt mala punica?* Hoc est per prædicatores faciamus eos videre si vinea, scilicet Synagoga, in fide floruit, ut eam in fide imitentur ; si florentes in fide opera fidei exsequuntur, ut illos imitentur ; si imitatores martyrum in patientia florent, ut illos imitentur. *Ibi dabo tibi ubera mea,* hoc est , in illo agro proferam ad honorem tui omnem doctrinam utriusque legis, quæ sunt ubera mea, ut rudes in fide sugant inde lac doctrinæ. Et postquam ego expressi ubera, *mandragoræ dederunt odorem in portis nostris.* Mandragora, ut dictum est, herba est formam humani corporis habens, sed capite carens , ad multas medicinas utilis ; et intelligitur gentilitas, quæ rationem humanam habuit, sed Christum caput fidelium non habuit , et multas utiles sententias habuit. Huic sponsus aureum caput imposuit, dum ei deitatem suam , quæ omnia transcendit, ut aurum omnia metalla, in fide proposuit, gloria et honore coronabit, et in claritate suæ visionis sibi copulabit. Mandragoræ ergo sine capite, sunt pagani sine capite Christo, ablato sibi capite Antichristo. *Hi dederunt odorem in portis ,* id est exemplum bonorum operum in virtutibus, per quas intratur ad cœlum ad beatitudinis præmium. Vel portæ Ecclesiæ et Christi sunt prophetæ et apostoli ; in his portis dederunt mandragoræ odorem, dum pagani ad Christum conversi, in doctrinis apostolicis et prohæreticis famam bonæ opinionis sparserunt. Non solum ubera dabo tibi, sed etiam *omnia poma nova me docebis*, videlicet in illa fide mihi cognitionem *et vetera, dilecte mi, servavi tibi*. Hoc est, non solum tuam manifestabis, plusquam per prophetas et per doctrinam utriusque legis tunc convertendis proferam, sed etiam omnia opera apostolorum novæ legis, et omnia opera prophetarum veteris legis servavi tibi, id est pro te exponendo illis, et non solum illorum opera, sed etiam tua facta per ordinem illis narrabo, quæ utinam vidissem oculis ut illi viderunt! Ita intelligi sequentia volunt :

CAPUT VIII.

VERS. 1, 2. — *Quis mihi det te fratrem meum?* Hoc est, quis de sanctis patriarcha vel propheta potest mihi conferre ut *inveniam te foris*, id est ut videam te in carne cum hominibus conversantem, ex Scripturis docentem, miracula facientem, sicut te olim viderunt, quorum oculi beati fuerunt; et *deosculer te* sicut Simeon, et Anna, et alii quamplures, et audiam ex ore tuo verba pacis per te redditæ hominibus ; *et jam me nemo* ex infidelibus *despiciat*, sicut hactenus fecit, dicens me excæcatam et reprobatam. Te dico, Christe, Rex gloriæ, existentem fratrem meum, de mea progenie genitum, *sugentem ubera matris meæ*, interrogantem doctores de lege et prophetis, quæ sunt ubera matris meæ Synagogæ, quando sedebas sapientia Patris in medio doctorum, audiens et interrogans illos ; vel quando per Sabbata in Synagogis de lege et prophetis legebas et aliis exponebas.

Nota quod quasi ad præsentem et secum in agro deambulantem loquitur, per quod nimius affectus amoris, vel doloris exprimitur. Istud quippe est quasi quoddam lamentum fidelis Synagogæ, nimium dolentis quod mater sua Synagoga Dominum gloriæ crucifixit quem tot miracula facere vidit, quasi diceret : Utinam esset possibile ut Christum, per legem et prophetas mihi promissum, patribus nostris jam missum, in humana carne de sinu Patris egressum, ita sicut ipsi possem videre, de mea progenie natum, meum fratrem factum, legem et prophetas spiritualiter exponentem, multa signa facientem : ut eum toto corde amplecterer, et amplius a nullo Christiano velut extorris a regno Dei despicerer! Similitudo est ab illa quæ nimio amore accensa, diligenter observat sicubi dilectum suum foris inveniat, ut ei loquatur et ejus consortio perfruatur; sed quia te in carne ut illi non possum videre, saltem *apprehendam te* fide me fugientem in deitatis sublimitatem, *et ducam te* prædicando *in domum matris meæ*, id est in Judæam, quæ est domus matris meæ Synagogæ, *et in cubiculum genitricis meæ*, id est in Jerusalem, quæ est cubiculum legis genitricis meæ. Vel te fugientem Judæos adhuc incredulos, scilicet tuam cognitionem eis subtrahentem, apprehendam orando, et ducam te docendo et exemplum præbendo in domum matris meæ, id est in multitudinem Synagogæ matris meæ, et ducam te in cubiculum genitricis meæ, id est in spiritualem intellectum legis, nutricis meæ, ut per legem et prophetas intelligant te verum Deum esse ; *ibi me docebis*, videlicet in illa fide mihi cognitionem tuam manifestabis, plusquam per prophetas et per legem. Et *dabo tibi poculum ex vino condito*, hoc est per intellectum fidei faciam tibi poculum ex multis virtutibus compositum, tuo corpori Ecclesiæ infundendum, ut suave vinum ex multis speciebus conditum. *Et mustum malorum granatorum meorum*, subaudis dabo tibi ; hoc est divinum servitium ex imitatoribus martyrum impendam tibi. Mala granata sunt eadem quæ et mala punica, quæ sunt rubea et granis plena, quorum succus habet saporem musti ; significant autem patientes martyrum imitatores, bonis actibus ut granis plenos, et doctrina ut mustum suaves. Per vinum ergo doctores veteris legis, per mustum intelliguntur doctores novæ legis, quorum laborem offeram tibi ad honorem.

Rex itaque vino et musto accepto a sponsa, amplexatus est eam, unde gratulabunda canit, dicens;

VERS. 3. — *Læva ejus sub capite meo, et dextra illius amplexabitur me*. Quasi dicat : Divitias et gloriam mundi ejus amori postpono, et sola æternæ beatitudinis præmia ab eo promissa diligo. Caput quippe Ecclesiæ est Christus, cujus leva est pœnitentis vitæ gloria ; dextera vero illius æterna beatitudo, ut scribitur : *Longitudo dierum in dextera ejus : in sinistra illius divitiæ et gloria* (Prov. III, 16). Læva ergo sponsi sub capite sponsæ est, quando amorem Christi divitiis mundi præponit, et dextera illius amplexabitur eam, quando chorus sanctorum in æterna beatitudine constitutus, propter hoc eam diligit. Hic versus superius primitivæ Ecclesiæ ascribitur ; hic rursus in conversione Synagogæ repetitur, quia eadem perfectio fidei et operationis in ista quæ in illa invenitur. Sub amplexu sponsi, sponsa, quasi amore et dolore fatigata, obdormit ; et ne quis eam ab hac quiete inquietet sponsus interdicit, dicens .

VERS. 4. — *Adjuro vos, filiæ Jerusalem, ne suscitetis, neque evigilare faciatis dilectam meam, donec ipsa velit*. Scilicet Synagoga, ad fidem conversa, terrena fastidiens, sola cœlestia appetens quasi obdormit, quando cunctis terrenis negotiis se subtrahit, et solis cœlestibus contemplandis tota incumbit. Quam filiæ Jerusalem, id est universalis Ecclesiæ filiæ ab hoc somno excitant, dum spirituales ad prædicationem carnalium provocant. Quod sponsus prohibet, ne lucri causa vel humani favoris gratia fiat, dicens : O vos universalis Ecclesiæ filiæ, æternam pacem in superna Jerusalem visuræ, adjuro vos, id est fidei sacramento constringo vos, ne dilectam meam Synagogam, nuper ad me conversam, a quiete suscitetis, qua quiescit a sæculi negotiis : neque evigilare faciatis a somno suæ contemplationis, donec ipsa velit ad laborem prædicationis accingi sola causa Dei. Iste versus jam tertio est repetitus, primo primitivæ Ecclesiæ, secundo Ecclesiæ gentium , tertio Synagogæ conversæ adnotatur, et concordia omnino in una fide Trinitatis notatur. Istud quasi historice de Synagoga dictum allegorice quoque de Ecclesia gentium intelligitur.

Sponsus cum sponsa egreditur in agrum, dum Christus per prædicatores Ecclesiæ semen verbi Dei spargit in mundum, aratro evangelii exaratum. In villis cum illa commoratur, dum in populis, in urbibus et in villis habitantibus, per prædicationem immoratur. Mane cum illa surgit ad vineas, dum festinat multas facere Ecclesias. Nox fuit ab Adam usque ad Christi resurrectionem; deinde fuit mane quo lux veritatis resplenduit, in quo Christus e. Ecclesia ad vineas surrexerunt, quia post resurrectionem multas Ecclesias instituerunt. Cum illa vineam florere, et flores fructus parturire, et mala punica florere vidit, dum alios in fide florentes, alios fidei fructus proferentes, alios martyria passos, in ecclesiis in exemplum infirmis proposuit; ibi dedit ei sua ubera, quia talibus protulit Christi causa utriusque Testamenti dogmata. Post hæc mandragoræ dederunt odorem in portis, quia Judæi sine capite Christo, formam sanctæ conversationis sparserunt in populis, constituti in fide et dilectionem (115) vitæ portis. Omnia poma nova et vetera, sponsa dilecto servavit, quia omnia opera novæ et veteris legis ad honorem Christi Ecclesia Judæis exposuit. Similitudo est ab illo cui, diu absenti, amica poma servat, quæ revertenti læta offert; ita Ecclesia Judaico populo, diu a fide peregrinanti, mysteria utriusque legis servavit, quæ ei ad fidem venienti per Christum reservavit. Christus fuit frater Ecclesiæ, quia Deum suum naturalem Patrem, fecit per gratiam Ecclesiæ Patrem; et ipsam fecit sibi sororem, scilicet regni cœlestis cohæredem. Hic ubera matris suæ, videlicet primitivæ Ecclesiæ suxit, quando ei legem et prophetas spiritualiter exposuit. Ipsa dilectum foris invenit, dum verbum carnem factum credidit : quæ quasi intus latuit, dum verbum in principio mansit. Hujus osculum sumpsit, dum pacem sibi per ipsam redditam audivit. Hanc postea nemo despexit, quia per Christum sedata persecutione, omnis ordo regum et principum eam honoravit. Hæc dilectum quasi per manum apprehendit, et in domum matris suæ induxit, dum operando et prædicando Christum in corpus ipsius Synagogæ introduxit, et in cubiculum genitricis induxit, dum eum in intellectum Judaicæ gentis duxit. Quæ gens ejus mater et nutrix exstitit, quia ex ea apostoli nati sunt, qui Ecclesiam per Evangelium genuerunt, et doctrina legis nutrierunt.

Ibi est docta Ecclesia, quod ipsa est per gratiam Christi vocata; Synagoga autem propter falsam justitiam excæcata, sed nunc iterum per gratiam illuminata. Quæ Ecclesia dat Christo poculum ex vino condito, dum offert ad honorem Christi bonum opus, sapientia et charitate et facundia inebrians proximos, vel dum offert in sacrificio sanguinem Christi ex vino consecratum, et dat Christo mustum malorum granatorum, dum exhibet divinum servitium hominum virtutibus repletorum, vel dum profert exempla virtutibus sanctorum. Læva dilecti

(115) Videtur deesse aliquid.

sub capite Ecclesiæ est, quia mysterium incarnationis, et dona quæ dat in præsenti, erunt sub capite, id est sub mente ejus, quia per ea sustentata in præsenti contra perturbationes mundanas quiescit, et quodammodo cum ea dormit. Et dextera ejus, id est futura bona et plena ipsius visio amplexabitur eam, quia ita undique circumdabit eam, ut nullus turbo miseriæ possit intervenire. Hanc a somno sæculares excitant, dum eam a quiete contemplationis ad exteriora negotia pertrahere tentant; sed Christus per Scripturas eos adjurat, ne hoc lucri causa faciant.

Tropologice fidelis anima in agrum egreditur, in villis commoratur, dum agrestes vel villanos in bonis moribus imitatur, vel dum quisque spiritalis intermisso lectionis et orationis studio, *manibus suis laborat, ut habeat unde tribuat necessitatem patienti* (*Ephes.* IV, 28). Mane surgit ad vineas, dum se totam erigit ad imitandas claustralium vitas; claustra etenim sunt spiritales vineæ, in quibus sunt pocula vitæ. Fidelis quisque flores vineæ, fructus florum, flores malorum punicorum videt, dum fidem Ecclesiæ, opera fidelium, patientiam martyrum imitari studet. Ibi dat ubera proximis, dum profert doctrinam geminæ charitatis. Tunc dabunt mandragoræ odorem in portis, quia sæculares jam conversi, qui sine capite fuerunt, dum nullum prælatum habere voluerunt, famam bonæ operationis in virtutibus, quæ sunt portæ vitæ, spargunt. Omnia poma nova et vetera servat, dum conversus omnia opera antiquorum et modernorum Patrum ad imitandum sibi congregat. Hunc sibi Christus fratrem facit, dum eum sibi cohæredem regni elegit. Qui Christus ubera matris, fidelis animæ sugit, dum duo Testamenta Ecclesiæ matris fidelium fratribus in unum habitantibus spiritaliter exponit. Vel mater alicujus conversi est congregatio spiritalium, cujus ubera sunt regularia instituta, quæ Christus sugit, dum quemque conversum regularibus disciplinis instruit. Christum foris invenit, qui opera dilectionis in necessitate proximorum peragit. Hunc intus invenit qui carnis concupiscentias per Christum vincit. Christum deosculatur, qui ei intimo amore conjungitur. Hunc nemo despicit, quia et angelis et hominibus placebit.

Christum quasi per manum apprehendit, et in domum matris suæ inducit, dum bona opera in claustrum, domum congregationis matris conversorum inducit. Et in cubiculum genitricis suæ eum inducit, id est in intellectum regulæ claustralis suæ nutricis, dum eum in ea intelligi docet. Ibi scilicet in claustro docetur, quid conversis in cœlo promittatur: ibi dabitur ei poculum ex vino condito, id est doctrina ex Scripturis sapientium composita, et mustum malorum granatorum, id est exempla justorum. Læva Christi est sub ejus capite, id est bona pœnitentis vitæ sunt in ejus mente, quæ est caput animæ: et dextera illius amplexabitur eum, id est virtutes et bona opera in corpore et anima; opera in corpore, virtutes in anima. Sub hac dextera obdormit, dum terrena obliviscitur, et coelestia contemplatur, et ne quis eum ab hac quiete retrahat ad sæculi tumultum, a Christo per Scripturas adjuratur.

Anagogice autem Ecclesia hic peregrinans cum Christo in agrum floribus plenum egreditur, dum de hoc mundo migrans paradisum voluptatis cum Christo ingreditur. In villis commoratur, dum in mansionibus sibi a Deo præparatis recipitur. Mane surgit ad vineas, dum in die judicii se erigit ad supernas Ecclesias. Totum quippe tempus hujus sæculi, est quasi nox ad comparationem futuri sæculi. Dies autem judicii est quoddam mane æterni diei, qui melior est super millia annorum.

Vel vita cujusque hominis est quasi nox, mane autem vita futura. In quo mane quisque fidelis surgit ad vineas, dum post mortem pervenit ad coelestes Ecclesias. Ibi videt flores vineæ et florum fructus, et flores malorum punicorum, id est præmia fidelium, et denarium qui dabitur bene operantibus, et mercedem quæ recompensabitur martyribus. Ibi dabit Ecclesia Christo ubera sua, quia doctores utriusque legis repræsentabit in æterna gloria. Ibi mandragoræ in portis dabunt odorem, quia in morte, quæ est porta vitæ, dabunt viventibus suæ vitæ opinionem, dum miraculis coruscant in terris, quorum animæ vivunt in cœlis. Qui mandragoræ olim fuerunt, dum diabolum caput omnium malorum amiserunt, et caput omnium justorum Christum induerunt, et nunc ut mandragora multis morbis medicamenta sunt. Ibi omnia poma nova et vetera sponsa dilecto servavit, quia omnia opera sanctorum veteris legis, et omnia opera sanctorum novæ legis, Ecclesia cœlestis Christo recompensanda repræsentabit. Ibi Christum fratrem suum, scilicet hominem de humano genere natum, in Deo videbit, qui eam sororem videlicet cohæredem regni fecit. Qui frater ubera Ecclesiæ sugit, quia Dominicus homo gaudia cœlestis Jerusalem, id est angelorum plenitudinem habet, et suis tribuit. Hunc intus in gloria Patris Ecclesia invenit, quem hic foris in carne vidit. Quem diu optatum deosculatur, dum ejus dulcedini in æterna pace copulabitur. Hanc amplius non despiciet, quia æqualis angelis erit, quæ hic opprobrium hominum et despectio superbis fuit. Ibi dilectum diu quæsitum vix tandem aliquando inventum, æterna dilectione apprehendit, et in domum matris suæ, id est in cœlestem Jerusalem, quæ est domus matris Ecclesiæ angelicæ inducet, dum cum illo in illam ad æternas nuptias introibit, et in cubiculum genitricis suæ, id est in secretum gloriæ humanitatis Christi, quam in paterna gloria videbit. Ibi docebit eam Christus, quod *oculus non vidit, nec auris audivit, nec in cor hominis ascendit, quæ præparavit Deus diligentibus se* (*I Cor.* II, 9). Ibi dabit ei poculum de vino condito, et mustum malorum granatorum, id est plenum gaudium et angelorum et hominum; quod erit ut vinum et mustum, quæ lætitia sunt epulantium. Vel sponsa dabit dilecto vinum et mistum, quia sanctos veteris et novæ legis profert, quibus dabitur plenum gaudium. Ibi erit læva sponsi sub capite ejus, quia omnem gloriam mundi videbit sub potentia Christi, qui est caput ejus. Et dextera illius amplexabitur eam, quia angelica societas, et sanctorum unanimitas, quæ in dextera Christi in judicio erit, illam sibi associabit. In hac dextera ab omni perturbatione requiescet; et nemo eam ab hac quiete excitabit, quia gaudium ejus nemo tollet ab ea. Sunamite in brachio sponsi dormiente, ecce Mandragora, aureo capite adornata, cum magno comitatu sponso adducitur, quæ a choro filiarum Jerusalem cum hac laude excipitur.

VERS. 5. — *Quæ est ista quæ ascendit de deserto, deliciis affluens, innixa super dilectum suum?* Scilicet fideli Synagoga post persecutionem Antichristi in pace quiescente, multitudo infidelium capite Antichristo ablato, et vero capite Christo recepto, per prædicatores Christo conjungenda ad Ecclesiam ducitur, atque a cunctis fidelibus hoc tripudio laudis excipitur: Quæ est ista quæ ascendit de deserto? hoc est, quam gloriosa, et quanta laude digna est ista, quæ de deserto infidelitatis ascendit per gradus virtutum ad Christum, prius variis mundi deliciis affluens, nunc spiritualibus deliciis Scripturæ, vel operibus justorum affluens, non in se confidens, sed innixa super dilectum suum, id est spem totam in eo ponens, a quo solo est omnis salus, ut scribitur: *Non est aliud nomen datum sub cœlo, in quo oporteat salvari* (*Act.* IV, 12). Similitudo est ab illo populo qui eductus de Ægypto, de illo deserto per Jesum Nave ad terram repromissionis ascendit, deliciis legalium observationum et tabernaculi mysteriorum affluens, innixus super Moysen dilectum suum. Et significat populum qui de infidelitate ad Ecclesiam, et mundo ad æternam gloriam per Jesum Christum ascendit, deliciis Scripturarum affluens, in solo duce suo Christo confidens. Nova sponsa ad regem ingressa his verbis ab eo est suscepta. Sequitur:

Sub arbore malo suscitavi te. Quasi diceret: Bene quidem fecisti, quod ad me venisti, quia te mortuam suscitavi, me caput tibi imposui. Quod autem dicit, sub arbore malo suscitavi te, ad totum genus humanum respicit, quod sub arbore prævaricationis mortuum, sub arbore crucis per Christum est suscitatum. Ibi scilicet sub arbore maledictionis *corrupta est mater tua, ibi violata est genitrix tua.* Mater humani generis humana natura, quæ ante peccatum erat incorruptibilis, impassibilis, immortalis, per fallaciam autem diaboli corrupta, facta est passibilis et mortalis.

Porro genitrix ejus erat Eva mater omnium, quæ erat ante peccatum inviolata, quia nec concupiscentia, nec sordibus polluta; quæ serpentina suasione violata, mox concupiscentiæ et sordibus et doloribus est subacta; sed Christus corruptæ matri incorruptionem reddidit, dum humanam naturam in sui persona incorruptibilem resurgens a morte fecit. Genitricem violatam reparavit, dum Virginem, genitricem suam, inviolatam servavit. Dicit ergo : Sub arbore malo suscitavi te, quasi universitati humani generis dicat : Sub arbore crucis te morte mea suscitavi de morte perpetua, quæ mortua eras sub arbore maledictionis, ubi corrupta est a diabolo mater tua, humana natura, quando ornatum suum, scilicet obedientiam abjecit, cum de interdicto pomo comedit; et ideo damnata, quia mox incorruptionis et immortalitatis honorem amisit. Et ibi violata est a serpente genitrix tua Eva, quando de paradiso pulsa honestatem perdidit concipiendi, et dolorem invenit pariendi. Et quia te de morte ad vitam suscitavi.

VERS. 6, 7. — *Pone me ut signaculum super cor tuum.* Hoc est : Ita imaginem mei, tui amici, imprime memoriæ tuæ, sicut signaculum ceræ imprimitur, ut imago exprimatur, ut me ita diligas sicut ego te dilexi, qui pro te animam meam posui. Et pone me *ut signaculum super brachium tuum.* Hoc est, exemplum mei super operationem tuam, ut ita opereris, sicut ego, qui inimicos dilexi, et pro impiis mortuus sum. Per signaculum quippe imago, per cor memoria, per brachium accipitur operatio. Antiqui in annulis vel in armillis lapillos sculptos portabant, quibus litteras amicis missas signabant, inde similitudo ista trahitur. Sigillo est imago insculpta, quæ ceræ impressæ imaginem reddit. Sigillum est Christi humanitas, cui imago insculpta est Christi divinitas, cera vero humana anima, ad imaginem Dei formata. Christus quippe, ut scribitur, *est imago Dei invisibilis* (Col. I, 15), quia Patri æqualis. Quam imaginem Deus homini impressit, quando interiorem hominem ad imaginem et similitudinem Dei creavit. In imagine Trinitas, in similitudine notatur æqualitas, imaginem Christi in corde suo format qui eum Patri æqualem cogitat. Huic suam imaginem imprimit, qui humanam naturam deitati unitam credit. Signaculum Christi super brachium suum ponit, qui exemplum operationis Christi sibi ad imitandum proponit, et in sanctitate et justitia vivendo ad similitudinem Dei se componit. Et quæ sunt opera Christi, quæ sponsæ sunt imitanda, scilicet quod inimicos in tantum dilexit, ut pro impiis moreretur. Et hoc ideo, *quia fortis est ut mors dilectio, dura sicut infernus æmulatio,* quod est dicere : Sicut mors omnes fortes vincit, et ideo fortior omnibus existit, ita dilectio fortior est omnibus, quæ me fortissimum vicit, et me causa tui ad mortem coegit. Et sicut infernus durior est omnibus duris, et ideo infrangibilis ; ita æmulatio, id est invidia mea, est insuperabilis, qua invidebam diabolo quod te sponsam meam possedit, et crudeli morte affecit, quia intantum te dilexi, quod te morte mea redemi. Et ideo justum est ut me intantum diligas, ut me imitando, mortem pro me subeas. Et si dilectionem habueris, pro me mortem subire poteris, quia *lampades ejus,* charitatis *lampades sunt*

A *ignis atque flammarum.* Lampades sunt vasa lucis, et intelliguntur spirituales vasa charitatis; qui intus ardent dilectione, foris lucent operatione. Lampades ignis sunt, qui sibi ardent, lampades flammarum, quia proximis lucent. Tales tormenta et mortem carnis contemnunt, quia æternam vitam diligunt. *Aquæ multæ non potuerunt exstinguere charitatem, nec flumina obruent eam.* Hoc est, nec blanditiæ, nec minæ, nec persecutiones, nec terrores vincunt amantem quin impleat meam voluntatem. Is quippe diligit me, ideo sermonem meum servabit : *Hoc est, meum præceptum ut diligatis invicem, sicut dilexi vos* (Joan. XV, 12). Similitudo est de magno incendio, quod nec pluviæ, nec flumina possunt exstinguere. Per aquas blanditiæ, per flumina accipiuntur

B tentationes, quæ non possunt de bono ad malum flectere spirituales. Dilectio est pretiosior omnibus rebus, quia.

VERS. 7. — *Si dederit homo omnem substantiam domus suæ pro dilectione, quasi nihil despiciet eam.* Hoc est : Si quis ratione utens omnem substantiam suam dederit in cibos pauperum, et seipsum tradiderit ad martyrium absque dilectione, ut mereatur Deum, qui est dilectio, habere, quasi nihil dederit; despiciet enim omnia quæ dedit, nisi ipsam dilectionem habuerit. Hoc totum ideo dicitur, ut si sponsa velit sponso conjungi, quam maxime cum in dilectione imitetur, quia *qui diligit in Deo manet* (Joan. IV, 16), et *qui non diligit, in morte manet* (Joan. III, 14). Hæc quasi historice sunt ascripta mandragoræ,

C possunt etiam allegorice adaptari Synagogæ conversæ. Postquam Sunamitis de somno evigilavit, multis sibi adjunctis, regio cultu ad regem venit : cui innixa ad thronum regni ascendit, quam chorus filiarum Jerusalem hac laude excepit :

Quæ est ista quæ ascendit de deserto deliciis affluens, innixa super dilectum suum ? Scilicet Ecclesiæ gentium admirantes Synagogam nuper conversam, in tantum culmen virtutum ascendisse, et undique infideles sibi prædicando et operando attrahere, in laudem ejus erumpunt, dicentes : Quæ est ista, id est quam laudabilis est ista, quæ ascendit de virtute in virtutem ad Christum, de populo in cæcitate perfidiæ, de deserto deliciis Scripturarum

D et virtutum affluens, innixa super dilectum suum, id est stabilita super Christum nunc dilectum suum. Vel, super dilectum meum, cum ipsa esset excæcata, nunc quoque dilectum suum factum, postquam ab eo ut luna a sole est illuminata.

Notandum quod ista laus, Quæ est ista, nunc tertio est posita. Primo quippe in laude Ecclesiæ gentium ponitur. Secundo laudi Ecclesiæ pœnitentium ascribitur. Tertio Ecclesiæ de Judæis et gentibus convertendæ assignatur, quia omnes in eadem fide Trinitatis collaudantur.

Aliter quia omnis multitudo fidelium a primo Abel usque ad ultimum electum una Ecclesia dicitur, quæ tribus temporibus mundi in fidem Trinitatis colligitur, scilicet ante legem sub patriarchis, in lege sub prophetis, in Evangelio sub apostolis. Hæ quoque tres laudes possunt referri ad tres Ecclesiæ distinctiones. Prima, ad illam, quæ sub patriarchis ascendit ad fidem Trinitatis; secunda, ad illam quæ sub prophetis ascendit ad fidem Trinitatis; tertia, ad illam quæ sub apostolis et eorum successoribus usque ad finem mundi ascendit ad fidem Trinitatis.

Sunamitem autem in solio regali sedentem rex alloquitur, dicens:

Sub arbore malo suscitavi te. Per hoc datur intelligi, quod sub arbore dormierit, et eam ibi excitaverit. In malo notantur tria, scilicet fructus, odor, umbra. Arbor mali est crux Christi, cujus fructus est Christus, qui est odor suavitatis, et refrigerium ab æstu vitiorum ad vitam itinerantium. Sunamitis sub arbore dormivit, quando Synagoga de arbore prævaricationis mortua jacuit. Hanc Christus sub arbore mali ad vitam suscitavit, quando in cruce, quæ erat lignum vitæ, pro ea mortem subivit. Dicit ergo: Sub arbore malo suscitavi te, quasi conversæ Synagogæ dicat: Merito diligendus sum a te, quia prior dilexi te, et morte mea redemi te in cruce. *Ibi corrupta est mater tua*, scilicet sub cruce Synagoga in inferno damnata, quæ clamavit dicens: *Sanguis ejus super nos, et super filios nostros* (*Matth.* xxvii, 25). Ibi *violata est genitrix tua*, videlicet lex nutrix tua prævaricata est, quæ dicit: *Innocentem et justum ne interficias* (*Dan.* xiii, 53). Vel genitrix est violata, quando lex de littera est ad spiritum mutata. Vel genitrix, videlicet Judaica gens est violata, quando ob vindictam crucis a Tito et Vespasiano est captivata. Et quia te ab hoc malo eripui, et mihi sponsam assumpsi: *Pone me ut signaculum super cor tuum*, id est imaginem meam imprime memoriæ tuæ, ut sigillum ceræ, ut diligas me sicut dilexi te. Et pone me *ut signaculum super brachium tuum*, id est exemplar meæ operationis imprime tuæ operationi, ut sicut ego per multa tormenta mortuus sum amore tui, ita tu per varia tormenta moriaris amore mei. Hoc fecit Ecclesia in martyribus tempore persecutionis. *Quia fortis est ut mors dilectio*, hoc est, sicut mors omnia vincit, ita dilectio omnia vincit, quæ me causa tui ad mortem coegit: *Dura ut infernus æmulatio. Æmulatio* accipitur in bono et in malo. Dicitur enim imitatio vel indignatio, id est invidia. Æmulari enim est bonos imitari, vel malis indignari, vel melioribus invidere. De bono dicit Apostolus: *Æmulamini*, id est imitamini, *charismata meliora* (*I Cor.* xii, 31). De malo autem: *Æmulantur vos non bene* (*Gal.* iv, 17). Et de Joseph scribitur: *Æmulabantur eum fratres* (*Gen.* xxxvii, 11), id est invidebant ei. Æmulatio ergo Ecclesiæ fuit dura ut infernus; quia sicut infernus est infrangibilis, ita imitatio Ecclesiæ, qua imitata est Christi dilectionem vel operationem, fuit insuperabilis. Hoc ideo, quia *lampades ejus, lampades ignis atque flammarum*, hoc est, habentes charitatem intus ut ignis ardebant, foris lucebant, ut flammæ, operatione.

Per ignem quippe ardor, per flammas accipitur splendor. Laurentius, Stephanus, et alii eis similes, lampades, id est vasa charitatis, exstiterant, in quibus ignis Spiritus sancti ardebat, et foris flamma operationis lucebat. *Aquæ multæ*, id est blanditiæ et delectationes mundanæ, *non potuerunt*, in eis, *exstinguere charitatem, neque flumina*, id est minæ et tribulationes, *obruent illam*, ut eos a veritate avertant; quia *neque mors, neque vita, neque aliqua creatura poterit eos separare a charitate Christi* (*Rom.* viii, 39).

Si dederit homo omnem substantiam domus suæ pro dilectione, quasi nihil despiciet eam. Hoc est cum omni substantia mundi non potest dilectio comparari, quia *Deus charitas est* (*I Joan.* iv, 16), quæ sola morte est mercanda, et sine fine tenenda. Fidelis anima de deserto ascendit, cum malam vitam deserit, et ad spiritalem conversationem per gradus virtutum ascendit. Hæc deliciis affluit, cum ferculis Scripturarum deliciose pascitur. Super dilectum est innixa, quia soli amori Christi est insita. Hanc sub arbore mali Christus suscitavit, dum mortuam in peccatis per fidem crucis vivificavit. Ibi corrupta est mater ejus, scilicet in peccato concupiscentiæ mortalis facta est humana natura, et ibi violata est genitrix ejus, videlicet propter peccatum passibilis facta est caro Evæ. Quam Christus adhuc suscitabit, et incorruptibilem atque impassibilem faciet. Ideo Christum ponit super cor suum ut signaculum, quia ejus doctrinam et vitam in corde ita format, quasi eum semper præsentem videat. Super brachium eum ponit ut signaculum, dum exemplum operum Christi semper inspicit, et ea imitari cupit. In tali homine fortis est ut mors dilectio, quia sicut mors corpus interimit, et insensibile reddit, ita vera dilectio animam concupiscentiis mundi perimit, et ad cuncta terrena desideria insensibilem facit. Et in ea dura est sicut infernus æmulatio, quia sicut infernus duriter quos absorbuerit tenet, ita anima fortiter imitationem virtutum, quam cœperit, tenet, nec propter aliqua dura mundi eam deserit. Hæc anima est lampas charitatis, in qua ardet ignis divini amoris, et foris lucet flamma boni operis. In hac anima aquæ multæ, id est multiplices delectationes carnis, non poterunt exstinguere charitatem: neque flumina, id est tentationes, obruent illam, quin semper ardeat et luceat. Hæc dilectio talis est: Si dederit homo omnem substantiam domus suæ pro dilectione, quasi nihil despiciet eam. Hoc est si omnia mundi relinquat, nihil ei prodest, nisi ipsam charitatem, quæ Deus est, habeat.

Videndum autem quid sit dilectio. Dilectio igitur est magna appetitio alicujus rei perfruendæ, quam quis habere cupit. Hæc dividitur in duo: in dilectionem videlicet Dei et proximi. Dilectio Dei est omnia commoda et incommoda contemnere, causa perfruendi Deo. Hæc tribus verbis impletur, ut diligamus Deum ex tota anima, ex tota mente, ex tota virtute, id est ex sensu, ex ratione, ex intellectu.

Dilectio proximi est privata commoda postponere, gratia perfruendi amico. Hæc per duo præcepta impletur, scilicet : *Quod tibi non vis fieri alii ne feceris* (Tob. IV, 16), et : *Quod vultis ut vobis faciant homines, facite eis similiter* (Matth. VII, 11). Nemo vult damnum pati, nemini faciat. Omnis vult sibi in necessitate subveniri, aliis in necessitate subveniat. Hoc totum per illud impletur : *Declina a malo, et fac bonum.* (Psal. XXXVI, 27). Proximo damnum non inferre est a malo declinare, in necessitate proximo subvenire est bonum facere. Ideo lex scripta fuit in duabus tabulis, quia continet in se duo præcepta charitatis. Timor est auctor charitatis. Est autem timor anxietas periclitandi. Qui dividitur in duo, videlicet in servilem et filialem timorem. Servilis timor est malum devitare, ne supplicium luat. Filialis vero est bonum facere, ne offensam Patris incurrat. Servilis timor animam terebrat ut ferrum acutum corium perforat. Timor filialis dilectionem animæ inducit, ut animam Deo alliget, sicut seta linum filum inducit, ut corium colliget. Ferrum durum est servilis timor, seta minus dura est filialis timor, linum lene est dilectio. Ferrum et seta exeunt, linum intus permanet, sic charitas timores expellit, et ipsa intus permanet.

Item timor dividitur in duo : est enim timor Dei et timor sæculi. De Dei timore scribitur : *Timor Domini sanctus permanens in sæculum sæculi* (Psal. XVIII, 10). De timore autem sæculi dicitur : *Perfecta charitas foras mittit timorem* (I Joan. IV, 18). Timor Dei est veneratio ipsius, qui habet duas species ; cum amator Dei timet se vel aliquid de mandatis Dei neglexisse, vel non ad placitum Dei omnia implevisse. Timor autem sæculi habet quatuor species quæ sunt : timor vilitatis, timor fragilitatis, timor mundanus, timor servilis vel Judaicus. Timor vilitatis est cum quis malum perpetrat ne alius vilis appareat, verbi gratia, cum quis homicidium vel adulterium facit, ne homicidis vel adulteris vilis sit. Timor fragilitatis est, cum quis malum, scilicet homicidia, rapinas, vel incendia perpetrat, ne a dominis suis temporalia beneficia perdat.

Timor mundanus est, cum quis malum devitat ne supplicium luat, utpote, cum quis devitat furtum, quia timet suspendium, vel devitat sacrilegium, quia timet crurifragium. Timor servilis vel Judaicus est, cum quis mandata legis facit, ne lege damnetur. Duæ species priores impellunt ad malum, duæ sequentes retrahunt a malo, quas omnes charitas foras mittit, quæ sola dilectione justitiæ bonum facit.

Juxta anagogen sponsa de deserto ascendit gloriose, quando Ecclesia hic peregrinans de deserto mundi ad gaudia cœli migrabit glorificanda. Quam chorus cœlestis Jerusalem, scilicet concentus angelorum, hac laude excipiet : Quæ est ista, id est quam beata, quæ ascendit de mundo ad cœlum ; et in consortium suum introducet ubi deliciis paradisi affluet, quia de bonis Domini gaudebit, cum ipsum Deum in quem desiderant angeli prospicere, facie ad faciem videbit ; ubi concentum angelorum et organa sanctorum audiet, et ipsum odorem suavitatis sentiet ; ubi inebriabitur ab ubertate domus Domini, et satiabitur cum apparuerit gloria Domini. Ibi erit super dilectum suum innixa, quia semper in gaudio Domini erit stabilita. Hanc sub arbore mali Christus suscitabit, quia post hanc vitam omne genus humanum ad vitam per victoriam crucis vivificabit, quod per arborem transgressionis mortem subiit. Tunc Ecclesia recipietur in illa gloria, ubi per superbiam corrupta est mater ejus, scilicet dignitas angelica, et ubi genitrix ejus est violata, scilicet numerositas electorum immunita. Quam ipsa reintegrabit, cum incorruptelam possidebit, et numerum electorum implebit. Tunc Christum ut signaculum super cor suum ponet, quia ipsum qui est imago Dei, in seipsam ut imaginem in cera expressam videbit. Hunc ut signaculum super brachium ponet, quia ipsum pro labore operum mercedem accipiet. Ibi fortis est ut mors dilectio, quia sicut mors omnes reprobos traxit ad interitum, ita dilectio Dei omnes electos trahet ad gaudium. Ibi dura est sicut infernus æmulatio, quia sicut infernus omnes æmulatores, id est omnes imitatores diaboli absorbet, ita aula cœli omnes æmulatores, id est imitatores Christi recipiet. Ibi omnes electi lampades charitatis erunt, quando accensis lampadibus obviam sponso et sponsæ ibunt. Qui semper ut ignis in amore Dei ardebunt, quando in regno Patris sui ut sol fulgebunt, et sicut hic aquæ delectationum, et flumina persecutionum sanctorum charitatem non exstinxerunt, ita præmia charitatis nullum finem habebunt. Domus hominum est hic mundus, si omnis substantia hujus mundi detur, præmio charitatis non comparabitur, quod dilectoribus Christi, qui est charitas dabitur. Cum sponsus dignitatem dilectionis mandragoræ ad se venienti commendasset, convertit se ad Sunamitem dicens :

VERS. 8. — *Soror nostra parvula est et ubera non habet. Quid faciemus sorori nostræ in die quando alloquenda est?* Id est quando nubenda est. Similitudo est a parva puella, quæ viro tradita adhuc non habet ubera, id est mamillas, nec est nubilis, et intelligitur Ecclesia post Antichristum creditura in Christum ; quæ parvula erit in numero fidelium, et ubera scilicet doctores sufficientes non habet, a quibus est interius præparanda, nondum in thalamum introducenda. Quasi dixisset : Dilectio quam commendavi est magna, sed mandragora nuper conversa soror nostra facta, quia regni cohæres est parvula in fide, scilicet in religione rudis, et tenera, et ideo ad tantam dilectionem invalida, ut meæ dilectionis causa mortem subeat ; proinde maxime quia ubera, id est prædicatores non habet, qui eam sufficienter ad hanc dilectionem imbuant. Quid ergo faciemus sorori nostræ in die quando alloquenda est, hoc est, quid fiet de ea in die judicii, quando pro operibus suis est judicanda, vel remuneranda si dilectionem non habuerit? Qui enim dilectionem habet Deum habet, quia Deus est dilectio ; qui autem eam non habet, hæreditatem in regno Dei non habet.

Aliter, soror nostra, mandragora, parvula est, in numero fidelium, et ubera non habet, id est doctores qui lac doctrinæ præbendo numerum ejus adaugeant. Quid ergo fiet in die judicii, quando angelis erit associanda, si numerus electorum non erit impletus? Respondet Sunamitis :

Vers. 9. — *Si murus est, ædificemus super eam propugnacula argentea.* Quod est dicere : Si parva est faciamus eam magnam, scilicet mittamus artifices qui colligant pretiosos lapides, et faciamus de ea murum ; et super eam ædificemus propugnacula argentea, hoc est mittamus prædicatores, tu inspirando, ego operando, qui vivos lapides, id est electos homines docendo in unam fidem colligant, et habitaculum Deo de eis faciant : quibus tales prælatos præficiamus, qui sunt ut argentum splendentes eloquentia, et subditos a vitiis et hæreticis armis virtutum defendentes. *Et si ostium est compingamus illud tabulis cedrinis,* quod est dicere : Si ubera, id est doctores, non habet, compingamus ligna cedrina, id est congregemus multa sanctorum exempla, quorum opera sunt imputribilia, et vermes, scilicet dæmones, fugantia ; et de illis faciamus ostium, id est quemdam fidei introitum, per quem multi ad eam ingrediantur, et numerus fidelium in ea multiplicetur. Aliter : Si aliquis perfectus est murus, scilicet ingenio munitus, fortis in virtutibus, ædificemus super eam propugnacula argentea, hoc est, hunc faciamus ei defensorem eloquentia splendentem. Vel ædificemus super eam propugnacula argentea, id est invincibiles sententias, divino eloquio lucidas, quibus eam instruat, et ab hostibus defendat, et si quis imperfectus est ostium, aperiens aliis docendo introitum salutis ; illum tabulis cedrinis compingamus, id est immarcescibilia piorum virorum exempla ei proponamus, quibus multos ad conversionem pertrahat, et per ostium fidei in domum Dei, id est in Ecclesiam introducat. In muro tria notantur. De multis fit lapidibus, cives intus munit, hostes exterius repellit ; ita Ecclesia de multis fidelibus constat, quos cæmento charitatis conglutinat, fide crucis munit eos qui in se habitant, hostes, scilicet paganos et hæreticos, communione a se separat. In ostio quoque tria notantur, scilicet introitus, et exitus, et via in medio. Introitus est fides, quo intratur ad Ecclesiam ; exitus, perseverantia, quo exitur ad vitam ; via in medio, opera in dilectione. Muro facto et ostio compacto, canit sponsa exsultans:

Vers. 10. — *Ego murus et ubera mea sicut turris.* Quasi dicat : Ego quæ fui parvula in numero, facta sum multiplex firmis fidelibus, sicut murus in lapidibus, et ideo digna sum ut super me argentea propugnacula ædificentur, id est tales prælati mihi præficiantur, qui me splendore suæ eloquentiæ charitatem a sponso mihi commendatam doceant, et armis Scripturæ ab hæreticis defendant. Et quæ ubera non habui, id est doctores, jam tales habeo, qui sunt alti et firmi in virtutibus, ut turris, per quos possit esse introitus ad viam salutis ; et ideo digna sum, ut compingantur tabulis cedrinis, id est ut confirmentur sanctorum exemplis, quibus me instruant opera charitatis. Per tabulas pictura, per cedrum intelligitur imputribilitas, per compactionem concordia ; quasi tabulæ pictæ coram hominibus expanduntur, cum exempla sanctorum eis proponuntur, quæ sunt ut cedrus coram Deo imputribilia, et serpentes, id est dæmones fugantia, quæ compingunt doctores et electos imitationis concordia.

Aliter. Quisque perfectus dicit : Ego sum murus, scilicet contra vitia fortis, et ideo in Ecclesiæ ædificio locandus, ut super me ædificentur propugnacula argentea, scilicet sacræ Scripturæ verbo Dei splendidæ, quibus sim Ecclesiæ munimini et decori. Et ubera mea sicut turris, id est doctrina mea est firma, quæ facit auditores in modum turrium surgere in altum virtutum.

Nota quod perfectus muro comparatur ; ubera illius, id est doctrina, turri assimilatur, quia vita ejus est contra vitia mundi munita ; doctrina vero ejus in virtutibus alta. Imperfectis dicit : *Ego sum ostium* (*Joan.* x, 9), quia docendo aperio minus doctis vitæ introitum, et ideo compingi debeo tabulis cedrinis, id est confirmari sanctorum exemplis. Ego sponsa cœpi talis esse, ex quo, subaudis tempore, sum facta coram eo quasi pacem reperiens, hoc est, ex quo tempore cessavit persecutio Antichristi, et mihi reddita est pax Christi, cœpi a suis opificibus ædificari murus de vivis lapidibus, et ubera mea cœperunt surgere in virtutibus.

Post mortem namque Antichristi erit maxima pax in mundo ; sed brevi tempore ut scribitur : *Cum dixerint pax et securitas, tunc repentinus eis veniet interitus* (*I Thess.* v, 5), id est dies judicii, et in illa pace congregabitur Ecclesia in cultum unius Dei. De qua subdit sponsa :

Vers. 11. — *Vinea fuit pacifico in ea quæ habet populos ; tradidit eam custodibus.* Quod est dicere : Antichristo auctore discordiæ occiso, Christus verus pacificus faciet pacem mundo, et in illa pace faciet sibi vineam, scilicet universalem Ecclesiam, quæ profert palmites vino abundantes, id est doctores potum vitæ fundentes. Qui vinea erit in ea pace quæ habet populos, id est gentes omnes ; non sicut illa pax quæ fuit sub Salomone in una Judæorum gente. Et hanc vineam tradet custodibus, id est prælatis custodiendam et regendam. Hoc ideo dicitur ; quia dubitatur utrum Ecclesia illo tempore aliquibus prælatis regatur, cum dies judicii imminere credatur. Sed sciendum est quia Ecclesia illis diebus erit in suis officiis et ordinibus sicut hodie ; dicente Domino, *sicut in diebus Noe* plantabant, arabant, et cætera opera faciebant, usque dum *venit diluvium ; ita in diebus Filii hominis* (*Luc.* xvii, 26), id est ante diem judicii arabunt, plantabunt et cætera opera facient, usque dum venerit incendium. Ideo autem præteritum fuit, et *tradidit* pro futuro, posuit, ut certitudinem ostendat, quod ita est a Deo dispositum, quasi jam sit transactum. Qualem autem fructum illa vinea proferat, subjungit :

Vir affert pro fructu ejus mille argenteos. Hoc est quilibet relinquet omnia hujus mundi, quæ possidet, et dabit ea pauperibus, ut percipiat præmium promissum in hac vinea laborantibus. Omnis enim, qui in hac vinea usque ad noctem, id est usque ad finem vitæ laboraverit, denarium, id est Christum, qui est summum bonum, in præmio habebit. Fructus quippe hujus vineæ, est regnum cœleste. Per millenarium autem intelligitur perfectio. Hi autem dicuntur perfecti, qui omnia mundi relinquunt, dicente Domino : *Si vis perfectus esse, vende omnia quæ habes, et da pauperibus* (*Matth.* XIX, 21). Per argentum quod est in pretio, intelligitur hujus mundi substantia, quæ hominibus videtur pretiosa. Mille ergo argenteos affert pro fructu vineæ, qui omnia hujus mundi relinquit, et dat indigentibus propter regnum cœleste. Aliter, vir affert pro fructu ejus mille argenteos, scilicet Christus ex Patre Deus, et nobis factus vir, affert pro labore hujus vineæ plenum gaudium. Per mille quippe plenitudo gaudii, per argentum accipitur præmium operis. Mille argentei sunt quatuor libræ, et comprehensi sunt omnes electi hoc numero. Omnes electi quippe qui per quatuor Evangelia, de quatuor partibus mundi ad opus hujus vineæ vocati, usque in finem in ea laborabunt, et plenum gaudium in præmio percipiunt. Operarii hujus vineæ, pondere diei et æstus fatigati, et ab adversariis multis malis vexati, dicunt patrifamilias : Vineam suam de custodia sua emisit, quam custodibus commisit, ideo non eripit nos de tribulatione, quos videt tantopere causa sui laborare. Respondet paterfamilias :

VERS. 12. — *Vinea mea coram me est.* Hoc est, in custodia mea est. Ego video operantes. Ego video custodientes. Ego video tribulantes. Ego video otiantes. Et reddo unicuique mercedem secundum suum laborem. Nam *mille tui pacifici, et ducenti his qui custodiunt fructus ejus.* Hoc est mille argenti dabuntur operariis, et ducenti custodibus. O vinea, mille argentei erunt tui pacifici, id est, pacem tibi apud Deum impetrantes, et ducenti argentei erunt pacifici his qui custodiunt fructus ejus, hoc est, erunt impetrantes pacem vineæ custodibus. Duodecies centum sunt mille ducenti. Innuit hic numerus, quod hi qui exemplo duodecim apostolorum omnia reliquerunt, et in hac vinea secundum doctrinam eorum laboraverunt, hic centuplum accipiunt, et in futuro mille argenteos, id est plenum gaudium habebunt. Custodes autem vineæ, id est prælati Ecclesiæ ducentos argenteos, id est duplex præmium in corpore et anima reportabunt, quando minores ut stellæ, majores ut luna, docti autem ut splendor firmamenti, id est ut sol fulgebunt.

Notandum quod sæpius in hoc Cantico nuptiali a principio libri usque in finem vineæ et botri introducuntur, et Ecclesia universalis et electi in ea innuuntur, cujus vitis est Christus, palmites apostoli et omnes electi, vinum doctrina eorum, quæ lætificat corda fidelium. Hæc quæ dicta sunt de mandragora, possunt etiam intelligi de Sunamite, de qua conqueritur regina austri filia Pharaonis, scilicet Ecclesia gentium, per doctores primitivæ Ecclesiæ, ita dicens :

Soror nostra, Sunamitis, videlicet Synagoga noviter conversa, *parvula est,* sub Elia et Enoch in numero conversorum, *et ubera,* id est doctores sufficientes, et ubera legis, et prophetarum sibi spiritaliter exponentes, *non habet. Quid ergo faciemus sorori nostræ in die quando alloquenda est* , Hoc est quid fiet de ea in tempore persecutionis Antichristi, quando de fide tentanda est? Quid respondebit adversariis de fide se interrogantibus? Respondet per Scripturas primitiva Ecclesia, scilicet Epistolas Petri et Pauli et aliorum. *Si murus est, ædificemus super eam propugnacula argentea.* Hoc est, si velit firma esse in fide, et constans in passione, ut murus contra hostes in obsidione, componamus ei tales scripturas, quibus se ab adversariis defendat, et copiose capitosis respondeat; et hæreticis fortiter resistat.

Si autem est ostium, compingamus tabulis cedrinis. Hoc est, si velit verbo et exemplo esse aliis introitus ad vitam, proponamus ei multa exempla antiquorum sanctorum, quibus sufficienter introducendos ad fidem instruat. Synagoga igitur, Scripturis ædificata, exemplis justorum compacta, exclamat lætabunda : *Ego murus,* id est firma in fide et fortis in passione ; *Et ubera mea sicut turris,* id est doctores mei sunt alti in virtutibus et hostibus terribiles. Vel doctrina mea est inexpugnabilis. *Ex quo facta sum coram eo quasi pacem reperiens,* id est ex quo tempore fidem Christi recepi, et ejus gratiam promerui.

Judæa pacem cum Christo et hominibus non habuit, postquam infelix clamabat : *Sanguis ejus super nos et super filios nostros* (*Matth.* XXVII, 25). Per totum quippe orbem dispersa omnibus gentibus sub tributo servit, et omnis populus sanguinem Christi de manu ejus requirit. Sed postquam ad Christum conversa fuerit pacem cum omnibus gentibus habebit. Quasi coram eo pacem reperit, cum Ecclesiæ communionem promeruit, quam tunc plenam habebit, quando angelis associata cum principe pacis gaudebit. De qua Synagoga subditur :

Vinea fuit pacifico in ea, quæ habet populos : tradidit eam custodibus. Vir affert pro fructu ejus mille argenteos. Scilicet Judæa fuit sub Salomone in maxima pace, et habuit multos populos sub tributo, quæ ut fertilis vinea de Ægypto translata, et in terram repromissionis plantata, nobis propagines, scilicet prophetas protulit, de quibus potus Scripturarum sicut de uvis fluxit. Hanc tradidit rex custodibus custodiendam, quando eam distribuit principibus regendam ; pro cujus fructu vir mille argenteos attulit, quando Ptolomæus, rex Ægypti in Scripturis studiosus, copiosam pecuniam pontifici Judæorum transmisit, eo quod sibi sacram Scripturam per LXX interpretes misit.

Hæc vinea postmodum in amaritudinem conversa non uvas, sed labruscas attulit, quando contra legem justum et innocentem Christum veram vitæ vitem, occidit, et palmites ejus apostolos, fructum vitæ ferentes, a se expulit. Ideo vindemiabant eam omnes qui prætergressi sunt vias, quando Romani, et omnes gentes in circuitu vastabant eam.

Hæc vinea iterum prædicatione Eliæ et Enoch exculta, erit vero pacifico scilicet Christo vinea in ea pace, vel in ea vinea quæ habet populos, id est in catholica Ecclesia, quæ continet omnes populos. Quam tradet custodibus, videlicet fidei doctoribus, sub quorum custodia proferet pretiosum fructum, scilicet gloriosum sanguinem martyrum. Pro quo fructu vir affert mille argenteos, scilicet Christus ex ea vir factus, dabit ei pro labore æternæ vitæ præmium, quod notatur per millenarium. Unde subjungitur :

Vinea mea coram me est. Videlicet Synagoga, prius propter perfidiam non mea, sed a regno Dei aliena; nunc propter fidem mea, coram me est, bona operando, et alios docendo, ut remunerem in ea laborantes, et eam custodientes, et puniam eam vastantes. Nunc convertit se ad vineam, dicens : *Mille tui pacifici, et ducenti his qui custodiunt fructus ejus.* Quasi dicat, o Synagoga ad me conversa, ne timeas; jam enim coram me reperisti pacem, quia mille erunt tui pacifici, id est omnes perfecti rogant Christi pacem fieri, et ducenti pacifici, id est omnes perfecti veteris et novæ legis, rogant pacem his qui custodiunt fructus ejus. Cum præmiserit mille tui pacifici, quæritur quare subintulerit fructus ejus, et non fructus tuos. Quia nimirum verba dirigit ad eos qui extra vineam sunt ut festinent per fidem eam ingredi, et per dilectionem in ea operari, ut pro tali fructu mereantur remunerari. Tropologice intelligitur hoc totum de fideli anima, de sæculo ad specialem vitam conversa, de qua dicit vox prælatorum.

Soror nostra parvula est et ubera non habet. Quid faciemus sorori nostræ in die quando alloquenda est ?

Quasi dicat, anima fratris nostri nuper conversi, quæ nostra soror est, in professione parvula, id est rudis et inscia est in conversatione, et ubera, id est doctrinam reginæ sufficienter non habet. Quid ergo fiet de ea, in die tentationis, quando a pristinis vitiis, id est a dæmonibus tentanda est? Diabolus enim multo acrius tentat ad religionem conversos, quam fluctibus sæculi immersos. Anima parvula est, antequam crescat per incrementa virtutum, et ideo ubera prædicationis non habet, quæ infirmis auditoribus præbet. Adulta autem est quando verbo Dei copulata, sancto Spiritu repleta, per prædicationis mysterium in filiorum conceptione fetatur quos exhortando parturit, convertendo parit. Respondet vox spiritu consimili plenorum : *Si illa anima murus est*, id est si velit esse stabiliter in congregatione, *ædificemus super eam propugnacula argentea*, hoc est, instruamus eam sententiis eloquentia lucidis, quibus se a tentationibus muniat, et alios se a vitiis abstinere doceat. Et *si est ostium*, aliis verbo et exemplo ad conversionem, *compingamus illud tabulis cedrinis*, id est ornemus illud multis Patrum exemplis, ut multis pateat introitus per illud ad vitam. Anima, doctrinis prælatorum ut lapidibus opificum ædificata et exemplis Patrum ornata, clamat sæcularibus: Vos, qui in sæculi negotiis laboratis, meo exemplo, quasi per ostium ad spiritualis vitæ requiem intrate, quia ego prius vobis similis in peccatis labilis, facta sum *ut murus*, in spiritualibus stabilis, *et ubera mea*, id est doctrina vitæ meæ *ut turris inexpugnabilis. Ex quo facta sum coram eo quasi pacem reperiens*, id est ex quo me de tumultu sæculi ad quietem claustralem contuli ; quasi enim in fremitu bellorum desudat, qui inter adversa mundi et carnis illecebras laborat ; sed quasi pacem coram Deo reperit, dum in spirituali vita requiescit, quam pacem plenam habebit, quando nullam pugnam inter carnem et spiritum sentiens, in æterna pace gaudebit. Quod autem subditur : *vinea fuit pacifica*, intelligitur quævis justorum congregatio, in qua palmites sunt viri spirituales : vinum vero suavis doctrina : et hæc habet populos, scilicet multos ad religionem conversos. Hanc *tradidit* verus pacificus Christus *custodibus* ad colendam, scilicet prælatis spiritualibus, ut Augustino, Benedicto ad erudiendam. *Pro fructu ejus affert vir mille argenteos*, quando quisque relinquit omnia quæ sunt mundi, et claustrum intrat, ut centuplum recipiat, et vitam æternam possideat. Vel *pro fructu ejus affert mille argenteos*, quando Christus huic in bono perseveravit usque in finem, vitam æternam dabit. Unde subditur : *vinea mea coram me est*, hoc est claustralis vita quæ causa mei fit in præsentia mea est, ut remunerem omnes in ea laborantes pro me, et damnem in ea prave viventes. Et, o tu anima, quæ pacem reperisti coram me, quando de sæculo conversa es ad me ; adhuc plenam pacem habebis, quando me in æterna pace videbis : *quia mille erunt tui pacifici*, id est omnes perfecti pacificabunt me tibi, *et ducenti pacifici erunt his qui custodiunt fructus ejus* vineæ, id est omnes perfecti in activa vita et contemplativa pacificabunt hos apud me, qui spiritualis vitæ instituta custodiunt. Sicut enim mille, ita centum perfectionem vel plenitudinem præmii significat; et ducenti quantum duo millia. Juxta anagogen est hæc vox Ecclesiæ jam in cœlo regnantis, ad angelicam turbam de Ecclesia peregrinante conquerentis.

Soror nostra parvula est, id est Ecclesia adhuc peregrinans nostra cohæres futura adhuc in numero electorum imperfecta est, *et ubera non habet*, id est plures doctores qui eam ad perfectionem instruant. *Quid faciemus sorori nostræ in die quando alloquenda est*, hoc est, quid fiet de imperfectis in die judicii, quando a judice juste judicandi sunt? Multi non sunt, qui non solum omnia ut perfecti reliquerunt, sed nec peccata sua eleemosynis pauperum redemerunt, et ideo damnati erunt. Respondet vox angelica: *Si est constructa per opifices ut murus* de vivis lapidibus, *ædificemus* exhortando *super eam* bona opera, ut sint eis in die judicii *propugnacula* ut argentum splendida, quando sinistris dicetur : *Discedite operarii iniquitatis, nescio vos* (*Luc.* XIII, 27), et *si est* prædicando aperta, *ut ostium*, ut sit fidelibus introitus per eam ad vitam, *compingamus eam tabulis cedrinis*, id est admonendo constipemus eam spiritualibus filiis qui numerum electorum impleant, et de nostra societate congaudeant. Ecclesia ergo videns se de vivis lapidibus ut murum in habitaculum Dei ædificari, et turrim angelicam cœlestis Jerusalem per se reparari, canit exsultans :

Ego murus, et ubera mea sicut turris. Quasi dicat: Ego sum constructa per opificem Christum de electis hominibus, ut murus de lapidibus in ambitum Jerusalem cœlestis, ut murus in circuitum civitatis. Et *ubera mea*, id est doctores qui mihi lac doctrinæ præbent sicut turris in Jerusalem erecti sunt per angelos qui inde ceciderunt, et ita cœpi ædificari ut civitas per doctos opifices apostolos, et illorum successores, ex illo tempore, *ex quo facta sum coram eo quasi pacem reperiens*, humanum genus pacem cum Deo et angelis non habuit, postquam in paradiso mandatum Dei per primum parentem præteriit. Sed quasi pacem cum Deo reperit, dum in Christum, qui est pax vera, credidit. Hanc pacem chorus angelicus hominibus bonæ voluntatis cecinit, quando Princeps pacis, Christus, de aula cœli in carcerem mundi venit; hanc suis hinc discedens reliquit dicens : *Pacem meam do vobis, pacem meam relinquo vobis* (*Joan.* XIV, 27). Hanc pacem, devicta morte, destructo bellorum auctore diabolo, attulit filiis pacis, id est pacificis dicens : *Pax vobis* (*Joan.* XX, 19). Hac pace optavit se super Ecclesias gentium Deo pacificari, dicens : *Osculetur me osculo oris sui*, id est per Christum reddat mihi pacem quam amisi. Hanc pacem nunc habet in se spe, postea habebit in re ; quando ipsam pacem facie ad faciem videbit, et omnes fines Jerusalem in pace possidebit. Hæc Ecclesia fuit vinea vero pacifico Christo, in ea pace, *quæ habet populos*, subaudis Christianos, vel quæ habet *parvulos*, id est humiles; in qua ipse fuit vitis vera, vinum Evangelica doctrina. Hanc *tradidit custodibus*, scilicet apostolis et aliis prælatis ad propagandam et dilatandam, sub quibus nobilem fructum protulit, scilicet martyres, confessores, virgines, et alios fideles. *Pro quo fructu vir* Christus *affert mille argenteos*, scilicet omnibus hujus vineæ operariis præmii denarium quod est plenum gaudium. Unde subditur : *Vinea mea coram me est*, scilicet Ecclesia mea in hac vita, vinea, per me patremfamilias plantata et per apostolos per orbem propagata, semper erit in cœlis coram me, videns gloriam meam, et Patris, et Spiritus sancti præsentiam. Et ibi o vinea *erunt mille tui pacifici*, hoc est, omnes angeli, et sancti, o Ecclesia, per me pacem tecum habebunt. *Et ducenti his qui custodiunt fructus ejus*, hoc est, omnes qui huic vineæ bene præfuerint, pacem corporis et animæ in æternum habebunt. Hucusque rex cum regina austri et filia Pharaonis in horto nucum mansit, ubi Sunamitem et Mandragoram in gratiam recepit, quæ nunc ad summam reginam dicit :

VERS. 13. — *Quæ habitas in hortis, amici auscultant, fac me audire vocem tuam.* Quasi dicat: O Regina reginarum, quæ cum reginis et filiabus Jerusalem habitas, hic mecum in hortis jam te regali ornatu ornavi, jam omnes gentes in tuum dominium congregavi, fac me nunc audire vocem tuam, id est petitionem tuam. Quid amplius petas? Amici, id est principes mei auscultant quid amplius velis, et quid a me exigas? Respondet regina : Hæc est petitio mea, ut hinc recedas, et me tecum ducas, hoc æquipollenter dicit :

VERS. 14. — *Fuge, dilecte mi, et assimilare capreæ hinnuloque cervorum super montes aromatum.* Quod est dicere : Recede de loco isto, et revertere ad Libanum qui est mons aromatum, ubi est regale palatium, in quod me duc tecum. Et sicut caprea salubres herbas eligit a noxiis, ita segrega me ab hostibus meis; et aggrega mihi omnes electos et amicos meos in nuptiis mihi præparatis. Et sicut hinnulus velociter currit de æstu in umbram, ita velociter perduc me in regiam aulam. Scilicet Ecclesia, de omnibus gentibus congregata ad Christum, et ab eo omnibus virtutibus adornata, orat, ut eam aliquando de valle lacrymarum ducat in montem cœlorum, in cœleste palatium, ubi ab hostibus suis segregata, cum amicis suis exsultet in perenni gloria. Notandum quod quatuor horti in hoc libro ponuntur, scilicet hortus conclusus, hortus pomorum, hortus aromatum, hortus nucum. Hortus conclusus fuit virgo Maria, mater Dei incorrupta, in quem hortum sponsus Christus descendit quando in clausum Virginis uterum venit. Hortus pomorum fuit gens Judæorum, qui dulcia poma protulit, dum in primitiva Ecclesia multitudinem credentium edidit; quæ cor unum et animam unam habuit. In quo horto myrrham messuit, dum amaritudinem passionis in Judæa sustinuit. Hortus aromatum fuit Ecclesia gentium, in qua fuit collectio sanctorum ; in quem sponsus descendit, dum per prædicationem apostolorum in gentilitatem venit. Hortus nucum est Synagoga adhuc convertenda, in quo sunt multi amara carnis exterius sustinentes, interius dulcedinem virtutum habentes; in quem sponsus descendet, cum per prædicationem Eliæ et Enoch Synagogam visitabit. In his hortis Ecclesia habitat, quia pro diversis temporibus diversos status mutat. Alia Translatio habet *in portis*, et intelliguntur virtutes, vel apostolicæ Scripturæ, quæ portæ vitæ, in quibus Ecclesia habitat, dum per apostolicas Scripturas se virtutibus ornat. Dicit ergo Sponsus Ecclesiæ :

Quæ habitas in hortis, fac me audire vocem tuam. Ac si Christus dicat Ecclesiæ perfectorum : Quæ per instituta religionis habitas in Ecclesiis, in quibus profers germina virtutum, et flores sanctorum, fac me audire vocem tuam, hoc est fac talem prædicationem tuam in perfectis, quæ digna sit ut ego eam, audiam : quia amici, id est angeli per me facti, tui amici, et tui pacifici *auscultant,* ut eam ad me remunerandam perferant. Vel fac me audire vocem tuam, id est petitionem tuam, quia angeli amici tui auscultant, ut eam ad me implendam perferant. Vel fac me audire vocem tuam, id est petitionem tuam, quia angeli etc. Similitudo est inde, ubi amici sponsi auscultant, quid sponsa petat, ut ejus petitionem a sponso obtineat. Deum facit audire vocem suam, qui non lucri causa, sed tantum pro Deo de æterna vita proximis prædicat. Vel Deum facit audire vocem suam, qui non terrena sed æterna a Deo postulat. Porro tota prædicatio vel oratio Ecclesiæ est, ut fiat inter bonos et malos separatio, ut boni quiete, quam amant, fruantur, et mali ut ad eos convertantur, aut ab eis discernantur. Unde sequitur :

Fuge dilecte mi. Id est transi a paleis, et subtrahe me inimicis. Sicut ille qui fugit, et abscondit se ab eis. *Et assimilare capreæ,* discernendo bonos a malis, sicut caprea discernit bonas herbas a malis, et assimilare hinnulo, discernens incestos, et requiescens in castis, sicut hinnulus æstum declinans in umbra requiescit. Tu dico, qui es hinnulus servorum, id est filius patriarcharum, qui transilierunt spineta peccatorum, et esto in granis, scilicet in nobis, qui sumus *montes aromatum,* id est alti in virtutibus et per bona opera redolentes. Vel tu qui es hinnulus cervorum, in humana carne de patriarchis assumpta, esto super montes aromatum, videlicet super choros angelorum, associans eis multitudinem hominum ; hinnulum cervorum posuit ad distinctionem hinnuli capreæ, qui alta petit, ille vero velociter currit. Universitas regni cœlestis est in hoc versu comprehensa. Per dilectam quippe Christus, per fugam transitus de mundo ad vitam, per capream Ecclesia, per hinnulum cervorum populus sanctorum, per montes aromatum ordines angelorum intelliguntur : qui omnes in nuptiis Agni congregabuntur, quando Ecclesia a malis separabitur, et in cœlesti Jerusalem gloria et honore coronata, in solio regni pro æmula sua, scilicet angelica natura damnata, regina locabitur, et sponso suo Verbo Dei in carne sibi unito in gloria quoque copulabitur. Tropologice quælibet fidelis anima in hortis habitat, qua viriditate spei et bonorum operum est repleta. Sicca quippe est spes hujus mundi, quia omnia, quæ hic amantur cum festinatione arescunt. Quæ ergo in hortis habitat, oportet ut sponso vocem suam audire faciat, id est in tantum donum prædicationis emittat, in quantum illo delectatur quem desiderat, quia amici, videlicet omnes electi auscultant, qui ut cœlestem patriam revisant, verba vitæ audire desiderant, huic dilectus fugit, quia qui ex carne comprehensibilis factus est, ex divinitate intelligentiam nostri sensus excedit. *Capreæ et hinnulo assimilantur,* qui ascendunt in montes aromatum; quia in illos per gratiam ascendit et requiescit, qui sunt semper in odore virtutum. Juxta anagogen amica in horti, habitat quando Ecclesia in paradiso tripudiat. Vel in portis habitat, dum per apostolos qui sunt portæ vitæ nationes judicat. Ipsa etiam dies judicii dicitur, ut ibi : *Non confundetur, cum loquetur inimicis in porta* (Psal. cxxvi, 5), scilicet Ecclesia in die judicii non confundetur cum inimicis suis paganis, Judæis, hæreticis loquetur insultans eis, quod hic eam confuderunt, et ideo confusi sunt. Illa dies est porta vitæ; quia justi per eam intrabunt in vitam æternam. Et etiam porta mortis, quia impii per eam ibunt in supplicium æternum. In illa porta facit Ecclesia sponsum audire vocem suam, dicens : Domine si inveni gratiam in conspectu tuo, ostende mihi temetipsum, ut videam faciem tuam, in quam angeli desiderant prospicere. Et tunc ipsa vocem sponsi audiet, cum ipsam super omnia bona sua constituet dicens : *Intra in gaudium Domini tui* (Matth. xxv, 21). Sequitur vox sponsæ, quam sponsus vult audire : *Fuge, dilecte mi, et assimilare capreæ hinnuloque cervorum super montes aromatum.* Dilectus a malis fugit, cum sponsam suam de ærumnis mundi ad gaudia cœli ducit. Capreæ similis erit, cum electos a reprobis ut grana a paleis eligit. Hinnulo similis erit, cum in sanctis ut hinnulus in umbra requiescit. Tunc vero super montes erit aromatum, quando regnabit super altitudinem angelorum et hominum, in quibus fragrat odor virtutum. Vel ipsa caprea cum hinnulo erit super montes aromatum, quando Ecclesia cum populo fidelium possidebit portas inimicorum suorum, scilicet cum hæreditabit loca apostatarum angelorum. Ecce quo istud carmen est deductum, quod genus humanum lapsum deduxit ante Dei conspectum.

Hic liber ideo legitur de festo S. Mariæ, qua ipsa gessit typum Ecclesiæ, quæ virgo est et mater. Virgo, quia ab omni hæresi incorrupta ; mater, quia parit semper spirituales filios ex gratia. Et ideo omnia quæ de Ecclesia dicta sunt, possunt etiam de ipsa Virgine, sponsa et matre sponsi intelligi. Exstat libellus a nobis editus, qui intitulatur *Sigillum S. Mariæ,* in quo tota Cantica specialiter adaptata sunt ejus personæ.

Ut labor noster omnibus fiat fructuosus, brevi epilogo cuncta repetamus.

Hic liber incipit, ubi humanum genus pacem, id est Dei gratiam recepit. Per *osculetur me,* Christi incarnatio notatur, quæ homini pacem attulit, quam in primo parente perdidit, quam Ecclesia semper optavit. Christus quippe, verbum Dei, sponsus humanæ naturæ, est pax vera, cui unita est nostra natura. Et quando Deus factus est homo, tunc utique homo factus est Deus. Pacem vero quam attulit victor mortis, resurgens credentibus reddidit, dicens : *Pax vobis* (Joan. xx, 19). Et hoc erat osculum oris Dei, pax reddita per Verbum Dei, quia tunc impassibilis et immortalis facta est in Christo nostra natura, sicut ab initio erat, creata. Per *ubera*, accipitur evangelica doctrina. Per *unguenta* sancti Spiritus charismata. Per *nomen ut oleum effusum*, novum nomen Christianitatis innuitur, quod per oleum sanctum in baptismate credentibus imponitur. Per *trahe me*, Christi ascensio notatur, post quem Ecclesia optat trahi in cœlum. Ideo sequitur : *Odor unguentorum*, quod fuit suavitas Spiritus sancti donorum. *Introduxit me rex*, conversionem primitivæ Ecclesiæ exprimit, quæ post datum Spiritum sanctum contigit. *Nigra sum*, tribulationem primitivæ Ecclesiæ innuit, quam a perfidis Judæis pertulit, *Indica mihi*, angustiam depromit, quam ei hæreticorum pravitas intulit. *Si ignoras te*, demonstrat tutelam apostolorum, quæ ei erat ut tabernacula pastorum. Per *nardum et fasciculum myrrhæ et botrum cypri*, passio Christi ei proponitur, ut hanc per patientiam imitetur. Nam per nardum incarnatio, per myrrham passio, per botrum cypri resurrectio Christi accipitur. Per *ecce tu pulchra es amica mea*, et reliqua quæ sequuntur, usque *in lectulo meo*, laus fidei et laboris primitivæ Ecclesiæ a Christo; et gratiarum actio ipsius Ecclesiæ, pro donis Spiritus sancti et prædicatio ipsius ad gentes exprimitur. Per illud vero, *in lectulo meo*, usque *vadam ad montem myrrhæ* introductio Ecclesiæ gentium notatur, quæ per apostolos de deserto infidelitatis in lectulum Salomonis, et in ferculum ad convivium est ducta, et a filiabus Sion suscepta, et a rege pacifico magnifice laudata. Per illud *vadam ad montem myrrhæ*, usque *hortus conclusus*, certamen Ecclesiæ innuitur, ubi contra Amana, Sanir et Hermon, id est contra principes gentium, qui erant pardi et leones, scilicet sævi persecutores armis fidei et patientiæ pugnabat. Per illud autem *hortus conclusus*, usque *surge, aquilo*, per diversa genera herbarum aromaticarum, intelliguntur diversi ordines justorum, quasi diversæ legiones martyrum pro Christo pugnantium. Per *surge, aquilo*, usque *ego dormio*, exprimitur Ecclesiæ afflictio, qua sub hæreticis pro fide afflicta est. Per *ego dormio*, pax et securitas Ecclesiæ accipitur. Per *surrexi ut aperirem*, ejus prædicatio innuitur. Per *anima mea liquefacta est*, Ecclesia pœnitentium accipitur. Per *qualis est dilectus tuus*, usque *descendi in hortum nucum*, Ecclesia imperfectorum mysteria Christi docetur ab Ecclesia perfectorum. Per *descendi in hortum nucum*, usque *veni dilecte mi*, conversio Synagogæ, et ejus certamen sub Antichristo, et laus membrorum, id est ordinum ejus describitur. Inde usque ad fidem libri, vocatio infidelium post Antichristum, et remuneratio fidelium, et separatio bonorum et malorum per ultimum judicium exprimitur. Post quod universalis Ecclesia, Christi sponsa, per carnem unita Verbo Dei, gloria et honore pro certamine suo coronabitur, et in thalamo gloriæ, id est in manifesta visione Dei sponso suo copulabitur.

Sicut patrem David, Patre Deo opitulante, explanavimus; ita filium Salomonem, Filio Deo adjuvante, elucidavimus. Ideo omnes Spiritui sancto, compositori et expositori utriusque operis gratias referamus.

Cantica digna toris caste flagrantis amoris
Digne scripta meo sunt simul officio.
Digna Deo regi finitur laus hymenæi.

Explicit expositio Honorii super Cantica canticorum

SIGILLUM BEATÆ MARIÆ

UBI EXPONUNTUR CANTICA CANTICORUM.

Discipuli ad magistrum.

Optimo magistro, librorum registro, frequentia discipulorum, videre in Sion Deum deorum. Omnium fratrum conventus tuæ diligentiæ grates solvit, quod eis spiritus sapientiæ tot involucra per tuum laborem in elucidario evolvit. Rogamus igitur te omnes uno ore iterum novum laborem subire, et nobis causa charitatis aperire cur Evangelium : *Intravit Jesus in quoddam castellum* (Luc. x, 38), et *Cantica canticorum* de sancta Maria legantur, cum nihil penitus ad eam pertinere videantur.

Responsio Magistri.

Quia pondus diei et æstus decrevi in vinea Domini pro denario portare, nolo terram, ut sterilis ficulnea, in vacuum occupare, sed ut oliva fructifera domui Dei aliquid decoris adducere, ut merear in ea quandoque mansionem percipere. Igitur quia vestrum collegium gratanter suscepit, quem misi libellum, dabo operam per clavem David vobis reserare, de quibus videmini dubitare.

Ad gloriam itaque Filii Dei, et ad honorem genitricis suæ, hic libellus edatur, et nomen ei *Sigillum sanctæ Mariæ imponatur*. Ipse autem intellectum tribuat, cujus sapientia omnem sensum superat.

Sigillum sanctæ mariæ.

Dicitis vos mirari cur Evangelium . *Intravit Jesus*, et *Cantica* in festivitate sanctæ Mariæ recitentur, cum quasi nihil de ea sonare utraque a simplicibus æstimentur. Debetis igitur in primis de Evangelio scire, quod nihil potuit inveniri in tota Scripturæ serie, quod convenientius, quod aptius, quod dignius legeretur in ejus sacra solemnitate. Dicitur itaque : *Intravit Jesus in quoddam castellum* (*Luc*, x, 34). In castello est turris alta, in qua contra hostes propugnacula; murus vero exterius, qui est tutela civibus interius. Hoc castellum fuit illud sancti Spiritus sacellum, scilicet gloriosa Dei genitrix virgo Maria, quæ jugi angelorum custodia fuit undique munita. In qua turris alta, videlicet humilitas, pertingens usque ad cœli culmina, unde dicitur : *Respexit Dominus humilitatem ancillæ suæ* (*Luc*. i, 48). Murus vero exterius, ejus castitas fuit quæ cæteris virtutibus interius munimen præbuit. Hoc castellum Dominus intravit, quando in utero virginis humanam naturam sibi copulavit : *Et mulier quædam Martha nomine excepit illum in domum suam, et huic erat soror nomine Maria*. Per Martham activa vita ; per Mariam contemplativa designatur, quam utramque perpetua Virgo Maria in Christo excellentius excoluisse prædicatur. Omnia namque Evangelii opera impendit ei per activæ vitæ ministeria. A pueritia namque propter nos exsulem, et in hoc mundo hospitem suscepit in uteri sui hospitium gemmis virtutum conspicuum. Propriis uberibus pavit eum esurientem, super genua consolabatur flentem. Infirmum eum fovit balneis, nudum involvit pannis, vagientem fasciis cinxit, arridenti dulcia oscula fixit. Nimium erat sollicita circa frequens ministerium, fugiens a facie Herodis in Ægyptum, denuo rediens Archelaum inveniens. Multum conturbabatur erga plurima, ubique tuta quærens abscondenti et celandi eum latibula. Quod autem dicitur conqueri de sorore quod eam solam reliquerit in labore, hoc est, Maria videns Christum ab impiis capi, crudeliter trahi, ligari, colaphizari, cædi, derideri, cum reis damnari, in crucis patibulo acerbiter cruciari ; si possibile esset, vitam suam libenter pro sui ereptione dedisset.

Et cum in eo divinitatem corporaliter habitare sciret, quodammodo in animo suo anxia querebatur quod ei non subveniret, sed quasi noxium reliquisset, quem velut abjectitium tot malis exposuit. *Secus pedes Domini sedens verba illius* corde et aure sitiebat, quæ etiam in corde suo, per contemplativæ officium conferens, conservabat ; et semper spiritualia meditans cœlestia desiderabat. Ipse quippe fons sapientiæ in ea mansionem fecerat, et ideo omnes thesauri sapientiæ et scientiæ in ea absconditi erant. Nunc Marthæ labore sublato, in illa vita fruitur non significata, sed vera Maria illo uno necessario, quo Filii sui inhærens complexibus perenniter divinitatis ejus cum angelis satiatur aspectibus. Ad quam gloriam hodie gloriosa virgo migravit, in qua eam Filius reginam cœlorum super omnes ordines angelorum sublimavit. *Optimam partem* quam hic *elegit*, duplicem hodie de manu Domini percepit; *quæ nunquam ab ea auferetur, sed cum plenum gaudium sanctis dabitur centuplum augetur*.

De Epistola.

Cur autem de laude Sapientiæ in ejus die legatur (*Eccli*. xxiv, 11), causa satis probabilis declaratur. Christus est Dei Sapientia, cujus hic loquitur persona : *In omnibus*, subauditur gentibus *requiem quæsivi*, sed *in hæreditate Domini* tantum, id est in Ecclesia *morandi* locum *inveni*. Quæ gratulando subjungit : *Qui me creavit in tabernaculo meo requievit*. Tabernaculum Ecclesiæ vel Dei est beata semper virgo Maria, ut dicitur : *In sole posuit tabernaculum suum* (*Psal*. xviii, 6). In quo Filius Dei homo veniens requievit, et de quo ut sponsus de thalamo processit (*ibid*.). *In Jacob inhabita, et in Israel hæreditare ; et in electis meis mitte radices*. Ordo Apostolicus est Jacob, id est *supplantator vitiorum* ; ipse etiam Israel, scilicet vir *videns Deum*. In quo Jacob Virgo Dei habitavit et cum quo Israel regnum Dei hæreditavit, et in ipsis electas radices suæ castitatis et humilitatis misit. *Sic in Sion firmata sum*. Sion dicitur specula, et est Ecclesia, in qua Dei genitrix scriptis et prædicationibus est firmata ut columna ; super cujus laudabilem vitam tota Ecclesia innititur fulta. *Et in civitate sanctificata similiter requievi*. Civitas sanctificata est superna patria, æterna claritate illustrata. In qua nunc perpetua Virgo cum angelis et sanctis requiescit, sed præ omnibus gloria et honore coronata fulgescit. Unde dicit : *In Jerusalem potestas mea*. Sion præsens Ecclesia ; Jerusalem vero cœlestis patria intelligitur. Maria autem regina cœlorum vocatur, ideo non immerito Jerusalem potestas ejus prædicatur. *Et quia hic in populo honorificato*, id est in populo credentium exemplo sanctimoniæ radicavit, ideo *hæreditas illius in parte Dei sui*, id est Filii sui divinitate erit. *Et hoc in plenitudine sanctorum*, id est, cum completus fuerit electorum numerus, laudem et gloriam habebit ex omnibus. *Quasi cedrus exaltata sum in Libano*. Libanus est mons in terra repromissionis, in quo cedri et de cujus radice fluit Jordanis, Libanus dicitur *candidatio*, et est Judaicus populus, cultu Dei et sacra Scriptura candidatus. In quo gloriosa Virgo ut cedrus fuit exaltata, id est odore et decore sanctitatis transcendens omnium merita ; de cujus utero, ut Jordanis de monte manavit, qui fontem baptismatis mundo consecravit. *Quasi cypressus in monte Sion*. Cypressus incisa non revirescit, ideo antiquitus portabatur ante mortuorum funera. Dei itaque genitrix Virgo Maria cypressus in monte Sion fuit, id est in vera specula, scilicet Ecclesia cujus mens cum semel aruit sicut ficus nunquam reviruit de mundi gaudiis; ideo prædicatione antefertur omnibus pro Christo mortificandis. *Quasi palma exaltata sum in Cades*. Palma datur victoribus, et hoc Cades, id est sanctificatis, quibus virgo alma exstat sanctificationis palma, dum per ejus generosam sobolem nanciscuntur victoriam et sanctificationem. *Quasi plantatio rosæ in Jericho*. Jericho dicitur luna, id est Ecclesia, in qua rosa significat martyres, quos omnes sancta Θεοτόκος eminentia suæ passionis ita transcendit, ut rosa alios flores rubedine præcellit. Cum enim Dei Filium ex se genitum tam innocenter in cruce torqueri vidit, majorem præ omnibus martyribus cruciatum in animo sustinuit. Unde et plus quam martyr fuit, dum alii in corpore, ipsa vero in anima, passa fuit, ut dicitur : *Tuam ipsius animam pertransibit gladius* (*Luc*. II, 35). — *Quasi oliva speciosa in campis*. Oleum significat misericordiam ; campus autem est terra inarata, et significat virgines, quæ non sunt sulcatæ per virilis amplexus vomeres. In quibus est casta Χριστοτόκος valde speciosa, ut in campis oliva decora ; de qua profluxit oleum gaudii et misericordiæ, quod nos sanans ab infirmitate, ungit in regnum cœlestis gloriæ. *Quasi platanus exaltata sum juxta aquas in plateis*. Aquæ sunt populi per plateas gradientes, id est in sæculari vita, scilicet in conjugio fulgentes ; inter quos præclara virgo ut platanus claruit, cum nobilem prolem fecunda attulit. *Sicut cinnamomum*. Cinnamomum dicitur immaculati ; et significat innocentes, quibus hæc virga cinnamomum exstitit, cum de immaculato utero largitorem innocentiæ edidit. Est autem arbor aromatica cinerei coloris, et significat pœnitentes, quibus iterum hæc gloriosa cinnamomum fuit, cum eis remedium vitæ Jesum profudit. *Sicut balsamum aromatizans odorem dedi*. Balsamum suaviter redolet, hoc frontes Christianorum signantur ; hoc etiam sacerdotes et templa Dei consecrantur. Ut pretiosum balsamum hæc Virgo odorem dedit, cum suavem animarum odorem Christum mundo genuit qui nos ad suum regnum chrismate signat, et nos sua templa effectos, ipse rex et sacerdos in rege consecrat. *Quasi myrrha electa*. Myrrha mortuorum corpora condiebantur. Omnibus mundo renuntiantibus et Christo commorientibus jam sæpe dicta Virgo et sæpius dicenda Maria, non solum myrrha exstitit, sed etiam electa, cum carnem suam mundi illecebris crucifixit, et se jejuniis et vigiliis afflixit. *Odorem suavitatis spiravit*, cum Christum generavit, odorem angelorum, qui præ omnibus electa myrrha se morti pro nobis Deo Patri obtulit in odorem suavitatis, ut nos mortificatos vitiis, participes efficeret suæ divinitatis. Nunc ipsa, de qua loquimur, auxiliante, et vestra simul oratione suffragante, stylum ad Cantica vertamus, et cur hæc de ea legantur disseramus.

Cantica canticorum.

Gloriosa virgo Maria typum Ecclesiæ gerit, quæ virgo et mater exstitit, etiam mater prædicatur, quia Spiritu sancto fecundata, per eam quotidie filii Deo in baptismate generantur. Virgo autem dicitur, quia integritatem fidei servans inviolabiliter, ab hæretica pravitate non corrumpitur. Ita Maria mater fuit Christum gignendo, virgo post partum clausa permanendo. Ideo cuncta quæ de Ecclesia scribuntur, de ipsa etiam satis congrue leguntur. Dicitur ergo :

CAPUT PRIMUM.

Osculetur me osculo oris sui. Quem reges et prophetæ non meruerunt videre vel audire, hunc Virgo non solum meruit in utero portare, sed etiam nato crebra oscula dare ; plurima a sancto ejus ore percipere. *Quia meliora sunt ubera tua vino*. Qui pascit angelos in sinu Patris, hic suxit ubera Virginis matris. *Fragrantia unguentis optimis*, id est repleta Spiritus sancti donis, quamvis non sit frivolum ad litteram intelligere virginem charissimum filium suum unguentis optimis sæpe perunxisse. *Oleum effusum nomen tuum*. Oleum aliis liquoribus infusum superenatat, et etiam infirmos sanat. Nomen autem virginis est Maria, quod sonat *maris stella*. Qui in tribulatione ejus auxilium invocant, quamvis adversa, ut oleum, per eam superenatant, ut puerulus Judæus, quem in fornace a flamma protexit ; quem pater suus ob hoc intus projecit, quia corpus Domini inter Christianos pueros accepit. Qui vero peccatis infirmi in eam confidunt, per oleum Christum citius salutem recipiunt, ut Theophilus, qui scripto Christum abnegavit, et se diabolo manibus tradidit ; per eam chirographum a diabolo recepit, et indulgentiam reatus meruit. Similiter Maria, multis sordibus involuta, per eam non solum veniam facinorum habuit, verumetiam gloriosis miraculis claruit. Qui autem in salo hujus sæculi navigant, et ejus humilitatem et castitatem imitando ut stellam considerant, portum vitæ per eam tuti intrant. Ut de quodam fertur, quod quotidie cum ante altare Virginis transiret, *Ave Maria* inclinando diceret. In extremis positus cum dæmones de eo certi convenissent, ut eum ad barathrum deducerent, pia virgo subito adveniens, et capellanum suum profitens, ab impiis jam desperatum eripuit, et sic ille vertice tuto per eam evasit. *Ideo adolescentulæ dilexerunt te*, id est virgines imitantur te. *Trahe me post te*, dicit ad Filium, scilicet ad exercitia virtutum. Maria namque non didicit a filio suo cœlos creare, sed humilitate et mansuetudine radicare, ut dixit : *Discite a me, quia mitis sum, et humilis corde* (*Matth*. XI, 29). Ideo tracta est post Christum in cœlum. *Curremus in odore unguentorum tuorum*, id est fideles festinantes ad gaudia imitantur vitæ ejus exempla. *Introduxit me rex in cellam suam*, id est Rex gloriæ assumpsit eam in vitam æternam. *Exsultabimus et lætabimur in te*, id est fideles gaudent de ejus intercessione. *Memores uberum tuorum*. Ubera Mariæ fuerunt castitas et humilitas, in his delectatur justorum societas. *Super vinum*, id est superhumanam gloriam, *recti diligunt te*, id est angeli honorant te. *Nigra sum*, hoc est nata a pauperibus. *Ut tabernacula Cedar*, id est aliqua de peccatricibus. *Formosa sicut pellis Salomonis*, id est ego sum pellis veri pacifici, qui texit arcam, id est Christum. Et ideo filia Jerusalem, id est consors visionis veræ pacis. *Nolite me considerare, quod fusca sim, quia decoloravit me sol*, hoc est, quamvis ab humilibus sim orta, tamen Sol justitiæ elegit me humilem sibi matrem. Ideo *filii matris meæ pugnaverunt contra me*, id est prophetæ filii Synagogæ prædicaverunt de me. Vel apostoli, filii gratiæ matris, pugnaverunt contra me, id est pro me contra hæreticos prædicando; qui dixerunt non Deum, sed phantasma, vel de homine peperisse: hi *posuerunt me custodem in vineis,* id est exemplum virginitatis in omnibus Ecclesiis. *Vineam meam,* id est virginitatem meam *non custodivi,* sed Spiritus sanctus. *Indica mihi quem diligit anima mea.* Anima Mariæ Christum dilexit, ideo omnia secreta Patris ei innotuit. *Ubi pascas, ubi cubes in meridie.* Castissima virgo Maria fuit meridies, de Spiritu sancto splendens, et fervens, in quam Christus declinavit æstum libidinosorum. Cubavit in ejus humilitate, passus est in ejus castitate. *Ne vagari incipiam per greges sodalium tuorum,* id est notifica omnibus quod in me requieveris, ne hæretici dilacerent me, dicentes: Si virgo peperit, phantasma fuit. Per sacramenta apparent tui sodales, ideo ego vagor per eorum greges, quia in sectis et in conventiculis eorum sum psalmus illorum. *Si ignoras te, o pulchra inter mulieres.* Maria ignoravit maculam sordis, et ideo pulchra, id est benedicta inter omnes mulieres. Quæ egressa est de muliebri levitate, et abiit de virtute in virtutem. *Post vestigia gregum,* id est per exempla sanctorum, et pavit *hædos,* id est, carnales sanctis operibus. *Juxta tabernacula pastorum,* id est secundum doctrinam apostolorum. *Equitatui meo in curribus Pharaonis assimilavi te amica mea.* Sicut populus Dei a Pharaone per virgam Moysi, ita Ecclesia a diabolo per virgam Jesse Mariam et florem suum, id est Christum liberata est. *Pulchræ sunt genæ tuæ.* Genæ hujus virginis sunt ejus conversationes, in activa et contemplativa vita, quæ sunt pudibundæ, verecundantes peccare, *ut turturis,* scilicet gementes de terrenis, et suspirantes gaudia regni cœlestis. *Collum tuum,* id est fides quæ eam Deo capiti conjunxit, est *sicut monilia,* id est ornatus in tota Ecclesia. *Murenulas aureas faciemus tibi, vermiculatas argento,* hoc est apostoli et eorum sequaces de his omnibus componunt ad honorem tui scripturam, sapientia et eloquentia ornatam. *Cum esset rex in accubitu suo,* id est Christus in sinu Patris: *nardus mea dedit odorem suum,* id est per humilitatem ingressus est in uterum Virginis. Nardus enim humilitatem, odor significat Christi incarnationem. *Inter ubera mea commorabitur,* id est in ventre meo incarnatus portabitur. *Fasciculus myrrhæ dilectus meus mihi.* Tunc erat quando in cruce coram ea pendebat. *Botrus cypri dilectus meus mihi,* hoc est fuit ei lætitia in resurrectione. *In vineis Engaddi,* id est in Ecclesiis fidelium. *Ecce tu pulchra es, amica mea.* Maria vocatur amica, quia portavit Patris secreta, *ecce tu pulchra* coram Deo in humilitate, *ecce tu pulchra* coram hominibus in castitate. Pulchra virginitate, pulchra fecunditate, pulchra in virtutibus, pulchra in operibus. Pulchra hic laude hominum, pulchra in cœlis laude angelorum. Pulchra bis prædicatur, quia sine interiori et exteriori macula declaratur. *Oculi tui,* id est operum tuorum intentiones, *sicut columbarum,* id est sinceri et simplices. Vel *oculi tui,* id est exempla quæ alios ut oculi du-

cunt, donis Spiritus sancti plena sunt. *Ecce tu pulcher es, dilecte mi, et decorus,* Christus pulcher ex casta virgine; decorus ex Patre. *Lectus noster floridus.* Lectus Christi Maria fuit, in qua ut in lecto requievit. Noster dicit, quia Pater et Spiritus sanctus semper cum eo fuerunt. Floridus, scilicet in virtutibus. Ipsa etiam domus Dei, in qua habitavit. Ligna principales ejus virtutes, prudentia, fortitudo, justitia, temperantia. Laquearia bona ejus opera. Ipsa campus, videlicet inarata terra, a viro intacta, vel humilis.

CAPUT II.

Ego flos campi. Hujus flos est filius ejus, ipsa *lilium convallium,* id est ornatus humilium parentum. *Sicut lilium inter spinas, sic amica mea inter filias,* id est, sicut lilium carduos et urticas decore et suavitate; sic Maria præcellit omnes Ecclesias castitatis decore et sanctitatis suavitate. *Sicut malum inter ligna silvarum,* sic Christus fuit inter omnes prophetas et apostolos Mariæ, obumbrans eam Spiritu sancto, ab omni carnali delectatione. *Sub umbra illius quem desiderabam sedi,* hoc est, in requiem ad visionem ejus jam veni, ubi pulchritudinem ejus sol et luna mirantur. *Fructus ejus dulcis gutturi meo,* id est gloria ejus dulcis animæ meæ. Hanc enim nunc conspicio, quia introduxit me Rex gloriæ *in cellam vinariam,* id est in cœlestem Jerusalem; *ibi ordinavit in me charitatem,* ut quem prius ut filium, nunc diligam ut Deum. *Fulcite me floribus, stipate me malis.* Per flores innocentes, per malos, id est domesticas arbores, alii sancti intelliguntur. Ab innocentibus ipsa innocens exaltatur, a sanctis ipsa sanctior glorificatur. *Amore langueo,* quia in Deum jugiter prospicere desiderat. *Læva ejus sub capite meo, et dextera illius amplexabitur me.* Hoc est, cœlestia et terrestria magnificant illam. *Adjuro vos filiæ Jerusalem,* id est sacramento meæ incarnationis vos constringo, animæ fidelium, loquens per *capreas cervosque camporum,* id est per prophetas et apostolos doctores populorum, *ne suscitetis dilectam,* id est ne aliqua perversa doctrina inquietetis genitricem meam, *quoadusque ipsa velit,* scilicet ut prophetæ et apostoli docuerunt, quod Deum et hominem Virgo genuerit. *Vox dilecti mei,* scilicet filii mei, præcepit hæc quæ dixi, qui de sinu Patris saltavit in uterum matris. *Ecce iste venit saliens in montibus, transiliens colles.* Qui saltat, nunc sursum, nunc est deorsum. Christus venit ad Virginem quasi saltans, quia divinitate transcendit montes, id est in cœlo angelos; humanitate transcendit, in terra colles, id est apostolos. De cœlo saltavit in Virginis uterum, inde in mundum, exinde in infernum, denuo in cœlum.

Similis est dilectus filius meus capreæ, quæ eligit bonas herbas a malis, sic ipse bonos a perversis, *hinnuloque cervorum,* qui in umbra quiescit, ita ipse in casta Virgine quievit. *En ipse stat post parietem nostrum.* Paries est nostra mortalitas. Post parietem Christus stetit, cum mortalem carnem de Virgine sumpsit. Sub pariete nos pressi jacuimus, quia naturaliter mortales fuimus.

Ipse vero non sub, sed post parietem stetit, quia voluntate, non natura mortalis exstitit. Stetit autem ut parietem impelleret, id est mortalitatem destrueret. *Respiciens per fenestras*, natus de Virgine, in mundum respexit, quando per apostolos hominibus innotuit. Prospexit etiam *per cancellos*, quia per scripta prophetarum est manifestatus.

Ipsa quoque beata Virgo cœli fenestra fuit, per quam Sol justitiæ in domum mundi splenduit. *Dilectus*, videlicet filius *meus loquitur mihi* : Surge de mortali vita, *propera* ad immortalia, *amica*, id est secretalis *mea, formosa* in castitate, *et veni* ad cœli gaudia; *jam enim hiems* angustiæ tuæ erga me *transiit, imber* tribulationum tuarum *abiit*, omnis dolor penitus *recessit*. *Flores,* id est mercedes tuæ, *apparuerunt in terra nostra,* id est splendent in terra viventium. *Tempus putationis* totius mali a te, et tuæ retributionis advenit. *Vox turturis audita est in terra nostra*, id est vox exsultationis et lætitiæ jugiter auditur in tabernaculis justorum. *Ficus quod tu fuisti fructuosa, protulit grossos suos,* id est bona opera, pro quibus remuneraberis. *Vineæ,* id est Ecclesiæ per tua exempla in virtutibus *florentes, odorem* bonorum operum *dederunt,* pro quibus etiam coronaberis. *Surge* de temporali miseria, *amica mea*, in humilitate; *speciosa mea*, in castitate; *et veni* ad æterna præmia, *columba mea*, id est simpliciter confidentes *in foraminibus petræ*, id est in vulneribus meis quæ pertuli pro tua ereptione, *in caverna maceriæ*, id est credens sententiæ sacræ Scripturæ, quæ dicit: *Ipse Deus veniet et salvabit nos (Isa.* xxxv, 4). Et item : *Cujus livore sanati sumus (Isa.* LIII, 5). Sicut namque maceria vineam, sic sacra Scriptura munit Ecclesiam. Hæc virgo ad memoriam reduxit, cum eum clavis perforatum vidit. *Ostende mihi faciem tuam, sonet vox tua in auribus meis.* Per faciem pulchritudo gloriæ, per sonum vocis ejus laus ab angelis intelligitur. *Vox enim tua dulcis,* id est laus tua maxima ab angelis; *facies tua decora,* id est gloria tua præcipua. *Capite nobis vulpeculas parvas.* Vulpeculæ sunt hæretici, *quæ* demoliuntur vineas, id est venenis suis inficiunt simplicium Ecclesias, dicentes : Si Virgo peperit, phantasma fuit. Hi quasi rete capiuntur, cum tali syllogismo concluduntur : Deus omnia quæ vult potest, a Virgine nasci voluit; igitur quod Virgo genuit, Deus et homo fuit. Nam *vinea* nostra *floruit,* id est Maria Christum peperit. *Dilectus meus* filius *mihi* sic locutus est, ut dixi, *et ego* gratias ago *illi, qui pascitur inter lilia,* id est delectatur inter castrorum agmina ; *donec aspiret dies æternitatis, et inclinentur umbræ* hujus temporalitatis.

Oratio Virginis pro conversis.

O dilecte mi, quem genui, qui incestos fugisti, ad pœnitentes jam *revertere,* et similis esto capreæ, secernens castos jam ab incestis. Aut hinnulo cervorum velociter currenti similare, suscipiens veloci- ter vota et preces conversorum a pravitate ; et constitue eos super montes, id est altos in virtutibus in domo Domini, scilicet in Ecclesia. Ipsa etiam Dei Genitrix est Bethel, id est domus Dei, in qua habitavit Filius Dei. Montes sunt ejus prophetæ, qui de ea prædixerunt. Sunt etiam apostoli qui de ea prædicaverunt; quæ vero per Spiritum de Christo sentiat, his verbis pronuntiat :

CAPUT III.

In lectulo meo, id est in requie meæ contemplationis, *per noctem,* id est in hac vita, *quæsivi,* intellige divinitatem Christi, *quem diligit anima mea. Quæsivi illum* in deitate cognoscere, *et non inveni,* id est non potui ad ejus altitudinem pertingere. *Et* dixi : *Surgam,* corde ad cœlestia, et mente *circuibo civitatem,* id est angelorum agmina, *per vicos et plateas,* id est per angelos et archangelos, *quæram* Christum *quem diligit anima mea. Quæsivi illum* inter ordines angelorum, *et non inveni* similem illi ullum illorum. *Invenerunt me vigiles,* id est Angeli, qui custodiunt civitatem, id est Ecclesiam. Non est dubitandum quin crebro habuerunt angeli cum sacra Virgine colloquium. Et interrogavi eos : *Num quem diligit anima mea vidistis,* id est dicite si saltem vos Christi divinitatem intelligatis. Qui dixerunt *paululum.* Quanquam angeli de Deo intelligant multum, tamen ad comparationem ipsius veritatis videtur paululum. Nullus enim angelorum ita Deum intelligit, ut ipse cognoscit. Nam : *Nemo novit Patrem nisi Filius, nec Filium nisi Pater, et cui voluerit Filius revelare (Matth.* xi, 27); quod creditur matri fecisse.

Cum pertransissem eos, id est cum eorum naturam contemplando transcenderem, *inveni quem diligit anima mea,* omnem intellectum angelorum longe excellere. *Tenui eum* Patri æqualem credendo, *nec dimittam* eum diligendo, *donec introducam illum* verbo et exemplo *in domum,* id est in Ecclesiam, *matris meæ,* id est gratiæ, *et in cubiculum genitricis meæ,* id est in conventum Synagogæ, quod est dicere : Quæ Spiritu sancto revelante cognovi de Christo, hæc Judæis et gentibus annuntio.

Corpus de Virgine ad doctores.

Adjuro vos, filiæ Jerusalem, ne suscitetis dilectam, ut superius dictum est, aliquid docendo contra eam, hoc hic iterum repetitur, ne quid frivolum de ea prædicetur. Sequitur laus angelorum cum ei occurrerent petendo regna cœlorum : *Quæ,* id est quam gloriosa, *est ista, quæ ascendit* ad cœli palatia, *per desertum,* id est deserens periculosum mundum. Ipsa *virgula,* id est recta norma, *fumi ex aromatibus,* scilicet compunctionis et diversarum virtutum, et hoc *myrrhæ,* id est martyribus, *et thuris,* id est confessoribus, *et universo pulveri pigmentarii,* id est universis fidelibus Christi. Ipse enim est verus pigmentarius, id est animarum medicus. Congregatio justorum est collectio ejus herbarum. Quibus omnibus Virgo fuit condimentum virtutum ut pretiosus pulvis aromatum. Quæ sequuntur videntur verba esse Ecclesiæ de assumptione corporis Mariæ. *En lectulum Salomonis sexaginta fortes ambiunt,* Beatæ Virginis corpus, veri pacifici, scilicet Christi, lectulus. Quod sexaginta fortes, id est multa millia ex fortissimis Israel, id est summis angelorum Deum vere videntium ambiunt, et ad æthera producunt. *Omnes tenentes gladios,* id est contra dæmonis custodias, *et ad bella doctissimi,* scilicet contra aereas potestates potentissimi. *Uniuscujusque ensis,* id est tutela, *super femur suum,* id est circa corpus, cujus femur genuit Christum; *propter timores nocturnos,* id est ne timores incutiant ei dæmones. Sequuntur verba doctorum [de ea docentium. *Ferculum fecit sibi rex Salomon,* Christus, verus rex pacificus, *fecit sibi ferculum,* id est lectum ad convivium, *de lignis Libani,* id est ex patriarchis et regibus Virginem elegit; in qua ut in lecto recubuit ipse positus ad convivium; quia fideles de carne, quam de Virgine sumpsit, epulantur. *Columnas ejus fecit argenteas.* Columnæ quibus fulcitur Virginis vita sunt quatuor Evangelia de ea scripta, quæ sunt argentea veritate, videlicet nitida et prædicatione sonora. *Reclinatorium aureum,* hoc fuit corpus Dominicum de ea sumptum; in quod divinitas se reclinavit. Quod fuit aureum, scilicet sapientia et charitate ornatum. Ipsa etiam Virgo fuit reclinatorium, in cujus Christus se reclinavit uterum; aureum, splendore castitatis fulgidum. *Ascensum purpureum.* Sancta crux fuit, in qua nobis Filius ejus sua passione ascensum ad cœlos fecit. *Media charitate constravit,* id est communem vitam ejus dulcedine charitatis replevit, *propter filias Jerusalem,* id est ad imitationem fidelium. Ideo *filiæ Sion,* id est animæ filiæ Ecclesiæ, *egredimini* de vestra carnali conversatione, *et videte* oculis cordis, *regem Salomonem,* id est Christum verum pacificum, *in diademate quo coronavit eum mater sua,* id est mortali carne qua circumdedit eum mater sua, Maria, *in die desponsationis illius,* scilicet in die nativitatis, quando desponsavit Ecclesiam, vel in die passionis, quando posuit pro illa animam; *et in die lætitiæ cordis illius,* id est in die resurrectionis ejus. Quando eadem Virgo et apostoli tantum sunt lætificati, quantum prius de morte ejus contristati.

CAPUT IV.
Laus Filii de Matre.

O amica mea, cui notificavi Patris secreta; *quam pulchra es* humilitate et castitate! *quam pulchra es* fide et operatione, et ideo decora in cœlesti gloria. *Oculi tui* simplices *ut columbarum,* quæ alias aves contuentes non cupiunt eas dilacerare, ita tu videns juvenes non cupisti te eis per obscenos amplexus sociare. *Absque eo quod intrinsecus latet,* scilicet charitate. Oculi Virginis prophetæ sunt, qui eam longe ante prævidentes, multa de ea prædixerunt. Oculi ejus apostoli sunt, qui ejus magnalia et filii sui miracula populo demonstraverunt. Qui columbarum fuerunt, quia Spiritu sancto pleni, simpliciter vixerunt. Ipsa etiam beata Virgo oculus est columbæ, quia prævia dux est Ecclesiæ. Absque eo dulci affectu qui intrinsecus latet, in Dei solius conspectu. *Capilli tui* non erant torti, ut per eos allicerentur juvenum animi. Virginis capilli sunt casti, quia ita ejus inhærent religioni, ut capilli capiti. Hi sunt *ut greges caprarum, qui ad alta scandunt.* Ita ipsi de virtute in virtutem ad Galaad, scilicet ad Christum nostri testimonii montem ascendunt. *Dentes tui* non erant cibi delicati edaces. Dentes Virginis sunt, qui de ea subtilia exponendo proferunt. Qui ut *greges tonsarum ovium, quæ de lavacro ascenderunt,* quia in baptismate lotæ sunt, et se pro Christo rebus mundi denudaverunt. *Omnes gemellis fetibus,* id est pleni gemina dilectione, *et sterilis non est inter eas,* hoc est nullus vacans a bona actione. *Labia tua* non erant dolosa, sed a vanitate carnis maceratione stricta, ut *capilli coccinea vita. Et eloquium tuum dulce,* quia totum de Deo et futura requie. *Labia* etiam Virginis sunt, qui secreta Dei de ea aliis aperierunt. *Eloquium* ejus, prædicatio illorum. *Genæ tuæ* erant a viris verecundantes, illorum contubernia devitantes, absque eo pudore qui intrinsecus latet in corde. *Sicut fragmen mali punici* exterius rubet, interius candet: ita tu passione eras rubens, castitate albescens. Genæ etiam illius virgines sunt, qui peccare erubescunt. *Collum tuum* non erat in superbia extentum, ideo fecit te David, scilicet Christus turrim, id est Ecclesiæ munimen. Collum etiam Virginis sunt de ea scribentes, qui quasi collum cibum, verbum Dei deglutiunt, et in alios quasi in corpus transmittunt. Hi sunt *ut turris David* ab hæreticis inexpugnabiles: *quæ ædificata est cum propugnaculis,* id est multis instructi sententiis. *Mille clypei pendent ex ea,* scilicet defensionis sacræ Scripturæ, *omnis armatura fortium* ad expugnandam pravitatem hæreticorum sanctam Virginem impugnantium. *Ubera tua* non sunt illius viri manu tacta, ideo hinnulus qui pascitur in liliis, scilicet Christus, qui delectatur in castis, suxit ea. Duo etiam *ubera* Virginis sunt duæ leges, quæ de ea et filii ejus scriptæ sunt præconiis. *Duo hinnuli gemelli capreæ,* sunt duo populi Ecclesiæ inhiante sugentes de sacra Scriptura lac sententiarum de sancta Maria, *qui pascuntur in liliis,* id est delectantur in Scripturis, *donec aspiret dies,* id est Christus, quo gloriam Dei genitricis aspiciant; *et inclinentur umbræ,* id est transeant quæ nunc in ænigmate considerant. Per verba sequentia vocat matrem Christus ad cœlestia. *Vadam ad montem myrrhæ, et ad collem thuris.* Quid est dicere: Veniam cum multitudine angelorum advocare reginam cœlorum, quæ est mons myrrhæ, id est martyribus, qui sunt myrrha, id est altitudo et collis thuris, id est confessoribus, qui sunt thus, celsitudo. Et loquar ei hæc verba: *Amica mea,* quæ portasti Patris secreta, *tota es pulchra,* quia in singulis sensibus tuis ut dixi, es per virtutes gratiosa. Et quia in te non est peccati macula, *veni de Libano,* id est de castitatis candore ad cœli gaudia. *Sponsa* ideo *mea*, quia cum Patre sum unum, cui genuisti clausa Filium. *Veni de Libano*, scilicet de sanctæ vitæ candore, nimio exaltanda in supernorum civium triclinio. *Veni* ad spiritalia gaudia, *coronaberis de monte Amana*, hoc est recipies coronam de triumpho, quam promeruisti a diabolo, qui est mons Amana, qui est nocturna avis, id est *ipse est Rex super universos filios superbiæ* (*Job* XLI, 25), ducens errantes ad noctem mortis. *Coronaberis* etiam, id est coronam recipies, *de vertice Sanir et Hermon*, videlicet quod principes sæculi per fructum ventris tui sunt humiliati, qui fuerunt *cubilia leonum*, id est habitatio dæmonum, et *montes pardorum*, id est munimenta hæreticorum. *Vulnerasti cor meum*, hoc est pro tui amore pertuli in cruce cruciatum vulnerum. *Soror mea*, quia cohæres in regno Patris, *sponsa*, eo quod me Deo Patri genueris. *Vulnerasti cor meum*, hoc est, tactus sum intrinsecus dolore, cum viderem te dolentem pendens in cruce. *In uno oculorum tuorum*, id est in uno materno affectu, *oculorum* id est bonorum exemplorum. *Et in uno crine colli tui*, id est in uno ornamento humilitatis quo mihi inhæsisti, ut collum capiti.

Sequitur laus Filii exhibita Matri ad domum Patris sui advenienti.

Quam pulchræ sunt mammæ tuæ, scilicet humilitas et castitas, de quibus lac sanctimoniæ suxit virginum sobrietas. Et ideo, *soror*, id est cohæres in regno, et *sponsa*, quia genuisti mihi virgines tuo exemplo. *Pulchriora sunt ubera tua vino.* Ubera Virginis fuerunt exempla in activa et contemplativa vita, quibus quasi lacte pavit parvulos in fide. Ea fuerunt vino pulchriora, id est legali doctrina digniora. *Et odor vestimentorum tuorum super omnia aromata*, hoc est, suavitas tuorum uberum est acceptabilior quam sacrificium carnalium observantiarum.

Laus Patris de Virgine.

Favus distillans labia tua, *sponsa*. Sponsam vocavit, quia ei Filium generavit. Labia ejus sunt, qui de ea Dei secreta aperiunt, qui ut favus distillant, quia omnes sermones de ea dulcedine redundant. *Mel et lac sub lingua tua.* Lingua Virginis dicuntur qui ejus præconia loquuntur, de quibus mel et lac manat, quia eorum doctrina sapientes et insipientes satiat. *Et odor vestimentorum tuorum sicut odor thuris.* Odor vestimentorum sunt conversi per famam ejus exemplorum, qui sunt thus Deo, id est ut incensum dirigitur eorum oratio.

Iterum Christus de Matre.

Hortus conclusus, soror mea, sponsa. Ipsa erat herbarum vel arborum hortus, id est plena virtutibus; quæ erat in partu conclusus, scilicet signaculo sancti Spiritus. *Hortus conclusus* iterum, quia post partum non est reclusum virginitatis signaculum. *Fons signatus.* Ipsa etiam erat fons, id est primum exemplum virginitatis. Qui fons erat signatus, id est Christi passione consecratus. *Emis-* *siones tuæ*, id est imitatores tui sunt ut paradisus diversarum arborum. Quidam mala punica, scilicet martyres; quidam pomorum fructus, videlicet confessores; quidam cyprus, qui alios unguento sanant exemplis; quidam nardus, id est humiles. Alii crocus charitate rubentes; alii fistula vitia mortificantes; alii cinnamomum pœnitentes, et universa ligna Libani, id est omnes fideles Christi. De te fluxit *fons hortorum*, id est per te venit baptisma fidelium. Et *puteus aquarum viventium*, id est Christus, qui est sapientia sanctarum Scripturarum. Et hæc cum magno impetu de Libano fluunt, quia cum abundantia Spiritus sancti de candore sanctitatis tuæ exundaverunt. Unde hæc omnia, quia Deus Pater præcepit talia, dicens : *Surge, aquilo, et veni; auster perfla hortum meum*, hoc est aquilo, id est Diabolus, locum se tentandi non habeat, sed auster, id est Spiritus sanctus te hortum meum possideat. *Et fluant aromata illius*, id est per te incarnetur Unigenitus meus.

CAPUT V.

Sequuntur verba Virginis, Christum in se venire optantis.

Veniat dilectus meus, id est Christus, *in me hortum suum et comedat fructum pomorum suorum*, id est incorporet sibi obsequium operum meorum. Verba Christi applaudentis Matri : *O soror mea*, cohæres in Patris gloria, *sponsa* Patris, eo quod me genueris. *Veni in te hortum meum* carnem assumendo, *messui myrrham meam*, mea passione martyres colligendo, *cum aromatibus*, id est cum confessoribus. *Comedi favum cum melle meo.* Per favum corpus, per mel anima Christi accipitur. Favum quippe cum melle comedit, cum resurgens corpus de Virgine sumptum animæ ultra non moriturus conjunxit. *Bibi vinum meum cum lacte meo.* Per lac homines; per vinum angeli intelliguntur. Vinum cum lacte bibit, cum ascendens in humana carne Virgine genita homines angelis sociavit. Ad quos mox gratulabundus dicit : *Comedite amici, et inebriamini charissimi*, quod est dicere : Sicut convivantes de variis epulis jucundantur et de amicorum præsentia congratulantur, ita vos angeli mei amici congaudete, et congratulamini, quia vestrum gaudium numerosa hominum frequentia adauxi. Insuper nova festa contuli, dum matrem meam, vestram utique reginam, vestris gaudiis induxi. Per ea quæ sequuntur, Ecclesiam adhuc hic laborantem Virgo consolatur : *Ego dormio*, hoc est in gloria requiesco, *et cor meum vigilat* pro vobis orando. *Vox dilecti mei*, scilicet filii est *pulsantis*, id est ita me monentis : *Aperi mihi*, id est impetra a me tuis precibus, quo juste debeam misereri omnibus, *soror mea* in Patris jam gloria; *amica mea*, gerens divina secreta; *columba mea*, Spiritu sancto plena; *immaculata mea*, ab omni sorde peccati segregata, *quia caput meum plenum est rore, et cincinni mei*, id est electi sunt cum perversis permisti. *Sicut guttæ in caput decidentes*, de capillis elabuntur, ita reprobi ad fidem venientes male operando, per noctem, id est diabolum retrahuntur. Subsequitur virgo : Si vultis preces meas non cassari, in his debetis me imitari. *Spoliavi me tunica mea*, id est dimisi sæcularia, et dixi; *Quomodo induar illa?* id est, nunquam revertar ad illa. *Lavi etiam pedes meos*, id est emundavi affectiones meas, et dixi : *Quomodo inquinabo illos?* id est, non revertar ad vomitum cogitando carnales illecebras. Ideo *dilectus meus*, scilicet Deus, quem elegi præ omnibus, *misit manum suam*, id est Filium suum in mundum, *per foramen*, scilicet per me, quæ facta sum ei ad homines veniendi foramen, humilitate quidem angustum, sed castitate lucidum, et ideo illi soli pervium. Et *venter meus intremuit ad tactum ejus*, id est obstupuit de ingressu illius. *Surrexi*, id est mentem sursum erexi, ut aperirem dilecto meo precibus, quo eum placarem pro hominibus et orationi opera junxi. *Manus meæ distillaverunt myrrham*, id est operationes meæ carnis mortificatione redundaverunt. *Et digiti mei pleni myrrha probatissima*, id est studia mea variis tribulationibus comprobata. Tali modo *aperui dilecto*, scilicet filio meo, *pessulum ostii mei*. In hac significantia est mea intransitiva grammatica. Sacra namque Virgo ostium fuit, per quod Christus in mundum introivit; pessulus autem erat moles peccatorum hominum, quod ideo ejus dicitur, quia et ipsa in peccatis nata creditur. Hoc ipsa ab ostio removit, cum sancte vivendo peccata declinavit. Vel cum dilecto ingreditur, quia per ipsam misericordia in Ecclesiam venit. Unde sequitur : *Et ille per me declinaverat*, et in Ecclesiam transierat, quotidie pessulum peccatorum precibus removet, et per eam ingressus gratiæ Christi ad nos patet. *Anima mea liquefacta est* in compunctione, *ut dilectus locutus est*, de mirabili et desiderabili Patris visione. *Quæsivi illum* cogitando, et inveni magnitudinem ejus carnis gravatam nubilo. *Vocavi* valde desiderando, *et non respondit mihi* majestatem divinitatis suæ demonstrando. *Invenerunt me* contemplando, quærentium *custodes* angeli qui *circumierunt civitatem*, id est muniunt Ecclesiam Dei, *percusserunt me* dolore, cum dicerent, nec se ad perfectum Deum scire, *et me vulneraverunt*, quia magis ad studium quærendi accenderunt. *Custodes murorum*, id est prophetæ et apostoli instructores librorum, *pallium meum tulerunt*, id est carnalem vitam exuere docuerunt. O *filiæ Jerusalem*, scilicet animæ fideles, pro quibus ego sedule fundo preces, *Adjuro vos meo exemplo*, *si inveneritis dilectum meum* Filium, Patri æqualem, contemplando; *nuntietis ei*, id est per bona opera vos notificetis illi, ut sicut ego langui ejus amore, ita vos omnia incommoda pro ejus sustineatis dilectione.

Sequitur laus Ecclesiæ ad Virginem de Christo.

Qualis est dilectus meus ex dilecto, id est quam magnificus filius tuus genitus ex Patris utero, *pulcherrima mulierum*, id est benedicta inter omne genus parientium. *Qualis est dilectus tuus ex dilecto*, id est quam gloriosus Filius tuus ex Patris gremio, ideo quærimus eum fide et operatione, quia sic adjurasti nos, id est verbo et exemplo docuisti nos.

Laus Virginis de Filio.

Dilectus Filius meus *candidus*, id est natus per virginem, *rubicundus* per passionem, *electus* a Patre *ex millibus*, scilicet præ angelis et sanctis hominibus. *Caput ejus aurum optimum*, id est sicut aurum omnia metalla; sic divinitas ejus præcellit universa. Sive Christus est caput Ecclesiæ, qui ut aurum decorat eam suo fulgore. *Comæ ejus sicut palmæ elatæ*, videlicet spinis ad nostram victoriam coronatæ, *quasi corvus nigræ*, id est cum sceleratis reputatæ. Comæ etiam Christi sunt ei ut capiti inhærentes, ut palma in virtutibus virentes, qui sunt ut corvus nigri, scilicet tribulationibus denigrati ad exemplum Christi. *Oculi ejus sicut columbæ*, lucentes Spiritus sancti plenitudine. Per columbam quippe septiformis gratia Spiritus sancti intelligitur, quæ septem naturis vigere dicitur. Unde et super dominum in columba apparuit. Oculi etiam Christi sunt doctores Ecclesiæ, pleni Spiritus sancti munere, et hoc *super rivulos aquarum*, id est in scientia Scripturarum. *Quæ lacte sunt lotæ*, id est quorum animæ sunt candore virtutum emundatæ. *Et resident juxta fluenta plenissima*, id est conversantur per dona sancti Spiritus copiosissima. *Genæ illius sicut areolæ aromatum*, quia amabilis erat oculis omnium eum intuentium. Genæ quoque illius sunt verecundi, qui sunt *velut areolæ aromatum*, id est collectione virtutum, *consitæ a pigmentariis*, id est ornatæ doctrinis apostolicis. *Labia ejus sicut eloquia*, delectabilia sunt ut lilia, candore videlicet castitatis decentia, myrrham primam stillantia id est mortificationem per charitatem instruentia. *Labia ejus* sunt voluntatem illius aperientes ; qui *myrrham primam stillant*, quia præcipua opera charitatis prædicant. *Manus ejus tornales*, vel *tornatiles aureæ*, id est opera ejus in perfectione rotunda, et omni gratia fulgentia, *plenæ hyacinthis*, id est virtutibus. Manus quoque ipsius sunt bona operantes, qui sunt tornatiles et aurei, id est in moribus perfecti et in bonitate conspicui; pleni hyacinthis, id est eleemosynis. *Venter ejus eburneus*, id est fragilitas humanitatis ejus est casta, quia de virgine nata ; et ideo ut ebur quod de elephante tollitur, quod castissimum animal esse perhibetur. *Distinctus sapphiris*, id est variatus cœlestibus signis. Venter etiam Christi sunt debiles in Ecclesia, qui sunt eburnei, id est casti, sapphiris distincti, id est, pura conscientia variati. *Crura illius columnæ marmoreæ*, id est decora firmitas ejus in resurrectione, quæ est infrangibile fulcimentum Ecclesiæ : *quæ sunt fundatæ super bases aureas*, id est super fidem et charitatem. Crura etiam ipsius sunt, in justitia fortes, et alios per exempla sustinentes : *qui sunt columnæ marmoreæ*, id est recti et inflexibiles a vitiis : *fundati su-*

per aureus bases, id est in Evangelica et apostolica doctrina stabiles. *Species ejus ut Libani*, id est ipse est pulchritudo omnium sanctorum, ut Libanus est decor omnium montium. Et *ut cedri* præ omnibus lignis, ita ipse electus præ omnibus sancti angelis. *Guttur*, id est doctrina vel promissio ejus suavissima : *et totus* scilicet in humanitate et divinitate *desiderabilis*, unde et angelica sublimitas est ejus visione insatiabilis. *Talis est* ut dixi *dilectus* Filius *meus, et iste est* nunc in Patris gloria *amicus meus*, o filiæ Jerusalem, scilicet Ecclesiæ fidelium.

Ecclesia ad Virginem.

Quo abiit dilectus tuus, qui ubique est totus, *o pulcherrima mulierum ?* id est sanctior omnium parientium. *Quo declinavit dilectus tuus*, quem non capit ullus locus; dic nobis si in aliquos veniat familiarius, et te imitando fide et opere *eum tecum quæremus*.

CAPUT VI.
Sequitur responsio Virginis.

Dilectus meus, quem cum Patre totus non capit mundus, de me carnem sumens, *descendit* de sinu Patris *ad hortum suum*, id est Ecclesiam, ut colligat virtutes, *ut pascatur in hortis*, id est ut delectetur in fructuosis, *et colligat lilia*, id est castos in æterna horrea. Ego dilecto meo ad hoc opus placui, et dilectus meus præ omnibus placet mihi. *Qui pascitur inter lilia*, id est delectatur inter castorum agmina, et sic blande locutus est ad me : *Pulchra es* in castimonia, et ideo *amica mea, suavis* per pia exempla, et ideo *decora* in cœlesti gloria *sicut Jerusalem*, id est sicut angeli qui vident faciem Patris, et fruuntur pace Domini ; *terribilis* contra vitia *ut castrorum acies* adversus hæreticos, et dæmones *ordinata*. *Averte oculos tuos a me, quia ipsi me avolare fecerunt;* quod est dicere : In humanitate mea delectare, quia divinitati non poteris perfecte appropinquare, quam quanto subtilius oculis mentis inspexeris, tanto a tua conditione elongari videbis. *Capilli tui* non fuerunt auro *torti*, ideo sunt angelorum diademate redimiti. Capilli etiam ejus sunt virgines per imitationem ei inhærentes: quæ sunt *sicut grex caprarum* ascendentes ad alta virtutum. *Quæ ac Galaad apparuerunt*, id est pro testimonio Christi hoc faciunt. *Dentes tui* non fuerunt edacitate assueti, ideo nunc deliciantur in dulcedine Dei. Dentes quoque ipsius sunt subtilia de ea exponentes, qui sunt *sicut greges ovium tonsi* a peccatis, sicut *ascenderunt de lavacro* baptismatis. *Omnes gemellis fetibus*, id est pleni gemina dilectione; *sterilis non est in eis*, id est vacans a bona operatione. *Sicut cortex mali punici rubet:* ita *genæ tuæ*, id est verecundia tua exterius in castitate fulget *absque occultis tuis*, scilicet absque charitate quæ interius latet. *Sexaginte sunt reginæ*, hoc est multæ animæ, quæ suos mones in activa vita regunt per sex opera misericordiæ, *et octoginta concubinæ*, id est multi in contemplativa vita satagunt se sponsi amplexibus innectere,

ut possint ad octo beatitudines pervenire, *et adolescentularum non est numerus*, hoc est fidelium sub eis degens populus. Tu *una* omnium transcendisti merita, et ideo præ omnibus sola *electa*. *Columba mea*, in quam transfudi Spiritus sancti charismata ; *perfecta mea*, quam perfeci per virtutum munera. Hæc est *una* imitabilis *matri suæ*, scilicet præsenti Ecclesiæ; *electa genitrici suæ*, scilicet angelorum frequentiæ. *Viderunt eam* oculis cordis *filiæ* Sion, id est Ecclesiæ ; *et beatissimam prædicaverunt*, ut dicitur: *Beatam me dicent omnes generationes* (*Luc*. 1, 48). *Et reginæ et concubinæ*, id est activi et contemplativi *laudaverunt eam*, ita dicentes : *Quæ est ista*, hoc est, qualis est ista, quæ *progreditur* de peccatrice massa, *quasi aurora* de tenebris *consurgens*, de qua procedit Sol justitiæ, hos qui in tenebris et in umbra mortis sedent illuminare. Hæc in præsenti est *pulchra* ut in nocte *luna; electa* in superna patria *ut sol* inter *sidera ; terribilis* exemplis contra vitia, *ut castrorum acies* contra dæmones *ordinata*. Quia Virgo dilectum in hortum descendisse dixit, Filius affirmando subjungit : *Descendi* de sinu Patris in te *hortum nucum* per materiam carnis. Nuces sunt quique fideles, exterius amari per carnis afflictionem; interius in anima dulces. His per partum Virginis fructuosus hortus exstitit, in quo lignum vitæ Christus germinavit, quando fructus æternitatis in suo tempore pertulit. Hoc ideo feci *ut viderem poma convallium*, id est remuneraverem opera humilium, tuo exemplo viventium. *Et inspicerem si floruissent vineæ*, hoc est vineas scilicet Ecclesias, facerem tuam vitam inspicere, et tuo exemplo in bonis actibus florere. *Et germinassent mala punica*, id est ut exemplo tuæ patientiæ cupiant pro me passionem subire.

Sequuntur verba pœnitentis Ecclesiæ, quandoque de Judæis convertendæ.

Dolet se tam diu de Virgine et ejus prole errasse, et satisfacit his verbis de suo errore. *Nescivi te*, gloriosa Virgo, gratia plenam fuisse, et fontem gratiæ ex te fluxisse. *Anima mea turbavit me*, id est æmulatio legis quam pro anima mea habui, ipsa docuit me facere, et hoc contingit *propter quadrigas Aminadab*, id est propter Christi Evangelia, ut a me repulsa, imo impulsa ruerent per mundi climata. O Sunamitis jam diu a diabolo captiva, *revertere* per fidem ad Christi mysteria, *revertere* per spem, *revertere* per Dei et proximi dilectionem, *revertere* per operationem; *ut qui jamdudum sunt* in Christo *intueantur te*, verba et facta tua imitando.

CAPUT VII.
Christus ad Matrem de Ecclesia convertenda.

Quid videbis in Sunamite nisi choros castrorum? quod est dicere : In Ecclesia de Judæis convertenda, non videbitur nisi chorus laudantium Deum, et castra contra vitia pugnantium.

Laus Ecclesiæ convertendæ de Virgine.

Quam pulchri sunt gressus tui in calceamentis,

filia principis! Princeps David rex intelligitur, qui princeps in populo Dei fuisse legitur, de cujus semine quia Virgo propagatur, ejus filia appellatur. *Gressus* sunt ejus affectiones, qui erunt *pulchri in calceamentis*, id est in sanctorum exemplis. *Junctura femorum tuorum sicut monilia*, hoc est dicere, femora tua sunt felicia, de quibus processit pretiosum margaritum, scilicet Christus inaestimabile monile, qui est hortus totius creaturae. *Quae fabricata sunt manu artificis*. Artifex est Deus Pater, manus ejus Filius, per quem fecit omnia; per quem etiam incarnatio est disposita. *Umbilicus tuus*, subaudis beatus, in quo pependit Dei Filius. Ut enim in clivo clypeus; sic pendet in uberibus infantulus. Qui Filius est *crater tornatilis nunquam indigens poculis*, hoc est, omnibus se sitientibus praebet larga pocula intimi gustus. Uterus etiam tuus beatus, in quo latet Unigenitus Dei incarnatus, qui fuit triticum, de quo conficitur panis fidelium. Ipse etiam *acervus*, quia in eo cumulatur credentium populus; *vallatus liliis*, id est stipatus virginum choris. *Duo ubera tua*, subaudis felicia, quia suxit ea Dei sapientia. Caprea est Ecclesia. *Duo hinnuli* sunt duo fidelium populi, ex circumcisione et praeputio; qui lac humilitatem et castitatem imitando suxerunt de uberibus beatae Virginis. *Collum tuum* beatum, quod saepius est brachio Filii Dei te amplexantis circumdatum. Et ideo *sicut turris eburnea*, quia castitate contra superbiam firmiter munita. *Oculi tui* beati, qui viderunt quod reges et prophetae videre non meruerunt. Vel *oculi* Virginis sunt ejus doctrinae verba, quae *sicut piscinae in Hesebon*, id est ad moerorem poenitentiae sunt ducentia, ut dixit: *Misericordiae ejus a progenie in progenies, super eum timentes* (*Luc.* I, 50), scilicet poenitentes. Et haec *in porta filiae multitudinis*. Porta est perpetua Virgo, per quam clausam Rex coelorum ad nos intravit in mundum. Et haec est *filiae multitudinis*, quia multitudo fidelium per eam intrabit coeli palatium. *Nasus tuus* beatus, qui odorem aeternae vitae Christum est odoratus. Vel nasus ejus fuit ejus praenoscentia, quia per spiritum sensit dicta prophetarum in se complenda. *Turris Libani*, id est munimen fuit Christi, quae *respicit contra Damascum*, id est erecta contra diabolum. *Caput tuum* beatum, quod toties inclinasti ad Dei Filium osculandum, *ut Carmelus*, id est circumspectum in virtutibus. *Comae capitis tui* beatae, quas Christus infans deificis manibus suis voluit contrectare. Et hae *sicut purpura regis*, quia eas lacerasti prae dolore in tempore ejus passionis. Et haec omnia sunt *juncta canalibus*, id est fixa in credentium cordibus. Cum Christus matrem laudavit, a capite coepit; laus autem Ecclesiae a pede inchoavit; quia Christus de summis venit ad ima ut matrem levaret ad summa; Ecclesia autem per Virginis merita conscendit ad alta.

Sequitur laus Filii.

O Mater, *charissima, quam pulchra es* in castimonia, *et ideo decora*, in coelesti gloria! Et quia mihi charissima ex istis, ideo frueris coelesti desiderio. *Statura tua assimilata est palmae*. Christus fuit palma in cruce, quia per eum adipiscitur palma victoriae. Cui assimilata est statura, id est alta gloria Mariae, quia sicut ipse Rex coelorum, ita ipsa regina angelorum. *Et ubera tua botris*, id est merita tua assimilantur martyribus, qui velut botri pressi sunt in passionibus. Et ideo contigit, quia ego *dixi*, id est istud cum Patre statui: De Virgine carnem assumam. *In palmam*, id est in crucem *ascendam*, fructus ejus *apprehendam*; omnia ad me traham. Et tunc *erunt ubera tua sicut botrus vineae*, id est merita tua erunt omnibus imitabilia, ut mea Evangelia, qui sum vineae botrus, scilicet Ecclesiae potus. Et hic est botrus quem portaverunt filii Israel in vecte (*Num.* XIII, 25). Vectis erat crux; Botrus vero Christus: portantes erant apostoli et prophetae.

Vinea de qua latus est botrus, fuit floridum Virginis corpus, qui botrus in praelo crucis est pressus, et inde fluxit fidelium potus. *Et odores tui sicut malorum*, id est exempla tua sunt imitanda sicut apostolorum. *Guttur tuum sicut vinum optimum*. Bonum vinum est legalis instructio; melius est evangelica eruditio; optimum est Spiritus sancti infusio. Guttur Virginis est ejus doctrina, a Spiritu sancto inspirata, quae est ut vinum ad potandum, id est placens ad imitandum. Dixit enim: *Dispersit superbos, exaltavit humiles* (*Luc.* I, 51, 52). Applaudit laudi ejus dicens: *Dignum dilecto meo* hoc facere, scilicet *Parcere subjectis et debellare superbos. Labiis et dentibus ejus ruminandum*. Labia Dei sunt voluntatem ejus aperientes; dentes vero ejus vitia conterentes. His est doctrina Virginis ruminanda, id est memoriae tradenda, scilicet quod *Deus superbis resistit, humilibus autem dat gratiam* (I *Petr.* V, 5). In sequentibus Virgo verba repraesentat, quae pro Ecclesia de Judaeis convertenda ad Filium fecerat. *Ego dilecto meo* pro vobis preces fudi, *et ad me conversio vos*, id est per me voluit ad vos in misericordia converti. Ita namque dixi: *Veni, dilecte mi*, ad Synagogam per misericordiam, quoniam ab ea fugisti ob perfidiae culpam. *Egrediamur* per fidem *in agrum*, scilicet in universum mundum; *commoremur per* operationem *in villis*, id est in omnibus gentibus. *Mane surgamus ad vineas*, id est ad Judaeorum Synagogas, hoc est illud instans ultimum mane faciamus in cordibus illorum splendescere. *Videamus si floruerunt vineae*, id est faciamus eos mente videre qualiter in fide floruit Ecclesia. *Si flores fructus parturiunt*, hoc est faciamus eos videre quomodo claruerunt per martyria. *Ibi dabo tibi ubera mea*, id est ad honorem tui imitabuntur mea exempla.

Notandum quod ter *si* dicitur, hoc est si haec et haec viderint imitabuntur ea cogitando, loquendo, operando. *Mandragorae*, id est gentilitas, quae ut mandragorae sine capite Deo fuerunt, *odorem bonorum operum in portis nostris*, id est in virtutibus *dederunt*. Et quia jam plenitudo gentium intravit, jam tempus est ut aeternus Israel salvus fiat, ad quod *omnia poma, nova et vetera, dilecte mi, servavi tibi,* quod est dicere : Ipsi conversi omnia præcepta Novi et Veteris Testamenti servabunt ad honorem tui.

CAPUT VIII.

Quis mihi det te fratrem meum, de Judæa gente natum, *sugentem ubera matris meæ,* id est in Synagoga sub lege educatum, *ut foris te inveniam,* id est a Judæis, qui a fide adhuc foris sunt, te coli videam, *et deosculer,* id est ab eis diligi conspiciam *et jam me nemo despiciat,* scilicet nullus de Judæis qui me virginem permansisse non credat. *Apprehendam te,* id est probabo te carnem de me sumpsisse sine viri semine ; *et ducam te per fidem in domum matris meæ,* id est in corpus ipsius Synagogæ ; *et in cubiculum genitricis meæ,* id est in intellectum legis Judaicæ. *Ibi me docebis,* ab eis coli et servare præcepta Domini. *Et dabo tibi poculum,* id est ab eis me imitantibus deferetur tibi opus bonum, *ex vino condito,* scilicet sapientia et charitate inebrians alios, *et musto malorum granatorum meorum,* id est divinum servitium virtutibus repletum. *Læva ejus sub capite meo,* id est temporalia pro Christo, qui est caput meum, despicient, *et dextra illius amplexabitur me,* id est sola cœlestia ipsa instigante quærent.

Filius pro Matre alloquitur Ecclesiam de Judæis nuper conversam.

Adjuro vos, filiæ Jerusalem, ne dilectam suscitetis, id est ne aliquid sinistrum de matre mea Virgine sentiatis. Hoc ideo tertio repetitur, ut quanta veneratione Dei Genitrix sit digna doceatur.

Sequitur laus Ecclesiæ conversæ de Judæis admirantis gloriam Virginis.

Quæ est ista, id est quanta vel quam digna *quæ virtuosa ascendit de deserto mundi, deliciis affluens cœli, innixa super dilectum suum,* id est adeo exaltata super choros angelorum ? Filius matri pravitatem Judæorum recitat, et conversationem quandoque conversorum insinuat. *Sub arbore malo te suscitavi,* id est in cruce te redimens super æthera exaltavi. *Ibi corrupta est mater tua,* scilicet Synagoga, proprio ore maledicta me crucifigens, cum dixit : *Sanguis ejus super nos et super filios nostros* (Matth. XXVII, 25). *Ibi violata est genitrix tua,* id est lex ab eis prævaricata, quæ dicit : *Justum ne interficias* (Dan. XIII, 53). Nunc autem quia toto corde ad me convertuntur : *Pone me ut signaculum super cor tuum,* id est imprime imaginem meam in cordibus eorum per dilectionem, *ut signaculum super brachium tuum,* id est exemplum mei imprime per operationem : *quia fortis est ut mors dilectio,* id est sicut prius mortem per infidelitatem meruerunt, sic nunc per dilectionem vitam inveniant. *Dura sicut infernus æmulatio,* id est sicut prius propter duritiam corruerunt in infernum, sic nunc propter emendationem vitiorum intrabunt in cœlum. *Lampades ejus, lampades ignis atque flammarum,* id est qui inter eos erunt charitatem habentes, erunt igne sancti Spiritus ardentes, et bonis operibus lucentes. Dico tibi quod *aquæ multæ,* id est sæculares deliciæ

A *vel divitiæ non potuerunt exstinguere illorum charitatem ; nec flumina,* id est omnia tribulationum genera *obruerunt illam. Si dederit homo omnem substantiam domus suæ pro dilectione, quasi nihil despiciet eam,* hoc est, si quis eis omnem gloriam mundi obtulerit, a charitate Christi eos separare non poterit.

Sequitur sollicitudo Virginis pro Ecclesia de Judæis.

Soror nostra Synagoga, in hæreditate Patris nobis per fidem socianda, in numero nostrorum civium dinumeranda, *parvula est, et non habet ubera,* id est prædicationem unde vivendi sumat exemplum. *Quid faciemus sorori nostræ, in die quando alloquenda est ?* hoc est, quid erit de Synagoga in tempore quo ab

B Enoch et Elia erit prædicatio ?

Consolatio Christi ad Virginem.

Si murus est, ædificemus super eum, hoc est ædificabo eam in virtutibus ut murum, contra vitia undique munitam. Et hoc per *propugnacula argentea,* hoc est per Scripturas nitentes eloquentia. *Si ostium est,* hoc est faciam eam aliis exemplo ostium, ut per eam ad vitam ingrediantur. *Compingamus illud tabulis cedrinis,* id est ornabo eam spiritualibus filiis.

Virginis promissio.

Ego ero murus eis, si vitam meam imitabuntur erunt inexpugnabiles a vitiis, *et ubera tua turris,* id

C est per mea exempla erunt tuti in bonis. *Ex quo facta sum coram eo quasi pacem reperiens,* hoc est ex tempore quo eum precibus pro eis placavi, et eis pacem et gratiam ejus impetravi, hoc ideo contigit, quia *vinea fui pacifico,* scilicet Christo, quia vera vitis voluit in me germinari, beatorum propago. *In ea quæ habet populos,* id est in mea gente, quæ genuit humiles, scilicet apostolos. *Tradidit eam custodibus,* id est commendavit hanc gentem apostolis, dicens : *In viam gentium ne abieritis, sed ite ad oves domus Israel* (Matth. x, 5). Sive me vineam suam tradidit custodibus, cum pendens in cruce dixit : *Ecce mater tua* (Joan. XIX, 27), quia et alii apostoli impenderunt ei necessaria. *Vir affert pro fructu ejus mille argenteos,* hoc est, quisque fidelis omnia quæ habet dat ut fructum hujus vineæ Christum lucri-

D faciat.

Christus ad fideles.

Vinea mea coram me est, hoc est, mater mea in gloria mea. *Mille tui pacifici,* id est multi erunt palmites de me vite, per fidem pullulantes, et te in castimonia imitantes, et ob hoc vitam hæreditabunt in pace lætantes. *Et ducenti argentei his, qui fructus ejus custodiunt,* id est duplicem mercedem habebunt, qui me fructum vitæ per bona opera servabunt. *Quæ habitas in hortis,* id est jam, o Mater, ab utroque coleris, *amici auscultant,* id est quique electi te imitantes mihi obediunt, nunc *fac me vocem tuam audire,* id est quid amplius desideres innotesce.

Sequitur supplicatio Virginis pro separatione justorum a reprobis.

Qui in hac vita inter bonos et malos latuisti, jam a malis *fuge, dilecte mi, et assimilare capreæ,* quæ bonas herbas discernit a malis, ita in judicio tuo segrega reprobos ab electis. *Hinnuloque cervorum* assimilare, qui solet in umbra requiescere. Ita transiens a paleis requiesce in granis. Et hoc *super montes aromatum,* hoc est super altitudinem angelorum, inter eos qui sunt montes et aromata, quia tu ex istis in omnibus omnia, alti meriti, odoriferi præmii. Hæc de Canticis sint dicta.

Nunc pauca ad honorem Virginis sunt supera adjicienda. Sed cum scriptum sit : *Non est speciosa laus in ore peccatoris* (*Eccli.* xv, 9), non præsumo pollutis labiis laudare Matrem Conditoris. Denique quanta laude digna sit, ipse sanctificator et sanctitatis amator probavit, qui eam proprio habitu dignam judicavit. Qui cum a Virgine magis nasci elegerit, causa jam omnibus patuit, quia sicut mors per feminam virginem intravit, ita vita per feminam virginem intrare debuit. Et alia causa erat.

Quatuor modis facit Deus homines, de terra ut Adam ; de solo viro ut Evam ; de viro et femina ut nos, de sola femina Christum, quod sibi reservavit privilegium. Cur autem cœlos ascendens non eam secum sumpserit, sed eam hic in terris ad exemplum fidelium duos annos reliquit, hæc causa est, ut ejus absentia dolore, ut aurum in igne examinaretur, et excellentior postea angelis præficeretur, et cœli etiam novo gaudio exhilarescerent, dum cœlici cives suæ reginæ Dei matri festive occurrerent. Hujus nativitas olim non agebatur, sed divinitus revelata, tali modo agi prædicatur. Solitarius sanctæ vitæ fuit, qui singulis annis harmoniam in cœlo nocte Nativitatis ejus audivit ; qui cum miraretur, quod alio tempore hoc non audiret, cœpit Deum rogare quod significaret. Cui angeli Domini apparuerunt, qui ei talia retulerunt : *Virgo perpetua quæ Deum genuit, hac nocte genita fuit. Quod licet ab hominibus ignoretur, ab angelis in cœlis celebre habetur.* Qua revelatione divulgata, ejus Nativitatis celebratio ab Ecclesia est instituta. Cur autem mos inolevit, quod flores et herbæ in ejus festivitate consecrantur, ob duas causas fieri comprobatur. Una quod floribus ejus festivitas decoratur, quia ea die de ea cantatur : *Circumdabant eam flores rosarum et lilia convallium.* Per rosas martyres, per lilia intelligimus virgines, per alios flores vel herbas sanctos quosque in bonitate olentes. Beata autem Dei Genitrix virgo et martyr fuit. Quamvis ergo multum a sanctis omnibus, tamen a virginibus et martyribus creditur glorificari specialius. Alia causa est, ut quia jure omnes fructus novi ante gustum deberent benedici, et hoc vix in monasteriis observatur, statuit Ecclesia ut in ejus Festivitate primitiæ frugum a sacerdotibus benedicerentur. Cur autem eo die processio fiat, duæ causæ nobis insinuant. Una, quia sanctissimum ejus corpus vel illa cum processione apostolorum et aliorum Christi discipulorum ad tumulandum portabatur. Altera, quia ejus beatissimus spiritus angelis cum Filio Dei procedentibus ad cœlestia ferebatur. Cujus corpus postea resuscitatum, et in superna gloria creditur collocatum.

Quod autem Ecclesia candelas in ejus festivitate manibus gestare consuevit, de ritu gentilium excepit. Romanum imperium subjugaverat sibi universum mundum, unde etiam solvebatur Romanis census ab omnibus gentibus. Qui cum venissent, civitatem cum luminaribus lustrabant ob honorem suorum deorum, imo dæmonum, quod sibi orbem subdiderint, ut putabant. Cur autem hoc in Februario, in quo signum est aquarii, fecerunt ; hæc causa exstitit. Signum aquarii oppositum est signo Leonis. Sex etenim signa, sex aliis sunt opposita, dicebant philosophi animas ab æterno conditas et in comparibus stellis collocatas. Quæ cum ab alto prospicerent corpuscula in matribus procreari, cuperent incorporari et hoc desiderio a cœlestibus labi. Dogmatizabant rursus philosophi duas januas esse cœli. Una in signo Cancri per quam animæ exirent ; alteram in signo Capricorni, per quam redirent, et cum animæ de Cancro excuntes ad Leonem pervenirent, ibi descenderent contra Aquarium inciperent, et sic per omnes planetas laberentur, atque tali modo incorporarentur. Postea autem corpus exuerent per regnum Plutonis, scilicet tenebrosum, qui etiam Pluto eodem mense colebatur, reverti deberent et sic ad Aquarium pervenientes, pristinam dignitatem reciperent et per Capricornum comparem stellam intrarent. Portabant ergo hac intentione lumina, ut transitus eis postmodum lucidus concederetur per loca tenebrosa. Hæc quidem illi agebant ex errore decepti.

Nos autem gerimus spiritualiter divino nutu instituti. Christi imperio totus mundus subjicitur, unde et ab omnibus divini servitii census solvitur. In candela tria considerantur, lumen, cera, lychnus. Lumen lucet, cera liquescit, lychnus ardendo evanescit ; quæ significant Christum. Lumen est ejus divinitas, ut ipse dixit : *Ego sum lux mundi* (*Joan.* viii, 12). Cera est ejus humanitas, ut item dixit : *Factus sum tanquam cera liquescens* (*Psal.* xxi, 15). Lychnus est ejus mortalitas, quæ igne passionis est consumpta, quia hoc Simeon in Christo intellexit, ideo eum portando in manibus exsultans dixit : *Lumen ad revelationem gentium et gloriam plebis tuæ Israel* (*Luc.* ii, 32). Ob hanc significationem portat Ecclesia illa die lumen in manibus, ut cum quinque virginibus, per quinque sensus accensis virtutum lampadibus post mortem carnis mereatur regna tenebrosa evadere, et per stellam clarissimam, Dei genitricem Mariam, in lumine Patre, lumen Christum videre. Votivis ergo laudibus celebrate Reginam cœlorum, ut ipsa pro vobis jugiter interpellet Filium Regem angelorum, ut post hanc miseram peregrinationem cum ipsa regnetis in sæcula. Amen.

APPENDIX AD COMMENTARIUM HONORII.

AUCTORIS INCERTI
EXPOSITIO IN CANTICA CANTICORUM.

INCIPIT PROLOGUS SEQUENTIS OPERIS.

Hæc causa est cur libri sacræ autoritatis non manifeste, sed quasi per involucrum sint conscripti : Cum sponsus sponsæ annulum vel quodlibet munusculum miserit, linteo involvit, postea sigillat. Qui sigillat ex parte cernit, portitorem videre non licet; ipsa vero cum acceperit evolvit, resigillat, et videt quid missum fuerit. Sponsus Christus misit sponsæ suæ Ecclesiæ annulum, id est sacram Scripturam, et involvit linteo, id est carnalibus observantiis. Prophetæ scribentes sigillaverunt litteram, qui ex parte in spiritu futura viderunt : Judæi vero portitores omnino non viderunt.

Sponsa, id est Ecclesia accipiens per clavem David, id est Christum, resigillavit, carnales observantias quasi linteum removit.

Aurum quod latuit, id est spiritualem intelligentiam vidit. Dominus demonstravit Moysi in monte secum posito Christum incarnandum, et futurum Ecclesiæ statum et ipsum in duo, id est in contemplativos et activos dividendum. Et jussit sub hac figura arcam de lignis et de auro fieri, atque tabernaculum de auro et argento et ære, hyacintho, purpura, cocco, bysso, pilis caprarum confici. Arca de auro et de lignis facta, est Christus de divinitate et humanitate existens.

Tabernaculum est Ecclesia, aurum sapientes ut apostoli; argentum, eloquentes, ut expositores; æs doctores; hyacinthus, cœlestia contemplantes; purpura, martyres; coccus, in dilectione Dei ardentes; byssus, confessores vel virgines; pili caprarum, pœnitentes.

In tabernaculo erat quod dicitur sancta, in quibus sacerdotes ministrabant; et erat quod dicebatur sancta sanctorum, in quod arca ponebatur. Quod dicitur sancta sunt activi, in quibus doctores laborant; quod vero sancta sanctorum, sunt contemplativi, in quibus Christus habitat.

Quod tabernaculum in domum convertitur, cum Ecclesia de hoc carcere assumpta, in cœlesti palatio collocabitur. Cujus domus futurum statum prævidens Salomon, construxit septem annis domum Domini Jerosolymis, de lapidibus quadratis, de lignis cedrinis, de auro purissimo. In cujus constructione malleus nec securis audiebatur.

Salomon est Christus. Templum in Jerusalem est collectio justorum, in supernis ædificatio est in cœlis collocatio.

Tres ordines sunt in Ecclesia: Noe, Job, Daniel. Noe doctores, Job conjugati, Daniel contemplativi.

Igitur lapides quadranguli sunt homines conjugati, in quatuor virtutibus quadratis, in prudentia, in fortitudine, in justitia, in temperantia. Prudentia est in divinis et humanis peritum existere et providum. Fortitudo est nec minis nec præmiis de bono ad malum flect.i. Justitia est Deo sua, hominibus sua reddere. Temperantia est in his omnibus modum non excedere, et impetus carnis refrænare. Ligna cedrina sunt doctores, quorum opera sunt imputribilia, et re-dolent in virtutibus. Aurum sunt contemplativi, qui mundo corde fulgent coram Deo. His vivis lapidibus construitur domus in cœlis septem annis, id est per septem dona Spiritus sancti. Malleus non auditur ibi, quia dolor et mors non erit ibi.

Salomon ergo de tabernaculo fœderis, id est de præsenti statu Ecclesiæ, et de templo Domini, id est de futuro statu ejus materiam sumens, conscripsit hunc librum, qui intitulatur Cantica canticorum, id est excellens omnia cantica. In quo descripsit desponsationem Ecclesiæ per incarnationem Christi, et custodiam ejus, qua hic apud Babylonem a paranymphis custoditur, et ultimam copulationem, qua assumitur in cœlum.

Hujus libri auctor est Spiritus sanctus, scriptor vero, Salomon. Materia ejus est sponsus et sponsa, id est Christus et Ecclesia, quam dividit in amicos et amicas, id est in contemplativos et activos. Intentio ejus est animam, jam amore Dei perfectam factam conjungere Deo. Finalis causa et utilitas est perlecto libro scire Deum et proximum diligere. Series autem circa quam stylus versatur talis est: Filius regis Jerusalem desponsavit sibi filiam regis Babylonis per internuncios; illa tandem fastidita delegationibus respondit : Ipse Dominus vester veniat et loquatur mihi quod sibi placeat. Ille veniens subarrhavit eam, commendans eam amicis et amicabus, abiit parare nuptias. Denuo reversus cum ingenti exercitu, duxit sponsam a Babylone in Jerusalem civitatem suam; illos qui eam male tractaverunt, trusit in carcerem; qui honeste, invitavit secum ad nuptias, et regni fecit hæredes. Jerusalem est regnum cælorum; rex hujus civitatis, Deus; filius ejus, Christus; internuncii, prophetæ; Babylonia, iste mundus; rex hujus civitatis, diabolus; filia ejus, gentilitas; adventus sponsi, Christi incarnatio; arrha, sanguis ipsius; amicæ spirituales, ut episcopi; amicæ sæculares, ut reges et principes. Sponsi abscessus est Christi ascensio. Reditus ejus est dies judicii; exercitus, ordines angelorum; male tractantes, hæretici et mali Catholici; carcer, infernus. Honeste tractantes sunt boni catholici; nuptiæ, dulcedo regni cœlestis sine fine.

Explicit prologus.

Tribus nominibus nuncupatus est Salomon et secundum unumquodque unum edidit volumen, videlicet, Parabolas secundum hoc est Ydida, id est dilectus, illo rudes et stultos instruit, et sic ab illis prius incipit diligi. Ecclesiasten autem secundum hoc, quod est Ecclesiastes, id est concionator, quibus illos, quos in proverbiis bonos mores habere docuit concionavit; ut scientes res mundanas esse transitorias, eas spernerent. Secundum hoc quod est Salomon, id est *pacificus*, Cantica canticorum, quæ Græce Ἄσμα ἀσμάτων, Hebraice Sir hasirim, Latine autem Cantica canticorum dicuntur, quibus jam instructis ostendit Deum verbo et opere desiderare. Ideoque in Proverbiis ethicus, id est de moribus tractans, in Ecclesiaste physicus, id est de natura rerum, in Canticis theologicus, id est sermocinans de divinis dicitur, quia quæ huic realiter, Salomoni vero spiritualiter convenire deputamus. Ipse enim rudibus in Proverbiis locutus est, ipse præcipue dilectus, de quo dictum est: *Hic est Filius meus dilectus in quo mihi complacui (Matth.* III, 17). Ipse quoque concionator, qui eos spernere transitoria, et tendere ad cœlestia docuit. Ipse pacificus, qui destructo pariete fecit utraque unum.

IN PROVERBIIS EST TITULATUS : INCIPIUNT PROVERBIA SALOMONIS, FILII DAVID REGIS ISRAEL.

Item Nota.

Jam dum multis qui non sapientiam, sed personam eligunt loqueretur, oportuit ostendere auctoritatem. In Canticis vero nullam præmisit, quia non prædicat, sed tantum perfectæ animæ desiderium ostendit.

Titulus quoque bene congruit Christo, qui est *Salomon filius David;* id est manu fortis. Quis enim manu fortis, nisi de quo dictum est? *Qui confregit portas æreas (Psal.* CVI, 16).

Regis Israel, id est videntium Deum, regem quoque cœlestis Jerusalem. Prius enim fideles agnoscunt Deum, et sic loquuntur in Jerusalem.

Historialiter enim prius unctus est in Hebron, unde dictus est rex Israel apud illam partem regni; postea per totam Judæam, quæ fuit caput regni. Iste Salomon prævidens in Spiritu sancto et in suo tempore et in futuro statum Ecclesiæ, hoc modo ad intentionem scripturæ suæ titulos præmisit.

Incipiunt Cantica canticorum, id est hic habet principium collectio signorum voces exhibentium, quæ significant Cantica, id est bonas operationes, id est bona verba, quæ dicuntur Cantica canticorum. Ac si aperius dicat, hic notantur operationes et verba quæ excellunt in perfectione, omnia quibus Deum laudat Ecclesia. Sic ergo incipit perfecta Ecclesia.

CAPUT PRIMUM.

VERS. 1-3.—*Osculetur me.* Ac si dicat, Ille qui in Parabolis, ille qui in Ecclesiaste mihi prædicavit, ubi dicit : *Audi, filia, et vide, (Psal.* XLIV, 11), qui me ab adulterio eripuit, jungat me sibi. Hanc enim conjunctionem notamus per osculetur, quia iste liber nuptialis dicitur, ubi quatuor introducuntur personæ, scilicet sponsus, sponsa, amici et amicæ. Sponsus enim prius osculatur sponsam, et eam conjungit sibi *osculo oris sui.* Et quia ad horam quidam juncti Christo, ut Judas, dicit osculo, illa conjunctione quæ præcipitur in Veteri per prophetas, in Novo Testamento per apostolos; qui sunt os ejus; quia per eos locutus est. *Quia meliora sunt ubera tua vino.* Christus audiens desiderium animæ fidelis, sibi respondet : Quia vobis te dignam, quod optas implebo, videlicet quia nutries bonos filios mihi. Unde mihi hoc signum est? quia ubera tua, id est prædicatores, qui nutriunt auditores, ut pueros, meliora sunt vino, id est sæculari scientia, quæ inflat hominem, ut vinum, ut dicitur : *Addit cornua pauperi* (HORAT. *Carm.* l. III, ad XXI, 18), quia adhuc competit hæreticis, qui quodammodo melius docent quam sæculares. Addit *fragrantia,* id est redolentia *unguentis optimis,* id est donis sancti Spiritus. Optimis posuit ad distantiam carnalium, quasi dicat : Quod tui prædicatores benedicunt non ex mala cogitatione, sed inspiratione divina. Sed bene non tantum in voce, sed in opere considerandum est et in cogitatione. Quia fidelis animæ opera ipsa ad Deum clamantia dicunt: Osculetur, dum cogitat, si ita operor ut digna sim Christo conjungi. Neque aliter intelligendum est Christum Ecclesiæ loqui, nisi quia ipsa cogitet : Si hoc egero, talis ero. Ecclesia audiens a Sponso laudari, sciens quia *omne donum perfectum de sursum est (Jac.* I, 17), dicit : Domine, quod bene doceo non mihi imputandum est, sed nomini tuo, quia *nomen tuum,* id est fama tui nominis, est *oleum effusum.* Oleum cum in vase continetur, non multum redolet ; sed postquam effunditur, maximum reddit odorem ; suppositum etiam vulneri interiora penetrat, et vulnera sanat; sic dum Filius Dei continebatur in sinu Patris non redolebat; sed postquam descendit de cœlo et incarnatus est, nomen ejus ubique prædicatum est, in terrisque receptum ; et bene intellectum, sanavit vulnera peccatorum. Et quia prædicatum sanavit nos, o Christe, *ideo adolescentulæ dilexerunt te,* id est diligent, et quod noviter erunt conversæ, non in conversatione veteris, sed novi Adæ ambulabunt. Cum ergo diligunt te illæ propter oleum nominis tui, quanto magis ego. Et quia talis sum et hoc per te.

VERS. 3.—*Trahe me post te,* id est præcede ut sequar te. Et si caro repugnat, tamen me trahe ad te. Amicæ, audientes sponsam optantem sponso suo conjungi, sponsum quoque assentire sibi dicunt. Domina, tu traheris, nos quoque fide et operæ *curremus.* Curremus ingredi tecum in illam requiem. Nos quoque positæ *in odore,* id est in bona fama *unguentorum tuorum,* id est operum, quæ procedunt tibi ex donis Spiritus sancti, *post te,* id est ad imitationem sponsi. Quibus sponsa respondet : Vos dicitis quod post me curritis, et bene facitis; quia locum habeo vos remunerandi. Nam *introduxit me rex in cellaria sua,* id est in plenitudinem beatitudinis suæ ibi me remunerabit. Et est dictum a simili, quia si quis rex ducet ducere reginam, prius divitias suas ostendit. Amicæ audientes eam introductam esse, sperantes ejus beatitudinis participes fieri, apostrophen ad Christum faciunt, ita : O Christe, quia sponsam introduxisti, ideo ut et nos illuc secum introducamur, *exsultabimus,* id est bene operabimur. Quando enim quis bene operatur, totum corpus movetur. Sic etiam *exsultabimus et lætabimur,* sed mente ; ac si dicat : Et bene operabimur et cogitabimus, quod erit nobis gaudium, *in te,* scilicet tendentes, id est in spe tui. Et quia hoc ad horam possit esse dicit : *Memores,* id est memoriter imitantes ubera tua, id est præcepta tua, quæ sunt *super vinum,* id est meliora sæculari scientia, id est nunquam obliviscemur præceptorum tuorum, quæ dicunt : Non qui cœperit, sed *qui perseveraverit, hic salvus erit (Matth.* XXIV, 13). Et hoc merito, quia magistri nostri qui sunt *diligunt te,* ideoque imitatores eorum debemus te diligere. Sponsa intelligens illas se vel e sequi, timens ne deficiant ingruentibus malis, prædicit sibi quæ imminent, ut postea hortetur ad perseverantiam.

VERS. 4, 5.—*Nigra sum, sed formosa,* quasi dicat : Si volueritis imitari me, oportet vos multas tribulationes pati, sicut et ego passa sum ; et ponit effectum pro causa, id est, nigra sum quidem corpore propter tribulationes, sed formosa interius. Vobis hoc dico, quæ nitimini ut sitis filiæ instructæ doctrina, quæ jam locantur in superiori cœlesti Jerusalem. Et ita sum nigra *sicut tabernaculum Cedar,* qui merito fuit niger. Cedar enim interpretatur *tenebræ,* filius Ismaelis, qui pro nequitia sua adeo omnibus odiosus fuit, ut nunquam ausus esset in certa sede manere, sed semper in tabernaculis, de quo scriptum est : *Manus ejus contra omnes, et manus omnium contra eum (Gen.* XVI, 12). Non autem debemus intelligere tabernacula esse nigra, sed ipsum in tabernaculis. Ita nigra sum immerito, sicut Cedar tabernaculum est merito, sed interius formosa *sicut pellis Salomonis,* de mortuis animalibus sumpta, a pilis mundata, arcam Dei protegebat. Quisque fidelis est pellis Salomonis, propter quem carnem suam mortificat, et mundat a pilis superfluitatum, et protegit aurum Domini, id est Ecclesiam, in qua continentur sancta sanctorum, a pluviis dæmoniaci impetus, *Nolite considerare quod fusca sim,* scilicet quamvis patior tribulationes, propter quas nigra sum, nolite tamen terreri considerantes quod fusca sim, *quia decoloravit me sol,* id est popter Jerusalem passa sum tribulationes. *Filii matris meæ*, id est ideo quia propter eum sum passa, illi qui jam sunt filii, id est instructi eorum prædicatione quorum ego, *pugnaverunt* positi *contra me*, id est imitantes me, contra sectam vitia pugnaverunt. Contra me dicit ad similitudinem eorum qui volentes imitari aliquos, ponunt se in conspectu eorum, ut plene videant habitum eorum, et quia *posuerunt me custodem in vineis*, id est proposuerunt ut exemplo meo se custodirent. In vineis, id est in seipsis, meo exemplo vineis factis, qui interius per virtutes sunt virides, exterius per tribulationes, per jejunia sicci sicut vinea. Ego autem tantum illis custodiendis innitebar, quod *vineam meam*, id est vitam meam, per quam vineam aliam, id est alios bonos mihi acquirerem, quibus essem custos, id est me ipsum *non custodivi*, id est mei ipsius curam non egi.

VERS. 6-8.—*Indica mihi, quem diligit anima mea, ubi pascas, ubi cubes in meridie.* Vox amicarum, ac si dicat: Quoniam illi jam imitatione mei tantum sunt provecti, ut non dicantur filii tui, sed filii matris tuæ, id est fratres et patres tui, volo et ego imitari te, sed cum video te in tormentis denigrari, video non minus alios ; ideoque cum te ab illis nequeam discernere, o Christe, quem diligit anima mea, indica mihi, id est discretionem cognoscendi. Ubi pascas, id est in quibus sunt pascua tua, id est in quibus delecteris. Ubi cubes, id est frequenter quiescas, in meridie, id est in fervore charitatis. *Ne vagari incipiam post greges sodalium tuorum*, id est ad imitationem hæreticorum, qui sunt greges, id est bestialiter viventes, non cœlestibus inhærentes, sed lasciviam implentes, quia adeo se extollunt, ut dicant se sodales, id est pares tuis, vel amicos primos. *Si ignoras te*, o pulchra. Ac si Christus dicat: Bene facis, quod illos in quibus pasco, discernere cupis. Nam si ignoras te, id est tuos quos tu debes imitari, *o pulcherrima mulierum*, id est quomodo sis in virtutibus cæteris sectis valentior, fies sordida per mulieres. Ideo sectas accepimus, quia sicut mulieres pariunt, et nutriunt filios, ita quæque secta. Egredieris, id est si ignoras, *egredere*, id est egredieris a consortio bonorum. *Et ubi*, id est penitus recedes, id est non tantum tu errabis, sed etiam alios seduces. Tu abiens *post vestigia*, id est imitans dicta et opera *gregum*, id est hæreticorum, et hoc est quod dicit : *Pasce*, id est vel nutries *hædos tuos*, id est subditos tuos, verbo et opere putridos. *Juxta tabernacula pastorum*. Hæretici semper associant se fidelibus, sed nunquam habitationem Christianæ religionis intrant, sed juxta sunt, quia fideles se similant, ideoque maxima cura adhibenda est, ne putantes hæreticos esse fideles, post illos vagemur. Tabernacula pastorum dicit, quia fideles quique, qui invigilant ut gregem custodiant, dum in hoc mundo sunt, semper quasi impeditione laborant. *Equitatui meo*, ac si dicat : Dixi, si ignoras, egredieris, sed neque ignoraberis neque egredieris. Nam educam te a seductoribus, sicut eduxi filios Israel a superbia Pharaonis, et hoc est quod dicit, equitatui, hoc est exercitui meo, qui mihi militabat, scilicet existenti *in curribus*, id est in superbia. Superbia enim in curribus residebat *Pharaonis*, qui interpretatur *diabolus*, quasi dicerot : Illis qui erant in tempore Pharaonis, *assimilavi te*, ut quemadmodum illos ab Ægypto eduxi, et per mare Rubrum in terram transduxi deserti, sic et te ab Ægypto, id est a tenebris hujus mundi per mare Rubrum, id est per baptismum transduxi ad terram promissionis, id est matrem tuam Jerusalem, Pharaone et pompis ejus in mari baptismatis submersis, ut sic amica mea maneres.

VERS. 9-12.—*Pulchræ sunt genæ tuæ sicut turturis*, ac si dicat : Ego educam te, et hoc per genas tuas et collum tuum. Qui enim sunt genæ tuæ et collum tuum, hoc tibi sit signum, quia pulchræ decore virtutum sunt, scilicet habentes similem vitam vitæ turturis, quæ pro cantu gemitum solet edere, et quæ uno marito contenta est. Per genas ideo prædicatores intelligimus, quia in genis duo notantur, dentes scilicet quibus cibus annullatur, et signum est pudoris ; quæ in fidelibus notantur prædicatoribus, in quibus semper est pudor peccandi, et in quibus prædicatoribus dentes sunt annullantes vitia. Qui turturi merito comparantur, cum tota vita sua sit gemitus et dolor pro suis et alienis vitiis, et uno sint contenti marito, scilicet Christo. Per collum diversa similitudine notamus eosdem, quia per collum inferiora capiti jungantur, et omnibus ad inferiora trajicitur, sic per prædicatores præceptorum capitis nostri, scilicet Christi, transmittuntur in inferiora membra Ecclesiæ, per eos, quasi per columnas jungimur Christo ; qui bene monilibus comparantur, quia ornant Ecclesiam sapientia et doctrina, et nutriunt sinum virtutum, ne adulter diabolus manum violentiæ injiciat. Amici, id est perfecti in Ecclesia, audientes se a sponso vocari genas et collum, seque promitti Ecclesiæ duces futuros, libenter sibi ducatum offerunt ; ita *murenulas* id est inaures, quia murenula, dum capitur, in orbem volutatur ut inauris. Per inaures, quæ ad aurem pendent, prædicationem, quæ ad aurem tendit, notamus ; per rotunditatem inaurium perfectionem notamus prædicationis. *Aureas*. Quid auro est pretiosius inter metalla ? Per aurum notamus charitatem, quæ inter virtutes major videtur, quia magno labore excoquitur : Ideoque per illud notamus sapientiam, quia magno labore acquiritur. *Faciemus tibi*, id est ad tuam utilitatem faciemus prædicationem tuam cum sapientia et charitate. *Vermiculatas argento*, disjunctas ut vermes, argento, id est divino eloquio, compositionis dictamine lucente, ut argento. Et hoc merito, quia sponsus tuus inenarrabilia fecit, et hoc est quod dicit. *Cum esset rex*, id est nullius indigens, *in accubitu suo*, id est in majestate divinitatis suæ, fecit me in virtutibus redundare, et hoc est quod dicit : *Nardus mea*, id est humilitas mea, *dedit odorem suum*, id est formam bonæ operationis. Cum superius dixit *faciemus* plurali, hic ideo singulari utitur, quia, cum sint plures in Ecclesia, tamen unitate fidei unum sunt, et non tantum me redolere fecit, sed et incarnatus et mortuus est pro me. Ideoque *dilectus meus est fasciculus*, id est pondus, myrrhæ, id est tristitiæ, sed habita de morte ejus, quia myrrha in sepulcris mortuorum solebat poni ; unde Magi ad cunabulum Domini vagientis myrrham tulerunt, mortem ejus significantes mihi ad honorem meum, quia plures sunt qui non modo ad honorem utuntur, sed potius ad dedecus, sed Dominicæ passionis reminisci summus honor est. *Inter ubera mea*, id est in prædicatione mea *commorabitur*, id est quidquid prædicavero memoria ejus condietur, vel intus *ubera mea*, id est in corde, quod intus ubera situm est. Ipse erat mihi *botrus Cypri*, id est calix inebrians. Botrus est fasciculus uvarum ; Cyprus est insula optimis abundans vineis. Unde dicit :

VERS. 13-16.—*Botrus Cypri*, id est memoria passionis ejus inebriavit me, ut non immemor pro meis prædicando, non dubitem mortem subire. Vel obliviscitur sui, qui vino Cypri inebriatur. *In vineis*, id est in illis qui interius virides, exterius sicci facti sunt. Per me inebriabor apud me, pro illo mortem subiturus, sed quia quidam videntur vineæ, et non sunt, addidit, *Engaddi*, id est purgati. Engaddi est mons et interpretatur *fons hædi*, id est baptismatis, ad quem hædi, id est putridi vitiis conveniunt, et agni, id est purgati recedunt. Vel ita : Ideo quia me redolentem fecit, commorabitur in corde meo pondus tristitiæ. *Dilectus meus mihi*, id est semper passionem ejus recolens multum doleo, et ipse in vineis Engaddi, id est in nobis erit botrus Cypri, id est lætitia resurrectionis ejus, ut per vinum lætitiam notemus. Christus audiens compunctionem prædicatorum et benignitatem quam erga minores habent, ad ipsam quam superius dixit : Indica mihi, etc., dicit : Ecce quam egressuram dixi, et sordidam futuram, si te ignores cum et ipsi tibi libenter assentiani, quos duces tibi ad fidem, pulchra es fide istos imitando, et amica mea, id est is facta es conscia secretorum meorum. *Ecce tu pulchra es* operatione, et hoc merito, quia *oculi tui*, id est provisores tui, quos genas et collum superius dixi, sicut *columbarum*. In transitione dictum est, oculi tui sicut columbæ. In columba septem naturas notamus, quæ virtutibus fidelium annotantur, per quæ septem dona sancti Spiritus notamus. Ipsa felle caret, neminem lædit, sic fidelis, omni felle carens nequitiæ, neminem dolo circumvenit. Ipsa alienos pullos nutrit, sic filios iniquitatis incorporat sibi fidelis, et doctrina spirituali nutrit. Grana decora legit, sibi fidelis de Scripturis sanctis legens, salubres eligit sibi sententias. In foraminibus petræ nidificat, ut serpentam lapsus evitet, sic fidelis in foraminibus lateris Christi ponit sedem, ut sic diabolum pellit, quia tanta est sibi spes in eo qui pro se mortuus est, quod diabolus nullatenus possit ingredi. Super rivulos aquarum versatur, ut in aquis umbram accipitris prospiciens, acute adventum ejus declinet, et inde pullis suis potum deferat, sic fidelis in Scripturis studens, declinat adventum hostis : unde et colligit sententias, quibus pullos potet. Gemitum pro cantu habet, sic fidelis suis et alienis ingemiscit delictis. Illa audiens laudari se a Sponso, ait : O Domine, tu dicis me pulchram, sed ecce tu solus naturaliter es pulcher, dilecte mi, in divinitate, et decorus in humanitate. Ego vero per te et tuos. Et quia ego pulchra, et tu pulcher, merito *lectus noster*, id est scientia ; quo ego et tu quiescimus, *est floridus* virtutibus. Et quia posset fieri ut flante vento tentationis nitorem perdat virtutum, inquit, *ut flos campi*, flante aquilone. *Tigna domorum nostrarum cedrina, laquearia cypressina.* Tigna sunt superior pars domus, quæ pluvias repellit, per quæ prædicatores intelligimus, qui Ecclesiam ab imbre dæmoniaco tuentur. Per domos diversas, secundum regenerationes Ecclesias intelligimus. In quibus diversi fideles coadunantur, ut in domo diversæ parietes ; paries tectum, fundamentum cedrina, imputribiles, id est indeficientes sunt, quorum odor operationes fugat serpentis, id est dæmonis. Cedrus est arbor imputribilis, cujus odor fugat serpentes. *Laquearia nostra*, id est qui infra prædicatores sunt ut eremitæ, sicut laquearia, id est cælatum domus sub tignis, illa sunt cypressina, id est imputribilia. Ac si dicatur : Et si in prædicatione non expellant dæmones, fide tamen et opere indeficientes sunt. Cypressus est arbor imputribilis. Cui respondet Sponsus. Bene dicis me pulchrum, ideoque lectulum nostrum floridum, quia ego sum honor campi, id est honor Ecclesiæ. Per campum ideo Ecclesiam intelligimus, quia quemadmodum diversi in campo nascuntur flores, sic in Ecclesia diversi fideles. Vel campus est planus et apertus, sic fides sanctorum.

CAPUT II.

VERS. 1-6. — *Ego flos campi et lilium convallium*, id est honor humilium qui irrigantur aqua prædicationis stillantis ab utroque monte, id est Veteri et Novo Testamento. *Et sicut ego sum lilium inter spinas*, id est tormenta pungentia, et non amitto odorem, *sic tu amica mea es inter filias*, id est diversas sectas, quæ te pungunt ut spinæ ; tu tamen nitorem virtutum tenes. Vel ita : Ego flos partus, quia sicut flos sine mistione emittitur, sic Christus sine semine, id est campo inarato, id est ab intemerata Virgine procreatus est. Et *lilium convallium*, id est gloria et decus humilium parentum. Sicut enim lilium sum inter spinas, id est tutores, sic tu amica mea debes esse inter filias pungentes. Et ipsa plura si patiar, ad te, confugiam, cujus fructu, et umbra reficiar, et odore. Vel ita. Non est mirum si honorem inter spinas retineo, quia tu me sustines. *Sicut malus inter ligna spinarum* est amabilior, sic amicus meus inter filios, id est fideles in Ecclesia. In malo tria notamus, fructum, umbram, et odorem. Unde peregrini, a calore solis et labore itineris fessi, nullam magis optant arborem cujus umbra ab ardore refrigerentur, et fructu et odore reficiantur, sic fideles, in ardore hujus tormenti et itinere fessi ad Christum confugiunt, et umbra confessionis ejus refrigerantur, ejusque fructu, id est Eucharistia reficiuntur, et odore bonitatis ejus fetor vitiorum expellitur. Et ideo quia talis est *desiderabam eum et sedi*, id est quievi æstus tormentorum et sæculares labores devitans. *Sub umbra illius quem desiderabam sedi*, idest fructus, idest eucharistia, *dulcis gutturi meo*, quia sicut guttur carnalia, ita cor sapit spiritualia. Si qui autem ita remoti sunt, ut jam aspectus hominum aufugiant ut plures eremitæ, et eucharistia non fungantur corporaliter, sed spiritualiter, tamen fide et spe utuntur. *Introduxit me rex in cellaria.* Ac si dicat, quia ad eum confugi, introduxit me in cellam, id est in beatitudinem vinariam, id est obliviosam, id est tanta donavit me beatitudine, ut penitus præteritorum obliviscerer velut ebrius. *Ordinavit in me charitatem*, id est omnes ordines charitatis posuit in me, videlicet ut proximum et Deum diligerem, et inimicum propter Deum, ne dubitarem pro salute filiorum mortis subire patibulum. *Fulcite me floribus.* Ac si dicat, quia charitatem me fecit habere, ideo vos diligo, et quia vos diligo fulcite, id est implete me in numerum perfectorum, floribus, id est virtutibus. Ac si dicatur. Ita abundate virtutibus, quæ vos sustineant, ut sitis digni participes fieri donorum Dei in Ecclesia, et ita operamini ut ipsa vos vestiat a frigore iniquitatis. Hoc autem vobis dico, non pro terreno commodo, sed quia pro *amore langueo*, id est intolerabiliter diligo eum qui ordinavit in me charitatem, quia etiam inimicos nos jussit diligere, cui vos conjungere nitor. Et quia eum tantum diligo, ideo *læva ejus sub capite meo*, id est sinistra ejus sub capite, id est sub mente mea, quæ est caput cogitationum. Ac si dicatur. Omnia terrena quæ in creaturis sunt Dei debiliora, quemadmodum sinistra pars in homine ad comparationem dexteræ, erunt sub mente mea, id est mens mea despiciet ea. *Et dextera illius*, id est cœlestia amplexabitur me, id est quidquid in hoc mundo fecero ad respectum cœlestium erit. Ac si dicatur. Non tantum ego hoc vobis suadeo, sed ipse vobis dicit.

VERS. 7. — *Adjuro vos, filiæ Jerusalem* idest alligo vos, *per capreas cervosque camporum;* id est per fideles in Ecclesia conversantes. *Ne suscitetis* et ne commoveatis a quiete mentis, id est ut sitis obedientes magistris vestris. Dum autem fidelibus non rebellibus prædicat, quasi in lecto quiescit. Vel si ad horam repellatis, non tamen evigilare facietis, id est ex toto conturbetis *dilectam meam*, idest sponsam meam, *quoadusque ipsa velit*, scilicet vos corrigere, idest quod diu in vobis displicuerit, quod sit dignum correptione. Per hoc quod dicit, adjuro, notamus eos eam volentes quibus prædicatur ad fidem sanctorum convertere. Non enim valeret adjuratio per sanctos Dei ad infideles, magis quod si quis paganus aliquem per Jovem adjuraret. O filiæ Jerusalem, scilicet futuræ. In caprea quatuor notantur, quæ fidelibus quoque conveniunt : Acutus visus herbas eligendi salubres, sic fidelis divinas sententias. De monte ad montem ascendunt, sic fideles de virtute in virtutem. Cibum comestum ruminant, fideles divinas sententias intellectas ad memoriam reducunt. Si quando vulneratur, herbam dictamnum comedit, sic fideles, si quando sagitta diaboli percutiuntur, ad Christum recurrunt et sanantur. In cervis tria notantur. Serpentes transglutiunt, et postea currunt ad fontem ; quo gustato purgantur a veneno, et pilis renovantur; fideles quoque, veneno gustato diaboli, ad fontem Christum currunt, et pilis vitiorum nudantur. Cum fugantur a canibus cornibus super tergum positis, per spinas faciunt sibi viam, ut ibi impetum eorum devitent, sic fideles cornibus virtutum super fragilitatem carnis positis, devitant minas tyrannorum. Mutant pascua, in unum congregati quasi agmen faciunt, et sic præcedens unusquisque caput sequentis supportat ne deficiant, propter onus cornuum, sic fidelis si viderit proximum egere necessariis, supportat eum, alimenta præbens ei, ut sanctus Nicolaus illi qui stupro filias destinaverat. Si viderit eum pœnitentia peccatorum gravari, allevat eum, partem in se recipiens.

VERS. 8, 9. — *Vox dilecti mei*. Ac si dicat : Ista vox quam modo dixi, non est mea, sed dilecti mei. Tunc enim nos adjuravit, et omne genus humanum quando pro nobis redimendis dignatus est carnem suscipere, et mortem subire. Quis enim tam durus, tam lapideus est, cum sit rationabilis, si noverit Deum vita pro servis passum, qui non cogitet se monitum fuisse ad patriam unde est oriundus reverti. Quasi ipse Christus voce sua locutus esset : *Ecce veniet iste*. Ac si dicatur; vere hoc modo locutus est. Nam ipse venit incarnari, et adventus ejus valet. Ac si esset locutus, si rationabilitatem habueritis, *Saliens*, id est venit ut saltus suos ostenderet, scilicet de cœlo in uterum, hinc in crucem, et reliqua. *In montibus*, id est in apostolis, sed nos minores quasi *colles transiliens*, quia pro parvitate intelligentiæ non pleniter saltus suos novimus, ut apostoli quibus secreta cœlestia patuerunt. *Similis est dilectus* ostensione, qualis venit in præcedenti versu ostendit, per quos veteres, qui pleniter adventum ejus noverunt, et pleniter testimonium adventus ejus perhibere potuerunt. Nunc enim quia sapiens et velox in destituendis peccatis, et faciendis miraculis, in caprea discretionem, qui fuissent eligendi, qui non, in hinnulo velocitatem, qui parentibus velocior est in cervis, patriarchas, de quorum progenie apostoli, et ipse Christus secundum carnem natus est, accipimus. *Vere ipse erat velocior*, neque enim levita, neque sacerdos semivivum qui descenderat a Jerusalem in Jericho a vulneribus sanaverunt, donec Samaritanus eum in jumentum posuit, et stabulario commisit. *En ipse stat*. Ac si dicatur : Quandoquidem vos adjurat ipse, bene suis et ipsi obedire debetis; quin *ipse stat* post parietem, quia ipse moratur ad destruenda vitia nostra, quæ sunt quasi paries inter nos et ipsum, et hoc est dictum ad similitudinem alicujus principis, qui cum vult alicujus civitatem intrare, stat juxta muros tam diu, donec interpellat eos *respiciens per fenestram*. Cujus gratia nostri miserta est, per fenestras, id est per præsentia miracula, quia sicut fenestræ domum illuminant sic miracula Christi corda hominum. Quod vero dicimus præsentia, non habemus auctoritatem verbi, sed per hoc quod sequitur, notamus præterita. Et bene respexit, quia non tantum prædicavit, sed miracula fecit, ut qui nobis nollent credere, saltem in raculis acquiescerent. Tanta enim attentio remedendi nos erat in eo per cancellos, id est per præteritos Patres, videlicet Moysen et Aaron et cæteros nobis multa miracula promisit, qui Ecclesiæ principium fuerunt, velut cancelli sunt templi.

VERS. 10-17. — *En dilectus meus loquitur mihi*, id est in illis prædictis vobis dicit, hoc est mihi ut vos ad fidem ducam. *Surge*, id est propera, terrenis posthabitis; *propera absque dilatione amica mea, columba mea*, in fide, *formosa mea* in operatione, *et veni*, id est fac alios venire, quod potes bene facere. *Jam enim hiems*, id est frigus iniquitatis, *transiit; imber*, idest persecutio tyrannidis *abiit* et penitus *recessit; flores*, id est initia virtutum *apparuerunt*, id est incipiunt bene operari, quod est signum virtutis *in terra nostra* sed futura, quicunque se colunt vomere correctionis pro spe æternæ retributionis. *Tempus putationis*, id est ut amputentur prædicatione superflua, si qua in eis maneant. *Vox turturis audita est in terra nostra*. Ac si dicatur : Vere tempus

est, nam audivit prædicationem meam. Christus se turturi comparat propter castitatem et gemitum vocis. *Ficus*, id est Judæa hactenus sterilis, *protulit grossos suos*, id est bona opera. *Vineæ*, id est gentes futuræ vineæ *florentes in opere, dederunt odorem suum*, id est famam bonæ operationis. *Surge, propera, amica mea, columba mea*, propter interposita reperit superius dicta. *In foraminibus petræ*, id est in vulneribus Christi. Quidquid prædices de vulneribus Christi, ne exeat quin de illo loquaris, qui sunt tibi in hostes, ut foramen petræ, columbæ est in serpentes. *In cavernæ maceriæ*, id est in custodia Patrum, quia multi prophetæ ad unum tendunt, ut multi lapides ad parietem construendum. *Ostende mihi faciem tuam*, id est mentem tuam, quia ut homo in facie aspicit, sic Deus in corde. Ac si dicatur : Ita sit mens tua pura, ut digna sit in conspectu meo. *Sonet vox tua*, id est prædicatio *in auribus meis*, id est talis sit ut digna a me exaudiri. Vere si prædicaveris, a me exaudieris, et faciem tuam videbo. *Nam vox tua dulcis, et facies tua decora*. *Capite nobis vulpes parvulas, quæ demoliuntur vineas*. Ac si dicat : Tu quidem prædicabis, sed cavendum est ne hæretici prædicando te decipiant, et hoc est quod dicit, *capite*, id est intercipite sententias eorum, ne quid habeant contra miscere. Vulpes, id est hæreticos, propter astutiam, *parvulæ*, quia se humiles fingunt. *Quæ demoliuntur*, id est corrodunt dente deceptionis vineas, id est Ecclesias, et cavendum est. *Nam vinea*, scilicet futura, *floruit*, id est jam incœpit bene operari, et *dilectus meus* loquitur *mihi*, et ideo illi obediam *donec aspiret*, id est refrigeret nos a labore mundi *dies*, scilicet judicii, *et inclinentur*, id est transeant *umbræ*, id est terrena.

Et ut obedire tibi possim, ut ad effectum perveniat, *respice*, id est appareat te mihi in auxilio adesse. Sed quod dixit *revertere*, notandum est quasdam prædicationes non exaudisse. Tunc enim videtur Deus abesse, quando auditores indurari non acquiescunt. *Similis esto capreæ* acutum visum habens, hinnuloque cervorum velocius miracula faciens, et genus humanum ab hoste redimens, id est ita venias ut cito eligas qui sunt eligendi. *Super montes Bethel*, id est nos protegas qui sumus montes Dei, id est prædicatores in domo Dei. Beth enim interpretatur *domus*, vel *Deus*. Domine, tu debes reverti ut per me prædicatio tua repleatur, quia nisi quis prædicet illis, non poterunt converti magis quam ego potui. Sed quia prædicatores me invenerunt, ideo conversa sum. Et hoc est quod narrat.

CAPUT III.

VERS. 1-5. — *In lectulo meo*, id est eram in lectulo, id est in terrenis divitiis in quibus dormivi a bono in peccatis. *Per noctes*, id est per paganos auctores, qui ad inferni noctem ducunt, *quæsivi*, id est imitando exempla eorum, volui jungi Deo, a quibus nomen Dei audivi, non viam quæ ad eum tendit, *quem diligit* scilicet *anima mea*, id est interius mea. *Quæsivi illum*. Ac si dicatur, sæpius pro nimia afflictione, *et non inveni*, id est non potui habere notitiam osculi sui super illos. Et ideo proposui mecum dicens : *Surgam* a lectulo vitiorum, *et circuibo civitatem*, id est nitar imitari dicta et facta illorum qui sunt in civitate, id est in Ecclesia. Quia sicut civitas circumdata est muris et magis culta in urbanitate, sic fideles in virtutibus coluntur, quibus tutantur : *Per vicos et plateas*, quæ circumeunt civitatem, id est circuibo civitatem, ut quem diligit anima mea quæram per vicos, id est martyres, qui acriorem ducunt vitam. Per plateas, id est confessores et cæteros bonos, qui latiorem viam habent, id est imitando eos. *Quæsivi illum*, scilicet per noctem, *et non inveni*. Repetita est causa superius dicta. Ideo autem istos invitor, cum per auditores, id est, libros gentilium non perfeci, quia *invenerunt me*, id est prædicaverunt mihi *vigiles*, id est prædicatores, *qui vigilant ad custodiendam civitatem*, quibus dixi : *Num quem diligit anima mea vidistis?* Ac si dicatur : Priusquam illis crederem, perscrutata sum si tales verbo et opere quod vidissent, id est habuissent notitiam Dei vivi. *Paululum cum pertransissem eos* quasi perscrutata sum eos, didici errorem meum per illos exuere, et cum paululum pertransissem ab errore meo, per eos, id est prædicationem eorum. Hoc autem dictum est, t si u diceret, transitum feci de loco ad locum : *Inveni quem diligit anima mea,* majorem ardorem bene operandi habitu, vel majorem scientiam, et quia cum inveni et meo desiderio et ostensione vigilavi, *tenui eum,* id est a memoria mea nunquam postea dicessit, *nec dimittam, donec introducam,* id est manifestem eum prædicatione mea, *in domum,* id est in nationem gentium, quæ est mater mea carnaliter, et non solum in gentem scilicet introducam eum, sed et *in cubiculum genitricis meæ,* id est in cor quorumdam de gentibus, qui sunt gentes carnaliter. Per cul ile ideo cor intelligitur, quia, sicut in cubili membra ita in corde cogitationes versantur.

Vers. 5-9.—*Adjuro vos, filiæ Jerusalem.* Christus, audiens effectum gentilium in convertenda Judæa, adjurat ipsos convertendos ne sint rebelles. Vel ipsa in gentilitate, ne aliquam vim faciat quibus prædicat. *Quæ est ista quæ ascendit,* de virtute in virtutem, sed hactenus *per desertum,* id est per gentilitatem, hactenus a lege desertam et miraculis divinis. *Sicut virgula fumi,* id est rectam in virtutibus, *fumi,* id est bonarum operationum, *ex aromatibus,* id est confessoris *Mirrhæ,* id est martyrum *thuris,* id est confessorum, *et universi pulveris,* id est omnium bonorum qui conteruntur jejuniis, persecutionibus, ut pulvis, *et pigmentarii,* id est Christi, qui conficit virtutes ut pigmentarius species. Hoc est dicere : Ipsa est virgula, id est recte tendens ad alta, quæ rectitudo est habens famam bonæ operationis, et hoc secundum omnes partes, videlicet martyres, confessores, et certos bonos, ex quibus omnibus cæteros Christus quasi aromata conficit. *En lectulum,* scilicet Ecclesia gentilis respondet dicens : Non est mirum si talis sum. En lectulum *Salomonis,* id est mei, ubi verus Salomon caput reclinat, *Sexaginta,* id est qui custodiunt sex opera misericordiæ: visitare infirmos, vestire nudos, sitientes potare, esurientes cibare, et cætera quæ in Evangelio leguntur, quique servant Decalogum mandatorum, id est perfecti, et *fortes,* id est perseverantes, id est *ex fortissimis Israel,* ita sunt perseverantes ut perseverantissimi, in omnibus Deum videntes. *Ambiunt,* id est nocte et die vigilant, ut lectum custodiant, id est se et alios. *Omnes tenentes gladios,* expositio est quam ambiunt. Gladios, id est verbum prædicationis, quia occidunt homines in hoc quod sunt occidendi, et quia quidam, etsi sciant, non tamen apti, dicit *ad bella* vitiorum *doctissimi.* Et quia restat ut cujus vita contemnitur, prædicatio quoque contemnatur, addit *et ensis cujusque,* id est vigilans custodia, *super femur suum,* id est carnis concupiscentiam, quia in femore oritur libido. Et hoc *propter timores nocturnos,* id est occultas insidias diaboli quæ ducunt ad noctem, et quomodo aliquis ad lectum illum provenire possit, id est ut sit ipse lectus, ostendit. *Ferculum,* id est mensa, in qua debemus refici, ut postea quiescamus in lecto, id est Scriptura, *sibi,* id est ad honorem suum; *rex Salomon,* id est, Christus, *de lignis,* id est de thuris, *Libani,* id est candidorum. Libanus interpretatur *candidatio.* Et hoc est dicere : Ad honorem Christi factæ sunt Scripturæ de vitis patrum, ut illos imitando ascendamus ad lectum.

Vers. 10, 11. — *Columnas fecit argenteas,* id est Vetus et Novum Testamentum fecit lucem et nitorem eloquii cœlestis, quibus inniteretur Scriptura Patrum, quia, nisi affirmarentur gesta Patrum non discrepare a præcepto Novi et Veteris Testamenti, stare non possent. *Reclinatorium aureum,* id est illos qui et vitas Patrum et Novum et Vetus Testamentum exponerent, fecit aureos, id est, charitativos et sapientes, tales videlicet in quibus filius hominis caput reclinaret. *Ascensum purpureum,* id est crucem Christi, cujus exemplo fierent purpurei, id est martyres, propter ruborem purpureum notamus, sanguinem quo ascendunt in Jerusalem. *Media charitate constravit, propter filias Jerusalem,* id est ordinavit lectum media charitate, id est ut alii præter martyres ascendant, et hoc *propter filias Jerusalem,* non propter filios, id est propter molles, qui martyrium sufferre non possunt. Hic Dei misericordia notatur, qui non omnes martyres jubet fieri, sed et illos qui sunt lectus ejus, charitatem jubet mediam habere, id est communem martyribus et cæteris. *Egredimini.* Ac si dicatur, Cum talis sit Salomon, *egredimini* ab errore vestro, *et videte,* id est Salomonem esse, cognoscite *Regem* regum, et Dominum dominantium. Vos filiæ Jerusalem, si cognoscitis Regem vestrum, eritis cives ejus, vos positi *in diademate,* id est in memoria ejus, qui fuit causa coronæ sibi devicto hoste, et præda reducta. Quo scilicet diedemate *coronavit cum mater sua,* id est sancta Maria, *in die,* id est habentis in memoria diem *desponsationis ejus,* id est mortis qua Ecclesiam sibi desponsavit. *Et in die lætitiæ cordis ejus,* id est habentis diem resurrectionis, quæ fuit lætitia cordis ejus, id est apostolorum et reliquorum bonorum. Vel ita : In diademate, id est mementote pass onis quando spinea corona apposita est sibi, qua coronavit eum mater sua, id est Judæa et in die desponsationis, id est nativitatis, quia cum carnem assumpsit, Ecclesiam sibi desponsavit. Quod sequitur, sicut scriptum est :

CAPUT IV.

Vers. 1-3. — *Quam pulchra es, amica mea!* Christus audiens nimium affectum ejus, sic eam laudat per singula. Quam pulchra es, scilicet in opere, id est in virtutibus, amica, cui quæcunque audivi a Patre nuntiavi, quam pulchra es, scilicet in opere. *Oculi tui,* id est provisores tui, *columbarum,* id est sunt columbæ, septem dona sancti Spiritus. *Absque eo quod intrinsecus latet,* et cum appareant exterius virtutes. *Capilli tui,* id est molliores, qui adhærent, ut capiti capilli, *sicut greges caprarum,* id est ascendentes de virtute in virtutem, scilicet per gregem concordiam notamus. *Quæ ascenderunt de monte.* In hoc quod sunt montes, videlicet. *Galaad,* id est *acervus testimonii*, id est omnes martyres. Martyr enim *testis* est. Galaad est mons in quo Jacob et Laban congessurent acervum lapidum, id est testis fœderis. *Dentes tui,* id est prædicatores, qui vitia conterunt, *sicut greges tonsarum,* id est tonsi ipsi a superfluitatibus ut oves a pondere lanæ et sordium. *Quæ ascenderunt de lavacro,* id est de baptismo, id est de hoc quod sunt baptizati ascenderunt ad montem virtutum. *Omnes* scilicet tui sunt *gemellis fetibus,* id est in dilectione Dei et proximi, *et sterilis non est inter eas,* qui opus bonum non faciat. *Sicut vitta coccinea labia tua,* id est prædicatores tui Veteri et Novo Testamento, scilicet verbo et opere, concordantes sunt vitta, scilicet concordantes, ligantes prædicatione fideles Christo capiti suo. Qui et sunt coccinei, id est rubei sanguine martyrii, id est et alios docent et in se martyrium sustinent, et hoc probat quia ipsi sunt vittæ·, quia eloquium dulce. Neque enim oculum pro oculo exigis, sed inimicum diligere. *Sicut fragmen mali punici genæ tuæ.* Et quia vitia devorant, sed exterius martyrium sustinentes. Sunt autem alba in multitudine virtutum, quia poma in Africa exterius sunt rubicunda, si vero frangantur interius, sunt alba, et granata, per quæ notamus multitudinem virtutum. *Absque eo quod intrinsecus latet,* expositum est superius.

Vers. 4-7. — *Sicut turris David collum tuum,* id est prædicatores tui, quibus minores copulantur Christo, a quibus verba prædicationis trajiciuntur in membra Christi. *Sicut turris David,* id est inexpugnabilis defensio ejus qui est manu fortis, quia et milites sui hostem diabolum effugant. *Quæ ædificata est cum propugnaculis*, id est firmis sententiis quibus expugnetur, repellatur. Mille clypei, id est, infinitæ bonæ operationes, quæ fideles protegunt ut clypei, *pendent ex ea*, id est interius apparent. *Omnis armatura fortium*, id est omnes bonæ operationes, omnes sententiæ tales sunt, quibus fortes pugnare et tueri possunt. *Duo ubera tua*, id est doctores qui manifestant spiritualem intellectum duarum litterarum, veteris scilicet et novæ, sunt *sicut duo hinnuli capreæ gemelli*, id est secundum utrumque velociores in complendo comparantes. Capreæ, id est Patrum, qui descripti erant in eligendo bonum et recusando malum, et de virtute in virtutem ascendentes. Gemelli, id est concordantes, *qui pascuntur in liliis*, in candidis virtutibus, *donec aspiret dies et inclinentur umbræ, vadam ad montem myrrhæ*. Ac si dicatur : Cum talis sit ut dixi, *vadam ad montem*, id est apparebo per miracula esse in te qui es mons *myrrhæ*, id est martyrii, quia myrrha ungebantur corpora mortuorum, ut incorrupta servarentur, sic martyrium non corruptum servat fideles a tentationibus. *Et ad colles thuris*, id est ad confessores, quia, etsi non sint tam alti ut martyres, tamen vita eorum redolet ut thus. Ac sic dicatur : Et in martyribus et in confessoribus miracula ostendam, et non tantum quod es martyr et confessor, sed quia tu *pulchra es*, et secundum minores *amica mea, et macula*, id est intermissio bene operandi *non est in te*, quia fidelis cum dormiat Domino dormit, sive comedat Domino comedit. Et hoc est dictum ad similitudinem loricæ, ubi foramina annulorum maculæ vocantur, per quæ minimum ferrum quem perrumpit, sed opera fidelium adeo sunt assidua, ut nullatenus perrumpti possint.

VERS. 8-11. — *Veni de Libano*. Ac si dicatur : Cum ego te tantum diligo, *veni*, id est persiste, ita ut te et alios excolendo, ut cursu consummatio et fide servata tandem in æterna beatitudine recipiaris. De Libano, id est de candore virtutum. *Sponsa mea*, quia filios mihi nutries. Quod ter dicit *veni* notandum est, quasi dicat veni in pueritia, ut Joannes Baptista et Nicolaus, veni in juventute, ut Martinus, veni in senectute, ut Joannes evangelista. Veni sponte et coactus infirmitate, et de purgatoriis locis. *Coronaberis*, id est ita venias ut digna sis corona gloriæ. *De capite Amana*, id est prædicatione tua convertentur, qui sunt capita inter membra diaboli. Amana mons est, et interpretatur *nocturna avis*, id est diabolus qui circumquaque homines occultas ponit insidias vigilando, quasi in nocte, id est in obscuro. *De vertice Sanir*, id est de illis qui superiores et altiores videri volunt interne, quia Sanir interpretatur *Deus vigilarum*, id est diabolus, qui invigilat ut quoscunque devoret. *Et Hermon* qui anathematizant peccata sua pœnitentiam agendo. Hermon interpretatur *anathematizans*. *Et de cubilibus*, id est de illis in quibus leo quiescit, id est diabolus propter crudelitatem. *De montibus*, id est de illis qui sunt montes inter pardos, id est hæreticos, qui gloriantur de secta sua ut pardi de coloris varietate, *Vulnerasti*, quasi dicat : Rogo te venire, quia diligo nimium te. Diligo ad similitudinem amantium, qui sagitta amoris vulnerantur. *Soror mea*, id est cohæres sponsa propter nutrituram filiorum. Vulnerasti *cor meum* repetitio amoris. *In uno*, id est in unitate fidei, *oculorum*, id est provisorum tuorum, *et in uno*, id est in unitate *crine*, id est crinium, quia plures unius, id est auditorum, *colli tui*, id est prædicatorum tuorum, id est propter unitatem prædicatorum tuorum et unitatem auditorum, qui circumdant prædicatores ad audiendam prædicationem, ut crines collum. Et ideo quia *pulchræ sunt mammæ tuæ*, id est illi qui nondum satagunt ad prædicandum, et in quibus spes tantum est, sicut in mammis spes est lactendi, *Soror mea, sponsa mea, et pulchiora sunt ubera tua vino*, id est perfecti prædicatores tui sunt meliores vino, id est sæculari scientia. *Et odor unguentorum tuo-*

rum, id est fama tuorum operum quibus vulnera diaboli sanantur *super omnia aromata* carnalia. *Favus distillans labia tua*, id est prædicatores tui in nova et veteri littera consonantes, ut labia tua, ad invicem sunt. *Favus distillans*, id est fluentes, et talis est eorum prædicatio. *Mel*, id est fortis prædicatio, *et lac*, id est suavis. Mel enim non datur infantibus, sed *lac*. *Sub lingua tua*, id est in corde. *Et odor*, id est fama *vestimentorum tuorum*, id est bonorum operum, quæ vestiunt coram Deo, *sicut odor thuris*, qui omnem fetorem expellit.

VERS. 12. — *Hortus conclusus, soror mea, sponsa*, quasi dicat : Ideo ad te vadam, quia potero in te delectari, qui es hortus, id est repleta multis virtutibus, conclusus circumquaque clave virtutum, ne quis bonus egredi, aut malus ingredi possit, hortus conclusus virtutibus et operationibus. *Fons*, id est quemadmodum fons irrigat totum hortum, sic fons baptismatis totam Ecclesiam. Fons, id est in illa Ecclesia est baptismus, *signatus* crucis signaculo. *Emissiones tuæ*. Ac si dicat : Tu talis es, sed illi qui prædicatione convertuntur, quasi emissiones, id est virgulæ, quæ ad radicem magnarum arborum pullulant, erunt *paradisus*, id est deliciæ *malorum punicorum*, id est martyrum, et erunt emissiones tuæ *cum pomorum*, id est confessorum *fructibus*, id est quos ipsi convertent, id est tales erunt in quibus delectentur magistri eorum, videlicet et martyres et confessores. Ideo per omnia confessores accipimus, quia prius dicit punica, postea poma. Absolute dicit erunt illæ emissiones *Cyprus cum nardo*. Cyprus est arbor in Ægypto, cujus fructus cum oleo coquitur, et fit regale unguentum, sic fidelis hujus mundi tenebris exiens, emittit fructum donis sancti Spiritus coctum. Unde Christus qui est Rex regum ungitur. Nardus est arbor humillima, tamen odorifera, ita fideles humiliter habent, reddunt tamen odorem bonæ operationis. *Nardus cum croco*, id est humiles martyrium sustinentes. Crocus enim herba est rubei coloris, significans martyrium. *Fistula et cinnamomum*. Fistula est arbor duri corticis, qui contritus bibitur, et sanat viscera, sic fideles in carne contritionem patiuntur, quæ in anima sanat. Cinnamomum est radix cinerei coloris, et interpretatur *immaculatus*, et significat illos qui per pœnitentiam fiunt immaculati et reputatione se faciunt viles ut cinerem. *Cum universis lignis Libani*. Omnes nitore virtutum candidati et validi. Ac si dicat : Omnes qui per cyprum et nardum, etc., designari possunt, per te convertentur, id est qui præter istos boni significantur. *Myrrha et aloe*. Per myrrham passionem martyrii notamus, per aloe quæ in gustu amarissima est, interius vero recepta sanat afflictionem carnis, jejunando, vigilando, et cætera notamus, quæ dum fiunt aspera et intolerabilia videntur, sed tamen animam intrinsecus sanant. *Cum omnibus pigmentariis*, id est cum omnibus donis Spiritus sancti. Et pulchra est conjunctio arborum cum unguentis, quia cum carnem a lascivia refrenamus, consequens est ut majora dona Spiritus sancti recipiamus.

VERS. 15, 16. — *Et fons hortorum puteus aquarum viventium, quæ fluunt impetu de Libano*. Descripsit emissiones futuras, nunc autem unde irrigantur, videlicet a fonte baptismatis, qui est fons hortorum Ecclesiæ, unde tota irrigata est. Puteus aquarum viventium, per puteum continentium profunditates, id est mysteriorum, per aquas viventes dona sancti Spiritus, quæ nunquam deficiunt. Et hoc est dicere, fons baptismatis continet mysteria donorum sancti Spiritus, quæ fluunt, scilicet in subditos de Libano, id est de candidatis viris et prædicatoribus, impetu, id est nullo vitio obstante, id est ita pleniter Spiritus sanctus per prædicatores operatur in auditoribus ut nullum vitium queat resistere. *Surge, aquilo, et veni, auster*, ac si dicat · Cum talis sit hortus meus et tales emissiones futuræ; surge ergo aquilo, id est tu Satanas in frigiditatem, id est qui infrigidas mentes hominum a fervore charitatis. Surge, id est præparate ad impugnandum meos, et veni, id est in membris tuis infer tormenta eis. *Auster, perfla hortum meum,* id est sed tu Spiritus sanctus fla per hortum meum, id est inspira meis ne deficiant in tribulationibus, *et fluent aromata illius,* si perseveraverint passi, tunc diffamabuntur eorum bona opera. Vel ita, ac si dicat, tales erunt emissiones tuæ, ut hoc fiat. Surge, id est recede, aquilo, qui horto meo insidiaris, et veni, auster, sancte Spiritus *perfla hortum meum,* id est inflamma illos qui sunt futuri hortus meus, et tunc fluent aromata.

CAPUT V.

VERS. 1, 2.— *Veniat dilectus meus in hortum suum.* Sponsa a dilecto se laudari audiens, sic ejus adventum adoptat : Quoniam tales emissiones meæ sunt, et hoc per me fieri non potest, veniat igitur dilectus meus in me, hortum suum, id est ostendat per miracula se adesse mihi in prædicatione. *Ut comedat,* id est delectetur in *fructibus pomorum suorum,* id est super nos, qui sumus poma sua, ac quærat tales qui fiant hortus ejus. Christus adventum suum sponsæ promittit dicens : Rogas me venire et ego veniam. Unde sit tibi signum, quia ego olim *veni in hortum meum,* id est in primitivam Ecclesiam, sic in te veniam, cum sis *soror mea et sponsa. Messui myrrham meam.* Ac si dicat : In his miracula ostendam, et tandem messui, id est quasi manipulos collegi in hortum myrrham meam, id est martyres meos, *cum aromatibus,* id est cæteris electis. *Comedi favum cum melle meo,* ac si dicat : Non immerito recepi eos, quia prædicatio eorum et minor et major deliciæ mihi erat, et hoc est quod dicit, comedi favum, id est prædicatores, cum melle, id est forti prædicatione de me facta. *Bibi,* idem est quod comedi, *vinum,* id est prædicationem, et hoc est dicere, ad illos veni per illos miracula ostendens, id est, per æternam vitæ beatitudinem reperi, quia vita et prædicatio eorum mihi placuerunt. Sic et te, si legitime certaveris, in æterna beatitudine recipiam. *Comedite, amici, et bibite.* Ac si dicat : Ego ad vos veniam, sed vos amici id est prædicatores, quibus omnia revelavi, ita prædicate ut possitis comedere eos, id est delectari in illis quibus prædicatis. Et bibite, idem est quod comedite, sed ad minores pertinent, quia infantes non comedunt. *Et inebriamini, charissimi.* Ita sitis verbo prædicationis intenti, ut quantum ad vos sitis obliviscentes laboris et passionis vestræ. *Ego dormio.* Sponsa audiens admonitionem sponsi respondet : Sponsus meus hortatur me ad prædicationem, sed ego dormio, id est ab omnibus curis quiesco. Et ne intelligeretur carnalis dormitio, dicit : *Cor meum vigilat,* id est ita dormio a terrenis, ut in lege Dei mediter die ac nocte. *Vox dilecti mei pulsantis,* id est ideo ad prædicationem vigilo, quia hæc est vox dilecti mei pulsantis, id est monentis, id est quia ipse sponsus monet, dicens : *Aperi mihi,* id est aufer mihi velamina peccaminum a cordibus incredulorum. *Soror,* id est cohæres, *amica,* cui commisi secreta mea, *columba* donis sancti Spiritus repleta, *immaculata* sine intermissione bonorum operum. Aperi dico, quia *caput meum,* id est divinitas mea, *plenum est,* id est circumdata *rore,* id est persecutoribus, quorum sententiæ nocturnæ sunt ut ros, qui dicunt se in Deum credere, sed obtenebrati sunt sententiis dæmoniacis. *Et cincinni,* id est qui futuri sunt mei, ita in charitate devoti ut cincinni, id est, contorti capilli capitis mei, qui adhærebunt mihi, sunt *pleni guttis noctium,* id est nocturnis sententiis, id est qui jam putantur membra Christi, nec non et illi qui, quando convertebantur, male erant tenentes sententias perditionis.

VERS. 3.— *Exspoliavi me tunica mea,* id est respuo omnem sæcularem curam, ut ad prædicationem festinarem. *Quomodo induar illa,* id est implicabo me

A iterum sæcularibus, dimissa prædicatione, cum ipse dicat : Aperi mihi, soror mea. *Lavi pedes meos,* id est meliori intentione operum eorum, ut tantum non verbo, sed opere bonitatis exemplo dimittendo.

VERS. 4, 5. — *Dilectus meus misit manum suam.* Ac si dicat : Bene potero prædicare, quia dilectus meus misit, id est immittet manum suam in auxilium meum. *Per foramen,* id est auditorum aures, id est ipse faciet ut ipsi libenter auscultent per foramen, scilicet laterum suorum, id est cum ipsi audient me pro redimendo humano genere esse passum, compungentur. *Et venter meus,* id est molliores mei intremiscent pro peccatis sui dolentes. Respicientes *ad tactum ejus,* scilicet auxilium ejus. Ideo *surrexi* id est surgam, aperire scilicet corda fidelium dilecto meo. *Manus meæ,* id est ideo bene potero prædicare, quia auxilium sponsi adest, et
B ideo quia vita mea non est contemnenda, quia hoc est quod dicit : *Manus meæ,* id est operationes meæ, *stillaverunt,* id est emittendo ostendere myrrham, id est in opere meo possunt percipi, quia, si necesse sit, mortem non recusabo pati. *Digiti mei,* id est discretio prædicationis meæ, *pleni myrrha,* id est charitate. Myrrha enim unguentum, unde notamus dona sancti Spiritus, sed addit *probatissima;* unde intelligimus charitatem, quia probatissima virtutum cæterarum, sed quia in sepulcris adhibetur, possumus notare se velle dicere tantam sibi esse charitatem cum discretione prædicationis, ut non dubitet pro salute subditorum mortem subire.

VERS. 6, 7.— *Pessulum ostii mei* scilicet universalem Ecclesiam dicit. Ac si dicat : Ipse jubet aperire quid faciam, unde est signum mihi quod olim *aperui pessulum,* id est clausuram *ostii mei,* id est mentem illorum qui sunt modo mei. *At ille declinaverat,* id est ego aperui dilecto meo, sed hoc non sine auxilio ejus, quia ipse declinaverat, id est de cœlo descenderat in me, atque transierat. Ac si dicatur : Nondum potest intelligi totus, et a me comprehendi, et
C hoc est quod dicit, *atque transierat,* quia nulli in hac vita plena visitatio Dei conceditur, ideo transire dicitur, id est in futuro plenius videndo ostendit. *Anima mea liquefacta est,* ac si dicat, ideo quia ipse in me declinaverat, anima mea, id est miserorum meorum, liquefacta est a duritia iniquitatis per calorem Spiritus sancti, id est postquam illis prædicavi, citius acquieverunt, et hoc est quod dicit : *ut locutus est.* Postquam prædicavi, dilecto meo adjuvante, *quæsivi et non inveni.* Dixi superius quia transierat, et quia dixit sponsa transierat id est plenariam Divinitatis notitiam non habuit, *quæsivi* per Scripturas sanctas, conata ad perfectionem venire, sed *non inveni,* id est defeci. *Vocavi,* id est perseveravi inquirendo, *et non respondit mihi,* id est nunquam tantum inquirere potui, ut plenarie cum viderem, et hoc est dictum ad similitudinem, quia cum inquiritur is qui fonti respondet, tunc invenitur. *Invenerunt me.* Ad hoc quod possit quæri, quo-
D modo illa cum esset in occulto, et idolis subdita aperuisset corda aliorum. Christus respondet quia *invenerunt me,* scilicet in prædicatione, *custodes,* id est prædicatores, *qui custodiunt ab hoste civitatem,* id est Ecclesiam, *percusserunt,* id est compunctionem habere fecerunt. *Et vulneraverunt me,* quod magis est, id est pœnitentiam mihi peccatorum imposuerunt. Vel ita percusserunt cum dixerunt generaliter : Quicunque peccaverint, et pœnitentiam non egerint, damnabuntur. Vulneraverunt, cum spiritualiter unusquisque scelus carpebant. Facta autem prædicatione tulerunt, id est deponere me fecerunt *pallium meum,* id est terrena quibus cooperiebar. *Custodes murorum,* id est sanctarum Scripturarum, qui ut muri civitatem, sic custodiunt Ecclesiam. Vel muri, id est virtutes, quæ quemlibet tuentur.

VERS. 8-10.— *Adjuro vos, filiæ.* Ad si dicat : Quoniam omnia vana pro ejus amore contempsi, rogo vos videre ut ita operemini, ut in operibus vestris notescat me vobis prædicasse, ita ut amor meus quantus sit erga vos pro Christo, appareat, et hoc est quod dicit : *Adjuro*, id est constringo vos, filiæ scilicet futuræ Jerusalem, si prosit quod invenerilis, id est quoniam jam cognovistis dilectum per me, *ut annuntietis ei*, id est bona opera vestra ostendatis, *quia langueo amore*, quia non bene operantur, nisi prædicetur eis, neque prædicatur nisi dirigantur. *Qualis est dilectus tuus.* Judæa audiens illam tanto ardore dilecto inservire, admirans ait : Qualis est dilectus tuus *ex dilecto?* Ac si dicat : Magnus est ex dilecto, id est dilectione tua video eum magnum esse. Cum tu sis *pulcherrima mulierum*, id est sectarum, et quod multum eum diligas cognosco, quod adjurasti nos. Quod autem repetitur, *qualis est dilectus tuus*, pro nimia afflictione facit, quia et ipsa eum diligere cupit. *Dilectus meus candidus*, id est in carne sine vitiis apparens, et rubicundus sanguine martyrii : *Electus ex millibus*, millenarius numerus perfectus est, universalem notamus, ut dicatur : Iste solus est electus a Deo Patre inter omnes patriarchas, et prophetas, et apostolos et cæteros ad redimendum genus humanum.

VERS. 11-13. — *Caput ejus*, id est divinitas quæ caput est hominis divini, est *aurum optimum*, id est pretiosa divinitas est inter omnia, sicut aurum inter cætera metalla. *Comæ ejus.* Hactenus in seipso, et secundum humanitatem et divinitatem descriptus, modo vero in membris suis, videlicet in fidelibus. *Comæ*, id est fideles, qui quanquam sint molles inter cætera, sicut capilli inter membra capiti. *Sicut elatæ*, vel in palmis sunt spicæ simul adhærentes, per quas quasi.per catervam fidelium notamus virtutem. Per elatæ intentionem in cœlum, ac si dicat: Fideles tui sunt habentes multas virtutes, propter retributiones cœlestes *Nigræ quasi corvus.* Corvorum pulli dum implumes sunt, albi sunt, et quia similes non sunt parentibus, ideo non pascuntur ab eis; sed fame coacti quemdam fetorem emittunt, unde attractæ muscæ circa rostra eorum versantur, et postquam multæ glomerantur, ab eis gluliuntur, sed postquam nigrescunt a parentibus amati pascuntur. Sic dum in secta Dei juvenes Ecclesiæ et Christi, videlicet parentum nostrorum vestigia recusamus, ab eis non pascimur; sed fetorem vitiorum emittentes, muscis, id est sententiis diaboli pascimur, sed quando incipimus denigrari sententiis, id est passionum tribulatione, ad imitationem parentum, videlicet Ecclesiæ et Christi, sustinentes, diligimur ab illis, et pascimur. Unde dicitur, nigræ quasi corvus, id est sustinentes nigredinem passionum, ut diligantur a Christo et Ecclesia ut corvus a parentibus, cum jam ad similitudinem eorum nigrescit. *Oculi ejus*, id est provisores per quos Ecclesiæ suæ utilitatem providet, *sicut columba*, id est repleti septem donis Spiritus sanci *super rivos aquarum*, id est immorantes super sententias Scripturarum præcavent sibi ita ab adventu antiqui accipitris, *quæ lacte sunt lotæ*, id est in primis infantuli doctrina a sordibus mundati, *Et resident juxta fluenta plenissima*, hoc est in primis lacte loti, id est potati, postea ad plenitudinem donorum Spiritus pervenerunt. *Genæ illius*, id est prædicatores pudicitia vitiorum devoratores, *areolæ aromatum*, id est sedes virtutum, *consitæ*, id est ordinatæ *a pigmentariis*, id est ab apostolis Christi, qui in fidelibus virtutes plantant, ut pigmentarius herbas, quibus aromata serit in areola. *Labia*, id est prædicatores in Veteri et Novo Testamento, concordantes verbo et opere, *Lilia*, id est nitentes in candore, *distillantia*, id est ostendentia, *primam myrrham*, id est charitatem ad martyrium cogentem, id est in verbis et operibus tanta charitas quæ martyrium pati non dubitet.

VERS. 14, 15. — *Et manus ejus tornatiles aureæ*, per *manus* opera bona notantur, per tornatiles assiduitas boni operis, in idem tendentes, ut tornatura, per *aureæ*, charitas cum sapientia. Et hoc est dicere:

Ejus operatores a bono opere nunquam cessant, cum charitate et sapientia agentes. *Pleni hyacintho*, id est quidquid agunt dono sancti Spiritus fit, quia hyacinthus ignei coloris est. *Venter ejus*, id est molliores in Ecclesia, eburnei, id est castitate nitentes. Ebur enim candidum et castissimum animal est. *Distinctus sapphiris* singulares virtutes ad cœlestia respicium. Sapphirus aerii coloris. Vel, distinctus sapphiris, quia humana fragilitas partim esurie, fatigatione, cogitatione, morte, partim divina celsitudo, miraculis, resurrectionis gloria intelligitur. In hac enim sententia humanitatis fragilitatem in Dominico homine per ventrem intelligimus. *Crura ejus*, id est portitores, prædicatores ejus, *marmoreæ columnæ*, id est firmiter rectitudinem servant; per columnam rectitudinem, per marmor soliditatem. *Quæ fundatæ*, id est stabilitæ super Trinitatis fundamentum, quæ est aurea inter omnia velut columna *super bases. Species ejus ut Libani*, id est ut Libanus celsitudine et gratia arborum alios montes, sic et Christus omnes sanctos meritorum celsitudine præcellit. *Electus ut cedri*, id est cedrus, quæ est arbor imputribilis et fugans serpentes, eligitur in construendis ædificiis, sic solus Filius Dei ad redimendum genus humanum.

VERS. 16, 17. — *Guttur illius suavissimum*, id est prædicatio ejus suavissima, quia interiora sanat. *Et totus desiderabilis*, quia totus Deus, totus homo, in quem desiderant angeli prospicere. Deus in majestate Patris, homo in virginitate matris, in illa Creator in ista Salvator. *Talis*, qualem descripsi, *est dilectus meus*, et ô quæ debetis esse filiæ Jerusalem, *iste amicus meus*; quia quanto devotius quisque diligit Deum, tanto familiarius habet Deum amicum sibi. Ac si dicat : Talem necesse est ut intelligas eum esse, si vis eum habere amicum. *Quo abiit dilectus tuus.* Ecclesia de Judæis audiens eum talem esse, optat se sponsam sibi fieri, dicens : *O pulcherrima mulierum*, *quo abiit dilectus tuus?* ac si dicat : Nos putabamus eum nobiscum esse, sed video quia recessit. Ostende ergo ad quos a nobis abiit, *quo declinavit?* id est ad quos descendit, ita ut in illis maneat, qui eum diligunt. Si ostenderis nobis qui sunt sedes ejus, quos imitando, notitiam ejus habeamus, tunc nos *tecum*, id est in secta tua positi, *quæremus eum* verbo et opere. Ecclesia de gentibus audiens affectum Judææ, ostendit sibi quos debeat imitari, ita :

CAPUT VI.

VERS. 1. — *Dilectus meus descendit*, id est in experientia rei miranda facio, *in hortum suum* id est in Ecclesiam, et quia in Ecclesia sunt et grana et paleæ, dicit ad quam partem descendit, videlicet ad perfectos, ut per eos alios sibi adjungat, non quod non sit in minoribus. Quia liquido apparet eum ibi esse, *ad areolam aromatum*, id est ad perfectiores in quibus ordinantur virtutes ut aromata in areolis. *Ut pascatur in hortis*, id est ad perfectiores descendit, ut per illos virtutes acquirat, qui fiant sibi hortus in quo delectetur. *Et lilia colligat*, id est multitudinem virtutum ornet in illis.

VERS. 2-5. — *Ego dilecto meo*, id est quia ad areolam descendit ut per me fideles sibi acquirat, Ego dilecto meo obedio, *et dilectus meus mihi* scilicet succurrit. *Qui pascitur*, id est delectatur, *inter lilia*, id est candore virtutum. *Pulchra*, ac si dicatur : Cum video hanc voluntatem in te ut alios participes mei facias, pulchra ergo *es*, id est sine invidia, *amica mea. Suavis*, id est sine austeritate invidiæ in cogitatione, *et decora* in opere. *Sicut Jerusalem*, id est sicut fuerunt illi qui sunt jam visio pacis. *Terribilis ut castrorum acies ordinata.* Ac per hoc quod mihi adeo pulchra es, adeo terribilis es hosti, *ut castrorum acies*, id est sicut milites cum ordinantur ad bellum, ubi nullus locus sine munimine relinquitur, quia tanto magis malignis spiritibus sumus terribiles. *Averte*, averte ac si dicat, et quamvis sim tam pulchra, propter quod videtur plenitudinem notitiæ meæ te posse habere, tamen averte *oculos* mentis tuæ *a me,* id est noli laborare ut plenariam de divinitate scientiam habeas. *Et quia ipsi me avolare,* id est recedere a scientia tua *fecerunt,* id est quanto magis naturam divinitatis inquiris, tanto minus videris tibi scire, et ideo non debet aliquis laborare plus scire quam oportet, usque dum veniamus in patriam, ubi evacuabitur quod ex parte est, et videamus quasi a facie ad faciem. Vere es pulchra, quia *capilli tui,* id est fideles tui, *sicut grex* ascendentes de virtute in virtutem. Per gregem notamus concordiam fidei. *Quæ apparuerunt,* scilicet caput *Galaad,* id est per me qui sum caput Galaad, id est *acervus testimonii,* id est ad quem acervantur omnes martyres. *Omnes gemellis fetibus,* id est omnes tui sunt in dilectione Dei et Christi. Per *sterilis,* omne bonum opus, *non est in eis.*

VERS. 6-8. — *Sicut cortex mali punici genæ tuæ.* Cortex mali punici rubicundus est, per quem passiones notamus, interius autem granatus et albus est, unde munditiam et multitudinem virtutum intelligimus, et hoc est dicere : Genæ tuæ, id est prædicatores tui pudici, et vitia annullantes, ipsi exterius sunt rubicundi passionibus, intrinsecus in anima mundati a vitiis, et in virtutibus fulgentes. *Absque occultis tuis,* id est tu cares illis quæ debent esse occulta, id est hæresi. *Sexaginta sunt reginæ.* Ac si quæratur quæ sunt illæ filiæ, et reginæ, et concubinæ, quæ pulchritudinem sponsi laudabunt ? Respondet sexaginta, id est quæ sex opera misericordiæ, et decem præcepta legis servant. Isti, inquam, tales sunt reginæ quæ amore et cœlestis Spiritus intuitu, prædicatione fidei et veritatis, et sacri baptismatis fonte sobolem æterno Regi spiritualem generant. *Octoginta,* id est quæ pro terrenis prædicant. Et per octogenarium notamus quatuor in cœlo et totidem in terra climata, id est, sic totus mundum. Ac si dicatur illis qui pro quolibet terrenorum prædicant, illi sunt *concubinæ,* id est pro carnalibus solummodo Christum prædicando et baptizando docentes. *Et adolescentularum non est numerus,* adolescentulæ sunt Ecclesiæ, quas superius filias Sion nominavit, id est noviter in baptismate renatæ, quarum idem dicit non est numerus, videlicet nec octogenarius nec sexagenarius, quia propter novitatem fidei non pleniter potest percipi, utrum sint sexaginta an octoginta. *Una est columba mea.* Ac si dicat, Quamvis sponsam meam ita per singula laudem, una tamen et in fide et in cæteris virtutibus, columba mea, id est donis Spiritus sancti redundans; *perfecta mea,* in omni bonitate, una est, scilicet interius et exterius, matri suæ, id est prædicatoribus, quia in fide nutrierunt. *Electa genitrici suæ,* quæ eam in fide peperit. Ac si dicat : Una in fide et electa inter omnes sectas, et ad similitudinem eorum qui eos ab errore ad fidem convertunt et eorum qui eos postea cibo doctrinæ salutaris nutriunt. Et quia talis est, *videbunt filiæ Sion,* id est noviter ad speculationem domini conversæ sed et *reginæ,* id est perfecti sese regentes, et non pro terreno lucro ad lectum Salomonis ascendentes, sed amore mariti, *et concubinæ,* id est terreni prædicatores, non pro amore vel honore Christi prædicantes, sed pro terreno, *laudaverunt eam,* quia, etsi quidem pretio terrenorum prædicant, tamen benedicunt Ecclesiam laudantes. Ecclesia de Judæis audiens gentilem a sponso adeo laudari, sic de ejus prædicatione admiratur.

VERS. 9. — *Quæ est ista quæ progreditur,* de virtute in virtutem, et bene *quasi aurora,* quia jam lumen veritatis in ea ortum est, transactis tenebris ignorantiæ? Aurora quippe in electis surgit, cum pravitatis pristinæ tenebræ fugantur, et sese in novi luminis fulgorem convertit. In illa igitur luce quæ districti Judicis adventu notatur, corpus damnati hostis ortum surgentis auroræ non videt, quia eum districtus Judex ad judicium retributionis venerit, suorum quisque mortuorum caligine pressus, quanta claritate lumen intimi cordis surgat, ignorat. Tunc namque electa mea ad alta rapitur, ut divinitatis radiis illustretur, et quo ejus respectu profunditur, eo ultra se, gratia coruscante, sublevatur. Notatur dies, quæ suorum restauratione corporum videns lumen plenius consummatur. Ortus itaque auroræ est vox Domini clarescentis Ecclesiæ, quem videre reprobi nesciunt, quia a conspectu districti Judicis malorum suorum pressi ad tenebras trahuntur. *Pulchra ut luna,* majorem lucem in luna notamus, per solem vero perfectam. Luna autem a sole lumen recipit, sic Ecclesia a Christo. Et sicut luna noctem illustrat, sic Ecclesia noctem mundi. Quemadmodum sol solus lucet et omnes tenebras fugat, sic et Ecclesia fidelium sola lucet in mundo, et omnes hæreticorum fugat tenebras, quia sui Conditoris imaginem in omni justitia et sanctitate portat. *Terribilis ut castrorum acies ordinata.* Quamvis sponsa tam pulchra sit, aereis tamen potestatibus terribilis in unitate, et charitate, fidei et spei.

VERS. 10-12. — *Descendi in hortum nucum.* Christus suæque Ecclesiæ Judæis quæ interruperat verba repetit. Ac si dicat : Quia talis est sponsa, quod merito laudabunt eam reginæ et concubinæ et filiæ, descendi, id est per effectum videlicet, per miracula me faciam videri descendisse, ad hortum nucum, id est perfectiores. Et si Christus in omnibus membris suis sit, perfectius tamen in Petro quam in Cornelio : in Martino quam in Brictio. In nuce tria notantur, amarum exterius in cortice, infra quam testa. . . . . carnis ex anima Conditoris dulcor est virtutum. *Ut viderem,* id est per majores virtutes miraculorum ostendam, ut faciam *poma* videri, id est fructus illorum, qui sunt convalles, id est humiles ab utroque Testamento irrigari. *Et inspicerem,* id est ut faciam inspici, *se floruissent,* id est si jam haberent initia virtutum, qui sunt futuri, *vinea,* id est perfecti, *et germinassent,* id est si jam haberent initia virtutum emittere, qui sunt futuri *mala punica,* id est martyres. *Nescivi*; *anima mea conturbavit me.* Synagoga, videns Christum in sponsam suam descendisse, dolet se tantum tardasse, et sic reddit causam quare prius ad fidem non venisset. Nescivi dona sancti Spiritus hominibus dari, neque Filium Dei incarnatum, quia anima, id est pravus intellectus, quem in lege mea habebam, conturbavit me, id est non sinebat ad agnitionem veritatis converti. *Revertere, revertere Sunamitis, revertere, revertere ut intueamur te.* Noli turbata esse, sed *revertere* ad agnitionem tui redemptoris, qui tibi potius in lege et prophetis promissus est. Revertere puritate fidei et operum perfectione. O Sunamitis, id est captiva jam vinculo infidelitatis. Revertere ad tuum Redemptorem, ut salveris.

CAPUT VII.

VERS. 1. — *Quid videbis in Sunamite nisi choros castrorum.* Tu doles Synagogam obduratam, prope est tempus quo choros bellantium adversus malignos spiritus et laudantium Deum videbis in ea. *Quam pulchri sunt gressus tui in calceamentis, filia principis ?* Nunc laudes Ecclesiæ ab ipso sponso proferuntur, et primo operum constantia et mortificatio voluptatum laudantur in ea : quam et filiam principis, id est Christi, ob gratiam baptismatis et nobilitatem virtutum nominat. *Junctura femorum tuorum sicut monilia, quæ fabricata sunt manu artificis,* duorum concordia populorum spirituali prole fecundantium in junctura femorum designatur, quæ sicut monilia fabricata sunt manu artificis, id est ineffabili largitate Conditoris nostri firmata. In monilibus bona opera exprimuntur.

VERS. 2-4. — *Umbilicus tuus,* id est fragilitas infirmitatis nostræ *crater fit tornatilis,* cum conscientia mortalitatis atque infirmitatis nostræ admoniti calicem verbi salutaris prompta mente proximis propinare satagimus. *Venter tuus sicut acervus tritici val-*

lutus liliis. Acervus tritici vallatus liliis est abundantia boni operis, quæ sola perpetuæ lucis colligitur in ventre memoria. In tritico multiplicatio boni operis, in liliis castitas exprimitur. *Duo ubera tua.* De hoc versu superius dictum est. Duo ubera tua, doctores sunt utriusque populi, *hinnuli gemelli* propter unam concordiam. *Collum tuum sicut turris.* Item in collo doctores designati sunt, qui turri eburneæ propter firmitatem et pulchritudinem comparantur, qui civitati Dei et robur et decus præstant. *Oculi tui,* id est provisores tui, *sicut piscinæ in Hesebon,* id est abundantes in sapientia. Hesebon civitas est, quæ dicitur *cingulum mœroris.* Sicut piscinæ adaquant totam civitatem, ita prædicatores adaquant mentes fidelium, qui mœrore cincti sunt, id est jejunio et cæteris laboribus, *quæ sunt in porta,* scilicet in introitu, *filiæ multitudinis,* id est fidelium tendentium ad multum, id est ad Deum. Item oculi Ecclesiæ doctores, propter providentiam, sicut collum propter nutrimentum. Et recte piscinæ comparantur, quia doctrinæ fluenta suis auditoribus præbere non cessant. *Nasus tuus sicut turris Libani.* Item in naso verbi Dei dispensatores causa discretionis designantur. Turris, quia eminentissimum locum obtinet in Ecclesia, *quæ respicit contra Damascum,* id est sanguinarios et impios, quia Damascus sanguinem bibens interpretatur.

VERS. 5-9. — *Caput tuum ut Carmelus, et comæ capitis tui sicut purpura regis juncta canalibus.* In capite mens designatur, in comis cognitiones, et sicut capite membra, ita mente cogitationes reguntur, ut in Carmelo, id est in sublimibus et in passione Christi quæ nomine purpuræ exprimitur, versentur. Canales sunt præcordia sanctorum, in quibus tales cogitationes versantur. *Quam pulchra es,* id est spiritualibus virtutibus! *Statura tua,* id est rectitudo operationis bonæ semper ad victoriam tendit; uberibus doctores propter lac primæ eruditionis comparantur, et hortis æquantur propter mysteria dulcissimæ æternitatis, *Dixi: Ascendam in palmam.* Aperte enim victoriosissima crux palmæ comparatur, in quam Christus ascendens, apprehendit fructum, id est dona, quæ largitus est sanctæ Ecclesiæ. Igitur ex illo tempore Christo vineæ germinavit, id est sancti doctores, quæ majori scientia et gratia post crucem et resurrectionem Salvatoris abundabant. *Et odor oris tui sicut malorum; guttur tuum sicut vinum optimum.* In gutture vox præsentis doctrinæ, in odore fama absentis designatur, id est apostolis prædicatoribusque maximis dedit ad medicandum, et non alteri cui totam curam servitutis et dilectionis impendit.

VERS. 10-13. — *Ego dilecto meo subdita sum, et ad me conversio ejus,* me solam diligit et adjuvat ne deficiam in via. *Veni, dilecte mi, egrediamur, in agrum, commoremur in villis,* quia nullatenus Ecclesia ad bonum operandum egrediendo procedere, vel in exercitio bonum operandi persistendo commorari, vel saltem ad propositum bene agendi assurgere, vel animos auditorum suorum quantum profecerint, discernere sufficit, nisi gratia Dei, qui dixit: *Ecce ego vobiscum sum,* etc. (*Matth.* XXVIII, 20.) Item in agris Christiani, in villis pagani, in vineis Ecclesiæ, in floribus fides, in fructibus virtutes, in malis punicis martyres designantur. *Ibi dabo tibi ubera mea,* id est parvulorum meorum pædagogos, quia in his omnibus proficiunt doctores sancti. *Mandragoræ dederunt odorem in portis nostris.* Mandragoræ propter multimoda medicaminum genera sanctorum virtutibus comparantur. Portæ Ecclesiæ doctores sunt sancti. In hujuscemodi portis mandragoræ dant odorem, cum principales quique ex se virtutum palmam emittunt. *Omnia poma nova et vetera, dilecte mi, servavi tibi:* Poma nova et vetera, præcepta sive promissa sunt Novi et Veteris Testamenti, quæ omnia ad ejus gratiam refert Ecclesia.

CAPUT VIII.

VERS. 1-3. — *Quis mihi det, te fratrem meum?* Vox ista sanctorum antiquorum sperantium adventum Christi in carne. *Sugentem ubera matris meæ,* id est in Synagoga nasci ac nutriri, juxta humanæ conditionis naturam. *Ut inveniam te foris.* Intus erat dilectus, dum in *principio erat Verbum* (*Joan.* I, 1), foris, dum *caro factum est* (*ibid.*, 14). *Et osculer eum,* id est facie ad faciem videbo, et ore ad os loquar. *Et jam nemo despiciat me.* Ante adventum Christi intra angustias Judææ tantum fuit Ecclesia, post ascensionem in toto mundo. *Apprehendam te, et ducam in domum matris meæ,* in devotione venientem excipiam, et peracta carnis dispensatione redeuntem in domum matris meæ, ubi est cœlestis Jerusalem mater nostra. *Ibi me docebis.* Facies me potiora sperare, quam in lege habuissem. *Et dabo tibi poculum ex vino condito,* id est ferventem amorem variis virtutum pigmentis ornatum. *Et mustum granatorum meorum,* id est gloriosorum martyrum, sanctorum triumphum, qui per ferrum flammasque non te transire non dubitant. *Læva ejus sub capite meo, et dextera illius amplexabitur me.* Læva Incarnationis dona designat, et dextera gaudia futura sanctorum cum Christo exprimit.

VERS. 4, 5. — *Adjuro vos, filiæ Jerusalem. Quæ est ista quæ ascendit de deserto, affluens deliciis?* Vox synagogæ mirantis quomodo Ecclesia *de deserto* gentilitatis in sponsi amplexus ascendisset, *deliciis affluens,* id est omnium donorum pulchritudine, *innixa super dilectum suum,* id est omnia quæ habet ad gratiam dilecti referens, in eum, quem illi mihi soli imitando proposui. *Sub arbore malo suscitavi te.* Respondet pro sponsa Synagogæ ipse sponsus. Sub arbore crucis a perpetua morte revocavi te. *Ibi corrupta est mater tua,* ibi violata est genitrix tua, id est major pars plebis Christum negando, et Barabbam eligendo, ad crucem reprobata est.

VERS. 6-8. — *Pone me ut signaculum super cor tuum ut signaculum super brachium tuum,* Signa brachio vel digito ob memoriam cujuslibet rei ligamus. Per cor cogitatio, et per brachium designatur operatio. *Quia fortis est ut mors dilectio, dura sicut infernus æmulatio.* Fortis est usque ad mortem mea dilectio in te, o Synagoga, sed tua æmulatio dura in me fuit sicut infernus, sed verte æmulationem in dilectionem, et eris mihi sponsa et soror et amica. *Lampades ejus, lampades ignis atque flammarum,* dilectionis lampades corda sunt fidelium. Ignis propter fervorem cordis, flammarum propter efficaciam operationis. *Aquæ multæ non potuerunt exstinguere charitatem, neque flumina obruent illam.* Aquas multas et flumina, tentationum dicit incursus. *Si dederit homo omnem substantiam domus suæ pro dilectione, quasi nihil despiciet eam.* Sancti vero totam substantiam pro dilectionis magnitudine, quasi nihil despiciebant. *Soror nostra parvula et ubera non habet. Quid faciemus sorori nostræ, in die quando alloquenda est?* Prima nascentis Ecclesiæ de gentibus tempora designat, quando adhuc et parva fuit, et minus idonea prædicare verbum. Quasi sponsus Synagogæ dixisset de ea: *Quid faciemus sorori nostræ, in die quando alloquenda est?* Ac si aperte dicat: Parva quidem numero est Ecclesia gentium, et necdum verbi mysterium sufficit subire.

VERS. 9. — *Si murus est, ædificemus super eum propugnacula argentea.* Ac si diceret: Si aliquos in se fortes habet, vel claros ingenio, vel philosophia instructos, addemus illis propugnacula argentea, id est scientiam divinarum Scripturarum. *Si ostium est, compingamus illud tabulis cedrinis.* Si sunt simplices, tamen studio docendi inhiantes, proponamus illis exempla priorum justorum. Cedri virtutes sanctorum, et tabulæ latitudinem charitatis designant. Ad hæc ipsa respondet:

VERS. 10. — *Ego murus.* Ego de vivis compacta sum lapidibus. *Ubera mea sicut turris, ex quo facta* sum coram ipso quasi in pace, id est doctores habens fortissimos ceu turris, et qui parvulos nutrire sciant. *Vinea fuit pacifico in ea, quæ habet populos.* Vinea, id est catholica Ecclesia fructu abundans fidei fuit pacifico, id est Christo, qui omnia pacificavit. *Tradidit eam custodibus* prophetis, vel apostolis, vel angelicis dignitatibus. *Vir affert pro fructu ejus mille argenteos,* id est in retributione æterna hujus vineæ affert mille argenteos, id est pro acquisitione regni cœlestis cuncta quæ mundi sunt relinquit.

VERS. 11-12. — *Vinea mea coram me est.* Vox sponsi. Verum etsi de aliis commendem custodibus, tamen te semper habeo in mea præsentia, videns et remunerans laboris tui devotionem in omnibus. *Mille tui pacifici.* Mille, subauditur argentei, quasi dixisset : Qui pro amore meo cuncta sua dimittunt in pace habeant reservata ; signans simpliciores in Ecclesia, qui omnem suam substantiam millenario numero designatam, pro charitate Dei amittant. *Et ducenti his qui custodiunt fructus ejus,* id est argentei, his qui custodiunt fructus ejus, qui sunt doctores sancti, qui omnia mundi dimittunt, et in verbo prædicationis laborare non cessant, in duplici remuneratione, quæ centenario numero designatur, donantur.

Quia locutio nostra finienda est, hoc ultimum vale a me audite. Semper in hortis habita virtutum, et scito quod amici, id est angelici spiritus, et animæ sanctorum semper te considerant, et tuo gaudent profectu.

VERS. 13, 14. — *Fac me audire vocem tuam,* id est vox prædicationis, quantum vales, semper audiatur a me. Ad hæc sponsa respondet : *Fuge, dilecte mi, et assimilare capreæ hinnuloque cervorum super montes aromatum.* Ac si aperte dicat, quoniam in carne apparens, præcepta ac dona vitæ mihi defers, nunc his peractis revertere in sinum patris. O mi dilecte assimilare capreæ hinnuloque cervorum super montes aromatum. Et hoc mihi sit solatium, quia continua visione nequeo te cernere, saltem crebra visitatione me consolari memento.

Explicit expositio in Cantica canticorum.

Hunc cecinit Solomon mira dulcedine librum,
Qui tenet egregias sponsi sponsæque camœnas :
Et thalami memorat socios sociasque fideles.
Has, rogo, mente tua, juvenis, mandare memento.
Hæc tibi vera canunt vitæ præcepta perennis,
Quibus ille tuis male frivola falsa sonabit.
Ecclesiæ et Christi laudes hic inde canentes : [nis.
Cantica sunt, minui [magni] falsi hæc meliora Maro-

HONORII AUGUSTODUNENSIS
OPERUM PARS TERTIA
LITURGICA

GEMMA ANIMÆ

SIVE

De divinis officiis et antiquo ritu missarum, deque horis canonicis et totius annis solemnitatibus.

(*Bibl. Patr.* XX, p. 1046, ex edit. Melchioris Lotteri, Lipsiensis urbis typographi, anno 1514 data.)

FRATRES HONORIO SOLITARIO.

Agmen (114) *in castris æterni regis excubans, sub impetu vitiorum undique irruentium desudans, idoneo instructori armorum laureari in triumpho vitiorum, divinorum sacramenta officiorum scire volentibus. Sed partim penuria librorum, partim multimodorum occupatione negotiorum, minime valentibus, rogamus te, quemadmodum in multis aliis, ita et in hoc negotio nobis velis stylo prodesse.*

RESPONSIO HONORII.

Postquam, Christo favente, pelagus Scripturæ prospero cursu in summa totius transcurri, atque naufragosam cymbam, per syrtes et piratas multo sudore evectam, vix ad optatum littus appuli, rursus habitatores Sion me in fluctus cogitationum intruditis, et nec vires recolligere, nec navis armamenta reficere sinitis. Dicitis enim nunc tempus esse laborandi, postea requiescendi ; nunc tempus seminandi, postmodum fructus percipiendi : hac spe coactus sum onus vires meas excedens subire. Patiens vos orationibus me ad iter expedire, quatenus pondere peccatorum deposito ad desideratum quietis portum liceat fixa anchora pervenire. Vestra itaque jussione funes verborum a portu otii solvo, quassatam naviculam styli procellis meditationum impello,

---

(114) Joan. Trithemius hoc laudans principium, auctorem confirmat, stylusque indicat, cæteris ejus opusculis respondens.

vela sententiarum distendens vento, spem seminis committo. Ipse autem secundum cursum tribuat, qui nutu mare ventosque tranquillat.

Honorii præfatio in Gemmam animæ.

Plerosque vesania captos piget me mente considerare, quos non pudet abominanda poetarum figmenta ac captiosa philosophorum argumenta summo conamine indagare, quæ mentem ideo abstractam vitiorum nexibus insolubiliter solent innodare, religionem autem Christianæ professionis penitus ignorare, per quam animam liceat perenniter cum Deo regnare. Cum sit summæ dementiæ jura tyranni velle scire, et edicta summi imperatoris nescire, atque ea quæ quotidie necessario facias non intelligere. Porro quid confert animæ pugna Hectoris, vel disputatio Platonis, aut carmina Maronis, vel neniæ Nasonis, qui nunc cum consimilibus suis strident in carcere infernalis Babylonis, sub truci imperio Plutonis. Dei autem sapientia maxima gloria hunc cumulat, qui prophetarum et apostolorum facta et scripta investigando jugiter ruminat, quos nunc in cœlestis Hierusalem palatio cum rege gloriæ exsultare nemo dubitat. Sapientum namque judicio tantum differt a non intelligente intelligens, quantum a cæco videns. Qui enim non intelligit quæ agit, est ut cæcus, qui nescit quo vadat; et ut Tantalus in mediis undis siti deperit. Et licet simplicitas fidelium Deo nostro placeat, tamen intelligentiam sapientum quantum lucem præ tenebris approbat. Ob hanc causam ut jussistis, libellum *De divinis officiis* edidi, cui nomen *Gemma animæ* indidi. Quia videlicet veluti aurum gemma ornatur, sic anima divino officio decoratur.

LIBER PRIMUS.

DE MISSÆ SACRIFICIO ET DE MINISTRIS ECCLESIÆ.

Cap. I. — *Dicendorum summa libris quatuor.*

In primis ergo *De missa*, per quam nobis vita redditur, et de Ecclesia, in quo agitur, et de ministris Ecclesiæ, per quos celebratur, videamus. Deinde *De* (reliquis) *Horis*, quæ sunt debitum nostræ servitutis, edisseramus. Tertio *De solemnitatibus anni* dicamus. Quarto *De concordia officiorum* rite subjungamus.

Cap. II. — *De missa.*

Missa quatuor causis nomen accepit: duabus a legatione, et duabus a missione. *Missa* quippe dicitur legatio: 1° Quia in ejus officio nobis legatio Christi repræsentatur, qua pro humano genere patris legatione fungebatur. 2° Item missa legatio dicitur, quia in ea sacerdos pro Ecclesia ad Dominum legatione fungitur. A *missione, missa* dicitur: 1° Quia populus, qui quasi ad judicium convenit, peracta causa a judice dimittitur. 2° Item a missione dicitur, quia populi conventus, qui ad Vesperam, et ad Matutinas quasi jure tenetur, celebrato sacrificio dimittitur.

Cap. III. — *De primo officio.*

Missa autem in septem officia distinguitur. In primo quorum Christi legatio agitur, quam Moyses præfigurasse cognoscitur, qui Deus gentilium, papa sacerdotum, rex populorum legitur. A Deo namque Deus Pharaonis, propheta Aaron sacerdotis, dux populi constituitur. Hic legatione Dei in Ægyptum fungitur, a senioribus et populo suscipitur, populum dispersum congregat, Ægyptum signis perdomat, oppressos a tyranno de dura servitute liberans, de Ægypto educit, in terram promissionis inducit. Sic Christus Deus deorum, sacerdos sacerdotum, a rex regum, legatione Patris in mundum fungitur, ab angelis et pastoribus pastor, Ecclesiæ typum excipitur gerentibus. Qui filios Dei, qui erant dispersi, in unam fidem congregat, mundum variis signis subjugat. Oppressos a diabolo liberans de inferno educit, in patriam paradisi inducit. Hoc totum repræsentat nobis processio episcopi, qui gerit figuram Christi.

Cap. IV. — *De processione episcopi.*

Postquam campanæ sonaverint, pontifex ornatus procedit, quem septem acolythi cum luminibus præeunt, post quos septem subdiaconi cum plenariis incedunt. Item post hos septem diaconi gradiuntur, quos duodecim priores sequuntur. Post hos tres acolyti cum thuribulis vadunt, qui incensum gerunt. Post quos Evangelium ante episcopum fertur, quod ipse inter duos ambulans sequitur, cumque principes cum populo comitantur. Qui, dum chorum ingreditur, a cantoribus cum versu, *Gloria Patri*, excipitur. Quibus ipse pacem porrigit, deinde ad altare vadit, finito cantu orationem dicit, et tunc sedere pergit. Quidam de ministris cum eo sedent, quidam ei assistunt : hoc quasi præsentiam Christi nobis exhibet.

Cap. V. — *De campanis significatio.*

Campanæ sunt prophetæ. Campanæ sonabant, quia prophetæ Christi adventum prænuntiabant. Pontifex templum ingreditur, et Christus hunc mundum, id est Ecclesiam, ingreditur. Episcopus de sacrario ornatus procedit, et Christus de utero virginis decore indutus tanquam sponsus de thalamo processit. Diaconi, et subdiaconi, et acolythi, qui episcopum præcedunt, designant prophetas, et sapientes, et scribas, qui adventum Christi in carne mundo nuntiaverunt. Diaconi prophetas significant, qui Christum jam venisse, et adhuc venturum populo praedicant, et ex Evangelio futuram vitam nuntiant. Subdiaconi cum plenariis sapientes praeferunt, qui plenitudinem Divinitatis in Christo corporaliter retulerunt. Sapientia, id est subdiaconi vadunt in medio adolescentularum tympanistriarum, ut doceant, quem tympanistae laudare debeant. Tympanistae sunt cantores laudes resonantes. Adolescentulae sunt, novae Ecclesiae Deum laudantes edomita carne. Acolythi cum luminibus typum Scribarum gerunt, qui lumen scientiae Scripturas exponendo fidelibus ministraverunt. Qui ideo singuli septem decernuntur, quia per septem dona Spiritus sancti sacramenta missae perficiuntur. Priores cum capellanis, qui eos sequuntur, duodecim apostoli accipiuntur. Tres acolythi, qui thuribula cum incenso ferunt, sunt tres magi, qui munera nato Christo obtulerunt. Evangelium ante episcopum portatur, quia per doctrinam Christi nobis via ad vitam paratur. Episcopus a duobus deducitur, et Christus a duobus Testamentis per prophetas et apostolos mundo invehitur. Turba populi episcopum comitatur, quia Christum populus fidelium ad coelestia sequi conatur. Dum praesens officium agitur in Ecclesia non sedetur, quia labori Christi deputantur qui ad cultum Dei vocantur.

Cap. VI. — *De curru Dei.*

Interim dum chorus cantat, episcopus quasi in curru vectus ad solemnitatem vadit, quia currus Dei decem millibus multiplex legitur, et comitatus episcopi decem ordinibus distinguitur, scilicet : Primus ordo, sunt ostiarii; secundus, lectores; tertius, exorcistae; quartus, acolythi; quintus, subdiaconi; sextus, diaconi; septimus, presbyteri; octavus, cantores; nonus, laici; decimus, feminae. Ita Christus mundum intravit, dum prophetarum chorus cecinerunt, curru Scripturae vectus, sanctorum ordinibus comitatus. Cantores venientem episcopum cum *Gloria Patri* excipiunt, et angeli Christum advenientem cum *Gloria in excelsis* susceperunt. Duo chori laudes concinunt, quia duo populi scilicet Judaei et gentiles Christo advenienti cum laudibus occurrerunt. Per cantum *Introitus,* accipitur laus Ecclesiae de Judaeis; per *Kyrie eleyson* vero laus Ecclesiae de gentibus. Per *Gloria in excelsis* autem utriusque concors laudatio in fide Trinitatis pro adipiscenda aequalitate angelicae dignitatis. Per introitum quoque ordo patriarcharum nobis repraesentatur, per quos Christus venturus praefigurabatur. Per versum propheticum ordo prophetarum insinuatur, per quos Christus nasciturus pronuntiabatur. Per *Gloria Patri* ordo apostolicus commemoratur, per quos Christus jam venisse praedicatur, a quibus et Trinitas Ecclesiae insinuatur. Per introitum secundo repetitum ordo doctorum notatur per quos Christus adhuc venturus ad judicium narratur. Porro per *Kyrie eleyson* diversarum linguarum populi declarantur, a quibus Christus in *Gloria in excelsis* cum angelis collaudatur.

Cap. VII. — *Ingressus episcopi quid significet.*

Episcopus ingrediens pacem clero porrigit; quia Christus mundum ingrediens pacem humano generi attulit, quam in primo parente amisit. Deinde sanctuarium intrat, inclinans coram altari orat, confessionem faciens. Indulgentiam implorat, quia Christus Hierusalem passurus intravit, pro nobis lavandis se in mortem inclinavit; in coena Patrem pro Ecclesia oravit, poenitenti et confitenti Petro, vel latroni, deinde omni populo perfectam donavit. Post hoc duos sacerdotes osculatur, quia per Christum lapidem angularem duo parietes in una fide copulantur. Deinde caeteris ministris a dextra pacem dabit, quia Christus pacem his qui longe, et his qui prope praedicavit, et ab Oriente et Occidente veniens in vinculo pacis sociavit. Altare et Evangelium osculatur, quia passione *Christi* homines angelis in pace sociantur. Per *altare* namque Judaei, per *Evangelium* gentes denotantur. Post haec thuribulum accipiens, altare thurificat in figura angeli qui in Apocalypsi cum aureo thuribulo altari astiterat, de quo fumus aromatum in conspectu Domini ascendebat. Quia Christus magni consilii angelus in ara crucis se pro nobis obtulit, cujus corpus thuribulum Ecclesiae fuit. Ex quo Deus Pater suavitatem odoris accepit, et propitius mundo exstitit. Fumus aromatum, orationes sanctorum sunt, quae super aram Christum, per charitatis ardorem, vel illuminationis Spiritus sancti carbones incensi ad Deum ascendunt. Deinde altare osculatur; quia Christus pro nostra pace in ara crucis immolabatur. Deinde *Gloria in excelsis* incipit, et chorus concinit; quia Christus per mortem suam gloriam angelorum hominibus restituit, in qua sanctorum populus laetabundus laudes perstrepit. Deinde ad populum se convertens, *Pax vobis* dicit, quia Christus a mortuis resurgens, pacem Ecclesiae reddidit, suisque *Pax vobis* dixit. Deinde in dextera parte orationem dicit; quia Christus jam de morte ad vitam transiit, nosque de exsilio in patriam transtulit. Oratio autem illam benedictionem significat, qua coelos ascensurus suos benedicebat. His peractis, episcopus sedere pergit; et Christus, omnibus rite peractis, coelos ascendit, et in dextera Patris sedens quiescit. Quidam cum episcopo sedent, quidam ei assistunt. Quia quidam electi nunc cum Christo requiescunt, plurimi adhuc in labore ei hic serviunt.

Cap. VIII. — *Quid cereostata significent.*

Episcopo ascendente ad sedem, cereostata mutantur de locis suis in ordine unius lineae, excepto primo, usque ad altare. Per cereostata varia dona sancti Spiritus exprimuntur, per lineam unam, unitas Spiritus sancti in singulis donis denotatur. A primo incipit, quia Spiritus sanctus a Christo procedit usque ad altare, id est ad corda electorum pervenit.

CAP. IX. — *Quid ministri designant.*

Diacones, qui episcopum præcedentes altare osculantur, designant justos, qui ante Christi adventum pro veritate patiebantur. Deinde post episcopum erecti stabunt; quia plurimi Christi vestigia sequentes pro eo mortem subierunt. Quidam a dextris, quidam a sinistris stant; quia dextra contemplativam; sinistra activam vitam significat. In dextra stantes sunt, in contemplativa vita Christo ministrantes. In sinistra consistentes, sunt in activa vita Christo servientes. Duo diaconi vicissim vadunt altrinsecus osculari latera altaris; quia Christus misit binos discipulos ante faciem suam in omnem civitatem. Osculum eorum significat, ut intrantes dicunt : *Pax huic domui;* altare, corda electorum. Postea revertuntur ad episcopum; et discipuli reversi sunt ad Christum nuntiantes opera signorum. Quot diacones, tot subdiacones, et acolythi esse debent. Septem diacones ideo sunt, quia apostoli septem diacones in ministerium elegerunt. Et quia septem dona Spiritus sancti sacramenta missæ conficiunt; ideo etiam septem diacones ministrant, quia septem discipuli post resurrectionem in piscando laborabant, quos ad prandium invitabat. Per septem subdiacones, septem columnæ domus sapientiæ accipiuntur. Per septem acolythos, septem lucernæ tabernaculi, vel septem candelabra in Apocalypsi intelliguntur. Si quinque diacones ministrant; tunc hos quinque designant, qui Domino in resuscitatione puellæ adfuerant (*Marc.* v). Quinque autem subdiacones serviunt, quia hæc sacramenta quinque partes Scripturæ docuerunt. Vetus enim Testamentum in *legem et prophetas* dividitur : Novum in Actus apostolorum et Epistolas eorum, et prophetiam Apocalypsis partitur. Quinque acolythi sunt, quia quinque libri Moysi hæc mysteria testificati sunt. Tres diacones si ministrant, significant tres apostolos qui Domino in monte transfigurato aderant. Tres subdiacones sunt, quia lex et psalmi et prophetæ hæc sacramenta prædixerunt. Tres acolythi serviunt, quia *fides, spes et charitas* hæc mysteria perficiunt. Unus diaconus si ministrat, illum adolescentem qui Domino in passione adhæsit, scilicet Joannem, significat, quando rejecta sindone (*Marc.* xiv) nudus profugit; per unum quoque diaconum designatur Stephanus, qui solus sua morte Christo est consecutus.

CAP. X. — *Quid subdiaconus designat.*

Unus subdiaconus servit, quia universitas Scripturæ hoc sacramentum docuit. Ab uno acolytho servitur, quia in unitate tantum Ecclesiæ hoc sacramentum conficitur.

CAP. XI. — *Quid acolythi designant.*

Acolythi usque ad *Kyrie eleyson* lumina tenent, quia doctores, illuminatores Ecclesiæ, verbo et exemplo lumen fidelibus præbere debent, quoadusque ipsi Domini moribus invocare incipiant, et Christum veram lucem omnem animam illuminare cognoscant. Septem cerei sunt septem dona spiri-

tus sancti. Cereus in medio stans est Christus. Deinde luminaria ordinatim versus episcopum disponuntur; quia septem dona Spiritus sancti per Christum Ecclesiæ distribuuntur. Acolythus, qui fert thuribulum, designat Joseph qui undique circumtulit Christum : significat etiam Paulum apostolum, qui prædicando Christi odorem portavit per totum mundum. Sex, vel quatuor, vel duobus ministrare non licet, quia par numerus dividi potest, et Ecclesia scindi non debet, et ideo *numero Deus impare gaudet* (VIRG., *Eclog.* VIII, 75).

CAP. XII. — *De thuribulo.*

Thuribulum namque significat corpus Dominicum; incensum, ejus divinitatem; ignis, Spiritum sanctum. Si est aureum, signat ejus divinitatem omnia præcellentem; si argenteum, demonstrat ipsius humanitatem omnium sanctitate nitentem; si cupreum, declarat ejus carnem pro nobis fragilem; si ferreum, insinuat ejus carnem mortuam in resurrectione mortem superantem. Si quatuor lineas habet thuribulum, significat quatuor elementis constare corpus Dominicum, quod quatuor virtutibus, prudentia, fortitudine, justitia, temperantia fuit plenum. Quinta linea, quæ thuribulum abinvicem separat, designat animam Christi, quæ se morte a corpore sequestraverat. Si autem tribus lineis continetur, significat quod humana caro, et anima rationalis, et verbi divinitas una persona Christi efficitur, quarta quæ partes dividit, est potestas quæ animam pro ovibus in morte posuit. Si vero tantum una linea sustentatur, designat quod ipse solus absque sorde a virgine generatur, et solus *liber inter mortuos* (*Psal.* LXXXVII) prædicatur. Circulus, cui hæc omnia innectuntur, est divinitas a qua hæc omnia continentur, cujus majestas nullo termino clauditur.

CAP. XIII. — *De Ecclesia, et secundo officio.*

In superiori officio de capite nostro *Christo.* In sequenti vero de corpore ejus *Ecclesia* agitur. Quam Maria soror Moysi præfigurabat, quæ populo liberato præcinebat, et turba canticum respondebat. Sic, Christo residente, lector Epistolam in pulpito recitat et chorus cantum resonat; quia, Christo in cœlis residente, doctorum ordo Scripturam mundo intonuit, et omnis ubique populus laudem Christo sonuit. Altior locus ponitur episcopo, ut superintendat, et tanquam populum custodiat, ut vinitori locus sit ut vineam custodiat. Sic Dominus in alto cœlorum sedens custodit currum suum, id est civitatem suam, videlicet Ecclesiam.

CAP. XIV. — *De subdiacono.*

Subdiacono legente, solemus sedere. Lectio, est prædicatio; sessio et auditorum responsio, credentium confessio. Lectores et cantores sunt Domini negotiatores. Subdiacono Epistolam legente, cerei verso ordine ab oriente in occidentem portantur, quia lumen doctrinæ ab Oriente in Occidentem, id est per totum orbem per apostolos diffundebatur. Per *Graduale,* conversio Ecclesiæ de Judæis intelligitur, per *Versum*, conversio de gentibus accipitur. Per *Alleluia* utriusque in fide lætitia exprimitur. *Sequentia*, cantum victoriæ designat, qua justorum animæ in Deo vivo pro sua liberatione exsultant, sicut filii Israel pro sua ereptione canticum victoriæ canebant. Unde quidam longam pneumam cum organis jubilant, quæ *jubilum* vocatur ; quia plausum victorum lætantium imitantur.

Cap. XV. — *De episcopo.*

Episcopus a dextris altaris sedens, versa facie ad chorum laborantes intuetur, quia Christus a dextris Dei sedens versa facie ad Ecclesiam singulorum corda intuetur, et pro se laborantes remunerari pollicetur : unde dum Stephanus (*Act.* vii) pro eo laboravit, ad adjuvandum eum surrexit.

Cap. XVI. — *De cantoribus.*

Cantores qui choros regunt, sunt apostoli qui Ecclesias laudes Dei instruxerunt. Hi qui *Graduale* cantant, significant eos qui in activa vita Christo serviunt. In gradibus cantantes stabunt, quia justi de virtute in virtutem in scala charitatis ibunt. Qui *Alleluia* cantant, designant eos qui in contemplativa vita Christum laudant. Hi cantantes altius consistunt ; quia tales in celsitudine virtutum cœlestia contemplando scandunt. Sequentiam chori alternatim jubilabunt, quia frequentiæ angelorum et hominum in domo Dei Dominum in sæculum sæculi laudabunt.

Cap. XVII. — *De servo arante.*

Legitur in Evangelio de servo arante, quod, peracto opere de agro, domum redeat, et post servitium Domino suo impensum ad convivium recumbat (*Luc.* xvii). Ager Dei sunt corda fidelium, servus arans est ordo prædicantium ; per lectorem Epistolæ doctores exprimuntur, qui agrum Dei prædicando coluerunt ; per responsionem, fideles qui per bonam operationem respondentes fructum justitiæ protulerunt. Aratrum, est nostrum servitium. Boves hinc inde trahentes sunt utrinque totis viribus Domino canentes. Præcentor qui cantantes manu et voce incitat, est servus qui boves stimulo minans dulci voce bobus jubilat. Lector, legem Domini dat auditoribus qui nuper vocati sunt per officia cantorum in schola Dei ad nuptias. Schola, dicitur vocatio, in qua si quis adhuc surdis auribus cordis torpescat, cantor cum excelsa tuba sonat in aurem ejus dulcedinem melodiæ, ut excitetur. Cantores qui respondent primo canenti, vox est auditorum quasi evigilantium et Dominum laudantium. Versus, est arans servus per dulcedinem modulationis corda carnalium, quæ se aperiunt more sulci in confessione vocis et lacrymarum. Arant qui aratro compunctionis corda scindunt, in lectione pascitur auditor quasi quodammodo bos. Bos ad hoc pascitur, ut in eo opus agriculturæ exerceatur. Bos est prædicator, cantor, quodammodo bubulcus, qui jubilat bobus, ut hilarius aratrum trahant, scilicet instigat canentes, ut lætius canant. Terra scinditur, quando corda auditorum compunguntur. Tales operarii cum de agro hujus mundi redeunt, æternum convivium cum Domino suo ineunt.

Cap. XVIII. — *De figura alia.*

Episcopus tribus horis missæ sedet : scilicet dum *Epistola* legitur, dum *Graduale* et *Alleluia* canitur ; quia Christus tribus diebus inter doctores in templo sedisse legitur. Subdiaconus, qui Epistolam legit, significat Joannem Baptistam qui ante Christum prædicavit. Per Epistolam quippe Joannis prædicatio accipitur ; per Evangelium Christi prædicatio innuitur. Ideo Epistola Evangelium præcedit, quia Joannis prædicatio præcessit. Et, sicut Joannes præcursor Christi memoratur, ita Epistola ante Evangelium, quod est Christi. Præconatur Evangelium in altiori loco quam Epistola legitur, quia Christi prædicatio dignior quam Joannis cognoscitur. Subdiaconus tamen in eodem pulpito, quo et diaconus, legit ; quia omnis populus Joannem Christum esse putavit. *Graduale*, significat vocationem apostolorum, qua se ad Christum converterunt. *Alleluia* vero, lætitiam eorum quam de præsentia Christi et miraculis ejus habuerunt. *Sequentia* vero, animæ eorum jubilationem qua de promissa spe exsultaverunt. Hic Episcopus ministros Ecclesiæ ordinat ; quia et Moyses Aaron, et levitas in ministerium tabernaculi ordinavit, et Christus septuaginta duos ordinavit, quos in prædicatione destinavit.

Cap. XIX. — *De tertio officio.*

In tertio officio ad caput reditur, et prædicatio Christi nobis ad memoriam reducitur. Hoc officium Moyses præfiguravit, quando in montem ad Dominum ascendit, et ab eo tabulas testamenti accepit. Dominusque, cuncto populo audiente, mandata proposuit, et Moyses justitias legis exposuit, et populus se omnia servaturum respondit (*Exod.* xix). Sic diaconus ad episcopum vadit, librum ab altari accipit, Evangelium, in quo divina præcepta sunt coram populo legit. Episcopus sermonem faciens populo ea exponit, et populus per *Kyrie eleyson*, clerus autem per *Credo in unum Deum*, se spondet cuncta servaturum. Qualiter autem hoc per Christum et apostolos sit gestum, breviter est dicendum.

Cap. XX. — *De diacono.*

Per episcopum, repræsentatur nobis Christus ; per diaconum, ordo apostolicus. Diaconus qui legit, est Petrus qui pro omnibus respondet. Episcopus lecturum diaconum benedicit ; quia Christus convocatis apostolis, benedictione eos replevit, dum eis potestatem super omnia dæmonia dedit, et eos regnum Dei prædicare misit (*Luc.* ix). Diaconus Evangelium ab altari accipit, legere pergit, quia *de Sion lex, et verbum Domini de Hierusalem exivit* (*Isai.* ii). In hoc quippe loco, altare Hierusalem designat, in qua apostoli verbum prædicationis a Domino acceperunt, et exeuntes per totam terram prædicaverunt. Diaconus in sinistro brachio librum portat, quia sinistra præsentem vitam significat. Et in hac vita tantum prædicari Evangelium debet ; quia in futura vita nullus doctrina eget, nam omnes a minimo usque ad maximuum Dominum cognoscent. Ab australi parte in ambonem ascendit, quia Christus a Bethlehem, quæ est ad austrum, Hierusalem venit, unde dicitur : *Deus ab austro veniet* (*Habac.* III).

CAP. XXI. — *Quid duæ candelæ designant.*

Duæ candelæ Evangelium præcedunt; quia lex et prophetæ præcesserunt, quæ Evangelium prædixerunt; duo candelabra quæ præferuntur, sunt duo præcepta charitatis, quæ per Evangelium instruuntur. Duo acolythi qui ea portant, sunt Moyses et Elias, inter quos Dominus ut sol in monte fulgebat (*Matth.* XVII; *Marc.* IX; *Luc.* IX). Dum Evangelium legitur, cerei in pavimentum deponuntur, quia umbræ legis, et ænigmata prophetarum per lumen Evangelii ab humilibus intelliguntur. Perlecto Evangelio candelæ exstinguuntur, dum per lucem Evangelii spiritualiter prolatæ intelliguntur. Thuribulum ante Evangelium portatur, quia Christus odor suavitatis in igne passionis pro nobis sacrificatus prædicatur.

CAP. XXII. — *Quid designet, quod Evangelium in ambone legitur.*

Evangelium in alto loco legitur, quia Christus in monte prædicasse perhibetur. Ideo et in sublimi legitur, quia sublimia sunt evangelica præcepta per quæ altitudo cœlorum scanditur. Ante Evangelium lumen ardet, eo quod evangelica doctrina Ecclesiam illuminet, et quia verbum Dei lumen nobis ad vitam præbet. Diaconus secundum ordinem se vertit ad austrum dum legit Evangelium, quia in hac parte viri stare solent quibus spiritalia prædicari debent. Per *viros* quippe spirituales significantur, et per *austrum* Spiritus sanctus designatur. Nunc autem secundum solitum morem se ad aquilonem vertit ubi feminæ stant, quæ carnales significant, quia Evangelium carnales ad spiritualia vocat. Per aquilonem quoque diabolus designatur, qui per Evangelium impugnatur. Per aquilonem enim infidelis populus denotatur, cui Evangelium prædicatur, ut ad Christum convertatur.

CAP. XXIII. — *De signis et salutatione diaconi.*

Diaconus, cum ascenderit in analogium, primum salutat populum per *Dominus vobiscum*, quia apostoli, quamcunque domum prædicaturi intraverunt, primum per *pax huic domui* auditores salutaverunt. Cum *sequentia sancti Evangelii* dicit, signum sanctæ crucis fronti suæ, in qua sedes est verecundiæ imprimit : per hoc se de verbis Domini non erubescere innuit. Qui enim sermones Domini erubuerit, hunc Filius coram Patre et angelis in judicio erubescet (*Luc.* IX). Crux quippe et Evangelium apud incredulos magnæ confusionis fuit opprobrium. Deinde os signat, quia verba Dei se ore confiteri pronuntiat, cum ore confessio ad salutem fiat (*Rom.* x). Exinde cor signat, ut spiritum elationis a se excludat, et ea quæ ore confitetur ad justitiam innotescat. Igitur per cordis signationem, fides verbi accipitur; per oris signationem, confessio Christi intelligitur; per frontis signationem, operatio Evangelii exprimitur.

Deinde clerus et populus se signat. *Gloria tibi, Domine*, conclamat, quia Christum crucifixum se adorare, suis verbis obedire se pronuntiat. Ita, dum apostoli verba Dei prædicaverunt, populi Dominum laudaverunt.

CAP. XXIV. — *De baculis.*

Dum Evangelium legitur, baculi de manibus deponuntur; quia, prædicante Evangelio, legales observantiæ a populo deponebantur. Ex legis quippe præcepto baculos manibus tenebant, qui paschalem agnum edentes ad patriam tendebant. Secundum hunc morem cantores in officio missæ baculos tenere noscuntur, dum verus paschalis Agnus benedicitur : significantes quod hi qui ad æternam patriam et ad festum angelorum cupiunt festinare, esu cœlestis agni, et baculis contra hostes, id est sententiis Scripturarum contra dæmones, se debent defensare. Hos inter Evangelium deponunt; quia cum ad Christum quem Evangelium signat perveniunt, nullis Scripturarum sustentaculis indigebunt. Per baculos, et sacerdotes denotantur per quorum doctrinam infirmi in fide sustentantur, qui baculi in Evangelio deponuntur, quia omnium sacerdotum doctrinæ Christi Evangelio postponuntur. Tunc etiam velamina capitis auferuntur; quia, Christo evangelizante, velamina legis tollebantur. Et nos capita denudamus, quia revelata facie, non in ænigmate, Dominum in Evangelio videamus (*II Cor.* III). Perlecto Evangelio, diaconus revertitur ad episcopum, librum ei offert ad osculandum, quem mox reponit in locum suum; quia apostoli, peracta prædicatione, ad Christum reversi sunt. Scilicet et dæmonia in nomine ejus subjecta retulerunt, quasi librum in locum suum reposuerunt, dum non sibi sed Domino cuncta ascripserunt.

CAP. XXV. — *De sermone.*

Deinde episcopus sermonem ad populum facit, quia postquam Christus populo per apostolos innotuit, ipse omnibus prædicare cœpit. Episcopus populum de pœnitentia, et fide, et confessione instruit, quia Christus pœnitentiam, et fidem in Deum et remissionem peccatorum per confessionem et baptisma docuit. Post hæc populus *Kyrie eleyson*, et clerus *Credo in unum Deum*, cantant ; quia quod diaconus legit, et quod episcopus prædicavit se credere affirmant. Ita postquam Christus et apostoli populum docuerunt, fide recepta, laudes Deo personuerunt. Interim Evangelium cum incenso per chorum defertur, et singulis ad osculandum porrigitur; quia apostoli Christum (odorem vitæ) per mundum portaverunt, et cunctis gentibus per verbum ejus pacem æternam præbuerunt.

CAP. XXVI. — *De quarto officio et de Ecclesia.*

In quarto officio ad corpus Christi id est ad Ecclesiam significatio recurrit, et ejus actionem nobis exprimit. Cujus figuram populus Israel olim præferebat, quando Moysi de monte descendenti diversa dona ad faciendum tabernaculum offerebat, in quo altare fiebat super quod sacerdos sacrificia populi immolabat. Sic episcopo de pulpito descendenti populi diversas oblationes offerunt, pro quibus sacerdos et ministri sacrificium in altari cum cantu immolabunt. Ita Christo ad Hierusalem passuro de monte Oliveti descendenti turba occurrit, palmas floresque cum cantu laudis obtulit, pro quibus ipse se sacrificium in ara crucis obtulit. Pontifex repræsentat Christum, ministri turbam discipulorum. Populi offerentes, sunt illi cum palmis occurrentes; cantores cantantes, sunt Hosanna resonantes.

Cap. XXVII. — *De sacrificio.*

Quidam de populo aurum, quidam argentum, quidam de alia substantia sacrificant. Sacerdos et ministri panem et vinum cum aqua immolant. Qui aurum offerunt, significant magos, qui Domino aurum obtulerunt. Qui argentum offerunt, designant eos, qui pecuniam in gazophylacium miserunt. Qui de aliis rebus sacrificant, sunt hi, qui Domino necessaria, quæ Judas portabat, mittebant. Et hos significant, qui per Paulum et Barnabam apostolis oblationes Hierosolymam transmittebant. Qui panem offerunt, sunt hi, qui spiritum suum in sacrificium laudis Domino impendunt. Qui vinum offerunt, sunt hi, qui animas pro fratribus ponunt. Qui aquam offerunt, sunt hi qui corpus suum pro Christo ad supplicia tradunt.

Cap. XXVIII. — *De tribus sacrificiis*

Primo viri offerunt, qui fortes in Christo designant, quia in primitiva Ecclesia justi (sub persecutoribus dura perpessi) victima Christi occubuerunt. Deinde feminæ sacrificant, quæ fragiliores significant; quia tempore pacis fideles non seipsos sed hostiam laudis Domino immolant. Ad ultimum sacerdotes et ministri offerunt, qui doctores et ductores populi sunt, quia sub Antichristo fideles per diversa tormenta sacrificium vinum se Christo offerunt.

Cap. XXIX. — *De septem sacrificiis legalibus.*

Septem autem sacrificia ab antiquis secundum legem offerebantur, quæ adhuc Christiani imitantur. Ritus namque Synagogæ transivit in religionem Ecclesiæ. Et sacrificia populi carnalis mutata sunt in observantiam spiritualem. Sunt autem hæc : *Legale sacrificium, voluntarium, pro peccato, pro gratiarum actione, dona, vota, holocausta.* Sacrificium *legale* obtulit, qui decimas vel primitias, vel ea quæ lex præcipit, obtulit. *Voluntarium* sacrificium obtulit, qui aliquid de rebus suis Deo sponte obtulit. Sacrificium *pro peccato* obtulit, qui transgresso legis mandato hircum obtulit. Sacrificium *pro gratiarum actione* obtulit, qui pro victoria munus Deo obtulit. *Dona* obtulit, qui aliquid in ornatum templi contulit. *Vota* obtulit, qui in periculo belli constitutus aliquid Deo vovit, quod postea solvit. *Holocausta* obtulit, qui agnum offerens totum in altari incendit. *Holocaustum* namque *totum incensum* dicitur.

Cap. XXX. — *De sacrificio Christianorum.*

Ita Christiani *legale sacrificium* offerunt, dum decimas rerum suarum Deo dabunt. *Voluntarium* offerunt, dum de rebus suis Deo servientibus aliquid conferunt. *Pro peccato* offerunt, dum pro pœnitentia injuncta sacerdotibus, vel religiosis, vel indigentibus aliquid impendunt. *Pro gratiarum actione* offerunt, dum pro dignitate, vel pro aliqua collata gratia Deo quidquam offerunt. *Dona* offerunt, dum in ædificia ecclesiarum, vel in ornatus earum aliquid conferunt. *Vota* offerunt, dum in bello, vel naufragio, vel aliquo periculo positi aliquid vovent, quod liberati Deo et sanctis offerunt. *Holocausta* offerunt, qui sæculum relinquunt et omnia sua vel indigentibus distribuunt, vel monasteriis conferunt. Hæc sacrificia populi offerunt. Sacerdotes autem et ministri Christo instituente panem et vinum offerunt.

Cap. XXXI. — *De sacrificio panis.*

Hoc sacrificium ideo ex pane fit, quia Christus se panem vivum astruxit (*Joan.* vi), quem Scriptura panem angelorum prædixit (*Psal.* LXXVII). Qui panis fit absque fermento, quia Christus fuit sine peccato. Ideo autem panis ex fermento fit, quia Christus se granum frumenti asseruit. Granum autem per trituram de theca sua excutitur contumeliis et opprobriis arefactus, a Judæis, et gentibus, quasi duobus lapidibus, flagellis atteritur, cribratus conspersus compastinatur, dum a suis separatus, sanguine proprio perfusus cruci compingebatur, in qua quasi panis in igne passionis excoctus in immortalitatem mutabatur.

Cap. XXXII. — *De Ecclesia, et significatione.*

Ideo et corpus Christi de pane fit, qui ex multis granis conficitur, quia Ecclesia corpus Christi per illud reficitur, quæ ex multis electis colligitur. Quæ grana, scilicet electi, flagello prædicationis de theca veteris vitæ excutiuntur, pœnitentia arefacti, quasi duobus lapidibus moluntur, dum duabus legibus in scrutinio minutatim imbuuntur. Cribrati, conspersi compastinantur, dum ab infidelibus segregati, aqua baptismatis renati, vinculo charitatis per Spiritum sanctum in fide copulantur, ut panes in clibano excocti in candorem mutantur, dum in camino tribulationis examinati ad imaginem Dei reformantur. Tali modo panis effecti de pane Christi reficiuntur, et hi in æternum non moriuntur.

Cap. XXXIII. — *De sacrificio vini.*

Ideo autem hoc sacramentum de vino fit, quia Christus se vitem dixit, et Scriptura eum vinum jucunditatis asseruit. Uva autem, in prælo duobus lignis expressa, in vinum liquatur, et Christus duobus lignis crucis pressus, sanguis ejus in potum fidelibus fundebatur. Ideo et sanguis Christi de vino conficitur, quod de multis acinis exprimitur, quia per illum corpus Christi Ecclesia recreatur, quæ de multis justis congregatur. Hæc pressuris mundi, quasi in torculari, calcatur, et Christo per passiones incorporatur.

CAP. XXXIV. — *De aqua.*

Ideo autem hoc sacrificium de aqua fit, quia aqua de Christi latere exivit, et Joanni angelus aquas populos esse retulit. Et ideo aqua vino admiscetur, quia populus sanguine Christi redemptus, per aquam baptismatis ablutus, per pastum hujus cibi, et potum hujus vini Christo communicetur. Panis autem hic in carnem convertitur, quia Christus, paschalis Agnus pro nobis occiditur, et caro nostra a morte redimitur. Vinum in sanguinem transit, quia Christus sanguinem fundens, pro nobis animam posuit, et animam nostram quæ in sanguine habitat a peccatis expiavit. Sine aqua autem hoc sacramentum non conficitur, quia solius populi causa hoc mysterium agitur, quia et eo quotidie reficitur.

CAP. XXXV. — *De forma panis.*

Panis vero ideo in modum denarii formatur, quia panis vitæ Christus pro denariorum numero tradebatur qui verus denarius in vinea laborantibus in præmio dabitur. Ideo imago Domini cum litteris in hoc pane exprimitur, quia et in denario imago et nomen imperatoris scribitur, et per hunc panem imago Dei in nobis reparatur, et nomen nostrum in libro vitæ notatur.

CAP. XXXVI. — *Cur quotidie missa canatur.*

Et si enim Christus semel sua morte credentes redemit, hoc tamen sacramentum quotidie ob tres causas Ecclesia necessario repetit : Una est causa ut in vinea laborantes, quotidie eo reficiantur; alia ut hi qui numero fidelium quotidie associantur, per illud Christo incorporentur; tertia, ut memoria passionis Christi quotidie mentibus fidelium ad imitationem inculcetur. Tali autem ordine offertur.

CAP. XXXVII. — *De subdiacono.*

Subdiaconus calicem in sinistra, patenam in dextra, desuper corporale portat, quia subdiaconus in hoc loco Christum, calix passionem, sinistra præsentem vitam, patena crucem, dextra æternam vitam, corporale Ecclesiam significat. Et Christus calicem passionis in præsenti vita bibit, quem prius a se transferri Patrem petiit. Per crucem autem gloriam Patris intravit, cujus passionem Ecclesia imitari non desinit. Corporale multo labore candidatur, et Ecclesia per multas tribulationes Christo conformatur. Subdiaconus noster Christus quasi patenam cum calice portavit, quando crucem ad passionem bajulavit.

CAP. XXXVIII. — *De cantoribus.*

Unus cantor oblatam cum favone, et vinum cum ampulla offert, alter aquam vino admiscendam præbet. Qui vinum offert significat Ecclesiam de Judæis, quæ legis ritum in Christi sacrificium commutavit. Qui aquam offert, Ecclesiam de gentibus, quæ populum gentilem Christo sacrificavit. Hi et duo typum Enoch et Eliæ præferunt, qui Judaicum populum Christo in sacrificium oblaturi sunt. Oblata non nudis manibus, sed favonibus multo labore candidatis offerunt, quia Christi corpus ab his tantum, qui carnem suam vitiis et concupiscentiis crucifi-

gunt, digne suscipitur. Ampulla in qua vinum offertur, significat nostram devotionem, quæ in vasculis cordis portatur. Archidiaconus ad ultimum aquam in calicem fundens episcopo offert, quia Christus, quem diaconus hic signat, Ecclesiam sibi in passione miscuit, Patri in cruce obtulit, et in ultimo corpus capiti consociabit, cum regnum Deo et Patri tradiderit.

CAP. XXXIX. — *De oratione sacerdotis.*

Post acceptum sacrificium episcopus se inclinans coram altaris orationem *Suscipe, sancta Trinitas,* dicit, quia Christus ad pedes discipulorum se inclinans post traditum sacrificium in cœna ante mensam stans orationem ad Patrem fecit. Deinde, *orate* dicit, quia Christus apostolos orare monuit. Dehinc orationem super oblatam secreto dicit, quia Christus in monte Oliveti secreto prolixius oravit, cum ei angelus confortans eum apparuit. Spatium silentii post Offertorium, illud tempus significat, quo Christus ante passionem in Hierusalem latebat, velut paschalis agnus, quem Judæi decima luna reclusum decima quarta luna immolabant.

CAP. XL. — *De Secreto.*

Composito sacrificio sacerdos orationem sub silentio recitat, quia idem sacrificium in sacrificio Patrum absconditum latebat. In agno quippe Abel delitescebat, in ariete Abrahæ pro Isaac se occultaverat. In agno paschali, in vitula rufa, in hirco emissario se celaverat (*Levit.* xvi). Tunc pontifex offert pro populo sacrificium, quia Christus pro Ecclesia obtulit semetipsum. Tunc sacrificium glorificatur, quia Christus odor suavitatis, pro nobis oblatus a Deo acceptatur.

CAP. XLI. — *De Præfatione.*

Sequitur in Præfatione sacrificium angelorum, qui huic sacrificio interesse creduntur. Summo enim Imperatori, ut milites, assistunt, et laudes suo Imperatori concinunt; per ter autem tria distincti Trinitatem sacrificio laudis honorificant, et hostiam jubilationis jugiter imitati immolant. Ideo et hoc sacerdos alta voce cantat, quia sacrificium angelorum, quod est laus, repræsentat.

CAP. XLII. — *De sacrificio angelorum.*

Angeli itaque et archangeli majestatem Dei laudant, dominationes adorant. Potestates et principatus admirando tremunt. Cœli, id est throni, et virtutes jubilant. Cherubim et seraphim dulciter concelebrant. Hoc sacrificium concentus angelorum David et Salomon sunt imitati, qui instituerunt hymnos in sacrificio Domini, organis, et aliis musicis instrumentis concrepari, et a populo laudes conclamari. Unde solemus adhuc in officio sacrificii organis concrepare, clerus cantare, populus conclamare. Sacrificium itaque laudis angeli immolant, dum Spiritus sanctus consonat. Ter *Sanctus* repetitur, quia Trinitas collaudatur, *Dominus Deus* semel dicitur, quia unitas veneratur. Sacrificio angelorum conjungitur sacrificium spirituum justorum, qui Christi humanitatem adorant, et pro humani generis redemptione cantatur : *Benedictus qui venit in nomine Domini.* Hic hymnus partim ab angelis, partim ab hominibus concinitur, quia per Christum immolatum humanum genus angelis conjungitur, laus quippe angelorum est : *Sanctus, sanctus, sanctus, Dominus Deus Sabaoth. Pleni sunt cœli et terra gloria tua. Hosanna in excelsis.* Laus vero hominum est : *Benedictus qui venit in nomine Domini. Hosanna in excelsis.* In hoc cantu se signant, quia signum Christi cui contradicitur se recipere designant.

CAP. XLIII. — *De quatuor ordinibus.*

Notandum quod primo loco masculi offerunt, quia primo tempore patriarchæ suo sacrificio hoc sacrificium pertulerunt. Secundo loco feminæ offerunt, quia secundo tempore Judæi legalibus sacrificiis hoc sacrificium præmonstraverunt. Tertio loco sacerdotes, quia ministri offerunt, quia tertio tempore apostoli ipsum sacrificium exceperunt, et hoc fideles docuerunt, qui quotidie septem suprascripta sacrificia offerunt, quia post hanc vitam angeli cum beatis hominibus in sæculum sæculi Dominum laudabunt.

CAP. XLIV. — *De quinto officio et de pugna Christi.*

Quintum officium alis cherubim velatur. In quo summi pontificis hostia et regis gloriæ pugna repræsentatur. Hoc Moyses præfigurabat, quando in monte extensis manibus orabat, dum Josue, qui et Jesus, cum Amalech pugnabat, devicti regnum vastabat, ac populum cum victoriæ lætitia reducebat. (*Exod.* XVII). Sic Christus in monte crucis, extensisque manibus pro populo non credente et contradicente oravit, et victus, dux cum Amalech, id est cum diabolo, vexillo sanctæ crucis pugnavit, devicti regnum vastavit, Dominus infernum superato maligno hoste spoliavit, populum de tenebris ereptum cum gloria victoriæ ad cœlestia revocavit.

CAP. XLV. — *Mysterium.*

Hoc totum episcopus imaginatur, et quasi tragicis vestibus exprimere conatur. Christum namque in cruce fixum repræsentat, dum expansis manibus Canonem recitat, quasi contra Amalech pugnat (*Exod.* XVII), dum contra diabolum Christi passionem cum signis crucum simulat. Ministri autem quasi acies pugnantium utrinque ordinantur dum diaconi retro episcopum, subdiaconi retro altare locantur. Exercitus cum triumpho regreditur, quia percepta communione ad propria cum gaudio revertitur.

CAP. XLVI. — *De passione Christi.*

In hoc officio agitur Christi passio super crucem chrismatis, altare crux intelligitur in quo corporale in forma corporis Christi distenditur. Corporale de puro lino terræ conficitur, et cum multo labore in candorem vertitur, et Christi corpus de munda Virgine nascitur, et per multas passiones in candorem resurrectionis redditur. Corporale cum complicatur nec initium nec finis ejus apparet, quia Christi divinitas initio caret et finem non habet. Super quod oblata ponitur, quia caro a divinitate suscepta in cruce affigitur. Calix cum vino, et aqua in dextra locatur, quia sanguis cum aqua de latere Christi manasse prædicatur. Cum sacerdos *Hanc igitur oblationem* dicit, se usque ad altare inclinat, quia ibi passio inchoatur, qui se usque ad aram crucis obediens Patri pro nobis inclinaverat (*Philipp.* II). Deinde oblata, vel calix in manu sacerdotis exaltatur, quia Christus pro salute nostra in crucem levatur, et sanguis ejus in redemptionem nostri immolatur. Interim diaconi retro episcopum stantes figuram gerunt apostolorum, qui in passione Domini eo relicto omnes fugerunt. Subdiaconi vero retro altare stantes contra episcopum, aspiciunt mulieres et notos, Jesum præferunt, qui a longe stantes ejus passionem viderunt. Ante altare se sacerdos inclinat, cum *Supplices te rogamus* dicit, quia ibi passio Christi finit, et Christus inclinato capite spiritum emisit. Infra Canonem diaconus manus lavat, quia Pilatus in passione Domini manus lavabat, dum se sic mundum a sanguine ejus, quam manus suas a sorde proclamabat. Sacerdos vocem levat dum *Nobis quoque peccatoribus* dicit, designans quod Ecclesia de Christi latere jam formam in confessione Redemptoris erupit, dum per vocem centurionis sic clamavit : *Vere Filius Dei erat iste* (*Matth.* XXVII).

CAP. XLVII. — *De Joseph.*

Dicente sacerdote *Per omnia sæcula sæculorum*, diaconus venit, calicem coram eo sustollit, cum favone partem ejus cooperit, in altari reponit et cum corporali cooperit, præferens Joseph ab Arimathia, qui corpus Christi deposuit, faciem ejus sudario cooperuit, in monumento deposuit, lapide cooperuit. Hic oblata, et calix cum corporali cooperitur, quod sindonem mundam significat, in quam Joseph corpus Christi involvebat. Calix hic, sepulcrum; patena, lapidem designat, qui sepulcrum clauserat. Tres articuli, scilicet *Oremus*, *præceptis*, et *Pater noster*, et *Libera nos, Domine*, tres dies significant, quibus Christus in monumento quiescebat.

CAP. XLVIII. — *De acolytho qui patenam tenet, quod Nicodemum figuret.*

Acolythus infra canonem patenam involutam tenet, quam hic subdiaconus defert. Subdiaconus præbet archidiacono, quam ipse osculatam uni de diaconibus ad tenendam, et corpus Domini in ea confringendum porrigit. Acolythus qui patenam tenuit, formam Nicomedi gerit, qui myrrham et aloe ad sepulturam Domini attulit (*Joan.* XIX). Porro subdiaconus et archidiaconus cum alio diacono patenam tenenti, tres Marias præferunt, quæ cum aromatibus ad monumentum venerunt. Dum septem petitiones in Dominica oratione dicuntur, diaconi inclinati stant, communione confirmari exspectant; quia apostoli septem hebdomadis post mortem Christi firmari a Spiritu sancto exspectabant. Subdiaconi autem interim quiescunt; quia mulieres in Sabbato, quæ septima dies est, siluerunt.

CAP. XLIX. — *De cruce.*

Hoc sacramentum tantum per crucem fit, quia Christus sacrificium Patris in cruce pependit, et in cruce quadruplum mundum redemit. Sex autem ordines crucum fiunt, quia sex diebus mundus perficitur et senario numero corpus Christi reficitur. Per imparem vero numerum, qui in duo paria non potest dividi, benedicitur; quia corpus Christi permanens non scinditur. Aut enim tres cruces facimus, et fidem Trinitatis exprimimus : aut per quinque signamus, et quinquepartitam Christi passionem denotamus. Per sex ordines cuncta mundi tempora comprehendimus, quæ per crucem Christo unita exprimimus.

CAP. L. — *De primo ordine, et de tribus crucibus.*

In primo ordine, tres cruces facimus ubi *Hæc dona* dicimus, et primum tempus ante legem innuimus, quod tribus interstitiis distinguimus, quia unum ab Adam usque ad Noe, aliud a Noe usque ad Abraham, tertium ad Abraham usque ad Moysen. In quibus justi in fide Trinitatis Christum a longe suis sacrificiis salutaverunt, et multos cruciatus in hac fide pertulerunt. In prima quippe ætate, Abel Christum in agno obtulit, et pro eo cruciatum mortis pertulit. In secunda, Melchisedech Christi carnem, et sanguinem in pane et vino obtulit qui cruciatus bellorum a regibus gentium in fide Christi pertulit. In tertia, Abraham Christum in Isaac sacrificavit, in ariete mactavit, qui variatos cruciatus in hac fide toleravit.

CAP. LI. — *De secundo ordine, et de quinque crucibus.*

In secundo ordine, quinque cruces facimus, ubi *Benedictam, ascriptam* dicimus, et tempus legis exprimimus, quo justi per quinque librorum legis sacrificia Christum expresserunt, et multos cruciatus pro ejus fide pertulerunt. Quinque namque in duas partes, scilicet trinarium, et binarium solvitur; et illud tempus in duo interstitia dividitur. Unum a Moyse usque ad David fuit, alterum a David usque ad Christum exstitit. Per trinarium, judices a Josue usque ad David, et reges a David usque ad captivitatem Babylonis, et principes a Zorobabel usque ad Christum notantur. Per binarium vero sacerdotes et prophetæ significantur, ex quibus Moyses Christum in paschali agno immolavit, qui Apostolo teste multa adversa pro fide Christi toleravit, quem lege prædicavit (*Hebr.* xi); Samuel Christum in David unxit, qui uterque Christum et sacrificiis expressit, et in figura Christi persecutionem a perfido rege Saul pertulit; Elias et alii prophetæ Christum sacrificiis, vocibus, scriptis præmonstraverunt, et pro ejus fide varia supplicia perpessi sunt.

CAP. LII. — *De tertio ordine.*

In tertio ordine panem in manum suscipimus, et benedicimus, et tempus gratiæ innotescimus, quo Simeon Christum jam natum panem vivum in manus accepit, et gaudens benedixit. Deinde calicem levamus, et benedicimus, et tempus cœnæ exprimimus, quo Christus panem et calicem manibus elevavit et benedixit, et inde corpus et sanguinem apostolis tradidit. Unde adhuc cum verba Domini in ordine recitantur, panis et vinum in corpus et sanguinem Domini commutantur.

CAP. LIII. — *De quarto ordine, et de quinque crucibus.*

In quarto ordine, quinque cruces facimus, ubi *Hostiam puram* dicimus. Et illud tempus ad memoriam reducimus, quo Christus quinque vulnera in cruce accepit, et quinque sæcula redemit.

CAP. LIV. — *De quinto ordine, et tribus crucibus.*

In quinto ordine, tres cruces ubi *Omnia bona creas, sanctificas* dicimus, et corpus Christi scilicet primitivam Ecclesiam innuimus, quæ fidem Trinitatis accepit, et multos cruciatus pro Christo sustinuit.

CAP. LV. — *De sexto ordine, et de quinque crucibus.*

In sexto ordine quinque cruces facimus, ubi *Per ipsum* dicimus, et item corpus Christi, videlicet Ecclesiam de gentibus exprimimus, quæ Christi quinquepartitam passionem veneranter excepit, et eam imitando patienter diversa tormenta pertulit.

CAP. LVI. — *De quinque ordinibus crucum.*

Item per quinque ordines crucum, quinque ætates mundi designantur, quæ per crucem et Christi corpus salvantur. Unde et in Canone quinquies *Per Christum Dominum nostrum* dicitur, quia per quinque vulnera Christi mundus redimitur. In sexto ordine calix cum oblata tangitur, quia in certa ætate Christus calicem passionis in cruce pro omnibus bibisse innuitur. Cum *Per ipsum* dicimus, quatuor cruces super calicem cum oblata facimus, quintam lateri calicis imprimimus; quia Christus, quatuor vulnera in manibus, et pedibus, et quintum in latere suscepisse innotescimus. Confecto ergo corpore Christi, labia calicis tangimus, ac per hoc, quod formato primi hominis corpore, Deus spiraculum vitæ in faciem ejus spiravit et mulierem ex eo vivificavit (*Gen.* ii), significamus. Et hoc *Deus, per quem, cum quo, in quo omnia,* in faciem mortui humani generis Spiritum sanctum spiravit, et Ecclesiam ex eo per corpus suum vivificavit. Per quatuor autem partes calix tangitur; quia humanum genus in quatuor mundi partes dispersum, per quatuor crucis partes vivificatum, in fine mundi per Christum ad vitam resuscitatur.

CAP. LVII. *De numero signorum.*

Notandum quod per totum Canonem viginti et tria signa fiunt; quia in Veteri Testamento justi sub decalogo legis; et in Novo Testamento justi per decalogum legis, in fide Trinitatis, hujus sacramenti participes existunt. Tribus autem digitis signa facimus; quia Trinitatem exprimimus. Quod si viginti tria triplicaveris, sexaginta et novem habebis. Porro cum *Pax Domini* dicimus, non cum digitis sed cum oblatæ particula, tria signa super calicem facimus, quæ si superioribus adjeceris, septuaginta duo signa habebis. Profecto hoc significat quod septuaginta duæ linguæ per superbiam dispersæ, per Christi humilitatem sunt in unum congregatæ, per crucem et passionem redemptæ, per corpus et sanguinem ejus ei communicatæ.

CAP. LVIII. — *De septem sacrificiis.*

In Canone septem sacrificiorum actio commemoratur, quibus corpus Ecclesia capiti Christo copulatur. In primis sacrificium innocentum; secundo, apostolorum et martyrum; tertio, confessorum; quarto, religiosorum et continentium; quinto, conjugatorum; sexto, in Christo defunctorum; septimo, in anima mortuorum scilicet pœnitentium. *Te igitur* usque *Communicantes*, sacrificium innocentium notatur, qui se in Christi sacrificium obtulerunt, dum pro eo immolati sunt. A *Communicantes* usque *Hanc igitur oblationem*, sacrificium apostolorum et martyrum repræsentatur. Ubi et nomina illorum recitantur, qui se hostiam vivam Deo obtulerunt, dum sanguinem suum pro eo fuderunt. Ab *Hanc igitur oblationem* usque *Quam oblationem tu, Deus*, sacrificium confessorum commemoratur qui ab hæreticis multa pericula perpessi sunt, et sacrificium laudis Christo jugiter obtulerunt. A *Quam oblationem tu, Deus*, usque *Supplices, te rogamus*, sacrificium religiosorum demonstratur, qui carnem suam vitiis et concupiscentiis crucifixerunt, et sic hostia Christi effecti sunt. A *Supplices, te rogamus* usque *Memento, Domine*, sacrificium conjugatorum declaratur, qui fide et eleemosynis Christi corporis participes efficiuntur. A *Memento, Domine*, sacrificium defunctorum ostenditur qui in confessione Christi migraverunt, et fidelibus associati sunt. Sacerdos Christi mortem repræsentat, cum se ad *Supplices te rogamus* inclinat, et post ejus mortem apte commemoratio defunctorum agitur, qui pro eis mortuus creditur. A *Nobis quoque peccatoribus* usque in finem Canonis, sacrificium pœnitentium exprimitur, qui se lacrymis et pœnitentiæ doloribus Christo in sacrificium mactant, cum se animas suas peccatis occidisse doleant, ut in eo vivificentur, qui pro impiis mortuus prædicatur. Unde et sacerdos ibi vocem exaltat, quia pœnitentes a vocis et cordis gemitu sæpius rugire constat, cum amaros singultus edant. Hos Dominus expressit, cum Lazarum magna voce de monumento vocavit (*Joan.* XI). In hoc etiam capitulo nomina martyrum recitantur, quia pœnitentes variis cruciatibus macerantur. Per hæc septem sacrificia, corpus Christi Ecclesia conficitur, et capiti Christo conjungitur: hoc per *Dominicam orationem* exprimitur, quæ septem petitionibus hæc sacrificia sequitur, quia per orationem, et hoc singulare sacrificium, Ecclesia Christo communicatur.

CAP. LIX. — *De quinque orationibus.*

Oratio autem Canonis ideo in quinque distinguitur quia oratio fidelium per quinquepartitam Christi passionem tantum exauditur. In tribus locis pro prælatis et subjectis oramus; quia Ecclesiam in doctores, continentes et conjugatos discernimus. Quarto loco pro defunctis offerimus. Quinto pro pœnitentibus petimus. Primo loco pro prælatis offerimus, ubi dicimus: *In primis, quæ tibi offerimus pro Ecclesia tua; et tunc papam, et tunc episcopum, et regem nominamus.* Pro subjectis oramus ubi, *Memento, Domine, famulorum famularumque* recitamus. Ubi et nominare possumus quos volumus. Secundo pro prælatis petimus, cum *Hanc igitur oblationem nostræ servitutis* dicimus. Pro subjectis subjungimus, cum *Et cunctæ familiæ tuæ* dicimus. Tertio loco pro prælatis supplicamus, cum *Unde et memores nos tui servi* recitamus. Pro subjectis poscimus, cum *Sed et plebs tua* subjungimus. Pro defunctis sacrificamus, cum *Memento etiam, Domine*, dicimus; ubi et nomina eorum recitare possumus. Pro pœnitentibus offerimus, ubi *Nobis quoque peccatoribus* dicimus. Hæc omnia ideo in Canone commemorantur; quia cuncta in morte Redemptoris reconciliantur.

CAP. LX. — *De sexto officio, et benedictione episcopi.*

Sextum officium, in quo pontifex populum benedicit, Christi descensionem ad inferos exprimit. Hujus rei figuram Moyses gessit, quando moriturus filios Israel benedixit, eductosque de Ægypto in patriam introduci per Jesum, qui et Josue, jussit (*Deut.* XXXI). Hoc et Jacob moriens expressit, qui filios suos benedixit, et de eis futura hæreditate multa prædixit (*Gen.* XLIX). Has utrasque benedictiones Christus complevit; cum moriens ad inferos descendit, populum sedentem in tenebris, et umbra mortis, visitando benedixit, de carcere eductos cœlesti patriæ induxit. Quod episcopus ostendit, dum populum benedicit, moxque eum spirituali cibo reficit. Notandum autem quod semper ternis capitulis benedicit, et omnes quarto scilicet, *quod ipse præstare dignetur*, confirmabit. Quinto vero, reliquis per *benedictionem Dei Patris* concludit, quia nimirum Deus tribus vicibus huic mundo benedixit, quarta reliquis firmavit, quinta benedictione hæreditatem possidere dabit. Primo primis hominibus benedixit, dum eos crescere et multiplicari præcepit, Secundo hominibus benedixit, dum, mundo diluvio deleto, Noe et suos posteros crescere, et multiplicari jussit (*Gen.* IX). Tertio per Abraham, Deus mundo benedixit, cum ei in benedictione Christum repromisit (*Gen.* XVIII). Quarto mundo benedixit, dum Filium suum nobis benedicentem misit, qui cœlos ascensurus suis benedixit, et per Spiritum sanctum reliquos firmavit (*Luc.* XXIV). Quinto mundo benedicet, dum patriam intraturos benedictione ultima sic complet: *Venite, benedicti Patris mei, possidete regnum vobis præparatum* (*Matth.* XXV).

CAP. LXI. — *De septimo officio, et de resurrectione Domini*

Septimum officium, Dominicam resurrectionem insinuat, quando, devicta morte et spoliato inferno, pacem omni mundo dabat; quia jam omnia in cœlis et in terris pacificaverat, et cum suis discipulis comedit, eisque reliquias dedit. Sic pontifex, diabolo per spirituale bellum superato, *Pax vobis* cum dicit, pacem astantibus porrigit, panem cœlestem distribuit. Hoc Jesus, qui et Josue figuraliter protulit, cum Jutroducto populo, a superatis hostibus terram sorte distribuit (*Jos.* xxxii). Pontifex partem oblatæ in calicem mittit, designans quod anima Christi ad corpus rediit.

CAP. LXII. — *De pace Domini.*

Deinde *Pax vobis* dicitur; quia Christus suis apparens : *Pax vobis* (*Joan.* xx) dixit. Pacem porrigit, quia Christus pacem amissam humano generi resurgens reddidit. Propter tres causas pacis osculum datur. Ob unam causam clerus populusque se invicem osculantur; quia homines gratiam Domini sui angelorumque amicitiam per Christum, qui est pax nostra, se promeruisse gratulantur. Alia est causa, quod se per pacis osculum fratres in Christo Dei Patris, Ecclesiæ ministris filios per Christi reconciliationem demonstravit, atque uno pane Christi, qui est Deus pacis, concordiæ et dilectionis relici desiderant. Tertia causa est, quod sicut in osculo caro carni, spiritus spiritui conjungitur; ita omnis homo in necessitate carnis per dilectionem proximi, in necessitate spiritus per dilectionem Dei, diligi præcipitur. Qui non tali pacis osculo fœderati corpus Christi comedunt, ut Judas, judicium sibi per falsam pacem sumunt.

CAP. LXIII. — *De fractione oblatæ.*

Oblata frangitur, quia panis angelorum nobis in cruce frangitur, ut fractio peccatorum nostrorum per comestionem ipsius reintegretur. Papa oblatam non frangit, sed partem ex ea mordet, reliquam in calicem mittit, quia Christus infernum momordit, et inde sumptos in paradisum misit. Diaconus calicem tenet, dum papa sanguinem sumit, significans angelum qui, Christo surgente, lapidem de monumento tulit. Communicato sacerdote, mox calix de altari tollitur, quia Christus resurgens ultra non moritur, et corpus ejus in sepulcro non invenitur. Diaconus sanguinem distribuit; quia angelus resurrectionem Domini innotuit. Subdiaconus corpus Domini accipit a Diacono et fert presbyteris frangendum populo, designans quod mulieres verba de resurrectione Christi ab angelo perceperunt et apostolis detulerunt, ipsique omni populo prædicando distribuerunt. Cum apostolicus ab altari descendit, populus communicat; quia cum Christo ab ara crucis descendens a morte resurgit, populus æterna gloria participat. Episcopus oblatam frangit, quia Dominus panem in Emmaus discipulis fregit (*Luc.* xxiv). In tres partes oblatam dividit : una sibi retenta, duas diacono et subdiacono tribuit, quia Dominus, fracto pane, unam partem sibi, duas Cleophæ et Lucæ divisit.

CAP. LXIV. — *De tribus partibus oblatæ.*

Oblata non integra sumitur, sed in tria dividitur : unum in calicem mittitur, aliud a sacerdote consumitur, tertium in pixidem morituris ad viaticum reponitur; quia corpus Domini est triforme. Illud quod de Maria sumptum, a morte resurgens cœlos penetravit; et illud quod adhuc in electis in terra laborat, et illud quod in sepulcris jam pausat. Pars in calicem missa, est corpus Domini jam sumptum in gloria ; pars a sacerdote veluti apostolo comesta, est corpus Christi, id est Ecclesia adhuc laborans in terra ; pars in altari relicta , est corpus Domini in sepulcris quiescens, id est Ecclesia in Christo mortua per unionem corporis Christi resurrectura.

CAP. LXV. — *De tribus communicationibus.*

Primitus episcopus communicat, quia Christus coram apostolis partem piscis assi et favum mellis manducavit, et reliquias eis dedit (*Luc.* xxiv). Deinde ministri communicant ; quia Dominus cum discipulis ad mare Tiberiadis prandebat. Post hoc populus communicat; quia Dominus ascensurus cum multitudine discipulorum comedit. Corporale plicatur; quia sudarium involutum invenitur. *Agnus Dei,* et cantus in communione, significat lætitiam fidelium de Christi resurrectione. Oratio quam postea episcopus dicit, est benedictio qua Dominus ascensurus fideles benedixit. Diaconus se ad populum vertit, *Ite, missa est* dicit, significans angelos, qui apostolos alloquentes eos abire jusserunt, atque eis Christum ad judicium rediturum prædixerunt. Clerus *Deo gratias* respondet et populus abit, quia credentes visa ascensione Christi gratias egerunt. In Hierusalem abierunt, in templo quotidie Dominum benedixerunt. Benedictio quam papa vel sacerdos post missam super populum facit, est spiritualis benedictio quam Spiritus sanctus in die Pentecostes fidelibus attulit, quando credentes omni benedictione spirituali replevit. Et illam ultimam benedictionem exprimit, per quam Ecclesia thalamum sponsi sui intrabit. His peractis, episcopus ad propria regreditur quia et Christus legatione sua peracta in gloriam Patris revertitur. Sic Ecclesia, omnibus adhuc agendis rite peractis, ab hoc exsilio per Christum eripitur et in cœlestem Hierusalem inducetur. Corporale in altari remanet, quia munditia castitatis in sacerdotibus permanere debet. Per altare quoque Christus, per corporale Ecclesia designatur; quæ hic in futuro perenniter in Christo permanere affirmatur.

CAP. LXVI. — *De Dominico pane.*

Fertur quod olim sacerdotes e singulis domibus vel familiis farinam accipiebant. Quod adhuc Græci servant, et inde Dominicum panem faciebant, quem pro populo offerebant, et hunc consecratum eis distribuebant. Nam singuli farinam offerentium missæ interfuerunt, et pro his in Canone dicebatur *Omnium circumstantium qui tibi hoc sacrificium laudis offerunt.* Postquam autem Ecclesia numero quidem augebatur, sed sanctitate minuebatur propter carnales, statutum est ut qui possent singulis Dominicis, vel tertia Dominica, vel summis festivitatibus, vel ter in anno communicarent, ne ante confessionem et pœnitentiam pro aliquo crimine judicium sibi sumerent. Et quia, populo non communicante, non erat necesse panem tam magnum fieri, statutum est eum in modum denarii formari vel fieri, et ut populus pro oblatione farinæ denarios offerrent, pro quibus traditum Dominum cognoscerent, qui tamen denarii in usum pauperum, qui membra sunt Christi, cederent, vel in aliquid quod ad hoc sacrificium pertineret.

Cap. LXVII. — *De oratione super populum.*

Statutum est ut panis post missam benediceretur, et populo pro benedictione communionis partiretur : hoc et eulogia dicebatur. Sed quia hoc in quadragesima fieri non licuit, orationem super populum dici Ecclesia instituit, ut per hanc particeps communionis sit.

Cap. LXVIII. — *De processione.*

Nunc ut legentium vel audientium mentibus quiddam dulcedinis infundamus, aliquid de *processione* dicamus. In missa quidem agebatur Christi pro nobis in mundum legatio; in processione agitur nostra ad patriam reversio. Pro processionis itaque solemnitate, imitatur Ecclesia populi Dei de Ægypto egredientis jucunditatem. Qui signis et prodigiis liberatus ad montem Sinai pervenit : ibi, accepta lege et facto tabernaculo, quasi quadam processione ad terram promissionis tetendit. Populus namque armatus incedebat per turmas, et signa et vexilla anteferebant, levitæ tabernaculum gerebant, sacerdotes tubis clangebant. Arca fœderis a sacerdotibus portabatur, et Aaron summus sacerdos decoratus, et Moyses dux populi sequebatur cum virga. Quibus in via Amalech cum exercitu occurrit, iter armis obstruere voluit (*Exod.* xvii). Cum quo Jesus pugnans victor exstitit, populo iter ad patriam aperuit. Qui Jesus normam nobis processionis dedit, quando cum arca omnique populo Jericho circuivit, sacerdotalis ordo tubis cecinit, populus clamore personuit. Jericho corruit, et victor populus regnum obtinuit.

Cap. LXIX. — *Significatio processionum.*

Populus a Pharaone per Moysen ereptus, est Christianus populus a diabolo per Christum redemptus. Tabulæ Testamenti a monte accipiuntur, et libri Evangelii ab altari ad portandum sumuntur; populus ibat armatus, et populus Christianus vadit fide et baptismate signatus. Præ turmis illorum signa ferebantur ; et ante nos cruces et vexilla portantur. Eos columna ignis præcessit, et nos candelæ lumen præcedit. Ille populus sanguine aspergebatur, iste aqua benedicta aspergitur; levitæ tabernaculum fœderis portaverunt, et hic diaconi et subdiaconi plenaria et capsas gerunt. Arca testamenti a sacerdotibus portabatur; et scrinium vel feretrum cum reliquiis a patribus portatur. Aaron summus sacerdos sequitur ornatus, et apud nos episcopus, summus scilicet sacerdos, sequitur infulatus. Rex si adest cum sceptro rector populi, significat Moysen cum virga ductorem populi. Si rex non aderit, tunc pontifex utrumque exprimit, Moysen, baculum portando; Aaron, mitra caput velando. Clangor tubarum exprimitur per sonum campanarum.

Cap. LXX. — *Quid designat processio ad aliam ecclesiam facta de patria.*

Dum ad aliam ecclesiam processionem facimus, quasi ad terram repromissionis tendimus. Cum ecclesiam cantantes intramus, quasi ad patriam gaudentes pervenimus. Cum circa monasterium scrinium, vel feretrum cum cantu et compulsatione ferimus, quasi cum arca Jericho cum sono tubarum, et clamore populi circuimus. Jericho coram nobis corruit, cum mundi concupiscentia in cordibus nostris aruerit. Ideo quippe crucem præcedentem sequimur, quia Christum crucifixum in omnibus sequi præcipimur, et nullus ad eum pervenire poterit, nisi qui se mundo vitiis et concupiscentiis crucifixerit.

Cap. LXXI. — *De arca.*

David quoque, et Salomon ad processionem nos informaverunt, qui arcam Dei hymnis, et canticis produxerunt, et David in tabernaculum, Salomon in templum sub alis cherubin reposuerunt. Cum ecclesiam cum scrinio intramus, quasi arcam in templum cum gaudio portamus, et cum Christo atque Ecclesia (quod utrumque arca designat) cœlestem aulam nos intraturos clamamus. Arca sub alas cherubin ponitur et a populo laus concinitur, quia Christi humanitas inter summos ordines angelorum cherubin et seraphin locabitur. Et a turba angelorum et hominum perenni jubilo adorabitur.

Cap. LXXII. — *De pugna Christianorum spirituali.*

Missa quoque imitatur cujusdam pugnæ conflictum, et victoriæ triumphum, qua hostis noster Amalech prosternitur, et via nobis ad patriam per Jesum panditur. Jesus quippe imperator noster cum diabolo pugnavit, et cœlestem rempublicam ab hostibus destructam hominibus reparavit : qui cum posset producere duodecim legiones angelorum (*Matth.* xxvi), vel septuaginta duo millia militum, instruxit tantum agmen duodecim apostolorum, et expugnavit septuaginta duo genera linguarum. Pontificis namque et cleri, populique processio, est quasi imperatoris, et cujusdam exercitus ad bellum progressio. Hi cum subtus albis, et desuper cappis, vel aliis solemnibus vestibus induuntur, quasi milites pugnaturi subtus loricis, desuper clypeis muniuntur. Cum de choro exeunt, quasi de regia curia procedunt. Quasi imperiale signum et vexilla a signiferis anteferuntur, cum ante nos crux et vexilla geruntur. Quasi duo exercitus sequuntur, dum hinc inde ordinatim cantantes gradiuntur. Inter quos vadunt magistri et præcentores, quasi cohortium ductores ac belli incitatores. Sequuntur priores, quasi exercitus duces atque agminum ordinatores.

Cap. LXXIII. — *Quod episcopus spiritualiter agat vicem imperatoris.*

Procedit pontifex cum baculo, quasi imperator cum sceptro. Ante pontificem portantur sancta, sicut ante regem imperialia. Ante archiepiscopum crux portatur, sicut ante imperatorem gestatur ; qui pallio decoratur, sicut rex corona perornatur. Comitatur turba plebis, quasi exercitus pedestris. Cum de basilica procedunt quasi de regia urbe turmæ proruunt. Cum ad aliam ecclesiam procedimus, quasi ad castellum expugnandum pergimus : quod cum cantu intrabimus, quasi in dedicationem accipimus et inde auxiliarios nobis accimus; cum vero ad monasterium redimus, quasi ad locum certaminis tendimus. Scrinium cum reliquiis portamus contra dæmones, sicut filii Israel portaverunt arcam Dei contra Philistiim hostes. Cum ecclesiam intramus, quasi ad stationem pervenimus. Cum campanæ sonantur quasi per classica milites ad prælium incitantur. Quasi vero acies ad pugnam ordinantur, dum utrimque in choro locantur. Qui crucem cum vexillo coram archiepiscopo tenet, est signifer, qui vexillum coram imperatore in pugna fert.

Cap. LXXIV. — *Quod cantor sit signifer et tubicina.*

Cantor qui cantum inchoat, est tubicen qui signum ad pugnam dat. Præcentores qui chorum utrimque regunt, sunt duces qui agmina ad pugnam instruunt. Cantores capita piliolis tegunt, baculos vel tabulas manibus gerunt ; quia præliantes caput galeis tegunt, armis bellicis se protegunt.

Cap. LXXV. — *De bello spirituali.*

Bellum cum tubarum clangore et turbarum clamore committitur; et nostrum spirituale bellum cum campanarum compulsatione, et cleri cantatione incipitur. Geritur namque bellum non contra *carnem, et sanguinem; sed adversus principes, et potestates, adversus rectores tenebrarum harum, contra spiritalia nequitiæ in cœlestibus* (Ephes. vi). Quasi ergo strenui milites pugnant, dum totis viribus utrimque cantant. Ignea tela concupiscentiæ nequissimi hostes immittunt, quæ fortes viri fortiter scuto fidei repellunt, hostes vitiorum acriter insistentes gladio verbi Dei prosternunt.

Cap. LXXVI. — *Quod cantores vicem ducum agant.*

Cantores manu et voce alios ad harmoniam incitant, quia et ducere alios manibus pugnando, et voce hortando ad certamen instigant. Interim stat pontifex ad altare, et pro laborantibus orationem recitat, sicut et Moyses in monte pro pugnantibus orabat (*Exod.* 17).

Cap. LXXVII. — *De cantore, quod vicem præconis agat.*

Lector qui Epistolam recitat, est præco qui edicta imperatoris per castra prædicat. Meliores voces ad *Graduale* vel *Alleluia* cantandum eliguntur, et fortiores manu ad duellum producuntur. Jam deficientibus in cantu, alii succurrunt; ita multum laborantibus in prælio, alii constantes corde subveniunt. Deinde sequentiam cum voce et organis jubilant; quia victoriam cum plausu et cantu celebrant. Diaconus qui Evangelium in alto recitat, est præco qui peracto bello agmina dispersa cum tuba convocat. Quod episcopus populum exhortando alloquitur, significat quod imperator victores laudando affatur. Quod tunc oblationes offeruntur, significat quod spolia victoribus coram imperatore dividuntur. Cantus offertorii, est laus quam offerunt imperatori.

Cap. LXXVIII. — *De Davia cum Christo et Goliath cum diabolo comparatis.*

Multiplici itaque hoste, ab Jesu, qui et Josue, superato, et victori populo ob pacis abundantiam negligentia resoluto, rursus Philistæi adversus Israel conveniunt, crudele bellum indicitur. Ex quibus Goliath procedit, duellum petit. Cui David cum pastorali pera occurrit funda, et lapide eum dejecit, proprio mucrone perfodit. Populus autem liberatus, pro victoria Deo immolat victimam, pro gratiarum actione laudes jubilat. David Hierusalem venienti turba populorum obviam ruit, salvatorem populi hymnis excepit. Sic quoque vitiis a Christiano populo superatis, denuo consurgit, negligenti animæ acrius bellum infertur. Ex quibus gigas Goliath, scilicet diabolus, procedit, duellum petit, dum quemlibet Christianum ad singularia vitia allicit. Cui fortis animus cum sacra Scriptura, ut David, cum mulcro lactis (115) occurrit funda, et lapide, dejecit : dum per humanitatem Christi quæ sitienti populo erat petra, et credentibus populis lapis angularis eum devincit, proprio ense prostratum jugulat, dum hostem malignum fragili carne superat.

Cap. LXXIX. — *Mysterium.*

Cum ergo a subdiacono, et aliis sacrificium instituitur, quasi David a Saul et populo armis induitur (*I Reg.* xvii). Cum oblationes super altare ponuntur, quasi arma David deponuntur. Porro cum pontifex ad altare venit, quasi David adversus Philistæum procedit. Per calicem mulctrale accipitur, per corporale funda, per oblatam petra intelligitur. Præfatio quæ cantatur, fuit clamor quo pugil gigas ad duellum provocabatur, per Canonis deprecationem, intelligimus populi orationem. Sacerdotis inclinatio, est fundæ lapide imposito rotatio. Panis elevatio est lapidis jactatio. Ubi denuo inclinatur, significat quod hostis prosternitur. Ubi autem diaconus ad sacerdotem venit, et calicem cum eo elevans deponit, designat quod David ad prostratum cucurrit, extracto gladio caput abstulit. Deinde data pace populus communicat quia accepta per David pace populus Deo sacrificans participat. Cantus in communione, est laus populi pro victoriæ exsultatione. Oratio et benedictio quæ sequitur, est trophæum quo David a populo Jerusalem veniens excipiebatur. His peractis, populus ad propria remeat, quia populus tunc post victoriam cum gaudio ad propria repedabat.

Cap. LXXX. — *Item de missa et de judicio.*

Missa enim quoddam judicium imitatur, unde et Canon actio vocatur. Actio autem est causa quæ in publico conventu coram judicibus agitur, quia in

---

(115) Id est, cum ephi polenta et panibus decem (*I Reg.* xvii, 17).

missa causa populi cum Deo judice agitur. Cum campana sonatur, quasi populus ad placitum per præconem convocatur. Nempe oratorium est quasi prætorium in quo judex Deus pro tribunali sedere creditur, cui populus reus sistitur. Diabolus est accusator, sacerdos defensor. Quia ergo accusatione diaboli, et reatu populi judex offenditur, sacerdos qui causam populi suscepit duellum subire compellitur, quatenus delatoris fallacia refutetur, populi innocentia comprobetur, judicis ira placetur. Mox spiritualibus armis induitur, cum adversario congreditur, et populus anxius eripitur.

CAP. LXXXI. — *De pugna Philistæi.*

Hoc ut dictum est in figura præcesserat, quando David cum Goliath congressus populum a tyrannide ejus cruerat (*I Reg.* XVII), quia et Christus cum diabolo duellum subierat et populum oppressum ab eo eripiebat. Philisthim namque Israel impugnabat, et dæmonum caterva humanum genus vexabat; hostes contra populum Dei aciem direxerant, et dæmones contra justos tyrannos incitaverant; hostes se vallo munierant, et dæmones per philosophos et poetas errores firmaverant. Goliath agminibus Dei exprobrabat, et diabolus cultoribus Dei per idololatriam insultabat. David a patre suo ad pugnam mittitur, et Christus a Patre in mundum ad certamen dirigitur. David oves pavit, et Christus innocens ad pascua vitæ congregavit. David ursum vel leonem superavit, et Christus diabolum se tentantem superavit. David ovibus derelictis ad locum certaminis tendit, et Christus a discipulis derelictus ad conciliabula hostium venit. Veniente David clamor in castris oritur, et Christo inter Judæos veniente clamor *reus est mortis* exoritur. David a militibus armis Saul induitur, moxque eisdem exuitur (*I Reg.* XVII), et Christus a militibus vestibus Pilati, scilicet purpura et Chlamide coccinea induitur, moxque eisdem exuitur. David contra Philistæum baculum portavit, et Christus crucem contra diabolum bajulavit. David mulctrum, et Christus accepit vas aceto plenum. Hostis funda et lapide prosternitur, et diabolus Christi carne vincitur. Per fundam quippe, Christi caro; per lapidem, ejus anima, per David, deitas intelligitur. Petra itaque de funda excussa frontem superbi penetrat, quia anima Christi, de carne tormentis excussa, regnum tyranni penetrans infernum spoliat. Proprio ense victum jugulat, quia per mortem auctorem mortis vicit. Reverso David populus lætatur, et Christo ab inferis regresso populus fidelium congratulatur. David Jerusalem veniens a turbis cum cantu excipitur, et Christus ab Jerusalem cœlos ascensurus ab angelis hymnologis laudibus suscipitur.

CAP. LXXXII. — *De armis sacerdotis.*

Sacerdos itaque pugil noster cum hoste populi congressurus, armis munitur spiritualibus, quia pugnaturus est contra spiritualia nequitiæ in cœlestibus (*Ephes.* VI, 12). Denique sandaliis se pro ocreis induit, caput humerali pro galea tegit, totum corpus alba pro lorica vestit. Cum stolam collo circumdat, quasi hastam ad resistendum vibrat. Cingulo pro arcu se cingit, sub cingulum pro pharetra sibi appendit. Casula pro clypeo protegitur, manipulo pro pugili clavo utitur. Porro libro, in quo est verbum Dei pro gladio armatur, per confessionem diaboli Domino renuntiatur, sicque hostis ad singulare certamen provocatur, quasi enim totis viribus pugnat, dum cantum et orationes et reliqua contra diabolum recitat. Dum ad Evangelium casulam super humerum projicit, quasi gladium arripit. Dum legitur Evangelium quasi ense petit diabolum.

CAP. LXXXIII. — *De tragœdiis.*

Sciendum quod hi qui tragœdias in theatris recitabant, actus pugnantium gestibus populo repræsentabant. Sic tragicus noster pugnam Christi populo Christiano in theatro Ecclesiæ gestibus suis repræsentat, eique victoriam redemptionis suæ inculcat. Itaque cum presbyter *Orate* dicit, Christum pro nobis in agonia positum exprimit, cum apostolos orare monuit. Per secretum silentium, significat Christum velut agnum sine voce ad victimam ductum. Per manuum expansionem, designat Christi in cruce extensionem. Per cantum præfationis, exprimit clamorem Christi in cruce pendentis. Decem namque psalmos, scilicet a *Deus meus respice* usque *In manus tuas commendo spiritum meum* cantavit, et sic exspiravit. Per Canonis secretum innuit Sabbati silentium. Per pacem, et communicationem designat pacem datam post Christi resurrectionem et gaudii communicationem. Confecto sacramento, pax et communio populo a sacerdote datur, quia accusatore nostro ab agonotheta nostro per duellum prostrato, pax a judice populo denuntiatur, ad convivium invitatur. Deinde ad propria redire cum gaudio per *Ite missa est* imperatur. Qui gratias Deo jubilat et gaudens domum remeat.

CAP. LXXXIV. — *Item de missa et de septem Dominus vobiscum, septemque donis S. Spiritus et de mysterio missæ.*

Missa legatio dicitur. Totum tempus, quo Christus mundum intravit usque quo Ecclesia cœlum intrabit, est tempus legationis; et tunc Christi legatio finietur, cum sponsa Christi ab ista Babylonia, in supernam Hierusalem ducetur. Quod tempus septem interstitiis distinguitur, significat quod legatio septem donis Spiritus sancti perficitur. Unde et ad missam septem vicibus *Dominus vobiscum* dicitur, quia mysterium missæ septem donis Spiritus sancti peragitur. Primo post introitum *Dominus vobiscum* dicitur. *Introitus* significat ingressum Christi in hunc mundum, quo sua incarnatione salvavit genus humanum. *Cantus*, enim introitus, est gaudium et angelorum et hominum, quod in ejus nativitate habuerunt. Primum donum Spiritus sancti est *sapientia;* quando Dei sapientia venit incarnata. *Oratio* quæ sequitur, significat nostram reconciliationem per eum; *Lectio* autem significat doctrinam vel exemplum, quod præbuit in baptismate. *Graduale*, jejunium vel tentationem ejus; *Alleluia;* ministerium angelorum quo ministrabant ei. Secundo dicitur *Dominus vobiscum* ante Evangelium quo mundum salvavit sua prædicatione; Evangelium enim significat tempus prædicationis Christi. Secundum donum est spiritus *intellectus*, quia tunc docuit homines intelligere spiritualia. Tertio dicitur ante Offertorium *Dominus vobiscum* : est illud tempus quo ivit Hierosolymam pati, et salvavit turbam sibi cum palmis obviam. Cantus Offertorii significat laudem illius populi. Unde et in eadem significatione solet adhuc populus ad Offertorium sacrificare. Tertium donum est spiritus *consilii*, quia tunc consilium Dei aperuit propter quod venit, scilicet homines redimere sua passione. *Silentium* quod sequitur est illud tempus quo Christus in Hierusalem usque ad passionem, quæ sexta die statim contigit, quasi Paschæ agnus inclusus mansit. Quarto dicitur *Dominus vobiscum* in Præfatione, expansis manibus: significat illud tempus quo Christus pependit in cruce extensus. Quartum donum est spiritus *fortitudinis*, quia tunc expugnavit diabolum. Quod præfatio alta voce dicitur, significat decem psalmos quos ipse in cruce clamavit, scilicet a *Deus Deus meus respice* usque *In manus tuas commendo spiritum meum*, vel significat strepitum qui circa crucem flebat turbatis cœlestibus et terrestribus. Silentium Canonis quod sequitur, fuit illud tempus, quod post mortem ejus sui in timore et tremore fuerunt absconditi. Quinto dicitur *Pax vobis* pro *Dominus vobiscum*. est illud tempus quo Christus surrexit, et suos his verbis salutavit. Quintum donum est spiritus *scientiæ*, quia tunc aperuit illis sensum ut intelligerent Scripturas. Cantus qui sequitur, est gaudium quod habuerunt usque ad ejus ascensum. Sexto *Dominus vobiscum* post communionem dicitur, est illud tempus, quo Christus, et homines derelinquens, et angelos sibi obviantes, ascendens salutavit. Sextum donum, est spiritus *pietatis*, quia maxima pietas fuit quod humanam naturam super astra vexit. Oratio quæ sequitur, est hoc quod interpellat Patrem nunc pro nobis. Septimum *Dominus vobiscum* in fine missæ dicitur, significat illud tempus, quo Christus in fine mundi veniens, sanctos sibi ad judicium obviantes salutabit. Septimum donum est spiritus *timoris*, quia tunc angeli contremiscent. Sequitur *Ite missa est*, hoc est ad sinistros: *Ite, maligni, in ignem æternum* (*Matth.* xxv). Benedictio vero quæ sequitur est a dextris : *Venite, benedicti Patris mei* (ibid.).

CAP. LXXXV. — *Rabanus Maurus de missa.*

Quæ celebrantur in officio missæ ante lectum Evangelium, respicientia sunt ad primum adventum Domini, usque ad illud tempus quando properabat in Jerusalem passurus. *Introitus* vero, ad chorum prophetarum respicit, quando, ut Augustinus dicit : « Moyses minister fuit Veteris Testamenti, prophetæ Novi. » *Kyrie, eleison* ad eos prophetas respicit qui circa adventum Domini erant. *Gloria in excelsis*, ad cœtum angelorum, quia gaudium nativitatis Christi pastoribus annuntiatur. Prima

Collecta ad hoc respicit quod Dominus circa duodecimum annum egit, cum in medio doctorum audiens eos et interrogans sedit (*Luc.* II). Epistola ad prædicationem Joannis pertinet. *Responsorium* ad benevolentiam apostolorum, quod vocati a Domino, secuti ad suam prædicationem usque ad prædictum tempus. Deinceps vero quod agitur in officio missæ ad illud tempus respicit, quod est a Dominica quando pueri obviaverunt ei usque ad ascensionem ejus, sive Pentecosten. Oratio vero quam presbyter dicit a *Secreta* usque *Nobis quoque*, hanc orationem designat, quam Jesus exercebat in monte Oliveti. Illud quod sequitur significat tempus, quando Dominus in sepulcro jacuit. Et quando panis in vinum mittitur, animam Domini ad corpus redire demonstrat. Quod postea celebratur, significat illas salutationes quas Christus fecit discipulis suis. Fractio oblatarum, illam significat fractionem quam duobus fecit Dominus in Emmaus (*Luc.* XXIV).

CAP. LXXXVI. — *Nunc dicendum unde missa exordium sumpserit et quis eam auxerit; item de missa.*

Missam in primis Dominus Jesus, sacerdos secundum ordinem Melchisedech, instituit, quando ex pane et vino corpus et sanguinem suum fecit, et in memoriam sui, suis celebrare hæc præcepit; hanc apostoli auxerunt, dum super panem et vinum verba quæ Dominus dixit, et Dominicam orationem dixerunt (*Act.* II, 9). Deinde successores illorum Epistolas, et Evangelia legi statuerunt, alii cantum, et alii alia adjecerunt, qui decorem domus Domini dilexerunt (*Psal.* xxv).

CAP. LXXXVII. — *De Introitu cæterisque missæ partibus : a quibus primum sint institutæ.*

Cælestinus itaque papa psalmos ad Introitum missæ cantari instituit. De quibus Gregorius papa postea Antiphonas ad introitum missæ modulande composuit. Unde adhuc primus versus ejusdem psalmi ad Introitum cantatur, qui olim totus ad Introitum cantabatur. *Gloria Patri*, Nicæna synodus composuit, sed Damasus papa ad missam cantari instituit. *Gloria in excelsis Deo*, quod angelicus chorus in primis cecinit, sed Hilarius episcopus Pictaviensis ab illo loco *Laudamus te*, usque in finem composuit; Telesphorus autem papa ad missam cantari constituit. Symmachus vero papa in festis tantum cantari statuit. *Dominus vobiscum*, de Veteri Testamento, scilicet de libro Ruth, est sumptum. *Pax vobis*, de Novo, id est de Evangelio, est acceptum. *Et cum spiritu tuo*, de Epistolis Pauli. *Amen*, vero de Apocalypsi. Quæ apostolicus ordo tradente Domino dici docuit, et Clemens papa, vel Anacletus papa ad missam dici constituit. *Orationes* Ambrosius episcopus constituit. Sed Gelasius papa auxit, et ad missam dici instituit.

CAP. LXXXVIII. — *De Epistola et Evangelio.*

Epistolam et Evangelium Alexander papa legi ad missam constituit. Hieronymus autem presbyter *Lectionarium*, et Evangeliarium ut hodie habet Ecclesia collegit. Sed Damasus papa, ut nunc moris est, legi censuit. *Graduale, et Alleluia* Ambrosius composuit : sed Gregorius papa ad missam cantari instituit. Qui etiam in festivis diebus *Neumam*, quæ jubilum dicitur jubilare statuit. Sed abbas Nokkerus de Sancto Gallo sequentias pro *Neumis* composuit : quas Nicolaus papa ad missam cantari concessit. Anastasius papa decrevit ut dum Evangelium legitur nullus sedeat. *Credo in unum Deum*, Constantinopolitana synodus composuit. Sed Damasus papa ad missam cantari instituit. *Offertorium* Gregorius papa composuit et ad missam cantari statuit.

Cap. LXXXIX. — *De vestibus et calicibus.*

Apostoli et corum successores in quotidianis vestibus, et ligneis calicibus missas celebraverunt. Sed Clemens, tradente Petro apostolo, usum sacrarum vestium ex lege sumpsit, et Stephanus papa in sacris vestibus missas celebrari constituit. Zepherinus autem papa vitreis; Urbanus vero papa et martyr aureis vel argenteis calicibus, et patenis offerri instituit. Alexander papa panem et vinum tantum offerri statuit, sicut et Dominus instituit, et aquam admisceri censuit, sicut et apostolica traditio docuit. Sylvester papa lineo corporali offerri statuit, sicut et Joseph Dominicum corpus in sindonem mundum involvit (*Matth.* xxvii; *Luc.* xxiii). *Orate pro me peccatore*, Leo papa dici statuit. Hic et præfationes composuit. *Sursum corda*, de Jeremia; *Gratias agamus Domino Deo nostro*, de Apostolo est sumptum. Præfationes Dionysius Areopagita putatur composuisse, sed Gelasius papa ad missam cantari instituit : *Sanctus, sanctus sanctus*. Sixtus papa dimidium de Isaia, dimidium de Evangelio composuit et ad missam cantari statuit.

Cap. XC. — *De Canone.*

Canonem Gelasius papa composuit. Sed Gregorius papa capitulum, *diesque nostros* intermiscuit. Leo papa *sanctum sacrificium, immaculatam hostiam* apposuit. *Pater noster*, Dominus quidem docuit; sed Matthæus composuit; Gregorius vero papa ad missam cantari censuit, sicut apostolica doctrina tradidit. Hic etiam præcedens capitulum, *Oremus, præceptis salutaribus moniti*, et sequens, *Libera nos, Domine*, addidit. Benedictionem episcopalem, Martialis episcopus, apostolorum discipulus, et magisterio apostolorum tradidit, quorum proprium studium Dei servitium auxit. Ambrosius dicere cœpit, mosque ex eo usque convaluit. Apostolicus autem hanc tantum quæ finita missa dicitur dicit, *Pax Domini sit semper vobiscum;* Innocentius papa dici constituit, et pacem dari constituit. *Agnus Dei* Sergius papa composuit, et ad missam cantari instituit. Julius papa intinctionem corporis Domini in sanguinem prohibuit, et Gelasius papa illum excommunicavit qui corpus Domini acceperit et sanguinem non sumpserit. *Communionem* Gregorius papa composuit, et ad missam cantari instituit. *Ite, missa est*, de Veteri Testamento sumptum est, ut scilicet Pharao populum de Ægypto ire jussit, sive ubi Cyrus populum a Babylonia ire præcepit. Sciendum quod ab hoc, *Ite, missa est,* nomen accepit. *Benedicamus Domino* acceptum est de psalterio. *Deo gratias* de Apostolo, sed hæc dici constituit papa Leo. Ex his omnibus Gregorius papa missam ordinasse traditur, ut hodie per Ecclesiam traditur.

Cap. XCI. — *De missæ officiorum nominibus.*

His subnectendum unde singula dicuntur. *Officium* quasi officium dicitur. *Missa* quasi transmissio dicitur; quia in hoc officio catechumeni, excommunicati, pœnitentes, foris Ecclesiam mittuntur. *Introitus* ab introitu sacerdotis dicitur, eo quod sacerdote ad altare introeunte, a choro canitur. Introitum ideo canimus, quia Christum in sacerdote nos suscipere significamus. *Gloria Patri* ideo canimus, quia Trinitatem nos adorare innotescimus.

Cap. XCII. — *De Kyrie, eleison.*

Kyrie eleison dicitur, Domine, miserere; *Christe eleison* dicitur, Christe, miserere; *ymas*, nobis. Hoc ideo Græce canitur, quia missa tribus linguis, Hebraica, Græca et Latina cantari præcipitur; sicut et titulus in passione Domini scriptus fuisse legitur : Hebraicum quippe est *Alleluia, Osanna, et Amen;* Græcum vero *Kyrie, eleison* et *Christe, eleison;* Latinum reliquum officium. *Kyrie, eleison* ter ideo dicitur, quia Trinitas adoratur, quæ a prioribus ante diluvium, a Patriarchis ante legem, a prophetis sub lege veneratur. *Christe eleison* ideo ter cantatur; quia Christus in Patre et Spiritu sancto adoratur, qui Patris voluntate, Spiritu sancto cooperante, salutem nostram operatur. Item *Kyrie eleison* ter repetitur, quia Pater, Filius et Spiritus sanctus, ab angelis, a spiritibus justorum, ab hominibus colitur. Ideo et *Kyrie, eleison* cantatur, ut subsequens oratio sacerdotis exaudiatur.

Cap. XCIII. — *Quid Gloria in excelsis.*

Gloria in excelsis solus sacerdos incipit, et chorus simul concinit; quia et solus angelus hoc incœpit, et militia cœlestis exercitus simul concinuit. Quod dum incipit ad Orientem se convertit; quia angelicus chorus hæc ad Orientem Bethlehem apud turrim *Adiezer* cecinit. Per *Pax vobiscum*, vel *Dominus vobiscum*, populum salutat, sicut Dominus ingressu suo mundum salutavit. Presbyter cum salutatione Veteris Testamenti, et episcopus cum salutatione Novi Testamenti salutat populum; quia dignius est Novum quam Vetus Testamentum. Populus autem Dominum *cum Spiritu* ejus esse orat, ut cum spiritu et mente orare admoneat. Ore orat, qui tantum verba pronuntiat. Ore et spiritu orat, qui verba per interpretationem discernit, quæ ore pronuntiat. Spiritu et mente orat, qui verba quæ dicit, Domini et cœlestia intendit. Non *oro* sed *Oremus* dicit, quia vocem totius Ecclesiæ exprimit.

Cap. XCIV. — *De oratione.*

Oratio ab orando vocatur; quia in ea populo et corporis et animæ præsentia et futura bona orantur. *Collecta* ideo dicitur; quia sub ea populus in unum colligitur. Hæc est autem differentia inter *orationem*.

et *collectam*, quod hæc *oratio* vocatur, quod ad missam dicitur; hæc autem *Collecta*, quod ad processionem in statione super populum dicitur. Hæc et *missa* dicitur; quia in ea oratio populi per sacerdotem ad Dominum mittitur: hanc in dextra parte altaris ideo dicimus; quia cum dextris in judicio statui oramus. Omnes orationes ad Deum Patrem dirigimus, et *per Dominum nostrum Jesum Christum in Spiritu sancto* concludimus, quia cuncta juste petita a Patre per Filium in unitate Spiritus sancti dari credimus. *Per cum qui venturus est*, nonnisi in exorcismis dicimus, in quibus diabolum per venturum judicium adjuramus.

CAP. XCV. — *De situ orationis. Tribus de causis ad Orientem cum oramus nos vertimus.*

Una est, quia in Oriente est patria nostra, scilicet paradisus, unde expulsos nos dolemus. Orantes ergo contra paradisum nos vertimus, quia reditum illius petimus. Alia est, quia in Oriente surgit corpus cœli et lux dici. Ad Orientem itaque nos vertimus, quia Christum, qui est oriens et lux vera, nos adorare significamus, cujus debemus esse cœli, ut ejus lux in nobis velit oriri. Tertia est, quia in Oriente sol oritur, per quem Christus sol justitiæ exprimitur. Ab hoc promissum habemus, quod in resurrectione ut sol fulgeamus. In oratione ergo contra ortum solis vertimus nos, ut solem angelorum nos adorare intelligamus, et ut ad memoriam nostræ gloriam resurrectionis revocemus, cum solem, quem in Occidente quasi mori conspeximus, tanta gloria resurgere in Oriente videmus.

CAP. XCVI. — *Quid Epistola.*

Lectio dicitur a legendo. *Epistola* dicitur quasi *missa*. Epistello, et *stello* dicitur mitto; quia, sicut prophetiæ super legem, ita epistolæ missæ sunt super Evangelium. Hanc ideo legimus, quia viam nobis per eam ad Christum facimus. *Graduale* a gradibus dicitur, quia in gradibus canitur. Hoc etiam *Responsum* vocatur, quia choro cantante, ab uno versus respondetur, et illo versum cantante, a choro respondetur. *Versus* ideo dicitur, quia ad incœptionem revertitur. *Alleluia* dicitur laudate Dominum. *Alleluia*, *laudate*, in decem Dei nominibus unum ponitur, quod *Dominus* dicitur. Hujus cantus *Versus* ideo dicitur, quia iterum ad *Alleluia* revertitur. *Sequentia* ideo dicitur, quia neumam jubili sequitur. *Tractus* a trahendo dicitur, quia trahendo, id est tractim canitur. *Graduale* ideo cantamus, quia de virtute in virtutem gradatim ire debemus. *Alleluia* ideo canimus, quia ad gaudium angelorum tendimus. *Sequentia* ideo jubilamus, quia faciem Domini in jubilo videbimus. *Tractum* ideo canimus, quia per laborem illuc perveniemus. *Evangelium* ideo legimus, quia per ejus doctrinam gaudia percepturi sumus.

CAP. XCVII. — *De Evangelio.*

Evangelium dicitur bonum nuntium. Eu *bonum*, angelon dicitur *nuntium*. Nuntium enim vitam post mortem, requiem post laborem, regnum post servitium. *Sequentia* ideo dicitur, quia præcedentia nuntii sequuntur. Ideo et *initium Evangelii* dicitur, quia ibi liber Evangelii incipitur. Ubi post Evangelium *Oremus* dicitur, apud Græcos *oratio* sequitur. *Offertorium* dicitur quasi offerentium canticum. Hoc ideo cantamus, quia nos ipsos in sacrificium Deo offerre debemus. Sacerdotes *lavant manus*, id est, opera per lacrymas compunctionis. Hic liber in sinistra parte ponitur, ut expeditior ad suscipiendum sacrificium reddatur. Et quia per sinistram lætitia designatur, quæ tunc in passione Christi repræsentatur.

CAP. XCVIII. — *De sacrificio.*

Sacrificium quasi sacrum factum. *Immolatio* dicitur quia in mola altaris terebatur. *Hostia* dicitur, quia ante ostium ad pugnam offerebatur. *Victima* dicitur, quia pro victoria sacrificabatur. *Holocaustum* totum incensum dicitur. Totum enim in altari incendebatur. *Sacramentum* dicitur quasi sacrum juramentum. *Secreta* dicitur, quia secreto dicitur. Cum sacrificium super crucem in altari cum schismate a pontifice factum ponitur, quasi corpus Christi cruci affigitur.

CAP. XCIX. — *De sacrificio panis et vini.*

Pan omne dicitur. Ideo hic offertur, quia omnis salus animæ et corporis in eo percipitur. *Vinum* quasi a vite natum dicitur. Hoc ideo offertur, ut sicut palmites viti, ita Christo inseramur. *Aqua* ab æqualitate dicitur, hæc ideo sacrificio admiscetur, ut ex aqua renati fonte vitæ satiemur, et angelis coæquemur. *Per omnia sæcula sæculorum* dicuntur, quia se sequuntur: aliis enim decedentibus alia succedunt. *Amen* dicitur, verum per hoc totum sacramentum confirmatur, quia per hoc et sæculum creatur. Dicitur enim *fiat*, quo verbo usus est Deus in creatione mundi, quando dixit: *Fiat lux*, etc. Ipse quoque Filius Dei *Amen* cognominatur, ut in Apocalypsi dicitur, *hæc dicit Amen, testis fidelis* (*Apoc.* III). *Dominus vobiscum* ideo hic dicimus, quia regem cœlorum præsentem populo innotescimus. *Sursum corda* ideo dicimus, quia angelorum exercitum adventare non dubitamus. Huic enim sacrificio aderunt, et nostra vota suscipientes ad Dominum perferunt. *Gratias agamus Domino Deo nostro* ideo dicimus, quia ei pro omnibus beneficiis grates reddimus. Nihil autem sine causa rationalis significationis fit in isto sacramento.

CAP. C. — *De α et ω et illius cruce α † ω.*

Ideoque et forma hujus litteræ T et X non fit absque magno sacramento. Significat quippe duas substantias in Christo. Ex una quidem parte operitur, ex altera tegitur; ο adnectitur, est Christi humanitas, quæ a parte matris inchoatur, et divinitati copulatur per O quod circuloso orbe undique clauditur, est Christi divinitas, quæ nec initio aperitur, nec in fine terminatur. Apex quoque litteræ in modum crucis † conjungitur, est sancta *crux*, per quam humana divinis sociantur.

CAP. CI. — *De præfatione.*

Præfatio dicitur prælocutio scilicet sequentis Canonis. Hæc etiam dicitur *præparatio,* quia mentes nostras ad mysterium Christi præparat. In hac ideo ordines angelorum commemoramus, quia frequentiam supernorum civium adesse demonstramus. *Majestas* dicitur quasi major potestas. *Cœlum (caute hæc lege)* dicitur quasi *casa elios,* id est solis. *Seraphin* per n, sunt plures angeli; *seraphim* per m, unus.

Cap. CII. — *Quare dicatur Sanctus.*

Sanctus ideo cum angelis cantamus, quia terrena cœlestibus conjungi per hoc sacrificium clamamus. *Sanctus* dicitur (116) sanguine tactus vel auctus. *Dominus* dans minus. *Deus* delens scelus. *Sabaoth* exercituum, scilicet rex exercitus angelorum. *Osanna* dicitur salvifica, id est, salva nos habitans in excelsis.

Cap. CIII. — *De Canone.*

Canon dicitur *regula,* quia per eum regulariter fit sacramentorum confectio. Hic etiam *actio* dicitur, quia causa populi in eo cum Deo agitur. Hic ob tres causas sub silentio dicitur. Una est, quia cum Deo loquimur, cui non ore sed corde clamare præcipimur. Ideo autem verba dicimus, ut sciamus quid intendere vel petere debeamus. Secunda est, ne populus tam prolixa declamatione attædiatus [pro tædio affectus] abscedat, vel sacerdos tam longo clamore voce deficiat. Tertia est, ne tam sancta verba tanti mysterii vilescant, dum ea vulgus per quotidianum usum sciens in inconvenientibus locis dicat. Unde fertur, dum Canon primitus publice quotidie recitaretur, ab omnibus per usum sciretur, *et cum eum pastores in agro super panem et vinum dicerent, repente carnem et sanguinem ante se invenirent, atque inde divinitus percussi interirent.* Unde synodali decreto sub anathemate est præceptum, ut nullus canonem dicat nisi in libro, et in sacris vestibus, et nisi super altare et super sacrificium, et ut nullus hoc sacrificium nisi in aureis vel argenteis vasis offerat; cum hæc omnes habere nequeant et ideo incongruum non faciunt qui hic in libris crucifixum ideo depingunt, quia per illud passio Christi oculis cordis ingeritur.

Te igitur, ideo dicit, quia Dominum quasi præsentem aspicit. Ideo autem per litteram T incipit, quia hæc formam crucis exprimit. *Clemens* dicitur, quasi clara mens, dum homo timet, turbescit; dum Dominum propitium sentit, mens ei clarescit. *Hæc † dona,* quantum ad panem, in quo aqua et farina. *Hæc † munera,* quantum ad vinum, in quo aqua et vinum. *Hæc sancta † sacrificia,* ad utrumque : *illibata,* id est sine labe. Agnus enim paschalis debuit esse immaculatus, et absque macula peccati fuit Christus. *Ecclesia* dicitur convocatio, quia non timore sed amore Spiritus sancti in unam fidem convocatur. *Catholica* dicitur universalis, quia hæc religio per totum mundum servatur. *Papa* dicitur pater patrum. *Orthodoxus* dicitur recte glorians (117), sci-

licet in recta fide existens. *Memento, Domine, famulorum,* hic possumus nominare quos volumus. *Pro fidelibus* tantum offertur, sicut dicitur : *Quorum tibi fides cognita est.*

Cap. CIV. — *De duodecim apostolis et de sancta Maria.*

Communicantes. Ideo sancta Dei genitrix Virgo Maria hic nominatur, quia hoc sacrificium de ea mundo generatur. Ideo autem duodecim apostoli nominantur, quia illorum doctrina et sanguine hæc sacramenta affirmantur : pro testimonio namque hujus sacrificii *Petrus et Andreas et Philippus* sunt crucifixi, *Paulus et Jacobus, Matthæus et Bartholomæus* decollati, *Jacobus, Simon et Thadæus* enecati, *Joannes* veneno et exsilio excruciatus, *Thomas* transfossus.

Cap. CV. — *De duodecim nominibus martyrum.*

Deinde duodecim martyrum nomina recitantur, quorum cruciatu hoc sacrificium commendatur. Ex quibus quidam summi *pontifices,* quidam *episcopi,* quidam *diaconi,* quidam *laici* exstiterunt, quia omnis gradus, omnesque ordines huic sacramento testimonium præbuerunt. *Linus* quippe et *Cletus, Clemens, Sixtus, Cornelius,* Romani pontifices, *Cyprianus* Carthaginiensis archiepiscopus, *Laurentius* archidiaconus, *Chrysogonus, Joannes et Paulus* milites, *Cosmas et Damianus* medici fuerunt, qui omnes pro Christi nostri sacrificio sanguinem fuderunt.

Quam oblationem tu Deus, in omnibus, quæsumus, Bene † dictam, id est materiam hanc terrenam sicut Adam de terra formatam Spiritu sancto benedicendo repleas. *A † scriptam,* id est ad formam Filii tui signatam divinitati ascribas. *Ra † tam,* id est veritate firmam facias in fide nostra. *Rationabilem,* proque devotione nostra facias *acceptabilem.*

Pridie, id est priori die. *Hoc est corpus meum.* Sicut Verbo Domini ex nihilo factus est mundus, ita per verba Domini hæc species rerum mutatur vere in Domini corpus.

Cap. CVI. — *De calice.*

Hunc præclarum calicem. Idem calix est in mysterio, quem Christus in manibus tenuit, quamvis in materia metalli alius sit. *Æterni Testamenti.* Testamentum illa Scriptura vocatur, per quam mortui hæreditas vivis confirmatur. *Novum et æternum testamentum* est nobis Christi sanguine scriptum, per cujus mortem cœleste regnum in hæreditate est firmatum. *Mysterium* vocatur ubi aliud videtur, et aliud intelligitur. Species panis et vini cernitur, corpus Christi et sanguis creditur. *Hostiam † puram,* quantum ad corpus, *hostiam † sanctam,* quantum ad sanguinem, *hostiam † immaculatam* ad utrumque pertinet. Aliter : *Hostiam † puram,* scilicet ab aliis hostiis separatam. *Hostiam † sanctam,* id est, nos sanctificantem. *Hostiam † immaculatam,* id est a maculis emundantem. *Panem † sanctum vitæ æternæ,* scilicet quo pasti æterni efficiamur, *et calicem salu-*

---

(116) Imo a sancire quasi *Sancitus.*

(117) Imo recte sentiens in fide.

tis perpetuæ, videlicet cujus gustu æternam salutem consequamur. *Justi Abel.* Ideo hic mentio *Abel* fit, quia ipse hoc sacrificium suo agno prætulit, et ipse innocens ut Christus occubuit (*Gen.* IV). Triginta namque annorum occiditur, sic Christus triginta annorum crucifigitur. *Sacrificium patriarchæ nostri Abrahæ.* Patriarcha dicitur summus Pater. Hic figuram Dei habuit, qui Filium suum pro nobis, ut ille Isaac, obtulit (*Gen.* XXII). Aries immolatur, et Isaac evadit; et caro Christi pro nobis sacrificatur, divinitas vero illæsa existit. *Summus sacerdos tuus Melchisedech*, quod sonat *rex justitiæ*. Hic sine patre, sine matre, assimilatur Filio Dei (*Gen.* XIV; *Hebr.* VII), qui in cœlis matrem non habuit; in terris patre caruit. Hic *rex justitiæ* existit, quia justos remunerabit, injustos juste damnabit. *Melchisedech* sacrificium Christi pane et vino expressit; quæ Christus in sacramentum corporis et sanguinis sui transtulit. Ideo in hoc loco horum sacrificia recitantur, quia protinus per inclinationem sacerdotis mors Christi commemoratur, quæ per hæc præfigurabatur.

Jube hæc perferri per manus sancti angeli in sublime altare. Angelus dicitur nuntius. Christus *magni consilii Angelus* exstitit, dum consilio Patris per Filium hunc mundum redimi nuntiavit. *Sublime altare in conspectu Dei*, est Christus in dextera Dei. Super quod altare Ecclesia hostias spirituales immolat, et super quod Deus vota fidelium et sacrificium justitiæ acceptat. Hic angelus hæc sacramenta *in sublime altare* fert, dum interpellans pro nobis vultui Dei apparet (*Apoc.* VIII). *Qui ex hoc altari, scilicet* Christo, *participantur, omni benedictione cœlesti et gratia replebuntur*.

CAP. CVII. — *De nominibus.*

Memento, Domine, famulorum. Hic poteris quosvis nominare, sed non in Dominica die. Nomina vivorum in libro scribebantur, quæ ad altare infra canonem recitabantur, et hic *liber viventium* vocabatur. Similiter hic nomina *defunctorum* de libro recitabantur, sed hoc Dominicis diebus intermittebatur, quia a quibusdam animæ ob resurrectionem Dominicam requiem habere credebantur. Cum *apostolis et martyribus, cum Joanne.* Quidam *Joannem Baptistam* volunt intelligi, quidam *Marcum*, qui et *Joannes* dictus legitur: qui magis hic intelligitur. Octo martyres et septem virgines hic ponuntur, quorum sanguine hoc sacramentum approbatur, quia per hoc sacrificium in septem donis Spiritus sancti ad octo beatitudines pervenitur.

CAP. CVIII. — *De ordinibus.*

Diversi ordines et sexus hic introducuntur, quia per omnes ordines et sexus hoc sacramentum confirmatur : ex evangelistis quippe *Joannes*, qui et *Marcus* ponitur, qui Alexandriæ præsul et martyr fuit; ex diaconibus *Stephanus*, qui primus martyr post Christum exstitit; ex apostolis *Matthias*, qui pro Christo occubuit; ex septuaginta duobus discipulis *Barnabas*, qui se pro Christo obtulit; ex patriarchis *Ignatius*, Antiochenus episcopus; ex papis *Alexander* Romanus pontifex; ex presbyteris *Marcellinus*; ex exorcistis *Petrus*; ex conjugatis *Felicitas et Perpetua*; ex virginibus *Agatha* et reliquæ, quæ omnes hoc sacrificium suo sanguine firmaverunt, et in corpore Christi connumerari meruerunt. *Per quem hæc omnia semper bona creas*, nos novam creaturam in Christo : *san ✝ ctificas* per baptismum in ipso; *vi ✝ vificas* per Spiritum sanctum in anima; *Bene ✝ dicis* speciali benedictione sive ultima benedictione : *Venite, benedicti* (*Matth.* XXV), — *et præstas nobis*, scilicet vitam æternam post mortem. *Per ✝ ipsum* nos creas, *cum ✝ ipso* nos creas, *in ✝ ipso* nos ad vitam resuscitas. Sciendum quod in canone nulli aliquid dicere, vel adjicere licebit, nisi quod ab apostolicis viris positum fuerit. Quod si quis præsumpserit, non devotioni, sed præsumptioni ascribitur. Ideo *Pater noster* alta voce cantatur, ut communicaturi ante alterutrum offensas dimittendo per pacem reconcilientur.

CAP. CIX. — *In Orationem Dominicam.*

Pater noster Deus voluit esse Dominus Judæorum, quasi servorum, *Pater* vero Christianorum, quasi filiorum. Ideo illos quasi inutiles servos de domo ejecit, istis quasi filiis hæreditatem tribuit, quos et nunc pane angelorum, et carne saginati vituli pascit. *Qui es in cœlis*, id est in sanctis. *Sanctificetur nomen tuum*. Nomen Dei sanctificatur, cum nos Filio ejus uniti in regno Patris cohæredes assumimur. Tunc *regnum ejus advenit*, cum Ecclesia regnum ejus ad cœlestia pervenit. *Voluntas ejus sicut in cœlo et in terra* fiet, cum terra caro cœleste corpus induet, et homines nihil mali concupiscent, sed æquales angelis erunt. *Panem quotidianum hodie dat*, quando in hoc exsilio suo corpore nos recreat. *Debita nostra dimittit*, si nobis aliis dimittere posse præstiterit. *In tentationem non inducit*, si nos a tentatione liberaverit. *A malo liberabit*, si nos a peccato et ab inferno eruerit. Nomen sanctæ *Mariæ* ideo hic commemoratur, ut per eam a præsentibus et præteritis ac futuris malis liberemur, per cujus partum filii Dei efficimur. Ideo autem tres apostoli nominantur, quia in ore duorum vel trium testium omne verbum stare affirmatur (*Matth.* XVIII), et huic sacramento tres ordines, scilicet *doctores, continentes, conjugati*, testificantur. Hic poteris nominare de sanctis quos vis, quia quæque membra Ecclesiæ participant Christi sacramentis.

CAP. CX. — *De pace.*

Cum osculata patena sacerdos se signat, quia per crucem et hoc sacrificium omnia in cœlis et in terris pacificata denuntiat. *Pax* dicitur a pacto, quia Deus pactum cum hominibus fecit, quod eis per Filium suum propitius sit.

CAP. CXI. — *De Agnus Dei.*

Christus ideo *agnus* dicitur, quia ipse est, qui secundum legem in Pascha immolabatur, per quem populus a servitute liberabatur. Hunc Joannes vocavit *Agnum Dei qui tolleret peccata mundi* (*Joan.* I). Ideo in fractione *Agnus Dei* cantamus, ut digne carnes hujus Agni sumamus. Qui Agnus licet ab omni populo totus, et a singulis totus sumatur, tamen totus et integer in cœlo permanere non dubitatur, sacramentum namque, quod ore percipitur, in alimentum corporis redigitur. Virtus autem sacramenti, qua interior homo satiatur, per hanc vita æterna adipiscitur. Populus communicaturus tres dies debet ante ab uxoribus abstinere, et tribus postea ab eis vacare. Tot enim diebus populus Dei abstinuit, quando legem accepit. Ter *agnus Dei* canitur, quia corpus triforme intelligitur : illud quod in cœlo residet; et quod in terra ambulat; et quod in sepulcris requiescit. *Eucharistia* dicitur bona gratia : *eulogia* bona benedictio : *communio* participatio. Hanc ideo cantamus ut cum justis gratiæ Dei communicemus. *Complendum* ideo dicitur, quia per illud missa completur.

Ite, missa est, licentia abeundi. *Deo gratias*, interjectio gratulandi. His quippe peractis, populus grates Deo reddit, et ad propria redit, sicut populus Israel permissu Pharaonis de Ægypto abiit; et grates Deo retulit, quando Cyro præcipiente de Babylonia ad Hierusalem rediit, et jam gratias Deo egit. Ita nos accepta ultima benedictione ad patriam cœlestem ibimus, et in gratiarum actione semper manebimus. Ideo hymnum trium puerorum, scilicet *Benedicite*, post missam cantabimus, quia Dominum pro omnibus beneficiis suis benedicimus, quem post in sæculum sæculi laudabimus. Hunc Toletanum concilium cantari instituit, et hunc negligentes anathemati subdidit.

Cap. CXII. — *De quatuor speciebus missæ.*

Missa dividitur in quatuor species, secundum *obsecrationes*, *orationes*, *postulationes*, *gratiarum actiones* : ab initio missæ usque ad offertorium sunt *obsecrationes*; a secreta usque ad *Pater noster* sunt *orationes*; deinde usque ad communionem *postulationes*; exinde usque in finem *gratiarum actiones*.

Cap. CXIII. — *De tribus horis missæ.*

Tribus horis licet missam cantare, scilicet *tertia*, *sexta et nona*. In festis *tertia*; in privatis diebus *sexta*; in Quadragesima, vel in diebus jejunii *nona hora*. Hora tertia ideo missa cantatur, quia hora tertia Christus ad passionem judicabatur, quando Judæi *Crucifige, crucifige*, clamaverunt (*Luc.* xxiii), et milites eum flagellaverunt. *Hora sexta* ideo missa celebratur, quia hora sexta Christus pro nobis in cruce immolabatur. *Hora nona* ideo missa canitur, quia hora nona Christus mortem subiisse traditur.

Cap. CXIV. — *Quod una missa debeat celebrari.*

Semel in die debet missa ab uno sacerdote celebrari, sicut et Christus semel voluit immolari. Si autem necessitas cogit, id est si duæ festivitates simul occurrunt, duæ vel tres celebrari poterunt, quia et Romani ideo in die *Natalis Domini* faciunt; et Christi passio est tripartita : passus est enim linguis insultantium, manibus verberantium, clavis crucifigentium. Ipse enim in figura a patriarchis est immolatus, ipse a prophetis sacrificatus, ipse idem a Patre, et a seipso pro nobis immolatus. Legitur tamen de Leone papa, quod sæpius una die septem missas, aliquando novem celebraverit. Nullus absque sacerdotalibus vestibus, et his singulis consecratis, et altari consecrato missam celebrare debet, et nulli nisi ordinato epistolam vel evangelium legere licet; sicut nulli nisi ordinato missam cantare licet. Post acceptam lavationem nulli missam celebrare vel communicare licebit : quod si fecerit gravi pœnitentiæ obnoxius erit.

Cap. CXV. — *De Gloria in excelsis Deo.*

Gloria in excelsis nunquam nisi ad horam tertiam canitur, qua Spiritus sanctus super credentes descendisse, et eos gloria et exsultatione replesse legitur. In duobus enim Sabbatis Paschæ et Pentecostes ad nonam cantatur, quia baptizatis gloria amissa redditur.

Cap. CXVI. — *De una oratione in missa vel pluribus.*

Una oratio regulariter dicitur, sicut et una epistola, vel unum evangelium legitur. Si autem festivitas in die Dominica occurrerit, duas dici licebit, quia et hoc Romana auctoritas in die natalis Domini ad secundam missam facit. Interdum *tres* ideo dicimus, quia Dominum ter ante passionem orasse legimus. Aliquando *quinque* dicimus, quinquepartitam passionem Domini in hoc officio agimus. Nonnunquam *septem* usurpamus, propter septem petitiones in Dominica oratione, quas tantum apostolos super hoc sacramentum dixisse cognovimus. Qui hunc numerum supergressus fuerit, ut cæcus errabit.

Cap. CXVII. — *De genuflexione in Quadragesima.*

In Quadragesima ideo ad missam *flectamus genua* dicimus, quia corpus et animam in pœnitentia nos humiliare innuimus. Ob tres causas autem ad terram cadimus. Una est quod Christum in carne adoramus, quem descendisse ad terras, et carnem de terra induisse ad lavandos nos venerando memoramus. Alia est quod ad memoriam reducimus, quia qui in paradiso cum angelis stetimus, nunc inter bruta animalia jacemus, et animam nostram corporali mole ad terram deprimi ingemiscimus. Tertia causa hæc est : Qui stat aliis hominibus, coæquatur; qui in terra jacet, bestiis assimilatur. Et nos dum in justitia stetimus, rationalibus similes fuimus. Postquam vero in carnis desideria cecidimus, cum bestiis quasi irrationales, in luto reperimur. Quia ergo aliis hominibus nos dissimiles in factis cernimus, eis enim ipso corporis statu æquari erubescimus. Et lapsum animæ nostræ in vitia pœnitendo clamamus, dum corpore ad terram cadimus. Et ventrem nostrum terræ et animam pavimento facimus adhærere, ut per Christum propter nos terram factam a terrenis desideriis valeamus resurgere. Hic autem ritus ab Abraham exordium sumpsit, quando in terram prostratus Dominum adoravit (*Gen.* xxiv) : quem prophetæ imitati sunt, qui, in terram cadentes Dominum adoraverunt. Genuum autem flexio a gentibus est sumpta, quem honorem ipsi regibus exhibuerunt, quos proni vel flexo genu adoraverunt. Nos autem cum Apostolo dicimus Deo : *Flecto genua mea ad Dominum* (*Ephes.* III).

Cap. CXVIII. — *De lumine ad missam.*

Lumen Spiritum sanctum significat, ideo cum lumine missa celebratur, quia hoc sacramentum per Spiritum sanctum consecratur, et digne hoc percipientes a Spiritu sancto illustrantur; lumen enim lætitiam designat, quia hoc sacramentum missæ æternam lætitiam donat; in *Credo in unum Deum* cum *et homo factus est* dicimus, genua flectimus, quia Christum hominem factum et pro nobis crucifixum adoramus.

Cap. CXIX. — *De Credo in unum Deum, quando sit cantandum.*

Credo in unum Deum in omnibus Dominicis et festis Domini et sanctæ crucis canetur, et in festis sanctæ Mariæ, et natalitiis apostolorum, et in festivitate Omnium Sanctorum, et in dedicatione templi cantatur; quia aliquid de his in illo sonare videtur. Liber Evangelii infra *Credo in unum* osculatur, quia pax per Christum reddita declaratur.

Cap. CXX. — *De præfationibus.*

Pelagius papa novem præfationes cantari statuit, scilicet : *Quia per incarnati*, de Nativitate ; *Quia cum unigenitus*, de Epiphania ; *Qui corporali jejunio*, de Quadragesima ; *Qui salutem humani generis*, de passione Domini, vel de sancta cruce ; *Te quidem, Domine, omni tempore*, de Pascha ; *Qui post Resurrectionem* : de Ascensione ; *Qui ascendens super omnes cœlos*, de Pentecoste ; *Qui cum unigenito filio*, de Trinitate ; *Te, Domine, suppliciter exorare*, de Petro et Paulo : quæ etiam de pluribus apostolis dicitur. Gregorius vero papa decimam, *Qui Ecclesiam tuam* de sancto Andrea adjecit; quæ de uno quolibet apostolo usquequaque dici consuevit. Noviter autem Urbanus secundus papa undecimam de sancta Maria addidisse non ignoratur, quæ a pluribus ubique frequentatur. Zacharias papa constituit ut nullus sacerdos cum baculo ad altare intret, et ne velato capite ad altare stet.

Cap. CXXI. — *Quare pro defunctis Gloria Patri et Alleluia non cantetur.*

Ad missam defunctorum *Gloria Patri* et *Alleluia*, quod lætitiam designat, non cantatur ; quia luctum imitatur, et nos per hoc in hunc mundum ad tristitiam venisse, et per luctum hinc exire admonemur. Corpora vero mortuorum non debent interesse missæ vivorum, quia nobiscum non respondent, et cum vivis non communicant. Hoc autem significat, quod hi, qui peccatis mortui sunt et Christi sacramenta non percipiunt, viventium communicationi cum Christo interesse non poterunt. Hactenus de missæ sacrificio.

INCIPIT DE ECCLESIA.

Hæc breviter de missa dixerimus, nunc pauca de ecclesia, in qua agitur, videamus.

Cap. CXXII. — *De altari.*

Noe primus altare Domino construxisse ; deinde Abraham, Isaac et Jacob altaria ædificasse leguntur, quæ non aliud quam lapides erecti intelliguntur. Super quos sacrificia mactabant, quæ supposito igne cremabant. Aliquando vero ignis de cœlo descendit, et oblatum sacrificium consumpsit, unde Cain fratrem suum occidit, quia ignis cœlestis Abel sacrificium consumpsit, suum intactum remansit (*Gen.* IV). Hæc autem differentia est inter *altare* et *aram*, quod *altare* quasi alta res vel alta ara dicitur, in quo sacerdotes incensum adolebant. Ara vero quasi area, id est plana vel ab ardore dicitur, eo quod in ea sacrificia ardebant. *Ara* enim Græce dicitur, Latine *imprecatio*.

Cap. CXXIII. — *De tabernaculo Moysi.*

Quando vero Dominus populum suum de Ægypto eduxit, speciale *tabernaculum* Moysi in monte Sinai ostendit (*Exod.* XXVI), ad cujus exemplar materiale fieri præcepit. Vasa quoque pretiosa, et sacras vestes fieri jussit; altare ad sacrificia, sacerdotes et levitas in ministeria constituit, et tubas argenteas vel æreas ad convocandum populum fieri statuit. Quæ cuncta Moyses secundum ostensum exemplar miro opere consummavit, et tabernaculum cum gaudio populi dedicavit. Quod postquam est vetustate consumptum, jussit Dominus sibi fieri templum, atque chartam David regi per prophetam misit, in qua erat descriptio qualiter templum construi debuerit. Salomon vero mirificum templum toto orbe famosum ædificavit, sicut Dominus in charta imperavit (*III Reg.* V). Altare quoque aureum, et vasa pretiosissima, et vestes sacras fecit ; sacerdotes, cantores, levitas in ministeria templi distribuit, prout Dominus in brevi præcepit. Omnibus rite peractis, templum maximo cultu dedicavit, et arcam in eo locavit. Quod quia utrumque Ecclesiam præfiguravit, secundum formam utriusque populus Christianus ecclesias formavit.

Cap. CXXIV. — *De tabernaculo populi.*

Tabernaculum, quod populus in itinere habuit, formam mundi tenuit, et typum ecclesiæ gessit, quæ in itinere hujus mundi non manentem civitatem habet sed futuram inquirit (*Hebr.* XIII). Tabernaculum secundum mundum erat formatum, et elementa atque omne quod est in mundo in eo fuerat præfiguratum, quia totus hic mundus jam factus est Dei templum ; sanguine Christi dedicatum (*Hebr.* IX), in quo universalis Ecclesia tabernaculum Dei existens, Dominum vivum et verum laudibus jugiter concelebrat, et ex tabernaculo templum fieri desiderat. Cujus tabernaculi una pars dicebatur sancta, in qua populus sacrificabat, et est *activa vita* in qua populus in dilectione proximi laborat. Altera pars dicebatur *Sancta sanctorum*, in qua sacerdotes et levitæ ministrabant, et est *contemplativa* vita, in qua religiosorum sinceritas in dilectione Dei cœlestibus inhiat. Porro secundum formam *tabernaculi* faciunt ecclesias Christiani. Secundum *Sancta* fit anterior domus, ubi populus stat. Sanctuarium vero secundum *Sancta sanctorum*, ubi clerus stat. *Ministerium* levitarum et sacerdotum mutuavit Ecclesia in ordine Christi ministrorum. *Vasa et vestes* et ritum sacrificiorum convertit in morem ecclesiasticorum. Clangorem tubarum transtulit in sonum campanarum.

Cap. CXXV. — *De templo.*

Templum autem quod populus in patria cum pace possidebat, præfert templum gloriæ de vivis lapidibus in cœlesti Hierusalem constructum, in quo Ecclesia perenni pace exsultat. Hoc enim in duo dividitur; quia templum supernæ curiæ in angelorum et hominum differentia discernitur. In quo altare aureum est Christus gloria sanctorum. In hoc templo omnes electi sacerdotes et *cantatores* erunt; ipsi et vasa pretiosa in camino tribulationis examinata, ut sol fulgebunt veste salutis, et indumento justitiæ splendescent.

Cap. CXXVI. — *De ecclesia habente septem vocabula.*

A templo itaque quod Salomon fecit, ecclesia nostra formam accepit. Ecclesia autem septem vocabulis insignitur, quia Ecclesia Christi septem donis Spiritus sancti, velut septem columnis domus sapientiæ fulcitur (*Prov* IX); ecclesia vero *convocatio* dicitur, quia in ea populus fidelium ad audienda judicia Dei et ad convivium Christi convocatur. *Synagoga* congregatio dicebatur, quia virga legis velut grex irrationalium pecorum congregabatur. Ecclesia autem merito *convocatio* vocatur, quia amore Spiritus sancti in unam fidem convocatur.

Cap. CXXVII. — *De basilica, cæterisque templi nominibus.*

Hæc domus est *basilica*, id est regalis nuncupatur, quia in ea Regi regum ministratur. *Basileus* namque rex, quasi *basis laos*, id est columna populi dicitur, quia ejus regimine fulcitur. Hæc domus et *κυριακή*, id est Dominicalis appellatur, quia in ea Domino dominorum servitur. Kyrius quippe dominus dicitur. Hæc quoque *domus Dei* vocatur, quia in ea Dominus adoratur. Hæc *domus orationis*, quia in ea populus fidelium ad orationem congregatur. Hæc etiam *aula Dei* nuncupatur, quia in ea convivium regis æterni celebratur. Hæc quoque dicitur *oratorium*, quia locus est orationis fidelium. Hæc *templum* quasi amplum tectum vocatur, quia conventus populi in ea quasi sub unum tectum coadunatur. *Monasterium* dicitur habitatio monachorum, *monos* quippe solus, *steron* dicitur habitatio. Majores autem ecclesiæ *templa* appellantur; minores vero sacella, a caprarum pellibus vocantur etiam *capellæ*.

Cap. CXXVIII. — *De capellis.*

Antiqui enim nobiles ecclesiolas in itinere de pellibus caprarum factas habebant, quas inde *capellas* vocabant, et earum custodes *capellanos* nominabant. Sunt enim *capellani* a cappa sancti Martini appellati; quam reges Francorum in præliis semper habebant, et eam deferentes *capellanos* dicebant. *Capenum* dicitur domus, ad quam pauperes ad postulandam eleemosynam confluunt. Inde diminutum *capella* dicitur, in qua Christiani pauperes spiritu ad postulandam animæ eleemosynam conveniunt.

Cap. CXXIX. — *De situ ecclesiæ.*

Ideo autem ecclesiæ *ad Orientem* vertuntur, ubi sol oritur, quia in eis Sol justitiæ adoratur, et in Oriente paradisus nostra patria esse prædicatur. Per ecclesiam ergo Ecclesia figuratur, quæ in ea ad servitium Dei congregatur. Domus hæc super petram locatur; et Ecclesia super Christum firmam petram fundatur. Quatuor parietibus surgit in altum; et Ecclesia quatuor Evangeliis crescit in altum virtutum. Domus hæc ex duris lapidibus construitur, et Ecclesia ex fortibus in fide et operatione colligitur. Lapides cæmento conglutinantur, et fideles vinculo dilectionis compaginantur. *Sanctuarium* est primitiæ Ecclesiæ de Judæis collectæ; anterior domus, in activa vita Deo servientes.

Cap. CXXX. — *De fenestris ecclesiæ.*

Perspicyæ *fenestræ*, quæ tempestatem excludunt et lumen introducunt sunt *doctores*, qui turbini hæresum obsistunt, et lumen doctrinæ Ecclesiæ infundunt. Vitrum in fenestris, per quod radius lucis jaculatur, est mens doctorum, quæ cœlestia quasi per speculum in ænigmate contemplatur.

Cap. CXXXI. — *De columnis ecclesiæ.*

Columnæ, quæ domum fulciunt, sunt episcopi, qui machinam Ecclesiæ vitæ rectitudine in alta suspendunt. *Trabes*, quæ domum conjungunt, sunt sæculi principes, qui ecclesiam continendo muniunt. *Tegulæ* tecti, quæ imbrem a domo repellunt, sunt milites, qui Ecclesiam a paganis et hostibus protegunt.

Cap. CXXXII. — *De pictura.*

Laquearium picturæ sunt exempla justorum, quæ Ecclesiæ repræsentant ornamentum morum. Ob tres autem causas fit pictura: primo, quia est laicorum litteratura; secundo, ut domus tali decore ornetur; tertio, ut priorum vita in memoriam revocetur.

Cap. CXXXIII. — *De corona in ecclesia.*

Lumina, quæ circa capita sanctorum in ecclesia in modum circuli depinguntur, designant quod lumine æterni splendoris coronati fruuntur. Idcirco vero secundum formam rotundi scuti pinguntur, quia divina protectione ut scuto nunc muniuntur. Unde ipsi canunt gratulabundi: *Domine ut scuto nos bonæ voluntatis tuæ coronasti* (*Psal.* V). Usus autem formas sculpendi a lege cœpit, ubi Moyses jussu Domini duos cherubin ex auro fecit (*III Reg.* VI). Usus vero ecclesias pingendi a Salomone exordium sumpsit, qui varias cælaturas in templo Domini fieri instituit. Usus enim candelabri et thuribuli a lege cœpit.

Cap. CXXXIV. — *De pavimento.*

Pavimentum, quod pedibus calcatur, est vulgus cujus labore Ecclesia sustentatur. *Criptæ* sub terra constructæ sunt cultores secretioris vitæ. *Altare*, super quod sacrificatur, est Christus super quem sacrificium Ecclesiæ acceptatur. Ideo corpus Christi super altare conficitur, quia populus in eo credens ex eo reficitur: unum cum Christo, quasi multi lapides unum altare, efficitur. In altari *reliquiæ* reconduntur, quia in Christo omnes thesauri sapientiæ et scientiæ absconduntur (*Coloss.* ii). Super altare *capsæ* ponuntur, ii sunt apostoli et martyres, qui pro Christo passi leguntur. *Pallæ et vestes,* quibus altare ornatur, sunt confessores et virgines, quorum operibus Christus decoratur.

Cap. CXXXV.— *De cruce.*

Crux ob tres causas super altare erigitur : primo quod signum Regis nostri in domo Dei quasi in regia urbe figitur, ut a militibus adoretur. Secundo ut passio Christi semper Ecclesiæ repræsentetur. Tertio ut populus Christianus carnem suam crucifigendo vitiis et concupiscentiis (*Gal.* v) Christum imitetur. Vexilla ideo eriguntur, ut tropæum Christi Ecclesia jugiter memoretur.

Cap. CXXXVI.— *De propitiatorio.*

Propitiatorium, quod super altare locatur, est divinitas Christi, quæ humano generi propitiatur. *Gradus,* per quos ad altare ascenditur, sunt virtutes, per quas ad Christum pertingitur. *Lavacrum,* quo juxta altare manus abluuntur, est misericordia fluens de Christo, qua homines in baptismo vel in pœnitentia a sordibus diluuntur.

Cap. CXXXVII.— *De palliis.*

Pallia, quæ in Ecclesia suspenduntur, sunt miracula Christi, quæ in Ecclesia leguntur. *Pulpitum* quod in altum sustollitur, et in quo Evangelium legitur, est perfectorum vita, ad quam per evangelicam doctrinam pervenitur, dum relictis omnibus quis Christum sequitur. Ecclesia jugi lumine lucernæ illuminatur, et Ecclesia Christi lumine Spiritus sancti semper illustratur. *Baptismus* in Ecclesia celebratur, quia catholica Ecclesia est mater, de qua nova progenies Christo generatur.

Cap. CXXXVIII.— *De ostio.*

Ostium ab obstando vel ostendendo dicitur. Ostium quod inimicis obstat, et amicis aditum introeundi ostendit, est Christus qui per justitiam obstans infideles a domo sua arcet, et fideles aditum ostendendo per fidem introducit.

Cap. CXXXIX.— *De choro.*

Chorus psallentium a chorea canentium exordium sumpsit, quam antiquitas idolis ibi constituit, ut videlicet decepti deos suos et voce laudarent, et toto corpore eis servirent. Per *choreas* autem circuitionem voluerunt intelligi firmamenti revolutionem : per manuum complexionem, elementorum connexionem : per sonum cantantium, harmoniam planetarum resonantium · per corporis gesticulationem, signorum motionem : per plausum manuum, vel pedum strepitum, tonitruorum crepitum. Quod fideles imitati sunt, et in servitium veri Dei converterunt. Nam populus de mari Rubro egressus choream duxisse, et Maria eis cum tympano præcinuisse (*Exod.* xv), et David ante arcam totis viribus saltasse, et cum cithara psalmos cecinisse legitur (*II Reg.* vi). Et Salomon cantores circa altare instituisse dicitur, qui voce, tubis, organis, cymbalis, citharis, cantica personuisse leguntur. Unde et adhuc in choreis musicis instrumentis uti nituntur, quia globi cœlestes dulci melodia circumferri dicuntur.

Cap. CXL.— *De concordia chori.*

Chorus dicitur a concordia canentium, sive a corona circumstantium. Olim namque in modum coronæ circa aras cantantes stabant; sed Flavianus et Diodorus episcopi choros alternatim psallere instituebant. Duo chori psallentium designant angelos, et spiritus justorum, quasi reciproca voce Dominum laudantium. *Cancelli* in quibus stant, multas mansiones in domo Patris (*Joan.* xiv) designant. Quod aliquando de choro cum processione ad aliquod altare vadunt, et ibi in statione canunt, significat quod animæ de hac vita euntes, ad Christum perveniunt, et in consortio angelorum Deo concinunt.

Cap. CXLI. — *De corona.*

Corona ob tres causas in templo suspenditur : una quod ecclesia per hoc decoratur, cum ejus luminibus illuminatur; alia quod ejus visione admonemur quia hi coronam vitæ et lumen gaudii percipiunt, qui hic Deo devote serviunt; tertia ut cœlestis Hierusalem nobis ad memoriam revocetur, ad cujus figuram facta videtur. Constat enim ex *auro, argento, ære et ferro.* Aurum sunt sapientia fulgentes : argentum, eloquio nitentes : æs, in doctrina cœlesti dulciter sonantes : ferrum, vitia domantes : *turres* coronæ sunt, scriptis ecclesiam munientes : lucernæ ejus bonis actibus lucentes : aurum enim sunt martyres : argentum, virgines : æs, continentes : ferrum, conjugiis servientes. *Gemmæ* in corona coruscantes sunt, qui et in virtutibus rutilantes : *metalla* in igne excocta ad ornatum coronæ sumuntur, et electi in camino tribulationis probati ad cœlestis Hierusalem decorem eliguntur. *Catena,* qua corona in altum continetur, est spes, qua Ecclesia a terrenis ad cœlestia suspenditur. Supremus circulus cui innectitur, est Deus a quo omnia continentur.

Cap. CXLII. — *De campanis.*

Signa, quæ nunc per campanas dantur, olim per tubas dabantur. Hæc vasa primum in Nola Campaniæ sunt reperta. Unde sic dicta, majora quippe vasa dicuntur *campanæ*, a Campaniæ regione ; minora *Nolæ*, a civitate Nola Campaniæ ; itaque prædicatores designant, qui populum ad ecclesiam convocant. Earum sonatio est illorum prædicatio, quorum sonus in omnem terram exivit, et in fines orbis terræ verba eorum (*Psal.* xviii). Ex ære sunt fusæ, quod est durum et sonorum, quia prædicatio illorum contra vitia est dura, et de virtutibus est sonora. Ideo autem in modum vasorum formantur, quia prædicatores vasa Spiritus sancti appellantur.

Cap. CXLIII.— *De turribus.*

Turres, in quibus suspensæ sonant, sunt duæ 'eges, quibus prædicatores a terrenis ad cœlestia suspensi regnum Dei prædicatur. *Plectrum* fit ex ferro, quod omnia dura domat, est illorum lingua, quæ omnia adversa superat. *Vinculum* quo ligatur est moderatio, qua illorum lingua temperatur. Funis, quo campanæ moventur ad sonandum, est sacra Scriptura ex multis sententiis contexta, qua prædicatores moventur ad prædicandum. Funis a ligno descendit, et sacra Scriptura a ligno crucis et Dominicæ passionis descendit. Lignum a superioribus continetur, quia crux et passio Christi a prophetis ante prædicatur, et Evangelium legi connectitur, et apostolica doctrina prophetiæ contexitur. Sacerdos funem apprehendit, dum Scriptura docente bona opera agit. Funis cum sursum trahit, dum Scriptura eum in contemplatione suspendit; funem ipse deorsum trahit, dum a contemplatione ad activam vitam descendit. Ex tractu funis campana sonat, quia ex bona operatione intonat.

CAP. CXLIV. — De campanario.

Campanarium, quod in alto locatur, est alta prædicatio, quæ de cœlestibus loquitur. Non autem sine causa gallus super campanarium ponitur. Gallus enim dormientes excitat (118), et per hoc admonetur presbyter, gallus Dei, ut per campanam dormientes ad matutinas excitet.

CAP. CXLV. — De statione.

In ecclesia masculi in Australi parte stant, significantes quod fortiores in fide ardore Spiritus sancti fervidi prælati fieri debeant, qui æstum tentationum mundi ferre debeant. Feminæ vero in Boreali parte stant, demonstrantes quod fragiliores sub esse debeant, qui æstum tentationum ferre nequeant, atque nuptiali medicamine æstum carnis temperare.

CAP. CXLVI. — De mulieribus.

Mulieres quoque post partum (Levit. xv) ecclesiam non intrant, quia immundos a templo cœlesti excludi designant. Alioquin si præ infirmitate valerent, eadem die, qua parerent, intrare ecclesias eis liceret, ut Deo gratias agerent. Propter hanc significationem in multis locis menstruæ viris commistæ, foris ecclesiam stare solent, et ob hoc pœnitentes intrare ecclesiam non debent. Linus papa ex præcepto beatorum Petri et Pauli constituit, ut mulieres in ecclesia velatæ sint. Et hoc propter tres causas fit: una est, cum sint decipula diaboli, ne laxis earum crinibus juvenum animi illaqueentur; alia est ne quædam illarum ob formositatem capillorum superbia eleventur, quædam vero ne ob deformitatem illorum deturpentur; tertia est ut reatus originalis peccati, qui per mulierem evenit, ad memoriam nobis revocetur. Judex quippe malorum est Christus; sacerdos ejus vicarius. Ante sacerdotem ergo debet se mulier velare velut rea et tanti mali sibi conscia coram judice celare. Unde dicit Apostolus, ut mulier velata sit propter angelos (I Cor. xi), id est sacerdotes. In ecclesiis enim non permittitur eis loqui (II Cor. LVI), id est populum alloqui. Et nobis quoque non licet loqui in ecclesia, nisi in hymnis, et psalmis, et canticis spiritualibus, et orare, ut conjungamur cœlestibus.

(118) Plinius, lib. x Nat. hist. cap. 21.

CAP. LVII. — De cœmeterio.

Cœmeterium, qnod dicitur mortuorum dormitorium, est Ecclesiæ gremium, quia sicut sæculo mortuos de utero baptismatis Christo genuit, ita postmodum carne mortuos gremio suo confovens æternæ vitæ reddit.

Ecclesiæ, quæ in modum crucis fiunt, populum Ecclesiæ mundo crucifigi debere ostendunt: quæ autem rotundæ in modum circuli fiunt, Ecclesiam per circulum orbis in circulum coronæ æternitatis per dilectionem construi ostendunt.

CAP. CXLVIII. — De claustro.

Claustralis constructio juxta monasterium est sumpta a porticu Salomonis constructa juxta templum. In qua apostoli omnes unanimiter commanebant, et in templo ad orationem conveniebant, et multitudini credentium cor unum et anima una erat, et omnia communia habebant (Act. IV). Secundum hanc formam religiosi in claustro unanimiter degunt, nocte ac die in monasterio ad servitium Dei conveniunt. Et fideles adhuc sæcularia relinquunt, communem vitam in claustro ducunt.

CAP. CXLIX. — Quod claustrum sit paradisus.

Porro claustrum præsefert paradisum (Gen. IV), monasterium vero Eden securiorem locum paradisi. Fons in hoc loco voluptatis, est in monasterio fons baptismatis; lignum vitæ in paradiso est: corpus Domini in monasterio. Diversæ arbores fructiferæ sunt diversi libri sacræ Scripturæ. Secretum enim claustri gerit figuram cœli. In quo justi ita a peccatoribus segregantur, sicut religiosæ vitæ professores a sæcularibus in claustro sequestrantur. Porro monasteria præfert cœlestem paradisum. Fons et lignum vitæ signat Christum, qui est fons vitæ et cibus beatorum æternaliter viventium. In monasterio duo chori laudes Deo concinunt; et in cœlesti paradiso angeli atque sancti in sæculum sæculi dulci concentu Dominum laudabunt. Altitudo in claustro conversantium unum cor et unam animam in religione habent, et omnia communiter possident, et in superna patria omnes electi cor unum et animam unam in dilectione habebunt, et omnes omnia communiter possidebunt, quia unusquisque quod in ea minus habet in aliis habebit, ubi Deus omnia in omnibus erit. In claustro singuli singula loca secundum ordinem tenent, et in paradiso singuli singulas mansiones secundum merita recipient.

CAP. CL. — De dedicatione ecclesiæ.

Ecclesiæ Dedicatio est Ecclesiæ et Christi nuptialis copulatio. Episcopus qui eam consecrat est Christus, qui Ecclesiam desponsaverat. Episcopus fontem in atrio benedicit, et in circuitu aspergit, quia Christus fontem baptismatis in Judæa consecravit, et in circuitu mundi omnes gentes eo ablui imperavit.

CAP. CLI. — De domo non consecrata.

Domus non consecrata est gentilitas Dei ignara,

et perfidiæ repagulis inclusa. In domo duodecim candelæ in circuitu accensæ eam illuminant, et duodecim apostoli in circuitu orbis gentilitatem lumine doctrinæ illustrabant. Candela lucet et ardet, et apostoli verbo lucebant et charitate ardebant. Pontifex super luminare ostii cum baculo ter percutit, *Attollite portas, principes, vestras, et elevamini, portæ æternales* (*Psal.* XXIII) dicit; per pontificem Christus, per baculum sceptrum potestatis intelligitur. Trina autem percussio terna potestas in cœlo, in terra, in inferno accipitur. Quasi ergo ter Dominus januam cum capitis percussit, dum Ecclesiæ potestatem ligandi atque solvendi in cœlo et in terra concessit, et portas inferi adversus eam non prævalere tribuit (*Matth.* XVI). Jubet etiam ut principes tenebrarum portas mortis ab Ecclesia tollant, portæ vero æternales, id est cœlestes, eleventur, et justi ad vitam ingrediantur.

CAP. CLII. — *De portis.*

Portæ quippe mortis sunt vitia et peccata. Portæ vitæ sunt *fides, baptisma, operatio.* Per eum, qui intus respondet, diabolus intelligitur, qui de domo Ecclesiæ expellitur. Ipse quippe quasi fortis armatus atrium suum custodivit, dum hunc mundum quasi jure possedit. Sed fortior superveniens eum expulit, spolia ejus distribuit (*Matth.* XII; *Luc.* XI); dum Christus eum passione vicit, et Ecclesiam ab ejus jure eripuit. Mox ostium aperitur, et episcopus ingreditur, quia Ecclesia ostium fidei Christo aperuit, et eum intra se devote recepit. Episcopus ingrediens *Pax huic domui* dicit, quia Christus mundum ingrediens, pacem hominibus contulit, quam resurgens a mortuis suis præbuit: *Pax,* inquit, *vobis* (*Joan.* XX). Ter pax huic domui clamat, quia reconciliationem Ecclesiæ per Trinitatem factam insinuat, vel quia *unus est Deus, una fides, unum baptisma* (*Ephes.* IV). Deinde pontifex prosternitur, pro consecratione domus Dominum precatur, et Christus se ante passionem in monte prostravit et pro Ecclesiæ sanctificatione Patrem oravit. Surgens pontifex populum per *Dominus vobiscum* non salutat, sed per *Flectamus genua* ad orationem invitat, quia infideles et impii non sunt salutandi, sed ad conversionem et pœnitentiam provocandi.

CAP. CLIII. — *De alphabeto.*

Post hoc alphabetum in pavimento cum capita scribit, incipiens a sinistro angulo orientali, in dextrum occidentalem desinit. Deinde aliud alphabetum a dextro angulo orientis inchoat, et scribendo in sinistro angulo occidentis consummat. Quæ duo alphabeta in medio Ecclesiæ in formam crucis conveniunt, et quid mysticent nobis aperte innuunt.

CAP. CLIV. — *De quatuor angulis ecclesiæ.*

Quatuor ecclesiæ anguli sunt quatuor plagæ mundi. Scriptura, quæ terræ inscribitur, est simplex doctrina, quæ cordibus terræ imprimitur. A sinistro angulo episcopus scribere incipit, quia Christus a Judæa docere incœpit. Ipsa quippe sinistro angulo comparatur, quia ob perfidiam cum sinistris reputatur. Ideo *angulus orientis* dicitur, quia Christus, qui est oriens, in eo secundum carnem oritur. Scripturam in dextrum angulum deducit episcopus quia doctrina Christi ad Ecclesiam usque pervenit. Ipsa enim dextro angulo assimilatur, quia cum dextris computatur. Ideo autem angulus occidentis existit, quia in ea perfidia corruit, et Christus Sol justitiæ pro ea in morte occidit.

CAP. CLV. — *De dextro angulo.*

Iterum episcopus scripturam a dextro angulo orientis inchoat, et in sinistro occidentis eam consummat, quia per doctrinam suam in primitiis Ecclesia inchoavit, et eam in fine mundi in Israelitico populo consummabit. Primitiæ Ecclesia in dextra angulus dicitur, quia ipsa est regina, quæ a dextris Dei stare scribitur. Ideo *angulus* dicitur *orientis*, quia lumen rectis in ea exoritur (*Psal.* III). Populus autem Israel ideo *sinister angulus* vocatur, quia adhuc in infidelitate perdurare non verecundatur. Ideo vero *angulus occidentis* dicitur, quia occidente jam mundo post plenitudinem gentium Israel ad Christum convertitur. Duo *alphabeta*, quæ ex diversis angulis in formam crucis conveniunt, sunt duo populi, qui ex diverso ritu in unam fidem crucis per Christum convenerunt. Duo enim *testamenta* sunt, qui in simul conjuncta crucem passionis Christi ediderunt. Unum autem Græce, alterum Latine scribitur, quia *Græca lingua* propter sapientiam, Latina propter imperialem potentiam aliis eminentior cognoscitur, quod utrumque ad fidem crucis convertitur. Utraque vero per *baculum* scribuntur, quia hæc omnia per prædicatores peraguntur. Hucusque totum quod præcessit, quasi procemium consecrationis fuit. Abhinc dedicatio ecclesiæ incipit, et ideo per hoc, quod nunc sequitur, *Christi passio et Spiritus sancti* effusio innuitur, per quæ Ecclesia catholica consecratur.

CAP. CLVI. — *De illo, Deus in adjutorium*

Post hæc Pontifex ante altare stans divinum auxilium per versum : *Deus, in adjutorium meum intende,* invocat; ut domum nomini ejus digne consecrare valeat. *Gloria Patri,* absque *alleluia,* subjungit. Quia gloriam Trinitati in illa domo cantari innotescit: *alleluia* non addit, eo quod adhuc ad vocem exsultationis consecrata non sit. Post consecrationem autem *alleluia* cantabitur, quia exclusa jam omni dæmonum fantasia Deus in ea laudabitur. Ita Christus verus Pontifex ad aram crucis accedens, Patris auxilium invocavit, quo Ecclesiam sanctificare velit, quasi *gloria Patri* cecinit, dum ad gloriam Trinitatis mortem pro Ecclesia subiit. Quando *alleluia* non addidit, dum totus mundus in ejus passione fuit turbatus. Post resurrectionem autem quasi post consecrationem *alleluia* cantabatur, quia cœlum et terra de ejus resurrectione lætabantur.

CAP. CLVII. — *De sale et cinere.*

Deinde *aqua* benedicitur, vinum admiscetur sa

quoque et cinis commiscentur : sal, quo omnes cibi sapidi fiunt, Christus Dei Sapientia designatur, qua omnes sapere et intelligere acceperunt. Deinde Eliseus sal in aquam misit, et aquæ sanatæ sunt (*IV Reg.* II), quia Deus Sapientiam, id est Filium suum, in homines misit, et sanati sunt. In lege autem vitula rufa jussa est in igne cremari, et populus ejus cinere expiari. (*Num.* XIX), Vitula rufa in expiatione populi in cinerem cremata est; Christi sanguine rubricata, igne passionis in cinerem redacta, quo plebs fidelium est expiata. Hic *cinis* sali admiscetur, dum humanitas a Divinitate in resurrectione resumitur. Cinis quoque sali commiscetur, dum nos Christiani, qui cinis sumus, et Ecclesia nominamur, divinitati Christi associamur.

Cap. CLVIII. — *De vino et aqua.*

Item per vinum Divinitas, per aquam intelligitur humanitas. Hæc duo commiscentur, dum nostra humanitas per Christi sanguinem Divinitati adjungitur. Ter crux cum sale et cinere super aquam fit, quia per crucem Christus hominibus fidem Trinitatis impressit. Porro per hæc singula, sacrificium Ecclesiæ exprimitur, quod in hac domo dedicata offertur : per salem et cinerem, Christi corpus in divinitate præfiguratur, per vinum et aquam Christi sanguis, quod cum aqua conficitur, prænotatur.

Cap. CLIX. — *De templo.*

Notandum quod hoc totum ad hominem refertur, qui *templum Dei* appellatur. Primum pontifex ostium aperit : deinde preces fundit, post hæc alphabetum scribit, deinde aquam cum sale et cinere benedicit, vinum admiscet, deinde ungit. Ita cuilibet ad Dominum converso ostium fidei aperitur : deinde pro eo oratur : deinde Scriptura menti ejus inscribitur, dum catechumenus exorcismis imbuitur, exinde, per fidem Christi divinitatem et humanitatem docetur : deinde fonte baptismatis purificatur, ad extremum chrismate ungitur, et sic templum Dei efficitur.

Cap. CLX. — *De altari et cruce.*

Post hæc sacerdos digitum tingit, et crucem per quatuor cornua altaris facit. *Altare* hic primitivam Ecclesiam in Hierusalem exprimit. Quasi Christus crucem Pontifex super altare fecit, dum crucem in Hierusalem, pro Ecclesia subiit. Quatuor cornua altaris signavit, dum quatuor partes mundi cruce salvavit. Deinde septies contra altare spargit, quia Christus post resurrectionem in septem donis Spiritus sancti Ecclesiam baptizari jussit. Aqua cum hyssopo aspergitur, quæ amara herba duritiam lapidum penetrare fertur, et signat Christi carnem in passione amaricatam, per quem baptismus datur, et duritia gentilium ad fidem emollitur. Deinde altare spargendo circuit, quia Dominus angelum suum in circuitu timentium se nutrit. Altare ter aspergitur, quia Ecclesia a tribus peccatis mortis, scilicet *operis, locutionis, cogitationis* emundatur. Deinde per totam ecclesiam vadit, parietes ex utraque spargit a parte, quia Christus per totam Judæam populum baptizare præcepit. Interim canitur psalmus : *Exsurgat Deus, et dissipentur inimici ejus,* quia dum Christus surrexit, dæmones et Judæi inimici ejus dissipati sunt. Et cum Christi resurrectio et baptismus per mundum prædicabantur, inimici Dei ab Ecclesia dissipabantur.

Cap. CLXI. — *De ministris.*

Pontifex mittit ministros, qui ecclesiam cantando circumeant : quia Christus apostolos misit, qui baptismum per totum mundum prædicabant. Episcopus per mediam ecclesiam incedens cantat antiphonam, *Domus mea,* et Christus per doctores visitans fecit eam domum suam. Incipiens autem antiphonam, *Introibo* et post vadit canendo ad altare, et quod remansit de aqua ad basim altaris fundit, quia Christus fluenta doctrinæ in Hierusalem effudit, et inde fons baptismatis erupit. Post hæc altare cum linteo extergitur, per quod Dominica passio intelligitur. Linum quippe de terra oritur, et cum labore ad candorem convertitur; et Christus de Virgine nascitur, et cum magno labore passionis ad candorem resurrectionis rediit. Hoc linteo altare extergitur, dum tribulatio Ecclesiæ exemplo passionis Christi delinitur. Deinde offertur incensum, hoc est orationes justorum, qui se in odorem Deo offerunt, dum corpus suum pro eo affligunt.

Cap. CLXII. — *De oleo et altari.*

Postea pontifex fundit oleum super altare, faciens crucem in medio ejus, et super quatuor cornua ejus, quia Christus super primitivam Ecclesiam Spiritum sanctum in Hierusalem effudit, in qua et crucem subiit, deinde per quatuor mundi partes hæc dona fidelibus tribuit. Tunc cantatur antiphona : *Erexit lapidem Jacob in titulum;* lapis unctus fuit, Christus Spiritu sancto a Patre scilicet oleo lætitiæ unctus, hic in caput anguli est factus (*Psal.* XLIV; CXVII) : dum uterque populus in eo est conjunctus. Ter altare ungitur, bis oleo, tertio chrismate, quia Ecclesia insignitur *fide, spe, charitate.* Fuso autem oleo cantatur antiphona, *Ecce odor filii mei sicut odor agri pleni.* Ager latitudo mundi intelligitur, per quem Ecclesia ubique diffunditur. Hic ager vernat floribus, dum Ecclesia resplendet virtutibus. Odor florum est fragrantia bonorum operum. *Rosæ* sunt martyres; *lilia* virgines, *violæ* sæculi contemptores, *virides herbæ* sapientes, *floridæ* proficientes, *fructibus plenæ* animæ perfectæ.

Cap. CLXIII. — *De chrismate.*

Demum per parietes ecclesiæ crucem de chrismate facit cum pollice, incipiens a dextro latere usque in sinistrum, quia unctio chrismatis a primitiva Ecclesia incipiens pervenit in Ecclesiam gentium; interim cantatur antiphona, *Sanctificavit Dominus tabernaculum.* Ecclesia nunc est Dei tabernaculum in hujus mundi itinere, quæ postea erit templum in præventione. Deinde antiphona, *Lapides pretiosi.* Lapides pretiosi sunt, qui sacras Scripturas condiderunt. *Muri et turres Hierusalem* sunt munitiones Scripturarum, quibus arcentur Judæi, hæretici atque pagani. Gemmæ sunt sacræ sententiæ.

CAP. CLXIV. — *De incenso.*

Tunc pontifex crucem incensi super altare facit, et se ad orationem submittit. Christus quoque Pontifex pontificum incensum crucis super altare ponit, quia apud Patrem pro nobis intervenit. Crucem namque incensi facere est passionem suam, pro Ecclesia Patri ostendere, et pro nobis interpellare. Unde pontifex incipit antiphonam : *Confirma hoc, Deus, quod operatus es in nobis,* cum *Gloria Patri,* quia Christus Patrem pro Ecclesia exorat, ut redemptionem, quam ipse operatus est, in ea confirmet, et omnem terram ei subjiciat. Unde hæc processerit gratia subdit : *a templo sancto tuo, quod est in Hierusalem* (Psal. LXVII). In Hierusalem quippe salvatio humani generis cœpit, et inde in totum mundum manavit. Hierusalem enim est Ecclesia, in qua templum est Christi, in quo habitavit plenitudo divinitatis corporaliter; quæ tamen per Spiritum sanctum effusa humano generi profluxit largiter. *Gloria Patri* additur, quia hanc salvationem Trinitas operatur, quia Trinitati laus et gloria proinde canitur.

CAP. CLXV. — *De vasis et ornamentis.*

Post hæc subdiaconi vel acolythi vasa, linteamina, et omnia ornamenta offerunt pontifici benedicenda, sunt hi qui ornatui Ecclesiæ eliguntur, et ad servitium Ecclesiæ ab episcopo consecrantur, et vasa Dei dicuntur. His peractis vadit pontifex in eum locum, in quo reliquiæ potestatum nocte cum vigiliis fuerunt; et elevat eas portans ad locum præparatum : ita Christus verus Pontifex, postquam nobis præparavit locum, justos, qui in præsenti nocte se vigili mente a malo custodiunt, assumit de locis suis, et perducit eos in domum Patris sui. Unde cantatur antiphona, *Ambulate, sancti Dei, ingredimini civitatem Dei,* id est cœlestem Hierusalem. Quod autem sequitur *nobis ædificata est nova Ecclesia,* hoc est Hierusalem nova, quæ ædificatur ut civitas (Psal. CXXI). Diversæ antiphonæ cantantur; tripudium et exsultationes angelicarum virtutum imitantur, quæ exeuntes de corpore animas comitantur, usquequo meritis sibi debitis mansionibus recipiantur. Veniens pontifex ante altare, ubi reliquiæ sunt reconditæ, extendit velum inter se et populum, quia loca animarum secreta sunt a visione mortalium.

CAP. CLXVI. — *De reliquiis sanctorum.*

Reliquiæ in altari sigillantur, quia animæ in cœlestibus collocantur. Cantatur antiphona, *Exsultabunt sancti in gloria,* quia animæ ovant in angelica curia.

CAP. CLXVII. — *De veste animarum.*

Post hæc altare vestitur, quia animæ in resurrectione corporibus vestiuntur. Nudum erat altare, dum animæ sine corporibus in cœlis fuerant collocatæ. Altare vestitur, dum anima in mortali et incorruptibili corpore induetur.

CAP. CLXVIII. — *De die judicii.*

Post hæc pontifex altare benedicit, et Christus Ecclesiam his verbis benedicit : *Venite, benedicti Patris mei* (Matth. XXV). Pontifex revertitur in sacrarium cum ordinibus suis, et induit se vestimentis aliis, et Christus revertitur in mundum ad judicium cum ordinibus angelicis ; aliis induitur vestimentis, quia servilem formam præsentabit impiis, cum videbunt in quem crucifixerunt, et justi Regem gloriæ in decore suo videbunt. Deinde ornatur ecclesia, et accenduntur luminaria, quia tunc opera justorum splendescunt, pro quibus ornati perenniter ut sol fulgebunt. Tunc incipit cantor *Terribilis est locus iste.* Quid enim terribilius illa die quando angeli timebunt, et impii in æternum supplicium ibunt. Tunc procedit pontifex solemniter, et fit officium cum omni lætitia, quia peracto judicio videbitur Deus facie ad faciem, in gloria sua, et erit Deus omnia in omnibus (I Cor. XIII), et ut lux oculis, sic gaudium animabus.

CAP. CLXIX. — *De certo loco et sacrificio.*

Igitur sicut in ecclesia dedicata rite missa celebratur, sic in Ecclesia catholica legitime sacrificatur, et extra hanc nullum sacrificium a Deo acceptatur. Et quamvis Deus ubique sive in agro, sive in eremo vel in mari, vel in omni loco dominationis ejus juste possit ac debeat benedici, et invocari, ut puta in templo totius mundi, tamen jure opportuno tempore ad ecclesiam a fidelibus curritur, ut ibi Deus invocetur, atque adoretur, in qua omnem rem, quam duo ex consensu petierint, se daturum pollicetur, et ubi ipse duobus vel tribus in nomine ejus congregatis interesse perhibetur (Matth. XVIII). Justum quippe est ut Christianus populus in oratorium quasi ad prætorium conveniat, judicia ac mandata æterni Regis audiat, atque de convivio vituli saginati percipiat. Cum ergo populus in ecclesiam congregatur, quasi templum Deo ad inhabitandum ædificatur. Ecclesia autem in Ecclesia, est plebs Christiana in aula dedicata. Templum quoque est in templo, baptizatus quilibet in domo consecrata.

CAP. CLXX. — *De violata ecclesia.*

Si ecclesia homicidio vel adulterio violatur, iterum dedicatur : ita si homo Spiritus sancti templum in baptismate dedicatum criminali peccato violatur, necesse est ut denuo fonte lacrymarum renovetur. Si sigillum altaris amovetur, est præceptum ut iterum consecretur : ita si sigillum fidei ab altari cordis aliqua hæresi amovetur, oportet ut denuo per pœnitentiam reconcilietur. Si principale altare movetur, est decretum ut ecclesia denuo consecretur : ita si episcopus princeps Ecclesiæ a fide ad hæresim mutatur, tota plebs ei subjecta commaculatur ; et ideo convenit ut cum eo pœnitentia et sanctificatione ad catholicam fidem recipiatur. Quæ autem violata, non denuo consecrata fuerit, immunda et canibus erit pervia : ita si homo templum Dei, scilicet seipsum, mortali crimine violaverit, atque per pœnitentiam denuo non remundaverit, dæmonibus habitatio erit. Interfecti ideo in ecclesiam non portantur, ne sanguine pavimentum maculetur. Ob hanc enim causam putant quidam mulieres in partu defunctas, in ecclesiam non esse deferendas, quod tamen licet fieri.

CAP. CLXXI. — *De constructione ecclesiæ.*

Itaque bonum est ecclesias ædificare, constructas vasis, vestibus, aliis ornamentis decorare, sed multo melius est eosdem sumptus in usus indigentium expendere, et censum suum per manus pauperum in cœlestes thesauros (*Matth.* VI) præmittere, ibique domum non manufactam, sed æternam in cœlis (*II Cor.* V) præparare, in qua possit cum angelis æternaliter habitare. Sciendum autem quod loca sancta non salvant quos prava opera ab Ecclesia separant, nec item horrida loca his obsunt qui pie vivunt. Nadab namque et Abiu sacerdotes in tabernaculo Dei igne consumuntur (*Levit.* X); Chore, Dathan, et Abiron ante tabernaculum a terra deglutiuntur (*Num.* XVI). Heli pontifex in loco sancto fracta cervice periit (*I Reg.* IV). Oza juxta arcam percussus interiit (*II Reg.* VI). Joab juxta altare occiditur (*III Reg.* II). Ozias rex in templo lepra perfunditur (*II Par.* XXVI). Postremo templum violatum subruitur, populus legis prævaricator ab eo captivus ducitur (*IV Reg.* XXV). Econtra Joseph in cisterna et in carcere non perit (*Gen.* XXXVII). Moyses in fluvio necem non subit (*Exod.* I). Job in sterquilinio, Hieremias non interiit in cœno (*Job.* II; *Jer.* XXXVIII). Daniel in lacu leonum: tres pueri non læduntur in camino ignium (*Dan.* III, VI). Petrus in carcere: Paulus non periit in mari (*Act.* XII; *II Cor.* XI); imo diabolus de cœlo, homo cecidit de paradiso (*Gen.* III; *Isa.* XIV). Justi autem in terra a Deo visitantur, de inferno ad cœlestia sublevantur.

CAP. CLXXII. — *De ministris Ecclesiæ.*

De Ecclesia quod Deus dedit jam diximus: superest ut de ministris Ecclesiæ dicamus. Ecclesia itaque usum sacerdotum et ministrorum de Synagoga accepit, quos primum Moyses ex præcepto Domini in ministerio tabernaculi constituit (*Exod.* XXVI). Deinde David et Salomon nihilominus ex jussu Domini cantores et levitas in templo ordinaverunt, quos apostoli secuti ministros Ecclesiæ in Christiana religione disposuerunt (*Act.* VI).

CAP. CLXXIII. — *De Christianis.*

Christiani autem a Christo dicuntur, et hi vita scilicet in *laicos*, in *monachos*, in *clericos* dividuntur. Laos dicitur populus; inde laici, id est populares. *Monas* dicitur singularitas: inde monachi, id est singulariter degentes.

CAP. CLXXIV. — *De clericis.*

Cleros dicitur sors vel hæreditas. Inde clerici, id est sortiti, scilicet ad hæreditatem Domini. Ipsi enim decimam et sacrificium accipiunt, quæ ideo pars vel hæreditas Dei dicuntur, quia ex præcepto Dei in servitium Dei offeruntur. Idcirco vero a sorte clerici appellantur, quia sacerdotes in lege sorte eligebantur: et apud gentiles, qui plures liberos habuit, unum ad clericatum sorte elegit. Omnes autem Ecclesiæ ministri dicuntur *clerici.* Sed sunt in septem gradus disposti, quia a septiformi gratia Spiritus sancti consecrati. Sunt autem hi: *Ostiarii, lectores, exorcistæ, acolythi, subdiaconi, diaconi, presbyteri.*

CAP. CLXXV. — *De ostiariis*

Qui in Synagoga janitores vel ædtui dicebantur, in Ecclesia *ostiarii* nuncupantur. Illorum autem officium in lege erat, quod templum ut Samuel aperiebant et claudebant, et de Judæis pollutos, de gentibus autem immundos, id est incircumcisos de domo Dei excludebant. In Ecclesia autem hoc officium habent, ut catechumenos baptizandos in ecclesiam introducant, et pœnitentes per episcopum reconciliatos in ostio accipiant, et in domum Dei reducant. Dum hi ordinantur, claves ecclesiæ eis ab episcopo traduntur, ut videlicet credentibus januas ecclesiæ aperiant, incredulis claudant, et templum Dei quod ipsi sunt virtutibus aperiant, vitiis claudant.

CAP. CLXXVI. — *De lectoribus.*

Qui in templo erant cantores, apud nos sunt *lectores*. Illorum officium erat hymnos a David compositos; vel cantica a Salomone edita in templo, ut Asaph et Idithum resonare, et organis vel cymbalis Deo jubilare. In ecclesia autem illorum est officium divinam Scripturam recitare, et *Responsoria*, vel *Gradualia*, et *Alleluia* singulariter coram populo ad laudem Dei cantare. Dum hi ordinantur, liber eis ab episcopo traditur, ut videlicet operibus impleant, quæ populo de libris pronuntiant. Est autem *præcentor*, qui præcinit: *succentor*, qui cantum subsequitur, centor vel *cantor*, qui consonat; *psalmista*, qui psalmos pronuntiat; symmysta, id est secretarius vel secreti conscius, qui mysteria Christi explicat.

CAP. CLXXVII. — *De exorcistis.*

Exorcista dicitur adjurator: hi, Salomone docente, dæmones adjurabant, et eos de obsessis hominibus expellebant, ut septem filii *Scene* sacerdotis faciebant. In Ecclesia autem habent officium infantes catechizandos, exorcizare et per verba Dei, id est baptizandorum corpora dæmonibus interdicere, ac de energumenis, ideo de obsessis corporibus per exorcismos dæmonia arcere. Et his codex ab episcopo traditur, dum ordinantur, ut videlicet monita librorum impleant, quo dæmones ab aliis expellere valeant.

CAP. CLXXVIII. — *De acolythis.*

Qui in lege luminum concinnatores dicebantur, apud nos acolythi, id est a cera *cerarii* nuncupantur. Hi lumina in templo accendebant vel exstinguebant, oleo reficientes, lucernas nutriebant, ex quibus Nadab et Abiu erant (*Exod.* XXIV). In Ecclesia autem habent officium, ut lumine vel thuribulum ante sacerdotem missam vel ad Evangelium deferant, ad ornandum altare vestibus vel palliis inserviant. His ornandis candelabrum et urceus vel ampulla ab episcopo traditur; ut per hoc admoneantur, quatenus lucernæ bonorum operum in manibus eorum luceant, et oleum bonæ conscientiæ in vasis cordis habeant.

CAP. CLXXIX. — *De subdiaconibus.*

Qui apud Hebræos Nachumei, id est in humilitate servientes scribuntur, apud nos *subdiaconi*, id est subministri dicuntur. Horum officium in lege erat, oblata sacrificia a populo accipere, et aquam vel quælibet necessaria in ministeria templi deferre: ex quibus Nathanael dicitur fuisse (*Joan.* 1). In Ecclesia autem hoc habent officium ut *Epistolam* legant, calicem et patenam cum corporali diacono ad altare offerant. Unde et *hypodiacones*, id est diacono ministrantes dicuntur. Cum hi ordinantur, vasa sancta, id est calix et patena eis ab episcopo dantur et manutergium, quatenus se vasa Dei sciant, et se huic ministerio mundos exhibeant.

CAP. CLXXX. — *De diaconibus.*

A Levi filio Jacob levitæ, id est assumpti denominantur, per quos cuncta sacrificia sub sacerdotibus administrabantur. Ex quibus Eleazar et Yttamar prædicantur. Hos Ecclesia *diaconos*, id est ministros nuncupat, quia sacerdotibus ministrant. Horum officium est in Ecclesia *Evangelium* legere, sacrificium in altari componere, sanguinem Domini distribuere, populo licentiam abeundi dare, et si necesse est prædicare et baptizare. His ordinandis episcopus stolam dat, ut se lege Dei constrictos cognoscant, ac se castitati in servitio Dei omnimodis subdant. *Archidiaconus* dicitur summus diaconus, ut fuit Stephanus vel Laurentius.

CAP. CLXXXI. — *De presbyteris.*

Presbyter dicitur senior, non ætate, sed sensu. *Cani enim sunt sensus hominis* (*Sap.* IV). Hi in lege principes populi ut Chore, Dathan, et Abiron, vel magistratus templi ut Nicodemus, et Gamaliel dicebantur, et per eos sacrificia populi offerebantur. *Presbyter* enim dicitur *præbens iter* [a Πρεσϐύτερος *senior*] scilicet populo de exsilio hujus mundi ad patriam cœlestis regni. Horum officium est missas celebrare, pro populo sacrificare, corpus Domini dispensare, prædicare, baptizare, pœnitentes absolvere, infirmos ungere, mortuos sepelire, populum ad missam, vel nuptias, vel arma, vel peras, vel baculos, vel judicia ferre, et aquas vel candelas, vel palmas, vel cineres, vel quaslibet res ad cibum pertinentes benedicere. His episcopus manus in ordinatione imponit, potestatem ligandi atque solvendi tradit, quatenus ipsi ita vivant, ut alios ligare ac solvere valeant. Jugum Domini suave eis imponit; dum collum illorum stola cingit, quatenus sic legi Dei obediant, ut alios regere queant. Manus eorum chrismate ungit, ut cuncta quæ benedicunt, benedicta sint, quatenus se ab omni immundo opere contineant, ut digne corpus Christi conficere valeant.

CAP. CLXXXII. — *De sacerdotibus iterum.*

Sacerdos dicitur quasi sacrum dans. Dat enim corpus Domini, vel alia sacramenta populo. *Sacerdos* enim dicitur *sacer dux* [vel potius, *sacra dans*], quia verbo et exemplo ducatum præbet ad vitam populo. Tam episcopus quam presbyter *sacerdos* vocatur, quia per utrumque sacramentum datur. *Archipresbyter* dicitur summus presbyter. *Decanus*, qui decem presbyteris est prælatus. *Præpositus*, qui aliis est prælatus. *Chorepiscopus*, qui de choro sacerdotum vicarius episcopi est prælatus. *Vice-episcopus*, qui vicem episcopi agit. Hos septuaginta viri expresserunt, qui spiritum Moysi accipientes populo prælati sunt (*Num.* XI).

CAP. CLXXXIII. — *De episcopis.*

Episcoporum ordo in tria dividitur: In *episcopos*, in *archiepiscopos* et in *patriarchas*. Episcopi super scopon dicitur [imo ab ἐπισκοπέω, *speculor*] intendens, inde *episcopus* dicitur superintendens, quasi de alto prospiciens mores et vitam subjectorum. Sicut enim custos vineæ in alto residens undique prospicit, sic episcopus Christi vineæ, scilicet Ecclesiæ custos, quasi in alto residens populum sub se positum prospiciens instruit. Unde et *speculator* dicitur quia sicut speculator in alta turri ponitur, ut hostes adventantes speculetur, et cives ad resistendum adhortetur; sic episcopus, quasi in specula collocatur, ut populum contra hostes dæmones et hæreses armare nitatur. Hic quoque præsul nominatur, quia præsidere ad consultum putatur. Hic etiam *antistes*, quasi *antestans* dicitur quia populo præeminere videtur. *Anti* enim dicitur contra. Inde *antistes* quasi contra stans dicitur, quia hæreticis ut lupis pastor contra stare et oves protegere cernitur. Est item *pontifex* dictus, quasi *pons factus*. Vita quippe episcopi debet esse pons populo super mare sæculi ad patriam paradisi. Vel pontifex potius dicitur, *pontem faciens*, quia quasi pontem populo facit, dum eum sana doctrina super paludes hæresum ad atria vitæ ducit.

CAP. CLXXXIV. — *De summo sacerdote.*

Hic Aaron in veteri lege *summus sacerdos* appellabatur, quia cæteris sacerdotibus et levitis principabatur (*Exod.* XXXI). Hic nomen Dei *tetragrammaton* portabat, et semel in anno pro populo offerebat. In lege Aaron primus est in summum sacerdotem oleo unctus. In Evangelio autem *Jacobus* apostolus est primus ab apostolis Hierosolymis episcopus ordinatus. Unde dum ordinatur, a duodecim episcopis consecrari imperatur, et si necessitas cogit, saltem a tribus, ut Paulus a Petro, Jacobo et Joanne est ordinatus. Quod oleo ungitur, hoc a lege accipitur, in qua rex et sacerdos, vel propheta oleo ungebatur.

CAP. CLXXXV. — *De manus impositione.*

Quod autem benedictio per manus impositionem datur. Inde exortum creditur, quod Isaac Jacob manus imposuit, dum eum benedixit (*Gen.* XXVII). Et Moyses Josue manus imposuit, dum eum ducem populo præfecit (*Deut.* XXXI). Et Dominus in Evangelio apostolis manus imposuit, dum eos principes et sacerdotes Ecclesiæ constituit (*Matth.* XIX). Sed et ipsi apostoli manus imposuerunt, cum Spiritum sanctum dederunt. Hujus officium est presbyteros et reliquos Ecclesiæ ministros ordinare, virgines velare, baptizatos confirmare, chrisma et oleum consecrare, ecclesias dedicare, vasa et vestes ecclesiæ benedictione sanctificare, rebelles excommunicare, pœnitentes reconciliare, in synodo clericorum, vel in conventu populorum ecclesiastica jura reprobare. Huic dum regimen committitur Ecclesiæ, baculus, quasi pastori, et annulus, *apocrisiario*, id est secretorum sigillatori traditur; quatenus gregem Christi ad pascua vitæ baculo doctrinæ minet, atque sponsæ Christi secreta Scripturarum annulo fidei consignet.

Cap. CLXXXVI. — *De archiepiscopis.*

Archiepiscopus dicitur summus episcopus, vel princeps episcoporum, archos quippe summus, vel princeps dicitur. Idem etiam *metropolitanus* dicitur. *Metropolis* autem mater civitatum vocatur, et ideo principalium civitatum episcopi *metropolitani* nominantur; horum officium est episcopos consecrare, concilia congregare, jura dilapsa reparare. Hoc officium Moyses habuit, qui Aaron pontificem oleo consecravit (*Exod.* XL). Ante hos crux portatur, et pallio in modum crucis decorantur, quia si Christum crucifixum imitantur, torque victoriæ remunerantur.

Cap. CLXXXVII. — *De patriarchis.*

Patriarcha dicitur summus patrum, vel princeps patrum. Patriarcha enim pater arcæ dicitur scilicet Ecclesiæ, hi tantum tres scribuntur, quorum figuram Abraham, Isaac et Jacob gessisse leguntur. Horum unus principatum in Asia tenuit; qui præsulatu in Antiochia præfuit. Alius in Africa primatum habuit, qui in Alexandria pontificatum tenuit. Tertius in Europa principabatur, qui Romani apicis infula decorabatur. Has tres sedes ideo Ecclesia principales constituit, quia eas princeps apostolorum sua sessione consecravit: duabus quippe præsedit. Tertiam Marcus evangelista nomini ejus ascripsit. Postquam vero Nicæna synodus Romano pontifici hæc contulit privilegium, ut sicut Augustus præ regibus, ita ipse præ omnibus episcopis haberetur, et *papa* vocaretur, jus patriarchatus ad Constantinopolitanam urbem, scilicet secundam Romam est translatum. Quod autem aliæ sedes sunt mutatæ hoc causa creditur esse. Cum Christiani, relicta lege Dei, paganos spurcis operibus imitarentur, judicio Dei traditi sunt in manibus eorum qui, deletis Christianis, possiderunt loca eorum. Unde Antiochenus patriarchatus est ad Hierosolymam translatus. Porro Alexandrinus ad Aquilegiam est positus, quia huic civitati primum Marcus evangelista præsedit, qui Alexandriæ præfuit. Quanquam quidam contendant quod Carthaginiensis episcopus hac translatione polleat. Horum officium est archiepiscopos consecrare, decreta canonum instaurare.

Cap. CLXXXVIII. — *De papa.*

Papa dicitur *Pater patrum*, vel *custos patrum*. Hic enim universalis nuncupatur, quia universæ Ecclesiæ principatur. Hic quoque *apostolicus* nuncupatur, quia principis apostolorum vice fungitur. Hic etiam *summus pontifex* appellatur, quia caput omnium episcoporum esse videtur. Hujus nomen in ordinatione mutatur, quia Petri nomen in prælatione Ecclesiæ a Christo mutabatur. Huic enim claves traduntur, sicut Petro a Domino claves regni cœlorum tradebantur, ut se janitorem cœli esse cognoscat, in quod cœlum Ecclesiam introducere debeat. Hunc Melchisedech in officio prætulit, cujus sacerdotium aliis incomparabile fuit. Papæ autem officium est missas et divina officia ordinare, canones pro tempore ad utilitatem Ecclesiæ immutare, Augustum consecrare et pallia archiepiscopis, privilegia episcopis vel aliis religiosis dare, totam Ecclesiam ut Christus gubernare. Itaque papa in vice Christi Ecclesiam regit, episcopi in loco apostolorum ei præsunt. *Presbyteri* septuaginta duos discipulos exprimunt. Reliqui ministri diaconos ab apostolis constitutos præferunt (*Act.* VI).

Cap. CLXXXIX. — *De consecratione papæ.*

Papa vicarius Christi omnesque episcopi apostolorum vicarii in Dominica die debent ordinari. Hora tertia, qua apostoli Spiritu sancto sunt oleo invisibili consecrati. Oleum lucernis lumen ministrat, et vulnera curat. Ita Spiritus sanctus apostolis lumen scientiæ ministravit, et vulnera peccatorum curavit. Ideo episcopi oleo unguntur, ut se Spiritum sanctum apostolis datum accepisse doceantur, et ut vita et doctrina coram hominibus luceant, et eos a vitiis curare satagant. Ideo autem in Dominica die consecrantur, quia et ea die apostoli a Spiritu sancto ordinabantur, et ut se cum Christo resurrexisse, et in novitate vitæ ambulare admoneantur.

Cap. CXC. — *De ordine ministrorum.*

Ministri Ecclesiæ vel altaris. Ideo in *Sabbato* ordinantur, quod *requies* dicitur, quia ipsis ab omni opere servili requiescere, et in Dei servitio vacare præcipitur.

Cap. CXCI. *De presbyteris.*

Presbyteri vero ad vesperam, quæ magis ad Dominicam pertinet, consecrantur, quia Christo, cujus corpus conficiunt, incorporantur. Ideo autem in quatuor temporibus ordines dantur, quia quatuor gradus Dominum benedicentium, quia *acolyti*, *subdiaconi*, *diaconi*, *presbyteri* intelliguntur, sub custodia quatuor Evangeliorum ad ministeria Ecclesiæ in quatuor partibus mundi diffusæ eliguntur.

Cap. CXCII. — *De virginibus.*

Virgines vero ideo in natalitiis apostolorum velantur, quia per apostolicos viros quasi per paranymphos sponsæ Christo consecrantur. Et quia morem virginitatis primum apostoli Ecclesiæ servandum tradiderunt, quem a perpetua Virgine Maria acceperunt.

Cap. CXCIII. — *De tonsura clericorum.*

Tonsura clericorum initium sumpsit ab usu Nazaræorum. Hi ex jussu legis crines suos radebant, et in sacrificium Domino incendebant. Nazaræi autem dicuntur *sancti*, unde apostoli ad exemplum eorum ministros Ecclesiæ decuerunt, se ob signum tondere, quo recordarentur se Domino in sanctitate servire debere. Christus rex et sacerdos fecit nos sibi et sacerdotes et reges. Pars capitis rasa est signum sacerdotale; pars crinibus comata signum regale. Sacerdotes quippe legis tiaram, id est pileolum ex bisso in modum mediæ sphæræ rotundum in capite portabant; reges aureas coronas gestabant. Ergo rasa pars capitis tiaram, circulus crinium refert coronam.

Cap. CXCIV. — *De Christo rege et sacerdote.*

Sacerdos quoque in lege caput et barbam rasit, dum sacrificium pro populo obtulit. Rex autem coronam gestabat, dum ad salutandum populum procedebat. Ita Christus rex noster spineam coronam portavit, dum humilis et præpotens pro militibus duellum pugnaturus processit, et regem superbiæ devicit. Idem ipse summus sacerdos in calvaria crines deposuit, dum seipsum acceptum sacrificium in ara crucis obtulit. Per circulum ergo crineum, spineam coronam præferimus; per nuditatem rasuræ calvitium Christi exprimimus. Mos quippe apud antiquos erat, quod captivos decalvabant, quos crucifigere volebant, unde scriptum est: *De captivitate nudati inimicorum capitis (Deut.* xxxii). Ideo locus, in quo decalvabantur *calvaria* dicebantur, in quo Dominus decalvatus putatur.

Cap. CXCV. — *Quod Petrus apostolus tonsuram invenit clericorum primus.*

Petrus quoque apostolus a gentibus captus, et ad ludibrium Christianorum traditur, barba rasus et capite decalvatus. Quod ipse deinceps in mysterio fieri jussit quod incredulos quamvis inscios, tamen, Deo permittente, in figura operatos intellexit; sicut et crux olim fuit subsannatio, nunc est Ecclesiæ gloriatio *(Galat.* v; *I Cor.* i). Per caput principale animæ, scilicet mens denotatur, quæ sicut caput capillis, ita cogitationibus perornatur. Quæ novacula timoris Dei debet a superfluis cogitationibus radi, ut nuda facie cordis valeat cœlestia contemplari. Rotunditas autem quæ remanet crinium, est ornatus virtutum. Capilli vero in circulum coæquantur, quia omnes virtutes in concordia charitatis consummantur. Quia autem barbam radimus, imberbes pueros similamus; quos si humilitate imitabimur, angelis, qui semper juvenili ætate florent, æquabimur.

Cap. CXCVI. — *De tonsura magorum.*

Sciendum vero quod Simon Magus et sui sequaces sicut caput radebant, et ab aure usque ad aurem per medium caput quasi plateam (unde adhuc vulgo *platta* dicitur) faciebant et per caput cœlum, per viam tonsuræ zodiacum intelligi volebant, quia cœlestes se asserebant.

Cap. CXCVII. — *De clericali corona.*

Nostra autem tonsura in lege exprimitur, dum coronula quatuor digitorum, super mensam coram altari, et desuper minor coronula aurea fieri præcipitur; per mensam, quo propositio panum ponebatur *(Exod.* xxxix), nostrum altare accipitur, cui quotidie panis Christi imponitur. Corona quatuor digitorum per circulum crinium nostrorum exprimitur; superior autem coronula per plattam [plectam coronulæ jungit] figuratur.

Cap. CXCVIII. — *De sacris vestibus.*

Hæc strictim de ministris Ecclesiæ sint relata, nunc *de sacris vestibus* sunt pauca subjicienda. Vestes itaque sacræ a veteri lege sunt assumptæ. Ideo autem ministri Christi vel Ecclesiæ in albis vestibus ministrant, quia angeli æterni regis ministri in albis apparebant: per albas itaque vestes admonentur, ut angelos Dei ministros per castitatis munditiam in Christi servitio imitentur. Vestes vero, quibus corpus exterius decoratur, sunt virtutes quibus interior homo perornatur. Septem autem vestes sacerdotibus ascribuntur, qui et septem ordinibus insigniti noscuntur quatenus per septiformem Spiritum septem virtutibus resplendeant, quibus cum angelis in ministerium Christi ornati procedant.

Cap. CXCIX. *De præparatione sacerdotis.*

Sacerdos ergo missam celebraturus, id est spirituale bellum pro Ecclesia pugnaturus, necesse est ut spiritualibus armis induatur, quibus contra hostes incensores vitiorum undique muniatur. Primo namque quotidianas vestes exuit, mundas vestes induit, quia corpus Christi tractaturus vel sumpturus veterem hominem cum actibus suis, quod sunt vitia seu peccata, debet exuere, *et novum hominem, qui secundum Deum creatus est,* id est virtutes et bona opera, *debet induere (Ephes.* iv). Deinde pectit crines capitis, quia sacerdos debet componere mores mentis. Aqua abluit manus, quia lacrymis debet abluere carnales actus. Deinde a sorde eas extergit, quia transacta carnis opera per pœnitentiam eum extergere convenit.

Cap. CC. — *De lavandis manibus.*

Sacerdotes quoque legis sacrificaturi in labro de speculis mulierum facto se lavabant, quæ ad ostium tabernaculi excubabant. Labrum ex speculis mulierum factum sacra Scriptura intelligitur, quæ de perspicua sanctarum animarum vita conscribitur. Hæ ad ostium tabernaculi excubabant, quia jugiter æternum Dei tabernaculum intendebant. In hoc labro sacerdotes sacrificaturi, debent se lavare, scilicet vitam suam diligenter in sacra Scriptura considerare, exemplis sanctorum a maculis purgare, et sic ad sacrificium Domini intrare.

Cap. CCI. — *De humerali.*

Hinc humerale, quod in lege *Ephot (Exod.* xxx), apud nos *amictus* dicitur, sibi imponit; et illo caput et collum et humeros (unde et *humerale* dicitur) cooperit, et in pectore copulatum duabus vittis ad mammillas cingit per humerale, quod capiti imponitur, spes cœlestium intelligitur. Caput amictu cooperimus, dum pro spe cœlestium Deo servimus. Collum, per quod vox depromitur, eo circumdamus, si pro spe vitæ custodiam ori nostro ponamus, ut nihil, nisi quod laudem Dei sonet, de ore nostro proferamus. Humeros, quibus onera portantur, eo velamus, si leve onus Domini patienter feramus. Hoc facimus, si pro spe futurorum laborem activæ vitæ subimus, et proximis in necessitate subvenimus. Per oras humeralis, fides et operatio intelliguntur, quæ utrinque spei adnectuntur. Hæ ante pectus invicem copulantur; et una apparet, et altera occultatur; quia fides et operatio in unum copulantur; et fides quidem in corde occultatur; operatio autem ad ædificationem proximorum foris manifestatur. Una enim ora latet, alia apparet; quia actio nostra proximis lucet, intentio vero coram Deo intus latet. Id pectus humerale cingitur, quia spe supernæ patriæ prava cogitatio a pectore sacerdotis restringitur. Duæ vittæ, quæ amictum ad mammillas præcingunt, sunt timor pœnæ et desiderium vitæ, quæ spiritus cœlestium pectori nostro imprimitur. Hæc vestis est candida, quia hæc omnia coram Domino sunt splendida.

Cap. CCII. — *De alba.*

Lenine *alba* induitur, quæ in lege tunica linea vel talaris, apud Græcos *podis* dicitur; per hanc castitas designatur, qua tota vita sacerdotis decoratur. Hæc descendit usque ad talos, quia usque in finem vitæ debet in castimonia perseverare sacerdos. *Caputium* quo alba induitur est professio, qua castitas servanda promittitur. Lingula, quæ in caputio nunc innectitur, nunc resolvitur, est potestas linguæ sacerdotalis, quæ nunc ligat peccantes, nunc solvit pœnitentes. Hæc vestis in medio coangustatur, in extremo dilatatur, multis in commissuris multiplicatur; quia castitas pressuris quidem mundi coarctatur, sed in charitate dilatatur, multis virtutibus multiplicatur. Hæc vestis albedine candet, quia sanctitas coram Deo inter Angelos splendet.

Cap. CCIII. — *De cingulo.*

Ex hinc *cingulo* cingitur, qnod in lege balteus, apud Græcos *zona* dicitur: Per cingulum (quod circa lumbos præcingitur, et alba ne diffluat et gressum impediat astringitur) mentis custodia vel conscientia accipitur, qua luxuria restringitur, et castitas cohibetur, ne ad carnalia dilabatur, et gressus bonorum operum impediatur, et ipsa concupiscentia de vita ad ruinam impellatur.

Cap. CCIV. — *De stola.*

Deinde circumdat collum suum *stola*, quæ et *orationum* dicitur, per quam obedientia Evangelii intelligitur. Evangelium quippe est suave Domini jugum; obedientia vero lorum, quasi ergo sacerdos ad jugum Christi loris ligatur, dum collum ejus stola circumdatur. Hæc primitus sinistro humero imponitur, et trans cor in dextrum latus reflectitur? quia obedientia Evangelii primum in activa vita suscipitur. Deinde per dilectionem in dextrum contemplativæ porrigitur, deinde per collum in dextrum humerum giratur, à sinistro non levatur, quia postmodum obedientia per dilectionem Dei in contemplationem attollitur, et à proximis in activa vita per dilectionem proximi non avellitur.

Cap. CCV. — *De innocentia.*

Per stolam quoque innocentia exprimitur, quæ in primo homine amissa, per vitulum saginatum occisum recipitur. Beati qui hanc stolam à criminum labe custodiunt, vel maculatam lacrymis lavant; quia illorum potestas est in ligno vitæ, scilicet in Christo amissam gloriam possidebunt. Hac enim patriarchæ ante legem utebantur, et primogenita dicebantur. Erat autem vestis sacerdotalis, quam majores natu cum benedictione patris, ut Jacob ab Isaac, induebant, et victimas Deo ut pontifices offerebant, unde dicitur: *Vende mihi primogenita tua* (*Gen.* xxv). Et iterum stola Esau. *Stola* dicitur missa: erat enim vestis candida pertingens ad vestigia, sed postquam cœpit portari alba, mutata est, ut hodie cernitur, stola.

Cap. CCVI. — *De subcingulo.*

Ex hinc subcingulum, quod *perizoma* vel subcinctorium dicitur, circa pudenda duplex suspenditur. Per hoc eleemosynarum studium accipitur, quo confusio peccatorum contegitur. Hoc duplicatur, quia primum animæ suæ misereri peccata devitando, deinde proximo necessaria impendendo cuilibet imperatur.

Cap. CCVII. — *De casula.*

Deinde *casula* omnibus indumentis supponitur, per quam charitas intelligitur, quæ omnibus virtutibus eminentior creditur. *Casula* autem quasi parva casa dicitur, quia sicut à casa totus homo tegitur, ita charitas totum corpus virtutum complectitur. Hæc vestis et *planeta* (quod *error* sonat) vocatur, eo quod errabundus limbus ejus utrinque in brachia sublevatur. Hæc in duobus locis, scilicet in pectore et inter humeros duplicatur; in duobis locis, videlicet in utroque brachio triplicatur. In pectore duplicatur, quia per charitatem sancta cogitatio et bona voluptas generatur. Inter humeros duplicatur, per illam adversa à proximis et ab adversariis, supportantur. Vestis ad brachia elevatur, dum charitas bona operatur. In dextro brachio triplicatur, dum in dilectione Dei monachis, clericis, laicis, Christianis ministratur. In sinistro triplicatur, dum per dilectionem proximi malis Catholicis seu Judæis sive paganis necessaria corporis præbentur. Casula in dextrum brachium levatur, ut amici in Deo amentur; super sinistrum plicatur, ut inimici propter Dominum diligantur. Huic in supremo humerale forinsecus adnectitur, quia spes charitatem semper amplectitur.

Cap. CCVIII. — *De mappula.*

Ad extremum sacerdos *favonem* in sinistrum brachium ponit, qui et *mappula et sudarium* vocatur, per quod olim sudor et narium sordes extergebantur. Per hoc pœnitentia intelligitur, quia quotidiani excessus labes extergitur. Hoc in sinistro brachio gestatur quia in præsenti tempore tantum vita nostra pœnitentia emundatur. His vestibus sacerdos ornatus procedit, confessionem facit, quia licet his virtutibus fulgeat, dignum est ut inutilem servum se dicat, de transactis se accusans, ut reum dijudicet, et coram Deo gratiam inveniat.

CAP. CCIX. — *De septem vestibus episcopi.*

Episcopus eisdem septem vestibus induitur, insuper et aliis septem redimitur, scilicet *sandaliis, dalmatica, rationali, mitra, chirothecis, annulo, baculo.* Sandalia a sandica herba vel a sandaraco dicuntur, quo depingi feruntur. Hæc ab ipso Domino vel ab apostolis accepta creduntur, in quibus prædicasse traduntur. Est autem genus calceamenti incisi, quo partim pes tegitur, partim nudus cernitur. Evangelica vero prædicatio intelligitur, quæ partim auditoribus aperitur, partim clauditur.

CAP. CCX. — *De sandaliis.*

Fiunt autem sandalia ex pellibus mortuorum animalium, quia, apostoli et doctores prædicationem suam munierunt scriptis prophetarum, videlicet Dei animalium. Pes subtus ad terram solea hujus calceamenti est tectus, desuper nudus, quia Evangelii prædicatio debet carnalibus per litteram tegi, spiritualibus autem per allegoriam denudari. Lingua sub calcaneo surgit de albo corio, quia prædicator debet se separare a terreno negotio, et esse innocens, et sine dolo lingua; inde surgens separata à corio est illorum lingua, quia bonum testimonium fertur episcopo. Lingua superior est spiritualium lingua, qui eum eligunt in prædicationis opera. Albo corio intrinsecus sunt circumdata sandalia, quia prædicatoris conscientia coram Deo debet esse puritate candida. Extrinsecus vero nigrum apparet, quia vita ipsius coram hominibus humilitate dejecta esse debet. Superior pars, per quam pes intrat, multis filis est consuta, quia multis sententiis debet prædicationem mentibus infundere supernam. Lingua super pedem est, lingua prædicatoris in plebem. Linea quæ a lingua usque in finem descendit, est evangelica perfectio, quæ in Deum tendit. Lineæ, quæ ex utraque parte procedunt, sunt lex et prophetia, quæ Evangelio testimonium ferunt. Ligatura est mysterium Christi Incarnationis, quæ solvitur manu prædicationis. Tapetia pedibus ejus substrata calcat, ut terrena despicere, et cœlestia amare discat; legis sacerdotes habebant femoralia, quibus turpitudinem tegebant; Ecclesiæ sacerdotes sandalia portant, quia etiam aliis munditiam prædicant.

CAP. CCXI. — *De dalmatica.*

Dalmatica à Dalmatia provincia est dicta, in qua primum est inventa. Hæc à Domini inconsutili tunica et apostolorum colobio est mutuata. Colobium autem erat cucullata vestis sine manicis sicut adhuc videmus in monachorum cucullis, vel nautarum tunicis. Quod *colobium* a sancto Sylvestro in dalmaticam est versum; et additis manicis infra sacrificium portari instituta. Quæ ideo ad missam a pontifice portatur, ubi passio Christi celebratur, quia in modum crucis formatur. Hæc vestis est candida, quia Christi caro de casta virgine est genita; et pontificis vita debet castitate esse nitida. Hæc habet formam crucis, quia Christus pro nobis subiit supplicium crucis, et pontifex debet se crucifigere vitiis et concupiscentiis. Hujus vestis manicæ sunt nostræ gallinæ alæ. Omni quippe sententia primos homines in paradiso velut gallina ova in nido fovebat. Pullos Ecclesiæ sub alas gratiæ et misericordiæ congregabat. Ita debet pontifex fideles sub alas veteris et novæ legis prædicando congregare, et exemplis se super eos expandere, et oratione a cœli volucribus, id est a dæmonibus protegere. Hæc debet esse inconsutilis ut Dominica tunica, quia fidei integritas debet esse indiscissa.

CAP. CCXII. — *De dalmatica et quid designet.*

Per dalmaticam quoque religio sancta et immaculata designatur, quia pupillorum et viduarum visitatio, et vitæ immaculatæ custodia mandatur. Dalmatica duas coccineas lineas ante et retro habet, quia vetus et nova lex dilectione Dei et proximi refulget, qua pontifex redimitus esse debet. Idem tramites purpurei designant sanguinem Christi, pro duobus populis effusum; immaculatio pertinet ad dilectionem Dei; visitatio fratrum ad dilectionem proximi, per colorem coccineum opus misericordiæ accipitur, quod ob geminam dilectionem viduis et pupillis impenditur. Fimbriæ quæ de dalmatica procedunt, sunt verba et exempla prædicatoris, quæ de religione prodeunt. Fimbriæ ante et retro pendent, quia mandata dilectionis in lege et Evangelio manent. In utrisque lineis sunt quindecim fimbriæ altrinsecus, scilicet ante et retro dispositæ, quia in Veteri Testamento quindecim psalmi quasi quindecim gradus de via charitatis exeunt, et in Novo similiter quindecim rami de arbore dilectionis excrescunt. Sunt autem hi rami : *Charitas patiens est, benigna est, non æmulatur, non agit perperam, non inflatur, non est ambitiosa, non quærit quæ sua sunt, non irritatur, non cogitat malum, non gaudet super iniquitate, congaudet autem veritati, omnia suffert, omnia credit, omnia sperat, omnia sustinet, charitas nunquam excidit.* (*I Cor.* XIII.) Sinistrum latus habet fimbrias quod significat laboris ærumnas, quia activa vita est sollicita, et turbatur erga plurima. Dextrum latus non habet, quia contemplativa vita quieta manet, et regina à dextris stans nihil in se sinistrum habet; manicarum largitas est datoris hilaritas.

CAP. CCXIII. — *De rationali.*

Rationale à lege est sumptum, quod ex auro, hyacintho, purpura unius palmi mensura erat factum (*Exod.* XXVIII). Huic doctrina et veritas, ac duodecim pretiosi lapides contexti, nominaque filiorum Israel insculpta erant, et hoc pontifex in pectore ob recordationem populi portabat. Hoc in nostris vestibus præfert per ornatum, qui auro et gemmis summis casulis in pectore affigitur. Monet autem pontificem ratione vigere, auro sapientiæ, hyacintho spiritualis intelligentiæ, purpura patientiæ in Christum (qui cœlum palmo mensurat) tendere debere, doctrina et veritate radiare, gemmis virtutum coruscare, duodecim apostolos sanctitate imitari, totius populi in sacrificio recordari.

Cap. CCXIV. — *De mitra pontificali.*

Mitra quoque pontificalis est sumpta ex usu legis. Hæc ex bisso conficitur et tiara Ydaros infula pileum dicitur. Mitra quæ caput velat, in quo sensus sunt locati, est custodia sensuum ab illecebris mundi in mandatis Domini, pro corona vitæ, quam repromisit Deus diligentibus se. Mitra etiam est Ecclesia, caput vero Christus, cujus figuram gerit episcopus. Mitra ergo ex bysso facta multo labore ad candorem perducta caput pontificis circumdat, dum Ecclesia baptismate mundata, labore bonorum operum candidata, caput suum, scilicet Christum in gloria videre anhelat, dum variis passionibus eum imitari pro gloriæ corona non dubitat. Caput quoque pontificis mitra decoratur, dum Ecclesia ejus doctrina illustrata dignitati ejus congratulatur, dum eum turba cleri et populi comitatur.

Cap. CCXV. — *De chirothecis.*

Chirothecarum usus ab epistolis [forte episcopis] est traditus. Per manus enim operationes, per chirothecas designantur earum occultationes. Sicut enim aliquando manus chirothecis velantur, aliquando exactis chirothecis denudantur, sic opera bona interdum propter arrogantiam declinandam celantur, interdum propter ædificationem proximis manifestantur. Chirothecæ induuntur, cum hoc impletur : *Cavete ne justitiam vestram faciatis coram hominibus, ut videamini ab eis* (Matth. vi). Rursus extrahuntur cum hoc impletur : *Luceat lux vestra coram hominibus, ut videant opera vestra bona, et glorificent Patrem vestrum, qui in cœlis est* (Matth. v). Chirothecæ sunt inconsutiles, quia actiones pontificis debent rectæ fidei esse concordes.

Cap. CCXVI. — *De annulo.*

Annuli usus ex Evangelio acceptus creditur, ubi saginati vituli conviva prima stola vestitur, annulo insignitur (Luc. xv). Olim solebant reges litteras cum annulo signare; cum hoc soliti erant et nobiles quique sponsas subarrhare. Fertur quod Prometheus quidam sapiens primus annulum ferreum ob insigne amoris fecerit, et in eo adamantem lapidem posuerit ; quia videlicet sicut ferrum domat omnia, ita amor vincit omnia ; et sicut adamas est infrangibilis, ita amor est insuperabilis (119). Quem enim in illo digito portari constituit, in quo venam ut cordis deprehendit, unde et *annularis* nomen accepit (120). Postmodum vero aurei sunt pro ferreis instituti, et gemmis pro adamante insigniti ; quia, sicut aurum cuncta metalla præcellit, ita dilectio universa bona excellit, et sicut aurum gemma decoratur, ita amor dilectione perornatur. Pontifex ergo annulum portat, ut se sponsum Ecclesiæ agnoscat, ac pro illa animam, si necesse fuerit, sicut Christus, ponat. Mysteria Scripturæ a perfidis sigillet, Secreta Ecclesiæ resignet.

Cap. CCXVII. — *De baculo episcopali.*

Baculus ex auctoritate legis et Evangelii assumitur, qui et *virga pastoralis*, et *capuita*, et *ferula*, et *pedum* dicitur. Moyses quippe, dum oves pavit, virgam manu gestavit. Hanc ex præcepto Domini in Ægyptum pergens secum portavit, hostis signis per eam factis terruit, qui velut lupi oves Domini transgulabant. Gregem Domini de Ægypto per mare Rubrum hac virga, eduxit ; pastum de cœlo, potum de petra hac produxit, ad terram lac et mel fluentem, velut ad pascua hac virga induxit. Nihil autem hæc virga fuit, quam baculus pastoralis, cum quo gregem utputa pastor minavit. Hic baculus apud auctores *pedum* vocatur, eo quod pedes animalium illo retineantur. Est enim lignum recurvum, quo pastores retrahunt pedes gregum.

Cap. CCXVIII. — *Item de virga et baculo episcopi.*

In Evangelio quoque Dominus apostolis præcepit ut in prædicatione nihil præter virgam tollerent (Marc. vi ; Luc. ix). Et quia episcopi pastores gregis Dominici sunt, ut Moyses et apostoli fuerunt, ideo baculum in custodia præferunt. Per baculum, quo infirmi sustentantur, auctoritas doctrinæ designatur. Per virgam, qua improbi emundantur, potestas regiminis figuratur. Baculum ergo pontifices portant, ut infirmos in fide per doctrinam erigant ; virgam bajulant, ut per potestatem inquietos corrigant ; quæ virga vel baculus est recurvus, ut aberrantes a grege docendo ad pœnitentiam trahat ; in extremo est acutus, ut rebelles excommunicando retrudat, hæreticos velut lupos ab ovili Christi potestative exterreat.

Cap. CCXIX. — *De genere baculi.*

Hic baculus ex osse et ligno efficitur, crystallina vel deaurata sphærula conjunguntur, in supremo capite insignitur, in extremo ferro acuitur. Per baculum, ut dictum est, auctoritas doctrinæ accipitur, qua grex Dominicus a pastore reficitur, et ad pascua vitæ compellitur. Per durum os, duritia legis ; per lignum, mansuetudo Evangelii insinuatur ; per gemmam sphærulæ, divinitas Christi. Per supremum caput, regnum cœlorum ; per extremum ferrum, ultimum judicium denotatur. Ex osse ergo baculus inciditur, dum ex dura lege duritia peccantium reprimitur. Ex ligno tornatur, dum ex ligno vitæ Christo doctrina formatur, et populus in virtutibus roboratur. Os ligno per gemmam connectitur, quia vetus lex novæ per Christi divinitatem contexitur.

Cap. CCXX. — *De sphærula.*

Per sphærulam enim dilectio intelligitur, qua severitas vel lenitas pontificis complectitur. Oportet enim ut doctrina episcopi ex utraque lege sic dilectione copuletur, ut Ecclesiam Christo conjungere per charitatem conetur. Hæc autem cuncta sunt rasili arte polita ; quia ista sunt omni sanctitate redimita. Os recurvatur, ut populus errans per doctrinam ad Dominum retrahatur. Caput in supremo ponitur, dum conversis vita æterna proponitur. In extremo baculus ferro induratur, dum omnis prædicatio per

(119) Plin. proœm. lib. xxiii ; Cœl. Rodig. l. vi ; Antiq. lect., c. 19.

(120) A Gell. l. x ; Noct. Attic., c. 10. Vid. Plin. l. xxxiii. Nat. Hist., c. 1.

ultimum judicium terminatur. In curvatura est scriptum : *Dum iratus fueris, misericordiæ recordaberis* (*Habac.* III; *Tob.* III); ne ob culpam gregis superet ita mentem pastoris, sed verbo et exemplo revocet peccantes ad misericordiam Redemptoris. In sphærula est scriptum, *homo quatenus se hominem memoretur*, ut de potestate collata non elevetur. Juxta ferrum est scriptum *Parce*, ut subjectis in disciplina parcat, quatenus ipse a summo pastore gratiam inveniat, unde et ferrum debet esse retusum, quia judicium sacerdotis per clementiam debet esse delibutum.

CAP. CCXXI. — *De ornatu archiepiscopi.*

His insignibus archiepiscopus fulget, insuper et pallio pollet, ut se Christi passionem populo præferre demonstret. In duabus quippe lineis pallii ante et retro est purpureum sanctæ crucis signaculum, quia pontifex ex utraque lege debet proferre Christi passionis testimonium. Duæ enim lineæ propendentes sunt duæ leges Christi passionem proferentes.

CAP. CCXXII. — *De pallio archiepiscopi.*

Spinulæ, quibus pallium affigitur, sunt clavi, quibus corpus Christi cruci configitur. Circulus, quo pontifex circa collum circumdatur, est torques aureus, qui legitime certantibus in præmio datur. Itaque pallium monet pontificem ferre vitiorum mortificationem, cruces pallii, in mente et corpore Christi imitari passionem; duæ lineæ, ut si duabus legibus per omnia instructus; spinulæ, ut per timorem Dei sit mundo crucifixus; circulus, ut sic præesse studeat, ut torquem coronæ vitæ percipiat. Et quia in pallio tanta latent mysteria, ideo portatur inter Christi sacrificia. Unde etiam crux ante archiepiscopum portatur, quatenus Christum crucifixum sequi admoneatur, ut coronam gloriæ adipiscatur. Pallium vero pro aurea lamina est institutum, in qua summus pontifex in lege Dei nomen tetragrammaton, id est quatuor litteras in fronte sua præferebat inscriptum. Quatuor quippe litteræ illius nominis quatuor cornua crucis præmonstrabant, sicut nunc pallium crucis modum repræsentat. Et quia hæc lamina aurea cum forma crucis in fronte pontificis portabatur, ideo pretiosa crux frontibus Christianorum chrismate impressa portatur. *Pallium* autem a solo apostolico datur, quia hæc dignitas a Romano pontifice jure accipitur. Quos enim apostoli provinciis præfecerunt, archiepiscopi; quos illi paganis prætulerunt, episcopi dicebantur : et apostolorum successor *apostolicus* nominabatur (sup. cap. 188). Huic collata est potestas ab Ecclesia archiepiscopos per provincias constituere, quod per pallii largitionem accipitur.

CAP. CCXXIII. — *De vestibus patriarchæ et apostolici.*

Patriarchæ quoque et apostolicus *pallio* utuntur, qui eodem officio præditi esse noscuntur. Porro apostolico in Pascha procedente, pharus ex stuppa super eum suspenditur, quæ igne succensa super eum cadere permittitur; sed a ministris vel a terra excipitur, et per hoc ipse in cinerem redigi, et gloria ornatus ejus in favillam converti admonetur.

CAP. CCXXIV. — *De corona imperatoris et Augusti.*

Corona imperatoris est circulus orbis. Portat ergo Augustus *coronam*, quia declarat se regere mundi monarchiam. Corona quoque dicitur victoria, unde et victores coronabantur, et Augusti *victores orbis* dicebantur. Arcus super coronam curvatur, eo quod Oceanus mundum dividere narratur. *Virga sceptri* est potestas regni. Vestes imperiales sunt sibi subditæ potestates. Monent autem imperatorem purpureæ *vestes*, ut habeat principales virtutes : *sceptrum*, ut judicium et justitiam diligat, quatenus solium gloriæ cum principibus cœli possideat : *corona*, ut sic vivat, quatenus a Rege regum coronam vitæ accipiat. Dicitur quod Augusto ab apostolico coronato et regalibus indumentis decorato, desuper *pera* imponatur, ut per hoc admoneatur, quia sicut ad fastigium regni ascendit, ita ad mendicitatem peræ descendere possit; sicut Diocletianus, qui prius Augustus fuit, postmodum hortulanus exstitit. *Crux* ante Augustum portatur, ut in omnibus regem Christum sequatur.

CAP. CCXXV. — *De diademate regum.*

Diadema autem regum designat regni ambitum, et omnes qui in agone contendebant diadema accipiebant. Innuit ergo regibus diadema, quod si pro justitia certaverint, cum rege omnium coronati regnabunt. Hæc vero regalia insignia a Nino primo traduntur inventa.

CAP. CCXXVI. — *De vestibus ministrorum inferioris gradus.*

Ministris inferioris ordinis, scilicet ostiariis, lectoribus, exorcistis, acolythis, tres sacræ vestes conceduntur; quia videlicet angelis splendidis ministris associabuntur. Quia hic in ministerio Trinitatis fide, spe, et charitate vestiuntur. Portant namque *superhumerale*, quo humeri teguntur, quibus onera feruntur, ut discant alterutrorum onera portare, et Christo in membris suis necessaria ministrare. *Tunicam* talarem, id est albam portant, ut humilitatem induant, et in hac usque in finem Christo serviant. *Balteo*, id est zona jubentur renes præcingere, ut sciant carnales concupiscentias per continentiam restringere.

CAP. CCXXVII. — *De cappa.*

Cappa, propria vestis est cantorum, quæ pro tunica hyacinthina legis mutuata videtur : unde sicut illa tintinnabulis, ita ista insignitur fimbriis. Per hanc vestem sancta conversatio præmonstratur. Ideo a singulis ordinibus portatur. Hæc in supremo habet caputium, quod designat supernum gaudium. Si enim Christi ministri conversatio nunc in cœlis stabit, peracto ministerio gaudium Domini intrabit. Hæc usque ad pedes pertingit, quia in sancta conversatione in finem usque perseverare convenit. Per fimbrias labor denotatur, per quem servitium Dei consummatur. Hæc vestis in ante aperta manet, quia Christi ministris sancte conversantibus æterna vita patet. Porro in tunica sonus tintinnabulorum (*Eccli.* xlv) est vox Deo canentium cantorum. Quæ septuaginta duæ fuisse scribuntur, quia de septuaginta duobus libris laudes Deo canuntur, quibus totidem *mala punica* inserta referuntur, quia de eisdem libris opera justorum nobis in exemplum proferuntur.

Cap. CCXXVIII. — *De pileis.*

Cantores enim caput pileis ornant, quia se in tria Domini concupiscere clamant, ut Deum, qui est caput omnium in sæculum sæculi, laudare valeant. Baculos manibus portant, ut quo ipsi properant, alios secum invitare satagant.

Cap. CCXXIX. — *De subdiaconorum veste.*

Subdiacono supradictæ vestes conceduntur. Insuper duæ aliæ, id est subtile et sudarium adduntur. *Subtile*, quod et stricta tunica dicitur, portat, ut se justitia quasi lorica induat, et in sanctitate et justitia Deo serviat. *Sudarium*, quo sordes a vasis deterguntur, portat, ut transacta mala sordium a se per pœnitentiam tergat. Notandum vero quod subdiacono sudarium magis aliis formatur; quia ubi nunc favo, olim mappula portabatur.

Cap. CCXXX. — *De veste diaconorum.*

Diacono enim dalmaticæ usus conceditur, quæ in modum crucis formatur, quia per illum sacrificium super altare tanquam corpus Christi in cruce collocatur. Per hoc admonetur, ut crucis mortificationem jugiter in corpore suo, sicut Lucas, circumferat, et in sancta religione viduas et pupillos visitando, ut Stephanus, serviat, et in gradibus supradictis charitatis, ut idem, serviat. Caputium dalmaticæ angustatur, quia imitatio sanctæ crucis ab omnibus negotiis coarctatur. Huic stola in sinistro humero ponitur, et trans scapulas ad dextrum latus reflectitur, quatenus jugo Domini activa vita subdat, et per pii laboris exercitium ad contemplativam proficiat.

Cap. CCXXXI. — *De diaconi casula.*

Cum diaconus casulam portat, tunc prædicatores significat, qui toto desiderio contemplativæ vitæ inhiant, et in dilectione ferventes aliis cœlestia prædicant. Qui interdum casulam exuunt, et se illa præcingunt; quia illa, quæ ore prædicant, exemplis bonorum operum demonstrant. Unde diaconus de choro exit, casulam exuit, duplicatam humero imponit, in dextro latere eam cingit; quia oportet prædicatores interdum opus prædicationis vel orationis vel lectionis intermittere, et proximis in necessitate succurrere. Quasi duplicatam casulam humeris imponit, dum ob geminam dilectionem laborem pro fratribus subit. In dextro cingit, si per hoc tantum æterna requirit. Latus etiam denudatum designat Christum pro nobis vulneratum. Diaconus in chorum redit, Evangelium legit; quia, postquam prædicator Christo in membris suis ministraverit, ad opus prædicationis redire debet, quod deseruit: peracto ministerio, diaconus casula induitur; quia prædicator, qui prius ministravit cum Martha, debet postmodum audire verbum Dei cum Maria. Subdiaconus etiam casulam portat, quia imitatur diaconum, cui ministrat.

Cap. CCXXXII. — *De indumentis clericorum.*

Clericorum induviæ ab antiquis sunt acceptæ. His nempe cantores in templo usi sunt, sicut David et Salomon instituerunt (*II Paral.* xx). Hujuscemodi vestibus etiam senatores usi sunt, ex quibus in ecclesiasticum usum transierunt. Hæ autem albæ vestes munditiam vitæ indicant, quia justum est ut clerici in sanctitate et justitia Deo serviant. Hæc vestis est laxa, quia clericalis vita debet esse in eleemosynis et bonis operibus larga. Est enim talaris, quia docet usque in finem perseverare in bonis. Lingua hujus vestis est lingua clericalis, quæ debet et Dominum laudare, et populum ad laudem Dei instigare.

Cap. CCXXXIII. — *De tunicis clericorum.*

Diebus Quadragesimæ vel alio congruo tempore laneis tunicis utuntur, quia ministri Ecclesiæ regi Christo in humilitate servire præcipiuntur. Si enim Christi mansuetudinem et humilitatem sequuntur, ad Christum in consortium angelorum perducuntur. In veste clericali lingua formatur, quia tunica Domini inconsutilis sic formata traditur, alæ seraphin, in capite fides et spes. In brachiis gemina dilectio, in corpore pœnitentia et operatio.

Cap. CCXXXIV. — *De camisiis clericorum.*

Camisia autem sacerdotum duabus linguis formatur, quia eis bina potestas traditur. Una quippe lingua ligant peccantes, alia solvunt pœnitentes. *Cappa* videtur a casula tracta. Per hanc admonentur clerici in charitate ambulare: hancque aliis verbo et exemplo demonstrare, quæ solet omnes virtutes decorare.

Cap. CCXXXV. — *Clerici non debent arma deferre.*

Clerici non debent ideo arma portare, quia non contra homines, sed contra dæmones debent virtutibus pugnare, sicut Moyses arma non portavit, sed Jesu cum Amalech pugnante ipse precibus pugnavit (*Exod.* xvii; *Deut.* xxv). Sic apostoli et eorum sequentes non armis, sed orationibus pugnaverunt, et nos non resistere, sed magis injurias pati docuerunt.

Cap. CCXXXVI. — *Laici possunt portare arma.*

Laici autem debent arma portare, ut Ecclesiam a paganis protegant, et clerici se ad servitium Dei expediant. Unde et illorum vestes sunt strictæ, quatenus expediti reddantur pugnæ. Sicut autem non licet laicis clericale officium usurpare, ita non debent clericalem vestem ferre, et sicut clericis non licet nec contra paganos arma ferre, ita non debent laicas vestes portare.

Cap. CCXXXVII. — *Cuculla quid significet.*

Cuculla monachorum sumpta est a colobio apostolorum. Illorum vero tunica formatur, ut dalmatica. Hæ duæ vestes formam crucis præferunt, quia monachi se vitiis et concupiscentiis crucifigunt, per has enim sex alæ Seraphim exprimuntur, quia angeli Deo proximi describuntur. Duæ partes capitis quibus caput velant, sunt duæ alæ quæ fidem et spem insinuant. Duæ autem manicæ sunt duæ alæ quibus volant, quæ geminam dilectionem prænotant, duæ vero partes cucullæ in ante et retro, duæ alæ sunt quibus corpus protegunt, quæ pœnitentiam et operationem exprimunt. Hos si laudando Deum imitabuntur, eis in gaudio associabuntur. Nigredo hujus indumenti est contemptus mundi. Longitudo vestis est perseverantia in bonis.

Cap. CCXXXVIII. — *Virga abbati conceditur.*

Abbati conceditur pastoralis virga, quia ei traditur Dominici gregis custodia, quem nimirum debet baculo doctrinæ sustentare, et virga magisterii ad pascua vitæ minare. Per baculum quippe doctrina, per virgam accipitur disciplina. Unde dicitur, *Virga tua et baculus tuus ipsa me consolata sunt* (Psal. xxii). Hujus baculi flexura non ex albo, sed ex nigro debet esse, quia in commissa cura non debet mundi gloriam quærere. Summitas curvaturæ debet esse sphærica, quia cuncta ejus disciplina debet esse deifica.

Cap. CCXXXIX. — *Conversationis monialium initium.*

Vestis et conversatio sanctimonialium a sancta Maria sumpsit exordium. Nigredo vestis est contemptus amplexus virilis. Velum est signum pudoris et futuri honoris. In nuptiis quippe caput et faciem velant, ut ab omnibus viris illicitæ appareant, et pro hoc coronam vitæ sibi repositam sciant.

Cap. CCXL. — *De vestitu monialium.*

Quod quædam virgines candidis vestibus utuntur a sancta Cæcilia sumptum videtur, quæ foris veste splendebat, intus castitate fulgebat, et tamen mundi concupiscentia in corde ejus sordebat. Candida enim vestis præfert votum virginitatis.

Cap. CCXLI. — *De viduis.*

Viduarum prima Dina filia Jacob exstitit ante legem, a qua usus vidualis cœpit; hanc sub lege Judith et aliæ multæ imitatæ sunt: sub gratia vero Anna et aliæ plurimæ secutæ sunt, quæ secundas nuptias contempserunt, harum quoque habitus est mundo despectus.

Cap. CCXLII. — *De conversis.*

Conversæ autem, quæ eumdem habitum gerunt, a Maria Magdalena formam sumpserunt.

Cap. CCXLIII. — *Baptizati albas portant vestes.*

Baptizati autem ideo vestes albas portant, quia amissam innocentiam se recepisse insinuant. Illorum *mitra* regni coronam, *alba* vero sacerdotii præfert stolam. Jam enim facti sunt reges et sacerdotes et Christi regis et sacerdotis cohæredes

LIBER SECUNDUS.

DE HORIS CANONICIS.

In superiore libro *de missa et Ecclesia*, ejusque ministris, quæ Dominus largiri dignatus est, digessimus; nunc de reliquis horis, quæ rursus Dominus inspiraverit, dicamus, ut promisimus, et a Dominica nocte incipiendum, in qua redempti a servitute ad libertatem, de morte ad vitam translati sumus.

Cap. I. — *De nocturnorum officio.*

Nocturnale itaque officium repræsentat nobis excubias supernorum civium: cœlestis namque Hierusalem, quæ ædificatur ut civitas, et conservatur per angelicas vigilias. Qui vices suas quasi in tres vigilias distribuunt, ac singulas tribus horis distinguunt, et unamquamque tribus ordinibus custodiunt, dum Trinitati in terrenis agminibus laudes dulcisono concentu jugiter concinunt. Et quia præsens Ecclesia in hanc civitatem, et in contubernium horum civium ventura prædicatur, ideo et ipsa Hierusalem nuncupatur, et idcirco illius civitatis vigiles in suis vigiliis imitatur: quia vero illius membra hic gerit, ideo hoc officium in nocte agit. Ideo autem in nocte Dominica, quia in hac meruit angelorum consortia.

Hæc itaque urbs per basilicam figuratur, in qua clerus et populus quasi exercitus in militiam congregantur. Signa militibus per tubas dantur, Christianis signa per campanas dantur, qui quasi milites convenientes imperatorum salutant, dum per versum, *Domine, labia mea aperies*, laudes Christi inchoant. Dum enim in nocte dormitum eunt, signaculo crucis quasi sigillo se muniunt, qua nunc aperiunt, dum ora in nocte clausa ad laudem Dei solvunt. Sed quia frustra vigilant, nisi Dominus custodiat civitatem (*Psal.* cxxvi) per versum *Deus, in adjutorium meum*, divinum auxilium invocant.

Cantor, qui invitatorium inchoat, est præco, qui tuba vigiles ad excubias convocat. Post psalmum *Venite*, hymnum omnes cantant, velut milites qui in castra conveniunt regem laudibus efferunt. Deinde vigilias inter se distribuunt, dum tres nocturnos psallunt. Singulæ vigiliæ tribus horis distinguuntur, et singulis nocturnis tres psalmi discernuntur. Angelicæ excubiæ tribus ordinibus servantur, et in nostris vigiliis ordines scilicet psalmorum, lectionum, responsoriorum denotantur. Quia cœlestes excubiæ per novem ordines angelorum celebrantur. Tres itaque nocturni, totius Ecclesiæ militiam nobis commemorant, qua in castris Domini sub tribus temporibus videlicet *ante legem, sub lege, et sub gratia* militat.

Cap. II. — *De prima vigilia.*

Prima vigilia tempus ante legem intelligitur, qua

quasi tribus horis ascribitur, dum tribus interstitiis distinguitur.

Prima vigilia quid significet.

Prima *hora* hujus *vigiliæ* ab Adam usque ad Noe erat, in qua excubias hujus civitatis Abel, Enos, Enoch, Lamech servabant, sicut primi Psalmi indicant. *Beatus vir* (*Psal.* I). Abel exprimit, qui *tanquam lignum* interpretatur, quod fructum justitiæ protulit, dum ab hominibus hujus urbis procubuit. *Quare fremuerunt* (*Psal.* II), Enos denuntiat, qui Domino in timore serviebat, quem Scriptura primum nomen Domini invocasse commemorat. (*Gen.* IV). *Domine, quid multiplicati* (*Psal.* III), Enoch innuit, quem Dominus suscepit, dum eum de terrenis transtulit (*Gen.* V). *Domine, ne in furore* (*Psal.* 6), Lamech depromit, cujus deprecationem Dominus exaudivit, cum ei talem filium dedit, qui humanum genus a furore Domini in Arca servavit (*Gen.* VI, 9). Hi psalmi ideo sub una *Gloria Patri* canuntur, quia justi illius temporis Trinitatem coluisse creduntur. Ideo autem quatuor psalluntur, quia quatuor virtutibus *prudentia, fortitudine, justitia, temperantia*, fulsisse noscuntur. Antiphona, per quam modulantur, laudatio eorum in Deum notatur.

Cap. III. — *De secunda hora.*

Secunda *hora* hujus vigiliæ a Noe usque ad Abraham erat. In qua Noe, Sem, Heber, Thare vigilabant, ut sequentes Psalmi insinuant. *Domine Deus meus* (*Psal.* VII), Noe exprimit, quem Dominus in sua generatione justum invenit, et ideo a persequentibus aquis salvum fecit. (*Gen.* VI). *Domine Dominus noster* (*Psal.* VIII), Sem congruit, quem Dominus gloria et honore coronavit, dum cum benedictione patris super fratres sublimavit. *Confitebor* (*Psal.* IX), Heber innuit, qui omnia Dei mirabilia narravit, quando civitatem gigantum dissipavit. *In Domino confido* (*Psal.* X), Thare depromit, qui in Domino confidit, quando impia gens ignem adorare coegit, cujus pars calicis, ignis et sulfur fuit. Hi quoque quaterni psalmi sub uno *Gloria Patri* canuntur, quia et illi patres in quatuor virtutibus rutilantes Trinitatem adorasse noscuntur. Antiphona vero modulationis præfert devotionem illorum laudationis.

Cap. IV. — *De tertia hora.*

Tertia hora vigiliæ ab Abraham usque ad Moysen fuerat, in qua Abraham, Isaac, Jacob et Joseph vices vigilandi custodiebant, qui instantes psalmi proclamant.

Salvum me fac (*Psal.* XI), Abraham exprimit, quando sanctus defecit, cum videlicet ipse pene solus Deum coluit, et totus mundus idololatriæ deditus fuit.

Usquequo, Domine, obliviscêris (*Psal.* XII), Isaac innuit, cui Dominus bona tribuit, dum Christi figuram in omnibus prætulit.

Dixit insipiens (*Psal.* XIII), Jacob ostendit, quem insipiens Laban sicut escam devoravit, dum cum sæpius defraudavit. Scilicet quia Dominus spes ejus fuit, malum ab eo avertit, unde *exsultavit Jacob, et lætatus est Israel.*

Domine, quis habitabit (*Psal.* XIV), Joseph demonstratur; qui sine macula est ingressus, dum stuprum recusabat, et operatus est justitiam, dum populum a periculo famis liberavit. Hi etiam quaterni sub uno *Gloria Patri* clauduntur, quia hi vigiles quatuor virtutibus splendentes Trinitatem coluisse leguntur. Antiphona melodiæ est laus ab eis exhibita majestati divinæ. Sunt etiam istæ antiphonæ quædam vigilum cantilenæ.

Cap. V. — *Versiculus.*

Versus qui sequitur, a vertendo dicitur, ideo quia se vertit de psalmis chorus ad Orientem, et quia se vertit de psalmis ad dilectionem; per orationem Dominicam, quæ secreto dicitur, secretum regis consilium intelligitur. Post *pater noster* sacerdos versum aperte dicit, quasi rex mandatum legatis injungit. Vicissitudines lectorum sunt successiones legatorum. Qui *jube, domne, benedicere* dicit, quasi licentiam eundi petit. Benedictio vero sacerdotis est licentia imperatoris. Ipsa autem lectio est injunctæ legationis exsecutio. *Tu autem Domine,* reversionem legati exprimit, dum commissum mandatum redit.

Cap. VI. — *De lectionibus.*

Lectiones quoque prædicationem illorum patrum præferunt, responsoria vitam eorum, per quam prædicationi responderunt. Ideo autem post vigiliam Abrahæ lectiones leguntur, quia ab eo primitus litteræ post diluvium repertæ traduntur, et ipse primus Chaldæos astronomiam docuit, et Ægyptios mathematica imbuit. Ideo etiam peracta prima vigilia lectiones leguntur, quia transacto primo tempore libri legis ad doctrinam populi a Moyse eduntur.

Cap. VII. — *De secunda vigilia et secundo nocturno.*

Secunda vigilia tempus legis accipitur, quod iterum quasi tribus horis discernitur, dum tribus interstitiis dividitur, scilicet uno a Moyse usque ad David, secundo a David usque ad Babyloniam, tertio a Babylonia usque ad Christum, sive *sacerdotibus, judicibus, regibus,* quod declarat psalmorum textus.

Cap. VIII. — *De prima hora.*

Nam *Conserva me, Domine* (*Psal.* XV), sacerdotes exprimit, quorum Dominus pars hæreditatis et calicis fuit, qui prima hora hujus vigiliæ excubias servabant, dum Aaron et alii post eum, legem Domini populum docebant. *Exaudi, Domine, justitiam meam* (*Psal.* XVI), judices innuit, quorum judicium de vultu Domini prodiit.

Cap. IX. — *De secunda hora.*

Hi secundæ horæ vigilandi curam susceperunt, cum Gedeon et alii populum secundum legem Dei judicaverunt. *Diligam te, Domine* (*Psal.* XVII), reges ostendit, quos Dominus caput gentium constituit, qui tertiæ horæ vigilias custodiebant, dum David et alii populum ad justitiam regebant.

Cap. X. — *De Gloria Patri et tertio nocturno.*

Singuli psalmi cum *Gloria Patri* psalluntur, quia

singuli supradicti ordines Trinitatem adorasse scribuntur, ideo etiam et tres psalmi canuntur. Antiphonæ ternæ, quibus psalmi modulantur, sunt laudes quæ ab illis justis Trinitati exhibebantur. Sequentes lectiones sunt illorum vigilum prædicationes. *Responsoria* vero illorum actiones, quibus hic cantabiles erant Dei justificationes. Ideo autem lectiones post ad vigiliam regum leguntur, quia illo tempore libri prophetarum scribebantur, et ipsi tempore legis, quasi secunda vigilia, populum docuerunt, et cantum bonorum operum personuerunt.

CAP. XI. — *De tertia vigilia et tertio nocturno.*

Tertia vigilia *tempus gratiæ* exstat, quæ usque in fine mundi perdurat. Hæc quasi in tres horas dividitur, dum tempore *apostolicæ prædicationis,* tempore *persecutionis,* tempore *pacis* distinguitur.

De prima hora.

Prima hora hujus vigiliæ apostoli vigilabant, quos demonstrat psalmus (XVIII), *Cœli enarrant*; quorum voces omnis loquela et sermo audivit, dum eorum sonus in omnem terram exivit.

De secunda hora.

Secunda hora martyres vigilandi curam subibant, quos psalmus (XIX), *Exaudiat te Dominus*, denuntiat, quos nomen Dei in tribulationibus protexit, et omnis sacrificii eorum memor fuit.

De tertia hora.

Tertiæ horæ excubias Constantinus dux pacis cum fidelibus suscepit, quem psalmus (XX), *Domine, in virtute tua lætabitur rex*, innuit. Ipse enim rex in virtute Christi est lætatus, dum Taurus in conventu totius orbis in nomine Christi est per Silvestrum resuscitatus. Super salutem Dei vehementer exultavit, dum maximam synodum in Nicæam congregavit, unde Ecclesia coronam super caput ejus posuit gloriæ, et magnum decorem ei tribuit. Hujus vigiliæ custodiam adhuc populus fidelium servat, cujus rex in Domino sperat. Ultimi versus psalmi tangunt tempora antichristi. Quem Dominus *clibanum ignis* ponet, in quo vasa sua examinet. *In tempore* vero *vultus sui*, id est in die judicii, eum cum omnibus iniquis Dominus in ira sua conturbabit, cum eos ignis devorabit. Ecclesiam vero vigilem in virtute sua Dominus tunc exaltabit, quæ virtutes ejus in æternum cantabit. Hi psalmi singuli cum *Gloria Patri* terminantur, quia Trinitas ab his omnibus veneratur. Tres autem ideo sunt, quia in *fide, spe*, et *charitate* floruerunt. Antiphonæ melodiæ sunt gratiarum actiones Ecclesiæ, et quædam vigilum cantilenæ.

CAP. XII. — *Quod Paulus vigil fuerit.*

Paulus vigil suavem cantilenam in prima hora cantavit, dum pro Gentium vocatione sic exsultavit : *Regi sæculorum immortali, invisibili, soli Deo honor et gloria in sæcula sæculorum, amen* (I Tim. 1).

CAP. XIII. — *Laurentius vigil.*

Laurentius vigil dulcem cantilenam in secunda hora est modulatus, dum in craticula sic est gratulatus :

(121) Ἀπὸ τοῦ Γρηγορέω, *quod est* vigilo.

Gratias tibi ago Domine, quia januas tuas ingredi merui.

CAP. XIV. — *Gregorius* (121) *vigil.*

Gregorius vigil delectabilem harmoniam in tertia hora sonuit, dum musica arte divinum officium agi docuit : per lectiones quæ recitantur, doctrinæ fidelium designantur. *Responsoria* quæ cantantur, sunt illorum exempla, quibus alii informantur, unde et responsorii vocabulum his, quia vita doctrinæ respondet per cantum, usus pœnitentium conversio intelligitur, cum quis de malo ad bonum convertitur. Sicut enim laborat, qui versum solus cantat, ita pœnitens laborem subit, dum pro errato satisfacit. Post versum autem cantus inceptio, est communis omnium pro converso gratulatio. Cui omnes per orationes succurrunt, sicut canenti subveniunt, quia et angeli super uno pœnitentem agente gaudium in cœlis ducunt (*Luc.* XV); per hoc autem cantores milites in excubiis imitantur; quia si aliquis ex sociis suis inter hostes aberraverit, contristantur; si vero periculum evadens redierit, ei congratulantur. Tertio responsorio semper *gloria Patri* annectitur, quia Trinitati omne præsens, præteritum et futurum subjicitur. Ad tertiam vigiliam ideo evangelium recitatur, quia in tertio tempore illud modo prædicabatur. Ideo et in tertio nocturno sæpius in antiphonis *alleluia* cantatur, quia in illo tempore laus et lætitia æternæ vitæ prænuntiabatur. Hæc universa ideo in Dominica nocte actitantur, quia hi omnes supradicti per fidem resurrectionis Christi salvantur. Porro *Te Deum laudamus* gaudium et lætitiam nobis repræsentat, quia Ecclesia in die judicii liberata exsultat. Forsitan aliquem movebit, cur tres tantum vigiliæ a nobis ponantur, cum quatuor noctis vigiliæ tradantur. Hic sciat cum ad noctem sæculi significatio refertur, tunc tres tantum vigiliæ propter tria tempora ponuntur, pro quibus et tres nocturni psalluntur. Cum vero ad noctem temporis refertur, tunc quatuor vigiliæ scribuntur, et per quatuor laudes canuntur. Et sciendum cum nocturnus dicitur, *cantus* intelligitur. Cum autem nocturna, tunc *hora* accipitur.

CAP. XV. — *De media nocte.*

Nocturnale autem officium ideo media nocte agimus, quia media nocte Dominus dormientes Ægyptios percussisse et vigilantes Hebræos liberasse legitur. Ideo enim in media nocte agitur, quia media nocte in Bethlehem Dominus natus legitur, eique mox ab angelis laus concinitur; qui etiam pastoribus cum lumine apparebant, qui vigilias noctis custodiebant. Ideoque, in media nocte, et in Dominica nocte, quia Dominus media nocte, et in Dominica nocte, infernum devastavit, et populum vigilantem in media nocte liberavit. Ideo nihilominus in media nocte, quia Dominus in media nocte, et in Dominica nocte ad judicium veniet, et dormientes a bonis de civitate sua disperdet; vigilantes vero in bonis in locum exsultationis adducet.

CAP. XVI. — *De auctoritate sanctorum.*

Auctoritatem vero a sanctis habemus, ut in nocte surgentes laudes Creatori nostro cantemus. David namque (*Psal.* CXVIII) et prophetæ media nocte ad confitendum nomini Domini surgebant, et Dominus in oratione pernoctabat, et Paulus atque Sylas in carcere media nocte psallebant (*Act.* XVI), quando ingens lumen divinitus ibi resplendebat: hos qui imitantur, et præmiis participantur.

CAP. XVII. — *Dispositio Hieronymi.*

Hieronymus primum in Bethlehem, ubi Dominus nasci voluit, nocturnale officium vel reliquas horas, ut hodie canit Ecclesia, disposuit. Secundum Damasus papa per omnes Ecclesias eodem ritu celebrari constituit. *Anti* dicitur contra; φωνή vero dicitur sonus, inde *antiphona* nomen habet, quod circa sonum sonet, quia cum videlicet antiphona incipitur, secundum tonum ejus psalmus canitur. Hunc cantum primitus Ignatius Antiochenus episcopus in cœlo angelicum chorum alternare audivit, et secundum hanc formam suam Ecclesiam cantare docuit, isque nos ad omnes Ecclesias pertransiit. *Responsorium* a respondendo dicitur, quia choro canente versus ab uno respondetur, et huic iterum a choro per inceptionem respondetur. Hunc cantum in primis Ambrosius Mediolanensis episcopus composuit, et ab eo tota Ecclesia formam accepit. Hic enim hymnos composuit quos adhuc Ecclesia in laude Christi canit.

CAP. XVIII. — *De vinea Domini.*

Nocturnale officium quoque est imitatio in vinea laborantium (*Matth.* xx). Cum in Ecclesia ad servitium Dei noctu canimus, quasi in vinea ad operandum convenimus. Præsens enim vita nocti comparatur, quæ tenebris ignorantiæ obscuratur. Cum laudem Dei per *Domine, labia mea aperies* incipimus, quasi opus vineæ inchoamus. Moxque divinum auxilium per *Deus, in adjutorium meum intende* invocamus, quatenus incœptum opus perficiamus, per *Venite* vero alterutrum ad servitium Dei, quasi operantes instigamus. Deinde hymnum Deo canimus, quod nocturnas illusiones superavimus, et illos per hoc imitamur, qui cantant, dum operantur. Deinde dum alternatim psallimus, quasi certatim operi insistimus, dum lectiones legimus, quasi nos ad opus instruimus, dum responsoria canimus, quasi post peractum opus gratias agimus. Est enim lectio mentis refectio; dum ergo lectiones legimus, quasi animas in divino opere lassas velut vineæ operarios reficimus; dum responsoria canimus, quasi post refectionem laudes solvimus. Unde cum iterum psallimus, quasi refecti ad laborandum surgimus, diversæ nocturnæ variæ horæ sunt, quibus operarii vineam Domini introierunt. Ut autem labor hujus vineæ nobis levigetur, priorum primum in hac vinea pondus diei et æstus portantium exemplum per psalmos et lectiones præbetur.

CAP. XIX. — *De sacerdote.*

Sacerdos itaque qui incipit, figuram patrisfamilias agit, qui operarios ad vineæ culturam conducit (*Matth.* xx). Cantor, qui *Venite, exsultemus* cantat, præfert procuratorem, qui ad vineæ culturam invitat. Porro hymnus illum cantum repræsentat, quem post peractum opus alacriter inchoant. Psalmi diversorum sanctorum opera nobis insinuant, qui in hac vita laborabant. Primi namque quaterni psalmi mane, scilicet ab Adam usque ad Noe demonstrant. Secundi quaterni horam tertiam, scilicet a Noe usque ad Abraham indicant. Tertii quaterni sextam horam, scilicet ab Abraham usque ad Moysen denuntiant.

CAP. XX. — *Mane Abel.*

Mane itaque primus *Abel* hujus vineæ laborem subiit, quem primus psalmus, *Beatus vir,* exprimit, qui nos in lege Domini die ac nocte meditari quasi in vinea operari docuit, dum ipse protomartyr tanquam lignum fructiferum fructum martyrii primus obtulit. Post hunc *Enos* hanc vineam excoluit, quem psalmus (II), *Quare fremuerunt,* innuit, qui nos in hac vinea Domino in timore servire constituit, quando gentes ex Cham in malitia *fremuerunt et adversus Dominum inania meditati sunt.* Deinde *Enoch* hujus vineæ cultor exstitit, quem, *Domine, quid multiplicati sunt* (*Psal.* III), depromit, qui nos a somno exsurgere et voce nostra ad Dominum clamare monuit. Quem quia multitudo populi maligni circumdedit, Dominus eum suscepit. *Lamech* quoque ad laborem introivit, quem *Domine, ne in furore* (*Psal.* VI) innotescit, qui nos per singulas noctes lectum nostrum cum lacrymis lavare instruit, ne cum his pereamus quos Dominus in furore suo arguit.

CAP. XXI. — *Tertia hora Noe.*

Domine Deus meus, in te speravi (*Psal.* VII), Noe ostendit, qui quasi tertia hora hanc vineam excoluit, et primus vites plantare nos docuit; qui quia in Domino speravit, eum in undis liberavit. *Domine, Dominus noster* (*Psal.* VIII), Sem denuntiat, qui post diluvium in hac vinea nomen Domini mirabile in universa terra nuntiabat, qui omnes se laudantes gloria et honore coronabit, qui ex ore infantium et lactentium laudem perfecit. *Confitebor tibi, Domine* (*Psal.* IX), Heber cultorem hujus vineæ insinuat, qui nos admonet psallere Domino, qui in Sion habitat. *In Domino confido* (*Psal.* X), Thare indicat, qui cultor hujus vineæ in Domino confidebat, et Domino in templo sancto suo nos servire monebat.

CAP. XXII. — *Sexta hora Abraham.*

Sexta hora *Abraham* hanc vineam intrabat, quem pars *Salvum me fac* (*Psal.* XI), declarat, quando mundus idola coluit. *Usquequo, Domine, oblivisceris* (*Psal.* XII), Isaac in hac vinea laborantem exprimit; cujus Dominus oblitus non fuit, dum arietem mactandum pro eo posuit; qui nos cantare Domino et psallere nomini ejus monuit, qui omnia bona nobis tribuit. *Dixit insipiens* (*Psal.* XIII), Jacob innuit, qui apud insipientem Laban pondus diei et æstus portavit, et nos Dominum invocare docuit. *Domine, quis habitabit* (*Psal.* XIV), Joseph depromit, qui in hac vinea sine macula desudavit, et nos Dominum glorificare monuit.

Cap. XXIII. — *De versu.*

Quod intermissa psalmodia *versus* dicitur, designat quod ex intermisso opere multitudo ad refectionem expeditur. Lectiones quæ leguntur, sunt diversa fercula quibus operarii ad invicem reficiuntur. *Benedictiones* quæ præcedunt, religiosorum benedictiones præferunt, quibus cibum benedicit. *Responsoria*, quæ post lectionem canuntur, sunt laudes quæ sumpto cibo solvuntur.

Cap. XXIV. — *Nona hora Moyses.*

Secunda nocturna est hora nona : hac Moyses et Aaron aliique legis sacerdotes vineam Domini excolebant, qui in psalmo (xv), *Conserva me, Domine*, Dominum Patrem suum et calicem dicebant, et nos Dominum, qui tribuit intellectum, benedicere docebant. In hac enim judices laborabant, quos Psalmus (xvi), *Exaudi, Domine, justitiam meam*, denotat, qui judicium suum de vultu Domini prodire rogabant, et nos in nocte ad Dominum clamare monebant. In hac reges quoque desudabant, qui se in psalmo (xvii), *Diligam te, Domine*, in caput gentium constitutos proclamant, qui nos laudando Dominum invocare instruebant. Versus modulatio, est ab opere separatio, lectiones sunt operariorum refectiones. Responsoria sunt illorum laudationes.

Cap. XXV. — *Undecima hora apostoli.*

In tertia nocturna repræsentatur hora undecima, hac apostoli humeros oneri supponebant, quos canit psalmus *Cœli enarrant* (*Psal.* xviii), qui nos justitias Domini edocebant; in hac martyres, ut in magno æstu grave pondus portabant, quos loquitur psalmus *Exaudiat te Dominus* (*Psal.* xix), qui nos Dominum in die tribulationis invocare monebant. In hac confessores operarii sunt, qui in psalmo *Domine, in virtute* (*Psal.* xx) expressi sunt, qui voluntate labiorum suorum fraudati non sunt, et nos cantare et psallere virtutes Domini persuaserunt; per versum qui sequitur et Evangelium quod legitur, conversio gentilium intelligitur ; qui quasi responsorium canit, quod per Evangelium in Domini vineam conducti sunt, qui tota die in foro infidelitatis otiosi steterunt; per *Te Deum laudamus* illorum gaudium accipitur quibus peracto opere denarius in sero, id est in vita æterna in consummatione sæculi, traditur. Hos ideo in nocturnali officio imitamur, ut cum eis denarium vitæ Christum mereamur. Et quia hæc cuncta per Christi resurrectionem sperantur, ideo in nocte Dominicæ resurrectionis tali modo cantatur.

Cap. XXVI. — *De versibus.*

Antiqui patres in omni opere Deum invocabant, sed et gentiles Deum in minimis etiam rebus invocandum censebant. Ideo nos omnes horas per versum *Deus in adjutorium* incipimus, ut in omni actione divinum auxilium invocemus. Versus *Memor fui in nocte* tempus ante legem designat, quo patriarchæ *in nocte* ignorantiæ nominis Domini memores erant. Sed et Dominum exprimit, qui pro nobis in cruce oravit, ut Ecclesia nominis ejus in nocte memor sit. Versus *Media nocte surgebam* tempus legis denotat, quo prophetæ de nocte ignorantiæ ad lucem scientiæ surgebant. Sed et Dominum demonstrat, qui media nocte de mortuis surgebat, ut et Ecclesia media nocte ad confitendum nomini ejus surgat. Per versum *Exaltare, Domine*, tempus gratiæ designatur, quia Dominus in virtute sua scilicet in dextra Patris exaltatur. Et si Ecclesia virtutes ejus in nocte cantabit, eam quoque in gaudio exaltabit. *Exaudi, Domine, preces servorum tuorum* ex libro Paralipomenon assumptum (*II Paral.* vi) patriarchis convenit, quos primus nocturnus exprimit. *Ostende nobis, Domine*, vel quodcunque aliud pro tempore de psalterio vel alia prophetia sumptum prophetis congruit, quos secundus nocturnus innuit. *Precibus et meritis beatæ Mariæ omniumque sanctorum* sanctæ Mariæ et apostolis convenit, quos tertius nocturnus concinit. *Jube, Domine, benedicere* ad Dominum dicitur, ad quod *Tu autem* continuatur, quod de psalmo *Beatus qui intelligit* assumitur. Sacerdos autem, qui tenet vicem Domini, dat benedictionem.

Cap. XXVII. — *De festivitate sanctorum.*

In festis sanctorum ita nocturnale officium ut in nocte Dominica agimus, quia eos per Christi resurrectionem gaudia consecutos credimus. Ideo autem cum novem psalmis et totidem lectionibus ac responsoriis celebramus, quia eos in consortio novem ordinum angelorum esse prædicamus.

Cap. XXVIII. — *De Matutinis monachorum.*

Porro divinum officium a beato Benedicto ordinatum pene idem significat, præsertim cum ad idem, videlicet ad laudem Dei et ad justorum præconia, tendat. Hoc ideo ab Ecclesia est receptum, quia ab illo qui omnium justorum spiritu plenus fuit est prolatum, et ab apostolici pontificis, scilicet Gregorii, auctoritate roboratum. Siquidem patet quod idem vir Deo plenus in vinea laborantes et in vigiliis excubantes attenderit, dum tali modo psalmos distribuerit, et Dominicam noctem tribus vigiliis per tres nocturnos distinxerit, licet ipse psalmos senario, lectiones vero quaternario numero assignaverit, quia videlicet per senarium activæ vitæ actio designatur, propter sex opera Evangelii quibus in istis sex diebus quasi in vinea laboratur, per quaternarium vero contemplativæ vitæ perfectio propter quatuor Evangelia figuratur, quibus contra hostes animarum, scilicet vitia et dæmones, jugiter vigilatur ; per sex ergo psalmos in vinea Domini laborantes declarantur, per quatuor lectiones in castris Domini vigilantes demonstrantur, per Responsoria alacritas laborantium denotatur. Notandum quod hic divini servitii ordinator a psalmo *Domine in virtute tua* (*Psal.* xx), qui de pace Ecclesiæ constat, incœpit, et reliquos, qui passionem Christi sonant, in officio conclusit. Dominus enim in cruce a *Deus Deus meus, respice* incœpit, et ita decem psalmos cantans in versu: *In manus tuas commendo spiritum meum* (*Psal.* xxi) finivit. Hoc idcirco in nocte Dominicae resurrectionis instituit, quia nimirum Christus per passionem ad resurrectionis pacem pervenit, et Ecclesiae pacem per passionem suam contulit. Et nos in pace degentes si passionem Christi in vigiliis nos cruciando imitabimur, in resurrectione pace per Christum ditabimur.

CAP. XXIX. — *De tertio nocturno.*

Tertium nocturnum idem vir Dei tribus canticis attribuit, quia Trinitatem in *fide, spe et charitate*, laudari voluit. Unde eadem cantica cum *Alleluia* cantari instituit, quia laudatores Trinitatis ad canticum coelestis laetitiae vocare docuit. Deinde quatuor lectiones de Evangelio legi praecepit, quia Christi vigiles per doctrinam quatuor Evangeliorum in quatuor virtutibus munitos monuit, ut videlicet in divinis et humanis sint prudentes, in adversis et prosperis fortes, in Dei servitio solvendo et praelatis obediendo jussum omnibus actibus suis temperati, his quatuor etiam subjungunt, si haec omnia alacriter peragunt. Post haec constituit Deo dilectus cantari: *Te Deum laudamus*, quatenus nil sibi in his omnibus ascribant, sed cuncta divinae laudi attribuant, se vero inutiles servos dicant. Per *Te Deum laudamus* etiam ille cantus intelligitur qui peracto opere ab operariis prae gaudio canitur. Deinde Evangelium legi praecipitur; per quod vita aeterna promittitur, quod *denarius* intelligitur qui operariis post laborem dabitur; per hymnum *Te decet laus*, qui ad extremum canitur, illa ultima gratulatio accipitur, quando, percepto vitae denario, in Domino exsultant, quod de labore ad requiem, de vinea ad patriam eis ire licet.

CAP. XXX. — *De inclinationibus.*

Dum ecclesiam ingredientes ad altare inclinamus, quasi regem milites adoramus. Aeterni quippe Regis milites sumus, cui semper in procinctu specialis militiae adsumus. Cum autem ad *Orientem* et *Occidentem* inclinamus, Deum ubique praesentem nos adorare monstramus. Quem ita rationali motu ab ortu nostrae nativitatis usque ad occasum mortis sequi debemus, sicut coelum ab Oriente in Occidentem naturali revolutione ferri videmus. Quod monachi expressius designant, qui se toto corpore ab Oriente in Occidentem gyrant.

CAP. XXXI. — *Nota dignitatem quae in matutinis Laudibus est.*

Apud gentiles dii infernales dicebantur Manes, eo quod mane diem terris emitterent, quem tota nocte quasi inclusum retinerent (122). A *Manibus* ergo *mane*, id est bonum, dicitur, eo quod nil melius luce videatur. A *mane* autem dicitur matutina, quasi laus Deo pro luce exhibita.

CAP. XXXII. — *Prima causa.*

Hanc horam ea de causa canimus, quod hac hora mundum creatum credimus; hac hora astra matutina cum jucunditate luxerunt, et Deum, qui fecit ea, dulci harmonia laudaverunt, scilicet angeli ea hora creati sunt, qui et filii Dei vocati sunt, qui mox pro creatione mundi magna voce suavi concentu conditori jubilaverunt. Quos nos hac hora canentes imitamur, qui *astra vespertina* appellamur, quatenus si solem Christum pro nobis occidentem laudibus sequamur, per eum ad ortum lucis videlicet in resurrectione ad astra matutina perducamur.

CAP. XXXIII. — *Secunda causa.*

Hac hora Dominus populum suum per mare Rubrum transduxit, et hostes illorum submersit, sicut scriptum est : « Factum est in *vigilia matutina* Dominus per nubem respexit, et Aegyptios interfecit (*Exod.* xiv). » Ea hora qua illi sunt in mari et in nube baptizati, sunt illi in fluctus praecipitati.

CAP. XXXIV. — *Tertia causa.*

Hac hora Christus victor a morte resurrexit, et diem nobis ab inferis revexit, et populum sanguine suo redemptum a regno tyranni reduxit, et hostes eorum barathro immersit.

CAP. XXXV. — *Quarta causa.*

Hac hora in fine mundi justi a somno mortis evigilabunt, dum de nocte hujus mundi ad lucem aeternae claritatis transmigrabunt. Tempus igitur noctis, quod ante nocturnum praecedit, praefert illud tempus mortis quod ante legem praecessit. Nocturnus vero illud tempus exprimit quo populus sub lege Dominum coluit. Matutinalis autem hora, cum lux appropinquat, tempus a Christi resurrectione usque in fine mundi demonstrat, quo Ecclesia dilecto suo canticum cantat. Psalmi nempe qui hic cantantur utrumque exprimere conantur, et tempus legis, quod velut umbra praecessit, et tempus gratiae, quod ut lux visitanter postea fulsit.

CAP. XXXVI. — « *Dominus regnavit.* » *Psalmus* i *laudum Dominicae*

Primus itaque psalmus, *Dominus regnavit*, illud tempus legis innuit quo Dominus post liberationem populi sui super eumdem populum regnavit, et ei quasi rex legem servandam constituit, decorem induit, dum in mirabili tabernaculo coli voluit. Tempus quoque gratiae exprimit, quo Dominus post redemptionem populi sui a morte resurgens per mundum regnavit, et decorem immortalitatis induit.

CAP. XXXVII. — *Jubilate.*

Secundus psalmus, *Jubilate*, illud tempus umbrae ostendit quo populus Domini et oves pascuae ejus portas ejus, id est terram repromissionis, in confessione intravit, et ei omnis illa terra jubilavit, eique in laetitia servivit. Tempus etiam gratiae depromit, quo Ecclesia fidem Christi recepit, et ad praedicationem apostolorum jubilavit omnis terra, et Domino servivit in laetitia.

---

(122) Vide M. Varronem, De ling. Lat., et Festum.

CAP. XXXVIII. — *Deus, Deus meus.*

Tertius psalmus, *Deus, Deus meus, ad te de luce vigilo,* illud tempus umbræ indicat quo, devictis hostibus sub Salomone, in pace populus tripudiabat, quando in velamento templi exsultabat, et rex omnisque populus in Deo jurans eum laudabat.

CAP. XXXIX. — *Deus misereatur nostri.*

Huic psalmo alius, scilicet, *Deus misereatur nostri,* sub uno *Gloria Patri* copulatur, quia regnum Juda et regnum Israel in una lege sociatur. Tempus etiam gratiæ exprimit, quo, sedata persecutione, Ecclesia pacem recepit. Ideo autem de luce ad Dominum vigilat, et in matutinis in eo meditatur, quia ei adjutor exstiterat. Rex vero *Constantinus* in Deo lætatur, per quem omnis Ecclesia in Christo jurans in pace gratulatur, dum os hæreticorum iniqua loquentium obstruitur. Alius psalmus, *Deus misereatur nostri;* huic sub uno *Gloria Patri* adjungitur, quia Judaicus populus Ecclesiæ adhuc in una fide associabitur.

CAP. XL. — *Benedicite omnia opera Domini Domino.*

Canticum *Benedicite,* quod sibi quintus locus ascribit, illud tempus umbræ innuit, quo quinta ætate Nabuchodonosor tres pueros in caminum ignis misit; in quo angelus eos resolvens eumdem hymnum cum eis cecinit. Illud quoque tempus exprimitur quo Antichristus tres partes mundi, *Asiam, Africam, Europam,* a tribus filiis Noe genitas in caminum tribulationis missurus dicitur. Unde et sine *Gloria Patri* canitur, quia tunc omnis laus Ecclesiæ clauditur.

CAP. XLI. — « *Laudate Dominum de cœlis* » et « *Cantate,* » et « *Laudate,* » sub uno « *Gloria Patri.* »

Laudate Dominum de cœlis illud tempus umbræ denuntiat quo populus a Babylone reversus templum Domino reædificabat, et illud tempus ostendit quo Ecclesia, occiso Antichristo, Dominum laudabit, et per terrorem lapsos in domum Dei pœnitentia restaurabit. Hi tres Psalmi ideo sub uno *Gloria Patri* psalluntur, quia tunc *Christiani, Judæi* et *Gentiles,* in una religione Dominum laudare noscuntur.

CAP. XLII. — *De hymno.*

Hymnus illud tempus umbræ exprimit quo Judas Machabæus dedicato templo pro victoria hymnum Domino cum populo cecinit, et illud tempus innuit quo Ecclesia pro victoria de Antichristo hymnum Domino canet.

CAP. XLIII. — *De capitulo.*

Capitulum, quod a sacerdote dicitur, est angeli legatio, qua præcursor Christi Zachariæ repromittitur, et ultimam horam denuntiat, qua novissima tuba angeli mortuos ad vitam excitat. Versus qui sequitur, *Dominus regnavit,* declarat quod sicut Christus post resurrectionem in Ecclesia regnavit, ita post generalem resurrectionem in omnibus electis regnabit. A quibusdam versus in matitinis A *Domine* dicitur, et Ecclesiæ resurrectio exprimitur.

CAP. XLIV. — *De cantico* « *Benedictus Deus.* »

Per canticum autem *Benedictus,* quod illucescente die cantatur, adventus veræ lucis Christi in hunc mundum designatur, quod Zacharias ei obviam cantavit, quando plebem suam in hoc mundo visitavit, et sedentes in tenebris et umbra mortis inferni illuminavit, et illud tempus repræsentat, quo in ultimis Christus splendor æternæ gloriæ et sol justitiæ adventus sui ortu orbem illustrat, et Ecclesia ei obviam rapta lætabunda laudes jubilat; quam sponsus suus visitat, et diu in tenebris hujus mundi sedentem sua claritate illuminat.

CAP. XLV. — *De oratione et suffragiis.*

Oratione quæ sequitur, illa ultima benedictio, *Venite, benedicti Patris mei* (*Matth.* xxv), intelligitur. Suffragia sanctorum, quæ postea canuntur, sunt multæ mansiones in domo Patris, in quas singuli pro meritis introducuntur. Ideo in Dominica die hæ laudes canuntur, quia per fidem resurrectionis Christi hæc gaudia justis in resurrectione dabuntur. Ideo etiam infra Pascha frequentantur, quia resurrectionis Christi et nostræ tempus repræsentatur per eas. Ideo vero hæc in festis sanctorum cantantur, quia sancti nunc in gaudio, quod in resurrectione dupliciter percepturi sunt, gratulantur. Hanc eamdem significationem et sanctus Benedictus in ordinatione sui officii expressit, hoc solo mutato, quod *Deus misereatur* in primis ob honorem sanctæ Trinitatis cantari jussit.

CAP. XLVI. — *De privatis noctibus.*

In Dominica nocte celebravimus nostram liberationem, et angelorum coæqualitatem; in privatis noctibus commemoramus nostri exsilii servitutem. A quo enim quis superatur, illius et servus vocatur. Diabolus autem humanum genus in primo parente devicit, et duræ servituti subjecit. Ut ergo ab hac servitute [liberi] fiamus, divino servitio nocturnis horis insudemus, ut a nocte hujus vitæ ad æternam lucem perveniamus. Verumtamen quia nostram servitutem per sex ætates mundi extendi deploramus, ideo sex noctibus hebdomadæ hoc officium celebramus.

CAP. XLVII. — *De duodecim horis.*

Et quia nocti duodecim horas ascribimus, ideo duodecim psalmos canimus, quatenus qui duodecim mensibus anni servitute detinemur, per doctrinam duodecim apostolorum libertati donemur.

CAP. XLVIII. — *De sex antiphonis super nocturnum.*

Ideo autem sex antiphonas cantamus, ut per sex opera Evangelii de nocte mortis ad lucem Christum transeamus. Quæ sex opera sunt, *esurientem cibare, sitientem potare, nudum vestire, hospitem colligere, infirmum visitare et carceratum redimere.*

CAP. XLIX. — *Viginti quatuor horæ.*

Sol quoque totum mundum superius et inferius inter diem et noctem, hoc est XXIV horis perlustrat, et præsentes quidem stellas sibi in die lumine suo obscurat, absentes vero in nocte illuminat. Qui solem justitiæ Christum præfigurat, qui hunc mundum superius quasi in die illustrabat, dum præsentia sua doctrinis et miraculis illum illuminabat. Inferius vero quasi in nocte eum irradiavit, dum morte sua, sedentes in tenebris et umbra mortis visitavit. Qui stellas præsentes velat in die, dum sanctos in gloria suæ præsentiæ a mundi tenebris celat. Stellas ergo in nocte absens illuminat, quia justos in nocte hujus vitæ illustrat.

Cap. L. — *De duodecim psalmis.*

In nocte ergo duodecim psalmos, et in die totidem psallimus, quot horis stellas a sole undique versum illuminari diximus, quatenus nos Christiani in baptismate stellæ facti ab æterno sole in omni hora illuminemur, si Dominum in omni tempore benedicentes veneremur. Et quia peccato devicti servituti sumus addicti, et in sudore vultus nostri oportet pane vesci (*Gen.* III), ideo solemus in die necessaria operari. In nocte vero, quando nullus potest operari, in vigiliis excubamus, ut eo revertente a nuptiis cum eo ad libertatis jura redeamus. Ideo etiam tres lectiones legimus, quia tres vigilias posuit Dominus : *Si*, inquit, *in prima, si in secunda, si in tertia vigilia venerit, et ita invenerit, beati sunt servi illi.* (*Luc.* XII), quæ tres vigiliæ tres ætates hominis *pueritiam, juventutem, senectutem significant,* in quibus cuncti Dominum in bonis operibus pervigiles præstolari jubemur. Tres ergo lectiones legimus, cum in fide Trinitatis in tribus ætatibus alterutrum divinum opus instruimus. Tria responsoria cantamus, cum Trinitatem *fide, spe, charitate* glorificamus. Psalmi quoque pro prima vigilia, *lectiones* pro secunda, *Responsoria* pro tertia; *matutinæ Laudes* pro quarta vigilia noctis, quasi pro debito solvuntur. Sanctus etiam Benedictus in eadem significatione duodecim psalmos et tres lectiones in privatis noctibus instituit; hoc tantum mutato quod lectiones psalmis interposuit, quia hæc videlicet media nocte agi voluit.

Cap. LI. — *De privatis noctibus et de Laudibus cum cantamus « Miserere mei, Deus. »*

Nox quæ præcessit vitam nostram in peccatis expressit; nocturnale autem officium nostri exsilii servitium. In matutinis Laudibus jam ad libertatem per pœnitentiam tendimus, dum cantamus : *Miserere mei Deus.* Et quia per pœnitentiam de tenebris mortis ad lucem vitæ transitur, ideo in secundo psalmo per singulas ferias mane concinitur, ut in *Verba mea : Mane astabo, et mane exaudies vocem meam.* (*Psal.* V); in : *Judica me, Deus ; Emitte lucem tuam* (*Psal.* XLII); in : *Te decet hymnus, Deus ; Exitus matutini, et vespere delectabis* (*Psal.* LXIV); in : *Domine, refugium ; Mane floreat et Mane repleti sumus misericordia tua* (*Psal.* LXXXIX); in : *Domine, exaudi ; Auditam fac mihi mane misericordiam tuam* (*Psal.* CXLII); in : *Bonum est confiteri, et ad annuntiandum mane misericordiam tuam* (*Psal.* LXXXXI).

Cap. LII. — *Deus, Deus meus.*

Quia vero per charitatem remissio peccatorum tribuitur, tertius psalmus de dilectione Dei canitur, in quem sitit anima nostra, cujus nos pœnitentes suscepit dextera.

Cap. LIII. — *Deus misereatur nostri.*

In sequenti psalmo *Deus misereatur nostri,* dilectio proximi subjungitur, in quo vultum Dei super nos illuminari, et salutare Dei in omnibus gentibus cognosci poscitur. Hi duo psalmi ideo sub uno *Gloria Patri* psalluntur, quia præcepta geminæ dilectionis in una Christiana professione peraguntur. In psalmo quoque, *Deus, Deus meus,* exprimitur Christi divinitas, cujus misericordia melior est super vitas. In *Deus misereatur* ejus humanitas, per quam illuminatur nostra fragilitas. Et quia hæ duæ substantiæ in una persona Christi venerantur, ideo hi duo psalmi sub uno *Gloria Patri* cantantur ; et quia in fide hujus nominis pœnitentes salvantur , per hos etiam duos psalmos fides et operatio intelliguntur, per quam conversi libertatem veniæ consequuntur. Et quia per sex opera misericordiæ servi libertatem spiritus adipiscuntur, ideo sex cantica victoriæ per sex dies canuntur.

Confitebor.

In primo cantico : *Confitebor,* cum Isaia exsultamus (*Isa.* XII); quia, sicut ille infidelem populum, ita nos peccata superavimus, et Dominus, qui propter peccata nobis erat iratus, propter pœnitentiam est nobis conciliatus.

Ego dixi in dimidio dierum.

In secundo , *Ego dixi,* cum Ezechia gaudemus (*Ezech.* XXXVIII); quia, sicut ille mortem corporis, ita nos mortem animæ evasimus ; ideo gratulando canimus, *Vivens, confitebitur tibi, sicut et ego hodie.*

Exsultavit.

In tertio : *Exsultavit cor,* cum Anna tripudiamus (*I Reg.* II); quia, sicut illa æmulam suam, ita nos carnem nobis adversantem devicimus : unde gaudendo dicimus : *Exsultavit cor meum in Domino,* qui carnem in vitiis mortificat, et animam in virtutibus vivificat.

Cantemus.

In quarto : *Cantemus Domino,* cum populo Israel lætamur (*Exod.* XV); quia, sicut ille Pharaonem et Ægyptios per Moysen, ita nos diabolum et dæmones per Christum subterfugimus : unde lætabundi resultamus : *Cantemus Domino gloriose.*

Domine, audivi.

In quinto : *Domine, audivi,* cum Habacuc gratulamur (*Habac.* III); quia, sicut ille cum populo Babylonem, ita nos peccatorum confusionem evasimus, et diabolum per cornua crucis superatum exsultamus, qui ante pedes Domini est egressus.

Audite, cœli.

In sexto : *Audite, cœli,* cum Moyse hilarescimus (*Deut.* XXXII); quia, sicut ille devictis hostibus terram repromissionis, ita nos devictis vitiis et peccatis promissam indulgentiam recepimus ; et Domino carmen canimus, qui vindictam in hostes retribuit, et propitius erit terræ populi sui.

Benedicite.

Porro in septimo : *Benedicite, omnia,* cum tribus pueris triumphamus (*Dan.* III); quia, sicut illi Nabuchodonosor et caminum ignis, ita nos diabolum et inferni incendium evasimus. Ideo cum omni creatura Domini benedicimus, quia in resurrectione æternas flammas superabimus.

Laudate Dominum de cœlis.

Deinde : *Laudate Dominum* canimus (*Psal.* CXLVIII), quia triumphum de vitiis meruimus ; quem triumphum per hymnum exprimimus.

Capitulum.

Capitulum vero nos consolatur, dum sacerdos in persona Domini nos vigilare, et stare in fide hortatur.

De versu.

De qua nos consolatione plaudimus, dum versum nos *repleti sumus mane - misericordia tua* (*Psal.* LXXXIX) dicimus. Hinc jam libertate recepta in gaudium prorumpimus, quia Liberatori nostro grates referimus ita dicentes.

Benedictus.

Benedictus Dominus Deus Israel (*Luc.* 1), quia nos in peccatis visitavit, redemptionem per pœnitentiam fecit, de manu inimicorum liberavit, scientiam salutis in remissionem peccatorum per viscera misericordiæ dedit, de morte illuminatos in viam pacis direxit.

De oratione.

Oratio, quam sacerdos dicit, est *indulgentia* quam Dominus ad se reversis tribuit.

De sancto Benedicto.

Sanctus quoque Benedictus servos peccatorum per pœnitentiam, libertatem, et victoriæ lætitiam adipisci docuit, qui pene eosdem, tamen totidem psalmos et eadem cantica per easdem ferias in eadem significatione instituit.

De septem canticis.

Septem cantica in hebdomada canuntur, quia per septem dona Spiritus sancti mundus salvatur.

Dominica die.

Dominica die canitur *Benedicite omnia opera* (*Dan.* III) ; quia prima ætate creavit Deus omnia, et eadem die per resurrectionem Christi innovata sunt omnia.

Feria prima.

Prima die, *creavit Deus lucem*, et hac die omnia ad laudem Dei admonentur, quia omnia illustrata sunt a luce.

Feria secunda.

Secunda ætate contigit diluvium, quod significat baptismum. Secunda die canitur canticum de baptismo, ut ibi : *Haurietis aquas* (*Isa.* XII) , et feria secunda Christus baptizatus traditur. Secunda die, *creavit Deus cœlum,* et separavit aquas ab aquis, ita per baptismum incredulos a fidelibus.

Feria tertia.

Tertia ætate liberatus est Isaac a morte, quia verus Isaac, id est Christus, liberavit populum suum a morte per fidem sanctæ Trinitatis. Tertia die, *segregavit Deus terram a mari*, hoc est Ecclesiam a Synagoga.

Feria quarta.

Quarta ætate est Anna amara, æmula ejus repudiata. Ideo quarta feria psallitur ejus canticum, quia per quatuor Evangelia est electa Ecclesia, Synagoga abjecta. Quarta die, *factus est sol et luna et sidera. Christus* est sol, Ecclesia luna, sancti sunt stellæ.

Feria quinta.

Quinta ætate, *liberavit Dominus populum suum a Babylone.* Ideo quinta feria recitatur canticum quod cecinerunt filii Israel, cum liberati sunt a Pharaone in mari Rubro post paschalem agnum. Feria quinta, tradidit Dominus corpus suum, quo liberavit populum suum a diabolo. Quinta die, *fecit Deus de aquis volucres et pisces* ; volucres in aera sustulit, pisces in aquis reliquit, quia per quinque vulnera sua justos ad alta levat, impios ad ima damnat.

Sexta feria.

Sexta die, *creavit Deus hominem*; sexta ætate crucifixus est Christus. Ideo sexta feria cantatur canticum de passione, ubi dicitur : *Cornua in manibus ejus* (*Habac.* III), id est brachia crucis, quia eadem die passus est Dominus.

Sabbato.

Sabbato, *requievit Deus ab omnibus operibus suis.* Ideo Sabbato canitur canticum : *Audite cœli* (*Deut.* XXXII), quod datum est filiis Israel post laborem itineris, cum jam intrarent terram repromissionis. Ita in septima ætate post laborem hujus mundi dabit Dominus requiem sanctis.

De Benedictus.

Appropinquante luce, *Benedictus* ad laudes cantatur (*Luc.* 1) , quia per illud canticum nostra nobis lux annuntiatur.

De Magnificat.

Ad Vesperas *Magnificat* scilicet in fine diei cantatur, quia in fine mundi Deus superbos disperdet, et humiles exaltabit.

De « Nunc dimittis » cantico Simeonis.

Ad Completorium *Nunc dimittis* (*Luc.* II.) cantatur, quia post judicium sancti in pace introducentur.

De horis et temporibus.

Septem horas canonicas in die quasi ex debito canimus pro septem gradibus quos a septiformi Spiritu suscepimus. Formam autem habemus ab apostolis et aliis sanctis, ut septies in die Creatorem nostrum laudemus, quatenus in domo ejus cum angelis eum in sæculum sæculi laudare valeamus. Quilibet autem dies repræsentat nobis totum hujus sæculi tempus, in quo diversis horis in vinea Domini laboramus.

De Matutino tempore.

Matutina illud tempus nobis memorat quo primi parentes Deum in paradiso laudabant.

De Prima.

Prima illud tempus indicat quo Abel, Enoch et alii justi, Deo laudes solvebant.

De Tertia.

Tertia illud tempus insinuat quo Noe et alii de arca egressi Deum benedicebant.

De Sexta..

Sexta illud tempus denuntiat quo Abraham et alii patriarchæ Deum glorificabant.

De Nona.

Nona illud tempus demonstrat quo prophetæ sub lege Deum magnificabant.

De Vesperis.

Vespera illud tempus revocat quo apostoli et illorum sequaces Deo hymnizabant.

De Completorio.

Completorium illud tempus monet quo in novissimo sub Antichristo justi Deo gratias referent.

CAP. LIV. — *De horis et ætatibus.*

Dies etiam repræsentat nobis vitam uniuscujusque, quo diversis ætatibus, quasi diversis horis, docetur ex lege Domini quasi in vinea laborare (*Matth.* xx). Ergo per *Matutinam* commemoramus infantiam, in qua quasi de nocte ad diem orti sumus, dum de matribus in hunc mundum nati sumus. Juste itaque in hac hora Deum laudamus, qua de nocte erroris ad lucem veritatis in baptismo nos renatos exsultamus. Per *Primam* pueritiam recolimus, qua ætate libros discere cœpimus. Merito ergo in hac hora laudes Deo solvimus, qua ejus servitio imbuti sumus. Per *Tertiam* adolescentiam recolligimus, qua ordines suscepimus. Juste in hac hora Deum glorificamus, qua ejus ministris associati sumus. Per *Sextam* juventutem innuimus, qua ad diaconatus vel presbyteratus gradum promoti sumus. Et in hac ergo hora non incongrue Deum benedicimus, qua duces et magistri populorum electi sumus. Per *Nonam* senectutem notamus, qua plerique ex clero ecclesiasticas dignitates quasi graviora vineæ pondera subimus. Convenit itaque nos in hac hora Deum magnificare, qua nos voluit super plebem suam exaltare. In *Vespera* decrepitam ducimus ad memoriam, qua plurimi ex nobis ad melioris vitæ conversationem in primis venimus, qui quasi tota die in foro otiosi stetimus (*Matth.* xx), dum tota vita in vanitate viximus. In hac hora decet nos Deum laudibus extollere, qua nos dignatus est suis laudatoribus adjungere. Per *Completorium* finem vitæ nostræ retractamus, quo per confessionem et pœnitentiam salvari speramus.

CAP. LV. — *Idem de horis diei.*

Per diurna quoque et nocturna officia celebrat Ecclesia Christi mysteria. In nocte est Christus pro nobis comprehensus, ideo in nocte nocturnum psallimus. Mane est illusus, ideo *Matutinam* canimus. Prima hora est gentibus traditus, ideo *Primam* cantamus. Tertia hora est flagellatus, idcirco *Tertiam* psallimus. Sexta hora est crucifixus, proinde *Sextam* canimus. Nona hora mortuus est, A ideo *Nonam* cantamus. In vespere est de cruce depositus, idcirco *Vesperam* psallimus. In fine diei est sepultus, ideo *completorium* canimus.

CAP. LVI. — *De nocturnalibus horis.*

Nocturna enim hora Dominus infernum spoliavit, matutina victor de morte remeavit. Prima Mariæ apparuit. *Tertia* duabus a monumento euntibus obviavit. *Sexta* Jacobo, *Nona* Petro, *Vespera* duobus ambulantibus in Emmaus se manifestavit; *Completorio* cum apostolis manducavit.

CAP. LVII. — *De horis diei et noctis.*

In nocte nihilominus Petrus negatione ploravit, qui postea tota nocte in piscando laboravit. In mane Christus in littore stetit, rete piscibus implevit. Prima hora cum septem comedit, Petro oves suas commisit. Tertia hora Spiritus sanctus super credentes descendit. Sexta cum undecim Dominus recubuit. Nona eis videntibus cœlos ascendit. In Vespera vero ante passionem cum eis cœnavit, corpus suum tradidit. Completorio pro eis Patrem oravit.

CAP. LVIII. — *De prima Dominicis diebus.*

In Dominica die novem psalmos ad Primam psallimus, quatenus cum novem ordinibus angelorum in gaudio resurrectionis Trinitatem laudare possimus. In primis quinque psalmis de passione Christi cantamus, quia Christum per quinque partitam passionem ad resurrectionis gloriam pervenisse significamus. Quem si nunc imitari volumus, in resurrectione ei conregnabimus. Deinde quatuor subjungimus, quia Ecclesiam in quatuor partes mundi per quatuor Evangelia Deum laudare prædicamus. Per *Deus, in nomine tuo* erroris desertionem, per *Confitemini* laudis confessionem, per *Beati immaculati* legis Dei operationem, per *Retribue* animæ vivificationem exprimimus, per *Quicunque vult* fidem nostram depromimus, in qua reliqua omnia concludimus, et per quam angelis associari credimus.

CAP. LIX. — *De fide quatuor temporibus edita.*

Fidem catholicam quatuor temporibus editam imo roboratam Ecclesia catholica recipit, et in quatuor mundi climatibus inviolabiliter custodit. Primo Symbolum apostolorum, scilicet *Credo in Deum*, fundamentum sibi ponit, dum hoc quotidie in principio diei, et in principio horarum, scilicet ad *Primam* canit; per hæc opera sua consummat, dum hoc ad *Completorium* recitat. Deinde fidem *Credo in Deum Patrem*, quæ in synodis legitur, quamque Nicæna synodus edidit. Tertio fidem *Credo in unum* in conventu populi ad missam modulatur, quæ per Constantinopolitanum concilium propalatur. Quarto fidem *Quicunque vult* quotidie ad primam iterat, quam Athanasius Alexandrinus episcopus rogatu Theodosii imperatoris edidit; per reliquas horas colitur sancta Trinitas.

CAP. LX. — *De Prima in privatis diebus.*

In privatis diebus imitamur in diurno officio operarios in vinea laborantes, et diversis horis ad excolendam vineam intrantes (*Matth.* xx). Porro sacerdos qui incipit imitatur opilionem, ovestotadie inclusas mane in pascua ejicientem. *Grex ovium* est plebsChristiana, *pascua* Domini mandata. Itinera vero obsident bestiæ gregi Dei inimicæ. In una namque parte *leo rugiens circuit quærens quem devoret* (*I Petr.* v); in altera draco insidians deviantes veneno interimit, aberrantes avide deglutit. Hinc lupus irruens rapit, et oves dispergit. Inde ursus invadens lacerat gregem et dissipat. Unde pastor Deus, *in adjutorium meum* clamat, quatenus ovile hæc pericula evadat. Oves autem pascuæ Domini in hymno summum pastorem invocant, uti eas *in diurnis, actibus a nocentibus* custodiat.

CAP. LXI. — *Deus, in nomine tuo.*

Deinde per psalmum *Deus in nomine tuo* iter arripiunt, et Dominum in virtute sua se a periculo liberare petunt, quoniam alieni eis insurrexerunt, et fortes animas eorum quæsierunt, ut Deus in virtute sua illos dispergat, et eas ex omnium tribulatione eripiat.

Beati immaculati in via.

Per *Beati immaculati* (*Psal.* cxviii) vineam, quæ est Christiana religio, ingrediuntur, et in pascua vitæ, scilicet in lege Domini pascuntur. In qua impigre operantur, dum testimonia Dei scrutantur.

Retribue.

In hac fortiter laborant, dum in *Retribue* mirabilia de lege Dei considerant. Hanc summopere excolunt, dum fidem suam in *Quicunque vult* exponunt. Per *legem Domini*, id est dilectionem, ad patriam revertimur; per psalmum *Deus, in nomine tuo* ad iter præcingimur; per psalmum *Beati immaculati* dilectio Dei, per *Retribue* dilectio proximi accipitur.

De « Quicunque vult salvus esse. »

Quicunque item fides cursum nostrum exprimit; per fidem enim ambulamus ut ad speciem perveniamus.

De capitulo.

In capitulo paterfamilias operarios consolatur, quia omnis qui nomen Domini invocaverit salvatur. Unde alacres in responsorio fidem iterant, et cum Petro Christum filium Dei vivi invocant. Quem in versu, *Exsurge, Domine* (*Matth.* xvi), se adjuvare in incœpto opere postulant.

De « Kyrie eleison. »

Kyrie eleison et *Christe eleison*, quod sequitur, ob tres causas dicitur : Primo, ut superflua cogitatio, quæ psallentibus obrepsit, dimittatur; secundo, ut sequens oratio sacerdotis exaudiatur; tertio, ut Dominica oratio, quasi quadam præfatiuncula ornata, intentius dicatur. Quæ ideo silenter dicitur, quia Deo in ea loquimur, qui non verba sed cor intuetur. Cujus ultima pars ideo aperte dicitur, ut ab omnibus confirmetur. Per duos versus, scilicet *Vivet anima*, et *Erravi sicut ovis*, pœnitentes intelliguntur, qui per pastorem velut oves errantes ad gregem reducuntur. Qui mox Symbolum recitant,

quia fide corda sua purificant, quæ prava opera maculaverant.

De « Credo in Deum. »

Ideo autem *Credo in Deum* occulte dicitur, quia occulta pœnitentia occulte peccantibus injungitur.

De precibus et confessione.

Idcirco etiam preces, et confessio, et oratio, sequuntur, quia per tales fructus pœnitentes in communionem recipiuntur. Ob hanc etiam causam septem pœnitentiales psalmi ac litaniæ canuntur.

De capitulo « Pretiosa in conspectu. »

Solent pastores loca mutare, et greges ad alia pascua minare. Hoc religiosi imitantur, dum prælatum de ecclesia sequentes in capitulum congregantur; ibi Dei animalibus sal ad lambendum datur, dum eis in Martyrologio passio vel vita sanctorum pronuntiatur. Opilio vero eis quasi pabulum ponit, dum per versum *Pretiosa* patientiam sanctorum proponit. Deinde divinum auxilium ter per *Deus, in adjutorium* invocat, ut grex Dei periculum animarum evadat. Deinde quasi ovile benedicit, dum eos dirigi et sanctificari in lege Dei poscit. Post hæc lectione reficiuntur, et tunc singuli in opera quasi vineæ cultores diriguntur.

De Tertia.

Dum *Tertia* cantatur, quasi a novis operariis in vinea laboratur.

De Sexta.

Dum *Sexta* canitur quasi ab aliis labor suscipitur.

De Nona.

Dum *nona* canitur et psallitur, quasi iterum ab aliis onus suscipitur. In *Vespera* denarius recipitur. *Tertia*, *Sexta*, et *Nona*, ideo ternis psalmis celebrantur, quia in his tribus horis Trinitas veneratur. Sed quæritur, cum *Prima* dicatur, cur *Tertia* et non potius *secunda* sequatur. Item cum *Tertia* ponatur, cur deinde *Sexta* et non quarta vel quinta dicatur. Itemque cur *Sextam Nona*, et non magis septima vel octava prosequatur. Sciendum est quod dies in duodecim horas dividitur, et pro unaquaque hora unum capitulum de psalmo *Beati immaculati*, concinitur. Pro *Prima* hora *Beati immaculati*, pro secunda, *Retribue*: pro *Tertia*, *Legem pone*; pro quarta, *Memor esto*; pro quinta *Bonitatem*; pro *Sexta*, *Defecit*; pro septima, *Quomodo dilexi*; pro octava, *Iniquos odio*; pro *Nona*, *Mirabilia*; pro decima, *Clamavi*; pro undecima, *Principes*; per hunc psalmum lex Dei, id est charitas nobis pronuntiatur, in qua operarii pro æterna vita quotidie operantur. Unde et in singulis capitulis aliquid de *lege* memoratur, quia per hanc solam quasi per regiam viam superna patria intratur.

De « Beati immaculati. »

In *Beati immaculati* dicitur, « qui ambulat in lege; » in *Retribue*, « Consideravi mirabilia de lege tua, » et « De lege tua miserere mei. » In *Legem* pone, « Scrutabor legem tuam. » In *Memor esto,* « A lege tua non declinavi, » et « Dixi custodire legem tuam. » In *Bonitatem,* « Bonum mihi lex oris tui. » In *Defecit,* « Non ut lex tua. » In *Quomodo,* « Dilexi legem tuam. » In *Iniquos,* « Legem tuam dilexi. » In *Mirabilia;* « Non custodierunt legem tuam. » In *Clamavi,* « Legem tuam non sum oblitus. » In *Principes,* « Legem autem tuam dilexi, » et « Lex tua meditatio mea est. » Semper in *Tertia* hora officium solvitur, quia Trinitas in omnibus colitur.

Cap. LXII. — *De Vespera.*

Vesperam ideo Ecclesia solemniter celebrat, quia Abraham et alii patriarchæ ante legem, sacerdotes et prophetæ sub lege, sacrificia ad vesperam offerebant; et dominus in vespera coenans corpus suum discipulis tradebat. Quinque autem psalmi hujus horæ quinque vulnera Christi significant, qui se vespera mundi pro nobis sacrificabat. Hoc et versus insinuat. *Dirigatur oratio mea sicut incensum in conspectu tuo. Elevatio manuum mearum sacrificium vespertinum (Psal.* cxl). Duodecima hora dies clauditur, et operariis jam peracto opere denarius dabitur (*Matth.* xx). Finis autem uniuscujusque intelligitur, cum pro transacta vita merces cuique redditur.

De quinque psalmis ad Vesperas.

Ideo quinque Psalmi canuntur, quia pro labore quinque sensuum remunerabuntur. Hymnus qui subjungitur, laus victoriæ accipitur; quia sicut illi post laborem adepta mercede gratulantur, ita isti post devictum mundum pro æterna gloria jucundantur. Hos capitulum excitat, ut surgentes venienti Domino occurrant; per versum, qui sequitur, quasi ostium pulsant, et sibi aperiri postulant. Accensis autem bonorum operum lampadibus gaudium Domini sui intrant cum quinque virginibus (*Matth.* xxv).

De cantico « Magnificat. »

Unde cum cantico sanctæ Mariæ anima illorum Dominum magnificat, et spiritus illorum in Domino exsultat, qui fecit eis magna, cujus misericordia est in sæcula.

De oratione.

Oratio quæ sequitur est benedictio qua quisque a Domino benedicitur. Cum vespera de præcedenti die cantatur, tunc præsentis vitæ tempus denotatur; quia ab initio mundi dies præcessit, nox sequebatur, significans quod gaudium paradisi præcessit : mors hominem, heu! sequebatur. Cum vero de sequenti die celebratur, tunc futuræ vitæ lætitia designatur, quia a Christi resurrectione nox præcedit; dies sequitur, designans quod post mortem carnis dies vitæ dabitur credentibus.

Cap. LXIII. — *De cursu sanctæ Mariæ.*

Cursum de sancta Maria vel de omnibus sanctis nulla lege constricti, sed ob devotionem canimus, ut, quia servi inutiles debitum servitium negligenter persolvimus; munera amicis Domini nostri offerimus, ut per eos obsequium nostrum accaptabile faciamus, et gratiam Domini nostri obtineamus.

De benedictione cibi, et lectione.

Consuetudo cibum benedicendi, vel post cibum gratias agendi ab ipso Domino cœpit, qui quinque panes benedixit, et post cœnam hymnum dixit. Legere autem ad mensam sanctus Augustinus instituit, qui mentes cum corporibus refici voluit, quia non in solo pane, sed in verbo Dei homo vivit (*Matth.* iv).

De collatione.

Quod religiosi ad collationem conveniunt, hoc a sanctis patribus acceperunt, qui in vesperis solebant in unum convenire, et de Scripturis insimul conferre, et quæ ipsi tunc invicem contulerunt, *collationes* dicebantur, et hæc his similia ad collationem leguntur.

Cap. LXIV. — *De Completorio et de confessione sero et mane.*

Ad completorium ideo confessionem agimus, ut quidquid in die commisimus, diluamus. Ad primam vero ideo agimus, ut quidquid in nocte peccavimus, puniamus. *Completorium* inde dicitur, quod diurna servitus nostra per hoc completur. Et quia corpus nostrum in nocte ab humanis sensibus destituitur, ideo per hanc horam intentius Deo committitur. Ideo autem quatuor psalmos, quia ex quatuor elementis subsistimus.

De hymno « Te lucis. »

Per hymnum victoriam de nocturnis illusionibus rogamus : per versum nos signaculo divinæ custodiæ quasi pupillam oculi sigillamus.

De « Nunc dimittis. »

Per *Nunc dimittis* pacem et lucem Dei optamus.

De « Pater noster. »

Per Dominicam orationem et symbolum fidei nos ab hostibus firmamus.

De « Credo. »

Ad Primam ideo *Pater noster,* et *Credo in Deum* dicimus, quia cuncta opera per Christum incipimus, in quem credimus. Ad Completorium eadem dicimus, quia diurnas operationes in eo concludimus. Per completorium enim, quod tunc canitur cum dies a nocte excipitur, illud tempus nobis ad memoriam reducitur cum vita nostra a morte præcipitur. Ideo per *Converte nos* inchoamus, ut a malis convertamur, et ira Dei a nobis avertatur. Et quia de meritis desperamus, Deum per versum *Deus, in adjutorium meum intende* invocamus.

De Completorio, « Cum invocarem. »

Tunc psalmum *Cum invocarem (Psal.* iv), qui de morte Domini in Sabbato sancto psallitur, cantamus, quatenus in morte dormientes in pace, quæ est Christus, quiescamus. Deinde *In te, Domine (Psal.* xxx) scilicet canimus, quem Dominus in cruce cantavit, cum jam exspirans spiritum in manus patris commendavit, ut tunc spiritum nostrum suscipere velit. Hinc *Qui habitat (Psal.* xc) subjungimus, quem de tentatione vel passione Domini canimus, quatenus tempore nocturno ab aspidis et basilisci tentatione Dominus nos eruat, et a leonis et draconis incursione eripiat. Deinde *Ecce nunc* (Psal. cxxxiii) psallimus, quatenus in domo Domini benedici possimus. In hymno, capitulo et versu victoriam poscimus, ut in Christo, qui vicit mundum, triumphemus. In cantico Simeonis pacem rogamus, ut, sicut Simeon (*Luc.* ii), postquam lumen Christum vidit, pacem vitæ intravit, ita nos post lumen fidei intremus pacem requiei.

CAP. LXV. — *De cursu monachorum.*

Quæritur cur sanctus Benedictus aliter monachis horas ordinaverit quam mos Ecclesiæ habuerit, vel cur præcipuus apostolicorum Gregorius hoc sua auctoritate probaverit. Sed sciendum est hoc sapientissima dispositione provisum, ut puto, a viro pleno spiritu omnium justorum, scilicet ut contemplativa vita, sicut habitu, ita etiam officio ab activa discerneretur, et monasticæ disciplinæ religio hoc privilegio commendaretur. Unde beatus Gregorius omni sapientia præditus, perpendens virum Deo plenum cuncta sub prædicta significatione ordinasse, jure legitur ea sua auctoritate roborasse. Licet enim psalmos permutaverit, cuncta tamen sub eadem significatione posuit. Nempe quia sex diebus in hac vita, quasi sex ætatibus in vinea laboratur, ut sicut in Dominica requies, ita in septima ætate denarius vitæ recipiatur. Ideo sex diebus psalmos de illis justis ad primam instituisse consideratur, qui sex ætatibus quasi diversis horis in vinea Domini laborasse memorantur (*Matth.* xx).

CAP. LXVI. — *Prima Dominica.*

Prima quippe die *Beatus vir* (Psal. i) cum reliquis instituit, quia Abel et alios justos designant, qui prima ætate quasi mane vineam Domini intrabant.

Feria secunda.

Secunda die *Domine, Deus meus* (Psal. vii) cum aliis censuit cantari, qui Noe et illos sanctos præferunt, qui secunda ætate quasi tertia hora in vinea Domini laboraverunt.

Feria tertia.

Tertia die *Exsurge, Domine, non confortetur homo* (Psal. ix) canitur, in quo Nemrod, qui primus idololatriam instituit, intelligitur : per quem Antichristus exprimitur, qui supra omne, quod dicitur Deus, extollitur. Canitur etiam *In Domino confido* (Psal. x), qui Thare, et *Salvum me fac* (Psal. xi), qui Abraham demonstrat, quia tertia ætate in hac vinea desudabant.

Feria quarta.

Quarta die, *Usquequo, Domine* (Psal. xii), cum reliquis instituit, qui Joseph et filios Israel in Ægypto peregrinantes insinuat, qui quarta ætate velut sexta hora pondus diei et æstus portabant.

Feria quinta.

Quinta die *Conserva me, Domine* (Psal. xv), cum aliis decantari voluit, qui sacerdotes, judices, reges exprimunt, qui quinta ætate, quasi nona hora, sub lege hujus vineæ operari instituerunt.

Feria sexta.

Sexto die, *Cum sancto sanctus eris* (Psal. xvii), canitur, in quo Joannes Baptista intelligitur, et *Cœli enarrant* (Psal. xviii), qui apostolos, atque *Exaudiat* (Psal. xix), qui martyres designant, qui sexta ætate quasi hora nona hanc vineam excolebant.

De horis.

Ad tres horas, scilicet *Tertia, Sexta, Nona,* psalmos de quindecim gradibus cantari statuit [S. Benedictus], quia per quindecim gradus charitatis Trinitatem adiri docuit. Vesperas quaternis psalmis celebrari decrevit, quia per quatuor Evangelia denarium adipisci monuit. Completorium tribus psalmis terminari censuit, quia cuncta in *fide, spe, charitate* compleri voluit. Hunc autem ordinem psalmorum traditur a beato Ambrosio accepisse. Porro in Dominica die de illo psalmo horas instituit, qui legem Dei, scilicet charitatem innuit, quia in resurrectione Deus, qui est charitas, omnibus hic pie in lege per charitatem laborantibus præmium et requies erit. Ad *Primam* autem quaterna, ad reliquas vero horas novena capitula psalluntur, quia per quatuor virtutes ad novena angelorum agmina hic in Christo laborantes perducuntur.

CAP. LXVII. — *De nocturnis.*

Sicut olim dies a paganis erant idolis dedicati, ita sunt nunc singuli a Christianis Christo Deo dicati. Dominica quippe ipse conceptus est. Ideo illa die nocturnam *Beatus vir* (Psal. i) psallimus, quia ipse in consilio Patris in uterum Virginis abiit, et tanquam sponsus de thalamo suo processit. In nocturna cantatur : *Filius meus es tu, ego hodie genui te* (Psal. ii). In Vespera autem : *Ante luciferum genui te* (Psal. cix). Secunda die est baptizatus, ideo ea die nocturnum, *Dominus illuminatio mea* (Psal. xxvi) cantamus. In qua dicitur, *Vox Domini super aquas* (Psal. xxviii), dum Pater voce, Filius tactu, Spiritus sanctus specie, sanctificabat illas. In Vespera autem : *Placebo Domino* (Psal. cxiv) Filius dicit ; et Pater : *Hic est Filius meus dilectus in quo mihi bene complacui* (*Matth.* iii), sonuit. Tertia die est natus, ideo tertia feria nocturnum : *Dixi custodiam vias meas* (Psal. xxxviii) cantamus, in qua dicitur *holocaustum pro peccato non postulasti. Ideo ecce venio* (Psal. xxxix) ; et Pater : *Eructavit cor meum verbum bonum* (Psal. xliv). In Vespera autem : *Fiat pax in virtute tua* (Psal. cxxi), quia pax magna in mundo fuit dum Christus pax nostra venit, qui nobis veram pacem fecit. Quarta die a Juda proditus. Ideo feria quarta nocturnum, *Dixit insipiens* (Psal. xiii) canimus, quia insipiens Judas dixit : *Non est Deus* (ibid.), sed magnus. De quo ipse in eadem nocturna : *Tu vero homo unanimis, dux meus, et notus meus. Qui simul mecum dulces capiebas cibos* (Psal. liv). De Judæis quoque : *Exacuerunt ut gladium linguas suas, intenderunt arcum, rem amaram, ut sa-*

gittent in occultis immaculatum (*Psal.* LXIII); in Vespera autem: *Sæpe expugnaverunt. Supra dorsum meum fabricaverunt peccatores* (*Psal.* CXXVIII). Quinta die novam legem inchoavit, tradidit corpus suum; idcirco feria quinta psallimus nocturnum : *Salvum me fac* (*Psal.* XI), in qua canimus, *Panem angelorum manducavit homo* (*Psal.* LXXVII). Ea nocte etiam est comprehensus; ideo canimus . *Deus dereliquit eum, persequemini, et comprehendite eum* (*Psal.* LXX). In Vespera autem oculis suis somnum non dedit, donec tabernaculum Deo scilicet Ecclesiam per crucem invenit. Sexta die est crucifixus, ideo feria sexta nocturnum : *Exsultate Deo* (*Psal.* LXXX), canimus; in qua dicitur quod inimici ejus sonuerunt (*Psal.* LXXXII), qui eum in lacu inferiori posuerunt (*Psal.* LXXXVII), quando est traditus, et *sicut homo sine adjutorio, inter mortuos æstimatus* (*ibid.*) In Vespera autem : *Linguas suas sicut serpentes acuebant* (*Psal.* CXXXIX), tota die prælia in die belli constituebant (*ibid.*) Septima die jacuit sepultus, ideo Sabbato nocturnum : *Cantate Domino* (*Psal.* XCVII) psallimus, in qua dicitur quod *percussus sicut fenum aruit* (*Psal.* CI), *et sicut pelicanus a parente occisus emarcuerit.* In Vespera autem : *Homo vanitati similis factus est, dies ejus sicut umbra prætereunt* (*Psal.* CXLIII). In octava die resurrexit, ideo Dominica canimus : *Ego dormivi, et resurrexi, et Dominus suscepit me* (*Psal.* III), *et animam meam in inferno non dereliquit* (*Psal.* XV), et *in caput gentium me constituit* (*Psal.* XVII). In Vespera autem : *De torrente in via bibet, propterea exaltabit caput* (*Psal.* CIX), quia Dominus de pulvere inopem suscitavit.

CAP. LXVIII. — *Dominica.*

Eadem in officio sancti Benedicti notantur. In Dominica *Conceptio*, ut ibi: *Tollite portas, principes, et introibit rex gloriæ* (*Psal.* XXIII). In Vespera : *Habitare facit sterilem in domo matrem filiorum lætantem* (*Psal.* CXII).

Feria secunda.

In feria secunda *baptismus*, ut ibi : *Verbo Domini cœli firmati* (*Psal.* XXXII), et *sicut in utre aqua maris* (*ibid.*). In Vesperis, ut ibi : *Jordanis conversus est retrorsum* (*Psal.* CXIII).

Feria tertia.

In feria tertia *Nativitas*, ut ibi : *Dominus virtutum nobiscum* (*Psal.* XLV); et ibi : *Sicut audivimus, sic vidimus in civitate Domini* (*Psal.* XLVII). Et iterum : *Suscepimus, Deus, misericordiam tuam* (*ibid.*). In Vespera, ut ibi : *De fructu ventris tui* (*Psal.* CXXXI).

Feria quarta.

In feria quarta *traditio* ibi : *Pretium meum cogitaverunt repellere* (*Psal.* LXI). Et ibi : *Adversum me loquebantur qui sedebant in porta* (*Psal.* LXVIII). In Vespera, ut ibi : *Filia Babylonis misera, beatus qui retribuet* (*Psal.* CXXXVI); et ibi : *Dominus retribuet pro me* (*Psal.* CXXXVII).

Feria quinta.

In feria quinta, *corporis ejus comestio*, ut ibi : *Panem cœli dedit eis* (*Psal.* LXXVII). In Vespera, ut ibi : *Dirigatur oratio mea sicut incensum* (*Psal.* CXL).

Feria sexta.

In feria sexta *Passio*, ut ibi : *Deus iniqui insurrexerunt super me, et non proposuerunt te in conspectu suo* (*Psal.* LXXXV); et ibi *Non ei auxiliatus es in bello* (*Psal.* LXXXVIII). In Vespera, ut ibi : *Considerabam ad dexteram, et videbam, et non erat qui cognosceret me* (*Psal.* CXLI).

Sabbato.

In Sabbato *sepultura*, ut ibi : *Sol cognovit occasum suum* (*Psal.* CIII). In Vespera, ut ibi : *Exibit spiritus ejus* (*Psal.* CXLV).

Dominica.

In Dominica *resurrectio*, ut ibi : *Anima mea illi vivet* (*Psal.* XXI). In Vespera, ut ibi : *Exortum est lumen* (*Psal.* CXI). Quod quibusdam psalmis *Gloria Patri* interposuit, hoc secundum Hebræos fecit, qui quibusdam Psalmis *diapsalma* interponunt, ubi altiorem sensum intelligunt.

LIBER TERTIUS.

DE SOLEMNITATIBUS TOTIUS ANNI.

CAP. I. — *De Adventu Domini.*

Hæc utcunque de *horis* diximus, nunc restat de *solemnitatibus* pauca perstringamus.

Adventum itaque Domini ob tres causas celebramus : Primo, quia illud tempus recolimus, quo eum ab antiquis sanctis prænuntiatum cognovimus. Secundo, faciem ejus laudibus præoccupamus, quo eum unicuique nostrum in fine vitæ adventurum non ignoramus. Tertio, illud commemoramus quo eum adhuc adfuturum judicem speramus. In Lectionario et in Evangeliario quinque hebdomadæ Adventui Domini adnotantur; quia per quinque ætates sæculi Adventus ejus a sæculis prænuntiabatur. In Antiphonario et in Graduali libro, quatuor septimanæ ei attitulantur; quia per legem, prophetas, psalmos et gentilium libros Christi Adventus præconabatur. In hoc tempore, *Gloria in excelsis*, et : *Te Deum laudamus* non cantantur, quia justi ante Christi Adventum in tristitia inferni tenebantur. In hoc etiam dalmatica et subtile non portantur, quia vestes innocentiæ et immortalitatis nobis per Christum reddebantur. Hæc cuncta ideo etiam intermittuntur, ut in Nativitate Domini festivius amplectantur, et ut gratia Novi Testamenti præstantior Veteri cognoscatur.

De Responsorio Aspiciens.

Responsorium, *Aspiciens a longe*, in persona Joannis Baptistæ cantatur, qui aspiciens a longe, scilicet a terra ad cœlum, potentiam Dei, id est divinitatem in carne venientem præconatur, et nebulam totam terram tegentem, scilicet infidelitatem totam Judæam operientem : *Ite obviam ei* dixit, quando viam Domini præparavit. Tres versus ideo ad hoc responsorium canuntur, quia per legem, et prophetiam, et psalmodiam hoc totum prænuntiabatur. Tria enim tempora, scilicet *ante legem*, *sub lege*, *sub gratia* intelliguntur, in quibus singulis hoc futurum prædicabatur. Unde et in tertio versu, *Tollite portas principes vestras, et introibit qui regnaturus est*, cantatur. Tres enim versus ideo cantantur, quia Trinitas in hoc etiam adoratur. Ideo et *Gloria Patri* adjungitur. Responsorium denuo repetitur, quia adventus Christi denuo a fidelibus exspectatur. Sicut autem in *aspiciens* Christi divinitas, ita in *aspiciebam* honoratur ejus humanitas. Unde cantatur > *Ecce in nubibus cœli Filius hominis venit*. Qualiter divinitas incarnata sit, tertium responsorium ostendit, *Missus est Gabriel angelus qui ad virginem dixit, Ave, Maria, gratia plena*, hoc per Apostolum confirmatum, *Salvatorem exspectamus*, per prophetam quoque roboratur qui dixit : *Audite verbum Domini. Ecce virgo accipiet* [in Vulgata *concipiet*] (*Isa.* VII) : per legem nihilominus comprobatur, ut Moyses ait : *Obsecro, Domine*, et quia jam venit, ideo *lætentur cœli, et exsultet terra*.

De laudibus.

Matutinæ Laudes utrumque Christi adventum sonant, primum in illa die quando montes apostoli dulcedinem prædicabant, et colles doctores lac et mel doctrinæ fluebant. Tunc jucundata est filia Sion, id est Ecclesia de Judæis, tunc exsultavit filia Hierusalem, id est Ecclesia de gentibus. Secundum ejus adventum antiphona : *Ecce Dominus veniet*. Primum antiphona : *Omnes sitientes*, quando fideles ad aquam baptismatis veniebant. Secundum *Ecce veniet propheta magnus*, quando Hierusalem renovabitur. Primum adventum ejus antiphonæ sonant *Spiritus sanctus*. *Ne timeas, Maria*. Feriales antiphonæ sunt diversæ prophetiæ.

Cap. II. — *De secunda Dominica in Adventu.*

Secunda Dominica prædicatio prophetarum de Christi adventu ad Hierusalem denotatur, ubi cantatur, *Hierusalem cito veniet*, et *Civitas Hierusalem* et *Hierusalem, surge*.

Cap. III. — *De tertia Dominica.*

In Dominica tertia secundus Christi adventus prænuntiatur, ubi cantatur, *Ecce apparebit Dominus*, et cum eo sanctorum millia.

Cap. IV. — *De quarta Dominica.*

In quarta Dominica vocatio gentium per Christi adventum declaratur ; ubi in persona apostolorum cantatur, *Canite tuba in Sion, vocate gentes*, et intuemini quantus sit qui ingreditur ad salvandas gentes. Et *radix Jesse qui exsurget regere : in eum gentes sperabunt*.

De hebdomada ante nativitatem Domini.

Hebdomada proxima, qui ante Nativitatem Domini *præparatio* nominatur, et in ea historia, *Clama in fortitudine*, cum sex matutinalibus. Laudibus cantatur, quia per sex ætates mundi populus ad adventum præparabatur, et nos in adventu ejus per sex opera misericordiæ præparamur.

Cap. V. — *De antiphonis O.*

Septem O admirando potius quam vocando cantantur, in quibus septem dona Spiritus sancti notantur, per quæ hæc administratur incarnatio, et per quæ Christus ab Ecclesia invitatur. Ipse quippe est *sapientia*, in qua Pater fecit omnia, qui venit in spiritu sapientiæ, docere nos viam prudentiæ. Ipse *Adonai* quod nomen Moysi indicavit, cui legem in Sina dedit, qui venit per spiritum intelligentiæ, nos redimere. Ipse *radix Jesse*, qui in signum populorum stetit, dum per signum crucis ubique adorari voluit : qui in spiritu consilii nos liberare venit. Ipse *clavis David*, qui cœlum justis aperuit, infernum clausit, et per spiritum fortitudinis vinctos de domo carceris educere venit. Ipse *Oriens et Sol* justitiæ, qui venit nos illuminare spiritu scientiæ. Ipse *Rex gentium* et lapis angularis, qui venit salvare hominem per spiritum pietatis. Ipse est *Emmanuel* veniens ad nos per Israel, qui venit ad salvandum nos per spiritum timoris, dans cunctis charismata amoris. Si duodecim O cantantur, tunc duodecim prophetæ exprimuntur, qui Christi adventum prædicasse leguntur.

Cap. VI. — *De vigiliis sanctorum.*

Vigiliæ a pastoribus cœperunt, qui vigilias supra greges suos nascente Christo custodierunt (*Luc.* II). More antiquo duo nocturnalia officia in præcipuis festivitatibus agebantur : unum in initio noctis a pontifice cum suis capellanis absque *Venite* ; aliud in media nocte in clero ; sicut adhuc solemniter celebratur. Et populus, qui ad festum confluxerat, tota nocte in laudibus vigilare solebat. Postquam vero illusores bonum in ludibrium permutaverunt, et turpibus cantilenis ac saltationibus, potationibus et fornicationibus operam dederunt, Vigiliæ interdictæ et dies jejunii dedicati sunt, et vigiliarum nomen retinuerunt. Secundum antiquum ergo morem duo officia nocti Natalis Domini ascribuntur. Unum in qua antiphona *Dominus dixit ad me*. *In sole posuit*, *Elevamini* et responsorium, *Ecce Agnus Dei*, cum reliquis canuntur. Aliud in quo antiphona *Dominus dixit*, *Tanquam sponsus*, *Diffusa est gratia*, et responsorium *Hodie nobis* cum aliis concinuntur.

Cap. VII. — *De Nativitate Domini.*

Festivitas, quasi fasti divinitas, id est, annua vel jus divinitatis dicitur, quia illa die annuatim jus divinitati persolvitur. *Celebritas* quasi cælibum, id est, castorum ritus dicitur, quia in illa ritus cœlestium a castis agitur: *Socan* dicitur frequens, inde *solemnitas* appellatur, quia in ea a conventu populi Ecclesia frequentatur. *Natalis* itaque *Domini* inde dicitur, quia in eo Christus natus in carne creditur, quem Natalem Ecclesia ideo celebrat, quia olim non solum reges, sed et quique natalem suum celebrabant. Ideo et nos celebramus ejus temporalem natalem, quia per eum renascimur ad æternitatem. Ideo Christus in fine anni nasci voluit, quia in finem sæculi in mundum venit. Ideo in nocte nasci ei placuit, quia clam scilicet sub carne latens venit. Post ejus natalem dierum lux prolongatur, quia in eum credentes ad æternitatis lucem vocantur. Invitatorium *Christus natus est nobis*, sub persona angelorum cantatur, a quibus pastores, vel potius omnis populus ad orandum Christum invitatur. Cui in tribus psalmis gaudentes psallimus, in lectionibus per oracula prophetarum plaudimus. In responsoriis cum angelis canimus. Quæ responsoria repræsentant cuncta in cœlis et in terris per hanc nativitatem instaurata, et infernalia damnata. In primo responsorio in quo *Gaudet exercitus angelorum*, cantatur restauratio cœlestium. In secundo in quo *Pax vera descendit*, cantatur reparatio terrestrium. In tertio in quo *Introivit in regionem nostram*, cantatur, liberatio recolitur, in regione umbræ mortis habitantium. Et quia hæc cuncta Trinitas operata non dubitatur, ideo etiam ad singula responsoria *Gloria Patri* cantatur.

CAP. VIII. — *De neuma fabricæ mundi. Et cur potius in* a, *quam in alia vocali cantetur.*

Neumarum autem jubilatio est harum rerum significatio, quia ineffabiliter fabrica mundi per verbum Dei creatur. Ideo in fabrica mundi neuma jubilatur. Idcirco vero per *a* cantatur, quia prima vox nascentis hominis *a* prædicatur; et in prima creatione mundi, astra matutina Dominum laudaverunt, et omnes filii Dei, scilicet angeli, magna voce jubilaverunt: quorum primum jubilum nos per *a* imitamur. Et quia ineffabiliter de Virgine tanquam sponsus de thalamo processisse cantatur, ideo neuma in *a* tanquam modulatur: Quia vero ineffabiliter in Patre et Spiritu sancto coæqualis prædicatur, ideo neuma in *Gloria Patri* jubilatur. Et quia ipse *a* et ω scilicet principium et finis commemoratur, ideo neuma in *a* et ω modulatur.

CAP. IX. — *De secundo et tertio Nocturno.*

In secundo Nocturno pastorum devotionem recolimus, quos ad Bethlehem festinasse, et Christum in præsepio invenisse legimus, hoc maxime per responsorium, *Quem vidistis*, et *O magnum mysterium*, exprimimus. In tertio tempore gaudium et lætitia mundo advenit, Ideo in tertio Nocturno Ecclesia frequentius *alleluia* in antiphonis canit. Per Evangelia pastorum narratio declaratur, per quos nativitas Christi manifestatur. Solent mulieres parturientem visitare, et ei xenia deferre; has in responsoriis

(125) De quo adolescente Baron. cardin. Tom. I *Annal. eccles.*, anno Christi 98, ex Eusebio lib. III,

imitatur, dum nunc Christum, nunc sanctam Mariam salutamus, quasi congrua Filio, convenientia quoque matri munuscula offerimus.

CAP. X. — *De neuma et veritate, et cur in e.*

Neumam in veritate ideo jubilamus, quia Verbum ineffabiliter carnem factum collaudamus. Prima enim vox nascentis feminæ dicitur *e* esse, et Verbum natum est caro, quæ profertur genere feminino. Deinde *Te Deum laudamus* repræsentat nobis horam qua natus est Christus, quem cum angelis laudamus. Ideo mox missam subjungimus, in qua *Gloria in excelsis* cum angelis canimus, et natum pro nobis sacrificium offerimus. Post missam Evangelium *Liber generationis* legitur, in quo velut linea ad hamum contexitur, quo Leviathan de humano genere extrahitur. Hic quidam *Te Deum laudamus* canunt, quia se de faucibus Leviathan extractos plaudunt.

CAP. XI. — *De matutinis laudibus.*

Deinde Ecclesia quasi choream ducit, dum Sponso suo ac Liberatori suo cantica in matutinis laudibus concinit. In missa quæ sequitur, laus pastorum celebratur, qua inventus Dominus ab eis laudatur. In tertia missa, quæ tertia hora cantatur, ejus nativitas a patre solemnizatur. Unde et evangelium *In principio* ad hanc recitatur.

CAP. XII. — *De sancto Stephano.*

In nocturnali officio de sancto Stephano palæstra imitatur, in qua pro corona certatur. In officio de die quasi pro victoria hic agonotheta coronatur. Unde et *Stephanus*, id est *corona*, congrue nominatur. Hujus diem ideo Levitarum ordo celebrem ducit, quia Stephanus primus diaconus fuit.

CAP. XIII. — *De sancto Joanne.*

Dormitio sancti Joannis evangelistæ est in nativitate sancti Joannis Baptistæ: sed quia ob celebre officium illic agi non potuit, hic Ecclesia ejus festum coli instituit, quando ab exsilio rediit, vel ipsius ecclesia dedicata exstitit. In cantu de sancto Joanne imitamur amantes, qui amicos suos cantibus efferre conantur. Quidam neumam super *intellectus* jubilant, quia sanctus Joannes per spiritum intellectus de ineffabili verbo Dei scripserat. Hunc diem sacerdotalis ordo ideo festivum agit, quia ipse præcipue verbo et exemplo sacerdotium extulit, dum latronem quemdam (125) etiam sacerdotio præfecit.

CAP. XIV. — *De Innocentibus.*

Quod *Te Deum laudamus*, et *Gloria in excelsis*, et *Alleluia* de Innocentibus non cantamus, matres illorum imitamur, quas in tristitia fuisse non dubitamus. Ideo etiam cantus lætitiæ non cantantur, et dalmatica vel subtile non portatur, quia idem chorus infantum ad inferna descendisse memoratur. Si illorum festivitas in Dominica evenerit, omnia de illis, ut de aliis sanctis agimus, quia in resurrectione Domini eos sanctis associatos credimus. In cap. 17, Clemente Alexand. et Chrysost. ad Theodorum lapsum.

octava quoque illorum *Alleluia* et alia canimus, quia facta Christi resurrectione eos in gaudio receptos scimus. Horum festum ideo infantes solemnizant, quia eos primum ad Christum præmio præibant. *Gloria Patri* secundum ordinem de Innocentibus canitur, quod nunquam nisi in passione Domini intermittitur.

CAP. XV. — *De octava Domini.*

In octava Domini totum officium de sancta Maria agimus, quia in die partus sui propter filii sui celebritatem ea facere non potuimus. Hoc autem significat si Christo in hac vita devote serviamus, in octava scilicet futura vita de Ecclesiæ glorificatione, quam Maria præfiguravit, gaudeamus. Ideo autem Christus de Maria, non ab alia, nasci voluit, quia ipsa prima in mundo virginitatem novit.

CAP. XVI. — *De Dominica,* Dum medium silentium.

Dominica, quæ inter Nativitatem Domini et Epiphaniæ occurrit, significat tempus illud quo Dominus in Ægypto fuit, unde et in communione, *Tolle puerum et matrem ejus* (*Matth.* II), canitur.

CAP. XVII. — *De sanctis et octavis eorum.*

Natalia sanctorum ideo celebrantur, quia de hoc mundo in æternam vitam per mortem nascebantur. Octavæ vero illorum ideo coluntur, quia in octava, id est in resurrectione, gloria eorum per Christum duplicabuntur.

CAP. XVIII. — *De Epiphania.*

Octava Idus Januarii olim habebatur celebris ob triplicem triumphum Augusti Cæsaris. Hanc eamdem diem, quam *Epiphaniam Domini* vocamus, ob tres causas celebramus, quia Dominus stella duce illa die gentibus est revelatus; et post triginta annos eadem die in Jordane baptizatus, et revoluto anno ipsa die per aquæ in vinum conversionem ad nuptias Deus est manifestatus. Ideo Epiphania vel Theophania appellatur, quod *apparitio* vel *manifestatio* aut *ostentio* interpretatur. Traditur enim quod hac die quinque millia hominum de quinque panibus Dominus satiaverit. Itaque in primo nocturno stellæ apparitio. In secundo nocturno Magorum visitatio. In tertio Domini baptizatio. In sacramentis missæ agitur aquæ in vinum conversio, vel populi de panibus saturatio.

CAP. XIX. — *De Magis.*

Primus Zoroaster rex magicam invenit, de cujus semine Balaam exstitit, qui de Christo hoc prædixit: *Orietur stella ex Jacob, et consurget homo de Israel* (*Num.* XXIV). Ex cujus progenie hi Magi fuerunt, qui ad Dominum cum muneribus venerunt. Magi autem sunt dicti, quasi mathematici, scilicet in stellis periti. Ideo autem Dominus ab his quæri voluit, quia testimonium a sapientibus mundi habere voluit, quibus et populus gentium credidit. Ideo vero a tribus inveniri voluit, quia a tribus partibus mundi scilicet *Asia, Africa, Europa,* coli voluit. Ideo hoc per stellam fieri voluit, quia per sacram Scripturam populum converti voluit, ideo in duodecimo die a nativitate sua hoc fieri voluit, quia per duodecim apostolos mundum attrahere voluit. Propter tres autem causas Dominus baptizari voluit: primo, ut omnem justitiam impleret; secundo, ut Joannis baptismum comprobaret; tertio, ut aquas nobis sanctificaret. Idcirco autem post triginta annos baptizari, et tunc prædicare voluit, quia nos adepta scientia in perfecta ætate populum docere voluit. Ideo vero a Joanne, non ab alio, baptizari voluit, quia ab illo testimonium ad populum habere voluit, quia videlicet populus Judæorum illi, ut prophetæ, credidit.

CAP. XX. — *De Matutinis.*

In hac nocte invitatorium non cantamus, quia subdolam Herodis invitationem cum Magis declinamus; in sexto tamen loco psalmum, *Venite exsultemus* (*Psal.* XCIV), canimus, quia sexta ætate mundi gentes ad fidem venisse plaudimus. In tertio nocturno antiphonam *fluminis impetus* (*Psal.* XLV), et psalmum *Deus noster refugium* (*ibid.*), psallimus, quia tertio tempore flumine baptismatis civitatem Dei, scilicet Ecclesiam, lætificasse cognovimus. Ideo in tertio nocturno Alleluia frequentamus, quia in tertio tempore per baptismum lætitiam advenisse annuntiamus.

CAP. XXI. — *De octava Epiphaniæ.*

In octava Epiphaniæ baptismus Ecclesiæ celebratur, sicut in antiphonis, *Veterem hominem,* et *te qui in spiritu.* Ideo autem in aqua baptizatur, quia hoc alimentum igni contrarium comprobatur. Fomite vero peccati ignis pœnarum accenditur, sed per aquam baptismatis exstinguitur. Ideo hanc Spiritus sanctus in principio fovisse legitur. Aqua enim sordes abluit, sitim exstinguit, imaginem reddit, ita nos baptismate a sordibus peccatorum nostrorum lavamur, a fonte vitæ potamur, imagine Dei renovamur.

CAP. XXII. — *Dominica post Epiphaniæ festum.*

Dominica post Epiphaniæ festum, sive post duodecim dies legitur evangelium, *Cum factus esset Jesus annorum duodecim* (*Luc.* II): quia sicut post duodecim dies, ita nunc post duodecim annos factum commemoramus. Dominica quæ octavam sequitur, ideo evangelium *Nuptiæ factæ sunt* (*Joan.* II) legitur, quia sicut post septimanam, ita tunc post annum hoc traditur factum. De tribus nuptiis legitur in Evangelio. De primis scribitur, *Rex quidam fecit nuptias filio suo* (*Matth.* XXII), has nuptias celebramus in Nativitate Domini, in quibus Deus conjunctus est humanæ naturæ, cui thalamus fuit uterus, de quo *speciosus forma præ filiis hominum* (*Psal.* XLIV) processit, *tanquam sponsus de thalamo suo* (*Psal.* XVIII). De secundis dicitur: *Vos similes hominibus exspectantibus dominum suum quando revertatur a nuptiis* (*Luc.* XII). Has celebramus in ascensione Domini, quando victor cœlos ascendit et novus homo angelicam naturam sibi copulavit. De tertiis legitur: *Decem virgines exierunt obviam sponso et sponsæ;* et post pauca: *Quæ paratæ erant, intra-*

verunt cum eo ad nuptias (*Matth.* xxv). Has celebramus in resurrectione Domini, quando sponsus resurrexit, quia hæ nuptiæ in resurrectione futuræ, quando Christus sponsam suam Ecclesiam de Babylonia hujus mundi in cœlestem Hierusalem introducet. De his scribitur: *Beati qui ad cœnam nuptiarum Agni vocati sunt* (*Apoc.* xix). In Pentecosten celebramus, quod sponsa est dotata per varia Spiritus sancti charismata, quando alii datus est *sermo sapientiæ, alii sermo scientiæ* (*I Cor.* xii).

CAP. XXIII. — *De octava sanctæ Agnetis.*

In octava sanctæ Agnetis scribitur de nativitate, quia illa die nata dicitur.

CAP. XXIV. — *De Purificatione sanctæ Mariæ.*

Ypapante dicitur *obviatio*, quia hac die Simeon et Anna Christo obviaverunt, dum eum Maria et parentes ad templum detulerunt (*Luc.* I). Ideo autem octava circumcisus post quadraginta dies in templo est repræsentatus, quia nos corpus ejus, si in hac vita a vitiis circumcidamur, post completionem decalogi legis per quatuor Evangelia in cœleste templum introducemur. Cum hac die processionem agimus, quasi Domino cum Simeone et Anna occurrimus. Quod hodie *processionem* cum luminibus facimus, hoc ex more gentilium suscepimus quos in hoc mense civitatem cum luminibus lustrasse cognovimus. Per ceram quippe candelæ Christi humanitas, per lychnus ejus mortalitas, per lumen exprimitur ipsa Divinitas. Christus enim est lumen sanctorum, ignis urens impiorum; ideo candelas in figura Christi manibus tenentes clamamus: *Suscepimus, Deus, misericordiam tuam in medio templi tui.* Hoc ideo in festo sanctæ Mariæ agimus, ut cum quinque prudentibus virginibus accensis bonorum operum lampadibus sponso Christo obviemus (*Matth.* xxv) et per sanctam Mariam ad nuptias cœlestem urbem intremus. Mulieres in hoc sanctam Mariam imitantur, quod post partum transactis quadraginta diebus ecclesiam ingrediuntur, quia cœleste templum intrare non merentur, quæ in præsenti vita, quæ per quadraginta dies accipitur, beatam Virginem non imitantur.

CAP. XXV. — *De sancto Blasio.*

Quod fidelis populus in festo (124) sancti Blasii lumina pro domibus vel animalibus accendit, vel eleemosynas tribuit, ipso martyre instituente initium sumpsit. Qui beatus pontifex, dum omnibus pœnis pro Christo affectus in carcere jaceret, et quædam mulier ei escas cum lumine deferret, docuit eam ut, eo occiso, lumen in memoriam ipsius faceret, eleemosynam erogaret, et nunquam ei necessaria desitura essent. Postquam ille per passionem ad Christum migravit, mulier, ut ab eo didicerat, fecit, et in omnibus bonis citius crevit, et ab ea is mos per omnes Ecclesias inolevit.

CAP. XXVI. — *De cathedra sancti Petri apostoli.*

Cathedra sancti Petri ideo (125) celebratur, quia in illa die in Antiochia pontifex Ecclesiæ levatur, hujus sedem ideo annuatim festive recolimus, ut per eum sedes nobis in cœlo præparetur.

CAP. XXVII. — *De consecratione salis et aquæ.*

Salis et aquæ aspersio cœpit a propheta Eliseo, hic sal aquæ commiscuit et sterilitatem expulit (*I V Reg.* II). Unde Alexander papa et martyr constituit, ut sal et aqua benedicantur, populus aspergatur, quatenus omne phantasma dæmonum ab eo per verbum Dei abigatur. Similiter et habitacula eorum aspergantur, et dæmones ab eis arceantur. Hoc ideo in Dominicis diebus secundum canones agimus, quia Christi sanguine aspersi sumus, sicut Judaicum populum secundum legem sanguine agni aspergi legimus.

CAP. XXVIII. — *Quare in adventu Isaias, et post Nativitatem Domini Paulus legatur.*

Infra adventum Domini Isaias et alii prophetæ leguntur, quia prophetæ et præcipue Isaias Christum nasciturum prænuntiaverunt. Post Nativitatem autem Domini Epistolæ Pauli ideo leguntur, quia apostoli et maxime Paulus Christum jam natum prædicaverunt.

CAP. XXIX. — *De historia* « *Domine, ne in furore.* »

In Nativitate Domini cum angelis lætari debemus quod Christum in carne suscipere meruimus. Sed quia ad sæculare gaudium prolapsi sumus, conviviis et luxuriis indulsimus. Ideo historiam *Domine, ne in furore* (*Psal.* xxxvii) pro pœnitentia canimus, et epistolam Pauli, quæ ad pœnitentiam instruit, legimus.

CAP. XXX. — *De spatio a Nativitate Domini usque ad Septuagesimam.*

Duas Ecclesiæ vitas esse constat: unam, quæ hic in exsilio laborat, alteram quæ in cœlesti patria exsultat. Spatium ergo a Nativitate Domini usque ad Septuagesimam illud tempus significat quo quisque fidelis post regenerationem in præsenti vita pro Christo desudat. Unde et illo tempore *alleluia* cantatur, quia in hac vita pro spe æternæ lætitiæ certatur.

CAP. XXXI. — *De Sabbato in quo alleluia deponitur.*

Sabbatum, in quo alleluia dimittitur, illud tempus designat, quo quisque beatus de hac vita ad requiem et lætitiam supernæ lætitiæ deducitur, *Sabbatum* enim requies dicitur. Ideo autem ad vesperam, hoc est in fine diei, *alleluia* deponitur, quia in fine vitæ post laborem unusquisque ad requiem cum cantu angelorum fertur. Si vero in nocturnali officio deponitur, tunc illud innuit quod Ecclesia in quolibet fideli de nocte hujus laboriosæ vitæ cum cantu lætitiæ educitur, et ad illam vitam, ubi est splendor et lux perpetua, et sine fine lætitia perducitur. Quod ideo in Dominica nocte agitur, quia per resurrectionem Christi gaudium nunc animabus datur, quod in futura resurrectione perficietur; hoc totum in respon-

Rom. comm.

(124) 3 die Februarii. Februarius hinc dictus a *Februando*. Adi Baronium card. in *Martyrologium*

(125) 22 Februarii.

sorio repraesentatur, dum sic cantatur: *Dum praesens est*, scilicet Ecclesia in activa vita imitatur, illam videlicet in contemplativa vita, quam desiderant, dum toto annisu ad eam anhelant. *Dum se subduxerit*, scilicet ab hac vita, in perpetuum coronata triumphat ante Dominum in beata vita. Et in illo responsorio, *Angelus Domini comitetur tecum, revertere in thesauros tuos*, quia sicut Tobias per angelum deducitur, et cum gaudio reducitur (*Tob.* v-xii), sic fidelis anima de carne assumpta per angelos in coelestes thesauros cum gaudio perducitur. Per hoc autem quod sequitur, *Revertaris ad nos cum gaudio*, paschale quidem tempus exprimitur, quo resurrectio intelligitur, cum gaudium et laetitia ad Ecclesiam convertitur, et ipsa gaudentibus angelis associabitur. Hoc et in caeteris responsoriis etiam notatur. Quod autem in *Laudate Dominum de coelis* (*Psal.* cxlviii) frequentius *alleluia* concinitur, hoc designat, quod fideli animae hinc migranti a choro angelorum et sanctorum cum cantu laetitiae occurritur. Significat etiam quod in die judicii sancti et angeli omnes in unum conveniunt, et in saeculum saeculi Deo jubilabunt.

Cap. XXXII. — *De Septuagesima, Pascha et Pentecoste.*

Per tempus a Septuagesima usque ad Pascha *alleluia* intermittitur; nos exprimit, qui hic in labore et tristitia relinquimur. Pascha autem, quando *alleluia* canitur, illud tempus innuit quo quisque de hoc labore migrans gaudentibus associatur. Tempus vero a Pascha usque Pentecosten, in quo Domino *alleluia* canuntur, significat quod post resurrectionem omnes electi corpore et anima in aeternum gloriabuntur.

Cap. XXXIII. — *De Pascha, quare Judaeorum more secundum lunae cursum celebretur.*

Quaeritur cur Pascha non annuatim, quemadmodum Natalis Domini, vel festivitas sanctorum celebretur, sed more Judaico secundum lunae cursum observetur, praesertim cum legale Pascha veri fuerit umbra, in quo verus Agnus Christus nostrum immolatus est Pascha, et Ecclesia agnita veritate tendens ad spiritualia cuncta respuat legalia. Sed sciendum est quod sicut Hebraicus populus praefiguravit festivitatem Christiani populi, ita Ecclesia per sua festa praesignat solemnitates futuri saeculi. Ideo celebrat eas secundum sidera, quae sunt corpora coelestia.

Cap. XXXIV. — *De sole, quod typum Christi gerat.*

Sol quippe, qui ad visum nostrum est immutabilis, gerit typum Christi, qui est sol justitiae, splendor divinitatis immutabilis. Et quia secundum hujus cursum Nativitas Domini celebratur, idcirco annuatim non mutatur.

Cap. XXXV. — *De stellis, quod designent sanctos.*

Stellae quoque, quae videntur immutabiles, sanctos designant, qui nunc cum Christo immutabiliter regnant, et ideo annuatim illorum natalitia celebrantur. Et quia stellae prae aliis sunt clariores, ideo quasdam festivitates prae aliis agimus celebriores. Et quia a diversis horis stellae in nocte oriuntur, ideo diversis temporibus sanctorum solemnia in anno aguntur.

Cap. XXXVI. — *De luna, quod Ecclesiam designet.*

Luna, quae jugiter crescere vel decrescere cernitur, praesentem Ecclesiam figurat, quae adhuc in defectu hujus vitae exsulat. Haec Ecclesia tres festivitates secundum lunae cursum figuraliter celebrat, quibus se ad futura festa instigat, videlicet Septuagesimam, in qua recolit suam in hoc mundo peregrinationem; Quadragesimam, in qua commemorat suam reversionem; Pascha seu quinquagesimam, in qua ad memoriam revocat patriae receptionem.

Cap. XXXVII. — *De Septuagesima.*

Septuagesima itaque a septuaginta denominatur, quia ab hac Dominica usque in Sabbatum paschalis hebdomadae septuaginta dies numerantur. Per hos autem septuaginta dies septuaginta annos exprimimus, quibus populum Dei in Babylone captivum cognovimus, per quas septuagies centenos annos, id est septem millium annos commemoramus, quibus nos in hujus mundi exsilio captivos deploramus.

Cap. XXXVIII. — *De historia Nabuchodonosor.*

Nabuchodonosor est diabolus; Babylon hic mundus vel infernus, Jerusalem paradisus. Qui Nabuchodonosor populum ab Jerusalem captivum in Babylonem duxit, dum diabolus humanum genus de paradiso in hunc mundum seduxit. Populus, lxx annis in Babylonia dura servitute opprimebatur, et humanum genus septuagies centum annis in mundo vel in inferno affligebatur. Populus musicas artes vel cantum laetitiae intermiscerat, moerore et jejuniis se afficiebat; et genus humanum gaudium et laetitiam amiserat, in tristitiam et miseriam inciderat. Et quia hoc nunc recolimus, ideo *Gloria in excelsis*, et *alleluia*, qui est cantus laetitiae, intermittimus. Et quia ipsi lugubri veste utebantur, ideo nos dalmaticis et subdiaconalibus, quae sunt solemnes vestes, non utimur. Per cantum *Tractus* gemitum durae servitutis exprimimus. Et notandum quod duo Tractus tristitiam, tertius vero sonat laetitiam, quia nimirum sub duobus temporibus ante legem et sub lege in tristitia fuimus, in tertio tempore, Christo adveniente in laetitia. *De profundis* et *Commovisti tribulationem. Jubilate* vero sonat gaudii jubilationem. Item *Qui habitat*, et *Ad te levavi*, moerorem, *Qui confidunt* praefert laetitiae canorem. Similiter *Saepe expugnaverunt*, et *Deus, Deus meus*, tristitiam, *Laudate* vero hymnizat laetitiam, quia, si hic os confessione et poenitentia affligimus, in resurrectione gaudium cum sanctis habebimus. Post sexaginta annos Cyrus, qui rex regnavit Babyloniae, regnum sibi subjugavit, populum a captivitate laxavit; et Christus sexta aetate in mundo regnavit, infernum superavit, mundum sibi subjugavit, captivos de inferno laxavit. Pars cum Zorobabel, seu cum Jesu sacerdote ad patriam rediit, parsque in captivitate remansit, quia pars fidelium cum rege et sacerdote vero Jesu ad cœlestem patriam rediit, pars hic in labore remansit. Populus ad Jerusalem reversus lætitiam habuit, sed tamen pro uxoribus et filiis, et sociis, sollicitudine non caruit. Hoc nos exprimimus dum in paschali hebdomada unum *alleluia* canimus, et adhuc Graduale non omittimus. Expleto autem septuagesimo anno, Darius vel Assuerus perfecte captivitatem laxavit, omnisque populus cum mulieribus et pueris, Esdra duce, quod nomen *adjutor* dicitur, vel Nehemia, quod *consolator* dicitur, repatriat, et tum duplex gaudium habebat. Quod nos designamus dum duo *alleluia*, scilicet *Hæc est dies* et *Laudate*, cantamus. Ita quoque fidelis anima cum de hoc exsilio migrat, in anima tamen cum Christo exsultat, quod unum *alleluia* in Pascha insinuat, quasi vero fidelis anima adhuc Graduale non omittit, dum sollicitudinem pro corpore et operibus gerit. *Alleluia* autem in uno Sabbato incheatur, et in alio Sabbato geminatur, et *Sabbatum* requies appellatur, quia nunc animæ tantum in requie gloriantur, in resurrectione vero illarum gloria duplicatur. Finitis namque septem millibus annorum captivitas humani generis perfecte absolvetur, et totus fidelium populus cum Christo vero protectore et vero consolatore, id est Spiritu sancto, ad patriam revertetur, et corpora atque opera velut uxores et filii ad animas redibunt, et tunc duplici gaudio in æternum exsultabunt. Hoc nos ad memoriam revocamus, dum relicto graduali in quinquagesima *alleluia* frequentamus. Notandum autem quod Septuagesima a Dominica incipit, et in Sabbato finitur, quia nostra captivitas a mansione paradisi inchoavit, et ita ad futuram requiem perdurabit. Hæc enim per decem hebdomadas extenditur, quia per decalogum legis ad sempiternam lætitiam pertingitur. Igitur quia in Septuagesima nostram captivitatem recolimus, ideo Genesim tunc legimus, in qua humani generis expulsio a paradiso legitur, et in responsoriis canitur, sicut ibi, *In sudore vultus tui vesceris pane tuo*. Ad Laudes, ideo, *Miserere mei, Deus*, et *Confitemini* canimus, quorum alter de pœnitentia, alter de laude scribitur, quia per pœnitentiam ad lætitiam pervenitur. In antiphona *Miserere mei, Deus*, et in missa *Circumdederunt me gemitus mortis*, humanum genus ingemiscit, quod gaudium et lætitiam amisit, tribulationem et dolorem invenit.

CAP. XXXIX. — *De Sexagesima.*

Sexagesima intra Septuagesimam currere et a Sexagesima denominari cognoscitur, et designat tempus viduitatis Ecclesiæ, quo a sponso suo hic in mundo peregrinatur. Hæc et in feria quarta paschalis hebdomadæ terminatur. Sexagesima per sexies decem extenditur, et sex opera Evangelii decemque legis præcepta exprimuntur. Sunt hæc opera Evangelii : *Esurivi, et dedistis mihi manducare ; Sitivi, et dedistis mihi bibere ; Nudus, et operuistis me ; Hospes, et collegistis me ; Infirmus, et in carcere, et visitastis me*. Præcepta autem legis sunt hæc. *Non adorabis deos alienos ; non perjurabis ; sanctifica diem Sabbati*, quod nos facimus die Dominica ; *Honora patrem et matrem ; Non occides ; Non mœchaberis ; Non furtum facies ; Non falsum testimonium dices ; Non concupisces rem proximi tui ; Non uxorem et omnia quæ illius sunt*. Quia hæc servus auditurus erit : *Venite, benedicti mei*. Ideo in feria quarta, quæ est finis Sexagesimæ, hoc officium cantatur *Venite, benedicti*. In nocturnali officio, et in missa, *Exsurge, quare obdormis*, Ecclesia suum exsilium deplorat et pro liberatione sua Dominum exorat.

CAP. XL. — *De Quinquagesima.*

Quinquagesima quoque Septuagesimæ inseritur, quæ in Paschali die finitur ; per hanc pœnitentia exprimitur. Unde et quinquagesimus psalmus in pœnitentia ponitur. Ideo et hac die de diluvio legitur, et canitur, quod per ter quinquaginta dies extenditur, quia per fidem Trinitatis pœnitentia, pro verbis, pro factis, pro cogitationibus accipitur. Et notandum quod in primis de diluvio, deinde de Abrahæ obedientia canitur ; et sic de cæco illuminato subjungitur, quia qui se pœnitentia a sordibus peccatorum abluerit, ac deinde mandatis Dei obedierit, et Christo illuminari gaudebit. Quinquies autem decem quinquaginta fiunt, quia opera quinque sensuum per decalogum legis pœnitendo diluunt, ad resurrectionem Christi pertingunt, qua die læti canunt : *Resurrexi, et adhuc tecum sum*. In hac die antiphona, *Secundum multitudinem*, et, in missa, *Esto mihi in Deum*, Ecclesia divinum auxilium invocat, et ab exsilio liberari postulat. In Septuagesima, in Evangelio vineam excolimus. In Sexagesima, terram. In Tractu *Commovisti*, scindimus. In Evangelio, semen verbi spargimus. In Quinquagesima fructum lucis, cæco illuminato, colligimus.

CAP. XLI. — *De capite jejunii.*

Qui a captivitate reversi sunt templum Domino construxerunt. Et nos, qui a diabolica captivitate liberati sumus, nosmetipsos templum Dei istis diebus ædificare debemus. Hujus fundamentum ideo quarta feria facimus, quia Salomon quarta ætate templum Deo ædificasse legitur. Templum autem corporis Christi quadraginta et sex annis ædificatur, per quem numerum Ecclesia Christo incorporatur. Maria quippe duodecim annorum exstitit, dum Christum genuit ; Christus vero triginta et quatuor annorum fuit, dum morte solutus corruit. Qui anni simul juncti quadraginta et sex fiunt, tot que dies a capite jejunii usque in Pascha existunt, qua die Christus corporis sui templum restituit, quod prius impulsio Judæorum solvit. Ut ergo Ecclesia in templum corporis ejus cœdificetur, quadraginta et sex diebus jejuniis et orationibus vacare cognoscitur, quot diebus infans in utero formari dicitur.

CAP. XLII. — *De nomine Adam.*

Nomen quoque *Adam* ex quatuor litteris conjungitur, ex quibus idem numerus conficitur. Quæ litteræ ex quatuor climatibus colliguntur, quæ Græce *Anatole*, *Dysis*, *Arctos*, *Mesembria* dicuntur. In numero autem Græcorum *a*, unum, *d*, quatuor; iterum *a*, unum, *m* vero quadraginta significat, quæ simul juncta quadraginta sex fiunt. Adam ergo per genus suum dividitur, et in quatuor partes mundi quasi semen spargitur; sed per Christum in unum colligitur, dum in corpore Christi ab Adam sumpto Ecclesia coadunatur. Igitur quia Ecclesia a quatuor Evangeliis in Christum congregatur, ideo hos quatuor dies ante Quadragesimam jejunare comprobatur. Ideo se etiam quatuor diebus affligit, quia evangelium quod in initio Quadragesimæ legitur quatuor ordines in judicio futuros prædicit: scilicet unum judicantium, ut sunt perfecti; alium per judicium salvandorum, ut conjugati; tertium damnandorum, ut infideles bonis operibus vacui; quartum sine judicio pereuntium, ut sunt increduli. Ideo etiam quatuor dies abstinet, quia quatuor causas luget, videlicet quod propter escam se de paradiso ejectam mœret, et quod in hoc exsilio se cibo bestiali indigere dolet, et quod post hanc vitam se ad tartara duci timet, vel quod in regno cœlesti cum electis non gaudet. Ideo nihilominus quatuor diebus se macerat, ut per quatuor, scilicet *prudentiam, fortitudinem, justitiam, temperantiam*, quasi quatuor columnis sequens jejunium fulciat, quatenus anima quatuor mortibus, scilicet cogitationis, locutionis, operationis, impœnitudinis, se addixerat, per custodiam quatuor Evangeliorum resurgat.

Cap. XLIII. — *De feria quarta in capite jejunii.*

Per diem quo cinerem capiti imponimus, diem expulsionis nostræ de paradiso ad memoriam reducimus, quo dictum est: *Pulvis es, et in pulverem reverteris.* Ut ergo redire possimus, pœnitentiam in cinere et cilicio agimus. Ut quia repatriare contendimus, et hostes nobis in itinere obsistere novimus, ideo arma nostra, quod est *humiliatio, oratio, afflictio*, sustollimus, ut contra spiritualia nequitiæ pugnare possimus. Cum ergo hac die processionem facimus, quasi hostibus armati ad pugnam obviam imus. Ideo autem jejunium feria quarta inchoamus.

Cap. XLIV. — *De Quadragesima.*

Quadragesima a quadraginta denominatur, quia illa Dominica usque in Cœnam Domini quadraginta dies computantur. Per hos quadraginta dies quadraginta annos exprimimus, quibus populum Dei ab Ægypto ad patriam rediisse cognovimus; sed nostram reversionem recolimus, qua de hoc mundo ad supernam patriam tendimus. Filii quippe Israel longo tempore in Ægypto sub Pharaone servierunt, sed per Moysen liberati quadraginta annis eremum transierunt, pastum de cœlo, potum de terra habuerunt, et sic ad terram lacte et melle manantem pervenerunt. Ita et nos longo tempore sub diabolo in hoc mundo servivimus, sed per Christum liberati sumus, et ideo per decem præcepta legis et quatuor Evangelia, quæ multiplicata quadragenarium numerum conficiunt ad paradisum reverti debemus, ut corpore Christi pasti, et sanguine ejus potati, ad terram lac et mel fluentem, scilicet regionem vivorum, perveniamus. Ipsi post quadraginta duas mansiones terram repromissam intraverunt, et mox Pascha celebraverunt, et nos post quadraginta duos dies Pascha celebrabimus, et de nostra ereptione exsultabimus, ut autem omnes Christiani Quadragesimam jejunemus, auctoritatem ex Evangelio et ex lege habemus (*Maith.* iv; *Exod.* xxxiv), ut mox dicam.

Cap. XLV. — *De jejunio Domini et cur nos non jejunemus eo tempore quo Dominus jejunavit.*

Ex Evangelio, quia ipse Dominus quadraginta diebus absque omni cibo jejunavit; ex lege, quia Moyses bis quadraginta diebus ab omni cibo abstinuit. Similiter Elias quadraginta diebus jejunus permansit (*III Reg.* xix). Daniel quoque tres septimanas absque cibo fuit (*Dan.* 1). Sed quæritur, cum Dominus post Epiphaniam, ut puta mox baptizatus, jejunavit, cur Ecclesia ante Pascha instituerit jejunium. Sed hoc ob tres causas fecit. Primo, quia ante Pascha Christi passio celebratur, ut ei per afflictionem carnis compatiatur, quatenus ei conregnare mereatur; secundo, ut quia cuncta verno tempore naturali motu in libidinem concitantur, per jejunia ab impetu luxuriæ reprimantur; tertio, quia illo tempore filii Israel terram repromissionis intraverunt, vel illi de Babylonia reversi sunt, cum uterque mox Pascha celebraverunt, ut nos quoque peracto labore Pascha celebrantes cum Christo regnemus, et post hanc vitam in æternum cum eo regnemus. Igitur per Tractus cantationem, significamus itineris fatigationem. Ut autem nos sub potenti manu Domini humiliemus, ideo *Flectamus genua* dicimus. Et quia præceptum habemus ut pro regibus et pro omnibus qui in sublimitate sunt, et pro omnibus qui in pressura sunt, oremus, idcirco his diebus *Preces* dicimus. Quia vero linguas angelorum et hominum legimus, per Hebræam angelorum linguam exprimimus, per Latinam hominum linguam innotescimus. Ergo quia inter angelos Dominum non laudamus, idcirco Hebræum *Alleluia* quasi vocem angelorum non cantamus. Quia vero cum hominibus laboramus in terra, ideo Latinum *Laus tibi, Domine, rex æternæ gloriæ*, quasi vocem hominum resonamus. Istis diebus diaconus casulam super scapulas plicatam portat, quia in præsenti tempore quisque prædicator proximorum onera gestat. His diebus etiam oratio super populum dicitur, quia quisquis hic bonis actibus benedicitur, post hæc æternæ benedictioni ascribetur. His diebus, *Ite, missa est* non dicitur, quia, licet omni tempore, tamen maxime hoc tempore, quemquam Christianum in Dei servitio occupari debere innuitur.

Cap. XLVI. — *De velo quod suspenditur Quadragesima.*

Quod his diebus velum suspendimus, a lege accepimus, cujus præcepto velum miro opere et pulchra varietate contextum inter sanctum et sancta sanctorum tabernaculi suspendebatur, quo arca a populo velabatur : hoc velum est coelum mira varietate depictum rutilantibus gemmis distinctum ; hoc nobis pro velo inter corporea et spiritualia suspenditur, quo Christus et illa superna patria nunc a nobis celatur. Postea coelum, ut liber complicabitur, et ut tentorium colligetur, et tunc facies Domini nobis revelabitur, et coelestis gloria denudabitur. Ex collocutione etiam divina facies Moysi erat ut sol splendida. Qui velamen ante se suspendit, ut populus in eum intendere posset (*Exod.* xxxiv). Facies glorificata est sacra Scriptura. Velamen, quod faciem operuit, est carnalis observantia, quæ intelligentiam legis velavit. Hoc velamen est adhuc super corda Judæorum positum, et ideo non valent videre splendidum legis sensum. Et quia mysterium Scripturæ in hoc tempore a nobis velatur, ideo velum ante oculos nostros in his diebus extenditur. Sacerdos et pauci post velum ingrediuntur, quia paucis doctoribus tantum mysteria Scripturæ aperiuntur. In Pascha velum aufertur, et altaris ornatus ab omni populo conspicitur, quia in resurrectione omnia nuda et aperta erunt, ubi beati Regem gloriæ in decore suo videbunt. Ideo et in passione Christi velum templi scinditur, quia per ejus mortem in nobis coelum et liber septem signaculis clausus aperitur (*Apoc.* 11). Resurgens quippe velamen abstulit, dum eis sensum, ut intelligerent Scripturas aperuit, et credentibus coelum patefecit.

Cap. XLVII. — *De septem hebdomadis.*

Septem hebdomadæ scilicet a Quinquagesima usque ad Pascha abstinentiæ ideo ascribuntur, quia septem modis peccata remittuntur. Primo per baptismum, secundo per martyrium, tertio per eleemosynam, quarto per debiti indulgentiam, quinto per prædicationem, sexto per charitatem, septimo per poenitentiam.

Cap. XLVIII. — *De sex hebdomadis.*

Sex autem septimanas ideo jejunamus, quia in sex ætatibus peccamus, et ideo per sex opera Evangelii nunc satisfacere festinamus. Et quia Christi membra sumus, a nobis ipsis incipere debemus, scilicet nos panem vitæ esurientes cibo charitatis reficere ; justitiam sitientes Scripturæ fluentis potare ; sanctitate nudos virtutibus vestire : in vitiis et errore vagos in hospitium sanctæ conversationis suscipere ; morbo iniquitatis infirmos confessione visitare ; carcere malæ consuetudinis inclusos poenitentia redimere : deinde hæc etiam corporaliter primis impendere.

Cap. XLIX. — *De Quadragesima.*

Annus quatuor temporibus, scilicet *vere, æstate, autumno, hieme* volvitur, et per trecentos quinquaginta sex dies completur. Sicut ergo ab aliis rebus, ita a diebus decimas damus, dum quadraginta dies jejunamus, ut quidquid quatuor temporibus contra decem præcepta Dei egimus, his quatuor denis diebus corrigamus. Est et aliud : homo subsistit ex quatuor elementis. Lex autem in decem præceptis,

(126) Estque ita in conciliis definitum.

quia ergo quatuor qualitatibus Dei præcepta prætervimus, per quater denos dies abstinendo Dominum placamus.

Quatuor dies ante Quadragesimam videntur pro Dominicis diebus instituti, sed non est ita. Per quatuor enim dies, quatuor Evangelia, per quadraginta sequentes, decem præcepta intelliguntur, quia ex Evangelio et ex lege est assumpta auctoritas Quadragesimæ ; ideo quatuor et quadraginta dies dicati sunt abstinentiæ. Sed quæritur cui Dominicæ dies ad Quadragesimam pertineant, et cur non jejunentur, quod non sine magna ratione fieri a nullo sapientium (126) dubitatur.

Cap. L. — *De sex Dominicis Quadragesimæ.*

Totum tempus hujus vitæ ab initio usque in finem per Quadragesimam intelligitur, quia est tempus afflictionis, sicut Paschæ tempus significat futurum tempus gratulationis. Sed hebdomadæ sunt sex ætates mundi.

De prima Dominica « *Invocavit me.* »

Prima Dominica est tempus primæ ætatis, quando homines erant in paradiso in gaudio.

De secunda Dominica Quadrages. « *Reminiscere.* »

Secunda Dominica tempus secundæ ætatis, quando erant in arca gaudentes de sua liberatione.

De tertia Dominica Quadrag. « *Oculi.* »

Tertia Dominica tempus secundæ ætatis, quando sub Joseph exsultabant de sua salvatione, aliis pereuntibus fame.

De quarta Dominica Quadrag. « *Lætare, Jerusalem.* »

Quarta Dominica est tempus quartæ ætatis, quando sub Salomone maxima pace fruebantur.

De quinta Dominica, Passionis, « *Judica me.* »

Quinta Dominica est tempus quintæ ætatis, quando de Babylonia liberati reversi sunt Hierusalem.

De sexta Dominica, Palmarum.

Sexta Dominica fuit tempus sextæ ætatis a resurrectione Domini usque ad ascensionem ejus, quando de præsentia sponsi gaudebant. Est et aliud Quadragesimale tempus, id est vita cujusque hominis, quæ hic afficitur moerore tribulationis. Sex hebdomadæ sunt ætates hominis, id est *infantia, pueritia, adolescentia, juventus, senectus decrepita.* Quadragesimus dies est Vetus et Novum Testamentum. Per quatuor enim accipiuntur quatuor Evangelia, per decem vero, decem præcepta intelliguntur ; quater autem decem sunt quadraginta. Sex Dominicæ sunt, sex præcipua opera Evangelii, id est (*Matth.* xxv), *Esurivi et cibastis me. Sitivi, et dedistis mihi potum : Nudus et vestistis me : Infirmus,* et visitastis. *In carcere,* et redemistis.

Cap. LI. — *Dominica quinta a Septuagesima.*

Dominica quinta a Septuagesima quintam ætatem insinuat, qua populus de captivitate remeabat. Ideo hac Dominica responsorium : *Pater, peccavi* (*Luc.* xv), cantatur, et Evangelium in Sabbato de prodigo filio recitatur, quia sicut ipse ad patrem, ita populus ad patriam tunc revertebatur. Hæc etiam Dominica secunda Quadragesimæ dicitur, quia gentilis populus per doctrinam legis, et Evangelii, et Christianus populus pœnitens per fidem, et operationem vel per duo præcepta charitatis ad Dominum Patrem, ut prodigus revertitur.

CAP. LII. — *De media Quadragesima, Dominica « Lætare. »*

Media Quadragesima illud tempus innuit, quo Cyrus populum abire permisit. Hæc enim septima Dominica a Septuagesima cognoscitur, quia post septuaginta annos populus a captivitate ad Hierusalem revertitur. Unde et congrue officium de Hierusalem illa die cantatur. Nocturnale vero officium de liberatione ejusdem populi de Ægypto agit, et nostram liberationem designat, qua septima ætate de hoc mundo liberabimur. Sex quoque sunt mundi ætates, quibus hic homines vivunt, septima qua mortui in sepulcris requiescent.

CAP. LIII. — *De scrutinio.*

Quod hac septimana scrutinium agitur, hæc causa videtur. In captivitate positi semen suum gentibus miscuerunt, reversi vero injustos sacerdotes habuerunt. Unde Esdras et prophetæ diligenter genealogias scrutati sunt, et Judæos a gentilibus, sacerdotes a Judæis segregaverunt. Ita et nos hac hebdomada credentes ab incredulis segregamus, et eos nostræ religioni assignamus. *Scrutinium* a scrutando, id est ab inquirendo, vel discutiendo dicitur, quia fides baptizandorum inquiritur, vel discutitur. *Catechumenus*, audiens vel instructus dicitur, qui ante baptismum fidem et Christianam religionem audit, qua eum sacerdos instruit, qualiter post baptisma vivere possit. *Competentes* dicuntur baptismi petentes parvuli, vel muti, vel surdi, vel fatui per petitionem fidelium catechizantur, baptizantur, et per fidem illorum salvantur. Catechizatio dicitur instructio, exorcizatio vero adjuratio.

CAP. LIV. — *De quarta feria.*

Propter tres causas fit scrutinium in quarta feria: primo, quia quarta feria cum sole et luna stellæ creatæ in cœlo ponuntur, ita et hac feria quarta fideles Christo soli et Ecclesiæ lunæ additi, et stellæ cœlo ascribuntur; secundo, quia quarta ætate templum Domini ædificatur, ita et nunc quarta feria in baptizandis templum Deo præparatur; tertio, quia quarta feria Christus pro Ecclesia a Juda Judæis est proditus, ita ipsi quarta feria assignantur surgere in Christi corpus.

CAP. LV. — *De infantibus.*

Primo infantes ad januam ecclesiæ deferuntur, et masculis a dextris, feminis a sinistris statutis. Ab acolytho nomina scribuntur eorum, quia per fidem, quæ est janua qua in Ecclesiam intratur, et cujusque fidelis nomen in cœlo nominatur. Et viriliter agentes a dextris Dei in judicio statuentur, effeminate autem viventes a sinistris ponentur.

CAP. LVI. — *De renuntiatione.*

Deinde exorcista, cujus illud proprie officium est, interrogat si diabolo renuntiant, ut per hanc abrenuntiationem dominium Christi subeant. Omnis quippe homo, quia in originali peccato nascitur, diaboli dominio jure ascribitur. Cujus jus fideles effugiunt, dum Christi jugo se subdunt.

CAP. LVII. — *De operibus.*

Operibus quoque diaboli renuntiant, quæ quædam spiritus, quædam caro ejus instinctu perpetrant. *Spiritus*, ut est superbia, inanis gloria, ira, et talia, *caro*, ut est fornicatio, ebrietas, et his similia.

CAP. LVIII. — *De pompis.*

Pompis etiam diaboli renuntiant, quæ sunt spectacula, ludi, choreæ, ornatus vestium, vel aliarum rerum, et quæque superflua.

CAP. LIX. — *De fide.*

Deinde de fide Patris et Filii et Spiritus sancti interrogantur, sine qua nemo Deo placere legitur, post hanc confessionem diabolus exsufflatur, ut Spiritu sancto habitaculum in eis condatur.

CAP. LX. — *De cruce.*

Tunc frontibus eorum cruce impressa quasi sigillo dæmonibus obsignatur, et domus Dei contra hostes munitur. Ideo autem non alio signo, quam signo crucis contra diabolum utimur, quia per hoc signum se victum contremiscens mox effugatur. Crux autem ideo fronti, ubi sedes est verecundiæ, imprimitur, quia Christum crucifixum se non erubescere confitentur.

CAP. LXI. — *De sale.*

Tunc per orationes in unitatem Ecclesiæ recipiuntur. Per salis gustum doctrinæ, et sapientiæ condiuntur. Deinde exorcizatur diabolus, ut recedat a sibi contradicentibus. Seorsum autem masculi, seorsum feminæ, exorcizantur, quia convenit, ut minus intelligentes historia, magis intelligentes seorsum allegoria imbuantur. Unde et *Ergo maledictæ*, ter reperitur, quia per fidem Trinitatis diabolo resisti innotescitur.

CAP. LXII. — *De symbolo.*

Cum vero symbolum et Dominicam orationem super capita eorum dicit, quasi templum Dei contra dæmones munit.

CAP. LXIII. — *De saliva.*

Quod cum saliva aures et nares tangunt, hoc significat, ut doctrina, quæ de ore ejus fluens per aures ejus intraverat, suaviter etiam redoleat, quam diu spiritum naribus trahat.

CAP. LXIV. — *De lumine.*

Post hæc ab acolytho, qui est accensor luminum catechumeni illuminantur, ut tenebræ peccatorum et cæcitas erroris expulsæ lumine intelligentiæ illustrantur. Deinde Evangelium a diacono super eos legitur, quia Evangelica doctrina eis proponitur.

CAP. LXV. — *De introductione.*

Post hoc ab ostiario ordinatim introducuntur, quia completo Evangelio ab ostiario Spiritu sancto per ostium Christum in aulam cœli introducuntur. Hoc scrutinium septies ante Pascha agitur, quia hoc rite per septem dona Spiritus sancti perficitur.

CAP. LXVI. — *De statione.*

Postquam introducti fuerint catechumeni, sunt masculi in Austro, feminæ in Aquilone statuendi, quia videlicet fortiores contra æstum tempestatum sunt ponendi, infirmiores sub magisterio erudiendi, deinde quatuor lectiones leguntur, quibus ad quatuor Evangeliorum præcepta imbuuntur. Unde mox quatuor initia Evangelii recitantur, quibus a quatuor partibus mundi ad cœli palatia evocantur. Tunc duo infantes, unus e masculis, alter e feminis, ab acolythis in sanctuarium deferuntur, quia de utroque sexu, vel de utroque populo ad fidem evangelicam convertuntur.

CAP. LXVII. — *De* « *Credo in unum Deum.* »

Credo in unum Deum super masculos Græce, super feminas Latine decantatur, quia per duas has omnis lingua denotatur. Græci quippe omnes gentes philosophia præcellebant; Romani autem omnibus gentibus imperabant. Per Græcam ergo linguam sapientes, per Latinam accipiuntur principes. Græce itaque et Latine fides canitur, quia omnis lingua Domino confitebitur. His rite peractis de Ecclesia exeunt, quia mysteriis Christi interesse, nec inter filios Dei computari poterunt, qui adhuc in Christo regnante non sunt.

CAP. LXVIII. — *De duabus lectionibus.*

Duæ lectiones ad missam leguntur, quibus catechumeni ad doctrinam utriusque Testamenti, vel ad operationem geminæ dilectionis instruuntur. Duæ enim lectiones conveniunt baptizandis, et jam baptizatis, ut videlicet baptizandi ad vineæ Domini culturam quantocius currant. Baptizati autem incœptum opus expleant, quatenus cum cæco nato æternum lumen recipiant. Semel tamen *Flectamus genua* dicitur, ut in unitatem fidei congregentur.

CAP. LXIX. — *De Sabbato.*

In Sabbato duæ nihilominus lectiones propter eamdem causam leguntur, et ut in requiem, quod sabbatum dicitur, festinare conentur, quia et in hoc Sabbato scrutinium agitur.

CAP. LXX. — *De Passione Domini.*

A Dominica Passionis Domini usque in Pascha *Gloria Patri* in cantu intermittitur, quia Filius, qui est tertia persona, passionibus dehonestatus pro nobis commemoratur. In Pascha autem cantatur, cum Christus per resurrectionem glorificatur. In hoc tempore Jeremias propheta legitur, qui maxime Christi passionem et prædixisse, et in seipso expressisse cognoscitur. Ideo autem per duas hebdomadas passionem Christi celebramus, quia pro duobus et a duobus populis passum prædicamus. Per duas enim septimanas Vetus et Novum Testamentum significamus, quia vetus eum passurum, novum eum jam passum nuntiare non ignoramus. Duo quoque tempora, unum ante legem, aliud sub lege denotantur, quibus Christus a patriarchis figuris, a prophetis Scripturis passurus prænuntiabatur. Ideo vero hoc tempore cum jejuniorum afflictione passionem Christi agimus, quia hoc tempore populum Dei ab Ægyptiis afflictum agnum in significatione Christi pro eis immolatum et Pharaonem in plagis contritum novimus.

CAP. LXXI. — *De Sabbato ante diem Palmarum.*

Sabbatum hujus septimanæ ab officio vacat, quia apostolicus hac die mandatum celebrat, cum in cœna Domini ob magnitudinem officii hoc agere nequeat. Hæc vero dies ideo non officiatur, ut Ecclesia caput suum in hoc ministerio imitetur. Hac quippe die Jesus in Bethaniam venit, in domo Simonis recubuit, et Martha ministravit. Maria unguento domum replevit. Simon dicitur *obediens.* In domo Simonis Jesus recubuit, dum in Ecclesia sibi obediente requiescit. Huic cum Martha ministramus, dum exemplo summi pontificis membris ejus, scilicet pauperibus vel fratribus, servimus. Cum Maria domum odore unguenti replemus, quando studio virtutum Ecclesiam replere studemus.

CAP. LXXII. — *Dominica in die Palmarum.*

Dominica palmarum ideo dicitur, quia hac die turbæ Domino cum palmis obviaverunt, et cum triumphantem laudibus exceperunt. Significat autem quod nos per abstinentiam vitia jam vicimus, et nunc cum palma victoriæ Christum ad nos venientem excipimus. Cum processionem hac die facimus, quasi Christo cum pueris obviam imus. Passio vero ideo hac die legitur quia agnus paschalis pro nobis immolandus hac die includebatur. Hac die filii Israel Jordanem siccis pedibus transierunt, et cum triumpho terram repromissionis intraverunt. Hæc septimana ideo *major* appellatur, quia ob maxima officia insignis habetur. Hæc etiam hebdomada *indulgentiæ* dicitur, quia in ea pœnitentes absolvuntur.

CAP. LXXIII. — *De feria secunda et tertia.*

Feria secunda et tertia, duæ lectiones leguntur, ut in Nativitate Domini ad missam, quia passio Christi a lege et prophetis prænuntiatur.

CAP. LXXIV. — *De feria quarta.*

Feria quarta Christus pro duobus populis traditur. Ideo hac die duæ lectiones leguntur; ad utramque *flectamus genua* dicitur, quia ab utroque populo Christus adoratur, in cujus nomine cœlestia et terrestria genua flectere dicuntur. Tractus ideo habet quinque versus, quia quinque vulnera habuit Christus. Hac die velum deponitur, quia in passione Christi velum scinditur, et inimicitia inter Deum et homines solvitur.

CAP. LXXV. — *De feria quinta.*

Feria quinta ex quatuor causis celebris habetur. Hac die criminosi ab Ecclesia ejecti recipiuntur; hac die chrisma et oleum conficiuntur; hac die Dominus mandatum fecit; hac die, cum discipulis cœnans, corpus suum tradidit. Hæc dies indulgentiæ appellatur, quia hodie pœnitentibus a pastoribus Ecclesiæ indulgentia datur, et criminosi, peracta pœnitentia, hodie in Ecclesiam introducuntur.

Cap. LXXVI et LXXVII. — *De pœnitentibus.*

Quod autem Ecclesia criminosos de Ecclesia secludit, formam a Domino accepit, qui Adam peccantem mox de paradiso ejecit, pœnitentiæ subegit, unde et adhuc pœnitentibus septem anni pro satisfactione dantur, quia humanum genus septem millibus annorum in hoc exsilio damnatur. Adam longo tempore pœnitentiam in exsilio egit, deinde ad infernalem carcerem descendit, usque dum Christus verus Pontifex eum sua passione absolvit, et cum paradiso restituit. Quod pœnitentes per ecclesias vagantur, per hoc Cain imitantur, qui, postquam fratrem occidit, vagus et profugus in terra fuit (*Gen.* III). Quod in laneis vestibus vel cilicio pœnitentia agitur, de Job accipitur, qui pœnitentiam in favilla et cinere egit, et se sacco operuit (*Job*, XVI, XXX, XLII). Similiter Ninivitæ se in cinere prostraverunt, et se ciliciis operuerunt (*Joan.* III). Quod comam et barbam nutriunt, de Joseph vel David acceperunt. Quod terræ prosternuntur, designat quod peccatores cum hædis a sinistris in judicio in infernum traduntur. Baculus peregrinationem designat, quia se a regno Dei alienant. Designat etiam correptionem, per quam reditur ad Ecclesiæ communionem. Hodie per episcopum in ecclesia introducuntur, quia latro pœnitens per Christum in paradisum introducitur. Quod recepti crines tondunt, vestibus mundis se induunt, designat quod multitudinem peccatorum deposuerunt, et vestes virtutum jam induerunt. De Joseph autem est hoc acceptum, quod de carcere sublatus tonsus est, et balneatus et vestibus jucunditatis decoratus.

Cap. LXXVIII. — *De excommunicatis.*

Quod Ecclesia peccantes de Ecclesia ejicit, pœnitentes recipit, superbos autem et rebelles excommunicat, et non pœnitentes indignos sepultura indicat, iterum a Domino formam accepit, qui peccantem hominem de paradiso expulit, sed pœnitenti cœlum aperuit, diabolum vero superbientem et rebellem excommunicavit, et de cœlo, atque cœlesti Ecclesia segregavit, et quia pœnitentia non flectitur, nunquam recipitur. Igitur pœnitentes per gratiam salvantur, excommunicati superbientes diabolo incorporantur.

Cap. LXXIX. — *De pœnitentibus.*

Quod pœnitentes feria quinta recipiuntur, hæc causa videtur. Feria quinta Deus pisces et aves de mari creavit, et pisces in fluctibus, reliquas aves in aera sustulit; per pisces avari, curiosi, amatores mundi intelliguntur; per volucres cœlestia desiderantes accipiuntur. Illi ergo ut pisces in imis relinquuntur, isti ut volucres ad cœlestia sumuntur. In fine quintæ ætatis Joannes quoque Baptista venit, pœnitentiam docuit, peccatores regnum cœlorum per vim rapere docuit: Ideo Feria quinta hæc Ecclesia agit.

Cap. LXXX. — *De chrismate.*

Hodie etiam chrisma, quod unctio dicitur, consecratur, per quod fideles a Christo Christiani, id est, uncti denominantur, et cohæredes regni ejus assignantur. Hoc ex lege exordium sumpsit, qua Dominus Moysi hoc ex purissimo oleo et balsamo componere præcepit. Hoc quoque arca testamenti et tabernaculum dedicabantur, et Aaron summus sacerdos vel rex consecrabantur.

Cap. LXXXI. — *De oleo sancto.*

Aliud unguentum secundum legem fiebat, quod sanctum dicebatur, quo reges tantum et sacerdotes ungebantur, pro quo hodie oleum sanctum consecratur. Et quia Christus rex et sacerdos in mundum venit, et fideles sua membra esse voluit, ideo hoc oleo tantum reges et sacerdotes ungimur, chrismate in templo Deo dedicamur, et hoc in frontibus, regno ejus assignamur. Balsamum bene redolet, oleum vero lucet. His nos uncti debemus fide redolere, bonis actibus lucere. Et quia membra regis et sacerdotis Christi sumus, debemus mores nostros regere, et nos ipsos Deo sacrificare.

Cap. LXXXII. — *De oleo infirmorum.*

Oleum infirmorum hodie etiam benedicitur quod ex Evangelio accipitur, Dominus quippe apostolos oleo infirmos ungere docuit, et Jacobus apostolus hoc fieri scripto præcepit (*Jac.* v). Ideo autem non ex alio liquore nisi ex oleo istæ unctiones conficiuntur, quia oleum misericordia dicitur, et Christus exprimitur, cujus misericordia nos salvavit, qui infirmitates nostras ipse portavit. Ideo chrisma in loco, ubi pax datur, conficitur, quia per christum cuncta in cœlis et in terris pacificantur.

Cap. LXXXIII. — *De ampulla.*

Dum ampulla cum oleo chrismali ad altare defertur, syndone alba cooperitur, lumen ante portatur, duo presbyteri, unus cum incenso, alter cum cruce diacono in medio cum libro Evangelii deambulante præeunt, super quos alii pallium ferunt, duo eos cum cantu deducunt: per hoc progressionem populi Dei imitantur, qui in figura Christi et Ecclesiæ per desertum gradiebantur. Qui lumen portat exprimit angelum qui columnam ignis ante populum ferebat. Presbyter cum incenso est Aaron cum sacerdotali thuribulo. Diaconus cum Evangelio est Moyses cum legis libro. Presbyter cum cruce est Jesus, qui et Josue cum scripto. Sindon munda est arca. Chrismatis ampulla est urna cum manna. Quod super eos portatur pallium est tabernaculum vel nubis obumbraculum. Hoc totum umbra fuit, et veritatem prænotuit. Qui lumen ante portat, Joannes Baptista, qui lucerna lucens et ardens ante Christum erat. Diaconus, qui inter duos incedit, est Christus, qui in medio Moysis et Eliæ apparuit. Pallium, quod eos operit, est nubes lucida, quæ illos obumbravit. Oleum chrismatis in ampulla est divinitas in carne humana. Sindon munda conversatio sancta. Ampulla cooperta est antequam ad altare feratur, oblata ad aram discooperitur, quia Christus ante passionem suam in carne latuit; in ara crucis infirmitas carnis ejus quasi nuda patuit, post mortem ejus divinitas manifesta claruit. Deinde ampulla partim cooperitur, partim denudatur, et salutatur, quia nudum Christi latus a Thoma palpatur, majestas latens adoratur. Deinde ampulla tota cooperitur, ne amplius videatur, et tamen cooperta salutatur, quia Christus in gloria assumitur, et tamen non visus ab omni populo veneratur.

CAP. LXXXIV. — *De Cœna Christi.*

Hæc dies et *Cœna Domini* vocatur, quia hodie Dominus cum discipulis suis cœnasse traditur, quando legalem agnum ipse verus Dei Agnus comedit, et sic finem legi imposuit. Corpus suum tradidit, et sic novam legem inchoavit, nosque per hoc sibi incorporavit. Hoc autem ideo fecisse creditur, quia hodie agnus a filiis Israel in Ægypto ad vesperum immolatus legitur. Hodie quoque pedes discipulorum lavit, designans quod nos, qui ultima membra sua sumus, a sordibus peccatorum abluit. Quod autem nos exemplo ejus mandatum hodie facimus, nos membra ipsius esse, et in charitate debere vivere, ad memoriam reducimus.

CAP. LXXXV. — *Quod « Gloria in excelsis » cantatur ad chrisma.*

Hodie *Gloria in excelsis* ad chrisma cantatur, quia angelicus chorus de reconciliatione pœnitentium et unctione credentium lætatur. Ad tertium *Agnus Dei* non *Dona nobis pacem*, sed *Miserere nobis*, cantatur, et pax non datur, quia Judas osculo pacis illum tradidit qui vera pax nostra fuit. Vestes solemnes, id est, dalmatica et subtile hodie portantur, quia pœnitentes ad missas sanctitatis vestes reparantur, et chrisma atque oleum baptizandis, quasi cœlestes vestes hodie præparantur.

CAP. LXXXVI. — *De nudatione altarium.*

Hodie altare denudatur, et in die tertia velatur. Altare est Christus, vestimenta sunt apostoli. Et quia illi hodie, relicto Christo, fugerunt, quasi altare nudum reliquerunt.

CAP. LXXXVII. *De luminum exstinctione et numero eorum.*

His tribus diebus sepulturam Domini celebramus. Tres autem dies et noctes septuaginta duabus horis computamus. Et ideo totidem lumina exstinguimus, quia lumen verum his diebus exstinctum lugemus; et septuaginta duorum discipulorum tristitiam exprimimus, quam de æterni diei, et Solis justitiæ occasu habuerunt, cujus horæ fuerunt: tribus horis, scilicet ab hora sexta usque ad nonam, fuerunt tenebræ, quando Christus pependit in cruce. Has tres horas tribus noctibus repræsentamus, quas luminum exstinctione obscuramus. Per diem, quia sole illustratur, Christus; per noctem, quæ a luna illuminatur, præsens Ecclesia; per duodecim horas diei vel noctis, duodecim apostoli accipiuntur, qui et Christo diei, et nocti Ecclesiæ obsequuntur. Quia ergo diei et noctis viginti quatuor horæ computantur, et quia in festivis noctibus viginti quatuor, *Gloria Patri* cantantur, ideo viginti quatuor lumina in his noctibus illuminantur, quæ per singula cantica exstinguimus, quia, more apostolorum, pro occasu veri Solis mœstitia decidimus. Quia enim cecidit corona capitis nostri, vertitur in luctum chorus noster: primo quippe canitur, *Gloria Patri*, ad versum *Deus, in adjutorium*: secundo ad psalmum *Venite*: Tertio ad hymnum: nonies ad psalmum: ter ad responsoria et gloria sonat in *Te Deum laudamus*. Et iterum in versu, *Deus, in adjutorium*. Deinde quinquies in psalmis: et iterum in hymno, et ad *Benedictus*, quæ consideratæ fiunt viginti quatuor horæ, pro hoc cantu lætitiæ deflemus exstinctum Solem justitiæ.

CAP. LXXXVIII. — *Quare invitatorium non cantetur.*

Invitatorium non cantatur, ut conventus malignantium devitandus admoneatur, quia Judæi adversus Christum in unum convenerunt, et consilium super Dominum gloriæ fecerunt. *Jube, Domne, benedicere*, et *Tu autem, Domine*, ideo non dicitur, et benedictio non datur, quia pastor noster recessit, qui benedictionem dedit. Arietes quoque gregis Dei a lupis dispersi sunt, qui pastores Ecclesiæ futuri fuerant. Per *Jube, Domne* enim intelliguntur ad prædicationem euntes; per *Tu autem, Domine*, de prædicatione redeuntes, Et quia his diebus nec a Christo ad prædicationem mittebantur, nec ad eum revertebantur, ideo neutrum dicitur: lectiones vero non legendo sed lamentando recitantur, quia sicut rex Josias et Jeremia, sic Christus rex noster occisus ab Ecclesia deploratur. Campanæ non sonant, per quas prædicatores designantur, quia his diebus non solum tacuerunt, sed et veritatem negaverunt. Signum per sonum tabulæ datur, per quod terror accipitur, quia magnus timor discipulis a Judæis incutiebatur. Sonitus ad *Benedictus* est signum Judæ, quo Dominum tradidit, dicens: *Ave, Rabbi* (*Matth.* XXVI). Clangor *Kyrie eleyson* canentium est tumultus Jesum comprehendentium. Quod sequitur sub silentio in tenebris, designat, quod discipuli trepidaverunt in occultis.

CAP. LXXXIX. — *De Parasceve.*

Parasceve Græce, *præparatio* Latine dicitur. Judæi quippe, qui inter Græcos dispersi erant, hac die præparabant, quæ in Sabbato necessaria fuerant, ideo omnem feriam sextam Græci *parasceve* nominabant. In hac ergo die occurrit solemnis dies Paschæ Judæorum quo solebant immolare agnum. Hac eadem die Christum Dei Patris agnum occiderunt, et hac hostia Paschale festum celebraverunt. Hac etiam die de Ægypto educti sunt, et hac eadem die de inferno redempti sunt. Sexta namque die Deus hominem condidit, sexta ætate, sexta feria, sexta hora eum redemit. Ideo hac die missa more solito non celebratur, quia Christus verus sacerdos hostia hodie pro Ecclesia immolatur. Officium hodie a lectione inchoatur, quia olim omnis missa a lectione incipiebatur. Hoc autem ideo hodie observatur, quia passio Christi, quam missa designat, hodie commemoratur. Titulus, qui est lectionis caput, ideo non pronuntiatur, quia caput Ecclesiæ hodie amputatur. Duæ lectiones leguntur, quia Christus pro duobus populis moritur. Quod a lege et prophetis prædicitur, unde et una lectio a lege, alia a prophetia legitur.

CAP. XC. — *De tractu « Domine, audivi, » et quare quatuor tantum versus habeat.*

Tractus, *Domine, audivi,* quatuor versibus insignitur, quia quatuor elementa Christi passione purgantur, et quatuor cornibus crucis quatuor partes mundi salvantur. Qui ideo inter coelum et terram suspenditur, quia per ejus passionem coelum et terra conjungitur, et totus mundus ejus sanguine templum Deo dedicatur.

CAP. XCI. — *De Tractu « Eripe me, Domine. »*

Tractus *Eripe me* proprie Christi passionis certamen exprimit, ubi *Obumbra caput meum in die belli* dicit, pro quo olim : *Qui habitat,* cantabatur propter versum. *Super aspidem et basiliscum ambulabis, et conculcabis leonem et draconem* (Psal. xc). Quia diabolus, qui eum post jejunium ut draco tentavit, hodie eum ut leo manifeste invasit.

CAP. XCII. — *De passione Domini.*

Post passionem Christi crucifixus oculis nostris repraesentatur, quem Ecclesia imitari adhortatur. Infra passionem pannus discinditur, quia a militibus vestimenta Christi dividebantur.

CAP. XCIII. — *De veste Domini.*

Vestis autem inconsutilis non scinditur, sed sors super eam mittitur. Hoc significabat, quod haeretici et schismatici Ecclesiam haeresibus scindere nitebantur, sed unitas catholicae fidei scissuram non patiebatur.

CAP. XCIV. — *De igne.*

In Romana Ecclesia hora sexta ignis exstinguitur, et nona reaccenditur : quia sol hora sexta lumen suum mundo abscondit, quod hora nona reddidit.

CAP. XCV. — *De orationibus pro omnibus ordinibus.*

Perlecta passione orationes pro omnibus ordinibus dicuntur, quia Christus pro omnibus gradibus et populis crucifigitur. *Dominus vobiscum,* quod est officium sacerdotis, reticetur, quia sacerdos noster hodie occiditur. Ad singulas orationes genua flectimus, quia omnes nationes Christo genua curvare demonstramus. Pro Judaeis ideo non flectimus, quia eos irrisorie genua hodie Domino flexisse significamus, quod fidelibus devitandum insinuamus. Deinde crux ad salutandum producitur et tribus modis canitur, quia, dum Christus crucifigitur, titulus tribus linguis Hebraica, Graeca et Latina scribitur; *Popule* namque *meus* pro Hebraea; *agios*, Graeca; *sanctus* Latina cantatur; quia Hebraea mater omnium linguarum, Graeca doctrix omnium linguarum, Latina imperatrix omnium linguarum praedicatur, et ab his omnibus Christi passio collaudatur.

CAP. XCVI. — *De cruce Domini.*

Deinde crux denudatur, et salutatur, quia sicut Christus tunc in cruce ab incredulis deludebatur, ita nunc a fidelibus humiliter adoratur. Et nullus sapiens crucem, sed Christum crucifixum adorat, crucem tamen venerando salutat. Super corpus Domini tres articuli, scilicet *Oremus, praeceptis salutaribus. Pater noster. Libera nos, quaesumus, Domine,* dicuntur, quia Christus tribus diebus sepultus occultatur, et tali modo olim missa ab apostolis celebrabatur.

CAP. XCVII. — *De duabus noctibus.*

Duas noctes et unum diem fuit Christus sepultus. Duae noctes significant nostras duas mortes, scilicet animae et corporis. *Dies* vero significat suam mortem, quae fuit lux nostrarum mortium, haec se nostris mortibus ut dies noctibus interposuit, et ambas expugnans repulit.

CAP. XCVIII. — *De quadraginta horis.*

Quadraginta horas fuit mortuus, ut quatuor partes mundi in Decalogo legis mortuas vivificaret. Ideo his noctibus tres nocturni cum novem Lectionibus, et responsoriis canuntur, quia tria genera hominum *ante legem et sub lege,* sub ejus tempore morientium, ab ipso redempta novem ordinibus angelorum conjunguntur.

CAP. XCIX. — *De Sabbato sancto.*

Sabbatum dicitur *requies,* ideo istud Sabbatum sanctum dicitur, quia sicut Deus septima die ab omni tempore, ita Christus Sabbato post laborem passionis in sepulcro requievisse legitur.

CAP. C. — *De novo igne.*

Hodie totus ignis exstinguitur, et novus de crystallo vel silice reaccenditur, quia in morte Christi tota legis observantia sopitur, et lux novae legis in resurrectione Christi aperitur. Novus ignis est nova Christi doctrina. Crystallus perspicua, est Christi caro in resurrectione perlucida. Ignis de crystallo vel silice excussus, est spiritus de Christo fidelibus fusus.

CAP. CI. — *De cereo.*

Hodie cereus benedicitur, et de novo ac benedicto igne ab initio consecrationis accenditur. Cereus ab initio accensus, est Christus ab initio conceptionis Deo plenus. Duo cerei infra consecrationem, ab igne benedicti cerei illuminantur, designans quod prophetae et apostoli a spiritu Christi illuminantur. Ideo duo, quia doctores Christi gemina dilectione ardent, verbo et exemplo lucent.

CAP. CII. — *De annis incarnationis Domini qui scribuntur in cereo.*

In cereo scribitur annus Domini, quia Christus est annus acceptabilis Domini : cujus menses duodecim apostoli, dies omnes electi, horae baptizati pueri. Cereus etiam columnam ignis exprimit, quae populum Dei de Aegypto exeunte praecessit. Diaconus, qui eam consecrat, est angelus, qui eam portabat. Cereus ante neophytos portatur ad baptismum, quia columna ignis ferebatur ante populum ad mare Rubrum, quod praefigurabat baptismum, sicut scriptum est, *Omnes baptizati sunt in nube et mari* (I Cor. x). Cereum benedici Sozimus papa constituit, sed Ambrosius episcopus benedictionem composuit. [Item Prudentius et Ennodius Ticinensis episc.] Cereus in octava Paschae populo distribuitur, quia Christus in resurrectione ultima fidelibus in praemio tribuetur.

CAP. CIII. — *De Lectionibus.*

In Ecclesia sunt duo ordines, *sapientes* scilicet, et *insipientes*. Per Lectiones, quæ ad Missam in die leguntur, sapientes instruuntur. Quæ in nocte ad matutinas leguntur, insipientes imbuuntur, unde et exponuntur. Ideo hodie Lectiones tono nocturnali leguntur, quia convenit insipientibus, videlicet catechumenis adhuc in ignorantia positis. Titulum ad Lectiones non pronuntiamus, quia neophytos adhuc in frontibus eorum ad regnum Dei non signatos signamus. Tituli ideo in lectionibus recitantur, ut auctores cœlestis doctrinæ, et cives supernæ Hierusalem cognoscantur. Sed quia neophyti illius civitatis cives adhuc ignorant, ideo lectores titulum minime pronuntiant.

CAP. CIV. — *De quatuor Lectionibus.*

Quatuor autem lectiones per quatuor hujus diei sacramenta leguntur : et quia quatuor genera fidelium, scilicet *simplices*, *intelligentes*, *provecti*, *sapientes*, quatuor nominibus erudiuntur, videlicet per *historiam*, per *allegoriam*, per *tropologiam*, per *anagogen* erudiuntur.

CAP. CV. — *De prima Lectione.*

Prima lectio requiem Christi in sepulcro exprimit, et nobis æternam requiem per baptismum reddidit, et sicut Noe primæ ætati per diluvium requiem hominibus tribuit. Sicut enim Deus die septima ab omni opere requievit, et Christus Sabbato in sepulcro quievit, ita Ecclesia in septima ætate ab omni labore ut Christus cessabit.

De secunda Lectione.

Secunda lectio *regenerationem* Ecclesiæ insinuat : quæ transitum populi per mare Rubrum narrat.

De tertia Lectione.

Tertia Christi et Ecclesiæ *conjunctionem* innuit, quæ septem mulieres virum unum apprehendisse dicit. Ecclesia namque septem donis Spiritus sancti repleta est, uni viro Christo copulata.

De quarta lectione.

Quarta *cœleste regnum* denuntiat, quod Ecclesia sibi dari a Christo sperat. Dicit enim : *Hæc est hæreditas servorum Domini.*

CAP. CVI. — *De mensa tabernaculi.*

Mensa in tabernaculo Dei erat quatuor pedibus fulta, per quam designatur sacra Scriptura, quatuor supradictis nominibus (cap. 104) instructa. Quæ mensa hodie neophytis proponitur, dum quatuor lectiones instruuntur : primus pes est *historia*; secundus *allegoria*; tertius *tropologia*; quartus *anagoge*. Historia est, quæ res gestas narrat ; allegoria, quæ per rem gestam aliud indicat ; tropologia, quæ mores instruit ; anagoge, quæ sensum ad superiora ducit.

CAP. CVII. — *De prima lectione.*

Prima lectio, *In principio creavit Deus cœlum* (Gen. I), per historiam simplices erudit, quæ primam hominis creationem dicit, unde sacerdos in oratione postulat ut in catechumenis Deus imaginem suam, quam primis hominibus creavit, restituat.

De secunda lectione.

Secunda lectio, *Factum est in vigilia matutina* (Exod. XIV), intelligentes per allegoriam imbuit, quæ Ægyptios in mari submersos et Hebræos salvatos dicit, designans peccata et dæmones submersos, fideles vero in baptismate salvatos, unde et cantus victoriæ, *Cantemus Domino*, mox sequitur, quia hoste devicto populus ereptus lætatur. Sacerdos in oratione precatur ut sicut illi ab Ægyptiis, ita isti a dæmonibus liberentur.

De tertia lectione.

Tertia lectio, *Apprehendent septem mulieres* (Isa. IV), provectos per tropologiam mores instruit, qui per Christum eos sapientes intelligentes, consultos fore scientes, pios Deum timentes monet. *Sordes filiarum Sion lavabit Dominus spiritu judicii, et sanguinem Jerusalem spiritu combustionis* (Isa. IV), quia quod leve est lacrymis lavatur, quod gravo igne duræ pœnitentiæ exuritur. Hanc etiam Canticum sequitur, quia bonos mores æterna lætitia sequitur. Sacerdos orat ut post præsentia æterna bona percipiant.

De quarta lectione.

Quarta lectio, *Hæc est hæreditas servorum Dei* (Isa. LIV), sapientes per anagogen ad cœlestia contemplanda ducit, quod cœlum servorum Dei hæreditatem dicit. Hanc quo cantica sequuntur, quia in illa hæreditate cum corpore et anima gratulabitur.

Iterum de prima lectione.

In prima lectione audiunt catechumeni quod ad gaudia paradisi sunt conditi, sed sponte sub peccato venundati. Ideo cantus hanc lectionem non sequitur, quia homo de gaudio in luctum traditur.

De secunda lectione.

In secunda lectione docentur quod sicut Deus populum olim de servitio Pharaonis per mare Rubrum eripuit, ita eos de dominio diaboli per baptisma eripit. Ideo cantus sequitur, quia gaudium eis redditur.

De tertia lectione.

In tertia lectione sacramenta Christi et Ecclesiæ imbuuntur, quia in baptismo per septiformem Spiritum et sordes abluuntur, et sanguinis peccata purgantur.

De quarta lectione.

In quarta lectione hæreditas cœlestis eis repromittitur, quæ per canticum, *Attende cœlum* (Deut. XXXII), roboratur. Sacerdos vero orat ut hæc promissio firma fiat. Catechumeni autem præ gaudio cantant. *Sicut cervus* (Psal. XLI) resonant, et sacerdos postulat ut fontem vitæ sitiant.

De cantico.

Cantica ideo cantantur, quia ipsi futuri sunt in baptismo de cœtu centum quadraginta quatuor millium, qui cantant canticum novum, quod nemo potest dicere, nisi illi qui fontem vitæ desiderant (Apoc. VII, XIV, XXI).

Cap. CVIII. — *De duodecim lectionibus secundum Romanos.*

Secundum Romanam auctoritatem hodie duodecim lectiones leguntur, quia baptizandi doctrina duodecim apostolorum instruuntur, quia nova gratia Spiritus Christi sunt illuminati, sicut cerei a novo igne et benedicto cereo accensi. Quæ lectiones ad sacramenta Christi et Ecclesiæ respiciunt, et mysteria hujus festi sancti evidenter pandunt.

Prima lectio.

Prima quippe, *In principio* (*Gen.* 1), hominem ad imaginem Dei creatum dicit, quam amissam hodie in baptismo recipit, et requiem Dei post opera sex dierum narrat, quam Ecclesia post sex ætates sperat.

Secunda lectio.

Secunda, *Noe cum justus esset* (*Gen.* VI; *Eccli.* XLIV), peccatores in diluvio periisse, et justos in arca salvatos narrat, peccata in baptismo perire, et animas salvari insinuat.

Tertia lectio.

Tertia, *Tentavit Deus Abraham* (*Gen.* XX), Isaac a patre oblatum, sed arietem pro eo mactatum indicat, Christum a Patre nobis datum, et corpus suum pro mundo immolatum denuntiat. Ideoque omnes gentes per eum benedictionem accipiant.

Quarta lectio.

Quarta, *Factum est in vigilia matutina* (*Exod.* XIV), Ægyptios mari Rubro submersos, Hebræos liberatos dicit. Post peccatores in baptismo submergi, filios Dei emergi innuit. Per sacerdotem namque Moysen, per baptismum mare Rubrum, per cereum columnam ignis, per catechumenos Ægyptios, per jam baptizatos Hebræos significamus, unde et illorum voce mox canticum victoriæ cantamus.

Quinta lectio.

Quinta, *Hæc est hæreditas* (*Isai.* LIV), baptismum pronuntiat, ubi *Omnes sitientes, venite ad aquas* (*Isai.* LV), clamat.

Sexta lectio.

Sexta, *Audi, Israel* (*Baruch.* III), Christi resurrectionem depromit, ubi dicit : *Post hæc in terris visus est, et cum hominibus conversatus est.*

Septima lectio.

Septima, *Facta est super me manus Domini* (*Ezech.* XXXVII), nostram resurrectionem insinuat, ubi *ossa arida* revixisse narrat.

Octava lectio.

Octava, *Apprehendent septem mulieres* (*Isai.* IV), Christi et Ecclesiæ copulam et baptismum exprimit, ubi Dominum *sordes filiarum Sion abluere* dicit. Unde Ecclesia dilecto suo canticum cantat, quam ipse vineam Sorech fecerat.

Nona lectio.

Nona, *Dixit Dominus ad Moysen* (*Exod.* XII), Christum pro liberatione Ecclesiæ occisum prædicat, ubi immolationem paschalis agni commemorat.

Decima lectio.

Decima, *Factum est verbum Domini ad Jonam* (*Jon.* 1), Christi passionis et triduanæ sepulturæ ac resurrectionis mentionem facit, quæ Jonam in mare præcipitavit, et a ceto devoratum post triduum evomitum dicit.

Undecima lectio.

Undecima, *Scripsit Moyses*, legem Dei renatis proponit, et in cantico, *Attende cœlum* (Sup. cap. 107, lect. 4), supernam vitam promittit.

Duodecima lectio.

Duodecima, *Nabuchodonosor rex* (*Dan.* III), baptisma exprimit, in quo Spiritus sanctus sic peccatum exstinguit, sicut angelus flammam fornacis exstinxit. Unde catechumeni cantant : *Sicut cervus*, (*Psal.* XLI) cum gaudio resonant, quia fontem vitæ desiderant.

Cap. CIX. — *Item alius ordo lectionum secundum Romanos.*

Romani hodie viginti quatuor lectiones hac de causa legunt, duas translationes habent : unam septuaginta Interpretum, alteram Hieronymi. De veteri ergo hodie duodecim lectiones Græce, easdem de nova translatione Latine legunt, significantes quod duodecim prophetæ in veteri testamento, duodecim apostoli in novo Ecclesiam fide et operatione instruunt.

Cap. CX. — *De litaniis ante et post baptismum.*

Litaniæ ante baptismum cantantur, quia sancti pro baptizandis orare insinuantur. Post baptisma cantantur, quia sanctis baptizati juncti declarantur. Iris quippe erat in circuitu sedis et maris vitrei. Sedes est Ecclesia, mare vitreum baptisma, Iris propitiatio vel intercessio sanctorum. Iris enim post diluvium hominibus datur, et propitiatio post baptisma renatis dabitur.

Cap. CXI. — *De baptismo.*

Baptismus dicitur *tinctio* : hoc Noe in diluvio, Moyses in mari Rubro præfiguravit. Hoc Joannes Baptista primus demonstravit, hoc ipse Dominus suo ingressu consecravit. Per orationem sacerdos Deum invocat, per tactum manus aquam a ligno per Moysen dulcoratam (*Exod.* XV; *Judith.* V; *Eccli.* XXXVIII), sed aquam baptismatis per lignum crucis purgatam demonstrat. Per insufflationem Spiritus sancti immissionem, immundi spiritus expulsionem, denuntiat. Per cerei immersionem sancti Spiritus adventum, per chrismatis commistionem Christi et Ecclesiæ conjunctionem demonstrat. Sicut in baptismo Domini, ita in nostro adest Trinitas, *Pater*, ubi dicitur, *per Deum verum; Filius*, ubi dicitur, *per Jesum Christum*; Spiritus sanctus, ubi dicitur *virtus Spiritus tui*. Vocis mutatio, et Spiritus sancti adventatio [*f.* advocatio], et vitiorum discessio. Tunc sacerdos catechumenos de abrenuntiatione et fide ut prius interrogat, quatenus oris confessio eis ad salutem fiat. Deinde in pectore et inter scapulas unguntur oleo sancto, ut ad fidem et operationem roborentur. Per pectus enim cordis fides, per scapulas onus operationis notatur, quia per hæc duo homo salvatur. Deinde in nomine Trinitatis baptizantur, ut imago Dei in eis renovetur. Deus enim in Trinitate, quod est *Pater et Filius et Spiritus sanctus*, consistit, et anima tribus viribus, *memoria, intelligentia, et voluntate* vivit, per hoc quod in modum crucis mergitur, cum Christo huic mundo crucifigitur. Quod sub undis tegitur, quasi sub terra sepelitur. Ter mergitur, quia anima tribus modis, scilicet cogitatione, locutione et opere moritur, et his tribus mortibus per fidem Trinitatis eripitur. Ter etiam ideo mergitur, quia omne peccatum tribus modis, scilicet *suggestione, delectatione, consensu* committitur. Ter quoque ideo mergitur, ut homo a naturalis, et a scriptæ legis et Evangelii prævaricatione solvatur. Quod tertia vice de fonte extrahitur, quasi tertia die cum Christo resurgere cernitur. Quod in capite cum chrismate linitur, per hoc Christo anima ei desponsata communicatur. Deinde mitra capiti ejus imponitur, veste alba induitur, quia in regnum et in sacerdotium assumitur. Per mitram corona regni, per albam, sacerdotalis dignitas exprimitur, quia videlicet Christi regis et sacerdotis membrum efficitur. Per albam quoque vestem innocentia designatur, quia hanc nunc per Christum in baptismo recipit, quam in primo parente amisit.

Cap. CXII.— *De septem gradibus in baptismo.*

Septem gradus sunt in baptismo, tres in descensu ob tres renuntiationes, tres in ascensu ob fidem quam profitemur Trinitatis. Septimus, qui regno Dei assignatur, et Filius ejus cohæres ascribitur. Cerei neophytorum non prius illuminantur quam agnus Dei in litania cantatur, ut sciant quod Agnus Dei illorum peccata tulit, et ipse eos sancto Spiritu illuminavit. Quamvis quidam mox de fonte elevatis lumen dare soleant, quatenus splendidis operibus lampadibus sponso venienti occurrant. Ad ultimum corpore Christi confirmantur, et sic Christo incorporantur. Ideo ad nonam baptismus agitur, quia hora nona Christus exspirasse commemoratur, cujus mortem baptisma imitatur. Ideo in die sepulturæ Christi celebratur, quia ei credentes in baptismo consepeliuntur. Ideo semel agitur baptismus, quia Christus semel est mortuus.

Cap. CXIII.— *De confirmatione.*

In octava die baptizati mitras deponunt, et ab episcopo in fronte per chrisma signantur, et per hoc per septiformem spiritum ad regnum Dei confirmantur. Unctio confirmationis est nuptialis vestis. Quam unctionem iterum per octo dies in albis servant, in octava die lavant. Quod quidam in tertia die agendum putant. Albas deponunt, quia in futura vita umbram exuunt, veram gloriam induunt.

Cap. CXIV.— *De bina unctione.*

Bis baptizati chrismate liniuntur; semel a presbytero in baptismo et in capite; secundo ab episcopo in confirmatione et in fronte. Hoc ideo, quia bis Spiritus sanctus datur Ecclesiæ, semel in terra, secundo in cœlo. Per presbyteri unctionem animæ Christo desponsantur, per episcopi confirmationem regno Christi dotantur. Ideo autem cum oleo Christiani signantur, quia per oleum Spiritus sanctus designatur. Oleum namque ardens illuminat, medicans, sanat, aquis infusum eas perspicuas reddit, et superenatat. Ita Spiritus sanctus flamma charitatis et splendore sapientiæ animas illustrat, medicamine clementiæ per veniam peccatorum vulnera sanat, admistione suæ virtutis aquas baptismatis effugatis peccatorum tenebris clarificat. Hanc confirmationem fecerunt olim apostoli, per manus tantum impositionem; illorum posteri, eis tamen tradentibus, per chrismatis consecrationem.

Cap. CXV.— *De patrinis.*

Sacerdos omnes infantes de baptismo levat, et ideo omnium pater et debitor fideique jussor manet. Sed quia debitum jus singulis persolvere minime prævalet, ideo eos patrinis commendat, ut ipsi eos fidem catholicam et orationem Dominicam instruant. Quæ duo omnes patrini, imo Christiani scire debent, aut patria aut Latina lingua. Quia qui hoc ignorat, adhuc Christianus non esse convincitur, et ideo ad suscipiendum baptizatum nullo modo admittitur. Nullus nisi unus vel una ad levandum infantem accedat, iisque se fidejussorem illius sciat, ut ita eum, sicut suscepit, restituat. Quod si eum Christianitatem docere neglexerit, pro eo supplicium subibit. Qui infantem de baptismo suscepit, idem etiam ad confirmationem tenere poterit.

Cap. CXVI. — *Quod tantum bis in anno canonice baptismus celebretur.*

Bis in anno canonice baptizatur in Pascha et Pentecoste, quia in Pascha Christus moritur, in cujus morte baptizatur. In Pentecoste Spiritus sanctus datur, per quem remissio peccatorum donatur. Ideo autem in Sabbato, quod *requies* dicitur, quia æterna requies per baptismum tribuitur. Quia vero parvuli, si non regenerantur, a regno Dei alienantur, in necessitate ægritudinis, vel persecutionis, vel obsidionis, vel naufragii, omni tempore baptizantur, et si presbyter, vel quilibet de clero non adest, a fideli laico in nomine Trinitatis in simplici aqua baptizetur. Si supervixerit a sacerdote catechizetur, oleo ungatur, chrismetur, non denuo baptizetur, sed ab episcopo confirmetur. Sciendum est quod apostoli et eorum discipuli in fluviis, vel in stagnis, vel in fontibus baptizabant. Sed Clemens, docente Petro, chrisma vel oleum addebat. Leo, Damasus, Ambrosius exorcismos et benedictiones adjiciebant.

Cap. CXVII. — *De die Christi sepulturæ.*

Dies inter mortem Christi et resurrectionem medius significat requiem animarum ab omni labore post mortem, per quam transitur ad carnis resurrectionem.

Cap. CXVIII. — *De officio missæ.*

Officium per *Kyrie eleison*, quod lætitiam signat, inchoatur, quia magna lætitia renatorum declaratur. *Gloria in excelsis* ideo cantatur, quia pax, in Christi nativitate ab angelis nuntiata, hodie baptizatis donatur. Ministri solemnes vestes gerunt, quia renati stolam primam jam balneati receperunt. In Epistola eorum lætitia augetur, quæ eos cum Christo in gloria futuros pollicetur. Quod prius *Alleluia* canitur, et tractus subsequitur, significat quod homo primitus in gaudiis fuit paradisi; deinde tristitiam hujus mundi subiit; ita baptizati nunc in baptismo lætitiam remissionis perceperunt, sed iterum tristitiam laboris subeunt. Ad Evangelium lumen non portatur, quia Christus lumen verum adhuc apud inferos abscondebatur. Incensum thymiamatis portatur, quia per hoc a mulieribus visitabatur. Ad Offertorium cantores silent, quia mulieres secundum mandatum Sabbato, siluerunt. *Sanctus, sanctus,* quod est angelorum cantus cantatur, quia angeli de ejus laude non tacuerunt, sed ejus resurrectionem mulieribus nuntiaverunt. *Agnus Dei* non cantatur, quia mulieres perterritæ tacuerunt, et in conclavi apostoli abscondit eum peccata tollere, et resurrectionem ejus non credebant. Vespera solito more non cantatur, sed *Laudate Dominum, omnes gentes* tantum, et *Magnificat* cum *Alleluia* jubilatur, quia illa dies nullo modo vespere terminatur, ubi sine fine Deus laudatur.

Cap. CXIX. — *De magno mysterio, de prima die sæculi, et de die Palmarum.*

Nota mysteria Dei ineffabilia. Quinto decimo Kalendas apostolis scribitur sol in Arietem, et primus dies sæculi. Aries est signum primum anni. Cum hunc sol intrat, tellus floribus, silvæ frondibus vernant, quia hac die Deus mundum creaverat quæ dies tunc Dominica exstiterat, hac eadem die et eisdem Kalendis populus Dei in Ægypto agnum includebant, quem quarta decima luna immolaturus erat. Hac eadem die postmodum terram repromissionis intrabat. Hac eadem die et eisdem Kalendis et eadem luna, scilicet decima, Dominus, verus Agnus, Hierusalem intrabat, ibique quasi inclusus usque ad immolationem sui manebat.

Cap. CXX. — *De æquinoctio et sole et luna, et feria quarta.*

Duodecimo Kalendas apostolis est æquinoctium, quia, illa die quæ tunc feria quarta fuerat, Deus solem et lunam et stellas fecerat. Hac eadem die eisdemque Kalendis populus in Ramasse civitatem Ægypti convenerat, et de immolatione agni tractabat. Hac enim die hisque Kalendis Judæi in Hierusalem convenerant, et de nece Christi, veri Agni, tractabant, et per illorum consilium æternus sol pro luna Ecclesia et stellis, id est sanctis occubuerat.

Cap. CXXI. — *De undecimo Kalendas Aprilis, et feria quinta.*

Undecimo Kalendas Aprilis Deus pisces et volucres de mari produxit, quæ tunc feria quinta fuit. Hac eadem die eisdemque Kalendis, videlicet decima quarta luna, populus agnum in Ægypto immolavit, per quem de Ægypto quasi de fluctibus maris transivit. Hac ipsa die, ipsisque Kalendis ipsaque luna Dominus corpus suum tradidit, per quod fideles de gurgite mortis eduxit.

Cap. CXXII. — *De decimo Kalendas Aprilis, et de feria sexta.*

Decimo Kalendas Aprilis Deus hominem condidit, quæ tunc feria sexta exstitit. Hac eadem die, eisdemque Kalendis populus Dei primum Pascha habuit, ipseque de Ægypto exiit. Hac ipsa die, ipsisque Kalendis, ipsaque decima quinta luna, ut Theophilus scribit (127), Christus sua passione hominem de morte redemit, ipsaque die Pascha Judæorum fuit, Sabbato Deus ab operibus mundi requievit; hac eadem die Christus in sepulcro quievit.

Cap. CXXIII. — *De octavo Kalendas Aprilis, et de die Dominica.*

Octava Kalendas Aprilis, ut Augustinus scribit, Deus hunc visibilem mundum creavit, ut scribitur: *Hic est liber generationis cœli et terræ in die, quando creavit Deus cœlum, et terram et omne virgultum.* Hac eadem die, quæ tunc Dominica exstitit, populus mare Rubrum transivit; hac ipsa die, ipsis Kalendis Virgo Christum concepit, qui hac eadem die populum suum de inferno eripuit, et hac ipsa die victor a morte resurrexit, hac eadem die, et eisdem Kalendis erit Ecclesia resurrectura, et gaudium Domini sponsi sui intratura. Dionysius abbas, et quidam alii affirmant Christum octava Kalendas Aprilis passum, et sexto Kalendas Aprilis a mortuis rediisse. Sed aliter videtur lex sonare, et Evangelium, quæ memorant eum decima quinta luna, quæ tunc decima Kalendas Aprilis exstitit, pro nobis immolatum. In hac septimana cappis et aliis solemnibus vestibus vestimur, quia in futura resurrectione omni gloria induemur, cum corpora vestimento salutis, et animæ indumento justitiæ induuntur. Hoc etiam baptizati innuunt, quia in baptismate albas vestes induunt. Ideo enim albas portamus, quia angelos in albis resurrectionem annuntiasse signamus.

Cap. CXXIV. — *De Pascha.*

Phase Hebraice, pascha Græce, transitus dicitur Latine, eo quod illa nocte angelus percutiens Ægyptum transivit (*Exod.* xiv), et populus Dei illa die de Ægypto transiit, et die tertia mare Rubrum transiit, ac populus fidelis de inferni claustris illa nocte ad gaudia paradisi transivit, et exercitus baptizandorum de infidelitate ad lucem fidei transit. Hoc ideo in primo mense novi anni celebramus, quia in hoc mense in Christo innovati sumus, et in hoc mense, scilicet apostoli [*fort.* Aprili], qui est primus apud Hebræos, totius Christianæ religionis exordium sumpsisse scimus. Sunt autem duo anni, communis, et embolismalis. Communis qui habet duodecim lunationes; embolismalis, qui habet tredecim. Per hos duos annos ideo Pascha distinguitur, quia per duas vitas, scilicet contemplativam et activam ad futurum festum transitur. Post duodecim itaque lunationes ideo Pascha celebratur, quia contemplativi per de-

(127) Theophilus, *De cyclo Paschali.*

cem præcepta legis et duo præcepta charitatis ad futuram resurrectionem pertingunt. Post tredecim lunationes ideo agitur, quia activi per impletionem Decalogi et operationem Trinitatis fidei ad idem festum perveniunt. Ideo autem in primo mense celebratur, quia in Christo, qui est principium, totum consummatur; ideo post æquinoctium cum lux dierum prolongatur, quia populus in hoc festo Ecclesia cœli alta petere cœpit. Ideo in tertia hebdomada novæ lunæ celebratur, quia in tertio tempore Christus nostrum Pascha immolatur. Ideo non in alia, nisi in Dominica, quia sicut Dominica omnes dies septimanæ præcellit, ita hæc festivitas omnes festivitates præcellit. Unde et Solemnitas solemnitatum dicitur, et ideo per omnes Dominicas reciprocatur.

CAP. CXXV. — *De umbra Paschæ.*

Quod Passio Domini vel Resurrectio non in Kalendaria die agitur, hæc causa est, quod per Christi passionem Ecclesiæ passio sub Antichristo futura, ac per resurrectionem ejus futuram nostra resurrectio nobis in memoriam revocatur. Et ideo sicut Pascha Judæorum in figura nostri, ita nostrum in significatione futuri celebratur. Ideo *Alleluia*, quod lætitiam significat, in hoc festo cantatur, quia in hac solemnitate æterna lætitia, Christiano populo reddita, rememoratur.

CAP. CXXVI. — *De processione in die Paschæ.*

Processio, quæ in Paschali die agitur, illam processionem exprimit, qua Rex gloriæ cum exercitu redemptorum de inferis ad cœlestia processit. In missa concentus angelorum repræsentatur, cum eis genus humanum associatur. Vesperæ per *Kyrie eleison* inchoantur, quia illa festivitas sine vespere celebratur.

CAP. CXXVII. — *De tribus psalmis in Matutinis per hebdomadam Paschalem.*

Ad nocturnale officium tres psalmi psalluntur, quia tria tempora hujus mundi Christi resurrectione insigniuntur. Tres antiphonæ cantantur, quia patriarchæ ante legem, prophetæ sub lege, apostoli sub gratia Christi resurrectione glorificantur. Tres lectiones leguntur, quia Christi resurrectio a lege, a psalmis et prophetis pronuntiatur. Tria Responsoria canuntur, quia tres ordines Ecclesiæ, scilicet conjugati, continentes, doctores per Christi resurrectionem salvabuntur. Singulis Responsoriis *Gloria Patri* subjungitur, quia in omnibus Trinitas collaudatur. Per *Te Deum laudamus* exprimitur hora qua resurrexit Dominus. Psalmi, qui ad matutinales Laudes canuntur, proprie tempus Dominicæ resurrectionis exprimunt, sicut superius expositum est. Nocturna autem *Beatus vir* ideo per totam septimanam partitur, quia hæc hebdomada pro una die computatur. Unde quotidie ad Primam psalmus *Confitemini Domino* repetitur, propter Versum, *Hæc est dies, quam fecit Dominus.*

CAP. CXXVIII. — *Nota quare non cantetur, « Quicunque » per hanc hebdomadam.*

Quicunque vult ideo non cantatur, quia in futura vita, quam hæc hebdomada designat, totum jure habetur quod nunc creditur, et speratur. Ad omnes horas Graduale : *Hæc dies* et *Alleluia* frequentatur, quia in illa vita cuncti jugiter gratulantur. Versum *Deus, in adjutorium* non adeo frequentamus, quia in illa vita non, ut hic, adjutorio indigemus.

CAP. CXXIX. — *De Vesperis.*

Tres psalmi ad Vesperas cum *Hæc dies* et *Alleluia* cantantur, quia per fidem Trinitatis ad æternam lætitiam pervenitur. Qui tres psalmi etiam resurrectioni Christi congruunt, quæ tertia die contigit, in illo loco; *Tecum principium in die virtutis tuæ* (Psal. CIX); et ibi : *Redemptionem misit Dominus populo suo* (Psal. CX) ; et ibi : *Exortum in tenebris lumen rectis* (Psal. CXI). Duo ad fontem canuntur quia per geminam dilectionem ad fontem vitæ pertingitur. Qui psalmi etiam baptizatis et baptismati conveniunt, Baptizatis ut ibi : *Laudate, pueri* (Psal. CXII); Baptismati ut ibi : *Quid est tibi, mare, quod fugisti, et tu, Jordanis, quia conversus es retrorsum?* (Psal. CXIII.) Quod cum processione ad fontem imus, populum Dei per mare Rubrum, vel per Jordanem ordinatim transisse significamus. Iidem psalmi ideo quotidie repetuntur, quia hæc hebdomada pro una die computatur.

CAP. CXXX. — *De prima hebdomada sæculi.*

Hæc enim septimana illam hebdomadam ducit nobis in memoriam, qua Deus ineffabiliter creavit hujus mundi materiam, et quia in hac omnes filii Dei noviter creati, magna voce jubilaverunt, ideo noviter renati in hac *Alleluia* gratulando concinunt.

CAP. CXXXI. — *De baptizatis.*

De neophytis octo officia cantantur, quia per baptisma ad octo beatitudines præparantur, quæ in octava hujus vitæ dantur.

CAP. CXXXII. — *De Sabbato.*

In primo Sabbato duas Laudes, scilicet *Alleluia, Confitemini*, et Tractum *Laudate* decantat. In octavo vero, quod est aliud Sabbatum, *Alleluia* scilicet, *Laudate, pueri*, et *Hæc est dies* jubilabunt. In priori Sabbato cantatur unum *Alleluia*, quia prima vita non sempiterna. Ideo Tractus sequitur, quia adhuc hic peregrinatur. Ideo baptizati *Alleluia* concinunt, quia stolam suam in sanguine Agni laverunt. Ideo cantant Tractum laudationis, quia eis cantabiles sunt Domini justificationes in loco peregrinationis (Psal. CXVIII).

CAP. CXXXIII. — *De mediis sex diebus.*

Mediis sex diebus Graduale et *Alleluia* cantatur, quia in hoc tempore quod inter baptismum et ultimam resurrectionem in activa et contemplativa vita sex ætatibus hominis laboratur. Sed quia hic labor in gaudium convertitur, ideo Graduale *Alleluia* sequitur, quia hic psalmus de æterna lætitia canitur. In alio Sabbato, quod est prioris octava duo *Alleluia* canuntur, quia in futura vita binas stolas habebunt, quando corpore et anima in æternum gaudebunt. Sequens septimana vocatur In Albis, quia olim confirmati solebant candidis vestibus, scilicet in baptismo acceptis, uti his diebus.

CAP. CXXXIV. — *De magno mysterio diei Palmarum, et totius hebdomadæ.*

Hæc cuncta, quæ in capite Christo præcesserunt, in corpore quoque ejus, scilicet Ecclesia, futura erunt. Dies utique Palmarum, quando Dominus ad Hierosolymam venit, et ei turba cum palmis occurrit, est illud tempus cujus ultimus Romanorum imperator Hierosolymam ibit, regnum Deo et Patri dabit, ut Sibylla scribit. Tres dies ante Pascha sunt tres anni quibus Antichristus regnabit. Per omnia regna his diebus pœnitentes ab episcopis in ecclesiam introducuntur. Chrisma conficitur, per quod Christiani consignantur, et tunc Judæi regno Dei assignantur. Pedes, qui sunt ultima membra, lavantur, et ultimo tempore maxima perfectio in Ecclesia concitatur, lumina conteguntur, et tunc omnia signa ab ecclesia tolluntur. Campanæ non sonant, et doctores tunc non prædicant. Tabula percutitur, et magnus terror fidelibus incutitur. Lectiones lamentantur, quia tunc omne gaudium Ecclesiæ in luctum convertitur, altaria denudantur, et tunc omnia sancta proculcantur. Altus ligni sonitus, qui fit ad *Benedictus*, est maximus terror, qui invadet adversarios, quando interficietur Antichristus. His diebus novus ignis benedicitur, et illo tempore ignis Spiritus sancti in ecclesia reaccenditur, catechumeni baptizantur, et tunc post interfectionem Antichristi maxima multitudo baptizabitur. Cereus reaccensus, est Christi adventus. Deinde agitur Christi resurrectio, quia tunc sequitur Ecclesiæ resurrectio. Hoc tempus Pascha, quod est *transitus*, jure appellatur, quia tunc Ecclesia de peregrinatione ad patriam transire prædicatur, et Christus de judicio transibit, et suis ministrabit. Hoc ideo in plenilunio agitur, quia eadem die fit resurrectio, cum Ecclesiæ numerus, quam luna, significat, completur. Paschalis septimanæ officia repræsentant nobis ultimi festi gaudia.

CAP. CXXXV. — *De officio diei Resurrectionis.*

Dominica namque die resurgens Ecclesia dicit sponso suo gratulabunda : *Resurrexi et adhuc tecum sum* (Psal. CXXXVIII, 18). Deinde omnis electorum turba clamet : *Hæc dies quam fecit Dominus, exsultemus et lætemur* (Psal. CXVII, 24). Per *Alleluia* laudes Paschali victimæ jubilant, quia tunc verum Pascha celebrant. Offertorium *Terra tremuit* (Psal. LXXV, 9), terrorem judicii in reprobos exprimit. In officio secundi diei blanditur Spiritus sancti electis, dicens : *Introduxit vos Dominus.* Similiter in alio officio : *Aqua sapientiæ potavit eos.* In quarto officio eadem verba cantantur, quæ in judicio pronuntiantur: *Venite, benedicti Patris* (Matth. XXV, 54). Deinde laus illorum subjungitur. *Victricem manum tuam laudaverunt pariter* (Sap. X, 20), quia sicut illi post transitum maris Rubri Deum laudaverunt, ita isti post transitum ignei fluvii Deum in sæculum sæculi laudabunt. Sextum officium indicat illorum evasionem, et inimicorum damnationem, quia sicut illos mare operuit, ita istos infernus devoravit. Septimum officium illorum gaudium denuntiat, in quo sic exsultant : *Eduxit Dominus populum suum in exsultatione, et electos suos in lætitia* (Psal. CIV, 43). Per Graduale, quod sex diebus canitur, sanctorum opus in cœlis exprimitur, per senarium quippe operatio intelligitur. Illorum autem opus est exsultare, et Deum laudare. Unde et Graduale, *Hæc dies*, lætitiam sonat, quia æternam lætitiam repræsentat. Hac die et deinceps vero *Alleluia* cantantur, quia tunc in corpore et anima in æternum gratulantur. Duo enim *Alleluia* sunt angelorum et hominum gaudia. Quod in priori Sabbato unum tantum *Alleluia* cantatur, designat quod anima a corpore soluta cum sanctis sola lætatur. Quod per septimanam adhuc Graduale cantatur, significat quod anima pro corpore quodammodo sollicitatur. Scilicet quia illa sollicitudo timore vacat, ideo Graduale lætitiam sonat. In sequenti Sabbato Graduale deponitur, et duo *Alleluia* canuntur, quia in ultima resurrectione corpora et animæ in gaudio conjunguntur.

CAP. CXXXVI. — *De Quinquagesima Paschæ.*

Tempus inter Pascha et Pentecosten Quinquagesima nominatur, quia a Sabbato, quo duo *Alleluia* inchoantur, usque ad secundum Sabbatum Pentecostes quinquaginta dies computantur, quibus *Alleluia* in cantu frequentatur. Hoc illam vitam repræsentat, quæ post resurrectionem futura speratur, quando per omnes vices Hierusalem ab universa *Alleluia* frequentatur. Ideo autem *Alleluia*, quod est Hebræum nunc cantatur, quia in illa lingua primitus erat concordia omnium gentium, et in illa vita erit concordia omnium mentium, nullâ dissonantia linguarum. Hoc per quinquagesimum annum designabatur, qui Jubilæus, id est jubilatione plenus, dicebatur. Hunc Judæi in lætitia ducebant, et ab omni opere vacabant. Ad hunc septies septem anni computabantur, et in istis diebus septies septem dies numerantur, et per hoc plenum gaudium corporis et animæ declaratur, quia corpus quatuor elementis, anima tribus viribus constat, quæ tunc in visione Trinitatis perenniter exsultat. In hoc tempore non genua flectimus, sed stantes oramus, quia tunc in æternum in gaudio cum Christo stabimus.

CAP. CXXXVII. — *De Pascha annotino.*

Pascha annotinum dicitur, quasi Pascha anniversarium. Olim namque qui in priori Pascha erant baptizati, in sequenti anno diem regenerationis suæ solemnizabant.

CAP. CXXXVIII. — *De Litania majore.*

Litania dicitur *rogatio* vel *supplicatio*. Major autem Litania inde dicitur, quod ab apostolico institutæ legitur. Hæc enim Romanorum dicitur, quia a Romanis observatur. Hanc Gregorius pro pestilentia instituit, quæ tunc populum crudeliter vastavit. Hoc apud Romanos septeno ordine agitur. In primo clerici, in secundo monachi, in tertio moniales, in quarto pueri, in quinto laici, in sexto viduæ, in septimo conjugatæ. Hanc Ecclesia ideo annuatim celebrat ut Deus a' populo et ab animalibus pestilentiam avertat.

CAP. CXXXIX. — *De triduana Litania ante Ascensionem Domini.*

Triduanas Litanias Claudianus Mamertus, Viennensis episcopus, instituit pro clade quæ tunc populum consumpsit. Nam crebro motu terræ et tempestate subruebantur, et vario bestiarum incursu desolabantur. Hoc jejunium rememorat nobis triduanum Ninivitarum jejunium (*Jonas* III). Hoc Ecclesia ideo ante Ascensionem Domini celebrat, ut sicut Deus Ninivitas a periculo mortis liberabat, ita nos a clade et a bellis et ab hostibus eripiat, fructus terræ, et aquarum, et animalium nobis custodiat, et nos cœlum conscendere tribuat. Hoc in Evangelio (*Luc.* XI) notatur, ubi tria, scilicet panis, piscis et ovum ponuntur. Per panem fructus terræ, qui tunc vel in herba, vel in spica est; per *piscem* fructus aquarum, per *ovum* fetus animalium notatur.

CAP. CXL. — *De festo apostolorum Philippi et Jacobi.*

In Kalendis Maii scribitur festum Philippi et Jacobi et omnium apostolorum. Olim namque infra Pascha de nullo singulariter, sed communiter de omnibus officium agebatur, quia in cœlesti patria quam illud tempus significat gaudium omnium est gaudium singulorum, et singulorum est omnium. Porro hunc Jacobum, cognomento Justum, apostoli constituerunt in loco Christi super multitudinem credentium. Et ipse exstitit episcopus, et pater Hierosolymis triginta annis, hic incepit vitam monachorum, imo communem vitam religiosorum, ut nihil proprium haberent, sed communiter omnia possiderent.

CAP. CXLI. — *Quare ante Christi Resurrectionem lex et prophetæ legantur, et post Resurrectionem apostolorum scripta.*

Ante Christi Resurrectionem lex et prophetæ leguntur, post Resurrectionem scripta apostolorum recitantur, quia lex et prophetæ Christi passionem et resurrectionem prædixerunt, apostoli vero jam factam nuntiaverunt.

CAP. CXLII. — *Apocalypsis per tres hebdomadas legitur.*

Per tres septimanas infra Pascha Apocalypsis legitur, in qua visio Christi et angelorum collocutio memoratur, quia in illa vita, quam Paschale tempus designat animæ de visione Trinitatis et angelorum consortio gratulantur. Unde et Responsoria in historia, *Dignus es, Domine* (*Apoc.* v, 9), plena gaudio cantantur.

CAP. CXLIII. — *De canonicis apostolorum Epistolis per duas hebdomadas.*

Deinde per duas septimanas Epistolæ apostolorum leguntur, et Responsorium, *Si oblitus* (*Psal.* CXXXVI 5), de scriptis prophetarum, scilicet de psalmis legitur, quia per prophetas et apostolos concorditer æterna vita annuntiatur, in qua post resurrectionem anima et corpus simul in æternum gloriantur. Responsorium : *Dignus es, Domine,* significat introitum apostolorum ad Ecclesiam, quæ ex Judæis collecta est ad fidem Novi Testamenti. Responsorium, *Ego sicut vitis fructificavi* (*Eccli.* XXIV, 23), est pars Judaicæ plebis ad unitatem fidei conversa. In primis Responsoriis narratur adunatio ad unam fidem auditorum ac propositorum. In sequentibus monstratur Ecclesiæ, quæ nunc collecta est, mysterium sponsi et sponsæ, de quibus ipsa procreata ; ipsa sponsa est Jerusalem. Unde Responsorium : *Vidi Jerusalem descendentem* (*Apoc.* XXI, 2). In cæteris narratur pulchritudo structuræ Jerusalem, ut est Responsorium, *Hæc est Jerusalem,* et : *Plateæ tuæ, Jerusalem,* quæ omnia oportet intelligi mystice de spiritualibus ædificiis et cœlesti Jerusalem.

CAP. CXLIV. — *De officio missæ.*

Juxta tenorem officiorum, quæ continent in se personam primitivæ Ecclesiæ, ut est *Quasi modo geniti* (*Petr.* II, 2), et *Misericordia Domini* (*Psal.* XXXII, 5), et *Jubilate* (*Psal.* XCIX, 2), hæc Responsoria per tres hebdomadas decantari. Responsorium , *Si oblitus fuero* est de psalmo *Super flumina Babylonis* (*Psal.* CXXXVI), significat gentilem populum qui olim habitavit in Babylone, id est in confusione hujus mundi, et desiderat revocari per prædicationem et doctrinam ad Jerusalem, id est ad Ecclesiam. Reliqua omnia Responsoria de liberatione de Babylone infidelitatis, et perventione in Jerusalem, et de laude exhibita in Jerusalem, ut est Responsorium , *Deus canticum novum* (*Psal.* CXLIII, 9), et : *Dicant nunc* (*Psal.* CVI, 2), et : *In Ecclesiis benedicite* (*Psal.* LXVII, 27), hæc Responsoria sumpta sunt de Psalterio, quod est decem chordarum, in quibus est dilectio proximi propter Deum. Ex Responsoriis Psalterii insinuat proles se diligere Sponsum matris suæ, et matrem suam liquido respondere civitati Jerusalem, qui in cœlo habitat. Tria officia, *Cantate Deo* (*Psal.* V), et *Vocem jucunditatis* (*Psal.* LXV, 8), et *Exaudi, Domine* (*Psal.* CXXXIX, 7), recolunt eadem tempora, quæ et Responsorium. Unde non delinquunt, qui per tres hebdomadas usque ad Pentecosten ea cantant. Responsoria de Ascensione Domini, nunc sponsam consolantur ex persona Sponsi, ut est Responsorium; *Non turbetur* (*Joan.* XIV, 1); et : *Tempus est* (*Joan.* XVI, 7), nunc ipsa loquitur ad sponsum, ut est illud Responsorium, *Exaltate Deo* (*Psal.* LXXXII, 2), nunc optat recipi ad eum super sidera. In Pentecosten cantant Romani novem Lectiones, ut in aliis Dominicis. Nos vero propter baptismalia in tribus personis baptizati tribus psalmis laudamus Trinitatem usque ad octavam. Responsoria sonant Spiritum sanctum paracletum, id est consolatorem, a Sponso promissum, advenisse sponsæ, et dona ei per ipsum allata, id est fidem, opera, miracula, et cætera charismata.

Cap. CXLV. — *De Ascensione Domini.*

Ascensionem Domini ideo non in Kalendaria die celebramus, quia per hanc Ecclesiae de hoc mundo ad coelestem patriam exaltationem commemoramus. Per processionem, quam in Ascensione Domini agimus, Dominum cum discipulis de Jerusalem in montem Oliveti, processisse exprimimus.

Cap. CXLVI. — *De Vigilia Pentecostes.*

In Vigilia Pentecostes leguntur quatuor Lectiones, propter quatuor causas, quas in Vigilia Paschae diximus. In illa Vigilia legebatur : *In principio creavit Deus coelum et terram* (Gen. i, 1). In ista legitur : *Tentavit Deus Abraham* (Gen. xxii, 1). Hae duae Lectiones reducunt nobis in memoriam duos patres, unum carnalem, et alium spiritualem. Ab Adam sumpsimus omnis carnalis generationis initium, ab Abraham vero spiritualis generationis exordium. Ille inobediendo nos omnes perdidit, iste Deo obediendo audivit : *In semine tuo benedicentur omnes gentes* (Gen. xxii, 18). Illam Lectionem Canticum non sequitur, quia per Adam omnes ad luctum nascimur ; istam Canticum sequitur, quia cuncti per fidem Abrahae in Christo ad gaudium renascimur. Unde et Oratio consonat : *Deus, qui in Abrahae obedientia.* Lectio *Tentavit Deus* (Gen. xxii) historiam sonat. Alia, *Scripsit Moyses canticum* (Deut. xxxii), novam legem declarat, quam Spiritus sanctus in cordibus fidelium in die poenitentiae scripserat, sicut Moyses illam legem in die poenitentiae perceperat. Unde allegoricum canticum sequitur, in quo nobis laetitia aeterna promittitur. Tertia Lectio, septem dona Spiritus sancti pronuntiat propter septem mulieres, quas unum virum, id est Christum, apprehendere clamat (Isa. iv, 1), per hanc tropologia notatur, quia per septem dona Spiritus sancti mores fidelibus dantur. Hanc Canticum sequitur, quia bonos mores gaudia sequuntur. Quarta Lectio : *Audi, Israel* (Baruch. iii, 9), anagogen sonat, ubi dicitur : *Disce, ubi sit sapientia, ubi virtus, ubi prudentia, ubi lumen, et pax* (Isai. xiv). Quam Canticum sequitur, quia in illa vita canticum laetitiae sine fine cantabitur. Tituli ideo non pronuntiantur, quia auctores Scripturae a cathecumenis adhuc ignorantur. Aliqui in hac Vigilia tres Lectiones legunt, et quatuor Cantica cantant, quia fidem Trinitatis, lex, psalmodia et prophetia instruunt, et quatuor Evangelia ad laetitiam aeternae vitae deducunt. Romani legunt novem Lectiones in Pentecoste, ut in aliis Dominicis. In hac die baptisma, vel in omnibus summis festivitatibus ad vesperam, *Laudate*, cantatur, hoc ideo fit, quod in his psalmis magis laudes Dei sonare probantu

Cap. CXLVII. — *De Pentecoste.*

Pentecosten idcirco antiquus populus celebrabat, quia in illa die legem per Moysen acceperat. Hanc festivitatem ideo Ecclesia celebrat, quia hac die novam legem per Spiritum sanctum accepit. Pentecoste autem Graece dicitur quinquagesimus dies quia a die resurrectionis usque in hanc diem quinquaginta dies computantur. Hebraeus populus a die immolationis agni Pentecosten numerabat, Ecclesia autem a Dominica Resurrectionis computat, qua die concordiam linguarum per Spiritum sanctum acceperat. Septem hebdomadae a Pascha usque ad hoc festum numerantur, quia in hoc festo septem dona Spiritus sancti dantur. Hoc septimus annus olim praefigurabat, quem lex annum remissionum appellabat (Deut. xv, 1), quem populus cum laetitia ducebat; a servili opere vacabat. Hebraeos ob indigentiam venditos a servitio laxabat. Ita expletis septem millibus annorum fidelis populus per septiformem Spiritum plenam remissionem consequetur, a servitute eruetur, et libertate induetur. Unde et per septem dies hoc festum celebratur, quia per septem dona Spiritus sancti plena gaudia animabus et corporibus in futura vita tribuuntur. Ideo et septem ultimi psalmi per *Alleluia* intitulantur, per quos sempiterna gaudia per gratiam septiformis Spiritus danda praedicantur. Hoc festum ideo non in Kalendaria die, sed in quinquagesima post resurrectionem Christi, et in Dominica celebramus, quia per illud illam requiem, qua in Spiritu sancto requiescemus, in perenni gaudio commemoramus. Nota : aliud est Pentecoste, aliud Quinquagesima. Pentecoste a die resurrectionis Christi usque ad Adventum Spiritus sancti ; Quinquagesima incipit a Sabbato, quo duo *Alleluia* cantantur, et finitur in Dominica *Benedicta*, sed utrumque corporis et animae laetitia exprimit.

Cap. CXLVIII. — *De Paschali quinquagesima.*

Paschale tempus per quinquaginta dies extenditur, quia, sicut in quinquagesimo anno vel in jubilaeo populo Dei reddita est libertas, et amissa haereditas, ita nobis in futuro per Jesum in Spiritu sancto redditur amissa libertas, et paradisi haereditas. Quinquies enim decem sunt quinquaginta, hoc est pro labore quinque sensuum denarius, his in futuro dabitur, qui hic in vinea Domini in Quadragesima, hoc est in hac vita decem praeceptis laboraverunt. Sunt enim septem hebdomadae, una dies. Septies autem septem cum una die sunt quinquaginta, hoc est qui in septem diebus hujus vitae per septem dona Spiritus sancti quinque sensibus suis decem praecepta impleverit, in futuro illum in praemio recipiet, in quo solo, et qui solus est gaudium omnium.

Cap. CXLIX. — *De septem diebus Pentecostes.*

Per septem dies Pentecoste colitur propter septem dona Spiritus sancti, in quibus et jejunium celebratur, quia mox ut Spiritum sanctum acceperunt, confestim ab illecebris hujus mundi se fideles abstinuerunt.

Cap. CL. — *De jejunio Quatuor Temporum.*

De jejunio Quatuor Temporum de lege est acceptum. Ideo autem quatuor temporibus observatur, quia quatuor tempora anni, scilicet ver, aestas, autumnus, hiems numerantur. Ideo autem in uno—

quoque tres dies, qui conjuncti duodecim fiunt, quia duodecim menses in uno anno sunt. Ut ergo homo, qui ex quatuor elementis constat, Deo reconcilietur, qui in tribus personis colitur, ideo quatuor temporibus ternos dies abstinere præcipitur.

CAP. CLI. — *De Quadragesima.*

Quadragesimam ideo jejunamus, quia decimam Creatori nostro de diebus nostris reddimus. Sed quia hoc cum corpore agimus, ideo pro satisfactione duodecim dies pro duodecim mensibus abstinentia nos affligimus, quos dies ideo quatuor temporibus ternis diebus jejunamus, quia eadem Quatuor Tempora ternis mensibus ascribimus. Quatuor quoque temporibus qualitates elementorum, scilicet calidum, frigidum, siccum, humidum inesse scimus, ex quibus delectamenta mundi contrahimus. Et ut hoc superemus quatuor temporibus Deo sacrificium afflictionis exhibemus. Est et alia causa : In vere semina mittimus, in æstate semina metimus, in autumno vinum et oleum colligimus, itemque semina spargimus, in hieme hortis et ædificiis insistimus. Et ut hæc nostris conserventur usibus, idcirco iisdem temporibus nos Deo jejuniis subdimus. Hæc Quatuor Tempora Christi et sancti Joannis Baptistæ conceptione et nativitate insigniuntur, quia Christus in vere, et Joannes in autumno conceptus, Christus in hieme, Joannes in æstate natus scribitur. Ubi autem nos tres dies observamus, ibi religiosos Quadragesimam agere non ignoramus. Sicut enim tota Ecclesia in vere ante Pascha Quadragesimam jejunat, ita pleraque multitudo in æstate ante festum sancti Joannis Baptistæ, similiter in autumno ante memoriam sancti Michaelis, itemque in hieme ante Nativitatem Domini Quadragesimam observat.

CAP. CLII. — *De feria quarta.*

Feria quarta duæ Lectiones leguntur, quia hæc jejunia a Veteri et a Novo Testamento instituuntur. Antiquus namque populus in vere Pascha celebrabat, et tunc se affligens azyma edebat, in æstate Pentecosten solemnizabat, tuncque se affligendo primitias offerebat, in autumno Scenopegia, id est tabernaculorum festa agebat, in hieme Encænia, id est templi dedicationem recolebat; et in utroque festo se jejuniis affligebat. Ideo enim duæ Lectiones feria quarta leguntur, quia quarta ætate mundi lex et prophetia servanda traduntur, et ordinandi utraque lege instructi esse præcipiuntur. Semel *flectamus genua* ad priorem Collectam sine salutatione prolatam dicimus, quia in una Christiana religione unum Deum colimus.

CAP. CLIII. — *De feria sexta.*

Feria sexta una Lectio recitatur, quia in sexta ætate mundi lex et prophetia in uno Evangelio recapitulantur, ad quam *Flectamus genua* dicitur, quia Christus legislator adoratur.

CAP. CLIV. — *De Sabbato in duodecim Lectionibus.*

Sabbatum duodecim Lectionibus intitulatur, non propter duodecim Lectiones, scilicet propter duodecim lectores, quia olim Romæ sex Lectiones quæ Latine, cædem et Græce legebantur, et duæ causæ exprimebantur. Una quia Græci aderant, qui Latinam linguam nesciebant, et Latini affuerant, qui Græcam ignorabant. Altera quod per doctrinam duodecim apostolorum uterque populus in fide concordatur. Quatuor Lectionibus, quatuor ordines Deum benedicentium exprimuntur, qui per Spiritum sanctum describuntur : *Domus Israel, benedicite Domino; domus Aaron, benedicite Domino; domus Levi, benedicite Domino; qui timetis Dominum, benedicite Domino* (Psal. cxxxiv, 19, 20). Per domum Israel populi, per domum Aaron prælati, per domum Levi ministri, per timentes Dominum quoque religiosi accipiuntur, sic et ministri altaris in acolythos, in subdiaconos, in diaconos, in presbyteros distribuuntur. Quasi quatuor virtutibus prudentia, fortitudine, justitia, et temperantia pollent, Dominum cum supradictis Patrum ordinibus benedicere valent. Quinquies *Flectamus genua* dicitur, quia pro his quatuor ordinibus et pro populo oratur. Quatuor Lectiones et tempori et ordinandis congruunt; Gradualia vero Lectionibus conveniunt. Quinta Lectio ideo legitur, quia sicut pueri illi in fornace ignis, ita ordinandi in camino tribulationis probantur. Unde et illorum voce benedictiones cantantur, quia post probationem coronantur. Ad hanc Lectionem *Flectamus genua* non dicimus, quia statuam Nabuchodonosor non cum infidelibus, sed Dominum cum pueris nos adorare innuimus. Tractus, *Laudate Dominum* (Psal. cxxxiv, 5), laudem regis exprimit, quam Domino post liberationem puerorum solvit.

CAP. CLV. — *Quare in Quatuor Temporibus ordines fiant.*

Ministri Ecclesiæ ideo in Quatuor Temporibus ordinantur, quatenus sub quatuor Evangeliis Christo et Ecclesiæ servire admoneantur. In Quadragesima idcirco ordinantur, ut vitiis marceant; in vere ideo, ut virtutibus floreant; in septimana Spiritus sancti, et in æstate ideo ut sint *spiritu ferventes, Domino servientes* (Rom. xii, 11); in Autumno et in festo tabernaculorum, ideo ut fructus bonorum operum colligant, et ipsi tabernaculum Dei fiant; in hieme et ante Nativitatem, ideo ut mundo moriantur, et cum Christo in virtutibus renascantur. Ideo in Sabbato ordines fiunt, quia Deus Sabbatum sanctificavit, in quo et requievit, et ipsi debent esse sancti et vacare servitio Dei. Sabbatum quoque est septimus dies, et ipsi per septiformem Spiritum septem gradibus distribuuntur.

CAP. CLVI. — *De Dominica post octavam Pentecostes.*

Dominica, quæ sequitur, ideo ab officio vacat, quia olim Romani ordinationes in Dominica faciebant, sed in vespera Sabbati incipiebant. Et ideo in Quadragesima Oratio super populum non dicebatur, ad quam non capita, sed genua flectebant, quod in Dominica minime licebat. Sacerdotes namque jure in Dominica ordinantur, per quos Dominica sacramenta consecrantur.

Cap. CLVII. — *Quid significet tempus inter Pascha et Pentecosten.*

Tempus a Pascha usque post Pentecosten illud tempus nobis commemorat, quo diu fidelis populus post baptisma innocentiam servat. Tempus a Pentecoste usque ad Quadragesimam illud tempus insinuat, quo pro erroribus se occulta poenitentia macerat. Tempus vero Quadragesimae illud tempus indicat, quo ab Ecclesia ejecti publica poenitentia se satisfaciendo castigant.

Cap. CLVIII. — *De Januario.*

Per mensem Januarium, in quo annus innovatur, tempus ante diluvium nobis repraesentatur, in quo mundus novus inchoatur.

De Februario.

Per Februarium, in quo *Alleluia* deponitur, illud tempus post diluvium innuitur, quo universitas linguarum confunditur.

De Martio.

Per Martium, in quo Quadragesima agitur, illud tempus ostenditur, quo populus Dei in Ægypto affligitur.

De Aprili.

Per Aprilem, in quo Pascha celebratur, illud tempus, quo idem populus a Pharaone liberatur, et in patriam cum gaudio graditur.

De Maio.

Per Maium, in quo saepius Pentecoste solemnizatur, illud tempus, quo populus in terra repromissionis florens gratulabatur.

De Junio et Julio.

Per Junium et Julium, in quibus historia Regum recitatur, regnum Saul et David insinuatur.

De Augusto.

Per Augustum, in quo historia de libris Sapientiae cantatur, pontificium Salomonis, vel totum Judaici populi regnum commemoratur.

De quatuor reliquis mensibus.

Per quatuor reliquos menses quatuor principaliter regna denotantur, quae in modum crucis formantur, dum Babylonicum in oriente, Persarum in meridie, Graecorum in aquilone, Romanorum in occidente principabatur.

Cap. CLIX. — *De historia Job.*

Historia Job, quae hoc mense legitur, regnum orientis exprimit, ubi dicit: *Eratque vir ille magnus inter omnes orientales* (Job I, 3). Unde et haec historia per duas septimanas legitur, quia regnum Babylonicum duas septimanas durasse dicitur. In una autem septimana septingenti anni numerantur, et in duabus mille et quadringenti computantur. Tot quippe inveniuntur a tempore Nini, quo regnum Orientis coepit, usque ad Cyrum regem Persarum, quo defecit. Reliqua pars mensis regnum Meridiei innuit, quod in Persida, vel Media, unam septimanam, scilicet septingentos annos viguit. Unde diversae historiae tunc leguntur, quia nunc de Persis, nunc de Medis reges assumuntur.

De Octobri.

Sequens mensis, videlicet October, regnum Graecorum exprimit, quod etiam una septimana scilicet septingentis annis in Aquilone floruit. Unde et historia Machabaeorum in hoc mense legitur, quia ipsi Machabaei sub eisdem regibus affligebantur.

De Novembri.

November Romanum regnum denotat, quod per duas septimanas, id est per bis septingentos annos in Occidente nobiliter durabat. Hoc a Gothis destructum nunquam priorem meruit statum. Unde et in hoc regno Christus, Rex regum, nascitur.

De Decembri.

December, in qua Adventus vel Nativitas Christi celebratur, regno Christianorum attitulatur. Et sicut Christi nativitas est in fine anni, ita regnum Christianorum venit in fine mundi, quod Rex regum adveniens innovabit, et in aeternum in suis regnabit.

Cap. CLX. — *De festo Joannis « ante portam Latinam, » sexta die Maii.*

Missa, quae scribitur Joannis Ante portam Latinam, est illa dies, qua Joannes apostolus a Domitiano Caesare ante eamdem portam in dolium ferventis olei est missus, sed divinitus liberatus.

Cap. CLXI. — *De festo Mariae Ad martyres.*

Missa quae scribitur Mariae ad martyres, est illa dies qua templum Romae Pantheon in honore Dei genitricis Mariae et Omnium martyrum consecratur (128) quia adhuc solemnitas Confessorum minime celebris habebatur. Ad hanc missam Terribilis proprie scribitur (Gen. xxviii, 17).

Cap. CLXII. — *De festo Petri et Pauli apostolorum, 29 die Junii.*

Cum corpora apostolorum Petri et Pauli diu simul tumulata jacerent, et post plurimos annos in singulas Ecclesias poni deberent, ignotum erat cujus illa et illa ossa essent. Jejunantibus autem et orantibus est revelatum minora quidem esse Piscatoris, majora autem Doctoris, et sic divisa sunt.

Cap. CLXIII. — *De sancto Jacobo, 25 Julii.*

Jacobus apostolus in Pascha est decollatus, sed hic translatus.

Cap. CLXIV. — *De Kalendis Augusti, et de « Ad vincula sancti Petri. »*

Dies Kalendarum Augusti olim celebris habebatur, ob victoriam Augusti hac die, postea vincula sancti Petri collocata sunt Romae in ecclesia constructa in ejus honorem. Et ipsa dies instituta celebris in honore apostolorum principis, sicut prius in veneratione mundi principis, et haec missa vel potius ecclesia Ad vincula sancti Petri vocatur, quia ecclesia ab Eudoxia regina constructa in honorem principis apostolorum, ipsa die dedicatur, et catenae ipsius apostoli ibidem collocantur.

---

(128) Primum a Bonifacio pont. max. Inf. c. 168.

Cap. CLXV. — *De decollatione Joannis Baptistæ, 29 Augusti.*

Joannes Baptista in Annuntiatione (129) sanctæ Mariæ est decollatus, sed hodie caput ejus inventum glorificatur divinitus.

Cap. CLXVI. — *De nativitate sanctæ Mariæ Virginis, 8 Septemb.*

Dies Nativitatis sanctæ Mariæ hoc modo solemnis institutus. Quidam solitarius vitam ducens sanctissimam audivit annis singulis die Nativitatis sanctæ Mariæ genitricis Dei harmoniam, concentus angelorum in cœlo. Qui cum miraretur, quid hoc esset, et orasset intente, ut hoc sibi pietas divina revelare dignaretur, dictum est illi per angelum, quod ea die nata sit sancta Maria. Cujus nativitas cum ignoretur ab hominibus in terra, venerabiliter eam excolunt in cœlis angeli. Quod ille referens Ecclesiæ, statuta est ejus Nativitas solemniter celebrari.

Cap. CLXVII. — *De festo sancti Michaelis, 8 die Maii. Ejus apparitio.*

Missa sancti Michaelis est illa dies, qua populus Christianus cum paganis pugnavit, et victoriam per sanctum Michaelem archangelum obtinuit.

Cap. CLXVIII. — *De festo Omnium Sanctorum, Kalendis Novemb.*

Festivitatem Omnium Sanctorum Gregorius papa junior instituit, quam prius Bonifacius papa in honorem sanctæ Mariæ et Omnium Martyrum servandam censuit.

Cap. CLXIX. — *De Dedicatione ecclesiæ.*

Ecclesiæ Dedicatio est sumpta a tabernaculo vel a templo, instituta ex Domini imperio.

(129) Id est, 25, *Martii.*

LIBER QUARTUS

DE CONCORDIA OFFICIORUM.

Caput primum. — *De concordia officiorum.*

His succincte expeditis de Solemnitatibus, nunc manum ad concordiam officiorum vertimus. Olim divinum officium in ecclesia agebatur, prout cuique bonum videbatur. Sed postquam unitas Ecclesiæ multiformiter cœpit ab hæreticis scindi, et a schismatibus multipliciter in diversa conventicula findi, beatæ memoriæ Theodosius imperator synodum Constantinopolitanam congregavit; omnes hæreses damnavit, divinum officium a synodo ordinari postulavit. Quod negotium Damasus papa Hieronymo, tunc in divinis Scripturis eruditissimo, injungere optimum judicavit. Hieronymus itaque in Bethlehem, ubi Dominus nasci voluit, psalmos ad Nocturnos, et ad reliquas horas distribuit, ut hodie Ecclesia psallit. Ad missæ vero officium Lectiones, et Evangelia ex Veteri et Novo Testamento collegit, prout tempori et stationi congruere vidit. Romana quippe Ecclesia implorando sanctorum suffragia Stationes facit per diversa sanctorum loca. Postquam ergo papa dispositionem divini officii a Hieronymo editam accepit, concilium collegit, ac ubique sic cantari præcepit. Postea Gelasius papa et Gregorius orationes et cantum Lectionibus et Evangeliis congruentes addiderunt, et sic hodie cantatur, celebrationemque divini officii instituerunt.

Cap. II. — *De Septuagesima.*

Igitur quia in Septuagesima mundi exordium commemoramus, a Septuagesima et nos incipiamus. Una peregrinatio legitur populi Dei in Ægypto et una captivitas ejusdem populi in Jerusalem in Babylonem, per utramque significat nostra peregrinatio, et nostra captivitas de paradiso in hunc mundum. Duæ vero reversiones populi Dei leguntur : una de Pharaone per mare Rubrum et desertum ad terram promissionis, altera de Babylone ad Jerusalem, per quas significantur nostræ reversiones. Una qua de Pharaone, id est de diabolo per mare Rubrum, id est per baptismum, vel per desertum, id est pœnitentiam ad terram repromissionis, id est ad Ecclesiam redimus. Alia qua de Babylone ad Jerusalem, id est de hoc mundo ad cœlum revertimur. Peregrinatio quidem per septem millia annorum extenditur, captivitas vero per septuaginta annos differtur. Hæc omnia per septem officia septem hebdomadarum, scilicet a Septuagesima usque ad Passionem Domini designantur. In nocturnali officio peregrinatio exprimitur; in matutinali captivitas innotescit, in missali autem reversiones recensentur.

Cap. III. — *De Dominica Septuagesimæ, Circumdederunt.*

In prima Dominica Genesis legitur, in qua peregrinatio generis humani de paradiso in mundum memoratur. Ad Laudes antiphona, *Miserere mei, Deus* (*Psal.* L), cantatur, per quam vox in captivitate dolentium exprimitur. Ad missam vox in peregrinatione, vel captivitate gementium : *Circumdederunt me gemitus mortis* (*Psal.* XVII, 5). In Epistola de Babylone ad Jerusalem, id est de mundo ad cœlum reversio, ubi dicitur : *Sic currite ut comprehendatis* (*I Cor.* ix, 24). In Graduale vox redeuntium. *Adjutor in opportunitatibus* (*Psal.* ix, 10). In Evangelio reversio ad Ecclesiam ubi dicitur : *Ite in vineam meam* (*Matth.* xx, 4), id est in Ecclesiam, et hoc fit per confessionem, unde in officio, *Bonum est confiteri* (*Psal.* xci, 1).

Cap. IV. — *De Dominica* « Exsurge » *in Sexagesima*.

In secunda Dominica nocturnale et matutinale officium iteratur, quia prima ætas per duo millia annorum terminatur. In missa vox redeuntium, *Exsurge quare obdormis* (*Psal.* xliii, 23). In Epistola labores revertentium ad Ecclesiam, ubi dicitur *periculis fluminum, periculis latronum* (*II Cor.* xi, 26). Flumina sunt tentationes, latrones sunt dæmones. In Evangelio reversio ad cœlum, *Exiit qui seminat* (*Luc.* viii, 5), quia qui hæc bona opera seminant in lacrymis, in gaudio metent vitam æternam, ut in Offertorio, *Perfice gressus meos in semitis tuis* (*Psal.* xvi, 5).

Cap. V. — *De Dominica* « Esto mihi, » *in Quinquagesima*.

In Dominica tertia, quod malum homini in peregrinatione contigerit, in nocturnali officio memoratur, dum diluvio submersi leguntur. In Matutinis per antiphonam, *Secundum multitudinem miserationum* (*Psal.* l, 3), vox captivorum insinuatur. Ad missam vox redeuntium : *Esto mihi in Deum protectorem* (*Psal.* xxx, 3). In Epistola modus reversionis ad ecclesiam, ubi dicitur *charitas patiens est, benigna est* (*I Cor.* xiii, 4). In Evangelio reversio ad cœlum, ubi dicitur, quod Jesus ascendit Jerosolymam (*Luc.* xviii), et in versibus Offertorii utraque reversio : *Beati immaculati in via* (*Psal* cxviii); alius : *in Via testimoniorum* (*Ibid*.), et ibi : *Viam mandatorum tuorum cucurri* (*Ibid*.).

Cap. VI. — *De Dominica prima Quadragesimæ*, « Invocabit. »

In quarta Dominica in nocturnali officio pene ad singula Responsoria afflictio nostræ servitutis exprimitur, quia per Quatuor Tempora anni in quatuor partibus mundi humanum genus affligitur. Ad Laudes per antiphonam, *Cor mundum crea* (*Psal.* l, 12), vox captivorum insinuatur. Ad missam reversio ad Ecclesiam, ubi dicitur in Epistola *in vigiliis, in jejuniis multis* (*II Cor.* vi, 5). Unde custodia angelorum in Graduale promittitur, *Angelis suis mandavit* (*Psal.* xc, 11). Reversio ad cœlum in Evangelio, ubi Christus tentatus a diabolo describitur (*Matth.* iv, 1). Quæ unicuique in fine suo futura non dubitatur.

Cap. VII. — *De Dominica II Quadragesimæ* « Reminiscere. »

In quinta Dominica nostra peregrinatio in nocturnali officio memoratur, ubi Jacob in exsilium ivisse refertur. Ad Laudes vox captivorum. In antiphona, *Domine, labia mea* (*Psal.* l, 17). In missa vox redeuntium *Reminiscere miserationum tuarum* (*Psal.* xxiv, 6). Reversio in Epistola ad Ecclesiam, ubi dicitur : *Vocavit nos Deus in sanctificationem* (*I Thess.* iv, 7). Reversio ad cœlum in Evangelio, ubi mulier Chananæa venit ad Christum *Matth.* xviii) hoc est Ecclesia ad Deum in cœlum.

Cap. VIII. — *De Dominica III Quadragesimæ*, « Oculi. »

In sexta Dominica in nocturnali officio nostra peregrinatio recensetur, cum Joseph in Ægyptum venditus legitur, ad Laudes captivitas et reædificatio templi, exprimitur, per antiphonam, *Fac benigne*, ubi dicitur, *Ædificentur muri Jerusalem* (*Psal.* l). In missa revertentes, *Oculi mei semper ad Dominum* (*Psal.* xxiv, 15). Reversio ad Ecclesiam in Epistola, ubi dicitur, *Avaritia et omnis immunditia nec nominetur in vobis* (*Ephes.* v, 3). In graduale *Exsurge, Domine, non prævaleat* (*Psal.* ix, 20), et in Tractu *Ad te levavi* (*Psal.* xxiv, 1). In Evangelio reversio ad cœlum ubi dicitur *Beati qui audiunt verbum Dei* (*Luc.* xi, 28). In communione *Passer invenit sibi domum* (*Psal.* lxxxiii, 4), et in fine *Beati qui habitant in domo tua* (*Psal.*

Cap. IX. — *De Dominica IV Quadragesimæ*, « Lætare. »

In septima Dominica plenitudo nostræ peregrinationis in nocturnali officio exprimitur, ubi afflictio populi Dei in Ægypto et ejusdem liberatio refertur. In matutinis Laudibus liberator a captivitate sacrificium declaratur, ubi dicitur in antiphona, *Tunc acceptabis sacrificium* (*Psal.* l, 20). Ad missam plena reversio ad cœlum ubi cantatur, *Lætare, Jerusalem* (*Zach.* ii, 18), et in Epistola, *Quæ sursum est Jerusalem, est mater nostra* (*Gal.* iv, 28). In Graduali, *In domum Domini ibimus* (*Psal.* cxxi, 1). In Evangelio quinque millia saturata referuntur (*Joan.* vi, 10), qui quinque genera hominum, id est contemplativi et activi quod sunt conjugati, viduæ, virgines, ibi satiabuntur. Unde in Communione, *Jerusalem, quæ ædificatur ut civitas* (*Psal.* cxxi, 3).

Cap. X. — *De duabus Dominicis sequentibus.*

Propter quod hæc reversio fiat in sequentibus duabus Dominicis exprimitur, scilicet per passionem Christi. Quæ ideo sunt duæ, quia sunt duæ reversiones, ut dictum est, sive duæ passiones Christi, una qua in se ipso, altera qua patitur in corpore suo, hoc est Ecclesia.

Cap. XI. — *De Dominica Paschæ*, « Resurrexi. »

Mox sequitur Dominica *Resurrexi*, quia in resurrectione ista reversio perficietur, et *Alleluia* cantatur, quia plenum gaudium a revertentibus percipietur.

Cap. XII. — *De duobus diebus.*

Duo sunt dies : dies temporalitatis, et dies æternitatis. Dies temporalitatis, quandiu vivit homo, ut dicitur, *Hodie, si vocem ejus audieritis* (*Psal.* xciv, 8), hoc est, hoc tempore, quo vivitis. Dies æternitatis non horum vesperum, ut dicitur : *Melior est dies una in atriis tuis super millia* (*Psal.* lxxxiii, 11). Hunc diem attulit Christus. Hic dies cœpit electis a resurrectione Christi, et in futura resurrectione perfecte dabitur. Unde nunc quibusdam in anima, tunc omnibus in corpore et anima dabitur. Propterea dicitur, *Hodie resurrexit Dominus*, quando Pascha inter Kalendaria Maii evenerit, cum ipse in Martio resurrexerit, imo ante annos plurimos, scilicet dicitur, *Hodie natus est*, vel *hodie apparuit*, hoc est in die gratiæ.

CAP. XIII. — *Quare dicuntur « dies mali » ab Apostolo?*

Cur Apostolus vocat dies malos dicens, *redimentes tempus, quoniam dies mali sunt* (*Ephes.* v, 16), cum omnia bona sint. Respondeo : Quantum ad tempus spectat, omnes dies æqualiter bonos esse constat. Sed ideo quidam dies mali dicuntur, quia in eis plus homines solito affliguntur. Contingit enim aliquando, ut una eademque die, unus suspendatur, alter regni sceptro potiatur, et illa dies, quæ illi mala, isti bona appellatur. Sic solemus dies tempestuosos, vel dies bellorum, aut in quibus aliquid infortunii occurrit, malos appellare ; dies vero serenos, vel dies conviviorum, aut festos, vel in quibus aliquid læti contigerit, bonos nominare. Porro quod horas dierum quasdam malas dicimus, secundum lunæ cursum, hoc non secundum tempus, sed secundum augmentationem vel diminutionem naturalem nostri sanguinis dicimus.

Interrogatio.

Cum omnes dies Domini sunt, cur dies judicii proprie dies Domini dicitur.

Responsio.

Isti dies, in quibus vivimus, non Domini, sed nostri vocantur, quia in eis facimus, quod volumus. Dies autem judicii non nostra, sed Domini appellatur, quia tunc omnia juste judicat, quæ nunc patienter tolerat, et unumquemque secundum quod gessit remunerat.

CAP. XIV. — *De officio Quadragesimæ.*

In Quadragesima sunt quædam officia de pœnitentia instituta, ut, *Misereris omnium, Domine, dissimulans peccata hominum* (*Sap.* xi, 24), et illud, *Reminiscere miserationum* (*Psal.* xxiv, 6); quædam de jejunio, ut illud : *Cum jejunatis* (*Matth.* vi, 16) ; quædam de orante, ut illud : *Cum oratis* (*ibid.* 5) ; quædam de eleemosynis, ut illud : *Cum facis eleemosynam* (*ibid.* 2), et illud : *Frange esurienti panem* (*Isai.* LVIII, 7), et item : *Quod uni ex minimis meis* (*Matth.* xxv, 40); quædam de operatione, ut illud, de agricolis vineæ (*Matth.* 20); quædam de statione, ut illud in Sabbato, ante mediam Quadragesimam, ubi lectio de Susanna legitur, quia tunc statio ad sanctam Susannam virginem et martyrem agitur. Scilicet in Sexagesima Lectio de laboribus sancti Pauli apostoli legitur (*II Cor.* xi), et in Oratione, *Contra omnia adversa Doctoris gentium protectione muniamur*, dicitur, quia illa die ad Sanctum Paulum statio agitur. Sic consideranda sunt cætera, quæ a doctis viris Spiritu sancto inspirante in divinis offi-

ciis sunt edita. Quidquid enim ante Christi Adventum, vel postea in Ecclesia illo vel illo tempore anni contigit, secundum hoc Hieronymus divinum officium instituit, vel quod stationi congruere vidit. Feria quarta primæ hebdomadæ Quadragesimæ, ideo duo versus ad Graduale de necessitatibus cantantur, quia geminum jejunium celebratur. Feriæ quintæ in Quadragesima proprio officio privantur, sed de Dominicis æstivalibus inofficiantur. Unde et earum Evangelia, scilicet de divite et Lazaro (*Luc.* xvi), et viduæ filio resuscitato (*Luc.* vii) in his recitantur. Olim quippe has ferias non jejunabant, sed, Silvestro papa instituente, eas ob multa mysteria, ut Dominicas feriabant. Postmodum sunt Quadragesimæ conjunctæ, et a Gregorio papa juniore inofficiatæ.

CAP. XV. — *De officio Paschatis « Resurrexi ».*

In Paschali die Introitus in persona Christi cantatur, qui resurgens in Ecclesia Patri se repræsentans sic eum affatur, *Resurrexi, et adhuc tecum sum*. Oratio in persona Ecclesiæ recitatur, quæ æternitatis aditum per Christum sibi reseratum gratulatur. Epistola vero in persona angelorum eam ad lætitiam hortatur. Quam lætitiam in Graduali, *Hæc dies*, et *Alleluia* resonamus, quia *Pascha nostrum immolatus est Christus* (*I Cor.* v, 7). Evangelium secundum Marcum, qui in forma leonis scribitur, ideo hac die legitur, quia Leo natus triduo, quasi mortuus, dormire traditur, sed in die tertia voce Patris excitatur. Sic Christus Leo de tribu Juda triduo dormivit conturbatus, sed in die tertia a Patre est suscitatus. Officium, *Introduxit nos Dominus*, est sumptum de legali Pascha, quod præcessit in figura. In nocte quippe agnum ederunt, et in crastino, scilicet in Paschali die, de Ægypto educti sunt, eosque Moyses his verbis alloquitur : *Introduxit nos Dominus* (*Exod.* XIII,v). Offertorium quoque in die solemnitatis, *Et erit nobis* hic de eadem die sunt sumpta, cætera omnia sunt ad neophytos respicientia.

CAP. XVI. — *Notanda sunt et hæc.*

In Pascha sunt quatuor notanda : Ut tertia hebdomada lunæ aprilis, qui primus est apud Hebræos, celebretur, et post æquinoctium, cum dies prolongatur, et post quarto-decimam lunam, cum luna cœperit altiora cœli petere, et in Dominico die. Tres hebdomadæ signant tria tempora mundi, ante legem, sub lege, sub gratia. Pascha cœpit primo tempore celebrari ante legem, quando agnus in Ægypto immolatus est per cujus sanguinem liberati sunt. Secundo tempore sub lege cœpit Pascha agi, cum annuatim ex præcepto legis recoleretur. Tertio tempore sub gratia verum Pascha Christus pro nobis immolatus est, ideo tertia hebdomada agitur. Quod post æquinoctium, cum dies prolongantur, hoc significat quod, post Christi resurrectionem, tenebræ infidelitatis et mortis cœperunt minui, et lux fidelitatis et vitæ cœpit augeri. Quod post decimam quartam lunam, cum luna alta petit, quia tunc Ecclesia alta virtutum petere et cœlestia quærere cœpit;

Quod in Dominico die, hoc ideo, quia illa die mundus creatus, Illa enim die pluit Dominus manna; illa die etiam resurrexit. Officium *Resurrexi* Christi resurrectionem designat, quia resurgens a morte sponsæ suæ Ecclesiæ se repræsentat: *Resurrexi* inquiens, *et adhuc tecum sum* (Psal, cxxxviii, 18). At illa applaudens lætabunda resultat: *Posuisti super me manum tuam* (Psal. lxxii, 24). In Graduali vero, *Hæc dies*, et in alia, et in reliquis concentus angelorum, et gaudium hominum exprimuntur, qui de Christi resurrectione gloriabantur. Ab Adam usque ad Christum quasi nox erat, dum totus populus in tenebris peccatorum errabat, Christo vero ab inferis resurgente serena dies illuxit, quæ credentes ad æternam lucem perduxit. Unde et totum hoc tempus pro una die ponitur. Et ideo vespera non per *Deus in adjutorium* inchoatur, sed per *Kyrie eleison* celebritati missæ continuatur, quia illa dies vespere carere prædicatur.

Cap. XVII. — *Iterum de Paschali die.*

Septem etiam officia hujus hebdomadæ baptizatis congruunt, qui septiformem Spiritum acceperunt, qui per fidem mundo mortui in baptismo Christo consepulti, jam de vitiis ad virtutes, de morte ad vitam resurrexerunt. Humanum itaque genus, quod in Adam cecidit, per Christum resurgens dicit: *Resurrexi, et adhuc tecum sum.* Quod spiritu sapientiæ affatum in Oratione precatur, *ut aditum æternitatis per Christum* reseratum, *per pia vota* mereatur. In Epistola vero per spiritum admonetur, ut Christum pro se immolatum meditetur, sine malitia, et nequitia, in sinceritate et veritate vivat (*I Cor.* v), et sic æternitatem adire licet. De qua promissione exsultans dicit: *Hæc dies, quam fecit Dominus exsultemus, et lætemur in ea* (Psal. cxvii). Deinde omnes fideles ad laudem Christi hortans subinfert: *Confitemini Domino, quoniam bonus, quoniam in sæculum misericordia ejus* (ibid.). De promissione vero angelicæ æqualitatis in *Alleluia* jubilat. *Pascha nostrum immolatus est Christus, epulemur in azymis sinceritatis et veritatis* (*I. Cor.*v, 7, 8). In Sequentia autem, jubilatio angelorum denotatur, qui de salvatione hominum lætabantur, unde et in fine cantatur: *Astra, solum, mare jocundentur et cuncti gratulentur in cœlis spirituales chori Trinitati.* In Evangelio vero Christi resurrectio denuntiatur, per quam humanum genus ad vitam redisse declaratur (*Marc.* xvi). In quem se omnes credere clamant; dum *Credo in unum* consonant. Offertorium, *Terra tremuit* (Psal. lxxv, 9), terræmotum in Christi resurrectione factum nobis ad memoriam reducit, sicut scriptum est: *Et ecce terræmotus factus est magnus* (*Matth.* xxviii, 2). Illum autem terræmotum præfigurat, quem in nostra resurrectione Scriptura futurum prædicat: *Adhuc*, inquiens, *semel et ego movebo non solum terram, sed etiam cœlum* (*Agge.* ii, 7 ; *Hebr.* xii, 26). Porro in Præfatione ille Paschalis Agnus cum angelis collaudatur, per cujus immolationem fidelis populus Ægyptiaca servitute liberatur, ut ad patriam paradisi liber revertatur. In communione gratias agit de sua salvatione.

Cap. XVIII. — *De officio,* « *Introduxit nos Dominus.* »

Feria secunda baptizati admonentur per spiritum intellectus, quanta dona contulerit eis Christus. *Introduxit*, inquit, *nos Dominus in terram fluentem lac et mel*, hoc est in Ecclesiam nunc fluentem lacte doctrinæ, in futuro melle æternæ gloriæ. Qui in Oratione precantur, ut libertatem et vitam æternam consequantur. Quos mox Lectio instruit quod per resurgentis Christi nomen remissionem peccatorum et vitam assequi possint. De qua spe exsultant, et Graduale, *Hæc dies*, et *Alleluia* in Christi laude jubilant. Quibus protinus in Evangelio Christi resurrectio narratur (*Luc.* xxiv), ut se ejus resurrectione salvatos non obliviscantur. Similiter in Offertorio et in Communione, ut grates solvant de sua liberatione.

Cap. XIX. — *De officio,* « *Aqua sapientiæ.* »

Feria tertia spiritus consilii baptizatos instruit quantam gratiam eis Christus contulerit. *Aqua*, inquit, *sapientiæ potavit eos* (*Eccli.* xv, 3), hoc est aqua baptismatis eos mundavit; evangelica doctrina sanavit, et ad cœlestia exaltavit. Qui in Oratione hoc postulant, quatenus hæc vivendo obtineant. Lectio autem eos docet Christum pro eis mortem subiisse, et resurgendo mortem fudisse; quem si imitari volunt, ei congregabuntur. Unde gaudentes, Graduale, *Hæc dies* personant, et Christum per *Alleluia* exaltant. In Evangelio eis Christi resurrectio recitatur (*Luc.* xxiv), per quam pax reconciliationis eis datur. In Offertorio vero fontes aquarum apparuisse, scilicet baptismatis et Pœnitentiæ, memorantur. In Communione autem, quæ sursum sunt quærere adhortantur, ut sic illuc, ubi Christus est in dextera Dei sedens, pervenire mereantur.

Cap. XX. — *De officio,* « *Venite, benedicti Patris mei,* » *Feria IV.*

Feria quarta spiritus fortitudinis in Christo renatos docet, quam dulci voce eos Christus ad regnum amissum in ultimis vocet. *Venite*, inquit, *benedicti Patris mei* (*Matth.*, xxv, 34). Qui in Oratione exorant, ut æterna gaudia percipiant. Quibus in Lectione passio et resurrectio Christi recitatur, per quem pœnitentibus peccata delentur, et vita æterna datur. Qui per Graduale *Hæc dies* tripudiant, et Christo *Alleluia* jubilant. Mox eis in Evangelio Christus post resurrectionem cum septem discipulis convivasse narratur (*Joan.* xxi), per quod septiformi spiritu pleni post ultimam resurrectionem cum Christo convivaturi præfigurantur. Unde et in Offertorio panem angelorum homo manducasse perhibetur. In Communione vero hunc panem digne manducantes ultra non mori, sed cum Christo victuri docentur.

Cap. XXI. — *De officio,* « *Victricem manum,* » *Feria V post Pascha.*

Feria quinta spiritus scientiæ monet baptizatos Christum laudare, sicut liber ab Ægypto post Rubrum mare: *Victricem*, inquit, *manum tuam, Domine, id est Christum laudaverunt pariter* (Sap. x, 20). Qui in oratione flagitant, ut fidem actibus impleant, in lectione Epistolæ docentur sicut Æthiops ad Jerusalem veniens baptizatur (Act. viii), ita de nigredine peccatorum ad Ecclesiam venientes per Christi passionem salvantur. At in Graduali *Hæc dies* gaudium conversorum exprimitur, in *Alleluia* laus Christi depromitur. In Evangelio resurrectio Christi eis commemoratur, in qua fratres Christi vocantur (Joan. xx, 17). In Offertorio autem dies æternæ solemnitatis eis prædicitur, in qua terram lac et mel fluentem, id est paradisum introduci eis promittitur. Ideo in Communione vero ad laudem Dei hortantur, per quem *de tenebris in admirabile lumen* vocantur (I Petr. xi, 9).

Cap. XXII. — *De officio,* « *Eduxit eos Dominus.* »

Feria sexta spiritus pietatis intimat in Christo renatis, quod sic per Christum liberati sunt a diaboli oppressione, sicut filii Israel olim a Pharaone. Qui in Oratione precantur, quatenus Christianam professionem operibus imitentur, ut per resurrectionem ejus in dexteram Dei veniant. Qui per Graduale *Hæc dies* lætitiam suam depromunt, et per Versum, *Lapidem quem reprobaverunt* (Psal. cxvii, 22), Christi passionem concinunt, per *Alleluia* vero resurrectionem ejus extollunt. In Evangelio eis Christi visio post resurrectionem suam legitur (Matth. xxviii). In cujus nomine baptizati quique docentur, cum eis usque ad consummationem sæculi promittitur. Unde in Offertorio *Hæc dies*, id est feria sexta, memorialis eis præcipitur, in qua ab hoste Christi morte erepti noscuntur. In Communione in nomine Patris et Filii et Spiritus sancti baptizati docentur, cujus præcepta servare admonentur, ut eum post resurrectionem videre mereantur.

Cap. XXIII. — *De officio,* « *Eduxit Dominus populum suum,* » *Sabbato in Albis*.

Sabbato spiritus Domini timoris recolit baptizatis gratiam Christi Redemptoris, qui eos de morte redemit, et in paradisum reducet. *Eduxit*, inquit, *Dominus populum suum in exsultatione, et electos suos in lætitia* (Psal. civ, 43). Qui in Oratione deprecantur, ut æterna gaudia mereantur. Quos Lectio instruit Christum lapidem angularem eos vivos lapides sibi in coelesti ædificio conjunxisse, imo in reges et sacerdotes elegisse (I Petr. ii). Unde immenso gaudio exsultant, et bina *Alleluia* in Christi laude personant. In Evangelio eis resurrectio Christi prædicatur (Joan. xxi), per quam gentilis et Judaicus populus salvatus per Joannem et Petrum præfiguratur. Quorum etiam vox in Offertorio resonat, qua Christum pro redemptione sui venisse salutant: *Benedictus qui venit* (Matth. xxi, 9). In Communione Christo per baptismum conjuncti ad ejus regnum docentur per virtutes debere niti.

Cap. XXIV. — *Dominica in Albis,* « *Quasimodo geniti infantes.* »

In officio octavæ Paschæ baptizati admonentur, ut Quasimodo genitos se infantes in Christo memorentur, lac sacræ Scripturæ concupiscant, ut in ejus corpore in salutem crescant. Qui in Oratione postulant, ut Paschale sacramentum moribus et vita teneant. Quos Lectio ex Deo natos, et mundum ab eis per fidem vincendum perhibet, ipsosque cum Christo triumphaturos in resurrectione docet (I Joan. v). Unde quia tunc gaudium et lætitiam in corpore et anima simul obtinebunt, ideo duo *Alleluia* concinunt. Mox in Evangelio Christi resurrectionem audiunt, per quem Spiritum sanctum et remissionem peccatorum acceperunt (Joan. xx). Quæ resurrectio in Offertorio et in Communione confirmatur, ut illorum resurrectio futura credatur. Notandum quod per singula officia hujus septimanæ ad Introitum quater, ad alium ter *Alleluia* cantatur, quia videlicet sancta Trinitas a quatuor partibus mundi ob resurrectionem Christi, et ob salvationem hominis collaudatur.

Cap. XXV. — *Dominica II post Pascha,* « *Misericordia Domini.* »

In secunda Dominica baptizati gratiam Christi mundo intonant, et gaudentes conclamant, *Misericordia Domini plena est terra* (Psal. xxxii, 5). Hic Trinitatem prædicant, nam in *misericordia* Domini Spiritum sanctum, in *verbo* Filium, in *Dei* Patrem pronuntiant. Ideo autem personam Spiritus sancti primitus canunt, quia in eo sanctificati sunt. Secundo personam Filii ponunt, per quem redempti sunt. Tertio personam Patris depromunt, cui reconciliati sunt. Et quia Trinitatem laudant, ideo ter *Alleluia* jubilant. In Oratione perpetuam lætitiam fidelibus optant, et sempiterna gaudia postulant. In Epistola vox prædicatorum intelligitur, per quos Christus populis in exemplum proponitur (I Petr. ii). Per unum *Alleluia* gaudium conversorum, per aliud lætitia prædicantium accipitur. In Evangelio duo greges, unus ex Judæis, alter ex gentibus, ad unum et verum pastorem conversi demonstrantur, qui unum ovile facti [sunt] (Joan. x). In Offertorio, *Deus, Deus meus*, unum pastorem invocare declarantur. Quibus ipse in Communione respondet se pastorem [esse], et eos agnoscere; et se ab eis agnosci dicit.

Cap. XXVI. — *Dominica III post Pascha,* « *Jubilate Deo, omnis terra.* »

In tertia Dominica in Christo renati totum mundum in laudem Christi convocant, et gratulando persultant. *Jubilate Deo, omnis terra* (Psal. lxvii, 4). Hic Trinitatem personant, dum in Deo Patrem, in nomine ejus Filium, in laude ejus Spiritum sanctum denotant. Et quia per duo præcepta charitatis in fide Trinitatis se salvandos tripudiant, ideo post bis, deinde tertio *Alleluia* consonant. In Oratione postulant, ut ab errore conversi Christianitatem impleant. In Epistola ad contemplativam vitam informantur, dum a carnalibus desideriis abstinere adhortantur (I Petr. ii). Ad activam quoque docentur; dum omni humanæ creaturæ subjecti esse jubentur (*I Petr.* II.) In uno *Alleluia* contemplativi in dilectione Dei ferventes jubilant, in alio activi in amore proximi servientes exsultant. Quibus in Evangelio visio Dei promittitur, et gaudium, quod nunquam ab eis tollatur (*Joan.* XVI). Unde magno gaudio perfusi prorumpunt in laudem Christi in Offertorio, *Lauda, anima mea, Dominum* (*Psal.* CXLV, 2). Quibus ipse iterum in Communione suam pollicetur visionem, et ad Patrem cum toto corpore suo, scilicet Ecclesia, ascensionem.

CAP. XXVII. — *Dominica IV post Pascha*, « *Cantate Domino.* »

In quarta Dominica baptizari per se conversos ad laudem Christi adhortantur, et ipsi præcinendo jucundantur, *Cantate Domino canticum novum* (*Psal.* XCVII). Hic Trinitatem commemorant, dum in *Domino* Patrem, *qui mirabilia fecit*, Dominus (*ibid.*), Filium, *in gentibus revelavit justitiam suam* (*ibid.* 2), Spiritum sanctum insinuant. Et quia fidem sanctæ Trinitatis in quatuor partibus mundi susceperunt, ideo Trinitatem per quatuor *Alleluia* concinunt, in Oratione orant, ut ad vera gaudia perveniant. Epistola conversos instruit, ut per verbum Dei genitos se initium novæ Dei creaturæ memorentur (*Jac.* I). Et si verbum Dei audiendo vitia abominentur, animæ eorum salventur. Qui *Alleluia* congeminant, quia et quod mortem evaserunt, et quod vitam in spe habere meruerunt exsultant. Quibus in Evangelio Spiritus sanctus promittitur, qui eos omnem veritatem docturus perhibetur (*Joan.* XVI). Unde in Offertorio totum mundum ad laudem Dei invitant, et lætantes concrepant, *Jubilate Deo, universa terra* (*Psal.* XCVII, 4). In Communione tripartitum judicium Spiritus Sancti denuntiatur, quo mundus de reproborum infidelitate, de sanctorum æquitate, de occulto et tamen justo Dei judicio redarguatur.

CAP. XXVIII. — *De Dominica V.* « *Vocem jucunditatis.* »

In quinta Dominica baptizati, quasi in quinta ætate, a Babylone liberati, liberatorem suum omnibus gentibus prædicant, dum in officio, *Vocem jucunditatis* populum suum eum liberasse gaudentes clamant, et ideo Trinitatem per tria *Alleluia* commemorant. In Oratione postulant, ut recta cogitent et faciant. In epistola docentur pupillos et viduas visitare, immaculatos se a sæculo servare, ut sic possint cum Deo regnare (*Jac.* I). Per duo *Alleluia* duæ resurrectiones intimantur, una nunc animarum, alia post corporum. In Evangelio ad plenum gaudium exhortantur, quod in futura resurrectione dabitur (*Joan.* XVI). Unde in Offertorio omnes fideles Deum laudare monentur, per quem tale gaudium percipient, *Benedicite*, inquiunt, *gentes, Deum nostrum* (*Psal.* LXV, 8). In Communione iterum omnes Christi præconia resonare hortantur, per quem tanta hominibus dantur, *Cantate Domino* (*Psal.* XCV).

CAP. XXIX. — *De Rogationibus, et officio* « *Exaudivit.* »

Sicut per officium *Vocem jucunditatis* instantia prædicantium accipitur, ita per officium, *Exaudiunt* sollicitudo se ab errore convertentium exprimitur. Qui in Oratione precantur, ut ab omni adversitate muniantur. In Epistola ad confessionem, in Evangelio admonentur ad orationem (*Luc.* V). In Offertorio, *Confitebor*, illorum confessio. In Communione, *Petite et accipietis* (*Luc.* XI), eorum intelligitur oratio.

CAP. XXX. — *De vigilia Ascensionis et officio* « *Omnes gentes.* »

In officio *Omnes gentes* plaudunt, quod errorem deseruerunt. In Oratione petunt se illuc transferri, quo caput suum pervenisse credunt. In Lectione illorum conversio insinuatur, dum multitudo unum cor, et unam animam habuisse memoratur. In *Alleluia* Deo jubilant, qui eis tantam gratiam contulerat. In Evangelio pro membris Patrem precatur (*Joan.* XVII), ut unum cum eo efficiantur. In Offertorio capitis ascensio exprimitur, et membris cum sequi promittitur. In Communione unum cum eo effecti jam caput orant, ut eos Pater a malo custodiat.

CAP. XXXI. — *De Ascensione et officio*, « *Viri Galilæi.* »

In officio, *Viri Galilæi* (*Act.* I), Christi ascensus, et ad judicium ejus reditum angeli fidelibus nuntiant, quo eum læti præstolantes se ad Deum ascensuros non diffidant. Qui in oratione postulant quatenus in cœlestibus habitare valeant; Lectio et Evangelium eis recitat, qualiter Christus cœlestia scanderit (*Act.* I ; *Marc.* XVI). In uno *Alleluia* Christi ascensio collaudatur. In alio, Ecclesia de sua ascensione jucundatur. In unoquoque *Alleluia* laus angelorum, in altero gaudium exprimitur hominum de Christi ascensione jubilantium. Sequentia concentum angelorum repræsentat, qua Christi triumphum jubilat. In Offertorio et Communione nihilominus fideles caput suum laudibus prosequuntur, quo eum realiter sequi mereantur.

Ideo autem tribus diebus Ninivitarum Rogationes aguntur, quia tres partes mundi, Asia, Africa, et Europa, vel tres ordines Ecclesiæ conjugati, continentes, doctores in pœnitentia affliguntur. Ideo enim tribus diebus aguntur, quia Ecclesiæ tres partes mundi, vel iidem tres ordines sub Antichristo tribus annis graviter constringentur. Per diem Ascensionis dies judicii repræsentatur, quo die Ecclesia cœlum ascensura prædicatur. Ideo enim cantatur : *Quemadmodum vidistis eum ascendentem in cœlum, ita veniet* (*Act.* I, 11).

CAP. XXXII. — *Dominica intra octavas Ascensionis*, « *Exaudi, Domine.* »

Dominica, quæ post tertium diem sequitur, æternam requiem demonstrat, quæ post tria mundi tempora, scilicet ante legem, sub lege, sub gratia, supradictis tribus ordinibus tribuitur. Unde Ecclesia jubilat, *Quæsivi vultum tuum, vultum tuum, Domine, requiram*. In Oratione postulat, ut majestati ejus sincero corde serviat. In Epistola bona numerantur, pro quibus tunc justi remunerantur (*I Petr.* IV). In Evangelio dicitur quia nunc extra Synagogam fiunt, ideo tunc aulam Dei intrabunt (*Joan.* xv), de qua consolatione gentes solvuntur in *Alleluia*, et in Offertorio et in Communione. Abhinc post sex dies Pentecostes agitur, quo Spiritus credentibus distribuebatur, quia post sex ætates mundi fideles per gratiam S. Spiritus in diversis mansionibus disponentur. Ideo post sex dies celebratur, quia pro sex Evangelicis operibus, quæ in sex diebus hebdomadæ operabantur, tunc in gaudio remunerabuntur. Quod autem post decem dies Ascensionis agitur, ideo fit, quia pro decem præceptis legis denario vitæ ditabuntur.

CAP. XXXIII. — *De Vigilia Pentecostes.*

In officio vigiliæ Pentecostes baptizandi imbuuntur, qualiter fide et operatione cœlestia mereantur, de quorum salvatione mater Ecclesia exsultat, dum *Kyrie eleison* et *Gloria in excelsis Deo* resonat. In Oratione pro eis precatur, ut acceptum Spiritus sancti donum in eis confirmetur. In Lectione duodecim apostoli Spiritum sanctum accepisse memorantur (*Act.* XIX, 1), per quos universitas fidelium in quatuor mundi partibus designatur. In *Alleluia* et in Tractu, *Laudate Dominum*, Deum laudant quod errorem infidelitatis evaserant. In Evangelio promittitur eis Spiritus sancti consolatio, et ipsius divinitatis manifestatio (*Joan.* XIV, 18). Qui in Offertorio rogant ut eis Spiritum sanctum mittat. In Communione effusio S. Spiritus decantatur, de qua fidelium universitas fecundatur.

CAP. XXXIV. — *De sancto die Pentecostes, et officio « Spiritus Domini. »*

Septem officia hujus hebdomadæ septem donis Spiritus sancti congruunt, quem baptizati acceperunt. In officio *Spiritus Domini* (*Sap.* 1), spiritus sapientiæ glorificatur, per quem scientia vocis credentibus datur; et quia hoc donum quatuor mundi partibus infunditur, ideo quater *Alleluia* concinitur. In oratione postulant quatenus de Spiritus sancti consolatione gaudeant. Lectio baptizatis insinuat qualiter primitiva Ecclesia genera linguarum per Spiritum sanctum acceperat (*Act.* II), cujus ipsi filii esse meruerunt, et eumdem Spiritum sanctum acceperunt. Qui præ gaudio duo *Alleluia* concinunt, quia bis Spiritum sanctum acceperunt; semel cum baptizantur, secundo cum confirmantur, sicut et Spiritus semel datus est in terra, secundo de cœlo. Porro Sequentia genera linguarum repræsentat, qua Ecclesia omnibus linguis laudes Christo resonat. In Evangelio Christi dilectoribus Patris dilectio et Filii, priusquam promittitur mansio, et ut Spiritus sanctus adveniat, qui eos omnia doceat (*Joan.* XIV). Qui in Offertorio precantur, ut hoc in eis confirmetur; in Præfatione Spiritum sanctum cum angelis collaudant, in *quem angeli prospicere desiderant* (*I Petr.* I, 3). Cujus effusio in Communione decantatur, cum in se optantes jam descendere credatur.

CAP. XXXV. — *De officio « Cibavit eos Dominus Feriæ secundæ.*

In officio, *Cibavit eos* (*Psal.* LXXX, 17), spiritus intellectus denotatur, qui adeps frumenti, et mel petræ, id est Christus nominatur, Christus enim granum frumenti et petra vocatur. Hujus adipe sunt fideles cibati, et melle ejus saturati, dum dulcedine Spiritus sancti sunt repleti. Et quia in quator plagis mundi hæc gratia diffunditur, ideo quater *Alleluia* canitur. Qui in Oratione postulant, ut eis pacem cum fide tribuat. Lectio eos instruit qualiter gratia Spiritus sancti gentibus data sit (*Act.* X). Unde lætantes *Alleluia* congeminant, quia Judæi et gentiles Spiritum sanctum acceperant. Evangelium dicit quod Deus Filium suum pro eis tradiderit, in quem si credentur, vitam æternam habeant (*Joan.* III). In Offertorio audiunt quod Spiritus sanctus de cœlo intonuit, et fontem baptismatis humano generi aperuit. In Communione cantatur quod a Spiritu sancto omnia doceantur.

CAP. XXXVI. — *De officio Feriæ tertiæ, « Accipite jucunditatem. »*

In officio *Accipite jucunditatem* (*II Esdr.* IV), Ecclesia spiritum consilii honorat, qui ei jucunditatem æternæ gloriæ donat, et ad cœlestia regna vocat. Et quia per geminam dilectionem in fide Trinitatis hanc gratiam adepturi sunt. Ideo quinquies *Alleluia* canunt. In Oratione petunt se per Spiritum purgari, et ab omni adversitate tueri, qui in Lectione docentur quod dona Spiritus sancti per orationem dentur (*Act.* VIII). Unde bis *Alleluia* concinunt, quia spiritu et mente psallunt, spiritu et mente orabunt. Evangelium eis intimat, quos ostiarius Spiritus sanctus per ostium Christum, ad vitam Patrem, introducat. In Offertorio eis commemoratur, quod pane angelorum reficiantur. In Communione unum cum Christo effecti a Spiritu sancto sunt clarificandi.

CAP. XXXVII. — *De officio Feriæ quartæ, « Deus, dum egredereris. »*

In officio, *Deus dum egredereris* (*Psal.* LXVII), spiritus fortitudinis magnificatur, qui sicut filios Israel de Ægypto liberans coram eis in igne gradiebatur, ita fideles de hoc mundo eruens coram eis in igne amoris graditur, iter per præcepta faciens eis, per gratias habitans in illis. Et quia de quatuor partibus mundi ad supernam patriam evocantur, ideo quater *Alleluia* cantatur. In Oratione precantur, ut per Spiritum sanctum ad veritatem Christi perducantur. Duæ lectiones leguntur, quia duo populi scilicet Judæi et gentiles, Spiritu sancto ad fidem colliguntur. In una Spiritus sancti effusio recitatur, in alia miracula per eum gesta commemorantur. In uno *Alleluia* de Judæis conversorum lætitia exprimitur, in alio de gentibus baptizatorum exsultatio accipitur. Duæ quoque Lectiones leguntur, quia ordinandi Veteri et Novo Testamento docti præcipiuntur. Utrisque autem, scilicet baptizatis et ordinandis, panis vivus in Evangelio prædicatur (*Joan.* vi), quo refecti nunquam moriantur. In Offertorio Spiritum sanctum sibi mitti poscunt. In Communione pacem sibi dari audiunt.

CAP. XXXVIII. — *De Feria quinta.*

In officio feriæ quintæ *Spiritus Domini* (*Sap.* 1), spiritus scientiæ exaltatur, per quem scientia spiritualium fidelibus datur. In Lectione et Evangelio in peccatis lapsi consolantur, dum signa per Spiritum sanctum patrata memorantur.

CAP. XXXIX. — *De officio* « *Repleatur* » *Feriæ VI.*

In officio *Repleatur os meum laude* (*Psal.* LXX), spiritus pietatis glorificatur, per quem Trinitas collaudatur. Et quia in quatuor mundi plagis laudibus extollitur, ideo quater *Alleluia* concinitur. In oratione Ecclesia precatur, ne ab hostibus perturbetur. In Lectione jucunditas faciei Dei ei promittitur (*Joel.* II). In Evangelio remissio peccatorum et sanitas animæ prædicitur (*Luc.* v). Unde in Offertorio Deum laudat et in Communione gratuita Spiritus sancti dona pronuntiat.

CAP. XL. — *De officio,* « *Charitas Dei* » *in Sabbato*

In officio *Charitas Dei* (*Rom.* v), spiritui timoris laus canitur, per quem charitas in animam introducitur. Et quia tres partes mundi, Asia, Africa, Europa, in fide Trinitatis Spiritum sanctum accipiunt, ideo ter *Alleluia,* concinunt. Qui in Oratione Dominum orant, ut eis Spiritum sanctum infundat. Sex lectiones et Evangelium (*Luc.* IV) septimum leguntur, quia septem dona Spiritus sancti ad memoriam reducuntur. Ideo enim septem leguntur, quia ministeria Ecclesiæ in septem gradibus per septem dona Spiritus sancti hac die provehuntur. Per primam enim lectionem ostiarii, per secundam exorcistæ, per tertiam lectores, per quartam acolythi, per quintam subdiaconi, per sextam diaconi, per Evangelium presbyteri instruuntur, per singula *Alleluia* singulorum graduum laudes exprimuntur. In Offertorio autem presbyterorum preces et oblationes pro Ecclesia intelliguntur. In Communione Christi adventus, et æternum gaudium suis ministris promittitur.

CAP. XLI. — *Dominica SS. Trinitatis,* « *Benedicta.* »

Dominica quæ sequitur de Sancta Trinitate agitur, quia plus acceptum baptismum plus datum Spiritum oportet, ut fidem Trinitatis bonis operibus exerceant. Jam de reliquis videamus.

CAP. XLII. — *De capite a Septuagesima usque post Pentecosten.*

Igitur per Septuagesimam illud tempus accipitur, quo populus Dei a Pharaone in Ægypto affligebatur, et significat illud tempus quo genus humanum ante Christi adventum a diabolo in hoc mundo premebatur. Per Pascha autem illud tempus intelligitur quo filii Israel a Pharaone per agnum liberati sunt, et significat illud tempus quo fideles a diabolo per Christum redempti sunt; per quadraginta dies a Pascha usque ad Ascensionem Domini accipiuntur quadraginta anni, quibus filii Israel cum gaudio et lætitia ad patriam redierunt, et significat illud tempus quo fideles de Christi resurrectione læti fuerunt. Per Rogationes, cum cruces per diversa loca portantur, illud tempus intelligitur, quando filii Israel terram repromissionis ingressi arcam Domini per diversa loca portaverunt, et multas urbes subverterunt; significat illud tempus quo fideles ad ascendentem Dominum confluebant, et Jerosolymam ascendebant. Per Pentecosten, cum dona Spiritus sancti celebrantur, illud tempus accipitur, quando filii Israel, devictis hostibus, terram inter se diviserunt, et significat illud tempus, quo fideles varia dona Spiritus sancti acceperunt : Per septimanam, quæ sequitur, illud tempus innuitur, quando judices populo Dei præfuerunt, et significat illud tempus quando apostoli judices orbis populum Dei sua præsentia rexerunt. Porro Dominica, *Domine, in tua misericordia,* cum historia Deus omnium canitur, illud tempus ostendit, quo reges Israel multis præliis ab hostibus vexabantur, et significat illud tempus, quando martyres a persecutoribus diversis suppliciis afficiebantur.

CAP. XLIII. — *Dominica prima a Pentecoste usque ad Adventum Domini.*

David itaque rex, qui a Saul et suis servis affligitur, de patria expulsus ad gentes ire cogitur, de suis viribus diffidens, de Dei adjutorio præsumens dicit : *Domine, in tua misericordia speravi* (*Psal.* XII). Cui Oratio, *Deus, in te sperantium fortitudo* convenit, qui Deum fortitudinem dicit, cujus auxilium poscit. In Epistola, quæ Deum Filium suum ad salvandum mundum misisse testatur consolatio prophetarum demonstratur, qui David de hostibus suis salvandum prædixerunt, et ei regnum Israel promiserunt. In Graduali, *Ego dixi : Domine* (*Psal.* XL, 5), David peccatis suis persecutionem imputat. In Alleluia, *Domine Deus meus, in te speravi* (*Psal.* VII, 2), se ab inimicis liberari postulat. In Evangelio utriusque persona exprimitur (*Luc.* XVI), dum in divite Saul, in Lazaro David accipitur. Saul superbius, ut dives, purpura induebatur, splendide quotidie epulabatur : David, ut Lazarus ulcerosus, sic ab hominibus ejectus, ut leprosus, per silvas egens vagabatur. Canes Lazari ulcera lingebant, et gentiles David suscipientes confovebant. Saul mortuus tanquam dives in inferno demergitur, David sceptro regni potitur, post mortem Lazarus Abrahæ in requie conjungitur. In Offertorio, *Intende voci orationis* (*Psal.* v, 3), David pro liberatione sua poscit. In Communione, *Narrabo omnia mirabilia tua* (*Psal.* IX, 2), pro collatis beneficiis grates solvit.

CAP. XLIV. — *Sub gratia.*

Sic Christianus populus dum ab infidelibus vel hæreticis vel a male Catholicis opprimitur, et de civitate in civitatem pellitur, ad Dominum clamare cognoscitur, *Domine, in tua misericordia* (*Psal.* XII). In Oratione divinum auxilium invocat, ut ei et voluntate et actione placeat. In Epistola consolatur, cum Deus Filium suum pro salvatione illius misisse confirmatur. In Oratione misericordiam Dei implorat. In Alleluia a persequentibus liberari postulat. Evangelium per divitem infidelem populum exprimit, per pauperem Lazarum Christianum populum innotescit. Infidelis quippe Judaicus purpura induebatur, cum de carnis nobilitate gloriabatur. Splendide epulabatur, cum in cæremoniis per sacras Scripturas instruebatur. Gentilis autem populus purpura vestiebatur, cum de regni monarchia super cæteras gentes extollebatur. Splendide epulabatur, cum philosophicis et poeticis scriptis magnificabatur. Hæreticorum vero grex, quasi purpura induebatur, cum de mundanis pompis superbiens humiles aspernabatur. Splendide epulabatur, dum continuis sermonibus sæcularis eloquentiæ pascebatur. Mali autem Catholici quasi purpura se vestiunt, cum de ornatu pretiosarum vestium superbiunt. Splendide epulantur dum deliciis, et carnis desideriis tantum operam dare conantur. Porro Christianus populus humilis, peccata sua confitens, terrena despiciens, sola cœlestia appetens, ut Lazarus ulcerosus abjicitur, dum a Judæis, a gentilibus, ab hæreticis, a malis Catholicis despicitur. Sed cum dives moritur, in inferno truditur, quia increduli et perversi, qui hic in bonis dies ducunt, in puncto ad inferna descendunt; Lazarus autem moriens in sinum Abrahæ ducitur, quia Christianus populus, qui hic affligitur, post gaudio et requie perfruetur. Unde in Offertorio Deum regem invocat; in Communione ejus magnalia narrat.

CAP. XLV. — *Dominica secunda post Pentecosten:*
« *Factus est,* » *sub lege.*

Dominica quæ sequitur Davidicum regnum repræsentare videtur. Occiso namque Saul David a gentibus evocatur, et in regni solio sublimatur. Qui exsultans dicit *Factus est Dominus protector* (*Psal.* XVII). Cui Oratio *Sancti nominis* congruit, quæ Dei gubernatione nunquam destitui suos dilectores dicit. Epistola etiam convenit, quæ eum de morte ad vitam translatum dicit (*I Joan.* III). De mortis namque periculo liberatus, in regnum est translatus. Unde et in Graduali, *Ad Dominum, cum tribularer* (*Psal.* CXIX, 1) se exauditum exsultat, in Alleluia, *Deus judex* (*Psal.* VII, 12) justum Dei judicium laudans exaltat, qui superbum Saul dejecit, et se humilem populo præfecit. Hinc Evangelium consonat, quod quemdam magnam cœnam fecisse, et multos vocasse, et plurimos non venisse commemorat (*Luc.* XIV). Non enim dubium est, David adepto regno magnum populo instruxisse convivium. Qui venire nolebant de genere Saul erant. In Offertorio, *Domine, convertere* (*Psal.* LXXXIX, 13) precatur, ut ab hostibus undique liberetur. In communione, *Cantabo Domino* (*Psal.* CIII, 33) gratias agit, qui ei tot bona tribuit.

CAP. XLVI. — *Sub gratia.*

Hoc totum de Christiano populo accipitur, qui a persecutoribus in martyribus oppressus ad regnum supernum evocatur. Qui de sua ereptione gratulabundus dicit, *Factus est protector Dominus.* In Oratione innotescit, quod per timorem ad amorem pervenerit. Lectio dicit quod eos munduis odio habuerit, sed nunc de morte ad vitam translati sint (*I Joan.* III). In Offertorio pro animabus suis orant, quas corporibus adhuc sociari non dubitant. In Communione Domino laudes solvunt, a quo bona acceperunt. Hoc officium convenienter circa festum S. Joannis cantatur, qui hora cœnæ a Domino mistus, et populos Dei ad convivium invitasse prædicatur. Aliquando etiam circa festum Apostolorum Petri et Pauli canitur, qui de vicis et sepibus errorum gentilem populum ad convivium Dei convocasse leguntur. Porro in cantu vox prædicantium Deum et laudantium exprimitur, qui eis protector fuit, de tribulatione eripuit, omnia bona tribuit. Vox quoque conversorum ab errore intelligitur, quos Dominus in latitudine charitatis eduxit, animas eorum eripuit, bona cœlestia tribuit.

CAP. XLVII. — *De sancto Joanne Baptista.*

De sancto Joanne Baptista Responsoria sumpta sunt de prophetis, et de Evangelio, quia ipse erat finis prophetiæ, et initium Evangelii. In festo Apostolorum in tertio nocturno, et ad Laudes antiphonæ cum *Alleluia* canuntur, in ista autem festivitate non cantantur, quia major est gloria Novi Testamenti quam legis. Joannis enim Nativitas existit ante resurrectionem Domini: Apostolorum vero Nativitas in cœlo post clarificationem Ecclesiæ a Spiritu sancto. Ideo istæ antiphonæ decorantur, illæ non.

CAP. XLVIII. — *De Vigilia S. Joannis Baptistæ et officio ejus.*

In festo sancti Joannis Baptistæ, vel in præcipuis festivitatibus aguntur duo officia, in nocte unum, in initio noctis sine gloria peragitur, et vocatur vigiliæ. Unde et præcedens dies vigilia nominatur. Aliud vero circa mediam noctem, et finitur in die, et hoc habet in tertio nocturno in antiphonis *Alleluia*, per unum officium recolitur legalis mos et Sabbata quæ in figura futurorum celebrabantur; per aliud resurrectio Domini et nostra futura festivitas, ideo cum *Alleluia* peragitur, quia transit ad consortium Angelorum. Ideo autem in vigilia sanctorum flectamus genua non dicitur, quia missa ad noctem sequentis diei pertinere videtur, *alleluia* vero propter jejunium dimittitur.

CAP. XLIX. — *Dominica tertia post Pentecosten:*
« *Respice in me;* » *sub lege.*

Sequens Dominica de David pœnitentia videtur instituta. Qui post adulterium cum Bethsabee, et occisionem Uriæ, propheta eum increpante pœnitentiam egit ex corde. Qui gemebundus dicit, *Respice in me, et miserere mei* (*Psal.* XXIV, 16). Oratio deprecationem nostram pro Dominica non dicitur, quæ octavæ Pentecostes ascribitur. Oratio autem Gregoriana, *Protector in te sperantium,* pœnitenti David concordat, qui misericordiam Dei super se multiplicari flagitat, ut bona æterna non amittat.

Epistola quoque *Humiliamini sub potenti manu Dei* (*I Petr.* v), admonitionem prophetæ declarat, qua regem ad pœnitentiam provocat. In Graduali autem *Jacta cogitatum tuum in Domino* (*Psal.* LIV, 23) consolatio ejusdem Prophetæ notatur, qua jam pœnitentem regem consolatur. In Alleluia, *Diligam te, Domine* (*Psal.* XVII, 2) David Deum laudat, quem refugium miserorum clamat. Hinc Evangelium consonat, quod gaudium angelis super uno peccatore pœnitente prædicat (*Luc.* I, 5). In Offertorio, *Sperent in te omnes* (*Psal.* IX, 11), et de spe veniæ David Deo plaudit, qui se quærentes non dereliquit. In Communione, *Ego clamavi* (*Psal.* XVI, 6), grates solvit, quod remisso peccato communionem fidelium promeruit.

CAP. L. — *Sub gratia.*

Per David pœnitentem populus fidelium accipitur, qui post idololatriam, quasi post Bethsabee adulterium, et justorum occisionem, quasi post Uriæ interfectionem, ad pœnitentiam convertitur. Qui in Oratione non cessat deprecari misericordiam Dei super se multiplicari. Quem Epistola admonet, ut se sub manu Dei per pœnitentiam humiliet, diabolo resistat, qui eum devorare tanquam leo inhiat. Hunc populum jam sollicitum monet Graduale, ut jactet in Domino cogitatum; in Alleluia laudes Deo dicit, qui refugium tribulatis existit. Hunc Evangelium ad veniam roborat, dum angelorum super uno peccatore gaudium commemorat. In Offertorio Largitorem veniæ laudat, qui in se sperantes salvat. In Communione gratias agit, quia communionem corporis Christi percepit; Hoc etiam officium circa festum S. Joannis Baptistæ, vel apostolorum canitur, qui populum ad pœnitentiam provocasse leguntur.

CAP. LI. — *Dominica quarta post Pentecosten :* « *Dominus illuminatio mea,* » *sub lege.*

Dominica huic proxima afflictionem David nobis insinuat, qua eum filius suus Absalon judicio Dei, post peccatum Uriæ affligebat. Qui expulsus de regno confidit in Domino, sic dicens : *Dominus illuminatio mea, et salus mea, quem timebo ? Dominus protector vitæ meæ, a quo trepidabo?* (*Psal.* XXVI, 1.) De victoria autem, *Qui tribulant me inimici ipsi infirmati sunt, et ceciderunt. Si consistant adversum me castra, non timebit cor meum* (ibid. 2, 3). Cui Oratio, *Da, quæsumus, Domine,* congruit, qui mundi cursum sibi pacifice dirigi poscit; huic rei bene Epistola concordat, quæ passionem hujus temporis ad futuram gloriam non condignam pronuntiat (*Rom.* VIII). Porro in Graduali, *Propitius esto, Domine* (*Deut.* XXI, 8), et in versu, *Adjuva nos, Deus salutaris noster* (*Psal.* LXXVIII, 9), vox contra Absalon præliantium accipitur. In Alleluia, *Domine, in virtute tua lætabitur rex* (*Psal.* XX, 2), vox eorumdem de victoria exsultantium intelligitur. Ab hoc Evangelium non discrepat, quod eadem mensura reme-

(130) Sed jam est Evangelium Dominicæ IV non V.

tiendum indicat. Nam David luit quod male commisit, et Absalon juste recepit quod impie promeruit. In Offertorio, *Illumina oculos meos* (*Psal.* XII, 4). Oratio David exprimit, interim dum bellum geritur; qui orat ne in morte obdormiat, ne inimicus ei prævalens gaudeat. In Communione *Dominus firmamentum* (*Psal.* XVII, 3), Deum pro victoria laudat, quem firmamentum, et adjutorem suum vocat.

CAP. LII. — *Sub gratia.*

David post peccatum afflictus est, Christianus populus post idololatriam ab infidelibus oppressus. Qui mundi adversa calcat, de spe promissa cœlestium exsultat dicens; *Dominus illuminatio mea et salus mea, quem timebo?* (*Psal.* XXVI.) In Oratione postulat, ut ei Dominus cursum mundi pacifice dirigat. Qui ordo prædicatorum in Epistola pœnas temporales alleviat, dum non condignas passiones hujus temporis ad futuram gloriam intimat (*Rom.* VIII). Porro oppressi auxilium Dei in Graduali invocant, in Alleluia pro victoria de malis tripudiant. Per regem enim Christianus rex existit, qui mores et actus per virtutum sceptra regit. Evangelium mensuram bonam his promittit, quos mundus adversis pro Deo afficit. In Offertorio Christianus populus orat, ne inimicus, scilicet diabolus de ejus morte gaudeat. In Communione Deo plaudit qui ei adjutor exstitit.

CAP. LIII. — *Dominica quinta post Pentecosten :* « *Exaudi, Domine,* » *sub lege.*

Post flagella populus ad David confluit, cumque cum magno tripudio regno restituit. Insuper filio ejus regnum a Domino pollicetur, de quibus officium hujus Dominicæ institutum videtur. David namque pro statu regni sic orat, *Exaudi, Domine, vocem meam* (*Psal.* XXVI, 4). Oratio, *Deus, qui diligentibus te bona invisibilia præparasti,* ei convenit, qui promissiones Dei consequi petit, quas filio suo de regno promisit. Epistola quoque ei congruit, quia malum pro malo non reddidit, ideo benedictionem hæreditate possedit. Graduale, *Protector noster,* Oratio est David pro populo, *Alleluia* vero, *In te, Domine speravi,* repræsentat preces laudum pro semetipso. Evangelium huic rei consonat, quod turbas ad Jesum irruisse, et discipulos multitudinem piscium cepisse narrat (130), quia turbæ ad David confluxerunt, et amici ejus plurimos undique ad eum traxerunt. Qui in Offertorio, *Benedicam Domino,* gratias pro exhibitis bene agit, qui ei intellectum tribuit. In Communione, *Unam petii a Domino* (*Psal.* XXVI), pro ædificatione templi petit, quam postmodum Salomon complevit (*III Reg.* V, VII, 8).

CAP. LIV. — *Sub gratia.*

Populus quoque Christianus quondam post afflictionem persecutorum tranquillitati redditur, et ei pax æternæ vitæ pro solatio promittitur. Qui in Introitu : *Exaudi, Domine, vocem meam* (*Psal.* XXVI, 7), pro præsenti Ecclesiæ statu orat. In Oratione autem pro futura promissione, quæ omne desiderium superat, rogat. Epistola omnes unanimes in orationes hortatur, ut benedictionem hæreditate mereantur, dicens, oculos Domini esse super justos, et aures ejus in preces eorum (*I. Petr.* III). Evangelium quod turbas ad Dominum cucurrisse, et discipulos multos pisces cepisse commemorat (*Luc.* VII), turbas gentilium ad Ecclesiam confluxisse, et prædicatores de gurgite erroris plurimos rete fidei extraxisse insinuat. In Offertorio Deum benedicit, qui ei intellectum de æternis tribuit. In Communione unam rem postulat, ut in domo Domini in æternum maneat. Hæc Dominica aliquando infra octavam sancti Petri evenit, unde et ejus mentio in Evangelio fit. Sæpius tamen circa festum sancti Jacobi occurrit, cujus etiam Evangelium in piscatione meminit, quia nimirum hi piscatores homines errore fluctivagos sagena prædicationis extraxerunt, et ad portum æternæ vitæ perduxerunt.

CAP. LV. — *Dominica sexta post Pentecosten:* « *Dominus fortitudo,* » *sub lege.*

Præsens Dominica inde instituitur, quod Salomon a Davide præcepto Domini rex constituitur. David namque morti appropinquans, devictis hostibus, Deo gratias agit, dum Dominum fortitudinem plebis suæ dicit. De filio quoque grates solvit, dum eum protectorem salutis Christi sui, id est Salomonis nuntiavit. Deinde subjectum populum Deo commendat : *Salvum fac populum tuum, Domine, et benedic hæreditati tuæ* (*Psal.* XXVII, 9). Huic rei Oratio *Deus virtutum* concordat, in qua Deum poscit ut in filio suo bona ac nutrita custodiat; per Epistolam Nathan prophetæ et Sadoc pontificis admonitio denotatur, qua Salomonem per unctionem renovatum in novitate vitæ ambulare exhortantur (*Rom.* VI). In Graduale, *Convertere, Domine* (*Psal.* VI, 5), illorum benedictio super regem, atque oratio super populum intelligitur. In Alleluia vero : *Omnes gentes* (*Psal.* XLVI, 2), plausus populi de unctione regis accipitur. Per Evangelium nobis admonitio David innuitur, qua filium suum moriens alloquitur, per quam cum ab homicidio et ira vetat, et ante oblatum sacrificium in se peccantibus dimittat. Porro Salomon in Offertorio Deum rogat, ut gressus suos in semitis suis perficiat. In Communione : *Circuito et immolabo Deo* (*Psal.* XXVIII, 6) vovet, quod domum nomini ejus ædificet.

CAP. LVI. — *Sub gratia.*

Sicut Salomon a patre rex constituitur, ita Constantinus a papa princeps pacis Christiano populo præficitur, unde Ecclesia exsultans canit : *Dominus fortitudo plebis suæ* (*Psal.* XXVII, 8). In Oratione Domino supplicat, ut ei religionis augmentum tribuat, et bona in eo nutriat. Epistola prædicationem Silvester papa nobis declarat, quæ imperatorem Christo consepultum in baptismate nuntiat, et ut per chrismatis unctionem renatus in novitate vitæ ambulet, postulat (*Rom.* VI). In Graduali ejus oratio super populum exprimitur; per Alleluia plausus Christiani populi de conversione regis intelligitur; per Evangelium, doctrina sacerdotum innuitur. Constantinus in Christiana religione instruitur, quem docet homicidium et iram declinare, et sacrificium offerentem proximis commissa relaxare. In offertorio ipse rex orat, ut Deus gressus suos in semitis suis perficiat. In Communione Deo vovet quod postmodum devotus complet, scilicet ut domum nomini Domini construat, quia Ecclesiam Dei domum per eum erectam et ornatam constat.

CAP. LVII. — *Dominica septima post Pentecosten:* « *Omnes gentes,* » *sub lege.*

In mense Augusti dum historia : *In principio Deus creavit* (*Gen.* I, 1), pacificum Salomonis regnum nobis repræsentatur, decus regno præsens Dominica inofficiatur. Populus namque, qui sub David bellis sudavit, sub Salomone bellis undique sopitis in laudes Dei his verbis exsultans, prorumpit : *Omnes gentes, plaudite manibus; subjecit populos nobis* (*Psal.* XLVI, 2, 4). Quibus Oratio : *Deus, cujus providentia congruit,* a quibus Deus cuncta noxia submovit, et omnia profutura concessit. Epistola doctrinam prophetarum insinuat, qui populum Deo in justitia servire suadebant. Graduale autem : *Venite, filii* (*Psal.* XXXIII, 12), Salomonis nobis monita innuit, qui subjectos ad observantiam legis instruit. Quibus præmium a Deo spondet dicens : *Accedite ad eum et illuminamini* (*Ibid.*, VI). In Alleluia : *Magnus Dominus* (*Psal.* XLVII, 2), Deo laudes dicit, qui eum laudabilem in Jerusalem fecit. Aliqui cantant Alleluia : *Eripe me de inimicis meis* (*Psal.* LVIII, 2), quod ei bene convenit, quia eum Deus ab omnibus inimicis eripuit. Evangelium ab hac re non discrepat, quod septem panibus quatuor millia hominum per Dominum satiata narrat (*Matth.* XIV), quia videlicet Salomon, qui typum Domini gessit, septem donis Spiritus sancti repletus quatuor partes mundi verbo Dei satiavit. Offertorium : *Sicut in holocaustis arietum* (*Dan.* III, 40) sacrificium Salomonis demonstrat, quod Domino in Gabaon offerebat. Communio : *Inclina aurem tuam* (*Psal.* LXXXVII, 3) orationem regis exprimit, qua sapientiam a Deo petiit et continuo accepit.

CAP. LVIII. — *Sub gratia.*

Salomon insignitur sceptro, et Constantinus corona regni redimitur. Populus sub Salomone pacem habuit, et Ecclesia sub Constantino pace floruit. Unde lætabunda canit : *Omnes gentes, plaudite manibus, Subjecit populos nobis.* In Oratione postulat, ut Deus noxia cuncta submoveat. Per Epistolam instantia prædicatorum eam incitat, ut sic Domino in virtutibus servire studeat, quemadmodum prius dæmonibus in immunditia servierat (*Rom.* VI). Graduale : *Venite, filiis,* verba Constantini nobis indicat, quibus populos orbis ad Christianam religionem invitat. In Alleluia : *Magnus Dominus* Deum laudat, quem in civitate Ecclesiæ laudabilem fecerat, vel Alleluia : *Eripe me, Domine, de inimicis meis,* ei bene convenit, quia eum Deus ab hostibus in bello per vexillum sanctæ crucis ubique protexit.

Evangelium quatuor millia hominum septem panibus satiata memorat, quia quatuor partes mundi donis Spiritus sancti illo tempore abunde Christus repleverat. Offertorium sacrificium Constantini exprimit, quo seipsum Deo obtulit, et Christi cultum instituit, vel sacrificium laudis Ecclesiæ innuit, quod pro religioso principe Deo obtulit. Verba enim ejusdem Azariæ cum sociis suis in fornace recitavit, et angelus Domini de incendio eos liberavit. Ita Ecclesiam, quam nuper persecutio afflixerat, Constantinus de angustia liberabat. Communio orationem Constantini nobis innotescit, qua pro statu Ecclesiæ poscit.

CAP. LIX. — *Dominica octava post Pentecosten :* « *Suscepimus,* » *sub lege.*

Præsens Dominica de famoso templo inofficiatur, quod a Salomone Jerosolymis [tertio ordine ædificatur. Hoc auro et gemmis ornavit et cultum Dei per ministeria sacerdotum celebrem in eo ordinavit. Quorum laus hic repræsentatur, dum sic Domino cantatur : *Suscepimus, Deus, misericordiam tuam* (*Psal.* XLVII, 10). Quibus Oratio : *Largire, quæsumus, Domine,* consonat, in qua, ut recta cogitent et agant orant. Epistola eis convenit, in qua filii Dei et hæredes regni ejus dicuntur, qui spiritu Dei aguntur (*Rom.* VIII). Graduale : *Esto mihi in Deum* (*Psal.* XXX, 3) quod locum illum domum refugii vocat. Alleluia autem : *Te decet hymnus, Deus* (*Psal.* LXIV, 2), hoc nominatim et manifeste clamat quod hymnum in Sion, et votum in Jerusalem reddi Deo pronuntiat. Et in Versu *Replebimur* (*Ibid.*, 5), templum Dei sanctum nominat. Notandum autem quod pene ubicunque Jerusalem scribitur, longa neuma ponitur, quia per hoc jubilatio in cœlesti Jerusalem exprimitur; ubi vero Alleluia Versu insignitur, ibi gemina lætitia notatur. Evangelium quoque congruit, quod non omnes regnum cœlorum intrare, qui Deum in templo nomine tenus tantum invocant, dicit. Offertorium autem *Populum humilem* salvandum promittit (*Psal.* XVII, 28). Communio, *Gustate* (*Psal.* XXXIII, 9) communionem sacerdotum indicat, quam sub lege de panibus propositionis sumebant.

CAP. LX. — *Sub gratia.*

Salomon primus Domino templum Jerosolymis fecit, et Constantinus primus imperatorum Ecclesiam Romæ in honorem Apostolorum Petri et Pauli construxit atque Helena mater ejus templum Domino Jerosolymis instituit. Idemque princeps plurimas Ecclesias ædificavit, quas magna dote magnisque muneribus dotavit, ministerio clericorum decoravit : a Constantino quoque domus Domino fundatur, dum ejus jussu celebris Nicæna synodus congregatur, in qua ecclesia domus Dei magnifice ædificatur, dum destructis hæresibus fides roboratur. Domus tripartitur, quia Ecclesia in fide Trinitatis, in doctores, in continentes, in conjugatos dividitur, auro et gemmis ornatur, dum sacra Scriptura et sanctis viris illustratur. Postquam ergo Constantinus Ecclesiam in hac synodo pacificavit, sancta synodus lætabunda exclamat : *Suscepimus, Deus, misericordiam tuam* (*Psal.* XLVII, 10). In oratione hunc spiritum petunt, quo recta cogitare et agere possint. In Epistola hæc synodus docet, quod qui spiritu Dei aguntur, filii Dei et regni ejus hæredes noscuntur (*Rom.* VIII). In Graduali Deum protectorem invocat. In Alleluia, Deo hymnum pro pace Ecclesiæ jubilat. Evangelium maxime huic rei concordat, quod hæreticos falsos, prophetas et lupos rapaces nominat (*Matth.* VII), quos hæc synodus ab ovibus Christi segregat. In Offertorio populum humilem salvandum pronuntiat. In communione fideles ad communionem corporis Christi instigat. Hoc officium frequenter circa festum sanctæ Mariæ occurrit, quæ templum Dei fuit, in quo templo Ecclesia misericordiam Dei suscepit.

CAP. LXI — *Dominica nona post Pentecosten :* « *Ecce Deus,* » *sub lege.*

Post septimum annum templum Salomonis dedicatur, ideo post septimum diem hæc Dominica de eadem re inofficiari notatur. In hac dedicatione rex cum populo munera Deo obtulit, et arcam testamenti hymnis et laudibus templo consecrato intulit. Qui Deum suis votis favisse exsultans dicit : *Ecce Deus adjuvat me* (*Psal.* LIII, 6), cui Oratio, *Pateant aures,* bene convenit, qui Deum in templo pœnitentibus desiderata concedi petit. Epistola exhortationem regis nobis insinuare videtur, qua populum monuit ne partes illorum imitarentur, qui idolatræ, fornicatores, murmuratores exstiterunt, et idcirco multa millia ex eis reproba morte perierunt. Salomone orante majestas Domini in templo apparuit, quam populus adorans laudavit. Hanc laudem, Graduale : *Domine, Dominus noster* exprimit (*Psal.* VIII, 2); Alleluia, *Attendite, popule meus, legem* (*Psal.* LXXV, 1), ipsius Dei allocutionem ad populum deprompt. Evangelium bene concordat, quod singulos debitores ad villicum venisse, et debita domini sui scripsisse narrat (*Luc.* XVI) quia singuli votorum professores ad Salomonem convenerunt, et vota sua Deo obtulerunt. In Offertorio : *Justitiæ Domini* (*Psal.* XVIII, 9) Salomon populum ad justitiam legis cohortatur. In Communione : *Primum quærite* eis bona a Deo pollicentur.

CAP. LXII. — *Sub gratia.*

Per septiformem Spiritum fide corroborata in Nicæna Synodo tota Ecclesia repletur gaudio ; rex ovans cum populo mundus induitur novo tripudio. Unde Ecclesia lætabunda canit : *Ecce Deus adjuvat me* (*Psal.* LIII, 6). In Oratione postulat, ut ea Deum roget, quæ ei placeant. In Epistola sollicitudo doctorum nobis insinuat, qui populum ab idolatria a fornicatione, a murmuratione dehortantur (*I Cor.* X). In Graduale laudatio populorum, In Alleluia hilaris prædicatio doctorum demonstrantur. In Evangelio debita Domini per villicum descripta referuntur (*Luc.* XVI), et per Constantinum jura ecclesiastica statuta traduntur. In offertorio populum humilem ad justitiam Dei provocat, in Communione re-

CAP. LXIII. — *Dominica decima post Pentecosten:* « *Dum clamarem,* » *sub lege.*

Dominica, quæ sequitur, de oratione Salomonis et apparitione Domini instituitur. Dedicato namque templo Dominus Salomoni apparuit, se templum consecrasse et ejus preces pro omnibus, quæ oravit, exaudisse innotuit, et si legem ejus cum populo custodiat, ipse quoque templum cum populo ab hostibus muniat. Si autem legem ejus abjiciant, ipse etiam templum hoc cum populo destruat. Unde Salomon se exauditum exsultans dicit : *Cum clamarem ad Dominum* (*Psal.* LIV), Cui Oratio *Deus, qui omnipotentiam tuam convenit,* quæ ad divina promissa currentes cœlestium bonorum consortes fieri dicit. In templo Salomonis ministeria divina per Levitas distribuit, sicut ei Deus per prophetam præcepit. Hac Epistola divisiones ministrationum innotescit, dum alii sapientiam, alii scientiam, alii genera linguarum, alii interpretationem sermonum datam describit (*I Cor.* XII). Graduale, *Custodi me, Domine* (*Psal.* XVI, 8), orationem Salomonis insinuat, qua pro custodia templi orat. Alleluia vero : *Exsultate Deo* (*Psal.* LXXX, 2) indicat quo modo populum vel sacerdotes jubilare Deo instigat. In Evangelio expresse promissio Dei ad Salomonem notatur, ut ingressus in templo dixisse legitur : *Domus mea domus orationis* (*Matth.* XXI). Comminatio autem ejus in eo loco ubi dicit : *Inimici tui ad terram prosternent te, et non relinquent in te lapidem super lapidem* (*Luc.* XIX). In Offertorio : *Ad te, Domine* (*Psal.* XXIV, 1) se totum Salomon Deo commendat. In Communione : *Acceptabis sacrificium* (*Psal.* L, 21) vota iterat.

CAP. LXIV. — *Sub gratia.*

Sic fide in Nicæna synodo roborata gloria Domini in Ecclesia apparuit, dum multa signa per suos exercuit. Unde Ecclesia pro sui glorificatione, et pro hæreticorum ejectione exsultans canit : *Cum clamarem ad Dominum* (*Psal.* LIV, 17). In Oratione, exorat, ut cœlestium bonorum consors fiat. In Epistola autem distinguuntur, per quos mira gesta leguntur (*I Cor.* XII). Alii quippe sermone sapientiæ præditi fuerunt, sicut Flavianus Antiochenus episcopus, et Diodorus episcopus, qui primitus choros alternatim psallere instituerunt, et alii quamplures qui multis libris hæreticis restiterunt. Alii sermone inclyti exstiterunt, sicut Athanasius Alexandrinus episcopus, qui fidem catholicam in *Quicunque vult* exposuit, et Eusebius Cæsariensis episcopus, qui historiam Ecclesiasticam, et Basilius Cappadocensis episcopus, et Gregorius Nazianzenus, et Joannes Chrysostomus Constantinopolitanus episcopus, et alii plurimi, qui eloquentia illo tempore Ecclesiam illustraverunt. Alii fide splendebant, sicut Constantinus imperator, qui tunc fidem percepit, et alii multi, qui tunc fidem scriptis et dictis defendebant. Alii gratia sanitatum fulserunt, sicut Antonius, et alii Ægyptii patres, qui multas sanitates in populo fecerunt. Alii operatione virtutum resplenduerunt, sicut Martinus Turonensis episcopus, et Nicolaus Myrensis episcopus, et Epiphanius Cyprensis episcopus, et alii plerique, qui multis virtutibus mundum decoraverunt. Alii prophetiam, ut Joannes eremita habebant. Alii discretione spirituum, ut Macarius, radiabant. Alii genera linguarum acceperant, sicut Effrem, et Hieronymus, et alii plurimi, qui Hebræa, Græca et Latina lingua multa disserebant. Alii interpretatione sermonum rutilabant, sicut idem Hieronymus presbyter, et Ambrosius Mediolanensis episcopus, et Augustinus Hipponensis episcopus, qui sacras Scripturas interpretantes exponebant. Quæ dona in se custodiri Ecclesia in Graduali postulat, in Alleluia pro donis Deo jubilat. In Evangelio (151) Dominus templum Ecclesiæ ingredi, et ementes et vendentes spiritualia ejicere dicitur, et domum suam domum orationis vocasse (*Matth.* XXI), eamque destruendam cum fletu prædixisse fertur (*Luc.* XIX, 42). Quod partim sub Juliano contigit, partim sub Antichristo futurum erit. Sub Juliano (152) namque est ad terram prostrata, qui a gentibus est conculcata. Sub Antichristo lapis super lapidem non relinquetur, cum electi ab invicem dispergentur. In Offertorio Ecclesia se totam Deo commendat. In Communione sacrificium laudis Deo immolat. Notandum quod et Evangelium hic legitur, in quo destructio Hierosolymorum prædicitur, quia in hoc mense et prius a Nabuchodonosor et postmodum a Romanis in eodem mense facta legitur.

CAP. LXV. — *Dominica undecima post Pentecosten* « *Deus in loco,* » *sub lege.*

Regina Saba Hierosolymam properat, Salomonem et templum ejus videre desiderat, aurum et gemmas obtulit, unde hæc Dominica inofficiari promeruit. Viso autem templo ejus in laudem Dei erupit. Unde Ecclesia sub figura ejus sic canit, *Deus, in loco sancto suo* (*Psal.* LXVII, 6). Cui Oratio, *Deus, qui abundantia pietatis tuæ*, convenit, in qua petit ut Deus det quod oratio petere non præsumit. Epistola ei congruit, quia audita sapientia Salomonis seipsam despicit ; dicit, *gratia Dei sum id quod sum* (*I Cor.* XV). Graduale laudem ejus exprimit in quo dicit quod cor ejus in Domino speravit, et ex voluntate ei confiteri velit. In Alleluia, *Domine, Deus salutis meæ* (*Psal.* XXXVII, 25), mente Deo jubilat, quem salutem nominat. Duo homines, qui templum intrabant (*Luc.* XVIII), Salomon et regina erant. Ille de operibus suis gloriabatur ; illa humiliter, ut Publicanus Deum deprecabatur. In Offertorio, *Exaltabo te, Domine* (*Psal.* XXIX, 2), laus ejus denotatur, qua se a Domino susceptam gratulantur. Communio, *Honora Dominum de tua substantia* (*Prov.* III, 9), munera

(151) Hodie Evangel. est Pharisæi et Publicani in templum intrantium.

(152) *Imo sub Tito Vespasiano*, teste Josepho et Egesippo.

reginæ innuit, quæ Domino obtulit, et justificata in domum suam descendit.

CAP. LXVI. — *Sub gratia.*

Salomon Jerusalem templo inaurato innovat, quam regina de ultimis finibus videre venerat, et Constantinus Christianam religionem per egregiam Constantinopolitanam civitatem auxerat, quam Ecclesia undique confluens visitare desiderat. Regina aurum et gemmas attulit, et Ecclesia sapientia ut auro fulgidos, et virtutibus ut gemmis splendidos, protulit. Unde vero Salomoni, id est Christo de ejus templo lætabunda psallit, *Deus, in loco sancto suo (Psal.* LXVII, 6). Oratio evangelico Publicano bene convenit, qui petit ut Deus dimittat, quæ conscientia metuit, et adjiciat quod oratio non præsumit. Cui Epistola concordat, in qua se minimam clamat. In Graduali non coacte, sed ex voluntate ei confiteri prænuntiat (*I Cor.* xv). In Alleluia Deum salutis suæ laudat. In Pharisæo Evangelii (*Luc.* XVIII) superbus grex hæreticorum; in Publicano accipitur humilis populus Catholicorum. In Offertorio laudes Ecclesia Deo solvit, qui eam ad se venientem suscepit. Communio eam hortatur, ut bona sua cum membris Christi partiatur, et sic justificata ad patriam paradisi revertatur. In hac enim Communione gratia Deo agitur, quia tunc frumentum et vinum colligitur.

CAP. LXVII. — *Dominica duodecima* ‹ *Deus, in adjutorium,* › *sub lege.*

Salomone mortuo regnum dividitur, ideo et mensis September in historiis partitur. Prior pars ejus in una historia solidatur, sequens in diversas mutatur, quia et regnum Juda in una familia David stabilitur, regnum autem Israel a pluribus invaditur. Unde et historia de his qui gentibus intermisti erant, ut Job, Tobias, Judith, Esther legitur, quia post mortem Salomonis reges cum populo, derelicto cultu Dei, cultui gentium admiscebantur. Quod Elias propheta prohibuit, cujus vita huic Dominicæ officium indidit. Dum enim animam ejus auferre quærerent, in solitudinem fugit, et sic preces ad Dominum fudit, *Deus, in adjutorium meum* (*Psal.* LXIX, 2). Cui Oratio, *Omnipotens et misericors Deus* competit, quæ Deo digne et laudabiliter a suis serviri astruit, dum rebellibus cœlum tribus annis et sex mensibus precibus clausit (*III Reg.* VIII). Epistola ei congruit, quæ dicit, *Littera occidit, spiritus autem vivificat* (*II Cor.* III), quia Judæi quærebant eum occidere. Deus, qui spiritus est vivificans. In Graduali, *Benedicam Dominum in omni tempore* benedicit (*Psal.* XXXIII, 2). In Alleluia, *Domine, refugium* (*Psal.* LXXXIX, 1) ad Deum laudans confugit. Evangelium ei consonat, quod mutum et surdum a Domino curatum narrat (*Marc.* VII), quia Elias Judaicum populum in lege Dei surdum, et a laude Dei mutum in cultum Dei revocat. Offertorium, *Precatus est Moyses* (*Num.* XXI, 17), orationem Eliæ exprimit, qua iram Dei a populo, sicut Moyses amovit. Communio *De fructu operum tuorum,* laudem populi innuit, quia data pluvia de fructibus terræ laudes Deo solvit.

CAP. LXVIII. — *Sub gratia.*

Constantino quoque mortuo Ecclesia ab hæreticis scinditur, et in partes dividitur. Una pars in catholica fide roboratur, altera in multa schismata permutatur. Quia ergo turba hæreticorum verum Dei cultum deserens populum catholicum veræ religionis cultorem, velut Jesabel Eliam impugnat, ideo sic ad Dominum clamat, *Deus in adjutorium meum intende* (*Psal.* LXIX, 2). Qui in Oratione supplicat, ut ad promissiones Dei sine offensione, sicut hæres currat. Epistola persecutionem ejus depromit, ubi dicit, *littera occidit, spiritus autem vivificat* (*II Cor.* III); hæretici enim Catholicos occidebant, quorum Deus animas vivificabat. Et quia catholicus populus in omnibus vicit, ideo in Graduali, Dominum in omni tempore benedicit. In Alleluia, Deum refugium suum dicit. In Evangelio (*Marc.* VII) surdus et mutus hæreticorum grex accipitur, qui veram fidem audire et catholicam religionem confiteri per Catholicos cogitur, pro quo Ecclesia in Offertorio precatur, ne ei irascatur. In Communione Catholici Deo grates solvunt pro bonis quæ de conversis abunde fluunt.

CAP. LXIX. — *Item de eadem Dominica.*

Hoc officium ideo nunc agitur, quia in hac septimana obitus Moysi legitur. Ideo etiam historia Job nunc legitur, quia Job et Moyses (155) contemporanei inveniuntur. Et quia populus inter hostes constitutus auxilio Moysi destituitur, sic ad Dominum clamare intelligitur, *Deus, in adjutorium meum.* Qui in Oratione postulat, ut ad promissa Dei, scilicet ad terram repromissionis, sine offensione hostium currat. Epistola specialiter ad Moysen spectat in eo loco, *ita ut non possent filii Israel intendere in faciem Moysi propter gloriam vultus ejus* (*II Cor.* III). Populus pro Moyse, Josue ducem recepit (*Deut.* XXXI), ideo in Graduali, Dominum benedicit. In Alleluia, Deum refugium sibi factum astruit. In Evangelio (*Marc.* VII), idem populus describitur, qui in lege Domini surdus et mutus dicitur, pro quo Moyses in officio precatur, ut ab eo furor Dei avertatur. Communio, *De fructu operum tuorum* (*Psal.* CIII, 13), laudem populi innotescit, quam in terra possessa de fructibus solvit, ubi abundantiam panis, vini et olei habuit. In hac etiam Communione laus ab Ecclesia Deo solvitur, qui hoc tempore fructus panis, vini et olei colligitur.

CAP. LXX. — *Dominica tredecima* ‹ *Respice, Domine,* › *sub lege.*

Hæc Dominica incitavit officium ab Eliseo propheta. Samaria namque ab hostibus obsessa fame, et angustia erat oppressa. Sed meritis Elisæi multitudo hostium fugatur, civitas a periculo liberatur

---

(155) Imo Moyses putatur libri Job scripsisse.

(*IV Reg.* II, III, IV, etc.). Qui in obsidione Deum sic invocat, *Respice, Domine, in testamentum tuum (Psal.* LXXII, 20). In Oratione postulat, ut populus præcepta Dei diligat, quomodo eum a periculo eripiat. Per Epistolam insinuatur, quid hæc propter transgressionem legis patiatur, dicit enim, *Lex propter transgressionem posita est* (*Gal.* III). In Graduali *Respice, Domine* (*Psal.* XII, 4), Deum invocat, cum eum rex decollari jusserat, quia mulier filium suum ob famem comederat. In Alleluia, *Venite, exsultemus Domino* (*Psal.* XCIV, 1), Deum laudare monet, qui eis in Christiano omnem abundantiam daturus foret, hujus faciem in confessione prævenirent qui eos ab hostibus eriperet. In Evangelio homo in latrones incidisse, et a Samaritano legitur curatus fuisse (*Luc.* X), quia videlicet populus Israel in latrones incidit, dum eum populus gentilis (154) obsedit, de quibus alios spoliaverunt, alios vulneratos semivivos reliquerunt. Quem Samaritanus scilicet Elisæus curavit, dum eum a periculo precibus liberavit. In Offertorio, *In te speravi, Domine* (*Psal.* XXX, 2), Deum pro liberatione populi glorificat. In Communione, *Panem de cœlo* (*Joan.* VI, 51), pro abundantia collata ei gratificat.

CAP. LXXI. — *Sub gratia.*

Sic Ecclesia a Juliano impugnatur, fame et flagris anxiatur. Quæ ad Deum sic clamat: *Respice, Domine, in testamentum tuum* (*Psal.* LXXIII, 20). In Oratione fidei, spei et charitatis augmentum poscit, quo promissa Dei consequi possit. Quam promissionem Epistola indicat, quæ Abrahæ Christum promissum nuntiat (*Gal.* III). In Graduali iterum Ecclesia Dei auxilium invocat, quia persecutionem se ei Julianus, post bellum illaturus prædicat. In Alleluia populum convocat, Deo laudes jubilat, qui eam perempto tyranno a periculis eripuit. Evangelium hoc consonat, quod hominem latrones vulnerarint et a Samaritano curatum narrat (*Luc.* X), quia Christianus populus in latrones incidit, dum a persecutoribus multa crudelia pertulit, scilicet despoliatur, vulneratur, variis modis cruciatur. Quem verus Samaritanus ad stabulum duxit, dum eum Christus ad gaudia paradisi perduxit. In Offertorio, pro tyranni occisione, et sui ereptione gratias agit. In Communione pro collatis beneficiis laudes concinit.

CAP. LXXII. — *Dominica decima quarta post Pentecosten « Protector noster, » sub lege.*

Sequens Dominica instituitur a rege Ezechia qui dum usque ad mortem ægrotavit, sic ad Dominum oravit, *Protector noster, aspice, Deus.* Unde In Oratione, *Custodi, Domine*, dicitur, *quia sine te labitur humana mortalitas* (*Psal.* LXXXIII, 10). Cui Isaias propheta prædixit mortis evasione Christi incarnationem, omnia Ecclesiæ mysteria et futura sanctorum præmia; quæ prophetia notatur in Epistola, sicut est ibi, *Fructus autem spiritus est charitas,*

(154) Titus Ves. imp. Rom. de quo sup. cap. 64.

gaudium, pax (*Gal.* V), etc. Recepta sanitate, rex ad templum ascendit, Deo gratias retulit, quas laudes, Graduale, *Bonum est confiteri Domino* (*Luc.* XVII), et Alleluia, *Quoniam Deus magnus* (*Psal.* XCIV, 3), exprimit. Evangelium ei consonat, quod decem leprosis mundatis unum rediisse, et gratias retulisse commemorat (*Psal.* XCI, 2), quia Dominus cum multa beneficia regibus Israel, et Juda contulerit, solus Ezechias pro acceptis beneficiis, debitas grates retulit. Offertorium, bene convenit, ubi Dominus angelum suum misit (*Psal.* XXXIII, 8), qui plusquam octoginta millia de hostibus protexit, sicut per Ezechiam Jerusalem ab hostibus munivit. Oratio vero repræsentat ejus verba; *Custodi, Domine, Ecclesiam tuam propitiatione perpetua.* Epistola, quæ vitia et virtutes replicat (*Gal.* V), synodum ejus tempore collectam insinuat, in qua vitia reprobantur, virtutes sequendæ affirmantur. Graduale et Alleluia laudem regis depromit, quam pro concordia Ecclesia solvit. Evangelium bene concordat, quod unum de leprosis gratias egisse narrat (*Luc.* XVII), quia solum eum de hæreticis regibus in catholica fide Deum laudasse constat. Unde sicut in Offertorio dicitur, *Angelus Domini* (*Psal.* XXXIII, 8), se immisit, et eum de omnibus malis eripuit. Communio innuit quia post pœnitentiam ab Ambrosio ei indictam, panem Christi et communionem Ecclesiæ meruit.

CAP. LXXIV. — *Item de eadem Dominica.*

Ideo hæc Dominica nunc cantatur, cum historia Tobiæ recitatur, quia Dominus angelum suum misit, qui Tobiam a cæcitate, filium a pisce, Saram a dæmonio eripuit. Offertorium quoque, *Immittet angelus Domini* (*Psal.* XXXIII, 8), ad festum S. Michaelis respicit, quod tunc temporis sæpius occurrit. Idcirco in hac septimana clerici ordinantur, quia ab Isaia septem dona Spiritus sancti prænominantur, a cujus prophetia hæc Dominica inofficiatur. Ideo autem in Septembri fit ordinatio, quia secundum legem in hoc mense fiebat Tabernaculorum celebratio. Ordinati enim sunt Ecclesiæ ministri Dei scilicet tabernaculi. Ideo vero fit in tertia hebdomada, quia in tertio tempore ab apostolis est instituta.

CAP. LXXV. — *De Quatuor Temporibus*

Quarta ætate levitæ a David et Salomone in ministeria templi Dei, scilicet Ecclesiæ eliguntur. Illis ex lege præcipitur; istis a Spiritu sancto dicitur, *Exsultate Dei, adjutori nostro* (*Psal.* LXXX, 2). Duæ lectiones leguntur, quia ordinandi in ministros et sacerdotes distinguuntur, et hi duas leges scire, et duo præcepta charitatis implere præcipiuntur. Una Lectio Septembri convenit, quæ comprehendere oratorem, messorem, et calcatorem uvæ mittentem semen dicit. Alia ordinandis congruit, quæ Esdram populum docuisse astruit, qui Dominum sic laudat, *Quis sicut Dominus? (Psal.* cxii; *Marc.* ix, 29). Evangelium jejunio consonat : Quod genus dæmoniorum in nullo nisi in oratione, et jejunio exire prædicat. In Offertorio electus clerus dicit, *Meditabor in mandatis tuis (Psal.* cxviii). In Communione, *Comedite pinguia (II Esdr.* viii), populum hortantur ad gaudia.

Cap. LXXVI. — *De Feria sexta.*

Feria sexta pœnitentiam ordinandorum repræsentat, quibus Spiritus sanctus clamat. *Lætetur cor quærentium Dominum. (Psal.* civ). Qui in Oratione orant, ut Deo corpore et mente placeant. Lectio ad conversationem eos instruit, et veniam promittit (*Osee.* xiv). Qui in Graduali Deum sic invocant : *Convertere, Domine, aliquantulum (Psal.* lxxxix). In Evangelio consolantur, ubi pœnitenti mulieri peccata dimissa narrantur (*Luc.* vii). Qui repleti gaudio clamant in Offertorio, *Benedic, anima mea, Domino (Psal.* cxii). In Communione rogant, ut Deus opprobrium peccatorum ab eis auferat.

Cap. LXXVII. — *De Sabbato.*

In Sabbato ordinandi ad gratiam vocantur, quibus sic clamatur : *Venite, adoremus Deum (Psal.* xciv), Quatuor Lectiones leguntur quia ordinandi in quatuor scilicet, in acolythos, in subdiaconos, in diaconos, in presbyteros distinguuntur per Lectionem illorum doctrina, per Graduale significatur eorum vita. Deinde Lectio Danielis de tribus pueris legitur, qui in fornace probabantur (*Dan.* iii); quia ministri Ecclesiæ in camino tribulationis examinantur; Hymnus *Benedictus es, Domine* (*ibid.*), sequitur, quia eis Deum in omni tempore benedicere præcipitur. Deinde Epistola de primo et secundo tabernaculo recitatur (*Hebr.* ix), quia si nunc in tabernaculo Ecclesiæ digne serviunt, in cœlesti tabernaculo sacerdotes Agni erunt, de qua promissione Tractum jubilant : *Laudate Dominum (Psal.* cxxxiv). Evangelium eos monet, ne doctrina illorum sit sterilis, ut arbor infructuosa, nec vita eorum terrenis dedita, ut mulier incurvata (*Luc.* xiii); qui auxilium Dei in Offertorio implorant, *Domine Deus salutis meæ (Psal.* xxxvii). In Communione, mense septimo, per septiformem Spiritum in tabernaculum Dei, scilicet Ecclesiam Dei, septem gradibus introducti admonentur; cujus festa ut celebrent docentur.

Cap. LXXVIII. — *Dominica decima quinta,* « *Inclina :* » *sub lege.*

Hæc Dominica accipit officium de rege Josia, cui Jeremias propheta prædixit Hierosolymæ destructionem, populi in Babylonem captivitatem. Qui pertimuit, et populum congregans legem Dei neglectam custodiri instituit. Cujus invocationem Introitus missæ innuit : *Inclina, Domine, aurem tuam ad me, lætifica animam servi tui (Psal.* lxxxv) : cui Oratio, *Ecclesiam tuam, Domine,* concordat, quam ut Deus mundet, muniat, rogat: Epistola nobis insinuat qualiter legem Dei observari præceperat. *Bonum,* inquit, *facientes non deficiamus, ergo operemur bonum (Gal.* v). Item exercitatio ejus in Graduali, *Bonum est confidere in Domino (Psal.* cxvii). Alleluia, *Domine, exaudi (Psal.* xvi) orationem ejus exprimit. Alii cantant Alleluia, *Confitemini Domino, et invocate nomen (Psal.* civ), quod iterum ei convenit, ubi populum ad laudem Dei invitavit. Alii cantant Alleluia, *Paratum cor meum (Psal.* lvi) : quod ei bene congruit, qui cor suum ad præcepta Dei præparavit. Evangelium ejus pactum innuit, quod cum populo de observatione legis pepigit. *Non potestis,* inquit, *Deo servire et mammonæ, Quærite regnum Dei (Matth.* vi). In Offertorio, *Exspectans exspectavi Dominum (Psal.* xxxix, 1), Deum laudavit, quando ingens Pascha cum populo celebravit. In Communione, *Qui manducat carnem meam (Joan.* vi), consolatio Dei notatur, qua eum per prophetas consolabatur.

Cap. LXXIX. — *Sub gratia.*

Hæc Ecclesia sub typo Theodosii Junioris celebrat, qui cam pace et concordia confœderaverat. Josias namque observantiam legis ab antecessoribus suis neglectam imo abjectam restaurat, et Theodosius Ecclesiam a tyrannis et hæreticis graviter vexatam pace et Christi laude glorificat. Qui sic pro se Deum invocat : *Inclina, Domine, aurem tuam ad me (Psal.* lxxxv, 1). In Oratione vero supplicat, ut Deus *Ecclesiam mundet, et muniat.* Per Epistolam ejus exhortatio indicatur, qua sacerdotes ad concordiam adhortatur. *Non simus,* inquit, *concupiscentes malorum, invicem provocantes, invidentes (Gal.* v). In Graduali monet eos in Domino sperare. In Alleluia, *Confitemini,* veluti paratum Deum laudare, Evangelium bene convenit, quod duobus dominis serviri non posse dicit (*Matth.* vi), quia Theodosius cunctos a servitio diaboli prohibuit, regnum Dei et justitiam quærere instituit. In Offertorio pro concordia Ecclesiæ Deo plaudit, qui canticum novum in os suum misit. In Communione ab Ecclesia lætificatur, dum in Deo manere, et Deus in eo nuntiatur.

Cap. LXXX. — *Dominica decima sexta,* « *Miserere mei,* » *sub lege.*

Post Josiam Jerusalem destruitur, populus captivus ducitur, ideo in hoc mense historia Machabæorum, qui ab adversariis premebantur legitur. Populum captivum Ezechiel propheta consolatur, de quo præsens Dominica inofficiatur, qui sic pro se clamat : *Miserere mei, Domine (Psal.* lxxxv, 3). Pro populo autem suo sic orat ; *Absolve, Domine, tuorum vincula populorum,* vel in Oratione, *Tua nos, Domine,* precatur ut eos misericordia Domini præveniat, et sequatur. Epistola ejus affectum exprimit, quem pro populo habuit; *Obsecro*, inquit, *vos, ne deficiatis in tribulationibus meis pro vobis* (*Ephes.* III). In Graduali, *Timebunt gentes* (*Psal.* CI, 16) reædificationem Jerusalem prophetat, ubi dicit : *Quoniam ædificavit Dominus Sion* (*ibid.*, 17). In Alleluia vero, *In exitu Israel de Ægypto* (*Psal.* CXIII) reversionem populi prænuntiat, ut sicut olim de Ægypto exierant, ita nunc de Babylone exire debeant. Evangelium consonat, quod mortuum civitate elatum, sed a Domino resuscitatum memorat (*Luc.* VII). Nam Judaicus populus quasi mortuus ad sepulcrum efferebatur, dum de Jerusalem in Babylonem captivus ducebatur. Qui a Domino suscitatur, dum ad patriam revocatur. In Offertorio propheta vel populus divinum auxilium invocat, ut se sub hostibus eripiat. *Domine, in auxilium meum* (*Psal.* LXX). In Communione, *Domine, memorabor* (*ibid.*) justitiam Dei laudat.

CAP. LXXXI. — *Sub gratia.*

Sic post Theodosium Roma a gentibus vastatur, Christianus populus captivatur. Quem ordo doctorum, quam multipliciter consoletur, significat præcipue Augustinus in libro, qui *De civitate Dei* intitulatur (135). Ordo ergo doctorum pro se sic Deum invocat, *Miserere mei, Domine* (*Psal.* LXXXV, 3) pro populo autem sic orat : *Absolve, Domine, tuorum vincula populorum*. In Epistola constantiam et patientiam populo prædicat, quem monet ne in tribulationibus deficiat (*Ephes.* v). In Graduali dicit quod gentes Deum dicuntur timere, et omnes reges gloriam Deo debeant. In Alleluia Deum in tribulatione laudent, qui eam de populo barbaro eruat, sanctificationem suam in eis faciat. In Evangelio (*filius viduæ*) mortuus suscitatus memoratur (*Luc.* VII), et in ipsis resurrectio ad vitam prædicatur. Qui populus divinum auxilium in Offertorio implorat, ut eum a malo eripiat. In Communione justitiam Dei magnificat.

CAP. LXXXII. — *Dominica decima septima,* « *Justus es, Domine,* » *sub lege.*

Dominica quæ sequitur a Daniele propheta instituitur. Hic in captivitate positus regi somnia exposuit, Susannam de [morte eripuit (*Dan.* XIII) ; ipsum vero Deus de lacu leonum liberavit, quem sic laudans exaltavit, *Justus es, Domine* (*Psal.* CXVIII), in Oratione, *Omnipotens sempiterne Deus*, Deo supplicat, ut populus, qui pro meritis judicium in Dei incidit, indulgentiam sentiat, vel in Oratione, *Da, quæsumus, Domine, populo tuo* precatur, ut populus solum Deum sequatur. In Epistola se vinctum clamat, populum captivum ad patientiam roborat (*Ephes.* IV). In Graduali. Beatam gentem cantat (*Psal.* XXXII), quam Deus flagellando visitat. In Alleluia, *Dilexi, quoniam* (*Psal.* CXIV), Deo plaudit, qui vocem ejus exaudivit. Quidam cantant Alleluia, *Qui timent Dominum* (*Psal.* CXIII), quod bene Danieli, vel tribus pueris sociis ejus, sive Susannæ convenit, qui in Domino speraverunt, et de periculis eos eripuit. Evangelium (*Luc.* XIV) quoque congruit, quia Daniel Susannam salvavit, ac dimisit. Ipse in novissimo loco recubuit, dum se inter captivos esse doluit, sed rex eum superius ascendere jussit, dum eum regni principem post se constituit (*Dan.* III). Offertorium, *Oravi Deum meum ego Daniel.* (*Dan.* IX), specialiter orationem ejus exprimit, quam pro populo oppresso habuit, In Communione, *Vovete et reddite* (*Psal.* LXXV), populum monet, ut vota sua Deo reddere festinet, qui spiritum principum abstulit, dum Nabuchodonosor inter bestias esse censuit, Balthasar hostibus occidendum tradidit.

CAP. LXXXIII. — *Sub gratia.*

Per hoc officium clerus nunc recolit, quod olim in Ecclesia sub Juliano contigit. Hic imperator populum a Gothis captum vel occisum doluit, et Dei judicium his verbis extulit : *Justus es, Domine, et rectum* (*Psal.* CXVIII). In Oratione, *Da, quæsumus, Domine, populo tuo*, pro populo flagitat, ut qui Dei judicio pro meritis gentibus traditus erat, indulgentiam sentiat. In Epistola (*Ephes.* IV) admonitio doctorum insinuatur, qua populus ad patientiam corroboratur. In Graduali beatam gentem prædicat (*Psal.* XXXII), quam Dominus hic flagellat. In Alleluia, *Qui timent Dominum* (*Psal.* CXIII), Deum laudandum denuntiat, qui in se sperantibus adjutor existat. In *Alleluia* vero, *Dilexi, quoniam* (*Psal.* CXIV), Deo plaudit, qui exaudivit. Evangelium ei convenit, ubi dicit, quod cum Dominus superius ascendere fecerit, et ei gloriam coram cunctis tribuerit (*Luc.* XIV). Offertorium preces ejus exprimit, quas pro populi liberatione fudit. In Communione sacerdotes populum monent, ut vota terribili Deo reddere non tardent, qui spiritum principum abstulit, dum Alaricum, Theodericum, Totilam, tyrannos regno privans tartaris tradidit. Notandum quod in versu Offertorii cantatur, *Michael venit in adjutorium meum*, quia hæc Dominica aliquando circa festum sancti Michaelis occurrit ; vel quia memoria sancti Michaelis sub prædicto principe instituta sit.

CAP. LXXXIV. — *Dominica decima octava,* « *Da pacem* » *sub lege.*

In hujus Dominicæ officio repræsentatur Danielis oratio, et angeli Gabrielis collocutio. Transactis quippe septuaginta annis in servitute, oravit Daniel pro populi libertate. Cui angelus Gabriel apparuit, et populum a Cyro dimittendum, et Christum pro humana liberatione nascendum significavit. Introitus ergo verba Danielis repræsentat, quibus sic pro populi salute clamat : *Da pacem, Domine, sustinentibus te, ut prophetiæ tui fideles inveniantur* (*Eccli.* XXXVI). In Oratione postulat ut

---

(135) August. De civit. Dei cap. 29, lib. XVIII, cap. 45, et alibi.

Deus corda eorum dirigat. In Epistola prophetia angeli intimatur, in qua nihil deesse in ulla gratia prædicatur (*I Cor.* 1). In Graduali propheta, de angeli promissione lætatur, quia populus in domum Domini iturus prænuntiatur. In Versu orat ut pax populo fiat. In Alleluia, *Laudate Dominum* (*Psal.* CXXXIV) omnes monet, ut liberandi Deo jubilent. In Evangelio populum exhortatur, ut in patria legem Moysi in duobus præceptis dilectioni implere non obliviscatur. In Offertorio. *Sanctificavit Moyses altare* (*Exod.* XXIV), eos instruit, ut reversi altare Domino construant, sicut Moyses præcepit. In Communione, *Tollite hostias* (*Psal.* XCV), mandat ut dona Deo pro gratiarum actione offerant.

CAP. LXXXV. — *Sub gratia.*

Per hæc enim Ecclesia recolit, quæ divina gratia tempore Gregorii papæ dona eis contulit. Romani namque et Longobardi inter se discordes fuerunt; sed per orationem Gregorii ad pacem redierunt, Christianitatemque receperunt. Pro pace ergo Christiani populi Gregorius sic orasse legitur : *Da pacem, Domine, sustinentibus te* (*Eccli.* XXXVI). In Oratione vero corda a Deo dirigi precatur. In Epistola intelligitur ejus admonitio, quam fecit pro pacis vinculo (*I Cor.* 1). In Graduale lætatur, quia pax ab eis laudatur. In Versu denuo orat, ut pax in turribus Ecclesiæ fiat. In Alleluia populum monet, ut Deum pro pace laudet Evangelium innuit qualiter populum in gemina dilectione copulaverit. Offertorium vero innotescit quod sacrificium laudis pro populi salute obtulit, sicut, Moyses olim pro populo fecit. In Communione, autem imperat ut pro sua concordia Deo hostias laudis offerant. Hæ duæ Communiones, scilicet *Vorete* (*Psal.* LXXV), *et Tollite hostias* (*Psal.* XCV) populum monent, quatenus decimas clero offerre non tardent.

CAP. LXXXVI. — *Dominica decima nona,* « *Salus populi,* » *sub lege.*

Sequens Dominica officium de principatu Cyri regis accipit, qui populum captivum abire permisit. Cui populo Zorobabel atque sacerdotes verba Domini annuntiant, eumque ad revertendum confortant, ita dicentes : *Salus populi ego sum, dicit Dominus.* In Oratione universa eis adversantia excludi rogant. In Epistola monent eos novum hominem per justitiam induere qui Deo ducente ad patriam redire possint (*Ephes.* IV). Populus vero jam pergens, Dominum in Graduali sic invocat, *Dirigatur oratio mea* (*Psal.* CLX). In Alleluia, *Dextera Dei* (*Psal.* CXVII), Deo plaudit, qui cum eo virtutem fecit, qui eum ab hostibus redemit. Evangelium concordat, quod Jesum in civitatem suam venisse narrat (*Matth.* IX) quia populum cum Jesu sacerdotem Jerusalem redisse constat. In Offertorio, pro reversione Deo sic gratificant ; *Si ambulavero in medio tribulationibus* (*Psal.* CXXXVII). In Communione, *Tu mandasti mandata* (*Psal.* CXVIII), legem Dei se custodire pronuntiant, quam ut implere valeant, postulant.

CAP. LXXXVII. — *Sub gratia.*

Hoc enim officium principatui magni Caroli convenit, qui primus Romanum imperium in Germaniam transtulit. Qui Ecclesiastica jura egregie nobilitavit et populum Dei strenue gubernavit, per quem salus populi fuit. Dum eum Dominus ab hostibus defendit, hic orationem suam ad Dominum direxit, cujus dextera virtutem cum eo fecit, et quia manum suam super inimicos illius extendit, ideo mandata ejus custodivit.

CAP. LXXXVIII. — *Dominica vicesima,* « *Omnia quæ fecisti,* » *sub lege.*

Per hunc mensem quo historia, *Vidi Dominum,* de prophetis cantatur, illud tempus nobis repræsentatur, quo post conversionem a captivitate Jerusalem reædificatur. Tunc quippe per Zachariam, et Aggæum, Esdram, et Malachiam adventus Christi prænuntiatur, de quorum operibus hoc nomen inofficiatur. Postquam enim reversi urbem destructam et templum incensum viderunt, evigilantes clamaverunt, *Omnia quæ fecisti nobis, Domine* (*Dan.* III). Qui in Oratione petunt, ut divina miseratio eorum corda dirigat. In Epistola dicitur, quod tempus redemerint, eo quod dies mali fuerint (*Ephes.* V), quia et pecunia et bellis ab hostibus se redemerunt, qui eos longo tempore ædificare prohibuerunt. In Graduali, *Oculi omnium* (*Psal.* CXLIV), Deum invocant, ut operi eorum faveat. In Alleluia eos prophetæ consolantur, quia qui confidunt in Domino, non commoventur. Evangelium eis congruit, ubi rex nuptias fecit (*Matth.* XXII), quia videlicet eo tempore Assuerus rex nuptias cum Esther fecit, et multos vocavit, sive Judaicus populus ad nuptias vocatus venit, quando de captivitate ad patriam rediit, et Dominus plebis suæ copulam per legis observantiam iniit. Unde ipsi in Offertorio de reditu suo exsultant dicentes, *Super flumina Babylonis* (*Psal.* CXXXVI). Postquam autem Esdras venit, et eis coædificare cœpit, sic in Communione ad Deum oravit, *Memento verbi tui* (*Psal.* CXVIII).

CAP. LXXXIX. — *Sub gratia.*

Hoc enim totum ad Christianum populum refertur, qui ab Hunnis sive ab Ungaris vastatur, sed per fideles imperatores superatis hostibus in laudem Dei postmodum coadunatur.

CAP. XC. — *Dominica vicesima prima,* « *In voluntate,* » *sub lege.*

Sequens Dominica de historia Esther inofficiatur, per quam populus Dei ab imminenti periculo liberatur, et progenies adversariorum exterminatur. Hæc pro populo iisdem verbis Deum invocat : *In voluntate tua, Domine* (*Psal.* LXXII). In Oratione vero oravit, ut Deus familiam suam custodiret. In Epistola afflictio Judæorum exprimitur, quibus erat tunc colluctatio adversus principes, et potestates, contra mundi rectores (*Ephes.* V). In Graduali, *Domine, refugium,* (*Psal.* LXXXIX), ad Deum per jejunium confugiunt, ejusque auxilium petunt. In Alleluia, *De profundis clamavi*, pro tribulatione sua clamant, et mox eos Dominus liberat. Per regulum in Evangelio, cujus filius infirmabatur (*Joan.* IV), Assuerus intelligitur, cujus dilectus animo ad mortem trahebatur. Per Offertorium, *Vir erat (Job* I), Mardochæus accipitur, qui ut Job graviter tentabatur, sed probatus similiter magnificabatur. Qui in Communione, *In salutari tuo (Psal.* cxviii), Deo gratias agit, quod de persequentibus se judicium fecit.

CAP. XCI. — *Sub gratia.*

Hæc enim Dominica nostrum tempus exprimere videtur, quo populus fidelium ab adversariis affligitur, sed oratione Ecclesiæ et sapientium labore ab hostibus eripitur. Notandum quod in Offertorio, *Vir erat (Job* I), verba non repetuntur, et in Versibus sæpius repetuntur, quia ægrotanti, et loqui conanti verba intercipiuntur, sed sæpius incepta vix perficiuntur. In Versibus Job ægrotans intelligitur. Per Job autem Christus designatur, qui pro nobis doluit, et seipsum in sacrificium Patri pro mundo obtulit, et hoc Versus exprimunt. Offertorium autem Ecclesiam significat, quæ Christum jugiter immolat, et eum pro nobis oblatum commemorat.

CAP. XCII. — *Dominica vicesima secunda,* « *Si iniquitates,* » *sub lege.*

Præsens Dominica videtur de historia Judith instituta. Populus namque Dei dum ab Holoferne in Bethulia obsideretur, ad Deum sic clamasse intelligitur. *Si iniquitates observaveris* (*Psal.* cxxix), Oratio vero, *Deus noster, refugium*, innuit orationem Judith, qua populo pacem et indulgentiam petiit. Epistola (*Philipp.* I) autem consolationem principum demonstrat, qua populum afflictum sublevabant. Graduale, *Ecce quam bonum* (*Psal.* cxxxii) gaudium populi exprimit quod reversa Judith habuit, cum caput Holofernis attulit. Alleluia vero, *Lauda, anima mea, Dominum* (*Psal.* cxlv), gaudium ipsius Judith insinuat, quo de victoria et populi liberatione exsultat. Porro Evangelium (*Matth.* xviii) bene concordat, quod regem rationem cum servis suis posuisse commemorat Nabuchodonosor, qui et Cambyses, cum suis consilium habuit, quando sibi universa regna subjugare disposuit. Qui decem millia talenta debuit, in hac significatione Holofernes fuit, qui pro magno honore sibi collato debitor regis exstitit. Hic egressus conservum in carcerem misit, dum Holofernes cum exercitu egressus omnem populum in angustiam redegit. Sive conservum in carcerem misit, dum Achior ducem periculo submisit. Offertorium, *Recordare mei (Jer.* xv), Orationem Judith repræsentat, qua Deum in periculo invocat, quatenus verba ejus coram principe Holoferne placeant. Communio *dico vobis (Luc.* xv) conversionem Achior sonare videtur, qui perempto Holoferne populo Dei apponitur.

CAP. XCIII. — *Sub gratia.*

Quia totus populus fidelium ab exordio mundi usque in finem unum corpus est Ecclesiæ Dei, aliquando de transactis, aliquando de futuris divinum officium instituitur. Unde et hoc officium ad tempora Antichristi refertur, sub quo Ecclesia graviter affligetur, sicut hic populus sub Nabuchodonosor afflictus legitur. Porro Ecclesia de sua afflictione sic ad Dominum clamabat, *Si iniquitates observaveris* (*Psal.* cxxiii). Deinde orat, ut ei Deus refugium fiat. Per Epistolam prædicatio Eliæ, et Enoch denotatur, qua afflictam Ecclesiam consolantur. In Graduale et Alleluia gaudium Ecclesiæ insinuatur, quo de conversis Judæis gratulatur. Evangelium optime congruit, in quo rex rationem cum servis ponit (*Matth.* xviii), quia Christus rex verus tunc ad judicium veniet, qui a cunctis actus singulorum exiget. Antichristus etiam rationem cum populo ponet, quia cunctos sibi subdere disponet. Conservum in carcerem mittet, quia cunctum populum sibi rebellem crudeliter affliget. Offertorium orationem Ecclesiæ exprimit, qua Deum sui recordari poscit. Quam Deus exaudiens citius liberabit, dum Antichristum in tentorio suo exanimabit, sicut Holofernem per Judith in tentorio suo trucidavit. Communione vero gaudium innotescit, quo justi super his gaudebunt, qui post interitum Antichristi conversi erunt.

CAP. XCIV. — *Dominica vacat.*

Dominica, quæ officio cantus caret, ubi in Evangelio Dominus censum Cæsari reddi jubet (*Matth.* xxii), illud tempus denotat quo omnis populus sub Magno Alexandro in luctu erat; quem ipse variis bellis oppressit, et censum sibi dari compulit. Illud enim tempus exprimit, quo Antichristus universum populum suo servitio addicet.

CAP. XCV. — *Dominica vacat.*

Dominica, quæ hanc sine cantu sequitur, ubi in Evangelio mulier fluxum sanguinis duodecim annis patiens a Domino curata legitur (*Matth.* ix; *Luc.* viii), illud tempus sub Seleuco rege innuit, quo tota Asia prius duodecim annis sub Alexandro sanguine bellorum fatigata, liberata fuit. Hæc enim cantu non inofficiatur, quia mox tota terra bellis turbabatur. Illud quoque tempus quod post mortem Antichristi futurum erit, innuitur, quo Ecclesia prius ab ipso sanguine persecutionis vexata liberabitur.

CAP. XCVI. — *Dominica vicesima quarta post Pentecosten,* « *Dicit Dominus,* » *sub lege.*

Ultima Dominica inofficiatur de Machabæorum historia, quibus post multos sudores bellorum Christus citius advenire promittitur, per quem ab hostibus liberentur. Sacerdotes ergo eos propheticis verbis sic alloquuntur. *Dicit Dominus ego cogito (Jer.* xxix). Qui in Oratione, *Excita, Domine,* precantur ut eorum mentes ad divinum opus excitentur. Lectio eis regem affuturum prædicat, qui eos in justitia judicans ab inimicis eruat. Qui in Graduali pro sua liberatione et hostium confusione gratias agunt. In Alleluia ei, (*Qui sanat contritos corde* (*Psal.* cxlvi), plaudunt, Evangelium bene consonat, quod quinque millia quinque panibus satiata narrat (*Luc.* ix).

quod post quinque millia annorum datus est panis angelorum, per quem refectæ sunt mentes beatorum. In Offertorio, *De profundis* (*Psal.* cxxix) peccatores ad Dominum clamant, ut hoc pane digni fiant. In communione, *amen dico vobis* (*Marc.* xi) divina vox eis pollicetur quod oratio eorum impleatur.

Cap. XCVII. — *Sub gratia.*

Per hoc enim officium Ecclesia tribulationem Christiani populi recolit, quam sub Antichristo sicut Machabæi sub Antiocho passurus erat. Huic adventus Christi propinquus prænuntiatur, per quem ab omnium hostium formidine eruatur. Per fideles ergo sic consolatur, *Dicit Dominus ego cogito* (*Jer.* xxix). Qui in Oratione mentes suas ad pœnitentiam excitari postulant, quo remedia indulgentiæ percipiant. In Lectione regnum Christi et ejus judicium eis promittitur, et ipsi in Graduali et Alleluia de sua ereptione gratulantur. In Evangelio populi ad Christum confluxisse, et ab eo refecti referuntur (*Luc.* ix), quia tunc omnes gentes ad Christi judicium concurrent et ab eo qui est panis vivus reficientur. In Offertorio petunt illo digni fieri. In Communione promittitur illorum oratio compleri. Ideo Evangelium de quinque millibus nunc legitur, quia abhinc quinque Dominicæ ad Nativitatem Domini computantur, quo quasi post quinque ætates cœlesti pane fideles satiantur. Ideo enim Evangelium legitur, quia semper circa festum sancti Andreæ evenit, cujus mentio in eodem Evangelio agitur. Quæritur cur per æstatem plures sint Lectiones, et Evangelia, quam officia. Sed sciendum est quod officia embolismis, Lectiones et Evangelia communibus annis conveniunt.

Cap. XCVIII. — *Ordo de « Alleluiis » Dominicalibus apud quosdam.*

Quidam observant hunc ordinem in Alleluiis Dominicalibus, qui etiam bene congruit officiis vel temporibus. In prima Dominica, *Domine, in tua misericordia, alleluia, In te, Domine, speravi.* In secunda Dominica, *Factus est Dominus protector, alleluia, Diligam te, Domine.* In tertia, *Respice, alleluia, Venite exsultemus.* In quarta, *Dominus illuminatio, Confitemini Domino.* In quinta, *Exaudi, Domine, Qui timet Deum.* In sexta, *Dominus fortitudo, Domine, refugium.* In septima, *Omnes gentes.* In octava, *Suscepimus Deus, Quoniam Deus magnus.* In nona, *Ecce Deus, qui sanat.* In decima, *Dum clamarem, Lætatus sum.* In undecima, *Deus in loco, Paratum cor meum.* In duodecima, *Deus in adjutorium, Exsultate Deo.* In decima tertia, *Respice Deus, Dominus regnavit.* In decima quarta, *Protector noster, Lauda Jerusalem.* In decima quinta, *Inclina Deus, Domine Deus.* In decima sexta, *Miserere mihi, Laudate Dominum, omnes gentes.* In decima septima, *Justus es, Domine : Deus judex.* In decima octava, *Da pacem, Domine, Qui posuit fines.* In decima nona, *Salus populi, Adorabo ad templum.* In vicesima, *Omnia quæ fecisti, Redemptor.* In vicesima prima, *In voluntate,*

A *Te decet.* In vicesima secunda, *Si iniquitates, De profundis.* In vicesima tertia, *Dicit Dominus, Dextera Dei,* vel *In exitu Israel.* In hoc mense Joannis Baptistæ prædicatio insinuatur, per quem Christus in carnem venisse demonstratur. Unde et Adventus Domini, ac Nativitas ei in hoc mense celebratur.

Cap. XCIX. — *Dominica prima in Adventu Domini.*

Dominica prima de Adventu Domini officium de Joanne Baptista sumit, sub cujus persona Ecclesia canit, *Ad te levavi animam meam* (*Psal.* xxiv). Qui in Oratione rogat, ut Christus adveniens humanum genus a peccatis eripiat. In Epistola noctem infidelitatis præcessisse, diem fide appropinquare denuntiat. In Graduali verbum ad ipsum Christum dirigit, cum ab eo baptizandus advenit, *Universi qui te,* etc. B *Vias tuas, Domine.* In Alleluia Deum postulat, ut salutare suum, id est filium hominis ostendat Evangelium bene congruit, quod Marcus initio libri sui de Joanne scribit, *Ecce mitto angelum* (*Marc.* 1). Alii legunt Evangelium : *Cum appropinquaret Jesus Jerosolymis* (*Luc.* vii), quod etiam Adventui Domini convenit, propter Versum, *Benedictus qui venit in nomine Domini.* Offertorium, *Ad te, Domine, levavi* (*Psal.* xxv), sacrificium Joannis sonat, ubi animas pœnitentium Deo offerebat. In Communione terram fructum dare, id est Mariam Christum generare prædicat.

Cap. C. — *Dominica secunda in Adventu, « Populus Sion. »*

Dominica secunda de persona prophetarum inofficiatur, per quos Adventus Christi Synagogæ annuntiatur sic, *Populus Sion, Ecce,* In priori officio vocatio Judæorum, in isto autem vocatio gentium notatur, ubi canitur *Ecce Dominus veniet ad salvandas gentes,* quæ gentes in oratione precantur, ut corda illarum viæ Christo præparentur. In Epistola voce prophetarum vocantur. Moyses namque dicit : *Lætamini, gentes, cum plebe ejus,* David quoque, *Laudate Dominum omnes gentes* (*Psal.* cxvi). Isaias enim, *Qui exsurget regere gentes, in eum gentes sperabunt* (*Isai.* xi). In Graduali dicit Propheta prædicatoribus : *Congregate illi sanctos ejus* (*Psal.* xlix). In Alleluia gentes exsultant dicentes : *In domum Domini lætantes ibimus* (*Psal.* cxxi). Evangelium D bene consonat, quia redemptio nostra appropinquat. Ideo hoc Evangelium in secunda Dominica recitatur (*Luc.* xxi), quia in eo secundus Adventus Christi prænuntiatur. In Offertorio gentes se Christo offerunt gaudentesque dicunt, *Deus, tu converisus vivificabis nos.* In communione Ecclesiæ de gentibus propheticus ordo applaudit dicens, *Jerusalem, surge et sta.*

Cap. CI. — *Dominica tertia, « Gaudete in Domino. »*

Dominica tertia de persona apostolorum officio lætatur, per quos uterque populus ad fidem vocatur, quorum voce sic cantatur : *Gaudete in Domino,* subauditur ex Judæis fideles, *iterum dico : Gaudete* (*Philipp.* iv), videlicet fideles ex gentibus. Qui in

Oratione precantur, ut tenebræ illorum mentis illustrentur. In Epistola Apostolica eis nuntiat, quod Christus adveniat, qui abscondita tenebrarum illuminet. In Graduali, et Alleluia fideles postulant, ut Christus quantocius adveniat. Evangelium de signis Christi, et Joannis sanctitate legitur (*Joan.* 1), quia Christi divinitas per Joannem prædicatur. Ideo in tertia Dominica legitur, quia Christus in tertio mundi tempore per miracula innotescit. In Offertorio fideles gratias agunt, quod eos Dominus suo adventu benedixit, iram suam ab eis avertit, *Benedixisti, Domine, terram (Psal.* LXXXIV). In Communione per prædicatores consolantur, et Dominus eos salvare promittit. Officia quartæ et sextæ feriæ et Sabbati Adventui Domini, et quatuor Temporibus congruunt, qua Christum devotissime adventurum canunt.

CAP. CII. — *Dominica quarta,* « *Memento nostri, Domine.* »

Dominica quarta ab officio propter ordines prioris diei vacat, sed a modernis officio, *Memento nostri, Domine (Psal.* cv), tripudiat. Quod officium ex persona doctorum cantatur, per quos secundus Adventus Domini prædicatur. Qui sic conclamant. *Memento nostri, Domine,* in Oratione orant, ut Dominus adveniens magna virtute eis succurrat. In Epistola fideles gaudere monentur, quia Dominus prope est. Qui in Graduali prope se invocantibus plaudunt. In Alleluia, citius ad relaxanda facinora venire petunt. In Evangelio eis dicitur, ut *viam Domino parent,* qui cito veniet. In Offertorio et in Communione virgo salutatur, per cujus partum mundus salvatur.

CAP. CIII. — *De vigilia Nativitatis Domini,* « *Hodie scietis.* »

Per vigiliam Domini præsens vita denotatur, in qua nobis Christus adventurus prænuntiatur. Unde canitur in officio : *Hodie,* id est in hac vita, *scietis quia veniet Dominus, et mane,* id est in futura vita, *videbitis gloriam ejus (Exod.* XVI). Unde in Oratione, *quem redemptorem læti suscepimus, venientem quoque judicem securi videamus.* Duæ Lectiones leguntur, quia Christus a prophetis nasciturus, ab apostolis natus prædicatur. Ideo una a propheta, altera ab Apostolo recitetur. In Graduali Christi Nativitas promittitur, sed in supremo mane videndus dicitur. Alleluia in vigiliis, et in Quatuor Temporibus, propter jejunium non cantatur. In Dominica autem si venerit ob resurrectionem Domini canitur. Evangelium et Offertorium instantem nativitatem canit. Communio autem secundum Christi adventum promit : *Revelabitur gloria Domini (Isai.* XL).

CAP. CIV. — *In Natali Domini in nocte, prior missa* « *Dominus dixit ad me.* »

In die sancto Natali Domini constituit Telesphorus papa tres missas hac de causa celebrari, quia constat tria tempora hujus mundi per hanc singularem nativitatem salvari. Per missam quæ in nocte cantatur, tempus ante legem designatur, quod tenebris ignorantiæ involvebatur. Ideo ad hanc missam legitur, *Populus qui ambulabat in tenebris (Isai.* IX). Introitus ortum veræ lucis exprimit, cum Filius Dei nascens mundo dicit : *Dominus dixit ad me* (*Psal.* II). Gloria in excelsis, chorum angelicum repræsentat, qui hunc hymnum tunc primitus canebat. Oratio in persona pastorum dicitur, qui petunt illa luce in cœlis perfrui, quæ claruit in terris. Duæ Lectiones leguntur, quia hæc a veteri et nova lege prædicantur. Ideo autem similiter recitantur, quia Vetus et Novum Testamentum concorditer concinnantur. In Oratione Pater Filii nativitatem commendat, quem ante luciferum genuisse commemorat (*Psal.* CIX). Ante luciferum quippe scilicet, primum archangelum eum Pater genuit, quem ante luciferum stellam videlicet media nocte mater peperit. Cujus nativitas ipsius nati voce in alleluia *Dominus dixit ad me* (*Psal.* II), insinuatur, quod in laudem ejus ab Ecclesia jubilatur. Qualiter hæc nativitas contigerit, Evangelium depromit. Quod *Credo in unum Deum* sequitur, significat quia Ecclesia in natum se credere fatetur, qui nobis in cibum datur.

CAP. CV. — *In mane missa,* « *Lux fulgebit hodie.* »

Per missam, quæ in exortu legis agitur, tempus legis intelligitur, in quo lux fidei per Scripturas mundo infunditur. Unde sub hac significatione canitur : *Lux fulgebit hodie* (*Isai.* IX). In oratione Ecclesia precatur, ut quæ nova luce perfunditur, sicut fide ita opere splendere mereatur. Duæ lectiones leguntur, quia Christus pro duobus populis nascitur. Graduale in persona pastorum cantatur, a quibus Christus inventus sic adoratur, *Benedictus qui venit in nomine Domini, Deus Dominus et illuxit* (*Psal.* CXVII). In Alleluia, *Dominus regnavit* (*Psal.* XCVI), laus illorum exprimitur, quæ mox per Evangelium refertur. In Offertorio, ejus divinitas ab Ecclesia collaudatur; in Communione ejus incarnatio prædicatur.

CAP. CVI. — *Major missa,* « *Puer natus est nobis.* »

Per tertiam missam, quæ ad horam tertiam in die celebratur, tertium tempus mundi, scilicet gratia denotatur, quo puer natus est per quem mundus creatus est, quando magnus consilii angelus (*Isai.* IX) venit et diem æternitatis attulit. Quem in Oratione genus humanum orat, ut se de jugo peccati eripiat. Duæ Lectiones ex propheta et Apostolo recitantur, quia per prophetas et apostolos hæc gratia prædicatur, et activi et contemplativi per hanc nativitatem salvantur. Graduale ex persona prophetarum cantatur, in quo Judæi et gentiles ad laudem Dei hortantur, quia Deus salutare, id est filium suum Judæis notum fecit, justitiam suam, scilicet eumdem Filium gentibus revelavit. Alleluia, ex persona apostolorum jubilatur, per quos Ecclesia de gentibus cum primitiva Ecclesia Christum adorare exhortatur. Per melodiam vero Sequentiæ intelligitur jubilatio ipsius Ecclesiæ. In Evangelio sublimitas divinitatis ejus narratur, quæ in Offertorio ab omnibus sic laudatur. *Tui sunt cœli et terra* (*Psal.* LXXXVIII). In Communione omnibus adhuc videnda repromittitur.

CAP. CVII. — *Quare Evangelium de Abel de sancto Stephano legatur.*

Evangelium, in quo de Abel agitur, ideo de sancto Stephano legitur, quia sicut Abel in Veteri Testamento protomartyr fuit, ita Stephanus in Novo protomartyr exstitit. Hoc enim Evangelium propter nativitatem Domini legitur, propter verbum, in quo dicitur, *Benedictus qui venit in nomine Domini* (*Matth.* XXIII).

CAP. CVIII. — *Dominica « Dum medium silentium. »*

Dominica *Dum medium silentium* (*Sap.* XVIII) tripudium primitivæ Ecclesiæ insinuat, quo de Christi nativitate exsultat.

CAP. CIX. — *De Epiphania, « Ecce advenit. »*

Officium *Ecce advenit* sub persona Ecclesiæ de gentibus cantatur quæ de Christi incarnatione lætatur. Quæ in Oratione precatur, ut ad contemplandam speciem Dei perducatur. Reliqua sancto diei conveniunt, in quo gentes ad adorandum Dominum venerunt.

CAP. CX. — *Dominica « In excelso throno. »*

Post baptisma Christus tres annos prædicasse narratur, de quibus tria officia Dominicalia instituta videntur. Post tentationem quippe angeli accesserunt, et ei ministraverunt. Unde in Introitu : *In excelso throno*, cantatur, *Quem adorat multitudo angelorum*. Epistola dicit, si ei per sanctimoniam conformemur, membra ejus efficiemur (*Rom.* XII). Quem Ecclesia in Graduali benedicit, qui solus mirabilia facit. In Alleluia ei jubilat, de quo in Evangelio legitur, quod parentibus sui causa subditus erat (*Luc.* II). In Offertorio, *Omnis terra ei jubilare* (*Psal.* LXV), et in lætitia admonetur servire. In Communione ejus humanitas et divinitas prædicatur, in qua a matre, ut homo increpatur, et Patris Filius, ut Deus affirmatur.

CAP. CXI. — *De tertia Dominica, « Omnis terra. »*

Secundum officium de miraculis Christi instituitur, unde et Evangelium, in quo signa inchoavit, legitur. Quod officium sub persona humani generis canitur, quia omnis terra Christum Deum adorare hortatur (*Psal.* LXV). In Epistola gratiarum dona scribuntur, quæ per Christum aguntur scilicet Prophetia, doctrina, exhortatio, dilectio, et cætera. In Graduali Ecclesia Deo plaudit, qui Verbum suum misit, et eam de interitu sanavit in Alleluia et in Offertorio ei jubilat. In Communione sicut de aqua vinum (*Joan.* II), sic de vino sanguinem suum commutare cantat.

CAP. CXII. — *De Dominica quarta « Adorate Deum. »*

Tertium officium sub persona angelorum cantatur (*Psal.* XCVI), a quibus Christus Deus adoratur, per quem illorum numerus reintegratur. In Oratione fideles postulant, ut eos Deus dextera sua protegat. In Epistola per prædicatores admonentur, ne malum pro malo reddant, bona coram Deo et hominibus provideant (*Rom.* XII). In Graduali Christus laudatur, per quem gentes convertuntur. In Alleluia angeli ad laudandum invitantur, quia gentes per Christum salvantur. In Evangelio leprosus et infirmus curantur (*Matth.* VIII), quia Judaicus et gentilis populus per Christum sanantur. In Offertorio Ecclesia pro utroque populo ei laudem canit, cujus dextera virtutem fecit (*Psal.* CXVII). In communione omnes de signis et verbis ejus mirabantur, qui ad fidem convertebantur (*Luc.* IV).

CAP. CXIII. — *De eadem quarta Dominica.*

In quarta Dominica Evangelium recitatur, quo Christo in naviculam ascendente mare turbabatur, et ipse dormiens a suis excitatur (*Matth.* VIII), quia videlicet in quarto anno post baptismum suum Christus in crucem ascendit, et ventus diabolus turbam Judæorum commovit, et Christus somno mortis obdormivit, quem precatio suorum citius excitavit.

CAP. CXIV. — *De officio sanctorum Gervasii et Prothasii.*

Officia de sanctis sunt instituta, ut partim tempori, partim conveniant diei, sicut de sanctis Gervasio et Prothasio officium loquitur, Dominus pacem cantatur, quia illa die pax inter Romanos et Longobardos facta memoratur.

CAP. CXV. — *Quare Versus in nocte sancti Pauli ad antiphonas dicantur, et de sancto Laurentio similiter.*

Nocturnale officium de sancto Paulo ideo Versibus antiphonarum insignitur, quia ipse plus omnibus laborasse apostolis legitur. Similiter Versus ad antiphonas de sancto Laurentio cantantur, quia ejus passio omnibus martyribus præfertur, sic de cæteris notandum est.

CAP. CXVI. — *De officio mortuorum.*

In officio mortuorum imitamur officia mortis, vel sepulturæ Domini. Ideoque Invitatorium non cantatur, et benedictiones ad Lectiones non dantur, quia et ibi intermittuntur, et luctus vel tristitia in hoc cantu aguntur. Pro mortuis autem ob duas causas campanas sonamus, ut videlicet viventes pro eis orent et ut se etiam morituros cogitent, seque ad regna cœlorum ituros præparent, ad quod nos, qui sine fine vivit, et regnat feliciter perducat, Amen.

CAP. CXVII. — *Excerptum de Romano Ordine.*

Jam de officiis quæ videbantur Christo opitulante explicuimus, nunc pauca de *Romano Ordine* adjicere censuimus.

De Adventu Domini.

Ab Adventu Domini usque ad Nativitatem ejus, *Te Deum laudamus, et Gloria in excelsis* non canitur, et *Ite Missa est* intermittitur, quod nunquam dicitur, nisi quando *Gloria in excelsis* canitur. Dalmaticæ quoque et subdiaconalia non portantur. Si infra Adventum Domini festum sancti Andreæ, vel sancti Thomæ, vel Dedicatio Ecclesiæ occurrerit, prædictas glorificationes non omittimus, In feria sexta de sancta Cruce, et in Dominicis diebus de sancta Trinitate non cantatur. Ad laudes in Dominicis, *Dominus regnavit*, cum reliquis cantatur.

De historia « Clama in fortitudine. »

Historia *Clama in fortitudine* non ad Quatuor Tempora, sed ad proximam septimanam natalis Domini pertinet, sicut illa responsoria ad illam hebdomadam ante Pascha pertinent. Unde et singulis diebus laudes habent. In hac septimana enim O cantatur, in quibus *Veni* scribitur, quæ septem tantum reperiuntur.

De Vigilia Domini.

Vigilia Domini, in qua feria occurrerit, illius ferialem psalmum et canticum cum antiphona obtinebit; præcedens vero Sabbatum canticum, *Audite cœli* cum antiphona *exspectetur* habebit. Si vigilia Domini in Dominicam evenerit, sex responsoria de historia, *Canite tuba*, et tria de vigilia cum laudibus assumet, missam de Vigilia, horas de Dominica accipiet.

De Nativitate Domini.

In Nativitate Domini, *Te Deum laudamus*, post nonum responsorium ante missam canitur. Ad missam vero non *Ite Missa est*, sed *Benedicamus Domino* dicitur.

De Sancto Stephano.

In festo sancti Stephani secundam vesperam totam de sancto Stephano canimus. Similiter de sancto Joanne in sequenti die facimus. In nativitate Innocentium, *Gloria in excelsis*, et *Te Deum laudamus*, et *Alleluia*, et *Ite Missa est* non cantantur, Dalmaticæ non portantur, *Gloria Patri*; nunquam nisi in Passione Domini omittitur. Si illorum festivitas in Dominica occurrerit, nihil de his omittimus. In octava quoque illorum omnia canimus, si Natalis Domini, vel alia sequens festivitas in Dominica evenerit. Officium *Dum medium silentium* post nativitatem Innocentum canimus, et in sequenti Dominica idem repetimus. In VIII Domini, non *Puer natus est*, sed *Vultum tuum* est cantandum, quia totum officium illa die *de sancta Maria* agitur. Unde et *alleluia, Post partum* cantatur, et Oratio, *Deus qui salutis æternæ*. Si vigilia Epiphaniæ in Dominica evenerit, officium *Dum medium silentium*, ut in priori Dominica plenius observatur. Si in alia die idem quoque officium, sed cum Lectione *scimus*, et Evangelio *Defuncto Herode* cantatur. In Epiphania Invitatorium non cantatur, sed a psalmo *Afferte Domino* inchoatur, et antiphona; *Fluminis*, cum psalmo, *Deus noster refugium* in tertio nocturno servatur. Si Epiphania in Dominica evenerit, Dominica in octava differtur, si autem Dominica infra octavam occurrerit, *In excelso throno*, totum cantabitur. Quod etiam, si necesse fuerit, in sequenti Dominica repetitur, Ad Dominicam autem infra octavam psalmi Dominicales cum cantu de Epiphania recitandi sunt. Privatis quoque diebus infra VIII feriales nocturnæ cum antiphonis de Epiphania et responsoriis cantandæ sunt. Matutinæ laudes etiam de festo agendæ sunt. Juxta Romanum ordinem nunquam nocturnam ferialem dimittimus, cum tria responsoria dicimus, nisi in hebdomada Paschæ et Pentecostes. Omni anno *In excelso throno* infra octavam Epiphaniæ cantabitur, etiam si plures septimanæ ad Septuagesimam videantur. Porro, si una tantum hebdomada inter Epiphaniam et Septuagesimam occurrerit, duo officia in se coarctabit. Post octavam Epiphaniæ Epistolæ Pauli leguntur, sive Dominica, sive feriales dies sunt. Si duo festa cum pleno officio in unum diem convenerint, de uno pleniter agatur, alterius mentio cum antiphona et oratione fiat, aut in alterum diem ut festum sancti Pauli differatur, nullius sancti mentionem post missam facimus, de quo tria responsoria canimus. In festo novem lectionum cantatur, *Gloria in excelsis*, et *Te Deum laudamus*, et *Ite missa est*, nisi infra Adventum Domini et Septuagesimam. *Credo in unum Deum* in omnibus Dominicis, et festis sanctæ Mariæ et apostolorum et sanctæ Crucis, et Dedicationis, et Omnium Sanctorum canitur. Quando *Gloria in excelsis* cantatur, semper dalmaticæ et subdiaconalia portantur. Alexander papa secundus constituit, ut *Alleluia* ad vesperam dimittatur, et heptaticus cum responsoriis ad nocturnum incipiatur. Eadem vero historia in sequenti repetatur, ab hinc usque in Pascha. *Gloria in excelsis*, et *Te Deum*, et *Ite missa est*, et dalmatica et subtile dimittuntur.

De Purificatione sanctæ Mariæ.

Si Purificatio sanctæ Mariæ infra Septuagesimam occurrerit, nihil de ea nisi *Alleluia* mittamus. Similiter in Cathedra S. Petri et Annuntiatione sanctæ Mariæ, *Gloria in excelsis*, secundum ordinem cantamus. Si autem Annuntiatio sanctæ Mariæ in triduo ante Pascha occurrat, in Sabbato ante Palmas anticipetur.

De officio in capite Jejunii.

In capite Jejunii missam ad nonam canimus; et mox vespera sequitur, et omnia, ut in Quadragesima facimus præfationem, *Qui corporali jejunio* quotidie tam Dominicis, quam aliis diebus usque in Passionem Domini dicimus. Sabbato officium, *Esto mihi in Deum*, in proxima hebdomada Quadragesimæ quatuor Tempora observantur, et quarta feria ad Priorem orationem *Flectamus genua* tantum, ad secundam vere *Dominus vobiscum* non *Flectamus genua* dicitur.

De Passione Domini.

A Dominica Passionis Domini usque in Pascha non dicitur *Gloria Patri* ad Responsorium, et ad Introitum, et ad Psalmum, *Venite exsultemus*, ad quem et repetitio solet mutari, id est ut ad primum Versum a medio ad secundum, a principio repetatur invitatio. Similiter in hoc Sabbato, *Judica me, Deus*.

De die Palmarum, et hebdomada tota.

In die Palmarum et secunda et quarta feria *Dominus vobiscum* ante Passionem dicitur, sed *gloria tibi, Domine*, non subjungitur. In hebdomada Palmarum Præfatio *de sancta Cruce* dicitur. Si infra

Passionem Domini de sanctis agimus, *Gloria Patri* non omittimus. Feria secunda et tertia Lectiones duæ continuatim, ut in Nativitate Domini ad missas leguntur; similiter in Sabbato post mediam Quadragesimam agitur. Feria quarta post Palmas duæ Lectiones leguntur, et ad utramque *Flectamus genua* dicitur.

De Cœna Domini.

In cœna Domini, et in parasceve, et Sabbato sancto post *Benedictus*, *Kyrie eleison*, et preces, et oratio secundum ordinem sub silentio est dicendum. In cœna Domini *Gloria Patri, et Gloria in excelsis* reticetur, nisi ubi chrisma conficitur, Dalmaticæ tamen portantur, in qua die sub anathemate interdicitur, ne a quoquam Quadragesimale jejunium solvatur.

De Parasceve.

In parasceve non ab oratione, sed a Lectione est incipiendum. Ad passionem *Dominus vobiscum* non dicitur, et tituli ad Lectionem non pronuntiantur. Ad singulas Orationes nisi pro Judæis, *Flectamus genua* dicitur et mox *Levate* subsequitur.

De Sabbato sancto.

In Sabbato sancto cereus magnus a diacono est benedicendus, et ante benedictionem est illuminandus, et in nocte Paschæ populo distribuendus ad suffumigandum rebus eorum.

De Lectionibus ante Baptismum.

Ante Baptismum duodecim Lectiones secundum ordinem leguntur, sed tituli non pronuntiantur, post baptismum præsentant presbyteri missam celebrare qui volunt, ad missam, Offertorium, et Communio, et *Agnus Dei* non cantantur, et *Ite missa est* non dicitur.

De sancto die Paschæ.

In Pascha agnus non ad altare, sed ad mensam benedicitur, et *Credo in unum* quotidie usque in octavam canitur. Versus Graduale, *Benedictus, qui venit* in feria quinta, et *Lapidem, quem reprobaverunt* propter Passionem Christi, in feria sexta est cantandus : in Sabbato infra octavam Paschæ antiphona, *Cum esset sero*, die illo ad vesperam cantatur, quia idem Evangelium olim usque *Thomas unus* eodem Sabbato legebatur. Ad vesperas feriales psalmi dicuntur cum *Alleluia*, et nocte Dominica nocturna, et novem Lectiones, et sic singulis diebus nocturna cum *Alleluia* nisi festum occurrat novem Lectionum, dicimus et ad laudes quotidie *Dominus regnavit* recitamus : Quod a pluribus ab hinc usque post Pentecosten tres psalmi psalluntur, et tres lectiones leguntur, a Moguntiacensi concilio institutum traditur, sed a Romana Ecclesia non recipitur.

Quomodo inter Pascha et Pentecosten sit cantandum.

A Pascha usque Pentecosten. In festo trium responsoriorum unum tantum *Alleluia* ad missam cantamus. In festo vero novem Lectionum, duo, unum de resurrectione canimus, et non primum, aut aliud de festo, sed secundum repetimus. Præfationem Paschalem quotidie usque in Ascensionem Domini dicimus. In Vigilia Ascensionis Domini cantatur officium ad missam *Vocem jucunditatis*. Nona de futuro festo canitur.

De Vigilia Pentecostes.

In vigilia Pentecostes quatuor Lectiones ante baptismum absque titulis leguntur, ad missam *Benedicamus*, non *Ite missa est* dicitur. In Pentecosten quotidie *Credo in unum* canitur. In hac septima æstivale jejunium Quatuor Temporum celebratur, et *Alleluia* pro Graduali cantatur, et *flectamus genua* non dicitur. Ad missam de jejunio *Gloria in excelsis* non cantatur, quia missa post sextam celebratur, sed *Gloria in excelsis* nunquam nisi ad tertiam secundum ordinem cantatur, excepto in cœna Domini, et in Sabbato sancto, et in Vigilia Pentecostes. Unde quidam duas missas cantant unam de festo, alteram de jejunio. Illam de festo cum *Gloria in excelsis*, et *Credo in unum*, alteram indirectum. Ita solet fieri in festo sancti Thomæ in hiemali jejunio, et in festo sancti Matthæi in Autumnali, et Annuntiationis sanctæ Mariæ, in Quadragesima videlicet, ut prior missa festo, secunda satisfaciat jejunio

De Octava Pentecostes.

In octava Pentecostes novem Lectiones leguntur, et totidem responsoria *de Spiritu sancto* canuntur. In crastino die libros Regum ad nocturnum legimus et canimus, et ad missam officium, *Domine, in tua* quod in sequenti Dominica, si necesse est, repetimus. Quidam in hac hebdomada officium de sancta Trinitate canunt, quod Romani non recipiunt. Albinus namque magister Caroli rogatu Bonifacii archiepiscopi instituit missam *de sancta Trinitate* in Dominica die, Feria secunda *de sapientia*, Feria tertia *de Spiritu sancto*, Feria quarta *de charitate*, Feria quinta *de angelis*, Feria sexta *de sancta Cruce* Sabbato *de sancta Maria*.

De Quatuor Temporibus.

In tertia hebdomada Septembris, et in quarta Decembris erit celebratio Quatuor Temporum, et ad omnes orationes in Sabbato *Flectamus genua* dicitur, nisi ubi lectio Danielis legitur. Feria quarta ad priorem orationem tantum *Flectamus genua* sine salutatione ; ad secundum salutatio sine genuflexione dicitur.

Cap. CXVIII. — *Quomodo sit legendum per annum.*

Hi libri sunt authentici, et hi sunt in divinis officiis legendi. In Septuagesima usque in passionem legatur Pentateuchus, quem scripsit Moyses, et liber Josue, quem ipsemet scripsit, et liber Judicum, et Ruth, quos Gedeon, et Samuel scripsisse dicuntur. Dominica Passionis Domini usque in Cœnam ejus legatur Jeremias propheta, quem ipse scripsit. Tribus diebus ante Pascha legantur Lamentationes ejusdem. Ab VIII Paschæ per tres hebdomadas legatur Apocalypsis, quam scripsit Joannes apostolus. Deinde per duas septimanas legantur canonicæ Epistolæ, quas scripserunt Jacobus, Petrus, Joannes, et Judas apostoli. Ab Ascensione Domini usque ad Pentecosten legantur Actus apostolorum, quos scripsit Lucas evangelista. Ab vııı Pentecostes usque in Kalend. Augusti legantur libri Regum, quorum primum scripsit Samuel, secundum Nathan, tertium et quartum Jeremias. Et duo libri Paralipomenon, quos sapientes Synagogæ scripserunt. A Kalend. August. usque in Septembri legantur Parabolæ Salomonis, et Ecclesiastes, et Cantica Canticorum, et liber Sapientiæ, quos omnes Salomon scripsit, et Ecclesiasticus quem Jesus filius Sirach composuit, a Kalend. Septembris per duas septimanas legatur liber Job, quem ipsemet scripsit. Deinde per unam septimanam liber Tobiæ, quem ipse scripsit. Deinde per unam hebdomadam legatur liber Judith, quem ipsa vel Achior scripsit. Deinde per unam legatur liber Esther, quem Mardochæus composuit, sed potius ab Esdra scriptus creditur, et ipsius Esdræ liber recitetur, quem ipsemet edidisse non ignoratur. A Kalend. Octobris usque Kalend. Novembris legantur libri Machabæorum, quorum priorem Simon pontifex, ultimam partem ejus, Joannes ejus filius scripsisse traditur, posteriorem Philo Judæus a Græcis eruditus edidisse cognoscitur. A Kalend. Novembris usque in Kalend. Decembris legatur Ezechiel, Daniel, et duodecim minores prophetæ, qui a senioribus Synagogæ scripti dicuntur, sed melius ab ipsis editi creduntur. Ab adventu Domini usque in Nativitatem Domini Isaias legatur, quem ipse scripsisse non dubitatur. Post vııı Epiphaniæ legantur Epistolæ Pauli apostoli usque in Septuagesimam; has ipse omnes scripsit, sed Lucas evangelista ad Hebræos Hebraice compositas in Græcum transtulit.

Sed jam tempus est nos calamum deponere, et aliquantulum vires forsitan ad aliud interim resumere. Vos autem fratres Deo dilecti, quorum jussu hoc onus subivi, quorumque oramine nunc deposui, quæso, ut vestræ devotæ preces apud Deum obtineant, quatenus hoc tantillo jacto semine uberes segetes Christo incrementum dante surgant, et omnes in eo laborantes copiosum fructum in gaudio metant.

SACRAMENTARIUM,

SEU DE CAUSIS ET SIGNIFICATU MYSTICO

RITUUM DIVINI IN ECCLESIA OFFICII LIBER.

(Eruit ex ms. cod. inclytæ carthusiæ Gemnicensis in Austria ven. D. P. Leopoldus Wydemann, ejusdem cœnobii presbyter Bibliothecarius; edidit R. P. Bernardus Pez *Thesauri Anecdot novissimi* t. II, p. 1, pag. 247.)

PROLOGUS.

Hunc libellum *De Sacramentis* collegi ex sanctorum scriptis, ut quibus deest librorum copia, per hoc compendium illorum sublevatur inopia. Hujus nomen *Sacramentarium* scribatur, eo quod per illum omne sacramentum divini officii ignaris aperiatur.

Cap. I. — *De Septuagesima.*

Septuagesima dicitur, eo quod ab illa Dominica usque in Sabbatum paschalis hebdomadæ sunt septuaginta dies. Die Dominica inchoatur, et in Sabbato terminatur; tempus captivitatis populi Dei significat, qui peccando a Deo recessit, et per misericordiam ejus ad requiem rediit. Populus Dei in Babylonia detentus est captivus septuaginta annis, in quibus suspenderunt organa in salices : et ipsi sederunt super flumina flentes; quo numero completo reversi sunt in Jerusalem.

Omne tempus sæculi per septem millia annorum extenditur; hos divide per centenarium numerum, et habebis septuagies centenos annos; de singulis centenis da annum in decimatione, et erunt septuaginta anni. De his singulis annis da unum diem, et habebis septuaginta dies, in quibus nobis ad memoriam reducitur omne tempus peregrinationis nostræ. Nabuchodonosor rex Babyloniæ captivum duxit populum de Hierusalem in Babyloniam; diabolus seduxit humanum genus de paradiso in hanc mundi peregrinationem. Septuaginta anni captivitatis septuagies centeni anni sunt nostræ peregrinationis; Judæi septuaginta annis in captivitate positi jejunaverunt, nos omni tempore hujus vitæ, quod septem diebus volvitur, corpus nostrum castigemus, et servituti subjiciamus. Organa suspenderunt ; nos istis diebus *Alleluia* et *Gloria in excelsis*, quæ sunt cantica lætitiæ, non canimus. Significantes, quod in hac vita ab angelorum gaudio nos separatos ingemiscimus. Tractum in Missa canimus, quia cum labore et gemitu ad patriam tendimus. Super flumina sedentes illi fleverunt, nos humiliati fluxum nostræ mortalitatis suspiramus. In paschali Sabbato unum *Alleluia* cantatur : transactis enim septuaginta annis ad Hierusalem viri tantum revertebantur, mulieribus et parvulis adhuc in itinere tardantibus : quod significat, quia post terminum hujus vitæ, quod est tempus captivitatis nostræ, corpus nostrum in requiem terræ revertitur, spiritus solus sanctis in gaudio sociatur. Sabbatum enim *requies* dicitur. Ipsi scilicet viri pro uxoribus et parvulis solliciti erant, quibus octava die venientibus geminam lætitiam habuerunt : et nos interim in paschali hebdomada *Graduale* frequentamus, veniente octava die resurrectionis graduali deposito *Alleluia* geminamus ; quia sancti quamvis in gaudio positi, diem judicii, in quo angeli contremiscent, quasi pro uxoribus, id est corporibus, et filiis, id est operibus solliciti sustinent ; quibus in ultima resurrectione receptis gemino gaudio sine fine in cœlis exsultent.

Septuagesima incipitur in decima luna secundi mensis. Status hujus mundi in tria tempora distinguitur : unum ante legem, aliud sub lege, tertium sub gratia, id est sub Evangelio. Primus mensis, id est Januarius, in quo *Alleluia* canitur, tempus ante legem demonstrat : in quo quia homines secundum libitum suum vivebant, quasi canticum lætitiæ, id est *Alleluia* canebant. In secundo mense decima luna *Alleluia* deponitur, quia in secundo tempore decem præceptis legis populus a peccati licentia reprimitur. Tunc *Alleluia* dimisit quando cum mœrore peccati consuetudinem deseruit. Post captivitatem templum renovatur ; post reditum hujus exsilii per Jesum magnum sacerdotem cœlestis Hierusalem ex vivis lapidibus, id est ex nobis ædificatur.

CAP. II. — *De Sexagesima.*

Sexagesima infra Septuagesimam currit : quæ ideo Sexagesima dicitur, quod ab illa Dominica in feriam quartam paschalis hebdomadæ sint sexaginta dies. Sex sunt opera Evangelii, id est esurientes alere, sitientes potare, nudos vestire, hospites colligere, infirmos visitare, incarceratos redimere. Et decem præcepta legis, quæ sunt : unum Deum adora, non facies tibi sculptile, non perjurabis, sanctifica diem Sabbati, honora patrem tuum et matrem, non occides, non mœchaberis, non furtum facies, non falsum testimonium dices, non concupisces rem proximi tui. Sexies decem sunt sexaginta. Qui per sex opera misericordiæ decalogum impleverit, ad feriam quartam paschæ pertinebit, in qua, *Venite benedicti*, officium erit. Hæc quarta feria habet convenientiam cum quarta ætate mundi, in qua David et Salomon regnaverunt. In quarta ætate gens illa cœlesti fide inclyta, regno Davidis et Salomonis gloriosa, templi etiam sanctissimi altitudine totum nobilitatur in orbem. In nostra quarta feria, id est in quarto tempore, de quibus unum fuit sub Patriarchis, aliud sub judicibus, tertium sub Regibus et Prophetis; quartum sub Apostolis triumphat; David, id est manu fortis qui vicit leonem, id est diabolum : et Salomon æternus, pacificus regnat, qui templum nobilissimum Deo Patri ædificat, cum dicit : *Venite, benedicti Patris mei ;* ad quod per sexagesimam oportet nos currere. Senarius numerus ad laborem, denarius pertinet ad mercedem : omnis labor sex diebus peragitur, denarius in vinea operariis porrigitur.

CAP. III. — *De Quinquagesima.*

Quinquagesima ideo dicitur, quod ab illa dominica quinquaginta dies ad diem Paschæ numerantur, et sunt septem hebdomadæ. Quinque sunt sensus corporis, visus, auditus, odoratus, gustus et tactus : decem vero præcepta legis sunt, ut diximus ; quinquies decem sunt quinquaginta. Si quis decalogum legis, quinque sensibus per septiformem Spiritum impleverit, ad resurrectionis diem pertinebit.

In Septuagesimali officio lapsum primi hominis ad memoriam reducimus, qui in exsilium veniens dixit : *Circumdederunt me gemitus mortis*, etc.; quem ad pugnam hortatur Epistola : *Omnis qui in agone contendit, ab omnibus se abstinet*, scilicet a fornicatione, et immunditia, et avaritia, et cæteris vitiis. In pugna positus clamat : *Adjutor in opportunitatibus, in tribulatione*, etc., *de profundis*, et in Evangelio inducitur operarius ad vineam excolendam. In Sexagesima dubitamus an Dominus nobiscum sit, et ideo clamamus : *Exsurge, quare obdormis, Domine*, etc.; Epistola nos confortat evadere de captivitate : *Libenter suffertis si quis vos in servitutem redigit.* Nos captivi obedientes secundum gradum arripimus, id est de tribulatione : qui in Septuagesima anxiati sumus ; ad requirendum proprium Dominum conscendimus et dicimus : *Sciant gentes*, etc.; in Tractu : *Commovisti, Domine*, etc., ostendit terra commota conscientia peccatorum. In Evangelio semen inducitur; in septuagesima vineam colimus : in sexagesima semen jacimus. In quinquagesima tenemus proprium Dominum et dicimus : *Esto mihi in Deum*, etc. In expeditione positos instruit Epistola per quindecim gradus scalam charitatis dicens : *Charitas patiens est*, etc. Tunc triumphatori Deo militiæ nostræ dicemus : *Tu es Deus*, etc. Tractus nos servire Deo præcipit, *qui fecit nos et non ipsi nos*. In Evangelio fructum colligimus, quem in sexagesima seminavimus : Hunc scilicet fructum lucis cæcus, qui præfigurabatur a Domino quæsivit et invenit : hoc etiam Postcommunio : *Manducaverunt*, demonstrat, quæ nos satiatos corpore Domini indicat.

Tres gradus trium sunt officiorum ; primus continet planctum captivorum, qui esse nolunt sub dominio vitiorum ; secundus voluntatem fugæ demonstrat, dummodo si proprius Dominus velit eos suscipere, ac non a se repellere. Tertius consilium agit quomodo fugiat præsumens jam de susceptione. Primus tractus : *De profundis*, et secundus : *Commovisti* sonant tristitiam ; tertius vero : *Jubilate lætitiam*, quia ante legem et sub lege tristitiam habuimus perditionis, sub gratia autem venit nobis lætitia salvationis. Similiter : *Qui habitat*, et : *Ad te levavi*, tristitiam : *Qui confidunt*, denuntiat lætitiam. Item : *Sæpe expugnaverunt*, et : *Deus, Deus meus* tristitiam : *Laudate* clamat lætitiam. Tres reversiones populi Dei leguntur : una sub Zorobabel duce, et Jesu sacerdote magno in quinquaginta millibus nominum : secunda sub Esdra, qui legem renovavit ; tertia sub Nehemia, qui templum reædificavit. Nos a confusione peccatorum pœnitendo et confitendo revertimur, deinde lex Dei in nobis bene operando reparatur : postremo benedicendo, proximum ædificando, templum Deo construitur.

CAP. IV.— *De die Cinerum.*

Feria quarta, cineres imponimus capitibus nostris, ut memores simus sententiæ primo homini dictæ : *Cinis es, et in cinerem ibis ;* ut qui prius fuimus immortales, per pœnitentiam et humilitatem redeamus ad immortalitatem. Ideo quarta feria hoc fit, ut sicut sol et luna hac die creatus est, et mundus illustratus, ita nos a tenebris peccatorum ad solem Christum et ad lunam Ecclesiam convertamur. Usque ad istum diem a Septuagesima in expeditione fuimus, hodie pugnam inimus. Unde oratio Missæ hoc indicat dicens : *Concede nobis, Domine, præsidia militiæ Christi*. Similiter et lectio, quibus armis pugnare debeamus ostendit dicens : *In jejunio, et fletu, et planctu; egrediatur sponsus de cubili suo,* etc. Et Evangelium : *Tu autem cum jejunas, unge caput tuum, et faciem tuam lava*. Hora nona missam celebramus, quia hora nona de paradiso homo ejectus exsulavit : quem Christus hora nona in cruce exspirans ad vitam revocavit.

Ab hac die usque in Pascha sunt quadraginta et sex dies : tot annis ædificatum est templum in Hierusalem. Templum hoc corpus Domini significat, cujus nos membra sumus : ut compaginemur corpori nostro Christo, tot diebus abstinentes sumus, dicitur, quod Maria duodecim annorum fuerit quando Christum peperit. Quando Christus passus est, exstitit triginta et trium annorum et dimidii, quod pro integro accipitur, et fiunt quadraginta et sex anni. Et ita templum hoc, id est corpus Christi, quadraginta et sex annis ædificatum est : quod Judæi solverunt occidendo, sed triduo reædificatum est resurgendo.

Aliter per humanum genus Adam intelligitur, qui quasi fractus, et per totum orbem sparsus colligitur. Sic græce, *anatole* dicitur oriens, *dysis* occidens, *arctos* septentrio, *mesembria* meridies. Capita horum verborum habent *Adam*. *A* significat unum, *d* significat quatuor, et iterum *a* significat unum, *m* quadraginta significat. Per hunc numerum descendit caro Christi de Adam. Quadraginta enim et sex diebus formatur infans in matre. Senarius numerus significat sex ætates mundi vel sex dies, quibus hic laboramus : vel sex opera misericordiæ, quæ superius commemoravimus. Quadragesimus numerus significat decalogum legis et quatuor Evangelia ; quibus cum capite nostro, id est Christo, in die resurrectionis triumphamus.

Secundus Adam ideo venit in carne, ut per pœnitentiam et baptismum reformetur ad suam imaginem primus Adam, qui est in quatuor partibus mundi, quia Adam sparsus est per quatuor partes mundi, illo numero ad colligentem Adam recurramus, quem continet totus orbis primis litteris suis.

Feria quinta et Sabbatum post caput jejunii proprio officio carent, quia antiqui Quadragesimam a Septuagesima inchoabant, et feria quinta ut Dominica vacabant, et Sabbato non jejunabant. Postquam autem Quadragesima a capite jejunii incepta est, in hebdomada duo dies a Dominica inofficiati sunt. Sabbato in duodecim lectionibus. Oratio super populum ideo non dicitur, quia ad hanc olim *Flectamus genua* dicebatur : et hoc in Dominica fieri non licet ; ad quam consecratio pertinet : et quia qui consecrati sunt, in virtutibus debent erecti stare.

CAP. V. — *De Quadragesima.*

Quadragesima ideo vocatur, quia ab hac dominica sunt quadraginta dies usque in Cœnam Domini. Populus Dei in Ægypto affligebatur a Pharaone, et per Moysen liberatus mare Rubrum sicco vestigio transivit : sed hostiliter eos insequens in undis interiit. Post hoc Deus legem populo dedit, quadraginta annis cœlesti manna pavit, aquam de petra produxit, deinde in terram fluentem lac et mel introduxit. Ægyptus est iste mundus, Pharao diabolus, Hæbraicus populus est Christianus populus, quem Moyses, id est Christus, de potestate Pharaonis, id est diaboli, liberavit. Per mare Rubrum, id est per baptismum, sanguine Christi rubicundum duxit ; hostes, id est peccata submersit. Legem dat, quia peccata vetat : quadraginta annis per desertum ducit, quia quatuor Evangelia per decem præcepta legis implere præcipit. Manna, id est corpore suo pascit : fontem de petra, id est sanguinem latere suo tribuit, in terram repromissionis, id est in paradisum inducit. In Quadragesima aliqua pars pugnæ peracta est; hoc dicit nobis, quem in missa *Protectorem* invocamus : *Invocavit me*, etc. Et in Epistola : *Tempore accepto exaudivi te*, etc. Et in responsorio : *Angeli Domini nos custodiant*. In tractu, *Scuto veritatis circumdati* sumus. In Evangelio ad triumphum tendimus, ut inimico dicamus? Vade, Satanas in interitum.

Moyses jejunavit quadraginta diebus, Elias totidem, Christus similiter. Lex per Moysen, prophetia per Eliam, Evangelium per Christum designatur : hoc est, lex et prophetiæ, et Evangelium nos hortantur ad jejunium quadraginta dierum, ut videlicet quatuor qualitates corporis maceremus decem præceptis legis, scientes quod per multas tribulationes oportet nos introire in regnum Dei.

Ab ista Dominica sunt quadraginta dies et duo usque ad baptismum : tot mansiones habuerunt filii Israel, quando baptizati sunt in mari et in nube; quando exierunt de terra Ægypti de dura servitute, et pervenerunt ad terram repromissionis. Tot etiam generationes sunt in genealogia Christi. Qui ad cœlestem patriam tendunt quadraginta mansionibus ut filii Israel, illuc quadraginta diebus istis perveniunt, qui ad Christum per baptismum transeunt, eodem numero ad eum perveniunt, quo Christus ad nos pervenit. Christus a primo patriarcha Abraham per quadraginta duas generationes ad Virginem descendit : nos per Christum, qui est princeps patriarcharum, implendo quatuor Evangelia per decalogum legis ad regnum cœlorum ascendimus. Quater decies fiunt quadraginta. Mundus iste quatuor climata habet, orientem, occidentem, meridiem, septentrionem ; annus quatuor tempora habet, ver, æstatem, autumnum, hiemem ; homo constat quatuor elementis, terra, aqua, igne, aere. Porro ab uno usque ad quatuor arithmetice decem numerantur, hoc significat quod homo in quatuor mundi partibus per quatuor tempora anni decalogum legis et quatuor Evangelia erat impleturus. Luna secunda tertii mensis, id est Martii inchoatur Quadragesima, quia in tertio tempore, id est sub gratia data sunt duo præcepta charitatis, quibus homo quasi duabus alis volaret ad cœlum.

A Septuagesima sunt sexaginta dies usque in feriam quartam ante cœnam Domini : sexaginta hi dies peregrinationem nostram ad memoriam nobis reducunt, qua peregrinamur a Domino. Tres dies, qui supersunt, triduanum jejunium Ninivitarum significant. Ut peccata nostra, quibus affligimur, in resurrectione Domini aboleantur, necesse est triduo nos compati morti Christi, ut non irretiamur per concupiscentiam oculorum et superbiam vitæ. Per sex dies, qui supersunt usque ad Sabbatum, bona opera recoluntur, in Sabbato, id est in requie, animarum perfectæ libertati reddimur.

Quadragesima ideo ante passionem Domini celebratur, quia hæc laboriosa vita per quadraginta figuratur, qua ab amicitia hujus mundi jejunare debemus ; quia si compatimur, et conregnabimus. Vela in Ecclesiis suspenduntur, quia in hac vita secreta cœlorum nobis absconduntur.

Cap. VI. — *De feria quarta hebdomadæ quartæ.*

Feria quarta fit scrutinium, aures catechumenis tanguntur, ut verbum Dei aure cordis percipiant, et ei obediant. Nares tanguntur, ut fetorem vitiorum respuant. Initia quatuor Evangeliorum leguntur, ut quatuor vitiis, id est stultitia, inconstantia, libidine, exuantur, et quatuor virtutibus, id est prudentia, fortitudine, justitia, temperantia imbuantur. Dominica oratio et Symbolum eis traditur, ut sicut Hæbræi ab Ægyptiis, ita ipsi discedant a vitiis. Duæ lectiones leguntur, una eos ab errore revocat, altera mores instruit, quia duo populi, Judæi et gentiles, ad fidem convertuntur. Responsorium : *Venite Filii*, ad fidem vocat : beata gens bene operantes laudat. Evangelium in Siloe lotos, id est, in Christo baptizatos probat. Quod quarta feria quartæ hebdomadæ quadragesimæ hoc fit, istud significat. Per Quadragesimam omne tempus sæculi significatur ; sex dies primi sex ætates unius cujusque hominis demonstrant : quarta feria et quarta septimana Quadragesimæ compaginantur quartæ ætati sæculi et ævo unius hominis. Quarta ætas est a David usque ad transmigrationem Babylonis, a qua velut juvenili ætate in populo Dei regum tempora cœperunt. Hæc ætas apta est regno. Hac ætate Christianum imperium sumpsit exordium, jurante Domino David : *De fructu ventris tui ponam super sedem tuam*. Ideo in feria quarta hebdomadæ quartæ catechumeni ad nomen Christianum accedunt, quæ præfigurata est quarta ætate sæculi, qua promissum est regnum Christi ; de quo angelus : *Dabit illi Dominus Deus sedem Patris ejus*, ad quod regnum ipsi per fidem et operationem veniant.

Sabbato ante passionem Domini leguntur duæ lectiones, quibus catechumeni, mares scilicet et feminæ, instruuntur : quia in hoc Sabbato quoque scrutinium agebatur.

Cap. VII. — *De Sabbato ante Palmas.*

Sabbatum ante Palmas ideo officio vacat, quia apostolicus eleemosynam dat. Hac die venit Jesus Bethaniam, ubi fuerat Lazarus mortuus, et fecerunt ei cœnam ibi. Et Maria accipiens libram unguenti, et unxit pedes Jesu, et tersit capillis suis, et domus impleta est ex odore unguenti. Hoc ea die apostolicus facit membris Christi, quod ipsa fecit capiti. Pedes Christi sunt pauperes, libra unguenti est justitia, capilli bona nostra nobis superflua, pauperibus necessaria. Odor in domo, bona fama in mundo.

Cap. VIII. — *De die Palmarum.*

Dies Palmarum est quando Dominus de Bethania descendit Jerosolymam, et ei turba obviam venit cum ramis palmarum. In memoriam illius rei nos per ecclesias nostras solemus portare ramos et clamare : *Hosanna Filio David ; benedictus qui venit in nomini Domini, rex Israel*. Appropinquante passione appropinquavit Dominus loco passionis, quia sponte pro nobis voluit mori. Decima die mensis primi agnus, qui in Pascha immolaretur, domum introduci jussus est in lege ; et Dominus decima die ejusdem mensis, hoc est ante quinque dies Paschæ in civitatem, in qua pateretur, ingressus est. Palma dicitur victoria : Dominus superato diabolo et mundo cum ramis palmarum ingressus est in civitatem, nos devictis vitiis et peccatis cum palmis victoriæ intrabimus cœlestem Jerusalem. Major hæc hebdomada vocatur propter majora officia et passiones, quæ in hac hebdomada leguntur. Feria secunda et feria tertia duplex lectio legitur, quia Christus pro duobus populis patitur.

Cap. IX. — *De feria quarta hebdomadæ majoris.*

Feria quarta ad memoriam nostri reducitur crudele consilium Judæorum, et mansuetudo Christi. In introitu, *In nomine* reticetur : *Et omnis lingua confiteatur* : quia Judæi non confitebantur, sed perdebant Dominum. Unus homo duas mortes passus est, mortem corporis, et mortem animæ : in prima lectione et in primo responsorio recolitur mors animæ; in secunda lectione et in secundo responsorio mors corporis. Pro utraque mortuus est Christus; caro Salvatoris pro salute corporum; sanguis vero pro animabus effusus est. Unus homo unam habuit animam; ideo primum responsorium unus versus sequitur. Secundum responsorium quinque versus habet, sicut homo per quinque sensus mortuus est. Ipsa die vela deponuntur, quia in passione Christi cuncta mysteria Scripturæ nobis reserantur. Passio quæ legitur facit nos recolere mortem nostram.

Cap. X. — *De Die Cœnæ Domini.*

Feria quinta oleum consecratur tribus modis; in ea reservatur corpus Domini usque in crastinum, reficitur quoque in commemorationem cœnæ Domini, lavantur pedes fratrum et pavimenta ecclesiæ, nudantur altaria usque in Sabbatum sanctum. In ea die pœnitentes veniunt ad absolutionem, et *Gloria Patri* cantatur in officio missæ. Quinta die produxit Dominus aves et pisces de aquis; quinta ætate, quæ fuit a transmigratione Babylonis, venit Dominus in mundum : et aves, id est sapientes, et pisces, id est insipientes de pelago erroris produxit. Hodie unctio olei conficitur, quia quinta ætate Christus venit, qui nos in regnum et sacerdotium ungeret. Oleum visibile in signo est, oleum invisibile in sacramento; oleum spirituale intus est. Oleum pro infirmis in ipso officio consecrationis corporis Domini consecratur, quia Christus pro infirmis moritur. Chrisma in loco pacis consecratur, quo uncti, Christo æquivoci, id est Christiani nominemur, ut ejus pace fruamur. Oleum sanctum ibi consecratur, quo reges et sacerdotes Domini ungamur. Ipsa die finitur lex Veteris Testamenti : Moyse enim mortuo Josue dux ordinatur; quia lege traditionibus Pharisæorum corrupta Christus incarnatur. Qui hodie pascha cum discipulis suis manducans veteri legi finem imposuit, et novæ gratiæ initium dedit, tradens eis corporis et sanguinis sui mysterium. Quod in crastinum reservatur, quia in judicio vulneratum repræsentatur.

Cœna Domini in fine diei agitur, quia justi in fine mundi epulabuntur in conspectu Domini. Pedes fratrum et pavimentum ecclesiæ lavantur, quia nobis qui sumus pedes Domini, et qui sumus Ecclesia, id est convocatio, per Christum peccata remittuntur. Unde et pœnitentes absolvuntur. Et quinta ætate venit Dominus et solvit legem, qui peccata puniebat; et gratiam instituit, qui crimina relaxabat. Altaria nudantur vestimentis. Altare est Christus, vestimenta sunt sancti, qui eo relicto fugerunt. Tribus diebus, id est feria quinta, sexta et Sabbato passionem et sepulturam Domini celebramus, ideo *Gloria Patri* et campanarum signa omittimus. Hodie mandatum fit, quod Dominus cum discipulis suis fecit : *Pax* ad missam non datur, eo quod Judas Dominum osculo prodiderit. Chrisma hodie conficitur, quia hodie nova lex in datione corporis Domini incipitur. Ignis etiam hodie novus, de crystallo, acceptus benedicitur, quia fumo legis exstincto lumen gratiæ Christo largiente accenditur. Pœnitentes ideo hodie absolvuntur, quia hodie Dominus per novam legem peccata dimisit dicens : *Corpus meum pro vobis tradetur, et sanguis meus pro vobis effundetur, in remissionem peccatorum. Gloria Patri* reticetur, quia Filius Dei occidetur. Lumina exstinguuntur, quia verum lumen, id est Christus, exstinguitur. Corpus Domini in crastinum retinetur (quod tamen Romæ non fit), ut in feria sexta passioni Domini communicetur. Ampulla cum chrismate, antequam benedicatur, syndone alba de serico involvatur, ita ut dimidia videatur; benedicta autem cooperiatur, ut a nemine nuda videatur, et omnes salutent eam. Ampulla cum chrismate est corpus Christi sumptum de Virgine. Pontifex flat in ampullam ter, per hoc Spiritum sanctum in Christo corporaliter habitare denuntians. Antequam transiret ad altare crucis, aliquo tempore coopertus, et aliquo erat nudus. Coopertus erat, cum fugeret in Ægyptum et humanas necessitates pateretur; nudus erat, cum miracula faceret. Syndon alba est ejus mundissima conversatio, postea cooperitur ut non videatur; quia Christus, postquam post resurrectionem in cœlum ascendit, invisibilis apparuit. Quem adhuc salutamus; quia quotidie eum adoramus. Statio fit Laterani : Lateranis dicta est a Laterano, qui quondam Cæsariano truncatus est gladio.

Cap. XI. — *De die Parasceves.*

Parasceve dicitur *præparatio*, eo quod illa die parabant Judæi quæ in Sabbato necessaria erant, sicut quondam de manna faciebant. Sexta Feria terra impletur animalibus, et primus homo ad imaginem Dei formatus est; moxque ex latere ejus dormientis sumpta costa femina formatur. Sexta ætate sæculi Christus incarnatur, et sexta die crucifigitur : de cujus latere quasi dormientis in cruce sanguis et aqua fluxit, unde Ecclesiam fabricavit. Dicit lectio : *Decima die mensis tollat unusquisque agnum per familias et domos, et servabit eum usque ad quartam decimam diem mensis hujus, immolabitque eum omnis filiorum Israel ad vesperam.* Dominus noster est agnus, qui decima die ingressus est Jerusalem, quarta decima traditus, quinta decima die pro nobis immolatus est. Sequitur responsum cum quatuor versibus : Christus quando naturam hominis assumpsit, ex quatuor elementis compositum corpus sumpsit. Ille pendebat in cruce quasi Judex in tribunali sedens; latronem conversum ad gloriam, non conversum ad pœnam judicabat. Pendebat in cruce medius inter duos latrones, unde unus versus : *in medio*, inquit, *duorum animalium cognosceris*. Duo genera sunt afflictorum : afflicti qui corriguntur, ad latronem conversum pertinent; qui non corriguntur, pertinent ad Judam, et ad latronem non conversum.

Hodie ad memoriam reducitur passio Domini, ad imitationem scilicet nostram : ipse enim passus est, ut sequamur vestigia ejus. Unde sonat lectio : *Erit agnus absque macula. Tolletis etiam et hædum et servabitis eum*, etc. Agnus absque macula est corpus Christi immaculatum : hædus corpus suum est, quod sumus nos qui peccatores sumus. Utrumque animal memoratur in religione paschæ; paschalis agnus immolatio Christi; hædus est mortificatio nostra. De resurrectione etiam nostra sequitur lectio dicens : *Vivificabit nos post duos dies, et in die tertia suscitabit nos*, quia, si compatimur, et conregnabimus. Tractus : *Qui habitat* secundum Romanos post multos labores vitam nobis promittit : ubi dicit : *Longitudine dierum adimplebo eum, et ostendam illi salutare meum*, id est Christum.

Deinde sequitur passio : in ea velut ipsum Christum in cruce videmus. Duo diaconi denudant altare, auferentes more furantis, quia tradito Christo in manus iniquorum, apostoli in more furum fugerunt et latuerunt. Missa non cantatur in sexta et in septima feria, quia apostoli biduo in mœrore fuerunt, et in tristitia ipsi biduo jejunaverunt : idcirco sacramenta biduo penitus non celebrantur : orationes pro omnibus gradibus recitantur, ut in adversitatibus ad patientiam passionis Christi, et orationes confugiamus. Pro Judæis : *Flectamus genua* non dicimus, quia illi illudendo genu flectebant. Pacis osculum intermittimus, ut quod Judas fecit in Domino, nos vitemus in fratribus. Deinde crux salutatur, Christus vero adoratur, quia in cruce redempti sumus. Crux non solum nobis, sed et angelis cunctisque in cœlo virtutibus profuit, et sacramentum, quod antea nesciebant, illis aperuit. Prosternimur corpore ante crucem, mente ante Deum. Sicut Deus humanum genus per hominem redemit, quod per hominem periit : ita per lignum eum reparavit qui per lignum cecidit. Adam perditus per quatuor partes mundi dispersus erat; Adam salvatio quatuor partes mundi comprehendit statu corporis sui in ligno. Corpus Domini cum calice, vino non consecrato, profertur; calix feria quinta consumptus, est finis veteris legis. Vinum non consecratum per sanctificatum panem sanctificatur.

Cap. XII. — *De Sabbato sancto.*

Sabbato sancto vigiliæ aguntur, quia media nocte surrexit Dominus : media etiam nocte est venturus in similitudinem Ægyptii temporis, quando Pascha celebratum est, exterminator venit, et Dominus super tabernacula transiit, et sanguine agni postes frontium nostrarum consecrati sunt.

Romani ceram oleo mistam benedicunt, agnos inde faciunt : in octava populo ad incensum et ad subfumigandum domos dabunt. Cera est Christi humanitas, oleum est misericordia ; agnus de cera factus est Christus in pascha immolatus. Cereus significat columnam ignis quæ præcessit filios Israel; diaconus, qui eum benedicit, significat angelum, qui eam ferebat. Post esum agni prima die egressi sunt de Ramesse, secunda die de Socoth, tertia die de Ethan, in qua die apparuit columna. Prima dies est passio Christi, secunda descensio ad infernum; tertia est resurrectio Christi; qui est columna ignis in nocte, id est terribilis peccatoribus : columna nubis in die, id est blandus justis. Columna præcessit baptizatos in mari et in nube ; cereus præcedit catechumenos nostros. Lumen est Christus et gratia resurrectionis, quo præsens nox et catechumeni illustrantur. Qui cum baptizantur, trina mersione Christo consepeliuntur, et cum eo resurgent a morte vitiorum. Cereus a diacono benedicitur more Romano, qui conficit agnos. Qui cereus per octo dies neophytorum præcedit pontificem, qui caput est populi, quia columna ignis præcessit populum usque ad terram repromissionis. Cereus novo igne accenditur, ut designet Christi doctrinam novam in Novo Testamento, vel novam gratiam qua illustrata est nox, scilicet Dominicæ resurrectionis. Duo cerei minores ab eo illuminati, sunt chorus apostolorum a Christo illuminatus. Uterque præcedunt catechumenos ad baptismum ; uterque præcedant nos ad terram repromissionis : per se Christus illuminat Ecclesiam; illuminat et per apostolos.

Quod cathecumeni feria quarta post mediam Quadragesimam et Sabbato catechizantur, significat quod fide et operatione sint imbuendi catechumeni. In Ecclesia sunt duo ordines, sapientes scilicet et insipientes. Per lectiones, quæ ad missam in die leguntur, sapientes instruuntur : quæ in nocte ad matutinas leguntur, insipientes imbuuntur, unde et exponuntur. Ideo hoc die lectiones toto nocturnali leguntur, quia convenit insipientibus videlicet catechumenis adhuc in ignorantia positis. Quod autem absque titulo leguntur, hæc est causa : Eis qui cognoscuntur cives cœlestis Jerusalem, scilicet sapientibus, pronuntiandi sunt auctores librorum : ut amore dulcedinis nominis concivis suis avidius lectiones imbibantur. Catechumeni vero quia nondum cognoverunt cives Jerusalem, frustra eis profertur auctor incognitus : quibus vilesceret auctoritas per ignorantiam. Quatuor lectiones leguntur, quibus catechumeni instruuntur.

Mensa tabernaculi habet quatuor pedes : tabernaculum est Ecclesia, mensa est sacra Scriptura; quatuor pedes sunt hi : historicus intellectus, allegoricus, tropologicus, id est moralis, anagogicus, id est superior. Historia est cum res ita ut facta est, profertur, ut hæc historia : *In principio creavit Deus cœlum et terram*, in qua creatio mundi, et formatio hominis refertur. Catechumenus in hac lectione discit qualiter homo sit formatus, qualiter sit lapsus : ne ipse consentiat carni sicut Adam Evæ. Secunda lectio : *Factum est in vigilia matutina*, etc., in qua refertur salvatio Hebræorum et submersio Ægyptiorum : in quo facto historiæ catechumenus instruitur posse liberari de manu diaboli per aquam baptismi. Allegoria est, cum verbis sive rebus mysticis præsentia Christi et Ecclesiæ sacramenta signantur ; ut tertia lectio : *Apprehendent septem mulieres virum unum*, id est septem gratiæ Spiritus sancti Jesum ; quem multo tempore desideraverunt, quia nullum alium invenire potuerunt, in qua æterna statione requiescerent. Item : *Cum abluerit Dominus sordes aqua filiarum Sion Spiritu judicii et Spiritu ardoris;* hoc est, sacerdos lavat sordes aqua, Deus peccata Spiritu sancto. Demonstratur catechumenis in hac lectione, quid debeant amare, scilicet virum quem apprehenderunt septem mulieres ; et quid eis proficiat baptismus, id est ut per Spiritum judicii, et Spiritum ardoris minora et maxima peccata purgentur. Tropologia est moralis locutio ad institutionem morum sive apertis sive figuratis prolata sermonibus ; ut lectio quarta : *Omnes sitientes, venite ad aquas, et audite audientes me*. Et iterum : *Derelinquat impius viam suam*, etc. Docetur catechumenus in hac lectione declinare a malo et facere bonum. Sicut primæ duæ lectiones propter historicam narrationem concluduntur in cantico, sic ista locutio duobus canticis dilatatur propter duas se circumjungentes, mores scilicet bonos et cœlestem patriam. Anagoge, id est sensus ad superiores ducens locutio est, quæ de præteritis, futuris, et ea quæ in cœlis est vita futura, sive mysticis sive apertis sermonibus disputat ; unde catechumenis dicitur in Cantico : *Sicut cervus desiderat ad fontes aquarum*. Canticum ideo cantatur, quia ipsi sunt futuri in baptismo de centum quadraginta quatuor millium cœtu, qui cantant canticum novum, quod nemo poterat dicere nisi illi. Cantare solius est in conspectu Domini gaudere præ cæteris de innocentia, qua procul dubio vestiuntur infantes in baptismo.

Sacerdos tangit de oleo sancto scapulas et pectus catechumenorum. Oleum pertinet ad donum gratiæ Dei, ut dicitur : *Alteri fides in eodem Spiritu*. Ad tutamen mentis et corporis imponitur oleum in scapulis et pectore ; per cogitationes malas et opera diabolus nos corrumpit ; oleo sancto, id est scuto fidei munimur in scapulis, ut portemus onera Christi, id est bona opera ; in pectore pro munimine cogitationum dicit sacerdos, *abrenuntias Satanæ*, id est diabolo, quem in ore tenebras per immolationem idolorum? Et omnibus operibus ejus, id est voluptatibus carnis, superfluis cibis et potibus, et omni luxuriæ? Et omnibus pompis ejus, id est omnibus vanis et superfluis honoribus? Per abrenuntiationem expellitur prior hospes, id est diabolus ; per confessionem intrat secundus. Credis in Deum Patrem omnipotentem? credo. Ecce aditus hospiti per fidem patet. Credis in Filium ejus? Credo. Ecce aditus divinorum operum. Credis in Spiritum sanctum ? Credo. En dantur baptizandis dona Spiritus sancti.

Diabolus jure possidet infantes per peccatum primi hominis, qui nunc per exorcismum expellitur. Parvuli salvantur propter fidem parentum et patrinorum, sicut filia dæmoniaca liberata est in Evangelio fide matris. Qui adulti sunt et possunt loqui, proprio ore proferant suam professionem ; pro parvulis respondeant patrini, quia ipsi non possunt loqui. Sicut enim alieno peccato obnoxii, rei tenemur ; ita propria peccata fide laxantur.

In prima oratione mundatur habitaculum hospitis, qui debet Deum suscipere, et deprecatur ejus adventus : *Omnipotens sempiterne Deus, adesto m. pietat. t. m.*, deinde gratias agit quod tam magnus hospes ad tam humile hospitium descendit ; deinde recolit miraculum super aquam divinitus factum, ubi dicit : *Spiritus Domini ferebatur super aquas:* et quod factum est in salvatione arcæ, id quoque factum esse in figura baptismi. Deinde expulso diabolo signat cum signaculo crucis ut non habeat locum redeundi diabolus. Per invocationem sanctæ Trinitatis exemplo baptismi Trinitas adest in nostro baptisterio. Pater significatur ubi dicitur : *Benedico te per Deum verum ;* Filius ubi dicitur : *Benedico te per Jesum Christum;* Spiritus sanctus in ultimis. Quod vox mutatur, significat discessum vitiorum ob præsentiam Spiritus sancti venientis jam in aquam ubi dicitur : *Descendat in hanc plenitudinem fontis virtus Spiritus sancti*. Tunc ponuntur cerei neophytorum in aquam, quia significatur per cereum Spiritus sanctus. Filios Israel præcessit columna ignis in nocte et columna nubis in die ; columna ignis est Christus, a quo illuminati sunt apostoli ; columna nubis est Spiritus sanctus, a quo illuminatur Ecclesia. Cerei neophytorum cum cereis Ecclesiæ illuminantur : quia postquam sacerdos introduxit eos in societatem Ecclesiæ, tunc illuminabuntur corda illorum. Levato de aqua infante, linit eum presbyter chrismate in cerebro, propter occasionem transitus mortis, ibi curat plagas mortis et solvit vincula ut Samaritanus semivivum.

Si sine confirmatione moritur, salvabitur quidem ; sed plenam gratiam non consequitur, episcopus per impositionem manus dat Spiritum sanctum, id est nuptialem vestem. Per oleum recta conversatio, et balsamum sancta intelligitur doctrina ; sapientia ad vitam, scientia pertinet ad doctrinam. Chrismalis unctio pertinet ad duo dona Spiritus sancti, ad sapientiam scilicet et scientiam. Oleum ad sapientiam, balsamum odorem suum longe lateque spargens ad scientiam pertinet. Hæc duo, id est doctrina et operatio sunt in septem donis Spiritus sancti. Sapientia ad vitam, intellectus ad doctrinam, consilium ad doctrinam, fortitudo ad vitam, scientia ad doctrinam, pietas ad vitam, timor ad utrumque. Hæc sunt ornamenta vestis quæ tribuit Deus menti nostræ per impositionem manus episcopi ; sine quibus periculosum est aliquem inveniri in convivio regis. Hoc solis pontificibus licet sicut apostolis. Sine isto signaculo non oportet nos præsentari ante Deum :

quod signum videns exterminator in frontibus nostris transit domos nostras, quia non sui sumus, sed ejus, cujus signum portamus. Ipsa crux nullo in loco figitur melius, quam in eo, ubi summus pontifex laminam auream, in qua sculptum erat nomen Dei ineffabile, figebat. Crux cum chrismate fit quod conficitur ex oleo et balsamo. Per oleum nitor charitatis, per balsamum odor bonae notitiae acquiritur.

Litaniae quae fiunt circa baptismum, significant intercessiones sanctorum pro renascentibus. Litaniae Graece, Latine *supplicationes* dicuntur : litaniae ante et post baptismum aguntur, quia in circuitu sedis iris legitur. Sedes est Ecclesia, super quam Dominus sedet. Color jaspidis aquae judicium, color sardii judicium ignis. Septem lampades sunt septem Spiritus Dei. Baptismus est mare vitreum, in quo non aliud videtur exterius quam quod gestat interius. Chrystallus de aqua in glaciem et lapidem vertitur pretiosum, et baptismi gratia figuratur. Iris sole nubes irradiante fit, et post diluvium primum propitiationis signum intercessio est sanctorum, quo Dominus illustrat Ecclesiam et munit. Designat smaragdus viridi lapidi similis, hos qui immarcescibili fide caeteros orando protegunt. Trina mersio significat tres dies mortis Domini, cui consepelimur ; elevatio de aqua, quod cum eo resurgimus. Albas vestes octo diebus portant cereis accensis. Vestes animae sunt corpora nostra, quae debent esse munda et candida a malis actibus. Cerei accensi est charitas in bonis operibus, per octo dies; id est in nova lege. In Sabbato exuuntur ipsa vestimenta, quia in die exitus animae Sabbatum, id est requiem inveniunt ; et vestimenta sua, id est corpora hic dimittunt, ut recipiant illa iterum in novissimo die. Vestimenta albatorum ab ipsis portanda sunt, donec penitus consumantur. Duplicia sunt vestimenta ; quia duplex remuneratio sanctis promittitur in vita aeterna, id est gaudium animae, et gloria incorruptibilis corporis. Post baptismum si polluimus corpora nostra, id est vestes animae, illico festinemus ad secundum baptisma, id est poenitentiam, ubi mundamur per gratiam septiformis Spiritus. Septem ad novam legem, decem ad veterem pertinent. Si decem praecepta per septiformem Spiritum custodiamus, Deo per obedientiam conjungimur, a quo per inobedientiam recessimus, et ipsum regem, Dominum nostrum in decore suo videbimus. Unde illo Sabbato finitur : in septuagesimo numero septenarius septempliciter decuplatur.

Septuagesima significat tempus illud quando filii Israel in Aegypto fame et operibus duris opprimebantur a Pharaone, et pro liberatione sua Dominum Deum suum invocabant. Feria quarta in capite jejunii quando Moyses ivit liberare eos. Quadragesima illud quando plagae factae sunt in Aegypto. Pascha quando pervenerunt ad mare Rubrum quod significat baptismum. Transierunt per desertum sub ducibus neophyti nostri per quadraginta dies, sub presbyteris et patrinis deducuntur. Columna praecessit Judaeos, cereus baptizatos. In Sabbato ad terram repromissionis perveniunt. Quadraginta duae mansiones filiorum Israel sunt quadraginta duo dies, ut qui in captivitate peccatorum fuimus, per exempla patriarcharum revertamur per baptismum ad terram repromissionis. Qui baptizant, sunt patres baptizatorum, patrini vicarii eorum quibus commendantur : ut quia non vacat presbyteris, ab ipsis doceantur.

Cum *Agnus Dei* ad litaniam incipitur, cerei neophytorum incipiuntur sive incenduntur, quia per illum lumen accipiunt qui tollit peccata mundi. *Gloria in excelsis* dicitur ob gloriam Dominicae resurrectionis, et quia, in quibus habitat diabolus, jam inhabitat Spiritus sanctus; hoc sonat oratio : *Deus, qui hanc sacratissimam noctem*, etc.; similiter et lectio : *Si consurrexistis cum Christo*, etc. ; et infra : *Mortui enim estis*, etc. Ad baptizatos pertinet in Alleluia : *Misericordia Domini*, in tractu : *veritas ejus praedicatur.* Unde et Alleluia praeponitur, quomodo nobis misericordia, postea veritas in judicio.

Hebraea lingua est mater caeterarum linguarum et nobilior, Latina inferior et quasi filia : unde et Alleluia, quod Hebraeum est, praeponitur hic, quod in caeteris officiis non fit. Evangelium resurrectionem Christi ad memoriam reducit, et angelorum ad feminas allocutionem. Ante Evangelium non portatur lumen, sed thymiama, quia hoc tantummodo obtulerunt mulieres. Quod *offertorium* non cantatur, significat silentium mulierum. *Sanctus* cantatur, quod est cantus angelorum, quia resurrectionem ejus angeli nuntiaverunt. *Agnus Dei* reticetur, quia peccata mundi tollere non credebatur. Sacerdos, qui est vicarius Christi, peragit officium, quia Christus apparuit cui voluit.

CAP. XIII. — *De paschali tempore.*

Pascha et Pentecoste de Scripturis sanctis firmissime tenentur, et quadragesimos dies ante pascha ut observentur, Ecclesiae consensio roboravit. Per octo dies Paschae octo officia in commemoratione neophytorum fiunt. Primum habet duas laudes, id est, *Alleluia, Confitemini,* et tractum *Laudate ,* octavum habet duo alleluia : *Haec est dies,* et *Laudate pueri,* quod non fit in ullo Sabbato usque ad Pentecosten. Sex media habent Responsoria et Alleluia. Prima vita non fuit sempiterna peccanti, requies ultima sempiterna est poenitenti. Octavus dies est qui primus, ita prima vita, sed aeterna vita redditur. Quia Adam primo vitam habuit, Alleluia canitur; et quia non fuit sempiterna, Tractus sequitur ; ut in lingua humiliori humilitas posterioris vitae recordetur. Adhuc neophyti in peregrinatione sunt, in qua tamen Deum laudare debent, quia redempti sunt. Requies ultima, quae redditur in septima die, et perficitur in octava, ipsa habet sempiternam beatitudinem : propterea in septima die, et octava die duo Alleluia cantantur ; primum quia vita redditur, secundum quia sempiterna est. Alleluia ideo, quia omnium linguarum gloriosior est lingua Hebraica. Dominicis duobus duo Alleluia cantantur. Duo sunt, unde anima in septima die, id est in requie, laudat Deum; unum de percepta lætitia vitæ perennis: alterum de percipienda resurrectione; sive quia in resurrectione mens et corpus laudabit Dominum. Per singulos dies unum Alleluia celebratur, quia interim sine corpore anima laudat Deum. In festivitatibus sanctorum duo Alleluia sunt, quia jam de Domini aspectu potius lætantur, quam hæ quæ tantum sunt in resurrectione animæ. Unum quia requiescunt, alterum quia vident Deum. Medii sex dies Paschæ responsoria tenent et Alleluia. Septenarius numerus requiem, senarius significat opera. Animæ sanctorum ante resurrectionem corporis sunt quidem in requie, sed non sunt in ea actione, qua corpora recepta vegetantur. Inest quippe futuris corporibus quædam ineffabilis tranquillitas otiosæ actionis. Per responsoria intelligitur actio sanctorum in corpore, quæ erit cum omni lætitia; ut responsorium sonat: *Hæc est dies quam fecit Dominus*, etc. Et quia hæc lætitia exitum habet in glorificatione, sequitur Alleluia. Et ut demonstretur, eamdem actionem non esse aliud nisi laudem Dei, per sex dies continuatim Alleluia canitur. Responsoria cum versibus de psalmo sunt *Confitemini*, qui sonat laudem. Quæ tamen laus per Alleluia concluditur propter nobiliorem linguam. Versus: *Benedictus qui venit* feria quinta: *Lapidem quem reprobaverunt* feria sexta cantatur, propter passionem Domini, quam idem versus sonat.

CAP. XIV. — *De octo diebus neophytorum.*

Sicut iter filiorum Israel a mari Rubro usque ad terram repromissionis significat omnem cursum præsentis vitæ, ita octo dies neophytorum cursum præsentis vitæ designant, in quo nos oportet secundum resurrectionem Christi vivere. Mare Rubrum significat baptismum sanguine Christi rubricatum, hostes morientes peccata præterita. Ducitur populus per desertum, baptizati ducuntur ad ecclesiam quotidie. Illi manna, isti corpus Christi, ne deficiant in via hujus vitæ sumunt. Illos columna, istos præcedit cereus in figura Spiritus sancti, qui illuminat membra Christi. Status etiam cursus nostri tali modo signantur. Prima dies quando baptizantur est Sabbatum, id est requies, et status est Adæ, antequam peccaret. Adam ita factus fuit, ut absque labore viveret, et tamen delectabiliter operaretur. Hæc requies data est baptizatis in Sabbato, ut deinceps operentur bona usque ad alteram Sabbati, sicut et Adam operi deditus fuit absque labore. Requies et innocens vita, quam habuit Adam in septima die; quando requievit Deus ab omnibus operibus suis; hanc recipiunt modo baptizati in Sabbato. Deinde quia restat via baptizatis per desertum, post Alleluia Tractum cantamus, id est, patientia per quam exspectare debent terram repromissionis. Sequuntur septem dies, qui pertinent ad opus bonum, ne vacua domus invadatur. Post illos sex dies sequitur bapt'smus; qui eos introducit ad patriam repromissionis, ubi est requies sempiterna; non reverteutes ad aliquem laborem, sed de lætitia gloriæ animarum ad lætitiam incorruptibilis corporis: ac ideo non sequitur: Alleluia: *Hæc dies quam fecit*, etc., tractus, sed Alleluia: *Laudate pueri*.

Sex dies, qui inter duo Sabbata sunt, utrumque tempus nobis ad memoriam reducunt, scilicet illud Adæ, quo fuit deditus desiderantissimo operi in paradiso; et illud, quo filii Israel transierunt per desertum sub ducibus. In quo tempore non sunt attrita vestimenta eorum, et sic tandem pervenerunt ad libertatem in terra repromissionis. Quæ significat patriam in qua recipiuntur sanctæ animæ post sæculum transactum.

CAP. XV. — *De ipsa die Paschæ et sex sequentibus.*

In die Paschæ erit resurrectio mortuorum ea hora et eo tempore, quo Dominus surrexit. In introitu præsentat se Christus in Ecclesia Patri dicens: *Resurrexi, et adhuc tecum sum*. Oratio: *Deus, qui æternitatis nobis aditum*, etc.; regni cœlestis sanctis Ecclesiæ apertum demonstrat per capitis sui resurrectionem. Epistola nos admonet, ut separati simus a vitiis, contra quæ certavimus per dies quadragesimales. Responsorium monstrat, quantum lætari oporteat eos, qui purgantur a vitiis. Alleluia docet, in quo sit lætandum, quia *pascha nostrum immolatus est Christus*. Evangelium exponit causam totius lætitiæ.

Illi sex dies paschales, in quibus Responsorium cantamus et Alleluia, informant omnes dominicales sive festos dies, quos celebramus ab octava Pentecostes usque in Septuagesimam. Responsorium et Alleluia actum eorum et lætitiam, sive laudem sive gratiarum actionem, qui perseverant in sanctitate, quam acceperunt in baptismo. Ita enim in spe habent regnum futurum, ut etiam hic operando ad beatitudinem perseveranter perveniant. Aliter: per Responsorium activa vita, per Alleluia contemplativa intelligitur. Actus necesse est, ut hic celebremus, ut id quod speramus, et per patientiam exspectamus, adipisci valeamus. Responsoria quæ per septem dies cantamus, sive dominicales dies vel festos sanctorum dies qui sequuntur, tales actus significant, qualis est prædicatio, lectio, eleemosyna, visitatio viduarum, pupillorum et infirmorum. Alleluia quod sequitur, significat laudem Dei, in quem transfertur anima sanctificata ab omni peccato.

CAP. XVI. — *De quinquaginta diebus ab octava paschæ ad octavam Pentecostes.*

Illi quinquaginta dies, qui sequuntur a Sabbato Paschæ usque ad octavam Pentecostes, alteram vitam informant, quam nondum percepimus: ubi non erit Responsorium: quia nemo ibi prædicabit, sed erunt omnes docibiles Dei. Alleluia tamen ibi celebrabitur, id est lætitia animarum de percepta immortalitate et receptione corporum et gratiarum actione Deo in æternum. Eamdem lætitiam numerus quinquagenarius significat, qui apud Hebræos *Jubilæus* appellatur; id est jubilatione plenus.

Quotidiani dies informant eos, qui presbytero confitentur peccata sua, ut ab ipso corripiantur, et consilium accipiant pœnitendi. Ipsi dies sine Alleluia transigunt, quia non est pulchra laus in ore peccatoris.

CAP. XVII. — *De Dominicis a Septuagesima usque ad Pascha.*

Dominici dies a Septuagesima usque in Pascha eos informant, qui his tentationibus tunduntur, sine quibus vita præsens non potest transigi. Tunc Alleluia non cantatur, sed Tractus : quia quamvis pertineant ad contemplationem propter suam dulcedinem, et unionem, tamen non est in tanta lætitia, in quanta est ille, qui non offendit verbo; quia hic perfectus est.

Per dies Quadragesimæ informat eos sancta Ecclesia, qui proprie pœnitentes vocantur : excepto quod non excommunicantur, et ad manus reconciliationis episcoporum non redeunt. In fine Quadragesimæ informat eos in jejunio, in abstinentia, in luctu, in vigiliis, in obedientia bonorum operum quibus reconciliamur Deo in pœnitentia.

CAP. XVIII. — *De pentecostali tempore.*

Tempus Pentecostes inchoatur a prima die resurrectionis, et currit usque in diem quinquagesimam post Pascha. Dominus quadraginta dies post resurrectionem suam in hac terra et in hac vita cum discipulis suis conversatus est : postquam cœlos ascendit, post decem dies Spiritum sanctum misit fidelibus. Per quadraginta dies continentia, per decem merces laboris accipitur. Septies septem sunt quadraginta novem ; additur unum, id est, Dominica dies, et fiunt quinquaginta. Per septiformem Spiritum dabitur nobis in Christo requies. Isti quinquaginta dies post resurrectionem Domini non sunt in figura laboris, sed lætitiæ et quietis, propter hoc jejunia relaxantur, et stantes oramus, quod est signum resurrectionis. Hoc etiam omnibus Dominicis diebus observatur, et Alleluia canitur; quod significat actionem nostram non esse nisi in laude Dei, sicut scriptum est ; *Beati qui habitant in domo tua, Domine.*

CAP. XIX. — *De diebus Rogationum et litaniis.*

Litania major instituta est a Romanis propter bella quæ inimici tunc commovebant adversus vicina regna. Dicit Epistola : *Multum valet deprecatio justi assidua.* Evangelium ponit tria, panem, piscem, ovum. Per panem omnia bona quæ de terris nascuntur, per piscem quæ de aquis, per ovum animalia quæ simul coeunt, intelliguntur. Hæc omnia in illo tempore in aliquo profectu sunt. Germina messis pullulant, arborum fructus ex flore prodeunt, vinea atque olei liquor suis erroribus erumpunt, pullorum animantia campos tondent. Quando hæc necessaria sunt nostris usibus, petenda sunt a Domino, ut conserventur ad spiritualia. Ita per panem charitatem, per piscem fidem, per ovum spem intelligere possumus, quibus tribus a nobis colitur Divinitas. Hæc præcipue illo tempore petenda sunt, quando resurrectio Christi ab Ecclesia celebratur.

Litaniæ ante Ascensionem Domini taliter institutæ sunt. In Vienna urbe Galliæ terræ motus maximus multas Ecclesias et domos multorum subvertit, bestiæ multæ, lupi, ursi ac cervi ingressi civitatem devorabant plurimos, et hoc per totum annum faciebant. In vigilia vero Paschæ palatium regale in eadem civitate divino igne succensum est. Tunc Mamertus episcopus indixit triduanum jejunium in populo Dei, et cessavit tribulatio. Hoc exemplo adhuc Ecclesiæ Dei litanias triduanas ubique celebre colunt.

CAP. XX. — *De vigilia Pentecostes.*

In vigilia Pentecostes leguntur quatuor lectiones, et canuntur quatuor cantica ante baptismi consecrationem, sicut in vigilia Paschæ. Ibi legimus : *In principio creavit Deus*, etc. In ista tentavit Deus Abraham, in illa non sequitur canticum, in ista sequitur. Hæ duæ lectiones ad memoriam nobis adducunt duos patres : unum secundum carnem, alterum secundum Spiritum. Adam, qui in prima lectione memoratur, carnalis est pater, a quo omnes originem ducimus. Qui peccavit non obediendo præcepto Dei : ideo non sequitur canticum victoriæ. Abraham vero pater est spiritualis, cujus fidem imitando filii Dei efficimur et populus Dei vocamur. Iste restituit obediendo, quod primus offendit non obediendo; unde merito sequitur canticum victoriæ, quia occidit vitium inobedientiæ. Hæc lectio pertinet ad victoriam.

Sequitur canticum : *Vinea facta est*, etc., scilicet sacramentum Christi et Ecclesiæ ; quod pertinet ad allegoriam : quia non his venissent boni mores, ad universum orbem non transissent. Secunda lectio : *Scripsit Moyses canticum*; et canticum : *Attende cœlum* pertinent ad tropologiam : mores enim instruunt. Tertia lectio : *Apprehendent septem mulieres*, in qua septem dona Spiritus sancti de obedientibus virum unum faciunt. Quarta lectio : *Audi, Israel*, in qua dicitur : *Disce ubi sit longiturna vita et lumen angelorum et pax;* quod pertinet ad Anagogen.

In prima lectione Paschæ Adam de terra formatur, et Eva de Adam : id est Christus de virgine nascitur, de quo Ecclesia. In secunda occisus est diabolus in mari Rubro, id est in Christi sanguine. Postea per dilectionem septem mulierum conjunctum est Christo genus humanum. Deinde ad bona opera directum est in lectione : *Hæc est hæreditas*. Iste ordo servatur in vigilia Paschæ; aliter est in vigilia Pentecosten. In isto recolitur, quomodo Abraham Deo placuit per obedientiam, et sua progenies in bonis operibus delectata sit : cui tamen necesse est in Novo Testamento, ut adjungatur Christo per baptismum, et sic in eo maneat, usque dum perducatur ad regnum cœlorum. Alleluia in commemoratione primæ innocentis vitæ Adæ canitur, sed quia non fuit eadem innocentia sempiterna, Alleluia in Tractum convertitur.

Unctio chrismalis ab episcopo data in capite septem diebus observetur, quibus diebus adventus Spiritus sancti super apostolos ab Ecclesia celebretur. Cumque Spiritus in septem mulieribus ad suum venerit hospitium, unicuique mulieri per singulos dies paretur convivium. Hospes Spiritus sancti est mens hominis singuli dies profectus mentis, convivia hæ sint virtutes. In fide virtutem, in virtute scientiam, in scientia abstinentiam, in abstinentia patientiam, in patientia pietatem, in pietate amorem fraternitatis, in amore fraternitatis charitatem. Oleum solet fessorum membra fovere, balsamum vero solet redolere. Oleo ungit Spiritus sanctus, cum confessæ animæ per pœnitentiam peccata laxat : balsamo ungit, cum cor per scientiam doctrinæ illustrat. Oleum fuit Spiritus, quando datus est apostolis in terra, ut peccata relaxarent : balsamum, quando de cœlis datus est, ut omnes verbo illustrarent. Oleo et balsamo ungimur, ut fide et operatione salvemur.

Cap. XXI. — *De tempore sacros ordines conferendi.*

Sabbatum duodecim lectionum non propter tot lectiones, sed propter duodecim lectores dicebatur. Sex enim sunt lectiones, quæ ab antiquis Romanis Græce et Latine legebantur. In temporibus, quando agimus duodecim lectiones, solemus jejunare, etiamsi pervenerint in octava Pentecostes; quando celebratur festivitas septiformis Spiritus et neophytorum, duodecim lectiones oportet nos inchoare. A tempore primi mensis in duodecim lectionibus, consecratio sacrorum ordinum celebratur; ipsa enim consecratione hoc agitur, ut homo Deo conjungatur.

Primi apostoli semper in Decembri mense, in quo nativitas Domini celebratur, consecrationes ministrabant; quo consecratos propinquius Christi corpori conjungebant. Per tres enim tessera decades annuales fiunt hebdomadæ quadraginta duæ : tot generationes secundum Matthæum Christi cum eo sunt; tot etiam hebdomadæ inveniuntur a prima Sabbati primi mensis usque ad quartam Sabbati decimi mensis.

Consecratio prima celebratur prima Sabbati primi mensis : quæ quasi in loco Abrahæ generat Christum, per quem benedicuntur omnes gentes. Ipsa consecratio tempore verni celebratur, quod tempus habile est pro creationibus. Nam et Abraham tertia ætate hujus mundi factus fuit; quæ ætas adolescentiæ comparatur quæ habilis est generationi filiorum.

Secunda consecratio est in quarto mense secunda Sabbati, quod est initium secundi catalogi quatuordecim hebdomadarum. Hæc deputatur in loco David, qui prostravit Goliam, id est humilitas superbiam. Qui consecrantur, manu fortes sint per humilitatem, ut superbiam dejiciant. Ipsa celebratur in Junio, quod tempus aptum est bello.

Tertia consecratio celebratur in Septembri tertia Sabbati, quod est initium tertii catalogi. Hæc deputatur Jechoniæ generationi, qui dicitur *præparatio Domini;* consecrati enim debent se præparare in adventum Christi. Quæ consecratio habet finem in ipsa nativitate Christi; quæ aliquando in tertia hebdomada finitur, et habet hebdomadas tredecim : aliquando in quarta, et habet quatuordecim. Neque hoc sine ratione est, quia si computetur catalogus novissimæ tessera decadis, et semel computetur Jechonias, non amplius inveniuntur cum ipso Christo quam tredecim generationes. Si ipse computetur, quatuordecim inveniuntur.

Cap. XXII. — *De jejuniis Quatuor Temporum.*

Quatuor jejunia initium sunt quadragesimalis temporis : denarius numerus totam disciplinam nostram continet, quæ talis est ut creatura creatori serviat. Creator Deus colitur in tribus personis; colitur ab animo qui eum diligit ex toto corde, ex tota anima, ex tota virtute; cui corpus subjicitur ad regendum, ex quatuor elementis compositum, id est calido, sicco, frigido, humido. Quod si bene rexerit tria animæ, quatuor corporis, quæ fiunt septem, subditur homo creatori, et sunt decem. Quatuor temporibus annus volvitur, vere, æstate, autumno, hieme : hæc quatuor tempora solent per delectamenta sua nos revocare ab amore Creatoris. Qua de re jejunandum est in unoquoque tempore, ut nostra quatuor elementa castigentur : ne a dilectione mundi subripiantur. Ipsa enim quatuor elementa conjuncta sunt in sua natura quatuor temporibus anni. Ver est calidus et humidus. In eo facimus unum jejunium, ut elementum humoris castigetur in nobis : ne consentiat falsæ pulchritudini veris. Ex humore et calore nascitur pulchritudo terræ. Æstas sicca est et calida, in quo alterum jejunium facimus, ut castigetur elementum caloris in nobis : ne consentiat incendio carnali. Autumnus est frigidus et siccus, in quo tertium fit jejunium, ne aliquo languore animi arescamus, ac defluamus et inveniamur sine pinguedine olei in æterno tabernaculo. Etenim illo tempore congregamus, quo in futuro fruamur. Quartum jejunium fit in hieme, quæ est frigida et humida; ne membra nostra fluxu solvantur atque luxu in comessationibus, et potationibus, atque per hoc amor Dei negligatur. Quia ergo quatuor tempora nos impediunt ab amore cœlestium, scilicet matutinum, meridianum, vespertinum, nocturnum : per hæc enim quotidie ab amore æternorum retrahimur; unde in unoquoque jejunio tres dies sunt; quia unumquodque tempus tres menses habet, pro unoquoque mense singuli dies jejunio consecrantur. Quia vero quotidiana peccata nos aggravant, non sufficit unum jejunium per unum quodque tempus : ac propterea quadragesimæ tempus inducimus, quo quotidiana peccata affliguntur. Denarius : qui pertinet ad disciplinam nostram, quater ductus quadraginta facit : in ipso denario præsidet sancta Dei Trinitas, et regit creaturam suam : ut aliena sit a deceptione primi parentis. Eadem jejunia quarta et sexta feriis et Sabbato ideo celebrantur; quarta quia in ea die Judæi fecerunt consilium ut occiderent Christum ; sexta feria cum occiderunt ; Sabbato more Romanorum jejunium concluditur propter tristitiam apostolorum.

Cap. XXIII. — *De ordinatione.*

In quo potissimum consecratio celebratur, quia Deus sanctificavit diem septimum. Quia ergo *charitas Dei diffusa est in cordibus nostris* per septiformem Spiritum, qui datus est nobis, ideo sanctificatio in septima die commemoratur, ubi requies commendatur. Episcopi consecratio transit ad Dominicum diem : ipse est vicarius apostolorum, imo Christi; eo die accipit donum Spiritus sancti, qua die illustrabat corda apostolorum.

Quarta feria leguntur duæ lectiones; quarta ætate mundi lex et prophetia viguerunt; qui consecrantur, habeant notitiam legis et prophetarum. Sexta feria una lectio legatur, quia lex et prophetia in uno Evangelio recapitulatur, quod legitur in sexta mundi ætate. In Sabbato, quando benedictio datur, quatuor lectiones leguntur; quia quatuor sunt ordines benedicentium Dominum : domus Israel, domus Jacob, domus Levi, et qui timent Dominum. Quinta lectio est de camino ignis, quia consecrandi debent esse probati per fornacem, id est per multas tribulationes. Ad quam genua non flectemus, ne statuam Nabuchodonosor adoremus, ideo ut affatio sit separata ab errore gentilium. In sexta lectione perseverantia bonorum operum instruitur, in Tractu humilitas docetur, in Benedictus benedictio, id est laus consecratorum tenetur.

Hieronymo cleros dicitur *sors*, clericus dicitur *sors Dei*; quia incœpit in lege a Nazaræis, in Evangelio a Petro. Sacerdotes legis cydarim, reges vero coronam portabant. Christus rex et sacerdos, fecit nos reges et sacerdotes : reges quo mores regamus; sacerdotes quo desiderium carnis mortificamus. Nuditas capitis cydarim, capilli significant coronam. Per caput mens intelligitur, in qua est agnitio Dei; quæ est radenda a capillis, id est superfluis cogitationibus. Corona quam in inferiore parte capitis portamus, est ratio cum qua mundana gubernamus.

Cap. XXIV. — *De ordinandis eorumque dignitate ac officiis.*

Qui ordinantur, Christo incorporantur. Ipse fuit ostiarius, sicut dicit : *Ego sum ostium; per me si quis introierit, huic ostiarius aperit.* Exorcista exstitit, quando dæmonia expulit. Lector erat, quando Isaiam legerat. Acolythus fuerat quando lumen cæcis reddebat, et dixit : *Ego sum lux mundi.* Subdiaconus, quando aquas convertit in vinum; diaconus, quando lavit pedes discipulorum ; presbyter quando dedit corpus suum ; episcopus, quando benedixit eis.

Ostiarius cum ordinatur suscipit claves ecclesiæ, et ipse aperit ostium ecclesiæ; si quis per fidem aliquem introduxerit in Ecclesiam, ipse est ostiarius. Lector dicitur a legendo ; lectores sumus quando instruimus aliquem de moribus intrantem ad Christianum populum. Exorcista dicitur *adjurator* : si quis per orationes suas vitium diaboli poterit de homine expellere, exorcista est. Acolythus est ceroferarius. Lumen quod fertur ante Evangelium sive sacrificium, significat lætitiam ; hujus benedictio pertinet ad prophetiam. Qui ignem verbi cœlestis, quo et fratres ad agnoscendum illuminentur, et ad diligendum Deum inflammentur, prædicando ministrat, acolythus est. Subdiaconus dicitur subminister. Hic accipit ab episcopo calicem et patenam, quæ vasa corporis et sanguinis Domini ferat diaconus ad altare. Non est ejus officii legere Epistolam, sed lectoris. Diaconus dicitur minister, scilicet sacerdotis, quia in mensa Domini cœleste convivium disponunt. Huic manus impositio fit, per quam operatio Spiritus sancti intelligitur : in aliquo sapientia, in aliquo fides, in aliquo castitas. Accipit stolam in sinistro humero, id est onus Domini leve in activa vita : legit Evangelium, quia quandiu Christus illud prædicavit, minister nobis factus est. Presbyter dicitur *senior*, ut sit canus non capite, sed mente. Hujus manus unguntur oleo, ut sint mundæ ad offerendum Deo hostias; et largæ ad cætera pietatis opera. Olim erat idem presbyter, qui episcopus ; sacerdos a sacro ducatu dicitur. Opus presbyteri ad donum Spiritus sapientiæ pertinet. Pontifex dicitur quasi pontem faciens populo ad cœlum. Antistes quasi ante stans sive contra stans, scilicet hæreticis. Episcopus super intendens verbo et exemplo. Hic est sponsus Ecclesiæ. Sicut in nuptiis multi conveniunt, ita hic multi in consecratione episcopi quasi ad nuptias Ecclesiæ confluunt : ut in perfectum ordinato congaudeant, et Deo pariter preces fundant. Vicarius est Christi, ideo oleo in capite ungitur : caput Ecclesiæ est Christus, oleum in capite charitas in mente. Vice Christi regit Ecclesiam. Benedictio omnium electorum erit communis, sed pro qualitate operum diversæ mansiones.

Cap. XXV. — *De vestibus sacerdotum episcoporum.*

Vestes sacerdotum pertinent ad conversationem Christianorum. In divinis induantur lineis, in quotidianis negotiis utantur laneis. Lineæ vestes sunt subtiles orationes ad Deum : laneæ vero grossa locutio ad populum; amictus dicitur, qui circumvincitur, quo colum undique cingitur. In isto vestimento admonetur castigatio vocis. Postea poderis, id est talaris vestis, quæ alba vocatur; quæ totum corpus ab iniquis operibus et a pravis mentem cogitationibus compescat. Cingulum significat castitatem. Sandalia subtus pedem cooperiunt, desuper nudum relinquunt. Per sandalia seu *cumbagas*, perfectus ad prædicandum Evangelium, quod nec terrenis commodis occultatur, invitatur. Casula quia pertinet ad omnes clericos, significat etiam opera, quæ ad omnes pertinent : fames, vigiliæ, lectio, oratio, etc. Casula est duplex inter humeros et inter pectus post tergum. Per humeros opera exprimuntur : duplex vestimentum in humeris sunt bona opera coram proximis et coram Deo. In pectore sit duplex, id est doctrina et veritas : veritas interius, doctrina ad homines. Per stolam intelligitur jugum Domini suave, id est Evangelium,

CAP. XXVI. — *De dalmatica.*

Dalmatica religio sancta et immaculata est visitare pupillos et viduas. Dalmatica habet duas coccineas lineas retro, similiter et in anteriori parte; quia Vetus et Novum Testamentum rutilant dilectione Dei et proximi. Immaculatum esse pertinet ad Deum, visitare fratres ad proximum. Color coccineus opera misericordiæ, quæ ex charitate fluunt in pupillis et viduis. Per candorem dalmaticæ visitatorum munditia designatur. Fimbriæ, quæ procedunt de dalmatica, verba sunt prædicationis. Triginta fimbrias habet dalmatica retro et ante; singulæ lineæ altrinsecus quindecim : quia charitas in Veteri et in Novo Testamento quindecim ramos producit. Per humerum dextrum et sinistrum prosperitas intelligitur et adversitas, in quibus prodest fratribus charitas. Quindecim rami charitatis sunt : *Patiens est, benigna est, non æmulatur, non agit perperam, non inflatur, non est ambitiosa, non quærit quæ sua sunt; non irritatur, non cogitat malum, non gaudet super iniquitate, congaudet autem veritati, omnia suffert, omnia credit, omnia sperat, omnia sustinet.* Linea, quæ in medio est, quasi stipes est charitatis : lineæ sive fimbriæ in dextro sive sinistro, scilicet retro ad præcepta Veteris Testamenti pertinent, quæ vero in anteriori parte sunt, ad Novum Testamentum pertinent. Sinistrum latus habet fimbrias, quia actualis vita sollicita est et turbatur erga plurima. Dextrum latus non habet; quia contemplativa vita quieta est. Largitas brachiorum sive manicarum est hilaritas datoris. Diaconus, qui legit casulam, circumcinctus est latere sinistro pertusus, quia vult Christum imitari, qui lancea est perfossus in latere. Subucula qua induitur pontifex post camisiam, significat virtutes intimas et orationem sublimium, quæ non patet omnibus, sed perfectis atque majoribus, ut est fides, spes, charitas.

CAP. XXVII. — *De pallio archiepiscopi.*

Pallium archiepiscoporum super omnia indumenta est, ut lamina in fronte solius pontificis, sic illo distinguitur archiepiscopus a cæteris episcopis. Pallium significat torquem, quem solebant legitime certantes accipere. Quod habet duas lineas a summo usque deorsum, retro et ante, significat : quod mandata Veteris Testamenti a principio Genesis usque in finem, in humerali linea operando et docendo portet pontifex in pectorali novo a primitiva Ecclesia usque in finem. Circa collum circulus, est disciplina Domini. Sermonem antiqui cantantes coronam in capite, torquem in collo accipiebant. Corona in capite est charitas in mente, torques in collo est operatio in prædicatione : ut operibus impleat quod verbis docet. Corona gratia Novi Testamenti, torques, spes regni cœlestis; cujus splendor eximius ad exemplum coronæ vel torquis nulla unquam fine claudetur. Sudarium portatur in manu sinistra, quo oculorum et narium tergantur superflua. Hoc sunt piæ et mundæ cogitationes, quibus detergimus molestias animi ex infirmitate corporis et vitæ præsentis.

CAP. XXVIII. — *De sandaliis.*

Episcopus habet ligaturam in suis sandaliis, quam non habet presbyter. Episcopi est huc et illuc discurrere per parochiam ad regendam plebem, et ideo ligata sunt, ne de pedibus cadant. Hæc significant firmare mentis gressus, qui in turbis populorum versantur. Presbyter vero, qui domi hostias immolat, securius incedit. Diaconus etiam habet in sandaliis ligaturam, quia suum est ire ad comitatum. Subdiaconus habet dissimilia, ne diaconus æstimetur. Sandalia cursum prædicatoris significant; solea quæ subtus est, ne prædicator se terrenis negotiis implicet. Lingua de albo corio subtus calcaneum, ut sit innocens et sine dolo; lingua exinde surgit separata a corio sandaliorum, lingua est eorum qui foris sunt, et testimonium dant bonum prædicatori; hi sunt in inferiori parte, et quodammodo a conversatione spiritualium separati. Lingua superior spiritualium lingua est, qui prædicatorem in opus prædicationis introducunt; hæc in exteriori vita prædicatoris requirunt. Intrinsecus sunt circumdata sandalia de albo corio, ita intentio prædicatoris sit candida coram Deo et pura conscientia. Extrinsecus vero integrum apparet, quoniam videtur prædicatorum vita despecta sæcularibus. Superior pars sandaliorum, per quam pes intrat, multis filis est consuta, ut duo coria non dissolvantur : in initio debet studere prædicator pluribus virtutibus atque scripturarum sententiis, ut opera forinsecus cum his, quæ intrinsecus intenta sunt, coram Deo, non disjungantur. Lingua sandaliorum, quæ super pedes est linguam prædicatoris significat : linea ope sutoris facta procedens a lingua sandalii usque ad finem ejus est evangelica perfectio. Lineæ ex utraque parte procedentes, lex sunt et prophetæ, quæ in Evangelio recapitulantur. Etenim ipsæ replicatæ sunt ad medianam lineam, quæ usque in finem currit. Ligatura in mysterium incarnationis Christi, corrigiæ supererogatio est proprio sumptu prædicare.

CAP. XXIX. — *De vestibus presbyteri.*

Panthera bestia habet colores septem : nigrum, album, griseum, croceum, viridem, aerium, rubeum. Quæ panthera varias herbas comedit constans in petra, languentes ad se venientes flatu suo a morbo sanat. Per pantheram presbyter intelligitur, qui habet septem vestes et septem virtutes. Niger color humilitas, albus castitas, griseus discretio, croceus sapientia, viridis fides, aerius spes, rubeus charitas. Diversæ herbæ, diversæ sententiæ Scripturarum; petra Christus, languidæ bestiæ homines peccatis ægri. Quos sacerdos sanat, si eis sententias de Scripturis proferat. Presbyter dum se præparat, quasi duellum cum diabolo pro Ecclesia inchoat. Humerale ponit in capite, id est spem pro galea; albam, id est fidem pro lorica; cingulum, id est castitatem, pro baltheo; subcingulum, id est testimonia Scripturarum aut exempla sanctorum pro pharetra et sagittis; stolam, id est obedientiam vel justitiam pro lancea vel funda; fanonem in manu, id est operationem pro clava; casulam, id est charitatem pro scuto; Evangelii librum, id est verbum Dei pro gladio; sandalia, id est prædicationem pro calceamentis pugillum.

Cap. XXX. — *De campanis.*

In lege tubis, apud nos campanis populus convocatur. Campana fit ex metallo æris, quod est durabile et sonorum, habens interius plectrum ferreum; campanæ sunt ora prædicatorum Novi Testamenti, quæ plus durant, quam tubæ Veteris Testamenti, atque altius resonant. Ora prædicatorum durabunt usque ad finem et audietur longe sonus eorum usque in fines terræ. Ferrum interius est lingua eorum, funis est mensura vitæ nostræ: qui funis habet initium a ligno, Scripturam sacram quod significat Novi Testamenti descendentem a ligno Dominicæ crucis. Quod lignum a superioribus continetur, quia Dominica crux a prophetis et antiquis patribus retinetur. Qui funis usque ad manum sacerdotis pertransit, id est Scriptura ad opera sacerdotum debet transire. Presbyter moveat signum, ut sciat se significari per ipsum. Quando funem sequitur sursum, recogitet quantum ad bona opera se erigat; quando trahit deorsum, consideret, quantum adhuc in pravis jaceat. Vinculum, quo plectrum ligatur, quædam est moderatio, quæ scit ad tempus movere plectrum linguæ, ut labia feriantur. Vinculum attractum funis plectrum movet. Quando modestia ad auctoritatem sacræ Scripturæ linguam prædicatoris movet.

Cap. XXXI. — *De ecclesia.*

Ecclesia est convocatus populus per ministros Ecclesiæ; ipsa etiam domus vocatur Ecclesia quia continet Ecclesiam. Synagoga dicitur congregatio, quod pertinet ad pecora, quæ ad pastum congregantur; vel Ecclesia dicitur convocatio, quod pertinet ad rationabilia. Ipsa vocatur Kyrica, id est, dominicalis: *Kyrios* Græce, Latine *Dominus;* ipsa etiam appellatur basilica', id est, regalis domus: *Basileos* rex dicitur, quasi basilaus, id est *basis populi*, hoc est laus populi. Ad quam conveniunt, ut audiant judicia Dei, et manducent corpus Domini. Masculi stant in parte australi, et feminæ in boreali: ut ostendatur per fortiorem sexum, firmiores sanctos constitui in majoribus tentationibus hujus mundi; et per fragiliorem sexum, infirmiores in aptiori loco.

Cap. XXXII. — *De velo mulierum.*

Linus papa ex præcepto beati Petri constituit ut mulier velato capite in ecclesiam intret, propter reverentiam sacerdotis; ut quasi ante judicem, sic ante sacerdotem, qui vicarius est Domini, propter reatus originem subjecta debet videri: et ne viri incitentur ad libidinem.

Cap. XXXIII. — *De choro.*

Chorus est consensio cantantium: dicitur chorus quod initio in modum coronæ circum aras starent et psallerent. Cantores sunt Dei laudatores et ad laudem cæteros excitantes. Vestes cantorum sunt lineæ, candidæ et longæ: lineæ ut sint subtiles ingenio; candidæ, ut sint mundi et casti; longæ, ut sint perseverantes in bono usque in finem. Laxitas capparum est latitudo charitatis, fimbriæ bona opera.

Cap. XXXIV. — *De cæremoniis in missa episcopi.*

Missa olim a Lectione et Evangelio inchoabatur, qui mos in vigilia et Paschæ et Pentecostes adhuc retinetur. Introitum vero et orationem instituit Cœlestinus papa. Introitus episcopi ad missam, qui vicarius est Christi, significat adventum Christi in mundum, et populi adunationem ad eum sive per suam prædicationem seu suorum prædicatorum. Introitus episcopi celebratur, ad sessionem suam tangitur officium ex parte, quod Christus corporaliter gessit in terra, sive discipuli ejus: usquequo ascendit ad paternam sedem. Unde mos inolevit, ut non sedeatur in Ecclesia, quandiu præsens officium agitur: quia labori Christi deputantur, qui ad cultum Dei vocantur.

Præconibus psallentibus Christus currum suum ascendit, et in mundum venit; unde dicitur: *Currus Dei decem millibus multiplex*. Currus decem millium, multitudo est sanctorum in rdinibus Ecclesiasticorum et in auditoribus eorum. Septem gradus sunt ordinatorum: ostiarii, lectores, exorcistæ, acolythi, subdiaconi, diaconi, presbyteri. Octavus auditorum, nonus et decimus cantorum, virorum et mulierum; millium additur propter perfectionem. Veniente Domino, ducit secum prophetas, sapientes et Scribas; diaconi sunt in loco prophetarum, qui annuntiant ex Evangelio vitam futuram; subdiaconi sunt in loco sapientium, qui sciunt vasa disponere, et nova et vetera proferre. Acolythi in loco scribarum, qui accendunt corda fidelium ex sacra Scriptura.

Præcedit in thuribulo thymiama, quod significat corpus Christi plenum odore bono: quod primum debet prædicari in omnibus gentibus. Deinde candelabra ferantur, ut super fundamentum jam positum luceat lux prædicatorum coram hominibus. Jam illuminatos subdiaconi sequantur, quia sapientia debet loqui inter perfectos. Evangelium illis jungatur, in quo declarata est perfectio. Episcopus et sibi juncti Evangelium sequantur, ut dicitur: *Si quis vult post me venire, abneget semetipsum et tollat crucem suam et sequatur me.*

Septem diaconi sunt in ministerio episcopi in loco prophetarum, quia Scriptura septempliciter dividitur inter Novum et Vetus Testamentum : quæ in Evangelio ministrant: Episcopus et sibi juncti post Evangelium in medio ; quia vicarius est Christi, sequitur Evangelium. In Novo Testamento in quatuor, id est actus apostolorum, canonicæ Epistolæ septem, Epistolæ Pauli quatuordecim, Apocalypsis : in Veteri in tria ; in legem, in prophetas, in psalmos. Si quinque diaconi fuerint, quinque ministros librorum demonstrant Evangelio ministrare. Episcopus in medio quasi Evangelium habet in Novo Testamento primum ordinem prædicatorum historiæ, secundum Epistolæ, tertium prophetiæ, ut est Apocalypsis : in Veteri unum legis, et alterum prophetiæ. Si tres fuerint, tres ministrationes trium librorum ; fons omnis sapientiæ Evangelium in medio, in Novo Testamento duo Epistolæ et prophetiæ ; in Veteri unum, id est legem ; Novo Testamento enim omnis Scriptura apud veteres lex vocatur. Si unus fuerit, unum dilectionis præceptum ostendit, ut dicitur : *Omnis lex in uno sermone impletur, diliges proximum tuum sicut teipsum.* Ministerium prophetæ est ex memoratis libris evangelicam veritatem approbare, et habeant ante se subdiaconorum sapientiam, ut congruo tempore prophetent : et acolythorum lux doctorum opus expleat exponendo libros.

Sapientia, id est subdiaconi, vadunt in medio tympanistriarum juvencularum, ut doceant, quæ tympanistriæ laudare debeant. Tympanistriæ sunt cantores, ministerium cantorum laudes resonat. Adolescentulæ sunt novæ Ecclesiæ, carne edomita Deum laudantes. Episcopus veniens stat inclinatus, et pacem dat ministris qui a dextra lævaque sunt : Christus Ecclesiæ præsentatus, quæ prius optavit : *Osculetur me osculo oris sui*, dedit ei pacem, et his qui de Judæis, et his qui de gentibus. Pacem etiam offert cantoribus, qui retro stant ; quia tam his, qui in lege, quam his, qui in Novo Testamento erant, pacem tribuit. Tunc cantores de adventu subdiaconorum, id est sapientia Dei intelligunt Trinitatem Deum laudare et dicunt : *Gloria Patri et Filio et Spiritui sancto*. Diaconi quasi chorus prophetarum stant cum eo humilitati, et dicunt : *Domine, doce nos orare* ; quia unigenitus Filius, qui est in sinu Patris docet orare. Laudatores adventus Domini sive cantores tempus esse annuntiant, ut corda Pharaonis convertantur in filios : sicut Abraham tres angelos vidit, et unum Deum adoravit ; sic modo filios Abrahæ oporteat credere et dicere : *Sicut erat in principio et nunc et semper et in sæcula sæculorum.* Duo diaconi vadunt vicissim altrinsecus osculari latera altaris, quia Christus misit binos apostolos ante faciem suam. Osculum eorum significat, ubi intrantes dicunt . *Pax huic domui* : Altare corda electorum signat. Postea revertuntur ad episcopum, ut in Evangelio legitur : *Quia reversi apostoli nuntiaverunt illi quæ fecerunt.* Sunt discipuli cum Christo ; Christus solus orat.

Deinde cantores tempus Dominicæ passionis memorantes dicunt versum de psalterio. Psalterium ex inferiori parte percutitur, et in superiori habet in quo reboat. Sic et opus passionis Domini ab inferiori habet percussuram, a superiori parte dulcedinem resurrectionis. Deinde ascendit episcopus ad altare, et osculatur illud, et Evangelium ; hoc est Christus tempore passionis ascendit Hierusalem ad crucem. Osculum Evangelii pax duorum Evangeliorum : osculum altaris pax Christi cum hominibus ejus passionem imitantibus. Evangelium remanet in altari usque ad legendum, ita Evangelica doctrina initio sonuit in Hierusalem ; inde exivit in publicum. Deinde transit episcopus ad dexteram altaris ; Christus elegit dexteram vitam post resurrectionem suam. Diaconi post eum stant in ordine : qui post Christum stant, firmati sunt, ut eum sequantur usque ad mortem, et cum eo transeant ad æternam vitam. Major pars stat in parte dextra, minor in sinistra ; dextra pars sunt æterna, sinistra vero temporalia. Petimus a Deo æterna, id est justitiam, sapientiam et charitatem ; petimus et temporalia, fructus terræ, et pacem in terra nostra. Inter hæc omnia acolythi stant, et tenent cereos in manibus : luceant doctores et verbis et operibus.

CAP. XXXV. — *De Kyrie eleison.*

Kyrie eleison propter tres causas cantatur ; una ut serenetur mens sacerdotis ad ea attendenda quæ ore dicit ; altera, ut dignus sit loqui cum Deo, quantum ad humanam naturam pertinet ; tertia, quod si tædio aliquo corporali spiritus affectus sine mente oraverit, Dominus non in furore suo respiciat super illud, sed in judicio misericordiæ. Ideo etiam in omnibus officiis ante orationem Dominicam *Kyrie eleison* dicitur, id est *Domine, miserere.* Tunc deponunt acolythi cereos, id est post bona opera humiliantur : quia Deus superbis resistit, humilibus autem dat gratiam.

CAP. XXXVI. — *De cereis.*

Cereus in medio stans, significat Christum, qui dixit : *Ubi duo vel tres congregati fuerint in nomine meo, in medio eorum sum.* Septem cerei, septem dona Spiritus sancti. Episcopo ascendente ad sedem cereostata mutantur de locis suis in ordine unius lineæ excepto primo usque ad altare. Cereostata varia dona Spiritus sancti ; linea una unitas Spiritus sancti in singulis donis. Quod incipit a primo, indicat Christum, quo procedit, Spiritus sanctus usque ad altare, id est corda electorum. Quod postea in officio missæ agitur illud tempus significat, quo Apostoli et eorum successores negotia Domini exercent, quod finitur perlecto Evangelio.

CAP. XXXVII. — *De Gloria in excelsis.*

Telesphorus papa instituit, ut *Gloria in excelsis* ad missam cantetur : Hilarius Pictaviensis Ecclesiæ episcopus *Gloria in excelsis* composuit. Symmachus papa constituit, ut in Dominicis diebus et in natalitiis martyrum idem hymnus canatur. Sacerdos dum *Gloria in excelsis* incipit, ad orientem se vertit : quia hunc angeli in oriente, id est in Bethlehem, ubi Christus natus est, cecinerunt. Transitus episcopi ad altare significat Christi transitum, ut diximus de passione ad æternam vitam : et ideo in hoc loco *Gloria in excelsis* dicitur, quoniam gloria ineffabilis in excelsis facta est, quando Christus transitu suo animas sanctorum copulavit consortio angelorum. Hoc gaudium annuntiavit angelus in nativitate ejus. Post resurrectionem data est hominibus pax, quando sub uno Domino copulantur cœlestia, terrena.

CAP. XXXVIII. — *De* Dominus vobiscum.

Pax vobiscum sumptum est de Evangelio ; *Dominus vobiscum* de libro Ruth ; *et cum Spiritu tuo* de Epistola Pauli. Cum sacerdos dicit : *Dominus vobiscum*, ad populum faciem vertit ; quia quos salutamus, eis faciem præsentamus. Salutatio presbyteri sive episcopi, et responsio populi significant unum affectum esse debere episcopi et populi, sicut hospites unius Domini.

CAP. XXXIX. — *De collectis.*

Orationem versus orientem dicit, ubi cœlum surgit ; quia major cognitio Dei in cœlis est et essentiæ in angelis vel in animabus sanctorum, quam in terra habitantibus sanctis. Oratio sacerdotis est benedictio Christi super discipulos quando cœlum ascendit. Hac expleta ascendit episcopus ad sedem, et sedet, Christus cursu suo disposito pro convenientia locat presbyteros in suo ordine, diaconos in suo, subdiaconos in suo, cæterosque gradus in suis ; nec non et auditores, unumquemque in suo. Ascendit in cœlum, ut sedeat ad dexteram Patris : sedebunt cum eo, quibus dicitur : *Sedebitis super sedes duodecim, judicabitis duodecim tribus Israel.* Aliqui sedent cum eo, aliqui stant. Qui sedent sunt membra Christi in pace quiescentia : qui stant, in certamine posita. Caput et membra unum corpus sumus. In aliquibus sedet Christus, in aliquibus stat. Altior locus positus est episcopis, ut ipsi superintendant, et populum custodiant : et tanquam vinitori altior locus sit ad custodiendam vineam suam, id est civitatem suam, sanctam scilicet Ecclesiam.

Lectio dicitur a legendo, quia non cantatur : cum hæc legitur, solemus sedere. Lectio est prædicatio, sessio obauditio ; Responsum credentium confessio. Aliter : per lectionem, Veteris Testamenti, quæ humilior est, prædicatio ; per Responsum prædicatio Novi Testamenti, quæ excellentior est.

CAP. XL. — *De Anniversariis.*

Corpus nostrum constat ex quatuor elementis, id est calido, sicco, frigido, humido, ut peccata, quæ per corpus gessimus, purgentur in quarta die. Post tertium diem, id est septimo post mortem alicujus offerimus pro eo sacrificium. Aliter. Septem dies sunt in hebdomada, ut quidquid in toto tempore, quod septem diebus volvitur, deliquit, abluatur : agimus septimum diem. Triginta diebus mensis expletur, unaquæque actio per diem, finis autem actionum, per mensem exprimetur, ideo trigesimus dies agetur ut quod in fide sanctæ Trinitatis per decalogum legis peccavit purgetur. In anno peragit sol cursum suum ; per solem Christus, per lunam significatur Ecclesia. Anniversarius dies ideo agetur, ut quidquid deliquimus in Christum vel in Ecclesiam, relaxetur. Sicut sanctorum anniversaria dies in eorum honore ad memoriam nobis reducitur super utilitatem nostram, ita defunctorum ad utilitatem illorum. Omni tempore bonum est orare pro defunctis, etiamsi defuncti dies per oblivionem nesciatur, seu per ignorantiam. Pro baptizatis omnibus defunctis cum sacrificia vel eleemosynæ offeruntur, pro valde bonis gratiarum actiones sunt, pro non valde malis propitiationes sunt : pro valde malis etsi nulla sint adjumenta mortuorum, qualescunque sunt consolationes vivorum. Quibus autem prosunt, ad hoc prosunt : ut sit plena remissio, aut certe ut eo tolerabilior fiat ipsa damnatio. Sed nullis ibi prosunt nisi hic bonis operibus cooperentur.

CAP. XLI. — *De quadragesimali tempore.*

Septuagesima significat captivitatem nostram de paradiso in mundum : Quadragesima reversionem nostram in terram repromissionis, id est ad paradisum. Tunc Tractus qui a trahendo dicitur, cantatur : quia cum labore et angustia iter hujus vitæ gradimur. Vela suspendantur, quia nunc cœlestia nobis occultantur. Tres dies ante Pascha tres semis annos significant quibus Antichristus regnabit. Qui nascetur in Babylonia, nutrietur in Corozaim et Bethsaida, a maleficis, plenus diabolo : qui mundum sibi subjugabit quatuor modis. Potentes pecunia : omnis enim occultus thesaurus erit ei manifestus. Plebes terrore : omnia enim genera tormentorum exercebit. Clerum sapientia : omnem enim Scripturam perfecte sciet, et convenienter de se interpretabitur, monachos et sanctos miraculis : omnia enim sancta signa potenter faciet, ut etiam mortuos suscitet. Ideo *Gloria Patri* non canetur, quia tunc ab omni laude Dei siletur. Campanæ non sonantur, quia prædicatio cessabit. Lumina exstinguuntur quia omnia oracula Ecclesiæ auferuntur. Pœnitentes introducuntur, quia Judæi ad fidem Christi convertuntur. Chrisma conficitur, quia Christiani efficiuntur. Pedes et Ecclesia lavantur, quia Judæi baptizantur. Passio Domini recolitur, quia corpus Christi, id est Ecclesia gravem passionem patitur. Altaria nudantur, quia omnia sancta a gentibus calcantur. Crux salutatur, quæ tunc ad irrisionem erigetur. Baptismus agitur, quia tunc sanguine baptizantur. Cereus vel novus ignis consecratur ; quia gratia vel amor Spiritus sancti eos consolatur. Percussio tabulæ est terror Antichristi ; sonitus magnus qui ad *Benedictus* fit, est ingens timor et stupor infidelium de morte infidelium Antichristi.

Cap. XLII. — *De Paschali tempore.*

Osterum dicitur ab oriente, quia sicut ibi sol surgit, in occasu quasi moritur; ita hic sol justitiæ, qui est Christus, qui in morte occasum subiit, hic resurrexit. Eodem scilicet tempore Paschæ et eadem hora, qua Christus surrexit, erit nostra resurrectio. Pascha celebratur quarta decima luna, id est Aprilis, quando est plena. Luna significat Ecclesiam, quando numerus electorum impletus fuerit, tunc quasi Ecclesia plena erit : mox in quarto tempore resurrectio erit. Unum tempus ante legem, secundum sub lege, tertium sub gratia, quartum sub æterna lætitia. Prima die est resurrectio Ecclesiæ quæ dicit ad sponsum : *Resurrexi.* Secunda die dicit Spiritus sanctus consolator ejus : *Introduxit vos Dominus in terram fluentem lac et mel,* id est omni suavitate et dulcedine plenam. Tertia die : *Aqua sapientiæ potavit eos,* id est plenitudine scientiæ replevit eos. Quarta dicit sponsus ad sponsam : *Venite, benedicti Patris mei.* Non dicit, benedico vos, sed quia estis benedicti Patris per fidem et operationem : Quinta die : *victricem manum,* id est Christum *laudaverunt;* cujus auxilio et mundum et diabolum vicerunt. Sexta die : *Eduxit eos Dominus in spe et inimicos eorum operuit mare;* quod semper speraverunt, jam habent. Inimici, id est persecutores et dæmones absorpti sunt in mari et in inferno. Septima die : *Eduxit Dominus populum suum in exsultatione et electos suos in lætitia.* Obtinebunt tunc gaudium et lætitiam et fugiet dolor et gemitus : tunc duo Alleluia cantantur quia anima et corpus in æternum lætantur. Ideo in octava die cantantur : *Quasi modo geniti infantes,* quia ut infans nascitur de matre in mundum, ita ipsi nascuntur de morte in vitam. Quinquaginta dies postea sempiternam lætitiam significant. Ascensio Domini, nostra exaltatio in cœlis. In Pentecoste data est populo Hebræo lex timoris uti servis in igne terroris. Post decem dies ascensionis, id est post decem præcepta Dei subjectionis data est lex amoris in igne Spiritus sancti populo Christiano, ut filiis.

Cap. XLIII. — *De festo sancti Joannis Baptistæ.*

In nativitate S. Joannis Baptistæ cantatur missa mane, quia angelus prædixit gaudium dicens : *Multi in nativitate ejus gaudebunt.*

Cap. XLIV. — *De festo sancti Petri ad Vincula.*

Dies Kalendarum Augusti olim celebris habebatur ob victoriam Cæsaris Augusti. Qua die postea vincula S. Petri collata sunt Romæ : ut sicut prius in honore principis orbis, ita nunc in honore principis apostolorum celebretur.

Cap. XLV. — *De Nativitate beatæ virginis Mariæ.*

Quidam solitarius audiebat quadam nocte singulis annis harmoniam in cœlo. Qui cum miraretur, dictum est ei, quod sancta Maria nata sit hac nocte. Quæ cum ab hominibus nesciatur, ab angelis venerabiliter celebratur. Hoc ille referens Ecclesiæ, instituta est coli.

Cap. XLVI. — *De Decollatione sancti Joannis Baptistæ.*

Quando agitur Decollatio S. Joannis Baptistæ, tunc est inventio capitis ejus. Nam circa Pascha, id est in annuntiatione S. Mariæ est decollatus ; hic autem recolitur. Ad missam *Gloria Patri* et *Gloria in excelsis* et *Alleluia* non canitur, more passionis Christi et quia ante Christi resurrectionem contigit.

Cap. XLVII. — *De matutinis canonicis.*

In matutinis in primis : *Domine, labia mea aperies* dicitur, ut qui ad Completorium cum versu : *Custodi nos, Domine, ut pupillam oculi,* et cum ultima benedictione quasi sub signaculo claudebantur, nunc ad laudem Dei aperiantur. Deinde per versum : *Deus, in adjutorium meum intende,* auxilium divinum invocatur; exinde per *Gloria Patri* sancta Trinitas glorificatur, et de præteritis et de præsentibus et de futuris. Postea tuba cantoris dat signum per antiphonam invitatorii, ut excitentur Christiani circumquaque, et concurrant ad scholam doctorum et pastorum Ecclesiæ. Deinde canuntur duodecim psalmi, per quos signantur Patres, qui ante legem excoluerunt vineam Domini. His instruuntur, qui ad officium concurrunt nocturnale de eo, quod Dominus ab initio mundi habuit prædicatores in sua Ecclesia; qui populum Dei coluerunt suis laboribus : ut reditum quærerent ad propriam patriam post Christi resurrectionem. Primus psalmus : *Beatus vir,* concinit quodammodo Abel justo homini, cujus sanguis effusus est in typo sanguinis Jesu Christi. Et psalmus : *Domine, Deus meus, in te speravi,* convenit Noe et filiis ejus et uxoribus, quæ salvæ factæ sunt per aquam. Et psalmus : *Salvum me fac, quoniam defecit sanctus,* Abrahæ congruit, qui solus restitit, ne adoraret idola, cæteris corruentibus in ea. Dehinc sequitur versus per quem vertitur intentio ad alia, scilicet de psalmodia ad lectionem, vel ad hymnum Evangelicum, id est, *Magnificat,* vel *benedictus;* sive ad orationem Dominicam, cujus prologus est *Kyrie eleison, Christe eleison;* seu ad orationem, quam solus sacerdos dicit. Tunc vertunt se ad altare quia mentes nostræ debent converti ad Christum. Romani tamen non cantant Dominicam orationem ante lectionem. Tunc lectiones sequuntur, et responsoria, quæ significant tempus Abrahæ, qui sexta hora ingressus est vineam : nos vero media nocte admonemur procedere ante Deum, ut dicitur : *Præveni in maturitate,* hoc est media nocte. Omne tempus ante Christum pro nocte ponitur, memoria mortuorum in Christo per noctem recolitur : quoniam eorum transitus et quies nocti comparatur.

Per psalmos opus prædicatorum, per lectiones doctrina monstratur eorum. Responsorium ideo dicitur quia respondet lectioni. Cantor surgit ad responsorium, ut excitet mentes, quæ audierunt doctrinam in lectione, surgant ad actiones bonas in operatione. Mens exhortatoris versu stringitur, laquo solus laborat, ne per arrogantiam elevetur. Olim non cantabatur *Gloria Patri* post versum in tertio responsorio, sed illud repetebatur : a modernis autem institutum est, ut cantetur, ut in omnibus Trinitas laudetur. Quod novem lectiones legantur, et totidem responsoria canantur, significat, quod per Christi resurrectionem tendamus ad cœlestem Hierusalem, et ad novem ordines angelorum. Quæ dividuntur ternario numero per interstitia psalmorum trium vigiliarum : in quibus recoluntur, tria tempora nominata in Evangelio, id est prima vigilia, secunda vigilia, tertia vigilia. Nam in prima vigilia recolitur eorum resurrectio in Christo futura, qui ante legem coluerunt vineam Domini; in secunda eorum, qui per legem datam usque in adventum Christi : in tertia Christi discipulorum, unde et hic canitur *Alleluia*.

Conserva me, Domine, memorat quiescentes in Christo de Levitico genere; *Exaudi, Domine*, requiem Judicum; *Diligam te, Domine*, regum Veteris Testamenti palmam; *Exaudiat te Dominus in die tribulationis* martyrum Christi triumphum : *Domine, in virtute tua lætabitur rex* regnum manens spiritualium regum.

Hæ personæ membra sunt illius capitis, cujus regnum memoratur in psalmos : *Dominus regnavit, decorem indutus est*. Tres nocturnæ in Dominicis diebus significant resurrectionem corporum; tres autem, quæ in festivitatibus sanctorum canuntur, recolunt beatitudinem animarum : quam tunc percipiunt : quando fiunt cives spirituum, cœlestium et bonorum. Nox pro ignorantia ponitur; ab Adam usque ad Christum quasi nox erat, quia lux scientiæ deerat; quæ nox dividitur in tria tempora, ante legem, sub lege, sub gratia; quæ tempora per tres nocturnos significantur, ut in nocte cantantur. Tres psalmi in primo nocturno psalluntur, quia Patriarchæ ante legem Trinitatem adorabant, ut legitur : *Tres vidit, et unum adoravit*. Tres in secundo, quia prophetæ sub lege Trinitatem invocabant, ut scriptum est : *Benedicat nos Deus, Deus noster, benedicat nos Deus*. In tertio tres, quia apostoli sub gratia Trinitatem per orbem prædicabant; unde tunc Evangelium legitur et *Alleluia* canitur.

Lectio doctrinam, responsorium significat vitam eorum. Cum *Te Deum laudamus* illud tempus ostenditur, quo Christus natus est, et angeli Deo gloriam cecinerunt : sive quando mundus fide accepta cœpit laudare Deum. Versus qui ante Matutinas dicitur, significat Christi resurrectionem.

CAP. XLVIII. — *De Laudibus canonicis.*

Matutinales Laudes significant tempus a Christi resurrectione usque in finem mundi. Tunc quasi dies oriri cœpit, quia lux scientiæ claruit. Primus psalmus : *Dominus regnavit* significat Christum per orbem regnasse post resurrectionem : *qui firmavit orbem terræ*, id est apostolos sua resurrectione, ascensione et Spiritus sancti effusione. Secundus psalmus : *Jubilate* docet Ecclesiam ex Judæa ad fidem Dei conversa. Tertius psalmus : *Deus, Deus meus* pertinet ad Ecclesiam ex gentibus collectam ; cui psalmus : *Deus misereatur* conjungitur, et Judaica plebs per prædicationem Henoch et Eliæ ad fidem Christi convertitur; ideo sub uno *Gloria* canuntur quia una Ecclesia ex duobus populis laudabit Deum. In quinto loco canitur *Benedicite Domino* ; in quinta ætate mundi misit Nabuchodonosor tres pueros in caminum ignis, in quo hunc hymnum cecinerunt. Nabuchodonosor significat Antichristum, qui illo tempore tres filios Noe, id est totum genus humanum de tribus mundi partibus, Asia, Africa et Europa in caminum mittet tribulationis. Ipsi perseverantes in fide catholica erunt patientes in tribulatione; et per patientiam probati, probatione inveniuntur spe beati. Tres psalmi, qui sequuuntur *Laudate Dominum de cœlis, Cantate Domino, Laudate Dominum in sanctis ejus*, sub uno *Gloria* canuntur; sanctos victuros docent post interfectionem Antichristi in firmitate fidei et beatitudine spei, in lætitia, dilectionis in unanimitate inseparabili. Lectio, quæ sequitur, est cibus spiritualis tunc in Ecclesia, qui augeat lætitiam. Sequitur versus : *Dominus regnavit* : ut sicut discipuli in morte Christi tristes post resurrectionem læti canebant : *Dominus regnavit*; ita sub Antichristo tristes, post interfectionem ejus læti triumphum Christi recitant dicentes : *Dominus regnavit*. Sequitur hymnus : *Benedictus Dominus Deus Israel, quia visitavit et fecit redemptionem plebis suæ* ; ut sicut tunc in proximo erat Christi adventus primus, quando hunc cantavit Zacharias; ita in novissimo tempore in proximo erit adventus Christi secundus, in quo Sancti servient Deo *sine timore, de manu inimicorum liberati, in sanctitate et justitia coram ipso omnibus diebus nostris.*

Dies habet duodecim horas. Dies est Christus, horæ sunt justi, qui bonis operibus adhærent diei, id est Christo. Nox æquinoctialis similiter habet duodecim horas : nox est vita peccatorum, horæ sunt peccatores. Nos qui dies vocamur, a nocte, id est, ab eleemosynis pro peccatis oblatis sustentamur. Ideo duodecim psalmos in privatis noctibus psallimus, ut memores simus, nos debitores esse pro peccatis nostris, et pro eorum, quorum oblationibus sustentamur, intercedere.

Sex antiphonæ est intentio ad perfectionem bonorum operum ; ut cum pro aliis intercedimus, nos ipsi mala devitemus.

Armiductores constituerunt in militia sua dormientibus militibus castra tueri per tres vigilias in nocte, quarta est autem in matutinali tempore. Tres lectiones et tria responsoria insinuant vigilias cleri; ad plebem Dei per lectiones doctrina, per responsoria clamor mentis exhortans populum Dei ad vigilias, si Dominus venerit sero, an media nocte, an galli cantu, an mane ; ne inveniat eum dormientem. Prima vigilia pueritia, secunda juventus, tertia senectus. Qui in pueritia desidiæ deditus ad opus Dei non evigilaverit, in juventute resipiscat : si tunc neglexerit, saltem in senectute a somno pigritiæ ad bonum consurgat.

Sicut fidelis anima exuta a corpore septimam Sabbati recipit, et resurrectio mortuorum, sanctorum corporum octavam diem exspectat; ita quæcunque anima evigilaverit a gravi somno negligentiæ per curam ecclesiasticam, sive in prima vigilia sive in secunda sive in tertia, statim attingat matutinum tempus in quarta vigilia. Romani in quacunque lectione cum viderint auroram procedere, nocturnale officium dimittunt, et matutinale incipiunt.

CAP. XLIX. — *De matutino et sole.*

Matutinum est decessus tenebrarum et adventus auroræ. Sol appropinquat ad superiora expellens tenebras et tempus significat pœnitentiæ eorum, qui prius in nocte, id est in peccatis fuerunt. His appropinquat sol justitiæ expellens tenebras, id est peccata. Ideo cantatur psalmus : *Dominus regnavit* in libera nocte, et eos significat qui post baptismum in incœpto cursu perseverant. *Miserere mei, Deus* in servilibus noctibus cantatur, eosque significat, qui post baptismum de cursu suo corruerunt et postea per orationes fidelium corriguntur.

CAP. L. — *De homine, qualiter minor mundus dicatur.*

Homo dicitur Græce *microcosmus*, id est minor mundus, caput ejus in modum spheræ cœli rotundum, in quo duo oculi lucent, ut sol in cœlo et luna. Pectus in forma aeris, in quo tussis et anhelitus, sicut in aere venti et pluviæ. Venter instar maris, qui recipit cibos et potus, ut mare flumina. Pedes similitudinem habent terræ, qui totum corpus sustentant ut terra omnes res. Ex terra habet carnem, ex aqua sanguinem, ex aere spiritum, ex igne animam; ex terra habet frigus, ex aqua humorem, ex aere siccitatem, ex igne calorem. Quatuor tempora anni habet, ver, pueritiam; æstatem, juventutem; autumnum, senectutem; hiemem, ætatem decrepitam. Scientia in eo lucet ut dies, ignorantia tenebrescit, ut nox. Visum habet ex igne, auditum ex æthere, odoratum ex aere, gustum ex aqua, tactum de terra, ossa ex lapidibus, ungues ex arboribus, crines ex herbis, sudorem ex rore, cogitationes ex nubibus. In cerebro habet sensum, et ibi est sedes sapientiæ, inde disponens omnia ut de tribunali, in fronte verecundiam vel potius confusionem, in superciliis superbiam, in temporibus somnum, in genis verecundiæ ruborem, in corde cogitationes et voluntatem, in jecore cupiditatem, in pulmone elationem, in stomacho fortitudinem, in splene risum, in felle iram, in renibus delectationem, in lumbis titillationem, in genitalibus procreationem. Cum volatilibus, cum piscibus, cum bestiis habet quinque sensus, cum quibus est animal mortale : cum angelis rationem, cum quibus est immortalis. Ex his omnibus est *minor mundus* homo; ideo non immerito statui temporum rota humanæ nativitatis comparatur.

CAP. LI. — *De nocte et septem ejus temporibus.*

Nox dicta est, quod noceat aspectibus et negotiis humanis. Ignorantia mentis, quæ evenit ex tenebris peccatorum, nocti comparatur. Hora matutina pœnitentiam significat, unde cantatur in matutinis psalmus *Miserere mei*, qui est pœnitentialis.

Post matutinum sequitur diluculum. Septem sunt enim tempora noctis : vespertinum, crepusculum, conticinium, intempestum, gallicinium, matutinum, diluculum, quod est incipiens parva lux. Eadem hora vocatur et mane; unde omnes feriales psalmi aliquid mane resonant.

CAP. LII. — *De psalmis ad laudes feriales.*

Primus dicit : *Mane exaudies vocem meam, mane astabo tibi;* secundus : *Emitte lucem tuam;* tertius : *Exitus matutini et vesperi delectabis;* quartus : *Mane sicut herba transeat, mane floreat et transeat;* quintus : *Auditam fac mihi mane;* sextus : *Ad annuntiandum mane.* In primo psalmo mala vetantur, in secundo bona per spem appetuntur; in duobus sequentibus celebramus duo præcepta charitatis. In *Deus Deus meus* dilectio Dei, in *Deus misereatur* dilectio proximi : sub uno *Gloria* psalluntur quia hæc præcepta non disjunguntur.

CAP. LIII. — *De canticis ad Laudes feriales.*

Deinde tentatio sequitur, tentationem victoria : unde sequuntur cantica, quæ cantaverunt postquam tentati fuerunt : et *Deus* triumphum illis præstitit. Primum canticum dicit : *Confitebor tibi, Domine, quoniam iratus es mihi;* ecce flagellum, audi triumphum : *Conversus est furor tuus et consolatus es me, exsulta et lauda.* Secundum canticum cantatum est ab Ezechia postquam de infirmitate convaluit. Tertium ab Anna, postquam æmula ejus est humiliata et ipsa exaltata. Quartum, pro quo Ægyptii sunt prostrati et filii Israel liberati. Quintum ab Habacuch propheta pro liberatione Judæorum a Chaldæis. Sextum a Moyse, postquam vexatus est propter Judæos; et ita concluditur : *Laudate, gentes, populum ejus, quia sanguinem servorum suorum ulciscetur.*

Tres psalmi, qui sequuntur sub uno *Gloria*, significant laudem sanctæ Trinitatis in una substantia. Isti psalmi sunt finis psalterii, quia pœnitentes tendunt ad finem perfectionis, id est laudem Dei.

Sequitur lectio capituli, quia alios instruunt quod ipsi faciunt; versus in matutinis : *Dominus regnavit,* vel *Repleti sumus mane,* precatur conversus et præsentia et futura bona. Unde ascendit ad Dominum, quia *visitavit et fecit redemptionem plebis suæ.* De converso homine per pœnitentiam convertitur ad evangelicum virum, qui pro beneficio converso præstitis exhortatus est laudare sanctam Trinitatem in *Laudate Dominum de cœlis*, et dixit : *Benedictus Dominus*, quia visitavit miseriam humanam et fecit redemptionem ejus. Omnes partes noctis, quibus obscuratus est mundus, istæ repulsæ sunt; ideo agamus *Deo gratias*.

CAP. LIV. — *De die et duodecim ejus horis ac psalmo Beati immaculati.*

Dies est Christus, qui habet duodecim horas, hoc est fideles qui post baptisma seu pœnitentiam ad ipsum currunt per viam Domini usque ad vesperum, id est usque ad finem vitæ suæ; homo incipiens ambulare in lege Domini habet ex una parte leonem, ex altera draconem : leonem in persecutionibus apertis, draconem in insidiis occultis. Ut persecutiones et insidias diaboli possimus vitare, et toto itinere die salvi manere, canimus in Primis psalmum : *Deus, in nomine tuo*. In prima parte psalmi : *Beati immaculati*, intramus in viam Domini; hæc pars pro prima hora diei canitur. Secunda pars pro secunda hora, in qua fit iterum mentio legis Dei, ut ubi : *Considerabo mirabilia de lege tua*. Versus : *Exsurge, Domine*, rogat ut Deus sit gregis sui adjutor et liberator per totum cursum diurni itineris. Tertia pars psalmi pro tertia hora dicitur scilicet : *Legem pone*. Quarta pars pro quarta hora, ubi lex nominatur ut ibi : *Dixi custodire legem tuam*. Quinta pars pro quinta hora dicitur, in qua item lex memoratur, ut : *Ego legem tuam meditatus sum*, etc., *bonum mihi lex oris tui*. Sexta pars pro sexta hora, ut dicitur : *Narraverunt mihi iniqui fabulationes, sed non ut lex tua*. Septima pro septima hora : *Quomodo dilexi legem tuam, Domine*. Octava pro octava hora : *Iniquos odio habui et legem tuam dilexi*. Nona pars pro nona hora, ubi dicitur : *Justitia tua, justitia in æternum, et lex tua veritas*. Decima pars pro decima hora, ubi iterum lex memoratur, ut ubi : *Vide humilitatem meam*, etc., *quia legem tuam non sum oblitus*. Undecima pro undecima hora, ubi similiter mentio fit legis, ut ibi : *Iniquitatem odio habui*, etc., *legem autem tuam dilexi*. In duodecima hora diei reddit Dominus operariis suis denarium promissum. Lectio per singulos cursus legitur, quia sancti passim divino colloquio reficiuntur.

CAP. LV. — *De Vesperis.*

Vespera hora est duodecima, quæ finis est diei, et est finis uniuscujusque hominis. Quinque psalmi sunt quinque sensus hominis. Sicut in fine mundi quinque virgines cum lampadibus obviam Christo veniunt, ita homo in fine vitæ cum bonis operibus per quinque sensus peractis per totum diem, quibus in lege Dei ambulavit, Christo sponso obviam festinare contendit. Et hoc fit per gradus ascensionis virtutum; ideo quindecim gradus in vespertinali officio includuntur. Lectio, quæ sequitur, est compositio et ornatus eorum, qui intrant in præsentiam Regis. Versus : *Vespertina oratio, vel Dirigatur, Domine, oratio mea*, est compulsatio ostii conclavis, ubi rex sedet. Hymnus evangelicus, id est *Magnificat*, quem cantavit sancta Maria, monet virgines sapientes, id est fideles illuc contendere quo præcessit Virgo virginum, hoc est, in præsentiam Salvatoris.

CAP. LVI. — *De Completorio.*

Completorium est perfectio cæterorum officiorum, et ad noctem pertinet. In hoc finitur commune opus, omnia membra relinquuntur a suffragio humano : soli Deo, qui non dormit, neque dormitat, committimur. Somnus est imago mortis, ideo aliquos psalmos in isto officio recitamus, quos etiam in Sabbato sancto Paschæ cantamus, quando Dominus in sepulcro requievit; ut ille est · *Cum invocarem*, propter illum versum : *In pace in idipsum dormiam et requiescam*. Et iste : *In te, Domine, speravi*, quam cantavit in cruce; et nos finimus ut ipse finivit : *In manus tuas, Domine, commendo spiritum meum*. Post jejunium Domini tentavit eum diabolus ut draco in insidiis; ideo tunc cantatur tractus : *Qui habitat*. In Parasceve vero tentavit eum ut leo publice persequens in passione; ideo tunc etiam secundum Romanos idem tractus : *Qui habitat* cantatur. Sed idcirco eumdem psalmum in completorio cantamus; ut nos Deus custodiat a diaboli tentationibus et a nocturnis illusionibus. *Ecce nunc*, etc., propter versum : *In noctibus extollite*, etc., canimus. His quatuor psalmis quatuor elementa nostris postulantur, sive quia quatuor vigiliæ in nocte celebrantur. Cum versu : *Custodi nos*, etc., membra nostra sigillamus, et cum evangelico hymno : *Nunc dimittis*, etc., cum Simeone pacem flagitamus et requiem sempiternam.

CAP. LVII. — *De prima Canonica.*

Mos est in Ecclesia, ut post primam et ante completorium fratres conveniant ad lectionem, quæ est mentis refectio. In prima dirigitur grex Domini in via, ut veniat ad pascua. Operetur primo, et postea impleatur refectione in hora tertia : hic omnia consumantur, In Dominicis diebus ad primam septem psalmi propter dona septiformis Spiritus canuntur : quibus psalmis duo *capitula* de psalmo *Beati immaculati*, subjunguntur propter gemina præcepta dilectionis, per quæ lex Dei impletur. Quibus fides adjungitur catholica, id est *Quicunque vult salvus esse*, quia per cultum unius Dei salvabimur. Aliter : novem psalmi ad primam psalluntur per quos novem angelorum ordines intelliguntur. Per *Quicunque vult*, etc., qui est Christianus homo intelligitur : qui per resurrectionem Christi, quæ in Dominica die recolitur, angelis associabitur. Per legem Domini, id est per dilectionem ad patriam revertimur : per psalmum *Deus in nomine tuo*, ad iter præcingimur. Per psalmum *Beati immaculati*, dilectionem Dei; per *Retribue*, dilectionem proximi accipimus, in his duobus mandatis universa lex impletur. *Quicunque vult*, etc., significat cursum nostrum : per fidem enim ambulamus, et non per speciem. Capitulum *Pretiosa in conspectu Domini*, significat quod ibi grex Domini ejicitur in pascua, ut ambulet in via Domini.

CAP. LVIII. — *De mysterio horarum.*

Dominus Jesus Christus in nocte propter nos est captus, ut nos a captivitate diaboli et ab æterna eriperet nocte inferni : ideo nocturnos cantamus in nocte. Mane ante pontifices falso accusatur, ut nos ab accusatione inimici securos faceret; ideo canimus matutinas laudes. Hora prima ducitur ligatus ad præsidem, ut nos a vinculis peccatorum solveret; ideo primam recitamus. Hora tertia damnatur, illuditur, flagellatur, ut nos ab æterna damnatione liberaret ; ideo tertiam cantamus. Sexta hora crucifigitur, ut nos a cruciatu perpetuo redimeret; ideo cantamus sextam. Hora nona moritur, ut nos ab æterna morte erueret; ideo psallimus nonam. Vespere de cruce ponitur, ut nos pœnis auferamur; ideo canimus vesperam. Completorio sepelitur, ut nos a sepulcro Tartari emergeremus; ideo canimus completorium.

CAP. LIX. — *Aliter de mysterio horarum.*

Media nocte surrexit Dominus, ideo nocturnos cantamus. Mane apparuit matri suæ, ut Sedulius dicit, sive Mariæ Magdalenæ, ut evangelista affirmat : ideo matutinas laudes recitamus. Prima apparuit mulieribus a sepulcro euntibus ; tertia visus est Jacobo, ut putatur; sexta Petro, ut creditur; nona in Emmaus ambulantibus ; Vespere cum illo manducantibus ; Completorio omnibus.

CAP. LX. — *Item de mysterio horarum.*

In primis fuit chaos, et omnia cooperta erant tenebris ; ideo in nocte nocturnale officium agimus. Mane primo creavit Deus lucem, ideo matutinæ laudes tunc canantur : ad quas etiam novem psalmi cum *Benedictus* cantantur, quia novem ordines angelorum tunc creati existimantur. Quasi prima hora intravit Adam in vineam Domini, quando positus est in paradisum ut operaretur ; ideo ad primam canimus tres psalmos laudantes Trinitatem ; quæ et hominem formavit, et post lapsum reparavit. In quarto, id est *Quicunque vult salvus*, etc., fides nostra declaratur. In hora tertia intravit Noe in vineam, qui etiam primus plantavit eam, de qua inebriatus est. Sexta Abraham intravit, qui filium obtulit. Nona autem David et prophetæ. Ad has horas tres psalmos recitamus, unicuique horæ psalmum distribuentes vel propter sanctam Trinitatem, vel propter sanctæ Trinitatis fidem. In vespera intraverunt apostoli et eorum successores, in qua quinque psalmi canuntur propter quinquepartitam passionem Domini, qua ab actibus quinque sensuum sumus redempti. In completorio, id est in fine mundi, redditur denarius, id est æterna requies ; ideo quatuor psalmi canuntur, ut quatuor partes mundi salventur, seu quatuor elementa in homine, qui est minor mundus, indicentur.

CAP. LXI. — *De septem sæculi diebus et mundi sæculis.*

Prima dies sæculi significat primum mundi sæculum, cujus mane Adam fuit, vespera diluvium. Secunda dies sæculi, secundum sæculum : cujus mane fuit Noe, ejus vespera submersio Sodomæ. Tertia dies sæculi, tertium erat sæculum : cujus mane Abrahæ origo, vespera fuit Saulis occisio.

Quarta dies sæculi quartum fuit sæculum, cujus mane David regum splendor, vespera transmigratio Babylonis et ejus terror. Quinta dies sæculi quintum sæculum, cujus mane fuit reditus Israelis in Hierusalem, vespera contemptus Christi ibidem. Sexta dies fuit sextum sæculum , cujus mane adventus Christi ; quod hodie durat, et circa cujus finem jam sumus ; cujus vespera adventus erit Antichristi. Septima dies sæculi requiem significat tam eam, quam animæ a primo sæculo post mortem habuere, quam eam, quam post judicium sunt habituræ. Quæ dies vesperam non habebit, quia ejus requiei finis non erit.

CAP. LXII. — *De judicio extremo.*

In valle Josaphat erit judicium, hoc est, in hoc mundo. Josaphat dicitur *judicium*, vallis est mundus iste, mons est cœlum. Christus apparebit in aere ut sol in cœlo. Cui obviam rapientur justi in aera; impii remanebunt in terra, igne flagrante super omnes montes quindecim cubitos. Duæ partes bonorum, et duæ erunt impiorum. Una pars justorum sunt martyres, virgines, et omnia pro Christo relinquentes. Hæc tria non sunt præcepta, sed consilia data ; quia igitur supra præceptum fecerunt, Judices cum Deo erunt. Altera pars justorum sunt veræ viduæ, et boni conjugati, et pœnitentes, quibus dicitur : *Venite, benedicti*, etc. Una pars malorum sunt infideles sive gentiles sive Judæi, qui sine judicio peribunt; altera pars malorum sunt mali Christiani seu olim Judæi, quibus dicitur : *Discedite a me, maledicti*, etc.

CAP. LXIII. — *De Dominicis in Adventu.*

In primo responsorio, *Aspiciens longe*, introducit cantor dicta seu facta Joannis Baptistæ. Ex persona ejus dicit, *Aspiciens*, scilicet quantum distet cœlum a terra; de Joanne dicitur : *Qui de terra est, de terra loquitur;* de Christo autem legitur : *Qui de cœlo venit, super omnes est. Ecce video Dei potentiam,* id est divinitatem in carne; *et nebulam totam terram tegentem,* hoc est, video caliginem ignorantiæ tegentem corda terrena Judæorum, qui præsentem Deum non cognoscunt in homine Christo. *Ite ei obviam,* per fidem et operationem. *Et dicite : Nuntia nobis si tu es ipse, qui regnaturus es in populo Israel.* Mittit Joannes discipulos ad Christum, dicens : *Tu es qui venturus es, an alium exspectamus?* hoc est, si velis mori, et infernum visitare, insinua, et super fideles regnare.

Tres versus ei occurrere significant patriarchas ante legem, prophetas sub lege, Christianos sub gratia. Sive tres versus docent legem, prophetiam, psalmodiam Christi adventum prænuntiasse. Gloria Patri, quod sequitur, signat sanctam Trinitatem his omnibus venerari. Istud enim responsorium divinam naturam in Christo recolit : in secundo vero, id est in *Aspiciebam,* humana natura manifestatur, dicendo : *Et ecce in nubibus cœli Filius hominis venit.* In priori interrogat, si debeat regnare in populo Israel? hic respondetur : *Et datum est ei regnum.* Non solum

Israel sed et omnis populus, tribus et linguæ servient ei. Hæc vero responsoria monstrant Christum Deum et hominem regem esse omnium.

Feria quarta et sexta positæ sunt antiphonæ de prophetis in adventu Domini, quoniam ipsæ feriæ in prophetia Christi et Ecclesiæ exstiterunt ab initio. Feria quarta sol et luna in cœlo collocata sunt, quæ sunt Christus et Ecclesia. Sexta feria homo, qui fuit forma futuri Adam, creatus est.

Ecclesiaticus chorus vel propheticus sermo fit internuntius ad Hierusalem; quæ quondam erat metropolis et civitas Regis magni : et per Hierusalem ad primates totius Dei famosæ congregationis. Absentia enim Christi nequaquam sine tristitia potest recordari. Ideo ista responsoria solantur populum Dei de adventu regis et defensoris sui : *Jerusalem, cito veniet salus tua,* civitas Jerusalem, *ecce veniet Dominus.* Hic nuntius Dei ad pauperes et ad plebem loquitur, quæ facile a potentibus opprimitur. In priori consolatus est potestatis dignitatem, in ista consolatur subjectam plebem. *Ecce apparebit,* conligit in capite Regem regum, qui venturus est liberare pauperes, et afflictos de manu potentiæ sæcularis : et eumdem proximo tempore venturum dicit responsorium : *Prope est, ut veniat;* et *Qui venturus est;* et *Ægypte, noli flere.* Hujus Dominicæ responsoria et sequentis hebdomadæ certant multitudinem congregare populorum, ut præsto sint et parati ad suscipiendum Dominum dominorum. Idcirco plurima *Ecce* in se continent; ut in canite tuba : *Ecce Deus,* et in clama : *Ecce Deus noster, quem exspecto;* et *Ecce jam veniet.* Responsorium *Canite tuba* commonet cives, ut sciant regis adventum, et annuntient illum vicinis. *In nomini quantus sit,* monet cives, quod ultra reges sit iste, qui ingreditur ad salvandas gentes : *Non auferetur,* docet regem Judæorum suo tempore exspectatum in foribus esse.

Cap. LXIV. — *De antiphonis ad laudes.*

Antiphonæ per septem matutinas, et per septem ferias dispositæ significant gratiam septiformis Spiritus, cujus opus est conceptio et partus beatæ Mariæ Virginis. Unde in eadem hebdomada legitur lectio Isaiæ, qui numerat septem dona Spiritus sancti, in sexta feria : quando primus homo creatus est, quem modo venit secundus homo reformare.

Cap. LXV. — *De antiphonis O ad* Magnificat.

Antiphonæ quæ habent in capite O, significant quoddam admirabile, et celebrari his diebus ostendunt nobis aliquod investigabile ; de quo dicitur : *Dabit Dominus vobis signum, ecce virgo concipiet.* O interjectio est admirantis, et pertinet ad aliquam mirabilem visionem mentis. Et quoniam per conceptionem et partum sanctæ Mariæ facta est hæc admiratio, ideo hæ antiphonæ magis congruunt hymno *Magnificat* quam *Benedictus.* Prima antiphona, *O Sapientia,* congruit primo gradui, scilicet Spiritui sapientiæ. Secunda, *O clavis David, qui aperis et nemo claudit,* aptatur Spiritui intellectus. Tertia, *O Emmanuel, rex et legifer,* gradui Spiritus consilii convenit. Quarta, *O radix Jesse, qui stas in signum,* id est in crucem, quando sol obscuratus, et petræ scissæ sunt, *super quem continebunt reges os suum,* id est principes hujus sæculi, qui cum rhetorica et dialectica sua silebunt, adveniente prædicatione sanctæ crucis et sancti Evangelii; hæc gradui Spiritus fortitudinis aptatur. Quinta, *O oriens splendor,* gradui Spiritus scientiæ datur. Sexta, *O Adonai et dux domus Israel,* gradui Spiritus pietatis convenit. Septima, *O Rex gentium et desideratus earum,* gradui Spiritus timoris aptatur. Octava, *O Virgo virginum,* insinuat mirabilem partum mirari Ecclesiam. *Filiæ Jerusalem, quid me admiramini?* Hæc antiphona monstrat illum hominem, qui ex Maria carnem assumpsit, solum perfectum esse inter cæteros homines, quia in ipso solo habitat septiformis Spiritus. Si duodecim O cantantur, significant quod gratia sanctæ Trinitatis a quatuor mundi plagis desideretur : ter enim quatuor sunt duodecim.

Cap. LXVI. — *De vigilia Nativitatis Domini.*

In vigilia Nativitatis Domini responsorium *Sanctificamini hodie,* et alia, docent nos lavare debere vestimenta, quæ in baptismate accepimus, lacrymis et pœnitentia : ut sicut filii Israel Domino occurrerunt in monte Sinai sanctificati, scilicet abstinendo a mulieribus, ita nos sine offensione occurramus descensui Domini.

Cap. LXVII. — *De Nativitate Domini.*

In sancta nocte nativitatis Domini tria nocturna tria significant totius mundi tempora, id est tempus legis naturalis, tempus datæ legis per Moysen, tempus gratiæ. Tertia nocturna, quæ recolit gratiam Novi Testamenti, habet antiphonam cum Alleluia, ut ipse invocatur, ut eo tempore cantatur, cum resurrectio Domini a fidelibus frequentatur, id est circa tempus matutinale. In primo nocturno lectiones, quæ leguntur de propheta, significant tempus ante legem, quo patriarchæ figuris præfiguraverunt Christi nativitatem. In secundo leguntur sermones, et est illud tempus sub lege, quo sanctæ Scripturæ prænuntiaverunt Christum nasciturum. In tertio Evangelia leguntur, et est tempus gratiæ, quo ejus nativitas est suscepta ab Ecclesia. Ad tria prima responsoria canitur *Gloria Patri,* quia Trinitas a lege et prophetis et psalmis prænuntiata est hodie mundo manifestata. Responsoria morem illum sequuntur, quem frequentant domestici regales et imperiales quando conveniunt in regis præsentiam, unusquisque quod valet, offert regi. Diversa dona offerunt, sed animo regis æqualiter placere cupiunt : ita responsoria nunc Christum, nunc matrem ejus, laudes et gratias agunt. Novem lectiones et responsoria monent nos Deum benedicere, qui ad societatem novem ordinum angelorum venit perditum hominem recolligere.

Sicut in Nativitate per novem lectiones gratias agimus de Dei descensione usque ad nostram humiliationem, ita per eumdem numerum in festivitatibus sanctorum gratias referimus, quoniam illi digni sunt ascendere usque ad altitudinem cœli, in quo habitant angeli.

Missa *Dominus dixit*, et Evangelium *Liber generationis*, est illa hora quando natus est Christus. *Te Deum laudamus* et matutinæ laudes quæ sequuntur, est laus angelorum, qui eo nato *Gloria in excelsis* cecinerunt. Neuma dicitur *mistus*; illa neuma in mundi fabrica monstrat quod non potest verbis explicari : quomodo qui hodie natus est de Virgine fabricasset mundum et ornasset; et quomodo ipse sit lux et decus universæ mundi fabricæ. Neuma in versu *Tanquam sponsus*, signat quod processio Christi de utero Virginis nequit verbis enarrari : quæ comparatur sponso procedenti de thalamo. Hoc neuma etiam in responsorio S. Joannis evangelistæ canitur *in verbo intellectus*, propter excellentem intellectum sancti Joannis. Unde et in *Gloria Patri* cantatur, in qua Trinitas laudatur, quæ solo intellectu conspiciatur.

Vespera *Tecum principium* magis pertinet ad festum nativitatis Domini quam præcedens. Similiter in omnibus festis sanctorum secunda vespera magis pertinet ad festum diem quam prior. Octavæ Domini et aliorum sanctorum ideo celebrantur, quia in octava, id est in resurrectione, gloria eorum per Christum duplicatur.

Cap. LXVIII. — *De Epiphania Domini.*

In Epiphania Domini invitatorium non cantatur propter fraudem Herodis, quia callide quærebat Dominum. In sexto loco psalmus canitur, quia in sexta mundi ætate gentes quæsierunt Dominum per fidem. Sex antiphonæ per duas nocturnas magorum obsequia circa nativitatem recolunt. Iidem tres magi legati exstiterunt mysticis suis muneribus gentilis populi, qui in terra insulisque habitat. Tria munera eorum triplicem personam Christi præfigurabant, id est Regis, Sacerdotis et mortalis hominis ; nec non et tres functiones Christi membrorum, id est sapientiam, virtutem orationis, et mortificationem carnis. Harum trium functionum legationem munera magorum portaverunt. Ex munere thuris dicunt primam antiphonam *Afferte Domino*, virtutem orationis, qui est Sacerdos verus. Ex munere auri, *Psallite Deo nostro*, hoc est, O sapientes, ferte sapientiam vestram Deo regi. Ex munere myrrhæ dicitur de omni populo mortali et studium habenti ad meliora, *Omnis terra adoret te*, id est per mortificationem carnis propter nos mortalem.

Prima vigilia mentionem facit de gentibus qui habitant in terra, secunda vigilia de eis dicit qui habitant in insulis.

Prima antiphona de sapientibus : *Reges Tharsis et insulæ munera offerent*. Reges dicuntur qui se ipsos regunt, sapientes qui alios. Secunda antiphona de omni populo : *Omnes gentes*, etc. ; per tertiam antiphonam hortantur se sacerdotes et dicunt : *Venite, adoremus*. Ast tertia vigilia de baptismo Christi et de Novo Testamento memorat. Novum Testamentum fundatur per baptismum, unde hic omnis terra cantat *Alleluia*. Et iterum insulæ multæ dicunt : *Adorate Deum*. Antiphona *Fluminis impetus* in tertia vigilia propter baptismum canitur ; psalmus *Deus noster* ideo in ista vigilia psallitur, quoniam homines conturbati sunt propter Novum Testamentum et baptismum. Sed *fluminis impetus lætificat civitatem Dei*, quæ civitas constat ex incolis terræ et insularum.

Ecclesia in Novo Testamento dicit ad eos qui in Christo baptizati sunt, et in terra habitant, per secundum psalmum : *Cantate Domino, omnis terra*, et per antiphonam : *Adorate Dominum in aula sancta ejus*. Dicit ad eos qui habitant in insulis per tertium psalmum : *Dominus regnavit, exsultet terra, lætentur insulæ multæ*, et per antiphonam : *Adorate Dominum, omnes angeli ejus*. Lectiones tres leguntur ex prophetia, quæ prædixit Domino ex Saba afferri munera. Saba est provincia in qua est Madian et Epha, et interpretatur *conversio* vel *captivitas*, signatque gentes quæ de captivitate diaboli ad Deum conversæ munera prædicta obtulerunt liberatori suo.

Responsorium significat quia dictis prophetarum, gentes factis respondent. Antiphona : *Hodie cœlesti sponso tribus miraculis tres solemnitates recolit*. Præsentis dici ; in octava Epiphaniæ recolitur baptismus Domini ; in sequenti Dominica de aqua in vinum conversa miraculum.

Cap. LXIX. — *De tempore inter Epiphaniam et Purificationem beatæ Virginis Mariæ.*

Tristatur diabolus quia exclusus est ; lætatur Ecclesia, quia Christus intravit in mundum. De pace Ecclesiæ tristatur diabolus ; angelorum chorus gaudendo canit : *Gloria in excelsis Deo, et in terra pax hominibus bonæ voluntatis*. Nos in præcedentibus festivitatibus de Christi præsentia gaudentes, instinctu diaboli et fragilitate carnis studium gaudii spiritualis declinavimus ad curam et lætitiam corporis. Unde in ista Dominica canuntur responsoria de psalmis qui continent in se plurimam orationem, et habent initium a primo psalmo pœnitentium, *Domine, ne in furore*.

Tempus a festivitate Theophaniæ usque in Septuagesimam recolit devotionem et ministerium prædicatorum a primis prædicatoribus Ecclesiæ usque ad novissimos Novi Testamenti. Idipsum nobis insinuant Epistolæ summi prædicatoris Pauli, quæ eodem tempore leguntur. Prædicatoribus congruit oratio, ut apertum ostium habeat eorum prædicatio.

Cap. LXX. — *De festo Purificationis.*

Hypapanti dicitur obviatio, quando Simeon et Anna Christo occurrerunt in templo. Hanc festivitatem celebramus cum candelis accensis, propter verba Simeonis, qui, quando eum in manibus suscepit, ita prophetando prædixit : *Lumen ad revelationem gentium et gloriam plebis tuæ, Israel*. Per candelas significantes nos lucidis operibus, cum sapientibus virginibus lampades ardentes portantibus Christo sponso venienti in cœlesti Jerusalem occurramus.

CAP. LXXI. — *De Cathedra S. Petri.*

Cathedra sancti Petri agitur, quia tunc in Antiochia factus est episcopus, et discipuli vocati sunt Christiani. Ideo dies animarum vulgo dicitur, quia ei data est potestas animas ligandi atque solvendi. Christi generatio et sanctorum prædicatorum libertas celebrata est usque in Septuagesimam: a Septuagesima generatio eorum qui de captivitate emergi desiderant, et de angustiis præsentis peregrinationis, usque dum iterum renascatur Christi generatio a media Quadragesima circa paschalia sacramenta. Christi generatio et suorum prædicatorum libertas maxima ex parte migravit de præsenti sæculo, ut regnet cum angelis coram Deo. Tempus talis demigrationis vocatur nox; ideo in hac nocte celebratur *Alleluia*. Præsens Ecclesia, quæ in ista peregrinatione est, in Septuagesimæ nocte recolit gloriam quæ celebratur apud cives qui demigraverunt; in die vero, eorum qui detinentur adhuc in captivitate, et suspirat ut ad libertatem redeant. Apud eos non celebratur claritas *Alleluia*, quia tristitia captivitatis constringuntur; apud eos autem qui demigraverunt, celebratur *Alleluia*, quoniam non recedunt ipsi de laude Dei.

Responsorium *Alleluia, præsens est, imitemur illam,* sumptum est de libro Sapientiæ, ubi dicitur: *O quam pulchra est casta generatio cum claritate! dum præsens est, imitantur illam.* A Nativitate usque ad noctem Septuagesimæ ista generatio præsens videbatur, propterea per plura officia cum *Alleluia* frequentabatur. Secundum responsorium *Alleluia, nomen bonum*: quod nomen in cœlo scribetur, cujus memoria inter angelos et inter homines sanctos æterna figuretur. Hæc est generatio pulchra et casta, cum se duxerint, desiderant illam qui non filii et filiæ, remanentes in præsenti sæculo. Tertium responsorium *Sola tenes principatum*; * hoc dicitur a matre, quæ hic relicta est in sæculo ad perficiendum corpus mihi congruit: ut declinem ad eam prolem nostram, quæ in angustiis posita est, et celebrem pro ea laudem Latine compatiendo ejus tribulationi (156). Tu laus sapientiæ, revertere in thesauros tuos, id est in frequentatione prolis nostræ cum Hebræa lingua, quæ triumphat ante Deum: ibi enim te benedicent angeli. Quartum et quintum responsorium, de eorum corpore reliqua rogant, ut *Alleluia* iterum revertatur ad præsentem Ecclesiam. Cum sponsus resurrexit a mortuis, etiam nativitas clara et casta et pulchra per baptismalia sacramenta cum gaudio ad nos revertatur, et ex ore nostro per omnes Ecclesias *Alleluia* audiatur.

CAP. LXXII. — *De Septuagesima.*

In principio fecit Deus, et reliqua, conveniunt Septuagesimæ et principio anni; in his innuitur misera hominis conditio, qualem commeruisset captivitatem, et primordia creaturarum decantantur. Vernum tempus principium est anni: in eo decan-

(156) Locus corruptus.

tantur responsoria de historiis primorum patrum, per quos sancta religio primævis temporibus reformata est post damnationem primæ massæ.

Responsoria *Dum deambularet Dominus*, et *In sudore vultus tui*, monent nos de misera mutatione hominis de luce ad tenebras, de felicitate in miserias.

CAP. LXXIII. — *De Sexagesima.*

Sexagesima descendit a Septuagesima. Cernit a senario et denario. Inter Septuagesimam et Sexagesimam sunt dies septem, quod non est sine causa, cum deberent esse decem. In septem enim donis Spiritus sancti est perceptio decem præceptorum legis. Septuagesima perficitur in Sabbato, quando clauditur Pascha: quinquagesima in quarta feria medii Paschæ, a qua feria tres dies sunt usque ad Sabbatum, et significant quod si quis digne peccatorum remissionem in primordio suæ conversionis quæsierit, ad contemplationem perveniet sanctæ Trinitatis.

Septuaginta annis in captivitate patres nostri fuerunt, circa terminum Septuagesimæ supputationis de captivitate revocari meruerunt. Illa captivitas præfigurabat captivitatem populi Christiani, quam patitur sub diabolo et ministris ejus Ipsa in psalmo *Miserere mei, Deus*, deploratur, qui psalmus numero continetur quinquagesimo, qui numerus oritur ex quinario: quinario sensu peccatum nostrum colligitur. Psalmus *Confitemini Domino* continetur numero centesimo decimo septimo: per hunc numerum designatur regnum Dei perpetuum. Qui in psalmo *Miserere mei, Deus*, satisfecit Domino, publice peccata sua in terra aliena confitendo, hic meretur revocari, et per psalmum *Confitemini Domino* regno Christi restitui. Antiphona de psalmo *Miserere mei, Deus*, memorat satisfactionem pœnitentis. Duabus enim peccamus causis: aut quando omittimus quod facere debuimus, aut facimus quod facere non debuimus. Pro peccato delicti clamat prima antiphona *Miserere mei, Deus*; post verba hujus antiphonæ initium capit redeundi ex captivitate. Nam sequitur: *Confitemini Domino*, etc.; initia horum psalmorum sibi conveniunt, uterque enim beneficia Dei recolunt. Initio *Miserere mei, Deus*, est confessio peccatorum ad abluenda crimina; in fine *Confitemini* confessio lætitiæ, et pro perceptis beneficiis gratiarum actio.

CAP. LXXIV. — *De Quinquagesima.*

Quinquagesima descendens a Septuagesima stat in tertio gradu, et Abraham in tertia mundi ætate exstitit. Quinquagesima habet denominationem a quinario numero; quinarius numerus congruit exteriori homini, qui quinque sensibus vegetatur, sive ad bonum, sive ad malum. Quinquagesimus psalmus habet vocem pœnitentis, et quinquagesimus annus est jubilæus. Quinquagesima finitur in Pascha Domini, quinquagesima orat pro peccato, et sequitur lætitia in Pascha Domini. Hic canitur quadraginta dies, quia omnis reatus peccatorum in decem præceptis legis committitur per quatuor partes mundi. Decem enim quater quadraginta faciunt. Reatus, qui ad dies pertinet, ex rerum prosperitate, et qui ad noctes, ex rerum adversitate, sacramento baptismi coelestis abluitur.

Qui reformandi sunt per baptismum, oportet tangere quadragenarium et senarium numerum. Per baptismum recolligitur dispersus primus homo Adam per quatuor partes mundi ad unum corpus Christi, quod fabricatum est per quadraginta annos et sex. A feria quarta hujus hebdomadæ quadraginta et sex dies sunt usque ad publicum baptismum : ideo in hac Dominica cantatur responsorium *Quadraginta dies et noctes.* Sequuntur responsoria de Abraham, qui obtulit Deo filium : quia post baptismum sequuntur bona opera. In antiphona *Secundum multitudinem* oratur venia pro his quod ea quæ debuimus facere non fecimus; in ista deprecamur pro his quæ fecimus quæ non debuimus. In antiphona *Deus meus es tu* datur gratiarum actio, ac si mens se credat adeptam quod deprecata est.

Cap. LXXV. — *De Quadragesima.*

Quadragesima denominatur a quatuor et stat in quarto loco a Septuagesima, et perficitur in cœna Domini; potest notari cultui munditiæ. Responsoria de Quadragesima sunt claves et tituli de conversatione et statu totius Quadragesimæ. In his enim diebus oportet nos præ cæteris temporibus anni mores nostros corrigere, jejunare, plorare, orare, vigilare, patientes esse, pœnitere, eleemosynam dare. Isto catalogo hominum spurcitia emundatur, et ab omnibus inquinamentis homo lavatur.

Antiphona *Cor mundum* postulat rectam cognitionem abstinentiæ; antiphona *O Domine, salvum me fac,* orat ut in abstinentia, quam in isto tempore inchoaverunt, usque in finem perseverent. Antiphona *Sic benedicam te* rogat ut firmetur bonis operibus. Antiphona *In Spiritu humilitatis* postulat Spiritum humilitatis, et animum contritum in his oblationibus et holocaustis suscipi militem a Domino. Antiphona *Laudate Dominum* admonet laudare Deum pro exauditione.

In ista Dominica canuntur responsoria de Isaac et Jacob. Quia eum pater suscepit sanum reversum de exsilio, ideo in hac hebdomada legitur Evangelium de prodigo filio, quem recepit pater reversum a porcis, quia Deus suscipit pœnitentes conversos a vitiis. Septuagesima et Sexagesima et Quinquagesima sunt præfationes Quadragesimæ, quæ tendit usque in Pascha; ideo non dicitur trigesima nec vigesima, nec decima.

Cap. LXXVI. — *De Dominica secunda Quadragesimæ.*

Domine, labia mea est renovatio mentis ad gaudia ædificandi templi. Sub Assuero rege afflictus est populus, et opus templi intermisit. Iste mos adhuc servatur in Ecclesia post intermissum colloquium tempore noctis. Ad præsentem versum *Domine, labia mea* repetitur iterum colloquium. Antiphona *Dextera Domini* est reædificatio domus Dei, et *Ad hoc factus est adjutor.* Ereptus populus de camino quem præparavit ei Assuerus, alias Nabuchodonosor, cantat antiphonam trium puerorum *Benedictus es.* Adversarii non valebant destruere opus templi Dei, ideo dicunt antiphonam *Statuit ea in æternum.* Templum Dei Ecclesia per pœnitentiam ædificatur : sed quia Assuero, id est diabolo, per persecutiones seu tentationes impeditur, ideo *Domine, labia mea* dicitur. Devictis malis, cantatur *Dextera Domini;* in gratiarum actionem, *Factus est adjutor;* pro ereptione trium puerorum, *Benedictus es;* pro mercede, *Statuit ea in æternum.*

Cap. LXXVII. — *De Dominica tertia Quadragesimæ.*

In hac Dominica adorant fratres Joseph, quia futurum erat ut Ecclesia adoret Deum. Antiphona *Fac benigne* recolit consummationem murorum Hierusalem, quæ facta est sub Nehemia : quo orante resistebat Dominus adversariis. Unde dicit antiphonam *Dominus mihi adjutor est.* Contra imminentes hostes dicit antiphonam *Deus misereatur.* Furor contra Nehemiam et pueros ejus in gentibus est exstinctus : unde antiphona *Vim virtutis suæ.* Hæc antiphona accipitur specialiter in Joseph, in quo exstinctus est ignis libidinis, cum eum domina sua tentavit; unde sequitur antiphona *Sol et luna,* quia ipse vidit solem et lunam adorare se, quæ est prophetia de Christo.

Peracto ædificio bonorum operum sub Christo cantatur antiphona *Fac benigne;* contra æmulos, *Dominus mihi adjutor,* contra occultas insidias, *Deus misereatur;* post tentationis victoriam, *Vim virtutis;* pro laude Dei, *Sol et luna.*

Cap. LXXVIII. — *De Dominica quarta Quadragesimæ.*

In hac Dominica canuntur responsoria de Moyse et Josue, qui introduxerunt populum Israel in terram repromissionis. Qui uterque significat Christum, qui introducet pœnitentes in paradisum. Antiphona *Tunc acceptabis* signat tempora Moysis, qui docuit sacrificium offerre Deo, et tempora Nehemiæ, qui replicat tempora Patrum dicens : *Dedisti eis regna et populos.* De sola spe in Domino dicit antiphonam *Bonum est sperare in Domino.* Humiliavit habitatores terræ Deus coram filiis Israel, unde dicit antiphonam *Benedicat nos Deus.* Salvavit eos de manu hostium, inde antiphona *Potens est Dominus.* Sequitur catalogus regum Judæorum, qui peccaverunt in Dominum, unde antiphona *Reges terræ.*

Aliter ad Nehemiam : hic obtulit in Sabbatis et in Kalendis; unde antiphona *Tunc acceptabis.* Historia Esdræ narrat Nehemiam et populum in sola spe cœlesti confisum : unde antiphona *Bonum est sperare.* Tunc benedixit populus omnibus viris qui vellent habitare in Jerusalem; unde antiphona *Benedicat nos.* Nehemias fugavit generum ducis, quem timens dicit : *Potens est Dominus.* Deinde instituit ordinem totum ministrorum Dei; unde antiphona *Reges terræ.*

Devictis vitiis et oblato virtutum sacrificio, dicit quævis anima fidelis : *Tunc acceptabis.* Qui speravit in Domino, eripuit eum, dicit antiphonam *Bonum est sperare.* Ut eum custodiat in bonis, dicat antiphonam *Benedicat nos*; contra tentationes imminentes, antiphonam *Potens es, Domine;* pro victoria, antiphonam *Reges terræ.*

Tres antiphonæ, id est *Benedictus es*, et *Hymnum dicite*, et trium puerorum, memorant tres pueros, id est omnes fideles, laudantes sanctam Trinitatem in camino, id est in tribus hujus mundi partibus, scilicet Asia, Africa et Europa constitutos in tribulatione : quorum etiam afflictionem signat antiphona *in Spiritu humilitatis.* Antiphona *Benedicat terra Dominum, et omnia nascentia hymnum dicant ei*, in Septuagesima conjungit humanam laudem cum laude angelorum. *Alleluia* cantus est angelorum, *Benedicat terra Dominum* laus est hominum in tribulatione positorum : quia societas angelorum est cum his qui pro Deo patiuntur, sicut apparuit in camino cum pueris filio Dei similis.

Cap. LXXIX. — *De quinta et sexta Dominica Quadragesimæ.*

Responsoria et antiphonæ de duabus Dominicis Passionis Domini sonant passionem Domini et corporis ejus, id est Ecclesiæ, quandiu peregrinatur in hoc mundo ; unde et *Gloria Patri* in officio divino intermittitur.

Cap. LXXX. — *De Cœna Domini et sequentibus duabus diebus.*

In Cœna Domini memorant responsoria ejus traditionem, in Parasceve ejus crucifixionem ; in Sabbato ejus sepulturam; pressuram vero Ecclesiæ significant percussiones tabularum, quam passura est sub Antichristo per tres semi annos. Lumina Ecclesiæ exstinguuntur per tres noctes ; quæ noctes cum diebus suis continent in se septuaginta duas horas. Tot horis jacuit Christus in sepulcro. Per præsentem exstinctionem signatur exstinctio lætitiæ in cordibus discipulorum Christi, quandiu jacuit in sepulcro. Sive tot horæ fuerunt post traditionem Domini, usque dum intravit ad eos januis clausis ; interim apostoli erant in tristitia. Sive ideo exstinguuntur, quia sol obscuratus est per tres horas; id est a sexta hora usque ad nonam ; ut prædicaret orbi creatorem suum tribus diebus obscurari in sepulcro.

Cap. LXXXI. — *De Resurrectione Domini.*

In Resurrectione Domini tres psalmi cantantur, quia lex, et prophetia, et psalmodia ejus resurrectionem prædixerunt. Tres lectiones leguntur, quia ante legem, sub lege, sub gratia resurrectio prædicatur. Tria responsoria canuntur, quia angeli in cœlo, homines in terra, animæ in inferno de Christi resurrectione gratulantur. Psalmi ad nocturna per hebdomadam canuntur de Dominica nocte propter Dominicam resurrectionem.

Cap. LXXXII. — *De responsoriis, cantoribus, lectoribus,* etc.

Responsorium dicitur, quod alio desinente id alter respondeat. Lectores, qui surgunt ad hoc opus, et cantores sunt hi qui exercent Domini negotia ; A quibus dicitur : *Negotiamini, dum venio.* Lector legem Domini dat auditoribus, qui nuper vocati sunt per officia cantorum ad nuptias in scholam Dei. Schola dicitur vocatio, in qua si quis adhuc surdis auribus torpescit, cantor cum excelsa tuba sonat in aurem ejus dulcedinem melodiæ, ut mens ejus excitetur. Cantores qui respondent primo canenti, vox est auditorum, quasi evigilantium, et Deum laudantium. Versus significat servum arantem in Evangelio. Per dulcedinem modulationis scinduntur corda carnalia, et se aperiunt more sulci in confessione vocis et lacrymarum. Arat, qui aratro compunctionis corda scindit. In lectione pascitur auditor quasi quodam modo bos. Bos ad hoc pascitur, ut cum eo opus agriculturæ exerceatur. Bos est prædicator, cantor quasi bubulcus, qui jubilat bobus, ut hilarius trahant aratrum. Terra scinditur, quando corda auditorum compunguntur. Responsorio respondetur tractui ; hoc significat duo sacrificia columbarum et turturum.

Tractus in Septuagesima sonat tribulationem, ut *De profundis.* In Sexagesima fugam, ut *Fugiant a facie arcus. Laudate Dominum* lætitiam neophytorum seu nuper ordinatorum. Columba gregatim conversari, volare et gemere consuevit ; activæ vitæ frequentiam significat quam est responsorium : *Turtur singularitate gaudet*, speculativa vita est, quæ per tractum designatur.

In Alleluia æterna lætitia electorum memoratur ; versus ad Alleluia lætitiam Ecclesiæ, et laudem Dei sine tristitia significat. In responsorio seminavimus, in Alleluia metimus, ut dicitur : *Qui seminant in lacrymis, in gaudio metent.* Inter Alleluia et tractum hoc interest, quod Alleluia semper laudem Dei sive lætitiam sanctorum, tractus vero aliquando tribulationem, aliquando lætitiam sonat. Tribulationem, ut *De profundis, Commovisti, Ad te levavi, Sæpe expugnaverunt, Deus Deus meus* : lætitiam, ut *Qui habitat, Jubilate, Qui confidunt, Laudate.* Post duos tractus tribulationis occurrit tertius lætitiæ, quia post duos dies sepulturæ occurrit resurrectio. Duo sunt genera compunctionis : unum timoris, alterum amoris ; tractus tribulationis compunctionem timoris, tractus lætitiæ compunctionem amoris significat.

Ministri casula se exuunt, quando lectoris vel cantoris officium assumunt, in lectoris enim vel cantoris officio militia spiritalis exprimitur ; soli etiam militant in lectione seu in vocis modulatione. Per casulam signatur fames, sitis, nuditas, vigiliæ, psalmodia, et talia quæ aliquando debent intermitti pro necessitatibus fratrum. Tabulæ quas cantor in manu tenet, solent fieri de osse; fortis est perseverantia bonarum cogitationum et operum, vel significant dilectionem Dei et proximi. In manu tenentur, ut dilectio [directio] vocis exerceatur per opus. Jubilatio, quæ *sequentia* vocatur, significat illum statum, dum necessaria non erit locutio verborum ; sed sola cogitatione mens menti monstrabit quod in se retinet. Huc currit sermo prædicationis, quæ ultro sunt velata sex alis seraphin. Lector et cantor in gradum ascendunt, quia doctores debent passionem Dominicæ crucis imitari. Ascensio diaconi in pulpitum est alta invitatio virtutum.

CAP. LXXXIII. — *De Evangelio ac ejus lectione.*

Anastasius papa præcepit ut non sedeatur dum Evangelium legitur, sed curvi starent, quia in nova vita debemus stare in humilitate. Deinde ponit episcopus thymiama in thuribulum super prunas, ut suavem odorem excitet. Thuribulum Christi corpus significat, in quo ignis est Spiritus sanctus, ex quo procedit bonus odor, id est bona opinio de Christo. Diaconus accipit benedictionem a sacerdote, id est prædicatores verbum a Christo. Deinde vadit ad altare, ut inde sumat Evangelium ; altare est Jerusalem, de qua exivit evangelica prædicatio, ut dicitur : *De Sion exibit lex, et verbum Domini de Hierusalem*. Diaconus portans Evangelium est pes Christi : in sinistro brachio portat Evangelium, quod in hac vita temporali necesse est prædicare. Salutante diacono populum, convertit se omnis populus ad eum, quia auditores avide debent suscipere verbum Dei a prædicatoribus. Post hoc sacerdos et omnis populus vertunt se ad orientem, et faciunt crucem in frontibus : quam prius fecit diaconus, et Christum adorant, qui in Oriente natus est. In fronte sedes est verecundiæ, ibi signum crucis facimus : quia Christum non erubescimus, quem crucifixum prædicamus. Hic baculi de manibus deponuntur, ut simus separati ab opere Judæorum, qui dabant arundinem in manum Domini.

CAP. LXXXIV. — *De cereis ad Evangelium.*

Duo cerei portantur ante Evangelium, quia lex et prophetia præcessit evangelicam doctrinam. Thuribulum est opinio bonarum virtutum de Christo : thus ascendit in thuribulo, ante Evangelium Christi opera præcesserunt doctrinam, ut dicitur : *Quia cœpit Jesus facere et docere*. Diaconus dum legit Evangelium, stat versus aquilonem, quia frigidis in fide prædicatur Evangelium. Evangelium legitur ex celsiori loco, cerei stant in inferiori, quia major est auctoritas Evangelii, quam legis et prophetarum. Post Evangelium cerei exstinguuntur ; quia finita prædicatione Evangelii lex et prophetia cessabunt.

Evangelium jacens in altari significat illud tempus quo necesse est illud prædicari. Præcedens officium prædicationis Christi usque ad horam passionis demonstrat et suorum prædicatorum usque in finem mundi et ultra. Sequens, opus passionis Christi et resurrectionis atque ascensionis, similiter suorum vel sacrificium vel mortificationem, et resurrectionem atque suspirium in cœlum indicat, ubi audituri sunt : *Venite, benedicti Patris mei.*

CAP. LXXXV. *De oblatione seu offertorio.*

Oblatio legalis fiebat in introitu tabernaculi : Duæ sunt nostræ oblationes : una mortificatio, altera opera bona, in introitu tabernaculi, id est in præ-senti vita. Lex præcipit sacrificia offerri pro votis, pro spontaneis, pro peccato, pro regno, pro sanctuario, pro Juda. Pro votis offerimus, quando implemus ea quæ in tribulatione promisimus : pro spontaneis, quando gratias agimus de perceptis ; pro peccato, quando compungimur de commissis; pro regno, quando recta corda regibus petimus ; pro sanctuario, quando stabilitatem sacrorum graduum ; pro Juda, quando pacem et unanimitatem populi postulamus.

Officium quod nos *offerenda* dicimus, ab illo loco inchoatur, ubi sacerdos dicit : *Dominus vobiscum*, et finitur, ubi excelsa voce dicit : *Per omnia sæcula sæculorum*. Christus die Palmarum venit in Jerusalem immolandus ; et occurrit ei turba laudans : quam ipse benigne salutavit ; ideo sacerdos salutat populum. Postea dicit *Oremus*, et cantores cantant, quia ubi Christus replevit corda turbarum, ad orationem mox magnificas laudes canebant. Puritas lintei, quod in altari ponitur, est puritas mentium qui Domino cantant. Oblationem suscepta redit ad altare sacerdos, ut ibi immolet ; Christus post accepta vota cantantium intravit Jerusalem, ut ibi immolaretur.

Altare in præsenti significat generalem vitam justorum, oblationes in eo bonæ sunt cogitationes et justa opera. Salutatio sacerdotis introitum demonstrat ad aliud officium ; *Oremus* dicit sacerdos, ut acceptum fieri orent sacrificium ut Abel, ne despiciatur ut Cain. Sindon est corporale castigatum ab omni naturali viriditate et humore ; ita sit mens offerentium ab omni carnali cupiditate. Corporale lineum debet esse et purum ; significat corpus Christi sumptum de Virgine. Per multos sudores pervenit ad candorem ; ita Christus multis passionibus pervenit ad candorem resurrectionis. Qui corpus Christi desiderat accipere, per multos labores debet se castigare, mentis et corporis statum mundum et candidum facere. Quod ita implicari debet, ut nec initium nec finis appareat, quia Christus quamvis in humanitate habuit initium nascendo, finem moriendo, tamen in Divinitate neutrum habuit.

Panis ideo offertur, quia sicut panis de multis granis conficitur, ita corpus Christi, quod est Ecclesia, de multis electis coadunatur ; et sicut panis per ardorem ignis coquitur, ita Christus per passionem consummatur. Vinum ideo offertur, quia sicut de multis acinis illud exprimitur, ita de multis sanctis corpus Christi, id est Ecclesia passionibus pressa congregatur. Et Christus per prælum passionis dedit potum resurrectionis. Aqua ideo offertur, quia populus per aquam baptismatis Christo admisceatur, et incorporatur. Oratio ad solum Patrem dirigitur quamvis tota Trinitas operetur : ne idolatria putetur, dum tres personæ quasi tres dii rogarentur. Quæ tamen per Filium, et Spiritum sanctum concluditur, ut effectus petitionis in Trinitate monstretur. Ad omnes orationes : *Per*

Dominum nostrum Jesum Christum dicitur, ut ille qui æternaliter vivit et regnat, nos adhuc viventes seu jam mortuos vivere, et secum regnare in cœlis faciat. Ad exorcismos vero : *Per eum, qui venturus est judicare vivos et mortuos et sæculum per ignem* dicitur, ut diabolus futurum judicium audiens pavescat, et fugiat per ejus nomen qui erit judex vivorum et mortuorum.

Septuaginta duæ cruces fiunt in canone super oblatam et calicem, quia septuaginta duæ linguæ sunt redemptæ per Christi passionem. Septies *Dominus vobiscum* dicitur in missa, quia per septiformem gratiam sancti Spiritus sacrificium oblatum accipitur, et per hæc dona septem peccata hominibus relaxantur.

Cantores cantantes officium signant turbam, quæ Domino cantavit. Populus dat oblationes Domino panem et vinum, hoc est desideria pia intrinsecus latentia ; nos ipsi sacrificium esse debemus. Lavat sacerdos manus per bona opera et lacrymas compunctionis, deinde orat ante altare, ne percutiatur sicut Bethsamitæ, qui indigne viderunt arcam Domini. Post orationem thurificat, quia per Christum fit propitiatio, cujus corpus thuribulum significat.

Diaconus aquam vino miscet, quia populus Christo adunatur. Si vinum quis offerat tantum sine aqua, sanguis Christi incipit esse sine nobis : si vero aqua sit sola, plebs incipit esse sine Christo.

Sicut multa grana in unum collecta, commolita, commista panem unum faciunt : sic in Christo, qui est panis vivus, unum corpus erit numerus electorum coadunatus.

Omnis populus intrans ecclesiam debet sacrificium offerre ; sacerdos et ministri panem, populus vinum, cantores aquam. Postea precatur sacerdos, ut orent pro se : ut dignus sit universæ plebis oblationem offerre Deo.

Cap. LXXXVI. *De secreta submissa.*

Sequitur secreta, quæ ideo *secreta* dicitur, quia secreto dicitur. Omnia sacrificia in lege erant secreta, id est muta, quia umbra futurorum erant. Agnus paschalis latebat in Christo ; soli Deo loquitur sacerdos, ideo vox non est necessaria, vel reboans, ut admoneatur sacerdos quid cogitare debeat.

Cap. LXXXVII. *De Præfatione et Sanctus.*

Per omnia sæcula alte sacerdos dicit, ut per Amen confirmetur oratio. Hic non vertit se ad populum, cum *Dominus vobiscum* dicit, ad insinuandam devotionem in offerendo sacrificio, et arator non debet retro respicere.

Hymnus ideo dicitur, quia refertus est gratiarum actione et laudibus angelorum. *Præfatio*, quia præparat fratrum mentes ad sanctorum angelorum concentum qui assistunt consecrationi corporis Christi, et ad ipsam reverentiam tantæ consecrationis ; ideo excelsa voce cantatur.

Præsens officium est tempus quando Christus in cœna ascendit in cœnaculum magnum stratum, et post aliquam moram retulit hymnum Deo Patri. Hic altare est mensa Domini in qua convivabatur cum discipulis suis. Corporale linteum, quo erat præcinctus, sudarium labor de Juda proditore. Sacerdos ascendit in cœnaculum, cum dicit *Sursum corda;* deinde agit gratias, ut Christus Patri : gratiarum actio sacerdotis, sacrificium ejus, laudes angelorum vel ministeria eorum sacrificium. Angeli et archangeli laudant, dominationes et principatus adorant, potestates tremunt, cœli, id est throni, virtutes, cherubin et seraphin concelebrant. Decimus ordo humanæ adjungitur, *cum quibus et nostras voces ut admitti jubeas, deprecamur,* etc.

Sixtus papa constituit ut *Sanctus* cantetur. Ordo angelorum dicit : *Sanctus, sanctus, sanctus, Dominus Deus Sabaoth : pleni sunt cœli et terra.* Ordo hominum subjungit : *Benedictus qui venit in nomine Domini.* Sudarium jacens in altari significat laborem, quem habent angeli in ministerio humano, sive perfecti viri, qui non cessant orare pro nostra fragilitate. Corporale intentionem non fictam.

In Præfatione stant diaconus retro episcopum, subdiaconus in facie ejus : qui retro stant, sunt discipuli qui fugerunt in passione Christi ; qui in facie stant sunt mulieres quæ ei tunc astiterunt. Ad *Sanctus* se inclinant, qui in facie stant et qui retro, venerantes divinam majestatem et incarnationem Domini. Angelorum concentus introducit divinam majestatem dicendo : *Sanctus, sanctus, sanctus;* turba incarnationem Domini dicendo : *Benedictus qui venit.* Retro stantes perseverant inclinati usque dum dicatur : *Sed libera nos a malo ;* illi sunt quibus dicitur : *Vos estis, qui permansistis mecum in tentationibus meis,* id est apostoli, qui erant in magna tribulatione, non audentes se erigere, id est, confiteri se discipulos Christi, usque dum per resurrectionem liberati sunt a malo timoris. Qui in facie stant, significant discipulos occultos propter metum Judæorum. Declinatio subdiaconi fuit mœstitia mulierum vel populorum de passione Christi.

Cap. LXXXVIII. — *De canone missæ.*

Ab initio *Te igitur* usque in eum locum ubi dicitur : *Et in electorum tuorum jubeas grege numerari,* celebratur sacrificium electorum qui non sunt in carne, quod eis repugnet. Sicut erant duo altaria in tabernaculo Moysis vel in templo Salomonis, unum thymiamatis, alterum holocausti, ita sunt duo sacrificia sanctæ Ecclesiæ : unum, in quo omnes carnales motus sopiti sunt, quod est thymiamatis ; alterum, in quo quotidie mactandi sunt iidem motus per compunctionem lacrymarum.

Te igitur ideo secreto dicitur, ne tam sancta verba et ad tantum mysterium pertinentia vilescerent : dum pene per usum retinentes ea per vicos et plateas vel in aliis locis, ubi convenirent decantarent. Inde fertur quod antequam hæc consuetudo inolevisset, cum pastores ea decantarent in agro, divinitus percussi sunt. *Te igitur* ideo secreto dicitur, quia soli Deo loquitur, qui novit abscondita cordis, ut dicitur de Anna : *Loquebatur in corde suo, et vox ejus penitus non audiebatur.*

Ter oravit Dominus in monte Oliveti ante passionem suam, ita sacerdos facit tres orationes, pro Ecclesia, pro fratribus, pro choro sacerdotum. Ternario numero fit sacrificium electorum ad Patrem : *Hæc dona, hæc munera, hæc sancta sacrificia illibata.* Dona panis intelligitur, in quo est aqua et farina. *Munera* vinum, in quo vinum et aqua. *Sacrificia illibata* utrumque agnoscitur. Hæc pro tribus offerimus, pro universali Ecclesia, pro specialibus fratribus, quorum eleemosynas accepimus, aut munus, aut qui præsentes sunt : pro nobis ipsis, qui communicamus sanctæ Mariæ et apostolis in uno Domino.

Tria sunt sacrificia, quæ requirit Dominus : facere judicium, diligere misericordiam, paratum ire cum Deo. In hac oratione signat sindon humilitatem Christi, quam assumpsit ex terreno habitu. Sudarium in altari laborem ejus in oratione ut dicitur : *Factus in agonia prolixius orabat.*

Cum dicit : *Hanc ergo oblationem*, inclinat se sacerdos ad altare : Christus humiliavit se ad passionem. Hic sindon est traditio Christi in manus impiorum, sudarium vero labor ex traditore. Sacrificium perfectorum jungitur sacrificio angelorum. Deinde universale sacrificium, id est immolatio Christi, celebratur ante *Nobis quoque peccatoribus;* etenim Christus pro peccatoribus est immolatus.

Quam oblationem tu Deus in omnibus, hoc est, tota cogitatione, tota vita, toto intellectu, *benedictam* per Patrem, *ascriptam* per Filium, *ratam* per Spiritum Sanctum. Quinque cruces quinque vulnera Christi. Expansio manuum sacerdotis, extensio Christi in cruce. Quando dicitur : *Hoc est corpus meum*, tunc panis in primis vertitur in carnem ; cum dicit : *Hic est sanguis meus*, tunc vinum ex verbis Domini mutatur in sanguinem. Sindon in altari, linteum quo erat præcinctus; sudarium labor in lavatione pedum, altare mensa Domini est,

Exemplo Domini accipit sacerdos oblatam et calicem in manibus et elevat, ut sit Deo acceptum, sicut sacrificium Abel, qui obtulit in figura Christi agnum; et sicut sacrificium Abrahæ, qui obtulit filium; et sicut Melchisedech, qui obtulit panem et vinum,

De tuis donis ac datis; dona sunt in re æterna, data in re temporali, *Hostiam puram* panis, *hostiam sanctam* calicis, *hostiam immaculatam* utrumque simul. Cum dicit : *Supplices te rogamus, omnipotens Deus,* inclinat se ante altare, quia Christus in cruce oravit a psalmo : *Deus, Deus meus*, usque *in manus tuas commendo spiritum meum;* et tunc inclinato capite emisit spiritum. Ab eo loco, *unde et memores,* altare præsens est crux, sindon humilitas Christi usque ad mortem, sudarium labor passionis. Hic erigunt se subdiaconi, discipuli qui intererant passioni, post mortem ejus aliquo modo consolantur, et erigunt se aspicientes in dilectum sibi corpus usque dum in cruce pendet. Hic lavant diaconi manus, quia sordida opera prioris conversationis, Christi passione mundantur.

Adam dormivit, Eva fabricatur de latere dormientis : Christus in cruce moritur, Ecclesia corpus ejus fabricatur de sanguine et aqua, quod fluxit de latere ejus. Sanguine redempti sumus, aqua a peccatis loti. Cujus uxoris prima vox fuit ille centurio qui dixit : *Vere Filius Dei erat hic.* Unde, *Nobis quoque,* altius dicit.

Subdiaconi erecti aspicientes opus presbyteri, sunt noti ejus et mulieres, quæ stabant a longe hæc videntes. Diaconus elevat calicem de altari, et involvit sudario, est Joseph qui deposuit Dominum de cruce, et posuit in monumento. Sacerdos qui elevat oblatam, est Nicodemus, qui cum myrrha et aloe Dominum sepelivit. Sacerdos facit duas cruces juxta calicem, quia Christus depositus est de cruce, qui pro duobus populis crucifixus est. Sacerdotis et diaconi elevatio calicis est Christi depositio de cruce, oblata et calix est Dominicum corpus. Altare sudarium, quod fuit super caput ejus. Oblata est in mundum denarii rotunda ; quia pro triginta denariis Dominus venditus est.

Subdiaconi qui in facie stabant, nunc recedunt, quia sepulto Domino mulieres de sepulcro recesserunt. Ubi dicitur : *Nobis quoque peccatoribus,* sacrificium pœnitentium memoratur, qui carnem suam crucifigunt cum vitiis et concupiscentiis. Altare holocausti est nostra mortificatio, elevato vocis clamor in corde pœnitentis, sacrificium pœnitentium Spiritus contribulatus. Altare holocausti cor eorum, qui carnales motus consumunt fervore sancti spiritus. Sindon est castigatio carnis per vigilias et jejunia. Sudarium est ipsa intentio qua festinamus motus tentationum vincere. Impetratio sequitur : *Intra quorum nos consortium.*

Subdiaconus qui tenuit patenam, finito canone, ubi dicitur : *Et ab omni perturbatione securi,* etc., dat eam diacono, et ipse presbytero, quod est obsequium mulierum in sepultura Christi. Dominica oratio ideo alte dicitur, quia publica est oratio, et communis, et pro toto populo. Præcepta salutaria, evangelica doctrina ; divina institutio, confectio corporis et sanguinis Domini. Hic erigunt se diaconi, quia in septima petitione liberantur a malo ; in recordatione septimæ diei, quando Christus quievit in sepulcro, agitur Dominica oratio, quæ septem habet petitiones : in quo septimo die laborabant apostoli tristitia et metu Judæorum. Isti tres articuli præsentis orationis significant tempus triduanæ sepulturæ Domini. Unde etiam in Parasceve ideo dicitur Dominica oratio ante corpus Domini, ut dimittamus debitoribus nostris, et ut liberemur a malo.

Venientes subdiaconi cum patena, ut accipiant corpus Domini de altari, sunt mulieres quæ ad monumentum veniunt orto jam sole, et eum vivum inveniunt. Postquam sacerdos dicit : *Pax vobiscum*, ponuntur oblatæ in patenam, quod significat postquam Christus resurgens ex mortuis salutatione sua lætificavit corda discipulorum, vota feminarum completa sunt percepto gaudio resurrectionis. Deinde corpus Domini in vinum mittitur. Corporalis vita constat ex corpore et sanguine; quandiu hæc duo vigent in homine, Spiritus adest. Sanguis Christi pro nostra anima effusus est, caro Christi pro nostra carne mortua est. Hæc duo in resurrectione redierunt ad propriam substantiam, et spiritus vivificabit novum hominem, ut ultra non moriatur. Crux quippe, quæ formatur super calicem cum particula oblatæ, ipsum corpus nobis ante oculos præscribit quod pro nobis crucifixum est : ideo tangit quatuor latera calicis; quia per illud omnium hominum genus quatuor mundi climatum ad unitatem unius corporis accessit et ad pacem Ecclesiæ. Quam pacem angeli promiserunt dicentes : *Gloria in excelsis Deo, et in terra pax hominibus bonæ voluntatis*; unde nunc dicitur : *Pax Domini sit semper vobiscum*. Eamdem sequitur populus per blanda basia. Mulieres a viris non accipiunt pacem, propter luxuriam

Cap. LXXXIX. — *De* Agnus Dei *et corpore Christi.*

Sergius papa constituit ut interim quam communicetur *Agnus Dei* cantetur : ut qui tulit mundi offensa, tollat et nunc nostra per sacræ Eucharistiæ oblationem sive per pacis osculum. Sumitur corpus Domini; quia unum debemus esse in Christo, qui est Deus pacis, per quem pacificata sunt cœlestia et terrestria. Apostoli hoc pransi et in fine diei sumpserunt, quia finis legis Christus fuit, et initium gratiæ. Nos autem jejuni debemus accipere, utpote cibum omni corporali cibo præstantiorem. Tribus diebus ante contineant se sacerdotes a mulieribus; triforme est corpus Christi. Primum sanctum et immaculatum, assumptum ex Maria Virgine; alterum, quod adhuc ambulat in terra, sancta scilicet Ecclesia ; tertium, quod jacet in sepulcris. Per particulam oblatæ in calicem missæ ostenditur corpus Christi, quod jam resurrexit a mortuis; per comestam a sacerdote vel a populo, ambulans adhuc super terram ; per relictam in altari, jacens in sepulcro. Idem corpus ducit oblatam secum ad sepulcrum, et vocat illud sancta Ecclesia morientis *viaticum*. Particula ipsa remanet in altari usque ad finem missæ, quia usque in finem sæculi corpora sanctorum requiescunt in sepulcris. Corporale, quod remanet in altari, significat munditiam mentis, cui debet quilibet studere accipiens corpus Domini, sed præcipue in fine. Antiphona sequens est *communio*.

est vox reciproca, et illos signat qui cognoverunt Dominum in fractione panis, et nuntiaverunt cæteris.

Cap. XC. — *De* Ite, missa est.

Post hanc benedicit sacerdos populum, ita et Christus benedixit eos, et ascendit in cœlum. Deinde revertitur ad orientem, ut se commendet Domini ascensioni.

Diaconus dicit : *Ite, missa est*, quia Christus singularis legatus missus est pro nobis ad Patrem, habens indicia secum suæ passionis. Primo, ut hoc indicio fidem suæ resurrectionis discipulis astruat. Deinde ut Patri pro nobis supplicans, quale genus mortis pro mortalium vita pertulerit, semper ostendat ; tertio ut morte sua redemptis, quam misericorditer sint adjuti, propositis semper ejusdem mortis indiciis innovet. Postremo, ut etiam perfidis in judicio, quam juste damnentur, vulnera ostendat. Dicente diacono : *Ite, missa est*, mens nostra ad illam patriam tendat, quo caput nostrum præcessit.

Missa dicitur a loco sacrificii usque in finem, eo quod tempore sacrificii catechumeni mittebantur foras, et ideo dicitur : *ite, missa*, quod congregatus populus tunc dimittitur. In Quadragesima vero sumus quasi in procinctu contra diabolum, unde munit nos sacerdos sua benedictione, clamante diacono : *Inclinate capita vestra Deo*. Benedictio sacerdotis in novissimo datur more antiquo : uti Jacob moriens benedixit filios suos.

Cap. XCI. *De Adventu Domini.*

Humanum genus in peccatis quasi in somno obdormierat, quod tuba prophetarum ad suscipiendum adventum Domini excitat; ipsum vero evigilans inhianter suscipit adventum Domini, dicens : *Ad te levavi*, etc. Vetus lex per prophetas genti Judæorum annuntiat adventum Domini, dicens : *Populus Sion*, etc. Nova lex per apostolos Ecclesiæ secundum Domini adventum prænuntiat, dicens : *Gaudete in Domino semper, iterum dico : Gaudete; modestia vestra nota sit omnibus hominibus, Dominus prope est*; subaudi, ut nos faciat gaudere anima et corpore.

Officium : *Memento nostri, Domine*, non est authenticum, sed sive illud sive *Rorate* cantetur, vox est sanctorum seu primum seu secundum adventum Domini desiderantium.

Evangelium : *Cum sublevasset*, de quinque panibus legitur quinta Dominica ante Nativitatem Domini, quia per quinque ætates mundi præconium venturi Christi sonuit.

Antiphonarius et Missalis habent quatuor officia, quia Nativitas Domini celebrata est per quatuor ordines librorum, legis, prophetarum, psalmorum et Evangelii : unde sæpe etiam in quarta hebdomada ipsa Nativitas Domini celebratur. Auctor etiam Lectionarii docet nos quam fortis sit Dominus, qui venturus est ad nos, et intraturus domum cordis nostri, ut in ea habitet : quam sordidamus per excessus quinque sensuum nostrorum. Per allicientes enim formas intrant concupiscentiæ carnalium delectationum per oculos; suspicio mala de fratre, per aures; odor libidinosus, per nares; per os ingluvies polluit, per tactum crudelitas. Sed in sordibus hujusmodi venturus Rex noster non vult habitare, et ideo per quinque lectiones quinque hebdomadarum hortamur circumcidere quinque sensus nostros ab omni vitio, et parare Domino dignam mansionem, ut Regi vero et Prophetæ.

Dicit lectio : *Ecce dies venient, dicit Dominus, et suscitabo David germen justum, et regnabit rex, et sapiens erit;* et Evangelium : *Hic est vere Propheta, qui venturus est in mundum.* Sicut per quinque sensus, ita per quatuor elementa aut ruit homo ad mala opera, aut surgit ad bona. Unde in prima hebdomada lectio dicit : *Hora est jam nos de somno surgere,* et evigilans homo dicit : *Ad te levavi.* In his quatuor hebdomadibus *Gloria in excelsis* intermittitur et usus dalmaticæ, ad insinuandum tempus Veteris Testamenti, quod fluxit sub quatuor dignitatibus Christi Nativitatem præfigurantibus, videlicet sub patriarchis, sub judicibus, sub regibus, sub prophetis.

CAP. XCII. — *De Nativitate Domini.*

Nativitas Domini ideo celebratur, ut nos per ipsum Dominum Spiritu renascamur. Ipsa nocte tres missæ celebrantur, quia per Christi nativitatem universitas trium temporum, ante legem, sub lege, sub gratia indicatur; vel tres partes mundi, Asia, Africa, Europa salvantur. In qua etiam nocte *Gloria in excelsis* cantatur, quia tunc primitus ab angelis canebatur.

Telesphorus papa constituit ut in nocte Natalis Domini prima missa in primo gallicinio celebretur, quando natus est Dominus : altera, oriente die quando inventus est puer a pastoribus in præsepio, et a doctoribus in Evangelio. Ultima, hora diei tertia, qua cœlum nupsit terræ.

Idem papa Telesphorus constituit ut missa non celebretur usque ad tertiam horam festis diebus, qua hora venit Spiritus sanctus super discipulos. In aliis vero diebus, quando jejunandum est, sexta hora, quando Christus ascendit crucem. In quadragesima, hora nona, quando exspiravit.

Festum sancti Stephani est quando inventio ejus colitur : contigit enim post Pascha, sed hic propter festivos dies agitur.

Dormitio sancti Joannis evangelistæ est in nativitate sancti Joannis Baptistæ; sed quia ibi non potest celebrari, hic agitur.

In festivitate Innocentum non cantatur *Gloria in excelsis,* et *Alleluia,* et *Gloria Patri,* propter tristitiam matrum, et quia ad inferna descenderunt.

CAP. XCIII. — *De Circumcisione Domini et Epiphania.*

Circumcisio Domini ideo agitur, ut et nos spiritualiter circumcidamur quinque sensibus nostris. Octavo Idus Januarii dies quondam celebris habebatur ob triplicem triumphum Augusti.

Eadem dies celebratur et nunc a nobis tribus de causis. Tres magi, id est tres reges, trina munera trino Deo obtulerunt. Christus baptizatur, Pater Filium testatur, Spiritus sanctus visibiliter præsentatur. Nuptiæ celebrantur, aqua in vinum convertitur, Christus a discipulis Deus creditur.

CAP. XCIV. — *De die Purificationis.*

In mense Februario ritu pagano quondam lustrabatur civitas cum luminaribus, et diis manibus, id est infernalibus, sacrificabatur. Hunc morem nos servamus a sanctis Patribus divino cultui institutum in purificatione sanctæ Mariæ, portantes in manibus cereos ardentes, et cum prudentibus virginibus lampades cum oleo gerentes Christum suscipimus, intrantes cum eo ad nuptias vestiti veste nuptiali.

CAP. XCV. — *De exsequiis mortuorum.*

Missa pro mortuis ita agitur, ut in morte Domini, id est sine *Gloria* et *Alleluia* et pacis osculo; hæc enim lætitiam designant : in istis autem tristitia agitur. Recordatio mortuorum agitur ante *Nobis quoque peccatoribus,* ibi finitur memoria mortis Domini et inchoatur mors nostra per confessionem peccatorum. Corpora non intersunt ideo publicis officiis, quia non decet musica in luctu. Tertius et septimus dies pro mortuis ideo aguntur; nam constant ex anima et corpore. Anima quasi tribus columnis erigitur, ut diligat Deum ex toto corde et ex toto animo et ex omni mente. Est etiam rationalis, irascibilis, concupiscibilis. Ratione discernimus inter bona et mala, irascimur malis, concupiscimus bona. Quæ anima quia neglexit Dei cultum in cogitatione, in vita, in intellectu, tertia dies agetur ut ab his peccatis purgetur.

NB. Hic quædam in meo exemplari desunt de corpore dicenda.

(*Hic quædam desiderantur in nostro Gemnicensi codice, de mortuorum cadaveribus dicenda.*)

CAP. XCVI. — *De die Paschali.*

Paschalis dies per septem dies quasi unus dies celebratur. Significat illud tempus, quando cor electorum gaudebit, et gaudium eorum nemo tollet ab eis, et non erit necesse ut aliquid rogent, ut dicitur : *Iterum videbo vos,* etc. In illo die et in illo tempore non rogabunt quidquam; ideo vespera non incipitur a versu *Deus, in adjutorium,* per quem divinum auxilium invocetur, quia nemo tunc tentatur, sed a *Kyrie, eleison,* quo festum mentis designatur. *Kyrie, eleison* quippe ad missam pertinet, et istæ vesperæ per *Kyrie, eleison* solemniter incipiuntur et missæ conjunguntur, quia illa dies vesperum non habet. Unde Responsorium *Hæc est dies* ad omnes horas cum *alleluia* frequentatur. Iidem psalmi per singulas vesperas cantantur, quia una eademque dies celebratur. Tres psalmi ante hymnum sanctæ Mariæ cantantur, quia, ut dictum est, cœlestia, terrestria, et inferna de Christi resurrectione gratulantur. Duo ad fontem sequuntur, quia in fide resurrectionis Christi Judaicus et gentilis populus baptizentur, vel in fine contemplativi et activi per Christum salvabuntur. In nocte versus dicimus, quia in hac vita in tentatione positi divino indigemus auxilio : in die non dicimus; quia in illa vita, quæ per istum diem significatur, ab omni tentatione securi erimus.

Cap. XCVII. — *De Dominicis post Pascha.*

Responsorium *Dignus es, Domine,* signat introitum apostolorum ad Ecclesiam, quæ ex Judæis collecta est ad fidem Novi Testamenti. Responsorium *Ego sicut vitis* est pars Judaicæ plebis ad unitatem fidei. In primis responsoriis narratur adunatio ad unam fidem auditorum ac præpositorum : in sequentibus monstratur Ecclesiæ, quæ nunc collecta est, mysterium sponsi et sponsæ, de quibus ipsa procreata est. Ipsa sponsa est Jerusalem, et idcirco præsens sponsa frequenter memoratur per Jerusalem, quia ipsa cœpit crescere in Jerusalem. Unde Responsorium *Vidi Jerusalem.* In cæteris narratur pulchritudo structuræ Jerusalem ut est Responsorium *Hæc est Jerusalem,* et *Plateæ tuæ;* quæ omnia oportet intelligi mystice de spiritualibus ædificiis cœlestis Jerusalem juxta tenorem officiorum, quæ continent in se personam primitivæ Ecclesiæ, ut est : *Quasi modo geniti,* etc., et *Misericordia Domini,* etc., et *Jubilate,* etc.; oportet hæc per tres hebdomadas decantari.

Responsorium : *Si oblitus fuero,* est de psalmo *Super flumina;* significat gentilem populum qui olim habitabat in Babylone, id est in confusione istius mundi, et desiderabat revocari per prædicationem et doctrinam apostolorum ad Jerusalem, id est Ecclesiam. Reliqua omnia responsoria de liberatione Babylonicæ infidelitatis et perventione in Jerusalem, ut est : *Deus, canticum,* et *Dicat nunc,* etc., et *In Ecclesiis.* Hæc assumpta sunt de Psalterio, quod est decem chordarum, in quibus est dilectio Dei et proximi; dilectio Dei propter tria, dilectio proximi propter septem. Et Responsoria *Insinuant se proles,* diligere sponsum matris suæ et matrem suam, et loqui se ac respondere civitati Jerusalem quæ in cœlo habitat.

Tria officia *Cantate Domino,* etc., *Vocem jucunditatis,* etc., *Exaudi,* etc., recolunt eadem tempora quæ et responsoria; unde non delinquunt, qui per tres hebdomadas usque in Pentecoste ea canunt.

Responsoria de ascensione Domini nunc sponsam, sanctam scilicet Ecclesiam, consolantur, uti Responsoria *Non conturbetur,* etc., *Tempus est,* etc. Nunc ipsa loquitur ad sponsum, ut est illud Responsorium : *Exaltare, Domine,* etc. Nunc optat recipi ad eum super sidera.

Cap. XCVIII. — *De responsoriis in Pentecoste.*

In Pentecoste cantant Romani novem lectiones, nos vero propter baptismalia sacramenta in tribus personis baptizatis tribus psalmis laudamus Trinitatem usque ad octavam.

Responsoria sonant Spiritum sanctum paraclitum, id est consolatorem a sponso promissum, advenisse sponsæ, et dona ei per ipsum allata, id est fidem, opera, miracula, et cætera charismata. In Pascha et in Ascensione et in Pentecoste super psalmos in matutinis laudibus antiphonam cum *Alleluia* canimus excepto in *Benedictus,* quia per hoc Dei beneficia recolimus, quæ de ejus resurrectione et ascensione et adventu Spiritus sancti percepimus. Ad *Benedictus* vero non canimus antiphonam cum *Alleluiis,* propter tribulationem maximam quæ futura est.

Cap. XCIX. — *De Festis sancti Joannis Baptistæ; item sanctorum Petri et Pauli.*

De sancto Joanne Baptista responsoria sumpta sunt de prophetis et Evangelio, quia ipse erat finis prophetiæ et initium Evangelii. In festivitate apostolorum in tertia nocturna et ad laudes antiphonæ cum *Alleluia* canuntur; in ista autem festivitate non canuntur, quia major est gloria Novi Testamenti quam legis. Joannis enim, qui priscæ legis typum tenuit, nativitas ante resurrectionem Domini exstitit : apostolorum vero nativitas in cœlo facta est post clarificationem Ecclesiæ a Spiritu sancto; ideo ista antiphonis decoratur, illa non.

In præcipuis festivitatibus sanctorum agunt Romani duo officia in nocte. Primum initio noctis sine *Alleluia* peragitur, et vocatur *vigilia :* unde et præcedens dies *vigilia* nominatur. Alterum vero circa mediam noctem, et finitur in die : et hoc habet in tertia nocturna in antiphona *Alleluia.* Per unum officium legalis mos recolitur, et Sabbata quæ in figura futurorum celebrantur; per alterum vero resurrectio Domini, et nostra futura festivitas; ideo cum *alleluia* peragitur, quia transiit ad consortium sanctorum angelorum.

In nocte sancti Petri canuntur duo officia : unum in prima vigilia sine invitatorio, quoniam ibi populus non invitatur, alterum vero in secunda vigilia cum invitatorio, quia tunc populus ad vigilias invitatur. In festivitate sancti Pauli versus cum antiphonis canuntur, quia plus omnibus laboravit. De sancto Laurentio etiam versus cum antiphonis leguntur propter celebre martyrium ejus.

Cap. C. — *De lectionibus in matutinis post Pentecosten.*

Post Pentecosten Dominicis diebus usque in Kalendas Augusti leguntur lectiones cum responsoriis de libris Regum, quo tempore habile est ire ad pugnam. Hic recordantur gesta Patrum, Samuelis et Davidis, qui bellicosus fuit; Eliæ et Elisæi; ut sicut illi contra hostes, ita nos contra vitia pugnemus.

In Augusto mense Dominicis noctibus dicuntur lectiones cum responsoriis de libris Sapientiæ; quia in hoc statu anni quoque sata et plantata fructum facere solent; ita et nos jam in perfecta ætate positi per studium sapientiæ bonorum operum fructum ferre debemus.

In Septembri solet sæpe infirmitas accidere hominibus propter novos fructus : et ut eo tempore, quo major abundantia rerum esse solet, nos quandoque etiam in tanta rerum abundantia morituros esse recolamus, et infirmitates temporis illius patienter toleremus, canuntur responsoria de Job et de Tobia, qui ambo dolores pertulerunt. Hi non fuerunt reges, ideo non habent singulos menses, sed in uno mense leguntur, per quod regnum Assyriorum intelligitur. Dominicæ, in quibus responsoria de historiis Judith, Esdræ et Esther canuntur, et ipsæ historiæ leguntur, regnum Persarum et Medorum designatur. Liber Tobiæ et Judith non sunt in canone apud Hebræos, sed quia eos in numero Agiographiæ [*hort.* Agiographia, *seu* Hagiographia] recepit, cantamus et legimus ex eis.

Cambyses Rex Persarum vocatus est ab Hebræis secundus Nabuchodonosor, sub quo historia Judith conscribitur. Assuerus ab Hebræis septuaginta Interpretibus Artaxerxes vocatur, sub quo historia Esther conscribitur.

Responsoria de historia Machabæorum tempora et regna Græcorum memorant. In Julio et Augusto mense per cantum et lectum recolitur fortitudo et decor et sapientia regni in populo Israel : in Septembri regnum Assyriorum; in Octobri in gestis Esther et Judith nobis repræsentatur regnum Persarum et Medorum ; et in eodem mense per gesta Machabæorum etiam regnum Græcorum commemoratur. Quia minoris potestatis erat regnum Medorum et Græcorum quam Assyriorum vel Romanorum ; per mensem Novembrem regnum Romanorum significatur, per quod finem fecerunt priora regna.

Per quatuor enim partes mundi erant quatuor regnorum principatus. Babylonicum regnum ab oriente, quod est Assyriorum, a meridie Medorum, a septentrione Macedonicum, ab occidente Romanum. Regnum Assyriorum quoddam fuit præsagium regni Christiani populi; inter Babylonicum regnum et Romanum quasi in Patre sene et filio parvo Medorum ac Macedonum brevia et media [quasi tutor curatorque venerunt potestate temporis non jure admissa. In Novembri leguntur prophetæ, ipso adventante qui prophetarum vaticiniis promissus est. Prophetæ seminaverunt temporibus regnorum Assyriorum, Medorum et Græcorum, quod Christiani colligunt tempore Romani imperii. Quod recolitur in isto mense, in quo prænuntiatur adventus Christi. Qui cum produxit sationem prophetarum, etiam nobis dedit potestatem ea colligendi. Unde cantantur nunc Responsoria prophetarum, qui nobis laboraverunt, in quos fines sæculorum devenerunt.

CAP. CI. — *De Dedicatione ecclesiæ.*

Cum ecclesia dedicatur, duodecim candelæ sunt incensæ interius. Ecclesia enim dedicanda tenet typum populi vel cujuslibet ad baptismum venientis. Qui dum baptizantur, jam ex fidei prædicatione apostolica doctrina lucet in eorum mentibus, aut in patrinis puerorum symbolum confitentibus. Duodecim candelæ ardentes duodecim apostolorum significant prædicationes : baptismi autem sacramentum et corpus abluit exterius et spiritum purificat interius. Episcopus itaque circuiens ecclesiam quasi sub trina mersione aqua simpliciter benedicta abluit eam exterius, et majoribus sacramentis illam postea interius purificat.

Sed quid signat ostium clausum? et quid superliminare ter virga impulsum? Quid etiam ipsa virga pontificis? Hæc autem omnia pro certo accipiuntur sub figura. Figurat etenim ostium clausum, quod ille tyrannus fortiter custodiat suum atrium : et in homine non baptizato seras firmat portarum suarum. Superliminare autem significat mentem hominis nullis adhuc initiatam sacramentis, sed pluribus occupatam dæmoniis. Unde ad ea episcopus dicit voce prophetica : *Tollite portas, principes, vestras.* Illa vero pastoralis virga est ea potestas, de qua Dominus ait : *Data est mihi omnis potestas in cœlo et in terra;* quam et ipse dedit discipulis suis, dicens : *Quodcunque ligaveritis super terram, ligatum erit et in cœlo.* In qua subjiciebantur eis dæmonia et portæ inferi non prævalebunt adversus eam. Hæc est virga, quæ a Domino euntibus discipulis est concessa ad prædicationem. Hujus ergo potenti virtute ter percutitur superliminare, ut ad confessionem sanctæ Trinitatis mens et locus evacuetur a dæmoniis ; vel, ut alii dicunt, ter percutitur, ut potestas trina, cœli videlicet, terræ, et inferni tribuatur Ecclesiæ.

Ostio itaque aperto, et infelici domino expulso, jam ingrediens episcopus, *Pax huic domui* dicit, ut Dominus præcipit : Christo quoque per nativitatem intrante in mundum pax nuntiata est hominibus per angelum. Pontifex ut digne peragat inceptum officium, in primis Spiritum sanctum invocat dicens : *Veni, sancte Spiritus.* Postea prosternens se ad orationem ad postulanda sanctorum suffragia jubet cantari litaniam. Qua finita elevans se dicit orationem, non tamen salutando populum utpote typum populi rudis tenentem. Sed valde mirum est quod sequitur. Ad quid enim cineres ibi? ad quid duæ lineæ cineris ab angulo ad angulos dispersi? et cur non in rectum, sed deducuntur in obliquum? cur et in cinere scribuntur litteræ? Omnia hæc inventa sunt a sanctis Patribus ex ratione, nos autem veneramur ex auctoritate. Cineres sunt humiles et pœnitentes populi, venientes ad regenerationem fidei, a quatuor angulis, id est a quatuor partibus mundi : quod significant illi quatuor anguli, sicut per prophetam dicitur : *Et venient ad eam omnes gentes.* Duæ autem lineæ sunt circumcisio et præputium, quæ ab invicem multum remotæ tandem convenient in sanctæ crucis propagatione. Hanc enim crucem illæ duæ lineæ videntur convenienter facere ; duæ quidem lineæ, sicut dictum est, non ducuntur in rectum, sed potius in obliquum, quia circumcisio et præputium dum vias suas permanenter tenuerunt, altera in infidelitate, altera in errore, non potuerunt ad salutem pervenire, sed relicta perversitate viarum suarum ad lapidem angularem convenientes salvati sunt.

Cur autem litteræ scribuntur in cinere? quia populi cinere designati, id est humiles et pœnitentes, ad fidem venientes, ab ore pontificis debent doctrinam accipere ecclesiasticam. Et quia omnis doctrina ecclesiastica in litteris continetur, idcirco litteræ inscribuntur; ut omnis doctrina pro captu audientium fidelibus insinuetur, et aliis sit potus et aliis esca. Et quoniam sancta Ecclesia in unaquaque natione sua lingua est instruenda, ipsa in apostolis diversarum linguarum suscepit charismata. Idcirco quidam episcoporum tantum unum alphabetum inscribunt: verumtamen quia doctrina ecclesiastica Hebraico, Græco, Latino, sermone continetur, maxime ideo a quibusdam tria hæc alphabeta conscribuntur: aut pro modulo Ecclesiæ unum alphabetum Hebraice, Græce et Latine conscribitur.

Sed valde dignum est quæsitu, quomodo ad dedicationem pertinent Ecclesiæ talia, quæ ibi aguntur? prius siquidem monstranda est sanctæ Ecclesiæ admiranda dignitas; ut ex hoc doceatur quanta sit Ecclesiæ dedicandæ habenda reverentia. Est enim sancta Ecclesia mater fidelium, ad Christum ex circumcisione vel præputio venientium; quæ et lactat parvulos, et pane confirmat provectos. Hæc itaque monstratur ex figura, quam agit episcopus intra ecclesiam tanquam exempli gratia.

His ita peractis tunc tandem episcopus ut incipiat officium dedicationis, accedens ad altare more solito dicit: *Deus, in adjutorium meum intende;* nec tamen dicit *Alleluia,* quia nondum est domus Domini. Postea incipit aquam benedicere: in cujus benedictione, quia magnum quoddam sacrificandum, multa sacrificantia ex utroque Testamento sunt collecta in unum; scilicet vinum, aqua, sal, cinis, chrisma. Hæc enim ex benedictione pontificis concipiunt vim sanctificationis operante gratia Spiritus sancti. Nam ut Augustinus dicit: Accedit verbum ad elementum, et fit sacramentum. Vinum itaque et aqua inter maxima Ecclesiæ sacramenta accipiuntur: quippe cum exissent de vulnere Domini sanguis et aqua. Vinum autem in sacramento altaris vere efficitur sanguis. Sed hac licet benedictione efficiantur sacramenta, tamen aliud videntur exterius, aliud sunt interius: quia juxta modum sanctificationis virtus operatur Spiritus sancti. Sal autem in omni ponebatur sacrificio, Moysi jubente Domino, quia virtus discretionis habenda est in divinis officiis. Iste quoque cinis accipitur ex præcepto veteris legis: præcepit enim ut vacca rubra occideretur, et cremaretur, et ejus cinere asperso populus expiaretur. Unde Paulus: *Si sanguis hircorum,* inquit, *et cinis vitulæ aspersus,* etc.

Cur autem sal cineri commisceatur, priusquam aquæ infundatur? quia sal monet te intelligere quod sacramentum lateat in cinere. Vacca enim rufa caro Christi est, rubea ex sanguine crucis, assata ex tribulatione passionis; cujus cinere expiabatur populus Judaicus, quia morte Christi abluitur populus Christianus; ut Paulus attestatur: *Quicunque baptizati sumus in Christo, in morte ipsius baptizati sumus.* Unde ter cinis ponitur in aquam, et Dominus triduo jacuit in sepulcro, et ideo ter mergitur in baptismo. De vino autem dictum est superius. Quidam tamen per vinum accipiunt Christi Divinitatem, sicut per aquam humanitatem. Ut autem sanctificatio impleatur, chrisma in unctione Spiritus sancti infunditur.

Quibus ita peractis ad dedicanda pontifex accedit, et ad altare in primis. Altare in sanctis Scripturis multis modis accipitur; sed hic per altare Ecclesia intelligitur. Ecclesia vero et justorum congregationem et injustorum significare videtur. Sicut enim arca continuit munda et immunda animalia, sic Ecclesia continet bonos et malos in hac vita. Veniens itaque episcopus facit crucem de aqua benedicta tum in medio altaris, tum in quatuor ejus angulis. Ideoque in medio altaris dedicatio exordium sumpsit, quoniam invidia, quæ est in medio terrarum, sancta Ecclesia initium accepit, et postea per incrementum fidei universos terminos terræ occupavit. Episcopus autem septies aspergit altare totum aqua, quia septiformi gratia Spiritus sancti purgatur Ecclesia. Interim vero cantatur a clero antiphona: *Asperges me, Domine,* cum versu psalmi *Miserere mei.* Aqua ergo cum hyssopo aspergitur, quia salutaris virtus illius herbæ humilitatem Domini nostri Jesu Christi videtur designare. Quia enim Dominus pro nobis se humiliavit, idcirco gratiam sui Spiritus Ecclesiæ suæ communicavit, ut de ventre ejus fluant aquæ vivæ. Ecclesia denique ter abluitur aqua in circuitu, ut virtute sanctæ Trinitatis omnes insidiæ inimici eliminentur et ideo psalmus interim cantatur: *Exsurgat Deus.* Postea rediens episcopus ad altare, spargit illam aquam in longitudinem Ecclesiæ, deinde in altitudinem, postmodum in latitudinem, quatenus hac trina aspersione sanctificatio Ecclesiæ solidetur. Habet enim sancta Ecclesia quamdam soliditatem specialem ex tribus virtutibus tanquam ex tribus dimensionibus, scilicet fide, spe, et charitate. Ut enim Isidorus ait, altitudo templi ad fidem refertur, longitudo ad spem, latitudo ad charitatem. Vel ut Beda vult, longitudo ad fidem, altitudo ad spem, latitudo ad charitatem; hæc enim convenientes in unum componunt Deo acceptabile templum. Quidam autem tantum aspergunt in longitudinem, et in altitudinem facientes crucem, et innuentes populo illud Dominicum: *Qui bajulat crucem suam et sequitur me, est me dignus.*

Episcopus autem peracto officio ad altare revertitur cum reliqua aqua decantans: *Introibo ad altare Dei.* Ipsam vero, quæ superfuit, aquam fundit ad basim altaris. Ecclesia enim, quæ dedicatur, ut dictum est, in primis tenet typum populi ad fidem venientis; ejus typica aspersio est rudis plebis quædam expiatio; quam ad plenum facere cum non sit hominis, sed solius Dei, ideo fundit aquam ad basim altaris, Deo commendans quidquid est reliquum. Et hoc est quod fit ex præcepto veteris legis.

Post hoc episcopus ut commendet orationem suam Domino, adolet incensum, dicens : *Dirigatur oratio mea sicut incensum in conspectu tuo.* Sequitur unctio altaris, et res quidem ordine procedit. Ut enim in baptismate puer prius abluitur fonte, postea sanctificatur unctione, deinde veste ornatur, tandem communione sancta vegetatur : sic altare prius aspergitur, postea inungitur, deinde veste, sed secundum quosdam cerata, cooperitur; quippe cum hoc in puero quodammodo agitur, dum in sua manu candela ponitur. Ad extremum vero missa super illud celebratur. Ungitur autem altare duplici unctione, oleo scilicet et chrismate; quoniam Ecclesia sancta vere est a Spiritu sancto inuncta duplici unctione, videlicet Dei et proximi dilectione. Sed unctio Dei ipsa prior est, quatenus dilectio proximi sit quædam via eundi ad dilectionem Dei. Ungitur autem altare tum in medio tum per quatuor angulos eadem quidem significatione, qua commendatur aquæ aspersio. Ut autem episcopus hoc esse figuratum notificet in Veteri Testamento, incipit antiphonas sumptas ex ipso : *Mane surgens Jacob,* etc.; *Erexit Jacob,* etc, *Dum exiret,* etc. Interim pars quæque inuncta incenso adolentur, quatenus orationis locus esse monstretur, et sanctificatio Deo commendetur. Ungitur vero ecclesia sola unctione, altiori scilicet chrismate, quia, cum sit sponsa Christi, soli Deo per dilectionem debet copulari.

Deinde, revertitur episcopus ad altare, ut compleat officium benedictionis suæ.

Si autem fuerint reliquiæ reponendæ, ibit vel mittet ad eas Dominus pontifex. Quod cum reliquiæ foris sunt, significant sanctorum peregrinationem : quod cum portantur in Ecclesiam, significant eorum portationem in cœlestem Jerusalem. Et quod ponuntur in altari, significat ipsos se Deo immolasse in ara cordis, dum viverent in corpore : vel in altari recondantur reliquiæ sanctorum, quia in cœlo sub altari Dei requiescunt animæ sanctorum; quod altaris tabula reliquiis superposita videtur recte significare. Quod autem velum altari superextenditur, significat illud quod dicitur : *Tollatur impius, ne videat gloriam Dei,* quod erit proprie tempore judicii.

Altari sanctificato, a levitis illud vestibus cooperitur, quia jucunditatis veste sanctos induet Dominus; stolamque immortalitatis nunc præstat benignus sanctorum animabus. Est enim levitarum divino cultui insistere, et nunc mensam Domini, sicut antiquitus arcam fœderis componere. Et ipsi quidem non accipientes hæreditatem in hoc mundo, prohibente Domino in Veteri Testamento merentur in cœlo Domini habere hæreditatem. Merito ergo vestiunt altare, qui jure hæreditario vestiuntur a Domino beata immortalitate.

Quibus ita completis missam episcopus postea incipit. Verum, si fuerint ecclesiæ ornamenta sanctificanda, illa ante missam benedicat.

Christus est pastor gregis, id est Ecclesiæ : qui baculum portat ut oves Christi, id est fideles, ad pascua vitæ, id est in paradisum, agat. Per baculum infirmi sustentantur, et indisciplinati corriguntur. Baculum episcopus portat, ut infirmos in fide verbo et exemplo sustineat, et inquietos per correptionem corrigat. Qui in summitate sit recurvus, ut errantes per prædicationem ad Ecclesiam retrahat, et in fine sit ferro acutus, ut rebelles per excommunicationem extrudat. In flexura sit scriptum : *Cum iratus fueris, misericordiæ recordaberis,* ut semper misericordiam superexaltet judicio. Quæ flexura fiat de osse. Quia patiens esse debet in adversis. Rotunda sphæra jungat utrinque, quia dilectio jungit homines Deo : in qua scriptum sit *homo,* ut se cogitet hominem esse, ne extollatur de potestate. In fine sit circulus, in quo scriptum sit *parce,* ut parcat pœnitentibus quos acutum ferrum excommunicationis expulit ut rebelles. Episcopus est paranymphus, id est custos Ecclesiæ pro sponso; ideo gerit annulum pro arrha. Chyrothecis ornat manum, id est prædicationem bonis operibus. Cidarim in capite portat, quia coronam vitæ accipiet pro labore (137).

(137) Hic est finis Sacramentarii in codice Gemnicensi.

SPECULUM ECCLESIÆ

(Ex codice ms. bibliothecæ monasterii B. V. Mariæ Rhenoviensis (158), quem nobiscum summa humanitate communicavit Reverendissimus Abbas hujus cœnobii. Membranaceus est, in folio minori, sæculi xii, litteris grandibus satis nitide exaratus, mutilus in fine, nunc constat foliis 358. Is qui librum descripsit sensum vix unquam attigit; quare duo verba haud raro in unum contrahuntur, alia dismembrantur. Initio voluminis manus sæculi xviii hæc adnotavit : « Num. XXXIII. Hon rii, ut videtur, Augustudinensis Speculum Ecclesiæ, sive Sermones, script. circa sæc. xii. Ita Reverendissimus Abbas Calmet cum Reverendissimo Coadjutore suo censuit. »)

INCIPIUNT CAPITULA.

(F° 1) In primis invenitur nomen operis et nomen auctoris.

Petitio quoque ad Honorium et instructio loquendi.

I. *Lætentur cœli, de nativitate Domini,* in quo invenies de purpureo circulo circa solem, et quod brutum animal humana voce sit locutum; et evangelium *Exiit edictum* expositum. De fonte olei qui Romæ erupit et in Tiberim cucurrit. Item quid significat quod hodie celebrantur tres missæ. De unicorni, de sancta Anastasia et Eugenia.

Expositio duplex Dominicæ orationis; deinde Fides catholica, cum Confessione. Item qualiter pro Ecclesia et pro omnibus Ecclesiæ gradibus specialiter orandum sit, luculenter instruit.

II. *Justus de angustia liberatus est.* In hoc invenies de Tiberii Cæsaris languore et de ejus per imaginem Domini sanatione; item de Veronica; de beati Stephani corporis inventione; quando etiam sit.

III. *Qui sunt hii qui ut nubes volant.* In hoc invenies de quatuor paradisi fluminibus; item de quatuor animalibus et de quatuor mundi plagis; de quatuor annulis quibus archa portabatur; de virgis et gemmis commutatis; de vidua suscitata et de juvene resuscitato; de vitreo vase fracto et reparato; de veneno quod in nomine Domini [Joannes] illæsus sumpsit et per hoc exstinctos resuscitavit; de juvene post latrocinium converso et pastore effecto ; et de obitu sancti Joannis quando fuerit.

IV. *Isti sunt sancti.* In hoc invenies de tribus regibus Chaldæis : quomodo persecutus est eos Herodes usque in Tharsum Ciliciæ. De introitu Christi in Ægyptum. De arbore Persico, dæmonibus consecrato, coram Salvatore nostro usque ad terram inclinato. Item de juvene et ejus uxore usque ad mortem constuprata, et de Gabaonitis. Item quid Lia, quid Rachel significent; et hæc omnia et alia multa de paganis regibus.

V. *Descendi in hortum nucum.* In hoc invenies de Madianitis et de Gedeone et de circumcisione, et quid hæc omnia significent. Item de aquila senescente et de vita sancti Basilii.

VI. *Surge, illuminare, Hierusalem.* In hoc invenies, post multum, evangelium expositum : *Cum natus esset Jesus.* Item de Balaam et ejus prophetia, et quod asina fuit locuta, et alia multa et eorum mysteria. Item de (f° 2) baptismo Christi et renovatione cervi. *Nuptiæ factæ sunt* evangelium etiam est hic expositum. Item unde festum sit ortum. De renovatione serpentis.

VII. *Veritas de terra orta est.* In hoc invenies de porta jugiter serrata, de virga Aaron florida, de nuce, de evangelii expositione : *Postquam impleti sunt.* Item de luminaribus et de puerulo Judæo flammis ejecto et erepto.

VIII. *Lapidem caliginis,* etc. In hoc invenies de visione et sacrificio Abrahæ et de eorum significatione. Item de visione in uno lecto dormientium, et molentium, et agrum colentium, et eorum mysterium. Item de peregrinatione, et captivitate, et reversione Judaica, et de eorum interpretatione mystica. Item de tribus Sirenibus et earum significatione. Insuper (139) lectionem evangelii de LXX expositum (sic). Postea de S. Sebastiano, de S. Agnete, de S. Vincentio, de S. Paulo, de S. Blasio, de S. Agatha.

IX. *Venite, filii, audite me.* In hoc invenies generales admonitiones ad sacerdotes, ad judices, ad divites, ad pauperes, ad milites, ad mercatores, ad

---

(138) Catalogus Hœnelii n. 79. *Synopsis omnium manuscriptorum bibliothecæ monasterii B. V. Mariæ Rhenoviensis in pergamen., et eorum quoad Scripturæ ætatem brevis adnotatio, ab illustrissimo Aug.* Cal-MET *anno 1748 conscripta.* (Ex cod. San-Gallensi 1305.)

(139) Forte : in super, id est, inde, super lec ionem evangelii de LXX^ma expositum, sive expositio fit.

rusticis, ad conjugatos; et de aquila; et præter hæc multa bona exemplaria.

Quam magna multitudo. Hic invenies de scala charitatis, quæ per XV gradus dividitur. Item de duplici timore Domini; et de duobus mandatis, Domini dilectione et proximi, et eorum appenditiis. Item de arbore quæ plantata est secus decursus aquarum. Deinde qualiter dilectio perficiatur; et evangelium de cæco sanato, et de homine divite qui renuntiavit sæculo.

XI. *Quærite Dominum dum inveniri potest.* Hic invenitur de lapsu primi hominis et ædificatione templi Salominis VII annis et eorum mysteriis; et quare quarta feria jejunium inchoamus.

XII. *Sion, quæ habitas apud filiam Babylonis.* Hic invenies post multa de fonte David, qui in ablutione peccatorum patet, sicut in Paulo, sicut in Cypriano, sicut in Theophilo, sicut in Maria Magdalena, in Maria Ægyptiaca, in Thaide. His breviter memoratis, de quodam sene qui magni fuit et singulorum merita per Dei gratiam in aspectu solo recognovit. Item de Jonæ prædictione, de Moysi, de Heliæ, de Danielis; et de Joannis baptismo, abstinentia; et de lectione : *Ecce nunc tempus.* Item unde dies instituti sunt XL; et evangelium : *Cum sederit.*

XIII. *Esto consentiens.* Hic invenitur de tintinnabulo, de panthera, de Hierusalem; et evangelium : *Egressus Jesus.* Item de merope, de ciconia, de Thabita, de Tobia, de Petro thelonario.

XIV. (f° 2 v°) *Loquetur Dominus pacem.* Hic invenies evangelium : *Quidam homo bonum semen seminavit in agro*, et : *Erat Jesus ejiciens dæmonia.* Item de prodigo filio; de apicibus, de bombicibus, de Thaidis conversatione.

XV. *Lætare Hierusalem*, Hic invenies epistolam et evangelium de quinque ætatibus mundi; de Malcho monacho; item de quodam divite defuncto et iterum reverso. Sequitur de Catharina, de S. Mathia, de S. Gregorio, de S. Benedicto; de anniversario S. Mariæ, ubi habes de ejusdem festivitatis nobilitate; de conditione primi hominis, de trangressione, de lapsu, de reparatione; de Gedeonis vellere; de virga Jesse; de versu . *Ego flos campi;* de porta Ezechielis; de statua aurea; de Daniele in lacum leonum misso et sensu mystico; de Maria Ægyptiaca; de Zozima.

XVI. *Hodie si vocem Domini audieritis.* Ubi habes de duobus terram repromissionis ingredientibus; de hæreticis, de Beliseo et ejus baculo, et de defuncto quem suscitavit. Item de Abel et agno; de Cain; de Noe; de maledictione Cham; de quatuor et quinque regibus; de Loth; de Abraham; de Melchisedech; de Isaac; de hirco; de vitula rufa. Evangelium : *Ascendens Jesus in naviculam.* Item de piscina probatica. Evangelium : *Homo quidam plantavit vineam.* De peccatrice Pelagia.

XVII. *Super aspidem et basiliscum.* Ubi habes de aspide et basilisco, de leone et dracone et eorum

natura. Item qualiter Dominus Lazarum resuscitavit, et qualiter ad passionem venit. De Lazaro quod episcopus postea XXX annis fuerit. Item evangelium : *Cum appropinquassent Hierosolymis*, et : *Ibat Jesus in civitatem Naim;* et eorum mysteria. De quadripertita morte generis humani. Unde dies Palmarum dicitur et colitur. Hæc omnia ori [olim?] Hic habes de servo Abraham, de connubio Isaac et Rebeccæ, de afflicto populo Judaico sub Pharaone et ejus liberatione; ac profertur de æneo serpente, de XII exploratoribus, et alia quamplurima et eorum mysteria.

XVIII. *Revertar ad Hierusalem cum misericordia.* Hic habes de consecratione chrismatis et olei. De eo quare dicatur dies indulgentiæ quod lavit pedes discipulis. De corpore et sanguine Domini et eius passione et de XXX maledictionibus Judæ. De latronibus, de rege Josia et interpretatione mystica. De Jona, de muliere Samaritana, et horum omnium mysteria.

XIX. *Hæc est dies quam fecit Dominus.* Hic habes laudes, salutem, sequentiam, evangelium *Maria Magdalena.* Item de Josepho, de Samson historia et ejus significat mystica; de leonis, de fœnicis natura. (f° 4) De versu : *Quis est iste qui venit de Edom.* Item de pellicano, et de patrum quodam præcipuo in fornum (sic) lapso et reparato.

XX. *Christus resurgens.* Hic habes de eptacephalo dracone, de corcodrillo, de enidro. Item quotiens ipsa dies Dominus apparuit. Evangelium *Manifestavit se.* Mentio quoque Babylonicæ captivitatis et Ægyptiacæ, et quid signant tres dies ante Pascha. Postea de S. Marco, de inventione S. crucis et ejus mysteriis et præsagiis. Ibi invenies de rege Constantino, de S. Helena, de S. Alexandro papa. Sequitur de apostolis Philippo et Jacobo. Inde *oculi Domini super justum et semen ejus.* De rogationibus. Ibi habetur triplex impedimentum orationis. Item de muliere in amphora sedente et de duabus alatis. Item evangelium : *Exiit qui seminat.* De instituto Mamerti episcopi et Gregorii. De majori Letania. Item evangelium : *Quis vestrum habebit amicum;* postea de quinque civitatibus subversis. De Abraham, de Loth, de Moyse, de Samuele; de quodam sene qui in prima oratione impetravit quod voluit. De quodam monacho qui obstitit cuidam dæmonio quod misit Julianus orando. Item de quinque necessitatibus. De muliere quæ parit cum tristitia.

XXI. *Elevatus est sol et luna.* Hic habes de triumpho Romanorum regum. De versu psalmi : *Benedices coronæ anni benignitatis.* De ascensionis ejus mysterio. De evangelio : *Recumbentibus undecim discipulis.* De aquilæ volatu. De caradrio et ascensionis Domini loco.

XXII. *Verbo Domini cœli firmati sunt.* Hic habes de operatione sanctæ Trinitatis; de VII diebus festivitatis ejus; de VII mulieribus quæ virum unum apprehenderunt; de VII donis Spiritus sancti; de bis septenis donis quæ habebimus in corpore et in anima; item quod [*leg.* quot] modis sint hæc olim præfigurata et prænuntiata : in VII lucernis, in VII columnis, in VII oculis, in VII cornibus, in VII naturis columbæ. Item de versu : *Ecce quam bonum et quam.* De lectione *dum complerentur.* De columba ramum olivæ ad archam reportante. De digito Dei, de jubileo, de blasphemia Spiritus; de VI maximis diebus.

XXIII. *Justus ut palma florebit.* Hic habes de palma, de cedro; quod (*sic*) modis, quod (*sic*) nominibus S. Johannes commendatur et honoratur, proinde evangelia ad eum pertinentia; item de tribus ordinibus Ecclesiæ, et de tribus perfectionibus. De obitu S. Joannis evangelistæ.

XXIV. *Ascendes, Domine, super equos tuos.* Hic habes de S. Petro et Paulo, quantæ dignitatis sint ambo; item de Simone Mago; de Materno a beato Petro resuscitato; et de Georgio presbytero similiter per baculum ejus resuscitato; ubi Paulus ad tercium cœlum raptus (f° 5 v°) sit. Quod anno revoluto eadem die qua Petrus crucifixus est, decollatus sit: quod lac cum sanguine de cervice ejus fluxerit. Quod Neronem lupi devoraverunt.

XXV. *Justus germinabit sicut lilium.* Hæc et multa alia præclara ad laudem Patris non bene referentur. Postea habes de Mariæ Magdalenæ conversatione; de versu quoque : *Non coques hædum in lacte matris suæ;* ac de servo vendito ac post septimum annum abire volenti, qualiter subula ejus auris debeat perforari; post hæc de S. Jacobo mira et miranda; de S. Petro ad vers. *ibi invenit.* De Noe, Sem et Jafeth; de VII Machabæis; item de S. Felice et ejus VII filiis; de S. Symphoriano et ejus VII filiis; de S. Sapientia et tribus filiabus ejus. Sequitur de S. Laurentio, de assumptione S. Mariæ. Ibi habes evangelium : *Intravit Jesus;* et de Theophilo, de S. Bartholomæo, de S. Augustino. Ibi habes evangelium : *Homo quidam peregre* expositum, et *Sint lumbi vestri;* Hermetis etiam martyris habes mentionem. De decollatione S. Johannis Baptistæ, de inventione capitis ejus; de clerico incredulo; de Raab meretrice exploratores reservante.

XXVI. *Egredimur, filiæ Hierusalem.* Hic invenies multa ad laudem sanctæ Mariæ : de cedro, de stella, de parentibus ejus, de cœlesti nuntio per quem nomen ejus et vita sancta prænuntiatur. Item de ejus infantia; et de Joseph virga; proinde qualiter ejus nativitas cuidam sancto seni revelata sit; de S. Adriano martyre et uxore ejus Natalia.

XXVII. *Radix Jesse qui stat in signum populorum.* Hic habes de Judæo qui domum cujusdam Christiani mortui possedit, apud quem formula S. Crucis inventa est et ludibrio habita. Item de Judæo qui Romam pergens per noctem (159) in antiquo idolorum templo; qui cum signasset se præ timore nimio, nihil ei nocere potuit dæmonum multitudo. Item de

(159) Suppl. *quievit* ex textu.
(140) Ab inde in codice ms. desunt notæ nume-

Juliano Apostata, quis fuerit in pueritia. De S. Cypriano mago et de S. Justina. De Costra rege; de Heraclio Romanorum imperatore. De miraculis quæ Hierosolymis facta sunt quando crux suscepta est. De odore suavissimo; de S. Cornelio et Cypriano. De S. Matthia et S. Mauricio. De S. Michaele. Evangelium : *Quis ex vobis homo qui habet centum oves.* Hic habes de lapsu primi hominis, de muliere amicta sole; de dracone rufo; de VII viciis principalibus; de tribus partibus Ecclesiæ; de tribus nominibus angelorum; de S. Dionysio, de S. Luca, de Simone et Juda; de omnibus sanctis. Hic habes de S. Maria, de angelis, de patriarchis, de prophetis, de apostolis et martyribus, de confessoribus, de monachis et heremitis, de virginibus; et de versu *Ecce odor filii mei;* item de versu : *Ecce ponam Hierusalem in laudem pacis,* et reliqua. De Jacob et Lyæ et Rachel connubio, et eorum mysterio. De VII donis Spiritus sancti : *Dilectus Deo et hominibus.* De S. Martino (f° 6), postea de S. Bricito; de S. Cæcilia. Hic habes duo evangelia : *Simile est regnum cœlorum decem virginibus.* Item : *Simile est regnum cœlorum thesauro. Nemo accendit lucernam.* De S. Clemente. Ibi invenitur de ejus patre et matre et filiis ejus Niceta et Aquila. De Simone Mago, de Sisinnio, et cætera satis mira de S. Andrea. Hic habes de Job et de filiis et filiabus ejus. *In memoria æterna erit justus.* De S. Nicolao, cujus gesta omni pietate plena secuntur miracula gloriosa. Item de S. Lucia et de S. Thoma. *Multi dicunt : Quis ostendit nobis bona.* Hic invenitur de divite qui induebatur purpura, et interpretatio mystica de VIIII pœnis inferni. Item de libro Regum multa. De perdice et ejus significatione. De sancto Paulino præsule venerando. *Beati qui ad cœnam nuptiarum Agni vocati sunt.* Hic habes evangelium : *Homo quidam fecit cœnam magnam.* De Dina filia Jacob, et de [ejus] curiositate. De S. Alexio.

(140) XXVIII. *Præceptor, per totam noctem laborantes, nichil cepimus.* Ibi sequitur evangelium : *Misereor super turbam.* De X plagis quibus percussi sunt Ægyptii; item de S. Eufrosyna.

XXIX. *Viæ* (141) *Sion lugent eo quod non sint.* Hic habes evangelium : *Cum appropinquaret Dominus Hierusalem.* De vitula quæ est agnum enixa. De Tito et Vespasiano. De Helya et Heliseo; de S. Marina et ejus Vita, et quo exitu migraverit.

XXX. *Beatus vir cui non imputabit Dominus peccatum.* Hic habes evangelium : *Duo homines ascenderunt in templum.* Item de præda qua spoliantur Ægyptii. Item de puella pulchra viris capta. De muliere rota innexa; de vulture; de Medusa; de quodam sene qui in heremo parvulum nutrierat. Item de tribus stultis et de eorum actibus mysticis.

XXXI. *Beatus vir qui non abiit in consilio impiorum.* Hic habes evangelia : *Beati oculi qui viderunt quæ,* et : *Exiens Jesus de finibus Tyri.* Item de eo rales capitul.

(141) Cod. *Fie.*

qui coronam ex odoriferis floribus consertam vidit in caput suum descendere; et de idiota qui solum *Gloria Patri* solitus erat dicere. Item de musa cujus mentionem habet S. Gregorius in suo XL.

XXXII. *Beati qui audiunt verbum Domini et custodiunt illud.* Hic habes evangelium : *Simile est regnum cœlorum homini regi qui fecit nuptias filii sui.* De duplici vocatione; de epithalamio harum nuptiarum Salomonis. Item evangelium : *arborem fici p.* De muliere incurvata. De quadam nobili quæ stultam se esse simulavit.

XXXIII. *Beati qui custodiunt judicium.* Hic habes de duplici judicio et de duplici justitia. Evangelium: *Homo quidam erat dives qui voluit rationem ponere cum servis suis.* De David et Uria ; de Cambyse et Holopherne; de Judith (fol. 6 v°) vidua; de rege Asuero, de Hester et Mardocheo, et Aman, et horum omnium mysterio.

XXXIV. *Beati omnes qui timent Dominum.* Hic invenitur quæ sint viæ Domini ; quod sint tres vitæ vel quæ; item de XVII beatitudinibus; de duobus Christi adventibus; de quatuor Dominicis; quare intermittimus *Gloria in excelsis.* De Henoch et Helya ; de Antichristo et diabolo et sanctorum gloria. *Beati sunt servi illi quos cum venerit Dominus.* Hic habes evangelium : *Vigilate quia nescitis.* De quatuor vigiliis. Quot angelici spiritus et animæ sanctorum soli Deo circumscribuntur. Item de quatuor vigiliis præsentis temporis.

XXXV. *Beati mortui qui in Domino moriuntur.*

(142) Leg. ex textu : *De diversis,* etc.

Hic habes de tribus mortibus. De versu : *Milicia est vita hominis super terram.* De versu : *Homo natus de muliere.* Item de versu : *Melius est ire ad domum luctus.* De i [die] obitus, de VII, de XXX die; item de quodam versis pœnarum (142) generibus. Qualis sit resurrectio mortuorum. De præsbytero qui balneare consueverat. De milite capto quem uxor oblationibus suis eripuit. De, milite capto quem frater suus presbyter eripuit. *Beati immaculati in via.* Hic habes quæ sint semitæ tendentes in viam caritatis justiciæ ; item quæ sint diverticula ad Satan pertinentia. *Beati qui te diligunt, Hierusalem, et qui gaudent S. p. t.* Hic habes de duabus civitatibus, Hierosolyma et Babylonia, et earum habitatoribus et civibus; de diversis generibus monachorum et canonicorum et consuetudinibus eorum.

XXXVI. *Ferculum fecit rex Salomon de lignis.* Hic habes de viro eodem multa, et de domo quam ædificavit Sapientia. Item de angulari lapide electo pretioso. De evangelio : *Omnis qui audit sermonem meum.* Proinde unde orta sit dedicatio. De tabernaculo quod factum est in heremo. De templo quod a Salomone VII annis ædificatum est. De regina Saba. De Jesu sacerdote magno. De modis et constructione templi et eorum mysteriis. De cinere, sale, vino, aqua, ysopo, savina et de eorum ratione mistica ! Quid significet dedicatio. De revelatione S. Johannis. Evangelium *vidit super Hierusalem* et significatione mystica. Item de XII fundamentis ejusdem civitatis. De homine divite qui ecclesiam magno apparatu construxit, et de vidua quæ XXX nummulos dedit.

INCIPIT
SPECULUM ECCLESIÆ.

FRATRES HONORIO SALUTEM.

(F° 8) Cum proxime in nostro conventu resideres, et verbum fratribus secundum datam tibi a Domino sapientiam faceres, omnibus qui aderant visum est non te sed angelum Dei fuisse locutum. Unde et plurimi ex fratribus, de verbis tuis compuncti, multum jam proficiunt in timore Domini. Quamobrem te rogamus obnixe ut velis aliqua hujuscemodi ad multorum ædificationem stylo proferre, quatenus tot hominum meritis et precibus juveris in extremis, quot legendo vel audiendo in melius profecerunt ex tuis loquelis.

RESPONSIO HONORII.

Peritissimi pictores Ambrosius et Augustinus, Hieronymus et Gregorius, et alii quamplurimi, mira cælatura et varia pictura egregie ornaverunt domum Domini ; sed quia hæc ob magnitudinem sui decoris hebetudinem nostri sensus excedunt, vel potius quotidiano usu obtrita jam inveteraverunt, injungitis mihi, verendi (sic) fratres, fœdo pictori præclaram picturam illustrium virorum innovare, cum vix valeam splendorem miri atque varii illorum operis considerare. Verumtamen, quia oppositis plerosque novum opus amplecti ardentius, quamvis vetus sit pretiosius, atque plurimos novo vino delectari habundantius, cum vetus sit suavius, obedientia vestra et charitate Christi compulsus, novum ex veteri depinxi opus aspicere volentibus, atque novum potum miscui bibere cupientibus. Ecce secundum priorem formam hanc brevem, sed tamen novam depinxi tabellam, ut quibus non vacat immensitati illorum egregii operis considerando diutius insistere, eos non pigeat saltem in festis diebus hujus tabellæ aliquam formulam prospicere. Hujus tabellæ sit nomen : *Speculum Ecclesiæ.* Hoc igitur speculum omnes sacerdotes ante oculos Ecclesiæ expendant, ut sponsa Christi in eo videat quid adhuc Sponso suo in se displiceat, et ad imaginem suam mores et actus suos componat.

INSTRUCTIO LOQUENDI.

Cum igitur vis alloqui populum, in primis ori et pectori tuo imprime crucis signaculum, invocans in te gratiam sancti Spiritus (f° 8 v°) per antiphonam : *Veni, sancte Spiritus,* et per versum hymni : *Veni, creator Spiritus.* Deinde invoca Dei Verbum per evangelium : *In principio erat Verbum,* usque *sine ipso factum est nichil* (Joan. 1); et ultimum versum : *et Verbum caro factum est et habitavit in nobis, et vidimus gloriam ejus; gloriam quasi Unigeniti a Patre, plenum gratia et veritate (ibid.)* Per gratiam ergo Spiritus sancti accepto in te verbo Dei, in ejus nomine sic humiliter incipe.

DE NATIVITATE DOMINI.

Lætentur cœli et exsultet terra. Jubilent montes laudem, quia consolatus est Dominus populum suum et pauperum suorum miserebitur (Isa. XLIX). Merito jubentur hodie cœli lætari, quia hodie nova luce et novo gaudio meruerunt illustrari. Hodie namque rex cœlorum terras sua præsentia visitare et damnum in cœlo per ruinam angelorum factum per homines voluit reparare. Unde protinus cœli hilaritatem suæ lætitiæ mundo exhibuerunt, dum mox Regi suo in obsequium clarissimam stellam miserunt. Merito etiam admonetur terra hodie exultare, quia veritas hodie de terra orta (*Psal.* LXXXIV) venit eam a maledictione liberare et homines de terra progenitos in cœlis angelis consociare; quæ nimiam exultationem suam hodie mundo innotuit, dum Deo suo in gremio suo nato, mox de visceribus suis fontem olei fundens, mirantibus protulit : Montes etiam ad jubilandum in laude Domini adhortantur. Montes patriarchæ et prophetæ sunt, qui sic hominum merita sancta conversatione transcenderunt, sicut montes super plana terræ sua altitudine excreverunt. Qui hodie in laude Dei jubilaverunt, quia quod patriarchæ figuris, prophetæ Scripturis diu prænunciaverunt, hodie impletum exultaverunt : scilicet quod *populus gentium qui ambulabat in tenebris* ignorantiæ, hodie *vidit lucem magnam* æternæ Dei sapientiæ. *Et habitantibus in regione umbræ mortis,* scilicet inferni, *lux orta est eis* (*Isa.* IX) : videlicet Christus natus est, splendor Patris æterni, qui post ad eos descenderet, et eos de tenebris eripiens, ad lucem æternam eveheret. Justi quoque eo quod Deus habitet in eis cœli appellati sunt, quia sol sapientiæ, luna eloquentiæ, stellæ virtutum in eis splendescunt. Qui cœli hodie lætati sunt, quia quod multis precibus diu præoptaverunt, desiderium suum in Christi nativitate hodie impletum est et suum adventare præmium senserunt. Per terram vero peccatores intelliguntur (f° 10), in quibus spinæ et tribuli peccatorum oriuntur. Qui hodie exulare admonentur, quia ad veniam vocari merentur. *Non veni,* inquit, *vocare justos, sed peccatores* (*Matth.* IX). Montes autem angeli sunt qui hodie laudem Domini dulciter jubilaverunt, dum Regi in terris nato altisona voce *Gloria in excelsis* Deo ymnificaverunt. Qui etiam hominibus bonæ voluntatis pacem hylariter insonuerunt (*Luc.* II), de quibus numerum suum inminutum redintegrari cognoverunt. Sol quoque lætabundus novo se hodie fulgore vestivit, cum solem justitiæ se illustrantem in terris quas ipse illustrat ortum vidit. Circulus namque purpureus longe lateque resplendens hodie circa solis jubar enituit, profecto insinuans quod sol justitiæ, in tenebris mortis exortus, purpura sui sanguinis mundum perornare instituit. Fertur etiam brutum animal hodie fuisse humana voce locutum, insinuans videlicet quod ad laudem Domini os gentium debuit aperiri, prius mutum ; quæ gentes, videntes stellam, miratæ sunt et se ad offerenda Regi nato munera præparaverunt. Hodie universa creatura ad lætitiam se erexit, quia Regis cœlorum Filius, de palacio cœli hodie in carcerem mundi pro perdito servo veniens, universo orbi gaudium invexit. Merito quidem totus mundus novum hodie induit tripudium , quia consolatus est Dominus populum suum. Populus suus sunt mites, humiles, casti, modesti, misericordes, pacientes, Dominum et proximum diligentes. Hii quia fuerant in tristitia quod tandiu dilati sunt a superna lætitia, hodie a Domino consolantur, cum non solum paradysi portæ ob inobedientiam clausæ, sed etiam cœli januæ per Christum hodie eis reserantur. Hoc etiam eis per angelum promittitur. *Ipse enim,* inquit, *salvum faciet populum suum a peccatis eorum (Matth.* I). Pauperum quoque suorum miserebitur. Pauperes sunt mei consimiles qui mandata Domini facere neglexerunt, et omnibus criminibus tota vita sua inexplebiliter inhæserunt. Hii quia se miseros et a justicia nudos ingemiscunt, a miseria peccatorum et pœnarum ab eo liberari toto corde concupiscunt. Pauperes etiam sunt quia se non posse salvari nisi sola Domini gratia norunt. Ideo eorum Dominus miseretur, cum eis spem veniæ pollicetur, *pœnitentiam*, inquiens, *agite, appropinquabit enim vobis regnum cœlorum* (*Matth.* III). Festivæ ergo lætitia hodiernæ lucis justis et peccatoribus est communis, quia justis corona promittitur, si in justicia perseveraverint; peccatoribus vero venia dabitur, si ab iniquitate ad pœnitentiam convolaverint.

(F° 10 v°) Karissimi, non vobis onerosum videatur si sermo aliquantulum prolixius extendatur. Si quis de alia gente huc adveniens hic habitaret peregrinus, et aliquis superveniret de sua patria sibi cognitus, intente et absque tædio aurem ei præberet quid ei de sua patria et suis amicis vel civibus referret. Omnes estis hic in peregrinatione, et ideo cum magna debetis audire intentione quod vobis de patria vestra cœlesti Hierusalem nuntiatur et de Patre vestro, ac matre ecclesiastica, et civibus vestris angelis et sanctis narratur. Verumtamen quia hodie estis fatigati et quosdam vestrum constringit frigor, cum brevitate volo vobis intimare qualiter in hunc mundum venit genus humanum de potestate diaboli liberare.

Ut refert Evangelium (*Luc.* II), Augustus Cæsar illo tempore Romanum regebat imperium, qui suæ ditioni omnia regna subjugaverat quæ undique oceani limbus cingens circumvallaverat. Hic edidit edictum ut totus mundus subiret census inscriptum; et tale decretum promulgaverat ut omnis homo in patriam remearet unde generis originem duxerat, et patrimonium quodlibet injuste amisisset, gratis recipere debuisset; ibique quisquis judici provinciæ suæ familiæ genealogiam recitaret, et sic eum cautio scriptoris ad censum notaret. Eo tempore quidam de Bethleem, Joseph nomine, fuerat, qui sanctam Domini virginem Mariam, quamvis a pauperibus parentibus, tamen a regali prosapia ortam desponsaverat. Qui ob egestatem de Judea in Galileam commigraverat et in civitate quadam Nazaret ob victus questum commanebat. Universo igitur populo per orbem in terram nativitatis suæ pergente, edicto imperatoris urgente, abiit et Joseph profiteri censum cum sponsa sua Maria in Bethleem regis David civitate, eo quod ipse et Virgo descenderint de David familiæ generositate. Cumque in tota civitate nullum esset habitaculum a frequenti undique confluentium hospitum conventu vacuum, ipsi cum essent de inopi tunc temporis parentela, cum hospicium deesset, manserunt in platea. Tunc plenitudo temporis advenit quo Deus de cœlo in terram prospicere decreverat (*Psal.* XIII), et illa nocte beata Virgo sine dolore et absque sorde partum fudit qui totum mundum pugillo concludit. Quem pannis involvens pro temporis necessitate in præsepio reclinaverat, quod forte Joseph vel alii convivantes in platea animalibus sepserant suis, nativitatem (f° 12) mox cœli gratulando nova stella prodiderunt et terra ovando, quia statim fontes olei de abditis terrarum eruperunt. Angeli etiam cum immenso lumine hominibus apparuerunt et Regem cœli in terra natum, gaudentem ymnum canendo, nunciaverunt. Hæc sunt hujus sacri diei sollemnia, et angelis et hominibus celebria.

Nunc, karissimi, summa brevitate vobis volo mysteria harum rerum reserare. Cur Unigenitus Dei tali modo nos voluerit visitare; quod hic præpotens Rex frena sui imperii omni populo imposuerit, significat quod Rex natus universum mundum loris fidei sub jugum Evangelii trahere disposuerat. Quod autem mundus maxima pace claruit, designat quod vera pax Christus apparuit, qui inimicicias inter Deum et homines dissolveret et humanam naturam ad angelicam dignitatem sanguine suo attolleret. Quod vero omnes patriam repetebant, significat quod cuncti per Christum ad patriam paradysi reverti debebant. Ablatum eis patrimonium redditur, quia amissa paradysi possessio fidelibus per Christum restituitur. Singuli per progenies memorantur, et sic ad censum scripto titulantur, quia fideles qui se originem de paradyso duxisse fide et ope fatentur, hii crismatis unctione ad cœleste regnum a Christo firmari merentur.

Legitur quod quidam interempti sunt qui generationis suæ seriem ignoraverunt, quia videlicet æterna morte interount qui Ecclesiæ generandi morem non credunt. Populus denarium Cæsari solvebat in quo ipsius imago et decem nummorum pondus esse debebat, quia omnis qui ad imaginem Creatoris reformari desiderat, oportet ut Decalogum legis implere summopere non differat. Quod Christus nasci voluit in platea, significat quod, propter nos de patria cœli exul factus, venit ad aliena; quamvis omnia essent sua, et ipse venerit in propria, tamen hic mundus, ærumnis plenus, a sua gloria multum erat alienus. In nocte nascitur, quia qui post manifestus veniet, nunc occulte veniens Deus non cognoscitur. Pannis involvitur, et nostrum perizoma, de foliis peccatorum consutum, ejus morte dissolvitur. In præsepi, scilicet in pabulo animalium, reclinatur, quia corpus ejus fidelibus ad pastum vitæ datur. Super præsepe asinus et bos stetisse feruntur, quia nimirum gentilis populus qui per asinum, et Judaicus qui per bovem intelligitur, ad commestionem corporis Christi per fidem ducuntur. Stella cæteris clarior fulsit, quia Sanctus sanctorum mundo hodie illuxit. (f° 12 v°) Fons olei in Roma de terra erupit, et in flumen Tyberim larga vena cucurrit, quia fontem misericordiæ munda Virgo hodie produxit qui largiter in humanum genus profluxit. Angeli se cum magno fulgore luminis et miniloga voce laudis hominibus demonstrabant, quia eos ad æternam lucem et perpetuam Conditoris laudem per Regem hodie natum futurum (*sic*) præsignabant. Hæc sunt sacrosancta mysteria quæ hodie in Domino jocundando cum angelis sancta veneratur Ecclesia. Quod hodie tres missæ celebrantur, significat quod homines per tria tempora, scilicet patriarchæ ante legem, prophetæ sub lege, fideles sub gratia, per Christi nativitatem salvantur. Hodie incipit lux diei [prolungari, umbra noctis adpreviari, quia profecto splendor æternæ lucis hodie apparens tenebras vitiorum vel peccatorum A de humano genere fugavit, et mundum jubare virtutum illuminavit, et eum ad indeficientem lucem vocavit.

Hic fac finem si velis. Si autem tempus permittit, adde hæc

Hæc singularis nativitatis festivitas, karissimi, in primo homine præcessit, qui de munda humo singulariter formatus processit. Qui mox etiam hanc nativitatem prædixit: *Relinquet*, inquit, *homo patrem et matrem et adhærebit uxori suæ* (Gen. II). Videlicet Christus Patrem reliquit in cœlo et matrem Synagogam in terra, et adhæsit uxori suæ, scilicet Ecclesiæ. Hæc quoque a patriarchis præfigurabatur, dum Ysaac ab angelo prænunciabatur et a sterili atque vetula nascebatur. Ysaac est Christus, qui dicitur *gaudium*, qui est plenum gaudium fidelium. Hanc omnes prophetæ multis modis prædixerunt. Hanc etiam ipsæ bestiæ futuram figuris expresserunt. Unicornis dicitur bestia uno tantum cornu ferocissima; ad quam capiendam virgo puella in campum ponitur, ad quam veniens, et se in gremio ejus reclinans, capitur. Per bestiam hanc Christus exprimitur, per cornu ejus insuperabilis fortitudo exprimitur. Qui in uterum Virginis se reclinans captus est a venatoribus, id est in humana forma inventus est a suis amatoribus. Legitur, karissimi, quia Dei Filius voluit ad nos in carcerem de cœlis descendere et de captivitate tyranni redimere. Servicium domini nequissimi, qui sibi servientibus non nisi æterna supplicia dat, summa vi declinate; et Domini optimi, qui sibi servientibus sempiterna gaudia præstat, toto corde vos mancipate.

Deus Pater non habuit nisi unum Filium; et quia noluit eum habere hæredem solum, misit eum pro transfugo servo in exilium, ut ei reverso (f° 14) cum Filio daret regni palatium. Ad hunc omnes toto annisu effugite, huic omnibus viribus servite, ut ista festa temporalia quandoque cum angelis celebretis in secula. Amen.

De sancta Anastasia et Eugenia.

Auget nobis hujus sancti diei gaudia votiva beata martyr Anastasia. Quæ Romanorum nobilissima fuit; sed cunctas divitias pro Christi [amore deseruit, Christianis in custodia tentis adhæsit, quæque necessaria ministrans dedit. Deinde a paganis tenta multisque tormentis affecta, ad ultimum flammis pro Christo est injecta.

Huic hodie additur socia sancta virgo et martyr Eugenia. Cujus pater Philippus a Roma missus patricius in Alexandriam, totam rexit Ægyptum sibi subditam. Filia vero clam palatium ejus reliquit cum duobus sibi familiaribus Proto et Jacincto, monasterium virorum sub virili habitu intravit; in quo postmodum abbas facta, per multa fulsit miracula. Quæ cum a nullo mulier agnosceretur, a quadam matrona ad stupri nefas interpellatur. Cum ipsa refutaret rogantem, accusata est ad judicem, scilicet ipsius patrem. Qui cum omnes Christianos cum ipsa conjecisset in vincula, Eugenia ob stuprum ducitur ad tormenta. Quæ post multa verba cum patre habita ad Christi gloriam, scidit vestem qua erat induta, et apparuit principis filia. Qui mox cum omnibus suis conversus, et post episcopus factus, non multo post super altare, in ipsa missarum celebratione pro Christo est decollatus: accusatricem vero cum omnibus suis devoravit ignis cœlestis. Post hæc mater ejus Claudia venit Romam cum filia sua Eugenia, et Avito et Sergio duobus filiis, Proto et Jacincto duobus eunuchis. Avitus et Sergius proconsules sunt effecti, et multi per eos conversi. Multæ vero matronæ per Claudiam, multæ vero virgines per Eugeniam conversæ sunt. Porro cum per Protum et Jacinctum multi militum convertuntur, ob Christi nomen occiduntur. Eugenia vero, post multa certamina et diversa supplicia, hodie Christi victima sanguinis effusione est immolata. Et quia Christus voluit ad terras descendere, dedit hominibus, sed etiam teneris puellis, potestatem cœlum ascendere

His et omnibus sanctis vos commendate, ut per illorum merita post hanc miseram vitam exultetis in æterna sollemnitate.

Quæ secuntur in summis tantum festivitatibus debes dicere.

Karissimi, orationes vestras cottidie mane et sero, et etiam omni tempore potestis, ad Deum (f° 14 v°) facere debetis, per quas cuncta vitæ necessaria et futura gaudia impetretis. Dei sapientia ad homines in carne venit et brevem orationem nos docuit in qua nos omnia præsentia et futura petere voluit. Hæc oratio comparatur flumini in quo agnus possit ambulare et elefas natare. Hæc talis est ut eam quilibet simplex discere et intelligere valeat et cujusque sapientis ingenium supermineat. Hanc quamvis omnes bene sciatis, nunc eam post me dicere debetis.

Pater noster et post hæc dic eis singula verba usque in finem; postea infer :

Karissimi, hanc orationem ipse Deus composuit, et per hanc, quasi per scalam, ad cœli gaudia scandere docuit. Hujus scalæ latera sunt contemplativa et activa vita, in qua VII gradus peticionum inseruit summa sapientia. In primo gradu statis et ad Dominum clamatis

Pater noster (Matth. VI). Attendite, fratres, quid dicatis. Deum Patrem vocatis. Deum noluit Dominus, sed Pater appellari a vobis, ut vos fratres esse in eo cogitetis et invicem ut fratres diligatis, et pro hac dilectione hæredes regni ejus fiatis. Si Deus Pater vester est, tunc estis fratres Jesu Christi qui est Filius Dei. Et si opera quæ Patri vestro placent ut filii faciatis, hæreditatem absque dubio cum Jesu a Deo percipietis. Deinde dicitis: *qui es in cœlis*. Quamvis Deus ubique sit, tamen in sanctis, qui cœli appellantur, familiarius habitet [habitat], quia eos gratia sua largius illustrat. Per hæc verba admonendi rogare ut ipsi cœli fiatis in quibus Deus velit habitare. Postea dicitis:

Sanctificetur nomen tuum. Dei nomen sanctum semper fuit. Illud nomen quod vester Pater dicitur, petitis tali modo in vobis sanctificari ut per bona opera digni sitis ejus filii vocari. A Christo etiam Christiani dicti estis, et ut in Christo unum corpus efficiamini supplicatis, ut sanctificationem cum eo in regno Patris percipiatis.

Unde in secundo gradu positi dicitis: *Adveniat regnum tuum.* Hoc est ut Deo in vobis regnare per gratiam placeat, et vos regno suo dignos faciat. Deinde tercio gradui gressum imprimitis et dicitis.

Fiat voluntas tua sicut in cœlo et in terra. Hoc est sicut ei complacet in cœlo in angelis qui nunquam peccaverunt, ita in terra ei quoque placeat, et nos æquales angelis, ut promisit, faciat. Per cœlum etiam justi, per terram peccatores intelleguntur. Rogatis quidem Deum ut sicut ejus voluntas est in justis bona, ita vos a malo ad justitiam convertens, in vobis quoque fiat beneplacita. Hæc tria pertinent ad Deum; (f° 16) quatuor sequentia ad mundum. In tribus petitis cœlestia, in quatuor temporalia. Quartum ergo gradum scanditis et clamatis: *Panem nostrum cottidianum da nobis hodie.* Panis cottidianus est victus humanus. Rogatis Deum ut temporalem substantiam, sine qua non potest humana fragilitas subsistere, cottidie possitis ab eo sine peccato percipere. Panis etiam corpus Christi intellegitur, et oratis hoc ut corpore ejus jugiter digni sitis; et, si non vestro ore, tamen per ora sacerdotum cottidie illud digne accipiatis. Per panem quoque doctrina spiritualis accipitur, sine qua non plus potest anima vivere quam corpus absque carnali refectione. Petitis quidem Deum ut hanc vobis cottidie impendat, ne humana fragilitas, ad patriam tendens, in via fame verbi divini deficiat.

Quintum gradum comprehendentes dicitis: *Dimitte nobis debita nostra, sicut et nos dimittimus debitoribus nostris.* Si in vobis peccantibus dimittitis, dimittet vobis Deus quæ in eum peccatis. Si vos non remittitis, nec Deus remittet vobis; et his verbis vobis maledicitis, quia Deum ut non dimittat vobis rogatis. Si autem illud reticetis, orationem Dominicam non dicitis, et ideo non exaudiet vos Deus.

Sexto gradu innixi vociferamini: *Ne nos inducas in temptationem.* Deus neminem temptat, cum ipse omnium corda inspiciat. Unusquisque a diabolo temptatur; sed tamen nullus, nisi a Deo permittatur. Et bonum est homini ut temptetur si non per consensum peccati superetur. Cum enim concupiscentiam vincit, coronam vitæ accipiat (sic). Rogatis itaque Deum ut nunquam sinat vos in tantum a diabolo temptari ut per consensum et delectationem peccati possitis superari; et si consenseritis, cito resipiscatis.

In VII gradu clamatis: *Libera nos a malo.* Id est ab inferno et ab omnibus rebus quæ nos ducunt ad voraginem interitus.

Karissimi, hac oratione mundus Deo conciliatur. Corpus nostrum animæ confœderatur. Sunt enim in ea VII petitiones quæ dividuntur in tres et quatuor partes. Per tria Pater, et Filius, et Spiritus sanctus intellegitur; per quatuor vero mundus, qui ex quatuor elementis constat, scilicet ex terra, ex aqua, ex aere, ex igne, accipitur. Tria quoque pertinent ad animam, quatuor ad corpus. Anima est irascibilis, quia indignatur malis; est concupiscibilis, quia delectatur bonis; est rationalis, quia discernit bona a malis. Corpus autem constat ex supradictis quatuor elementis. Homo ergo, qui minor mundus dicitur, per hanc orationem Deo conjungitur.

Notare, karissimi, debetis quod hanc (f° 16 v°) orationem a summo cœlorum, id est a Deo Patre incipientes, Deum Patrem nostrum dicitis, et usque ad inferni novissima descenditis, dum hanc per *libera nos a malo* clauditis. Quia Filius Dei a summo cœlo, id est a Patre ad ima propter nos descendit, orationem nos a Patre inchoare docuit. Quia vero nos de profundo peccatorum dimersi jacuimus, per hanc scalam tali ordine ad cœlum scandere debemus.

Pater noster, libera nos a m-'o, id est de hoc in quo jacemus in inferni profundo. *Ne nos inducas in temptationem,* id est ne permittas nos tale crimen committere per quod jure debeamus in infernum incidere. *Dimitte nobis d. n., s. et n. d. d. n.,* id est illa nobis relaxa per quæ itur ad tormenta. *Panem n. c. d. n. h.,* id est doctrina tua nos parce qua bona facere et mala sciamus et possimus devitare. Hæc quatuor pertinent ad activam vitam; tria quæ secuntur, ad contemplativam. Activa vita est quod dilectionem ad proximos vestros habetis, et Christo in pauperibus vel miseris per eleemosinas servitis. De hac ad contemplativam transire debetis. Contemplativa vita est pro dilectione Dei terrena calcare, assidue orare, sæpe divino servitio interesse, omnia quæ de Deo sunt libenter audire.

In hac positi debetis cum Paulo tercium cœlum petere (*II Cor.* XII). Per primum cœlum Spiritus sanctus, per secundum Filius, per tercium Pater intellegitur. Hæc in his tribus versiculis accipiuntur. *Fiat voluntas t. s. in et in* (sic cod.). Hoc est, da nobis in Spiritu sancto tuam voluntatem facere, quatenus nos velis angelis in cœlis coæquare. *Adveniat r. t.* Hoc est, quæ docuit Filius tuus, fac nos implere, ut simus digni in regno Filii gaudere. Inde ad fastigium summi cœli pervenientes, magna voce clamamus. *Pater n. q. in, s. n. t.* Id est qui nos per Filium tuum in Spiritu sancto fecisti cœlos, fac nos fide et operatione tuos filios, ut per Filium tuum tu velis in nobis habitare et nobis liceat in te regnare.

Hanc scalam, karissimi, propheta in Spiritu sancto prævidit; dum per hanc Christum ad terras descendere et nos ad cœlum per eandem ascendere prædixit. Requiescet, inquit, super eum spiritus sapientiæ et intellectus, spiritus consilii et fortitudinis, spiritus scientiæ et pietatis, et spiritus timoris Domini. Ecce propheta a sapientia cœpit, quia Christum a summo cœlo ad nos descensurum vidit; in timore finivit, quia nos per timorem de inferno ad cœlum ascensurum [*leg.* ascensuros] prævidit. In gradu igitur timoris stamus, cum per timorem gehennæ peccata declinamus; in gradu pietatis gressum sistimus, dum bona facere asuescimus; in gradu scientiæ pedem ponimus, dum Deo sua et (f° 18) hominibus sua persolvimus; in gradu fortitudinis vestigia solidamus, cum nec per blanda nec per aspera a vero deviamus; in gradu consilii gressum dirigimus, si bonum quod ipsi facere non formidamus, aliis etiam consiliari satagimus; gradum intellectus apprehendimus, si mente cœlestia et spiritualia inquirimus; demum sapientiæ gradum conscendimus, si terrena respuentes, sola cœlestia et quæ Dei sunt sapimus. Hujus scalæ latera sunt duo caritatis præcepta. Nullus potest ad cœlum pervenire nisi per hanc scalam velit conscendere.

Modo, karissimi, orationem vestram dixistis; nunc etiam fidem vestram post me dicere debetis. Sicut enim piscis sine aqua non potest vivere, ita nullus poterit salvari sine fide.

Fides catholica.

Credo in Deum Patrem omnipotentem, creatorem cœli et terræ et totius creaturæ. Et credo in suum unigenitum Filium, Dominum nostrum, Jesum Christum. Et credo in Spiritum sanctum. Credo quod istæ tres personæ, Pater et Filius, et Spiritus sanctus; una vera deitas est, quæ semper fuit sine initio et semper erit sine fine. Credo quod idem Dei Filius conceptus est de Spiritu sancto et natus est de sancta Maria perpetua virgine. Credo quod propter nostram necessitatem captus est, ligatus est, flagellatus est, crucifixus est, et quia mortuus est in humanitate, non in deitate. Credo quod sepultus est. Credo quod ad infernum ivit et eos inde sumpsit qui suam voluntatem fecerant. Credo quod tertia die resurrexit, et post resurrectionem suam comedit et bibit cum suis discipulis ad probandam suam veram resurrectionem; et postea quadragesimo die sursum ad cœlos ivit, suis discipulis inspicientibus, et ibi sedet ad dexteram Dei Patris omnipotentis, et coæternus et compotentialis. Credo quod adhuc inde venturus est judicare vivos et mortuos, unumquemque secundum opera sua et secundum ipsius misericordiam. Credo sanctam Ecclesiam katholicam et apostolicam. Credo commu-nionem sanctorum. Credo remissionem omnium peccatorum de quibus pœnitentiam egi et confessionem feci et ultra non iteravi. Credo quod cum isto eodem corpore in quo hodie hic appareo mori debeo, resurgere debeo, Deo rationem reddere debeo de omnibus quæcumque feci, sive bona, sive mala, et ibi retributionem accipio, secundum hoc quod in ultimis inventus fuero. Credo æternam vitam. Amen.

Karissimi, per hanc fidem oportet nos omnes salvari, hanc debetis omnes scire, sæpe dicere, infantes quos de baptismo levastis docere. Hæc est vestrum bellicum signum. (f° 18 v°) Cum diabolo et vitiis geritis bellum. Cum hoc audierint signum, mox pavescunt et perterriti a vobis fugiunt. Cum ad supremum scalæ ascenderitis de qua prius audistis, et istud signum a vobis clamantibus in cœlo cognitum fuerit, mox ingressus cœli ad socios vestros angelos et sanctos patebit.

Fratres, credo vos frequenter confessionem facere sacerdotibus vestris. Sic et facere debetis; sed quia multa sunt quæ forsitan vobis in memoriam non veniunt, debetis nunc post me confessionem vestram dicere, ut de his possitis absolutionem accipere. Modo dicite sic :

Confessio.

Abrenuntio diabolo, et omnibus pompis ejus, et omnibus operibus ejus, et confiteor Deo omnipotenti, et sanctæ Mariæ, et sancto Michaheli, et omnibus angelis ejus, et sancto Johanni Baptistæ, et omnibus prophetis Dei, et sancto Petro, et omnibus apostolis Dei, et sancto Stephano et omnibus martiribus Dei, et sancto Martino, et omnibus sacerdotibus Dei, et Benedicto et omnibus confessoribus Dei, et sanctæ Margaretæ et omnibus virginibus Dei, et sanctis istis et omnibus sanctis, et tibi sacerdoti, et omnibus conchristianis meis qui me hodie vident vel audiunt, omnia peccata mea quæ umquam commisi ab illa hora cum primum peccare potui usque in hanc horam, qualicumque modo fecerim, scienter aut nescienter, sponte vel coacte, dormiendo vel vigilando, mecum vel cum alio aliquo, quæ nunc possum recordari aut non rememoravi. Confiteor Deo quod promissionem quæ in baptismate pro me facta est, nunquam ita complevi sicut jure debui et bene potui. Statim ut ad illam ætatem perveni qua peccare potui, averti me a Deo et a mandatis ejus, et abnegavi Deum per mala opera, et rursum sponte mancipavi me in potestatem diaboli, quem prius abnegavi per omnem spurciciam, et hactenus servivi ei toto studio. Sanctas domos Dei non tam sedulo quæsivi quam debui; quando autem quæsivi, non fui ibi cum tali disciplina, tali intentione quali jure debui. Quidquid ibi de Deo audivi, aut irrisi, aut non credidi, aut facere contempsi. Dominicos dies et alios festivos dies non ita vacavi neque honoravi sicut jure debui. Corpus Domini non tam frequenter accepi sicut debui; quando autem accepi, non tam digne observavi sicut jure debui. Decimam vitæ (?) meæ et harum rerumquæ (sic) mihi Deus dedit non ita persolvi sicut jure debui. Patrem et matrem et dominum meum nunquam ita amavi, neque ita honoravi, nec eis (f° 20) ita subditus fui sicut jure debui. Omnes Christianos meos non ita amavi, nec eis subditus nec fidus extiti sicut jure debui. Episcopo meo, sacerdoti meo et aliis Dei doctoribus non fui ita obediens ubi me docuerunt, sicut jure debui. Sanctis noctibus et noctibus jejuniorum et alio illicito tempore non ita observavi me cum conjuge mea sicut jure debui. Omnia vota quæcumque vovi Deo irrita feci. Omne quod bonum fuit odio habui et eos qui bonum fecerunt aut inde locuti sunt odio habui. Omne quod malum fuit et feci et dilexi, et omnibus malum facientibus consensi et eos dilexi. Peccavi in homicidiis perpetratis et consiliatis. Multum deliqui in fornicationibus, in adulteriis, in incestibus, in bestiali fornicatione, in omni pollutione et omni immundicia qua se homo coinquinare potest, coinquinavi corpus meum et miseram animam meam mecum et cum omnibus qui mihi consentire voluerunt. Peccavi in perjuriis, in furtis, rapinis, falsis testimoniis, detractionibus, conviciis, commessationibus, ebrietatibus, maleficiis, fraudibus et omnibus peccatis quibus homo peccare potest. Peccavi ultra omnes homines verbis, factis, cogitatione, voluntate. Hoc confiteor Deo et istis et omnibus sanctis, et precor Dei clementiam ut mihi præstet tempus et inducias ut ita possim emendare

quo ejus gratiam valeam invenire. Et precor sanctam Mariam et omnes sanctos Dei ut dignentur pro me intercedere et adjuvare apud misericordiam Dei, ut de omnibus peccatis meis mihi det indulgentiam, et amodo a peccatis custodiat, et post hanc vitam in consortium illorum perducat. Et volo Deo promittere quod peccata amodo volo devitare in quantum possum præ fragilitate mea, et in quantum me dignatur roborare sua misericordia. Et volo hodie dimittere omnibus qui in me peccaverunt ut etiam ipse mihi dimittat innumerabilia peccata mea.

Karissimi, secundum hanc confessionem quam fecistis et secundum hanc sponsionem quam Deo spopondistis (sic), volo ego verba dicere, Deum autem rogo opera facere.

Indulgentiam et absolutionem de omnibus peccatis vestris per intercessionem omnium sanctorum tuorum (sic) tribuat vobis Pater, et Filius, et Spiritus sanctus, et custodiat vos amodo et a peccatis et ab omnibus malis, et post hanc vitam perducat vos in consortium omnium sanctorum suorum. Amen.

Fratres, ista confessio tantum valet de his peccatis quæ sacerdotibus confessi estis vel quæ ignorantes gessistis. Cæterum qui gravia crimina commiserunt et pœnitentiam inde non egerunt, (f° 20 v°) ut sunt homicidia et adulteria pro quibus instituta est carina (143), nichil valet ista confessio. Ideo moneo vos ut peccata quæ publice fecistis, publice inde pœni-

(143) De verbi *Carrina* significatione hæc habet Du Cange : « 1° *Carena*, vox formata ex quadragena, vel ex quarentena, quadragesimæ pars. Charta Amedei comitis Maurianensis ann. 1234 : *Donamus eidem domui per totam terram nostram pedagium, ledam, et careterram omnium rerum suarum, ita quod nemo de nobis aliquam exactionem..... capere præsumat.* ˟ Eo fortasse spectat vox *Caria*, inter redit. comit. Namurc. ann. 1264 ex reg. sig. *Papier velu* in Com. comput. Insul., foll. II r°. *Et si alicuens le Carin el castiel de Namur.* Unde *Carintier* forte appellatus qui ejusmodi exigendæ præstationi præpositus est. Lit. remiss. ann. 1384 in reg. 126, chartoph. reg. ch. 56 : *Gilet Germain tanneur demourant à Chartres et maitre des Carintiers de la dite ville et banlieue de Chartres.* Si tamen ibi legendum non est, *Corniliers* vel *Tariniers*, notione æque mihi ignota.

« 2° *Carena, Carrina*, quadragesimale jejunium seu publica pœnitentia ab episcopo clericis et laicis, aut ab abbate monachis indicta, qua quis jejunare spatio XL dierum tenetur. Joan. de Janua : *Carena et publica pœnitentia, et quadragena idem sunt.* Qui igitur istam primam facit XL diebus non intrat in ecclesiam et lanea veste indutus; ab escis et potibus qui interdicti sunt, a thoro, gladio et equitatu istos supradictos dies abstinet. *In tertia autem et quinta feria, et Sabbato aliquo genere leguminum ac oleribus, pomis vel piris, vel pisciculis, cum modica cervisia utatur temperate.* Hæc omnia probantur Extra De homicidio. Burchardo lib. XIX, cap. 5, *Carrina* (alias *Carina*) *est dierum* XL *continuorum jejunium in pane et aqua*, Pœnitentiale ms. : XL dies in pane et aqua, *quod in communi sermone carina vocatur*, cum VII sequentibus annis pœniteas. Concilium Moguntinum : *In dedicationibus ac ordinum temporibus relaxari Carenas, et pœnitentes introduci omnino vetamus.* Petrus Damiani lib. II, ep. 7 : *Præter illas quadragesimas quæ scilicet a Patribus institutæ sunt.....*

alias occulte carinas celebrat. Idem lib. IV, epist. 17 : *Juxta carinæ regulam inclusionem custodiæ carceralis indiximus.* Et lib. V, epist. 8 : *Ecce, inquiunt, peregrinando carina, ecce nova pœnitentia..... hactenus inaudita.* Reynerus contra Valdenses cap. 5 : *Publicas pœnitentias, ut carenas, reprobant, maxime in feminis.* Cæsarius Heisterbach, lib. IV, cap. 37 : *Miles quidam..... tempore quodam quadragesimali carenam fecit apud nos.* Lib. V, cap. 42 : *Cum alter miles quidam, suscepta carena, tempore capituli generalis Cistertium ire proponeret.* Alanus de Insulis in Pœnitentiali : *Solennis* (pœnitentia) *est quæ pro majoribus criminibus vel notariis, vel pro his criminibus quæ quis confessus est, vel de quibus quis convictus est, infligitur, quæ carena solet appellari; et sicut est de majoribus, sic ad majores prælatos Ecclesiæ pertinet hanc infligere.* Infra : *Quæritur autem quomodo intelligendum sit, quod dicitur de injunctione solemnis pœnitentiæ,* « *Fac tres annos in pane et aqua, et fac tres quadragenas in singulis annis* : » *an intelligendum sit quod jejunare debeat omnem diem vel inter diem et diem? Ad hoc sic respondemus : Non altiori intellectui præjudicantes, quod canonicæ censuræ rigor ostenditur, quando in pane et aqua jejunare per tres annos præcipitur, quod a quibusdam sic intelligitur, ut per tres annos non tota hebdomada comedatur panis et aqua, sed tantum per tria illa jejunia supradicta*, etc. Summula Raymundi ord. Prædicat :

Matronæ juvenes possunt explere carenas
In domibus propriis, etc.

» Charta Gotfridi comitis de Habisburch ap. Kopp. Init. Fœder. Helvet., num. 7 : *Ut reconcilietur Ecclesiæ propter homicidium quod patraverat, religiosis dominabus..... prædium x jugerum..... concessit, hoc addito, ut eædem sorores..... unam carrinam de injuncta sibi pœnitentia subportarent.*] Adde sy-

tentiam suscipiatis; quæ autem occulte commisistis, occulte presbyteris vestris confessionem inde ante faciatis quam ad corpus Domini accedatis, quia qui indigne accipit, cum Juda mortis Domini reus erit. Et si vobis hujuscemodi corpus damus, ita facimus quasi quis furenti gladium præbeat ut cor suum cum illo transfigat.

Quia Deus, karissimi, voluit vos hodie in suo servitio hic congregare, non debetis hic otiosi stare, sed pro vobismetipsis et pro tota Ecclesia sancta Dei orare, ut Deus omnipotens dignetur eam pacificare, adunare, regere, ab omni malo custodire. Et cum sponsus ejus Christus, qui eam cruore suo desponsavit, cum omni cœlesti exercitu advenerit ut sponsam suam Ecclesiam de hac Babylonica peregrinatione perducat in Patris sui civitatem, ut omnes cum ea comitemini in cœlestem Hierusalem. Amen.

Deinde debetis pro domino apostolico preces effundere, qui caput est Ecclesiæ et a quo cuncta Ecclesiæ judicia debent procedere, ut Deus omnipotens eum talem faciat qui Ecclesiæ doctrina, moribus et vita digne præesse valeat et ipse cum ea in ultimis ad perennia gaudia perveniat. Amen.

Exinde debetis Deo supplicare pro episcopo nostro, et pro omnibus presbyteris, et pro omnibus qui constituti sunt in sacris ordinibus, qui debent esse speculum Ecclesiæ, ut Deus omnipotens Spiritum suum in eos mittat; cui hoc eis inspirare placeat ut quæ populo verbis prædicant, ipsi operibus impleant, et cum eo in novissimo die vitam æternam percipiant. Amen.

Post hæc oportet vos pro rege nostro rogare, quem Deus voluit suum equivocum in terris habere, ut Deus clemens ei suum auxilium impendat, quo Ecclesiam ita regat atque defendat, ut post istud temporale regnum a Rege cœlorum perennem regni coronam percipiat. Amen.

Deinde convenit vos postulare pro omnibus ducibus et comitibus et omnibus judicibus Ecclesiæ, ut, quia scriptum est judicium sine misericordia ei qui non fecit misericordiam, Deus omnipotens eis illam mentem tribuat, qui populum sibi subjectum misericorditer tractare conentur, quatenus a misericorde judice Deo misericordiam consequantur. Amen.

Exinde condecet vos clementiam Dei implorare pro omnibus qui sæculo renuntiaverunt, pro monachis, pro monialibus, pro inclusis, pro solitariis et pro omnibus qui aliquod votum Deo fecerunt, ut pius Deus eis conferat ita propositum suum implere quatenus post hanc (f° 22) vitam mereantur promissum præmium obtinere. Amen.

Postea debetis pro iter agentibus Deum exorare, aut qui Hierosolimam aut Romam petierunt, vel Sanctum Jacobum, aut alia sancta loca visitaverunt, ut Deus vota illorum suscipiat et eos incolumes amicis suis cum pace restituat. Amen.

Dehinc oportet vos misericordiam Dei flagitare pro his qui navigant pro Ecclesiæ necessitate, ut Deus eos ab omni tempestate protegat et prosperum iter eorum faciat et salvos eos cognatis et amicis reddat. Amen.

Deinde debetis pro infirmis cogitare qui non valent hodie ecclesias visitare, ut sanitati et incolomitati restituantur, et in hac vita emendatis delictis, in æterna post recipiant [recipiantur]. Amen.

Exinde moneo vos Deum poscere pro his qui sunt in peregrinatione, pro captivis, pro vinculatis, pro incarceratis, vel in aliqua angustias constitutis, ut misericors Deus unicuique secundum suam necessitatem subveniat et secundum suam misericordiam de malis eripiat et eis omnia quæ sunt bona tribuat. Amen.

Deinde debetis pro omni populo Christiano precibus insistere, quatenus eos Deus ab omnibus malis et ab omnibus hostibus animæ et corporis custodiat et ad perpetuam pacem perducat. Amen.

---

nodum Salegunstad., cap. 17, 18, 19; Ughellum tom. IX, p. 287; Hermannum Stangefolium in Westphalia lib. II, p. 101; Baron. ann. 1095, num. 16, et Filesacum De quadrages. Christi, cap. 5. [*** *Karena, Karrina*, quam ultimam vocem apud Ekkehardum convicium significare Cangius scribit in *Carina*, 1; sed malim huc trahere cum Arnio apud Pertz vol. II Scriptor., p. 156, not. 55.]

« In Chronic. Alberici., apud Leibnit. in Access. hist., p. 550: *Carena vocatur intrans quadragesima*. Hujus medium tempus ad Dominicam quartam refertur in lit. remiss. ann. 1376 ex Reg. 110, Chartoph. reg. cap. 199 : *Le samedi veille du Mi-quaresme*, etc. Apertius rursum in aliis lit. ann. 1402 ex Reg. 157, ch. 329 : *Le dimanche que l'on chante en sainte église*: Lætare Hierusalem, *que l'on dit la Mi-Karesme*, etc.

« Carena est etiam remissio seu indulgentia ejusmodi XL dierum, quæ a summo pontifice vel ab episcopis indulgetur. Incriptio ann. 1225 in ecclesia SS. Vincentii et Anastasii ad Tres Fontes Romæ, ex Panvinio de 7 Ecclesiis p. 111, *septem annis et septem carinæ remissionis confessi criminis solutionisque detur ei*. Lambert., monach. Trevir., De invent. corp. S. Mathiæ, cap. 4, § 20 ; *Iste Eugenius papa et Adalbero archiepiscopus Treverensis contulerunt ad dedicationem monasterii nostri.... XVIII carenas.* Num. 21 : *Contulit I annum indulgentiæ, et IV carenas.* [* Chronicon collegiatæ S. Stephani tom. II Rerum Mogunt. pag. 545; edit 1722 : *Hæ sunt gratiæ archiepiscopales et episcopales datæ benefactoribus fabricæ ecclesiæ S. Stephani Mogunt... Item de episcopis et Romanis pontificibus bis mille dies et centum carenas, per quas animæ fidelium debent tormentari et puniri in purgatorio.*] Adde Browerum in Antiq. Fuld. p. 122, 135. [* Ludewig. Reliq. mss., tom. I, p. 586.] [** Et Chart. Ulrici episcop. Raceburg. ann. 1280 ap. Wesphal. Monum. Cimbric. vol. II, coll. 49. Alias ap. Guden. Cod. dipl., vol. III, pag. 1116, 1118, 1129]

« Quadragena, idem quod *carena*, indulgentia XL dierum. Vide Bullam Urbani II papæ apud Baron. ann. 1195, num. 16.

« 5° Carena pro *carina*. Alvus seu fundus navis, Gall. *carène*. Pluries legitur in Informationibus civitatis Massill. pro passagio transmarino, e cod. ms. Sangerman. — Du Cange *Glossarium* nov. edit., p. 178. »

Nunc, karissimi, oportet vos orare pro his qui maxime vestra indigent oratione, pro his scilicet qui mortui sunt, qui nec vel bonum vel malum facere possunt; quia sicut aqua super illum si effundetur qui in igne ureretur, ita gaudent illi cum orationes aut elemosinas post eos mittitis, et in primis unusquisque vestrum pro patre, pro matre, pro conjuge sua, pro filiis, pro fratribus, pro sororibus, pro cognatis et amicis suis, deinde pro omnibus qui vobis hæreditates suas reliquerunt, aut qui vobis aliquod bonum impenderunt, aut se in orationes vestras commendaverunt, et pro omnibus quorum corpora hic requiescunt et omnibus fidelibus defunctis, ut Deus omnipotens, qui voluit Filium suum pro eis mori, dignetur eas hodie per vestras orationes ab omni pœna et dolore absolvere et in æterna paradysi amœnitate collocare. Amen.

Fratres, quia Scriptura dicit : *Qui pro alio rogat seipsum liberat*, rogo vos ut velitis etiam orare pro me misero qui præ omnibus hominibus vestris precibus præcipue indigeo, ut clemens dignetur hodie sacrificium Ecclesiæ de manibus meis suscipere et me ipsum sibi sacrificium efficere, et omnia peccata mea in hac vita possim emendare et post mortem vobiscum in superna gloria exultare. Amen.

Nunc, karissimi, corda vestra et manus ad Deum levate, ut pro his omnibus dignetur vos clementer exaudire, ut (f° 22 v°) hanc festivitatem quam nunc agitis post cum angelis sine fine in illa gloria celebretis quam nec oculus vidit, nec auris audivit, nec in cor hominis ascendit, quam præparavit Deus diligentibus se (*I Cor.* ii). Eia nunc preces vestras alta voce ferte ad cœlum, et cantate in laude Dei : *Kyrieleyson.*

Si nimius algor hiemis, aut magnus calor æstatis impedit, vel aliquod impedimentum obvenerit, tunc jam dicta omitte, et finito sermone hanc fidem eis prædicas : Credo in Deum patrem, et cætera ut in Psalterio continentur. Mox subsequere hanc confessionem

Quia hoc ita credo, ideo confiteor omnipotenti et omnibus sanctis Dei quia peccavi nimis omnibus modis, verbis, factis, cogitatione, voluntate, et omni iniquitate, ideo precor omnes sanctos ut dignentur me juvare, ut hæc omnia in ista vita possim emendare et post hanc vitam cum eis in æterna vita regnare. Amen. Indulgentiam. Ut supra.

Ad omnes sermones debes primum versum Latina lingua ponunciare, dein patria lingua explanare. Si ecclesia est in honore sancti Stephani, poteris de eo sermocinari.

Justus de angustia liberatus est et tradetur impius pro eo (*Prov.* xi). Beatus Stephanus, karissimi, cujus hodie festa celebramus, de angustia hujus miseræ vitæ liberatus est; et Paulus, qui tunc erat impius, pro eo ad angustias tolerandas est traditus. Christus namque bonus pastor, qui de cœlis venit ad terras perditam ovem quærere et inventam propriis humeris ad gregem cœlestis curiæ revehere (*Luc.* xv), per ovem lupum cepit, et eum non solum ovem, sed etiam ovibus pastorem præfecit. Stephanus enim ut ovis erat mansuetus, Paulus sævicia ut lupus inquietus. Sed cum ovis occubuit, pastor pro ea lupum restituit. Paulus quippe pro grege Christi post sanguinem suum fundebat qui prius in nece Stephani consentiebat; et quem olim cum impiis repudiat, cum hoc nunc in gloria sanctorum tripudiat. O quam dulce, karissimi, consortium sanctorum, quam delectabile contubernium beatorum! ubi nullus de sibi illata injuria quærat ultionem, nullus qui intulit injuriam 'de consorte timet improperii confusionem. Nunc enim Paulus de lapidatione Stephani non verecundatur, sed Stephanus de Pauli salvatione et consortio gratulatur. Ad hanc gloriam impulit Paulus Stephanum lapidando, ad hanc traxit Stephanus Paulum orando. Fertur de eis quod ambo fuerunt collegæ Hierosolimis sub magisterio Gamalielis, (f° 24) Stephanus indigena, Paulus advena, ambo nobilitate et sapientia eximie pollentes, sed moribus multum inter se differentes. Stephanus mansueti animi et patientis, Paulus ferocis atque ferventis, Stephanus lenis et blandus in verbis, Paulus nimius et vehemens in eloquiis acerbis. Stephanus legem et prophetas spiritualiter dixisse sentiebat, Paulus cuncta carnaliter sapiebat. Unde sæpius de Scripturis questiones movebant, quas Stephanus nobiliter solvebat, sed Paulus pertinaciter resistebat. Præterea Stephani *decor* magnifice prædicatur, cum pulchritudo ejus angelis comparatur.

Eo tempore Tyberius reipublicæ præerat; qui diutino languore laborans a medicis curari non poterat. Cui cum esset relatum in Judæa fore [pro esse] Jesum nominatum medicum, qui non herbarum confectione nec ferri incisione, sed omnes ægritudines blande depelleret sola verbi jussione, quendam sibi præ cæteris in amicitia constrictum in Judæam destinavit, præfatum medicum ad se curandum adduci imperavit. Qui magno sumptu navigio in Judæam proficiscitur : sed a Pilato, qui tunc Hierosolimis præsidatum a Romanis tenuit. maximo cultu suscipitur. Cui mox legationis suæ causam patefecit, quia Cæsar Christum medicum suæ præsentiæ exhiberi præcepit. Pilatus hoc audito expavit, hunc mortuum esse indicavit. Legatus vero, ut eum a Pilato damnatum cognovit, ei reatum majestatis imponit, quod videlicet absque senatus decreto talem virum morti adjudicasset, qui tantum reipublicæ prodesse potuisset. Pilatus, objectum crimen a se dimovens, Judæos culpæ involvit; se coactum in hoc eis consensum præbuisse respondit. Interim cum legato a multis multa Christi miracula narrarentur, itemque mortui ad imperium ejus revixisse affirmarentur, dixit non hunc medicum, sed Deum fuisse quem constaret mortuis vitam dedisse. Itaque opponit Judæis Deum esse occisum ab eis; et si de hac objectione non possent se purgare, et ipsos diversis suppliciis damnare. Judæi, de consciencientia perterriti, inducias postulant, quo objectum crimen propulsare queant. Interea legato de quadam Domini imagine nuntiatur, quod magna sanitatum [add. multitudo *vel quid simile*] per eam patratur, quam Veronica in panno ob Christi amorem depingere fecerat, postquam eam a fluxu sanguinis tactu fimbrium sanaverat (*Luc.* VIII). (f° 24 v°) Hanc multo labore vix impetravit, postea Romam imperatori portavit; quam mox ut vidit, languor cum reliquit. Qui protinus suo edicto Romanos appellans, hunc pro Deo coli a cujus etiam imagine sanitatem reciperent ægroti. Sed quia Senatus non consensit, multos ferro et exilio consumpsit. Igitur Judæi, post acceptas inducias, in unum coeunt, modum responsionis talem ineunt, dicentes Deum mori esse impossibile; se vero hominem punisse qui scita legis eorum contumaciter solveret, et eos publice confundendo honorem eorum de plebe tolleret; cumque Stephanus inter eos esset genere clarus, eloquentia gnarus, rogant ut hunc modum responsionis suggerat legato et eos excuset de crimine illato. Stephanus autem dat consilium ut sapientes Judæos quaquaversum per orbem convocent ad concilium, melius se consulant, sanius consilium capiant; sibi videri vera eis a Romanis imposita, cum Jesum Deum manifesta testentur miracula, præsertim cum omnia per eum patrata a lege et prophetis sint testificata. Hæc verba quamvis moleste tulerint, tamen eis Judæos ex omni clymate mundi convocari placuit. Interea Petrus et apostoli, Stephani responsum audientes, clam accersitum fide imbuerunt, fonte baptismatis regeneraverunt, verbum prædicationis ei injunxerunt. Quem mox Spiritus sanctus replebat et per eum multa signa et prodigia in populo faciebat. Itaque Judæi confluxerunt, ex quibus multi cum Stephano de hac re disputantes conflixerunt; sed omnes potenter de Scripturis convincebat, quia affluentia Spiritus sancti in eo loquens prævalebat. Unde commoti rapientes eum in concilium perduxerunt, legem et Moysen blasphemasse se dixerunt. Cui cum copia fandi a summo pontifice data fuisset, in audientia eorum plane disseruit quæ lex et prophetæ de Christo scripsissent. Ad ultimum intulit cur legi et Spiritui sancto rebelles hunc Deum dubitarent cujus facta Scripturarum dictis per omnia concordarent. « Hunc, inquit, video ego aperto cœlo a dextris Dei stantem et me ad cœlestia vocantem. » Prius quidem omnes propositiones disserentis admirabantur et vultum loquentis ut [angeli intuebantur; cum vero conclusionem de Christo audiebant, dentibus in eum stridebant et cum clamore impetum in eum fecerunt, vestes suas Paulo servandas reliquerunt et ejectum extra civitatem (f° 26) lapidaverunt. Cumque omnes compages membrorum saxis solvissent et vires standi in eo defecissent, genibus flexis in terram procubuit, preces Domino pro ipsis fudit, et sicut Dominus in cruce pro crucifixoribus, ita Stephanus pro suis lapidatoribus; et sicut Christi oratio valuit, quod pro ejus amore post proprium sanguinem fuderunt qui tunc in effusione sui sanguinis consenserunt, ita oratio valuit Stephani, quod Paulus, qui tunc eum perdere festinabat, postmodum omnes gentes salvare anhelabat. Hic Stephanus signifer martyrum dicitur, quia primus post Dominum, scilicet eodem anno, cum palma victoriæ cœlum ingreditur. Hujus corpus lapidibus laceratum exposuerunt Judæi bestiis et avibus dilacerandum; sed angelo Dei custodiente permansit intactum. Quod nocte a Gamiliele (*sic*) sublatum honorifice est tumulatum. Post hæc Romani in ultionem Domini Hierosolimam destruxerunt, totam regionem vastaverunt, Judæos quosdam diversis suppliciis interemerunt, reliquos usquequaque vendiderunt. Cum autem Romani principes colla jugo fidei subdidissent, et omnes gentes Christum Dominum solum jam colere cœpissent, Dei nutu per visionem Christianis patuit ubi corpus beati Stephani latuit. Cujus inventionis gaudia Deus magnificavit per septuaginta tria miracula. Hic in Augusto mense passus creditur; sed hodie festivitas ejus celebrius recolitur cum ejus sacrum corpus inventum legitur. Antiquitus enim memoria ejus non nisi semel in anno agebatur, et ideo hac die et passio et inventio ejus colebatur. Moderni autem ei devoti in die passionis ejus inventionem ejus agendam decreverunt, quia generale Ecclesiæ institutum mutare nefas putaverunt, et quia totum ad laudem Dei refertur quicquid a fidelibus honori sanctorum quolibet tempore exhibetur; quem jubemus in sanctis suis laudare et in omni tempore benedicendo magnificare. Itaque, karissimi, implorate sanctum Stephanum ut vester interventor sit apud Deum, ut possimus eum in hoc imitari quo valeatis pro inimicis vestris deprecari, ut quia Stephanus dicitur coronatus mereamini cum illo in illa gloria coronari quam nec oculus vidit, nec auris audivit, nec in cor hominis ascendit, quæ Deus omnibus diligentibus se præparavit. Amen.

Si ecclesia est in honore sancti Johannis, ista sit vox de eo prædicantis.

Qui sunt hii qui ut nubes volant et quasi columbæ ad fenestras suas (*Isa.* LXVI). (f° 26 v°) Nubes pluviam portant et aridam terram irrigant. Columbæ autem, cum per fenestras prospiciunt, non alias aves ut accipitres lacerare cupiunt. Sancti apostoli, karissimi, nubes fuerunt, qui arida corda habundanti doctrinæ pluvia largiter irrigaverunt; ubi gaudebant messem multam succrescere, unde sperabant se fructum centuplum in gaudio metere.

Quasi columbæ ad fenestras suorum oculorum mundana prospexerunt, quia mulieres, non ad concupiscendum ut adulteri, sed simplici et casto intuitu aspexerunt, et nichil de terrenis ut avari desideraverunt.

Ex quibus sanctus Johannes evangelista erat. Nubes affluentissima, qui sua doctrina melliflua ubique perfudit orbis climata quadrifida. Etiam felle carens invidiæ, ut simplex columba; unde a Domino in templo suo, id est in Ecclesia, locatus est ut firma columba. Præcipue castitatis mundicia radiabat vita. Doctrina, miraculis cunctas Ecclesias illustrabat. Unde quamvis de omnibus apostolis generaliter, de eo pronuntiat Scriptura specialiter : *Vox tonitrui tui, Deus, in rota. Illuxerunt coruscationes tuæ in terra tota* (*Psal.* LXXVI). Per tonitruum altisona Evangelii prædicatio notatur. Per rotam hic mundus figuratur qui celeri circuitione ut rota jugiter volutatur. In hac rota vox tonitrui Dei personat, dum grandisonus Johannis Evangelii clangor mundo intonat. Coruscationes quoque Dei orbi terræ illuxerunt; dum per Johannem miracula Christi mundo innotuerunt.

Legitur quod in paradyso fons oriatur qui in quatuor capita dividatur (*Gen.* II). Per paradysum, qui *hortus deliciarum* dicitur, Ecclesia accipitur, in qua sunt Scripturarum deliciæ et quæ est vocata ad domum Dei ubi sunt gloria et divitiæ. In tali paradyso fons oritur, dum Christus, fons omnium bonorum, de casta Virgine nascitur. Quatuor flumina quæ inde oriuntur quatuor evangelistæ intelliguntur, quia largifluo dogmate perfuderunt totum hortum Ecclesiæ. Hii quatuor fluvii spirituales dant Ecclesiæ sapores tales : Unus quidem lacus nutrimentum, alter autem præbet olei fomentum, tercius vini saporem; quartus exhibet mellis dulcorem. Lacte infantes nutriuntur. De Matthæi Evangelio lac Ecclesiæ manat, dum Christum pro bonis parvulum factum et lacte (f° 28) nutritum clamat. Oleo infirmi curantur. De luce Evangelio oleum Ecclesiæ funditur, dum Christi cruore nostræ infirmitates curatæ ab eo referuntur. Vinum libentes lætificantur. Marci Evangelium Ecclesiam vino potat, dum Christi resurrectione apostolos lætificatos memorat. De Johannis Evangelio mel distillat, dum divinitatem, quæ est dulcedo angelorum, dulciter Ecclesiæ insinirat [*leg.* insinuat]. Quod quia propheta in eis significari prævidit, eos in quatuor animalium figuris describit. Per formam hominis Mathæus figuratur, per quem humanitas Christi stilo exaratur. Per vituli speciem Lucas notatur, per quem Christus vitulus saginatus pro nobis mactatus prædicatur. Per leonis figuram Marcus monstratur, a quo Christus a mortuis ut leo resuscitatus memoratur. Per aquilæ similitudinem Johannes declaratur, a quo Christus in gloriam Patris convolasse manifestatur.

Hoc etiam quatuor mundi plagæ de eis intimant, dum considerantibus hæc figuraliter insinuant. Per aquilonem, ubi sol sub terra latet, Mathæus exprimitur, a quo divinitas Christi sub carne latuisse describitur. Per occidentem, ubi sol occumbit, Lucas exprimitur, a quo sol Christus occubuisse moriendo dicitur. Per orientem vero sol cottidie surgit ; per hunc Marcus intelligitur, a quo Christus sol justitiæ a mortuis resurrexisse traditur. Per meridiem, ubi sol in centro cœli fervet, Johannes innuitur, a quo sol æternus in majestate divinitatis clarescere exponitur.

Hii sunt quatuor anuli aurei quibus portabatur archa testamenti. Archa est sancta Ecclesia, anuli quatuor Evangelia quibus portatur ad æterna tabernacula. Hii sunt Aminadab quadrigæ quibus archa Dei de alienigenis revecta est ad domum patriæ (*I Reg.* VII ; *Cant.* VI). Archa Dei capta est ab Allophilis ; sed reducta est Hierosolimam in sacerdotis Ammadab quadrigis. Archa Dei est Ecclesia, quæ capta est ab Allophilis, dum subdita fuit idolis. Quam verus sacerdos Jesus de hostibus ad Hierosolimam in quadrigis revexit, dum eam doctrina quatuor evangelistarum ad cœlestem patriam subvexit. Ex quibus hic Johannes præcipuus fuit qui totum mundum sua prædicatione perfudit.

De hoc legitur Johanne quod fuerit filius domin. materteræ. Qui nuptias celebrans Christum cum matre sua invitavit ; sed deficiente vino, Christus, aquam in vinum commutans, convivas lætificavit (*Joan.* II). Hoc viso Johannes sponsam suam deseruit, Virginis filio ipse virgo adhæsit. Et quia (f° 28 v°) carnis copulam ejus amore despexit, Christus eum præ omnibus apostolis dilexit. Cum enim Regina austri corpus et sanguinem suum discipulis suis tradidit, Johannes supra pectus Jesu recubuit (*Joan.* XXI), et de hoc fonte sapientiæ tunc potavit, quod postmodum mundo eructavit, archanum, verbi scilicet in Patre reconditi, quia in pectore Jesu sunt omnes thesauri sapientiæ et scientiæ absconditi (*Col.* II). Denique in ara crucis cum se Christus hostiam Deo Patri pro mundo immolaret, et de principe mortis triumpharet, cernens comminus matrem suam cum Johanne cruci astare, optimum duxit Virginem virgini commendare (*Joan.* XIX). Postquam vero Christus, carcerem hujus mundi deserens, cœleste palatium revisit et spiritum sanctum de paterna sede discipulis misit, Johannes cum Petro, Spiritu sancto plenus, templum Domini intravit et claudum in nomine Jesu Christi sanavit, ac multos Judæos proinde per verba eorum ad fidem conversos baptizavit (*Act.* III). Cumque summi pontifices eum et alios apostolos ob hoc plurimis flagris affecissent, gaudebant quod talia pro nomine Domini pertulissent (*Act.* V).

Cum vero post lapidationem Stephani Samaria recepisset verbum Domini per prædicationem Philippi, Stephani condiaconi, miserunt apostoli Petrum et Johannem ut baptizatos confirmarent, sicut adhuc episcopi in Ecclesia facere solent (*Act.* VIII). Postquam fideles per impositionem manuum eorum Spiritum sanctum acceperunt, Symonem Magum, qui hanc gratiam emere voluit, cum omnibus suis sequacibus damnaverunt (*ibid.*). His transactis migravit Johannes in Asiam et verbo atque exemplo, signis et prodigiis, totam traxit ad Domini gratiam. Eo tempore tenuit Domicianus monarchiam, qui

Apostolum comprehendi et duci jussit Romam, ubi præsente senatu eum in dolium ferventis olei misit. Sed Dei gratia protegente illæsus exiit. Deinde in Pathmos insulam eum exilio relegavit, ubi eum Dominus per angelum suum crebro visitavit, et ei omnia Ecclesiæ mysteria futura revelavit. Postea imperator a gladiatoribus consultu senatus trucidatur, et Apostolus Ecclesiæ Dei cum honore redonatur. Qui scripto et prædicatione ubique Ecclesias instruxit, omnes hæreses undique destruxit; interea multis præclaris miraculis fulsit quibus mundo ut sol in tenebris luxit. Virgas namque silvestres in aurum et litorea saxa in gemmas commutavit, et rursum aurum in virgarum naturam et gemmas in saxorum substantiam restauravit; viduam quandam de morte resuscitavit, juvenem nihilominus defunctum (f° 30) ad vitam reparavit; vas vitreum quod in multas particulas dissiluit pristinæ sanitati restituit; venenum in Christi nomine non solum illæsus ebibit, sed etiam inde extinctos vitæ rursum reddidit.

Ut nullus vestrum de magnitudine facinorum suorum diffidat, sed firmetur in misericordia Dei et in oratione sancti Johannis confidat, vobis volo unum de eo breviter narrare quod spero animas vestras lætificare.

Quendam juvenem sanctus Johannes cuidam episcopo nutriendum commendavit, quem episcopus baptizatum cum omni diligentia educavit. Deinde paulatim cœpit eum remissius habere et, ut senes solent, in nullo adolescentem corrigere. Ille ut sensit sibi frena disciplinæ abstracta, jugo Domini mox excusso, totus præceps fertur per viciorum anfracta. Et primo quidem voracitate et ebrietate delinitur, deinde meretricum illecebris irretitur, exin furibus associatur, ad extremum latronibus, ipse violentus latro, principatur. Evoluto tempore, cum Johannes ad Ecclesiam eandem vocatus venisset et omnia propter quæ venerat oportune disponeret, ab episcopo poscit sibi juvenem repræsentari quem commendasset ad cœleste regnum educari. Episcopus cum lacrymis eum mortuum protestatur, quia in faucibus montium cum latronibus princeps latronum moratur. Johannes hoc audiens graviter ingemuit, lacrimas uberrimas fudit. Mox sibi equum et viæ ducem dari postulat, ad montana festinus properat. Quem protinus caterva latronum circumdedit; sed ipse intrepidus colloquium principis eorum petiit. Ipse truculentus et armatus veniens, ut eminus Johannem recognovit, fugam iniit. Quem Johannes insequitur emisso equo, talia vociferando. « Cur, fili, fugis inermem senem? Cur exhorres tuum patrem? Sta, fili, sta, et exspecta. Rationem Deo redditurus sum pro anima tua. Certe libenter pro te mortem excipio, sicut Christus eam pertulit pro mundo. Sta tantum, ne desperes. Promitto tibi, remissionem peccatorum a Deo recipies. » Hoc audito confestim de equo decidit, Johannis ad genua procidit, denuo se baptizat lacrymarum flumine, occultans dextram consciam de crimine. Quam Johannes protrahit, osculatur, multis blandiciis ferocem ejus animum ad pœnitentiam cohortatur, secum ad ecclesiam provocat, vigilias et jejunia cum eo continuat, et bene emendatum reddidit matri Ecclesiæ; atque adjungens exemplum divinæ clementiæ, prius crudelem latronem eidem Ecclesiæ præfecit nobilem pastorem.

Sed beatus Johannes, karissimi, si adhuc in fragili carne manens in tantum potuit (f° 30 v°) peccatoribus subvenire, quanto magis nunc cum Christo regnans cunctis eum invocantibus prævalet intervenire. Huic Dominus jam grandævo cum discipulis suis apparuit et eum ad cœleste convivium invitavit. Ille gratias agens Christum se ad angelicas epulas invitare, fossam sibi aperiri jubet ante altare, convocatoque universo populo missas celebravit, omnes Dominicis sacramentis communicavit, deinde fossam descendit, et subito lux inmensa de cœlo super eum resplenduit. Post hæc in fossa illa non nisi manna inveniebatur, de quo usque hodie cunctis fideliter petentibus salus præstatur. Unde creditur sanctus Johannes in illo lumine ab angelis ad cœlestia raptus fuisse et in ipso raptu carnis debita per mortem solvisse, moxque vitæ restitutum, quod Ecclesia de omnibus justis in ultimo die in carne viventibus credit futurum, quod scilicet obviam Christo in acra rapiantur et in ipso raptu moriantur ac protinus vitæ restituantur.

Hujus dormitio in natali sancti Johannis Baptistæ contigit; sed eam Ecclesia, ejus doctrina illustrata, hodie solemniter recolit, ob excellens æquivoci sui Johannis Baptistæ officium qui aliis sanctis fuit incomparabilis, seu quod ob reversionem ejus ab exilio hic dies fuit honorabilis, sive ob dedicationem ipsius ecclesiæ venerabilis.

Nunc, karissimi, in auxilium vestrum invocate hunc, assiduis precibus pulsate, ut quia Johannes sonat *Dei gratia*, vobis et omnibus christianis obtineat omnipotentis Dei gratiam in superna patria, quatenus post hujus vitæ terminum exultetis cum eo in perpetuum in illa gloria quam oculus non vidit et auris non audivit et cor hominis excogitare non potuit. Et reliqua.

Si populus in festivitate Innocentum confluxerit, hæc de eis loqui licebit.

Isti sunt sancti qui non inquinaverunt vestimenta sua, ambulabunt mecum in albis, quoniam digni sunt (*Apoc.* III). Sacra Scriptura, karissimi, vocat corpora vestimenta, quia sicut corpus vestimento cooperitur, ita anima corpore vestitur. Per albas autem æterna lætitia accipitur. Qui ergo corpora sua post baptismum gravibus criminibus non inquinabunt, in sempiterna lætitia cum Christo ambulabunt. Isti sancti Innocentes dicuntur, quorum hodie sollemnia aguntur; quia nulla sorde corpora sua unquam commaculaverunt, immo proprio sanguine ab originali peccato ea lavantes, candida fecerunt, et ideo cum Virginis Filio in sanctorum gaudio ambulare meruerunt. Hii etiam flores martyrum dicuntur, quia ita eos (f° 32) secuta est seges martyrum, quemadmodum fructus flores secuntur. Hii quoque primiciæ appellantur, quia sicut in lege primi fructus, ita ipsi in Ecclesia primi Deo immolantur. Qualiter hii sint immolati breviter refero vestræ karitati.

Nato Domino, stella præ cæteris rutilans apparuit, per quam Regem syderum in mundum venisse cunctis claruit. Quia visa, tres reges de Chaldæa Hierosolimam venerunt, et stellam sequentes, Regi recens nato preciosa munera obtulerunt. Hoc audito, Herodes rex turbatur, successorem regni suspicatur. Magos rogat sibi locum pueri renuntiare, dicens se etiam velle eum adorare, crudelis et impius disponens callide illum mortificare qui venit cunctos vivificare. Illi vero ab angelo in somnis adorsi, alia via in patriam sunt reversi (*Matth.* II). Quos Herodes metuens ad rebellandum sibi puero adducere manum militiæ, persecutus est eos usque in Tharsum Cylyciæ.

Interea Herodes apud Augustum reus accusatur, cujus imperiali jussu Romam advocatur. Qui mox Romam properat, de objecto crimine se strenue purgat, et invenit Augusti gratiam ita ut ei concederet portare coronam. Interea jubet angelus Joseph cum Maria et puero in Ægyptum pergere, dicens Herodem eum quandoque velle perdere (*ibid.*). Qui cum in Ægyptum ingrederentur, ad introitum Christi idola corruisse referuntur. Fertur etiam, cum Hermopolim civitatem intrassent, quod arbor Persicus alta, dæmonibus consecrata, coram Salvatore se usque ad terram inclinasset, quæ post multos ibidem annos duruit et suo fructu, vel suco, vel cortice, vel foliis multis multa beneficia sanitatum contulit. Herodes reversus cum gloria Hierosolimam, puerum priori anno natum, sibi suspectum, et a magis se illusum reduxit in memoriam, et in Bethleem omnesque fines regni sui misit, cunctos pueros infra tempus unius noctis et duorum annorum natos occidit. Tunc matrum et amicorum lugentium talis exoritur ploratus qualis olim erat apud Gabaon ululatus, cum tribus Benjamini, qui fuit filius Rachel, a filiis Israel exterminaretur, et clamor luctus longe lateque audiretur (*ibid.*), qualiter hoc contigit dicendum vobis erit.

Juvenis quidam uxorem de Bethleem accepit, quam ad patriam ducens postea deseruit. Quæ ad parentes suos revertitur. Sed juvenis eam ad Bethleem sequitur, ubi a parentibus puellæ susceptus uxori reconciliatur et ei denuo copulatur. Quam secum ducens ad patriam pergit, et in itinere (f° 52 v°) ad Gabaon, hospitandi gratia, divertit. Porro Gabaonitæ adolescentes noctu convenerunt et concubinam ejus ad mortem usque constupraverunt. Qui mane surgens cadaver in duodecim partes divisit, partes per duodecim tribus Israel misit, ut zelo Dei et legis se congregarent, patratum zelus [*leg.* scelus] quantotius vindicarent (*Judic.* xxi). Congregati ergo ex omnibus tribubus nuncios ad Gabaonytas miserunt, ut traderent puniendos qui hoc facinus commiserunt. Qui audientes rennuerunt; immo ex omni tribu Benjamin in Gabaon conglobati pertinaciter restiterunt. Itaque exercitus civitatem obsedit et pugnantium multitudo ad quadraginta milia utrinque cecidit. In Gabaon namque viri fortissimi morabantur, qui ita sinistra ut dextera præliabantur. Igitur filii Israel, fugam simulantes, insidias posuerunt et callide de civitate abstractos ad viginti milia occiderunt. Pauci vix evaserunt. Victores civitatem ingrediuntur. Omnes viri gladio interficiuntur. Ipsam civitatem vorax flamma comburit. Parvulos et mulieres simul incendium consumit (*Judic.* xx). Tota regio vastatur. Uterque plebis sexus ferro et igne exterminatur. Tunc maximus ortus est ploratus, ita ut in Rama procul inde audiretur ululatus, Filii Rachel absque consolatione deplorantur, quia vix pauci superstites inveniebantur (*Jud.* xxi).

De hac historia propheta Hieremias similitudinem assumit, et Hierosolimam et tribum Juda, qui erat filius Liæ, sororis Rachel similia passurum a Babyloniis prædicit (*Jer.* xxxi), quod mox etiam ita accidit. Nam Babylonii Hierosolimam oppugnantes destruxerunt, et tribum Juda ferro et igne consumpserunt. Reliqua plebs est in captivitatem ducta; sed Babylonia post a Cyro et Dario destructa. Hoc totum quia in figura contigerit evangelista in Ecclesia implendum dicit, quod vobis breviter explanandum erit. Per Liam Synagoga accipitur, de cujus genere Christus nascitur. Per Rachel Ecclesia insinuatur, cui Christus copulatur. Filius Liæ a Nabuchodonosor captivatur, et populus Judaicus a diaboli servitio subjugatur. Filius vero Rachel ferro et flamma perimitur, et populus Christianus variis cruciatibus in hoc mundo subigitur. Duæ civitates, Gabaon et Hierosolima, quæ incenduntur ydolatria et Judæorum superstitio intelleguntur, quæ ambæ ardore Spiritus sancti consumuntur. Juvenis qui conjugem de Bethleem duxit est Christus qui sibi Ecclesiam conjunxit per humanam naturam quam in Bethleem sumpsit. Juvenis uxorem deserit, et post veniens ad patriam ducit: (f° 34) et Christus Ecclesiam in hoc mundo ad laborem relinquit, quam post veniens ad supernam patriam reducit. Et notandum quod hæc eadem concubina describitur, quia concubina ad servitium exponitur, legitime uxor libertate potitur. Ita Ecclesia cnunc ut ancilla in labore exercetur; postea ut domina libertate fruetur. Per Gabaon hic mundus notatur. In qua concubina constupratur, quia Ecclesia in hoc mundo ab hæreticis pravo docmate turpiter defœdatur. Quæ in duodecim tribus vindicanda mittitur, quia duodecim apostolis defensanda committitur. Gabaon obpugnatores sunt sacræ fidei doctores qui scriptis et factis hæreticos et hujus mundi impugnant amatores. Civitas demum cum habitatoribus suis comburitur : et hic mundus ad extremum cum suis amatoribus incendio flagrabitur. Per Rachel, quæ ovis dicitur, Ecclesia accipitur quae filios suos lacte doctrinae pascit et lana bonorum operum vestit. Per filium ejus Benjamin, quod *filius dextrae* sonat, Christianus populus declaratur qui ad dexteram Dei in judicio constitutus ad regnum Patris vocatur. Cujus ploratus super filios suos hic non consolatur, sed tristitia ejus in plenum gaudium converti praestolatur. Hierosolima autem a Babyloniis vastatur quia Ecclesia a persecutoribus diversis poenis cruciatur. Sed ipsa Babylonia a duobus regibus debellatur, quia hic mundus a duabus legibus jugiter impugnatur. Et quia haec persecutio sub Herode in infantibus coepit, et sub Antichristo finem habebit, ideo haec omnia evangelista ad Ecclesiam retulit.

Nabuchodonosor namque figuram Antichristi habuit, quia populum Dei captivavit et tres pueros in caminum ignis jactavit. Ita et Antichristus fidelem populum servitio sibi subjugavit et tres filios Noe, Sem, Cham et Japhet, de quibus impletae sunt tres partes terrae, Asia, Africa et Europa, in caminum persecutionis praecipitabit.

Hujus quoque typus in Antiocho praecessit qui septem Machabaeos cum matre sua tormentis crudeliter oppressit (*II Mach.* vii) : ita Antichristus septem Ecclesias ad quas Paulus et Johannes in Apocalypsi (*Apoc.* i) scribit, cum matre universali Ecclesia atrocibus suppliciis addicit. Hujus figuram Herodes tenuit qui parvulos neci praebuit : ita et Antichristus parvulos a matribus abstrahere imperabit et duris poenis cruciabit. Porro Rachel filios suos plorat, quia Ecclesia magno gemitu judicium Dei super cruciatum martyrum implorat. Quae tamen hic non recipit consolationem, quia in futuro pro pacientia habebunt aeternam remunerationem. Infantes occiduntur, quia cruciatus corporis a Christo non suscipiuntur nisi qui invidia (f° 34 v°) carentes et in malicia simplices pro Domino moriuntur. Bimi, id est duorum annorum tempore nati, mactantur, quia in utroque Testamento pro duobus praeceptis dilectionis trucidantur. Christus in Aegyptum ducitur quod *tenebrae* dicitur, quia de Synagoga migrat et gentes quae tenebrae erant viscrat [f. visitat]. Mortuo impio rege in Judaeam revertitur, quia deleta infidelitate in praedicatione Enoch et Heliae, ad Judaeam per fidem regreditur. Herodes post infantium occisionem, post propriae uxoris interfectionem, gravissimum dolorem incidit, et diversos cruciatus pertulit. Qui cum a medicis curari non potuit, se propriis manibus occidit. Et ipse nunc quidem stridet in aeterno supplicio. Isti autem nunc triumphant in perenni gaudio.

Hodie *Gloria in excelsis*, et *Alleluia* (144), quod est cantus laetitiae, non canitur, quia Ecclesia luctui matrum infantum compatitur, et quia illa gloriosa turba infantium ad tartara descendit usque dum eos Christi sanguis post triginta annos inde redemit.

Notate, karissimi, quod agoniteta noster Christus adhuc parvulus parvulorum turbam in prima acie pugnae statuit, juvenis autem factus turbam martyrum in hostium cuneos produxit : quia videlicet spirituale bellum inchoandum est contra vicia per humilitatem, deinde contra perfidos gerendum per manifestam praedicationem. Rex quippe angelorum indixit bellum adversus regem superbiae filiorum (*Job* xli). Qui humilis et parvus civitatem tyranni, scilicet Babyloniam hujus mundi, intravit ; et mox exercitum parvulorum congregavit, quia venit humiles erigere atque per eos superbos dispergere. Postquam autem ipse pugnando regem superbiae prostravit, totam cohortem suorum militum in agmina hostium destinavit. Quos victores de viciis seu persecutoribus in coelesti curia coadunabit, triumphantes perenni gloria laureabit.

Hos, karissimi, deposcite tota devotione ut vobis et toti Ecclesiae fautores apud Christum existant devota oratione, quatenus post hanc aerumnosam vitam cum illis possideatis sempiternam gloriam quam oculus non vidit et auris non audivit, et caetera.

In octavis Domini rarius debes sermonem facere, ne vilescat, et ut verbum Dei parcius dictum auditoribus dulcescat. Pro tempore quoque debes aliquando sermonem breviare, aliquando vero prolongare.

Descendi in hortum nucum ut viderem poma convallium (*Cant.* vi). Filius Dei, karissimi, dicit se in hortum nucum descendisse et (f° 56) convallium poma vidisse. Hortus est Ecclesia, nuces sunt diversa sanctorum agmina. In nuce tria considerantur, per quae tres ordines in Ecclesia designantur. Per exteriorem scilicet corticem conjugati, per testae fortitudinem praelati, per nuclearem dulcedinem contemplatione indulcorati denotantur. In hunc hortum ad tales nuces Dominus descendit cum de coelis in hunc mundum in humana forma venit. Convalles sunt humiles, poma bonae actiones. Filius Dei venit videre poma convallium, id est remunerare vota et opera humilium. Qui in hoc horto, fratres, nuces non erunt, nec convalles facti poma bonorum operum ferunt, hii partem in regno Dei non habebunt. Imo si infructuosi ut steriles ficus terram occupant, securis Dei eos ut arida ligna de hoc horto amputat, et in caminum ignis, id est in infernum praecipitare imperat. Et qualiter Dominus in hunc hortum descenderit Propheta nobis dicit : *Dominus sicut pluvia in vellus descendit* (*Psal.* lxxi) ; et : *Sceptrum exactoris sicut in die Madian superavit* (*Isa.* ix). Cum populus Dei olim a Madianitis propter peccata graviter opprimeretur, et Gedeon hostes expugnare ab angelo praeciperetur, petit Gedeon a Deo signum per quod speret de hoste triumphum. Domino vero annuente, vellus in aream

---

(144) Cod. *aevia*, omissa compendii nota.

campi exposuit, et tota nocte ros cœlitus in vellus descendit et area sicca remansit. Congregatis igitur decem milibus, occurrit populi Dei hostibus qui erant castrametati ad centum viginti milia. Jussu vero Dominico exercitus ad flumen ducitur. Tali modo probatus; ab invicem dividitur, trecenti potum manibus hauserunt, reliqui vero flexo poblite ore biberunt. Qui trecenti hostibus obviam ire, alii jussi sunt domum redire. Trecenti itaque tubas et lagenas sumpserunt, lampades lagenis incluserunt, noctu improvise in castra hostium veniunt, tubis clangunt, lagenas complodendo frangunt. Lumina quæ intus latebant apparuerunt, et hostes territi omnes fugerunt. Quos persecuti plures occidunt, pauci vix evadunt. Reversi omnes prædam dividunt. Sic trophæum Gedeon, superatis inimicis, reportat, et populum Dei ab oppressione liberat (*Judic.* vi, vii). Quis umquam audivit, fratres, obviam ire armatis hostibus cum lagenis et lampadibus? sed quia in figura contigerunt prophetæ David et Esayas ad Christi Incarnationem hæc retulerunt. Per Madian namque diabolus intelligitur a quo populus Dei ante Christi adventum crudeliter opprimitur. Gedeon, qui (f° 56 v°) populum oppressum liberat, est Christus qui genus humanum a servitute diaboli reduxerat. Vellus positum in area est beata Virgo, electa de Synagoga. Ros in vellus descendit et area sicca remansit, quia beata Maria de Dei virtute et Dei sapientia inmaduit, et Synagoga in infidelitate aruit. Campi quoque ariditas est sanctæ Mariæ virginitas, velleris humiditas est matris Christi fecunditas. Dominus ergo sicut pluvia in vellus descendit, quia matris fecunditatem attulit, virginitatem non abstulit. Exercitus ad aquam probandam ducitur, quia populus salvandus Christi baptismate abluitur. Trecenti qui manibus potum hauriunt, sunt hii qui in fide sanctæ Trinitatis baptismum percipiunt, et hanc fidem per decalogum legis implebunt, ideo hostes, id est vicia et dæmones expugnabunt. Hii vero [qui] flexis genibus bibunt, sunt hii qui, percepto baptismo, ut bruta animalia vivunt, et hii quia contra hostes non ibunt ob inertiam interibunt. Trecenti sono tubarum castra hostium perturbant, quia apostoli et alii Ecclesiæ doctores clangore altisonæ prædicationis turbas dæmonum propulsant. Porro per lagenam Christi humanitas, per lampadem intus latentem intelligitur ejus divinitas. Lagena frangitur et lumen latens ostenditur, atque hostium caterva perterrita in fugam vertitur, quia caro Christi in passione confracta velut testa exaruit, et lumen divinitatis ejus per miracula in mundo claruit, multitudo dæmonum a fidelibus disparuit. Gedeon, potita victoria, cum pompa prædæ regreditur, et populus a formidine hostium eruitur, quia Christus devicto inferno cum nobili triumpho ad cœlum revertitur, et populus fidelis a diaboli jugo liber efficitur. Tunc quippe sceptrum exactoris superat, quia violentiam diaboli, qui indebitum servitium ab humano genere jugiter exigebat, virtute crucis proculcat.

Qui hodie circumcisionem ideo accepit quia venit implere legem quam dedit. Primus autem Abraham circumciditur, cui etiam Christus repromittitur. Idcirco vero in genitali membro fiebat circumcisio, quia in eo primis parentibus post peccatum orta est confusio. Et ideo voluit hanc Christus in suis membris tolerare, quia venit confusionem originalis peccati amputare.

Et debetis, fratres karissimi, scire quod nunquam est salvatus nisi aliquo modo baptizatus. Aliqui namque baptizati sunt ut Abel sanguinis effusione, ut plurimi in figura, ut Noe in diluvii effusione, plerique in signo, ut Abraham et sua posteritas in circumcisione, (f° 38) multi in Spiritu sancto, ut Christiani in aquæ inmersione; sed quia omnia legalia Christus nobis convertit in sacramenta spiritualia, debemus nos non unum membrum ut Judæi ferro mutilare, sed de singulis sensibus nostris vicia tali modo amputare. Visum debemus circumcidere, ut mulieres nolimus ad concupiscendum aspicere. Auditum circumcidimus si hunc a praviloquio obstruimus. Labia et lingua circumciduntur si a mendaciis, a perjuriis, a detractionibus restringuntur. Cor circumciditur si in vanis cogitationibus vagari non sinitur. Manus circumcidimus si eas ad malum operandum arma non efficimus. Genitalia circumcisione purgantur si a libidine refrenantur. Pedes circumciduntur si ad malum currere non permittuntur. Et ut in Christo per omnia innovemur, per aves etiam edocemur. Dicitur quod aquilæ senescenti cornu oris in tantum incurvetur ut etiam usu edendi privetur; quæ hoc sentiens tandiu ad petram acuit donec curvitas illa prosilit et sic ad esum recuperatur et denuo ejus juventus innovatur. Sic nos, karissimi, cum in flagitiis senescimus, et ab esu vitæ deficimus, debemus per confessionem ad petram Christum currere, et per pœnitentiam duritiam maliciæ nostræ acuere, et tunc in nobis illa juventus per gratiam renovatur quæ nobis in baptismate per Spiritum sanctum dabatur. Qui sic student nunc in Christo renovari, a Christo merebuntur quandoque in cœlis laureari. Sed heu! quidam miseri et nimium infelices de numero fidelium (quod cum gravi luctu dicere cogimur) hac sacra nocte ritum sectantur gentilium. Curiositate quippe illecti, immo a dæmonibus decepti, dum quædam nova et vana scire cupiunt, in grave animæ periculum corruunt. Christianam religionem profanant, animas suas nefandis sceleribus contaminant, Deum verum abnegant, diabolo se omnibus modis mancipant. Illos dico qui instinctu diaboli in desertis locis per maleficia dæmones invocant; aliis incognita ab his discere desiderant. Et necesse est ut his societur in damnatione quibus communicaverunt in collocutione. Et quale hoc nefas sit hinc potestis advertere, cum lex dicat: *Maleficos et ariolos ne paciaris vivere* (*Exod.* xxii). Canonica quoque censura pro tali scelere septem annos pœnitentiæ injungit, veluti illi qui sponte hominem occiderit. Quod enim homicidium homo potest majus committere quam animam suam immortalem tali flagicio perimere, Deum vitam (f° 38 v°) animarum relinquere et se diabolo mortis auctori subdere? Sed hii qui hac nocte ad sepulchra mortuorum aliquid sciscitantur, utique cum mortuis in infernum deputantur. Omnes etiam qui hac nocte ad aliquem fontem vel arborem vel lapidem, vel ad aliquem locum non consecratum quasi aliquid novi ibi cognituri currunt, vel si viri muliebrem vel mulieres virilem habitum pro quolibet maleficium [*leg.* maleficio] induunt, vel quicquam quod sane fidei contrarium sit hac nocte agunt, absque dubio in dominium diaboli se tradunt; sed qui eis talia facere consentiunt cum eis pereunt. Unde, karissimi, qui talia propter ignorantiam commiserunt, pœnitentiam, dum licet, inde agant, et amplius nihil tale committant et alios ab his prohibeant. Quod si neglegunt, velint nolint, socii dæmonum quos secuti sunt in æterno supplicio erunt. Vos autem, dilectissimi, quos Deus filios suos fieri voluit et hæredes regni sui constituit, talia abhominando devitate; ad ecclesiam devote convenientes, Christum Dei Filium pro omnibus beneficiis suis collaudate, ipsumque verum Deum pro omnibus necessitatibus vestris invocate. Nullum opus Dei hodie quasi pro bono successu inchoate, sed ab omni servili opere ad laudem æterni Regis vacate, et ipse tribuet vobis habundanter vitæ necessaria, et post hæc quasi filiis confert sempiterna gaudia.

Hujus diei veneranda sollemnia augent nobis beati Basilii episcopi præclara merita. Hic præditus sapientia domum Dei, scilicet Ecclesiam, verbo et scripto egregie decoravit et tempora sua signis et prodigiis et virtutibus inclyte perornavit. Hujus etenim tempore Julianus summo regni apice fultus, Christum abnegans, ad diabolicos se transtulit cultus, plurimis Christianis bona sua proscripsit, ipsosque diversis suppliciis addixit. Qui cum exercitum contra hostes duceret, et se civitatem Basilii, prostrato hoste, subversurum diceret, Basilio vigilante et orante cum omni populo in sanctæ Mariæ oratorio, idem Julianus, dum custodia militum vallatur, jussu Dei Genitricis a quodam martyre Mercurio perforatur, et sic Basilii civitas ab instanti periculo liberatur.

Cuidam heremitæ, Effrem nomine, est revelatum quia columna ignis est Basilius. Qui surgens venit ad eum. Interim dum Basilius missarum sollemnia celebravit, flammam de ore ejus surgere idem Effrem vidit, quæ cœli alta petiit. Qui exclamavit (f° 40) protinus : « Vero columna ignis est Basilius. » Celebrata missa rogat Basilium sibi notitiam Græcæ linguæ a Deo impetrari; qua mox, Basilio orante, meruit divinitus ditari.

Juvenis quidam in amore puellæ monialis deperiit; qui instinctu diaboli in scripto Deum abnegavit, et sigillans manu scriptum cum ipso propriis manibus in dominium diaboli se mancipavit. Quem Basilius diabolo abstulit, manu scriptum diabolum reddere compulit et perditam ovem bonus pastor gregi restituit.

Kartam in qua quædam mulier cuncta crimina sua descripsit et sigillatam ad Basilium attulit divinitus deleri precibus obtinuit.

Quidam medicus Hebræus ei instantem mortem prædixit; sed Basilius orando horam mortis distulit et Hebræum per fidem numero fidelium addidit. Hoc peracto in gaudium Domini sui introivit. Quem Deus super omnia bona sua constituit. Hunc, karissimi, pro peccatis vestris poscite fieri apud Deum intercessorem, ut post hujus vitæ exilium mereamini cum illo in superna patria obtinere illius gloriæ honorem, quam oculus non vidit nec auris audivit, et cætera.

DE EPIPHANIA DOMINI.

Surge, illuminare, Hierusalem, quia venit lumen tuum et gloria Domini super te orta est (*Isa.* LX). Sancta Ecclesia, karissimi, Hierosolima nominatur, quod dicitur *visio pacis*, quia æternam et veram pacem visura est, Christum videlicet in cœlis. Huic in mundo desideriis jacenti dicitur : *Surge*, id est terrena respuens ad cœlestia appetenda te subrige, et tunc a vera luce merceberis illuminari et donis Spiritus sancti illustrari.

Quia venit lumen tuum, Christus, cujus pulchritudinem sol et luna mirantur et in quem angeli prospicere desiderantes saciando non saciantur. Qui est omnium angelorum lux et gaudium, ipse venit ut illuminet omnem hominem venientem in hunc mundum (*Joan.* I). Hic lumen Ecclesiæ vocatur quia ab eo ut luna a sole illustratur.

Et gloria Domini super te orta est. Gratia Domini claritudo miraculorum et doctrinæ Christi fuit, quia huic mundo gloriosus et admirabilis innotuit. Super Ecclesiam orta est hæc gloria, quia signis et doctrinis Christi tracta est ad gloriam de ignominia.

Ecce tenebræ operient terram et caligo populos (*ibid.*). Terra vocatur Judæa quæ aratro sacræ Scripturæ erat arata. Hanc (f° 40 v°) operient tenebræ peccatorum et caligo infidelitatis populos paganorum. *Super te autem Dominus oritur* (*ibid.*), quia per Scripturam et prædicationem cunctis fidelibus innotescit.

Et gloria ejus in te videbitur (*ibid.*), scilicet ubi non per speculum in ænigmate, sed sicuti est facie ad faciem Deum justi videbunt, ubi a splendore claritatis ejus illustrati, ut sol fulgebunt; ubi fugiente dolore et gemitu gaudium et lætitiam sempiternam obtinebunt.

Qualiter hoc lumen mundo illuxerit evangelista nobis in Evangelio dicit. Cum Christus sponsus Ecclesiæ de thalamo virginei uteri processit, stella rutilans veniente luce tenebras detersit et Regem stellarum venisse expressit. Qua visa tres reges ab Oriente ad regiam urbem Hierosolimam venerunt, et cum muneribus natum Regem quæsierunt. Hoc audito Herodes rex cum omnibus suis turbatur, successorem regni suspicatur, locum nativitatis Christi a legis doctoribus sciscitatur. Quem ut in Bethlehem nasci debere audivit, magos ad inquirendum puerum in Bethlehem misit, dicens se iturum adorare puerum regem futurum, cogitans miser vitam auferre cui potuit cunctis vitam conferre. Magi autem, postquam ab impio rege discesserunt, mox stella duce cupitum iter peregerunt. Illa vero, ut eos ad Bethlehem perduxit, super domum in qua cœli habitator hospitabatur, gradum fixit. Tunc illi tres nimium felices feliciter domum cum tribus muneribus intraverunt, et tres ultra omnes homines et angelos felicissimos invenerunt, videlicet Dei Unigenitum æternam felicitatem præstantem, ejus Genitricem felicitatem omnium in gremio gestantem, et Joseph felicitatem angelorum propriis manibus contrectantem. Protinus eum ut Deum adoraverunt, ut regi munera obtulerunt, quia quem reges et prophetæ non meruerunt, pro nobis mortalem factum invenerunt. Qui in somnis ab angelo admoniti, ad Herodem redire non permittuntur; sed per aliam viam in regionem suam revertuntur (*Matth.* II).

Quid hoc totum significet, karissimi, breviter refero vestræ dilectioni. Quod tres magi ad Dominum venerant, significat quod tres partes mundi, Asia, Affrica, Europa fidei sanctæ Trinitatis colla subdere debebant. Quod tercia decima die venerunt, denunciat quod tres partes mundi decalogum legis per Evangelium receperunt. Ter quoque quatuor faciunt duodecim. Absque die Natalis Domini duodecim dies computantur; quia per duodecim apostolos quatuor mundi plagæ ad fidem sanctæ Trinitatis convertebantur. (f° 42) Rex impius qui de illorum adventu turbatur est diabolus qui fidelibus in via salutis insidiatur. Stella quæ eos ad Christum ducit est sacra Scriptura quæ vobis iter ad vitam ostendit. Domus in qua Christus invenitur est Ecclesia vel superna patria ubi Dominus videbitur in gloria sua. Munera quæ magi offerunt sunt bona opera quæ fideles per fidem Deo persolvunt. Aurum ei offertur, dum rex omnium et principium nostræ redemptionis creditur. Thus ei immolatur, dum Deus super omnia se sacrificium Deo Patri pro nobis obtulisse prædicatur. Myrra ei sacrificatur, dum sua mortalitate putredo vitiorum nostrorum exterminata affirmatur. Hæc quoque tria munera nos Deo offerimus, si eum ubique regnantem, cuncta ut Deum gubernantem, pro nobis mortalem factum credimus. Magi in patriam redeunt per aliam semitam, quia nimirum necesse est ut nos qui per superbiæ viam venimus in hujus exilii miseriam, per iter humilitatis revertamur ad paradysi patriam. Hæc stella clarior sole fuit, unde et in die radians a sole obscurari non potuit, quia solem solis suo fulgore prætulit. Hæc etiam in cœlo, non cum aliis syderibus, sed in aere prope terram cucurrit, quia conditorem astrorum terris illuxisse innotuit.

Cur autem visa stella magi putaverint Dominum in Judæa inquirendum, paucis est vobis verbis dicendum. In libris suis legerant scriptum per prophetam ipsorum Balaam de Christo dictum : *Orietur stella de Jacob et consurget homo potens de Israel* (*Num.* XXIV). Cum Deus per Moysen populum suum de Ægypto duceret et iter per terram Madian ad terram repromissionis haberent, advocavit rex Balach sacerdotem idolorum Balaam, ut eis malediceret, et eos a regno suo maledicto averteret. Qui ascendens asinam, ad regem tendit. Sed ei angelus Domini cum igneo gladio in via obstitit. Insuper asina locuta prophetam increpuit. Tandem cum angelo permittente ad regem venisset, et eum rex in cacumen montis duxisset, intuitus castra filiorum Israel, Christum de eis nasciturum intellexit et hæc de eo prophetans prædixit : *Orietur stella ex Jacob et consurget homo de Israel, cujus fortitudo ut rinocerotis* (*Num.* XXIII, XXIV), et omnem terram sibi subjugabit. Qui postquam pecuniam a rege accepit, consilium contra eundem populum dedit, videlicet ut puellæ auro et gemmis ornatæ cum vino et ydolo venienti populo occurrerent, et dum eas ad commixtionem peterent, prius ydolo immolare cogerent, et sic offenso Deo per manus ipsius corruerent. Quod ita evenit. (f° 42 v°) Nam adolescentes vino inebriati in amore puellarum exarserunt, et libidine victi, ydolo Beelphegor immolaverunt, unde duodecim milia perierunt. Postea rex cum omni populo suo et impio consiliatore gladio transverberatur, et tota regio ferro et igne vastatur (*Num.* XXIII-XXV). Hæc, karissimi, in figura præcesserunt, sed nostra tempora designaverunt.

Populus qui de Ægypto ducitur per Moysen ad terram repromissionis, est Christianus populus qui per Jesum de hoc mundo ducitur ad patriam claritatis æternæ. Rex [*add.* qui] in via obstitit est diabolus qui multis modis nobis iter vitæ obstruit. Sacerdos qui asina vehitur est ordo malorum sacerdotum qui irrationabili desideriorum suorum motu regitur. Qui etiam ab asina increpatur, quia horum vita etiam a vulgo reprobatur. Propheta obmutescit et asina loquitur, quia clero tacente verbum Dei ab indoctis sæpe profertur. Unde dicitur : *Canes muti non valentes latrare* (*Isa.* LVI). Ob conscientiam pravæ vitæ a verbo Dei obmutescunt, et ne redarguantur contra perverse viventes, latratus prædicationis non edunt. Quibus angelo cum flammeo ense obsistitur, quia judicium æterni ignis in omni Scriptura eis prædicitur. Balaam montem scandens de futuris prophetat, et tamen peccunia (*sic*) corruptus populum Dei impugnat, quia et isti aliquando altitudinem scientiæ attingunt, de futura vita populo plurima prædicunt, et his tamen per reprobam vitam contradicunt. Unde per prophetam dicitur : *Vidi in monte quasi ædificium civitatis, et ecce terra ascendet super fenestras* (*Ezech.* XL). Civitas in monte ædificata est Ecclesia in Christo locata. Sacerdotes vero sunt fenestræ per quas lumen divinæ noticiæ debuit subjectis splendescere. Sed heu ! terra super fenestras crevit et lumen intrare non sinit, quia cupiditas terrenarum rerum visum multis sacerdotum excæcat, et ideo lumen divinæ scientiæ per eos minime in Ecclesiam radiat. Stella quæ de Jacob orta fulsit est Christus qui de genere Israel mundo illuxit, cujus virtus ut unicornis fuit; qui omnia obstantia cornu supprimit, quia Christus principatus et potestates mundi cornibus crucis perdomuit, et jam dudum cuncta regna suo imperio subdidit. Puellæ ornatæ cum quibus populus fornicatur et ad ydolatriam inclinatur, sunt pompæ et illecebræ mundi quibus populus irretitur et diabolico cultui subjicitur. Balaam interit gladio, quia sacerdotalis ordo, dux cæcus cæcorum, perit divino judicio. Demum rex cum populo exterminatur, et regio concrematur, quia ad ultimum diabolus cum omnibus membris suis damnabitur; (f° 44) et hic mundus quem pro patria dilexerant a flamma vorabitur.

Hodie etiam, dilectissimi, Christus a Johanne in Jordane post triginta annos baptizatur, et cœlum ei reseratur, et Spiritus sanctus in columbæ speciem super eum descendisse memoratur, et paterna vox dilectum Filium protestatur (*Matth.* III). Dominus, karissimi, non sua, sed nostra crimina lavit, et nobis baptisma suo ingressu consecravit. Cœlum ei patet et Spiritus descendens in eo manet, quia qui in ejus nomine baptisma consecuntur, Spiritu sancto replebuntur; et si columbæ simplicitatem imitantur, in cœlum cum Christo exaltantur. Per bestias etiam informamur ut veterem vitam deponentes nova induamur.

Fertur quod cervus, post [*leg.* postquam] serpentem deglutiverit, ad aquam currat, ut per haustum aquæ venenum ejiciat; et tunc cornuam (*sic*) et pilos excutiat et sic denuo nova recipiat. Ita nos, karissimi, post peccatum, debemus ad fontem lacrymarum currere et venenum peccatorum a nobis expellere, et cornua superbiæ ac pilos mundanæ superfluitatis deponere, et cornua fortitudinis contra vicia virtutum resumere.

Serpens quoque jam senex per angustum petræ foramen se contorquens vetustis exuitur et novis rursus induitur. Per serpentem quilibet peccator designatur qui in multis flagiciis inveteratur. Hic oportet ut ad petram Christum quantocius veniat, angustam viam quæ ducit ad vitam accipiat, veteri tunica viciorum expolietur, nova veste virtutum circumdetur.

Hodie etiam, dilectissimi, Dominus invitatus ad nuptias post annum baptismi sui, convivas exhilaravit dum deficiente vino sex ydrias aquæ in vinum commutavit (*Joan.* II). De hoc vino nos quoque potat, dum hæc nos specialiter intelligere docet. Sponsus namque est Christus; sponsa, Ecclesia; conviva, omnes ad vitam vocati; sex ydriæ, sex ætates mundi; aqua in vinum conversa, opera priorum in figura spiritualium gesta. In prima ætate Abel agnum Domino obtulit. Quem frater suus Cain occidit, et post hæc Dominus Enoch in cœlum transtulit (*Gen.* IV). De hac ydria aquæ verbum Dei scientibus vinum hauritur dum hoc mystice aperitur. Abel qui agnum sacrificium [*leg.* sacrificavit] est Christus, qui corpus suum pro nobis Deo Patri immolavit. Abel a fratre occiditur, et Christus a Judaico populo interimitur. Enoch de terra rapitur, et Christus post passionem in cœlum transfertur. In secunda ætate Noe plantans vineam vino inebriatur, dormiens denudatur, a filio subsannatur, a duobus veste velatur. Evigilans vero irrisorem servicio (f° 44) addicit, reliquos ad gloriam benedicit (*Gen.* IX). Hæc ydria aquæ convertitur cum tali modo intelligitur. Noe, qui vineam plantavit, est Christus qui Ecclesiam fundavit, qui poculo amaræ passionis inebriatus et a perfido populo irrisus deturpatur; sed a duobus velatur, id est ab Hebræis et gentibus, fidelibus turpitudo passionis ejus veneratur. Quia a somno mortis evigilans irrisorem populum Judaicum damnat, se honorantes ad vitam exaltat. In tertia ætate Joseph ob invidiam a fratribus venditur. A domina sua ob castitatem incriminatur, in carcerem retruditur, de carcere eductus toti Ægypto præponitur (*Gen.* XXXVII-LXI).

Hæc ydria aquæ suavis reficit nos sapore vini dulcioris. Joseph qui a fratribus distrahitur, est Christus qui a discipulo Judæis traditur. Qui a Synagoga ut ille a domina reus accusatur, neci damnatus sepulchro clauditur. De baratro rediens universo orbi principatur. In quarta ætate, David Goliam pugnans superat (*I Reg.* XVII), et Salomon templum Hierosolymis ex auro et gemmis ædificat (*III Reg.* VI). De hujus ydriæ aqua dulce vinum bibitur, dum tali modo accipitur. Golias a David sternitur, et diabolus in cruce vincitur. Templum in Hierosolima a Salomone auro et gemmis construitur, quia Ecclesia, quæ est templum Dei, a Christo in cœlis ex perfectis colligitur. In quinta ætate Jesus sacerdos cum captivis de Babylone remeat et ruinam templi in Hierosolimis reædificat (*Agg.* II). Hæc ydria aquæ nos vino inebriat, dum hæc spiritualiter gesta insinuat. Jesus, qui a Babylone cum captivis revertitur, est Jesus Christus, verus sacerdos, qui ab inferno reducens captivitatem, ad cœlum regreditur. Ruinæ templi ab Jesu in Hierosolimis reparatur, et ruina angelicæ curiæ per Jesum Christum restauratur. In septima ætate omnis populus ad Johannem venit, et ipse eos aqua abluens fideles ab infidelibus secernit (*Matth.* III). Hujus etiam ydriæ aquæ saporem vertit nobis Christus in vini dulcorem. Multitudo populi ad Johannem venit et eos in flumine separat, quia omnis populus ad Christum in ultimis congregatur et ab eo per igneum fluvium fidelis A ob tres causas sollemnem Ecclesia judicat et Regi ab infideli segregatur. Hunc, karissimi, debemus diligere toto affectu mentis qui vestras animas recreat talibus sacramentis qui vos ad nuptias suas invitavit et vino æternæ dulcedinis quandoque inebriabit.

stum diem etiam gentiles olim celebrem ducebant ob trinum triumphum quem hodie Romani Augusto Cæsari exhibebant, eo quod tria regna, scilicet Parthiam, Ægyptum et Mediam devincens Romano imperio (f. 46) subjugaverat. Hic [Hunc] nichilominus

ob tres causas sollemnem Ecclesia judicat et Regi omnium cum triumphali laude jubilat, quod videlicet tres partes mundi hodie per tres magos sceptro sui Domini subdidit, et crimina nostra in Jordane abluit, et aquam legis hodie in vinum gratiæ ad spirituales nuptias transtulit. Hujus imperio, karissimi, vos tota mente et corde subdite. Debitum servicium ei omni tempore solvite, ut post hujus miseræ vitæ inopiam percipiatis ab illo divicias et gloriam, quam oculus non vidit (*I Cor.* II) et cætera.

IN PURIFICATIONE SANCTÆ MARIÆ.

Veritas de terra orta est, et justitia de cœlo prospexit (*Psal.* LXXXIV). Christus, karissimi, ideo veritas dicitur quia per eum completur quicquid a Patre promittitur. Quæ veritas de terra orta est, cum de sancta Maria humanitatis sumpsit exordia. Hæc idcirco terræ comparatur, quia sicut prius Adam de munda terra formatur, ita secundus Adam Christus de munda virgine procreatur. Justicia quoque de cœlo prospexit. Christus est Patris justicia, quia justis per eum præmia, injustis justa irrogabit supplicia. Cœlum autem extitit sancta Maria, quia portavit secreta cœlestia atque ex ea sol justiciæ mundo fulsit, et luna Ecclesia resplenduit, et numerositas stellarum, id est multiplicitas sanctorum, micuit, De hoc cœlo justicia Christus prospexit, cum ad visitandum genus humanum de utero Virginis, tanquam sponsus de thalamo suo processit (*Psal.* XVIII).

De hac Virgine omni gratia plena prædixit Ezechiel propheta. Hunc prophetam Spiritus Domini in montem duxit, ubi quasi ædificium civitatis fuit, et ibi portam perenni clausura obseratam conspexit. Et sic Dominus ad eum dixit: *Porta hæc in perpetuum clausa erit, et solus Rex regum per eam transiverit* (sic) (*Ezech.* XLIV). Civitas quam propheta in monte vidit est Ecclesia quæ in Christo firmata confidit. Porta nunquam aperta est sancta Dei Genitrix, nunquam virile consortium experta. Per quam solus Rex regum Christus nascendo in mundum transivit, et perpetua virginitate clausam reliquit. Hæc eadem Virgo scribitur cœli porta omnibus pie viventibus semper aperta. Per hanc habent transitum ad vitam pœnitentes et cuncti Christum adire cupientes. Hæc quoque Virgo intemerata prænotatur in sancta hystoria. Cum populus de Ægypto ductu Moysi repatriaret, et ob murmurationem contra Moysen et Aaron eos furor Domini in heremo exterminaret, jussit Dominus ut de singulis tribubus virgas in tabernaculo reponerent, et cujus virga in crastino flores produceret, hunc Deum elegisse et huic obedire non dubitarent. Allatis itaque duodecim virgis et in tabernaculo sanctuarii positis, in crastino virga Aaron floruit et nuces iam mature [*leg.* maturas] protulit (*Num.* XVII).

B Populus, qui per Moysen de Ægypto transgreditur, est populus Christianus, qui per Christum ad patriam paradysi de hoc mundo revertitur. Tabernaculum in heremo est Ecclesia in hoc sæculo. Virga Aaron arida, sed fructu florida, est sancta Maria, virginitate quidem arida et Spiritu sancto fecundata et partu gravida. Hæc virga dulcem nucem edidit, dum Virgo Deum et hominem genuit. In cortice quippe nucis caro Christi, in testa ejus ossa, in nucleari ipsius anima notatur; vel exteriorem corticem humanitas ipsius.

Per nuclearis dulcedinem ejus divinitas declaratur. Nux quodam interliminio in modum crucis funditur [*leg.* finditur], et anima Christi a corpore ejus cruce dividitur. De hac nuce recreantur omnes animæ electorum, de hac epulantur cuncta agmina angelorum.

Hunc Dei Unigenitum beata virgo Maria, Filium suum hodierna die ad templum detulit, et legalem hostiam, scilicet duas columbas, pro eo obtulit. Cui venerandus senex Symeon occurrit, puerum gratulabundus manibus accepit, in templum portans Deo gratias retulit quod portantem se portare meruit. Cui etiam Christum in ruinam et resurrectionem multorum et in signum contradictionis prædixit constitutum, et gladium ipsius matris animam pertransiturum (*Luc.* II). Gladius Christi passio ejus fuit qua hostis antiquus transfixus succubuit. Qui animam Mariæ transivit cum eo [eum] magno dolore in cruce pendentem vidit, unde etiam magis quam martyr extitit. Christus autem fuit ruina Judæorum et resurrectio paganorum, cum Judæi per insidiam corruerunt, gentiles vero a viciis per fidem Christi resurrexerunt. Signum contradictionis crux erat, cui Judæi et gentes ubique contradicebant.

Karissimi, si nos cupimus in templo cœlesti Christum suscipere, oportet nos in templo Ecclesiæ nunc hostias cum Dei Genitrice offerre. In lege erat constitutum ut divites mulieres purgandæ agnum in sacrificio darent, pauperes vero duas columbas vel par turturum immolarent (*Levit.* XII). Per agnum vitæ innocentiam, (f. 48), per turtures vero mœrentium designatur pœnitentia; pro cantu namque gemunt et mœsta suspiria edunt. Quia igitur non possumus Deo offerre agnum innocentiæ, offeramus turtures pœnitentiæ. Et duos (sic) offeramus, ut videlicet jugiter defleamus quod paradysi gaudia amisimus, ob hoc quod ea quæ facere debuimus omisimus, vel quod supplicia tartari promeruimus, ob hoc quod multa quæ non debuimus commisimus.

Et notandum quod Dominus non de regis aut alicujus principis filia, sed de pauperrimis parentibus nasci voluit, quibus tanta rerum inopia incubuit quod agnum in sacrificium manus eorum invenire [non] potuit, quia nimirum venit humiles pauperes ad cœlestia revocare et superbos divites in tartara damnare. O quam innumerabilis multitudo supernorum civium ad hodiernam festivitatem, fratres, celebri cultu confluxit, dum mater virgo regem gloriæ humano generi produxit! Quam læto commitatu ordinatim præcessit, dum regina cœlorum cum rege angelorum hodie ad templum processit! O in quantum filiæ Syon in Dominum vivum hodie exultaverunt, dum regem Salomonem in diademate carnis a matre coronatum viderunt (*Cant.* III)! Ideo in læticia et exultatione occurrerunt et eum in templum regis cum gaudio duxerunt (*Psal.* XLIV). Hodie juvenes et virgines, senes cum junioribus laudent nomen Domini (*Psal.* CXLVIII), quia venit exaltare regnum populi sui. Virgines exultent et Christo devotis laudibus persultent, quia virgo Maria mundo Salvatorem edidit qui castis virginibus cœlestia munera tribuit. Viduæ gaudeant et Christo votive plaudant, quem vidua Anna hodie cum Symeone templo intulit (*Luc.* II), qui continentes cœli templo inducit. Conjugatæ jocundentur et Christo laudes consono ore modulentur, ad cujus matris ingressum Elisabeth maritata, Spiritu sancto repleta, prophetavit (ibid.), qui in legitimo conjugio viventes in cœlesti thalamo sibi copulabit. Grata infantilis ætas laudes Christo concrepando voces extollat, quia quem cœli capere non poterant, in cunis infans jacebat. Hunc Johannes infans in matris utero salutabat (*Luc.* I). Hunc milia infantium ejus causa ab Herode sua morte laudabant (*Matth.* II). Florens puerilis ætas Christo ovando plaudat, qui puer in medio doctorum residet et formam discendi pueris præbet (*Luc.* II). Fervens juvenilis ætas gratulando Christo plaudat, qui juvenis factus mundum miraculis illustrat.

Honorabilis (fº 48 vº) dies! senilis ætas Christo lætabunda psallat, quia qui omnia nutu gubernat, hunc hodie senex Symeon tremulis ulnis portat. Totus orbis in laude ejus erumpat et grates debitas ei altis vocibus resonando persolvat, qui pro universo mundo Deo Patri Adæ debitum solvebat. Propter Adam erat totus mundus maledictus et damnationi addictus; propter Christum universus mundus est a Deo benedictus et perenni gloriæ ascriptus.

Quod hodie Ecclesia lumina in manibus portare consuevit, hoc de more gentili accepit. In hoc quippe mense Romani ad honorem deorum suorum cum luminibus civitatem lustrabant, quod quasi illorum favore totum mundum sibi subjugabant. Quia vero Symeon lumen omnium angelorum hodie in manibus portavit, quem lumen gentium et gloriam Israel prædicavit (*Luc.* II), Ecclesia ad honorem summi Dei hodie lumina gestanda instituit, qui imperio suo universum orbem subjugavit et eum ad lucem inaccessabilem vocavit. In candela enim Christi humanitas, in lumine intelligitur ejus divinitas. Qualiter beata virgo Maria se invocantibus subvenire soleat, dilectionem vestram breviter nunc audire libeat.

Quidam puerulus Judæus inter Christianos pueros ad ecclesiam ibat, in qua super altare imago sanctæ Mariæ cum filio inscripta muro erat. Missa celebrata, cum sacerdos populo communionem distribueret, videbatur Judæo puerulo quod puerum illi picto similem populo divideret. Qui cum aliis accedens crudam carnem a sacerdote accepit, quam patri domum detulit. Qualiter acceperit ex ordine retulit. Pater, nimia indignatione succensus, fornacem multa silva incendit, puerum intus cremandum injecit. Mater exclamat, populus undique advolat. Fores infringunt, puerum de flammis eripiunt. Quem cum in nullo læsum admirarentur et interrogarent quomodo ab incendio non tangeretur, ille respondit: « Dominam quam super altare in ecclesia vidi, in fornace sedentem vidi; quæ me in gremio suo accepit, flammas a me disjecit, vestem super me misit, ignem me appropinquare non permisit. » Quo audito voces et manus ad sydera sustulerunt et Christo omnium liberatori et ejus Genitrici gratias gaudentes retulerunt. Inquirunt a patre pueri si consentiat se baptismo ablui; quo renuente hisdem flammis exurendum tradiderunt, puerum vero (fº 50) et matrem et omnes qui aderant Judæos baptizaverunt.

Hanc reginam angelorum, karissimi, imitamini humilitate et castitate. Hanc pro vestris miseriis apud Filium suum devotis precibus intervenire exorate, ut, cum venerit in sanctis suis fieri admirabilis, immarcescibilis gloriæ in templo ejus coronam percipiatis. Quam oculus.

DOMINICA IN SEPTUAGESIMA.

Lapidem caliginis et umbram mortis dividet torrens a populo peregrinante (*Job* XXVIII). Lapis duriciæ Judææ, caligo infidelitas Judæorum. Mors est diabolus, umbra ejus gentilis populus. Sicut umbra corpori conformatur, ita ipse diabolus imitando eum consimilatur. Populus peregrinans est fidelis populus in hujus vitæ exilio suspirans. Torrens est igneus fluvius qui a facie Domini egreditur, per quem fidelis populus ab infideli in ultimis secernitur. Lapidem ergo caliginis et umbram mortis torrens a populo peregrinante dividet, cum ignis extremi judicii Judæos in perfidia duros et gentiles in malicia diaboli conformes a Christiano populo ut zizania a tritico secludet, et camino infernali involvens igni inextinguibili exuret, et patria paradysi populum nunc exulem in æterna tabernacula recipiet. Hanc divisionem Abraham præsignavit cum Deo de tribus animalibus sacrificium offerens, partes ab invicem separavit. Præcepit namque Dominus Abrahæ ut sibi vaccam trimam et ovem triennem et capram trium annorum immolaret, atque in partes secans ab invicem segregarent (sic). Qui hæc singula offerens in partes divisit, columbas quoque offerens, super cadavera volare permisit. In nocte vidit Abraham clybanum ardentem venire et per illas divisiones transire et partem consumere, partem intactam relinquere. Mox Deus Abrahæ futuram peregrinationem sui generis prædixit, quæ postea, cum in Ægyptum duceretur, contigit (Gen. xv). Cur hoc totum sit factum nobis est videndum, et quomodo nunc tempora significet nobis est disserendum. Per tria sacrificia tres ordines in Ecclesia, scilicet doctores, continentes et conjugati intelliguntur, qui soli in die judicii salvabuntur. Per bovem quippe, quo terra aratur, ordo doctorum insinuatur per quem in agro hujus mundi verbum Dei seminatur. Qui vacca ideo scribitur, quia per eum proles Christo gignitur. Hic in duas partes dividitur. Quidam Christum prædicant propter perenne gaudium, quidam (f° 50 v°) propter temporale lucrum. Per ovem autem quæ lac ad nutrimentum et lanam præbet ad tegumentum, ordo accipitur in contemplativa vita degentium, qui lac doctrinæ et lanam bonorum exemplorum dant quærentibus bona in terra viventium. Quæ ovis in duo partitur, quia quidam veniunt ad sanctæ religionis conversationem ob futuræ gloriæ remunerationem, quidam ad [leg. ob] ventrem et sæculi favorem. Per capram vero, quæ lascivum est animal, ordo conjugatorum intellegitur; qui etiam in duo dividitur, quia quidam in carnali commixtione positi eleemosinis et bonis operibus insistunt; quidam luxui et maliciæ inserviunt. Trium annorum erant singula, quia ab his tribus ordinibus colitur Trinitas sancta. Per Abraham Deus demonstratur, per quem grex reproborum ab electis sequestratur. In nocte clybanus ardens inhorruit et inter illas divisiones discurrit, quia dies judicii improvisa veniet et justos ab impiis secernet. Columbæ volare sinebantur, quia spirituales ad cœlestia alis geminæ karitatis sublevantur. Pars flamma consumitur et pars relinquitur, quia justorum opera per ignem ut aurum probata remunerabuntur; malorum acta, ut fenum consumpta incendio deputabuntur.

Hanc etiam separationem Dominus prædicit per ultimam examinationem. Illa die, inquit, *erunt duo in agro : unus assumetur et alter relinquetur : duo in lecto, unus assumetur et alter relinquetur : duæ molentes, una assumetur et altera relinquetur* (*Luc.* xvii). Duo in agro, sunt duæ partes doctorum laborantium in hoc mundo, quorum una pars illa die ob vitæ meritum ad gloriam assumetur, pars altera ob vitæ pravitatem ad pœnam relinquetur. Duo in lecto sunt duæ partes in contemplativæ vitæ requie quiescentes; quorum una pars ob sinceritatem ad æternam requiem assumetur, altera ob simulationem ad perpetuum dolorem relinquetur. Duæ molentes sunt duæ partes conjugatorum, quos circumfert rotatus secularium negotiorum, quorum una pars ob misericordiæ opera ad præmium assumetur, pars ob inpietatem ad supplicium relinquetur. Molentes non duo sunt, sed duæ describuntur, quia conjugati non ut viri ad spiritualia eriguntur.

Hæc divisio per prophetam quoque prænuntiatur, qui tres viros tantum, Noe, Daniel, Job, in die judicii liberari testatur (*Ezech.* xiv). Per Noe, qui archam rexit in undis, significantur doctores, quia Ecclesiam regunt in sæculi procellis. Per Daniel, qui abstinens describitur, vita continentium exprimitur. Per Job (f° 52), qui in conjugio placuisse memoratur, conjugatorum numerositas manifestatur. In his ordinibus tantum inventi illa die liberabuntur, cum electi ab hac peregrinatione ad patriam paradysi revertuntur.

Hæc peregrinatio in filiis Jsrael præcessit, quos Pharao longo tempore duro servitio oppressit. Olim namque Hebræus populus descendit in Ægyptum, dum eum fames afflixit; sed Pharao eum crudeli servituti addixit. Qui cum ad Dominum clamarent, Moysen eis misit, qui multis plagis et prodigiis Ægyptum percussit. Populum Dei per mare Rubrum in terram fluentem lac et mel perduxit (*Exod.* 1, *etc*). Per Ægyptum hic mundus significatur, in quo genus humanum a paradysi patria peregrinatur et a diabolo gravi oppressione subjugatur. Cui ad Dominum per justos vociferanti Christus ad liberandum mittitur, per quem mundus multis miraculis concutitur. Populus per mare Rubrum, id est per baptismum, ad patriam paradysi reducitur, ubi mel et lac exundat, id est affluentia omnium bonorum exuberat.

Hæc peregrinatio nichilominus per eumdem præfigurabatur, dum in Babylonica captivitate per septuaginta annos morabatur (*Dan.* ix). Nabuchodonosor etenim rex Babyloniæ, Hierosolimam obsidens destruxit, populum in Babyloniam captivum duxit, qui ibi septuaginta annis in tristicia habitabat, canticum lætitiæ non resonabat. Organa ut (*leg.* ad) salices suspendit, juxta sedens flevit. Finitis septuaginta annis, ad Hierosolimam remeat, Pascha cum gaudio celebrat; postea cum uxores et filii venerunt, duplex gaudium habuerunt.

Hæc omnia, karissimi, ad præsentem diem respiciunt. Hæc omnia tempora præsignaverunt. Hierosolima est paradisus. Nabuchodonosor est diabolus, Babylonia hic mundus. Nabuchodonosor populum in Babyloniam captivum duxit, et diabolus genus humanum in hunc mundum seduxit. Ubi organa in salices suspendit, et sedens lacrymas fudit (*Psal.* cxxxvi). Salices facile terræ calescunt, facile incisæ revirescunt. Salices sunt mundi amatores qui radices suas in terrena miserunt, quibus transitoria pro voto affluunt. In has justi organa suspendunt, quia his gaudia mundi relinquunt. Deflent sedentes, quia humiles horum interitum sunt cum magno dolore gementes. Per organa etiam cœlestis doctrina accipitur; quæ in salices suspenditur, dum sæcularibus doctrina spiritualis subtrahitur, quia ab (f° 52 v°) eis contemnitur. Per septuaginta annos quibus populus in Babylone affligebatur septem milia annorum intelliguntur, quibus genus humanum in hac vita peregrinatur. Sicut enim septem primis diebus omnis creatura disponitur, ita per septem milia annorum hic mundus extendi creditur.

Igitur si septem milia annorum in septuagies centenos annos diviseris, et annum de centum annis quasi decimam dederis, septuaginta annos habebis. Porro si de septuaginta annis diem pro anno decimabis, septuaginta dies computabis. Hii sunt dies quibus Ecclesia *Alleluia* non resonat, quia septuaginta annos captivitatis ad memoriam revocat, qui septem milia annorum nostræ peregrinationis præsignant. Ideo etiam nunc liber Genesys legitur, in quo lapsus hominis de paradyso in hunc mundum describitur (*Gen.* iii). Istud tempus dicitur LXXma, quia ab hodierna die usque in sanctum Sabbatum Paschæ sunt dies LXX quando duo cantantur *Alleluia*. Populus ad Hierosolimam reversus cum gaudio exultat, quia fidelium animæ nunc gaudium Domini intrabunt; finito autem mundi termino cum uxores et filios, id est corpora et opera, recipiunt. Tunc vero *Alleluia* jubilabunt, quia cum corpore et anima simul in gloria exultabunt.

Hæc sæpius intermisce sermonibus tuis. Nam hujuscemodi verbis eis fastidium tollis.

Fratres, adhuc multa vobis essent dicenda de hac sacra die quæ oportet me silentio præterire, ne fastiditi velitis officio nondum peracto abire. Quidam enim vestrum de longe huc venerunt et longum iter domum habebunt. Aliquibus autem forsitan sunt domi hospites, aut infantes plorantes et aliqui vestrum non sunt ociosi et alias tendunt, quibusdam vero infirmitas fastidium ingerit, quosdam nuditatis verecundia afficit. Propter omnes volo plurima supprimere, pauca vero sanis et ociosis adhuc dicere.

Quia hodie, karissimi, canticum lætitiæ deposuimus et canticum tristitiæ sumpsimus, volo vobis de libris gentilium breviter recitare, qualiter melodiam delectationum mundi debeatis declinare, ut possitis post cum angelis dulcem armoniam in cœlis resonare. Gemmam namque in cœno inventam debet quilibet de luto tollere et in regium ornamentum ponere : ita condecet si a nobis quicquam utile in libris gentilium reperiatur, ad ædificationem Ecclesiæ Christi sponsæ vertatur. Sæculi sapientes scribunt tres Syrenes in insula maris (f° 54) fuisse et suavissimam cantilenam diversis modis cecinisse. Una quippe voce, altera tybia, tercia lyra canebant. Hæc habebant facies mulierum, ungues et alas volucrum. Omnes naves prætereuntes suavitate cantus sistebant, nautas somno oppressos lacerabant, naves salo immergebant. Cumque quidam dux Ulixes necesse haberet ibi præternavigare, jussit se ad malum navis ligare, sociis autem cum cera aures obdurare, et sic periculum illæsus evasit et eas fluctibus submersit. Hæc sunt, karissimi, mystica, quamvis per inimicos Christi scripta. Per mare istud sæculum intelligitur quod continuis tribulationum procellis volvitur. Insula est mundi gaudium quod crebris doloribus intercipitur, sicut litus crebris undis inpetitur. Tres syrenes, quæ suavi cantu navigantes demulcendo in somnium vertunt, sunt tres delectationes quæ corda hominum ad vicia molliunt et in somnium mortis ducunt. Quæ humana voce cantat est avaricia, quæ suis auditoribus hujuscemodi modulatur carmina. Multa oportet te congregare, ut possis famam nominis tui ubique dilatare, sepulchrum quoque Domini et alia loca visitare, ecclesias restaurare, pauperes et consanguineos tuos adjuvare. Tali pestifero cantu cor avari demulcet usque dum eum sopor mortis opprimet : et tunc carnem ejus lacerat, navim fluctus devorat, quia hic miser violenter doloribus a divitiis suis evellitur et æternæ flammæ inmergitur. Quæ canit tybia est jactantia, quæ suis hæc profert cantica : Juvenis es et nobilis, debes te præclarum exhibere universis. Nulli inimicorum tuorum debes parcere, sed omnes quibus prævalere potueris occidere. Tunc dicunt te bonum militem esse. Alia canit hæc : Hierosolimam debes pergere, multas eleemosinas tribuere. Tunc fies famosus et ab omnibus diceris bonus. Conversis autem concinit sic : Sæpe debes jejunare, sæpe orare, alta voce cantare. Tunc audies te omnibus consono ore ut sanctum laudare. Talem cantilenam vana cordi insonat usque dum miserum a bono vacuum vorago mortis devorat. Quæ melos exprimit lyra, est luxuria, quæ suis sequacibus talia præcinit modulamina : Adolescens es, poteris cum quibuslibet puellis ludere, postea in senectute corrigere. Hæc insigni forma splendet. Hæc (f° 54 v°) magnis opibus pollet. Hanc si habueris, magnum proficuum subsequeris ; tamen animam tuam salvare poteris. Tali modo mollit cor luxuriosi, usque dum repente morte præventum absorbet turba Cocyti. Facies habebant mulierum quia nil ita mentem hominis a Deo alienat quam amor mulierum. Alas habebant volucrum, quia semper est instabile desiderium mundanorum; nam nunc hoc vel hoc appetunt; nunc vero illud et illud concupiscunt. Ungues etiam habebant volucrum, quia quos ad peccata protrahunt, doloribus lacerantes, ad inferni cruciatus rapiunt. Ulixes dicitur Sapiens. Hic illæsus præternavigat, quia Christianus populus vere sapiens in navi Ecclesiæ mare hujus sæculi superenatat. Timore Dei se ad arborem navis, id est ad crucem Christi, ligat; sociis cera, id est Incarnatione Christi, auditum obsigillat, ut a viciis et concupiscentiis cor avertant et sola cœlestia appetant. Syrenes submerguntur, quia concupiscentiæ ab eis vigore spiritus præmunitur. Ipsi illæsi evadunt periculum, quia per victoriam ad sanctorum perveniunt gaudiorum [gaudia].

Ut hanc victoriam obtineatis, admoneat lectio quam nunc recitari audieratis : *Nescitis quod hii qui in stadio currunt, omnes quidem currunt, sed unus bravium accipit ?* (*I Cor.* ix.) Mos apud Græcos servabatur quod præmium aliquod cursoribus proponebatur. Quod tamen non omnibus concurrentibus, sed soli primitus pervenienti dabatur. Regnum cœlorum nobis in præmio dabitur, id est proponitur, ad quod nos totis viribus currere sacra Scriptura hortatur, quia non omnibus per fidem concurrentibus, sed solis bonis operibus in finem perseverantibus donatur. Alius mos apud eos erat. Nudi oleo peruncti simul colluctabantur, atque victores auro et lauro coronabantur. Nos, dilectissimi, oleo crismatis peruncti sumus, ideo a vitiis nudi cum diabolo luctari debemus, quia non est nobis colluctatio adversus carnem et sanguinem, sed adversus viciorum et dæmonum infestationem (*Ephes.* vi). Si ergo luxuriam, iram, odium vel aliud vicium vicerimus, coronam ex auro et lauro habebimus, quia splendorem æternæ claritatis in vernanti paradyso recipiemus.

Ad hujus gloriæ adipiscendum præmium instruit nos Evangelium hodie. Ait enim Dominus quod quidam primo mane exiit, operarios in vineam suam pro denario conduxit. Tercia, sexta hora et nona alios in vineam misit; (f° 56) vespere tota ociose stantes eandem vineam intrare jussit. Sero autem facto præcepit dominus operarios convocari et unicuique denarium dari, primitus his qui venerant ultimi. Murmurantibus aliis quod tota die pondus diei et æstus portassent, et in præmio eis adæquati essent qui parum laborassent, dixit dominus quod sibi dare sua liceret cui placeret. Deinde dixit multos vocatos, paucos vero electos (*Matth.* xx).

Hic dominus qui conduxit operarios in vineam suam est Deus omnipotens qui fideles conducit in Ecclesiam. In hac vinea extitit Christus vitis vera cujus palmites late pullulantes sunt sancti in virtutibus bene pollentes. Operarii in vinea sudantes sunt omnes electi in Ecclesia bona operantes. In quam vineam prima hora Abel, Seht (*sic*), Enoch et alii justi intraverunt. Secunda, Noe, Sem, Heber et alii laborare cœperunt. Sexta, Abraham, Joseph, Moyses et alii patriarchæ pondus subierunt. Nona, David, Esayas et alii prophetæ operi insudaverunt. Vespere apostoli et alii fideles, quasi hactenus ociosi, opus in vinea Domini consummaverunt.

Prima etiam hora hanc vineam intrant qui in infantia Deo servire inchoant. Secunda hora in vineam ingrediuntur qui in pueritia ad Dei servicium convertuntur. Sexta hora laborantibus in vinea associantur qui in juventute Deo servientibus aggregantur. Nona hora pondus vineæ subeunt qui in senectute ad Dei servitium veniunt. Vespere in vineam intromittuntur qui in decrepita ætate in conversionem recipiuntur. Ultimis primitus denarius datur, quia sæpius talibus priusquam pueris vita æterna recompensatur. Denarius in quo regis est imago, quo operantes in vinea expleto labore sero remunerantur, est optata visio Conditoris, quæ omnibus pie in Ecclesia laborantibus, finito mundi termino, manifestatur, cum ab eis facie ad faciem sicuti est contemplatur (*I Joan.* iii).

Unde quidam frater, dum extremum spiritum traheret, fratresque multi morienti astarent, repente manum clausam protulit, cum magno jubilo gratulando dixit : « Bene mihi, bene mihi, denarium recepi. » In hac voce a labore vineæ cessavit, et Christum verum denarium accipiens, in requiem sempiternam intravit. Dominus dicit sibi licere bona dare quibus velit, quia infantibus qui nichil laboraverunt, et in fine pœnitentibus (f° 56 v°) qui parum laboraverunt, prius quam his qui tota vita laboraverunt æterna gaudia impendit. Multos vero dicit vocatos, paucos vero electos, quia multi fidem et baptismum suscipiunt, sed non omnes regna cœlorum intrabunt, nisi valde pauci qui in fide et operatione usque ad finem perseverabunt.

In hac vinea, karissimi, omnes toto annisu laborate. In hoc labore usque in finem perdurate, quatenus percepto denario Christo in superna civitate possitis exultantes clamare : *Sicut audivimus ita in civitate Domini* (*Psal.* xlvii); vidimus quæ oculus non vidit (*I Cor.* ii), et rel.

De sancto Sebastiano. Cum festum ejus occurrit, hoc condimentum sermoni adjiciendum erit.

Ut post hujus vineæ laborem mereamini Christum denarium percipere, debetis sanctum Fabianum et Sebastianum, quorum hodie sollemnitas agitur, precibus devotis intercessores vestros efficere. Ipsi enim strenue in vinea Domini laboraverunt et ideo nunc cum Christo requiescere meruerunt. Nam sanctus Fabianus in apostolica sede diu Ecclesiæ verbis et factis nobiliter præfuit, et hodie pro grege sibi commisso cervicem præbuit. Beatus vero Sebastianus cum de primis imperatoris amicis esset et multos ad martyrium corroborasset, a paganis comprehenditur, ydolis immolare compellitur; quo renuente, jussu imperatoris in campo ad stipitem ligatur, a militibus sagittatur. Qui cum velut ericius esset sagittis repletus, relinquitur in campo semivivus. Postea convalescens Christum publice prædicavit, et tunc tamdiu fustibus cæditur donec spiritum exhalavit.

Hodie etiam quidam Marcus valde nobilis cum uxore sua Martha et filiis suis Audifacæ et Abacuc vitæ denarium sanguine suo adepti sunt. Quos comprehendentes pagani fustibus diu et flagris cruciaverunt, dein in eculeum suspenderunt, unguibus ferreis laceraverunt, ignem apposuerunt, manus præciderunt, ad ultimum Martham in lympha necaverunt, alios autem decollaverunt et corpora eorum incenderunt. Ad hos omnes, karissimi, manus et corda tollite. Hos lacrymis poscite, ut mereamini ab omni cruciatu animæ et corporis liberari, et cum eis in perenni gloria laureari, quam oculus non vidit (*I Cor.* II), et reliqua.

Si septuagesima evenit in festo sanctæ Agnetis, hæc de ea adjiciendo sermocinari poteris.

(F° 58.) Quatenus hæc, karissimi, quæ dixi operibus implere valeatis, implorate hodie auxilium Christi sponsæ et martyris sanctæ Agnetis quæ, facie formosa, nobilitate generosa, dum a præfecti Urbis filio in conjugium peteretur, et ei multa auri et gemmarum insignia ab eo offerrentur, illa cuncta ut stercus despexit, quia solum vitæ auctorem dilexit. Unde a præfecto comprehendi et ad lupanar jussa est nuda duci. Quam mox angelus splendida veste induit, per quem etiam maxima lux in lupanari micuit. Præfecti filius, cum sodalibus suis veniens, impudenter intravit, et confestim a diabolo præfocatus expiravit. Populo succlamante et undique concurrente, Agnes Deum oravit, et angelus juvenem excitavit. Post hæc magno igni injecta non solum [*add.* non] læditur, sed etiam ignis extinguitur. Dein gladio percussa martyr efficitur. Considerate, fratres karissimi, quod teneræ puellæ mundi gaudia calcaverunt et sanguinem suum pro adipiscendo æternæ vitæ gaudio fuderunt. Nos vero volumus dormiendo, ludendo, commedendo, bibendo, illuc venire, sed non possumus nisi per magnos labores illuc pertingere. Unde debetis, karissimi, hanc virginem exorare, ut possitis fragilitatem vestram superare et in cœlesti gloria cum illa triumphare, quam oculus non.

Si in sancti Vincentii die, hæc de eo die in fine.

Ad hæc implenda ut festinetis ardentius postulate ut vobis hodie faveat sanctus Vincentius. Qui pro Christo eculeo suspensus, nervis et unguibus discerptus, igni ustulatus, post multa crudelia tormenta angelica consolatione roboratus, in carcere tandem requievit in pace. Hunc, karissimi, quia nunc exultat cum angelis in cœlestibus, assiduis pulsate precibus ut mereamini illuc pervenire ubi est splendor et lux perpetua et sine fine læticia, quam oculus non vidit, et reliqua.

Si in sancti Pauli die, hæc dicendo sermonem conclude.

In hac vinea, karissimi, inpigre sanctus Paulus laboravit, qui prius gregem Domini ut sævissimus lupus invasit, sed mansuetissimus pastor eum per ovem superavit. Dum enim undique Ecclesiam vastaret, hodie accepit potestatem a pontifice, Damascum pergens, ut cunctos Christianos inventos trucidaret, subito lux immensa de cœlo (f° 58 v°) coruscans radiat, terræ prostratum excæcat, vox deifica intonat, de sævicia persecutionis increpat. In qua luce creditur ei gloria Christi manifestata et cœlestia secreta revelata. Unde triduo jejunat, orat, tercio die baptizatur, et corpore et anima illuminatur. Qui continuo oves Domini quas persequendo disperserat nobiliter prædicando congregare cœperat, et sol qui sub nube erroris latuit, emergens de infidelitatis caligine, universo mundo serenitatem attulit, quia tenebras perfidiæ de gentibus excussit, atque jubar æternæ lucis omnibus Ecclesiis infudit. Hoc olim Scriptura prænotuit, cum servus Joseph scyphum argenteum de sacco Benjamyn protulit. Joseph quippe servum post Benjamyn misit (*Gen.* XLIV), cum Christus Ananiam ad Paulum de tribu Benjamyn misit (*Act.* V). Servus saccum solvens scyphum protulit, dum Ananias, Paulum baptizans, eum vas electionis mundo innotuit. Cujus vasis argentum per totum mundum resplenduit, cum de nitore eloquentiæ hujus scyphi tota Ecclesia dulcia doctrinæ fluenta bibit. Hunc precemini, karissimi, ut sicut Deus illum, ita et nos convertat ab errore, et sic possitis Domino servire in timore, ut quandoque videatis Regem gloriæ in suo decore, quem oculus non vidit (*I Cor.* II), et reliqua.

Si septuagesima in Purificatione sanctæ Mariæ occurrit, de ea sermonem facere licebit. In fine LXX^{ta} annos expone ut supra scriptum est. Si in festo sancti Blasii evenerit, sic finire licebit.

Ut obtineatis vitæ denarium, poscite vobis hodie, karissimi, sanctum Blasium. Qui multis virtutum gemmis adornatus, pontificali infula est Ecclesiæ prælatus. Quam cum gloriosa vita et egregia doctrina illustrasset, multis quoque præclaris signis decorasset, pro Christi nomine a paganis comprehenditur, plurimis flagris afficitur, eculeo suspenditur, ferreis pectinibus discerpitur, in horribili carcere diu maceratur, in lacum mergendus jactatur, ad ultimum cum duobus puerulis capite truncatur. Cujus sanguinis guttas quia septem mulieres collegerunt, multis tormentis cruciatæ, spiritum astris reddiderunt. Quæ ita per laborem sanguinis de vinea exierunt et denarium vitæ perceperunt. Hos, karissimi, toto corde invocate, ut dignentur vos adjuvare, quatenus post hujus (f° 60) vitæ laborem percipiatis cum illis gloriam et honorem, quam oculus non (*I Cor.* II), et reliqua.

Si in festo sanctæ Agathæ, sic de ea conclude.

Ad culturam hujus vineæ multum vobis prodesse potest oratio sanctæ Agathæ. Quæ a pagano judice pro Christo comprehensa, cuidam impudicæ matronæ est tradita, quæ ei exhibuit infinita auri et vestium ornamenta, ut ejus animum declinaret ad carnis oblectamenta. Sed ab ea cuncta spreta sunt ut stercora. Deinde cum ydolis sacrificare nollet, jussit eam judex diu lapidibus cædere, dehinc in tenebrosum carcerem retrudere. Inde sumpta, jussa est in eculeo suspendi et diu torqueri, ac diu tortæ mamillas præcidi, et iterum in carcerem recipi, et fame ac siti affligi. In qua cam apostolus Domini magno cum lumine visitavit, et post hæc mamillas et plagas ejus sanavit. Post hæc jussit eam judex nudam super ignitas testas et vivos carbones volutare. Tunc terræ motus extitit, quædam ædificia subruit, quosdam oppressit. Virgo denuo in carcerem recluditur, sed anima ejus ab angelis de carcere carnis educitur, et amplexibus sui sponsi Christi perfruitura coelesti thalamo inducitur. Cujus obsequiis angeli manifeste interfuerunt, qui tabulam scriptam ad caput ejus in sepulchro posuerunt. Post hæc judex, dum fluvium navigio transit, morsibus et calcibus equorum de navi ejectus, in flumine interiit. Ethna quoque mons ignem eructavit, qui terram et saxa liquefecit. Tunc pagani velum virginis contra ignem expanderunt, et flammæ incendii statim cessaverunt. Hanc, karissimi, corde et ore deposcite, ut Deus per ejus merita dignetur vos ab incendio æterni supplicii eripere et cum omnibus electis in gaudio cum vultu suo lætificare, quod oculus non vidit (*I Cor.* II), et cætera.

Hunc sermonem debes in anno sæpe repetere, sæpe aliquod membrum de eo tuis sermonibus intexere. Cum autem sermonem facis, non debes protenta manu quasi verba in faciem populi jaculare, nec clausis oculis vel in terram fixis, aut supino vultu stare; nec caput ut insanus movere, vel os in diversa contorquere; sed, ut rhetorica instruit, decenti gestu pronunciare, verba composite et humiliter formare, tristia tristi voce, læta hylari, dura acri, humilia suppressa proferre. Ut magis auditoribus videatur ipsas (f° 60 v°) res spectare quam te audire, verbis eas debes repræsentare.

SERMO GENERALIS.

Venite, filii, audite, timorem Domini docebo vos (*Psal.* XXXIII).

Hodiernum sermonem, fratres karissimi, debetis omnes intentissima aure percipere, quia hodie dicturus sum vobis quomodo divites vel pauperes Domini, vel servi, viri vel mulieres, ad gaudia æterna possitis pertingere.

Ad sacerdotes.

Nos sacerdotes debemus linguam vestram esse, et cuncta quæ in divinis officiis canuntur vel leguntur vobis interpretando exponere. A Domino enim vocamur sal terræ, quia sicut sal escam facit sapere, ita nos convenit mentes fidelium sale sapientiæ sapidas efficere, ut caduca respuant, sola mansura sapiant. Monachis de religione, conversis de sancta conversatione, clericis de vitæ honestate, laicis de elemosinarum largitate oportet nos prædicare, et nos ipsos per omnia omnibus exemplum præbere. Quæ autem verbis docemus, speculum nos factis exhibere debemus. Si enim vobis bonum dicimus et nos malum facimus, similes candelæ erimus quæ aliis lumen præbet et ipsa liquescendo a lumine deficiet. Nobis dicitur a Domino : *Fili hominis, speculatorem te constitui domui Israel* (*Ezech.* III). Speculator solet in alto stare, ut prævisos hostes possit civibus nuntiare. Ecclesiæ pastores vel speculatores sunt sacerdotes, quorum vita in alto virtutum debet locari, ut hostium adventus, id est dæmonum vel viciorum impetui possit Christianis prænuntiari. Si igitur verbum Dei vobis prædicamus, nos quidem absolvimus et vos fortiter obligamus. Si autem salutem animæ vestræ vobis non annuntiaverimus, et vos moriemini in criminibus; sanguis autem vester de manu nostra requiritur, quasi vos occiderimus (*ibid.*). Ideo magis ad verba nostra quam ad opera, karissimi, respicere debetis; sicuti si imperator mandatum vobis dirigeret, non magnopere acta referentis, sed mandata dirigentis attenderitis, quo ejus gratiam servare possetis. Legati summi Regis omnium regum sumus, ejus mandata vobis referimus. Quibus si humiliter obedietis, nichil à nobis, ab illo autem æterna præmia capietis; quod si contempseritis nullum damnum (f° 62) a nobis, sed a Domino vestro ut rebelles servi æterno supplicio subacti detrimentum animæ feretis. Quod si vos ad bonum cohortamur, et nos ipsi bonum operamur, tunc lux mundi a Domino vocamur, et vobiscum in æterna vita salvamur. Si autem bonum prædicantes malum fecerimus, tunc similes campanæ erimus per quam populus ad Ecclesiam convocatur, et ipsa crebro pulsu attrita attenuatur. Ita nos populum ad gaudia vocamus, et nos ipsi ad luctum properamus. Si vero bonum facientes vos non docemus, canes mutos a Domino nos appellatos dolemus (*Isa.* LVI). Si nec bene vivimus, nec docemus, cæci duces cæcorum erimus, immo ut in domo fumus, fidelium mentes obscuramus. In veste nostra duæ linguæ formantur, quia potestas peccantes lgandi et potestas pœnitentes solvendi nobis divinitus commendatur (*Matth.* xviii). Igitur, karissimi, cum sitis vos oves Domini, et nos vestri pastores, nos pro vestra salute et vos pro vestra salvatione debetis preces effundere, quatenus ea quæ vobis prædicamus, factis vobiscum implere valeamus; et ut animus sacerdotum ad hæc agenda inardescat, lucerna hujus exempli ante eos splendescat.

Præsul quidam ferventi studio plebem sibi commissam docebat, exemplum seipsum vivum in omnibus exhibebat; ubi ab aliis rebus vacabat, semper orationi astabat. Quadam die, dum solus in oratorio fuit, quidam religiosus cœlum super ecclesiam aperiri vidit, atque inde immensam lucem effusam splendescere et cum suavissima canentium melodia in eundem locum descendere; post longam vero morem [moram] eandem armoniam cum cantu se de ecclesia levare et cœli alta penetrare. Protinus sacerdos Christi convocatis fratribus obitum suum prænunciavit, multitudinem angelorum ad se venisse et septima die venturus [venturos] ad se ducendum ad cœlestia promississe indicavit. Quam rem effectus sequitur; nam septima die cum magna luce et cum ymniloga angelorum jubilatione ad sydera vehitur. O karissimi, quam beata anima quæ meruit angelorum consortia!

Ad judices.

Nunc vos alloquor, o judices, quos Deus justus judex constituit populi sui principes. Verba æterni judicis non debetis moleste ferre, sed prono corde audire, tota aviditate eis in omnibus obedire. Tunc et hic divitias et gloriam, et in futuro obtinebitis gaudium et lætitiam. In primis vos vocabulum vestrum decet adtendere, (f° 62 v°) justum judicium cunctis impendere, numquam propter pecuniam vel munera judicium subvertere, pauperibus vero in judicio parcere, quia scriptum est : *Judicium sine misericordia ei qui non facit misericordiam (Jac.* ii); clerum, ecclesias resque ad ecclesias pertinentes, viduas, pupillos, pauperes defensare; fures, latrones, prædones de populo Dei exterminare; innoxium in judicio justificare, ab injusta accusatione liberare; noxios vero et pestilentes, ut cæteri timeant, justæ vindictæ subjugare. Expedit enim ut unus pereat quam ipse multos perdat. Ipsi debetis omne malum declinare et omnes quos potestis ab injusticia prohibendo revocare. Si hoc facere nitimini, a justo judice Deo coronabimini. Si autem per potentiam populum Dei vultis opprimere, timeo vos tremendum Dei judicium incidere. Ne autem vento oblivionis hæc a memoria vestra tollantur, vinculo hujus exempli fixa teneantur.

Dum quemdam regem ad bellum properantem vidua quædam interpellaret ut filium ejus vindicaret, ille peracto bello hoc se facturum respondit. Sed illa dixit : « Si tu occisus fueris, quis mihi vindicabit? » Et ille : « Qui post me, inquit, regnabit. » Illa intulit : « Quæ gratia tibi inde erit, quod alius fecerit? » Ille verum eam prosecutam firmavit et in eodem ei loco judicavit. Qui postea dum moritur, quia paganus erat, ad infernum ducitur. Evolutis autem multis annis, beatus Gregorius, ejusdem regis domum præteriens, imaginem ejus conspexit, ac viduæ judicium in memoriam reduxit. Qui ex intimo animo condolens tam justum judicem in inferno perpetuo cruciari, cœpit pro eo triduo uberrime lacrimari. Tercio die angelus Domini ei astitit, se exauditum a Deo retulit. Si paganus judex ob justum judicium meruit de pœnis refrigerari, quanto magis Christiani judices merebuntur ob justiciam a Christo judice perenniter laureari?

Ad divites.

Nunc moneo vos, divites, quos dives Dominus voluit esse pauperum patres. Mementote quod nudi in hunc mundum venistis et quod nudi hinc exituri estis. Et cum necesse sit vos alienis divitias vestras relinquere, festinate nunc eas per manus pauperum in cœlestes thesauros præmittere, ut cum vermes carnes vestras in sepulchro devorant, ipsi vos in æterna tabernacula recipiant. Ecclesias debetis libris, paliis et aliis ornamentis decorare, lapsas vel destructas restaurare (f° 64), præbendas Deo servientium ampliare, per hoc orationes eorum comparare, pontes et plateas ædificare, per hoc vobis viam ad cœlum parare; pauperibus et egenis et peregrinis hospitia, victus et vestitus necessaria præbere, per hoc vobis æternas divicias emere. Si hoc, karissimi, facitis, divicias non minuetis, sed centupliciter ubi non possunt auferri vel minui invenietis.

Ad pauperes.

Pauperes autem paupertatis onus patienter ferant, ut cum Lazaro indeficientes divicias accipiant (*Luc.* xvi). Sciant se peccata hominum in elemosinis accipere, et ideo pro eis satagant orationem reddere, et quod eis superaverit aliis pauperibus distribuere. Ne hoc a pectore vestro evanescat, per enarrationem hujus exempli memoriæ coalescat.

Cuidam heremitæ hoc desideranti revelavit Deus de fine hominis [*add.* boni] et mali. Qui egrediens vidit pauperculum in platea jacentem et extremum spiritum jam trahentem. Et ecce multitudo angelorum venit, animam ejus cum gaudio de carcere corporis excepit, et ad cœleste palatium cum ymnis perduxit. Inde progressus, conspicit turbam utriusque sexus nobilium ad domum cujusdam divitis confluere qui gravi infirmitate cogebatur ultimi fati jura persolvere. Et ecce repente caterva dæmonum horribili aspectu domum intravit, quos æger videns exclamavit : « Domine, adjuva me. » Et vox desuper : « Nunc, inquit, in primis Dei recorderis? Nunc sol vitæ tibi obscuratur. Nunc ipse tibi non auxiliatur. » Dæmones vero crudeliter animam ejus extorserunt et ad tartara cruciandam pertraxerunt. Et pauperis quidem cadaver forsitan a feris devorabatur, sed anima ejus in cœlis lætabatur. Divitis autem corpus serico involutum cum cereis et lampadibus sepulturæ tradebatur; sed misera anima ejus in inferno inter dæmones cruciabatur.

Ad milites.

Vos, milites, estis brachium Ecclesiæ, quia debetis eam ab hostibus defendere. Oppressis convenit vos subvenire, a rapina et fornicatione vosmetipsos custodire, hos qui malis actibus Ecclesiam impugnant reprimere, his qui sacerdotibus rebelles sunt resistere. Tali milicia obtinebitis a summo rege præclara beneficia. Ne hæc a corde vestro deleantur, signaculo hujus exempli memoriæ vestræ inprimantur.

Militem cujusdam regis infirmitas morti debita solvere cogebat. Quem rex ad pœnitentiam et confessionem monebat. Ille hoc se (f° 64 v°) facturum dixit, si melius habere se non possit, quia si hoc ad præsens faceret et postea infirmitatem evaderet, derideri se a militibus timeret, quasi mortem paveret. Cujus verba improbans recessit rex. Postea vero ægrum visitans, iterum de salute animæ cum eo gessit. Ille vero antichristus dixit : « Ante tuum ingressum duo speciosissimi juvenes intraverunt, kartam mihi in manus tradiderunt in qua aureis litteris scriptum repperi quidquid unquam boni feci. Post quos innumerabiles dæmones cum magno impetu irruerunt, librum permaximum coram me posuerunt, in quo scriptum cognovi quidquid ab infantia mali vel feci, aut dixi, vel cogitavi. Cumque princeps eorum diceret cur illi juvenes mihi assiderent, cum me suum esse scirent, surgentes exierunt et me potestati eorum reliquerunt. Tunc vero dæmones jussu sui principis cum acutissimis igneis cultris in me irruerunt, et unus a capite, alius a pedibus incipiens, me eviscerare cœperunt. Et cum nunc simul convenerint, morior et ad inferna ab eis rapior. » In hac voce miser miserabiliter moriens trahitur ad tormenta, qui vivens neglexit pœnitentiæ medicamenta. Hæc ideo, fratres et domini mei, vobis retuli, ne, dum bene possitis, differatis ad bonum converti.

Ad mercatores.

Nunc vos hortor, qui mercatores estis, ne in tantum terrenis lucris inhietis ut animam vestram venalem faciatis et eam fraudibus, perjuriis, mendaciis perdatis. Cavete ne simplices et ignaros decipiatis, ut eis inutile pro utili vendatis. Omnium nationum ministri estis, dum eis periculis fluminum, periculis latronum, periculis in itinere, periculis in solitudine (II Cor. xi), quæque necessaria defertis. Itaque omnes gentes debitores sunt vestro labori orationes reddere. Quam gratiam, karissimi, non debetis vili re amittere. Ne hæc verba vento dentur, hoc exemplo in cordibus vestris solidentur.

Quidam solitarius petiit a Deo sibi revelari cui in præmio debere [leg. deberet] coæquari. Cui divina vox retulit quod nondum ad mensuram mercatoris nunc ad se venientis pervenerit. Hujus mos erat quod quælibet rara Deo servientibus deferebat, et tunc visitare fratres navigio veniebat. Cui solitarius occurrens dixit cur in fluctibus ab eo navigaretur cui firma mansio (f° 66) in cœlis a Deo præpararetur. Statim navi cum omnibus relicta, solitario ipse solitarius cohabitavit, usque dum chorus angelorum, labore finito, eum in cœlesti gremio collocavit. O quam feliciter negotiatur qui sibi cœlestia mercatur.

Ad agricolas.

Vos quoque, fratres et socii mei, qui agrum colitis, pedes Ecclesiæ estis, quia eam pascendo portatis. Sacerdotibus debetis obedire, de salute animæ vestræ monentes libenter audire, terminos agrorum non arando vel metendo excedere, non fenum, non ligna nisi statutis terminis sucumbere (sic), decimam omnium rerum vestrarum Deo fideliter reddere. Qui enim decimam retinuerit, prædam de Dei rebus facit; et si Deo partem suam rapiet, ipse ei novem auferet, nunc per tempestatem, nunc per siccitatem, nunc per grandinem, nunc per uredinem, nunc per pestilentiam, nunc per judicum vel militum violentiam, nunc per ignis invasionem, nunc per furum vel latronum direptionem. Hæc omnia, karissimi, a vobis avertitis si elemosinam pauperibus et decimam Deo servientibus juste redditis. Ut hic sermo menti vestræ firmiter radicem infigat, palus hujus exempli eum fortiter imprimat.

Quidam agricola diuturno languore laborabat. Si quando alleviabatur, agrili operi instabat quo se et conjugem et parvulos pascere curabat. Hic erat tam tacitus ut putaretur mutus. Post longam vero infirmitatem moritur, et eo moriente maxima tempestas oritur. Unde omnes capita moventes et hunc pessimum dicentes, cui vita sanitatem, mors denegat sepulturam, ac fetor ejus homines nunc ingredi vetaret. Tercia die, adhuc pluvia impediente, de domo ejicitur, utcunque terræ infoditur. Econtra uxor ejus erat corpore sanissima ; ita garrula ut cuncta membra ejus viderentur esse lingua. Porro tanta libidine insaniebat quod vix aliquis de vicinis ejus luxuriam evadebat. Substantiolam quam habuit cum fornicatoribus consumpsit, natos mendicatum ire permisit. Postquam hoc Deus noluit diutius pati, repentina morte defungitur; sed tanta serenitas cœli mundo infunditur, ut ipse aer ei ad sepulturam famulari videretur. Ambobus ita defunctis, filia admodum parvula superfuit, cujus menti talis cogitatio incidit, utrum patris an matris (f° 66 v°) vitam imitari possit. Cumque patris infortunium, matris vero fortunam mente revolveret, placuit ut in matris vestigia vivendi pedem poneret. Hæc meditans obdormivit, et ecce quidam igneo aspectu astitit, quid meditetur inquirit. Illa ejus aspectu perterrita, omnium quæ cogitavit oblita, dixit sibi nulla inesse meditamina. At ille per manum arripiens eam : « Veni, inquit, et utrosque, patrem scilicet et matrem, vide, et cujus tunc placet magis vestigia sequere. » Duxitque eam in campum floridum, omni amœnitate conspicuum, mira suavitate odoriferum, præclara luce splendidum, in quo multa milia erant lætantium, inter quos cernit patrem suum omni decore circumdatum. Qui ei etiam occurrens, filiam vocat, dulciter salutat, amplexatur, osculatur. Illa gaudio repleta rogat ut ei secum ibi manere liceat. Qui hoc tunc fieri posse negat, si autem eum imitari velit, post illuc veniat. Porro ductor manum ejus tenuit, et eam ad videndam matrem perduxit. Quæ ad lævam prospexit vallem profundissimam omni horrore plenissimam, in qua erat fornax succensa, emittens tetri ac putridi fumi volumina. In hac erat mater ejus usque ad collum dimersa, et ignei serpentes eam circumplexi suxerunt ejus præcordia. Tetri spiritus superastabant, et eam cum furcis ferreis in flammæ vorticem trudebant. Quæ suspiciens filiam cognovit et magno ejulatu vociferavit : « Filia, filia dulcissima, nunc miseram matrem tuam adjuva. Recordare doloris quem habui quando te genui. Memento quali te cura nutrivi. Numquam tibi malum exhibui. Pro ludo duxi fornicationes et adulteria. Nunc pro his invenerunt me tormenta ineffabilia. Ne despicias lacrimas matris tuæ miseræ, sed extende manum et educ me de lacu miseriæ. » Illa autem, clamore illius permota, in fletum est soluta. Quæ mox a ductore relinquitur et in lecto ubi prius invenitur. Quia vero matri subvenire non potuit, tam religiose vixit quod non est dubium quin post obitum ad patrem suum venerit.

Scio, karissimi, quod vos prolixus sermo gravat, et timeo ne vobis fastidium ingerat ; sed non debetis moleste ferre verba de patria et superna angelorum curia, quia si scurra in foro venias [f. nænias] concinnis verbis funderet, aliquis vestrum forsitan intenta aure auscultaret (f° 68) quod animæ perditio esset. Multo magis oportet vos sollicita mente verba vitæ percipere per quæ potestis ad gaudia angelorum pertingere.

Ad conjugatos.

Viri uxores cum omni dulcedinis affectu diligant, fidem eis per omnia custodiant, sacris noctibus et noctibus jejuniorum, et eo tempore quo feminæ naturalem infirmitatem patiuntur ab eis abstineant. Filios suos in disciplina et timore Domini nutriant, ab omni malo, maxime ab inpudicicia corrigant, ne sicut Hely et filii ejus in judicium corruant (*I Reg.* IV).

Mulieres viros suos similiter intime diligant, timeant, fidem sincero corde custodiant, ad omne bonum, ut duo oculi, invicem sibi consentiant. Filii parentibus in omnibus obediant, quia in hoc maxime vitam suam prolungant. Servi et mercennarii dominis suis serviant fideliter, nullam fraudem eis faciant. Domini servis victum et vestitum, mercernariis promissam mercedem tribuant, ne post hoc sempiterna præmia a justo Domino amittant.

Quæ nunc dicturus sum debetis omnes servare, si vultis cum Christo regnare. Cum mane surgitis, debetis vos in primis signo sanctæ crucis signare, animam et corpus vestrum Dei gratiæ commendare, et antequam aliud agatis, ad ecclesiam festinare, elemosinam vobiscum portare aut mancipium vestrum facere portare ; pauperi vobis occurrenti, aut vos expectanti propriis manibus hylariter dare ; dives nummum, mediocris obolum, alius panem, alius veterem vestem, et quodcunque illud est unde pauper lætificatur. Hoc vobis remuneratur qui dicet in judicio : Quod pauperibus fecistis, mihi fecistis (*Matth.* XXV). Deinde, cum in ecclesiam veneritis, in primis Deo gratias pro omnibus beneficiis suis referre debetis : quod vos creavit, baptismo regeneravit, sanguine Filii sui a morte liberavit, ad gaudia angelorum vocavit. Post hæc peccata vestra confitentes terræ procumbere, lacrimas et preces pro vobis et pro omni populo Christiano, et pro omnibus fidelibus defunctis effundere, Deum rogare ut toto corde a malo declinare et bonum possitis amare, et in Christiana religione vitam consummare ; deinde omnium sanctorum suffragia deprecari quatenus ab hostibus animæ et corporis mereamini liberari. Ut enim hostes corporis cupiunt vobis vitam adimere, bona (f° 68 v°) vestra diripere, sic hostes satagunt animæ animas vestras trucidare, opera vestraf recompensare. Sævus hostis est superbia, quæ homines a Deo et ab angelis separat, dæmonibus associat, ab altis cœlorum retrahit, in ima inferni demergit. Crudelis hostis est luxuria, quæ corpora in baptismate sanctificata polluit et sulphureo igni involvit. Magnus hostis ira quæ mentem lacerat, odium vel discordia quæ corrodens concordiam dissipat. Si ab his hostibus tuti fueritis, tunc hostibus corporis in omnibus prævaleatis. Si servicium Dei in ecclesia agitur, debetis cum reverentia ibi astare usque dum perficiatur ; deinde accepta benedictione, corporis necessaria providere. Cum vero ad mensam ventum fuerit, non debetis, ut pagani qui ignorant Deum, aut ut bruta animalia, ad prandium accedere, sed *Pater noster* prius dicere, aut per aliquod sanctum verbum cibum vestrum benedicere ; deinde de singulis vobis appositis elemosinam incidere, pauperibus mox distribuere, quia in nullo melius quam in pauperibus potestis peccata vestra redimere, et æternas divicias acquirere. Sicut enim aqua extinguit ignem, ita elemosina extinguit peccatum. Tunc minuet vobis Deus Pater culpam et auget substantiam. Cum itis dormitum, debetis vos omnes signare, vos et omnia vestra Deo commendare, a subitanea et inprovisa morte liberari et ut in bonis actibus inveniamini deprecari.

Quadragesimam, Quatuor Tempora et omnes vigilias, nisi festum interveniat, debetis bene jejunare ; quod in cibo et potu vobis superfuerit, egenis erogare ; Dominicas et sollemnitates sanctorum a servili opere bene servare, ecclesias frequentare, sanctis lectionibus atque justorum relationibus vacare ; bonum discere et docere, malum non facere et prohibere, pauperes et peregrinos in hospicium recipere, nudis et egenis necessaria impendere, infirmos cum rebus vestris visitare, consolando allevare, homicidium nec facto nec consilio perpetrare, quia qui hominem ad imaginem Dei creatum occiderit, cum diabolo, qui homicida erat ab initio (*Joan.* viii) particeps erit. Fornicationes et omnes corporis pollutiones, et maxime adulteria, debetis fugiendo execrare, scientes vos per hæc maxime a Deo alienari (f° 70). Fornicatores enim et adulteros judicabit Deus. Corpora namque vestra sunt Spiritus sancti templa, in baptismate dedicata. Qui ergo templum Dei violat, hunc Deus disperdens damnat (*I Cor.* iii). Quale nefas sit stuprum per aves etiam demonstratur.

Aquila pullos suos contra radium solis ungue suspendit; qui irreverberato visu jubar solis intendit, huic curam pastus ut proprio partui impendit; qui vero visum a sole deflectit, hunc de adulterio alterio [alterius?] aquilæ conceptum deprehendit, pastum ei subtrahit, de nido ut alienum ejicit. Ita Christus pastum sui corporis illi non impendit, de nido paradysi repellit, qui immunditia luxuriæ sordescit. Non debetis perjurare, nec falsum testimonium dicere. Qui enim perjurat, Deum abnegat, et hunc Christus in judicio coram Patre et angelis negans damnat (*Luc.* xii). Qui autem falsum profert testimonium, incidet illud testimonium : Perdet Deus omnes qui loquuntur mendacium (*Psal.* v). Non debetis prædari, nec furari, quia neque fures, neque rapaces regnum Dei possidebunt (*I Cor.* vi). A voracitate et nimia potatione debetis quam maxime abstinere, quia ebriosi non possunt regnum Dei possidere (*ibid.*). Non debetis maledicere, quia maledici ab illa benedictione : *Venite, benedicti* (*Matth.* xxv), excluduntur, et illa maledictione : *Discedite a me, maledicti* (*ibid.*) multabuntur.

Cum excommunicatis non debetis communicare, scilicet non salutare, non cum eis orare, nec manducare, oscula devitare. Nam qui excommunicato communicat (145) ut excommunicatum Ecclesia reprobat. Qui autem vel armis, vel pecunia, vel consilio eis fert auxilium, habendus est ut patrator scelerum. Sicut enim membro a corpore præciso non valent unguenta et universa medicamina, ita excommunicatus ab Ecclesia non prosunt cuncta Ecclesiæ sacramenta aut oramina. Nam quidam prædives, dum excommunicatus moreretur, post novem annos uxor ejus moriens filios petit ut juxta virum suum sepeliretur. A quibus, dum ad [*del.* ad] sepulchrum aperitur, corpus patris crudum et integrum invenitur; insuper sarcophagum plenum bullienti aqua fervebat, de qua putridus fetor surgebat. Quorum mens dum inde confusa turbatur, a clero excommunicatus indicatur. Ante novem annos namque sedicionem in quadam civitate fecit, et ob hoc a sacerdote (f° 70 v°) ejusdem loci sententiam excommunicationis excepit. Quem filii mœsti adierunt, patrem suum absolvi petierunt. Mira res! Ubi a sacerdote longe in alio loco absolvitur, corpus defuncti in cinerem resolvitur. Igitur, karissimi, cuncta quæ dixi devitanda declinate, omnia vero quæ dixi facienda facere curate, ut, cum venerit Christus cunctis reddere præmia laborum, videatis in Syon Deum deorum (*Psal.* lxxxiii), ubi sunt quæ oculus non vidit (*I Cor.* ii), cætera.

DOMINICA IN QUINQUAGESIMA.

Quam magna multitudo dulcedinis tuæ, Domine, quam abscondisti timentibus te! (*Psal.* xxx.) Vere, carissimi, magna et ingens est multitudo divinæ dulcedinis, quam perfruendo justi affluunt omnibus deliciis. Hæc dulcedo nunc quidem Deum timentibus absconditur, tunc autem sperantibus in eum aperitur, cum in gaudio Domini oculo ad oculum Regem gloriæ in decore suo videbunt (*Isa.* xxxiii), et ipsi glorificati ut sol fulgebunt (*Matth.* xiii). Tunc, inquam, perfruentur illa dulcedine in quam nunc angeli insaciabiliter desiderant prospicere (*I Petr.* i), cum de bonis Domini saciantur quæ nunc nullius hominis oculos videre, nec auris audire, nec alicujus sapientis cor potest cogitare quæ Deum diligentibus præparatur (*I Cor.* ii). Ad hanc gloriam perveniendam scala nobis hodie aperitur, per quam hodie a fidelibus cœli culmen attingitur. Hæc autem scala est karitas, per quam ad cœli fastigia tendit Ecclesiæ humilitas. Hujus scalæ vero latera sunt geminæ dilectionis [*leg.* dilectiones], Dei scilicet et proximi dilectio. Porro gradus qui his lateribus inseruntur sunt diversæ virtutes per quas karitatis præcepta complebuntur ; per quas qui rite scandit, faciem Domini, qui est caritas, in jubilo videbit (*Job* xxxiii).

Quindecim autem gradus texuntur, quia per quindecim gradus caritatis cœlestia petuntur. Unde et in templo Domini ad sanctuarium quindecim gradibus ascendebatur, quia scandens in hac scala ad cœlestis templi sanctuarium Christum sublevatur. Psalmi quoque quindecim *gradus* inscribuntur quibus hæ virtutes instruuntur per quas æthera a beatis scanduntur. Quindecim autem sunt ter quinque, quia per fidem sanctæ Trinitatis oportet nos quinque sensibus nostris opera caritatis implere.

Primus itaque gradus hujus scalæ est pacientia, in qua animas possideri docet æterna Dei sapientia. In hoc gradu scandentes gressum firmamus, si injurias et contumelias patienter pro Christi amore (f° 72) toleramus, qui obprobria et flagella et ipsam mortem pro nobis patienter sustinuit, et se imitantibus præmia permanentis gloriæ restituit.

Secundus gradus intexitur benignitas, per quam angelicæ societatis acquiritur dignitas. Hujus gradui gressum imprimimus, si pro malis non mala, sed bona retribuimus, et proximis nostris necessa-

(145) Cod. *excommunicat.*

ria pro posse nostro benigne impendimus, quia et Christus suis crucifixoribus pro malo bonum, scilicet vitam æternam, pro sua passione reddidit, quam suis quoque imitatoribus tribuit.

Tercius gradus inseritur pietas, per quam supernorum civium adipiscitur dulcis societas [*leg.* societas]. In hoc gradu pia mens scandens transcendit, sed aliorum felicitate non æmulatur. Invidia enim diaboli mors introivit in orbem terrarum (*Sap.* II): imitantur autem illum qui sunt ex parte ejus.

Quartus gradus innectitur simplicitas, per quam cœlestis gaudii subitur multiplicitas. In hunc gradum pedem ponimus, si perperam, id est fraudulenter non agamus, scilicet si fidei servitio nichil subtrahimus, et bona non populi favore sed sola Dei causa facimus.

Quintus gradus huic scalæ inditur humilitas, per quam adtingitur angelica sublimitas. In hoc gradu scandens mens solidatur, si de accepta scientia non inflatur (*I Cor.* VIII), et Deum superbis resistere, humilibus autem dare gratiam recordatur (*I Petr.* V).

Sextus gradus est mundi contemptus per quem superni regni acquiritur census. In hoc gradu exultat anima gloriosa, si non est ambiciosa, quia potentes potenter pacientur tormenta (*Sap.* VI). Si autem Domino placuerit dicere: *Amice, ascende superius* (*Luc.* XIV), non renuat subire leve Domini onus (*Matth.* XI), ut possit prodesse verbo et exemplo fratribus.

Septimus gradus ponitur voluntaria paupertas, pro qua gloriæ et diviciarum in domo Domini accipitur ubertas (*Psal.* III). In hunc gradum figit homo vestigia, si non quærit quæ sibi solummodo, sed quæ omnibus sunt utilia et ad laudem Christi pertinentia. Hic talis scandat lætus, quia paravit in dulcedine sua pauperi Deus (*Psal.* LXVII).

Octavus gradus est pax, quæ æternæ lucis est fax. In hoc gradu mens roboratur, si nec verbis nec factis ab aliquo irritatur, et si corpus et [*del.* et] animæ in Dei servitio subjugatur, et anima spiritui concordans Domino Deo jugiter famulatur. In hoc (f° 72 v°) gradu positi beati dicuntur, quoniam filii Dei vocabuntur (*Matth.* V).

Nonus gradus scribitur bonitas, per quam intratur cœlestis vitæ jocunditas. In hunc homo scandit gradum, si non solum non facit, sed nec cogitat malum.

Decimus gradus est spirituale gaudium per quod pertingitur ad angelorum contubernium. In hunc gradum lætetur homo se conscendisse, si non gaudet super iniquitate (*I Cor.* XIII), si non gaudet super ruina inimici, nec de malis quæ eveniunt alii, congaudet autem veritati (*ibid.*), scilicet omnibus gestis ad honorem gloriæ Christi qui est veritas et vitæ præmium et plenum omnium gaudium.

Undecimus gradus locatur sufferentia, per quam supernæ gloriæ adipiscitur eminentia. Hunc gradum scandere animus arripiet si omnia mundi adversa pro Christo suffert. In hoc gradu constituti beati scribuntur si persecutionem pro justitia paciuntur quomodo regnum Dei sortiuntur (*Matth.* V).

Duodecimus gradus dicitur fides, quæ homines efficit angelis concives. Per hunc gradum homo gressum premit si cuncta de Deo et æterna vita pie dicta vel scripta fideliter credit, quia est impossibile sine fide placere Deo (*Hebr.* XI).

Tercius decimus gradus est [*add.* cui] annectitur spes quæ non confundit præstolantes res spirituales. In hunc gradum pedes sancta [*f. add.* anima] levat, si omnia bona de futura vita sperat.

Quartus decimus sequitur longanimitas, per quam impetratur angelorum æqualitas. Hunc gradum quilibet scandens apprehendet si omnes promissiones Dei æquaminiter sustinet, si onus Dei tamdiu bajolat quousque ipse veniens jugum de collo ejus excutiat, et eum a labore cessare et in requie recumbere faciat.

Quintus decimus gradus ultimus ponitur perseverantia, per quam paradysiacæ amœnitatis capiuntur prata virentia. In hunc gradum mens alta petens se pervenisse congaudeat, si de Dei misericordia numquam desperantius (*sic*) exciamat: qui enim perseveraverit usque in finem, hic salvus erit (*Matth.* XXIV). Qui per hos omnes gradus rite scandet, hunc Deus karitas in cellaria æternæ dulcedinis introducit.

Hanc [*leg.* hæc] scala, karissimi, per timorem erigitur, per quem karitas ad summum deducta, ipsa in hæreditatem, ut filius Domini, introducitur. Timor vero ut servus foras ejicitur (*I Joan.* IV). Duo sunt timores, unus servilis, alter filialis. Servus quippe peccans timet dominum ne damnetur; (f° 74) filius timet patrem ne exhæredetur. Per servilem timorem declinemus peccata, ne pœnas horrendi supplicii incidamus: per filialem defleamus transacta, ne gratia Patris nostri et æternis gaudiis careamus. Per hos timores et spem caritate adepta, Deum et vitam æternam diligamus, et per caritatem omnia bona agamus, ut sanctuarium Dei hæreditate possideamus (*Psal.* LXXXII). Karitas omnes virtutes præcellit; immo cunctæ virtutes ab ea ut rami de arbore prodeunt, cunctæque in eam, ut semitæ in viam, tendunt. Hæc est regia via quæ sola homines ducit de exilio hujus miseriæ in civitatem cœlestis patriæ. Si quis sine caritate bona patrat, in vanum laborat. Et si omnes virtutes absque karitate possideat, ita est quasi qui pulverem inventum [in ventum?] portat. Dicit enim Scriptura: Si quis omnes linguas et hominum et angelorum et omnia bona omnibus dicat, karitatem autem non habeat, similis erit æri aut cymbalo quod dulciter sonat (*I Cor.* XIII). Deinde dicit: Si quis prophetia sit præditus et noticia omnium mysteriorum insignitus et scien-

ipsum etiam corpus ad diversa supplicia mortis prius tradimus quam a præceptis Domini recedamus. Hoc enim martyres fecerunt, ideo ad Deum, qui est karitas, triumphantes pervenerunt. Ipsi quoque, homines similes nobis (f° 76), passibiles fuerunt ; sed eos nec tribulatio, nec angustia, nec persecutio, nec fames, nec periculum, nec nuditas, nec gladius, neque mors, neque vita, neque principatus, neque potestates, neque instantia, neque futura, neque fortitudo, neque altitudo, neque profundum, neque ulla creatura a karitate Dei separare potuerunt (*Rom.* VIII). Ideo magna dulcedine Dei nunc perfrui meruerunt. Ad hanc magnam multitudinem Dei dulcedinis pervenitur per karitatem quæ est plenitudo legis (*Rom.* XIII). Narrat etiam Evangelium quia cum Dominus Hiericho appropinquaret, cæcus quidam secus viam mendicans sedebat, qui a Domino non pecuniam, sed lumen petebat et protinus impetrabat (*Luc.* XVIII). Hiericho *luna* dicitur et nostræ mortalitatis defectus intelligitur. Huic Dominus appropinquavit, cum carnem nostræ mortalitatis assumpsit. Cæcus hic totum genus humanum figurat, quod lucem æternæ vitæ ignorabat. Quod pius Dominus, qui est lux vera (*Joan.* I), fidei et scientiæ lumine illuminavit, et in admirabile lumen suum de tenebris vocavit (*I Petr.* II).

Karissimi, IIII feria debetis frequentius ad ecclesiam convenire, confessionem de peccatis vestris præsbiteris facere, pœnitentiam ab eis toto corde suscipere, cineres capitibus vestris imponere, et ad hoc reminisci cinerem et pulverem esse. Dein XL. dies jejunando, vigilando, orando, a carnalibus desideriis abstinendo, bonis operibus insistendo corpus vestrum pro Christo mortificare et vos vivam hostiam Deo immolare. Si ita carnem vestram viciis et concupiscentiis crucifigitis (*Gal.* V), in futura resurrectione cum Christo regnabitis ; si enim compatimur, et conregnabimus (*Rom.* VIII).

Quidam prædives homo, multis criminibus involutus, sæculo renunciavit, monasterium, monachus factus, intravit. In quo honores sibi oblatos refugit, obprobria et quæque adversa pro Christo libenter pertulit, orationi frequenter cum lacrymis incubuit. Quadam nocte, cum prostratus in oratione jacuit, lux immensa super eum cœlitus emicuit, insuper vox sonuit, peccatum ejus dimissum retulit. O ingens clementia nostri Conditoris, qui non clam, sed tacite huic peccata relaxavit, sed per lucem coruscando et per vocem sonando eum consolans, nos ad pœnitentiam provocavit ! Omnes igitur, dum possimus, ad pœnitentiam toto corde curramus, et faciem Domini, dum licet, in confessione præveniamus (*Psal.* XCIV), ut eum quandoque in illa magna dulcedine læti videamus, quam oculus non vidit (*I Cor.* II), et cætera.

IN CAPITE JEJUNII.

Quærite Dominum, dum inveniri potest, invocate eum, dum prope est (*Isa.* LV). Karissimi, Deus in hac vita quærendus est, in hac vita invocandus. Qui in hac vita quærunt eum fide et operatione, post hanc vitam invenient eum in lætitia et exultatione. A nullo autem ibi invenitur, a quo hic sancta conversatione non quæritur. Hic quippe est omnibus invocantibus eum in veritate. Ibi erit longe omnibus qui hic ambulant in vanitate. Qualiter autem sit quærendus per prophetiam docet ipse Dominus :

Derelinquat impius viam suam, id est malam vitam, *et vir iniquus cogitationes suas,* id est malas voluntates, *et revertatur ad Dominum,* per confessionem et pœnitentiam, *et miserebitur ejus,* per indulgentiam, et ad Dominum nostrum per melioris vitæ inmutationem, *quoniam multus est ad ignoscendum* (ibid.), liberans a pœnis, dans vitæ æternæ remunerationem. Mala incœpta derelinquere et bona opera facere, est Dominum quærere. In bono opere usque in finem perseverare, est Deum, qui est vita æterna, invenire. Qualiter autem sit invocandus docet per eundem prophetam idem Dominus.

Frange, inquit, *esurienti panem tuum. Egenos induc in domum tuam. Nudum operi* (*Isa.* LVIII). Dimitte in te peccanti. *Et tunc invocabis et Dominus exaudiet. Clamabis, et dicet, Ecce assum* (ibid.).

Omni tempore, dilectissimi, sed maxime istis diebus, quærite Dominum bene vivendo, et vivet anima vestra (*Psal.* CXVIII). Invocate eum, assidue orando, et dabit vobis æterna gaudia.

Clamat Scriptura, excitans nos ad bona futura, *Memento unde excideris et age pœnitentiam* (*Apoc.* II). In paradiso in omnibus deliciis fuimus ; sed, heu ! astucia diaboli inde in hunc lacum miseriæ excidimus. Mox tristis sententia nos perculit, quæ omnes, proh dolor ! mortem subire et in pulverem reverti compulit. Unde hodie pœnitentia afflicti, cinerem nostris capitibus imponimus, quia nos in pulvere mortis redigi gemimus. Et quia per gustum vetiti cibi mortem incidimus, ideo nunc jejuniis (f° 78 v°) nos affligimus, quatenus abstinentia nobis aditum ligni vitæ aperiat, quæ concupiscentia interdictæ arboris clauserat. Miserum quippe humanum cor, multis miseriis infectum, in miseriis obstupuit, duruit, sensum doloris amisit. Idcirco misericors et miserator Dominus, pater misericordiarum, misero condoluit, multis medicaminibus Scripturæ ei consuluit. E quibus hodie medicamento pœnitentiæ stupidum cor demulcet, sicque admonet :

Convertimini ad me in toto corde vestro, in jejunio et fletu et planctu, et convertimini ad Dominum Deum vestrum, quia benignus et misericors est, paciens et

tia omnium rerum peritus, et tali fide subnixus ut montes de loco ad locum transferre valeat, karitate autem careat, coram Deo pro nichili existat (*I Cor.* xii). Iterum dicit : Si quis omnes facultates suas in cibos pauperum distribuat et se ipsum ad martyrium ignis tradat, si karitas in eo non sit, nichil ei prosit (*ibid.*). Hæc in duo, in dilectionem scilicet Dei et proximi dividitur, ut in Evangelio dicitur. *In his duobus præceptis universa lex pendet et prophetæ* (*Matth.* xxii). Hæ sunt geminæ alæ quibus sancti ad cœlestia sublevantur, sicut propheta testatur. *Sument,* inquit, *sancti pennas ut aquilæ et volabunt* (*Prov.* xxiii). Sicut ergo avis sine duabus alis se non valet in aera sublevare, ita nullus potest sine duobus (146) mandatis ad cœlestia transvolare. Ideo et in duabus tabulis erant scripta decem legis præcepta. In una namque erant tria ad dilectionem Dei pertinentia, quem jubemur diligere toto corde, tota mente, tota anima (*Matth.* xxii). Erant enim hæc : *Deus unus est* : *Non facies sculptile* (*Exod.* xx) et hoc ad Patrem. Deinde : *Non assumes nomen Dei tui in vanum.* Idem *Non perjurabis* (*ibid.*), et hoc ad Filium. Exin *Sanctifica diem Sabbati* (*ibid.*), quod nunc Dominica die facimus nos Christiani, et hoc pertinet ad Spiritum sanctum in quo æternam (f° 74, v°) requiem habebimus quando vacabimus, et Deum, sicuti est, facie ad faciem videbimus (*I Joan.* iii). Porro in altera VII continebantur per quæ dilectio proximi completur, quem ut nosmetipsos diligere præcipimur (*Matth.* xxii).

Tria et IIII fiunt VII. Anima habet tria, scilicet memoriam, intelligentiam, voluntatem. Corpus autem constat ex IIII elementis. Quali ergo amore anima corpori jungitur, tali dilectione justum est ut proximis conjungamur. Sic autem scriptum est : *Honora patrem tuum et matrem. Non occides. Non mœchaberis. Non furtum facies. Non falsum testimonium dices. Non concupisces rem proximi tui, non uxorem, nec omnia quæ illius sunt* (*Exod.* xx). Hæc, karissimi, nullusvestrum vultpati,ideo nulli faciat, et sic se legem Christi, qui est karitas, implere sciat.

Hæc arbori comparatur quæ secus decursus aquarum transplantatur, cujus non defluet folium, nec aliquando desinet facere fructum (*Psal.* i). Radix arboris quæ deorsum in terra fixa (147) firmatur est dilectio proximi quæ per amicos et inimicos dilatatur. Porro qui in altum crescens erigitur dilectio Dei intelligitur. Rami qui undique inde prodeunt sunt diversæ virtutes quæ de karitate procedunt. Folia quibus arbor decoratur est bona voluntas qua fidelium plebs perornatur. Hoc folium non defluet, quia pro bona voluntate quisque mercedem a Deo percipiet. Hujus arboris poma sunt opera bona. Semen in fructu de quo alia arbor nascitur, est prædicatio, per quam auditor pascitur et arbori karitatis fructificandus ramus inseritur. Hæc arbor numquam ferre fructum desinet, quia karitas numquam a bono opere languet. Hæc super rivos aquarum plantatur, quia per fluenta Scripturarum instruimur qualiter karitas impleatur. Igitur per solam karitatem omnia mandata Dei complentur et nichil est quod sine hac agitur.

Scire autem, karissimi, debetis qualiter dilectionem perficiatis. Non enim est hoc solum dilectio homines salutare et eis osculum vel bonum diem dare. Dilectio proximi perficitur duobus modis, uno ut nemini faciatis quod ab alio pati rennuatis (*Tob.* iv) ; secundo ut quæcumque vultis ut vobis homines faciant, hæc unusquisque vestrum aliis impendat (*Matth.* vii). Nullus vestrum vult pati furtum et adulterium, vel aliquod damnum, nulli faciat. Ab aliis vultis vobis impendi (f° 76) necessaria, facite eis, si potestis, similia. Si quis substantiam mundi habuerit et fratrem suum in Christo necessitatem pati viderit, et viscera sua ab eo clauserit, quomodo karitas Dei in hoc manet? (*I Joan.* iii.) Hic est ut ficus quæ non fructum, sed tantum folia habuit, et ideo maledicta a Domino mox aruit (*Matth.* xxi).

Hæc quia terram occupat infructuosa, securis iræ Dei ad radicem ejus est posita, ut arbor non faciens bonum fructum excidatur et in ignem mittatur (*Matth.* iii). Hæc itaque dilectio, karissimi, ut proximis vestris egentibus necessaria præbeatis, esurientibus cibum, sicientibus potum, nudis vestimentum, vagis hospicium, infirmis, captivis, viduis, pupillis visitationis solatium exhibeatis, ipsis etiam inimicis vestræ religionis, Judæis et paganis, si a vobis exposcant, necessaria pro Deo impendatis. Quod enim Judæ pro Christo tribuitis, ab ipso mercedem loco Petri accipietis. Ad hæc præcepta nos instruenda creavit Deus in nobis diversa membra, et ea quæ sunt carentia honore magis sunt necessaria. Et si quid unum membrum patitur, omnia membra compatiuntur (*I Cor.* xii). Si enim spina pedi infigitur, protinus dorsum ad evellendum curvatur, oculi curiose prospiciunt, manus festinant ut eruant. Nos omnes Christiani unum corpus sumus, cujus caput est Christus (*Col.* i), oculi sunt doctores, iter ad lucem æternæ vitæ monstrantes, aures verbo vitæ obedientes, nares inter bonum et malum discernentes, os bona docentes, manus ecclesias, viduas, pupillos defendentes, pedes pauperes pascentes. Igitur cum simus membra Christi et Ecclesiæ, debemus alterutrum, ut membris nostris necessaria, prout possumus, impendere et malis eorum condolere. Tali modo dilectio proximi comprobatur, quæ malum non operatur (*Rom.* xiii).

Dilectio autem Dei est ut Deum habeamus carius quam omnem gloriam et divicias mundi hujus. Deum namque amare est mandata ejus servare. Tunc Dominum super omnia diligimus, si minis vel blandiciis impulsi contra Dei præcepta agere, dignitates, gloriam, omnem demum substantiam amittimus,

---

(146) Cod. *sine absque duobus,* etc.

(147) Cod *terram fixam.*

multum misericors, et præstabilis super malicia (Joel. II). Sed qualiter converti debeamus ipsum docentem audiamus : *Sanctificate jejunium* (*ibid.*). Qualiter? Non solum ab extraneis, sed etiam a propriis uxoribus debetis istis abstinere diebus; odio et invidia carere ; quæ vobis in cibo et potu superfuerint, pauperibus distribuere; orationi jugiter insistere; illatam injuriam non vindicare, sed potius pro inimicis orare; præceptis Dei in omnibus obedire, nulla prava actione ejus monitis contraire. Porro qui ad lites et contentiones jejunat, et post prandium ebrietati et luxui vacat, diabolus, ut puto, membrum ipsius simulat qui nullo corporali cibo vescitur, sed malicia et nequitia pascitur. Ut autem scribitur in Tobia; multum valet jejunium cum elemosina (*Tob.* XII), quia per jejunium diabolum ab anima expellitur ; per elemosinam vero anima a morte redimitur. Genus enim dæmoniorum in nullo potest exire nisi cum jejunio et oratione (*Matth.* XVII). Et sicut aqua extinguit ignem, ita elemosina peccatum (*Eccli.* III), et hæc liberat a morte, et non patitur ire in tenebras. Ideo, karissimi, hos dies cum omni diligentia jejunate, ut possitis diabolum vicia et concupiscentias persuadentem superare. Elemosinis peccata redimite, orationibus æternæ vitæ præmia acquirite. A sordibus peccatorum vestem baptismatis lacrimis lavate; in sanctis operibus mundi estote. Quiescite jam aliquando agere perverse. Discite nunc bene facere, scilicet oppresso subvenite, pupillo juste in judicio judicate, viduam et advenam defendite, egenum et pauperem de manu tribulantis eripite (*Isa.* I) (f° 80). Et tunc eritis Domino in populum, et ipse erit vobis in Dominum.

Quia enim homo de paradyso exiens in lacum mortis corruit, Filius Dei de aula cœli egrediens pro eo exilium subiit, signis et miraculis nos de somno desidiæ excitavit, demum morte sua ad vitam reparavit. Unde scriptum est : *Erunt oculi tui videntes præceptorem tuum, et aures tuæ audientes vocem post tergum monentis* (*Isa.* XXX). Præceptor noster Christus erat, qui nos præcepta vitæ docuerat. Hunc præceptorem beati oculi apostolorum viderunt et auribus suis verba vitæ audierunt, quæ tunc mundo prædicationibus, nobis autem scriptis innotuerunt. Sed nos, pigri et inutiles servi, terga in faciem Domini nostri damus, cum præcepta ejus contemnendo calcamus. Ipse autem rebelles nos post tergum monet ut ad interitum properantes revocet; reverti nolentibus blanditur, vitam pollicetur, reversos benigne amplectitur, ut filiis misereatur. Unde, karissimi, quia ipse Pater et Dominus noster est, et nos lutum, revertamur ut servi ad Dominum clementissimum, revertamur ut filii ad Patrem piissimum.

Cum de paradyso expulsi sumus, dictum est nobis : *Pulvis es et in pulverem reverteris* (*Gen.* III). Ut ergo redire possimus, pœnitentiam hodie in cinere et cilicio agimus. Pulvis quippe sumus et cinis et vermis, putredo filius hominis. Et quia repatriare contendimus, hostes, id est dæmones, iter salutis nobis obsidere novimus ; ideo arma spiritualia, quod est oratio, humiliatio, afflictio, sustollimus, ut contra spiritualia nequicia (*sic*) pugnare et omnia tela ignea nequissimi hostis extinguere possimus (*Ephes.* VI). Cum enim hodie processionem cum crucibus facimus, quasi hostibus armati ad pugnam obviam imus. Unde et per letaniam sanctos in adjutorium nostrum invocamus, quatenus viriliter decertare et in cœlesti aula triumphare valeamus.

Quarta ætate mundi ædificavit Salomon Domino templum septem annis, quod destructum a Babyloniis, reædificatum est a Jesu sacerdote XL et VI annis. Salomon est Christus, templum Ecclesia. Hoc templum VII annis a Salomone ædificatur, quia Ecclesia VII donis Spiritus sancti a Christo informatur. A Babyloniis destruitur, quia a dæmonibus variis viciis subruitur; sed iterum ab Jesu XL et VI annis reædificatur, quia his XL et VI diebus Ecclesia in templum Dei coædificatur (f° 80 v°). Ab hodierna quippe die usque in Pascha XL et VI dies computantur. Templum quoque corporis Christi XL et VI annis ædificatur, cui Ecclesia incorporatur. Maria quippe XII annorum extitit quando Christum genuit; Christus namque XXX annorum fuit et III^r dum morte solutus corruit. Qui anni simul juncti XL et VI fiunt; totque dies a Capite jejunii usque in Pascha existunt, qua die Christus templum corporis sui restituit, quod prius impulsio Judæorum solvit. Ideo IIII feria jejunium inchoamus, quia Christus suum jejunium IIII feria inchoasse prædicamus; quem secunda feria baptizatum non ignoramus, cui per jejunium incorporari desideramus, et Salomonem, qui IIII ætate mundi templum in figura Ecclesiæ construxit, similamus, in qua nunc coædificari a Christo optamus. Ideo istis IIII diebus jejunatur, quia Ecclesia a quatuor plagis mundi in ædificium templi Dei congregatur. Deinde XL diebus jejunatur, quia per III^{or} Evangelia et decem legis præcepta hoc templum in Christo consummatur, quia non venit solvere legem, sed implere (*Matth.* V). Ideo X litera, quæ prima est in nomine Christi, decem significat, et decalogum legis insinuat, et formam crucis exprimit, in qua Christus pendens cuncta debita nostra pro nobis Deo Patri solvit. Ergo, dilectissimi, imitemur Christum ut filii karissimi. Sequamur ejus vestigia ut videamus eum in gloria. Et quia Scriptura dicit : *Thesaurizat homo et ignorat cui congregabit ea* (*Psal.* XXXVIII), quia *insipiens et stultus peribunt et reliquent alienis divicias suas et sepulchra eorum, domus illorum in æternum* (*Psal.* XLVIII), quia hæreditabit homo vermes, bestias, serpentes, cuncta terrena despiciamus, cœlestia appetamus, jejuniis, vigiliis, orationibus corpus nostrum nunc maceremus, ut in resurrectione futura cum Domino gloriæ perhenniter regnemus, ubi oculus non vidit nec auris audivit (*I Cor.* II), et cætera.

DOMINICA IN QUADRAGESIMA.

Syon, fuge, quæ habitas apud filiam Babylonis (*Zach.* II). Syon, quod dicitur *specula*, est fidelium populus qui Regem gloriæ speculaturus est in cœlestibus. Babylon vero, quod *confusio* sonat, est hic mundus qui in confusione peccatorum est positus. Cujus filia est malorum universitas, quæ nimis est misera, quia retribuetur ei sua iniquitas. Nos (f° 82) igitur, karissimi, nos Syon sumus, qui apud filiam Babylonis habitamus. Nos Spiritus sanctus per prophetam hortatur ut de ea fugiamus ne cum ea penitus disperamus. Cum Loth Sodomam subvertendam comperit, protinus de ea ad montem salvandus fugit. Qui postquam ab ea exiit, civitas cum omni populo igne et sulphure interiit (*Gen.* XXIX). Si in ea permansisset, utique incendium (148) cum aliis perditioni eum involvisset. Nemo dubitat quin iste mundus sit igne solvendus, omnisque populus corde et animo ei inhærens valida tempestate cum ea disperdendus. Christus namque rex cœlestis Hierosolimam cum omni exercitu angelorum et sanctorum est venturus, et hanc Babyloniam funditus subversurus, universosque amatores ejus in stagnum ignis et sulphuris missurus; sponsam vero suam, quæ apud Judæos peregrinatur, eruiturus et in cœleste palatium inducturus. Unde, delectissimi, sicut Loth de Sodoma ad montem fugit salvandus, ita nos, dum licet, per puram confessionem et per veram pœnitentiam de hoc mundo ad montem Christum confugiamus, ut incendia æterni supplicii evadere et nuptiis Christi sponsæ interesse valeamus. Qui hoc donum a Deo habeant, mundum et cuncta quæ mundi sunt relinquant, se ipsos et omnia sua Deo offerant, ut pro his centuplum et vitam æternam recipiant (*Matth.* XIX). Qui vero hoc dono careant, saltem peccata et carnis illecebras deserant, per pœnitentiam ad Christum fugiant, ut perfectorum participes fiant. Si aliquod forum, karissimi, esset ubi centum aureos pro uno cupreo nummo dare audiretis, omnes cum summa festinantia curreretis, currere negligentes miseros et insanos judicaretis, vos retardantes maledictis impeteretis. Pro vilissimis et caducis rebus quæ (sic) cottidie inviti perdimus, quæ nobis aufert furum fraudolentia, raptorum violentia, vorax flamma interdum consumit, demum dira mors ab eis nos violenter evellit, pro his, inquam inæstimabiles nobis divitiæ promittuntur, pro his incomparabilis gloria nobis dabitur, et tamen miseri gravati, imo cæcati, illa neglegimus quæ semel adepta numquam amittere possemus. Ad hæc adipiscenda hortatur currere nos sacra Scriptura. *Currite*, inquit, *ut comprehendatis* (*I Cor.* IX). Et Dominus in Evangelio (f° 82, v°): *Currite dum lucem habetis, ne tenebræ vos comprehendant* (*Joan.* XII). Per lucem vita, per tenebras mors intelligitur. Dum igitur vivimus et sani sumus, ad pœnitentiam et satisfactionem curramus, ne tenebris mortis præventi, velimus et nequeamus. Nemo apud se dicat: Adhuc juventute floreo, sanitate vigeo, ideo gaudiis mundi et carnis deliciis frui bene adhuc potero. Cum vero senex fuero, vel infirmari cœpero, tunc satis emendare valebo. Est enim Deus misericors et præstabilis super malicia (*Joel.* II), et sicut unum, ita multa mihi relaxat flagicia. Hanc cogitationem, karissimi, diabolus homini mittit, ut eum in consuetudinem peccandi perducat, et ita repentina morte præventum secum ad tartara cruciandum pertrahat. Ideo dicit Scriptura: *Fili, differre noli de die in diem converti ad Dominum, ne subito ira ejus veniens disperdat te* (*Eccli.* V). Misericordia enim et ira ab illo, quia si homo tardat, mors non tardat. Et iterum: *Memento creatoris tui in diebus juventutis tuæ, ante quam veniat tempus afflictionis tuæ* (*Eccle.* XII). Itaque, karissimi, tempore juventutis, cum sani simus et peccare possumus, peccata per pœnitentiam corrigamus, ne tempore afflictionis, scilicet senectutis vel infirmitatis, velimus nec possimus. Unde dulcis et rectus Dominus, qui legem pœnitentiæ dat in via delinquentibus, sic blanditur se derelinquentibus: *Convertimini ad me*, inquit, *filii reventes, et ego revertar ad vos, et recipiam vos* (*Jer.* III). Ecce, karissimi, suavis Dei clementia nos filios vocat et a se refugos et ad æterna supplicia properantes nos revocat, ut nobis dulcis vitæ jocunda gaudia tribuat. Igitur, dum licet et bene possumus, omnes faciem Domini in confessione præveniamus (*Psal.* XCIV), quia sicut in baptismo originalia, ita per confessionem relaxantur crimina actualia. Ideo sicut nulla verecundia nos retraxit a peccati perpetratione, ita nulla nos revocet a reatus confessione. Nam confessio est Dei judicium, per quod homo justificatur. Duo namque sunt Dei judicia, unum in hoc sæculo, aliud in futuro. In futuro quidem judicio judex erit Deus, homo reus, accusator diabolus. Sententia super reos prolata a judice est: *Discedite a me, maledicti, in ignem æternum* (*Matth.* XXV). In hoc autem judicio, sacerdos Christi vicarius est judex (f° 84), homo qui reus est etiam accusator, judicis sententia est injuncta pœnitentia. Qui igitur in isto judicio judicatur, in illo non damnatur. Unde dicitur: *Si nos judicaremus, non utique judicaremur* (*I Cor.* XI). Unde, karissimi, quicumque perit, de sua ipsius neglegentia perit, cum propheta dicat: *Erit fons patens David in ablutionem peccatoris et menstruatæ* (*Zach.* XIII). Fons David est misericordia Dei omnipotentis. Omnis qui in hoc fonte abluitur a sordibus, in æternum salvabitur. David

---

(148) Cod. *in incendium*.

quippe rex et propheta adulterium cum fidelis militis sui uxore commisit et ipsum pravo consilio occidit; sed dum se in hoc fonte per pœnitentiam abluit, et dignitatem regiam retinuit, et prophetiæ gratiam non amisit. Petrus, qui perjurio Dominum negavit (*Matth.* xxvi), dum se in hoc fonte lacrimis lavit, apostolatus honore eum Dominus non privavit.

Paulus, qui Ecclesiam crudeliter vexavit (*Act.* ix), dum se hoc fonte lavit, doctor Ecclesiæ esse meruit.

Cyprianus, qui magus extitit et multa atque horrenda crimina diu patravit, dum se hoc fonte emundavit, episcopus effectus, nobilis doctor, gloriosa vita fulsit ac insigne martyrium duxit.

Theophilus, qui in scripto Deum abnegavit et in dominium se diaboli mancipavit, hoc fonte lotus, jus diaboli evasit.

Maria Magdalena, quæ se multis sordibus commaculavit (*Luc.* vii), postquam se hoc fonte lacrimis lavit, prima Christum resurgentem videre meruit (*Joan.* xx).

Maria Ægyptiaca, quæ vulgare scortum omni populo plurimis annis extitit, hoc fonte lota, post gloriosa signis claruit.

Thais, sceleribus famosa, omni spurciciæ dedita, dum hoc fonte abluitur, et culparum veniam et vitæ coronam consequitur. Et quid plura commemorem? Quotquot ab initio prolapsi ad pœnitentiam sunt reversi, si in hoc fonte sunt loti, veniam sunt consecuti. Hic omnibus patet. Omnes recipit, omnes a sordibus emundat, et ipsum nullius inmundicia coinquinat. Unde dicitur quod etiam menstruis patet, quibus nulla inmundicia comparari valet. Per hoc nobis innuitur quod nullum peccatum ab aliquo perpetratur quod non hoc fonte a pœnitente revocatur. Hic fons, si esset obstrusus, totis viribus niti deceret ut fieret nobis reclusos. Nunc cum pateat omnibus, cur miseri salutem (f° 84, v°) nostram neglegimus et sordes nostras hoc fonte diluere refugimus? Pius namque Dominus dicit : Nolo mortem peccatoris, sed ut convertatur et vivat. Et ut nullus ad eum converti moretur, per prophetam pollicetur: *In quacumque hora peccator conversus fuerit, omnia peccata ejus oblivioni tradentur* (*Ezech.* xxii). Non dixit post septimanam, vel post mensem, vel post annum, sed eadem hora cum ingemuerit ei remittuntur.

Unde legitur quod quidam sanctorum hanc gratiam a Deo habuisse [*leg.* habuerit] quod posset singulorum merita per vultus illorum discernere. Quadam itaque die, dum fratres ecclesiam frequentarent, vidit eos hylari vultu et splendida facie intrantes et angelos Dei lætos eis commitantes. Unum vero turpi ac deformi et nebuloso vultu vidit, et dæmones horribili visu ignem et fumum ex ore et naribus exhalantes juxta cum ambulare et utrumque catena eum trahere, angelum autem Domini longe retro tristem sequi. Hoc ut senex conspexit, magno ejulatu flevit. Peracto divino officio iterum intuetur eos gloriosa facie egredientes et angelos Dei cum eis hylariter incedentes, et eum quem tam miserabili vultu viderat prius ingredientem, nimis perfulgida facie conspicit egredientem, atque angelum Dei amplexibus ejus inhærentem, diabolum vero longe cum catena sequentem. Hoc viso senex exultavit, et cunctos convocans, omnia quæ prius et quæ postea viderit narravit. Quem cum rogarent ut eis sua facta manifestaret, ait : « Hactenus in inmundicia vixi ; sed hodie ingressus ecclesiam, lectionem de pœnitentia audivi et mox eadem mala numquam me perpetraturum Deo promisi. » Hoc audientes, cum gaudio gratias retulerunt, dicentes : *Quoniam bonus, quoniam in sæculum misericordia ejus* (*Psal.* cxvii).

Ecce, karissimi, ut iste meliorationem vitæ Deo spopondit, protinus ab eo misericordiam invenit. Facite ergo dignos fructus pœnitentiæ (*Matth.* iii), ut veniam consequamini divinæ clementiæ. Qui in cogitatione deliquit et mulierem ad concupiscendum vidit, per confessionem hoc abolere festinet ut Deus animam suam, ut filiam archisynagogi in domo mortuam resuscitet (*Marc.* v). Qui vero verbis est lapsus, et aliquod malum est consiliatus, per confessionem et orationem hoc diluat, ut eum Dominus a peccato mortifero, ceu viduæ filium extra portam elatum, surgere præcipiat (*Luc.* vii) (f° 86). Qui autem factis a Deo recesserat, jejuniis et elemosinis hoc celerius redimat, ut eum Domini pietas, velut Lazarum de monumento scelerum fetentem, erigat (*Joan.* xi). Nullus vestrum ob multitudinem facinorum desperet de Dei misericordia, cum audiat quod Ninivitis triduano jejunio data sit venia.

Ninivæ civitas erat magna, in latum habens iter diei, in longum iter dierum trium ; in qua plus quam centum XXti milia hominum habitabant. Qui omnes tam impie vivebant quod eos Dominus de civitate ut Sodomam subvertere disponebat. Prophetam tamen suum præmisit qui ejus inminens excidium prædiceret, quatenus per pœnitentiam periculum evaderent. Propheta autem, metuens verba sua venire in derisum, cum eis conversis sciret Dominum civitatem non subversurum, navim intravit, declinans Dei imperium. Itaque Dominus mare ventis et procellis commovit et pene navim fluctibus involvit. Viri, ut sibi naufragium inminere senserunt, sortem miserunt, deprehensum prophetam in undas projecerunt ; moxque, cessante tempestate, tranquillitas et serenitas rediierunt. Jonam autem magnus piscis devoravit, in cujus ventre tres dies deambulavit. Post tercium diem jussu Domini contra Niniven evomuit eum in aridam. Qui festinus civitatem ingreditur, voce magna clamans quia post tres dies Ninive subruitur. Igitur rex et universus populus terrore convertitur, cinere prosternitur, cilicio induitur, jejuniis et vigiliis triduo affligitur. Quorum ut Dominus pœnitentiæ vidit laborem, mutavit sententiæ rigorem (*Joan.* i — iii). En, karissimi, ob triduanum jejunium innumerabilis populus evasit Dei judicium. Per hoc Christianus populus edocetur, si unus homo tot criminibus quod ipsi omnes involveretur, si toto corde ad Deum converteretur, triduana pœnitentia veniam consequeretur, quia regnum cœlorum vim patitur et violenti diripiunt illud (*Matth.* xi). Rei etenim per pœnitentiam dexteram Dei vindicem suspendunt et quodammodo regnum cœlorum sibi indebitum violenter per confessionem diripiunt. Ideo isti dies sunt ad hoc constituti ut nos orationibus purgemus et Creatori nostro pro peccatis nostris satisfacere jejuniis curemus, quia per hæc duo hostes sternuntur, vicia vincuntur, dæmones expelluntur. Amalech namque, quem populus (f° 86, v°) armis superare non valuit, hunc Moyses precibus stravit (*Exod.* xvii). Cum apostoli a quodam homine non possent dæmonem ejicere, Dominus, eum ejiciens, cœpit eis dicere : Quia hoc genus in nullo ejicitur nisi jejunio et oratione (*Marc.* ix). Ad jejunium nos informandos Dominus XL dies jejunavit et diabolum se temptantem Scripturis superavit, nosque ab ejus temptatione liberavit. Post hoc angeli accesserunt et ei, ut Deo ministraverunt (*Matth.* iv).

Moyses, cum populum Dei de Ægypto eduxisset, et juxta montem Synam castra posuisset, mons Syna usque ad cœlum ardebat, atque de medio ignis Deus mandata legis, cunctis audientibus, præcipiebat. Moyses vero montem ascendit, XL dies jejunans ibi cum Domino perstitit. Legem in tabulis scriptam a Deo accepit, descendens de monte populum ydolum fecisse et adorasse repperit, zeloque Domini succensus, tabulas projiciens fregit, de populo ad XX milia trucidare præcepit. Denuo montem conscendit, XL dies ab esu abstinuit, legem recipere et populo veniam impetrare meruit. Insuper facies ejus tanta gloria resplenduit quod populus præ claritate eum inspicere non potuit (*Exod.* xix-xxxv).

Jezabel, regina, prophetas Dei occidit et Heliam ad interficiendum quæsivit. Ille in desertum fugit, cibum ab angelo accepit, XL dies absque edulio mansit (*III Reg.* xix), et post hoc in curru igneo Dominus eum in cœlum transtulit (*IV Reg.* ii).

Daniel, cum XX dies abstinuit, visiones et colloquia angelorum meruit; et in lacum leonum missus, leones vicit, cibum insuper a propheta jussu angeli accepit (*Dan.* vi). Johannes Baptista, dum abstinentiæ studuit, ipsum mundi Salvatorem baptizare meruit (*Matth.* iii). Sed isti et alii quam plures sancti pro vita æterna jejunaverunt, et post jejunium omnes glorificati sunt. Quanto magis nos jejunare pro peccatis nostris debemus, ut atrocia æternæ mortis supplicia evadamus, tunc autem erit Deo nostro acceptabile jejunium si ab escis abstinentes, a viciis quoque et peccatis studeamus jejunare, et quæ in cibo et potu nobis superfuerint, pauperibus hylariter erogare. Nam qui a cibis et non a peccatis jejunat, diabolum simulat, qui cum jugiter ab esu corporali abstineat, numquam mala perpetrare cessat. Dicit Apostolus sicut hodie audivimus (f° 88) : *Ecce nunc tempus acceptabile, ecce nunc dies salutis. Nemini dantes ullam offensionem sed in omnibus exhibeamus nos Dei ministros, in multa pacientia, in vigiliis, in jejuniis multis et in caritate non ficta* (*II Cor.* vi). Qui nunc tempus acceptabile neglegit et dies salutis nunc perdit huic post mortem ad pœnitentiam tempus acceptabile non erit, nec dies salutis, sed damnationis habebit.

Karissimi, ista XL est Christianorum carrina. Nam multa in anno committimus quæ pertinent ad carrinam, et ideo Ecclesia statuit ut pro his jejunemus hanc XLmam. Est etiam decima vitæ nostræ. Sicut enim de aliis rebus, ita etiam decimam debemus dare de diebus. Annus namque CCCtis LXta diebus constat, et cum nos de ista XLma, exceptis Dominicis diebus, XXXVI diebus jejunemus, quasi de diebus [decimam] persolvimus. Lex quoque decem præceptis completur, et annus IIIIor temporibus, scilicet vere, æstate, autumno, et hieme volvitur, et homo IIII elementis, id est igne, aere, aqua, terra perficitur. Qui ergo IIII nostri corporis qualitatibus in IIIIor anni temporibus contra Dei decem præcepta fecimus, justum est ut his quater denis diebus Deo nostro satisfaciamus. Hoc autem ideo circa passionem Domini agimus, quia si compatimur, et conregnabimus. Scire autem volo vos, dilectissimi, unde dies XL sint instituti.

Cum Deus populum suum de jugo Pharao (sic) eripuit, XL annos eum per desertum duxit, panem cœli eis pluit, qui omne delectamentum habuit. Aquam de petra produxit quæ saporem mellis et olei præbuit, vestimenta illorum non sunt vetustate attrita, nec maculata sordibus, *et non erat in tribubus eorum infirmus* (*Psal.* civ).

In nocte præcessit eos angelus Domini in columna ignis et reppulit ab eis horrorem noctis. In die vero protexit eos in nube ab æstu caloris (*Exod.* xiii). Qui post XL duas mansiones intraverunt in terram repromissionis. Si XL annis diem pro anno decimabis, XL dies computabis. Hii sunt isti XL dies quos observat populus Christianus, quem de oppressione diaboli redemit Dominus, quem per custodiam X præceptorum et IIII Evangeliorum id est corpore suo pascit. Sanguinem de latere suo ut aquam de petra produxit. Quæ petra bis virga percussa est, scilicet caro Christi duobus lignis crucis affixa (f° 88, v°). Qui potus dat saporem mellis et olei, quia oleo misericordiæ vulnera peccatorum nostrorum sanat et melle æternæ dulcedinis nos saciat, et si vestimenta quæ in baptismo suscepimus viciis non atterantur, nec peccatis polluuntur, tunc præcedet igne Spiritus sancti in nocte hujus tenebrosæ vitæ, in die vero judicii proteget nos nube suæ humanitatis ab æterni incendii ardore. Ab hodierna die usque in sanctum Pascha XL et duo dies computantur. Quos si sobrie, juste et pie vivendo observamus, Pascha Domini lætantes cum populo Dei celebrabimus, et sicut ipsi per XL duas mansiones intraverunt terram repromissionis, ita nos intrabimus gaudium æternæ exultationis. Igitur confessione et oratione debemus nos a peccatis emundare, lacrimis et jejuniis Deo satisfacere, elemosinis ea redimere, sicut dicit Dominus. Hoc est jejunium quod elegi. Frange esurienti panem tuum et egenos vagosque induc in domum tuam.

Legitur quod in terra repromissionis tres civitates erant constitutæ, ad quas debuerunt confugere quos ignoranter contingeret hominem occidere, in quibus propinquis occisi non licebat insequentibus eos nocére (*Deut.* XIX). Istæ tres civitates, karissimi, sunt confessio, elemosinæ, oratio. Unde et tercia civitas Helyopolis, id est *civitas Solis* vocatur, quia qui assidue orat cum Deo loquitur. Quia igitur scienter et ignoranter multis modis nosmetipsos occidimus, et proximos nostros per prava exempla neci dedimus, ad has civitates toto annisu confugiamus, et debitas pœnas evadamus.

Sicut cras lecturi sumus, Dominus in majestate sua cum omnibus angelis veniet et omnes gentes ante se colliget, justos a dextris statuet, impios a sinistris ut hædos ponet. Tunc dicet his qui a dextris erunt: *Venite, benedicti Patris mei, percipite regnum quod vobis paratum est ab origine mundi. Esurivi, et dedistis mihi manducare, sitivi et dedistis mihi bibere, nudus eram et operuistis me, hospes et suscepistis me, infirmus et in carcere et visitastis me. Tunc dicet et sinistris: Discedite a me, maledicti, in ignem æternum qui paratus est diabolo et angelis ejus. Esurivi et non dedistis mihi manducare, sitivi et non dedistis mihi* (f° 90) *bibere, nudus eram et non operuistis me, hospes eram et non suscepistis me, infirmus et in carcere, et non visitastis me. Et ibunt hii in supplicium æternum, justi autem in vitam æternam* (*Matth.* XXV). Igitur, karissimi, dum judex expectat, nullus vestrum salutem suam neglegat. Omnes isto tempore ad pœnitentiam curramus, ne cum sinistris tunc supplicium incidamus, sed cum dextris gaudium Domini intrare mereamur et in laude ejus sine fine gloriemur, quam oculus non vidit (*I Cor.* II), et cætera.

DOMINICA II IN QUADRAGESIMA.

Esto consentiens adversario tuo cito, dum es cum illo in via (*Matth.* v). Vita ista, karissimi, qua vivimus est quædam via qua ad patriam tendimus. Quot enim dies hic ducimus, quasi tot dietas currimus. In via hac noster adversarius est sermo divinus. Cum enim iram vel odium perficere exardescimus, dicit nobis: *Non occides* (*Exod.* XX). Cum carnis inmundiciam explere concupiscimus, dicit: *Non mœchaberis* (*ibid.*). Cum alienis rebus inhiamus, dicit: *Non furaberis* (*ibid.*). Cum proximis nostris mala molimur, dicit: *Non falsum testimonium dices* (*ibid.*). Ergo quia in omnibus desideriis nostris nobis adversatur, quasi adversarius in via nos comitatur. Huic adversario consentiamus cito, ne forte accucando tradant (*sic*) nos judici Christo, judex vero ministro, id est diabolo, qui mittat nos in carcerem, id est in infernum, quia inde non exibimus donec novissimum quadrantem reddamus (*Matth.* v), id est pro minimo peccato pœnas recipiamus. Ex IIII namque qualitatibus subsistimus, et ideo IIII quadrantes Deo persolvere debemus. Ex igne enim karitatis fervorem, ex aere ingenii perspicacitatem, ex aqua baptismi et lacrimarum abolitionem, ex terra debitæ servitutis debite [*del.* debite] devotionem, sed hic quadrans novissimus pervertit cæteros sensus per carnales impetus et pertrahit eos ad illicitos actus. Et de igne quidem furorem, de aere elationem, de aqua libidinis fluxum, terra de se reddit mundanorum desideriorum appetitum. Hunc quadrantem cogimur in carcere persolvere, dum terrena opera in æternis pœnis compellimur luere.

Unde, karissimi, decet vos frequenter istis diebus ad ecclesiam convenire, monita salutaria intenta aure audire, pro vobis et pro omni populo orare, fabulas et inania colloquia (f° 91, v°) ubique, sed maxime in ecclesia declinare, quia de omni verbo ocioso quod locuti fuerint homines reddent Deo rationem in die judicii (*Matth.* XII). Multi enim frequentant ecclesias, quod cum gemitu cogor dicere, quibus multo melius esset domi residere.

Prædicante Domino, turbæ ad eum diversa mente confluxere. Quidam ob cœlestis vitæ doctrinam, quæ dulcis de ore ipsius manabat; quidam ob medelam, quia omnem languorem curabat; quidam ob inopiam, quia facile V panibus V milia hominum saciabat; quidam ob signorum magnitudinem, quia cœcis visum, surdis auditum, claudis gressum, mortuis vitam dabat; quidam ob invidiam, ut verba ejus irriderent et opera ejus ad malum perverterent. Ita hodie plurimi ad ecclesiam confluunt, quidam ut divinum officium et vitæ verba audiant, quidam ut peccata sua confiteantur et preces Domino fundant, aliqui ut amicis confabulentur, alii ut inimicis insidientur, quidam ut preciose vestiti videantur, alii ut mulierculis colloquantur, alii ut verba Dei irrideant et operæ Dei impedimenti fiant. Hii veniunt missi a diabolo, quia dum ipse alias occupatur, præmittit hos ut opus Dei per eos insidiatur. Sed sicut Christus non cessavit Petro et apostolis cœlestia nunciare, quamvis sciret hæc Judam et Pharisæos cruciare, ita oportet nos filios Dei patriam suam desiderantibus gaudia sempiterna præloqui, quamvis noverimus nuncios, immo filios diaboli inde torqueri.

Erat namque præceptum in lege ut tintinnabula (*sic*) essent intexta in sacerdotali veste, ut ingrediente tabernaculum sonitus audiretur et non moreretur (*Exod.* xxxix). Vestis tintinnabulis intexta est vita sacerdotum prædicatione subnixa. Si enim populo regnum Dei et justiciam ejus annuntiant, animas suas salvant. Si autem justiciam absconderint, et populus iniquitate mortuus fuerit, sanguis ejus de manu sacerdotum requiritur, quasi eum occiderint (*Ezech.* III). Est bestia nomine panthera, variis coloribus decora. Hæc silvam ingreditur, diversis herbis vescitur, et deinde in petra stans vocem emittit, et omnis turba bestiarum in circuitu accurrit. Solus draco fugit. Tunc suavem odorem eructat et omnes languores sanat (f° 92). Per hanc bestiam significantur sacerdotes multis virtutibus discolores, quos convenit silvam Scripturæ ingredi, variis sententiis ut herbis repleri, deinde in petra Christo bonis operibus stare, populum undique convocare, et tunc salubrem Scripturæ odorem efflare, et ægros morbis linguæ medicamine curare, draconem diabolum ab eis effugare.

Istis diebus, karissimi, *alleluia*, quod est melos lætitiæ, intermittimus, et *tractum*, cantum tristiciæ, canimus, quia pro peccatis nostris oportet nos hic tristari, ut liceat nobis quandoque cum angelis lætari. Ideo etiam nunc vela in ecclesiis suspenduntur, quo populo secreta sanctuarii absconduntur, quia cœlestia nobis ob peccata celantur quæ ob pœnitentiam nobis reserantur.

Legitur quod Hierosolyma triplici muro circumdata fuerit, quam Nabuchodonosor, auxilio sex regum, expugnando cepit, inhabitantes quosdam occidit, quosdam in Babylonem duxit. Aliqui qui in turrim in medio civitatis sitam fugerunt salvati sunt. Hierosolyma sunt fidelium populi, triplici muro, scilicet fide, spe, karitate circumdati. Quos Nabuchodonosor, id est superbia, principale vicium, cum aliis sex viciis, id est invidia, odio, vana gloria, avaricia, crapula, luxuria, pugnans invadit, muros, id est fidem, spem, karitatem destruit. Inhabitantes occidit dum fideles peccatis mortis obruit. Alios in Babylonem duxit, dum in peccatis mortuos ad tartara rapit. Turris vero civitatis est protectio confessionis. Quisque ergo fidelium, destructis muris virtutum, ad turrem confessionis festinanter fugiat, ne a Chaldæis, id est a dæmonibus, pereat.

Legitur etiam hodie, cum Dominus in partes Tyri secederet, quod mulier Chananæa ad eum pro filia sua clamaret, quam dæmonium male vexabat, et protinus salutem filiæ impetrabat (*Matth.* xv). Tyrus est hic mundus, in cujus partes Dominus secessit, dum carnem nostram induit. Mulier, a finibus illis egressa, est Ecclesia de gentibus congregata. Cujus filia quæ a dæmonio vexatur est quælibet anima quæ a viciis occupatur. Hæc matre orante curatur, dum conversa anima per orationem a viciis purgatur. Venit enim pius Dominus ut quærat quæ perierunt domus Israel, id est cœtus angelorum, et inæntes reducat ad societatem eorum (f° 92, v°). Unde, karissimi, sanctificate jeju-

A nium, ut passionis ejus consortes mereamini cum angelis habere æternarum epularum gaudium. Prælatos vestros et omnes majores honorate, parentes vestros in senectute vel egestate consumptos rebus vestris sustentate. Ad hæc enim exercenda monent nos avium exempla.

Nam legitur quod aquila senescens a pullis suis pascatur usque dum in pristinam juventutem renascatur. Similiter fertur quod merops, senescens, a pullis suis nutriatur. Cyconia quoque, senectute gravata et plumis nudata, a pullis alis circumvelatur et cibo assiduo recreatur. Et si talia exercent volucres, quanto magis decet ut ea exempleant homines? Elemosinis redimite vos a peccatorum et pœnarum periculo, quia bona est elemosina cum jejunio. Hæc a morte liberat et hæc peccata purgat (*Tob.* IV, XII), sed et in tenebras ire non patitur, sed vitam æternam [vita æterna] per eam dabitur [dabit].

Thabita quippe, plena operibus bonis et elemosinis, ad vitam resuscitatur, viduis et orphanis flentibus. Cum enim vestes ostenderent quas illis faciebat, mox eam Petrus vitæ restituebat (*Act.* IX). En, karissimi, quantum elemosinæ valent. Non solum enim a morte liberant, sed etiam a morte corporis suscitant.

Tobias quoque, qui quadriennio lumen oculorum amiserat, per elemosinas et jejunia angelo visitante receperat (*Tob.* II, XI).

Legitur de quodam thelonerio quod nunquam elemosinam præbuerit alicui pauperculo. Quadam die dum pauperes inter se differrent [f. dissererent] quanta bona illi et illi eis impendissent, ille vero thelonearius, quamvis ditissimus, nunquam aliquid boni eis exhibuisset, unus illorum intulit quod ad præsens elemosinam ab eo accepturus sit. Cui dum unusquisque prout habuit deposuisset si ab eo saltem minimum quid acciperet, ille protinus ad domum thelonearii cucurrit elemosinam importunis vocibus petiit. Ea vero hora panis a ministris mensæ imponebatur. Cumque thelonearius furore repletus circumspiceret si forte lignum vel lapis se furenti offerret quod in faciem vociferantis jactaretur, præ ira cuneum arripuit, in ora clamantis pauperis projecit. Quem ille amplectitur, lætus ad socios regreditur, cuneum demonstrat, quem se ab eo accepisse (f° 94) memorat. Non multo post idem thelonearius est gravi infirmitate tactus et ad extrema perductus. Ad quem mox dæmones convenerunt, cuncta ejus male gesta eo vidente recensuerunt. Cumque angeli adessent et ab ejus custode bona ejus requirerent, dixit quod nunquam sibi assensum ad bonum præbere voluerit, nisi quod quadam die cuneum iratus in pauperem jactaverit, quem ipse nunc secum attulerit. Angeli vero cuneum ab eo acceperunt et in minimas micas diviserunt. Et cum dæmones gravia pondera peccatorum in statera ponerent, angeli micam imponebant quæ præponderabat. Hoc tamdiu fecerunt usque dum micæ ponderibus dæmonum præponderabant. Dæmones vero injuriam sibi factam vociferabant, proprium suum servum per vim sibi tolli clamitabant. Res in judicium Dei differtur, sed angelis orantibus ad vitam redire permittitur. Qui mox de infirmitate convaluit, gratias immensæ clementiæ Dei retulit, infinitas elemosinas omnibus egenis deinde cottidie exhibuit. Quodam die pauperem obvium habuit, quem protinus veste preciosa, qua ipse utebatur, induit. Pauper vero eam vendere voluit. Postquam ille vestem in venalium rerum loco pendentem vidit, mœstus factus, domum rediens flevit, et ita præ tristicia obdormivit. Cui Dominus Jesus eadem veste indutus apparuit, cur fleret inquisivit. At ille : « Quia inquit, quod tuis famulis a nobis indignis datur, portare dedignatur. Ille vero vestem prætulit. » — « En, inquit, quam dedisti vestis me tegit. » At ille evigilans, pauperes beatos prædicat, de quorum numero se Dominus affirmat. Protinus omnem substantiam suam vendidit, egenis cuncta distribuit. Insuper servo suo præcepit ut se venderet et acceptam pro eo pecuniam pauperibus erogaret. Quem vix ad hoc compulit quod eum negociatoribus vendidit et pecuniam, ut petiit, miseris impertiit. Ipse vero venditus domino suo fideliter serviit, annonam suam cottidie indigentibus tribuit. Ipse pane et aqua contentus fuit. Tandem gloriosis miraculis claruit, qui jam syderea regna promeruit. Igitur, karissimi, dum elemosina ita ab omni malo liberet et sic potenter ad cœlestia hominem exaltet, hanc omnes pro modulo vestro frequentate, res vestras in cœlestes thesauros recondere (f° 94, v°) festinate. Nemo dicat quod quid det non habeat. Ab eo bona voluntas accipitur, cum judex, pro calice aquæ frigidæ, præmium repromittat (*Matth.* x). Et cui deest substantia quæ detur, ab eo bona voluntas accipitur. Facite ergo vobis pauperes amicos de iniquitatis mammona, ut cum defeceritis, recipiant vos in æterna tabernacula (*Luc.* xvi), ubi sunt gaudia quæ oculus non vidit (*I Cor.* ii) et reliqua.

DOMINICA TERCIA.

Loquetur Dominus pacem in plebem suam et super sanctos suos et in eos qui convertuntur ad cor (*Psal.* lxxxiv). Quia, karissimi, per illicita desideria defluximus, a Creatore nostro elongati longe a corde recessimus. Unde Dominus, malis nostris offensus et ad iracundiam provocatus, dixit nobis iratus : *Redite, prævaricatores, ad cor* (*Isa.* xlvi). Et quia per confessionem et pœnitentiam ad cor reversi sumus, et per jejunia et per elemosinas nunc satisfacere cupimus, ideo pacem in plebem suam loquetur, dum ei veniam et vitæ præmium pollicetur. Cessent, inquiens, oculi tui a ploratu et vox tua a singultu, quia merces erit operi tuo (*II Psal.* xv). Super sanctos suos pacem loquitur, dum gloria et honore coronari eis promittitur (*Psal.* viii). Vos, inquit, *estis qui in temptationibus mecum permansistis* (*Luc.* xxii) ; mercedem laborum ego reddam vobis. Super illos etiam qui ad cor convertuntur pacem loqui perhibetur, quia nominum eorum per labia sua non ultra meminisse fatetur (*Psal.* xv). Nomina eorum hæc fuerunt : fures, rapaces, fornicatores, adulteri, immundi, ebriosi, mendaces, malorum inventores. Horum nominum non vult Deus amplius recordari, sed cum sint fonte lacrimarum abluti et elemosinis sanctificati, merentur alio nomine ab eo vocari. Nam qui prius proprio merito appellabantur incesti, nunc per gratiam nuncupantur casti ; qui prius superbi, nunc humiles ; qui prius asperi, nunc misericordes ; qui prius sordidi, nunc sancti vocantur. Hæc nomina scripta sunt in cœlo, hæc non delebit Dominus de libro vitæ. Sed quia nunc Christiani bellum cum viciis et dæmonibus gerunt, hostes nostri arma sua crudelius acuunt, acrius in sibi resistentes insurgunt, atrocius sibi et suo servicio renunciantes impetunt. Nunc in castra Dei discordiam seminant, nunc ira exasperant, odio perturbant, carnalibus desideriis accepto [*leg.* a cœpto] itinere retrahere festinant. Sed (f° 96) cum milites Christi ad arma orationum confugiunt, cuncta hostis machinamenta dissolvunt. In fide enim, inquit Apostolus, *resistite diabolo et fugiet a vobis.* Per bona opera *appropinquate Deo* et per gratiam *appropinquabit vobis* (*Jac.* iv).

Narrat Dominus quod quidam bonum semen in agro suo seminavit, sed nocte, dormientibus hominibus, inimicus zizania superseminavit. Postquam autem semina in herbis surrexerunt, zizania simul apparuerunt. Servi hoc videntes a domino sciscitantur unde zizania creverint, cum ipse bonum semen sparserit. Ille vero inimicum hoc fecisse respondit. Cum autem illi ea eradicare vellent, prohibuit ille, ne forte triticum simul evellerent, utraque usque ad messem crescere sineret, tempore messis ipse messoribus dicturus esset : zizania in fasciculos ad comburendum colligite, triticum autem in horreum meum congregate (*Matth.* xiii).

Homo qui bonum semen seminavit in agro est Dominus qui cœlestem doctrinam et virtutes sparsit in mundo. Inimicus qui, dormientibus hominibus, super seminavit zizania est diabolus qui a fide et bono opere inmittit vicia. Servi qui voluerunt ea, eradicare sunt prælati Ecclesiæ qui cupiunt malos a bonis segregare. Sed Dominus hoc vetat fieri ne forte simul reprobentur electi. Præsertim cum plurimi coram hominibus appareant et eorum opera arbitrio intimi judicis placeant, plerosque non ad judicium humanum ut bonos eligat quos intima censura ut malos reprobat. Vult autem eos Dominus hic esse permixtos, ut boni per malos exerceantur et pro pacientia habundantius remunerari mereantur. Numquam enim Abel erit quem malicia Cain non exercuerit. Numquam cum Sem benedicetur qui ab Cham non irridetur. Non cum Joseph a patre amatur in quem odium fratrum non grassatur. Non cum David regni sceptrum obtinebit qui ab Saul persecutionem minime passus fuerit. Tempore autem messis messores zizania colligentes fasciculos ad comburendum ligabunt, quia angeli tempore judicii malos a bonis separabunt et fures cum furibus, rapaces cum rapacibus, crudeles cum crudelibus, invidos cum invidis, inmundos cum sordidis in debitis pœnis sociabunt. Triticum vero (f° 97, v°) in horreum congregabunt, cum electos in præparata sibi gaudia disponunt.

Legitur hodie in evangelio quod quidam a dæmone obsessus, insuper erat cæcus et mutus, a quo Dominus dæmonium ejecit, visum et loquelam reddidit (*Luc.* xi). Hic homo significat genus humanum quod dæmones obsidebant cum idololatriæ inserviebat, visu carebat, cum lumen fidei non videbat. Voce erat privatum cum a laude Dei erat mutum. Ab hoc Dominus dæmonium expulit, cum ydolatriam destruxit. Oculos aperuit cum lumen cœlestis gratiæ humanis mentibus infudit. Linguæ officium reparavit cum ora a laude Dei muta ad cœlestia carmina reservavit. Ejecto autem dæmonio terribile est quod dicitur a Domino : *Cum inmundus spiritus exierit ab homine, per arida loca requiem quærit et non inveniens dicit : Revertar in domum meam unde exivi. Et cum vacuam invenerit, VII nequiores spiritus secum sumit et cum eis egrediens quasi proprio jure totum possidebit. Et erunt novissima hominis illius pejora prioribus* (*Luc.* xi).

Cum quilibet homo peccata per confessionem evomit, inmundus spiritus ab eo exit. Qui loca arida perambulat, quia sanctos homines in concupiscentiis mundiarios multis modis temptat. Sed quia ei non consentiunt, requies ei in illis non conceditur. Unde ad domum quam reliquit revertitur, et cum eam ab studio bonorum operum vacantem invenit, VII spiritus nequiores se, id est VII principalia vicia secum sumit et cor a Spiritu sancto vacuum tota malignitate invadit. Et tunc hominis illius novissima erunt prioribus pejora, quia quicumque post confessionem ad peccatorum consuetudinem regreditur est sicut canis qui ad vomitum revertitur. Unde, dilectissimi, a peccatis vos jugiter custodite, verba Dei intenta aure audite, devota mente implere studete, quia beati qui audiunt verbum Dei et custodiunt illud. Fugite maledulce servicium pessimi Domini, immo oppressionem tyranni crudelissimi, et toto corde suave jugum et leve onus piissimi Domini (*Matth.* xi), ac confugite sub alas Patris vestri, benignissimi Domini, qui non solum ad se conversos recipit, verum etiam sempiterna gaudia tribuit. Peregrinum namque filium, qui omnem substantiam cum (f° 98) meretricibus dissipavit, qui fame et inedia coactus, ad patrem mercennariis adæquandus remeavit, balneatum præcipua veste et anulo induit, convivium per vitulum saginatum instructum refecit, majore intrare nolente hæredem instituit (*Luc.* xv).

Hic filius est gentilis populus qui substantiam ingenii et sensus sui expendit in ydolorum cultibus. Qui fame verbi Dei compulsus per prædicationem doctorum ad Deum Patrem est reversus. Quem ipse benigne recepit, balneo baptismatis abluit, veste virtutum et anulo fidei circumdedit, vitulum in convivium dedit, quia proprium Filium ei in commestionem occidi promisit, Judaico populo ad fidem intrare rennuente, hæredem regni cœlestis fecit : Ut ad hanc hæreditatem proprios labores summopere tendamus, oportet ut de minutis vermiculis exempla sumamus.

Formica etenim tota æstate totis viribus laborat, quo cibum in hieme habeat. Ita nos, karissimi, dum tempus habemus, operemur bonum ad omnes (*Gal.* vi), quia tempore suo vitam æternam proinde tenemus.

Apis quoque de variis floribus colligit et nectar ad dulcem potum et ceram ad lumen construit. Ita nos de scriptis et exemplis sanctorum dulcia verba et facta colligamus, et pocula prædicationis proximis præbeamus, ut lumen æternæ vitæ habeamus.

Bombices etiam vermiculi sericum magno studio elaborant et mundum præ omni decore exornant. Ita nos animas nostras decoribus (*sic*) actibus ornemus, ut cum Rege gloriæ regnemus.

Aranea quoque toto annisu telæ insudat, ut etiam vitam in laborando exuat ; ita nos vestes virtutum per bonam operationem, dum vacat, contexamus, ut non nudi, sed vestiti (*II Cor.* v) in die Domini coram angelis appareamus. Et ut pietas Domini in mentibus nostris dulcescat, karissimi, de salvatione Thaïdis dulcorem capiat.

De Thaïde.

Hæc erat meretrix valde speciosa, et ob flagicia multum famosa. Propter hujus amorem plurimi cottidie vulnerabantur, plerique frequenter interficiebantur. De hac quidam patrum, nomine Pafnucius, audiens, perditioni illius condoluit, et veste mutata, ad eam quasi pro stupro venit. A qua in tenebrosum cubiculum introducitur. Sed ipse rogat ut obscurius habitaculum ingrediatur. At illa : « Si, inquit, homines erubescis, nullus intrabit (f° 98, v°) a quo videaris. Si autem faciem Dei vereris, non est locus ubi ab oculis ejus abscondaris. » Tunc ille dixit : « Credis esse Deum ? » Quem, cum se credere responderet, inquisivit utrumnam regnum cœlorum crederet quod castæ viventibus præparatum esset, aut si inferni supplicia esse dubitaret quæ incestis futura essent. Cumque hæc omnia se fideliter credere diceret, ait : « Si hæc omnia credis, cur non pertinuisti tot animas baratro inmergere, de quibus omnibus cum tua anima oportet te

Deo rationem reddere? » Illa hoc audiens expavit, et toto corpore tremefacta, cum lacrimis se pedibus ejus prostravit, abdicans transacta, pollicens cavere futura. Ipse vero discedens, locum ei designavit quo eam post se venire imperavit. Tunc omnem pecuniam auri vel argenti et gemmarum et variam supellectilem per manus puerorum et puellarum suarum in mediam plateam comportavit, et accenso igni coram omnibus, in eo cuncta jactavit : « Venite, inquiens, et videte qualiter trado incendio quæ a vobis lucrata (149) sum spurciciæ cœno. » Post hæc vili indumento ad Pafnucium in montem venit, quam ipse in habitatione religiosarum feminarum parvulæ cellulæ inclusit. Panem et aquam ei cottidie congruis horis ministrare constituit. Quæ cum ab eo requireret qualiter orare deberet, ait : « Cave ne manus ad Dominum extollas multis sordidis pollutas (150). Nomen quoque Dei non assumas in os tuum osculis pollutum, sed humi consternata, hæc in corde sæpius recita : *Qui me plasmasti, miserere mei.* » Postquam tres annos in hoc pœnitentia pacienter peregit, Pafnucius, ejus misertus, ad montem Antonii perrexit, utrumnam [veniam] esset consecuta inquisivit. Erat autem Antonius hujus meriti apud Deum, ut quicquid a Deo postularet continuo impetraret. Antonius, convocatis discipulis, peticionem Pafnucii innotuit, precibus et vigiliis tota nocte insistere monuit. Et ecce media nocte, Paulus unus ex discipulis ejus, in extasy factus, cœlum conspicit apertum, in quo lectum auro et gemmis radiantem vidit collocatum, a splendidis virginibus custoditum. Qui cum diceret hanc gloriam nulli nisi suo domino præparatum, audivit illas virgines cœlestem resonare armonyam. Non est hæc gloria Antonii ; sed Thays quondam meretricis, nunc autem (f° 100) sponsæ Christi Filii virginis. Ad semetipsum autem reversus, cuncta fratribus indicavit quæ ei Deus de illa revelavit. Illi autem Deo retulerunt grates, quia salvat omnes in se sperantes. Pafnucius vero, ad eam veniens, de cella egredi præcepit ; peccata sua indulta dixit. Illa rogat ut deinceps clausa permaneat. Postquam autem jussu ejus exiit et Dominicum sacramentum accepit, facies ejus sicut sol resplenduit et cœlestia feliciter petivit. Qui sic pie peccantes salvat, tam clementer conversos glorificat in eum omnis congregatio populi sperate, coram illo corda vestra fundite, et sic agite hic in lacu miseriæ et in valle flentium ut placeatis coram Deo in lumine viventium. Quod oculus non vidit (*I Cor.* II) et cætera.

DOMINICA IN MEDIA QUADRAGESIMA.

Lætare, Hierusalem et diem festum agite omnes qui diligitis eam (*Isa.* LXVI). Divinum officium, karissimi, quod hodie cantavimus monet nos ne tantum terrenis et caducis rebus inhiamus, quia ad matrem nostram cœlestem Hierosolimam mentem nostram dirigamus. Ait enim, *Lætare Hierosolima.*

Hierosolima, quod dicitur *visio pacis,* est Ecclesia quæ æternam pacem Christum visura est in cœlis. Hanc propheta hortatur lætari, quia in gaudio cum vultu Dei habent lætificari. Diem quoque festum agere jubentur omnes qui eam diligunt, quia in festo angelorum faciem Domini in jubilo videbunt (*Job* XXXIII). Gaudere etiam admonentur in læticia qui hactenus propter peccata fuerunt in tristicia, ut de venia exultent et ab uberibus consolationis ejus se sacient (*Isa.* LXVI). Per ubera Ecclesiæ duo testamenta accipiuntur, per quæ filio ejus lacte litteræ et allegoriæ nutriuntur. Unum finis suxit populus Judaicus, aliud sugit populus Christianus. Ille litteram, nos allegoriam. De uno lac datur, cum nos in lege sic consolatur. Audi, Israel, præcepta Domini et ea in corde tuo quasi in libro scribe, et dabo tibi terram lacte et melle manantem (*Deut.* IV), id est paradysum voluptatis omni dulcedine exuberantem. De alio nobis lac mulgetur, cum nova lex nobis sic pollicetur : *Cum Christus apparuerit, similes ei erimus quoniam Deum sicuti est videbimus* (*I Joan.* III). Prophete nobis lac de veteri ubere promittit, cum sic nobis promittit. *Non esurient neque sitient amplius, et non percutiet eos sol et æstus quoniam miserator eorum reget eos, et ad vitæ fontes aquarum* (f° 100, v°) *potabit eos* (*Isa.* XLIX). De novo nobis evangelista lac elicit, dum Dominum hæc spondere nobis dicit. *Justi ut sol fulgebunt* (*Matth.* XIII) et angelis æquales erunt (*Luc.* XX). De uno sugimus, obtinebunt gaudium et læticiam et fugiet dolor et gemitus. De alio haurimus, oculus non vidit, auris non audivit, in cor hominis non ascendit quæ Deus diligentibus se præparavit (*I Cor.* II). Ad hæc gaudia festinate, karissimi, totis viribus, ut deliciis affluatis, ab omnimoda gloria ejus Ecclesiæ. Gloria ejus tunc omnimoda erit, cum in loco pascuæ vitæ collocata, nihil ei deerit. Hæc gloria exprimitur, cum per prophetam dicitur : *Ecce ego declino in eos ut flumen pacis et ut torrens inundans gloriam* (*Isa.* LXVI). O quam beati in quos Dominus habundantiam pacis ut flumen declinat, in quos omnimoda gloria ut torrens inundans rivulat !

Legitur hodie quibus hæc gloria ob gratiam detur et quibus ob meritum denegetur. *Abraham,* inquiens, *habuit duos filios, unum de ancilla, et unum de libera* (*Gal.* IV). Sed ancilla cum filio suo ejicitur, libera cum filio suo hæreditatem potitur (*ibid.*). Per Abraham Deus Pater intelligitur, per Agar vetus lex, per Ismahel carnalis populus, per Saram

(149) Ms., *lucratus.*

(150) Ms., *pollutis.*

nova lex, per Isaac Christianus populus, accipitur. Lex ergo carnaliter observata, cum Judaico populo hæreditate Domini privatur. Ecclesia vero, sub gratia constituta, cum Christiano populo regno Dei ditatur. Per Abraham quoque noster spiritus, per ancillam nostra caro, per filium ejus carnalia opera designantur. Per liberam anima, per filium ejus spiritualia opera figurantur. Sicut ergo Sara despicientem se Agar afflixit, et Ismahel ad mortis periculum Ysaac impellentem ejici jussit (*Gen.* xvi), sic anima, quæ est domina, carnem, ancillam suam, se contemnentem jejuniis et vigiliis affligat. Filium ejus persequentem filium, id est carnale opus impediens spirituale, efficiat: herilem filium, id est bonum opus pariat qui gaudium hæreditatis Domini capiat.

Legitur etiam quod Dominus trans mare abiit montemque subiit, et maxima multitudo eum undique adiit. Qui V panes et duos pisces a puero acceptos turbæ distribuit, et V milia virorum, exceptis parvulis et mulieribus, saciavit. Jussit vero colligere fragmenta quæ manducantibus superfuerunt, et XII cophinos impleverunt; quod turbæ videntes Deo grates retulerunt (*Marc.* vi). Per mare (fᵒ 102) hoc sæculum intelligitur quod innumeris adversitatum procellis jugiter colliditur. Super hoc Dominus transiit, quia hic vivent peccatum non fecit. Montem subiit, dum in cœlum ad dexteram Patris conscendit. Turba ad eum undique circumfluxit, dum prædicatio apostolorum populum ex omni orbis parte ad fidem ejus contraxit. Qui V panibus reficiuntur quia V libris Moysi ad fidem instruuntur. Duo pisces adduntur, dum psalmodya et prophetia fidelibus traduntur. Panes hordeacii scribuntur, quia sicut hordeum folliculis, ita libri legis multis mysteriis involvuntur. Puer qui eos portavit nec commedit est Judaicus populus pueriliter. Sapiens, qui sensum legis non intellexit. Jesus autem panes fregit, turbis distribuit, dum fidelibus sensum ad intellegendum Scripturas aperuit. Super fenum discumbentes saturantur, quia humiles tantum refectione Domini digni judicantur. Per V panes etiam Scriptura et exempla Patrum in V ætatibus degentium intelliguntur, quibus cottidie fideles habunde reficiuntur. In prima ætate Enoch pane scripti nos reficit, dum Dominum cum milibus sanctorum ad judicium venturum scribit. Pane exempli nos saciat, dum eum ob justiciam Deo placuisse et in paradysum raptum fuisse Scriptura memorat.

In secunda ætate panis nobis per Abraham ministratur, dum litteras Hebræas repperisse, transacta ab initio scripsisse, astronomyam in Ægypto docuisse ac Deo in omnibus obedisse narratur. In III ætate per Moysen copiose reficimur, dum X præceptis per ejus scripta instruimur et ipse super omnes homines mansuetissimus fuisse testatur, et multis signis fulsisse describitur.

In IIII ætate, David, Salomon et omnes pene prophetæ nos dulci pane saciant, dum nos mysticis scriptis et factis informant.

In V ætate Esdras nos pane saturat, dum legem incensam reiterat et templum destructum reædificat. Hic panes turbis distribuuntur, dum horum scripta et facta a doctoribus mystice fidelibus exponuntur. Per duos quoque pisces duæ personæ, regis videlicet et sacerdotis, designantur, quæ solæ in Veteri Testamento oleo sancto unguebantur. Christus autem fideles in salo sæculi ut pisces latentes per piscatores apostolos rete fidei cepit, et cunctos oleo (fᵒ 102, vᵒ) crismatis in reges et in sacerdotes unguere fecit. Per albam namque in baptismate acceptam sacerdotium; per mitram vero capiti impositam designatur diadema regium.

Quinque milia virorum pascuntur, quia qui fidem sanctæ Trinitatis per duo opera karitatis quinque sensibus viriliter impleverunt, Christi corpore reficiuntur. Quinque enim in tria et duo dividuntur. Per tria fides Trinitatis, per duo operatio intelligitur geminæ karitatis. Quos hic numerus consecrat, hos Christus suo convivio recreat. Porro per parvulos et mulieres hæretici denotantur, qui in Dominicis sacramentis nobiscum participantur. Sed quia ab hoc numero excluduntur, in hæreditatem Domini non admittantur. Apostoli duodecim cophinos de fracmentis manducantium impleverunt, dum in VI ætate scripta priorum sua doctrina disseruerunt. Cophinus de gracili vimine contexitur, et ordo apostolicus de humili stirpe eligitur. Hic reliquias edentium congregat, qui literam popularibus erogat, mystica sapientibus reservat. Cum refectis ergo turbis, karissimi, Deum pro collatis beneficiis laudate. Ad ipsius refectionem toto cordis et corporis mundicia vos præparate, quia sola castitas homines in periculis liberat, pœnitentes Deo conciliat.

Joseph namque, dum a libidine non subjugatur, a carcere liberatur, insuper tocius Ægypti princeps elevatur. Daniel, dum castitatem diligit, feritas leonum in caveam bis eum missum non lædit; sed et regum potentia super principes eum extulit.

Susanna quoque, dum amore castitatis mariti thorum non violavit, non solum manus iniquorum judicum evasit, sed etiam ipsos falsos accusatores justa sententia Danielis convictos debitæ pœnæ mancipavit.

Judith sancta vidua, castitatem diligendo, dum honorem et divicias magnanimi principis spernit; populum Dei ab eminentis mortis periculo eripit. Insuper ipsa, occiso tyranno, de victoria tripudiat, et omnium ore usque hodie laude digna triumphat.

Malchus quidam monachus, dum cum multis aliis Sarracenis capitur, cum uxore alterius viri capta, uni pro sorte traditur, a quo ei grex pecudum pascendus commendatur, et mulier ei in conjugium datur. Sed ipse amore castitatis a domino suo etiam (fᵒ 104) coactus, numquam ei copulatur. Transacto aliquo tempore, cum eadem muliercula in fugam vertitur, sed dominus cum servo et camelis sequitur. Illi ob timorem speluncam petebant, qua interius leæna catulos fovebat. Dominus insecutus servum eos de spelunca occidendos extrahere jubet. Ipse foris camelos, evaginato gladio, tenet. Servus nudato ense ingreditur, sed ilico ab leæna arripitur, ante oculos paventium discerpitur. Quem tardantem dominus iratus insequitur, sed similem finem protinus sortitur. Hoc facta leæna catulos effert, locum abscedendo trepidis offert. Illi ascensis camelis abierunt et quantum castitas valeat ubique notum fecerunt.

Quædam mulier in adulterio deprehensa, Domini judicio sistitur : sed accusatoribus ejus confutatis, illæsa abire sinitur *(Joan. VIII)*. Hinc, karissimi, servite Domino in sanctitate et justicia, et liberabit vos ab omni inimicorum sævicia. Velo, dilectissimi, ut res dilectioni vestræ innotescat, unde neglegentium ignavia perhorrescat, et idco devote servientium mens hylarescat.

Quidam genere et opibus præditus obiit, cujus exequiis frequens propinquorum turba et lugens familia tota nocte interfuit, sed primo diluculo defunctus ad corpus rediit. Cuncti qui affuerunt in stuporem et admirationem conversi fugerunt. Ille vero concitus ad ecclesiam cucurrit, usque ad mediam fere diem in oratione procubuit. Ille reversus cunctam substantiam in tria divisit, unam partem uxori et filiis dedit, unam pauperibus distribuit, unam fratribus in monasterio contulit in quo se monachum fecit. Sciscitantibus quid viderit hoc retulit : « Veste et facie lucidus erat qui me ducebat. Euntibus nobis ad plagam aquilonis erat a læva vallis immensæ profunditatis, nimiæ latitudinis, infinitæ longitudinis, cujus unum latus maximo incendio æstuabat, aliud horribili frigore congelabat. In utraque parte animæ pœnis deficiebant, quæ nunc de igne in frigus, nunc de gelu in flammas resiliebant. Hoc viso cogitare cœpi hoc infernum esse, de cujus ineffabilibus pœnis me sæpius contigit audire. Ductor autem meus respondit cogitationi meæ dicens hoc infernum non esse. Ultra nobis progredientibus cœperunt omnia ante nos (f° 105, v°) obscurari, et nos per tetras tenebras quasi descendendo ad ulteriora dilabi. Et ecce magnus puteus ante nos apparuit qui sulphurea volumina de flammivomo ore evomuit et rursus eadem retracta absorbuit. Intolerabilis etiam fetor de illa fornace ascendebat qui omnia in circuitu replebat. Tunc repente ductor meus disparuit et me in hoc horrido spectaculo solum statuit. Cumque ibi pavidus ac tremens starem, et quo gressum verterem

A vel quis finis expectaret ignorarem, subito post me miserabilis clamor exoritur, ubi turba animarum trahitur a dæmonibus ; animæ scilicet flebiliter ejulantes, dæmones crudeliter insultantes, et eas in illud baratrum cum chachinno præcipitantes. Interea teterrimi spiritus ab illo abysso immergebant, putidum ignem de ore et naribus efflantes, igneis forcipibus me capere quærebant ; sed mox, ductore meo adveniente, in eundem puteum cum diro mugitu se præcipites dabant. Qui statim me timore et tenebris exemptum in serenam lucem orientalis plagæ duxit, ubi ante nos alius murus nullum introitum habens ad cœlum usque surrexit. Quo cum pervenissemus, erat campus lætissimus, omni amœnitate conspicuus, præ diei luce splendidus, odoriferis floribus consitus, suavi odore plenus, in quo lætabantur albatorum agmina, dulcem ymnum resonantia. Cœpi autem cogitare hoc esse regnum cœlorum, de cujus inenarrabilibus gaudiis sæpius est mihi relatum. Ille vero cordi meo respondit hoc regnum cœlorum non esse. Prætergredientes autem illa beatorum loca, apparuerunt ante nos splendidiora, et ecce immensa lux ante nos maximo jubare radiabat, de qua miri odoris suavitas flagrabat, insuper dulcissimi concentus armonya resonabat. Et talis erat hæc gloria ut omnia quæ prius videram conspicua viderentur esse permodica. Quo cum nos sperarem intraturos, ductor meus reflexit et ad locum lætantium perveniens, mihi dixit : *Scis quod significant quæ vidisti ?* Cui cum responderem me ignorare, dixit : *Vallis ardore et algore horrida est locus ibi præparatus qui usque ad finem vitæ differunt pœnitere sua crimina. Hii quia in morte ad pœnitentiam confugiunt, inferni supplicia evadunt. Sed quia hic ad satisfactionem (f° 106) non emendantur, in his pœnis purgantur et inde per missas et elemosinas et orationes fidelium liberantur et his quos vides associantur. Qui autem sine pœnitentia moriuntur, mox in infernum dimerguntur, unde numquam in æternum liberantur. Cujus introitus erat ille puteus flammivomus. Porro qui in bona conversatione vitam ducunt, post obitum huc veniunt. Qui vero perfecti inveniuntur mox in cœleste regnum introducuntur. Cujus ingressus ille est quem vidisti locus lucidus. Nam ad corpus reverteris. Si bene vixeris, his associaberis.* » Protinus ad hanc vitam rediit, tam sanctam vitam deinceps duxit ut lingua tacente vita loqueretur quid viderit. Igitur, karissimi, si hic sobrie, juste et pie vivendo vixeritis *(Tit. II)*, ad illa gaudia quandoque pervenietis ubi licet in æternum exultare, et Deo placebit in vobis habitare, quem oculus non vidit *(I Cor. II)*.

Si cathedra S. Petri in Dominica occidit, sic sermonem concludere licebit :

Principi apostolorum Petro, cujus hodie festum celebramus, commendate vos, karissimi, attentius. Quem quia Dominus caput Ecclesiæ constituit, Ecclesia eam hodie summum pastorem in episcopatu prætulit. Cum enim Anthiocenses, expulso Symone Mago, Petrum advocassent, et debiles sospitatem et mortui vitam per umbram ejus recepissent, eum sibi præfecerunt et fideles qui prius discipuli ejus dicti sunt Christianos cognominaverunt. Hic, cum habeat a Domino potestatem ligandi atque solvendi et claves regni cœlorum (*Matth.* xvi), pulsate eum et aperiens portas vitæ, introducat nos a gaudia precibus, ut vos absolvat a vinculis peccatorum, angelorum, quæ oculus non vidit, etc. (*I Cor.* ii).

Si festivum sancti Mathyæ in Dominico evenerit, hæc de eo dicere convenit :

Votis nostris, dilectissimi, multum potest favere precatio sancti apostoli Mathyæ, cujus natalicia colimus hodie. Cum Judas, unus ex XII, Dominum XXX denariis vendidisset et Judæi agrum in sepulturam peregrinorum his denariis emissent, infelix Judas in eodem agro suspensus medius crepuit, et effusis visceribus scelus perditionis [proditionis] luit. In cujus locum Mathyas ab apostolis per Spiritum sanctum eligitur, et duodenarius numerus a Christo consecratus expletur (*Act.* ii). Hic in Judæa prædicans multos ad fidem convertit, multa adversa pro Christi nomine pertulit, tandem (f° 106, v°) glorioso fine pro Domino occubuit. Qui cum sit unus ex iis qui vos in novissimis est judicaturus, supplicate ei precibus et laudibus ut tunc, cum dextris statui et dulcem vocem, *Venite benedicti* (*Matth.* xxv), mereamini audire. Quod oculus non vidit, etc. (*I Cor.* ii)

De sancto Gregorio papa.

Celebritas summi pontificis sancti Gregorii auget nobis gaudia hujus sancti diei, qui tempora sua signis et virtutibus decoravit et domum Dei dictis et scriptis perornavit. Hic beatus, primo laicus, de generosa senatorum dignitate progenitus, inmensis diviciis erat præditus. Unde et septem congregationes de propriis construxit reditibus, in quarum una ipse factus est monachus. In qua cum Deo et hominibus sancta conversatione esset acceptus, ab apostolico archidiaconus ordinatur, et non multo post papa Urbis elevatur. Qui verbo et exemplo totam Ecclesiam ita illuminabat ut sol suo jubare mundum illustrat. Unde et Angliam, usque ad illud tempus idolatriæ deditam, ad fidem Christi pertraxerat.

Ante acceptum pontificium solus scribendo sedere consuevit, ubi quadam die angelus Domini in specie naufraugi (*sic*) advenit gemebundus, ejus adjutorium petiit, a quo mox sex aureos accepit. Denuo reversus opem inportunus vocibus implorat. Sed vir Dei similiter ei VI numismata donat. Tercio eodem die revertitur, auxilium flebiliter precatur. Sed ei argentea scutella a viro Dei dabatur. Qui accipiens amplectitur gratulabundus, abscedit lætus. Gregorius vero, adepto pontificatu, cum non solum in Urbe, sed usqueversum in orbe pauperes innumeros de facultatibus Ecclesiæ pasceret, voluit ut cottidie XII suæ mensæ adessent, quos ipse suo cibo reficeret. Quadam die XIII adesse et tercium decimum per diversas formas se mutasse (151). Mensa itaque sublata, duodecim abire permisit, tercium decimum secum retinuit; quem secreto ducens quisnam esset inquisivit. At ille : « Ego sum ille naufragus, quondam a te XII aureis et scutella argentea consolatus. Et scito tibi papatum pro hoc in præmio a Deo locatum. — Unde nosti, ait, quod me Deus Ecclesiæ præsulatu præfecerit? — Quia, inquit, illius sum angelus, tibi ad custodem ab illo deputatus, et quicquid a Deo petieris per me impetrabis, usque dum vultui ejus (f° 108) quem desideras astabis. » Hæc ut dixit, ex oculis mirantis evanuit. Gregorius autem immensas gratias omnipotenti Deo egit, infinitas elemosinas facere cœpit, pro quibus hodie centuplum et vitam æternam recepit. Hunc, karissimi, elemosinis, et bonis operibus imitamini, ut ejus precibus in gaudium Domini intrare mereamini, quod oculus non vidit (*I Cor.* ii).

De sancto Benedicto.

Exultandum nobis est, dilectissimi, in hodierna sollemnitate sanctissimi Patris nostri Benedicti. Qui ut Lucifer sonat, rutilat decus astrorum, sic resplenduit gemma monachorum. Hic nobili ortus prosapia, Romæ traditur ad litterarum studia ; sed mundanam sapientiam Romæque urbis gloriam despexit, solam Christi crucis ignominiam dilexit. Nam Urbem scolasque deseruit, ad presbiterum Ecclesiæ in servicio Dei se contulit. Sed nutrix quæ ejus amo et strictius inhæsit, sola post eum venit. Quæ præstitum sibi capisterium incaute posuit, quod cadens in partes dissiluit. Benedictus, ut nutricem flentem repperit, vas confractum integritati precibus restituit. Quod dum pro signo ante fores ecclesiæ suspenderet, Benedictus fugit clam ne ab hominibus laudaretur. Tendens itaque ad heremum, obviam habuit Romanum monachum, qui post pater multorum extitit monachorum, qui ei tradidit habitum religionis et instruxit modum sanctæ conversationis. Hujus Romani cella in monte erat posita, ad cujus radicem latitabat Benedictus in spelunca. Romanus autem cottidie panem in funem alligato titinnabulo (*sic*) Benedicto sumpsit. Sed diabolus, invidens ambobus, jacto lapide tintinnabulum comminuit. Benedictus itaque triennio heremiticam vitam duxit, et hominibus incognitus, soli Deo cognitus fuit. Unde et ipse sui athletæ curam habuit : Nam postquam presbiter quidam epulas delicate sibi in Pascha instruxit, Dominus eas Benedicto deferre jussit. Multas a diabolo temptationes pertulit, quas omnes viriliter devicit.

Quadam die temptator in specie avis affuit et sancti viri pectus accensum tanto illicito amore incanduit quod pene cupidine victus heremum deseruit. Mox veste exutus tamdiu in spinis et urticis nudus volutabatur quousque omnis illa carnalis delectatio (f° 108, v°) extingueretur. Post hæc vicino monasterio abbas præficitur. Sed dum ab eo regularis districtio indicitur, a discipulis ei venenum in potu porrigitur. Porro cum ille signum crucis edidit, vas vitreum in manu ministri ita confractum crepuit quasi pro cruce lapidem jecerit. Quibus derelictis, in

(151) Deest aliquid.

heremum rediit, ac multis ad se confluentibus, XII monasteria ibidem in laude Dei construxit. In monte autem constitutis tribus aqua defuit fratribus, sed Benedictus fontem de rupe precibus elicit, qui usque hodie ob meritum ejus ad inferiora defluit. In uno quoque monasterio frater ad orationem stare non potuit, quia diabolus in forma parvi Æthiopis eum per vestimenta de choro trahebat. Quem Benedictus foris stantem virga percussit; sed diabolus cum clamore, quasi accepta plaga, fugit.

Quidam frater, dum vepres cum falcastro secuit, elapsum ferrum in lacum cecidit. Sed Benedicto in lacum manubrium protendente, ferrum ut lignum natavit et sponte manubrium intravit.

Quidam etiam puer, aquam hauriens, in lacum prolabitur, et mox ab unda in altum jactu sagittæ trahitur. Quod protinus Benedictus per spiritum sentiens, Maurum ad eripiendum puerum mittit, qui post multorum pater monasteriorum ac multorum patrator miraculorum claruit. Mira res! Maurus a Benedicto missus super aquam ut in solida terra cucurrit, pueri comam tenuit, ac secum ad litus velociter detulit, respiciensque super undas se ivisse obstupuit. Puer vero dixit quod melotem Benedicti se de fluctibus rapere viderit.

Cumque his et aliis multis præclaris signis ut lampas in mundo claresceret, et splendor fulgoris ab invidis capi non posset, quidam presbyter magna cœpit invidia stimulari, gloriosam Benedicti cernens opinionem longe lateque in dies dilatari. Et quia ejus laudem habere voluit, sed vitam imitari noluit, cœpit ei apud quosdam detrahere, et quos potuit ab ejus visitatione retrahere. Sed cum cerneret virtutum ejus præconia ubique magis magisque crebrescere et multos ejus exemplo, relicto sæculo, ad melioris vitæ conversionem inardescere, panem veneno confectum curavit ei per ministrum suum mittere, cogitans, infelix! lucernam Ecclesiæ eo defuncto extinguere (f° 110). Porro corvus cottidie de silva ad mensam Benedicti venire solebat, qui panem ab eo accipiens abscedebat. Benedictus itaque missum panem cum gratiarum actione accipiens, et corvo projiciens, in solitudinem ferre præcepit ubi ab homine inveniri non possit. Corvus autem, diu multumque abhorrens, panem grocitando circumvolat, tandem levans in silvas portat. Post duas vel tres horas revertitur et solito pane a Benedicto vescitur. Insanus vero presbyter, furiis comprehensus dum non valuit vitam adimere illi quem Deus ut pupillam oculi sui custodivit sub sui signaculi munimine, conatus est discipulorum ejus animas in præcipicium perditionis inpellere. Præcepit namque VII puellis inpudicis ut nudæ ante cellam viri Dei choreas ducerent, quatenus juniores fratres, eis visis, a proposito suo concupiscentiis illecti, per lubricum luxuriæ ruerent. Benedictus hos conspiciens, et sui causa hoc fieri sciens, ordinato ibidem abbate, locum deseruit, et æmuli sui invidiam humiliter declinans abiit. Ille vero miser presbyter, non Christi sed Satanæ minister, dum in solario suo staret et de Benedicti abcessione exultaret, repente solarium cecidit et omnia membra ejus minutatim compressit; de cujus ruina Benedictus acerrime flevit, insuper discipulo suo de ejus casu gaudenti pœnitentiam injunxit. Corvis autem de silva ante eum volantibus, et quasi iter suo nutricio monstrantibus, venit ad montem Cassinum, in quo erat antiquum Apollinis templum. De quo, omni spurcicia eliminata, templum in honore Dei omnipotentis dedicatum, ac monasterium construens, plurimos fratres ad laudem Christi congregavit, quos bonus pastor ad pascua vitæ verbis et exemplis educavit. Omni namque vita sua jejuniis [in XLa vero bis tantum, etc.] et vigiliis operam dabat, in XLa vero bis tantum vel semel in ebdomada corpus alimentis recreabat, omni tempore aut lectioni vacabat, vel orationi instabat. Postquam his et talibus gloriosis factis inmeritum mundum diu illustrabat, hodie de ergastulo carnis ad cœleste palatium lætantibus angelis migrabat. Quo abeunte, discipulis cœlum patebat, in quod pulcherrima via, in numeris palliis et lampadibus strata, tendebat, in qua splendidus (f° 110, v°) vir stans dicebat quia Benedictus per hanc viam cœlos petebat. Igitur, karissimi, Dominum Jesum qui sic se glorificantes glorificat in cordibus vestris sanctificate, animas vestras et corpora vestra jejuniis, vigiliis, elemosinis ei commendate, quatenus Benedicti precibus ultimam maledictionem evadatis, et benedictionem hæreditate possideatis, quam oculus non vidit (*I Cor.* II), et cætera.

IN ANNUNCIATIONE SANCTÆ MARIÆ.

Qui audit dicat : Veni (Apoc. XXII). Præcepit nobis Scriptura, dilectissimi, ut quæ de Deo et vita æterna intelligimus vobis intimemus et ad illa festinantes vos nobiscum invitemus.

Ista dies inter præcipuas festivitates computatur, quia totius Christianæ religionis summa ab eo exordium sumpsisse comprobatur. In hac quippe die mundus de peccatis perditus ad vitam Christi passione reparatus. In hac quoque Johannes Baptista decollatur, in hac etiam Jacobus frater Johannis capite truncatur. In hac sacra die Incarnatio Christi per angelum Virgini nuntiatur, sicut hodie a tota Ecclesia devote celebratur.

Legitur quod ea die eademque hora qua primus homo conditus est in paradiso, etiam Filius Dei in ea novus homo sit conceptus in Virginis utero. Ipsa quippe erat paradysus malorum, fons horarum, quia in ea surrexit lignum vitæ, atque de ea profluxit fons sapientiæ, omnibusque deliciis affluebat, in qua omnes thesauri sapientiæ et scientiæ absconditi erant (*Coloss.* 11). Traditur etiam quod ea hora qua Adam de vetita arbore commederit, ea Christus in arbore crucis pendens, acetum cum felle biberit; atque ea hora quæ Dominus hominem de paradyso expulerit, ea Christus latronem in eum introduxerit. Quod totum hodie contigisse tradit Ecclesia. Unde, per quam contigit, hodie magnificatur beata Virgo Maria.

Cum enim primi parentes in paradyso deliciis affluxissent, ac diabolo propinante poculum mortis hausissent, ac tota successionis eorum soboles per V milia annorum mortis sententiæ succubuisset misertus Deus quod ille malignus prædo gloriabatur quod totum genus humanum quasi jure hæreditario possedisset (f° 112), contra mortis potyrium sic homini per feminam, diabolo instigante, porrectum, miscuit vitæ antidotum, angelo ministrante per feminam ab humano genere acceptum, et mortem quam femina mundo intulit, femina depulit, insuper vitam omnibus detulit. Misit Deus angelum suum mysterium æternæ salutis Virgini nunciare per quod sibi vellet perditum mundum reconciliare, in quo sibi complacuit omnia in cœlis et in terris restaurare (*Coloss.* 1). Gabriel itaque archangelus Virginem venerabiliter salutavit, quam Matrem Dei atque Reginam angelorum futuram prædicavit. *Ave, inquit, gratia plena, Dominus tecum, benedicta tu inter mulieres. Ecce concipies et paries Filium, et Filius Altissimi vocabitur. Hic in Israel rex erit, et regni ejus non erit finis* (*Luc.* 1). Ad hæc verba mox illa ultra angelos beata, a Spiritu sancto inpregnata, et a Verbo Dei virgo sacra ingravidatur. Tunc non ad lascivas fert gressum petulanter, nec de collata de collato munere more muliebri apud eas multiplicat verba arroganter; sed protinus ad Elisabeth sanctam humiliter properat, quam gravitas ætatis et vitæ meritum dignam fama reddiderat; quæ jam sexto mense, eodem angelo nunciante Zachariæ, illum conceperat qui Domino in mundum venienti viam ad corda hominum præparare debuerat, et idcirco per VI menses se occultaverat. Igitur dum Maria Elisabeth salutaret, Johannes ad vocem ejus in utero matris exultavit, jam cupiens de claustris prorumpere et Domino suo venienti occurrere; jam volens egredi, Regem et Sponsum fidelis servus et amicus amplecti. Tunc Elisabeth, Spiritu sancto repleta, dixit omnia quæ Virgini dicta essent a Domino forent complenda. Tribus itaque mensibus apud illam deguit, usque dum Filium omnibus prophetis majorem genuit, qui ipsius Filii præcursor et præco in mundo præire debuit (*ibid.*). Deinde ad Nazareth reversa, cum a Joseph gravida notatur occulte eam dimittere meditatur. Cui angelus in somnis apparuit, non esse illam dimittendam admonuit, conceptum autem esse a Spiritu sancto innotuit (*Matth.* 1). Expleto ergo certo tempore, maris stella solem justiciæ mundo edidit, qui lux et rex angelorum omnium et vita et salus omnium hominum extitit.

Lex omnes virgines (f° 112 v°) maledictioni addixerat, sicut scriptum est : Maledictus qui non fert fructum in Israel. Hanc maledictionem Deus a virginibus per Mariam virginem detersit, dum ipse auctor benedictionis ab intemerato utero ut sponsus de thalamo processit. Steriles ab hac maledictione absolvit, dum Baptistam suum Johannem de sterili utero nasci voluit.

Hæc, karissimi, olim multis modis præfigurata; hæc multifarie a prophetis prænunciata, Moyses namque vidit rubum igne comburi, nec tamen flamma consumi (*Exod.* III). In quo Dominus apparuit, cum populum suum ab Ægyptiaca servitute eripuit. Hoc beatam Virginem præsignavit, quam ignis Spiritus sancti prole illuminavit, nec tamen flamma concupiscentiæ violavit. Ex qua Dominus visibiliter apparens mundum visitavit et populum fidelium a diabolica servitute liberavit.

Aaron quoque jussu Domini aridam virgam in tabernaculum posuit, quæ in crastino florens nuces protulit (*Num.* XVII). Per quod signum Deo fideles commendantur, rebelles vero confutantur. Arida virga quæ nucem protulit est virgo Maria quæ Christum Dominum et hominem mundo progenuit. Per hanc justi in ultimis ut palma florebunt, reprobi vero ut ficus arida in igne ardebunt. Dominus filiis Israel manna de cœlo pluit, et ne quid in crastinum de eo reservaretur jussit. Cottidie eis novum dare voluit, manna vero reservatum vermes protulit. Per manna sancta Maria accipitur de qua vermis Christus nascitur. Ipse namque dicit : *Ego sum vermis et non homo* (*Psal.* XXI). Homo enim ex commixtione viri et mulieris nascitur, Christus vero ex sola Virgine procreatur, ut vermis ex mundi humo formatur.

Gedeon, dux Israel, vellus in aream tetendit, in quod ros cœlitus descendit, et aream siccitas tenuit. Rursum vellus exponens, area rore inmaduit, et vellus humore caruit (*Judic.* VI). Hoc signum fuit victoriæ fidelium et fugæ hostium. Vellus infusum rore est Virgo sacra, fecunda prole. Area inhumecta est virginitas ejus intacta. Rursum area rore immaduit, quia Ecclesia donis Spiritus sancti fecunda claruit. Per hoc signum, id est Virginis partum, dæmones, qui sunt humani generis hostes, devincuntur, et fideles cum triumphali gloria in cœlis coronabuntur. Vellus vero humore caruit (f° 114) quia Synagoga a donis spiritualibus sterilis aruit.

Hoc totum in Spiritu sancto propheta prævidit et his verbis dixit : *Exiet virga de radice Jesse, et flos de radice ejus ascendet, et requiescet super eum Spiritus Domini* (*Isa.* XI). Jesse fuit pater David regis, qui erat radix hujus sacræ stirpis. De hac radice David ut arbor succreverat, de qua nobilis virga pullulaverat, quia virgo Maria de ejus progenie originem duxerat. Hæc virga florem protulit, dum virgo Maria Christum genuit. Ipse enim dicit : *Ego flos campi et lilium convallium* (*Cant.* II). Campus est terra inarata, et est virgo innmaritata. Hic campus preciosum florem produxit, cum Christus de Virgine natus mundo illuxit. Qui flos erat lilium convallium, id est Christus ornatus humilium. Super hunc Spiritus Domini requievit, quia plenitudo divinitatis in eo corporaliter habitavit (*Coloss.* II). Hoc etiam propheta dixit : *Ecce Virgo concipiet et pariet Filium, et vocabitur nomen ejus Emmanuel,* id est *nobiscum Deus.*

Ezechiel quoque portam semper clausam vidit, per quam solus Rex regum transivit et clausam reliquit (*Ezech.* XLIV). Sancta Maria est cœli porta quæ ante partum et in partu virgo fuit et post partum virgo permansit.

Nabuchodonosor rex statuam vidit, cujus caput aureum fuit, pectus et brachia argentea, venter æreus, crura ferrea, pedes fictiles erant. Lapis vero de monte sine manibus abscisus statuam totam comminuit et in pulverem redegit. Ipse in montem magnum crevit et totam terram implevit (*Dan.* II). Per diversa statuæ metalla designantur diversæ potestatis regna. Lapis autem abscisus de monte sine manibus præcidentium est Christus, natus de Virgine sine manibus amplectentium. Hic omnia regna suo imperio subjugabit et ipse solus perpetuo regnabit. Hic etiam Nabuchodonosor statuam auream altitudine XL cubitorum, latitudine VI fecit, quam universum populum adorare præcepit. Huic cum Ananias, Azarias, Misael cervicem flectere recusarent et solum Deum omnium adorarent, rex iratus præcepit fornacem septuplo quam solebat incendi, in quam jussit istos tres viros ligatos mitti. Porro incendium divinitus de fornace excussum exteriores exurebat, interiorum autem nec unum (f° 114, v°) capillum lædebat, immo eorum vincula dissolvebat; et ipsi ymnum Deo in mediis flammis canebant, cum quibus rex Filium Dei videbat (*Dan.* III). Sic Spiritus sanctus beatam Virginem suo igne interius illuminans fecundavit, exterius ab omni concupiscentia obumbrabit. Unde et ea Filius Dei gentibus revelavit.

Daniel, permissu regis, idolum Babyloniorum destruxit, et draconem quem adoraverunt interfecit. Unde et Babylonii ira permoti eum in lacum leonum miserunt, et lapide magno usque ad VII dies clauserunt. Rex vero, cum Danielem diligeret, lapidem anulo suo signavit, ne eum interficerent. Porro angelus Domini prophetam Abacuc de Judæa cum prandio rapuit, et super lacum leonum statuit. Qui cibum Danieli intus detulit, nec tamen sigillum amovit. Septimo autem die rex veniens, et sigillum sanum et Danielem incolomem inveniens, Deo laudes dixit, eum de lacu eduxit, hostes ejus a leonibus devorandos includi jussit (*Dan.* XIV). Sic Christus, non amoto virginei pudoris signaculo, in thalamum uteri introivit et rursum salvo signaculo de aula virginali lux et decus angelorum et hominum exivit.

Hujus virginis genealogya ab evangelistis quasi linea ad hamum contexitur, in cujus fine Filius ejus ut hamus annectitur, dum Jesus Christus de ea natus dicitur (*Matth.* I). Hanc lineam Deus Pater in virgam crucis innexuit, in qua suus Filius ut hamus pependit. Porro edulium hujus hami caro Christi erat quæ in sacra virgine ut in vase piscario abscondita fuerat. Hunc hamum Deus in mari hujus sæculi misit, et leviathan de cordibus fidelium extraxit. Cujus maxillam armilla Christi caritatis perforavit, ut exitus pateat his quos incautus devoraverit. Unde David egressus per pœnitentiam patuit, quem per adulterium et homicidium devoravit. Petro flendo patuit, quem perjurando et Dominum abnegando in guture habuit (152). Mariæ lacrimando patuit, quæ per multa sordidum [sordium] crimina in ejus ventre latuit. De hujus beata Dei genitrix suam æquivocam salvavit Mariam Ægyptiacam. Hæc in Ægypto oriunda, in tenera adhuc ætate Alexandriam venit et XIII annis publicum scortum (f° 116) se omni vulgo præbuit. Cum autem populus Hierosolimam navigio properaret, ut exaltationem sanctæ crucis ibi exaltaret, ipsa cum aliis navem intravit, absque modo animas juvenum laqueis diaboli innodavit. Cum vero Hierosolymam pervenissent, et populus ex omni urbe confluxisset, omnes quos potuit ad facinus petulanter inclinavit et miseros insaciabilis diaboli decipula volutabro sordidum [sordium] ingurgitavit. Itaque festo imminente, et populo catervatim ad ecclesiam concurrente, ipsa cum aliis templum intrare voluit, sed divina virtus eam longe a foribus expulit. Sæpius autem turbis inmixta, ingredi conabatur, sed conatus ejus frustrabatur, quia iterum atque iterum a foribus repulsa efferebatur. Tunc nutu Dei instincta, multitudinem facinorum suorum ad memoriam reducit, imaginem Dei genitricis Mariæ in pariete depictam conspicit, ac coram ea protinus cum lacrimis corruit, præterita crimina deflens, futura devitare pollicens. Ab oratione surgens, ita libere templum ingreditur, quasi a cunctis eam prius repellentibus traheretur. Adorata autem salutifera cruce egreditur, et iterum imagini sacræ lacrimans prosternitur. Inde surgens tres panes emit, Jordanem transit, in heremo XL annis soli Deo cognita mansit. Et in primis quidem XIIII annis tribus panibus et herbis agrestibus spiritum potius deficientem recepit quam corpus refecit; multa incommoda aeris de æstu vel frigore pertulit; multa diaboli temptamenta, maxime carnis incendia ac prioris vitæ desideria sustinuit. Sed postquam humi prostrata Dei Genitricem invocavit, cuncta viriliter superavit. Post hæc, a peccatis purgata, digna Spiritus sancti ad habitaculum est habita. Qui eam dono gratiæ scientia Scripturarum et præscientia futurorum interius illustravit, divinæ contemplationis pane saturavit, exterius vero incommoda aeris, passiones carnis clementer mitigavit, insuper præ-

---

(152) Rubrica in margine : *De Maria Ægyptiaca.*

claris miraculis glorificavit. Nam quidam monachus, dum in XLma heremum pervagatur, si forte quisquam Deo serviens in ea inveniatur, Domino ducente, ei manifestatur. Quæ veste ab eo accepta et parte corporis contecta, mox oratione (f° 116, v°) facta, nomen et officium ejus prodidit, et Zosimam appellari, et sacerdotio decorari benedictionem petendo protulit. Unde ille stupefactus, quænam sit inquirit, cuncta ab ea didicit, unde sit vel quæ egerit, vel quando illic venerit, vel quanta ibi perpessa sit. Quam cum ipse rogaret ut pro Ecclesia oraret, illa surgens manus ad cœlum tetendit, et in aere Spiritu sancto suspensa pependit. Hoc ille cernens expavit, fantasma esse putavit. At illa, cogitationi ejus respondens, se fantasma negavit, pulverem et cinerem se esse et baptismate circumdata affirmavit. Præter hæc de Scripturis cum eo disseruit, omnem consuetudinem ei monasterii sui aperuit, nomina singulorum fratrum recitavit, in quo abbas vel illi, vel illi corrigendi essent intimavit. Demum languorem corporis eum insequenti anno incursurum prænunciavit, sed ut recepta salute se visitaret et corpus Domini sibi deferret, postulavit. Ille, multis lacrimis suffusus, vix ab ea est avulsus. Mœstus ad monasterium reversus, toto anno erat de ejus absentia tabescens, sitibundo pectore de ejus præsentia refici concupiscens. Adveniente autem XLma languorem incidit quem ei illa sancta prædixit. De quo postquam convaluit in Cœna Domini assumpto secum Christi corpore abiit. Illa vero amnis contra Jordanem veniebat, et signo crucis aquis impresso, ut per liquidum, ita per solidum ibat, veniensque ad eum Dominica sacramenta ab eo accipiebat, expansisque manibus Deo gratias egit, et Zosimam ut se in futuro anno visitet peciit. Et iterum facto signo crucis, fluvium siccis pedibus transivit, et quod Zosimas prius XXti diebus, hoc ipsa unius horæ spacio iter ivit, atque in illo loco quo eam primo repperit invictum spiritum astris reddidit. Senex vero videns gloriosa miracula, solvit illi laudum præconia qui facit solus mirabilia. Anno autem transacto, heremum repetit, eam defunctam repperit, cujus exanime corpus toto illo anno incorruptum sub aere jacuit. Cumque super ejus morte mœrore afficeretur, et quod nomen ejus minime inquisisset contristaretur, et utrumnam ab eo sepeliri vellet anxius quereretur, ecce nomen ejus (f° 118) et diem transmigrationis in terra conspicit, et ut eam sepeliat literis conspicit. Hæc eo in animo volvente, ecce duo leones de saltu venientes locum sepulchri unguibus effoderunt et corpus sanctum cum sene in fossam ponentes, peracto officio ad abdita silvarum recesserunt. At Zosimas festinus ad cœnobium egrediens cuncta fratribus notificavit quæ ei Deus revelavit. Qui Deum glorificantes, corpus ejus transtulerunt et cum digno honore apud se tumulaverunt. Ecce Maria, quæ aliquando cantu syrenarum illecta diu naufragium pertulit, tandem emergens, per stellam maris periculum evasit et portum salutis attigit. Hanc maris stellam omnes qui præviam secuti sunt ad portum salutis applicuerunt. Hæc, Ckarissimi, maris stella in summo cœlo super omnes choros angelorum splendida rutilat, post cujus humilitatem et castitatem omnes navim vitæ suæ dirigant qui in salo hujus sæculi navigant ut per eam vitæ portum obtineant quo perhenniter cum omnibus sanctis gaudeant, ubi oculus, etc.

DOMINICA DE PASSIONE DOMINI.

Hodie si vocem Domini audieritis, nolite obdurare corda vestra (*Psal.* xciv). Divina vox, karissimi, cottidie per sacram Scripturam clamat, nos ad interitum per mala opera festinantes benigne revocat, atque ad perennis vitæ gaudia dulciter invitat. Sed hactenus corda nostra contra hanc vocem obduravimus et ei ad proficuum nostrum obsequi recusavimus. Saltem hodie, reclusis auribus cordis, obedienter eam audiamus, et ostio mentis reserato, verbum vitæ in hospicium cordis suscipiamus, ut Deus in nobis et nos in eo maneamus. Absque dubio enim in hominis habitat anima aut Deus aut diabolus. In quo Deus manet, semper caritate fervet, verba Dei delectabiliter amplectitur, operibus inhianter implere nititur. De hoc dicitur : *Qui est ex Deo, verba Dei audit* (*Joan.* viii). In quo autem habitat diabolus, semper est invidia et odio plenus et ad omne opus bonum reprobus. De talibus sequitur : *Propterea vos non auditis, quia ex Deo non estis* (*ibid.*). Qui enim aures contra verba Dei obcludunt, in eorum cordibus dæmones per inmundiciam et prava desideria (f° 118, v°) ludunt. Quæ est vox Dei? *Sancti estote, quia ego sanctus sum* (*Levit.* xi; *I Petr.* 1), et : *Volo ut ubi ego sum et vos sitis* (*Joan.* xvii). Hanc vocem ab operibus malis nos sanctificando audiamus, scilicet ut fornicationem et omnem inmundiciam corporis fugiamus, et per voluntatem mulieres, quia *qui viderit mulierem ad concupiscendum eam, jam mœchatus est eam in corde suo* (*Matth.* v). Homines vero nec facto, nec consilio occidamus, et nec in corde odium habeamus. Qui odit fratrem suum homicida est. Res quoque alienas nec [per] furtum nec per violentiam rapiamus, sed nec habere cupiamus, quia radix omnium malorum est cupiditas (*I Tim.* vi). Cuncta autem quæ vel mandatis Dei neglegimus facere, vel contra ea temere egimus, confitendo, pœnitendo lacrimis diluamus, elemosinis redimamus, vigiliis et jejuniis satisfaciamus. Si tali modo nos sanctificabimus, cum Deo nostro in cœlesti gloria cum sanctis regnabimus. Hanc vocem quia filii Israel in deserto audire contempserunt, ideo requiem Domini introire non meruerunt. Post duræ namque servitutis liberationem, post inimicorum insequentium evasionem, post angelici panis refectionem et aquæ de petra productæ potationem, quia Deum murmurando, blasphemando exasperaverunt, fornicando, ydola Deum colendo offenderunt, insuper contra signa et monita ejus corda sua obduraverunt, ab hostibus et a serpentibus exterminati perierunt. Quidam etiam incendio sunt consumpti, quidam terræ hiatu absorpti. Duo tantum ex populo cum filiis prævaricatorum qui voci Domini obaudierunt, terram lactis et mellis manantem intrare meruerunt (*Num.* xxxii). Ita hodie quoque qui post diabolicæ servitutis ereptionem, post peccatorum in baptismate relaxationem, post corporis et sanguinis commestionem, corda sua contra verba Dei obdurabunt, in requiem Domini non intrabunt, immo hostes et serpentes vel dæmones eos a vita exterminabunt. Qui autem in duobus præceptis caritatis vocem Dei audiunt, requiem Domini ut illi duo intrabunt. Igitur, karissimi, dum hodie cognominatur, id est dum in hac vita conversamur, vocem Domini boni pastoris, nos populus et oves pascuæ ejus (*Psal.* xciv) prompta mente sequamur, ut in perpetuæ (f° 120) vitæ pascua ab eo induci mereamur.

Vocem autem alienorum non debetis sequi vel audire, sed toto corde ab eis fugere. Alienos dico quos ipse summus pastor lupos, fures, latrones cognominat; qui gregi non parcentes, oves Christi sanguine redemptas strangulant et vivos et mortuos devorant. Qui nominetenus pastores et sacerdotes censentur, sed reipsa Dei contemptores et legis ejus prævaricatores, iræ ipsius provocatores super populum videntur. Qui laqueus et ruina populi dum in sordibus vivunt, populum in hostiis et muneribus polluunt; qui cæci duces eorum, miserum vulgus in profundum inferni pravis exemplis prævii ducunt. De his dicitur: *Væ vobis qui tulistis clavem scientiæ, qui regnum cælorum coram hominibus clauditis. Vos non intratis et volentes intrare non permittitis* (*Matth.* xxiii).

Regnum cælorum hominibus claudunt quia eis portam vitæ prædicando non aperiunt, qui tantum ad malum sapientes sunt, bene autem facere nesciunt. Volentes intrare non permittunt, quia multos a bono proposito per mala exempla retrahunt. De his scriptum est: *Intravit mors per fenestras nostras* (*Jer.* ix). Sacerdotes fenestræ Ecclesiæ appellantur, quia per eorum verba corda hominum illuminantur. Sed, heu! per has fenestras mors intrat, dum populus per exempla sacerdotum mortalia crimina perpetrat. Animas quæ non moriuntur mortificant, et animas quæ non vivunt vivificant (*Ezech.* xiii). Dicunt enim : Si pecuniam a vobis accipimus, vos a peccatis absolvimus et securos vos apud Deum faciemus. Non enim per jejunium et vigilias, sed per munera nobis data noxæ dimittuntur, quia omnes homines ad extremum salvabuntur. Hanc vocem, karissimi, et horum consortia ut venenum fugite, et huic veridicæ voci firmiter credite. A malo declinate et bonum facite, quia neque fures, neque rapaces, neque fornicatores, neque ebriosi, neque maledici regnum Dei possidebunt (*I Cor.* vi); sed qui in his vel similibus usque in finem perseveraverint, in æternum supplicium ibunt, justi autem in vitam æternam (*Matth.* xxv).

Istis diebus, karissimi, recolimus passionem Domini, quæ nos ab æternæ mortis cruciatu et a potestate diaboli (f° 120, v°) liberavit, et Deo Patri reconcilians, perenni gloria ditavit. Per omnia enim nobis pro similitudine absque peccato conformari voluit (*Hebr.* iv). Sicut legitur quod mulier pro filio rogatura in montem ad Heliseum venit, sed ipse baculum per servum mittens super mortuum ponere fecit (*IV Reg.* iv). Porro mortuus a baculo magis gravabatur, non suscitabatur. Heliseus autem adveniens super defuncti membra se subtraxit, et ilico mortuus revixit (*ibid.*).

Mortuus hic significat genus humanum pro quo mater Ecclesia ab initio clamat ad Deum. Ipse vero baculum, id est legem, per servum misit Moysen, quæ magis homines in morte gravans pressit. At vero Heliseus Christus adveniens mortuo se per omnia configuravit et eum ad vitam resuscitavit. Hoc multis figuris olim præcessit, hoc propheticus sermo multifarie expressit. Ad passionem namque est natus qui, ut ipse ait, in manibus omnium prophetarum est assimilatus. Inaniter enim nasceretur si non pro salute mundi pateretur.

In origine mundi Adam de munda humo plasmatus, sub ligno vitæ in paradyso soporatur, et mulier de latere ejus ædificatur (*Gen.* ii); ita Christus de munda virgine natus, in ligno crucis morte soporatur, de cujus latere et sanguine et aqua fluente Ecclesia formatur; sanguine redimitur, aqua abluitur.

Abel agnum Deo in sacrificium obtulit, a fratre innocens occisus occubuit; sed sanguis ejus de terra clamorem extulit (*Gen.* iv) : ita Christus corpus suum Deo Patri in sacrificium obtulit, a Judaico populo, suo fratre, innocens pro nobis occisus occubuit. Cujus sanguis de terra clamat, quia Ecclesia, suscepto ejus sanguine, laudes Deo resonat.

Mundo diluvio pereunte, Noe familiam suam in archa salvat. Quem inebriatum, denudatum, somnoque gravatum Cham subsannat; sed ipse evigilans Sem et Japhet benedictione exaltavit, Cham maledictione damnat (*Gen.* vii, ix) : ita mundo peccatis pereunte, Christus Ecclesiam cruce salvat; quem amaritudine pro nobis inebriatum, contumeliis, obprobriis, ad flagella denudatum somno mortis in cruce gravatum Judaicus populus subsannat, sed ipse de morte evigilans, duos filios, scilicet clerum et populum benedicendo honorat, infidelem populum maledicendo (f° 122) reprobat.

Quatuor reges gentium contra V reges Pentapolis

certamen inierunt, et IIII V superantes Loth ceperunt, et prædam ex Sodomis duxerunt. Quos Abraham cum trecentis X et VIII viris persequitur, et fugatis hostibus præda eripitur, Loth incolomis regreditur. Abrahæ victoriæ potito Melchisedech rex Salem occurrit, panem et vinum obtulit, et ei Abraham decimas ex omnibus dedit (*Gen.* xiv). Hii quatuor reges gentium quatuor vicia, gaudium, timor, cupiditas, mœror intelliguntur, quæ IIII virtutibus, prudentiæ, fortitudini, temperantiæ, justiciæ opponuntur. Quinque autem reges Pentapolis sunt V sensus nostri corporis. Per Loth vero noster animus, per prædam nostra studia bona notantur, per Abraham spiritus, per trecentos fides trinitatis, per X Decalogus legis, per octo beatitudines novæ legis declarantur. Quatuor ergo reges cum V pugnant, quando IIII vicia V sensus nostros in desideriis perturbant. Loth capiunt, prædam abducunt, cum animum nostrum a statu rectitudinis suæ captivant, et studia nostra ad illicita pertrahentes, a bono alienant. Tales hostes Abraham, id est spiritus interioris hominis cum fide Trinitatis et præceptis utriusque legis persequitur, et superatis Loth cum spoliis excutitur, quia animus ad bona studia reducitur. Thau namque, T, quæ in Græco numero trecentos exprimit, in modum crucis formatur, quia per trophæum crucis hostes viciorum superantur. Post hanc victoriam, Melchisedech rex sine patre et sine matre panem et vinum victoribus offert (*Hebr.* vii), quia Christus rex justiciæ in cœlis sine matre, in terris sine patre victoribus viciorum pro triumpho corpus et sanguinem suum offert. Cui ipsi decimas ex omnibus solvunt, id est in omnibus præceptis ejus ei obediunt.

Abraham ex præcepto Domini filium suum in sacrificium offerens, duos servos cum asino in civitate reliquit, ipse cum filio montem ascendens, constructo altari Ysaac desuper ligatum posuit, quem arrepto gladio mactare voluit. Sed angelus de cœlo clamans ei parcere jussit. Abraham respiciens arietem inter vepres cornibus hærentem vidit, hunc in sacrificio obtulit, ipse cum filio abiit (*Gen.* xxii). Abraham qui Ysaac sacrificavit (f° 122, v°) est Deus Pater qui Filium suum pro nobis immolavit. Omne sæculum figuras præcedentium miretur, dum tam certa significatio sequentium in eis expressa comprobetur. Eodem namque loco in quo altare constituit, eodem post Salomon templum construxit; in eo loco qua aries cornibus inter vepres hæsit, eo Christi crux fixa stetit, in cujus cornibus ipse inter Judæos ut inter vepres hæsit. Duo servi qui cum asino exspectant, sunt duo populi, scilicet ex regno Israel et ex regno Juda, qui in stulticia adhuc perseverant. Porro verus Ysaac pro nobis jam immolatus, jam in dextera Dei exaltatus, Judaicus vero populus adhuc cum asino stulticiæ exspectans, hoc salutari sacrificio est privatus.

Hæc quoque lex præfiguravit, dum hircum offerri imperavit, super cujus caput omnium peccata per manus sacerdotis imponerentur, et sic in solitudinem emissus ut a lupis devoraretur.

Hic hircus est Christus a [pro?] peccatoribus progenitus, super quem omnium peccata sunt posita, et per eum cruci affixa. Qui in solitudine emittitur, dum a Judæis gentibus traditur; a lupis devoratur, dum ab utrisque crudeli morte laceratur.

Præcepit etiam lex ut rufa vitula offerretur et in cinerem cremaretur, ejusque sanguine et cinere populus emundandus aspergeretur (*Levit.* xvi).

Rufa vitula est caro Christi sanguine rubricata; quæ in cinerem est cremata, dum in ara crucis, igne passionis est torrificata. Hujus sanguine aspersus populus emundatur, quia sanguine Christi et cinere, id est corpore fidelium, populus sanctificatur.

Hoc etiam per novam legem demonstratur, in qua Christus in naviculam descendisse narratur. In qua dum obdormivit, magnus ventus mare movit. Discipuli vero, timore perterriti, eum suscitaverunt, et eo surgente, tempestas et venti cessantes, serenitas et tranquillitas redierunt (*Matth.* viii).

Navicula est sanctæ crucis vexillum, qua de salo hujus sæculi, per Christi passionem vehimur ad tutæ stationis tranquillum. In hanc Dominus ascendit, dum pro mundi salute crucem subiit. Motus autem magnus in mari concutitur, quia Judæa perturbata ad sedicionem excitatur. Dominus in navicula obdormivit, dum se in cruce mortis somno opprimi permisit. Discipuli trepidantes cum excitaverunt, dum de ejus morte sævicia Judæorum perturbati, magnis precibus auxilium Domini imploraverunt. Quo resurgente (f° 124) tranquillitas redit, quia omne gaudium fidelibus per Christi resurrectionem venit.

Piscina quoque Hierosolimis erat, in qua sacerdotes oves immolandas lavabant; quam V porticus cingebant. In his multitudo languentium jacebat quæ aquæ motum expectabat. Angelus Domini, certo tempore, in piscinam descendens aquam movebat, et mota aqua quicumque primus in eamdem intrasset, ab omni languore sanus fiebat. Inter languidos quidam longa ægritudine coquebatur, sed a Domino ut sanus surgat et cum lecto abeat imperatur (*Joan.* v). Piscina quinque porticibus cincta est Synagoga; V libris legis juncta. Multitudo languidorum erat numerositas Judæorum, oppressa languore peccatorum. Angelus Domini certo tempore descendit, et aquam movit, dum Christus, magni consilii Angelus, mundum intravit, et signis, miraculis, doctrinis Judæam perturbavit. Quæ commota auctorem vitæ interemit; sed unus languidus sanitatem recepit, quia mox Christi populum a morte redemit. Languido duo anni de XL deerant, quia populus prior gemina dilectione carebat; qua adepta, languorem animæ exuebat et vitæ sanitatem induebat.

Refert ipse Dominus quendam vineam habuisse et certo tempore servos suos pro fructibus misisse.

Quos agricolæ comprehendentes, diversis suppliciis excruciatos, occiderunt, alios rursum missos pari modo interemerunt. Demum filium suum misit quem nequam turba de vinea jectum occidit. Dominus autem veniens malos male perdidit et vineam aliis agricolis locavit (*Matth.* xxi).

Homo qui vineam habuit est Dominus qui Judæam de Ægypto transtulit et ejectis gentibus ut vineam dilectam plantavit. Quam sepe circumdedit, id est custodia angelorum et sacra Scriptura munivit. Torcular fodit, quia offerenda ad altare instituit. Turrim construxit, quia templum toto orbe famosum in ea fieri jussit. Servos vel prophetas pro fructu bonorum operum misit, sed eos impia gens variis modis occidit; post quos alios, scilicet apostolos, misit, sed illos similiter ut priores interemit. Demum Filium venientem et eos ad pœnitentiam monentem de vinea ejectam occidit, id est de civitate eductum crucifixit. Ideo Dominus tales agricolas (f° 122, v°) perdidit, dum Judæos per totum mundum dispersit; vineam aliis locavit, dum sacram Scripturam ad Christianum populum transtulit, qui fructum divinæ servitutis Deo reddit, et Deus ei regnum cœlorum rependit.

Passio Christi maxime peccatoribus profuerat, qui non justos, sed peccatores vocare venerat (*Matth.* ix). Hujus rei exemplum nobis divina misericordia in Pelagia demonstravit, quam prædestinans Dei gratia mire salvavit. Sicut enim legitur concilium episcoporum Antiochiæ colligitur. Eis residentibus transit puella multo auro et gemmis ornata, qua multa juvenum turba comitata, qui nulla de ejus pulchritudine capiebant saciamina, quia mira preciosorum unguentorum de se spargebat oblectamina. Hujus nomen erat Pelagia, sed ob nimium ornatum ab universa civitate dicebatur Margarita. Cum vero omnes episcopi se averterent et vultum suum quasi a maximo usque scelere absconderent, unus ex ipsis, nomine Nonnus, intuetur eam diutius. Tandem obortis lacrimis prorupit et coepiscopis ait : « Fratres, me credite, hanc mulierem nobis in exemplum hodie ante oculos adductam esse. Et noveritis quod Dominus in judicio non apostolos, non martyres ostendet; sed hanc mulierem nobis profert. Quicquid enim suis amatoribus promisit, toto annisu implere studuit. » Post hæc surgens, ecclesiam ingreditur, humi lacrimans prosternitur, Deum intime precatur ne collatione hujus mulieris a sanctuario Dei repellatur. « Quicquid enim, inquit, tibi Domino Deo omnium umquam promisi, numquam implere sollicitus fui. Hæc autem quicquid corruptibilibus hominibus promisit, devote implevit. » Eadem vero nocte revelavit ei Deus de puellæ salvatione. Vidit namque se in somnis altari astare, missas celebrare, ac nigram columbam importune vultum suum circumvolare. Quam apprehendens in piscinam jactavit, de qua nive candidior egressa, alta cœlorum penetravit. In crastinum injungit eidem Dei præsuli archiepiscopus sollemnia missarum agere et verbum ædificationis ad populum facere. Quo sermonem faciente eadem mulier affuit, et nutu Dei verbis ejus compuncta, flumen lacrimarum profudit. Missa expleta, ad hospicium antistitis festinavit, [ad] pedes ejus prostrata (f° 126), quos exemplo evangelicæ peccatricis ubertim lacrimis rigavit, ab eo baptizari petiit et impetravit. Episcopo itaque cum suis ad mensam residente ac cum angelis de salute puellæ gaudente, ecce supra tectum domus diabolus nudus apparuit, et magna voce querulus clamavit : « O maledicte senex, quid mihi adversaris? Cur mihi spolia mea rapis? Non sufficit tibi quod quatuor millia Sarracenorum mihi abstulisti et Deo tuo per baptismum obtulisti, quin nunc mihi vas meum dilectum auferres, per quod innumeras hujus civitatis animas acquisivi? Ille dies est maledictus quo tu adversarius es natus. Nam lacrimæ tuæ domicilium meum ut torrens impingunt, et fundamenta domus meæ ut tempestas subruunt. » Deinde ad puellam convertitur et sic eam alloquitur : « O Margarita dulcissima, quid tibi mali feci, quod te a me avertisti? Auro et geminis te ditavi, generosis te viris habunde nobilitavi. Ideo ad me convertere et assuetis deliciis fruere. » Episcopo vero admonente, puella se signavit, et mox diabolus disparuit. In nocte autem adveniens, dormientem excitavit, infinita bona promittens ad se converti rogavit; sed ipsa per Christi nomen et crucis impressionem malignum fugavit. Octava die muliebrem vestem exuit, virili induta clam exiit, Hierosolimam pergit, in monte Oliveti se includit. Porro spiritualis mater quæ eam de fonte levavit, putans eam in errorem relapsam, acriter ploravit. Quam episcopus consolari cœpit, dicens quod cum Maria optimam partem elegerit (*Luc.* xi). Post aliquot annos capellanus ejusdem Nonni episcopi causa orationis Hierosolimam petiit, eamque inclusam in monte Oliveti invenit, et ab ea cognitus, minime eam cognitus [cognovit], quia ob nimia jejunia et crebras vigilias imperialis (*sic*) ejus facies emarcuit. Eo ibidem manente defungitur, et veste nudata mulier cognoscitur, et per eum cunctis res ejus innotescitur. Tunc episcopi, monachi, moniales, clerus cum populo collecti eam condigne sepelierunt; et eum qui omnes homines vult salvari glorificaverunt.

Ad hunc, karissimi, toto corde confugite, viciis et concupiscentiis vos ei concrucifigite, ut impleri læticia cum vultu (f° 126, v°) ejus valeatis et delectationes in dextera ejus usque in finem habeatis. Quam oculus non vidit, et cætera (*I Cor.* ii).

DOMINICA IN PALMIS.

Super aspidem et basiliscum ambulabis et conculcabis leonem et draconem (*Psal.* xc). Aspis est genus serpentis, carmina incantantis fugientis. Dum enim incantatur, unam aurem ad terram deprimere, cum cauda alteram obdurare narratur, ne vocem se incantantis audiat et verbis ejus obediat. Hæc fontes et arbores veneno inficit et sic de eis gustantes interficit.

Hæc aspis peccatum figurat, quæ nobis aures cordis terrenis desideriis obdurat, ne monita Dei nostri audiamus et verbis ejus ad salutem nostram obediamus. Fontem baptismatis et arborem crucis inficit, dum in fide passionis Christi baptizatos flagiciis polluit. Gustantes ex eis interemit, quia verbum vitæ et Christi corporis sacramenta gustantes criminale peccatum interimit.

Basiliscus autem, qui et regulus, mortiferum quadrupes animal legitur, cujus flatum omne quod hauserit moritur. Aves etiam desuper volantes, ejus flatu præfocantes, moribundæ decidunt et pennas quasi igni exustas amittunt. Hic pestifer, cum omnia mortificet, a mustela superatus morte tabescet.

Basiliscus mortem designat quæ cuncta suo tactu a vita disgregat. Aves ab alto per flatum dilabuntur, quia justi etiam, morte tacti, a vita exuuntur. Hic quatuor pedibus graditur, quia IIII modis humanum genus ad mortem trahitur, scilicet : per primi mandati prævaricationem, per naturalis legis violationem, per scriptæ legis transgressionem, per Evangelii despectionem. Hunc mustela superat, quia caro Christi mortem moriendo enecat.

Leo, fortissimus bestiarum, perlustrat nemora silvarum; cauda sua terram designat, quam designationem omnis bestia transire formidat. Deinde impetu facto rugiens in silvam irruit, et terrore ejus pavefactas bestias lacerans disrumpit.

Per leonem Antichristus intelligitur, cujus potentiæ fortitudo omnes reges supergreditur. Et sicut leo silvam circuit, sic ille orbem terræ sua potestate circumcludit, (f° 128). Terram cauda signat, quam bestiæ transire trepidant, quia edicta promulgat quæ omnis homo transgredi formidat. In silvam impetum rugiens dat, bestias invadens lacerat, quia omnes gentes per terrorem sibi subjugat, cunctosque sibi resistentes crudeliter dilaniat.

Draconem maximum serpentem Scriptura docet, qui flato [flatu], veneno, caudæ verbere nocet. Hic vi veneni in aere quasi volans levatur, et aer per eum concitatur. Elephanti, castissimo animali, insidians, et pedes ejus cauda alligans, flatu suffocare nititur; sed a moriente ipse opprimitur; de terra vero illa sanguine infecta preciosus color tollitur.

Draco maximus serpentium est diabolus, rex omnium malorum. Qui flatu, veneno, caudæ verbere interimit, quia cogitatione, locutione, opere animas perimit. Cogitationes inficit flatu superbiæ, verbis infundit virus maliciæ, cauda constringit mali operis perpetrationem. Per eum aer concitatur, quia spiritualis concordia sæpe per illum turbatur. Casto animali insidiatur, quia Christum castitatis auctorem, de casta Virgine natum, usque ad mortem persequebatur; sed eo moriente contritus opprimebatur. Porro de terra preciosus rubeus color levatur, quia Ecclesia Christi sanguine decoratur.

Dominus igitur super aspidem et basiliscum ambulavit, cum peccatum et mortem sua morte destruens, cuncta nociva suis fidelibus substravit. Leonem et draconem conculcabit, cum Antichristum per electos suos superabit et diabolum cum omnibus membris suis in extremo examine damnabit. Draco etiam et leo diabolus appellatur : draco quia per occultas temptaciones insidiatur; leo quia per manifestas persecutiones subvertere conatur. Draco fuit cum Dominum occulte temptavit; leo exstitit, cum eum manifesta persecutione invasit. Sed Dominus leonem et draconem conculcavit, cum et temptationem humiliter et persecutionem paciente toleravit. Unde de temptatione ejus cantamus : *Draconem conculcabis*; hodie autem de passione. *Libera me de ore leonis*. Qualiter autem, karissimi, Dominus operatus sit salutem in medio terræ (*Psal.* LXXIII), volo vestræ dilectioni breviter referre. Hierosolima namque in medio terræ sita dicitur, in qua Dominus pro salute mundi (f° 128, v°) crucifigitur. Hic cum dives esset et pro nobis egens et pauper fieret, ut nos participes eminentiæ diviciarum suarum efficeret, Martha et Maria frequenter eum hospicio receperunt, ac de rebus suis ei necessaria impenderunt. Harum frater Lazarus dum infirmaretur, miserunt ad Jesum, ut ei amici sui ægritudo nunciaretur. Qui adveniens, invenit eum jam defunctum, et jam quatuor dies sepultum. Frequens autem turba Judæorum ad Martham et Mariam venerat et eas de fratris morte consolari studebat. Dominus autem, cernens tristem turbam flebiliter lamentari, cœpit et ipse simul lacrimari (*Joan.* XI). Ante hoc autem cæco nato per luti unctionem oculos aperuerat; unde Judæi nunc dicebant : *Qui potuit facere ut cæci isti oculi aperirentur non potuit hic etiam facere ne hic moreretur?* (*ibid.*). Itaque eum turba ad sepulchrum pergit quod ingens lapis operit, quem Jesus tolli præcepit. Porro mortuus, ut puta quadriduanus, jam fetebat, et pedes ac manus ejus institis constricti erant. Jesus autem Patri gratias agens oravit, ac voce magna Lazarum de monumento vocavit. Protinus mortuus et ligatus, cunctis mirantibus, de sepulchro prodiit et omnes magno gaudio perfudit (*ibid.*). Hoc inauditum miraculum Pharisæi audientes, scilicet Judæorum clerici, mox concilium Hierosolimis collegerunt, atque ad invicem dixerunt : *Quid faciemus, quia hunc hominem tanta signa facere scimus ? Si eum sic dimittimus, totus in eum credet mundus. Et si habitus fuerit Deus a Romanis auferent a nobis gentem et locum habitationis*. Pontifex autem illorum sententiam in eum protulit quia unum hominem mori pro populo expedit, ne tota gens in perditione sit (*ibid.*). Illo igitur concilio edictum promulgatur, ut comprehensus occidatur,

Sed quia non est sapientia, non est prudentia, non est consilium contra Dominum (*Prov.* xxi), dum ei non placuit, eis minime licuit implere suæ pravitatis consilium. Cum autem placeret sibi opus a Patre injunctum explere, scilicet peccati cyrographum contra nos conscriptum suo sanguine delere, Hierosolymam cum suis pergens in Bethaniam ad Martham divertit, quæ ei et suis comitibus cœnam fecit. Lazarus autem qui a morte revixit unus ex discumbentibus fuit. Cujus soror Maria pretiosum unguentum (f° 130) super caput Domini recumbentibus [recumbentibus] fudit (*Joan.* xii). Sed Judas infremuit. Et quia hoc pro trecentis denariis ad furtum suum vendere ei non licuit (*ibid.*), ipsum Dominum pro XXX denariis vendidit (*Matth.* xxvi). Propter paschalem autem festivitatem populus ex omni orbe in Hierosolimam confluxerat; qui audiens Lazarum a morte resuscitatum, ad Bethaniam ibat, ut Jesum resuscitantem et Lazarum resuscitatum videret. Unde Pharisæi dicebant : Nihil proficimus, ecce totus mundus post Evangelium abiit (*Joan.* xii). Decreverunt ergo ut Lazarus interficiatur, sed Deo melius de eo disponente ad utilitatem Ecclesiæ reservatur. Nam frater quod postea XXX annis in Cypro episcopus Ecclesiæ præfuerit, et sicut eum Dominus a morte corporis, ita ipse multos a morte animæ verbis et exemplis ad vitam revocaverit. Dominus itaque turbis commitatus, ad montem Oliveti venit et duos discipulos in civitatem mittens, asinam alligatam et pullum cum ea sibi adduci præcepit. Qui abeuntes, asinam et pullum adduxerunt, vestimenta sua imponentes, eum desuper sedere fecerunt. Alii autem vestimenta in via straverunt, alii vero ramos de arboribus olivarum cædentes, in via projecerunt. Cum ergo in civitate percrepuisset quod Jesus secundum prophetiam in asino ibi adventaret, turbæ certatim cum spatulis palmarum ovantes occursitant, Regem Israel appellant, osanna in laudem ejus magna voce persultant. Hic mos erat illi populo ex jussu legis sollemnitates celebrare cum palmarum spatulis (*ibid.*).

Jesus autem videns civitatem flevit et eam destruendam prædixit (*Luc.* xix), quod postea contigit. Nam post passionem transactis XL annis Romani eam in Pascha obsederunt, ac populum perimentes, funditus everterunt. Ingrediente ergo illo cum turbis civitatem, turba puerorum ac totum vulgus cum palmis obviam prorupit et Regem gloriæ cum ymnis excipit. Quibus stipatus templum ingrediens, ementes et vendentes columbas de illo cum flagello ejecit (*Matth.* xxi), et templum sui corporis dissolvendum, sed post triduum reædificandum prædixit (*Joan.* ii). In templo itaque multa signa faciebat, et turbas cottidie cœlestia docebat. Feria IIII a Juda traditur, feria V panis et vinum in corpus et sanguinem nobis conficitur, feria VI pro salute omnium crucifigitur. Sabbato in sepulchro requievit, Dominica (f° 130, v°) a morte resurgens, vitam et gaudium omnibus in se sperantibus dedit. Hæc sunt sacræ hujus septimanæ sollemnia, quæ nobis renovant præterita et ad memoriam futura reducunt, gaudia, quorum vobis pauca pandam mysteria.

Dominus, qui omnes mortuos in ultima die suscitabit, tres mortuos ad vitam revocavit, per quos nos a tribus animæ mortibus vivificandos declaravit. Puellam namque in domo quasi a somno sic a morte levavit (*Luc.* viii); juvenem vero extra civitatis portam elatum coram populo suscitavit (*Luc.* vii). Lazarum autem quadriduanum de monumento vocavit (*Joan.* xi).

Per hos tres mortuos tres mortes animæ figurantur, quibus animæ a vita Deo separantur. Aut enim cogitando, vel loquendo, vel operando a Deo recedimus et nos æternæ morti obnoxios facimus. Mors cogitationis animam occidit, dum mala per voluntatem concupiscit. Qui enim viderit mulierem ad concupiscendum eam, jam mœchatus est eam in corde suo (*Matth.* v). Fornicatio autem mors animæ est. Sicut igitur in domo puella, sic jacet anima mortua in conscientia. Quæ si ad pœnitentiam convertitur, a Domino ad vitam erigitur. Morte verborum anima occiditur, dum mala loquitur. Os enim quod mentitur occidit animam (*Sap.* i), et maledici regnum Dei non possidebunt (*I Cor.* vi). Igitur cujus mala voluntas pravis consiliis aliis notificatur, hic velut juvenis extra portam mortuus portatur. Si vero ad lacrimas pœnitentiæ recurrit, a morte Domino resurgente resurgit. Morte corporis anima moritur, dum male cogitata, pejus consiliata, pessime perficere nititur. Ut Lazarus in sepulchro clauditur dum in profundo peccatorum immergitur; lapide operitur, dum mala consuetudine premitur; manus et pedes institis ligatur, dum ab amicis et adulatoribus in malo confortatur. Hic mortuus etiam fetet, quia sua opinio plurimis nocet. Oratio est præmissa, voce magna emissa resuscitatur, quia talis per assiduas Ecclesiæ orationes et crebras prædicationes vix ad pœnitentiam provocatur. Quartum autem Dominus resuscitare noluit pro quo nemo illum petiit, immo sepelire volentem prohibuit. *Dimitte*, inquit, *mortuos sepelire mortuos suos* (*Matth.* viii).

Per hunc mortuum hii expressi sunt qui lætantur cum male (f° 132) fecerunt et exsultant in rebus pessimis (*Prov.* ii). Mortui qui eos sepeliunt sunt eorum complices, eis in malo consimiles, qui eos prave agentes favoribus extollunt. Dum enim eos qui quasi per risum scelus operantur laudant, quasi terram super mortuum coacervant. Hii quia in judicio confessionis non resurgunt, in inferno sepulti cum divite ardebunt.

Per Lazarum quoque totum genus humanum designatur, quod in primo parente mortuum in sepulchro malæ consuetudinis claudebatur, sed per Redemptorem suum a monumento evocatur, dum a peccatis ad vitam reparatur. Porro IIII dies quibus Lazarus jacuit in sepulchro sunt quatuor legum prævaricationes quibus humanum genus deprimitur sub mortis imperio. Prima lex primo homini in paradyso proponitur. *De ligno*, inquit, *scientiæ boni et mali ne comedas. Quacumque die comederis, morte morieris* (Gen. ii). Si hanc homo observasset, ipse et tota posteritas ejus, anima et corpore immortalis permansisset, sed quia diabolo suadente hanc comedendo est prævaricatus, cum omni successione sua est morte multatus. Ecce unus dies mortis.

Homini de paradyso ejecto inditur lex naturalis : *Quod tibi non vis, alii ne feceris*. Si hanc servaret, mortem animæ evaderet. Sed quia hanc facere neglexit, mortem mundo invexit. Ecce II dies mortis.

Datur homini lex conscripta, quam observans posset æternæ mortis evadere discrimina. Hanc quia contempsit, pondere suo eum in morte depressit. Ecce III dies mortis.

Evangelium homini prædicatur, per quod vita æterna donatur, et hoc despicitur, idcirco homo morti addicitur. Ecce IIII dies mortis. Hac quadripertita morte genus humanum hactenus pressum Dominus ad vitam erexit, cum ad montem Oliveti perrexit. Mons Oliveti est celsitudo fidelis populi, oleo lætitiæ uncti. Ad hunc montem Dominus venit, cum in carne veniens fideles ad fidem collegit. Duos discipulos in civitatem misit, quia doctores fide et operatione perfectos in mundum misit. Duos misit, quia duo Testamenta duos populos, Judaicum scilicet et gentilem, doceri voluit. Duos misit quia duo præcepta dilectionis (f° 152, v°) activos et contemplativos servare instituit. Qui asinam et pullum adduxerunt, quia circumcisionem et præpucium ad fidem converterunt. Per asinam enim intelligitur Judæa jugo legis ligata; pullus autem indomitus erat gentilis populus, nulla lege constrictus. Vestimenta desuper posuerunt, dum eis bona exempla præbuerunt. Dominum imposuerunt, dum Christum per fidem cordibus eorum impresserunt. Vestimenta in via straverunt, dum eis exempla proposuerunt. Ramos de olivis cædebant, dum facta et dicta prophetarum eos docebant. Per olivas enim prophetæ designantur, qui oleo ungebantur. Ramos de palmis sternebant, dum pugnas regum contra gentes et eorum victorias ad pugnam spiritus contra vicia exponendo referebant. Per palmas enim victoria regum accipitur quia palma victoria dicitur. Turbæ quæ cum palmis Domino occurrerunt sunt gentes quæ fidem perceperunt et piis actibus Christi præcepta impleverunt. Pueri qui Dominum cum palmis susceperunt sunt martyres qui cum palma vitoriæ ad Christum pervenerunt. Reliquum vulgus quod Domino cum palmis obviat, eos qui vicia vincunt et cum triumpho victoriæ Domino in judicio occurrunt, insinuat. Dominus excidium civitatis prædixit quia hunc mundum dissolvendi [dissolvendum] astruxit. Turbæ Osanna conclamant, cum Domino civitatem gaudentes intrant, qui [quia] cum sponsam suam Ecclesiam de hac Babylonia in civitatem Patris sui induxerit. suos collaudatores secum ad nuptias intrare jubebit. De templo ementes et vendentes columbas abjecit, quia omnes ecclesias vel ordines vel aliquod spirituale donum ementes vel vendentes de templo cœlestis Hierusalem expellit.

Hic dies palmarum nuncupatur qui exemplo illius populi ab universa Ecclesia cum palmis et floribus celebratur. Hanc ergo, karissimi, Redemptorem nostrum magna voce laudate, continuis precibus ei supplicate, ut quemadmodum populus Hebræorum illi ad passionem venienti cum palmis et floribus occurrit, et quodam modo triumphum illius de morte præcinuit ita nos cum palma victoriæ de mundo triumphum illius de morte præcinuit, ita nos cum palma victoriæ de mundo et viciis cum floribus bonorum operum ei ad judicium venienti occurrere valeamus, et cum triumpho cœlestem Hierusalem cum eo ad nuptias intrare mereamur.

Hic fac finem si vis; sin autem, hæc adjice.

(f° 124) Hæc omnia olim figuraliter præcesserunt et nostra tempora quasi digito demonstraverunt. Abraham servum suum super circumcisum membrum suum jurare compulit, de quo Christum in carne descensurum præscivit, ut in Mesopotamiam pergeret et inde uxorem filio suo adduceret. Qui juramento constrictus in Chaldæam pergit, Rebeccam juxta fontem repperit, auro et gemmis ornatam ad Ysaac adducit. Sic ordo doctorum a Deo in mundum missus Christi incarnationem constrictus (?), Ecclesiam juxta fontem baptismatis invenit, auro caritatis, gemmis bonorum operum decoratam ad verum Ysaac Christum adducit.

Populus in Ægypto a Pharaone affligitur et Moyses ad liberandum eum mittitur. A quo dum multa signa fiunt, magi ei resistunt. Hic Moyses jussit agnum absque macula decima die primi mensis concludi et quarta die ad vesperam inmolari cujus sanguine ostia domorum in modum crucis signarent, dum eum in quatuor locis, scilicet in limine, in superliminari, in utroque poste ponerent, et ipsum agnum assum in domibus comederent. Hoc signo viso, percutiens angelus pertransiens primogenita Ægyptiorum percussit, et Dominus populum suum cum auro et argento in exsultatione et læticia eduxit quem in columna ignis in nocte præcessit, columna nubis in die protexit. Mare Rubrum divisit, per quod populus sicco vestigio transivit. Hostes vero insequentes fluctus operuit, populum autem a timore eorum eruit. Quem lætantem ad LXX palmas et XII fontes aquarum vocavit, deinceps cœlesti pane cibavit. Aquam de petra bis percussa eis produxit, quæ eos usque ad terram promissam commitata profluxit. Quidam eorum contra tot beneficia ingrati murmuraverunt, et ab ignitis serpentibus perierunt. Quam ob rem populo acclamante et Moyse ad Dominum orante, jussit Dominus ut æneus serpens suspenderetur, quem percussi a serpentibus inspicientes a morte eriperentur.

Terræ autem appropinquantes, XII exploratores

miserunt, qui totam terram lustrantes, ad indicium optimæ terræ de fructu ejus ad multitudinem detulerunt. Nam botrum præciderunt quem duo viri in vecte portaverunt, et panem in sporta attulerunt. Ad Jordanem autem pervenientes, fluvius stetit, populus illæsus transit, sacerdotibus tuba canentibus Hiericho corruit, et victis hostibus per Josue qui et Jesus, populus terram lacte et melle fluentem possedit. Hoc totum nobis sic exponitur.

Populus in hoc mundo a diabolo opprimitur, et Christus ad liberandum eum a Patre mittitur. Qui dum multa signa facit, malicia Pharisæorum ei resistit. Ipse etiam agnus absque macula erat, quia peccatum non fecerat. De hoc dicitur: *Ecce agnus Dei qui tollit peccata mundi* (*Joan.* 1). Hic sicut ovis ad occisionem ductus occubuit, dum bonus pastor animam suam pro ovibus posuit. Qui decima die primi mensis, hoc est hodie, Hierosolimam veniens, a Judæis includitur, et XIV die, id est V feria corpus ejus traditur. Cujus sanguine fores quadripertitæ signantur, dum in fide passionis Christi corpora nostra in modum crucis et baptismate consecrantur. Agnus in domo assus comeditur, dum fidelis populus in Catholica Ecclesia carne passi Christi vescitur. Primogenita Ægypti percutiuntur, dum cruore agni poenæ æternæ mortis destructuntur. Ægyptus, quod *tenebræ* dicitur, peccata sunt quæ male-agentes ad tenebras exteriores ducunt. Horum primogenita magni consilii angelus percussit, dum poenas quas peccata genuerant sua morte destruxit. Populus cum auro et argento lætabundus educitur, quia magno precio agni immaculati a tyranno eruitur. Et qui in tenebris infernalibus inclusus tenebatur a luce æterni Solis illustratur, et de carcere mortis ereptus vitæ palacio locatur. Columna ignis in nocte populum præcedit, quia lumen sacræ Scripturæ in caligine hujus vitæ iter nobis ad patriam præbebit. In die columna nubis eos ab æstu protegit, quia in die judicii humanitas Christi ab æstu æterni incendii nos defendit. Sicut enim sol sub nube, sic Sol justiciæ latuit sub humana carne. Mare Rubrum est baptismus sanguine Christi rubicundus, in quo hostes, scilicet peccata, submerguntur. Fideles a timore poenarum eruuntur. LXX palmæ LXX libri sunt sacræ Scripturæ, per quos LXX discipuli populum ad palmam victoriæ de viciis pervenire docuerunt. Duodecim fontes XII (f° 156) apostoli sunt, de quibus flumina Scripturarum per orbem manaverunt. Ad hos educti de Ægypto pervenerunt, dum redempti a Domino jugo fidei se per apostolos subdiderunt et sacras Scripturas scrutari coeperunt. Panem angelorum manducaverunt, dum Christi corpore vesci meruerunt. In quo pane omne delectamentum et omnem saporem suavitatis habuerunt (*Sap.* xvi), quia digne Christi pane reficientes, omne gaudium et omnem suavitatem habebunt. Aqua eis de petra bis percussa elicitur, quia evangelica doctrina de Christo in duobus crucis lignis extenso educitur. Quæ aqua mellitum et oleagineum saporem præbuit, quia Evangelii dulcedinem æternæ vitæ per Christi misericordiam nobis promittit. Ingrati contra beneficia murmurantes a serpentibus pereunt, quia qui post accepta divina sacramenta perverse vivunt, a dæmonibus disperibunt.

Æneus serpens suspensus, in cujus aspectu populus a morsu serpentium est salvatus, est Christus in cruce extensus, cujus fide populus a vulnere peccatorum est liberatus. Æneus serpens caret veneno, ita et Christus peccato. Duodecim qui terram exploraverunt sunt XII apostoli qui vitam æternam in mundo prædicaverunt. Botrus qui in vecte portatur, est Christus qui in cruce pependisse prædicatur. Hunc duo portant, quia passionem ejus propheticus et apostolicus ordo mundo insinuant. Panem etiam in sporta detulerunt, quia panem angelorum in carne venisse et cibum hominum factum esse nunciaverunt. Fluvio transmisso, Hiericho a sono tubæ sacerdotum destruitur, quia ultima persecutione superata mundus hic a sono tubæ angelorum dissolvitur. Devictis hostibus terra lacte et melle manans victori populo per Jesum dividitur, quia hostibus Dei justo judicio damnatis, victori populo de viciis terra viventium fluens torrentibus gaudiorum per Jesum verum tribuitur. Igitur, karissimi, cum vos suo sanguine Christus ab oppressione diaboli liberaverit, et aditum coelestis patriæ reseraverit, festinate ad eum pervenire per viam mandatorum ejus, ut possitis ei placere in regione vivorum atque mortuorum, ubi vobis distribuat gaudia, quæ oculus non vidit, et cætera.

IN COENA DOMINI.

Revertar ad Hierosolimam cum misericordia, et ædificabitur in ea domus mea, dicit Dominus (*Zach.* 1). Sicut sæpe dixi vobis, karissimi, (f° 156, v°) Hierusalem dicitur *visio pacis* et significat Ecclesiam quæ in coelis visura est principem pacis. In hac Hierusalem sumus nos domus quam Deus fide erexit, virtutibus instruxit, baptismate lavit, gratiarum muneribus ornavit. In hac domo vivi lapides ferramentis tribulationum quadrantur, ut domus in coelis de eis construatur, in quæ securis et malleus adversitatum non audiri affirmatur. Hæc domus in nobis cecidit, dum mens nostra a culmine virtutum in vicia corruit, unde et Dominus a nobis recessit. Sed quia istis diebus XL per poenitentiam instrumenta spiritualis ædificii colligemus, iterum propiciatus repromittit Dominus. *Revertar ad Hierusalem cum misericordia* peccata relaxando, ædificat domum karismata donando.

Hoc exemplo episcopi domus ædificatores collapsam domum hodie restaurant, dum poenitentes propter crimina ab Ecclesia abjectos in Ecclesiam introducendo filiis Ecclesiæ aggregant. Tabernaculum David quod cecidit hodie erigunt, dum crisma et oleum sanctum conficiunt, per quæ fideles ad regnum Dei signantur, et in reges ac sacerdotes omnes renati consecrantur. Unde baptizati per albam vestem sacerdotum per mytram præferunt diadema regium. Hodie omnes pastores Ecclesiæ domum Dei reædificant, dum oves errabundas ad gregem reportant. Hodie vineæ Domini cultores præcisos palmites veræ viti Christo atque confractos ramos olivæ reinserunt, dum excommunicatos et ob flagicia repulsos per indulgentiam absolvunt. Unde et hæc dies indulgentiæ appellatur, quia qui per totam XLmam pro culpis pœnitentiæ vinculis a sacerdotibus stringebantur, hodie peracta pœnitentia, per indulgentiam absoluti in gremio Ecclesiæ recepti gratulantur. Hodie Christus discipulis pedes lavit et nobis exemplum pedes fratrum et pauperum lavandi reliquit. Dilectionem enim proximi implemus in fratribus, dilectionem autem Dei in pauperibus. Nam quicquid pauperibus impenditur, Christo exhibetur, sicut ipse in judicio fatetur. Quod his, inquit, fecistis, mihi exhibuistis (*Matth.* xxv). Ergo exemplo Christi lavemus fratrem et Christi vestigia, et ipse abluat nostra crimina.

Hodie Christus corpus et sanguinem suum Ecclesiæ ob memoriam sui tradidit, per quæ cottidie remissionem peccatorum accipit; quæ qui indigne acceperit, mortis Domini reus cum Juda erit. Hic (f° 158) autem indigne accipit qui fornicatione vel adulterio vel aliquo immundo opere polluit [polluitur], aut aliquod criminale facinus commisit, et inde confessionem et pœnitentiam agere neglexerit, vel obscena facta sua confiteri erubuerit. Saltem hodie ad confessionem et pœnitentiæ lacrimas confugiant, ut corpus Domini non ad judicium, sed ad animarum remedium percipiant.

Hac nocte Christus cum discipulis cœnavit, ac per mysticum agnum priscam legem consummans, novam inchoavit. Et cum eis multa futura prædixisset atque cœlesti doctrina copiose instruxisset, dulci oratione surgens, in se credentes Deo Patri commendavit, montem ascendens oravit, et sudor sanguinis de eo manavit. Ibi Juda prodente a turbis Judæorum ut latro comprehenditur, ut fur ligatur, ut reus in concilium ducitur, ut malefactor colaphis et sputis illuditur. A discipulis relinquitur, a Petro cum juramento abnegatur. In crastino a Judæis traditur vinctus gentibus, scilicet Pilato præsidi et ejus militibus, insuper accusatur morti obnoxius. Quem Pylatus ob invidiam sciens traditum, voluit dimittere eum. Erat autem mos Judæis ut præses eis in festo die vinctum dimitteret quemcunque peterent. Pylatus ergo voluit ut Jesus dimitteretur, sed ipsi magnis vocibus postulabant ut crucifigeretur, latronem autem laxari petebant qui propter

(153) Deest aliquid.

A homicidium in carcere positus fuerat. Pilatus vero coram omnibus manus lavit, se innocentem de ejus sanguine clamavit. Igitur judex omnium et vitæ dator neci adjudicatur, et Dominus majestatis servis pagani crucifigendus mancipatur. A quibus susceptus ad irrisionem ut rex purpura vestitur, dextra ejus harundine pro sceptro insignitur, caput ejus pro diademate spinis coronatur et flexis genibus salutatur. Deinde consputatur, diris flagellis dilaceratur, post hæc cum latronibus de civitate educitur, inter nocentes innocens crucifigitur, et vestis ejus sorte distribuitur. Mox sententia æterni Judicis Judam XXX maledictionibus perculit, qui precium mundi XXX argenteis vendidit et pro unoquoque denario notatus est mortis cauterio (*Matth.* xxvi-xxvii). Edicitur namque ut peccatorum (153) super eum constituatur et diabolus a dextris ejus stare permittatur, in judicio condemnetur (f° 158, v°), oratio ejus in peccatum convertatur, ut dies ejus pauci fiant, episcopatum ejus alius accipiat; filii ejus orphani et uxor ejus vidua fiant, ut filii ejus transferantur et sint mendici, ut de habitationibus ejiciantur, substantia ejus a feneratoribus scrutetur, labores ejus ab alienis diripiantur, ut nullus ei auxilietur, nullus pupillis ejus misereatur, nati ejus perdantur, in una generatione nomen ejus deleatur, iniquitas patrum ejus in memoriam Dei redeat, peccatum matris ejus venia non deleatur, contra Dominum semper fiat, memoria ejus de terra dispereat, maledictio ei veniat, benedictio ab ea longe fiat, maledictionem sicut vestimentum induat, sicut aqua interiora ejus et sicut oleum ossa ejus introeat, maledictionem vestimento operiatur, maledictionem ut zona præcingatur, ut confundatur pudore induatur, confusione sicut diploide operiatur (*Psal.* cviii). Hic dum tot maledictionibus permultatur, eum omnis mundus abhominatur. Nam cœlum diutius eum aspicere rennuit, terra eum portare exhorruit. Itaque in aere laqueo strangulandus elevatur, dæmonibus in aere commorantibus associatur. Aer vero eum præ dæmonibus abhorrens a se reppulit, unde mox medius crepuit, cadentemque tartarus absorbuit.

Cum autem Unicus Patris in cruce pendens solveret quæ non rapiebat, Judæi super dolorem vulnerum ejus addebant, dum ei insultando deridebant, insuper acetum et fel ei in potum offerebant, sed ipse pro eis preces effundebat. De latronibus etiam unus ei mortis supplicium improperavit, alter vero misericordiam postulavit. Super quem ilico fons pietatis viscera misericordiæ fudit, eique crimina relaxans paradysum promisit, *Hodie*, inquiens, *mecum eris in paradyso* (*Luc.* xxiii). Per hunc mundo innotuit quod pro peccatoribus in cruce paciendo, sanguinem suum fundere voluit, qui latroni in articulo mortis pœnitenti vitam tribuit. Ibi in cruce pendens judex noster judicatus judicium exercuit, dum unum ob nequiciam reppulit, alterum ob confessionem gloriæ intulit, per hunc ostendens quod sua passio justis quidem salvatio, impiis autem sit damnatio. Mundus autem cernens factorem suum tam atrociter cruciari, scelus expavit, et totam terram tetra caligine a VI hora usque ad VIIII obscuravit, Hora VIIII ut hominem de cœno (f° 140) mortis levaret quem de limo creavit, Filius Dei in mortem se inclinavit. Eo moriente tota terra contremuit, mortuos de se evomuit. Velum templi in duo discinditur, petrarum duricia finditur. Mortui resurgunt, testimonium suo Domino reddunt. Tunc quidam militum latus Domini lancea perforavit, et continuo unda sanguinis et aquæ in redemptionem mundi emanavit, et his visis centurio eum Dei Filium affirmavit. Joseph autem, prædives homo, corpus Jesu a Pilato petiit et impetravit, et de cruce deponens, in monumento novo locavit. Porro Christus ad inferni claustra descendens, sedentes in tenebris et umbra mortis visitavit, fortem diabolum ipse fortior superans, mortem vita necavit, ac regnum tyranni disturbans spoliis acceptis victor tercia die triumphans remeavit. Hoc totum prophetæ futurum prædixerunt, hoc variis figuris præsignaverunt. Rex namque piissimus Josyas celeberrimum Pascha sollemnizavit et cunctum populum regni ad convivium invitavit. Qui dum ab Ægypti rege necatur, ab omni populo, sed præcipue ab Hieremia lamentatur. Hic propheta, dum in campo Mageddo lamentatur, ubi rex occubuit, vena fontis et viror arboris aruit. Hic Josias est Christus rex justiciæ, qui celebre universo mundo Pascha celebravit, cum se ipsum Deo Patri in paschali die Judæorum inmolavit. Ad convivium populum invitavit, quia per commestionem corporis sui ad epulas æterni convivii omnes fideles vocavit. Hic a rege Ægypti occiditur, dum per consilium diaboli regis tenebrarum a Judæis morti addicitur. Ab omni populo, sed maxime a propheta lamentatur, quia quamvis ab omni antiquo populo variis modis, sed maxime a prophetis factis et dictis mors Christi præfiguratur. Super mortem quoque ejus omnes gentes flebunt, cum eum videbunt in quem transfixerunt (*Joan.* xix). In campo ubi rex occubuit fons et arbor aruit, quia in Judæa ubi Christus occubuit fons baptismatis et arbor crucis aruit, dum neutrum sibi prodesse in perfidia permanendo fecerit. Unde et cædem lamentationes his diebus in ecclesiis lamentando recitantur, per quas mortis Christi tempora præsignabantur, dum eadem passio Christi a fidelibus venerabiliter celebratur.

Jonas quoque (f° 140, v°) ad prædicandum a Domino mittitur, qui ascendens in navim, magna tempestate concutitur. Procellis namque et ventis in mari sævientibus, ipse in navi soporatur, sed a pavidis nautis sorte deprehensus, a navi in fluctibus jactatur, moxque mare tranquillatur. Quem cetus absorbens tres dies in ventre tenuit, post quos Domino jubente vivum in aridam evomuit. Qui mox ingressus Ninivitis prædicavit et civitatem a subversione salvavit (*Joan.* i-iv).

Ita Christus in mundum ad prædicandum populis a Patre dirigitur, qui ascendens in crucem, tempestate persecutionis excipitur. Judæis itaque et gentibus ut ventis et procellis in eum sævientibus, ipse soporatur, dum in cruce morte gravatur. Sorte deprehenditur, quia solus ad redemptionem humani generis eligitur. A navi in mare a nautis jactatur, dum de cruce depositus a suis sævicia Judæorum perturbatis, in sepulchro tumulatur. Furor ventorum in mari sedatur, quia infestatio dæmonum ab humano genere Christi morte refrenatur. A ceto absorptus et in ventre ejus triduo detentus evomitur, quia Christus ab inferno receptus post triduum mundo redditur. Ninivitis prædicat et civitatem a subversione liberat, quia Christus gentibus per apostolos prædicat et mundum a periculo perditionis salvat.

Qui etiam fessus ex itinere super fontem VI hora sedebat, sed mulier Samaritana aquam haurire veniebat, quam ipse de V viris legitimis salubriter monuit, de VI vero non legitime habito corripuit. At illa, ydriam relinquens, in civitatem cucurrit, totum populum ad eum convertit (*Joan.* iv).

Christus iter agebat, dum in carne humana ovem perditam quærere veniebat. In itinere fessus laborabat. Super puteum VI hora sedebat, dum VI ætate mundi VI to die de torrente mortis in via bibebat ac VI hora super profundum crucis mysterium in ligno pendebat. Venit mulier de Samaria aquam haurire, quia Ecclesia de gentibus venit ad fontem baptisma percipere et aquam in vitam æternam salientem, scilicet evangelicam doctrinam, meruit accipere. Hæc V viros legitimos habuit, quia ei Deus quinque sensus ad se colendum tradidit (f. 142). Ipsa vero se cum non legitimo polluit, cum errorem secuta, contempto Dei cultu, ydola coluit. Hydriam reliquit, dum ydolatriam deseruit et totum populum civitatis mundi ad fidem convertere studuit. Hæc mulier, cujus vascula Heliseus oleo impleverat, quia Christus oleo Spiritus sancti corda fidelium habunde impleverat.

Nunc, karissimi, consideranda sunt mysteria operum Dei. Feria VI Deus hominem fecit, feria VI eum redemit. Tercia hora traditur homo esse formatus. Tercia hora ad reformandum eum Christus est neci adjudicatus. Sexta hora homo mandatum Dei comedendo transgreditur, hora VI Christus pro prævaricatione ejus crucifigitur. Hora VIIII homo de gaudiis paradysi ejicitur, hora VIIII Christus pro reconciliatione ejus morti subjicitur.

Per lignum prævaricationis homo periit, per lignum crucis rediit. Homo de fructu vetiti ligni comedens, morte multatur; de fructu ligni vitæ, id est crucis, surgens ad vitam reparatur. Lege quadripertita homo morti addicitur, cruce quadrifida de morte redimitur. Per Evam, quod *vita* sonat, homo seducitur, per Christum, qui est vera vita, a morte ad vitam reducitur. Per serpentem virus mortis mundo infunditur, per æneum serpentem in cruce exaltatum dulce poculum vitæ universis refunditur.

Christus ab impiis comprehenditur, et homo a dæmoniis captivus revertitur. Christus ligatur, et homo a funibus peccatorum enodatur. Christus a discipulis relinquitur, et homo agminibus angelorum conjungitur. A Petro Christus negatur, sed homo coram patre et angelis confessus, ab ipso Filio Dei vocatur. Christus colaphis cæditur, et stimulus Satanæ per pœnas colaphizans repellitur. Christus consputatur, et homo a sputis insultantis conjugis defenditur, ne nomen discalciati sortiatur. Mos erat Judæis si quilibet absque liberis moreretur, mulier propinquo ejus jungeretur. Si accipere eam renueret, mulier calciamentum ejus solvens, in faciem ejus spueret, et ipse nomen discalciati acciperet (*Deut.* xxv).

Mulier hæc vidua lex carnaliter intellecta accipitur, cujus maritus carnalis populus defungitur, sed ipsa alteri viro, scilicet Christiano populo copulatur, dum spiritualiter accepta ei in operationem sociatur. Qui ergo legem spiritualiter implere recusant, hos ipsa æterna confusione consputat, quia Moyses eos apud patrem accusat (f° 142, v°). Calciamentum solvit, quia carnalem observantiam ab eis tollit. Ipsi nomine discalciati censentur, quia absque meritis justiciæ existentes, de libro vitæ nomina eorum delentur et in terra scribentur cum confusi ab Ecclesia sanctorum repudientur. Christus paganis torquentibus committitur, et homo dæmoniis traditus cruciandus dimittitur. Christus a gentibus illuditur, et homo ab irrisione dæmonum eruitur. Christus vestibus suis denudatur, purpura induitur, et homo pannis peccatorum expoliatur, stola immortalitatis vestitur. Christus harundine pro sceptro insignitur, et homo ad sceptrum regni Dei calamo scribentis ascribitur. Caput Christi spinea corona circumdatur, et homo gloria et honore coronatur; Christus irrisione salutatur et hominis salvatione angeli gratulantur; Christus flagellatur et homo a percutientibus malleis liberatur; Christus cruci affigitur, et homo ab æterno cruciatu ad gaudium erigitur; Christus felle potatur, et homo pane angelorum cibatur; Christus nece plectitur, et homo mortuus vitæ redditur; Christus pro nobis factus maledictum pendens in ligno (*Gal.* III) de cruce tollitur, et homo de maledicto absolvitur; Christus in sepulchro tumulatur, et homo in paradyso locatur; Christus in infernali carcere clauditur, homo vero in cœlesti curia laureandus recipitur. Hæc omnia, karissimi, contulit nobis passio Christi.

His tribus diebus sepulturam Domini celebramus, et ideo in divinis officiis tristiciam discipulorum simulamus, dum *Gloria Patri* et alios cantus lætitiæ non resonamus, nec signa ad horas sonamus ut eorum gaudii etiam consortes fiamus. Lumina tribus noctibus extinguuntur, quia lumine angelorum et hominum in cruce extincto, tres horæ tenebris offenduntur.

Hodie crisma et oleum conficitur quo servi Dei in frontibus eorum signantur, quia hodie per oleum misericordiæ Christi pœnitentes a jugo diaboli relaxantur. Unde dicitur: *Computrescet jugum a facie olei* (*Isa.* x). Jugum a facie olei computruit, dum Christi misericordia hominem a dominio diaboli eripuit.

Cras altare denudatur et crux salutatur, quia Christus verum altare, in quo vota fidelium Deo Patri sacrificantur, illa die ab impiis ad cruciatus denudabatur; crux quæ ab illis subsannabatur, nunc venerabiliter ab omnibus honoratur.

Sabbato populus baptizatur, cum Christus in sepulchro quievisse (f° 144) prædicatur, quia per baptisma mortem Christi imitatur. Mundo enim ob renunciationem Christo concrucifigimur et in morte ejus per baptisma ei consepelimur. Viciis et concupiscentiis crucifigimur, dum in modum crucis in baptisma mergimur. Triduo Domino consepelimur cum ter undis inmersi quasi terra operimur. Cum de fonte baptizati ascendunt, quasi cum Christo ad gloriam resurgunt. Crismate signati albis vestiuntur, quia immortalitate redimiti per mortem Christi in regno Dei reges et sacerdotes coronabuntur.

Per cereum qui illa die consecratur columna ignis quæ præcessit filios Israel ab Ægyptiis per mare Rubrum ad terram repromissionis designatur; et est Christus, qui ut ille agnus pascha nostrum est Christus immolatus, cujus sanguis jugum sævi tyranni compressit, nosque ab ejus dominio per baptisma vexit, cujus igne, scilicet Spiritu sancto, omnes fideles animæ illuminantur et ad supernam patriam illius ducatu per viam caritatis ire jocundantur. Hostibus in mari Rubro extinctis filii Israel egressi canticum Domino cecinerunt; ideo baptizati, deletis peccatis in baptismate, *Alleluia*, quod est canticum lætitiæ, concinunt, quia innocentiam primi parentis amissam recipiunt. Igitur, karissimi, cum nos servos peccati Filius Dei proprio sanguine a dura servitute liberaverit, et veræ libertati redonaverit, toto corde diaboli servicium fugiamus, et Liberatori nostro in sanctitate et justicia omnibus diebus serviamus, ut cum ipse apparuerit vita nostra, appareamus et nos cum ipso in gloria, quam oculus non vidit, et cætera (*I Cor.* II).

DE PASCHALI DIE.

Hæc est dies quam fecit Dominus, exsultemus et lætemur in ea (*Psal.* CXVII). Omnes dies, karissimi, Dominus in sua majestate fecit, sed hanc præ omnibus sua pietate et angelis et hominibus ad gaudium elegit. Nocti quippe mortis et miseriæ, quæ a peccato Adæ inchoans cunctos suæ caligini involvit, hæc sacra nox finem imposuit. Dies autem felicitatis et gaudii hodie inchoavit quam nullum vespere [nullus vesper] terminabit. Totum tempus ab Adam usque ad Christum dies mortis dicebatur, quo omnis homo moriens ad tartara ducebatur. Istud autem tempus dies (f° 144, v°) vitæ et resurrectionis appellatur, quo incipiente Christus cum multis resurrexisse prædicatur; quo finiente totum genus hac eadem die resurrecturum non dubitatur. Hac etenim die, scilicet hoc tempore gratiæ, electi, de carne subtracti, mox gaudium Domini intrabunt (*Matth.* xxv); transacta autem ultima resurrectione, duplicia in terra sua possidebunt, cum corpore simul et anima perhenniter de bonis Domini gaudebunt. Ideo in divinis officiis nunc dicimus : *Hodie resurrexit*, dum eum ante plurimos annos resurrexisse noverimus. Ob magnitudinem autem hujus diei tota hæc septimana pro una die celebratur, unde et cottidie hæc dies cantatur. Ideo et vespertina hora non solito more, sed officio missæ inchoatur, quia hæc sacra dies est figura illius magni diei qui nullo vespere terminatur. Hæc est illa dies una melior super milia, et qua et angelis et hominibus per Christum collata sunt gaudia ineffabilia. Hodie Dominus virtutum devicta morte ab inferis resurrexit, et populum proprio sanguine redemptum, de carcere mortis exemptum, curiæ angelorum Rex gloriæ invexit. Hodie bonus pastor ovem perditam ac magno labore inventam propriis humeris ad gregem reportavit, atque gaudentibus angelis in cœlis associavit. Hac die exultemus, cum Dei creatura quæ hodie per Christi resurrectionem reparata est ad æternitatis jura. Hac die cum ordinibus angelorum lætemur, quia hodie numerus eorum per homines impletur. Hac quippe die cœlorum altitudo per serenum jocundatur, quia hodie in eis Hierosolima ut civitas reædificatur. Hodie superni cives gratulantur, quia per Christum electi homines eis annumerantur. Sol et luna et sydera hodie depromunt suum gaudium clarius lucendo, quæ in morte Christi mœrorem exhibuerunt, radios suos abscondendo. Et merito : nam luna solis claritas, soli autem repromittitur septem dierum lucis hylaritas. Terra hodie præ omni creatura lætatur, quia Christus de ejus materia homo generatur, mortuus in ejus gremio tumulatur, et ipsa in ejus substantia super omnes dignitates angelorum exaltatur. Fontes, maria et flumina hodie per tranquillitatem hylarescunt, ad Deum benedicendo Christum in vadis suis mundi crimina lavisse innotescunt. Volucres hodie dulci (f° 146) gaudio tripudiant, dum dulcem melodyam quasi reciprocis vocibus dulce jubilant. Hodie cuncta a Deo creata per Christi resurrectionem gaudio perfunduntur, dum æthera serenitate, fluctus tranquillitate, silvæ frondibus, prata floribus, arva segetibus, diversa animalia læta fetibus intelliguntur. Solus autem infernus tristis gemit, quia Dominus fortis hodie portas æreas et vectes ferreos ejus confregit. Solum, inquam, tartarum amara tristicia afficit, quia hodie fortem leonem fortior leo de tribu Juda vicit, et prædam quam insaciabilis infernus devoravit, ad superos remeans, in cœlesti palacio locavit. Hæc est præclara sollemnitas sollemnitatum, quæ ut Lucifer stellarum, vel topazius gemmarum, sic extat decus omnium festivitatum. Hæc communis est et angelis et hominibus, quia hodie homo redditus est supernis sedibus. Hæc sacra festivitas Pascha, id est *transitus*, vocatur, quia sicut Hebræorum populus ab angelo, per Ægyptum ad percutiendum transeunte, per sanguinem agni occisi liberatur, sic populus fidelium per sanguinem Christi veri agni a diabolo defensatur. Et sicut ille populus a jugo Pharaonis liberatus, in terram repromissionis transivit, ita populus Christianus a jugo diaboli per Christum liberatus in patriam paradisi transibit.

Ergo redempti a Domino cantate ei canticum novum, cujus laus est in Ecclesia sanctorum (*Psal.* cxlix). Ille novum canticum resonat, qui, relictis peccatis, novam vitam bonis operibus inchoat. Verus Israel, scilicet populus fidelium, lætetur in eo qui fecit eum (*ibid.*) et eripuit eum cum Lya et Rachel de peregrinatione ad patriam fugientem, et repressit Laban cum sociis persequentem; videlicet Christianum populum eripuit Dominus de exilio hujus vitæ cum activa et contemplativa vita, ad patriam paradysi tendentem, et reprimit diabolum cum temptationibus et persecutionibus impedientem. Filiæ quoque Syon, id est animæ in Christo renatæ, in Rege suo hodie exultent, qui eas vestimento salutis et indumento justiciæ induet. Anima mea magnificat hodie Dominum, quem, quæso, fratres omnes, magnificate mecum et voce magna exaltemus nomen ejus in idipsum (*Psal.* xxxiii), scilicet in Christum. Narremus hodie laudes ejus et virtutes ejus et mirabilia ejus quæ fecit, quia Dominus servum unicus abjectum redemit, perditum (f° 546, v°) de lacu miseriæ, et de luto fæcis levavit et in solio gloriæ cum principibus locavit. Anima mea exultat in Domino, quem omnis spiritus hodie laudet in jubilo. Os meum laudem Domini annuntiat, cujus nomini sancto omnis, rogo, caro, benedicat (*Psal.* cxliv).

Servus a tyranno de patria paradysi in exilium seducitur, et regis filius de palacio in carcerem ad revocandum eum mittitur. Ovis centesima, de grege aberrans, a lupo abducitur, sed pius pastor ad eruendum eam carne induitur. Itaque per quem omnis creatura fit ex nichilo, hic fit ex fragili sexu homuncio. Qui omnia claudit pugillo, clauditur in puellæ utero. Per quem totus mundus creatur, ex femina generatur. Pannis obsitus reclinatur in præsepio; angelos gloria vestiens subnixus est majestatis solio. In cujus conspectu nec cœli mundi prædicantur, circumcisione et hostia mundatur. Parentibus humanis subditur, cujus famulatui omnis summa angelorum dignitas prona subjicitur. Cujus sanctitate scelus extergitur, a servo undis immergitur. Ab hoste esuriens temptatur per quem caritas angelorum in gloria firmatur, qui eos sua ineffabili dulcedine satiat, dum semper in eum prospicere desiderant; qui est fons omnium bonorum, levamen omnium laborum, ex itinere fatigatur, sitim aqua extingui precatur. Somno opprimitur in cujus laudem concentus cœlorum vigilare describitur. A quo est omnis benedictio, maledicitur; quem dæmones contremiscunt (*Jac.* II), a dæmone obsessus dicitur. In cujus nomine omne genu flectitur, cœlestium, terrestrium et infernorum (*Philipp.* II), flexo poplite lavat pedes discipulorum. Tristicia et mœrore afficitur, per quem frequentia beatorum gaudio et læticia afficitur. Qui taliter cum hominibus conversatus sub forma servi latuit, per signa et miracula Deus verus claruit. Nam eum nascentem astra matutina laudaverunt (*Job* XXXVIII), dum protinus cœli in obsequium ejus novam stellam miserunt. Omnes filii Dei ei jubilaverunt (*ibid.*), dum angeli in laudem ejus *Gloria in excelsis Deo* alta voce persultaverunt (*Luc.* I). Reges cum muneribus adesse festinant, ac Regi gloriæ cervices adorando inclinant. Cœlum super eum reseratur, paterna vox Filium protestatur, Spiritus sanctus in eum descendens in columbæ ei cooperatur. Angeli ei ministrant, spiritus inmundi præsentiam ejus formidant. Aquam (f° 148) in vinum, vera vitis, commutavit, mortuos vita æterna verbo resuscitavit. Cæcis visum lux mundi refudit, surdis obstructas aures reclusit. Vincula linguæ mutorum verbo Dei solvit, paralyticorum turba ejus imperio sanata lectum tollit. Sanguinis fluxum stringit, febrium ardorem fons vitæ extinguit. Claudis gressum, leprosis mundiciam contulit; catervas dæmonum ab obsessis expulit. Quatuor milia hominum VII panibus, panis vivus, saciavit. Item V milia V panibus, panis angelorum, saturavit. Fluctus maris siccis pedibus perambulat, ventorum rabiem sedat. Facinorosis crimina relaxat, discipuli in ejus nomine omnem virtutem inimici calcant. Et quia sol et luna ejus pulchritudinem mirantur, coram suis ut Deus transfiguratur. Et quia speciosus forma præ filiis hominum fuerat (*Psal.* XLIV), facies ejus ut sol rutilat. Et quia judex vivorum et mortuorum comprobatur, Moyses mortuus et Helyas vivus ei confabulantur.

Postquam his et talibus annis XXX et tribus plus vera lux in tenebris luxit, et filios Dei dispersos in unam fidem congregans, immo servos transfugas, reditum ad patriam copiose instruxit, tenebrosa corda Judæorum immensum jubar flammivomi luminis ferre non valuerunt, unde cum armis et facibus conglobati, illud extinguere voluerunt. Qui primitus verbo illius prostrati sunt, deinde ipso concedente salutem mundi perfecerunt. Igitur bonus pastor a furibus et latronibus comprehenditur, sed pusillus grex a lupis dispergitur. Agnus pro ovibus immolatur, et vita morte strangulatur. Tunc lapis angularis a Deo probatus ab ædificantibus reprobatur, in quo duorum parietum ab Oriente et Occidente venientium compago copulatur (*I Petr.* II). Nascens namque attraxit gentiles cum muneribus ab Oriente, moriens attraxit gentiles per confessionem ab Occidente. Pylatus autem et centurio Romani ab Occidente erant, qui eum justum (*Matth.* XXVII) vel Filium Dei (*ibid.*) dicebant. Porro Judæi vineæ Dei agricolæ hæredem multis contumeliis et obprobriis affectum morte turpissima (*Sap.* II), condemnaverunt dum eum in cruce ut Moyses serpentem in deserto (*Num.* XXII) exaltaverunt. Tunc dulcis botrus cypri in vecte bajolabatur, et dulce poculum vitæ de eo in crucis prelo premebatur. Verumtamen cœlum, quod eo nascente nova luce illustratur, eo meriente in cruce horridis tenebris obfuscatur. Sol, qui eo nascente aureo circulo coronatur (f° 148, v°), eo moriente lugubri caligine obscuratur. Tellus, quæ eo nascente favos olei effudit, eo moriente mortuos evomens, ruitura contremuit. De ligno namque, soluta maledictione, depositus, in sepulchro dormivit conturbatus. Judæi autem magnum lapidem ad monumentum volventes sigillaverunt, custodes, ne furaretur a discipulis, adhibuerunt. Joseph, qui eum sepelivit, custodiæ includentes, sigillo et custodibus munierunt; Nichodemum vero, qui eum audivit, de dignitate sua deposuerunt. Interea Rex gloriæ cum exercitu angelorum tenebrosum tyranni regnum adiit, spolia ei rapit, cum nobili pompa hodie remeat, baratro exemptos cœlo collocat, parietem angelicum collapsum hominibus restaurat, corpus de sepulchro resuscitat, ultra non moriturus, omnibus se diligentibus vitam æternam donat, cœlestis ergo nuncius præmittitur, qui hoc mœstis discipulis referat, quatenus illorum tristicia in gaudium convertatur. Qui lapidem de monumento removens, desuper sedit, ejusque facies ut fulgur, vestis ut nix resplenduit. Quo viso custodes sunt exterriti et facti sunt velut mortui.

Maria autem soror Lazari et Maria mater Jacobi, postea Hierosolimorum episcopi, et Maria soror matris Domini, uxor Salomei, cum preciosis unguentis ad monumentum veniebant quibus Dominum, ne a vermibus corrumperetur, unguere volebant. Viso vero angelo, nimio pavore consternantur, sed blande ab angelo consolantur. Quibus Dominum victa morte resurrexisse nunciat, eumque in Galilæa videndum insinuat.

Interim Dominus resurrectionis Joseph in carcere ut sol resplendens apparuit, quem ille Helyam putavit; ipse vero se Jesum ab eo sepultum et nunc a morte resuscitatum affirmavit; eumque de carcere sublatum in Arymathyam statuit. Porro ipsa die Judæi in concilium conveniunt, ad carcerem mittunt, ut Joseph ad judicandum adducatur præcipiunt. Qui reversi referunt se carcerem clausum et sigillum sanum reperisse, aperto vero carcere neminem ibi invenisse. Illis inde hæsitantibus, ecce quidam accurrunt de custodibus, qui referunt Jesum vere resurrexisse et se angelicas visiones sibi vidisse. Judæis autem non credentibus, et improbe corpus ad custodiam traditum repetentibus, ibi respondent talibus : « Vos tradite Joseph, quem custoditis, et nos tradimus Jesum, quem custodiendum commisistis. Sed sicut vos Joseph non potuistis custodire quin divinitus evaderet, ita nos nequivimus obstare quin iste, cum Deus fuerit, resurgeret. » His auditis, copiosam pecuniam militibus dederunt et ut eum sibi dormientibus a discipulis furatum dicerent persuaserunt. Qui postquam pecuniam acceperunt, et Jesum resurrexisse et se pecuniam a Judæis accepisse suo domino retulerunt.

Igitur ut ortus est sol qui cognovit occasum suum, et iterum suo jubare illustravit mundum de sua absentia tenebris mœroris suffusum, mox nostra, quæ, jam inimicitias inter Deum et homines morte sua solvens, omnia in cœlis et in terris pacificavit, ac mundum jam Deo Patri sanguine suo reconciliavit, apparens discipulis pacem annunciavit, magnoque gaudio corda eorum lætificavit, assum piscem et favum mellis cum eis manducavit, per hoc insinuans quod per ejus passionem dulcedinem æternæ vitæ omnibus in se sperantibus dabit. Insuper multi sanctorum qui cum Christo resurrexerant, in civitatem venerunt, et multis apparentes, plurima eis de alia vita narraverunt, atque in omnibus Domini lætificaverunt. Hæc sunt sacra hujus diei gaudia, et angelis et hominibus celebria, a patriarchis et prophetis præfigurata et prænunciata.

Joseph namque a patre suo post fratres in solitudinem mittitur, sed ab ipsis, consilio Judæ, in Ægyptum venditur. A lasciva domina petulanter arripitur, a familia perstrepente compressus carceri includitur. Inde educitur, a rege princeps constituitur, nomen Salvator mundi ei imponitur. A fratribus et ab omni populo adoratur, Ægyptusque per eum a fame liberatur.

Sic Christus a Patre post refugas servos mittitur, sed a Juda, consilio Judæorum, venditur. A Synagoga, in carnalibus lasciva, crudeliter comprehenditur; a militibus ut Joseph familia circumfunditur; occisus sepulchro ut [Joseph] carceri includitur. Inde resurgens a rege omnium princeps Deo super omnia constituitur, nomen ejus Salvator mundi, ab omni populo ubique diligitur. A sole et luna et stellis XI adoratur, quia hodie a Joseph et Maria et XI apostolis devote veneratur. Et ecce ab (f° 150, v°) omnibus populis et linguis adoratur, et totus mundus per eum salvatur.

Populus Dei ab hostibus olim affligebatur, sed Samson ad eruendum eum per angelum nasciturus prænunciabatur. Qui natus Nazaræus, id est *sanctus* vixit, et spiritus fortitudinis opera ejus direxit. Postquam crevit, ad gentem hostium pergens, leonem in via fregit. De cujus cadavere postmodum mel sumpsit, uxorem alienigenam duxit, problema de melle et leone conviviis proposuit, præmium solutoribus spopondit. Quod dum ipso Samsone conjugi aperiente, ipsaque eis indicante, resolvunt, promissum præmium percipiunt. Porro cum ipse in patriam ad patrem et matrem revertitur, uxor ab alio corrumpitur, quod ipse reversus vulpibus et igne ulciscitur (*Judic*. XIII-XVI).

Sic populus Dei in hoc mundo a dæmonibus opprimebatur, sed verus Samson, quod sol dicitur, scilicet Christus, ad salvandum eum per angelum matri virgini prænunciabatur. Qui natus Nazaræus, id est *sanctus* per omnia vixit, et spiritus fortitudinis in eo manens cuncta opera ejus direxit. Ad gentem hostium pergit, dum in Judæam passurus tendit. In via leonem confregit, dum ipse via ad vitam in via hujus mortalitatis diabolum, qui tanquam leo rugiens circuit quærens quem devoret, in cruce devicit. Mel de cadavere ejus sumens manducavit, dum dulces electorum animas, quas ille avarus prædo devoravit, de ventre inferi abstrahens sibi incorporavit. Alienigenam sibi copulavit, quia Ecclesiam de gentibus per fidem sibi associavit. Problema conviviis proposuit quia sacram Scripturam de sua incarnatione, de sua victoria et justorum salvatione fideles doceri voluit. Cujus mysteria per clavem David uxori Ecclesiæ cottidie aperiuntur, a Catholicis expositoribus solvuntur, et sic a fidelibus intelliguntur, quique præmio æternæ vitæ a ipso remunerabuntur. Ipse vero dum in patriam cœlestem ad dexteram Patris et ad matrem supernam Hierusalem revertitur, uxor ejus Ecclesia ab hæreticis corrumpitur, quod ipse ad judicium reversus flamma ac dæmonibus ulciscitur.

Hic Samson ligatus multis funibus, a cognatis suis traditur hostibus. At ipse, ruptis vinculis, cum mandibula asinæ turbam hostium stravit, alios fugavit. Victoria potita, siti laborat, sed fons de mandibula erumpens victorem refocilat.

Sic Christus, a propinquis suis Judæis ligatus (f° 152), vinctus gentibus ad perdendum traditur. Ipse vero, vinculis mortis solutis, humanitate sua catervas dæmonum superavit, de humano genere fugavit, per apostolos adversarios expugnavit. Judaicus quippe populus per stultitiam erat asinus. De quo nascitur Christi caro, mandibula conterens dura legis pabula, dum nobis reserat profunda ejus mysteria. Fons de mandibula erumpens est fons baptismatis de Christo fluens. Victor noster sitit salutem hominum quæ restinguitur baptismate et fide fidelium.

Hic quoque Samson in civitatem ad mulierem ingreditur, sed ab hostibus obsidetur. Ipse vero media nocte claustra portarum tulit, et humeris ferens per cuneos hostium montem ascendit.

Sic Christus ad uxorem suam, ad infernum, scilicet Ecclesiam inibi detentam, ingreditur, sed ab hostibus in sepulchro obsidetur. Ipse vero media nocte claustra inferni dissipat, antra rugentium leonum et cubilia draconum, domos pœnarum, latebras tenebrarum captivis ablatis evacuat. A morte resurgens, custodes territat, cœli alta penetrat.

Hunc Samsonem meretrix inebriat, in gremium

suum ad dormiendum reclinat. Cui dormienti comam capitis abradit, in manus hostium vinctum tradit. A quibus excæcatur, carceri mancipatur. De quo in die convivii educitur, sed per ipsum duobus columnis concussis subruitur, eoque moriente magna multitudo opprimitur.

Hæc meritrix est Synagoga, quæ Christum amaritudine inebriavit, in gremio suo ad dormiendum collocavit, cum Hierusalem in mortis somnum eum per supplicia inclinavit. Capillos ei præcidit, dum discipulos, qui quasi crines ei inhæserant, abscidit. Vinctum hostibus tradidit, quia Dominum vinctum gentibus obtulit. Ab hostibus excæcatur, dum a militibus luce hujus vitæ privatur. Carcere clauditur, dum in tumulo conditus plangitur. In die convivii educitur, dum in die Paschæ, quæ est dies convivii angelorum, de sepulchro erigitur. Concussis vero duobus columnis, domus subruitur et populus opprimitur, quia post passionem Christi commotis duobus regibus, templum, quod erat domus convivii Judæorum, subvertitur et populus in ultionem mortis Christi perimitur.

Horum figura est nobis quoque expressa in animalium natura. Nam fertur quod leo apertis oculis dormiat, et cauda sua vestigia deleat, ne a venatoribus (f° 152, v°) inveniri queat : ita Dominus Christus, leo de tribu Juda, obdormivit et somnum mortis cepit in humanitate, sed vigilavit divinitate. Mysterium nostræ reparationis carne sic celavit quod a dæmonibus vel persecutoribus indagari non valuit.

Dicitur enim quod leæna catulos suos mortuos fundat, et ipsi ad vocem patris rugientis die tercia surgant : sic triduo Christus, qui in sepulchro jacuit mortuus, die tercia surrexit, Patris voce expergefactus, sicut olim de eo prædixit Jacob patriarcha præcipuus : *Juda dormiet ut catulus leonis. Quis suscitabit eum? Ad prædam, fili mi, descendisti. Lavabit in vino stolam suam et in sanguine olivæ pallium suum* (*Gen.* XLIX).

Dominus de tribu Juda ut catulus leonis dormivit, cum tres dies in morte delituit, quem Pater in die tercia suscitavit. Ad prædam descendit, cum inferna descendit forti alligato, spolia ejus diripuit. In vino stolam lavit, cum corpus suum sanguine maduit. In sanguine olivæ pallium suum lavit, cum Ecclesiam oleo chrismatis sanctificavit.

Hoc quia futurum erat Deus olim per aves etiam expresserat. Fœnix namque ultra quingentos annos vivit, et tunc sarmenta de odoriferis arboribus in nidum suum colligit, percussisque alis ab ardore solis incenditur, in nido comburitur, tercia die in prioris aviculæ formam restituitur. Fœnix dicitur rubeus, et est Christus de quo dicitur : *Quis est iste qui venit de Edom, tinctis vestibus de Bosra?* (*Isa.* LXIII). Edom, quod dicitur *rufus*, est Esau appellatus, propter rufum pulmentum quo a fratre suo Jacob est cibatus. A quo dicta est regia Idumæa, in qua caput regni erat civitas Bosra? In hac Job regnavit, qui sua infirmitate Christi passionem præfiguravit. Christus de Edom venit, dum a gentibus passus, caro ejus sanguine rubuit. Vestis ejus in Bosra tinguitur, dum in Hierusalem, quæ caput regni fuit, vestis ejus sanguine aspergitur. Hic ut fœnix sarmenta odoriferarum arborum in nidum collegit, dum scriptis prophetarum Hierusalem implevit. Eisdem vero sarmentis in nido comburitur, dum secundum dicta prophetarum in Hierusalem in igne passionis consumitur. Tercia die avis reparatur, quia Christus tercia die suscitatur a Patre.

Fertur etiam quod pellicanus in tantum pullos suos diligat, ut eos unguibus interimat. Tercia vero die præ dolore se ipsum laceret et sanguis de latere ejus (f° 154) super pullos distillans eos a morte excitat. Pellicanus significat Dominum qui sic dilexit mundum ut pro eo daret Filium suum unigenitum, quem tercia die victorem mortis excitavit et super omne nomen exaltavit.

Hic prædic eis fidem et confessionem; deinde istud adjice :

Karissimi, quia Christus hodie resurrexit a mortuis, debemus et nos a morte resurgere animæ, quod sunt peccata, ut quia Christus ultra non moritur, possimus cum illo perhenniter vivere.

Legitur de quodam præcipuo Patrum quod factis et dictis multum profuerit conversationi fratrum. Hic a diabolo impulsus in foveam fornicationis est lapsus. Instinctu autem Dei ad pœnitentiam erigitur, ac toto anno jejuniis et vigiliis affligitur. Nocte vero Dominicæ resurrectionis lampadem ponit, cum oleo et ligno instruxit, humique prosternitur, lacrimarum ymbre perfunditur, Filium Dei precatur, ut si dimissum sit peccatum illius lampas illa accendatur. Et ecce respicit lampadem divinitus accensam rutilante flamma coruscare ac suo lumine pectus suum gaudio et læticia illustrare. Qui totis viribus inmensæ pietati Dei grates retulit, ac cottidie oleum lucernæ superfudit, et dum ille moritur, illa extinguitur. Huic fonti misericordiæ hodie, karissimi, votis vestris omnes appropinquate, et animam ac corpus vestrum in viscera pietatis ejus commendate, ut cum regnum Deo et Patri tradiderit, Deusque omnia in omnibus erit (*I Cor.* XV), vos per resurrectionem Christi sitis cohæredes regni Dei, cum justi sicut sol fulgebunt (*Matth.* XIII) et æquales angelis erunt in illa gloria (*Matth.* XXII), quam nec oculus vidit (*I Cor.* II).

Hæc in octava vel in qualibet die infra Resurrectionem.

Christus resurgens a mortuis jam non moritur. Mors illi ultra non dominabitur (*Rom.* VI). Christus, karissimi, conculcato baratro, jam victor a mortuis resurrexit, et nos de exilio mortis ereptos vitæ æternæ invexit. Nos ergo peccatis mortui debemus Christo ad virtutes conresurgere, et ad bravium vitæ novæ propositum per bonæ operationis stadium concurrere. Et quia Christus jam pro nobis non moritur, per vestigia ejus gradiamur, ne amplius in anima moriamur. Et quia Christo jam in dextera Dei sedenti mors ultra non dominabitur, quæ sursum sunt quæramus, ne nobis æterna mors ultra (f° 154) dominetur.

Eptacephalus draco, princeps tenebrarum, traxit de cœlo cauda sua partem stellarum et nebula peccatorum eas obtexit, atque mortis tenebris obduxit. Unde Sol æternus jubar suæ claritatis nube carnis operuit. In occasu mortis pro stellis occubuit; de caligine productas ipse de nocte mortis oriens sereno cœlo restituit. Propterea luxerunt ei cum jocunditate qui eas fecit, quia cum magna jubilatione laudant electorum animæ Deum qui eas redemit. Leviathan, piscis marinus, instar draconis formatur, multitudinem piscium devorat, ex quibus multi patente ejus maxilla remeant.

Per mare hoc sæculum insinuatur, quod voluminibus adversitatum jugiter elevatur. In hoc diabolus circumnatat ut Leviathan, multitudinem animarum devorat. Deus autem cœlo præsidens hamum in hoc mare porrexit, dum Filium suum ad capiendum Leviathan in hunc mundum direxit. Hujus hami linea est Christi genealogia ab evangelistis contexta. Aculeus est Christi Divinitas, edulium vero ejus humanitas. Porro virga per quam linea hami in undas protenditur, est sancta crux in qua Christus ad decipiendum diabolum suspenditur. Cujus carnis edulium dum hic Leviathan avido dente mortis lacerare nititur, a latente equuleo transfigitur, atque tortuosus coluber de fluctibus protrahitur, dum per Christi fidem in omnibus gentibus cultus ejus dilabitur ac de cordibus fidelium per Christi nomen confusis [an confossis ?] cottidie educitur. Ejus quoque maxilla misericordiæ Dei armilla perfoditur, et escam electam, quam improbus prædo avide devoravit, Christo colla ejus premente, removere cogitur. Unde David, quem per luxuriam dulciter absorbuit, per pœnitentiam perforatus revomuit; Petrus, quem per abnegationem Christi deglutivit, fletibus transfixus remisit; Mariam, quam per carnis concupiscentiam devoravit, lacrimis perfossus reddere non tardavit. Per Christi misericordiam inperforata ejus maxilla foramen omnibus patet, et omnis incautus ab eo devoratus, per pœnitentiam exire valet. Hic absorbet fluvium et non mirabitur, quia quod gentes infidelium devorat, non multum appreciabitur. Habet etiam fiduciam quod Jordanis in os ejus influat, quia baptizatorum populum absorbere anhelat. Fenum quoque ut bos comedet (*Dan.* IV), quia quod carnales devorat vilipendet. Esca ejus electa dicitur, quia pro summis ducit deliciis si spiritualium lapsu ejus maligna persuasio reficitur. Unde et fertur (f° 156) in libris quod dæmones qui in civitate multos occisos in seditione et perplures in mari tempestate submersos brevi tempore ad tartara pertraxerunt, flagellis cædi jussit, quasi parum tanto tempore operati sint; eum autem qui XL annis monachum in heremo impugnans, vix tandem in fornicationis voraginem impulerat, dignum laude coronaverit, eo quod rem fortem viriliter perfecerit. Cur enim diabolus pro his laborem sumat qui toto conamine omnibus horis ad eum festinant et totis viribus solliciti sunt ne soli veniant? Illos omnimodis retrahere et tardare laborat qui ejus fauces fugientes ad vitam Christum properant.

Est belua corcodrillus nomine, vicenorum pedum in longitudine. Hæc interdiu in aquis, nocte vero moratur in terris. Prætereuntes invadit, lacerat, devorat; in sole aperto ore dormiens recubat. Est et alia bestia nomine enidrus spinis repleta velut ericius. Hæc luto se involvens apertum os corcodrilli ingreditur, moxque ab eo deglutitur. Quæ cuncta interna ejus spinis terebrat, et enecata bestia viva remeat.

Per corcodrillum diabolus declaratur, quia ante Christi adventum in fluxis cordibus gentilium, nunc autem in aridis mentibus Judæorum versatur. Hic prætereuntes devorat, quia cunctos ante Christi passionem obeuntes ad tartara rapiebat. Sed et adhuc aperto ore fluenta Jordanis absorbere inhiat, quia avidus baptizatos etiam devorare festinat. Bestiola spinosa est Christi caro nostris ærumnosa. Hæc se luto involvit, dum obprobriis mortis succubuit. Beluæ os ingreditur, dum ab insaciabili inferno devoratur. Sed interna beluæ eviscerat et victrix egreditur, quia Christus infernum despoliat et victor ad astra revertitur.

Karissimi, mors suum furorem in vitam effudit, sed vita mortis mors fuit, quia ei mors victa succubuit. Morsus inferni extitit, quia partem ei abstulit partemque reliquit. Favum cum melle comedit, cum resurgens animas electorum de ore leonis in via a Samsone confracti corporibus induit, atque secum ascendens gloriæ angelorum intulit, karissimos suo vino [et] lacte inebriavit, cum post resurrectionem suis apparens potu gaudii corda eorum exhilaravit. Stellæ namque maris, postquam ipse lux vera mundo claruit, (f° 156 v°) de morte sua dolenti sol de morte oriens apparuit. Mariæ etiam Magdalenæ, quam a septem dæmoniis emundavit, se consolator resurgens manifestavit, cum ad monumentum ejus fleret et eum sublatum inde crederet. Petro quoque apparens eum consolatur, dum cor ejus propter abnegationem mœrore conturbatur. Jacobo etiam suæ materteræ filio apparuit, qui a VI feria usque ad illum diem sine cibo permansit, quia tam certus de Christi resurrectione fuerat quod se non prius manducaturum quam Christum viventem videret devoverat.

Duabus a monumento revertentibus se manifestavit et eas de resurrectione sua lætificavit.

Duobus quoque ad Emaus euntibus in via ut peregrinus apparuit, et cum illis intrans ad cœnam discubuit. Sero autem facto, clausis januis, omnibus se manifestavit, per pacem eos salutavit, per cibum resurrectionem suam affirmavit. Octava die iterum suam praesentiam eis exhibuit, latus Thomae ad palpandum praebuit.

Septem discipulis in piscatione laborantibus se manifestavit, rete in dexteram mittere imperavit, in quo multitudo piscium concluditur, et tamen non rumpitur; ipsi vero pisces ad litus pertrahunt, convivium cum Domino ineunt.

Ante resurrectionem suam quoque discipuli piscabantur, et rete eorum a multitudine piscium rumpebatur. Mare istud est saeculum. In quod Dei piscatores, scilicet Ecclesiae doctores, rete fidei praedicando miserunt et multitudinem hominum concluserunt. Quorum quidam rete scindentes in mare resilierunt, quia haeretici, rupto fidei rete, ad saecularia, cum non essent ex nobis, exierunt.

Post resurrectionem vero tantum VII piscabantur, et rete non rumpebatur. Per VII universi declarantur, qui septiformis Spiritus gratia illuminantur. Septem enim in tria et IIII dividitur, et per tria fides Trinitatis, per IIII autem quatuor Evangeliorum impletio exprimitur. Qui ergo in generali resurrectione in fide Trinitatis et in operatione evangelica inveniuntur, de fluctibus mundi a septiformi gratia ad litus aeternae soliditatis pertrahuntur. Qui etiam in dextera parte capiuntur, quia justi per angelos a malis segregati ad dexteram Dei statuuntur. Quique centum quinquaginta tres fuisse describuntur, per quos tres ordines salvandorum intelliguntur. Per centenarium quippe perfectio, quae ad virgines pertinet, demonstratur; per quinquagenarium remissio, quae viduis (f° 158) convenit, denotatur; per ternarium fides Trinitatis, quae conjugatis congruit, intimatur. Qui convivium Dei Domino ineunt, quando peracto judicio cum eo ad nuptias intrabunt, ubi justi exultent et in aspectu Dei opulentari et in laeticia delectentur (*Psal.* LXVII), ubi ab ubertate Domini Dei inebriabuntur et torrente voluptatis ejus potantes saciabuntur (*Psal.* XXXV).

Hujus immensi gaudii futuri celebrare festivitatem recolit nunc Ecclesia umbratice per paschalis festi sollemnitatem. Unde non secundum solis concursum, sed secundum lunae cyclum primi mensis plenilunio agitur, quia per lunam Ecclesia figuratur quae a splendore aeterni Solis illustratur, cujus circulus, dum in electis completur, mox ad aeternae dulcedinis convivium assumetur. Igitur per LXX mam, qua *Alleluia*, scilicet canticum laeticiae deponentes, canticum tristiciae canimus, LXX annos captivitatis populi Dei a Hierusalem in Babylonia recolimus, nostram autem peregrinationem significamus, qua a gaudiis paradysi in exilium hujus mundi nos pulsos labore et tristicia affici ploramus. Per XLmam autem XL annos reversionis filiorum Israel de Aegypto ad terram repromissionis ad memoriam reducimus, et nostram reversionem de hoc mundo ad patriam paradysi per quatuor Evangeliorum et decalogi legis observantiam exprimimus. Porro per tractus cantum laborem itineris repraesentamus, quia per multas tribulationes nos regnum Dei intraturos denunciamus. Per tres dies ante Pascha tres anni temporis Antichristi praefigurari intelliguntur, quibus omnia in mundo ejus saevicia turbabuntur. Ideo his diebus poenitentes introducuntur, quia illo tempore Judaei ad Ecclesiam per poenitentiam convertuntur. Ideo his diebus passio Christi, quae [qui] est caput nostrum, celebratur, quia illo tempore corpus ejus, quod est Ecclesia, variis passionibus tormentatur. His diebus multitudo credentium per baptisma regeneratur, quia illo tempore fidelium universitas per resurrectionem ad vitam renovatur. Per diem autem Christi resurrectionis nostra resurrectio praefiguratur, quia eadem die eademque hora qua Christus resurrexit totum humanum genus resurrecturum praedicatur. Illa die regina sponsa Agni a dextris ejus in vestitu deaurato laetabunda astabit, quam hic apud Babylonem peregrinantem hostis pane lacrimarum cibavit. Illa etiam die diabolus hostis ejus cum toto (f° 158 v°) corpore suo in stagnum ignis et sulphuris, cunctis videntibus, praecipitabitur, et ipsa cum triumphali gloria ab angelico exercitu in coelestem Hierusalem introducta, regio thalamo sponso suo jungenda collocabitur. Et quia hoc Ecclesia futurum sperat, ideo hanc festivitatem tantopere ovans celebrat. Per paschale vero tempus, quo *Alleluia* frequentatur, sollemnitas aeternae laeticiae designatur, ubi sancti in perhenni gloria exultabunt et dulcisonum *Alleluia* cum angelis perhenniter jubilabunt. Hoc etiam in divinis officiis innotescimus, cum *Introduxit vos Dominus in terram fluentem lacte et melle* canimus, quam paradysum terram viventium intelligimus. Item *Venite, benedicti Patris* (*Matth.* XXV) canimus, quod Dominum, transacta nostra resurrectione, in judicio dicturum legimus. Item: *Eduxit Dominus populum suum in exultatione et electos suos in laeticia* (*Psal.* CIV) canimus, quod tunc fideles credimus cum gaudium et laeticiam obtinebunt atque aequales angelis septempliciter ut sol justi fulgebunt (*Isa.* XXX; *Matth.* XIII). Ideo autem pascha, id est *transitus*, dicitur, quia sicut Hebraicus populus de servitute ad libertatem transivit, ita populus fidelium de moerore ad gaudium, de corruptione ad incorruptionem, de mortalitate ad immortalitatem tunc transibit unde et Jesum post resurrectionem in Galilaea, quod *transmigratio facta* sonat, viderunt, quia de morte ad aeternam vitam transeuntes, Dominum facie ad faciem sicuti est videbunt (*I Joan.* III). Hii vero qui in prima resurrectione resurgere noluerunt, in secunda resurrectione partem non habebunt. Qui autem dicunt Deo: Non appropinques nobis, isti stipula fumus incendii in furore suo erunt, atque terram tenebrosam, ubi nullus ordo et sempiternus horror inhabitat (*Job* X), possidebunt. Torrentes in picem et fumus in sulphur et terra in picem ardentem eis convertetur, et in sempiternum non extinguetur (*Isa.* XXXIV). Tunc justi pro duplici confusione quam hic et in corpore et in rebus habuerunt in terra, tunc sua duplicia possidebunt, quia in anima simul et corpore gaudebunt. Hoc duplex gaudium nunc præsignamus, cum duo *Alleluia* ad missam resonamus. Totus autem mundus nobis nunc in hac festivitate applaudere comprobatur, cum redivivis ornatibus innovatur, qua tunc pro gloria filiorum suorum Deus omnem creaturam mundi inmutabit, cœlum novum et terram novam creabit (*Isa.* LXV), et cœlum (f° 160) ut sol splendescet, et terra ut paradysus floresceret, luna ut sol septempliciter quam nunc fulgesceret. Et non erunt priora in memoria pro omnimoda quam hunc habuerint gloria. Super cor non ascendent mala præterita, sed in sempiternum gaudebunt et exultabunt in lætícia. Itaque, karissimi, istud paschale festum ita assiduis Dei laudibus celebrate, et bonis operibus ad futurum festum vos ita præparate ut cum Deus Hierusalem exultationem et populum ejus creaverit gaudium, vos in nova Hierosolima perhenniter exultetis et Deus gaudeat in vobis ubi est splendor et lux perpetua et sine fine lætícia. Quam oculus non vidit (*I Cor.* II), etc.

Si populus in Majori Letania confluxerit, sermonem *Christus resurgens*, vel *Oculi Domini* facere poteris; et hæc de sancto Marco adjicies :

Hodie, karissimi, sanctum Marcum implorate pro vestris necessitatibus, qui fuit quasi unum de quatuor paradysi fluminibus. Qui formam leonis gerit, quia in deserto hujus mundi vox prædicationis ejus ut leonis personuit. Unde et evangelium ejus in paschali die legitur, quia Christus ut leo resurrexisse describitur. Hic cum Paulo in prædicationem ab apostolis destinatur, multumque ei in verbo Dei cooperatur. Hunc beatus Petrus baptizavit, de fonteque filium levavit. Hic cum eo Romæ positus Evangelium scripto edidit, quod postmodum in toto mundo sonuit. A beato Petro ad Aquilegiam dirigitur, ibique multus populus ab eo Christo acquiritur. Deinde Romam cum Hermagora revertitur, et Hermagoras quidem pro eo episcopus ordinatus a Petro. Marcus vero in Ægyptum proficiscitur, et Alexandria per eum jugo fidei subjicitur. Qui ne sacerdotio fungeretur, sibi pollicem amputavit. Sed cum esset fide integer, Ecclesia eum episcopum in Alexandrina sede exaltavit. Qui populum sibi commissum factis, dictis, scriptis nobiliter instruxit et gloriosis miraculis inclitus fulsit. In paschali autem die a paganis comprehenditur, graviter affligitur, fune in collo ejus misso per saxosa loca trahitur, caro ejus hinc et inde saxis discerpitur. Deinde in carcerem retruditur, in quo media nocte ab angelo confortatur, exin ab ipso visitatur, ad cœlestia regna vocatur. Altera die, dum ab impiis trahitur, a carnis cruciatu absolvitur, lætantibus angelis in cœlis conjungitur. Cujus corpus postea Venetiam est translatum et (f° 160 v°) multum virtutibus glorificatum. Hujus doctrinam debetis in omnibus imitari, ut possitis ejus gloriæ participari. Quam oculus non vidit (*I Cor.* II) et cætera.

DE INVENTIONE SANCTÆ CRUCIS.

Signatum est super nos lumen vultus tui, Domine, (*Psal.* IV). Lumen vultus Dei est Christus qui est splendor gloriæ et figura substantiæ ejus, qui est vera lux quæ omnem hominem illuminat (*Joan.* I), quam horror tenebrarum capere non poterat. Hoc lumen est super nos signatum, cum Christi nomen in frontibus nostris per sanctæ crucis impressionem est chrismate notatum. Hoc salutis signum sanguine Agni inmaculati dedicatum est angelis et hominibus venerandum. Per hoc quippe sumus a morte reconciliati, per hoc sumus ad vitam reparati. Per hoc supernæ curiæ sunt damna restauratæ, per hoc angelorum agminum gaudia duplicata. Deus namque omnipotens cœlestis Hierusalem palacium ad laudem sui splendifluis ordinibus angelorum pleniter instruxit, sed primus archangelus a Deo recedens, hoc nequiter destruxit, partemque angelorum de cœlo abstrahens secum ad tartara duxit. Damnum hujus ruinæ volens Deus reparare, de limo hominem condidit, eumque in paradysum totius voluptatis posuit. Cunctas delicias paradysi ei concessit, unius tantummodo arboris fructum propter obedientiam interdixit. Diabolus vero, invidia stimulatus, jam omni bono privatus, quod videlicet ille luteus eminentiam illius gloriæ adepturus esset de qua ipse gloriosus expulsus fuisset, eodem modo quo ipse corruit hominem quoque ad ruinam impulit. Dei etenim similitudinem sibi usurpavit et ad hanc concupiscendam hominem instigavit. Quid plura? Homo diabolo consensit, de vetito ligno comedit. Per lignum fit reus, et offenditur Deus. De paradyso in exilium ejicitur, multis miseriis afficitur, et ipsi morti addicitur (*Gen.* II-III). Unicus itaque Patris de solio gloriæ surrexit, carnem induit, pro seducto servo in carcerem venit. Et quia immortalis formator, factus est putredo, formator æternus fit vermis, ut eum reconciliet Deo. Diabolum se ut primum hominem temptantem superavit, in ligno crucis triumphans fortem ligavit, hominem redemptum de exilio ad patriam supernam revocavit. Hæc victoriosa crux est ab initio multis modis præsignata, in qua sola sunt omnia in cœlis et in terris instaurata. Per hanc (f° 162) nobis crisma baptisma Christi corporis sacramenta consecrantur; per hanc cuncta benedicta mundantur. Per hanc cuncta callidi hostis machinamenta dissolvuntur, per hanc omnia adversa vincuntur.

Deus ab initio paradysum voluptatis plantavit in

qua omne lignum pulchrum visu et ad vescendum suave; lignum etiam vitæ in medio pullulare imperavit, de cujus fructu si homo [non] commedisset, in uno statu feliciter permanens numquam mori potuisset. Paradysus, quod dicitur hortus deliciarum, est Ecclesia, in qua sunt omnes deliciæ Scripturarum; in qua diversa ligna ad visum pulchra, ad gustum suavia producuntur, dum prophetæ et apostoli in operibus pulchri, in doctrina suaves, nobis in exemplum proponuntur. Porro lignum sancta crux vitæ intellegitur, de qua fructus æternæ vitæ tollitur. De quo qui digne comederit, mortem in æternum non videbit (*Joan.* VIII). Hoc est lignum quod juxta aquas transplantatur (*Psal.* I), quia sancta crux per omnia Scripturæ fluenta prædicatur. Abel ligno occiditur, et Christus ligno crucis affigitur. Genus animantium ligno de undis diluvii sublevatur, quia Ecclesia adminiculo ligni crucis de periculosis fluctibus mundi ad astra exaltatur.

Abraham sub arbore stabat cum Domino in tribus angelis ministrabat, quos velut unum adorabat (*Gen.* XVIII), quando multum exultans gaudebat quod diem optabilem videbat : ita fidelis populus sub ramis crucis per fidem stat; Domino in membris suis ministrat : quem in tribus personis honorat, majestatem in unitate adorat. Multum adorat, ut diem Domini in gaudio videat.

Aries quoque inter vepres cornibus hæsit, quando idem Abraham filium suum Deo obtulit (*Gen.* XXII); scilicet Christus inter Judæos cornibus crucis irretitur, dum pro nobis hostia Patris occiditur. Unde sic per prophetam dicitur : *Cornua in manibus ejus* (*Habac.* III). Cornua in manibus habuit, quando pro populo sibi contradicente in brachia crucis manus expandit. Ibi fuit fortitudo ejus abscondita, sed mors ante faciem ejus ivit ab electis cruce fugata, nobis in ardente rubo apparuit, dum populum de Ægyptiaca afflictione liberare descendit. Rubus hic quem ignis inflammavit est sancta crux circa quam flamma iræ, invidiæ, sævitiæ judæorum exarsit. Per rubi spinas accepimus eorum linguas acutas. In flamma ergo rubi Dominus Moysi apparuit, dum Christus in igne passionis coram (f° 162 v°) Synagoga in cruce pependit. Tunc etiam ad liberandum populum de Ægypto descendit, quia ad infernum propter populum inde eripiendum descendit. Quod Moyses intelligens ait : *Obsecro, Domine, mitte quem missurus es* (*Exod.* IV).

Virga Moysi in draconem mutatur, a qua dracones magorum devorantur. Virga hæc est sancta crux quæ supplicio suo carnem Christi mortificavit, cujus mors nostras duas mortes, scilicet corporis et animæ, superavit. Hac virga mare dividitur, populus redimitur, hostis insequens undis immergitur; scilicet sancta cruce baptisma sanctum conficitur, per quod regeneratorum turba a morte eripitur; hostis insequens, videlicet originale peccatum, obruitur. Hac virga bis petra percutitur et aqua producitur, dum Christus duobus lignis crucis affigitur et aqua redemptionis ex eo elicitur.

Cum populus de Ægypto transiret atque in heremo aquam propter amaritudinem bibere nequiret, Dominus Moysi lignum ostendit, quod in aqua missum eam in dulcedinem convertit (*Exod.* XV).

Populus qui per Moysen de Ægypto ad patriam regreditur, est Christianus populus qui per Christum de hoc mundo ad patriam paradysi revertitur. Cui aquam per lignum indulcoravit, quia ei mors per crucem levigatur. Sicut enim aqua cuncta quæ rapit gurgiti involvens post se trahit, ita mors omnia quæ rapuit in gurgitem baratri traxit. Unde et priori populo amara erat, quia eos ad amaritudinem pœnarum traxerat. Sed Dominus Moysi, quod *de aqua assumptus* sonat, lignum ostendit, dum populo de aqua baptismatis assumpto virtutem sanctæ crucis innotuit. Quo ligno aqua fit potabilis, quia amore crucis Christi fit mors multis optabilis, dum sperant se exutos corpore vestiri stola immortalitatis. Lignum hoc aquæ inditur, dum crux morte Christi intinguitur. Ipse tunc de torrente hujus aquæ in via bibebat, cum in cruce pendens quæ non rapuit exsolvebat.

Fertur quod istud lignum Hierusalem sit allatum atque in piscinam probaticam jactatum. Ob cujus reverentiam angelus singulis annis in piscinam descendit, aquam movit, et quicumque languidus primus in aquam descendit, sanus exiit. Tempore autem Dominicæ passionis piscina siccitate exaruit et illud lignum apparuit. Militibus vero quærentibus lignum ad crucem habile, inventum est per omnia aptabile. Hoc ergo sumpto, crucem inde fecerunt, humeris (f° 164) Christi portandam imposuerunt, eumque ad salvationem populi ut serpentem in deserto in ipso exaltaverunt. Tunc factus est principatus ejus super humerum ejus (*Isa.* IX), quia per trophæum crucis cœlestibus et terrestribus a Patre est princeps prælatus. Et quia ille magni consilii Angelus ad lignum videlicet crucis, in piscinam, scilicet Judæam, descendit, et eam signis et prodigiis commovit, unus in aquam descendens sanatur, utique Christianus populus qui in undam baptismatis descendens regeneratur.

Hæc sancta crux est vectis in quo duo botrum portaverunt, quia prophetæ præcedentes et apostoli sequentes Christum in cruce ut botrum in vecte pendentem prædicationibus mundo importaverunt.

Hæc est virga hami in salum sæculi a Patre missi, in quo Leviathan capitur, ac præda devorata de ejus ventre extrahitur. Hæc etiam malus navis Ecclesiæ dicitur, in quam velum fidei appenditur, bonorum operum rudentibus hinc inde tenentibus; ei sic Ecclesia ligno vecto flamine Spiritus sancti turgentes mundi fluctus secura transnavigat, et optatum perhennis vitæ portum gaudens applicat.

Crux erat olim de genere suppliciorum inventa ad cruciatui turpiter damnatorum, sicut hodie fures et latrones suspendio strangulantur, qui alio exitu indigni judicantur. Unde et Judæi dixerunt : *Morte turpissima condemnemus eum* (*Sap.* II). Postquam vero a fidelibus ubique cœpit venerari, et plerique optabant in ea pro Christo cruciari, pro crucis patibulo decretum est damnari suspendio.

Quia igitur crux est et angelis et hominibus gloria, libet vobis pauca ejus pandere mysteria.

Deus ab initio hunc mundum in quatuor clymata partitum creavit, quia profecto eum collapsum per crucem restaurare prædestinavit. Hominem quoque in modum crucis formavit, quia perditum per crucem reparare prædestinavit. Hoc signum Moyses præfiguravit, dum ostia domus in quatuor locis, scilicet in limine, in superliminari, in utroque poste sanguine agni signavit (*Exod.* XII). Hoc etiam per litteras est expressum, dum in modum crucis T est jam olim formatum, sicut per Ezechielem est pronunciatum. Hunc namque prophetam Spiritus Domini de Babylone rapuit, in Hierosolimam statuit, ibique gloria Domini ei apparuit. Et Dominus viro lineis induto præcipit Hierusalem transire ac dolentes et gementes per thau literam in frontibus signare, alios vero sequi et omnes non signatos occidere, atque a sanctuario incipere (*Ezech.* IX).

Propheta in Hierusalem in [a] Babylone per Spiritum educitur, quia prophetia de Synagoga per Spiritum sanctum in Ecclesiam transfertur. (f° 164 v°.) Babylon namque *confusio* dicitur, et Synagoga ob. infidelitatem in omnibus gentibus dispersa confunditur. Hierusalem vero *visio pacis* interpretatur, quia veram pacem Christum in cœlis visura prædicatur. In hac gloria Domini apparuit, dum majestas ejus per Scripturas prophetarum patuit. Vir lineis indutus ejus jussu per Hierusalem transit, dolentium atque gementium frontibus thau, id est T litteram inscribit, quia sacerdotalis ordo ex imperio Domini per Ecclesiam discurrit, frontibus pœnitentium et ad fidem concurrentium signum sanctæ crucis crismate inprimit. Sequentes vero non signatos trucidant, quia dæmones crucis signaculo minime munitos in anima enecant. A sanctuario incipiunt, quia Judæam, in qua sanctuarium Dei erat, primitus rapiunt quoque, quæ prima in Xpisti nomine ponitur, in forma crucis scribitur. Quæ littera X in numeris decem exprimit et decalogum legis innuit. Quam Dominus non solvere, sed adimplere venit (*Matth.* V), dum crucem sustinuit.

Denique in crucis forma continetur totius Christianæ religionis norma. Nam per tria cornua superiora Trinitas Patris et Filii et Spiritus sancti denotatur; per quartum, quo tria sustentantur, veneratio unitatis demonstratur. Hujus quoque sanctæ crucis profundum mysterium pandit nobis profundum Pauli apostoli ingenium. *Det vobis*, inquit, *Deus ut possitis comprehendere cum omnibus sanctis quæ sit latitudo et longitudo, sublimitas et profundi-*

tas (*Ephes.* III). Latitudo crucis illæ duæ partes accipiuntur per quas manus distenduntur. Per hanc latitudinem gemina dilectio intellegitur quæ amicos in Deo et inimicos propter Deum utrinque complectitur. Longitudo vero crucis illa pars accipitur per quam corpus pendentis extenditur. Per hanc longitudinem instruimus perseverantiam in bono usque in finem, quia qui usque in finem perseveraverit, hic salvus erit (*Matth.* X).

Sublimitas crucis est illa pars quæ capiti supereminet, in quam titulum Hebraice, Græce et Latine continentem Pylatus affixerat. Per hanc spes cœlestium insinuatur, qua æqualitas angelorum per crucis victoriam speratur. Profundum crucis pars sub pedibus notatur, quæ terræ infixa occultatur. Occulta autem Dei misericordia declaratur, per quam totus mundus in maligno positus ne pereat sustentatur. Hanc crucem Dominum sequentes rite bajolant, si se viciis et concupiscentiis crucifigentes (*Gal.* V), carnalibus desideriis renunciant et in obedientia mandatorum Dei vivere desiderant. In hac cruce debent stare (f° 166) distensi, quia jugiter debent spiritualibus esse intenti, et numquam se ad vicia inclinare, sed semper ad cœlestia comprehendenda mente sursum se protelare.

Crux si in terra inclinatur, ad orientem, meridiem, septentrionem, occidentem se protendere comprobatur, quia quatuor partes mundi cruce ad regnum Christi signantur. Ipse enim dixit : *Ego si exaltatus fuero a terra, omnia traham ad me* (*Joan.* XII). Denique in crucem cum a terra est elevatus, quadruplus mundus signo crucis est ad eum tractus. Si autem crux terræ infixa erigitur, pars ejus cœlum spectare, pars terram penetrare, pars utrinque in dextrum et sinistrum mundi ostentare cernitur. Pars cœlum spectat, quia per crucis triumphum cœlestia instaurantur. Pars terram penetrat, quia per crucis vexillum terrestria reparantur. Pars etiam tartara penetrat, quia per crucis signum infernalia destruuntur. Pars quoque utrimque dextrum et sinistrum mundi ostentat, quia per crucis virtutem boni a dextris ad gloriam, et mali a sinistris ad pœnam judicabuntur. Illa quippe die signum Filii hominis in cœlo apparebit, et lumen solis et lunæ non splendebit, quia crux Christi ad judicium prævia tanta luce radiat quod splendorem solis et lunæ sua claritate obscurat.

Quia hodie, karissimi, inventionem sanctæ crucis celebramus, justum et qualiter inventa sit vestræ caritati referamus.

Postquam Judæi consilium Dei quod manus ejus decrevit facere perfecerunt, quod scilicet Dominum gloriæ cum latronibus pro salute omnium crucifixerunt, crucem adorandam, crucem vivificam cum crucibus latronum terræ fodientes in loco Calvariæ absconderunt. Christo itaque navis gubernatore a piratis, videlicet perfidis Judæis, perempto, ipsaque navi Ecclesiæ sancta cruce a Caribdi, scilicet Synagoga, submersa in terræ profundo, Ecclesia maxima tempestate persecutionum, procellis passionum involvitur, ac diu per naufragosos diversorum cruciatuum gurgites enatans, vix evaso persecutionis vortice, ad serenum pacis sustollitur. Pio namque Domino evigilante tempestas persecutionum suppressa retunditur, tranquillitas pacis infunditur mundo, et navis Ecclesiæ, jam plus ducentis annis latitans, de abditis emersa fidelibus redditur.

Constantinus itaque, Ecclesiæ impugnator acerrimus, illo tempore monarchiam tenuit, quem divina pietas in chamo et freno constringens, sibi appropinquare compulit (*Psal.* XXXI). Nam dum eum in anima salvare voluit, in toto corpore lepra perfudit. Hic a Silvestro (f° 166, v°) papa ad fidem conversus baptizatur, mox a lepra mundatur, pax et gaudium universæ Ecclesiæ per eum roboratur. Helena mater Augusti percepta fide, salutari lavacro intinguitur, maxima multitudo Judæorum et gentilium fide et baptismate imbuitur. His transactis, Constantinus, bellum contra paganos initurus, de eventu belli anxiatur, sed Rex regum eum consolatur. Nam in nocte vir splendidus ei apparens signum sanctæ crucis ostendit, victoriam ei per hoc signum spopondit. Ille expergefactus, amicis somnium retulit, cruce facta cum vexillo agminibus prætulit. Hostis in fugam vertitur, ipse salvo exercitu per signum crucis victor regreditur. Unde Helena, sanctæ crucis amore accensa, Hierosolimam properat; convocatis Judæis locum Calvariæ sibi demonstrari postulat, quem tum densitas veprium atque virgultorum operuerat, et ideo incognitus erat. Nam transactis de passione Domini XL annis Romani Hierosolimam funditus destruxerant, et aliam civitatem Helius Adrianus post longo tempore in alio loco construxerat, quam suo nomine Heliam appellaverat. Dominus enim extra portam passus et sepultus legitur; qui uterque locus quæ nunc est Hierusalem hodie ab omnibus cernitur.

Regina itaque proponit Judæis præmium si locum crucis demonstraverint, supplicium si celaverint. Illis affirmantibus sibi locum esse incognitum, jubentur omnes tradi flammis ignium. Qui perterriti quemdam nomine Judam produxerunt, huic cuncta nota esse astruxerunt. Qui cum se scire negaret, in eum mittitur in quo famis et sitis inedia afficitur; postquam spondet se locum demonstraturum, educitur. Regina vero ac populo comitante, ad locum pergit, preces flexis genibus fundit. Locus contremuit, fumus thymiamatis de terra ascendit. Mox terram rastris aperiunt, tres cruces inveniunt. Mortuus apportatur, cruci Christi impositus resuscitatur, virtutemque sanctæ crucis sua resurrectione et voce protestatur. Tunc etiam clavos splendentes invenerunt quibus Judæi manus et pedes Domini foderunt, et gratias omnium bonorum largitori Deo retulerunt. Judas cum omnibus Judæis Christo credens baptizatur, postea Hierosolimorum Ecclesiæ episcopus levatur atque pro Ecclesia sibi commissa illustre martyrium pertulisse memoratur. Inventa autem cruce diabolus cum diro ejulatu apparuit, omne suum jus per hoc lignum ablatum sibi asseruit. « Judas, inquit, Dominum suum prodidit et ad mortem deduxit, nunc alter Judas omnia (f° 168) secreta mea prodidit, omnes artes meas ad nichilum deduxit, cum hoc lignum in medium produxit; Julianus autem familiaris meus cito rex erit, ex quo tua proditio præmium habebit. » Quod et ita postmodum contigit : nam Julianus Apostata eumdem Judam tunc episcopum nomine Quiriacum exquisitis suppliciis affecit. Helena vero ecclesiam magnifico sumptu construxit, partem crucis in ea erexit, partem in civitatem filii sui Constantinopolim vexit. Omnes ergo per crucem redempti in hac die plaudant, laudes Christo Redemptori pangant, qui postquam torcular solus calcavit (*Isa.* LXIII), per omnes gentes Deus a ligno regnavit; in quo torculari botrus cypri (*Cant.* 1) est pressus, et per ejus potum nobis omnibus patet vitæ regressus. Denique hac virga minavit bonus pastor gregem martyrum ad Ecclesiæ palacium.

Unde sanctus Alexander papa, cujus hodie festum colitur, crucis amore impulsus, grege sibi commisso, a paganis comprehenditur, vinculis stringitur, in carcere fame et siti maceratur, equuleo appenditur, ungulis raditur, in furnum ardentem mittitur, igne non læditur; demum punctis creberrimis per tota membra transfixus perimitur. Cum quo duo presbyteri, Eventius et Theodolus, diu in carcere macerati, in igne quoque examinati, ad ultimum sunt decollati. Horum meritis et precibus accedite hodie ad thronum gloriæ ut triumphum Deo dicate (*sic*) liceat cum illis in pleno gaudio perhenne alleluia resonare. Quod oculus non vidit (*I Cor.* II).

In festo sanctorum Philippi et Jacobi sermonem « Christus resurgens » loquere et his verbis conclude :

Sancti apostoli Philippus et Jacobus, quorum hodie solemnia agimus, *Non esurient neque sitient amplius, et non percutiet eos æstus et sol, quoniam miserator eorum reget eos et ad vitæ fontes aquarum potabit eos* (*Isa.* XLIX). Qui enim in domo Patris multas mansiones esse a Christo audierunt, hodie clariores laureati intraverunt, ubi fons vitæ tristiciam eorum in gaudium convertit, dum eis Patrem quem desiderabant ostendit; nunc lumen in lumine vident, quia Filium in Patre cernere licet. Ex quibus Philippus pene totam Syram signis et prædicationibus ad Christum convertit, multa adversa pertulit, demum crucis supplicium pro regno vitæ subiit et per crucis triumphum Christum crucifixum subiit. Jacobus autem Mariæ Cleophæ, scilicet matre (*sic*) Domini, et Alphei filius Hierosolimorum Ecclesiæ (f° 168 v°) ab apostolis est ordinatus episcopus. Qui cum scriptis, verbis et exemplis et signis maximam multitudinem de Judæa ad fidem convertissent (*sic*) et in paschali die testimonium divinitati Christi coram omni populo in templo retulisset, a Pharisæis est præcipitatus de altitudine templi in terram. Sed de casu non colliditur, quia Dominus subposuit manum suam (*Psal.* xxxvi). Quidam autem de Scribis caput ejus transverberat conto et cerebrum ejus excutiendo violat. Quo vulnere a carnis dolore et morte liberatur, et Regi gloriæ hodie in gloria ubi fugit dolor et gemitus associatur. Hujus cutis inventa est in genibus et in cubitis induruisse propter frequentes orationes quibus dicitur jugiter incubuisse. Quia hii cum Christo judices sunt super sedes XII sessuri, eorum verba et facta sequentes precamini ut tunc Christum in gaudio sitis visuri. Quod oculus non vidit (*I Cor.* ii).

IN ROGATIONIBUS.

Oculi Domini super justos et aures ejus in preces eorum (*Psal.* xxxiii). Qui a malo declinant, fornicationes, adulteria, perjuria, furta, falsa testimonia et his similia devitant; et qui bona faciunt, Deo sua et hominibus sua, hii justi sunt et super hos oculi misericordiæ Dei respiciunt, et aures ejus ad preces eorum, quia antequam eum invocent, dicit eis : Ecce assum. *Vultus autem Domini super facientes mala* (*ibid.*). Ad quid? *Ut perdat de terra memoriam eorum* (*ibid.*). Justi igitur se a Deo respici et ab eo exaudiri gaudeant, et in melius proficiant; mei autem consimiles, id est in criminibus fœtentes, peccata deserant et ad orationis munimen confugiant et se etiam exaudiendos sciant.

Tribus autem modis orationes nostræ impediuntur quod a Deo non exaudiantur. Qui orat ut de inimicis suis ulciscatur, hic non exauditur, sed oratio ejus in peccatum convertitur; qui odium in corde retinet et in se peccanti non dimittit, hunc orantem Deus non exaudit; qui criminalia peccata perpetrat, et in his delectabiliter perseverat, hic incassum preces fundit, quia Deus peccatores non audit. Unde per prophetam dicitur : *Aures Dei non sunt aggravatæ ut non audiat, sed peccata vestra obstant ne vos exaudiat* (*Isa.* lix). Item dicit : *Propter peccata nostra, Domine, opposuisti tibi nubem ne transeat oratio* (*Thren.* iv). Peccata [peccatum] quippe grave est ut plumbum, et ideo pertrahit hominem in baratri profundum. Sicut enim rota in monte dimittitur et per precipicium ad ima convallis devolvitur, sic anima sponte Deum deserens et in iniquitatem (f° 170) proruens, nunquam in uno lapsu morabitur, sed semper ulterius ad deteriora prorumpit; et peccatum quod citius pœnitentia non diluit, mox aliud suo pondere trahit, et sic in peccatum de peccato cadit usque dum in profundum malorum venerit; inde in æternæ mortis puteum proruit (*Prov.* xviii), super cujus os lapis damnationis ponitur; usque dum reddat novissimum quadrantem exire non permittitur (*Matth.* v). Devotis ergo precibus, karissimi, a Deo poscite ne vos absorbeat profundum neque urgeat super vos puteus os suum (*Psal.* lxviii); fugite mundi et carnis desideria quæ sunt dæmonum servicia; quærite Dominum et vivet anima vestra (*ibid.*). Propheta namque vidit ubi mulier in amphora sedens in mari natabat, quam massa plumbi gravabat; et ecce duæ mulieres alatæ amphoram cum muliere levabant et eam in terram Babylonis ducebant (*Zach.* v). Mare turbulentum est hoc sæculum adversitatibus procellosum; mulier quæ in amphora natat est anima nostra quæ corpori præsidens in periculis sæculi laborat; quam massa plumbi gravat, quia animam nostram gravis iniquitas onerat. Duæ mulieres quæ amphoram cum muliere levant sunt duo vicia, scilicet superbia et luxuria, quæ animam nostram et corpus nostrum ad illicita mollificant; superbia enim hominem in elationem erigit, luxuria vero carnem in immundiciam deprimit. Mox dum spiritus in superbiam tollitur, illico caro in luxuriam mergitur; hæc alatæ describuntur, quia instabiles redduntur qui eas secuntur; amphoram cum muliere in terra Babylonis, quod *confusio* dicitur, ducunt, quia sibi consentientes duplici confusione induunt, dum et hic coram hominibus in corpore confunduntur et in futuro in anima æterna confusione puniuntur cum dicitur : *Operientur duplici confusione sicut dyploide* (*Psal.* cviii). Igitur, karissimi, superbiam et luxuriam execramini atque in Domino delectamini, et dabit vobis peticiones cordis vestri (*Psal.* xxxvi); et quia hodie confluxistis, verbum Dei intente audire debetis. Ipse Dominus noster dicit quod quidam semen suum seminare exiit; et dum seminat, aliud secus viam cadens conculcatur et a volucribus devoratur, aliud super petram resiliens natum aruit quia humorem non habuit; aliud spinis commendatur et a spinis suffocatur; aliud in bonam terram cecidit et aliud tricesimum, aliud sexagesimum, aliud centesimum fructum obtulit (*Matth.* xiii). Qui semen seminat est sacerdos qui verbum Dei prædicat; ager in quo semen spargitur sunt vestra corda (f° 170 v°) in quibus verbum Dei jacitur. Semen in via jactum, a prætereuntibus conculcatum, a volucribus devoratum, designat eos qui verbum Dei percipiunt, sed sæcularibus negociis et mundanis desideriis intenti illud quasi pedibus proterunt, et dæmones a memoria eorum tollunt, et nullum pietatis fructum referunt; supra petram autem cadens et ibi arescens duri cordis designat qui quavis (sic) verbum Dei avide aliquando audiant, in malicia tamen perdurant; et cum humorem supernæ gratiæ non habeant, necesse est ut verbum Dei in eis arescat. Quod autem spinæ suffocant, sunt hii quibus diviciæ, voluptates, vitæ sollicitudines, aures a verbo Dei obdurant; quod autem in terram bonam cadens fructificat, est multitudo fidelium quæ verbo Dei obediens bonis actibus desudat; conjugati tricesimum fructum referunt dum fidem sanctæ Trinitatis decalogo legis perficiunt; continentes vero sexagesimum proferunt dum hæc actualiter et specialiter implere satagunt; virgines autem centesimum ferunt dum Deo corpore et spiritu placere contendunt. Nunc, karissimi, debetis breviter auscultare unde decretum sit istis diebus cruces portare.

Fertur quod terra siccitate, homines vero et animantia tabuerint mortalitate; insuper feritas ursorum, luporum et aliarum bestiarum plurimos devastavit; quarum multitudo passim civitates et villas ingrediens parvulos in cunis etiam dilaceravit. Eo tempore Mamertus episcopus Viennensem Ecclesiam regebat, qui convocato populo triduo jejunare, orare, cruces portare monebat ut misericordia Dei, quæ Ninivitas per triduanum liberasset a subversione, populo suo subveniret in præsenti afflictione. Quo facto plaga sedatur, gaudium et habundantia rerum afflictis donatur.

Porro ille dies qui Major Letania dicitur ea de causa institutus legitur : Tyberis plus solito inundavit, Romam ingrediens maximas regiones in ea occupavit, ecclesias diruit, multa ædificia cum populo subvertit; per cujus alveum ingens draco cum magna multitudine serpentium mare ingreditur, cum quibus omnibus ibidem suffocatur. Qui in litus projecti aerem sua putredine corrupperunt (sic) et gravem mortalitatem humano generi intulerunt. Sagittæ namque cœlitus venire conspiciebantur, de quibus inguina hominum tacta, sine mora moriebantur; primitus papa Pelagius moritur, deinde populus Romanus pene totus subita morte (f° 172) consumitur. Gregorius itaque episcopus levatur qui populum jejunare, cruces portare et orare hortatur. Quod dum devote peragunt, plaga cessat et populus pace Dei exultat. Unde statutum est ut eadem dies annuatim in Ecclesia agatur cum jejuniorum et letaniarum celebratione, quatenus nos Deus et animalia nostra custodiat a mortalitate. Et quia sæpe hoc tempore ex inclementia aeris solet evenire quod jacta semina usibus nostris possunt deperire, decretum est ut isti dies eodem ritu, scilicet cum jejuniis et letaniis, peragantur ut totius anni fructus nobis ab omni infortunio custodiantur.

* Ut pius Dominus det nobis fiduciam impetrandi, hortatur nos ad studium orandi. Dicens enim, Si quis media nocte panes ab amico petat, quos ante amicum suum de via venientem ponat, si ei propter amicitiam non tribuat, propter improbitatem ejus quæ poscit exhibeat (Luc. xi). Amicus hic est Deus qui nos dilexit et Unigenitum suum pro nobis tradidit; ab hoc media nocte panem petimus dum in tribulatione ejus auxilium quærimus; et si nobis propter peccata nostra subvenire tardat, tamen si perseveraverimus, misericordiam suam nobis prorogat; absque dubio autem nos exaudiri noscamus si instanti prece petimus, si intenta mente quærimus, si lacrimis pulsamus. Qui enim patrem panem petit, nullo modo ei lapidem dabit; ei qui a patre piscem exigit, minime serpentem accipit; et si ovum poscit, numquam ei scorpionem porrigit (ibid.). Per panem, qui cor hominis confirmat (Psal. ciii), caritas declaratur, per quam homo in virtutibus corroborabitur; per piscem, qui pulsu fluctuum nutritur, fides intelligitur, quæ procellis persecutionem ad incrementum perducitur; per ovum, de quo fetus expectatur, spes indicatur per quam futura beatitudo speratur; porro per lapidem duria (sic); per serpentem, veneniferum animal, malicia; per scorpionem vero, qui cauda percutit, accipitur peccatorum vindicta. Qui ergo a Deo caritatem postulat, nunquam eum in malis indurat; et qui fidem ab eo poscit, nullo modo eum in malicia permanere sinit; qui vero spem ab eo rogat, nequaquam ei supplicium irrogat. Per panem quoque fructus qui nunc in herba surgit accipitur; per ovum fetus animalium accipitur vel intelligitur (sic)! per piscem quicquid est quo quisque nutritur innuitur. Pro quibus oportet ut dilectio vestra preces Domino fundat, quatenus hæc a lapide grandinis, a serpente mortalitatis, a scorpione (f° 172, v°) tempestatis custodiat.

Multa autem habemus exempla quod multum valet deprecatio justi assidua (Jac. v). Cum populus quinque civitatum horrendis flagiciis iram Dei super se provocasset, Abraham Deum rogavit ut eis parceret si decem justos inter eos inveniret. Dominus autem dixit si X justos in illis V regnis reperiret, aliis omnibus propter eos dimitteret, insuper loca non subverteret; sed quia non nisi unus justus est inventus, hic solus est ereptus (Gen. xviii). Pentapolis vero cum populo igne et sulphure subvertitur, et uxor justi quæ eum corporaliter tantum comitatur, cum Sodomis autem mente moratur, in statuam salis convertitur (Gen. xix). Hinc datur intelligi quod justorum cohabitatio est pravorum in hac vita sustentatio, dum per illorum orationes ultra dextra libratur ne eorum pravitas ut meretur subito in perditionem submergatur; cum vero justi tolluntur mox impii ad tormenta rapiuntur, sicut Sodoma periit postquam Loth inde exiit. Cum populus Dei per Moysen de Ægypto educitur, ab hostibus in via armis invaditur. Moyses autem in monte extensis manibus orabat et Israel hostes superabat. Si vero Moyses manus emisit, Amalech devicit (Exod. xvii). Hinc patet quod ille plus egit precibus quam populus armis; nam victoriam optinuit orando quam populus adipisci non valuit pugnando. Similiter Samuel hostes precibus pepulit quos exercitus armis pellere non potuit (I Reg. vii). Populus olim a lege et cultu Dei avertitur et ad ydolatriam convertitur : quem cum Helyas non posset corrigere prædicatione, clausit ei cœlum annis tribus et mensibus sex oratione. Pluvia vero a cœlo inhibita, sitibunda tellus elanguit marcida et cultoribus suis minatur famis discrimina. Fame itaque urgente populus ad cultum vivi et veri Dei compellitur, et orante Helya terra habundanti ymbre perfunditur et converso populo copia rerum redditur (*III Reg.* xvii, xviii). En per orationem unius hominis cœlum omni populo clauditur et rursum eo orante recluditur.

Quodam itaque tempore ob peccata hominum arva siccitate arescunt et corda multorum timore famis tabescunt. Quibus jejunantibus et cruces cum letaniis portantibus, quidam patrum occurrit, causa (*sic*) afflictionis inquirit; qui cum siccitatem responderent, dixit cur non orarent. Qui cum affirmassent se plurimum orando laborasse et parum impetrasse, dixit si intente peterent, utique (f° 174) petita acciperent; stansque coram omnibus manus ad orationem extendit et ad prima verba precantis pluvia descendit terraque diu negatum fructum agricolis impendit.

Quidam etiam monachus erat in oratione assiduus : unus vero dæmonum a Juliano imperatore pro quodam responso mittitur, sed ejusdem viri precibus viginti diebus in uno loco figitur ; deinde ad regem vacuus revertitur. Dum ille a rege causa moræ inquireret, ait : « Et tardavi et infecto negotio repedavi ; nam cum mihi per illum monachum esset transitus, orationibus illius sum impeditus ; cumque præstolarer si forte orationem finiret, ut mihi præterire liceret, ille finem non fecit precibus, et ego ultra ire non valens reversus sum vacuus. » Julianus autem minabatur ei supplicium, sed ipse non multo post bello occiditur, subiit æternum. Penset, quæso, dilectio vestra quantum se dilataverit hujus viri oratio. Certe diabolus potest per aera transvolare, potest terras penetrare, potest etiam mare transmeare, sed hujus oratio sese sursum ad cœlum porrigens transitum ei per aera inhibuit, deorse (*sic*) ad tartara extendens per terras ire prohibuit, fines orbis utrinque attingens in neutra parte transfugam spiritum a refuga homine missum prætergredi permisit. Et revera hic homo corpus aliquando cibo, interdum somno reficiebat, sed tota intentio cordis sui sic ad Deum jugiter ascendebat, quod omnis actio ejus oratio erat. Karissimi, omnes justi ab initio mundi qui regna beatæ vitæ meruerunt, ea orando obtinuerunt. Omnes namque justi orationi studuisse leguntur, et ideo, pro quo oraverunt, pleno gaudio hodie perfruuntur. Itaque et nos frequenter orationi incumbamus ut cum eis plenum gaudium adipisci valeamus. In nomine autem Jesus omnia petamus si preces nostras exaudiri optamus. In nomine Jesus Patrem poscimus si tantum animæ salutaria et corporis necessaria petimus. Orantes vero debemus de meritis nostris diffidere, de ejus misericordia præsumere, quia ipse dixit : *Amen dico vobis, quicquid orantes petitis credite quia accipietis et fiet vobis* (*Marc.* xi). *Si duo ex vobis consenserint, de omni re quacumque petierint fiet a Patre meo* (*Matth.* xviii). Omnes ergo unanimes in oratione estote, corda cum manibus ad Deum levate, pro omnibus vivis et defunctis qui in aliqua pressura sunt orate. Si enim pro tota Eccle-

sia, ut pote pro matre vestra, oratis, tota Ecclesia supplicat pro vobis ut puta pro suis filiis. Si autem pro defunctis oratis (f° 174, v°), vos ipsos liberatis, quia si in gaudio sunt, ipsi rogant ut celerius ad eos veniatis ; si vero in supplicio, postulant ut nunquam illuc veniatis. Denique qui orat, Deo confabulatur, et ideo necesse est ut quæ fideliter petit assequatur. Et cum ipse dicat : *Ubi duo vel tres congregati fuerint in nomine meo, ibi sum in medio eorum* (*Matth.* xviii), quanto magis credendus est hodie interesse multitudini in nomine ejus congregatæ ad postulanda suffragia sanctorum. Cum igitur largitor omnium bonorum sit in medio vestrum, in nomine ejus congregatorum, ipsum piis precibus invocate, lacrimis et invocationibus pulsate ut vobis corporis et animæ necessaria tribuat et de necessitatibus vestris vos eruat.

Licet multæ sint necessitates, quinque tamen sunt principales quæ non si [*leg.* nisi] remediis depellantur, homines vero per eas morte periclitantur. Ex necessitate enim homo commedit, quia si non commedit fame moritur ; ex necessitate bibit, quia si non bibit siti moritur ; ex necessitate digerit, quod si non fecerit constipatione moritur ; ex necessitate corpus somno reficitur, quod si neglexerit lassitudine deficit ; ex necessitate vestitur, quod si prætermiserit frigore et ardore perimitur. Hinc est totum quod laboramus, ut nobis in his necessitatibus subveniamus. *Primum*, inquit, *quærite regnum Dei et justiciam ejus et hæc omnia adjicientur vobis* (*Matth.* vi) ; et ne sitis ultra modum anxii de terrenis et solliciti de caducis, quia hæreditabit homo vermes, bestias et serpentes. Rogate autem Deum ut ab his necessitatibus vos eruat atque illuc ubi his non indigeatis transferat, ubi non esurient neque sicient amplius (*Apoc.* vii), et ubi animæ requiescunt a suis laboribus (*Apoc.* xiv), et ubi vacant et vident quoniam ipse est Deus in cujus visione reficiuntur angelici cœtus. Ut hoc petamus ab ipso edocti sumus : *Petite*, inquit, *et accipietis, ut gaudium vestrum sit plenum*. (*Joan.* xvi). Si enim quis de speciosa conjuge lætatur, morte interveniente tristatur ; si de caris natis jecundatur, morbo affectis vel morte ablatis contristatur ; si de possessione vel pecunia gaudet, aliquo infortunio amissis mœret. Illud autem verum et plenum gaudium est omnibus fidelibus totis votis optandum ubi in gaudio Domini super omnia bona sua constituuntur (f° 176) et æternæ visionis claritate perpetuo perfruuntur, et ubi angelorum omnium gloria potiuntur omniumque sanctorum contubernio (*sic*) sortiuntur ; et hoc gaudium nunquam ab eis tolletur in ævum (*ibid.*). Propterea nunc mulier cum parit tristiciam habet, cum autem puerum pepererit, jam pressuræ minime meminit propter gaudium quod homo natus est in mundum (*ibid.*). Hæc mulier est Ecclesia quæ nunc in tristicia laborat ut populum fidelem Christo pariat. Cum autem per resurrectionem æternæ vitæ peperit, jam pressuræ hujus vitæ non meminit propter ineffabile gaudium quod tunc omnibus filiis suis dabitur plenum, quia tunc justi sicut sol fulgebunt (*Matth.* xiii) et æquales angelis erunt (*Matth.* xxii).

Karissimi, quo crux ante nos portatur nos sequimur, ita exempla crucifixi Christi sequamur ut per triumphum victoriosæ crucis ad illa gaudia pervenire mereamur. Quam oculus non vidit (*I Cor.* ii).

DE ASCENSIONE DOMINI.

Elevatus est, inquit, *sol, et luna stetit in ordine suo* (*Habac.* iii). Christus est sol æternus a quo omnes chori angelorum illustrantur; lux est vera a quo omnes animæ illuminantur; qui dum hic latuit sub nube carnis, circumdatur caligine nostræ fragilitatis, tandem de tenebris inferni emersus hodie gloriosus super astra levatur ac super omnes dignitates angelorum in dextera Patris Dominus majestatis exaltatur. Luna aut Ecclesia ab illo illuminata in ordine suo stetit, dum eum in apostolis cœlos ascendere conspexit. Apostoli namque Ecclesiæ ordo extiterunt dum ei ordinem recte vivendi instituerunt, et qualiter cursum suum post solem justiciæ dirigat eam erudierunt. O quam splendida cornua hæc nascens luna hodie extulit dum sol alta petens jubar æterni fulgoris ei infudit! O quam sereno vultu in ordine suo stetit dum apostolicum chorum, qui ejus ordo extitit, et per Virginem Dei Genitricem, quæ ejus typum gessit, carnem suam in capite suo, id est in Redemptore suo, in Sponso suo, in Deo suo, æthera penetrare conspexit! O qualis læticia hodie in cœlo angelis oritur dum Dei Filius, qui de palacio in carcerem pro servo, immo de patria in exilium, exul pro exule, dirigitur, hodie cum triumpho in regnum Patris revertitur! Unde et hæc dies triumphi Dei appellatur in qua a senatu cœlestis curiæ ymnidicis laudibus exceptus mortis (f° 176, v°) triumphator, vitæ auctor glorificatur.

Apud Romanos mos servabatur quod victoribus triumphus hoc modo exhibebatur: Postquam imperator vel consul aliquam gentem Romano imperio armis subjugasset, et victor cum præda remeasset, senatus ac totus populus Romanus ei obviam festivus procedit, cum canticis et laudibus victorem excipit; ipse purpura induitur, dyadema cum lauro auroque contextum ei imponitur, in curru auro gemmisque radiante, quatuor niveis equis trahentibus, Urbi invehitur. Porro nobiles victi præcedunt currum aureis catenis vincti. Vulgus vero captivum, vinctis manibus post tergum, sequitur currum. Pompa etiam prædæ simul ob insigne victoriæ ducitur et sic victor cum magno tripudio summo templo laureatus inducitur et tunc præda populo dividitur.

Tunc triumphi honorem Romana nobilitas summis victoribus pro mundana quidem gloria exhibuit, sed Deus etiam per inimicos, cum amici futuri essent, gloriam summi victoris Christi præfigurari voluit. Triumphus enim Romanorum regum in figura præcessit hodiernum triumphum, nam Rex gloriæ Christus monarchos regnum tyranni expugnavit, captivitatem ab ipso captam captivavit, mundum rebellem cœlesti reipublicæ subjugavit, hodie victor cum nobili præda ad patriam remeavit, cui senatus archangelorum cum omni milicia cœlorum festivus obviam processit, regem suum victorem ymnilogis modulis gratulabundus excepit. Qui purpura decoratur, quia pro passione quam pertulit gloria et honore a Patre coronatur; dyademate auro et lauro conserto coronatur dum multitudine angelorum et hominum circumornatur. Per auri enim splendorem angelorum claritas, per lauri vero virorem accipitur in fide viriditas. Ex his quasi corona contexta Christus insignitur dum humana fragilitas angelicæ dignitati per eum in gloria unitur, sicut per Prophetam dicitur: His omnibus quasi corona ornaberis (*Psal.* xx). De hac corona scriptum est: *Benedices coronæ anni benignitatis tuæ* (*Psal.* lxiv). Christus namque est annus Dei benignitatis, factus particeps nostræ mortalitatis. Hujus menses sunt XII apostoli; dies, justi; horæ vero, fideles, noctes adhuc in tenebris infidelitatis aut peccatorum errantes. Hujus anni corona est circumstans angelorum et hominum multitudo in perhenni gloria. Per currum auro (f° 178) et gemmis conspicuum, in quo victor triumphat, innuitur Evangelium, sapientia et signis fulgidum, per quod cognito Christi triumpho mundus exultat. Rotæ quibus currus volvitur sunt evangelistæ per quos triumphus Christi depromitur. Hic currus quatuor niveis equis trahitur, quia Christus in curru Evangelii a doctoribus in virtutibus candidis per quatuor partes mundi vehitur. Hic currus Dei decem milibus multiplex memoratur (*Psal.* lxvii), quia triumphus Christi ab omnibus scriptoribus Veteris et Novi Testamenti prædicatur. Milia lætantium huic currui accurrunt dum hodie multa milia angelorum triumphantem Dominum suscipiunt. Nobiles capti aureis catenis vincti currum præcedunt quia redempti a Domino catenis caritatis constricti cœlestia petunt. Vulgus ligatis manibus sequitur, quia populus a malis operibus se timore Domini ligans, ad gaudia subvehitur. Pompa prædæ currum comitatur, quia sanctorum multitudo cum Christo resurgens hodie cum eo ad sydera exaltatur. Victor cum cantu in summum templum ducitur, quia Christus triumphans cum concentu angelorum in templum cœlestis Hierusalem hodie inducitur. Postea spolia populo dividuntur, quia per effusionem sancti Spiritus varia karismata fidelibus tribuuntur. Unde dicitur: *Ascendens in altum captivam duxit captivita-*

tem, dedit dona hominibus (*Ephes.* iv). Humanam quippe naturam, in qua multa hic adversa pro nobis et a nobis pertulit, hodie de terris ad cœlos super angelicam altitudinem in dexteram Patris transtulit. Captivitatem in carcere inferni diu detentam victor captivam duxit, paterno palacio invexit. Dona hominibus dedit, dum Spiritum sanctum super eos fundens scientiam omnium linguarum contulit (*Act.* ii).

Hodie, karissimi, elevata est magnificentia Domini super cœlos, sed sponsa ejus, corpus ejus, scilicet Ecclesia, multis pressuris adhuc premitur inter Babylonios; sed sicut Christus, devicto mortis principe, subjugato mundo, triumphator hodie cœlos ascendit, ita Ecclesia, antychristo superato, mundo conculcato, triumphans cœlum ascendet atque per Sponsum suum Golia prostrato, ipsaque de hostibus eruta, de valle lacrimarum luna tunc toto circulo suo plena elevatur et in thalamo æterni Solis astris angelorum associanda collocatur. Unde ascendenti in jubilatione applaudit (f° 178, v°) ipsa in Canticis cum exultatione : *Ecce*, inquit, *venit saliens in montibus, transiliens colles* (*Cant.* ii). Hujus persona in Ydithun propheta exprimitur quod *transilitor* dicitur. Christus namque in mundum venit quasi saliens in montibus, cœlum revisit transiliens; de cœlo saltum dedit dum de paterna sede in uterum Virginis venit; inde saltavit in præsepium, in crucis inde patibulum, de cruce in sepulchrum, inde in baratri profundum, de baratro in mundum, inde transiliit in cœlum. *A summo*, inquit, *cœlo egressio ejus et ocoursus ejus usque ad summum ejus* (*Psal.* xviii).

Hodie omnes montes et colles transiliit, quia hominem a nobis assumptum super omnem altitudinem angelorum et sanctorum extulit. Qualiter autem ascenderit cœlum pandit nobis Evangelium. Discipulis suis hodie ad convivium recumbentibus apparens, incredulitatem illorum ut magister increpavit, Evangelium in universe mundo eos prædicare ut Dominus imperavit, signa in nomine ejus [faciendi] potestatem ut Deus donavit. Deinde ad probandam veræ carnis naturam cum eis comedit, ut in Hierosolimis promissum Spiritum sanctum expectarent præcepit. Post hæc in Bethaniam eos eduxit et elevatis manibus eos benedixit; cumque videntibus elevatur ac nube susceptus in cœlum ferebatur, illis in cœlum post eum intuentibus, ecce duo angeli in albis astiterunt qui cum eodem modo ad judicium venturum quo nunc abierat prædixerunt. Qui autem eum ascendere viderant centum viginti erant, inter quos Maria mater ejus simul cum apostolis affuerat. Hii omnes pariter cum gaudio in Hierusalen reversi in oratione et laude Dei cottidie perseverabant, usque dum in die Pentecostes Spiritum sanctum accipiebant. Hoc in patriarchis et prophetis præfiguratur, dum septimus ab Adam Enoch patriarcha in paradysum rapitur (*Gen.* v), et Helyas propheta curru igneo in cœlum tollitur (*IV Reg.* ii).

Hujus sacri diei festa sunt nobis etiam per aves expressa. Aquila omnibus avibus altius volat et in ipsum radium solis oculorum aciem vibrat; cum vero pullos suos ad volandum provocat, super eos volitans et alas suas expandens, in remigium alarum suarum assumit, ad volandum instruit; sic Christus omnibus sanctis sublimius alta cœlorum penetravit dum eum Pater præ omnibus angelis in dextera (f° 180) sua exaltavit. Hic alas crucis super nos expandit, a dæmonibus defendit, de duro servicio assumens in filios adoptavit, atque in humeris suis ut ovem perditam ad gregem reportavit; super nos volitavit, ad volandum provocavit, quando æthera scandens nos membra ejus bonis operibus sequi se caput demonstravit. Hoc expressit Ezechiel per quatuor animalia (*Ezech.* i) quæ postmodum vidit Johannes Agnum die ac nocte laudantia (*Apoc.* iv). Christus namque erat homo nascendo, vitulus moriendo, leo resurgendo, aquila ascendendo.

Est avis albicolor quæ caradrius vocatur, per quam æger utrum evadere possit probatur. Adducta enim ad ægrum, si moriturus erit faciem ab eo avertit; si vero victurus visum in eum fortiter dirigit et infigit; hianti ore ægritudinem ab eo bibit, in altum contra radium solis volat, infirmitas hausta de eo exudat, æger sospitate exultat. Caradrius albus est Christus de Virgine natus. Hic ad ægrum adducitur dum a Patre ad infirmum genus humanum mittitur; qui faciem suam a Judæis avertit eosque in morte reliquit, ad nos autem vultum convertens a morte revocavit et infirmitatem nostram crucem subiens ipse portavit, sudorque sanguinis de eo manavit. Deinde in alta cœlorum cum carne nostra ad Patrem volavit et perpetuam salutem omnibus donavit. Locus ipse quo ascendit hoc adhuc omnibus clamat, quod cœlestia scandere volentibus nullus iter obstruere queat. Vestigium namque quod ascendens harenæ impressit, adhuc locus ille retinet, et cum terra cottidie a fidelibus inde tollatur, vestigium deleri non potest; quin etiam cum ecclesia super eundem locum fieret, et desuper claudi, utpote rotunda, deberet, spacium aeris quo ipse ascendit nullo modo claudi poterat et ideo usque hodie apertum remansit. In hanc etiam ecclesiam singulis annis procella validi fluminis cœlitus venit et cunctum inibi populum solo sternit, videlicet ostendens quanto terrore ad judicium Christus veniat cum cœlum et terram fortiter excutiat. Tunc quippe cœli magno impetu transeunt et elementa calore solventur.

Igitur, karissimi, cum non sit aliud nomen sub cœlo datum hominibus in quo oportet salvari nisi in Christo Jesu (*Act.* iv) qui se permisit pro nobis in cruce ut serpentem (f° 180, v°) exaltari; quem Pater, postquam de torrente mortis bibit, hodie super omne nomen in cœlis caput exaltavit (*Psal.* cix), nosque proprio sanguine cohæredes acquisitos sibi incorporavit, gloriam laudi ejus hodie demus et in voce exultationis præconia ejus jubilemus ut membra sua ad se colligat quo ipse in gloria Patris nos A tripudiat. Quam oculus non vidit (*I Cor.* II), et cætera.

IN PENTECOSTEN.

Verbo Domini cœli firmati sunt et spiritu oris ejus omnis virtus eorum (*Psal.* XXXII). Per Filium, qui Verbum Dei est, non solum cœli sed omnia ex nichilo sunt creata, et ne iterum in nichilum resolvantur eodem Verbo firmata et spiritu oris ejus omnis virtus eorum ornata. Angeli quoque sunt cœli appellati qui aliis corruentibus per Verbum in caritate sunt firmati et per spiritum ejus in omni virtute peroruati. Unde scriptum est: *Spiritus Dei cœlos ornavit* (*Job* XXVI), quia et istos cœlos astris et angelos virtutibus decoravit.

Per Filium quippe angelici spiritus creantur, sed per Spiritum sanctum vivificantur; per Filium lucis substantia eluxit, sed per Spiritum sanctum splendor ejus effulsit; per Filium firmamentum formatur, per Spiritum sanctum celeri volubilitate rotatur; per Filium sol et luna et sydera temporibus præficiuntur, sed per Spiritum sanctum lucis nitore perpoliuntur; per Filium flumina funduntur, per Spiritum sanctum labilem cursum sortiuntur; [per] Filium terra formatur, per Spiritum sanctum fructibus et floribus decoratur; per Filium diversa animalia producuntur, per Spiritum sanctum vitali flatu inbuuntur, et aves volatu, pisces natatu, bestiæ, reptilia, serpentia gressu, per eum fulciuntur; per Filium homo ad imaginem Dei plasmatur, sed per Spiritum sanctum in anima vivificatur; Spiritus sanctus inspirat diversa ingenia, ipse etiam dat diversa artificia. Per Spiritum sanctum data sunt genera linguarum, per ipsum de occultis thesauris sapientiæ producta sunt multimoda flumina Scripturarum; per Spiritum sanctum patriarchæ de Christo et Ecclesia futura figuris designabant; per ipsum prophetæ locuti eadem Scripturis præmonstrabant; per ipsum apostoli confirmati transacta eadem in mundo prædicabant; per ipsum doctores inspirati Scripturas exponebant. Per Filium homo redemptus a morte liberatur, per Spiritum sanctum in baptismate ad vitam regeneratur (f° 182). Per Spiritum sanctum peccata relaxantur, per ipsum animæ a morte criminum resuscitantur. Per Spiritum sanctum multi seculo contempto religiosam vitam duxerunt; per ipsum plurimi signis et prodigiis fulserunt. Per Spiritum sanctum etiam hodie plerique ad meliorem vitam convertuntur; per ipsum quamplures ad cœlestia mente rapiuntur. Per Filium mundus judicatur, per Spiritum sanctum utraque pars remuneratur. Per Filium Deus Pater cœlum novum et terram novam creabit, sed Spiritus sanctus universa in meliorem statum renovabit. Cœlum nempe per ipsum solis splendorem inducitur; per ipsum sol septemplici lumine vestietur; per ipsum radiabit luna solis claritate; per ipsum vernabit terra paradysi amœnitate. Tunc Filius de labore translatos faciet discumbere et transiens illis ministrabit (*Luc.* XII), quia de judicio rediens electos pro diversis meritis in diversis faciet mansionibus requiescere, et gloriam suæ divinitatis eis facie ad faciem demonstrabit. Spiritus sanctus vero tribuit eis velut jubar solis in pleno gaudio splendescere et Trinitatem in unitate perfecte cognoscere.

Hæc festivitas per VII dies celebratur, quia Spiritus sanctus in VII donis veneratur, sicut per prophetam prænunciatur: spiritus sapientiæ et intellectus, spiritus consilii et fortitudinis, spiritus scientiæ et pietatis, spiritus [timoris] Domini (*Isa.* XI). Hæc sunt VII mulieres quæ unum virum apprehenderunt (*Isa.* IV), quia VII dona Spiritus sancti Christum corporaliter possederunt.

Hujus Spiritus dono cœlestia scandent omnes qui timent Deum. Per ipsum namque timor tribuitur qui in duo dividitur, nam est timor servilis, est et filialis. Servus quippe timet dominum ne eum damnet; filius timet patrem ne eum exhæredet; timet adultera maritum ne veniat; timet uxor casta ne discedat. Cum Spiritus sanctus, qui est caritas, mentem possederit, servilem timorem foras emittet (*I Joan.* IV); timor autem Domini sanctus in sæculum sæculi permanet (*Psal.* XVIII). Jam enim gehennam ut servus peccati non timebit quia nullum peccatum committere quærit. Deo autem ut filius per delectationem virtutum adhærebit et ideo ejus hæreditatem possidebit. Ab ipsius gratia obtineamus orando quatenus nos servi Dominum Deum nostrum timeamus a malo declinando ne nos per contemptum præceptorum suorum aliquando pœnis subdat, immo velut hostes sibi rebelles æternis tormentis (f° 182, v°) puniat. Rogemus ut eum instar filiorum Israel vereamur ut Patrem bonum faciendo quatenus cohæredes Filii sui simus facie Patris perfruendo. Post timorem dat Spiritus sanctus pietatem, ut homo factori suo devote serviat, et proximo quæ prævalet bona impendat (154). Deinde scientiam inspirat ut quid homo facere debeat vel devitare debeat sciat. Post hanc fortitudo ab ipso donatur ut homo nec asperis nec blandis ad vicia flectatur. Deinde consilium rationi subministrat ut utile eligat, nocuum respuat. Post hoc intellectum præstat ut anima per visibilia sempiterna intelligat. Deinde sapientiam inspirat ut rationalis creatura mirabilem creaturam despiciat, creatorem suum, qui est immutabile bonum, diligat, solum fontem sapientiæ

---

(154) In margine legitur hic versus: *Præmia justorum sunt ista futura laborum.*

Christum in Spiritu sancto sapiat. Qui per septiformem Spiritum in his virtutibus florebunt, per ipsum VII munera in corpore, VII dona in anima obtinebunt quando in terra sua duplicia possidebunt, cum in corpore sicut sol fulgebunt (*Matth.* xiii) et in anima æquales angelis erunt (*Luc.* xx). Ab ipso namque cujus pulchritudinem sol et luna mirantur septies præ sole clarius in corpore illustrantur. Christus quippe per Spiritum sanctum reformabit corpus humilitatis nostræ configuratum corpori claritatis suæ (*Philipp.* iii); et cum sit corpus spirituale ille cujus velociter sermo currit (*Psal.* xiv), tanta illud vestiet velocitate ut quam cito nunc visus cœlum vel cogitatus orbis extremum adtingit sua agilitate, tunc [*f.* tam] concite tunc illud [*f.* illuc] feratur corporis mobilitate. Ab ipso etiam qui est omnium fortitudo tanta roborabitur fortitudine, ut moles montium facile possit pede subvertere. Ab ipso quoque qui fuit inter mortuos liber (*Psal.* lxxxvii), tanta inerit eis gratia libertatis, ut omnis solida creatura sit eis penetrabilis. In cujus visione angeli magna dulcedine redundant, omnes sancti maximis deliciis exuberant. Ab ipso omni affluentia voluptatis perfruuntur dum in gaudio Domini sui super omnia bona sua constituuntur (*Matth.* xxiv); ubi Regem gloriæ sicuti est cernent in suo decore in quem desiderant prospicere (*I Petr.* i); ubi omnium angelorum et sanctorum gloriam vident et sua membra cuncta perlucida intus et extra inspiciunt; ubi jugiter audiunt resonare organa sanctorum et concentus angelorum; ubi cynamomi et (f° 184) balsami odore suavissimo recreabuntur (*Eccli.* xxiv), et in aspectu Dei exultantes epulentur et in lætitia delectentur (*Psal.* lxvii), atque ab ubertate domus Dei inebriabuntur et torrente voluptatis ejus potabuntur (*Psal.* xxxv). Ab ipso qui est salus omnium tanta sanitate solidantur, ut sicut nunc radius solis nullam sectionem, ita ipsi tunc nullam corporis passionem patiantur. Ab illo qui est vita æterna, sic longævitate confirmantur quod nunquam in æternum morte solventur.

Hæc VII dona habebunt in corpore per VII sancti Spiritus dona. Totidem in anima habebunt ubi de bonis Domini perhenniter gaudebunt; nam ipse fons sapientiæ tantum eis influit quod eis noticiam omnium rerum tribuit. Ineffabili amicitia copulantur quia a Deo ut filii, ab angelis ut fratres amantur. Incomparabilis concordia eorum conglutinat, quia nec Deus nec aliquis sanctorum ab ipsorum voluntate discrepat. Inæstimabili potestate sublimantur, quia novo cœlo et novæ terræ principantur. Inenarrabili honore exaltantur, quia ab ipso Deo et ab universis angelis venerantur. Summa securitate pollent, quia nemo hæc ab eis umquam tollet. Plenum gaudium in his [sine] fine habebunt; omnes amicos suos quos diligunt hisdem bonis frui perpetuo gaudebunt. Hæc sunt dona quæ Christus in altum ascendens hominibus dedit, quos a diabolo captos de morte captivos duxit astrigerisque sedibus victor gloriosus invexit. In terra quoque positis dona contulit dum per karismata sancti Spiritus eos signis et novis linguis coruscare tribuit. Porro qui VII donis Spiritus sancti vacui inveniuntur, quod [quot] isti bonis perfruuntur, tot illi pœnis cruciabuntur.

Hæc sunt olim in lege præfigurata, hæc per prophetas prænunciata. De legali quippe candelabro VII lucernæ procedunt (*Exod.* xxv), quia de Christo VII dona Spiritus sancti procedunt Ecclesiæ. Heæ sunt VII columnæ quibus domus sapientiæ fulcitur (*Prov.* ix), quia donis VII Spiritus sancti Ecclesia, quæ est domus, insignitur. Hii sunt VII oculi quos propheta in uno lapide vidit (*Zach.* iv), quia videlicet petra Christus VII dona Spiritus sancti ad illuminationem animarum fidelibus dedit. Hæc sunt VII cornua Agni propter nos occisi quibus credentes proterunt VII capita draconis rufi (*Apoc.* v, vi).

Unde et isdem Spiritus sanctus super Dominum baptizatum in columnæ specie descendisse (f° 184, v°) prædicatur (*Matth.* iii), propter VII naturas quæ in columba esse memorantur.

De VII *naturis columbæ.*

Columba in petra nidificat, quia Spiritus sanctus in Christo corporaliter habitat. Alienos pullos nutrit dum errantes a regno Dei alienos per pœnitentiam reducit. Pura grana eligit, quia bonos de malis ut grana de paleis secernit. Felle caret, quia malicia eos evacuat quos possidet. Non lædit rostro, quia Spiritu sancto repletur. Non insidiatur proximo, juxta fluenta habitat, quia Spiritus sanctus in sapientibus mansitat. Gregatim volat, quia congregatis in nomine Domini Spiritus sanctus sua munera donat. Unde propheta : Ecce, inquit, *quam bonum et quam jocundum habitare fratres in unum. Sicut unguentum in capite quod descendit in barbam barbam Aaron, quod descendit in oram vestimenti ejus, sicut ros Hermon qui descendit in montem Syon* (*Psal.* cxxxii). Fratres in unum unanimes cum jocunditate habitabant quando multitudo credentium cor unum et animam unam habebant. Ideo unguentum de capite in barbam Aaron descendit, quia de capite omnium Deo Spiritus sanctus, qui est spiritualis unctio, in apostolos venit. Per Aaron, quod *mons fortitudinis* dicitur, Christus intelligitur, per quem fideles contra vicia fortes existunt atque in altum de virtute in virtutem ibunt. Hujus barba apostoli erant, dum ei qui est os Patris quasi barba ori adhæserant. De barba unguentum in vestimentum fluxit, dum Spiritus sanctus per impositionem manuum apostolorum se credentibus infudit. Ros de Hermon, quod *anathema* sonat, in montem Syon, quod *specula* dicitur, descendit, dum superna gratia de Synagoga in Ecclesiam venit. Mons Hermon juxta Jordanem est situs, ubi Dominus est baptizatus. Ros ergo Hermon est Spiritus sanctus, qui super Dominum in baptismo ad istum montem venit; qui hodie in montem Syon, in quo sita est Hierusalem, super credentes descendit. Qualiter autem hoc contigerit Scriptura nobis hodie retulit :

Dum L dies a resurrectione Domini transissent, et discipuli, ut ipse ascendens præceperat, in Hierusalem pariter resedissent, subito ingens sonus tamquam vehementis venti advenit qui totam domum ubi erant sedentes replevit, atque igneæ linguæ illis apparuerunt quibus incensi omnium gentium linguis magnalia Dei loqui cœperunt. (f° 186) Propter instantem festivitatem Judæi ex omni natione totius orbis in Hierusalem confluxerant, quia Pentecosten singulis annis ob acceptam illo tempore legem celebrabant; qui hoc audito simul convenerant et singuli linguam in qua nati sunt de ore eorum stupefacti audiebant. Quos Petrus allocutus dixit hæc [per] prophetas prædicta, per Jesum vero ab eis crucifixum completa. Qui pœnitentia ducti ad tria millia hominum baptizati sunt et ipsi Spiritu sancto sicut alii repleti sunt (Act. II). Alia die dum Petrus et Johannes claudum per Spiritum sanctum sanassent (Act. III), quinque milia baptizati sunt (Act. IV), qui omnes Spiritu sancto ditati sunt, et sanguinem Christi, quem prius furibundi fuderant, postmodum tremebundi biberunt, ac perplures sanguinem suum pro ipso effuderunt. Apostoli autem accepto Spiritu sancto XII diebus in Hierusalem, eodem præcipiente, commanebant; quæ in mundo docturi erant insimul conferebant; in circuitu Judæos ac gentiles docebant; signis ac prodigiis ad fidem plurimos convertebant. Qui omnes per impositionem manuum apostolorum Spiritum sanctum accipiebant et virtutes Dei novis linguis edebant. Apostoli namque per Spiritum sanctum cæcis lumen refundebant, surdis aures recludebant, mutis linguam solvebant, claudos gressu erigebant, leprosos mundabant, dæmonia ab obsessis effugabant, mortuos resuscitabant; insuper per baculos vel vestimenta, quidam illorum etiam per umbram suam, debiles sanitate restaurabant.

Post hæc XII per totum mundi diffusi [mundum diffusi], septeno munere Spiritus sancti perfusi, per septenarium numerum duodeni officium suum peregerunt dum quatuor partes mundi ad fidem sanctæ Trinitatis perduxerunt; ter enim et quatuor, quod VII sunt, XII fiunt. Qui boni piscatores sagena fidei pisces olim ad vitam prædestinatos signis et miraculis de salo hujus sæculi ad litus vitæ pertraxerunt, et Christi exemplo animas suas pro ovibus sibi commissis prævii duces posuerunt.

Postquam Deus in principio omnia VI diebus creavit, septimum sanctificavit, quia in ipso requiescens ab opere cessavit (Gen. I, II) : Sic qui in VI ætatibus mundi in donis Spiritus sancti operari student, in septima per ipsum ab omni labore requiescent. Sic nos quoque VI diebus in ebdomada laboramus, in septima vacamus (f° 186, v°); quia per septiformem Spiritum nunc bonis operibus insistimus, in futuro ab omni opere feliciter requiescimus, ubi per ipsum vacabimus et Deum sicuti est videbimus (I Joan. III).

In diluvio columba ramum olivæ reportans inclusis pacem nunciavit (Gen. VIII), quia Spiritus sanctus per charismatis unctionem animabus carne inclusis pacem amissam redonavit. Hic etiam digitus dexteræ Dei appellatur, quia sicuti manus per digitos operatur. Unde magi qui Moysi resistere non potuerunt, digitum Dei hoc esse dixerunt (Exod. VIII), quia evidenter signa per Spiritum sanctum fieri conspexerunt. Per hunc digitum est lex in duabus tabulis descripta (Exod. XXXI), quia per Spiritum sanctum in duobus præceptis caritas est disposita. In hoc digito ejicit Dominus dæmonia, quia opera Filii et Spiritus sancti sunt inseparabilia. Olim genus humanum habebat tantum unius linguæ usum, sed LXX et duo gygantes turrim contra Deum construebant; inde offensus linguas eorum confundebat, ita quod nullus alterius linguam intelligebat (Gen. XI), sicque per orbem dispersos quos omnes hodie Spiritus sanctus in unitatem fidei per genera linguarum congregaverat. Hebræus quoque populus de Ægyptiaca servitute in paschali nocte per paschalem agnum liberatus ac per mare Rubrum translatus, ad montem Synai quinquagesima die pervenit, quem fumus et ignis replevit, atque de medio ignis Dominus ei legem timoris in tabulis scriptam dedit : sic Christianus populus, de diabolica oppressione in paschali nocte et per paschalem agnum Christum ereptus, per baptismum quasi per mare Rubrum transvectus, quinquagesimo die, scilicet hodie, igne legem amoris accepit, quam eum in corde Dominus scribere præcepit, ut videlicet post facerent sponte Dei amore quod prius formidine coacti timore. In lege etiam erat præceptum ut quinquagesimus annus jubileus, id est annus remissionis, vocaretur, totusque ab opere servili feriaretur, atque amissa hæreditas propriis hæredibus redderetur (Levit. XXV). Per hoc Spiritus sanctus istud tempus præfigurari voluit, in quo populum suum ab opere servili, id est a peccato, vacare docuit, eique amissam hæreditatem paradysi restituit. Spiritus sanctus his datus memoratur, quod semel in terra, semel de cœlo datur. In terra datur Spiritus ut diligatur proximus; de cœlo datur Spiritus ut diligatur Deus. Qui enim Deum diligit, sermonem ejus servabit (Joan. XIV). Hunc Deus Pater diligit (f° 188) et Trinitas ad eum veniet et mansionem apud eum faciet (ibid.). Ideo, karissimi, diligamus Deum mandata ejus servando, ut ipse diligat nos mansionem sibi in nobis præparando. De hospicio cordis nostri stercus peccatorum pœnitentia et confessione extergamus, lacrimis sordes diluamus, floribus bonorum operum ornare studeamus, ut Spiritus sanctus dignetur adventare et dignum habitaculum sibi præparare. Hic etiam super Dominum in columbæ specie descendit (Matth. III), quia cum inmunem a peccatis ostendit. Super discipulos autem in igne venit (Act. II) quia peccata in eis consumens cyrographum peccati delevit. Unde et ignis filios Israel præcessit et eis iter ad patriam suggessit, quia ignis Spiritus sancti eos præcedit et iter per Scripturas ad patriam paradysi ostendit. Ideo nunc baptisma agitur quia per Spiritum sanctum originale crimen remittitur. Ideo etiam his diebus jejunia celebramus, quia per Spiritum sanctum veniam accipere speramus. Qui Spiritum sanctum blasphemaverit, non remittetur ei neque in hoc sæculo neque in futuro (*Luc.* xii). Per Spiritum sanctum datur remissio peccatorum. Qui de venia desperat, hic Spiritum sanctum blasphemat atque irremissibile peccatum perpetrat.

Quemadmodum, karissimi, est nativitas Domini celebris, sic etiam festivitas ista omnibus fidelibus est solemnis, quia sicut in illa Deus in carne adveniens homines visitavit, sic in ista Deus in igne adveniens a peccatis homines purgans multa karismata ei (*sic*) donavit. Hæ festivitates et angelis et hominibus sunt venerabiles quæ ipsi Deo nostro sunt celebres. Denique in nativitate Domini Dominus majestatis de solio gloriæ suæ surrexit, arma bellica induit, pro nobis pugnaturus in exilium subiit. Parasceve autem dies belli atque victoriæ extitit, cum Dominus fortis et potens in prælio principem mundi diabolum cum suis satellitibus devicit victoriamque potenter obtinuit. Dies vero Dominicæ resurrectionis est dies qua peracto bello regnum tyranni vastavit, captivitatem ab eo captam ad se congregavit. Dies autem ascensionis est hæc in qua cum nobili pompa Dominus virtutum regressus triumphavit, atque cum angelicis melis susceptus, carnem nostram super æthera exaltavit. Hodierna vero dies est qua militibus spolia distribuit dum fidelibus varia dona Spiritus sancti contulit. Adhuc (f° 188, v°) restat una dies qua sponsam suam de hac Babylonia est educturus, quando in ultima die Ecclesiam in cœlesti Hierusalem est collocaturus. Nempe de his diebus præcinuit totum psalterium Spiritus sanctus. Insuper lex et prophetæ omnes persultaverunt hæc consona voce. Igitur, karissimi, conspectui ejus in justicia nunc appareamus, ut cum apparuerit gloria ejus, in nuptiis ejus saciari valeamus, ad videndum in bonitate electorum suorum, ad lætandum in læticia gentis suæ in plenitudine omnium bonorum (*Psal.* cv). Quæ oculus non vidit (*I Cor.* ii).

DE SANCTO JOHANNE BAPTISTA.

Justus ut palma florebit et sicut cedrus Libani multiplicabitur (*Psal.* xci). Palma inferius coangustatur, superius dilatatur : ita, karissimi ; sanctus Johannes Baptista, cujus hodie votiva recolimus festa, quia in terris voluit egestate coangustari, in cœlis voluit [meruit?] super omnia bona Domini exaltari. Et quia in virtutibus pulchre floruit, ideo palmam victoriæ a viciis gloriose obtinuit. Hic etiam ut cedrus multiplicatur, quia in meritis præ omnibus sanctis condensatur. Cedrus namque imputribilis naturæ esse fertur, ac vermes fugare perhibetur; quia sancti Johannis vita non potuit consumi putredine peccatorum, et ipse sancta prædicatione fugavit vermes viciorum. Hic erat sagitta electa quam Dominus abscondit in sua pharetra. Sagittas mittentes solent aliquam præ aliis reservare per quam possint oportuno tempore certum ictum dare; sic Deus sanctum Johannem in pharetra sui secreti consilii abscondens reservavit, et cum oportuno tempore extrahens in Judæam sagitavit dum sibi viam ad homines veniendi præparare mandavit. Ipse enim primus homines ad pœnitentiam informavit, ipse primus regnum cœlorum in mundo prædicavit. Ideo Ecclesia nullius sancti natalem diem celebrat præter diem Domini et sanctæ Mariæ et sancti Johannis Baptistæ. Johannes quippe quasi Lucifer oritur ex quo vicinitas solis noscitur. Maria vero nascens quasi aurora surrexit de qua Sol æternus processit. Dum autem Christus nascens hominibus illuxit, tunc splendor Patris mundo infulsit, qui nos de tenebris mortis ad lucem vitæ reduxit. Et quia hæc gratia per has tres personas nobis est collata, ideo et illarum solummodo natalicia devote recolit Ecclesia. Denique quanta veneratione sanctus Johannes sit dignus declarat (f° 190) nobis in Evangelio Dominus: *Inter natos*, inquit, *mulierum non surrexit major Johanne Baptista* (*Luc.* vii). Omnibus sanctis major affirmatur, solis angelis æquiparatur, unde et angelus non immerito appellatur. Ab eodem etiam angelo nasciturus annunciatur, nomen et vitæ meritum prænotatur a quo et Christus nasciturus prænunciatur, et nomen ejus Jesus et regni dignitas prænarratur. Unde sicut Hebræi Deo decem nomina imponunt, sic Christiani huic indunt X vocabula. Hoc olim prophetia præsignavit dum eum unus propheta vocem altam angelum nunciavit.

Vox quippe Verbi Dei fuit, dum ante incarnatum Verbum in deserto mundi sonuit.

Præco judicis extitit, dum homines in adventum ejus bonis moribus præparare se admonuit.

Baptista Salvatoris claruit, quia qui omnia sanctificat, hunc Jordanicis undis tingere meruit.

Præcursor Redemptoris erat dum eum in mundum nascendo et ad infernum patiendo præcurrebat.

Plus quam propheta fuit, quia quem alii prophetæ futurum prædicando, hunc iste præsentem digito demonstrando asseruit.

Angelus etiam appellatur, quia per eum primo angelorum societas prædicatur.

Lucerna lucens et ardens erat, quia splendorem æterni luminis præcedebat.

Amicus Sponsi vocatur, quia a Christo Sponso Ecclesiæ ad cœlestes nuptias invitatur.

Paranymphus etiam extitit, dum sponsam gemmis virtutum perornari docuit.

Helyas quoque in spiritu et virtute erat, quia sicut Helyas secundum Domini adventum præveniet, ita Johannes prævenit primum. Unde etiam dicitur viam Domino præparasse, quia constat eum iter Domino ad cor hominum per humilitatis studia prædicasse. Qualiter hic missus sit in mundum refert Evangelium. Zacharias pontifex nobilem uxorem accepit cum qua usque ad senilem ætatem absque liberis deguit. Sacerdotes autem per vices suas in templo serviebant et tempore quidem vicis suæ juxta templum commanebant; peracto autem officio domum suam repetebant; et alii quidem sacerdotes cottidie in templo serviebant, solus autem pontifex in anno holocaustum in sanctuario immolabat. Dum igitur Zacharias inter Sancta sanctorum populo Dei hostiam inmolaret, eo quod Herodes eum iniqua dominatione vexaret, angelus Domini a dextris altaris astitit et pavor in Zachariam irruit. Quem (f° 190, v°) angelus ne timeret admonuit, preces suas esse exauditas innotuit, filium quoque ei prædixit nasciturum magnumque gaudium multis in ejus nativitate futurum et hunc in ventre matris sancto Spiritu implendum esse, nomenque ei Johannes esse imponendum, isque quod magnus coram Domino esset futurus, et eum in spiritu et virtute Heliæ præcessurus, quodque sanctam vitam duceret et multos ad Dominum converteret. Quo se dubitante ac se cum uxore sua consenuisse causante, angelus ei silentium indixit, donec omnia complerentur quæ ei prædixit. Egressus vero de sanctuario, consummato sacrificio, cum populo responsum non dedisset, sciebant quod visionem vidisset.

Elisabeth itaque se concepisse sentiens, erubuit et quinque mensibus se abscondit. Sexto autem mense idem angelus Regem omnium nasciturum Mariæ annunciavit, quæ mox ad Elisabeth properans eam salutavit; sed infans in utero ejus ad vocem Dei Genitricis exultavit, moxque Elisabeth Spiritu sancto repleta omnia quæ Mariæ essent prædicta dixit esse implenda. Postquam vero peperit puerum, toti parentelæ exortum est magnum tripudium. Octavo autem die convenerunt parentes infantem circumcidere, et visum est eis nomen patris Zacharias ei imponere; sed mater obstitit, ejus nomen Johannes fore retulit. Quibus affirmantibus neminem in ejus cognatione vocitari hoc nomine, a patre sciscitantur quod nomen filio imponatur. At ille accepta tabula nomen scripsit, quod Johannes esset prædixit. Hoc nomen mox ut litteris promitur, vinculum linguæ ejus solvitur, omnisque turba admiratione et stupore adtollitur. Zacharias vero Spiritu sancto repletus, prophetavit quia Deus populum suum visitavit et plebem suam redimere curavit justumque esse ut huic omnibus diebus in justicia et sanctitate serviamus (*Luc.* 1). Dilectissimi, infirmi visitantur, captivi redimuntur. Illos qui in hoc mundo in peccatis infirmi erant, Christus visitavit nascendo, eos vero qui in exilio inferni erant captivi, redemit moriendo. Johannes itaque adhuc tenellus parentes deseruit, in deserto homines fugiens deliluit, aspersa [aspera] veste de pilis camelorum contexta utebatur, tenui victu vescebatur. Quem populus Spiritu sancto plenum cognoscens, undique ad eum confluxit; quibus pœnitentiam pro peccatis indixit, (f° 192) eos in Jordane baptizans intinxit. Omnibus autem cogitantibus eum esse Christum, se esse negavit, atque ad corrigiam calciamenti ejus solvendi [solvendum] se indignum judicavit. Cum autem Christum ad se venire conspiceret ut baptisma ab eo susciperet, Agnum Dei esse clamavit, peccata mundi hunc tollere cunctis indicavit, atque sanctificatorem omnium, ablatorem criminum, undis mergere et Spiritum sanctum super eum descendere meruit cernere. Itaque omni tempore cælibem vitam atque hereticam duxit, multos errantes ad viam veritatis perduxit, Christo in omnibus testimonium perhibuit, atque pro veritate patienter percussori cervicem præbuit. Hic de se ipso dixit: *Me oportet minui* (*Joan.* III); de Christo autem: *Illum oportet crescere* (ibid.). Johannes namque fama cœpit minui in populo qua Christus putabatur; Christi autem cœpit crescere qui Christus sentiebatur. Johannes quoque capite est minutus; Christus autem crevit in cruce elevatus. Horum præconia præsignant etiam tempora. Dum enim Johannes nascitur incipiunt dies breviari; cum Christus nascitur incipiunt prolongari. A diebus autem Johannis Baptistæ usque nunc regnum cælorum vim patitur et violenti illud diripiunt (*Matth.* XI), quia publicani et peccatores, qui per Johannis prædicationem pœnitentiam egerunt, regnum cælorum quasi violenter sibi indebitum intravervut; et adhuc criminosi pœnitentiam agunt quasi per vim regnum cælorum rapiunt. Unde et Johannes *Dei gratia* interpretatur, quia regnum cælorum hominibus dari primum per hunc prædicatur. Ecclesia dividitur in tres ordines, in conjugatos, in continentes, in virgines. Hii pro meritis diversas mansiones hæreditabunt dum conjugati tricesimum, continentes sexagesimum, virgines centesimum fructum reportabunt.

Tres autem perfectiones sunt in quibus inventi judices cum Domino erunt, scilicet virginitas, sæculi contemptus, martyrium, quæ non sunt præceptum sed divinum consilium. His quia sanctus Johannes insignitur, ideo tribus coronis a Deo redimitur: pro virginitate, serto, liliis ac rosis æternum odorem spirantibus decoratur, quia hic sicut lilium germinans castitate ornabatur. Pro mundi contemptu purpureo dyademate coronatur, quia virtutibus vernans mundo et viciis moriebatur. Pro martyrio corona auro gemmisque radiante laureatur, quia Regem gloriæ sequens regis (f° 192 v°) incesti gratiam aspernabatur. Hodie sanctus Johannes evangelista de carcere hujus mundi migravit, ac cœlesti palatio, lætantibus choris sanctorum, gratulabundus intravit. Hoc quia propter ingens officium non potuit hodie celebrari, statuit Ecclesia in ebdomada Natalis Domini sollemniter feriari. Igitur, dilectissimi, hos æquivocos summos Dei amicos inter summos angelorum rutilos devotis hodie laudibus orantes ad thronum gloriæ mittamus ut misericordiam consequamur et gratiam in auxilio oportuno inveniamus (*Hebr.* iv), ut gaudia æterna, quæ nobis ob facinora nostra denegantur propter intercessiones et merita illorum tribuantur, in quibus Deus omnes voluntates suas mirificavit (*Psal.* xv) et eos nunc in regno gloriæ Filii sui ineffabiliter glorificavit. Ubi oculus et auris (*I Cor.* ii) et cætera.

DE SS. PETRO ET PAULO.

Ascendes, Domine, super equos tuos et quadrigæ tuæ salvatio (*Habac.* iii). Summus opifex Deus, karissimi, præclarum palatium sibi in cœlis construxit, sed unus paries collapsus corruit dum primus angelus cum multitudine sibi consentientium cecidit. Unde Filius Dei super equos suos ascendit; per totum mundum circuiens, ad restaurandum parietem vivos lapides collegit multosque preciosos quadrigis suis imponens onustus ad Patrem regreditur; paries celeriter erigitur, ædificium Dei egregie perficitur. Quadrigæ Dei Evangelia fuerunt quæ omnibus credentibus salvatio extiterunt. Equi vero Dei apostoli erant qui has quadrigas per IIIIor partes mundi trahebant. In his quadrigis Christus vectus circumportatur dum per apostolos per circulum orbis prædicatur. His equis ascensis milites veri David, scilicet martyres Christi, contra persecutores certamen inierunt et prælia Dei Israel cum lætitia pugnaverunt. Hujus exercitus summi duces extiterunt Petrus et Paulus, quorum hodie solemnia devoti celebramus, quia hodie peracto bello victoriosissime triumpharunt ac cœlestis curiæ aulam summi senatores apostolorum principes laureati intrarunt. Hii in carne positi lumina mundi signis et scriptis fulserunt, quandoque cum Christo judices ut sol fulgebunt. His duabus firmis columnis tota Ecclesiæ machina sustentatur, et horum factis et dictis velut preciosis gemmis splendide illustratur. Ex quibus unum Dominus pisces (f° 194) insequentem de navi vocavit, claves regni cœlorum ei donavit, principem Ecclesiæ exaltavit. Alterum homines persequentem de cœlo elegit, claves scientiæ ei dedit, præceptorem gentibus eum præfecit. Hæc est mutatio dexteræ Excelsi, quia de piscatore principem, de persecutore constituit doctorem mundi. Igitur Paulus aperit sua clave credentibus januas Scripturæ; Petrus aperit sua clave in bono perseverantibus portas vitæ mansuræ. Paulus dulci doctrina et pœnitentiam dura corda mollit; Petrus data potestate flentes a reatu absolvit. Paulus impellit homines ad gaudia instanter monendo; Petrus trahit eos ostia vitæ clementer aperiendo.

Petrus frater Andreæ, a Bethsaida oriundus, a parentibus Symon dictus, in Galilæam piscator fuit; sed a piscatione a Domino vocatus navim cum rete reliquit, auctori vitæ cum fratre adhæsit. Unde et Dominus rete fidei contexuit eosque piscatores hominum instituit, quia per eos multos de gurgite hujus sæculi ad litus æternæ quietis extrahere voluit.

Hic Domino præ omnibus apostolis familiarius adhærebat, præ omnibus cum ferventius diligebat, Domino interroganti præ omnibus respondebat. Denique, cum Dominus ad Cæsaream venisset, et a discipulis quod populus de eo sentiret inquisisset, illique responderent quod quidam eum Helyam, quidam Johannem Baptistam, alii Hieremiam, alii alium prophetam esse dicerent, et ipse quidnam ipsi sentirent de eo inquireret, Petrus respondit præ omnibus: *Quia tu es Christus Filius Dei vivi* (*Matth.* xvi); et Dominus fidem ejus beatificavit, quam non, inquit, carnalis progenies sed Pater meus tibi revelavit. Et ideo nomen tuum *Petrus* mutabo, super petram fidei tuæ quoque Ecclesiam meam fundabo, adversus quam infernales portæ non prævalebunt, nec flumina persecutionum eam subvertere poterunt, teque facio vitæ ostiarium, dans tibi claves regni cœlorum, sitque tibi potestas collata ut quæ in terris a te fuerint ligata, in cœlis etiam permaneant nexibus implicata, et quæ a te super terram fuerint resoluta, in cœlis etiam sint a vinculis tuta (*ibid.*). O quam beatus homo cui talis potestas datur a Deo! Sed nimirum, cum esset Ecclesiæ pastor præferendus, ut sciret fratribus compati, erat temptationibus erudiendus. Unde, cum quodam tempore Dominus ad adorandum in montem solus (f° 194 v°) ascendit, discipulos mare navigio transire præcepit: mare autem Rectorem suum abesse sentiens, naviculam furibundis procellis quatiebat, pavor nautas occupat, quia eis naufragium jam imminebat, et ecce Dominus super mare ambulans veniebat. Illis fantasma esse arbitrantibus et præ timore vociferantibus, blande eos consolatur, ut fiduciam habeant adhortatur, se esse protestatur; et Petrus: *Si tu*, inquit, *es, Domine, jube me ad te venire* (*Matth.* xiv). Quem cum juberet venire, egressus de navi cœpit super tumentes fluctus quasi super solidum ire. Tempestate autem ingravescente perterritus contremiscit, et mox sub plantis se calcantis debiscit. Quem cum absorbere minatur, auxilium Domini cum clamore imprecatur; sed et protinus illius dextera comprehensus de periculo sustentatur; cum Domino ad navim super fluctus ambulat statimque mare Dominum suum adesse sentiens, furentes procellas mitigat. O qualis fides in ejus pectore ferbuit, qui se perturbatis fluctibus committere non pertimuit! Illa etiam nocte qua se Christus pro salute mundi hostiam Deo Patri obtulit, a discipulis se derelinquendum retulit; sed Petrus et in carcerem et in mortem se cum eo iturum asseruit. Dominus autem se tercio ante galli cantum ab eo abnegandum affirmavit, quod ita eventus probavit ; nam, cum Dominus a Judæis tentus male tractaretur, et sicut ovis ad occisionem duceretur, inquisitus Petrus utrum ad ejus discipulatum pertineat, cum juramento abnegat atque procaci voce se eum nosse minime congeminat. Gallo vero canente, Dominus se negantem conspexit, et Petrus egressus amaris fletibus commissum puniens, se respicientem ad misericordiam flexit. Idcirco, karissimi, divina pietas permisit principem Ecclesiæ tam inmane facinus committere, ut in suo casu disceret qualiter infirmis proximis condolere ac compati deberet. Ideo et hodie Dominus gravem patitur electorum ruinam ut nostra fragilitas per eos se erigat ad clementiam divinam, quatinus, cum eos de gravi lapsu per pœnitentiam et satisfactionem conspexerimus resurgere, ac sanctæ conversationis studium ardenter arripere, nos quoque patientiam et divicias misericordiæ Dei intuentes, in vasa misericordiæ conemur de profundo iniquitatum emergere. Petro itaque in fletibus permanente (f° 196), ac se aliis discipulis conjungere non præsumente, Dominus resurgens ei apparuit, consolationem et veniam ei tribuit. Alia vice Petro cum aliis piscante Dominus apparuit, cum eis convivium iniit, Petrum tercio interrogat utrum se præ aliis diligat. Qui tercio sui cordis amorem fatetur et terna negatio deletur, Dominusque ei tercio oves suas pascendas commisit pro quibus ipse bonus pastor animam suam posuit. Deinde ei prænunciat quod et ipse ad honorem Dei pro eisdem ovibus animam in cruce ponat. Postquam Dominus ad paternam sedem rediit, Petrus numerum apostolicum per Mathyam supplevit, quem Judæ suspendium imminuit. Paraclyto autem Spiritu sancto adveniente, et eos sua consolatione replente, Petrus publice populo Christum annunciat ; et quem prius ad vocem ancillæ timidæ abnegat, hunc nunc coram metuenda potestate sacerdotum constanter prædicat. Quadam die cum Johanne ad templum ascenderat, et ecce quidam claudus ab eo postulat ut elemosinam accipiat; cui Petrus dixit se aurum et argentum non habere, habita autem libenti animo præbere, præcipiens ut in nomine Jesu Christi surgeret et sanus abiret. Qui ilico sanus efficitur, templum Domini laudans ingreditur, multusque populus ad Deum convertitur. Deinde Petrus ducitur in concilium malignantium, v:.ant undique verba comminantium, sed Petrus ydiota magistros plebis Scripturis superat per Spiritus sancti effusionem, per signorum perpetrationem Jesum ab eis crucifixum Deum esse probat. Deinde eo cum coapostolis in templo prædicante, a magistratibus comprehenditur, carceri cum omnibus recluditur, custodia militum apponitur. In nocte autem angelus Domini januas carceris reserat, apostolos educens, verba vitæ populo nunciare imperat. In crastino sacerdotes in concilium conveniunt, ad educendos apostolos ad carcerem mittunt. Qui reversi referunt se carcerem cum omni diligentia clausum reperisse, aperto autem neminem intus invenisse. Dum inde stupefacti ad invicem conferrent, narratur eis a quodam quod in templo populum docerent. Qui adducti flagellis cæduntur, sed a concilio gaudentes revertuntur, quoniam pro nomine Jesu adversa paciuntur. Deinde Petrus VII diacones ordinat, ex quibus Stephanus signis et prodigiis præcipue coruscat (f° 196 v°) ; sed perfida plebs Judæorum eum lapidibus obruere festinat. Philippus autem, socius suus, Samariam descendit, multitudinem populi signis, prædicationibus ad fidem convertit.

Eo tempore erat ibi Symon Magus qui diu populum magicis artibus dementaverat ; hic a Philippo baptizatus ficto corde fidelium se turbæ associaverat. Apostoli ergo Petrum cum Johanne ad confirmandos baptizatos miserunt, qui ab eis confirmat' mox accepto Spiritu sancto, omnibus linguis loqui cœperunt. Quod, postquam Symon Magus vidit, copiosam peccuniam Petro obtulit ut sibi hæc potestas daretur cui manus imponeret ut variis linguis loqueretur. Quem Petrus cum omnibus sequacibus suis tali perculit maledictione : *pecunia*, inquit, *tecum sit in perditione* (Act. VIII). Ab illa die cœpit Symon Magus Ecclesiam perturbare, se Christum, Petrum vero seductorem affirmare. Interea, cum multitudo credentium communiter viveret, et quidam de precio, vendito agro, surriperet, dum eum Petrus increpavit, cum uxore sua statim expiravit. O quam metuendus magister Ecclesiæ erat, cui Spiritus sanctus tam præsens ad ulciscendum aderat ! In hoc tanta Spiritus sancti affluentia redundaverat, quod infirmi in plateis positi de umbra ejus sani fiebant. Quadam die Petro in templo prædicante, et pontifice cum Phariseis doctrinam ejus improbante, Petrus prædixit eis templi exterminium, quod postea contigit ab exercitu gentilium. Quædam mulier Thabita nomine quæ multas elemosinas egenis impendebat : quam mortuam cuncti flebant pro [*leg.* post, *ut infra*] Petro mittentes, vestes a Thabita factas viduæ ostendebant, quam ipse protinus flentibus vivam restituebat.

Eo tempore erat quidam centurio in Cæsarea, nomine Cornelius, in elemosinis et orationibus assiduus, cui angelus Domini manifeste apparuit ut in Iopen post Petro mittat et ejus verbis obediat præcepit. Interim, dum Petrus in oratione prosternitur, extra se rapitur et vidit vas de cœlo summitti quatuor funibus, quod plenum erat diversis reptilibus, voxque veniens desuper : *Surge*, inquit, *Petre, macta et manduca* (Act. X) ; cumque ille responderet se numquam inmundum manducasse, dixit vox cuncta a Deo creata munda esse. Hoc dum tercio cernitur, vas in cœlum recipitur.

Vas summissum quatuor initiis (f° 198) est Ecclesia in cœlum recepta IIIIor Evangeliis ; in quo diversitas serpentium et reptilium est multitudo ydolis servientium vel peccatis ; quos Petrus debet prædicando in peccatis occidere et er fidem ac bonam operationem in Christi corpus, quod est Ecclesia, traicere.

Cornelius itaque ad Petrum misit; venienti ad se cum fratribus visum retulit. Quibus, dum Petrus Christum innotuit, Spiritus sanctus super audientes cecidit, et dum omnes linguis loquerentur, jussit Petrus ut in nomine Domini baptizarentur. Hic Cornelius postmodum præficitur Cæsariæ episcopus, rexitque Ecclesiam ydonee doctrina et miraculis clarus.

Postea Petrus ab Herode comprehenditur, duabus catenis constringitur, carceri mancipatur, a XVI militibus custodiendus commendatur. In nocte vero quando eum in crastino Herodes erat populo ad illudendum producturus, erat Petrus dormiens inter duos milites vinctus catenis duabus. Porro tota Ecclesia fundebat pro eo precum libamina; et ecce ipsa nocte angelus Domini cum magno lumine Petrum excitavit ut surgat, se sequatur imperavit. Confestim catenæ sunt de manibus ejus absolutæ, cumque egrediuntur ferreæ portæ ultro eis aperiuntur. Sic | princeps Ecclesiæ per angelum liberatur, gaudenti Ecclesiæ redonatur. In crastino ab Herode ad carcerem mittitur, Petrus adduci præcipitur. Carcer clausus cum custodibus repperitur, apertus vero Petrus non invenitur. Omnibus inde stupentibus percussit Herodem angelus Dei et interiit scaturiens vermibus.

Petrus vero cum Symone Mago sæpe conflixit, versucias ejus omni populo detexit: unde fallax et subdolus ab Antiochia propulsatur; Petrus cum magno advocatus honore pontificali infula sublimatur. Qui bonus agricola vineam Domini infatigabiliter excoluit, palmites undique a Judæis et gentibus collectos veræ viti Christo inseruit; dictis et scriptis irrigavit, signis et miraculis fecundavit. Et quia cum Deus summam lucernam accendit, summo candelabro eum imponere decrevit ut omnibus in domo hujus mundi constitutis lucere possit. Itaque in circuitu verbum Dei disseminans Romam pervenit, ibique summi pontificatus regimen totius Ecclesiæ a Christo sibi collatum percepit. Et sicut Orientem signis et doctrinis illuminavit, ita et Occidentem virtutibus et miraculis (f° 198 v°) illustravit. Perplures etiam religiosæ vitæ personas episcopos ordinavit, per diversas provincias ad prædicationem destinavit; qui per eum signis et prodigiis fulserunt et multitudinem gentium ad fidem nominis Christi perduxerunt. Porro ipsemet tam excellens erat in miraculis, ut non solum per orationem vel corporis sui umbram sanitatem redderet languidis, verum etiam per baculum vitam restitueret mortuis: Denique Maternum ab eo missum, postea Treverensem episcopum, in itinere defunctum, XL diebus sepultum, misso baculo per Valerium et Eucharium a morte resuscitavit, qui postmodum XL annis vivens gentibus prædicavit ac gloriosus cum sociis suis in miraculis claruit. Vere Dominus implevit quod suis amicis promisit. *Qui credit in me*, inquit, *opera quæ ego facio et ipse faciet et majora horum faciet (Joan.* xiv). Dominus quippe quadriduanum mortuum ad vitam revocavit, ecce Petrus XL diebus tumulatum per baculum suum resuscitavit. Similiter Fronton ab eo missus Petragoricæ Ecclesiæ episcopus, socium suum Georgium presbyterum in itinere resuscitavit per beati Petri baculum.

Paulus autem a Tharso Ciliciæ nobili genere ortus, a parentibus Saulus dictus, Hierosolimis a Gamiele (sic) legem instructus, persecutor Ecclesiæ fuit; sed a Domino de cœlo vocatus sæviciam deseruit, Domino fideliter servire studuit; nam ab eo in via prostratus et lumine privatus, sed post triduum baptizatus in corpore et in anima illuminatur. Continuo in synagogam Judæorum intrat, Christum publice fiducialiter prædicat. Qui volentes eum occidere, insidias tendunt. Pagani eum in Damasco custodiunt, sed fideles eum in nocte per murum in porta emittunt. Sicut præliator fortis exivit in campum certaminis. Hierosolimam itaque venit, Barnabas eum ad apostolos adduxit, eisque retulit qualiter ei Dominus in via apparuerit, qualiter baptizatus sit, quam fiducialiter in synagoga egerit et quomodo vix manus eorum invaserit. Qui gaudio repleti Deo gratias retulerunt ac Petrus, Jacobus et Johannes, dexteras ei societatis apostolicæ dederunt, atque eum cum Barnaba et aliis [ut] Christum gentibus prædicarent direxerunt. Qui pene universum mundum (f° 200) pervagans, et verbum Dei disseminans, Orientem et Occidentem quasi duobus funibus complexum ad fidem pertraxit, copiosa Scripturæ eloquentia instruxit. Inter cætera præclara signa quæ fecit, cuidam mago sibi resistenti lumen ademit, proconsulem Paulum convertit nomenque ejus perpetuo possedit. Mos enim antiquitus erat ut si præpotens persona ab alio superaretur, nomen victi victori imponeretur. Quadam nocte dum Paulus sermonem protrahit, quidam adolescens obdormiens de tercio cœnaculo corruit. Qui mortuus levatur, sed protinus a Paulo resuscitatur, Christusque ab omnibus laudatur. Omnibus igitur ecclesiastice institutis, ad apostolos remeat, quanta Deus per eum in gentibus fecerit narrat. Qui prædestinatori Deo grates retulere, qui omnes homines vult salvare et ad agnitionem veritatis venire. Paulus itaque, dum in templo orat, ad tercium cœlum rapitur, in cœlestem paradysum transfertur, Jesum Christum vidit, multa secreta conspexit quæ homini loqui non licuit. Deinde spiritus fervore, prædicandi ardore in gentes regreditur, in singulis pene civitatibus virgis vel flagellis cæditur aut lapidibus disceptus semivivus eicitur; in multis locis catenis constringitur, carceribus sæpius includitur. His et aliis pluribus adversis pro Christo perpessis, Hierosolimam revertitur, a paganis comprehenditur, a Judæis rapitur, catenatus Romam mittitur, in navigatione navis a tempestate solvitur, Paulus fluctibus involvitur, tribus diebus ac noctibus in profundo pelagi latuit; deinde Christo levante emersus litus incolomis tenuit. Et in hoc Petro in meritis æqualis extitit dum sub undis triduo naufragiis vivere valuit super quas Petrus pedibus ambulare potuit. Paulus itaque dum in insula sarmenta ad ignem collegit, vipera in manu ejus inhæsit, quam ille excutiens in ignem projecit. Porro habitatores loci illius hæc videntes, pessimumque hunc dicentes qui, dum naufragium evaderet, ultio cum divina vivere non sineret, cum inde non moreretur, Deum esse dixerunt atque per ejus prædicationem ad verum Deum converti meruerunt. Et alia vice, dum in quadam civitate cum Barnaba prædicaret, et claudum quendam sanaret, pagani eum Deum esse putaverunt (f° 200 v°) atque sacerdotes ei sacrificare voluerunt; sed per eum verum Deum omnium cognoverunt. Navi denuo a tribuno instaurata, Paulus Romam ducitur, consorti et coapostolo Petro conjungitur, et sicut Helyas et Enoch ultimo tempore errorem infidelitatis destruentes et Antichristum confundentes ab ipso occisi coronantur, ita isti Symonem Magum erroris magistrum evincentes, Neronem, figuram Antichristi gerentem contemnentes, ab ipso necati laureantur. Et dignum erat ut summi a summo principe in summo loco consummarentur, qui a summo Deo in summa arce poli summoque loco beatorum collocarentur. Sed qualiter triumphaverint nunc audire licebit.

Cum Symon Magus populum Romanum multis erroribus seduxisset, quadam die in urbe Roma cum turbis Petrus et Symon conveniunt, in audientia populi verba inter se conferunt; et ecce quidam mortuus ad tumulandum portatur, et Symon populum affatur : « Quam, inquit, pœnam infertis Petro si hunc mortuum suscitavero? Vivum, inquiunt, trademus incendio. » Ipse vero invocato dæmone fecit se corpus movere atque singultus edere. Turbæ Symonem laudibus extollunt, Petrum seductorem dicunt. Petrus vero vix sedato populo dixit ut, si viveret, surgeret, loqueretur, comederet; si hoc facere non posset, opus diaboli esset. Unde populus commotus Symonem ad excitandum mortuum compulit, sed et ipse iram simulans abire cœpit. Mox a populo comprehenditur ut flammis exuratur, sed Petrus rogat ut ei parcatur statimque nomen Christi invocavit, mortuum quasi dormientem suscitavit, qui retulit se ante judicem ductum et per Petri preces reduci jussum, Petrum comemorans verum Dei amicum, Symonem vero diabolica deceptione plenum. Itaque omnis cœtus unum Deum clamat, Christum Filium Dei magna voce laudat, Symonem execrantes abiciunt, Petrum venerantes, ei devote manus submittunt. Inter quos erat Marcellus, genere et opibus præcelsus, in cujus domo Symon hospicium habuit; sed eum cum dedecore a se expulit, Petrum vero cum magno affectu hospicio recepit. Unde Symon intus canem permagnum intra januas domus Marcelli cum catena ligavit, cujus (f° 202) terrore Petrum ab hospicio arceri cogitavit; sed Petrus veniens canem solvit, ad dominum suum redire præcepit, interdicens ne ei dentem infigat, sed ut deceptorem animarum confundat. Canis autem saltus dans in Symonem in medio civitatis irruit, ad terram violenter dejcit, totas vestes ejus particulatim comminuit. Symon vero in lupum transformavit [transformatus?], ululatum lupi simulavit, ab Urbe fugiens abdita silvarum intravit. Quem ille magnus canis omnesque pueri urbis cum canibus insecuntur atque confusum morsibus canum dilacerare nituntur. Sic prodigiosus homo duobus annis latuit; postea ad Neronem veniens Deum esse se asseruit, in varias figuras diabolica arte se transtulit, Petrum et Paulum hostes Cæsaris ac populi Romani retulit. Unde jussu Neronis apostoli Petrus et Paulus comprehenduntur, imperatori adducuntur, in præsentia ejus probant Symonem fallacem, Christum vero in divinitate Patris regnantem. Symon vero promittit se cœlestia ascensurum, Neronem ad se de terris evocaturum, si modo ei alta turris fiat de qua cœlum petat, quia hoc ei inter peccatores fieri non liceat. Jubente ergo Nerone multitudo artificum ligneam turrim construxit, ad quod spectaculum totus populus Romanus confluxit. Symon vero laureatus turrim ascendens cœpit volare atque a dæmonibus portatus aera penetrare. Quos Petrus adjurat et ne eum ulterius ferant per Christi nomen imperat. Mox ab eis relictus cecidit et in multa frusta insiliit. Unde repletus Nero furore jussit apostolos suppliciis interire. Qui illico catenantur, carcerali custodia novem mensibus macerantur. Quadam autem die Petro de custodia eunti Dominus occurrit ei. Quem Petrus quo vadat inquirit, et Dominus se Romam ire et iterum crucifigi velle respondit. Statim in custodia regreditur. Deinde a tortoribus educitur, coram populo exemplo Christi crucifigitur. Crux ejus giratur, ipso petente, pedibus sursum erectis, capite deorsum pendente. Sic bonus pastor animam pro grege credito sibi posuit, quem fidelem famulum Dominus super omnia bona sua constituit. Paulus autem illo anno relaxatur, ut ipsemet testatur : *Liberatus sum*, (f° 202 v°) inquit, *de ore leonis* (*II Tim.* IV), scilicet de manibus Neronis. Postea autem cum multi imperatoris amici per eum ad Christum converterentur, denuo teneri jubetur. Qui eodem die pro Christo jugulatur quo Petrus pro Ecclesia in cruce levatur. De cujus cervicis vulnere lac cum sanguine manavit, quia dulcis doctrina semper in eo exuberavit. Post hæc vero a populo Romano Nero de regno cum dedecore propulsatur, in silvis delitescens a lupis devoratur. Sic isti triumphatores sanguine suo cœlestia mereantur et hodie laureati in angelica curia exaltantur; et quia jam in gaudio messuerunt quod in lacrimis seminaverunt, illorum exempla sequentes, illorum doctrinæ in omnibus obedientes, ab illo, qui est gloriosus et mirabilis in sanctis suis petamus ut per illorum merita illa gaudia obtineamus. Quam oculus non vidit (*I Cor.* II), et cætera.

Si festivitas sancti Benedicti in die Dominico contigerit, sic populus de eo instrui poterit:

Translatio sancti Benedicti abbatis.

Justus germinabit sicut lilium et florebit in æternum ante Dominum (Isa. xxxv). Lilium exterius albescit, interius aureo colore fulgescit, suavi odore gratescit, sic iste Pater sanctissimus, nomine et actione Benedictus, cujus hodie solemnia colimus, exterius erat albescens candore castitatis, interius fulgescens aureo colore caritatis, omni virtute spirans odorem suavitatis. Ideo in æternum ante Dominum in gloria florebit et cum angelis in gaudio perhenniter gaudebit. Hic multis signis patratis dum ad montem Cassinum venisset et fratribus illic habitacula construere cœpisset, apparuit ei horribili facie diabolus ubi jacuit in oratione prostratus, cum potius maledictum quam benedictum dici clamavit, cur se persequeretur diris vocibus vociferavit. Cui, dum ille minime responderet, dixit quod fratres in extruendo muro juvare oporteret, abiensque, murum in quo fratres tunc occupati erant impulit, qui lapsu suo unum de monachis opprimens, illi mortem, aliis luctum intulit. Qui vix sago ad Benedictum cum magno luctu apportatur, sed ab eo statim precibus incolomis resuscitatur. Quem mox murum cum fratribus reparare imperat de cujus (f° 204) ruina diabolus gaudebat.

Alia vice, dum quidam lapis debuit in ædificium poni, a multis non potuit tolli. Oratione itaque a Benedicto facta, diabolus, qui desuper sedit fugatur, lapis a paucis levatur, apto loco in ædificio locatur. Tunc jussu Patris fratres ibidem altius terram foderunt et idolum ibi invenerunt; quod dum in coquinam projecissent, visus est ignis exire et omne illud habitaculum consumere. Qui, dum certatim aquam proicerent ut incendium extinguerent, advenit Benedictus dolens fratres illudi hostis maligni fraudibus. Oratione autem fusa diabolus pellitur et illud ædificium incolome ab omnibus cernitur. Quadam die rusticus ci filium suum mortuum attulit, quem protinus vir sanctus orando vitæ restituit. Quidam puerulus monachus de monasterio absque licentia beati viri abiit, sed eodem die quo ad parentes venit obiit. Qui, postquam sepelitur, a terra projectus invenitur; quem denuo tumulatum evomuit ac in se retinere non valuit, qui Benedicti gratiam non habuit. Unde parentes cum fletu ad Benedictum veniunt, sacrificium de manibus ejus accipiunt, quod corpusculo alligatum, sepulturæ tradunt et amplius ejectum non repperiunt.

Quædam nobiles feminæ sub eo conversæ degebant quæ se a vaniloquio non continebant; quibus vir Dei mandavit ut linguam suam refrenarent, alioquin eas excommunicaret. Quæ minime se corrigentes intra breve tempus sunt mortuæ atque inter sollemnia missarum cottidie visæ sunt de sepulchris exire. Pro quibus dum Benedictus dedit oblationem, ulterius non deseruerunt tumuli habitationem.

Pensate, fratres karissimi, cujus meriti apud Deum iste vir fuerit, qui mortuis vitam reddidit, animas carne solutas tam potenter ligare et solvere potuit.

Multa sunt hujus viri miracula quæ longum est vobis enarrare per singula; tamen pauca adhuc referamus ad laudem ejus qui facit mirabilia solus. Quidam presbyter a dæmone obsessus a nullo potuit liberari; ad Benedictum vero adductus mox meruit expulso dæmone curari. Monachus quidam (f° 204 v°) ad hauriendam aquam egressus fuerat quam dæmon ingressus graviter vexabat : Benedictus vero adveniens protinus hostem imperio fugabat. Frater quidam de cella Benedicti discedere disposuit, sed ei draco occurrens eum devorare voluit, apparendoque retraxit quem prius latendo foras traxit. Fratres pro quodam responso missi erant, qui in itinere absque licentia edebant. Reversus vir Dei de transgressione increpat; eis negantibus, genera et numerum ciborum indicat; quibus petentibus veniam clementer indulget, de cavendis peccatis benigne admonet. Quidam puer monachus, nobili genere, astitit Benedicto cœnanti cum lumine ; qui dum per spiritum superbiæ in pectore tacitus versaret, quisnam esset cui ipse serviens astaret, Benedictus jussit eum lumen deponere, signum sanctæ crucis cordi ejus imprimere, cunctisque stupefactis retulit quæ et quæ in corde meditans voluerit : qui omnes mirari cœperunt quod verbo cogitationis in auribus Benedicti sonuerint. Perfidum regem ad se fraudulenter venientem Benedictus increpat et cuncta ei ventura prænunciat. A quodam nobili viro rogatus fratres ad construendum monasterium misit, quibus in nocte longe a se positis apparuit, cuncta habitacula monasterii ædificanda designavit. Fames valida regionem vexabat et Benedictus cuncta monasterii sui indigentibus erogabat; unde fratres contristari cœperunt quia pauci panes eis ad victum remanserunt : Quos Pater sanctus blande consolatur, Deique potentiam intente deprecatur; et ecce subito ante fores monasterii ducentos modios candidissimæ farinæ in saccis invenerunt missorique Deo grates retulerunt cujus dono hæc usque ad novas fruges copiose suffecerunt. Eo tempore quidam a Benedicto oleum peciit, qui dari jussit quod pauculum in vase vitreo remansit; sed is, qui hoc sub custodia habuit, dare recusavit, quia hoc infirmis fratribus reservare melius putavit. Benedictus vero præcepit aliis ut vas cum oleo proiceretur, ne quid contra obedientiam in cella manere videretur. Quod a fratribus projectum in saxoso loco figitur et nec vas rumpitur nec oleum effunditur. Benedictus autem jubet illud (f° 206) tolli et petenti tribui, inobedientemque fratrem corripiens cum omnibus oratorium intravit, se Deo in oratione prostravit, et in loco illo stetit dolium in quo a fundo usque ad summum cœpit excrescere oleum.

Sic pius Dominus servo suo fideli centuplum semper reddidit, quem postea super omnia bona sua constituit. Quidam rusticus a quodam milite pro rebus suis constringitur, ante equum suum ad cellulam Benedicti vinctus impellitur, sed a viro sancto intuitu solo solvitur, nam, dum eum in oculos flexum ilico ruptis vinclis solutus stetit. Quadam media nocte, Benedictus ad confitendum nomini Domini surgebat et preces cum ymnis Domino in turri stans ad fenestram fundebat, et ecce aperto cœlo lux immensa præ meridiano sole coruscavit quæ totius noctis tenebras effugavit, in cujus jubare cujusdam antistitis anima cœlos penetravit parsque hujus lucis per fenestram ut solis radius intravit ad qua (sic) Benedictus stans oravit, et dum sancta mens ejus in Deo dilatatur, totum mundum in hoc radio contemplatur. Alia vice, dum cœlos intendit, sororis suæ animam in specie columbæ ad astra ferri ab angelis conspicit. Postquam his et aliis pluribus præclaris signis tempora sua ornavit, discipulis obitum suum prænunciavit. Correptus languore se in oratorium portari rogavit, munitusque Domini sanctis sacramentis inter verba orationis beatum spiritum efflavit. Qui dum ab angelis in superna patria exaltatur, ejus perhennis gloria discipulis suis longe vel prope positis divinitus revelatur. In specu quoque quo olim latuit mulier insana sanitatem recepit. Post cujus excessum, paganorum exercitus monasterium ejus destruxit sicut ipse vivens prædicens astruxit; et cum locus esset desertus a quibusdam religiosis translatum est in Gallia ejus corpus, sicut hodie recolimus quod multis signis in itinere atque in perventione clarificavit Deus; et sicut eum Deus hic gloriosis signis inter homines mirificavit, ita nunc inter omnes sanctos excellenter gloria et honore coronavit. Quem ipse nunc inter astra matutina resplendens jubilat atque omnes se imitantes seque devote invocantes ad eadem pervenire gaudia adjuvat. Quæ oculus non vidit (*I Cor.* ii), et cætera.

DE SANCTA MARIA MAGDALENA.

Non veni vocare justos, sed peccatores ad pœnitentiam (*Matth.* ix). Revera, karissimi, prius Dominus actibus declaravit quod verbis prædicavit. Non enim vocavit Pharisæos et alios qui se justos contumaciter asseverabant, sed publicanos qui se peccatores humiliter affirmabant. Unde eos publicani et meretrices in regnum Dei præcesserunt qui eum amicum publicanorum dixerunt. Unde et ipse Pharisæum in templo de bene gestis suis se arrogantem reprobavit; publicanum vero de male gestis suis se accusantem justificavit (*Luc.* xviii). In quem enim angeli in cœlis desiderant prospicere (*I Petr.* i) venit in hunc mundum peccatores salvos facere. Multos de lacu miseriæ et de luto fœcis (*Psal.* xxxix) peccatorum eduxerat qui venit quærere et salvum facere quod perierat (*Luc.* xix), ex quibus nobis, ut hodie evangelium sonuit, beatam Mariam Magdalenam exemplum suæ clementiæ posuit. Hæc soror Lazari narratur qui a Domino de sepulchro quadriduanus resuscitatur, sororque nichilominus Marthæ extitit quæ Dominum hospicio suo sæpius excepit. Hæc Maria in Magdalum castellum marito traditur, sed ab eo in Hierosolimam fugiens, generis inmemor, legis Dei oblita, vulgaris meretrix efficitur, et postquam se sponte fecit turpitudinis prostibulum, facta est jure dæmoniorum delubrum, nam VII dæmonia simul in ea intrabant et jugiter eam immundis desideriis vexabant. Quæ ad Jesum a sorore sua est adducta de eunique VII dæmonia statim sunt ejecta, et sana cum sorore domum est gaudens regressa. Postquam vero Dominus in domo cujusdam Pharisæi ad convivium rogatus discubuit, a quo ipse prius lepram expulit, Maria persuasu sororis nudis pedibus nudisque capillis cum preciosis unguentis venit quæ prius in usum suæ turpitudinis coemit. Ad pedes Domini procubuit, quia dolet quod multis amatoribus succubuit; exitus aquarum oculi ejus deduxerunt, quia legem Dei non custodierunt; lacrimis sordes pedum se lavantis lavit, et ipsa a sordibus criminum ablui meruit; crinibus pedes Domini tersit quos prius auro (208) ad illiciendos juvenes compsit; oscula vestigiis ejus votive infixit, quæ prius delectabiliter corruptoribus exhibuit; unguento unxit se lavantis pedes, quo prius carnem suam perungens attraxit fetorem se turpiter amantis; cuncta quæ prius voluptuose præbuit ad carnis officium, nunc econtra vertit luctuose in Domini obsequium; et quia non erubuit prius coram angelis volutabro immundiciæ ut suis involvi, nunc non veretur coram convivantibus hominibus confundi; et quo modo ipsum fontem misericordiæ ibi invenit, ab omni labe purgata recedit. At infelix hospes scandalizatur quod se Dominus tangi a peccatrice non dedignatur; etiam non solum ægram, sed et medicum in corde reprobat, ipse vero miser febre falsæ justiciæ acriter laborat. Dominus autem bona ab eo prætermissa enumerat, ab illa vero impensa replicat, ut per hoc nobis innuat quod de omnibus negligentiis nostris vindictam sumat, propriis vero studiis alta præmia conferat. Malivolum itaque confutans clemens judex, ream se ipsam punientem absolvit, cum pace pax vera abire permittit. Quæ ad sororem gratulabunda revertitur, reliquum vitæ castimoniæ summo studio impenditur. Denique, cum Dominus ad Martham ejus sororem declinavit, et ipsa ejus servicio magnopere insudasset, ista pedibus ejus humiliter adhærebat, verba dulcedinis ejus sitibundo pectore hauriebat. Cum ipso et suis sequacibus provinciam circuire anhelabat, ei de sua facultatula ministrabat. Licuit enim feminis apud

Judæos cum religiosis viris circuire et de suis rebus eis in necessitatibus deservire. Postquam vero Dominus ad passionem pro salute mundi properans in domo Pharisæi cujus supra recubuit, et Lazarus unus de discumbentibus fuit, Maria preciosum unguentum super caput ejus refudit, designans quod Ecclesia cum odore virtutum ad eum veniret, quam ipse unguento sancti Spiritus ungeret; hocque factum Judas quidem improbavit, sed Dominus laudavit, quia opera Ecclesiæ quæ reprobis sunt horribilia, Deo nostro sunt acceptabilia. Domino quoque pro nobis in cruce pendente et discipulorum grege perempto, pastore in diversa (f° 208 v°) fugiente, ipsa imperterrita astabat atque in sepulchro positum cum aromatibus visitabat. Unde et angelum videre meruit Dominusque resurgens primo omnium ei publice apparuit, eamque apostolam apostolis suis misit, ut sicut prima femina mortem viro traderet, ita nunc femina perhennem vitam viris nunciaret. De ea etiam fertur quod postquam Dominum cum aliis discipulis cœlum ascendere viderit, Spiritumque sanctum cum aliis acceperit; ejus amore postea virum videre noluerit, sed in heremum veniens, in spelunca aliquot annis habitaverit. Ad quam, dum quidam presbyter errabundus venisset, et quænam esset inquisisset, Mariam peccatricem se esse respondit eumque ad sepeliendum corpus ejus missum retulit. His dictis mundum, quem diu inhorruit, gloriabunda obiens deseruit, et angelis ymnum concinentibus ad Dominum perrexit quem multum dilexit quique ei multum dimisit et in horto aromatum lilia colligere cum candidulis virginibus permisit.

Nunc ad nosmetipsos, karissimi, redeamus et quid de nostris criminibus agendum sit videamus. Propter hoc enim scripti sunt lapsus sanctorum et pœnitentia ipsorum, ut qui casum fragilitatis eorum imitati sumus, in malum proruendo, eorum etiam exemplo per pœnitentiam ad bonum convertamur malum deserendo. Sed, heu! nos miseri in peccatis eos imitari desideramus, in bonis vero eorum exempla sequi recusamus. Et si hactenus, karissimi, in malis sudamus, saltem hodie exemplo hujus mulieris transacta bonis sequentibus contingere satagamus. Beati enim dicuntur quorum iniquitates remittuntur et quorum peccata conteguntur (*Psal.* xxxi). Per baptisma remittuntur originalia, per pœnitentiam vero conteguntur peccata actualia. Quod enim nudi erubescimus, hoc obducta veste contegimus. Ita, karissimi, fœditatem turpis vitæ nostræ a Deo et ab angelis conspici erubescamus, et hanc lamentis pœnitentiæ et bonis operibus contegamus. Pro peccato et delicto sacrificium Deo spiritum contribulatum et cor contritum et humiliatum (*Psal.* L) offeramus atque dignos fructus pœnitentiæ faciamus (*Matth.* III), ut videlicet leviora peccata orationibus diluamus, graviora fletibus, jejuniis, vigiliis, elemosinis (f° 210) puniamus. Per legem enim imperatur ne hædus in lacte matris coquatur (*Exod.* xxIII). Hædum in lacte matris coquere est propter gravia scelera cum hædis ad sinistram deputatum leni pœnitentiæ subdere; sed hædum in lacte matris non coquimus si nos in flagiciis perditos asperis et duris pœnis afflicimus; in interitum namque carnis Satanæ tradi jubemur ut spiritu in die Domini salvemur. Porro populus Israel de Ægypto egressus in eo loco vicit hostes quo prius est victus, quia nos de hoc mundo ad patriam revertentes in eodem vicio diabolum vincere possumus quo prius ab eo victi sumus; a quo enim quis vincitur, illius et servus efficitur. Cavendum nobis est ne nos servos peccati diabolus inveniat et nos quasi jure perpetuo possideat. In lege quippe erat præceptum ut si quis necessitate compulsus se alii venderet, VII anno liber exiret: si autem a servicio abire recusaret, dominus suus subula aurem ejus perforaret, et sic eum jure perpetuo servum possideret (*Exod.* xxI). Cum devicti concupiscentiis sucumbimus quasi necessitate coacti nos alii vendimus, cum nos servos peccati facimus. Omnis enim qui facit peccatum, servus est peccati (*Joan.* VIII), sed VII anno liberi exire valebimus, quia per dona septiformis Spiritus a dominio diaboli absolvi poterimus. Qui autem liber fieri recusat, hunc dominus suus subula perforat, quia qui venundatus sub peccato per pœnitentiam liber ab hoc servicio ad Deum non exibit, hunc diabolus aculeo mortis perforabit, eumque servum jure perpetuo possidens, æternis tormentis cruciabit. Igitur, karissimi, beatam Mariam Magdalenam imitantes durum jugum diabolicæ servitutis a nobis proiciamus, et suave jugum Domini veræ libertatis suscipiamus; et cui servire regnare est, in sanctitate et justicia serviamus ut ab ipso in libertatem gloriæ filiorum Dei transferri valeamus. Quam oculus non vidit (*I Cor.* II), et cætera.

DE SANCTO JACOBO APOSTOLO.

Cœli enarrant gloriam Dei, et opera manuum ejus annunciat firmamentum (*Psal.* xvIII). Apostoli cœli appellantur in quibus divina secreta celantur, ex quibus fulgebat ut sol sapientiæ; splendebat luna eloquentiæ, rutilabant (f° 210 v°) stellæ virtutum, coruscabant fulgura miraculorum, concrepabant tonitrua prædicationum, fluebant pluviæ Scripturarum. Hii cœli gloriam Dei enarrabant cum apostoli Christum in toto mundo personabant. In omnem quippe terram exivit sonus eorum et in fines orbis terræ verba eorum (*ibid.*). Ecclesia vero vocatur firmamentum quia fideles ab infidelibus ut aquas pro aquis dividit per fidei sacramentum. Hæc opera manuum ejus annunciant dum facta et dicta Dei dignis præconiis filiis suis prædicant.

Vestis summi sacerdotis secundum legem debuit esse XII preciosis lapidibus insignita, quibus XII nomina filiorum Israel essent insculpta (*Exod.* xxxix). Summus et verus sacerdos Christus fuit qui Deo Patri hostiam sui corporis pro nobis obtulit. Hujus vestis est Ecclesia, XII apostolis velut totidem margaritis ornata; in quibus nomina XII filiorum Israel expressa fuerunt, quia Israel Christum Filium et XII apostolos præsignaverit, et ipsi XII tribus cum omnibus gentibus judicaturi erunt. Aureum quoque diadema gemmis redimitum in capite ejusdem sacerdotis fulgebat dum apostolicus chorus caput nostrum Christum cingebat. Hii sancta conversatione ut aurum fulgidi, virtutum gemmis insigniti dum in circuitu orbis cœlestem vitam prædicabant, quasi regium diadema sponsam Christi coronabant.

Legitur etiam quod Ysaac puteum aperuerit quem servi patris ejus foderunt, sed Philistæi cum terra impleverunt. Alium puteum servi foderunt Ysaac et vivam invenerunt aquam. Tercium puteum Ysaac fodit, quem *latitudo* appellavit (*Gen.* xxvi). Servi Abraham puteum foderunt dum Moyses et alii prophetæ servi Dei Vetus Testamentum coposuerunt (sic); sed hoc Philistæi terra scilicet Judæi terrena et sordida intelligentia repleverunt. Ysaac vero puteum aperuit dum Christus profunditatem sacræ Scripturæ apostolis innotuit. Servi quoque Ysaac puteum foderunt dum apostoli et evangelistæ Novum Testamentum per Spiritum sanctum scripserunt. Vivam aquam reppererunt dum evangelicam doctrinam salientem in vitam æternam in humanum genus derivaverunt. Tercius puteus qui ab Ysaac foditur baptisma intelligitur. Huic nomen *latitudo* imponitur quia per totum mundum diffunditur. Hujus fontis aquam apostoli (f° 212) servi veri Ysaac Christi per latitudinem orbis spargebant dum omnes gentes in nomine Patris et Filii et Spiritus sancti baptizabant (*Matth.* xxviii). Ex horum collegio beatus Jacobus, cujus hodie festa agimus, frater Johannis evangelistæ, traditur in Hispania prædicasse, de qua revertitur visitare Ecclesiam in Judæa positam; repperit eam a duobus magis, Hermogene et Phileto, subversam. Quorum fallaciam signis et prædicationibus destruxit et gregem Domini errabundum, a lupis invasum, ad verum pastorem reduxit. Insuper ipsos magos magistros erroris cum aliis pluribus ad Christum convertit nobilesque doctores Ecclesiæ effecit. Unde Judæi, invidia stimulati, seditionem concitantes Jacobum furibundi rapiunt et ad prætorium Herodis filii Archælai Aristoboli ducunt, ab eoque damnatum decollare pertrahunt. Qui in itinere paraliticum sanavit et scribam se cum fune trahentem baptizavit. Qui etiam cum ipso pro Christi nomine decollatur, et ita amicus Dei laureatus cum consorte cœlestis curiæ senatu collocatur. Cujus corpus ab Hermogene et Phileto aliisque quinque discipulis suis traditur, navi imponitur ut aliquo in loco abscondatur donec Domino concedente condigne sepeliatur. Qui navim ingressi obdormierunt et in crastino evigilantes se in Hispania ubi prius prædicavit esse cognoverunt. Corpus itaque efferentes super lapidem ponunt quod mox in lapidem ut in liquidum elementum mergi conspiciunt. Erat illo tempore in illis partibus præpotens femina, nomine et actione Lupa, totius provinciæ primatu inclyta. Quibusdam ergo cum corpore relictis, alii ad dominam intrant; ut sibi locus sepulturæ tradatur rogant, ut cujus vivi doctrinam suscipere recusabant, saltem mortui corpus a Deo missum sibi recipiant. Quos illa comprehensos crudelissimo regi misit perdendos. Rex vero jussit eos in ima carceris recipi donec excogitaret quibus pœnis possent interfici. Illo ad convivium discumbente, ab angelo de carcere educuntur, et populo spectante civitatem egrediuntur. Sublata autem mensa rex ad carcerem misit, inclusos produci jussit; qui carcerem aperientes neminem invenerunt reversique (f° 212 v°) mirum renunciaverunt. Qui dum jussu regis ubique perquirerentur, et plerique se peregrinos vidisse per civitatem transire testarentur, ad comprehendendum fugientes ocius insecuntur, sed rupto ponte quem transierunt gurgiti inmerguntur. Unde rex et sui, pavore perterriti, viros cum honore revocaverunt fidemque Christi et baptisma per eos receperunt. Deinde ad Lupam reversi petunt sibi locum sepulturæ concedi; at illa dolens eos non solum evasisse seviciam regis, sed etiam ipsum cum omnibus suis Deo acquisisse, aliquo ingenio perdere cogitabat qui homines a perditione eripere tractabant. Habuit tunc ingentes boves silvestres nimis feros atque indomitos. Præcepit itaque ut hos boves sub jugum mitterent, corpus magistri plaustro imponerent, ad sepeliendum veherent, cogitans incredula eos discerpi a feroci belua. Ipsi vero signo crucis facto boves ut agnos jungunt, corpus magistri imponunt. Boves autem indomiti tunc arripiunt et recto tramite in palacium Lupæ longe inde positum corpus apostoli pertrahunt. Quod illa devota jam sequitur et ad Deum verum convertitur, et de Lupa agna Christi efficitur. Palacium ejus ad honorem Christi et ejus apostoli ecclesia consecratur, et in eadem Deo dilectus tumulatur; ipsaque omnes possessiones suas sancto Jacobo contulit, omnia ornamenta sua donariis Dei intulit. Porro Hermogenes episcopus efficitur, post hunc Philetus præficitur. Alii aliis locis præponuntur, multa signa per eos geruntur omnesque occidentales populi per eos ad Christum convertuntur. Hic autem beatus apostolus circa Pascha occisus memoratur; sed hodie ejus festivitas ab Ecclesia solemniter celebratur quando ejus corpus translatum cœlestibus signis glorificatur.

Hujus sancti apostoli laudibus associatur hodie beatus martyr Christoforus. Hic Spiritu sancto plenus gentibus prædicavit, multa milia fidelium turmis aggregavit. Demum pro Christi nomine a rege comprehensus catenatur, carcerali custodia maceratur, ferreis virgis atteritur, flammis æstuantis fornacis affligitur; sed Christo salvante inde eripitur; in campo ad signum ligatus ponitur, sagittis undique confoditur, ad ultimum capite plectitur. Rex cum populo conversus baptizatur, ecclesia magnifice ab eo fabricatur, in qua multa (f° 214) præstantur beneficia per beati Christofori martyris merita. Quia igitur, karissimi, hic ut splendida astra in conspectu æterni solis nunc vivunt ubi omnes qui nomen ejus diligunt, deposcite eos devotis precibus ut liceat participari eorum gloriæ in cœlestibus sedibus. Ubi oculus non vidit (*I Cor.* II).

AD VINCULA SANCTI PETRI.

Nimis honorati sunt amici tui, Deus, nimis est confortatus principatus eorum (*Psal.* CXXXVIII). Apostolos, karissimi, non servos sed amicos Christus appellavit, quia eis omnia secreta Patris notificavit (*Joan.* XV). Isti sunt nimis honorificati quia jam in cœlis sunt angelis equipparati. Horum principatus nimis confortatur quia eorum ligatio vel solutio in cœlis et in terris a Deo corroboratur. Isti sunt principes populorum qui cum Deo Abraham sunt congregati, quia de ærumna hujus sæculi nequam ablati in perhenni jam gloria sunt exaltati. Isti sunt qui pro Patribus Ecclesiæ sunt nati et super omnem terram principes sublimati (*Psal.* LXIV). Prophetæ namque patres Ecclesiæ extiterunt qui eam scriptis Deo genuerunt. Pro his filii Ecclesiæ apostoli nascuntur, quia ab sponso suo Christo super omnem terram principes constituuntur (*ibid.*). Isti etiam propter altam virtutum conversationem montes dicti sunt, qui pacem populo susceperunt (*Psal.* LXXI), quando per veram pacem Christum humano generi pacem redditam prædicaverunt. Isti sunt montes æterni (*Psal.* LXXV) a quibus Sol justitiæ, ex morte oriens, mirabiliter est illuminans planiciem Ecclesiæ, quando turbati sunt omnes insipientes corde (*ibid.*). Cum enim apostoli resurrectionem Christi testificabantur, graviter insipientes Judæi turbabantur. Qui in hos montes ascendunt, cœlum intrare valebunt, quia, si apostolorum vitam et doctrinam sequi voluerimus, utique cœlestia regna intrare poterimus. Dilectissimi, referendum est nobis unde dies ista habeatur solemnis; non enim, ut quidam putant, hodierna die beatus Petrus a vinculis est absolutus, qui legitur circa paschale tempus per angelum de carcere educi (*Act.* XII); hæc autem dies est ob vincula ejus festiva, quando catenæ ejus in ecclesia ipsius sunt Romæ reconditæ ab Eudoxia regina. O in quantum Christus glorificantes se glorificavit! O in quantum eos super inimicos eorum exaltavit! Vere ipsius est regnum et potentia, ipsius divitiæ et gloria, et quem vult exaltat et quem vult humiliat. Ecce enim pauperrimos rusticanos homines (f° 214 v°), utpote piscatores, principes totius orbis constituit atque cunctas sæculi dignitates universasque regias potestates eis subjecit. Ecce non solum ob illius piscatoris honorem, sed etiam ob vinculorum ejus reverentiam dies sollemnes instituuntur; summi episcopatus a summis imperatoribus ejus nomini subscribuntur. Ecce non solum corpus ejus a principibus veneratur, sed etiam baculi vel catenæ ejus vel vestes vel aliquid ad eum pertinens quasi divinum quid ab omni populo adoratur. Ecce totus orbis undique in urbem Romam confluit propter Petrum piscatorem, non propter Augustum mundi imperatorem. Quilibet investigat sepulchrum piscatoris, nullus inquirit tumulum principis Neronis. Insuper toti mundo imperans vivus quilibet Augustus ante mortui piscatoris janique putrefacti ossa procumbit, lacrimas cum precibus fundit et suppliciter orat imperator ut sibi propicius sit piscator, et merito. Ipse enim habet claves vitæ et ipsum oportet cunctis portas regni cœlestis aperire. Sic sic Christus servos suos clarificat, sic milites suos rex gloriæ remunerat ut non solum inter angelos laureati splendescant, verum etiam per omnes generationes eorum memoria florescat.

Hæc dies antiquitus erat celebris ob victoriam Augusti Cæsaris. Hac quippe Augustus cum Antonio pugnans victoriam obtinuit et, ideo Romanus populus hunc diem sollemnizari instituit, templum in ejus honore dedicavit, mensem prius sextilem dictum Augustum appellavit, hujusque diei superstitio singulis annis festive iterabatur, atque ab omni succedente posteritate magno tripudio renovabatur. Sed hic mos gentilium tali modo est mutatus in ritum fidelium : Eudoxia regina causa orationis Hierosolimam tendit, eique infidelis Judæus fidele munus impendit, nam catenas quibus beatus Petrus ab Herode vinctus est, sed ab angelo in Pascha solutus est, ei obtulit; quas illa super aurum et topazium amplexans Romam detulit, summique pontificis consilio ecclesiam in honore principis apostolorum ædificavit, in qua hodierna die preciosa vincula collocavit. Et tunc sancitum est apostolica auctoritate decretumque imperiali potestate ut (f° 214 v°) sicut hic dies prius observabilis ob honorem summi principis mundi haberetur, ita postmodum celebris in honore principis apostolorum et Ecclesiæ ageretur. Itaque, karissimi, quia hodie vincula beati Petri solutoris peccatorum veneramur, insistamus precibus, ut ejus meritis a vinculis peccatorum absolvi mereamur, sicut ipse Ecclesiæ precibus solutus est per angelum ab eisdem nexibus. Funibus quippe peccatorum circumplexi sumus, sed antequam in tenebras exteriores mittamur ligatis manibus et pedibus, per clavigerum regni cœlestis absolvi festinemus. Omne enim quod ipse solverit in terris, hoc a Christo in cœlis solutum erit (*Matth.* xvi). Recordemur quod Cham peccante Chanaan filius ejus a Noe servituti addicitur (*Gen.* ix), quia cujusque peccantis opus in extremo examine a Christo maledicitur. Noe denudatus est, Christus in passione pro nobis deturpatus. Hunc Cham subsannat, quia populus infidelium Christi passionem cum irrisione exprobrat; cujus semen ab eo maledictione servitutis multatur, dum turba reproborum servitio electorum subjugatur, quia nimirum eis quodammodo serviunt dum eos adversitatibus affligunt; et sicut servi patris jussu peccantes filios corrigunt atque aurea Dei vasa in camino tribulationis examinant quatenus in convivio summi regis clare resplendeant. Porro demum ipsi servi servorum erunt quia cum servis dæmonibus ipsi servi eorum in æternis tormentis ardebunt.

Noe a duobus filiis velatur, quia Christi passio a duobus fidelium populis veneratur (*ibid.*). De Sem namque patriarcha orti sunt qui Christi passionem honorando præfiguraverunt, sicut Abraham filium sacrificando (*Gen.* xxii) et Moyses agnum inmolando (*Exod.* xii) vel serpentem in deserto exaltando (*Num.* xxi). Ex illo namque prophetæ nati sunt qui Christi passionem venerando prænunciaverunt, sicut Esayas, *Sicut ovis*, inquit, *ad occisionem ducetur* (*Isa.* liii); et Hieremias, *Christus*, inquit, *peccatis nostris capietur*. De hoc etiam apostoli progeniti sunt, qui passionem Christi venerabiliter orbi terrarum innotuerunt, sicut Petrus : *Christus*, inquit, *passus est pro nobis relinquens nobis exemplum ut sequamur vestigia ejus* (*I Petr.* ii); et Paulus : *Nos*, inquit, *prædicamus Christum crucifixum, Judæis* (f° 216 v°) *quidem scandalum, gentibus autem stultitiam, electis vero Dei virtutem et Dei sapientiam* (*I Cor.* i). De Japhet autem papæ, episcopi, multitudo martyrum orti sunt, qui omnes passionem Christi suis passionibus glorificaverunt et ideo benedictionem hæreditate possederunt. Hæc dies etiam a sancta quadam cum septem martiribus sacratur quæ pro veteri lege ab Antiocho rege cum filiis suis Deo mactatur. Quod autem Ecclesia horum solummodo pro Veteri Testamento sollemnia recolit, hæc causa extitit. Antiochus tipum Antichristi gerit qui omnium persecutorum caput erit. Hujus membra omnes fuerunt qui fidelibus persecutionem intulerunt. Mater vero hæc figura Ecclesiæ fuit, quæ pro justicia occubuit. Septem filii ejus omnes sanctos præfiguraverunt, qui VII donis Spiritus sancti repleti pro justicia usque ad mortem certabunt, et tunc laureati cum matre Ecclesia gaudium Domini intrabunt. Hæc namque mulier ab Antiocho cum filiis suis comprehenditur, legem Dei prævaricari compellitur; sed minime victa horrendis pœnis cum natis consumitur et mansuris gaudiis inducitur. Filiis namque matre inspiciente capilli cum cute capitis ferro abstrahuntur, manuum ac pedum summitates præciduntur, et sic in sartagine, pice ac sulphure fervente torrentur. Mater autem, per singulos natos cruciata, quos ipsa gaudens ad cruciatus est adhortata, demum pari modo est consummata (*II Machab.* i).

Hanc felix Felicitas est imitata quæ cum VII filiis suis pro Christo est diversis pœnis inmolata. Hanc nichilominus beata Symphorosa est æmulata, quæ cum VII filiis suis variis suppliciis pro Christo est cruciata. Et revera, karissimi, beatiores feminæ istæ fuerunt quæ de utero suo VII martires genuerunt, ipsæque per singulos passæ, octies martyres extiterunt, quam illæ quæ duos apostolos Petrum et Andream vel Jacobum et Johannem in ventre portaverunt.

Hodie quoque beata martyr nomine et actione Sapientia atque tres filiæ ejus, Fides, Spes et Karitas, pulchræ nominibus, pulchriores operibus, sanguinem suum crudeliter laceratæ pro Christo effuderunt et æterna gaudia a Christo percipere meruerunt.

Et, karissimi, fragiles feminæ, teneri pueri mollesque puellulæ de bono (f° 218) ad malum tormentis flecti non potuerunt, et ideo ab omni malo atque dolore erepti læticia sempiterna coronati jam possederunt. E contra nos infelices nimiumque miseri nec minis nec præmiis a malis revocari possumus, immo diversis pœnarum generibus attriti disciplinam Domini recipere nolumus atque in sordibus jam fetentes ad revocantem converti contemnimus. Ergo, Karissimi, aliquando a laqueis diaboli resipiscentes et ad summum bonum Domini nos convertentes, beatum Petrum et alios sanctos quorum hodie festa celebramus ad thronum gloriæ devota prece mittamus, ut nostram fragilitatem omnesque cruciatus animæ et corporis valeamus superare, et in lumine vultus Domini cum omnibus sanctis perhenniter mereamur exultare. Quod oculus non vidit (*I Cor.* ii) et cætera.

DE SANCTO LAURENTIO.

Beatus vir qui inventus est sine macula et qui post aurum non abiit, nec speravit in pecunia et thesauris (*Eccli.* xxxi). Beatum, karissimi, Scriptura dicit qui omne habet quod voluerit. Sanctus itaque Laurentius vere beatus prædicatur qui nunc in affluentia omnimodæ gloriæ inter angelos lætatur; a cujus oculis omnis lacrima ipsius Dei aspectu siccatur, et dolore ac gemitu fugiente gaudio et læticia sempiterna consolatur. Hic ideo vir dicitur, quia nec blandis nec asperis pravo consilio ut mulier subicitur, sed viriliter dimicans antiquum hostem cum suis membris stravit et ideo cum gloria in cœlis triumphavit. Hic *inventus est sine macula* dum velut aurum examinatus est in craticula. *Post aurum non abiit, nec in pecunia et thesauris speravit,* sed potius aurum et thesauros Ecclesiæ pauperibus distribuens cœlestes divicias comparavit. Idcirco hunc hodie laudemus, et mirabilem Deum in sanctis suis (*Psal.* LXVII) glorificemus, per quem Laurentius *mirabilia in vita sua fecit,* qui vitam omnibus dilectam perhorrescens, pro vera vita abjecit, mortem cunctis exosam amplectens causa vitæ excepit; qui aurum in quo homines confidunt ut lutum contemnit; ornamenta in quibus principes gloriantur egenis impendit; qui fenestras diu in facie cæcorum clausas reseravit, ac signo crucis tenebris fugatis clara (f° 218 v°) luce reseravit; qui crudeles corporis cruciatus sprevit, se ipsum hostiam vivam in odorem suavitatis Deo per ignem dedit (*Ephes.* v); et quia passione temptatus, paciencia *perfectus est probatus, in æterna gloria erit coronatus.* Hic thesauros habens *transgredi potuit, sed legem Dei sui transgredi noluit; facere mala valuit, sed pœnis coactus facere noluit. Ideo sunt bona illius in Domino stabilita* pro quibus nunc possidet præmia infinita. *Et elemosinas illius enarrat omnis Ecclesia sanctorum,* dum hic in omnium celebri versatur memoria et in illa vita affluunt ei diviciæ et gloria.

Hic, Romanæ Ecclesiæ archidiaconus, beati Syxti papæ extitit discipulus. Qui beatus pontifex dum pro grege sibi commisso ad passionem traheretur, Laurentius ejulans accurrit, rogans eum ut secum ad pœnas admitteretur. Cui papa, tunc Christi hostia, thesauros Ecclesiæ commendavit ac benigne consolans post triduum martyrem futurum prænunciavit. At ille accepta pecunia non ut avarus operuit eam terra, sed sollicitus circuiens, pupillos et viduas visitavit, ut bonus dispensator creditam pecuniam conservis indigentibus erogavit, pedes pauperum lavit, ægrotos orando sanavit. Omnibus igitur expensis ad magistrum fidelis minister revertitur, et ecce Syxtus cum duobus diaconibus Felicissimo et Agapito ad decollationem ducitur. At Laurentius clara voce thesauros sibi traditos se in pauperes expendisse clamitat, et ut secum ei pati liceat flebili voce postulat. Milites autem beatum Syxtum cum sociis suis, capite truncato, ad syderea regna laureandos transmiserunt; Laurentium vero tenentes Decio imperatori adduxerunt. Quem ipse Valeriano præfecto tradidit ut thesaurum Ecclesiæ ab eo exigat, ydolis inmolare compellat imperavit. Valerianus autem cuidam Ypolito eum commendavit, isque eum in carcere cum pluribus locavit, inter quos quidam cæcus fuit qui per beatum Laurentium credens baptizatus lumen percipere meruit. Quod audientes plurimi cæci ad beatum Laurentium venerunt, qui omnes per impositionem manus ejus lumen cœli viderunt. Hoc viso Ypolytus cum omni domo sua credidit et Christi vestem per baptisma induit. Post hæc Laurentius ad palacium Decii adducitur, thesaurus ab eo inquiritur (f° 220). Qui spondet se thesaurum ostendere si ei triduo dentur induciæ. Quibus datis multitudinem pauperum collegit quos tercio die secum in palacium duxit. « En, inquiens ad Cæsarem, cernis thesaurum Ecclesiæ; horum manus thesauros quos requiris deportaverunt in gazophilacium cœlestis curiæ. » Quo audito tyrannus infremuit, Laurentium vestibus exuit quem Christus stola immortalitatis induit. Deinde victima Christi in catasta extenditur, cum scorpionibus, scilicet flagellis in modum scorpionum aculeis, cæditur iterumque in carcerem retruditur. Ex hoc eductus ad immolandum ydolis compellitur, sed terroribus non flectitur, unde jussus est fustibus diutissime cædi, deinde in eculeo suspendi ac ignitæ laminæ lateribus attrociter torti appendi. Cum invictus Christi miles hoc supplicio non superaretur, immo de pœnis ut de epulis gratularetur, plumbatis, scilicet flagellis plumbo in extremitate corrigiæ innexo, cæditur, deinde scorpionibus crudeliter atteritur. Interea quidam miles, Romanus nomine, conspicit juvenem gloriosa facie astare et beatum Laurentium sanguinem ejus extergendo confortare. Qui mox ei ad pedes cecidit, se baptizari petiit, quæ viderit coram omnibus retulit, baptisma promeruit. Qui protinus jussu Decii cum fustibus diutissime mactatur, deinde capite truncatur. Porro Laurentius denuo in carcerem recipi jubetur ut Christus sæpius in corpore ejus glorificetur. In nocte vero eductus cor ejus in dilectione Christi probatur, caro ejus multis flagris visitatur, igne examinatur; et quia in eo iniquitas non invenitur, corona perhennis gloriæ redimitur. Ante Decium namque ductus ad idolatriam coartatur, sed Christi nomen magis ab eo laudatur, unde os ejus lapidibus contundi imperatur. Denuo veste expoliatur, flagellis atrociter dilaceratur, demum et angelis et hominibus spectaculum factus super craticulam catenatus vivus assatur, et sic invictus spiritus ejus cœtibus sanctorum, ymnizantibus angelis, in astris sociatur. Statim semiustum corpus ejus cœpit miri odoris fraglantia (*sic*) exuberare, protestans animam in conspectu summæ suavitatis exultare. Postquam sic Laurentius transivit per ignem in refrigerium (f° 220 v°), Ypolitus sepelivit corpus ejus jam factum solamen fidelium. Unde jussu Decii a militibus capitur, fustibus mactatur, Valeriano traditur, qui jussit omnem familiam suam eo præsente decollari, et tunc ipsum ad colla indomitorum equorum ligari et sic per carduos et tribulos tractum mortificari. His transactis Decius cum Valeriano in curru suo descendit ad amphitheatrum, ut Christi hostibus præbeat de Christianis spectaculum : moxque uterque a dæmone arreptus graviter vexatur; alter se a Laurentio, alter se ab Ypolito igneis catenis eo constringi vociferans protestatur. Ilico Valerianus a dæmone præfocatur, Decius ad palacium reductus, triduo a dæmonibus agitatur sine cessatione, nunc se a Laurentio, nunc ab Ypolito cruciari vociferatur; demum tercia die cum magno tormento de carne evellitur, æterna tormenta sine fine pati compellitur. Tunc Triphoniam uxorem Decii filiamque ejus Cyrillam ac quadraginta sex milites credentes Justinus presbyter baptizat; sed Triphonia alia die orans ad Dominum migrat, Cyrillam vero et milites rex Claudius gladio trucidat.

Sic, karissimi, Laurentium in prælio Domini signiferum sequitur acies militum, ac devictis hostibus gaudet se reportasse trophæum. Isti sunt qui de magna tribulatione venerunt, et quia stolas suas proprio cruore laverunt (*Apoc.* VII), ideo cum palmis in conspectu Agni stare meruerunt (*ibid.*) et cohæredes regni ejus erunt, tortoresque suos sine fine torqueri videbunt. Cum hii, dilectissimi, tyrannorum triumphatores pro momentaneo corporis dolore ineffabili gloria laureati sunt inter angelos coruscantes, rogemus ut eorum meritis viciorum victores simus cum eis quandoque perhenniter in illa beatitudine vernantes. Quam oculus non vidit (*I Cor.* II).

DE ASSUMPTIONE SANCTÆ MARIÆ.

Quæ est ista quæ ascendit de deserto deliciis affluens innixa super dilectum suum? (Cant. VIII.) Quemadmodum populus Israel de Ægypto confusis adversariis, hostibus in mari Rubro obrutis, in exultatione educitur et per desertum in terram desiderabilem cum cantico læticiæ introducitur, sic gloriosa virgo Maria cujus (f° 222) hodie sollemnia recolimus votiva, de hoc mundo confusis Judæis, dæmonibus in abyssum submersis, in lætitia et exultatione educitur, et per desertum acris cum concentu angelorum et jubilatione sanctorum in cœleste palacium regina cœlorum introducitur, in quo nunc cum deliciis est affluens, quia inter cœtus angelorum, inter agmina omnium sanctorum exundat eam habundantius voluptatis Dei torrens. Super dilectum suum est innixa, quia claritatem divinitatis Filii sui inspiciendo dulci affectu est ejus amori jugiter infixa. Nunc circumdant eam flores rosarum et lilia convallium quia rubedo martirum, albedo virginum dulci melo jubilat ejus perenne præconium; et merito : nam ipse Deus transiens fecerat sibi in ea hospicium, sicut hodie retulit evangelium : *Intravit Jesus in quoddam castellum* (*Luc.* x). In castello est turris alta in qua contra hostes sunt propugnacula, murus vero exterius qui est tutela civibus interius. Hoc castellum fuit illud Spiritus sancti sacellum, scilicet gloriosa Dei Genitrix virgo Maria, quia jugi angelorum custodia fuit undique munita; in qua turris alta erat, videlicet humilitas pertingens ad cœli culmina; unde dicitur : *Respexit Dominus humilitatem ancillæ suæ* (*Luc.* I). Murus vero exterius ejus castitas fuit quæ cæteris virtutibus interius munimen præbuit. Hoc castellum Dominus intravit quando in utero Virginis humanam naturam sibi copulavit. *Et mulier quædam, Martha nomine, excepit illum in domum suam; et huic erat soror, nomine Maria.* Per Martham activa vita, per Mariam contemplativa vita designatur, quam utramque perpetua virgo Maria in Christo excellentius excoluisse prædicatur. Omnia namque Evangelii opera impendit ei per activæ vitæ ministeria. A patrio namque regno propter nos exulem, et in hoc mundo hospitem, suscepit uteri sui hospicium, gemmis virtutum conspicuum. Propriis uberibus pavit eum esurientem, super genua consolabatur flentem. In- firmum enim fovit balneis, nudum involvit pannis; vagientem fasciis cinxit, arridenti dulcia oscula fixit. Nimium erat sollicita *circa frequens ministerium*, fugiens a facie Herodis in Ægyptum et denuo (f° 222 v°) rediens ut audivit regnare Archelaum. Multum turbabatur erga plurima, ubique tuta credens abscondendi et celandi eum latibula. Quod autem dicitur conqueri de sorore; quod eam solam reliquerit in labore, hoc est Maria videns Christum ab impiis capi, crudeliter trahi, ligari, colaphizari, cædi, derideri, cum reis damnari, in crucis patibulo acerbiter cruciari; si possibile esset vitam suam libenter pro sui ereptione dedisset. Et cum in eo divinitatem corporaliter habitare sciret, quodammodo in animo suo anxia querebatur quod ei non subveniret, sed quasi noxium reliquisset quem velut abjectionem tot malis exposuisset. *Secus pedes Domini sedens* verba illius corde et aure siciebat, quæ etiam in corde suo per contemplativæ vitæ officium conferens conservabat et semper spiritualia meditans cœlestia desiderabat. Ipse quippe fons sapientiæ in ea mansionem fecerat, et ideo omnes thesauri sapientiæ et scientiæ absconditi in ea erant (*Coloss.* II). Nunc Marthæ labore sublato, in illa vita fruitur non significans, sed vera Maria illa uno necessario æternæ dulcedinis gaudio quo Filii sui inhærens complexibus, perhenniter divinitatis ejus cum angelis saciatur aspectibus. Ad quam gloriam hodie gloriosa migravit in qua eam Filius suus reginam cœlorum super omnes ordines angelorum sublimavit. *Optimam partem* quam hic *elegit* hodie duplicem de manu Domini percepit quæ *ab ea numquam auferetur*, sed cum plenum gaudium sanctis dabitur, centupliciter augetur. Karissimi, quod hæc singularis meriti regina cœlorum singulare sit asylum miserorum quanquam plurima exempla astruant, tamen præcipue hoc salvatio Theophili approbat. Hic quippe Theophilus multis elemosinis multisque bonis operibus erat inclytus; unde defuncto episcopo ab omni clero et populo præsul eligitur; sed ipse ob humilitatem obstinaci mente renuitur, et ob hanc necessitatem alius pontificali sedi præficitur. Qui episcopus dignitates sui regiminis constituit prout sibi suisque placuit; unde Theophilum, qui vicedomnus floruit, dignitate privans, eam alteri coutulit. Lividus itaque (f° 224) coluber, hostis animarum diabolus, transactis viri invidens piis laboribus, mortiferum virus ei inspirans, mentem ejus sauciavit et clandestino dolore graviter instigavit. Cœpit nempe æstuanti ingerere se privatum dolere ac solito honore populique favore carere. Unde Judæi magi auxilium implorat, et ut sibi in hoc negocio subveniat magnopere exorat. Qui perfidus perditum cum carta ad diabolum mittit, adjutorium ejus efficax promittit. Quo perveniens ecce diabolus quasi rex coronatus in sublimi sedebat, exercitus malignorum spirituum quasi turba militum astabat, et qui se in angelum lucis transfigurat, ad deceptionem miseri multa luminaria circa se ardere simulabat, accipiensque ab eo cartam celerem opem spondet si modo Mariam et Filium ejus Jesum in scripto abneget. At ille infelix nichil moratus per cyrographum Dei virginem Deique Filium ex ea progenitum abnegat, litterasque sigillatas in manum perditoris complicat. Quem deceptum deceptor animarum per osculum in suum dominium allegat, pollicens quod celerius primatum totius episcopatus ferat. Alia die episcopus quasdam dignitates mutavit, Theophilum suo officio restituens in tota sua potestate eum vicedomnum exaltavit, cumque per aliquot tempus in hujuscemodi nacta dominatione exaltaretur, et perdita mente sibi divicias affluere lætaretur, divino instinctu cœpit intra se anxius meditari quod hodie vel cras aut quovis tempore moriens æternis tormentis deberet pro his cruciari. Divinum vero perhorrescens judicium, clam ecclesiam intrat, XL dies jejuniis, vigiliis, lamentis continuat, actus suos toto corde abdicat, indignum se suffragio omnium sanctorum judicat, quippe cum ipsum Deum largitorem bonorum ejusque præ omnibus electam virginem Matrem abnegaverit, insuper in scripto diabolo tradito januam sibi veniæ obcluserit. Tandem spe animatus ejus misericordiæ qui omnes homines vult salvos fieri (I Tim. ii), inexhausta divinæ pietatis viscera continuis precibus pulsat ejusque piam Genitricem largis fletibus invocat; et misericors et miserator fons pietatis non sprevit neque despexit deprecationem (f° 224 v°) pauperis (Psal. xxi). Quadam namque nocte nimio ploratu fatigatus obdormivit, et ecce beata Dei Genitrix, consolatio miserorum, refugium peccatorum, reparatio lapsorum, mœrenti astitit, Christum preces exaudisse, veniam reatus sui ea opitulante eum consecutum retulit. Qui expergefactus magno quidem gaudio perfunditur, sed rursus maximo mœrore concutitur dum abhominale manuscriptum diabolum habere reminiscitur. Unde iterum humi prosternitur, uberrimis lacrimis turbatur, ejus vultus conteritur rursusque fessus sopore premitur; et ecce iterum salus mundi, porta cœli, Domina regum, decus mulierum, gemma virginum, lux sæculorum, gratulatio angelorum, honor credentium, astans tristem consolatur; cartam super pectus ejus ponens, ut gaudeat de beneficiis Dei hortatur. Ille evigilans manuscriptum super se inveniens exultat in Domino, ineffabile gratiæ ejus solvit ymnum in jubilo; cor ejus et caro exultaverunt in Deum vivum (Psal. lxxxiii), quem cœli, terra, mare et omnia quæ in eis, laudent in æternum, quoniam ipse solus, quoniam in sæculum misericordia ejus (Psal. cxxxv). Reliquum tempus quod supervixit, in Dei servicio duxit, et accepto Christi corpore ut lampas a lumine illuminatur, et mox per Dei Genitricem ad videndum verum lumen Christum in lumine Patre ad superna regna vocatur. Ad hanc omnes, karissimi, tota mente fugiamus, vota precum, hostias laudum ei reddamus, quatenus eam cum Filio suo cœtibus angelorum imperantem videamus et aliquam particulam gaudii ejusdem regni ea favente obtineamus. Quam oculus (I Cor. ii), et cætera.

Si in die Dominico festum sancti Bartholomæi evenit hæc addere sermoni licebit :

De sancto Bartholomæo.

Hodie, karissimi, beato Bartholomæo devotio nostra supplicet quatenus nos ejus deprecatio Deo nostro conciliet. Hic est enim unus de XII orbis judicibus, et ideo assiduis precibus flagitemus ut nos cum dextris in judicio statuat et gaudia cum justis nobis obtineat. Hic Spiritu sancto instigatus, vexillo sanctæ crucis armatus, Indiam ad expugnandos dæmones ingreditur, multusque populus per eum ad verum Deum convertitur : ad cujus ingressum dii gentium, scilicet dæmonia, obmutescunt, infideles signa et prodigia per eum facta obstupescunt (f° 226). Ydolatriam in India destruxit, nomini Jesu Christi ecclesias ubique instruxit, regem Indorum cum omni populo ad agnitionem æterni Regis adduxit. Unde a fratre regis comprehensus fustibus mactatur, dein excoriatur, exin decollatur, sicque sanguine laureatus superno senatui associatur. Post hæc omnes fautores mortis apostoli a dæmonibus arrepti expiraverunt, reliqui omnes Christo Deo crediderunt. Nunc, karissimi, clamemus ad Altissimum, deprecantes ejus apostolum ut ejus sancto oramine gaudia percipiamus in extremo examine. Quam oculus non vidit, et cætera.

De sancto Augustino.

Collaudabunt multi sapientiam justi (Eccli. xxxix). Non est justum, karissimi, ut hodie sileamus præconia sancti Augustini, præsertim cum ipse Deum omnesque sanctos multis præconiis extulerit, Deusque eum nunc inter omnes sanctos idoneum collaudatorem suum transtulerit. Hujus sapientiam multi collaudant et usque in sæculum non deletur per quam Ecclesia usque in finem copiose instruetur; a qua ejus non recedet memoria quia et hic dies celebris est et in æterna gloria. Nomen ejus per omnes generationes ad ædificationem requiretur quod in cœlo conscriptum de libro viventium nunquam deletur. Hic adhuc gentilis hæreticorum fautor venit de Affrica Romam ob literarum studium, quo tempore Ambrosius rexit Ecclesiam Mediolanensium. Qui Mediolanenses fratres miserunt Romam pro rhetore quo eorum civitas hac arte possit florere. Romani vero destinaverunt eis Augustinum, scientes eum rhetorica arte egregie peritum. Qui cum sæpius audisset Ambrosium de Deo et æterna vita sermocinantem, credidit et uterque Spiritu sancto plenus ymnum *Te Deum laudamus* tunc in primis cecinit. Ab Ambrosio itaque habunde in divinis instructus, patriam revertitur, ibique populo Dei episcopus præficitur. Si quidem eo tempore Ecclesia domus Dei in fide titubans casumque minitans tremuit, sed summus opifex firmam argenteam columnam Augustinum priusquam laberetur opposuit, in quem tota machina inclyta innixa corroboratur, dum omne instrumentum impugnantium hostium ab eo fortiter expugnatur. Ipse quippe in templo Dei eloquentia ut argentum (f° 226 v°) enitebat; illud sancta vita, contra vicia et hereticos, firmus et rectus ut columna fulciebat, domumque Dei ipse bonus pictor mira cælatura pinxit miroque modo variis gemmis distinxit, dum eam miris sententiis nobilis insigniter undique cinxit. Denique hæretici hostes Christi, præcursores Antichristi, illo tempore variis hæresibus Ecclesiam impugnabant, simplices quosque a vera fide deviare et in præcipicium erroris ruere dogmatizabant. Quibus fortis propugnator Augustinus gladio verbi Dei occursabat, et feroces hostes procul a civitate Dei propulsabat luposque rapaces qui ovile Christi invadentes agnos Dei strangulabant, bonus pastor baculo sacræ Scripturæ exterritos confutatosque fugabat. In vinea Domini infatigabilis agricola sub pondere diei et æstus multum desudavit, multos palmites veræ viti inserere curavit, quos magna affluentia Scripturarum copiose rigavit et ad flores odorem operumque virtutem perducere non cessavit. In messe Domini multa multum ipse messuit, impiger operarius multa horrea condidit in quibus multos manipulos cum gaudio collegit. Pro quibus nunc a Domino messis centuplum recepit.

Refert Dominus quod quidam peregre abierit qui peccuniam suam servis suis tradidit atque uni quinque talenta, alii duo, alii unum commiserit. Sed is cui quinque talentorum pondus commendatur, alia quinque lucratur. Is autem qui duo accepit, in lucro alia duo recepit. Cui vero unum committitur, ab eo terræ infoditur et ad nullius usum provenire patitur. Post multum vero temporis dominus revertitur, pecunia a servis cum lucro repetitur. Qui V talenta accepit, V lucratus retulit, a Domino laudatur, in gaudio gaudens exaltatur. Qui duo accepit, duplum insuper reddidit, quem dominus in gaudio bonis suis prætulit. Cui vero unum erat commissum, retulit hoc sine lucro terræ effossum, dicens dominum metuendum, et ideo se ad usuram non dedisse talentum; a quo dominus iratus jussit tolli eumque in carcerem recludi (*Luc.* xix).

Dominus qui peregre abiit est Christus, qui in nostra carne de hoc mundo in cœlum transiit. Hic (f° 228) servis peccuniam partitur dum fidelibus carismata gratiarum largitur. Per V talenta V sensus intelliguntur quibus æterna lucrari præcipiuntur: Per visum homo talentum lucratur, si non vanitatem sed equitatem videre delectatur; per auditum talentum acquiritur, si non detractionibus vel fabulis, sed verbis divinis aures præbere nititur; per olfactum talento plaudent, qui non voluptuosa carnis odoramenta, sed virtutum haurire gaudent; oris officium talentum refundit, sed minime per mala colloquia bonos mores corrumpit, si laudem Domini annunciat et alios in verbo Dei ædificat; si non per illecebrosum gustum ventrem ad libidinem farcit, sed corpus tantum simplici victu ad servicium Dei pascit; tactus talentum operatur si a malo declinans bonum facere conatur. Qui sic quinque sensibus lucrabitur, tot præmiis in gaudio Domini remunerabitur. Per duo talenta intellectus et operatio designantur quibus cœlestia lucrari imperantur. Qui ergo bona quæ intelligunt bonis actibus implere satagunt, in gaudio Domini pro duplo talento duplicia recipiunt. Per unum talentum intellectus exprimitur quo superna patria lucrari præcipitur. Quod talentum in terra abscondit quisquis bonum ingenium in terrenis tantum negociis expendit; unicuique talentum commendatur dum ei scientia vel quodlibet artificium divinitus donatur; quod ab eo in terra absconditur dum nulli utilitati proximorum impenditur. Sed tunc talentum ab eo tollitur, ipseque inutilis in carcerem recluditur dum donum sibi a Deo collatum per mortem sibi aufertur, et ipse ad puniendum pro nequicia sua in infirmorum defertur.

Beatus itaque Augustinus utilis et fidelis servus fuit, qui talentum sibi creditum non humo operuit, sed conservis habundanter erogans in dilectione Dei et proximi duplicavit, immo omni generationi quæ ventura est duplicaverit dum nobile ingenium suum toti Ecclesiæ mille voluminibus transfundere curavit. Hujus lumbi præcincti erant dum vitam suam castitate constringebat; lucernæ ardentes in manibus ejus lucebant dum præclara opera ejus coram hominibus splendebant. Primam vigiliam in somnis duxit dum in puericia omnem sæcularem sapientiam (f° 228 v°) avido pectore suxit. Secunda vigilia somnio non indulsit dum in juventute phylosophicam disciplinam quoslibet studiose instruxit. Tercia vigilia pervigil permanebat dum in senectute sacros libros multipliciter exponebat. Primam quoque vigiliam vigilavit dum nobis tempus ante legem scriptis dilucidavit. Secundam vigilavit dum tempus legis prophetarumque obscuritates exponendo reseravit. Terciam vigilavit dum tempus gratiæ multis libris commendavit. Et quia eum Dominus vigilantem invenit, in civitate sua eum super omnia bona sua constituit, de qua ipse multa gloriosa disseruit. Tempora sua præclaris signis et doctrinis ornavit, sponsam Christi sibi commissam variis monilibus decoravit, civitas Dei diversis ferculis et poculis lætificavit. Et ideo cum Christo peracto judicio in gloriam Patris transierit, atque Ecclesiam de hac Babylonia in Patris sui civitatem traduxerit, regnumque Deo et Patri tradiderit, tunc faciet eum in convivio suo recumbere, scilicet cum omnibus electis in pleno gaudio requiescere ubi ipse ministrabit dum se ipsum qualis est in Patre omnibus se diligentibus demonstrabit.

Hodie etiam sanctus Hermes, illustrissimus Romanorum, effuso [pro] Christi nomine sanguine mercatus est regna cœlorum. Hoc, karissimi, deprecamini quatenus eis in illa beatitudine associari mereamini. Quam oculus non vidit (*I Cor.* II) et cætera.

DE S. JOHANNIS BAPTISTÆ DECOLLATIONE.

Justus si morte præoccupatus fuerit, in refrigerio erit (*Sap.* IV). Sanctus Johannes, qui in hac valle lacrimarum magna pressura premebatur, dum ab Herode morte præoccupatur in refrigerio cum Abraham ab angustia relevatur. Tres Herodes leguntur; unus sub quo, nato Domino, pueri occiduntur; alter, hujus filius, a quo Johannes decollatur; tercius, filius Aristoboli, a quo Jacobus capite truncatur. Primus, qui Dominum occidere quærit, se ipsum interemit; secundus, qui Dominum alba veste indutum illusit, exilio deperiit; tercius, qui Petrum comprehendit, ab angelo percussus interiit. Et Philippus itaque, filius primi Herodis, Archelai Arethe regis filiam uxorem duxerat, quam ei Herodes frater suus abstulerat, ob quam rem eum Johannes arguebat. Dum autem populus undique ad Johannem conflueret, metuens Herodes ne ob verba Johannis (f° 230) populo exosus fieret, eumque regno ob incestum pelleret, Johannem tenuit et vinctum in carcerem posuit. Quem adultera occidere voluit, sed quonam pacto id aggredi posset invenire non potuit. Quadam itaque die dum mœchus rex ob natalem sui grande convivium suis principibus instruxisset, filiaque meretricis coram convivis docte saltavisset, rex puellæ jurat quidquid ab eo petat, accipiat. Quæ persuasu matris caput Johannis petit, quod protinus abscisum rex in disco afferri præcepit, acceptumque puella matri dedit (*Matth.* XIV). Porro corpus ejus a discipulis in Samatia pepelitur, caput vero a regina in turri Stratonis terra altius cooperitur, metuens, si corpori jungeretur, denuo resurgeret atque regem de incesto sollicitaret. Cujus corpus a Sarracenis postea effoditur, igni comburitur cinisque per agros spargitur.

Pensandum est, fratres karissimi, quantas tribulationes multas et malas Dominus electos suos in ista vita pati permittat, et qualiter eos de abyssis terræ educat, et cum quanta gloria eos suscipiat (*Psal.* LXX). Ecce enim inter natos mulierum major ob incestum catenatur, incarceratur, decollatur, saltatrici præmium datur, corpus ejus ob ludibrium concrematur. Petrus, qui a Deo princeps Ecclesiæ janitorque cœli constituitur, versis pedibus ut canis suspenditur; Bartholomæus ut bos excoriatur; Laurentius ut piscis assatur. Quidam secto ventre, impleti tritico, porcis devorandi exponuntur; quibusdam pudenda ferreis pectinibus punctim transfiguntur. Sed hii qui ita hic ab impiis habiti sunt ludibrio, de abyssis terræ ab angelis educti sunt cum jubilo et in æterna gloria excepti sunt cum sanctorum tripudio. Sanctus autem Johannes circa Pascha decollatur; sed ideo hodie celebratur quia caput ejus hodie secundo inventum gloriosis miraculis clarificatur. Postquam enim ultio sanguinis servorum Dei in conspectu ejus introiit et sanguinem eorum requirere recordatur, Hierosolima a gentibus totaque regio ferro et igne vastatur ac denuo constructa ob Christi loca a fidelibus frequentatur. Duobus ergo monachis advenientibus, sanctus Baptista revelat ubi caput suum absconsum lateat. Qui designatum locum effodiunt, caput invenientes cum gaudio abeunt. Quibus in via quidam associatur eique caput ad (f° 230 v°) portandum datur. Ipse vero eis dormientibus cum capite fugam iniit preciosumque thesaurum in Edissam civitatem detulit. Qui pridem ob diversa infortunia patrios fines excesserat, sed nunc ob meritum sancti Johannis diviciæ ei undique affluebant; qui hoc sentiens, cœleste monile in domo sua celavit, condigno honore cottidie adoravit, moriensque soli successori hæreditatis indicavit, qui similiter debitum honorem sancto impendere curavit. Deinde paulatim caput a successoribus neglegitur locusque ab habitatoribus vacuus redditur. Post aliquot tempus beatus Baptista cuidam religioso apparuit, caput suum in eadem civitate esse humatum aperuit. Hic videbat in somnis fluvium, sanctumque Johannem accurrentem baptizare populum; baptizati vero in alba veste per portam clarissimam egrediebantur et a viris splendidis in amœna loca recipiebantur. Quo dum et ipse accedit, sanctus eum læta facie intuens indicat ei qualiter caput suum eo venerit et quo in loco conditum sit. Qui episcopo hæc omnia pandit, episcopus vero indicto jejunio cum clero et populo ad locum tendit. Oratione itaque facta caput in urna inveniunt, Deo omnipotenti gratias referunt, cum ymnis ad ecclesiam deferunt. Guttæ etenim sanguinis de eo cadebant sicut ea hora cum abscissum fuerat; cumque quidam de clero protenta manu diceret quo modo hoc sancti Johannis caput credere posset, mox manus ejus cum brachio riguit totusque populus laudans Deum timuit. Processione autem facta, clericus ante venerandum caput prosternitur, se reum vocibus et flotibus fatetur, orantique manus ablata sanitati restituitur, et iterum populus in Dei laudibus exultans attollitur. His et aliis præclaris signis caput ejus hodie inventum ab omnibus honoratur, et hæc dies in honore ejus ab omni populo veneratur ut per eum capiti Christo inseratur. Quod autem caput ejus a monachis invenitur, in festo sancti Mathiæ recolitur.

Legitur, karissimi, quod, Moyse mortuo, Johannes, qui et Josue, principatum suscepit et populum per Jordanem in terram repromissam introducit, duos exploratores ab Jericho mittit quos Raab meretrix hospitio recepit. Rex autem civitatis eos perdere quærit, sed Raab illæsos remittit. Deinde Hiericho cum omni (f° 232) incendio vastatur, sola Raab cum tota domo sua per signum coccinei funis salvatur (*Jos.* II, VI). Quæ etiam principi de tribu Juda matrimonio jungitur, et tunc terra in possessionem populo sorte distribuitur. Sicut Moyses per legem peccata demonstrabat et non relaxabat, sic Johannes populum baptizans peccata confiteri faciebat nec crimina auferebat. Moyses terram repromissionis prædicabat et nulli cam dabat; ita Johannes regnum cœlorum docebat, nulli dare poterat. Johanne vivente, Christus latuit qui et peccata relaxare et regnum cœlorum dare voluit; Johanne mortuo, verus Johannes Salvator noster primatum suscepit, qui populum fidelium per baptisma in terram viventium inducit. Occiso enim Johanne in primis Christus publice prædicavit, signis mundum illustravit. Duos exploratores ad Hiericho mittit, quia legem et Evangelium in mundo prædicari docuit. Quos Raab suscepit, quia Ecclesia de gentibus utrumque Testamentum recepit. Rex autem civitati voluit eos perimere, quia diabolus per membra sua, scilicet persecutores et hæreticos, nisus est utramque legem destruere et observatores earum perdere. Sed Raab eos admittente mittit, quia prædicatores Ecclesiæ et observatores sanctarum legum ad Christum remittit. Hiericho subruitur, et domus Raab cum coccineo fune eripitur, quia hic mundus igne solvetur et Ecclesia cum omnibus suis per purpuram sanguinis Christi de excidio ad regnum tollitur. Principi de tribu Juda Raab copulatur, quia Ecclesia tunc Christo, vero principi omnium, de tribu Juda orto, felix sponsa associatur. Tunc possessio populo distribuitur, quia regnum cœlorum pro diversis mansionibus electis dividitur.

Igitur, dilectissimi sponsi amicum cum toto corde deposcamus ut in alba veste virtutum per portam clarissimam Christum amœnitatem paradysi intrare valeamus et cum omnibus sanctis partem æternæ hæreditatis capiamus. Quam oculus non vidit (*I Cor.* II), et cætera.

DE NATIVITATE SANCTÆ MARIÆ.

Egredimini, filiæ Hierusalem, et videte regem Salomonem in diademate quo coronavit eum mater sua in die sollemnitatis (f° 232 v°) *et lætitiæ* (*Cant.* III). Filiæ Hierusalem sunt animæ fideles, filiæ Ecclesiæ, pacem veram visuram [visuræ] in cœli culmine. Hæc jubentur egredi per mentis contemplationem et videre regem Salomonem, scilicet verum pacificum Christum in gloria Patris et pacis, præ sole fulgidum, in diademate quo eum mater sua in die sollemni coronavit, videlicet in carne qua eum mater sua virgo Maria in tempore gratiæ humano generi generavit. Hunc regem debemus et nos in dyademate considerare quod in die sollemni portavit, quando eum mater Synagoga spinea corona pro nobis in die Paschæ coronavit. Materiam autem carnis in qua hæc pati voluit, de Virgine matre induit, de qua ut sol aurora processit et lucem æternæ claritatis mundo invexit. Hæc est quam Dominus benedixit in sua virtute dum eam ex omni carne eligens, per ipsam apparuit pro mundi salute. Per ipsam inimicos nostros ad nichilum redegit dum dæmones humano generi hostes fidelibus subegit. Ideo non deficit laus ejus de ore hominum, quibus hodie celebris est et cœtibus angelorum. Ipsa est cœlestis Hierusalem gloria et spiritualis Israel, scilicet *videntis Deum*, populi lætícia. Hæc cedro comparatur quæ nimis multiplicatur, a qua putredinis et vermium corruptela fugatur; ita hæc Virgo beata erat virtutibus dilatata, ut cedrus multiplicata; quæ non sensit putredinem corruptionis et per quam fugantur dæmones æternæ damnationis. Hæc maris stella dicitur quia genus humanum de salo hujus sæculi ad æternam vitam per eam dirigitur; sed qualiter hæc stella maris hodie ad ortum processerit de qua sol justiciæ mundo resplenduit, vestram dilectionem audire convenit.

Fertur quod pater ejus Joachim in Hierusalem natus fuerit et Annam de Bethlehem uxorem duxerit. Qui omnibus mandatis Domini [obedientes] sine querela vivebant, plurimos annos absque sobole ducebant. Quadam die dum Joachim Deo sacrificat, sacerdos ejus sacrificium ob sterilitatem reprobat; qui inde verecundatur atque in solitudine cum pastoribus commoratur; cui angelus Domini apparuit, filiam de se generandam Mariamque nuncupandam retulit. Deinde Annæ apparens eadem nunciat certaque (f° 234) signa insinuat. Ambo igitur conveniunt, visum alterutrum referunt. Post hæc Anna filiam peperit; secundum angeli dictum Maria ei nomen imposuit ablactandamque Deo in templo obtulit. Quam in domo Domini ponentes per gradus ad altare cum sacrificio scandunt, et ecce infantulam per omnes gradus post se conscendisse conspiciunt, quam mox culmen virtutum ascensuram non ambigunt. Hæc dum infra septa templi cum aliis puellis Deo oblatis nutritur, et eis aliquod opus injungitur, semper Mariæ aurum vel purpura sorte datur et inde regina ab eis appellatur. Hæc prima inter mulieres vovit Deo virginitatem, et ideo sola inter mulieres meruit virgo summæ prolis fecunditatem. Itaque dum sacerdos omnibus puellis nuptias imperaret, et omnibus prono animo obedientibus, hæc sola virile consortium recusaret, Dominum pro hac re consuluit qui omnes de tribu Juda cum virgis adesse jussit; inter quos dum Joseph cum affuit, virga ejus floruit, columba cœlitus veniens flori incubuit. Hoc viso a mirantibus Deus laudatur huicque virgo sacra desponsatur. Ad Nazareth autem adducta ab angelo officiosissime salutatur, æterni Regis introitus ei annunciatur, sicque certo tempore de stella Sol generatur. Hujus natalis olim minime agebatur, sed hoc modo institutus traditur.

Quidam de sanctis audiebat singulis annis hac nocte dulcem armonyam in cœlis personare et quasi choros angelorum festum celebrare. Qui cum a Deo precibus inquireret cur hæc non alio tempore nisi illa sola nocte audiret, dictum est illi ea nocte mundo esse genitam Dei Genitricem, et ob hoc illam noctem angelis esse celebrem. A quo dum hoc publicatur, sancitum est ut etiam hominibus natalis ejus sollemnis habeatur.

Quibus autem præconiis hæc gloriosa Virgo ab omni sæculo sit colenda testantur dulcia ejus beneficia sæpius miseris impensa. Cuidam namque morienti et valde de actibus suis pertimescenti pia Virgo cum magna gloria apparuit, et utrum se agnosceret inquisivit. Qui cum diceret se minime eam agnoscere, dixit se matrem fore [*pro esse*] misericordiæ, afflictumque consolatur, qui mox in gaudio Domini lætificatur. Huic Virgini solvamus (f° 254 v°) omnes laudis præconia de qua processit ipsa misericordia. Ad hanc confugiat omnis miserabilis, ut per eam ei reconcilietur qui in sanctis suis est mirabilis. Igitur, karissimi, natalem Dei genitricis gloriosæ virginis canticis ovantes celebremus, eamque ore et corde jubilantes laudemus, quatenus ipsius obtentu eam quandoque cum angelis exultantes glorificemus.

Festa hujus diei Deo dicati augent nobis merita beati martyris Adriani. Hic erat Maximiani imperatoris miles amicissimus et postea summi regis Christi martyr carissimus. Qui cernens Christi milites acerrimis suppliciis cruciari, inquirit quod præmium pro his pœnis sperent sibi recompensari. Qui cum dicerent quod oculus non vidit et auris non audivit et in cor hominis non ascendit (*I Cor.* II) sibi a Domino redonari, rogat tortores nomen suum cum his notari. Quod audiens Maximianus jubet cum catenatum in carcerem recipi et omnibus pœnis affici. Uxor autem ejus Natalia, summa laude digna, postquam Adrianum pro Christi nomine inclusum comperit, gratias cum gaudio Christo egit, ingressaque carcerem multis verbis eum ad passionem confortavit, omnibus pro Christo inclusis necessaria ministravit; vincula eorum osculatur, ut pro suo domino orent precatur. Hanc aliæ mulieres imitatæ cœperunt sanctis in carcere ministrare; sed cum jussu Maximiani mulieres prohiberentur ne ad damnatos ingrederentur, Natalia comam totondit, virilem habitum induit sicque sanctis fidele habitum [servitium] exhibuit. Post hæc Adrianus cum plurimis multis flagris dilaceratur atque cum viginti martyribus crurifragio ad mortem cruciatur, et sic a dolore mortis ereptus auctori vitæ laureandus associatur. Deinde Natalia ab uno de martyribus vocatur ad cœlestia, moxque sanctis conjungitur in gloria. Hodie, karissimi, beatam Dei Genitricem cum istis martyribus invocate, pro vestris necessitatibus obnixe exorate, quatenus post mortem carnis liceat vivere cum illis. Ubi oculus non, etc. (*Ibid.*)

DE EXALTATIONE SANCTÆ CRUCIS.

Radix Jesse stabit in signum populorum (*Isa.* XI). Jesse pater David regis erat de cujus semine Christus processerat. Hujus Jesse (f° 256) radix erat Christus secundum divinitatem, natus de virgula ex eo pullulante secundum humanitatem. Hic stat in signum populorum, quia sancta crux Christi passionis nostræ redemptionis est signum omnium christianorum. Hoc est signum cui a Judæis et gentibus contradicitur, sed fidelium multitudo omnisque sacramentorum creatura per illud benedicitur, omnis adversitas depulsa revincitur. Hæc sancta crux est angelis veneranda, hominibus adoranda. Per crucem quippe diabolus est captivatus, mundus liberatus, infernus despoliatus, paradysus jocundatus, omnis per orbem Christianus populus ad regna cœlestia invitatus. De triumpho sanctæ crucis cœlestis exultat patria, gaudet Ecclesia, Judaica tabescit perfidia; mors subjugatur sanctæ crucis victoria, expoliatur tyrannide nequissima; sancta crux facta est nobis clavis cœli, fortis destructio inferni. Quæ enim corpore et sanguine Christi sanctificatur, dignissime ab omnibus fidelibus honoratur; quæ peccatores munit, sanctos regit, fovet parvulos, corroborat senio confectos, lapsos erigit, justos dirigit, injustos corrigit, omnibus cultoribus suis protectionis auxilia porrigit. Postquam primus parens per lignum in pelagus sæculi hujus quasi in verticem naufragii corruit, atque avidus Leviathan sæva morte totum genus humanum absorbuit, placuit Redemptori nostro vexillum sanctæ crucis erigere et hamo carnis suæ squamea hostis guttura constringere, ut cuspide vitalis ligni perfossus evomeret quos per vetitum lignum improbus prædo devorasset. Hæc sancta crux est nobis lampas lucis æternæ in hujus vitæ caligine, quæ suos sequaces ducit ad cœlestia, suis amatoribus gaudet confert [conferre] angelica. Hujus sanctæ crucis virtus sæpe notificata est divinitus.

In quadam civitate quidam Christianus formulam sanctæ crucis habebat, cujus mortui domum quidam Judæus possederat. Ille contribules suos invitavit ad convivium, ignorans in domo esse sanctæ crucis signaculum. Inter epulas vero cum sanctæ crucis signum conspiciunt, cum clamore surgentes formam arripiunt : « Patres nostri, inquiunt, feruntur Jesum flagellasse et nos oportet formam illius flagellis dehonestare. » Hæc perfidi conclamantes flagellis formulam inficiunt (f° 258 v°) et, quod mirum dictum [dictu] est, guttas sanguinis plagis ducunt. Hoc insani deridentes prodigium, aiunt Jesum a suis prioribus esse vulneratum, ejus quoque signum ab eis similia patiendum. Itaque lanceis punctim transforant, sed ad Christi gloriam rivi sanguinis manant. Post hæc fama divulgat, turba fidelium convolat, vasculis stillantem cruorem excipiunt, membra sua debilia perungunt. O mira Jesu Christi miracula quæ operatur per sanctæ crucis signacula ! Mox cæci visu jocundantur, surdi auditu gratulantur, muti voce lætantur, claudi gressu exultant, quique debiles sospitate tripudiant, Judæi laudem Christi magna voce jubilant. Qui protinus credentes baptizantur, sanctam crucem summo honore venerantur.

Quodam tempore quidam Judæus Romam pergebat, qui nocte imminente in quodam antiquo templo ydolorum juxta viam quiescebat ; sed quia hæc locum horroris [hic loci horrorem] expavit, signo sanctæ crucis se signavit ; et media fere nocte multitudo dæmonum advenit, inter quos quidam ut rex in sublimi consedit, ab aliis inquirit quid quisque mali egerit. Illis suas nequicias referentibus, unus in medium prosilit, se Andream, summæ religionis virum, in amorem cujusdam monialis perduxisse, retulit, hocque negotium eo perductum ut nocte sero cum de ea discesserit, alapam ei in posteriora blandiens dederit. In cujus laudem dum omnes conclamant, industriamque omnes collaudant, simulque cohortantur ut cœptum opus perficiat, princeps maliciæ jubet inquirere quisnam præsumpserit in ejus domo delitescere. Maligni autem satellites accurrunt, Judæum diligenter inspiciunt, admirantesque : « Ecce, inquiunt, vas vacuum et tamen signatum. » Hoc audito maligni spiritus ut fumus disparuerunt, quia nomen sanctæ crucis ferre non valuerunt. Judæus autem surgens eadem hora ad episcopum venit cunctaque quæ viderat retulit. Episcopus vero humi prostratus Deum laudat quod cum a peccato custodierat, Judæum credentem baptizat, non multo post presbyterum ordinat, templum in quo dæmones convenerant in honore sancti Andreæ apostoli dedicat. Sic uterque per virtutem crucis salvatur quos diabolus in sua potestate habere gloriabatur. Sed sicut per crucem prædesti-

nati ad vitam reparantur (f° 258), sic reprobi per eam strangulantur, nam Julianus Apostata, adhuc puer, magicam artem discere volebat; quem magus in deserta domo includebat; ipse autem egressus cœpit dæmones invocare; de quorum visione perterritus Julianus cœpit se signo sanctæ crucis signare. Hoc viso, dæmones aufugerunt et miserum pavefactum solum reliquerunt. Magus ingressus inquirit si quid viderit. At ille dixit se horridos Æthyopes vidisse, sed signo crucis a se edito subito non comparuisse. Ille vero affirmat eos de hoc signo indignatos fuisse et ideo præsentiam sui subtraxisse, unde ipse infelix tanto odio cœpit Dominicam crucem execrari quod omnem Christianam religionem cœpit toto corde abhominando detestari, atque imperator factus paganismum per orbem exercere ac Christianum nomen, in quantum potuit, conatus est sub cœlo delere. Ecce crux quæ omnibus est causa salutis extitit huic fovea mortis.

E contra per hanc salvatus est Cyprianus, ad vitam ante sæcula prædestinatus. Hic famosus magus cum plurimos magicis artibus dementasset, multa horribilia flagicia perpetrasset, plures mulieres prægnantes carminibus divisisset parvulos earum dæmonibus immolavisset, per virtutem sanctæ crucis tali modo venit ad viam salutis. Erat quædam Justina virgo Deo amabilis, quem (sic) hic magus conabatur inclinare ad consensum suæ libidinis. Spiritum itaque fornicationis ei immittit, quem illa facto signo crucis a se reppulit. A quo dum Cyprianus requisisset cur virginem non adduxisset, dixit se signum vidisse terribile et mox ab ea fugisse. Quem ille deridens fortiorem misit, qui signum crucis similiter aufugit, sciscitantique Cypriano cur virginem non adduxerit, ob quoddam terribile signum se non potuisse respondit. Tunc principem dæmoniorum mittere curavit, qui se in mulierem transfiguravit, virginem blandis verbis et igneis telis sollicitavit. Quæ mox ut signum crucis edidit, ille malignus ut fumus evanuit confususque ad magum rediit, se quoddam tremendum signum fugisse retulit. Interroganti autem Cypriano quod illud signum esset quod omnem fortitudinem eorum solvisset, respondit diabolus Christi crucem omnes vires eorum enervare omnesque (f° 258 v°) diabolicas artes crucem triumphare. Hoc audiens Cyprianus, diabolum respuens, ad Christum convertitur et in omni Christiana religione perfecte pollens, episcopus et nobilis doctor Ecclesiæ præficitur, atque cum eadem Justina ad diversa supplicia se hostiam vivam Deo offerens gloriosus martyr efficitur. Sic per crucis vexillum referunt electi tropheum. Quæ autem sit hodierna festivitas scire debet vestra fraternitas.

Cosdras rex Persarum Judæam depopulavit, crucem sanctam ab Hierosolimis in terram suam asportavit, ibique æream turrim pro cœlo construxit, in qua similitudinem solis et lunæ stellarumque finxit; Quæ turris quodam artificio movebatur et mugitum tonitruorum imitabatur. Aqua quoque per fistulas occultas ascendebat, per quasdam cavernas pro pluvia descendebat. In hac turrim (sic) crucem dextris suis pro filio suo fixerat, a sinistris autem gallum aureum pro Spiritu sancto posuerat, in medio ipse in throno sedens se ut Deum Patrem coli jusserat. Ad quem Heraclius imperator Romanorum cum exercitu venit, eique filius Cosdræ cum manu valida ad Danubium occurrit. Placuit itaque populo ut principes singuli duellum in ponte inirent vincentique omnes obedirent. Quo facto Heraclyus victoriam obtinuit omnisque exercitus ei paruit. Qui regnum Cosdræ sibi subjugans in cœlum ipsius cum paucis ascendit, tyrannum in solio repperit, si velit baptizari interrogat, rennuenti caput amputat. Filium ejus adhuc puerum omnemque exercitum baptizari imperat, quem ipse de fonte elevat, tradito sibi regno in solio patris collocat, ablata cruce cum gaudio Hierosolimam adiit. Qui de monte Oliveti imperialibus insignibus falerato equo vehitur, sed porta civitatis ante eum conjuncto muro obstruitur; et ecce crux sancta nimio fulgore in cœlis resplenduit quam angelus Domini in porta stans manu tenuit: « Quando, inquit, rex cœlorum per has portas passurus est ingressus, non purpura nec diademate nitens, equo superbo, sed vilis aselli dorso est invectus. » His dictis angelus recipitur cœlis. Imperator autem, depositis ornamentis, crucem manu bajulat, ymnum Domino cum omni populo jubilat. Cui mox porta reseratur, crux sancta in loco sibi præparato venerabiliter exaltatur. Eodem die per crucem gloriosam recepit mortuus vitam, quatuor paralitici adepti sunt sanitatem, decem leprosi sospitatem, XV cæci luminis claritatem, plurimi a dæmonibus liberati, quamplures a variis languoribus curati. Mox etiam ut crux de fano Cosdræ bajolatur, suavissimus odor de illa provincia volitans omnium in Hierosolimis pectoribus infundebatur.

Hodie etiam Cornelius Romanorum episcopus atque Cyprianus Kartaginensis Ecclesiæ episcopus sanguinem suum pro ovibus sibi creditis effuderunt atque regna cœlestia coronandi intraverunt.

Nunc, karissimi, sanctam crucem laudibus exaltate, hos sanctos precibus pulsate, ut qui vos cruce redemit, sanguine suo regni cohæredes fecit, concedat vobis per vexillum sanctæ crucis de mundo triumphare et cum sanctis in cœlesti Hierusalem perhenniter exultare. Ubi oculus non, etc. (*I Cor.* II).

DE SANCTO MATTHÆO.

Hodie, karissimi, retulit nobis evangelium qualiter Dominus de vili fecerit preciosum, qui Mathæum publicanum constituit evangelistam et apostolum. Hunc quippe de theloneo in apostolatum vocavit, judicem orbis super thronos XII collocavit. Hic primus Evangelium scripto edidit per quod gloria Christi universo mundo innotuit. Non sunt enim loquelæ neque sermones quorum non sint auditæ voces eorum (*Psal.* XVIII); hunc inter evangelistas forma hominis repræsentat quia Christum pro peccatoribus in humana forma venisse præ aliis narrat. In Æthiopia verbum vitæ disseminavit, multum fructum signis et portentis Deo congregavit. Filium namque regis de morte suscitavit, regem cum omni populo baptizavit; sed postquam hic rex ad Dominum perrexit, et alius sceptro ejus successit, voluit filiam regis a Mathæo velatam sibi copulare, sed apostoli mentem non potuit ad consensum harum nuptiarum inclinare. Unde jussu ejus apostolus missas celebrans super altare decollatur, sicque senatoribus cœlestis curiæ laureandus associatur. Post hæc jussit rex domum regis filiæ copioso igne circumdare, sed conversum incendium consumpsit regis palacium. Rex vero vix evasit cum filio, sed filius arripitur mox a dæmonio flebiliqua strangulatur exterminio; pater autem ejus totus lepra perfusus insania mentis capitur, proprio mucrone perfoditur. Hunc, karissimi, apostolum Dei deposcamus ut mortem animarum evadamus et in vera vita cum illo sine fine gaudeamus. Ubi oculus, etc. (*I Cor.* II.)

DE SANCTO MAURICIO ET SOCIIS EJUS.

Hodie, dilectissimi, sanctus Mauricius miliaque martyrum quorum hodie festa colimus, possunt multum vota nostra apud Deum juvare, si solliciti sitis vos eorum meritis commendare. Eo tempore Romani imperatores universo orbi imperabant, cunctaque regna eorum imperio obtemperabant; unde a remotis Orientis partibus Maximiano imperatori legio cum ducibus in auxilium mittitur quæ in transitu ab Hierosolimorum episcopo fide et baptismate imbuitur, a Romano pontifice præceptis divinis instruitur. Qui ad Maximianum pervenientes ad persequendos Christianos coguntur, sed nefario edicto parere contemnentes omnes pro Christo occiduntur. Erant autem sex milia sexcenti LXVI viri numero quorum nomina scripta sunt in cœlo, qui omnes contemnentes scelesta jussa principum meruerunt sanguine laureati adire Regem omnium regum. Fertur quod per tota montana hac nocte cœlitus ardeant lumina, quo a bestiis vel volucribus delata sunt illorum morticinia. Hos precamini, karissimi, ut de tenebris eripi [valeatis] et perenni luce cum eis fruamini.

DE SANCTO MICHAELE.

Si locutus fuerit homo devorabitur (*Job* xxxvii). Homo, karissimi, loquens de Deo ita immensitate magnitudinis ejus devoratur, velut lapillus si magno mari immittatur. Omne enim quod summa eloquentia de Deo protulerit, ita est quasi stillam de immenso pelago hauriens tulerit. Quid enim homo nisi vermis et quid Deus nisi majestas incomprehensibilis est? Cujus autem intellectus potest in ista vita capere aut cujus mens valet intelligere quid sit trinitas in unitate, unitas in trinitate; Deum cuncta pugillo concludere, et tamen totum in omni loco subsistere? Sed cum homo, qui est putredo, nichil dignum valeat loqui de Deo, qui est inedicibilis dulcedo, saltem pro modulo nostro aliquid hodie loquamur de angelicis (f° 242) spiritibus donante Dei gratia in superna patria civibus. Dignum est enim ut de his inter nos suspirando conferamus cum quibus Regem gloriæ in cœlesti Hierusalem nos speculaturos speramus, præsertim cum hodie sollemnia angelorum colamus. Ipsi namque de nostris profectibus gratulantur, de nostris excessibus tristantur. Preces et vota nostra Deo repræsentant, opera et voluntates jugiter renunciant, nos in perenni gaudio sibi associari optant. Horum itaque novem ordines referuntur qui ad summæ Trinitatis ministeria mire disponuntur, scilicet angeli qui singulis hominibus ad tutelam vel solatium vel auxilium mittuntur, a quibus dæmones ne quantum volunt noceant reprimuntur; archangeli, qui ad summa peragenda vel nuncianda mittuntur quibus singulis gentibus præesse creduntur; virtutes, per quos (*sic*) signa et miracula administrantur; potestates, per quos vicia et dæmones refrenantur; principatus, qui angelorum agminibus principantur; dominationes, qui ipsis principibus dominantur; throni, per quos judicia Dei exercentur; cherubin, per quos scientia divinæ cognitionis exhibetur; seraphin, per quos ardor divini amoris præbetur. Hos quippe Dominus in Evangelio denotat, qui mulierem fuisse commemorat quæ decem dragmas habuit, sed unam perdidit, quam accensa lucerna quærere curavit, inventa amicas ad congratulandum convocavit (*Luc.* xv). Mulier quæ X dragmas habuit est Dei sapientia quæ X ordines electorum ad cœleste palacium condidit; sed una dragma tunc periit cum homo de gaudio in exilium decidit. Quam mulier accensa lucerna quæsivit quando Divinitas in carne mundum signis illustrans hominem redire docuit. Inventa amicas ad congratulandum convocavit, cum angelicas dignitates ad collætandum salvato homini invitavit. Item dicit quod quidam homo oves centum habuerit. Qui postquam unam perdidit, nonaginta novem in deserto reliquit, perditam quærere abiit, inventam humero imposuit, domum veniens amicos congratulari monuit (*ibid.*). Homo qui centum oves habuit est Deus qui supernam patriam in centum choros electorum disposuit; sed una ovis aberravit dum homo (f° 242 v°) lupum diabolum sequens a pascuis paradysi deviavit. Bonus autem pastor Christus nonaginta novem in deserto reliquit dum angelorum agmina in cœlo deseruit, hominem perditum in terris quæsivit; humeris imposuit, dum diram noctem [mortem] pro nobis in cruce sustinuit; domum veniens amicos jubet congratulari dum in cœlum rediens angelicos cives monet redempto homini collætari.

Hodie etiam retulit evangelium quo modo Creator angelorum et hominum præcipit ne proximi a nobis contemnantur, quorum angeli semper faciem Patris contemplantur (*Matth.* xviii). Proximi nostri non sunt a nobis in necessitate contemnendi, sed potius pro posse nostro confovendi, qui angelis sunt in cœlis coæquandi et regni Christi nobiscum participandi. Quibus etiam angeli singulis deputati sunt ad custodiam, cum quibus, si eis consenserint, hæreditabunt gloriam. Qui etiam ad vos quando missi veniunt, semper tamen faciem Patris inspiciunt, quia cum non excedunt, sed in eo qui ubique est discurrunt. Hos utique offendimus si proximos nostros, eorum scilicet alumnos, contemnimus; et si eis obsistimus, et ipsi nostris obsistunt precibus. Hii septuplum solem vincunt sua pulchritudine et tamen jugiter desiderant in Solem justiciæ insaciabiliter saciando prospicere. Cœlestis autem curia ex angelis et hominibus est perficienda, et ideo tot homines in cœlum ascensuri sunt quod [quot] angeli ibi remanserunt. Qui etiam pro diversis meritis cum diversis angelorum agminibus gaudia sortiuntur, sicut et ipsi diversis ordinibus disponuntur. Angeli namque dicuntur *nuncii*. Qui ergo quo [quæ] de futura vita sapiunt, ea pie proximis nunciare contendunt, hii nimirum in ordinem angelorum tendunt. Archangeli autem *summi nuncii* dicuntur; et qui summa de Deo sentiunt eaque aliis insinuare solliciti sunt, hii profecto in consortium archangelorum currunt. Qui vero virtutibus pollentes mira operantur, virtutum utique contubernio aggregantur; et qui vicia calcant, dæmonibus imperant, profecto in consortium potestatum properant. Qui autem hic primatum tenent sanctitatis, hii nimirum erunt ibi participes principatuum dignitatis. Qui vero sanctimonia cunctis motibus carnis et vitæ desideriis dominantur in claritate (f° 244) dominationum utique sublimantur. Et qui zelo Dei impios et peccatores impugnando judicant, inter thronos se censeri gaudeant, quibus Deus præsidens cuncta juste ordinat, remunerat, judicat. Qui autem pleni scientia terrenis se deprimi, a cœlestibus tamdiu differri suspirant, in ordinem profecto cherubim festinant. Qui vero in amore Dei ardentes alios in dilectionem accendere anhelant, revera in altitudinem ordinis seraphim meant.

Porro ut Lucifer rutilat inter astra, sic primus angelus fulsit inter ista agmina. Qui mox ut his despectis Deo æqualis esse voluit, a summa gloria in ima baratri corruit omnesque qui ejus elationi consenserunt de cœlo præcipitati sunt. Unde Johannes refert quod mulierem in cœlo amictam sole viderit quæ lunam sub pedibus et coronam de XII stellis contectam in capite habuerit, et ipsa præ dolore ventris, ut puta jam parturiens, clamaverit. Ante quam draco rufus VII capita habens stare videbatur, qui mox genitum puerum devorare minabatur; sed hac spe frustratur, quia statim ut puer nascitur, ad thronum Dei rapitur. Mulieri vero duæ alæ dantur quibus in solitudinem volans a dracone salvatur. Interea oritur bellum in cœlo a Michahele archangelo et dracone eptacephalo. Michahel et angeli ejus præliabantur et draco angelique ejus pugnantes vincebantur. Victi de cœlo projiciuntur, in terram mittuntur. Draco vero terciam partem stellarum cum cauda sua de cœlo traxit et obscuratas in terram dejecit. Tunc persultant voces in cœlo laudantium angelorum quia projectus est accusator fratrum nostrorum. Draco autem magnum flumen de ore post mulierem evomuit, quod terra opem ferens mulieri absorbuit (*Apoc.* xii). Post hæc terribilis bestia in terra apparuit cui draco suam virtutem tradidit, quæ milia sanctorum calcavit, ipsam demum cum dracone stagnum ignis et sulphuris devoravit (*Apoc.* xiii). Deinde nova Hierusalem cernitur quæ mira varietate gemmarum disponitur, angelorum custodia circumvallatur, summa claritate æterni solis illustratur (*Apoc.* xxi). Hæc, karissimi, valde mira sunt quidem ad audiendum, sed multum dulcia (f° 244 v°) ad intelligendum.

Mulier hæc quæ in cœlo conspicitur est Ecclesia quæ a Christo in cœleste regnum introducitur. Hæc ideo mulier dicitur quia jugiter per eam spiritualis soboles gignitur. Hæc sole amicitur quia fulgore solis justiciæ ambitur. Sub cujus pedibus luna esse memoratur, quia mutabilis gloria hujus mundi ab Ecclesia calcatur. Corona de XII stellis contecta [contexta] redimitur, quia doctrina de XII apostolis conscripta insignitur. Hæc parturiens præ dolore clamat, quia Ecclesia spirituales filios gignere cum magno gemitu laborat. Draco rufus est diabolus. Ideo draco, quia plenus maliciæ veneno; idcirco rufus, quia homicida ab initio lividus. Hic natum mulieris devorare conatur, quia diabolus jugiter bonis operibus Ecclesiæ insidiatur; sed natus puer ad Deum rapitur, quia bonum opus cujuslibet fidelis, tutante Deo, a nequicia diaboli celatur et in ultimis ab eo recompensatur. Duæ alæ mulieri dantur quibus a dracone liberatur, quia Ecclesiæ duo præcepta caritatis dantur quibus quasi geminis alis per contemplationem ad alta volans in deserto hujus mundi a dracone salvatur. De quo dracone surgunt VII capita, quia de fonte diabolo oriuntur VII principalia vicia : primum est superbia cum homo cor suum exaltat et Domini Dei sui præcepta transgrediendo calcat. Hæc est initium omnis peccati (*Eccli.* x), separans animam a consortio Dei, iniens [uniens] eam corpori diaboli. Secundum est invidia, cum quis invidet alium habere quod ipse solus vellet possidere. Per hanc mors in orbem terrarum intrasse dicitur (*Sap.* ii), per hanc membrum diaboli efficitur. Tercium est inanis gloria, cum quis laborat vanitate hujus mundi florere et cuncta opera sua facit pro humano favore. Hii in futura vita partem non habebunt, quia hic mercedem suam receperunt (*Matth.* vi). Quartum est odium, quod est spirituale homicidium. In morte enim qui proximum non diligit, et homicida est qui odit fratrem suum (*I Joan.* iii). Quintum est avaricia, cum tantum terrena congregat et in his sp·m suam collocat. Hæc est radix omnium malorum, quia est servitus idolorum (*Coloss.* iii). Sextum est crapula, cum quis tantum gulæ illecebris deservit, et omne studium ventri ut porcus impendit (f° 246). Quorum autem corda hic crapula gravantur, illic cum divite in flamma arescentes cruciantur. Septimum est luxuria, cum quis tantummodo inmundiciæ sordibus se involvit et templum Dei qualibet spurcicia polluit. Horum dulcedo vermis dicitur et Dominus ignem et vermem super carnes eorum daturus scribitur.

De his VII capitibus quasi de VII fontibus omnia vicia oriuntur cunctaque peccata his ducibus committuntur. Hæc VII nociva capita sunt per VII dona Spiritus sancti superanda. Contra hæc etiam capita dedit Deus activis VII legalia præcepta, contemplativis similiter mandata evangelica.

Activis : *Honora patrem tuum et matrem. Non occides. Non mœchaberis. Non furaberis. Non falsum testimonium dices. Non concupisces rem proximi tui, non uxorem nec omnia quæ illius sunt* (*Exod.* xx).

Contemplativis : *Beati pauperes spiritu, mites, lugentes, justiciam esurientes, misericordes, mundicordes, pacifici* (*Matth.* v).

Cum hoc dracone Michahel pugnat quia per ejus ministerium Deus hunc in extremo examine damnat. Michahel etiam quod *quis sicut Deus ?* sonat, Christum magni consilii angelum designat, qui pro Ecclesia diabolum expugnavit, quod solus Deus facere prævaluit. Hic draco de cœlo eicitur, quia diabolus de Ecclesia expellitur; in terra mittitur quia in Judæam terrena sapientem propter perfidiam ire permittitur. Draco partem stellarum de cœlo in terram trahit, quia multos in virtutibus fulgidos po-

carnis illecebras deicit. Ecclesia habet tres partes, scilicet perfectos, imperfectos, ypocritas. Perfecti sunt qui per caritatem voluntarie Deo serviunt; imperfecti sunt qui per timorem quasi coacti subjecti sunt; ypocritæ sunt qui bona publice simulant, mala occulte perpetrant. Hii tercia pars stellarum dicuntur, quia inter stellas vitæ scilicet sanctos fulgere cernuntur; sed hos draco cauda sua de cœlo in terram pertrahit dum eos a simulata sanctitate in apertam maliciam prorumpere facit. Cauda etiam draconis Antichristus erit, qui ultimam persecutionem exercebit et plurimos de Ecclesia ad iniquitatem pertrahit. Terciam partem stellarum dicitur draco de cœlo traxisse, quia fertur tercia pars angelorum corruisse. Flumen magnum draco de ore post mulierem misit, quia suo instinctu sævam (f° 246 v°) persecutionem Ecclesiæ immisit; quod terra absorbuit quia caro Christi tempestatem persecutionum consumpsit. Bestia quæ apparuit, cui draco virtutem suam [tradidit], est Antichristus, quem totum replebit diabolus. Bestia sanctos conculcavit, quia Antichristus omnes fideles sibi resistentes inmanibus pœnis exterminabit. Quæ postea cum dracone damnabitur quando diabolus cum toto corpore suo, cunctis videntibus, in stagnum ignis et sulphuris per Michahelem præcipitabitur. Post hæc nova Hierusalem cernitur, quia, peracto judicio, per Michahelem Ecclesia in cœlestem Hierusalem intromittitur. Hujus civitatis discolores gemmæ translucidæ sunt, diversis virtutibus animæ splendidæ. Custodia angelorum est dulcis societas eorum; luminis Dei illustratio est vultus claritatis ejus facie ad faciem perennis contemplatio. Tunc sancti de ejectione sui accusatoris laudem Deo jubilabunt, quia de separatione diaboli suique corporis in æternum exultabunt.

Quidam mirantur de angelis cur non plus quam tria nomina, scilicet Michahel, Gabriel, Raphahel habeantur; unde scire debetis hæc nomina eis indita ab hominibus, cum tanta scientia sit in angelis ut non indigeant nominibus.

Ideo autem præcipue hodie sancti Michahelis memoriam recolimus quia ipse dicitur paradysi præpositus et ad suscipiendas fidelium animas constitutus. Hic etiam archangelus legitur Israheliticæ plebis princeps fuisse et eos de Ægypto cum columna ignis vel nubis præcessisse cunctaque signa Deum per eum in via fecisse. Hic Josue et populo Dei cum hostibus pugnaturo venit in adjutorium; hic Daniel orante de Babylonico jugo absolvit populum. Hic fertur in monte Gargano fidelibus apparuisse et specum sibi ad solatium nostri pro ecclesia dedicavisse. Quodam autem tempore barbari Christianis bellum indixerunt, qui triduano jejunio auxilium archangeli Michahelis imploraverunt. Quibus idem angelus apparuit, hostibus obviam ire monuit, se eis opem laturum innotuit. Christiani igitur animati paganis obviam præcesserunt, juxta montem Gargano aciem instruxerunt. Et ecce subito mons (f° 248) contremuit, caligo magna cum operuit, crebra fulgura micant, ignea tela in hostium catervas volantia se vibrant. Quid plura ? Hostes partim trucidati, partim fulminati, in fugam vertuntur; Christiani per auxilium sancti Michahelis victoria læti potiuntur. Hodie, karissimi, in conspectu angelorum Domino psallamus (155) ac jugiter ei in timore serviamus, quia angelus Domini in circuitu timentium Deum se inmittet et de omni angustia eos eripiet (Psal. xxxiii). Ideo omni tempore sanctum Michahelem invocemus, ut sicut in illo prælio victor per eum extitit Christianus populus, ita in ultimo prælio archangeli Michahelis et eptacephali draconis nos cum muliere amicta sole duabus alis caritatis ad cœlestia volare, et cum victore archangelo Michahele omnique milicia angelorum cunctaque frequentia sanctorum mereamur in cœlesti Hierusalem triumphare. Ubi oculus non vidit, etc. (I Cor. ii).

DE SANCTO DIONYSIO ET SOCIIS EJUS.

Oportet, karissimi, ut hodie sanctum Dionisium cum sociis suis cum laudibus habeamus in memoria, quatenus ipsi nostri dignentur memorari in æterna gloria. Hic sapientia et dignitate Atheniensium princeps per Paulum apostolum ad veram sapientiam Christum convertitur, ab eodem apostolo eidem civitati antistes præficitur. Qui mox inhianter Christi nomen dilatavit, infidelium multitudinem fidelium numero aggregavit. Deinde Romam properat videre Petrum et Paulum in vinculis constitutos, sed invenit eos jam martyrio coronatos. Qui a Clemente papa in Galliam ad prædicandum dirigitur, Parisius præsul efficitur. Virtutibus et signis gentem illam illustravit, factis et dictis populum Christo Domino subjugavit. Deinde cum Rustico archipresbytero et Eleuthero archidiacono a paganis capitur, colaphizatur, conspuitur, illuditur, loris crudeliter ligatus trahitur, præfectus [præfecto] sistitur. Qui cum nec minis nec præmiis possent a vero Deo flecti, expoliantur, acerbiter flagellantur, tenebroso carceri mancipantur; inde producti in catasta extenduntur, flagellis cæduntur. Post hæc hostia Dei Dionisius super lectum ferreum extensus flammis exuritur, (f° 248 v°) adustus bestiis devorandus objicitur. Signo autem crucis edito non læditur, unde in clybanum ardentem mittitur; sed oratione fusa, ignis extinguitur. Ut aurum vero examinatus de fornace extrahitur, patibulo appensus diutissime

(155) Ms. *spallamus*.

cæditur, demum in carcerem retrudi jubetur. In quo dum missas celebraret, fideles Dominicis sacramentis confirmaret, subito lux immensa de cœlo resplenduit, Dominus Jesus cum multitudine angelorum adveniens, athletam suum consolans panem sanctum ei tribuit, mox regnum Patris donaturum spopondit. Post hæc sancti a carnificibus educuntur, multis injuriis, diversis suppliciis affecti, capite plectuntur. Postquam ergo pastor occiditur, grex Domini a sævis lupis invaditur; nam eadem die magna multitudo fidelium exemplo magistri pro Christo occisa occubuit et cum palmis in conspectum Agni introire meruit. Ut autem pius Dominus suorum militum gloriam declararet, lumen desuper effunditur permaximum, et ecce subito cadaver Dionisii se erigit, manu caput truncatum longius gerit, angelo utique gressum ejus regente et cœlesti luce circumfulgente. Cœlestis namque turba prosequitur, dulcisonus ymnus Deo concinitur. Multi admirantes Christo crediderunt, increduli timore perterriti fugerunt. Post hæc basilica super corpora sanctorum fabricatur, in qua usque hodie pie petentibus gratia divina eorum meritis præstatur. His, karissimi, corda vestra fundite qui per dira supplicia potuerunt sanguinem suum fundere, ut vos Deus de angustia in latitudinem educat et in regno suo cum illis salvos faciat. Ubi oculus, etc. (*I Cor.* II.)

DE SANCTO LUCA, DIE DOMINICO.

Sanctus Lucas cujus hodie agimus festa, ortus de Antyochia, imbutus arte medicina (*sic*), apostolica instructus doctrina, fidus erat comes Pauli apostoli, in Achaia scripsit evangelium Christi. Hic formam vituli gerit quia refert quomo'o Christus vitulus saginatus pro nobis oblatus sit. Postquam plurimum fructum Domino scriptis et dictis attulit hodie plus quam LXX annorum virgo plenus Spiritu sancto in Bithinia obiit et Regem gloriæ in gloria adiit. Hujus scripta, karissimi, sequamur et ejus merita precemur ut mansuris gaudiis (f° 250) inseramur. Quæ oculus non vidit, etc. (*I Cor.* II.)

IN DOMINICA DE SYMONE ET JUDA.

Symon et Judas, apostoli Dei, quorum hodie natalicia colimus, karissimi, fratres leguntur Jacobi fratris Domini. Hii cum aliis apostolis nationes judicabunt et cum judice Deo in æternum regnabunt. Hii quoque ut duo luminaria mundum signis et doctrinis illuminaverunt et hodie cum triumpho vitæ senatum possederunt. Ex his postquam Symon in Ægypto, Tatheus (*sic*) in Mesopotamia Christum populis notificavit, uterque Persidam intravit in qua ydola subvertunt, regem Babyloniæ cum omni populo convertunt. Post multa signa et prodigia in quodam templo ydola destruunt, unde pontifices templorum per duos magos Zaroen et Arfaxar incitati in apostolos irruunt, cunctis (*sic*) eos perimunt; sicque stola sua purpura sanguinis tincta cœlestia templa adeunt. Mox fulgura terribilia micuerunt quæ magos cum templo consumpserunt. Rex autem, qui per apostolos credidit, pontifices templorum perdidit, basilicam magnifico sumptu construxit in quam apostolorum corpora transtulit. Ad hanc, karissimi, manus et corda extollite, votis et precibus eos deposcite ut in die judicii sitis cum illis a dextris Dei. Ubi oculus non vidit, etc. (*I Cor.* II.)

DE OMNIBUS SANCTIS.

Confitebuntur cœli mirabilia tua, Domine, etenim veritatem tuam in Ecclesia sanctorum (*Psal.* LXXXVIII). Cœli cottidie repræsentant Dei mirabilia dum mundum illustrant per solem et lunam et sydera. Veritatem ejus confitetur Ecclesia sanctorum dum omnia per Christum, qui est veritas, facta esse plaudit congregatio justorum. Cœli mirabilia Dei confitebuntur quando cum astris omnique creatura incomparabili splendore inmutabuntur. Tunc Ecclesia sanctorum veritatem Dei confitetur, quia in judicio a Christo generatio rectorum benedicetur (*Psal.* CXI). Mirabilia Dei confitentur cœli quia angeli, in quibus Deus habitat, jugiter jubilant magnalia Dei. Veritatem ejus confitetur sanctorum Ecclesia, quia perhenniter collectio beatorum in cœlesti Hierusalem resonat Christi beneficia. Et quia hodie, (f° 290 v°) karissimi, sollemnia omnium sanctorum celebramus, in congregatione nostra Christum Dei veritatem cum angelis corde et ore concinamus, sanctos ejus dignis præconiis extollamus, ut eorum meritis adjuti in gaudio Domini æternaliter congaudeamus.

In primis igitur in voce exultationis et jubilationis magnificemus Dominum Deum summum qui sua majestate totum condidit mundum, quem jugiter jubilat concentus angelorum cujus dulcis laus est in Ecclesia sanctorum (*Psal.* CXLIX). Recolenda est nobis devote in unitate trinitas; adoranda est suppliciter in trinitate unitas, per quam angelica dignitas sublimatur, hominum humilitas ad cœlestia sublevatur. Sanctus, inquam, sanctorum in sanctis suis est hodie laudandus, cujus sanctitate fidelium populus est sanctificandus, æterna vita remunerandus, perhenni gloria beatificandus. Deinde gloriosa Dei Genitrix perpetua virgo Maria summis laudibus a nobis extollatur per quam perditus mundus ad vitam restauratur; quæ regina cœlorum cunctis angelis est honorabilis, domina mundi omnibus sanctis venerabilis. Huic hodie dulci armonya jubilemus per quam cum sit porta vitæ, ingressum ad vitam perpetuam habemus. Post hæc sunt a nobis glorificanda beatorum spirituum novena agmina miranda, in quibus expressum est signaculum Dei similitudinis, quique feliciter perfruuntur claritate summæ beatitudinis. Hii digni sunt semper faciem Patris cernere, et quia sol et luna mirantur ejus pulchritudinem, jugiter in eum prospicere. Ex quibus tres, scilicet Michahel, Gabriel, Raphahel, Patrem et Filium et Spiritum sanctum suis nominibus præferunt; alii ter trino numero sanctam Trinitatem exprimunt. Hos si digna vita collaudantes venerabimur, eis utique in vera vita cum sanctis Domino consonantes coæquabimur. Dehinc justum est ut homines angelorum concives hodie ymnis efferamus, quos angelis jam polo socios summum Deum cum illis laudare prædicamus. Ex quibus in primis series patriarcharum laudibus recolatur, de quorum semine Christus propagatur, qui est gloria omnium sanctorum et gaudium et læticia angelorum. Hii figuris Christum et Ecclesiam præsignaverunt et quodammodo vivis (f° 252) operibus mysteria Ecclesiæ repræsentaverunt. Adam namque, qui de munda terra procreatur, de cujus latere femina formatur, figuram Christi gerit qui de casta virgine generatur, de cujus latere Ecclesia ædificatur. Alii præcipui patriarchæ bisseni forma sunt senatus apostolorum duodeni. Per hos etenim, scilicet Seth, Enoch, Noe, Melchisedech, Abraham, Ysaac, Jacob, Joseph, Moysen, Job, Samuelem, David, qui nominatim exprimuntur, quasi firmis columnis fideles ante legem in justicia fulciuntur. Post hos sunt nobis prophetæ rememorandi et magnis præconiis recitandi, qui futura Christi mysteria quasi præsentia prænunciaverunt, et Christum pro mundo passurum suis passionibus glorificaverunt. E quibus Helyas vel Helyseus Christum prænotat, quorum alter mortuos suscitat, alter vivus cœlos penetrat. Quatuor autem præcipui, videlicet Esayas, Jeremyas, Ezechiel, Daniel, figuram IIIIor evangelistarum habuerunt, qui quadruplum mundum copiosis scriptis impleverunt. Porro XII, scilicet Osee, Johel, Amos, Abdias, Jonas, Micheas, Naum, Abacuc, Sophonias, Aggeus, Zacharias, Malachias, XII apostolos expresserunt, qui populum sub lege fidelem scriptis et exemplis ad vitam instruxerunt; inter quos major inter natos mulierum Johannes Baptista maximus fulsit, qui velut Lucifer verum Solem præveniens nuncius æterni diei mundo illuxit. Hic Patris Agnum crimina mundi ablaturum digito demonstrare, unda tingere meruit, quem prophetarum chorus futurum longe præcinuit.

Nunc, karissimi, novæ gratiæ prædicatores, vitæ æternæ præcones, mundi judices, Ecclesiarum principes, apostolos scilicet et evangelistas, dulcisono melo resonemus, summa devotione celebremus qui Verbum Patri coæternum, pro nobis incarnatum, oculis videre, manibus contrectare, auribus audire, secreta Patris ab ore ipsius ediscere, ipsum Deum videre ad patrium thronum conscendere, et omnia linguarum genera per Spiritum sanctum percipere meruerunt, qui sponsam Christi Ecclesiam signis et scriptis, velut gemmis et monilibus, ornaverunt, proprio sanguine laverunt atque impositam naviculæ sanctæ crucis strenui (f° 252 v°) nautæ de salo hujus sæculi ad portum vitæ evexerunt; quam IIIIor evangelistæ velut quadrigæ Dei doctrina sua de IIIIor angulis orbis in cœleste palacium perduxerunt. Ex quibus Petrus in Ytalia pro Christo crucifigitur, Andreas in Achaia crucis supplicio addicitur, Johannes in dolio ferventis olei Romæ afficitur, Jacobus in Judæa gladio occiditur, Thomas in India lancea perforatur, Bartholomæus in India inferiore excoriatus decollatur, Philippus in Asia cruci appensus lapidibus interimitur, Jacobus Hierosolimis de templo præcipitatus conto perimitur; Symon et Tatheus (sic) in Persida feriuntur, Matthæus in Æthiopia gladio, Mathias in Judæa ferro astris mittuntur. Paulus quoque, qui plus illis omnibus laboravit, pro Christo cervicem Romæ præbere non dubitavit. Hii summi Dei amici summique imperatores, gloriosi senatores, jam in angelica curia gloriantes triumphant, per quorum censuram omnes illorum imitatores verique laudatores in sorte justorum tripudiant.

Post hos martyrum est a nobis laudandus chorus quorum suffragio mundus in maligno positus (I Joan. v) est salvandus; qui æterni Regis boni milites, pro donativo suo pugnantes, sanguinem suum fuderunt, jamque victoria ab hostibus potita vernanti serto laureati in cœlis triumphare meruerunt. Ex quibus signifer Stephanus lapidatur, Laurentius sequax vivus assatur, Georgius rota dissipatur, Mauricius gladio transverberatur, Cæsarius hodie in mare præcipitatur. Alii variis suppliciis excruciati ferro trucidantur, alii laqueis vel flammis vel undis strangulantur, alii a bestiis dilacerantur, alii flagris, alii fame, alii præcipicio enecantur. Hii omnes diversis modis mundo facti ludibrium jam amicti stolis albis in conspectu Agni meruerunt cum palmis angelorum contubernium. Hos laudibus prosequamur ut quandoque Agnum cum ipsis sequi laudando mereamur.

Exinde lucernas Ecclesiæ, scilicet confessores, domus Dei inclitos pictores, exaltemus; merita illorum digna laude prædicemus qui fluentis Scripturarum totam Ecclesiam irrigaverunt, signis et bonis exemplis egregie decoraverunt. Ex quibus Martinus (f° 254), Nicolaus, Remigius, Odalricus (156) et alii quamplures gloriosis miraculis velut luminaria mundi fulserunt. Ambrosius, Augustinus, Ieronimus, Gregorius et alii quamplurimi affluentia Scripturarum, ceu quatuor paradysi flumina, hortum Dei perfundentes, impetu prædicationis civitatem Dei lætificaverunt (*Psal.* XLV). Hii quia Dominum a nuptiis revertentem pervigiles expectaverunt, jam in gaudio Domini super omnia bona ipsius constitui meruerunt (*Luc.* XII).

Horum laudibus conjungitur monachorum et heremitarum cœtus, qui carnem suam viciis et concupiscentiis crucifixerunt (*Gal.* V) et ideo cohæredes Christi (*Rom.* VIII) jam centuplum receperunt (*Matth.* XIX). Horum conversationem mundus inhorruit, atque a se perhorrescens, ut immunda purgamenta evomuit; et ipsi habitu et actu mundo illuxerunt seque ab eo toto corde et corpore elongaverunt, hominum frequentiam fugientes, in solitudine bestiis cohabitantes et ideo colloquio et visione angelorum perfrui meruerunt. Inter quos præcipue Benedictus præclaris signis et prodigiis ut ignivomum jubar resplenduit, atque egregia doctrina lucernam viæ properantibus ad vitam prævius dux nobiliter præbuit. De quorum etiam collegio Antonius, Bachumius [Pachomius?] Hylarion, Macharius et alii innumerabiles signis et sanctæ vitæ exemplis tamquam stellæ in caligine noctis hujus mundi lucebant, et multos se imitantes de naufragio hujus sæculi ad veram lucem pertrahebant. Hii quia aliquando in derisu et in similitudinem improperii habebantur, et vita illorum insania, finis autem illorum exterminium estimabantur, ecce jam inter filios Dei computantur (*Sap.* V).

Hinc dignum est ut melos candidulis virginibus aptemus et earum præconia sonoris vocibus concrepemus. Quæ sexum cum sæculo vicerunt, carnis illecebras et mundi pompas spreverunt, minas et præmia tyrannorum contempserunt et per diversa supplicia in Sponsi sui amplexus diu cupitos venerunt. Ideo nunc secuntur Agnum quocunque ierit et canticum novum cantant quod nemo alius cantare poterit (*Apoc.* V). Ex quibus Tecla bestiis objecta igni cruciatur; Agatha præcisis mamillis super ignitas testas volutatur; Agnes flammis invecta jugulatur; Cæcilia (f° 254 v°) ferventi balneo imposita gladio enecatur; Margareta variis pœnis dilaceratur; Lucia, rogo imposita, ferro trucidatur. Simili exitu aliæ innumeræ discruciatæ Christum Virginis Filium adierunt; aliæ vero per pia studia ad matrem Virginem his sociandæ pervenerunt. Hæc quia accensis lampadibus venienti Sponso obviabunt, cum eo ad nuptias intrabunt (*Matth.* XXV).

Harum laudibus viduæ associantur, in quibus nuptiæ Christi causa non iterantur. Ex quibus Felicitas cum filiis VII se hostiam vivam Deo obtulit; Symphorosa cum totidem victima Christi succubuit; Theodota cum tribus filiis, Sapientia cum totidem filiabus pro Christo immolari meruit. Sic aliæ plurimæ diversis pœnarum generibus affectæ regnum cœleste sunt adeptæ. Aliæ vero piis laboribus continentiæ studentes, jam cum prudentibus virginibus sunt gaudentes.

Jam nunc plectrum linguæ conjugatis solvamus eosque condigno honore solvamus, per quorum procreationem sæculum reparatur, a quibus et Christo cottidie in suis membris ministratur. Ex quibus Adrianus, hortante conjuge, pro Christo mortem sustinuit; Marcellianus cum Marco, instigante Sebastiano, spretis uxoribus, se discrimini obtulerunt; Eustachius cum uxore et filiis hodie necem subiit. Alii vero innumerabiles per bona opera consecuti sunt dæmonibus flagellatus, multis signis claruit; Maria Ægyptiaca, Pelagia, Thays sororque solitarii, fœdæ meretrices, per pœnitentiam factæ sunt fervidæ Christi amatrices. Alii vero absque numero pœnitendo ditati sunt vitæ præmio.

Cum his laudem prosequamur pœnitentes, eorum exempla sequi studentes, qui peccata sua elemosinis redemerunt, ac sequentibus bonis transacta mala operuerunt. Ex quibus ille quem species monialis decepit, kartam diabolo traditam per Basilium recepit, Theophilus, ob ambitionem apostata factus, manuscriptum per Dei genitricem pœnitens a diabolo rehabuit. In Vita Patrum facinorosus, in sepulchris a dæmonibus flagellatus, multis signis claruit; Maria Ægyptiaca, Pelagia, Thays sororque solitarii, fœdæ meretrices, per pœnitentiam factæ sunt fervidæ Christi amatrices. Alii vero absque numero pœnitendo ditati sunt vitæ præmio.

Horum laudibus omnes fideles subjungamus ex quorum numero nos ipsi esse satagamus. Qui ut Ecclesiæ membra corpori effuse inhæserunt et per operationem nunc ad caput Christum pervenerunt. Ex quibus multi militum (f° 256) ut matrem Ecclesiæ defendant sæpe pugnando proprium fundunt cruorem; plerique agricolæ ut eam pascant per laboris liquescunt sudorem; plurimæ mulierum per castitatis pollent pudorem; quamplures puerorum florent parentibus deferendo honorem. His quia in vinea Domini desudantibus impii insultant, jam in requie laudes Deo persultant. Hii omnes ut varii flores hortum Dei ornaverunt atque æternæ vitæ odorem factis et dictis spiraverunt. Unde cum Ysaac Jacob benedixit, talia verba dixit : *Ecce odor filii mei sicut agri pleni, cui benedixit Dominus* (*Gen.* XXVII). Ysaac Jacob benedixit quia Christus fidelium populum benedictum addicit. Ager plenus est totus mundus odore sanctorum repletus. Diversi flores sunt diversi justorum mores. Ex quibus patriarchæ ut flos narcissus fide vernabant; prophetæ ut jacinctus spe coruscabunt; apostoli velut palmites de vera vite pullulantes, uvæ florem caritate præferebant; martyres pacientia ut rosa candebant; confessores ut crocus sapientia fulgebant; virgines castitate ut lilium nitebant; monachi purpuram regni humilitatem ut viola præmonstrabant; conjugati aliique fideles per alios flores expressi in virtutibus

(156) Ms. *Vdalricus.*

radiabant. Hii omnes in aspectu Dei exultantes epulantur et in lætitia delectantur (*Psal.* LXVII). Amplius non esurient neque sicient (*Apoc.* VII), sed omnibus deliciis pro voto affluent, adhuc duplex gaudium habituri cum corpore et anima simul Regem gloriæ in decore suo sunt visuri. Tunc quippe sicut sol fulgebunt et æquales angelis erunt.

Si vis, potes hic finem facere; si autem expedit, hæc adice:

De hac felici angelorum et hominum copulatione promittit Dominus prophetica locutione: *Ecce ponam Hierusalem in lapides preciosos* (*Isa.* LIV). Hierusalem, quod dicitur *visio pacis*, est angelorum et hominum cohabitatio quæ veram pacem Christum in Patre facie ad faciem contemplatur. Hæc in lapides preciosos ponetur quia Hierusalem ut civitas de electis hominibus in virtutibus preciosis construetur. *Sternam per ordinem lapides ejus*. Lapides Hierusalem per ordinem sternentur dum electi pro meritis inter ordines angelorum disponentur. *Muros ejus* (f° 256 v°) *in smaragdos*. Muri Hierusalem smaragdinei sunt angelici ordines noveni, qui jugi visione Dei viridescunt et perhenni gloria splendescunt. *Fundamenta ejus in saphiris*. Fundamenta Ecclesiæ patriarchæ fuerunt qui eam coelestibus factis præfigurando fundaverunt, et ideo ut saphyrus acrio colore fulserunt. *Propugnacula ejus in jaspides*. Prophetæ sunt Ecclesiæ propugnacula, quia eorum scripta sunt tuta contra dæmones et hæreticos defensacula. Hii erant ut jaspis viridantes, quia in fide erant pulchre vernantes. *Portas ejus in lapides sculptos*. Portæ sunt apostoli, per quorum doctrinam intramus Ecclesiam, et per quorum censuram introducemur ad gloriam. Hæc de sculptis lapidibus ædificantur, quia bona exempla scriptis et factis apostolorum veluti sculpta fidelibus repræsentantur. *Omnes terminos ejus in lapides desiderabiles*. Omnes termini Ecclesiæ sunt omnes populi, omnes linguæ, omnes nationes, omnes gradus, omnis conditio, omnis ætas, omnis sexus. Hii ponuntur in lapides desiderabiles, quia de his omnibus eliguntur ædificio Dei aptabiles. *Universos filios tuos doctos a Domino*; universos [universi] filii Ecclesiæ a Domino docti erunt cum in illa vita omnia in Deo videbunt; nichil est enim quod eos lateat cum Deum, in quo omnia consistunt, inspiciunt. *Multitudinem pacis filiis tuis*. Ibi multitudo pacis filios Ecclesiæ occupabit, quia torrens pacis de omnimoda gloria in eis redundabit. *In justicia fundaberis*. In justicia hæc civitas fundabitur, quia in Christo locabitur per quem uniuscujusque meritum juste remunerabitur. *Ponam visitationem tuam pacem* (*Isa.* LX). Cum hic a Domino visitamur, pro peccatis flagellamur; ibi autem nostra visitatio erit pacis multiplicatio. *Et præpositos tuos justiciam*. Cum prælati hic a nobis facta nostra juste exigunt, digne nos poenis subigunt; ibi autem justicia nobis imponitur cum Christus justicia nobis in præmio dabitur. *In terra tua non audietur ultra iniquitas*, quia ibi regnabit æterna æquitas. *In terminis tuis non erit contricio et vastitas*, quia exuberat ibi dulcis consolatio et caritas. *Salus muros tuos occupabit et portas tuas laudatio*, quia inter angelos et sanctos per apostolos introductos erit perpetuæ salutis jocunda congratulatio (f° 258). *Non erit tibi amplius sol ad lucendum per diem, nec splendor lunæ per noctem, sed erit tibi Dominus in lucem sempiternam et Deus tuus in gloriam æternam. Non occidet ultra sol tuus et luna tua non minuetur*, quia Dominus pro luce sempiterna tibi stabilietur. *Populus tuus omnes justi in perpetuum, terram hæreditabunt*, ubi gaudium et læticiam obtinebunt. *Non audietur in te ultra vox fletus, et vox clamoris non erit ibi amplius*, sed vox salutis et exultationis et vox gaudii cantici et gratulationis. In civitate quippe sonant jugiter organa sanctorum; ibi suavissimo melo dulcisonum ymnum jubilant sine cessatione concentus angelorum. Hæc civitas vocatur Dominus ibidem, quia Deus ibi erit in omnibus electis idem. In hac gloria angeli per caritatem permanserunt, ad hanc omnes sancti per fidem et operationem pervenerunt. Horum neutrum sine altero valet; conjuncta homine ad vitam transferent. Sine fide est enim impossibile placere Deo (*Hebr.* XI), et fides sine operibus dicitur mortua esse (*Jac.* XX). Unde et populo Dei lex in duabus tabulis datur (*Exod.* XXXI), quia per fidem et operationem homo salvatur. In una namque tabula tria ad Deum pertinentia continebantur quibus fides Trinitatis exprimebatur. In altera VII ad proximum pertinentia promulgabantur, per quæ operatio instruebatur.

Legitur etiam quod Jacob duas sorores habuerit pro quibus septenis et septenis annis servierit, et ex una VI filios, ex altera duos tantum genuerit (*Gen.* XXIX, XXX). Jacob populum fidelium exprimit, qui per duas vitas, activam scilicet et contemplativam, ad hæreditatem vitæ æternæ pervenit. Lia quippe est sæcularis vita, quæ VI filios generat dum VI opera Evangelii perficere properat, esurientes scilicet pascendo, sitientibus potum tribuendo, nudos vestiendo, hospites recipiendo, infirmos visitando, incarceratos omnesque afflictos consolando (*Matth.* XXV). Pro hac conjuge Jacob VII annos servit dum devotus populus VII legalia præcepta implere contendit, scilicet patrem et matrem honorare, nullum manu vel lingua mortificare, non moechari, nec furari, non falsum testimonium dicere, non rem alterius concupiscere, non uxorem nec omnia illius auferre (*Exod.* XX). Porro Rachel pulchra est spiritualis vita (f° 258 v°); quæ duos filio parit dum jugiter vel legere vel orare aut verbum Dei audire vel aliis prædicare satagit. Pro hac etiam Israel VII annos famulatur dum fidelis populus VII evangelicis institutis inhianter subjugatur; dum student esse spiritu pauperes, mites, lugentes, justiciam esurientes, misericordes, mundicordes, pacifici (*Matth.* V). Et ut his florere mereantur, VII donis Spiritus sancti informantur, et hæc assequi VII peticionibus Dominicæ orationis precantur (ibid.). Per spiritum namque timoris sunt voluntarie pauperes ut a malis liberari valeant et regnum cœlorum hæreditate capiant. Per spiritum pietatis sunt mites ne in temptatione inducantur et terram viventium possidere digni habeantur. Per spiritum scientiæ sua et proximorum mala lugent; in se peccantibus debita indulgent ut et illorum debita relaxentur et tristicia eorum in gaudio conversa consolentur. Per spiritum fortitudinis fame et siti justiciæ afficiuntur, et ideo pane cottidiano vel supersubstantiali saturabuntur. Per spiritum consilii misericordes esse conantur ut voluntas Dei sicut in cœlis cum angelis, ita et in terra cum hominibus perficiatur, et ipsi misericordiam Christum consequantur. Per spiritum intellectus sunt mundicordes ut eis regnum Dei adveniat et Deum facie ad faciem sicuti est videant (I Joan. III). Per spiritum sapientiæ sunt pacifici ut Patris nomen in eis sanctificetur, et ipsi filii Dei vocentur (ibid.). Et quia in his singulis persecutionem propter justiciam patiuntur, ideo regnum cœlorum jure hæreditario cum angelis summa beatitudine sortiuntur. Et quia eis homines exprobrant, maledicunt, omne malum propter nomen Domini mentientes dicunt, beati erunt, quia in gaudio et exultatione copiosam mercedem habebunt (Matth. v).

Debet autem nosse vestra fraternitas cur hæc sancta instituta sit sollemnitas. Romæ antiquum templum Pantheon in honore omnium deorum, immo dæmoniorum, erat, quod papa Bonifacius, eliminata omni spurcicia ydolorum, in honore Dei Genitricis Mariæ et omnium martyrum in Maio dedicaverat. In primis enim non nisi sanctæ Mariæ et martyrum festivitas colebatur, sed processu temporis, Christiana religione crescente, etiam confessorum sollemnitas instituebatur. Unde quidam Gregorius papa eandem festivitatem in honore omnium sanctorum (f° 260) hodierna die instituit celebrari, ut quicquid toto anno humana fragilitas in celebrationibus sanctorum neglexisset, eorum meritis possit hodie relaxari. Igitur, karissimi, omnium sanctorum meritis et precibus quærite hodie Dominum (Psal. CIV) orando, quærite faciem ejus semper (ibid.) bene vivendo, et invenietis requiem animabus vestris (Matth. XI) in æterna gloria regnando. Omnes sanctos ore et corde invocate, votis et laudibus vos eis commendate ut quicquid toto anno gessistis contra Christianam religionem, Sanctus omnium sanctorum Christus relaxet vobis per illorum intercessionem; et cum idem Rex gloriæ admirabilis fieri in omnibus sanctis suis venerit, atque de angelis et hominibus unam rempublicam fecerit, vos in hac copulatione mereamini in clarissimo regni ejus palacio conregnare, et in nuptiis Sponsi et sponsæ cum omnibus choris angelorum et sanctorum perenne alleluia decantare.

DE SANCTO MARTINO EPISCOPO.

Dilectus Deo et hominibus, cujus memoria in benedictione est (Eccli. XLV). Sanctus Martinus, dilectissimi, fuit Deo dilectus, et ideo est gloriosus pontifex super plebem suam electus. Hominibus extitit dilectus, quia nimirum populus Dei ejus patrocinio ab hostibus animæ et corporis est protectus. Idcirco in benedictione est ejus memoria, quia per universum orbem ab hominibus, et in cœlis a beatis spiritibus benedicitur in perhenni gloria. Ab universa quoque Ecclesia hodie nomen Jesu Christi per eum benedicitur, a quo ei tantus patronus præficitur. Hic gemma sacerdotum appellatur quia ejus preciosa vita ac præclaris miraculis per totum mundum sacerdotalis dignitas decoratur. Unde a solis ortu usque ad occasum laudabile nomen ejus (Psal. CXII) celebratur et ab omnibus laborantibus in auxilium ejus invocatur. Omnibus se invocantibus celeri ope subvenit, Deusque per ejus merita quæque petita cuilibet tribuit. Nam absque multis signis quibus est glorificandus, tres mortuos per eum ad vitam resuscitavit.

Hic a Romanis parentibus, tamen gentilibus, in Pannonia generatur, in Ytalia educatur. Duodennis toto animo heremum concupiscit; sed pater ejus, dum (f° 260 v°) esset tribunus militum, devotum desiderium ejus minis compescit. Denique catenatur, militaribus armis invitus implicatur. Adhuc unda baptismatis eum non abluebat, et tamen evangelica præcepta sollicite implebat, scilicet alentes alebat; et oppressis prout potuit in tribulatione subveniebat, uno tantum servulo contentus, cui ipse sæpius versa vice serviebat. Quodam hiemis tempore dum pergit Martinus cum commilitonibus, obviat eis nudus pauperculus, poscens misericordiam a transeuntibus; et dum omnes prætereunt miserum, Martinus arripuit gladium, clamidem qua indutus erat dividit, partem pauperi tribuit. Cui Dominus nocte insequenti cum multitudine angelorum apparuit, partem vestis a Martino datam prætulit; hac se a Martino, necdum baptizato, vestitum retulit. Qua visione sanctus Martinus animatus, et majoris gratiæ spe roboratus, cum esset decem et octo annorum fonti Christi immergitur et mox totus in Dei servicium convertitur. Interea Juliano Deo odibili ad pugnam properante, et militibus donativum erogante, Martinus miliciam cum donativo abnegat; sed eum tyrannus in carcerem recipi imperat ut eum inermem hostibus objiciat. Pius autem Dominus omnium utilitati consulit dum suum fidelem militem periculo eximit, quia necessitatem pugnæ adimit. Postera namque die hostes pacem petiere, se cum suis omnibus imperatori subdidere.

Exinde Martinus, relictis armis, monachico habitu induitur, Hylario Pictaviensi episcopo conjungitur, cum quo aliquamdiu commoratus ad parentes tendit; sed ei diabolus in via occurrit, se ei in omnibus adversaturum promittit. Qui silvam ingressus a latronibus capitur, ligatur, in abdita ductus uni incustodiendus commendatur. Qui per Martini verba Deo credidit eumque solvens ad viam deducit, latrocinium execratur, Martinum fidus comes discipulus commitatur. Martinus autem ad parentes perveniens matrem suam convertit ad Dominum, patrem converti [convertere] non potuit. Inde ad Hylarium revertitur et ab hæreticis variis pœnis afficitur. Eo tempore quidam catechuminus se ei associaverat qui absente Martino (f° 262) non baptizatus abierat. Martinus autem reversus in lacrimis solvitur, sed Domino eum consolante tristicia ejus in gaudium convertitur, moxque mortuus ab eo resuscitatur. Alio tempore transeunte Martino lugubris vox auditur in quodam vico. Qui dum causam luctus sciscitatur, ei quidam suspendio sibi animam extorsisse narratur; inde Martinus miseratus miseri, ejectis omnibus, preces fundit misericordi Miseratori. O quam prope est Dominus omnibus eum in veritate invocantibus! (*Psal.* CXLIV.) Statim mortuus vitæ redditur et cum Martino, cunctis stupentibus, vivus progreditur. O cujus meriti apud Deum hic vir extitit qui hunc vitæ restituit qui se ipsum occidere non pertimuit! His miris miraculis mundo notificatur, Deo disponente sublimatur infula Turonici pontificatus. Qui mira humilitate et sollicitudine gregem sibi commissum regebat, dulci doctrina et vivis exemplis subditos instruebat. Tempora sua signis et prodigiis ornavit, totam Ecclesiam aurea columna inflexibiliter sustentavit.

Martino ad ecclesiam procedente dæmonia in ecclesiam mugitum edebant, et clerici per energuminos episcopum adventare sentiebant. Torquebantur maligni de præsentia antistitis Deo digni. Mox vero ut ille cilicio obvolvitur, cineri prosternitur, inmundorum spirituum caterva ab obsessis hominibus expellitur. Quadam sollemni die missas celebraturus in sacrario consedit et ecce quidam pauper vestem ab eo petit. Qui protinus diaconem mittit, vestem pauperi afferre præcepit. Illo morante Martinus vestem suam exuit, pauperi tribuit. Diaconus reversus hortatur episcopum missas celebrare, dicens populum lassum diu expectando laborare. Qui dixit pauperem prius vestiendum et sic servicium Dei peragendum. Ille stomachatus ex proxima taberna nigram brevemque vestem paucis nummulis coemit, ad pedes episcopi cum ira projecit. Ipse vero nichil penitus commotus diaconem exire præcepit, vestem allatam clam induit, sieque seminudis brachiis ad missarum sollemnia accedit, sed Dominus astanti populo meritum præclari præsulis patefecit. Nam eo missas celebrante globus igneus de capite ejus surgebat et flamma crescente in alta poli tendebat. Crebro (f° 262 v°) etiam visæ sunt manus Martini inter missarum sollemnia gemmis radiare atque auro et electro crepitare.

Quodam tempore populo paganorum Martino in campo prædicante, puer quidam opprimitur a turba constipante. Quem mater cum ejulatu sancto attulit, moxque vivum coram omnibus ejus precibus recipere meruit, quæ cum omni populo credens grates Deo retulit. Sic Trinitas sancta electum suum coram hominibus glorificat dum tres mortuos per eum ad vitam revocat.

Hujus beati viri tot egregia signa scribuntur quod nullo sermone explicabuntur. Unde pauca hæc vos audisse sufficiat ne prolixior sermo vobis fastidium ingerat. Cum quidam Postumianus, peragratis mundi partibus, sanctos Patres in Ægypto, in Judæa, in Græcia visitasset, ac multa præclara et digna relatu fratribus reversus enarrasset, inventus est Martinus omnium merita et facta signis et sanctitate transcendisse et illi omnes ad solius Martini mensuram non pervenisse. Nam cæcis visum, surdis reddidit auditum, mutis loquelam, leprosis reparabat mundiciam, claudis gressum, populum consolidavit paralisi oppressum; ardorem febrium mitigavit, furorem dæmonum ex hominibus effugavit, et non solum ipse per se signa exhibebat, sed etiam multi in nomine Martini mira faciebant. Oleum a Martino benedictum omnem languorem pellebat; literæ ab eo missæ fugato dolore salutem reddebant; aves, bestiæ, serpentes ejus imperio parebant; vestis ejus tacta vel stramen in quo dormivit dæmones vel quamlibet adversam valitudinem fugabat, celerem sanitatem præstabat. Hujus cappa Francorum regibus ad bella euntibus pro signo anteferebatur, et per eam victis hostibus victoria potiebantur; unum et a custodibus illius cappæ usque hodie cappellani appellantur. Angeli sæpe ei colloquebantur, sancti quique frequenter cum eo sermocinabantur. Oculis ac manibus in cœlum semper intendebat, ore et corde Christum gerebat. Regibus potenter imperabat, hæreticos cum magna auctoritate superabat. Episcoporum invidia a subditis illatam injuriam patienter tolerabat, exemplum sanctimoniæ omnibus præ [per] omnia dabat. Obitum suum longe (f° 264) ante præscivit, fratribus diem exitus sui prædixit. Igitur cum Dominus gloriosa merita beati Martini decrevisset remunerari, et emeritum militem post multos agones perbenni serto laureare, corporis dolore corripitur sicque a dolore et morte pariter eripitur, atque angelis et sanctis concinentibus gaudium Domini sui lætus ingreditur, sed cœlestis modulatio a multis percipitur. Nam Severinus Coloniensis episcopus, multis virtutibus præditus, ea hora cum diacono suo Ervelgiso, postea ejusdem loci episcopo, inter monasteria causa orationis ibat quando anima Martini a carne soluta cœli templa adibat. Qui angelicam audiens armoniam, ignorante diacono quid significaverit, Martinum Turonensem præsulem de hac vita migrasse retulit atque animam illius choros angelorum excepisse; sed turbam dæmonum occurrisse et nichil suum invenisse, confusos abcessisse et ideo cœlestem exercitum laudisonum ymnum tanta exultatione concrepuisse. Heu, karissimi, quid fiet de nobis miseris omnibus flagiciis involutis, si turba dæmonum Martino occurrit qui omnibus virtutibus floruit? Hic beatus cœlestia petens etiam Severo apparuit qui ejus Vitam jam scripto edidit.

Erat autem dies Dominica quando de carcere corporis ac mundi exiens cœli alta intrabat palacia. Ipsa die Ambrosius Mediolanensis episcopus, omnibus Ecclesiis pro sanctitate et affluente doctrina memorandus, astitit altari missarum solemnia celebraturus. Qui a Spiritu sancto rapitur, ad sepeliendum corpus Martini Turonis defertur. Quo sepulto ad se ipsum rediit; omnibus mirantibus ac merito stupentibus quæ gesta sunt retulit.

Celebri igitur laude, karissimi, est nobis beatus Martinus venerandus, dulcibus melis cum angelis personandus cui Dominus adhuc pagano militi inter angelos ostenditur; per quem jam Christianum et abbatem factum vita mortuis redditur; qui pontificali dignitate sublimatur, virtutibus et miraculis decoratur; cui a regina servitur, et dum ei a rege non assurgitur, thronus ejus flammis corripitur; qui a servis regis verberatus eos cum animalibus ad fluvium ut simulachra figit, pœnitentes vero transire (f° 264 v°) permittit; qui arbores dæmonibus dicatas succidit, cadentes illæsus excipit, umbram latronis occisi conspicit, verba loquentis percipit, aram ejus (?) aliaque delubra destruit; sed turba paganorum cum funere sistit, et iterum abire permittit; turbam canum figit, lepusculum a dentibus eorum eripit; qui percussos a serpentibus depulso veneno sanat; præstigia deceptorum declarat; qui incendium circa se extinguit, infantis trium dierum linguam ad loquendum aperit; in cujus nomine canis importune latrans obmutuit, et cujus stramen, obsesso homini a monialibus alligatum, dæmonium expulit; qui serpentem fluvium transire, mergos vero in desertum de fluvio ire jussit; qui obitum suum longe prædixit, discordantes in pacem reduxit; cui obeunti agmina angelorum occurrunt, chori sanctorum concentibus applaudunt, venienti cœli patescunt, omnia cœlestia hylarescunt. Traditur etiam de eo cuidam revelatum solitario quod quadam die sollemnitatis ejus tot animæ a pœnis ipsius meritis liberatæ sint quod (157) homines illa die ad festivitatem ejus convenerint. O vere beatus pontifex, ab omni Ecclesia digne beatificandus, per cujus beata merita animabus beata conferuntur gaudia! Hunc, karissimi, devota mente flagitemus quatenus ejus suffragio in superna patria cum Christo regnemus. Ubi oculus non vidit (*I Cor.* II), et cætera.

Die dominico adice de sancto Brictio :

Hodie, karissimi, sanctum Briccium votis nostris favere poscamus, cum eum plurimum apud Deum posse noscamus. Ipse enim didicit in suis pressuris qualiter subveniendum sit in miseriis constitutis. Virtutem namque semper invidia commitatur; quod hoc exemplo maxime comprobatur. Cum sanctus Martinus signis et virtutibus ut sol splendesceret, et dulcis fama ejus longe lateque [per] populos crebresceret, multi, heu! episcoporum cupientes laudis ejus præconia, rennuentes autem adornari vitæ ejus sanctimonia, egerunt ut aliquo ingenio deponatur qui dextera Dei exaltabatur. Interea quædam mulier male conceptum filium genuit, cujus sceleris auctor latuit. Itaque episcopi, suæ vesaniæ oportunitatem invenientes, concilium ineunt, consilio cum muliere inito, Martino crimen imponunt (f° 266). Martinus autem infantulum sibi afferri jussit, quem brachiis complexus blandiens « fili, fili » dixit. Puer vero cum adhuc septimanam non compleverit, in vocem absolutam erupit, « non es tu, inquiens, meus pater, sed Johannes mercator. » Unde omnes stupefacti genibus ejus se advolvunt, veniam petunt. Quibus dignus Dei sacerdos injuriam suam benigne relaxat, infantem baptizat, de fonte lavat [levat], Briccium nominat. Quem adultum monachicis disciplinis imbutum presbyterum ordinat, multisque contumeliis ab eo perpessis, pro mercede ei episcopatum a Deo impetrat. Martino itaque ad Dominum migrante, Briccius episcopus præficitur, et anno episcopatus sui tricesimo quod in magistrum peccavit de manu ejus requiritur. Nam infelix mulier de stupro peperit et totus populus episcopo crimen imposuit. At ille exemplo magistri puerum adduci præcepit qui XXX dies ætatis implevit. Quem coram omni populo adjurat ut si ipse pater ejus sit palam edicat. Puer autem clara voce negat eum suum patrem esse. Cum vero ipsi hoc magicæ arti ascriberent, fornicatorem et magum assererent, Briccius prunas ardentes circa civitatem in byrro suo portans ante sepulchrum sancti Martini exposuit, vestis ejus inusta apparuit; sed populus furens non credidit et ab episcopatu eum expulit quia hoc in Martino promeruit. Qui ejulans Romam venit apostolicusque eum honorifice excepit. Post VII annos ad sedem suam remittitur, ab omni populo cum magno honore et gaudio recipitur et expleto digne officio hodie sanctis in gloria conjungitur. Ut huic associemur toto corde precemur, ubi oculus non vidit, etc. (*I Cor.* II.)

(157) Sic cod. semper pro *quot*.

DE SANCTA CÆCILIA.

Si ejus est ecclesia.

O quam pulchra est casta generatio cum caritate! (Sap. IV.) Florentes hic castitate, si fervent caritate, splendebunt coram Domino ineffabili claritate. Qui autem absque dilectione caste vivunt, per difficilem vitam ad interitum ibunt. Qui enim omnis voluptatis impleverit desiderium, quasi per gramineam viam ducitur ad eculeum. Qui vero vixerit in carnis districtione, non habens dilectionem, quasi per spinetum trahitur ad suspensionem.

Refert Dominus quod decem virgines (f° 266 v°) fuerint quarum quinque Sponsum accensis lampadibus exceperint, et cum eo ad nuptias intraverint; quinque vero extinctis lampadibus foris remanserint. Prudentes virgines sunt quæ corpore et spiritu caste vivunt; quæ cum nubere possunt, nolunt, sed Christi amore carnis voluptates respuunt. Quæ ideo V scribuntur, quia per V corporis sensus castitatis opera implebuntur, per quæ Deo acceptæ reddentur. Quinque etiam in ternarium et binarium dividitur, sed per ternarium fides sanctæ Trinitatis, per binarium gemina dilectio exprimitur. Qui ergo in fide sanctæ Trinitatis per geminam dilectionem operantur, recte quinario numero notantur. Per ternarium quoque fides, spes et caritas intelligitur; per binarium castitas corporis et animæ accipitur. Quæ in his virtutibus corpore et spiritu caste vixerit, procul dubio ad quinarium hunc pertinebit. Fatuæ autem virgines sunt quæ per superbiam conjugatas despiciunt, aut de carnis virginitate gloriam humanam quærunt. Quæ enim de virginitate superbiunt, coram Deo immundæ sunt quia, ut scriptum est, immundus est coram Deo omnis qui exaltat cor suum. Quæ autem laudem ab hominibus per castitatem quærunt, a Deo mercedem non habebunt, quam hic ab hominibus receperunt. Quæ vero toto desiderio viris admiscentur, et etiam corpore, si facultas daretur, libenter commiscerentur, a Deo ut corruptæ pœnis subdentur nisi ipsæ per pœnitentiam hoc punire conentur. Sicut enim viri videntes mulierem ad concupiscentiam, mœchantur (*Matth.* v), ita utique et feminæ viros concupiscentes mœchantur. Quæ autem obscena quæque operantur, etiamsi numquam viris admisceantur, a Deo justo ut meretrices damnantur. Et heæ V referuntur quia V sensibus immundiciam cordis explere nituntur. Accensæ lampades sunt bonæ actiones; oleum æterna gloria; vasa sunt corda. Prudentes ergo virgines lampades accendunt, quia bonis operibus pro æterna gloria coram hominibus splendescunt. Fatuæ autem lampades quidem habent, sed oleo carent, quia continentiæ opera pro humano tantum favore exhibent. Sponsus est Christus, sponsa vero Ecclesia. Quam tunc ad nuptias ducet cum peracto judicio in cœlestem Hierusalem introducet; sed illo nunc morante omnes virgines obdormiunt, quia quique mortis (f° 268) somnum sub-eunt. Media autem nocte per clamorem Sponsus venire nunciatur, virgines ei obviam ire adhortantur, quia nimirum media nocte magno clamore vocis et tubæ angelorum adventus æterni judicis mundo inclamatur et mortui in ejus occursum a somno mortis excitantur. Quem tunc prudentes accensis lampadibus excipiunt, cum eo ad nuptias intrabunt, quia pro bonis operibus æterna præmia recipiunt, pro castitate in perhenni gloria exultabunt. Fatuis autem tunc janua clauditur, quarum lampas extinguitur, quia ibi præmio vitæ carebunt, cum hic acceperint laudes ab hominibus quos amaverunt (*Matth.* xxv).

Interim narrat Dominus quod quidam thesaurum in agro absconditum invenerit et venditis omnibus agrum illum emerit (*Matth.* XIII). Thesaurus est Christus in Patre absconditus. Qui in agro latens reperitur dum in Patre manens per contemplationem ei coæterna invenitur. Pro quo thesauro omnibus venditis ager emitur, quia pro Christo terrenis cunctis spretis facies ejus promerebitur. Iterum dicit quod quidam preciosam margaritam invenerit et datis omnibus eam comparaverit (*ibid.*). Decor preciosæ margaritæ est dulcedo cœlestis vitæ. Quæ datis omnibus comparatur dum quis omnibus abrenuntians, cuncta desideria mundi calcans, æterna dulcedine remuneratur. Iterum dicit quod sagena in mare missa sit quæ omne genus piscium concluserit, quam plenam ad litus eduxerint, bonos pisces in vasa elegerint, malos autem foras emiserint (*ibid.*). Sagena est fides catholica ex multis sententiis Scripturarum contexta. Hæc in mari laxatur dum in toto mundo a doctoribus prædicatur. In qua omne genus piscium concluditur dum de omnibus linguis, de omnibus populis, de omnibus tribubus, de omni gradu, de omni sexu genus humanum fidei inhærens Christo subditur; sed sagena plena ad litus pertrahitur cum summa humani generis fine mundi terminabitur. Tunc boni pisces in vasa eliguntur, cum electi per angelos in diversas mansiones pro meritis disponuntur. Mali vero foras mittuntur cum reprobi in caminum ignis perpetuo cruciandi retruduntur.

Sancta Cæcilia una de prudentibus virginibus fuit quæ lampade castitatis splendide (f° 268 v°) fulsit. Et quia Sponso ardente lampade obviavit, ideo jam cum eo ad nuptias æternæ epulationis intravit. Hæc pro thesauro emendo omnia vendidit, quia pro Christo adipiscendo se suaque omnia in morte tradidit. Hæc margaritam inventam datis omnibus comparavit, quia cunctas carnis illecebras et mundi pompas contemnens dulcedinem cœlestis vitæ jam gustavit. Hæc ut bonus piscis evangelicæ sagenæ inhærens in vas est electa, quia de hoc mundo in perhenne gaudium ab angelis est evecta.

Hæc de nobili prosapia Romanorum ortu nobili

viro desponsatur, et factis nuptiis, subtus cilicio, desuper auro vestiebatur. Dum autem ventum esset ad secreta cubicula, dulcibus colloquiis convertit sponsum ad fidem Christi. Qui dum ejus persuasu ab Urbano papa baptismum percipit, reversus angelum Domini cum Cæcilia repperit. Qui duo serta ex paradysiacis floribus tecta [texta] suave olentibus detulit, ex quibus unum Cæciliæ, alterum Valeriani capiti imposuit; insuper cuncta quæ a Deo peterent impetraturos retulit. Post hæc Tyburcius, frater Valeriani, advenit, quem Cæcilia mellifluis verbis ad Christum convertit, papa Christi tunica induit. Cottidie itaque Christo Deo devote serviunt, multas elemosinas faciunt, angelis cottidie confabulantur, signa et prodigia operantur. Post hæc a præfecto comprehenduntur, ad immolandum ydolis compelluntur, et respuentes ambo pro Christo occiduntur. Quorum animas vidit quidam Maximus nomine ab angelis excipi et cum magna gloria supernis sedibus inferri. Unde et ipse Deo credidit et mox jussu præfecti plumbatis cæsus pro Christo occubuit. Deinde Cæcilia flammivomis balneis includitur, sed fonte vitæ ei irrorante non comburitur. Quæ tercio gladii ictu percussa, ac proprii sanguinis flumine lota, sponso Christo munda consociatur, eumque nunc inter agmina martyrum et virginum ipsa gloriosa martyr et virgo commitatur. Hanc imitantes Dei clementiam imploremus ut ejus meritis intervenientibus in æterna læticia exultemus. Quam oculus non vidit et auris non audivit et in cor hominis non ascendit (*I Cor.* II), et cætera.

DE SANCTO CLEMENTE.

(f° 270) *Nemo accendit lucernam, et in abscondito ponit neque sub modio, sed super candelabrum, ut qui ingrediuntur lumen videant* (*Luc.* XI). Sanctus Clemens, karissimi, erat lucerna Ecclesiæ divinitus accensa, super candelabrum Romani culminis posita; qui largum lumen doctrinæ cunctis præbuit quos domus hujus mundi inclusos retinuit. Hujus mater Mathidia nobilis nobili Faustidiano Romanorum copulatur, ex quibus ipse tercius fratrum suorum procreatur. Quæ insigni forma dotata a fratre mariti sui de stupro est interpellata; cujus insanam inportunitatem declinans, cum duobus filiis in Græciam navigio proficiscitur; Clemens admodum parvulus cum patre relinquitur. Orta autem tempestate navis solvitur; aliis pereuntibus ipsa tabula undis in insulam devolvitur. Filii vero Faustus et Faustinus natantes a piratis rapiuntur, diversis in locis diversis hominibus venduntur. Cum autem mulier reverti tardaret, misit maritus servum qui eam per totam Græciam investigaret. Qui cum reversus diceret se nullum vestigium famæ ejus repperisse: vir dolore tactus, relictis omnibus, abiit eam quærere, et non inventa, placuit ei secretam vitam in exilio ducere. Igitur parentibus et fratribus amissis Clemens remansit hæres rebus dimissis. Qui cum phylosophiæ studeret et de immortalitate animæ anxie quæreret, Domino disponente, Barnabas supervenit, qui ei de hac re satisfecit, cum quo relicta Roma Hierosolimam petit. Audita autem doctrina Petri, baptisma consequitur et ei fidus comes in omnibus consequitur. Porro Niceta et Aquila fratres ejus tunc nominati erant, a Symone Mago seducti et ejus magisterio discipuli introducti. Cum autem Symon Magus publica disputatione Petri esset conclusus, profugissetque confusus, ipsi, relicto Symone, Petro adhærent atque baptizati veram fidem omnibus tenent. Cum quibus dum Petrus pergit in quandam insulam, mulier ab eo petit elemosinam; quam cum ipse requireret cur sana mulier elemosinam peteret, ipsa cum fletu cœpit ei infortunium suum retexere, dicens se ex summa opulentia ad summam indigentiam devenisse; Romæ præpotentem virum (f° 270 v°) cum filio reliquisse, duos natos naufragio periisse, se in exilio positam præ lacrimis, præ dolore brachio contorquendo factam clenicam. Filii autem cum verba narrantis audirent, et se fratres esse nescirent, matrem esse recognoverunt et se germanos esse stupuerunt. Quæ a Petro baptizatur et gaudentibus filiis associatur. Deinde ad patrem suum veniunt, quem post longam desperationem recognoscunt, sacræ fidei adciscunt. Interea Symon Magus Antiocensem populum fallaciis suis subvertit, ad quem pater Clementis, cum esset phylosophus, disputare pergit. Quem Symon ita facie per magicam artem mutavit, quod quilibet eum inspiciens ipsum Symonem esse putavit. Filii quoque cum matre ad eum reversi, præsentiam ejus exhorruerunt Symonemque esse per omnia putaverunt. Qui monitis Petri ad Antiochyam remeat, populum convocat, se errasse, se impie contra Deum et Petrum prædicasse fatetur, de cætero emendationem pollicetur. Omnes autem æstimantes Symonem Magum ejus consilium, miserunt post Petrum apostolum, quem honorifice suscipiunt, colla jugo fidei submittunt. Post hæc Symone ut prius errorem suum prædicante, et Deum apostolosque ejus plasphemante, Antiocenses comprehensum fal[l]acem seductorem nominant, qui abnegatum errorem iterum prædicare audeat, multis flagris afficiunt, cum nimio dedecore de suis finibus eiciunt.

His transactis Petrus cum Clemente Romam veniens, Symone Neronem instigante, crucifigitur, et Clemens, Petro designante, episcopus Ecclesiæ præficitur. Qui cum aliquandiu Ecclesiam apostolica doctrina nobiliter rexisset, et multum populum signis et prædicationibus fidelibus junxisset, uxor

Sisinnii imperatoris amici ad Christum convertitur, quam vir ob curiositatem ad ecclesiam sequitur, sed inter sollemnia missarum cæcus et surdus efficitur. Cui Clemens visum et auditum precibus reddidit et ad Deum convertit. Dum vero per Sisinnium multitudo illustrium Christo Deo subjugatur, decreto Trajani imperatoris Clemens cum pluribus in exilium relegatur. Ibi fontem de petra produxit, multas ecclesias construxit, omnem populum per gyrum sancta fide instruxit; unde imperator judicem direxit qui Clementem cum omnibus Christianis diversis poenis addixit. Quosdam gladio (f° 272) interemit, quosdam vertigine rotarum confregit, quosdam flammis injecit, quosdam bestiis objecit, ipsum vero papam anchora ad collum ejus ligato [ligata] in mare dimersit. Orationibus autem Christianorum mare undas in sinum suum ad tria milia stadiorum retraxit, et ecce templum marmoreum in medio maris apparuit. Quod fideles ingressi sarcophagum inveniunt, sanctum Clementem anchora ad collum ejus ligata, in eo conspiciunt. Quibus etiam revelatur ne corpus ejus tollant, quia mari singulis annis undas retrahente, VII diebus ingredientibus iter præbeat. Sic voluit Deus martyrem suum glorificare et virtutem nominis sui omnibus gentibus notificare. Quodam tempore peracta sollemnitate, et populo ad litus properante, quædam mulier infantem suum intus obliviscitur, qui revoluto anno dormiens et incolomis quasi unius noctis spatio invenitur, et ab omnibus laus Deo redditur. Fertur etiam quod singulis annis duo virginali corpore florentes intus remaneant, qui transacto anno totius Scripturæ noticiam habeant, quique servitio Dei deputentur in loco qui *Familia sancti Clementis* nominetur hisque obitus suus semper ante unum annum reveletur. Hunc gloriosum martyrem, karissimi, hodie invocemus, devota laude personemus, ut cum impii in ignem dejecti in miseriis non subsistent, et viros injustos in interitu capient, nos cum justis nomini Domini confiteamur et cum rectis habitare cum vultu ejus mereamur, ubi oculus ejus non vidit, etc. (*I Cor.* II.)

DE SANCTO ANDREA APOSTOLO.

Olim celebrabant gentes natales regum, hodie celebrat Ecclesia natalicia martyrum, in quo (158) de mortali matre nati in hanc mortalem vitam intraverunt, sed quo immortalis Ecclesiæ utero moriendo nati de morte inmortalem vitam adierunt. Sicut enim regum filii, non tamen omnes, de matre prodeuntes, hunc mundum intrantes ad terrenum regnum gignuntur, sic filii (?) de hoc mundo transeuntes, in æternam vitam migrantes, ad cœleste regnum nascuntur. Qui enim boni milites hostes fortiter pugnando devicerunt, et causa imperatoris summi augustæque Ecclesiæ sanguinem suum fuderunt, ideo victoria potita jam coronati cohæredes regni esse meruerunt.

Legitur quod (f° 272 v°) beatus Job inter omnes Orientales magnus fuerit et VII filios tresque filias genuerit et filii sorores ad convivium convocaverint. Hæc quamvis ita sint gesta, tamen propter figuram sunt scripta. Sanctus namque Spiritus, cui præterita non abeunt, futura non succedunt, sed omnia præsentia semper assunt, qui fecit quæ futura sunt, per opera priorum in Scriptura contexuit futura facta apostolorum. Idem quidem Spiritus qui per prophetas sacram Scripturam composuit, per apostolos et eorum sequaces eandem exposuit; gesta enim præcedentium umbra erant sequentium. Itaque Job, quod *dolens* sonat, in figura Christus fuit, qui pro nobis in passione doluit. Hic extitit magnus inter omnes Orientales, quia magnificentior, ut puta Filius Dei inter omnes angelicas dignitates. Septem filios habuit, quia Christus XII apostolos cohæredes sibi statuit. Septenarius namque dividitur in ternarium et quaternarium, et ter quatuor conficiunt duodenarium; et ideo apostoli, septenario numero expressi sunt, quia per VII dona Spiritus sancti IIIIor partes mundi ad fidem sanctæ Trinitatis perduxerunt. Qui tres sorores ad convivium invitaverunt, quia Asiam, Affricam et Europam per fidem, spem, caritatem ad cœleste convivium convocaverunt.

Ex quibus beatus Andreas extitit præcipuus, cujus hodie natalicia colimus. Hic beati Petri erat germanus eique in apostolatum et in passione socius. Sicut enim Petrus cruce Christum glorificavit, sic Andreas in cruce moriens Deum magnificavit. De hoc multa stupenda feruntur, multa mira et gloriosa leguntur. Ex pluribus enim quæ fecit fertur quod Matthæum apostolum a paganis excæcatum in carcere illuminaverit, multos mortuos suscitaverit. Demum in Achaiam pugnaturus progreditur, innumerabilis populus per eum cœlesti regno ascribitur. Tandem in Patras civitate ab Egæa proconsule comprehensus, carceri includitur; eductus, multis flagris afficitur; deinde in crucem levari præcipitur. Qui crucem a longe aspiciens eam cum gaudio salutavit, suspendium tamquam epulas optavit. In cruce vero suspensus funibus alligatur ut longo cruciatu moriatur. Qui cum biduo vivens in crucem penderet, et populum astantem de beata vita doceret, Egæas, timore populi coactus, cum multis advenit eum deponere, sed nullus (f° 274) potuit cum manibus contingere; et ecce subito super pendentem immensa lux de cœlis resplenduit, in qua exultans a carnis dolore ereptus æternam lucem adiit; cujus corpus Maximilla, uxor Egæae, sepeli-

(158) Cod. prima manu *non quo;* corr. *in quo;* sed legendum *non quo.*

vit; de sepulchro vero manna et oleum fluit. Egœas vero a dæmonio arreptus interiit, populus omnis Christo Domino credidit. Sic emeritus Christi miles post victoriam, angelica turba comitante, hodie laureatus in gloria triumphat, et in vitæ senatu cum XII consortibus, orbis judicibus, ipso gloriosus judex tripudiat. Hunc, dilectissimi, rogemus ut ejus meritum nobis obtineat quatenus Deus omnes peticiones nostras impleat, omni gaudio nos repleat. Quod

DE SANCTO NICOLAO.

In memoria æterna erit justus; ab auditione mala non timebit (*Psal.* cxi). Cuncta quæ fiunt in terra oblivionis oblivioni traduntur; et universa quæ sub sole eveniunt, a memoria tanquam mortuus a corde elabuntur. In cujus enim nunc versatur memoriæ regum et tyrannorum olim opulens gloria? Quis habet nunc in recordatione magnifica urbes quas extruxerunt vel inclytos titulos nobilium triumphorum quos erexerunt? Ubi nunc sunt pompæ vel diviciæ quibus affluxerunt vel supplicia aut cruciatus quos sanctis inflixerunt? Omnia velut umbra transierunt et ipsi ignem et vermem hæreditaverunt. Qui autem Deum coluerunt, in memoria æterna erunt; opera eorum per omnes generationes vigent et nomina eorum in sæculum sæculi vivent. Nam unus spiritus cum Deo est qui ei per dilectionem adhæret, et ei per spiritum unitus cum eo in æternum permanet. Ex quibus est sanctus Nicolaus in memoria æterna, quia et hic hominibus est celebris in terra, et angelis in vita sempiterna. Ab auditione mala, scilicet, *Discedite, maledicti, in ignem æternum* (*Matth.* xxv) non timebit, sed de dulci voce *Venite, benedicti* (*ibid.*), in æternum gaudebunt (*sic*).

Hic ortus ex nobili prosapia Græcorum, multis miraculis fulsit præclarus præsul Mirreorum. Recens natus ponitur in Pelium abluendus, sed per unam horam stetit a nullo tentus, quia nimirum in gradu virtutum erat stabiliendus. Mox bonæ indolis vir cœpit repatriare per parsimoniam, unde primus parens exulabat per castrimargiam (*sic*). Nam IIII et VI semel tantum in die de papillis bibebat; unde affluentia cœlestis (f° 274 v°) gratiæ largiter influebat. Transcursa autem infantili meta sitibundo pectore hausit de fluentis Scripturæ cœlestis vitæ secreta. Adultus quoque, utroque parente orbatus, et ipse innormis patrimonii hæres subrogatur. Porro in eadem civitate nobilis vir degebat qui de maximis diviciis ad ultimam egestatem pervenerat. Hic statuit tres filias forma insignes fornicari ut per eas posset saltem victum lucrari. Quas Nicolaus auro redemit et patri quidem inopiam, puellis autem infamiam benigne ademit, sibi vero cœlestes divicias coemit. Interea Mirrensium Ecclesia pastoris morte viduatur, sed grex devotus a Deo postulat ut ei dignus pastor præficiatur. Bonus autem pastor citius consolatur ovile desolatum, cui sancto [sanctum?] insinuans Nicolaum a Deo præsulem esse designatum. Qui postquam cleri et populi electione prudens et fidelis dispensator super familiam Domini constituitur, mox jubar virtutum ejus ubique diffunditur.

Dulcis etiam fama ejus per orbem spargitur, per quam populus undique ad videndum eum catervatim attrahitur. Navis ergo populis onusta ad eum velis ferebatur, quæ sæva tempestate quassata nautis discrimen naufragium minabatur. Qui turbati Nicolaum invocant et mox eis apparens, mare sedatis procellis a furore tranquillat. At illi omnes grates ei referunt cui venti et mare obediunt (*Matth.* viii).

Hic sanctus demolitus est ædem Dianæ, quod diabolus molitus est hujuscemodi arte vindicare. Navis turbis plena ad eum pergens sulcat mare, et ecce diabolus vas cum oleo affert in specie Dianæ, flebiliter supplicans ut hunc liquorem ad concinnanda lumina sancto suo deferant, conquerens sibi multa obstare quæ se ad illum pervenire differant. Qui accepto oleo in altum remigant, et ecce vox desuper clamitat ut oleum a muliere datum abjiciant, datorem ejus diabolum sciant. Ut autem oleum projicitur, mox contra naturam unda flammis corripitur. Illis vero præ pavore vociferantibus, Nicolaus apparuit et confestim fraus disparuit. Populus autem illi laudem concinit qui eum de ebullienti maris olla eripuit.

Quodam tempore fames prævalida regionem invaserat et populum Nicolai quammaxime prægravaverat. Interea naves regiæ tritico onustæ transmeant, a quibus vir Dei aliquot (f° 276) modios tritici impetraverat. Ex quibus omni populo habundanter distribuebat et nautæ ad litus pervenientes mensuram tritici quasi nihil dederint reperiebant: in hoc illum imitatus qui de paucis panibus multa milia hominum saturavit et de sublatis fragmentis plus quam de appositis superavit. Alio rursus tempore tres juvenes injuste accusati a proconsule ira vel potius avaricia sunt ad necem damnati. Quod præsul Dei audiens, quantocius supervenit eosque de imminenti exitio exemit. Alio tempore tres nobiles viri ad Constantinum imperatorem rei ob invidiam accusantur et ab imperatore damnantur. Qui in carcere positi ad Nicolaum clamant, et ipse mox in sompnis Constantinum minis et terroribus de interitu eorum placat. Imperator expergefactus optimates convocat, visionem indicat, juvenes sine mora laxari imperat; at illi laudibus extulerunt clementiam liberatoris qui eruit eos de manu fortioris.

His et aliis multis gloriosis signis patratis Regi gloriæ in perhenni gloria associatur; sed marmor tumbæ ejus liquore olei resudare memoratur. Quo dum quisque debilis perungitur, protinus depulsa ægritudine salus refunditur. O mira virtus Christi! Quantum distat ortus ab occidente, et quantum differt lux a tenebris, tantum sunt retributiones justorum a reprobris discretæ. Sicut enim de istius tumba dicitur oleum manare, ita fertur de sarcofago Juliani apostatæ pix tetra et putida sudare. Quodam autem tempore antistes ejusdem sedis propter invidiam urbe pellitur, et statim stillas acri [stilla sacri] liquoris restringitur; et dum ipse in propria cathedra recipitur, confestim stillicidium salubre gaudentibus redditur. Quidam autem præpotens vir accersito aurifice aureum vas fieri imperat quod sancto Nicolao pro voto offerendum deputat. Quod ut artifex miro modo sculpsit ac variis gemmis distinxit, vir ille insigne opus miratus concupivit et suis usibus retinendum censuit, aliudque vas ad instar prioris patrare voluit quod pro illo sancto Nicolao deferendum disposuit. Aurifex vero summam diligentiam adhibuit, sed nullo modo secundum formam prioris insignire valuit. Ut autem opus minime processit, vir idem aurum tulit, cum uxore et filio multisque aliis navim intravit, aurum pro vase sancto Nicolao (f° 276 v°) offere cogitavit. Maxima autem pelagi parte emensa sitit et de aureo vase sibi male retento bibere voluit; quod filius ejus accipiens cui soli hoc tangere licuit, mundans lavandum tenuit, sed de manu incauti juvenis elabitur ipseque hoc apprehendere nisus, fluctibus maris immergitur. Quo casu omnes nimium contristati portum attingunt, mœsti basilicam sancti Nicolai introeunt; dominus munus allatum altari imponit, sed divinitus repulsum longius resilit. Omnibus stupentibus ipse per ordinem retulit qualiter vas promissum sibi retinuerit, et ob hanc causam filium cum vase in mari amiserit, istud autem sanctus accipere rennuerit. Unde cum omnes laudes Deo et sancto Nicolao personarent, pater vero et mater pro reatu suo et filii amissione flebius graviter instarent, et vota votis multiplicarent, ecce repente juvenis cum vase incolomis advolat qui cunctis mirantibus sanctum Nicolaum sibi in gurgite apparuisse, se in pelagus cadentem excepisse, ad litus illæsum detulisse, ad ecclesiam suam ei ducatum præbuisse narrat. Qui omnes obstupefacti iterum atque iterum laudant Deum in omnibus qui facit mirabilia solus (*Psal.* cxxxv). Pater itaque adolescentis vas cum preciosis muneribus sancto Nicolao obtulit ac lætus in sua rediit cum propriis.

Quidam etiam locuples mercator prodige et improvide vixit; quem incuria ad ultimam egestatem perduxit. Hic petit a Judæo pecuniam sibi dari mutuo. Cui Judæus ait, si vadimonium ponat, pecuniam commodet quam petat. Ille negat se habere vadimonium nisi forte fidejussorem velit recipere Nicolaum. Judæus inquit : « Audio Nicolaum esse fidelem ; hunc recipio fidejussorem. » Dedit itaque Christiano homini aurum, retinens in vadimonio Nicolaum. Postquam autem ille habundantia pecuniarum excrevit, Judæus datam pecuniam repetit. Quem ille inducias poscit et Judæus nichilominus tribus vicibus præstolando concedit. Deinde repetenti pecuniam denegat, seque reddidisse jurat. Res ante judices ventilatur, et ut aut in præsentiarum pecuniam reddat, aut sacramento abneget lege promulgatur. Christianus itaque acceptum aurum baculo callide inclusum Judæo portandum tradit, cum quo omnique populi frequentia ad ecclesiam Sancti Nicolai (f° 278) juraturus vadit. Quo perveniens super altare jurat quod in vadimonium posuerat se aurum reddidisse quod mutuo acceperat. Tunc vero Judæus : « Confido, inquit, quod me vindicabit Nicolaus. » Ille autem baculum a Judæo recipit, domum lætus cum suis repetit. Qui mox divina ultione multatur quia de proximi læsione gloriabatur; in itinere quippe ingens sopor eum occupat ut se putat animam exhalare nisi parum dormiat. Itaque collocat se dormiturus in bivio, posito juxta se baculo : Et ecce charrum onustum advenit quod in neutram partem declinare nequit; cumque bubulci nec clamando nec pulsando stertentem excitare valerent, super letifero somno pressum cum vehiculo transierunt animaque excussa fraudolentum contriverunt. Qui ut aurum confracto baculo splendere viderunt, res cunctis patuit pro qua culpa Dei judicio occubuit. Concurrente undique populo aurum redditur Judæo qui ecclesiam cum populo intrat, laudes Deo et sancto Nicolao resonat. Deinde voto se constringit si vita æmulo suo reddatur, ipse mox baptismate abluatur. O clementia Jesu Christi ! O merita sancti Nicolai ! Illis laudes canentibus homo totis membris in mortem contritus ingreditur vivus, reatum suum confitetur coram omnibus. Quo viso Judæus cum omni domo sua fidei nostræ associatur, Christus Dominus ejusque fidelis famulus Nicolaus ab omnibus magnis vocibus collaudatur.

Item quidam theloncarius paganus sancti Nicolai habuit imaginulam, cum quadam die profecturus suam commendabat peccuniam. In nocte vero latrones adveniunt, cunctam viri peccuniam auferunt. Qui dum reversus peccuniam sublatam invenit, magnis ululatibus domum implevit. Deinde accepto flagello imaginem cædit, pecuniam ab' illa reposcit. Interea latronibus prædam dividentibus sanctus Nicolaus apparuit, minis et terroribus cuncta in nocte reportare coegit. Theloncarius itaque mane surgens et pecuniam suam cernens gaudio repletus, imaginem amplexans deosculatur. Cui sanctus Nicolaus apparuit, de salute animæ admonuit. Qui mox cum omnibus suis baptizatur et facta ecclesia in honore sancti Nicolai laudibus Christo Domino famulatur.

Hujus eximii corpus pontificis dum de Myrrea ad Varim (159) est translatum, multis gloriosis (f°

(159) Varim

278 v°) miraculis est glorificatum. Denique infra unam septimanam cæci, surdi, muti, claudi, aridi, dæmoniaci et aliis languoribus fatigati ad centum et XI homines sunt redditi ejus meritis sospitati. Quem Deus sic inter homines magnificavit et inter sanctos exaltavit, hunc, karissimi, laudibus invocemus, hunc precibus pulsemus, ne Deus cum impiis animam nostram perdat et cum viris sanguinum vitam nostram, sed ut vocem laudis cum sanctis audiamus, et omnia mirabilia Domini enarrare valeamus. Quem oculus.

DIE DOMINICA. SANCTA LUCIA.

Fallax est gratia principum et vana est pulchritudo mulierum (Prov. xxxi). Sancta Lucia fallacem gratiam hominum sprevit et vanam pulchritudinem rerum contempsit; ideo veram gratiam et æternam pulchritudinem Christum habere meruit; et quia Deum timuit, ab angelis et sanctis laudabitur atque de fructu manuum suarum in portis vitæ ditabitur. Hujus mater irremediabiliter patiebatur fluxum sanguinis et ideo cum filia perrexit ad sepulchrum sanctæ Agathæ martyris. Luciæ autem in precibus obdormienti apparuit sancta Agatha in veste fulgenti, sororem appellavit, cur ab ea peteret, quæ ipsa mox prestare posset interrogavit, præsertim cum dignum habitaculum Christo in sua virginitate præparaverat. At illa evigilans matrem sanam repperit, a qua ne umquam ei virum nominet petit, domumque reversa omnem facultatem egenis erogare cœpit. Unde a sponso suo comprehensa, Paschasio judice præsentatur, a quo in lupanar damnatur. Igitur a lenonibus tracta moveri non potuit; a militibus impulsa, ut columna immobilis perstitit. Funibus autem pedibus vel [*pro* et] manibus ejus inductis, et multis boum paribus adjunctis, trahitur, impellitur, sed pondere Spiritus sancti in ea manentis ut mons immobilis figitur. Deinde flammis circumdata non læditur; demum mucro gutturi ejus immergitur; et quia jam veram pacem aspexit, pacem Ecclesiæ prædixit Diocletiano persecutore de regno ejecto, Maximiano tyranno interfecto. Interea Paschasius ante oculos ejus catenatus Romam ducitur, senatus sententia capite plectitur. Sponsa autem Christi balneo sanguinis abluta splendidis associatur virginibus stola gloria induta.

Cum hac hodie resonat cantica Agni beata (f° 280) virgo Odilia. Hæc, cæca nata, a patre exilio damnatur, sed ab episcopo Ratisponensi Erhardo baptizata illuminatur. Multis virtutibus præclara virginibus ipsa virgo est prælata. Plurimis signis divinitus decorata, glorioso fine castis hodie in astris aggregatur. Has, karissimi, ad auctorem castitatis mittite ut labe sordidum [*sordium*] exuti mereamini in æterna læticia cum illis vivere. Quam oculus non vidit (*I Cor.* ii).

Hæc in die Dominica adice de sancto Thoma :

Quia nobis appropinquat Natalis Domini, imploremus hodie auxilium sancti Thomæ apostoli, ut sic Christum excipiamus in peccatricis cordis nostri habitacula, quatenus ipsi quandoque ab eo excipiamur in æterna tabernacula. Hic latus Domini resurgentis palpavit et cum nobis in vera fide resurrexisse testificavit. In India verbum Dei disseminavit, signis et miraculis populum regno Dei assignavit. Qui a rege acceptam infinitam pecuniam ad construendum palacium distribuit turbis egentium. Unde a rege comprehensus carceri includitur, sed interim frater regis vita exuitur; qui Deo disponente ad vitam rediit, fratri inæstimabile palacium a Thoma constructum in cœlis retulit. Rex autem cum fratre omnique populo a Thoma baptizatur; ipse vero apostolus Christum prædicans a pontifice idolorum lancea perforatur, sicque vitæ senatui laureatus copulatur. Hunc orbis judicem, karissimi, deprecemur ut in adventu æterni judicis salvemur quatenus qui credimus quæ non vidimus, per ejus merita in cœlesti palacio beati esse possimus, ubi oculus.

DOMINICA I POST PENTECOSTEN.

Multi dicunt : Quis ostendit nobis bona? (*Psal.* iv). Revera, karissimi, multi verba Dei audire cupiunt, sed heu! qui dicant pauci sunt; immo, quod gravius est, plerique qui [*del.* qui] dum verbum vitæ proferre nolunt aut nesciunt, odiis eos persecuntur qui bona dicunt vel faciunt. Hii in tantum veritatem Christi abhominantur quod etiam de eo loqui audire dedignantur; et quia eos vitæ verbum cruciat, utique Verbum Dei Christus eos tantum a regno suo quantum tenebras a luce disgregat; et cum a regno Dei excludantur, necesse est per omnia ut tartareo carceri cum diabolo auctore (f° 280 v°) invidiæ ipsi invidi includantur. Si nulla Scriptura esset nisi hodiernum evangelium, sufficeret fidelibus ad vitæ exemplum. Refert namque Dominus quod quidam homo magnis diviciis affluxerit, cottidie sollemnes epulas duxerit, pauperi Lazaro insuper ulceroso micas de mensa cadentes denegaverit. Qui mortuus inferno mancipatur; Lazarus vero in sinu Abrahæ collocatur. Dives ergo dum se graviter flammis cruciari, Lazarum vero cerneret gremio Abrahæ lætari, magno ejulatu Abraham postulat ut Lazarum mittat qui minimo digito guttam aquæ instillet et linguam ejus ardentem refrigeret. Sed quia hic mendico denegavit panis micam, ibi ipse mendicus non meruit aquæ guttam. Postquam vero de se desperavit pro salute fratrum rogavit. Quos Abraham scripta Moysi et prophetarum habere indicavit, quibus si non crederent, nec mortuis, si ad eos irent, credituros affirmavit (*Luc.* XVI). Hic homo rex fuisse insinuatur cum purpura vestitus memoratur, quia olim soli reges purpura utebantur; sed quia rex a regendo est dictus, et ipse servus peccati viciis erat subjectus, non rex sed homo appellatur, quia vociferati [voracitati] tantum et libidini ut animal irrationale famulabatur. Cujus nomen ideo non exprimitur quia in libro viventium cum justis non scribitur. Lazarus autem pauper nominatur quia nomen ejus in cœlo scriptum inveniebatur. Dives in inferno sepultus legitur, quia infernus sub terra esse fertur; et qui ibi mergitur, terra cooperitur, sicut corpus pulvere cum in tumulo sepelitur. Sinus Abrahæ erat locus a pœnis quietus in quo Christum expectabat sanctorum cœtus. Ante Christi adventum omnes descenderunt ad infernum; et si Abraham cum Lazaro apud inferos fuit, quæritur quomodo dives elevatis oculis eos a longe viderit. Duo leguntur inferni, inferior et superior : inferior, in quo animæ reproborum torquebantur ; superior, in quo electi Christum præstolabantur. De inferiori scribitur : *Eruisti animam meam ex inferno inferiori* (*Psal.* LXXXV) ; de superiori autem : *Educ de inferno animam meam ad confitendum nomini tuo* (*Psal.* XXIX). In inferiori autem novem speciales pœnæ esse feruntur, scilicet ignis inextinguibilis, frigoris horror incomparabilis, vermes immortales, fetor intollerabilis, mallei percutientes, tenebræ palpabiles, confusio peccatorum, visio dæmonum, et auditio insultantium, ignea vincula singulorum membrorum. Superior autem infernus erat ultima pars terræ, locus inferno vicinus, sed a pœnis disjunctus, in quo justi positi potuerant a malis conspici qui erant in inferiori. Quidam dubitant utrum se animæ in alia vita cognoscant; sed cum dives Abraham cognoverit quem nunquam ante viderat, constat quod mali bonos ibi agnoscant. Cum vero Abraham divitem ibi cognoverit, quem ante nunquam viderat, patet quod etiam boni malos ibi agnoscant. Rursum quæritur utrum justorum animæ quicquam de viventibus intelligant, vel animæ pravorum aliquid de vivis sentiant; sed cum Abraham dicat : *Recepisti bona in vita tua et Lazarus mala*, constat quod boni homines actus viventium aspiciant; præsertim cum se invocantibus continuo subveniant. Cum vero dives pro fratribus male viventibus preces fundat, patet quod damnati quædam, non tamen omnia, de vivis sciant. Ante judicium autem reprobi electos in gaudio conspiciunt, ut magis doleant quod hoc assequi neglexerant; aspiciunt electi et reprobos in supplicio, ut amplius gaudeant quod hoc gratia Dei adjuvante evaserant; post judicium vero boni semper quidem malos videbunt, mali autem nunquam bonos videbunt. Notandum vero quod is linguæ specialiter petit refrigerium quem in omnibus membris coquebat incendium. Per hoc datur intelligi quemlibet in eo membro amplius tormenta passurum in quo majorem exercuit peccandi usum ; et quia hic dedita edacitati jugiter inserviebat loquacitati, juste dicitur in lingua plus cruciari quam semper laxabat inania fari. Et quia [*del.* quia] notandum quod nulli legitur quicquam rapuisse, sed tantummodo propria non tribuisse. Et si is, fratres, tanto supplicio plectitur qui propria minime largitur, quid de his est sentiendum qui semper parati sunt ad rapiendum? Dicit Scriptura de ociose commedentibus Sulci : clamabunt adversus eos ; de furibus autem et rapacibus, Terra convertetur eis in picem et sulphur ardentem. Hic dives aliqua bona pro humana laude fecit et bonam mercedem horum per bona temporalia recepit ; Lazarus vero aliqua mala gesserat quæ hic dolore corporis luerat. Pensate, quæso, karissimi, quam districta sunt judicia Dei. Ecce guttam aquæ petit qui micas panis non dedit ; et quia micas negavit guttam non impetravit (*Luc.* XVI).

Unde vos, domini mei, quibus Deus concessit divicias hujus sæculi, cavete ne vos divitiæ ut servos possideant et a veris diviciis vacuos ad tartara pertrahant. Possidete vos divitias egenis distribuendo et veras divicias per has fallaces acquirendo. Non est malum divicias habere, sed valde grave est eas in pravum usum contorquere. David enim et Ezechias atque Josias, ut puta reges, aliique eorum similes multas divicias possederunt, sed per eas indeficientes sibi comparaverunt. Cyrus et Antyochus atque Cresus, aliique illorum consimiles, viri diviciarum erant quia eas ad superbiam et luxuriam converterant ; et quia hic regnum cœlorum habuerunt, obeuntes nihil in manibus suis invenerunt, sed cum illo divite in æterna egestate doluerunt. De talibus dicitur : *Facilius est camelum per foramen acus transire quam divitem in regnum cœlorum* (*Matth.* XIX).

Narrat Dominus cuidam plurimas divicias affluxisse, huncque destructis horreis majora construxisse, atque illic omnibus bonis collectis animæ suæ dixisse ut epularetur, lætaretur, quia multos annos victurus esset et in his bonis lætos dies ducturus. Eadem nocte infelix mortuus alienis divicias suas reliquit, ipse sola peccata secum portans tartara subivit. Quid huic profuerunt diviciæ qui his neglexit æternas acquirere?

In IIIIor partes homines dividuntur : quidam divites, ut Abraham et Job, salvantur; quidam vero divites, ut Cheneres, Pharao, Nabuchodonosor, damnantur ; quidam pauperes, ut Lazarus et monachi, salvantur; quidam autem, ut Judas aliique fraudolenti, miseriis traduntur æternis.

Dives etiam qui purpura et bisso induebatur est Judaicus populus qui regno et sacerdotio legis gloriabatur. Per purpuram quippe regnum, per byssum designatur sacerdotium. Hic cottidie splendide epulabatur dum in exteriori cultu de ferculis legis et prophetarum saginabatur. Per pauperem vero gentilis populus præfiguratur qui ulceribus peccatorum sauciabatur. Hic micas de mensa cadentes non accipiebat, quia nec minimam sententiam de sacra Scriptura audiebat. Canes autem venientes ulcera ejus lingebant, quia apostoli, canes Dei, eum copiose legem Dei instruebant, ulcera peccatorum medicamine pœnitentiæ claudebant. Hic mortuus in sinum Abrahæ portatur, dives in inferno (f° 284) tumulatur, quia multi fideles ab Oriente venient et Occidente et cum Abraham et Ysaac et Jacob in regno cœlorum recumbent. Filii autem regni, scilicet perfidi Judæi, ejicientur in tenebras exteriores, quia non crediderunt Moysi nec prophetis nec Christo resurgenti a mortuis. Nunc quoque bella leguntur regum et victoriæ eorum ut per hæc instruamur peccata debellare et victores existere viciorum.

Legitur autem quod quidam vir duas uxores habuerit, quarum una fecunda, altera sterilis fuerit, et tandem sterilis Samuelem genuerit (I Reg. I, etc.). Qui Heli sacerdocio, Saulem abdicavit a regno, David ungens oleo sublimavit sceptro. Qui David Golyam fortem funda et lapide stravit, proprio ense caput amputavit; pluribus præliis desudavit, devictis hostibus egregium Domino tabernaculum præparavit, cujus filius Salomon templum toto orbe famosum constituit, pacem omnibus gentibus.

Vir qui sibi duas uxores copulavit est Deus, qui Synagogam et Ecclesiam sibi desponsavit; ex quibus Synagoga fecunda fuit quia Judaicum populum ad carnales cerimonias genuit. Ecclesia autem, diu sterilis, fidelem filium, scilicet Christianum populum, ad speciales observantias generavit. Qui Heli a sacerdotio et Saul a regno repudiaverunt (sic), quia Judaicum populum incredulum a Christi sacerdotio et gentilem populum fideles persequentem a regno Dei alienat, David autem verum, scilicet desiderabilem Christum, a Patre oleo lætitiæ præ omnibus consortibus unctum regem omnium adorat. Hic fortem Golyam funda dejecit dum fortem diabolum sua humanitate confregit. Funda quippe erat circumdata Christi humanitas, passionibus circumrotata. Lapis qui frontem Goliæ penetravit erat divinitas quæ maxillam Leviathan perforavit. Porro mucrone caput ejus desecuit dum per reges et philosophos, utique arma ejus, ad fidem conversos diaboli vires enervans idolatriam depulit. Hic David multa bella constituit dum milites suos apostolos et martyres debellare Judæos, paganos, hereticos instituit. Prostratis hostibus fecit Deo tabernaculum. In hujus regis milicia, karissimi, contra vicia armis virtutum pugnemus ut vitæ præmio laureati in su-

perno regno triumphemus. Milicia est enim vita hominis super terram (Job VII), et sicut mercennarii dies ejus. Miles militat pro beneficio, mercennarius laborat pro annuo præmio : ita nos, dilectissimi, militemus pro æterni regis beneficio, desudemus pro perhennis (f° 284 v°) vitæ præmio. David gessit tipum Christi hic cum hominibus conversantis et pro sponso [sponsa] sua Ecclesia contra hostes dimicantis. Salomon expressit ejus figuram jam in gloria Patris regnantis et in pace perpetua cum sanctis triumphantis. Devictis itaque ut David hostibus, sicut Salomon templum ædificavit, quando ultimo judicio damnatis Ecclesiæ hostibus, supernam Hierusalem ex angelis et hominibus ut civitatem ædificans congregabit.

Est avis perdix nuncupata quæ fovet ova ab alia ave furata; postquam pulli exeunt, audita voce matris ad eam redeunt. Deus Pater duos primos homines quasi duo ova in nido paradysi posuit; quos perdix diabolus, perditor animarum, furatos fovit dum seductos a Deo omnem maliciam docuit. Qui de testa exeuntes ad matrem reversi sunt quando tunicam peccati excientes [exuentes], ad matrem, scilicet Dei sapientiam Christum, redierunt.

Sanctorum facta vel dicta sunt nobis, karissimi, ad exemplum præscripta. Gesta sancti Paulini instruunt nos reditum ad patriam paradysi. Hic venerandus præsul dum gregem sibi commissum pervigili cura pasceret, contigit ut paganorum exercitus regionem invaderet, populum captivum duceret. Et dum pro Dei cuncta pro redimendis captivis tribuisset quæ in episcopio suo invenire potuisset, quædam vidua ab eo precium poscit quo filius ejus redimi possit. Qui aliud non habens, se ipsum pro eo tradidit in servitium et vidua recepit filium suum. Porro dominus suus, gener videlicet regis, constituit eum hortulanum, frequenter habens cum eo colloquium, cognoscens eum sapientem virum. Cui Paulinus prædixit regem citius moriturum, eum pro socero regnaturum. In nocte autem vidit rex in somnis se a Paulino et aliis judicari et vita se regno privari. In crastino genero visionem indicat, Paulinum convocat quisnam in terra sua fuerit interrogat. Quem postquam episcopum didicit, quicquid vellet pro injuria sibi illata petere dari proposuit. Paulinus vero omnes de suo episcopatu captivos laxari postulavit, quod mox impetravit. Nam protinus missa regali præceptione cuncti captivi adducuntur ex omni regione. Paulinus vero cum omni populo suo naves omnibus bonis onustas ingreditur, cum mago honore et gaudio in patriam revehitur, imitatus boni pastoris exemplum qui se ipsum pro capto tradidit in servicium et captivum populum secum revexit ad patriæ supernæ palacium. Hunc, karissimi, debetis (f° 286) imitari, hunc omnesque Dei electos deprecari ut cum peribit impiorum iter vos Dominus agnoscant (sic) in via justorum, ubi oculus non vidit (I Cor. II).

DOMINICA II.

Beati qui ad cœnam nuptiarum Agni vocati sunt (*Apoc.* XIX). Refert Evangelium, karissimi, quod quidam magnam cœnam fecerit multosque vocaverit. Paratis omnibus misit servos suos invitatos vocare et cœperunt se omnes excusare. Et alius dixit se villam emisse, alius quinque juga boum comparavisse, alius uxorem duxisse et ideo venire non posse. His auditis jussit dominus servum in plateas et vicos exire, pauperes, debiles, cæcos, claudos introducere; et cum adhuc locus vacaret, præcepit servo ut de viis et sepibus compulsi intrarent, jurans quod nemo de vocatis cœnam suam gustaret (*Luc.* XIV). Homo qui magnam cœnam instruens multos vocavit est Deus qui pro nobis homo factus, qui omnes gentes ad epulas æterni convivii invitavit. Hic misit servum suum ad convivium vocare quando Moysen misit per legem populum ad vitam invitare; sed omnes se a cœna excusant quia profecto Judæi convivium Dei adire recusant. Primus namque dixit se emisse villam et se exiturum videre illam. Judaicus populus quasi villam emit dum terram repromissionis per carnales observantias obtinuit. Exiit illam videre dum de Ægypto exiit eam possidere. His [hic] quoque juga boum emit dum bis quinque præcepta gemina dilectione jugata percepit, quibus se agrum Domini velut bubus colere debuit; sed ivit illa probare, dum ea studuit pro terrenis tantum observare. Hic etiam uxorem duxit quia legem carnali intellectu conjunxit et ideo se a convivio Dei subtraxit. Per illum quoque qui villam emit intelligitur ordo principum Judæorum qui terram populo divisit et qui postmodum munitiones obtinuit. Per illum quoque qui V juga boum emit, subjectus populus designatur qui jugo legis ad subjectionem stringebatur. Per illum vero qui uxorem duxit leviticus ordo declaratur cui lex specialiter ut uxor copulatur. Hii singuli quia terrenis negociis insudant, se a convivio Dei excusant. Unde paterfamilias servo imperat ut in plateas et vicos civitatis exeat, pauperes ac debiles introducat. Servus qui nunc mittitur ordo prophetarum accipitur. Civitas autem Hierusalem notatur in qua archa testamenti venerabatur et in qua templum erat in quo ab omnibus immolabatur. Hujus plateæ israhelitæ (f° 286 v°) erant qui se in latitudinem XII tribuum diffuderant. Vici autem Judæi extiterant, qui se in angustia duarum tribuum constrinxerant. De plateis itaque et vicis prophetæ introduxerunt dum Israhelitas et Judæos de errore scriptis et dictis correxerunt. Hii pauperes erant quia virtutibus carebant; debiles extiterant quia viciis languebant; cæci erant quia sensum legis non videbant; claudi fuerant quia cultum Dei relinquentes post idola declinaverant. His introductis adhuc locus vacat, et dominus servo jubet ut in vias et sepes exeat et intrare compellat. Servus qui de viis et sepibus intrare compellitur [compellit] est ordo apostolorum qui de sectis et ritibus gentilibus multos [in domum Dei collegit. Viæ namque sunt diversæ sectæ philosophorum, sepes diversæ ritus paganorum. De his compulsi intraverunt dum gentes per signa et prodigia apostolorum idolatriam respuentes Deum verum crediderunt. Paulus etenim proconsul compulsus intravit dum Paulus apostolus coram eo magum excæcavit. Constantinus compulsus intravit dum Silvester eum a lepra in baptismate curavit. Gentes igitur introductæ cum Domino cœnabunt, Judæi vero nolentes intrare de cœna Domini non gustabunt.

Et vos, dilectissimi, ad cœnam Dei estis vocati, videte ne quolibet negotio impliciti, ne cujuslibet amicitia impediti ab ea sitis excusati. Nos etenim summi Patrisfamilias servi sumus ab eo missi; vos ad epulas æternæ societatis invitamus. Igitur ad nuptias Agni festinate omnes ingredi antequam janua claudatur, et tunc intrantibus et intrare desiderantibus numquam aperiatur. Dicit Dominus: *Si oculus tuus dexter scandalizet te erue eum et proice abste; et si pes tuus scandalizet te abscide eum et proice abs te. Melius est tibi luscum vel debilem vel claudum ad vitam ingredi quam duos oculos vel duas manus aut duos pedes habentem in gehennam mitti, ubi ignis non extinguitur et vermes eorum non moritur* (*Marc.* IX). Notandum autem quod tria a Salvatore ponuntur: scilicet oculus, manus, pes, per quæ infelices a convivio Dei retrahuntur, quia aut prælati aut cognati aut subjecti a cœna Domini nos retardant, quos ista membra designant. Oculus qui nos ducit est sacerdos qui nos de tenebris mundi ad lucem vitæ dirigit. Qui ideo dexter oculus appellatur, quia nos de sinistris ad dextros ducere conatur. Hic si nos hæretica doctrina de via Dei abducere et in (f° 288) errorem nitatur ducere, aut pravo exemplo a cœna Dei retrahere, ab injuncto officio ut inutile membrum est ejiciendus et ab amicitia nostra penitus proiciendus. Manus dextra, per quam operamur, est pater vel mater aut uxor vel quilibet amicissimus per quos in omnibus juvamur. Hii si nos aliquo modo a convivio revocant, zelus Dei eos a nobis abscidat et procul a sedulitate abiciat. Pes, per quem portamur, est quilibet subjectus per quem in necessariis vitæ sustentamur. Hic si quolibet modo nos a cœna Dei impedit, est nobis evellendus, et a familiaritate nostra procul excludendus. Multo enim melius est a nobis his salvari quam cum his perpetuo igni deputari. Nam qui talium amicus est, inimicus Dei constituitur (*Jac.* IV); et qui his hominibus placet, confusus a Deo spernitur. Qui villam emit est is qui terrenis tantum lucris inservit et ideo a cœna Dei recedit. Qui autem quinque juga boum emit et ea probare abiit, est is qui V sensus corporis per binarium jugatos ad alienos actus scrutandos convertit et a convivio Dei divertit. Unde legitur quod Dina filia Jacob videre mulieres regionis illius egreditur et a Sichem principe regionis opprimitur (*Gen.* XXXIV). Penset, quæso, vestra fraternitas quam grave vicium sit curiositas. Ecce summi patriarchæ filia dum curiositatem sectatur a pagano homine constupratur, civitas cum omni populo ferro et flamma exterminatur. Dina quippe egressa violatur dum quælibet anima alienos actus curiose perscrutans diabolo copulatur. Civitas cum populo incendio vastabitur, quia corpus curiosi cum malis actibus æterno igni cruciabitur. Qui vero duxit uxorem est is qui tantum luxuriæ studet explere ardorem; et quia vestimenta nuptialia coinquinat, cœnæ Domini minime appropinquat. Et quia hi a convivio Dei excusantur, de plateis et vicis pauperes et debiles vocantur. Plateæ sunt latæ viæ publicæ atque per potentiam crimina perpetrantium; vici angusta itinera occultæ flagiciis insudantium. Pauperes sunt qui se bonis operibus vacuos agnoscunt; debiles sunt qui se in præceptis Dominicis languisse conspiciunt; cæci sunt qui oculos cordis a luce veritatis clauserunt; claudi sunt qui in viis Domini non ambulaverunt. Sed hii omnes vocati ad convivium Dei veniunt dum doctrina justorum correcti per pœnitentiam epulas æternæ dulcedinis adeunt. Porro plurimi de viis et sepibus intrare compelluntur (f° 288 v°) dum de diversis erroribus, ipsa mundi difficultate cogente, ad pietatem convertuntur. Hii omnes in conspectu Dei epulentur et in lætitia delectentur (*Psal.* LXVII) quia magis gaudium est angelis Dei super uno peccatore pœnitentiam agente quam super nonaginta novem justis qui non indigent pœnitentia (*Luc.* XV). Ad has epulas, karissimi, sponte voluntaria omnes totis nisibus curramus ubi nunquam esuriamus et siciamus, sed cum angelis in æternum gaudeamus, et ut sine offendiculo illuc properemus, callem prævii Alexii consideremus.

De sancto Alexio.

Hic nobilissimis natalibus procreatus, generosæ ac speciosæ sponsæ est copulatus. Quam prima nocte in lecto relinquens peregre abiit, peccuniam secum allatam egenis distribuit, multos annos inter pauperes ipse deguit, inter quos a servis patris cum ubique requirentibus invenitur, sed minime agnoscitur. A quibus elemosinam accepit, Deo gratias egit; sed quia Deus lumen in tenebris latere non potuit, cum per verba cujusdam imaginis hominibus innotuit. Qui humanam gloriam declinans fugam navigio iniit; sed navis vento impulsa Romanum portum subiit. At ille domum patris ingressus a nullo est agnitus. In qua iterum plurimos annos pauper latuit, multa bonitate conspicuus claruit. Nam parentes suos potentia et divitiis pollere, subjectos eorum vario ornatu florere, sed hæredem summa egestate squalentem a propriis servis subsannari, multis injuriis dehonestari, alacriter pertulit, patris dolorem, matris mœrorem, dulcis sponsæ suspiria, lugentis familiæ pro se lamenta flebiliter et pacienter sustinuit, acceptas elemosinas pauperibus erogavit, post diuturna jejunia tenui victu corpus recreavit, taliqne modo XXXIIII annis certavit. Postquam vero pio Domino placuit hanc ei patientiam per centuplum recompensare, et eum de miseria ad epulas gaudii sublevare, cunctis declaravit ejus meritum ut accenderet ad cœlestia mentes fidelium. Clero namque missas celebrante vox cœlitus missa intonat, virum requiri imperat per cujus suffragia Romanum imperium vigeat. Ille vero ut intimus dolor sibi diem ultimum imminere prædixit, cuncta gesta sua in karta sua scripsit, quam manu claudens de carcere corporis educitur et angelico melo personante, convivio Dei lætabundus inducitur (f° 290). Papa autem cum Augusto omnique populo ad domum Eufemiani, scilicet patris sui, invenit [convenit], vultum defuncti velut angeli splendentem invenit. Pater ejus kartam tollere voluit, sed non potuit. Omnes obstupescunt, laudes Deo precesque fundunt. Apostolicus accedens kartam accepit, legendam tradit. Eufemianus autem textum kartæ audiens, nimio dolore contremuit, cum magno ejulatu super corpus filii procubuit. Mater vero scissa veste ejulans accurrit, flebili voce flumen lacrimarum fundit. Porro nobilis sponsa multa laude digna, rupto speculo, miserabiliter sponsum suum lamentatur, se turturem imitaturam protestatur, quæ cum comparem amiserit non ultra alium eligit. Interea corpus signis glorificatur cujus spiritus inter angelos jocundabatur. Nam cæci illuminabantur, dæmones ab obsessis corporibus fugabantur. Ruunt itaque populi cupientes tangere corpus mortuum. Quotquot autem tangebant, ab omni languore salvi fiebant. Cuncti itaque manus et voces tulere ad sidera glorificantes Deum qui facit mirabilia. Vix tandem corpus cum multo labore præ multitudine ad ecclesiam est perlatum, quod VII diebus ymnis et laudibus mansit inhumatum. Nam undique catervæ populorum confluebant, sanctum corpus contingere cupiebant de quo miram fraglantiam (*sic*) suavissimi odoris hauriebant, ac depulsa adversa valitudine omnes de percepta sanitate gaudebant. Demum cum magnifico honore carnis materia terræ mandatur, anima in cœlis exultans omnibus se invocantibus opitulatur. Hunc, karissimi, cum omnibus sanctis petamus, ut convivæ esse Dei valeamus, atque cum ira ejus in brevi super eos exarserit quos in furore suo conturbabit, nos Domini salus excipiat et super populum suum benedictio ejus veniat. Quam oculus non vidit (*I Cor.* II).

Sermonem « Venite, filii, » quamvis Dominico, loquere; et si de sanctis occurrat, adice Dominica VII :

Præceptor, per totam noctem laborantes nihil cepimus; in verbo autem tuo laxabo rete (*Luc.* V). Sanctus Petrus tota nocte in piscatione laborans nihil cepit; in verbo autem Domini rete laxans, multitudinem piscium conclusit. Ita nos cum viciis et peccatis contenebratis prædicamus, quasi in nocte frustra laboramus. Et ideo nihil capimus, sed verba incassum fundimus, quia nimirum sermo Dei in hoc [non] capit qui tantum terrena sapit. In hoc verbo autem Domini rete laxans [laxamus] dum populo justiciam esurienti verbum vitæ administramus. Tunc multitudinem piscium concludimus, quia plurimos rete sermonis captos de gurgite peccatorum ad litus pœnitentiæ perducimus. Inde dicit Scriptura : Loquere verbum auri audienti; inaniter enim perstrepit vox loquentis ubi aversa est mens audientis. Narrat Evangelium turbam multam Dominum triduum sustinuisse, eisque victum defuisse, et quosdam ex eis longe venisse. Unde Dominus misertus dicit si eos jejunos dimitteret in via deficerent. Septem ergo panes, cum paucis pisciculis inter eos divisit et plene saturatos dimisit. Erant IIIIor milia qui manducaverant et discipuli VII sportas de fragmentis tulerunt (*Marc.* viii). Turba quæ Dominum triduo sustinent (*sic*) est populus fidelium qui signaculum fidei in tribus personis retinet. Hic victum non habet dum verbo Dei caret. Sicut enim corpus pane pascitur, ita anima verbo Dei reficitur. Qui de longe venerunt sunt hii qui post multa flagicia ad Dominum redibunt; nam de prope veniunt qui a puericia in sanctitate vivunt. De longe venientes ne in via deficiant reficiuntur, quia pœnitentes ne desperent sacræ Scripturæ consolatione pascantur. Turba super terram discumbit, quia populus fidelium se pulverem attendit; quem Dominus VII panibus reficit dum ei VII dona Spiritus sancti distribuit. Uno pane eum saciat dum ad divina sapienda cor ejus spiritu patientiæ illuminat. Altero pane eum saciat dum ei mysteria Scripturæ spiritu intellectus aperit. Tercio pane eum reficit dum utile eligere, nocivum respuere spiritu consilii tribuit. Quarto pane eum saturat dum eum in bonis spiritu fortitudinis roborat. Quinto pane eum recreat dum eum spiritu sapientiæ illustrat. Sexto pane eum refocilat dum eum sectandam justiciam spiritu pietatis informat. Septimo pane cor ejus confirmat dum eum a malo spiritu timoris avocat. Pauci pisciculi adduntur dum ei exempla fidelium proponuntur. Quatuor milia saturantur quia IIIIor mundi partes per IIIIor (*sic*) Evangelia ad VII dona Spiritus sancti vocantur. Septem sportæ de fragmentis superant, quia VII libri agiographiæ de VII donis Spiritus sancti redundant, de quibus adhuc doctores refectione quasi de sportis fidelibus ministrant. Pisce quoque turba pascitur dum Christi corpore vescitur. Ipse namque piscis dicitur sicut in Evangelio legitur, dum homines ab illo exigerent censum, cui· (f° 292) angeli devotum impendunt obsequium, jussum Petrum hamum in mari mittere et de ore piscis qui primus ascenderet, aureum didragma tollere pro se et pro semetipso censum solvere. Piscis hic erat Christus qui in undis hujus sæculi latuit. Qui dragma in ore habuit, quia geminam legem divinis factis splendentem protulit. Hic hamo divini consilii est captus, in igne passionis nobis ad esum assus. Didragma pro Christo et Petro census datur dum uterque lex et gemina dile-

ctio ad Christi et Ecclesiæ aonorem a fidelibus completur. Populus Dei VII panibus reficitur et X præceptis instruitur; populus autem Pharaonis VII capitibus draconis captivatur et X plagis devastatur (*Exod.* vii-xii). Prima plaga convertitur in sanguinem aqua : aqua in sanguinem commutatur dum baptisma vel sacra Scriptura illis in peccatum reputatur, qui baptisma per immundiciæ opera coinquinat ac sacram Scripturam ad suos errores corroborandos depravat. Secunda plaga operuit terram rana : ranarum loquacitas est poetarum garrulitas per quorum fabulas miseri decipiuntur dum eas in desideriis suis secuntur. Tercia plaga scynifes ignitis stimulis terebrabant corpora : hoc sunt hæretici qui nocivis argumentis simplices circumveniunt, mentes eorum perfidia terebrantes ad ignis æterni stimulos deducunt. Quarta plaga venit muscarum molestia, et sunt importuni in sæculari eloquentia, qui carnes alterutrum per avariciam lacerant, et importune callidis verbis alios impetunt ut bona earum auferant. Quinta plaga est pestilentia perimens animalia : est autem fœda libido irrationabiliter viventes interimens aut in turpitudine putrefactos dæmonibus ut canibus lacerandos exponens. Sexta plaga producuntur vesicæ ferventes et ulcera : ulcera sunt dolositates maliciosorum; vesicæ, inflationes superborum; hii malos excruciant et moribus fœdantes quasi peste deturpant. Septima plaga sunt grando, ignis et tonitrua : tonitrua sunt terrores principum; grando et ignis, sævicia prædonum; hii impios exterminant dum eos cum rebus violenter dissipant. Octava plaga est brucus et locusta : bruchi sunt voraces; locustæ, discordes, voluptatibus salientes; hii flores arborum et segetum devorando corrodunt, quia tales bona desideria per prava exempla et mala colloquia corrumpunt. Nona plaga erat chaos tenebrarum palpabile et murmur quoddam formidabile : sunt autem infideles (f° 292 v°) qui futura non credunt, et a luce retrahunt, et se tenebris æternæ mortis inserunt, ubi terribile est murmur, scilicet fletus et stridor dentium. Decima plaga sunt primogenita extincta : primogenita Ægypti sunt principes mundi sæcularesque dignitates quæ a demonibus bellis et variis modis exterminantur ut potentes potenter tormenta paciuntur.

Karissimi nitamur bonis actibus ab his decem plagis liberari et VII panibus saturari, a VII draconis capitibus erui, X præceptis legalibus instrui. Imitemur illos qui nos præcesserunt et per multas tribulationes gaudia vitæ intraverunt.

De sancta Eufrosina.

Sequamur teneras puellas ad vitam nos prævias. Dirigamus gressum per vestigia Eufrosinæ, quæ ducunt nos ad atria vitæ. Hujus parentes illustrissimi Alexandrinorum multis elemosinis et precibus rogant a Deo hæredem ingentis substantiæ ipsorum. Quibus dedit filiam quam septennem baptizantes vocaverunt Eufrosinam. Cujus mater de hac vita migravit, sed eam pater duodennem jam eminenti viro desponsavit. Cum autem ad nuptias deberet tradi, a patre in quoddam monasterium introducitur ut ab abbate benedicatur; quam ille benedicens ad castitatem hortatur. Illa autem considerans conversationem monachorum, beatificat eos qui hic essent imitatores angelorum, post futuri consortes eorum. Domum veniens, deposita veste muliebri, virilem induit, ad monasterium venit dicens se eunuchum nomine Smaragdum et poscit se fieri monachum. Quæ inter viros suscepta plurimis annis vixit in omni sanctimonia. Pater vero demum rediens filiamque non inveniens, cum servis et amicis per omnia monasteria, per omnia loca totius Alexandriæ, totius Ægypti eam quæsivit et non inventam absque consolatione luxit. Post hæc ad idem monasterium veniens multam pecuniam fratribus largitur ut Deum postulent, sibi aliquid de filia revelari precatur. Qui vigiliis jejunia continuant, septimanam orantes nihil impetrant; et cum essent trecenti quinquaginta oratio Eufrosinæ omnium superavit oramina, quæ die noctuque deprecabatur ne in hac vita manifestaretur. Abbas autem consolatus Pafnutium, jussit eum duci ad Smaragdum, nam ipse in cella solitaria deguit et tota conversatio ejus in cœlis fuit. Videns autem patrem, et timens agnosci, in lacrimas solvitur, sed minime agnoscitur. Imperialis quippe vultus ejus præ multis vigiliis emaruit ac ingens decor (f° 294) ejus præ fletibus ac jejuniis elanguit. A qua consolatus discessit, multas elemosinas ejus hortatu gessit. Smaragdus itaque in sancta conversatione XXX et novem annos impletis, finem vitæ suæ sibi adesse sentiens, patrem suum, qui tunc aderat, vocavit, ne ulterius de filia sua sollicitus sit rogavit, se filiam suam indicat, et ut hoc nullus sciat postulat, monasterio res suas conferat, pro se preces suas fundat. His dictis oculos in morte sopitat, claudit, et lucem inaccessibilem per angelos ducta abiit, pater vero semivivus in terram corruit. Qui ad se reversus cum magno ejulatu super corpus cecidit, vocibus et fletibus dolori satisfecit. Quo audito omnes fratres occurrunt, mira cernentes in laudes Dei prorumpunt; qui dum sanctum corpus osculantur, frater quidam, qui unum oculum tantum habuit, altero recepto lætabatur. Iterum atque iterum congeminat ejus magnalia qui etiam in sexu fragili tanta operabatur mirabilia. Corpus igitur in monumento patrum tumulatur, cujus anima ut aurum in igne probatum, sic in camino tribulationis examinata inter candidulas virgines gratulatur. Pater vero se ipsum cum omni substantia sua in monasterio contulit, monachus factus in sancta conversatione finiens vitam filiam suam in gloria visurus cœlestia adiit. Hujus, karissimi, Virginis meritum omniumque sanctorum imploremus suffragia; ne nos Deus simul tradat cum peccatoribus et non nos perdat cum iniquitatem operantibus sed nos cum hæreditate benedicat et usque in æternum extollat. Ubi oculus non vidit.

DOMINICA X.

Viæ Syon lugent eo quod non sint qui veniant ad solemnitatem (Thren. 1). Syon, quod sonat *specula*, est Ecclesia, quæ regem gloriæ in decore suo est speculatura. Hujus viæ sanctorum vitæ et doctrinæ accipiuntur, per quos fideles ad mœnia cœlestis urbis perducuntur. Heæ viæ lugent paucos venire ad sollemnitatem, quia justi graviter deflent raros frequentare Dominici sacramenti celebritatem. Nam qui se hic alienat ab Ecclesiæ festivitate, utique in futuro excluduntur (sic) ab angelorum sollemnitate. Unde legitur hodie quod Dominus videns civitatem Hierusalem, flevit eamque ab hostibus obsidendam, circumfodiendam, cum omnibus filiis suis destruendam prædixit. Civitas hæc, super quam Deus flet, est quælibet anima quæ non plangit sua crimina; quam (f° 294 v°) inimici circumdabunt dum imminente morte catervæ dæmonum eam vallabunt. In circuitu vallum fodiunt dum transacta mala ante oculos ejus ducentes eam in foveam desperationis ducunt. Undique coangustabunt dum horribili vultu et gestu eam exire ad pœnas compellunt. Ad terram eam prosternunt dum corpus morte interimunt. Filios ejus trucidant dum eam ad tartara perducentes pro malis operibus in supplicio cruciant. Lapidem super lapidem non relinquent (*Marc.* XIII), quia nullam duri cordis cogitationem impunitam dimittent. Et hoc totum ideo contingit quia tempus visitationis suæ non agnoscit (*Luc.* XIX). Anima visitatur quando cum hominibus a Deo flagellatur; sed ipsa visitationem non agnoscit quia disciplinam recipere rennuit. Dominus autem de templo suo vendentes et ementes eicit, quia culpas homines diabolo vendentes et pœnas ementes flagello pœnitentiæ a conversis expellit. Hoc præfiguravit Hierosolimorum subversio quæ contigit hoc modo.

Hierusalem visitatio erat Christi Incarnatio. Hanc quippe Oriens ex alto visitavit dum in medio ejus regnum cœlorum prædicavit, signis et miraculis illustravit; sed ipsa tempus suæ visitationis non cognovit dum hunc a lege et prophetis promissum Deum credere noluit. Insuper dum terrenam gloriam perdere timuit, Regem gloriæ crucifixit et ideo cœlestem gloriam amisit. Ipse autem alas crucis expandit atque eas [eam] sub umbra alarum misericordiæ suæ congregare voluit, quemadmodum gallina pullos suos sub alis a milvo protegit. At illi calce Dominum projecerunt, vocantem audire noluerunt, manus post eos extendenti dorsa in faciem dederunt. Deus autem patiens et multum misericors qui vineam de Ægypto transplantavit (*Psal.* LXXIX) et eam agricolis locavit, cujus prophetas ipsi ad se missos contumelia affectos, insuper et unicum filium suum de vinea ejectum occiderunt, dedit eis XL duos annos in pœnitentiam quo possent reatus sui consequi indulgentiam. Ipsi autem tempore gratiæ abusi sunt in superbiam et irritaverunt Deum jugiter augentes culpam; ideo ira Dei ascendit super eos et disperdidit eos. Postquam enim prophetas sapientes et scribas ad eos missos a se repulerunt, insuper quosdam flagellaverunt, quosdam lapidaverunt, quosdam diversis pœnis interfecerunt, alios de finibus suis propulerunt, Deus ultionum, Dominus sanguinem eorum requirere est recordatus, venitque super (f° 296) eos sanguis Christi omnium justorum quem a sanguine Abel effuderunt usque apostolos Christi occiderunt (*Luc.* XIX). Et quia Patrem et Filium offenderunt pater Vespasianus et filius Titus hoc vindicaverunt, ac vineam summi Patrisfamilias, quam in vineam Sodomorum converterant, de qua vinum Gomorrhæ biberant, exterminavit aper de silva et singularis ferus depastus est eam (*Psal.* LXXIX). Silva erat gentilitas de qua aper Vespasianus exercitum ducitavit (sic) et vineam, scilicet Judæam, ferro et igne examinavit. Singularis ferus erat Titus, qui longa obsidione Hierosolymam est depastus; sed antequam civitas everteretur, toto illo anno stella instar gladii super eam pendere videbatur. Vitula enim sacrificiis admota agnum est enixa; et continuis XL noctibus igneæ acies in aere cernuntur; templi januæ media nocte ultro aperiuntur, maxima luce intus coruscante. Voces hujusmodi audiuntur : « Transeamus de sedibus istis : » Igitur transactis post passionem Domini XL duobus annis Vespasianus et Titus duces Romanorum, cum magno exercitu Judæam intrans (sic), universam regionem incendio devastavit (sic). Populus autem ex cunctis urbibus ob paschalem festivitatem in Hierosolymam confluxerat; quem exercitus in paschali tempore obsederat, sicut ipse Dominum in paschali die crucifixerat. Itaque, secundum verba Domini, vallo circumdatus, machinis undique destructis, fortiter ab hostibus impugnatur, sed et summa vi a civibus defensatur; sed quia in Domino Deo scutum protectionis non habuerunt, in manu hostili corruerunt. Quosdam namque fames, quosdam consumpsit tabes; quidam ab ipsis civibus crudeliter trucidati, quidam fetore mortuorum sunt præfocati. Nam pessimi quique ut canes civitatem circuibant, escam de manu mulierum, de ore etiam infantum rapiebant. Cives in platea jacentes, extremum spiritum præ fame trahentes impio ferro cruciabant, volentesque mori non ex toto extinguebant, sed miseros vulneribus torquebant. Postquam vero asinos vel equos cæteraque animalia ad esum illicita in cibos consumpserunt, ipsæ matres filios suos ad edendum mactaverunt. Unde magno clamore in civitate exorta, milites propugnacula relinquunt; sed hostes undique muros irrumpunt, civitatem violenter invadunt, universa voraci (f° 296 v°) flammæ tradunt, cunctum populum diversis suppliciis extingunt, cunctas turres et ipsum templum murumque in circuitu a fundamentis destruunt. Omnibus autem subversis, fertur quod in loco in quo civitas pridie fuerat aratrum duxerunt, salem pro semine sparserunt. In hac itaque obsidione legitur quod undecies centena milia fame perierint totidemque gladio perempti sint, ejusdem numeri in captivitatem distracti, trecenti in ultionem Dominicæ necis crucifixi sunt. Traditur etiam quod XXX pro denario venditi sunt, sicut ipsi Dominum pro XXX denariis tradiderunt. Sic, karissimi, reddidit Dominus septuplum in sinu eorum qui effuderunt sanguinem sanctorum (*Psal.* LXXVIII). Sic relicta est domus deserta (*Luc.* XIII) quam ipsi speluncam latronum fecerunt (*Matth.* XXI); sicque Romani et locum et gentem illorum tulerunt (*Joan.* XI).

En, dilectissimi, audistis captivitatem Judæorum; cavendum est nobis a captivitate dæmoniorum. Illa enim scripta est ad correctionem nostri, ne nos incautos circumcludant castra hostis maligni. Etenim ut nos essemus captivitate liberi, summi Regis Filius datus est obses pro redemptione nostri. Atque ut hoc tenaciter nostræ memoriæ imprimatur, panis Christi in modum denarii formatur : quia profecto ille pro XXX denariis traditus est in manu impiorum qui verus denarius dabitur in vinea usque ad vesperam laborantibus præmium omnium justorum.

Hæc captivitas præcessit in figura, sicut nobis refert sacra Scriptura. Cum Helyas igneo curru in cœlum transferretur et Heliseus, pallio Heliæ Jordane diviso ad Hiericho reverteretur; eo inde ad Bethel ascendente pueri ei illuserunt : *Ascende, calve, ascende, calve* (*IV Reg.* II), clamaverunt; quibus dum ille malediceret, duo ursi de silva egressi sunt qui XL duos pueros laceraverunt (*ibid.*). Heliseus erat in figura Christus. Hinc ad Bethel ascendit, dum de Jerusalem ad crucem tetendit. Huic pueri illuserunt, *Ascende, calve*, clamaverunt, dum Judæi puerili sensu Domino pro nobis flagellato, decalvato in Calvari loco in cruce illuserunt. Mos quippe apud antiquos erat crucifigendos prius flagellari ac decalvari, sicut potest etiam in sacra Scriptura notari. *Devorabit*, inquit, *gladius carnes de cruore occisorum et de captivitate nudati capitis inimicorum* (*Deut.* XXXII). Nam et captivi decalvabantur (f° 298) qui vendebantur. Hoc videtur tonsura nostra exprimere, qui censura (160) Christi figuram gerere. Pueris autem ab Heliseo maledicitur dum maledictio sanguinis ejus super nos et super filios nostros Judæos inducitur. Unde duo ursi de silva egressi XL duos pueros laceraverunt, dum per XL duos annos duo imperatores de gentibus egressi armis Judæos atrociter strangulaverunt. Nos ergo, karissimi, nitamur manus hostium effugere, captivitatem animarum effugere, ad verum regem

(160) Sic. Forte *censemur.*

nostrum pervenire, veram libertatem obtinere; ut hoc consequamur, per vestigia sanctorum gradiamur. Solius Marinæ acta nobis sufficerent si alia exempla deessent. Hujus pater dixit se velle animam suam salvam facere, sæculum habitumque mutare, ipsam rerum suarum hæredem instituere. At illa : « Et vis, inquit, animam tuam salvare, meam vero perdere. » Patre autem dicente quid sibi placeret, dixit ut se tonderet, virilem habitum induceret, pro filio secum ad monasterium duceret. Qui pro verbis ejus laudes Deo dixit ; detonsam ad conversionem secum duxit. Suscepti autem a fratribus monachi fiunt; in omni religione vitam ducunt. Post aliquot annos pater transiit in locum tabernaculi admirabilis (*Psal.* XLI); sed filia in omni virtutum exercitio fit omnibus admirabilis. Cujus nomen pater dixerat esse Marinus, ob nimiam autem religionem ab omnibus dicebatur Christianus. Qui erat multum formosus, morum gravitate et verborum suavitate omnibus gratiosus. Unde a Patre monasterii dirigitur cum fratribus pro utilitate cœnobii. Lividus itaque diabolus, draco tortuosus, olim se volens Deo æquiparare, dolet teneram puellam squamea colla sua calcare, virus suæ malitiæ effudit in feminam Deo placentem per feminam sibi obedientem ; sed lubricum caput ejus ab ea conteritur, ipsaque palma victoriæ gloriosæ potitur.

Quidam namque sæpe euntes et redeuntes fratres hospicio suscepit ; cujus filia a quodam milite concepit. Quam pater detumescente utero discutit; sed ipsa instinctu diaboli Christiano monacho crimen imponit ; quod pater furore plenus, abbati retulit. Dum ergo Marinus ad cellam regreditur, ab abbate ei crimen stupri opponitur. Qui mox pedibus ejus advolutus, se errasse, se ut hominem fecisse profitetur. Ab abbate vero multis flagris (f° 298 v°) afficitur, de monasterio ut reus ejicitur. At ille fores monasterii in omni labore cum summa pacientia permanebat, publicam pœnitentiam velut flagiciosus peragebat, in victu tantum elemosynam peragebat (*sic*). Interea illa infelix mulier peperit infantulum, quem pater puellæ attulit ad monasterium.

Abbas vero jussit eum projici ante Marinum, dicens ut nutriret filium quem male acquisisset. Ille vero sublato infante pastores circuit; accepto ab eis lacte cum omni diligentia nutrit. Ad portam monasterii redit, soli Deo secreti sui conscio placere contendit. Triennio taliter peracto, rogatu fratrum in monasterium recipitur; vasa coquinæ lavandi et fratrum habitacula purgandi cura ei injungitur; quod cum omni alacritate peregit : primus ad ecclesiam ire, ultimus exire consuevit. Dum igitur diu talis lucerna diu coram hominibus latuit quæ magno fulgore in conspectu Dei claruit, lux lucis eam de tenebris extulit, et cunctis eam in domo ecclesiæ lumen præbuit. Incidit itaque corporis infirmitatem per quam evasit mortis et miseriæ acerbitatem et intravit vitæ et gaudii jocunditatem. Qui cum in ecclesia secundum morem non videretur, jubet abbas inquiri ne forte infirmetur. Quem cum obiisse comperit, miserum pronuntiavit qui nec plene tempus pœnitentiæ promeruit, eumque longe a fratribus sepeliri jussit. Dum autem corpus ad lavandum denudatur, mulier conspicitur; clamor cum laudibus ad sidera tollitur. Amens abbas accurrit, coram sancto corruit corpore ; cum magno ejulatu se errasse, se peccasse tandiu vociferat quousque vox cœlitus intonat quæ reatum suæ ignorantiæ per merita sanctæ Marinæ sponsæ Christi indultum pronunciat. Populus itaque ob stupendum miraculum confluit, inter quos et pater puellæ advenit. Qui audiens Christianum obisse, Deum sibi indulgere petiit quod domum suam destruxerit. Interea filius (*sic*) ejus a dæmonio obsessa, catenis constricta adducitur; de cujus ore diabolus auctorem sceleris, injuriam Christi virginis profitetur. Omnes ergo laudes Deo personant cujus tanta beneficia in hominibus exuberant. Puella autem VII hora ad sepulcrum virginis liberatur, et iterum Dominus in sanctis suis glorificatur. Hanc assidue cum omnibus electis Domini flagitemus ut luxum mundi superemus (f° 500) quatenus nos Dominus in portis mortis exaltet, et omnes laudationes ejus anima nostra in portis filiæ Sion annunciet, ubi oculus (*I Cor.* II).

DOMINICA XI.

Beatus vir cui non imputabit Dominus peccatum (*Psal.* XXXI). Qui hic peccata sua lacrymis abluit, elemosynis redimit, huic Dominus ea in futuro non imputabit, quia ipsemet ea hic puniens damnavit. Qui autem non cogitat quid jam fecerit, sed quid adhuc facere possit, hic provocat Domini vindictam, quia qui diligit iniquitatem odit animam suam (*Psal.* X) ; et qui animam suam odit, Dominum utique odit ; et qui odit Dominum, hujus iniquitas invenietur ad odium. Sunt plerique in peccatis sordidi qui se justos reputant et alios velut peccatores damnant. Horum pervicaciam Dominus hodierno evangelio reprimit; ab eis autem despectos veniæ erigit.

Narrat quippe duos in templum Hierosolymis causa orationis ascendisse; unum Pharisæum, scilicet Judæorum clericum, alium publicanum fuisse. Pharisæus, altari appropinquans, manus et oculos ad cœlum elevans, Deo grates retulit quod aliis hominibus dissimilis fuerit, qui raptores, injusti, adulteri forent, ut ille publicanus qui retro astaret, bis in ebdomada jejunaret, decimas omnium rerum suarum daret. Publicanus autem in angulo quodam latebat et oculos ad cœlum levare non audebat, pectus tantum percutiebat, Deum sibi propitium fieri petebat. Deinde dicit Dominus quod peccata confitens descenderit justificatus; facta autem sua jactans abierit reprobatus : quia *omnis qui se exaltat humiliabitur, et qui se humiliat exaltabitur* (*Luc.* XVIII).

Ideo, dilectissimi, cum ad orationem convenitis non benefacta vestra jactare, nec alios damnare, sed vos ipsos accusare, alios omnes justos reputare debetis. Animas vestras in conspectu Dei humiliate, ipsum ore et corde invocate, et in die tribulationis vos liberabit, et super inimicos vestros exaltabit. Prohibete linguam vestram a malo et labia vestra a dolo, quia ex verbis suis quisque justificabitur et ex verbis suis condemnabitur (*Matth.* XII). Qui ita orat sicut Dominus docuit, hunc Dominus exaudiet ; qui vero aliter orat, hujus oratio in peccatum flet. Vitæ necessaria et gaudia æterna petite, et dabit vobis Pater utraque. Multi orant et non impetrant, sed oratio eorum erit execrabilis, quia aurem suam avertunt a clamore (f° 300 v°) pauperis. Non enim omnis qui dicit ei : *Domine, Domine, intrabit in regnum cœlorum; sed qui facit voluntatem Patris ejus, ipse intrabit in regnum cœlorum* (*Matth.* VII). Voluntas Patris est ut in nobis peccantibus dimittamus, et rebus nostris opem indigentibus feramus. Per hæc peticiones cordis nostri impetrabuntur ; per hæc regnum cœlorum intrabimus.

Per duos homines qui in templum ascendisse leguntur, duo populi, Judaicus scilicet et gentilis, intelleguntur. Pharisæus qui ad altare accedebat est Judaicus populus, qui sanctuarium et archam habebat. Ille merita sua in templo replicat, quia de observantia legis in mundo se jactat. Non erat sicut cæteri hominum, quia circumcisione discretus erat a populis nationum. Gentiles raptores erant, quia bona Domini quasi per vim rapiebant, dum ei de collatis beneficiis debitum servicium non reddebant. Injusti extiterant dum, Creatore spreto, creaturam colebant. Adulteri erant dum, vero sponso Domine deserto, cum dæmonibus se polluebant. Judæi quoque raptores erant qui sibi merita justorum usurpabant. Rapinam (*sic*) namque est laudem justi velle habere et sanctitatem justi imitari nolle. Unde scriptum est : *Non rapinam arbitratus est esse se æqualem Deo* (*Philipp.* II). Quam æqualitatem dum primus angelus rapere voluit, a beatitudine corruit. Injusti extiterant dum nec Deo sua nec homini sua solvebant. Adulteri fuerant dum lege nobili sponsa abjecta cum idolatria se commaculabant. Per septimanum omne tempus volvitur. Bis in ebdomada jejunat, quia opere et voluntate malum declinat. Decimas dat omnium quæ possidet, quia decalogum legis per X sensus corporis implet : quinque namque duplicata decem faciunt, ut duo oculi, duæ aures et cetera. Sed Judæi malum actu et voto operabantur, præcepta Dei cunctis sensibus transgrediebantur.

Publicanus qui a longe stabat est gentilis populus, qui a cultu Dei procul erat. Oculos ad cœlum non levabat, quia terrenis tantum inhiabat. Pectus percutiebat dum errorem suum per pœnitentiam deflebat. Et quia se per confessionem humiliabat, Deus illum per veniam exaltabat. Et nos ergo, karissimi, a longe stemus, ut nos Dominicis sacramentis et sanctorum consortio indignos judicemus. Oculos ad cœlum non levemus ut nos cœlo indignos judicemus. Pectus tundamus ut commissa fletibus puniamus. Ante Deum procidamus ; coram Domino qui fecit (f° 302) nos ploremus, ut ipse planctum nostrum in gaudium convertat, et scisso sacco tristitiæ, læticia nos induat. Non simus raptores, quia rapaces regnum Dei non possidebunt. Nullius rem concupiscamus ; nullius laudem meritis nostris indebitam nobis (164) ascribamus, quia hæc facientes raptorum erunt consortes. Non simus injusti, quia iniqui regnum Dei non consequentur. Dominum diligamus ; proximis nostris necessaria impendamus. Non simus adulteri, quia fornicatores et adulteros judicabit Deus. Rectam fidem servemus, ad nullam hæresim declinemus, quia hoc spiritualis fornicatio appellatur, et Deus perdet omnem qui ab eo fornicatur (*Psal.* LXXII). Bis in ebdomada, scilicet IIII et VI feria, jejunemus, quia si hoc fecit Pharisæus, multo magis facere debemus. Et si cibis minime abstineamus, cor a mala voluntate, manus a prava actione contineamus. Decimas omnium rerum nostrarum Deo demus, quia si hoc fecit Judæus, multo magis debet facere Christianus.

Non solum, karissimi, sacri apices ad vitam æternam nos ducunt, sed etiam gentilium litteræ nos instruunt ; de quibus quædam ad ædificationem proferenda sunt. Et ut nemo inde scandalizetur, sacra auctoritate exemplificetur. Filii quippe Israel Ægyptios spoliaverunt ; aurum, argentum, gemmas, vestes pretiosas tulerunt, quæ postea in denaria Dei ad conficiendum tabernaculum obtulerunt. Dum vero ipsi de Ægypto exierunt, omnia templa ydolorum corruerunt. De Ægypto exeunt et ad terram repromissionis tendunt qui hoc sæculum deserunt et se ad sanctam conversationem transferunt : tunc namque delubra dissolvuntur, quia ipsi qui templa viciorum erant, a peccatis destruuntur ; jam enim Dei habitaculum esse incipiunt, et ideo maligni spiritus in eis manendi locum diutius habere non poterunt. Qui Ægyptios despoliant dum sæcularia studia in spirituale exercitium commutant. Ad faciendum tabernaculum ea offerunt dum philosophica argumenta ad ædificationem Ecclesiæ proferunt. Aurum Ægyptiorum donant, dum per sæcularem sapientiam spiritualem disciplinam ornant. Argentum Ægyptiorum offerunt, dum sæcularem eloquentiam ad utilitatem Ecclesiæ convertunt. Gemmas illorum donant dum sententias a philosophis bene prolatas ad exhortationem proximorum narrant. Vestes eorum offerunt, dum exempla gentilium ad imitationem fratribus referunt. In

---

(164) Cod. *a nobis.*

magna (f° 502 v°) enim domo non solum vasa aurea et argentea, sed etiam ferrea et fictilia sunt necessaria. Domus magna est Ecclesia. Vasa aurea et argentea sunt sacrae auctoritatis volumina. Vasa ferrea et fictilia sunt saecularium scripta ad exteriora necessaria. Sicut enim aurum per ferrum splendescit, sic sacra scriptura per saeculares disciplinas fulgescit.

Traditur etiam quod reversi a captivitate templum Dei reaedificaverunt per pecuniam quam apud Babyloniam acquisierant. Apud Babylonios captivi tenentur qui a fide Catholica deviantes apud haereticos, vel a sancto proposito apostatantes, apud saeculares in captione daemonum habentur. Qui si, Deo propicio, ad Hierusalem scilicet ad matrem Ecclesiam, reversi fuerint, et utilia quae foris didicerint ad aedificationem proximorum protulerint, profecto templum Deo ex pecunia construunt quam apud Babylonios lucrati sunt. In lege quoque praecipitur : si populus civitatem obsideret, et aliquis puellam pulchram apud hostes conspiceret, ungues et crines ei praecideret, postea uxorem duceret. Civitatem obsidemus, dum aliquam haeresim vel errorem gentilium scriptis vel disputatione inpugnamus. Puellam pulchram apud eos conspicimus, dum aliquam sententiam bene ab eis prolatam invenimus. Cui debemus ungues et crines praecidere et sic nobis conjungere, quia superflua et contra fidem posita debemus spernere; bene autem dicta et fidei nostrae non contraria ad instructionem fidelium libris nostris intexere.

Scribunt itaque philosophi quod mulier rota innexa jugiter circumferatur ; cujus caput nunc in alta erigatur, nunc in ima demergatur. Rota haec quae volvitur est gloria hujus mundi quae jugiter circumfertur. Mulier rotae innexa est fortuna gloriae intexta. Hujus caput aliquando sursum, aliquando fertur deorsum, quia plerique multocies potentia et divitiis exaltantur, saepe egestate et miseriis exaltiantur (sic). Dicunt etiam quod quidam apud inferos damnatus per radios rotae sit divaricatus ; quae rota sine intermissione ab alto montis in ima vallis feratur et iterum alta repetens denuo relabatur.

Ferunt iterum quod quidam ibi saxum in altum montis evolvat, ac pondus saxi volventem de vertice montis praecipitem pellat, rursumque miser saxum in altum revolvat. Tradunt iterum quod cujusdam jecur ibi vultur exedat, quod jam consumptum iterum (f° 504) recrudescat.

Haec quia sapiens ratio composuit, debet scire vestra dilectio quid velint. Is qui in rotae vertigine de monte in ima praecipitatur, est is qui de altitudine potestatis vel divitiarum in profundum baratri praeceps rotatur. Qui autem saxum in montem evolvit, quod ipsum mox revolvit, est is qui cum magna difficultate dignitates vel quaelibet cupita assequitur et per eadem ad ima inferni dimergitur. Cujus vero jexor (sic) vultur vescitur et denuo revirescere fertur, est is de cujus corde luxuria pascitur; et expleta concupiscentia, iterum foeda libido renascitur. In jecore enim est concupiscentia; vultur vero amat mortuorum cadavera.

De hac peste iterum dicunt quod Medusa egregia forma plurimos ad amorem sui incitaverit, quam omnes se intuentes in saxa commutaverit [commutaverint eod.]. De hujus facie se Perseus cristallino clippeo protexit, eamque falcato ense interemit. Haec femina est luxuria, quae se formosam fingit per hominum pectora, sed se inspicientes in lapides commutat, quia corda libidinosorum per delectationem indurat. Ab hac se Perseus cristallino clippeo protegit, quia vir fortis speculum virtutum intendens, ab hujus intuitu vultum cordis avertit. Falcato ense eam interemit, quia timore aeterni ignis eam a se abscidit.

Inde legitur quod quidam patrum parvulum filium in heremo nutrierit, quem adultum luxuria titillaverit. Pater autem jussit eum in heremum secedere et solus jejuniis et orationibus XL diebus vacare. Expletis vero XX diebus vidit tetram et nimis fetidam mulierem nudam super se irruere; cujus fetorem ferre non valens coepit eam a se repellere. At illa : « Cur, inquit, me tantum exhorrescis cujus amore tantum inardescis. Ego enim sum luxuriae imago, quae dulcis in hominum cordibus appareo, et nisi patri tuo obedisses, sicut et alii a me prostratus esses. » Ille vero grates Deo retulit qui eum a spiritu fornicationis eripuit. Multa alia exempla deducunt nos ad vitae itinera.

(162) Legitur quod quidam patrum egressus vidit quendam Aethiopem in silva succidentem ligna, ac ligata levare temptantem. Quae dum viderentur gravia, dissolvens auxit onera : et cum tunc magis essent onerosa, addens fecit ea ; inportabilia. Quae dum tollere nititur a pondere opprimitur. Ille autem progressus (f° 504 v°) vidit ubi (sic) quaedam aquam in vas fundebat, quae infusa subtus confluebat, quia vas fundum non habebat. Ulterius progreditur, et ecce duo viri portae civitatis appropinquabant qui lignum transversum ante se ferebant ; et neuter alteri volens cedere, ambo foras remanebant. Aethiops qui auget onus lignorum est is qui semper cumulat pondus peccatorum ; et cum vix sufficeret tempus ad emendanda transacta, semper infelix non cessat addere recentiora, usque dum desperationem incidens, poenitentiam non meretur, sed mole criminum in mortem deprimitur. Ille autem qui aquam vasi fundo carenti immittit, est is qui elemosinas vel aliqua bona committit, sed ea per immundiciam vel alia vicia amittit unde scriptum est : Congregavit pecuniam et misit eam in saccum pertusum. Pecuniam in saccum pertusum congregat qui bona quidem perpetrat, sed ea pravis operibus coinquinat. Qui vero ligna ferebant transversum, sunt hi qui ferunt grave superbiae jugum ; qui dum

(162) Ad oram paginae rubrica : De tribus stultis.

alterutrum cedere nolunt, portam cœlestis civitatis ingredi non poterunt. Qui autem suave jugum Domini cervicibus suis imponunt, et leve onus ejus tollunt, hii porta (sic) supernæ urbis intrabunt. Ad hanc, karissimi, toto corde suspiremus; ad hanc totis viribus properemus, quatenus fundum puteum non habentem evadamus et hostiam laudis Domino in atriis Hierusalem sacrificare valeamus oculus.

DOMINICA XIII.

Beatus vir qui non abiit in consilio impiorum (Psal. 1). Adam infelix vir fuit qui per consilium impiorum de patria paradysi abiit et omnes posteros suos in hoc exilium traduxit. Hic in via peccatorum stetit, quia in peccatis stabilis mansit. In cathedra pestilentiæ sedit, quia peccata alios per mala exempla docuit. Christus autem beatus vir extitit qui consilio Patris ab aula cœli in carcerem post perditum servum abiit. In consilio impiorum non abiit quando diabolus omnia regna mundi et gloriam eorum ei ostendens, se adorare persuasit (sic). In via peccatorum non stetit, quia peccatum non fecit. In cathedra pestilentiæ non stetit quia nec verbo nec facto malum docuit. Et ideo sicut ille infelix omnes carnales filios in mortem attraxit, ita iste beatus (f° 306) vir cunctos filios in vitam revexit. Sicut enim ipse refert in Evangelio : Homo quidam descendit ab Hierusalem in Iericho, in quem latrones irruentes vulneraverunt, ac despoliantes eum abierunt. Porro sacerdos eamdem viam pergens, ac semivivum videns, pertransit ; similiter levita iterfaciens viso eo præterivit. Samaritanus autem per eamdem viam pertendens, miseri miseretur, ac ligatis vulneribus, vino et oleo medetur, impositumque jumento in stabulum duxit. Altero die duos denarios stabulario protulit, curam illius gerere petit ; si quid de suo supererogaverit ; in reversione se ei redditurum promittit (Luc. x).

Homo quippe ab Hierusalem in Iericho descendit dum primus parens de gaudiis paradysi ad defectum mortis venit. Hiericho namque, quod *luna* sonat, defectum nostræ mortalitatis designat. Qui latrones incidit, quia exulem protinus turba dæmonum circumdedit. Qui etiam eum despoliaverunt, quia non solum divitiis paradysi, sed veste immortalitatis denudaverunt. Plagas imposuerunt, quia ei peccata influxerunt. Semivivum reliquerunt, quia in anima mortuum, in corpore vero per Dei mysteria circumdatum dimiserunt. Per eamdem viam sacerdos descendit dum patriarcharum ordo per iter mortalitatis tetendit. Qui vulneratum pertransiit, quia generi humano opem ferre non valuit, dum se etiam peccatis graviter sauciatum doluit. Levita quoque idem iter carpebat, quia ordo prophetalis etiam per callem mortis tendebat. Qui saucium præterivit, quia perdito hominis adjutorium ferre non potuit, dum se quoque peccatis vulneratum ingemuit. A Samaritano autem semivivus curatur, quia nomo seductus per Christum sanatur.

Samaria erat civitas caput regni Israhelitici, cujus caput (sic) ad idolatriam in Ninive erant captivati et gentiles in ea locati. Quorum consortia Judæi in tantum exhorruerunt, quod illos participio eorum adduxerunt quibus maledicere voluerunt ; unde et Dominum maledicendo Samaritanum vocaverunt. Ipse enim verus Samaritanus erat, quod *custos* dicitur, quia ab eo genus humanum custoditur. Hic iter fecit dum de cœlis in hunc mundum venit. Viatorem vidit plagatum, quia hominem conspicit peccatis et miseriis circumdatum. Super eo movetur misericordia (f° 306 v°), quia omnes dolores pro eo experitur. Et appropians vulnera ejus alligavit, dum vitam æternam nuncians, a peccatis cessare prædicavit. Per duas partes ligaminis vulnera constrinxit, dum per duos timores peccata compescuit. Servilis enim timor (163) pœnas a peccatis prohibet, filialis autem sanctos ad bona opera monet. Inferiorem partem ligaminis traxit, dum gehennæ timorem sic cordibus hominum incussit. Vermis, inquit, eorum (164) moritur et ignis non extinguitur, Superiorem partem traxit dum boni studii timorem instruxit. Filii, inquit, regni eicientur in tenebras exteriores ; ibi erit fletus et stridor dentium. Vinum et oleum infundit, dum pœnitentiam et veniam docuit. Per vinum quippe putrida expurgantur, per oleum fota curantur. Vinum infundit dum dixit : Pœnitentiam agite ; oleum addidit dum dixit, *appropinquabit enim regnum cœlorum* (Matth. III). In jumentum posuit dum peccata nostra in corpore suo super lignum crucis pertulit. In stabulum duxit, dum eum supernæ Ecclesiæ conjunxit. Stabulum, quo animalia in nocte congregantur, est præsens Ecclesia, in qua justi in caligine hujus vitæ stabulantur donec aspiret Dies æternitatis, et inclinentur umbræ mortalitatis.

Altera die protulit duos denarios. Una dies erat mortis, altera vitæ. Dies mortis cœpit ab Adam, in quo omnes moriuntur. Dies vitæ inchoavit a Christo, in quos omnes vivificabuntur. Ante Christi resurrectionem omnes homines ad mortem tendebant ; post suam resurrectionem omnes fideles ad vitam surgebant. Altero vero die duos denarios protulit dum post resurrectionem suam duo Testamenta per duo præcepta caritatis impleri docuit. Stabulario

---

(163) Suppl. *per*.

(164) Suppl. *non*.

denarios dedit, dum ordini doctorum legis vitæ docenda commisit. Ægrum præcepit curari, quia genus humanum jussit a peccatis salvari. Quem ægrum fetor de stabulo exire compellit, quia justos adversitas hujus mundi ad cœlestia appetenda impellit. Duo etiam denarii stabulario dantur, dum doctores scientia Scripturarum et honore sæcularium sublimantur. Si quid ipsi supererogaverint, ille reddet cum redierunt (165), quia si bonis, quæ populis prædicant, operibus exemplificant, cum verus Samaritanus ad judicium redierit, et olim saucium, tunc jam sanatum, de stabulo in cœleste palacium (f° 308) induxerit, sollicitis procuratoribus sempiterna præmia recompensabit.

Humani quoque generis formam surdus ille et mutus habuit, quem Dominus ut sanaret per fines Decapoleos transivit (*Marc.* VII). Decapolis est regio decem civitatum, et significat legem decem præceptorum. Per Decapolim Dominus transit cum sub decalogo legis nasci voluit. Surdum et mutum ei adducunt cum prædicatores genus humanum ad fidem convertunt : quod surdum erat, quia mandata Dei audire nolebat; mutum erat, quia a laude Conditoris tacebat. Cui Dominus auditum reddidit dum ei ad intelligendas Scripturas sensum aperuit. Vinculum linguæ ei solvit, dum os ejus Dei laude replevit.

Hoc etiam decem leprosi expresserunt qui Domino castellum introeunte mundati sunt (*Luc.* XVII). Dominus quippe intravit castellum dum incarnandus descendit in Virginis uterum, Spiritus sancti castellum. Decem viri leprosi erant omnes homines, X præceptorum transgressione vel X plagarum Ægypti percussione maculosi. Qui a Domino ad sacerdotes destinantur, sed in itinere mundantur, quia dum peccatores delicta sua confiteri ad sacerdotes currunt, protinus veniam de commissis habebunt. Unus qui pro sanitate gratias retulit, est Catholicus populus qui pro salute sua jugiter Domino gratias agit.

Beati autem oculi, sed non omnium erant, qui Christum et ejus facta viderunt (*Luc.* X); et aures quæ ejus doctrinam audierunt (*ibid.*); beati etiam sunt qui ea non viderunt et crediderunt (*Joan.* XX). Quod enim reges et prophetæ videre voluerunt (*Luc.* X), hoc fideles apostolos vidisse credunt, scilicet Dominum cum hominibus conversatum fuisse, et signis atque doctrinis perditum hominem ad patriam reduxisse. Hunc, karissimi, ex toto corde, ex tota anima, ex omnibus viribus, ex omni mente, et proximum nostrum sicut nos ipsos diligamus (*Matth.* XXII), ut eum in regno claritatis ejus videamus. Omni tempore eum benedicamus, ut eum in domo sua in sæculum sæculi laudare valeamus.

Legitur quod quidam jugiter aut legerit, aut ymnis vel psalmis laudem Dei in ore habuerit. Hic quadam nocte vidit quomodo ex odoriferis floribus corona in caput ejus cœlitus descendit. Qui dum postmodum defunctus sepelitur, omnis tumba astans miri odoris suavitate repletur.

Fertur de alio quodam idiota quod ymnum jugiter *Gloria Patri, et Filio, et* (f° 308 v°) *Spiritui sancto* recitaverit, et postea mortuus cuidam gloriosa facie et splendida veste apparuerit. Qui dum ab eo requireret quomodo se haberet, qui nunquam litteras didicerit, in hæc verba respondit : *Dominus regit me et nihil in me deerit; in loco pascuæ ibi me collocavit* (*Psal.* XXII). O quantum differt simplicitas fidelium a subtili ingenio gentilium! En idiota iste per fidei stultitiam tribus verbulis adeptus est gaudium et omnium rerum noticiam. Plato vero, exundans fluvius humanæ sapientiæ; Aristoteles, torrens argutæ sapientiæ, per sæcularem prudentiam sortiti sunt miseriæ et æternæ perditionis insipientiam. Sic sic nimirum Christus Dei sapientia se diligentes remunerat, sic se contemnentes et beneficiis suis abutentes reprobat. Jam etenim Petri piscatoris (166) fides Aristotelica argumenta sillogismavit; jam Tulliana eloquentia coram Christi professoribus obmutescens os oppilavit.

Legitur etiam quod quædam ad Christum conversa multis bonis operibus floruerit; vigiliis, jejuniis, orationibus jugiter insudaverit. Quæ gravi languore correpta, pervenit ad extrema. Cujus lecto dum a fidelibus assistitur, ecce subito media nocte lux immensa cœlitus effunditur; cujus nimio radio omnium visus ita obtunditur, quod nihil aliud præter illa claritas (*sic*) cernitur. Interea januæ a multitudine ingredientium crepitare audiuntur; voces infirmanti colloquentium percipiuntur, sed præ splendore luminis non conspiciuntur. Præterea fraglantia (*sic*) maximi odoris efferbuit, quæ omnium olfactum mira suavitate replevit. Appropinquante autem die lux discessit; sed odor triduo ibi remansit. Quarta autem nocte maxima iterum luce cellula illustratur, cujus fulgore tocius noctis caligo effugatur. Et ecce duo chori psallentium in platea audiuntur; voces sexus canentium discernuntur, nam viri psallebant, feminæ respondebant. In hac igitur lucis claritate, in hac odoris suavitate, in hac modulaminis jocunditate, sancta illa anima eximitur de carnis acerbitate, et cum sanctorum jubilo deducitur perfruitura perhennis dulcedinis amœnitate. Et quanto altius ducitur, tanto minus vox ymnizantium percipitur, usque dum lux et (f° 310) concentus subtrahitur; suavitas odoris manet quousque corpus sepelitur, sic Dominus humilia respicit, sic de stercore erigit pauperem (*Psal.* CXII). Hæc enim paupercula fuit et nullius momenti inter homines extitit. Sed quod hominibus est abjectum, Domino nostro est acceptum ; et quod hominibus est altum, abhominabile est apud Deum. Ecce etenim preciosa gemma in sterquilinio latens de cloaca mundani fetoris tollitur ac regio diademati ignitis lapidibus

---

(165) Leg. *reaierit.*

(166) Cod. *piscatores.*

rutilanti corusco loco imponitur. Hinc, karissimi, omnibus sanctis animas nostras committamus, bonis operibus jugiter insistamus, quatinus pro diebus quibus nos humiliamus, laetari cum illis perhenniter mereamur, atque pro annis quibus vivimus (167) hic videmus mala, unam diem in atriis Domini videamus, quae melior est super millia (*Psal.* LXXXIII). Quam.

DOMINICA XX.

Beati qui audiunt verbum Domini et custodiunt illud (*Luc.* XI). Multi sunt, karissimi, qui verbum Dei nec aure corporis audire volunt. Plerique vero hoc aure quidem audiunt; sed minime beati sunt, quia illud operatione non diligunt. Qui autem illud sollicita aure audiunt, intento corde custodiunt, devoto opere implere satagunt, hii beati sunt, quia cum Verbo Dei in aeternum exultabunt.

Idem Verbum refert hodie in Evangelio quod quidam rex fecit nuptias filio suo. Qui misit servos suos invitatos vocare; et nolebant venire. Iterum alios misit, quibus ut invitatis prandium paratum, tauros et altilia occisa et omnia parata dicerent, praecepit. At illi neglegentes, alius in villam, alius ad negotiationem suam abierunt; alii tentos servos et contumeliis affectos occiderunt, quos rex missis exercitibus perdidit et civitatem illarum succendit. Deinde ad exitus viarum misit et quoslibet advocari jussit. Postquam autem impletae sunt nuptiae discumbentium, intrans rex vidit quendam non habentem vestem in nuptiis utentium; jussit eum ligatis manibus et pedibus proici in tenebras exteriores ubi esset fletus et stridor dentium; dixitque multos esse vocatos, paucos vero electos (*Matth.* XXII).

Rex qui nuptias filio fecit est Deus Pater, qui Jesu Christo Filio suo sponsam Ecclesiam conjunxit. Hujus nuptialis thalamus erat sacrae Virginis uterus. Servi qui invitatos (f° 510 v°) vocaverunt, erant prophetae qui Judaeis per patriarchas invitatis Christum incarnandum praenuntiaverunt. Qui venire nolebant, erant hi qui prophetis non credebant. Servi secundo missi apostoli fuerunt qui per totam Judaeam Christum pro nobis incarnatum praedicaverunt. Prandium paratum erat saginati vituli, scilicet Christi corpus pro nobis jam oblatum. Tauri feroces tyranni extiterunt qui cuncta orbis regna perdomuerunt. Altilia vero erant phylosophi qui perscrutando volaverunt mente ad sydera coeli. Hii occisi erant, dum Dei sapientia superborum et sublimium colla calcaverat, humiles et pauperes parentes elegerat, sapientiam prudentium reprobaverat, idiotas et simplices homines ad praedicandum constituerat. Omnia parata erant, quia cuncta ad salutem pertinentia fuerant prolata. Scripturam omnibus aperuerat; baptismus et poenitentia cunctis patebat. At illi, neglecta salute, ad nuptias Domini venire noluerunt, sed alius ad villam, alius ad negotiationem suam abierunt, quia tantum terrenis lucris inhiaverunt, et ideo coelestia amare non potuerunt. Reliqui vero servos regis contumeliis affectos occiderunt; quia Pharisaei et principes sacerdotum apostolos carcere, vinculis, verberibus affecerunt; quosdam ex eis occiderunt, alios de finibus suis cum contumelia propulerunt. Rex autem missis exercitibus homicidas illos perdidit et civitatem illorum succendit, quando ministri Dei Romani principes cum exercitibus Judaeam intraverunt, parricidas Judaeos variis suppliciis interemerunt, civitatem Hierusalem igni succenderunt. Deinde ad exitus viarum servi diriguntur et quoslibet vocare praecipiuntur, quia profecto dum Judaei ad nuptias Dei venire recusant, apostoli, in viam gentium abeuntes, idolatras ad epulas Dei invitant. Bonos et malos congregaverunt, quia multos reprobos cum electis ad fidem traxerunt. Nuptiae discumbentium implentur, quando numerus electorum implebitur. Rex intrabit discumbentes videre, quando ad judicium veniet cunctos pro meritis discernere; sicut scriptum est: Veniet Dominus ad judicium cum omni despecto; hoc est, tam diligenter judicabit in hoc mundo despectissimum quam omni gloria excellentissimum. Non vestitus veste nuptiali foras proicitur, quia carens caritate Dei nuptiis ejus, qui est caritas non admittetur. Vestis namque nuptialis est caritas, per quam adipiscitur (f° 512) aeterna claritas. Manus et pedes ibi funibus peccatorum ligabuntur quae hic pravis operibus constringuntur. Membra quippe quae hic ad malum laxantur, ibi ad supplicium coartantur. In tenebras exteriores proiciuntur qui nunc interiores tenebras delectabiliter patiuntur. Ibi erit fletus et stridor dentium, quia transibit ab aquis nivium ad calorem nimium; a fumo etenim ignis fletum, a nimio frigore patiuntur stridorem dentium. Multi autem sunt vocati, pauci vero electi, quia videlicet multi ad fidem vocantur, sed soli electi salvantur. Duae vocationes sunt: una exterior, altera interior; per exteriorem multi per apostolos et praedicatores vocati sunt ad fidem; per interiorem pauci per Filium tracti sunt ad Patrem. Per exteriorem multi pisces sagenae fidei inhaeserunt, quos electores iterum foras miserunt; per interiorem pauci latuerunt, quos in vasa elegerunt. Nunc sunt reprobi permixti electis, ut paleae granis; Christo autem cum ventilabro veniente, paleae excussae igni inextinguibili tradentur, grana autem in horreum Dei congregabuntur.

Et nos, dilectissimi, ad nuptias Dei cum multis vocati sumus, studeamus bonis actibus ut cum paucis electi simus. Prandium nobis cottidie paratur dum sacra Scriptura cum corpore Christi nobis praeponitur. Tauri ad hoc convivium occisi sunt quia apostoli, tauri gregis Domini, pro invitatione

(167) Forte suppl. *dum*.

harum epularum exstincti occubuerunt. Ad hoc etiam convivium altilia occisa sunt, quia quique ad cœlestia mente convolantes, pro his epulis prostrati sunt. Tauri quoque persecutores fuerunt qui cornibus infidelitatis fideles ventilaverunt, sed Christo veniente enervati sunt. Volatilia autem hæretici extiterunt, qui quodammodo ad alta volaverunt quando in cœlum os posuerunt et iniquitatem in excelso contra Dominum locuti sunt; sed a Catholicis victi et exterminati sunt. Et quia hæc omnia per Christi potentiam sunt sedata, omnia sunt nobis ad salutem præparata, ideo ob nulla negocia neglegamus, quin tota festinantia ad epulas Dei veniamus, Dei quippe convivium est perhennis vitæ gaudium. Ad hoc currit quisquis Dei præcepta implere satagit. De exitibus viarum vocati ad nuptias jam discumbimus, quia de variis erroribus ad sacramenta Dominica convenimus. Et ideo, dilectissimi, veste nuptiali resplendeamus, ut videlicet (f° 312 v°) Dominum præ omnibus et proximos sicut nos ipsos diligamus. Quem in hac veste rex intrans non invenerit, ligatum de convivio suo ejici jubet, tenebras infernales videbit. Horum autem civitates ipsis perditis cremantur a quibus servi missi injuriis affecti enecantur; quia nimirum dæmonibus perdendi permittuntur, a quibus prædicatores hic contumeliis affliguntur et corpora illorum demum igni inextinguibili succenduntur.

De his nuptiis texuit rex Salomon dulce epithalamium, dum in laude Sponsi et Sponsæ per Spiritum concinuit Cantica canticorum. Filius quippe regis Hierusalem desponsavit sibi filiam regis Babylonis, acceptamque tradidit erudiendam atque ornandam sub manu custodis; ipse vero abiit instruere convivium; quam denuo reversus cum ingenti apparatu maximoque cultu in stellatum introducet thalamum, secum ad nuptias sponsæ ornatores ducens in palacium, ejus vero corruptores tradens in carceris supplicium.

Rex Hierusalem est Deus, cujus Filius est Christus. Rex Babylonis est diabolus. Gentilitas vero erat ejus filia cum esset idolatriæ dedita. Hanc ipse a Patre desponsavit dum postea sanguinem fundens de diabolo in cruce triumphavit. Hanc custodi tradidit, dum eam ordini doctorum divina lege instruendam, gemmis virtutum decorandam commendavit. Ipse vero abiit convivium procurare, quia profecto ascendit in cœlum, locum ei aptum in domo Patris per multas mansiones præparare. Denuo cum exercitu omnium angelorum veniet eamque de Babylonicæ (169) peregrinationis exilio eruet, atque in civitatem Patris sui, gloriosam Hierusalem, cum summo tripudio introducet. Tunc sponsæ ornatores simul intrabunt, quia qui Ecclesiam hic scriptis vel dictis instruxerunt et bonis exemplis perornaverunt, cum illa tunc in nuptiis Agni ut sol fulgebunt; persecutores vero qui eam lacerantes vim intulerunt, et hæretici atque schismatici qui eam corruperunt, tunc in stagnum ignis et sulphuris missi, perpetuo ardebunt.

Ne hujus exortes convivii simus variis documentis instruit nos Dominus. Narrat etiam quod quidam ficulneam in vinea sua habuerit, et per tres annos veniens fructum in ea non invenerit; et ne diutius sterilis occuparet, succidere præcepit (Luc. XIII). Ficulnea sterilis in (f° 314) vinea erat Synagoga in lege infructuosa. De qua Dominus tribus annis fructum quæsivit, quia eam ante legem per patriarchas, sub lege per prophetas, sub gratia per apostolos ad fructum boni operis monuit; sed quia per perfidiam arefacta terram sterilis occupavit, securim judicii sui ei ad radicem posuit dum eam Romanorum gladio succidit.

Ficus etiam sterilis in vinea est quilibet homo sine bonis operibus in Ecclesia. De hoc fructus trium annorum quæritur dum operatio fidei Trinitatis ab eo exigitur; et nisi citius confessione circumfodiatur, et stercus pœnitentiæ mittatur, morte excidetur et in ignem gehennæ mittetur.

Hoc quoque præfiguravit mulier inclinata, sed a Domino pie sanata (Luc. XIII). Mulier ad terram inclinata erat Synagoga sub pondere legis curvata. Quæ a Domino erigitur dum multitudo de Judæis conversa de onere legis per gratiam eripitur. Mulier etiam decem et octo annis incurva est quælibet anima sub utraque lege infirma (ibid.). Denarius namque ad Vetus Testamentum propter decalogum legis, octogenarius autem pertinet ad Novum Testamentum propter octavam Dominicæ resurrectionis. Decem ergo et octo annis mulier incurvatur dum anima utriusque legis prævaricatione prægravatur; sed a Domino ad salutem sublevatur dum gratia ipsius per pœnitentiam salvatur.

Per pauperes, karissimi, debemus pervenire ad convivium Dei. Præcepit enim Dominus ne ad prandium nostrum divites vel potentes invitemus, a quibus retributionem hic recipiemus, sed ut ad convivium nostrum pauperes, debiles, claudos, cæcos, evocemus, a quibus nullam retributionem speremus (Luc. XIV). Hoc enim facientes beati erimus, quia recipient nos in æterna tabernacula cum defecerimus. Ad Dei epulas gradiendum nobis est per sanctorum vias.

Legitur de quadam nobili quia sæculum relinquens monasterium in quo quingentæ puellæ erant, intravit, et ut vere sapiens fieret, stultam se simulavit. In coquinæ ministerio serviebat; omnium se famulam exhibebat; nunquam cibum ad mensam cum aliis sedens accipiebat; ablumenta tantum vasorum et micas de mensa tersas in cibo sumebat. Omnibus risui erat, omnium odia pacientissime sustinebat; cum nulla aliquando colloquium habebat, soli Deo placere studebat. Interea revelavit Dominus cuidam solitario ejus conversationem; qui veniens ad cellam, rogavit se intromitti (f° 314

(169) Cod. *Babylonæ*.

v°) in congregationem. Et cum omnes puellæ ante eum congregatæ essent, et illa sola propter quam venerat, deesset, postulat cunctas evocari; et illa vix compulsa, immo tracta est ab aliis se præsentari. Quæ circa caput nigerrimum panniculum gerebat de quo sæpius ollas vel cacabos tergebat. In capite autem eminus venientis cernit ille sanctus coronam auro gemmisque radiare, vestemque ejus magna claritate coruscare. Cui protinus occurrens provolvitur protinus pedibus ejus, se ab ea benedici precatur. Et illa similiter ejus prosternitur pedibus, commendans se ejus orationibus. Omnes moniales obstupescunt; ne sibi talem injuriam faciat petunt; hanc insanam petunt (sic). Quibus ipse palam retulit qualem gloriam in ea viderit et qualiter ei Deus de ea revelaverit. Quæ omnes vestigiis ejus se prosternunt; aliæ alapas ei in facie dedisse, aliæ nares ipsius sinapi implevisse, aliæ alias injurias ei fecisse referunt. Pro quibus ille orationem fudit, ad heremum rediit. Illa autem metuens ab hominibus honorari, clam de monasterio fugit, malens in deserto loco cruciari; in quem vero locum se inmerserit, aut quo fine defecerit ad nullius noticiam pervenire potuit. Certum est autem quod post hujus vitæ miseriam adepta sit æterni regni gloriam. Quam cum omnibus electis postulemus, ut in nuptiis Dei sine fine exultemus. Ubi oculus (*I Cor.* ii).

DOMINICA XXII.

Beati qui custodiunt judicium et faciunt justiciam in omni tempore (*Psal.* cv). Duo sunt judicia : unum quod hic per judices Christi vivarios exercetur; aliud quod in novissimis per Christum, qui a Deo constitutus est judex vivorum et mortuorum, exhibetur. Est autem judicium bonos a malis discernere; bonis bona, malis mala retribuere. Sic Christus in judicio bonos a malis est discreturus, et justis gaudia, impiis supplicia est redditurus. Judicium ergo custodiunt qui Dei cultores diligunt, Dei contemptores respuunt. Judicium quoque observare est suis malis meritis quempiam dignas pœnas irrogare. Qui enim se hic vigiliis, jejuniis et aliis piis laboribus pro peccatis affligunt, beati sunt quia non cum impiis æternum judicium subibunt. Quæ etiam sunt justitiæ : una naturalis, scilicet divina; altera consuetudinaria, f°. 516) videlicet humana. Naturalis est justitia Deo servire, parentibus obedire; consuetudinaria, leges, statuta prælatorum observare et cum civibus concordare. Beati ergo sunt qui justiciam in omni tempore faciunt, quia a justicia Patris Christo justa vitæ præmia percipiunt.

Hodiernum evangelium monet nos ad justiciæ judicium. Dicit namque quod quidam rex rationem cum servis suis posuit; cui oblatus est unus qui x, milia talenta debuit; et quia unde redderet non habuit, dominus eum cum uxore et filiis omnibusque suis venundari jussit. Qui procidens misericordiam postulavit; et dominus misertus omnia ei donavit. Illo vero egresso, debitor centum denariorum obviat, quem tenens suffocat, violenter stringens ut debitum redderet. Qui etiam ipse procidens misericordiam poposcit, sed nihil ei profuit, nam miserum carceri mancipat donec debitum solvat. Quo audito dominus servum nequam revocat, dure increpat, tortoribus tradit, universum debitum ab eo exigi præcepit (*Matth.* xviii). Et quid per hæc verba significaverit Dominus concludens innotuit : *sic*, inquiens, *faciet vobis Pater meus cœlestis si non remiseritis hominibus ex cordibus vestris* (*ibid.*). Karissimi, ista sunt nimis metuenda ac jugiter in memoria retinenda.

Rex qui rationem cum servis posuit est Christus qui omnes homines pro actibus suis in judicium adducit. Debitor decem milium talentorum est quilibet transgressor decem præceptorum; debitor vero decem denariorum est calumniator proximorum. Qui ergo volumus nobis a Deo dimitti gravia, dimittamus proximis levia; levia quippe sunt omnia quæ nobis homines faciunt, quia cito transeunt; quæ autem nos contra Deum facimus, valde gravia sunt, quia nos in interitum mergunt. Unde cœlestis scolasticus nos docuit ut conditionem cum judice faciamus, ut scilicet nobis debita nostra sic dimitti petamus sicut nos debitoribus nostris relaxamus. Et Petro interrogante quoties fratri peccanti esset dimittendum, si usque septies : *Non usque septies,* inquit, *sed usque septuagies septies* (*ibid.*), id est quadringentis nonaginta vicibus; hoc est ut quidquid in nobis delinquitur, dimittamus. Et item Scriptura dicit. Homo homini servat iram et a Deo sperat misericordiam. Qui ergo non dimittit homini in se peccanti, nunquam dimittitur ei in Dominum (f°. 516 v°) peccanti; immo in tormentis ab eo exigitur quod per pœnitentiam ei dimissum creditur. Sed dicis : non possum dimittere ei qui mihi facit injuriam, nec amare illum a quo patior calumniam. O amice, quid fecit tibi is quem quæris occidere? Amicum meum, inquis, occidit. Et quid ad te occisio hominis? Omnes servi sumus unius Domini, regis omnium, qui justus judex vindicabit omnes injurias hominum. Qui ergo hominem occiderit, non in te, sed in illum delinquit cujus servum occidit. Et si inde ultionem quæris, dupliciter reus eris in uno, quod conservum tuum occideris, in altero quod Domino tuo judicium suum abstuleris. Igitur si homicidium facto vel consilio vindicaveris, cum homicidio utique damnaberis, quia qui odit fratrem suum homicida est, et hic non habet partem in æterna vita (*I Joan.* iii). At tu, bone vir, cujus vis illius membra mutilare quem summi imperatoris Filius secum vult conregnare. Abstulit, inquis, bona mea. Quæ bona? Aurum, inquis, aut argentum, aut equum, aut aliquid hujusmodi. O homo, nonne nudus in hunc mundum venisti et nihil horum tecum attulisti? Nec dubium quin nudus etiam de hoc mundo discedas et omnia hic relinquas. Hæc universa de terra venerunt et iterum in terram redibunt. Nihil habes hic proprium; sed totum est alienum. *Domini est terra et plenitudo ejus* (*Psal.* xxiii). De bonis suis partem tibi concessit quandiu sibi placuit; cum diutius te habere noluit, alium tollere jussit. Quandiu voluit bona sua Job tribuit; cum iterum sibi placuit, ei auferens diabolo dedit. Unde et ipse : *Dominus*, inquit, *dedit, Dominus abstulit* (*Job* i). Non dixit : Diabolus abstulit, quia Deus solus inde potestatem habuit. Cum igitur sis vermis et putredo, ne injuriam facias Deo vindicans te in proximo. Tu autem, care, cur vis illum fustigare vel rebus suis privare? Male, inquis, locutus est mihi. O insensate! quid est verbum nisi ventus; postquam enim de ore volaverit, mox in auras evanuit. Qui autem male locutus est, non tibi sed sibi nocuit; quia qui etiam fatue dixerit, reus gehennæ ignis erit (*Matth.* v). Sed si tu male vixeris, quid tibi proderit alicujus benedictio; si vero bene vixeris, quid oberit tibi alicujus maledictio. Miserum est ergo horum miserorum augere miseriam per vindictam, cum ipsi miseri provocaverint super se Dei iram. Dominus namque homicidas damnabit, (f° 318) raptores quoque pœnis subjugabit, maledictos [maledicos] etiam ab æterna damnatione segregabit. Igitur cuncta in nos commissa sunt dimittenda; in Deum commissa sunt a prælatis punienda. Quæ ipsi in Deum peccamus, digna pœnitentia paniamus. Quæ nobis subjecti in lege Dei peccaverunt, non crudeliter, sed misericorditer castigemus, ut animas eorum salvemus, quia judicium sine misericordia ei qui non fecit misericordiam (*Jac.* ii), quæ autem in nos verbo vel facto commiserunt, relaxemus, et gaudium et lætitiam recipiemus.

Nunc autem vestra dilectio audiat quam juste Deus peccatores (170) et quam misericorditer se invocantes muniat; ipse autem est clemens Pater bonorum, potens Dominus malorum.

Rex David Uriæ duci uxorem suam abstulit, ipsum quoque per consilium occidit. Quos Dominus ulciscens, infantem ex adulterio natum mortificavit, filiumque ipsius Absalonem, quem præcipue amavit, contra eum instigavit. Qui uxores patris publice violavit, insuper ipsum regno privavit. Quem sic castigatum regno iterum Dominus restituit, parricidam autem filium in reprobam mortem tradidit. David autem pœnitens magis adhuc consolatur dum Salomon, ex eadem femina ipsius filius, in regno collocatur.

Legitur etiam quod rex Cambyses, cupiens solus regnare, jussit Holofernem, principem miliciæ, cuncta orbis regna sibi subjugare. Qui cum valida manu egressus, omnes in circuitum civitates munitas confregit; tandem ad Judæam perveniens, Bethuliam obsedit. Populus autem Domini metuens ne Hierusalem sicut alias civitates destrueret, jejuniis et obsecrationibus invocat Deum, qui est protector omnium sperantium in se, ut clippeum suæ protectionis opponeret. Habitatoribus itaque Bethuliæ victus defecerat; quibus exercitus aquæ ductum succiderat. Quos jam deficientes principes consolantur, Domini auxilium pollicentur. In eadem civitate religiosa vidua, Judith nomine, fuit; quæ post triduanum jejunium se ornamentis induit, ad castra Holofernis descendit. Qua visa, statim captus ejus pulchritudine, nuptias instruit celebris cultus magnitudine. In nocte vero omnibus nimio vino soporatis, Judith surgens Deum invocat; gladium in lectulo pendentem evaginat, caput ebrii ducis amputat; ad suos quantocius cum capite (f° 318 v°) remeat; convocatoque universo populo, caput protulit, Deum laudare monuit qui eis liberationem et victoriam pariter contulit. At illi recuperato spiritu Deum adoraverunt atque cum magna lætitia laudes persultaverunt. In crastino de civitate, Judith consilio, cum magno tumultu exeunt, impetum in hostes faciunt. Illi vero ut dominum suum capite truncatum invenerunt, nimio dolore perculsi, omnes pariter in fugam versi sunt. Quos insequentes multa milia passim straverunt, reliquos cum magno dedecore profugaverunt; reversique ingentem prædam collegerunt, Hierosolymam venerunt; victimas Deo obtulerunt qui populum suum per feminam redemit, et tristiciam eorum in gaudium convertit. Sic Deus superbos dispersit, humiles autem exaltans protexit (*Judith* x-xvi). Quod hæc vidua vicit tyrannum, significat quod caro Christi vicit diabolum.

Legitur quoque quod rex Asuerus (sic) grande convivium cunctis principibus et populis regni sui fecerit, et inter epulas reginam Vasti corona redimitam introduci jusserit. Quam intrare rennuentem rex regno privavit, Hester pro ea regno sublimavit. Post hæc rex quendam Aman super regnum exaltavit cunctosque principes ei subjugavit. Cui cum omnes cœpissent genu curvare, Mardochæus, reginæ patruus, noluit eum adorare. Unde indignatus disposuit eum cum omni progenie sua neci tradi, cum regis sigillo decrevit omnes Judæos per regnum Asueri exterminari, altumque erexit eculeum in quo voluit suspendere Mardocheum. Interea duo volebant regem occidere, quos per Mardocheum proditos jussit rex perdere, Mardocheum vero jubet purpura et corona indui, regio equo per civitatem circumduci, Aman cum militibus præire, laudes ei concinere. Hoc facto Mardocheus reginæ dixit quia Aman eam cum omni parentela sua morti addixit. Quæ omni populo jejunium indixit, se cum eis vigiliis, jejuniis, orationibus afflixit. Quo peracto convivium instruxit, regem invitans; Aman quoque adesse jussit. Inter epulas regem pro sui populique vita

---

(179) Suppl. *puniat*.

rogat; sc omnesque suos ab Aman damnatos narrat. Quem rex, furore repletus, jussit suspendi in eodem eculeo quem ipse præparaverat Mardocheo. Porro (f° 520) ipsum Mardocheum pro eo principem constituit; qui omnem cognationem Aman suspendio interire jussit. Sic Deo disponente innocens populus liberatur; semen nequam juste exterminatur (*Esther* i-xvi).

Hic rex, quamvis gentilis, typum Christi gessit, qui verus Rex regum genitus, de radice Jesse surrexit. Hic principibus et populis regni sui convivium fecit, quia apostolis orbis principibus et fidelibus regni superni populis corpus suum et sacram Scripturam in epulas dedit. Reginam Vasti coronatam ad convivium vocavit, quia Synagogam lege et prophetis redimitam ad cœlestes epulas invitavit. Quæ rennuens intrare regno privatur. Hester captiva in solio ipsius locatur, quia Judæa incredula de regno Christi ejicitur; Ecclesia de gentibus, a diabolo captiva, in thalamum regis consors cœlestis regni ducitur. Aman qui a rege exaltatur, est Judaicus populus qui a Deo regno et sacerdotio ac divino cultu sublimatur. Qui quærit reginæ progeniem extirpare, quia Judaicus populus quærit Ecclesiæ populum exterminare. Aman quoque, qui Mardocheo eculeum erexit, diabolum significat qui Christo crucem erexit. In eundem eculeum suspenditur quia diabolus in crucis patibulum comprehenditur. Quo (171) qui super regem conjuraverant sunt duo infideles populi : Judaicus et gentilis, qui Christum regem occidi consilium dederant. Quos Mardocheus accusat, quia Christianus populus opera eorum improbat. Illi a rege enecantur, et isti a Christo damnantur. Mardocheus purpura et corona insignitur, et Christianus populus martyrio et æterna gloria vestitur. Equo regio per civitatem ducitur, quia Christianus populus per totum mundum a doctoribus colitur. Ordo namque prædicatorum equus Christi regis dicitur, in quo ipse per orbem vehitur. Aman cum militibus laudes ei consonat, quia Judaicus populus cum gentilibus velit nolit Christiani populi præconia celebrat. Regina regem ad convivium vocat, quia Ecclesia Christum ad sollemnia sui corporis invitat. Aman etiam adesse jubet, quia infideli populo suas epulas prædicando præbet. Aman quoque, qui Mardocheo erigit eculeum, est Antichristus, qui populo fidelium indicit mortis supplicium. Qui eodem eculeo suspenditur, quia et ipse mortis supplicio interimitur. Mardocheus a rege præficitur princeps, quia fidelis populus peracto judicio (f° 520 v°) super omnia bona Domini constituitur. Semen Aman exterminatur, quia tunc generatio malorum damnatur. Populus autem reginæ liberatur, et tristicia ejus in gaudium commutatur, quia generatio rectorum benedicetur, lætitia et exultatione perfruetur. Nunc, karissimi, toto corde Dei obsecramus clementiam qui sedet super thronum et judicat justitiam, faciens judicium omnibus injuriam pacientibus, ut nos illa die ab infideli populo segreget; fideli autem in suo regno associet, ubi oculus... (*I Cor.* ii).

DOMINICA XXIII.

Beati omnes qui timent Dominum, qui ambulant in viis ejus (*Psal.* cxxvii). Deum timere est a malo declinare ; in viis ejus ambulare, est bonum facere. Qui ergo Deum timent peccata devitando, beati sunt, quia pœnas evadunt ; et qui in viis ejus ambulant bona operando beati sunt, quia gaudium Domini intrabunt. Viæ Domini præcepta illius sunt quæ homines ad supernam patriam ducunt. *Universæ autem viæ Domini misericordia et veritas* (*Psal.* xxiv). Viæ Domini sunt misericordia omnibus in eis ambulantibus, verita cunctis ab eis declinantibus. Ideo Deus noster est ut dominus a servis timendus, ut pater a filiis diligendus. Timore ejus peccata fugiamus, amore ipsius bonis actibus insistamus, quatenus de hac misera vita transeuntes, luctuosam vitam evadamus et ad beatam vitam ipsius ope perveniamus. Tres vitæ sunt : una super nos beata, quam sancti cum angelis beate vivunt ; altera misera, in qua justi adhuc hic suspirantes ingemiscunt ; tercia subtus nos luctuosa, in qua spiritus damnatorum cum dæmonibus consistunt. Nobis ergo in media vita constitutis duæ viæ se offerunt quæ quosdam ad superiores, quosdam autem ad inferiorem ducunt. A dextris se præbet via arta et angusta ducens de hac miseria per se ambulantes ad beatæ vitæ amœnitatem ; a sinistris vero pandit se platea lata et spaciosa ducens in se gradientes ad luctuosæ vitæ calamitatem. Arta via et angusta est mundi desideria et carnis concupiscentias fugere ; malum pro malo non reddere ; vigiliis et jejuniis corpus macerare ; orationibus et assiduis Dei laudibus insudare. Lata autem et spaciosa via est ludere, edere, bibere, fornicari, venari, inimicos opprimere (f° 522), deliciis carnis diffluere. Hoc diabolus docuit, et per eam genus humanum ad interitum deduxit. Illam Christus factis et dictis ostendit et per eam perditum hominem ad gloriam reduxit. Et quia prophetæ per hanc solam viam genus humanum rediturum ad patriam præviderunt, ideo Christum verum et certam viam omnes consona voce prædixerunt, eumque omnes videre desideraverunt. Jacob namque moriens dixit : *Salutare tuum expectabo,*

(171) Sic Leg. *duo*.

Domine (*Gen.* XLIX). Et Moyses : *Obsecro,* inquit, *Domine mitte quem missurus es* (*Exod.* IV). David quoque ait : *Domine, inclina cœlos tuos et descende* (*Psal.* CXLIII). Esaias inquit (172) : *Utinam,* inquit, *disrumperes cœlos et descenderes* (*Isa.* LXIV). Et merito ejus desiderio deficiebant quia eum futurum præsciebant. Nam ante ipsius adventum fusca mors mundum obtexit, omnes per iter sinistrum in perditionem direxit. Omnes quasi in tenebris errabant quia lumen Christum non habebant, et ideo per spaciosam viam a sinistris cæco corde in morte ruebant. Christo autem sole solis in mundo apparente, immo vita angelorum se mortalibus exhibente, tetra mors pavefacta fugit, seque in abdita Tartari confusa abscondit, sicut oriente sole caligo noctis fugatur et mundus ipsius jubare illustratur. Idcirco dilectissimi, cum iter salutis nobis per Jesum pateat, et lucerna verbi Dei ex utraque parte viæ resplendeat, toto corde sinistrum tramitem relinquentes, dextrum callem toto annisu carpamus ut ad summam beatitudinem perveniamus. Hæc autem via est caritas per quam aditur summæ beatitudinis claritas.

In hanc tendunt XV semitæ ducentes ad atria vitæ : scilicet paciencia, benignitas et aliæ quas enumerat Apostoli subtilitas. Porro summa beatitudo in hac via ambulantes quasi per X et VII brachiis ad se attrahit, quia per X præcepta legis et per VII dona Spiritus sancti portas vitæ nos Christus intrare docuit. Has autem X et VII distinctiones beatitudinis Spiritus sanctus per prophetam nominatim exprimit et singularem dignitatem subtiliter innuit.

Primo dicit beatos scuto fidei vicia et concupiscentias superantes et in lege Domini die ac nocte meditantes. *Beatus,* inquiens, *vir qui non abiit in consilio impiorum quomodo* [*quoniam*] *novit Dominus viam justorum* (*Psal.* I). Primus (f° 322 v°) homo infelix pravo consilio consensit et omnes sequaces suos in mortem traxit; Christus, beatus vir et via justorum, omnes per se gradientes reducet ad gaudia angelorum. Qui ergo peccatis non consentit ad hunc tendens beatum virum, erit in summa beatitudine ut lignum vitæ in paradiso plantatum (*ibid.*).

Secundo dicit beatos spe gaudentes, in Domino, non in se confidentes. *Beati,* inquit, *omnes qui in eo confidunt* (*Psal.* II), quia in monte sancto ejus, id est in Christo, gaudebunt. Inde iterum : *Beatus vir qui sperat in eo* (*Psal.* XXXIII), quia dies bonos videbit in cœlo (*ibid.*). Et iterum : *Beatus vir cujus est nomen Domini spes ejus* (*Psal.* XXXIX), quia canticum novum inmittetur in os ejus (*ibid.*).

Tercio dicit beatos pœnitentes dilectione ferventes, quia charitas operit multitudinem peccatorum (*I Petr.* IV), et per Spiritum sanctum, qui est caritas, datur remissio peccatorum. *Beati,* inquit, *quorum remissæ sunt iniquitates et quorum tecta sunt peccata* (*Psal.* XXXI). Per caritatem remittuntur, per bonam operationem conteguntur. Beatus vir talis erit, quia et Dominus peccatum in judicio non imputabit. Hic in Domino cum justis exultans lætabitur, cum rectis corde gloriabitur (*ibid.*).

Quarto dicit beatos Deum pure colentes et ejus hæreditas fieri cupientes. *Beata,* inquit, *gens cujus est Dominus Deus, ejus populus quem elegit in hæreditatem sibi* (*Psal.* XXXII), Hii exultent in Domino, quia tales decet collaudatio (*ibid.*). Inde iterum : *Beatus,* inquit, *populus cujus Dominus Deus ejus* (*Psal.* CXLIII), quia hii canticum novum Deo cantabunt cum de manu filiorum alienorum eruti exultabuntur (*ibid.*).

Quinto dicit beatos hospitalitatem sectantes, per pauperes sibi cœlestes divitias thesaurizantes. *Beatus,* inquiens, *qui intelligit super egenum et pauperem,* quia *in die mala liberabit eum Dominus* (*Psal.* XL). Dies mala est cum homo aliquam afflictionem vel in manus inimicorum inciderit, unde eum Dominus statim liberabit. Dies etiam mala est dies ultima, ubi eum Dominus conservans, in animam inimicorum non tradet, sed beatum in terra viventium faciet (*ibid.*).

Sexto dicit beatos de plebe Domini electos et ad laudandum eum assumptos. *Beatus,* inquit, *quem elegisti et assumpsisti; inhabitabit in atriis tuis* (*Psal.* LXIV). De his iterum : *Beati,* inquit, *qui habitant in domo tua; in sæculum sæculi laudabunt te* (*Psal.* LXXXIII).

Septimo dicit beatos orationi instantes, auxilium Domini jugiter invocantes. *Beatus vir cui est auxilium ab te* (*ibid.*) (f° 324), hii de virtute in virtutem ibunt et Deum deorum in Syon videbunt, ubi est melior dies una super milia (*ibid.*). Inde iterum : *Beatus cujus Dominus Jacob adjutor ejus, spes ejus in Domino Deo* (*Psal.* CXLV), quia in sæcula regnabit cum eo.

Octavo dicit beatos Deum laudantes et cœlestia contemplantes. *Beatus,* inquit, *populus qui scit jubilationem* (*Psal.* LXXXVIII), quia hii in lumine vultus tui ambulabunt et in nomine ejus in æternum exultabunt (*ibid.*).

Nono dicit beatos a Domino eruditos et in lege ejus doctos. *Beatus,* inquit, *homo quem tu erudieris, Domine, et de lege tua docueris eum* (*Psal.* XCIII). Horum animas consolationes Domini lætificabunt (*ibid.*) quando docti sicut splendor firmamenti fulgebunt, et quasi stellæ qui multos ad justiciam erudiunt (*Dan.* XII).

Decimo ponit beatos justum judicium custodientes et justiciam in omni tempore facientes. *Beati,* inquit, *qui custodiunt judicium, et justiciam in omni tempore faciunt* (*Psal.* CV). Hii de nationibus secernentur ut in laude Dei glorientur ad videndum in bonitate electorum Dei, ad lætandum in læticia gentis sanctorum (*ibid.*).

Undecimo ponit beatos, ut filii patrem timentes et

---

(172) Sic cod.

mandata ejus custodire cupientes. *Beatus*, inquit, *vir qui timet Dominum; in mandatis ejus volet nimis* (*Psal.* cxi). Hic timor sanctus permanet in sæculum sæculi et introducet filios in conspectu patris æterni. In hac beatitudine currentes in memoria æterna erunt; gloriam et divicias in domo Domini possidebunt (*ibid.*).

Duodecimo ponit beatos in via, id est in Christo, macula peccati carentes et in lege Domini, id est in caritate ambulantes. *Beati*, inquit, *immaculati in via, qui ambulant in lege Domini* (*Psal.* cxviii). Horum anima vivet in æternum et laudabit Dominum in sæculum (*ibid.*).

Tertio decimo ponit beatos mandata Domini ad faciendum perscrutantes et in toto corde Dominum exquirentes. *Beati*, inquit, *qui scrutantur testimonia ejus, in toto corde exquirunt eum* (*ibid.*). Hii erunt a Domino benedicti, sicut hii qui declinant a mandatis ejus maledicti (*ibid.*).

Quarto decimo ponit beatos desiderium suum in bonis implentes. *Beatus*, inquit, *qui implevit desiderium suum ex ipsis; non confundetur cum loquetur inimicis suis in porta* (*Psal.* cxxvi). Inimicos suos dæmones per humilitatem vincentes. Porta, dies judicii est, per quam intratur in palacium cœli. In hac porta tales de peccatis non confundentur (f° 524 v°), cum inimicis suis insultantes loquentur, sed ipsi hæreditas Domini erunt, fructum ventris Mariæ Christum mercedem habebunt (*ibid.*).

Quinto decimo ponit beatos Deum ut servi dominium timentes et in viis ejus ambulantes. *Beati*, inquit, *omnes qui timent Dominum, qui ambulant in viis ejus* (*Psal.* cxxvii). Hic timor hominem a peccatis abducit, caritatem animæ adducit; caritas vero intrans eum foras mittit, quia hic timor pœnam habet (I *Joan.* iv). In hac beatitudine festinantes bona Hierusalem omnibus diebus vitæ suæ videbunt et pacem Israel Christum habebunt. Qui enim labores manuum suarum manducabit, id est qui bona opera in viis Domini fructificabit, beatus est et bene ei erit. Hujus uxor erit sicut vitis habundans; id est caro ejus cum Christo, qui est vitis vera, exultans. Filii ejus sicut novellæ olivarum, scilicet opera in benedictione sanctarum (*ibid.*).

Sexto decimo ponit beatos Babyloniis retribuentes mala nobis inferentes [inferentibus]. *Beatus*, inquit, *qui retribuet filiæ Babylonis retributionem quam retribuit nobis* (*Psal.* cxxxvi). Filia Babylonis est caro nostra filia confusionis. Hæc mala nobis retribuit cum nos ad peccandum illicit. Huic retributionem suam retribuimus dum eam pro commissis illicitis affligimus. Qui hoc faciunt, principium lætitiæ in die Hierusalem percipiunt (*ibid.*).

Septimo decimo ponit beatos parvulos filiæ Babylonis tenentes et ad petram allidentes. *Beatus*, inquit, *qui tenebit et allidet parvulos tuos ad petram* (*Psal.* cxxxvi). Parvuli filiæ Babylonis sunt suggestiones carnalis delectationis. Hos ad petram allidunt qui ob Christi passionem carnalia respuunt.

Hii cum de Babylonia hinc ad Hierusalem remeabunt, ymnum de canticis Syon in æternum cantabunt (*ibid.*).

Ecce quot beatitudines hæreditabunt qui in via Christo ambulabunt. Et quia prophetæ per spiritum tot dotalia Christum Ecclesiæ allaturum intellexerunt, ideo tantopere ejus adventum concupierunt. Hujus duos adventus prædicat Ecclesia : unum quo languidum mundum visitavit, alium quo collapsum mundum judicabit.

Ipsius adventum per quatuor Dominicas extendimus, quia hunc a quatuor ordinibus, scilicet a patriarchis, a judicibus, a regibus, a prophetis prænunciatum legimus. A patriarchis, ubi Abel agnum, Melchisedech panem et vinum, Abram (f° 526) filium obtulit; a judicibus, ubi Josue, qui et Jesus, hostes expugnavit, terram populo divisit, et ubi Gedeon vellus exposuit in quod ros descendit, qui et ipse hostes cum lagenis vicit; et ubi Samson in Gazam ad meretricem introivit et per hostes in montem ascendit; a regibus, ubi David Goliam stravit, et ubi Salomon templum ædificavit; et ubi Josias pascha celebravit; a prophetis, ubi eum Esaias de Virgine nasciturum, Hieremias cum hominibus conversaturum, Daniel Sanctum sanctorum venturum prædixit.

Per quatuor etiam Dominicas ejus adventum recolimus, quia ante legem Abrahæ et patriarchis est promissus, a Moyse et prophetis præscriptus, sub gratia a Johanne et apostolis ostensus, adhuc venturus omnibus manifestus.

Ideo nunc intermittimus *Gloria in excelsis*, quod in nativitate ejus cantabimus, quia ipse nascens gaudium mundo attulit, qui prius tristiciam habuit. Hujus adventum Enoch et Helyas prævenientes, eum mundum [mundo] affuturum prænunciabant, sicut illum olim prophetæ nasciturum prædixerunt. Per quorum prædicationem Judæi ad vesperam mundi ad fidem convertuntur et famem verbi Dei pacientur atque ut canes civitatem, scilicet Ecclesiam circuibunt (*Psal.* lviii), et micas sermonum Dei de mensa Christianorum colligere cupiunt.

Illo tempore Antichristus regnabit, qui totum orbem diversis modis conturbabit, nam cunctos principes sibi per pecuniam attrahit; cum divitibus in occultis, ut leo in insidiis ad decipiendum sedet; clerum per mundanam sapientiam decipiet cum verba contra Altissimum proferet; religiosos signis et prodigiis seducet, quando etiam ignem de cœlo descendere faciet; vulgus terrore concutiet, cum maxima persecutio in Christianos sæviet. Henoc enim et Heliam interficiet, et omnes sibi resistentes crudeli examinatione perdet. Quem Dominus Jesus spiritu oris sui sive jussu, seu Michahelis archangeli ministerio interficiet, peraget tunc ad judicium veniet. Qui prius venit judicandus, tunc veniet judicaturus : qui prius venit occultus, tunc veniet manifestus. Ad ejus adventum omnes homines resurgunt eique catervatim occurrunt. Omnium oculi eum videbunt et qui eum pupugerunt. Ignis ante ipsum procedet et inimicos ejus in circuitu consumet. Sicut olim aqua diluvii super omnes montes xv cubitis excrevit, (f° 326 v°) ita nunc ignis super omnia montium cacumina xv cubitis ascensurus erit. Tunc justis a dextris Christi positis, impiis autem a sinistris, omnia manifesta omnibus erunt quæ unquam homines cogitando, loquendo, faciendo commiserunt, et singuli pro meritis dignam retributionem sortiuntur, dum justi in gaudia, impii in supplicia decernuntur. Ideo dies judicii dies illa dicitur (II Mach. vi), quia tunc justus judex, injuste judicatus, omnia juste judicabit, qui orbem terrarum in justicia et populos in æquitate judicabit (Psal. xcvii). Hæc etiam dies Domini vocatur (Soph. i), quia illa die unicuique pro opere suo justa merces a Domino recompensabitur.

Tunc diabolus coram omnibus vinctus adducetur, et videntibus cunctis in stagnum ignis et sulphuris præcipitabitur (Job xl), corpusque ejus, scilicet malorum universitas, cum eo mittetur, terraque convertetur eis in picem et sulphur ardentem (sic) in sæcula sæculorum (Isa. xxxiv). Tunc Ecclesia Christi sponsa, diu in peregrinatione Babylonis oppressa, de exilio Babyloniæ a Sponso suo educetur et cum magno angelorum tripudio in civitatem Patris sui cœlestem Hierusalem introducetur. Tunc justi sicut sol fulgebunt (Matth. xiii) et æquales angelis erunt (Luc. xx); et innovatis omnibus erit Deus omnia in omnibus (I Cor. xv).

Itaque, karissimi, hora est jam nos de somno desidiæ (Rom. xiii), ut in bonis operibus pervigiles possimus Christum venientem læti excipere, quatenus ipse conformet corpus humilitatis nostræ configuratum corpori claritatis suæ (Philipp. iii).

Superius est dulcedo, inferius amaritudo ; in hoc mundo, qui consistit in medio, utriusque umbratilis imago. Dulcedo ergo cœli nos sursum trahat, amaritudo inferni nos impellat ut hujus mediæ vitæ perhorrescamus miseriam, et beatæ vitæ pleni gaudii percipiamus gloriam,

Dum mundus gloria et opibus floruit, urbibus et viribus viguit, et tamen justi ornatum ejus spreverunt quo habunde nitescere potuerunt. Nunc mundi gloria aruit, nunc omnis sæculi honor extabuit ; et nos miseri florem ejus aridum toto corde amplectimur; nos fugientem et arridentem toto desiderio sequimur ; et quia jam caritate frigescente nullius oratio, nullius meritum eum fulcit, jam senio confectus, iniquitate nimia impulsus quantocius corruit, omnes sibi mente inhærentes opprimit.

Nunc, karissimi, corda cum manibus ad Deum levemus, (f° 328) faciem ejus in confessione præoccupemus, ut in appropinquante festo nos in salutari suo visitet, et in adventu suo sibi occursantes in cœlesti palacio collocet : Ubi o...

IN ADVENTU DOMINI.

Beati sunt servi illi quos cum venerit Dominus invenerit vigilantes (Luc. xii). Si quis vestrum, karissimi, dominum suum ad se noctu venturum speraret, tota vigilantia adventum ejus expectaret ; venientem summopere excipere festinaret quo se magis gratiæ ipsius commendaret : ecce verus Dominus noster ad nos indignos servulos se venturum denunciat. Suum adventum pervigiles præstolantes, sibi venienti occursantes beatos pronunciat; idcirco cum nesciamus diem neque horam quando veniat, oportet ut unusquisque nostrum in bona actione vigilare studeat, ne sero aut media nocte, vel galli cantu aut mane adveniens nos imparatos inveniat. (Marc. xiii). Sero Dominus venit cum aliquem in senectute de hac vita exire præcipit. Media autem nocte advenit, cum aliquem in juventute inopinata morte vocaverit. Galli cantu adventat cum quemlibet in adolescentia obire imperat. Mane supervenit cum quempiam in pueritia subtraxerit. Beati ergo sunt quos in fide et operatione invenerit vigilantes, quia erunt cum eo in æterno convivio epulantes. Nimium vero infelices sunt quos somno desidiæ deditos inveniat, quia ab electis suis eos dividet, et partem illorum cum ypocritis, id est cum dæmonibus, ponet (Matth. xxiv). Et notandum quod Dominus non in die, sed in nocte venturus dicitur, quia quando veniat a nullo præscitur. Si enim *paterfamilias sciret qua hora fur veniret, utique vigilaret et domum suam perfodi ac res suas tolli minime sineret* (Luc. xii). Domus est nostrum corpus, paterfamilias est animus, fur est mors. Hæc in nocte venit dum hominem inopinate premit. Dominum invenit dormientem dum animum reppererit in bonis torpentem. Domum perfodit, quia mox corpus occidit. Occiso autem Domino bona ejus tollet, quia miseram animam a bonis æternæ vitæ avellit et ad Tartara cruciandam pertrahit.

Nox XII horas habere cognoscitur, quæ in IIIIor vigilias dividitur, et unaquæque vigilia tribus horis (f° 328 v°) ascribitur. Humana quippe vita nocti comparatur, quia tenebris ignorantiæ obscuratur. Hæc XII horis dimensuratur, quia præsens vitæ xii mensibus circumrotatur. In IIIIor vigilias partitur, quia annus IIIIor temporibus, vere, æstate, autumno, hieme metitur. Tres horæ singulis vigiliis annotantur, quia III menses unicuique tempori assignantur. Quatuor etiam vigiliæ IIIIor ætates intelleguntur, in quibus bene vigilantes cœlesti præmio remunerabuntur. De his vigiliis dicit Dominus :

Si in secunda vigilia et si in tercia vigilia venerit, beati sunt quos vigilantes invenerit (Luc. XII).

Prima vigilia est pueritia. In hac bene vigilant qui innocentiam conservant. Hii Domino pulsanti confestim aperiunt dum mortem securi suscipiunt, quia mox se cum Christo regnaturos sciunt.

Secunda vigilia est adolescentia. In hac pervigiles excubant qui se carnis illecebris non coinquinant. Hii quoque Domino venienti læti ostium reserant, quia post mortem gaudia se percepturos sperant.

Tertia vigilia est juventus. In hac pervigiles Dominum præstolantur qui mundi desideriis non superantur, sed divinis præceptis exercitantur. Hii etiam alacres Domino accurrunt (173), quia mox in gaudio metunt quod in lacrymis seminaverunt *(Psal.* cxxv).

Quarta vigilia est senectus. In hac vigilando Dominum expectant qui in bona actione usque in finem perseverant. Hii diu desideratum Dominum ovantes suscipiunt, quia statim ab eo denarium vitæ pro labore percipiunt. Sicut enim nunc celebraturi sumus, cœlestis rex venit in hujus mundi Babyloniam accipere sibi conjugem Ecclesiam ; quam servis custodiendam contradidit, ipse convivium instructurus in cœlum abiit. Servis præcepit vigilare ut quacunque hora advenerit, parati sint ei cum lampadibus obviare. Promisit autem se cum magno apparatu adventurum, et sponsam suam in præparatam civitatem inducturum. O nimium beati qui ei occurrere tunc sunt parati ! Nam in gaudium Domini sui cum eo ad nuptias intrabunt, et super omnia bona ipsius constituti in cœlum exultabunt. Heu ! quam nimium miseri qui tunc in peccatis sopiti inveniuntur, quia clausa jam janua ab æternis epulis excluduntur *(Matth.,* xxv). Igitur, Karissimi, cum horam Christi adventus, scilicet diem mortis nostræ, (f° 550) ignoremus, omnes simul juvenes et virgines , senes cum junioribus , in bonis operibus vigilemus, faciem Domini in confessione præveniamus, ut in Nativitate ejus sacramentum corporis ejus digne percipiamus, quatenus, cum secundo venerit, cum ipso in gloria appareamus.

Totum quoque tempus hujus sæculi nocti comparatur, cui serenus dies venturi sæculi superveniens Sole justiciæ illustratur. Sicut enim tempus noctis luci diei collatum tetra caligine obfuscatur, ita lux omnium dierum hujus sæculi luci dierum venturi sæculi comparata, prorsus densa obscuritas reputatur. O qualis splendor qualisque gloria lucis illius diei prædicatur, quæ ab ipso Sole angelorum illuminatur, cujus pulchritudinem hic sol et luna mirantur ! O qualis gratia illius diei, quam omnes angeli omnesque sancti illuminabunt , qui singuli septaplum plus hoc sole radiabunt ! Et si hic mundus tam amœnus prædicatur qui uno sole tantum illustratur, quid æstimandum est de illa vita quæ tot solibus illustratur. Sed forte dicit aliquis : Hic

(173) Leg. *occurrunt.*
(174) Leg. *penetrare.*

sol ideo magnum lumen exhibet, quia magno corpore fulget ; animæ vero, quamvis serenissimæ, quid luminis exhibere poterunt quæ omnino parvæ sunt. Certe hic sol oculis nostris circumscribitur , radius ejus quolibet corpore opposito penetrari (174) non sinitur, nubibus obtegitur, noctibus prorsus a nobis oculitur ; angelici autem spiritus vel animæ sanctorum a nullo corporali loco comprehenduntur ; soli Deo incomprehensibili atque incircumscripto circumscripti creduntur, cuncta obstantia luce suæ claritatis penetrare noscuntur. Hii singuli ab æterno sole illustrati, inmensum fulgorem suum cum illa die participantur, ipsique invicem alterutra claritate deliciantur. De hujus diei incomparabili gloria cecinerunt omnium prophetarum præconia , quia hæc dies melior est super annorum milia.

Nox itaque hujus temporis quasi in IIIIor vigilias dividitur, quia hic mundus IIIIor intersticiis distinguitur.

Prima vigilia ab Adam usque ad Noe fuerat, in qua pauci in bono pervigiles periculum evaserant, somno vero maliciæ oppressos diluvium dimerserat.

Secunda vigilia a Noe usque ad Moysen extiterat, in qua bene vigilantes colloquio Dei frui meruerant, sopore vero neglegentiæ (f° 550 v°) gravatos partim sulphur et ignis consumpserat, partim mare Rubrum absorbuerat.

Tercia vigilia a Moyse usque ad Christum erat, in qua galli quasi a media nocte cantus edebant, dum Moyses lege , prophetis, scriptis dormientes ad laudem Dei excitabant. Vigilantes in præceptis Domini terram lacte et melle manantem capiebant ; torpori desidiæ dediti captivitate et bellis disperierant.

Quarta vigilia ab Christi adventu usque ad finem mundi tendit, in qua verus Lucifer Christus apparuit, per quem exortus æterni diei adesse patuit. In hac nobiles galli alis et vocibus somno desides excitabant, dum apostoli et eorum sequaces factis et dictis omnes gentes ad lumen veri diei evigilare incitabant. In hac pervigiles Sponsi per adventum ejus lætificabuntur, errores (175) vero somno involuti torrente ignis devorabuntur. Hiis autem vigiliis singulis ternæ horæ ascribuntur, quia in his singulis temporibus justi fidem sanctæ Trinitatis habuisse noscuntur.

Harum ergo IIIIor vigiliarum custodes ad vigilandum nos informaverunt dum nos IIIIor principales virtutes verbis et exemplis docuerunt.

Primæ vigiliæ namque observatores, prudentiam ; secundæ excubitores, fortitudinem ; terciæ custodes, justitiam ; quartæ vigiliæ bellatores nos instruxerunt temperantiam. Et quia in hac quatuor vigiliis justi adventum Christi præstolabantur, ideo quatuor Dominicæ de adventu Domini inofficiantur. Et quia IIIIor mundi elementa per secundum ejus

(175) Leg. *erroris.*

adventum sunt purganda, ideo quadripertita Ecclesia adventum ejus celebrare solet per quaterna officia.

In hujus autem temporibus caliginosa nocte quædam stellæ diversis temporibus cum jocunditate luxerunt lumenque suum super nos fuderunt; et quamvis horrorem noctis effugare non potuerunt, tamen iter gradientibus ad verum solem præsignaverunt.

In prima quippe vigilia Abel velut stella claruit, qui nos pro justicia mori docuit dum ipse innocens occubuit. Post hunc alii ut astra in nocte micuerunt dum Enos per pietatem Deum invocare, Enoch per mundiciam cum Deo ambulare, Lamech per piam operationem futuram requiem nos sperare docuerunt.

In secunda vigilia alii ut sydera cœli resplenduerunt, (f° 352) dum Noe rectitudinem, Sem verecundiam, Heber stabilitatem, Melchisedech devotionem, Abraham fidem, Loth hospitalitatem, Ysaac obedientiam, Jacob tolerantiam, Joseph castitatem nobis præmonstraverunt.

In tertia vigilia varii stellarum globi noctem radiis depinxerunt dum Moyses mansuetudinem, Phinees zelum, Josue constantiam, Job pacientiam, Gedeon fidentiam, Samuel temperantiam, David humilitatem, Salomon prudentiam, Ezechias obsecrationem, Josias religionem, Helias abstinentiam, Heliseus honorificentiam, Esayus (sic) sanctitatem, Hieremias sinceritatem nos informaverunt. Duodecim prophetæ quoque ut Pliades (sic) micuerunt dum nos concordiam imbuerunt, et Ezechiel benignitatem, Daniel fidelitatem, tres pueri laudationem, Tobias eleemosinas, Hester honestatem, Judith modestiam, Machabæi sufferentiam exemplis ostenderunt.

In IIIIa vigilia stella maris virgo Maria flamma splendida rutilavit dum iter ad æternum solem humilitate atque castitate demonstravit. In hac quoque Johannes Baptista velut planetarea stella resplenduit, qui peccantes pœnitentiam primus docuit. In hac etiam vigilia verus Lucifer, decus astrorum Christus lux angelorum fulsit, qui fulgorem æterni diei astruxit dum nos caritatem instruxit. In hac nichilominus rutilantia sydera flammivomum jubar per orbem sparserunt dum apostoli dilectionem, martyres fortitudinem, confessores sobrietatem, heremitæ mortificationem, virgines pudicitiam, viduæ continentiam nos instruxerunt. Hii omnes ut astra in hac nocte claruerunt et nobis iter ad æternum Solem præbuerunt. Transacta autem ista nocte verus Sol in virtute sua splendebit, cum Filius Dei splendor Patris in majestate sua in judicium fulgebit. Tunc lunam, scilicet Ecclesiam, de tenebris exemptam æterna claritate illuminabit, omnesque stellas in solis gloriam commutabit. Tunc harum vigiliarum excubitores remunerabit quando a judicio transiens in nuptiis Agni eis æterna dulcedine ministrabit. Igitur Karissimi, in hoc adventu Domini sobrie, et juste, et pie vivamus quatenus in secundo adventu læti eum suscipere et in æternum cum eo regnare valeamus. Ubi oculus (*I Cor.* II).

Si potens defunctus est sepeliendus, taliter populus est admonendus.

(F° 352 v°) *Beati mortui qui in Domino moriuntur* (*Apoc.* XIV). Tres mortes sunt : una bona et omnibus appetenda ; altera mala et omnibus fugienda ; tertia misera et omnibus ferenda. Qui sæculum pro Deo relinquens se viciis et concupiscentiis crucifigit, mundo mortuus est, sed Deo vivit ; et quia peccato moritur, vita ejus cum Christo in Deo absconditur. Beati taliter mortui qui sic in Domino moriuntur, quia in Christo, qui est æterna vita, vivificabuntur. Hæc est preciosa mors sanctorum, per quam acquiritur vita angelorum. Qui hac morte moritur, nunquam in æternum morietur. Porro corporalis mors justorum somnus dicitur, per quam requies æterna tribuitur, sicut scriptum est : *Cum dederit dilectis suis somnum, ecce hæreditas Domini* (*Psal.* CXXVI). Qui autem criminale peccatum committunt, in anima moriuntur, quia a vita Deo deseruntur. Hac morte mortui mortuos sepeliunt dum compeccantes per adulationem decipiunt. Hæc mors peccatorum est pessima (*Psal.* XXXIII), quia ducit ad dæmonum consortia. Hanc mortem omnes fugiamus, illam autem appetamus ut in æternum vivamus. Corporalis mors malorum dicitur exterminium, per quam rapiuntur ad æternum supplicium.

Tercia mors est corporis quæ omnibus est communis, qua omnis homo ob peccatum Adæ moritur, et proprio merito aut [ad] gaudium, aut ad tormentum ducitur. Inde dicit Scriptura : *Grave jugum super omnes filios Adam a die matris eorum usque ad diem matris omnium* (*Eccli.* XL). Omnes homines filii Adam dicuntur quia cuncti de ejus semine nascuntur. Grave jugum est labor quo homo hic premitur ; lorum est jugis miseria qua constringitur. Horum jugum est super omnes homines a die qua a matribus profunduntur usque in diem qua in terram matrem omnium revertuntur. Nam sicut avis ad volatum, sic homo nascitur ad laboris cruciatum (*Job* V). De hoc jugo volens Dominus nos absolvere, jussit nos suave jugum et leve onus suum tollere (*Matth.* XI); laborantes et oneratos præcepit ad se fontem vivum venire, ut possemus requiem animabus nostris invenire (*ibid.*), Dum ergo lucem vitæ habeamus [habemus], ad hunc fontem vitæ peccata confitendo et pœnitendo curramus, ne subito tenebris mortis comprehensi (*Joan.* XII), velimus et minime possimus. Si enim homo tardat, mors non tardat. Et cum neque diem, neque (f° 354) horam mortis nostræ sciamus, omnes in bonis actibus pervigiles maneamus, ut in die mortis Domino læti occurramus, et a labore jam cessamus (sic) et in gaudio pausare valeamus. *Milicia est vita hominis super terram, et sicut mercennarii dies ejus* (*Job* VII). Mercennarius diem pacti sui magnopere advenire optat, quo, mercede recepta, liber a labore abeat,

Sic dies mortis est dies a labore emissionis, ubi qui in vinea Domini tota die, scilicet in lege Domini tota vita sua laboravit, denarium vitæ reportabit (*Matth.* xx); qui vero ut sterilis ficulnea terram occupavit (*Luc.* XIII), et ut palmes arescens non fructificavit (*Joan.* xv), de vite Christo securi mortis excidetur et in ignem gehennæ mittetur (*Matth.* VII). Omnibus hominibus Deus terminum vivendi constituit, quem nullus præterire poterit. Multi autem ad præscriptum terminum non perveniunt dum spacium vivendi malis operibus perdunt. Et ideo quia mali nunquam cogitant se morituros, omnes subito morte rapiuntur; justi autem quia jugiter pertractant de hinc discessuros, nunquam repentina morte præveniuntur. Dicit Dominus: *Si sciret paterfamilias qua hora fur veniret, vigilaret utique et non sineret perfodi domum suam* (*Luc.* XII). Dies mortis sicut fur in nocte ita veniet. Fur in nocte veniens et patremfamilias dormientem inveniens, domum irrumpit; ipso occiso bona ejus diripit: ita cum inopinata mors advenerit, et animum a bono opere torpentem invenerit, domum corporis perfodit, animam exstinguit, delicias vitæ ei abstraxit, ad supplicia non prævisa pertrahit. Dies enim hominis sicut umbra declinant, et quasi nubes vento impulsa pervolant. Quid namque homo nisi putredo? Et quid filius hominis nisi vermis? Homo quippe de immundo conceptus semine, de fragili nascitur muliere, brevi hic vivens tempore. ut harundo temptationibus movetur, multis miseriis repletur (*Job* XIV). Quasi flos in pueritia egreditur, variis doloribus in juventute conteritur, in senectute viribus deficiens fugit velut umbra, in morte tabescens recipitur iterum a terræ vulva. Omnis homo cum dolore mundum ingreditur, cum dolore iterum egreditur. Mox natus plorat, quia laborem et dolorem sibi futurum pronunciat. Deinde supervacuo labore totum studium ut aranea (f° 354 v°) impendens thesaurizat, nesciens cui ea congregat (*Psal.* XXXVIII). Post pusillum alienis divicias suas relinquit et solum sepulcrum domus ejus in æternum erit (*Psal.* XLVIII), sicque homo vermes, bestias, serpentes hæreditabit. Caro namque partim in vermes vertetur, partim ab ipsis consumetur, partim in putredinem, deinde in pulverem redigitur; medulla autem in serpentes, cerebrum ejus dicitur verti in bufones. Et quia homo serpenti ad peccandum consensit, moritur, et post mortem ideo juste in serpentes vertitur. Dicit Scriptura: *Melius est ire ad domum luctus quam ad domum convivii* (*Eccle.* VII). In convivio quippe homines mortis et æternæ vitæ obliviscuntur; in luctu mortui hominis futuræ mortis recordabuntur. Si homines nobis mori referrentur, forsitan non crederemus; ecce cottidie ante oculos mortuos cernimus, et nos æternos putamus. En cujus corpus inpræsentiarum conspicitis: flos mundi, gloria patriæ, honor regni, omne decus extitit generis, a principibus honorabatur, ab æqualibus venerabatur, a subjectis timebatur, ab omni plebe honorificatur (*sic*). Nunc si pallium quo operitur tollitis, quique amicissimi cum inspicere, ei appropinquare perhorrescitis, et quemlibet pauperrimum tamen viventem eo meliorem judicatis. Porro si post aliquot dies eum in sepulcro videretis, utique fetorem putredinis ejus quam maxime fugeretis; quanto enim quis fuerit pinguior, tanto fetor ejus erit intolerabilior. Hodie, karissimi, pro anima ejus orate, sacrificium salutare pro eo sacrificate, ut Deus omnes noxas ejus relaxet, et sicut hic cum fidelibus, ita ibi eum sanctis in gloria associet.

Ideo etiam ad ecclesiam deferuntur corpora mortuorum ut eis subveniat oratio conventus populorum. Et sicut peccatis et sæculo morientes in morte Christi per baptismum in utero matris Ecclesiæ sepeliuntur, ita carne mortui in gremio Ecclesiæ terra operiuntur, quatenus cum fideles ibi convenerint, visis eorum sepulcris, preces pro eis fundant, et quid eis futurum sit in memoria habeant. Justis non nocet si extra ecclesiæ cymiterium tumulantur, sicut econtra nihil prodest impiis si in ecclesia sepeliantur. Horum officia secundum officium mortis Domini ideo agimus, quia in Domino morituros [mortuos?] mortis ejus participes credimus. Hos ideo ad orientem versos in sepulchris (f° 356) ponimus, quia eos resurrecturos novimus, sicuti solem cottidie in oriente surgere cernimus.

Primo die tantopere pro eis laboramus ut eis coram judice consistentibus succurramus; nam post mortem unicuique illud judicium irrogatur quo omne genus humanum in ultimis judicatur. Tunc autem gloria vel pœna duplicatur cum corpus animæ associatur.

Septimum diem idcirco recolimus ut eis dimittatur quicquid commiserunt in ebdomadæ VII diebus. Tricesimum ideo agimus ut eis relaxetur quod delinquerunt in mensis XXX diebus.

Anniversarium autem propterea commemoramus ut peccatum eorum toto anno patratum deleamus.

Karissimi, frequenter orare debetis pro omnibus fidelibus defunctis, maxime pro vestris propinquis, quia sic in æstu ambulans et sitiens fonte frigidæ aquæ refocillatur, sic in pœnis positi vestris orationibus vel elemosinis refrigerantur. Cum pro bonis oratis, illis proficit ad honorem, vobis autem ad salutem. et oratio vestra in sinum vestrum convertetur, quia ipsi orant ut unusquisque eis in gloria associetur. Cum autem pro his qui in pœna sunt oratis, et vos ipsos liberatis, quia [qui] pro alio orat, se ipsum liberat. Pro damnatis vero, scilicet paganis, judæis, hæreticis, malis catholicis non est orandum, ne oratio vestra fiat in peccatum, quia, sicut Scriptura dicit, Deum blasphemat qui pro impio orat.

Justi morientes ab angelis velut sponsa suscipiuntur et cum cœlesti armonia in gaudium Domini deducuntur; quidam autem, minus emendati, quibusdam pœnis purgabuntur, quarum minimæ maximas hujus mundi pœnas vincere traduntur. Quidam nimio calore, quidam maximo cruciantur algore; quidam magno fetore; quidam autem puniuntur tenebrarum horrore. Et sicut hic diversis peccatis subduntur, ita ibi diversis pœnis afficiuntur. Et secundum modum peccati extenditur modus supplicii. Hii omnes orationibus, vigiliis, jejuniis, elemosinis justorum liberabuntur et sanctis in gaudio associabuntur. Hæc vero his tantum prodorunt qui viventes hæc pro aliis fecerunt.

In inferno damnati diversis suppliciis pro diversis meritis, alius minus, alius plus, cruciabuntur, nunquam autem liberabuntur. Pro mortuis frustra oraremus si nos minime resurrecturos speraremus. Resurgent autem omnes mortui ea ætate et mensura qua Christus (f° 336 v°) resurrexit, scilicet XXX annorum, tam infans unius noctis quam aliquis nogentorum (sic) annorum. Tunc justi fulgebunt sicut sol in regno Patris eorum (*Matth.* xiii); et sicut est alia claritas solis, alia claritas lunæ, alia claritas stellarum (*I Cor.* xv), sic erit et diversitas justorum. Stella ab stella differt in claritate (*ibid.*), sic et resurrectio mortuorum, quia docti ut splendor firmamenti ad justiciam multos erudientes quasi stellæ lucent in gloria justorum (*Dan.* xii). Omnes quidem ut sol fulgebunt, sed alii præ aliis, sicut quædam stellæ præ stellis splendebunt; alii vere præ illis, ut luna nitet præ stellis; itemque alii præ illis rutilant in gloria ut sol radiat præ luna. Sic, karissimi, beati in gloria vivificabuntur, et hic peccatis in Domino moriuntur. Qui autem in anima mortui, hic per pœnitentiam non surgunt, mortui corpore in æternum peribunt. Qualiter hostia salutari vel elemosinis sæpe animæ liberatæ sint, multa quidem legimus, sed pauca vobis referre volumus.

Quidam presbyter pro medicina aquas de terra calidas manantes balneabat; qui in ipso fervore virum stantem inveniebat, isque presbytero balneum intranti et egredienti obsequium præbebat. Cui presbyter die quadam panem pro caritate attulit, quem ipse recipere noluit; mœrens et anxius se hominem fuisse illamque pro peccatis suis post mortem subisse pœnam retulit; ut eumdem panem Deo pro se offerret petiit, et si reversus eum non inveniret, se liberatum sciret. Hæc dicens evanuit, et quod spiritus fuerit apparuit. Presbyter autem ad ecclesiam regressus, vigiliis, jejuniis, orationibus per septimanam pro eo laboravit, hostiam salutarem immolavit, deinde ad balneum pergens, virum non invenit quia jam in refrigerium pervenit.

Quidam miles in bello capitur, vinculis astrictus carcere includitur. Quem uxor putans mortuum, cottidie pro eo obtulit sacrificium. Qui post XXX dies de angustiis eripitur, domum revertitur. Gaudenti uxori retulit qualiter cottidie per XXX dies aliquot (sic) solatium ei evenerit, ac demum solutis vinculis carcere reserato ipse liber exierit. Per hos patet si hujus anima in pœnis fuisset, utique sicut corpus de carcere liberata esset.

Alius in bello miles vulneratus inter vulneratos corruit; deinde resumpto spiritu surgens abiit, qui ab hostibus comprehenditur, catenis innectitur, sed (f° 338) mox rigor catenarum solvitur. Cum autem sæpius ligaretur et toties a vinculis solveretur, cunctis mirantibus novamque rem stupentibus, ait quidam eum arte peritum quo sciat solvere nexum. Ille negat se aliqua arte imbutum, dicens autem se habere fratrem presbyterum quem putet pro se Domino obtulisse sacrificium, et hoc modo solutum vinculum; et ita erat; nam ab hostibus dimissus ad suos rediit, fratrem suum cottidie pro se quasi pro mortuo missas celebrasse didicit. Ecce quantum valet deprecatio justorum quæ pie impenditur spiritibus mortuorum, per quam etiam redimuntur capta vivorum corpora. Igitur, karissimi, diligenter oremus pro defunctis, et orabitur pro nobis quandoque mortuis. Quod si neglexerimus, et nos in neglectum vivis veniemus. Si bene vixerimus, certe oratione non indigebimus, sed cum Christo in gloria cœlesti erimus. Quam oculus non (*I Cor.* ii).

COMMENDATIO HUJUS OPERIS.

Qui ad cœlestia inardescunt et alios verbo accendere cupiunt, sunt multi sermones sanctorum, diversæ omeliæ Evangeliorum, passiones martyrum, vitæ sanctorum, de quibus omnibus poterunt copiose instruere populum Christianorum. Rogo autem laborantes in caribdi sæcularis phylosophiæ ne despiciant hoc pitaciolum legis divinæ, scientes hoc non sibi sed civibus Hierusalem, scilicet humilibus, conscriptum, quibus solummodo et supernum regnum ut filiis est promissum. Cives autem Babyloniæ, videlicet superbi, habunde sunt a suis præceptoribus instructi. Horum doctrinis innitantur quorum et vitam summopere imitantur. Et ideo qui næniās opinionis mundanæ dispositionis amplectuntur, legant Platonem; quos cavillare delectat, discant Aristotelem; bella amantes habent Maronem; libidini vacantes, Nasonem; discordes incitat Lucanus et Stacius; petulantes instruit Horacius et Terentius; sed quia horum nomina de libro viventium sunt deleta, non memor ero nominum eorum per labia mea. Ego autem humilis assertor humilis Jesu Christi, humilitatem, castitatem, misericordiam et concordiam doctus, ad vitam properantes docui. Magnam silvam ingressus, diversas frondes decerpsi; de lato campo multicolores flosculos collegi; pulchram mitram contexens capiti sponsæ Christi imposui. In navicula Petri (f° 358 v°) residens, linum ad capiendos evangelicos pisces contexui, quo et ipse toto corde opto de mundi gurgite extrahi. Justiciam esurientibus, famem verbi Dei pacientibus paravi pulmentum de herbis bene olentibus, ne deficiant in via cum pane non habentibus. De magno mari dulces guttas hauriens congregavi, quasi sitientium labiis instillavi. Sed qui sint asueti splendidis epulis adeant mensas instructas copiosis ferculis, quas summæ sapientiæ dapiferi Augustinus, Gregorius et eorum consimiles instruxerunt et convivas omnibus bonis repleverunt. Porro variis negociis impliciti ista pauca facere et docere studeant, et Domino opitulante, perennem gloriam se cum illis adepturos gaudeant. Præstante Domino nostro Jesu Christo.

IN CONVENTU FRATRUM.

Beati immaculati in via qui ambulant in lege Domini (Psal. cxviii). Perpendere oportet nos, fratres, qui sumus et ubi sumus, unde venerimus, quo futuri simus. Certe cives Hierusalem sumus, sed heu! certe in Babylonia positi sumus. A patria in exilium venimus, de vita in mortem futuri erimus. Rex namque cœlestis gloriosos milites in suo clarissimo palacio constituit, inæstimabilis gloriæ sui decoris nos frui voluit; sed heu! nos nimium miseri! Dominum et Regem nostrum sponte fugimus; fraudulentum prædonem, crudelem latronem, apostatam furem transfugæ secuti sumus; amœnam patriam, immensam gloriam, omnium deliciarum affluentiam deseruimus, in exilium, in peraculum, (sic) in laborem et dolorem, in angustiam et in omnem miseriam decepti pervenimus; sed hoc fallacissimo deceptori non suffecit nos gloria denudasse atque in hanc calamitatem seduxisse, quin etiam doceret quosdam per publicas, quosdam per occultas semitas post se currere, qui eos de exilio in exilium æternum posset perducere. Publicæ quippe viæ sunt homicidia, adulteria, furta, perjuria, idolatria, luxuria, quia pene omnes noverunt quod per hæc gradientes ad interitum tendunt; et qui talia agunt, videntes scientesque ad mortem vadunt. Occultæ autem semitæ sunt hæreses, sectæ, falsa justicia, vana gloria, simulationes, vanæ traditiones, immoderata jejunia, incongrua vota vel sacrificia in interdictis locis, vel in inconvenientibus locis conventicula : Heæ viæ ab hominibus quidem (f° 340) justæ videntur, sed coram Domino malæ sunt, et ideo novissima illarum ad perditionem ducunt. Qui per has gradiuntur, quasi cæci et ignari ad Tartara trahuntur. Porro Rex noster misertus suos quondam milites per præcipicia viciorum ad interitum ruere, misit Filium suum eos ad amissam miliciam per callem virtutum reducere. Hic docuit nos itinera impiorum declinare, per viam caritatis ambulare, et sic de hac Babylonia ad supernam Hierusalem remeare. Hæc quippe est via justorum, hæc recta semita rectorum, ducens per se ambulantes ad atria beatorum. Beati immaculati in hac via qui ambulant in lege Domini. Lex Domini est Deum et proximum diligere et hac lege per hanc viam gressum ad patriam paradysi dirigere. In hac via repatriantes prævia dux sapientia debet nos ducere : sacræ Scripturæ scientia, velut lucerna, ante nos splendescere, cœleste gaudium nos trahere, gehennæ timor impellere, et ne a regia via liceat a dextris vel sinistris deviare, hinc consilium, inde discretio rectum callem præsignare. Ne autem in hac via deficiamus, pane lectionis et orationis necesse est nos lassantes frequenter reficiamur; et ne forte lubricantes gradu labamur, normam quasi quandam perticam sanctus Benedictus per longitudinem viæ tetendit, qua sustentemur. Cui si totis viribus inniti curabimus, inoffenso pede regiam civitatem cum triumpho intrabimus. Multæ autem et diversæ semitæ in hanc viam tendunt, quas calles justiciæ magisterium et studium ostendunt, quæ singula per se gradientes, in viam caritatis et per hanc in supernam patriam ducunt. Sunt autem hii calles utrinque in caritatem tendentes

Plurima sanctorum sunt hæc moderamina morum,
Per quæ qui pergunt, ad gaudia cœlica vertunt.

Hinc diaboli abnegatio, inde Dei adoratio.
Hinc mundi abrenunciatio, inde vitæ annunciatio.
Hinc sæculi abalienatio, inde secreti amplexatio.
Hinc mali abdicatio, inde boni approbatio.
Hinc veri affirmatio, inde errantis avocatio.
Hinc cibi abstinentia, inde boni appetentia.
(f° 340 v°) Hinc virtutum affluentia, inde bonorum adipiscentia.
Hinc voti alacritas, inde ejusdem agilitas.
Hinc amabilitas, inde affabilitas.
Hinc adversitas, inde amaritudo.

Hinc austeritas, inde anxietas.
Hinc admonitio, inde afflictio.
Hinc affectio, inde abjectio.
Hinc angustia, inde astucia.
Hinc amicicia, inde adminicula.
Hinc mundi ariditas, inde spiritualium viriditas.
Hinc bonitas, inde benignitas.
Hinc beneficentia, inde benivolentia.
Hinc benedictio, inde beatificatio.
Hinc conversio, inde confessio.
Hinc cognitio, inde justorum compunctio.
Hinc contritio, inde justorum conjunctio.
Hinc colluctatio, inde consolatio.

Hinc collaudatio, inde contemplatio
Hinc consideratio, inde consiliatio.
Hinc constantia, inde concordia.
Hinc continentia, inde clementia.
Hinc castitas, inde claritas.
Hinc credulitas, inde commoditas.
Hinc cantatio, inde clarificatio.
Hinc custodia, inde castimonia.
Hinc virtutum congregatio, inde earumdem con servatio.
Hinc bonorum collatio, inde sanctorum copulatio.
Hinc artium contractio, inde justorum confabulatio.
Hinc virtutum copia, inde spiritualium copula.
Hinc correptio, inde collectio.
Hinc dilectio, inde discretio.
Hinc devotio, inde directio.
Hinc deprecatio, inde boni desideratio
(f° 342) Hinc doctrina, inde disciplina.
Hinc dulcedo, inde demulcedo.
Hinc æquitas, inde egestas.
Hinc erubescentia, inde virtutum excellentia.
Hinc bonorum electio, inde miserorum ereptio.
Hinc fraternitas, inde fidelitas.
Hinc felicitas, inde firmitas.
Hinc fides, inde fames.
Hinc frugalitas, inde familiaritas.
Hinc fortitudo, inde fiducia.
Hinc fructificatio, inde federatio.
Hinc glorificatio, inde gratiarum actio
Hinc gaudium, inde gaudimonium.
Hinc virtutum abundantia, inde honorificentia.
Hinc honestas, inde justiciæ hæreditas.
Hinc hospitalitas, inde humilitas.
Hinc justicia, inde judicia.
Hinc intellegentia, inde innocentia.
Hinc judicatio, inde justificatio.
Hinc Dei invocatio, inde vitæ inmaculatio.
Hinc jubilatio, inde jocundatio.
Hinc indulgentia, inde indigentia.
Hinc calamitas, inde captivitas.
Hinc lætitia, inde lectio.
Hinc largitas, inde longanimitas.
Hinc misericordia, inde memoria.
Hinc meditatio, inde miseratio.
Hinc mundicia, inde moderantia.
Hinc magnificentia, inde munificentia.
Hinc mansuetudo, inde mortificatio.
Hinc modestia, inde peccati molestia.
Hinc nuditas, inde morum nobilitas.

A Hinc oratio, inde operatio.
(f° 342 v°) Hinc obsecratio, inde occupatio.
Hinc obedientia, inde observantia.
Hinc pax, inde paupertas.
Hinc pietas, inde puritas.
Hinc probitas, inde in bonis prosperitas.
Hinc prædicatio, inde postulatio.
Hinc peregrinatio, inde propiciatio.
Hinc prudentia, inde perseverantia.
Hinc pacientia, inde pœnitentia.
Hinc pudicicia, inde perseverantia
Hinc perfectio, inde protectio.
Hinc boni professio, inde duri perpessio.
Hinc probatio, inde prolatio.
B Hinc purgatio, inde placatio.
Hinc sanctorum potentia, inde viciorum punientia.
Hinc requies sancta, inde quietudo appetenda.
Hinc ratio, inde reverentia.
Hinc remissio, inde redemptio.
Hinc remuneratio, inde reconciliatio
Hinc religio, inde rectitudo.
Hinc sapientia, inde scientia.
Hinc spes, inde morum salus
Hinc sustinentia, inde sufferentia.
Hinc sollicitudo, inde sanctitudo.
Hinc suavitas, inde sobrietas.
Hinc societas, inde sinceritas.
Hinc sanctitas, inde stabilitas.
C Hinc studium, inde suspirium.
Hinc temperantia, inde tolerantia.
Hinc taciturnitas, inde tranquillitas.
Hinc timor, inde tremor.
Hinc virtus, inde veritas.
Hinc victoria, inde vigilantia.
Hinc visitatio, inde ad bonum vocatio.
Hinc bona voluntas, inde boni facultas.
Hinc virginitas, inde viduitas.
Hinc Dei ymnus, inde boni zelus.

Hæc sunt, dilectissimi, semitæ justorum quæ per latitudinem caritatis ducunt ad convivia beatorum. Has nobis patriarchæ exemplis præsignaverunt, has prophetæ scriptis præmonstraverunt. Per has apostoli prævii ambulaverunt, has martyres calcaverunt. Has virgines eundo æquaverunt, has viduæ triverunt. Has pueri alacres cucurrerunt, per has omnes justi ad cœlestia regna pervenerunt. Porro ab hac regia via plurima diverticula vergunt, per quæ gradientes ad interitum pergunt. Sunt autem hæc itinera quæ deviant a caritatis via.

Hæc sunt pravorum diverticula morum,
Per quæ quisquis abit vivens ad tartara vadit.

Hinc avaricia, inde audatia.
Hinc ambitio, inde iniqui quæstus amaritudo.
Hinc adulatio, inde accusatio.
Hinc animositas, inde atrocitas.
Hinc blasphemiæ, inde blandiciæ.

Hinc cæcitas, inde crudelitas.
Hinc crapula, inde contumelia.
Hinc concupiscentia, inde contumacia.
Hinc conjuratio, inde commessatio.
Hinc confusio, inde contentio.

Hinc clamor, inde contemptus.
Hinc discordia, inde duricia.
Hinc detractio, inde devoratio.
Hinc dissensio, inde deceptio.
Hinc delegatio, inde desperatio.
Hinc elatio, inde æmulatio.
Hinc ebrietas, inde edacitas.
Hinc exacerbatio, inde elevatio.
Hinc eloquentia, inde extollentia.
(f° 344 v°) Hinc flagicium, inde furtum.
Hinc fornicatio, inde fascinatio.
Hinc facundia sæcularis, inde favor popularis.
Hinc fraus, inde furor.
Hinc fallacia, inde fraudulentia.
Hinc gula, inde garrulitas.
Hinc hæresis, inde hebitudo.
Hinc horror, inde homicidium.
Hinc ira, inde idolatria.
Hinc jactantia, inde ignorantia.
Hinc invidia, inde inanis gloria.
Hinc injuria, inde iracundia.
Hinc immundicia, inde inpudicicia.
Hinc insania, inde infamia.
Hinc impudentia, inde inpœnitentia.
Hinc intemperantia, inde inmoderantia.
Hinc inconstantia, inde jurgia.
Hinc inflatia, inde indignatio.
Hinc inquinatio, inde infestatio.
Hinc illusio, inde irrisio.
Hinc iniquitas, inde impietas.
Hinc vanitas, inde inmanitas.
Hinc ignominia, inde ignavia.
Hinc inquietudo, inde irritatio.
Hinc insultatio, inde improperatio.
Hinc calumnia, inde castrimargia
Hinc cachinnus, inde casus.
Hinc labor, inde livor.
Hinc loquacitas, inde levitas.
Hinc læsio, inde libido.
Hinc luxuria, inde lascivia.
Hinc litigatio, inde laceratio.
Hinc malicia, inde malefecia.
(f° 346) Hinc molestia, inde mœsticia.
Hinc malignitas, inde mordacitas.
Hinc mendacia, inde maledicta.
Hinc nequicia, inde neglegentia.
Hinc noxæ, inde neces.
Hinc oblivio, inde occisio.
Hinc odium, inde obprobrium.
Hinc pravitas, inde perversitas.
Hinc perjurium, inde parricidium.
Hinc mali persuasio, inde mali pervasio
Hinc persecutio, inde pollutio.
Hinc pigricia, inde pervicatio.
Hinc prævaricatio, inde provocatio.
Hinc præsumptio, inde prostitutio.
Hinc pernicies, inde perfidiæ lues.
Hinc rixa, inde rapina.
Hinc rebellio, inde reprehensio.

Hinc superbia, inde socordia.
Hinc saturitas, inde severitas.
Hinc scurrilitas, inde simultas.
Hinc tristicia, inde temulentia.
Hinc temeritas, inde tenacitas.
Hinc timiditas, inde tumiditas.
Hinc tarditas, inde torvitas.
Hinc terror, inde torpor.
Hinc titillatio, inde turbatio.
Hinc vanitas, inde voluptas.
Hinc vinolentia, inde violentia.
Hinc versutia, inde vexordia.
Hinc violentia, inde vexatio.
Hinc veneficia, inde vaniloquia.
Hinc xenodoxia, inde ypocrisis.
Hinc zeli amaricatio, inde zabuli imitatio.

(f° 348 v°) Hæc sunt, dilectissimi, viæ pravorum quæ ducunt ad consortia dæmoniorum. Per has quicumque ambulaverunt, in stagno ignis et sulphuris in æternum ardebunt. Has ergo toto annisu declinemus; per semitas autem justorum toto desiderio ambulemus, quatenus ad eos pervenire mereamur quos nos præcessisse gratulamur. Recordemur quod sæculum pro superna patria relinquimus, et quia claustralem servitutem pro æterna libertate subivimus. Claustralis namque disciplinæ observatio est quasi cujusdam camini examinatio, in qua rubigo peccatorum nostrorum debet purgari et imago Dei in animabus nostris reformari. Postquam vero in igne tribulationis ut aurum probabimur, tunc de fornace sumpti in palacio cœlestis regis angelis coæquabimur. Qui enim monachi nuncupamur, inter martyres computamur, si professionem nostram factis exæquamur. Martyres nempe quamvis gravia, tamen brevia perpessi sunt supplicia, nos vero diuturna patimur martyria. Claustralis etenim inclusio, regularis districtio, vestium abjectio, juge silentium, alienum imperium, crebra jejunia, assidua flagella, juges vigiliæ, cottidianarum horarum excubiæ, insuper confessionis confusio, pœnitentiæ amaritudo, publica coram fratribus objurgatio, vel corporis castigatio, orationum instantia, lectionum vigilantia, hæc omnia sunt carnis cruciamina. Et ideo quantum ab argento auri precium, tantum differt ab aliis justis nostræ remunerationis præmium. Alii quippe justi secundum voluntatem suam Deo servierunt et quod libuit omiserunt, nos vero jugo obedientiæ subditi, ac regularium præceptorum loris constricti, non nos sed alium sequimur imperantem, ut jumentum sequimur [sequitur] se minantem. Christi enim animalia sumus, et ideo pascua præparavit nobis in dulcedine Deus. Vineæ Domini nos operarios noscamus, pondus diei et æstus patienter et perseveranter feramus, ut peracto labore cum Christo remuneratore requiescamus. In castris summi regis quasi in procinctu milites excubamus, nocte ac die in acie contra hostes pugnando laboramus,

Et ideo, dilectissimi, habitum nostrum secundum formam Dominicæ crucis attendamus, mundum nobis nosque mundo crucifixos sciamus, vexillum crucis per pacientiam bajolantes in viam caritatis properemus contra phalanges viciorum armis virtutum (f° 548) viriliter dimicemus, quatenus victores ad Regem gloriæ læti perveniamus et in cœlesti curia cum frequentia angelorum triumphantes perenniter cum Christo laureati gaudeamus. Ubi oculus.

IN CONVENTU POPULI.

Beati qui te diligunt, Hierosolima, et qui gaudent super pace tua. Quia, dilectissimi, Dei animalia hodie frequentius ad pascua vitæ confluxistis, et famem audiendi verbum Dei pabulo Scripturæ mitigare optimum duxistis, oportet vobis de thesauro Domini nova et vetera ministrari, prout bonus pastor ovibus et hædis disposuit erogari.

Licet enim una professio Christianæ religionis vos omnes quasi in unum gregem congreget, valde tamen pertimesco ne vos omnes censura summi pastoris in uno ovili in extremis non stabiliet. Diversitas quippe morum faciet diversitatem locorum. Multi enim ex vobis verbum Dei libenter audiunt, libentius opere perficiunt. Hii ex ovibus Christi sunt et hii in judicio a dextris ejus erunt. Plurimi quoque ex vobis sunt qui verbum Dei audire negligunt, opere implere despiciunt. Sunt etiam plerique qui ex verbis Dei cruciantur, et nos salutaria monita proferentes cum veritate, Christo abhominantur. Hii profecto ex hædis sunt, et hii a sinistris stabunt. Oportet ergo nos proferre quæ ovibus congruunt et ea quæ hædis conveniunt. Porro verus pastor adveniens vos ab invicem ut oves ab hædis segregabit (*Matth.* xxv), et oves quidem in loco pascuæ ubi eis nihil deerit collocabit (*Psal.* xxii), hædos autem in inferno ubi mors depascet eos (*Psal.* xlviii), mancipabit.

Nempe, fratres, duæ sunt civitates, quarum una Hierosolima, altera vocatur Babylonia. Hujus rex est Christus, illius vero diabolus: utriusque autem cives sunt hic permixti et quasi uni miliciæ ascripti; sed magna discordia inter se flagrant, et nunc clam, nunc palam alterutrum acriter impugnant, et hoc certamen tamdiu durabit quamdiu mundus iste stabit. Ad extremum vero cives Hierusalem cum suo rege in superna curia triumphabunt, cives autem Babyloniæ in infernali ergastulo æterna supplicia cum suo rege cruciabunt.

Omnipotens namque Deus, summus opifex, præclarissimam urbem, scilicet Hierusalem (f° 548 v°) in supernis condidit, in qua fulgentissimam rempublicam decentissimo ordini instituit, dum excellentissimo archangelorum velut quendam venerandum senatum constituit, reliqua vero angelorum agmina quasi legiones cujusdam invicti exercitus distribuit. In hac republica quidam princeps tyrannidem arripuit, qui primus civile bellum sociis intulit, dum Lucifer archangelus altissimo imperatori similis esse voluit. Cum [hoc] ergo Michaheli archangelus, princeps miliciæ cœlestis exercitus, bellum conseruit, victorque existens eum cum omnibus suis de finibus supernæ civitatis expulit, atque hujus mundi exilium subire compulit. Qui cum in exilio adhuc non solum rebellaret, verum etiam regnum sibi impudens usurparet, æternus imperator paradysum, quasi quoddam castellum in amœnissimo loco plantavit, in quo primum hominem quasi quendam principem ad expugnandum tyrannum collocavit; quem tyrannus dolo circumventum suæ ditioni subegit, captumque secum in exilium abire coegit. Qui in exilio duos homines progenuit, quorum unus terrenæ civitatis, alter cœlestis civis extitit. Inter quos civilis discordia mox oritur, et Abel a Cain occiditur, atque alius civis Hierusalem, videlicet Seth, pro eo nascitur.

Cain itaque civis terrenæ civitatis primus civitatem condidit, sub cujus ditione exercitus regis diaboli crevit, quæ in diluvio cum universo populo suo periit. Seth autem, qui hic non manentem civitatem habuit (*Hebr.* xiii), sed futuram non manu factam, sed æternam in cœlis acquisivit (*II Cor.* v) exercitum Christi prætulit, qui tempestatem diluvii in archa velut in quodam castro delituit. Deinde de archa, sicut prius de paradyso, per duos homines duo exercitus quasi de quadam civitate in locum certaminis prodierunt, dum electi de Sem, reprobi vero de Cham exierunt. Sem itaque civis cœlestis Hierusalem terrestrem Hierusalem in figura illius supernæ condidit, in qua exercitus electorum se peregrinari doluit.

Nemroth autem gigas, de semine Cham, Babyloniam fundavit, in qua exercitus reproborum sub dominio regis diaboli gloriabundus regnavit.

Interea populus Dei in Ægypto peregrinans, a Pharaone rege iniquæ partis graviter affligitur, sed a suo rege signis et prodigiis mirabiliter eripitur, (f° 350) per mare Rubrum sicco vestigio educitur, Pharao persequens cum omni populo suo fluctibus immergitur.

Rex autem cœlestis civitatis exercitui suo ducatum per columnam ignis in nocte, per nubem in die præbebat, quem pane angelico omne delectamentum suavitatis habente per XL annos pascebat, melliflua aqua de petra producta reficiebat, et in terram fluentem lac et mel introducebat; debellatis undique hostibus Hierusalem civitatem Melchisedech regi justiciæ reddebat. In qua David rex sub figura Christi exercitus hujus princeps extitit, qui exercitum Domini hic peregrinum et advenam futuram patriam esse inquirendam docuit.

Porro Nabuchodonosor rex Babyloniæ, princeps iniquæ partis, Hierusalem expugnans, populum Dei captivavit, quem LXX annis variis injuriis cruciavit: sed hunc rex suus iterum eripuit et ablata castra restituit. Bello itaque utrimque acerrime ingravescente, et nemine laborantibus succurrente, Rex gloriæ de aula cœli descendens loricam carnis induit, suis militibus festinum auxilium præbuit. Nam mox cum tyranno hujus mundi principe propria manu congreditur, victumque fugientem carnis lorica exuta prosequitur, captumque cum regina morte in abyssum religat, regnum ejus proturbat, captos ejus inde liberat. Depositam carnem vestem pugnæ aptam reinduit, electam apostolorum cohortem legionemque martyrum in confertissimos hostium cuneos inducit, ac cives Babyloniæ undique versum expugnari edicit. Deinde cœli arce se recipiens, misso Spiritu sancto, suis animi constantiam spemque victoriæ tribuit; insuper plurima confessorum et virginum aliorumque fidelium agmina in aciem pugnæ direxit, victoribus præmia coronæ præfixit. Tali itaque delectu summi imperatoris contra principes tenebrarum et spiritualia nequicia (sic) armatura Dei viriliter colluctavit, et lorica justiciæ ac scuto fidei galeaque salutis ac gladio verbi Dei cum adversariis strennue dimicante (Ephes. vi) (176), Antichristo ad auxiliandum hostibus cum omni copia ingruet, totasque iniquorum legiones per castra Christi diffundet ; sed post rex suis militibus in conflictu laborantibus citius succurret, finemque diu protracto bello tandem imponet. Nam Babyloniam (f° 350 v°) publice rebellem cum rege suo omnique populo in stagnum ignis et sulphuris præcipitabit, sponsam suam hic diu peregrinam, imo captivam, gloria et honore coronans sibi copulabit; milites suos post victoriam laureatos ad nuptias convocabit, hisque comitatus triumphali gloria, curia angelorum ovante, cœlestem Hierusalem Rex gloriæ perhenniter pacifice regnaturus intrabit. Beati ergo qui hanc Hierusalem diligunt et qui gaudent super pace ejus. Hii eam diligunt qui ea quæ de illa et rege ejus Christo dicuntur, credunt et præcepta ejus opere perficiunt. Hii super pace ejus gaudent, qui carnis vicia spiritum impugnantia per virtutes subjugant et amore cœlestis pacis a tumultibus sæculi et strepitu mundani negocii in tranquillitate spiritualis vitæ pausant.

Ecclesia namque, id est populus fidelium, a primo Abel usque ad ultimum electum Hierusalem vocatur, quod *visio pacis* interpretatur, quia in cœlesti Hierusalem, ut puta regina est regnatura et visione æternæ pacis fruitura. Hierusalem hæc de vivis lapidibus, scilicet universis electis, ut civitas ædificatur, legibus et justiciis decentissime infor-

matur. Hujus civitatis religio est cultus Dei, lex dilectio proximi, studium, pax et concordia civium. Ejus quippe rex est princeps pacis. Hujus rectores primitus patriarchæ extiterunt, deinde prophetæ, exin apostoli; qui ei jura civilia instituerunt; post hos episcopi qui p iorum scita suis decretis firmaverunt.

Hujus civitatis senatores sunt prælati, comtemplativæ vitæ sectatores, per quorum scripta, vel dicta, vel exempla hæc publica res disponitur, et populus hujus civitatis moribus et disciplinis competenter regitur. Milites autem hujus civitatis martyres sunt qui pro legibus sui imperatoris usque ad mortem certaverunt. Porro populus hujus civitatis sunt omnes fideles, non secundum hominem, sed secundum Deum viventes; hiique filii Dei et cives hujus civitatis sunt qui non secundum se, id est secundum desideria carnis, sed secundum Dei voluntatem vivunt, dum ejus præcepta faciunt. Hoc sunt casti, modesti, humiles, misericordes, benigni, pacifici, vel aliis virtutibus florentes. Talibus civibus hæc civitas inhabitatur, talibusque lapidibus hæc Hierusalem ut civitas ædificatur. In hac civitate gymnasia sunt virtutum exercitia, ludis scenicis impensa, divini officii cujusque conversatio, stadium per quod currit (f° 352) ad æternæ vitæ brævium, palæstra et agonia martyrum certamina.

Multitudo autem iniquorum a primo Cain usque ad ultimum reprobum Babylonia nominatur quod *confusio* interpretatur quia æterna confusione inducitur et a gloria cœlestis Hierusalem confusa longe removetur. Hæc consensu maliciæ et nequiciæ ædificatur et viciis et criminibus informatur.

Religio ejus est idolatria ; lex ventris, ingluvies et luxuria ; studium, civilis discordia. Rex quippe ejus est qui semper fervet invidia et odio, qui erat homicida ab initio.

Hujus civitatis rectores primitus tyranni extiterunt; post hos hæretici qui eam variis hæresibus inter se diviserunt.

Hujus senatores erant dæmoniacæ culturæ ac scelerum institutores; milites vero, persecutores. Populus ejus sunt omnes infideles et omnes non secundum Deum, id est secundum Dei præcepta, sed secundum sua desideria viventes. Et hii omnes filii diaboli dicti sunt, qui non Deo subditi sed viciis subjecti, secundum se vivere volunt, hiique cives Babyloniæ existunt.

Sunt autem superbi, protervi, malivoli, immundi, raptores, fornicatores, adulteri, crudeles, inmites et aliis viciis inservientes. Talibus ovibus hæc civitas congregatur, et talibus filiis ipsa gloriatur. Porro cives utriusque civitatis gravi odio inter se flagrant, jugi bello alterutrum inpugnant. Nam cives Hierusalem Babylonios sancta prædicatione, salubri admonitione inpugnant, quo eos a laqueis diaboli abstrahant et ad sui consortium pertrahant.

---

(176) Videtur aliquid deesse.

Econtra Babylonii cives Hierusalem occulto odio et manifesta persecutione inpugnant, et non solum ipsis, sed rebus illorum damna inferre non cessant. In hoc conflictu adhuc Cain dolo petit fratrem, Cham irridet patrem, Hismähel Ysaac affligit, Esau Jacob odio habet, Joseph fratres vendunt, Hebræos Ægyptii premunt, David a Saul fugatur, Helyæ Jezabel, Joanni Herodias insidiatur, Judas pro Domino precium accipit, Symon Petro munus porrigit, et singula membra Synagogæ armantur contra membra Ecclesiæ.

Hæc Hierusalem ab hostibus exterius oppugnatur, a civibus interius occulte inpugnatur. Pagani quippe, Judæi et hæretici, ejus hostes, numeroso exercitu eam exterius machinis persecutionum et arietibus perversorum dogmatum oppugnant; (f° 552 v°) mali autem catholici, nominetenus ejus cives, sed occulte hostes, pravis moribus interius eam inpugnant. Sed licet tot ictibus pulsetur, tamen nulla ruina a statu rectitudinis movetur, cum supra firmam petram Christum fundata ab ipso firmetur. Sæpe cives ejus ad adversarios transfugiunt, in castris tyranni multis erroribus impliciti diu militando insaniunt, demum cum habitantibus Cedar se habitare ingemunt, ad sui imperatoris castra per poenitentiam confugiunt, arma justiciæ induunt, acrius in hostes insurgunt, sicque in pristinam regis gratiam strennui milites redeunt. Sæpe econtra cives Babyloniæ, amiciciam simulantes, inter cives Hierusalem falsi amici, sed veri exploratores, latent; sed cum eis arma virtutum offeruntur, perterriti ad suos refugient.

Cujusque autem fidelis corpus hujus civitatis castellum prædicatur, quod ab anima principe et populo virtutum inhabitatur, in qua contra exercitum viciorum decertatur. Hoc castellum a turba hostium exterius obsidetur, a factione civium interius commovetur, dum proximi exteriora damna ei inferunt, vicia autem et carnis desideria interiora bona obruunt. Sed qui hoc castellum, cuncta adversa pacienter tolerando, tutabitur, hic victor in aula coelestis Hierusalem laurea beatitudinis summæ a Rege gloriæ triumphans coronabitur.

Quia vero utrique cives sunt hic permixti, non bene poterunt dinosci, præsertim cum nobiscum Ecclesiam adeant, sacramenta Christi nobiscum percipiant, nobiscum jejunent, nobiscum prædicent, et cætera sanctitatis opera exercere videantur pro quibus militibus Christi cœlestia præmia donantur. Sed cœlestis imperator suis quoddam signum imposuit per quod agnosci possint. Hoc signum est dilectio. In hoc, inquit, cognoscent omnes quia mei discipuli estis si dilectionem habueritis ad invicem.

Sunt aliquando duo sub una professione monachica degentes, diversa studia gerentes. Alter quippe sæculum funditus cum habitu deseruit, nil de terrenis appetit, humanam gloriam fugit, carnem vigiliis et jejuniis affligit, cuncta dura pacienter tolerat, ad cœlestia totis desideriis anhelat. Hic profecto civis Hierusalem existit, hic regis Christi militiam gerit. Alter vero habitum, non sæculum mutans, terrenis inhiat, (f° 554) gulæ carnisque desideriis vacat, torpori et desidiæ deditus, præcepta Dei negligit, majora monita contemnit, humanam laudem sectatur, cunctis illecebris oblectatur. Hic si forte ab alio verbo dilectionis corripitur, protinus maximo odio hunc persequitur, per hocque civis Babyloniæ cognoscitur.

Item sunt duo canonicam vitam profitentes, sed diversa exercitia habentes. Alter enim caste vivit, judicia mundi respuens assidue legit, divinum officium devote peragit, populum verbo et exemplo instruit; quem ipse prævius dux bonis moribus ad pascua vitæ perducit, hic utique civis Hierusalem existit. Porro alter, Dei ordinisque sui oblitus, libidini et luxui deservit, negociis sæcularibus insistit, divinum officium postponit, ludis, spectaculis, venationibus tempus consumit, populi salutem negligit, immo ruina populi existit, quem pravis moribus ad interitum præcedit. Hic vitæ alterius maximis odiis derogat, per hocque se civem Babyloniæ aperte insinuat.

Item sunt duo laicalem vitam ducentes, sed diversis moribus viventes. Alter etenim, ecclesiam frequentans, Christianam religionem scrutatur; mala declinans, bona sectatur, pauperes recreat, proximos pace et concordia conciliat, conjugem causa prolis diligit, filios in Dei timore nutrit, et hic procul dubio civis Hierusalem existit. Alter autem furtis, rapinis vel latrociniis insudat, ebrietatibus, commessationibus, luxuriis, immundiciis se ingurgitat. Hic alterius vitam summo odio lacerat, et sic se civem Babyloniæ demonstrat. Cives itaque Babyloniæ, cum veritatem per nos audiunt, quæ in se ipsis minime recognoscunt, protinus dentibus in nos frendentes, maximo odio exardescunt; et cum crudelis manus inferre non præsumant, occulta detractione famam nostram commaculant; sed cum rex convivii intraverit, et hos sine veste nuptiali, scilicet charitate, invenerit, ligatis manibus et pedibus in tenebras exteriores ejici jubebit; suos autem recumbere faciens in gaudio, illis ministrabit.

Dilectissimi, quia servi inutiles salutifera imperatoris nostri edicta contemnimus, et letifera hostis consilia pro carnis desideria sequimur, idcirco non solum extra palacium regis nostri et civitatem civium nostrorum, (f° 555 v°) scilicet cœlestem Hierusalem excludimur, sed etiam hic in exilio multis flagellis cum adversariis atterimur. Nam propter peccata nostra hostium vel civium incursiones, paganorum captivitates carorum suscitantur, pestilentiæ, fames, ægritudines, mortalitas hominum et animalium, incommoditas aeris, siccitas, pluvialis tempestas, tonitrua, fulgura, noxia frigoris inclementia, ardoris vehementia, reges iniqui, judices pessimi, sacerdotes cæci, bestiarum infestatio, rerum ablatio et his similia super nos juste provocantur. Insuper leges promulgantur, decernunt justa, proponunt supplicia, vincula, torturas, flagella, exilia, amputationes membrorum, amissiones bonorum, varios cruciatus corporis, mortes diversi generis. His tot pœnis, tot malis attriti, heu! proh dolor! indurati, inde securi pergimus ad exteriores tenebras, quasi nobis ibi cubilia auleis ornata extruantur, epulæ, deliciæ instruantur, obsequia ministrorum nos ambiant, conventus amicorum cingant, thesauri apportentur, ornamenta multiplicentur, nescientes, immo scire dissimulantes scriptum: Nec opus, nec ratio, nec sapientia est apud inferos quo tu properas, sed est terra tenebrosa et operta mortis caligine, ubi nullus ordo et sempiternus horror inhabitat, ubi caminus ignis, in quo fletus et stridor dentium, ignis inextinguibilis, stagnum ignis et sulphuris, cubilia draconum, antra ignitorum serpentium, horribilis societas dæmonum. Talia quippe loca sunt hostibus præparata. Karissimi, Deus creavit tria viventia, angelos, homines, animantia: angelos in cœlo id est in summo; bestias in immo, id est in terra; homines posuit in medio, id est in paradiso. Sicut ergo homo inferior, ita extitit jumento superior, ut si conditoris sui præceptum servaret, angelis superius adæquaretur; si autem contemneret, bestiis inferius assimilaretur.

Homo itaque, cum in honore paradysi esset, datorem honoris Deum non intellexit. Ideo projectus in hanc miseriam, doloribus et ærumnis comparatus est jumentis insipientibus, et per carnales appetitus similis factus est illis. Idcirco adhuc, sicut bestiarum catuli, ita lacte nutriuntur infantuli. Filius ergo Dei, Patri æqualis, inter Deum et homines mediator est factus, ut homo inter angelos (f° 356) et bestias medius erat conditus, a similitudine jumentorum rediret ad æqualitatem angelorum; factusque est in imis via, existens in summis vita, quatenus per ejus exempla et præcepta gradientes, ad gloriam regni perveniamus gaudentes.

Et quia homo de gloria in miseriam pulsus in labore nascitur, in dolore nutritur, omne quod laborat ob duas causas laborat, ut videlicet malum effugiat et bonum habeat. Quid autem morte pejus, quid vita melius? Quod ergo homo arat, seminat, metit, fructus colligit, vel aliud quid laboris assumit, hoc ideo utique facit, ut malum, scilicet mortem, evadat, et bonum, videlicet vitam, habeat. Sed hoc frustra conatur, cum omnis homo ex necessitate quandoque moriatur, sicque multis miser miseriis repletur, dum per laborem mortem incurret qui laborabat ne moreretur. Igitur, dilectissimi, cum hoc malum miserabile sit omnibus inevitabile, totis viribus, laboremus ut summum malum, scilicet, æternam mortem, evadamus, et summum bonum, videlicet æternam vitam, sine fine habeamus, cum Christus rex noster, cum ventilabro veniens, paleas a granis segregabit, et paleas, id est reprobos, per ultimum judicium igni inextinguibili comburens, triticum, id est electos, in horreum cœleste congregabit, cum fines Hierusalem pacem ponens, regnum Deo Patri tradiderit et Deus omnia in omnibus erit. Qui sit benedictus in sæcula. Amen.

SERMO DE DEDICATIONE.

Ferculum fecit sibi rex Salomon de lignis Lybani, columnas ejus fecit argenteas, reclinatorium aureum, ascensum purpureum media caritate constravit propter filias Hierusalem (Cant. III). Rex Salomon quod dicitur *pacificus*, est veræ pacis auctor Christus, in quo æternam pacem habebimus, quando nec hostes corporis vel animæ ultra timebimus. Hic fecit domum convivii, et hoc de lignis Lybani.

Lybanus est mons de quo fluit Jordanis et in quo crescunt cedri inputribilis naturæ. Per montem Lybanum quod *candidatio* dicitur, altitudo Jesu Christi intelligitur. De quo oritur Jordanis, scilicet fons baptismatis, in quo electi a sorde viciorum candidantur et in virtutibus ut cedri ad alta succrescentes ad innarcescibilis gloriæ coronam vocantur. De quibus fecit rex noster domum refectionis, (f° 356 v°) videlicet Ecclesiam de electis in domum æternæ contemplationis. In tali domo *fecit columnas argenteas*. Per columnas argenteas rectitudo et firmitas consideratur, per argentum nitor et sonoritas declaratur. Apostoli namque et doctores in hac domo argenteæ columnæ extiterunt, qui nitore vitæ et sonoritate doctrinæ Ecclesiam perornaverunt, et recti in virtutibus et firmi contra vicia et persecutores atque hæreticos machinam domus Dei sustentaverunt.

Reclinatorium aureum fecit, ascensum purpureum. Mundi contemptores reclinatorium aureum prædicantur, quia in camino tribulationis velut aurum examinantur; in quorum mentibus Deus quodammodo reclinatur, dum eorum bonis actibus delectatur. Martyres vero ascensus purpureus extiterunt, dum sanguine suo purpurati per crucem Christi ad cœlestia ascenderunt. *Media caritate constravit.* Media, id est pavimenta, crustis marmorum aut tapetibus vel palliis erant strata, in quibus cuncta quæ ad caritatem pertinent mira sunt pictura atque textura variata. Per quæ reliqua plebs accipitur, cui legem et prophetas in duobus præceptis caritatis implere præcipitur.

Et hoc totum *propter filias Hierusalem*, id est ut

hæc imitentur animæ fidelium, quæ sunt filiæ Hierusalem. Per hoc Salomonis consistorium figuratur Ecclesiæ refectorium, scilicet hæc domus cujus annuum festum hodie celebratur, in qua vitulus saginatus ad convivium fidelium cottidie Deo Patri immolatur et præclarus calix sanguinis ejus inebrians a convivis potatur.

Hæc festivitas, karissimi, dies nuptiarum vocatur, quia sicut sponsa per convivium et frequentem amicorum conventum Sponso copulatur, ita hæc domus hodie frequenti populo ovante consecratur

Si vis hic incipe :

(F° 358.) *Sapientia ædificavit sibi domum, excidit VII columnas, posuit mensam, inmolavit victimas, miscuit vinum, misit ancillas invitare ad convivium* (*Prov.* ix). Sapientia, karissimi, quæ sibi domum ædificavit est Christus, Dei virtus et Dei sapientia, qui Ecclesiam de vivis et electis lapidibus ad habitandum sibi fundavit. Ad hanc domum fulciendam VII columnas excidit, quia VII libros qui agiografa, id est sacra Scriptura, appellantur, omni sapientia et scientia perpolivit; quorum doctrina totius Ecclesiæ fructura [structura] ita ad cœlestia sustentatur, ut aliqua machina in aera columnis libratur. Has columnas VII dona Spiritus sancti ædificio Dei subposuerunt et his domum Dei ornando firmaverunt.

Prima columna est liber Johannis, quam spiritus sapientiæ erexit, qui maximam sapientiam per hanc Ecclesiæ invexit.

Secunda est psalterium, quam spiritus intellectus subdit, quia in hoc quam maxime ad intelligenda spiritualia sensum Ecclesiæ aperit.

Tercia columna est proverbia, quam spiritus consilii firmavit, quia in his perplura vitæ consilia Ecclesiæ donavit.

Quarta Ecclesiastes est, quam spiritus fortitudinis fixit, quia in hoc habunde Ecclesiam contra vicia fortitudine cinxit.

Quinta columna est Cantica, quam Spiritus scientiæ corroboravit, quia in his plurimam scientiam Ecclesiæ reservavit.

Sexta est liber Sapientiæ, quam spiritus pietatis stabilivit, quia in hoc summa pietate Ecclesiam erudivit.

Septima est liber Ecclesiasticus, quam spiritus timoris Domini subdidit, quia in nullo libro magis timorem Domini Ecclesiam instruxit.

Has VII columnas per septiformem Spiritum domui Dei subpositas nobiles pictores postmodum exponendo depinxerunt et mira cælatura domum Dei ornaverunt.

Primam namque egregius pictor Gregorius spiritu sapientiæ præditus, miro modo decoravit, et totam domum Dei incomparabili opere honestavit.

(176) Hic membrana mutila est.

in qua multitudo fidelium per baptisma et corpus Christi ut sponsa Christo associatur. Omnes namque huic ecclesiæ obedientes una ecclesia et sponsa Christi nuncupantur, et hunc diem ideo nuptialem suum summo gaudio celebrare imperant. Ideo, karissimi, constituite hodie diem sollemnem in condensis usque ad cornu altaris (*Psal.* cxvii), ut mereamini in voce exultationis et confessionis sono epulantis (*Psal.* xli) de hac vita transire in domum Dei, in locum tabernaculi admirabilis (*ibid.*). De hac domo dicit Scriptura nobis in alio loco.

Secundam nihilominus nobilis pictor Augustinus, spiritu intelligentiæ inclitus, vario ornatu cinxit, ac totam domum in circuitu quasi præfulgidis gemmis distinxit. Alii quoque atque alii qui decorem domus Domini dilexerunt alias exponendo quasi præstanti pictura insignes reddiderunt.

In tali domo sapientia mensam posuit, cum sacram Scripturam fideles ubique (f° 358 v°) docuit. Hæc mensa quatuor pedibus fulcitur, quia sacra Scriptura IIIIor modis intelligitur.

Primus pes est hystoria, cum ita ut litera narrat accipitur. Secundus allegoria, cum aliud dicitur, aliud intelligitur. Tercius moralitas, cum per ea quæ leguntur mores instituuntur. Quartus anagoge, id est superior sensus, cum cœlestia et æterna docentur.

Super hanc mensam diversi diversa fercula ministraverunt, et variis sententiis quasi variis epulis convivas saciaverunt. Moyses etenim, dum mundi creationem, paradysi dispositionem, diluvii inundationem, Abrahæ obedientiam, Joseph castimoniam, filiorum Israel liberationem, ac per maris rubri ac heremi deambulationem; eisdem manna de cœlo pluisse et aquam de petra fluxisse retulit, quasi suavia et diversi generis fercula convivantibus. David autem et cæteri prophetæ, dum de dulcedine supernæ patriæ dulciter narraverunt, quasi dulcia pocula epulantibus propinaverunt. In hac domo victimas inmolavit, dum corpus suum pro humano genere Deo Patri sacrificavit. Vinum miscuit, dum sanguinem suum pro nostra redemptione fudit. In quibusdam locis (176) v... dinem cum aqua miscent; ideo dicunt vinum miscuit, quia de latere Christi aqua sanguine mixta fluxit. Ad has epulas invitandum non servos sed ancillas misit, quia non nobiles, sed apostolos, rusticanos scilicet homines, ut puta piscatores, invitare populos ad cœleste convivium misit.

Hujus domus figuram habet ista ecclesia in qua altare ponitur pro mensa. Ad quam populi ad spirituale convivium confluunt et aqua baptismatis abluti, a corpore et sanguine Christi pasti, dum de

Scripturis diversas sententias audiunt, quasi varia pocula æternæ dulcedinis hauriunt. Hoc ergo templum sanctum Domini, karissimi, visitate frequenter, voluntatem Domini videre in ea discite, diligenter unam rem a Domino petite, hanc sæpe bonis operibus requirite, ut in domo Domini habitetis omnibus diebus vitæ vestræ (*Psal.* xxii). De hujus ædificii structura dicit alio loco Scriptura.

Si vis hic incipe.

Ecce mitto in fundamentis Syon lapidem angularem, preciosum electum. Qui in hunc offenderit confringetur; super quem vero ceciderit, conteretur (*Isa.* xxviii).

Syon fuit arx Hierusalem, et dicitur *specula* et est Ecclesia quæ regem. . . . .

Hic desinit codex manuscriptus Rhenoviensis, cujus hiatum non habemus unde suppleamus. Editio Coloniensis duplicem hic sermonem exhibet De dedicatione ecclesiæ, *sed utrumque a nostro diversum. Hos hic attexere operæ pretium duximus ex unico, quod nunc exstet, editionis principis exemplari; hunc nobiscum summa humanitate communicavit v. cl. comes de* L'Escalopier.

IN DEDICATIONE ECCLESIÆ

SERMONES DUO.

(Speculum Ecclesiæ sive sermones aliquot evangelici tam de tempore quam de sanctis, divi Honorii presbyteri Augustodunensis, qui floruit ante annos quadringentos et inter illustres Ecclesiæ scriptores connumeratus est. — Editio prima. — Coloniæ ex ædibus Quintelanis, 1531.)

SERMO PRIMUS.

Dilectissimi, consideranda est constructio hujus domus orationis, cujus hodie solemnia colimus festivæ dedicationis. Domus hæc quam hic videtis, cujus dedicationem colimus secundum Ecclesiæ consuetudinem vocatur ecclesia, et Ecclesia dicitur congregatio, quia in ea populus congregatur ad colendum et adorandum Deum. Ex quatuor parietibus compaginatur, quia ex quatuor Evangeliis consolidatur.

Sanctuarium habet in quo clerus anteriorem domum in qua consistit populus; ita et Ecclesia habet contemplativam vitam, in qua spirituales, habet et activam, in qua constituti sunt sæculares. Contemplativa vita est cuncta terrena pro Dei amore relinquere, sola cœlestia quærere, assidue orare, sæpe lectitare, hymnis et canticis jugiter Deum laudare. Activa vero vita est castam vitam cum conjuge ducere, filios in Dei timore nutrire, pauperes cibo et potu recreare, infirmos et viduas visitare, et omnibus necessitatem patientibus propter dilectionem proximi pro viribus opem ferre.

In sanctuario est altare, in quo sunt reliquiæ sanctorum, hoc est in Ecclesia Christus, in cujus contemplationem requiescunt mentes beatorum, et in cujus conspectu justi exsultent et epulentur, et in lætitia delectentur (*Psal.* lxvii, 4).

Fenestræ quibus hæc basilica illustratur, sunt doctores per quos cœleste lumen in Ecclesiam ingreditur. Laquear picturæ quoque hæc Kirica, id est Dominicalis decoratio, significat vitam et exempla sanctorum quæ quique pii in Ecclesia imitantur.

Convivium, lumen quo illuminatur, est Spiritus sancti gratia, qua Ecclesia jugiter irradiatur. Crux Christi hic fixa adoratur, et Christi passio a cunctis Christianis veneratur. Quod crux portatur nos sequimur, quia Christi vestigia sequi debemus, si ad cœleste templum venire volumus.

Turres sunt Ecclesiæ prælati, campanæ eorum prædicationes. Ista domus significat templum Hierosolymis, unde ejecit Dominus vendentes et ementes columbas (*Matth.* XXI, 12). Columbæ sunt spiritualia dona. Omnes ergo qui ecclesias, vel ordines, aut aliquod spirituale donum emunt vel vendunt de hoc templo, id est de sancta Ecclesia cum Simone Mago separantur, et in ignem æternum mittuntur.

Hæc omnia, charissimi, nos respiciunt. Hæc universa nobis ad exemplum facta sunt. Nos sumus Dei templum, ad habitaculum Dei dedicatum, sicut scriptum est : *Vos estis templum Dei vivi* (*II Cor.* VI, 16). Et iterum : *Templum Dei sanctum est, quod estis vos* (*I Cor.* III, 17). *Inhabitabo in eis, dicit Dominus, et ipsi erunt mihi in populum, et ego ero eis in Deum. Ero quoque eis in patrem, et ipsi erunt mihi in filios et in filias* (*II Cor.* VI, 18).

O quam beatus, in quo habitat Deus! Sicut namque hæc domus ex quatuor parietibus construitur, ita templum corporis nostri ex quatuor constat elementis. Et sicut ista domus in dedicationem prius aqua benedicta aspergitur, deinde chrismate consecratur, ita corpus nostrum prius aqua baptismatis abluitur, deinde sancto chrismate sacratur.

Quædam basilicæ in modum crucis fabricantur, corpus in modum crucis formatur. Sanctuarium hujus templi est mens nostra, quæ spiritualia cogitat; anterior domus est anima, quæ per sensus corporis vitæ necessaria dispensat; altare super quod sacrificia offeruntur, est cor nostrum, in quo mundæ cogitationes et puræ orationes Deo offeruntur ; turris est caput nostrum ; campana est nostra lingua, qua proximos debemus vocare ad cœlestia. In hac domo fenestræ sunt nostri oculi, picturæ vero bona opera. Lumen lucernæ est lumen scientiæ. Sicut ergo sacrilegium perpetrat qui hoc templum violat, ita et quicunque templum Dei aliqua immunditia, vel aliquo criminali peccato violaverit, hunc Deus disperdens damnabit.

In hac festivitate hæc domus scopis mundatur, aqua lavatur, floribus et auleis perornatur. Ita, charissimi, debemus nos hodie templum sancti Spiritus scopis confessionis purgare, stercus peccatorum eliminare, et lacrymis pœnitentiæ lavare, floribus bonorum operum et auleis virtutum decorare. Et sicut Zachæus ascendit in arborem ut posset Josum videre (*Luc.* XIX, 4), ita nos ascendamus in arborem charitatis, ut mereamur Christum in superna patria conspicere. Et sicut eum Zachæus in domum suam excepit, et convivium ei fecit (*ibid.*, 6), ita nos eum in cordis nostri hospitio suscipiamus, et sanctis operibus ei convivium faciamus, ut ipse in nobis habitare et ad Agni nuptias dignetur vocare, atque post laborem hujus miseriæ in templum æterni regis in lætitia et exsultatione adducere. *Quod oculus non vidit*, etc. (*Cor.* II, 9).

SERMO SECUNDUS.

Omnis qui audit sermones meos, et facit eos, similis est homini ædificanti domum supra petram (*Luc.* VI, 48). In qua flumina, et venti impingunt, sed cum supra petram fundata sit, eam movere non poterunt (*ibid.*). Domum ad cœlum ædificat, qui castitatem super humilitatem, obedientiam super patientiam, opera misericordiæ super charitatem locat. Hujus domus fundamenta, super petram Christum ponit, qui omnia pro fide Christi, pro æterna tantum remuneratione facit. Flumina sunt humanæ infestationes, venti vero diabolicæ tentationes. Hæ non prævalebunt hanc domum subruere, quia stabilis est in Christi fundamine, per quam possit sic ædificans cœli culmen conscendere. Beatus quem Dominus sic ædificantem eligit, et assumit, quia in atriis ejus habitabit (*Psal.* LXIV, 5).

Unde in primis orta sit ecclesiæ dedicatio, debet scire vestra dilectio. Cum Jacob benedictionem quondam a patre suo accepisset, et fratris sui furorem declinans in agro lapide sibi supposito obdormisset, vidit scalam a terra subrectam ad cœlum, et Dominum scalæ innixum, angelos Dei per eam descendere, et ascendere in cœlum. Qui territus surrexit, lapidem ad altare erexit, oleo superfuso consecravit, et nomen loci Bethel, id est *domum Dei* appellavit, ac de peregrinatione reversus ibidem Domino sacrificavit; traditurque quod Salomon postmodum in eodem loco templum Domino fundaverit. Jacob et Esau fuerunt filii Isaac, qui fuit filius Abrahæ. Per Abraham, Deus Pater ; per Isaac qui *gaudium* dicitur, Filius intelligitur, per quem fidelibus æternum gaudium tribuitur; per Jacob autem et Esau fidelis populus, et incredulus accipitur. Ex quibus fidelis populus ut Jacob ab Isaac, sic a Christo benedicetur, cum ei in extremo examine dicitur : Venite, benedicti Patris mei (*Matth.* xxv, 54). Perfidus vero a Patre, ut Esau, benedictione privatur, cum ultima maledictione mulctatur : *Discedite a me,* (inquiens), *maledicti, in ignem æternum* (*ibid.* 41).

Nunc Jacob fratrem fugiens in agro dormit, et lapidem capiti supponit, quia fideles rabiem perfidorum humiliter declinant, et se ad contemplativam vitam transferentes a vitiis mundi et concupiscentiis in sancto proposito, quasi soporati, se alienant. Lapidem capiti supponunt, quia quæque dura sub Christo tolerare proponunt. Cœlum apertum vident, per scalam angelos ascendere conspiciunt, quia talibus cœlestia panduntur et ipsi per scalam charitatis scandentes in cœleste palatium inducuntur. Reversi a peregrinatione Domino sacrificium offerunt, quia ab exsilio hujus vitæ ad patriam paradisi reversi ipsi Dei sacrificium erunt, verique Salomonis Christi templum fiunt. Unde habet Ecclesia hodie in consuetudine, quod eadem Jacob verba canit in dedicationem, quia *hæc domus est aula Dei, et porta cœli* (*Gen.* xxviii, 12). Aula Dei jure dicitur, quia cum corpus Christi qui est Deus omnium hic conficitur, exercitus angelorum in obsequio sui regis hic astare creditur. Porta quoque cœli juste vocatur, quia cum per baptisma originalia, et per confessionem actualia peccata hic relaxantur, cœlum fidelibus hic aperiri non dubitatur.

Finis speculi ecclesiastici divi Honorii, cunctis sacræ Scripturæ studiosis maxime necessarii.

HONORII AUGUSTODUNENSIS
OPERUM PARS QUARTA
DOGMATICA ET ASCETICA.

ELUCIDARIUM
SIVE DIALOGUS
DE SUMMA TOTIUS CHRISTIANÆ THEOLOGIÆ [177].

(Opp. B. Lanfranci, edit. J. A. GILES, LL. D., Ecclesiæ Anglicanæ presbyteri, Oxonii 1844, 8°, t. II, p. 280. — Exstat quoque in appendice ad Opera S. Anselmi Cantuar., edit. Paris. 1721, curante D. Gerberonio.)

PRÆFATIO.

Sæpius rogato a condiscipulis quasdam quæstiunculas enodare, importunitati illorum non fuit facultas negando obviare præsertim metuenti illo elogio multari, si creditum talentum mallem in terra silendo occultari. Job enim dicit : *Divitias quas devoravit extrahet Deus de ventre ejus* (*Job* xx, 15), quas abscondit a verbi Dei famem patiente. Et ut labor meus non solum præsenti proficiat ætati, disputata curavi stylo transmittere posteritati, rogans ut quicunque studuerit his legendo incumbere, pro me satagat Deo preces effundere. Titulus itaque operi, si placet, *Elucidarium* præfigatur, quia in eo obscuritas diversarum rerum elucidatur. Nomen autem meum ideo volui silentio contegi, ne invidia tabescens suis juberet utile opus contemnendo negligi : quod tamen lector postulet ut in cœlo conscribatur nec aliquando de libro viventium deleatur. Fundamentum igitur opusculi supra petram, id est Christum, jaciatur, et tota machina quatuor firmis columnis fulciatur. Primam columnam erigat prophetica auctoritas ; secundam stabiliat apostolica dignitas ; tertiam roboret expositorum sagacitas ; quartum figat magistrorum solers sublimitas.

LIBER PRIMUS.

1. *Quid sit Deus ? et quomodo unus ac trinus, solis comparatione ostenditur ?*

DISCIPULUS. Gloriose magister, rogo ut ad quæsita mihi ne pigriteris respondere, ad honorem Dei, et utilitatem Ecclesiæ. — MAGISTER. Equidem faciam, quantum mihi

Vires ipse dabit ; nec me labor iste gravabit.

D. Dicitur quod nemo sciat quid sit Deus, et valde videtur absurdum adorare quod nesciamus. Ab ipso ergo exordium sumamus, et in primis dic mihi quid sit Deus ? — M. Quantum homini licet scire, Deus est substantia spiritualis, tam inestimabilis pulchritudinis, tam ineffabilis suavitatis, ut angeli, qui septuplo solem sua vincunt pulchritudine, jugiter desiderent in eum insatiabiliter prospicere.

D. Quomodo intelligitur Trinitas unus Deus ? — M. Aspice solem, in quo sunt tria, scilicet, ignea substantia, splendor et calor : quæ in tantum sunt

---

(177) Elucidarii sive Dialogi, etc., textum, qui est inter opera Anselmi, cum codice ms. bibl. Reg. Paris. 5134 accurate contuli. Hic codex sæculi XIII, male scriptus et indicia nimis festinantis scribæ ostendens, plura tamen habet quæ ad corrigendum textum mihi utilia fuerunt. A. edit. Anselmi Paris., P. cod. ms. Paris. designat. GILES.

inseparabilia, ut si velis inde splendorem segregare, prives mundum sole; et si iterum calorem tentes sejungere, careas sole. In ignea igitur substantia intellige Patrem, in splendore Filium, in calore Spiritum sanctum.

2. De nominibus Patris, Filii, et Spiritus sancti.

D. Quare vocatur Pater? — M. Quia ipse est fons et origo, a quo omnia procedunt, cujus sapientia Filius appellatur.

D. Quare Filius? — M. Quia ut splendor a sole, ita a Patre generatur. Amborum autem amor Spiritus Sanctus nuncupatur.

D. Quare Spiritus sanctus? — M. Quia de utroque æternaliter procedens, quasi ab eis spiratur. Illa itaque vis Divinitatis, quæ omnia creando patrat, Pater vocatur; illa autem quæ omnia continet ne in nihilum dissolvantur, Filius appellatur; illa vero quæ omnia inspirando vivificat et ornat, Spiritus sanctus nuncupatur. Ex Patre omnia, per Filium omnia, in Spiritu sancto omnia. Pater memoria, Filius intelligentia, Spiritus sanctus voluntas intelligitur.

D. Cum omnipotentia et summa clementia de Patre prædicetur, quare non mater vocatur? — M. Quia generatio principaliter a Patre procedit.

D. Cum vero veritas, vel sapientia, de Filio dicatur, cur non filia appellatur? — Quia Filius similior est Patri quam Filia.

D. Cur Spiritus sanctus amborum Filius non dicitur, ut unus esset Pater, et alter mater? — M. Quia simul et æqualiter ab utroque procedit, et ipse est vinculum totius Divinitatis.

3. De Dei habitatione ac loco.

D. Ubi habitat Deus? — M. Quamvis ubique potentialiter, tamen in intellectuali cœlo substantialiter.

D. Quid est hoc? — M. Tres cœli dicuntur: unum corporale, quod a nobis videtur; aliud spirituale, eo quod spirituales substantiæ, scilicet angeli, in eo habitare creduntur; tertium intellectuale, in quo Trinitas sancta a beatis facie ad faciem contemplatur.

D. Quomodo dicitur Deus in omni loco totus esse, et simul et semper, et in nullo loco esse? — M. In omni loco totus esse ideo dicitur, quia in nullo loco impotentior est quam in alio; ut enim in cœlo, sic potens est in inferno. Simul esse dicitur, quia eodem momento, quo in Oriente, eodem cuncta disponit in Occidente. Semper autem in omni loco esse prædicatur, quia in omni tempore cuncta moderatur. In nullo loco esse dicitur, quia locus est corporeus: Deus autem incorporeus, et ideo illocalis. Idcirco nullo loco continetur, cum ipse contineat omnia: *in quo vivimus, movemur, et sumus* (Act. xvii, 28). In hoc enim differt Deus ab aliis creaturis spiritualibus, quæ proprietate substantiæ finiuntur, et loco tenentur, ut angelus qui assistebat Apostolo in Asia oranti, non eodem tempore simul adesse poterat alibi. Locale enim est, quod cum alicubi totum est, non potest simul esse alibi. Illocale vero est, quod simul est ubique totum, et hoc solius Dei proprium.

4. De Dei scientia, et locutione.

D. Scit Deus omnia? — M. In tantum, ut omnia præterita, præsentia et futura quasi coram posita, prospiciat. Et antequam mundum crearet, omnium prorsus et angelorum et hominum nomina, mores, voluntates, dicta, facta et cogitationes, ac si præsentialiter adessent, præscivit: unde græce Theos, id est omnia videns, dicitur.

D. Qualiter Deus loquitur angelis et hominibus? — M. Angelis interna inspiratione, hominibus vero per angelos.

D. Cum Deus sine initio fuerit, nunquid credendum est quod ante creatum mundum quasi solitariam vitam duxerit? — M. Scriptum est: *Quod factum est, in ipso vita erat* (Joan. 1, 3, 4). In quo patet omnem creaturam semper fuisse visibilem in Dei prædestinatione, quæ postea visibilis ipsi creaturæ apparuit in creatione: ut artifex, qui vult construere domum, prius tractat quomodo velit quæque disponere, et machina quæ post surgit in ædificio, eadem est quæ (178) prius stabat in ingenio. Unde Deus dicitur non esse antiquior sua creatura, tempore, sed dignitate.

5. Cur et quomodo conditus mundus, et quatenus omnia Deum sentiant.

D. Quæ causa fuit ut crearetur mundus? — M. Bonitas Dei, ut essent quibus gratiam suam impertiret.

D. Qualiter est factus? — M. *Ipse dixit et facta sunt* omnia (Psal. xxxii, 9).

D. Dixit sono verborum? — M. Dei dicere, est Verbo, id est in Filio, omnia creare; unde dicitur: *Omnia in sapientia fecisti* (Psal. ciii, 24).

D. Fuit mora in creando? — In ictu oculi, id est quam cito possis oculum aperire, vel potius quam cito acies aperti oculi possit lumen sentire.

D. Creavit per partes? — M. Omnia simul et semel fecit, ut dicitur: *Qui manet in æternum, creavit omnia simul* (Eccli. xviii, 1). Distinxit autem omnia per partes sex diebus; tribus omnia elementa, et tribus ea quæ sunt infra elementa. Prima itaque die fecit diem æternitatis, scilicet, spiritualem lucem, et omnem creaturam spiritualem. Secunda die cœlum, quod spiritualem creaturam secernit a corporali. Tertia die creavit mare et terram. Aliis tribus diebus, fecit quæ infra sunt. Prima die fecit diem temporalitatis, scilicet, solem, et lunam, et stellas in supremo elemento, quod est ignis. Secunda die in medio elemento, quod est aqua, pisces et volucres. Et pisces quidem in crassiori parte aquæ reliquit; volucres autem in tenuiorem partem aquæ, quod est

---

(178) A. Om. *eadem est quæ.*

aer, sustulit. Tertia die bestias et hominem de ulti-mo elemento, id est de terra, condidit.

D. Sentiunt elementa Deum? — M. Deus nihil unquam fecit quod insensibile ei sit. Quæ enim sunt inanimata, nobis quidem sunt insensibilia et mortua; Deo autem omnia vivunt, et omnia creatorem suum sentiunt. Cœlum quippe eum sentit, quia ob ejus jussum incessabili semper revolutione circuit, unde dicitur: *Qui fecit cœlos in intellectu* (*Psal.* cxxxv, γ). Sol, et luna, et stellæ eum sentiunt, quia loca sui cursus invariabiliter servando repetunt. Terra eum sentit, quia semper certo tempore fructus et germina producit. Flumina eum sentiunt, quia ad loca unde fluunt semper redeunt. Mare et venti eum sentiunt, quia ei imperanti mox quiescendo obediunt. Mortui eum sentiunt, quia ad ejus imperium resurgunt. Infernus eum sentit, quia quos devorat, eo jubente, reddit. Omnia bruta animalia Deum intelligunt, quia legem ab eo sibi insitam jugiter custodiunt.

6. *De angelorum electione atque nominibus.*

D. Quid est quod dicitur: Factum est *Vespere et mane?* (*Gen.* 1, 5, 8.) — M. Vespere est finis jam consummati imo ordinati operis, mane autem incipientis vel potius ordinandi operis.

D. Apertius omnia edissere. — M. Primo igitur Deus, ut præpotens rex, constituit sibi præclarum palatium, quod dicitur regnum cœlorum, deinde hunc mundum, in quo exitialem lacum, id est infernum, constituit. Ad quod palatium prædestinavit quemdam certum numerum electorum militum, quem nec liceret excedi, et quem necesse esset compleri. Porro hunc numerum voluit constare ex angelis et hominibus. Ipsum autem numerum determinavit in decem, novem quidem ordinibus angelorum, et decimo hominum.

D. Quare novem angelorum? — M. Propter Trinitatem, in novenario enim numero tenarius tertio fit repetitus.

D. Quare uno hominum? — M. Propter unitatem, ut unitas in Trinitate ab angelis et hominibus laudaretur, coleretur, adoraretur.

D. Cur numerum electorum voluit ex angelis et hominibus constare? — M. Quia duas principales creaturas fecit Deus: unam spiritualem, alteram corporalem. Voluit igitur ab utraque laudari, de spirituali ab angelis, de corporali ab hominibus.

D. Quando facti sunt angeli? — M. Cum dictum est: *Fiat lux* (*Gen.* 1, 5).

D. Dixit hæc verba Deus? — M. Non; sed per hæc verba illorum sublimis natura nobis insinuatur, dum lux vocantur.

D. Quæ est natura angelica? — M. Spiritualis ignis, ut dicitur: *Qui facit angelos suos flammam ignis* (*Hebr.* 1, 7).

D. Habent nomina angeli? — M. Tanta scientia est in angelis, ut non indigeant nominibus.

D. Michael, Gabriel, Raphael, non sunt nomina? — M. Magis sunt agnomina, quia ab accidenti sunt eis ab hominibus imposita, cum ea non habeant in cœlis propria; unde et primus angelus ab accidenti Sathael, id est Deo contrarius, nomen accepit.

7. *De casu diaboli et satellitum ejus.*

D. In quo fuit Deo contrarius? — M. Cum videret se omnes angelorum ordines gloria et decore præcellere, spretis omnibus, voluit Deo æqualis, imo major, existere.

D. Quomodo major, vel æqualis? — M. Meliorem statum, quam ei Deus dedisset, voluit Deo invito arripere, et aliis per tyrannidem imperare.

D. Quid tunc? — M. De palatio est propulsus, et in carcerem retrusus; et sicut prius pulcherrimus, ita post factus est nigerrimus; qui prius splendidissimus, postea tenebrosissimus; qui prius omni honore laudabilis, post omni horrore execrabilis.

D. Præscivit casum suum? — M. Minime.

D. Quandiu mansit in cœlo? — M. Non plenam horam in veritate stetit (179), quia mox ut creatus est cecidit.

D. Quare diutius ibi non fuit? — M. Ne aliquid de interna dulcedine gustaret, qui tam mature sibi tantam majestatem usurparet.

D. Quid alii peccaverunt? — M. Quia ei consenserunt.

D. Qualiter? — M. Placuit eis ejus extollentia; et erant cogitantes quia si Deo prævaluisset, ipsi alii præferrentur in potentia.

D. Quid evenit eis? — M. Cum eo projecti sunt principes eorum in exitialem locum, id est in infernum; alii hunc tenebrosum aerem, in quo tamen, ut in inferno, ardentes fiunt supplicium.

D. Quare non omnes in infernum? — M. Ut electi per eos probentur, et magis coronentur; reprobi autem per eos seducantur, et in extremo examine cum eis æterno incendio tradantur.

8. *Cur qui ceciderunt non adjiciant ut resurgant; et cur non redempti, aut facti impeccabiles.*

D. Quare non sunt reversi? — M. Non potuerunt.

D. Quare? — M. Quia sicut nullo instigante ceciderunt, ita nullo adjuvante resurgere (180) debuerunt; quod erat eis impossibile. Et aliud eis oberat, quia sua sponte malum elegerunt, juste ablata est eis voluntas totius boni; et ideo non volunt; et quia nolunt, nunquam redire poterunt.

D. Cur non redemit eos Christus, sicut homines? — M. Angeli sunt omnes pariter creati, non ab uno angelo, sicut homines ab uno homine nati. Ideo si Christus ab uno angelo naturam angelicam sumeret, illum solum redimeret, alii extra redemptionem remanerent; nec illum solum redimeret, cum mori non posset. Deus enim pro satisfactione non nisi mortem voluit; angeli autem immortales sunt. Ideo irreparabiles permanserunt.

(179) A., *enim non stetit.*

(180) A., *surgere.*

D. Quare non creavit eos Deus tales, ne peccare possent? — M. Propter justitiam, ut aliquod meritum illorum esset, quod juste remunerari debuisset. Si enim ita creati fuissent, ut peccare non possent, quasi ligati essent, et inde meritum non haberent, quod quasi (181) coacti hoc facerent. Dedit enim Deus his liberum arbitrium, ut sua sponte et vellent et possent eligere bonum, et si hoc voluntarie eligerent, juste in remunerationem acciperent, ne unquam peccare possent.

D. Cum Deus præsciret eos tales futuros, quare creavit eos? — M. Propter ornamentum sui operis. Ut enim pictor nigrum colorem substernit, ut albus vel rubeus pretiosior sit, sic collatione malorum justi clariores fiunt.

D. Cur non creavit alios angelos pro eis? — M. Alii angeli non debuerunt pro eis restitui sive creari, nisi tales essent, quales illi fuissent, si permansissent, non visa ulla pœna peccantium : quod erat impossibile, nam ut illi peccaverunt, mox in pœnas proruerunt.

9. *De dæmonum scientia et potestate; et bonorum angelorum confirmatione, forma, et dotibus.*

D. Sciunt dæmones omnia? — M. Ex angelica natura inest eis plurima scientia, non tamen sciunt omnia. Et quanto illorum natura est subtilior hominum natura, tanto in omnibus artibus peritiores sunt, quam ullus hominum. Futura nesciunt, nisi quantum ex transactis colligunt, vel quantum Deus eos sinit scire. Porro cogitationes et voluntates nemo scit nisi Deus, et cui ipse voluerit revelare.

D. Sæpe mala cogitatio pro perfecto opere nuncupatur. Num hæc ab illis ignoratur? — M. Imagines phantasmatum a se immissas ab animabus concipi, et in cogitationibus formari conspiciunt, quia animas, quæ lux sunt, mox quædam tenebræ obtegunt. Species autem virtutum a Deo immissas et in mente conceptas non vident, quia ut noster aspectus jubar solis, ita ipsi fulgorem justitiæ ferre non prævalent. Justos autem nequaquam tentarent, si se ab eis superari scirent.

D. Possunt omnia quæ volunt? — M. Bonum quidem nec volunt, nec omnino poterunt. Ad malum vero valde efficaces sunt; non tamen quantum volunt, sed quantum a bonis angelis permittuntur.

10. *De bonorum angelorum confirmatione, forma, scientia et potestate.*

D. Quid dicis de bonis angelis? — M. Post lapsum illorum mox (182) ita confirmati sunt, ut nunquam cadere nec peccare possint.

D. Quid est, non possint? — M. Nunquam velint.

D. Cur non etiam illi similiter sunt confirmati? — M. Non tam diu exspectaverunt.

D. Num casus illorum fuit causa confirmationis istorum? — M. Nequaquam, sed meritum ipsorum. Cum enim viderent illos malum superbiendo eligere, indignati sunt, et summo bono fortiter inhæserunt : unde continuo in remuneratione confirmationem acceperunt; et qui prius de sua beatitudine incerti erant, tunc facti sunt certi.

D. Qualem formam habent angeli? — M. Quodammodo Dei. Ut enim imago ceræ imprimitur signaculo, sic expressa est in eis Dei similitudo.

D. Quæ similitudo? — M. In eo quod sunt lux, quod sunt incorporei, et omni pulchritudine decorati.

D. Sciunt omnia, vel possunt omnia? — M. Nihil est in rerum natura quod eos lateat, cum in Deo omnia conspiciant. Sane omnia quæ facere volunt, sine difficultate poterunt.

11. *De hominis formatione; et quomodo sit parvus mundus et ad imaginem Dei.*

D. Nonne casus malorum minuit numerum bonorum? — M. Ita (183) : sed ut compleretur electorum numerus, homo decimus est creatus.

D. Unde? — M. De spirituali et corporali substantia.

D. Unde corporalis? — M. De quatuor elementis : unde et microcosmus, id est minor mundus dicitur : habet namque ex terra carnem, ex aqua sanguinem, ex aere flatum, ex igne calorem. Caput ejus est rotundum, in cœlestis sphæræ modum : in quo duo oculi ut duo luminaria in cœlo micant ; quod etiam septem foramina, ut septem cœlum (184) harmoniæ ornant. Pectus, in quo flatus et tussis versantur, simulat aerem, in quo venti et tonitrua concitantur. Venter omnes liquores, ut mare omnia flumina recipit. Pedes totum corporis pondus, ut terra cuncta, sustinent. Ex cœlesti igne visum, ex superiore aere auditum, ex inferiore olfactum, ex aqua gustum, ex terra habet tactum. Participium duritiæ lapidum habet in ossibus, virorem arborum in unguibus, decorem graminum in crinibus, sensum cum animalibus : hæc est substantia corporalis.

D. Unde spiritalis? — M. Ex spirituali igne, ut creditur, in quo imago et similitudo Dei exprimitur.

D. Quæ imago vel similitudo? — M. Imago in forma accipitur, similitudo in qualitate vel (185) quantitate consideratur. Divinitas consistit in Trinitate; hujus imaginem tenet anima, quæ habet memoriam per quam præterita meminit, habet intellectum quo præsentia et invisibilia intelligit, habet voluntatem qua mala respuit et bona eligit. In Deo consistunt omnes virtutes : hujus similitudinem habet anima, quæ capax est omnium virtutum. Et sicut Deus comprehendi non potest ab omni creatura, cum ipse comprehendat omnia, ita anima a nulla visibili creatura potest comprehendi, cum ipsa

---

(181) A., *quia.*
(182) A., om. *mox.*
(183) A., *non*; sed *etiam* vel *equidem* in margine.
(184) A., *cœli.*
(185) A., *qualitate exprimitur, vel.*

omnia visibilia comprehendat : non enim potest cœlum ei obsistere quin cœlestia tractet, non abyssus quin infernalia cogitet : hæc est substantia spiritualis.

D. Formavit eum Deus manibus? — M. Jussu tantum. Per hæc verba innuitur nobis ejus fragilis natura.

D. Quare de tam vili materia creavit eum? — M. Ad dedecus diaboli, ut plus (186) confunderetur; cum hic fragilis et limus et luteus intraret gloriam de qua ipse gloriosus cecidisset.

D. Unde nomen accepit? — M. Cum esset minor mundus, accepit nomen ex quatuor climatibus mundi, quæ Græce dicuntur anatole, dysis, arctos, mesembria, quia genus suum quatuor partes mundi impleturum erat. In hoc etiam similitudinem Dei habuit, ut sicut Deus præest omnibus in cœlo, sic omnibus homo præesset in terra.

12. *De animalibus ad hominis bonum conditis.*

D. Cur creavit Deus animalia, cum his non indigeret homo? — M. Præscivit eum Deus peccaturum, et his omnibus indigiturum.

D. Cur creavit Deus muscas et culices, et alia quæ sunt homini nociva? — M. Tantam diligentiam exhibuit Deus in muscis et formicis, et culicibus formandis, quantam in aliis.

D. Ad quid talia? — M. Omnia ad laudem gloriæ suæ. Muscæ quidem et culices, et his similia propter superbiam hominis sunt condita; ut cum eum pungunt, quid sit cogitet, qui nec vermiculis minutis (187) resistere valet. Unde et Pharaonem non ursi, non leones vastaverunt, sed culices, muscæ, et ciniphes afflixerunt. Formicæ autem, sive araneæ, vel talia quæ instant operibus, ideo sunt creata, ut de eis studii et pii laboris exempla sumamus. Omnis itaque Dei creatio consideranti magna est delectatio, dum in quibusdam sit decor, ut in floribus; in aliquibus medicina, ut in herbis; in quibusdam pastus, ut in frugibus; in quibusdam significatio, ut in vermibus et avibus. Omnia igitur sunt bona, et propter hominem creata.

13. *De Paradiso in quo homo a Deo locatus est, et formata mulier : et cur uterque peccabilis.*

D. Ubi Adam est creatus? — M. In Hebron, ubi etiam post mortuus est et sepultus, et positus est in paradiso.

D. Quid est paradisus, vel ubi est? — M. Locus amœnissimus in Oriente, in quo arbores diversi generis contra varios defectus erant consitæ : verbi gratia, ut si homo congruo tempore de una comederet, nunquam amplius esuriret, congruo tempore de alia, nunquam amplius sitiret : si de alia vero, nunquam lassaretur. Ad ultimum, si de ligno vitæ uteretur, non amplius senesceret, non infirmaretur, nunquam moreretur.

D. Ubi fuit creata mulier? — M. In paradiso, de latere viri dormientis.

D. Quare de viro? — M. Ut sicut in carne una, ita per dilectionem esset cum eo in mente una.

D. Cur non sunt omnes electi simul creati, ut angeli? — M. Voluit in hoc etiam Deus habere Adam sui similitudinem, ut sicut ab ipso omnia, ita omnes homines nascerentur ab illo ; unde et Eva ab illo.

D. Quamobrem non creavit eos Deus tales, ut non possent peccare? — M. Propter majus meritum. Si enim tentati non consensissent, mox ita firmati essent, ut nec ipsi nec posteri eorum unquam peccare possent. Voluit ergo Deus ut bonum eligerent libere, et istud acciperent in remuneratione.

14. *De generatione in statu innocentiæ; et pluscula de eo statu, et de tentatione ac casu primorum parentum.*

D. Qualiter gignerent, si in paradiso permansissent? — M. Quemadmodum manus manui, ita sine concupiscentia jungerentur, et sicut oculus se levat ad videndum ita sine delectatione illud sensibile membrum suum peragaret officium.

D. Quali modo pareret mulier? — M. Sine sorde, et absque dolore.

D. Esset infans ita debilis, et non loquens, ut nunc? — M. Mox ut nasceretur ambularet, et absolute loqueretur ; et contra singulos defectus de lignis ibi positis uteretur, et præfixo a Deo tempore de ligno vitæ ederet, et sic in uno statu postmodum permaneret.

D. Quandiu debuerunt esse in paradiso? — M. Usquequo impleretur numerus angelorum qui ceciderunt; et ille numerus electorum, qui erat implendus si angeli non cecidissent.

D. Quomodo posset paradisus eos omnes capere? — M. Sicut nunc generatio per mortem præterit, et generatio per vitam advenit, ita tunc parentes in meliorem statum assumerentur, filii vero eorum præfinito tempore (quod creditur circa triginta annos) post esum ligni vitæ suis posteris cederent, et ad extremum omnes pariter in cœlis angelis coæquarentur.

D. Erant nudi? — M. Nudi erant, et non plus de illis membris quam de oculis erubescebant.

D. Quid est quod dicitur : Post peccatum viderunt se esse nudos (*Gen.* III, 7), quasi ante hoc non viderint? — M. Post peccatum mox per concupiscentiam in invicem exarserunt; et in illo membro exorta est confusio, unde humana procedit propago.

D. Cur in illo membro plus quam in aliis? — M. Ut scirent quod tota posteritas illorum eodem crimine obnoxia teneretur.

D. Quomodo (188) viderunt Deum in paradiso? —

---

(186) A., *dedecus diaboli et excusationem Dei ; ut si forte tentatus caderet, diabolus per hoc Dei non insultaret ; si autem non superaretur, diabolus plus.*

(187) A., *minimis*
(188) A. om. *quomodo.*

M. Viderunt per assumptam formam, ut Abraham et alii prophetæ.

D. Quare seduxit eos diabolus? — M. Propter invidiam : invidit enim illis, ne ad honorem illum pervenirent de quo ipse superbus cecidisset.

D. Per quid invenit aditum tentandi? — M. Per superbiam; voluit enim homo in propria potestate manere, quoniam dixit : *In abundantia mea non movebor in æternum* (*Psal.* xxix, 7).

D. Cur permisit Deus hominem tentari, cum sciret eum superari? — M. Quia præscivit quanta bona de ejus peccato esset facturus.

D. Quomodo seduxit eos? — M. Per serpentem.

D. Locutusne est serpens? — M. Non, sed (189) diabolus locutus est per serpentem, ut hodie loquitur per obsessum hominem, et quemadmodum angelis locutus est per asinam : cum nec serpens, nec asina scirent quid per eos verba illa sonarent.

D. Quare magis per serpentem quam per aliud animal? — M. Quia serpens tortuosus est et lubricosus, et diabolus quos seduxerit tortuosos et lubricosos facit : tortuosos fraudulentia, lubricosos luxuria.

D. Fuit scientia boni et mali in illo pomo? — M. Non in pomo, sed in transgressione. Ante peccatum enim homo scivit bonum et malum : bonum per experientiam, malum per scientiam; post peccatum autem scivit malum per experientiam, bonum tantum per scientiam.

D. Nascerentur mali in paradiso? — M. Tantummodo electi.

D. Quare nunc mali nascuntur? — M. Propter electos, ut exerceantur per illos.

15. *De eorum expulsione a paradiso, et de gravitate peccati ob quod expulsi sunt.*

D. Quandiu fuerunt in Paradiso? — M. septem horas.

D. Cur non diutius? — M. Quia mox ut mulier creata est, confestim etiam est prævaricata : tertia hora vir creatus imposuit nomina animalibus; hora sexta mulier formata continuo de vetito pomo præsumpsit, viroque suo mortem porrexit, qui ob ejus amorem comedit; et mox hora nona Deus de paradiso eos ejecit.

D. Quid fuit cherubim, vel flammeus gladius? — M. Gladius fuit igneus murus, quo post peccatum circumdatus est paradisus; cherubim vero angelica custodia, ut ignis corpora arderet, angelici autem spiritus a loco voluptatis inhiberent (190).

D. Quo ivit tunc Adam? — M. In Hebron est reversus, ubi et creatus est; ibique filios procreavit. Occisum autem Abel a Cain, ut dicit Hieronymus (191), centum annos luxit, et Evæ amplius copulari noluit. Sed quia Christus a maledicto semine Cain noluit nasci, per angelum admonitus Evæ iterum est sociatus, et pro Abel est Seth genitus, de cujus stirpe

est Christus natus. Volo te etiam scire quod a tempore Adæ usque ad Noe non pluit, et iris non fuit, et homines carnes non edebant, et vinum non bibebant, eratque totum tempus quasi vernalis temperies, copiaque omnium rerum, quæ omnia post immutata sunt propter peccata hominum.

D. Quid peccavit homo quod expulsus est de paradiso? — M. Sicut Deus esse concupivit, et ideo contra ejus præceptum de interdicta arbore comedit.

D. Quid magni fuit comedisse pomum? — M. Tam grave piaculum fuit, ut toto mundo redimi non posset.

D. Hoc proba. — M. Justumne tibi videtur ut homo obediat divinæ voluntati?

D. Nihil justius, quam ut omnis creatura rationalis nihil omnino (192) præponat voluntati Creatoris. — M. Ergo voluntas Dei major est quam totus mundus.

D. Utique. — M. Si igitur tu stares coram Deo, et aliquis diceret tibi : Respice retro, aut totus mundus interibit, diceret autem Deus : Nolo ut retro respicias, sed in me inspicias (193); deberes tu Deum contemnere, qui est Creator omnium rerum, et gaudium angelorum, ut liberares transitorium mundum?

D. Minime. — M. Hoc Adam fecit : coram Deo stetit, et diabolo inclamante, retro respexit, et majus peccatum quam mundus esset commisit.

D. Quomodo majus? — M. Quia sex criminalia flagitia in hoc uno crimine commisit, quibus sex ætates suæ posteritatis morti involvit.

D. Quæ fuerunt illa? — M. Primum superbia fuit, cum Deo æqualis esse voluit; et ideo factus est omnium infimus, qui fuit omnibus prælatus, de hac dicitur : « Immundus est coram Deo omnis qui exaltat cor suum. » Secundum inobedientia exstitit, cum mandatum Dei præterivit, et ideo facta sunt ei omnia inobedientia, quæ prius erant subjecta, de hac dicitur : *Quasi scelus* [Vulg., *peccatum*] *est ariolandi, nolle obedire* (*I Reg.* xv, 23). Tertium avaritia erat, cum plus quam concessum fuerat concupivit, et ideo omnia concessa juste amisit. De hac dicitur per Apostolum : *Avaritia est idolorum servitus* (*Galat.* v, 20). Quartum erat sacrilegium, cum vetitum in sacro loco per furtum subripuit, et ideo de sacrario excludi meruit. De hoc dicitur : « Qui profanat sancta, a sanctis exterminabitur. » Quintum fuit spiritualis fornicatio : anima enim illius erat Deo conjuncta; sed cum, spreto Deo, diabolum admisit, quasi cum extraneo adulterium commisit, et ideo veri sponsi amicitiam amisit, de hac dicitur : *Perdes omnes qui fornicantur abs te* (*Psal.* LXXII, 27). Sextum : homicidium perpetravit, quo se et omne genus humanum in mortem præcipitavit, de hoc dicit Moyses : *Qui occiderit, morte morietur* (*Levit.* xxiv, 47; *Exod.* xxi, 12), morte scilicet æternæ.

(189) A. om. *non, sed.*
(190) A. om. *a loc. vol. inhib.*, truncata sententia.
(191) A. om. *ut dicit Hieron.*

(192) A. om. *omnino.*
(193) A., *me respicias.*

unde et in interiori homine mox est mortuus, et jacuit in sepulcro corporis sepultus.

D. Nonne ille miser a nequissimo spiritu et mendacissimo erat seductus? — M. Etiam : sed non ideo minus fuit obnoxius (194). Si enim quis servo suo opus injungeret, et monstraret ei foveam ne intus caderet, de qua surgere non posset, ille vero, contempto domino, sponte in foveam caderet, et injunctum opus inactum remaneret, non esset reus?

D. Imo duplici culpa esset obstrictus : una qua Dominum contempsit, alia qua se ad injunctum opus impotem fecit. — M. Ita fecit Adam : Deum contempsit, opus obedientiæ deseruit, foveam mortis incidit.

16. *De satisfactione Deo exhibenda pro ea injuria.*

D. Quali modo oportuit eum reverti ? — M. Honorem, quem Deo abstulit reddere debuit, et pro peccato quod fecit satisfacere. Valde enim justum est ut qui aliis sua abstulit, et ablata restituat, et pro injuria illata satisfaciat.

D. Quid abstulit Adam Deo? — M. Totum quod proposuit in sua curia de ejus generatione facere.

D. Qualiter debuit ablatum honorem reddere ? — M. Diabolum ita vincere ut ipse victus est ab eo, et seipsum omnesque prædestinatos ad vitam tales restituere quales futuri erant si permansissent.

D. Qualiter autem debuit satisfacere ? — M. Quia peccatum majus mundo commisit, aliquid majus mundo Deo solvere debuit. Horum neutrum ulla ratione potuit facere. Ideo in morte permansit.

D. Et cur penitus non periit? — M. Statutum Dei immutari non potuit : proposuit enim ex genere Adæ electorum numerum complere.

D. Quid ergo ? — M. Quia debitum honorem Deo non solvit, Deus ab eo invito accepit, cum eum pœnis subegit.

D. Quomodo honor Dei est pœna hominis ? — M. Quia quem dulcem patrem, ut filius, in gloria habere contempsit, hunc suum Dominum in tormentis, ut rebellis servus, sensit.

D. Cum solvere vellet, et non posset, cur Deus, cum misericors sit, non ei dimisit, aut talem in gloriam admisit (195)? — M. Si Deus ideo ei suum honorem dimitteret quia habere non posset, impotens esset ; si autem peccatorem hominem impunitum in gloriam assumeret, unde angelum pro una cogitatione extrusisset, injustus esset. Porro sic hominem impunitum remaneret, aliquid in regno Dei inordinatum esset ; sed in regno ejus nihil inordinatum relinquitur : peccator ergo puniri debuit. Quis enim gemmam de cœno sublatam in thesauros suos recondat non purgatam?

D. Ad quem finem ergo debuit devenire?—M. Quoniam transfuga servus cum furto domini sui ad sævissimum profugerat tyrannum, filius regis missus est de palatio in carcerem post exsulem servum qui tyrannum contereret, et fugitivum servum cum rebus domini sui in gratiam regis reduceret.

D. Quare homo redire potuit post lapsum ? — M. Quia sicut non per se, sed per alium impulsus cecidit, ita dignum erat, cum per se non posset, et vellet, ut per alium adjutus resurgeret.

17. *Necessitas Incarnationis Verbi ad eam satisfactionem exhibendam.*

D. Cur non misit angelum, ut eum redimeret ? — M. Si angelus hominem redemisset, tunc illius servus esset ; homo autem sic restitui debuit, ut æqualis angelis esset. Et aliud oberat : angelus in sua natura invalidus erat hominem redimere ; si autem homo fieret, minus posset.

D. Quare non creavit Deus alium hominem de terra, ut mitteret eum pro perdito ? — M. Si novum hominem Deus creasset et misisset, tunc ad genus Adæ redemptio non pertineret : de suo enim genere debuit esse, qui pro homine satisfaceret.

D. Cur non misit Deus patriarcham, vel prophetam ? — M. Patriarchæ et prophetæ in peccatis concepti et nati erant ; et ideo genus humanum redimere non poterant.

D. Evolve cætera. — M. Quia igitur angelus redimere non debuit, et homo per se satisfacere non potuit, Dei Filius, per quem facta sunt omnia, ut et redemptio per illum fieret, assumpsit plenum hominem, et in duabus naturis factus est una persona. Et in illa natura, qua Deus erat, vicit diabolum, ut ipse vicerat hominem, et omnibus prædestinatis cœlum aperuit, et angelis coæquavit ; quod solus Deus facere potuit. In ea autem natura qua homo fuit majus pro injuria mundo solvit (196), cum mortem indebitam subiit ; quod solus homo debuit facere.

18. *Cur Verbum sit incarnatum, et ex Virgine, et in temporis plenitudine.*

D. Benedictus sermo oris tui, qui de cœlis mihi deduxit Filium Dei. Sed dic mihi cur Filius sit incarnatus, et non Pater, nec Spiritus sanctus ? — M. Si Pater, aut Spiritus sanctus incarnaretur, duo Filii in Trinitate computarentur : unus Filius Virginis, qui esset incarnatus ; alter Filius Dei. Et alia causa erat. Filius est similitudo Dei ; angelus autem et homo assumpserant sibi similitudinem Dei. Debuit ergo ille incarnari, cui specialiter injuria facta fuerat : ut istum misericorditer salvaret, illum juste damnaret. Aliud etiam , quia omnia per Filium, ideo et redemptio per eum.

D. Cur voluit nasci de virgine ? — M. Quatuor modis facit Deus homines. Uno modo absque patre et matre ; sed de terra, ut Adam ; secundo modo, de solo viro, ut Evam ; tertio modo, de viro et femina, ut quotidie nascuntur omnes ; quarto modo de sola femina, quod privilegium Christo soli reservatum est : ut sicut mors per feminam virginem in-

---

(194) A., *noxius.*
(195) A., *sumpsit.*

(196) A., *fuit, pro injuria majus mundo solvit.*
P., *fuit natus, pro injuria mundum solvit.*

travit in mundum, ita per femineam virginem vita intraret, quæ mortem excluderet.

D. Cur non venit mox illo tempore ante diluvium vel post diluvium? — *M.* Si ante diluvium venisset, dicerent homines illius temporis non fuisse necesse eum venisse, cum ipsi a parentibus suis omnia bona didicissent, qui nuper de paradiso exiissent, et a Deo et ab angelis ejus omnia edocti essent. Si autem mox post diluvium venisset, dicerent Deum Noe et Abrahæ locutum fuisse, et omnia agenda vel vitanda ab eis didicisse.

D. Quare non venit tempore legis? — *M.* Si tunc venisset, dicerent Judæi se copiose a lege instructos, gentiles vero a philosophis se abunde edoctos.

D. Cur non distulit usque circa finem mundi? — *M.* Tunc pauci eum imitarentur, et electorum numerus non impleretur. Necesse ergo fuit eum venire quando venit plenitudo temporis.

D. Quod fuit illud tempus? — *M.* Quod præfixit Deus ante tempora sæcularia, scilicet cum Judæi se magis lege gravari quam relevari ingemiscerent, et gentiles relicto naturali usu contra naturam turpiter viverent, et cum neque sacerdos neque levita subveniret: necesse erat ut verus Samaritanus adveniret, qui semivivum jumento sui corporis imponeret, et ad stabulum supernæ curiæ perduceret.

19. *De nativitatis Christi circumstantiis, et patratis in ea mirabilibus.*

D. Quomodo potuit nasci sine peccato de massa peccatrice? — *M.* Ab initio Deus quosdam qui se familiarius colerent de aliis segregavit, de quibus Virgo quasi de linea producta pullulavit; quæ velut olim virga arida sine humore protulit (197) florem, ita sine concupiscentia mundo edidit Salvatorem.

D. Qualiter genuit eum? — *M.* Sine sorde, et sine dolore. Clausa enim janua thalami uteri introivit, humanam naturam sibi conjunxit, et clausa porta, ut verus sponsus de thalamo processit.

D. Cur novem menses fuit clausus in utero? — *M.* Ut homines, qui erant clausi in miseriis hujus mundi, sive inferni, reduceret ad consortium novem ordinum angelorum.

D. Qua hora natus est? — *Media nocte, ut dicitur: « Dum medium silentium tenerent omnia, et nox in suo cursu medium iter haberet; Sermo tuus a regalibus sedibus venit* (Sap. xviii, 14 et 15). »

D. Cur nocte? — *M.* Primo quia occultus venit, deinde ut eos qui in nocte erant erroris, ad lucem perduceret veritatis.

D. Scivit aliquid Christus infans? — *M.* Omnia plane, ut puta Deus, « in quo fuerunt omnes thesauri sapientiæ et scientiæ absconditi (*Col.* ii, 3).

D. Potuit ambulare vel loqui, mox ut natus est? — *M.* Secundum potentiam utrumque potuit; sed humanam naturam per omnia absque peccato imitari voluit.

D. Contigit aliquid miri eo nascente? — *M.* Septem specialia miracula.

D. Quæ fuerunt illa? — *M.* Stella nimis præfulgida apparuit. Circulus aureus, vel purpureus, circa solem claruit. Fons olei de terra erupit. Pax maxima fuit. Universus orbis ad censum est descriptus. Numerus ad triginta millia hominum, qui Dominum recusarunt, est una die occisus; et animal brutum locutum est.

D. Vellem horum mysticum audire. — *M.* Stellæ significant sanctos; stella igitur præclara illuxit, quia Sanctus sanctorum venit. Circulus aureus vel purpureus circa solem fulsit; quia Sol justitiæ auro suæ divinitatis Ecclesiam illustrare, et purpura suæ passionis coronare venit. Oleum significat misericordiam. Fons olei de terra fluxit, quia fons misericordiæ de Virgine emanavit. Pax ingens exstitit, quia pax vera in terris apparuit. Mundus ad censum est descriptus, quia ad supernum regnum chrismate est præsignatum humanum genus. Qui Dominum recusarunt, occisi sunt, quia qui dixerunt: *Nolumus hunc regnare super nos* (*Luc.* xix, 14), disperierunt. Pecus loquebatur, quia ad laudem Dei populus gentium convertebatur (198).

20. *De Magis, de fuga Christi in Ægyptum, et reliqua ejus vita usque ad baptismum.*

D. Quare attraxit tres Magos cum muneribus? — *M.* Quia tres partes mundi, scilicet Asiam, Africam et Europam, fide et operatione ad se trahere voluit.

D. Cur magis fugit (199) in Ægyptum quam in aliam terram? — *M.* Ut ostenderet se verum Moysem; ut, sicut Moyses populum Dei de Pharaone et Ægypto liberans, in terram duxit promissionis, ita ipse populum fidelium de diabolo et inferno liberans, ad regnum duxit beatitudinis: unde et post septem annos revertitur ad terram Israel; quia per septem dona Spiritus sancti reduxit nos de mundo ad cœlestem Hierusalem.

D. Quare in triginta annis nec docuit, nec signa fecit? — *M.* Exempli gratia venit in mundum; ideo voluit prius facere, et tunc docere: ut dicitur: *Quia cœpit Jesus facere et docere* (*Act.* i, 1). Per hoc igitur exemplum præbebat ne quis ante legitimam ætatem docere præsumat, vel prius velit docere quam discat.

D. Cum in eo fuerit plenitudo divinitatis corporaliter, et nihil posset ei gratiæ accedere, cur est baptizatus? — *M.* Ut nobis aquas ad baptisma (200) sanctificaret.

D. Quare in aqua baptizatus est? (201). — *M.* Aqua contraria est igni. Quid est peccatum, nisi ignis? Sicut in animo ira, ita in carne concupiscentia; unde et igne supplicii punitur: ut hic ignis exstinguatur, in aqua baptizatur. Est et aliud: Aqua sordes diluit, sitim exstinguit, imaginem reddit; ita

---

(197) A. om. *protulit.*
(198) Post *convertebatur* inserit A.: Discip. *Omnia quæ desiderat cor meum audire, audio.*

(199) A., *fuit.*
(200) A., *baptismi.*
(201) A., *baptizatur in aqua.*

gratia Spiritus sancti in baptismate sordes peccatorum abluit, sitim animæ verbo Dei restinguit, imaginem Dei per culpam amissam restituit.

21. *De Christi pulchritudine, passibilitate et morte.*

D. Cum scriptum sit de eo : *Speciosus forma præ filiis hominum* (*Psal.* XLIV, 3), erat corpore pulcher? — M. Secundum naturam talis fuit qualis in monte discipulis suis apparuit. Sed quia homines ejus claritatem ferre non poterant, sub larva apparuit, quia forma despicabilis fuit : unde dicitur, « Videmus eum non habentem speciem neque decorem (*Isa.* LIII, 11). »

D. Erat passibilis et mortalis? — M. Passio vel mors, peccati est pœna ; sed ipse absque peccato venit, et sine peccato vixit : igitur secundum naturam impassibilis et immortalis fuit ; sed secundum potentiam utrumque esse voluit, et passibilis et mortalis (202).

D. Quare mortuus est? — M. Propter obedientiam, ut dicitur : *Factus est obediens Patri usque ad mortem* (*Philip.* II, 8).

D. Exegit ab eo mortem Pater? — M. Minime.

D. Cur occiderunt eum Judæi? Hoc volo a te audire? — M. Quia justitiam, vivendo et veritatem docendo, indeclinabiliter tenuit ; hanc obedientiam humanitas Divinitati debuit, hanc Deus ab omni rationali exigit creatura.

D. Quis unquam pater unicum et bonum filium occidi permittat, si prohibere queat? — M. Cum Deus vidit Filium suum tam egregium opus velle, scilicet sævum tyrannum expugnare, et captivum ab eo liberare, ad tam laudabile opus ei consensit, et eum mori permisit (203).

D. Quomodo apud Deum justum fuit, quod optimum pro impio dedit? — M. Quia pessimus simplicem hominem seduxerat, justum erat ut optimus pro eo obses fieret, qui pessimum revinceret, et innocentem pristinæ libertati restitueret. Sed et tali modo charitatem suam Deus ostendit mundo, ut dicitur : « Ut servum redimeres, Filium tradidisti. »

D. Si Pater tradidit Filium, ut dicitur : « Proprio Filio suo non pepercit, sed pro nobis omnibus tradidit illum, » et si Filius seipsum tradidit, ut dicitur : *Qui tradidit semetipsum pro nobis* (*Ephes.* v, 2), » quid peccavit Judas, qui etiam tradidit illum? — M. Pater tradidit Filium, et Filius seipsum propter charitatem, Judas vero propter avaritiam.

D. Quare voluit mori in ligno? — M. Ut eum qui per lignum vicit, revinceret, et illum qui in ligno cecidit redimeret.

D. Cur in cruce? — M. Ut quadrifidum mundum salvaret.

D. Quamobrem permisit sibi quinque vulnera infligi? — M. Ut redimeret humani generis quinque sensus a diabolo captivos.

D. Valuit mors ejus ad exhaurienda omnium peccata? — M. Transcendit etiam infinite.

D. Proba. — M. Si coram te Christus staret, et eum Dominum majestatis scires, et aliquis diceret : interfice hunc, aut totus mundus interibit, interficeres eum, ut salvares mundum?

D. Nequaquam. — M. Quare?

D. Quia vita ejus longe dignior videretur (204) quam infiniti mundi, et tale piaculum viderer (205) committere, quod innumeris mundis non posset expiari. — M. Sicut ergo vita Christi dignior est infinitis mundis, sic mors ejus longe pretiosior fuit innumerabilibus mundis, et ideo suffecit ad redemptionem omnium.

D. Quid dedit ei Pater pro hoc merito? — M. Quid daret ei, cum sua essent omnia? uti dicitur : *Fili, omnia mea tua sunt* (*Luc.* xv, 31).

D. Non potuit ipse mercedem suæ mortis dare cui vellet? — M. Potuit ; ideo eam dedit homini, pro quo hæc omnia sustinuit : pro passione impassibilitatem, pro morte immortalitatem, pro peregrinatione patriam æternam.

22. *Quid de humanitatis partibus factum, dissoluta compositione.*

D. Quot horas fuit mortuus? — M. Quadraginta.

D. Quare? — M. Ut quatuor partes mundi, quæ in decalogo legis (206) erant mortuæ, vivificaret.

D. Qui crucifixerunt eum? — M. Quia pro Judæis et gentibus mori voluit, Judæi mortem ejus consiliati sunt, pagani vero crucifixerunt eum.

D. Cur jacuit in sepulcro duas noctes et unum diem? — M. Duæ noctes significant duas nostras mortes, unam corporis, alteram animæ ; dies significat suam mortem, quæ fuit lux nostrarum mortium, quarum unam abstulit, alteram ad exercitium electis reliquit, quam denuo veniens exterminabit.

D. Quo ivit anima ejus post mortem? — M. In cœlestem paradisum, ut dixit ad latronem : *Hodie mecum eris in paradiso* (*Luc.* XXIII, 43).

D. Quando ad infernum descendit? — M. Media nocte resurrectionis, qua hora angelus Ægyptum devastavit : ea hora, id est, media nocte, Christus infernum despoliavit ; et cum triumpho inde rediens, raptos inde in paradiso collocavit, corpus suum in sepulcro visitavit, quod de mortuis excitavit. Quidam sentiunt quod ab hora mortis usque ad horam resurrectionis in inferno cum electis fuerit ; et inde cum eis abiens resurrexit.

23. *De circumstantiis resurrectionis Dominicæ.*

D. Quare non statim post mortem resurrexit? — M. Dicerent non eum mortuum fuisse, sed in tormentis obstupuisse. Si autem post multum temporis resurrexisset, esset dubium an ipse esset.

D. Cur ergo tam cito resurrexit? — M. Ut ci-

(202) A., *vel immortalis.*
(203) A., *quo.*
(204) A., *videtur.*

(205) A., *videret.*
(206) A. om. *legis*

tius suos consolaretur, qui de sua morte tristabantur.

D. Quare in die prima hebdomadæ? — M. Ut mundum ea die renovaret, qua eum creaverat.

D. Cur in tertia die suæ passionis? — M. Ut eos, qui tribus temporibus ante legem, sub lege, et sub gratia, in peccatis mortui erant, sublevaret; et ut nos, qui factis, dictis, cogitationibus, labimur, per fidem sanctæ Trinitatis resurgamus.

D. Ubi mansit illis quadraginta diebus? — M. In paradiso terreno, ut creditur, cum Elia et Enoch, et cum iis qui cum eo surrexerant.

D. Qualem formam post resurrectionem habuit? — M. Septies splendidiorem quam sol.

D. Quali forma viderunt cum sui? — M. Tali ut ante consueverant eum videre.

24. De apparitionibus Christi post resurrectionem.

D. Apparuit eis vestitus? — M. Vestes ex aere assumpserat, quæ, eo ascendente, in aerem evanuerunt.

D. Quoties apparuit? — M. Duodecies. Primo die octies : Primo, Joseph ab Arimathia in carcere in quo positus erat eo quod eum sepelierat, ut scripta Nicodemi declarant. Secundo, Matri suæ, ut Sedulius manifestat. Tertio, Mariæ Magdalenæ, ut Marcus asserit. Quarto, duabus mulieribus a sepulcro revertentibus, ut Matthæus pandit. Quinto, Jacobo, ut Paulus testatur, qui se in sexta feria devoverat non manducaturum donec videret Christum vivum. Sexto, Petro, ut Lucas narrat, qui propter negationem ab aliis segregatus in fletibus permanebat. Septimo, duobus discipulis in via Emmaus, ut idem Lucas refert. Octavo, omnibus, januis clausis, ut Joannes describit. Nono, in octavo die, quando eum Thomas palpavit. Decimo, ad mare Tiberiadis. Undecimo, in monte Galilææ. Duodecimo, recumbentibus undecim discipulis apparuit.

D. Cur dicit Evangelista : *Apparuit primo Mariæ Magdalenæ?* (Marc. xvi, 9.) — M. Evangelia cum summa auctoritate sunt edita ; sed scribere evangelistæ nolebant, nisi ea quæ omnibus nota erant, unde dicitur : *Multa et alia fecit Jesus, quæ non sunt scripta in libro hoc* (Joan. xx, 30), id est, in Evangelio. In aliis autem quædam, non tamen omnia, inveniuntur ; quæ enim fidem excederent, scribere noluerunt. Unde resuscitationem Lazari, Johanne solo narrante, cæteri Evangelistæ tacuerunt.

D. Num apparuit Dominus ipsa die in Galilæa? — M. In monte Sion locus vulgo Galilæa vocatur, quia ibi hospitari solebant qui de Galilæa Hierosolymam venerant : in hoc et Dominus hospitium habuit, cum in grandi cœnaculo cœnavit ; in hoc januis clausis apparuit ; in hoc et Spiritum sanctum misit.

25. De ascensione et sessione Christi ad dexteram Patris : et quomodo ibi oret pro nobis.

D. Ascendit solus? — M. Qui cum eo surrexerunt, cum eo etiam ascenderunt.

(207) A. om. *Christianus.*

D. Qua forma ascendit? — M. Usque ad nubes ea forma quam ante passionem habuit : susceptus autem a nubibus, ea qua in monte apparuit.

D. Quare non statim ascendit postquam resurrexit? — M. Propter tres causas. Primo, ut sui experimento discerent eum veraciter surrexisse, quem viderent manducare et bibere. Secundo, post quadraginta dies voluit ascendere, ut demonstraret eos qui decalogum legis per quatuor Evangelia impleverint, posse cœlum ascendere. Tertio, quod Ecclesia, quæ corpus Christi est, post passionem quam sub Antichristo erit passura, deinde post quadraginta dies creditur cœlum ascensura.

D. Quid est Christum in dextera Patris sedere? — M. Humanitatem in gloria Divinitatis quiescere.

D. Qualiter pro nobis interpellat Patrem? — M. Repræsentando jugiter suam passionem.

26. De missione Spiritus sancti, et de Christi gaudio.

D. Cur non mox misit Spiritum sanctum, sed post decem dies? — M. Ob tres causas. Primo, ut apostoli jejuniis et orationibus se aptos ad ejus adventum præpararent. Secundo, quod hi Spiritum sanctum perciperent, qui decem præcepta explerent. Tertio, quod in quinquagesimo die a resurrectione : ut, sicut populus Dei post liberationem ab Ægypto quinquagesimo die accepit legem timoris, ita populus fidelium post liberationem suam a mundo, quinquagesimo die acciperet legem amoris. In jubilæo etiam anno, id est, quinquagesimo, recepit populus Christianus (207) libertatem amissam et paradisi (208) hæreditatem : ita in hac die recepit populus christianus amissam libertatem et paradisi hæreditatem.

D. Habet Christus nunc plenum gaudium? — M. Quodammodo habet, et quodammodo non habet : Quantum ad suam personam, plenissimum ; quantum ad corpus suum, quod est Ecclesia, minime. Adhuc enim non sunt subjecta omnia sub pedibus ejus. A Judæis enim adhuc blasphematur, a gentibus subsannatur, ab hæreticis dilaceratur, a malis christianis impugnatur. In membris etiam suis quotidie patitur. Cum hæc omnia ad se collegerit, tunc gaudium plenum habebit.

27. De mystico Christi corpore, hoc est Ecclesia.

D. Quomodo est Ecclesia corpus ejus, et electi membra ejus? — M. Ut corpus capiti inhæret, et ab eo regitur, ita Ecclesia per sacramentum corporis Christi ei conjungitur ; imo unum cum eo corpus efficitur : a quo omnes justi in suo ordine, ut membra a capite gubernantur. Cujus capitis oculi sunt prophetæ, qui futura præviderunt : sunt et apostoli, qui alios a via erroris ad lumen justitiæ reduxerunt. Aures, sunt obedientes. Nares, discreti. Phlegma, quod per nares ejicitur, sunt hæretici, qui judicio discretorum de capite Christi emunguntur. Os, sunt doctores. Dentes, sunt sacræ Scripturæ expositores.

(208) A. om. *paradisi.*

Manus, Ecclesiæ defensores. Pedes, sunt agricolæ Ecclesiam pascentes. Porro fimus qui de ventre porcis egeritur, sunt immundi et luxuriosi altaris ministri, et alii intra Ecclesiam facinorosi, qui ventrem matris Ecclesiæ onerant, quos per mortis egestionem dæmones, ut porci, devorant. Quod totum corpus compage veritatis et charitatis in unum conglutinatur.

28. *De corpore Christi in Eucharistia.*

D. Quare de pane corpus ejus, et sanguis ejus de vino conficitur? — M. Corpus ideo de pane, quia ipse dixit : « Ego sum panis vivus (*Joan.* vi, 41); » sanguis autem ideo de vino, quia ipse dixit : « Ego sum vitis vera (*id.* xv, 1). » Et sicut pane corpus nutritur, ita Christi cibo anima reficitur. Et sicut panis ex multis granis conficitur, ita Christi corpus ex multis electis colligitur. Et sicut panis igne coquitur, ita Christus in camino passionis assatur. Qui panis etiam dicitur caro, quia ut agnus pro nobis immolatur. Vinum etiam ex multis acinis eliquatur, et in torculari exprimitur; ita corpus Christi ex multis justis compaginatur, quod in prælo crucis torquetur; quod vinum in sanguinem Christi vertitur, ut anima nostra, quæ in sanguine est, per hoc vivificetur.

D. Cum species panis et vini videatur, quomodo caro et sanguis prædicatur? — M. Cum vere sit illud quod Maria genuit, quod in cruce pependit, quod cœlos penetravit, species ideo panis et vini remansit; ne tu, si purum (ut vere est) sanguinem latere ejus stillantem cerneres, hunc labris attingere abhorreres; et ut majus meritum haberes, cum non visum sed intellectum crederes.

D. Quæ est salus in hoc? — M. Summa. Sicut enim esca in carnem comedentis vertitur; ita quisque fidelis per comestionem hujus cibi in corpus Christi convertitur. Igitur per fidem mundo, vitiis et concupiscentiis Christo concrucifigimur, et in baptismate Christo consepelimur; et ideo ter immergimur, per cibum vero corporis ejus ei incorporamur; et ideo necesse est ut illuc, quo Christus est, transferamur.

D. Habent plus sanctitatis, qui plus accipiunt? — M. Ut de manna dicitur : *Qui plus collegit, non plus habuit, nec qui minus collegit, minus habuit* (*Exod.* xvi, 18) : ita omnes æqualiter sumunt; et unusquisque totum Agnum comedit, et tamen integer in cœlo permanet.

29. *De digne aut indigne communicantibus, aut sacrificantibus.*

D. Quam mercedem habebunt qui hoc digne tractant? — M. Duplici præmio remunerabuntur : una corona, quia hoc cum veneratione tractant; altera, quia se ad hoc dignis moribus coaptant, coronabuntur.

D. Quid de his sentis qui hoc indigne et contra canonum statuta agunt? — M. Qui contra jus fasque in adulterio, fornicatione, et cæteris flagitiis vitam ducunt, vel Ecclesias, vel ecclesiasticos ordines vendunt aut emunt, et pravo exemplo populum Dei occidunt, et omnia hæc temere defendunt, hi tale sunt Domini traditores simul et crucifixores.

D. Qua causa debent sacerdotes missam celebrare? — M. Dei solius causa et suæ salutis, atque totius Ecclesiæ. Sed ipsi (209) lucri causa celebrant, ut videlicet ab hominibus honorentur, et temporalibus rebus ditentur. Qui igitur mysterium passionis Christi pro favore humano et pro temporali lucro vendunt, quid aliud agunt quam Dominum tradunt? Cum vero sordidis manibus, et polluta conscientia, illum tractare præsumunt, in cujus conspectu nec cœli mundi sunt, quid aliud faciunt quam Dominum crucifigunt?

D. Potest populus ex eis culpam trahere? — M. Cum filii Heli polluerunt Domini sacrificium, totus pene populus cum eis subiit interitum, quia faciebant contra legis Domini præceptum. Quanto magis hi qui Christiani vocantur, et ministri Christi esse videntur, et fornicationi ac luxuriæ subjacent, uxores ducunt, filios ac filias procreant, — quod illicitum est, cum manifesto ratum teneat universa Ecclesia quod dictum est a Domino primo pastori, scilicet B. Petro, deinde successoribus ejus, videlicet apostolicis viris, archiepiscopis : *Quodcunque ligaveris super terram, erit ligatum et in cœlis, et quodcunque solveris super terram, erit solutum et in cœlis* (*Matth.* xvi, 19); ac in omnibus synodis sint excommunicati, et excommunicentur, — polluuntur; dum admonentur, parvipendunt; dum excommunicantur, non est timor Dei in eis, sed derident, et dicunt : « Hoc anathema super nos, et super filios nostros. » Unde patet quod quotquot cæci cæcos istos duces in foveam sequuntur, imo communicando eis comitantur, cum iisdem etiam in pœnis participantur.

D. Quid si inscii eis communicaverint? — M. « Qui tangit picem, inquinabitur ab ea. » Et ideo qui eis communicant, quamvis inscii, tamen ab eis contaminantur.

D. Quid si resipuerint? — M. Non eis error eorum nocebit.

30. *Malos sacerdotes vere Christi corpus conficere, quamvis eorum oratio et benedictio fiat in peccatum.*

D. Conficiunt corpus Domini tales? — M. Quamvis damnatissimi sint, tamen per verba quæ recitant fit corpus Domini; non enim ipsi, sed Christus consecrat, et per amicos et inimicos salutem illis operatur : illi ad perniciem sumunt, alii ad salutem accipiunt. Unde et a pessimis non pejoratur, et ab optimis non melioratur : sicut solis radius a cœno cloacæ non sordidatur, nec a sanctuario splendificatur.

D. Cum ergo bonum sit quod per eos conficitur,

---

(209) A., *D. Qua causa*, etc. *D. Proba. M. Qua causa*, etc. *D. Dei solius*, etc. *M. Sed ipsi*, etc.

et accipientibus non ab eis, sed a Christo detur, cur bonum accipienti in perniciem vertitur? — M. Bonum accipienti non solum non prodest, imo etiam obest, si contra interdictum hoc ab eo accipit, a quo non debet.

D. Proba. — M. In paradiso nullum pomum erat malum, cum Deus fecerit omnia valde bona; sed homo bonum in malum sibi vertit, cum hoc a serpente, imo a diabolo, percipere non sprevit.

D. Si quis positus est in mortis periculo, num mundus est, ab hoc viatico? — M. Si quis zelo justitiæ ab eis communionem recipere renuerit, et se per os sacerdotum in unitate Ecclesiæ quotidie communicare non dubitaverit, hunc credo hac fide salvari si obierit; si quis vero eorum opera mala exsecrans, et bonum Christi venerans simpliciter ab eis communicat, et hunc credo hac fide salvari, quia et Joseph corpus Jesu a Pilato infideli petiit et accepit.

D. Possunt Deum placare pro populo? — M. Imo magis offendunt. Suo enim ingressu loca sacrata contaminant, vestes sacras et vasa Deo dicata suo tactu commaculant. Hos abhorret Angelorum conventus, hos fugit ipse Dominus, ut dicitur: *Provocaverunt enim filii sui, imo non filii sui in sordibus; ideo abscondam faciem meam ab eis, dicit Dominus (Deut.* xxxii, 19). Filios, propter sacerdotium, dixit: non filios, propter sordes, subjunxit. Horum sacrificium non suscipit Dominus, sed abominatur, ut dicitur: *Sacrificium vestrum odit anima mea, dicit Dominus: quia panem pollutum obtulistis mihi (Malac.* i, 7). Et iterum: *Ne offeratis sacrificium frustra: sacrificium vestrum abominatio est mihi (Isai.* i, 13). Corpus Domini cum pollui nequeat, quantum in ipsis est, polluunt, cum illud indiscrete velut alium panem sumunt. Oratio eorum non suscipitur, sed fiet in peccatum, quia non exaudiet eos Dominus. Benedictio eorum in maledictionem convertitur, ut dicitur: *Convertam benedictionem vestram in maledictionem, ait Dominus* (II Esdr. xiii, 2). Et alibi: *Noluerunt benedictionem, et elongabitur ab eis: elegerunt maledictionem, et veniet eis* (Psal. cviii, 18).

D. Sumunt hi corpus Domini? — M. Soli filii Dei accipiunt corpus Christi, qui Christo sunt incorporandi, et Deum visuri: hi autem qui in Christo non manent, quamvis videantur ad os porrigere, corpus Christi non sumunt, sed judicium sibi manducant et bibunt. Corpus autem Christi per manus angelorum in cœlum defertur, carbo vero a dæmone in os projicitur, ut Cyprianus testatur. Et quia hoc sumunt negligenter ut alium panem et aliud vinum, vertitur eis in fel draconum, et in venenum aspidum insanabile.

D. Nonne Judas idem accepit quod Petrus? — M. Nequaquam: quia Petrus Dominum dilexit: ideo acceptum a Domino sacramentum cum virtute ejus accepit (210), Judas vero, quia Dominum odivit, speciem quidem panis accepit, sed virtus sacramenti in Christo remansit: ideo post buccellam mox diabolus in eum introivit; quamvis Judæ non corpus, sed buccellam tantum intinctam, sed non consecratam dedit. Petrus Domino adhærebat, et ejus verbis obediebat. Judas cum Domino corpore ambulabat, cum traditoribus spiritu et mente erat. Hi ergo dum censum debitæ servitutis Domino sunt reddituri nocturnis laudibus, amplexibus delectantur illecebrosæ copulationis. Similiter dum pro se et pro commissis Deum placare debent officiis divinis, liberos alludunt et fovent in gremiis. Usibus diligenter insistunt ventrinis, perquirunt mulieres, ut eorum liberi accuratius sedeant vel stent in plateis. Ipsi Dominum ad iracundiam provocant his et hujusmodi, ut dicitur: « Ipsi me provocaverunt in eo qui non erat Deus, et ego provocabo eos, etc. »

51. *Quomodo malis sacerdotibus parendum, an solvere queant, et an vitandi.*

D. Est eis obediendum? — M. Ubi bonum præcipiunt, non eis, sed Domino obediendum est: *dicunt enim, et non faciunt* (Matth. xxiii, 3). Ubi malum imperant, contemnendi sunt; quia *obedire oportet Deo magis quam hominibus* (Act. v, 29).

D. Possunt solvere vel ligare? — M. Si ab Ecclesia publico judicio separati non sunt, quamvis ipsi fortiter alligati sint, utrumque possunt; quia non ipsi, sed Christus per eorum officium ligat et solvit: si autem judicio Ecclesiæ fuerint exclusi, spernendi sunt ut ethnici. Quamdiu Judas cum apostolis fuit, ut amicus apparuit; ut alii Apostoli, prædicavit, baptizavit, signa fecit; postquam ab eis recessit, ut publicus hostis claruit. Ita isti, quamdiu sunt in communione Ecclesiæ, omnia sacramenta per eos facta erunt rata: si exclusi fuerint, quæcunque egerint, erunt irrita. Qui igitur sunt lupi, a Christi ovibus sunt fugiendi, ut dicitur: *Exite de medio illorum, popule meus, ne participes sitis pœnis et tormentis illorum* (Apoc. xviii, 4).

D. Nunquid potest homo sua propter eos relinquere? — M. Ista separatio non potest corporaliter fieri, nec debet; quia si boni a malis separantur, jam nemo ad bonum per eos convertitur. In quibusdam tamen sunt devitandi, præcipue in convivio, et in servitio Dei, ut dicitur: *Nec cum hujusmodi cibum sumere* (I Cor. v, 11). Fugiendi sunt mente et voluntate, ne consentiatur operibus eorum.

D. Qualiter fit consensus ad actus illorum? — M. Si illorum malefacta laudantur, et ad perpetranda flagitia, consilio vel pecunia auxiliantur. Ideo non solum qui faciunt, sed et qui consentiunt facientibus, digni sunt morte. Itaque, quamvis mali, quamdiu ab Ecclesia publice non sunt segregati, non sunt devitandi, nisi sibi invicem omnes et prælati et subditi ita in malo consentiant, ut nullus eorum

---

(210) A., *accepto sacramento cum Domino communicavit.*

pravitatem arguat : tunc omnibus modis sunt fugiendi, quia tunc causa fiunt ruinæ populi.

32. *De culpa Prælatorum malis sacerdotibus conniventium, deque non ordinandis sacerdotum filiis.*

D. Quid de pastoribus eis consentientibus ? — M. Legitur de Heli, quod, quia filiis prave agentibus consenserit, et eos tepide super transgressione corripuerit, mortem corporis incurrerit : ubi manifeste ostenditur quia mortem, quam ille perpessus est in corpore, isti patiuntur in anima. Ipsi peccata delinquentium fovent, quatenus ab eis temporalia stipendia percipiant, et ab æterna beatitudine seclusi pœnas æternas cum eis luant. Aliqui, cum pastoris jura suscipiunt, ad lacerandum subditos inardescunt; pecunias ab eis extorquent et diripiunt, et sacri ordinis per omnia infideles existunt, ut dicitur : « Pastores tui infideles, socii furum : sequuntur munera, manus eorum plenæ rapina (*Isai.* I, 23). »

D. Sunt ordinandi sacerdotum filii ? — M. Minime. Canonum decreta, et sanctorum Patrum constituta prohibent eos ad sacros ordines accedere, nec in Ecclesia aliquam prælationem habere, quia ex fornicatione et transgressione sunt procreati. Ex patribus enim venenatis virus veneni transit in filios.

D. Proba — M. Legitur in Genesi quod Deus Adæ præcepit ne comederet de ligno, scientiæ boni et mali : at ille non de ligno, sed de interdicti ligni fructu comedit, et veneno transgressionis omnem posteritatem infecit. Hic igitur patet, quia fructus venenati ligni a veneno inobedientiæ immunis non fuerit, quamvis fructum ligni comedere non vetuerit.

D. Quod est *lignum scientiæ boni et mali ?* (*Gen.* II, 9.) — M. Scientiæ divinarum Scripturarum, et secreta mysteriorum Dei; quod præcipue ipsis commendatum est, ut dicitur :
Vobis datum est nosse mysterium Dei (*Matth.* XIII, 12).

D. Quod lignum mali ? — E. Notitia sæcularis, et abjectio mandatorum Dei, ut dicitur : *Male facere sciunt; bene autem nunquam* (*Matth.* XXIII, 2). Isti quamvis sint inferiores, volunt videri superiores. Ambiunt honores; appetunt magis præesse, quam subesse. Isti ad sacros ordines nullatenus sunt promovendi. Inter cæteros semper habeantur verecundi, et rejiciant pœnitendo venenum, quo a patribus sunt illecti, et resipiscant tali pudore cæteri sacerdotes. Hi nisi resipuerint pœnitendo secundum modum culpæ, arbor cum radice exterminabitur sine fine, ut dicitur : *Propterea Deus destruet te in finem*, id est, usque in finem, *et evellet radicem tuam de terra viventium* (*Psal.* LI, 7).

33. *Exitus vitæ malorum sacerdotum; et an monendi, ac tolerandi.*

D. Dic, quæso, horum reproborum sacerdotum et infidelium quis erit finis, vel cruciatus eorum ? — M. Ut legitur : *Corrupti sunt, et abominabiles facti sunt in operibus suis; ideo ad nihilum devenient tanquam aqua decurrens. Ut oves, sic et pastores in inferno positi erunt: mors depascet eos, quoniam Deus sprevit eos* (*Psal.* XIII, 1; LVII, 8; XLVIII, 15).

D. Debent malis verba Dei dici ? — M. Si sciuntur, non sunt eis dicenda, quia proditor est qui eis, cum sint hostes, reserat Dei secreta; unde præcipitur : *Nolite sanctum dare canibus, nec mittatis porcis margaritas, ne conculcent et irrideant* (*Matth.* VII, 6). Ubi autem nesciuntur, propter electos, qui inter eos latent convertendi, sunt sermones Dei proferendi eis; sicut et Dominus non cessavit Petro et aliis salvandis verba salutis ministrare, quamvis sciret Judam et pharisæos inde scandalizando cruciari.

D. Debent tolerari mali, cum Christus Judam toleravit ? — M. Mali in Ecclesia sunt tolerandi, sed non imitandi; quoadusque ille cum ventilabro veniat, qui grana de paleis excutiat, et zizaniis igni traditis triticum in horrea sua recondat.

D. Segreget te ab omni malo, et collocet te Deus, magister bone, in cœlesti gremio. Amen.

LIBER SECUNDUS.

1. *Quid sit malum, et an a Deo.*

D. Anima mea exsultat in Domino, quod deterso ignorantiæ nubilo, tanto per te illustratus sum scientiæ radio. Quæso itaque, decus Ecclesiæ, ut liceat mihi adhuc aliqua inquirere. — M. Quære quæ vis, et audies quæ cupis.

D. Dicitur malum nihil esse, et si nihil est, valde mirum videtur, cur Deus homines vel angelos damnet, cum nihil faciant. Si autem aliquid est, videtur a Deo esse, cum omnia sint ex ipso; et sequitur quod Deus sit auctor mali, et injuste eos qui hoc faciunt, damnari. — M. A Deo nempe sunt omnia, et omnia fecit valde bona; et ideo malum probatur nihil per substantiam esse. Omnia autem quæ Deus fecit, subsistunt. Omnis vero substantia bona est; sed malum non habet substantiam : ergo malum nihil est. Quod autem malum dicitur, nihil aliud est quam ubi non est bonum; sicut cæcitas, ubi non est visus; et tenebræ, ubi non est lux, cum cæcitas et tenebræ non sint substantiæ. Nota hæc tria. Creatura reposita est in prædicamento substantiæ. Substantia est res omnium rerum, prædicamentorum in esse suo considerata. Natura dicitur omnis res in esse suo, præter ea quæ discordant a prima constitutione secundum suas habitationes. Voluntas autem seu natura quæ discordat a Creatore, non remanet natura sed perversitas naturæ, et hæc talis dicitur peccatum. Factura species est in honore, id est homo in animali, qui relicto naturali bono perversa utitur voluntate. Hæc omnia secundum divinos tria sunt, creatura, natura et factura. Creatura, ut elementa; natura, ut ex eis nascentia; factura, quæ homo, vel angelus facit vel patitur. Qui malum faciunt, patiuntur pœnas peccati. Hæc Deus non facit, sed fieri permittit, ut dicitur : *Deus mortem non fecit* (*Sap.* I, 13). Peccatum autem nihil aliud est, quam quod præceptum est non facere ; aut aliter quam præceptum est agere : sicut nec malum est aliquid, nisi bono, id est gaudio carere. Quod saltem vocabulum habet a Deo, tali modo habet, cum fit per illam substantiam, quam fecit Deus. Juste vero damnat eos Deus, id est non dat eis gaudium, qui non faciunt vel aliter faciunt quam sit præceptum.

D. Quis est auctor peccati? — M. Ipse homo, incentor vero diabolus.

2. *Peccati gravitas, et quod tandem cedat in Dei gloriam.*

D. Est grave peccare ? — M. Minimum peccatum scienter commissum, gravius est toto mundo. Quidquid autem mali vel peccati agitur, totum in laudem Dei vertitur ; et ideo in omni creatura Dei nihil mali esse vel fieri comprobatur.

D. Quid dicis ? homicidium vel adulterium non est peccatum ? — M. Homicidium sæpe dicitur bonum, ut occisio Goliæ a David, et Holophernis a Judith ; quod tunc malum dicitur, cum proprio impulsu perpetratur. Conjugium bonum creditur ; sed ideo malum est adulterium, quia aliter sit quam sit concessum. Quæ tamen in laudem Dei vertuntur, cum ab eo juste puniuntur. Sicut enim (211) imperator est laudabilis, qui milites suos remunerat ; ita est etiam laudabilis, imo laudabilior, qui prædones et latrones damnat. Ita utique sicut Deus in salvatione justorum glorificatur, sic in perditione impiorum per omnia laudatur.

D. Cum scriptum sit : *Nihil eorum odisti, quæ fecisti* (*Sap.* XI, 25), quomodo dicitur Deus amare bonos, malos odio habere ? — M. Cuncta diligit Deus quæ creavit ; sed non cuncta in uno loco locavit. Sicut pictor omnes colores diligit, sed quosdam præ aliis eligit, et unumquemque apto loco ponit ; ita Deus unumquemque sibi convenienti loco disponit ; ideo dicitur eos diligere, quos in cœlesti palatio recipit ; illos odisse, quos in infernali carcere mergit.

3. *De libero arbitrio, et retrocessione a bono.*

D. Quid est liberum arbitrium ? — M. Libertas eligendi bonum vel malum. Hoc in paradiso homo habuit liberum ; nunc vero habet captivum : quia bonum non vult, nisi gratia Dei præveniatur, nec potest agere (212), nisi eum subsequatur.

D. Quid dicis de his qui sæculum relinquunt, religionis habitum sumunt, et transacto aliquo tempore rejiciunt, et pejores quam prius fuerint fiunt ? quidam vero aliqua bona incipiunt, postea deserunt, et ad iniquitatem redeunt ? — M. De his dicit Job : « Simulatores et callidi provocant iram Dei (*Job* XXXVI, 13). » Sæpe servus errantem filium ad patrem pertrahit, et ipse ad opus suum recedit ; ita et isti electos ad Deum pertrahunt, et ipsi ad mala studia redeunt : sic etiam timor charitatem ad regnum ducit, et ipse non introibit ; sicut enim diabolus servit Deo, ita membra ejus serviunt electis etiam tali modo.

4. *Quomodo diabolus Deo serviat, et mali bonis.*

D. Quomodo diabolus servit Deo ? — M. Quia gloriosus princeps despexit esse in palatio ; fecit eum Deus laboriosum fabrum in hoc mundo, ut coactus totis viribus serviat, qui vacare Deo fruendo nolebat, ut dicitur : *Faciam tibi eum servum sempiternum* (*Job* XL, 25). Cujus fabri caminus, est afflictio et tribulatio ; folles sunt tentationes et suggestiones ; mallei et forcipes, sunt terrores, et persecutores ; limæ vel serræ, sunt linguæ maledicentium et detrahentium. Tali camino et his instrumentis purgat ipse aurea vasa cœlestis regis : hoc sunt electi, in quibus renovat imaginem Dei, reprobos autem qui contra regem agunt, ipse torret et ut hostes punit. Tali modo servit diabolus Deo.

D. Qualiter serviunt membra diaboli electis? — M. Cum eos trahunt ad regnum simulatione, vel impellunt adversitate. Simulatione quidem eos trahunt, cum bona exterius simulant, quæ interius non amant. Tunc filii Dei, adhuc in errore positi, per eorum exempla, bona arripiunt, quæ toto corde diligunt ; et cum simulatores illa bona deserunt, quæ non amaverunt, isti firmius in cœpto bono persistunt : ut olim cum mali angeli ceciderunt, boni firmius steterunt. Adversitate autem eos impellunt, cum eis temporalia ; quæ plus justo diligunt, auferunt, et eis ne carnalia desideria implere prævaleant, obsistunt. Unde diabolus et mali utiles, imo necessarii comprobantur, cum per eos electi examinati ad cœlestia deportantur.

D. Quid dicis de presbyteris qui Ecclesias lucri gratia dimittunt, et alias accipiunt?—M. Lupi sunt, apostatæ et latrones, suorum et eorum ad quos veniunt deceptores, imo traditores.

5. *Quare via impiorum prosperatur, et in annos plurimos ; non sic autem vita piorum, nisi quandoque.*

D. Cur mali hic divitiis affluunt, potentia florent, sanitate vigent, et contra boni inopia tabescunt, a malis injuste opprimuntur, debilitate marcescunt ? — M. Propter electos his redundant mali, ut hæc boni despiciant quibus florere etiam pessimos videant. Divitiis autem mali abundant, primo ut mala, quæ concupiscunt, justo Dei judicio explere per pecuniam valeant ; secundo ut, si qua bona fecerint, per hæc remunerentur. Omnia enim quæ

---

(211) A. om. *enim*.

(212) A. om. *agere*.

faciunt, pro terrenis agunt, unde et mercedem suam recipiunt. Potentia splendent, primo propter seipsos, ut mala, quæ amant, potenter expleant; secundo propter reprobos, ut eos in malis defendant; tertio propter electos, ut eos castigent, et a malis actibus emendent. Sospitate autem pollent, nec cum hominibus flagella sentiunt, ut post eos gravior dolor excruciet. Boni autem ideo inedia, oppressione et languore afficiuntur, ne in malis delectentur : aut si aliqua contra Deum egerunt peccata, deleantur; si non, pro patientia coronentur.

D. Cur econtra quidam boni hic divitiis abundant, potentia sublimantur, valetudine roborantur; mali autem penuria, infirmitate et oppressione laborant? — M. Quibusdam electis divitiæ ideo conceduntur, ut bona, quæ amant, rebus implere valeant; et per hæc etiam admonentur si hæc temporalia suavia, quanto magis æterna videntur. Potentia sublimantur primo propter seipsos, ut bona quæ mente conceperunt, potenter exercere possint. Secundo, propter electos, ut eis in bonis (213) tutela sint. Tertio, propter reprobos, ut eos reprimant, ne tantum quantum volunt noceant. Sanitate solidantur, ne justi de eorum ægritudine contristentur, sed de eorum salute lætentur. Econtra, mali quidam hic egestate, afflictione, corporis dolore suspirant; ut per hæc discant quam amara sint ad quæ pravis moribus festinant.

D. Quare quidam mali diu vivunt, quidam vero boni citius moriuntur; et e contra, aliqui boni diuturnam vitam ducunt, mali vero celerius obeunt? — M. Mali ideo diu vivere permittuntur, ut electi per eos exerceantur, et a vitiis corrigantur; ipsi vero post majoribus suppliciis torqueantur. Boni autem citius tolluntur, ne diutius hic adversis atterantur, sed mansuris gaudiis inferantur. Econtra, vita longæva justis datur, ut meritum illorum augeatur, cum plures per illorum exempla corriguntur. Mali sane celeriter ad tormenta rapiuntur, ut electis adhuc errantibus timor incutiatur, et sic ab errore retrahantur.

6. *De bono tribulationis; et quod malis nihil boni contingat; bonis autem nihil mali.*

D. Sunt felices, qui adversis non tanguntur? — M. Imo infelicissimi sunt, quibus permittitur hic per omnia suaviter vivere, et omnia desideria sua pro libito suo implere, sed (214) adversitate non tanguntur; quia tali modo ut arida ligna ad ignem nutriuntur. Econtra, sunt illi felicissimi, qui hic a suis desideriis arcentur, et multis asperitatibus exercentur : quia tali modo ad regnum, ut filii, flagellis erudiuntur, ut dicitur : *Deus flagellat omnem filium quem recipit* (*Hebr.* XII, 6). Volo te scire quod reprobi, quamvis corona regni potiantur, omnino impotentes sunt, et nunquam sine supplicio erunt. Electi vero, quamvis captivi, quamvis in carcere positi, semper potentes sunt, et nunquam præmio carebunt.

D. Pro Dei amore, fac me hoc clarius videre? — M. Reprobi impotentes sunt, quia præventi ira Dei bonum nolunt, et ideo nullo modo possunt; malum autem et volunt, et possunt. Malum vero probatum est nihil esse : ideo eos constat nihil posse. Sine supplicio non sunt, quia sæva conscientia cruciantur, continuo timore anxiantur ne capiantur, ne occidantur, ne res suæ tollantur, unde dicitur : *Non est pax impiis, dicit Dominus* (*Isa.*, XLVIII, 22). Econtra, electi nimium potentes sunt, quia præventi gratia Dei et bonum volunt et possunt, malum vero respuunt. Præmio non carent, quia sine timore manent, et spe futuræ libertatis certi gaudent; unde dicitur : *Justus absque terrore erit* (*Prov.* XXVIII, 1). Aliter etiam tibi volo insinuare quod malis nihil boni contingat, et bonis nihil mali eveniat.

D. In Dei nomine quid loqueris? Nonne mali hic conviviis delicientur, decore ac commixtione mulierum ac liberorum complexione jocundantur, pretiosa veste glorientur, pecunia ac magnificis ædificiis exaltantur. Econtra, boni hic carceribus includuntur, verberibus tunduntur, fame et siti et aliis cruciatibus affliguntur? — M. Cum fortuna malis prospera arriserit, et eos copia de suo cornu his bonis quæ enumerasti repleverit, tunc assimulantur pisci qui mordens hamum gratulatur, sed hoc tripudio de aqua tractus enecatur, aut illi cui poculum mellis præbetur, et post sine fine amarum mare epotare cogetur; nam pro epulis replentur, ut ille dives, absinthio amaritudinis; pro mulierum amore, sulphureo fœtore; pro vestium nitore, induentur confusione; pro pecunia et ædificiis, hæreditabunt vermes in infernalibus antris; unde dicitur : « *Ducunt in bonis dies suos, et in puncto ad inferna descendunt* (*Job* XXI, 13). » Porro boni, quos asseris hujusmodi incommodis affici, similes sunt illis qui piper vel aliam herbam amaram gustu prælibant, ut vinum post sumptum suavius sapiat. Ita justi, pro carcere, recipientur in æterna tabernacula; pro verberibus, obtinebunt gaudium et lætitiam; pro fame et siti, « *non esurient neque sitient amplius* (*Is.* XLIX, 10); » pro cruciatibus, *fugiet ab eis dolor et gemitus* (*Is.* XXXV, 10). Ex qua re probatur justos esse semper locupletes et beatos, impios semper esse inopes et miseros.

7. *Unde dignitates : et quod eas vendere vel emere nefas est; et quale debeat esse prælatorum regimen.*

D. Unde sunt dignitates? — M. A Deo sunt utique omnes dignitates, et potestates malorum, seu bonorum, ut dicitur : *Non est potestas nisi a Deo* (*Rom.* XIII, 1). Cur autem aliquando mali, aliquando vero boni potestates sortiantur, jam superius dictum est.

D. Quam sententiam profers de his qui eas ven-

(213) A., *bona*

(214) A., *si*.

dunt vel emunt? — M. Qui eas emunt, cum Simone interitum subibunt; qui vero vendunt, cum Giezi lepram animæ (215) incurrunt.

D. Habent prælati majus meritum apud Deum? — M. Ordo officii aut dignitas potestatis nihil confert homini apud Deum, si desit meritum. Porro, qui in ecclesiasticis præsunt, ut episcopi et abbates seu (216) presbyteri, si verbo et exemplo bene præsunt, tot præmia præ aliis habebunt, quot animæ per eos salvæ fiunt, ut dicitur : *Super omnia bona sua constituet eos* (*Matth.* xxiv, 47). Si autem (217) subditis verbum salutis subtrahunt, et eos in foveam perditionis per prava exempla ducunt, tot pœnas præ aliis hæreditabunt, quot animæ eorum exemplo perierunt, vel quot salvare prædicando neglexerunt, ut dicitur : *Cui plus committitur, plus ab eo exigitur* (*Luc.* xii, 48). Et iterum : *Potentes potenter tormenta patientur* (*Sap.* vi, 7). Qui autem in sæcularibus prælati sunt, ut reges et judices, si juste judicant et clementer subditos tractant, majorem gloriam præ aliis a justo judice Deo consequentur : « quia qui bene ministrant, bonum sibi gradum acquirunt. » Si autem injuste et crudeliter populum opprimunt, atrocia supplicia præ aliis habebunt, quia *durissimum fiet judicium his qui præsunt* (*Sap.* vi, 6), et : *Judicium sine misericordia ei qui non facit misericordiam* (*Jac.* ii, 13).

8. *Cur electi patiuntur cum reprobis; deque Dei potentia et providentia.*

D. Cum electi non sint de mundo, cur cum reprobis patiuntur adversa mundi? — M. Quia communicant cum malis, ideo cum ipsis adversa tolerant; quia vero sæpe mundialibus irretiuntur (218), ideo mundi infortuniis affliguntur.

D. Cum Deus omnipotens sit, ut dicitur : *Omnia quæcumque voluit, fecit* (*Psal.* cxiii, 11). Et iterum : *Subest tibi posse omne quod volueris* (*Sap.* xii, 8), cur dicitur de eo quod quædam non possit, ut est mentiri, et præteritum non facere quod non (219) sit præteritum? — M. Cum Deo dicitur, non impotentia, sed summa ejus (220) omnipotentia prædicatur, quod videlicet omnis creatura nequeat eum ad hoc flectere, ut velit statutum suum immutare.

D. Quid est providentia Dei? — M. Ea cognitio qua omnia futura præscivit, imo aspexit ut præsentia.

D. Si Deus cuncta futura præscivit, et ea ita ventura per prophetas prædixit, et non possit in sua providentia falli, et cœlum et terra prius transeant quam verba Dei possint immutari; videtur quod ex necessitate cuncta evenerint quæ unquam contigerunt vel adhuc ventura sunt? — M. Duæ necessitates sunt : una naturalis, ut solem in oriente oriri,

vel diem noctem sequi. Altera voluntaria, ut aliquem ambulare, vel sedere. Quæ Deus vult ut fiant, ut cœlum et terram, inevitabile est non evenire, sed per omnia necesse est ita contingere. Quæ autem fieri tantum permittit, ut homines per liberum arbitrium bonum vel malum facere, non est necesse evenire. Omnia igitur quæ futuri homines erant facturi, Deus futura præscivit, et per prophetas ventura prædixit; non tamen sua præscientia aliquam necessitatem eis intulit ut fierent, sed potius ipsi necessitatem (221) intulerunt, cum suam voluntatem explerent.

D. Accidit aliquid casu? — M. Nihil omnino; sed omnia Dei ordinatione.

D. Quomodo ergo aliquæ Dei ecclesiæ, vel ædificia etiam bonorum, fortuito igne invadente, quasi casu cremantur? — M. Casus nihil est. Scriptum est autem : *Nihil fit in terra sine causa* (*Job* v, 6). Unde patet quod nulla ecclesia, vel aliqua casa uspiam in mundo comburitur, nec destruitur, nisi prius a Deo adjudicetur. Contingit autem hoc tribus ex causis : primo, si ecclesiæ (222) ædes per injuste acquisita constructæ sunt. Secundo, si inhabitantes eas per immunditias coinquinant. Tertio, si eas homines plus quam æterna (223) diligant. Sed nec minimum pecus homini moritur vel infirmatur, nisi Dei nutu judicetur.

D. Cum mors et ægritudo sint pœnæ peccati; cur hæc patiuntur pecora, cum per discretionem peccare nesciant? — M. Per ea homo punitur, cum eorum dolore vel morte in animo torquetur.

D. Hoc potest esse de domesticis; quid dicis de agrestibus? — M. Quod ea ægritudine vexantur, evenit eis ex corrupto aere, vel ab aliis rebus, quæ ob peccatum hominis in contraria mutantur

9. *De prædestinatione, et de permissione peccati in electis.*

D. Quid est prædestinatio Dei? — M. Ea dispositio, qua ante creatum sæculum quosdam ad suum regnum præordinavit, de quibus nullus perire possit, et omnes salvari necesse sit; et quosdam ad pœnam, quos peccati reos præscivit, de quibus nullus salvus erit.

D. Si nullus potest salvari, nisi prædestinati, ad quid alii creati sunt, vel in quo sunt rei, quod pereant? — M. Quidquid prædestinati faciant, perire nequeunt, quia omnia cooperantur illis in bonum, etiam ipsa peccata. Nam post graviora peccata humiliores erunt, et de sua salvatione laudes Deo referent. Reprobi autem propter electos sunt creati, ut per eos in virtutibus exerceantur, et a vitiis corrigantur, et eorum collatione gloriosiores appareant; et cum eos in tormentis viderint, de sua evasione amplius gaudeant. Qui etiam propter se-

---

(215) P. om. *animæ.*
(216) A. om. *abbates seu.*
(217) A. om. *si autem.*
(218) A., *utuntur.*
(219) A., *quin.*

(220) A. om. *ejus.*
(221) A., *vim necessitati.*
(222) A., *eædem.*
(223) A., *æternas.*

ipsos juste pereunt, cum malum sponte suâ eligunt, diligunt et volunt sine fine vivere, ut possint sine fine peccare.

D. Quare permittit Deus electos peccare? — M. Ut patefaciat in eis divitias misericordiæ suæ.

D. Salvantur prædestinati, si non laborant? — M. Prædestinatio taliter instituta est ut precibus vel laboribus obtineatur, ut dicitur : *Per multas tribulationes oportet nos intrare in regnum Dei* (Act. xiv, 21). Parvulis itaque per mortis acerbitatem, provectis autem ætate datur prædestinatio per laborum exercitationem. Quia vero scriptum est : *In domo Patris mei mansiones multæ sunt* (Joan. xiv, 2), unusquisque obtinebit mansionem secundum proprium laborem : ita prout quis plus laboraverit, digniorem; qui vero minus, inferiorem possidebit. Nullus tamen plus laborare poterit, quam cum divina gratia juverit. Nec aliam mansionem quis habiturus erit, quam eam ad quam ante mundi exordium præordinatus fuit : quia *non volentis, neque currentis, sed Dei est miserentis* (Rom. ix, 16). Ita nullus reproborum quidquam plus facere prævalet, quam ei (224) divina censura permittit; nec aliam pœnam habebit, quam eum divinum judicium, ante mundi initium secundum suum meritum, habiturum præscivit; ut Deus, antequam bonum vel malum facerent, dixit : *Esau odio habui, Jacob autem dilexi* (Mal. i, 3).

D. Quomodo possunt dignosci? — M. Qui in bonis actibus usque in finem perseveraverint, vel qui mala faciens ea deserit et ad pœnitentiam prosilit, et in hac usque in finem perduraverit, hic de prædestinatis erit. Qui autem in malis perdurat, vel bona agens hæc relinquit, et mala perpetrat, et his usque in finem insistit, de reprobis existit. Sicut illi dicuntur rei, qui multa de Deo audierunt, et obsequi noluerunt, ita videntur innoxii, qui nunquam aliquid de Deo audierunt, et ideo non fecerunt. Homines sunt ita creati, ut naturaliter per dilectionem proximi serviant Creatori, secundum (225) illud : *Quod tibi non vis fieri, alii ne feceris* (Tob. iv, 16). Nullus vult pati furtum, adulterium, homicidium; non faciat ulli. Cum hoc homines in proximo spernunt, Deo, qui est dilectio, contradicunt; quamvis nullus sit in orbe angulus ubi non sit notus Deus, cum mercatus gratia vel alterius rei, in illas et illas terras, ubi Deus colitur, mixtim homines eant, et quæ ibi de Deo audierunt, domi referant, et ideo sunt inexcusabiles.

10. *De ignoratione Dei.*

D. Possunt excusari qui Deum ignorant et bona, et ideo faciunt mala? — M. Qui ignorat, ignorabitur. » Qui enim Deum in fide et opere, ut gentes, ignorat, hunc Deus ut hostem suum damnat. Qui autem Deum per fidem noverunt, sed voluntatem ejus simpliciter, ut rustici, ignorant, si damnantur, non graviter damnantur, ut dicitur : « *Servus nesciens voluntatem Domini sui, et non faciens, vapulabit plagis* (226) *paucis* (Luc. xii, 48). Qui autem per ingenium scire possunt, sed per malitiam scire dissimulant, ut clerici et monachi, durius punientur, ut dicitur : *Qui scit, et non facit, plagis vapulabit multis* (ibid. xlvii). Qui vero bona audire nolunt, et quæ debent facere discere contemnunt, duplici animadversioni subjacebunt. Primo, pro contumacia, quod scienter peccant; secundo, pro contemptu, quia bonum discere recusant, ut dicitur : *Revelabunt cœli iniquitatem illorum, et terra adversus eos consurget* (Job xx, 27) *in die furoris Domini, qui dixerunt Domino Deo : Recede a nobis, scientiam viarum tuarum nolumus* (ibid. xxi, 14).

11. *Quid sit originale peccatum.*

D. Quid est originale peccatum? — M. Injustitia.

D. Planius edicito. — M. Deus justum primum hominem fecit. Quam justitiam ipsum servare et posteris relinquere justum fuit : omnis namque homo cum tali justitia nasci debuit, quali Adam conditus fuit. Sed quia hanc Adam sponte deseruit; omnis homo in injustitia originem vivendi sumit, quæ injustitia originale peccatum vocatur; pro qua omnis homo damnatur, nisi ei in baptismate dimittatur.

D. Cum omne peccatum sola voluntate perpetretur, non video quomodo juste infanti recens animato vel nato peccatum imputetur; præsertim cum nullam voluntatem peccandi habeat, nullamque justitiam facere vel intelligere prævaleat? — M. Infans recens animatus vel natus, tribus de causis reus existit. Primo, quia naturalem justitiam non habet, quam Deus primo homini contulit. Secundo, quia debitor satisfaciendi pro temeritate desertionis existit. Tertio, quia miserias incurrendo se inutilem suo Domino fecit. Omnis autem homo angelis adæquandus justus nasci debuit, sicut Deus constituit. Sed quia hanc Adam deseruit, Deus eam ab omni posteritate sua exigit.

D. Cum scriptum sit : *Filius non portabit iniquitatem patris* (Ezech. xviii, 20); et item : *Unusquisque onus suum portabit* (Gal. vi, 5), quomodo juste ab infante exigitur quod a parente delinquitur? — M. Nullus peccatum exigitur ab alio; nullusque pro alterius, sed pro sua ipsius injustitia punitur. Deus justitiam ab omni homine exigit, quam primo dedit; omnis autem homo in natura est Adam, in persona filius Adam. Et, quia omnis homo absque hac justitia nascitur, non pro hoc quod eam Adam deseruit, sed quia eam ipse non habet, punitur. Igitur quia naturalis justitia in infante non invenitur, a justitia Dei juste repellitur, ac justissime cum injustis pœnæ a Deo subjicitur, qui etiam in tertiam et quartam generationem peccata juste ulciscitur.

D. Nihil magis cupio audire.

(224) A. om. *ei.*
(225) A., *per.*
(226) A. om. *plagis.*

12. *Quomodo Deus in quartam generationem peccata punit.*

M. Deus in prima generatione peccata retribuit, dum peccantes pro naturali lege spreta diluvio delevit. In secunda generatione punivit, dum delinquentes pro idololatria mari Rubro obruit. In tertia generatione peccantes multavit, dum eos pro transgressa lege scripta bello exterminavit. In quarta generatione peccata vindicabit, dum pro despecto Evangelio contemptorem extremus ignis devorabit. Quamvis sæpe pro peccatis parentum filii in sua injustitia juste deserantur, ut et hic et ibi puniantur. Quatuor quoque genera sunt peccandi, cogitatio, locutio, operatio, in malis perseveratio. In tertia ergo et quarta generatione, Deus peccatum retribuit, dum pro factis in malis perdurantes punit.

D. Cum caro tantum ab Adam assumatur, anima autem a Deo tribuatur; mirum est quomodo juste ab anima exigitur quod per carnem contrahitur. — M. Non puto te ita desipere, ut arbitreris carnem absque anima hominem esse : anima quippe ad hoc datur, ut caro vivificetur. Itaque ante acceptam animam nihil a carne exigitur; nec ab anima ante conjunctionem carnis quidquam exquiritur, præsertim cum in semine humanæ conceptionis nulla culpa, sicut nec in sanguine vel in sputo esse comprobetur; et anima innocens a Deo creetur. Porro, animæ et corporis homo dicitur, et ob hoc debitum Adæ juste exigitur, et quia in iniquitatibus concipitur, in injustitia nascitur, reus justo judicio statuitur.

D. Quomodo in iniquitate concipitur? — M. In concupiscentia : omnis namque homo debuit sine concupiscentia generare, sicut manus manui jungitur sine delectatione. Sed quia primus homo a justitia naturali recessit, et interdictum concupivit : mox concupiscentia eum servum sibi subegit, et ipsum omnesque posteros suos in concupiscentia generare coegit. Igitur omnis qui in concupiscentia concipitur, injustus nasci convincitur; et ideo si absque baptismate, quod est mors Christi, moritur; in cœlum angelis coæquandus non assumitur. Nullus quippe angelis æquabitur, nisi cui nulla injustitia, sicut nec ipsis, dominabitur. Nemo autem mundus a sorde, nec infans unius noctis in orbe.

13. *Quid est concupiscentia.*

D. Adhuc scrupulus animum meum tenet, cui fortiter inhæret. — M. Quisnam?

D. Cum caro insensibilis sit, ac per se nihil facere possit, nulla ratione video qualiter adversus spiritum concupiscere dicatur, et eum ad consensum sui attrahere astruatur. — M. Hoc clavis David citius clausum reserabit, quoniam hominem carnem ab Adam, animam autem a Deo habere constat; sed concupiscentiam nec ab Adam, nec a Deo habere nullus ignorat. Cum vero anima carni juncta fuerit, concupiscentiam ab ea trahit. Duas autem vires animæ inesse nullus dubitat, unam qua corpus vivificat : alteram qua invisibilia considerat. Et illa, qua corpus vivificatur, animalitas, vel carnalitas, vel sensualitas nominatur. Illa autem quæ invisibilia contemplatur, spiritus, vel mens, vel intellectus nuncupatur. Inferior ergo pars animæ quæ animalitas nominatur, a corpore quod corrumpitur, aggravatur, et sensibus carnis immersa, ab eis obruitur, et spiritualia obliviscitur, tantum in terrenis delectatur. Et idcirco caro appellatur, et contra spiritum concupiscere affirmatur. Superior autem vis animæ, quæ spiritus, vel interior homo, nominatur, spiritualia et cœlestia scrutatur, caduca respuens invisibilium contemplatione delectatur, et ideo carni adversari perhibetur. Dicitur autem concupiscere, sicut dicitur auris audire.

D. Quomodo potest spiritus ab anima superari? — M. Sicut Adam ab Eva : anima namque uxor spiritus scribitur : caro utriusque ancilla dicitur. Spiritus itaque imperet uxori suæ per rationem : anima obediat marito suo per dilectionem; caro ancilla famuletur per operationem. Quod si uxor ab ancilla illecta maritum ad consensum mali inclinaverit, et ipse cum ea per ancillam peccatum perpetravit; sicut serpens persuadens, mulier concupiscens, vir consentiens, pœnis subduntur, sic juste caro illiciens, anima concupiscens, spiritus consentiens simul a gaudio excluduntur.

D. Quid igitur faciant? — M. Sara, scilicet, anima Abrahæ, id est spiritui adhærens carnalia respuat, spiritualia concupiscat; Agar ancillam, id est carnem suam vigiliis et jejuniis ad bona opera constringat; et sic eis Isaac, id est verum gaudium nascetur, quo non discordes, sed perenni pace concordes congratulentur.

D. Habet incrementum anima? — M. Non quantitate, sed ratione.

D. Qualiter nascuntur quidam fatui, cum animæ rationales sint. — M. Dum crassior humor in visco matris utero concipitur, quodammodo anima in hoc corpusculo hebetatur, sicut etiam adulti aliqua infirmitate sensu privantur.

14. *De animarum origine, et quales sint in infantibus.*

D. Sunt animæ ab initio creatæ aut creantur quotidie? — M. Deus omnia simul et semel per materiam fecit, ut dicitur : « Qui fecit quæ futura sunt; » postmodum autem universa per speciem distinxit. Ab initio igitur animæ sunt creatæ in invisibili materia; formantur autem quotidie per speciem, et mittuntur in corporum effigiem, ut dicitur : *Pater meus usque modo operatur, et ego operor* (Joan. v, 17) (227); et alibi : *Qui finxit singulatim corda eorum* (Psal. xxxii, 15), id est animas.

D. Cum Deus, summe bonus et summe sanctus, nonnisi bonas et sanctas animas creet, et ipsæ ani-

---

(227) A. om. *et ego operor.*

mæ propter obedientiam ejus corpora intrent, omni admiratione et omni stupore est admirandum cur eant in infernum, si illud corpusculum mox fuerit mortuum? — M. Deus, a quo omnis bonitas et omnis sanctitas est, non nisi bonas et sanctas creat animas, et ipsæ naturaliter desiderant corpus intrare, ut nos naturaliter cupimus vivere; verumtamen cum intraverint illud immundum et pollutum vasculum, tanta aviditate illud amplectuntur, ut plus illud diligant quam Deum. Justum igitur est ut, cum ipsæ sordidum vas, imo carcerem, quo includuntur, amori Dei præponant, eas Deus a consortio suo excludat.

D. Sciunt animæ aliquid in corporibus infantium? — M. Legitur de B. Johanne Baptista, quod anima ejus adhuc in matre senserit Christum adesse : unde patet animas quidem parvulorum scientia non carere, sed præ debilitate opus Dei (228) non posse exercere. Dicitur tamen quod nulla anima per se ipsam plusquam corpus sciat, nisi a vivificante spiritu accipiat.

15. *Quomodo peccatum transfunditur etiam a parentibus baptizatis.*

D. Cur vocas corpus immundum de homine christiano natum? — M. Quia de immundo semine concipitur, ut dicitur : *Quis potest facere mundum de immundo conceptum semine?* (Job xiv, 4.) et alibi : *in iniquitatibus conceptus sum* (Psal. L, 7).

D. Cum homo totus in baptismate emundetur, et conjugium bonum prædicetur, quomodo semen ejus immundum dicitur? — M. Homo in baptismate interius et exterius sanctificatur; sed rursum semen ejus per carnis concupiscentiam coinquinatur.

D. Cum illa commixtio nequeat fieri absque delectatione carnali, et ille infans non possit repugnare parentibus, ut puta adhuc informatus, quomodo ipse est immundus, aut culpæ aut pœnæ obnoxius? — M. Crimen hujus pollutionis propter fidem conjugii parentes deserit; ob injustitiam autem primæ prævaricationis transfunditur, quasi hæreditario jure, in generatione prolis; et ideo tenentur obnoxii culpæ Adæ, in quo omnes peccaverunt, et in quo omnes mortui sunt.

D. Si omnes in Adam mortui sunt, quomodo nascuntur vivi? — M. Sicut si quis ad aliquam fenestram se demonstret, et statim revertatur, sic homo nascens quasi se demonstrat in mundo, et mox in mortem revertitur.

D. Si peccata relaxantur in baptismo, cur baptizantur qui de eis nascuntur. — M. Si aliqua pasta veneno fuerit corrupta, omnes panes ex ea confecti sunt mortiferi : sic in Adam fuit massa corrupta, et ideo ex eo nati sunt omnes peccato corrupti; et idcirco morte digni, nisi fuerint in morte Redemptoris per baptismum vivificati. Sicut ergo parentes pro seipsis in baptismate sunt emundati, ita filios oportet pro seipsis per mortem Christi in baptismo renovari, ut dicitur : *Omnes, qui in Adam moriuntur, in Christo vivificabuntur* (I Cor. xv, 22).

D. Si prægnans mulier baptizatur, prodest infanti illa baptizatio, si in ea moritur? — M. Nihil. Nondum enim sicut Adam fuit natus; et ideo in Christo non judicatur renatus.

D. Cur non permittit Deus quosdam nasci ut baptizentur, aut natos prius subtrahit morti, quam regenerentur? — M. Judicia Dei abyssus multa, ideoque occulta, quamvis causa in his!(229) eluceat, cum notum sit quod propter electos fiat : ut videlicet cum istos tam immeritos et pene sine peccato viderint in pœna, et se post multa facinora tam indebitos in gloria, uberius jubilantes Deo grates referant, cujus gratia tam meritas pœnas evaserunt.

D. Quam pœnam habent parvuli sine baptismo mortui? — M. Tenebras tantum.

D. Nocet aliquid infantibus, quod de illicito conjugio, scilicet de adulterio, vel cognatis, vel canonicis, vel monachis, vel sanctimonialibus vel cæteris incestis commixtionibus (230) nascuntur? — M. Nihil omnino, si fuerint baptisma consecuti; sicut nec tritico nocet, si furatum per furem fuerit seminatum.

D. Nocent peccata parentum filiis, vel filiorum parentibus? — M. Scriptum est : *Pater non portabit iniquitatem filii, nec filius portabit iniquitatem patris* (Ezech. xviii, 20). Si filii parentibus in his non consenserint, aut parentes filios suos ab his prohibere non potuerint, nihil nocebunt peccata alterutrorum alterutris; sicut nec Josue nocuit quod pravum patrem habuit, et rursum non obfuit quod nequam filium genuit. Si autem parentes filiis, vel filii parentibus consensum præbuerint in peccatis, mali sunt cum ipsis, et jam non pro illorum, sed pro suis malis damnabuntur.

16. *De connubio cum consanguinea, et commatre, ac filiola, et de polygamia.*

D. Est grave peccatum, ducere cognatam? — M. Secundum naturam, nullum; sed secundum statutum Ecclesiæ, magnum.

D. Quomodo hoc probas? — M. Nullum fuit peccatum comedere pomum; sed contra præceptum Dei comedere, fuit maximum.

D. Quare olim sancti patres duxerunt suas consanguineas? — M. Charitas apud illos non extendit se latius quam ad amicos, ut dicitur? *Diliges amicum, et odio habebis inimicum* (Matth. v, 43). Debuerunt ergo cognatorum filias accipere, quibus possent amorem impendere. Apud nos autem extendit se charitas etiam ad inimicos, ut dicitur : *Diligite inimicos vestros* (ibid., 44). Quia igitur ipse sanguis nos cogit cognatos diligere; statuit Ecclesia per Spiritum sanctum, alienorum filias ducere, ut uxor inter nos et extraneos sit dilectionis vinculum, quo charitas se dilatet per omne genus humanum.

---

(228) A., *Corpusculi.*
(229) A. om. *in his.*

(230) A. om. *vel cæt. inc. comm.*

D. Quomodo probas non esse peccatum cognatam ducere? — M. Licet duobus fratribus duas sorores ducere?

D. Licet. — M. Soror uxoris meæ fit mea cognata per ejus sanguinem. Rursus meus frater cognatus efficitur uxoris meæ per meum sanguinem. Si igitur secundum naturam est peccatum, cur ducit meus frater meam et suam cognatam? Igitur secundum naturam peccatum nullum est, sed secundum interdictum grave est piaculum.

D. Non possum intelligere quomodo sit illicitum commatres vel filiolas ducere. — M. Hoc etiam, sicut superius dixi, secundum naturam non est peccatum, sed secundum sacramentum. Sicuti enim uxor tua est filii tui mater in generatione, sic illa, quæ eum suscipit de fonte, fit ejus mater in spirituali regeneratione, et ita fit tua commater, soror uxoris tuæ, et filiola fit soror filiæ tuæ. Similiter si tu alterius filiam levaveris, compater, id est frater sui patris eris, et non licet illi duas sorores, aut mulieri duos fratres accipere. Igitur per sacramentum tale conjugium est penitus illicitum.

D. Propter quod sacramentum? — M. Per carnale connubium significatur Christi et Ecclesiæ sacramentum. Sicut enim vir mulieri commixtus, unum cum ea efficitur: ita Ecclesia per commixtionem corporis Christi, unum cum ipso; et ipse per assumptionem humanæ naturæ, unum cum ea efficitur, ut dicitur: *Erunt duo in carne una; ego autem dico in Christo, et in Ecclesia* (*Ephes.* v, 31, 32). Sicut ergo humana natura a Christo erat aliena, quam sibi conjunxit, ita debet femina esse ex aliena parentela, quam vir in matrimonium ducit.

D. Quid de commatribus et filiolabus? — M. Commatres et filiolæ ideo nobis in copula interdicuntur, quia nobis spiritualiter in sacramento conjunctæ noscuntur; et indignum judicatur ut de spirituali ad carnale descendatur.

D. Licet plus quam unam uxorem ducere? — M. Sicut Christus non nisi uni catholicæ Ecclesiæ copulatur, sic lege divina vir jure non nisi uni mulieri associatur; unde primi patres nuptias repetisse non leguntur. Quod autem inter Christianos una mortua alia ducitur, non est divinum jussum, sed apostolicum permissum ob incontinentiæ medicamentum, ne in fornicationis prolabantur abyssum. Porro, quod tertio repetitur, fornicationi adscribitur.

17. *De Ecclesiæ ministris, ac monachis.*

D. Anima mea, gratulare, quia omnia quæ desiderasti contigit te audire. Eia nunc, nobilis doctor, pocula Spiritus sancti tibi abunde infusa conversis largiter eructa, et jam de prælatis dixisti, de reliquis Ecclesiæ ministris quid sentias, insinua? — M. Primo igitur sacerdotes, si bene vixerint, exemplo sunt lux mundi; si recte docuerint, verbo sunt sal terræ. Reliqui vero Ecclesiæ ministri sunt fenestræ in domo Domini, per quos lumen scientiæ splendet his qui sunt in tenebris ignorantiæ: quod si bene vixerint et non docuerint, sunt carbones ignis, qui ardent et non lucent. Si bene docuerint et male vixerint, sunt ardens candela, quæ aliis lucet, et sibimet cera liquescente deficit, vel campana, de qua aliis dulcis sonus redditur, et ipsa assiduo pulsu atteritur. Si autem nec bene vivunt nec docent, sunt fumus qui ignem obfuscat, et aciem oculorum reverberat; de his dicitur: *Stellæ non luxerunt* (*Job* xxv, 5); ideo de cœlo occiderunt.

D. Quid dicis de mundi contemptoribus, scilicet monachis, vel aliis habitu religiosis? — M. Si propositum suum religiose vivendo impleverint, cum Domino judices erunt; sin autem, miserabiliores omnibus hominibus sunt, quia non habent nec sæculum, nec Deum; de his dicitur: *Descendant in infernum viventes* (*Num.* xvi, 30); quia scientes.

18. *De variis laicorum statibus.*

D. Quid sentis de militibus? — M. Pauci boni: de præda enim vivunt, de rapina se vestiunt, inde possessiones emunt, et exinde beneficia redimunt; de his dicitur: *Defecerunt in vanitate dies eorum, et anni eorum cum festinatione* (231); *ideo ira Dei ascendit super eos* (*Psal.* LXXVII, 33, 30).

D. Quam spem habent mercatores? — M. Parvam: nam fraudibus, perjuriis, lucris omne pene quod habent acquirunt.

D. Nonne sacra loca frequenter visitant, libenter Deo sacrificant, eleemosynas multas dant? — M. Hæc omnia ideo faciunt, ut Deus eis res suas augeat, et habitas custodiat, et per hæc recipiunt mercedem suam; de his dicitur: *Qui confidunt in multitudine divitiarum suarum* (*Judith.* IX, 9), sicut oves in inferno deponentur, et mors depascet eos.

D. Quid sentis de variis artificibus? — M. Pene omnes pereunt; nam quidquid faciunt, cum maxima fraude agunt; de his dicitur: *Non sunt tenebræ, et non est umbra mortis, ut abscondantur ibi qui operantur iniquitatem* (*Job* xxxiv, 22).

D. Habent spem joculatores? — M. Nullam: tota namque intentione sunt ministri Satanæ, de his dicitur: *Deum non cognoverunt; ideo Deus sprevit eos, et Dominus subsannabit eos* (*Psal.* II, 4), quia derisores deridentur.

D. Quid dicis de publice pœnitentibus? — M. Noli dicere pœnitentibus, sed Deum irridentibus: Deum etenim irrident, et seipsos decipiunt, qui lætantur cum malefecerint, et exsultant in rebus pessimis: cum homines occiderint, cantant; cum adulteraverint, exsultant; cum perjurant, aut sacrilegium perpetrant, cachinnant. In pœnitentia constituti diversa fercula quærunt, variis poculis inebriari gestiunt, et omnibus deliciis plus quam alii diffluunt; de his dicitur: *Dabit Dominus in carnes eorum vermes et ignem inexstinguibilem* (*Judith.* xvi, 21).

---

(231) A. om. *et an. eorum cum fest.*

D. Quid de fatuis dicis? — M. Inter pueros reputantur; melius enim facere nesciunt; et ideo salvantur.

D. Quid de agricolis dicis? — M. Ex magna parte salvantur, quia simpliciter vivunt, et populum Dei suo sudore pascunt, ut dicitur. *Labores manuum suarum qui manducant beati sunt* (*Psal.* CXXVII, 2).

D. Quid de parvulis? — M. Quotquot non loquentes, ut sunt triennes, duntaxat baptisma consecuti, salvantur, ut dicitur: *Talium est enim regnum cœlorum* (*Matth.* XIX, 14). Qui vero quinquennes sunt, et supra, quidam pereunt, quidam salvantur.

19. *De salvandorum paucitate, et quomodo Christus pro omnibus mortuus.*

D. Ut videtur, pauci sunt qui salvantur. — M. Arcta est via quæ ducit ad vitam, et pauci sunt qui ambulant per eam. Tamen, ut columba grana pura eligit, ita Christus suos electos de his omnibus generibus latentes colligit; qui etiam quosdam de genere latronum assumit. Novit enim qui sunt ejus, pro quibus etiam sanguinem fudit.

D. Cum scriptum sit: *Christus pro impiis mortuus est* (*Rom.* V, 6), *et gratia Dei pro omnibus gustavit mortem* (*Hebr.* II, 9), profuitne mors ejus impiis? — M. Christus pro solis electis mortuus est, qui tunc erunt impii; quia in infidelitate positi: pro omnibus autem dicit, scilicet, de omnibus gentibus, et de omnibus linguis, et non solum illius temporis, sed pro omnibus futuris, et pro his qui erant in inferni claustris, ut dicitur: *Non sum missus nisi ad oves quæ perierunt domus Israel* (*Matth.* XV, 24). Domus Israel est regnum cœlorum, et est regnum Deum videntium. Oves quæ perierunt sunt electi, quos venit Christus sua morte redimere, ut dicitur: *Animam meam pono pro ovibus meis* (*Joan.* X, 15); pro suis dixit, non pro illis de quibus dixit: *Vos non estis de ovibus meis* (ibid., 26). Inde habes: *Pro eis rogo, non pro mundo* (*id.* XVII, 9); et iterum: *Dilexisti eos ante constitutionem mundi* (ibid., 24); de his dicitur: *Hic est sanguis qui pro vobis et pro multis effundetur* (*Marc.* XIV, 24). Non dicit; pro omnibus. Nihil enim contulit reprobis nisi justam damnationem mors Christi, et tali modo etiam pro ipsis mortuus est. Omnes enim iniqui ab initio mundi consenserunt in necem Christi, unde dicitur: *Venient hæc omnia super generationem istam* (*Matth.* XXIII, 36), scilicet malorum.

D. Cum Christus sit ipsa misericordia, et miserationes ejus super omnia opera ejus (*Psal.* CXLIV, 9), qui non venit vocare justos, sed peccatores ad pœnitentiam, cur non est misertus eorum? — M. Christus est super eos misericors, qui se cognoscunt miseros; impii autem putant se justos, ideo non vocat eos Dominus, ut dicitur: *Non miserearis omnibus qui operantur iniquitatem* (*Psal.* LVIII, 6). Et cum ipse sit ipsa justitia, si super membra diaboli flecteretur misericordia, esset injustus. Ergo justis est misericordia, impiis vero justitia. Porro: *miserationes ejus super omnia opera ejus* (*Psal.* CXLIV, 9), quia *solem suum oriri facit super bonos et malos* (*Matth.* V, 45), et pluit super eos, et pascit eos.

20. *De bonorum a malis internotione, et multiplici remissione peccatorum.*

D. Possunt aliquibus signis internosci boni et mali? — M. Possunt. Justi namque sibi bene conscii, et de futura spe certi, sunt vultu hilares; oculi eorum quadam gratia micantes, in incessu modesti, de abundantia cordis dulces in verbis. Mali autem de prava conscientia et cordis amaritudine sunt vultu nebuloso, et verbis et factis instabiles; risu immoderati, tristitia mordaces, in ingressu intemperati, scilicet modo tardi, modo festini; venenum quod in corde gerunt, nunc amaris, nunc impuris dictis fundunt.

D. Si in morte Christi peccata sunt remissa, cur baptizamur? — M. Peccata per mortem Christi relaxantur, si in fide mortis Christi baptizantur.

D. Quot modis relaxantur peccata? — M. Septem.

D. Quibus? — M. Primo, per baptismum; secundo, per martyrium; tertio, per confessionem et pœnitentiam, ut dicitur: *Confitebor injustitiam meam Domino, et tu remisisti iniquitatem meam* (*Psal.* XXXI, 5); quarto, per lacrymas, ut dicitur: *Beati qui lugent, quoniam ipsi consolabuntur* (*Matth.* V, 5); quinto, per eleemosynam, ut dicitur: *Sicut aqua exstinguit ignem, ita eleemosyna exstinguit peccatum* (*Eccli.* III, 33); sexto, per indulgentiam in nos peccantibus, ut dicitur: *Si dimiseritis hominibus, et Pater meus dimittet vobis* (*Matth.* VI, 14); septimo, per charitatis opera, ut dicitur: *Charitas operit multitudinem peccatorum* (*I Petr.* IV, 8).

D. Quid valet confessio? — M. Quantum baptismus; sicut enim in baptismo originalia, ita in confessione remittuntur peccata actualia.

D. Et etiam judicium? — M. Duo sunt judicia Dei: unum hic per confessionem; aliud in ultimo die per examinationem; in quo ipse Deus judex erit diabolus accusator, homo reus. In isto vero sacerdos, Christi vicarius, judex; homo et accusator et reus: pœnitentia est sententia. Qui hic judicatur, non ibi accusatur, ut dicitur: *Non judicat Deus bis in idipsum* (*Nahum.* I, 9 juxta LXX); et alibi: *Si nos judicaremus, non utique judicaremur* (*I Cor.* XI, 31).

D. Valet eleemosyna vel pœnitentia, si non deserantur peccata? — M. Sicut (252) omnia medicamenta non valent ad sanandum vulnus, quamdiu ferrum fuerit infixum, nisi ferrum extrahatur: ita omnia benefacta non proderunt, nisi peccatum relinquatur, ut dicitur: *Qui facit peccatum, servus est*

(252) A., si.

peccati (*Joan.* VIII, 54); et nemo potest alienum servum facere liberum.

D. Proderunt benefacta malis? — M. Pro omnibus bonis quæ fecerunt, recipient homines retributionem, sive in hac vita, sive in futura. In hac vita, ut dicitur de divite : *Recepisti bona in vita tua* (*Luc.* XVI, 25). In futura vero, ut dicitur : *Centuplum accipietis* (*Matth.* XIX, 29). Ita e contra de omnibus malis quæ fecerit homo punietur, aut in hoc sæculo, aut in futuro, ut dicitur :

Ante Dei vultum nihil unquam transit inultum.

Igitur aut ipse homo punit pœnitendo, aut Deus vindicat puniendo.

21. *Ad quid sacrificia legalia; et de origine idololatriæ.*

D. Cur concessit Deus Judæis legalia sacrificia, cum non auferrent peccata? — M. Ne idolis immolarent, quem ritum in Ægypto positi didicerant. Ideo etiam tanto tempore circumduxit eos per eremum, ut hunc morem obliviscerentur; et propter aliud : sicut Judaicus populus erat in figura, imo umbra Christiani populi; ita in eodem debuit præcedere umbra veri sacrificii, ut in paschali agno, vel rufa vitula, vel hirco. Postquam autem Christus veritas venit dare benedictionem, qui legem dederat, umbraticis hostiis finem imposuit; et singulare sacrificium, quod aufert peccata, seipsum offerens instituit.

D. Cum homines non colerent nisi unum Deum ab initio, unde cœpit idolorum culturæ superstitio? — M. Apud Babel turris gigantum exorta legitur, cujus altitudo sexaginta quatuor stadiorum fuisse fertur; in qua primus rex hujus mundi, Nemroth, et postea Ninus, regnavit; qui Belo patri suo imaginem faciens, cunctos sibi subjugatos eam adorare imperavit, quem post alii imitati charis suis, aut præpotentibus regibus, mortuis idola fecerunt, quæ vulgus colere compulerunt : ut Cretenses suo regi Jovi, et Athenienses Cecropi, Latini Jano, Romani Romulo; unde dicitur :

Primus in orbe Deos fecit timor.

(Petron., *Fragm.*)

Dæmones vero formulas intrabant, et populum per responsa seducentes ludificabant.

D. Ubi fuit Babel? — M. In loco in quo nunc est magna Babylonia, quam de latere et bitumine construxit Semiramis regina, ut lateres igni, bitumen aquæ resisterent. Cujus longitudinem et latitudinem per sexaginta milliaria extendisse dicitur, muri vero latitudinem quinquaginta cubitorum, altitudinem ducentorum cubitorum exstruxisse fertur. In hac civitate idololatria cœpisse perhibetur. In hac etiam Antichristus nasciturus fertur, ut dicitur : « De Babylone coluber exibit, qui totum mundum devorabit. »

22. *Utrum altaria auro vel gemmis præparanda sint; et quibus modis propitiatur Deus.*

D. Sunt altaria auro vel gemmis præparanda? — (233) A., *extendere*.

M. In honorem divinum non altaria auro et gemmis dedicanda sunt; quæ sive habenti ideo largiaris, quia superiorem te asseris, sive habenti parem, qui utrum feceris, contumelia est; nam qui cœlestia pretiis invitat, offendit.

D. Quibus maxime propitiatur nobis Deus? — M. Verbo : Quod solum sibi cum homine est, sua nimis similitudine delectatur. Nam Verbum Deus est, hoc mundum creavit, hoc regit atque omnia alit. Hoc nos veneramur, hoc diligimus, ex hoc spiritum trahimus. Siquidem Deus spiritus est, neque terrenis divitiis nec largitate munifica, sed religiosis operibus et gratiarum actione placandus.

23. *Peregrinationes sacræ an probandæ.*

D. Prodest Hierosolymam petere, aut alia loca sacra invisere? — M. Melius est pecuniam, cum qua ituri sunt, in pauperes expendere (233). Si qui autem amore Christi accensi, vel suorum peccatorum facta confessione, et pecunia de propria hæreditate vel proprio sudore acquisita ierint, et se in itinere apud congregationes sanctorum orationibus commendaverint, de rebus suis ipsis vel aliis pauperibus impertierint, laudandi sunt, Equia et Helena et Eudoxia laudantur, quæ hæc fecerunt. Si qui vero propter curiositatem vel laudem humanam ad sacra loca discurrunt, hoc in mercede accipiunt, quod amœna loca, aut decora ædificia viderint, vel laudem quam amaverunt audierint. Si qui autem pecunia per lucrum, aut per fraudem, aut per rapinam, aut per oppressionem coacervata perrexerint, ita Deo vel sanctis erunt accepti, sicut is qui filium coram patre suo immolat, et sic cruentis manibus ad illum venit.

24. *De frequenti cibi indigentia, et vitæ termino.*

D. Cur Deus non concessit homini ut sumpto cibo saltem per septimanam posset carere illo? — M. Fames est una de pœnis peccati. Homo sic creatus erat, ut, si vellet, sine labore viveret beatus. Postquam autem cecidit, non nisi per laborem redire potuit. Qui si famem, vel frigus, vel cætera incommoda non sustineret, laborare nollet; et sic semper extorris a regno maneret. Indidit ergo ei famem Deus, ut hac necessitate coactus laboret, et etiam hac occasione redire queat. Et hoc tantum de electis accipe, nam reprobis omnia ad pœnam faciunt.

D. Est homini terminus vitæ præstitutus; et si potest hunc excedere vivendo, vel prævenire moriendo? — M. Unicuique statutum est a Deo quamdiu vivere debeat in hoc sæculo : ultra quem terminum homo non potest vivere, vel unum momentum, ut dicitur : *Constituisti terminos ejus, qui præteriri non poterunt* (*Job* XIV, 5). Potest autem multis modis antevenire, sive in arma vel in bestias ruendo, seu veneno vel laqueo vitam extorquendo, aut flammis vel undis insiliendo, sicut mercenarius pravis moribus potest efficere ut non solum mercede privetur, verum etiam ante conditum tempus expellatur.

D. Proba. — M. Deus eduxit filios Israel de Ægypto, ut daret eis terram repromissionis, quam propter peccata non sunt adepti; sed antequam illuc venirent, sunt in deserto prostrati.

25. De justa reorum nece, et de eorum salute; deque puerorum disciplina; de arca et de prophetis.

D. Peccat judex, si reos punit? — M. Imo peccat, si non punit: vindex est enim iræ Dei, in hoc ipsum constitutus.

D. Peccant ministri, qui a judicibus jussi damnatis mortis supplicium inferunt? — M. Minime; sed potius lavant manus suas in sanguine peccatoris.

D. Qui in criminibus fuerunt deprehensi, et a judicibus ad equuleum vel ad aliud supplicium damnati, et in ipso mortis articulo pœnituerint, est spes aliqua de eis? — M. Magna: Quidam enim per illud supplicium purgantur, et ut latro in cruce salvantur; quidam orationibus sanctorum de pœnis liberantur.

D. Quæ causa est quod pueri melius quæque possunt discere, quam senes? — M. Quia anima adhuc in ipsis est nova, et ad universa curiosa. In senibus vero quotidiano usu, vel visu, vel auditu, est sensus obtusus, et per multas cogitationes attenuatus.

D. Quo venit arca Testamenti? — M. Imminente Hierusalem excidio a Babyloniis, Hieremias ex præcepto Domini condidit eam in sepulcro Moysis cum aliis prophetis; hæc tempore novissimo ab Elia et Enoch proferetur, revelante Domino.

26. Cur modo signa non fiunt.

D. Cur non possunt justi signa facere hoc tempore sicut olim fecerunt? — M. Nullus unquam sanctorum fecit aliquod signum, sed Deus per eos fecit, qui menti illorum præsedit; ut dicitur: *Tu es Deus, qui facis mirabilia solus* (*Psal.* LXXI, 18). Porro olim propter incredulos visibilia signa per justos fecerat, dum corpora languida sanaverat; nunc majora, scilicet spiritualia per eos perpetrat, dum animas variis modis languidas curat. Interdum autem, cum necesse est, exteriora signa per suos agit, interdum etiam per reprobos; sed tamen propter electos mira facit. Ideo a quibusdam lapsis, quamvis pœnitentibus, Deus recessisse prædicatur, quia per eos signa non operatur. Ideo vero extremo tempore penitus signa ab Ecclesia subtrahentur, ut justi magis per tentationes probati abundantius remunerentur.

27. De prophetis et Scriptura sacra.

D. Intellexerunt prophetæ quæ scripserunt? — M. Intellexerunt.

D. Quare tunc ita obscure et non manifeste scripta sua ediderunt? — M. Non debuerunt: cæmentarii namque est construere, pictoris vero pingere. Patriarchæ itaque quasi designatum Ecclesiæ locum figuris foderunt; prophetæ fundamenta ejus scriptis suis posuerunt; apostoli prædicationibus parietes exstruxerunt; illorum autem (254) sequaces expositionibus depinxerunt. Sed sacra Scriptura non est nisi filiis Dei scripta, quibus mater Ecclesia per clavem David aperit omnia clausa. Non filii autem tantum foris vident, et non intelligent, quia nec amant, nec credunt.

D. Cum Septuaginta Hebræi fuerint, cur aliter transtulerunt, quam prophetæ scripserunt? — M. Sacra Scriptura duobus modis intelligitur, historice et allegorice. Prophetæ ergo sensum historicum contexuerunt: Septuaginta autem viri, et ipsi prophetæ, allegoricum sensum transtulerunt.

28. De angelis custodibus.

D. Habent homines custodes angelos? — M. Unicuique genti, unicuique civitati præsunt Angeli, qui jura, leges, mores juste dispensant et ordinant. Unaquæque etiam anima, dum in corpus mittitur, angelo committitur, qui eam semper ad bonum incitet, et omnia opera ejus Deo et angelis in cœlis referat.

D. Cum Deus omnia sciat, et sancti angeli in eo cuncta cernant, quid potest eis referri quod nesciant? — M. Angelos actus nostros Deo et angelis narrare, non est aliud quam de nostro provectu in Deo congratulari, ut dicitur: *Gaudium erit angelis Dei super uno peccatore pœnitentiam agente* (*Luc.* XV, 10); sicut e contra illorum contristari, est de nostris male gestis indignari.

D. Sunt jugiter angeli in terra cum his quos custodiunt? — M. Cum opus fuerit, in auxilium veniunt, maxime cum precibus fuerint invitati: non est enim mora veniendi, cum in momento de cœlo ad terras, et iterum ad cœlum relabi possint. Qui cum ad nos descendunt, gloria intima non fraudantur, quia semper vident faciem Patris, quocunque mittantur.

D. Qualiter apparent angeli hominibus? — M. In forma hominis: homo etenim, cum sit corporeus, non potest videre spiritus; propter quod assumunt de aere corpus, quod homo videre et audire possit: Ipsum autem corpus visibile magis est quam palpabile; non tamen omnibus visibile, nisi his solummodo quibus se volunt demonstrare.

29. De dæmonibus insidiantibus et obsidentibus.

D. Sunt dæmones hominibus insidiantes? — M. Unicuique vitio præsunt dæmones, qui sub se habent innumerabiles, qui animas jugiter ad vitia illiciunt, et mala hominum suo principi cum magno cachinno referunt. Si quis tamen illorum ab aliquo justorum pugnans vincitur, mox ab angelo custode ejus in abyssum retruditur, nec amplius cum aliquo justorum congredi permittitur, quamvis alius a principe dæmonum in locum ejus surroge-

---

(254) A. om. *autem*.

tur. Sicut enim a diabolo homo victus mox de paradiso est ejectus; ita cum quis dæmonum a sanctis superatur, confestim confusus in tartara damnatur: hi sæpius corpus de crasso aere sumunt palpabile, quo magis possint fallere.

D. Possunt dæmones obsidere quos volunt? — M. Gregem porcorum intrare non potuerunt nisi permissi, quanto minus homines? Aliquando corpus viri sancti obsident, illi ad coronam, sibi ad pœnam; malorum autem animas semper obsident, interdum etiam corpora vexant. Corpus autem hominis in baptismate ut templum Spiritui sancto oleo et chrismate dedicatur, ut dicitur: *Templum Dei sanctum est, quod estis vos* (*I Cor.* III, 17). Igitur hoc templum semper aut Spiritus sanctus, aut immundus spiritus inhabitat.

30. *De unctione, et pœnitentia in extremis, ac de morte.*

D. Quid valet unctio olei infirmis? — M. Peccata confessa, et non iterata, vel quotidiana per hanc unctionem relaxantur, ut dicitur : « Et si in peccatis est, dimittentur ei (*Jacob.* v, 15). » Si de peccatis pœnitentiam non egerit, ista unctio non solum ei nihil prodest, sed et multum obest.

D. Prodest pœnitentia in extremis? — M. Qui peccata sua usque ad mortem pœnitere differunt, non ipsi peccata, sed peccata eos deserunt; quia eos diutius servos habere nolunt : qui tamen ex corde pœnitent, etiam in ipsa morte misericordiam invenient, sicut latro in ipso mortis exitu, ut dicitur: « Quacunque hora ingemueris, salvus eris (*Ezech.* XXXIII, 12). »

D. Unde mors dicitur? — M. Ab amaritudine, vel a morsu pomi vetiti, unde mors est orta. Sunt autem tres mortes, scilicet immatura, ut in infantibus; acerba, ut in juvenibus; naturalis, ut in senibus.

D. Cum peccata in baptismate dimittantur, et cum mors sit pœna peccati, cur permittitur post baptisma etiam electis dominari ? — M. Ut possint pro Christo pati, et magis coronari. Est et aliud. Si immortalitas corporum in baptismate daretur, non pro Deo, sed pro hac immortalitate ad baptisma ab omnibus festinaretur; et sic nullus ad regnum reverteretur. Peccatum ergo Deus in baptismo dimisit, pœnas autem peccati non remisit, ut justi per fidem ambulent, et per operationem se exerceant, donec mors a vita absorbeatur.

31. *De reditu peccatorum, et de peccato irremissibili.*

D. Dimittuntur reprobis peccata in baptismate? — M. Dimittuntur; sed cum ipsi post in eadem peccata relabuntur, quæ dimissa erant, etiam in eos (235) revolventur, ut dicitur : *Omne debitum dimisi tibi* (*Matth.* XVIII, 32), et mox subditur: *Tradidit eum tortoribus, donec redderet universum debitum* (*ibid.*, 34).

D. Cur permittit eos Deus ad baptisma vel ad alia sacramenta accedere, cum eos sciat ab his deficere? — M. Propter electos, ut dictum est, ut trahant eos exemplo.

D. Quæ est blasphemia Spiritus sancti, quæ non remittetur neque in hoc sæculo neque in futuro? — M. Impœnitentia et diffidentia in Spiritu sancto non datur remissio peccatorum : qui igitur de gratia Spiritus sancti diffidit et non pœnitet, hic blasphemat in Spiritum sanctum ; et hoc est irremissibile peccatum.

32. *De morte, et de sepultura bonorum et malorum.*

D. Nocet bonis si occidantur, vel subita morte rapiantur? — M. Nihil penitus. Non enim subita morte moriuntur, qui se semper cogitant morituros. Sive ergo ferro immolentur, sive a bestiis dilacerentur, aut flammis vel undis immergantur, aut suspendantur, vel in rota frangantur, vel quolibet infortunio moriantur; semper pretiosa est in conspectu Domini mors sanctorum ejus, ut dicitur : « Quacunque morte justus moriatur, justitia ejus non auferetur ab eo. » Et talis mors non obest, imo multum eis prodest; quia si quid peccati contraxerunt per humanam fragilitatem, relaxatur per mortis acerbitatem.

D. Prodest malis, si diu decumbant in lectis antequam moriantur? — M. Nihil. Quacunque enim morte moriantur, mala et subita morte moriuntur, qui in Domino non moriuntur, et qui nunquam cogitaverunt se morituros; et ideo semper mors peccatorum est pessima.

D. Obest justis aliquid si in cœmeterio Ecclesiæ non sepeliantur? — M. Nihil prorsus. Totus enim mundus est templum Dei, quod dedicatum est sanguine Christi ; et sive in campo, sive in sylva, vel in palude, vel in quovis loco sepeliantur, vel projiciantur, vel a bestiis vel a belluis devorentur, semper in gremio Ecclesiæ confoventur, quæ per latitudinem terræ diffunditur.

D. Confert justis aliquid, quod in sacratis locis tumulantur ? — M. Per quosdam justos loca sacrantur, in quibus tumulantur. Qui autem in pœnis sunt, in eo prodest quod eorum corpora in sacris locis sepeliantur, quod eorum precibus adjuvantur quibus per sepulturam sociantur. Et in hoc etiam prodest, quod cum amici illorum ibi conveniunt, de monumentis admoniti preces pro eis Domino fundunt.

D. Prodest malis, si in loco sacro sepeliantur ? — M. Imo obest multum, si eis per sepulturam jungantur, a quibus per meritum longe disjunguntur : unde et multi leguntur sæpe per dæmones effossi, et a sacris locis longius projecti.

D. Longe te faciat Deus, bone Doctor, a malis, et *Civibus æthereis societ te Christus in astris.*
Amen.

(235) A. om. *rel. et.*

LIBER TERTIUS.

1. *De deductione justorum in paradisum; et quid sit paradisus.*

D. Jam innumeris hydræ capitibus præcisis, aliis atque aliis renascentibus pro eis, eia, lux Ecclesiæ, arripe gladium tuæ nobilis linguæ, et sylvam quæstionum, in qua erro, succide, ut liceat mihi errabundo per te ad campum scientiæ exire; et qualiter circa morientes agatur evolve? — M. Sicut sponsus cum multitudine militum ad suscipiendam sponsam venit, et eam cum cantu gaudens adducit : ita cum justus in extremis agit, angelus sui custos cum multitudine angelorum venit, et animam ejus sponsam Christi de carcere corporis tollit, et cum maximo dulcissimæ melodiæ cantu, et immenso lumine, ac suavissimo odore, ad cœleste perducit palatium, in spiritualem paradisum.

D. Est hic paradisus locus corporeus, vel ubi? — M. Non est locus corporalis, quia spiritus non habitant in locis corporalibus (256), sed est spiritualis mansio beatorum, quam æterna sapientia perfecit ab initio, et est in intellectuali cœlo; ubi ipsa Divinitas, qualis est, ab eis facie ad faciem contuetur.

2. *De perfectis et justis qui in cœlum deducuntur, et de purgandis.*

D. Perducuntur illuc omnes animæ justorum? — M. Perfectorum animæ, cum a corpore eximuntur, mox illuc inducuntur.

D. Qui sunt perfecti? — M. Quibus præcepta non sufficiunt, sed plus quam præceptum est faciunt, ut martyres, monachi, virgines; martyrium etenim, virginitas, et sæculi abrenuntiatio non sunt præcepta, sed divina consilia : ideo qui hæc faciunt, regnum cœlorum quasi hæreditario jure possidebunt, ut dicitur : *Centuplum accipietis, et vitam æternam possidebitis* (Matth. xix, 29). Et alibi : *Cum dederit dilectis suis somnum, ecce hæreditas Domini* (Psal. cxxvi, 5). Justi autem quibusdam mansionibus adhuc differunt (257), ut de his dicitur : Ut illis proficiat ad honorem, nobis vero ad salutem.

D. Qui sunt isti? — M. Qui præcepta Domini implent sine querela, hi a corporibus exuti in terrenum paradisum, vel potius in aliquod spirituale gaudium, ab angelis perducuntur; cum spiritus in locis corporalibus non habitare credantur. Est quidam ordo justorum qui imperfecti dicuntur, qui tamen omnes in libro Dei scribuntur, ut sint conjugati, qui mortui pro meritis in amœnissimis habitaculis recipientur. Ex his multi ante diem judicii precibus sanctorum et eleemosynis viventium in majorem gloriam assumentur, ut omnes post judicium angelis consocientur. Sunt quidam de electis, quibus multum deest de perfectione, qui crimina sua differunt pœnitere; hi, sicut peccans filius servo traditur ad vapulandum, ita a sanctis angelis permittuntur dæmonibus ad purgandum; qui tamen eis nocere non poterunt plus quam ipsi promeruerunt, aut quam sancti angeli permittunt.

D. Scis per quod hi liberentur? — M. Missæ, eleemosynæ, orationes, aliique pii labores his prosunt; maxime si ipsi viventes hæc pro aliis fecerunt. Et quidam ex his septimo die, alii trigesimo, alii anniversario liberantur : quidam vero post multum tempus. Tamen post judicium omnes, ut dictum est, angelis coæquabuntur.

D. Cur magis aguntur hi dies? — M. Tria et quatuor sunt septem : per tria, fides Trinitatis; per quatuor, homo qui constat ex quatuor elementis, intelligitur. Anima etiam habet tres vires, quæ sunt rationalis, irascibilis, concupiscibilis; et omne tempus septem diebus volvitur. Agitur itaque septimus dies, ut quidquid anima in tribus viribus suis per quatuor qualitates corporis, per septem dies hujus temporis peccavit contra septiformem Spiritum, quem in baptismo suscepit, in fide Trinitatis relaxetur. Triginta per tria et decem surgunt; per tria, nova lex propter fidem Trinitatis, per decem, vetus lex propter Decalogum intelligitur. Triginta etiam diebus omnis mensis labitur. Agitur itaque trigesimus dies, ut quidquid homo in mensibus in nova vel in veteri lege deliquit, deleatur. Annus est Christus, ut dicitur : *Annus acceptabilis Domino* (Isa. LVIII, 5). Menses sunt duodecim apostoli, ut dicitur : *Benedices coronæ anni benignitatis tuæ* (Psal. LXIV, 12). Solis cursus per annum, reditus lunæ post mensem. Agitur igitur anniversarius dies, ut quidquid contra solem justitiæ Christum, et lunam ejus Ecclesiam, et doctrinam apostolorum, qui sunt menses boni anni, egit, remittatur.

3. *De Purgatorio.*

D. Quid prodest (258) purgatorius ignis?—M. Quibusdam est purgatio in ista vita cruciatus corporis quos mali eis aliquando inferunt; aliquibus afflictiones carnis, quas sibi per jejunia, per vigilias, per alios labores ipsi ingerunt; quibusdam vero charorum vel rerum amissio; quibusdam dolores, vel ægritudo; aliquibus victus vel vestitus egestas; quibusdam ipsius mortis acerbitas. Post mortem vero purgatio erit aut nimius calor ignis, aut magnus rigor frigoris, aut aliud quodlibet genus pœnarum; de quibus tamen minimum majus est quam maximum quod in hac vita excogitari potest. Dum ibi sunt positi, interdum apparent eis angeli, vel alii sancti, in quorum honore aliquid egerunt in hac vita; et aut auram, aut suavem odorem, aut

---

(256) A. om. *corporalibus.*
(257) P., *differuntur.*
(258) A., *est.*

aliquod solamen eis impendunt, usque dum liberati introibunt in illam aulam quæ non recipit ullam maculam.

D. Quali forma sunt ibi positi? — M. In forma corporum quam hic gesserunt. Dicitur et de dæmonibus, quod eis corpora de aere dentur, in quibus crucientur.

D. Cum corpus sit insensibile, et per se nihil possit operari, nisi quod anima per illud operatur, quasi per instrumentum, qua ratione damnatur? — M. Cum homines inimicum suum obsident, prius ædificia sua destruunt, vel incendunt : post ipsum excruciatum interimunt, ut et de amissis rebus doleat in animo, et de illatis vulneribus in corporis exitio. Corpus est animæ vestimentum, vel habitaculum : quod quia contempto (239) Creatore anima dilexit, destruitur, et cum ea comburitur, ut et de sui habitaculi vel vestimenti incendio crucietur. Est et animæ instrumentum, non quale est tubicini tuba, vel carpentario ascia; sed ita ei coadunitur, ut quidquid egerit anima, corpus etiam fecisse dicatur, et ideo juste cum ea damnatur.

D. Quot animæ pervenient ad cœlum? — M. Quot angeli ibi permanserunt : quæ singulæ singulis ordinibus angelorum associabuntur, prout in meritis a Deo discernuntur.

4. *De malorum deductione ad inferos, et de pœnis quas ibi sustinent.*

D. Satis mihi fecisti de his : nunc dic quanter agatur circa malorum exitum. — M. Cum mali in extremis sunt, dæmones maximo strepitu conglobati veniunt aspectu horribiles, gestibus terribiles, qui animam cum pervalido tormento de corpore excutiunt, et crudeliter ad inferni claustra pertrahunt.

D. Quid est infernus; vel ubi? — M. Duo sunt inferni : superior, et inferior. Superior, infima pars hujus mundi, quæ plena est pœnis; nam hic exundat nimius æstus, magnum frigus, fames, sitis, varii dolores corporis; et verbera animi, ut timor et verecundia. De hoc dicitur : *Educ de carcere*, hoc est, de inferno *animam meam (Psal. CXLI, 8)*, id est vitam meam. Inferior vero est locus spiritualis, ubi ignis inexstinguibilis, de quo dicitur : *Eruisti animam meam de inferno inferiori (ibid. LXXXV, 13).* Qui sub terra dicitur esse, ut sicut corpora peccantium terra cooperiuntur, ita animæ peccantium sub terra in inferno sepeliantur; ut de divite dicitur : *Sepultus est in inferno (Luc. XVI, 22).* In quo novem species pœnæ esse leguntur.

D. Quæ sunt illæ? — M. Prima ignis, qui sic semel accensus est, ut si totum mare influeret, non exstingueretur. Cujus ardor sic istum materialem vincit ignem, ut iste pictum ignem; ardet, nec lucet. Secunda pœna est intolerabile frigus, de quo dicitur : Si igneus mons immitteretur, in glaciem verteretur. De his duabus dicitur : *Illic erit fletus et stridor dentium (Matth. XXIV, 51),* quia fumus excitat fletum oculorum, frigus stridorem dentium. Tertia, vermes immortales, vel serpentes et dracones visu et sibilo horribiles, qui ut pisces in aqua, ita vivunt in flamma. Quarta, fetor intolerabilis. Quinta, flagra cædentium, ut mallei ferrum percutientium. Sexta, tenebræ palpabiles, ut dicitur : *Terra tenebrarum, ubi nullus ordo, sed sempiternus horror inhabitat (Job x, 22).* Septima, confusio peccatorum, quia omnia peccata ibi patent omnibus, et se abscondere non valent. Octava, horribilis visio dæmonum et draconum quos igne scintillante vident, et miserabilis clamor flentium et insultantium. Nona, sunt ignea vincula, quibus in singulis membris constringuntur.

D. Quare tot miserias patiuntur? — M. Quia consortium novem ordinum angelorum neglexerunt, juste novem tormentis addicti mœrebunt. Et quia in igne concupiscentiarum hic exarserunt, juste ibi in igne ardebunt. Quia vero frigore malitiæ hic riguerunt, juste ibi pœnali frigore stridebunt. Dicuntur namque exterius igne candere, ut ferrum in fornace; interius frigere, ut glacies in hieme, ut dicitur : *Transibunt ab aquis nivium, ad calorem nimium (Job XXIV, 19).* Et quia invidia et odium hic eos ut vermes corroserunt, merito eos ibi vermes mordebunt. Qui autem hic fetore luxuriæ dulciter delectabantur, juste ibi fetore putrido atrociter cruciantur. Et quia hic disciplinam recipere noluerunt, et cum hominibus flagellari non meruerunt; ibi ideo sine cessatione loris tunduntur, ut dicitur : « Sunt parata judicia blasphematoribus, et percutientes mallei stultorum corporibus. » Quia tenebras vitiorum hic amaverunt, et ad lucem Christum venire noluerunt, ideo horridis tenebris ibi obscurabuntur, ut dicitur : « In æternum non videbunt lucem. » Et quia hic peccata confiteri despexerunt, quæ facere non erubuerunt; ideo omnibus ibi nudi et aperti perpetuo confundentur. Quia hic bona videre et audire dedignabantur; juste ibi terribili visu et miserabili auditu replebuntur. Et quia hic per singula vitia deflui erant, juste ibi erunt per singula membra catenis constricti. Optabunt mori, et mors fugiet ab eis.

D. Qualiter sunt ibi positi? — M. Capita sunt eis deorsum mersa, dorsa ad invicem versa; pedes sursum erecti, et in pœnas undique distenti.

D. Heu quid unquam natus est homo, qui tali plectetur supplicio? — M. Quid fles? quid lacrymis fluis? Diabolus tantum et sua membra ista patientur.

D. Qui sunt membra diaboli? — M. Superbi, invidi, fraudulenti, infidi, gulosi, ebriosi, luxuriosi, homicidæ, fures, crudeles, prædones, latrones, immundi, avari, adulteri, fornicatores, mendaces, perjuri, blasphemi, malefici, detractores, discordes. Qui in his fuerint inventi, in prædicta supplicia ibunt nunquam redituri.

(239) A., *concepto.*

5. *Quomodo beati erga damnatos se habeant.*

D. Heu! videbunt eos justi? — M. Justi videbunt malos in pœnis, ut magis gaudeant quod has evaserint pœnas : mali etiam ante judicium videbunt bonos in gloria, ut magis doleant quod hanc neglexerunt; post judicium autem boni videbunt semper malos in pœnis; mali vero nunquam amplius videbunt bonos.

D. Non dolebunt justi cum eos viderint ita torqueri? — M. Non : licet pater videat filium, aut filius patrem in pœna; aut filia matrem, aut mater filiam ibi conspiciat, aut vir uxorem, aut uxor virum; non solum non dolent, sed ita est eis delectabile hoc videre, sicut nobis cum videmus pisces in gurgite ludere, ut dicitur : *Lætabitur justus, cum viderit vindictam peccatorum (Psal.* LVII, 11).

D. Non orant justi pro eis? — M. Contra Deum sentirent, si pro damnatis orarent : ita enim Deo uniti sunt, quod eis judicia Dei per omnia placebunt; ideo et in eis gaudebunt.

6. *Quis infernus justorum animas ante Christi adventum exciperet.*

D. In quo inferno erant justi ante adventum Christi? — M. In superiori, in quodam loco juncto inferiori, in quo poterant alterutrum conspicere. Qui erant ibi, quamvis carerent supplicio, videbantur sibi esse quodammodo in inferno, cum essent separati a regno. Illis autem qui erant in inferiori inferno, videbatur quod illi qui erant in illo inferno juncto inferiori, erant in refrigerio paradisi; unde et dives rogabat a Lazaro guttam super se stillari.

D. Quam pœnam habebant ibi? — M. Quasdam tenebras tantum, unde et dicitur : *Habitantibus in regione umbræ mortis lux orta est eis (Isa.* IX, 2). Quidam ex eis erant in quibusdam pœnis. Venit ergo Dominus ad infernum superiorem, nascendo, ut liberaret oppressos a diabolo; descendit ad infernum inferiorem moriendo, ut redimeret captivos a tyranno, ut dicitur : *Dices his qui vincti sunt, Exite, et his qui in tenebris sunt, Revelamini (Isa.* XLIX, 9). Vinctos vocat qui erant in pœnis : alios vero in tenebris : quos omnes absolvit, et in gloriam duxit rex gloriæ.

7. *Quomodo beati se invicem cognoscant, et pro nobis intercedant.*

D. Cognoscunt se justi et boni in gloria? — M. Animæ justorum omnes justos cognoscunt et nomine et genere, et merita ipsorum, quasi semper cum eis fuissent. Malos omnes etiam in tantum cognoscunt, ut propter quod meritum unusquisque ibi sit, sciant. Mali quoque malos cognoscunt, et bonos quos vident, in tantum ut etiam nomina illorum sciant; ut dives nomina (240) Abrahæ et Lazari cognovit (241).

D. Orant animæ pro charis suis? — M. Justi orant pro his quos in Domino amaverunt, vel pro his qui eos invocant, ut a malo serventur et a mundi tentamentis liberentur; et si in errore sunt, ut corrigantur, et eis celerius associentur.

D. Qualiter orant Deum? — M. Desiderium illorum est oratio eorum. Quidquid enim desiderant, sine dilatione percipient. Illorum etiam orare, est cruciatus corporis vel bene gesta pro Christo, Deo repræsentare. Non tamen aliquid orant, nisi quod ipse Deus disposuit facere : alioquin incassum orarent.

8. *De gaudio, et mansionibus, scientia, et apparitione beatorum : itemque de spectris per damnatos exhibitis.*

D. Habent plenum gaudium Sancti? — M. Nequaquam. Sicut enim vocati ad convivium venientes de sua vocatione et susceptione sunt læti, de absentibus amicis solliciti, donec simul conveniant omnes : ita animæ justorum de sua nunc quidem gloria lætantur, de absentia autem nostra sollicitantur. Cum autem corpora sua receperint, et omnes in unum convenerint, tunc plenum gaudium habebunt.

D. Quæ est domus Patris, et multæ mansiones? — M. Domus Patris est visio omnipotentis Dei, in qua justi, ut in Domino glorientur. Mansiones diversæ sunt pro meritis remunerationes.

D. Sciunt animæ quæ hic geruntur? — M. Animæ justorum sciunt omnia quæ hic aguntur; quæ autem in pœnis sunt, nesciunt nisi quæ eis angeli vel sancti referunt. Quæ vero in inferno sunt, non plus norunt quid hic agatur, quam vivi sciunt quid ibi geratur. Ut tamen olim prophetæ quædam sciverunt, quæ alii ignoraverunt, non tamen omnia; ita quædam animæ inter malos quædam sciunt, quæ aliæ nesciunt, quamvis non omnia. Itaque omnia quæ sciunt, vel eis divinitus revelantur, vel eis a morientibus, et illuc venientibus nuntiantur.

D. Possunt animæ apparere quando volunt, vel quibus volunt? — M. Animæ sanctorum apparent quando volunt, et quibus volunt, sive vigilantibus, sive dormientibus. Quæ autem in pœnis sunt, non apparent, nisi ab angelis permittantur, et ut pro liberatione sua rogent, aut liberatæ gaudium suum amicis suis nuntient. Quæ autem in inferno sunt, nulli apparere possunt : si autem aliquando videntur apparere, sive in somnis, sive vigilantibus, non illæ sunt, sed dæmones in illarum specie, qui etiam in angelos lucis se transfigurant, ut decipiant. Si autem veraciter contigerit, pro alicujus sancti merito fit : ut cum S. Martino anima latronis apparuit, ubi altare destruxit; aut pro admonitione, ut anima Benedicti papæ in monasterio apparuit, cujus caput et cauda asinus, medietas ursus fuit, quæ se die noctuque per aspera et ignea loca trahi, et post judicium deglutiendam asseruit olla gehennali.

D. In qua forma apparent? — M. In humano corpore assumpto de aere.

---

(240) A. om. *nomina.*

(241) A. om. *cognovit.*

9. *Unde somnia.*

D. Unde veniunt somnia?—M. Aliquando a Deo, cum aliquid futuri revelatur; sicut Joseph per stellas et manipulos quod fratribus suis præferretur. Aut aliquid necessarium admonetur, ut alio Joseph, ut fugeret in Ægyptum. Aliquando a diabolo, cum aliquid tentare aut bonum impedire nititur; ut in passione Domini de uxore Pilati legitur. Aliquando ab ipso homine, cum quod viderit, vel audierit, vel cogitaverit, hoc in somnis imaginatur, et in timore positus per tristia, et in spe per læta ludificatur.

10. *De Antichristo, et adventu Enoch ac Eliæ.*

D. Benedictum Dei verbum, qui tot secreta mihi reserat per os tuum. Nunc si rogare auderem, libenter de Antichristo audirem. — M. Antichristus in magna Babylonia de meretrice generis Dan nascetur. In matris utero diabolo replebitur, et in Corozaim a maleficis nutrietur. Universo orbi imperabit, et totum genus humanum sibi quatuor modis subjugabit. Uno modo: nobiles sibi divitiis adsciscet, quæ sibi maxime affluent, quia omnis pecunia abscondita erit ei manifesta. Secundo modo: vulgus sibi terrore subdet, quia maxima sævitia in Dei cultores furiet. Tertio modo: sapientia et incredibili eloquentia clerum obtinebit, quia omnes artes et omnem Scripturam memoriter sciet. Quarto modo: mundi contemptores, ut sunt monachi, signis et prodigiis fallet. Faciet enim tam stupenda miracula, ut jubeat ignem de cœlo descendere, et adversarios suos coram se consumere, et mortuos resurgere, et sibi testimonium dare.

D. Suscitabit mortuos vere?— M. Nequaquam, sed diabolus ejus maleficiis corpus alicujus intrabit, et illud apportabit, et in illo loquetur;—ut quasi vivum videatur, ut dicitur: *In omnibus signis et prodigiis mendacibus* (II Thess. II, 9). Hic antiquam Hierusalem reædificabit, in qua se ut Deum coli jubebit. Hunc Judæi ex toto orbe venientes summo voto suscipient; sed per prædicationem Eliæ et Enoch ad Christianam religionem redibunt, et omnes pene dirum martyrium subibunt.

D. Quali ætate venient illi duo?— M. In ea qua assumpti sunt: qui etiam ab Antichristo, qui vocatur Antemos, id est contrarius; vel Arneomai, id est nego, vel, Titan, id est sol vel gigas, interficientur. Hic per tres annos et dimidium monarchiam obtinebit; deinde tentorium suum ad expugnandos justos in monte Oliveti extendet, in quo invenietur subita morte mortuus spiritu oris Domini, id est jussu Dei interfectus; ut dicitur: « Præcipitabit Dominus inclytum universæ terræ in monte sancto. »

D. Cum dictum sit: *Dies illi propter electos breviabuntur* (Matth. xxiv, 22): erunt tunc dies breviores, quam nunc?— M. Dies tunc ita longi erunt sicut nunc, ut dicitur: *Ordinatione tua perseverat dies* (Psal. cxviii, 91). Sed dies dicuntur breviores, quia per breve tempus, id est tres annos et semis regnabit. Porro corpora hominum creduntur futura minora quam nostra, sicut nostra etiam minora quam antiquorum.

D. Quid postea erit?—M. Relinquentur quadraginta dies his qui ejus errore vel fallacia lapsi sunt, ut pœnitere possint; post hæc qua die judicium fiet, omnis homo ignorat.

11. *De novissima tuba, et resurrectione.*

D. Quid est novissima tuba?— M. Cum Dominus legem daret in monte, audita est vox tubæ: ita angeli ad hoc constituti, corporibus et tubis de aere sumptis, terribile judicium Dei sonitu tubæ intonabunt; ut dicitur: *Canet enim tuba, et mortui resurgent* (I Cor. xv, 52). Et iterum: *Periit memoria eorum cum sonitu* (Psal. ix, 7), et altissima voce mortuis clamabunt, Surgite; ut dicitur: *Media nocte clamor factus est* (Matth. xxv, 6). Ad quam vocem omnes mortui, boni et mali, in ictu oculi, id est quam cito possis oculum aperire, imo aperto oculo lucem videre, resurgent.

D. Quæ est prima resurrectio?—M. Sicut duæ sunt mortes, ita sunt duæ resurrectiones: una animarum, altera corporum. Cum homo peccat, anima moritur; quia a vita Deo deseritur, et in corpore quasi in sepulcro sepelitur: cum vero per pœnitentiam ad vitam Deum redit, quasi a morte resurgit. Alia erit corporum.

D. Qua die?— M. In die Paschæ, ea hora qua Christus resurrexit.

D. Erit aliquis tunc in mundo?—M. Ita plenus erit mundus tunc hominibus, ut est hodie, qui ita operantes erunt, ut hodie. Quidam arabunt, quidam navigabunt, quidam ædificabunt, quidam aliud et aliud facient.

D. Quid de illis fiet?— M. Justi, cum resurgent, mox ab angelis in aera obviam Christo rapientur, et electi viventes cum eis rapientur, et in ipso raptu morientur, et reviviscent: hoc præcessit in Maria matre Domini, et Joanne Evangelista: Maria, quæ recepto corpore post mortem in gloriam est assumpta; Joannes qui vero fuit corpore raptus, et in ipso raptu creditur mortuus et reviviscens. Reprobi de ipso terrore morientur, et confestim reviviscent: et hoc est judicare vivos et mortuos.

D. Resurgent qui in matris sunt mortui uteris?— M. Quotquot vitalem spiritum acceperunt, resurgent.

D. Qua ætate, vel mensura?— M. Qua erant, si essent triginta annorum; vel futuri essent, nisi ante morerentur.

D. Aliquando lupus devorat hominem, et caro hominis vertitur in suam carnem: lupum vero ursus, ursum leo devorant; quomodo resurget ex his homo? — M. Quod caro fuit hominis, resurget; quod bestiarum, remanebit. Scit enim hæc bene secernere, qui scivit ex nihilo cuncta condere. Sive ergo membratim a bestiis, sive a piscibus, seu a volucribus devorentur, omnes in resurrectione reformabuntur in tantum ut nec capillus de eis pereat.

D. Si capilli et ungues præcisi in locum suum

redeunt, nonne deformes erunt? — M. Non est intelligendum quod sint reducendi in priorem locum; sed sicut figulus si vas noviter factum frangat, et de eodem luto aliud faciat, non attendens, quid prius ansa vel fundus fuerit : ita format Deus de eadem materia, aliud corpus huic valde dissimile, cui omnis deformitas et infirmitas absit, et omnis integritas et decor adsit : quamvis unumquodque membrum in locum suum Deus decenter restaurare possit.

D. Qui hic habuerunt bina capita, vel plura membra, vel quibus defuerunt aliqua, aut pingues aut macri fuerunt, resurgent tales? — M. Qui hic habuerunt duo capita, duo inde corpora resurgent, et unaquæque anima habebit suum corpus, cui nihil indecens vel deforme adhæreat, sed omnia membra sana et integra, et omni pulchritudine plena habebit.

D. Quid sentis de abortivis? — M. In quantum est semen patris resurget in patre; in quantum sanguis matris, resurget in matre.

D. Qualia corpora justi habebunt? — M. Immortalia et incorruptibilia, et ut splendidum vitrum perlucida. Reprobi quoque similiter immortalia, quoniam sine fine jugiter in morte dolentia ; et incorruptibilia in hoc quod cum omnibus pœnis afficiantur, non consumantur; sed tantum tenebrosa.

12. *De judicio ejusque circumstantiis.*

D. Qua hora fiet judicium? — M. Media nocte, qua hora angelus Ægyptum devastavit, et Dominus infernum spoliavit, ea hora electos suos de hoc mundo liberabit.

D. Qualiter veniet Dominus ad judicium? — M. Sicut, cum imperator ingressurus est civitatem, corona ejus, et alia insignia præferuntur, per quæ adventus ejus cognoscitur ; ita Christus in ea forma qua ascendit, cum ordinibus omnibus angelorum ad judicium veniet · angeli crucem ejus ferentes præibunt; mortuos tuba et voce in occursum ejus excitabunt, omnia elementa turbabuntur, tempestate ignis et frigoris mixtim undique furente; ut dicitur : *Ignis ante ipsum præcedet, et in circuitu ejus tempestas valida (Psal.* XLIX, 3) ; et alibi : *Pugnabit orbis terrarum pro eo contra insensatos (Sap.* v, 21)

D. Erit judicium in valle Josaphat? — M. Vallis Josaphat dicitur vallis judicii. Vallis est semper juxta montem. Vallis est hic mundus, mons est cœlum. In valle ergo fit judicium, id est in isto mundo, scilicet in aere, ubi justi ad dexteram Christi, ut oves, statuentur; impii autem, ut hædi, ad sinistram ponentur.

D. Quomodo ad dexteram vel sinistram? — M. Ad dexteram, scilicet, sursum in gloria; ad sinistram, deorsum in terra. Justi enim geminis alis charitatis ad alta sublevabuntur; ut dicitur : *Sancti sument pennas ut aquilæ (Isa.* XL, 31). Impii autem

a peccatis ut plumbum ad terrena, quibus toto corde inhæserant, deorsum deprimentur.

13. *De judice et assessoribus.*

D. Quali forma apparebit ibi Dominus? — M. Electis in ea forma qua in monte apparuit : reprobis vero in ea qua in cruce pependit.

D. Erit crux ibi, lignum, scilicet, in quo Dominus passus est? — M. Nequaquam, sed lux in modum crucis splendidior sole.

D. Quare faciet Filius judicium? — M. Filius similitudo Dei est: angelus autem et homo usurpaverant sibi similitudinem Dei : justum est ergo ut cui facta est injuria, judicium faciat pro vindicta : quamvis Pater et Spiritus sanctus ei cooperentur.

D. Erit ibi sedes in qua sedeat, ut dicitur : *Sedebit super sedem majestatis? (Matth.* XXV, 31.) — M. Christus dicitur nunc stare, et pro sponsa sua pugnare : tunc devictis hostibus, et sponsa ad se recepta in majestate sedebit : hoc est, humanitas in divinitate requiescet. *Super sedem suam* etiam *sedebit,* quia ab omni labore in Ecclesia cessabit. Tamen quia homo ibi apparebit, super sedem de aere assumptam ut judex sedere creditur.

D. Habebunt apostoli sedes, ut dicitur : *Sedebitis super sedes duodecim, judicantes duodecim tribus Israel? (Matth.* XIX, 28.) — M. Conscientiæ eorum sunt sedes eorum, in quibus devicto mundo et vitiis, quasi in sede triumphantes quiescent. Sed et ipsi super sedes de aere videbuntur sedere, ut dicitur : *Sedebunt super sedes in judicio.*

D. Qualiter fiet judicium? — M. Nunc sunt boni et mali mixti ; et multi videntur boni, qu sunt mali ; et multi putantur mali, qui sunt boni. Tunc ab angelis boni a malis, ut grana a paleis, secernentur, et in quatuor ordines dividentur. Unus ordo est perfectorum cum Deo judicantium. Alter justorum, qui per judicium salvantur. Tertius impiorum sine judicio pereuntium. Quartus malorum, qui per judicium damnantur.

D. Qui sunt qui judicant? — M. Apostoli, martyres, confessores, monachi, virgines.

D. Quomodo judicabunt justos? — M. Monstrabunt eos suam doctrinam et sua exempla fuisse imitatos, et ideo regno cœlorum (242) dignos.

14. *De judicandis et sine judicio perituris; de ira Dei, et de apertione librorum.*

D. Qui sunt qui judicabuntur? — M. Qui opera misericordiæ in legitimo conjugio exercuerunt, vel qui peccata sua pœnitentia et eleemosynis redemerunt, eis dicetur : *Venite, benedicti Patris mei; esurivi et dedistis mihi manducare,* etc. (*Matth.* XXV, 34, 35.)

D. Dicentur hæc sonis verborum? — M. Cum Christus homo ibi apparebit, et ipsi in corporibus adsistent, potest esse quod hæc verba sonaliter fient. Tamen, cum sit ibi omnibus manifestum per quod meritum quisque salvetur ve damnetur, ma-

(242) A. om *cœlorum.*

gis nobis per hæc verba innuitur, per quæ merita salventur.

D. Quomodo judicabuntur? — M. Cœlesti palatio, qui hæc fecerunt, digni censebuntur.

D. Qui sunt qui sine judicio peribunt? — M. Qui sine lege peccaverunt, pagani, scilicet, et illi Judæi, qui fuerunt post passionem Christi. Nam post suam passionem legis observatio reputatur idolatriæ superstitio.

D. Videbunt ipsi Christum? — M. Videbunt, sed ad sui perniciem, ut dicitur : *Videbunt in quem transfixerunt* (Joan. XIX, 37) ; omnes namque impii in necem Domini consenserunt.

D. Quare dicitur de eis : *Non resurgent impii in judicio?* (Psal. I, 5.) — M. Non continget illis, ut ibi judicent; sicut hic fecerunt. De his dicitur : *Pones eos ut clibanum ignis in tempore vultus tui* (Psal. XX, 10).

D. Qui sunt qui judicabuntur, et peribunt? — M. Judæi, qui ante adventum Christi sub lege peccaverunt; et mali Christiani, qui malis operibus Deum negaverunt; his dicetur : *Discedite a me maledicti; esurivi, et non dedistis mihi manducare*, etc. (Matth. XXV, 42). Quibus verbis innuitur quod ideo damnantur, quia crimina sua eleemosynis redimere contempserunt. Et debes notare quod non dicit : *Venite, benedico vos*, nec dicit : *Discedite, maledico vos;* sed, *quia estis benedicti, venite;* et, *quia estis maledicti, discedite.*

D. Quis benedixit istos? vel quis maledixit illos? — M. Spiritus sanctus quotidie per ora amicorum et inimicorum electos benedicit, ut dicitur : *Benedicti vos a Domino* (Psal. CXIII, 15). Et iterum : *Benedictio Domini super vos* (Psal. CXXVIII, 8). Reprobos vero per ora omnium maledicit ut dicitur : *Maledicti qui declinant a mandatis tuis* (ibid., 21).

D. Quomodo judicabunt eos Sancti? — M. Suis meritis ostendent eos nec facta nec dicta sua secutos, et ideo omni supplicio dignos : hos in ira sua conturbabit Deus, et devorabit eos ignis.

D. Habet Dominus furorem vel iram? — M. In Domino non sunt tales motus : qui, ut dicitur : *Omnia cum tranquillitate judicat* (Sap. XII, 8); sed cum in reos sententia justæ damnationis profertur, irasci eis, qui hæc patiuntur, videtur.

D. Habebunt justi defensores, aut mali accusatores? — M. Habebunt conscientias suas. Ita namque omnes a fulgore crucis illustrabuntur, ut sicut nunc sol ab omnibus videtur ; ita omnium hominum conscientiæ tunc ab omnibus in propatulo videantur.

D. Quid est quod dicitur, *Libri aperti sunt; et liber vitæ, et judicati sunt mortui de his quæ erant scripta in libris?* (Apoc. XX, 12.) — M. Libri sunt prophetæ, sunt apostoli, sunt alii perfecti. Qui libri aperti erunt, quia doctrina et exempla eorum omnibus patebunt; in quibus omnes, quasi in libris, videbunt quid facere vel quid vitare debuerunt. Liber vero vitæ est vita Jesu, in qua omnes quasi in libro legent quid de præceptis ejus, vel fecerunt, vel neglexerunt. Liber vitæ est etiam vis divina, in qua omnes suas conscientias quasi scriptas videbunt.

15. *De subsecuturis universale judicium, et mundi conflagratione; ac de reformatione.*

D. Quid sequitur? — M. Peracto judicio, diabolus cum toto corpore suo, id est cum omnibus impiis, in carcerem, id est in stagnum ignis et sulphuris præcipitabitur : Christus vero cum sponsa sua, id est omnibus electis, cum triumphali gloria in civitatem Patris sui cœlestem Hierusalem revertetur.

D. Quid est, *Transiens, ministrabit illis?* (Luc. XII, 37.) — M. Hoc est remota servili forma, talem qualis est ostendet se electis in Patris gloria, ut dicitur : *Manifestabo illis me ipsum* (Joan. XIV, 21).

D. Quid est, *Tradet regnum Deo et Patri* (I Cor. XV, 24), et *Deus erit omnia in omnibus?* (Coloss. III, 11.) — M. Id est Christi humanitas, et tota Ecclesia in divinitate regnabunt; et Deus erit gaudium omnium, et gaudium singulorum. Singuli namque singulare gaudium habebunt, et omnes simul de visione Dei gaudebunt.

D. Quid postea de mundo erit? — M. Conflagrabitur. Sicut enim olim aqua diluvii mundo prævaluit, et super montes omnes cubitis quindecim excrevit, ita tunc ignis prævalens super omnes montes quindecim cubitis altius ardebit.

D. Interibit penitus mundus? — M. Rerum mutabilitas, et pœnæ peccati, scilicet, frigus, æstus, grandines, turbines, fulgura, tonitrua et aliæ incommoditates penitus interibunt : elementa vero purgata permanebunt, ut dicitur : *Mutabis ea, et mutabuntur* (Psal. CI, 27). Sicut enim præsens figura nostrorum corporum transibit, et longe aliam huic incomparabilem habebit, ita præsens mundi figura penitus præteribit, et longe alia incomparabilis gloriæ forma erit, ut dicitur : *Faciet Dominus cœlum novum et terram novam* (Isa. LXV, 17). Denique cœlum, sol, luna, stellæ, aquæ, quæ nunc festinant cursu irretardabili, quasi cupientes in meliorem statum immutari, tunc fixa stabiliter manebunt, et quieta, et mirabili glorificatione immutata. Nam cœlum gloriam solis induet : sol septempliciter plus quam nunc lucebit, ut dicitur : *Sol habebit lumen septem dierum.* Luna et stellæ vestientur ineffabili splendore. Aqua, quæ Christi corpus tingere meruit, et sanctos in baptismate lavit, omnem decorem crystalli transcendet. Terra, quæ in gremio suo Domini corpus confovit, tota erit ut paradisus. Et quia Sanctorum sanguine est irrigata, odoriferis floribus, liliis, rosis, violis immarcescibiliter erit perpetuo decorata. Et hæc est mutatio dexteræ excelsi, quia terra, quæ erat maledicta, et spinis addicta, tunc in perpetuum a Domino erit benedicta, et labor et dolor non erit ultra.

16. *De corporibus beatorum, et eorum adjunctis.*

D. Replesti me de bonis domus Domini : dic, qualia corpora habebunt sancti? — M. Septies quam sol splendidiora, et præ animo agiliora.

D. In qua ætate, vel in qua mensura erunt? — M. Ut Christus, quando resurrexit. Verumtamen cum sit hic delectabile pueros senibus mistos, viris mulieres, longis breves junctos cernere; credibile est multo delectabilius esse ibi singulis ætatibus, singulis mensuris utrumque sexum virorum et mulierum conspicere: sicut hic delectabile est diversas voces in organis vel in fidibus audire. Unde magis credendum est omnes in illa ætate, et in illa mensura resurgere, et ibi apparere, qua contigit eos hinc migrare.

D. Erunt vestiti, an nudi? — M. Nudi erunt, sed omni decore fulgebunt; et non plus de aliis membris, quam nunc de gratiosis oculis erubescent. Salus autem justorum et lætitia erunt illorum vestimenta: nam Dominus induet corpora eorum vestimento salutis, et animas eorum indumento lætitiæ. Et sicut hic sunt diversa genera florum, ut in liliis albedo, et in rosis rubedo: ita diversa gratia colorum creditur fore in corporibus Sanctorum, ut alium colorem martyres, alium habeant virgines; et hæc pro vestimentis reputabuntur,

17. *De operatione et gaudio beatorum.*

D. Possunt libenter facere quod volunt? — M. Nihil nisi bonum volunt, ideo quidquid volunt, libere agunt; et ubicunque esse volunt, sine mora ibi sunt.

D. Quid operantur? — M. Vacant et vident Deum, et in sæcula sæculorum laudant eum.

D. Quæ est laudatio Sanctorum? — M. Deum sanctos ibi laudare est tantum de visione Dei gaudere.

D. Recordantur malorum quæ in corpore patiebantur? — M. Omnium recordantur.

D. Non habent inde dolorem? — M. Imo majus gaudium habebunt, quod hæc omnia devicerunt: sicut aliquis qui olim periculum belli evasit, et hoc post gaudens amicis narrat.

D. Super altitudinem terræ sustulit me tua aurea lingua. Nunc eia, dic mihi illorum gaudia? — M. Gaudia itaque Sanctorum erunt, *quæ oculus non vidit, nec auris audivit, nec in cor hominis ascendit, quæ præparavit Deus his qui diligunt eum* (I Cor. II, 9).

D. Quæ sunt hæc? — M. Vita æterna, beatitudo sempiterna, omnium bonorum sufficientia sine omni indigentia.

D. Hoc planius edicito. — M. Septem speciales glorias corporis habebunt, et septem animæ. In corpore quidem pulchritudinem, velocitatem, fortitudinem, libertatem, voluptatem, sanitatem, immortalitatem: In anima autem sapientiam, amicitiam, concordiam, potestatem, honorem, securitatem, gaudium.

18. *De corporum dotibus in beatis.*

D. Levasti me super me. Hæc sunt quæ concupivit anima mea audire. Rogo te, hæc aliquibus modis exprime. — M. Placeretne tibi si esses ita pulcher ut Absalon in cujus corpore non erat macula, et cujus coma multo pretio ponderabatur præcisa?

D. O gloria! — M. Quid si cum hoc decore esses tam velox quam Asael, qui cursu pedum prævertebat capreas.

D. O gratia! — M. Quid si cum his duobus ita esses fortis ut Samson, qui mille viros armatos prostravit una mandibula?

D. O ingens decus! — M. Quid si cum his tribus esses tam liber quam Augustus, cui totus mundus servivit?

D. O claritudo! — M. Quid si cum his quatuor ita voluptate afflueres ut Salomon, qui nunquam cordi suo aliquid denegabat quod desiderabat?

D. O dulcedo! — M. Quid si cum his quinque ita sanus esses ut Moyses, cui nunquam dens motus est, nec caligavit oculus?

D. O sanitas! — M. Quid si his omnibus habitis deberes ita fieri longævus ut Mathusalem, qui pene ad mille annos vixit?

D. O magnificentia! Mihi videtur, si cui optio ex his eligendi daretur, unumquodque pro regno jure eligeretur: si quis autem his omnibus polleret, merito toti mundo præferendus esset. — M. Oportet, ut interdum sileas, dum præstantiora audias. Quid si cum his omnibus superioribus ita sapiens esses ut Salomon, cui omnia abscondita et occulta erant manifesta?

D. O decus, vel sapientia! — M. Quid si super hæc omnes homines tibi essent amici, ut David Jonathæ, quem dilexit ut animam suam?

D. O beatitudo! — M. Quid si insuper omnes tibi essent ita concordes, ut Lælius Scipioni, de quibus neuter nisi quod alter voluit?

D. O ineffabilitas! — M. Quid si ad hæc omnia ita potens esses, ut Alexander Magnus, qui Asiam, Africam, Europam, sibi potenter subjugavit?

D. O sublimitas! — M. Quid si insuper ab omnibus ita honorareris, ut Joseph ab Ægyptiis, quem adoraverunt ut Dominum?

D. O celsitudo! — M. Quid si in his omnibus ita securus esses ut Elias et Enoch?

D. O magnitudo! — M. Quid si his omnibus habitis tale haberes gaudium, quale is habet qui cum ad equuleum ducitur, repente in itinere ad regnum rapitur?

D. O majestas! — M. Quid si amicum haberes, quem ut teipsum diligeres, et is similiter ut tu his omnibus bonis abundaret; nonne duplex gaudium haberes?

D. O immensa delectatio! — M. Quid si multos amicos haberes, et nihilominus his bonis afflueret, nonne tot gaudia haberes?

D. O inenarrabilitas! Ita ego delector in sermonibus tuis, sicut in omnibus divitiis. Mihi videtur quod si quis quædam ex his, non dico omnia, haberet; dignior toto mundo esset. Si quis autem his omnibus esset plenus, videretur jure Deus. — M. Recte sentis nam his omnibus bonis ipsi (id est, sancti) longe excellentius exuberant. Absalonis namque formositas ibi esset deformitas. Porro illorum speciositas erit ut solis claritas, ut dicitur: *Fulgebunt justi sicut sol* (*Matth.* XIII, 43), qui tunc septuplo plus quam nunc fulgescet. Et hoc eis promittitur : *Reformabit corpus humilitatis nostræ configuratum corpori claritatis suæ* (*Philip.* III, 21). Nemo dubitat quin corpus Christi clarius sit quam sol, utpote corpus Creatoris quam corpus creaturæ; homines vero templa Dei dicuntur, quod sol non dicitur. Si ergo corpora sanctorum corpori claritatis Christi, quod est splendidius quam sol, configurantur; et Deus in eis, ut in templis, habitat; necesse est ut templa Dei magis perspicua sint quam sol. Ecce qualis sanctorum pulchritudo. Asael agilitas esset ibi pigra tarditas. Sane ipsi veloces sunt ut quam cito oriens sol occidentem suo radio tangit, tam cito ab oriente in occidentem venire possint, et quam cito oculus se elevans visum ad cœlum dirigit, tam cito ad terram de cœlo, de terra ad cœlum relabi poterunt : hoc etenim angeli facere possunt, quibus ipsi coæquales erunt, ut dicitur : *Erunt æquales angelis Dei* (*Luc.* XX, 36). Ecce qualis illorum velocitas Samsonis valetudo esset ibi invaletudo : nempe illorum talis erit valentia, ut si montes et omnem molem terræ pede vertere vellent; valenter possent, et tam facile, quam nunc videre : hoc enim nemo dubitat angelos posse, quibus ipsi æquales dicuntur esse. Ecce qualis justorum fortitudo. Augusti imperatoris libertas esset ibi captivitas : qui potuit capi, ligari, claudi. Illorum vero talis est libertas, ut omnia obstantia penetrare valeant, et nulla creatura eos retinere queat; sicut sepulcrum corpus Domini tenere non potuit quin resurgeret, et januis clausis intraret. Huic ipsi configurabuntur. Ecce qualis illorum libertas.

19. *De voluptate beatorum.*

D. Salomonis deliciæ essent eis miseriæ. O qualis est illorum voluptas, quibus ipse Deus fons omnium bonorum est insatiabilis satians satietas? — M. Duæ sunt beatitudines : una minor paradisi, altera major cœlestis regni. Quarum quia neutram experti sumus, de eis comparationem dare nescimus. Et duæ sunt miseriæ : una minor hujus mundi, altera major inferni. E quibus quia unam quotidie experimur, comparationem de experta dare novimus. Sicut igitur si ferrum ignitum alicujus capiti esset infixum, et sic candens per omnia membra transiret : sicut ille dolorem interius et exterius haberet ; ita ipsi per contrarium modum in omnibus membris suis interius et exterius voluptatem habent. Hic, id est in hoc mundo, est voluptas multitudinem virorum ac mulierum speciosarum videre, induere vestes pretiosas, præclara ædificia cernere, dulcem cantum, sermonem concinnum, organa, lyras, citharas, et talia audire; thymiamata, et alias diversi pigmenti species odorare · variis epulis deliciari · blanda et mollia tractare; multam pecuniam et variam supellectilem possidere; hæc omnia illis infinite redundant. O qualem voluptatem visus ipsi habebunt, qui ita clausis sicut apertis oculis videbunt ! Quibus singula membra, ut oculus solis erunt, qui Regem gloriæ in decore suo cernent; omnes angelos et omnes sanctos interius et exterius conspicient. Gloriam Dei, gloriam angelorum, gloriam patriarcharum, gloriam prophetarum, gloriam apostolorum, gloriam martyrum, gloriam confessorum, gloriam virginum, et gloriam omnium sanctorum videbunt : suos oculos, suas facies, omnia membra sua interius et exterius, cogitationes singulorum intuebuntur : omnia quæ sunt in novo cœlo, et in nova terra contemplabuntur : inimicos suos, qui se olim afflixerunt, in inferno jugiter videbunt ; et de his omnibus ineffabiliter gaudebunt. O qualis voluptas auditus illorum, quibus incessanter sonabunt harmoniæ cœlorum, concentus angelorum, dulcisona organa omnium sanctorum ! Olfactio qualis, ubi suavissimum odorem de ipso suavitatis fonte Deo haurient, et odorem de angelis et de omnibus sanctis percipient ! Eia qualis voluptas gustus, ubi *epulabuntur et exsultabunt in conspectu Dei* (*Psal.* LXVII, 4) ; et cum apparuerit gloria Dei saturabuntur, et *ab ubertate domus ejus inebriabuntur !* (*Psal.* XXXV, 9.) Voluptas tactus qualis, ubi omnia aspera et dura aberunt, et omnia blanda et suavia arridebunt ! O quam magna multitudo dulcedinis divitiarum, ubi in gaudio Domini super omnia bona sua constituentur. Ecce tales sunt deliciæ sanctorum. Moysis sanitas esset ibi infirmitas. Salus autem justorum a Domino. Quos si tentares impetere ferro, non plus posses lædere quam nunc radium solis secare ; talis est sanitas justorum. Mathusalæ longævitas esset prolixæ mortis difficultas, quos mors et dolor fugiunt, quia in perpetuum vivunt. En qualem habebunt vitæ diuturnitatem, qui indeficientis vitæ feliciter hæreditabunt æternitatem. Et hæc tantum sunt bona corporis.

20. *Dotes animarum in beatis; et quod de peccatis rite expiatis non erubescant, deque pleno omnium gaudio.*

D. Sicut dulcis fons sitientem agricolam, ita delectabilis favus de ore tuo distillans meam refocillat animam. Sed o incomparabiliter beati, qui ad tam ineffabilia bona sunt prædestinati ! — M. Vere beati sunt, qui habitant in domo Domini, quia in his omnibus vivent in sæculum sæculi. His Salomonis sapientia esset magna insipientia. Porro ipsis omnis sapientia affluit : omnem scientiam de ipso fonte sapientiæ haurient. Omnia quippe præterita, præsentia, et si qua futura sunt, perfecte sciunt. Omnium omnino hominum, sive in cœlo, sive in inferno, nomina, genera, opera bona vel mala unquam ab eis gesta norunt; et nihil est quod eos lateat, cum in sole justitiæ pariter videant omnia.

D. Heu quantas lacrymas miseriæ meæ nunc cogit me fundere fons tuæ eloquentiæ. Scient omnes sancti quod ego feci? — M. Utique, non solum quæ fecisti, sed quæ unquam vel cogitasti, vel dixisti, aut aliquis homo, sive bonum, sive malum, indelebiliter cognoscent.

D. Quid tunc valet confessio, et pœnitentia peccatorum, si non delebuntur; et si ipsi debent turpia et fœda flagitia nostra scire, quæ etiam exhorrescimus cogitare? — M. Quid abhorres? quid times? An vereris quod de tuis factis ibi confundaris? De fœdissimis et turpissimis actibus tuis confessis et pœnitentia lotis non plus verecundaberis, quam si quis nunc narraret tibi quæ olim gessisti in cunis: nec plus erubesces, quam si vulneribus in prælio acceptis perfecte sanatus esses. Nihil est aliud peccata dimittere vel delere, quam non punire: per pœnitentiam et confessionem remittuntur: sed de Dei et sanctorum scientia nunquam delebuntur.

D. Vellem mihi hoc exemplo probari? — M. Nunquid scis quod David homicidium et adulterium perpetravit?

D. Scio. — M. Num nosti Mariam peccatricem fuisse, Petrum Christum perjurio abnegasse, Paulum Ecclesiam crudeliter impugnasse?

D. Novi. — M. Credis eos esse in cœlo?

D. Credo. — M. Si igitur tu adhuc corruptibilis et fragilis hæc nosti, quanto magis illi norunt, qui ab omni corruptione et fragilitate liberi erunt? Non tamen inde nunc verecundantur, sed magis de sua salvatione in Domino glorientur.

D. Non abhorrent tales angeli vel sancti qui pene nihil peccaverunt? non habebunt eos pejus? — M. Nequaquam; sed, sicut his amici congaudent qui naufragium vel aliquod grave periculum evadunt, ita angeli et sancti de illorum evasione congratulantur, quibus omnia, etiam ipsa peccata, in bonum cooperantur. Et sicut medicus magis de desperato ægro, si eum sanaverit laudatur, ita Deus uberius de illorum salvatione glorificatur.

D. O immensa lætitia! — M. David et Jonathæ amicitia esset illis inimicitia. O quam dulcis amicitia illos copulat, quos Deus ut filios suos amat, et ipsi Deum plus quam seipsos diligunt, et omnes angeli et omnes sancti eos ut seipsos diligunt. Lælii et Scipionis concordia esset illis discordia. Sane concordia illorum est ut oculorum : quo unus aspicit, mox se alter illuc flectit : quidquid aliquis illorum volet, hoc Deus, hoc angeli, hoc omnes sancti volent.

D. Eia, si Deus et omnes sancti volent quod ego volo : tunc vellem similis esse Petro? — M. Certe si hoc volueris, continuo eris. Non dico quod Petrus sis, sed Petro similis. Nam si cuperes Petrus esse, cuperes non subsistere. Si enim tuam essentiam exueres, nihil esses : quamvis nullus ibi plus cupiat, quam promeruerit; sicut nec pes cupit oculus esse, aut manus auris; vel vir esse mulier. Si enim aliquid plus cuperent, plenum gaudium non haberent; sed omnes plenum gaudium habebunt : ergo nihil plus cupient quam habebunt, et nihil potest adjici gaudio eorum. Quod enim quisque in se non habuerit, in altero habebit : ut, verbi gratia, Petrus in Joanne gloriam habebit virginitatis; Joannes in Petro gloriam passionis. Et ita gloria uniuscujusque erit omnium, et gloria omnium uniuscujusque erit. Dic igitur quid cupere plus poterunt, qui angelis coæquales erunt, et hæc omnia, quæ commemoravi, et plura habebunt. Alexandri ampla potentia esset illis angusta custodia. Nempe illorum tam efficax erit potentia, ut si aliud cœlum facere vellent, potenter possent. Sunt enim Filii Dei, et cohæredes Christi, et ideo dii, ut dicitur : *Ego dixi, dii estis* (Psal. LXXXI, 6). Et quia dii sunt, omnia quæ volunt possunt.

D. Et si possunt, quare non aliud cœlum faciunt? — M. Deus nihil imperfectum reliquit : quia omnia in mensura, numero et pondere, perfecte absolvit. Et si ipsi aliud cœlum facerent, esset superfluum; sed nihil volunt quod sit indecens vel supervacuum. Nos etenim multa possumus, quæ tamen non facimus, ut saltare, vel currere.

D. Hæc omnia possunt credi de Apostolis et summis sanctis : circa nos bene geritur, si nobis in servitio eorum vivere conceditur. De omnibus omnino justis dictum est : *Erunt æquales angelis Dei* (Luc. XX, 36). Sicut enim illud est perfecte calidum, a quo omne frigus est remotum, et illud est perfecte frigidum, a quo omnis calor removetur; et tamen aliud potest esse calidius aut frigidius : ita, licet omnes sancti æquales sint semper videndo faciem Patris; tamen ita differunt in gloria ut stellarum claritas, vel solis et lunæ lumina. Sicut igitur si rex præteriens ægrum, quem in cœno jacentem videret, levari, balneari, vestibus suis indui juberet, nomen suum ei imponeret, in filium suum adoptaret, regnum ei in hæreditatem daret : ita Deus cernens nos in luto peccatorum, nos inde per fidem levavit, baptismate lavit, nomen suæ Divinitatis nobis imposuit, in regnum suum hæredes adscivit, ut dicitur : *Quotquot receperunt eum, dedit eis potestatem filios Dei fieri* (Joan. I, 12). Quamvis ergo alius alio præstantius, alius alio eminentius gloriam pro meritis sortiatur; tamen omnes unam domum Patris, licet diversis mansionibus, et unum denarium de visione Dei et consortio angelorum percipient. Joseph honor esset eis ut dedecus. O qualem honorem habebunt ipsi, quos Deus ut filios honorabit, angeli ut principes, omnes sancti ut Deos venerabuntur! Debitor est enim eis Deus, quia hoc quod de eis statuit facere, ut hoc fieret, toto adnisu se præparavere. Debitores sunt eis omnes sancti, quia quod binam stolam, imo centuplum perceperunt, ex ei ex magna parte habebunt. Debitores sunt eis angeli, quia quod eorum numerus est impletus, quantum in ipsis fuit, fecerunt, debitores sunt eis cœlum et terra, et omnis creatura, quia quod tam excellenter immutata est, hoc fieret, suis meritis festinaverunt. Eliæ et Enoch securitas esset eis timor is, anxietas quia ita securi sunt, quod nec mortem nec aliquod infortunium timebunt; et hæc omnia nunquam amittere pavebunt. Deus enim non aufert ab eis, cum sint filii ejus charissimi : et ipsi nunquam amittere volent; nunquam igitur ea perdent, equuleo vero erepti, et in regnum rapti perfruentur lætitia pro mœstitia. O qualem lætitiam et exsultationem ipsi habebunt, qui in gaudium Domini introibunt! O Deus! quale gaudium habebunt, qui Patrem in Filio, et Verbum in Patre, et Spiritus sancti charitatem in utroque, sicuti est, facie ad faciem semper videbunt. Gaudium habebunt de consortio angelorum, gaudium de contubernio omnium Sanctorum. Gaudebunt itaque de bonis Domini interius et exterius, supra se, et infra se, in circuitu et undique. Ad hæc omnes amicos meos incito; qui si me audierint, in eorum consortio, quorum multa millia sunt, his deliciis affluere et superabundare gaudebunt. Ecce, hoc est plenum gaudium ; et hæc est omnium bonorum sufficientia sine omni indigentia.

21. *Antitheses beatorum et damnatorum.*

D. Ita replesti meum cor gaudio, quod pene vidi faciem Domini in nubilo raptus in cœli gremio. Idcirco lætor super eloquia tua, sicut qui invenit spolia multa. — M. Sicut igitur hi amici Dei perenniter felices in Domino gloriabuntur : ita, e contrario, inimici ejus nimium miseri et infelices jugiter cruciabuntur. Ecce sicut isti decore maximo illustrabuntur, ita illi maximo horrore deturpabuntur. Sicut isti summa agilitate erunt alleviati, ita illi summa pigritia prægravati. Sicut isti præcipuo robore solidati, ita illi erunt præcipua invaletudine debilitati. Sicut isti angusta libertate potientur, ita illi anxia servitute deprimentur. Sicut isti immensa voluptate deliciabuntur, ita illi immensa miseria amaricabuntur. Sicut isti egregia sanitate vigebunt, ita illi infinita infirmitate deficient. Sicut isti de beata immortalitate triumphantes lætabuntur, ita illi de dolenda sua diuturnitate lamentabuntur. Sicut isti perpoliti erunt splendore sapientiæ, ita illi obscurati erunt horrore insipientiæ. Si quid enim scient, ad augmentum doloris scient. Sicut istos dulcis amicitia copulabit, ita illos amara inimicitia excruciabit. Sicut isti concordiam cum omni creatura habentes, ab omni creatura glorificabuntur, ita illi cum omni creatura discordiam habentes, ab omni creatura exsecrabuntur. Sicut isti summa potentia sublimabuntur, ita illi summa impotentia angustiabuntur. Sicut isti maximo honore erunt prædíti, ita illi maximo dedecori erunt dediti. Sicut isti securitate egregia tripudiabunt, ita illi maximo pavore trepidabunt. Sicut isti ineffabili gaudio erunt jubilantes, ita illi miserabili mœrore sine fine ejulantes. Odium enim Dei habebunt, quia, quantum in ipsis erat, ei obstiterunt, ne unquam civitas ejus ædificaretur. Odium habebunt angelorum, quia, quantum potuerunt, effecerunt ne unquam numerus eorum imp.eretur. Odium habebunt omnium sanctorum, quia, quantum in ipsis erat, nunquam gaudium plenum habebunt. Odium a novo cœlo, et a nova terra, et ab omni creatura habebunt : quia, quantum in ipsis erat, impedierunt ne unquam immutarentur. O mirabilis contrarietas! Sicut illorum gaudia erunt inexcogitabilia et indeficibilia : ita istorum supplicia erunt incomparabilia et ineffabilia. Ideo vocantur perditi, quia a cultu Dei sunt lapsi.

D. Hoc non intelligo? — M. Cum Deus palatium sibi constitueret paries lapsus est, quando angeli corruerunt. Quem Deus volens restaurare, misit Filium suum vivos lapides ad hoc ædificium congregare. Qui scandens currum, multos convexit; lapsos inde reliquit, ut dicitur : *Ascendes super equos tuos; et quadrigæ tuæ salvatio* (*Habac.* III, 8). Dei quadrigæ sunt quatuor Evangelistæ. Equi sunt apostoli, qui prædicatione sua Christum in hoc curru per mundum traxerunt, et multos ad Dei ædificium collegerunt. Lapsi de curru sunt hæretici et schismatici, ut dicitur : *Ex nobis exierunt, sed non erant ex nobis* (*I Joan.* II, 19). Qui autem sunt adducti, ut lapides quadrati a summo opifice in ædificio cœlesti sunt locati. Hi sunt electi, quatuor virtutibus politi, id est prudentia, fortitudine, justitia, temperantia, quibus muri Hierusalem fient reparati, ut dicitur : *Hierusalem, quæ ædificatur ut civitas* (*Psal.* CXXI, 3). Quidam vero lapides asperi, impoliti, ab opifice sunt reprobati, in ignem missi, et in calcem versi; murique huis firmati quasi cæmento et ornati. Hi sunt impii a cœlesti ædificio rejecti, et in fornacem gehennæ projecti : de quorum exitio justi vinculo charitatis quasi cæmento murus firmius compaginabuntur; et eorum gloriosus collatione decorati, sine fine in Domino Deo jucundabuntur.

D. Jucunditate et exsultatione repleat te Dominus Deus omnipotens, optime magister, glorificatione sanctorum, et videas Regem gloriæ in suo decore; et videas bona Hierusalem omnibus diebus vitæ tuæ.

DE COGNITIONE VERÆ VITÆ.

(Exstat in Appendice ad tom. VI Operum S. Augustini, Patrologiæ tom. XL, col. 1005.)

LIBER DUODECIM QUÆSTIONUM

In quibus præcipue quæritur

Num sanctus archangelus Michael beato Petro apostolo, an Petrus Michaeli præcedat.

(Ex cod. ms. inclytæ carthusiæ Gemnicensis in Austria, exprompsit ven. D. P. Leopoldus Wydemann; edidit. R. P. Bern. Pezius, *Thes. Anecdot.* t. II, p. i, col. 199.)

PROLOGUS.

Thomæ, splendore sapientiæ rutilo, Honorius videre faciem Domini in jubilo. Quæstionem, ut reor, multis optabilem, nuper a nobis utcunque solutam, optimum duxi tuo judicio mittere examinandam.

Duo in itinere casu convenerunt, quorum unus canonicus, alter erat monachus : ineundo quæsivit uterque ab altero, quis vel unde esset? Canonicus dixit se esse beati Petri; monachus vero dixit se esse sancti Michaelis archangeli; canonicus dixit, dominum suum digniorem, utpote Ecclesiæ principem, et cœli janitorem. Monachus econtra affirmavit, dominum suum celsiorem utpote angelum, et hunc paradisi præpositum. Cumque uterque suam partem tali ratione vel auctoritate roborasset, quidam sciscitati sunt a nobis, cui eorum palma dari debuisset. Quibus tunc breviter viva voce pro tempore respondi, sed ipsis petentibus Scripto totam quæstionem edidi.

SUMMA XII QUÆSTIONUM.

In hac evangelica quæstione solvuntur duodecim quæstiones.

I. Quod Deus Pater omnia simul in Filio fecit, et quod hic mundus sensibilis illius archetypi umbra sit.

II. Quod universitas in modum citharæ sit disposita, in qua diversa rerum genera in modum chordarum sint consonantia.

III. Quod sicut nullum genus pro altero, sed pro seipso sit conditum : ita homo non pro apostata angelo, sed pro seipso sit conditus; et ideo si nullus angelus cecidisset, homo tamen suum locum in universitate habuisset.

IV. Est quod electi homines non pro apostatis angelis sed pro seipsis in cœlum assumantur; reprobi autem, vel angeli vel homines ut dissonæ chordæ apto loco ad consonantiam ponantur.

V. Quod de singulis angelorum ordinibus aliqui ceciderint; et quod electi homines stantibus angelis pro meritis associandi sint, similiter et reprobi singulis ordinibus lapsorum pro meritis aggregandi sint.

VI. Quod chorus apostolorum seraphim associandus sit; et ideo Petrus superior Michaele sit in cœlo, quem Christus Deus homo principem Ecclesiæ A constituit, et cui Roma, quæ est caput mundi, primatum obtulit.

VII. Quod homo sit angelo dignior, sed angelus homine felicior : eo quod angeli adorent hominem Deum, non homines angelum Deum.

VIII. Quod in Ecclesia sint novem ordines justorum secundum novem ordines angelorum.

IX. Quod Deus et angeli et animæ non habeant corpora, sicut justitia et sapientia; et quod sola mente videantur.

X. Quod corporalia corporeo visu, imagines spiritu, voluntates intellectu discernantur, et hoc modo per angelorum mentem discernantur.

XI. Quod angeli æthereo, dæmones aeria ; homines terrena corpora habeant : et sicut nos vestes mutare possumus, ita dæmones sua corpora in varias figuras transformare, et angeli sua, prout velint, valeant permutare.

XII. Quod animabus corpore exutis forma corporis adhæreat : et quod Dominus post resurrectionem suam suum corpus prout voluit, exhibuerit.

CAP. I. *Quæstio prima : Quod Deus Pater omnia simul in Filio fecit, et quod hic mundus sensibilis illius archetypi umbra sit.*

Plerique arbitrantur hominem hac sola causa conditum, ut per eum instauretur lapsus angelorum. Quod si ita est, necessario sequitur, hominem nunquam fuisse conditum, si perstitisset in cœlo numerositas angelorum. Et si homo non fuisset conditus, nec hic mundus creatus, cujus ipse Dominus est constitutus, et qui propter eum creditur institutus. Quod si hic mundus factus non fuisset, consequenter nec infernus esset, qui utique in hoc mundo est positus et in quem trusus est diabolus, mox ut a cœlo est pulsus; sive aer iste, qui est pars mundi, in quo adhuc dicitur servari usque in diem judicii. Si hoc verum esset, tunc falsum esset, quod ait evangelista : *Quod factum est in ipso, vita erat* (Joan. 1). Vita in Deo est Deus, dicente Filio Deo : *Ego sum vita et veritas* (Joan. xiv). Quod si omne quod factum est, in Christo vita et veritas est, et vita et veritas est Deus; igitur omnis ista creatura est umbra vitæ et veritatis : et sicut semper fuit vita et veritas, ita semper fuit umbra ejus. Verbi gratia : Dictamen a me compositum, et adhuc non scriptum, quodammodo in me vivit, quod quasi exemplar inspicio, dum illud in tabulis scribo : et illud, quod foris scriptum apparet, est umbra illius non scripti, quod intus latet. Et exterius quidem potest redigi in nihilum, interius autem manet incorruptum; sed intrinsecus est simplex et uniforme, forinsecus multiplex et varium, scilicet in litteris et in dictionibus, et in syllabis et in casibus, in temporibus, in schematibus, in figuris. Sic universa creatura in divina mente concepta est simplex, invariabilis et æterna, in seipsa autem multiplex, variabilis, transitoria videlicet in generibus, in speciebus, in individuis. Manet autem in æternum qui creavit omnia simul ; quasi diceret : Deus Pater Filium, id est, sapientiam suam ex se æternaliter genuit, in quo omnia simul fecit.

CAP. II. *Quæstio secunda : Quod universitas in modum cytharæ sit disposita, in qua diversa rerum genera in modum chordarum sint consonantia.*

Porro ante creationem angelorum scribitur : *In principio fecit Deus cœlum et terram* (Gen. I). Ad quid fecit cœlum? Ut habitatio esset angelorum. Ad quid terram? Ut esset habitatio hominum. Summus namque opifex universitatem quasi magnam citharam condidit, in qua veluti varias chordas ad multiplices sonos reddendos posuit : dum universum suum opus in duo, vel duo sibi contraria distinxit. Spiritus enim et corpus quasi virilis et puerilis chorus gravem et acutum sonum reddunt, dum in natura dissentiunt, in essentia boni conveniunt. Ipsi ordines spirituum reddunt discrimina vocum, dum archangeli angelos in gloria præcellunt, illos autem virtutes honore transcendunt, has vero potestates dignitate vincunt, et his Principatus superiores existunt. Horum gloriam Dominationes superant, ipsæque thronos in claritate non æquiparant; et hos Cherubim in scientia, Seraphim in sapientia obscurant. Qui omnes dulci harmonia consonant, dum concorditer suum factorem amando laudant : et singulis propria gloria sufficit, nec quis alterius donum concupiscit. Similiter corporalia vocum discrimina imitantur, dum in varia genera, in varias species, in individua, in formas, in numeros separantur : quæ omnia concorditer consonant, dum legem sibi insitam quasi tinnulos modulis servant. Reciprocum sonum reddunt Spiritus et corpus, angelus et diabolus, cœlum et infernus, ignis et aqua, aer et terra, dulce et amarum, molle et durum, et sic cætera in hunc modum.

CAP. III. *Quæstio tertia : Quod sicut nullum genus pro altero, sed pro seipso sit conditum ; ita homo non pro apostata angelo, sed pro seipso sit conditus ; et ideo si nullus angelus cecidisset, homo tamen suum locum in universitate habuisset.*

Et notandum quod unusquisque in proprio loco fundatur, nec ullum pro alio locatur. In generibus quippe nec avis pro pisce nec piscis pro bestia, nec lapis pro arbore surgit, nec arbor pro lapide succedit. Similiter in speciebus nec aquila pro ciconia, nec palma pro oliva, nec topazius pro chrysolitho surgit : ita et homo in universitate habet suum proprium locum, sicut et angelus suum proprium. Igitur homo non est pro angelo, sed pro seipso creatus, alioquin majoris dignitatis vermis esset, qui proprium haberet, quam homo, qui proprio loco careret ; et alterius locum occuparet sicque dissonantia in universitate fieret. Sed et Deus improvidus esset, qui aliquid in loco alterius poneret. Et quia hoc veritati repugnat, vera ratio probat : si omnes angeli in cœlo permansissent, homo in cœlo proprium locum pleniter habuisset. Post lapsum quorumdam angelorum tot homines assumuntur in consortium persistentium, quot assumendi essent, si omnes permansissent; insuper tot, quot inde lapsi sunt : qui tamen non locum angelorum occupabunt, sed proprium locum implebunt.

CAP. IV. *Quæstio quarta : Quod electi homines non pro apostatis angelis, sed pro seipsis in cœlum assumantur : reprobi autem vel angeli, vel homines ut dissonæ chordæ apto loco ad consonantiam ponantur.*

Quidam namque affirmant, quod pro apostatis angelis nec alii angeli nec homines reponantur : sicut nec pro damnatis hominibus, in Ecclesia alii homines vel angeli redonantur; sed stantes angeli in charitate firmati in sua numerositate permaneant : et homines justi in sua multiplicatione proprium locum impleant. Deus enim, qui creavit omnia, ut sint, et nihil de creaturis suis patitur redigi in nihilum, ut non sit, cum sit melius esse, quam non esse : angelum et hominem per liberum arbitrium a summo bono ad minus bonum declinantes, quasi chordas in magna cithara dissonantes, de loco excellentium tulit, et in locum gravium posuit : in quo nullam dissonantiam faciant, sed universitati apte concinant. Sunt alii qui putant quod dimidia pars angelorum ceciderit, et ideo tot homines ad cœlum ascensuri sint, quot angeli ibi remanserint. Et quia scriptum est : *Draco cauda sua traxit tertiam partem stellarum et misit eas in terram* (Apoc. XII); sunt aliqui qui putant, tertiam partem angelorum corruisse, et hanc per electos homines restaurari oportere.

CAP. V. *Quæstio quinta : Quod de singulis angelorum ordinibus aliqui ceciderint : et quod electi homines stantibus angelis pro meritis associandi sint ; similiter et reprobi singulis ordinibus lapsorum pro meritis aggregandi sint.*

Item sunt alii, qui arbitrantur decem ordines angelorum fuisse, et decimum totum corruisse, inducti evangelica parabola, quæ narrat, mulierem decem drachmas habuisse, et decimam perdidisse : unde adhuc vulgo dicitur, quia decimus chorus angelorum ceciderit. Nos autem sacræ Scripturæ auctoritate dicimus novem ordines angelorum fuisse, et esse, et de singulis ordinibus aliquos corruisse. Quod quidam de angelis ceciderit, testatur Joannes in Apocalypsi dicens : *Draco ille magnus, qui vocatur diabolus et Satanas, projectus est in terram, et angeli ejus cum eo missi sunt* (ibid.). Item Dominus in Evangelio : *Ite in ignem æternum,* qui præparatus est diabolo et angelis ejus (Matth. xxv). Idem de archangelis intelligitur : Qui enim in malitia malis angelis præsunt de archangelis, fuerunt. De principibus dicit Psalmus : *Sicut unus de principibus cadetis (Psal.* LXXXI). Item Apostolus de principibus et potestatibus : *Non est nobis colluctatio adversus carnem et sanguinem, sed adversus principatus et potestates, adversus rectores tenebrarum harum, contra spirituales nequitias in cœlestibus (Ephes.* VI). Item Apostolus : *Exspoliavit principatus et potestates, triumphans illos in semetipso* (Colos. II). Item Apostolus de aliis ordinibus : *Cum evacuerit omnem principatum et potestatem et virtutem et dominationem (I Cor.* XV). De thronis dicit Psalmista : *Nunquid adhæret tibi sedes iniquitatis? (Psal.* XCIII). Throni sunt sedes : sedes iniquitatis appellati sunt, qui de thronis lapsi sunt. De Cherubin scribitur in Ezechiele : *Tu Cherub extentus et protegens in deliciis paradisi fuisti, corruisti de cœlo (Psal.* XCIII). De seraphim in Job legitur : *Ipse est principium viarum Dei, et ipse est rex super universos filios superbiæ (Job* XL). Hic dixit : *Similis ero Altissimo (Isa.* XIV). Eisdem nominibus perditi homines secundum merita associandi erunt : electi autem homines secundum merita sanctorum angelorum ordinibus associandi erunt, dicente Domino : Justi æquales angelis erunt. Generaliter vero omnes Spirituum ordines angeli vocantur. Sed attendendum quod hæc disputatio videtur esse contraria Hieronymo, si tamen hujus dicta a nobis recte intelliguntur. Hieronymus dicit in sermone : Cogis me, o Paula, *de assumptione Virginis,* quodam loco ita : sic itaque ubique confidenter sancta Dei canit Ecclesia, quod de nullo alio sanctorum fas est dicere et credere, ut ultra angelorum vel archangelorum merita transcenderit. Iste vere dicit transcendere, cui etiam Gregorius concordare videtur. Asserit enim, quod omnis electus secundum differentiam meritorum sociandus sit ordinibus angelorum.

CAP. VI. *Quæstio sexta : Quod chorus apostolorum seraphim associandus sit, et ideo Petrus superior Michaele sit in cœlo, quem Christus Deus homo principem Ecclesiæ constituit, et cui Roma auæ est caput mundi, primatum obtulit.*

Sicut ergo leguntur novem ordines angelorum, ita in Evangelio a Domino ponuntur novem ordines electorum : Ex quibus pauperes Spiritu angelis, mites archangelis associantur, lugentes virtutibus, esurientes justitiam potentatibus coæquantur : misericordes principatibus, mundi corde dominationibus copulantur, pacifici thronis aggregantur : persecutionem patientes propter justitiam cherubim ; maledicta opprobria, mendacia propter Filium hominis sustinentes seraphim in gloria comparantur. Apostoli autem quos summus Dominus de hominibus elegit, et Ecclesiæ sponsæ suæ præfecit, summum chorum angelorum scilicet seraphim intrahunt ; quia ipsi pro nomine Jesu flagellati, contumeliamque passi, gavisi sunt. Igitur quantum ordo seraphim præcellit dignitate ordinem archangelorum, tantum præcellit Petrus princeps apostolorum Michaelem unum de ordine archangelorum. Hinc est, quod Roma caput mundi Petro apostolo, non Michaeli archangelo primatum regiminis obtulit ; et universa Ecclesia per orbem non solum in privatis locis, sed etiam in præcipuis urbibus episcopalem sedem Petro contulit.

CAP. VII. *Quæstio septima : Quod homo sit angelo dignior, sed angelus homine felicior, eo quod angeli adorent hominem Deum, non homines angelum.*

Et cum homo tanta gloria per hominem sit exaltatus, quæritur : quis dignior sit, homo an angelus? Resp. Absque dubio : homo est dignior, licet angelus sit felicior ; quia homo in Christo est Deus, quod non est angelus ; et angeli adorant supra se hominem Deum, non homines angelum. Angelus est felicior, quia semper in beatitudine mansit ; homo autem dignior, quia in miseria positus, contra vitia et dæmones pugnans, virtute beatitudinem promeruit, quam angelus per gratiam Dei non amisit. Et angeli administratorii Spiritus dicuntur quia salus æterna hominibus per Christum danda, per eos administratur : sicut lex per ministerium angelorum scripta traditur, et oracula prophetarum per eos administrata creduntur. Hi non solum homini Christo sed et apostolis ministrabant, cum eos de vinculis vel de carcere solvebant. Igitur homo per Christum præcellit angelum dignitate ; ast angelus per Deum præcellit hominem felicitate.

CAP. VIII. *Quæstio octava : Quod in Ecclesia sint novem ordines justorum secundum novem ordines angelorum.*

Et quia beatis hominibus repromittitur æqualitas angelorum, ideo Ecclesia distinxit ordines fidelium secundum ordines eorum, scilicet in patriarchas, in prophetas, in apostolos, in martyres, in confessores, in monachos, in virgines, in viduas, in conjugatos. Similiter et officia illorum in novem discrevit videlicet in laicos, in ostiarios, in lectores, in exorcistas, in acolythos, in subdiaconos, in diaconos, in presbyteros, in episcopos.

CAP. IX. *Quæstio nona : Quod Deus, et animæ, et angeli non habeant corpora, sicut justitia, et sapientia, et quod sola mente videantur.*

Sed hoc a quibusdam quæritur, quali forma credantur angeli esse, qui leguntur sæpe hominibus apparuisse? Quibus respondemus : Omne quod est, aut Spiritus est, aut corpus. Corpus habet tres dimensiones, longum, latum, altum : hæc tria præstant formam omni corpori. Spiritus autem non habet longum, nec latum, nec altum. Igitur nullam formam Deus et angelus habent, Evangelio testante : *Deus Spiritus est (Joan.* IV). Ergo Deus formam non habet ; quod vero Apostolus ait : *Cum in forma Dei esset (Philip.* II), formam pro essentia posuit. Et angeli spiritus sunt, Psalmista dicente : *Qui facit angelos suos spiritus (Psal.* CIII) ; ergo et ipsi forma carent. Sed et animæ justorum Spiritus sunt, Scriptura clamante et dicente : *Spiritus, et animæ justorum, benedicite Domino (Dan.* III) · animæ pertinent ad vitam et sensum, spiritus ad rationem et intellectum; ergo nec ipsi formam habent. Ita autem est intelligendum de spiritibus, sicut de virtutibus, scilicet de justitia, de sapientia, etc.

CAP. X. *Quæstio decima: Quod corporalia corporeo visu, imagines spiritu, voluntates intellectu discernantur*, etc.

Sed dicit aliquis: Quomodo Spiritus personaliter accipiuntur, si nulla forma circumscribuntur? Sciendum est quod tribus modis videmus, visu corporali corpora, spiritu imagines, mente cogitationes vel voluntates nostras. Hoc tertio modo videmus Deum et spiritus. Et sicut visu corporis, corpus hominis a corpore equi secernimus, et sicut spiritu imaginationem viri ab imaginatione mulieris sequestramus, et sicut mente scientiam grammaticæ a scientia dialecticæ separamus: sic personas spirituum intellectu discernimus.

CAP. XI. *Quæstio undecima: Quod angeli ætherea, dæmones aerea, homines terrea corpora habeant*, etc.

Angeli quoque habent corpora ætherea, dæmones aerea, homines terrea: et sicut homines possunt sua corpora decolorare, videlicet dealbare, et denigrare aut aliqua veste contegere: ita possunt dæmones sua corpora in varias formas transfigurare, aut splendida ad decipiendum, aut tetra ad terrendum demonstrare, Apostolo dicente: *Ipse Satanas transfigurat se in angelum lucis* (II Cor. XI). Et ut nos pro voluntate vestes de illis vel de istis animalium velleribus induimus; sic dæmones nunc illarum vel illarum bestiarum formas induunt, scilicet vel leonis vel draconis vel alterius; unde scribitur: *Ne tradas bestiis animas confitentes tibi* (Psal. LXXIII).

Angelorum corpora sunt simplicia, videlicet ex puro æthere facta. Æther est ignis, scilicet quartum elementum, non calore, sed perpetua luce serenum; unde de creatione angelorum scribitur: *Fiat lux* (Gen. I). In his corporibus nobis apparent: et hæc pro rebus, quas administraturi sunt, mutant. Hinc est, quod Michael armatus Josue apparuit, cum populo Dei in adjutorium venit. Gabriel quoque in forma chrysolithi Danieli apparuit, cum Christi regnum prænuntiavit. Raphael etiam Tobiæ præcinctus apparuit, cum Saram a dæmonio, patrem a cæcitate liberavit. Nascente Domino cum lumine apparuerunt, et eo resurgente vel ascendente in albis fulserunt. Mariæ ut juvenis apparuit angelus, Cæciliæ vero alis fulgentibus.

CAP. XII. *Quæstio duodecima: Quod animabus corpore exutis forma corporis adhæreat, et quod Dominus post resurrectionem suam suum corpus prout voluit, exhibuerit. Resolvuntur objectiones adversus dicta.*

Sed et animabus corpore exutis forma corporis adhæret, in qua videri solent. Et hoc notandum, quod Dominus etiam post resurrectionem suam corpus suum transformaverit prout voluit: ideo a discipulis cognosci non potuit, a quibus aliquando subito evanuit. Hæc de spiritibus sufficiant. Superius dictum est, quod homo pro apostata angelo non reponatur, sed pro seipso in cœlum, id est, in beatitudinem assumatur. Sed quia hoc durius quibusdam dictum videtur tota Scriptura clamante, numerus angelorum electis hominibus redintegrandus, enucleatius ratione duce elucidetur. Si omnes in mundo uno tempore simul hunc solem aspicerent singuli eorum totum illum viderent, nec quisquam inde de lumine ejus videret, quia totus eum respiceret. Si quis vero oculos clauderet, vel aliquo casu oculos amitteret, ipse solis se aspectu privaret; alii vero non magis nec minus viderent, quam si ille eum videret. Quod si videns de eo vel de alio nasceretur, non pro illo, sed pro seipso in universitate poneretur: et lumen solis non pro cæco, sed pro seipso videret, quod nihilominus faceret, si ille cæcus non fuisset. Porro si ille cæcus de universitate tolleretur ita, ut in nihilum redigeretur; aliqua nova persona, non de humano genere, pro eo crearetur, hæc forsitan pro eo jure posita diceretur. Sed cum cæcus suum locum in universitate, sicut videns suum, possideat, manifestum est, quod videns pro eo locum non teneat, sed iste in loco, id est in numero non videntium. Sic et de vita dici potest. Omnes quippe homines æqualiter vita fruuntur, et nullus pro alio vivit, licet alius sit alio sanior; et hic, qui moritur, vita privetur; hic vero qui nascitur, non pro mortuo, sed pro seipso vita fruitur. Non enim mortuus de universitate tollitur, sed in loco sive in numero viventium non ponitur. In hunc modum est de Deo et angelis sentiendum. Scriptura etenim testante: *Deus lux est, et in eo tenebræ non sunt ullæ* (I Joan. I). Et iterum scribitur, quod sit *sol justitiæ* (Malac. IV), in quem desiderant angeli prospicere. Hic est gaudium angelorum, ut ista lux est gaudium oculorum: hunc tamen omnes angeli aspexerunt, et singuli pro modo suo eum totum viderunt; quidam autem oculos mentis clauserunt, dum se a luce veritatis averterunt, et se illo lumine privaverunt. Se vero illo gaudio privasse, fuit a consortio angelorum corruisse: visio enim Dei est gaudium beatorum. Porro electi homines, qui ipsum gaudium percepturi sunt, id est qui illud lumen visuri sunt, quo ipsi privati sunt, non pro apostatis angelis, sed pro seipsis illud videbunt: quomodo misericordes ipsi Deum videbunt, quem nihilominus visuri essent, si illi visione Dei privati non fuissent. Non enim potestate angeli de universitate penitus tolluntur, sed in loco gaudentium, vel in cœlo, hoc est, Deum æternam lucem videntium videre non censentur. Ideo autem electi homines pro eis reponi dicuntur, quia illo gaudio, vel illa luce fruuntur, qua illi privantur. Idcirco dixit Dominus homini: *Intra in gaudium Domini tui* (Matth. XXV); quia gaudium Domini, subaudi Christi, est visio Patris Dei: in qua omnes beati gaudebunt, quando gaudium et lætitiam obtinebunt et fugiet dolor et gemitus.

Sed dicet aliquis: Rege a regno remoto vel defuncto, alius pro eo constituitur; sic angelo cadente homo pro eo constituitur. Hic fallitur : in rebus quippe corporalibus, quod unus habet, alter habere non potest. Nam aurum quod ille habet, alter non habet quando iste aufertur, et isti datur, hic habet, ille non habet. Rex vivus solum regno potitur, defunctus autem penitus de rebus humanis tollitur ; item hic, qui pro eo constituitur solus sceptro insignitur. In spiritualibus autem non sic; quia eamdem virtutem multi similiter habere possunt, et eamdem Grammaticæ scientiam plures habere poterunt. Sic Deum, qui est lux, vita et gaudium angeli et homines similiter habere poterunt ; quem soli non habebunt, qui visum mentis ab eo avertunt. Igitur homines non pro angelis restituuntur, sed pro seipsis Deo, æterna luce, æterna vita, ac æterno gaudio perfruuntur.

LIBELLUS OCTO QUÆSTIONUM

DE ANGELIS ET HOMINE.

(Eruit ex cod. ms. inclytæ carthusiæ Gemnicensis ven. D. P. Leopoldus Wydemann, ejusdem loci bibliothecarius; edidit R. P. Bern. PEZIUS *Thes. Anecdot.* t. II, p. 1, col. 215.)

CAP. I. *Utrum homo crearetur, si angelus in cœlo perstitisset.*

DISCIPULUS. Vellem mihi certa auctoritate monstrari, ac firma ratione probari, utrum homo crearetur, si angelus in cœlo perstitisset ? cum enim auctoritas cujusdam magni dicat, ut impleretur electorum numerus, homo decimus creatur : videtur ad hoc solum facta multiplicitas hominum, ut impleretur imminuta numerositas angelorum, et sic consequenter ruina angeli fuit causa conditionis hominis.

MAGISTER. Nihil est aliud auctoritas, quam per rationem probata veritas : et quod auctoritas docet credendum, hoc ratio probat tenendum. Evidens scripturæ auctoritas clamat, et perspicax ratio probat : si omnes angeli in cœlo permansissent, tamen homo cum omni posteritate sua creatus fuisset. Iste quippe mundus propter hominem est factus ; mundus autem est cœlum et terra, et universa quæ ambitu continentur ; et valde absurdum credi videtur, ut stantibus angelis is non crearetur, propter quem universitas creata legitur. Ad hunc errorem removendum sacra Scriptura, futurorum præscia, ante creationem angeli et hominis exorsa est dicens: *In principio creavit Deus cœlum et terram* (Gen. 1). Utquid cœlum? Ut esset utique habitatio angelorum. Utquid terram? Ut videlicet esset habitatio hominum. Et huic sententiæ auctoritas illius magni viri, scilicet Gregorii, non refragatur, sed potius suffragatur : quia nimirum electorum numerus non in solis constitit angelis, sed in angelis simul et hominibus, et quia in novem ordinibus angelorum non erat perfectus numerus electorum, ut hic impleretur numerus, est homo decimus ordo creatus. Quod autem homo cum angelo sit creatus, testatur ipse creator Deus loquens ad Job : *Ecce Behemoth, quem feci tecum* (Job XL), quod est dicere :

Quando feci hominem, feci et angelum. Est autem dualis creatio hominis, una in æternitate per prædestinationem, altera sub temporalitate per formationem. De creatione prædestinationis scribitur : *Faciamus hominem ad imaginem et similitudinem nostram. Et fecit Deus hominem ad imaginem et similitudinem suam* (Gen. 1). De creatione formationis scriptum est : *Formavit Deus hominem de limo terræ et inspiravit in faciem ejus spiraculum vitæ; et factus est in animam viventem* (Gen. II). Qui enim manet in æternum, ait Scriptura, creavit omnia simul (*Eccli.* XVIII). Omnia creavit simul per materiam, distinxit vero sex diebus per genera, per species, per formas, per numeros. Illi autem sex dies non sunt, ut isti volubiles, intelligendi, sed in æternitate fixi, ad quorum exemplar isti sunt facti. Et quia senarius numerus perfectus est, ideo sex diebus Deus omnia fecisse legitur : ut operatio Dei perfecta insinuetur ; quæ in sex partes distinguitur, scilicet in tria elementa et in tria ex his creata. Elementa quippe sunt ignis, aqua, terra ; et de igne creati sunt angeli, luminaria et sidera ; de terra vero homines, arbores, herbæ et animantia ; de aquis autem pisces et volucres. Est autem gemina aquarum natura, una crassa semper terræ adhærens, quæ mare dicitur, de qua pisces producti leguntur ; altera tenuis a terra suspensa, quæ aer dicitur, de qua volucres creatæ noscuntur. Quod autem angelus sit principium viarum Dei, scribitur in Job : homo vero ultima factura Dei legitur. Hinc per illum inchoatio, per istum vero consummatio operum Dei innuitur : cui omnis creatura reliqua subjicitur. Igitur sicut nec angeli pro perditis hominibus creantur, ita nec homines pro lapsis angelis creati creduntur, sed proprio loco gloriæ possidendo et decimum ordinem electorum implendo. Ideo autem pro perditis angelis dicuntur facti, quia in gloriam, de qua ipsi ceciderant, sunt assumendi : quod nihilominus fieret, si nullus angelorum corruisset. Et ecce nullus hominum adorat angelum, multitudo autem angelorum adorat super se hominem Deum, qui omnia in coelis et in terris restauravit : dum hominem de potestate diaboli in terris liberavit, et in coelis angelis associavit.

CAP. II. *Utrum Christus incarnaretur, si homo in paradiso perstitisset.*

DISCIPULUS. Quia rationabiliter est probatum, ruinam angeli non fuisse causam creationis hominis, nec hominem pro angelo, sed pro semetipso creatum, vellem item eadem auctoritate, comitante ratione, doceri, utrum Christus incarnaretur, si homo in paradiso perstitisset? Cum enim tota Scriptura clamat, Christum pro humana redemptione in carne venisse ; putatur nunquam in carne venisse, si homo non peccasset quem redimeret : et sic videtur peccatum hominis causa fuisse Christi incarnationis. Quod si ita est, tunc illud peccatum non fuit malum, imo magnum bonum, cujus causa Deus factus est homo, consequenter et homo Deus.

MAG. Peccatum hominis non bonum, sed maximum malum fuisse, clamat totus mundus, cum multis miseriis suis. Unde enim mors cum tot cladibus regnat in mundo, nisi de peccato hominis ? et ideo peccatum primi hominis non fuit, causa Christi incarnationis, sed potius fuit causa mortis et damnationis. Causa autem Christi incarnationis fuit praedestinatio humanae deificationis : ab aeterno quippe a Deo erat praedestinatum, ut homo deificaretur, dicente Domino : *Pater, dilexisti eos ante constitutionem mundi* (Joan. XVII), subaudi, per me deificandos.

Sicut autem Deus est immutabilis, ita et praedestinatio ejus est immutabilis : oportuit ergo hunc incarnari, ut homo posset deificari. Et ideo non sequitur, peccatum fuisse causam ejus incarnationis ; sed hoc magis sequitur, peccatum non potuisse propositum Dei immutare de deificatione hominis. Siquidem auctoritas sacrae Scripturae et manifesta ratio declarat, Deum hominem assumpsisse, etiamsi homo nunquam peccasset.

Denique provida Scriptura ante peccatum hominis promittit Christum, dicens : *Relinquet homo patrem et matrem, et adhaerebit uxori suae et erunt duo in carne una* (Matth. XIX). Haec Apostolus exposuit ita, dicens : *Sacramentum hoc magnum est, ego dico in Christo et in Ecclesia* (Ephes. V). Ecce adhuc nullum peccatum ab homine committitur, et Christi et Ecclesiae conjunctio in una carne praedicatur. Unde idem Apostolus : *Deus,* inquit, *ante mundi constitutionem elegit nos in Christo* (Ephes. I). Christus est Deus homo, in quo Deus ante mundi constitutionem praedestinatos ad vitam elegit, quia in Christo nos deificari constituit. Quando enim Deus humanam naturam induit, universa humanitas in electis duntaxat in Deum tunc transit. Sed et primus angelus, qui similitudinem Dei sibi usurpavit, quam solus Filius habuit, dum pulsus de coelo cecidit, Christum Judicem in terra invenit. Adhuc quippe in terrae materie latuit, per quem Pater terram condidit : qui angelum de coelo refugum sub terra mergeret, et hominem humilem de terra super coelum erigeret. Quod autem Christus mortuus est, qui est vita omnium, tres status sunt hominis : unus ante peccatum, in quo mori, et non mori potuit ; alter post peccatum in quo mori necesse habuit : tertius, qui erat ei futurus, si tentatus non peccasset, et adhuc post resurrectionem speratur, in quo mori non potuit.

Si ergo Christus in primo statu venisset, nec ipse nec homo unquam moreretur, sed jam deificatus completo numero ordinis decimi angelis associaretur : quod utique factum ita esset, si homo tentatus non peccasset. Sed Christus hominem peccaturum, et per hoc moriturum praescius, ideo in secundo statu venire et mori voluit : ut hominem de morte redimeret, et ad statum vitae reduceret. Et ideo dicitur pro humana redemptione venisse, quia nisi ipse moriendo mortem nostram destrueret, nunquam homo post culpam statum vitae reciperet. Igitur Christi incarnatio fuit humanae naturae deificatio, ejus mors nostrae mortis destructio, ejus resurrectio vitae nostrae reparatio, et hoc modo secundum Apostolum : *Sicut in Adam omnes moriuntur, ita et in Christo vivificabuntur* (I Cor. XV).

CAP. III. *Quomodo angeli ex igne creati sint.*

DISC. Haec solutio mihi probabilis videtur, ubi auctoritas rationi, et ratio auctoritati patrocinatur. Sed cum melior sit Spiritus quam corpus, miror cur angelos dixeris de igne creatos. Ignis enim corpus est, angeli vero spiritus sunt : et non video, quo modo melius de deteriori creari praedicetur nisi veris assertionibus comprobetur.

MAG. Spiritum de corpore creari dicere insani capitis est, corpus vero de corporibus vel de elementis dicere creari assertio veritatis est. Angelici spiritus, et humanae animae, et informis materia mundi ex nihilo creata sunt ; ex informi autem materia elementa discreta sunt, dicente Scriptura : *Qui fecit mundum de informi materia.* Corpora vero omnia ex quatuor elementis formata sunt, scilicet unumquodque corpus illi elemento specialiter attribuitur, quod in eo plus abundat. Unde dicuntur quaedam corpora coelestia vel ignea, quaedam terrestria, quaedam aquatica, quaedam aerea. Animarum corpora sunt terrestria, dicente Scriptura : *Formavit Deus hominem de limo terrae* (Gen. II), id est corpus hominis. De anima vero subditur : *Et inspiravit in faciem ejus spiraculum vitae* (ibid.), de cujus creatione praemittitur : *Fecit Deus hominem ad imaginem et similitudinem suam* (Gen. I), id est animam hominis. Deus est incorporeus, ita et anima, in qua est imago Dei, est incorporea. De corporibus animalium dicit. Scriptura : *Producat terra jumenta et bestias in genere suo* (*Gen.* 1), sive corpora jumentorum et bestiarum. De piscibus quoque et volucribus dicit : *Producant aquæ pisces et volucres in genere suo* (*ibid.*), intellige, piscium corpora et volucrium. Aquæ dixit propter geminam naturam aquarum, scilicet crassæ uti maris, tenuis uti aeris. Corpora autem angelicorum spirituum sunt ignea, dicente Scriptura : *Qui facit angelos suos spiritus, et ministros suos flammam ignis* (*Hebr.* 1); quod est dicere, angelicos spiritus ex nihilo fecit Deus; corpora vero eorum ex igne creavit. De quorum creatione dicit Scriptura : *Dixit Deus : Fiat lux* (*Gen.* 1), quasi dicat de igne flant lucida angelorum corpora.

Sicut enim rationalis anima corpore vestita dicitur homo, ita intellectualis Spiritus corpore vestitus dicitur angelus. Angeli non in alienis corporibus, sed in propriis olim apparuerunt hominibus, quibus locuti sunt : cum quibus ambulaverunt, cum quibus manducaverunt; quæ omnia historialiter, non specialiter facta sunt. Quæ tamen corpora pro dispensatione officii sui in diversas species transformare potuerunt : unde aliquando fulgurea facie, aliquando candida veste splendidi visi sunt. Et in plerisque sanctorum Scripturis dicuntur dæmones per aera discurrere. Non enim spiritus sine corporibus discurrunt, qui illocales sunt. Et notandum, quod Genesis nihil de creatione spirituum dicit, quia non solet de invisibili natura, sed de visibili corporum creatione narrare. Apostolus autem dicens : *Sive visibilia, sive invisibilia in cœlis et in terris omnia per ipsum facta sunt* (*Coloss.* 1). Invisibilia sunt spiritus, visibilia vero corpora eorum.

Cap. IV. *Quare creator Deus corpus non de igne, sed de terra sumpsit.*

Disc. In hac solutione bene concordat ratio auctoritati. Sed cum terra sit infimum elementum, et fæx omnium elementorum : ignis vero summum et purissimum elementum, quid rationis habet, quod creator Deus corpus non de igne, sed de terra sumpsit?

Mag. Centrum est dignius quam circulus : centrum enim immobile figitur, circulus vero mobilis volvitur. Terra enim centrum elementorum est fixa et stabilis : ignis est ut circulus motus instabilis. Et licet omnia elementa in dignitate conditionis sint æqualia; tamen in figuris secundum naturam centrum habet primatum. Terra est centrum mundi, et nutrix omnium animantium : ignis vero peremptor eorum, licet quædam animalia sint in igne innoxia, ut fertur de Salamandra.

Sed et terra est prima operum Dei, dicente Scriptura : *In principio tu, Domine, terram fundasti* (*Psal.* ci). Duas rationales creaturas Deus incorporavit de primo et summo elemento, hominem de terra in seipso deificandum, angelum de igne in cœlo glorificandum. Unde hæc duo elementa immutabuntur in gloriam filiorum Dei, dicente Scriptura : *Cœlum novum et terram novam faciet Dominus* (*Isa.* lxii); in qua nova terra corpora hominum duntaxat electorum jam deificata ut sol fulgebunt, et corporibus angelorum æqualia erunt : quæ ut sol, qui utique est ignis, lucida fulgescunt; quando Christus reformabit corpus humilitatis nostræ configuratum corpori claritatis suæ : qui in monte ut sol apparuit, cum in gloria futuri status discipulis apparuit. Præterea summopere notandum est, quod homines de primo elemento, scilicet de terra formati, peccantes in secundo elemento, scilicet in aqua sunt necati : angeli vero de summo elemento, scilicet de igne creati, peccantes in secundo elemento, id est in aerem sunt præcipitati. Ambo adhuc in igne damnabuntur, cum terra in Christo et in electis deificata super cœlos exaltabitur.

Cap. V. *Utrum lapsus angeli ideo irreparabilis fuerit, quia fuit immortalis; hominis contra.*

Disc. Quorumdam assertio non videtur mihi probabilis, qui dicunt, quod angeli lapsus ideo fuit irreparabilis, quia fuerit immortalis : hominis vero recuperabilis fuit quia mori potuit; cum Deus nihil nisi solam mortem pro reconciliatione utriusque voluerit?

Mag. Hoc nec auctoritate probatur, nec ratione roboratur, præsertim cum auctoritas clamet : *Deus mortem non fecit, nec lætatur in perditione morientium* (*Sap.* 1). Et iterum per prophetam : *Nolo mortem peccatoris* (*Ezech.* xxxiii). Ratio autem non sinit ullum contrarium suo opposito jungi : lux enim est tenebris opposita, quas non recipit sed repellit; et vita est morti contraria quam non eligit sed potius exstinguit. Mors quippe est pœna peccati, quam homo nunquam subiisset. Deus igitur, qui est vita, nec ab angelo nec ab homine mortem exigit, sed ut sibi et naturæ contrariam adimit. Porro natura rerum exigit, ut quæ sunt in universitate discrepantia, per sibi contrarium vel simile fiant consonantia. Ut verbi gratia : voces graves sunt acutis contrariæ, et ideo dissona, per easdem autem personantias fiunt consimiles et consonæ.

Homo quippe Deo inobediens, diabolo ad injustitiam factus est obediens, pro qua injustitia debitam mortem incidit : sicque dissonantiam in universitate fecit, dum ad vitam conditus, in morte defecit. Christus vero per contrarium ex simili exhibuit consonantiam, dum Deo ad justitiam factus est obediens, pro qua justitia indebitam mortem sustinuit; sicque mortem destruens hominem de morte redemit. Justitia etenim exigit, ut sicut homo absque peccato conditus, peccando offendit, pro quo pœnam mortis pertulit : ita aliquis ex genere ejus absque peccato existens, juste vivendo Deum placaret; cujus causa mortem subiret; per quam consortes Deo reconciliaret. Et quia Christus hæc fecit dicitur, quod nihil nisi mortem pro satisfactione voluerit. Ab angelo autem hoc non quæsivit, quia mori non potuit. Justum autem fuit, ut sicut se ille supra omnia extulit, dum similis Altissimo esse voluit, et ideo infra omnia cecidit : ita aliquis ex numero illo absque culpa existens, non visa pœna lapsorum infra omnia se humiliaret, dum justitiam Dei in judiciis suis laudaret, suam vero injustitiam accusaret et hac confessione laudis socios levaret. Sed ille, qui de veritate cecidit, in qua non stetit, adhuc in mendacio, cujus, pater est (*Joan.* VIII), persistit dicens : *Mea sunt flumina, et ego feci ea.* Ego feci meipsum : ego sum Deus et non homo. Et quia hæc vox incorrigibilis est, ideo lapsus ejus irrecuperabilis est.

CAP. VI. *Quomodo cuncti moriamur, cum mors destructa per Christum prædicetur.*

DISC. Multum me movet quod omnes morimur, cum mors per Christum destructa prædicetur.

MAG. Duæ mortes sunt, una corporis, altera animæ. Mors corporis separatio est animæ a corpore; mors animæ est separatio animæ a Deo. Sicut ergo mors corporis aufert gaudia mundi, ita mors animæ aufert gaudia cœli. Hanc mortem Christus destruxit, dum animas de suppliciis exemptas, gaudiis cœli intulit. Adhuc mortem destruet, dum animas suis corporibus induet, quas postea nulla mors solvet.

CAP. VII. *Cur resurrectio mortuorum futura sit.*

DISC. Ego credebam resurrectionem in novissimo futuram etiamsi Christus nunquam incarnaretur, ut puta a prophetis prædictam.

MAG. Resurrectio non est ideo futura quia a prophetis est prædicta; sed ideo est prædicta quia erat futura. Siquidem prophetica vox nil cogit fieri; sed Spiritus sanctus, cui omnia præterita et futura sunt præsentia, sua suis præcinuit; quod vel ipse olim facere disposuit, vel homines facturi erant, ut scirent eum inspectorem omnium. Porro resurrectio ideo fit, ut boni plenum gaudium, mali vero plenum supplicium suscipiant : quod ut utrumque non nisi in corpore et anima esse poterit. Justi autem per Christum reconciliati ad vitam assumuntur, qui si non essent reconciliati, nunquam illuc assumerentur. Igitur si Christus in carne non venisset, et sua morte mortem nostram non destruxisset; et sua resurrectione nobis vitam non reddidisset, nullus unquam ad vitam resurgeret : sed omnes pariter in morte remanerent.

CAP. VIII. *Cur Deus non omnes homines post resurrectionem ad beatam vitam transferat, maxime infantes, sine culpa decedentes.*

DISC. Cum genus humanum ad vitam sit creatum, et per Christum totum sit ad vitam reparatum, valde miror, cur omnes homines post resurrectionem ad beatam vitam non transferat, maxime infantes, qui penitus sine culpa erant.

MAG. Christus qui est resurrectio et vita, omnes homines ad vitam resuscitabit; et quia ipse est justitia, solos justos in beata vita glorificabit; injustos in miseria relinquet. Et quia ejus occultum judicium exsuperat omnem sensum, quosdam, quos vult, nocentes igne purgatorio purificatos ad gloriam assumit : quosdam, quos vult, innocentes in miseria relinquet, videlicet infantes, quos unda baptismatis non regeneravit. Melius est enim per misericordiam salvari, quam unquam Judicis sententia condemnari. Cur autem hoc faciat, non plus possumus investigare quam illud possumus indagare : cur angelos non fecerit archangelos, vel illos non fecerit thronos; vel feminas non fecerit viros, vel bestias non fecerit aves, vel cur pavoni, tantum decorem pennarum præ cæteris avibus dederit et multa his similia. *Omnia enim quæcunque voluit, fecit et facit* (*Psal.* CXIII).

INEVITABILE

SIVE

DE PRÆDESTINATIONE ET LIBERO ARBITRIO

DIALOGUS.

(Erutus primum e cœnobii S. Mariæ in Tongerio, ordinis Præmonstratensis, bibliotheca, opera V. P. Joannis CONEN, S. theologiæ licentiati, ibidem prioris: *editus in Bibliotheca Patrum* ed. Lugdun., tom. XX, col. 1129.)

PRÆFATIO AD LECTOREM.

Qui primo hunc Dialogum conscripsit, Honorius legitur in principiis librorum tria requisivisse (1) : *Auctorem, materiam et intentionem. Auctorem quidem, ut noverit qui eum lecturus est, nomen scriptoris; utrum ethnicus, an fidelis, utrum Catholicus an hæreticus fuerit.*

(243) Honorius prologo Comment. in Cantica cantic.

Itaque, benevole Lector, dum ego Inevitabile *istud auctori suo assertum eo, primum tibi breviter ostendam quis ille, qualisve fuerit. Tu reliqua si legas, intelliges.*

Joannes Trithemius abbas (244), *et illo recentiores, quos licuit videre, pauca quidem, sed magna, in laudem ipsius, memoriæ prodiderunt: ea compendio referre conabor.*

Anno circiter millesimo octogesimo septimo, a transitu Christi Servatoris ex hoc mundo ad Patrem, Paschali pontifice max. atque Henrico Juniore (ut est in Vita Sanctissimi P. nostri Norberti) (245) *vel, ut computavit illustriss. card. Baronius, quarto, vel, ut alii, quinto ejus nominis Cæsare Augusto; in ducatu Burgundiæ, Honorius quidam presbyter, gloria et honore, jure coronandus, in clero, velut sidus in cœlo, resplenduit.*

(246) *Erat enim in Scripturis studiosissimus, et valde eruditus, in sæcularibus scientiis nobiliter doctus, ingenio subtilis, et clarus eloquio: et ideo Augustoduni (nota ibi civitate vernacule* Austun) *antiquitus metropoli et Æduorum sede, assumptus in scholasticum, verum doctorem sive Ecclesiæ illuminatorem se gessit. Id est (ut illorum ipse dignitatem munusque descripsit)* (247) *verbo et exemplo, velut stellæ in perpetuas æternitates fidelibus doctrinæ lumen infudit; quoadusque ipsi Dominum moribus invocare inciperent, et Christum veram lucem, omnem animam illuminare cognoscerent. More scilicet majorum, divi P. Augustini, inquam, et aliorum veterum Patrum exemplo scribendo libros, et docendo indoctos. Qua in re ita divum Anselmum expressit; ut libri ejus* De imagine mundi, *illius dicti fuerint.*

Renuntiavit autem functionibus istis publicis, et opportune in solitudinem, eremum, sive monasterium se recepit: ut, quod aliquando apostolis, Magistro suo renuntiantibus, quæ ipso mittente egerant et docuerant, dictum esse legerat : ut venirent seorsum in desertum locum (Marc. vi, 3), *et requiescerent pusillum, observaret, et qui aliis docendis hactenus se impenderat, reliquo vitæ tempore soli Deo viveret, et spiritualis homo fieret. Hinc namque a nonnullis Scholasticus et Solitarius, ab aliis inclusus, aliquando etiam Anachoreta nuncupatus invenitur.*

Scripsit tam hic quam ibi, multa præclara opuscula, de quibus ipse per se, in libro illustrium Virorum, quem prænotavit : De Luminaribus Ecclesiæ, *recensuit* Inevitabile, *sive* Dialogum *de libero arbitrio, in elogiis ejus hactenus typis non expressum.*

Quingenti igitur plus minus anni sunt, quod ejus hoc opus (ut apparet) latuit; nunc vero ex bibliotheca nostra juxta M. S. inibi servatum, nostra opera prodit in publicis occasione cujusdam Dialogi de prædestinatione et libero arbitrio *sub nomine ipsius, ab annis septuaginta, per Georgium Cassandrum, Coloniæ anno videlicet* 1555 *typis Lamberti Silvii excusi.*

Præfert autem nomen Inevitabile, *quia hoc ab auctore illi datum, cui, ut integrum restitueretur, de multorum juxta ac gravium virorum consilio, nulla in parte contextus a me est mutatum vel auctum; sed tantum in manifestis orthographiæ mendis, suis interpunctis et incisionibus quantum necesse fuit, distinctum et emendatum, notisque ad marginem aliquatenus adornatum.*

Non est igitur, quod suspicetur quispiam me ad alicujus opinionem aliquid hic variasse vel aliorsum torsisse quam scriptum fuit; aut quidpiam velut araneum, ex me in eo confinxisse. Securum te reddo certumque, præter laborem describendi ex fide, de meo, toto nihil esse libello.

Me vero mordet, quod sicut in partibus istis nostris vix habemus vinum nisi dilutum, ita quorumdam veterum scripta, non nisi mutata dicam an depravata, recipimus. Quis enim nescit, unus Erasmus, quantum suis scoriis, scholiis, inquam, plurium etiam SS. Patrum monumenta fœdarit?

Quanto id proclivius est de Cassandro sentire, quem irrefragabilis sanctissimæ Romanæ sedis censura, ad primam interdictorum Scriptorum classem, condemnavit (248)? *quod an temere factum, nemo nisi temerarius, quærat. Nihilominus si placet, ausculta: unde non minus certo quis fuerit, eum, quam ex unguibus leonem, cognoscas, et impostorem fuisse non neges.*

Cassander patronymicum est, sicut Taxander sive Tessander, et decem alia a patriæ solo similia deducta nomina. Georgius igitur Cassander a Pago Cadsand, sive Catsant, aut euphoniæ causa Cassant (unde *Insula Slusam inter et Germanicum mare sita, Cassandria dicta est) tanquam a loco nativitatis suæ nomen accepit.*

Cui magnificando, habitationi locum, patria celebriorem Brugarum urbem opportunam invenisse videtur. Urbem, inquam, in qua, circa tempus quo Inevitabilis hujus auctor Honorius omnibus inevitabilem subiit mortem, Carolus cognomento Bonus, marchio Flandriæ (alii primum ejus nominis et pium comitemque dixerunt) non minori gloria inter Flandros, quam parens ejus Canutus rex Ottoniæ inter suos Danos, martyr occubuit, et exuvias sui corporis ad Sancti Donatiani, in sacrarum vestium apodyterio reliquit (249).

Hic Cassander in Wittorum domo erudite versatus, ærarii publici salario cum Græcas tum Latinas docendo litteras, et scribendo quæ a Gesnero et Marchantio referuntur, id consecutus est, ut Romæ ab universalis Ecclesiæ principibus, Brugensis esse crederetur ; verum ibi, inter Clevos et Alemannos in fide corruptus, diu subsistere non potuit, sed abscessit, et postea Coloniæ multo tempore fortasse viginti ann. vixit.

Ibi diversos evulgavit libros; et inter alios, supradictum Dialogum, *quibus accessit* Religionis consultatio, *post obitum ejus anno* 1577 *Coloniæ impressa : quam doctissimus ille Molanus* (250) *citat, illumque perstringendo ostendit, excessisse modum Christianæ modestiæ. Qui dum extra Dei Ecclesiam esset, scripsit manere tantum vestigia communis et canonicæ vitæ, in ædificiis ac nominibus. Addidit deinde :* Regulæ desertores monstroso nomine dictos esse canonicos sæculares, hoc est, regulares irregulares. *Qua re haud injuria Albertum Crantzium Canonicum sæcularem, vocare monstrum sine exemplo, regularem sine regula, canonicum sine canone.*

Audin, amice Lector, viri nomen, constantiam, zelum spiritum? Qui non vocatus, ad consilium venire, de capessenda religione sententiam dicere; canonicorum collegia, imo clerum totum, Ecclesiam ipsam Romanam, adeoque supremam et Catholicam, judicare et reformare præsumpsit : putasne pepercit Scholastico Honorio, et hunc ejus fetum lingua sua illa maledica lambendo non reformavit?

Sed videor audire qui obstrepit : vocatum aliquando eum fuisse in consilium, et quidem ut formam Religionis cuderet. Fateor; sed a quibus, qua potestate, et quando?

---

(244) Lib. de scrip. Eccl.
(245) Patrologiæ t. CLXVI.
(246) Trithem. supra.
(247) Comment. in Cantica. Gem. animæ, lib. i, c. 11, et Roder. lib. ii Speculi, cap. 17.
(248) Vide Indicem librorum prohibitorum auctoritate Pii IV, primum editum, postea a Sixto V, auctum, et demum jussu Clementis VII recognitum et publicatum, ad nomen : *Cassander.*
(249) Petrus Montanus in descript. ad Tabulas geograph. Keerii. Jac. Marchant. assignat annum 1126, mensis Martii die 2.
(250) In indice lib. prohibit.

Michael ab Isselt Amorfortius, receptissimus historicus, auctor est (251), quod cum anno millesimo quingentesimo sexagesimo quarto ambitiose quidam rebus novis studentes totam pœnæ reipublicæ Belgicæ imperiique formam mutari postularent, et desuper tribunalium deliberationes confundi cœpissent, plura in dies novarum rerum consilia proponebantur. Concilium Tridentinum jactabant sine regis, sine certa privilegiorum injuria, sine reipublicæ magno periculo promulgari non posse. Præposito S. Donatiani Brugis, cæterisque in universum clericis, omnem quæ diceretur profanam jurisdictionem auferri debere. Confiscationes regias vel tolli vel minui oportere.

Interea *Ludovicus Nassovius* Guilielmi Auraici principis frater, qui iis temporibus Bruxellis erat, licet peregrinus, et nullam in republica administrationem haberet : formam tamen religionis, quam Belgæ profitentur, meditabatur, evocatis ad hoc consilium Georgio Cassandro, et aliis, qui neque inquisitorum theologorumque acrimoniam, neque Calvinistarum nimium vehementes animos pati se posse profiterentur. Sed non successit illud negotium : moderatoresque illico unde venerant, reversi sunt. Hactenus Isselt.

Unde, quæso, quid est consequens ? nisi Cassandrum abiisse aliquando in concilium impiorum et in via peccatorum stetisse, et in cathedra pestilentiæ moderatorem sedisse, ut novam formam religionis cuderet ? imo, ut cum B. Gregorio loquar (252), se diaboli malleatorem effectum ostenderet : aut si mavis (prout hoc in libello loquitur Honorius) (253) infernalis fabri malleum, ad tundendam Ecclesiam et formandum religionem (hæresim dicendum esset) aptum se exhiberet ?

Quæ cum ita sint, existimabis, benigne Lector, intulisse Cassandrum sibi eam vim, ut in maxima opportunitate, quæ cuivis libellum hunc inspicienti obvia est, opus Honorii presbyteri ad incudem non revocaret, limaret, et suum efficeret? speciosoque, sed ementito nomine (quod talium hominum est proprium) fraudulenter non extruderet ?

Mihi non videtur, sed verius (pace tua dicam, Georgi, et certe tua dicam, si per pœnitentiam, unde excidisti), ut quidam opinantur (redisti), existimo quod cum dormirent homines, inimicus homo, per vulpem, mortuam simulantem, animarum egit prædam.

Sed heus tu, bone vir, iterum te compello, Georgi, qui aliquando cum vulpe non nisi vulpinari didicisti. Audi veritatem et fatere : quem propter diuturnum silentium aut somnum, mortuum putasti, ideoque ad decipiendum induisti, non est mortuus, sed dormit : et si vis dicam, vivit. Existimasti Inevitabile antiquissimi doctissimi, et optimi, ideoque non parvæ in Ecclesia auctoritatis viri Honorii Augustodunensis presbyteri, propter quatuor amplius sæculorum silentium, mortuum et æternum fore sepultum, si duo illius exemplaria Brunwilerense, et alterum S. Pantaleonis, istud curiosum, hoc mendosum, imo (ut propriis tuis verbis (254) memoriam tibi refricem), istud hiatus aliquos habens, quos ab hoc acephalo et negligentis et impolitius scripto, nonnullis in locis oportuit suppleri; depravando corrumperes et e medio tolleres, sicque sub specie diu demortui falleres. Sed Dei benignitate procuratum fuit, ut tertium esset exemplar sanum omnino hoc, quod non nisi a sanis in fide probaretur : castum omnino hoc et genuinum, non adulterinum, quod non nisi verus S. matris Ecclesiæ filius adlubenti sinu exciperet : doctum omnino hoc, et admiranda verborum gratia ac suavitate conditum, quod humilibus et benevolis, non nisi vitæ odorem in vitam inspergeret, quodque de industria, studiose, diligenter et accurate, a majoribus nostris, sive in religione præcessoribus conscriptum, et in tempus opportunum servatum videretur, ut auctorem suum quandoque ad vivum (ut aiunt) repræsentaret, redivivum sisteret, et te impostorem quidem fuisse convinceret, sed emendatum, a graviori pœna, quam forte diutius fallendo meritus esses, eximeret ac liberaret.

Quis enim non ut rappam exspuat tua hæc, Cassander, verba ? Quemadmodum ignis necessario calet, glacies friget, sic necessario omnes ad regnum Dei prædestinati, salvi fient. Et illa : Qui merguntur in stagnum sulphuris et ignis, magis secundum Dei judicia quam propria merita illuc retruduntur. Quam fetet hæc vappa ? vere odor ejus odor est mortis : quem qui sic conceperit ut eo imbutus in finem perseveret, illi utique in mortem æternam est. Ita olet : Regnum Dei non secundum gratiam dari, prout Dialogus iste Cassandrinus videtur asserere. Ubi n. Honorius per discipulum quærendo proposuerat : Si Deus in nobis operatur, etc., quæ merces homini imputatur? hoc ille per magistrum respondendo affirmat hoc modo : Quid meretur homo nisi malum? vel pro quo merito exspectat quis a Deo præmium ? Quidquid electi boni operantur, Deus in eis operatur, et quæ ibi sequuntur. Qualia plura sparsim toto libro videre est ad plures paginas extensa, quorum in hoc exemplari non est invenire vestigium, sicut e contra doctrinæ hic traditæ, toto libelli ejus spacio, vix est ostendere tres quatuorve periodos integras et conformes.

Suaserim itaque concludendo contra Dialogum a Cassandro typis commissum, ut eo repudiato, hunc qui secundum sanam doctrinam est, et fideliter ex ms. Tongerloensi translatus, tanquam verum et genuinum Inevitabile ab Honorio presbytero Augustodunensi conscriptum, amplectereris, eique inter veterum tuorum scriptorum monumenta non infimum locum tribueres.

Qua in re movere te non debet, quod ex D. Augustino (255), quæri solet : Quid opus est ut eorum scrutemur opuscula qui priusquam ista hæresis oriretur, non habuerunt necessitatem in hac difficili ad solvendum quæstione versari ? Nam et ipse sanctissimus Pater Augustinus suam de electione Dei doctrinam ex similibus probare non dubitavit (256).

Et certe nemo Catholicus, venerandum talium Patrum antiquitatem, nisi in confusionem suam, unquam sprevit, non æstimavit, non honoravit. Et tu quamcunque tandem orthodoxorum sententiam sequaris, D. Ambrosium (si ejus modo est Commentarius) honorifice complecteris, ubi sic loquitur (257) : Hi secundum propositum vocantur, quos credentes præscivit Deus futuros sibi idoneos, etc. Item (258) : Quos præscivit futuros sibi devotos, ipsos elegit, etc. Et alibi : Apostolum Paulum persequentem, elegit, præscius utique quod futurus esset bonus, etc. Et alios, ut Hieronymum, Chrysostomum, Epiphanium, Cyrillum, Hilarium, eodem vel simili modo locutos, vel sequendo tenes, aut præcurrendo defendis, explicas, excusas, veneraris, non rejicis, non damnas.

Idem ego te, Lector, moneo ut præstes Honorio doctissimo et per totam Ecclesiam laudatissimo viro Christianæ hoc humanitatis officium. Neque enim judices, antequam legas, et intelligas. Et si quid ejus ali-

---

(251) Hist. sui temporis ad ann. 1564.
(252) In c. XLI Job, cap. 10.
(253) Infra in hoc Dialogo.
(254) In epistola dedicatoria huic dialogo præmissa.
(255) De Præd. SS., c. 14.
(256) Cap. cit. to et prolixius De bono persev., cap. 19
(257) Ambros. in cap. VIII Epist. ad Rom., vers. *Spe enim salvi.*
(258) In cap. 9.

quo in loco tibi non satisfacit, iterumque legas, et totum legas, quia quod forte uno in loco ex parte tantum et ex occasione dictum, tuum animum non oblectabit, hoc alibi integre et ex intentione clariusque traditum eum satiabit.

V. D. PRIORI SUO
Honorii vindici

F. WILLBRORDUS BOSSCHARTS CANON. TONGERL.

Cassander vitam clari producere Honori
Dum jactat, perimit : proh male fida manus!
Hæreticis genius; blanda sub imagine vitæ,
Conjicere in barathrum ; mille nocere modis,
Ast tu mortiferam cladem miseratus Honori
Conen Apollinea doctus ab arte magis :

A Læsum contrectas, reficis tu vulnera, priscæ
Vitæ restituens : o bene fida manus !
Post cladem, longum das vivere, et ille vicissim
Extendet nomen posteritate tuum.
Post tenebras lucem præbes, famamque decusque
Hinc lux nascetur, fama, decusque tibi.
Amborum virtus duplici cumulata decore est :
Alter ab alterius lumine lumen habet.
O natum gemma splendescit sic magis aurum :
Sic magis in auro gemma reposta micat.

INEVITABILE

SIVE

DE PRÆDESTINATIONE ET LIBERO ARBITRIO INTER MAGISTRUM ET DISCIPULUM

DIALOGUS.

DISCIPULUS. Fratres in domo Dei ambulantes cum consensu, sunt pro tua salute orationi instantes : diligentiæ quidem tuæ, orationes; Clavi autem David Christo, gratiarum solvunt actiones : qui ob Genitricis suæ merita, tot eis in Canticis, de ea per te reseravit mysteria (259). Ob hanc causam, et ob alia quæ multis incognita, elucidans in laudem ejus, debitores fecisti.

Illorum ergo nunc fungor legatione, et ipsi summa deposcunt devotione, ut solvas eis nodum liberi arbitrii inextricabilem : *Si soli Prædestinati (ut quidam aiunt) quidquid etiam fecerint, salvantur: liberum arbitrium penitus tolli æstimatur, et hi qui damnantur, non solum jam sine culpa, sed etiam injuste puniri putantur.*

Unde rogo te, de hac re latius disserere; nec minimum scrupulum alicui hebeti vel cæco ultra relinquere.

MAGISTER. Cum summi doctores de hac materia multa ediderunt opuscula, quid a me amplius poscitis qui ad comparationem illorum sum elinguis ?

Disc. Illi quidem egregie disputaverunt : sed diversa (ut nobis videtur) sentientes, incertiores nos reddiderunt. Tu autem (ut verum fatear) facis nobis breviter quodammodo palpabile, quod ipsi longis tractatibus non fecerunt saltem conspicabile.

MAG. Quod petis, non denego; quia non mea, sed quæ sunt charitatis quæro. Phaleras verborum contemno, dum fratrum simplicitati consulo : livi-

dos quoque dentes invidorum despicio : quia *auxilium meum a Domino.*

Disc. Quæso ut me vere insipientem sufferas (260), et ignorantiam per me sciscitantium, verbo veritatis corrigas.

MAG. Veritas se quærentes de tenebris erroris liberabit, et luce suæ claritatis illustrabit. Si enim insipientem te facit causa charitatis, occurret tibi sapientia cum lumine veritatis.

Dis. Tres nodi nexu nimis perplexo se invicem complicant; quos vix aliquis transit, quin eis inhæreat.

Unus, quo asseritur : *quod soli prædestinati salvantur.*

Alter, quo astruitur : *quod per solam gratiam homines salutem consequantur.*

Tertius, quo dicitur : *quod solum liberum arbitrium salutem operetur.*

In primis itaque seca nodum Prædestinationis, qui quadam violentia, cardinem obligat totius quæstionis. Putant enim quidam, quod Prædestinatio ad electos solos pertineat, cum Apostolus dicat : *Quos autem prædestinavit, hos et vocavit, justificavit, magnificavit.*

Unde primitus obsecro, ut dicas, quid sit *Prædestinatio.*

MAG. Nihil aliud est Prædestinatio, quam pro meritis cujusque, vel ad gloriam, vel ad pœnam, æterna Dei præparatio.

---

(259) Comm. intellige auctoris in Cantica canticorum : præcipue autem B. Mar. Virg. Deiparæ Sigillum.

(260) II Cor. 11, 19, *libenter suffertis insipientes.*

Est autem gemina Prædestinatio; una, bonorum ad gloriam; altera malorum ad pœnam.

Sed quia quidam etiam de *Providentia et Præscientia* mussitant; quasi hæ necessitatem omnibus inferant : sciendum est, quod nec Providentia aliquem compellit ad boni studium; nec Prædestinatio ullum violenter trahit ad vitæ præmium. Similiter Præscientia neminem cogit ad peccatum; et Prædestinatio nullum impellit necessitate ad supplicium.

Porro qui prævisi sunt in bonis permansuri, ad gloriam sunt prædestinati : qui vero præsciti in malo vitam finituri, ad pœnam sunt utique præordinati.

Ergo quos Deus præscivit in Filium suum credituros, et mandata ejus voluntarie servaturos, hos ante sæcula prædestinavit : hos suo tempore ad fidem vocavit : hos per Baptismum justificavit : hos virtutibus magnificavit : hos vasa misericordiæ glorificavit. Quos autem minime facturos præscivit, hos a regno gloriæ reprobavit; et vasa iræ et contumeliæ, apta ad pœnam prædestinavit.

Disc. Cum scriptum sit : *Pater, dilexisti eos ante mundi constitutionem;* videntur necessitate salvari, qui ante mundi exordium sunt dilecti.

Mag. Deo nihil est futurum : sed omnia sunt ei præsentia, quæ jam sunt, et quæ futura sunt. Omnes ergo futuri semper in Dei præsentia fuerunt, et ideo ante mundi constitutionem sunt dilecti : sed suo tempore pro meritis ad gloriam electi.

Quos ergo Deus ante mundi constitutionem prædestinando elegit, hos non necessitas, sed proprium meritum ad gloriam traxit. Quibus ipse in fine mundi dicturus erit : *Venite, benedicti Patris mei, percipite regnum quod vobis paratum est ab origine mundi.*

Et quod hoc regnum pro meritis eis detur, divina vox ostendit, quæ mox eorum bona replicando exsequitur.

Disc. Remoto ergo repagulo Prædestinationis, eia jam ingredere silvam exspectatæ disputationis.

Ut quid sit *liberum arbitrium.*

Et quomodo ei non repugnet *Prædestinatio* vel *Præscientia.*

Et qualiter concordet *Gratia,* resera, et quæcunque inde capita surgentia ense rationis reseca.

Mag. Dic tu mihi, quid sit *liberum arbitrium,* et quid arbitreris.

Disc. Mihi videtur, *liberum arbitrium* dici libertas boni vel malum eligendi.

Mag. Hæc definitio licet plerisque placeat, vereor ne perspicax ratio eam abnuat.

Electio namque non nisi de duabus vel pluribus A rebus dicitur; ubi optio eligendi de multis proponitur.

Angelo autem vel homini, quibus solis datum est liberum arbitrium, non nisi sola justitia proponebatur . qua servata, æterna beatitudine fruerentur. Igitur definitio non videtur conveniens libero arbitrio.

Disc. Quid si dicatur : quod mors et vita homini proposita sint; et ipse mortem elegerit?

Mag. Non hoc est verum : non enim mortem elegit, sed deceptus altiorem scientiam concupivit.

Disc. Quid si dicatur : quod bonum a Deo proponatur; malum autem a diabolo suadeatur, et in libero arbitrio hominis sit, quid eligere velit?

Mag. De homine hoc utrumque dici; de Angelo non potest, cum nemo fuerit, qui ei aliquid mali persuaserit. Porro inter bonum et malum nihil est medium. Sed si homo in aliquo medio constitutus videretur , tunc fortassis, recte, libertas bonum vel malum eligendi ei inesse diceretur. Sed cum in bono tantum sit constitutus , et nihil aliud sit *mali electio*, quam quædam animi in bono defectio, cum videlicet deserit justitiam, quam servare debuit, et ad injustitiam declinat, quam devitandam non ignorat.

Disc. Sed quæ sit ejus definitio magnopere exspecto.

Mag (261). *Arbitrium* est propriæ voluntatis judicium quid velit, quidque nolit. Hoc *liberum* dicitur : quia non est necessarium, sed quibus inest ratio, inest etiam volendi nolendique libertas.

Et quia liberum arbitrium pro sola justitia servanda (in qua salus animæ consistit) datur, ejus definitio sic congrua æstimatur.

Libertas arbitrii est potestas servandi rectitudinem voluntatis, propter ipsam rectitudinem. Recta quippe voluntas est, velle quod vult Deus. Deus autem vult, ut rationalis creatura ei non coacte, sed sponte subdita sit, ut ei bene sit ; quando et hoc ipsa vult, tunc voluntas ejus recta est.

(262) Ad hanc rectitudinem servandam est libera, nulla necessitate constricta : rectitudo autem voluntatis est *justitia*. Si ergo justitiam non propter aliud quam propter ipsam justitiam diligit Deum (qui est justitia, et summa beatitudo) præmium habebit. Igitur convenientissima *definitio liberi arbitrii* est : potestas servandi rectitudinem voluntatis propter ipsam rectitudinem, per quam jure possidet æternam beatitudinem.

Disc. Sed quomodo nunc habet liberum arbitrium ad servandam justitiam; cum non habeat justitiam?

Mag. Sicut aliquis habet visum , ad videndum solem, cum ipse absit, quem utique videre potest si adsit : ita homo habet naturaliter liberum arbitrionem, fol. 1580.

(262) Vid. D. Anselmum supra in diversis capitibus.

---

(261) Eodem modo loquitur D. Anselmus lib. De concor. Præsc., etc. Prædest., circa fin. c. 1, f. 154. col. 2. Eodem modo loquitur de gratia et lib. arb. f. 226, col. 1, vel secundum recentiorem edi-

trium, ad servandam justitiam, etiamsi ipsa desit, quam servare potest si adsit.

Hanc autem non habitam, per se habere non potest : quia nullus (excepto Deo) habet quod non accepit (263), quæ si ei datur, gratia ejus est, qui ait : *Sine me nihil potestis facere*. Acceptam autem justitiam non deserere, liberi arbitrii est. Hanc autem servare, meritum est.

(264) Ideo *non volentis est :* subaudi quod vult : *nec currentis,* subaudi quod currit : *sed miserentis Dei :* qui (nullis præcedentibus meritis, sed gratis) gratia eum prævenit, dando, ut justus sit : et subsequitur, ut in stadio justitiæ currat, quatenus bravium vitæ suscipiat, aut percipiat.

Sicuti, si egens nudus a divite vestiatur : non est ipsius, quod vestitur, sed ejus qui vestem largitur. In suo autem arbitrio est, utrum vestem portet, aut deponat. Sic est de gratia præveniente, libero arbitrio comitante.

MAG. Cum Apostolus dicat : *Antequam vel bonum vel malum scirent, dictum est : Jacob dilexi, Esau autem odio habui* (265) : videntur quidam non secundum merita, sed secundum propositum Dei salvari, vel damnari : aut Deus videtur quorumdam facta punire, antequam perpetrentur. Nam ob quod meritum Jacob diligi meruit, qui nondum bonum facere scivit? Ob quem etiam reatum Esau odio habitus, qui needum aliquid mali operatus est?

DISC. Sicut superius dictum est : Deo nihil est futurum. Sacra Scriptura testatur Jacob simplicem, Esau profanum. Et quod ipsi suo tempore per liberum arbitrium erant futuri, hoc, antequam nati essent, erant in conspectu Domini.

Ergo quia Jacob in conspectu Domini simplex fuit, ideo Dominus eum dilexit : quia vero Esau profanus erat, ideo eum odio habuit.

Dilexi autem præteritum tempus, propter æternitatem posuit : quia sicut præteritum, semper est præteritum, ita immutabile est omne, quod æternitas prævidet fiendum.

Porro quia injustitia non est apud Deum (266), nullum sine præcedente injustitia punit, sed multis perpetrata peccata misericorditer ignoscit.

Igitur licet necesse sit, omne fieri, quod Deus fieri proposuit, præscivit, prædestinavit : tamen *propositum, præscientia, prædestinatio,* nullam vim necessitatis alicui inferunt ; quin quisque libero arbitrio facit quod vult.

Et qui per liberum arbitrium declinant a malo et faciunt bonum, hi sunt *populus et oves pascuæ ejus* (*Psal.* LXXVIII, 13); et his præparavit pascua vitæ, et hos elegit in Christo *ante mundi constitutionem* (*Eph.* I, IV).

(267) Qui autem a libertate deficiunt, et nulla necessitate cogente, sed sponte se servituti subjiciunt, dum servi peccati effecti (*Joan.* VIII, 54), dæmonibus, qui vitiis præstant, jugiter serviunt; hi sunt populus Pharaonis, et non sunt ex ovibus Domini, sed sunt oves *in inferno ponendæ, quas mors depascet* (*Psal.* XLVIII, 15). Hi tales, tot doctrinis auditis, tot signis visis, tot plagis perpessis, incorrigibiles sunt, et eos Dominus abjicit, cum eos juste in injustitia derelinquit.

Itaque Prædestinatio et Præscientia Dei immutabiles et fixæ manent : quia omnia, quæ fienda præscit, et prædestinat Deus, indeclinabiliter fient. Gratia autem et liberum arbitrium, salutem hominis concordi fœdere operatur : homo vero a libertate sola voluntate deficiens, ad peccatum inclinatur.

DISC. Quia nodum *liberi arbitrii* per adjutricem gratiam eleganter enodasti : rogant, insinues, si diabolus ad beatitudinem conditus sit.

MAG. Constat quod rationalis creatura ad beatitudinem sit condita : Diabolus autem rationalis creatura est : igitur ad beatitudinem est conditus. Scriptum quippe de illo est : *plenus sapientia et perfectus decore, in deliciis paradisi Dei fuisti* (*Ezech.* XXVIII, 12, 13).

DISC. Et quid est. quod de eo Dominus dicit : quod *in veritate non stetit* (*Joan.* VIII, 44).

MAG. Id est, in rectitudine voluntatis non permansit : justitiam enim sponte deseruit. Et ideo juste beatitudinem amisit.

DISC. Quid est *Beatitudo?*

MAG. Omnium bonorum sufficientia, sine omni indigentia.

DISC. Cur non fecit eum talem, ut hanc amittere non posset?

MAG. Si talem eum fecisset, tunc necessitati ut bestia subjacuisset. Fecit autem eum justum, beatum, liberum. *Justum,* ut vellet, quod Deus voluit : *beatum,* ut semper Deo frueretur : *liberum,* ut sponte justitiam vellet, et hoc pro merito jure semper beatus foret.

DISC. Et cur ab hac gloria cecidit diabolus?

MAG. Quia hoc appetiit, quod non debuit, et quod Deus noluit, *et similis Altissimo esse voluit* (*Isa.* XIV, 14).

DISC. Quomodo similis?

MAG. Deus dici voluit; et ut Deus ab angelis adorari voluit.

---

(263) I Cor. IV, 7. *Quid autem habes quod non accepisti?* etc., Joan. XX, 5.
(264) Rom. IX, 16. Hæc eadem sed verbis paulo aliter dispositis sunt apud D. Anselmum, tract. De præsc. et præd. concordia, f. 159; col. 2, sub finem.
(265) Rom. IX, XI, XII, XIII. *Cum nondum nati fuissent, aut aliquid boni egissent aut mali, ut secundum electionem propositum Dei maneret, non ex operibus sed ex vocante dictum est ei : Quia major serviet minori sicut scriptum est : Jacob dilexi Esau autem odio habui*.
(266) Rom. IX, 14. *Nunquid iniquitas est apud Deum?*
(267) Vid. D. Anselmum et divers. locis illius libri.

Disc. Cum sit illocalis, ut puta incorporeus (*Angelus*): unde et quomodo cecidit?

Mag. Sicut aliquis in luce solis stans, si subito visum amitteret, diceretur in tenebras incidisse, cum locum non mutaverit, praesertim cum in nullo fuerit.

Disc. Cum Deus per omnia beatus, et sibi semper sufficiens fuerit, quae causa exstitit, quod aliquid creare voluit?

Mag. Propter bonitatem suam creavit omnia, ut essent, in quos effueret suae bonitatis abundantia (268).

Omnis namque creatura aliquo modo fruitur bonitate creatoris Dei. Quaedam, quod sunt; quaedam, quod vivunt; quaedam, quod sentiunt; quaedam, quod intelligunt. Singula ergo sunt bona; universa considerata valde bona (269).

Angelicam autem naturam et humanam, ad se videndum condidit; quae ut aliquod proprium meritum apud eum haberent, quod remunerare deberet; justitiam eis dedit. Ut autem plenum gaudium haberent, liberum arbitrium addidit, quo non coacti, sed liberi, justitiam datam servarent; et sic semper cum eo bene regnarent.

Disc. Et si ad beatitudinem conditi sunt, cur tot pereunt?

Mag. Quia per liberum arbitrium a bono deficiunt, et peccato se subjiciunt; juste gloria beatitudinis privantur, et poenis mancipantur.

Disc. Et quomodo verum est quod *Deus vult omnes salvos fieri?* (I Tim. II, 4.)

Mag. Deus condidit rationalem creaturam ad gloriam; sed angeli et homines, rationales creaturae sunt: ergo omnes ad gloriam creati sunt.

Quod autem ad gloriam eos condidit, hoc volens aut nolens fecit.

Disc. Nolens non potuit.

Mag. Volens ergo fecit.

Disc. Hoc sequitur.

Mag. Quod autem semel Deus vult, hoc semper vult. Est enim voluntas ejus immutabilis. Igitur semper omnes vult salvos fieri.

Disc. Et si vult, cur omnes non salvantur? *Voluntati enim ejus quis resistit?* (Rom. IX, 19.)

Mag. Perditio pereuntium non procedit ex voluntate Dei, quia *non vult mortem peccatoris* (Ezech. XVIII, 32), et qui mortem non fecit, nec *laetatur in perditione morientium* (270); sed ex libero arbitrio, quo sponte justitiam, quae est pactum beatitudinis, deserunt: qua deserta, beatitudinem amittunt; et sic semper miseri erunt.

Disc. Quomodo ex libero arbirio?

Mag. Angelus nulla praedestinatione, nulla necessitate trahente; sed sola libera voluntate, justitiam deseruit dum Deo similis esse voluit (Isa. XIV, 14).

Et quia propria voluntate, vinculum beatitudinis,

A quod erat justitia, abrupit; juste amissa beatitudine in miseriam incidit, de qua, justitia dictante, nunquam eripi meruit.

Hoc ratio justitiae exegit: etenim qui nullo impellente corruit, juste a nullo levari debuit.

Disc. Quid est de homine?

Mag. Homo similiter nulla vi coactus, nulla necessitate impulsus, sed libera voluntate justitiam deseruit, et injustitiae se subdidit, dum sicut Deus esse concupivit.

Disc. Cur hic lapsus erigi meruit?

Mag. Hujus reparatio, gratia fuit; sed et ratio justitiae hoc fieri poposcit: etenim qui alio impellente cecidit, juste ab alio levari debuit.

Disc. Deum, ut arbitror, eis liberum arbitrium dare non decuit, per quod eos peccaturos praescivit.

Mag. Hoc est tale, quale dicas: Scientiam eis dare non oportuit, qua eos abuti praescivit. Si scientiam eis non dedisset, quid a brutis animalibus distarent? Si liberum arbitrium non dedisset: necessitati per omnia, ut bestiae, subjacerent, nec ullum meritum apud Deum haberent.

Oportuit ergo ut eis scientiam daret, qua Creatorem agnoscerent. Liberum etiam arbitrium adderetur, quo libere justitiam servarent, per quam semper beati forent.

Disc. Si Deus omnia praescit; tunc utique eos male acturos, et per hoc aeternum supplicium passuros praescivit: cur ergo voluit eos creare, qui tot et tanta flagitia et facinora erant facturi; et pro his aeternas poenas laturi.

Mag. Deus omnia praescivit; et hoc aeternitati ejus congruit, qui nihil futurum, quasi fiendum; nec aliquid praeteritum, quasi transactum novit; sed omnia fienda et transacta, immutabili intuitu praesentia inspicit.

Quod autem angelum vel hominem creavit, quem utrumque male acturum praescivit: hoc ratio justitiae et potentiae poposcit.

Potentiae, quia praescivit, quod illorum malitia nihil sibi penitus nocere potuit, et quanta bona ipse de malis eorum in universitate facere disposuit.

Justitiae autem, quia justum erat, ut omne id Deus faceret, quod ad aliquid in universitate utile foret. Quam utiles autem, et quam necessarii in Dei republica sint *daemones* vel mali homines, non ignorant sapientes.

Creatis ergo justitiam dedit, quam eos minime servaturos praescivit; imo eos justos condidit, quia hoc bonitati ejus congruit, ut nihil nisi justum et rectum faceret.

Quibus etiam *liberum arbitrium* dedit, id est suae voluntatis compotes fecit; quia hoc suae perfectioni convenit, ut nihil nisi perfectum absolveret: perfecti enim non essent, si liberi non essent. Et si liberi non essent, necessitati, ut bestiae, subjacerent. Ergo

---

(268) Prov. XVI, 4. *Universa propter semetipsum operatus est Dominus, impium quoque ad diem malum.*

(269) Eccli. XXXIX, 21. *Opera Domini universa bona valde.*

(270) Sap. I, 13. *Nec laetatur in perditione vivorum.*

totum fecit, ut voluit, et ut facere debuit.

Disc. Cur eos Deus a malo non prohibuit cum posset? si voluit et non potuit, cur impotens fuit; si autem potuit et noluit, cur eos peccare, et consequenter pati poenas voluit? Et cum peccare permisit, peccatis utique consensit. Si enim aliquis princeps praescit, quod sibi quilibet subjectus perimere velit; et non prohibet dum possit, utique homicidis consentit, dum illud fieri permittit. Si autem volens permittit, impotentem se ostendit.

Mag. Quod eos Deus a malo non prohibuit, hoc ratio immutabilitatis vetuit.

Deus namque condidit eos ad plenum gaudium, plenum autem gaudium non haberent, si liberi non essent.

Ut ergo plenum gaudium haberent, dedit eis liberum arbitrium; imo creavit eos liberos, id est suae voluntatis compotes, ut libere in laetitia delectarentur; et non necessitate coacti vel violentia compulsi, gaudio fruerentur.

Libertatem autem quam semel eis dedit, immutabilis Deus auferre non debuit, nec etiam potuit. Si enim abstulisset, tunc nollet eos justitiam velle, quod impossibile est; voluit enim eos velle justitiam. Nihil enim aliud est peccare quam justitiam nolle. Et ideo malum vel peccatum nihil est per substantiam, sicut injustitia. Injustitia autem nihil aliud est quam ubi non est justitia. Sicut silentium, ubi non est vox, sicut tenebrae ubi non est lux. Malum itaque facere non est aliud quam a justa voluntate deficere. Libertatem autem quodammodo Deus eis abstulisset, si ab eo cohibiti, peccare non possent. Et si coacti justitiam servassent, meritum justitiae non haberent.

Disc. Quid? nonne boni angeli peccare non possunt?

Mag. Hoc non est ex impotentiae necessitate, sed ex magnae potentiae procedit voluntate; magna quippe est potentia semper velle, quod quis deberet, et decet, verbi gratia semper sanum et sapientem esse.

Maxima vero impotentia, imo dementia, velle quod non debet nec decet, ut se velle interimere. Etenim aliis angelis ad injustitiam declinantibus, ipsi boni angeli justitiam libera voluntate servaverunt: et pro hoc merito, mox in hac voluntate sic confirmati sunt, ut ultra malum nolint. Et ideo dicitur: Quod non possunt.

Disc. Sed, ut dictum est, Deus videtur peccato eorum consensisse, quos peccare permisit; vel potius ad poenas creasse, quos a peccato non prohibuit.

Mag. Veritas consulta longe aliud ostendit.

Quamvis viae Domini a viis hominum elongentur, quantum coeli a terra exaltantur (271); tamen non multum a cogitationibus nostris haec res discrepat, quam nobis perspecta ratio sic elucidat.

Non semper sequitur, ut qui aliquid fieri permittit, in fiendo consentiat, si prohibere possit. Nam cum aliquis in agro suo spinas nasci permittit, cum prohibere possit; nec tamen consentit, neque ad sepis munimentum, neque ad ignium nutrimentum crescere sinit, cum ad utrumque aptae sint; sic Deus, cum eos peccare permisit, peccato tamen non consensit, nec ad poenas creavit; quos tamen post peccata poenis mancipavit, sed libera voluntate, sibi, qui est summa beatitudo, inhaerentes, *gloria et honore coronavit (Psal.* VIII, 6): libera nihilominus voluntate, a se qui est aeterna justitia, recedentes congruis suppliciis multavit; et illorum asperitate, ut spinis sepem, istorum gloriam firmat, et illorum concrematione universum opus suum illustravit.

Disc. Cur illos Deus creavit, quos justitiam minime servaturos, et ideo gloriam amissuros praescivit, et non illos solummodo, quos pro servanda justitia praescivit permansuros in gloria?

Mag. Hoc est tale, quale causeris, cur Deus noctem permiserit esse, cum sit tenebrosa; dies autem lucidus, quasi sit inutilis, et non necessaria: cum potius ipsa nox sit requies laborantium et reparatio virium. Sic bonum per malum commendatur. Justi enim injustis comparati gloriosiores apparent, sicut dies nocti collatus, gratiosior claret. Ratio ergo boni poscebat, ut Deus malum esse permitteret, per quod reciprocis modulis, per contrarietates suas in omnibus consonaret. Quamvis enim malum nihil sit per substantiam; et ideo aeternae Dei dispositioni nullam ingerat dissonantiam; substantia tamen per idipsum quod est, facit omnes substantias bonas apparere; et innotescit quam bonum sit summo bono inhaerere.

Disc. Valde mirum de bonitate Dei videtur: quod aliquid creare voluit, quod aeternis doloribus, aeternisque cruciatibus subderetur, cum videretur multo melius, aliquam rem non subsistere, quam misere subsistere aut ut lapidem insensibilem esse, quam aeternos dolores tolerare.

Mag. Sapienti Deo melius visum est, esse quod utrumque est, quam nullo modo esse. Et ideo fecit esse, quod est.

Quod autem non fecit omnia aequalia, sed disparia, per hoc cognoscitur et ineffabilis sapientia artificis, et inaestimabilis adornata plenitudo operis. Et quamvis Deus poenas fecerit, nihil tamen ad poenas creavit: alioquin praestantior insensibilis creatura, quam sensibilis esset: quae sine fine, dolorem poenae sentiret.

Rationalis creatura porro dum sponte justitiam habitam abjecit, tunc propositam gloriam amisit; sicque miseriam incidit. Est autem *miseria*, inde dolere quod amisit, nec posse habere quod cupit, et his in quibus est, affligi; nec his posse exui. *Poenis autem cruciari*, non est aliud, quam sibi contrarium contra voluntatem pati.

Ob decorem autem universitatis, creavit Deus duo,

(271) Isa. LV, 8. *Non enim cogitationes meae cogitationes vestrae; neque viae vestrae, viae meae, dicit Dominus. Quia sicut exaltantur coeli a terra, sic exaltatae sunt viae meae a viis vestris etc.*

et duo (272), sibi contraria, ut aquam igni, et terram aeri; et in his creata alia, de contrariis dolorem patiuntur, sicut in aquis vel in terris formata in igne cruciantur. Salamandra quippe vivit in flamma, moritur in unda; piscis autem in aqua nutritus, in igne moritur.

Rationali itaque naturæ, sentire dolorum amaritudinem, est, non habere suavitatis beatitudinem. Ratio namque justitiæ poscit ut semper sint in amaritudine miseriæ, qui sponte se exuerunt beatitudine gloriæ. Ut autem hoc sine fine sit, est hæc causa : quod immortales creati sint.

Disc. Cum ab æterno esset a Deo dispositum, ut Filius ejus incarnaretur, videtur necessario homo peccasse, quatenus propositum Dei compleretur. Si enim ipse non peccasset, Filius Dei incarnatus non esset; sicque statutum Dei irritum fieret. Ergo ex necessitate videtur utrumque pendere; et illum peccasse, et istum incarnatum fuisse.

Mag. Deus præscivit ab æterno hominis lapsum, et ideo ab æterno proposuit Filium suum pro ejus redemptione incarnandum.

Porro homo nulla necessitate, sed sola libera voluntate peccavit : et ideo Dominus peccatum illi imputavit : qui si necessario peccasset, reus non esset, cum hoc faceret quod vitare non posset.

Sed quia Dominus eum de peccato præmonuit, et ei pœnam mortis proposuit, et ipse divina monita contempsit, idcirco reus exstitit :

Quod autem Filius Dei est incarnatus, seu pro homine immolatus, quantum ad ipsum, sola fuit voluntas; quantum ad hominem, summa necessitas. Nisi enim hic incarnaretur, ille nunquam salvaretur.

Necesse ergo fuit homini, ut ille vellet incarnari.

Disc. Cur non angelus vel homo pro redimendo homine est missus, sed Dei Filius ?

Mag. Ratio justitiæ hoc poposcit. Angelus enim pro homine mitti non debuit, quia nihil homo ad angelicam naturam pertinuit. Homo vero mitti non debuit, quia omnis homo peccator fuit, et peccator peccatorem redimere non potuit. Illum ergo mitti oportuit, qui solus sine peccato, Deo hominem reconciliare potuit (273).

Disc. Cur nec Pater, nec Spiritus sanctus; sed solus Filius est incarnatus ?

Mag. Justitia hoc exegit. Ipse enim quasi secundo loco post Patrem, est Deus, non dignitate, sed ordine. Æqualis est enim Deo Patri; ut puta, unum cum eo. Unde et similitudo Dei dicitur; diabolus autem sibi hoc privilegium usurpavit, dum *similis Altissimo esse voluit*, scilicet Deus dici, et ab angelis, ut Deus adorari. Et quia in cœlo ab angelis hoc non obtinuit, in mundo ab hominibus, se ut Deum coli, et ut Deum adorari docuit. Oportuit ergo, ut

A cui injuria facta est, veniret; et se verum Deum, et illum fallacem ostenderet.

Disc. Et cur in homine venit ?

Mag. Ut ipse innocens homo pro homine reo (*Hebr.* i, 55), Deo Patri satisfaceret et per hominem tyrannum reprimeret, atque hominem ab eo deceptum erueret.

Disc. Per quid perdidit diabolus hominem quem quondam possedit ?

Mag. Per justitiam Dei et potentiam. In potentiam enim Dei, ut cæcus graviter offendit; quia jam non solum Deo se æquavit ; sed super Deum se exaltavit (*Isa.* xiv, 14), dum se a Dei Filio, Patri coæquali in tentatione adorari imperavit. Offensam vero justitiæ Dei graviter in passione incurrit, dum justum et innocentem hominem occidit.

Ergo per justitiam expertus est potentiam. Nam, dum justus homo injuste occiditur, injustus tyrannus juste opprimitur; et homo deceptus, injuste oppressus, per justitiam redimitur, atque per potentiam super angelum (quem ut Deum coluit) constituitur. Unde adhuc prosperæ res *secundæ* dicuntur; quia per justitiam pervenitur ad æternam potentiam.

Disc. Est in infantibus liberum arbitrium ?

Mag. Naturaliter inest eis liberum arbitrium ; sed ut ignis in silice latens, nihil in eis operatur.

Disc. Cur non omnes pueri pro redemptione salvantur, in quibus liberum arbitrium adhuc nihil operatur ?

Mag. Hoc ex ratione justitiæ procedit, quia nihil homini præter pœnam debitum est.

Disc. Et quare plurimi salvantur, in quibus æque liberum arbitrium nihil operatur ?

Mag. Hoc autem ex gratia descendit, quæ etiam immeritis sua dona tribuit.

Si alicujus civitatis populus regem offenderit, ipse quosdam juste puniret, quosdam clementer absolveret; sic cum totus mundus Deum offendisset, de quibusdam supplicium per justitiam sumpsit; quibusdam autem per misericordiam ignovit.

Disc. Unde est quod jam multi liberi arbitrii compotes salvantur, et plurimi non salvantur ?

Mag. Eadem causa est quæ dicta est. Illi qui salvantur, ex gratia et libero arbitrio, ex dono Dei, et non ex proprio merito salvantur homines.

Ex gratia Dei quippe est, quod a Deo præventi bonum volunt; ex libero arbitrio, quod bonum non deserunt. Cujus boni perseverantia, dono Dei, et merito hominis ascribitur : pro quo et vitæ præmio remunerabitur. Qui enim *perseveraverit usque in finem, salvus erit* (*Matth.* xxiv, 13).

---

(272) Eccli. xxxiv, 15. *Contra malum bonum est, et contra mortem vita : sic et contra unum justum peccator. Et sic intuere omnia opera Altissimi duo et duo et unum contra unum.*

(273) Rom. iii, 10. *Quia non est justus quisquam*, etc. Et Rom. v, 12. *Sicut per unum hominem peccatum in hunc mundum intravit et per peccatum mors, et ita in omnes homines mors pertransiit in quo omnes peccaverunt.*

Disc. Unde est quod quidam inveterati in malis tandem salvantur?

Mag. Ex gratia et libero arbitrio: ex gratia quippe prævenienti bona voluntas divinitus gratis inspiratur; ex libero arbitrio ipsi oblatæ cooperantur, et pro hoc merito salvantur.

Hæc duo, ut anima et corpus, simul sunt. Per gratiam namque arbitrium (ut corpus per animam) vivificatur; arbitrium vero gratiæ, ut corpus animæ, cooperatur. Gratia sine libero arbitrio est per se potens ad salvandum; liberum arbitrium sine gratia, est impotens ad bonum operandum.

Igitur per gratiam liberum arbitrium multum operatur, cujus perseverantia primo coronatur. Gratia est, quod per plures annos, dum a pueritia usque ad decrepitum, in malitia insatiabiliter grassantur, in ipso vitæ exitu per pœnitentiam ab ipsis diaboli faucibus rapiuntur, et paradisi amœnitate confruendi deducuntur.

Disc. Et cur alii non salvantur?

Mag. Hoc ex justitia et libero arbitrio esse non ignoratur.

Ex justitia; quia gratia ad bonum non emolliuntur, sed indurari permittuntur, licet sæpius fons gratiæ in eos affluat, et eis pœnitentiam ad horam tribuat, quam ipsi mox abjiciunt, et ut canes *ad vomitum redeunt* (Prov. xxvi, 11; Petr. ii, 22).

Ex libero arbitrio; quia justitiam oblatam recipere nolunt, et iniquitatem magis deligunt.

Illis supradictis est verbum Dei causa salutis, et via ad vitam; istis autem, causa mortis et testimonium ad interitum. Illi sunt vasa misericordiæ, præparata in honorem; isti *vasa iræ* (Rom. ix, 22), præparata in contumeliam. De illis nemo perire poterit; de istis nemo salvus erit. Illis est præparatum regnum a constitutione mundi; istis *caminus ignis* cum diabolo et angelis ejus (274).

Ex hac varietate evenit quod plerique in monasteriis sub magna districtione vitam transigunt; quamplurimi in eremo degentes summa abstinentia vitam solitariam ducunt; ad extremum ad ima barathri de c ndunt.

Disc. Hoc est omni admiratione stupendum.

Mag. Accipe causas singulorum. Qui in monasteriis pereunt, in sua prudentia confidunt; prælatorum monita contemnunt; in inobedientia obeunt. Qui vero in eremo intereunt, sine discretione vivunt, quando sibi eligunt ut sanctorum sectentur exempla, patris præcepta despiciendo aspernantur. De his scribitur: *Sunt viæ quæ videntur hominibus justæ, quarum finis deducit ad interitum* (275).

Disc. Quamobrem in eadem culpa pares, quidam salvantur, quidam reprobantur?

Mag. Hinc incomprehensibilia Dei judicia prædicantur (276), qui *terribilis in consiliis super filios hominum* (Psal. lxv, 5) affirmatur: qui eligit per misericordiam, quem vult: et reprobat per justitiam, quem vult, *cui nemo potest dicere: cur ita facis?* Cujus *universæ viæ misericordia et veritas* (Psal. xxiv, 10).

Disc. Utrum magis gratiæ, an libero arbitrio salus ascribitur?

Mag. Summa salutis gratiæ Dei attribuitur; cui etiam merita ascribuntur; quia nemo potest venire ad Filium (*qui est vita æterna*) nisi Pater per gratiam, id est Spiritum sanctum, *attraxerit eum* (Joan. vi, 44). Sine illo enim nihil possumus facere (Joan. xv, 5). Deus quippe in nobis operatur et velle et posse, pro bona voluntate (277).

Disc. Si Deus operatur, quæ merces homini imputatur?

Mag. Et Deus operatur, et electi cooperantur. Deus operatur in electis suis, sua gratia præveniendo *velle*, et subsequendo *posse*. Cooperantur ipsi per liberum arbitrium, consentiendo bona voluntate. Hæc bona voluntas remuneratur in eis, ut scriptum est: *Accepimus gratiam pro gratia* (Joan. i, 16). Gratiam accipimus, cum nos Deus prævenit, ut *velimus*; et subsequitur, ut *possimus*. Pro hac gratia illam gratiam dabit; cum nos in gloria remunerabit.

Disc. Solent quidam dicere, quod prædestinati necessario salventur. Quod si ita est, cur quidquam laborant? aut cur gentibus prædicatur ut convertantur? vel cur verbum admonitionis quotidie a sacerdotibus administratur populo, ut in proposito Dei proficiant servitio?

Mag. Prædestinatio quidem Dei neminem violenter salvat, vel damnat. Olim pro meritis ad regnum prædestinati, tunc quidem necessario salvantur, cum ex justitia proposita gloria eorum meritis recompensatur: sed quia nullus se prædestinatum præsumit (cum nec vas electionis Paulus hoc de se præsumpserit) necesse est toto conamine labori incumbere, quo valeant prædestinationem obtinere.

Per laborem namque prædestinatio vitæ adipiscitur, ut in sacra auctoritate dicitur : *Per multas tribulationes oportet nos introire in regnum Dei* (Act. xiv, 21). Infantibus itaque per mortis acerbitatem; juvenibus per operis exercitationem in extremis pœnitentiam agentibus, datur prædestinatio per purgatorii cruciatus examinationem.

Gentibus vero ideo prædicatur, quia prædestinati foris, in foro otiose stantes in vineam Domini ad laborem convocantur (Matth. x, 6). Quibus etiam denarius in mercede proponitur: quia prædestinata gloria usque in finem laborantibus dabitur.

Sæpe quoque quidam de reprobis, cum eis in vineam ingrediuntur; sed in initio laboris ab opere deficiunt, et aut de vinea blasphemantes exeunt, aut in vinea manentes, laborantes impediunt. De-

---

(274) Matth. xxv, 34. *Monachi et eremitæ.*
(275) Prov. xiv, 12. et xv, 23. *Est via quæ videtur homini justa, novissima autem ejus deducunt ad mor-*
tem.
(276) Rom. xi, 33. *O altitudo divitiarum.*
(277) Philip. ii, 13. *Operatur velle et perficere*, etc.

his dicitur : *Ex nobis exierunt : sed non erant ex nobis* (278). Et iterum : *Multiplicati sunt super numerum* (Psal. xxxix, 6) ; scilicet ad vitam prædestinatorum. Multi quidem per fidem sagenæ Petri inhæserunt (*Matth.* xiii, 47); sed quia in numero electorum præcogniti non sunt, in fluctus vitiorum, rupto reti, resilierunt.

Populus autem fidelium, in labore pii operis fatigatus, verbo admonitionis, ne deficiat, sublevatur.

Sicut æger ad ecclesiam vadens, sed in via deficiens, ut iter peragat, ab aliquo sustentatur.

Verbum quippe Dei est verum semen (*Luc.* viii, 11); ager vero, corda hominum. Cum hoc semen per Dei agricultores spargitur ; semen Dei gratia est. Si autem ad agricultura recipitur, liberum arbitrium est :.quod per fidem receptum, si germen bonorum operum emiserit, messis in prædestinata gloria erit.

Disc. Cum hæc cuncta, perspicua ratio, de luce veritatis proferat, oportet ut cunctis studiosis, per omnia valde complaceant.

Porro me multum movet, quod angelica natura cadere potuit, si ad beatitudinem condita fuit : videtur enim, quod quædam vis eam impulerit, quod ita irrecuperabiliter corruit. Nam nimis de lapsu hominis moveor quod de tanta gloria in tantam miseriam devenire potuit, si nulla necessitas eum impulit.

Unde rogo ut effundas cor tuum, et eructes veritatis arcanum.

Mag. Breviter tibi pandam Dei occulta, et reclusa cordis diligenter ausculta.

Antequam Deus conderet mundum, præscivit et angeli et hominis casum : quem ideo fieri permisit, quia bonum malo illustrari censuit.

Præscivit etiam, qui et quot secum essent permansuri, qui et quot essent recessuri, qui et quot ad se reversuri. Si enim hoc ignorasset, præscius futurorum non esset. Et si certus numerus electorum non esset, tunc regnum Dei, non ordinata dispositione, sed fortuito casu constaret, ad quod incerti numeri frequentia conflueret. Sed cum apud Deum sit certus numerus capillorum (279), multo magis est apud Deum præfixus numerus electorum.

Quot autem sunt in hoc numero a Deo præscripti hi ante mundi constitutionem sunt ad beatitudinem electi. De his nullus peribit, sed ad prædestinatam gloriam toto conamine quisque festinabit. Qui autem super hunc numerum multiplicantur, inter oves Christi non numerantur.

Et quia hic numerus angelis cadentibus est imminutus, hominibus nascentibus est restitutus. Et ideo sicut ab uno numerare incipimus, sic ab uno homine numerus est incœptus. Et, sicut numerus crescit ad perfectionem, ita propago humana successit usque ad electorum completionem.

Hic ergo sacer numerus, soli Deo cognitus, et ab eo, æterna certitudine præfixus, est quasi cujusdam civitatis ambitus, intra quem necesse sit omnes contineri, cui hujus civitatis cives ab æterno sunt præcogniti. Lex autem civitatis, inviolabilis justitia est a justissimo rege instituta, ac hujus servatores, justi cognominantur, et hi soli inter cives connumerantur. Privilegium hujus sacræ civitatis, est libertas. Regnum ejus, beatitudo. Ergo omnes habitatores hujus civitatis sunt justi, liberi erant, legem hujus civitatis servare nolebant. Et ideo inter cives ejus numerari non poterant. Ad Dominium autem ejus aspirabant, dum uterque ut Deus in ea esse appetebat.

Igitur nulla vis, nulla necessitas, eos ab hac urbe expulit ; sed lex justitiæ violatores juris in ea cives esse vetuit.

Disc. O quam in excelsam speculam me duxisti, in qua plurima conspicio ! sed quia adhuc aliqua sunt clausa, illa mihi aperiri postulo.

Si homo per liberum arbitrium cadit, cur per liberum arbitrium non resurgit ?

Mag. Homo potest se de alto monte in profundum præcipitium per seipsum mittere ; non potest autem, nisi per alium adjutus, redire. Ita per liberum arbitrium, justitiam quidam deserere ; non per se autem, sed per solam gratiam potest eam recipere. A quo enim quis vincitur, illius et servus efficitur (280). Nam qui sponte luxuriæ vel cuilibet vitio, cui præest, addicitur ; jam non valet per liberum arbitrium se de jugo dominationis ejus excutere, cujus dominio se libere voluit subjicere, nisi gratia Dei præveniat eum, ut bonum quod sprevit cupiat; et subsequatur, ut illud implere prævaleat.

Disc. Cum voluntas hominis sit facta libera, unde est ad malum tam prona, et ad bonum tam pigra ?.

Mag. Omnis rationalis voluntas naturaliter cupit summum bonum ; sed errore decepta labitur in falsum, quod est malum. Quilibet enim vult esse beatus, et ideo id quisque quam maxime appetit, in quo se sperat fore beatum. Sed quia summum bonum, vel beatitudo, nonnisi in solo Deo consistit ; quisquis aliquid infra Deum positum pro summo bono appetit, errat.

Hujus autem erroris causa hæc est : Deus condidit hominem justum et beatum, sine omni indigentia, in bonorum omnium sufficientia (281), et dedit liberam voluntatem, justitiæ et beatitudinis, ut voluntate justitiæ, corpori subdito imperaret ; voluntate beatitudinis, Deo obediret. Habuit ergo justitiam, ad honorem Dei ; beatitudinem, ad commo-

---

(278) I Joan. ii, 19. *Ex nobis prodierunt.*
(279) Matth. x, 30 et Luc. xxii, 7. *Capilli capitis vestri omnes numerati sunt.*
(280) II Petr. ii, 19. *A quo quis superatus est,*

hujus et servus est.
(281) Eccl. vii, 30. *Inveni quod Deus fecerit hominem rectum, et ipse infinitis miscuerit quæstionibus.*

dum suum. Et si servata justitia Deum honorasset, ad summam angelorum beatitudinem pervenisset. Sed quia justitiam deseruit, beatitudinem amisit. Sed voluntatem beatitudinis retinuit. Quia ergo fervet desiderio commodorum; sed commoda rationalis naturae competentia, quae perdidit, habere non valet, ad falsa et brutorum commoda et bestiales appetitus se convertit. Et quia jumentis insipientibus similis factus est (282): ideo per concupiscentiam ut bestia coit; cum dolore parit; lacte infantes, ut bestia catulos, nutrit; et sola commoda corporis appetit.

Disc. Cur bestiae pro his non damnantur?

Mag. Appetitus in brutis animalibus non sunt peccatum; sed sunt naturales, in hominibus vero irrationales: caetera namque animantia feruntur necessitate; homo regitur libertate. Unde scribitur: Qui hoc fecerit, quod homo facere non debet, tollatur de hominibus.

Disc. Quid est, quod quidam immenso conatu nituntur, ut bene vivant; et nihil proficiunt? aut post magnum profectum a proposito decidunt? Nonne aliqua occulta vis eos retrahit, ne coeptum opus implere possint?

Mag. Nulla eos necessitas retrahit; sed sola voluntas eos avertit, dum magis volunt quod suggerit eis tentatio, quam quod persuadet ratio.

Quidam etiam de arbitrio magis quam de gratia praesumunt; et cuncta suis meritis ascribunt: ideo eos gratia deserente, juste laborem suum perdunt.

Disc. Cur Deus facit hominis arbitrium ita mutabile?

Mag. Ob magnum ejus proficuum: quod enim potest converti ad malum, potest iterato converti ad bonum. Si homo semel lapsus non esset mutabilis, nunquam esset ad bonum convertibilis.

Disc. Quare non fecit eum Deus, ut in bono esset immutabilis?

Mag. Tunc esset Deo aequalis; hoc enim solius Dei est.

Disc. Si quisque operatur libero arbitrio, quomodo operatur Deus omnia in omnibus?

Mag. Universa quae fiunt bona, sive in coelo, sive in terra, seu in omni creatura, Deus solus bonus, per electos vel angelos vel homines operatur, cooperantibus eis per liberum arbitrium consentiendo.

Operatur Deus per electos, ut per apostolos gentes convertit; ipse interius inspirando et incrementum dando: cooperantur ipsi per exterius ministerium, plantando et rigando.

Si quid autem electi, contrarii egerunt, ut in Uria David (*II Reg.* xi, 4), Deus hoc juste fieri permittit, quod tamen ipse in laudem sui convertit, dum post lapsum exstiterunt humiliores, et sibi grates referunt uberiores; quibus etiam ipsa peccata cooperantur in bonum (283). Ergo omnia ex ipso et per ipsum (*Rom.* xi, 36).

Per reprobos quoque Deus operatur, dum judicium suum per eos exercet, sicut per Chaldaeos Hierusalem destruxit (*Jer.* lii, 24). Ecce unum et idem opus Deus et Chaldaei, diverso modo operati sunt; et tamen hic inde laudatur, et illi damnantur. Et quod ipse per justitiam, hoc ipsi per saevitiam egerunt.

Similiter per Judam Deus Filium suum tradidit (*Matth.* xxvi, 48), et mundum a morte redemit. En Deus et Judas, unum opus diversa mente operati sunt. Sed dum totus orbis inde Deum veneratur, Judam vero detestatur; quia quod Deus ob humani generis amicitiam, hoc Judas egit per avaritiam. Audenter dico, quia Deus etiam per diabolum operatur, quod de justitia, per eum in reprobis exerceri decernitur. Sed quod Deus per justissimam aequitatem, hoc agit diabolus per nequissimam crudelitatem. Qui tamen non plus potest saevire in eos, quam permittitur. Unde Deus laudabiliter magnificatur; ille vero pro eodem damnabiliter reprobatur.

Quaecunque autem a reprobis per liberum arbitrium contra instituta committuntur, a Deo quidem fieri sinuntur, et in laudem ejus vertuntur, dum juste ab eo poenis subiguntur. Igitur Deus omnia operatur, aut favendo aut sinendo.

Et quia ex ipso, ut in lib. *Sap.* legitur: *A Deo bona et mala* (284), omnia sunt bona, et nihil est malum, nisi quod amarum est his, qui aliquid asperi patiuntur, id malum appellatur. Et ideo omnia ad laudem et gloriam Dei, qui miseretur cui vult (285), gratiam largiendo; et indurat quem vult, in malitia relinquendo.

Disc. Nunquam haec audita sunt in mundo?

Mag. Imo, quotidie in Scripturis audiuntur (286); sed a desidiosis et negligentibus non attenduntur: et ideo non intelliguntur. Cum vero in disputatione a doctis haec audierint, quasi a somno excitati stupescunt. Vera esse dubitant, quia nusquam esse scripta putant. A studiosis autem leguntur, audiuntur, attenduntur, discutiuntur et intelliguntur, et in memoriam reducuntur.

Sponsus namque Christus abiens, sponsae Ecclesiae claves scientiae reliquit, quibus quotidie pulsantibus filiis, secreta Dei per intellectum reserans, aperit. A canibus autem, et a porcis, margaritas, ne coinquinentur, claudit.

---

(282) Psal. xlviii, 13. *Homo cum in honore esset, non intellexit; comparatus est jumentis insipientibus et similis factus est illis.*
(283) Rom. viii, 28. *Diligentibus Deum omnia cooperantur in bonum.*
(284) Eccli. xi, 14. *Bona et mala, vita et mors, paupertas et honestas a Deo sunt.*
(285) Rom. ix, 18. *Cujus vult misereri, et quem vult indurat.*
(286) Matth. xviii, 18. *Quaecunque solveritis super terram, erunt soluta et in coelo.* Et n. 19: *Quia si duo ex vobis consenserint super terram, de omni re quamcunque petierint, fiet illis a Patre meo qui in coelis est.* Et xxviii, 19: *Euntes docete omnes gentes.*

Disc. Cuncta quæ proponis, tam validis testimoniis probando per illationem concludis, ut plus cæco probetur errare, qui hæc præsumpserit pertinaciter impugnare.

Sed, quæso, edisseras : Utrum prospera et adversa per liberum arbitrium eveniant.

Mag. Imo per gratiam et justitiam Dei. Gratia quidem Dei, prospera ministrat; justitia autem, adversa dispensat. Sed justi per prospera ad perennia bona provocantur : injusti autem per prospera, ut dives ille (287), remunerantur. Adversa autem ob tres causas electos tangunt. Primo, ut quidam a peccatis per adversa corrigantur, ut David; secundo, ut quidam tentati magis coronentur, ut Job ; tertio, ut quidam a delectatione peccati retrahantur, ut Paulus.

Reprobos vero ob duas causas feriunt. Primo, ut electi per eorum plagas corrigantur, ut in exitio Core legitur ; secundo, ut ipsi a malitia, ne tantum quantum volunt, noceant, reprimantur, ut de Antiocho et Herode scribitur.

Disc. Parietem fodisti, et ecce apparet ostium.

Cum Scriptura dicat, quod Pharao a Deo sit induratus (288) ; imo in hoc ipsum, ut annuntiaretur nomen Dei in universa terra per eum sit constitutus : quis non videat quod, necessitate cogente, populum afflixerit, cum in hoc ipsum constitutus sit, et quasi quodam fato trahente submersus sit ?

Mag. Nota tria : Populum afflictum ; Pharaonem affligentem ; Deum liberantem.

Deus electos, ut vasa aurea per reprobos, in camino tribulationis, tentando examinat ; sed ipsi reprobi non intendunt, quod eorum vexatio istis ad salutem proficiat, quos sola crudelitatis malitia tribulat.

Porro diabolum, qui libere justitiam deseruit, in injustitia, ut incudem malleatorum, indurari permisit, eumque fabrum, ad purganda vasa misericordiæ constituit : qui faber omnes impios sibi instrumenta fecit. ex quibus Pharao unus exstitit ; qui dum per liberum arbitrium Deo servire noluit, Deus, eum induravit ; dum cum a malitia, et duritia non liberavit.

Et cum populus Dei per afflictionem esset tentandus, et adversitate probandus : Deus in hoc ipsum, Pharaonem ad tentandum populum constituit, dum ipse se per liberum arbitrium (ut puta unus de malleis diaboli) ad tundenda vasa Dei obtulit ; sicque Pharao nescius, justis, quasi servus a filiis, servivit, dum eos a vasis iræ segregans, flagellis erudivit.

Diabolus et impii malum quidem per se volunt non autem quantum volunt, sed quantum permittuntur facere poterunt. Et cum a Deo electis prævalere permittuntur, in hoc ipsum constitui dicuntur (289).

Nomen autem Dei per Pharaonem omnibus innotuit, dum ipse cum omnibus suis juste interiit ; et Deus ab eo oppressos, ut vasa jam igne examinata in fornace, signis et prodigiis eripuit.

Disc. De Juda quoque scribitur : Ut Scriptura impleatur, Qui manducat panem meum, levavit contra me calcaneum suum (290). Et iterum : Nemo periit ex his quos dedisti mihi, nisi filius perditionis, ut Scriptura impleatur (291).

Et cum Scripturam, ipso Domino teste, impleri necesse sit, quis nisi per omnia cæcus non videat quod Judas quadam vi necessitatis impulsus, Dominum prodiderit ; maxime cum Dominus venerat pati, et necesse fuerit cum per aliquem tradi ?

Mag. Dominus quantum ad ipsum, non necessitate, sed liberrima voluntate pati voluit, quia natura divina impassibilis fuit : et hoc nobis fieri valde necessarium fuit ; quos necessitas mortis ad interitum impulit.

Judam nulla necessitas, sed malitiosa voluntas instigavit ad proditionem ; dum Dominum cum Judæis odisse, quam cum apostolis diligere maluit.

Similiter Judæi nulla necessitate compulsi, sed pessima voluntate impulsi eum occiderunt ; dum cum gratis odio habuerunt, quem signis et virtutibus constare doluerunt.

Sed quia Spiritus sanctus, cui omnia futura sunt præsentia, qui talia eos velle facturos præscivit ; ita per prophetas in Scripturis prædixit, sicut postmodum totum contigit (292) : tamen illa Scriptura nullam necessitatem volendi vel faciendi eis intulit. Sicut ego, si bellum præscirem, et illud futurum prædicerem, verba mea non facerent bellum necessarium.

Disc. Quid igitur quis hinc colligat, nisi necessarium fuisse, Christum a Judæis crucifigi, qui venerat ab eis occidi, quod utique non fecisset, si facere non debuisset ?

Mag. Et credis tu solos Judæos Christum occidisse ? omnes iniqui ab initio usque in finem mundi, consenserunt in necem Christi (293) : quot enim justitiam et veritatem odio habent, hi justos propter justitiam et veritatem, qui est, persequuntur,

---

(287) Luc. xvi, 25 : *Fili, recepisti bona in vita tua et Lazarus similiter mala ; nunc autem hic consolatur, tu vero cruciaris.*

(288) Exod. ix, 16. *Idcirco posui te ut ostendam in te fortitudinem meam et narretur nomen meum in universa terra.* Et Rom. ix, 17 : *Quia in hoc ipsum excitavi te ut ostendam in te virtutem meam: et ut annuntietur nomen meum in universa terra.*

(289) *Videri merito debet in hac materia et modo loquendi D. Greg Exposi. moral. lib. xiii in c. 17* Job, c. 12. Et lib. xxxiv, in c. 44, c. 10.

(290) Joan. xvi, 18 : *Qui manducat panem meum,* etc.

(291) Joan. xvii, 12 : *Quos dedisti mihi custodiri, et nemo ex eis periit nisi filius perditionis, ut Scriptura impleatur.*

(292) Psal. cviii, 8. : *Fiant dies ejus pauci, et episcopatum ejus accipiat alter.*

(293) Psal. lxxxvi, 5 : *Multiplicati sunt super capillos capitis mei qui oderunt me gratis.*

et omnes mortis Domini rei inveniuntur. Vellent quippe, si possent, justos omnes delere, quo securi possent sua desideria absque contradictione explere. Ergo si illi non fecissent, similes illorum perfecissent.

Disc. Introductus per te interius, multa præclara cousidero ; sed multa sigillata me non posse cernere doleo. Unde rogo ut, tradita tibi clave scientiæ, hæc clausa mihi aperias, et ista, involuta evolvens, me inspicere facias.

Mag. Tam diligenter pulsanti, Dominus per me prospera respondens, arcana secretorum tibi aperiet.

Disc. Quidnam causæ esse dicimus, quod Deus permittit eos diu errare, quos prædestinavit, perenniter secum regnare ?

Mag. Per hoc longanimitati patientiæ suæ prærogat, quod etiam diutius in errorem, ut Paulum, tolerat (Rom. II, 4) : quod vero eos repente ad pœnitentiam, ut idem Paulum et Mariam revocat (Luc. VIII) ; divitias misericordiæ suæ insinuat. Pro his in mundum venit ; pro his et mortem subiit.

Et quamvis pro peccatoribus mortuus sit, Annæ et Caiphæ, Herodi et Pilato, mors ejus non profuit, sed multum obfuit ; non idcirco solum quod in morte Domini conspiraverant, sed ideo, quia bonum gratis odio habuerant (Joan. XV, 25), et pœnitere neglexerant.

Cæterum electi quamplures, in nece Christi, quamvis ignoranter, consenserant, pro quibus ipse et in cruce oravit, dicens : *Pater, ignosce illis, quia nesciunt quid faciunt* (294) ; et sanguinem post credendo biberunt, quem prius sæviendo fuderunt.

Disc. Cum malefacta hominum Deo nihil noceant, et eorum bene gesta nihil conferant ; cur eos post mortem segregat, et non omnes pariter et æqualiter in unum locat ?

Mag. Rationi justitiæ repugnat, ut justi cum injustis, et econtra, locum obtineant,........ et multipliciter variando totam picturam distinguit.

Ideo, sicut pictor opus suum coloribus variat, sic Deus regnum suum discretis ordinibus egregie clarificat. Quis enim esset decor picturæ, si laquear totum cooperiret uno colore ? nec pictura etiam posset dici. Nunc diversos colores diversis locis pingit ; et sic opus suum visui delectabile reddit. Sic insignitor lapidum varias gemmas diversis locis imprimit, et sic opus suum pretiosius efficit.

Disc. Ad quid ultimum judicium restat ?

Mag. Justitiæ ratio exigit, ut judicium fiat ; ut qui nunc se hypocrisi occultant, iniqui appareant ; et qui nunc publice in flagitiis gloriantur, dignis tunc suppliciis juste subdantur ; et qui leges contemnunt, justitiam despiciunt, pauperes et justos opprimunt, et per potentiam securi sunt, de rapinis florent, de damno aliorum gaudent, justis insultant, verba Dei calcant, pro talibus et his similibus laudantur, per terrorem ab hominibus honorantur : hi, inquam, tunc a justis hic oppressis, et gaudio sequestrentur, et injustis in supplicio consocientur. Justi autem qui nunc injuste oppressi sunt, releventur ; et qui bene viventes egerunt, remunerentur ; et qui propter justitiam in opprobrio erant, honorentur.

Disc. Nunc, cur in paradiso positus sit homo, cum ibi permansurus non esset, edicito.

Mag. Protoplastus ad beatitudinem creatus, in paradiso, id est, in loco voluptatis, locatus erat : sed, quia præceptum Domini servare noluit, ideo contemptor juste exsilium subiit ; qui si nihil de paradisi deliciis gustasset, sed acceptum mandatum violasset, nunquam forsitan pœnitentiam egisset, et sic semper exsul foret. Postquam vero expertam paradisi dulcedinem, sed cito amissam, ad memoriam revocavit, gravi se pœnitentia multavit. Ideo rediit, et ideo reditum meruit. De cujus mox utero, quasi de quodam castello, geminus exercitus, electorum scilicet et reproborum, prodiit ; et acta hac re, certamen implacabili discordia iniit.

In hac itaque pugna magna in utrumque certatur, et victores quidem laureati triumphantes astra petunt : victi autem confusi, ad ima barathri descendunt.

Sta etiam hic, et considera utrorumque instantiam.

De civibus Jerusalem humilibus.

Aliquis per viam humilitatis, ab infantia incedit, et usque ad senilem ætatem, semper in melius proficit. Omnes homines superiores sibi putat ; se vero inferiorem omnibus æstimat. Omnium actus laudat ; suos reprobat.

De cive Jerusalem casto.

Alius castitatis semitam arripit, magna custodia sensus suos munit, et tamen omnes alios sanctos computat, et se velut immundum judicat.

De patiente.

Alius patientiæ callem calcat, universa dura et aspera pro Christo patienter tolerat, alios mansuetos reputat, seipsum immitem cogitat.

De abstinente.

Alius per abstinentiæ iter graditur ; magna castigatione carnis maceratur : et tamen alios in abstinentia districtiores honorando æstimat se ut voracem damnat.

De charitatem habente.

Alius per latitudinem charitatis incedens, non solum amicos in Deo, sed etiam inimicos propter Deum diligit ; contumelia accepta non solum poscenti veniam, injuriam laxat, sed etiam ipse reconciliari festinat.

Hæc et talia sunt civium Jerusalem itinera,

---

(294) *Nota efficaciam orationis Christi Servatoris in cruce.* Luc. XXIII, 34. Vide hæc verba apud D. Gregor. Exposi. moral., lib. XIII in cap. 17 Job, c. 11, vel secundum recentiorem editionem.

quibus ab exsilio properant ad æterna tabernacula.

De civibus Babyloniæ et de reprobis.

Verte te ad cives Babyloniæ, et vide quales sint, per quas tendunt, plateæ.

De luxurioso.

Aliquis a primæva ætate a luxuria inchoat; et in hac insatiabiliter usque ad decrepitum perdurat, nunquam quid jam fecerit, sed quid adhuc facere possit, pertractat.

De guloso.

Alius voracitati et ebrietati a pueritia se subjicit, et usque ad ultimam senectutem his insistit.

De rapacibus et crudelibus.

Alius toto nisu rapere festinat; alius furtis invigilat; alius crudelitate pascitur; alius lucris non satiatur. Hic invidia tabescit; hic vero immunditia sordescit. Hic superbia erectus, cunctos despicit; hic odio plenus, cunctos mendaciis, et detractionibus afficit. Tales et tales sunt plateæ reproborum, quibus irrevocabiliter festinant ad profunda inferorum.

De diverso modo pugnandi civium Hierusalem, contra cives Babyloniæ, et econtra.

Aspice nunc etiam acies diverso modo ad pugnam instructas.

Reprobi justorum verba et opera abominantur, et consortia eorum detestantur, et refugiunt omne eorum consilium. Sæpe eos callide circumveniunt; sæpius bona eorum fraudulenter aut etiam violenter diripiunt; sæpissime eos verberibus, vel etiam cruciatibus affligunt, aut in membrorum truncatione, vel variis suppliciis interimunt.

Econtra justi reproborum mores, ut grave pondus, sufferunt; de miserabili illorum conversatione gemunt; contagia eorum, quantum possunt, devitant; citius ab illorum contubernio liberari optant; pro eorum salute Deo supplicant; necessaria quæ possunt, eis subministrant.

De bona concordia civium Jerusalem, et mala concordia civium Babyloniæ.

Adhuc aliud considera.

Electi omnes in bono concordant, et bonum quod non prævalent facere, in aliis amant.

Reprobi vero, in malo omnes concordes sunt; in bono semper discordes existunt, et si alicui illorum ab aliquo justorum, forte increpationis vel admonitionis offertur verbum, omnes resistunt; omnes pariter contradicunt; ipsi etiam qui non faciunt, quia bona quæ facere nolunt, in aliis odio habent, moleste ferunt. Ideo cum omnes, etiam quem non noverunt, dignum odio dicunt, mendaciis detrahunt, injuriis lacessunt.

Contemplare diligenter, et videbis in isto toto certamine, semper Cain paratum in acie contra Abel stare; et Ismael armatum adversus Isaac; Esau pugnare contra Jacob; Saul resistere David; Judam in Dominum, et Simonem Magum irruere in Petrum.

Vide etiam in hoc agone: qualiter sæpe reprobi cum electis currere proponunt, et aliquando diu currunt, et in itinere fatigati, deficiunt, et turpiter ut canes ad vomitum redeunt (*Prov.* xvi, 11; *II Petr.* ii, 22).

De civibus Babyloniæ in particulari, et primo de his qui sunt principes et judices super alios.

Veni huc ad supercilium montis, unde cuncta ædificia conspicere possis damnatæ civitatis.

Intuere principes et judices. Ecce posita est in eis bestiæ sedes. Omni tempore sunt ad malum intenti, semper in negotiis iniquitatis inexplebiliter occupati flagitia non solum faciunt, sed et alios facere instruunt, sancta vendunt, scelera emunt, totis viribus laborant, ne soli ad tartara veniant.

De clericis et sacerdotibus Babyloniæ.

Verte te ad clerum, et videbis in eis bestiæ tentorium. Dei servitium negligunt; terrenis lucris inserviunt; sacerdotium per immunditiam polluunt; populum per simulationem seducunt; Deum per mala opera abnegant; omnes Scripturas ad salutem pertinentes abdicant; omnibus modis se laqueum et ruinam populo offerunt; quem cæcum ipsi cæci ad interitum præeunt.

De monachis Babyloniæ.

Contemplare etiam monachorum conciliabula, et videbis in eis bestiæ tabernacula.

Per fictam professionem Deum irridentes iram ejus provocant; normam ejus regularem moribus et vita calcant; per habitum sæculum fallunt, multos ipsi decepti decipiunt; sæcularibus negotiis implicati sunt, id est in servitio Dei desides existunt; plerique illorum gulæ et illecebris dediti sunt; quidam immunditiæ sordibus computrescunt.

De monialibus Babyloniæ.

Prospice etiam habitacula monialium, et cernes in eis bestiæ præparatum thalamum. Hæ a tenera ætate impudicitiam discunt; complices sibi quamplurimas ad cumulum suæ damnationis asciscunt; velo se operire festinant, quo magis frena luxuriæ laxare queant omnibus fornicariis; stercore immunditiæ implentur; hæ mentes juvenum illaqueant et gaudent, si plures decipiant; et hæc vult habere palmam victoriæ, quæ aliis prævalet in scelere.

De communi plebe civitatis Babyloniæ.

Verte te ad reliquam plebem, et invenies bestiæ effigiem.

Sacerdotes despiciunt; de Deo quidquam audire contemnunt; totum tempus vitæ in vanitate et jactantia ducunt, et ad omne opus suum reprobi sunt. Vulgus quoque indoctum bestiæ habet idolum; Deum verum non noscunt; Deo ventri tota intentione deserviunt; per varia carnis desideria diffluunt, et per omnia vitam bestialem ducunt.

De mulieribus Babyloniæ.

Veni huc ad hujus vallis proclivia, et videbis

monstruosa mulieris conventicula. In his bestia omnes suas pompas et monstra posuit; et has sua arma ferre constituit. Vides qualiter juvenes per luxuriam illaqueantur. Illa multos veneno enecat; hæc viri vitam pro auro perdit; hæc partus suos occidit; hæc lites provocat; altera bella instigat. Ista maleficiis mentes hominum alienat; hanc vero nullus pecunia aut luxuria satiat; videndo multos decipit, illa flendo plerosque seducit: hæc sunt hujus civitatis propugnacula; et hæc sunt bestiæ jacula.

Disc. O Deus, quanta prodigiosa conspicio.

Mag. Mœnia civitatis Babyloniæ vidisti, destructionem quoque ejuslibet intueri. Nunc cives Babylonii, cum sint plures numero, civibus Hierusalem semper inferunt bellum, qui apud eos in exsilio positi sunt. Postmodum vero, rex cœlestis Hierusalem Deus, cum exercitu angelorum veniens, hanc perditam civitatem funditus subvertet, et electos suos inde liberans, in cœleste palatium secum adducet, quibus tale nunc spectaculum præbet. Hanc quam vides Babyloniam, id est, hujus mundi gloriam, cum suo principe diabolo, et omnibus hujus civitatis civibus, scilicet hujus mundi amatoribus, repente in stagno ignis et sulphuris merget; et tunc omnia in meliorem statum permutabit.

Disc. Magnum spectaculum præbuisti omnibus hæc legentibus; ideo illi spectaculo te interesse concedat Deus. Et qua de causa erunt justi in gloria?

Mag. Quia si sine fine viverent, semper justi esse vellent. Justitia igitur exigit ut semper beati sint, qui semper justitiam amplexati sunt.

Disc. Quæ autem est causa, quod injusti semper erunt in pœna?

Mag. Quia sine fine vellent vivere, ut sine fine male facere possent. Igitur justitia poscit, ut numquam supplicio careant, qui nunquam justitiam volebant.

Disc. Cur non possunt justi post resurrectionem peccare.

Mag. Quia sic liberum arbitrium eorum confirmatum est, quod nihil mali volunt; cum æquales angelis erunt, et ideo in perpetuum beati erunt.

Disc. Cur injusti ad bonum converti non poterunt?

Mag. Quia bonum semper odio habent et ideo miseri in perpetuum erunt.

Conclusio sive recapitulatio hujus libri.

Ut igitur nostræ disputationis sententiam brevi epilogo concludam.

Propositum Dei est: Numerum electorum ex angelis et hominibus perfici.

Prædestinatio: Justos in beatitudine semper gloriari, injustos semper in miseria cruciari.

Præscientia vel providentia: Futurarum rerum semper præsens Dei inspectio.

Necessitas: Hominem post peccata mori.

Justitia: Rectum velle.

Arbitrium: Rectæ justitiæ volendi judicium.

Libertas: Servandi justitiam potestas, vel arbitrium nolendi volendi judicium.

Gratia: Boni inspiratio vel mali liberatio.

Meritum: Perseverantia justitiæ.

Præmium summum: Beatitudo.

Supplicium: æterna miseria.

Et quia quosdam infantes utpote baptizatos, sola sua justitia non damnari est inevitabile; et quosdam provectæ ætatis, justitiæ Dei per liberum arbitrium spretores justitia dictante, debitam pœnam evadere, est inevitabile, propter hoc, nomen huic libello imponitur.

Inevitabile.

Hæc de prædestinatione, præscientia et libero arbitrio offero filiis Ecclesiæ, quia ea despicient filii Babyloniæ. Sed quicunque hoc contempserit vel impugnaverit, se de numero prædestinatorum non esse demonstrabit. Qui vero quæstionem post hæc de libero arbitrio moverit, cæcus clara die in mortem offendit.

Disc. Benedictus Deus qui hoc inspiravit fratribus ut vellent me ad te dirigere; quatenus hæc mira mererer a tuo mellifluo ore percipere. Et revera noveris, quod greges reproborum pro hoc venerando opere, magno te odio abominabuntur; et maxime ob hoc quod eosdem per liberum arbitrium, filios vitiorum, imo dæmonum probaveris, detestabuntur. Magnas autem grates tibi persolvet gloriosus cœtus ad vitam prædestinatorum, quod tam mirabile opus prompsisti in laudem ipsorum. Et, sicut te audivi dicere, hoc quod est a Deo prædestinatum, ut quidquid electi juste petierint, eis tribuatur; magnis precibus Dei clementiam exorant ut te ultima dies in consortio illorum inveniat. Amen.

APPROBATIO.

Hic Dialogus olim de prædestinatione et libero arbitrio per R. D. Honorium Augustodunensem, et nunc in confusionem Georgii Cassandri, per R. Patrem priorem monasterii S. Mariæ de Tongerlo S. T. L. erutus, et lectus a pluribus, inventus est sincerus et liber ab omni errore; ut tuto eum pius lector legere possit, neglecto et vulcano commisso, quem Georgius Cassander impie sub nomine hujus Honorii Augustodunensis imprimi curavit. Quod censeo.

Decembris, anno 1620.

Egbertus Spitholdius *S. T. L. canon. et pleb. Antuerpiensis librorum censor.*

DE LIBERO ARBITRIO

LIBELLUS.

(Ex cod. ms, inclytæ carthusiæ Gemnicensis in Austria exscriptus a ven. D. P. Leopoldo Wydemann, ejusdem carthusiæ bibliothecario; editus a R. P. Bern. Pezio, *Thes. Anecdot.* t. II, p. I, col. 235)

PROLOGUS.

Godeschalco, fide et opere sudanti in sancto proposito, verbo et exemplo gregi Christi præposito, Honorius, cum apparuerit princeps pastorum, videre in Sion Deum deorum. Quæstionem nuper inter nos ortam de libero arbitrio, optimum duxi rudibus enodare styli officio : quam æstimans fratribus non esse ingratam, vestro judicio misi examinandam.

Cap. I. *Occasio hujus opusculi fuit vetus error eorum, qui omnia homini necessitate quadam evenire asseruerunt.*

Qui aliquam quæstionem solvere laborat, inprimis oportet ut radicem, unde surgit agnoscat, quo facilius implicitum quasi de frondosæ arboris ramis expediat. Radix ergo hujus quæstionis est error talis. Fuerunt olim homines quidam vaniloqui, totius veri ignari, qui mala sua auctori totius bonitatis imputantes, se vero excusantes, dixerunt : quidquid in mundo contingeret vel quis quid faceret, aliter fieri non posset, quia ita a Deo dispositum esset : videlicet imitantes Adam, qui increpatus a Deo, cur vetitum comedisset, culpam suam retorsit in Deum dicens · *Mulier, quam dedisti mihi, dedit mihi, et comedi* (Gen. III); quasi diceret : Non ego peccavi, sed tu, qui hanc mihi sociam dedisti, cujus instinctu interdictum vitare non potui. Quem errorem quidam decepti homines magis scriptis roborantes constellationes introduxerunt, asserentes, omnia immutabili fato et inevitabili necessitate subjacere, sub bona stella natos, bonos necessario futuros, verbi gratia : Si quis sub stella Martis nasceretur, homicida esset futurus : et si quis sub stella Veneris, adulter esset futurus : et si quis sub stella Jovis, hic blandus, et bonus ex necessitate esset futurus ; et in hunc modum omnia facta sua fato, et omnia hominum merita necessitati adscribentes : auctorem Deum blasphemabant.

Cap. II. *Confutatur relatus error, probaturque, rationalem creaturam naturaliter liberum arbitrium habere.*

Hoc errore usquequaque per genus humanum ramos suos expandente, quidam viri sagacis ingenii, et ob amorem sapientiæ philosophi dicti, naturas rerum diligentius perscrutantes deprehenderunt, per hunc errorem incassum preces fundi, nullum locum justitiæ judicibus relinqui, præmia justis pro benefactis tolli, supplicia injustis pro malefactis injuste impingi. Et revera summa esset injustitia justos remunerari, injustos puniri : cum hoc ex necessitate facerent, fato dictante, quod nullo modo devitare possent; et inaniter quisque oraret, cum nil se orando, fato obstante, obtinere speraret. Hoc philosophi considerantes validis argumentis probaverunt rationalem creaturam naturaliter habere liberum arbitrium, id est volendi nolendique animi judicium. Arbiter namque dicitur judex, et inde arbitrium dicitur judicium ; cum quis judicat in animo quid sibi sit faciendum, quidve devitandum. Et hoc arbitrium est liberum, id est non necessarium, vel coactivum : quia unusquisque neque stella, neque fato coactus, sed propria, et libera voluntate facit, quod vult. Hoc recepto deliramenta mathematicorum erunt irrita, scripta philosophorum rata, scilicet Deum precibus placari, bonis præmia juste donari, malis supplicia juste irrogari.

Cap. III. *Exponitur, in quo libertas arbitrii consistat ?*

Porro ecclesiastici viri, Spiritu illustrati, libertatem et potestatem arbitrii genus esse perpendentes, in varias species dividentes, invenerunt aliam potestatem ambulandi vel standi, aliam comedendi vel bibendi, et in hunc modum alias, quarum nulla ad salutem animæ pertinet ; intellexeruntque libertatem arbitrii in sola animæ salute consistere, quam etiam sic definierunt : *Libertas arbitrii est potestas servandi justitiam propter ipsam justitiam.* Augustino namque definiente, hic non est liber, qui vel timore supplicii malum devitat, vel spe præmii bonum facit. Servit enim timore coactus vel spe illectus ; et cum timor et spes ei dominentur, non liber esse jure convincitur. Hic solummodo liber judicatur qui sola delectatione justitiæ bonum operatur. Ad justitiam ergo servandam tantum datum comprobatur liberum arbitrium et ideo soli justi sunt liberi, et hi nominantur filii, et his promittitur hæreditas Domini. Injusti autem dicuntur servi, quia *omnis qui facit peccatum, servus est peccati* (Joan. VIII), et hi sunt filii iræ et perditionis. Habent quippe et ipsi liberum arbitrium, sed libertate abutuntur ad servitutem ; sicut quis gladio, quo se defendat, abutitur ad sui perniciem.

Cap. IV. *Quænam sit in Deo, angelis, hominibus justis, impiis, dæmonibusve libertas arbitrii ?*

Quia vero Deus et angeli non possunt facere peccatum, sunt quidam qui putant, eos non habere liberum arbitrium : quod si non habent, liberi non sunt. Si autem liberi non sunt, ergo bestiis similes sunt ; quod de Deo vel angelis dici absurdissimum est. Porro Deus solus per se est, summe liber, habens per se liberrimum ad omne quod vult, faciendi arbitrium : Quia *omnia quæcunque voluit, fecit* (*Psal.* cxiii) ; et quod noluit, non fecit. Ipse namque est summa libertas, cui subest posse omne quod voluerit : a quo habet libertatem omne, quod ratione et intellectu viget. Angeli quoque liberrimum habent arbitrium, per quod malum nolunt, et justitiam solam volunt : pro qua sola servanda liberum arbitrium acceperunt. Homines etiam justi liberum arbitrium habent, sed absque gratia infirmum : veluti si fortis vir diu ægrotans diceretur quidem habere fortitudinem, sed valde debilem ; quia non possit ea uti, nisi baculo sustentatus. Post prævaricationem namque primi hominis sic fragilitate humanæ conditionis debilitatum est in homine liberum arbitrium, ut sine adjutrice gratia inefficax sit ad omne bonum. Gratia enim eum prævenit, ut bonum velit : subsequitur eum, ut bonum possit. Ipse autem homo per liberum arbitrium oblatam gratiam volendo recipit et hac se, ut baculo, sustentando bonum peragit. Suum ergo meritum est gratiæ baculum recipere, et acceptum non rejicere. Mali quoque homines, et dæmones liberum arbitrium habent, quod aut accipere oblatum nolunt, aut acceptum rejiciunt : et ideo sicut infirmus sine baculo suo, vel sicut habens visum in tenebrosa domo positus sine lumine.

Cap. V. *Quomodo liberum arbitrium a bono ad malum deficiat, vel quomodo libertas servitus fiat.*

Quomodo autem liberum arbitrium a bono ad malum deficiat, vel quomodo libertas servitus fiat, breviter est dicendum. Deus condidit hominem ad beatitudinem, et dedit ei voluntatem, ut vellet esse beatus : dedit quoque ei justitiam, qua servata semper esset beatus ; dedit ei etiam voluntatem, ut vellet esse justus, quo merito semper esset beatus. Ad servandam autem voluntatem justitiæ dedit ei liberum arbitrium, quo non coacte, sed libere eam servaret, et in remuneratione nunquam beatitudinem amitteret. Est autem justitia summum bonum, id est Deum diligere, et ei obediendo adhærere : injustitia autem est infimum bonum, id est hunc mundum diligere, et transitoriis concupiscendo inhærere : et hoc est peccare, et hoc est a libertate deficere.

Cap. VI. *Quid sit voluntas beatitudinis, quid voluntas justitiæ, quarum hanc homo peccando amisit, illam retinuit.*

Homo itaque habet duas voluntates, unam beatitudinis, alteram justitiæ : voluntas beatitudinis dicitur natura, et voluntas justitiæ dicitur gratia. Illa datum, ista dicitur donum ; homini quippe datur esse : donatur vero bene esse. Ex his duabus voluntatibus procedunt omnia hominum merita. Per voluntatem enim naturæ libidines et concupiscentias carnis sequimur : per voluntatem gratiæ vigilias, jejunia et alia justitiæ opera perficimus.

Sed homo per libertatem arbitrii voluntatem justitiæ deseruit, moxque beatitudinem amisit : sed voluntatem beatitudinis retinuit. Nam omnis homo naturaliter vult beatus esse, sicut naturaliter vult vivere. Nemo autem vult esse justus nisi gratia Dei præventus ; nec potest esse justus, nisi gratia Dei adjutus. Et quia sine justitia vult esse beatus, et nemo nisi per justitiam potest veram beatitudinem obtinere, falsam beatitudinem in caducis et transitoriis semper anxius quærit ? et nusquam inveniens nunquam requiescit. Qui autem amissam justitiam, per gratuitam gratiam, redditam libera voluntate usque in finem servabunt, hi in vera beatitudine sine fine requiescunt.

Aliud opusculum ab hoc diversum edidit Honorius de libero arbitrio, quod Inevitabile, inscripsit : quia in Bibliotheca veterum Patrum tomo XV, Colon. edit. reperitur typo excusum, nunc ab ejus descriptione abstineo. Sententias autem Patrum de libero arbitrio et gratia (quas inter opuscula Honorii repertas ad verbum subnecto) videntur ipse Honorius pro elucidatione sui opusculi collegisse.

Leopold Widem.

Isidorus. — Arbitrium est voluntas liberæ potestatis, quæ per se sponte vel bona vel mala appetere potest. Gratia autem divinæ misericordiæ gratuitum est donum, per quam et bonæ voluntatis initium et operis promereremur effectum : Divina quippe gratia prævenitur, homo, ut bonus sit. Nec humanum arbitrium Dei gratiam antecedit, sed ipsa gratia Dei nolentem hominem prævenit, ut etiam bene velit. Nam pondere homo sic agitur, ut sit ad peccandum facilis, ad pœnitendum tardus. Habet de se ut corruat, et non habet, unde surgat ; nisi gratia conditoris, ut erigatur, manum jacenti extendat. Denique homini per Dei gratiam liberum restauratur arbitrium, quod primus homo perdiderat. Nam ille habuit inchoandi bonum liberum arbitrium, quod tamen Dei adjutorio perficeretur. Nos vero et inchoationem liberi arbitrii et perfectionem de Dei gratia sumimus : quia incipere et perficere bonum de ipso habemus, a quo et gratiæ donum datum, et liberum arbitrium in nobis est restauratum. Dei est ergo bonum, quod agimus, propter gratiam prævenientem et subsequentem : nostrum vero est propter obsequentem liberi arbitrii voluntatem. Nam si Dei non est cur illi gratias agimus ? et si nostrum non est, cur retributionem bonorum operum exspectamus ? proinde ergo in eo, quod gratia prævenimur, Dei est : in eo vero quod ad bene operandum prævenientem gratiam sequamur, nostrum est. Nemo autem Domini gratiam meritis antecedit, ut tenere eum quasi debitorem possit ; sed miro modo æquus omnibus conditor alios prædestinando elegit, alios vero in suis pravis moribus jus o judicio dereliquit. Unde verissimum est, gratiæ munus non ex humana virtute vel ex merito arbitrii consequi, sed solius divinæ pietatis bonitate largiri. Quidam enim gratuitæ misericordiæ ejus præveniente dono salvantur effecti vasa misericordiæ: quidam vero reprobati ad pœnam prædestinati damnantur effecti vasa iræ. Quod exemplo de Esau et de Jacob necdum natis intelligitur: qui dum essent una conceptione vel partu geniti, pariterque nexu peccati originalis astricti, alterum tamen eorum ad se misericordiæ divinæ bonitas præveniens gratuita gratia traxit; alterum quadam severitate justitiæ odio habitum, in massa perditionis relictum damnavit: sicut per prophetam idem Dominus loquitur dicens: *Jacob dilexi, Esau autem odio habui* (*Malac.* 1). Unde consequens est nullis prævenientibus meritis conferri gratiam, sed sola vocatione divina, neque quemquam salvari sive damnari, eligi vel reprobari, nisi ex proposito prædestinantis Dei: qui justus est in reprobatis, misericors in electis, sicut per Psalmistam dicitur: *Universæ viæ Domini, misericordia veritas* (*Psal.* XXIV). Omne autem donum gratiæ non omnibus ad integrum datur, sed singulis dona singula dividuntur; scilicet ut quasi corporis membra singula officia habeant, et alter alterius indigeat: non quod habet alter, vel inde omnium fiant communia, dum fuerint sibimet membra necessaria.

IDEM. — Sciant liberi arbitrii defensores, nihil posse in bonum sua prævalere virtute, nisi divinæ gratiæ sustenetur juvamine. Unde et per prophetam Dominus dicit: *Perditio tua ex te, Israel; tantum in me auxilium tuum* (*Osee.* XIII); quasi diceret: Ut pereas, tuo merito? ut salveris, meo auxilio. Quid enim ex se ille latro meruit, qui de faucibus inferni crucem ascendit, de cruce paradisum adiit? Reus quidem ille ex fraterno sanguine venit cruentus, sed divina gratia mutatus.

Liberum arbitrium est animæ rationalis voluntas sine prohibitione cujusquam mota ad quodcunque voluerit, sive ad bonum sive ad malum, sic ab auctore concessum. Rursus: Liberum arbitrium est intellectualis animæ motus sui juris; præelectio vero est consultum desiderium eorum, quæ in nobis sunt, aut consilium desiderabile: quod enim præiudicatum est, ex consilio tenemus eligentes. Consilium vero est intentio perquirens de his, quæ nobis sunt facienda cum cautela.

ISIDORUS. — Gemina est prædestinatio sive electorum ad requiem, sive reproborum ad mortem: utraque divino agitur judicio, ut semper electos superna, et interiora sequi faciat; semperque reprobos, ut infima et exteriora sectentur, deserendo permittat. Quamvis justorum conversatio in hac vita probabilis sit, incertum tamen hominibus esse ad quem sunt finem prædestinati, sed omnia reservari futuro examini, mira dispositio est supernæ distributionis, per quam hic justus amplius justificatur, impius amplius sordidatur: malus aliquando ad bonum convertitur, bonus aliquando ab illo reflectitur. Vult quis esse bonus, et non valet; vult alter esse malus, et non permittitur interire; datur ei, qui vult esse bonus, alius nec vult, nec ei datur,

A ut sit bonus. Iste nascitur in errore, et moritur; ille in bono, quo cœpit, usque in finem perdurat. Tandiu iste stat, quousque cadat; ille diu male vivendo in fine salvatur despectusque convertitur. Vult prodesse in bono justus, nec prævalet; vult nocere malus, et non valet. Iste vult Deo vacare, et sæculo impeditur; ille negotiis implicari cupit, nec proficit, dominatur malus homo, bonus damnatur pro impio, impius honoratur pro justo. Et in hac tanta obscuritate non valet homo perscrutari dispositionem Dei et occultum prædestinationis perpendere ordinem.

PETRUS. — Liberi arbitrii potestas est sensus animæ habens virtutem, qua possit, ad quos velit actus inclinari.

FULGENTIUS. — Prædestinatio Dei non est alia, nisi futurorum operum ejus æterna præparatio. Sicut enim præscientia neminem compellit ad peccatum (cum utique singulorum præscierit ante sæcula æterna peccata) ita quoque et prædestinatio ejus neminem compellit ad pœnam: licet et antequam nascatur aliquis, prædestinatus sit permansurus in justitia ad coronam, vel in iniquitate ad pœnam.

AMBROSIUS. — Nullus ideo ad pœnam vadit, quia hoc in prædestinatione Dei ante fuerit. Ex eo autem quod præscitus est in peccatis permansurus, etiam ex eo deputatus est ad pœnam.

ISIDORUS. — Deus prædestinavit quosdam ad gloriam; quosdam ad pœnam; sed quos prædestinavit ad gloriam, prædestinavit ad justitiam: quos autem prædestinavit ad pœnam, non prædestinavit ad culpam. In sanctis ergo coronat Deus justitiam, quam eis gratis ipse tribuit, gratis servavit, et gratis perfecit: iniquos autem condemnabit pro iniquitate vel injustitia, quam ipse non fecit. In illis enim opera sua glorificat, in istis autem opera eorum condemnat.

AUGUSTINUS. — Prædestinationis nomine non aliqua voluntatis humanæ coactiva necessitas exprimitur, sed misericors et justa divini operis sempiterna dispositio prædicatur. Dei namque prædestinatione aut peccatorum præparata est pia remissio; aut peccatorum justa punitio. Deus prædestinavit bonos ad regnum, malos autem ad ignem æternum. Bonis etenim dicturus est: *Venite, benedicti* (*Matth.* XXV), etc., etc. Malis autem dicturus est: *Ite maledicti* (*ibid.*), etc., etc. Dominus iniquos et impios prædestinavit ad supplicium justum, non ad aliquod opus injustum; ad pœnam, non ad culpam.

Idem. — Liberum arbitrium est vias mandatorum Dei libero eligere vel relinquere arbitrio; quas sumpsimus fulti adjutorio, continua devotione sequimur, in fine subjectam in nobis obedientiam coronabit. Liberum vero quod ab eo habemus arbitrium prono ad nequitiam lapsu fluit; et cum ad virtutis indolem Dei auxilio deserente nihil possit, ad genus omne peccati deficit, nec fultum virtute subsistit.

Idem. — Primus homo liberum habuit arbitrium, et poterat per naturam vires diligere et vitare vitia;

neque enim habebat in se bellum vitiorum. Sed postquam volens peccavit, amisit liberum arbitrium in bono, ita ut jam nihil boni per se velle, nedum facere sine Dei gratia possit; et ut non solum volens, sed etiam nolens peccet : unde malum quidem a nobismetipsis habemus bonum autem tantummodo a Deo.

HIERONYMUS. — Homo per Dei gratiam ad agendum, quidquid voluerit, liberum habet arbitrium. Si enim aliquis invitus bonum faceret, nullum inde præmium acquirere posset : et si ullus a Deo coactus malum ageret, nullum pro hoc supplicium pateretur. Deus autem aliquando hominem nolentem ad bene agendum misericorditer cogit, ita tamen, ut illius bona voluntas postea sequatur.

AUGUSTINUS. — Non est liber, qui timore supplicii devitat malum, et spe præmii facit bonum ; servit enim timore coactus, et spe præmii illectus; timor autem et spes dominantur ei. Hic est liber, qui nec timore supplicii, nec spe præmii, sed sola delectatione justitiæ justus est. Ad hoc habet liberum arbitrium.

GREGORIUS. — Mala solummodo libero fiunt arbitrio; quia postquam primus homo peccavit sponte, ad bonum quidem liberum amisit arbitrium, ad malum tamen retinuit. Nisi ergo divina præveniat inspiratio, nullus valet agere aliquid boni.

JOANN. CHRYSOSTOMUS. — Naturæ rationali Deus liberum arbitrium concessit, imo eam talem fecit, quæ haberet liberum arbitrium. Ergo et naturæ non tollit, quod dedit, et ipse præterea errare penitus nescit. Natura igitur rationalis ab ipso suæ creationis exordio liberum habet arbitrium; sed quia per semetipsam sponte bonum deseruit, non jam habet illud in bono, habet tamen illud in malo. Non jam sufficiens, sed prorsus deficiens, nisi præveniente, adjuvante et subsequente gratia Dei.

ANSELMUS. — Libertas arbitrii est potestas servandi rectitudinem voluntatis propter ipsam rectitudinem.

SCALA CŒLI MAJOR

SEU

DE ORDINE COGNOSCENDI DEUM IN CREATURIS

DIALOGUS.

Ex codice ms. inclytæ carthusiæ Gemnicensis in Austria eruit venerabilis D. P. Leopoldus Wydemann, ibidem bibliothecarius; edidit R. P. PEZIUS *Thes. Anecdot.* t. II, p. I, col. 155.)

PROLOGUS.

Frequenti meditationum animo revolvo quam plurimos summo conamine ad ardua nitentes, sed quasi quadam repulsa a cœpto cursu deficientes. Causam diligentius perscrutatus latitantem, nil quidem investigare potui quam inscitiam, caligine mentem eorum obscurantem. Quam pestiferæ verecundiæ latebras quæritantem fortius stringens ad lucem produxi, ac spiculis rationum prefossam ad nihilum deduxi. Sunt namque plures qui ad spiritualia scandere nituntur, sed ordinem graduum ignorantes, per abrupta se præcipitant; et dum non-gradatim scandendo, sed per præceps inconsulte ruendo, nec hujus nec illius retinaculum rectitudinis, quo gressum firment, inveniunt, pondere penduli, visu pressi cassum iter linquunt; atque in profundæ fabulæ opiniones et tenebras ignorantiæ errabundi resiliunt. Quorum animi inopia pie permotus, navem eis de exsilio ad patriam opimis opibus instruxi, et scalam congruis gradibus ordinabiliter disparatam de cœno ad cœlum erexi: quam si rite scandere contendunt, regem gloriæ in decore suo videbunt. Unde si videtur, libellus Scala cœli vocetur.

CAPUT PRIMUM.

DISCIPULUS. Quid inter sedulæ disputationis documenta te crebro navem vitæ vel *Scalam cœli* introducere audio quid sibi illa vocabula velint, edicito.

MAGISTER. A patria paradisi quasi in colliminio cujusdam maris separamur, et in hoc mundo quasi in quadam insula peregrinamur. Mare est hoc sæculum multis amaritudinibus turbidum; navis est Christiana religio, velum fides, arbor crux, funes opera, gubernaculum discretio, ventus Spiritus sanctus, portus æterna requies ; hujuscemodi nave pelagus sæculi hujus transitur; et ad patriam æternæ vitæ reditur.

CAPUT II.

Disc. Et quid *Scala cœli* ? MAG. In valle lacrymarum, imo in lacu miseriæ sumus constituti; de qua ad altum supernæ patriæ montem per quamdam scalam sumus ascensuri. Hæc scala est charitas, quam copulat sanctarum Scripturarum auctoritas :

hujus gradus sunt scientia et sapientia. Scientia, quæ nos præsentis vitæ instruit actionem ; sapientia, quæ docet æternæ vitæ contemplationem. Scientia, quæ nos Scripturis instruit mysterium Christi humanitatis; sapientia, quæ docet majestatem ejus divinitatis. Hæc scala per geminam dilectionem Dei et proximi hinc inde erigitur, ad quas series totius Scripturæ, Veteris et Novi Testamenti, refertur; quæ per Sapientiam scribitur per scientiam exponitur. Et quia hæc scala usque ad tertium cœlum pertinet, ad quod rite scandentes perducet, tribus ordinibus graduum, corporalium, spiritualium, intellectualium, connexa surgit.

CAPUT III.

Disc. Quid tertium cœlum dixeris, ignoro. Mag. Tres visiones sunt, corporalis, spiritualis, intellectualis. Corporalis est, qua cœlum hoc et terra, et omnia corporalia per corpus videntur : et hæc primum cœlum vocatur. Spiritualis est, qua similitudo corporalium in Spiritu nostro formatur : et hæc secundum cœlum nominatur. Intellectualis est, qua nec corporalia nec similitudo corporalium, sed ipsa essentia divinæ veritatis, vel angelorum vel animarum natura, sicuti est, contemplatur, et hæc tertium cœlum appellatur.

CAPUT IV.

Disc. Ordinem graduum magnopere dignoscere desidero, quis est ordo corporalis visionis? Mag. Imprimis elementa, scilicet terram, aquam, aerem, ignem, ex quibus omnia constant, ad laudem Dei cernimus : quibus totidem subjicimus, dum ea, quæ tantum sunt, ut lapides ; et ea, quæ quodam modo vivunt ut herbæ et arbores ; et ea quæ vivunt et sentiunt ut animantia ; et ea quæ vivunt, sentiunt et intelligunt ut homines, ad laudem Conditoris videmus. His vero totidem subnectimus, dum quatuor genera in mundo viventium, gradientium, serpentium, reptantium, volantium, natantium ad laudem Dei conspicimus. Quibus totidem supponimus, dum cuncta pulchra a deformibus visu, cuncta sonantia a dissonis auditu, cuncta olentia a putentibus odoratu, cuncta dulcia ab amaris gustu, cuncta lenia ab asperis tactu discernimus. Deinde multiplices gradus inteximus, dum in terra diversa genera lapidum, marmorum, gemmarum; diversa genera arborum, foliorum, pomorum ; diversa genera herbarum, foliorum, olerum ; diversa genera radicum, fructuum, seminum, diversa genera bestiarum, reptilium, serpentium ; multigenas facies et ritus hominum, multimodos colores et cultus vestium ; alta mœnia urbium, ædificia domorum, picturas, sculpturas, varias texturas; diversa artificia, ludorum vel artium exercitia ; ordines ministrantium, dignitates dominantium mirando distinguimus, Deinde gradus ex aqua ordinamus, dum genera varia volucrum, varia piscium, glaciem et varias tempestates, et quasdam aquas dulces, quasdam amaras laudando Deum consideramus. Post hoc aerem scandentes, *Stupentes*, gradus imprimimus, dum nubes, ventos, fulgura, tonitrua, pluvias, nives, grandines, pruinas, rores mirando conspicimus. Hinc per gradus ætherei ignis nitimur, dum nunc crescentis, nunc decrescentis lunæ globum, luciferi comas, solis flammas, aliarum errantium stellarum jubar ad laudem Conditoris intuemur. Postremo per gradus hujus corporei cœli levamur, dum firmamentum in medio aquarum locatum, et sidera in eo clare fulgentia, venerantes Deum, contemplamur. Hi sunt gradus pulchræ ascensionis dispositi de ordine corporalis visionis. Hac visione universa pene animantia nobiscum fruuntur et quædam, ut ibices et aquilæ, plus nobis potiuntur.

CAPUT V.

Disc. Quis est ordo spiritualis visionis? Mag. Animam plures vires habere non ignoras : ex quibus ea, quæ corpus vivificat, et per corpus corporalia sentit, proprie anima cognominatur, ea vero, in qua imagines corporalium formantur, Spiritus appellatur; ea autem quæ interna et externa intelligit, mens vocatur. Spiritualis ergo visio est, cum non corporalia, sed corporalibus similia in Spiritu videntur, quæ duodecim gradibus huic scalæ innectitur. Primus gradus est, cum alicujus corporis similitudo per corporis sensus percepta, in Spiritu nostro formatur, ac in memoria reconditur, ut puellarum. Secundus, cum absentia corpora jam nota, cogitamus, et eorum imagines in Spiritu nostro formamus, ut urbium. Tertius, cum eorum corporum, quæ non novimus, sed esse non dubitamus, similitudines, non ita ut sunt, Spiritu intuemur, ut unicornium vel griphium. Quartus, cum ea, quæ non sunt, vel esse nesciuntur, pro arbitrio imaginamur ut chimeram bestiam. Quintus, cum somnolentibus nobis varia forma rerum versatur in animo, ut in oratione, pugnantium vel ædificantium. Sextus, cum aliqua facturi disponimus, cuncta prius in Spiritu cogitando formamus, ut fabricam domus. Septimus, cum loquimur, vel aliquid facimus, eadem similibus motibus intus in Spiritu prævenimus. Octavus, cum a dormientibus somnia in Spiritu formantur, tamen nihil vel aliquid significantia ; ut Pharaoni septem spicæ septem annos præsignantes. Nonus, cum invaliludine corporali perturbatis sensibus variæ phantasiæ imaginantur, ut phreneticis fieri solet. Decimus, cum ingravescente dolore corporis Spiritus absentatur, et imagines rerum corporalium demiratur, gaudia vel supplicia præ se ferentes, ut non ex toto defunctis plerumque contingit. Undecimus, cum alicujus Spiritus a sano corpore ad videndas similitudines corporalium ab aliquo Spiritu rapitur ut fit in exstasi positis. Duodecimus, cum Spiritus penitus a sensibus corporeis avertitur, et solis similitudinibus corporalium spirituali visione fruitur, ut in prophetis quondam factum est. Hæc visio spiritualis bonis et reprobis communis est, et secundum cœlum vocatur; quod doctis per discretionem reseratur, et indoctis per præsumptionem obfirmatur. In hoc cœlo Moyses similitudinem tabernaculi vidit, quod in eremo fecit: in hoc cœlo Isaias Dominum super solium excelsum, et seraphim cum sex alis Sanctus, sanctus, sanctus, clamantia conspexit; hoc cœlum apertum est Ezechieli quando rotam in rota et quatuor animalia oculis plena conspexit; de hoc cœlo vidit Petrus discum animalibus plenum submitti, et iterum in idem recipi; hoc cœlum vidit Joannes apertum, in quo omnia conspexit quæ in Apocalypsi scripsit.

CAPUT VI.

Disc. Num est aliquid in rebus exstantibus, quale Joannes, vel alii prophetæ, vel qualia subtracti quidam a corporibus viderunt et rursus vivis redditi se vidisse retulerunt? Mag. Omnia quæ formaliter subsistunt, in hoc mundo sunt; nusquam autem legitur, quod usquam terrarum bestia decem cornua habens reperiatur ut in Apocalypsi et in Daniele legitur. Nec alicubi lapis septem oculos habens, ut in Zacharia legitur; nec usquamlibet gentium mulier sole amicta vel draco septem capita habens reperitur. Quæ si tunc substantialiter fuissent nunc quoque similiter essent; sed cum nusquam neque in cœlo neque in terra hujuscemodi res sint, liquet quod nec tunc fuerint. Igitur non sunt ex rebus exstantibus; per angelos autem talia in Spiritu hominum formantur, per quæ futura aliqua præfigurantur: unde et a doctis exponuntur, a quibus etiam intelliguntur

CAPUT VII.

Disc. Cum quis talia videt, num per oculos corporis, an solo Spiritu ea cernit? Mag. Corporalia per corpus, spiritualia autem extra corpus videri omnino non possunt. Neque Spiritus sine corpore ad loca corporalia, nec corpus rapi potest ad spiritualia. Omne autem quod corpus non est, et tamen est aliquid, Spiritus est. Ergo non per corpus sed in Spiritu talia videntur; incorporea enim natura videri non potest per corpus; corporea autem si sine corpore videri potest, tunc longe alio et miro modo, quam nunc, videtur

CAPUT VIII.

Disc. Utrum videt hæc anima intra se vel extra se? Mag. Sicut omnia corporalia intra corpus videntur ita cuncta spiritualia intra Spiritum cernuntur; et sicut hic corporeus mundus cœlum et terram et universa corporalia intra se continet, ita quoque anima quemdam amplum mundum, cœlum spirituale, et terram intra se continet; in quibus cuncta spiritualia, corporibus similia videt; et ideo cum solem, lunam, et sidera cœli, urbes, regiones, insulas maris, vel similia cætera his contemplatur, non extra, sed intra se imaginando vagatur. Itaque Joannes vel alii prophetæ non extra se, sed cuncta in Spiritu suo per angelos formata, futuras res significantia viderunt: unde et *Videntes* dicti sunt; hinc est quod Joannes dicit: *Statim fui in Spiritu* (Apoc. i); et alius propheta: *Vidi in Spiritu* (Dan. viii). Similiter hi, qui corpore subtracti, et rursus vivis reddidi gaudia et supplicia, claram lucem, et horridas tenebras, vel quælibet alia viderunt vel audierunt, intra se quasi in quadam regione conspexerunt.

CAPUT IX.

Disc. Pœnæ in Spiritu visæ, utrum sint veræ pœnæ an falsæ? Similiter gaudia in Spiritu visa, utrum sint vera gaudia an falsa? Mag. Quidquid illud est, unde anima mœrore afficitur, vera pœna est. Iterum quidquid illud est, unde Spiritus lætatur, verum gaudium est. Sunt autem quidam gradus in pœnis animarum. Primus est, cum anima contristatur, quia de assuetis locis, corporibus, vel parentibus vel notis hominibus separatur. Secundus, cum de amissis rebus exterioribus, vel amicis perditis anxiatur. Tertius, cum de corporali dolore torquetur. Quartus, cum violentia de corpore pellitur. Quintus, cum quasi in somnis, horridis visis afficitur. Sextus, cum in exstasim rapta formis molestis affligitur. Septimus, cum corpori subtracta a tetris spiritibus in pœnalibus locis cruciatur. Octavus, cum corpore penitus mortuo, non corporali, sed spirituali et pœnali substantia arctatur. Nonus, cum recepto corpore, æterno igni tradita dæmonibus associatur. Hi pœnarum gradus, quanto quisque alteri est in ordine superior, tanto est in cruciatu immanior.

Similiter quidam gradus in gaudiis animarum considerantur. Primus, cum anima de societate dilectorum hominum lætatur. Secundus, cum de adeptione cupitarum rerum gratulatur. Tertius, cum de evasione damni alicujus rei vel corporalis doloris gaudet. Quartus, cum superatis adversariis tripudiat. Quintus, cum periculum mortis evadens exsultat. Sextus, cum in somnis læta visa eam exhilarant. Septimus, cum in exstasim rapta exsultat. Octavus, cum, corpore subtracta spiritualibus in locis, mirabili luce deliciatur. Nonus, cum, corpore penitus mortuo, non corporali, sed spirituali et ipsa veritatis lætitia jucundatur. Decimus, cum, corpore recepto, angelis adæquata de visione Dei ineffabiliter gloriatur. Hi gradus gaudiorum, quanto quisquis est alteri in ordine altior, tanto est et in ordine eminentior.

CAPUT X.

Disc. Unde formantur Spiritalia visa? Mag. Ab animabus, a dæmonibus, ab angelis. Ab animabus, cum quis in tenebris ea, quæ per corpus vidit, vel videre potuit, vigilans imaginatur; aut quæ corpori acciderunt vel accidere potuerunt, dormiens contemplatur; hæc aliquando vera, aliquando sunt falsa. A dæmonibus, cum Spiritus nequam in varias formas se transfigurans, animæ dormientis, vel vigilantis se ingerit; quæ phantasiæ vel illusiones vocantur; aliquando corpus obsidens, animæ se commiscens, quædam vera præcidit, et alios arreptitios, alios falsos prophetas facit. Ab angelis autem in exstasi rapti vel a corporis sensibus alienati, quædam mira, et aliquid significantia, conspiciunt; quæ interdum ipsi angeli eis exponunt, ut Gabriel Danieli et angelus Joanni, et hæc ostensiones vel revelationes dicuntur.

CAPUT XI.

Disc. Estne peccatum turpia imaginando, cum quis nocturnali illusione polluitur? Mag. Cum quis vigilans turpia imaginando delectatur, ac dormiens per easdem imagines polluitur, hoc ad peccatum ei imputatur : si vero contra votum suum a dæmonibus ludificatur et polluitur, in hoc reus non judicatur. Si autem absque consensu delectationis polluitur, sic caret peccato : sicut vigilantes de concubita loquentes, eadem cogitamus.

CAPUT XII.

Disc. Vident dæmones imaginationes in animabus? Mag. Quidem malas vident, bonas non vident. Cogitationes enim hominum malas, per eos nuntiatas, certissimum est (scire) bonas autem si scirent, sanctos non tentarent; a quibus superari nollent.

CAPUT XIII.

Disc. Unde est, quod longe facta annuntiant? Mag. Quia inest eis acrimonia cernendi corporalia: incorporalis enim ipsorum natura nobis præstantior, et longe nobis subtilior est.

CAPUT XIV.

Disc. Unde est, quod aliquando phrenetici futura prædicunt, vel etiam aliqui sani, ut Caiphas, qui prophetavit? Mag. Aliquis spiritus commiscet seipsum eorum spiritui, et futura prædicit. In hujusmodi gradus scandit anima in spiritualibus; sed aliquando fallitur, dum aliud pro alio approbat; et id corporale quod est spirituale, vel id spirituale quod est corporale, putat; sicut Petrus discum de spirituali cœlo submissum, corporalem rem esse putavit; sed hic error falsæ opinionis non obligat animam peccatis.

CAPUT XV.

Disc. Quis est ordo graduum intellectualis visionis? Mag. In hæc verba : *Diliges proximum tuum sicut teipsum* (*Matth.* xix) tria considerantur late [*f.* latere] : qui corporaliter videntur, proximus qui absens in spiritu cernitur, dilectio quæ mente intelligitur. Est ergo intellectualis visio, cum nec corporalia, nec corporalibus similia conspiciuntur ; sed ipsæ veræ substantiæ animarum vel angelorum, vel virtutes, vel ipsa summa veritas, sicuti est, mente intelligitur. Et hoc tertium cœlum dicitur in quod tribus gradibus conscendimus. Primo dum in anima virtutes consideramus, secundo cum angelorum ordines discernimus, tertio cum universa in Deo intelligimus. Porro fidelis anima multiplices ascensiones in corde suo disponit, dum de virtute in virtutem it ; et ita locum tabernaculi admirabilis, quasi regionem latissimam intellectualium, ingreditur, dum quod ipsa mens vel omnis animæ bona affectio, cui contraria sunt vitia, contuetur, ut est castitas, continentia, mansuetudo, fides, bonitas, benignitas, longanimitas, pax, gaudium, charitas. His et talibus transcensis, ac sanctis conjuncta spiritibus per angelica scandit ministeria novem gradibus, contemplans in æterna gloria angelos, archangelos, virtutes, potestates, principatus, dominationes, thronos, cherubim et seraphin. Sic rite scandens pervenit ad domum Dei, et thronum majestatis, ubi regem gloriæ in decore suo videbit ; ibi est secura quies, et ineffabilis visio veritatis ; ibi una et tota virtus amare, quod videas, et summa felicitas habere, quod amas ; ibi beata vita in fonte suo bibitur, ibi lux vera in lumine videbitur claritas Dei, non corporali visione sicut visa est in monte Sina ; nec spirituali visione sicut vidit eam Isaias vel Joannes in Apocalypsi; nec per ænigmata, ut in hac vita viderunt eam sancti, sed per speciem sicuti est facie ad faciem. Propter hunc adipiscendum nunc labores subimus, indigentibus subvenimus : a voluptatibus continemus, adversitates substinemus. Ad hunc videndum corda mundamus, quia beati mundo corde ; quoniam ipsi Deum videbunt. In hoc tertio cœlo est paradisus paradisorum, in hoc est requies sanctorum, in hoc gloria beatorum. Sed sicut spiritus corpore est præstantior, sed spirituale cœlum, non loci positione sed neque dignitate huic corporali cœlo est præstantius : spirituali autem cœlo intellectuale est eminentius.

CAPUT XVI.

Corporalis autem visio dividitur in duo, in inferiorem et superiorem. Inferior est, cum terram, et quæ in ea sunt, conspicimus : superior cum cœlum et cœli corpora, scilicet solem, lunam et stellas intendimus. Similiter spiritualis visio dividitur in duo, in inferiorem et superiorem. Inferior est quasi terra, cum animo rerum similitudines imaginatur ; superior, quasi cœlum, cum imagines per angelos formatæ demonstrantur. Nihilo minus intellectualis visio dividitur in duo, in inferiorem et superiorem ; inferior est quasi quædam terra, dum virtutes in anima gignuntur ; superior, quasi summum cœlum dum cuncta in Deo intelliguntur.

CAPUT XVII.

Disc. Cum anima de corpore exierit, utrum fertur ad aliqua loca corporalia, an ad incorporalia, corporalibus similia, an ad aliud quid excellentius? Mag. Ad corporalia loca non fertur nisi cum aliquo corpore, nec localiter potest ferri nisi corporaliter ; anima autem corpore exuta nullum habet corpus, ergo non fertur ad loca corporalia. Ad spiritualia vero loca corporalibus similia, pro meritis fertur, habitura vel gaudia vel supplicia. Sicut enim cum corpori subtrahitur, imaginem sui corporis habere cognoscitur ; sic postquam corpore exuta fuerit similitudinem sui corporis habere poterit, in qua vel tristitia afficiatur vel lætitia fruatur.

CAPUT XVIII.

Disc. Si anima ad loca non fertur, tunc sequitur, quod infernus non sit corporeus, et quid de hac re sentiendum sit, dubito. Mag. Si infernus est locus tormentorum, in quo anima vel cum corpore vel sine corpore cruciatur, tunc septem speciales inferni reperiuntur. Primus infernus est corpus corruptibile, quod animam aggravat, et cum multis doloribus cruciat; patitur namque in eo famem, sitim, laborem fatigationem, morbos, dolores, varias infirmitates; ex ejus inhabitatione, ira, invidia, odio, tristitia afficitur, avaritia, concupiscentia carnali, vana gloria vexatur. In hoc inferno ingemiscit se fidelis anima cruciari, et de hoc flebili prece postulat deliberari, dicens: *Educ de carcere animam meam ad confitendum nomini tuo, Domine (Psal.* cxli). Secundus infernus est hic mundus, in quo cum corpore anima cruciatur, dum se a patria paradisi exsulare lamentatur; paritur autem in eo frigus, æstum, tempestates, pestilentias, bella, prædas, incendia, damna et varia incommoda. In animo autem affligitur de amissione natorum, vel parentum, vel amicorum vel rerum; de contumeliis, de injuriis, de maledictis, de variis adversitatibus. De hoc inferno anima liberata cantat gratulando: *Eduxit me de lacu miseriæ et de luto fæcis (Psal.* xxxix). Tertius infernus est cohabitatio invicem se odientium; dum vel justi de cohabitatione malorum, sicut Lot in Sodomis, cruciantur; vel mali de conversatione bonorum torquentur, cum a perditis moribus prohibentur. In hoc inferno verbera, vincula, jejunia, vigilias, carceres, bestias, ignes, varias passiones ab invicem patiuntur: in animo, imore, mœrore, anxietate, pusillanimitate, angustia, tristitia consumuntur; hujus inferni pœnis affici dolet qui testando clamat: *Dolores inferni circumdederunt me, præoccupaverunt me laquei mortis (Psal.* xvii). Quartus infernus est locus in medio terræ positus, igne et sulphure plenus; hic usitato nomine dicitur infernus vel stagnum ignis et sulphuris; ad hunc pertinent omnia loca vel in terra vel super terram ardentia. Quintus infernus, cum anima corpori subtracta ad loca spiritualia et pœnalia, corporibus similia ducitur cruciantia. Sextus infernus est, cum anima, corpore penitus mortuo, non corporalia, sed spiritualia corporalibus similia patitur, sed et dolore, mœrore ac tristitia afficitur. Hic quia corporali est inferior et depressior, infernus inferior vocatur; de hoc scribitur: *Eruisti animam meam ex inferno inferiori (Psal.* lxxxv). Septimus infernus est ignis æternus, in quem anima cum recepto corpore truditur in die judicii cum dæmonibus semper crucianda. Utrum autem hic infernus in hoc mundo, an extra mundum futurus sit, ignoratur.

CAPUT XIX.

Disc. Si inferni corporalia loca non sint, unde sub terris esse dicuntur; vel unde inferni appellantur, si sub terris non sint? Mag. Ideo sub terris inferni esse dicuntur vel creduntur, quia congruenter in spiritu illarum rerum similitudines sic demonstrantur; ut, quemadmodum caro mortua sub terra reconditur, sic peccans anima a carne soluta sub terris in inferos mergi videatur. Ideo autem inferi dicuntur, quia sicut omnia corporea, si ponderis sui ordinem teneant, inferiora sunt omnia graviora, ita spiritualia omnia inferiora sunt tristiora. Hinc est quod quidam tanta tristitia afficiantur, quod fragile corpus eam capere non possit; unde vitam suspendio vel præcipitio vel aliqua vi extorquent. Postquam anima a corpore excutitur, non in aliquo loco retruditur, sed in immensum tristitiæ et doloris barathrum immergitur. Omnis enim locus longitudinem, latitudinem, altitudinem habet, sed anima dum his omnibus caret, in nullo loco includi valet.

CAPUT XX.

Disc. Nonne dives ille fuit in loco tormentorum, et de eo scribitur, quia crucior in hac flamma? Mag. Ego puto divitem illum in sexto, quem dixi, inferno fuisse: Dominum autem de quarto, id est de corporali pœna dixisse; sed quia id quod in re erat, capere non poterant, quasi de corporali tormento illis narrabat. Verumtamen quomodo intelligenda sit illa flamma inferni, ille sinus Abrahæ, illa lingua divitis, ille digitus pauperis, illa sitis tormenti, illa stilla refrigerii, vix fortasse a mansuete quærentibus, nunquam autem invenietur a contentiose scrutantibus.

CAPUT XXI.

Disc. Quid de inferis sentiendum sit, Deo per te nos illuminante, jam video; quid vero de regno cœlorum credendum sit, omnino ambigo. Mag. Regnum cœlorum non est locus corporalis sed spiritualis, corporali similis; in quo est pax et gaudium et ineffabilis lætitia in omnimoda gloria; in quo substantia Dei, verbum quoque Deus, per quod facta sunt omnia; in charitate Spiritus sancti sicuti est, videtur, et beate fruendo sine fine habetur. Hoc est tertium cœlum, in quo est paradisus, in quem raptus est Apostolus: hoc est cœlum in quod assumptus est Christus; in hoc cœlo sunt agmina angelorum, et animæ beatorum, non locali positione disjunctæ, sed misericordia disponentis pro meritis in gloria distinctæ. Et hic sunt multæ mansiones in una domo Patris, in quibus disponuntur justi a justitia pro justitiæ meritis. Hic est spei nostræ exspectatio, hic laboris retributio.

CAPUT XXII.

Disc. Et quid opus est corpus ab animabus recipi, quibus sine corpore potest ipsa summa beatitudo præberi? Mag. Quidam naturalis appetitus inest animabus administrandi corpus, quo appetitu retardantur quodammodo ne tota intentione in id summum cœlum pergant; quandiu non subest corpus, cujus administratione appetitus ille conquiescat: ideo necesse est, ut corpora sua recipiant, quæ speciali gloria promerita angelis jam adæquentur, et in summi cœli visione, veritatis liberrima intuitione semper jucundentur.

CAPUT XXIII.

Tunc quoque tres visiones non deerunt; quia cœlum novum, et terram novam, et omnia quæ in eis sunt, nova perspicue per corpus videbunt, cum sicut sol fulgebunt. Eadem spiritualiter imaginantur; A intellectualia in natura integra et beatitudine perfecta, ut vere sunt, contemplantur. Qui ergo hanc scalam ordinatim per gradus suos scandere potuerit, in tertium cœlum, quo raptus est Apostolus, pervenire se gaudebit. Amen.

SCALA CŒLI MINOR

SEU

DE GRADIBUS CHARITATIS OPUSCULUM.

(Ex codice ms. inclytæ carthusiæ Gemnicensis in Austria in lucem asseruit venerabilis D. P. Leopoldus Wydemann; edidit R. P. Bern. Pezius, *Thes. Anecdot.* t. II, p. i, col. 171.)

Cap. I. *Scala cœli charitas est, cujus gradus diversæ virtutes.*

Ad æternam gloriam perveniendi scala nobis hodie erigitur, per quam a fidelibus cœli culmen attingitur. Hæc enim scala est charitas, per quam ad cœli fastigia tendit. Ecclesiæ humilitas. Hujus vero scalæ latera, sunt geminæ dilectionis scilicet Dei et proximi præcepta; sed gradus, qui his lateribus inseruntur, sunt diversæ virtutes, per quas charitatis præcepta complebuntur; per quos qui rite scanderit, faciem Domini, qui est charitas, in jubilo videbit. Quindecim gradus texuntur, quia per quindecim ramos charitatis cœlestia petuntur : unde et in templo Domini ad sanctuarium quindecim gradibus ascendebatur, quia scandens in hac scala ad cœlestis templi sanctuarium, Christum scilicet, sublevatur. Primo quoque quindecim gradus inscribuntur, quam hæ virtutes instruuntur, per quas æthera a beatis scanduntur. Quindecim autem sunt ter quinque; nam per fidem sanctæ Trinitatis debemus quinque sensibus nostris, charitatis opera adimplere.

Cap. II. *Primi tres hujus scalæ gradus, patientia, benignitas et pietas.*

Primus itaque gradus hujus scalæ est patientia; in qua animas possideri docet æterna Dei sapientia. In hunc gradum scandentes gressum firmamus : Si injurias et contumelias patienter pro Christi amore toleramus; qui opprobria et contumelias, flagella et ipsam mortem pro nobis patienter sustinuit, se imitantibus præmia permanentis gloriæ restituit.

Secundus gradus intexitur benignitas, per quam angelicæ societatis acquiritur dignitas; huic gradui gressum imprimimus. Si pro malis non mala sed bona retribuimus : et proximis nostris necessaria pro nostro posse benigne impendimus; quia et Christus crucifixoribus suis pro malo bonum, scili- B cet æternam vitam per suam passionem reddidit : quam etiam suis imitatoribus tribuit.

Tertius gradus inseritur pietas, per quam supernorum civium adipiscitur dulcis societas. In hunc gradum pia mens scandens exaltatur, sed aliorum felicitate non emulatur. Invidia enim diaboli intravit mors in orbem terrarum, imitantur autem eum qui sunt ex parte ejus, etc.

Cap. III. *Alii gradu simplicitas, humilitas, contemptus mundi, et voluntaria paupertas.*

Quartus gradus innectitur simplicitas, per quam cœlestis gaudii subitur multiplicitas. In hunc gradum pedem ponimus, si perperam aut fraudulenter vel perverse non agimus ; ut si Dei servitio nihil subtrahimus, et bona opera non favore populi, sed sola causa Dei facimus.

Quintus gradus inditur humilitas, per quam attingitur angelica sublimitas. In hunc gradum scandens mens solidatur, si de accepta scientia non inflatur : dum Deum superbis resistere, humilibus autem dare gratiam recordatur.

Sextus gradus mundi est contemptus per quam superni regni acquiritur concentus. In hoc anima exsultat gloriosa, si non est ambitiosa, sed potenter sustinet tormenta, nam si velit Dominum dicentem audire, amice ascende superius leve onus Domini non renuat subire, et prosit verbo et exemplo fratribus.

Septimus gradus est voluntaria paupertas, per quam gloriæ et divitiarum in domo Domini accipitur libertas. In hunc gradum figit hic vestigia, qui non quærit quæ (sua) solummodo sunt, sed quæ omnibus sunt utilia, et ad laudem Christi pertinentia : et talis scandit lætius, quia pavit in dulcedine pauperem Deus.

Cap. IV. *Alii gradus pax, bonitas, gaudium spirituale, sufferentia.*

Octavus gradus est pax, quæ est æternæ lucis

fax; in hoc gradu mens roboratur, si nec verbo nec facto ab aliquo laedatur, et si corpus animae in Dei servitio subjugatur, et anima spiritui concordans Domino Deo jugiter famulatur. In hoc gradu positi beati dicuntur, *quoniam filii Dei vocabuntur* (*Matth.* v).

Nonus gradus scribitur bonitas, per quam introitur coelestis vitae jucunditas. In hunc gradum scandit homo, si non solum non facit, sed cogitat nec malum.

Decimus gradus est spiritale gaudium, per quod pertingitur ad sanctorum contubernium. In hunc gradum laetetur homo se conscendisse, si non gaudet super iniquitate nec super ruina inimici, nec de malis quae eveniunt alii: congaudet autem veritati, et omnibus gestis ad honorem Christi, qui est veritas et vitae praemium, et plenum omnium gaudium.

Undecimus gradus locatur sufferentia, per quam supernae gloriae adipiscitur eminentia. Hunc gradum scandens animus arripiet, si omnia mundi adversa pro Christo sufferet. In hoc gradu constituti beati scribuntur, si persecutionem pro justitia patiuntur (*ibid.*).

Cap. V. *Postremi gradus hujus scalae fides, spes, longanimitas, et perseverantia.*

Duodecimus gradus dicitur esse fides, quae homines efficit angelis conscivos. Hunc gradum homo gressu premit, si cuncta de Deo et aeterna vita pie dicta vel scripta fideliter credit: absque fide etenim est impossibile Deo placere.

Tredecimus gradus est spes, quae non confundit praestolantes spiritales res. In hunc gradum pedes mens sancta levat, si omnia bona, de futura vita sperat.

Quartus decimus gradus sequitur longanimitas, per quam impetratur angelorum aequalitas. Hunc gradum quilibet scandens apprehendet, si omnes promissiones Dei aequanimiter sustinet. Si onus Dei tandiu bajulat, quousque veniens ipse, de ejus collo jugum excutiat, et eum a labore cessare, et in requie recumbere faciat.

Quintus decimus gradus et ultimus ponitur pro perseverantia, per quam paradisiacae amoenitatis capiuntur prata vernantia. In hunc gradum mens petens se pervenisse gaudeat, si de Dei misericordia nunquam desperando excidat: *Qui usque in finem perseveraverit, hic salvus erit* (*Matth.* xiii).

Cap. VI. *Haec scala per timorem erigitur, quo ad summum perducta charitas ipsa in haereditatem Domini introducitur.*

Et qui per hos omnes gradus rite scandet, hunc Deus ipsa charitas in cellaria aeternae dulcedinis introducet. Haec scala Domini per timorem erigitur, per quam ad summum perducta charitas ipsa, ut filius, in haereditatem Domini introducitur: timor vero, ut servus foras ejicitur. Sed duplex distinguitur, quidam dicitur servilis, alius filialis. Servus quippe timet dominum, ne, si peccaret, eum damnaret; filius patrem timet, ne eum exhaeredet; timet adultera maritum ne veniat, sed uxor casta, ne discedat. Per servilem timorem peccata declinamus, ne horrendi supplicii poenam incidamus: per filialem transacta defleamus, ne gratia patris nostri et aeternis gaudiis careamus. Modo cum charitas mentem possedit, servilem timorem foras mittit: timor autem Domini sanctus, scilicet filialis, permanet in saecula sempiterna. Jam enim gehennam ut servus peccati non timebit; quia nullum peccatum committere quaerit; sed Deo ut filius per dilectionem in virtutibus adhaerebit. Per hos igitur timores Deum et vitam aeternam diligamus, per charitatem omnia bona perficiamus, ut haereditate Dei sanctuarium possideamus: quae omnia in nobis perficiat, qui semper regnat. Amen.

DE ANIMAE EXSILIO ET PATRIA,

ALIAS, *DE ARTIBUS*.

(Protulit in lucem ex ms. cod. inclytae carthusiae Gemnicensis in Austria ven. D. P. Leopoldus Widemann; edidit R. P. Bern. Pezius *Thes. Anecdot.* t. II, parte. i, col. 225.)

PROLOGUS.

Thomae gratiam apostolici nominis sortito, multis donis Sophiae insignito Honorius illum in gloria Patris cernere, quem Thomas dubitans meruit in terris tangere. Quia vigilanti oculo plerosque conspicis patriam magnopere desiderare, sed, utpote viae ignaros per devia properare; hortaris me, optime virorum, quasi peritum locorum his viam demonstrare, ac viciniora loca stylo designare: ne forte longius a via aberrantes regia, in devio retardentur, et magis a patria elongentur; ut quondam de Aegypto egressi, ad patriam tendentes non modo corpore, sed corde, longo tempore in eremo erraverunt, et minime ad optabilem patriam pervenerunt. Ego autem cum invidia tabescente iter non habebo, pie injuncta impigre exsequi tentabo, quosque studiosos per ignota loca ad notam patriam deducam, invidos, lividos, corde tabidos, patria immeritos in tenebris erroris derelinquam. Tu quoque, studio florens, ignavos præcede, et negligentes move, nolentes coge: volentes sed non valentes per delectabile iter ad jucundam patriam trahe: filios imo servos invidiæ, etiam sequi certantes repelle, et sanctum canibus, gemmas porcis tolle.

CAP. I. *Exsilium hominis ignorantia; patria est sapientia, ad quam per artes liberales, veluti per totidem civitates pervenitur.*

Sicut populo Dei exsilium erat in Babylonia, Jerusalem vero patria, sic interioris hominis exsilium est ignorantia, patria autem sapientia. In ignorantia quippe positi quasi in tenebrosa regione commorantur, unde et *filii tenebrarum (I Thess.* v) cognominantur. In sapientia autem locati quasi in lucida regione conversantur, ideo et *filii lucis (ibid.)* appellantur. De hoc exsilio ad patriam via est scientia, scientia enim in rebus physicis: sapientia vero consideratur in divinis. Per hanc viam gradiendum est non passibus corporis, sed affectibus cordis. Hæc quippe via ducit ad patriam tendentes per decem artes, et libros sibi adhærentes, et quasi per totidem civitates et villas sibi servientes. Qui numerus multis sacramentis est involutus. Nam et divina lex decem præceptis comprehenditur: et sæcularis sapientia decem categoriis includitur. Sed et tota Ecclesia decem virginibus comparatur; quia hic numerus limes omnium multiplicium numerorum ponitur: unde et in vinea laborantibus denarius repromittitur.

CAP. II. *De prima civitate, grammatica.*

Prima itaque civitas est grammatica, per quam petenda est patria: hujus porta est vox quadrifida, per quam iter est littera tripartita: quæ vocalibus, semi vocalibus, mutis, ducit ad sententiarum habitacula. Porro syllabæ productæ vel correptæ dictionum, sunt quasi quædam ostia domorum: hæc urbs in octo partes quasi in totidem regiones distribuitur, qui numerus et humanam locutionem et animarum beatitudines complectitur. In hac nomen et verbum quasi duo consules imperant, pronomen locum proconsulis, adverbium locum præfecti sibi vendicant: aliæ partes aliis dignitatibus coaptantur, quibus genera et casus, tempora et aliæ species quasi plebes subjectæ famulantur. In hac urbe Donatus et Priscianus docent novam linguam viantes, et certis regulis deducunt per viam ad patriam ambulantes. Villæ, huic subditæ, sunt libri poetarum, qui in quatuor species dividuntur, scilicet in tragœdias, in comœdias, in satyrica, in lyrica. Tragœdiæ sunt quæ bella tractant, ut Lucanus. Comœdiæ sunt, quæ nuptialia cantant, ut Terentius. Satyræ, quæ reprehensiva scribunt, ut Persius. Lyrica, quæ odas, id est laudes deorum vel regum hymnilega voce resonant, ut Horatius.

CAP. III. *De rhetorica, altera civitate.*

Secunda civitas est rhetorica, per quam adeunda est patria: hujus porta est civilis cura, iter vero tripartium genus curarum, videlicet demonstrativum, deliberativum, judiciale. In una parte hujus civitatis præsules Ecclesiæ Decreta componunt, in altera reges et judices edicta proponunt. Hinc synodalia promulgantur, inde forensia jura tractantur. In hac urbe Tullius itinerantes ornate loqui instruit, quatuor virtutibus scilicet prudentia, fortitudine, justitia, temperantia mores componit. Huic urbi subjacent historiæ, fabulæ, libri oratorie et ethice conscripti, per quos gressus mentis ad patriam sunt dirigendi.

CAP. IV. *Dialectica, tertia civitas.*

Tertia civitas est dialectica, multis quæstionum propugnaculis munita, per quam iter est ad patriæ atria. Hæc per quinque portas adventantes recipit, scilicet per genus, per species, per differens, per proprium, per accidens; unde et isagogæ introductiones dicuntur, quia per has repatriantes introducuntur. Arx hujus urbis est substantia; turres circumstantes novem sunt accidentia. In hac duo pugiles sunt et litigantes certa ratione dirimunt: cathegorico et hypothetico syllogismo quasi præclaris armis viantes muniunt. Quos Aristoteles in topica recipit, argumentis instruit, in perihermeniis ad latum campum syllogismorum educit. In hac urbe docentur itinerantes hæreticis, et aliis hostibus armis rationis resistere, qui eis, ut olim Amalec populo Dei, in hac via moliuntur obsistere.

CAP. V. *Quarta civitas arithmetica.*

Quarta civitas est arithmetica, per quam quærenda est patria. In hac, Boetio docente, par et impar numerus multipliciter se complicant. Cribrum simplices numeros per multiplices numeros reciprocat; Habacus per digitos, et articulos eundo multiplicat, redeundo dividit, minutiis monadem in mille particulas redigit. In hac rhythmimachia pares et impares numeros in pugnam provocat, alea Scachos certo numero in certamen ordinat, tabula jactis tesseris senaria sorte congregat. In hujus urbis schola viator discit, quod Deus omnia in mensura et numero et pondere disposuit.

CAP. VI. *Quinta civitas pergentium ad sapientiam musica.*

Quinta civitas est musica, per quam transitus est ad patriæ cantica. In hac urbe per Boetii doctrinam hinc chorus viris gravibus, inde puerilis acutis vocibus Deo jubilat: organa fistulis, citharæ fidibus concrepant, cymbala pulsu tinniunt; septem dissonæ voces consonam harmoniæ efficiunt. Triplex modulatio, quæ fit flatu, tactu, pulsu, septem consonantiis senarii dignitatem, universitatem continentem, concinit: dum intervallis et proportionibus tonorum dulce melos reddit. In hac urbe docentur viantes per modulamen morum transire ad concentum cœlorum.

CAP. VII. *Civitas sexta geometria.*

Sexta civitas est geometria, per quam inquiritur patria. In hac Aratus mappam mundi expandit, in qua Asiam, Africam, Europam ostendit; montes, urbes, flumina totius orbis enumerat, per quæ itinerantes transire commemorat.

CAP. VIII. *De astronomia, civitate septima.*

Septima civitas astronomia, quæ deducit ad patriæ habitacula. In hac Hyginus per astrolabium incrementa ac decrementa lunæ, anfractus, solis planetarum cursus ac recursus ostendit, sphæram evolvit : in qua signa zodiaci ac cætera monstra cœli per distantes stellas depingit. In hac Julius computum explicat, per quem annos sæculi per seriem regum enumerat. In hac orbes cœlestes collisione sua dulciter persultant, atque viantes ad laudem Conditoris incitant.

CAP. IX. *Physica, civitas octava.*

Octava civitas est physica per quam petitur patria. In hac docet Hippocrates viatores vires et naturas herbarum, arborum, lapidum, animalium; et per medelam corporum deducit ad medelam animarum.

CAP. X. *De mechanica, civitate nona.*

Nona civitas est mechanica, per quam subeunda est patria, hæc doces viantes omne opus metallorum, lignorum, marmorum, insuper picturas, sculpturas, et omnes artes, quæ manibus fiunt. Hæc turrim Nemrod erexit, hæc templum Salomonis construxit. Hæc arcam Noe et omnia mœnia totius orbis instituit, et varias texturas vestium docuit.

CAP. XI. *OEconomica, civitas decima.*

Decima civitas est œconomica, per quam pervenitur ad patriæ atria. Hæc disponit regna et dignitates, hæc distinguit officia et ordines. Hæc docet ad patriam properantes juxta ordinem meritorum homines conjungi ordinibus angelorum.

CAP. XII. *Decursis artibus liberalibus pervenitur ad patriam, seu veram sapientiam, in divinis Scripturis relucentem, et in visione Dei perfectam.*

His artibus quasi civitatibus pertransitis pervenitur ad sacram Scripturam quasi ad veram patriam, in qua multiplex sapientia regnat. Quæ Scriptura sibi domum ædificat, quam septem donis Spiritus sancti ut septem columnis roborat (*Prov.* IX) : quadripartito intellectu in quatuor parietibus copulat, scilicet historico, allegorico, tropologico, anagogico. Historia quippe est res gesta, ut : Hierusalem fuit civitas Judæorum, in qua fuit templum Domini. Allegoria est cum, aliud dicitur, aliud intelligitur, ut : Hierusalem est Ecclesia, nosipsi templum Domini (*II Cor.* VI). Tropologia est moralitas ut : Hierusalem est anima quæque fidelis, in qua templum est cor mundum, habitator Spiritus sanctus. Anagoge vero est superior sensus ducens ad Deum, et ad futurum sæculum, ut : Hierusalem est superna civitas, in qua sancti angelis conjuncti Deum habebunt præsentem (*Apoc.* XXI). In hac domo sapientia ad se venientibus convivium præparat, quos variis ac deliciosis ferculis satiat. Demum in cœlestem Hierusalem introducet, in qua rex gloriæ in decore suo videbitur, cujus pulchritudinem sol et luna mirantur. In hac novem ordinem angelorum non cessant Regem regum laudare, in quem insatiabiliter desiderant prospicere. In hac patria Christum patriarchæ figuris præsignant, prophetæ scriptis prænuntiant, apostoli signis et virtutibus mundo prædicant, martyres ei sanguinem suum immolant, virgines castitatem offerentes adorant. In hac patria quoque studiosi in montem contemplationis ascendunt, in quo Christum inter Moysen et Eliam in nivea veste, ut sol, radiantem conspiciunt : quia eum judicem vivorum et mortuorum, Patri coæqualem per sacram Scripturam, et visibilem creaturam, quæ sunt vestes ejus, intelligunt.

CAP. XIII. *Deus a sanctis secundum singulorum virtutes videbitur.*

Talia nunc meditari est cœlestia contemplari : carne vero exuta hæc facie ad faciem videre, est in cœlesti regno gaudere. In quo sunt multæ mansiones, hoc est, multiplices divinæ apparationes : in quibus sancti Deum deorum in Sion, id est in divina speculatione videbunt, quando de virtute in virtutem ibunt, verbi gratia : boni Deum, secundum hoc quod bonitas dicitur, videbunt; justi, secundum hoc quod justitia ; sapientes, secundum hoc quod sapientia ; pacifici, secundum hoc quod pax (*Matth.* V), et alii aliis virtutibus in infinitum visuri sunt.

CAP. XIV. *Deus a nemine comprehendi nisi a seipso potest. Beatos Dei visio recreabit æternum ; impios patratorum scelerum recordatio sine fine torquebit.*

Secundum hoc autem, quod exsuperat omnem intellectum, Deum nemo vidit unquam, nec unquam videbit : Quia *nemo novit Patrem nisi Filius, nec Filium quis novit nisi solus Pater* (*Matth.* XI). Quidquid enim patribus de Deo ostensum est, Deus dicitur ; sicut de Jacob : *Vidi Dominum facie ad faciem* (*Gen.* XXXII). Et iterum de Moyse : *Loquebatur Moyses cum Domino facie ad faciem, quasi amicus amico* (*Exod.* XXXIII). Et item propheta : *Vidi Dominum sedentem super solium excelsum,* etc. (*Isa.* VI). Mundicordes autem in futuro Deum in Sion, id est in divina speculatione videbunt, secundum quod unicuique apparebit, quando suis dilectoribus seipsum manifestabit; quia unusquisque in seipso et in omni creatura Deum pro modulo suo videbit, quando Deus in omnibus omnia erit. Qui ad hanc patriam pervenient, hoc modo Regem gloriæ in decore suo videbunt, qui erit gaudium eorum, ut lux oculorum. Qui autem transitoriis oblectati in exsilio permanserint, exteriores tenebras subibunt, et ut saucii oculi æternum lumen in æternum refugiunt. Sed eis variæ et multiplices vitiorum phantasiæ, ut truces bestiæ, occurrunt, quas semper volunt effugere, sed non valent evadere ; quia aliæ præ aliis semper se ingerunt, et in immensum barathrum tristitiæ et desperationis demergunt. In his te exerce, hæc alios doce : ut ista evadas, ad illa pervenias. Amen.

DE VITA CLAUSTRALI.

(Ex cod. carthusiæ Gemnicensis eruit ven. P. Leopoldus Wydemann; edidit R. P. Bern. Pez *ubi supra*, col. 563.)

Claustralis vita est ab ipso Domino instituta. Hæc spiritualiter decem rebus assimilatur; sicut tota Ecclesia decem virginibus comparatur. Est enim imprimis similis littori maris, quod de periculo maris venientes recipit, et pro securitate soliditatis patriæ restituit. Totum quippe id sæculum est ut mare procellosum, quia sic turbatur bellis, ut mare procellis, et ideo qui inter insidias inimicorum timore æstuant, sunt velut hi, qui in tempestate maris fluctuant, qui vero inter bella et seditiones habitant, sunt ut hi, qui inter procellas et ventos navigant. Qui autem in pace degunt, sunt ut hi, qui in tranquillo mari navem vehunt; de quibus est dubium utrum ad littus incolumes perveniant. Multi enim cum ad littus pervenerint, juxta littus incauti undis submerguntur. Qui autem littus cum onere attingunt, sunt hi, qui ad claustrum perveniunt; in quo secure venientes ad Patriam cœli redeunt. De hoc littore in Evangelio legitur, quod sagena missa piscibus plena in littus est educta, et boni pisces in vasa sunt electi; mali autem foras ejecti (*Matth.* xiii); quia videlicet sunt plures homines de salo sæculi per rete Scripturæ extracti, et in claustralem vitam perducti. Obedientes ab angelis in paradisum recipiuntur, inobedientes foras in supplicium mittuntur. Sed et boni pisces sunt, qui in spirituali professione usque in finem perseverabunt; mali vero pisces sunt, qui relicto claustro ad sæculum redeunt.

Secundo est claustrum ut umbraculum, quod itinerantes obumbrat, et ab æstu refrigerat. Omnes enim, quos in negotiis sæculi cura anxiat, et sollicitudo premit, sunt, ut hi, qui difficile iter in magno æstu agunt, et umbrosum locum, quo se refrigerent, quærunt. Qui dum ad claustrum Dei festinant, quasi in umbraculum declinant, in quo verum refrigerium inveniunt, et ut propheta ait: Securitatem a turbine, et a pluvia, vel ab hostibus et bellis (*Isa.* iv).

Tertio est ut lectus in quo requiescunt laborantes. Qui enim sub duro dominio sunt, et terrenis opibus inserviunt, in magno labore sunt. Hi cum ad claustrum perveniunt, quasi a labore in lecto requiescunt. De quo lecto dicit Dominus in Evangelio: *Duo in lecto, unus assumetur, et alter relinquetur* (*Luc.* xvii); significans duo genera hominum in claustro degentium, unum, quod carnalem requiem tantum diligit, aliud, quod spiritualem semper inquirit.

Quarto est asylum vel domus refugii. Quia sicut in lege erat civitas fugitivorum, in quam rei confugientes ab hostibus salvabantur; ita claustrum est unicum refugium reorum, in quo mundum fugientes a dæmonibus salvantur.

Quinto est schola infantium, in qua parvuli in Christo a Magistro regula ad virtutes informantur.

Sexto est gymnasium in Jerusalem constructum, vel locus exercitii in Ecclesia constitutus, ubi tirones Christi ad varias pugnas vitiorum se exercent.

Septimo est ut carcer, in quo criminosi a lata via venientes incarcerantur, ut latam cœli aulam ingredi mereantur.

Octavo est caminus tentationis, in quo vasa gloriæ probantur, vasa vero contumeliæ reprobantur.

Nono est similis inferno, in quo pœnitentes purgantur, malevoli et duricordes suppliciis cruciantur.

Ad extremum et decimo assimilatur paradiso, in quo sunt deliciæ Scripturarum, varia exercitia justorum, diversa ligna pomorum.

Igitur claustrum est omnibus omnia; scilicet principibus, bellorum procellas fugientibus, est portus salutis; negotiatoribus, æstum curarum declinantibus, est refrigerii obumbraculum; servis vel arctatis, a nimio labore cessantibus, est lectus quietis; militibus hostes suos fugientibus, est certum asylum, ut firmum castrum; indoctis, schola virtutum inexercitatis, exercitium diversarum artium; vagis vel criminosis carcer, imo hospitium; inexpertis caminus probationis, pœnitentibus infernus purgans, rebellibus infernus crucians, sapientibus et charitate ferventibus paradisus affluens deliciis, æternis eos replens divitiis. Amen.

EUCHARISTION,

SEU LIBER

DE CORPORE ET SANGUINE DOMINI.

Ex cod. ms. exempti monasterii Mellicensis eruit venerabilis D. P. Sebastianus Treger, inclytæ carthusiæ Gemnicensis presbyter, edidit R. P. PEZIUS, Thes. Anecdot. t. II, p. 1, col. 547.)

PROLOGUS (295).

In multa messe Domini ardenter desudanti finito (296) labore frui requiei renumeratione. Hortum sponsæ, frater amplectende, ingressus Spiritu sancto. Inter lilia in areolis aromatum quæsiturus, non uno pulchro visu vel suavi odore pomorum tantum, uti quibusdam moris est, delectaris; sed etiam ipso gustu diversorum fructuum satiari affectaris. Et cum facili manu cujuslibet arboris valeas cacumen inclinare; poscis tamen a me; ut velim desiderabilis ligni vitæ ramos sibi incurvare, quatenus fructum, immortalitatem conferentem, queas absque labore manu attingere, quo salubre pestifero mortis edulio laborantibus possis antidotum porrigere. Est namque in campis scripturæ discurrentibus familiare aliorum studium, aliorum opus commendare. Sicuti mutuo se amantes varios de pratis flores legentes, serta ab aliis contexta sibi tollere, a se autem nexa solent aliis imponere. Quia ergo id fraterne petis, quid de Dominico corpore sentiam, ad utilitatem aliorum quam brevissime expediam.

SEQUUNTUR CAPITULA.

CAP. I. *Quod tribus modis corpus Domini intelligatur.*
CAP. II. *Cur Deus incarnatus sit, et quomodo ejus corpus minui non possit?*
CAP. III. *Verum hoc comedatur, quod Maria genuit?*
CAP. IV. *Quod homo per hunc cibum Christo incorporetur.*
CAP. V. *Quod non aliud, quam substantivum sumatur Christi corpus.*
CAP. VI. *Quod tam mali quam boni sacerdotes Christi corpus conficiant, sed soli justi hoc accipiant.*
CAP. VII. *Quod mali non corpus Christi, sed judicium sumant, et quid sit judicium sumere?*
CAP. VIII. *Quod species, et non virtus sacramenti a malis accipiatur, et cur sacramentum dicitur, vel utrum veritas, an figura credatur?*
CAP. IX. *Utrum corpus Domini aliud sit in ore bonorum, aliud in ore malorum.*
CAP. X. *Quid inde sentiendum sit, quod vetustas; vel quodlibet animal consumpserit?*
CAP. XI. *Utrum Judæi corpus Domini comederint, qui manna manducaverunt?*
CAP. XII. *Cur de pane, et vino, et aqua fiat.*

CAP. I. *Quod tribus modis corpus Domini intelligatur.*

Trifarie itaque corpus Domini dicitur. Primo id quod de virgine incarnatum, in ara crucis pro nobis est oblatum, morte devicta in cœlos elevatum, in dextera Dei est collocatum. Secundo : Corpus Domini dicitur, quod ob pignus Ecclesiæ traditum Spiritu sancto consecrante ex substantia panis et vini mysterio sacerdotum quotidie conficitur, ac Divinitate operante in prædictum corpus transfertur, et licet ab omni populo comestum, integrum tamen catholica fide permanere fertur. Tertio : Corpus Domini tota Ecclesia prædicatur, quæ de omnibus electis ut de multis membris in unum compaginatur. Hujus corporis oculi sunt sapientes, alios ad viam veritatis ducentes, aut aures obedientes, nares discreti, inter bonum et malum discernentes, os verbum Dei loquentes, dentes sacras Scripturas exponentes, manus bona operantes, pedes alios in necessitate portantes. Hoc tertium, primo per medium connectitur, sicut ternarius binario et monade conficitur. Unde non tria sed unum corpus Spiritu sancto coadunante recte affirmatur; sicut corpus in omnibus membris una anima vivificatur. Et quia unum corpus creditur ideo de una oblata conficitur; quia vero tribus modis, ut diximus, accipitur, idcirco consecrata oblata in tria dividitur. Pars namque quæ in calicem mittitur, est illud corpus Domini, quod in gloria sumitur; quæ vero a sacerdote percipitur, est illud quod ob pignus Ecclesiæ relinquitur. Quæ autem ad viaticum in pyxide reponitur, est illud, quod ad laborem adhuc huic mundo quasi carceri inclinatur.

CAP. II. *Cur Deus incarnatus sit, et quomodo ejus corpus minui non possit?*

Diligenti autem inquisitori manifestum erit, qua de causa vel qualiter primum corpus per medium sibi tertium incorporare, et in Spiritum unum esse disposuerit. Deus primum hominem condidit ad æternitatem, cui per commestionem ligni vitæ disposuit dare immortalitatem. Sed homo suadente diabolo de fructu vetiti ligni comedit, et ob hujus esum mortem incidit. Justum ergo apud justitiam

---

(295) Præcedit in codice titulus : « Incipit Eucharistion, quod interpretatur *bona gratia*, Tractatus Honorii. »

(296) In cod. monasterii S. Crucis in Austria, ord. Cisterc., sic habetur, *desudanti H. finitio*, etc.

Dei fuit, ut per cibum mortem vincens vitæ restitueretur, qui per cibum vitam perdens morti obnoxius tenebatur. Sed quia nec in cœlo nec in terra talis potuit inveniri esus, per quem posset tantus reparari casus, ipsa vita carnem induit, escam se mortalibus præbuit, comesta repulit, dum mortales in se vitam transtulit. Porro hujus vitæ corpus quasi granum frumenti exstitit; de quo panis vivus in cibum nostrum confici possit. Qui quoniam ad dispertiendum universo populo parvus est visus; nutu Dei eodem terræ genere est auctus, quatenus et illud granum semper integrum ad semen permaneat, et augmentatione ejus populus sibi incorporandus sine detrimento quotidie comedat; sicut et vidua de hydria farinæ et de lecytho olei quotidie tulit, et tamen ejus plenitudinem non minuit, vel sicut lux solis oculis omnium hauritur; et tamen nullum diminutionis ejus detrimentum sentitur. Verbum quippe de corde summi Patris satum in agrum mundi quasi granum frumenti cecidit, quod exceptum munda terra virginalis uteri carnem factum in escam populo protulit. Quæ caro sic verbo est unita, ut carnis verbique sit una Jesu Christi persona. Et ideo sicut divinitas in nullo potest augeri, ita et cibus hujus carnis nullo modo potest imminui.

CAP. III. *Utrum hoc comedatur, quod Maria genuit?*

Hic fortasse aliquis quærit, utrum hoc comedatur quod Maria genuit? cujus rei veritas citius lectori patebit, si exordium hujus institutionis considerare studuerit. Christus namque æterna vita ad cœnam rediens, post esum Paschalis agni veterem legem consummavit, ac novam legem per esum sui corporis hoc ritu inchoavit, panem coram se in mensa positum elevavit, benedictione sua in substantiam suæ carnis hunc commutavit, deditque discipulis suis dicens : *Hoc*, subaudis, quod teneo in manibus, *est corpus meum quod pro vobis tradetur* (*Matth.* XXVI). Ecce corpus de virgine generatum tenuit in manibus, corpus de substantia panis, verbo quo sæcula fecit transformatum! deinde vinum, videlicet ante se positum, elevans benedixit, atque benedictione in sanguinem suum convertit, porrexitque discipulis suis dicens : *Hic est calix sanguinis mei* (ibid.), hoc est, vinum, quod est in isto calice, est sanguis meus, qui pro vobis effundetur. En corpus de virgine natum adhuc nullo vulnere sauciatum, habuit in manibus, sanguinem de substantia vini commutatum. Ac si patenter diceret : Ego sum quidem vobis missus in cibum contra mortis periculum, sed quia exhorretis me dentibus comminuere ad edendum; ideo substantiam panis et vini commuto vobis in corporis mei edulium, ut, quemadmodum vitam corporis per cibum corporalem continuatis, sic in anima per hunc spiritualem cibum in me, qui sum vita, vivatis. Postquam ergo apostoli edentes corpus Christi, hoc corpus de pane consecratum, a corpore Christi traditum, comedendo vel bibendo consumpserunt ; corpus de virgine sumptum integrum de mensa surgens abiit incolume Judæis furentibus occurrit ; a quibus comprehenditur, in crastino crucifigitur ; deinde cœlo recipitur, cunctis agminibus angelorum præficitur. Vides itaque, quod hoc sacramentum instituens, nec digito de manu vel pede vel aliquam particulam de corpore præcidens eis tribuit, sed substantiam panis et vini consecrati eis distribuit ; se vero integrum in dexteram Patris transtulit. Igitur corpus de virgine procreatum in cœlis residens universæ creaturæ dominatur ; corpus autem de pane et vino per Spiritum sanctum consecratum, et in substantiam prioris translatum, veraciter a populo fidelium manducatur ; per hoc quoque corpus tertium quod est Ecclesia Christo incorporatur.

CAP. IV. *Quod homo per hunc cibum Christo incorporetur.*

Nempe corpus Christi comedit corpus Christi. Per hoc quoque Christus fit corpus Christi. Sicut enim corporalis in substantiam nostri corporis vertitur; sic Ecclesia per hunc cibum in corpus Christi vertitur, et una caro cum eo efficitur, sicut scribitur : *Erunt duo in carne una* (*Matth.* XIX; *Marc.* X). Et sicut Pater in Filio et Filius in Patre secundum divinitatem naturaliter substantialiter manet, sic veraciter Christus in Ecclesia secundum humanitatem, et Ecclesia in Christo per hujus cibi commestionem naturaliter manet. Ideo et ipse mediator Dei et hominum dicitur. Et Ecclesia ejus corpus in una persona et una substantia charitate conjuncta creditur, in qua ipse adhuc patitur in membris suis, eleemosynis reficitur, ubi et despicitur ; et idcirco, omni necessitate sequente, ubi est caput, illuc totum corpus colligitur. Non tamen sic quisquam in essentiam Christi transfertur, ut in persona virginis filius, vel Dei Filius jure nominetur. Sed sic fide et dilectione divinitati, per communionem autem hujus cibi sic humanitati ejus counitur, ut necessario gloria Filii Dei cohæres, ut puta membrum ejus potiatur.

CAP. V. *Quod non aliud quam substantivum Christi corpus sumatur.*

Hinc quæritur utrum Christus aliud quam suum proprium substantivum corpus apostolis tradiderit? An Ecclesia hodie aliud et aliud tunc acceperit, vel utrum a singulis sacerdotibus singula corpora vel potius ab omnibus unum conficiatur ; aut particulatim a populo vel totum ab uno quolibet comedatur? Christus Verbum Patris exstitit, per quod omnia condidit, idem Verbum naturam panis et vini in substantiam suæ carnis et sanguinis, sicut aquam in vinum convertit, et non aliud quam suum substantivum de virgine genitum corpus suis edendum tribuit, et idem in crastino pro vita mundi in ara crucis Deo Patri obtulit. Idem etiam et non aliud Ecclesia hodie per manus sacerdotum conficit, quod Maria genuit; idem nihilominus et non aliud, quamvis ex alio pane confectum, populus fidelium hodie accipit, quod et Christus manibus suis tradidit. Et, licet singuli sacerdotes singulas hostias offerant; non tamen singularia corpora, sed omnes unum, quamvis diverso tempore conficiant. Et, licet oblatas in plurima frusta dividant, non tamen partes, sed singuli totum accipiunt. Alioquin si Christus semel divisus a populo comederetur, non esset, quod denuo esurienti daretur; aut tot essent Christi corpora, quot sacerdotum sacrificia. Nunc autem unum Christi corpus ab omni populo, et ab uno quoque totum comeditur; et tamen totum integrum in dextera Patris permanere verissime creditur. Quodque humana ratio non potest probare : catholica fides neminem sinit dubitare. Qui autem non credit, hujus corporis non particeps erit, quia deterior infideli exstitit.

CAP. VI. *Quod tam mali quam boni sacerdotes Christi corpus conficiant, sed soli justi hoc accipiunt.*

Solet quoque quæri utrum indigni sacerdotes corpus Christi conficiant, vel utrum mali hunc cibum comedant? Christus verus sacerdos secundum ordinem Melchisedech, qui corpus suum in utero virginis formaverat, solus etiam per quemlibet catholicum sacerdotem hoc ipsum consecrat, et ipse solus hoc in membris suis percipit; et ipse hoc etiam solus suis porrigit; qui in omnibus electis consummatus cœlos ascendit. Ergo dum nullus sacerdos nisi ipse Christus per ministerium sacerdotum corpus suum conficere probetur; non minus per flagitiosissimi in Ecclesia duntaxat Catholica constituti, quam per sanctissimi ministerium hoc corpus conficitur, quod etiam a nullo nisi a solo Christo in suis percipitur. Extra Ecclesiam autem, scilicet ab hæreticis, a Judæis, a gentilibus nec hoc sacramentum perficitur, nec munus oblatum accipitur. Simoniaci tamen, qui quidem inter hæreticos censentur, sed tamen fide integerrima Catholicis admiscentur, per fidem Trinitatis Christi corpus conficiunt, sed ejus participes ob reprobam vitam non fiunt. Soli namque fil i Dei hoc cibo vescuntur, qui soli Deum visuri noscuntur, ipso Christo attestante qui ait : *Caro mea vere est cibus, et sanguis meus vere est potus, qui manducat meam carnem, et bibit meum sanguinem, in me manet et ego in eo (Joan.* VI). Et quid est Christus? Vita. Et quis manet in vita? qui vivit in anima. Quisnam vivit in anima? qui nullum mortale crimen committit, et quod credit, opere dilectionis perficit. Itaque fides Christi est vita animæ, ut scriptum est : *Justus ex fide vivit (Rom.* I). Fidei autem vita est operatio, ut item scriptum est : *Fides sine operibus mortua est (Jacob.* II). Operationis vero vita est dilectio, ut dicitur : *Qui non diligit manet in morte. Deus enim est dilectio, et qui manet in dilectione; in Deo manet, et Deus in eo (I Joan.* IV). Hæc autem dilectio impletur Deum quærendo, et proximo in necessitate subveniendo. In hoc Deus manet per scientiam eum illustrando; et velle ac posse bonum ei subministrando, ipseque in Deo manet, fide in illo sperando, et mala declinans, bona per dilectionem operando. Ergo hi soli corpus Christi accipiunt qui hoc modo in vita charitate Christo vivunt.

CAP. VII. *Quod mali non corpus Christi sed judicium sumant, et quid sit judicium sumere.*

Qui autem in peccatis mortui sunt, in Christo, qui est vita, non manent, sed longe ab eo sunt, et ideo Christi corpus non sumunt, sed judicium sibi manducant et bibunt. Judicium autem in hoc sacramento sumit, qui criminali flagitio implicatus, ante confessionem et pœnitentiam hunc cibum angelorum edere præsumit, quia, sicut his, qui reus Judici adducitur et ab eo vitæ subtractus morti addicitur, sic nimirum qui polluta mente et conscientia vivificis sacramentis se indignus temere ingerit, judicis Christi offensam incurrit, et a vita ut reus projicitur, et diabolo ut Judas in potestatem traditur, ut ejus agitatione omne ei bonum in odium veniat, et justo judicio, corde indurato et impœnitente malo malum superaugeat; ut furiosus camini incendium ad seipsum exurendum magis ac magis incendat. Unde cum talibus Dominus diceret : *Amen, amen dico vobis, nisi manducaveritis carnem Filii hominis, et biberitis ejus sanguinem, non habebitis vitam in vobis (Joan.* VI), partes eum de carne sua præciburum et eis præbiturum æstimabant, atque : *durus est hic sermo (ibid.)* respondebant. Quia enim malitia indurati in peccatis mortui erant, vitæ verba non ferentes, mox a vita etiam corpore recesserant. Ipse autem secum quasi sanis membris in vita permanentibus ait : *Spiritus est, qui vivificat, caro autem nihil prodest (ibid.).* Ac si diceret Spiritus qui in hoc spirituali cibo percipitur, animas vivificat, caro autem, ut vos æstimatis, præcisa vel carnaliter comesta nihil ad vitam animæ prodest. Igitur qui non credunt vel male vivunt, corpus Domini non accipiunt.

CAP. VIII. *Quod species et non virtus sacramenti a malis accipiatur et cur sacramentum dicatur, vel utrum veritas an figura credatur?*

Videndum autem quid in re ab eis accipiatur, vel cur hoc sacramentum dicatur, et utrum veritas an figura in hoc credatur? In Christo duæ substantiæ prædicantur, visibilis humanitas, et invisibilis divinitas. Si in hoc sacramento duo considerantur. Et quia species et gustus panis et vini cernitur foris, intus autem corpus et sanguis Christi intelligitur, ideo sacramentum dicitur. Omne sacramentum aliud foris ostendit, aliud intus intelligendum innuit, sicut litteræ in quibus figuræ exterius et characteres videntur; sed potestates et significationes interius intelliguntur. Unde licet in veritate caro et sanguis Christi credatur, tamen non incongrue sacramentum vel figura nominatur. Ergo species hujus sacramenti forinseca a reprobis percipitur, virtus autem intrinseca vivificans, eis penitus subtrahitur. Sicut et humanitas Christi a Judæis crucifigitur, divinitas ejus nulla læsione attingitur.

CAP. IX. — *Utrum corpus Domini aliud sit in ore bonorum, aliud in ore malorum?*

Cum hic panis post consecrationem in corpus Christi substantialiter vertatur; quæritur utrum in ore indigne sumentium in aliam naturam commutetur? sicut Christus a morte *resurgens ultra jam non moritur (Rom.* VI); ita caro ejus de pane confecta in nullam aliam naturam transmutabitur. Idem enim erit in ore pessimi quod in ore piissimi, sicut idem erat in manibus se crudeliter crucifigentium, quod in manibus se devote sepelientium, sed sicut sol idem existens in calore, quod in splendore, diversa tamen in his duobus efficit, videlicet calore terram exurens, splendore illuminans, sic caro Christi eadem manens, diversa in diversis efficit, justos sibi incorporans, injustos a se vita resecans. Et sicut quotidianus panis vires roborat, idem infantes præfocat. Ita eadem res existit dignis causa gloriæ, indignis causa pœnæ.

CAP. X. — *Quid inde sentiendum sit, quod vetustas vel quodlibet animal consumpserit?*

Corpus Domini aliquando vetustate consumitur, aliquando casu ferente amittitur, aliquando a muribus corroditur vel a canibus devoratur; quid inde sentiendum sit, quæritur. Cum impii Christum flagris lacerarent, et in cruce clavis perforarent, guttæ sanguinis in terram cadebant, quæ resurgentis substantiam non minuebant. Non enim resurgens eas resumpsisse legitur, quin potius sanguis de latere ejus fluens a fidelibus exceptus creditur, qui usque hodie in quibusdam locis reverenter servari traditur. Sed utrum hic adhuc in illud corpus realiter revertatur, quod integrum resurgens jam incorruptibile in dextera Dei sedere prædicatur; an in terræ materiem, unde sumptus est, deficiat, dubitatur. Verumtamen cum ipse dicat, capillum de capite nostro non periturum, sed in resurrectione in locum corporis reversurum; a quibusdam pie putatur, sanguis pro nobis effusus in corpus Christi miro modo transiturus. Similiter quod de corpore Domini senio extabuit, vel casu in terram cadens computruit, nihil de substantia corporis Christi imminuit; sed utrum in terræ materiem redactum ita permaneat, dubitatur. Sed a doctoribus in Christi substantiam ineffabili quidem modo transferri putatur. Animantibus autem, quibus non est intellectus, sicut hujus cibi comestio non prodest, ita etiam nihil obest, sed potius his, quorum negligentia sanctum canibus datur, multum nocet. Sicut enim caro sine Spiritu se non movet, ita hæc caro sine Spiritu vivificante percepta nihil prodest, sicut ipse dicit : *Spiritus est, qui vivificat, caro autem nihil prodest (Joan.* VI). Porro caro Christi ab his comesta sic in substantiam Christi transferri creditur, sicut ab infidelibus vel ab indignis catholicis sumpta in essentiam Christi commutari non dubitatur.

CAP. XI. — *Utrum Judæi corpus Domini comederint, qui manna manducaverunt?*

Quæritur autem, utrum fideles sub lege corpus Christi comederint, de quibus legitur : *Eamdem escam spiritalem manducaverunt, et eumdem potum spiritalem biberunt (I Cor.* x). Et de quibus scribitur : *Panem angelorum mandacavit homo (Psal.* LXXVII). Quid est eamdem, nisi quam et nos comedimus, videlicet corpus Christi? Num ille populus carnem Christi comedit, cum adhuc Christus minime incarnatus sit, sed potius post duo millia annorum et eo amplius carnem assumpserit? Porro manna esca illorum in materia panis erat, de rore cœli jussu Dei transformatum, omne delectamentum habens. Sed in figura corpus Christi erat, animas credentium omni dulcedine replens. Sic et potus illorum erat aqua, de petra scilicet materiali fluens, nunc olei, nunc mellis saporem præbens; sed in figura Christi sanguis erat, sitim animarum exstinguens. Unde et petra de qua fluxit, Christus dicitur, sicut et vitis vera scribitur, cum utique in substantia Deus et homo fuerit, in figura autem petra et vitis exstiterat. Ergo ille populus in substantia manna, in figura autem corpus Christi comedisse affirmatur. Unde et panem angelorum manducasse memoratur. Et quia angeli non corporeo cibo vescuntur, sed pane vivo Christo indesinenter reficiuntur.

CAP. XII. — *Cur de pane et vino et aqua hoc sacramentum fiat?*

Nunc autem intuendum, cur hoc sacramentum magis de pane quam de carne, et magis de vino, quam de lacte conficiatur, vel cur magis cum aqua quam cum alio liquore commisceatur? De pane ideo fit; quia sicut panis de multis granis conficitur, sic corpus Christi Ecclesia de multis electis in unum colligitur, quæ hoc pane quotidie reficitur. Et sicut *pan*, πᾶν omne dicitur, ita in hoc pane vivo omnis gratia percipitur. Et quemadmodum panis duobus lapidibus molitur, aqua conspergitur, manibus pinsatur, igni coquitur; ita Christus panis vivus a duobus populis, scilicet a Judæis et gentibus in passione est molitus, sanguine conspersus, colaphis et alapis pinsatus, igne passionis decoctus. Qui panis ideo in modum denarii formatur, quia Christus panis vivus pretio denariorum venditur, et ipse est verus denarius, qui per decalogum legis in vinea Ecclesiæ laborantibus in præmio dabitur. Idcirco autem sanguis ex vino fit, quia sicut vinum ex multis uvis confluit, ita Ecclesia ex multis justis in unam compagem colligitur, quæ homo potum bibit; et sicut vinum in torculari exprimitur, ita Christus botrus Cypri de vinea Sorec in vecte crucis a duobus, scilicet prohetis et apostolis, ad filios Israel, videlicet credentes, Deum videntes, deportatus, prelo crucis torquetur. Aqua ideo admiscetur; ut populus, quem aqua significat, et qui aqua baptismatis renatus est, Christo incorporetur. Quia sicut post consecrationem non duæ, sed una res, scilicet sanguis Christi intelligitur; ita quisque fidelis post communionem hujus sacramenti unum membrum in corpore Christi existens veraciter creditur. Ideo Ecclesia corpus Christi hoc edulio vescitur, quia et ipsa camino tribulationis in modum panis excoquitur, et prelo angustiæ instar vini premitur. Hanc autem prementes et angustiantes hujus pastus participes non existunt, sed stipula incendii in die furoris Domini erunt, quando justi hoc cibo refecti ut sol fulgebunt. Itaque per carnem Christi caro nostra immortaliter vivificatur, per sanguinem ejus anima nostra, quæ manere in sanguine legitur, sed in sanguine peccatorum non ignoratur, ad vitam resuscitatur. Porro animæ duæ partes a doctis non nesciuntur, scilicet superior quæ invisibilia, et unamquamque rem, quid in proprietate sit substantiæ, considerat: inferior quæ totum corpus vivificans, sensus alternæ divisione specificat. Et superior quidem spiritus appellatur, inferior anima nuncupatur. Corpus ergo pro carne, sanguis pro spiritu, aqua pro anima nostra offertur, et sic totus homo redimitur, unumque cum Christo pane vivo efficitur. Ad mensam igitur, quam sapientia paravit, et ad vinum, quod miscuit, redempti a Domino alacres conveniant, edentes et bibentes de bonis Domini super frumento, vino et oleo gaudeant, quia quandoque ab ubertate domus Domini inebriabuntur, et cum apparuerit gloria Domini, de torrente voluptatis ejus satiabuntur. His, frater, si delicieris, in nuptiis Agni conviva procul dubio eris.

Explicit Eucharistion, quod interpretatur bona gratia.

SUMMA GLORIA DE APOSTOLICO ET AUGUSTO

SIVE

DE PRÆCELLENTIA SACERDOTII PRÆ REGNO

LIBER.

(Ex cod. ms. inclytæ Carthusiæ Gemnicensis eruit ven. D. P. Leop. Wydemann; edidit R. P. Bernardus Pezius *Thes. Anecdot.* t, II, p. 1, col. 179.)

PROLOGUS.

Pusilli gregis Christi duci, verbo et exemplo ad pabula vitæ prævio, Honorius in loco pascuæ, ubi nihil deerit, a bono pastore lætari cum ovibus perpetuo. Quia moderamen totius humani regiminis duabus videtur personis, regali nempe et sacerdotali, inniti veluti, machina totius universitatis duabus columnis fulciri: injungis mihi, sermone et scientia imperito, pervigil ovilis Christi ductor, stylo depromere, utrum eædem personæ pares sint in collato principatus apice, an altera sit major constituenda? quia sicut magnæ dementiæ est hoc grave pondus invalidis humeris velle fulcire, ita videtur scelus idololatriæ tibi, in vice Christi imperanti, nolle obedire. Sed tolerabilius æstimo ob benevolentiæ studium me premi judicio imperitorum vel invidorum, quam ob inobedientiæ torporem subrui censura studiosorum, vel Christi devotorum. Quia igitur plerique nomen scientiæ sibi usurpant, nescientes de quibus loquuntur, vel affirmant, atque imperita scientia apud indoctas vulgi aures inflantur, seque fautores sæcularium potentatuum jactanter gloriantur, quatenus horum impudentia reprimatur, hic libellus ad honorem Regis veri et Sacerdotis Jesu Christi edatur, et quia de regno et sacerdotio ejus est materia, sit nomen ejus Summa gloria.

Cap. I. *Exponitur status quæstionis: utrum sacerdotium regno, an regnum sacerdotio jure ac dignitate præcedat? Ostenditur ex figura Abel et Cain, horumque posterorum, sacerdotio regno præcellere.*

Cum universitas fidelium in clerum et populum distribuatur, et clerus quidem speculativæ, populus autem negotiativæ vitæ ascribatur; et sæpe hæc prima spiritualis, hæc vero sæcularis nominetur, et ista sacerdotali, illa autem regali virga gubernetur: solet plerumque apud plerosque quæri, utrum sacerdotium regno, an regnum sacerdotio jure debeat in dignitate præferri? Ad quod quidem breviter possem respondere, quod sicut spiritualis præfertur sæculari, vel sicut clerus præcellit populum ordine, sic sacerdotium transcendere regnum in dignitate. Sed imperitis, et sæculari tantum scientia obcæcatis, nil ratum videtur, nisi plurimis Scripturarum testimoniis roboretur. Unde ut hæc quæstio enucleatius discutiatur, radix solvendi nexus ab origine mundi diligentius inspiciatur. Primus Adam de munda terra creatus, formam secundi Adam cœlestis gessit, qui carnem de munda Virgine sumpsit. Adam de conjuge sua duos filios genuit, quia Christus de (*I Reg.* xv). Legitur sublimitas sacerdotii per Abel, sponsa sua Ecclesia clerum et populum gignere disposuit. Uterque etiam filius utrumque ordinem suo officio prætulit. Abel namque, qui fuit pastor ovium, expressit sacerdotium; in quo pastoralis cura vigilat, quatenus oves Christi a rabidis lupis hæreticæ pravitatis custodiat; qui agnum sacrificavit, quia Verbum Patris, Agnum peccata mundi tollentem præsignavit: cujus sacrificium Deo acceptabile legitur, quia sacerdotium ei injunctum a Patre creditur. Qui etiam liberos procreasse non scribitur; quia sacerdotium Ecclesiæ a carnali conjugio excluditur: a fratre occiditur, quia sacerdotium sæpe a regno opprimitur. Cain autem, qui rus coluit, et civitatem condidit, in qua etiam regnavit, typum regni gestavit. Ad hujus munera Dominus non respexisse legitur, quia indebitum fratris officium sibi usurpasse traditur. Quanta ergo excellentia sacerdotium regno præmineat, Dominus evidentissime declarat: qui Abel sacerdotem collaudat et ejus sacrificium approbat; Cain vero regem vituperat ejusque munera reprobat. Nec te moveat quod Cain major natu scribitur; quia non prius spirituale, sed carnale prædicatur cum etiam hic in carne existens a carnalibus prematur, postea in spirituali quiete speciali gloria induatur.

Hic quilibet calumniosus oblata occasione, elatis superbiæ carnibus, me quasi inermem ventilat, et venenata livor virus invidiæ evomens insultando clamitat: Nonne tu de sacerdotio et regno disputare instituisti? Cur nunc tergiversando ad personarum qualitatem diverticula facis? Persona dignitatem non commendat, sed potius dignitas personam exaltat. Abel non ob sacerdotium, sed ob vitæ meritum est laudatus. Similiter et Cain non ob regni honorem, sed ob crudelis vitæ horrorem a Deo est reprobatus: ergo Abelis justitia sacerdotii potestatem non ampliavit, et Cain malitia regni majestatem non minoravit. Hæc præacuta imperitiæ cornua crucis cornibus retunduntur, et gladio verbi demetuntur, utque ora loquentium iniqua, hac oppilatione obstruantur, *auferetur a vobis regnum Dei, et dabitur genti facienti fructus ejus* (*Matth.* xxi); quia *ruina estis populi*, dicit Dominus. Porro humiles qui verba veritatis intelligere desiderant, patienter quæ Deo inspirante dicuntur audiant. Mos est sacræ Scripturæ aliquando officium persona commendare, aliquando officium persona improbare. Officium persona commendatur, sicut Apostolus sacerdotium ex persona Christi laudat: *Talis enim decebat ut nobis esset Pontifex, sanctus, innocens, impollutus* (*Hebr.* vii), etc. Persona officio commendatur, sicut per prophetam Dominus David affatur dicens: *Vade*, inquit, *et dic David duci populi mei: Ego te constitui ducem super populum meum* (*II Reg.* vii), etc. Item, officium ex persona improbatur, sicut sacerdotium per filios Heli pollutum affirmatur. Persona quoque officio reprobatur, sicut a Domino ad Saul dicitur: *Quia non custodisti verba mea, abjeci te, ne sis rex*

sacerdotium commendatur nec tamen imperium per Cain vituperatur. Ne autem quis existimet male viventibus sanctitatem per sacerdotium conferri, Heli sacerdos reprobatur: et ne quis putet regni gloriam bene viventibus obesse, David rex collaudatur.

Quali autem prærogativa sacerdotium præ regno resplendeat in sequentibus sacra Scriptura declarat: *Ingressi sunt*, inquit, *filii Dei ad filias hominum* (*Gen.* vi). En posteri Seth, qui Abel in sacerdotio successit, *filii Dei* nominantur; posteri Cain, qui ei in regno successerunt, *filii hominum* appellantur. Sacerdotes quippe in sacro eloquio nunc filii Dei, nunc dii, nunc christi Domini, nunc angeli solent nuncupari. Filii Dei, ut in Deuteronomio: *Provocaverunt Deum filii sui* (*Deut.* xxxii). Et in Job: *Quadam die cum venissent filii Dei, ut assisterent coram Domino* (*Job* i). Dii, ut in Exodo: *Diis ne detrahas* (*Exod.* xxii); et iterum: *Offer sacrificium diis* (*ibid.*). Christi Domini, ut in David: *Nolite tangere christos meos* (*Psal.* civ). Angeli, ut in propheta: *Labia sacerdotis custodient scientiam, et legem requirent ex ore ejus, quia angelus Domini exercituum est* (*Mal.* ii). Filii autem hominum nuncupantur; qui de terreno regno gloriantur. Ergo quantum hæc vocabula, filii Dei, dii, christi Domini, angeli a filiis hominum differunt, tantum divina auctoritate sacerdotes in dignitate reges præcellunt.

CAP. II. *Idem probatur ex filiis Noe, et Abraham, inferturque regem summo pontifici in divinis, pontificem regi in sæcularibus esse subjectum.*

Sed notandum quod hi quoque in diluvio suffocantur, qui *filii Dei* nominantur; quia nimirum sacerdotium non salvat quos reproba vita damnat. Noe quoque qui arcam diversis animabus plenam in undis rexit, typum Christi gessit, qui Ecclesiam diversis generibus hominum repletam in fluctibus sæculi regit. Hujus duo filii, Sem et Japhet, evidentissime sacerdotii et regni figuram gerunt, atque clerum et populum exprimunt. Sem namque a doctissimis Melchisedech fuisse traditur, qui sacerdos Altissimi scribitur; qui etiam rex Salem legitur, quia cujusquam civitatis rector, ideo tunc rex dicebatur; hic quoque primogenitus scribitur, quia ab hoc verum sacerdotium inchoasse dicitur. De Japhet autem Romanum imperium processisse invenitur. Porro tertius filius, qui duorum fratrum servitio addicitur, populus sacerdotio et regno subjectus accipitur, et judaicus populus utrique serviens intelligitur. Qui etiam filius patris verenda deridet, quia judaicus populus Christi humanitatem, vel vulgus prælatorum fragilitatem remordet. Quanta itaque dignitate sacerdotium a regno differat, divina vox per Noe manifestat? *Dilatet*, ait, *Deus Japhet, habitet in tabernaculis Sem* (*Gen.* ix). Romanum quippe regnum a Japhet descendens quanquam toto orbe dilatatum, tamen habitat in tabernaculis Sem, id est in Ecclesiis sacerdotum; quorum Cainan est servus, quia judaicus populus sacerdotio et regno jam privatus Christianus volens nolensque subjectus est.

Nec silentio prætereundum quod de semine Cham Nemrod gigas descendit, qui turrim Babel construxit contra Deum, in qua primus in mundo tyrannidem arripuit; primus idola colere docuit. De cujus stirpe Ninus processit qui primus sceptra monarchiæ sibi usurpavit, et utriusque gentem, Sem scilicet et Japhet, virtute subjugavit. Quem adhuc imitantur tyranni, qui jura regni indebite arripiunt, et clerum ac populum crudeliter premunt. Et quia hujus Nini successorumque ejus principatus divina auctoritate non fulcitur, ideo non regno, sed tyrannidi ascribitur. Ideo etiam Abraham ejusque cognatio ei subdita non fuit, sed potius divino jussu ejus dominium fugit; atque in terra posteris suis danda electum Dei populum ut sacerdos docuit, ubi quoque non regibus serviisse, sed potius reges leguntur ei sæpius supplicasse.

Ab hoc quia fidelis populi regnum et sacerdotium exordium sumpsit, duos filios in figura habuit: ex quibus Isaac sacerdotium expressit, dum filium quasi pontifex benedixit; Ismael vero regnum prætulit, qui se venandi studio exercuit. Qualis ergo differentia fuit inter Isaac, qui hæres patris scribitur, et Ismael qui ejectus legitur, talis distantia inter sacerdotium et regnum divina auctoritate esse cognoscitur. Unde sicut tunc Ismael persequebatur Isaac, ita adhuc regnum persequitur sacerdotium.

Isaac etiam a patre oblatus, formam gessit Christi qui a Patre suo pro nobis est immolatus. Hujus duo filii non solum sacerdotium et regnum figuris expresserunt, verum etiam ipsis actibus gesserunt. Nam dum Jacob super lapidem sacrificium obtulit, manifestissime sacerdotium gessit; Esau vero regnum prætulit, dum duodecim duces de sua stirpe protulit. Sed quantum officium Jacob, officium Esau præcellat, divina vox in benedictione patris declarat: *Serviant tibi*, inquit pater ad Jacob, *populi et adorent te tribus; esto dominus fratrum tuorum, et incurventur ante te filii matris tuæ* (Gen. xxvii). Idem quoque ad Esau: *Dominum tuum illum constitui et omnes fratres ejus servituti illius subjugavi: Vives*, inquit, *gladio et servies fratri tuo* (ibid.). Et cum adhuc in utero matris gestarentur, a Domino dicitur: *Major serviet minori* (Gen. xxv).

Quid amplius quærimus? quid potest manifestius dici? quis demens contrahit divinæ auctoritati? En quanta voce præcipitur numerositati laicorum ut serviant devotioni clericorum: igitur si rusticus jure serviet diacono, tunc jure miles presbytero; et si miles presbytero, tunc princeps episcopo: et si princeps episcopo, tunc justissime rex, qui utique est de numero laicorum, subjectus erit apostolico. Sed garruli fortassis tumido fastu contendunt regem non esse de numero laicorum, cum oleo sit unctus sacerdotum. Hos manifesta ratio insensatos deridet, et imprudentium hominum ignorantiam perspecta veritas obmutescere faciet. Aut enim rex est laicus, aut clericus? Si non est laicus, est clericus; et si est clericus, tunc aut est ostiarius, aut lector, aut exorcista, aut acolythus, aut subdiaconus, aut diaconus, aut presbyter, aut episcopus. Si de his gradibus non est, tunc clericus non est. Porro si nec laicus nec clericus est, tunc monachus est; sed monachum eum esse excusat uxor et gladius. *Non enim sine causa gladium portat; vindex est enim iræ Dei in hoc ipsum constitutus* (Rom. xiii); sed nec monacho, nec etiam clerico licet arma portare. Igitur cum evidenti ratione sit laicus, et sacerdos per officium sacerdotale omnibus laicis sit præfectus, oportet ut per omnia summo sacerdoti, utpote capiti Ecclesiæ, in divinis sit subjectus; et econtra summus sacerdos cum omni clero in sæcularibus ipsi regi tanquam præcellenti est subjectus, sicque hi duo principes populi honore se invicem prævenientes, vero Regi et Sacerdoti Christo firmiter inhærentes cum ipso perenniter regnabunt.

CAP. III. *Quanto honore apud Israelitas, eorumque reges, ipsosque gentiles sacerdotium fuerit.*

Sed jam Moyses cum lumine legis ad medium veniat, et caliginem ignorantiæ de mentibus nostris penitus excutiat. Hic populum Dei de Ægypto educens legem et jura ei statuit, et ad hunc gubernandum non regem, sed sacerdotem constituit: ab hujus quoque fratre Aaron legale sacerdotium sumpsit exordium.

A tempore itaque Moysis usque ad tempora Samuelis populus Dei non regibus, sed sacerdotibus regebatur, et judices, qui populo in sæcularibus præesse videbantur, per omnia sacerdotum decretis moderabantur. Cum autem populus recusasset sacerdotalem ferre mansuetudinem, et regalem decrevisset experiri magnitudinem, Samuel propheta et sacerdos jussu divino unxit eis regem, regnique mox conscripsit legem. Qui rex Samueli in omnibus parebat, in his quæ divinæ legi congruebant; similiter et Samuel regi obaudiebat in cunctis quæ ad jus regni pertinebant. Prophetæ etenim sacerdotes censebantur, ut et sæpius sacrificasse narrantur; postquam autem idem rex et sacerdotale officium sibi sacrificando vindicabat, confestim cum divina censura a regno reprobabat.

David enim bonus, et omnis regum successura series super Juda vel Israel a prophetis vel sacerdotibus, quod pene idem erat, in regnum eligebantur, et inungebantur; et tamen pene omnes eisdem in divinis subjecti memorantur, et ipsi econtra eos in sæcularibus subditi venerabantur. Denique David rex Nathan et prophetis præcipientibus parebat, increpatus ab eis humiliter audiebat. Salomon propheta sapientissimus, rex potentissimus, miro decore, et mirifice sacerdotium exaltavit, maxima veneratione honoravit, maximis beneficiis ditavit. Alii quoque reges prophetas et sacerdotes Domini et coluisse, et eis in spiritualibus subditi fuisse inveniuntur; sicut Ezechias Isaiam coluisse, Achab pessimus et idololatra Eliam, quamvis ab eo graviter increpatus, cum maximo honore habuisse. Joas Elisæo, Josias Jeremiæ subditi fuisse leguntur. Et quandiu reges sacerdotes, suos scilicet consecratores, honorabant, prophetas ut doctores suos audiebant, tandiu ipsi in gloria stabant; postquam vero sacerdotes spreverunt, prophetas occiderunt, mox a regno sunt pulsi, et cum dedecore in nationibus dispersi.

A tempore autem Babylonicæ migrationis soli sacerdotes populum Dei regebant, quia regnum ex toto defecerat; usque dum de tribu Juda in carne adveniret, cui et sceptrum regni, et sacerdotium repositum erat. Igitur frequenter est regnum immutatum, sacerdotium mansit semper inconcussum, licet aliquando perturbatum.

Utquid memoro reges divini cultus sacerdotes honorasse, cum sacræ litteræ tradant etiam gentiles suos sacerdotes permaxime coluisse. Moyse namque attestante, cum Ægyptii terram suam fame cogente venderent, seque ipsos quoque in servitutem Joseph redigerent, soli sacerdotes sua vendere non cogebantur, quia eis publica stipendia a regis horreo præbebantur. Sed et omnes historiæ gentilium narrant reges honorasse suum sacerdotium; ita ut quidam consules vel imperatores legantur idem explevisse. Hæc jam sufficiant de veteribus, nunc de Christianæ religionis temporibus videamus.

CAP. IV. *Sicut anima dignior est corpore, ita regno sacerdotium, a quo illud jure ordinatur.*

Dominus noster Jesus Christus, verus Rex et Sacerdos secundum ordinem Melchisedech Sponsæ suæ leges et jura instituit; et ad hanc gubernandam non regnum, sed sacerdotium constituit. In quo Petrum apostolum præfecit, cui et dixit: *Tu es Petrus, et super hanc petram ædificabo Ecclesiam meam*, etc., usque ad id, *solutum est in cœlis* (*Matth.* XVI). Hanc potestatem sacerdotii Petrus a Domino accepit, hanc successoribus suis reliquit. Sicut ergo a tempore Moysi usque ad Samuelem sacerdotes populo Dei præfuerunt, ita a tempore Christi usque ad Sylvestrum soli sacerdotes Dei Ecclesiam rexerunt. Quæ ab eis, optimis moribus et legibus optime instituebatur, ad æternam patriam egregie erudiebatur: a regibus vero undique impugnabatur, qui eam a cultu veritatis modis omnibus avertere, et ad culturam dæmonum convertere, imo compellere nitebantur. Postquam autem lapis de monte sine manibus abscissus, ab ædificantibus murum iniquitatis quidem reprobatus, a Deo autem electus et in caput anguli levatus, in montem magnum excrevit, et universam terram sua magnitudine implevit: mox mutavit tempora et transtulit regna; cœpit quoque altitudo regni coram Christo pedibus incurvari, ac fastigium imperii in conventu Ecclesiæ inclinari. Persecutionis nempe tempus Deus pacis sacerdos magnus tempore pacis permutavit: ac rebelle impe-

rium paganorum rex magnus super omnes deos transtulit in regnum Christianorum.

Constantinus itaque princeps principum regni per Sylvestrum principem sacerdotum Ecclesiæ ad fidem Christi convertitur, et totus mundus novo ritu Christianæ religionis induitur. Qui Constantinus Romano pontifici coronam regni imposuit, et ut nullus deinceps Romanum imperium absque consensu apostolici subiret imperiali auctoritate censuit. Hoc privilegium Sylvester a Constantino accepit, hoc successoribus suis reliquit. Cumque sacerdotii cura et regni summa in Sylvestri arbitrio penderet, vir Deo plenus intelligens rebelles sacerdotibus non posse gladio verbi Dei, sed gladio materiali coerceri, eumdem Constantinum assumit sibi in agricultura Dei adjutorem, ac contra paganos, Judæos, hæreticos Ecclesiæ defensorem: cui etiam concessit gladium ad vindictam malefactorum, coronam quoque imposuit regni ad laudem bonorum.

Abhinc mos cœpit Ecclesiæ reges vel judices propter sæcularia judicia habere: qui paganos Ecclesiam infestantes, vel alios ejus hostes eam impugnantes acriter propulsarent: intus vero divinis legibus rebelles pœnarum terrore Ecclesiæ subjugarent. Ad reges ergo pertinent sola sæcularia judicia. Unde cum quidam episcopi coepiscopos suos in causam coram Constantino imperatore ponerent, ille sciens ad jus suum non pertinere, respondit: « Ite, quia christi estis, et ipsi de hac re inter vos videte; ego non ero judex vester. »

Igitur sicut anima dignior est corpore, quæ illud vivificat, et quantum dignius est spirituale quam sæculare, quod illud vivificat; tantum sacerdotium dignius est regno, quod illud constituens ordinat. Hinc quæritur a quibus hæ personæ sint eligendæ vel constituendæ?

Apostolicus a Romanis cardinalibus est eligendus, consensu episcoporum et totius urbis, cleri et populi, acclamatione in caput Ecclesiæ constituendus. Ad hujus providentiam divina auctoritate pertinet cura universalis Ecclesiæ, scilicet totius populi et cleri. Apostolica auctoritate sollicitudo omnium Ecclesiarum; imperiali vero auctoritate Romani regni electio et constitutio. Ad hujus quoque jus pertinet cunctorum episcopatuum, patriarchatuum canonica dispositio, universi cleri et populi in divinis legibus correctio.

Episcopus autem cujusque civitatis a clero ejusdem civitatis, vel provinciæ debet eligi, ac populi acclamatione in pastorem ovilis Christi constitui: ab apostolico annulo et virga investiri, a duodecim, si est archiepiscopus, vel ad minus a tribus consecrari debet episcopis. Ad hujus officium pertinet subjectum clerum canonice gubernare, populum ad jura divinæ legis invitare, resistentes excommunicare, pœnitentes absolvere.

Imperator Romanus debet ab apostolico eligi consensu principum et acclamatione plebis, in caput populi constitui, a papa consecrari et coronari. Ad hujus moderamen pertinet secundum civilem justitiam vel patriæ jura, præfecturas, advocatias, præsidatus, ducatus, comitatus disponere : tributa, fora, pro qualitatis tempore jura populis instituere. Ab ipso sunt reges et judices provinciarum vel regionum constituendi, ab ipso principes civitatibus sunt præponendi.

Sed hic forte contentiosi sermone et scientia imperiti erumpunt, et imperatorem non ab apostolico, sed a principibus eligendum affirmabunt. Quos ego interrogo, utrum rex a subditis, an prælatis sit constituendus? a prælatis, inquiunt. A quibus? a ducibus et comitibus. Sed duces et comites episcopis, ut puta, dominis suis subditi sunt quia ab eis beneficia et Ecclesiarum prædia habent; ergo rex a Christi sacerdotibus, qui veri Ecclesiæ principes sunt, est constituendus; consensus tamen laicorum requirendus : igitur quia sacerdotium jure regnum constituet, jure regnum sacerdotio subjacebit.

CAP. V. *Christus ipse regno prætulit sacerdotium; tametsi et per se, et per apostolos suos docuerit, regibus honorem in rebus sæcularibus deferendum esse.*

Quantum etiam ipse Dominus sacerdotium regno prætulerit, hinc patet : quod, cum venturi essent, ut eum caperent, et regem constituerent, fugit. Sacerdotale vero officium devote implevit, cum inter cætera sacerdotalis officii insignia prædicationis scilicet et miraculorum patrationis, etiam sacramenta corporis sui benedixit, huncque ritum suis celebrandum tradidit. Equidem quilibet sacerdos, licet ultimus gradus in sacro ordine, dignior est quovis rege. Unde legitur quod B. Martinus episcopus a Maximo imperatore ad convivium invitatus, cum pincerna regi poculum inter epulas porrigeret, rex jussit hoc episcopo dari, ut ipse ab ejus dextera acciperet. Sed postquam Martinus bibit, presbytero suo poculum dedit, digniorem illum rege judicans qui Christi sacramenta conficeret; et regem peccantem ligare, pœnitentem solvere posset. Similiter ab Ambrosio episcopo Theodosius imperator ab Ecclesiæ liminibus arcetur, cum homicidii crimine reus et obnoxius teneretur; atque pœnitentiæ vinculis innectitur, quibus post satisfactionem ab eodem absolvitur.

Quamvis igitur sacerdotium longe transcendat regnum; tamen ob pacis ac concordiæ vinculum monet evangelica et apostolica auctoritas regibus honorem in sæcularibus negotiis duntaxat deferendum. Cum etiam quidam a Domino inquirerent utrum censum dari Cæsari liceret, ait : *Reddite quæ sunt Cæsaris, Cæsari, et quæ sunt Dei, Deo (Matth. XXII).* Ergo in his quæ ad regni jus pertinent, oportet et populum regibus parere; sed in his quæ ad jus divinæ legis spectant, Deo placere. Sic Sebastianus beatissimus et verus Dei cultor Diocletiano et Maximiniano, paganis licet imperatoribus, in sæcularibus fidelis exstitit : in spiritualibus uni Deo, Creatori omnium, placere studuit. Sic et inclytus Mauritius cum suo exercitu eisdem imperatoribus auxilium contra hostes regni præbuit : cum vero contra religionem Christianam agere ab eisdem cogeretur, facere renuit; quia didicerat scriptum : *Obedire oportet Deo magis quam hominibus (Act. V).* Beatus quoque Petrus apostolus hortatur honorem deferre regibus : *Deum,* inquit, *timete, regem honorificate (I Petr. II).* Et iterum : *Subditi estote omni creaturæ humanæ propter Deum, sive regi quasi præcellenti, sive ducibus ab eo missis ad vindictam malefactorum, laudem vero bonorum (ibid.).* In quibus verbis considerandum est quia reges et judices ob solam vindictam malorum constituuntur, qui laudem ferre bonis dicuntur. Justi enim reges et judices solos impios et iniquos puniunt; justos autem et bonos laudibus extollunt. Beatus etiam Paulus ad subjectionem principum hortatur dicens : *Omnis anima potestatibus sublimioribus subdita sit (Rom. XIII).* Et ne putes potestates per homines casu constitui, subjungit : *Non est enim potestas nisi a Deo (ibid.).* Quia vero aliquando propter peccata populi mali judices constituuntur, sicut in Job legitur : *Qui facit regnare hypocritam propter peccata populi (Job XXXIV);* aliquando autem ob merita quorumdam justi præficiuntur, addit : *Quæ autem sunt, a Deo ordinatæ sunt (Rom. XIII).* Et ne putares bonis quidem obediendum, malis autem resistendum, adhuc prosequitur : *Itaque qui resistit potestati, Dei ordinationi resistit; qui autem resistunt, ipsi sibi damnationem acquirunt (ibid.).* Et quia judices ad malos tantum reprimendos, imo puniendos præficiantur, patenter subdidit : *Principes non sunt timori boni operis, sed mali. Vis autem non timere potestatem? bene fac, et habebis laudem ex ipsa (ibid.).* Eadem et Petrus dixit.

Adhuc vero Paulus regis vel judicis exsequitur officium, dicens: *Dei minister est tibi in bonum. Si autem male feceris, time : non enim sine causa gladium portat (ibid.);* sed ideo, subaudis, ut malos puniat. *Dei etiam minister est, vindex in iram ei qui male agit (ibid.).* Quid potest apertius dici? Rex est minister Ecclesiæ, ut rebelles comprimat: vindex est iræ Dei, ut impios puniat. Deus namque non præfecit primum hominem hominibus, sed bestiis et brutis animalibus; quia his, qui irrationabiliter et bestialiter vivunt, judices tantum prælati sunt, quatenus eos revocent per timorem ad insitæ mansuetudinis humanæ tenorem. Unde idem Deus, per Noe, Sem et Japhet peccantis filii posteritati præfecit; quia nimirum peccantes sacerdotio et regno subjecit. Unde et in Evangelio cum discipuli dixissent Domino: *Ecce duo gladii hic (Luc. XXII),* hic verba horum sua auctoritate roboravit, quia ad regimen Ecclesiæ in præsenti vita duos gladios necessarios præmonstravit : unum spiritualem scilicet verbi Dei, quo sacerdotium utitur ad illuminandos peccantes; alterum materialem, quo regnum utitur ad puniendos in malis perdurantes. Necesse est enim ut hos regalis potestas subigat gladio materiali, qui legi Dei rebelles non possunt corrigi stola sacerdotali.

CAP. VI. *Reges sedi Romanæ non obedientes patienter quidem tolerandi sunt, sed ab eorum communione declinandum. Nec horum est ecclesiasticas dignitates, sed sæculares dare.*

Quæritur autem utrum sit in omnibus obediendum, an aliquando resistendum? Resp. Dum ea præcipiuntur quæ ad jus regni pertinent, est eis utique parendum : si autem ea quæ Christianæ religioni obsunt imperant, obsistendum. Leguntur quippe olim Christiani milites sub paganis regibus contra hostes regni militasse, et tamen cultum Christi non deseruisse : a cujus cultura si avocabantur, mox Deo magis quam hominibus obediendum etiam ipsa morte testabantur. Nam et Joannes, et Paulus jussu Constantini Christianissimi imperatoris cum Gallicano patricio adhuc pagano adversus hostes Romani imperii profecti sunt : a Juliani autem Apostatæ palatio penitus discesserunt. Igitur si rex Romanæ Ecclesiæ, quæ est caput et mater omnium Ecclesiarum, ut filius ab ea coronatus, et minister Dei, ac vindex iræ Dei, obediens exstiterit, et populum Christianum ad leges divinas servandas constringens, a paganis, judæis, hæreticis defenderit, ei per omnia ab omnibus obediendum erit. Si autem Romanæ et apostolicæ sedi rebellis exstiterit, quam Rex regum et Dominus dominantium caput Ecclesiæ esse voluit, et quæ ipsum in caput gentium constituit ; vel in aliquam hæresim declinando ut Constantius et Valens, Ecclesiam vexaverit ; vel a fide apostatando, ut Julianus, eam persecutus fuerit ; vel per schisma, ut Philippicus, eam in partes diviserit : hic, inquam, talis patienter quidem est tolerandus, sed in communione per omnia declinandus : quia non est imperator, sed tyrannus. Hujusmodi imperium Martinus renuit dicens : « Christi ego sum miles ; pugnare mihi non licet. »

Sed sunt quidam qui se sapientes esse dicunt, sed stulti facti sunt, qui audent affirmare quod regibus liceat episcopatus, vel abbatias, vel reliquas dignitates dare. Dicunt enim : Rex sancto oleo ungitur, clero et populo præficitur ; igitur utriusque dignitates jure dare convincitur. Horum falsissima affirmativa subruitur verissima negativa, eorumque negatio statuitur veritatis affirmatione. Ego ergo percontor hos episcopatus, abbatiæ, præposituræ utrum sint spirituales dignitates, an sæculares? Respondebunt: Spirituales, nisi sint dementes. At Ego : Rex est spiritualis dignitas an sæcularis? Sæcularis, inquiunt. Ergo spiritualis dignitas nihil pertinet ad sæcularem personam. Adhuc ego sciscitor ab eis : Licet regi missam celebrare nec ne? Minime, inquiunt. Quare? Quia non est sacerdos, aiunt. Et ego : Si ideo ei non licet celebrare missam, quia sacerdos non est, ergo nec Ecclesiam, in qua missa celebratur, licet ei dare, quia laicus est. Igitur quia rex laicus est, et sæcularis, et gladium ad vindictam malefactorum portans, et per sacerdotale officium vindex iræ Dei constitutus est, et populo in sæcularibus tantum prælatus, omni ratione repugnante non debet nec potest episcopatus vel abbatias vel præposituras, quæ spirituales dignitates sunt, dare. Sæculares vero dignitates tamen, sicut sunt ducatus, præsidatus, comitatus, debet et potest dare : sola autem Ecclesia debet spiritualia spiritualibus personis commendare. Unde sacri canones præcipiuntur ut si quis per sæcularem potestatem ad canonicam dignitatem intervenerit, deponatur. Joiada quippe sacerdos regem Joas constituisse legitur ; nunquam rex sacerdotem constituisse reperitur. Quod si objicitur quod Jonathas ab Alexandro rege pagano, et Simon frater ejus a Demetrio nihilominus pagano sacerdotium susceperint : sciendum est quod ipsi sacerdotes erant, et a stirpe sacerdotali descenderant ; sed officio suo, bellis incruentibus, privati erant, ab istis autem officium suum solito more explere potestatem susceperant : ergo hæc permissio non datio erat.

Porro si objicitur quod in tripartita historia legitur quod Valentinianus imperator ad Ambrosium dixerit : Ego tibi commendo corpora, Deus autem animas : sciendum est quod Ambrosius prius judex provinciæ fuerit ; accepto autem canonice episcopatu rex provinciæ curam ei insuper delegavit. Quem morem adhuc in aliquibus ecclesiis novimus observari, nempe episcopum utriusque episcopatus videlicet et ducatus curam gerere : quod tamen scimus sacerdotibus Christi minime congruere, quia *nemo militans Deo implicat se sæcularibus negotiis* (II Tim. II).

Et si adhuc ad memoriam deducitur quod in Vita S. Gregorii legitur quia imperator Mauritius præcepit eum consecrari : sciendum est quod Gregorius erat canonice a clero et populo electus ; sed cum ob pacis et concordiæ gratiam requireretur solito more imperatoris consensus, jussit eum consecrari, et assensum præbuit ejus ordinationi.

CAP. VII. *Unde pravus mos inoleverit, ut dignitates ecclesiasticæ a principibus conferrentur?*

Unde autem hic perversus mos inolevit, quod episcopatus dantur potestate regali, referam, ut accepi stylo veraci. Beatæ memoriæ Leone papa a Romanis excæcato atque ab apostolica sede a tumultuoso populo propulsato, ad Carolum regem Francorum venit, qui eum honorifice suscepit. Hic Carolus contracto exercitu Romam properat, seditiosos digna ultione puniens, expulsum papam papæ sedi redonat: quem maxime, qui facit res mirabiles illuminat. Et quia tunc Romanum imperium rectore carebat, quia, ut traditur, Constantinus quintus imperator manibus iniquorum excæcatus fuerat, venerabilis Leo papa consilio principum et consensu cleri et populi, Romani imperii sceptra Carolo regi tradidit, Augustumque consecrans, coronam regni imposuit. Et quia idem rex Romanam Ecclesiam maximo honore sublimaverat, ac multis donis et muneribus, insuper et maximis allodiis ditaverat, cum esset per omnia Catholicus, sapientia et morum excellentia Deo et regno dignissimus, apostolicæ sedi subjectus, omni clero devotus, Leo papa tertius de tali ac tanto adjutore gaudens, ei soli hoc privilegium concessit, ut citra Alpes in partibus Galliæ et Germaniæ ejus vice episcopatus ecclesiastico more institueret. Quod privilegium etiam successores ipsius ab apostolica sede promeruerunt, quia et ipsi per omnia Romanæ Ecclesiæ devoti exstiterunt : qui tamen sapientes et vita probabiles, et divino officio congruas personas elegerunt, et Ecclesiis dignos pastores absque ullo pretio præfecerunt.

Postquam vero viri Deum ignorantes, et Ecclesiæ honorem exsecrantes absque Romana electione in regnum irruperunt, et sceleratis ac perditis moribus imperium maculaverunt : hi tales regalem mansuetudinem Neronis more postponentes ac tyrannico more in clerum et populum dominium violenter, imo crudeliter extendentes, pacem Ecclesiæ et concordiam populi pertubare, apostolica statuta ac priorum regum cœperunt edicta violare. Qui justitiam et æquitatem abominantes, civile bellum, cleri populique discordiam, et omnem iniquitatem amantes, personas suis moribus congruas, justitiæ ac legis Dei inscias elegerunt : quibus contra jus et fas episcopatus, abbatias, præposituras, aliasque dignitates summo pretio, more Giezi, vendiderunt.

Ecclesia autem videns impios donis suis abuti, ac munera sibi a Christo collata a profanis profanari, non voluit ultra honorem suum alienis dare ; sed ipsa per se filiis suis, prout condecet et expedit, dispensare. Sacerdotium autem a regno potest opprimi, non tamen potest obrui : et sacerdotes a regno possunt interimi ; officium vero eorum non potest perimi. Quinimo Dominus Princeps sacerdotum sæpius exercet vindictam in præsumptionibus regum. Saul namque primus regum sacerdotes Domini injuste occidit : ideo ipse juste occisus in bello occubuit. Achab rex prophetas Domini quosdam a patria expulit, quosdam neci tradidit : ideo et ipse vulneratus morti succubuit. Joas rex Zachariam sacerdotem lapidibus obruit : unde et ipse a propriis servis occisus corruit. Azarias rex sacerdotium usurpavit : ideo mox lepra eum invasit. Herodes rex sacerdotium vendidit : ideo propria manu se interemit. Nero imperator Petrum primum papam crucifixit : ideo regno pulsus lupis præda exstitit. Decius imperator Sixtum papam occidere fecit : unde et ipse a dæmone obsessus periit. Valens imperator Athanasium episcopum a sua sede expulit : ideo ipse a Gothis incendio interiit. Julianus imperator sacerdotes Christi persequitur : unde et ipse ab hostibus occiditur. Theodoricus rex papam Joannem occidit : ideo subita morte supplicium æternum subiit. Et quid plura ? Quotquot Ecclesiæ sacerdotes persecuti sunt, pessima morte exterminati sunt.

CAP. VIII. *Respondetur ad objectionem ab unctione regum petitam, concluditurque, et in Veteri, et in Novo Testamento semper regno sacerdotium anteisse.*

Quod si quis astruxerit has duas personas honore ac dignitate pares videri, eo quod hæ solæ in lege præcipiuntur oleo sancto ungi : sciendum est quod rex tantum oleo, sacerdos autem chrismate ungebatur, et per omnia sua consecratio regis unctioni præferebatur ; et in hoc etiam differebant, quod non sicut sacerdos a sacerdote, ita etiam rex a rege, sed a sacerdote etiam ipso consecrabatur. Hoc totum in figura contigit, sed Jesum Christum, verum Regem et Sacerdotem expressit : quem Pater chrismate, et oleo exsultationis, nempe Spiritu sancto unxit, et in caput gentium constituit, imo et angelis et hominibus Dominum præfecit. Qui Rex et Sacerdos quemcunque suæ militiæ ascripsit, oleo et chrismate ungi præcepit : genus regale et sacerdotale, ac regni sui hæredes fecit. Hinc est quod baptizandos oleo et chrismate ungimus ; quia oleo eos Christi regno, chrismate autem ipsius sacerdotio jungimus : per mitram, quam capiti imponimus, coronam regni exprimimus ; per albam vestem, qua eos induimus, sacerdotalem dignitatem innuimus : iterum per mitram, pontificalem infulam notamus ; per albam vestem regalem trabeam demonstramus. Igitur et in Veteri et in Novo Testamento sacerdotium semper regno præferebatur, quando insuper et regnum per sacerdotium constituebatur.

Jam illos familiariter quæramus, quorum causa hanc lucubratiunculam susceperamus : qui ob pecuniæ amorem, ob laudis favorem, et pro adipiscendæ ab ipsis principibus dignitatis alicujus honore prædicant indoctis, ipsi maxime indocti, ubique in manu regum omnes dignitates pendere. Hi qui hæc dicunt, aut laici aut monachi aut clerici sunt. Si laici sunt, tunc ut insipientes sunt irridendi, vel potius ut ignari a sapientibus corrigendi. Si autem monachi sunt, tunc desipiunt : qui aut veritatem ignorantes errant, aut scienter errorem ob avaritiam sapientes, verum se scire dissimulant. Si autem clerici sunt, vesani capitis sunt, qui ecclesiastico ordini, jus ab ipso Domino collatum adimunt : illudque laicali potestati conferunt ; imo seipsos propria libertate spoliant, ac servili laicorum ditioni cum Cain subjugant.

Igitur horum omnium stolidæ assertiones a sensatis sunt confutandæ, imo ab omnibus ratione utentibus reprobandæ : cum regnum sacerdotio, populus clero jure subjaceat, et sicut sol lunæ, spiritus animæ, contemplativa vita activæ, sic sacerdotium regno præemineat. Sed jam calamum de sacerdotali præconio contrahamus ; eique dignis moribus placere studeamus : quatenus ejus aulam, in qua soli sacerdotes et reges erunt, introire valeamus. Amen.

ANNO DOMINI MCXXXVI

STEPHANUS DE BALGIACO

AUGUSTODUNENSIS EPISCOPUS

NOTITIA HISTORICA

(Gall. Christ., IV, 389)

Stephanus de Balgiaco (*de Baugé*) Gauceranni domini Balgiaci filius, patruus Humberti Æduorum pontificis et Lugdunensis archiepiscopi, cathedram conscenderat jam an. 1112, ut constat ex charta Widonis de Monte Falconis, qua consuetudinem hospitalitatis ecclesiæ Augustodunensi dimittit in manu Seguini decani; sic enim explicit charta : Anno 1112 : « Stephano Æduorum pontifice, Ludovico Francorum rege, Hugone Burgundionum duce, ind. v, epacta I, concurrente I, anno bissextili. » In chartulario Flaviniac. hoc diploma reperitur : Anno Domini 1115, præsente domno Stephano, a monachis Flaviniacensibus Hugo de Merlenniaco poscebat feodum, quod a patre suo receperant : respondebant illi datum quidem feodum, sed ea conditione ut, post Tetbaldi Hugonis patris obitum, rediret ex integro ad mensam fratrum. Auditis partibus, placuit episcopo ut Hugo feodo frui monachis permitteret, et quamdam summam illi persolverent. « Testes, episcopus domnus Stephanus, Ansericus Augustodunensis præpositus, » etc. Eodem anno Hugonem Burgundiæ ducem induxit ut malas consuetudines in villa Canavis, etc., S. Nazario et Æduensi Ecclesiæ dimitteret, ut docet instrumentum hac de re confectum, cujus testes sunt « Sevinus decanus, Ansericus præpositus Æduensis, » etc. Reperitur ejus charta in tabulario Ungiacensi, quæ illius cœnobii fundationem sequitur, quæque nulla temporis nota signatur, qua prohibet ne monachi « in causas ducantur forenses, » et jubet ut « si quis adversus eos aliquam suscitaverit calumniam, in suam venitatur audientiam, quatenus in ipsius præsentia judicio Ecclesiæ ortæ in ecclesiam querimonia sopiatur. » In altera, quæ in Besuensi Chronico refertur, cum Josceranno Lugdun. archiepiscopo, et Walterio Cabilon. præsule sua subscriptione confirmat donum Besuensi monasterio factum a dominis Montis Salionis. In tertia quam refert D. Mabill. tom. V, in append., num. 72, scribit Stephano Cisterciensi abbati, se religionis illius bono odore plurimum delectatum, dare ecclesiam Combusii liberam, etc. Adfuit Trenorchiensi synodo anno 1115. Exstat ad eum Paschalis papæ II epistola, qua sub sua tutela Eduensem Ecclesiam suscipit, omniaque ejus bona confirmat. Data est Laterani II Idus Martii, Incarnat. Dominicæ anno 1116. « Anno 1125 Erbertus positus est abbas (*S. Steph. Divion.*), » præsentibus et laudantibus Hubaudo Lugdun. archiepiscopo, Stephano Æduensi, et Gauceranno Lingonensi. Perardus refert illius chartam, qua judex a summo pontifice delegatus, villam Dianetum adjudicat abbati S. Benigni Divionensis, quam « Guido comes Salicus calumniabatur. » Ad eum scripsit Ludovicus rex mandans ut ecclesiam de Charitate, ex præcepto domini papæ, « de ecclesia de Ulmo investiat. » Præsens fuit sacro Philippi filii Ludovici VI regis an. 1129. Quo etiam anno subscripsit præcepto ejusdem regis pro restitutione monasterii Argentoliensis faciendæ abbatiæ S. Dionysii. An. 1134 Herberto S. Sequani abbati septem ecclesias, quas enumerat, ab ejus monasterio, tam suo, « quam decessoris sui sanctæ recordationis Norigaudi episcopi » tempore possessas concedit et confirmat. Subscribunt post ipsum Guillermus decanus, Gerardus archidiaconus, etc. Memoratur in chartis Ungiacensis cœnobii annis 1134 et 1135. An. 1156 approbat donationem Constantino illius cœnobii abbati factam a Gaudino de Bruismo. Inter excerpta ex prima charta Fontanetensi id lego : « Ego Stephanus Æduensis episcopus et nostræ Ecclesiæ conventus, domno Bernardo abbati de Claris-vallibus locum, quem vulgo Fontanetum appellant, in abbatiam construendam dedimus, » etc. Exstat et alia ejusdem charta in gratiam ejusdem cœnobii : « Stephanus Æduensis episcopus fratri Willermo abbati Fontaneti..... tuis postulationibus annuentes, monasterium ipsum..... sub sanctæ Æduensis Ecclesiæ et nostræ dignitatis tutela et protectione suscipimus..... statuentes, ut quæcumque bona..... monasterium impræsentiarum possidet..... et quæ in futurum poterit adipisci, firma tibi tuisque successoribus et illibata permaneant, etc. Ego Stephanus episcopus subscripsi, ego Willermus decanus, Galterius præcentor, etc. Actum est hoc Æduæ anno ab Incarn. Domini 1136, ind. XIV. » Ejus tempore, et ut videtur studio et opera clerici S. Symphoriani prope

Augustodunum, « regularem vitam non solum habitu susceperunt, sed et corde eam secuti sunt. » Unde suæ erga eos benevolentiæ signa plurima reliquit. In primis dedit ecclesias de Draciaco, de Benciis et de Anulcio, ut patet ex charta quam apud nos asservamus. Non mediocrem litem inter ipsos et Hugonem de Giscio ac cognominem de Saphra milites ortam diremit, et sua jura canonicis conservavit. Denique Gebennensem episcopum cum ipsis adiit, suisque precibus effecit ut sex ecclesias cum earum appenditiis ipsis tribueret. Chartam habemus, quæ sic desinit : « Facta est charta ista apud civitatem Gebennarum, præcipiente domno V......... ejusdem civitatis episcopo, anno Incarnationis Dominicæ MCXV. pontificatus autem domni papæ Paschalis II nono decimo. S. W. episcopi, » etc. In characteribus annorum Christi mendum irrepsit, ex annis papæ facile corrigendum. Ad eum scribit Innocent. II, mandans ut Al. subpriori Cluniaci, quem Vizeliaci monachis abbatem dederat, vice sua consecret.

Tandem Stephanus mundanarum rerum tædio affectus, abdicato episcopatu, vitam religiosam in cœnobio Cluniacensi amplexus est, ac postea inter Petri Venerabilis manus animam Deo reddidit ; quam rem testatur pius abbas epist. VI libri quinti, his verbis : « Venerabilis et cum honore nominandus D. Stephanus Æduensis episcopus..... spretis parentibus, nobilitate, fastu, divitiis, ipsis etiam episcopatus infulis, pauperem Christum pauper secutus est, et in sancta devotione toto mentis affectu perdurans, atque inter manus meas Deo spiritum reddens, cum veneratione tanto sacerdoti congrua, tam a me quam a fratribus Cluniaci conditus est, retro chorum a parte prioris majoris, » ubi habet mausoleum notatum n. 22, et epitaphium pictum in parlete, quod habetur in Historia Bressiæ et Bugeii Samuelis Guichenon, quo vocatur , « Ecclesiæ pax et pater pauperum. » Verba sunt Guillelmi Guirin archiclavi Cluniaci, in Historia manuscripta magnorum priorum. De hoc Stephano videtur intelligendum, quod in veteri Martyrologio Æduensis Ecclesiæ lectum a se testatur quidam e nostris : « VII Idus Januarii obiit dominus Stephanus venerandæ memoriæ episcopus, qui inter innumera beneficia quæ contulit Æduensi Ecclesiæ, dedit etiam ecclesiam Colomellæ ad mensam fratrum »

Petrus Cluniacensis abbas de Stephano primo Augustodunensi hæc habet epistola 6 libri V, ad Humbertum de Balgiaco archidiaconum Augustodunensem :

Addat tibi stimulos veniendi *ad religiosa vitæ castra* venerabilis ille et cum honore nominandus Stephanus Æduensis episcopus, avunculus, ut audio, tuus, qui, spretis parentibus, nobilitate, fastu, divitiis, ipsis etiam episcopalibus infulis abjectis, pauperem Christum pauper secutus est, et in sancta devotione toto mentis affectu perdurans, atque inter manus meas extremum Deo spiritum reddidit cum veneratione tanto sacerdoti congrua, tam a me quam a fratribus Cluniaci conditus est.

NOTA P. LABBE.

Tractatum illum *De sacramento altaris* a Joanne Montolovio Æduensi cantore anno 1517 primum editum dicatumque Jacobo Huralto ejusdem urbis episcopo, omnes fere quos vidi tribuunt huic primo Stephano, sed nondum vidi, qui ratione aliqua id stabilire fuerit agressus.

STEPHANI DE BALGIACO

AUGUSTODUNENSIS EPISCOPI

TRACTATUS DE SACRAMENTO ALTARIS.

(*Biblioth. Patr. Lugd.* t. XX, p. 1872.)

PROLOGUS.

Ordinatrix omnium Dei sapientia attingens a fine usque ad finem fortiter et disponens omnia suaviter (Sap. VIII), scilicet *Dei Filius, miro et ineffabili modo se carne induens, stola immortalitatis nos induit, et corruptibili indumento incorruptionis. Qui expleta dispensatione a Patre sibi credita, volens nobis relinquere omnia saluti necessaria, visibili materia ordinavit et fieri præcepit invisibilia sacramenta. Quomodo enim posset homo intelligere dona spiritualia, nisi aliquo visibili moveretur ad ea percipienda ? virtus enim sacramentorum invisibilem operatur effectum. Quod exemplorum documentis liquido apparebit. Sacramentum baptismi ordinatur in aquis regenerativis; quia sicut aqua sordes exteriores abluuntur, ita spirituali gratia in lavacro regenerationis data mundantur interiora inquinamenta. Item in copula maris et feminæ, quæ conjugium dicitur, unitas capitis et membrorum, id est Christi et Ecclesiæ, intelligitur. Item olei unctione figuratur operatio divinæ misericordiæ. Oleum enim sanat, reficit, et supernatat : Dei misericordia contritos sanat, contritiones alligat, esurientes pane indeficienti reficit et satiat, et judicio superexaltat. Hoc modo in ecclesiasticis sacramentis,*

Spiritu sancto cooperante, ordinatis invisibiliter operatur gratia septiformis. Licet enim unus et idem sit Spiritus qui in singulis prout vult operatur, tamen pro varietate distributionum assignatur divisio gratiarum. Nam divisiones fiunt donorum pro qualitate suscipientium. Nulla igitur in Spiritu varietas, sed sine omni alteratione identitas. Dividit quibus vult et quantum vult, et non dividitur : omnia continet, et in omnibus est. Qui dat, ipse donum est. Et cum dona sint divisa, unus manet et indivisus ; qui donat, unus est, qui in se dato dat plura ; et cum sit quod datur, ipse est dona diversa. Omnia quæ donantur ad unum referuntur, velut cum quis distribuat alii aurum, alii argentum, alii copiam gemmarum, multa dividit, et unum facere intendit, scilicet mutuum obsequii et amicitiæ cum gratiarum actione. Ita in distributione donorum Spiritus sanctus plura distribuit, et unum efficit. Sed quod unum templum Dei, de quo Apostolus: Templum Dei sanctum est, quod estis vos (I Cor., III), hoc templum Spiritus sanctus sui infusione imbre salutifero rigat, et ab omni ruina et corruptione conservat. Hæc est pluvia voluntaria qua aspergit hominem septiformis gratia. Prima custodit ostium cordis, et vitia introire non permittit. Secunda quæ sint facienda scrutinio mentis legit, et deliberat ut se et alios erudiat. Tertia, quæ sordes vitiorum purgat, de corporibus obsessis dæmones fugat. Quarta, expulsis tenebris, introducit opera lucis. Quinta est in operibus misericordiæ; ut in pauperum visitatione, peregrinorum susceptione, pedum ablutione, mortuorum inhumatione. Sexta, a servitute peccati eximitur homo ad libere serviendum Deo. Septima in ara crucis crucifigit hominem cum vitiis et concupiscentiis. Sic fungitur in se homo vice ostiarii, lectoris, exorcistæ, acolythi, subdiaconi, atque sacerdotis. His virtutibus homo interior adornatur. Ad quod significandum, prædictorum graduum ministerio Ecclesia decoratur. Sed qui ad hos gradus promoveri intendunt, regale signum prius accipiunt, quod habent in summitate capitis expressum, et a rotunditate corona nuncupatum. Tonsio capillorum et rasura ostendunt vitia quæ pullulant et succrescunt esse resecanda: rotunda forma tonsionis regnum spirituale quo præeminent cæteris. Hi sunt genus electum, regale sacerdotium, gens sancta, populus acquisitionis (I Petr. II); prædicto stigmate insigniti, dicuntur clerici, eo quod eos Dominus sortitur et ipsi Dominum sortiuntur. Quod autem sint de sorte Domini designant qui in tonsione in persona eorum dicunt : Dominus pars hæreditatis meæ (Psal. XV). Item : Hæc est generatio quærentium Dominum, quærentium faciem Dei Jacob (Psal. XXIII). Et in alio psalmo : Funes ceciderunt mihi in præclaris : etenim hæreditas mea præclara est mihi (Psal. XV). Ad cujus gloriam præclaræ hæreditatis perveniunt milites Christi qui mundo renuntiant, et Deo militant, de laboibus suis vitæ necessaria quærunt, superflua abjiciunt, et mundum contemnunt. Unde non immerito signo regio signantur, qui se Dei hæredes, et in regia et in præclara hæreditate regna-

turos se profitentur. Tonsura capillorum a Nazareis videtur habuisse exordium, qui crine servato devotione completa caput radebant. Unde ab apostolis est institutum ut qui divino cultui sunt mancipati hoc signaculo sint Domino consecrati. His prælibatis, ordinem prædictorum graduum exsequamur.

Cap. I. *Ostiariorum officium.*

In primo sunt ostiarii, quorum est provida sollicitudo ostium ecclesiæ servare, deposita in ecclesia fideliter custodire, indignis januam claudere, dignis aperire, ut et quos cognoverint recipiendos admittant, quos repellendos excludant. Inde enim dantur eis claves ecclesiæ, episcopo dicente : Sic agite, quasi reddituri rationem de rebus quæ his clavibus recluduntur. Sed ad discernendum qui sint digni vel indigni, cautela ostiariæ ministrationis eget auxilio gratiæ spiritualis. Primitiva etenim Ecclesia usque ad Evangelium catechumenos recipiebat. Post Evangelium jubebantur exire : quia nondum vocati, indigni erant communicare sacramentis. Excludebantur et ethnici, qui omnino a fide erant alieni. Sic excommunicati, ab introitu ecclesiæ et sacramentorum participatione sunt eliminandi.

Cap. II. *De lectorum officio et ordinatione.*

In secundo sunt lectores, qui debent Scripturas canonicas legere, et quæ legerint distincte pronuntiare, pronuntiata pie et fideliter intelligere. Qui enim distincte legunt et pronuntiant, auditoribus intelligentiam parant; qui vero confuse, sensus eorum perturbant. Oportet lectorem esse præditum scientia, munitum eloquentia; quatenus cola et commata, distinctiones, subdistinctiones, accentuum varietates discernere sciat, et quæ secundum systolem vel diastolem, sive encletice fuerint pronuntianda. Sed nisi intus sit qui doceat, in vanum lingua docentis laborat. Opus est eum esse moribus ornatum, honestæ vitæ probatum, ne a se Spiritum docentem repellat. His datur tenendus in manibus codex divinarum Scripturarum, præcipiente episcopo et monente, ut convenienter tractent suum ministerium, his verbis : *Accipite, et estote verbi Dei relatores : si fideliter et utiliter officium vestrum impleveritis, partem habituri cum iis qui verbum Dei bene ministraverunt.*

Cap. III. *De exorcistarum officio et ordinatione.*

Tertium ordinem ornant exorcistæ: sic vocati a potestate adjurandi, quia in fide S. Trinitatis dæmones expellunt de corporibus obsessis. Hi debent coram Deo et hominibus clarere munditia vitæ, sordibus vitiorum expulsis, sancti Spiritus gratia mundante. Qui enim super immundos spiritus habent imperium, eos oportet habere spiritum mundum. Et qui tradita sibi potestate malignos spiritus ejiciunt de corporibus obsessis, spiritu benignitatis et operibus mundis vitia et immunditias expellant de cordibus suis, ut quorum medicina aliis proficit sibimet sciant mederi. Non enim probatus est medicus qui alii medetur, nesciens curare morbum quo læditur : præcipue cum eodem languore laborent ipse et ille cui medetur. His quia ex re nomen habent, dat episcopus librum exorcismorum, dicens : *Accipite, et habete potestatem ponendi manus super energumenos et catechumenos.*

CAP. IV. *De acolythorum officio et ordinatione.*

Officium acolythorum qui quartum obtinent gradum, est ante diaconem ferre cereum accensum cum ceroferario usque ad analogium, et tenere debent, dum legitur Evangelium, et dum missæ celebratur sacrosanctum mysterium. In quo significatur quod sicut in manibus gestant lumen visibile, ita lumen splendidum quod est Christus, habeant in mente, fide et operatione. Exemplo enim vitæ, et verbo doctrinæ tenentur de suis et aliorum cordibus tenebras expellere : et radio sui luminis alios illuminare. Unde quia et nomine et re sunt ceroferarii, accipiunt candelabrum cum cereo, ut sciant se ad luminaria accendenda mancipatos. Accipiunt et urceolum, in quo datur eis potestas infundendi aquam in calicem Dominicum. Quibus dicitur : *Accipite ceroferarium cum cereo, ut sciatis vos ad accendenda Ecclesiæ luminaria mancipari. Accipite urceolum, quo infundatis aquam in calicem Domini.*

CAP. V. *De officio, et ordinatione, et continentia subdiaconorum.*

Quinto gradu præcellunt subdiaconi, non ordine numerandi, sed privilegio dignitatis. Horum est ministerium epistolam legere, levitis ministrare, altaria componere, substratoria, pallas, corporalia lavare, aquam ablutionum in baptisterium vergere, de oblationibus ponere in altario quantum possit sufficere populo. In ministerio altaris approximant, quia vasa in quibus fit consecratio Dominici corporis et sanguinis portant. Unde sermo propheticus ad istos dirigitur : *Mundamini, qui fertis vasa Domini (Isa. LII).* Propterea lex continentiæ quæ munditiam parat et conservat, eis indicitur; cujus observantia non est naturæ, sed gratiæ. *Quod enim de carne est caro est; quod de spiritu, spiritus est (Joan. III).* Dicuntur subdiaconi, quasi sub levitis ad eis serviendum ordinati. Et quia plus aliis prædictis ordinibus ministerio altaris eis appropinquare permittitur, inter sacros ordines numerantur. Ad designandum eorum officium, dat eis episcopus patenam et calicem, archidiaconus urceum cum aqua et manutergium : quibus presbyter et levita tractaturi Dominica sacramenta, lavent et mundent manuum inquinamenta. Manipulus eis datur ab episcopo dicente : *Accipe manipulum, imple ministerium tuum : potens est enim Dominus, ut augeat tibi gratiam.* Induendo tunicam, dicat episcopus : *Induat te vestimento salutis, et indumento justitiæ circumdet te semper.*

CAP. VI. *Quod Christus ecclesiasticas administrationes susceperit.*

Dominus noster in propria persona prædictas suscepit administrationes, quatenus exemplo sui cum pia devotione et vitæ emendatione suscipiendas esse demonstraret. Qui enim Spiritus est incircumscriptus, Sanctus sanctorum, Deus homo factus, in utero Virginis circumscriptus, de plenitudine sua voluit nobis circumscribere unctionem S. Spiritus, qua ungimur in singulis ordinibus. Unde quicunque ad suscipiendum ordines accedit, sollicite bene vivendo caveat ne effectum unctionis spiritualis amittat. Evacuatur enim S. Trinitas, ubi intervenit vitæ turpitudo. Qui enim de usuris, simoniis, falsis testimoniis, perjuriis, et aliis modis illicitis male acquirendo lucra sectantur, unctionem a se expellunt, et pulvere sordido squalidi efficiuntur. Officio ostiarii usus est Dominus, quando funiculo de resticulis facto, vendentes et ementes de templo ejecit, et cathedras nummulariorum evertit. Hoc autem spiritualiter in Ecclesia agitur, cum Giezitæ et Simoniaci, et alii qui de donis Dei gratuitis turpia quærunt lucra, a consortio fidelium expelluntur. Propterea ipse ait : *Ego sum ostium. Per me si quis introierit, ingredietur, et egredietur, et pascua inveniet. (Joan. X).* Ingredietur, ipso cooperante et ducente in præsenti, ad justitiam, et bene expleta sibi credita dispensatione, in futuro egredietur ad gloriam. Lector fuit, cum in medio seniorum, in libro Isaiæ legit : *Spiritus Domini dulcis super me, ad evangelizandum pauperibus misit me (Isa. LXI; Luc. III).* Exorcistam se ostendit in dæmoniorum ejectione, et in aurium surdi et muti apertione dicens : *Effeta, quod est aperire (Joan. VIII),* in quo exorcistis significandum reliquit eorum ministerio aperiri ora ad confitendum, et corda ad credendum, et bene operandum. Quod fit, quando expulsis dæmoniacorum operum tenebris, verum lumen Jesum Christum suscipiunt in cordibus suis. Acolythi vices in se ostendit, dicens : *Ego sum lux mundi. Qui me sequitur non ambulat in tenebris, sed habebit lumen vitæ (Joan. VIII).* Subdiaconi : quando aqua missa in pelvim, linteo se præcinxit, et pedes discipulorum lavit. In quo docemur quod pedes suos et aliorum lavant, qui, pulvere terrenæ cupiditatis expulso, irriguo charitatis quod lætificat civitatem Dei, lavant pedes vitiorum, et desideria carnalia expellunt.

CAP. VII. *De ordine diaconi seu diaconatus.*

Auctoritate Novi et Veteris Testamenti, et humilitate Domini nostri Jesu Christi in se hoc mysterium suscipientis, commendatur ordo diaconi, cui sextus gradus attribuitur, ut ex perfectione senarii ejus dignitas demonstretur. In Veteri Testamento post ordinationem Aaron et filiorum ejus, ex præcepto Domini a Moyse institutam, eidem præceptum fuit quatenus in adjutorium divini mysterii tribus Levi ordinaretur : quibus fuit injuncta dispensatio coram Aaron et ejus filiis servire in tabernaculo fœderis. Arcam et vasa et utensilia gestabant, et in circuitu castrametantes, tentoria constituebant. Et quia a viginti annis et supra hominis vigor ascendit, in hac ætate jussi sunt in omnibus prædictis ad transportandum deponendis et iterum resumendis deservire. Ad exemplar hujus institutionis, apostoli, tempore gratiæ septem viros boni testimonii, plenos Spiritu sancto eligentes, et oratione facta manus

imponentes ordinaverunt. Dicti autem sunt diaconi, quasi servitio altaris mancipati. Quibus institutum est super eumdem humerum planetam complicare. Cum enim ordinantur, debent jugum Domini accipere, quo omnia ad sinistram, id est, vitam temporalem pertinentia premant et despiciant, donec, finitis laboribus, in dextra, id est, in vita æterna et beata requiescant. De his statutum est canonica et apostolica præceptione ut, vicario Christi in Sancto sanctorum introeunte, septem in sublimiori gradu assistentes, mensæ altaris serviant : et gratia septiformi insigniti, Spiritum sanctum coadjutorem habeant. Hi sunt septem angeli tuba canentes, septem candelabra, septem tonitrua. Debent enim sapientes, alta mysteria resonando manifestare, sicut scriptum est : *Quasi tuba exalta vocem tuam, tu qui evangelizas Sion, exalta, noli timere* (Isa. LVIII). Et iterum. *Clama, ne cesses* (ibid.). Opera eorum lucida sunt : ne turpitudine vitæ reprobi sint, cum aliis prædicaverint (*I Cor.* IX). Asperitas sermonis sit in aliorum correctione ut comminando, arguendo (*Tit.* II), quodam modo videantur tonitruum emittere. Sic Dominus comminando terrebat, dicens : *Omnis arbor quæ non facit fructum bonum, excidetur, et in ignem mittetur* (*Matth.* VIII; *Luc.* III). Et B. Lucas : *Genimina viperarum, quis docuit vos fugere a ventura ira?* (*Luc.* III). Officium istorum est præconizare a l orandum, movere genua ad flectendum, legere Evangelium. Horum etiam est sacramenta Dominici corporis dispensare, mensam Dei adornare. Sacerdos autem de manu diaconi debet accipere calicem Domini : causa vitandæ præsumptionis, dum hi celebrant albis induti, altario assistant, et habeant inferius albedinem, quam præferunt exterius, munditiam mentis significantem, quatenus qui exteriori habitu humiliter vestiuntur, spiritualiter virtutibus induantur. In quibusdam habent vicem sacerdotis, ut in ministerio baptizandi, communicandi, delicta confitentium misericorditer suscipiendi. *Væ illis qui ministerium sibi creditum pie et juste non impleverint, quia peribunt morte horribili.* Audiant quid indictum est levitis a Moyse, de morte corporali. Interdictum erat in lege, ne vasa tangere nuda præsumerent, nisi prius a sacerdote involuta fuissent. Illi metuebant mortem corporis : plus metuenda est mors animæ æternalis. Propterea dicente Apostolo : *Oportet* diaconos esse irreprehensibiles, id est sine crimine, continentes, non bilingues, non turpia lucra sectantes. Probet se unusquisque et sic ministret (*I Tim.* III).

CAP. VIII. *Quando Christus levitarum officium suscepit.*

Levitarum ministerium Dominus suscepit, quando cœna facta sacramentum sui corporis dispensavit, et discipulis tradidit. Ubi Apostolos dormitantes ad orandum excitavit, levitam se ostendit. Ait enim : *Vigilate et orate ne intretis in tentationem.*

Cum autem ordinatur (quod debet fieri ab anno 21, et supra), episcopus solus manus imponit, quia non ad sacerdotium sed ad ministerium ordinantur. Ponit etiam stolam super sinistrum humerum : in quo monentur jugum Domini æquanimiter esse sustinendum, et ut pertinentia ad sinistram corde et ore despiciant. Datur eis textus Evangelii, in quo accipiunt potestatem legendi Evangelium, et prædicandi (1).

CAP. IX. *De ordine presbyteratus.*

Ordo presbyterorum primus et summus, in perfectione septenarii ultimus est ordinatus. In quorum figura Aaron et filii ejus serviebant in tabernaculo fœderis, sicut scriptum est : *Moyses et Aaron in sacerdotibus ejus.* In lege sacerdotes dicebantur, qui nunc presbyteri vocantur; et qui tunc principes sacerdotum, nunc pontifices sive episcopi dicuntur. Hi successores apostolorum, alios ordinant ad sui ordinis ministerium. Ordinantur presbyteri, ut sint episcoporum coadjutores ad regendum et instruendum Dominicum gregem. Sic Moyses LXX viros prudentes elegit, quorum consilio innumeram populi multitudinem rexit. Inde est quod VII discipulorum vices obtinent in ministerium sibi commissum. Sicut enim illi missi sunt a Domino in omnem civitatem et locum quo erat ipse venturus, ut ei prædicando et miracula faciendo viam præpararent, et infidelium corda ad fidem converterent, ita presbyteri nostri coadjutores, baptizando, rudes populos instruendo, communicando, et cætera sacramenta dispensando, nostras vices supplere debent. Excipiuntur illa, quibus quadam prærogativa fulget et præminet episcopalis dignitas, quæ sunt quinque : basilicarum dedicatio, chrismatis unctio, manuum impositio, clericorum ordinatio, super populum benedictio. Hæc potestas solis episcopis attribuitur, ne ab omnibus vindicata, soluto obedientiæ vinculo insolentiam generaret. Utrique sunt vicarii summi pontificis qui primo offensus culpa originali, quotidie offenditur actuali. Ut illa evacuaretur, semel mortuus est in cruce : ut ista deleretur, voluit ministerio sacerdotum sacrificari iterata immolatione. Unde quidam versificator :

Mortuus ille semel, licet ultra non moriatur
Idem quotidie sine vulnere sacrificatur.

Ipse sacrifex est et sacrificium, hostia et sacerdos, quia Deus est et homo. Vicarius ejus, quia tantum homo, sacrificans tantum est et sacerdos. Ille Mediator Dei et hominis homines Deo reconciliavit; iste populum Deo placabilem reddit. Ille ad dexteram Patris pro nobis interpellat; iste pro grege sibi credito orat. Ille peccata dimittit; iste ligat et solvit. Ille in ara crucis hostiam sanctam et Deo placentem se Patri obtulit; iste ipsum eumdem offert in mensa altaris. Nobis autem qui quotidie labimur, ut ejus interventu relevemur, fuit necessarium habere præsentem hunc salutis nostræ aucto-

---

(1) Vid. S. Cyprianum, lib. III, epist. 17; Bellarminum, lib. I De Sacramento ordinis, cap. 6.

rem. Unde Deus misericors iterata immolatione voluit se nobis exhibere praesentem, non tamen visibilem; quatenus eo praesente summo et vero Sacerdote sine ullo horrore corda fidelium magis conterantur, et fidei devotio augeatur. Sic enim recolimus ejus passionem, resurrectionem atque gloriosam ascensionem. Quod ita a nobis recolendum est, ut memores suorum beneficiorum, ipsi commoriendo conformemur, ut in gloria Patris per ipsum et cum ipso resurgere valeamus. Nullus modus fuit convenientior excitare peccantes ad poenitentiam, quam Christi opera reducere ad memoriam. Visus est in laborum tolerantia egisse poenitentiam qui nec poenituit, nec adminiculo poenitentiae indiguit, sicut scriptum est: *Peccatum non fecit nec inventus est dolus in ore ejus* (*Isa*. LIII). Unde in eo poenitentia non fuit, sed poenitendi formam nobis donavit. Et licet crux Christi haec omnia repraesentet, tamen res ipsa efficacior est quam figura. Et cum praesens est veniae largitor, magis confidit exaudiri devotus peccator. Mira potestas non humana, sed angelica, quam Dominus in se suscipiens commendavit, et a nobis suscipiendam contrito corde et humili demonstravit. Inter coenandum, corpus et sanguinem suum discipulis tradens, inquit: *Hoc facite in meam commemorationem* (*Luc*. XXII), et ipse suscepit, cum tormenta crucis patienter et voluntarie sustinuit. *Oblatus est enim quia voluit.* Quod exemplo docuit a nobis summa devotione celebrari. Unde apostolus: *Quicunque manducaverit panem, et biberit calicem Domini indigne, reus erit corporis et sanguinis Domini* (*I Cor*. XI). Suscepturi igitur curam sacerdotii, coram summo et vero Sacerdote fulgeant puritate conscientiae, et munditia vitae. Isti cum ordinantur, ab episcopo super capita eorum manum tenente, benedicuntur. Omnes autem presbyteri astantes cum episcopo manus levant, et Spiritum sanctum invocant. Invocatione facta, stola super utrumque humerum ponitur, ut per arma justitiae a dextris et a sinistris muniantur. Datur eis calix cum vino, et patena cum hostia, in quo traditur eis potestas ad offerendum Deo placabiles hostias. Propterea oleo sancto manus inunguntur, per quod gratia sancti Spiritus eis oblata significatur et quod abundent operibus misericordiae designatur. In his etiam, manus sacerdotis quae in figura crucis oleo sancto signantur, conformantur manibus Christi, et illud insigne miraculum et salutiferum quod inter manus sacerdotis fieri creditur: haec manus Christi operantur, qui ait: *Sine me nihil potestis facere* (*Joan.* XV). Unde cum ipso et per ipsum et in ipso, totum agitur sacrificium. Unctio episcopis fit in capite, quia ordinantur vicarii illius qui unctus est oleo laetitiae in plenitudine. In unctione visibili, quae est sacramentum spiritualis unctionis, datur potestas ligandi atque solvendi. Induti amictu, alba cingulo, stola planeta supervestiuntur, per quam supereminentia charitatis intelligitur.

CAP. X. *De significatione vestimentorum sacerdotalium.*

Quoniam de indumentis veteris sacerdotii, eorumque significatione a multis tractatum est, ea sub silentio praemittentes, novi sacerdotii vestimenta et eorum significationes, quod ad praesens attinet, paucis explanare curabimus. Sciendum autem est quod sacerdos celebraturus sacrosanctum mysterium quod excellit omne sacramentum, capitis sui, scilicet Christi, cujus membrum est, vices in se suscipit. Caput ejus amictu velatur, in quo divinitas velata humanitate figuratur. Unde in Apocalypsi angelus nube amictus de coelo descendisse legitur. Alba designat gloriam Dominicae resurrectionis, quam nuntiantes angeli apparuerunt in vestibus albis. Ideoque induitur veste alba, ut candidatione virtutum ostendatur ornandum esse novum sacerdotium. Cingulum quo alba constringendo renibus coaptatur, mittit nos ad illum evangelicum sermonem, quo Dominus ad praecingendum lumbos nostros nos hortatur (*Luc.* XII). Mappula qua solent siccari stillicidia oculorum, excitat nos ad vigilandum. Unde Dominus discipulis ait: *Vigilate et orate, ne intretis in tentationem* (*Marc.* XIV). Et alibi: *Vigilate, quia nescitis quando Dominus veniet* (*Matth.* XIII). Stola circumdata collo, ad interiora descendens, significat obedientiam Filii Dei et jugum servitutis quod pro salute hominum portavit. *Obedivit Patri usque ad mortem crucis* (*Philip.* II), et subjecit se servituti. Quae enim major servitus ea qua opprobria, irrisiones, et flagella sustinuit? Qui ergo stolam humeris superponit, sciat jugum Domini esse suave et onus ejus leve quod se portaturum promisit. Casula undique integra, unitatem fidei designat. Haec est illud *vestimentum Aaron in cujus barbam unguentum a capite effluxit, et in oram vestimenti ejus* (*Psal.* CXXXII). Per hoc autem signatur unctio spiritualis qua *unctus est Christus prae consortibus suis* (*Psal.* XLIV). Haec in apostolos et in universos Ecclesiae ministros emanavit. Extensio manuum sacerdotis extra casulam praetendit in cruce manuum Christi extensionem. Quae ante et retro quasi dividi videtur: hoc est quod duo parietes dissidentes angulari lapidi uniuntur. Amictus ad decorem, super casulam replicatur, quia Filii Dei humanitate omnis Ecclesia decoratur.

CAP. XI. *De ornamentis episcoporum.*

Praeter hoc pontifices una tunica utuntur, secundum quosdam, duabus tunicis, et annulo, pallio, mitra, et sandaliis. Usus est Aaron hyacinthina tunica, quam sibi induit Dei sapientia, et apostolos vestivit, dicens: *Omnia quaecunque audivi a Patre meo, nota feci vobis.* Haec est tunica illa inconsutilis quae sine damno scindi non potuit. Alia tunica serica, trahens originem a vermibus, Christi est caro concepta de Spiritu sancto, qui de se ait: *Ego sum vermis et non homo* (*Psal.* XXI). Annulus in digito, Ecclesiam cujus minister est, sponsam Christo associat: et fulgore suo, dona sancti Spiritus fulgentia demonstrat. Pallium de ovino vellere contextum, humilitatis est ornamentum : quanto enim quisque altior, tanto debet esse humilior. Illis solis pontificibus datur, qui a sede apostolica mittuntur. In sandaliis signatur, quia venit ad nos calciata Divinitas, sicut scriptum est : *In Idumeam extendam calceamentum meum* (*Psal.* LIX). Mitra, quæ est corniculata, prætendit coronam spineam, per quam ad unam fidem convenerunt duo Testamenta, illa graviter pungens, nostram suaviter demulcens. Illa, amara : nostra, dulcedine plena. Væ illis qui illam non gestant pœnitenti corde, ad sui et aliorum correptionem. Væ illis qui de cruce descendunt, et crucis mysterium in se depingunt.

CAP. XII. *De observandis in missæ celebratione.*

Talibus indumentis sacerdos decenter ornatus, veniens ad altare, confitetur se indignum celebrare tam excellens mysterium, quia in conspectu illius cujus immolatio repræsentatur, nullus nisi per gratiam suam est justificatus. In confessione percutiendo pectus, gemit pro peccatis et oratione fratrum, a Domino postulat sibi indulgeri, dicens: *Mea culpa*, promittit ut de his pœnitentiam agat, in quibus conscientia eum accusat. Osculatur Evangelium et altare, significans illum qui osculo suæ incarnationis fecit utraque unum, conversione Judæorum et gentium. Tenet dexteram partem altaris, quia Christus in lege promissus, primum Judæis quam gentibus prædicavit. Tunc gentiles sinistram tenebant, quia alieni erant a divino cultu propter idolorum culturam. Interim de propheticis vel apostolicis scripturis chorus Deo laudes concinit : et pneumatizando *Kyrie eleyson*, supplicat sibi misereri. Ter triplicatum signat trinitatem angelorum, quæ triplicata, laudes incessanter summæ Trinitati decantat. Finito pneumate, choro tacente, sacerdos se convertens ad occidentem, clerum salutat et populum, dicens : *Dominus vobiscum*, quasi quia dignatus est inter vos habitare visibili præsentia, maneat in vobis habitante gratia : et ab occursu infidelitatis convertat corda vestra ad orientem veri luminis. Ista salutatio fit ab episcopis, dicendo, *Pax vobis*. In quo ostenduntur specialiter esse vicarii Christi, qui apostolos in hunc modum salutavit. In festivis diebus solet *Gloria in excelsis* decantari. In quo innuitur congratulandum esse meritis sanctorum qui sancti sunt socii angelorum gratia illius cujus nativitas ab angelis pastoribus est nuntiata. Quam laudem consequenter vociferat totius cleri conventus, laudans Deum tanquam multitudo cœlestis exercitus. Postea respiciens ad orientem, scilicet spiritualiter ad eum de quo scriptum est: *Oriens nomen ejus* (*Zach.* VI) : exclamat, *Oremus*, monens se et alios orare; quia Dominus oravit et discipulos ad orandum excitavit. Lectione sive epistola pronuntiata, sequitur responsorium et *Alleluia*. Lectio, sanctorum Patrum monita et exhortationes, epistola subsequentium prædicationem repræsentat. Responsorium, fidem audientium qui eorum prædicationi præbuerunt assensum, unde responsorium nominatur, quia responsio secundum voluntatem interrogantium assensus est vel concessio. Vel graduale dicitur, quia per gradus virtutum ad hoc pervenitur. Oportet enim ut eos qui rudimenta fidei suscipiunt, gratia Dei præveniat; et ut stabiles maneant, subsequatur. Unde alleluiatici cantus modulatio subsequitur, quæ laudes fidelium Deo dicatas exprimit, et gratiarum actiones Deo devotas, quibus suspirant ad æterna gaudia. Verbum est breve : sed longo protrahitur pneumate. Nec mirum si vox humana deficit ad loquendum, ubi mens non sufficit ad cogitandum, quia quæ vox, quæ lingua poterit repetere *quæ præparavit Dominus diligentibus se?* (*I Cor.* II) Tractus qui, tacito *Alleluia*, in quibusdam temporibus decantatur, significat gemitus et suspiria pœnitentium in convalle lacrymarum : gemunt et suspirant et gaudio civium supernorum congratulantur, ut ita irriguum inferius sursum fluens irriguo superiori misceatur. Hoc gemitu suspirabat qui dicebat : *Liquefacta est anima mea* (*Cant.* V). Postea a diacono, vel a sacerdote Evangelium a dextro cornu altaris transfertur ad sinistrum : dextra attribuitur Judæis, propter legis venerationem ; sinistra gentilibus propter idolatriam exsecrabilem. Illis credita evangelica doctrina, prius a Judæis repulsa. Unde in sinistra parte et versus aquilonem legendum est Evangelium, ut sequaces illius qui voluit sedem suam ponere in aquilone, Evangelica prædicatione convertantur ab infidelitate. Aliquando, sicut in festivis diebus, pronuntiatur in analogie, quia jubetur ascendere qui Evangelizat Sion, et sancti in valle lacrymarum ascensiones in corde suo disposuerunt : quibus gloria in cœlis sui memoriam in terris meruerunt. Ideoque in alto et in publico exclamando est eorum victoria ; ut magis alacres efficiantur in pugna. Dehinc sacerdos incipit symbolum fidei, adhibens testimonium verbis Evangelii. Illud chorus usque ad finem succinit, ostendens se permanere in unitate ejusdem fidei. Quo finito, sacerdos salutatione præmissa monet ad orandum, ut stabiles sint in fide, quam professi sunt in sermone. Statim chorus decantat offertorium, ac si dicat, quod confessus sum ore, tenco corde et adimpleho opere. In primis meipsum offero, ut sacrificium nostrum sit humilitas et cordis contritio. Tunc sacerdos offert dona sive libamina cum incenso : scilicet panem et vinum sanctificanda, populus, sua munera. Per incensum, designatur suavitas flagrans igne charitatis : hoc est unguentum quo domus est repleta vincens omnia aromata. Quod loquor est eucharistia, sacramentum scilicet panis et vini : a quo omnis bonus odor est, et omnia nostræ fidei sacramenta. Unde eucharistia, id est bona gratia, excellenter dicitur, quia in hoc sacramento ille sumitur a quo omnis gratia datur. *Ab eo enim solo omne datum optimum : in quo est plenitudo omnium gratiarum* (*Jac.* I). Thus in igne, oratio est incensa charitate. Hunc ignem Dei Filius accendit in thuribulo assumptæ humanitatis : ut currentes in odore unguentorum suorum, offeramus ei odorem bonorum operum. Dona sacranda, scilicet panis et vinum, hoc ordine oblata ad altare perveniunt. A subdiacono diaconus accipit, et offert manibus sacerdotis, vel aliquoties causa curæ diligentioris sacerdos componit in dextera altaris. Cujus rei mysterium est : quod lex per subdiaconem significata in sacrificiis suis sacrificium nostræ salutis figuravit ; doctrina Evangelica cujus diaconus minister est, manifestavit et solemniter celebrare instituit. Aqua vino miscetur, ut unda regenerans ita sanguini Christi adjuncta intelligatur. Quia per alterum sine altero nemo salutem consequatur, per hoc etiam unio Christi et Ecclesiæ designatur. Utrumque de latere Christi emanavit : quod non fuit sine ratione mysterii. Præparantur panis et vinum ad conficiendum sacramentum, ut quibus fit refectio corporalis, fiat animæ cibus et potus salutaris. Sicut enim illa corpus hominis sustentant et spiritum lætificant : ita res sacramenti, quæ est Christus Dominus noster Dei Filius, est lætitia hominum et angelorum sibi et angelos et homines reconcilians. Unde ipse qui in sacramento sumitur ait : *Caro mea vere est cibus, et sanguis meus vere est potus (Joan. vi)*. Panis ille debet esse triticeus, quia Dominus grano tritici se comparavit dicens : *Nisi granum frumenti cadens in terram mortuum fuerit, ipsum solum manet (Joan. xii)*. Unum granum fuit et solum ante resurrectionem : post fructificavit et multiplicatum est per fidei propaginem. Quot fideles, tot sunt grana illi grano deifico unita, ex quibus conficitur unum corpus, quod est Christus et Ecclesia. Azymus est, ut secundum Apostolum : *Non in fermento veteri, neque in fermento malitiæ et nequitiæ, sed in azymis sinceritatis et veritatis (I Cor. v)*. His autem compositis, silente choro, sacerdos incipit orare in silentio; illud significans tempus quo Dominus noster jam non palam ambulabat apud Judæos, cum cogitarent eum interficere, sed abiit in regionem juxta desertum, in civitatem quæ dicitur Ephrem, et ibi morabatur cum discipulis suis. Et inclinans se ante medium altaris, supplicat a Deo Patre sibi dari spiritum humilitatis, ut in memoria Dominicæ valeat sacrificium afferre Deo compunctionis, humilitas enim virtus est sine qua nulla oratio, nulla meditatio nec operatio accepta est Deo, qui nos erudiens ait : *Discite a me quia mitis sum et humilis corde (Matth. xi)*. Virginitas enim beatæ Mariæ placuit ex humilitate, ipsa attestante : *Respexit humilitatem ancillæ suæ (Luc. ii)*. Sequitur invocatio Trinitatis : quæ facienda est principio cujusque sermonis vel operis. Dicit enim, *Suscipe, sancta Trinitas*, sine cujus fide impossibile est aliquid placere Deo. Deinde orat omnium astantium precibus adjuvari. Convertens se ad populum dicit : *Orate*. Et chorus orat pro eo, dicens : *Mittat tibi Dominus auxilium de sancto, et de Sion tueatur te*. Sciendum est quia in celebratione missæ, quinaria fit conversio sacerdotis ad populum : ad memorandum quod toties Dominus die resurrectionis apparuit consolando pro passione sua gemitus desolatorum. Accepto spiritu humilitatis, sacerdos non præsumens de se, sed a clero et a populo postulans munus orationum, ut pro se et pro his Deum interpellans exaudiatur, dicit orationes quæ secretæ dicuntur, quia secreta et humili voce proferuntur. In hoc silentio est memoria Dominicæ passionis quæ in hebdomada antepaschali cessantibus hymnis et laudibus, solet celebrari. Dominus etiam imminente passione, ante suspendium crucis secreto oravit dicens: *Pater, si fieri potest, transeat a me calix iste (Matth. xxvi)*. Orante sacerdote super oblatam in silentio fit quædam ad sanctum sacrificium præparatio. Repræsentans quod cum Dominus se absconderet, nec palam apud Judæos ambularet, abscondita dispensatione præparabat nobis salutiferum suæ passionis mysterium. Post miraculum dilecti sui a morte suscitati, eo palam ambulante, sacerdos rumpit silentium exclamans : *Per omnia sæcula sæculorum*, et rogat Dominum esse cum illis : et chorus orat ejus spiritui Dominum uniri. Monet etiam ut habeant sursum corda ad Dominum, ipsius sublevante gratia : ut mentes eorum sint in cœlestibus et æternis, non in terrenis et transitoriis. Responsione chori audiens eorum mentes ad Dominum erectas, confitetur dignum esse et justum ei agere gratias, qui terrena elevat ad cœlestia, et quod grave est et ponderosum facit fluere sursum. Recte Deo gratias agit, qui per bona opera se ei acceptabilem reddit. Ut digne a nobis laudes referantur Deo, oportet nos bene vivendo assimilari cœlorum virtutibus : quatenus in exhibitione gratiarum una sit vox hominum et angelorum. Illi incessanter laudant in gloria, nos quantum possumus laudemus pro misericordia nobis exhibita. Orandus est Pater ut concedat nobis justitiam : et interpellante Filio, et intercedentibus angelorum suffragiis, pervenire ad eorum gloriam, per quem Deo omnipotenti gratias referimus, corde credentes, et ore confitentes; quo per Jesum Christum Filium suum æternaliter genitum, temporaliter natum, ab omni creatura humana, et angelica laudatur, adoratur, et reverenter honoratur. Per ipsum enim universa visibilia, et invisibilia creat, vivificat, et conservat. Quod manifeste declaravit beatus Joannes dicens : *In principio erat verbum. Omnia per ipsum facta sunt, et sine ipso factum est nihil (Joan. i)*. Majestatem Patris per Filium laudant angeli in ministerio. Adorant dominationes, inclinato scabello pedum ejus dominio. Potestates reverentur : quia omnia potest, et omnis potestas ab ipso. Omnes etiam spiritus cœlestes laudes ejus ineffabili exsultatione concelebrant, hymnum sine fine concinentes. Unde sacerdos laudibus angelorum precatur adjungi voces hominum : per Jesum Christum Dominum nostrum, qui utrosque facit participes æternorum gaudiorum. Inde chorus quasi cum ramis palmarum ei pergens obviam, a Bethania venienti in Jerusalem, hymnum decantat angelicum : *Sanctus, sanctus, sanctus*, etc. : trina sanctus repetitio, sanctæ Trinitatis est confessio. Quia semel Dominus profertur, unitas substantiæ in personis designatur. Cujus *gloria pleni sunt cœli et terra*: angelica scilicet creatura, et humana. Ideo *hosanna in excelsis* quasi obsecramus, ut salutem consecuti cum angelis gloriemur? quia *benedictus qui venit in nomine Domini*, Jesus Christus Filius tuus per quem nos salvas et benedicis.

CAP. XIII. *De canonis declaratione.*

Te igitur, etc. Ex præmissis datur intelligi quod Deus Pater per Filium suum ab omni creatura cœlesti laudatur, et glorificatur. Tum beneficio datæ gloriæ, et illius confirmationis. A quo intellectu initium canonis præcedentibus hoc modo continuatur : Quia, *clementissime Pater, per Jesum Christum Filium tuum ab angelis, et cœlestibus virtutibus collaudaris, cum quibus ad laudem tuam nostras voces deprecamur admitti*. Igitur per eumdem Filium tuum te rogamus ac petimus, ut tibi sit gratum, et acceptum quod offerimus. Rogamus humiliter, petimus confidenter. Te rogamus pro lapsis, qui in Filii tui humilitate jacentem mundum erexisti. A te poscimus munus salutiferum, de tua misericordia confisi; qui non ex operibus, quæ fecimus nos, sed secundum misericordiam tuam servare nos voluisti. Offerimus corporis alimenta, ut ex eis suscipiamus spiritualia, offerimus panem, et vinum, ut inde percipiamus Verbum caro factum. Petitio declaratur per hoc quod sequitur : *Uti accepta habeas, et benedicas hæc dona, hæc munera, hæc sancta sacrificia*. Donum est quod a superiori datur, munus quod ab inferiori. Unde panis, et vinum, sunt dona a Deo nobis donata, munera, a nobis Deo oblata; solemus enim illos munerare a quibus aliquid volumus obtinere. Eadem sunt sacrificia sancta scilicet Deo dicata, et ad sanctum sacrificium præparata. *Illibata* sunt nec corporali gustu, nec aliqua fractione vitiata, sed integra et intacta. Inde est quod panis integer debet apponi, et de pane et vino solent oblationes fieri. Precamur ut hæc habeas accepta, ita ut oblatione istorum munerum tibi grata augeatur devotio nostra, et offensus culpis nostris, eorum oblatione nobis placatus efficiaris; et benedicas, ut tua benedictione facias converti in illud corpus Filii tui quod pependit in cruce, quod glorificatum est in resurrectione, quod deificatum est in ascensione. Signantur triplici cruce, in quo ostenditur totum mysterium fieri sancta Trinitate cooperante. Scire autem vos convenit quod a principio canonis usque ad finem memoratur angaria Dominicæ passionis, præcipue quod actum est in hebdomada antepaschali. Sequitur : *Imprimis quæ tibi offerimus pro Ecclesia tua sancta catholica, quam pacificare, custodire, adunare et regere digneris toto orbe terrarum, una cum famulo tuo papa nostro, rege nostro, et antistite nostro, et omnibus orthodoxis atque catholicæ et apostolicæ fidei cultoribus.*

Oratio sine charitate est infructuosa, flos est sine fructu, spica sine grano, vox aera verberans sine audiente. Unde Propheta : *Iniquitatem si aspexi in corde meo, non exaudiet Dominus* (*Psal.* LXV). Charitas in tribus consistit, in dilectione Dei, sui, et proximi. Unde sacerdos nullum fidelem debet excipere ab oratione : quæ Deo fit gratior ex mutua charitate. Orat itaque sacerdos primo generaliter pro tota Ecclesia catholica, ut Dominus dignetur eam pacificare ab incursu visibilium et invisibilium hostium, et in tranquillitate custodire, et adunare, id est in unitate fidei conservare : ne erroribus hæreticorum sive schismaticorum dividatur : sed unitas capitis, et membrorum in fide sacramentorum conservetur; et regere, ut moderamine justitiæ omnia in se fiant et disponantur. Deinde sub quadam distinctione enumerat partes Ecclesiæ : dicens : Una cum famulo tuo papa nostro, etc. Sicut enim administrationes sunt diversæ, ita orationes sunt variandæ. Alia enim sollicitudo adhibenda est publicis, alia privatis, alia forensibus negotiis, alia ecclesiasticis.

Alio modo pro se orandum exigunt ecclesiasticæ personæ, ut dominus papa, archiepiscopi et episcopi ; alio rex, et fideles singuli. Infideles cum non sint in Ecclesia, non sunt de corpore Ecclesiæ cujus caput Christus est, cui non communicat alienus a fide ; et licet pro diversitate personarum orationes varientur, earum tamen intentio uno fine concluditur. Sic enim orandum est pro universis fidelibus, ut abstrahantur a noxiis, et ad salutaria dirigantur : *Memento, Domine, famulorum famularumque tuarum*. In præcedenti capitulo oratio fit generaliter pro Ecclesia; deinde distinguendo partes Ecclesiæ, rogamus pro papa, et pro antistite, pro rege, pro omnibus orthodoxis, scilicet pro iis quorum gloria est rectitudo fidei Christianæ, conscientia eis testimonium perhibente sanctæ meditationis, et honestæ conversationis, pro his etiam qui fidem excolunt vomere prædicationis, et semine boni operis. Hoc autem sequenti capitulo oramus pro familiaribus, absentibus, præsentibus ; pro astantibus, scilicet pro iis omnibus qui assistunt præsentes mysterio altaris. *Communicantes, quorum Deo cognita est fides et nota devotio*. Solus enim est qui scrutatur corda et renes Deus : cui omne cor patet, et omnis voluntas loquitur. Vel quorum fidem Deus approbat. Ejus enim cognoscere est approbare. Pro eis omnibus supra memoratis offerimus sacrificium laudis, et ipsi offerunt Deo : referendo gratiarum actiones qui per Filium suum a nobis voluit laudari, benedici, et glorificari. Offerimus re : ipsi offerunt fide et devotione. Offerimus sacramenta conficiendo, ipsi offerunt vota solvendo, immolant sacrificium laudis, et reddunt Altissimo vota sua. Adjuti virtute sacramenti comprimunt ipsi vitia et peccata, in ædificando, et Deo vovendo virtutes et bona opera. Offerimus vinum, et oblatam ipsi offerunt mentem sanctam et devotam. Itaque offerimus pro nobis, et pro ipsis : ipsi pro se et pro nobis. Unde superius postulavimus eorum orationibus adjuvari, dicentes, *Orate pro nobis.* Sciendum est autem quod ubi oravimus pro tota Ecclesia, rogavimus et pro istis. Specialiter tamen familiares absentes, et præsentes, et alios assistentes memoramus, ut circa eos augeatur nostræ devotionis affectus. Unde quos chariores habemus, hoc loco nominare solemus. Potest autem esse repetitio generalis orationis, ita : *Memento, Domine, famulorum famularumque tuarum,* omnium scilicet fidelium corporaliter absentium et hic assistentium. Iterandæ enim sunt orationes, quia assiduitate orationis multoties placatur Deus, et postulationibus nostris fit propitius. Item sciendum est quod si unus tantum sit præsens, vel nulli sint præsentes, ut in missis solitariis, non ideo mutantur quæ pluraliter solent fieri orationes. Primo enim non solebant missæ celebrari sine collecta fidelium multitudine. Postea mos inolevit, missas sicut monachos celebrare solitarias, quod eis concessum est ex indulgentia. Inde etiam sæculares consueverunt missas cantare privatas. Tunc fiunt salutationes ad omnes fideles, qui assistunt, quasi præsentes fide, et charitate sacramentis communicantes. Quotquot enim sunt de corpore Christi, quod est Ecclesia, salutantur : et eorum suffragia postulantur, quorum fides per gratiam Dei adjuvat fieri tanta mysteria. Nec est aliquis fidelium, qui non sit particeps sacramentorum. Qui enim a corpore præcisi sunt quod est vera vitis, qui sunt palmites, et putrida membra, ab hoc sacramento sunt alieni. A capite enim in totius corporis membra; a vite in palmites effunditur humor salutaris, totum corpus vivificante gratia Dei. Ita uno præsente sacerdos plures alloquitur et salutat, quia præsens astat omnis Ecclesia. Singula enim membra sibi invicem, et capiti et corpori cohærent quandiu vegetantur Spiritu Dei. Inde est quod non solum sacerdotes, et clerus qui secundum dispensationem ministeriorum diversis officiis occupantur, aut divinis laudibus hoc sacrificium offerunt : etiam ad audientes osculo pacis communicantes cooperantur, et omnes ubicunque sint fideles, nulli separantur, nisi qui a corpore Christi præciduntur. Omnia enim membra hujus corporis quandiu sibi cohærent glutino charitatis, sunt quasi una persona : Qui dividuntur ab hac unitate, et ejiciuntur a sacramentorum communione, alieni sunt a Christi regno et Ecclesiæ. Subjungitur causa oblationis, cum dicitur, pro se suisque omnibus. Offerentes erant pro salute animarum suarum suisque omnibus, id est, pro amicis et rebus suis et amicorum, pro pace illorum, pro reditu peregrinantium, pro sanitate infirmorum, pro conversione errantium, pro fructibus terræ, pro aeris serenitate, pro aliis commodis adipiscendis vel conservandis, pro obtinendis successibus prosperis. Habemus enim in ipso consolationem præsentis vitæ, et futuræ. *Pro redemptione animarum nostrarum, pro spe salutis et incolumitatis nostræ.* Facta est nostra redemptio, Christo semel in cruce passo. Nam passione Christi redempti sumus et liberati de manu inferi. Culpis nostris exigentibus quotidie labimur ab hoc lapsu iterata immolatione, quæ fit in altari, resurgimus, et renovamur. Immolatio iteratur, non Christus occiditur, sed ipso præsente passio ejus repræsentatur. Superabundante misericordia, majus fuit pretium quam nostrum delictum, Deus enim homo factus, mortuus est, ut deificetur homo et non moriatur. Qui se dedit, majus dare non potuit. Si autem Deus majus pretium dare non potuit, quid retribuemus ei ? Offerimus ei calicem salutaris sacrificii quo redempti, quo liberati, sed etiam salvati, habentes beatam spem resurgendi, cum animarum salute, et corporum incorruptione. Supra memorati offerunt, *tibique reddunt vota sua, non idolis, non dæmoniis, sed tibi Deo vivo et vero. Communicantes et memoriam venerantes.* Aliter enim, ne convenienter offerrent Deo, nec vota redderent, nisi digne communicarent, quia extra communionem fidelium et venerationem sanctorum non est locus offerendi verum sacrificium. Orationes enim fidelium et sanctorum suffragia adjuvant, ut Deo fiant acceptæ oblationes et vota ; postulantes eorum suffragia, eos et in ipsis Christum veneramur, qui tantum sanctis suis contulit, ut valeamus meritis et precibus eorum adjuvari. Qui honorat Filium et Patrem honorificat; qui misit illum. In memoria et veneratione sanctorum talis ordo est considerandus, ut primum memoretur beata Virgo domina et regina hominum et angelorum, secundo virtutes cœlorum, tertio fiat memoria patriarcharum et prophetarum, quarto apostolorum, quinto martyrum, sexto confessorum, septimo virginum. Hæ sequuntur Agnum quocunque ierit, sicut gratiarum septiformis est donatio, ita facta est septenaria divisio ordinante Spiritu sancto. Ante consecrationem fit memoria plurimorum martyrum qui stolas suas in sanguine Agni dealbaverunt, et cum eo coronati non velata facie, sed manifesta visione Deum agnoscunt; *hos in memoria venerantes precamur ut beatæ Virginis quæ præcellit omnibus sanctis et eorum intercessio, sit nobis salutifera propitiatio.* Numerum non attendimus quare plures vel pauciores, quia qui canonem ordinavit, quos sibi placuit, dictante Spiritu sancto, memorare instituit. Hanc igitur oblationem, quia in unitate sanctæ Ecclesiæ offerimus cum sanctorum veneratione, adjuti eorum intercessione; igitur *hanc oblationem servitutis nostræ,* id est humilitatis nostræ, quæ in procinctu est tibi serviendi, vota solvendi, et sacrificium laudis tibi offerendi. Signanter apposuit *servitutis* respiciens ad illud quod dictum est superius : *In spiritu humilitatis et in animo contrito suscipiamur a te, Domine.* Hæc oblatio non tantum est sacerdotis, sed cunctæ familiæ, id est cleri et populi, et non assistentis familiæ, sed totius Ecclesiæ. *Hanc quæsumus ut placatus accipias.* Licet culpis nostris nobis sis infensus; rogamus ut efficiaris placatus fidelium orationibus et sanctorum intercessionibus, meritis et precibus. Ab ipso placato tria petimus, dies nostros in pace custodiri, et ab æterna damnatione nos eripi, et inter electos numerari. Non est medium inter infernum ubi est damnatio, et cœlum ubi est beatitudo et salus. Qui enim non damnantur, omnes salvari non dubitantur. Unde circa idem videtur verborum conculcatio cum dicitur, a damnatione eripi, et inter electos numerari. Sed intelligendum est in præsenti, id est fac nos in præsenti mereri ne damnemur, ut in futuro per gratiam Dei salvemur. Notandum est quod duplex est pax mundi : una per quam Ecclesia ut cessent malignantium perturbationes, et hostiles incursiones; altera perniciosa et omnino vitanda; quoniam licet hominibus absque contradictione libere uti carnis desideriis et suis voluptatibus. Prima est pax, sed transitoria; secunda non est pax, sed confusio et iniquitas odiosa. Item pax Dei duplex est quæ omnibus modis est appetenda. Una est tranquillitas mentis et quies sanctæ meditationis, de qua scriptum est : Elegit suspendium anima mea. Altera est, quæ exsuperat omnem sensum, in qua nulla est inquietudo, nulla perturbationum vicissitudo, sed æterna beatitudo (*Joan.* xiv). Utramque Dominus discipulis suis promisit, et dedit dicens : *Pacem meam do vobis, pacem relinquo vobis* (*Phil.* iv); pacem relinquit militantibus, pacem suam dat ad se pervenientibus. Cum utraque pax sit a Deo, proprie dicitur sua, pax super pacem, exsuperans omnem sensuum intelligentiam. *Quam oblationem, memoratis illis pro quibus offerimus,* quosque Deo Patri, mediante hostia et interpellante, reconciliare intendimus; ut oblatio habeat efficaciam et virtutem conferendi quod petimus, rogamus eam in melius promoveri et in æternitate ascribi, et ratam, id est firmam et immobilem fieri. Oramus ut cibus hominum fiat cibus angelorum, scilicet ut oblatio panis et vini transsubstantietur in corpus et sanguinem Jesu Christi, qui est oblatio benedicta, hoc est omnium gratiarum benedictione plena, de cujus plenitudine nos omnes accepimus. Pater enim ad mensuram non dat Filio, sed data est ei omnium gratiarum plenitudo. Ipse est per quem requiescit *Spiritus sapientiæ et intellectus, Spiritus consilii et fortitudinis, Spiritus scientiæ et pietatis, et Spiritus timoris Domini* (*Joan.* iii). De ejus unctione descendit unguentum in barbam summi pontificis, et in oram vestimenti ejus emanavit; fons est vivus, puteus aquarum viventium a quo derivantur omnes rivuli misericordiæ, pietatis et justitiæ. Ipsi est omnimoda benedictio et sanctificatio scripto in æternitate Patris et æqualitate paternæ majestatis. Filius Dei dicitur oblatio ascripta, Scripturis sanctorum Patrum designata, et nulla oblivione delenda, et ideo rata, id est et firma et immobilis, scilicet firmata statu immortalitatis et incorruptionis, in æternum permanens et ad dandam salutem et remissionem peccatorum sufficiens. Filius etiam patri quodammodo dicitur ascriptus, quia Scriptura de Filio loquens, Patrem manifestat, et quasi ipsum repræsentat. Est enim splendor paternæ gloriæ et figura substantiæ ejus. Unde ipse ait ad Patrem : *Pater, manifestavi nomen tuum hominibus.* Hic est liber vitæ, in quo et per quem Pater disponendo omnia scribit, et ad esse producit. Unde scriptum est : *Omnia per ipsum facta sunt, et sine ipso factum est nihil.* Pater est scriba velociter scribens; Filius est scriptum omnia continens. Pater in eo omnium rerum formas insculpsit, et per ipsum omnia creat, regit et disponit. Unde ait Propheta : *Omnia in sapientia fecisti* (*Psal.* x). Idem est oblatio rationalis, non peculiaris; etsi enim sanguis taurorum et pecudum sufficiebat ad emundationem carnis, non tamen erat efficax ad emundationem spiritus, ad redimendum nos a peccatis. Unde necesse fuit ut pro redimendo homine offerretur hostia rationalis, scilicet homo assumptus a Verbo, ex anima rationali et humana carne subsistens. Hæc sola ad hominem redimendum sufficit, et nulla alia sufficere potuit, quia nec homo, nec angelus, nisi homo Deus. Hæc autem sola Deo est accepta pro delictis omnium propitiatio. Possumus autem tria præcedentia referre ad oblationem, duo sequentia ad offerentem. Qui enim rationabiliter offert, recte dividit. Ideoque oblatio ejus est acceptabilis. Unde Abel quia recte obtulit, et recte divisit, Dominus ad ejus munera respexit. Ad Cain autem et ad munera ejus non respexit, quia, etsi recte obtulit, recte non divisit, quia sibi cor impœnitentes retinuit. Male ille dividit, qui id quod Deo magis placet, scilicet cor contritum et humiliatum, ei non tribuit. Exteriora dat Deo et offert; et seipsum sibi retinet. Unde, si quis recte offerat, et recte dividat, rationabilis est hostia et accepta : sin autem, infructuosa. Unde Propheta : Iniquitatem si aspexi in corde meo, non exaudiet Dominus (*Psal.* lxv). Itaque aliis in resurrectionem, aliis in ruinam. Recte dividentibus, salus et vita æterna; male, mors et perpetua miseria. Quod sacerdos orat oblationem panis et vini fieri corpus Domini et sanguinem Domini nostri Jesu Christi, primo factum est cœnantibus discipulis, in his verbis a Christo prolatis : *Hoc est corpus meum. Hic est calix sanguinis mei novi et æterni testamenti.* Sed priusquam sacerdos hæc verba proferat, quod sequitur, præcedentibus continuat dicens : *Qui pridie quam pateretur accepit panem in sanctas ac venerabiles manus suas : et elevatis oculis in cœlum, ad te Deum Patrem suum omnipotentem, tibi gratias agens,* etc. Dum hæc verba profert, sumit panem de altari, et elevatum facto signaculo crucis benedicit, et postea prætaxatis verbis Domini et repræsentatis, super corporale deponit. Deinde calicem tollit, et signans repræsentat verba Domini, dicens : *Benedixit, dedit discipulis suis dicens :*

Accipite et bibite ex hoc omnes. Hic est calix sanguinis mei, etc. O insigne miraculum ! O mirabile et divinissimum sacramentum ! Quæ mens non expaveat ? Quis intellectus non deficiat ? Omnis sensus hebescit, omnis ratio evanescit; prorsus dialecticorum inquisitio absit : hoc sola fides probat et agnoscit, quia cibus hominum fit cibus angelorum. Quod sacerdos elevat, non deponit. Elevatum et depositum idem videntur esse in specie, colore et sapore : prorsus tamen aliud apparet, et aliud intrinsecus latet. Elevatus est de altari panis communis, deponitur caro Christi immortalis. Quod erat cibus animalis, factum est cibus spiritualis. Quod erat momentanea refectio hominum, factum est æterna et indeficiens saturitas angelorum.

CAP. XIV. *Quæstio circa benedictionem panis a Christo in cœna factam.*

Cum in cœna Dominus panem benedixit, quæritur si benedictione sua de pane corpus suum fecerit. Quod videtur, in eo quod post benedictionem fregit et dedit discipulis suis, dicens : *Hoc est corpus meum.* Nisi in benedictione sua corpus suum fieret, nihil aliud quam panem communem frangeret, et discipulis suis daret. Item si benedictione sua panem in corpus suum convertit in verbis istis : *Hoc est corpus meum*, non reliquit nobis virtutem sacramenti ; quia priusquam hæc verba diceret, benedixit, fregit, et dans discipulis, prædicta verba protulit : eis dans virtutem sacramenti, quasi diceret : Panem quem accepi, in corpus meum transsubstantiavi, et illud do vobis. Propterea docemus et credimus quod cum benedixit, corpus suum fecit, et in verbis : *Hoc est corpus meum. Hic est calix sanguinis mei*, etc., data est virtus sacramenti. *Dixit enim et facta sunt* (Psal. CXLVIII). Unde intelligendum est, verba a Domino prolata prius dicta et iterum repetita. Sic enim legendum est : *Benedixit dicens : Hoc est corpus meum. Deinde fregit et dedit discipulis suis iterum dicens : Hoc est corpus meum.* Vel potest esse quod, benedictione facta, tradens corpus suum discipulis prædicta verba protulit, eis dans virtutem sacramenti.

CAP. XV. *Quid credendum circa verba sacramentalia.*

Itaque fides nostra est, et vere credendum est, quod sacerdote proferente hæc verba : *Hoc est corpus meum*, jam non est panis terrenus, sed ille panis qui de cœlo descendit, mediator Dei et hominum Jesus Christus. Item virtute verborum istorum : *Hic est calix sanguinis mei*, etc., vinum convertitur in sanguinem suum. Sub utraque specie et sub utriusque speciei particula singula, totus est Christus Jesus et sumitur, residens in cœlo, sedens ad dexteram Patris; ipse vere est in hoc sacramento, dentibus teritur, et integer manet. Manducatur, et non corrumpitur. Immolatur, et non moritur ; qualem se præbuit discipulis edendum, talem se præbet nobis communicandum, et qui post resurrectionem incorruptibilis et impalpabilis præbuit se discipulis palpabilem, mortalis eisdem potuit se dare immortalem.

CAP. XVI. *Quæstio circa hæc verba, « accipite et manducate. »*

Item cum Dominus discipulis suis dixerit : *accipite et manducate* ; quæritur si acceperint et sibi ministraverint. Ad hoc dicamus quod, quia qui ministrare venit et non ministrari, et qui consecravit, ipse ministravit. Nec est intelligendum quod in manibus suis acciperent et sibi ministrarent, sed Dominus de manu sua ministravit et manducare præcepit. Non videtur Dominus in cœna hunc calicem accepisse, cum fortasse ille a Domino acceptus fuerit luteus vel ligneus, iste argenteus vel aureus, vel alterius metallorum. Propterea sciendum est hoc dictum referendum esse ad similitudinem, non ad identitatem. Sicut enim Dominus inter cœnandum vinum in calice accepit, et benedicens sanguinem suum fecit; ita in isto calice a sacerdote vinum accipitur, et virtute verborum a Domino in cœna prolatorum sanguis ejus efficitur. Unde similitudo in vini acceptione, identitas in sacramenti veritate. Nam quotidie fit consecratio illius ejusdem sanguinis, quem Dominus in cœna ministravit. Dicit itaque calicem præclarum, non propter hoc quod vinum in eo continetur, sed propter hoc quod de vino in eo consecratur. Non enim pro fulgore attribuitur claritas calicis, sed pro dignitate sacramenti. Verumtamen, si attendamus unitatem fidei, ante consecrationem et post, unus calix, sicut una est fides, una Ecclesia sicut in Canticis una columba, una amica. De hoc calice scriptum est : *Calix meus inebrians quam præclarus est* (Psal. XXII). Quod dicit hic *calix sanguinis mei* legendum est ut continens accipiatur pro contento sic : Hic est sanguis meus novi et æterni testamenti, subaudis, confirmator. In passione enim sua Dominus umbram legis evacuavit, et hæredibus suis hæreditatem confirmavit. Ratum enim est testamentum ex morte testatoris. Mysterium, id est secretum fidei dicitur, quia quod sensibus nostris est occultum, fidei est revelatum. Ratio humana quærit dicens : Manhu ? quid est hoc ? Quomodo est ? Quomodo est non comprehendit, ad hoc secretum non ascendit : sola enim fides credit et agnoscit. Sensibus apparet in sapore et colore panis et vinum : fides sub utraque specie contemplatur Dominum et Salvatorem suum Jesum Christum. Apparet sensibus quod non est, fidei quod est. Sensus quod vident, judicant inanimatum, et omnium viventium sensibus videtur corporale alimentum ; fidei panis vivus, qui de cœlo descendit, panis quidem angelorum, fons vivus aquæ salientis in vitam æternam. Fides credit et diligit ipsum, per quem sperat peccata dimitti et veniam dari et in gloria sua refici et satiari. Unde Apostolus : *Fides est substantia rerum invisibilium, argumentum non apparentium* (*Hebr.* XI). Ex fide enim spes nostra firma est, et subsistit, charitas roboratur, speranda probantur. Sanguis Domini effusus est pro multis, scilicet ad fidem vocatis, non pro Judæis, paganis, hæreticis, et in infidelitate perseverantibus. Eo tamen genere loquendi quo dicitur : *Venit Dominus omnes salvos facere, et illuminat omnem hominem venientem in hunc mundum :* poterit dici effusus pro omnibus. Omnibus obtulit poculum salutis, quod alii receperunt, alii recipere noluerunt, sicut medicus venit curare ægrotum, quem tamen non curat, propter negligentiam ægroti mandata non custodientis. Quoties hæc sacramenta conficimus, passionem Domini memoriter tenere debemus, et mortem corde et opere Christo gratias agentes, qui per gustum assumptæ humanitatis nos invitat ad gustum, scilicet ad amorem et cognitionem suæ divinitatis. Propterea ad renovandam passionis memoriam, affectu lacrymabili, accessuris ad hoc sacramentum ait Dominus : *Hæc quotiescunque feceritis, in memoriam mei facietis* (*Luc.* xxii). Sciebat enim monumenta scripturarum ad hæc non sufficere, nec scripturis animos sequentium ad eum diligendum tanta moveri devotione, quanta moverentur ipso præsente. Quis enim sine lugubri compunctione potest hanc immolationem repræsentare ? quis tenens in manibus Dominum suum pro se crucifixum et mortuum, quasi servus nequam et immemor beneficiorum contemnat quod morte sua conscripsit testamentum ? hic justitia fidei concalescit in camino charitatis, ubi ignis est non comburens, sed illuminans, non consumens sed ædificans. Unde cum Dominus ad discipulos suos loquens diceret : *Quo ego vado vos non potestis venire* (*Joan.* viii) sui memoriam commendavit, ut in ejus memoriam intenderent eum sequi hæc conficientes sacramenta. Quod Petro interroganti *Domine, qua vadis ?* responsum est a Domino : *Quo ego vado, non potes me modo sequi : sequeris autem postea* (*Joan.* xiii).

CAP. XVII. *Triplex quæstio circa materiam sacramenti altaris.*

Hoc autem loco prætereundum non est quare panis et vinum offerantur ad faciendum hoc sacramentum, et si sub utraque specie consecretur corpus, et sanguis Domini, an sub altera tantum, et cur immolatio fiat de azymo, et non de fermentato. Tria in hoc sacramento fidem interrogant, atque animum recte sapientis, et fideliter intelligentis ad credendum sollicitant : unum est species panis et vini, aliud corpus et sanguis Domini ; iterum unio membrorum et capitis. Primum apparet sensui, secundum revelatur fidei, tertium efficit virtus sacramenti. Primum virtus percipit, secundum fides intuetur et credit, tertium est gratia salutaris per quam duo sunt in carne una, Christus et Ecclesia. Secundum est res primi, tertium effectus secundi. Nam species panis et vini tantum est sacramentum, id est sacræ rei et invisibilis visibile signum. Quod enim videtur, signum est ejus quod non videtur.

Videtur panis terrenus quo reficitur caro, et vinum quo lætificatur, et non est, sed panis cœlestis, panis vivus qui de cœlo descendit, quo anima saginatur, et potius quo plenissimum gaudium datur, et sitis indesinente lætitia mitigatur, de eo qui biberit non sitiet in æternum. De hoc pane dicit Dominus : *Caro mea vere est cibus ;* et de hoc vino : *Sanguis meus vere est potus,* et iterum ait : *Qui manducat carnem meam et bibit meum sanguinem in me manet et ego in eo* (*Joan.* vi). Corpus et sanguis Domini Jesu Christi dicitur res sacramenti, scilicet occulta sub prædictis speciebus, et est sacramentum altaris rei, scilicet illius quæ datur gratiæ et dilectionis. Itaque primum est sacramentum tantum, secundum res sacramenti et sacramentum ; tertium res tantum et non sacramentum ; sciendum est quod duplex est sumptio corporis et sanguinis Domini, sacramentalis et spiritualis. Sacramentali communicant boni et mali, soli boni spirituali. De sacramentali dicit Apostolus : *Qui manducat carnem et bibit sanguinem Domini indigne, reus erit corporis et sanguinis Domini* (*1 Cor.* xi). De spirituali Dominus ait : *Qui manducat meam carnem, et bibit meum sanguinem, habet vitam æternam* (*Joan.* vi), et beatus Augustinus : « Crede, et manducasti, » quod intelligendum est, si non fuerit contemptus religionis, sed eventus necessitatis. Ita duplex est caro Christi : illa quæ nata est de Virgine, et sumitur in sacramento, et ea quæ manducatur fideliter credendo, sine qua non prodest sacramentalis, quia Deus declaravit, dicens : *Caro non prodest quidquam ; spiritus est qui vivificat* (*ibid*), quasi diceret : Carnem meam sumere et sanguinem meum bibere quidquam non prodest, nisi percipiatur fide et charitate. Cum enim Dominus dixerit : *Nisi quis renatus fuerit ex aqua et Spiritu sancto, non potest introire in regnum Dei* (*Joan.* iii), multi tamen introierunt in regnum Dei in sanguine suo baptizati. Sic carnem Christi manducare, est eam sumere in Spiritu et veritate. Et hæc sumptio omnibus est ad salutem, nulli autem ad damnationem. Unde Dominus : *Nisi manducaveritis carnem Filii hominis et biberitis ejus sanguinem, non habebitis vitam in vobis* (*Joan.* vi). Sacramentalis sumptio, aliis est ad vitam, aliis ad ruinam. In talibus enim remuneratur solius fidei et dilectionis effectus. De pane et vino fit hoc sacamentum, ad significandum quod sicut panis cor hominis confirmat, vinum lætificat, ita hoc sacramentum est fortitudo et salus, et perfecta lætitia corporum et animarum. De pane triticeo conficitur, quia hoc est vere illud granum de quo Dominus ait : *Nisi granum frumenti cadens in terram mortuum fuerit, ipsum solum manet* (*Joan.* xii). Solus Christus descendit et mortuus est : solus non ascendit, quia in passione germinavit, crevit, et in segetem innumerabilem fructificavit. De azymo pane non fermentato immolat sancta Romana Ecclesia, ut expurgato fermento veteri reficiamur azymis sinceritatis et veritatis. Quod enim Græci immolant de fermento ad significandum tumidum Virginis uterum de Spiritu sancto imprægnatum, non consentit sanctorum Patrum doctrinæ, quia in sacro eloquio nunquam invenitur fermentum accipi in bonum. Quod in nostro usu loquendi dicitur, corpus et sanguis sumitur, non intelligas separatim, cum ipse totus Christus et integer sumatur. Totus sub utraque specie panis et vini : et sub qualibet particula utriusque speciei totus. Inde est quod panis et vinum non transeunt in divinam naturam, sed in humanam substantiam. Credimus enim in Christo duas fuisse naturas, divinam, et humanam; et tres substantias, divinam carnem et animam, Athanasio attestante qui ait : « Sicut anima rationalis et caro unus est homo, ita Deus et homo unus est Christus. » Ipse est in sacramento manducatur, et sumitur, non sicut alius cibus manducanti incorporatur, sed qui manducat debet ei per fidem et dilectionem incorporari. In propria forma non sumitur, ne abhorreat humanus animus ut fides comprobetur. In præparatione panis et vini, aqua vino miscetur, ut utrumque de latere Domini fluxisse memoretur, in quo etiam significatur nos per aquam et sanguinem salvari. Aquam dico baptismi, sanguinem Jesu Christi, quorum neutrum prodest, si desit alterum. Quoties hoc conficimus, mortem Domini annuntiamus, vel repræsentamus. Unde ne memoria Dominicæ passionis labatur de cordibus nostris, sed ut crucifigentes nosmetipsos cum vitiis et concupiscentiis mortui peccato, viventes Deo interpellatione ejusdem Filii ad vitam resurgamus, hæc sacrosancta offerimus et hoc est quod sequitur : *Unde et memores*, etc. Omnes offerunt, qui fide et opere in unitate Ecclesiæ consistunt. Cum autem Dominus in ministerio nostræ redemptionis multa mira et inaudita egisset, trium eorum, scilicet passionis, resurrectionis et ascensionis, fit commemoratio per quæ facta est nostræ salutis completio. Corpus et sanguis Domini dona sunt et data; nam dona sunt vel dicuntur, quæ sunt in potestate donantis, data in manu recipientis. Unde ab æterno sunt hæc dona et in tempore nobis data. Qui immolatur, ipse est hostia pura, sancta, et immaculata, Agnus sine macula, *qui peccatum non fecit, nec inventus est dolus in ore ejus (I Petr.* II). Hostia fuit pura in passione, sancta etimmortalis in resurrectione, præclara et præfulgens in ascensione. Panis est vitæ, non panis in quo videtur, sed ille quo homines et angeli reficiuntur. Eo homines utuntur in medicina; angeli in deliciarum gloria. Hic panis in præsenti dat justificationis gloriam in futuro autem, cum angelis ineffabilem lætitiam, cum una sit et eadem res sacramenti, nec corpus sit sine sanguine, nec sanguis sine corpore, divisim tamen et pluraliter loquimur, non pro distinctione rerum, sed pro varia forma specierum. Et cum sanguis nominatur in calice, corpus extra calicem, utrobique credatur esse et in calice et extra calicem Deus et homo. Potest aliquis dicere vel meditari : *Durus est hic sermo, quis potest eum audire? (Joan.* VI.) Attendat operantem, cogitet omnipotentem et desinet mirari, quia *quæcunque voluit fecit (Psal.* CXIII). Quinaria cruce signamus, ut non eum, a quo omnis sanctificatio, sanctificemus, sed ut vulnera pendentis in cruce duo manuum, duo pedum, quintum lateris flebiliter et devote recolamus; abhinc enim, usquedum corporale desuper calicem tollatur. Post consecrationem rogamus Patrem, ut super dona prædicta respiciat et accepta habeat. Sed cum Patri Filio nihil sit acceptius, quem propitio et sereno vultu semper sibi Deum æqualem intuetur : quid aliud oramus, nisi ut mediante et interpellante Filio nobis Deus fiat placabilis et propitius, et per eum qui sibi placet ei placeamus? Itaque oramus eum per hæc sacrificia nobis miserendo placatum fieri, sicut misertus est patribus nobis propitiando eorum sacrificiis. Unde attendenda est hæc comparatio in sola similitudine, non in quantitate, nec est referenda ad sacrificia, sed ad offerentium vota. Plus valet res quam figura. Omnibus sacrificiis præcellit Eucharistia; est autem talis similitudo, ut recte offerendo similes simus patribus nostris qui recte obtulerunt et recte diviserunt. Tres eorum nominat, quia in eorum sacrificiis præsignata est hostia per quam fracta sunt tartara. Abel cor contritum, et humiliatum Deo obtulit, et se Deo totum committens, sibi se non retinuit, recte obtulit et recte divisit; et ideo Dominus ad munera ejus respexit. Cain vero peccavit, quia et si munera quæ debebat Deo, reddendo recte obtulit male divisit, quia se sibi retinuit. Iniquitatem in corde suo aspexit, et ideo Deus eum non exaudivit. Abraham se Deo totum obtulit : quem Deus præcipiendo filium immolare, examinavit (*Gen.* XXII). Melchisedech in sublimi corsuum posuit et ideo meruit prænoscere; et in sacrificii figura panem et vinum offerre. Itaque, si volumus sicut oramus, patribus nostris assimilari, per iniquitatem Deo cor nostrum non offeramus, sed in sublimi altari deponamus cor nostrum, scilicet in conspectu divinæ majestatis, et sobrie et pie et juste vivendo, propitium et placatum inveniemus eum nobis. Hoc autem est quod in sequenti oramus dicentes : *Jube hæc præferri per manus sancti angeli tui*, non ut Christus mutatione loci ascendat semper ad Patrem qui assistit vultui Patris interpellans pro nobis, sed ut devotio nostra perferatur per manus sancti angeli, id est per Filium tuum qui est dextra tua, per quam omnia operaris, et angelus magni consilii, per quem omnia ministras, et disponis, creas, sanctificas et benedicis. Ipse est conspectus Patris, id est sapientia per quam Pater facit et disponit. Ideoque per ipsum, et in ipso, et ante ipsum precamur vota nostra perferri. Quis enim perferre potest nisi ille qui ait ad Patrem : *Pater, semper me audis (Joan.* XI), et in quo Pater cœlum et terram creavit, et quo omnia stabilivit. Quod sumitur in altari, non prodest sine gratia spirituali. Unde oramus ut corpus et sanguinem de altari visibiliter sumentes, invisibiliter in altari, invisibili carne Christi reficiamur, ex qua omnibus benedictio et gratia sumentibus datur, et ab eo qui corporaliter est in altari visibili, datur omnis gratia benedictionis. In altari est, qui ad dexteram Patris sedet, potens in cœlo et in terra, ubique est ascendens in cœlum, descendens in infernum, semper eum invenies. Sæpe signacula crucis iteramus, quæ quoties facimus, passionem et mortem Domini annuntiamus. Dicentes: *Nobis quoque peccatoribus*, vocem paululum elevamus, ut ex gemitu cordis in silentio, procedat gemens oris confessio. Ante consecrationem et hic recensemus sanctorum nomina : postulantes eorum intercessiones, et suffragia attendentes, non numerum sed eorum adjuvans suffragium. Ibi fit memoria beatæ Virginis quæ omnibus sanctis præcellit, et apostolorum et martyrum qui in sanguine Agni dealbati sunt, ut eorum interventu suffragante ad salutem nostram fiat ministerium. Hic sanctorum memoriam facimus, ut compatiantur nobis peccatoribus. Pro veneratione enim sanctorum suorum solet nobis propitiari Deus, donans veniam delictorum, quod manifestis indiciis, signis et miraculis Dominus ostendit ad eorum, quæ sua est, laudem et gloriam conferendo ægris sanitatem, desolatis consolationem. Qui enim membra honorat, et Christum, qui caput est, honorificat; et qui Filium honorat, et Patrem qui misit illum (*Joan.* v), per quem Pater hæc bona creat, sanctificat, vivificat et benedicit. Unde ut diximus, una sola res in sacramento, scilicet Christus Deus et homo. Unde in figuris et nominibus quibus res eadem recensetur, pluralitas apparet; et ubi unum tantum est in substantia, multiplicitas videtur in figura. De corpore autem Domini loquimur aliquando sicut est, aliquando sicut apparet. Dicimus enim nostro usu loquendi, multas hostias communicando distribuimus, tot reservavimus et sic plures hostias dicimus, et unum credimus esse.

Nec mirum si deficiat proprietas verborum ubi dispensatur ineffabile sacramentum. Pater per Verbum suum creavit naturam, per idem dedit gratiam: et cum ad totam Trinitatem pertineat universitatis creatio, ad solum Filium nostræ ruinæ reparatio. Tres cruces signando depingimus ad honorem salutiferæ crucis : per quam facta nostra redemptio, vita mortua in ligno, a qua fluentibus rivulis sanguinis et aquæ, emanavit omnis sanctificatio, vita et benedictio. Inde datur homini tanta gratia, ut qui digne perficit, sanctificetur, vivificetur, omni benedictione repleatur. Ipsum etiam sacramentum, virtute crucis ministrante sacerdote sanctificatur, benedicitur, cum corpus inanimatum transit in vivificum. Quotidie nobis hæc dona præstantur, quando corpus et sanguis in altari sumuntur. Itaque quia Pater cuncta operatur per Filium : sanctificat et benedicit per ipsum Filium, quia Patrem manifestavit hominibus, et cum ipso qui Patri est co-

æqualis et coæternus : et in ipso *qui est splendor et figura substantiæ ejus* (*Hebr.* I), et in quo est totius Pater, et ipse totus in Patre. Deo Patri omnipotenti omnis honor et gloria. Hic ter signamus quasi per ipsum qui crucifixus est, et cum ipso qui in cruce mortuus est, et in ipso qui vita est, Deo Patri omnis honor et gloria, per Filium enim Pater clarificatur, et in Filio honorificatur. Unde scriptum est : Qui honorificat filium, honorificat cum qui misit illum (*Joan.* v). Hic iterum duas cruces facere solemus, recolentes aquam et sanguinem quæ de latere Filii fluxerunt. Venit enim in aqua et sanguine, ut fide suæ passionis, et aqua regenerationis nos mundaret et sanctificaret. Quomodo in serie canonis repræsentatur agonia Dominicæ passionis, et quomodo veritas velata fuerit sub veteribus figuris (*Exod.* XII), intuitu diligentioris doctrinæ, quasi recapitulando dignum duximus aperire. Quæ in summa et eo ordine quo facta sunt tractantur, liquidius apparent quam si in suis locis singula notarentur. Sciendum itaque est quod ab initio canonis, scilicet *Te igitur*, usque ad finem, memorantur quæ gesta sunt in septimana subsequente Ramos palmarum. Sicut enim paschalis agnus luna decima de grege assumebatur in domibus Judæorum, et quarta decima immolabatur ad vesperam, ita hic noster Agnus Christus Jesus nos salvans et vivificans, venit in Hierusalem quarta decima die celebraturus agnum paschalem, acclamante ei laudes populo Hebræorum : *Hosanna filio David, benedictus qui venit in nomine Domini* (*Luc.* XII). Hoc autem significat responsio chori concinens *Sanctus, sanctus, sanctus, Dominus Deus Sabaoth*, Silentium quod sequitur illum concentum designat certam memoriam instantis passionis et quod scriptum est : Jesus autem jam non palam ambulabat propter metum Judæorum. Quod autem a *Te igitur* incipit mysterium passionis, ex eo innuitur quod statim apponuntur signacula crucis. Ea die quæ dicitur Rami palmarum, se incipit exponere manibus Judæorum. Quarta feria est a Juda traditus, in cujus signum traditionis fit triplex signaculum crucis. Secunda autem et tertia feria non ausi sunt contingere metu Judæorum, sed illis diebus docebat in templo nihil metuens furorem insidiantium. *Pontifex legalis cum sanguine semel in anno ingrediebatur sancta sanctorum, figurans illum qui proprio sanguine introivit in cœlum* (*Heb.* IX). Hoc autem repræsentat sacerdos accedens cum sanguine ad hoc mysterium, scilicet lacrymabili devotione retinens in mente memoriam Dominicæ passionis. Quinta feria, de qua illud est quod pridie quam pateretur, vetus pascha celebravit : et illud finiens, corpus et sanguinem suum discipulis tradidit. Sequenti nocte ligatur, et capitur et multis illusionibus irridetur. Sexta crucifigitur. Sabbato fuit in sepulcro. Tertia die resurrexit, discipulis pacem totius mundi nuntiando. Cum dicitur : *Nobis peccatoribus*, solet rumpi silentium, paululum suppressa voce proferendo, ut veniat nobis in mentem latronis confessio, et pietas Domini de cruce dicentis : *Hodie mecum eris in paradiso* (*Luc.* xxiii). Cum ventum est ad hæc verba : *Per quem hæc omnia* : memoratur illud Dominicum verbum, *Consummatum est (Joan.* xix), et quod voce magna exclamans emisit spiritum, et velum templi scissum est : unum corporale desuper calicem tollitur. Sublato corporali dicendo : *Per ipsum*, confessionem exprimit centurionis, qui viso terræ motu, confessionem exhibuit verbo Dei. Tunc sacerdos et diaconus calicem parum de altari elevatum iterum deponunt ; quia Joseph et centurio et Nicodemus accepta licentia a Pilato, corpus de cruce deponentes sepelierunt. Unde calix iterum corporali cooperitur. Et quia clamor magnus factus est in morte Domini, tum ex lamentatione mulierum, tum voce centurionis et aliorum lugentium : sacerdos rumpit silentium alta voce canendo : *Per omnia sæcula sæculorum*. Post fit breve silentium, significans spatium Sabbati quo quievit in sepulcro. Item elevata voce sacerdote proferente : *Pax Domini*, respicit illud quod Dominus *stans in medio discipulorum ait illis* : *Pax vobis* (*Luc.* xxiv). Postea *Agnus Dei* cantatur, et osculum pacis invicem datur, quia Deus Pater Filium suscitavit ad dandam remissionem peccatorum, et eum resurgentem exaltavit, dans ei nomen quod est super omne nomen, et in cœlo et in terra omnem potestatem, qua nos Deo Patri et angelis reconciliavit (*Phil.* ii). Post acceptum cibum salutarem sequitur communio, quod est gratiarum actio. Solemus enim Deo gratias agere in corporali refectione, multo melius in ea de qua qui gustabunt non esurient neque sitient. Quia in fine orationes proferuntur, in signum est quod Christus resurgens interpellat pro nobis.

Cap. XVIII. *Alia canonis declaratio.*

Ab illo capitulo, *In primis* usque *Communicantes.* Aaron orabat intra sancta sanctorum, et Christus, antequam pateretur, pro se suisque discipulis oravit, orandi dans exemplum : minister evangelicus sequens utrumque, pro universa orat Ecclesia, a *Communicantes*, usque *Hanc igitur*, minister noster commemorat nomina sanctorum, quibus debet conformari vita et moribus ; ut in eo accendatur thuribulum fervens igne charitatis et odore virtutum, quod figuratum est in eo quod pontifex legis ferebat thuribulum intra sancta sanctorum, et in pectore scripta nomina patrum. Christus autem plenus aromate omnium virtutum ascendit in cœlum : agnoscens conscientias, et nomina suorum. Dum legalis pontifex orabat, fumo thymiamitis obumbratus erat, ne videretur dum oraret et incensum cremaret, quod erat figura Christi interpellantis pro nobis, quod excedit omnem intuitum et intelligentiam. Nemini enim datur scire quomodo Christus sedens ad dexteram Patris interpellat pro nobis, nec etiam cogitari potest. Latet enim homines et angelos quanta virtus sit in verbis et mysticis crucis signaculis. *Supplices te rogamus*, usque *Præceptis salutaribus*, secundum legem exterius sacramentum aspergebatur sanguine. Christus autem aspergit, dum nos sanctificat sui sanguinis effusione. Sacerdos aspergit, dum hoc sacrificio Deum placat, et datur gratia veniæ. Quod nominat altare sublime, commemorat legis sancta sanctorum, et illud sanctum sanctorum in quo Christus semel introivit, et per sanguinem proprium. Bis recensentur in canone nomina sanctorum, ut ostendatur figurative ferre logion et superhumerale in quibus erant scripta nomina patrum. Peracto sacrificio legali pontifex revertitur ad populum lavans vestes, et immundus erat usque ad vesperum ; figurabat Christum qui quotidie venit ad nos miserendo, et fideles suos mundificando, nec eos deserens usque ad sæculi consummationem. Sacerdos noster orando lavat populum, et immundus est tamen usque ad vesperum, quia nullus adeo mundus quin in eo sit usque ad mortem, quod lavetur. Ut dictum est : Omnis honor et gloria est Patri per Filium qui venit sibi et Patri acquirere regnum, et discipulos suos orare monuit, et docuit. Monuit dicens : *Vigilate et orate* (*Matth.* xxvi). Docuit quando orationem composuit, et in eo formam orandi instituit. Quærentes enim discipulos ut doceret eos orare, hac oratione ad orandum informavit. Propterea sacerdos oraturus, monet alios secum orare dicens : *Oremus, præceptis salutaribus*, scilicet evangelicis, *moniti*, et institutione hujus orationibus a Domino informati, fiducia instituentis qui præsens est et interpellans pro nobis ad impetrandam veniam, clamamus corde et voce : *Pater noster*. Cum hic dici solet oratio quam composuit, visum est B. Gregorio melius ut oratio diceretur, qua discipulos ad orandum informavit, dicens : *Pater noster*, etc. Quod cum a Græcis accepisset, voluit tamen a solo sacerdote cantari, quæ apud Græcos dicebatur ab omni populo. A responsione cleri succinentis, *Sed libera nos*, sacerdos sumit exordium iterum orandi. Rogat se et alios interventu B. Virginis et apostolorum et aliorum sanctorum a malis liberari, et pacem fieri in diebus nostris, et chorus orat, ut præsente rege pacifico, in pace et sine omni perturbatione sit spiritus ejus. Cum autem dicitur : *Pax Domini*, intra calicem fit triplex signaculum crucis ad laudem et honorem S. Trinitatis, quæ misit Agnum qui per crucem salvavit mundum, et fecit pacem hominum et angelorum. Trina crux fit intra ambitum calicis : ad significandum illud gaudium irreprehensibile et secretum quod erit in fruendo visione Trinitatis, per quam data nobis pax veniæ, pax justitiæ, pax gloriæ. Deinde sequitur vox Ecclesiæ, supplicans Agno largitori pacis et misericordiæ. Ter cum eodem principio cantatur, et duplici fine terminatur ; itaque orat, *Miserere nobis ;* dando veniam. *Miserere :* conservando justitiam, *dona nobis pacem*, quæ superat omnem sensum, et intelligentiam. Miserere captivis, miserere peregrinis, da nobis finem laboris, miserere peccatoribus, miserere exsulibus, da requiem laborantibus, tribue peccatorum remissionem, perduc ad patriæ certam mansionem, da post laborem pacem et requiem. In fractione panis hostiæ repræsentatur minister legis, qui similaginem particulatim offerebat : et Dominus qui panem fregit in cœna, et quem fractione panis cognoverunt discipuli euntes in Emmaus (*Luc.* xxiv). Frangitur hostia et in tres partes dividitur, S. Trinitati dedicata, quarum una in calicem demissa sanguini immergitur pro illa parte Ecclesiæ, quæ naufragio hujus sæculi agitata multis perturbationibus passionum concutitur; aliæ duæ extra calicem sunt, pro illis quarum una igne examinatur, quæ est fidelium, altera est sanctorum, quæ cum Christo regnat in æternum. Tunc devota memoria Christo præsenti, et ad dexteram Patris sedenti et interpellanti pro nobis, pro glorificatis grates referuntur, pro vivis, ut illis ascribi mereantur, pro fidelibus, ut a pœnis citius solvantur. Diaconus missæ finem imponit, decantans : *Benedicamus Domino,* vel, *Ite missa est,* in diebus festivis, vel *Requiescant in pace,* ut in mortuorum exsequiis. Hoc fit ut semper et sine intermissione pro acceptis beneficiis Redemptori nostro gratias referamus; sanctos suos honoremus, quorum meritis et intercessionibus adjuvamur : et pro cunctis fidelibus defunctis, ut ipsi ad optatam requiem perveniant, exoremus. Hac salutatione monentur astantes recedere : quia missa est hostia cui omnis laus et honor, benedictio et gloria; ad quam de hoc exsilio transire festinandum est celeri cursu, sanctoque mentis recessu. Ea enim ad reconciliationem nostram sufficiens legatio mittitur. Propterea ministerium sacrosanctum missa nuncupatur.

Cap. XIX. *Expositio orationis Dominicæ.*

Expositionem Dominicæ orationis a patribus nostris plene et lucide digestam invenimus. Eam tamen paucis verbis exponere pro modulo nostro curavimus, non spiritu arrogantiæ, sed ne lectori videatur onerosum quoties hanc legerit, eam quærendo revolvere libros aliorum. Sermo iste Dominicus breve est verbum et abbreviatum : pauper verbis, dives sententiis. Nam Dominus sub paucitate verborum docuit orare : confutata superstitione ethnicorum in multitudine verborum gloriantium. Unde Dominus : *Orantes nolite multum loqui (Matth.* vi). Distinguitur septem petitionibus, pro septiformi gratia Spiritus sancti, qua liberati a septem vitiis, et totidem virtutibus decenter ornati, mereamur percipere septenarium fructum æternæ beatitudinis. Septem itaque sunt petitiones, septem dona, septem virtutes, septem vitia, septem beatitudines. Eorum quæ petuntur tria sunt, scilicet sanctificatio nominis, adventus regni Dei, perfectio divinæ voluntatis, quæ pertinent ad futurum statum. Quatuor ad temporale subsidium : hæc sunt panis quotidianus et spiritualis, qui licet sit æternus, quia quotidie sumitur, huic tempori accommodatur dimissio peccatorum, non moveri tentatione malorum, nec infestatione tribulationum. Quæ prius ponuntur, priora sunt dignitate : quæ posterius, priora tempore. Nam ex his quæ temporaliter aguntur, ad æterna pervenitur. Septem sunt gratiarum divisiones : Spiritus sapientiæ et intellectus, Spiritus consilii et fortitudinis, Spiritus scientiæ et pietatis, et Spiritus timoris Domini. Non quod multiplex sit Spiritus secundum differentiam nominum, sed simplex unus semper, et idem fons et origo omnium virtutum et bonorum. Idem enim Spiritus est a quo fiunt sapientia maturi, intellectu providi, consilio cauti, fortitudine liberi, scientia discreti, pietate mites, timore humiles. Septem sunt vitia : superbia, invidia, iracundia, acidia, scilicet tædium mentis cum tristitia, avaritia, gastrimargia, luxuria; a quibus derivantur omnium delictorum inquinamenta. Septem sunt virtutes : humilitas, pietas, compunctio, justitia, misericordia, munditia, pax sive tranquillitas ; humilitas conculcat superbiam, pietas exstinguit invidiam, compunctio mitigat iracundiam, justitia exhilarat mentem, pellens omnem tristitiam, misericordia damnat avaritiam, munditia reprimit gulam, pax eliminat luxuriam.

Septem sunt beatitudines : regnum cœlorum, terra viventium, consolatio sine perturbatione, satietas sine esurie, misericordia sine judicio, Dei visio, Dei filiatio seu similitudo, etsi in nominibus et proprietatibus sit distinctio, una tamen eademque est beatitudo. In his promerendis et adipiscendis necessaria est gratia septiformis, quam Isaias describit, sine qua nullum meritum pertingit ad salutem. Nota quod Isaias incipit a summo, Dominus in sermone suo ab imo. Ibi enim docetur Dominus ad ima descensurus : hic, homo ad similitudinem Dei ascensurus. Itaque singulis meritis competentia assignat præmia : pauperibus regnum cœlorum : *quia initium sapientiæ timor Domini* (*Psal.* cx); mitibus hæreditas patris, qui de se ait : *Discite a me quia mitis sum et humilis corde* (*Matth.* xi); lugentibus consolatio per scientiam ; esurientibus et sitientibus quasi in fortitudine laborantibus refectio; misericordia misericordibus ope consilii ; mundis corde visio Dei, oculo mentis purgato intelligentia, id est pacificis similitudo Dei tribuitur, ut ipsius filiis in quibus caro obtemperat spiritui, sensus subservit rationi, moderatione et maturitate sapientiæ. Hæc prælibavimus ut facilius animus legentis præparetur ad intelligendum quod intendimus. Sciendum quod omnia quæ sunt salus et vita petuntur in oratione Dominica, quia ipse interpellans pro nobis formam orandi docuit, scilicet purgari fæce vitiorum, decorari splendore virtutum, illustrante gratia spirituali, et perducere ad præmium repromissionum. Primo ergo petimus nomen Domini sanctificari in nobis, ut pede humilitatis calcata superbia, humiliemur sub potenti manu Dei, et ipsum sanctum a quo sanctificati timeamus et veneremur timore casto permanenti in sæculum sæculi. Sanctificatio quæ nobis a Deo confertur, incipit ab humili ejus adventu, sicut Apostolus ait :

Neque fornicarii, neque masculorum concubitores regnum possidebunt (*I Cor.* vi). Hæc quidem fuistis sed sanctificati estis in nomine Domini Jesu Christi, in Spiritu Dei nostri. Unde non Sanctum sanctorum, a quo omne sanctum, sanctificari oramus, sed ut in sanctificatione nobis ab eo data perseveremus. Et qui ab eo recesseramus per superbiæ vanitatem, ad ipsum revertentes per humilitatem, sanctificati ei jungamur, et ad beatitudinem regni cœlestis pertingere mereamur, de qua Dominus, ait : *Beati pauperes spiritu, quoniam ipsorum est regnorum cœlorum* (*Matth.* v). Secunda petitio est : *Adveniat regnum tuum.* In ordine donorum ascendendo, Spiritus pietatis ponitur donum secundum. Regnum Dei communis est salus omnium, quæ adveniet cum in fine sæculi manifestabitur ejus regnum. Pietas sive benignitas compatiendo proximis, congratulando prosperis, et condolendo adversis. Unde pietatis est commune salutem omnium velle et optare, et ita omnem invidiam relegare. Qui enim fideliter aliis optat sibi quod petit, invidiam omnino excludit. Sed cum Deus ab æterno regnet, et regnum ipsius omnibus dominabitur, regnum ejus petimus advenire, scilicet salutem promissam, passione Filii sui acquisitam, ut exuti a corpore hujus mortis sive servitutis, cum Christo regnemus sicut pollicitus est : *Percipite regnum Dei, quod paratum est vobis ab origine mundi* (*Matth.* xxxiv). Itaque invidia reprobata, benignitate sive mansuetudine Spiritu pietatis adepta terram viventium possideamus, quod est initium et stabile fundamentum, juxta illud: *Beati mites* (*Matth.* v), etc. Tertia est petitio, *Fiat voluntas tua sicut in cœlo et in terra.* Voluntas Dei est custodia mandatorum ejus, in quibus exsequendis retributio multa. Oramus voluntatem Dei fieri in cœlo et in terra, id est in corpore et in anima, ut ei casto corpore serviamus et mundo corde placeamus. Cum enim corpus a terra, spiritum ex cœlo habeamus : in nobis (qui sumus cœlum et terra) voluntatem Dei fieri in utraque postulamus. Quod dato Spiritu scientiæ exsecutioni damus, per quem scimus divinæ voluntati obtemperare, et datur nobis iram, indignationem et pravos illicitus mitigare : *Caro enim concupiscit adversus spiritum, et spiritus adversus carnem* (*Gal.* i). Nam caro inclinat se ad terrena, spiritus erigit se ad cœlestia, ideoque implorandum est divinum auxilium, ut mittat spiritum scientiæ, cujus ope discernamus quid beneplacitum sit divinæ voluntati, et corde conteramus postpositis sæcularibus gaudiis, ut in multitudine dolorum et compunctionum, Spiritu scientiæ lætificans spiritum nostrum, obtineamus inæstimabilis scientiæ perenne solatium, secundum illud : *Beati qui lugent, quoniam ipsi consolabuntur* (*Matth.* v). Tunc in nobis voluntas Dei perfecte complebitur, adeptione suæ consolationis. Quarta petitio est : *Panem nostrum quotidianum da nobis hodie*, cum mens tædio acidiæ languescens, ab internorum amore bonorum retrahitur : animus in torporis lecto jacet quasi languidus, qui pane spirituali, id est corpore Christi est reficiendus. Unde spiritu fortitudinis optet animum a torpore excitari, et operibus justitiæ inhiare, ne alique gravi delicto intercedente, abstineamus ab illo pane de quo Apostolus ait : *Probet se unusquisque, et sic de pane illo edat* (*I Cor.* xi), unde precamur dari nobis panem nostrum quotidianum, ut ex justitiæ operibus in Christo viventes, a corpore suo non recedamus, sed sit nobis cibus quotidianus, quo plene satiabitur justus cum apparuerit gloria ejus. Unde Dominus : *Beati qui esuriunt et sitiunt justitiam, quoniam ipsi saturabuntur* (*Matth.* v). Accepta fortitudine hujus cibi spiritualis, statim recte petitur venia delicti. Unde sequitur : *Et dimitte nobis debita nostra sicut et nos dimittimus debitoribus nostris.* Peccata nostra dicuntur debita nostra, scilicet quia ei qui commodat, scilicet diabolo, debitor existit homo. Quoties delinquitur, debitum mutuatur. Qui enim fuerunt Deo debitores per justitiam, peccantes fiunt debitores diabolo per injustitiam. Commendat diabolus ad usuram delinquentibus peccatorum malitiam, ut inde consequantur mortem æternam. Hoc debitum diabolus primo homini commodavit; qui Domino accepti beneficii debitor esse noluit, si misericordes, beati; sanum est consilium aliis misereri, et non æstuari facibus avaritiæ, sed bona largiri. Hoc consilium datur per Spiritum Dei, ut remittamus odia et injurias, quatenus Dominus dimittat peccata nostra, et misericordibus misericordiam impendat. Unde ipse ait : *Cum steteritis ad orationem, remittite, si quis adversus aliquem habet querelam, ut et Pater qui in cœlis est remittat vobis* (*Marc.* xi). Secundum hoc in die judicii judicaberis, ut quod feceris patiaris. Si beati mundo corde, mundemur mente et corpore, vitanda est ciborum crapula, gulæ irritamenta, interior refectio Spiritu intelligentiæ est appetenda. Cum enim anima interius reficitur, minus moleste exteriorem famem patitur. Unde Dominus tentatori respondit : *Non in solo pane vivit homo* (*Matth.* iv). Orandum est itaque ut tentatio non dejiciat, sed oculo mentis lucido tentationibus resistat; ut Deum contemplatione intueri non cessans, Deum in futuro sicuti est videat. Ultima petitio comprehendit quidquid est necesse, scilicet a malo liberari. Nihil enim est ultra quod debeat quæri cum sit perfectio totius religionis. Qui enim a malo est liberatus, in se requiescit, generans animum pacis et tranquillitatis; non est quod interius vel exterius repugnet, quia nec caro per luxuriam, nec mundus per avaritiam, nec diabolus per malitiam possunt dejicere a tranquillitate. Hoc fit spiritu sapientiæ, qui omnes motus sensuum componit, et rationi subjicit. De talibus dicit Dominus : *Ego dixi : Dii estis,* etc. Unde : *Beati pacifici, quoniam filii Dei vocabuntur* (*Matth.* v). Congruenter videntur Dominicæ orationi assignari quæ dicta sunt ab Isaia de spiritu Domini, et sermo quem locutus est in monte discipulis. Nam ille qui prophetiam edidit, et qui sermonem discipulis in monte fecit, ipse hanc orationem composuit. Sermo ante et oratio quasi rivuli a fonte manant ab illo Isaiæ septenario, in quo est omnium bonorum plenitudo.

Cap. XX. *De additis ad officium Missæ per summos pontifices.*

Nota quod, sicut magister docuerat, apostoli se et alios communicando, consecrationem corporis et sanguinis Domini facere cœperunt, et fieri per universas Ecclesias prædicando instituerunt. Primo sine aliquo ordinatu fiebat canonis mysterium, postea cum canone legebantur epistola et evangelium. Deinde a Romanis pontificibus quibusdam additis ad ornatum et decoratum Ecclesiæ, celebranda aliqua susceperunt. Cœlestinus papa CL psalmos cum antiphonis cantari instituit. Et hac institutione mos inolevit, ut omissis psalmis ex illis introitus, graduale, offertorium, communiones exciperentur. Gregorius a Græcis *Kyrie, eleison* assumpsit, et a solo clero sonora modulatione cantari præcepit, et orationem Dominicam dici decrevit. Symmachus *Gloria in excelsis Deo* in festivis diebus addidit. Telesphorus papa tantum in natali Domini missas in ipsa nocte cantari voluit; et quæ sequuntur verba angelorum dictavit. Gelasius præfationes composuit. Innocentius pacis osculum adjecit. Damasus *Credo in unum Deum* ex decreto concilii Constantinopolitani post evangelium cantari instituit. Alexander aquam vino misceri, ut nec vinum sine aqua, nec aqua sine vino offeratur, ad repræsentandum utrumque de latere Domini fluxisse. Sixtus *Sanctus* triplicatum modulavit. Sergius *Agnus Dei* inter communicandum terno concentu cecinit.

STEPHANI DE BALGIACO
CHARTÆ.

I.
Transactio cum Hugone de Gisseio per Stephanum Æduæ episcopum.

(*Gall. christ.* IV, Instrum., 86.)

Noverint fideles sanctæ Ecclesiæ tam præsentes quam futuri, quo ordine controversia, quæ inter canonicos S. Symphor. et Hugonem de Gisselo et Hugonem de Saphra aliquanto tempore fuerat, consilio domni Stephani Æduensis Ecclesiæ episcopi ad finem usque pervenit. Sancitum itaque fuit a præfato episcopo, cujus auctoritas intervenit ad litem hanc dirimendam, ut in terra S. Symphor. de qua controversia erat, supradicti milites haberent a villanis cultoribus et habitatoribus terræ quindecim sextaria annonæ, cujus dimidia pars in frumento, cætera vero in avena redderentur. In mansis etiam habitatis haberent eodem modo fascem inter fœnum et stramentum, corveas nihilominus haberet Dominus Gissiaci, de bobus rusticorum, exceptis tamen propriis rebus canonicorum. Hujus rei causa haberent tam canonici quam homines erorum in terra prædicti Hugonis de Gisseio usum tam in pascuis quam in aquis, et in silvis ad utensilia plaustrorum seu carrucarum et herciarum. Præter hæc autem quæ scripta sunt nihil omnino habeant suprascripti milites in hominibus vel terris canonicorum. Acta sunt hæc autem apud Sedelocum in conspectu domini Stephani venerabilis Æduorum episcopi.

Hujus rei testes sunt Stephanus episcopus, Ranulfus, Zacharias, Ugo, canonici, Constantinus major, Agerius, Esperimus, Arbertus et Ulduinus de Illyriaco, Gislebertus de Tiliis, Raynaldus de Dorna, Jurannus Belet et alii multi.

II.
Charta Stephani Æduensis episc. XXVIII in gratiam Ungiaci (2).

(*Gall. christ.*, ibid., p. 87.)

Stephanus, Dei gratia Æduensis episcopus, dilectis filiis suis clericis et laicis diœcesis suæ salutem et paternam benedictionem.

Noverit dilectio vestra ad nostrum pertinere officium jura tueri ecclesiastica, et collata conservare beneficia, maxime ea quæ collata sunt pauperibus Christi, qui omnia reliquerunt, sed et villas et homines et cæteros reditus se habere non posse constituerunt, ut lites fugerent, et in causas non pertraherentur. Si quis igitur adversus eos aliquam suscitaverit calumniam, nolumus utique, ut in causas ducantur forenses, sed in nostram veniant audientiam; quatenus in præsentia nostra judicio Ecclesiæ orta in Ecclesiam querimonia sopiatur. De his enim qui ad nostram pertinent advocationem, quæ sine assensu nostro recipere aut possidere non possunt, quomodo sine nobis procedent in audientiam laicorum et alienum subibunt judicium? Præcipimus itaque et episcopali auctoritate sancimus, ne quis eos ullo modo inquietare audeat. Sed si quid habet adversus eos, usque ad nos deferatur, qui pro ipsis loqui et respondere habemus in terris, quos in die judicii locuturos et oraturos speramus pro nobis. Quod si quis huic decreto nostro temere obviaverit, a sacratissimo corpore et sanguine Domini nostri eum sequestramus, necnon et a limine et omni communione sanctæ Ecclesiæ, donec digne pœniteat, et a transgressione mandati nostri nobis satisfaciat. In eos etiam anathematis infligimus gladium, et potestate quam a Deo accepimus tradimus Satanæ in in-

(2) Hoc decretum in chartario Ungiaci sequitur ejus fundationem.

teritum carnis, qui non occasione veritatis, sed cupiditatis instinctu sive in nostra, sive in aliena præsentia eos vexare præsumpserint. Eis autem qui pacem ipsis tenuerint et collata defenderint, sit omnium bonorum multiplicitas et æterna felicitas.

III.
Charta Stephani Augustodunensis episcopi pro monasterio S. Benigni Divionensis.
(PÉRARD, *Recueil de pièces*, etc., p. 254.)

Ego STEPHANUS Dei gratia Æduorum episcopus, notum sit tam præsentibus quam futuris, quod dominus papa delegavit mihi causam quæ versabatur inter Joannem abbatem sancti Benigni Divionensis, et Guidonem comitem Salicum, super villa quæ dicitur Dianetum, cum ejus pertinentiis. Ego vero, communicato discretarum personarum consilio, supradictam villam, et ad eam pertinentia, abbati Divionensi adjudicavi, et de illis super quibus querela inter eos versabatur, judicio mediante, investivi. Si vero comes, vel aliquis pro eo contra hoc ire præsumpserit, auctoritate apostolica qua in hac parte fungimur, excommunicationi se noverit subjacere. Huic investituræ interfuit Engilbertus Cabilonensis episcopus, cujus sigillo hæc chartula roboratur, et abbas Sancti Martini Æduensis.

IV.
Privilegium pro Cisterciensibus.
(MABILL, *Annal*. t. VI, p. 677.)

STEPHANUS, Dei gratia Æduensis Ecclesiæ episcopus, dilecto in Christo fratri STEPHANO Cisterciensi abbati ejusque successoribus regulariter substituendis in perpetuum.

Religionis Cisterciensis bono odore plurimum delectati, tuis tuorumque fratrum petitionibus annuentes, dedimus ecclesiam Combusii liberam, salvo tamen episcopali jure canonico Virgiacensis castri. Ipsi autem canonici precibus nostris in manu nostra censum quem annuatim in territorio Gergulii grangiæ vestræ a vobis accipere solebant, Cisterciensi ecclesiæ retinendum in perpetuum guerpiverunt.

Cujus donationis et guerpinæ census hi testes fuerunt : Bertrannus archidiaconus de Bella, Humbertus archipresbyter de Belna, Walo presbyter de Gilliaco, Paganus Rabustel de Vergiaco.

V.
Notitia de malis consuetudinibus quas Hugo dux Burgund. dimisit Stephano episcopo in villa Canavis, etc.

Quoniam primi parentis culpa exigente, vita hominis et memoria in æternum duratura, nisi homo peccaret, facta mortalis cito labitur et evanescit, donationes, concessiones, et conventiones, quas inter se haberent homines, ne oblivione deperirent, scriptis annotari humana ratio procuravit. Nos hujusmodi salubre consilium priorum Patrum approbantes, malarum consuetudinum, quas Hugo dux Burgundiæ, Odonis ducis filius, injuste habere consueverat in villa Canavis et Gratematio et earum appendiciis liberam dimissionem et omnimodam libertatem scribere et tam futuris quam præsentibus hujus chartæ testimonio notificare operæ pretium duximus, ut quod inspirante divina gratia a cultoribus justitiæ et fidelibus bene agitur, transgredi et violare malignantium, temeritas et audacia omnino vereatur. Stephanus divina gratia Æduensis episc. post electionem suam Hugonem ducem et Willelmum comitem Nivernensem de constituenda et tenenda pace curiosus convenit, et ut pax per totum episcopatum suum statueretur et teneretur, cum illis firmandæ pacis diem constituit. Statuta die episcopus, dux, et comes, et alii quamplurimi amatores justitiæ Æduam convenerunt, pacem, quam dux monachus (3) antea statuerat, sacramentis firmaverunt, et si quando frangeretur, ut in festo S. Nazarii ad restituendam pacem annis singulis Æduam convenirent statuerunt. Sequenti festo S. Nazarii episcopus et conventus clericorum Æduensis ecclesiæ, de malis et injustis consuetudinibus, quas in villa Canavis et Gratematio cum tyrannide exercebat, et de Tebbaldo Cambosio et filiis suis, quos ut suos proprios esse dicebat et tenebat, graviter conquerendo duci clamorem de malis quæ eis inferebat fecerunt. Dux igitur de eorum querimoniis ut, sicut jus exigeret, episcopo et canonicis satisfaceret, apud Divionem castrum diem constituit, scilicet diem revelationis Stephani protomartyris; die statuto et loco episcopus et canonici, dux et sui pro sedandis supradictis querimoniis in domum Dominici mercatoris convenerunt, ibique in presentia ducis et curiæ suæ episcopus et canonici de prædictis villis querimoniam et clamorem iterum præsentaverunt, nihilque penitus in eis ducem habere veris rationibus et scriptis authenticis approbaverunt. Insuper si quid in præfatis villis et earum appendiciis, et in Tebbaldo et filiis suis dux Burgundiæ juste vel injuste habuerat, quod pater suus, videlicet Odo dux beato Nazario, et Æduensi ecclesiæ, et canonicis ultima die concilii apud Æduam ab Hugone Lugdunensi archiepiscopo, et sedis apostolicæ legato celebrati omnino dimiserat, memoriter retulerunt, et chartam de dimissione malarum consuetudinum et omnimoda libertate Canavis et Gratemacii, quam super altare sancti Nazarii pater suus posuerat, ut firmuis teneretur, ostenderunt, unumque ex filiis ecclesiæ ibidem in habenda memoria a duce osculatum fuisse retulerunt testante charta; verumtamen nondum veridicis rationibus et scriptis acquiescens, imo diutinam possessionem suam dux prætendens, ut de suis et canonicorum verbis curia sua ad faciendum judicium in partem [secederent] tandem concessit. Ad faciendum igitur judicium in partem secesserunt Ansericus canonicus et præpositus S. niaci monachum professus est an. 1097. And. DUCHESNE.

---

(3) Dux monachus, de quo hic fit mentio, fuit Hugo I, dux Burgund., qui liberis carens, principatum abdicavit in gratiam fratris sui Odonis, et Clu-

Nazarii, Walo abbas et frater ejus Werricus, Adimarus de Maso, Willelmus de Fulventio, Hugo dapifer ducis, Teccelinus Sorus, Tebboldus Damac. Factum est judicium, Tebboldus Damac illud retulit in his verbis : ecclesiam Æduensem debere possidere jure et dimissione Odonis ducis prædictas villas cum suis appendiciis et eas inhabitantes et inhabitaturos, cum omni libertate et tranquilla pace judicamus. Relato igitur judicio Hugo dux, qui ibi præsens aderat, chartam per quam nominatas villas ab omni mala consuetudine et captione liberas et absolutas pater suus reddiderat accepit, et quidquid juste vel injuste in Gratemacio et canavis et appendiciis ceperat et habuerat totum Domino et beato Nazario, et canonicis deseruit et reliquit : ponensque chartam in manu episcopi in hæc verba prorupit : Ego dux Burgundiæ Hugo omnes malas consuetudines et captiones et quidquid juste vel injuste in Gratemacio, et in Canavis et earum appendiciis et inibi habitantibus et inhabitaturis hactenus habui et habere consuevi, Domino et beato Nazario, et tibi Stephano episcopo et Æduensi Ecclesiæ totum dono, trado, concedo et omnino dimitto. Si quis hoc violare præsumpserit, feriatur anathemate S. Leodegarii episcopi et martyris.

Huic donationi et libertati testes interfuere isti, ex parte ducis : Willelmus de Fulventio, Hugo dapifer, Hugo de Besara Divionis præpositus, Teccelinus Sorus, Adimarus de Maso, Walo abbas, Werricus frater ejus, Tebboldus Damac ; Odo Martinus ; ex parte episcopi : Sevinus decanus, Ansericus præpositus, Sevinus archidiaconus, Raginaldus, Engelbertus, Andreas, Petrus Adjutus, Warnerius presbyter.

Laici : Mainus major, Umbertus cellerarius, Petrus de Ulgus, Tebbaldus Cambosius et filii ejus, Paganus et Dominicus, et Mainus Palmarius.

Acta est indictione sexta, epacta prima, Ludovico rege Francorum regnante, Stephano Æduorum episcopo pontificatue, amen.

ANNO DOMINI MCXXXVI

GERARDUS
ENGOLISMENSIS EPISCOPUS

NOTITIA

(*Gallia Christiana* nov. edit., tom. II, col. 995.)

Gerardus de Blavia (de Blaye) vir fuit suo tempore percelebris, ultra modum utrinque vel laudatus vel infamatus. Nihil turpius his quæ de illo referunt Arnulphus primum Sagiensis archidiaconus, deinde Lexoviensis episcopus, et Ernaldus Bonævallis in diœcesi Carnotensi abbas; nihil econtra sublimius, nihil gloriosius his quæ in ejus laudem scripsit auctor Historiæ pontificum et comitum Engolism. cap. 52. Extrema sincero, ut decet, historico ex æquo devitanda. Hinc medium tenebimus. Quidquid de illo assertum est critico perpendemus examine, omnibusque præjudiciis sepositis, quidquid verius, aut saltem vero similius videbitur, asseremus. Natione fuit Neustrius, diœc. Bajocensis, patre Girando, viro fortunæ mediocris, imo pene nullius. Hinc in adolescentia solum mutare, ac in omnium fere rerum inopia vivere coactus est. Verum id omne industria, labore, ingenio reparavit. Primum ad humanitatis studia animum appulit ; ætate vero provectior vitæ clericalis institutum amplexus, se totum sacris litteris, theologiæ ac juri canonico dedit ; tantosque in omni studiorum genere progressus fecit, ut ad id quod hauserat, aliis propinandum paratissimus fuerit. « Hincque effectum est, ut in civitate Engolisma et Petragorico, et in quibusdam castellis circum adjacentibus regimina scholarum habuerit (1), » et quidem tanta sapientia, ingenio tanto, tamque felici eventu, ut et ad illius magisterium undique confluerent discipuli, et ex ejus schola exeuntes, ad sublimiores Ecclesiæ dignitates visi sint idonei. Ipsum vero canonici Petracorienses in socium honoris cooptarunt, ut discimus ex instrumento donationis factæ Userchiæ a Guillelmo episcopo Petracoricensi (2) ; demumque episcopus Engolism. ut defuncti Ademari locum suffectus est an. 1101. De hac electione ita scripsit Arnulphus (3) : « Dum adversum se eligentium multitudo divisa consurgeret, diversasque personas alternus postularet assensus, in eum voces omnium fortunam convertisset ; non quod in eo satis commode provisum Ecclesiæ crederetur, sed ut exitum qualemcumque tumultus offenderet, maluisse scopi et ecclesiæ nostræ canonici, » inquit Guillelmus Petrag. episcopus in charta an. 1104.

(1) Labb. t. II, pag. 258.
(2) Vide Hist. Tutel. Baluzii in appendice col. 877. « In præsentia D. Geraldi Engolismensis episcopi et ecclesiæ nostræ canonici, »
(3) Spicil. tom. II, pag. 559.

eum scienter indignum partem utramque excipere, quam prævaluisse partem alteram videri.) Procacius id dictum, et a veritate alienum judicamus. Initio quidem rem factionibus et prensationibus, ut solet, actam fuisse non negaverimus, sed tandem ad meliorem mentem conversos electores, postulante populo, Gerardum unanimi consensu designasse credimus, ut diserte testatur histor. pontif. Engolism. (4-7). « Ob insignem ipsius scientiam, et honestam vitam in Engolismensem episcopum promotus est, petitione populi, electione cleri, honoratorum assensu, » et certe electione dignus erat, cum teste Arnulpho, inesset ei « circa gerendas res nota discretio, quam plurima sane litterarum scientia confirmaret, utriusque facundia sermonis ornaret. » Qui vir erat « in responsione discretus, in prædicatione eximius, in allocutione blandus, in proverbiis facetus, » inquit Histor. Pontif. Engolismensium.

Non multo post legationem obtinuit. Verum, si fides Arnulpho, emendicatam et subreptam. Demus quæsitam, at subreptam quis sibi persuadeat? Sic enim Engol. pontif. Hist. : « cum domino S. Paschali papæ adhæsisset, qui ad partes Galliarum venerat, cognita honestate et præclara sapientia, si vices suas, prius in Britannia et deinde Turonensi, Burdegalensi, Bituricensi, Auscitania provinciis commisit. » Sic etiam Ordericus Vitalis lib. XIII, ad an. 1136, pag. 908 : « Vir eruditissimus, qui magni nominis et potestatis in Romano senatu tempore Paschalis papæ, et Gelasii, et Calixti, et Honorii fuit. » Denique quis sibi persuadeat quatuor illos summos pontifices tantæ aut socordiæ, aut improbitatis fuisse, ut aut Gerardum palam indignum non noverint, aut notum tanta nihilominus dignitate ornarint. Mirum quot ab eo et in episcopatu et in legatione patrata fuisse crimina dicat Arnulphus. « Ea die, inquit, ab Engolismensis ecclesia veritas et misericordia recessit, dolus, impietasque successit, rerum status in deteriora mutatus est, imminutus est decor et cultus Ecclesiæ. Insolentia, quam ante paupertas represserat, efferri cœpisti : petulantia, quam privatus exercere non poteras, bonos quos libuit insectari, rapinis et exactionibus exinanire provinciam, etc. Ab obtenta vero legatione, tua diffusioribus spatiis effusa cupiditas, copiosam rapacitati tuæ materiam non defuisse gavisa est. Quid manifestas exactiones exaggerem, » etc. Quædam ambitus et lucri causa fecisse Gerardum, qua ratione negari possit non videmus, cum hanc in rem nonnulla referat Gofridus Vindocinensis ad Gerardum ipsum scribens; sic porro orditur (8) : « Quoniam S. Romana Ecclesia, non quidem vestris meritis, sed gratia sola humilitatem vestram adeo sublimavit, quod minimus digitus vester dorso patris vestri grossior videtur; sicut sublimia verba quæ sæpius multum gloriose profertis, testificantur, tanto fidelius ei debetis obedire.... si aliter agitis, sublimitas vestra, quam... papa sua bonitate satis de exili loco creavit, mala pro bonis illi retribuit. » Deinde ad rem veniens, « quod audivimus, inquit, unde etiam quod pejus est, cantilenam composuit vulgus, quoniam publicuti est, vobis occultare nec possumus nec debemus. 1° Audivimus et dolemus Andream de Vitrejo filiæ suæ vobis conjugium vendidisse, illud etiam a vobis filium vicecomitis de Maloleone comparasse. Quorum alter quingentos solidos vobis pretium dedit conjugii, alter vero quindecim marcas argenti. Hoc episcopus Pictaviensis, hoc Guillelmus archidiaconus ejus, et quidam alii qui adfuerunt, si veritatem sepelire noluerint, non negabunt. 2° Carrofensem abbatem, non regulariter electum, sed violenter, ut dicitur, intrusum pro mille solidis barbarinorum, barbara nimis auctoritate consecrari... fecistis, nolente suo consecratore, ejus clero modis quibus poterat reclamante ; et qui vidit et partem habuit abbas quidam vester vicinus, testimonium perhibuit, et multi dicunt ejus testimonium verum esse. 5° Fulco Biennensis abbas litteras vestras pro facienda sibi justitia quæsivit, quas illi prudentia vestra tandiu negavit, donec illas centum solidis comparavit. Sed perdidit pecuniam, nec per vos potuit habere justitiam. Hoc ipsemet profitetur, qui simul utrumque perdidisse conqueritur, » etc. Et post multa : « Asserunt quidam vos quasi Balaam alterum regis Anglici pecunia fuisse corruptum, et idcirco injustam in comitem Andegavensem excommunicationis protulisse sententiam; et licet excommunicatio vestra vires etiam unius diei habere non potuerit, amicis tamen Romanæ Ecclesiæ peperit verecundiam, et ejus inimicis detrahendi dedit materiam... abbati Angeriacensi, ut dicitur, promisistis, quod si CCC solidos Pictaviensium masculorum vobis daret, Rainardum Chesnelli deponeretis : unde capitula quibus illum accusaret, ei transcripta misistis. Hoc abbas ipse fatetur, et testem in animam suam Deum invocat, quod verum loquitur. Hæc pauca de multis, modica de magnis testificavimus, dilectionis videlicet causa, ut si vera sunt quæ contra vestram astutiam ventilantur, præteritorum transgressio fiat vobis futurorum cautela. » Addit Girardum, se præsente, etiam coram laicis prædicasse, episcopos deponendi se habere potestatem, quod vocat novum præsumptionis genus.

Hæc in alienos exercuerit; nihil profecto simile in suam Engolismensem Ecclesiam commisisse legitur. Illam econtra, imo et provinciam quibus potuit beneficiis cumulavit. Principum reconciliationi, aut oppressorum protectioni studuit, sedem suam ornavit, nulli intulit injuriam, bene fecit omnibus. Vulgrinum Engolismensem comitem « consiliis juvit et auxiliis (9), » ut terras vi ac fraude sibi ablatas recuperaret. Discordias inter eumdem et Ademarum Rupis-fulcandi excitatas « interventu suo sedavit. Ecclesiam Engolismensem a primo lapide ædificavit.... de proprio suo ædificavit dormitorium, refectorium, cellarium, presbyterium, januas ferreas, et contulit prædictæ ecclesiæ (terras seu ecclesias) de Julhac, de Renenhorvilla et de Touzac. Contulit etiam de proprio, ut pauperes XXIV semper alerentur in prædicta ecclesia Engolismensi in unaquaque Quadragesima, et acquisivit XII solidos in ecclesia de Touzaco ad tunicas pauperum. Dedit etiam Engolismensi Ecclesiæ pontificalia ornamenta quæ emit a Bozone Santonensi episcopo mille solidos. Aulam pontificiam construxit, ecclesiæ contulit textus aureos.... thuribula deaurata, et crucem de argento (10), » etc. Post multa subdit. « centum volumina vel eo amplius, omnia fere operum SS. Patrum.... et innumera bona ecclesiæ nostræ et mensæ episcopali contulit. Constituit etiam de proprio suo, ut XIII pauperes in mensa pontificis Engolimensis semper alerentur... Aulam pontificibus et capellam, et cameram Pictavi ædificavit, et annulum aurei operis cum lapidibus pretiosis ecclesiæ Engolismensi dedit. » Addit : « Ejus auxilio ecclesia de Corona, et ecclesia de Grosso-Bosco et de Aula-villa et Bornetensis ædificari cœperunt... Ecclesiam et domos construxit leprosarias. »

Jam referenda quæ legatus gessit. An. 1107, una cum Richardo Albanensi, Alberto Avenionensi episc. judex delegatus a Paschali II in causa monachorum Casæ Dei et Anianæ pro Gordanica cella, lata sentenția Anianæ cellam adjudicavit. Concor-

(4-7) Labb. t. II, pag. 259. Spicil. ibid., pag. 343.
(8) Epist. l. I, ep. 21.

(9) Labb. t. II, pag. 259.
(10) Labb. t. II, pag. 260.

diam fecit cum Aimerico de Mota Rupisfulcaudi pro exclusa molendinorum de Castelar anno ab Incarnatione 1109, indict. II, regnante rege Francorum Ludovico Philippi regis filio. Octo concilia celebravit quorum pauca ad notitiam nostram pervenerunt. Exstat in conciliis edit. Labbei Lausdunense, de statu Ecclesiæ ab eo celebratum : « An. ab Incarn. Dom. 1109, epact. xxvIII, indict. II, præsidente D. Paschali papa Romæ, in Francia Ludovico regnante. » In eo Ecclesia S. Petri Trenorciensibus vindicatur adversus episcopum et canonicos Nannetenses. Aderant Burdegal. archiepiscopus, episcopi Pictav., Santon., Agenn., Petragor., Andegav., Cenoman., Redon., Nannetens., Dolensis et Venetensis, item plures abbates. Nihil illustrius quam quod egit in concilio Lateran. an. 1112. Privilegium de concedendis sacerdotiorum investituris a Paschali II captivo extorserat Henricus V imperator, addito a papa sacramento quod « nec de investituris deinceps eum inquietaret, nec in personam regem anathema poneret. » Hæc omnia quo tandem pacto revocari possent, in toto concilio nemo videbat. « Tunc Gerardus episcopus requisitus tandem, tale consilium dedit, quod investituræ revocari poterant salvo sacramento; ita tamen quod imperator dans investituras non excommunicaretur. Quod consilium omnis synodus laudans dixit : Non tu locutus es, sed Spiritus sanctus in ore tuo (11). » Jussit Paschalis ut investiturarum damnationem scripto redigeret, quod cum quibusdam aliis a concilio deputatis præstitit. Lecta deinde ab eodem Gerardo condemnationis charta, acclamatum est ab omnibus patribus : Amen, amen. Fiat, fiat. Insuper « placuit papæ et toti consilio, quatenus Gerardus episcopus, per quem Deus Ecclesiæ suæ tale consilium reservaverat, cum quodam cardinale ad imperatorem dirigeretur, qui voluntatem imperatoris consuleret, quatenus Ecclesiæ Romanæ investituras reponeret (12), » alioquin habitum *concilium revelaretur*. Viri sapientiam vidimus, nunc invictum animi robur admiremur. Periculosa sane provincia : superbo et ad iram prono principi denuntiandum, quod ingratissimum fore nemo dubitabat. Rem tamen aggreditur intrepidus antistes, « cumque in præsentia imperatoris mirabiliter perorasset, et a cancellario imperatoris, qui illius interpres erat, singula exponerentur, vehemens tumultus ortus est in curia ; ita quod Coloniensis archiepisc. qui eum solemniter in hospitio suo susceperat (in Galliis namque discipulus Gerardi fuerat), de vita illius dubitans dixit : Magister, maximum scandalum generasti in curia nostra. Indignans autem Gerardus respondit : « Tibi sit scandalum, mihi est Evangelium. » At Deus omnipotens, qui cor regis tenet in manibus, et quo voluerit illud inclinat, alio mentem imperatoris divertit. Viri constantiam simul et sapientiam demiratus, non tantum ei vim nullam intulit, imo plurima dedit munera. Anno 1117, mense Oct., adfuit concilio Romano, Paschali II præsidente, ubi *dux verbi*, cum Attone Vivariensi, Goffredo Carnot. et Guillelmo Catalaunensi appellatur ab Orderico Vitali lib. XII Hist. Anno 1118 Engolismæ concilium celebravit, de quo nihil superest, nisi quod habet Malleacense Chronicon : « Ibi archiepiscopus Turonensis, et alii duo episcopi confirmati sunt. Unus eorum Audebertus Agennensis. « Anno 1122 obtinuit a Petro Santonum episcopo restitutionem villæ de Lede-villa, quæ antiquitus juris erat matricis ecclesiæ Engol. et thesaurarii, qui tunc erat Gerardi nepos. Eodem anno monachi Sancti Macharii per subreptionem ab eo impetrarunt virgam pastoralem, qua eorum monasterium abbatia fieret, et a Sanctæ Crucis Burdigal. subjectione eximeretur. Anno 1128, Kal. Martii, adfuit translationi S. Albini episcopi Andegavensis. Eodem anno, ut legatus in monasterio S. Gildæ Dolensi concilium rexit, inquit Chronicon Kemperlegiense tom. I Miscellan. Baluz. Circa idem tempus Burdigalæ concilium habuit, in quo Guillelmus Aquensis episcop. dimisit Silvæ majori ecclesiam S. Vincentii de Aquis.

Nunc veniendum est ad illud schisma cui occasionem dedit electio duorum Romanorum pontificum Innocentii et Anacleti. Si Gerardus ab initio Anacleti partes adversus Innocent. II fuisset amplexus, locum aliquem excusationi habuisset, nonnullus enim primo ambigendi locus suppetebat. Eodem uterque die electus fuerat; et, si Innocentio favebat prioritas temporis, Anacletum juvabat suffragiorum multitudo. Hic quippe a XXVII, ut Onuphrio, aut saltem a XXII, ut aliis placet; ille a XVII tantum cardinalibus electus fuerat. Anacletum quoque juvabat, quod, qui Innocentium designaverant, contra pactum, extra condictum locum cæteris non tantum non vocatis, sed nec monitis egerant. Res ergo primis illis temporibus ambigua et difficilis (13). Hinc ad Stampensem cœtum, ubi definienda lis erat, « non mediocriter pavidus et tremebundus advenit » S. Bernardus. Hinc toto sibi negotio imposito, jejunium et continuas preces adhibuit, ut necessarium lumen a supremo numine mereretur. Hinc Henricum Angliæ regem piissimus abbas « vix persuasit Innocentium recipere, ab episcopis Angliæ penitus dissuasum (14). » Ned adduci potuit nisi his Bernardi verbis : « Times peccatum incurrere, si obedias Innocentio. Cogita de aliis peccatis respondeas Deo, istud mihi relinque, in me sit hoc peccatum. » In his circumstantiis si fluctuasset Gerardus, si pro Anacleto stetisset, aliquid excusationis habuisset ob facti ignorantiam. Verum non ita se res habet, sed si Arnulpho habenda fides, cum Stampensi concilio interesse non posset, litteras suo sigillo munitas per nuntium scripsit, quibus testabatur, « utramque se novisse personam et electionis ordinem plenius exquisisse, procul dubio cum Innocentio papa esse justitiam, eo quod plane vir esset honestatis egregiæ, et ipsius electio prima tempore, et a præcipuis Romanæ Ecclesiæ fuerat celebrata personis. Porro Petrum per opulentam manum cathedram potius usurpasse, virum adeo vita reprobatum et nomine, ut ipsum etiam quælibet electionis forma defenderet, promoveri tamen vitæ qualitas et infamia minime sustineret (15). » Cum vero in papam Innocentium omnes convenissent, statim ipsi « primus aut inter primos » scripsit Gerardus, postulavit ipsius « honorari rescripto, et munus legationis habitæ confirmari (16). » Quin et ad cancellarium quoque rescripsit « legationis sese et onere gravari et nomine honorari tanto indignius supplicans quanto humilius (17). » Repulsam passus indignatur, resilit ab Innocentio, transit ad Anacletum. Illum papam agnoscit, ab illo legatus designatur, et tota, ut gloriatur, Francia atque Burgundia legationi ejus antiquæ superadditur. Exinde vero Gerardus in apertum schisma delabitur, altare contra altare tentat erigere (18). Innocentium maledico dente carpit, ac suis obtrectationibus lacerat, populos ab illo, suis oblocutionibus ad sese et ad antipapam trahere nititur, tanta vi, tanto studio, tanta calliditate agit, ut plurimos suo schismate inficiat, Hildebertum Turon. archiepiscopum concutiat, licet non dejiciat; Guillelmum Aquitaniæ ducem sibi suæque sententiæ ita devinciat, ut totus ab

(11) Labb. t. II, pag. 259.
(12) Labb. ibid.
(13) Suger. in Vita Ludov. Grossi. Will. Malmesb. Hist. nov. t. I, ad. an. XXX Henrici regis Angl. Arnald. Bonæ-vall., lib. II Vitæ S. Bern.

(14) Sug. ibid.
(15) Spicil. t. II, pag. 555.
(16) Bern. ep. 126.
(17) Spicil. t. II, pag. 556.
(18) Bern. ep. 24.

ipso princeps illi penderet; sicque ejus auctoritate fretus, « fasque nefasque confundit, abbates abbatibus, episcopos episcopis superintendere nititur, amovere catholicos, schismaticos promovere. » Pictaviensem et Lemovicensem præsules e suis sedibus ejecit, et alios intrusit; et quia comprovinciales episcopi indignos illos ab ipso designatos consecrare renuebant, in eos principis iram in tantum accendit, ut Willelmus Santonensis episcopus ejusque canonici a sede sua, et ab urbe et ecclesia, « derelictis domibus et possessionibus suis, » egredi coacti sint (19).

Verum alios si vexavit, multa et ipse passus est. In Remensi concilio præsidente Innocentio, pro schismate damnatus est et excommunicatus, et ab omni ecclesiastico honore depositus. Dum vero suæ legationis munus in Santonensi diœcesi vellet exercere, ab Aimaro de Archiaco milite strenuo captus est, et mensibus aliquot reclusus in carcere, nec nisi magno pretio persoluto liber evasit. Denuo fuit a Vulgrino Bituricensium archiepiscopo anathemate percussus, vetitum Aquitaniæ populis et præsulibus ne in aliquo ei obedirent, aut ullum ei honorem exhiberent (20). Hinc violentia comitis in Burdegalensem archiepiscopum a canonicis electus sine comprovincialium episcoporum assensu, quin potius contradicente Agennensi præsule (21), universitas vel pars saltem maxima refragata est, nec ut cum eo communicaret adduci potuit, imo in Engolismensi Ecclesia ab eo plurimi divisi sunt. Denique ad unitatem catholicam revocato per Bernardum comite Guillelmo, sicque « pace omni Aquitaniæ Ecclesiæ reddita, solus Gerardus perseverat in malis: sed non multo post.... impœnitens et subito mortuus sine confessione et viatico, de corpore egredientem spiritum ei reddidit cujus minister usque in finem exstiterat. Corpus ejus a nepotibus suis.... inventum in lectulo suo exanime, et enormiter tumidum, in basilica quadam humatum est, sed postea a Gaufrido Carnotensi episcopo sedis apostolicæ legato inde extractum, alioque projectum est (22). » Longe aliter tamen de ipsius morte loquitur Hist. pontif. Engolism. c. 35. « Die autem, inquit, proxima mortis suæ accepimus quod in confessione sua sacerdotibus dixerit : Si partem Petri Leonis contra voluntatem Dei ignorans manu tenuerit, se confiteri et pœnitere... Sabbato autem missam celebrans maxima devotione et effusione lacrymarum, sequenti die Dominica migravit a sæculo anno 1136 ab Incarnat. Domini. Sedit in episcopatu annis 35, mensibus..... diebus.... unicuique capellanorum sui episcopatus in fine suo unam minam obolum dedit; et illud magnificum sidus quod claritate sui partes occiduas illustraverat, proh dolor! extra ecclesiam quam ædificavit sub vili latet lapide. Cessavit episcopatus usque xiv Kal. Julii. »

(19). Epistola Willel. Santon. episc. ad Vulgrinum Bitur. archiepiscopum. Labb. t. II, pag. 85.
(20) Will. Santon. ibid.
(21) Arnulph. pag. 363.
(22) Ernald. lib. II Vitæ S. Bern., c. 39

CONCILIUM LAUSDUNENSE

DE STATU ECCLESIÆ

A Girardo Engolismensi episcopo, sedis apostolicæ legato, celebratum anno Domini 1109.

(LABBE *Concil.*, t. X, col. 762. — Rerum in hoc concilio tractatarum nihil ad nos pervenit præter decreta duo quæ subjiciuntur.)

I.

Ecclesia Sancti Petri Trenorciensibus vindicatur adversus episcopum et canonicos Nannetenses.

GIRARDUS gratia Dei Engolismensis episcopus, sanctæ sedis apostolicæ legatus.

Cum de statu sanctæ Ecclesiæ, Lausdunensi concilio, quod in basilica B. Dei Genitricis, ipso auctore ac gubernatore celebravimus, plurima pertractassem, delata est in conspectu concilii querela Trenorciensium monachorum, super Nannetensem episcopum et canonicos ejus, de ecclesia Sancti Vitalis. Crastina die, in refectorio ejusdem ecclesiæ, cum fratribus et coepiscopis nostris conveniens, Burdegalensi scilicet archiepiscopo, domino Pictaviensi, Andegavensi etiam, Cenomannensi et Redonensi episcopis, abbate quoque Angeliacensi, et abbate Sancti Eparchi, cum pluribus aliis: duabus eorumdem legitimis monachorum personis super hac causa auditis, utrisque partibus adjudicavimus sacramentum. Hoc canonice suscepto, sequenti die, coram omni consessu, præsente pariter et jubente ipso Nannetensi episcopo, investituram prædictæ ecclesiæ, de manu archidiaconi sui, per privilegium quod manu tenebat, suscepi : et ex judicio et assensu archiepiscoporum, episcoporum, abbatum et totius conventus, investituram ipsam per idem privilegium Cunaldensi priori et prædictis monachis solemniter contradidi, salvo tamen canonico jure Nannetensis Ecclesiæ, si quod esset. Ut autem res ista firma et inconvulsa permaneat, sigillo nostræ auctoritatis insigniri fecimus, et propria manu subscribere curavimus.

Factum est autem istud in Lausdunensi castro, coram positis archiepiscopis, episcopis et abbatibus, et multis aliis religiosis et nobilibus viris.

Signum Burdegalensis episcopi.
S. Pictaviensis episcopi.
S. Santonensis episcopi.
S. Agennensis episcopi.
S. Petragoricensis episcopi.

S. Andegavensis episcopi.
S. Cenomannensis episcopi.
S. Redonensis episcopi.
S. Nannetensis episcopi.
S. Dolensis archiepiscopi.
S. Venetensis episcopi.
S. abbatis Vendocinensis.
S. abbatis Malliacensis.
S. abbatis Majoris Monasterii.
S. abbatis Sancti Florentii.

Anno ab Incarnatione Domini 1109, epacta XXVIII, indictione II, præsidente domino Paschali papa Romæ, in Francia Ludovico regnante.

Ego Girardus Engolismensis episcopus et sanctæ Romanæ Ecclesiæ legatus subscripsi.

II.

Capella Sancti Stephani monachis Majoris Monasterii adjudicatur adversus canonicos Camiliacenses.

Ego GIRARDUS Dei gratia Engolismensis episcopus, Romanæ Ecclesiæ legatus, aliique fratres qui nobiscum erant Andegavis apud monasterium S. Albini, in cella novitiorum ejusdem monasterii, ad quamdam causam ventilandam et discutiendam, quæ erat inter abbatem S. Martini Majoris Monasterii, et canonicos de Camiliaco, de capella prædicti castri, convenimus. Utrique enim et monachi et canonici præsentes adfuerunt, utrique causas suas ordine exegerunt. Auditis utrorumque rationibus, de judicio tractare cœpimus. Et quia non omnes unanimiter consensimus, dilatum est judicium ad concilium usque Lausduni ad præsens futurum. Peractoque ex more concilio, venerabiles fratres et coepiscopos, qui interfuerunt concilio, in unum convocavimus : et cum eis diligenter de judicio prælibatæ causæ tractavimus. Quod ita pari consensu diffinitum atque sancitum est, ut capella S. Stephani, parochiali ecclesiæ quæ in honore B. Petri apostoli fundata est, inhæreat, uniatur, et sic monachi matrem et filiam possideant. Hujus autem diffinitionis nobiscum judices fuerunt, Ernaldus archiepiscopus Burdegalensis, Petrus Santonensis episcopus, Petrus Pictavensis, Marbodus Redonensis, Hildebertus Cenomanensis.

Celebrato autem solemniter judicio, venerabili fratri nostro, abbati videlicet Willelmo Majoris Monasterii, et monasterio ejus, suam capellam reddidimus. Ut autem diffinitio ista firmior permaneret, sigillo nostro sigillari præcipimus, et manu nostra subscripsimus.

Acta est autem diffinitio ista in ecclesia beatæ Mariæ Lausduni, in qua synodus consederat, anno ab Incarnatione Domini 1109, indictione III, Paschali II Romanam Ecclesiam regente, regnum Francorum Ludovico rege tenente, Andegavensium plebibus Fulcone juniore præsidente.

Ego Girardus Engolismensis episcopus, et sanctæ Romanæ Ecclesiæ legatus, huic diffinitioni subscripsi.

EPISTOLÆ ET DIPLOMATA

IN CAUSA BELLÆ INSULÆ.

(Dom MABILLON, *Annales Benedictini*, tom. VI, appendix, pag. 631.)

MONITUM.

(*Annal. Bened.*, lib. LXXIII, num. 20.)

Grandis hoc tempore (1117) controversia Rothonenses inter et Kemperlegienses monachos exorta est super Bella Insula, quam Leo IX et Gregorius VII Rothonensibus olim asseruerant contra donationem ab Alano Cornugalliæ comite Kemperlegiensi monasterio ab ipsa ejus origine factam. Non obstante horum pontificum auctoritate, Kemperlegienses hanc insulam pacifice possederant usque ad hoc tempus, quo Herveus Rothonensis abbas, Conani comitis fultus præsidio, illam insulam occupavit. Querelas hac de re detulit Gurhandus abbas Kemperlegiensis ad Gerardum Engolismensem episcopum et apostolicæ sedis legatum. Is primum Conano comiti hac de causa scripsit, eumque hortatus est ut abbatem Kemperlegiensem ac monasterium illud, quod ejus antecessores in honorem sanctæ crucis fundaverant, tueretur; seque mirari dicit quod personis terræ suæ interdicat, ne ad justitiam sanctæ Romanæ Ecclesiæ veniant, quod nec reges, nec cæteri principes facere ausint : multo minus id facere debeat comes, qui a vicario S. Petri, id est a summo pontifice, principatum suum teneat. Cæterum si id facere pergat, gladium beati Petri ipsi ejusque principatui imminere. Sub hæc idem Gerardus episcopus, vocatis partibus, induciisque longioribus semel et iterum Rothonensi abbati datis, cum Herveus abbas Rothonensis, ecclesiastica censura posthabita, per violentiam Conani comitis Bellam Insulam armata manu invasisset, in eum sententiam tulit una cum Petro Santonensi electo, Hugone S. Eparchii abbate, Iterio magistro scholarum Santonensi aliisque; eamdemque insulam Kemperlegiensibus restitui sancivit. Quod judicium Briccio Namnetensi, Marbodo Redonensi, Morvano Venetensi, Rivallono Aletensi cæterisque

Britanniæ episcopis litteris significavit. Ad hæc Morvano Venetensi, in cujus parochia Rothonense monasterium situm est, alias litteras scripsit, quibus eum monebat se in secunda hebdomada imminentis Quadragesimæ concilium celebrare statuisse, cui præcipit Morvanum episcopum cum Rothonensi abbate adesse : alias si abbas non comparuerit, canonicæ districtionis sententiam in eum proferendam. Cum vero nec sic a cœptis desisteret abbas, Gerardus Ermengardi comitissæ, Conani comitis matri, scripsit, ut inter illos monachos pacem et concordiam reformaret. Respondit Ermengardis se id libenter facturam si modo Rothonensibus interdicti et excommunicationis sententia relaxaretur, qua in re Conanus filius suis injuriam sibi factam querebatur, quippe qui nihil injussu papæ ipsiusque legati fecisset. Cæterum eum paratum esse emendare si quid erravisset. In fine legato suadet ut inducias usque ad ipsius concilium comiti et monachis concedat. De eodem quoque negotio Gislebertus, Turonum archiepiscopus, Conano litteras misit, ad quas respondit comes, se, si erraverit, jussu papæ erravisse, et ad emendandum, si quid peccavisset, paratum esse. Tandem cum Rothonensis abbas concilio defuisset, interdicti et excommunicationis sententia in eum ejusque monasterium asserta est, quam Joceranus Lugdunensis episcopus probavit, et Paschalis papa confirmavit. Hujus negotii acta omnia hic referuntur cum ejus historia, quam Gurhedenus monachus Kemperlegiensis composuit.

I.

Litteræ Gerardi legati, Engolismensis episcopi, ad Conanum comitem pro causa Bellæ Insulæ.

GERARDUS, Engolismi episcopus et sanctæ Romanæ Ecclesiæ legatus, CONANO, comiti strenuo et illustri principi Britanniæ, salutem et benedictionem.

Quia vos pacem ac justitiam diligere audivimus, gaudemus, sic enim boni principes faciendo, summi Regis gratiam adipiscantur. De vobis vero speramus quoniam de bonis initiis ad provectum in melius semper intendatis, sicut e contrario de malis initiis ad augmentum malorum pertingitur. Sanctorum igitur apostolorum benedictionem vobis impertimur, et ut honorem sanctæ Dei Ecclesiæ exhibeatis, ut ipse principatum vestrum conservare dignetur, exhortamur. Porro abbatem Kemperlegiensem ac monasterium illud quod antecessores vestri religionis intuitu in honore sanctæ crucis fundaverunt, attentius defensioni vestræ commendamus. Quod autem audivimus quia personis terræ vestræ interdicitis ne ad justitiam sanctæ Romanæ Ecclesiæ veniant, valde miramur quod nec reges nec cæteri principes facere præsumunt, præcipue cum antecessores vestros, sicut in scripturis reperitur, a vicario beati Petri, scilicet domino papa, principatum suum tenuisse manifestum sit. Quod si pravo alicujus consilio facere volueritis, noveritis pro certo sanctæ Romanæ Ecclesiæ sententiam et gladium beati Petri vobis et principatui vestro imminere.

II.

Litteræ Gerardi Engolismensis episcopi ad Corisopitensem episcopum.

GERARDUS, Engolismensis episcopus ac sanctæ Romanæ Ecclesiæ legatus, ROBERTO, Corisopitensi venerabili episcopo, salutem et benedictionem.

Dilectioni vestræ mandamus quod si comes Conanus vestræ terræ in res Kemperlegiensis abbatis manus suas injicere præsumpserit, eum interdicatis, et totam terram ejus quæ in episcopatu vestro est, divinis officiis privetis. Quod si tantum sacrilegium sine justitia, quod absit ! sustineretis, noveritis pro consensu vobis canonicam sententiam imminere.

III.

Datum et definitum judicium ae controversia super Bellam Insulam inter Rotonensem et Kemperlegiensem abbates, a Gerardo, Engolismensi episcopo et sanctæ Romanæ Ecclesiæ legato.

Ego GERARDUS, Engolismensis episcopus et sanctæ Romanæ Ecclesiæ legatus, præsentibus et futuris notum fieri volo quod fratres nostri Herveus, abbas Rotonensis, cum Briccio Nannetensi episcopo et quibusdam monachis suis et Gurhandus, Kemperlegiensis abbas, cum Roberto Corisopitensi episcopo et quibusdam monachis suis pro controversia quam inter se habebant super terram quæ Bella Insula vocatur, in curiam nostram venerunt. Cumque rationes suas pars utraque exposuisset, et nos super rationibus eorum judicii sententiam dare intenderemus, prædictus abbas Rotonensis, quia se insufficienter ad causam munitum sentiebat, a nobis inducias postulavit ; cujus petitioni curiæ nostræ consilio acquiescentes, inducias ei postulanti concessimus. Termino itaque constituto, præfatus abbas Kemperlegiensis iterum pro agenda causa sua paratus in curiam nostram venit ; abbas vero Rotonensis minime venit, excusationes tamen suas, alias postulans inducias, per nuntium suum prætendit. Cum autem prædictus abbas Kemperlegiensis ut causæ suæ finem imponeremus obnixius instaret, habito iterum curiæ nostræ consilio abbati Rotonensi inducias annuimus. Interim vero termino causæ eorum a nobis affixo nondum transacto, supra nominatus abbas Rotonensis, sinistro usus consilio, ecclesiastica censura sæculari tyrannidi posthabita, terram dictam Bellam Insulam, de qua controversia erat, per violentiam Conani Britanniæ comitis ingressus, homines Kemperlegiensis monasterii armata manu inde expulit atque irrationabiliter occupavit. Unde nos cum supra tanta injuria clamorem susciperemus, abbatem Rotonensem ut de tanta tamque enormi invasione termino dato paratus respondere veniret, litteris et internuntiis nostris præmonuimus. Quo termino tam ipse quam Kemperlegiensis abbas præsentes ante nos adfuerunt. Cum vero a nobis admoneretur ut de prædicta invasione responderet, excusationes prætendere cœpit, et se minime acturum ad præsens de invasione respondit. Nos igitur eum subterfugere nec canonicas excusationes prætendere audientes, una cum fratribus nostris Petro Santonensi electo, Hugone abbate Sancti Eparchii, Iterio magistro scholarum Santonensi, Hugone Cenomannensi canonico, Gurhando Kemperlegiensi abbati investituram prædictæ insulæ plenariam adjudicavimus; eumque quantum ad nos pertinuit salvo jure Rotonensis monasterii investivimus, atque abbati Rotonensi qui præsens aderat, præcepimus ut homines suos inde revocaret, et abbati Kemperlegiensi investituram suam quiete dimitteret. Interfuerunt autem huic nostro judicio prædicti fratres qui una nobiscum judicaverunt, Renaldus quoque prior Vertanensis, Tiso, Vitalis, Nannetensis episcopi clerici, Guillelmus, Guardrardus, Guillelmus, Geraldus, Renaldus Santonenses clerici, Richardus, Jubanus, Raimundus, Aldradus, Teduinus Engolismenses canonici et plures alii clerici et laici.

Et ut hoc nostrum judicium firmius et certius permaneat, propria manu nostra subscripsimus et auctoritatis nostræ sigillo muniri fecimus.

Actum est autem Engolismæ anno Incarnationis Dominicæ 1117 indictione decima, regnante Ludovico rege Francorum, regis Philippi filio.

IV.

Litteræ item legati ejusdem ad Morvanum Venetensem episcopum.

GERARDUS, Engolismensis episcopus et sanctæ Romanæ Ecclesiæ legatus, MORVANO Venetensi episcopo, salutem et benedictionem.

Cum fratres nostri Herveus abbas Rotonensis et Gurhandus abbas Kemperlegiensis pro causa Bellæ Insulæ in curia nostra præsentes adessent, judicavimus quod abbas Rotonensis Kemperlegiensem abbatem de Bella Insula investiret, quoniam eum sine audientia et judicio laica manu exspoliaverat. Ad quam investituram plenarie faciendam minus mensis spatium terminum posuimus, et nisi infra terminum investiretur, proprio ore nostro abbati Rotonensi et sacerdotis et abbatis officium interdiximus, atque abbatiam totam divinis officiis privavimus. Mandamus itaque fraternitati tuæ atque apostolicæ sedis auctoritate præcipimus, ut hoc interdictum nostrum et in abbate et in abbatia firmiter et inconcusse teneri ex nostra et tua parte facias.

V.

Item ejusdem litteræ ad omnes Britanniæ episcopos.

GERARDUS, Engolismensis episcopus et sanctæ Romanæ Ecclesiæ legatus, venerabilibus fratribus BRICCIO Nannetensi, MARBODO Redonensi, MORVANO Venetensi, RIVALLOXO Aletensi, cæterisque Britanniæ episcopis, salutem et benedictionem.

Dilectionem vestram nosse volumus quod Rotonensem abbatem pro invasione quam super Kemperlegiense monasterium fecerat, auferendo ei suam meliorem possessionem, ante præsentiam nostram vocavimus, eumque de tanta præsumptione correxi-

mus, consilioque sapientum virorum adjudicavimus, ut Kemperlegienses fratres cum omnibus sibi ablatis ex integro revestiret, eique competentem terminum præfecimus quo id adimplere deberet, quod ni faceret et sacerdotis et abbatis officium ei interdiximus, sibique et suis monachis introitum ecclesiæ prohibuimus. Abbas vero Rotonensis sua Kemperlegiensibus fratribus non restituit, nostrum interdictum imo sanctæ Romanæ Ecclesiæ fregit, et adhuc frangere præsumit. Unde fraternitati vestræ mandamus ut in ecclesiis et conventibus vestris eum publicetis, et pro schismatico et excommunicato habeatis, et parochianis vestris enuntietis quatenus Rotonense monasterium non visitent, nec se ad sepulturam ibi tradant. In obedientiis quoque et cellis eorum quas in vestris episcopatibus habent divinum officium fieri prohibete. Insuper ex parte nostra Conanum comitem diligenter convenite, ut infra triginta dies tantam tamque præsumptuosam invasionem absque dilatione corrigat: quod ni fecerit, in eum et in totam terram suam gladium sancti Spiritus terribiliter exeremus.

VI.

Item litteræ ejusdem ad Herveum Rotonensem abbatem de invasione Bellæ Insulæ et de inobedientia.

GERARDUS, Engolismensis episcopus et sanctæ Romanæ Ecclesiæ legatus, HERVEO Rotonensi abbati.

In exordio epistolæ te salutarem, nisi quia interdictum nostrum contemnis, et cum monachis tuis schismaticis factis scienter participas. Apostolicæ siquidem sedis auctoritate te invitamus, ut concilio quod in secunda hebdomada imminentis quadragesimæ Engolismæ celebraturi sumus, remota omni occasione, intersis, de invasione Bellæ Insulæ et de inobedientia quod justitia dictaverit suscepturus.

VII.

Ad Morvanum Venetensem episcopum.

GERARDUS, Engolismensis episcopus et sanctæ Romanæ Ecclesiæ legatus, MORVANO venerabili Venetensi episcopo, salutem et benedictionem.

Adversus pullulantia vitia et enormitates in Ecclesia et populo Dei emergentes, ex præcepto domini nostri papæ concilium in secunda hebdomada imminentis Quadragesimæ Engolismæ celebrare disposuimus. Ad quod fraternitatem vestram invitamus, atque apostolicæ sedis auctoritate vobis præcipimus, ut Herveum Rotonensem abbatem ex nostra et vestra parte, quod remotis occasionibus eidem concilio intersit, invitetis. Quod si a tanto conventu se subtraxerit, procul dubio canonicæ districtionis sententiam suscipiet.

VIII.

Litteræ Ermengarais comitissæ ad Gerardum Engolismensem legatum.

Venerabili domino et pio patri GERARDO, Engolismensi episcopo et sanctæ Romanæ Ecclesiæ legato, ERMENGARDIS comitissa, humilis vestræ humilitatis ancilla, salutem.

Benevolentiæ vestræ gratias ago quod humilitatem meam et salute vestra et benedictione imo et oratione dignemini. Quod autem mihi imponitis ut inter monachos concordiam et pacem reformare studeam, pro imperio vestro libens amplector : unum mihi molestum est, quod Rotonenses et interdictos tenetis et excommunicatos. Hoc si vestræ discretioni placeret, ad tempus oporteret relaxari, præsertim cum filius meus in hoc se maxime gravari et monachos injuriari queratur. Quidquid enim hic fecit, ex præcepto domini papæ et vestro asserit se fecisse, et si quid aberravit, judicio episcoporum suorum præsto est emendare; sed et in conspectu vestro, si ad locum idoneum accedatis, de omnibus responsurum se dicit, et quod justitia exegerit hoc facturum. Bene igitur feceritis si inducias usque ad concilium vestrum et comiti detis et monachis. Kemperlegienses quoque, quæso, interim ad nos dirigite, ut de concordia Deo annuente tractemus : sed et dominum Corisopitensem per vos rogamus, ut redeat, plenam a filio meo secundum consilium episcoporum consecuturus justitiam vel assecuturus concordiam. Sin autem nihil horum prudentiæ vestræ sedet, filius meus in concilio vestro quod ei ratio ostenderit, per episcopos et abbates suos vobis respondere curabit.

IX.
Ad Gislebertum Turonorum archiepiscopum litteræ Conani comitis.

GISLEBERTO, Dei gratia Turonensi archiepiscopo dilecto suo dulcissimo, CONANUS Britannorum dux, salutem et servitium.

Grates de bono quod mihi mandare dignati estis vobis non modicas refero : de hoc autem quod de episcopo Corisopitensi et abbate suo mihi mandastis, vobis respondeo me, si error fuit, jussu domini papæ erravisse, et libentissime vestro consilio et Britanniæ episcoporum me malefactum emendaturum, aut si ipsi malunt, rectitudinem coram vobis et Britanniæ episcopis facturum. Unde vobis mando et multum imploro, ut nostri gratia ad unum istorum illos moneatis.

X.
Gisleberti Turonorum archipræsulis litteræ ad Conanum comitem.

GISLEBERTUS, humilis Dei gratia Turonorum minister, dilecto filio CONANO illustri Britanniæ duci, salutem et benedictionem.

In primis debitas vobis gratias referimus, quod nuntium nostrum ad vos, sicut ex verbis ipsius accepimus, honorifice suscepistis : multo etiam gratius nobis fuit quod ad deprecationis et petitionis nostræ legationem benignius si perficitis respondistis. De eo tamen quod consilio domini papæ vos errasse, si error fuit, significastis, pro certo scitote quod quasdam ipsius litteras ad vos de querela Corisopitensis episcopi et Kemperlegiensis abbatis, quasdam etiam ad dominum legatum de eodem negotio vidimus, in quibus, salva vestra gratia dico, consilium illud papæ quod dicitis nequaquam consonat. Cæterum quod illud emendare promittitis, et consilio nostro sive judicio atque confratrum nostrorum episcoporum Britanniæ de re ista satagere, multum nobis placet, et inde vobis referimus gratias. Est itaque consilium nostrum ipsos confratres nostros, Corisopitensem scilicet et Kemperlegiensem abbatem, ad dilectionis vestræ benignitatem dirigere, et vos tanquam charissimum filium deprecari et exhortari fideliter, quatenus in hac re commonitionibus seu etiam præceptis domini papæ Paschalis, præceptionibus quoque prædecessorum ejus pontificum, quorum privilegia de hac possessione Kemperlegiensis monasterii vidimus, nequaquam obsistere studeatis. Potius juxta consilium domini papæ Paschalis et Engolismensis legati adjudicatam perceptionem Kemperlegiensem abbatem vos pleniter investire laudamus, deprecamur, monemus, et si querelam istam consilio fratrum nostrorum episcoporum Britanniæ pacificare, Deo juvante, potestis, volumus et concedimus. Verum, quod absit ! si ad præsens pacatum finem non est habitura, nos per Dei gratiam opportuno tempore et loco, juxta quod petitis et nos debemus, justitiæ utriusque partis non deerimus.

XI.
Lugdunensis et Bisuntinæ Ecclesiæ archiepiscopi ad Engolismensem episcopum.

Egregio fratri GERARDO, reverendo Engolismensi episcopo et apostolicæ sedis vicario, JOCERANNUS Lugdunensis Ecclesiæ servus, et ANSERINUS Bisuntinus archiepiscopus, salutem et vestri sacerdotii dignitatem.

Judicium quo discretio vestra controversiam quæ inter Gurhandum abbatem Sanctæ Crucis Kemperlegiensem et Herveum Rotonensem abbatem terminavit, dominus papa audiens et auctoritate litterarum suarum, quidquid inde feceritis, corroboravit. Nos igitur de justitia ac rectitudine vestra plurimum confidentes, summopere vestram deprecamur dignitatem, quatenus præfatum judicium, a domino papa confirmatum, perpetuo teneri et observari facientes, abbati Sanctæ Crucis justitiam competentem ac legitimam faciatis, donec jus Ecclesiæ suæ in pace possideat, scientes nos pro certo multo his majora pro vobis facturos, si ope nostra in aliquo negotio indigeretis. Optamus vos semper bene valere et in omnibus viriliter agere.

XII.
Exemplar litterarum Paschalis papæ ad Engolismensem legatum. — Afflictum consolatur. Interdictum abbati Rotonensi illatum confirmat.

« Paschalis episcopus, » etc.
« Fraternitati vestræ, » etc.

Vide in Paschali, Patrologiæ t. CLXIII, *sub num.* 502.

XIII.

Ejusdem ad Conanum comitem. Hortatur cogat monachos Rotonenses ut Bellam Insulam monachis Kemperlegiensibus restituant.

« Paschalis episcopus, » etc.
« Nosse debes, » etc.
Vide ubi supra, sub num. 505.

XIV.

Exemplar chartulæ Conani comitis de redditione et confirmatione Bellæ Insulæ.

In nomine sanctæ et individuæ Trinitatis, ego Conanus humilis Britanniæ dux, cum sorore mea Hadeuguis, et matre mea Ermenjart, dono et concedo pro salute animæ meæ et parentum meorum monasterio quod Kemperlegii in honore sanctæ crucis constructum est, terram quæ Bella Insula vocatur cum omnibus redditibus suis, ut pater meus Alanus fecit, et avus Hoel, et atavus Alanus. Calumniam namque Rotonensium, quæ in nostro tempore per cupiditatem et invidiam super hac terra orta est, et pro qua dominus Robertus Corisopitensis episcopus cum clero Cornubiæ, et Gurguandus Kemperlegiensis abbas cum monachis suis per annum et fere dimidium perstiterunt, falsam esse atque omnino sopitam apostolica auctoritate atque judicio novimus, ad quam Herveum Rotonensem abbatem, et Gurchandum Kemperlegiensem abbatem pro controversia quam super hac terra habebant, misimus. Nunc igitur prædictam insulam cum omnibus sibi [al. suis] pertinentibus, quam Herveus Rotonensis abbas per vim meæ potestatis invaserat, pro qua invasione cum tota abbatia sua ultra spatium unius anni apostolica auctoritate juste interdictus atque excommunicatus fuerat, Kemperlegiensi monasterio et omnibus monachis ibidem manentibus in manibus Gurchandi ejusdem ecclesiæ abbatis sine aliqua per me vel per meos posteros ulterius inquietudine in perpetuum reddo. Monachum etiam quem abbas Rotonensis de sæpe dicta insula secum adduxerat, de Rotonensi claustro ad suum locum reddi feci. Quicunque autem Kemperlegiense monasterium pro hac re amplius inquietaverit, apostolica auctoritate percutietur et nostra consulari severitate quassabitur.

Actum est hoc Rotoni anno 1118 incarnati Verbi, in præsentia domini Roberti Corisopitensis episcopi, et Marbodi Redonensis episcopi, et Briccii Nannetensis episcopi, et Morvani Venetensis episcopi.

Testes vero hujus rei sunt hi...

XV.

Relatio seu notitia controversiæ prædictæ facta a Gurhedeno monacho Kemperlegiensi.

Notum sit omnibus a nemine Rotonensium abbatum calumniam ullam usquam nostro monasterio illatam fuisse, sed concordi fraternitate utriusque monasterii abbates et conventus unanimiter vixisse, donec illorum quidam Herveus abbas comitis fultus auxilio, impetivit nos, cujus illatam injuriam ve-

A ridica æquitatis ratione cooperante Spiritus sancti gratia adnihilavimus. Sed primum videamus quot abbates utriusque partis fuerunt, et quam concorditer fuerunt. Sanctus igitur Gurloesius Sanctæ Crucis ecclesiæ primus abbas existens, eam annis viginti quinque in quiete et pace bona gubernavit, per quem in vita Deus multa ostendit miracula, nunc quoque in morte usu quotidiano plurima declarantur. Huic autem sanctus Joannes in regimine eidem ecclesiæ succedens, sine vi et sine calumnia nondecim annis vixit. Hujus multa bona opera, tam clericus quam laicus recitantur. Post hunc autem Vitalis abbas a nullo inquietatus in eadem sede per novem laudabiliter viguit annos, cujus ossa multos sanitati infirmos restituunt. Quartus vero Vingomarus [al. Jungomarius] eamdem adeptus est sedem, quam tribus annis pacifice rexit, cujus corpus in ecclesia Dei Genitricis apud Kemper Sancti Corentini suavissimo redolens odore, aperto sepulcro totum integrum conspicitur. Post hos quoque Benedictus vir satis boni testimonii in eadem gubernatione L et duobus viguit annis. Hic autem sextus abbas, cui falso calumnia objicitur, neque per se neque per episcopum provinciæ interpellatus est, antequam injuriose apud, ut aiunt, apostolicum et legatum nobis ignorantibus clamor factus sit. Sed insuper etiam abbas Rotonensis erga tyrannicam et sæcularem potestatem, videlicet terræ principem, de insula supradicta fecit clamorem, data et promissa pecunia in supplantationem alterius ecclesiæ, nobis nusquam veritatem fugientibus.

Hæc autem nostra abbatia a conditoribus suis, Alano et filio ejus Hoelo consulibus et abbatibus supradictis sub tutela et patrocinio sanctæ Romanæ Ecclesiæ in perpetua defensione posita est, pactis atque datis duobus denariis aureis in redditionem singulis annis et ad contactum, acceptis privilegiis a sanctis apostolicis viris, quæ in secretario nostri monasterii servantur, et exemplaria in hoc libello continentur. Sciendum est autem ex alia parte quod Catwallonus abbas Sancti Salvatoris, coadjutor fundationis ecclesiæ Sanctæ Crucis exstiterit; ipse enim priorem suum Gurloesium comiti ad abbatem transmisit, qui etiam fraternitatem nostram ab abbate et fratribus in vita et in morte recepit, atque eis quoque donavit, quod pactum usque hodie scriptum inter utrosque reservatur. Hujus abbas Hugunnanus successor eamdem pactionem firmissima stabilitate tenens nullatenus transgressus est. Post hunc Perrenesius cum summa charitate Kemperlegienses fratres eodem tenore suscepit. Deinde hujus successor Almodus sub vinculo fraternitatis illud idem servavit. Abbas quoque Bili [al. Vili] nomine, aliorum prædecessorum in pace eadem servavit. Post hos Robertus mutuam utriusque loci devotionem jam dictæ fraternitatis absque aliqua dissensione retinuit. Justinus etiam confectus senio inviolabilem utriusque partis societatem pari modo custodivit. Gualterus vero quod sui prædecessores firmaverant quandiu vixit pari vinculo amicitiæ ratum tenuit. Hi omnes in eadem supradicta fraternitate et societate sine ulla calumnia exstiterunt.

Ne placitum Hervei Rotonensis abbatis et Gurlandi Kemperlegiensis monasterii abbatis in curia Gerardi Engolismensis episcopi et sanctæ Romanæ Ecclesiæ legati aliquantulum ventilatum oblivioni tradatur, scriptum fieri decrevimus. Herveus igitur Rotonensis abbas in primis Bellam Insulam ab Alano consule suo monasterio injuste ablatam fuisse, et deinde suos monachos cum interfectione centum viginti hominum expulisse, sicque de hac injuria in conciliis plerumque clamorem fecisse, sed nunquam justitiam invenisse conquestus est. Abbas vero Gurhandus econtra respondit Bellam Insulam ab Alano consule qui eam hæreditario jure possidebat, suo cœnobio sine aliqua calumnia datam fuisse, suosque antecessores, scilicet quinque abbates, eam in quiete possedisse, postremo affirmans prædictam insulam a suis prædecessoribus ad minus per tricennium possessam fuisse. Cumque ab eo quæsitum fuisset quot anni erant a fundatione ecclesiæ usque ad tempus Benedicti abbatis sui antecessoris, et quo anno Dominicæ Incarnationis sua ecclesia fundata fuerat; respondit suam ecclesiam fundatam fuisse anno 1008 incarnati Verbi : a fundatione vero ecclesiæ usque ad tempus Benedicti LVI annos. Ad ostendendum quoque calumniam Rotonensium esse falsam, primum abbatem sui monasterii, scilicet sanctum Gurloesium, de monasterio Sancti Salvatoris cum concordia suorum fratrum ab Alano consule quæsitum et electum fuisse. Abbas vero Rotonensis ad hæc respondit, ideo suos antecessores sanctum Gurloesium abbatem concessisse, quia eadem insula vivente S. Gurloesio sibi non fuerat ablata. Sed cum a Rotonensi abbate quæsitum fuisset, ubi et quando, et apud quem calumniam fecerat; respondit Huguimarium abbatem sui monasterii apud Leonem papam Vercellis de sancto abbate Gurloesio Kemperlegiensi clamorem fecisse, ubi rationi in contrarium inventus est. Dixerat enim superius, tempore prædicti Sancti eamdem insulam sui juris fuisse. Præterea addidit super hac re Santonas Redonis, Suldunis, suos monachos clamorem fecisse. Iterum cum ab eo quæsitum fuisset utrum inde haberet scriptum per manum alicujus cardinalis datum, vel testes quos præsentaret, dixit se testes non habere, sed scriptum tamen non sigillatum domi remansisse. Iterum quæsitum fuit ab eo quis abbatum Kemperlegii præfatam insulam sibi suisque abstulit; respondit Benedictum abbatem Hoelumque consulem suum fratrem ante dictam insulam sibi suisque abstulisse, ubi plane mentitus est, quia in initio rationis suæ ab Alano consule insulam sibi ablatam fuisse retulit. Quam causam ita investigatam aliquandiu legatus suique usque ad medium Quadragesimæ induciati sunt.

GERARDI CHARTA

Qua controversiam inter Bernardum vicecomitem de Comborn et abbatem Usercensem de loco de Amanzenas ortam dirimit.

(Anno 1116.)

[BALUZ., *Miscell.* edit. Luc., tom. III, pag. 66.]

Ego GERARDUS, Engolismensis episcopus et sanctæ Romanæ Ecclesiæ legatus, præsentibus et futuris notum fieri volo quod Bernardus vicecomes de Comborn et abbas Usercensis cum quibusdam personis monasterii sui in curiam nostram venerunt, pro controversia quam inter se habebant de quadam terra quam ipse Bernardus pro salute animæ suæ monachis Cluniacensibus dederat. Abbas autem Usercensis adversus Bernardum et donum ab eo factum his utebatur rationibus, dicens quod terra illa quam Bernardus ad ædificationem faciendam prædictis monachis dederat erat de alodio Sancti Petri Usercensis, quod Oddo comes de Marchia sancto Petro Usercensi dederat. Aliam insuper prætendebat rationem, dicens quod ecclesia Trainiacensis, in cujus parochia illud ædificium fiebat, erat Sancti Petri Usercensis jus, quam quidam presbyter monasterio Sancti Petri Usercensis donavit, et post aliquantum temporis Umbaudus Lemovicæ sedis episcopus cum consilio Gausberti archidiaconi et Bosonis archipresbyteri eidem monasterio donavit. Ad donum vero episcopi astruendum relationem ipsius doni chartam conscriptam protulerunt. Ad hæc prædictus vicecomes Bernardus respondit, dicens quod terra illa nomine Amanzenas de alodio comitis Marchiæ non erat, sed suum proprium alodium ab avis et proavis esse asserebat, quod in manu fratris nostri Eustorchii Lemovicensis episcopi monachis Cluniacensibus ad ædificationem faciendam dederat. Quod autem Umbaudus Lemovicensis episcopus donum ecclesiæ Trainiacensis eis fecisset se omnino ignorare dicebat. His itaque auditis utriusque partis rationibus, una cum venerabilibus fratribus et coepiscopis nostris Lemovicensi, Petragoricensi, Agennensi canonica auctoritate judicavimus quod Bernardus prædictus vicecomes comiti Marchiæ, si ab eo impeteretur infra quadraginta dies ab eo die quo judicium factum est de alodio quod per donum comitis Marchiæ Usercenses monachi obtinere nitebantur, quantum exigeret ratio responderet. Et quia charta quam super dono Umbaldi episcopi de ecclesia Trainiacensi protulerant canonicam firmitatem non habebat, cum prædictis episcopis judicavimus ut instra eosdem quadraginta dies duos legitimos testes producerent qui rationabiliter probarent se vidisse et audisse quod præfatus episcopus Trainiacensem ecclesiam cum consilio prædicti Gausberti archiadiaconi et Bosonis archipresbyteri monachis Usercensibus dedisset, interim vero monachi Cluniacenses terram illam quam Bernardus vicecomes eis dederat quiete tenerent et ædificarent.

Interfuerunt autem huic nostro judicio prædicti fratres episcopi et assensum præbuerunt, Ildebertus, Geraldus, Lemovicenses archiadiaconi, Arnaldus Guillelmi, Guillelmus de Nanclars, Petragoricenses archidiaconi, Gaufridus Agennensis archidiaconus, Petrus Engolismensis præcentor, Esdradus, Julianus, Raimundus Engolismenses canonici, Helias de Gimello et Rennulfus de Garait Lemovicenses archipresbyteri, et multi alii venerabiles clerici.

Et ut hoc nostrum judicium firmius et certius habeatur et teneatur, propria manu nostra subscripsimus et sigillo nostro muniri fecimus.

Ego Girardus, Engolismensis episcopus et sanctæ Romanæ Ecclesiæ legatus, subscripsi.

Actum est autem hoc judicium in Petragoricensi episcopatu, castello quod Exidolium vocatur, anno incarnati Verbi 1116, indictione VIII, regnante Ludovico, rege Francorum.

ANNO DOMINI MCXXXVI

DOMNI ODDONIS

ABBATIS S. REMIGII REMENSIS

EPISTOLA AD THOMAM COMITEM

De quodam miraculo S. Thomæ apostoli (1)

Salutare est omnibus Christiani nominis cultoribus semper quærere et audire aliquid ædificativum, et quantum sit Dominus in sanctis suis mirabilis cognoscere relatione fidelium. Cum enim te avidum super hoc cognoverim, juxta petitionis tuæ admonitionem, quæ in curia Romana vidi et audivi, scripto tibi intimare volui. Aderam anno præsenti, feria scilicet sexta post Dominicæ Ascensionis solemnitatem, ante domni papæ præsentiam, de nostris videlicet negotiis locuturus, cum subito adfuit quidam qui legatos Byzantei, id est Constantinopolitani imperatoris, adesse pro foribus nuntiaret. Exhilaratus vero domnus papa super tanti nominis legatis, ex latere suo episcopum misit, ut eos honorifice introduceret sibique præsentaret. Veniunt, salutatoque papa universali et plerisque curialibus, de salute imperatoris suorumque qualitate, prout fuerant sciscitati, satis honeste retulerunt. Causa autem eorum hæc fuit. Intererat cum eis Indiæ archiepiscopus, vir satis honestæ formæ, et juxta linguæ suæ notitiam eloquentissimus, qui sociali adjutorio defuncti sui principis destitutus, consilii causa ad prædictum imperatorem jam pridie venerat. Cumque imperator petitionem ejus audiisset, et ex familiaribus suis unum principem dedisset, quasi perfecto negotio ad propria redire disposuit. Cumque iter ageret, novum principem morte impediente amisit. Quo tumulato, imperatorem repetiit, doloris sui causam nuntiaturus. Imperator vero consolatus eum, ne doleret admonuit, principem recepit alterum imperatoris munificentia. Tunc archiepiscopus aliquantulum mitigato dolore agit iter, sed non per agit. Repentinus enim secundi interitus principis duplicato dolore vehementer eum turbavit. Quid ageret ignorabat, incertum quippe habebat an imperatorem repeteret, an incœptum iter imperfecto negotio peragere deberet. Vicit tandem virilis consilii strenuitas imminentis periculi jacturam, suorumque exhortationibus relevatus, et ne desperaret admonitus, retrogradum iter arripuit, seque pii imperatoris oculis diri infortunii bajulus repræsentavit. Cognito igitur imperator inopinatæ rei eventu obstupuit, et petitioni archiepiscopi satisfecisse se dicens, tertium mittere denegavit. Humilis autem Carthusiæ fundum concessit. Thomas comes, cui epistola inscripta est, videtur esse Thomas de Marla, Codiciaci castri dominus.

(1) Hæc Oddonis abbatis Remigiani apud Remos epistola scripta est circiter annum 1135. Nam anno sequenti ex Italia reversus, construendæ Montis-Dei

archiepiscopus vix multis lacrymis impetravit ut Romanam curiam ei visitare consilii gratia liceret, et legatos imperatoris cum litteris deprecatoriis secum ducere valeret. Cumque in curia esset, quibusdam palatinis præesse se Ecclesiæ illi referebat, in qua beati apostoli Thomæ corpus requiescere dicebatur. Inter cætera vero quæ de situ ecclesiæ thesaurorumque opulentia et ornamentorum varietate enarravit, unum disseruit, quod non sine admiratione aures audientium capere possunt. Prædicti apostoli ecclesia magnæ altitudinis fluvio ex omni parte clauditur, qui discurrentibus aquis, septenni etiam puerulo, octo ante festivitatem apostoli diebus, totidemque post festivitatem, præ nimia siccitate se viabilem præbet. In ipsa autem solemni die collectis in unum totius provinciæ proceribus, omnique clero et populo, post multas lacrymas altaque suspiria archiepiscopus cum sui sociis ordinis ad beati apostoli feretrum accedit, et ex eo cum magna reverentia corpus levatum in cathedra pontificali decenter collocat, primusque tanti advocati pedibus advolutus, oblationis suæ munere apostolum honorat. Beatus vero apostolus brachium erigit, manumque aperit, et quidquid ei ab universis nostræ fidei cultoribus offertur, gratanter accipit. Si quis vero hæreticus populo admistus, quasi pro devotione in manu apostoli aliquid ponere nititur, claudit sanctus manum, et nefanda munera accipere denegat. Cumque talia relatione quorumdam in auribus domini papæ sonuissent, adesse jussit episcopum, et ne amplius in palatio falsa seminaret, sub anathemate prohibere voluit. Veritati enim contrarium esse videbatur quod de apostolo divulgasset. Episcopus autem coram omnibus nil esse verius affirmabat, et assensu domini papæ sacrosancti Evangelii juramento ita esse comprobavit. Credidit tandem dominus papa, credidit et omnis curia, et apud omnipotentiam divinam apostolum majora impetrare posse acclamabant.

DOMNI ODDONIS
ABBATIS S. REMIGII

CHARTA DE FUNDATIONE CARTHUSIÆ MONTIS DEI
In diœcesi Remensi (2).

(MABILLON., *Annal. Bened.*, VI, append. p. 664.)

Universorum Domino, qui est summa sanctitas, famulantibus et in sacro religionis proposito perseverantibus, maxime his qui abjectis sæcularium negotiorum sarcinis, jam præcustant in tranquillitate vitæ quam suavis est Dominus, nos benignos esse convenit; et non solum eorum necessitatibus aliquod levamen impendere, verum etiam si quid eis devotio fidelium contulerit, ut illæsum ad ipsorum usus permaneat, sollicite curare. Idcirco memoriæ cunctorum, tam præsentium quam futurorum, fixum esse volumus, quod ego Oddo, humilis minister ecclesiæ Beati Remigii, totumque capitulum ejusdem monasterii, communicato mecum labore, prompta voluntate et pia devotione benignum præbentes assensum, cœnobium in quo usus et sacras consuetudines Carthusiani honesti moribus fratres teneant et custodiant, in fundo ecclesiæ nostræ, videlicet in loco qui nunc Mons Dei nuncupatur, nam antiquitus vocabatur Mons Bosonis, in honore beatæ Virginis Mariæ et S. Joannis Baptistæ construximus. Hoc totum factum est consilio domni Hugonis Gratianopolitani episcopi, necnon et assensu reverendi Guigonis, Carthusiensium pauperum prioris, qui et primos sacræ hujus institutionis magistros ad nos misit, et locus ille ut Mons Dei vocaretur, præcepit et statuit. Venerabilis etiam Raynaldus, secundus Remorum archiepiscopus, in hoc opere strenuus cooperator exstitit, et ejus voluntate et consilio evocatio Carthusiensium fratrum facta est, et constitutio loci.

Gratianopolitani episcopi, domum ejusdem instituti in diœcesi Remensi ædificare statuit, assensu venerabilis Guigonis Carthusiæ prioris, qui primos sacræ istius institutionis proseminatores Oddoni concessit. Hoc proinde consilium iniit Oddo ante obitum sancti Hugonis episcopi, qui anno 1132 accidit, Kalendis Aprilis : sed vix ante hunc annum 1134 executioni demandatum est, cum scilicet Oddo abbas e Pisano concilio reversus esset. Novæ domus exstruendæ assignatus est fundus in finibus Remorum duabus ab urbe Mosomo leucis, ad amnem Barum, tunc dictus Mons Bosonis, qui postmodum Mons Dei appellatus est.

---

(2) Cum propagarentur in diœcesis Remensis partibus religiosæ congregationes, Molismensium, Cisterciensium et Præmonstratensium, quorum institutor sanctus Norbertus anno 1134 mortuus est, una deerat sacri ordinis Carthusiensis familia, quæ in solo Burgundiæ seu Provinciæ, ut tum vocabant, regno radices egisse videbatur. In has vero partes demum ramos extendit, auctore primum venerabili Oddone, S. Remigii abbate, quod hoc modo factum tradunt. Hic aliquando Romam profectus, cum ad propria rediret, forte divertit ad Majorem Carthusiam, ubi explorata piorum illorum solitariorum admirabili conversatione, consilio beati Hugonis,

In hoc siquidem monte fratribus ibidem in ordine et quicunque hanc infringere tentaverit, anathematis sententia percutimus.
Carthusiensi Deo militantibus, et secundum sacras ipsius ordinis institutiones, a sanctis eorum praedecessoribus datas, degentibus, praedictum coenobium, et quidquid ecclesia nostra in procinctu ejusdem coenobii infra subscriptos terminos possidebat, communi totius capituli nostri assensu gratanter, et ab omni censu et exactione liberum dedimus. Concessimus etiam ut terras, quas rustici infra eosdem terminos possidebant, si dono vel pretio praedicti fratres acquirere poterint, libere et absque ullo censu in perpetuum habeant. Similiter de omnibus, quae ibi Richardus Mosomensis abbas cum suis fratribus, et domnus Ursio S. Dionysii abbas et ejus congregatio habebant, liberam donationem, et ab omni querela absolutam prompta devotione obtulerunt et dederunt. Willelmus etiam Sethona, et Nicolaus de Burgo, et Guido de Altreio quidquid ibi tenebant, et quod usibus pauperum Christi utile ac necessarium visum est, pro remedio animarum suarum pari libertate dederunt.

Hi sunt termini quibus praedicta loca limitantur: ab orientali plaga versus meridiem, ab Asia usque ad rivulum qui defluit in Amosias, ab Amosiis usque ad viam regiam, a via regia sicut tendit usque in Forest, de Forest per verticem Montis Rouel sicut vergit usque in Chermel, de Chermel usque Buten rivulum, a Buten sicut defluit usque in Barum fluvium. Item ab Asia versus septentrionalem plagam usque ad rivulum qui dicitur Altrepa, sicut idem rivulus defluit in Barum. Ut autem haec munificentia nostra in perpetuum vires obtineat, et inconvulsa illibataque in omne conservetur tempus, et permaneat, auctoritate privilegii domni Innocentii papae II muniri fecimus. Sed et nos sigilli beati Remigii impressione, et honorabilium adnotatione personarum ac testium roboramus et confirmamus;

(3) Reponenda indictio xv.

Signum Gaufridi Catalaunensis episcopi.
Sign. Alvisi Attrebatensis episcopi.
Sign. Oddonis abbatis S. Remigii.
Sign. Ingulranni Altivillarensis abbatis.
Sign. Richardi Mosomensis abbatis.
Sign. Hellini abbatis S. Theodorici.
Sign. Joranni abbatis S. Nicasii.
Sign. Albrici S. Basoli abbatis.
Sign. Ursonis abbatis S. Dionysii.
Sign. Fulgonis abbatis Sparnacensis.
Sign. Willelmi abbatis de Mauri Monte.
Sign. Albrici et Hugonis archidiaconorum.
Sign. Leonis decani.
Sign. Gervasii cantoris.
Sign. Henrici, Gregorii, Rogeri presbyterorum.
Sign. Bosonis, Raineri, Bernardi diaconorum.

Testes etiam hujus rei sunt : Joscelinus tunc prior, Hugo subprior, Rainaldus praepositus, Sigibertus, Macharius, Hugo capellanus, Gauterus Altreiensis, Arnulfus praepositus, Christianus cantor, Haydericus cellerarius, Otho, Gervasius, Benedictus, Lambertus, item Lambertus, Balduinus, sed et omnis conventus.

Testes etiam hujus decreti et institutionis sunt : de clericis, Drogo decanus S. Timothei, Lethardus, Tomas, Constantius, Nicholaus.

De militibus, Petrus et frater ejus Tomas. De laicis, Tomas villicus, Simon decanus, Walterus, Lambertus, Guido scabini et multi alii.

Actum Remis anno incarnati Verbi 1137, indictione XIII (3), regnante Ludovico Francorum rege anno XXX, archiepiscopatus autem domni Rainaldi anno XII ordinationis vero nostrae anno octavo decimo.

EPISTOLA DOMNI ODDONIS
ABBATIS S. REMIGII
AD WIBALDUM ABBATEM STABULENSEM.
(Vide in Wibaldo, infra.)

ANNO DOMINI MCXXXVI

ADALBERTUS
MOGUNTINUS ARCHIEPISCOPUS

NOTITIA
(Dom Martène, praef. ad tom. I *ampl. Collect.*, p. xxxiii)

Rothardo successit in sede Moguntina non minus sincerae in sedem apostolicam observantiae quam dignitatis haeres Adalbertus, Henrici regis cancellarius, « primus inter primos ejus praecordialis consiliarius, « uti loquitur Otto Frisingensis lib. vii, cap. 14, quique, ut habet abbas Urspergensis, « per omnia secundus a rege semper fuerat. » Is imperatori omnino devinctus, auctor aliquando fuerat ipsi ut Paschalem papam investituras sibi retinentem custodiæ traderet. At vero post concilium Lateranense, damnato privilegio, pravi consilii et facti pœnitens, in errantem principem conspirans, traditus et ipse custodiæ est annis quatuor; unde populi favore eductus, Coloniæ ab Ottone Bambergensi præsule sanctissimo consecratus episcopus, bellum imperatori schismatico indixit, nec destitit, donec Calixto papæ reconciliaretur. Quantum autem in hanc reconciliationem laboraverit, declarat ipse epistola ad Calixtum papam quæ incipit : « In multis et magnis persecutionibus, » etc., ex cujus verbis constat Adalbertum pacis Calixtum papam inter et Henricum imperatorem compositæ sequestrum præ cæteris fuisse, illatasque sibi a principe injurias non tam ulcisci quam remunerare studuisse, quippe qui censurarum vinculis eum solvit, a quo fuerat et ipse in vincula conjectus.

Eamdem quoque operam erga suffraganeos adhibuit. Henricus Paderbornensis antistes in concilio Northusano Ecclesiæ reconciliatus fuerat abs Rothardo metropolitano, ea tamen lege, ut a pontificali abstineret officio. Fecit illi copiam Paschalis papa, anno 1107, obeundi munia quæ sui essent ordinis, uti scribit Gobelinus. At labente imperatore Henrico V videtur et ipse relapsus esse : id quod clare probat Moguntini archipræsulis Adalberti epistola ad episcopum et canonicos Paderbornenses.

Quantum vero laboraverit Adalbertus ut Cunonem Argentinensem reduceret ad Ecclesiæ gremium, pluribus disserere opus non est, cum ipsa ejus epistola ad Calixtum papam II id aperte declaret. Fuerat hactenus Cuno, ait Adalbertus, « in obsequio regis assiduus, » atque « inter primos amicos imperatoris habebatur. » Spiræ comitiis, anno 1108 celebratis, adfuit, ibidemque anno 1111 exsequiis Henrici Senioris; anno vero 1113 Wormatiæ sanctum Pascha cum eo celebravit, uti colligitur ex diplomate monachis S. Maximini dato ; comes denique imperatoris individuus, nihil fecit reliqui, quo se apud ipsum poneret in gratia, quippe quem vel etiam errantem et schismati addictum sequi non erubuit. Quid jam ad hæc Adalbertus ? « Sæpe, inquit, eum monuimus, ut Ecclesiæ Dei obediret, et ut hac via magis proficeremus, canonicis ut ab ejus errore recederent, et ad unitatem pacis Christi redirent, multoties scripsimus. » Neque sane frequentes illæ præsulis optimi commonitiones frustra fuere, subdit enim : « frater noster Cono Argentinensis episcopus statim post Remense concilium misericordiam postulavit, et a cardinali sanctæ Romanæ Ecclesiæ absolutionem recepit. . . . . Postquam autem absolutus fuit episcopus, corde et corpore ab imperatore se subtraxit, et in servitio ac fidelitate Ecclesiæ, utcunque injustus et peccator, fidelis tamen et utilis veritatis assertor permansit. » Cum vero hac occasione gravi eum odio insectaretur Henricus, spoliatumque omnibus civitate depulisset, Calixto papæ scripsit Adalbertus in gratiam ipsius, « non tamen ideo, inquit, ut injustitiam episcopi studeamus defendere vel approbare; » quæ verba haud obscure indicant non uno schismatis crimine notatum fuisse Cunonem; et revera non multo post, hoc est anno 1123, ob Bertholdi ducis necem, cui assensum præbuerat, exauctoratus legitur in Chronico Saxonico : « Cono Stratburgensis episcopus solo nomine, quia in nece Bertoldi ducis consentit, ab episcopatu deponitur. » Unde emendandi sunt scriptores nonnulli, qui mortem ejus ad hunc annum referunt, nisi aliunde constet eum hoc ipso anno esse defunctum.

ADALBERTI EPISTOLÆ.

I-II.
Ad Calixtum papam
(Vide Patrologiæ tom. CLXIII, col. 1356, 1357.)

III.
Ad Innocentium II papam.
(Vide in Innocentio II, ad an. 1145, Patrologiæ tom. CLXXIX.)

IV.
Ad S. Ottonem Bambergensem.
(Vide in S. Ottone, ad an. 1139, Patrologiæ tom. CLXXIII.)

V.
Ad clerum Ecclesiæ Halberstadensis.—Dolet de morte Raynardi eorum episcopi, quod eo inconsulto processerint ad electionem, et ex alia Ecclesia assumpserint sibi pastorem.
(MARTÈNE, ampl. Collect., I, p. 680, ex ms. S. Germani a Pratis.)

ADALBERTUS, sanctæ Moguntiensis Ecclesiæ humi-

A lis minister et apostolicæ sedis legatus, dilectis in Christo qui sunt Halberstadensis Ecclesiæ fratribus, abbatibus, præpositis, cæterisque tam majoribus, quam minoribus, spiritum cogitandi quæ recta sunt.

De morte charissimi et venerabilis fratris nostri patris vestri Reinhardi (1) episcopi quantum doleamus et siluerimus omnipotens Deus novit, et ipse qui est veritas, testis est nobis, quam gravi nos mœrore affecerit, quod tam subito sublatus est nobis, et cum personis et ecclesiis nostris unum corpus fuerit et anima una, jamdiu exspectantes exspectavimus ut aliquem nuntium vestrum reciperemus super tanta desolatione vestra, qui et de vestra voluntate certiores nos redderet, et nostræ fraternitatis assensum super ordinanda Ecclesia vestra non despiceret. Siquidem parva nos locorum distantia separabat, et suus canonicæ institutionis ordo sic

---

(1) Mortuus est Reinhardus vi Nonas Martii anno Christi 1122, ordinationis suæ xv, uti legitur in Chronico Halberstadiensi. Unde corrigendum est Chronicon Stederburgense, ubi obitus ejus ad annum 1124 consignatur. Filius erat Popponis comitis de Bankenburg, fratresque habuit duos, Conradum et Sigifredum, e quorum alterutro natus est Poppo secundus, comes de Blankenburg, vir crudelis et Corbeiæ novæ infensissimus.

fieri postulabat. Vos autem, antiquæ discretionis et prudentiæ vestræ immemores, et ut de persona nostra taceamus, quid matri vestræ Moguntinæ Ecclesiæ deberetis, parum attendentes, extra morem ecclesiasticæ consuetudinis, in omni causa vestra processistis, quia et de alia Ecclesia personam elegistis (2) et eamdem quadam nova usurpatione annulo et baculo tanquam investire non abhorruistis. Quod tamen de tam instructa hactenus Ecclesia et tot laboribus et persecutionibus pro obtinenda canonica investitura attrita satis mirari non possumus. Solius enim consecratoris est dare annulum et baculum. Ut autem his omnibus ad præsens supersedeamus, hoc tantummodo fraternitati vestræ rescribimus quod ad fratres nostros Moguntiam tendimus, communicatoque cum eis et quos communicare poterimus consilio, quidquid ad honorem Dei et justitiam ipsius poterimus, libenter plenius vobis respondebimus. Valete.

VI.

Epistola Adalberti, archiepiscopi Moguntini, ad H. episcopum et canonicos Patherbornenses.

(MARTÈNE, ampl. Collect., præf. ad tom. I, p. xxxiv.)

A Dei misericordia Moguntinensis Ecclesiæ archiepiscopus et apostolicæ sedis legatus..... in Christo fratri et coepiscopo H. Patherbrunensis Ecclesiæ....

Cognoscentes pœnitentiam tuam..... ac Dei misericordia, ut opus bonum quod in te cœpit, indeclinabiliter conservare et consummare per ipsius gratiam studeas, de cætero fideliter in obedientia sanctæ matris Ecclesiæ perseverans, ex consilio et dispensatione fratrum nostrorum, in quorum conspectu de tua causa deliberavimus, infirmitati tuæ indulgendum esse decrevimus, et pro temporis necessitate et propagandorum in Ecclesia tua fidelium Christi salute, episcopalis officii administrationem tibi concedimus, in quo domni nostri beatæ memoriæ papæ Paschalis universalis Ecclesiæ pontificis auctoritatem sequentes, et nihil novi tanquam ex nobis in Ecclesia Dei statuentes, quæ tecum egit, et in quibus te restituit, rata habemus, et sub testimonio fratrum nostrorum episcoporum Coloniensis, Bavembergensis, Corbeiensisque abbatis facta præcipimus, ut apud te permaneant, sine malevolorum ac detractorum injuriosa calumnia. Vobis autem omnibus charissimis dominis et fratribus nostris in Christo et propter Christum monendo præcipimus, præcipiendo monemus, ut amodo cum episcopo vestro, et ipse vobiscum, unum sapiatis, invicem diligatis, quatenus in die messis illius ad aream Dominicam manipulos justitiæ reportare valeatis. Tibi autem fratri in Christi visceribus amplectendo, fraternæ charitatis affectu consulimus, et auctoritate Dei et B. Petri et nostra injungimus, ut fratres tuos paterna compassione nutrias, amplectaris, foveas, si qui infirmi et imbecilliores erunt, debita eis pietate condescendas, sicque tibi commissis ovibus studeas providere, ut in die Domini illud fidelium servorum *Euge* ovanter merearis audire. Omnes vos optamus in Domino valere, et fideliter perseverare in unitate sanctæ matris Ecclesiæ.

---

(2) Odonem præpositum S. Sebastiani de Magdebur; de quo fusius in citato Chronico Halberstadiensi.

ANNO DOMINI MCXXXVII

RAINALDUS II
REMENSIS ARCHIEPISCOPUS

NOTITIA

(*Gallia Christiana*, nov. edit., tom. IX, col. 82)

RAINALDUS II (*de Martigny*, sive *a Pratis*), Brientii filius e gente Meduana, in provincia Andegavensi, ex ipso Andegavensi episcopatu translatus favore Ludovici VI. regis ad archiepiscopatum Remensem anno 1124; quo etiam anno adfuit consilio Claromontano. Anno sequenti, episcopatus sui primo, altare de Turribus supra Matronam a nobilibus ereptum restituit monachis Cluniacensibus; præterea tria altaria concessit monachis Nicasianis; subscripsitque regio diplomati quo a Ludovico rege vicedominatus et præpositura Laudunensis quæ laicis in beneficium concessa fuerant, eidem ecclesiæ precibus Bartholomæi episcopi reddita sunt. Anno 1126 monasterium Igniacense a fundamentis exstruxit cum amplissima dote. Anno 1127, quo tempore legatos habebat Romæ, forte ab obtinendum pallium, Witerum comitem Regitestensem propter lium, exactiones quas intulerat villis S. Remigii excommunicatum, sed resipiscentem absolvit (1). Eodem anno pactum iniit cum Alberone Leodiensi episcopo pro Bullionensi beneficio. Exemplar pacti hujus, non quale exhibuerunt Sammarthani mancum et mutilum, sed integrum ex Marloto describi curavimus inter instrumenta hujus ecclesiæ. Illud autem, quamvis in assignando Ludovici regis anno erraverit librarius, liquet tamen transactum esse anno 1127, non ut nos olim scripsimus (2) 1137. Unde colligas Rainaldum transegisse non cum Alberone II, sed cum Alberone I. Anno 1128 adfuit Rainaldus comitiis episcoporum a Matthæo Albanensi episcopo congregatis; canonicosque regulares exactis sæcularibus in Sparnacensi S. Martini cœnobio stabilivit. Anno 1129, die sancto Paschæ, consecravit Durocortori Philippum regem Ludovici VI primogenitum, biennio post exstinctum, præsente Henrico I Angliæ rege; quo etiam anno subscripsit ejusdem Ludovici regis præcepto, Argentoliense monasterium regali abbatiæ S. Dionysii in Francia restituentis. Eodem anno canonicos regulares constituit aut constitutos confirmavit apud Cisonium; Benniacensis monasterii possessiones confirmavit, et ecclesiam Vallis-Dei Waltero abbati S. Martini Laudunensis concessit. Scripsit etiam Roberto Tornacensi archidiacono (3) de collocandis in ecclesia Petingensi monachis S. Theodorici, sed quo anno non liquet. Anno 1131, mense Octobri, interfuit concilio Remensi ab Innocentio II summo pontifice celebrato, qui in eodem consessu, rogante Ludovico VI rege, Ludovicum VII consecravit. Anno 1133 interfuit concilio Jotrensi, in quo excommunicati sunt interfectores Thomæ prioris S. Victoris Parisiensis. Anno 1134 quædam largitus est tam abbatiæ Igniacensi quæ hoc eodem anno peperit abbatiam Signiacensem, quam monachis Majoris-Monasterii ad S. Theobaldum prope Igniacum degentibus; deinde post dedicatam cum septem aliis episcopis Ursicampi monasterii basilicam perrexit ad concilium Pisanum. Anno 1135, redux in suam diœcesim, confirmavit possessiones abbatiæ Nicasianæ.

Anno 1136 confirmavit similiter bona monasterii Septem-fontium. Anno 1137, eodem præsule cooperatore, fundata est carthusia Montis-Dei a monachis Remigianis.

Denique cum ad magnam senectutem pervenisset, vivere desiit anno 1138 juxta computum Romanum; quod colligitur ex charta hoc anno apud S. Theodericum Rainaldi nomine consignata. Corpus ejus Igniacum translatum ad latus altaris versus meridiem conditum est cum hac epigraphe tumulo ejus recentiori, ut credo, manu addita : *Ego* RAINALDUS A PRATIS, *quondam archiepiscopus Remensis, presbyter, credo quod Redemptor meus vivit, et in novissimo die de terra surrecturus sum; et in carne mea videbo Deum Salvatorem meum. Obiit* MCXXXVII, XIX *Kal. Januar.* At sequens inscriptio certius videtur diem et annum mortis retulisse his versibus :

Anno milleno, centeno, ter quoque deno,
Octavoque simul, quum Jani dicitur Idus,
Remensis præsul memorandus obit Raynaldus.

Necrologium Remense de eo similiter hæc habet ad Idus Januarii : « Decessit dominus Raynaldus, primum Andegavensis episcopus, postea Remensis archiepiscopus, et requiescit intus, qui emit nobis terram de Hundilicurte, etc., pro suo anniversario.» Cæterum dignissimus præsul satis laudari non potest, quod legitimo pontifici adversus Anacletum antipapam tenacissime ad mortem usque adhæserit; quin et fidem ejus, et odium in schismaticos prædicant calumniæ et dicteria quibus pseudopontifex in archiepiscopum Remensem apud unum ex episcopis ejusdem provinciæ debiscebat his verbis (4) : « Quod idiota Remensis, truncus inutilis, in te et in ecclesiam tuam nequiter et impudenter egisse dignoscitur, nequaquam te mœror aliquis seu dolor afficiat, præsertim cum in nos et in Romanam Ecclesiam, cui se juramento astrinxit, quasi ebrius et vino æstuans, histrionum more, multa insolenter vomuerit, ponens quidem in cœlum os suum ut lingua ejus transeat super terram. Tanquam alter Dioscorus sedem nisus est apostolicam judicare, » etc.

(1) S. Bern., epist. 19 et 20.
(2) Gall. christ., tom. III, col. 871.

(3) Spicil. t. II, p. 445.
(4) Baron. ad ann. 1131.

RAINALDI II
ARCHIEPISCOPI REMENSIS
EPISTOLÆ.

I.
Ad Robertum archidiaconum Tornacensem. — Ut in ecclesia Petingensi monachos substituat.
(Anno 1130.)
[*Actes de la province ecclésiastique de Reims*, t. II, p. 206.]

RAINALDUS, Dei gratia Remorum archiepiscopus, charissimo suo ROBERTO, Tornacensis Ecclesiæ venerabili archidiacono, salutem.

Significatum est nobis quod domnus Ingelbertus, signifer comitis Flandriæ, impetravit a bonæ memoriæ Rabodo Noviomensi ac Tornacensi episcopo, ut ecclesia de Petingen libertate donaretur, et monachi in eadem ponerentur : unde et ab eodem episcopo privilegium habuisse et habere dicitur. Postmodum tamen hortatu et rogatu matris suæ in eadem ecclesia presbyteros et clericos posuit. Qui siquidem quia contra priorem et meliorem institutionem ibidem positi fuerunt, nec sibi nec ecclesiæ proficere potuerunt, imo pene defecerunt. Quocirca dilectionis vestræ devotionem exhortamur, rogamus atque monemus, quatenus pro salute animæ vestræ hoc omnimodo efficere studeatis, ut monachi Beati Theodorici qui regulariter vivunt et in sancta religione Deo serviunt, in ecclesia illa ponantur. Intelligimus etenim quod eis est plurimum necessaria, et præveniente divina misericordia, et vestro adjutorio, per eosdem poterit ad honorem Dei regulariter ordinari.

II.

Ad clerum Atrebatensem. — De electione episcopi.
Anno 1130.)
[*Actes*, etc., *ibid.*, p. 206.]

RAINALDUS, Dei gratia Remorum archiepiscopus,

A clero, militibus et universæ plebi Atrebatensium, salutem.

Credimus quod misericors Deus secundum multitudinem misericordiarum suarum Ecclesiam et urbem vestram respexit et personam sapientem et religiosam sacrisque canonibus competentem in pastorem et episcopum vobis præfecit. Hortamur itaque universitatem vestram ac præsentibus litteris commonemus quatenus ipsum debita reverentia honoretis, ejus salubribus exhortationibus et admonitionibus acquiescatis, et ei tanquam boni filii bono patri in omnibus obediatis. Quia vero per guerrarum infestationes gravia detrimenta longo jam tempore perpessi estis, in remissionem peccatorum vestrorum vobis injungimus quatenus ipsius consilio pacem statuatis, unde auctori et amatori pacis placere valeatis, et unde multiplicem fructum tam in spiritualibus quam in temporalibus a Deo recipiatis. Valete.

RAINALDI II
ARCHIEPISCOPI REMENSIS
DIPLOMATA.

I.

Confirmatio fundationis Sancti Judoci de Nemore.
(Anno 1125.)
[*Gall. Christ.* t. X, col. 505, Instrum.]

In nomine sanctæ et individuæ Trinitatis, Patris, et Filii, et Spiritus sancti. Amen. RAINALDUS, divina propitiante misericordia Remorum archiepiscopus, dilecto filio suo MILONI ecclesiæ Sanctæ Virginis Mariæ et Sancti Judoci de Nemore præposito, et ipsius fratribus qui in eadem ecclesia regularem vitam professi sunt, eorumque successoribus in eadem observantia permansuris in perpetuum.

Religiosis desideriis dignum est facilem præbere consensum, ut fidelis devotio celerem sortiatur effectum. Quia igitur vos, filii in Christo charissimi, divina præveniente gratia, vitam vestram sub regulari disciplina B. Augustini coercere, et communiter secundum sanctorum Patrum constitutionem, omnipotenti Deo deservire proposuistis, nos votis vestris paterno congratulamur affectu ; unde etiam postulationi vestræ juxta petitionem confratris nostri Ingeranni, Ambianensis Ecclesiæ venerabilis episcopi, benignitate debita annuimus, vitæ namque canonicæ ordinem, quam professi estis, præsentis privilegii auctoritate firmavimus, et vos vestraque omnia metropolitanæ auctoritatis protectione munivimus, universa etiam ad vestram ecclesiam legitime

pertinentia, tam vobis quam successoribus vestris, in perpetuum confirmamus, videlicet terram quam Ingerannus de Monsteriolo dedit, in cujus parte ecclesia fundata est, et quatuor capones quos Ermanfridus de Cunniaco et frater suus Ingerannus eidem concesserunt ecclesiæ, et terram et nemus quæ concessit Rorgo de Tortosonte ; ecclesiam de Buiriis, et terram eidem pertinentem, et nemus quæ concesserunt Hugo de Ponte et Wiardus de Arguvio ; decimas et terram quas Drogo de Selincuria tradidit ; decimas etiam et terram quas donavit Balduinus de Cajo in Boloniensi patria ; præterea quæcunque in præsentiarum eadem ecclesia juste possidet, quæcunque etiam in futurum legitime adipisci poterit, firma vobis vestrisque successoribus et inconcussa permaneant, salva in omnibus Ambianensis episcopi canonica reverentia. Statuimus etiam mortuo abbate suo fratribus ibidem Deo servientibus liberam et canonicam habere electionem, dum propositam secundum beati Augustini regulam firmam servaverint religionem. Auctoritate itaque Dei et nostra decernimus, et sub anathemate interdicimus, ut nulli omnino liceat eamdem ecclesiam temere perturbare, aut ejus possessiones vel cætera bona auferre, vel temerariis vexationibus fatigare.

Actum Remis anno Incarnationis Dominicæ 1125, indictione III, regnante gloriosissimo Francorum rege Ludovico anno xix, anno autem archiepiscopatus domni Rainoldi primo.

Fulcradus cancellarius recognovit, scripsit ac subscripsit.

Testes sunt Nicolaus et Hugo archidiaconi Remenses, Bartholomæus Laudunensis episcopus, Lisiardus Suessionensis episcopus, Robertus Atrebatensis episcopus, Ebalus Catalaunensis episcopus, Ursio abbas Sancti Dionysii, Nicolaus abbas Sancti Nicolai.

II.
Charta fundationis monasterii Igniacensis.
(Anno 1126.)
[*Gall. Christ.*, t. X, col. 37, Instrum.]

In nomine sanctæ et individuæ Trinitatis. Ego RAINALDUS, Ecclesiæ Remensis licet indignus minister, omnibus qui se sanctæ Ecclesiæ filios esse cognoscunt bravium supernæ hæreditatis. Cum primum ad regimen Ecclesiæ Remensis dispositio divina nos evocaret, honestorum virorum cura nobis fuit consortium eligere et eorum contubernio delectari. Visum igitur fuit Spiritui sancto et nobis monachos de Clarisvallibus asciscí, et ut in parochia nostra illius ordinis abbatiam construeremus totis nisibus elaborare. Ad hoc siquidem faciendum libere contulimus eis totam terram de Montaum cum valle sua, et totam costam qua ascenditur versus Curvam-villam, et usque ad silvam quæ est versus Longam-villam cum ipsa silva, cum aqua et pratis, terris cultis et incultis. Contulimus etiam eis quidquid habebamus Igniaci cum circumjacentibus silvis, videlicet Forest et Beleis ; quidquid etiam juris nostri erat in communi silva, et quidquid a Pontio de Arceio eminus. Hæc supradicta ob nostrorum recordationem peccatorum signis et probabilium personarum testimoniis absque ulla retentione eis contulimus.

Signum totius capituli Remensis Ecclesiæ, cujus sigillo hæc charta munita est.

Signum Odonis abbatis Sancti Remigii
Signum Joranni abbatis Sancti Nicasii.
S. Guillelmi abbatis Sancti Theoderici.
S. Ursionis abbatis S. Dionysii.
Sig. etiam Sugerii abbatis Sancti Dionysii Parisiensis.
Sig. Nicolai archidiaconi.
S. Hugonis archidiaconi.
Sig. Joffridi decani.
S. Leonis cantoris.
Sig. Adæ, Sig. Alberti, S. Odonis, presbyterorum.
S. Bosonis, S. Gervasii, S. Drogonis, diaconorum.

Actum Remis anno incarnati Verbi 1126, indictione v, regnante Ludovico Francorum rege anno xix, archiepiscopatus autem domni Rainaldi anno III.

Fulcradus cancellarius recognovit, scripsit et subscripsit.

III.
Pactum inter Rainaldum II archiepisc. Remensem et Alberonem I episcopum Leodiensem, pro Bullionensi beneficio.
(Anno 1127.)
[*Gall. Christ.*, ibid., col. 58.]

In nomine sanctæ et individuæ Trinitatis. Notum sit omnibus præsentibus, et quorum futura posteritas exspectatur hac præsenti pagina discat quid et quomodo de beneficio Remensis Ecclesiæ quod ad castellum quod Bullion dicitur pertinet, cum Alberone venerabili Leodiensium episcopo statuimus. Ego Rainaldus, Remensis Ecclesiæ licet indignus minister, beneficium quod Remensis Ecclesiæ ab antiquo esse dignoscitur, quod etiam ad Bullionem pertinere nulli dubium est, Alberoni Leodiensium episcopo, et per eum successoribus suis conditione supposita contradidi. Si ob aliquorum infestationem Remensi ecclesiæ ingruerit necessitas, dominus Leodiensis episcopus equitatum trecentorum militum singulis annis, mihi vel meo ducet cuilibet successori, si quadraginta dies ante præmonitus fuerit. Quod si taliter præmonitus habere se legale vel canonicum impedimentum monstraverit, de prædicta expeditione excusatus erit, ita tamen ut, postquam fuerit expeditus, pactum exsolvat præfixum, eodem rursus termino revocatus. Hunc autem equitatum dominus Leodiensis suo conductu et propriis expensis ducet usque Mosomum, quo postquam pervenerit, Remensis ei cum suis omnibus, et in progressu, et in morando, et in revertendo usque ad Mosomum victus necessaria providebit. In quamcunque vero partem circa Remensem urbem et per decem leugas protrahere hanc militiam, vel habere secum ad obtinendam ecclesiæ utilitatem voluerit, per quindecim dies cum expensis eos retinebit, ita ut infra hunc terminum eos reducat usque Mosomum. Si vero eundo vel redeundo aliquid de suis amiserit, de his omnibus archiepiscopus nihil eis recompensabit ; quidquid autem lucrati fuerint tam in equis quam in aliis rebus, præter captos milites, sui juris erit. Si de prædicto beneficio violentia vel infestatio fuerit illata Leodiensi episcopo, Remensis ei consilio aderit et auxilio. Si quæ vero contradictio fuerit orta, vel proclamatio digna audiri, non alibi statuet diem audientiæ nisi Mosomi, juvabitque eum ad retinendum lege et sententia judiciali. Similiter ibidem et non alias alibi Remensi occurret Leodiensis episcopus, de neglectu hujus servitii, vel pacti prævaricatione tantum responsurus. Quia vero Leodiensis episcopus aliorum more casatorum hominum nobis facere non potuit hominium, octo de suis, quatuor videlicet de castellaniis de Buillon, Gualterum scilicet de Buillon, Ingonem de Mirenvalt, Manassem de Herge, Ingonem filium Lamberti, et quatuor de aliis casatis suis, Cingerum advocatum, Galterum castellanum de Hoio, Rainaldum de Jupperi, Lambertum de Tiembeche, a quibus hominium suscepimus, nobis produxit. Insuper hujus conventionis tenorem, et amicitiæ servandæ in manu nostra firmavit, quod etiam a successoribus suis Remensi archiepiscopo eodem modo observandum statuit, utrisque tandem episcopis, Remensi scilicet et Leodiensi, sublatis de medio, ab utriusque ecclesiæ successoribus pactum omne, ut præ-liximus, observabitur perpetuo et irrefragabili jure. Item quod Leodiensis episcopus veniens Mosomum firmata amicitia, renovata conventione, redditis hominiis baronum prænominatorum, si supervixerint, vel hæredum sibi succedentium, a Remensi archiepiscopo gratis et absque ulla contradictione certum recipiat beneficium. Si vero quolibet accidente casu aliquando Leodiensis ecclesia prædicti castelli possessione caruerit, ita ut juste reclamare non possit, omnis præscripta conventio inter Remensem et Leodiensem episcopum cassa et annullata maneat. Quia ergo sicut scriptum est, *generatio præterit et generatio advenit*, et dictorum æque ac factorum nostrorum ætas interit, ne processu temporis deleri quod gestum est, aut ambiguitate mutari valeat, hanc nostram conventionem scripto mandavimus, probabilium personarum attestatione firmavimus, insuper additamento nostræ imaginis communiri jussimus.

Sig. Odonis abbatis Sancti Remigii.
Sig. Joranni abbatis Sancti Nicasii.
Sig. Ursionis abbatis Sancti Dionysii.
Sig. Nicolai archidiaconi
S. Hugonis archidiaconi.
Sig. Joffridi decani.
S. Leonis cantoris, etc.
De laicis :
Sig. Henrici de Castellione.
S. Blihardi de Hercereio.
S. Nicolai de Burgo.
S. Radulfi de Radulfi-curte.
S. Haimonis castellani de Alto-monte.
S. Balduini dapiferi, etc.
De Leodiensibus :
Signum Alexandri archidiacon.
Sig. Dodonis archidiaconi.
S. Arnulfi præpositi.
Sig. Willelmi præpositi, etc.
De laicis :
Signum Lamberti comitis, etc.

Actum Remis anno Incarnationis Verbi 1127, indictione v, regnante Ludovico Francorum rege anno v, archiepiscopatus domini Rainaldi tertio.

Fulchradus cancellarius recognovit, scripsit et subscripsit.

IV.

Litteræ Rainaldi Remensis archiepiscopi de excommunicatione et absolutione Guiterii comitis Regitestensis.

(Anno 1127.)

[MARTÈNE, *Thesaurus Anecdot.*, t. I, col. 367, ex chartario S. Remigii.]

Ego RAINALDUS Remensis Ecclesiæ, licet indignus, minister, seriem causæ excommunicationis simul et absolutionis Guiterii comitis de Reiteste (*Réthel*) ad posterorum memoriam hac præsenti pagina pertractare dignum studui. Excommunicaveramus prædictum comitem pro injustis consuetudinibus quibus villas S. Remigii, terras et homines opprimebat, et omnem quæ ejus ditionis erat terram, anathematis vinculo obligaveramus. Hac necessitate compulsus S. Remigii abbas Odo Romam expetiit, Honorio papæ mala intolerabilia, quæ comes ille Ecclesiæ Sancti Remigii inferebat, exposuit. Dominus papa malorum motus acerbitate, excommunicationem in comitem nominatum factam confirmavit, et omnibus suffraganeis Remensis Ecclesiæ episcopis, ut eam in comitem promulgarent litteris ad eos directis mandavit. Comes, hujus ignominiæ opprobrium ferre non prævalens, præsentiam nostram adiit et satis lacrymosis precibus ut concordiam inter eum et abbatem componeremus nos exoravit. Accito abbate prædicto, aliis etiam abbatibus convocatis et quibusdam Ecclesiæ nostræ clericis, causam prædicti comitis diu ventilantes, hoc tandem fine terminavimus. Guerpivit et abjuravit sæpe dictus comes in præsentia nostra et totius curiæ quod nullam ulterius in villis Sancti Remigii, exceptis hominibus suis capitecensis, exactionem faceret, quod vulgo tallias dicunt, nec ministeriales sui. Guerpivit etiam et abjuravit salvamentum quod a quatuor villis Sancti Remigii exigebat, videlicet a Salice S. Remigii (*Saulx-Saint-Remi*), a Roisiaco (*Roizy*), a Basilica-curte et Insula (*Isle*). Guerpivit et adjuravit lethum, sanguines, redhibitionem hominum Sancti Remigii, qui partes suas non accipiunt. Solitus erat idem comes hominibus suis dare homines S. Remigii, qui de advocatione sua erat. Qui injustis consuetudinibus eos veluti suos opprimebat, quod adjuravit ulterius se non facturum, nec defensor inde alicui existeret, nisi quantum ad advocationem suam pertinet. Hæc omnia supradicta in præsentia nostra et totius curiæ guerpivit et adjuravit prætaxatus comes, nisi forte si ad eum præpositus S. Remigii clamorem fecerit. Tunc de justitia quam ei faciet, tertiam partem habebit. Juravit præterea quod pro his omnibus quæ dimisit nullam malefacienti occasionem adversus villas et homines S. Remigii exercebit. Si vero aliquid supradictorum quæ juravit infregerit, commonitus, nisi infra quindecim dies emendaverit, absque retractatione excommunicationi subjacebit. Præterea de immodicis hospitationibus quas in villis S. Remigii nimis frequenter idem comes facere consueverat, et de operibus et carroperariis, quibus homines ecclesiæ afficiebat, si clamor ad abbatem venerit, et commonitus in curia abbatis, si infra quindecim dies ad justitiam venire neglexerit, eidem excommunicationi cui modo subjacet sine dilatione subjacebit. Hanc igitur auctoritatis nostræ paginam ratam esse volentes, impressione imaginis nostræ idoneis etiam testibus subscriptis roborari fecimus.

Signum Odonis abbatis S. Remigii.
Signum Engubranni abbatis Altivillarensis.
Signum Jorranni abbatis S. Nicasii.
Signum Ursionis abbatis S. Dionysii.
Signum Hugonis archidiaconi.
Signum Joffridi decani.
Signum Leonis cantoris.
Signum Adæ, signum Alberti, signum Odonis, presbyterorum.
Signum Gervasii, signum Odonis, signum Drogonis, signum Bosonis, signum Joannis, diaconorum.
Signum Albrici magistri.
Signum magistri Graphionis Andegavensis de laicis, S. Hilarii de Monte-Gaii, S. Pagani de Calmisiaco, S. Otranni.

Actum Remis anno Incarnati Verbi 1127, indictione v, regnante venerabili rege Francorum Ludovico anno XXII, archiepiscopatus domni Rainaldi anno III.

Fulcradus cancellarius recognovit, scripsit et subscripsit.

V.
Instituti in abbatia Sancti Martini Sparnacensis canonici regulares.
(Anno 1128.)
[*Gall. Christ.* X, 39, Instrum.]

RAINALDUS, miseratione divina Remorum archiepiscopus, notum facimus quod illustris comes Theobaldus, divina inspiratione compunctus, Sparnacensem ecclesiam ob remedium animæ suæ et prædecessorum suorum, Stephani videlicet patris sui, et avi sui comitis Theobaldi qui in eadem ecclesia sepultus est, in manu sua hujusmodi libertate donavit. Cum prædictus comes Theobaldus præfatam ecclesiam a primogenitoribus suis quasi hæreditario jure sibi derelictam teneret, et abbatiam ipsius ecclesiæ Galeranno, domini Andreæ dapiferi sui filio, dedisset, incommutabili voluntate Dei, qui mutat omnia quando vult, eadem ecclesia ad meliorem statum mutata est. Præfatus namque Galerannus Spiritus sancti gratia divinitus inspiratus, et domni Bernardi Claræ vallis prudenti consilio roboratus, jam dictum comitem adiit, sese sæculo abrenuntiaturum, et apud Claramvallem monachum futurum enuntiavit, petivitque ab eo quatenus ecclesiam Sparnacensem ad ordinem et regulam beati Augustini per manum dicti archiepiscopi permutare concederet. Cujus petitioni satis rationabili comes supradictus libenter annuens, Deo et præfato archiepiscopo ecclesiam supradictam liberam, et sub regula S. Augustini in perpetuum permansuram dimisit, etc....

Actum Remis anno Incarnati Verbi 1128, etc.....

VI.
Charta Rainaldi Remensis archiepiscopi de quitatione gistarum et procurationum monasterio S. Nicasii concessa.
(Anno 1129.)
[VARIN, *Archives administratives de Reims*, I, p. 282.]

RAINALDUS Remensis archiepiscopus.

Pastoralis cura quam, Deo disponente, suscepimus, nos desinenter admonet oppressis subvenire et quibuslibet anxietatibus attritis, compassionis manum porrigere. Ego itaque Rainaldus Remensis Ecclesiæ indignus sacerdos, considerans fratres qui in monasterio Beati Nichasii degunt..... plurimis angi necessitatibus...., altaria subter annotata ob remissionem peccatorum meorum eorum usibus contuli.... Alter (*sic*) videlicet Sancti Remigii de Celto et alter Sancti Helani de Buxolio.... Universitati præterea fidelium notum facere dignum duco, quod cum abbatem et fratres ecclesiæ Sancti Nichasii impetissem super quibusdam quæ ad jus meum spectare credebam, gistis videlicet et procurationibus, tam in præfata ecclesia quam in ejus membris, prædicti fratres nulli antecessorum meorum tale quid se unquam reddidisse dixerunt. Insuper et privilegium reverendi Patris nostri Alexandri papæ II super hujusmodi libertate et immunitate, necnon et scripta venerabilis prædecessoris nostri Gervasii Remorum archiepiscopi, qui jam dictam [ecclesiam] exstruxerat, sed et litteras domini Philippi illustris Francorum regis super eadem libertate, mihi attulerunt. Ego vero inspecto tenore prædictorum scriptorum et notata ex eorum notitia præfatæ ecclesiæ libertate, de sapientum virorum consilio, calumniam quam adversus præ nominatos fratres habebam, eis omnino remisi, et a præfatis querelis liberos et immunes esse decrevi; et ut malignandi locum successoribus meis nullum relinquam præsenti pagina inserere dignum duxi.

S. Hugonis archidiaconi.
S. Frederici præpositi.
S. Hugonis thesaurarii.
S. Leonis cantoris.
S. Adam, S. Ermenrici, S. Alberti, S. Odonis, S. Henrici, presbyterorum.
S. Gervasii, S. Gerardi, S. Raineri, S. Guidonis, S. Bosonis, S. Joannis, diaconorum.
S. Albrici, S. Amalrici, S. Petri, S. Gerardi, S. Guidonis, subdiaconorum.

Actum Remis, anno incarnati Verbi 1129, indictione VI, regnante Ludovico rege Francorum, anno regni ejus XIX, archiepiscopatus autem domni Rainaldi anno tertio.

Fulcradus cancellarius scripsit et subscripsit.

VII.
Confirmatur fundatio monasterii Igniacensis.
(Anno 1130.)
[*Gall. Christ.*, t. X, col. 39, Instrum.]

RAINALDUS, divina dispensatione Remensis Ecclesiæ humilis minister, dilectis in Christo filiis ROBERTO Igniacensis monasterii venerabili abbati, ejusque fratribus in eodem monasterio Beatæ Mariæ monasticam vitam professis, eorumque successoribus in eadem observantia permansuris in perpetuum.

Quia quæ ad religionis cultum pertinere dignoscuntur, æternam animabus salutem conferre credimus, cum primum ad regimen Ecclesiæ Remensis dispositio divina nos evocaret, summa cura nobis fuit ac studium honestorum ac religiosorum eligere consortium, et eorum contubernio delectari. Dignum igitur visum fuit Spiritui sancto et nobis, viros de monasterio Claræ vallis ascisci, et ut in parochia nostra vestri ordinis abbatia construeretur eniti : ob hoc siquidem Beatæ Mariæ matri misericordiæ quietum, et ab omni exactione liberum, quidquid Igniaci habebamus, contulimus cum circumjacentibus silvis, Forest videlicet et Beleis usque ad summitatem montium, ubi divisio facta est ; et metis, et fossato et viis. Ultra metas autem concessimus vobis quidquid vestro vestrorumque successorum usibus necessarium erit. Donavimus etiam eidem Beatæ Mariæ et vobis liberam totam terram de Monte-Taonis, cum valle sua et aqua ; in terra vero nostra ultra aquam concedimus vestris usibus necessaria, in silvis videlicet et pascuis, decimam quam dominus Henricus de Castellione apud Montem-Taonis tenebat, et quidquid ibidem habebat, guerpivit et reddidit, et uxor sua Ermengardis, et ipsorum filius Gualcherus : et nos illud totum Beatæ Mariæ vobisque tradidimus.

Præsentis itaque privilegii auctoritate tam vobis quam et successoribus vestris, quæ prædicta sunt firmamus, et ea quæ ab aliis fidelibus vobis jam collata et in posterum conferenda sunt. Ponzardus siquidem de Arceio et Albertus de Jarceio, annuente et plaudente filio suo, Beatæ Mariæ et vobis donaverunt quidquid Igniaci proprium tenebant, in terris scilicet, pratis et pascuis ; de silvis vero circumjacentibus tantum vobis dederunt, quantum sagitta ab arcu semel emitti potest ; in reliquis autem silvarum suarum partibus, vobis et posteris vestris, quidquid vestro in illorum usui necesse fuerit. Pro terris vero quas rustici ab ipsis tenebant, Ponzardo pecuniam dedimus, et ipse alias terras agricolis illis reddidit. Guarinus autem Malus-privignus, de cujus feodo Ponzardus et Albertus terras illas tenebant, hoc totum concessit atque laudavit. Porro domnus Andreas de Baldimento et uxor ipsius Agnes, eorumque filii Guillelmus et Guido, monasterio vestro in eleemosynam contulerunt Resson quoddam mansionile de potestate Chehercii, et terram ei adjacentem a valle prati usque ad valliculas, cum fundo vallium, et latera usque ad summitatem montium, ex utraque parte, sicut limitatum est. Hæc autem terra protenditur a via Chehereii et qua itur ad montem S. Martini, usque ad fines Villæ Savoie, et usque ad fines Montis-Taonis, et usque ad fines Avelercii ; quidquid vero intra hos fines continetur, sive sit terra arabilis, sive prata, pascua vel aquæ, vobis in perpetuum collatum esse dignoscitur. Præterea omnia prata et alias terras quas idem Andreas circa Perreium habebat, quæ solent esse de potestate Avelercii, assentiente uxore sua et filiis, Beatæ Mariæ et vobis libere donavit. Quamdam vero silvulam quæ erat de potestate Avelereii, ita vobis largitus est, quod nec ipse nec sua posteritas inde quidquam valeat dare, vendere, vel quoquomodo commutare ; in omnibus etiam silvis suis vobis benigne concessit, ut inde absque omni contradictione habeatis, et successores vestri quidquid necessitas vestra, et ipsorum usibus suis expostulaverint. Domnus autem miles de Arceio et uxor sua Hildeburgis, et eorum filii Nicolaus, Ado et alii Beatæ Mariæ et vobis dederunt de terra Avelercii arabili, quæ est affinis et continua terræ de Monte-Taonis, quantum plene et abundanter sufficiat duabus carrucis omnibus anni partibus in quibus terræ arantur et excoluntur. Porro Egidius et Helias fratres filii Girardi præpositi de Castellione, Beatæ Mariæ et vobis contulerunt terram illam quam apud Montem-Taonis habebant. Has profecto donationes super altare B. Mariæ offerri vidimus in die dedicationis monasterii vestri, et approbavimus, easdemque hujus privilegii auctoritate corroboravimus, sub anathemate interdicentes ne qua persona sæcularis vel ecclesiastica, de prædictis donationibus vos vel successores vestros aliquando inquietare præsumat, etc.

Signum Josleni Suessionensis episcopi.
Sig. Ursinois Virdunensis electi.
S. Bernardi venerabilis abbatis Clarævallis.
S. Remensis Ecclesiæ cujus sigillo hæc scriptura sigillata est.
Signum Odonis abbatis S. Remigii.
Sig. Ingelranni abbatis Altivillaris.
Sig. Guillermi abbatis Sancti Theodorici
S. Joranni abbatis Sancti Nicasii.
Sig. Gilberti abbatis Sancti Dionysii.
Sig. Fulconis Sparnacensis abbatis.
Sig. Hugonis archidiaconi.
Sig. Frederici præpositi.
S. Leonis decani.
S. Gervasii cantoris.
Sig. Hugonis thesaurarii, etc.

Actum Remis anno incarnati Verbi 1130, indictione VIII, regnante Ludovico Francorum rege gloriosissimo anno XXIV, archiepiscopatus autem Rainaldi II anno V.

Drogo cancellarius scripsit et subscripsit.

VIII.

Charta Rainaldi archiepiscopi Remensis, de confirmatione sancti Wimari.

(Anno 1132.)

[*Gall. Christ.*, t. X, col. 400.]

Ego REGINALDUS, per Dei patientiam Remorum archiepiscopus, dilectis in Christo filiis PETRO ecclesiæ Sancti Wimari abbati venerabili, et cæteris fratribus in eodem loco canonicam vitam professis, eorumque successoribus in perpetuum.

Cum omnibus qui intra ambitum nobis commissæ diœceseos continentur vigilantiam debeamus, ad hoc potissimum nostra se accinxit industria, ut ecclesias et sanctorum locorum possessiones, quas laica invaserat ambitio, in pacem quietemque revocarem;us, et a sæcularium hominum illicita pervasione emancipatas, amatoribus Christi liberius subderemus. Ego igitur Raginaldus ad omnium tam præsentium quam futurorum notitiam protrahere studui, quod comes Eustachius timore extremi examinis præ oculis statuto, cum religiosa matre Ida et uxore nobilissima Maria, coram Joanne bonæ memoriæ Morinensi episcopo, jus omne quod habebat in ecclesiam Sancti Wlmari in civitate Boloniæ sitam, liberum et absolutum Domino Jesu Christo concessit, eo videlicet tenore quod canonici secundum regulam sancti Augustini regulariter viventes, ibi substituerentur. Hanc ipsam donationem successor hujus comes Stephanus, cum uxore sua Mathilda, in præsentia domni Milonis successoris jam dicti Joannis confirmavit, atque distributionem præbendarum, et jus omne quod in prædicta ecclesia post præfatam donationem injuste usurpaverat, restituit, et fratribus sub regula beati Augustini religiose in posterum victuris ibidem concessit. Vobis ergo, fratres charissimi in Domino ac filii, præfatam ecclesiam ejusque possessiones quas in præsenti possidet, vel in futurum possidebit et acquisitura est, vestrisque successoribus sub regula beati Augustini Deo militaturis metropolitana auctoritate confirmamus. Illud sane religionis, etc. Ut autem hujus schedulæ continentia futuris temporibus rata et inconvulsa permaneat, probabilium personarum subnotatione et sigilli nostri impressione cam corroborari fecimus.

Signum Josseni Suessionensis episcopi.
S. Milonis Morinensis episcopi.
S. Ursionis abbatis Sancti Dionysii.
S. Hugonis abbatis de Monte Sancti Eligii.
S. Balduini abbatis Sancti Vincentii Silvanectensis.
S. Joannis abbatis Beatæ Mariæ Boloniensis.
S. Adæ abbatis Sancti Judoci in Nemore.

Actum Remis anno 1132, regnante Ludovico rege Francorum anno XXVI (5) regni sui, archiepiscopatus vero domini Rainaldi anno IX.

IX.

Rainaldus Remensis archiepiscopus confirmat omnes possessiones monasterii Silincurtis.

(Anno 1135.)

[*Gall. Christ.* t. X, col. 305.]

Raginaldus divina propitiatione Remorum archiepiscopus, universis sanctæ Ecclesiæ filiis in perpetuum.

Cum ad bene operandum subditorum animos informare et vitæ exemplar esse debeamus, si peccatis exigentibus pastoris officium minime adimplere valemus, eorum vel bonis operibus congratulari, et in aliquo participes esse studeamus. Justis igitur petitionibus venerabilis confratris nostri Guarini Ambianensis episcopi, prout dignum est, paterno affectu annuentes, locum in Selincuriæ parochia constitutum Gualterio abbati ejusque successoribus canonice promovendis, et fratribus in eodem loco canonicam beati Augustini observantiam profitentibus eorumque successoribus, et omnia quæ in præsenti prædicto loco a fidelibus collata sunt, quæque etiam in futuro prædicta ecclesia rationabiliter possessura est, ea etiam quæ inferius adnotabimus, præsentis privilegii auctoritate confirmamus. Hæc autem sunt quæ firmamus, videlicet terra quæ est circa ecclesiam, etc., *fere ut in charta Guarini episcopi* (6). Ut autem hujus decreti pagina in posterum rata et inconvulsa permaneat, imaginis nostræ impressione, et probabilium personarum intitulatione eam corroborari fecimus.

Signum Josleni Suessionensis episcopi.
Sig. Joffredi Catalaunensis episcopi.
S. Alvisi Atrebatensis episcopi.
S. Milonis Morinensis episcopi.
S. Odonis abbatis Sancti Remigii.
S. Ingulranni Altovillarensis abbatis
S. Joranni abbatis Sancti Nichasii.
S. Ursionis abbatis Sancti Dionysii.
S. Hugonis abbatis de Monte Sancti Eligii.
S. Theoderici abbatis S. Eligii Noviomensis.
S. Albrici, S. Hugonis, archidiaconorum.

---

(5) Lege XXIV aut XXV.
(6) Quæ sic pergit : « Circa ecclesiam, et duæ partes decimæ de Selincuria, et tres partes ejusdem decimæ quas tenebant Joannes de *Boiasvile*, Radulphus Haleus, Aluricus de Poiz, et tertia pars decimæ de Worluis, quæ omnia Drogo et filius ejus ecclesiæ libere concesserunt; et tertia pars decimæ de Tenceneul-maisnil quam dedit Rogerus de Selincuria ; decimæ etiam omnium animalium et hortorum ejusdem loci, quas concessit domnus Frumaldus prior et universum capitulum ecclesiæ Beati Martini Ambianensis fratribus ibidem Deo servientibus, et decima totius terræ Ernoldi sacerdotis fratrisque ejus Clari, et tertia pars decimæ quæ pertinet ad altare d'*Estruisuiz*, et decima terræ Valteri Wastel et filii ejus Radulphi. Terra etiam de Tenceulmaisnil, quam Rogerus Claboldus, Eustachius et Walterus Bonardus eidem ecclesiæ dederunt, concedente Drogone de Selincuria a quo tenebant, et decima quam dedit Bernardus le *Wales* ; terra quoque de Curia de Gislebert-maisnil, quæ est a via quæ ducit ad Vilers, usque ad viam quæ tendit ad Broccort, et pratum quod est juxta camdem viam, quæ omnia Guillelmus *Bisete* suique homines, scilicet Ingerannus de Belnay et Renoldus de Gislebertmaisnil quidquid in eis possidebant eidem ecclesiæ concesserunt, et tertia pars decimæ ejusdem terræ quam Radulphus de Gislebert-maisnil et filii ejus dederunt. Tertia vero pars decimæ altaris et curia libera, quæ domnus Guarinus episcopus et domnus Symon archidiaconus eidem ecclesiæ concesserunt, et campus quem dedit supradictus Renoldus, cujus terragium et decimam sibi retinuit ; pars etiam molendini quæ fuit Guillelmi conversi ecclesiæ sancti Judoci, quam abbas omnisque conventus sancti Judoci eidem ecclesiæ concesserunt. »

S. Leonis decani.

S. Gervasii cantoris.

Actum Remis 1135, indictione XIII, regnante Ludovico Francorum rege anno XXVII, archiepiscopatus autem domni Rainaldi secundi anno XI.

Drogo cancellarius recognovit, scripsit et subscripsit.

X.

Rainaldi Remensis archiepiscopi privilegium de aqua Vidulæ, maresco, herbagio et jurisdictione. S. Theodorici usque ad crucem Haymonis.

(Anno 1137.)

[VARIN, *Archives administratives de Reims*, I, p. 290.]

In nomine sanctæ et individuæ Trinitatis, Patris, et Filii, et Spiritus sancti.

Ego RAINALDUS secundus, Dei gratia Remorum archiepiscopus, notum esse volo omnibus tam præsentibus quam futuris quo ordine, qua ratione, controversiam illam veterem et redivivam, tempore Hellini abbatis terminavimus, quæ de aqua Vidulæ juxta villam quæ dicitur Chalonis, et de adjacente maresco vel palude, et piscatura tota, et fundo ipsius terræ et herbagio, et banno et justitia, contra ecclesiam Sancti Theoderici a Girardo Roceiensi et antecessoribus ejus toties injuste commota est, et a nobis juste sopita. Anno primo, mense quarto abbatiæ prædicti abbatis, Girardus ad Vidulam venit, et piscatores ecclesiæ qui in maresco nassas suas tendebant, scilicet in fossis quibusdam quæ vulgo Raheria nuncupantur, in quas aqua de matris alveo, cum piscibus dirivatur, minis et terroribus exturbavit, exturbatosque a piscationis officio cessare coegit. Prohibuit nihilominus ne abbas absque ipsius licentia lapides foderet in montibus quorum tamen et bannum totum, et justitiam, et ex majori parte fundum terræ, ecclesia Sancti Theoderici hæreditario jure, legitima possessione, tenuit et tenet, possedit et possidet. Hoc autem prohibens, prohibitiones suas hac solummodo munivit occasione, quod infra vice comitatum ejus montes illi esse dicuntur. His quidem super injuriis, charissimus confrater noster Bartholomæus venerabilis Laudunensium episcopus, Girardum parochianum suum ex petitione abbatis in præsentia nostra convenit. Qui cum pace nequaquam acquiesceret, diem accepit in qua attentius de pacis inter eos reformatione tractaretur. Ad hanc autem venire parvipendens, iterum atque tertio diem accepit. Sed neque iterum, neque tertio venire curavit. Cum igitur nec ille ab injuria, nec abbas a clamore desisteret, mandavimus episcopo quatenus locum et tempus aptum constitueret, ubi pariter nobis convenientibus, altercatio illa finem debitum judicio sortiretur. Factumque est ita, et ad crucem quæ dicitur Haymonis grandis utrumque (*sic*) hominum multitudo convenit : concedentibusque nobis privilegium quoddam protulit abbas, sigillis duobus, nostro scilicet et episcopi præmunitum. Quod cum in auribus tam Girardi quam omnium qui aderant a magistro Bernardo aperte lectum, diligenter exponeretur, audivimus et recognovimus litem hanc, olim tempore venerabilis Guillelmi abbatis, sub multorum testimonio sedatam fuisse; quando scilicet nobis sedentibus in monte juxta Chalons, a septem legalibus hominibus Sancti Theoderici cum jurejurando deracionatum est, totam aquam et marescum, a molendino quod dicitur Mascele, supra, usque ad locum qui dicitur Vidua, fundum terræ, et piscaturam, et herbagium, et bannum, et justitiam esse Sancti Theoderici; herbagium quidem et pasturam tam de maresco quam etiam de monte usque ad crucem Haymonis communem et hominibus Sancti Theoderici et hominibus Gerardi; piscaturam vero totius aquæ propriam et indominicatam Sancti Theoderici, a prædicto molendino usque ad fulcaturam qua dividitur ipsa aqua ad molendina Machot et Puisum, et usque ad fossam vel vivarium quod appellant Raherium; supra vero communem; bannum quoque et justitiam ubique infra hos fines, videlicet ab aqua usque ad prædictam crucem, solius esse ecclesiæ Sancti Theoderici. Nobis autem rei hujus ordinem finemque ex tenore privilegii recognoscentibus, cum ejusdem privilegii Girardus auctoritati primo non satis obtemperaret, abbas illud per legitimas personas quæ et ibi præsentes aderant, et illi nihilominus compositioni præsentes exstiterant, prout judicium expeteret, comprobaturum se et confirmaturum viva voce, asseruit. Hac ille tandem rationis virtute convictus, veritati consentiens, privilegium concessit. Insuper etiam quod de lapidibus in monte fodiendis prohibuerat, ac injuste prohibuisse recognovit; testes inde habentur, Joannus abbas Sancti Nicasii, Lucas abbas Cussiacensis; clerici Remenses; Petrus de Curvavilla, Boso, magister Amalricus, magister Bernardus, magister Fulco, Letbertus decanus, Clerici Laudunenses; Dei amicus, Ansellus, Herbertus subdecanus, Adzo de Roceio, et Radulphus.

Laici :

Hugo Coxardus, Otrannus, Thomas de Rohas, Gualterus nepos ejus, Ertaldus de Roceio, Helias.

Actum Remis, anno incarnati Verbi 1137, indictione XV, regnante Ludovico Francorum rege anno XXX, archiepiscopatus autem domini Rainaldi II, anno XII.

Drogo cancellarius recognovit, scripsit et subscripsit.

XI.

Rainaldi Remensis archiepiscopi charta de compositione pacis facta inter ecclesiam S. Theoderici ex una parte, et Gerardum Roceiensem Aldricum Malet ex altera.

(Anno 1138.)

[VARIN, *Archives*, etc, I, 1, 293.]

RAINALDUS secundus, Dei gratia Remorum archiepiscopus, tam præsentibus quam futuris, in perpetuum.

Notum vobis fieri volumus modum pacis quæ inter ecclesiam Beati Theoderici et Gerardum Rocheiensem, quadam vice tempore Hellini abbatis, nobis præsentibus et quantum Dominus dedit adnitentibus, reformata est : cæterum ordo rei videtur exigere ut prius causam litis, deinde pacis evolvamus. Hominem Sancti Theoderici quem dicunt Aldricum Malet, Gerardus cepit, ac diu carcerali discretione vexatum, tandem decem libris redimi coegit. Abbas vero, et per se, et per episcopum Laudunensem, per nos etiam, hominem suum rationabiliter requisivit; sed neque abbati, neque episcopo, neque nobis, Gerardus eum reddere vel recommendare voluit. Unde et ab episcopo cujus parochianus erat, sententia excommunicationis in ipsum et totam ejus domum prolata est, et a nobis nihilominus confirmata. Præterea quamdam terram habet ecclesia apud Melphi, scilicet quæ fuit pagani Hastamorsel et Odardi Cervi; de qua, quod de feodo suo esset, Gerardus asseruit : et ideo eam vel suam esse, vel ab ipso debere teneri contendit. In terra et de terra ecclesiæ a mercatoribus vini guionagium duobus annis violenter extorsit. De vinea quadam in Chocheriis, quæ fuit Heberti, sibi singulis annis vini dimidium medium deberi dixit. Apud Chalon scabinos qui in placitis suis judicia facerent, contra loci consuetudinem; noviter instituit. Torcularia in eadem villa, in terra propria, unum vel plura ad libitum suum, ecclesia ab antiquo solide et quietæ (sic) habuit. Ad hæc tamen ne quis causa premendi accederet, ille prohibuit. Super his igitur, inter abbatem et ipsum aliquandiu stetit altercatio, dum abbas audientiam quæreret, ad quam ille venire recusabat. Tandem autem, Domino adjuvante et studiis nostris cooperante, ambo in curiam nostram pacis gratia pari assensu convenere : ubi per os domni Hugonis Cossiart, compositio quæ sequitur aperte coram omnibus est determinata, et utrinque collaudata, ac sic ad effectum usque perducta. De decem libris supra dictis, abbas centum solidos condonavit; centum vero hac conditione retinuit, ut si forte aliquando pacem adversus ecclesiam Gerardus in aliquo fregerit, post factam submonitionem nisi infra quindecim dies satisfecerit, et damnum restituerit, statim sine reclamatione, sine retractatione, eidem cui nunc subjacebat excommunicationis sententiæ tam ipse quam domus ejus tota subjacebit donec cum recenti damno et hos centum solidos restituerit. Terram quæ fuit pagani Astamorsel et Odardi Cervi guirpivit, et se amodo contra omnes ecclesiæ guarandum fore repromisit. Guionaguium illud amplius non accipiet, et de eo quod acceperat XII nummos reddidit. De vinea prædicta vinum non exiget. Scabinos deposuit. De torcularibus quæ cessare coegerat, errorem suum recognovit, pro certo recognoscens quod in terra Sancti Theoderici quæ est apud Chalon nihil juris haberet, adeptusque veniam de præteritis se a modo nullam contradictionem, nullumque prorsus impedimen (sic), ad torcularia prædicta venientibus, illaturum, devote pollicitus est. Ista compositio, sicut prædiximus, Remis in præsentia nostri, coram testibus, qui infra adnotantur, determinata est, et postea in capitulo Sancti Theoderici, Gerardo præsente et absolutionem humiliter postulante, coram testibus qui et ipsi per se inferius adnotantur, recitata. Odo abbas Sancti Remigii : Gervasius cantor, Boso, Guido, Rogerus de Castello, Hugo Cossiars, Thomas de Rohaiz, Hugo de Manso, Helyas.

Testes de capitulo :

Guiricus decanus, Helyas, Obertus, Hugo de Manso, Tebaldus Linotet, Odardus Hairicus, Thebaldus Guichardus, Robertus, Enaldus de Melphi, Pontius de Tilia, Nicolaus.

ANNO DOMINI MCXXXVII.

S. OLDEGARIUS

TARRACONENSIS ARCHIEPISCOPUS

NOTITIA

(ANTONIO, *Bibliotheca Hispana vetus*, t. II, p. 20)

B. Oldegarius, qui Barcinonensis domo, natus anno 1060, patriæ urbis fuit episcopus (1), atque eodem tempore aliquot annis Tarraconensis archiepiscopus, tandemque sanctitate et miraculis inclytus, obiit sexta die Martii 1136, ætatis suæ LXXVI.

(1) Oldegarii Vitam anno 1760 edidit Cl. Matthæus Aymerichus, amicus olim noster, Barcinone apud Joannem Nadal in *Nominib. et Actis episcopor. Barcinon.*, a pag. 318, ignoscendus sub initium

Vitam resque ab eo gestas descripsit Antonius Joannes Garsia Caralps, canonicus pœnitentiarius in Ecclesia Barcinonensi (2). At prior eo anonymus laudatur ejusdem Vitæ scriptor canonicus Ecclesiæ Gerundensis, ut ex Francisco Diago in *Historia comitum Barcinonensium*, et Jacobo Rebullosa, qui et is Vitam viri hujus sanctissimi nobis post alios dedit, monuerunt ad sextam Martii diem in Actis Sanctorum PP. Henschenius et Papebrochius. Anonymi Vita ista reperta fuit in archivo Ecclesiæ Barcinonensis, ubi sanctum ejus corpus in veneratione magna habetur, teste Antonio Dominico lib. II *Historiæ Sanctorum Cataloniæ* pag. 75.

[Duas hujus sanctissimi præsulis epistolas edidimus nos tom. II *Collect. Max. Conc. Hisp.*, alteram Raymundo Ausonensi episcopo (3), alteram Innocentio II papæ directam. Quarum posterior a nobis primum luce donata. Consulit in ea Innocentium circa consecrationem episcopi Barbastrensis a canonicis electi. CARDINALIS DE AGUIRRE.]

pag. 525, quo loco pro *Innocentii II*, uti scriptum oportuit, *Callixti II*, qui septennio ante obierat, nomen parum advertenti excidit. Binas item alias, atque ex iis posteriorem hactenus ineditam, vulgavit cl. Florezius t. XXIX posthumo, pag. 472 et 492. Vid. card. Aguirrius t. III *Concil. Hisp.* pag. 542 vet. edit. Apud Martenium t. I vet. Scriptor. et monum. col. 717, exstat : *Oldegarii Tarraconensis charta per quam dat pauperibus lectos et pannos clericorum defunctorum* VII *Kal. April. ann.* XXV *regis Ludovici* (Christi 1152).

(2) Barcin. edita 1617 in-8°.

(3) Consuluerat Oldegarium Raymundus de Juvene, qui puer cum esset puerum ludens colludentem impegerat ad casum ex quo vulneratus fuit; post dies autem non multos, cum jam e vulnere convaluisset, in languorem recidens defunctus est : utrum irregularis censendus esset? Respondet autem: *Quoniam beati Augustini et aliorum doctorum consilia nos edocent, talia incerta in meliorem partem interpretari debere : de confidentia Dei, cujus misericordia melior est super vitas, præsumentes : hunc bonæ indolis juvenem laudamus in Ecclesia Dei ad minores ordines posse provehi; ac deinde ad sacros gradus, si laudabilis ejusdem vita et honesta morum conversatio cum ætate proficiens ipsum canonico tempore acceptabilem commendaverit :* paucis his sese in Scriptura et Patribus, atque in utroque etiam jure non vulgariter versatum exhibens. Videndum dubium non dissimile apud J. C. Paulum l. XXX, § 4, *ff. ad legem Aqui*

S. OLDEGARII

EPISTOLA AD INNOCENTIUM II PAPAM.

(Vide inter epistolas variorum ad Innocentium, Patrologiæ tom. CLXXIX.)

S. OLDEGARII EPISTOLA

AD RAYMUNDUM EPISCOPUM AUSONENSEM, SUFFRAGANEUM SUUM.

(Circa annum Christi 1125.)

Respondet consultationi circa puerum ludentem, qui alium impedivit, ita ut caput ejus frangeretur, etc., an irregularis habendus sit.

[Cardinalis d'AGUIRRE, *Concil. Hispan.*, III, 540.]

OLLEGARIUS Dei gratia Tarraconensis archiepiscopus, venerabili fratri RAYMUNDO Ausonensi episcopo, salutem.

De juvene illo super quo me consuluistis ut vobis consulerem, qui puer puerum ludens ludentem impedivit ad casum quod caput frangeretur, hoc nobis respondendum videtur. Quoniam ille vulneratus postmodum, ut fertis, convaluit, et post dies multos in languorem recidens defunctus est, rem quidem dubiam certa determinare sententia minime possumus. Ambiguum namque videtur, utrum ex occasione vulneris aut ex incuria, aut ex aliquo, ut assolet, accidenti recidivus, eum languor oppresserit.

erum quoniam beati Augustini et aliorum doctorum consilia nos edocent talia incerta in meliorem semper partem interpretari debere; de confidentia Dei, cujus misericordia melior est super vitas, præsumentes, hunc bonæ indolis juvenem laudamus in Ecclesia Dei ad minores gradus posse provehi. Si vero laudabilis vita et honesta morum conversatio cum ætate proficiens, ipsum canonico tempore acceptabilem commendaverit, sacros nihilominus gradus, mediante Dei gratia sortiri poterit.

Ollegarius archiepiscopus subscripsi.

Raymundus Dei gratia, Ausonensis episcopus.

CHARTA OLDEGARII

Per quam dat pauperibus lectos et pannos clericorum defunctorum.

(Anno 1132.)

(MARTÈNE, *Ampliss. Collect.*, t. 1 col. 717.)

Notitiæ fidelium pateat, quod ego OLDEGARIUS (1) Dei gratia Tarragonensis archiepiscopus et Barchinonensis episcopus cum omni conventu ejusdem sedis, dono Deo et hospitali pauperum quod est juxta sedem, omnes lectos cum pannis clericorum mortuorum, quicunque sint, exceptis sericis pannis qui ibi fuerint, tali modo ut deinceps nec ego, nec aliqua persona, hoc ullo modo requirere audeat. Si quis hoc nostræ munificentiæ donum disrumpere tentaverit, tanquam necator pauperum excommunicetur.

Actum est hoc vi Kal. Aprilis, anno xxv regis Ludovici.

(1) Anno 1114 creatus est ex abbate S. Rufi prope Avenionem episcopus Barcinonensis, deinde Tarraconensis archipræsul. Excessit e vita anno 1137, die sexta Martii, cum magna opinione sanctitatis.

ANNO MCXXXVII-MCXLVIII.

GAUFRIDUS GROSSUS

MONACHUS TIRONIENSIS

NOTITIA HISTORICA IN GAUFRIDUM

(*Hist. litt. de la France*, t. XII, p. 463)

Geofroi, surnommé le Gros, eut l'avantage d'être formé à la vie religieuse par le B. Bernard, fondateur de l'abbaye et congrégation de Tiron, et de faire profession entre ses mains. Ce fut vraisemblablement un de ses derniers disciples. La reconnaissance, le respect et l'admiration le portèrent, dans la suite, à écrire la Vie de son maître. L'année où cet ouvrage fut composé n'est pas certaine. M. Baillet (1) le date de la treizième ou quatorzième après la mort du saint, arrivée l'an 1117. L'époque paraît un peu plus tardive, puisque l'auteur fait mention du roi Louis le Jeune comme régnant seul, ce qui ne commença d'arriver qu'en 1137. Mais elle ne va point au delà de l'an 1148, l'ouvrage étant dédié à Geofroi, évêque de Chartres, qui mourut le 14 janvier de cette année. C'est tout ce que nous pouvons avancer de positif à cet égard. Geofroi dit avoir divisé son histoire en trois parties ou volumes. Les copistes, au lieu de cette division, se sont accordés à la partager en 70 chapitres, à la tête de chacun desquels ils ont mis un vers hexamètre, qui en renferme le précis d'une manière, à la vérité, fort imparfaite. Souchet, chanoine de Chartres, a suivi ce partage dans l'édition qu'il publia de cet ouvrage à Paris chez Billaine en 1649. Les Bollandistes, en reproduisant la pièce de Geofroi dans leur grand Recueil au 14 avril, ont jugé plus convenable de la distribuer en 14 chapitres.

L'histoire de la Vie du B. Bernard est une des mieux écrites et des plus avérées du XIIe siècle. L'auteur y fait profession de ne rien avancer que ce qu'il a vu lui-même, ou ce qu'il tient de témoins non suspects. Il rapporte très-peu de miracles, et s'applique à montrer dans la préface qu'on ne doit pas faire dépendre le mérite des saints de cette sorte de preuve. Il aurait bien fait d'être également sobre sur les révélations. Parmi celles qu'il attribue au saint, il en est quelques-unes qui paraissent un peu tenir à l'imagination. On peut encore lui reprocher d'avoir mis trop souvent le diable de la partie dans des contre-temps que rien n'empêche d'expliquer naturellement. Du reste, ses réflexions sont pieuses, solides, tirées du fond du sujet et placées à propos. Sa narration est suivie, son style poli, nombreux et élevé. Il mêle de temps en temps à sa prose des vers de sa façon qui ont le mérite des meilleurs de son siècle. En un mot, Geofroi le Gros est une bonne preuve que le fondateur de Tiron regarda l'étude comme un moyen propre à maintenir et

(1) *Tabl. crit.*, 14 avr.

illustrer son établissement, .oin de la croire incompatible avec l'esprit et les devoirs de l'état monastique.

Il y a dans le 52ᵉ chapitre de l'édition de Souchet un passage qui a donné la torture à ce critique, et que les Bollandistes ont en vain essayé d'éclaircir en le corrigeant (2). Parlant de la célébrité de son héros, l'auteur dit : *Unde factum est ut non solum Gallicanæ regionis partes proximas impleverit (illius fama), verum etiam Burgundionum, Alanorum, Aquitanorumque ultimos fines pertransierit.* Souchet, dans une note sur ce mot *Alanorum*, disserte fort au long sans rien expliquer. Les Bollandistes, avouant que la leçon de Souchet est conforme à tous les manuscrits, prétendent qu'on doit substituer *Catalanorum* ou *Alamannorum* au terme *Alanorum*, sur la supposition qu'il n'est plus parlé des Alains dans les Gaules depuis qu'ils eurent passé en Espagne, et de là en Afrique, c'est-à-dire vers les commencements du vᵉ siècle. Mais il y a preuve dans la Vie de saint Germain d'Auxerre par Constance, et dans la Chronique de Prosper, qu'après l'émigration de ce peuple, il en était resté une colonie dans la partie méridionale des Gaules ; et rien ne prouve qu'ils se soient confondus avec les Francs avant le xiiᵉ siècle.

(2) Liron. *Sing. hist.* t. I, p. 45-46.

VITA BEATI BERNARDI

FUNDATORIS CONGREGATIONIS DE TIRONIO IN GALLIA

AUCTORE GAUFRIDO GROSSO.

(*Acta sanctorum Bolland.*, Aprilis t. II, die 14. pag. 220, ex pluribus mss. et editione Soucheti.)

OBSERVATIONES PRÆVIÆ.

§ I. *Tironium caput nonæ congregationis in Ordine Benedictino Vita B. Bernardi scripta.*

1. Monasticus status, qui præ cæteris in Ecclesia Dei semper floruit, eximia religione ac sanctitate, suum qua fundatorem qua restauratorem præcipuum in Occidente nostro agnoscit sanctissimum patriarcham Benedictum, cujus Acta illustravimus 21 Martii, quo die ex hac vita migravit anno 542. Hic enim cum scripsisset *monachorum Regulam*, laudatam a S. Gregorio Magno, ut *discretione præcipuam et sermone lucentulam*, non tantum propagata illa est per omnes Europæ provincias, innumeris monasteriis, per di scipulos et successores ejus, sæculorum paucorum decursu fundatis ; sed etiam in omnia diversæ a Benedictina institutionis cœnobia paulatim suscepta est. Succreverunt deinde, velut ex radice fecundissima, hujus instituti congregationes variæ, communis Regulæ observantiam sub propriis cuique ordinationibus, ad disciplinæ vigorem vel restaurandum vel stabiliendum, conceptis, profitentes. Harum antiquissima et sanctorum virorum proventu felicissima fuit Cluniacensis circa annum 910 in Galliis a B. Bernone cœpta, uti ad hujus Vitam 13 Januarii deduximus. Similis congregatio potest censeri Cavensis in Italia, quam S. Alferius, cujus vitam illustravimus 12 Aprilis, sub finem sæculi x fundavit, mortuus anno 1050. Subjecta huic monasteria numerantur trecenta ac triginta in Italia ac Sicilia. Eodem tempore S. Geraldus in Aquitania prope Burdegalam, condidit monasterium Silvæ Majoris, eo successu ut *ecclesiola quam invenit vetustate confractam, facta sit fecunda in sobole : ita quod in Hispania et in multis partibus Galliarum ipsam tanquam matrem suam suscitata ex ea filialis devotio reveretur*, ut scribit Christianus monachus Silvæ Majoris, in ea quam ad 5 Aprilis secundo loco dedimus Vita ; scripta sub exitum sæculi xii num. 15. Omnium ejusmodi filiarum nec non cœnobiorum aggregatorum, catalogus in ejusdem monasterii archivio etiamnum inveniri, et nobis benevole submittendus promittebatur, sed promptas religiosorum suorum manus novus prior cohibuit, ignarus nonnisi ad sui monasterii majorem laudem talia desiderari : unde hoc solum dicere possumus, nos hodie plures quam triginta prioratus subjectionem antiquam retinere. Non absimilis fuit nova congregatio, a B. Bernardo Tironii in diœcesi Carnotensi sub initium undecimi sæculi inchoata, cui infra in Vita, num. 52, dicuntur subfuisse *centum cellæ*, sive ea fuerint abbatiæ sive præpositure, idque cum ejus Acta aliquot post obitum annis conscriberentur. Joannes Iperius in Chronico Bertiniano capitulo 40, parte III, agit de fundatione plurium religionum sub novo ritu et habitu, et inter illas recenset de *Tirone sub Regula S. Benedicti* cui *habitum grisii coloris fuisse* traditur in Monastico Anglicano pag. 704, ubi agitur de Furnesiensi monasterio. De situ monasterii Tironiensis in comitatu Perchensi aginus ad Vitam ipsius B. Bernardi, potissimum cap. 12.

2. Conscripsit eam Gaufredus Grossus, qui sub ipso monachus Tironii vixerat, et in prologo asserit, se *veraci stylo ea quæ vidit vel fidelium hominum relatione didici, litteris commendata successoribus transmisisse.* Ita num. 88 cum *B. Bernardus esset Carnoti, et cognovisset Gervasium monachum maligno spiritu agitatum, in infirmorum cella teneri obligatum*, addit, *idcirco eum tam celeriter remeasse, nobis, qui illuc conveneramus, intimavit.* Eodem modo num. 94 testatur se vidisse quæ narrat ; sed vel maxime eorum, quæ capite 12 et 13 de ejus morbo, adhortationibus ad suos, extremis sacramentis susceptis, pio obitu, et exsequiis scribit, se oculatum testem profitetur. Præterea ex ipso B. Bernardo plurima quæ hic olim gesserat, videtur intellexisse. Ita num 27, cum describeret vitam ejus solitariam in insula Causeo, addit : *Quibus vero alimentis vitam suam sustentaret, nobis id ab eo requirentibus indicare recusabat, suarum virtutum artificiosus dissimulator.* Potuit interim multa discere *ex Christiano monacho, qui eum cum Petro de Stellis ex dicta insula reduxit : quem* num. 36 ait, cum Vitam hanc scriberet, *adhuc superfuisse miræ sin-*

plicitatis et innocentiæ virum. Demum auctor suam sinceritatem num. 110 ita indicat : *Testor Jesum, cui ille servivit, cui et ego servire cupio, me in utramque partem nihil fingere, sed quasi Christianum de Christiano, quæ sunt vera proferre.* Et sub finem sequentis numeri : *Testor,* inquit, *ipsam Veritatem ac sanctos ejus angelos, ipsum quoque angelum, qui custos fuit et comes admirabilis viri, me nihil in gratiam illius dicere more laudantium; sed quidquid dicturus sum pro testimonio dicere, et minus esse ejus meritis, quem totus prædicat orbis.*

3. Vitæ hujus duplex exemplar ms. nacti fuimus, alterum submisit nobis Rothomago Guillelmus Thiersault, alterum Divione Petrus Franciscus Chiffletius, uterque societatis nostræ sacerdos; et propter varia sanctorum Acta submissa de hoc opere bene meritus. Adnotaverat Chiffletius, illud suum exemplar descriptum fuisse *ex veteri membranaceo codice ms. Sanctissimæ Trinitatis de Tironio.* Eamdem Vitam typis Parisiensibus vulgavit et suis observationibus illustravit *Joannes Baptista Souchetus, sacræ theologiæ doctor et Carnotensis canonicus, florente auctoris delectatus stylo, et pro sæculi iniquitate, seu potius barbarie, terso satis et nitido,* uti scribit in dedicatione ad Henricum Borbonium, Metensium episcopum S. Germani a Pratis et SS. Trinitatis de Tironio abbatem. Plura addit in præfatione ad lectorem. *Quod ad auctorem Vitæ,* inquit, *spectat, commendatione haud indiget, sufficit ipse sibi. Vitam legi, perlegi, non libenter solum, sed avide quidem, tanto oblectamento, ut statim me scriptionis elegantia ceperit, et ne ea carerem, describendam commiserim. Animum certe mordebat, illius auctorem, pro sæculi inscitia, eruditione perpolitum nec contemnendum (ut qui tanta ingenii ubertate opus suum prosa et versu texuerat, argutarum documentis sententiarum consperserat, nec non historicis descriptionibus illustrarat) in obscuro hærere ac situ perire.* Communicarat Souchetо Vitæ hujus apographum, cum verni jejunii conciones sacras in Carnotensi primaria basilica haberet, Jacobus Dinetus societatis Jesu egregius concionator, qui etiam fuit collegii Claromontani Parisiis rector et Franciæ provincialis, et de studiis nostris, diversa sanctorum Acta transmittendo bene mereri conatus; in quo etiam ei similis fuit Andreas Duchesnius, qui alterum concessit Souchetо exemplar hujus Vitæ, ex codice Papirii Massoni descriptum. Tertium codicem reperit Tironii membranaceum ms. ob antiquitatem nervis dissolutum et sibi vix cohærentem : ex quo scilicet habuimus apographum a Chiffletio transmissum, in quo hinc inde nonnulla desunt. Quartum denique accepit concessum a Guillelmo Laisneo priore Mondavillano.

4. Postremum hæc pro cæteris omnibus apographis genuinum Gaufridi fetum esse non addubitat Souchetus : maxime quia ex primogenio exemplari, Joannis a Carnoto abbatis Tironensis diligentia et sedulitate descripto, reliqua desumpta arbitratur, idque putat ex libri calce apparere. Sub finem quoque nostri apographi, a Thirsautio transmissi, ista habentur : *Hæc a me Philippo Bernyer presbytero ecclesiæ S. Albini in Campo rotundo, in Percheto scripta sunt, anno Jubilæi* 1600, *quo etiam anno primitias obtuli. Exemplar hujus voluminis tribuit mihi prior de Huis et superior domus Sanctissimæ Trinitatis de Tironio, scriptum in veteri membrana : in cujus fine hæc litteris rubeis scripta sunt.*

J. *Carnotensis, Pater Ecclesiæ Tironensis.*
Me fecit scribi, gloria lausque sibi.

Joannes Pignore de Valleca me scripsit. Fuit autem dictus *Joannes de Carnoto* abbas xv, electus anno 1290, fato functus anno 1297, ut tradit Souchetus in catalogo abbatum Tironensium, cum Vita B. Bernardi edito. Post dictum catalogum adjungit Souchetus beneficia tam regularia quam sæcularia, a monasterio SS. Trinitatis de Tironio dependentia, et sunt xi aut xii abbatiæ, prioratus XLVII aut XLVIII, ecclesiæ parochiales XXXII; et post numerum seu caput 42 numerat abbatias seu prioratus LVIII, a Saviniacensi abbatia dependentes, et a B. Vitali subjectos Tironiensis abbatiæ. Singulorum nomina et situm describit Souchetus : qui in dicta præfatione scribit *se juvandæ lectoris memoriæ numeros addidisse et capita nullo legentis aut libri præjudicio.* Nos aliter et more nostro distinximus capita : atque sub singulis proprias dedimus adnotationes, omissis longioribus observationibus Soucheti, ad quas, utpote valde eruditas et concinnas, lectorem remittimus. Adjunximus etiam clarirtatis causa usitatam nobis synopsim marginalem, ab eodem neglectam.

§ II. *Tempus vitæ et mortis B. Bernardi, nomen fastis ascriptum; titulus sancti et beati tributus.*

5. Dicitur B. Bernardus cum moreretur, fuisse *fracto, senili, et debilitato corpusculo,* et habuisse *membra annositate confracta;* ideoque censemus anno ætatis septuaginta complevisse. Natus ergo esset circa annum 1046, qui cum *ad vigesimum fere annum ætatis suæ* amplexus esset disciplinas; ad vitam sanctiorem cœpit aspirare; et in Aquitanam profectus, in cœnobio S. Cypriani factus est monachus, circa annum 1066. Cum autem *per decem, aut eo amplius annos in claustro* S. *Cypriani* vixisset, factus prior in monasterio S. Savini, usque ad annum 1096, quando abbate in terra sancta mortuo, ne in abbatem eligeretur, fugit in eremum; inde *post triennium* in insulam Causeum, ex qua reductus pro tempore in eremum, deinde in monasterium, S. Cypriani, creatus est anno 1100 abbas, et postea anno 1110 interfuit concilio Pictaviensis, deinde bis Romam profectus est, tum relicta abbatia secessit, et post varias circuitiones construxit monasterium Tironiense, impetrata bulla donationis III *Nonas Februarii anno* 1115; sed quod tunc apud Francos anni a Paschate inciperent, secundum hoc solum numerandus est annus 1112.

6. Florebat tunc tvo episcopus Carnotensis, de cujus obitus anno infra agemus : in hujus locum *cum Gaufridus esset inthronizatus, et seditio inter clericatum et comitem exsareretur, convenit abbas Bernardus, bonorum omnium memoria dignus, cujus laus usque hodie per omnes Galliæ Ecclesias.* Uti leguntur 25 Februarii in Vita secunda B. Roberti de Arbrissello num. 15. De obitu Roberti et Bernardi in Chronico S. Maxentii, vulgo Malleacensi dicto, apud Philippum Labbe ista leguntur : *Anno millesimo centesimo decimo sexto, obiit Robertus de Arbrissello fundator Fontis Evrandi, sexto Kalendas Martii. Eodem anno obiit Bernardus fundator cœnobii Tironis, quod est in Pertico, septimo Kalendas Maii.* Verum auctorem dicti Chronici non satis in annis subducendis accuratum fuisse, demonstramus infra cap. 3, littera A, notamusque non solum ab annis quinque, sed forsan ad octo aut novem aberrasse : ut mirum non foret si hoc in loco error unius alteriusve anni irrepsisset. Ac primo Robertum de Arbrissello, ostendimus ad ejus Vitam dicto 15 Februarii, non obiisse *sexto Kalendas Martii,* sed *quinto,* idque anno 1117, qui annus tunc ob initium anni a Paschate ut dixi apud Francos solitum inchoari, potuit dici 1116. Quidni ergo ad eumdem annum 1117 referatur obitus B. Bernardi, cum videatur ipse modus loquendi quo Chronici auctor usus, insinuare, cum intra eumdem annum post B. Robertum e vivis excessisse.

7. Multum hic solliciti fuimus, ut ex obitu Ivonis episcopi Carnotensis lucem aliquam acciperemus : sed novas reperimus tenebras, aliunde illustrandas. Nam primo supplementum Chronici Sigiberti, quod a Laurentio de la Barre in Historia Christiana veterum Patrum sub nomine Roberti de Monte editum est,

obitum Ivonis et successionem Gaufridi in sede Carnotensi refert ad annum 1114. Contra in supplemento germano dicti Roberti de Monte, quod Lucas Acherius cum operibus Guiberti abbatis B. Mariæ de Novigento vulgavit, præclara epitome Vitæ Ivonis habetur, et mortuus dicitur *anno* 1117 : ad quem etiam annum, *diem extremum clausisse Ivonem*; tradit Matthæus Parisius in Henrico I rege Angliæ. Alii scriptores arripiunt unum ex annis intermediis, scilicet 1115 aut 1116, et prior habetur in Martyrologio et Kalendario ecclesiarum Carnotensium, posterior profertur ex prisco Kalendario S. Quintini Bellovacensis, in quo ipse Ivo abbas ante suum episcopatum fuerat, et varia moriens dona legavit ; mortuus autem fuit 25 Decembris, ita ut postea potuerint adfuisse successori Gaufrido, tam Robertus quam Bernardus, et tamen obiisse uterque anno 1117.

8. Celebratum fuit eo anuno Pascha 25 Martii, cyclo lunæ xvi, solis vi, littera Dominicali H et cum infra in Vita num. 105 dicatur B. Bernardus *undecimo Resurrectionis Christi die* in ultimum morbum incidisse, id contigisset die quinto Aprilis. Num. 112 indicatur *quinto incommodi die* extremis sacramentis munitus, decimo scilicet ejusdem mensis Aprilis. Deinde, ut num. 117 refertur, *biduo antequam cœlicas sedes adiret*, ad se e turre castri Novigenti evocavit quamdam matronam cum sua filia, isti inter dealbatos monachos apparens ; quæ subsequendi die ambæ venerunt. Nocte sequenti, ut dicitur num. 119, *imperavit fratribus, qui sibi famulabantur, uti fessos artus dormiendo relevarent*, quando ipse a monachis ibidem sancta mortuis fuit visitatus. Sequenti et ultimo die, cum omnes ad se vocatos piis monitis instruxisset, et osculatus fuisset, oculos inter dolores clausit, et spiritum Deo reddidit, uti num. 60 et sequente legitur. Potuit is fuisse dies 14 Aprilis, scilicet xviii *Kalendas Maii*, pro quo facili errore dies vii *Kalendas Maii*, in supra indicato et sæpius mendoso Chronico S. Maxentii, est excusum : cui tamen consentit ms. Kalendarium Ecclesiæ Tironensis : in quo litteris rubris ad diem 25 Aprilis hoc notandum est : *Obitus venerabilis Patris nostri Bernardi primi abbatis Tironensis*. Verum ad diem 14 Aprilis memoratur in Martyrologio Benedictino ab Hugone Menardo his verbis : *In monasterio Tironensi beati Bernardi primi ejusdem loci abbatis, magnæ sanctitatis viri*, et dein lib. II *Observationum, Vitæ breviarium desumptum ex Gaufrido ejus discipulo* traditur ; in qua iterum *beati* titulo honoratur.

9. Eodem die Andreas Saussaius in Martyrologio Gallicano, hoc de eo elogium habet : *In monasterio Tironensi transitus B. Bernardi, primi ejus loci abbatis, egregiis virtutibus spiritu prophetiæ ac dono miraculorum gloriosi*, Longo etiam encomio, sed ex Menardi observationibus potissimum desumpto, eum celebrat in Menologio Benedictino Bucellinus. Sanmarthani tomo IV Galliæ Christianæ, pag. 865 citato Chronico Malleacensi, asserunt *obiisse* xviii *Kalendas Maii*, et ista *ex veteri Necrologio Carnotensi* proferunt : *Obiit Bernardus abbas de Tiro, qui ejusdem loci ecclesiam a fundamentis construxit, et multos ibidem monachos sub sanctitatis et religionis norma congregavit*. Alia elogia infra in notis nostris ad Vitam habentur. Gaufredus Grossus in Vita passim utitur titulo *sancti Bernardi*, uti in omnibus mss. et Vita a Soucheto edita videri potest num. 78, 79 et 94, ita etiam passim eum *confessorem et confessorem Christi* appellat, et in prologo innuit diem ejus natalitium celebrari, atque ut tunc Vita prælegeretur, cam a se esse conscriptam : quod factum est post annum 1151, quo Ludovicus Junior est in regem Francorum coronatus ; cujus rei num. 97 meminit.

INCIPIT VITA.

PROLOGUS.

Reverendissimo Patri domino GAUFREDO, ecclesiæ, Dei gratia, Carnotensis episcopo, atque sedis apostolicæ legato, monachorum omnium infimus GAUFREDUS salutem.

1. Vestræ sublimitatis multo melius atque liquidius, beatissime Pater, novit sapientia, quod Gesta sanctorum hominum describere, et ad posteriorum notitiam utilitatis gratia litterarum apicibus collecta transmittere, per Raphaelem archangelum, medicinæ bajulum, satis evidenter admonemur, ad Tobiam dicentem : *Regis sacramentum abscondere, bonum est ; opera autem Dei revelare et confiteri, honorificum est (Tob. XII, 7).* Sed et mundi lucerna Hieronymus ad hoc idem exemplo suo nos excitat, qui postquam Vetus ac Novum Testamentum nitido sermone fideliter transtulit, postquam prophetias et Evangelium diligenter exposuit, anachoretarum Vitas, Malchi videlicet, Pauli, Hilarionis florentissimo stylo depinxit (2') ; nec non etiam eloquentiæ fontes, ab altis incomprehensibilis sapientiæ Dei montibus emanantes, omnem superficiem terrenorum cordium aridam philosophiæ rore cœlesti irrigantis, Athanasius scilicet Ambrosius, Augustinus, Gregorius, multique alii Ecclesiæ Christi clarissimi doctores (quorum nomina nostris paginis inserere, quia longum est, devitamus) ad consimile laboris studium nos invitant (3) : qui post innumera librorum volumina, quæ de sacræ Scripturæ abditissimis rationibus et expositionibus luculentissimo eloquio plenissime sunt ab eis digesta, omnium Christianæ fidei intellectum, contra catholicam doctrinam sese erigentem, inexpugnabilium argumentorum ratiociniis captivantia, non solum martyrum victoriosa tyris per S. Ambrosium 20 et 21 Januarii, S. Marcellini martyris Carthagine et Massylitanorum martyrum per S. Augustinum 6 et 9 Aprilis. S. Benedicti abbatis Casinensis 21 Martii et aliorum plurimorum per S. Gregorium papam.

(2') Vita S. Pauli primi eremitæ illustrata a nobis est 10 Januarii, et Vita SS. Malchi et Hilarionis dandæ erunt ad diem 21 Octobris.

(5) Ex Actis sanctorum ab his Patribus vulgatis dedimus Vitam S. Antonii Magni per S. Athanasium 17 Januarii, S. Sebastiani et S. Agnetis virg. et mar-

certamina, rosei coloris floribus vernantia; verum etiam confessorum ac virginum florigeros actus et mores, castitatis continentes lilia, suavissimos odores spirantia, floridis narrationibus ediderunt.

2. Sed et canonicæ Scripturæ complexio, ac series veteris instrumenti, sanctorum omnium Novi Testamenti universaliter collectorum nondum propalatam vitam, mores, actus, conversationes, labores, sudores certaminum, agonum constantias, victoriarum triumphos, remunerationum triumphales palmas, signis, figuris, umbratilium rerum narrationibus, ænigmatum obscuritatibus materialium operum stupendis et perplexis descriptionibus designare studuerunt. Mandavit etenim Deus Moysi ut ad exemplar, quod in monte viderat, omnia opera testimonii, in illis conversationis sanctorum formam præfigurans, adeo diligenter consummaret, ut et phialas (faceret), et cyathos, et mensæ labrum, et candelabri calamos, scyphos, sphærulasque, et liliorum repansiones, lucernarum emunctoria, cæteraque omnia, quæ prorsus singulatim enumerat Scriptura. Templi quoque Salomonis universa cum mensuris suis tam studiose, non solum ædificia, sed omnia ædificiorum digerit anaglypha, ut neque epistylia columnarum, vel capitella, et capitellorum retiacula, aut rotarum axes radios, canthos et modiolos prætereat. Et etiam ab Ezechiele vergentis ad austrum civitatis ædificium, in spiritu visum, tam subtiliter est descriptum, ut et cælaturas palmarum non præteriret, nec saltem portæ limen immensuratum transiret: quæ cuncta, teste Apostolo, umbræ fuere futurorum (*Hebr.* x, 1).

3. Itaque si divinæ sapientiæ providentia, umbrarum et rerum distinguens tempora, per homines illius ætatis, quos ad hoc suis inspirationibus idoneos fecerat, tanto studio figuras et signa describi voluit et jussit; quis sane sapiens non intelligat, figurata et significata ab eis sanctorum gesta, quanta diligentia litterarum descriptionibus retineri et notificari fidelium futurorum notitiæ, et velit et innuat. Et cum divinæ voluntatis cognitio sit plenaria et evidens admonitionis impositio, si nos pigritantes torpore desidiæ, ac stertentes sopore inertiæ, negligimus nostri temporis sanctorum actus nobis cognitos calamo designare, et futuræ posteritatis utilitatibus destinare; nonne, offensionis reatum incurrimus, et in detrimentum nostræ salutis incidimus? Nostræ salutis igitur augmentis instantes, sanctorum pietatis opera scribendo denotemus; et illa denotantes, ejus qui in sanctis suis est mirabilis, Christi magnificentiam prædicemus. Dum enim Christi militum laudes referimus, regis illorum sublimiter magnificos triumphos attollimus; quia quidquid virtutis eorum mentibus inesse deprehenditur, divinæ potentiæ et fortitudini procul dubio debetur. Sed et talium scriptorum propagatores, dum justorum proposito exemplo, audientium animos ab iniquitatis perpetratione retrahunt; peccatorem ab errore viæ suæ, ejus animam salvantes, convertunt; et suorum peccatorum multitudinem operiunt.

4. Præterea cum mortalium rerum titulos cereis (3*) imaginibus erectos; et variæ jactantiæ laudum infulas, auro radiantibus litteris conscriptas, videamus successoribus ad imitandum propositas; quis nostrum hæc attendens, non erubescet athletarum Christi victorias silentio tegere? et non ad imperatoris eorum laudem, qualiter contra aerias potestates et mundi rectores tenebrarum harum pugnaverint atque vicerint, schedulis saltem vilibus tradere et ad incitandos bellantium animos, diligentius explicare? Quis et luce clarius non conspiciat, quod dum talia scripta in sanctorum natalitiis recitamus, Deo debitæ laudis cultum persolvimus, sanctorum memoriam excolimus, fidelium mentes ædificationis emolumentis imbuimus, sanctis venerationis honorem congruum exhibemus. Hinc infidelium mentes mœrore consternantur, increduli livore contabescunt, indisciplinati anxietatibus coarctantur; sanctis omnibus lætitia tripudiantibus, solus diabolus ingemiscit, qui omnium tentationum suarum atque pugnarum fructum ad hunc finem redactum conspicit, ut se sub pedibus sanctorum prostratum, catenisque virtutis eorum ligatum, felle doloris tabescens conspiciat; et tormento suæ vexationis compulsus, velit, nolit, illorum magnificentiam recognoscat. Dum enim ab obsessis corporibus, velut a regno suæ tyrannidis expulsus, per lunaticos et energumenos dans mugitum, incendii sui cruciatum fatetur et dolet; quoniam feliciter apud Deum, per quos hoc patitur, vivant et potenter valeant, apertissime demonstrat. Profecto namque dum mortuis vita, languidis medela per eos restauratur, quam firmiter veræ vitæ ac potentiæ inhæreant, populis Christianis certissime denotatur.

5. Hactenus, felicissime Pater, causas et rationes cur sanctorum scribi debeant gesta, paulo latius disserens, utcunque aperui; quia vitam patris nostri Bernardi, vestris exhortationibus obtemperans (quibus non obedire reor absurdum) descripsi; eamque sub trium voluminum distributione coarctavi (4), vili quidem schemate verborum, sed brevi, ut qui sermonis incultam faciem exhorruerit, brevitate saltem respiret lectionis. Sciens etenim veritate nihil esse præstantius, veraci stylo magis quam nitido, humilitatis tenente campestria, ea quæ vidi vel fidelium hominum relatione didici, litteris commendata comprehendi, juxta distinctionem capitum a nobis factam; secundum continere reliquam vitam cum obitu; et tertium esse analecta, quæ ultimo capite proponimus.

---

(3) In utroque ms. nostro, *cereis imaginibus*. At Souchetus *cereis*, et late de iis ex antiquis scriptoribus agit.

(4) Hæc distributio nusquam indicatur. Primum volumen censet Souchetus septem primis capitibus

successoribus transmisi; operisque dignitatem magis attenuans quam explicans, bonis dictatoribus materiam tantummodo comparavi : quam et rei veritatem fucis sermonum obducere nolui, ne dum lector pompas phalerasque verborum studiosus attenderet, virtutes sancti viri negligentius perciperet. Verum si quis, Judaicæ infidelitatis more, signa requirens, sanctorum quemlibet miraculorum quantitate metiatur, quid de B. Maria Dei genitrice censebit, quam prodigia fecisse evangelicæ series lectionis, multa de illa alia referens, non fatur? Sed et (quid censebit) de Christi præcursore Joanne quem evangelista miraculum fecisse nullum apertissime confirmat, dicens, Joannes nullum signum fecit? Sanius itaque decernitur quod multis qui signa fecerunt in die judicii reprobatis, illi soli qui opera justitiæ sectati sunt ad salutem colligentur. Non igitur Patrem nostrum Bernardum patratione miraculorum (quamvis illa penitus non decrunt) commendamus, sed quia mitis et humilis corde Christum imitatus fuerit demonstramus. At ne in procemiis tempora consummantur, illum jam eloqui plenius aggrediamur, de quo diutius prælocuti sumus (5).

(5) Sequitur Vita divisa in plurima capitula et capitulis singulis præfigitur eorum argumentum, hexametro versu expressum. Hæc divisio tam est imperfecta, ut non dubitemus quin numerus capitulorum triplo aut quadruplo amplior designatus fuerit, ab eo qui primus istam fecit : sed quia multis locis non erant ascripti versus, quos vena non semper æque facili usus poeta postea addere voluerit, ideo arbitramur in ecgraphis multa fuisse conjuncta, quæ divisim in codice membraneo scripta legebantur. Cum igitur novam divisionem faciendam censuerimus, ne istis versibus identidem intercursuris historiæ series interrumpatur, ipsos e contextu eximimus; et rursum, ne qualecunque Vitæ compendium, iisdem expressum, lector curiosus prætermissum queratur, hic in unum collectos exhibemus notatis ex altera parte numeris, ad quos singuli spectant. Idque facimus eo liberius, quod suspicemur eosdem versus nec integros esse, nec compositos a Gaufredo ; sed additos a Joanne Pignore de Valleia, Vitam hanc transcribente, eo quod sint ejusdem styli; cujus sunt et versus, quorum ad calcem additorum supra meminimus in commentario prævio, longeque diversi ab eo, quo scripti sunt alii, quos ipsi contextui admiscuisse Gaufridum num. 43 et alibi apparet.

METRICA SYNOPSIS CAPITUM.

6 *Moribus ut claris effulserit ille scholaris. n.*
9 *Cessit ut a notis, quærens cœlestia votis.*
11 *Quantis ditatus extemplo bonis monachatus.*
12 *Pagina portavit flammam, nec flamma cremavit.*
13 *Qualiter huic sancti data præpositura Savini.*
14 *Quod sit præpositus abbatis jure potitus.*
15 *Qualiter occultus hæc ultor ab hoste sit ultus.*
16 *Quomodo sit notum, longe migrasse remotum.*
17 *Quomodo nocte chorum quadam vidit monachorum.*
18 *Qualiter alma Dei Genitrix apparuit ei.*
19 *Quod nolens præesse, fugit, voluitque subesse.*
20 *Nominis occultor fuit hic, eremi quoque cultor.*
23 *Nobilis orator, fit simplicis artis amator.*
25 *Notus ut, absque mora, petiit maris ulteriora.*
26 *Cor Christo plenum, nummis relavavit egenum.*
28 *Vir dolet in cella, mare concitat alma procella.*
36 *Vir sit ubi domini perquiritur abba Savini.*
38 *Cernens venturum juvenem, dixit rediturum.*
39 *Quomodo transgressus maris alta, sit inde regressus.*
40 *Quem pia seduxit fraus, hunc eremope reduxit.*
44 *Ut sit succedens, fratres monet abba recedens.*
45 *Quam vigilante cura sibi rexerit indita jura.*
48 *Pravæ vir fortis non horruit arma cohortis.*
49 *Cur clam dimisit fratres, eremumque revisit.*

51 *Solvit multorum connubia presbyterorum.*
53 *Cur asino vectus, sit Romam primo profectus.*
56 *Quem plus conantur depellere, plus solidatur.*
56 *Romæ quam tutus vir denuo, quidve locutus.*
59 *Quanta viro, cura papæ, sint tradita jura.*
60 *Sanctum prædati sint qualiter, æquore strati.*
61 *Pondus psalmorum relevavit causa laborum.*
63 *Angelus hortatur, ducis ut bonitas adeatur.*
64 *Dux, data primo, negat loca suasus; ad altera [legat.*
65 *Sperni dona ducis vetat amplæ lampada lucis.*
66 *Non erat in quo spes, prece repperit, hospitis, [hospes.*
70 *Qualiter hunc visit Deus, huicque cibaria misit.*
73 *Res miranda, viro servit lupus, ordine miro.*
73 *Sic renovat mores, labuntur ab æthere flores.*
75 *Nix super hos rorat ros et flos pro quibus orat.*
76 *Flammas a cellis precibus, Bernarde, repellis.*
77 *Hinc cur ad fundum venit fugiendo secundum.*
79 *Hujus ab atroce, prece solveris, hoste, Rotroce.*
83 *Qualiter a pravis fuit hostibus eruta clavis.*
84 *Dum pro fratre Pater rogat, apparet sibi frater.*
85 *Hospite, pauper opes, cum paupere, suscipit hospes.*
86 *Cum virtute crucis dedit orbo munera lucis.*
88 *Fratrem cum signo purgat crucis hoste maligno.*
88 *Absens commemorat quia frater ab hoste laborat.*
89 *Quem rota colligit, sospes stetit, hunc ubi visit.*
91 *Lux, quam nemo fert, se sancti gressibus offert.*
94 *Os quod non loquitur, fratris rea mens aperitur.*
95 *Late Bernardus difflavit, ut optima naravit.*
101 *Culpis vir lenis quam compatiens alienis.*
105 *Quomodo sit tactum luteum vas, postea fractum.*
107 *Quomodo solatus sit flentes, quam pia fatus.*
112 *A Patre grex audit, legem dilectio claudit.*
116 *Vivere sive mori dedit arbitrio meliori.*
117 *Mira matronæ manifestat se ratione.*
119 *Convocat ad superos gens quam præmiserat heros.*
122 *Ut sint insomnes, moriens Pater admonet omnes.*
123 *Quid demum fatus, mox carne gravi spoliatus.*
125 *Quo sit mox obitus absentibus ordine scitus.*
126 *Quanti venerunt, et obisse virum didicerunt.*
127 *Escæ communi, coctam sibi, miscuit, uni.*
127 *Panis candorem mutavit ob asperiorem.*
127 *Quomodo non quæstus crebro tulerit sitis æstus.*
128 *Sedatur Patris precibus tentatio fratris.*
129 *Qualiter incaute cernentem arguit apte.*
140 *Flexerit immitem quali moderamine mentem.*
124 *Donat clementer, quod egens tulerat male venter.*

CAPUT PRIMUM.

B. Bernardi educatio, et vita monastica in cœnobio S. Cypriani.

6. Bernardus igitur genere (6) Ponticensis, in Abbevillæ territorio, honestis ac religiosis parentibus fuit oriundus, hospitalitatis ac humanitatis studia sectantibus, et prout facultas eis suppetebat, Christo in suis egentibus membris diligenter administrantibus. Hunc ab ipsis deputatum studiis litterarum, supernæ dignationis gratia suæ dilectionis excepit gremio, ut ad omnia facile, quibus erudiebatur, attingeret, unde factum est ut in grammaticis ac dialecticis rationibus, aliisque litteratoriæ artis aliquantis pervigeret facultatibus. Inter scholasticos sane juvenes degens, non latas hujus sæculi ingressus est vias, sed tanto studio devitabat lasciviam, quanto serpentis virus fugeret pestemque mortiferam. Et dum coætanei sui adolescentes, ut hæc omnium ætas consuevit, vanorum rerum sequerentur spectacula ; ipse in hospitii sui sese recipiebat penetralia, aliqua scriptitans aut legens vel meditans utilia. Oculos namque suos avertere, ne viderent vanitatem, volebat ; quia in via Dei vivificari ardenter sitiebat.

7. Jam profecto tunc temporis tanto affectu religionis inflammabatur animus illius, ut veste regulari ad modum canonici sese indueret; et secundum habitus morem tenoremque, tantam vitæ sobrietatem tantamque modestiam servabat in moribus, ut quamplures scholasticorum sodalium eum deridentes vocitarent monachum. Malebat tamen bonæ indolis adolescentulus ridiculosas eorum infestationes sustinere, quam bonæ vitæ puritatem ac propositum deserere, quamque sese corruptorum hominum mortiferis actibus immiscere. Trahebat etenim eum jam divini amoris inspiratio, quæ mentem illius ad sustinendam derisionis molestiam corroborabat, eumque a massa perditorum separans, sanctitatis dotibus exornabat : sicque usque ad vigesimum fere annum ætatis suæ, amplexus disciplinas scholarium eruditionum, non mediocriter vivacem atque perspicacem assecutus est intelligentiam in scientis Scripturarum.

8. At vero sanctæ conversationis desiderio magis magisque in dies flagrabat ; quia ignis ille, quem Filius Dei in terram mittere venit, volens ut arderet, mentem illius ab ineunte ætate accenderat, qui quotidie succrescens, per sanctitatis indicia scintillando se detegens, celari non poterat. Quis etenim

A celaverit ignem ? Sed nunc augmenti tanti vires susceperat, quatenus jam per majoris flammæ incendium vellet erumpere ; erumpensque, vehementius inflammando animum illius, ad hoc pertrahere, ut temporalium rerum ambitum penitus postponeret, ac monasticæ professionis sectatoribus sese adjungeret. Hoc enim agebat divina bonitas, ut surculus bonæ plantæ, quem ab amore caducarum rerum jam amputaverat, arbori boni germinis insereretur ; nolens ut diutius in consortio virorum scholarium maneret, ne exemplum malitiæ et pravitatis eorum animum illius a bono proposito reflecteret.

9. Juvenis igitur sanctis inspirationibus acquiescens, ad quod trahebatur facere non distulit ; Ponticum sibi natale deserens, Aquitaniæ regionis partes ingressus est, tribus æquævis comitatus sodalibus, eodem quo ipse voto flagrantibus. Hi dum haud segniter viam carpentes tendunt ad propositum, regem Francorum (7) obvium habuerunt. Quo Bernardus præsagio admonitus, hæc illico fertur dixisse suis consortibus : Eia, comites, alacriter animo incedamus, confidentes, quia regem cœli, quem quærimus, reperiemus , qui regem terræ in nostra itineratione invenimus, quem modo minime quærebamus. Qui domino ducente, Pictavum pervenientes, ibi aliquanto tempore commorantur : et qui monachi in Aquitania districtius vitæ regularis tenerent disciplinam, diligenti inquisitione dignoscere conabantur. Hoc etenim inquirebant, ut melioribus se sociarent, et sanctioribus vitam suam regendam committerent. Est autem ab hac civitate non longe positum S. Cypriani monasterium (8) quod eo tempore regebat abbas quidam, cui vocabulum Raynaudus (9) vir apprime litteris eruditus, tanta sapientia præditus, ut in publicis conciliis causarum peroractor esset eloquentissimus : cujus rei gratia in Romana etiam curia bene notus et acceptus erat, et in Aquitania famosissimus habebatur. Hic etiam S. Roberti (10) fundatoris illius monasterii quod Casa Dei dicitur, discipulus fuerat, quod Bernardo fama retulerat, referendoque sitientem audiendi doctrinam illius valde reddiderat.

10. Prædictum vero monasterium tunc temporis habebat plures monachos, genere nobiles, sed sanctitate vitæ ac morum honestate multo nobiliores : quorum unus fuit Hildebertus, qui postea Dolensis monasterii abbas (11), deinde Bituricensis archiepiscopus (12) exstitit, cui beata Dei genitrix virgo Ma-

---

(6) Pontivum, seu *Ponticum*, ditio inter fluvios Somonam et Vimeram, ejusque caput censetur urbs Abbavilla : de quo plura dicuntur in Vita S. Richardi abbatis Centulensis 26 Aprilis.

(7) Hic fuit Philippus I, qui regnavit ab an. 1060 ad 1109.

(8) S. Cypriani monasterium in prospectu Pictaviensis urbis constructum esse, a Pippino rege Aquitaniæ, filio Ludovici Pii, traditur in Chronico S. Maxentii, vulgo Malleacensi : et infra num. 58 dicitur floruisse antequam Cluniacense monasterium esse

cœperit circa an. 910, ut dictum 13 Januarii ad Vitam B. Bernonis primi abbatis Cluniacensis.

(9) Raynaudus II, abbas XVII, de quo infra plura recensentur.

(10) S. Roberti abbatis Casæ Dei Vita elucidatur ad diem 24 Aprilis.

(11) Dolense seu Burgidolense monasterium, vulgo *Bourgh de Deolz*, ad Andriam fluvium, vulgo *Indre*, in Bituricensi ducatu et diœcesi. De eo egimus 13 Januarii ad Vitam dicti B. Bernonis num. 28.

(12) Bituricensis archiepiscopus 60 sedit ab ann.

ria in quadam sua tribulatione fertur apparuisse, et ei solatia contulisse. Sed et Gervasius, qui S. Savini monasterii fuit postea abbas (13), vir summæ abstinentiæ omniumque virtutum ornamento præclarus. Garnerius quoque, qui castri illius, quod Mons Maurilionis (14) dicitur, dominus fuerat. Hic paupertatis atque solitudinis amator, cœnobitarum monachorum deserens consortia, anachoreticæ vitæ sectatus est studium ; qui dum quadam die per eremi vastitatem incederet, quemdam hominem a dæmone arreptum conspexit, cujus miseriæ compatiens, virtutem Jesu Christi precibus advocans, dæmonem quo tenebatur expulit hominemque incolumem remisit. His et aliis quampluribus consimilibus viris quorum frequentia S. Cypriani monasterium tunc nobilitabatur, divinæ providentiæ dispositio, famulum suum Bernardum adjungere volens, ut fortioribus militibus fortissimo adjuncto, totus audacior atque robustior contra hostes redderetur exercitus : eum usque ad prædicti Patris Raynaudi præsentiam fausto itinere perducit. Cui, sufficienti doctrina et exhortatione prius diligenter confortato, abbas sanctæ conversationis habitum tradit, illumque tonsura monachum insignitum corpori congregationis adjunxit.

11. Qui in monasterio susceptus, et a sanctis fratribus, quos prædiximus, monasticæ conversationis institutis et consuetudinibus informatus, confestim ad tantæ perfectionis conscendit arcem, ut universis admirabilis haberetur. Quis namque queat exprimere sermone, in quanta humilitate vitam suam continuerit, quantave subjectione se submiserit. Famulabatur omnibus, administrabat cunctis, serviens universis, omnes ut superiores attendebat, ut seniores venerabatur, ut magistris et eruditoribus suis reverentiam exhibebat : omnibus obediens, nulli contradicens, omnes sine simulatione diligens, affectu pietatis et misericordiæ visceribus complectens universos, omnibus compatiebatur, illorum curans commoda, sua postponens ; nulli invidebat, detrahebat nemini ; nunquam obmurmurans, nunquam susurrans, nullam vitam dijudicans, nullum condemnans ; verba illius Christum semper resonabant, pacem, misericordiam. Quis unquam eum iratum, quis turbulentum cognovit ? Semper mente serenus, alloquio blandus, sermone nitidus, affabilitate lætus, discretione præcipuus, expugnator injustitiæ, justitiæ propugnator : fide confisus, spe robustus, charitate diffusus, et, ut breviter concludam, omni morum honestate præclarus. Quis unquam acrius abstinentiæ, algoris, et vigiliarum tormentis corpus suum edomuit ?

12. Lectioni et meditationi Scripturarum maxime intendebat, adeo videlicet ut maxima parte noctium legendis sacris voluminibus pervigil insisteret, et in consideratione divinarum rationum diutius pernoctaret. Dum ergo quadam nocte huic studio operam dat, sopore deprimitur ; et quam satis ad hoc opus grandem paraverat candelam, ex ejus dormientis manu super librum labitur. Dormit ille, ardet illa jacens super paginam, donec tota consumatur, nec tamen codex uritur. Hic itaque per annos decem vel eo amplius, in claustro S. Cypriani tanto rigore abstinentiæ deguit, tantarum jubare virtutum enituit, ut totam congregationem suæ sanctitatis radiis illustraret, et eam non tam dictis quam factis ad meliora provocaret, doctoresque, qui illum prius instruxerant, verbis docebat, jam non argumento locutionis aut nitore sermonis, sed virtute operis. Et ita factum ut præesse jam inciperet universæ congregationi, non loco prælationis, sed excellentia sanctitatis, ac auctoritate bonæ operationis.

CAPUT II.
Prioratus monasterii S. Sabini administratus, disciplina restaurata, et alia præclare gesta.

13. Ea tempestate quidam monachus de monasterio Cypriani, Gervasius videlicet, de quo superius commemorationem fecimus, ad regimen ecclesiæ S. Savini suscipiendum multis totius congregationis petebatur precibus. Sed ad hoc nullo modo impelli poterat, neque per episcopum præcipientem, neque per abbatem suum obedientiam sibi prætendentem, nisi S. Bernardum traderent adjutorem. Quo tandem sibi concesso, Gervasius abbas præficitur, et Bernardus prior in congregatione constituitur. Hoc autem divinitatis pio consilio agebatur, ut ad depellendas illius ecclesiæ tenebras hæc duo magna luminaria mitterentur ; quia per præcedentis abbatis negligentiam, loci illius congregatio regularis vitæ tramitem deseruerat, et rigorem disciplinæ in temporem vitæ ac dissolutionem commutaverat. Quo prius Gervasio bene cognito, bono sanoque consilio sibi divinitus inspirato, solus curam illorum suscipere noluit, ne, dum exterius in administratione teporalium laboraret, non esset interius, qui spiritualia sustentaret. Sed duobus sibi consociatis atque auxiliantibus, altero exterius procurante, altero interius providente, gratia Domini monasterium, infra breve tempus, in tantam integritatem sanctæ conversationis restauratum est, ut, quod infamia notabatur ob dissolutionem, postea famosum haberetur ob religionem.

14. Per idem tempus occasione cujusdam ecclesiæ inter sæpefatum Gervasium et venerabilem Bernardum, dissentientibus monachis ejusdem monasterii non parva altercatio suboritur. Nam Gerva-

---

1093 ad 1098, et passim Aldebertus appellatur. Consule patriarchium Bituricense apud Labbæum in Aquitanicis, pag. 81.

(15) S. Savini monasterium et oppidum, decem leucis versus orientem a Pictaviensi urbe distans, ad Gartempam fluvium. Vixit S. Savinus seu Sabinus anachoreta in agro Pictaviensi, estque Martyrologio Romano inscriptus 11 Junii.

(14) Mons-Maurilionis, oppidum ad Gartempam fluvium, supra S. Savini oppidum.

sius, cœnobii amplificandi ac ditandi gratia, pro memoranda acquirenda ecclesia avide insistebat ; Bernardus vero nullatenus acquievit, animadvertens quod Simoniaca pestis ex latere subintrabat. Unde factum est ut idem Gervasius, postquam se minime prævaluisse vidit, atque jam dictam ecclesiam, ad quam anhelanter suspirabat, abbas tunc temporis S. Cypriani obtinuit, contra virum Dei Bernardum vehementi indignatione permotus, curam sibi commissam contemnendo postposuit, atque de sumptibus S. Savini apud S. Cyprianum habitationem sibi construxit, in qua deinceps per plurimum temporis habitavit. Hæc non adeo protulimus, ut quibusque simplicioribus quodlibet dissensionis argumentum proponamus; sed ut, sicut in sequentibus declarabitur, metuenda Dei judicia simulque prædicanda magnalia posteritati succedentium transmittendo propalemus. Plerique etenim multo ardentius legunt, quod et inter ipsos facta sit contentio (*Luc.* xxii, 24), qui teste Evangelio, visibiliter adhærebant cœlesti magisterio ; quam quod in eorumdem Actibus intimantur, *multitudinis credentium erat cor unum et anima una* (*Act.* iv, 32). Sed quoniam divinas Scripturas obliquo conspectu dijudicantibus, et inexplicabili tergiversatione pervertere machinantibus, nunc nequaquam satisfacere cupimus, ad intermissum propositum redeamus, a quo paululum digressi sumus.

15. Bernardus interim sæpedicti Gervasii privatus patrocinio, sed divino non destitutus adminiculo, more providi procuratoris ; totius monasterii S. Savini nunc exterioribus nunc interioribus pervigili cura insistens utilitatibus, tanto magis operam dabat, quanto majus onus curæ suæ incumberet : ideoque ne quid minus honestum sua contingeret ignavia, frequenti retractatione recolebat. Verum quia non potest esse Abel quem Caini malitia non exerceat, nec rosa nisi inter spinas vernare prospicitur ; a quibusdam canonicarum institutionum impugnatoribus, in eodem cœnobio corpore tantum commorantibus, perplurimis exacerbationibus affectus et creberrimis infestationibus lacessitus perhibetur. Quorum unus, qui cæteris pertinacior et ad inferendas quaslibet molestias audacior dignoscebatur, dum frequenti verborum invectione quadam die præcipitanter in eum insurgeret, Bernardus quidem exempli gratia illi vindictam committens, qui sibi committit admonet, dicens : *Mihi vindicta et ego retribuam* (*Rom.* xii, 19) ; illata improperia æquanimiter pertulit ; sed divina ultio evidenti statim ac celeberrimo judicio ipsius infestatorem terribiliter coercuit. Nam idem infelicissimus sanus et alacer cum cæteris in claustro residens, subitanea et inopinata morte expiravit, ad suæ damnationis cumulum datus aliis in exemplum. Et quia, Sapientis oraculo, Pestilente flagellato prudens prudentior redditur (15) (*Prov.* xix, 25) ; reliqui, tam districta animadversione exterriti, ad altiora monastici rigoris exercitia protinus viriliter accinguntur. Denique in exteriorum rerum administratione idoneis procuratoribus deputatis, orationi et silentio servus Dei Bernardus irrefragabili diuturnitate deditus, ad tantam mentis puritatem pervenerat, ut quamplurima prophetica inspiratione cognosceret, quæ hominum cognitio necdum habuisset.

16. Anno itaque Dominicæ Incarnationis millesimo nonagesimo sexto (16), pontifex Romanorum Urbanus (17) gentem Christianorum commonebat; quatenus Hierosolymam pergerent, et a gentilium manibus civitatem liberarent, templumque Domini ac sepulcrum ab eorum spurcitiis emundarent. Quam papæ commonitionem populus Christianorum tanto mentis affectu ac desiderio suscepit, ut nonnulli abbates et monachi nec non eremitæ sua monasteria desererent (18), ac Hierusalem pergerent : cum quibus prædictus Gervasius, sine satisfactione injuriæ quam viro Dei Bernardo intulerat, iter arripuit, Hierosolymam iturus ; sed (quia non est hominis via ejus) nec illuc perventurus, nec denuo rediturus. Idem namque cœptum carpens iter, jam prosperis hinc succedentibus tam sibi quam suo comitatui successibus, optatum littus tenuerat : jam omnium suorum, quemadmodum videbatur, compos votorum ad Hierosolymitana campestria pervenerat, cum ipsius nimirum permissione, cujus judicia, licet nonnunquam sint occulta, nunquam tamen sunt injusta, immanissimus leo de suis cubilibus prosiliens, ipsum, cum ipso cui insidebat asino membratim discerpendo exstinxit, atque tam horrendo spectaculo peracto, ad montanas cavernas sibique cognita lustra, cæteris intactis, verumtamen tam prodigioso admodum infortunio perterritis, concitis gressibus repedavit. Quæ dum in Hierosolymitano agerentur territorio, Bernardus in Aquitania non longe a suo monasterio constitutus, eodem die per spiritum cognovit, atque piæ recordationis affectu commotus, quemdam monachum ipsius ecclesiæ, cujus tunc temporis, ut sæpe jam diximus, curam gerebat, ad se convocans, innotuit : Vade, inquiens, et dic Guillelmo Samueli, quod Gervasius abbas patruus ipsius, et asinus ejus in Judææ provincia a leone sit occisus, fratribusque

---

(15) Versio communis habet : *Pestilente flagellato, stultus sapientior erit*, aut sicut Vatablus habet, *cautior evadet*, aut sicut LXX, *cogitabit sensum* aut sicut S. Bernardus ad verba hujus auctoris habet libro De vita solitaria ad fratres de Monte Dei : *Pestilente flagellato, sapiens sapientior erit.*

(16) Alii habitum aiunt anno 1095 die 17 Novembris, hinc quæ sequuntur de profectis in terram sanctam contigerunt anno 1096, quod hic auctor intendit.

(17) Urbanus II sedit ab anno 1088 ad 1099.

(18) Baldricus in Armoricis, episcopus Dolensis, lib. 1 Historiæ Hierosolymitanæ ista confirmat : Multi, inquit, eremitæ et reclusi et monachi, domiciliis suis non satis sapienter relictis, ire viam perrexerunt. Quidam autem orationis gratia ab abbatibus suis accepta licentia profecti sunt, plures eorum fugiendo se subduxerunt.

illius obitum denuntiare studeat, et ut cum debita veneratione exsequiæ peragantur, signa pulsari faciat. Monachi autem officium de more peregerunt; sed quomodo hoc ipse cognoverit nescierunt. Eodem vero anno ab eis, qui de Hierosolyma redierant, addiscunt, quod eadem die Gervasius cum asello suo obierit, qua Bernardus ejus obitum nuntiavit; unde procul dubio res patuit, quia per prophetiæ spiritum cognovit.

17. Bernardo dictum monasterium sibi commissum sapienter ac regulariter gubernanti, per quem maxime ipsius facta fuerat religionis restauratio, talis divinitus panditur revelatio. Erat illi consuetudo ut post completorium in oratorio remaneret, et diutius pervigil in orationibus pernoctaret. Quadam itaque nocte, dum post orationes ab oratorio in dormitorium pergeret, conspicit multitudinem monachorum, ad instar nivis dealbatorum, in capitulo residentium. Cujus visionis permotus novitate, fertur capitulum introisse, atque ab eis humiliter petita et accepta benedictione, cum ipsis aliquantulum resedisse, rei gratia diligentius agnoscendæ. Tunc unus residentium, qui et ævo et ordine cæteris dignior videbatur, Bernardo ut sibi injunctum ab eodem fuerat, tantum audiente, prioratus ejus officium et nomen aliis intimavit, eique talia dixit : « Charissime, nos hujus monasterii monachi fuimus, et hæc sancta loca visitandi licentiam habemus, in quibus nostram operando salutem olim habitavimus; tibi vero condignas grates referimus, quia divina præeunte gratia, ad statum religionis ac sanctitatis hujus cœnobii congregatio te operante rediit, quæ quondam a norma justitiæ multum exorbitavit. Hoc etiam, ut die crastina fratribus denunties, injungimus quod ex illis decem et novem de hac vita discessuri sint infra breve spatium. » Qua peracta visione, ipse, quemdam monachum astruens hoc vidisse, fratres præmunivit, ut suas per confessionem conscientias purgarent, et ad suscipiendum vitæ terminum præpararent. Unus autem ex illis qui morituri erant eum delirare et verba somnii proferre asseruit; sed mox a Bernardo tale responsum audivit : « Ut experimento cognoscas, non me somniorum incerta narrare, primus omnium fratrum morieris, nec præfixum terminum transgredi poteris. » Et sic, ab illo incipiens, unicuique nominatim tempus suæ demonstravit ægrotationis, diem quoque exprimens resolutionis. Mors autem fratrum codem ordine, quo ab illo prædicta fuerat, subsequitur, et sic illum certa vidisse comprobatur.

18. In hujus monasterii oratorio, quadam nocte more solito post Completorium Bernardo flenti studiosus hac precanti,

Fulgida conspectu, niveo quoque candida cultu,
Visa Dei Genitrix, ait hoc, mundi renovatrix :
Multos angores passus prius atque labores,
Lætus pervenies æthereum ad solium.

Sed de prænuntiata tibi laborum et angorum molestia, divinæ dispositioni, charissime Bernarde, non succenseas; imo judiciorum rationibus ipsius gaudenter acquiescas, et gratanter gaudeas : et iterum dico gaudeas, quia qui te affligi temporaliter proposuit in terris, In numero sanctorum suorum æternaliter præscriptum te tenet in prædestinationis suæ indissolubilis scriptis. His dictis disparuit. Et ille inæstimabilis exhilaratus gaudio de notificata sibi felicitate suæ sortis, ea quæ audierat postmodum cuidam seniori revelavit, per quem usque ad nos hujus rei notitia pervenit.

CAPUT III.
Vita eremitica in solitudine Cenomanica.

19. Sed ut re ipsa, quod Dei mater sancto viro prædixerat, verum esse probaretur, illi statim causa laboris suboritur. Nam cognita monachorum voluntate, qui eum sibi abbatem facere disponebant, clam discessit ab iis, rem sibi a multis annis desideratam quærere intendens, scilicet anachoreticæ vitæ studium, et ut sibi victum acquireret labore manuum. Manebat autem, non multum a longe monasterio Savini vir quidam venerabilis, et religiosus eremita, Petrus nomine de Stellis, qui illius postea monasterii fundator exstitit, quod Fons Cumbaudi dicitur (19) : ad quem Bernardus divertens, eo quod sibi jam antea notus et familiaris esset, causam qua venisset aperuit. Quem Petrus magna cum animi alacritate suscepit; sed quia in vicinia monachorum erant, qui eum invitum abbatem sibi facere satagebant, illum diu secum, licet nimis exoptaret, tenere non potuit. Bernardus porro exæstuans tum desiderio jam optatæ paupertatis ac solitudinis, tum vehementer reformidans quod, nisi citius recederet, abbas, implicandus sollicitudinibus curæ pastoralis, impellente abbate suo vel episcopo, coactus fieret; Petrum obnixius rogabat ut se inde citius latenterque subduceret, atque ad ignotas remotissimæ regionis solitudines perduceret. Petrus itaque precibus rogantis acquiescens, factus ductor itineris, quod postulabat complevit.

20. Erant autem in confinio Cenomanicæ Britanniæque regionis vastæ solitudines quæ tunc temporis quasi altera Ægyptus florebant multitudine cremitarum, per diversas cellulas habitantium, virorum sanctorum ac propter excellentiam religionis famo-

---

(19) In Chronico S. Maxentii ista habentur : « Anno 1091 inceptum est cœnobium S. Mariæ quod vocatur Fons Gombaudi, in confiniis Pictavii et Biturigæ civitatum, a B. Petro abbate cognomine Stella. » Et postea : « Anno 1114 obiit Petrus primus abbas Fontis Gombaudi, morbo arpeta, id est igni inexstinguibili, sicut se consumens : cui successit Guillelmus et post eum Airaudus. » Verum, quia ex præcedentibus constat Gervasium in terra sancta non ante annum 1096 periisse, post quod B. Bernardus, in abbatem eligendus, ad hunc Petrum adhuc eremitam fugit, videtur nonnisi sub finem istius sæculi monasterium crexisse.

sorum, inter quos erant principes et magistri, Robertus de Arbrissello (20), atque Vitalis de Mauritonio (21), Radulphus quoque de Fusteja (22), qui postea fundatores exstiterunt multarum atque magnarum congregationum : quibus divina dispositio per Petrum, qui eos antea noverat, hunc quartum adjungere curavit, ut illis tribus quarto adjuncto firma fieret quadratura, quæ postmodum magna et lata ædificia erat portatura. Petrus vero de Stellis, multorum dierum itinere confecto, pervenit ad divinum Vitalem, unum ex supradictis, quos principes et magistros eremitarum fuisse jam diximus. Qui ei Bernardum commendabilem laudabilemque sufficienter facundæ orationis adminiculo prius faciens, rogat, ut cum habitare secum permitteret, nomen illius et transacti prioratus officium penitus reticens, non Bernardum eum nominans, sed Guillelmum; sicut ab eodem Bernardo antea fuerat præmonitus, ut vilis amodo ubique haberetur atque incognitus.

21. Petrus itaque, illo commendato, ad Aquitaniam remeat. Dominus autem Vitalis anachoretas concilii more convocat in unum, Guillelmique desiderium profert in medium. Eremitæ vero, hominis comperto voto, ex affectu charitatis assentiunt, consortio applaudunt, cellulas suas certatim offerunt. At vero Vitalem charitatis ardor concitat, litemque sibi complacitam dirimens, ex synodi auctoritate decernit; ut Guillelmus silvas peragrando, Patrum omnium habitacula conspiciat, et quod sibi placuerit ad habitandum assumat. Ille igitur, anachoretarum sibi grege prævio, ut in concilio sancitum fuerat, omnium cellas inspicit : et in anteriorem eremum procedens, ad ultimum lapidem pervenit; ibique cujusdam fratris mansionem, cui Petrus erat vocabulum, invenit. Hic autem nec agros colere, nec hortos fodere noverat; sed arbusteis fetibus tantummodo, tornatilisque artis adjumento, quotidie mensæ sibi fercula providebat. Casam quoque haud grandem ex arborum corticibus sibi in cujusdam ecclesiæ S. Medardi (23) parietinis confecerat, cujus partem meliorem abruperat ventorum violentia. Sed, ne iterum ventorum sævientium rabies prævaleret, casæ reliquum quod remanserat, aliquantæ præmunitionis fortiori compage, ad quernos desuper incumbentes ramos vimineis funibus astrinxerat. Tam castigatæ igitur possessionis supellectilem; tam profundæ tamque ad unguem perductæ paupertatis, quam optaverat Guillelmus, formam undecunque conspiciens, tam altum, tamque consummatum sæculi contemptum quem quærebat inveniens, fratribus cum quibus venerat, se ibidem remansurum, mox intulit, seque inde minime recessurum asseruit.

22. Petrus fortunæ suæ divitias videns prælatas cæteris, de electionis forte quasi de victoria triumphum reportans, immensa funditur lætitia, gloriatur, tripudiat, insultat sodalibus ; Guillelmi favet judicio, collaudat mentem, voluntatem approbat, quæ diligat paupertatem majorisque substantiæ spernat subsidia ; spondetque quod eum in arte tornandi instruat, ferramentorum ipsius artis hæredem constituens, si post ejus obitum illum fore superstitem contingat : tales etenim gazas suis thesaurizabat successoribus. His itaque peractis, Petrus multo exhilaratus gaudio, illos invitat ad prandium ; sed perquisitis cellariis suis tam tenuem invenit annonam, ut nec uni, si tota apponeretur, sufficeret : quæ res nec nova, nec insolita sibi fuit, eo quod suæ familiaris rei status eum assidue talibus urgeret negotiis. Verum perpendens secum quod mensa, quæ unum cibare non valeret, multos non satiabit ; non ignorans unde pasceret quos invitaverat, festinus arripit cophinos suos, et aulæ suæ circumfusam undique silvam ingrediens, haud segniter spineta rubetaque convellicat, corylos cæterasque silvestres arbores suis exspoliat fructibus ; et dum in sportellis suis diversi generis poma coacervat, in cujusdam trunci concavitate apum examen cum tanta ceræ et mellis plenitudine reperit, ut ex ipsius copiæ cornu tantas abundantias crederes emanasse. Admirans igitur tantos fortunæ successus, peregrini monachi, quem modo in consortium susceperat, de putat meritis, quod tantam luminis ac cibi Deus materiam contulisset. Reversus domum mensam onerat dapibus : apponit etenim favos distillantes immodicos, arborumque diversarum poma silvestria, pulmentumque arboreis frondibus confectum advehit, essetque opulentum convivium, nisi panis deesset, dignior pars epularum. Fraternæ autem lætitiæ celebritate transacta, ad cellam suam quisque revertitur.

23. Petrus vero Guillelmum secum remanentem tornandi edocet disciplinam, ut promiserat ; et ille docilem habens mentem, in brevi magistrum exsuperat. Placet capacis ingenii Guillelmi Petro facilitas. Nam zelus et livor ab ejus cordis secreto procul recesserant. Ille ut eremi antiquus cultor et usus talibus, ex silvestrium arborum frugifero beneficio et præfatæ artis exercitio conquirit victualia : Guillelmus autem semper remanens domi, ut subjectus discipulus non sumptuosæ coquinæ complens officia, agrestes herbas conficit in pulmentum ; quibus ut molliores et dulciores reddantur, in festivis diebus salis admiscet condimentum. Post Vesperas illis in die semel prandentibus, Petrus recumbit, Guillelmus famulatur : didicerat enim a bono do-

---

(20) De B. Roberto de Arbrissello, fundatore ordinis Fontis Ebraldi late egimus 25 Februarii.
(21) B. Vitalis fuit postea abbas Saviniacensis in territorio Abrincensi, cujus nonnulla Acta a nobis collecta dedimus 8 Januarii.
(22) Radulphus fuit postmodum director Sanctimonialium in monasterio S. Sulpitii, in Britannia et diœcesi Redonensi anno 1112 constructo, ubi die 16 Augusti anno 1129 dicitur e vita decessisse.
(23) S. Medardus, episcopus Noviomensis, colitur 8 Junii.

ctore: *Non veni ministrari, sed ministrare* (*Matth.* xx, 28). Anachoreticæ vitæ itaque amplexus propositum, mox abstinentiæ rigore transcendens universos, frondibus arboreis vitam sustentat et herbis ; corpus domans inedia, siti, vigiliis, algoribus et laborum duris exercitiis.

24. In assiduitate quoque orationis et contemplationis adeo infatigabiliter perseverat, ut in corpore degens extra corporeos affectus vivere videatur. Non abest etiam a secreto conscientiæ illius cordis contriti sacrificium ; non abest gemitus, non abest compunctio ; non a mentis intuitu divinorum contemplatio ; non ab oculis superabundans et inquieta lacrymarum effusio.

Terrea postponens, animo cœlestia lustrat ;
Antra colens eremi corpore, mente polum,
Incola silvarum, per devia lustra ferarum,
Modicus, ignotus latitat, sine nomine solus,
Civibus æthereis sed junctus lumine cordis
Cognitus, excelsus, magnus, celebris, venerandus
Intrat siderei spatiosa palatia regni,
Et favet intranti jam curia tota Tonantis.
Interno visu, sursum super astra locatus,
Circuit et mundi florentia rura superni,
Decerpens flores, fructus libando salubres,
Quorum languores gustus fugat atque dolores,
Tollit et angores nec non odor atque labores:
Prægustatque boni jam dulcia gaudia summi.
Obstupet et clari cernens miracula cœli,
Mystica magnarum mirando volumina rerum

25. Per triennium itaque, quo Guilelmus apud S. Medardum cum Petro latuit, a S. Savini monachis exploratores transmissi, per abdita silvarum totius Galliæ, per defossa terrarum, per abrupta montium discurrentes, sicubi Bernardum invenirent, perquirunt. Tandem cognito ubi esset remeant, et quo et cum quo latitaret, nuntiant. Cujus rei certificationem monachi gratulanter audiunt, statimque ab episcopo et abbate ipsius mandata, sigillis munita, diligenter expetunt, ut ab eremo Bernardum eis educere, pastoremque sibi constituere liceat, ut communis assensus eorum petierat. Quibus impetratis, dum itineris necessaria præparant ; quidam monachus illorum, cui Hugo vocabulum erat, a monasterio latenter exiit, qui ad Bernardum perveniens, in hæc verba prorupit : « Anathemate percussus es, si hic diutius maneas, nisi nostri monasterii regimen, ut episcopus abbasque tuus impetrat suscipias. » His dictis totius rei seriem per ordinem retulit ; quod illum toto triennio quæsierant quod ab episcopo et abbate mandata illum reducendi abbatemque faciendi receperant. Quo Bernardus audito, ingemuit, et ad marinas insulas fugere disposuit ; ut saltem pelagus occultaret, quem terra celare non potuerat. Hinc igitur proficiscens, fratribus vale dicto, cunctis præ dolore lacrymantibus, discessit.

(24) Causeum , etiamnum *Chaussey* appellatur, æstuariis potius annumerandum quam insulis : situm inter insulam Anglicanam Jarsejam, et oppi-

CAPUT IV.

Vita solitaria in Causeo insula. Piratæ emendati.

26. Paupertati vero illius quidam eremitarum compatiens, uni sociorum ejus decem et octo nummos tradidit, pie providens ut tantillum pecuniæ haberent, ex qua in itinere sumptus, saltem per dies aliquot, compararent. Quo vir Domini comperto, non mediocriter indignatus, quod argentum secum deferret, sic ait : « Aut meus socius non eris aut hos nummos ferre desines. Putasne Christum invenire pauperem in illis partibus ad quas properamus, quem ubique divitem esse cognoscimus ? Pauperiem, Christo divite, ne timeas : Christus etenim tibi necessaria sufficienter ministrabit, si primum regnum Dei quæsieris fideliter. » Et his dictis pauper quidam ruricola obvius illis fuit, cui nummos illico dari præcepit. Pauper quidem argentum accipiens lætus efficitur, quod ex facili nummos habuerit; Bernardus vero lætior redditur, quod penitus nummis caruerit. Uterque igitur diverso modo lætificatus, ille cum pecunia domum suam properat, iste sine pecunia, non habens ad primam mansionem ubi caput reclinet, quo tenderet nesciebat ; sed de largitate bonitatis Dei confidens, cœptum iter, juxta quod intenderat, consummare festinans; ad mare Britannicum pervenerat, ibique cognito quod infra maris decem milliaria insula quædam, anachoretis competentem præstaret solitudinem, quam veteres Causeum (24) nominarunt, navem conscendit : ad quam conveniens in ea per annos plurimos habitavit.

27. In tam igitur occulta remotione positus, et a strepitu et perturbatione hominum separatus, et ab omni audientia humanæ conversationis alienatus, in cœlestibus theoriis totus erat. Die et nocte, in oratione, in cordis contritione, et in lacrymarum effusione, persistens, cogitabat dies antiquos, et annos æternos in mente habebat, pascebatque eum contemplatio summi boni ; nec jam multo terreni cibi desiderio æstuabat, quem divinæ contemplationis dulcedo assidue satiabat. Mansit itaque multis diebus pane carens in hoc loco, absque foco, sine socio. Quibus vero alimentis vitam sustentaret suam, dum hæc abessent, nobis id ab eo requirentibus, indicare recusabat, suarum virtutum artificiosus dissimulator, ut esse assolet perversus quilibet flagitiorum suorum versutus occultator. Sed revera, ut compertum est postea quibusdam suis sodalibus, herbarum utebatur crudis radicibus. Illi quoque inibi inhabitanti tentatio dæmonis non defuit, illum deterrere et ab illis sedibus expellere cupientis : suis etenim phantasticis artibus terribiles formas ingerebat, quas miles Christi, crucis armatus signaculo, viriliter fidenterque superabat.

28. Ilis diebus ab Armorica Britannia piratici radum Sanmaclovium, vulgo *S.-Malo*, in Britannia Armorica.

ptores, tribus cum armatis ratibus, exeunt : qui in maris Anglici pelago duas naves, diversis oneratas mercibus, inveniunt : quarum possessores, sese audacter defendere parantes, navali aggrediuntur prælio. Pugnatur utrinque fortiter : a piratis acriter, ut aliena diripiant; ab institoribus viriliter, ut sua defendant. Tandem piratica multitudo sæviens prævaluit; expugnantur miseri mercatores, vulnerantur, et semineces in transtris vinciuntur. Mox sævientium rapacitas suo potita desiderio, ad Britanniam convertitur; sed ventorum contrarietas, id superna faciente clementia, ad Causeum insulam navigium impellit. Bernardus autem pietatis amator et exsecutor misericordiæ, cujus totus redundabat visceribus, ut conspicit captivos homines, ligatis manibus post tergum, moribundos jacentes in sentina, suis spoliatos pecuniis, flebilibus questibus ejulantes, cruore proprio obvolutos; prædones vero exsultantes ac tripudiantes lætitia; utrorumque compatiens miseriis, ab imo corde trahit suspiria, lacrymisque protinus effundens oculos, hos deflet, qui crudeli rapacitate animas suas perimunt; illos hortatur ad patientiam, quos tam dura infortunia graviter affligunt. Raptores arguit, deterret, increpat, obsecratque, ut dæmonibus, quos per sævitiam imitantur, similes esse desinant; fratribus suis quæ damna intulerant restituant, et de illatis injuriis humili supplicatione ac veniæ petitione satisfaciant. Sauciatos mercatores monet, ut Christum imitantes, persecutoribus suis a Deo veniam petant, ac virtutem sapientiæ mente retinentes, hos a quibus tanta sibi mala irrogantur, diligant. At miseri institores, quibus altior inerat sensus, deflent mala quæ sentiunt; crudelissimi vero prædones, qui lætabantur in rebus pessimis, derident verba quæ audiunt.

29. Porro circa diei noctisque crepusculum, ventis flantibus juxta votum piraticæ cohortis, sancti viri monita nihili pendentes, discedunt; et cum præda quam ceperant, patrios portus apprehendere contendunt. Bernardus autem, cujus mentem compassionis fraternæ movebat affectus, ad orationem se contulit; totamque illam noctem deducens insomnem, Dei Genitricem sibi auxiliari solitam piis interpellat vocibus, reliquosque sanctos Dei lacrymarum gemituumque pretio sibi conducit in auxilium, ut divina bonitas piratarum mentes ad bonum convertat, et illos quos captivaverant liberos ac expeditos recuperata pecunia suis familiis restituat. At vero sævitiæ totius auctor et incentor diabolus, minime dormitans, suos satellites sub obtentu lucri ad opera crudelitatis inflammat, ut illos postmodum ad inferna pertrahat. Inter illos namque litem de divisione prædæ concitat : nam quidam illorum majorem sibi partem habere contendunt; quidam vero in hujus partitione justitiæ regulas ac æquitatis servari debere astruunt, quas tamen in ejus acquisitione minime servaverunt. Et quia inter malos semper sunt jurgia, in hac re penitus sibi dissidentes, diabolo instigante atque suadente, evaginatis ensibus alternatim sese ferire incipiunt, essetque maxima cædes miserorum, nisi sancti viri pro illis orantis obstitisset meritum. Fuerunt itaque tota illa nocte Bernardus et Zabulus, quasi duo magni pugiles, in campo certaminis consistentes, mutuis et inquietis congressibus sese acriter impetentes : Zabulus namque perdere, Bernardus vero liberare satagit; uterque pro sua parte pugnabat, et de obtinenda victoria elaborabat.

30. Sed tandem noster athleta fortius insurgens, ictus orationis ingeminat, hostem perimit; nullamque concedit requiem; retrocedere compellit, cedentem persequitur, ac demum de campo certaminis propulsat, prece turbans clementa, ut institores miseros ad se reducat, et naves atque prædones efferos. Denique prædicti piratæ jam interim ad portum optatum pervenerant; jam ferreis anchorarum dentibus littoris scopulos apprehendere inchoabant; jam e navibus pontes educere, tonsillas figere, prosnesiorumve (25) retinaculis rates sistere festinabant, cum ecce ventus vehemens illisque contrarius, Bernardi commotus precibus, insurgens, aerem conglomerat in nubes, tenebrosa coacervat nubila, ex quorum collisione creata tonitrua mox audiuntur horribili sono illos deterrentia; ruunt fulmina terrifica, fulgurantiumque flammarum coruscatio, oculos eorum reverberans, præcedit; creberrima maris undique superna facies ardens illis videtur atque flammivoma, ventoque imperante, classis ad alta pelagi illis nolentibus reducitur; nubium densitas, aere amplius ferre non valente, in nimbos resolvitur, fitque tanta pluviarum inundatio, ut cataractas cœli denuo ad faciendum diluvium reseratas esse crederes, Noeque antiqua rediisse tempora, tantaque suboritur elementorum conturbatio, ut quilibet ibi consistens convulsi mundi totam in antiquum chaos illico putaret redigi machinam, oppugnantiumque ventorum flatibus furibundis ad instar montium immensa fluctuum eriguntur volumina in verticibus quorum carinæ tolluntur ad sidera, moxque debiscentibus undis, ocius sagittis volantibus, barathri usque descendunt ad ima.

31. Remiges autem fulminum juxta cadentium fetoribus affecti, mortuis similes in transtris prosternuntur stranipisque (26) rumpentibus, remis ferientibus undas, a columbariis extrahuntur. Antennæ quoque resoluto ligamine cum suis opiferis corruunt. Velorum quoque substantia, particulariter scissa ventorum rapacitate, huc illucque per inane aeris distrahitur. Rudentes vero aliique officiales funiculi, trochlearum carchesiis confractis, concidunt. Con-

(25) *Prosnesium*, funis quo navis littore ad palum alligatur.
(26) Pro *stranipis* mallet Souchetus *struppis* legi; asseritque a Vitruvio *strophas*, a Cicerone *scalmos* appellari. Quid si *strangis* legatur, ut sic vox antiqua Francica, deducto a Teutonico *strange*, *strenge*, volumen funium seu funis nautici.

tinuo mali, necessario chordarum destituti adminiculo, ventorum vibramine huc illucque impelluntur; titubationeque sua fere navium carinæ reversantur, ac demum ventorum rabiem non ferentes, ab ipsis modiorum concavitatibus evulsi, parastatis undique confractis, suo pondere fere naves demergentes, in fluctus devolvuntur. Tabularum denique patentibus juncturis, aqua usque ad foros intrasse reperitur, ita ut non tam naves inter undas, quam undæ jam intra naves esse viderentur. Postrema tempestatis sævitia a clavorum compaginibus gubernacula auferuntur. Ratibus itaque regimine carentibus, puppes in proras convertuntur, ac more turbinis agitantur. Tunc nauclerus ipse pallescit, tunc miseri de vita diffidentes ligatos mercatores a vinculis absolvunt, ac humili supplicatione de illatis injuriis veniam poscunt, pecuniasque suas, ut putabatur, nec sibi nec illis amodo profuturas, restituunt; ac si quid consilii, ut in communi periculo, noverunt, ne abscondant expetunt;

Sed quid consilii ; quid mentis nunc foret illis,
Undique cum miseris totus jam conterat orbis ?

52. Verumtamen omnium machinationum suarum conamina, quibus nauticæ probitatis industria vitam suam a sævientium fluctuum furibunda voragine tueri solet, socialiter impendunt. Sed postquam conatus suos, contra ponticam rabiem nihil valere conspiciunt, tunc vivendi spe penitus ablata prævaricatores ad cor redeunt, vexationeque intellectum dante auditui, tunc se peccasse, tunc se reos esse confitentes, vestes scindunt, pectora tundunt, ac diversæ peregrinationis se proposito astringunt; alii autem se Jerosolymitanos fore, alii autem Romuleam usque ad urbem profecturos, ut mercantur habere suffragia. Quamplures vero ex illis Jacobi apostoli in extremis Galeciæ finibus famosam se requisituros memoriam, astipulatis promissionibus asseverant. Sed post hæc vota nihilominus tempestatis perseverante sævitia, timoris vehementia exagitati, peccata sua, quæ turpiter gesserant, turpius in audientia cunctorum confitendo propalare incipiunt; sacerdotale sibi officium usurpantes, dum pœnitentias alternatim et dant et accipiunt (27). Dehinc osculum pacis sibi invicem conferunt, ut quasi in pace fœderatos mors inveniat, quos dissensionis repertor diabolus, ut Christi fidelibus bellum inferant, jamdudum fœderaverat, atque complosis manibus sese tenentes astringunt, quia ad pietatem illis videbatur pertinere, si socialiter sub undis interirent, quos spirans cædis et rapacitatis crudelitas antea sociaverat.

53. Sic piratis ad suscipiendam mortem sese parantibus, unus illorum, qui non qualiter illam susciperet, sed qualiter ejus effugium inveniret, apud se argumentabatur, ita intulit : O sodales, cur perimus ? Facite quod dixero, procul dubio vivemus. Nonne recolitis, in insula Causeo vos vidisse heri sanctum eremitam cujus monita contempsimus, cujus verba risimus ? Voveamus sursum manus levantes; et firmiter apud nos statuamus, si nos Dominus ad illum reducat, quidquid ille jusserit nos facturos ; et ab hujus mortis faucibus, jam nos deglutientis, ejus meritis abstrahemur. » Hanc vocem omnes unanimiter, quasi oraculum missum cœlitus, accipiunt ; et in hujus professionis testimonium, ut præceptor instituerat, manus erigunt. Mox quadam accepta securitate, in hæc verba prorumpunt : « O Altissimi, inquiunt, virtus, quam potentissimam jam experimentis certissimis esse cognovimus, permitte nos vivere ! concede correctionis tempora ; da indulgentiæ locum, quod, ut nobis videtur, juste negare non poteris ; quia non sumus jam raptores piratici, sed professi sectatores eremitici viri. Nos amodo mercatores captivos non tenemus, sed illos, ut fratres nostros, quorum onera portare debemus, Christi legem complentes, contra ponti rabiem luctantes, ne ab ipsius voragine sorbeantur, prout possumus, adjuvamus. Pecuniam illorum ut avidi prædones jam concupivimus ; sed ob tutelam ipsius laborantes, ut sancti eremitæ ministri, reddendam custodimus. »

54. Sed omnipotens Deus, qui eorum mentem mirabiliter terruit, eorum quoque vitam per meritum famuli sui Bernardi, ad quem speciali devotione clamaverunt, mirabilius reservavit. Nam hæc et his similia miseris illis, mortis exagitante timore, vociferantibus, fulminantis aeris flatu terrifico Causei insulæ littoribus naves impelluntur, rapidissimique impetus vehementia in siccum littoris evehuntur ; quarum quatuor naufragium perpessis, quinta cum suis armamentis illæsa reservatur. Piratæ igitur mercatoresque, dum se suamque pecuniam in solo telluris cum fragmentis navium inveniunt, mortis se barathrum evasisse cernentes, præ gaudio lacrymasse dicuntur. Tunc sanctus vir, cujus pro sanctitate hoc sibi concessum fuisse minime dubitabant, quæritur ; tunc ejus merita, velut divinæ potentiæ miracula, ab illis alta voce prædicantur. Inventus autem, ac si cœleste numen ab eis, quamvis hoc ipse prohibet, adoratur. Tunc a prædonibus cum lacrymis rogatur, ut cum mercibus suis institores liberos accipiat, quos die præcedenti, multiplici cum supplicatione rogans, liberare nequiverat. Deinde ejus pedibus provoluti piratæ, super pristinis culpis suis modum pœnitentiæ sibi definiri petunt, peregrinationisque vota quæ fecerant exponunt, et ut illa persolverent, quidam ex illis mandatum accipiunt ; quidam vero, ut vitæ illius innocentiam imitarentur, cum illo remanserunt. Institores quoque, ut de tabulis naufragii domum faceret, sancto viro suggerunt, et ad operis conducendos artifices pecuniam offerunt. Bernardus namque, quamvis annos perplures in insula mansisset, necdum domum haveniri, ut in tali articulo credant confessarii defectum sic posse suppleri.

---

(27) Etiam hoc sæculo aliquando audivimus, homines sacramentorum usurpandorum tam rudes in-

buerat, sed in saxorum cavernis, aut velut vineæ custos vel cucumerarii, vilibus in tuguriis latuerat.

35. Hæc tuæ dignationis, Christe, provida dispensatio, hæc tua vis, hæc tuæ fortis dexteræ est benigna mutatio. Ad hoc enim pro servi tui meritis elementa perturbari voluisti, ut rapacium hominum mentes converteres, ut captivos a carceralibus vinculis abstraheres, ut anachoretæ tuo algidis in rupibus latitandi domum construeres, ejusque vitam mundo detegeres. Denique postquam per dies aliquot in insula cum sancto viro remanserant, cibariisque penitus deficientibus, herbarum uti crudis radicibus, ut se sustentarent, illum imitando, non poterant, fame cogente magnopere discedere cupiunt; sed præcedentis marinæ perturbationis furore illos deterrente, quid sibi eligant nesciunt. Fames etenim sæviens illorum depascens artus, illis imperat ut discedant; ponticæ vero rabiei formido, illorum corda tremore concutiens, illos cogit ut maneant. Arctantur itaque angustiis; unum tamen e duobus assumant necesse est, aut victualium penuria deficere, aut quam periculosam experti fuerant navigationem repetere. Sed excruciantis illos famis tyrannidem ultra ferre non valentes, quam in præsentiarum sentiunt, ut securum navigare habeant sibi argumentum invenire satagunt : Bernardum namque adeunt, quem et ventis et mari posse imperare, præcedentibus experimentis edocti, non diffidunt, ut elementorum motus in sua fide suscipiat, ut se apud Deum fidejussorem constituat, quatenus marini fluctus tranquillitatem teneant, donec prospero cursu optatos portus apprehendant. Vir autem sanctus, cui fidem magnam divina gratia contulerat, viros sub mortis periculo laborantes conspiciens, illud Christi verbum ad memoriam reducit : « Si habueritis fidem, ut granum sinapis, dicetis huic monti : Transfer hinc, et transferetur (*Matth.* xvii, 19). » Quod autem postulaverant effecit, et illos pacifica navigatione ad propria transmisit.

CAPUT V.

Reductio B. Bernardi ad priores eremitas, dein ad primum monasterium S. Cypriani.

36. Interea monachi S. Savini, Bernardum, cui regimen suæ Ecclesiæ toto conamine tradere proponebant, dum quærentes nusquam reperiunt, alium sibi pastorem constituunt. Quod Petrus de Stellis, eo quod de vicinia eorum habitaret, continuo cognoscens, mox ad prædicta eremitarum deserta properanter abiit, et ad dominum Vitalem perveniens, ubi esset ille quem commendaverat, requisivit. Ille autem, quod in remotissima maris insula latitaret, respondit. Petrus sane jam ea quæ prius de Bernardo tacuerat, amodo celare haud utile judicans, nomen illius, peritiam litterarum, morum vitæque sanctitatem, refutationem prælationis, in communi audientia fratribus enarravit, ejusque talem famam tunc in Neustria prædicabat, qualem jam a multis annis in Aquitania cognoverat : consultique eis, ut a marinis insulis eum retraherent vel invitum, si catholicæ prædicationis doctrinam, si vitæ consilium, si sanctæ diligerent conversationis exemplum. Cujus sententiam multitudo fratrum animo suscipiens, jam ex transacta apud eos viri conversatione, vera esse quæ referret cognoscens, communi decreto statim constituunt, ut ad eum legatos tales destinarent, quorum sollicitudine et industria ad se revocari posse minime dubitarent. Quapropter ipsum Petrum de Stellis, cujus auctoritate et amore reduci poterat, ad eum dirigunt, adjungentes ei ducem itineris, qui adhuc supererat, nomine Christianum, miræ simplicitatis et innocentiæ virum : qui consummato itineris labore ac navigationis periculo, tandem ad eum perveniunt.

37. Vir autem Domini Bernardus, conspiciens Petrum, jam a multo tempore sibi familiarissimum, ac fugæ suæ susceptorem fidelissimum, miratur eum tam longe peregrinationis arripuisse laborem, atque præ gaudio lacrymas fundens, datisque amplexibus osculatur multoties, veneratur ut patrem, suscipit ut hospitem, omnia utilitatis vel humanitatis atque charitatis officia prout poterat impendens : et post dulcia vitæ æternæ colloquia, quibus sese ad invicem reficiebant, Bernardus ait : « Charissime Pater, dicito mihi de statu Aquitanicæ regionis, si in illis partibus nunc Ecclesiæ Christi pacem habeant, et si monasteria rigorem disciplinæ ac religionis conservent. » Ad hæc ille, Dei gratia omnes Christicolas lætos et festa pace quietos, respondit, ac tandem S. Savini monachos jam sibi abbatem præfecisse adjecit. Quo Bernardus audito, lætus efficitur, et qui prius illius mentem afflixerat, videlicet ne abbas eorum coactus fieret, metus deponitur. Petrus proinde suæ legationis negotium explere cupiens : « Fratres nostros, inquit, eremitas visitavi, mandataque eorum ad te tuli, ut ad eos redeas, ne consortia eorum penitus relinquas. Hoc vero quanto mentis affectu quantove animi desiderio exspectant, verbis explicare nequeo. » Bernardus equidem, ut erat totus affluens visceribus charitati fraternæ, continuo tale fertur responsum dedisse : « Faciam quod poscunt, ne auctoritatem legati et petentium videar contemnere, quamvis hujus remotæ insulæ solitudinem nollem deserere. » Peracta itaque hac legatione, Petrus ad Aquitaniam remeavit.

38. Hoc in tempore viri Dei mentem prophetiæ spiritus tetigit, quam ad quædam absentia videnda, quasi sibi præsentia forent, illustravit. Duo namque erant de numero eremitarum, qui illum susceperant, et diu in silvis concorditer cohabitaverant : quorum unus Albertus nomine, jam grandævus, abstinentiæ et orationis studio infatigabiliter insistebat; alter vero junior, Adelinus dictus, mansuetudinis atque obedientiæ virtute excellenter pollebat, lenitate quoque affabilitatis adeo blandus erat, ut omnibus qui ejus consortio usi fuerant, amabilis haberetur. Porro longævitatis suæ (privilegio) Albertus ut magister præerat; alter vero, ut subjectus, ejus jussionibus obtemperabat. Hic viri Domini Bernardi vehe-

menter exoptans informari exemplo, et doctrina erudiri, prædictum magistrum deserens ad ejus insulam iter arripuit. Senior itaque, dilecti discipuli solatio viduatus, in tantæ tentationis incidit barathrum, ut nimia et irrationabili affectus mœstitia sese suspenderet, nisi quorumdam fratrum, qui hoc præsenserant, solerti custodia a tali periculo mortis arceretur. Interim vir Domini per spiritum ad se novit venientem discipulum, et magistrum disponentem so diræ morti pendulum. Junior autem insulæ littoribus, ut desideraverat, applicuit : quem vir sanctus alacriter suscipiens, ei talia dixit : « Ad nos venisti, charissime; nec non paucos per dies nobis commoraturus, imo unde aufugisti, nec deinceps huc rediturus. » Juvenis vero quia firmiter statuerat se quo iret illum minime relicturum, verbis ejus fidem non adhibuit, nec quod Spiritu prophetico loqueretur intellexit. In altis igitur insulæ rupibus per aliquot dies cum illo permansit : sed algoris vehementia gravatus, ad silvas, ut ea quæ ibi reliquerat vestimenta tolleret, ac denuo rediret, remeavit. Qui ad memoratum Albertum veniens, postquam illum mœrore tabescentem et jam pene deficientem, ac ne sibi vitam laqueo surriperet a custodibus obsessum conspicit, ejus anxietati compatiens, ac dolorem mitigare satagens, ipsius prostratus pedibus veniam petiit, et quod illum amodo non desereret spopondit. A principibus quoque eremi, quos supra memoravimus, excommunicationis sententiam, si ab illo ulterius recederet, accepit : hacque necessitate detentus, sicut vir Dei sibi prædixerat redire non potuit : sicque illum spiritum habuisse prophetiæ patuit.

39. Bernardus deinde non post multum temporis, sociis sese comitantibus, assumpta sua supellectile non multum ambitiosa, ut pollicitus fuerat, ad silvas eremitarum rediit. Qui cum gaudio susceptus, illis adjuvantibus in loco, qui Fons Sybardi dicitur (28), sibi cellam construxit : in qua aliquanto tempore cum quibusdam suis discipulis habitavit. Cum ibi diu moraretur, quia lucerna sub modio latere non potuit, cunctis advenientibus verbum vitæ ministrabat, eosque exemplo suæ conversationis roborabat. Confluebat namque ad eum non solum copiosa multitudo circummanentium eremitarum, sed etiam populorum. Latebat itaque et non latebat, et quanto plus se dejiciebat, tanto magis a Christo sublevabatur; fugiendo gloriam, gloriam merebatur, quæ nonnunquam appetitores sui desereus appetit contemptores. Sæculi homines admirantur eos, qui his pollent privilegiis : nos laudamus, qui pro Salvatore ista despexerint, et mirum in modum quos habentes parvipendimus ; si habere noluerint, prædicamus. Igitur dum omnibus prædicaret, dum omnes secundum modum vitæ et statum ordinis instrueret, et pro capacitate animorum singulos edoceret, adeo circumquaque celeberrimus habebatur, quod ejus fama jam sæpe memorati Reginaldi abbatis S. Cypriani aures perculit, et religionis ipsius Bernardi sanctitas et prædicationis gratia longe lateque diffusa est.

40. Prædictus vero abbas, cognito ejus habitationis loco per præmissos exploratores, non mediocriter lætus efficitur. Exoptabat enim jam a multis annis, quatenus eum jam ad suum monasterium reduceret, ut esset post ipsius excessum, qui regularis tramitis disciplinam sustentaret. Siquidem illum noverat miræ simplicitatis virum, multaque sapientia præditum ; sese autem cernebat jam silicernium (29), morbo et senio confectum, quamobrem sentiebat procul dubio vitæ suæ imminere terminum. Præcavens igitur ne propter meritorum ipsius insignia ad alicujus regimen Ecclesiæ inde abstraheretur, nisi citius eum revocaret : ipse eidem impiger, ubi habitabat, subito supervenit, eumque satis laudabili dolo ad suum monasterium, ordine subscripto, reduxit. Nam post immensa atque suscepta, pro loco et tempore, hospitalitatis officia, Reginaldus sic Bernardum alloquitur : « Quædam nostræ Ecclesiæ pernecessaria utilitas istis me, dilectissime, appulit oris : sed, audita tuæ fama benignitatis, cui debita paternitate congratulor, nolui sic pertransire, nolui prætermittere quin te viderem, quin te salutarem, meque tuis mihi desideratissimis orationibus commendarem : et quoniam non modica et irrecuperabilis pecunia, quam superna favente clementia hac in provincia acquisivi, mecum habetur, vereor ne in his silvarum vastitatibus ab aliquibus incognitis raptoribus, qualibet fraudulenta mihi violentia subripiatur. Quapropter fraternitati tuæ placeat, quatenus tua ipsius præsentia, quæ in his regionibus admodum celebris et amabilis dignoscitur, quousque si quæ latent insidiæ nobis non prævaleant, fatigari ne cunctetur. »

41. Cumque hujusmodi palliatis circuitionibus, utpote benignissimus ac nullius doli conscius, acquievisset, atque conviator nec non dux itineris, jam dictum Patrem, peragratis solitudinibus, ad tutum usque locum perduxisset, ac cum quodam, quem ad hoc assumpserat, socio reverti voluisset, idem Reginaldus eum retinuit, eique dixit : « Nostram tam remotas adire partes imbecillitatem non aliqua necessitatis, nisi tua, fili mi, charitas compulit, nec quælibet sæcularis ambitio nostræ senectuti hujusmodi laborem indixit. Te, charissime, solum acquirere studui; nullos raptores, præter eremitas atque discipulos tuos, pertimui ; sed Dei gratia jam illorum manus evasimus, quod te violenter nobis eripiant jam nequaquam formidamus; jam securus te talem pecuniam possideo, cujus sanctitatis ac sapientiæ thesauro nostrum magnifice monasterium ditari cupio, quemnam olim amissum, nunc vero divinitus recuperatum, nullo commutarem pretio. Verumtamen, fili dulcissime, amodo te

(28) Fons Gyardi dicitur in mss. nostris, Souchetus *Fons Goyardi*, sicut in Cenomanicis silvis.

(29) *Silicernia*, senes dicuntur, quod curvi et scipioni innitentes, silices cernant.

exoratum esse postulo, ne indigne feras, ne mihi Patri tuo succenseas, quod te quasi fraudulenter ad nostrum consortium revoco : hoc etenim præ nimia dilectione facio, pro certo sciens quia, nisi te aliquo modo deciperem, a nimium tibi dilecta solitudine nullatenus extraherem. »

42. Servus itaque Domini, videns quod ab illo se non subducere, nec ad discipulos suos ulterius remeare posset; simulque recolens, talia sibi nonnisi illius semper justo posse contingere judicio, qui ut multis prodesset, de ipso sinu Patris egressus est ad publicum nostrum, tum propter pietatem senis exorantis, tum propter auctoritatem imperantis, satis provide respondit : « Novi, Pater, novi, quia me nolle tibi acquiescere quasi scelus est idololatriæ; sed periculosum ac mihi durum est, illos quos adunavi discipulos, sic desolatos et quasi orphanos penitus relinquere. Quapropter quid de illis fieri debeat, tuæ censura providentiæ amodo provideat. » Ad hæc iste : « Iste tuus, qui præsens adest, socius, mea fungens legatione, ad eos redeat, et quæ circa te geruntur exponat; eisque veraciter dicat, quod quicunque ex illis te ad monasterium sequi voluerint, libentissime tui gratia, utriusque vitæ subsidium eis sufficienter providebo. » His itaque peractis, longo confecto itinere, ad S. Cypriani monasterium pervenerunt. Monachi vero Bernardum, quem a multis annis non viderant, læti gratulantesque suscipiunt; admirantes hominem hirsutum, barbatum, vilibus atque villosis, juxta eremiticæ consuetudinis modum, pannis subobsitum, cujusmodi habitum abhorrentes, properanter eruunt, barbam abradunt suisque indumentis induunt, et post paucos dies, quamvis repugnantem, præpositum efficiunt. Et illum quidem exterius exuentes, paupertatis ei habitum subtraxerunt; sed mentem illius ab amore eremi abstrahere nequiverunt.

43. At quanta in eadem Ecclesia de ejus reditu lætitia, tanta in prædicta solitudine de ipsius abscessu exorta est repente tristitia. Gaudebant isti, qui eum quasi perditum invenerant; dolebant illi, qui ablatum amiserant. Isti antiquum socium tenaciter amplectuntur, illi novum doctorem reddi sibi suppliciter deprecantur; isti se de ejus ornari præsentia, illi de absentia deficere confitentur. Quæ dum agerentur, Pictaviensis urbis episcopatum regebat venerabilis Petrus episcopus (30), qui postea exsilium (31) pro justitia usque ad mortem sustinuit (32), cujus vitæ sanctitas mirabilis exstitit, ut post ipsius obitum miraculorum attestatione patuit (33) : cujus præsentiam sæpefatus Reginaldus adire studuit, et quomodo laudabilem fugitivum ab eremo reduxisset, diligenter exposuit; quamque utilis esset post suum excessum, qui jam quasi in foribus aderat, ad monasterii regimen studiose intimavit, hoc etiam præmonendo atque præmuniendo subjungens, ne Bernardus ita comperiat; ne forte ab eis clandestina fuga se subtrahat, sicut olim a S. Savini monasterio propter eamdem causam sese latenter subduxerat. Quibus omnibus assensum libenter episcopus præbuit, ut postea rei ipsius exitus approbavit.

CAPUT VI.

Abbas S. Cypriani constituitur : ob persecutionem ad prædicandum convertitur. Mores clericorum reformati.

44. Contigit autem ut Reginaldus, transcursis quatuor mensibus, gravi infirmitate correptus, in lecto decideret. Cumque dies obitus sui propinquaret, fratres ad eum convenerunt, eumque qui successor ipsius esse deberet, ut ostendere dignaretur, revelante sibi sancto Spiritu, summis precibus postulaverunt : quippe qui erat vir apprime eruditus, ornatus privilegiis summæ sanctitatis et innocentiæ et sapientiæ. Quibus ille : « Quamvis, inquiens, ad me non pertineat de tanta ac tali re (statuere), tamen, quia timeo vestram desolationem, si mihi vultis credere, Bernardum virum religiosum, vobis a Deo ad hoc nuperrime restitutum, dignum dispensatorem domui constituite : ut enim secundum conscientiam loquar, non illo aliquem, Deo teste, novi sanctiorem. » Qui consilio tanti Patris unanimiter acquiescentes, postquam ille humanæ conditionis debitum persolvit (34), eum quem prædixerat, in loco abbatis festinaverunt ponere, et, uti mos est, ad consecrationem invitum et repugnantem trahere.

45. Suscepto igitur curæ pastoralis officio, tanto magis illud dignius administrare curabat, quanto hoc non propriæ voluntatis impulsu, sed solo divinæ voluntatis arbitrio sibi esse injunctum animo recolebat; nec solum videri doctor appetebat, sed sicut cæteris ordine præminebat, sic piis moribus transcendere satagebat, atque se in omnibus ita studebat habere, ut non de illo etiam maledicorum quidquam auderet fama confingere. Simplici namque vita occasiones tollebat detrahentibus, doctrina sana resistebat contradicentibus. Non enim de numero vel de genere eorum erat, qui gravia districtioris vitæ onera discipulis imponunt, quæ ipsi vel minimo attingere

---

(30) Petrus II, episcopus creatus anno 1087, quiete præfuit usque ad annum 1112.

(31) In exsilium actus a Guillelmo duce Aquitaniæ VIII, qui ab eo reprehensus fuerat, quod legitima uxore depulsa in adulterio viveret, uti diximus 10 Februarii ad Vitam S. Guillelmi eremitæ, quod cum hoc et filio suo Guillelmo passim unus idemque haberetur.

(32) Mortuus est Petrus apud castrum Calviniacum in sua diœcesi, 4 Aprilis anni 1115, ad quem diem inter prætermissos de eo egimus.

(33) « Sanctitatem ejus crebra miracula tumuli ejus loquuntur et prædicant, » ut legitur in Chronico Richardi Pictaviensis, apud Samarthanos, qui addunt « corpus ejus piosque cineres quiescere in ecclesia cœnobii Fontis-Ebraldi, ab eo constructa.

(34) Chronicon S. Maxentii : « Anno 1100 obiit Raynaldus, abbas S. Cypriani, cui succedit Bernardus, qui reliquit abbatiam, » ut infra dicetur.

digito nolunt ; sed quidquid verbis prædicabat, moribus exornabat et exemplis astruebat. Quippe non rudis ad tale onus regendum venerat; se quæ ab ineunte ætate, non tam repentina vel præcipiti trepidatione, quam assiduo didicerat exercitio, hæc aliis explenda proponebat. Non rerum affluentium abundantia exsultabat, non laude propria lætabatur ; non ad honorem cor elevabat, nec in occulta cogitationis meditatione cæterorum subjectione pascebatur ; mœrebat honore suo, et ora laudantium declinare ac fugere festinabat. Solent plerique suis buccinatoribus quædam dona conferre, et in paucorum largitate profusi, manum a cæteris retrahere : quo ille omnino carebat vitio ; ita namque singulis dividebat prout cuique necessarium noverat.

46. Nunc virtus latius describatur quæ ipsius propria est, et in qua exponenda, Deo teste ac judice, profiteor nihil addere, nihil majus extollere more laudantium. Sicut enim inter multas gemmas pretiosissima gemma micat, et jubar solis parvos stellarum igniculos obruit et obscurat, ita cunctorum virtutes et potentiam sua humilitate (quæ prima Christianorum virtus est) superavit, minimusque fuit inter omnes, ut omnium major esset. Hac quippe adeo se dejecit, ut qui eum vidisset et pro celebritate nominis videre gestisset, non ipsum esse, sed discipulorum ultimum crederet. Et cum frequentibus monachorum choris cingeretur , et veste et voce, et habitu et incessu minimus omnium erat. *Tardus erat ad loquendum, velox ad audiendum* (Jac. I, 19), memor illius præcepti : *Audi, Israel* (Deut. VI, 14), et tace. Hospitalitatis namque et misericordiæ operibus ita vacabat, ut quotidie sexagenos vel centenos vel eo amplius clericos ad mensam susciperet, quibus larga manu ministrabat, præter quod peregrinis et aliis supervenientibus pauperibus munificus erogabat. Quid ejus in cunctos clementissimum animum referam et bonitatem, etiam in eos quos nunquam viderat evagantem ? Et quia non sua sed aliorum lucra quam maxime cogitabat, non se hominibus præesse sed vitiis recolens,

Virga paterna piis, baculusque salutifer ægris, sine alicujus querela existebat;

47. Hac itaque virtute adeo pollebat, quod in hac sola divina consistere præcepta, cunctis in propatulo prædicabat, Erat namque cogitatione mundus, actione præcipuus, discretus in silentio, utilis in verbo, singulis compassione proximus, præ cunctis contemplatione suspensus, abstinentiæ robore validus, doctrinæ dapibus refectus, patientiæ longanimitate humillimus, auctoritate fortitudinis erectus, pietatis gratia benignus, justitiæ districtus ; et quod inter sæculi homines vel leve putabatur vel nihil, hoc in monasteriis dicebat gravissimum esse delictum ;

(35) Idem Chronicon ad dictum annum 1100 : « XIII Kalendas Novembris fuit concilium, quod tenuerunt duo cardinales Joannes et Benedictus... et excommunicarunt regem Philippum in ipso concilio. »

Consulat lector quæ in novis Conciliis a Labbæo illudque quammaxime divinum oraculum recolens : *Qui audit, dicat: Veni* (Apoc. XXII, 17) ; uti erat diffusus charitate, cœpit omnes intus introducere, et pauperes et ignobiles ad Deum trahere. Monachi vero tepentes et frigidi, plus de præsenti quam de futura vita solliciti, ex invidia cœpere pluries resistere, dicentes possessionem monasterii, quæ tot recipere posset, deesse.

48. Per idem tempus duo cardinales, Joannes atque Benedictus, apostolicæ sedis legatione fungentes, ad urbem Pictavium concilium convocarunt (35) : in quo centum quadraginta convocati Patres adfuerunt, qui Philippum regem Francorum, propter Fulconis consulis Andegavensium uxorem, quam in adulterio tenebat, anathematis vindicta percusserunt. Qua excommunicatione comperta, Guillelmus dux Aquitanorum, qui aderat, totius pudicitiæ ac sanctitatis inimicus, timens ne similem vindictam pro consimilibus culpis pateretur, nimio furore succensus, jussit omnes illos deprædari, flagellari, occidi. Quod ministris suis facere incipientibus, pontifices et abbates huc illucque diffugiunt, et, ut temporalem vitam retinerent, tuta latibula quærere contendunt. At vero Bernardus atque Robertus Abresseleusis, qui concilio intererant, fortissimi justitiæ propugnatores, ac totius iniquitatis et injustitiæ expugnatores, aliis turpiter fugientibus, ita immobiles constantesque perstiterunt, ut nec ab incœpto excommunicationis desisterent , sed pro Christo mortem vel contumeliam pati gloriosissimum ducerent. Et quamvis eos persecutores mortem non intulerint, isti, quantum in ipsis est, martyrium pertulerunt.

49. Porro Bernardus in exteriorum administratione procuratores constituerat ; ipse vero contemplationi, orationi, silentio et religionis observantiæ invigilabat ; atque in magna puritate vitæ, monasterium sibi commissum sapienter ac regulariter gubernabat. Tamen divinæ pietatis dispositio ibi illum diutius immorari nolebat ; quia de illo et per illum aliud facere disponebat. Quapropter contra eum talem persecutionem exoriri permisit, qua cogente illud monasterium dereliquit. Monachi Cluniacenses ecclesiam S. Cypriani suæ ditioni debere esse subditam asserentes , dominum papam Paschalem (36), Romanum tunc temporis apicem gubernantem, adierunt ; et ut Bernardo, nisi se et ecclesiam suis subjiceret legibus, officium abbatis interdiceret, compulerunt. Quam interdictionem sub disjunctione positam Bernardus audiens, unum membrum disjunctionis, id est officium honoremque abbatis deserere, satis libenter excepit ; alterum autem excipere renuit, metuens ne ecclesiam , quam liberam acceperat, servituti subjiceret ; et ex alia nostro editis de hac controversia continentur, antehac inedita.

(36) Paschalis II sedit ab anno 1099 ad 1118. Bullam ejus in favorem Cluniacensium, in qua confirmatur subjectio monasterii S. Cypriani illis facta a Gregorio VII, habet Souchetus in notis.

parte vehementer formidans jura Cluniacensium, qui se causam justam habere dicebant, impedire. Quod vero sibi tutius fore credidit, facere non distulit ; exæstuans etenim amore paupertatis ac solitudinis, ad secretum eremi a quo fraudulenta violentia abstractus fuerat rediit, et mentem suam, quæ ibi remanserat, invenit. Qui domno Roberto de Abresello atque Vitali de Mauritonio, quorum jam superius mentionem fecimus, est conjunctus.

50. Gallicanas hi regiones nudis pedibus peragrabant ; in villis, castellis, atque urbibus verbum Dei prædicabant ; homines ab erroribus vitæ suæ eruentes, quasi validi ac robustissimi arietes, divinæ potentiæ viribus adjuti, muros infidelitatis atque vitiorum impellentes confringebant ; corda hominum ab amore caducarum rerum evellebant ; mala eorum colloquia, bonos mores corrumpentia, destruebant ; malorum operum nequitias disperdebant ; totius iniquitatis coadultam congeriem dissipabant ; virtutes, Deo auctore, cordibus eorum inserentes, plantabant ; et plantatas exemplo corroborantes ædificabant. Et quamvis mortuorum cadaverum resuscitatores non essent, quod majus est faciebant, id est animas in peccatis mortuas vivificabant et vivificatas Deo veræ vitæ conjungebant. Talia igitur signa facientes, quandoque simul, aliquando vero singulatim diversas provincias circuibant, quibus machinante diabolo, tribulationes non deerant. Dum igitur Bernardus per maritimas Northmanniæ partes prædicans, verbum Dei seminaret, nulli parcebat, nullius amore vel timore veritatem reticebat.

51. Porro pro consuetudine tunc temporis per totam Northmanniam hoc erat, ut presbyteri publice uxores ducerent (37), nuptias celebrarent, filios ac filias procrearent, quibus hæreditario jure post obitum suum ecclesias relinquerent ; filias suas nuptui tradentes, multoties, si alia deesset possessio, ecclesiam dabant in dotem. Dum autem uxores acciperent, antequam sibi eas conjungerent in præsentia parentum jurabant, quod nunquam eas desererent. Hoc itaque facientes juramento se alligabant, quod nunquam fornicatores esse desinerent, nunquam ad Christi corpus et sanguinem nisi rei et indigni accederent, et indigne accedentes judicium sibi manducarent et biberent. Contra hanc mortiferam consuetudinem servus Dei Bernardus in conventiculis sacerdotum studiose disputabat, et ut eam relinquerent magnopere satagebat. Quosdam itaque abstraxit ; maximam tamen partem illorum ab hujus mortis abstrahere nequivit barathro ; unde factum est ut uxores presbyterorum, metuentes ab eis disjungi, cum suis auxiliariis eum perimere quærerent ; ipsi quoque sacerdotes insidias pararent, deterrendo eum ut a prædicatione revocarent.

52. Quadam namque die dum in Constantiis, civitate maritima Northmanniæ, populo publice prædicaret, quidam archidiaconus uxorem habens et filios, cum magno presbyterorum atque clericorum comitatu advenit et cur ipse, qui monachus ac mundo mortuus erat, viventibus prædicaret requisivit. Bernardus autem circumventus ab eis, in præsentia totius populi sic respondit : « Nonne, frater charissime , in Scriptura Dei legisti, quod Samson ille fortissimus de mandibula asini mortui inimicos suos interfecit ? (Jud. xv, 15.) Et hac occasione accepta, populo audiente, ad defensionem suam hujus Scripturæ capitulum exposuit. Samson, inquit, qui sol interpretatur, Christum solem justitiæ significat ; inimici ejus dæmones, et peccatores homines, sibi per malitiam cohærentes, Christum et ipsius legem impugnantes ; asinus mortuus, simplicem populum, obedientem, jugum suave Christi et onus ejus leve portantem, humilitatis vias sectantem, mundo mortuum, id est peccatis et vitiis mortificatum, ut ait Scriptura : *Mortui enim estis, et vita vestra abscondita est cum Christo in Deo* (*Colos.* iii, 3).

53. « Mandibula, ossium robur habens, durius mollitie carnis, instrumentum mordendi et mandendi in capite asini, prædicatorem designat Ecclesiæ : qui ossium robur habere debet, quia peccatis et vitiis viriliter resistere debet, adversaque pro defensione justitiæ et sanctitatis fortiter sustinere. Mollitie carnis prædicator durior debet existere, quia carnalem voluptatis delectationem, durioris abstinentiæ labore a vita et conversatione sua resecare debet ; non vitiis, emollientibus mentem, enerviter subjacere. Instrumentum mandendi prædicator existit, si verbum Dei (quod est cibus animæ nostræ, sicut Dominus in Evangelio dicit : *Non in solo pane vivit homo, sed in omni verbo, quod procedit de ore Dei* [*Matth.* iv, 4]), subtiliter intelligit ; si intelligens, operibus adimplet quod dicit ; quia si bene docet et male vivit, non instruit populum sed corrumpit : dum enim male vivit, prædicatio ejus contemnitur et non recipitur, et exemplo illius populus non ædificatur, sed destruitur. Oportet ergo ut bene vivat, et Scripturam, cibum animarum commasticando et conterendo, subtiliter discutiat ; videlicet ut historicam intelligentiam ab allegorica discernat, a tropologica dividat allegoricam, tropologicam ab anagogica semoveat : et sic masticatum et minutatim contritum cibum verbi Dei, sibi prius per rectam operationem, saporis ejus virtutem degustando transglutiat ; deinde ad corpus mortui asini trajiciat, hoc est ad intelligentiæ capacitatem simplicis populi et seipsum mortificantis, deducat ; ut eum videlicet, per omnes supradictos intelligentiarum modos, ad vitam æternam capessendam informare studeat ; quatenus per assiduæ prædicationis doctrinam, discrete ac sapienter dispositam, actus et con-

---

(37) Ordericus Vitalis, lib. v Historiæ ecclesiasticæ late hos dissolutos clericorum mores in Northman-

nia describit, et lib. xii ipsis presbyteris interdictas conjuges.

versationis illius ad meliora promoveat. Seipsum etiam instrumentum mordendi esse, oblivioni non tradat; ut peccatores a corpore diaboli per morsum correptionis et increpationes abscindat, et corpori Christi, quæ est Ecclesia, lamentis pœnitentiæ justificatos restituat. Et sicut in eminentiori parte asini, in capite scilicet, per dignitatem prælationis existit; sic transcendat populum, qui per asinum intelligitur, virtute operis et sanctitate conversationis.

54. « Vides itaque, frater charissime, secundum auctoritatem sacræ Scripturæ, quia si Christianus populus, qui per asinum mortuum intelligitur, debet mundo mortuus esse, multo magis prædicator illius, qui per mandibulam designatur, Christo confixus cruci. (*Galat.* II, 19), et mundo mortuus debet existere; sicut verus illæ prædicator mundo de seipso dicebat, Christo confixus cruci, ut per auctoritatem mortificationis suæ, viventes adhuc in peccatis et vitiis possit castigare, et castigatos sibi mortuo conformes efficere, ut adimpleatur quod Apostolus dicit : *Estote imitatores mei, sicut et ego Christi* (*I Cor.* XI, 1). Igitur, cum prædicator Ecclesiæ mundo debeat mortuus esse, et illius a populo prædicatio contemnatur, cujus vita vitiis et peccatis mortificata necdum creditur; qua ratione, quia sum monachus et mundo mortuus, potes me a prædicatione prohibere, qui exemplo mortificatæ vitæ meæ possum populis prodesse, et verbo doctrinæ illos ad meliora promovere? Et cum constet B. Gregorium atque Martinum, aliosque quamplures sanctos monachos, mortificationis suæ merito, pastorale regimen in ecclesiis accepisse, et cum honore prælationis, officium prædicationis, inde consequens hoc trahitur, quod per virtutem mortificationis pervenitur ad licentiam prædicationis. Itaque, quia sum monachus et mundo mortuus, non mihi fas prædicandi aufertur, sed multo melius confertur. « Hæc, et alia hujusmodi viro Dei prosequente, atque populo secum acclamante, nutu Dei prædictus archidiaconus ferocitatem atque arrogantiam animi sui aliquantisper deposuit, et presbyteros atque uxores eorum ab ejus læsione compescuit, quorum quarumque tanta multitudo in solemnitate Pentecostes confluxerat, ut videlicet juxta morem patriæ principali ecclesiæ redderent debitas processiones, quod vix locus ille capere sufficeret. Miles autem Christi Bernardus, ut dictum est, populis prædicabat : quamobrem foris pugnas, intus timores patienter sustinebat.

CAPUT VII.
Pro defensione abbatiæ iter Romanum bis susceptum; ea relicta, alibi discipuli collecti.

55. Interea monachi S. Cypriani, per annos ferme quatuor multis laboribus atque expensis satagentes, ut a calumnia Cluniacensium Ecclesiam suam liberarent, facere nequiverunt. Qua difficultate necessitatis compulsi, cum Pictaviensis episcopi litteris eremum adeunt, abbatem suum inveniunt; et ut Ecclesiæ suæ laboranti succurreret, rogaverunt. Qui pietate tactus, atque sui episcopi jussione coactus, ad S. Cyprianum rediit, ibique diebus aliquot habitavit. Ac deinceps, episcopo ac monachis impellentibus, paucis secum de eremo fratribus assumptis, ipse in asino residens, paupertatis suæ vestibus indutus, id est eremiticis, cum tam humili comitatu Romam petiit. Ad quam post multos labores perveniens, dominum papam Paschalem adiit, et cur se abbatis officio privasset requisivit. Apostolicus vero, quia multa audierat de ejus sanctitate, per cardinales suos, Joannem et Benedictum, qui illum antea in Aquitania noverant, et ipsius in concilio constantiam ad excommunicandum regem viderant, illum benigne suscepit; atque illius manum tenens, in secretum oratorium duxit; et solus cum solo, magna parte diei, colloquium habuit. Deinceps vero illum ad palatium reduxit, eique officium quod interdixerat, in communi audientia benigne reddidit. Dehinc Bernardus, accepta ab eo benedictione, Pictavium rediit, monasteriumque suum per aliquot annos in pace tenuit.

56. Verum monachi, illius magisterio coacti teporem vitæ in rigorem mutare disciplinæ, ac dissolutionem conversationis in districtiorem observantiam tramitis regularis, dum sibi conspiciunt illicita non licere (et nolunt) assueta relinquere, conati sunt illum e monasterio aliquo modo depellere. Furto enim ab ejus ædibus tritici et vini partem maximam abstraxerunt et absconderunt, ut, cum non haberet unde sibi subditos pauperesque in quibus recreandis maxime delectabatur, pasceret, tædio affectus acquirendi victualia, ad eremi secreta remearet. Sed non est sapientia, non est scientia, non est consilium contra Dominum. Nam dum rei familiaris angustiis illum arctare satagunt, abundantioribus divitiis copiosum reddunt. Canonicus etenim quidam, qui eum pauperum procuratorem piissimum noverat, ei sub eodem tempore tantum frumenti vinique contulit, quantum sibi ad transigendum annum sufficere posse credidit. Divina quoque dispositio in eodem anno frumentum vinumque, quod monachi reconsiderant, ei reddidit; sed prius eos pœnis ultricis mortis miserabiliter afflixit. Complices vero illorum qui pœnaliter obierant, nec morte eorum territi, dum sanctum virum hoc modo extrudere nequeunt, alium inquirunt. Cluniacensibus namque monachis fugerunt, sese in auxilium fore spondentes, ut S. Cypriani monasterium suis legibus subjiciant; quia si hoc fieret, Bernardum inde recessurum minime dubitabant. Qua suggestionis exhortatione animati Cluniacenses, dominum papam iterum adeunt, et ut Bernardum ab officio abbatis suspenderet nisi illis subderet monasterium, denuo compulerunt.

57. Bernardus igitur ex integro resumens laborem, ne gravioris fortunæ ictibus succumberet, metuens peccare, si propter desidiam ac negligentiam suam S. Cypriani monasterium suam amitteret libertatem, iterum Romam veniens, supradictum papam

rogavit ut utriusque partis causas attente discuteret, et justum judicium faceret. Quod ille facere subterfugiens, imperavit, ut aut ecclesiam Cluniacensibus subderet, aut nunquam in illa abbatia officium exerceret. Porro vir Dei, postquam pro certo cognovit quod in Romana curia nihil proficeret, nec apostolicum a suæ voluntatis decreto flecteret, sublimioris curiæ audientiam appellare compulsus est (38) : quæ quamvis apud mortalium prætoria inveniri nequeat, unde tamen hanc Bernardo expeti oporteret non latebat. Zelo igitur justitiæ accensus, illud Salomonis secutus : Justus ut leo confidens absque terrore erit, dominum papam, et omnes illius in hac re complices, non præsumptuosa audacitate, sed libera magnanimitate, in extremi judicii examine ante judicium, nullis ignorantiæ tenebris falli, aliquibus muneribus corrumpi nescium, constanter invitavit. Papa autem tanta vocis audita libertate, præ indignatione virum Dei a se discedere jussit : dehinc consiliarios suos, quid super hac re sibi foret agendum requisivit. Illi autem unanimiter responderunt, quatenus cum tanta hominis sanctitate ante judicem omnium de causæ hujus controversia disceptare non esset securum, nec alicujus disceptationis contra ipsum se participes ullo modo fore concedunt; imo communis considerationis decreti justum esse astruunt, ut sua illi dignitas restituatur, et de illato labore et injuria ab illo venia postuletur. Joannes vero atque Benedictus, duo cardinales qui præsentes aderant, virtutum illius magnifica præconia, quæ in Aquitania noverant, audiente apostolico propalabant; talemque nunc illum Romanis prædicabant, qualem in Pictaviensi concilio, ubi pro justitia paratus fuerat pati martyrium, ipsimet viderant.

58. Apostolicus autem, tanta viri perfectione cognita, animum ab indignatione compescuit; et ut in concilium remearet, mandavit. Quo ingresso, ut pro se loqueretur concessit, et ut licentius ab omnibus audiretur, silentium indixit. Vir autem Domini sic cœpit : « Vestræ sublimitatis excellentiam, reverendissime papa, deprecor, ut me pauca nec a veritate discrepantia dicturum paulisper sustineat. Jam ab annis præcedentibus hoc vestra paternitas, et quamplures qui huic sacro conventui intersunt, vitæ et sapientiæ suæ merito multum honorabiles viri hoc non nesciunt, quatenus S. Cypriani ecclesia quæ nostræ parvitatis regimini commissa est, multorum annorum curriculis sua utens libertate in magna religione refloruit, antequam Cluniacense monasterium esse cœperit. Nunc vero Cluniacensis abbas, juxta Isaiæ vaticinium, ad uxorem meam hinnire non desinit (39), et mihi qualicunque abbati tamen veluti archiabbas superba tyrannide dominari appetit; et quod nostra ecclesia ut ancilla sibi famuletur, sua regnet et imperet, efficere satagit;

quod genus ambitionis novum et inauditum : nam ab illo (vitio) exordium accipit, (quod) nisi in sua radice stirpitus amputetur, multam virulentæ prolis propaginem emiserit, corruptionisque immensæ seminarium, si oriri permittatur, pullulaverit. Hoc sane tam detestabile malum, quod propter magnitudinem vestri censura judicii merito abscindet non dubito, novum et insolens dixerim. In litteris etenim divinitus collatis archiepiscopos, archipresbyteros, archidiaconos legimus ; archiabbatum vero nomina, in illis necdum invenimus. S. Benedicti Regula (cujus ego professor, qui impetor ; et ille est, qui me impetit) ut abbas solummodo jus disponendi omnia in suo monasterio habeat, constituit ; de archiabbate vero penitus tacuit, quia neminem hujus superbæ vanitatis appetitorem in mundo fuisse vel fore credidit. Cujus calumniæ falsitatem ut ostendam, si mihi detur locus defensionis, nostrique monasterii astruam libertatem, excellentissime Patrum, adveni ; Romanæque curiæ tanto securius præsentiam adii, quanto certius, sub nostræ considerationis examine, in illa præjudicium et injustitiam nullo modo posse prævalere, cognovi. Nostri igitur loci conventus, cujus legatione fungor, meæque parvitatis humilitas rogat, ut vestræ majestatis præcellens sublimitas, quæ in eminentiori parte locata est corporis Christi, quod est Ecclesia, more capitis cæteris inferioribus membris regimen impendat ; totiusque corporis compagem, secundum regulas justitiæ reddentis unicuique quod suum est, in pace teneat ; membro patienti condoleat, utriusque causam partis attente discutiens ; justumque judicium faciat, nullius transitorii commodi considerans emolumentum ; sed æternæ retributionis interminabilem fructum.

59. His luculenter peractis, vir sanctus tacuit ; apostolicus autem causæ Cluniacensium monachorum assertoribus, ut dicerent, imperavit. Sed hi, quia veritatis non habentis angulos argumenta, quibus (probent) S. Cypriani ecclesiam suis legibus debere esse subditam, invenire nequeunt , per ambages palliatas ambitionibus et circuitionibus plenas, commenta quædam fingere incipiunt. Quæ ium justitiæ regulis penitus dissentire conventus qui aderat intellexit, S. Cypriani monasterium liberum ab illis esse astruitur : hocque judicium apostolicus confirmans, sancto viro abbatis officium, quod interdixerat reddidit, atque multis precibus hoc ab illo obtinere voluit, ut cardinalis sacerdotii dignitatem susciperet, et Romæ secum ecclesiasticarum causarum negotia tractaturus remaneret. Sed Bernardus in secreto eremi assidua contemplatione cupiens satiari, exterioris sollicitudinis implicationibus suscipere timuit, atque roganti minime acquievit; imo, ut monasterium quod regebat desereret, et ad solitudinem redire liceret petit : quod multis sup

---

(38) Hæc eadem, et eisdem pene verbis hinc desumptis, habet Ordericus Vitalis, lib. VIII.
(39) Imo Jeremiæ, cujus hæc verba sunt cap. v, dum Judæorum libidinem et intemperantiam per-

stringit : « Equi amatores, inquit, et emissarii facti sunt. Unusquisque ad uxorem proximi sui hinniebat. »

plicationibus vix tandem impetravit. Papa autem marum commendatores habuit, qui ministros Ecclesiæ Christi habere non meruit.
tantæ constantiæ tantæque sanctitatis hominem, qui nihil in mundo cuperet, nihil nisi Deum solummodo quæreret, quia secum retinere non potuit, ei hujusmodi officium injunxit : scilicet ut populis prædicaret, confessiones acciperet, pœnitentias injungeret, baptizaret, regiones circuiret, et omnia quæ publico prædicatori sunt agenda sollicitus expleret. At postquam ei vicem apostolatus tradidit, nolens ut apostolorum vicario, quem sine pecunia ad prædicandum destinabat, victus deficeret, monuit ut ab illis cibum corporis acciperet, quos verbo salutis reficeret, volensque a seipso incipere, ad prandium invitavit; et quoniam diu Romæ moratus est, participem suæ mensæ quotidie constituit.

60. Exivit Bernardus benedictione ab illo accepta : Pictavium rediit, et post paucos dies monasterium deserens, ac multo animi ardore anachoresim sectari cupiens, cum paucis discipulis Causeum insulam (eo quod remota esset ab omnibus) intravit; ibique diutius immorari cupiens, non potuit. Piratica namque multitudo prædonum, prædictæ insulæ littoribus applicuit, qui altaris ecclesiolæ illius vasa ac indumenta sibi diripuerunt, atque in ipsius præsentia turpiter tractaverunt. Ille autem res sacratas conspiciens viliter dehonestari, tanta animi commotione ac indignatione hanc dehonestationem fieri indoluit, quod non post multum temporis hujus rei causa, insulam, ad eam deinceps non rediturus, deseruit ; et ad silvas remeans, in illis habitavit. Voluit etenim Dominus hanc a piratis fieri deprædationem, ut a septo illius insulæ Bernardum extraheret, et ad mediterranea loca reduceret (40) : in quibus non soli sibi, sed aliis quamplurimis prodesset. Monachi vero S. Cypriani, videntes quod eum amplius non haberent, cum ipsius consilio et benevolentia alium sibi abbatem constituunt. Transactis deinde aliquot diebus, aquatici raptores, quorum paulo superius mentionem fecimus, qui virum Dei et res altaris ipsius dehonestaverant, jussu sui principis, Heoboldi nomine, piratarum omnium ferme crudelissimi, dum naves insequuntur, quas deprædari cupiunt, marinis fluctibus infelices absorpti sunt. Nec mirum, si submersionis morte perirent, qui innumeros fideles eodem mortis genere interire coegerant. Ad horum vero obitum innumerabiles exercitus dæmonum, in corvorum specie, convenientes, terrena caligine acris spatia repleverunt; tubisque buccinantes horribili sonitu, sub carnali effigie, animo prope navigantium graviter exterruerunt. Hi, quia sacerdotes deerant, eorum exsequias celebraturi convenerunt : hi miserrimas eorum animas susceperunt, non ut eos ad paradisi gaudia transveherent, sed ut ad ima barathri loris igneis pertraherent : exitus autem vitæ eorum tales ani-

61. In diebus illis necdum Bernardus aliquam congregationem adunaverat, necdum aliquod monasterium facere inchoabat; sed anachoresim ardenter sectari sitiens, in loco, qui Quercus docta dicitur, cum paucis discipulis latitabat. Comperto autem, fama referente, quod ille ad S. Cyprianum ultra non rediret, nec ad insulæ mansionem, omnibus inamabilem propter difficilem ingressum et exitum, remearet, multi ad eum confluere cœperunt, cupientes ejus eruditionibus institui, vitæque exemplis roborari. Sed non habentibus illis unde viverent, nisi labore manuum acquirerent, ipsa necessitas insistere laboribus imperabat, ac multiplex prolixitas familiarium psalmorum, quos tunc temporis dicebant, eos magna parte diei ab operis studio detinebat. Quamobrem fratres sanctum virum adeunt, et quid de hac re decernat, requirunt. Quibus ille respondit : « Psalmos quidem, qui per omniafere monasteria ex more decantantur, nisi Dominus aliquid revelet, vereor omittere; ipsa tamen necessitas vos jubet studiosius laborare. Sed hoc videtur idoneum, ut Deum interim attentius precari studeamus, quatenus nobis aliquo modo innuat quid super hac re facere debeamus. »

62. Post octo itaque dies consummata oratione, in subsequenti nocte tantus sopor cunctos oppressit, etiam virum Dei Bernardum, qui ante cæteros in profunda nocte semper solebat surgere, ut nullus a somno sese emergere posset, donec lux clara diei illorum oculos perfunderet : qui surgentes regulari tamen modo officium incipiunt, quod transacta ferme media parte diei vix peregerunt. Quæ soporis oppressio revera fuit relinquendi supradictos psalmos divinitus missa revelatio, præsertim quia nox illa hiemalis erat, ad cujus usque vix medium aliquis eorum dormire solebat. Dominus autem Bernardus ab illo tempore hos psalmos dicere prætermisit, et discipulis suis ut ab illis deinceps quiescerent imperavit : dixitque se pro certo scire, quod Deus malebat illos laborando sibi victum acquirere, quam tam multiplicibus psalmodiis insistere. Porro quidam nobilis, Radulphus Fulgeriensis videlicet, cujus hæc quam incolebant silva erat, timens illam per agriculturam eorum exstirpari, ferre non potuit; eo quod Fulgeriis castro suo vicina consistebat, et eam quam maxime diligens, ut feras suis venatibus retineret, vallo circumdederat. Quapropter aliam silvam eis dedit, Saviniensem videlicet multo meliorem, solo terræ fertilem, fluminibus jucundam, sed a castro suo sex milliariis longius altera remotam : in qua sibi congruam habitationem fecerunt ac construxerunt, et ibi labore manuum victum acquirentes, paucis in priori loco fratribus relictis, per annos

(40) Loca hic indicata apud Northmannos in Abrincensi diœcesi haud procul Britannia Armorica fuisse, certum est ex monasterio Saviniaco solis decem vel octo milliariis distante, de cujus exordiis mox agetur. Consule dicta 8 Januarii ad Acta B. Vitalis.

aliquot habitaverunt. Dominus autem Vitalis, de quo mentionem fecimus, in eadem silva cellam sibi fabricaverat, distantem ab istis, duobus fere stadiis, in qua postea coenobium construxit. Sed quoniam divina dispositio duo tam magna luminaria insimul cohabitare noluit, unum illorum ibi remanere fecit, alium ad alias perlustrandas regiones destinavit.

CAPUT VIII.
Monasterium in Perchensi comitatu exstructum : beneficia accepta, et in alios collata.

63. Commovit igitur divinæ nutus providentiæ mentem sui famuli Bernardi, omniumque discipulorum ejus, ut ad alias migrarent regiones, et longinquas adirent solitudines. Quapropter minorem ex discipulis suis misit ad inquirendam alicujus eremi vastitatem, in qua sibi tam amplam fabricarent habitationem, quæ omnes simul capere posset, ut nullus eorum cogeretur absque ipso habitare, quia hoc erat illis molestissimum ferre. Tantam etenim ex verbis ejus et præsentia habebant consolationem, ut mallent cum ipso gravissimæ paupertatis onus sustinere, quam sine illo divitiis abundare. Qui cum nullam talem invenissent, et ad eum cum nullo laboris fructu remearent; intimatur eis

Cœlitus, ut redeant properanter, et ut loca quærant,
Congrua Bernardo, cœlo quandoque locando.

Nam cuidam illorum talis in somniis apparuit visio, angelico monstrante ministerio : videbatur etenim sibi, quod quidam juvenis, splendidus aspectu, niveoque decorus amictu, manum suam super ejus caput poneret, taliaque verba deprōmeret : « Festinanter a somno surgite, ac ad Rotrocum (41) Particensem consulem (42), vobis quod quæritis daturum, iter vestrum dirigite. » Qui protinus evigilans, quod viderat sociis enarravit. Illi vero parvipendentes visionem, ad magistrum redeunt, et quod nullam adeo sibi idoneam invenissent mansionem referunt. Postea autem ex discipulis ejus duo, post multam inquisitionem non inventæ habitationis, memores relatæ a socio visionis, tandem ad prædictum comitem perveniunt, et quid quærerent exponunt. Ille vero petitioni benignissime acquiescens, pollicitus est se postulata daturum.

64. Possidebat siquidem idem venerabilis princeps quoddam territorium, quod Arcissæ nuncupatur, a Novigento (43) castro suo uno milliario sepositum, solo terræ fecundum, silvis ab omni latere contiguum, fontibus et aquis irriguum, pratorum amœnitate conspicuum, vinearum culturæ ac domorum ædificationi congruum, omniumque rerum usibus opportunum ; in eo antecessores sui oratorium construxerant atque stagnum fecerant et virgulta plantaverant. Ad quod demonstrandum illos duos monachos sine aliqua dilatione perduxit, illudque sancto viro Dei Bernardo ac monachis ejus perpetualiter possidendum concessit. Quo discipuli suscepto læti, omnium Datori bonorum grates debitas ipsique principi detulerunt, et visionem, quam a sodali perceperant, veram fuisse, tam prospero tamque celeri eventu certificati, minime dubitarunt. Qui a comite redire jussi abierunt et, ut ipse mandaverat, magistrum adduxerunt. Quem quidem consul debita diligentia venerari studuit. Sed quorumdam deceptus consilio, atque maternis jussis obtemperans, donum quod fecerat ei retraxit. Prædictum tamen Dei famulum ad aliud suscipiendum territorium diligenter invitavit. Beatrix (44) namque mater ipsius, sanctum virum illis in diebus a vicina Novigenti removere magnopere satagebat, quoniam ex affinitate illius, Cluniacensibus monachis aliqua suboriri incommoda formidabat, quorum quamplures in prædicto oppido adunaverat. Porro Bernardus, qui quibuslibet ictibus fortunæ resistebat immobilis, qui nulla rerum accidentium incommoditate poterat perturbari, nihil hac in re similiter commotus, sed ut semper erat mente serenus ac vultu hilaris, quod consul jam sæpefatus offerebat non respuit, sed ad illud explorandum duos in crastino discipulos transmisit. Qui ductore prævio ad locum veniunt, qui Tironus dicitur (45) : quem diligenter inspicientes, eodem die ad magistrum regrediuntur, referuntque quid de demonstrato sibi loco videretur. Vidimus enim, inquiunt, cui fere cuncta usibus humanis necessaria desunt ; dumque incassum se laborasse conspiciunt, animo consternati, unde venerant in crastino redituros disponunt.

65. Sequenti itaque nocte super territorium quod a consule accepturus erat,

Pendula vicinas inflammans lumine terras
Lampada, Bernardo cœlo monstrata sereno,

tanto radiorum jubare coruscabat, ut a luce illius ignicoma per circuitum rutilaret tota provincia. Quæ nimirum tibi revelatio,

Admonet, imo jubet comitis ne dona refutes.

Et dum mane facto discipuli remeare ad propria pararent, ipse intulit se prius locum visurum quam recederent. Qui veniens ad silvam, quæ Tiro dicitur, eam studiosius peragrare curavit : et sibi situs

---

(41) Rotrocus, filius Gaufridi II, Mauritaniæ comitis et Castriduni vicecomitis, circa annum 1100 mortui, præclaras victorias de Saracenis in Hispania et in terra sancta obtinuit, et vixit usque ad annum 1143. Consule Ordericum Vitalem, lib. XIII, Matthæum Parisium ad an. 1096, Guillelmum Tyrium, lib. I Hist. Hierosol., cap. 17 ; et lib. VI, cap. 17, et alios : de eo iterum infra agitur.

(42) Perticus seu Perticum aut Particum, vulgo *le Perche,* cujus Rotrocus etiam consul seu comes dicitur, est regio inter Carnotenses, Cenomanos, Vindocinenses et Ebroicenses.

(43) Novigentum Rotroci ab amplo comitatu dictum. Quam appellationem invidisse dicitur Henricus Borbonius Condæus, et nominasse Anguianum Gallicum, sed prævaluit antiqua denominatio. Nogentum in Pertica dixit Ordericus lib. XIII. Est etiamnum caput Perchensis inferioris.

(44) Beatrix mater Rotroci filia Rupifortis comitis, Orderico lib. XIII, aliquibus filia Hilduini Russiacensis comitis.

(45) Aliis *solitudo Tironi* dicitur. Erat autem uterque locus in parœcia Brunella

et loci facies sic placuit, quod ab ipso postea mens ejus avelli non potuit. Non tamen sibi ita animum illius agglutinavit, vel amoenitas regionis vel amplitudo possessionis, vel pratorum aut fluviorum jucunda speciositas, aut vinearum copia, vel frugiferi soli fertilis fecunditas; sed divinæ dispositionis per præmonstratam revelationem imposita necessitas. Accepta itaque a consule hac possessiuncula, vir Domini Bernardus, ad discipulos suos, qui in Northmanniæ ac Britanniæ finibus remanserant, remeavit, ut illos ad se colligeret, collectos ad locum quem acceperat, secum festinantius adduceret.

66. Hic dum a Novigento Mauritaniam (46) tenderet, miles quidam, paganus de Tilleio nomine (47) eamdem carpens viam, illum in asello residentem duosque ex discipulis suis, qui secum pedites incedebant, assequitur: quos sub eremiticis pannis subobsitos conspiciens, ex ipso humilitatis et paupertatis habitu, bonæ conscientiæ viros ac mundi contemptores existimavit, simulque labori eorum compatiens, quo tenderent requisivit. Cui vir Dei Bernardus, illa die se usque Mauritaniam ituros, si possent, respondit. Quod ille audiens, se ejusdem villæ habitatorem esse asseruit, et ut secum hospitari dignarentur, supplici devotione rogavit. Vir autem Domini hospitium, quod sibi charitas offerebat, nequaquam refutavit, sed cum debita gratiarum actione suscepit. Dehinc hospitem suum in viæ spatio, pane verbi Dei reficere curabat, et salutaris doctrinæ monitis imbuebat. Paganus itaque Mauritaniam perveniens, virum Dei ad domum suam deducit, eique totius humanitatis officia cum maxima animi alacritate et sollicitudine impendere cupiebat, ut versa vice illum pasceret, a quo cœlestis refectionem sapientiæ in itinere accepisset.

67. Sed humani generis inimicus omniumque bonorum æmulus, alterius charitati, alterius vero invidens refectioni, suscipientis atque suscepti hospitis lætitiam inturbare cupiens, armigerum ipsius pagani, malitiæ suæ veneno adeousque infecit, ut in crepusculo noctis equum domini sui dextrarium (48) per latrocinium abduceret. Quo paganus cognito, tristis efficitur, qui equum maxime diligebat, utpote quem ad sui tutelam corporis perneces-sarium noverat: erat enim tunc temporis non mediocris guerra inter Belismenses (49) atque Mauritanienses. Verum ne festivæ hospitalitatis lætitiam tristitiæ suæ tenebris obnubilaret, hilarem vultum foris exhibuit, tristitiamque suam dissimulans, hospites suos ut pranderent alacriter monuit. At vero virum Dei damnum et mœstitia sui hospitis latere non potuit, ejusque animum consolatoriis verbis lætificare studuit, et quia non multum pro re transitoria dolere deberet, rationabiliter ostendit. Sed divinæ bonitatis pia dignatio voluit declarare cujus meriti hospitem paganus hospitio susceperat;

Dum fur ducit equum, tantus stupor opprimit
[*illum,*
Nescius ut redeat deinceps, et furta reducat.

Nam ita sensus et intelligentiam latronis excæcari permisit, ut loca, vias, villas, in quibus ab ipsa sua infantia nutritus fuerat, minime cognosceret, sed Mauritaniam Belismum esse existimaret, et e converso de Belismo Mauritaniam in animo faceret: et factum est, ut tota illa nocte Belismum, quasi Mauritaniensium hostilem terram, devitaret, et ad Mauritaniensem villam, quasi ad tutum Belismi latibulum, confugeret.

68. Hac itaque excæcatione deceptus, Mauritaniam rediit, et ante ostium domus illius pagani assistens, in loco, ad quem cum equo fugere intenderat, se esse exstimavit. Qui tenens, et interrogatus qua de causa sic redierit, ipse veritatem non reticens, quod divina sic potentia coegerat, ut eadem nocte remearet, respondit:

Sic Bernardus agit precibus, sic prædita reddit.

Hæc sunt tua, Christe, magnalia; hæ tuæ sunt, Christe, virtutes; hoc perpulchrum pro amici tui merito mundo præbes spectaculum, quatenus furem sic ebrium et amentem malitia sua redderet, ut a quibus equum per furtum abduxerat, ad illos quasi ad susceptores furti reduceret; et quos reatus facinoris sui devitare sub capitis sui periculo commonebat, ad illos velut ad fidos vitæ suæ defensores festinaret. Quod paganus mente considerans, virum Dei ab illo tempore mirari et amare studuit, non quantum voluit, sed quantum potuit; et monasterio ejus multam postea pecuniam contulit.

69. Bernardus vero, itinere quod cœperat consummato, discipulos suos collegit, et secum Tironum adducens, ibi cum eis deinceps habitavit. Anno igitur incarnati Verbi millesimo centesimo nono, aggregatis discipulis, accepta benedictione a bonæ memoriæ domino Ivone (50), Carnotensis Ecclesiæ

---

(46) Mauritania vulgo *Mortaigny au Perche*, ad diœcesim Sagiensem spectat. Sedes et castrum regale est, ubi præses Perchensis domicilium habet.

(47) Tilleium, vulgo *le Teil*, sex stadiis versus occidentem a Nogento dissitum.

(48) *Dextrarius equus*, pro strenuo et ad sessionem idoneo apud auctores sumitur. Ita 22 Jan. in Vita B. Welteri de Birbeke num. 9 dicitur *equus pulcherrimus, in quo species optimi dextrarii erat.* Alia exempla tradunt Souchetus hic et Vossius De vitiis linguæ pag. 407. Nunc *sellarius* diceretur a sella equestri, ad distinctionem eorum qui curribus trahendis aut ferendis oneribus destinantur, quos *tractorios* et *summarios* vocant.

(49) Belismum, antiquus comitatus ditionis Perchensis; urbs ea æque distat a Nogento et Mortania, parum versus occidentem sita. Ordericus, lib. XIII, ad an. 1100 ait, « inter Rotronem et Robertum Belismensem consobrinos, magnam seditionem exortam esse pro quibusdam calumniis, quas iidem marchisi faciebant pro suis limitibus fundorum; unde atrocem guerram vicissim fecerunt in terris suis. » Partes autem Rotronis seu Rotroci tenebat cum Mauritaniensibus paganus.

(50) Ivo ipse in epistola 229, sic ait: « Rotrocus nobilis et strenuus Mauritaniæ comes humilitatis

tunc temporis pontifice, primam missam celebravit in die sancto Paschæ in monasterio ligneo jam ædificato, in possessione quam sibi memoratus princeps Rotrocus donaverat. In hac vero solitudine multum sibi dilecta, eo quod divinitus fuerat præmonstrata, vir Dei constanter viriliterque agebat, fratresque ad ædificationem loci studiose incitabat, et cœlestis vitæ disciplinis atque eruditionibus studiosius informabat, dicens : « En, fratres charissimi, nunc eremum, locum satis nobis competentem, satis apertum, silentio ac quieti congruum, divinisque meditationibus et orationibus opportunum. Hic Christi crux est bajulanda ; hic immarcessibilis vitæ corona promerenda, quam diu quæsivit vestra devotio, quam vobis post modum conferre dignata est divinæ largitatis pia dignatio. At si vobis displicet, quod usibus hominum non congruit ejus habilitas ; vel hoc placeat, quod viris tantummodo religiosis atque solitariam vitam quærentibus ejus est competens solitudinis opportunitas , hoc insuper conferet vobis hujus loci asperitas, quod falsorum fratrum, bonos mores pravis colloquiis ac sinistris exemplis corrumpentium, vel propter ipsam rerum inopiam, diutius non erit vobis conficta societas. »

70. Tunc temporis causa cujusdam eluvici pluviarum, quæ in antecedentibus annis præcesserant, solo terræ non valente reddere fruges, tanta fames erat, ut multa millia hominum panis inopia cogente morerentur (51). Multitudo autem monachorum, quæ cum Bernardo erat, annona penitus, sed et pecunia unde emi posset, carebat ; et tamen, evangelico obtemperans oraculo, regnum Dei attentius quærebat, nec cætera sibi deneganda formidabat. Illis itaque de divina largitate minime diffidentibus, atque precibus et labori perseveranter insistentibus, ille qui misertus famulo suo Danieli, per Habacuc de Judæa prandium transmisit in Babylonian, idem ipse Willermi (52), tunc temporis Nivernensium consulis, animum provocavit, ut viro Dei Bernardo, in abditissimis Pertici silvarum solitudinibus latitanti, quem necdum nisi fama cognoverat, ingens vas aureum de Burgundia mitteret (53), quo vendito annona comparari posset, quæ monachis illo in tempore secum habitantibus, nec non et mendicis sufficeret. Tali igitur præsagio divinitus animati, atque viri Dei crebris admonitionibus confortati, ad ædificationem loci sese accingunt, laboribus insistunt ; ita tamen quod orationis et silentii religionisque studium non postponunt.

71. Erant namque sanctitatis fervore succensi, quodlibet paupertatis onus ferre parati, habitatoribus illius patriæ penitus ignoti, habitum quidem monachi habentes, sed vilem, incultum, villosum, a cæterorum habitu monachorum valde dissimilem, ovibus ipsis a quibus sumptus fuerat valde consimilem. Paupertatis etenim imperium, quæ vilius possent comparari, eos habere indumenta compellebat ; a quo et S. Benedicti Regula, cujus professores erant, minime discrepabat. Porro hujusmodi habitum rudes atque bestiales homines, in illis partibus habitantes, quia antea non noverant, abhorrebant ; nec monachos eos, sed Saracenos, per subterraneas cavernas ad explorandos cives suos advenisse existimabant. Quo rumore permoti affines indigenæ mittunt exploratores : qui protinus accedentes, considerant homines imbelles atque inermes, nihil mali machinantes, cellas modicas texentes, non castra aut turres erigentes ; qui non bella fremerent, sed psalmos hymnosque ruminarent.

72. Redeunt spe meliora reportantes, reaque pectora tundentes, renuntiantque suis, non Saracenos, sed prophetas novos a Deo missos resedisse in deserto. Quo divulgato, ruunt populi, divites et pauperes pariter, videre cupidi. Vir itaque sanctus conspiciens tantam multitudinem adventare, prodit ad publicum, affatur populum, docet quem timere cuive debeant servire ; hortatur eos cœlestia terrenis præponere, transitoria pro æternis commutare. Dum igitur ad se confluentes sic instrueret, et quam gloriosum atque mirabile sit hominem deificari participatione summi boni declararet, quam misera ac transitoria sit vitæ hujus felicitas demonstraret, et quam dira atque permanentia tormenta apud inferos peccatoribus post mortem maneant comprobaret, multi territi atque compuncti, sæculo renuntiabant, monachicumque habitum assumentes, magisterio illius sese submittebant.

73. Nostra quoque pagina, quasi vilipendendo quædam minima, non negligat enarrare, per quæ summa providentia sui militis sanctitatem diligenter voluit propalare. Vir itaque Domini, dum Tironiæ solitudinis incola novus existeret, contigit ut pastor bucularum illius, quadam forte die negligentius agens, vitulum in silva derelinqueret, quem

---

nostræ præsentiam adiit, postulans ut consecraremus cujusdam cœnobii cœmeterium super fluvium, qui Tyron vocatur, in usum quorumdam religiosorum monachorum, » etc.

(51) Epist. 204 ad Paschalem papam asserit, « ex sterilitate terræ fame pauperes affectos. » Mejerus ad annum 1110 : « Sterilitas, inquit, terræ hujus gravis, gelu diuturnum cum nive. » Matthæus Parisius ad annum 1111. « Mortalitas tunc erat animalium maxima, fames valida in Northmannia. » Chronicon S. Maxentii ad annum 1110 : « Mortalitas et fames magna, et sal charus nimis. »

(52) In Vita secunda B. Roberti de Arbrisellis, 25 Februarii, num. 17, dicitur « Guillelmus Nivernensis religiosus comes, exigentibus vitæ suæ meritis, charus exstitisse utrique, » B. Roberto scilicet et B. Bernardo. Hic ad extremam fere senectutem pervenit, et, teste monacho Antissiodorensi, « anno 1147, relicto sæculi principatu, et omni honore calcato, Carthusiam petiit, ibique digne Deo in humillima paupertate conversans, infra annum conversionis suæ felicem terminavit cursum vitæ. »

(53) Burgundiæ ducatus seu regni olim partem exstitisse Niversium seu Nivernum passim omnes notant. Subest jam parlamento Parisiensi, et provinciam separatam efficit. Urbs sita est ad confluentiam Ligeris et Nivernis fluviorum.

se deseruisse comperiens, silvam peragrando studiosissime quæsivit, nec invenit. Vir autem Domini post biduum, extra cellulæ suæ portam, cum aliquot fratribus sub umbra cujusdam arboris residens, ab opacitate silvarum lupum conspicit egredientem, lento passu vitulum deducentem; et ne a quadam semita, quæ a silva usque ad cellam viri Dei per quamdam camporum planitiem tendebat, exorbitaret, caudæ suæ (verbere) leniter minantem. O mira res!

Fit vituli custos mordax lupus atque reductor,
Et reprimit dentes jejunos atque rapaces.

Qui cum recto itinere proprius accederet, monachi, qui cum servo Dei erant, vitulum esse suum, quem pastor eorum amiserat, recognoscunt, lupinæque rabiei rapacem ingluviem non solum ei pepercisse, sed etiam illum custodisse atque reduxisse, stupore mentis attoniti, ultra quam credibile sit, admirati sunt. Lupus vero, ob præsentiam monachorum conspectumque nihil territus, ferme usque ad viri Dei pedes propinquare non timuit, atque blandienti vultu illum conspiciens pauliper substitit, demissoque capite illi, quasi vitulum suum commendans, ad silvas remeavit. O sanctissimi Bernardi potentem innocentiam! O humilitatem imperiosissimam! quæ sic belluinam ferocitatem alligat, ut sibi non queat obesse, imo cogatur prodesse.

74. Porro vir Dei Bernardus, divinæ charitatis visceribus diffusus, atque de Dei bonitatis largitate confisus, exemploque ipsius corroboratus, dicentis: Eum qui venit ad me non ejiciam foras, nullum excludere volebat; sed ut omnes Christo conformes redderet, verbo et exemplo satagebat. Multi etiam monachi, viri sancti ac religiosi, ex diversis monasteriis, fama sanctitatis illius permoti, ad eum concurrere festinabant, ut novum Antonium in eremo residentem viderent, atque paupertatis illius vestigiis inhærerent. Plerique etiam nobiles undique conveniebant, ac omnipotentis Dei tirocinio seipsos applicantes, ejus cohabitationem expetebant. Nonnulli etiam filios atque propinquos suos, Domino, per illius magisterium instituendos, offerebant, quorum plures ad magnæ perfectionis culmen, servi Dei exemplo et institutionibus, pervenerunt; qui postea ad regendas ecclesias assumpti, diversorum cœnobiorum abbates exstiterunt.

75. Quadam itaque die, dum vir Dei Bernardus monachos benediceret, quidam monachus, Ligerius nomine, vir religiosus atque sacerdos adfuit, qui ab alto aeris flores rosarum, super

Quos sibi consociat monachos habituque figurat,

descendere conspexit. Voluit namque Dominus ostendere per exterioris miraculi signum, sive sui confessoris meritum, sive quod ad florigeram sanctitatis vitam conscientias renovaret hominum. Transacto deinde unius anni curriculo quidam monachus, cui Antiquillus nomen, vir magnæ simplicitatis atque innocentiæ, qui aderat, vidit quod:

Quosdam Bernardus senior, non ad bona tardus,
Dum superis offert, et verba precantia profert,
Nix, et ros pariter super hos cadit, atque patenter
Ex alto flores simul adveniunt, et odores.

Tali etenim ostensione prodigii placuit divinæ voluntati sui militis declarare privilegium, vel vitæ monasticæ puritatem atque cælibatum.

76. Quadam die, dum vir Domini Bernardus in oratorio contemplationi esset intentus, fratribus in alto laborantibus, ignis verno tempore aridam silvam invasit: qui flatu ventorum vehementi impulsus, usque ad maximam densitatem veprium, qua undique cellula eorum cingebatur, pervenit: quæ veprium densitas, flammis correpta, omnes officinas eorum fere concremabat. Fratres autem impetum ignis, multum diuque luctati, exstinguere conantes, minime potuerant. Quapropter desperantes cellam ingrediuntur, et omnem suppellectilem suam ad planitiem camporum deferunt, totamque habitationem suam, quam mox ab igne comburendam existimabant, lacrymantes relinquunt. Servus autem Domini tumultum illorum audiens, de oratorio exiit, moxque:

Ut videt ingentem ventum, miseratus et ignem,
aquam benedictam contra flammas, jam pene officinas invadentes, aspersit, sicque
Flammæ fervorem reprimens, flatusque furorem,
Ne ruat introrsum precibus facit ire retrorsum.

Namque ignis aspersionis illius metas transire non præsumpsit; sed contra venti impetum reflexus, et in seipsum refractus, ad nihil usque resedit. O magni meriti virum, cujus ad arbitrium ipsa etiam reprimuntur elementa!

CAPUT IX.
Monasterium ad fluvium Tyronum constructum. Beneficia comiti Rotroco præstita.

77. Sub eodem tempore, ne militi Christi Bernardo pugna laboris atque tribulationis deesset, monachi (54), quorum jam mentionem fecimus, ipsius terræ quam præfatus consul ei dederat, decimas et corpora mortuorum sui juris (55) esse dixerunt. Qua compulsus calumnia, quæ discipuli summo cum labore fecerant, ædificia deseruit, aliudque terræ solum, in quo sibi habitare liceret, quærere intendit. Illius igitur celeberrimæ Carnotensis Ecclesiæ, in honore sanctæ semperque virginis Mariæ dicatæ, venerabilem episcopum, prædictum scilicet Ivonem (56), atque canonicos tunc temporis adiit, et ut sibi aliquam portiunculam prædii illius, quod suæ possessiunculæ contiguum habebant, ad monasterium suum fundandum darent, petiit. Erat

(54) Monachi Cluniacenses, Novigenti ad S. Dionysium degentes.

(55) Spectabat Brunella parœcia, in qua monasterium erat constructum ad dictos monachos, qui ibidem munia parochorum obibant.

(56) De Ecclesia Carnotensi et cultu Deiparæ (cujus ibi indusium creditur asservari) et variis miraculis, agit libro particulari, Parisiis anno 1609 excuso, Sebastianus Rovillardus.

enim quædam villula prædictorum canonicorum, terrulæ quam consul viro Dei dederat conjuncta, nomine Sarzeia. Illi autem famulum Dei debita veneratione suscipiunt, clementi bonitate exaudiunt, et secundum magnificentiam suæ nobilitatis et munificentiam largitatis, plus terræ quam postulaverat, concedunt. Facta equidem donatione chartam faciunt (57), atque dominum Gaufridum, ejusdem Ecclesiæ canonicum et ipsius territorii præpositum (58), cum quibusdam personis ad ostendendam terram dirigunt. Qui postquam ad prædictum prædium pervenerunt (59), ex decreto capituli, juxta rivulum qui Tyronus dicitur (60), ad faciendas officinas sui monasterii, terram quam petierat, ita liberam (61) sicuti ipsi tenuerant, tribuunt.

78. Porro quædam matrona (62) regali stirpe progenita, Adela videlicet, Blesensium comitissa, eo tempore S. Bernardo latiores terræ amplitudines, ad monasterium suum construendum, et loca multo utiliora offerebat; quæ tamen refutabat, malens cœnobii sui sedem locare sub protectione beatæ Mariæ semper virginis, quam sub advocatione qualiscunque sæcularis personæ. Prædicti vero canonici, suscepto tanto hospite in fundo suæ Ecclesiæ, non mediocriter gavisi sunt; eumque omni tempore vitæ suæ nimio pietatis affectu dilexerunt, atque illi plurima beneficia nec non ecclesiastica ornamenta contulerunt, rebusque monasterii ipsius pervigili studio protectionis suæ patrocinia adhibere curaverunt, et contra quosdam infestantes clypeum suæ defensionis solerter opposuerunt. Bernardus siquidem fundata habitatione sua, in possessione beatæ Dei Genitricis, tanto eam deinceps venerari affectu studuit, ut ad honorem ipsius specialem missam de ea, pro salute omnium monasterio suo beneficia impendentium, et maxime supradictorum canonicorum, singulis diebus perpetuo celebrari instituerit, quæ usque in hodiernum diem solemniter celebratur.

79. Interea factum est, ut sæpedictus consul Rotrocus, quo neminem mortalium sanctus Domini Bernardus plus diligebat, a Fulcone, Andegavensi consule, dehinc Jerosolymitanorum rege (63); de potestate cujusdam, qui eum vinctum detinebat (64), violenter abstraheretur; non quod eum liberare disponeret, sed ut maximam causa ipsius pecuniam de Roberto Belismensi, immanissimæ crudelitatis bellua extorqueret (65). Qui Robertus prædictus consulem a jam dicto Fulcone ingenti dato pretio comparavit, non quod ullam ab eo redemptionem vellet accipere, sed ut eum diversis tormentis in suis carceribus faceret interire. Tanto siquidem odio illum habebat, utpote a quo in bella publice cum suo exercitu devictus atque fugatus fuerat (66), ut non magis sibi prosperam vitam, quam illi miserabilem mortem exoptaret. Jussu itaque præfati tyranni machinatur et paratur, qualiter generosi pedes principis cruciatu ligneo constringantur; tibiæ quampluribus annulis et compedibus circumvolvuntur, manus et brachia chirothecis ferreis damnantur, immensa ferri ac diversarum pondera catenarum collo suspenduntur. Ex hinc brevissima atque urgente lectura, ad hoc solerti industria fabricata, curvus ergastulo non amplius inde extrahendus retruditur; et ne citius deficiat, addidit, ut bis tamen in hebdomada utcunque sustentetur.

80. Quod postquam consuli innotuit, matri suæ atque nobilibus suæ potestatis per legatum mandat (67), ut se jam quasi mortuum judicantes, alium

(57) Chartam donationis ex Chartophylacio Carnotensi edidit Souchetus, factam « III Nonas Februarii anno 1113 » nobis 1114, in qua conceditur « domino Bernardo venerabili abbati cum grege sibi commisso, carrucata terræ una super rivulum, qui dicitur Tyro, infra Gardiensem parochiam, ad ædificandum monasterium et claustrum, » et cætera usui fratrum necessaria.

(58) Præpositus Fontaneti dicebatur, forsitan quod in ea præpositura fontes Ledi et plurimorum fluviorum essent. Erant tres alii sub episcopo Carnotensi præpositi, scilicet de Belsia, de Nongento Fisci, et de Amilliaco ; penes quos omnium capituli redditum administratio erat. Exauctoratos autem esse sive commutatos anno 1195 charta a Soucheto edita ostendit.

(59) Ordericus lib. VIII ista habet de B. Bernardo: « Post plures circuitus, ad venerabilem episcopum Ivonem divertit ; et ab eo benigne susceptus, in prædio Carnotensis ecclesiæ cum fratribus quibusdam constitit, et in loco silvestri, qui Tyron dicitur cœnobium in honore sancti Salvatoris construxit. »

(60) Rivulus hic Tyronus prope Illerium in Ledum defluit.

(61) Charta citatæ donationis : « Donamus terram quietam et immunem a synodo et circada, ab omni consuetudine pariochiali, et ab omni exactione, salva obedientia, quæ episcopo juste debetur. »

(62) Adela, Guillelmi Conquestoris Angliæ regis filia, tunc vidua Henrici Stephani, comitis Blesensis et Carnotensis ; Comitatus pro liberis rexit, et postea in Marsiniaco cœnobio feminarum ordinis Cluniacensis, in agro Lugdunensi, vitam egit ab anno circiter 1128.

(63) Fulco, ducta filia unica Balduini regis Jerosolymorum, ei ut gener et hæres successit anno 1131, mortuus anno 1142.

(64) Rotrocus captus videtur anno 1113 aut sequente, in bello inter dictum Fulconem et Henricum I regem Angliæ, cujus aciem dirigebat, dum victoria mansit penes Fulconem, qui eum apud aliquem e suis captum et vinctum abstraxit. Consule Souchetum, qui hoc bellum late prosequitur.

(65) Crudelitatem Roberti Belismensis exaggerant Willelmus Gemmeticensis lib. VIII, Hist. Northmann. cap. 35, Ordericus, lib. VIII, et alii.

(66) Ordericus, lib. VIII de Roberto ait : « Plurima contra collinitaneos prælia iniit... Hoc feliciter experti sunt Goiffredus Mauritaniæ comes et Rotrocus filius ejus. » Aliquas contentiones supra indicavimus.

(67) Hildebertus episcopus Cenomarum epist. 59 ista habet : « In turre Cenomanensi comes Rotrocus in vinculis tenebatur. Ad eum metu mortis trepidum vocatus accessi. Deinde mihi confessus, domui suæ disposuit, testamentum fecit, ecclesiis distribuit. Quod ut illibatum permaneret, submissis precibus a me impetravit; quatenus ego ipse matrem ejus adirem; de testamento exhiberem testimonium... Mater comitis in osculo me suscepit, applausit testamento, gratias agens quod comiti accessissem. »

sibi Dominum constituant. Viro quoque Dei Bernardo per ipsam suam matrem intimari petiit, ut pro salute animæ suæ intercederet, et pro ereptione corporis sui, quæ amodo fieri non poterat, jam sollicitus nequaquam existeret. Quod vir Dei audiens mox lacrymis perfunditur, ac deinde prophetico spiritu repletus, talia nuntiantibus admonet, ut de Dei misericordia præsumant, et de illius liberatione minime diffidant. Adjungens quod ipsa adversitas Rotroco in prosperitatem, Roberto vero in maximam commutaretur adversitatem. Quod et factum est. Nam sola illius provida dispensatione, qui sapientes novit in sua astutia comprehendere, breve satis transacto dierum curriculo, ut vir Domini prædixerat, consul liber et incolumis patriæ restituitur, et Robertus (68), in ipsis quæ prædiximus vinculis, jussu Henrici regis, in Angliam transportatus, usque ad diem mortis suæ perpetuo carcere religatur. O virum excellentissimo præconio dignum! cujus lacrymis ipse fons pietatis commovetur; cujus monitis viduata patria roboratur; ad cujus vaticinium captivo liberato, tyrannus, ipsis quos tetenderat laqueis irretitus, exsilio mancipatur.

81. Consul itaque patriæ ac prosperitati pristinæ restitutus, castrum Belismum (69) nec non et adjacentia illi territoria mox obtinuit, atque tam sibi quam suis hæredibus deinceps possidenda subjugavit. Exhinc quam citius potuit ad virum Dei Bernardum, cujus meritis et orationibus liberatus fuerat, pervenit : grates quas debuit, non tam verbis quam lacrymis ac subsequentibus indiciis, retulit : quem tanto affectu postea dilexit, ut ei in multis obediret, a rapinis et crudelitatibus ejus doctrinis se temperaret, vitam suam in melius reformaret; et ne tanto ingratus beneficio appareret, plurima illi donaria contulit, quæ dinumerare dissimulamus, ne devotis lectoribus fastidium inferamus. Si enim singula quæ in multimodis ecclesiæ ornamentis, quæ in gemmis, quæ in aureis sive argenteis vasis, quæ in terrarum vel prædiorum sive silvarum amœnitatibus, quæ in stagnorum vel vinearum aut molendinorum dominationibus, in decimarum diversarum redditibus, monasterio nostro donavit (70), disserere velimus, non jam sancti viri gesta describere, sed quamlibet historiam texere comprobabimur. Territorium etiam quod, ut præmisimus, quorumdam consilio deceptus beato viro abstulerat, reddidit (71); ibique quamplures monachorum illius, idoneis constructis mansionibus et quamplurimis deputatis redditibus, ampliavit. Supradicta vero Beatrix, ejus cognita sanctitate, castrorum suorum habitationem deserens, Tyronii ædificatis ædibus, quoad vixit, deinceps habitavit, ibique ingentem basilicam, multis expensis pecuniis, fabricavit; cui ab hac vita decedenti Juliana (72) ejus filia, maternæ probitatis hæres, successit : quæ pluribus distractis sumptibus officinarum nostrarum partem non modicam diligentissime postea consummavit.

82. Dum igitur Bernardus monasterium suum ædificaret in Francia, Robertus Abreselensis (73) suum construxerat in Aquitania, nempe Fontis Ebraldi, Radulphus Fusteiensis in Britannia, Vitalis vero de Mauritonio suum fabricabat in Northmannia, nempe Savinejum in diœcesi Abrincensi, quod postea domno Bernardo cessit cum monasteriis (74) inde pendentibus (75). Quos supernus arbiter longe a se positos, et in diversis regionibus separatos manere voluit; quia tot et tanta unusquisque illorum monasteria construxit, ut una eos regio minime caperet, una provincia congregationibus ab illis adunatis minime sufficeret. Porro Christi miles Bernardus, postquam cœnobii sui sedem locaverat in prædio, quod ipsius genitrix sibi per manum canonicorum suorum dederat, nulla cum inde expulit calumnia, nulla potuit illinc dimovere procellosæ tempestatis adversitas; quia Christo inhæserat, qui est immobilis stabilitatis firma soliditas.

CAPUT X.
Revelatio de salute æterna secunda monachorum. Miracula alia.

83. Quadam nocte, dum fratres in oratorio nocturnalis synaxis psalmodiam decantarent, contigit ut quidam frater ad extrema perveniret. Ob quam causam juxta ritum percussa tabula, fratres convenerunt. Qui dum defuncti jam fratris obsequium expeditius vellent consummare, et ad oratorium, ut mitatum.

---

(68) De Roberto vincto, in Angliam abducto, agunt Ordericus, lib. XII, Malmesburiensis, lib. V De gestis Henrici I Wigorniensis et alii.

(69) Gemmeticensis, lib. VIII, cap. 55 : « Roberto in vinculis posito, in quibus et defecit, rex Henricus nobilissimum oppidum Belismum cepit, et illud Rotroco comiti Perticensi genero suo dedit. »

(70) Consule Souchetum, qui nonnulla ex antiquis chartis donaria recenset.

(71) In supra citata Arcissia, sub parœcia Brunella, tunc exstructus fuit prioratus monachis Tironiensibus, ac postmodum anno 1225 in abbatiam erectus a Guillelmo episcopo Catalaunensi. Chartam donationis habent Sanmarthani tomo IV Galliæ Christianæ, pag. 75, postea diplomate pontificio virginibus cessit.

(72) Meminit Ordericus, lib. VIII hujus « Julianæ, nuptæ Gisleberto de Aquila oppido, » quæ Rotroco fratre in Hispania morante, rexit Perchensem co-

(73) De his jam sæpius actum. Aquitaniam Ligeris a Francia proprie sumpta distinguit. Aquitani vivebant secundum leges Theodosii imperatoris et Romani habebantur; at Franci, secundum leges Salicas : ab his vero etiam erant distincti Britanni, Northmanni, Burgundi, quod sub propriis ducibus aut regibus degerent.

(74) Souchetus universim numerat 58 monasteria tam per Gallias, quam Anglicanas ditiones, quæ suberant Saviniaco, quod monasterium quomodo sub quarto suo abbate Serlone cum omnibus suis filiabus transierit ad ordinem Cisterciensem, traditum in manus S. Bernardi abbatis Clarævallis, diximus 17 Martii in proleg. ad Acta S. Patricii, num. 21. Idem Souchetus monasteria 63 recenset quæ monasterio et ordini Fontis-Ebraldi suberant.

(75) Addebatur in ecgraphis de *Vitali postea* : quod ex margine in textum videtur irrepsisse.

quod supererat intermissæ psalmodiæ persolverent, remeare; aliter quam intenderant accidit; quia cujusdam mora retardationis intercedens, ibi diutius eos, quoniam res exigebat, detinuit. Infirmarius namque, non habens aquam qua defuncti fratris artus examines ablueret, eum non poterat sepelire, eo quod ostii cujusdam, per quod erat exitus ad fontem, clavem non valebat invenire. Quapropter vehementer conturbatus, ut ostium confringeret, securim arripuit. Sed sanctus Dei Bernardus motum perturbationis illius leviter compescuit, eique clavem a diabolo sublatam, quam diu quæsierat nec invenerat, reddidit. Et sic demum peractis exsequiis ad ecclesiam redierunt, divinæque servitutis pensum, quod nondum compleverant, peregerunt. Porro fratribus in crastino inter se de hac mora colloquium facientibus, Christi miles Bernardus quemdam fratrem exsequiis interfuisse asserebat, qui tantum dæmonum multitudinem ad accusandum fratris animam venisse conspexerat, ut totam vallem, in qua monasterium situm est replerent. Sed quia illi salutem auferre, ut conabantur nequiverunt, hoc impedimentum retardationis sepulturæ illius intulerunt. Verum quia illum falsa dixisse, nec aliquem obsequio adfuisse, præter illum qui hæc viderit quæ protulit, pro certo cognovimus, quia de seipso dixerit minime dubitavimus.

84. Sub eadem tempestate, dum corpus cujusdam fratris, qui valde religiosam duxerat vitam monachi sepulturæ tradere præpararent, et debitæ psalmodiæ pensum persolverent, homo Dei Bernardus, ut secretius oraret, ad oratorium secessit, ibique defuncti fratris animam diutine Deo precibus commendavit. Quem superna pietas gratanter, ut in subsequentibus declarabitur, exaudivit, atque protinus, ne de ipsius salute in aliquo hæsitaret, benigne certificari voluit. Frater namque, cujus corpus erat in feretro, albis indutus vestibus, manipulum habens in manu, illi, ut prædiximus, orationibus insistenti, admodum splendidus apparuit, petensque ab eo benedictionem, ad colloquium intravit : et ut ex parte sua confratres salutaret, et quod jam requie potiretur, ipsis intimaret, diligentius exoravit.

85. In vicinia nostri monasterii miles quidam, Robertus de Moteja (76) nomine, habitabat qui necdum tunc temporis rerum affluentia, ut postea experti sumus, redundabat. Diutina namque penuria, nec sine admiratione vicinorum premebatur, licet perplurimis villarum atque prædiorum redditibus ditatus videretur. Ipse egestatis suæ infortunia plus cæteris admirabatur, maxime quia res suas solerti industria ac circumspecta prudentia disponere a cunctis dicebatur. Quapropter bona comitatus fide ad virum Dei veniens, cujus jam familiaritatem obtinuerat, quatenus domum suam propria honoraret præsentia, devotis precibus exoravit, et ut apud se unius noctis spatio hospitari dignaretur, addere præsumpsit. Bernardus vero, ut erat benignissimus, illius piæ petitioni gratanter acquievit, ad domum pervenit, hospitium suscepit. Quid plura?

Divitiis plenus, sed census non pereuntis,
Militis hospitium novus hospes ut intrat, egentis
Pauperiem fugat hinc, ex munere cuncta replentis

Tanta namque copia, sicut post in propatulo claruit, ab illo tempore domum prædicti militis subintravit, ut non jam Dei famulum, sed ipsum totius largitatis ac bonitatis dominum in suo se hospitio suscepisse gavisus sit. Qui postea, tantam exteriorum opulentiam ad illius ingressum se obtinuisse non immemor, nequaquam ingratus exstitit ; sed exinde, prout potuit, ipsi incessanter ministravit ; ac nobis post ipsius excessum nonnulla beneficia contulit, atque nostrum monasterium quamplurimis decimarum redditibus ampliavit.

86. Apud S. Leobinum de Quinque-Fontibus (77) quidam puerulus erat, cui carnosus tumor superaccrescens totum oculum ab ipso nativitatis die cooperuerat. Cujus mater audiens, quod vir Domini Bernardus per eamdem villam transitum haberet ; quam citius potuit se suamque sobolem ipsius obtutibus præsentavit ; et ut suo unico filio manum imponeret, cum lacrymis extorquere curavit. Tunc maternis clamoribus compassus, ac circumstanti populo satisfacere acquiescens,

Comparet ut laudem Christo cæcoque salutem,
Ex oculo morbum depellit, quem vidit orbum,
Vir sanctus dignum crucis aptans cum prece signum.

Quem tam celeri sanitati restituit, ut omnis morbus cum signo crucis evanuerit.

87. Confluebat itaque ad Dei famulum hinc inde tanta multitudo hominum, mundo renuntiare cupientium, et ejus se eruditionibus subdere desiderantium, ut infra triennium quingentorum monachorum (78) Pater exstiterit. O mirabilem virum, non sibi soli, sed omnibus natum ! Videte quod non sibi solum laboravit ; sed et omnibus exquirentibus veritatem. In hoc solum placitum erat Spiritui

---

(76) *Robertus de Moteja* inter testes habetur in donationibus, Tyronensi monasterio et Nongentesi S. Dionysii factis. Erat ejus dominium in loco *de Monteja* vulgo *les moteis*, in parochia de Culdreia vulgo *Coudray*; haud procul Nongento versus meridiem. Consule Souchetum.
(77) Vulgo *S. Lubin de Chassant* haud procul Tironio : quam parochiam dictus Robertus de Moteja, et Gaufridus ejus filius dimiserunt Gaufrido episcopo Carnotensi, qui dedit Tironensibus monachis. Colitur S. Leobinus episcopus Carnotensis 15 Septemb.
(78) Willelmus Malmesburcensis lib. I De vita Henrici I Angliæ regis, cum de B. Roberto de Abrisellis egisset, hæc de Bernardo addit : « Alter famosus paupertatis amator, in saltuosum et desertum locum relicto amplissimarum divitiarum cœnobio, cum paucis concessit : ibique, quia lucerna sub modio latere non potuit, undique multis confluentibus, monasterium fecit, magis insigne religione monachorum et numero, quam fulgore pecuniarum et cumulo. »

sancto, *quæ, teste Salomone, sunt probata coram Deo et hominibus, concordia fratrum et amor proximorum (Eccli.* xxv, 2). Quorum trecentos secum retinuit; ducentos vero alios, per diversas mundi partes, in cellis duodenos vivere statuit. Quibus nimia paupertate depressis, divinæ pietatis larga dispensatio, quæ volatilia cœli pascere non desinit, benignissime providebat; et propter fidem sancti viri eis victualia ministrabat. Multis tamen diebus ita panis deerat, ut necesse esset panis libram inter duos, et nonnunquam inter quatuor dividi. Aliquando et penitus pane carebant; sed herbis tantum et leguminibus vitam suam sustentabant. De vino autem melius puto silere quam aliquid dicere. Vinum non habebant; vinum habere minime tunc temporis appetebant. Porro in ipsa asperrima hieme multi sine pelliciis et etiam plures sine cucullis erant, quando mortalium fragilia corpora, præ nimia algoris immensitate, vix vivere etiam sufficienter vestita sustinebant. Et cum tanta rerum temporalium penuria premerentur, immensæ paupertatis onus se pro Christo ferre non mediocriter lætabantur. Pro magna etenim temporalium bonorum erat eis sufficientia, sanctissimi Patris sui Bernardi plena divinæ consolationis præsentia. Quia dum ipse in medio residens cœlestibus doctrinæ verbis mentes eorum reficeret, tantus amor Divinitatis inerat discipulis, ut magis in talis doctrinæ affectione gauderent, quam si transitoriorum rerum illo absente copiis abundarent. Enimvero quando panis eis omnino deficiebat, herbis solummodo, ut diximus, vel leguminibus refecti, adeo viri Dei consolatione ac præsentia corroborati erant, ut solito alacrius gratiarum actiones Deo referrent, seque ab ipso visitatos atque consolatos crederent. Major autem eis inerat in cibo vel in potu atque in vestibus abstinentia, quam S. Benedicti (Patris) ac institutoris monachorum præcipiat Regula, vel alicujus alterius scripturæ jubeant instituta.

88. Sub eodem tempore quemdam fratrem dæmoniaco spiritu repletum, Odonem nomine, vir Domini Bernardus pristinæ restituit sospitati, signum ei crucis opponens; atque a vinculis, quibus ob hoc ligatus fuerat, exsolvi præcipiens. Qui solutus, illico ita quietus redditus est et pacificus est, ac si nulla prius insania laborasset. Huic miraculo aliud etiam adjungamus, per quod Christi militem Bernardum spiritu claruisse prophetico pandamus. Ob cujusdam namque causam negotii Carnotum (79) ille perrexit die quadam; sed antequam illud tractare inchoasset, sociis suis qui secum ierant mirantibus, ad monasterium ex improviso remeavit. Cumque a fratribus requisisset, si, postquam discesserat ab eis aliquid incommodi contigisset, nuntiaverunt quemdam fratrem, nomine Gervasium, maligno spiritu agitatum, in infirmorum cella teneri obligatum. Quod statim vir Dei, dum esset Carnoti, et se cognovisse, ac idcirco tam celeriter remeasse, nobis qui illuc convoneramus, intimavit; et ut solutus a vinculis ad se adduceretur imperavit. Qui adductus signo crucis a servo Dei sibi impresso continuo pacificus resedit, postquam divina benignitas pro sui merito confessoris illum ab insania liberavit.

89. Æstivo itaque tempore, cum fratres ad fenum ceadunandum operam darent, atque plaustris ac aliis vehiculis intra septa monasterii recondendum convcherent; illius nimirum permissione, sine cujus nutu nec folium ab arbore defluit, quoddam quadam die infortunium contigit, quod nihilominus mentes perturbavit. Namque quidam puer parvulus, cui nomen erat Amelinus, dum cuidam carro (quod adeo feno videbatur onustum, ut vix a decem (80) aut eo amplius traheretur) succurrendi gratia caute minus appropiare maturaret, retrorsum corruit, atque mox imminentium e latere rotarum ponderosa volubilitate præventus, quousque exemplo per eum pertransirent, resupinus succubuit. Cumque circumstantes eum fere exstinctum crederent, ac de sola illius sepultura debere tractari judicarent, quassata membra in pala, quæ vulgo ventilabrum nuncupatur, cum lacrymis collegerunt, atque ad infirmorum cellam seminecem vixque palpitantem detulerunt. Quod postquam Bernardus, in oratorio de more constitutus, animadvertit, inconsideratis gressibus ad grabatum, quo miserandus decubabat tiruneulus, quantocius festinavit; ac inprimis, Dominici non immemor oraculi, cum beatæ crucis signaculo præfatam cellulam verbis salutare pacificis non postposuit. Mira res! qui velut exanimis putabatur, ejus voce expergefactus, ad ipsius introitum oculos aperuit; moxque ut idem Dei famulus manum sibi imposuit, eo usque convaluit, ut qui illuc aliorum manibus quasi ad sepeliendum delatus fuerat, propriis pedibus exsurgeret, ac exterorum (nobis videntibus, et super hoc Dominum magnificantibus) consortium incolumis repeteret.

90. Itaque quandiu vir Dei mortales tenuit auras, nullus discipulorum suorum otiosus erat; sed quisque, nisi detineretur incommodo, horis statutis propriis manibus laborabat. Erant etenim inter eos plures artifices, qui singulas artes cum silentio exercebant: quibus semper custodes ordinis præerant, qui, jubente Patre districtionem regularis observationis diligenter observarent. Si quem vero inevitabilis necessitas loqui compelleret, multiloquia et vaniloquia devitabat; quia institutio illorum hujusmodi impunita non dimittebat, venerabilis equidem Pater, quamvis custodes ordinis, ut diximus,

---

(79) In supracitata Vita B. Roberti num. 15 indicatur fuisse discordiam gravem, inter Ivonem episc. Carnotensem et Bernardum seu Bernerium abbatem Bonævallis, ob quam « Robertus, consecrato sibi Bernardo abbate religioso, accurrit Carnotum. »

An hic ea occasio, an alia sit intelligenda, nescimus divinare.

(80) Apud Souchetum adjugitur *bobus*, quæ vox deest in nostris mss. ut videatur carrus a decem hominibus tractus.

singulis imposuisset; ipse tamen cunctos circumiens excludebat; sed omnino omne genus hominum in illud recolens apostolicum, *Qui non laborat, non manducet (Joan.* vi), neminem otiosum esse permittebat. Tanta porro cordibus eorum, per exemplum viri Dei, accreverat humilitas, quod et quælibet vilia propriis manibus certatim peragerent, ligna suis humeris a silva deferrent, coquinam sine aliquo servientium adminiculo ex ordine facerent, rebellionem et inobedientiam, aut contumeliosum verbum penitus ignorarent. Ad tantæ etiam charitatis fastigia viri Dei exemplum illorum mentes crexerat, ut sese sine dissimulatione diligerent, honore certatim prævenirent; voluntates proprias relinquentes, alienis subservirent; commoditates suas postponendo, alienas complerent, et omnimodis fraternis miseriis condolerent.

CAPUT XI.
Hospitalitas. Spiritus propheticus. Fama sanctitatis.

91. Quidam ex discipulis viri, noviter monachum professus, admirari cœpit, secum vehementer attonitus,

Cur sequerentur eum tantæ præconia famæ;

quem non videret a morte defunctos excitare, leprosos mundare, cæcos illuminare; minus attendens, quod patratio miraculorum non conferat sanctitatem vitæ, sed operatio lucis atque justitiæ. Qui dum per longioris spatium temporis ab hac cogitatione non quiesceret, sed vitæ illius sedulus explorator existeret, quadam nocte

*Grandem lanternam, radianti lumine plenam,
A nullo ferri vidit, nulloque referri,
Bernardi gressus ducentem sive regressus.*

Enim vero consuetudinis erat illi, nunquam (81) ante se lucernam vel a se, vel ab aliquo deferri; et cum a nobis moneretur, cur sibi lumen in noctibus deesse permitteret, respondebat, quia, sicut et nos, omnium ostiorum domus aditus cognosceret. Quapropter ille perscrutator

Talem vel tantam stupuit mirando lucernam :

et quam citius in crastino potuit, quod viderat viro Dei exposuit; et qualiter vitam illius catenus dijudicasset, confiteri non erubuit. Sanctus vero Bernardus, quod oculi ejus falli potuerunt, asseruit; et ne ulterius super hac re falleretur, interminando prohibuit. Patet nimirum quod Dominus per lanternam, itinerantibus luminis bajulam, designare voluit, operum sui confessoris lucentem copiam, sequentibus illum omnibus præviam.

92. Hospitalitatem vir Domini Bernardus adeo studiose omnibus adventantibus exhibebat, ut neminem ab hospitio excluderet; et monachos suos, ut omnes susciperent, edoceret; divites, pauperes, claudos, debiles, infantulos, mulierculas, leprosos, quoslibet morbidos, nullum sexum, nullam ætatem hospitium colligens, omnibus necessitatibus eorum, in quantum poterat, occurrebat, et quanto magis pauperes erant, tanto eis libentius serviebat victualia ac lectisternia, in quantum facultas illi suppetebat, hilaris dator præparabat. Panem forte multoties, qui ante fratres in refectorio positus fuerat, quia alium non haberet, a mensis excipiebat, hospitibusque, suis gaudenter apponebat. Omnia omnibus sua faciebat communia, et etiam ut hospitum equos ferraret, suos aliquoties deferrebat. In asperrima quoque hieme sibi non superflua indumenta multoties subtrahebat, quibus pauperum nudos artus misericorditer induebat. Nemo ab eo egentium reversus est vacuus. Spoliabat suos, ut ignotos vestiret, et cunctis succurreret. Quoties esse debitor voluit, vel quoties hac de causa ipse nudus sola tantummodo obumbratus cuculla remansit; solus ille, quem nulla latent, novit. Nemo plus dedit pauperibus, quam qui sibi nihil reliquit. Et cum tria sint sine sanguinis effusione martyrii genera, castitas scilicet in juventute, abstinentia in abundantiis, largitas in paupertate; quia jam de duobus in Aquitania triumphaverat, ut de tertio quoque palmam obtineret, in Francia quotidie martyr erat. Quia quamvis nimia paupertate afflictus, quæ habere poterat sibi suisque subtrahens, pauperibus et adventantibus erogabat. Hinc et consuetudo ab illo data et instituta usque hodie (82) in monasterio nostro retinetur, ut omnes omnino in hospitium colligantur, et eis ciborum atque lectorum in quibus facultas suppetit, necessaria subministrentur.

93. Nemo, Deo teste, mortalium magis illo nostris temporibus charitatis atque largitatis virtute claruit; nemo attentius hospitalitatis ac humilitatis studia tenuit, nemo magis carnis suæ curam postposuit. Tanto namque rigore abstinentiæ seipsum afflixit, quod nunquam corpus suum pharmacorum auxiliis, nunquam sanguinis diminutione, nunquam balneorum frequentatione curaverit; nec etiam, ut membra sua refoveret, postquam monachus professus est, ad ignem resedit. Vi etenim febrium, dum juvenis esset, gravissima detentus, nec per unius diei spatium conventum deseruit. Deinde jam senex, casu accidente, unius costæ fracturam perpessus ob hujus tamen infortunii relevationem, nullam sibi medicinam exhibuit; sed nec alicui quod talia detrimenta pateretur, donec sanitatem recuperasset, indicavit. Refectoriariorum negligentia, quod in mensa illius aqua minime poneretur (tali etenim poculo utebatur) multoties contigit; et ita per tres dies aut quatuor sine potu comedebat; nec alicui, quod sibi pocula deessent, innuebat. Majoris namque abstinentiæ et afflictionis tormentum, quo se afficeret, invenisse gaudebat; et ministris ob hoc sese accusantibus, ne de talibus deinde loqueren-

---

(81) *Nonnunquam* habent mss. nostra, et alia apud Souchetum : apparet, *non unquam*, esse legendum, sive *nunquam*.

(82) Addit Souchetus *usque hodie* ad sua tempora, id est ad annum 1649, idem fieri in dicto monasterio

-tur prohibebat. Si igitur quorumlibet parcimonia, qui illa tantum quæ inebriare poterant postponebant, admiranda cunctis proponitur; quid Bernardo, qui ab ipsa se aqua abstinebat, dignum conferetur? Da mihi aliquem a lautioribus cibis se continentem, pane hordeaceo contentum; do tibi Bernardum crudis herbarum radicibus se utcunque sustentantem multoties, et in ipsis perparcum. In conventu semper et cum fratribus comedebat; et sicut sede discipulis, sic abstinentiæ virtute præeminebat. Quælibet (gustus) irritamenta, quæ cunctis generaliter communia non essent, sibi ministrari nullo modo permittebat; imo a quibusdam, quibus alii vescebantur, abstinebat.

94. Quod suo confessori Bernardo divina gratia spiritum propheticum contulerit, liquido demonstramus, si de multis, quæ prophetico spiritu cognoverit, vel pauca referamus. Erat quidam monachus in monasterio ipsius, Vitalis nomine, sacerdos ordine, qui de rebus fratrum furtum commiserat, proponens in animo, quod ad sæcularis vitæ vomitum reverteretur, quem deseruerat: qui dum quadam nocte cum psallentibus in choro astaret, subito corruit. In crastino vero, dum fratres sciscitarentur ab illo qua de causa tam ignominiose ceciderit: Quia somnus se compressisset, atque se dejecisset, respondit. Sanctus autem Bernardus econtra inferens, Frater, non est ista, inquit, ut asseris; sed revera hac in nocte dæmonem conspexi, qui tibi horrificus insurgens hunc casum intulit; et nisi citius a perpetrato facinore per confessionem conscientiam tuam purgare studueris, et a proposito malæ voluntatis, qua adhuc irretitus es, resipueris, ad deteriorem te lapsum impellet.

O vir mirandus, et præcipue venerandus,
Cui mens non celat, quod non sibi lingua revelat;
Cernit et affectus monachi simul et meditatus,
Actus transactos manifestans atque furores:

cui larvales formæ panduntur dæmonum, qui peccata cognoscit hominum, quem secreta non latent cordium. Et revera, sicut idem prædixerat, non post multum temporis, ut ipsi vidimus, ita illi contigit, quia monasterii deserens habitum, ad pristinam pravitatem rediit; et concubinæ, qua, priusquam monachum profiteretur, abusus fuerat, iterum per quinquennium adhæsit.

95. Jam igitur sancti viri fama quotidie magis ac magis increbrescens, alarum suarum velocitate insignia virtutum illius per mundum deferens, ita eum auditoribus depingebat, ut illius staturæ mensuram diceret; et simplicis vultus lineamenta, in quo morum bonitas, pietas innocentiæ, animi mansuetudo, ut in sigillo suo apparebat, describeret; rigoremque abstinentiæ ac sanctitatem vitæ, annositatem longævitatis, canitiem capitis designaret; et ita designando, eum absentem quasi præsentem ante oculos eorum demonstraret; et sic notum et amabilem omnibus faceret. Unde factum est ut non solum Gallicanæ regionis partes proximas impleverit; verum et Burgundorum, Alanorum (83), Aquitanorumque ultimos fines pertransierit; sed et Britannorum, et Northmannorum Anglorumque metas obtinuerit, et ad Scotorum Albaniam usque pervenerit, sicut rerum ipsis effectibus postea patuit. Nam de istarum omnium regionum finibus, multi ad eum properabant, ut illius, quem jam sibi fama notificaverat, præsentiam corporalem cernerent, ac salutaris doctrinæ monita ab ipsius ore perciperent, et insignia virtutum suarum per seipsos cognoscerent. Quorum quidam monasterio illius, in rebus mobilis pecuniæ, multa beneficia impendere curabant; aliqui vero, quia illum secum in finibus suis præsentem habere non poterant, de monachis ejus duodennos assumentes, in territoriis suis eis monasteria construebant.

96. Quorum unus, Henricus rex Anglorum duxque Northmannorum, exstitit, qui transmissis duobus excellentissimis principibus (84), Theobaudo scilicet Blesensi comite atque Rotroco Particensium consule, magnis precibus exorabat, quatenus idem Domini famulus usque in Northmanniam veniens, sibi corporis præsentiam exhiberet; excusans se quod propter diversorum accidentium insperatos eventus finium suorum metas excedere non auderet. Quo annuente, mox ut eum rex vidit, manus utrasque ad cœlum porrexit, atque ipsius inhabitatori, Christo videlicet, immensas grates retulit, datisque sibi mutuis amplexibus, cum debita cum honorificentia suscepit. Cujus post auditam competentem doctrinam, quamplurima donaria obtulit: insuper et quindecim marchas argenti monasterio suo, unoquoque anno perpetualiter habendas, dedit: Præ nimia quoque amoris dulcedine, quem ad Christi confessorem deinceps habuit, intantum monachos illius quoad viveret dilexit, ut unoquoque anno, præter reditum quem diximus, eis sexagenas aut quinquagenas marchas argenti, vel eo plus minusve transmitteret; et ut religio institutionis illius non declinaret, diligenter admonuit. Nostri etiam dormitorii ædes faciendas suscepit, quas multis expensis pecuniis regia magnificentia consummavit.

97. Sed et rex Francorum Ludovicus (85), eodem

(83) Ita mss. Cum Souchcto, mallemus legere *Catalanorum*, qui erant trans Pyrenæos Aquitaniæ proximi ad ingressum Hispaniæ: aut *Alamannorum*; qui pro Germanis a Francis habentur, et Burgundis vicini erant. Nam *Alani*, qui olim in Gallias irruerant, et inde in Hispanias transierant, jam nullam tunc inibi incolebant regionem, nec nomen eorum uspiam supererat, nisi, ut diximus, in Gottalaniæ seu Catalauniæ appellationem conversum.

(84) *Principes* dicuntur; quia Theobaudus Henrici regis nepos erat, ex sorore ejus Adela, de qua num. 91 actum: et Rotrocus ejus gener erat, ob filiam ejus Mathildam in uxorem acceptam. Regnavit Henricus ab anno 1101 usque ad an. 1135.

(85) Ludovicus VI, Grossus dictus, regnavit ab anno 1108 usque ad annum 1137.

quo supradictus rex accensus desiderio, postquam cum eo colloquium habuit Cintreiacum territorium, quod hodie usque possidemus, pro munere contulit. Successoribus etiam suis post ejus obitum maximam reverentiam exhibuit, ita ut ab eis liberos suos, Philippum (86) videlicet ac Ludovicum (87), postea reges, sacro de fonte suscipi vellet ; atque in monasterio nostro usque ad diem mortis suæ innumera beneficia conferret. Theobaldus, cujus superius mentionem fecimus, exceptis duabus cellis, quas eo vivente nobis construxit, tot et tanta nostræ ecclesiæ post ipsius excessum ornamenta aliaque donaria contulit, ut præ multitudine numerare fastidiosum sit. Habitationem etiam infirmorum satis idoneam de proprio fieri fecit.

98. Si vero de cæteris, qui ad eum visendum de diversis regnis ac regionibus confluxerunt, eisque plurima donaria atque territoria contulerunt, utque cellas construxerunt, solique Deo cognita beneficia impenderunt, ut verbi gratia de Guillelmo (88) duce Aquitanorum, de Fulcone consule Andegavensium, exhinc rege Hierosolymorum, de Roberto comite Glocestrium, de Henrico consule Nivernensium (89), de Guidone Juniore Rochefortis comite, de Guillelmo consule Varvanicensium, de Roberto filio. Martini, de Guichardo Beljocensi (90), de Gaufrido Castridunensi (91) vicecomite, de Giraudo Berlay, de Britio de Chillo, atque de multis aliis singulatim tangere velimus; non ab hujus operis implicatione brevi relatione expediri poterimus. Quorum aliqui prius quas construxerant cellas, post excessum viri Dei, ob ipsius reverentiam, amplioribus fiscis atque reditibus nec non territoriorum possessionibus eo usque dilatarunt, ut eorum petitione devicti, abbates ibidem imponeremus ; tali tamen conditione, ut tam ipsi quam illorum successores nostris jussionibus per omnia obtemperarent ; a nostris consuetudinibus in aliquo non declinarent ; sed eodem tenore quo priores antea cellas rexerant, nostrarum ditionum legibus et institutionibus ex toto subjacerent.

99. Per idem tempus Robertus (92) quidam, genere nobilissimus, sanctum virum ab Oceani partibus adiit, atque tredecim ex ipsius discipulis secum assumens, Northmannicos Anglicosque fines pertransiit, et ad ultimas Galensium (93) regionum metas perveniens, in littore maris Hiberniæ juxta Tevi fluvium, prius quidem cellam ; postea vero totidem cum abbate impetratis monachis, pacto quo diximus, cœnobium omnibus usualibus aptum composuit. Sub eadem tempestate David (94) Lothoniensium atque Nohantoniensium, postea vero rex Scotorum, beatissimi Patris nostris adhuc viventis meritorum insignia, fama referente, comperiens : per internuntios strenuissimos non modicam discipulorum illius congregationem ad se usque perduxit, et in Latonia, quæ ab uno latere Scotorum Albaniam contingit, ab altero vero latere Nordanhumbriæ finibus jungitur, eis cœnobium juxta Tuydam (95) fluvium situ congruo fabricavit, quod amplis possessionibus atque reditibus sufficienter ditavit. Enim vero postquam hoc fecerat virum Dei ardenter videre sitiens, ab Arctois oris iter arripuit, et multarum regionum interjacentium finibus transactis, Britannici maris emenso spatio, Northmanniæque provinciis transcursis, Tironium usque pervenit. Sed quia sanctus Pater ad superos jam decessisset, illum ut optaverat videre non potuit. Verum ne tanti viri curiæ vacuus vel ingratus appareret, postquam, regiæ dignitatis posito supercilio, flexis genibus sepulturæ ipsius debita cum reverentia se præsentavit, monasterium quod jam fundaverat amplioribus fiscis atque territoriis dilatavit, atque duodecim monachos cum abbate ordinis

---

(86) Philippus, vivo patre, in regem coronatus an. 1129; et lapsus ex equo anno 1131 mortuus.

(87) Ludovicus Junior, fratre mortuo, in regem coronatus est 1131 anno ætatis 10; et patre defuncto, regnavit usque annum 1180.

(88) De his legendus Souchetus : de Guillelmo Aquitano et Fulcone supra actum. Robertus Glocestrensis erat filius naturalis Henrici regis Angliæ : « Guido Rochefortensis, Rufus dictus, anno 1110 Hierosolymitanum iter suscepturus; commendans, inquit, meipsum in orationibus piissimi Patris Bernardi abbatis Tironii, et ejus conventus, dedi illis unam molam, » etc.

(89) Souchetus contendit hic subortum errorem, et Henricum dicendum consulem Warvamensium sive Warwicensium in Anglia, et mox secutum Guillelmum fuisse consulem Nivernensium, de quo num. 36 actum.

(90) Guichardus de Bello-joco aliis vulgo Beaujeu Lucianam filiam Guidonis Rufi Rochefortensis, desponsatam Ludovico Grosso regi, duxit uxorem, teste Orderico, lib. VIII ad annum 1108. Petrus Cluniacensis, lib. I Miraculorum, cap. 27 indicat in Matisconensi diœcesi Bel-jocum castrum esse, ubi Guichardus monasterium Jugum-Dei prope Villam Francam, ad Rodhanum construxit, de quo infra agitur num. 125.

(91) Diplomata donationum factarum a Gaufrido, Giraudo et Britio de Chillo refert Souchetus.

(92) Hunc esse Robertum filium Martini, cujus antea fuerat mentio, probat Souchetus ex diplomate Henrici regis, confirmantis monachi de Tiron donationem, quam Robertus filius Martini in Wallia largitus est.

(93) Galensium pro Walensium seu Walliæ regione dicitur, ubi hic memoratus Tevi fluvius separat Cardiganense comitatum a Pembrochiensi, et dein in mare Hibernicum influit. Souchetus inter abbatias subjectas, refert aliquam S. Mariæ de Carmeis, in Wallia et diœcesi Menevensi seu S. Davidis.

(94) David Malcomi III regis Scotorum et S. Margaritæ reginæ (de quo agendum 10 Junii) filius, tempore fratris Alexandri I regis duxit Mathildem uxorem, per quam (si Joanni Leslæo et aliis Scotis credendum) factus est, hæres Northumbriæ et Hundintoniæ. Mortuo Alexandro fratre, anno 1124 creatus rex, vixit usque ad annum 1151.

(95) Twida seu Tweda terminus est hodiernæ Angliæ et Scotiæ. Hinc Latonia tunc comprehendebat hodiernam Lothianam et Marciam, Scotiæ provincias ad mare Germanicum.

et lege præmissa impetratos, præter illos quos jam habuerat, secum assumens, longissimæ itinerationis confectis laboribus, tandem regni sui provincias attigit.

100. Quorumdam nomina regum, ducum, consulum nobilium, qui virum Dei Bernardum videre, atque ejus monasterium suis augmentare possessionibus curaverunt litteris adnotavimus ; sed præ multitudine pauca de multis excerpendo perstrinximus. Revera etenim, si cunctos, qui in diversis regnis cellas ei construentes nostrum monasterium amplificaverunt, huic scripturæ intexere voluerimus, libellus modum excederet, et non dico fastidiosus, verum studiosius lector fastidium incurreret. Quis etenim centum cellarum (96), quas ecclesia nostra, antequam hic libellus componeretur, habuit ædificationes nominatim exprimeret ? Quis tot locorum aut territoriorum situs, in quibus eas possidemus et nostratibus inaudita vocabula nominando designaret ? Quis tantæ prolixitatis volumina, si talia scriberentur, quæ tamen narrationis series describi expeteret, legendo revolveret ?

101. Adeo quoque prædictus Dei famulus compassionis affluebat visceribus, ut si quis ei grave facinus confiteretur (veniebant etenim ad eum ob istiusmodi causam quamplurimi) ita se afficeret, ac si ipse ipsum facinus commisisset, ut et reum suis fletibus ad lacrymas commoveret. Tantam namque ei Spiritus sancti gratia, suæ dulcedinis infusione, constantiam contemplationis orationisque contulerat ; ut in harum assiduitate maximam diei et noctis partem consumeret, tantaque in ipsis redundantia lacrymarum afflueret ; ut si quis ejus vultum vellet aspicere, quasi duos rivulos ex oculis ipsius videret emanare. Dulcifluus etenim gustus divinæ suavitatis, stillicidio torrentis voluptatis Dei cum irroraverat, atque superiori irriguo terram cordis ejus fecundaverat, et sic ad Deificæ beatitudinis desiderium sublevaverat. Et quia vel ad momentum a præsentia illius aberat, præ nimio dolore lamentis sese propriis cruciabat; atque ita, si levia commisisset peccata plangebat, ut illum gravissimorum criminum crederes reum. Vitæ quoque præsentia tædiis mens ejus affecta, prolongationem sui incolatus vehementer deflebat : et quoniam reprobos, more phrenetici lætantes cum male faciunt, et in rebus pessimis exsultantes conspiciebat ; illorum perditionem fraterna pietate deplorabat.

102. Et quia redundantia gratiæ tanto affectu et assiduitate mentem illius conjunxerat divinæ menti, ut ait Apostolus : *Qui adhæret Domino unus spiritus est,* (I *Cor.* VI) facies ejus, hujusmodi conjunctionis formam trahens, angelici aspectus in seipso similitudinem præferebat. Videbatur enim illum aspicientibus, quod ei vultus angelicus inerat, et quod facies ipsius cujusdam claritatis suavitate resplendebat ; præsertim cum sacrosancta missarum solemnia celebraret, tanta tunc maxime lacrymarum exundabat affluentia, corporali sui Creatoris permotus præsentia, ut etiam perlate madida imbre lacrymarum ipsius indumenta sacerdotalia fierent. Si vero monachos benediceret, seu defunctorum fratrum officium perageret, vel aliquem discipulorum ad longinquas regiones transmitteret, fraternæ pietatis perfusus visceribus, non poterat abstinere quin fleret, suisque fletibus alios ad lacrymas excitaret.

103. Nec mirum si tam larga ei inerat effusio lacrymarum, cui Spiritus sancti gratia omnium contulerat incrementa virtutum. Tanta namque vigebat prudentia, ut quæque cogitaret quæque ageret, ad rationis normam universa dirigeret, ac nihil præter rectum vellet vel faceret, humanisque actibus, tanquam divinis arbitriis, provideret ; mundumque istum et omnia quæ mundo insunt, divinorum contemplatione despiceret ; omnemque animæ cogitationem in sola divina dirigeret : non quasi in elatione proficeret, sed quasi sola nosset, et hæc tanquam nulla alia essent, mente conspiceret, et quadam humanorum fuga solis se divinis insereret. Ex qua virtute sibi gignebatur ratio, intellectus, circumspectio, providentia, docilitas atque cautio. Fortitudo etiam illum adeo cerroboraverat, ut animum illius supra omnem infortunii metum ageret, nihilque nisi turpia timeret ; adversa vel prospera fortiter toleraret ; minimeque corporis et animæ dissolutionem exhorreret ; desideratque ejus jam virtus fortitudinis vitia non vincere, sed ignorare, ut irasci jam nesciret, nihilque cuperet. Præstabat autem ei fortitudo magnificentiam, magnanimitatem, fiduciam, securitatem, tolerantiam, firmitatem atque constantiam.

104. Temperantia quoque sic illum modificaverat, ut nihil pœnitendum appeteret, in nullo legem moderationis excederet ; sub jugo rationis omnia redigeret, quæ corporis usus requirit, in quantum natura patitur, (rationi) omnia postponeret ; nec jam terrenas cupiditates reprimeret, sed veluti quadam oblivione illas ex se penitus deleret : unde procreabatur sibi modestia, verecundia, abstinentia, castitas, honestas, moderatio, pudicitia, parcitas atque sobrietas. Sed et justitia intantum sibi illum devinxerat, ut unicuique quod suum est redderet ; et ad unam sui propositi hujus viam, uniuscujusque virtutis obsequium reflecteret ; ita mentis suæ intentionem cum divina mente sociaret, ut illam imitando cum ea perpetuum fœdus iniret ; ex qua nimirum sibi virtute proveniebat innocentia, amicitia,

---

(96) Hisce cellis seu cœnobiis videntur includi, quæ num. 82 dicuntur a B. Vitale constructa, et postmodum B. Bernardo subjecta. Inter proprias filias Savigniacenses fuit tertia abbatia de Furnesio in Anglia, quæ in *Monastico Anglicano* pag. 704 dicitur « de ordine Savigniacensis, id est Tironensi sub Regula S. Benedicti » fuisse ; et de qua pluribus 17 Martii ante Acta S. Patricii num. 21

concordia, pietas, religio, affectus atque humilitas.

CAPUT XII.
Morbus extremus : duplex ad suos exhortatio. Extrema sacramenta sumpta.

105. Bernardus igitur, velut nardus odorifera, quae non fortuito, sed, ut reor, summi dispositoris providentia, vocabuli ipsius litteris invenitur expressa; tantarum fragrantia virtutum, mundanae pravitatis languoribus suavissimi ferebat odoris spiramina, quasi fumi ex aromatibus myrrhae et thuris per hujus vitae desertum ascendens virgula, aut velut universi pulveris pigmentarii congesta copia. Sed imminente termino, quo humani generis Creator et Redemptor, suorum munificus agonistatorum remunerator, tot tantisque laboribus ejusdem finem vellet imponere, ad inaestimabilia stipendia, undecimo (97) hujus Resurrectionis die, corporis invitatur molestia. Quid plura? De divina nihilominus praesumens clementia, quippe quem fidentem reddebat mens totius puritatis conscia, Dominico (cui cum discipulis intererat nocturnali tempore) dimisso servitio, solus ecclesiam egreditur, claustrique portam ingressus, nullo accersito solatio, proh dolor! morbo cogente prosternitur, et in gravissimam incidit invaletudinem, imo quod optabat invenit, ut nos amodo desereret. Nonnulli autem nostrum exanimati, quod chorum psallentium non rediens deseruerat, eo quod tale quid antea solitus non fuerat; sequentes eum huc illucque quaesierunt, et in praefato loco decubantem invenerunt. Canonicas etenim horas, tam diei quam noctis quaelibet saecularis causa alicujusve potentissima persona, licet hac frequentissime quoad vixit inquietaretur, non abstulit, sed nec aliqua corporis molestia tardiorem reddidit; hanc solam excipe, qua felix felicem cursum complevit. His namque primus, vel inter primos, quousque consummaretur, semper interesse summopere satagebat; sicque caeteros plus exemplo quam terrore, ad sui imitationem, debita paternitate provocabat. Qui alta cordis trahentes suspiria cum in aediculam e regione statim deduxerunt, animo volventes, quae postmodum contigerunt.

106. Postremo, psalmodia de more peracta, monachorum turba, tanti praesentia patroni in proximo viduanda, lacrymosis cum et inconsideratis gressibus hinc inde circuiens, quaerebat : quem quia ad votum invenire nequibat, irremediabiliter flebat. O incomparabili desolatione super hujus morte afficiendum coetum : pro cujus momentanea, ut ita dixerim, absentia, gravi moerore percipis concussum ! Quid, miserande grex, animadvertisti? Quid ploras, quem necdum amisisti ? Quis te dolor percussit ? quis te secretorum Dei conscium reddidit? Pastor nondum percutitur, et quo diffugias quaeris. Nunc siquidem, quia ad horam abest, lamentaris ; sed ut rei certitudo innotuerit, ut opinor, omnino desolaberis. Pastorem tuum collige mortalem esse, mortalitatisque jura nullatenus evadere posse. Corporis itaque viribus aliquantum destitutus Pater sanctissimus, in primis, ipsa ejus jussione, aliorum manibus in capitulum adducitur, filiosque suos inconsolabiliter lamentantes, virtute qua potuit alloquitur, et eorum fletus exornatis ac rationabilibus argumentis moderari conatur. Divinae eos dispositioni, ob dissolutionis suae dolorem, contraire ostendebat; sed illorum vis amoris ac doloris rationum legibus reprimi non poterat.

107. Tamen utcumque luctisonis repressis gemitibus, his verbis incipit Pater sanctissimus : « Noli timere pusillus grex, quia complacuit Patri tuo dare tibi regnum. Si enim meae memores humillimae paupertatis, quae vobis ostenderim exempla, quae tradiderim instituta, his sectas refutando contrarias, sequi volueritis ; non tanta, me defuncto, gravabimini rerum inopia, quanta vos huc usque, Domino permittente, pressit assidua. Sufficiant ergo vobis, dilectissimi, leges, quas invenistis ; altiora ne quaesieritis, et majora ne scrutati fueritis ; et illius institutiones catholicas, cujus vos pro Christo gratis magisterio subdidistis, adnihilare non praesumatis. Ego namque vos, non vos me elegistis, meque non in vestros, sed vos in meos introisse labores, non postponatis. Universa, quae necdum nisi auditu percepistis, mihi ut experto credite, mihi aurem praebete, mihi ut debetis, mea viscera, incunctanter acquiescite. Non enim pro pane vobis lapidem porrigo, nec pro ovo scorpionem ; sive pro pisce, Deo teste, serpentem appono ; et licet vos in quampluribus degenerandos non dubitem, tamen quod meum est persolvo. Non ut confundam vos haec dico ; sed ut filios meos charissimos praemunitos reddere satago. Quocirca vel veterani Patris vestri palpitantem admonitionem ex toto ne respuatis ; nisi forte ipsius Christi pauperis et pro vobis crucifixi sacerdotis imitatores (esse) abhorreatis. Si enim ipsi clamanti : *Discite a me quia mitis sum et humilis corde* (Matth. XI), obtemperare dedignamini, cum non sit servus major domino suo, vehementer erratis. Vestris necessitatibus absens magis subvenire potero, quam hic praesens in hujus miserrimae peregrinationis exsilio : meque hoc argumento noveritis potentem in coeli curia, si post meum excessum temporalium vos tanta non affecerit penuria. Quanto namque servus ad sui secreta domini familiarius admissus fuerit, tanto validius conservos apud ipsum juvare poterit. »

108. Desiderabilis exhinc thesaurus, qui in illius ore requiescebat, in commune referatur ; superna gaudia, quanta, qualia, quibusve sint praeparata declaratur ; infernalia quoque tormenta quos maneant, non tacetur ; aeterna beatitudo, bene quidem inchoantibus promissa, sed nonnisi perseverantibus danda, evidenti ratione intimatur ; miserationes

---

(97) Die 5 Aprilis, anno 1117, ut supra probavimus.

Domini multæ nec desperandæ suadentur; callida antiqui ac versutissimi hostis machinamenta propalantur; et, ut compendiose colligamus perplurima, nova ac vetera proferuntur; non in quantum poterat, facundissimi mens oratoris, sed ut ferre noverat capacitatem lamentantis gregis. « Ad extremum ego, inquit, fratres, animarum vestrarum prospiciens saluti, molestus apud vos forsitan et difficilis exstiti : et ideo obsecro vos ut ignoscat mihi quisquis aliquid dolet; et si severitas nostra modum forsitan transgressa est in aliquo debitum, orate ne hoc mihi Dominus imputet ad peccatum. » Cumque talia beato viro lacrymosis singultibus exprimente, cuncti similiter super genua caderent, semper bonum, semper discretum, semper affabilem, et pro omnium salute, prout decuit, invigilasse unanimiter acclamarent; lacrymabili vale dicto fratribus reducitur, et qui apostolica eatenus auctoritate gaudere solebat cum gaudentibus ; fraterna jam compassione, flet cum flentibus.

109. Enimvero contra spem omnium, Dei misericordiæ prævenientis auxilio gubernatus, ex infirmitate corporis ampliores animi vires capiebat: et tanto abstinentior quanto debilior, de salute perpetua jugiter cogitabat; salutem vero corporis, Domini arbitrio committebat. Dum itaque corpusculum, quod incredibili abstinentia et nimiis contraxerat jejuniis, vexaretur; his solummodo sustentabatur, in quibus sumendis quidam se abstinentissimos putabant, ut cum his etiam ventrem ingurgitaverunt, totam se obtinuisse pudicitiam suspicentur. Cumque aliis languentibus large præberet omnia nihilque necessarium pro facultaticula denegaret; nunc quod in alios duritiam, in se clementiam computabat. Nullus juvenum sano et vegeto corpore tantæ se dederat continentiæ, quantæ iste fracto et senili debilitatoque corpusculo. Cum vero a multis honestissimis personis, quæ undique ad eum confluebant, rogaretur, ut lautioribus sese alimentis recrearet : « Scimus, aiebat, ex epulis vitam solere servari, non sanitatem posse conferri. » Nam si ut sanetur infirmitas, explenda videtur gulæ cupiditas, quare et illi infirmantur qui conviviis lautioribus quotidie saginantur?

110. Persuadentibus medicis, ut lavacris balnearibus uteretur: « Nunquid balnea, inquit, facere poterunt, ne homo mortalis, expleto vitæ suæ tempore, moriatur? Si vere proximat mors, nec aquarum possunt eam calidarum fomenta repellere ; cur mihi, obsecro, persuadetis, ut rigorem diu servatæ professionis in fine dissolvam? » Fateor, in hac re pertinacior fuit, ut sibi nec annosus parceret, ut nulli cederet admonenti. Dicat prudens lector pro laudibus vituperationem scribere. Testor Jesum, cui ille servivit; cui et ego servire cupio, me in utramque partem nihil fingere ; sed quasi Christianum de Christiano quæ sunt vera proferre; illius

vitia aliorum esse virtutes. Vitia loquor, secundum animum ac omnium desiderium, qui illum diligimus, et absentem quærimus. Non mœremus quod talem amisimus; sed gratias agimus, talem quod habuimus ; imo habemus. Cæterum ille complevit cursum suum, fidemque servavit, et nunc fruitur corona justitiæ : sequitur Agnum quocunque abierit ; saturatur quia esurivit, et lætus decantat, *sicut audivimus sic vidimus in civitate Domini virtutum, in civitate Dei nostri* (*Psal.* xlvii, 3). O beata rerum commutatio! Flevit, ut semper rideret; sitivit, ut fontem Dominum reperiret. Sive dolor affligeret, sive febris incenderet, sive lassitudo dissolveret, inter tot corporalis infirmitatis acerrimas passiones, asperrimis subobsitus vestibus, melioribus mutatoriisve nequaquam usus est; ut nunc albis uteretur, et diceret : Scidisti saccum meum, et induisti me lætitia (*Psal.* xxix).

111. Tolerabat ergo infirmitatem patienter, exercebat abstinentiam satis humiliter. Parum namque putans omne quod fecerat, de die in diem melior fieri gestiebat; atque inter doloris aculeos, quos mira patientia sustinebat, oblitus ætatis et fragilitatis corporeæ, nec quælibet mollia sibi strata supponi permittebat. Pauperem Dominum ad mortem pauper spiritu sequebatur, reddens ei quod acceperat, pro ipso pauper effectus. Scimus plerosque dedisse eleemosynam, sed de proprio corpore nihil dedisse : porrexisse egentibus manum, sed carnis voluptate superatos, dealbasse ea quæ foris erant, et intus plenos fuisse ossibus mortuorum. At non Bernardus talis, qui in ipso mortis articulo tantæ continentiæ fuit, ut prope mensuram excederet, et debilitatem corporis nimietate jejuniorum ac jacenti rigore contraheret. Hoc cordis ejus propositum miserator et misericors Dominus superni juvaminis adjutorio fulciens, tantam illi constantiam contulerat, quod nec ullum ab eo gemitum igneus stimulus extorquere poterat. Verum ipse crebra transfixione perforatus, ad virtutis cumulum gratias cum lacrymis referebat. Sed quid ago? Narrandi ordinem prætermittens; dum in singulis teneor, ut videtur de multis, non servo præcepta dicendi. Semper virtutes sequitur invidia, feriuntque summos fulgura montes. Nec mirum si hoc de hominibus loquor, cum etiam Dominus Pharisæorum zelo sit crucifixus, et omnes sancti æmulos habuerint; in paradiso quoque serpens fuerit, cujus invidia mors intravit in orbem terrarum. Testor ipsam Veritatem, et sanctos ejus angelos, ipsum quoque angelum, qui custos fuit et comes admirabilis viri, me nihil in gratiam illius dicere more laudantium ; sed quidquid dicturus sum pro testimonio dicere, et minus esse ejus meritis, quem totus prædicat orbis.

112. Quinto (98) itaque incommodi die, in ipso quo decubabat sanctissimus infirmus lectulo, itidem in capitulo evehitur : ante venerandum Crucifixi

---

(98) Die 10 Aprilis.

vultum beatus Crucicola demittitur. Exinde coadunatos tirones, inconsolabiliter lamentantes, advocatique sui erectis auribus extremam admonitionem sitientes, emeritus adorsus; quia ex abundantia cordis os loquitur; quæ inter primas primatum virtutes obtinet charitas, per quam maxime ad procinctum fidei quisque convocatur, in primis conservanda ab eo sagaciter antefertur. Quia enim non est discipulus super magistrum (quod Christus ad Patrem regressurus summopere retinendum, pridie quam pateretur, valedicendo suis sequacibus innotuit) ne beatus Christicola vel in aliquo ab eo, cujus vices agebat, aberrare videretur, illud idem de mundo discessurus, debita paternitate, quibus debuit, prout decuit, intimavit. Quaslibet virtutes evacuandas præter hanc ac prorsus destruendas authenticis instruit imbumentis; hanc vero multitudinem cooperire peccatorum, hanc Deo militantium certius signaculum, hanc divinorum summam consistere præceptorum, testimoniis asseverat perplurimis: hacque sola Christi discipulos ab Antichristi complicibus secernendos, ipsius Veritatis fultus oraculo, astipulatus pro viribus sententiis, luculenter peroravit.

113. In hoc solo, inquit, cognoscent homines, quia Christi sitis discipuli; non si superstitiosarum observatores traditionum exstiteritis; sed si dilectionem ad invicem habueritis. Illæ namque non tam ædificationem quam prævaricationem generant: has etiam vobis ideo, dilectissimi, scienter dissimulabam, quia non tam profuturas, quam nocituras non ignorabam; utpote quibus non parvo tempore ipse subjacueram, quosque aliis per nonnulla annorum curricula instanter ferendos imposueram. Et licet quosdam ex vobis ad has anhelanter suspirare minime dubitarem; salubrius judicans ut esset quod fortes cuperent, quam ut infirmi refugerent, nullatenus acquievi multoties; inutiles (vitans) adinventiones, quibus vos prævaricatores redderem: his inhians, quibus ad pernecessaria, quasi pater filios, proveherem. Ubi enim non est lex, nec prævaricatio.

114. Hujusmodi et simillimis documentis, voce qua potuit solerter instructis, subjunxit: « Universæ viam carnis, Domino annuente, ingressurus, aliorum viribus, jam propriis, ut ipsi cernitis, destitutus, vobis, o filioli, valedicturus adveni; vestramque desideratissimam mihi præsentiam adii, quoniam jam delibor, meæque tempus resolutionis instat. Sed nequaquam vos, dilectissimi, absentia nostri moestificet corpusculi: de hac palæstra alacriter egredi permittite, et ad possessiones sidereas plenas delectationibus pervenire. Lacrymæ, rogo, vestræ convertantur in gaudium. Non enim debetis plangere quasi moriturum, quem cum Christo creditis regnaturum. Verum quia nemo mundus a sorde, nec infans, cujus est unius diei vita super terram; cunctarum excessionum, quas ore, corde et opere commisi, a lato et inæstimabili misericordiæ sinu, et a vobis veniam posco: quodque cunctis debetur Christicolis, ut mihi reddatis, suppliciter exoro. » Præsentibus invisa, absentibus nunquam credibilia, hanc vocem sequuntur suspiria.

115. Dehinc sacra est unctione de more peructus, atque Dominici corporis et sanguinis perceptione munitus, nobis astantibus quod petierat, impetrato, post lacrymabili vale dicto, gregeque suo summo Pastori non tam verbis quam lacrymis commendato, pius pastor ad cellam, de qua delatus fuerat, revehitur. Quem discipulorum flens et ejulans turba prosequitur: lacrymosæ voces, flebilibus comitatæ suspiriis, in altum extolluntur; atque se miseros, se orphanos proclamantes, irremediabiliter lamentantur: « Heu, inquiunt, decedis, Pater sanctissime, cujus tenore valuimus, cujus vigore stetimus, quo procumbente labimur; quo deficiente prosternimur? Cur nos incipientes deseris? cur necdum collectos dispergis? Quis nostræ desolationis modus? quis dispersionis finis? quis destructionis terminus? In quo modo habebitur vitæ consilium? in quo spes? in quo salus? in quo refrigerium? sub cujus protectione refugium? Quis jam truculentam rabiem luporum, sublato pastore, ab ovium laceratione refrenabit? Quis miseriæ solator? quis utilitatis provisor ultra exstiterit? »

CAPUT XIII.
Reliqua ad mortem præparatio. Revelationes, obitus, sepultura.

116. Hæc et hujusmodi quibusdam illorum vociferantibus, aliis in terram spasmo superveniente moribundis jacentibus; vir pietatis exsecutor, quid mallet, in ambiguitatem ire compellitur; nec enim gregem desolatum deserere, nec a summi boni præsentia volebat diutius abesse. O virum nimia compassione pariter ac supernorum spe irretitum? Sublatis ergo cum manibus sursum luminibus: « O totius, inquit, pulchritudinis pulcherrime fabricator Deus, ante quem omne desiderium meum, et cui gemitus meus non est absconditus; nosti quanto desiderii ardore mens mea videre te sitiat, quantove tui amore hujus tædio exsilii affecta langueat. Verumtamen si ad tuorum tutelam in agonis adhuc certamine me jubes consistere, non renuo durosque sudores, quoadusque tibi placuerit, tolerabo. » Divinæ itaque voluntatis arbitrio committens omnia, ad imminentis indesinenter felicitatis anhelabat gaudia.

117. Porro biduo antequam vir Dei coelicas sedes adiret, quædam matrona, nomine Maria (quæ propter pietatis opera, quibus insistebat, eidem fuerat familiarissima) ante multorum pignora sanctorum, quæ in turre castri Novigenti tunc temporis continebantur, honoris gratia de more candelam accenderat, ac coram ipsis prostrata jacebat in orationibus. Huic virgo filia erat, quam Dei famulus, ut Christo consecraretur, a matre petierat. Eadem itaque, sicut præmisimus, orante, præfata pignora

ingentem, qua detinebantur cista, strepitum dederunt, ipsamque admodum perterritam reddiderunt. Et hinc videbatur sibi, quod a nostro monasterio usque ad eamdem turrim, quæ tribus ad minus distabat stadiis, dealbatorum monachorum multitudo tendebatur, processionis ad instar procedentium, virumque Dei sacerdotalibus insignitum vestimentis præcedentium. Quæ cum inusitatæ visionis exitum tremebunda præstolaretur, eadem subito turris ita intrinsecus resplenduit ac si ipsi solis radii in ea concluderentur. Quo splendore paulatim crescente, Domini confessor Bernardus, matronæ perterritæ, omnem sua præsentia pavorem removens, apparuit eique dixit : « Crastina die tuam tecum filiam adducens ad me, in proximo ex hoc mundo migraturum, propera ; pro certo sciens quod nisi etiam festinaveris, amplius me, charissima, non videbis. » Et hæc dicens, comitante cum quo venerat splendore, disparuit.

118. Illa vero domum reversa, non sine maxima vicinorum admiratione, per duarum fere horarum spatium permansit velut muta. Tandem sciscitantibus quid sibi contigisset infortunii, cunctam per ordinem disseruit visionem. Subsequenti igitur die, juxta sancti viri præceptum, comitante filia, quantocius ad eumdem properavit ; eique coram eis, qui aderant : « Tuis, inquit, obtemperans præceptis, mi Pater, adveni : mecum natam, quam jussisti, adduxi. » —« Bene, senior respondit : nam si paulisper, dilectissima, tardasses, utique insalutato remeares. Volo ergo, ut, quod hactenus distulisti, mihi tuam tradere filiam non cunctaris. » Tunc mater : « Libentissime, » intulit : « quodcunque tuæ placet paternitati concedo. » Quam postquam, cunctis qui stabant mirantibus, inter manus suscepit ; benedicens eis ad propria remisit. Illa vero non post multos dies, virgineis indubitanter (jungenda) choreis, immaculata quievit; lucemque sæculi hujus sempiterna luce, sancti nihilominus viri meritis, commutavit. O funeris gloria, quæ melior habetur quam vita ! quia quod terræ subripuit, in cœlum transmisit. Vere, ut ego considero, plus fuit quam resuscitari, sic mori. Certa siquidem salus est, non contaminari peccatis. Quanti cuperent, rebus cum vita traditis, talem transitum comparare, si mercatorem forsitan invenirent !

119. Fatiscentibus itaque membris et appropiante mortis articulo, imperat vir sanctus, fratres, qui sibi famulabantur, uti fessos artus dormiendo relevarent, eo quod in ipsius excubiis diutius vigilassent : qui humi se utcunque collocantes, dormitare incipiunt ; sed ejus vocibus excitati, illum cum quibusdam colloquentem percipiunt. Monachorum namque multitudo cum tanta venit gloria, ut Bernardum morientem mox repleret lætitia. Illi autem erectis auribus propius accedentes, quid vidisset, extorquere conantur. « O, inquit, quam immensa eximiæ pietatis viscera ! quam benigna ejus clementia ! Audieram quidem, Domine, quod qui pro te ad tempus humiliatur in terris, a te sublimetur in cœlis ; sed nunc tua gratia me certificari æternaliter voluisti, quanta sint jucunditate donati, qui se nostræ submiserunt parvitati. Jucunda servitus, quam tanta merces sequitur ! Revera tibi servire regnare est. »

120. Cum his et hujusmodi, de sibi cœlitus ostensa visione, applauderet Pater sanctissimus ; sic demum intulit cum votis lacrymantibus : « Certissime, noveritis, dilectissimi, cunctos hujus ecclesiæ professos, de hac mortalitate ereptos, ineffabili jam gloria donatos, de sua salute certissimos esse, de vestra vero quammaxime sollicitos. Ipsi namque dealbati hilaresque mihi, paulo post eis aggregando nunc apparuerunt ; atque ad Dominicam cœnam, cum Christo perenniter regnaturum, invitantes, vobis huc modo appropiantibus, valedicendo recesserunt : quorum corusco jubare solares radii reverberantur, quorum fragrantia balsama superantur, quorum pulchritudine lilia rosæque devincentur. » Rursum obortis lacrymis : « Quam beatæ, inquit, matres quæ genuerunt! Quam beata genua quæ sustentaverunt ! quam felices mammæ quas suxerunt ! » Qui aderant memores cujusdam monachi, de cujus dubitabant salute, sciscitantur, si visus fuisset cum aliis. Negavit dicens : « Imo est in tormentis. » Itidem inquirentes, si ejus miseriæ aliquis imponeretur finis : « Pœnis, ait, atteretur gravissimis. » Qui denuo expressius perscrutantes, si vel quandoque aliquam consequeretur veniam ; nihil aliud extorquere valuerunt, nisi quod multis cruciatibus afficeretur. De quo quia mentionem fecimus, qualiter vixerit vel obierit breviter intimare dignum judicamus.

121. Hic namque multis implicitus criminibus, insuper nullius sacri ordinis gradu perfunctus (quod dicto quoque mirum est) multorum annorum curriculo, sacerdotali usurpaverat fungi officio et hinc ad Dei virum veniens, habitum monachalem suscepit, nec tamen alicui, quod talia commisisset, detexerit. Sex itaque mensibus recursis ad extrema veniens, quod hactenus celaverat, innotuit ; benedictionem coronæ, quam needum acceperat, cum viatico accepit, et obiit. Cujus exitum, immutata aeris serenitate, subito terribilia subsequuntur tonitrua, fulgura venerunt terrifica, fit immensa pluviæ inundatio, simul et horrendarum flammarum coruscatio; tantaque fuit elementorum concussio, ac si totus aer rueret illico : nec tamen ab aliquibus visa vel audita est hæc commotio aeris, præter illos qui in nostris intererant habitaculis. Nobis vero sequenti die in capitulo de more coadunatis : « Quam intolerabilis, inquit vir Dei, peccatoribus ad inferos manet tribulatio ? cum tanta unius miseri causa apud nos ingruerit elementorum perturbatio. Quanta nimirum istius fuerit infelicitas, tempestatis non tacuit immensitas. Revera siquidem hac in nocte dæmones, miserum per fenestram extrahentes, conspexi, nec non inter eos acerrimum pro ipsius ani-

ma conflictum conspexi; sed quis altercationis finis exstiterit, penitus ignoravi. » Talem exitum miserandus sustinuit, qui cum reliquis beatificatus videri non meruit.

122. Porro vir Domini, prælibata certificatus visione, ac debito exhilaratus gaudio, si quid aliud jam loqui cogeretur, mox ad hæc ejus refluebant verba, nec quidquam vix fari poterat, nisi quæ viderat et audierat. Unde quidam astantium, præ cordiali ipsius resolutionis dolore stimulati, in hæc verba prorumpunt : « Hæc relatio nobis non cedit in prosperum. Nam nostrum jam abhorrens consortium, ad illorum quos vidit nihilominus anhelat collegium. » Tandem discipulos unanimiter ad se venire mandavit, quos secundum singularem districtionem ordinum, prout potuit, identidem instruxit. Sacerdotes cæterosque Dei ministros admonuit, ut sic altari deservirent, quatenus ipsimet hostia viva fierent. Adolescentulos, quos susceperat, quosque paterna pietate educaverat, hortatus est, ut virginitatem suam, quasi thesaurum irrecuperabilem, custodirent, et ut inviolata conservaretur sese sagaciter accingerent. Ad extremum illiteratos commonet, ut quasi pelles et cilicia tabernaculi Domini, purpuram, byssum, hyacinthum a pluviosis procellis protegerent; divinumque, quod administrare nequibant officium, in exterioribus subserviendo, suum redderent.

123. Hinc per ordinem, dato cum lacrymis pacis osculo : « Ipse, inquit, pastorem vobis amodo provideat idoneum, qui cunctorum benignissimus consolator est dolentium. Torquebantur viscera, et quasi a suis membris detraherentur, cum dolore pugnabant; in eoque cunctis admirabilior erat, quod magna (cruciatum) vinceret charitate (99). Inter hostium manus, inter diræ mortis acerbitatem, et captivitatis duram necessitatem, nihil crudelius est quam a filiis separari. Nos, nostram viam dolebamus, et invidere potius ejus gloriæ videbamur : hic clausis oculis, quasi jam humana despiciens, usque ad expirationem animæ eos non aperiebat. Quid agis pagina? Cur ad ejus mortem venire formidas? Jamdudum compilatores hæc scribentes corrodimur, atque jamdudum prolixior liber cuditur, dum ad ultima pervenire timemus, quasi tacentibus nobis et in illius laudibus occupatis, differri possit occubitus. Huc usque prosperis navigavimus ventis, et crispantia maris æquora labens carina sulcavit. Nunc in scopulos incurrit oratio, et tumescentibus fluctuum montibus præsens innumerorum intentatur naufragium; ita ut cogamur dicere : *Præceptor, salva nos; perimus* (*Matth.* III); et illud : *Exsurge, ut quid dormitas, Domine* (*Psal.* XXXIV). Quis enim possit siccis oculis Bernardum narrare morientem? »

124. Non multi fluxerant dies, et ecce servum fidelem bonus dominus requirebat. Accelerabat transitum, qui vocabat ad gloriam ; et fessus a laboribus invitatur ad præmia. Superveniente itaque beatæ ac innumeris peroptatæ suspiriis remunerationis hora, quibus ille agricola, fructum pii laboris a munifico patrefamilias percepturus, ab istis præsentis vitæ laqueis ad æterna deberet conscendere regna; membra, felici annositate confracta et incredibili parcimonia penitus emortua, quia charius pauper Christi non habuit, hæreditario jure Tironensi Ecclesiæ credidit, cœlitus sibi creditum, cœlo spiritum reddidit; talique fine sui cursum incolatus complevit.

O felix cursus, cujus bravium paradisus!
O felix finis, sequitur quem vita perennis!
Vita beatorum testis mercesque laborum.

O quam bonum certamen certasti, quam felicem cursum complesti, quam inconcussam fidem servasti, pie confessor Christi!

Tot rutilans titulis abiisti, non obiisti,
Semper vernantis patriæ conjuncte colonis,
Perpetis ac hæres regni Christique cohæres :
Quem Sion, urbs pacis, placidissima, plena quietis,
Jam fovet et nutrit, nec non sua gaudia pandit.

O quam fidelis, cui proprios labores sudoresque credidisti, quos cum tanta usura jam recepisti ; a quo illud desiderabile, illud insigne, illud incomparabile : Euge, audire meruisti. Tibi siquidem, gratissima ipsius voce pietatis, hac in die dictum est : *Euge serve bone et fidelis, intra in gaudium Domini tui* (*Matth.* XXV).

O jam sidereis felix sociate choreis,

Tuæ jucundæ navigationis cursus jam supernæ Hierusalem finibus applicuit : cujus navis anchora, fausto directa gubernatore, spe remissionis, æternitatis portus apprehendens,

Jam maris evasit fluctus, mortisque catenas,
Portus speratam jamque tenet patriam.

125. Exinde pastor exstinctus, indumentis sacris, prout ipsius exigebat excellentia, accurate exornatus, atque capulo (100) decentissime palliato superpositus, sacerdotalibus humeris in ecclesiam, quam ipse fundaverat, est translatus. In qua, priusquam sepulturæ traderetur, superfuit tribus diebus totidemque noctibus. Cujus obitum quidam ex discipulis, juxta Rhodanum fluvium, in Belioacensi (101) commorantes territorio, eadem die subsequenti cognoverunt indicio. Nam de illius barba, dum adhuc viveret, pro reliquiis detulerant; quam in pixide reverenter positam, pro ægrotantium nonnunquam salute lavabant; ex cujus (lotionis) perceptione incolumes remeabant. Illa vero hora, qua Dei servus ab hac vita decessit, ex præfata pixide tanta mirifici odoris prodiit fragrantia, ac si diversorum aromatum cum ipsa congesta fuissent genera. Qua

---

(99) Mss. *In eo cunctis admirabilior, quod magnum vinceret charitatem :* quæ verba, nullum rectum sensum facientia, per conjecturam explicuimus.
(100) In aliquibus mss. *bacapulo.*

ᵖ (101) De Belioacensi ditione supra cap. 11, not. 90 egimus, et hoc monasterium appellari diximus *Jugum-Dei.* De quo etiam agunt Sanmarthani.

fratres illecti dulcedine, rei veritatem uti se habebat animadverterunt, nobisque tanto lumine orbatis fraterna compassione doluerunt. Eadem etiam hora exsequias triumphales ejus vidit in Gallia quidam monachus fieri, consistens in Britannia.

126. Celerrimis interim aliis circumquaque fama volitante, ut compertum est, ex hoc mundo migrasse consolatorem hujus patriæ; !circumadjacentium civitatum quam maxime condolentes catervatim affluxerunt sacerdotes et clerici, abbates et monachi, consules et proceres, et ex omni latere territorii innumera multitudo populi, interesse summopere satagentes memorandis ejus exsequiis (quas), triumphi credebant potius esse, quam funeris. Quem monachorum in eremo latitantem sua cellula tenuit? Quam matronarum cubiculorum secreta texerunt? Sacrilegium putabat, qui non tali viro ultimum reddidisset officium. Nulla quempiam occurrere mora detinuit; non reipublicæ occupatio, non sexus fragilitas, non muliebris pudor, non domestica necessitas; non postremo ullius, quamlibet altissimæ, dignitas administrationis quemquam retinere potuit, quin omnes illuc certatim properarent quo doloribus dolores adderent, suspiria suspiriis infligerent, lamenta lamentis extorquerent, lacrymas lacrymis cumularent. Festinabant etenim non ad aliquod ridiculosum cum cachinno spectaculum (102).

CAPUT XIV.
Analectæ de variis in Vita gestis.

127. Si quis audire cupit quam intoleranter portabat, sibi aliquid melius quam cæteris in refectorio apponi, audiat quid sæpe fecit. Die quadam ingressus coquinam, vas parvulum cum aliis vidit ad ignem coquere; perquirensque cujus esset, novit suum esse, unde non minimum indignatus arripuit, aliisque infundens immiscuit. Post hæc, qui hoc injussus fecerat, fratrem vehementer increpavit. Item refectionis hora refectorium ingressus, ut pulsaret nolam ad discum accesserat; ibique cernens panem positum aliis candidiorem, clam festinato rapuit, eumque coram sene (103) quodam abscondens, illius sibi panem tulit. Frater quoque refectorarius (104), aquam in scypho ejus mittere oblitus, sæpe provolvit se ad pedes ejus, culpamque confitens, veniam cum lacrymis postulabat. Quem levans vir Dei mitissimus, benigne consolabatur, dicens : « Ne contristeris super hæc, fili : non enim ut putabas, hoc tua culpa ; sed Dei voluntate, omnia disponente, factum est : qui quia novit me non

indigere, superfluum duxit, ut mitteres, te suadere. » Nemo etiam tam sollicite gastrimargiæ laqueos seu jactantiæ curavit evadere : ne enim vanæ gloriæ telo feriretur, quæque sibi apposita prælibabat ; neve gula blandiretur, prælibata citius a se rejiciebat.

128. De infirmis atque debilibus curam sollicitus gerebat, maxime vero animarum morbis succurrere invigilabat. Quod autem personarum acceptor minime fuerit, in sibi grata assiduaque pauperum conversatione clarebat : quorum familiaritati, sibi dulcissimæ, se totum indulgebat. Mores omnium, vitam et animos scrutator sedulus exquirere non negligebat : infirmitatum namque animarum magis quam corporum se medicum a Deo missum intelligebat. Illas igitur parvipendens dissimulabat ; sed diligenter inquirens animarum languores, iis omnino mederi satagebat, quia de animarum salute super omnia gaudebat, non de prælationis culmine, ut plures suas, nedum aliorum animas, parvipendentes. Quid plura ? Lux hæc cœlestis, quam pro mundi illuminatione, ejus misertus, claritatis clemens Conditor accenderat, in hujus eremi obscuritate latere voluerat ; sed omnipotens Deus, cujus consilium manens in æternum, immutat consilia hominum, quia aliter disposuerat, jam ejus radios longe lateque diffuderat, tantique luminis splendore orbem irradiabat.

129. Excitati igitur tam clarissimi viri opinione famosa, diversarum nationum innumerabiles populi properabant ad eum, tanquam ad lumen, sibi in candelabro sanctæ Ecclesiæ a Deo erectum. Quos admirabilis Dei famulus verbi divini gratia reficiens interius, vitæ hujus labilis vanitates et mundanas vecordias declinare præmonebat, dicens, non sanæ mentis hominem esse, qui minima pro maximis, vilia pro pretiosis, transitoria pro sempiternis commutare dubitaret. Dicebat enim fugitivæ brevis vitæ gaudia evanescere, velut somnia; et extremam diem homini insidiari, tanquam hostem ; quæ sontes et incredulos in barathrum demergeret, arsuros perpetuo cum diabolo et angelis ejus ; sancto vero de hujus vitæ exsilio amitteret in libertatem gloriæ filiorum Dei. Hæc itaque et consimilia viro Dei proloquente, jam tot illi adhæserant, mundi vanitate relicta, ut de eis bene commutatis non immerito dici posset : *Hæc est mutatio dexteræ Excelsi (Isa.* LVIII). Quid mirum ? Ipse namque, juxta quod in Isaia legitur, erat quasi hortus irriguus, et quasi fons aquarum, cujus non deficiunt aquæ. Et ædifi-

---

(102) Souchetus hic inseruit aliquem sermonem, in quo comparatur cum patriarchis, apostolis et martyribus. Deest hic sermo in utroque nostro ecgrapho, in quo tamen ante num. 128 invenitur hic titulus scriptus : *Sermo.* Deest etiam in aliis mss. apud Souchetum, qui ex codice Papiriano supplevit, apud quem legi potest. Videtur autem fuisse exordium, cui consequenter subnectebantur sequentia de Bernardi virtutibus Analecta.

(103) Id est eo loco quo senex sessurus erat :

habent enim in monasteriis suum singulæ locum secundum ætatem professionis.

(104) Idem plenius attingitur n. 95 unde et ex aliis similiter sequentibus ac supra factis magis confirmamur ad credendum, non historiæ supplementum contineri hoc capite, sed partem sermonis encomiastici : cujus nihilominus finis quam initium, utpote ad historiam nihilo plus faciens, in iisdem mss. desit.

cabantur in eo deserta sæculorum, et fundamenta generationis et generationis suscitabat. Jure ergo vocatur ædificator sepium avertens semitas in quietem. Habitabat igitur in eremo jam quasi quidam magnus cœlestis exercitus, excubando, dum veniat rex eorum cum hymnis et laudibus.

150. Dicat qui potest, si unquam aut legit aut audivit, in cujusquam hominis pectore tam inauditam charitatis latitudinem abundasse: ego enim non satis admirari sufficio, nedum possem promere verbo. Neminem namque ad se venientem repellebat, nullum secum cohabitare volentem rejiciebat; non cæcum, non claudum, non loripedem, non gibbosum, non mancum; sed omnes pariter sinu misericordiæ dilatato colligebat; viros cum mulieribus, lactentes suos in humeris gestantibus, suscipere non dubitabat; nullus debilis, aut contemptibilis, nullus pauperrimus abiit repulsus. Quod pupilli et orphani audientes, victum sibi mendicando quæritantes, vel aliena pecora per rura pascentes, cohortabantur sese mutuo, dicentes : « Eamus et nos ad portum qui recipit omnes. » Cumque sedens eorum medius (non pudeat me, fratres, dicere nec vos audire, quod illum clementissimum Dei virum non puduit facere; nihil enim pudendum duxit præter peccatum), dicamus igitur : Cum sederet eorum medius, et videret istos loripedes, illos claudos vel semihomines, sive cæcos aut strumosos, seu mancos vel distortos, tacite secum recogitans, in animo dicebat : Hi fortasse sunt illa vilia, quibus Dominus confringit fortia, et talium dicitur fore regnum cœlorum. Infirma enim mundi elegit Deus, ut fortia quæque confundat.

151. Consolans autem eos hortabatur, vitæ brevis incommoda æquanimiter ad modicum tolerare, dicens : « Filioli mei, sustinete parumper non deficientes, et confortamini sperantes in Domino, qui nunquam derelinquit sperantes in se. Dominus enim solvit compeditos; Dominus illuminat cæcos, Dominus erigit elisos, Dominus diligit justos; Dominus pauperem facit et ditat, humiliat et sublevat; suscitat de pulvere egenum, et de stercore elevat pauperem, ut sedeat cum principibus, et solium gloriæ teneat : Dominus solus est refugium pauperum, adjutor in opportunitatibus, in tribulatione. Timete, charissimi, Dominum : nihil enim deest timentibus eum; et scitote quia melius est modicum justo super divitias peccatorum multas, qui thesaurizant et ignorant cui congregant eas. Psallite ergo in cordibus vestris Domino, dicentes: Domine, ante te est omne desiderium nostrum, et gemitus noster a te non est absconditus. Exaudi preces nostras, et educ nos de lacu miseriæ et de luto fæcis. Et absterget Deus omnem lacrymam ab oculis vestris, tristitiaque vestra vertetur in gaudium, et satiabimini cum apparuerit gloria ejus. »

152. Tali pane tuos pascebat, O Christe, pupillos iste tuus fidelis servus et prudens, quem constitueras super familiam tuam, ut daret illis in tempore tritici mensuram. Spirituali itaque cibo paupertatis inopiam sæpe temperabat, quæ vehementer, ut supra dictum est, eos nonnunquam opprimebat. Sæpius namque nuntiabatur et panem deesse, infantesque suos victu carere, nec non adventantium turbas adesse, quas venientes de longe oportebat jejunas non dimittere. Quid igitur? Putasne, qui legis, fidelissimum Dei famulum, cui panis deerat, et populus pascendus aderat, putas vel ad modicum quasi anxium dubitasse quid ageret? Non dubitavit; non hæsitavit : fides namque ejus mira de Dei largitate præsumere assueverat. Promittebat ergo securus, quod non habebat; quia de Omnipotentis bonitate confisus, se habiturum vere credebat. Si enim aliquando corde sollicitus pro turbis affluentibus Dominum rogaverit illud, quod apostoli cum turbæ properarent ad Dominum, non habentes unde pascerent, rogasse referuntur, dicentes : Domine, dimitte turbas, ut eant in castella et villas emere sibi escas, quia hic in deserto loco sumus, quibus ait Dominus : Vos date illis manducare. (*Matth.* xiv); si, inquam, aliquando multitudini diversorum undique affluenti non dissimiliter compatiens, Dominum rogaverit corde contrito, dicens : Domine, dimitte eos, ut eant ad ditiora loca, ubi habere possint necessaria, quia hic in deserto et arido loco sumus : continuo intellexit Dominum sibi divinitus inspirando suggerentem, quod ait apostolis : Tu da illis manducare.

153. Fiducialiter igitur invitabat omnes ad prandium, qui cœli terræque Conditorem habebat dispensatorem. O ter felix anima, templum Dei Patris, sedes Sapientiæ, requies Spiritus sancti, mansio sanctissimæ Trinitatis! Credere fas est, quia divina gratia, quæ te inhabitabat, ea quæ factura per te erat, antequam fierent tibi revelabat. Qua enim mente, qui panem non haberes, adventantes toties ad prandium invitares, nisi cito ad futurum, Domino procurante, oculis spiritualibus considerares. Igitur qui dat jumentis escam ipsorum, et pullis corvorum invocantibus eum ; putas daturus non esset militi suo stipendium, suisque commilitonibus? Dabat equidem, et ita affluenter, ut mirarentur omnes, maxime autem increduli et infideles. Contingebat namque persæpe fieri, quod semel factum est temporibus Elisei. Clausa ut legitur in libro Regum obsidione Samaria tenebatur; sed gravius fame afflicta periclitabatur. Condolens ergo rex civibus inopia deficientibus, venit ad Eliseum; qui non ignorans causam adventus ejus, mox ait illi : Audi verbum Domini : Cras, inquit, *eodem tempore in porta Samariæ, statere uno modius similæ, et duo modii hordei statere uno* (*IV Reg.* vii). Cui unus de ducibus, super cujus manum rex incumbebat, incredulus verbo ejus respondit : *Si Dominus etiam cataractas in cœlo faceret, nunquid hoc esse posset, quod tu loqueris? Videbis,* inquit homo Dei, *oculis tuis, et non inde comedes.* Haud aliter nonnulli, agitati curiositate videndi, accedebant ad virum Dei, redar-

guentes eum quasi consulendo cur tot ac tales susciperet, qui unde pasceret, minime haberet : cum cis fideli ac constantissima voce responderet, Dominum, non se, illos procuratorem habere. Qui enim, aiebat, bestias terræ cœlique volatilia pascit, putatis hominum, ad imaginem et similitudinem suam formatorum, oblivisci possit? Illi autem, tanquam qui modicæ essent fidei, desperabant hoc posse fieri, quod promittebat homo Dei, etiamsi faceret Dominus cataractas in cœlo.

154. Ne indignemini, fratres charissimi, de ejus humilitate ac delectatione in paupertate toties replicanti. Credite mihi, multa sunt ac præclara, quæ virtute divina operatus est miracula : quæ quamvis curiosius studuit tegere, quam flagitiosus facinora sua abscondere, non omnia tamen potuit, quia divina bonitas plurima posteris profutura celari noluit. Sed ego, fratres charissimi, quidquid sentiant alii, amplius admiror hujus gloriosissimi viri humilem inter pauperes Christi conversationem, quam sibi divinitus datam virtutem, quantumlibet miraculis coruscantem. Hæc namque de culmine angelicæ vitæ multos præcipitavit ; illa vero humiles quosque ad altiora sublimavit. Noverat hoc homo Dei : ideo illam diligebat, atque colebat; hanc autem, in quantum sibi licebat, exercere fugiebat et declinabat. Sed quid non extorqueret a visceribus charitatis ejus, infirmorum atque dolentium compassio?

155. Ut igitur, sicut decet, de spiritualibus prius morbis loquamur; quis superbus aut elatus accessit ad eum, et non statim rediit demissus et humiliatus? Quis adulter aut fornicarius? quis avarus aut cupidus? quis invidus aut malignus, eo audito non continuo convertit se et commutavit? Raptores enim rapere desierunt, crudeles crudelitatem suam deposuerunt, tyranni a tyrannide cessaverunt, scelerati sua scelera omiserunt; divites divitias suas parvipendentes, pondus sibi fore non subsidium cognoverunt; potentes sublimitatis culmen, non securitatem sibi esse, sed præcipitium intellexerunt; mundi amatores sese vanitate deservivisse compererunt. Quid plura? Cæcorum oculos, mundanæ fæcis pulvere plenos, ut verum solem cernere possent, aperiebat; aures, quas Dominus in genere humano clausas conqueritur, cœlesti carmine reserabat; claudorum gressus in viam pacis et justitiæ dirigebat. Si quis haustu pestifero serpentinæ suggestionis venenum susceperat, oraculi divini antidoto curabat; ægrotos in fide, spe et charitate, ut spiritualis medicus, sanabat. Quis est qui fari possit, quot vexatos a dæmonibus potenti virtute liberabat? quot ab antiqui serpentis faucibus extrahebat, Deoque fidelis servus restituebat? Mortuos denique, non biduanos tantum aut triduanos, verum etiam quatriduanos ad vitam revocabat. Nam quos lethalium cogitationum delectatione perniciosa defunctos, adhuc tamen sub pectoris domicilio clausos; aut quos pestiferi operis perpetratione mortifera elatos, seu quos miserrima peccandi consuetudine ligatos, vel opinione fetenti ceu terra obrutos inveniebat, ad suscitandos omnes de hujuscemodi mortuorum sepultura, cœlestis gratiæ virtus divina ei non deerat.

156. Hæc igitur sunt, quæ per eum Conditor omnipotens divina operabatur miracula, jure tanto magis admiranda quanto plus salubria. Hæc namque sunt, quæ animam cum corpore a morte liberant perpetua, atque vita vivificant æterna. Hæc igitur illa salutifera mundo potestas, quam apostolis et apostolicis viris Salvatorem sermo evangelicus tradidisse testatur. Hanc docuit, hanc exhiberi mundo languido præcepit, dicens discipulis suis : Ite, infirmos curate, leprosos mundate, cæcos illuminate, mortuos suscitate, dæmones ejicite. Igitur si de Domino recte sentimus, plane intelligimus, eum maluisse discipulos suos ista in animabus exercere quam in corporibus. Nam ut alias Evangelium indicat, illis quadam die cum gaudio, quia dæmonia ipsis subjicerentur, redeuntibus ad ipsum videns illos cœnodoxiæ elatione dejectos, quasi indignatus dixit ad illos : *Videbam Satanam quasi fulgur cadentem de cœlo* (*Luc.* x). Illis quoque cui de morborum curatione, et de dæmonum expulsione extolluntur, dicturus est in fine : *Nescio vos* (*Luc.* XIII).

157. Cavebat igitur hic beatissimus Dei cultor placere homini, ne displiceret peccatori; taliumque miraculorum gratiam, quam sibi cum reprobis communem intelligebat, exercere parvipendebat ; imo, ut pluribus noxiam, sicut dictum est, declinabat, nisi omnino miseranda vexatorum atque dolentium cogeret ac compelleret compassio. Non enim erat de illis, qui nituntur incedere in magnis et in mirabilibus super se. Quid immeramur ? Jam tandem pandamus quæ abscondit ; revelemus quæ celari voluit ; quia sapientia abscondita et thesaurus invisus, quæ utilitas in utroque? Dicamus ergo : Quis caput vel membrum aliud doluit, et non continuo ad sacræ manus ejus tactum, levamen sensit ? O quam plures hoc per semetipsos probasse testantes audivi ! Quis perturbatus diabolicis immissionibus, confugiens ad ipsum, confitensque quibus tentationum perurgeretur stimulis, remedium adeptus non statim conquievit?

158. Frater quidam (cujus, quia adhuc superest, nomen supprimo) infidelitatis immissionibus per angelos malos exagitatus, ad virum Dei perturbatus confugit, animique intolerabilem confessus laborem, sanctissimis ejus precibus sibi subveniri expostulabat. Cujus anxiæ vexationi compatiens misericordissimus Dei servus : « Æquo, inquit, esto animo, fili : non enim hæc, ut metuis, tentatio tibi ad perniciem sed ad probationem, Domino permittente, contigit. Solet namque Conditor piissimus suos milites probare tentationibus. Sta igitur in certamine ut athleta strenuus, de Dei juvamine indubius; quia non coronabitur, nisi qui legitime certaverit. » Cui

cum fratre, supra vires suas, ut sibi videbatur, tentatum se cum lacrymis contestaretur, ait ad eum vir beatissimus : « Si igitur ista vis carere molestia, vade, confidens quia mittet tibi Dominus auxilium de sancto. » Ex illa ergo hora (ut ore proprio mihi frater referre solebat) ab impugnatione illa ita quievit, ac si minime unquam tentatus fuisset.

139. Contigit quoque tempore quodam eum cum fratribus suis per vicum iter habere; cujus in medio cum mulieri cultu ornatæ composito obviarent; notavit Dei famulus ut pastor de ovibus sollicitus, quosdam incautius in eam oculos injecisse. Cum pertransissent: «Pulchra, inquit ad eos, mulier illa foret, cui obviavimus, nisi lusca esset. » Qui ignorantes cur hoc proposuisset, responderunt ei, non eam esse luscam ; sed duobus oculis clare intuentem vidisse. Quibus ipse : « Credite, inquit, mihi, fratres charissimi, quia non multum curare studui, an unum, vel duos haberet oculos. » Quo illi audito, tandem se astutissima Dei viri calliditate circumventos intelligentes, erubuerunt.

140. Si quis iterum audire desiderat quam perite mentes probabat humanas, et probando corrigebat, sequentia audiat. Dum mundanos fugiens strepitus, in illa resideret insula, quæ mari circumdata, nulli se terræ contigua, prout dudum votis ingentibus captaverat, orationi atque lectioni vacans libere, totus cœlesti in contemplatione theoriis divinis indefessus animum satiabat; discipulos tamen, corporale sibi subsidium manuum laboribus procurantes, habebat: ad quos laborantes, post orationem, contemplationem et lectionis meditationem, visendos exibat. Horum unus spiritu mitis; alter vero impatiens erat : qui non simul sed divisim operabantur. Arte ergo tali vir sapiens eorum spiritus probando examinabat. Ad primum veniens, Benedicite, dicebat. Deinde quasi laborare volens, de fratris manibus ferramentum tollebat; eumque interdum quiescere præcipiebat. Cumque fodiens glebas huc illucque projiceret, nec quo loco vel ordine ponere deberet observare curaret; interrogabat fratrem, si bene ageret : qui, quia sibi valde placebat, quidquid vir sanctus agebat, illum peroptime facere respondebat. Deinde ad alium vadens cum itidem faceret, ille impatiens, cum glebas negligentius projiceret, docere illum satagebat, quomodo eas ponere deberet.

141. Videns itaque vir beatissimus, se non posse pro velle fratris illius quidquam facere, recedens ab eo ad alium revertebatur, docens illum aliquid de Scripturis inter opera laboris. Quod videns alter invidebat, illumque sibi præferre ingemiscebat. Qui tandem ad venerabilem Dei virum accedens, conquerebatur cum lacrymis, cur se contemneret, aliumque sibi præponeret; illum consolans, illum docens, illum verbis divinis instruens, illum amplius, se vero minus diligens. Cui vir prudens increpando respondit, dicens : « Ad te autem, frater, cur quæreris me non ire, cui displicet totum quod possum facere. Tua namque monstrat impatientia, me tibi potius nocere quam juvare; illius vero mansuetudo, cui bonum est quod facere scio, me sibi non nocere testatur, sed subvenire. Non immerito ergo te desero, cui noceo; et vado ad illum, quem me, ut gratulans ipse testatur, juvare credo. » Ad hæc periti medicamina medici frater compunctus, ad ejus pedes provolutus, rogavit veniam, culpam confessus; quam non difficile consecutus, deinceps est emendatus. Ecce quam callide pastor eximius oves errantes seu perditas de luporum faucibus eripere non ignorabat.

142. Lectioni etiam hæc inseramus, quod tacendum minime duximus. Servus in obsequio viri Dei fratrumque quidam famulabatur, qui ut comederet, sicut ab hujusmodi sæpe solet fieri, victualia furabatur. Quo fratres comperto, victum sub sera, ponebant; sed cum sera non valeret famuli manus rapaces arcere, Patri sanctissimo a fratribus indicatum est. Quibus valde vir Dei iratus ait : « Quid est, non fratres, sed fratricidæ, quid egistis? Cur eum, quem vos ut vosmetipsos diligere oportuit, in hujus ruinæ foveam homicidæ immisericordes impulistis? Vos, inquam, vos hoc fecistis : vos fratrem esurientem ad furtum coegistis, qui panem ne sumeret sub sera inclusistis, cui Christus panis vitæ nunquam se denegavit. Vos nocentes atque rei, hujus noxæ culpa tenemini, nisi cito resipiscamini. » Quo fratres audito, paventes atque territi, solo prostrati, veniam postulantes, quid agere deberent, virum sanctissimum obsecrantes interrogabant. Qui, pro ipsis primum precibus ad Dominum fusis : « Ite, inquit, serisque omnibus remotis, fratrum sibi victum sumere licenter permittite; quantum voluerit ut sumat persuadete : hoc vestri illiusque mali; charitate subveniente, solum video remedium. » O sapientia non humana, sed divina; non terrestris, sed cœlestis; non ab homine, sed a Deo; non de mundo sed de cœlo (105).

(105) Sequebatur Oratio ad B. Bernardum, instar rhythmi composita, aut instar sequentiæ, quæ solebat in sacris recitari : quæ cum sit apud Souchetum excusa, brevitatis causa hic omittitur

ORDO RERUM

QUÆ IN HOC TOMO CONTINENTUR.

HONORIUS AUGUSTODUNENSIS.

Notitiæ historico-litterariæ de vita et scriptis Honorii. 9

PARS PRIMA OPERUM HONORII.

DE PHILOSOPHIA MUNDI LIBRI QUATUOR.
LIBER PRIMUS.
Præfatio. 41
Cap. I. — Quid sit philosophia. 43
Cap. II. — Quæ sunt et non videntur. 43
Cap. III — Quæ sunt et esse videntur. 43
Cap. IV. — Quid sit perfecte aliquid cognoscere. 43
Cap. V. — Quibus rationibus probetur quod sit Deus. 44
Cap. VI. — Quare potentia dicatur Pater. 45
Cap. VII. — Quare sapientia Filius. 45
Cap. VIII. — De genitura Filii. 45
Cap. IX. — Quare voluntas dicatur Spiritus sanctus. 45
Cap. X. — Quare a Patre et Filio procedat. 45
Cap. XI. — De coæternitate ipsorum. 45
Cap. XII. — Quare quædam uni de personis attribuantur, cum sine alia nihil operetur. 45
Cap. XIII. — Quare Filio attribuitur incarnatio. 46
Cap. XIV. — Quare Spiritui sancto peccatorum remissio tributa. 46
Cap. XV. — De anima mundi. 46
Cap. XVI. — Quid sit cœleste animal et æthereum. 47
Cap. XVII. — Quid aerium. 47
Cap. XVIII. — Quid humectum. 47
Cap. XIX. — Utrum corpora sint vel spiritus. 47
Cap. XX. — De dæmonibus. 48
Cap. XXI. — De elementis. 48
Cap. XXII. — De creatione piscium et avium. 55
Cap. XXIII. — De creatione cæterorum animalium et hominis, et quo tempore mundi creatio facta sit. 55
LIBER SECUNDUS.
Præfatio. 57
Cap. I. — Quid sit æther et ornatus illius. 57
Cap. II. — Quod aquæ congelatæ super æthera non sint. 57
Cap. III. — Quomodo intelligendum sit, Divisit aquas quæ sunt sub firmamento. 58
Cap. IV. — Quod super æthera nihil videatur. 58
Cap. V. — Quot modis auctoritas loquatur de superioribus. 59
Cap. VI. — De firmamento et stellis. 59
Cap. VII. — De infixis stellis, utrum moveantur. 59
Cap. VIII. — Quot circuli dicantur esse in firmamento. 60
Cap. IX. — Qui sunt visibiles. 60
Cap. X. — Ubi incipiat galaxias. 60
Cap. XI. — De zodiaco et unde dicatur. 60
Cap. XII. — De dispositione signorum. 60
Cap. XIII. — De invisibilibus circulis. 60
Cap. XIV. — De duobus coluris. 61
Cap. XV. — De horizonte et meridionali circulo. 61
Cap. XVI. — De motu firmamenti et de polis. 61
Cap. XVII. — De Saturno, et quare aliqua stella dicatur frigida, et quot modis nomina qualitatum rebus attribuantur. 62
Cap. XVIII. — De Jove. 63
Cap. XIX. — De Marte. 63
Cap. XX. — De Venere. 63
Cap. XXI. — Qvomodo eadem stella dicatur Lucifer et Hesperus. 64
Cap. XXII. — De Mercurio. 64
Cap. XXIII. — De statu et retrogradatione prædictarum stellarum, et quod verum sit solem esse sub Mercurio et Venere, et de circulis eorum. 64
Cap. XXIV. — Quando circuli Veneris et Mercurii liberius appareant. 65

Cap. XXV. — Utrum planetæ moveantur cum firmamento vel contra. 65
Cap. XXVI. — Quare sol oblique moveatur, et de hieme et vere. 67
Cap. XXVII. — Unde altius moventur infirmi in vere, et in autumno; et de quatuor anni temporibus. 68
Cap. XXVIII. — Quid sit naturalis et usualis dies, et de divisionibus eorum. 70
Cap. XXIX. — Unde æqualitates et inæqualitates dierum. 71
Cap. XXX. — Unde Eclipsis solis sit, et quod singulis mensibus non contingat. 71
Cap. XXXI. — Quare luna non habeat splendorem et calorem : et de novilunio et plenilunio. 72
Cap. XXXII. — De eclipsi lunæ et quare singulis mensibus non contingat, et de figuris umbrarum. 73
LIBER TERTIUS.
Præfatio. 75
Cap. I. — De aere. 75
Cap. II. — Qualiter quinque zonæ sint in aere. 75
Cap. III. — Quæ diversitates ex aere in terra sint. 75
Cap. IV. — Unde sint pluviæ. 76
Cap. V. — Quare solis radii et calor ad terram tendant. 76
Cap. VI. — Quare sol calefacit terram, et ignis superior non. 77
Cap. VII. — Quod ante finem mundi guttæ sanguinis cadent, vel quare sanguis dicatur pluere. 77
Cap. VIII. — Unde grando et nix. 77
Cap. IX. — Quare nives nunquam contingant in æstate, cum in ea contingat grando. 78
Cap. X. — De tonitruis et fulminibus. 78
Cap. XI. — Quare in sola æstate contingant fulmina. 79
Cap. XII. — De eo quod stellæ videntur aliquando cadere. 79
Cap. XIII. — Quod cometa non sit stella. 80
Cap. XIV. — De refluxionibus Oceani. 80
Cap. XV. — De ortu ventorum. 81
Cap. XVI. — Unde quædam aqua dulcis, quædam salsa. 82
Cap. XVII. — Quod aqua colata et attenuata fontes dulces gignat. 82
Cap. XVIII. — Unde putei habeant humores. 82
Cap. XIX. — Unde aqua putei et fontis in æstate sit frigida, in hieme calida. 83
Cap. XX. — Unde exustio vel diluvium. 83
Cap. XXI. — Unde sit quod in lunatione modo crescunt humores, modo decrescunt. 84
LIBER QUARTUS.
Præfatio. 85
Cap. I. — De terra et mundo. 85
Cap. II. — De diversis qualitatibus terræ. 85
Cap. III. — De habitatoribus terræ. 85
Cap. IV. — De terminis Asiæ, Africæ et Europæ. 86
Cap. V. — Unde in quibusdam montibus perpetuæ sint nives. 87
Cap. VI. — Quas qualitates contrahat terra ex diversis ventis. 87
Cap. VII. — De insertis arboribus. 87
Cap. VIII. — Quid sit sperma. 88
Cap. IX. — Quare in pueritia coitus non contingat. 88
Cap. X. — De matrice. 88
Cap. XI. — Quæ sit causa sterilitatis. 89
Cap. XII. — Si aliqua nolens potest concipere. 89
Cap. XIII. — De superfluitatibus. 89
Cap. XIV. — Quare homo, cum natus est, non graditur. 89
Cap. XV. — De formatione hominis in utero. 90
Cap. XVI. — Unde puer pascatur in utero. 90
Cap. XVII. — De nativitate, et quare nati in septimo mense vivant. 90

ORDO RERUM QUÆ IN HOC TOMO CONTINENTUR.

Cap. XVIII. — De infantia et sensu. 91
Cap. XIX. — De digestionibus et lapide urinæ. 91
Cap. XX. — Quod homo naturaliter sit calidus et humidus, et unde longus et parvus, gracilis et grossus. 93
Cap. XXI. — De somno. 94
Cap. XXII. — Unde somnia, et de animali et spirituali virtute. 94
Cap. XXIII. — De capite. 94
Cap. XXIV. — De cerebro. 95
Cap. XXV. — De oculis. 95
Cap. XXVI. — Qualiter visus fiat. 96
Cap. XXVII. — De contuitione, et intuitione, et de tuitione. 96
Cap. XXVIII. — De auditu. 97
Cap. XXIX. — Quid sit anima. 97
Cap. XXX. — Quæ actiones sint animæ et corporis. 97
Cap. XXXI. — Quomodo motus corporis contingant. 97
Cap. XXXII. — Qualiter anima sit in homine. 98
Cap. XXXIII. — De tempore conjunctionis animæ cum corpore. 98
Cap. XXXIV. — De virtutibus. 98
Cap. XXXV. — Quare non discernat et intelligat infans. 99
Cap. XXXVI. — De juventute, senectute et senio. 99
Cap. XXXVII. — Qualis quærendus sit magister. 99
Cap. XXXVIII. — Qualis discipulus. 100
Cap. XXXIX. — Qualis complexio conveniens sit doctrinæ. 100
Cap. XL. — Quæ ætas et quis terminus discendi. 100
Cap. XLI. — Quid sit ordo discendi. 100

LIBER DE SOLIS AFFECTIBUS SEU AFFECTIONIBUS.

Cap. I. — De hemisphærio. 102
Cap. II. — De ortu et occasu solis. 102
Cap. III. — De horis artificialibus. 103
Cap. IV. — Altitudo solis et climatis. 103
Cap. V. — De terra et magnitudine solis. 103
Cap. VI. — De aquæ tumore. 103
Cap. VII. — De solis vicinitate. 103
Cap. VIII. — Quod nihil ante solem occidat, quod cum sole oritur. 105
Cap. IX. — Quomodo fiat eclipsis. 104
Cap. X. — De lunæ saltu. 104
Cap. XI. — De oriente et aliis. 104
Cap. XII. — De meridie. 105
Cap. XIII. — De cancro et capricorno. 105
Cap. XIV. — De horizonte. 105
Cap. XV. — De æquinoctio. 105
Cap. XVI. — De die et nocte. 106
Cap. XVII. — De parallelis. 106
Cap. XVIII. — Horologiorum diversitas. 106
Cap. XIX. — Ad inveniendum intervallum in horologio. 106
Cap. XX. — Quod sol medius numero dicatur. 107
Cap. XXI. — De stellarum lumine. 107
Cap. XXII. — De distinctis sphæris. 107
Cap. XXIII. — Terra unde frigida. 107
Cap. XXIV. — De linea zodiaci. 107
Cap. XXV. — Zodiacus quo ducatur. 108
Cap. XXVI. — Planetæ quo vadant. 108
Cap. XXVII. — De æquinoctiali linea. 108
Cap. XXVIII. — De solstitio in cancrum. 108
Cap. XXIX. — Unde visus recidat. 108
Cap. XXX. — De signis duodecim obscurantibus solem. 109
Cap. XXXI. — Quod planetæ non semper sint æque celeres. 109
Cap. XXXII. — De sole ascendente, et quid efficiat. 109
Cap. XXXIII. — In ariete sol multiplicat dies. 109
Cap. XXXIV. — De linea tendente per centrum. 110
Cap. XXXV. — An sol diutius sub terra sit, quam super, in æquinoctia. 111
Cap. XXXVI. — De lucifero et hespero. 111
Cap. XXXVII. — Quod horologium in prima et ultima hora non habeat partes. 112
Cap. XXXVIII. — Quod sol ducentesima sexta decima pars circuli sui dicatur. 112
Cap. XXXIX. — De plano et alto. 112
Cap. XL. — De gradibus et climatibus. 112
Cap. XLI. — De sole hiemali. 113
Cap. XLII. — Æquales possunt esse ortus, occasus non item. 113
Cap. XLIII. — Quod non sint æquales meridies et occasus. 113
Cap. XLIV. — Quod sol sit administrator æthereæ lucis. 113
Cap. XLV. — De corpore solari. 113

Cap. XLVI. — De mediis perustæ. 114
Cap. XLVII. — De ortu matutino et vespertino. 114
Cap. XLVIII. — Quid statio matutina et vespertina. 114
Cap. XLIX. — Unde stellaria creata sint. 114

DE IMAGINE MUNDI LIBRI TRES.

Epistola Christiani ad Honorium solitarium de imagine mundi. 119
Epistola Honorii ad Christianum de eodem. 119

LIBER PRIMUS.

Cap. I. — De forma mundi. — Etymologia et figura mundi qualis. 121
Cap. II. — De creatione mundi. — Quinque modi creationis mundi. 121
Cap. III. — De quatuor elementis. — Unde elementa dicantur. 121
Cap. IV. — De septem nominibus terræ. 121
Cap. V. — De forma terræ. — Terram esse rotundam. 122
Cap. VI. — De quinque zonis. — Circuli sive zonæ inhabitabiles. 122
Cap. VII. — De tribus partibus orbis habitabilis. 122
Cap. VIII. — De Asia. — Paradisus. 123
Cap. IX. — De Paradiso. — Fons paradisi. 123
Cap. X. — De quatuor fluminibus. — Ganger, Nilus, Tigris, Euphrates. 123
Cap. XI. — De India. — Unde sic dicta, ejus termini, montes, etc. 123
Cap. XII. — De monstris. — Arimaspi, Cyclopes, Scinopodæ, Acephali. 124
Cap. XIII. — De Bestiis. — Cencocroca, Tauri indomiti, Boves tricornes, etc. 124
Cap. XIV. — De Parthia. — Unde dicta Aracusia. — Magicæ artis origo. 125
Cap. XV. — De Mesopotamia. — Variæ ejus urbes. 125
Cap. XVI. — De Syria. — Ejus urbes et provinciæ. 126
Cap. XVII. — De Palæstina. — Ejus variæ partes. 126
Cap. XVIII. — De Ægypto. — Euxia postea Ægyptus dicta. 126
Cap. XIX. — De Caucaso et regionibus Orientis. 127
Cap. XX. — De Asia Minore. 127
Cap. XXI. — De regionibus Asiæ. 127
Cap. XXII. — De Europa. — Ryphæi montes, Mœotides paludes. 128
Cap. XXIII. — De Scythia. 128
Cap. XXIV. — De Germania superiore. 128
Cap. XXV. — De Germania inferiore. 128
Cap. XXVI. — De Thracia. 128
Cap. XXVII. — De Græcia, et ejus variis partibus. 128
Cap. XXVIII. — De Italia. — Variæ Italiæ appellationes. 129
Cap. XXIX. — De Gallia. 130
Cap. XXX. — De Hispania. — Sex ejus provinciæ. 130
Cap. XXXI. — De Britannia et partibus ejus. 130
Cap. XXXII. — De Africa. 130
Cap. XXXIII. — De Æthiopia. — Astrologia ubi descripta. 131
Cap. XXXIV. — De insulis, et novo, ut dicunt, orbe. 131
Cap. XXXV. — De Sicilia. — Trinacria dicta a tribus montibus. 152
Cap. XXXVI. — De Sardinia. 152
Cap. XXXVII. — De Inferno. — De nominibus Inferni, Acheron, Styx, Phlegeton. 133
Cap. XXXVIII. — De aqua. 133
Cap. XXXIX. — De Oceano. 133
Cap. XL. — De æstu maris. 133
Cap. XLI. — De voragine. — Quomodo fiat vorago. 134
Cap. XLII. — De terræ motu. — Quomodo fiant terræ motus. 134
Cap. XLIII. — De Hiatu. — Causa hiatuum terræ. Tremor terræ quid. 134
Cap. XLIV. — De frigore. — Cur extremæ Oceani partes perpetuo frigore horreant. 134
Cap. XLV. — De aquis dulcibus et salsis. 134
Cap. XLVI. — De mari Rubro. — Mare unde dictum. 135
Cap. XLVII. — De gemina aquæ natura. 135
Cap. XLVIII. — De aqua calida. 135
Cap. XLIX. — De aquis mortiferis. 135
Cap. L. — De mari Mortuo. — Bituminis natura. 135
Cap. LI. — De animalibus aquarum. — Cur aves in aere volent. 136
Cap. LII. — De signis in more prognosticis. 136
Cap. LIII. — De aere. — Dæmones in aere commorantur. 136
Cap. LIV. — De ventis. — Ventus quid. 136
Cap. LV. — De cardinalibus ventis. 136

ORDO RERUM

Cap. LVI. — De nubibus. — Nubes quomodo nascentur; unde dictæ. 156
Cap. LVII. — De tonitru et fulminibus. 157
Cap. LVIII. — De Iride. — Iris quomodo fiat. 157
Cap. LIX. — De pluvia. — Quomodo fiat pluv ?. 157
Cap. LX. — De grandine. — Grandinis generatio. 157
Cap. LXI. — De nive. — Nix quomodo fiat. 157
Cap. LXII. — De rore. — Unde ros veniat. — Pruina. 157
Cap. LXIII. — De nebula. — Unde nebula fiat. 157
Cap. LXIV. — De fumo. — Qualis lignorum resolutio fiat in igne. 157
Cap. LXV. — De igniculis. 157
Cap. LXVI. — De pestilentia. — Unde nascatur pestilentia aeris et ubi. 158
Cap. LXVII. — De igne. — Angelorum corpora ignea sunt. 158
Cap. LXVIII. — De planetis. — Unde planetæ dicantur. 158
Cap. LXIX. — De luna. — Cur proprium lumen non habeat. 158
Cap. LXX. — De Mercurio. — Motus ejus. 158
Cap. LXXI. — De Venere. — Motus ejus. 159
Cap. LXXII. — De Sole. — Sol unde dictus. — Magnitudo et motus ejus. 159
Cap. LXXIII. — De signis solis prognosticis. 159
Cap. LXXIV. — De Marte. — Motus ejus. 159
Cap. LXXV. — De Jove. 159
Cap. LXXVI. — De Saturno. — Motus ejus. 159
Cap. LXXVII. — De absidibus planetarum. 159
Cap. LXXVIII. — De coloribus planetarum. 159
Cap. LXXIX. — De via planetarum. 140
Cap. LXXX. — De sono planetarum. — Cur a nobis non exaudiatur. — Musica. 140
Cap. LXXXI. — De cœlesti musica. — Proportiones planetarum. 140
Cap. LXXXII. — De homine microcosmo. 140
Cap. LXXXIII. — De mensura, sive distanti. planetarum. 140
Cap. LXXXIV. — De cœlo. — Cœlum unde dictum. — Pronostica tempestatum. 141
Cap. LXXXV. — De climatibus 141
Cap. LXXXVI. — De plagis. — Adæ nomen e quatuor plagis mundi compositum est. 141
Cap. LXXXVII. — De firmamento. 141
Cap. LXXXVIII. — De axe. 141
Cap. LXXXIX. — De stellis. — Cur stellæ in die non appareant. — Unde dictæ. 141
Cap. XC. — De sideribus. — Sidus unde dicatur. 142
Cap. XCI. — De zodiaco. — Unde sit dictus. 142
Cap. XCII. — De ariete. — Quare aries pro signo ponatur. 142
Cap. XCIII. — De tauro. 142
Cap. XCIV. — De geminis 142
Cap. XCV. — De cancro. 142
Cap. XCVI. — De Leone. 142
Cap. XCVII. — De Virgine. 142
Cap. XCVIII. — De libra. 142
Cap. XCIX. — De scorpio. 143
Cap. C. — De sagittario. 143
Cap. CI. — De capricorno 143
Cap. CII. — De aquario. 143
Cap. CIII. — De piscibus. 143
Cap. CIV. — Hyades. 143
Cap. CV. — Pleiades. 143
Cap. CVI. — Arctos. 143
Cap. CVII. — Bootes. 144
Cap. CVIII. — Arcturus 144
Cap. CIX. — Pithon. 144
Cap. CX. — Corona. 144
Cap. CXI. — Hercules. 144
Cap. CXII. — Lyra. 144
Cap. CXIII. — Cygnus. 144
Cap. CXIV. — Cepheus 144
Cap. CXV. — Perseus. 144
Cap. CXVI. — Deltoton. 144
Cap. CXVII. — Serpentarius. 144
Cap. CXVIII. — Pegasus. 144
Cap. CXIX. — Delphinus. 144
Cap. CXX. — Aquila. 144
Cap. CXXI. — Sagitta. 144
Cap. CXXII. — Hydra. 145
Cap. CXXIII. — Crater. 145
Cap. CXXIV. — Corvus. 145
Cap. CXXV. — Orion. 145
Cap. CXXVI. — Procyon. 145
Cap. CXXVII. — Canicula. 145
Cap. CXXVIII. — Lepus 145

Cap. CXXIX. — Eridanus. 145
Cap. CXXX. — Cetus. 145
Cap. CXXXI. — Centaurus. 145
Cap. CXXXII. — Ara. 146
Cap. CXXXIII. — Argo. 146
Cap. CXXXIV. — Pistrix. 146
Cap. CXXXV. — Canopus. 146
Cap. CXXXVI. — Lactea zona, — cur candida. 146
Cap. CXXXVII. — De cometa. 146
Cap. CXXXVIII. — Aqueum cœlum 146
Cap. CXXXIX. — Spirituale cœlum. 146
Cap. CXL. — Cœlum cœlorum. 146

LIBER SECUNDUS.

Cap. I. — De ævo. — Ævum quid sit. 145
Cap. II. — De Temporibus æternis. 145
Cap. III. — De temporibus mundi. 146
Cap. IV. — De atomis. 147
Cap. V. — De ostentis. 147
Cap. VI. — De momentis. 147
Cap. VII. — De partibus. 147
Cap. VIII. — De minutis. 147
Cap. IX. — De punctis. 147
Cap. X. — De horis. 147
Cap. XI. — De quadrante. 147
Cap. XII. — De die. — Unde dictus dies. 147
Cap. XIII. — De longis et brevioribus diebus. 147
Cap. XIV. — De Zodiaci signis, et parallelis solis. 148
Cap. XV. — De primo circulo. 148
Cap. XVI. — De secundo circulo. 148
Cap. XVII. — De tertio circulo. 148
Cap. XVIII. — De quarto circulo. 148
Cap. XIX. — De quinto circulo. 148
Cap. XX. — De sexto circulo. 148
Cap. XXI. — De septimo circulo. 149
Cap. XXII. — De octavo circulo. 149
Cap. XXIII. — De quatuor solis circulis. 149
Cap. XXIV. — De varia umbra dierum. 149
Cap. XXV. — De horizonte. 149
Cap. XXVI. — De dierum divisione. 149
Cap. XXVII. — De initio et fine dierum. 150
Cap. XXVIII. — De nominibus dierum. 150
Cap. XXIX. — De nocte. 150
Cap. XXX. — De umbra. 150
Cap. XXXI. — De eclipsi. 150
Cap. XXXII. — De septem temporibus noctis. 150
Cap. XXXIII. — De hebdomada. 151
Cap. XXXIV. — De mensibus. 151
Cap. XXXV. — De nominibus mensium. 151
Cap. XXXVI. — De mensibus Romanorum 152
Cap. XXXVII. — De Januario. 152
Cap. XXXVIII. — De Februario. 152
Cap. XXXIX. — De Martio. 152
Cap. XL. — De Aprili. 152
Cap. XLI. — De Maio. 153
Cap. XLII. — De Junio 153
Cap. XLIII. — De Julio. — Unde dictus Quintilis. 153
Cap. XLIV. — De Augusto. — Unde Sextilis. 153
Cap. XLV. — De Septembri. 153
Cap. XLVI. — De Octobri. 153
Cap. XLVII. — De Novembri. 153
Cap. XLVIII. — De Decembri. 153
Cap. XLIX. — De Kalendis. 153
Cap. L. — De Nonis. 153
Cap. LI. — De Idibus. 153
Cap. LII. — De vicissitudinibus anni. 153
Cap. LIII. — De vere. 154
Cap. LIV. — De æstate. 154
Cap. LV. — De autumno. 154
Cap. LVI. — De hieme. 154
Cap. LVII. — De inæqualitate temporis. 154
Cap. LVIII. — De elementis. 154
Cap. LIX. — De homine microcosmo. 154
Cap. LX. — De anno. 154
Cap. LXI. — De anno lunari. 155
Cap. LXII. — De solari anno. 155
Cap. LXIII. — De bissextili. 155
Cap. LXIV. — De Mercurii anno. 155
Cap. LXV. — Veneris annus. 155
Cap. LXVI. — Martis annus. 155
Cap. LXVII. — Jovis. 155
Cap. LXVIII. — Saturni. 155
Cap. LXIX. — Annus magnus. 155
Cap. LXX. — De anno civili. 155
Cap. LXXI. — De bissexto. 155
Cap. LXXII. — De olympiadibus. 156
Cap. LXXIII. — De lustris. 156
Cap. LXXIV. — De indictionibus. 156
Cap. LXXV. — De ætate. — Hominis sex ætates. 156

Cap. LXXVI. — De sæculo.	157
Cap. LXXVII. — De decennovennali cyclo.	157
Cap. LXXVIII. — De ogdoade.	157
Cap. LXXIX. — De cyclo solari	157
Cap. LXXX. — De numero articulorum.	157
Cap. LXXXI. — De magno anno	158
Cap. LXXXII. — De cyclis.	158
Cap. LXXXIII. — De auctoribus cycli.	158
Cap. LXXXIV. — De æquinoxio et solstitio.	158
Cap. LXXXV. — De saltu lunæ.	159
Cap. LXXXVI. — De minutis	159
Cap. LXXXVII. — De regularibus feriarum	159
Cap. LXXXVIII. — De concurrentibus.	160
Cap. LXXXIX. — De regularibus et epactis.	160
Cap. XC. — Quot horis luna luceat.	161
Cap. XCI. — Quot partibus luna a sole distet.	161
Cap. XCII. — In quo signo luna sit.	161
Cap. XCIII. — De annis Domini.	161
Cap. XCIV. — De indictione invenienda.	161
Cap. XCV. — De epactis inveniendis.	161
Cap. XCVI. — Solaris annus quomodo inveniatur.	161
Cap. XCVII. — Concurrentes quomodo inveniantur.	162
Cap. XCVIII. — De inveniendo bissexto.	162
Cap. XCIX. — De inveniendo cyclo lunæ.	162
Cap. C. — De annis et cyclis.	162
Cap. CI. — De clavibus terminorum inveniendis.	162
Cap. CII. — De termino paschali.	163
Cap. CIII. — De termino septuagesimæ.	163
Cap. CIV. — De quadragesimali.	164
Cap. CV. — De Rogationibus.	164
Cap. CVI. — De Pentecoste.	164
Cap. CVII. — De Adventu.	164
Cap. CVIII. — De embolismo.	164
Cap. CIX. — De diebus Ægyptiacis.	164
LIBER TERTIUS.	
Exhortatio.	165
Prima ætas.	166
Secunda ætas.	166
Regnum Assyriorum.	166
— Ægyptiorum sub regibus.	167
— Arcadum.	167
Tertia ætas.	168
Tempora judicum.	168
Primum bellum civile.	169
Regnum Idumæorum.	170
— Argivorum.	170
— Atheniensium	171
— Amazonum.	171
— Trojanorum sub Otthoniel.	171
— Thebanorum.	171
— Mycænorum.	171
— Italorum sub Moyse.	172
Quarta ætas mundi.	172
Regnum Jerusalem vel Juda.	172
— Israel.	173
— Macedonum sub Ozia.	174
— Albanorum sub Samsone.	174
— Romanorum.	174
Quinta ætas mundi.	175
Regnum Babyloniorum.	175
— Persarum.	175
— Alexandriæ.	176
— Syriæ.	176
Consules et dictatores Romæ.	177
De sacerdotibus.	179
Sexta ætas mundi.	180
De Augustis et Cæsaribus Romanis usque ad Fredericum I.	180
Prima Christianorum persecutio.	180
Secunda persecutio.	180
Tertia persecutio	181
Quarta persecutio.	181
Quinta persecutio.	181
Sexta persecutio.	181
Septima persecutio.	181
Octava persecutio.	181
Nona persecutio.	182
Decima persecutio.	182
SUMMA TOTIUS DE OMNIMODA HISTORIA.	
DE SCRIPTORIBUS ECCLESIASTICIS LIBELLI QUATUOR.	
Libellus I, ex Hieronymo sublectus.	197
Libellus II, ex Gennadio sublectus.	197
Libellus III, ex Isodoro sublectus.	221
Libellus IV.	228
Index scriptorum quos Honorius Hieronymo, Gennadio et Isidoro adjecit.	233
LIBER DE HÆRESIBUS.	
Præfatio.	235
De hæreticis Judæorum.	235
De hæreticis Paganorum.	235
Catalogus Romanorum pontificum.	239
Commentarius in Timæum Platonis.	245
OPERUM HONORII PARS SECUNDA. — EXEGETICA.	
HEXAEMERON.	
DE DECEM PLAGIS ÆGYPTI SPIRITUALITER.	
EXPOSITIO SELECTORUM PSALMORUM.	
Dedicatio auctoris.	269
Quid sit et unde dicatur Psalterium.	269
Quod ad logicam pertineat.	270
De titulo, intentione, materia et auctore.	270
De ordinatione psalmorum	271
De forma sive figura psalterii.	271
De numero psalmorum.	272
De mysterio psalmorum.	272
Primus psalmus de Incarnatione Christi.	274
Applicatio psalmi primi ad quemcumque fidelem.	279
Applicatio partis ejusdem psalmi ad impios.	280
De quatuor ordinibus in judicio.	281
Prologus in psalmum quinquagesimum.	282
De titulo, historia et figura.	282
De divisione hujus psalmi.	284
Explicatio ejusdem.	284
Prologus in quinquagintale secundum.	289
Prologus in quinquagesimum primum psalmum.	290
Expositio psalmi LI.	291
Prologus in psalmum centesimum.	294
Expositio ejusdem psalmi C.	294
Prologus in quinquagintale tertium.	297
Prologus in psalmum CI.	297
Expositio ejusdem psalmi CI.	298
Prologus in psalmum CL.	505
Expositio ejusdem psalmi CL.	506
Epilogus Psalterii.	508
QUÆSTIONES, RESPONSIONES IN PROVERBIA ET ECCLESIASTEN.	
Præfatio.	511
In Proverbia.	513
In Ecclesiasten.	531
EXPOSITIO IN CANTICA CANTICORUM.	
Epistola Honorii doctoris super Cantica canticorum.	347
Prologus in librum Salomonis qui dicitur Cantica canticorum.	347
Prologus alius super Cantica canticorum.	353
Tractatus primus.	357
Tractatus secundus.	397
Tractatus tertius.	463
Tractatus quartus.	471
Sigillum Beatæ Mariæ ubi exponuntur Cantica canticorum.	495
Appendix ad commentarium Honorii, auctoris incerti expositio in Cantica canticorum.	519
OPERUM HONORII PARS TERTIA. — LITURGICA.	
GEMMA ANIMÆ.	
Fratres Honorio solitario.	541
Honorii responsio.	541
LIBER PRIMUS. — De missæ sacrificio et de ministris Ecclesiæ.	
Cap. I. — Dicendorum summa libris quatuor.	543
Cap. II. — De missa.	543
Cap. III. — De primo officio.	543
Cap. IV. — De processione episcopi.	544
Cap. V. — De campanarum significatione.	544
Cap. VI. — De curru Dei.	545
Cap. VII. — Ingressus episcopi quid significet.	546
Cap. VIII. — Quid cereostata significent.	546
Cap. IX. — Quid ministri designant.	547
Cap. X. — Quid designat subdiaconus.	547
Cap. XI — Quid acolythi designant.	547
Cap. XII. — De thuribulo.	548
Cap. XIII. — De Ecclesia et secundo officio.	548
Cap. XIV. — De subdiacono.	548
Cap. XV. — De episcopo.	549
Cap. XVI. — De cantoribus.	549
Cap. XVII. — De servo arante.	549
Cap. XVIII. — De figura alia.	550
Cap. XIX. — De tertio officio.	550
Cap. XX. — De diacono.	550
Cap. XXI. — Quid duæ candelæ designant.	551

ORDO RERUM

Cap. XXII. — Quid designet quod Evangelium in ambone legitur. 551
Cap. XXIII. — De signis et salutatione diaconi. 551
Cap. XXIV. — De baculis. 552
Cap. XXV. — De sermone. 552
Cap. XXVI. — De quarto officio et de Ecclesia. 552
Cap. XXVII. — De sacrificio. 553
Cap. XXVIII. — De tribus sacrificiis. 553
Cap. XXIX. — De septem sacrificiis legalibus. 553
Cap. XXX. — De sacrificio Christianorum. 554
Cap. XXXI. — De sacrificio panis. 554
Cap. XXXII. — De Ecclesia, et significatione. 554
Cap. XXXIII. — De sacrificio vini. 554
Cap. XXXIV. — De aqua vino mista. 555
Cap. XXXV. — De forma panis. 555
Cap. XXXVI. — Cur quotidie missa cantetur. 555
Cap. XXXVII. — De subdiacono. 555
Cap. XXXVIII. — De cantoribus. 555
Cap. XXXIX. — De oratione sacerdotis. 556
Cap. XL. — De secreto. 556
Cap. XLI. — De Præfatione. 556
Cap. XLII. — De sacrificio angelorum. 556
Cap. XLIII. — De quatuor ordinibus. 557
Cap. XLIV. — De quinto officio et de pugna Christi. 557
Cap. XLV. — Mysterium. 557
Cap. XLVI. — De passione Christi 557
Cap. XLVII. — De Joseph. 558
Cap. XLVIII. — De acolytho qui patenam tenet, quod Nicodemum figuret. 558
Cap. XLIX. — De cruce. 558
Cap. L. — De primo ordine, et de tribus crucibus. 558
Cap. LI. — De secundo ordine, et de quinque crucibus. 559
Cap. LII. — De tertio ordine. 559
Cap. LIII. — De quarto ordine, et de quinque crucibus. 560
Cap. LIV. — De quinto ordine, et de tribus crucibus. 560
Cap. LV. — De sexto ordine, et de quinque crucibus 560
Cap. LVI. — De quinque ordinibus crucum. 560
Cap. LVII. — De numero signorum. 560
Cap. LVIII. — De septem sacrificiis. 561
Cap. LIX. — De quinque orationibus. 561
Cap. LX. — De sexto officio, et benedictione episcopi. 562
Cap. LXI. — De septimo officio, et de resurrectione Domini. 562
Cap. LXII. — De pace Domini. 563
Cap. LXIII. — De fractione oblatæ. 563
Cap. LXIV. — De tribus partibus oblatæ. 563
Cap. LXV. — De tribus communicationibus. 564
Cap. LXVI. — De Dominico pane. 564
Cap. LXVII. — De oratione super populum. 565
Cap. LXVIII. — De processione. 565
Cap. LXIX. — Significatio processionum. 565
Cap. LXX. — Quid designat processio ad aliam ecclesiam facta de patria. 566
Cap. LXXI. — De arca. 566
Cap. LXXII. — De pugna Christianorum spirituali. 566
Cap. LXXIII. — Quod episcopus spiritualiter agat vicem imperatoris. 566
Cap. LXXV. — Quod cantator sit signifer et tubicina. 567
Cap. LXXVI. — De bello spirituali. 567
Cap. LXXVI. — Quod cantores vicem ducum agant. 567
Cap. LXXVII. — De cantore quod vicem præconis agat. 567
Cap. LXXVIII. — De David cum Christo, et Goliath cum diabolo comparatis. 568
Cap. LXXIX. — Mysterium. 568
Cap. LXXX. — Item de missa et de judicio. 568
Cap. LXXXI. — De pugna Philistæi. 569
Cap. LXXXII. — De armis sacerdotis 569
Cap. LXXXIII. — De tragœdiis. 570
Cap. LXXXIV. — Item de missa et de septem Dominus vobiscum, septemque donis S. Spiritus, et de mysterio missæ. 570
Cap. LXXXV. — Rabanus Maurus de missa. 571
Cap. LXXXVI. — Nunc dicendum unde missa exordium sumpserit et quis eam auxerit. 572
Cap. LXXXVII. — De Introitu missæ et cæteris paribus; a quibus primum sint institutæ. 572
Cap. LXXXVIII. — De Epistola et Evangelio. 572
Cap. LXXXIX. — De vestibus et calicibus. 573

Cap. XC. — De canone. 573
Cap. XCI. — De missæ officiorum nominibus. 574
Cap. XCII. — De Kyrie eleison. 574
Cap. XCIII. — Quid Gloria in excelsis. 574
Cap. XCIV. — De oratione. 574
Cap. XCV. — De situ orationis. Tribus de causis ad Orientem cum oramus nos convertimus. 575
Cap. XCVI. — Quid epistola. 575
Cap. XCVII. — De Evangelio. 575
Cap. XCVIII. — De sacrificio. 576
Cap. XCIX. — De sacrificio panis et vini. 576
Cap. C. — De Alpha et Omega, et illius cruce α ✝ ω 576
Cap. CI. — De præfatione. 576
Cap. CII. — Quare dicatur Sanctus 577
Cap. CIII. — De Canone. 577
Cap. CIV. — De duodecim apostolis et de sancta Maria. 578
Cap. CV. — De duodecim nominibus martyrum. 578
Cap. CVI. — De calice. 578
Cap. CVII. — De nominibus. 579
Cap. CVIII. — De ordinibus. 579
Cap. CIX. — In Orationem Dominicam 580
Cap. CX. — De pace. 580
Cap. CXI. — De Agnus Dei. 580
Cap. CXII. — De quatuor speciebus missæ. 581
Cap. CXIII. — De tribus horis missæ. 581
Cap. CXIV. — Quod una missa debeat celebrari. 581
Cap. CXV. — De Gloria in excelsis Deo. 582
Cap. CXVI. — De una oratione in missa vel pluribus. 582
Cap. CXVII. — De genuflexione in Quadragesima. 582
Cap. CXVIII. — De lumine ad missam. 582
Cap. CXIX. — De Credo in unum Deum, quando sit cantandum. 583
Cap. CXX. — De præfationibus. 583
Cap. CXXI. — Quare pro defunctis Gloria Patri et Alleluia non cantetur. 583
Cap. CXXII. — De altari. 583
Cap. CXXIII. — De tabernaculo Moysi. 584
Cap. CXXIV. — De tabernaculo populi. 584
Cap. CXXV. — De templo. 585
Cap. CXXVI. — De ecclesia habente septem vocabula. 585
Cap. CXXVII. — De basilica, cæterisque templi nominibus. 585
Cap. CXXVIII. — De capellis 585
Cap. CXXIX. — De situ ecclesiæ 586
Cap. CXXX. — De fenestris ecclesiæ. 586
Cap. CXXXI. — De columnis ecclesiæ. 586
Cap. CXXXII. — De pictura. 586
Cap. CXXXIII. — De corona in ecclesia 586
Cap. CXXXIV. — De pavimento. 586
Cap. CXXXV. — De cruce. 587
Cap. CXXXVI. — De propitiatorio. 587
Cap. CXXXVII. — De palliis. 587
Cap. CXXXVIII. — De ostio. 587
Cap. CXXXIX. — De choro. 588
Cap. CXL. — De concordia chori. 588
Cap. CXLI. — De corona 588
Cap. CXLII. — De campanis. 588
Cap. CXLIII. — De turribus 589
Cap. CXLIV. — De campanario. 589
Cap. CXLV. — De statione. 589
Cap. CXLVI. — De mulieribus. 589
Cap. CXLVII. — De cœmeterio. 590
Cap. CXLVIII. — De claustro. 590
Cap. CXLIX. — Quod claustrum sit paradisus. 590
Cap. CL. — De dedicatione ecclesiæ. 590
Cap. CLI. — De domo non consecrata. 590
Cap. CLII. — De portis. 591
Cap. CLIII. — De alphabeto. 591
Cap. CLIV. — De quatuor angulis ecclesiæ 591
Cap. CLV. — De dextro angulo. 595
Cap. CLVI. — De illo: Deus in adjutorium. 592
Cap. CLVII. — De sale et cinere. 592
Cap. CLVIII. — De vino et aqua. 593
Cap. CLIX. — De templo. 593
Cap. CLX. — De altari et cruce. 593
Cap. CLXI. — De ministris. 594
Cap. CLXII. — De oleo et altari. 594
Cap. CLXIII. — De chrismate. 594
Cap. CLXIV. — De incenso. 595
Cap. CLXV. — De vasis et ornamentis. 595
Cap. CLXVI. — De reliquiis sanctorum 595
Cap. CLXVII. — De veste animarum. 595
Cap. CLXVIII. — De die judicii. 596
Cap. CLXIX. — De certo loco et sacrificio. 596

QUÆ IN HOC TOMO CONTINENTUR.

Cap. CLXX. — De violata ecclesia. 596
Cap. CLXXI. — De constructione ecclesiæ. 597
Cap. CLXXII. — De ministris ecclesiæ. 597
Cap. CLXXIII. — De Christianis. 597
Cap. CLXXIV. — De clericis. 597
Cap. CLXXV. — De ostiariis. 598
Cap. CLXXVI. — De lectoribus. 598
Cap. CLXXVII. — De exorcistis. 598
Cap. CLXXVIII. — De acolythis 598
Cap. CLXXIX. — De subdiaconibus. 599
Cap. CLXXX. — De diaconibus. 599
Cap. CLXXXI. — De presbyteris. 599
Cap. CLXXXII. — De sacerdotibus iterum. 599
Cap. CLXXXIII. — De episcopis. 600
Cap. CLXXXIV. — De summo sacerdote. 600
Cap. CLXXXV. — De manus impositione. 600
Cap. CLXXXVI. — De archiepiscopis. 601
Cap. CLXXXVII. — De patriarchis. 601
Cap. CLXXXVIII. — De papa. 601
Cap. CLXXXIX. — De consecratione papæ. 602
Cap. CXC. — De ordine ministrorum. 602
Cap. CXCI. — De presbyteris. 602
Cap. CXCII. — De virginibus. 602
Cap. CXCIII. — De tonsura clericorum. 602
Cap. CXCIV. — De Christo rege et sacerdote. 603
Cap. CXCV. — Quod Petrus apostolus tonsuram invenit clericorum primus. 603
Cap. CXCVI. — De tonsura magorum. 603
Cap. CXCVII. — De clericali corona. 603
Cap. CXCVIII. — De sacris vestibus. 604
Cap. CXCIX. — De præparatione sacerdotis. 604
Cap. CC. — De lavandis manibus. 604
Cap. CCI. — De humerali. 604
Cap. CCII. — De alba. 605
Cap. CCIII. — De cingulo. 605
Cap. CCIV. — De stola. 605
Cap. CCV. — De innocentia. 606
Cap. CCVI. — De subcingulo. 606
Cap. CCVII. — De casula. 606
Cap. CCVIII. — De mappula. 606
Cap. CCIX. — De septem vestibus episcopi. 607
Cap. CCX. — De sandaliis. 607
Cap. CCXI. — De dalmatica. 607
Cap. CCXII. — De dalmatica, et quid designet 608
Cap. CCXIII. — De rationali. 608
Cap. CCXIV. — De mitra episcopali. 609
Cap. CCXV. — De chirothecis. 609
Cap. CCXVI. — De annulo. 609
Cap. CCXVII. — De baculo episcopali 609
Cap. CCXVIII. — Item de virga et baculo episcopi. 610
Cap. CCXIX. — De genere baculi. 610
Cap. CCXX. — De sphærula. 610
Cap. CCXXI. — De ornatu archiepiscopi. 611
Cap. CCXXII. — De pallio archiepiscopi. 611
Cap. CCXXIII. — De vestibus patriarchæ et apostolici. 611
Cap. CCXXIV. — De corona imperatoris. 612
Cap. CCXXV. — De diademate regum. 612
Cap. CCXXVI. — De vestibus ministrorum inferioris gradus. 612
Cap. CCXXVII. — De cappa. 612
Cap. CCXXVIII. — De pileis. 613
Cap. CCXXIX. — De subdiaconorum vestibus. 613
Cap. CCXXX. — De veste diaconorum. 613
Cap. CCXXXI. — De diaconi casula. 613
Cap. CCXXXII. — De indumentis clericorum. 614
Cap. CCXXXIII. — De tunicis clericorum. 614
Cap. CCXXXIV. — De camisiis clericorum. 614
Cap. CCXXXV. — Clericus non debet arma deferre. 614
Cap. CCXXXVI. — Laici possunt portare arma. 614
Cap. CCXXXVII. — Cuculla quid significet. 614
Cap. CCXXXVIII. — Virga abbati conceditur. 615
Cap. CCXXXIX. — Conversationis monialium initium. 615
Cap. CCXL. — De vestitu monialium. 616
Cap. CCXLI. — De viduis. 616
Cap. CCXLII. — De conversis. 616
Cap. CCXLIII. — Baptizati albas vestes portant. 616
LIBER SECUNDUS. — De horis canonicis.
Cap. I — De nocturnorum officio. 616
Cap. II. — De prima vigilia. 616
Cap. III. — De secunda hora. 617
Cap. IV. — De tertia hora. 617
Cap. V. — Versiculus. 618
Cap. VI. — De lectionibus. 618
Cap. VII — De secunda vigilia et secundo nocturno. 618

Cap. VIII. — De prima hora. 618
Cap. IX. — De secunda hora. 618
Cap. X. — De *Gloria Patri* et tertio nocturno. 618
Cap. XI. — De tertia vigilia et tertio nocturno. 619
Cap. XII. Quod Paulus vigil fuerit. 619
Cap. XIII. — Laurentius vigil. 619
Cap. XIV. — Gregorius vigil. 620
Cap. XV. — De media nocte. 620
Cap. XVI. — De auctoritate sanctorum. 621
Cap. XVII. — Dispositio Hieronymi. 621
Cap. XVIII. — De vinea Domini. 621
Cap. XIX. — De sacerdote. 621
Cap. XX. — Mane Abel. 622
Cap. XXI. — Tertia hora Noe. 622
Cap. XXII. — Sexta hora Abraham. 622
Cap. XXIII. — De versu. 623
Cap. XXIV. — Nona hora Moyses. 623
Cap. XXV. — Undecima hora, apostoli. 623
Cap. XXVI. — De versibus. 623
Cap. XXVII. — De festivitate sanctorum. 624
Cap. XXVIII. — De Matutinis monachorum. 624
Cap. XXIX. — De tertio nocturno. 625
Cap. XXX. — De inclinationibus. 625
Cap. XXXI. — Nota dignitatem quæ in matutinis Laudibus est. 625
Cap. XXXII. — Prima causa. 625
Cap. XXXIII. — Secunda causa. 626
Cap. XXXIV. — Tertia causa. 626
Cap. XXXV. — Quarta causa. 626
Cap. XXXVI. — *Dominus regnavit*, Psalmus I Laudum Dominicæ. 626
Cap. XXXVII. — *Jubilate*. 626
Cap. XXXVIII. — *Deus, Deus meus*. 627
Cap. XXXIX. — *Deus misereatur nostri*. 627
Cap. XL. — *Benedicite, omnia opera Domini, Domino*. 627
Cap. XLI. — *Laudate Dominum de cœlis* et *Cantate* et *Laudate*, sub uno *Gloria Patri*. 627
Cap. XLII. — De hymno. 627
Cap. XLIII. — De capitulo. 627
Cap. XLIV. — De cantico *Benedictus Deus*. 628
Cap. XLV. — De oratione et suffragiis. 628
Cap. XLVI. — De privatis noctibus. 628
Cap. XLVII. — De duodecim horis. 628
Cap. XLVIII. — De sex antiphonis super nocturnum. 628
Cap. XLIX. — Viginti quatuor horæ. 628
Cap. L. — De duodecim Psalmis. 629
Cap. LI. — De privatis noctibus et de Laudibus cum cantamus *Miserere mei* 629
Cap. LII. — *Deus, Deus meus*. 629
Cap. LIII. — *Deus misereatur nostri*. 630
Cap. LIV. — De horis et ætatibus. 633
Cap. LV. — Idem de horis diei. 633
Cap. LVI. — De nocturnalibus horis. 634
Cap. LVII. — De horis diei et noctis. 634
Cap. LVIII. — De prima Dominicis diebus. 634
Cap. LIX. — De fide quatuor temporibus edita. 634
Cap. LX. — De prima in privatis diebus. 634
Cap. LXI. — *Deus, in nomine tuo*. 635
Cap. LXII. — De Vespera. 637
Cap. LXIII. — De cursu sanctæ Mariæ. 637
Cap. LXIV. — De Completorio et de confessione sero et mane. 638
Cap. LXV. — De cursu monachorum. 639
Cap. LXVI. — Prima Dominica. 639
Cap. LXVII. — De nocturnis. 640
Cap. LXVIII. — Dominica. 641
LIBER TERTIUS. — *De solemnitatibus totius anni*.
Cap. I. — De Adventu Domini. 641
Cap. II. — De secunda Dominica in Adventu. 643
Cap. III. — De tertia Dominica. 643
Cap. IV. — De quarta Dominica. 643
Cap. V. — De antiphonis O. 644
Cap. VI. — De Vigiliis sanctorum. 644
Cap. VII. — De Nativitate Domini. 644
Cap. VIII. — De neuma fabricæ mundi, et cur potius in *a*, quam in alia vocali cantetur. 645
Cap. IX. — De secundo et tertio nocturno. 645
Cap. X. — De neuma et veritate, et cur in *e*. 646
Cap. XI. — De matutinis laudibus. 646
Cap. XII. — De sancto Stephano. 646
Cap. XIII. — De sancto Joanne. 646
Cap. XIV. — De Innocentibus. 646
Cap. XV. — De octava Domini. 647
Cap. XVI. — De Dominica, *Dum medium silentium iter haberet*. 647
Cap. XVII. — De sanctis et octavis eorum. 647
Cap. XVIII. — De Epiphania. 647

Cap. XIX. — De Magis 647
Cap. XX. — De Matutinis. 648
Cap. XXI. — De octava Epiphaniæ. 648
Cap. XXII. — Dominica post Epiphaniæ festum. 648
Cap. XXIII. — De octava sanctæ Agnetis. 649
Cap. XXIV. — De purificatione S. Mariæ. 649
Cap. XXV. — De sancto Blasio. 649
Cap. XXVI. — De cathedra S. Petri apostoli. 649
Cap. XXVII. — De consecratione salis et aquæ. 650
Cap. XXVIII. — Quare in Adventu Isaias, et post Nativitatem Domini Paulus legatur. 650
Cap. XXIX. — De historia Domine, ne in furore. 650
Cap. XXX. — De spatio a Nativitate Domini usque ad Septuagesimam. 650
Cap. XXXI. — De Sabbato in quo Alleluia deponitur. 650
Cap. XXXII. — De Septuagesima, Pascha et Pentecoste. 651
Cap. XXXIII. — De Pascha, quare Judæorum more secundum lunæ cursum celebretur. 651
Cap. XXXIV. — De sole, quod typum Christi gerat. 651
Cap. XXXV. — De stellis, quod designent sanctos. 651
Cap. XXXVI. — De luna, quod Ecclesiam designet. 652
Cap. XXXVII. — De Septuagesima. 652
Cap. XXXVIII. — De historia Nabuchodonosor. 652
Cap. XXXIX. — De Sexagesima. 653
Cap. XL. — De quinquagesima. 654
Cap. XLI. — De capite jejunii. 654
Cap. XLII. — De nomine Adam. 654
Cap. XLIII. — De feria IV in capite jejunii. 655
Cap. XLIV. — De Quadragesima. 655
Cap. XLV. — De jejunio Domini et cur nos non jejunamus eo tempore quo ipse jejunavit. 656
Cap. XLVI. — De velo quod suspenditur Quadragesima. 656
Cap. XLVII. — De septem hebdomadis. 657
Cap. XLVIII. — De sex hebdomadis. 657
Cap. XLIX. — De Quadragesima. 657
Cap. L. — De sex Dominicis Quadragesimæ. 658
Cap. LI. — Dominica v Septuagesimæ. 658
Cap. LII. — De media Quadragesima. 659
Cap. LIII. — De scrutinio. 659
Cap. LIV. — De quarta feria. 659
Cap. LV. — De infantibus. 659
Cap. LVI. — De renuntiatione. 659
Cap. LVII. — De operibus. 660
Cap. LVIII. — De pompis. 660
Cap. LIX. — De fide. 660
Cap. LX. — De cruce. 660
Cap. LXI. — De sale. 660
Cap. LXII. — De symbolo. 660
Cap. LXIII. — De saliva. 660
Cap. LXIV. — De lumine. 660
Cap. LXV. — De introductione. 660
Cap. LXVI. — De statione. 661
Cap. LXVII. — De Credo in unum Deum. 661
Cap. LXVIII. — De duabus lectionibus. 661
Cap. LXIX. — De sabbato. 661
Cap. LXX. — De passione Domini. 661
Cap. LXXI. — De sabbato ante diem Palmarum. 662
Cap. LXXII. — Dominica in die Palmarum. 662
Cap. LXXIII. — De feria secunda et tertia. 662
Cap. LXXIV. — De feria quarta. 662
Cap. LXXV. — De feria quinta. 662
Cap. LXXVI, LXXVII. — De pœnitentibus. 663
Cap. LXXVIII. — De excommunicatis. 663
Cap. LXXIX. — De pœnitentibus iterum 663
Cap. LXXX. — De chrismate. 663
Cap. LXXXI. — De oleo sancto. 664
Cap. LXXXII. — De oleo infirmorum. 664
Cap. LXXXIII. — De Ampulla. 664
Cap. LXXXIV. — De Cœna Domini. 665
Cap. LXXXV. — Quod Gloria in excelsis cantatur ad chrisma. 665
Cap. LXXXVI. — De nudatione altarium. 665
Cap. LXXXVII. — De luminum exstinctione et numero eorum. 665
Cap. LXXXVIII. — Quare invitatorium non cantatur. 666
Cap. LXXXIX. — De Parasceve. 666
Cap. XC. — De tractu Domine, audivi, et quare quatuor tantum habeat versus. 667
Cap. XCI. — De tractu Eripe me. 667
Cap. XCII. — De passione Domini. 667
Cap. XCIII. — De veste Domini. 667
Cap. XCIV. — De igne. 667
Cap. XCV. — De orationibus pro omnibus ordinibus. 667
Cap. XCVI. — De cruce Domini. 667
Cap. XCVII. — De duabus noctibus. 668
Cap. XCVIII. — De quadraginta horis. 668
Cap. XCIX. — De Sabbato sancto. 668
Cap. C. — De novo igne. 668
Cap. CI. — De cereo. 668
Cap. CII. — De annis incarnationis Domini qui scribuntur in cereo. 668
Cap. CIII. — De lectionibus. 669
Cap. CIV. — De quatuor lectionibus 669
Cap. CV. — De prima lectione. 669
Cap. CVI. — De mensa tabernaculi 669
Cap. CVII. — De prima lectione. 669
Cap. CVIII. — De duodecim lectionibus secundum Romanos. 671
Cap. CIX. — Item alius ordo lectionum secundum Romanos. 672
Cap. CX. — De litaniis ante et post baptismum. 672
Cap. CXI. — De baptismo. 672
Cap. CXII. — De septem gradibus in baptismo 673
Cap. CXIII. — De confirmatione. 673
Cap. CXIV. — De bina unctione. 673
Cap. CXV. — De patrinis. 674
Cap. CXVI. — Quod tantum bis in anno canonice baptismus celebretur. 674
Cap. CXVII. — De die Christi sepulturæ. 674
Cap. CXVIII. — De officio missæ. 674
Cap. CXIX. — De magno mysterio, de prima die sæculi, et de die Palmarum. 675
Cap. CXX. — De æquinoctio et sole et luna, et feria quarta. 675
Cap. CXXI. — De undecimo Kalendas Aprilis, et feria quinta. 675
Cap. CXXII. — De decimo Kalendas Aprilis, et de feria sexta. 676
Cap. CXXIII. — De octavo Kalendas Aprilis, et de die Dominica. 676
Cap. CXXIV. — De Pascha. 676
Cap. CXXV. — De umbra Paschæ. 677
Cap. CXXVI. — De processione in die Paschæ. 677
Cap. CXXVII. — De tribus psalmis in Matutinis per hebdomadam Paschæ. 677
Cap. CXXVIII. — Quare non cantetur Quicunque per hanc hebdomadam. 677
Cap. CXXIX. — De Vesperis in die Paschæ. 678
Cap. CXXX. — De prima hebdomada sæculi. 678
Cap. CXXXI. — De baptizatis. 678
Cap. CXXXII. — De Sabbato. 678
Cap. CXXXIII. — De mediis sex diebus 678
Cap. CXXXIV. — De magno mysterio diei Palmarum et totius hebdomadæ. 679
Cap. CXXXV. — De officio diei Resurrectionis. 679
Cap. CXXXVI. — De quinquagesima Paschæ. 683
Cap. CXXXVII. — De Pascha annotino. 680
Cap. CXXXVIII. — De Litania majore. 680
Cap. CXXXIX. — De triduana Litania ante Ascensionem Domini. 681
Cap. CXL. — De festo apostolorum Philippi et Jacobi. 681
Cap. CXLI. — Quare ante Christi resurrectionem Lex et prophetæ legantur, et post Resurrectionem apostolorum scripta. 681
Cap. CXLII. — Apocalypsis per tres hebdomadas legitur. 681
Cap. CXLIII. — De canonicis apostolorum Epistolis per duas hebdomadas. 681
Cap. CXLIV. — De officio missæ 682
Cap. CXLV. — De Ascensione Domini. 683
Cap. CXLVI. — De Vigilia Pentecostes. 683
Cap. CXLVII. — De Pentecoste 683
Cap. CXLVIII. — De Paschali Quinquagesima. 684
Cap. CXLIX. — De septem diebus Pentecostes. 684
Cap. CL. — De Jejunio Quatuor Temporum. 684
Cap. CLI. — De Quadragesima. 685
Cap. CLII. — De feria quarta. 685
Cap. CLIII. — De feria sexta. 685
Cap. CLIV. — De Sabbato in duodecim Lectionibus. 685
Cap. CLV. — Quare in Quatuor Temporibus ordines fiant. 686
Cap. CLVI. — De Dominica post octavam Pentecostes. 686
Cap. CLVII. — Quid significet tempus inter Pascha et Pentecosten. 687
Cap. CLVIII. — De Januario et aliis mensibus. 687
Cap. CLIX. — De historia Job. 687
Cap. CLX. — De festo Joannis ante portam Latinam, sexta die Maii. 688

Cap. CLXI. — De festo Mariæ ad Martyres. 688
Cap. CLXII. — De festo Petri et Pauli apostolorum, die 29 Junii. 688
Cap. CLXIII. — De sancto Jacobo, die 25 Julii. 688
Cap. CLXIV. — De Kalendis Augusti, et de *Ad Vincula S. Petri*. 688
Cap. CLXV. — De decollatione Joannis Baptistæ, 29 Augusti. 689
Cap. CLXVI. — De Nativitate B. Mariæ Virginis, 8 septembr. 689
Cap. CLXVII. — De festo S. Michaelis, 8 die Maii. — Ejus apparitio. 690
Cap. CLXVIII. — De festo Omnium Sanctorum, Kalendis Novemb. 690
Cap. CLXIX. — De Dedicatione ecclesiæ. 690
LIBER QUARTUS. — *De concordia officiorum*.
Cap. I. — De concordia officiorum. 689
Cap. II. — De septuagesima. 689
Cap. III. — De Dominica Septuagesimæ, *Circumdederunt*. 690
Cap. IV. — De Dominica *Exsurge* in Sexagesima. 691
Cap. V. — De Dominica *Esto mihi* in Quinquagesima. 691
Cap. VI. — De Dominica prima Quadragesimæ, *Invocabit*. 691
Cap. VII. — De Dominica secunda Quadragesimæ *Reminiscere*. 691
Cap. VIII. — De Dominica tertia Quadragesimæ, *Oculi*. 692
Cap. IX. — De Dominica quarta Quadragesimæ, *Lætare*. 692
Cap. X. — De duobus Dominicis sequentibus. 692
Cap. XI. — De Dominica Paschæ, *Resurrexi*. 692
Cap. XII. — De duobus diebus. 692
Cap. XIII. — Quare dicuntur *dies mali* ab Apostolo. 693
Cap. XIV. — De officio Quadragesimæ. 693
Cap. XV. — De officio Paschatis *Resurrexi*. 694
Cap. XVI. — Diversa notanda. 694
Cap. XVII. — Iterum de Paschali die. 695
Cap. XVIII. — De officio, *Introduxit nos Dominus*. 696
Cap. XIX. — De officio, *Aqua Sapientiæ*. 696
Cap. XX. — De officio, *Venite, benedicti Patris mei*, feria IV. 696
Cap. XXI. — De officio, *Victricem manum*, feria V post Pascha. 696
Cap. XXII. — De officio, *Eduxit eos Dominus*. 697
Cap. XXIII. — De officio, *Eduxit Dominus populum suum*, sabbato in Albis. 697
Cap. XXIV. — Dominica in Albis, *Quasimodo geniti infantes*. 697
Cap. XXV. — Dominica II post Pascha, *Misericordia Domini*. 698
Cap. XXVI. — Dominica III post Pascha, *Jubilate Deo, omnis terra*. 698
Cap. XXVII. — Dominica IV post Pascha, *Cantate Domino*. 699
Cap. XXVIII. — De Dominica V, *Vocem jucunditatis*. 699
Cap. XXIX. — De Rogationibus et officio *Exaudivit*. 699
Cap. XXX. — De vigilia Ascensionis et officio, *Omnes gentes*. 700
Cap. XXXI. — De Ascensione et officio, *Viri Galilæi*. 700
Cap. XXXII. — Dominica intra octavas Ascensionis, *Exaudi, Domine*. 700
Cap. XXXIII. — De Vigilia Pentecostes. 701
Cap. XXXIV. — De sancto die Pentecostes, et officio *Spiritus Domini*. 701
Cap. XXXV. — De officio *Cibavit eos Dominus*, feriæ secundæ. 702
Cap. XXXVI. — De officio feriæ tertiæ, *Accipite incunditatem*. 702
Cap. XXXVII. — De officio feriæ quartæ, *eus dum egrederis*. 702
Cap. XXXVIII. — De feria quinta. 703
Cap. XXXIX. — De officio *Repleatur* feriæ VI. 703
Cap. XL. — De officio *Charitas Dei* in sabbato. 703
Cap. XLI. — Dominica SS. Trinitatis, *Benedicta*. 703
Cap. XLII. — De capite a Septuagesima usque post Pentecosten. 703
Cap. XLIII. — Dominica prima a Pentecoste usque ad Adventum Domini. 704
Cap. XLIV. — Sub gratia. 704
Cap. XLV. — Dominica secunda post Pentecosten : *Factus est* sub lege. 705
Cap. XLVI. — Sub gratia. 705
Cap. XLVII. — De Sancto Joanne Baptista. 706

Cap. XLVIII. — De Vigilia S. Joannis Baptistæ et officio ejus. 706
Cap. XLIX. — Dominica tertia post Pentecosten : *Respice in me*, sub lege. 706
Cap. L. — Sub gratia. 707
Cap. LI. — Dominica quarta post Pentecosten : *Dominus illuminatio mea*, sub lege. 707
Cap. LII. — Sub gratia. 708
Cap. LIII. — Dominica quinta post Pentecosten: *Exaudi, Domine*, sub lege. 708
Cap. LIV. — Sub gratia. 708
Cap. LV. — Dominica VI post Pentecosten : *Dominus fortitudo*, sub lege. 709
Cap. LVI. — Sub gratia. 709
Cap. LVII. — Dominica VII post Pentecosten : *Omnes gentes*, sub lege. 710
Cap. LVIII. — Sub gratia. 710
Cap. LIX. — Dominica VIII post Pentecosten : *Suscepimus*, sub lege. 711
Cap. LX. — Sub gratia. 711
Cap. LXI. — Dominica IX post Pentecosten : *Ecce Deus*, sub lege. 712
Cap. LXII. — Sub gratia. 712
Cap. LXIII. — Dominica decima post Pentecosten : *Dum clamarem*, sub lege. 713
Cap. LXIV. — Sub gratia. 713
Cap. LXV. — Dominica XI post Pentecosten : *Deus in loco*, sub lege. 714
Cap. LXVI. — Sub gratia. 715
Cap. LXVII. — Dominica XII post Pentecosten : *Deus, in adjutorium*, sub lege. 715
Cap. LXVIII. — Sub gratia. 716
Cap. LXIX. — Item de eadem Dominica. 716
Cap. LXX. — Dominica XIII post Pentecosten : *Respice, Domine*, sub lege. 716
Cap. LXXI. — Sub gratia. 717
Cap. LXXII. — Dominica XIV post Pentecosten : *Protector noster*, sub lege. 717
Cap. LXXIII. — Sub gratia. 718
Cap. LXXIV. — Item de eadem Dominica. 718
Cap. LXXV. — De Quatuor Temporibus. 718
Cap. LXXVI. — De feria sexta. 719
Cap. LXXVII. — De sabbato. 719
Cap. LXXVIII. — Dominica XV, *Inclina*, sub lege. 719
Cap. LXXIX. — Sub gratia. 720
Cap. LXXX. — Dominica XVI, *Miserere mei*, sub lege. 720
Cap. LXXXI. — Sub gratia. 721
Cap. LXXXII. — Dominica XVII, *Justus es, Domine*, sub lege. 721
Cap. LXXXIII. — Sub gratia. 722
Cap. LXXXIV. — Dominica XVIII, *Da pacem*, sub lege. 722
Cap. LXXXV. — Sub gratia. 723
Cap. LXXXVI. — Dominica XIX, *Salus populi*, sub lege. 723
Cap. LXXXVII. — Sub gratia. 724
Cap. LXXXVIII. — Dominica XX, *Omnia quæ fecisti*, sub lege. 724
Cap. LXXXIX. — Sub gratia. 724
Cap. XC. — Dominica XX, *In voluntate*, sub lege. 724
Cap. XCI. — Sub gratia. 725
Cap. XCII. — Dominica XXII, *Si iniquitates*, sub lege. 725
Cap. XCIII. — Sub gratia. 725
Cap. XCIV. — Dominica vacat. 726
Cap. XCV. — Dominica vacat. 726
Cap. XCVI. — Dominica XXIV post Pentecosten, *Dicit Dominus*, sub lege. 726
Cap. XCVII. — Sub gratia. 727
Cap. XCVIII. — Ordo de *Alleluiis* Dominicalibus apud quosdam. 727
Cap. XCIX. — Dominica prima in Adventu Domini. 728
Cap. C. — Dominica secunda in Adventu, *Populus Sion*. 728
Cap. CI. — Dominica tertia, *Gaudete in Domino*. 728
Cap. CII. — Dominica quarta, *Memento nostri, Domine*. 729
Cap. CIII. — De vigilia Nativitatis Domini, *Hodie scietis*. 729
Cap. CIV. — In Natali Domini, in nocte prior missa, *Dominus dixit ad me*. 729
Cap. CV. — In mane missa, *Lux fulgebit hodie*. 730
Cap. CVI. — Major missa, *Puer natus est nobis*. 730
Cap. CVII. — Quare Evangelium de Abel, de sancto Stephano legitur. 731
Cap. CVIII. — Dominica *Dum medium silentium*. 731
Cap. CIX. — De Epiphania, *Ecce advenit*. 731

ORDO RERUM

Cap. CX. — Dominica, *In excelso throno*. 751
Cap. CXI. — De tertia Dominica, *Omnis terra*. 751
Cap. CXII. — De Dominica quarta, *Adorate Deum*. 751
Cap. CXIII. — De eadem quarta Dominica. 752
Cap. CXIV. — De officio sanctorum Gervasii et Protasii. 752
Cap. CXV. — Quare Versus in nocte S. Pauli ad antiphonas dicantur, et de sancto Laurentio similiter. 752
Cap. CXVI. — De officio mortuorum. 752
Cap. CXVII. — Excerptum de Romano Ordine. 752
Cap. CXVIII. — Quomodo sit legendum per annum. 756

SACRAMENTARIUM SEU LIBER DE CAUSIS ET SIGNIFICATU MYSTICO RITUUM DIVINI OFFICII IN ECCLESIA.

Prologus. 757
Cap. I. — De Septuagesima. 757
Cap. II. — De Sexagesima. 759
Cap. III. — De Quinquagesima. 740
Cap. IV. — De die Cinerum. 741
Cap. V. — De Quadragesima. 742
Cap. VI. — De feria quarta hebdomadæ quartæ. 743
Cap. VII. — De Sabbato ante Palmas. 744
Cap. VIII. — De die Palmarum. 744
Cap. IX. — De feria quarta Hebdomadæ Majoris. 745
Cap. X. — De die Cœnæ Domini. 745
Cap. XI. — De die Parasceves. 746
Cap. XII. — De Sabbato sancto. 747
Cap. XIII. — De Paschali tempore. 752
Cap. XIV. — De octo diebus neophytorum. 753
Cap. XV. — De ipsa die Paschæ et sex sequentibus. 754
Cap. XVI. — De quinquaginta diebus ab octava Paschæ ad octavam Pentecostes. 754
Cap. XVII. — De Dominicis a Septuagesima usque ad Pascha. 755
Cap. XVIII. — De Pentecostali tempore. 755
Cap. XIX. — De diebus Rogationum et Litaniis. 755
Cap. XX. — De vigilia Pentecostes. 756
Cap. XXI. — De tempore sacros ordines conferendi. 757
Cap. XXII. — De jejuniis Quatuor Temporum. 758
Cap. XXIII. — De ordinatione. 759
Cap. XXIV. — De ordinandis eorumque dignitate ac officiis. 759
Cap. XXV. — De vestibus sacerdotum, episcoporum. 760
Cap. XXVI. — De dalmatica. 761
Cap. XXVII. — De pallio archiepiscopi. 761
Cap. XXVIII. — De sandaliis. 762
Cap. XXIX. — De vestibus presbyteri. 762
Cap. XXX. — De campanis. 763
Cap. XXXI. — De ecclesia. 765
Cap. XXXII. — De velo mulierum. 764
Cap. XXXIII. — De choro. 764
Cap. XXXIV. — De cæremoniis in missa episcopi. 764
Cap. XXXV. — De *Kirie eleison*. 766
Cap. XXXVI. — De cereis. 766
Cap. XXXVII. — De *Gloria in excelsis*. 766
Cap. XXXVIII. — De *Dominus vobiscum*. 767
Cap. XXXIX. — De collectis. 767
Cap. XL. — De anniversariis. 767
Cap. XLI. — De quadragesimali tempore. 769
Cap. XLII. — De Paschali tempore. 769
Cap. XLIII. — De festo sancti Joannis tempore. 769
Cap. XLIV. — De festo sancti Petri ad Vincula. 769
Cap. XLV. — De festivitate Beatæ Mariæ Virginis. 769
Cap. XLVI. — De decollatione sancti Joannis Baptistæ. 770
Cap. XLVII. — De matutinis canonicis. 770
Cap. XLVIII. — De laudibus canonicis. 771
Cap. XLIX. — De matutino et sole. 775
Cap. L. — De homine, qualiter minor mundus dicatur. 775
Cap. LI. — De nocte et septem ejus temporibus. 774
Cap. LII. — De psalmis ad Laudes feriales. 774
Cap. LIII. — De canticis ad Laudes feriales. 774
Cap. LIV. — De die et duodecim ejus horis ac psalmo *Beati immaculati*. 775
Cap. LV. — De Vesperis. 775
Cap. LVI. — De Completorio. 776
Cap. LVII. — De prima canonica. 776
Cap. LVIII. — De mysterio horarum. 776
Cap. LIX. — Aliter de mysterio horarum. 777
Cap. LX. — Item de mysterio horarum. 777
Cap. LXI. — De septem sæculi diebus et mundi sæculis. 777
Cap. LXII. — De judicio extremo. 778
Cap. LXIII. — De Dominicis in Adventu. 778
Cap. LXIV. — De antiphonis ad laudes. 779
Cap. LXV. — De antiphonis *O* ad Magnificat. 779

Cap. LXVI. — De vigilia Nativitatis Domini. 780
Cap. LXVII. — De Nativitate Domini. 780
Cap. LXVIII. — De Epiphania Domini. 781
Cap. LXIX. — De tempore inter Epiphaniam et Purificationem B. Mariæ. 782
Cap. LXX. — De festo Purificationis. 782
Cap. LXXI. — De cathedra S. Petri. 783
Cap. LXXII. — De Septuagesima. 783
Cap. LXXIII. — De Sexagesima et Quinquagesima. 784
Cap. LXXIV. — De quadragesima. 785
Cap. LXXV. — De Dominica secunda Quadragesimæ. 785
Cap. LXXVI. — De Dominica tertia Quadragesimæ. 786
Cap. LXXVII. — De Dominica quarta Quadragesimæ.
Cap. LXXVIII. — De quinta et sexta Dominica Quadragesimæ. 787
Cap. LXXIX. — De Cœna Domini et sequentibus duabus diebus. 787
Cap. LXXX. — De resurrectione Domini. 787
Cap. LXXXI. — De responsoriis, cantoribus, lectoribus, etc. 787
Cap. LXXXII. — De Evangelio et ejus lectione. 789
Cap. LXXXIII. — De cereis ad Evangelium. 789
Cap. LXXXIV. — De oblatione seu offertorio. 789
Cap. LXXXV. — De secreta submissa. 791
Cap. LXXXVI. — De præfatione et *Sanctus*. 791
Cap. LXXXVII. — De canone missæ. 791
Cap. LXXXVIII. — De *Agnus Dei* et corpore Christi. 795
Cap. LXXXIX. — De *Ite missa est*. 796
Cap. XC. — De Adventu Domini. 796
Cap. XCI. — De nativitate Domini. 797
Cap. XCII. — De Circumcisione Domini et Epiphania. 797
Cap. XCIII. — De die Purificationis. 798
Cap. XCIV. — De exsequiis mortuorum. 798
Cap. XCV. — De die Paschali. 798
Cap. XCVI. — De Dominicis post Pascha. 799
Cap. XCVII. — De responsoriis in Pentecoste. 799
Cap. XCVIII. — De Festis S. Joannis Baptistæ, SS. Petri et Pauli. 800
Cap. XCIX. — De lectionibus in matutinis post Pentecosten. 800
Cap. C. — De dedicatione ecclesiæ. 801

SPECULUM ECCLESIÆ.
Incipiunt capitula. 807
Fratres Honorio. 813
Responsio Honorii. 813
Instructio loquendi. 813
De Nativitate Domini. 813
In festo Innocentium. 831
In Octavis Domini. 839
De Epiphania Domini. 843
In Purificatione Sanctæ Mariæ. 849
Dominica in Septuagesima. 851
De sancto Sebastiano. 857
Sermo generalis. 861
— Ad sacerdotes. 861
— Ad judices. 861
— Ad divites. 864
— Ad pauperes. 864
— Ad milites. 865
— Ad mercatores. 865
— Ad agricolas. 866
— Ad conjugatos. 867
Dominica in Quinquagesima. 869
In capite jejunii. 875
Dominica in Quadragesima. 879
Dominica II in Quadragesima. 885
Dominica III in Quadragesima. 889
Dominica in media Quadragesima. 893
In Annuntiatione Beatæ Mariæ. 899
Dominica in Passione Domini. 907
Dominica in Palmis. 915
In Cœna Domini. 921
De Paschali die. 927
De Inventione Sanctæ Crucis. 941
In Rogationibus. 949
De Ascensione Domini. 955
In Pentecosten. 959
De sancto Joanne Baptista. 965
De SS. Petro et Paulo. 969
De sancta Maria Magdalena. 979
De sancto Jacobo apostolo 981
Ad vincula sancti Petri. 985
De sancto Laurentio. 987
De Assumptione sanctæ Mariæ. 991
De Joannis Baptistæ decollatione. 997

QUÆ IN HOC TOMO CONTINENTUR.

De Nativitate sanctæ Mariæ. 999
De Exaltatione Sanctæ Crucis 1001
De sancto Matthæo. 1005
De sancto Mauricio et sociis ejus. 1005
De sancto Michaele. 1007
De sancto Dionysio et sociis ejus. 1011
De sancto Luca, die Dominico. 1013
In Dominica de Simone et Juda. 1013
De omnibus sanctis. 1014
De sancto Martino episcopo. 1021
De sancto Brictio. 1025
De sancta Cæcilia. 1027
De sancto Clemente. 1029
De sancto Andrea apostolo. 1031
De sancto Nicolao. 1033
De sancta Lucia, die Dominica. 1037
Dominica I post Pentecosten. 1038
Dominica II post Pentecosten. 1045
Dominica X post Pentecosten. 1049
Dominica XI post Pentecosten. 1055
Dominica XIII post Pentecosten. 1059
Dominica XX post Pentecosten. 1065
Dominica XXII post Pentecosten 1067
Dominica XXIII post Pentecosten. 1071
In adventu Domini. 1077
Commendatio hujus operis. 1085
In conventu fratrum. 1087
In conventu populi. 1093
Sermo de dedicatione 1099

OPERUM HONORII PARS QUARTA. — DOGMATICA ET ASCETICA.

ELUCIDARIUM SIVE DIALOGUS DE SUMMA TOTIUS CHRISTIANÆ THEOLOGIÆ.
Præfatio. 1109
LIBER PRIMUS.
I. — Quid sit Deus? et quomodo unus ac trinus, solis comparatione ostenditur. 1109
II. — De nominibus Patris, Filii et Spiritus sancti. 1111
III. — De Dei habitatione ac loco. 1111
IV. — De Dei scientia et locutione. 1112
V. — Cur et quomodo conditus mundus, et quatenus omnia Deum sentiant. 1112
VI. — De angelorum electione atque nominibus. 1113
VII. — De casu diaboli et satellitibus ejus. 1114
VIII. — Cur qui ceciderunt non adjiciant ut resurgant; et cur non redempti, aut facti impeccabiles. 1114
IX. — De dæmonum scientia et potestate, et bonorum angelorum confirmatione, forma et dotibus? 1115
X. — De bonorum angelorum confirmatione, forma, scientia et potestate. 1115
XI. — De hominis formatione; quomodo sit parvus mundus et ad imaginem Dei. 1116
XII. — De animalibus ad hominis bonum conditis. 1117
XIII. — De Paradiso in quo homo a Deo locatus est; et formata mulier, et cur uterque nuptiarum. 1117
XIV. — De generatione in statu innocentiæ; et pluscula de eo statu, et de tentatione ac casu primorum parentum. 1118
XV. — De eorum expulsione a paradiso, et de gravitate peccati ob quod expulsi sunt. 1119
XVI. — De satisfactione Deo exhibenda pro ea injuria. 1121
XVII. — Necessitas Incarnationis Verbi ad eam satisfactionem exhibendam. 1122
XVIII. — Cur Verbum sit incarnatum, et ex Virgine, et in temporis plenitudine. 1122
XIX. — De Nativitatis Christi circumstantiis, et patratis in ea mirabilibus. 1123
XX. — De Magis, de fuga Christi in Ægyptum, et reliqua ejus vita usque ad baptismum. 1124
XXI. — De Christi pulchritudine, passibilitate et morte. 1125
XXII. — Quid de humanitatis partibus factum, dissoluta compositione. 1126
XXIII. – De circumstantiis resurrectionis Dominicæ. 1126
XXIV. — De apparitionibus Christi post resurrectionem. 1127
XXV. — De ascensione et sessione Christi ad dexteram Patris; et quomodo ibi oret pro nobis. 1127
XXVI. — De missione Spiritus sancti, et de Christi gaudio. 1128
XXVII. — De mystico Christi corpore, hoc est Ecclesia. 1128
XXVIII. — De corpore Christi in Eucharistia. 1129
XXIX. — De digne aut indigne communicantibus, aut sacrificantibus. 1129
XXX. — Malos sacerdotes vere Christi corpus conficere, quamvis eorum oratio et benedictio fiat in peccatum. 1130
XXXI. — Quomodo malis sacerdotibus parendum, an solvere queant, et an vitandi. 1132
XXXII. — De culpa prælatorum malis sacerdotibus conniventium, deque non ordinandis sacerdotum filiis. 1133
XXXIII. — Exitus vitæ malorum sacerdotum; et an monendi ac tolerandi. 1134
LIBER SECUNDUS.
I. — Quid sit malum, et an a Deo. 1135
II. — Peccati gravitas, et quod tandem cedat in Dei gloriam. 1135
III. — De libero arbitrio, et retrocessione a bono. 1135
IV. — Quomodo diabolus Deo serviat, et mali bonis. 1136
V. — Quare via impiorum prosperatur, et in annos plurimos; non sic autem vita piorum, nisi quandoque. 1136
VI. — De bono tribulationis; et quod malis nihil boni contingat; bonis autem nihil mali. 1137
VII. — Unde dignitates: et quod eas vendere vel emere nefas est; et quale debeat esse prælatorum regimen. 1138
VIII. — Cur electi patiuntur cum reprobis; deque Dei potentia et providentia. 1139
IX. — De prædestinatione, et de permissione peccati in electis. 1140
X. — De ignoratione Dei. 1141
XI. — Quid sit originale peccatum. 1142
XII. — Quomodo Deus in quartam generationem peccata punit. 1143
XIII. — Quid est concupiscentia. 1143
XIV. — De animarum origine et quales sint in infantibus. 1144
XV. — Quomodo peccatum transfunditur etiam a parentibus baptizatis. 1145
XVI. — De connubio cum consanguinea, et commatre, ac filiola, et de polygamia. 1146
XVII. — De Ecclesiæ ministris, ac monachis. 1147
XVIII. — De variis laicorum statibus. 1148
XIX. — De salvandorum paucitate, et quomodo Christus pro omnibus mortuus. 1149
XX. — De bonorum a malis internotione, et multiplici remissione peccatorum. 1150
XXI. — Ad quid sacrificia legalia; et de origine idolatriæ. 1151
XXII. — Utrum altaria auro vel gemmis præparanda sint; et quibus modis propitiatur Deus. 1152
XXIII. — Peregrinationes sacræ an probandæ. 1152
XXIV. — De frequenti cibi indigentia, et vitæ termino. 1152
XXV. — De justa reorum nece, et de eorum salute, deque puerorum disciplina; de arca et de prophetis. 1153
XXVI. — Cur modo signa non fiunt. 1153
XXVII. — De prophetis et Scriptura sacra. 1153
XXVIII. — De angelis custodibus. 1154
XXIX. — De dæmonibus insidiantibus et obsidentibus. 1154
XXX. — De unctione, ac pœnitentia in extremis, ac de morte. 1155
XXXI. — De reditu peccatorum, et de peccato irremissibili. 1155
XXXII. — De morte, et de sepultura bonorum et malorum. 1156
LIBER TERTIUS.
I. — De deductione justorum in paradisum, et quid sit paradisus. 1157
II. — De perfectis et justis qui in cœlum deducuntur, et de purgandis. 1157
III. — De purgatorio. 1158
IV. — De malorum deductione ad inferos, et de pœnis quas ibi sustinent. 1159
V. — Quomodo beati erga damnatos se habeant. 1161
VI. — Quis infernus justorum animas ante Christi adventum exciperet. 1161
VII. — Quomodo beati se invicem cognoscant, et pro nobis intercedant. 1161
VIII. — De gaudio et mansionibus, scientia et apparitione beatorum; itemque de spectris per damnatos exhibitis. 1165
IX. — Unde somnia. 1165
X. — De Antichristo, et adventu Enoch ac Eliæ. 1166
XI. — De novissima tuba, et resurrectione. 1165
XII. — De judicio ejusque circumstantiis. 1166
XIII. — De judice et assessoribus. 1166
XIV. — De judicandis et sine judicio perituris, de ira Dei et de apertione librorum. 1166

XV. — De subsecuturis vniversale judicium, et mundi conflagratione ac de reformatione. 1168
XVI. — De corporibus beatorum, et eorum adjunctis. 1168
XVII. — De operatione et gaudio beatorum. 1169
XVIII. — De corporum dotibus in beatis. 1169
XIX. — De voluptate beatorum. 1171
XX. — Dotes animarum in beatis; et quod de peccatis rite expiatis non erubescant, deque pleno omnium gaudio: 1172
XXI. — Antitheses beatorum et damnatorum. 1175

LIBER DUODECIM QUÆSTIONUM.
Prologus. 1177
Summa duodecim quæstionum. 1177
Cap. I. — Quæstio prima : Quod Deus Pater omnia simul in Filio fecit, et quod hic mundus sensibilis illius archetypi umbra sit. 1178
Cap. II. — Quæstio secunda : Quod universitas in modum citharæ sit disposita, in qua diversa rerum genera in modum chordarum sint consonantia. 1179
Cap. III. — Quæstio tertia : Quod sicut nullum genus pro altero, sed pro seipso sit conditum; ita homo non pro apostata angelo, sed pro seipso sit conditus; et ideo si nullus angelus cecidisset, homo tamen suum locum in universitate habuisset. 1179
Cap. IV. — Quæstio quarta : Quod electi homines non pro apostatis angelis, sed pro ipsis in cœlum assumantur: reprobi autem vel angeli, vel homines ut dissonæ chordæ apto loco ad consonantiam ponantur. 1180
Cap. V. — Quæstio quinta : Quod de singulis angelorum ordinibus aliqui ceciderint ; et quod electi homines stantibus angelis pro meritis associandi sint; similiter et reprobi singulis ordinibus lapsorum pro meritis aggregandi sint. 1180
Cap. VI. — Quæstio sexta : Quod Chorus apostolorum seraphim associandus sit, et ideo Petrus superior Michaele sit in cœlo. quem Christus Deus homo principem Ecclesiæ constituit, et cui Roma, quæ est caput mundi, primatum obtulit. 1181
Cap. VII. — Quæstio septima : Quod homo sit angelo dignior, sed angelus homine felicior, eo quod angeli adorent hominem Deum, non homines angelum. 1182
Cap. VIII. — Quæstio octava : Quod in Ecclesia sint novem ordines justorum secundum novem ordines angelorum. 1182
Cap. IX. — Quæstio nona : Quod Deus, et animæ, et angeli non habeant corpora, sicut justitia et sapientia, et quod sola mente videantur. 1182
Cap. X. — Quæstio decima : Quod corporalia corporeo visu, imagines spiritu, voluntates intellectu discernantur. 1185
Cap. XI. — Quæstio undecima : Quod angeli ætherea, dæmones aerea, homines terrea corpora habeant. 1185
Cap. XII. — Quæstio duodecima : Quod animabus corpore exutis forma corporis adhæreat, et quod Dominus post resurrectionem suam suum corpus prout voluit, exhibuerit. Resolvantur objectiones adversus dicta. 1185

LIBELLUS OCTO QUÆSTIONUM DE ANGELIS ET HOMINE.
Cap. I. — Utrum homo crearetur, si angelus in cœlo perstitisset. 1185
Cap. II. — Utrum Christus incarnaretur, si homo in paradiso perstitisset. 1187
Cap. III. — Quomodo angeli ex igne creati sint. 1188
Cap. IV. — Quare creator Deus corpus non de igne, sed de terra umpsit. 1189
Cap. V. — Utrum lapsus angeli ideo irreparabilis fuerit, quia fuit immortalis; hominis contra. 1190
Cap. VI. — Quomodo cuncti moriamur, cum mors destructa per Christum prædicetur. 1191
Cap. VII. — Cur resurrectio mortuorum futura sit. 1191
Cap. VIII. — Cur Deus non omnes homines post resurrectionem ad beatam vitam transferat, maxime infantes sine culpa decedentes. 1192

INEVITABILE SIVE DE PRÆDESTINATIONE ET LIBERO ARBITRIO DIALOGUS.
Præfatio ad lectorem. 1192
Incipit dialogus. 1197

LIBELLUS DE LIBERO ARBITRIO.
Prologus. 1223
Cap. I. — Occasio hujus opusculi fuit vetus error eorum, qui omnia homini necessitate quadam evenire asseruerunt. 1223
Cap. II. — Confutatur relatus error, probaturque rationalem creaturam naturaliter liberum arbitrium habere. 1223
Cap. III. — Exponitur in quo libertas arbitrii consistat 1224

Cap. IV. — Quænam sit in Deo, angelis, hominibus justis, dæmonibusve libertas arbitrii. 1224
Cap. V. — Quomodo liberum arbitrium a bono ad malum deficiat, vel quomodo libertas servitus fiat. 1225
Cap. VI. — Quid sit voluntas beatitudinis, quid voluntas justitiæ, quarum hanc homo peccando amisit, illam retinuit. 1225

SCALA CŒLI MAJOR.
Prologus. 1229
Incipit dialogus. 1230

SCALA CŒLI MINOR.
Cap. I. — Scala cœli charitas est, cujus gradus diversæ virtutes. 1239
Cap. II. — Primi tres hujus scalæ gradus, patientia, benignitas et pietas. 1239
Cap. III. — Alii gradus, simplicitas, humilitas, contemptus mundi, et voluntaria paupertas. 1240
Cap. IV. — Alii gradus, pax, bonitas, gaudium spirituale, sufferentia. 1240
Cap. V. — Postremi gradus hujus scalæ, fides, spes, longanimitas, et perseverantia. 1241
Cap. VI. — Hæc scala per timorem erigitur, quo ad summum perducta charitas ipsa in hæreditatem Domini introducitur. 1242

DE ANIMÆ EXSILIO ET PATRIA.
Prologus. 1242
Cap. I. — Exsilium hominis ignorantia; patria est sapientia, ad quam per artes liberales, veluti per totidem civitates pervenitur. 1243
Cap. II. — De prima civitate, grammatica. 1243
Cap. III. — De rhetorica, altera civitate. 1243
Cap. IV. — Dialectica, tertia civitas. 1244
Cap. V. — Quarta civitas, arithmetica. 1244
Cap. VI. — Quinta civitas pergentium ad sapientiam musica. 1244
Cap. VII. — Civitas sexta, geometria. 1244
Cap. VIII. — De astronomia, civitate septima. 1245
Cap. IX. — Physica, civitas octava. 1245
Cap. X. — De mechanica, civitas nona. 1245
Cap. XI. — Æconomica, civitas decima. 1245
Cap. XII. — Decursis artibus liberalibus pervenitur ad patriam, seu veram sapientiam, in divinis Scripturis relucentem, et in visione Dei perfectam. 1245
Cap. XIII. — Deus a sanctis secundum singulorum virtutes videbitur. 1246
Cap. XIV. — Deus a nemine comprehendi nisi a seipso potest. Beatos Dei visio recreabit in æternum; impios patratorum scelerum recordatio sine fine torquebit. 1246

DE VITA CLAUSTRALI.
EUCHARISTION, SIVE LIBER DE CORPORE ET SANGUINE DOMINI.
Prologus. 1249
Cap. I. — Quod tribus modis corpus Domini intelligatur. 1250
Cap. II. — Cur Deus incarnatus sit, et quomodo ejus corpus minui non possit. 1250
Cap. III. — Utrum hoc comedatur, quod Maria genuit. 1251
Cap. IV. — Quod homo per hunc cibum Christo incorporetur. 1252
Cap. V. — Quod non aliud quam substantivum Christi corpus sumatur. 1252
Cap. VI. — Quod tam mali quam boni sacerdotes Christi corpus conficiant, sed soli justi hoc accipiunt. 1253
Cap. VII. — Quod mali non corpus Christi sed judicium sumant, et quid sit judicium sumere. 1254
Cap. VIII. — Quod species et non virtus sacramenti a malis accipiatur et cur sacramentum dicatur, vel utrum veritas an figura credatur. 1254
Cap. IX. — Utrum corpus Domini aliud sit in ore bonorum, aliud in ore malorum. 1255
Cap. X. — Quid inde sentiendum sit, quod vetustas vel quodlibet animal consumpserit. 1255
Cap. XI. — Utrum Judæi corpus Domini comederint, qui manna manducaverunt. 1256
Cap. XII. — Cur de pane et vino et aqua hoc sacramentum fiat. 1256

SUMMA GLORIA DE APOSTOLO ET AUGUSTO.
Prologus. 1257
Cap. I. — Exponitur status quæstionis : utrum sacerdotium regno, an regnum sacerdotio jure ac dignitate præcedat? Ostenditur ex figura Abel et Caïn, horumque posterorum, sacerdotium regno præcellere. 1258
Cap. II. — Idem probatur ex filiis Noe, et Abraham, inferturque regem summo pontifici in divinis, pontificem regi in sæcularibus esse subjectum. 1260
Cap. III. — Quanto honore apud Israelitas, eorumque reges, ipsosque gentiles sacerdotium fuerit. 1262

Cap. IV. — Sicut anima dignior est corpore, ita regno sacerdotium, a quo illud jure ordinatur. 1265
Cap. V. — Christus ipse regno prætulit sacerdotium; tametsi et per se, et per apostolos suos docuerit regibus honorem in rebus sæcularibus deferendum esse. 1265
Cap. VI. — Reges sedi Romanæ non obedientes patienter quidem tolerandi sunt, sed ab eorum communione declinandum; nec horum est ecclesiasticas dignitates, sed sæculares dare. 1267
Cap. VII. — Unde pravus mos inoleverit, ut dignitates ecclesiasticæ a principibus conferrentur? 1268
Cap. VIII. — Respondetur ad objectionem ab unctione regum petitam, concluditurque, et in Veteri, et in Novo Testamento semper regno sacerdotium anteisse. 1270

STEPHANUS DE BALGIACO AUGUSTODUNENSIS EPISCOPUS.

Notitia historica. 1271
TRACTATUS DE SACRAMENTO ALTARIS.
Prologus. 1275
Cap. I. — Ostiariorum officium. 1276
Cap. II. — De lectorum officio et ordinatione. 1276
Cap. III. — De exorcistarum officio et ordinatione. 1276
Cap. IV. — De acolytarum officio et ordinatione. 1277
Cap. V. — De officio, ordinatione et continentia subdiaconorum. 1277
Cap. VI. — Quod Christus ecclesiasticas administrationes susceperit. 1277
Cap. VII. — De ordine diaconi seu diaconatus. 1278
Cap. VIII. — Quando Christus levitarum officium suscepit. 1279
Cap. IX. — De ordine presbyteratus. 1280
Cap. X. — De significatione vestimentorum sacerdotalium. 1282
Cap. XI. — De ornamentis episcoporum. 1282
Cap. XII. — De observandis in missæ celebratione. 1283
Cap. XIII. — De canonis declaratione. 1287
Cap. XIV. — Quæstio circa benedictionem panis a Christo in cœna factam. 1293
Cap. XV. — Quid credendum circa verba sacramentalia. 1293
Cap. XVI. — Quæstio circa hæc verba: *accipite et manducate*. 1294
Cap. XVII. — Triplex quæstio circa materiam sacramenti altaris. 1295
Cap. XVIII. — Alia canonis declaratio. 1301
Cap. XIX. — Expositio orationis Dominicæ. 1305
Cap. XX. — De additis ad officium missæ per summos pontifices. 1307

STEPHANI CHARTÆ.
Cap. I. — Transactio cum Hugone de Gisseio per Stephanum Æduæ episcopum. 1307
Cap. II. — Charta Stephani Æduensis episc. XXVIII in gratiam Cluniaci. 1508
Cap. III. — Charta Stephani Augustodunensis episcopi pro monasterio S. Benigni Divionensis. 1509
Cap. IV. — Privilegium pro Cisterciensibus. 1509
Cap. V. — Notitia de malis consuetudinibus quas Hugo dux Burgund. dimisit Stephano episcopo in villa Canavis. 1509

GERARDUS ENGOLISMENSIS EPISCOPUS.
Notitia. 1511
CONCILIUM LAUSDUNENSE, DE STATU ECCLESIÆ.
I. — Ecclesia Sancti Petri Trenorciensibus vendicatur adversus episcopum et canonicos Nannetenses. 1517
II. — Capella Sancti Stephani monachis Majoris Monasterii adjudicatur adversus canonicos Camiliacenses. 1519
EPISTOLÆ ET DIPLOMATA IN CAUSA BELLÆ INSULÆ.
Monitum. 1519
I. — Litteræ Gerardi legati, Engolismensis episcopi, ad Conanum comitem pro causa Bellæ Insulæ. 1521
II. — Litteræ Gerardi Engolismensis episcopi ad Corisopitensem episcopum. 1521
III. — Datum et definitum judicium de controversia super Bellam Insulam inter Rotonense et Kemperlegiensem abbates, a Gerardo Engolismensi episcopo et S. Romanæ Ecclesiæ Legato. 1322
IV. — Litteræ item legati ejusdem ad Morvanum Venetensem episcopum. 1523
V. — Item ejusdem litteræ ad omnes Britanniæ episcopos. 1523
VI. — Item litteræ ejusdem ad Herveum Rotonensem abbatem de invasione Bellæ Insulæ et de inobedientia. 1524
VII. — Ad Morvanum Venetensem episcopum. 1524

VIII. — Litteræ Ermengardis comitissæ ad Gerardum Engolismensem legatum. 1524
IX. — Ad Gislebertum Turonorum archiepiscopum litteræ Conani comitis. 1525
X. — Gisleberti Turonorum archipræsulis litteræ ad Conanum comitem. 1526
XI. — Lugdunensis et Bisuntinæ Ecclesiæ archiepiscopi ad Engolismensem episcopum. 1525
XII. — Exemplar litterarum Paschalis papæ ad Engolismensem legatum. — Afflictum consolatur; interdictum abbati Rotonensi illatum confirmat. 1526
XIII. — Ejusdem ad Conanum comitem: — Hortatur cogat monachos Rotonenses ut Bellam Insulam monachis Kemperlegiensibus restituant. 1527
XIV. — Exemplar chartulæ Conani comitis de redditione et confirmatione Bellæ insulæ. 1527
XV. — Relatio seu notitia controversiæ prædictæ facta a Gurhedeno monacho Kemperlegiensi. 1527
Charta Gerardi qua controversiam inter Bernardum vicecomitem de Comborn et abbatem Usercensem de loco de Amanzenas ortam dirimit. 1529

ODDO ABBAS S. REMIGII REMENSIS.

Epistola Oddonis ad Thomam comitem. 1531
Charta Oddonis de fundatione Carthusiæ Montis Dei. 1533
Epistola Oddonis ad Wibaldum abbatem Stabulensem. 1533

ADALBERTUS MOGUNTINUS ARCHIEPISCOPUS.

Notitia. 1535
EPISTOLÆ ADALBERTI.
I. — II. — Ad Calixtum papam. 1537
III. — Ad Innocentium II papam. 15.7
IV. — Ad S. Ottonem Bambergensem. 1537
V. — Ad clerum Ecclesiæ Halberstadensis. — Dolet de morte Raynardi eorum episcopi, quod eo inconsulto processerint ad electionem, et ex alia Ecclesia assumpserint sibi pastorem. 1537
VI. — Epistola Adalberti, ad H. episcopum et canonicos Patherbrunenses. 1539

RAINALDUS II REMENSIS ARCHIEPISCOPUS.

Notitia. 1539
EPISTOLÆ RAINALDI.
I. — Ad Robertum archidiaconum Tornacensem. — Ut in ecclesia Petingensi monachos substituat. 1541
II. — Ad clerum Atrebatensem. — De electione episcopi. 1543
DIPLOMATA RAINALDI.
I. — Confirmatio fundationis S. Judoci de Nemore. 1545
II. — Charta fundationis monasterii Igniacensis. 1545
III. — Pactum inter Rainaldum II et Alberonem Leopiscopum Leodiensem, pro Bullionensi beneficio. 1546
IV. — Litteræ Rainaldi de excommunicatione et absolutione Guiterii comitis Regitestensis. 1547
V. — Instituti in abbatia S. Martini Sparnacensis canonici regulares. 1549
VI. — Charta Rainaldi Remensis archiepiscopi de quitatione gestarum et procurationum monasterio S. Nicasii concessa. 1549
VII. — Confirmatur fundatio monasterii Igniacensis. 1550
VIII. — Charta Rainaldi de confirmatione S. Welmari. 1552
IX. — Rainaldus confirmat omnes possessiones monasterii Silincurtis. 1554
X. — Rainaldi archiepiscopi privilegium de aqua Vidulæ, maresco, herbagio et juridictione S. Theodorici usque ad crucem Haymonis. 1555
XI. — Rainaldi Charta de compositione pacis facta inter Ecclesiam S. Theodorici ex una parte, et Gerardum Roceiensem Aldricum Malet ex altera. 1556

OLDEGARIUS TARRACONENSIS ARCHIEPISCOPUS.

Notitia. 1557
Epistola Oldegarii ad Innocentium II papam. 1559
Epistola ejusdem ad Raymundum episcopum Ausonensem, suffraganeum suum. — Respondet consultationi circa puerum ludentem qui alium impedivit, ita ut caput ejus frangeretur, an irregularis habendus sit. 1559
Charta Oldegarii per quam dat pauperibus lectos et pannos clericorum defunctorum. 1561

GAUFRIDUS GROSSUS MONACHUS TIRONIENSIS.

Notitia historica. 1561

VITA B. BERNARDI FUNDATORIS CONGREGATIONIS DE TIRONIO IN GALLIA.

   Observationes præviæ. 1565
   Incipit vita.
   Prologus. 1567
   Cap. I. — B. Bernardi educatio et vita monastica in cœnobio S. Cypriani. 1573
   Cap. II. — Prioratus monasterii S. Sabini administratus, disciplina restaurata, et alia præclare gesta. 1576
   Cap. III. — Vita eremitica in solitudine Cenomanica. 1580
   Cap. IV. — Vita solitaria in Causeo insula. Piratæ emendati. 1584
   Cap. V. — Reductio B. Bernardi ad priores eremitas, ein ad primum monasterium S. Cypriani. 1589
   Cap. VI. — Abbas S. Cypriani constituitur : ob persecutionem ad prædicandum convertitur. Mores clericorum reformati. 1594
   Cap. VII. — Pro defensione abbatiæ iter Romanum bis susceptum ; ea relicta, alibi discipuli collecti. 1599
   Cap. VIII. — Monasterium in Perchensi comitatu exstructum : beneficia accepta, et in alios collata. 1405
   Cap. IX. — Monasterium ad fluvium Tyronum constructum. Beneficia comiti Rotroco præstita. 1412
   Cap. X. — Revelatio de salute æterna, secunda monchorum. Miracula alia. 1416
   Cap. XI. — Hospitalitas. Spiritus propheticus. Fama sanctitatis. 1421
   Cap. XII. — Morbus extremus : duplex ad suos exhortatio. Extrema sacramenta sumpta. 1429
   Cap. XIII. — Reliqua ad mortem præparatio. Revelationes, obitus, sepultura. 1434
   Cap. XIV. — Analecta de variis in vita gestis. 1439

FINIS TOMI CENTESIMI SEPTUAGESIMI SECUNDI.

Ex Typis L. Migne, au Petit-Montrouge.

www.ingramcontent.com/pod-product-compliance
Lightning Source LLC
Chambersburg PA
CBHW071703300426
44115CB00010B/1293